CODE CIVIL DU QUÉBEC
Édition critique

CIVIL CODE OF QUÉBEC
A Critical Edition

2014–2015
22e édition / 22nd Edition

Règlements et lois connexes
Regulations and Related Statutes

CODE CIVIL DU QUÉBEC
Édition critique

CIVIL CODE OF QUÉBEC
A Critical Edition

2014–2015
22e édition / 22nd Edition

Jean-Maurice Brisson
Professeur honoraire, Faculté de droit, Université de Montréal
Honorary Professor, Faculty of Law, Université de Montréal

Nicholas Kasirer
Juge à la Cour d'appel du Québec / Justice of the Quebec Court of Appeal

Règlements et lois connexes
Regulations and Related Statutes

Centre Paul-André Crépeau de droit privé et comparé
Paul-André Crépeau Centre for Private and Comparative Law

ÉDITIONS YVON BLAIS

Catalogage avant publication de Bibliothèque et Archives nationales du Québec et Bibliothèque et Archives Canada

Québec (Province)
    Code civil du Québec = Civil Code of Québec
    Éd. critique = A critical ed.
    Comprend un index.
    Texte en français et en anglais.
    ISSN 1702-0832
    ISBN 978-2-89635-970-7

    1. Droit civil - Québec (Province). I. Brisson, Jean-Maurice. II. Kasirer, Nicholas. III. Titre. IV. Titre : Civil Code of Québec.

KEQ214.5.A19B522   346.714'002632   C2002-300570-XF

Nous reconnaissons l'aide financière du gouvernement du Canada accordée par l'entremise du Fonds du livre du Canada (FLC) pour nos activités d'édition.

Dépôt légal: 3e trimestre 2014
Bibliothèque et Archives nationales du Québec
Bibliothèque et Archives Canada
ISBN: 978-2-89635-970-7

Imprimé aux États-Unis.

 **THOMSON REUTERS**

Éditions Yvon Blais, une division de Thomson Reuters Canada Limitée

C.P. 180 Cowansville
(Québec) Canada
J2K 3H6

Service à la clientèle
Téléphone : 1-800-363-3047
Télécopieur : 450-263-9256
Site Internet : www.editionsyvonblais.com

Bibliothèque et Archives nationales du Québec and Library and Archives Canada cataloguing in publication
Québec (Province)
  Code civil du Québec = Civil Code of Québec
  Éd. critique = A critical ed.
  Includes index.
  Text in French and English.
  ISSN 1702-0832
  ISBN 978-2-89635-970-7

  1. Civil law - Québec (Province). I. Brisson, Jean-Maurice. II. Kasirer, Nicholas. III. Title. IV. Title : Civil Code of Québec.

KEQ214.5.A19B522 346.714'002632 C2002-300570-XE

We acknowledge the financial support of the Government of Canada through the Canada Book Fund (CBF) for our publishing activities.

Legal Deposit: 3rd trimester 2014
Bibliothèque et Archives nationales du Québec
Library and Archives Canada
ISBN: 978-2-89635-970-7

Printed in the United States.

THOMSON REUTERS

Éditions Yvon Blais, a division of Thomson Reuters Canada Limited

C.P. 180 Cowansville
(Québec) Canada
J2K 3H6

Customer Service:
Phone: 1-800-363-3047
Fax: 450-263-9256
www.editionsyvonblais.com

Note de l'éditeur

La présente édition n'a aucune sanction officielle. Pour appliquer et interpréter les lois et règlements qui y sont contenus, il faut se reporter aux textes officiels.

Le *Code civil du Québec*, les lois et les règlements sont à jour au 12 juin 2014.

Les trames grises indiquent les dispositions non en vigueur.

Les références aux *Lois refondues du Québec* (L.R.Q.) et aux *Règlements refondus du Québec* (R.R.Q.) ont été remplacées par RLRQ lorsqu'on fait référence à une loi ou à un règlement intégré au *Recueil des lois et des règlements du Québec* qui contient les versions officielles.

Les redevances sur la vente de cet ouvrage sont versées chaque année par les auteurs au fonds de recherche du Centre Paul-André Crépeau de droit privé et comparé de l'Université McGill.

Publisher's Note

The present edition has no official status. To apply and interpret the legislation and regulations contained herein, the reader should consult the offi cial texts.

The *Civil Code of Québec* and the legislation and regulations are up-to-date as of 12 June 2014.

The gray shaded text indicates provisions not in force.

The references to the *Revised Statutes of Québec* (R.S.Q.) and to the *Revised Regulations of Québec* (R.R.Q.) have been replaced by CQLR when referring to the *Compilation of Québec Laws and Regulations* which contains the official versions.

The authors' royalties from the sale of this work are donated each year to the research fund of the Paul-André Crépeau Centre for Private and Comparative Law at McGill University.

CENTRE PAUL-ANDRÉ CRÉPEAU DE DROIT PRIVÉ ET COMPARÉ
PAUL-ANDRÉ CRÉPEAU CENTRE FOR PRIVATE AND COMPARATIVE LAW
2014-2015

DIRECTEUR/DIRECTOR
Lionel D. SMITH

DIRECTEUR-FONDATEUR/FOUNDING DIRECTOR
Paul-A. CRÉPEAU

DIRECTRICE ADJOINTE/ASSISTANT DIRECTOR
Vanessa ARVISET

CHERCHEURS/RESEARCH SCHOLARS

Wendy ADAMS, France ALLARD, Jennifer ANDERSON, Ross ANDERSON, Jimena ANDINO DORATO, Kirsten ANKER, Mark ANTAKI, Vanessa ARVISET, Louis ASSIER-ANDRIEU, Frédéric BACHAND, G. Blaine BAKER, Jean-Guy BELLEY, Laurence BICH-CARRIÈRE, Mátyás BÓDIG, Valérie BOUDREAU, Daniel BOYER, Jean-Maurice BRISSON, François BROCHU, Angela CAMPBELL, Madeleine CANTIN CUMYN, Caroline CASSAGNABÈRE, Nadia CHAMMAS, Élise CHARPENTIER, Naivi CHIKOC BARREDA, Sheel CHAUDHURI, Edmund COATES, Étienne COSSETTE-LEFEBVRE, Michelle CUMYN, Hanoch DAGAN, Anne-Françoise DEBRUCHE, Helge DEDEK, Gérald DELABRE, Eric DESCHEEMAEKER, Mathieu DEVINAT, Seán Patrick DONLAN, Jaye ELLIS, Yaëll EMERICH, Silvia FERRERI, Patrick FORGET, Vincent FORRAY, Véronique FORTIN, Rui Zhe GAO, Jean-Claude GÉMAR, Gaële GIDROL-MISTRAL, H. Patrick GLENN, Jane Matthews GLENN, Robert GODIN, Gérald GOLDSTEIN, Mara Elyse GOODMAN, Michele GRAZIADEI, Éthel GROFFIER, Antoine GRONDIN COUTURE, Anne-Sophie HULIN, Richard HYLAND, Jean-Frédéric HÜBSCH, Christophe JAMIN, Pierre-Gabriel JOBIN, Rosalie JUKIER, Daniel JUTRAS, Béatrice KAN-BALIVET, Nicholas KASIRER, Lara KHOURY, Dennis R. KLINCK, Kristofer LACHANCE, Mariève LACROIX, David LAMETTI, Ludovic LANGLOIS-THÉRIEN, Caroline LEBRETON-PRÉVOST, Robert LECKEY, Didier LLUELLES, Roderick A. MACDONALD, Blandine MALLET-BRICOUT, Michael McAULEY, Jean-Frédérick MÉNARD, Ben MITCHELL, Olivier MORÉTEAU, Christine MORIN, Pierre-Emmanuel MOYSE, Mario NACCARATO, Sylvio NORMAND, François OST, Jean-Christophe PARÉ, James PENNER, Marilyn PICCINI ROY, Tina PIPER, Adrian POPOVICI, Alexandra POPOVICI, Eric REITER, Giorgio RESTA, Andrew RUBAN, Anne SANDERS, Anne SARIS, Geneviève SAUMIER, Ruth SEFTON-GREEN, Lionel D. SMITH, Stephen SMITH, Maxime ST-HILAIRE, Bertrand STOFFEL, Jeffrey TALPIS, Maurice TANCELIN, Giulia TERLIZZI, Frédérique THIBAULT, Stephen TOOPE, Régine TREMBLAY, Shauna VAN PRAAGH, Nathalie VÉZINA, Catherine WALSH, Ernest WEINRIB, Frédéric ZENATI-CASTAING, Ruiqiao ZHANG, Peer ZUMBANSEN.

COORDONNATRICE ADMINISTRATIVE/ADMINISTRATIVE COORDINATOR
Manon BERTHIAUME

Centre Paul-André Crépeau de droit privé et comparé
Paul-André Crépeau Centre for Private and Comparative Law
McGill University
3690, rue Peel
Montréal (Québec), H3A 1W9

CENTRE PAUL-ANDRÉ CRÉPEAU DE DROIT PRIVÉ ET COMPARÉ

PAUL-ANDRÉ CRÉPEAU CENTRE FOR PRIVATE AND COMPARATIVE LAW

2014-2015

TABLE DES MATIÈRES

TABLE OF CONTENTS

TABLE DES MATIÈRES / TABLE OF CONTENTS

TABLE OF CONTENTS

TABLE DES MATIÈRES

TABLE OF CONTENTS

NOTE DE L'ÉDITION
2014-2015

NOTE TO THE
2014-2015 EDITION

NOTE DE L'ÉDITION 2014-2015

Tout en étant animé d'un respect justifié pour la souveraineté parlementaire, le regretté Paul-André Crépeau suivait assidûment le conseil de Montesquieu — selon lequel on ne doit toucher une loi qu'avec « des mains tremblantes » — lorsqu'il se livrait à son travail d'expert de préparation des éditions critiques et historiques du *Code civil du Bas Canada*. On ne pourrait imaginer des mains plus stables que les siennes pour l'exercice gigantesque qui a été entrepris ce printemps par les fonctionnaires du Service de refonte des lois et des règlements, chargé de la compilation des modifications de nature générale et permanente à la législation du Québec, le *Code civil du Québec* y compris. Placés sous l'autorité de la *Loi sur le recueil des lois et des règlements du Québec*[1], les experts du ministère de la Justice ont apporté, d'une seule venue, quelque 3500 changements au *Code civil du Québec*, annonçant les changements non par une loi de modification, mais dans une simple « Note d'information » publiée dans la *Gazette officielle du Québec* d'avril 2014[2].

L'ouvrage est plus grand que nature : des articles des dix Livres du Code civil ont été modifiés, sans pour autant — en théorie du moins — avoir subi de modification substantielle. Les pouvoirs des fonctionnaires sont en effet restreints législativement aussi bien que constitutionnellement : ils doivent se limiter à la « mise à jour » de la compilation du Code civil, et ne peuvent créer du droit nouveau[3]. Il faut rappeler que la législature conçoit la préparation d'une consolidation des lois et des règlements comme un acte de nature administrative, initié par le ministre de la Justice, « à droit constant »[4]. L'article 4 de la Loi fait en sorte que les changements au Code sont à la fois virtuels et faits en temps réel : les modifications de mise à jour deviennent officielles aussitôt qu'elles sont publiées en ligne, par l'Éditeur officiel, et prennent effet à la date établie dans cette publication.

La « mise à jour » comprend le pouvoir, comme le dit clairement l'article 3, par. 2(4) de la Loi, de s'assurer que les textes anglais et français des dispositions du Code civil parlent à l'unisson. Bien que la mise à jour de la refonte ce printemps ait englobé la correction d'erreurs techniques au *Code du travail* et dans d'autres lois, l'attention a été principalement fixée sur la qualité du texte anglais du Code civil, une épine au flanc du droit privé du Québec depuis l'adoption du Code[5]. Il s'agit du principal projet annoncé par la Note d'information du Ministre, d'apporter au texte du Code civil des modifications portant sur l'« uniformisation de la terminologie, la qualité de la langue, les erreurs de transcrip-

---

[1]RLRQ, c. R-2.2.0.0.2.

[2]G.O.Q.II.1302 (2 avril 2014), avec entrée en vigueur le 5 mai 2014 (ci-après N.I. pour Note d'information, 5 mai 2014).

[3]L'article 3, par. 2 de la Loi, *supra*, note 1, énumère une série d'opérations autorisées dans le processus de mise à jour du recueil des lois, en spécifiant que ces opérations doivent être menées « à droit constant » (en anglais : « without changing the substance of any text »).

[4]L'article 11 de la Loi dispose, dans un français élégant, que la « refonte s'effectue à droit constant ». Le texte anglais formule la même consigne dans un phrasé différent : « consolidation involves no change to the substance of the texts ».

[5]Voir le compte rendu préparé pour la presse par Edmund Coates, « Getting it Right in English has enhanced the Civil Code », *Montreal Gazette*, 22 mai 2014.

tion, et les corrections d'erreurs mineures afin de rétablir la concordance entre les versions française et anglaise »[6].

Ces modifications sont sur le métier depuis vingt ans. Très tôt après l'entrée en vigueur du Code civil en 1994, un comité conjoint du Barreau du Québec et de la Chambre des notaires a été mis sur pied, formé de volontaires avocats et notaires. Ils ont entrepris d'examiner en détail chaque livre du Code de façon à ce que les textes anglais et français soient à la hauteur de la norme constitutionnelle de l'article 133 de la *Loi constitutionnelle de 1867*, qui donne aux deux textes une égale autorité dans l'expression de l'intention législative. Leur mandat n'était pas limité à la seule révision du texte anglais : le comité a étudié, tant sur le plan de la forme que du fond, les deux versions linguistiques, concluant de façon tout à fait vraisemblable que le texte anglais pouvait à l'occasion fournir de meilleures indications quant au sens d'une règle. Le travail du Comité a été relaté ailleurs, mais il est plausible de dire que les fonctionnaires — qui ont travaillé d'arrache-pied sur le projet — n'auraient pas réussi à améliorer les dispositions parfois critiquées du texte anglais du Code sans l'apport de ce Comité présidé par un des plus éminents membres du Barreau, Me Casper Bloom, c.r., Ad. E.[7].

On n'a pas suffisamment parlé de la contribution insigne de Me Edmund Coates à cette entreprise, lui qui a agi comme Conseiller législatif du Comité conjoint et qui a travaillé de près avec les fonctionnaires qui ont mené le projet à maturité. Me Coates, un diplômé de la Faculté de droit de l'Université McGill et chercheur de longue haleine au Centre Paul-André Crépeau de droit privé et comparé, est l'un des jurilinguistes d'avant-garde au Canada. Il a œuvré ces dernières années au *Dictionnaire de droit privé/Private Law Dictionary*, un projet du Centre, où il a développé ses lettres de créance à titre d'expert du droit privé du Québec et du bilinguisme juridique[8]. Me Coates a façonné le travail parfois disparate effectué sur différents livres du Code par les sous-comités du Comité conjoint dirigé par Me Bloom. Le rapport final du Comité Bloom présenté à Québec a été assemblé, corrigé et raffiné par Me Coates[9]. Il s'agit d'un document important, qu'il faut maintenant compter parmi les œuvres destinées à comprendre le Code actuel, avec les réponses de Me Coates aux propositions énoncées par le comité ministériel chargé de rédiger les changements à apporter au droit. Ensemble, ces documents contiennent des propositions pour un vocabulaire harmonisé et un lexique civiliste anglais renouvelé pour le Code. Le tout a été préparé scrupuleusement, en accord avec le mot d'ordre de la Cour suprême du Canada dans *Doré* c. *Verdun (Ville de)*[10], selon lequel les deux versions linguistiques du Code, quelles que soient les circonstances de leur élaboration, ont une égale autorité et sont pertinentes comme expression de la règle codifiée. La contribution de Me Coates à l'amélioration remarquable du texte anglais du Code civil mérite d'être célébrée, compte tenu, surtout, du fait que ceux qui ont travaillé sur les aspects linguistiques du Code bilingue du Québec ont été bien souvent passés sous silence[11].

---

[6]La liste des articles modifiés est publiée, sans indication aucune sur le contenu des changements, dans une « Note d'information » du Service de refonte du ministère de la Justice annonçant les changements apportés à la version officielle en ligne du *Code civil du Québec* : N.I. 2014-05-05.

[7]Edmund Coates, « The English Voice of the Civil Code of Québec: An Unfinished History », (2011) 70 *R. du B.* 43. Il y a peu de doutes que l'équipe restreinte de traducteurs de l'Assemblée nationale et du ministère de la Justice a travaillé d'arrache-pied et avec grande diligence pour réviser le Code entier en marge de leur charge de travail habituelle.

[8]Me Coates a été l'un des principaux chercheurs à avoir contribué au *Dictionnaire de droit privé — Les biens* et au *Private Law Dictionary — Property* (Cowansville, Éditions Yvon Blais, 2012).

[9]Le Rapport fait partie des archives du Centre Paul-André Crépeau à l'Université McGill.

[10][1997] 2 R.C.S. 862, par. 24.

[11]Sur ce sujet, avec référence au travail de Me Coates, voir Barbara McClintock, « Who Translated the Civil Code of Québec ? » (2014) *Circuit* (il s'agit du journal numérique de l'Ordre des traducteurs, terminologues et interprètes du Québec, qui peut être consulté à circuitmagazine.org).

Les changements apportés vont du simple déplacement d'un mot ou de l'ajustement syntaxique à l'introduction d'un nouveau terme ou d'une phrase et même jusqu'à l'éclaircissement du sens d'une règle. Pour l'essentiel, les amendements apportés ont fait du Code civil une expression plus idiomatique et conviviale de l'anglais civiliste du Québec. Le changement apporté au premier alinéa de l'emblématique article 1457 C.c.Q., qui donne du coffre à la principale obligation extracontractuelle du droit commun, en constitue un exemple. Avec des italiques ajoutés, le texte de gauche est celui adopté en 1991 (incluant une modification apportée en cours de route); celui de droite est le texte mis à jour et publié dans la compilation officielle en ligne de mai 2014 :

1457 (L.Q. 1991, c. 64, tel que modifié par L.Q. 2002, c. 19)

Every person has a duty to abide by the rules of conduct *which lie upon him*, according to the circumstances, usage or law, so as not to cause injury to another.

Where he is endowed with reason and fails in this duty, he is *responsible* for any injury he causes to another *person* by such fault and *is liable* to reparation for the injury, whether it be bodily, moral or material in nature.

He is also *liable*, in certain cases, to reparation for injury caused to another by the act or fault of another person or by the act of things in his custody.

1457 (modifié à nouveau par N.I. 2014-05-05)

Every person has a duty to abide by the rules of conduct *incumbent* on him, according to the circumstances, usage or law, so as not to cause injury to another.

Where he is endowed with reason and fails in this duty, he is *liable* for any injury he causes to another by such fault and is *bound to make* reparation for the injury, whether it be bodily, moral or material in nature.

He is also *bound*, in certain cases, to *make* reparation for injury caused to another by the act or fault of another person or by the act of things in his custody.

Au premier alinéa, l'expression « which lie upon him » est saugrenue en anglais; elle porte trop évidemment la marque de ce qui en est présenté comme l'équivalent français « qui s'imposent à elle ». Le terme « incumbent » est plus convivial, et le terme a été remplacé sans avoir pour autant, apparemment, modifié la règle. De même les termes « responsible », « liable » et « bound » ont-ils été ajustés, dans le but de réaliser un texte bien choisi en anglais civiliste, réconcilié avec le texte français, mais non assujetti à lui. Mais le tout est-il bien « à droit constant »? La suppression du terme « person » au deuxième alinéa mis à jour de l'article 1457 donne à réfléchir. Il est vrai que le texte anglais épouse maintenant de meilleure façon le terme français « autrui ». Mais le droit a-t-il été modifié au point que, dans le texte anglais mis à jour, le créancier de l'obligation n'a plus à être une « personne » au sens juridique du terme comme c'était le cas auparavant? Se pourrait-il qu'une fiducie ait la qualité requise pour intenter une action en responsabilité civile en 2014, ce qu'elle n'avait pas antérieurement? On se demande s'il n'aurait pas été plus sage, pour cet amendement à l'article 1457, de procéder comme on l'a fait pour la modification de 2002, plutôt que de simplement « corriger » l'article par voie administrative[12].

Ailleurs, le vocabulaire de la langue anglaise a été rendu plus uniforme, en reconnaissance de l'idée que l'usage constant du langage permet au Code de fixer un standard linguistique, ou un mot d'ordre, pour le reste du droit. Ainsi, là où le Code employait variablement les termes « damage », « harm » et « prejudice », parfois de façon interchangeable, le texte mis à jour des articles 272, 504, 596.1, 1003, 1631, 1862, 1875, 1901, 1971 et 2365 C.c.Q., pour prendre ces cas de figure, rend la notion par le terme uniforme « injury ». Ailleurs, encore, « disposition » est devenu « provision » lorsqu'il est question d'une clause dans un acte juridique comme un testament, marquant ainsi une

---

[12] Par l'article 15(27) de la *Loi modifiant le Code civil et d'autres dispositions législatives*, L.Q. 2002, c. 19, l'expression « by his fault » a été ajoutée au deuxième paragraphe du texte anglais de l'article 1457. Ce changement paraît donc avoir été perçu comme requérant une loi de la législature. Sur les amendements apportés au texte anglais du Code en 2002, voir la « Note à l'édition 2002-2003 », *Code civil du Québec : Édition critique/Civil Code of Quebec : A Critical Edition* (Cowansville, Éditions Yvon Blais, 2002), p. XVIII.

distinction avec les cas où le terme « disposition » vise l'aliénation de la propriété[13]. On constate, sans regret, le bannissement du terme « country » du Livre sur le Droit international privé, au profit du terme « State »; la préférence pour le terme « State » en lieu et place de « Crown » ailleurs au Code, qui pourrait selon certains porter atteinte à l'autorité et aux concepts constitutionnels, devra cependant attendre[14].

La mise à jour a engendré des nouveautés, sinon du droit nouveau. L'une des plus savoureuses a été proposée à l'origine pour le Québec, semble-t-il, par Me Coates lui-même. En 1994, le lexique du droit de l'emphytéose a été modifié au Code pour éliminer toute référence au « bail emphytéotique », sur la base, fort vraisemblable, que de faire allusion au bail met erronément le lecteur sur la piste des droits personnels plutôt que des droits réels, qui sont l'étoffe de ce démembrement de la propriété[15]. Cependant, là où le Code désignait en français le titulaire du droit réel comme un « emphytéote », le texte anglais continuait de faire référence à l' « emphyteutic lessee », perpétuant ainsi la même vieille confusion et sonnant particulièrement mal lorsque l'emphytéose est établie par testament. Dans un article savant fondé sur des considérations historiques et étymologiques, Me Coates a fort à propos suggéré « emphyteuta » comme solution de rechange[16], suggestion qui a été formellement retenue cette année dans les articles 1200 et suivants revampés. On regrettera seulement que le Service de refonte n'ait pas complété l'ouvrage, en laissant subsister des références à l' « emphyteutic lessee » dans le titre précédant l'article 1200 C.c.Q., et, de façon plus critique, dans son explication du droit de suite dont jouit l' « emphyteuta » à l'article 1199, par. 2. Fort heureusement, la mise à jour est un travail incessant.

À tout bien considéré, le Service de refonte a-t-il respecté la règle de ne pas modifier la substance du droit, cette démarche relevant exclusivement de la législateur? Il est parfois difficile de croire que les rédacteurs des modifications n'ont pas fabriqué du droit nouveau en élaborant quelque 3500 amendements au Code. Il faut noter que l'article 3 de la loi habilitante restreint expressément la ferveur des rédacteurs en spécifiant que seuls des changements mineurs peuvent être apportés pour réconcilier les textes anglais et français, et ce — le caveat est important — , seulement « si l'intention est par ailleurs manifeste » (en anglais, « if the intended meaning is otherwise clear »). Le sens de l'expression « par ailleurs manifeste » n'a pas été autrement rendu manifeste. La question de savoir à qui l'intention doit paraître manifeste n'est pas claire, comme, d'ailleurs, le sens du terme « par ailleurs/otherwise ». Tout cela pourrait bien former un jour matière à litige quant au sens de l'un ou l'autre de ces 3500 amendements, s'il s'avère que les fonctionnaires ont outrepassé leur mandat législatif.

Prenons, par exemple, le changement apporté à l'un des articles les plus innovateurs du Code, l'article 2. L'article 2 jette les bases de l'une des grandes nouveautés du *Code civil du Québec* : le patrimoine d'affectation. Le texte original et le texte mis à jour se lisent comme suit :

2 (L.Q. 1991, c. 64)	**2** (tel que modifié par N.I. 2014-05-05)
Every person *has a patrimony*.	Every person *is the holder of a patrimony*.

---

[13]Par exemple, la version mise à jour de l'article 764, par. 1 C.c.Q. réfère en anglais aux « testamentary provisions » plutôt qu'aux « dispositions », comme il le faisait antérieurement, pour désigner les clauses d'un testament. On peut comparer avec le terme « disposition » tel qu'utilisé à l'article 6 de la *Charte des droits et libertés de la personne*, RLRQ, c. C-12.

[14]Voir les articles 3077 et suivants C.c.Q., que l'on peut comparer, entre autres, à l'article 919 C.c.Q.

[15]Voir l'article 423 de la *Loi sur l'application de la réforme du Code civil*, L.Q. 1992, c. 57, et le commentaire approprié de Paul-André Crépeau et al., *Private Law Dictionary-Property*, supra, note 8, 60.

[16]Edmund Coates, « Emphyteutic Lessee c. Emphyteuta », (2009) 111 *R. du N.* 541.

The patrimony may be divided or appropriated to a purpose, but only to the extent provided by law.

It may be be the subject of a division or of an appropriation to a purpose, but only to the extent provided by law.

Devant le texte initial, on pouvait fort bien se demander si l'énoncé du paragraphe 2 constituait un postulat juridique général selon lequel tout patrimoine, y compris un patrimoine d'affectation, pouvait être divisé ou, plutôt, si la législature entendait simplement étendre la règle du paragraphe 1, relative au patrimoine détenu par une personne[17]. En vertu de la formulation originale, « the patrimony » au paragraphe 2 aurait très bien pu s'étendre au patrimoine d'affectation, ce qui laissait entendre qu'une réponse affirmative pouvait être apportée à la difficile question de savoir si une fiducie peut créer une fiducie. Il semble bien que l'ambiguïté et la discordance avec le texte français ont maintenant été supprimées. L'article 2, tel que modifié, ferme cette porte (qui, se dépêche-t-on d'ajouter, a peut-être été « par ailleurs » laissée entrouverte par les articles 1260 et suivants). En supprimant l'ambiguïté de l'article 2, les fonctionnaires ont-ils modifié le droit ?

Un dernier exemple, où cette fois c'est le texte français qui a été modifié alors que le texte anglais est demeuré inchangé, offre une pertinence particulière pour la compréhension de tout l'exercice. L'article 593 concerne le recours d'un créancier contre de multiples débiteurs d'une obligation alimentaire. Au paragraphe 2 du texte initial, le terme anglais « support » est accouplé au terme français « pension ». Les textes étaient discordants : le texte français évoquait des paiements périodiques, alors que le texte anglais était moins limitatif et pouvait être étendu à la somme globale. Le texte français de l'article 593, par. 2 a maintenant été modifié, alors que le texte anglais est demeuré inchangé :

593 (L.Q. 1991, c. 64)
Le créancier peut exercer son recours contre un de ses débiteurs alimentaires ou contre plusieurs simultanément.

Le tribunal fixe *le montant de la pension* que doit payer chacun des débiteurs poursuivis ou mis en cause.

593 (tel que modifié par N.I. 2014-05-05)
Le créancier peut exercer son recours contre un de ses débiteurs alimentaires ou contre plusieurs simultanément.

Le tribunal fixe *le montant des aliments* que doit payer chacun des débiteurs poursuivis ou mis en cause.

Cet exemple est riche d'enseignements. Au premier regard, il offre à l'attention du lecteur un cas où le texte original en anglais, et non en français, exprimait de façon plus intelligible l'intention du législateur (confirmant ainsi le point de vue du Comité conjoint, selon lequel, quelles que soient les circonstances de leur élaboration, les deux textes linguistiques ont une même vocation à dire le droit). En deuxième lieu, il semble bien qu'il y ait ici un glissement dans la substance du droit, au terme duquel le droit n'est clairement pas limité au paiement d'aliments par une pension alimentaire.

La question de savoir quels sont les moyens et les voies appropriés pour la consolidation du Code civil est complexe et appelle des recherches inédites. Qu'il suffise de rappeler que le problème n'est pas nouveau. En 1866, le *Code civil du Bas Canada* a été mis en vigueur sous l'autorité d'une loi de consolidation. Au stade final, l'établissement et la correction du « rôle » à partir duquel il a été matériellement reproduit ont été laissés aux fonctionnaires plutôt qu'à la législature[18]. Certains ont prétendu que les modifications apportées par la version publiée par l'Imprimeur de la Reine n'avaient pas reçu force de loi conformément aux règles de l'art — dont le célèbre article 1056 C.c.B.C., cette règle étonnamment non civiliste concernant les victimes décédées par le fait d'une faute ci-

---

[17]Roderick A. Macdonald a, le premier, relevé cette importante discordance de sens dans : « Reconceiving the Symbols of Property: Universalities, Interests and Other Heresies » (1994) 39 *R. de D. de McGill* 761, n° 16.

[18]Voir les articles 1, 4 et 5 de la *Loi concernant le Code civil du Bas Canada*, L.C. 1865, c. 41.

NOTE DE L'ÉDITION 2014-2015

vile[19]. La publication par le gouvernement de la Note d'information de 2014 fournit l'occasion de revoir le problème qui consiste à mettre dans les mains des fonctionnaires le pouvoir de consolider le Code civil, et une occasion de veiller à ce que ces mains soient suffisamment « tremblantes ». De plus, on attend avec intérêt de savoir si la législature choisira d'apporter d'autres changements au Code sur la base du rapport du Comité Bloom, et si ces changements seront faits par une loi formelle.

Les observateurs de codes — y compris ceux du ministère de la Justice — sont tous néophytes face au processus de mise à jour et de proclamation officielle du Code civil par voie électronique. Le sont également les auteurs de cette publication : nous avons tenté cette année, comme par le passé, de présenter les textes avec le plus d'exactitude possible. Nous projetons de consacrer une partie des prochains mois à l'analyse critique du (pas) nouveau mais (largement) amélioré *Code civil du Québec* en vigueur depuis mai 2014. Pour assister le lecteur, nous avons choisi de reproduire, en ajout à cette note, la liste des articles modifiés par le Service de refonte en 2014.

***

Les auteurs remercient Me Linda Domingue et Me Louis Bossé, des Éditions Yvon Blais, pour leur assistance à nouveau cette année. Ils expriment aussi leurs remerciements à Geneviève Bélanger, Edmund Coates, Ludovic Langlois-Thérien, Robert Leckey, au regretté Roderick Macdonald, Michael McAuley, Alexandra Popovici, Lionel Smith et Régine Tremblay pour leurs commentaires utiles à la préparation de l'édition de cette année. Toute suggestion destinée à améliorer cet ouvrage sera la bienvenue. Les auteurs invitent les lecteurs à les contacter par l'intermédiaire du Centre : centre.crepeau@mcgill.ca. Les redevances destinées aux auteurs pour la vente de cet ouvrage sont versées au Centre pour soutenir la recherche en droit civil.

Jean-Maurice Brisson
Nicholas Kasirer
Juin 2014

[19]Voir Paul-André Crépeau et John E.C. Brierley (dir.), *Code civil-Civil Code, 1866-1980 : Édition historique et critique — An Historical and Critical Edition* (Montréal : SOQUIJ/ Chambre des notaires du Québec, 1981), 371 et son *Supplément/Supplement 1980-1993* (Cowansville, Chambre des notaires/Éditions Yvon Blais, 2012) 193.

NOTE TO THE 2014-2015 EDITION

With a right reverence for parliamentary sovereignty, the late Paul-André Crépeau invariably adopted Montesquieu's admonition — that one should only lay hands on an enactment with "des mains tremblantes" — when engaged in his own expert work of preparing critical and historical editions of the *Civil Code of Lower Canada*. It would be hard to imagine steadier hands than his for the gigantic exercise undertaken this spring by civil servants within the "Service de refonte des lois et des règlements" charged with the compilation of enactments of a general and permanent nature of the Quebec legislature, including the *Civil Code of Québec*. Working under authority of the *Act respecting the compilation of Québec laws and regulations*[1], experts in the Ministry of Justice have brought close to 3,500 changes to the *Civil Code of Québec* in one fell swoop, announcing the amendments not by legislative enactment, but in a modest "Information Note" recorded in the Gazette officielle du Québec in April 2014[2].

The work is of stunning proportion: articles in each of the ten Books of the Civil Code have been amended yet — so says the theory — none has undergone substantive change. Indeed the powers of the bureaucrats are constrained by statute and no doubt constitutionally as well: they must content themselves with "updating" of the compilation of the Civil Code, but cannot make new law[3]. It should be recalled that the legislature imagines the preparation of a consolidation of law and regulations as an administrative act, initiated by the Minister of Justice, "à droit constant"[4]. Section 4 of the Act ensures that the changes to the Code are both virtual and made in real time: updates become official as soon as they are published online, by the Official Printer, and come into force at the date set in that publication.

"Updating" includes the power, as section 3, para. 2(4) of the Act makes plain, to ensure that the French and English texts of enactments such as the Civil Code say the same thing. While updating the compilation this spring extended to correcting technical errors in the *Labour Code* and several other statutes, the principal focus was on the quality of the English text of the Civil Code, which has been a thorn in the side of Quebec private law since its enactment[5]. This was the core project announced by the Minister's Information Note, which sought to bring about changes to the text of the Civil Code relating to "[t]erminological uniformity, quality of language, errors of transcription and minor corrections with a view to reconciling the French and English versions"[6].

---

[1]CQLR, c. R-2.2.0.0.2.

[2]G.O.Q.II.1302 (2 April 2014), with coming into force on May 5, 2014 (hereinafter I.N. [Information Note] 2014-05-05).

[3]Section 3, par. 2 of the Act, *supra*, note 1, provides a list of "operations" authorized by the legislature in the exercise of updating the compilation of laws, while specifying that these operations should be undertaken "without changing the substance of any text" of the compilation.

[4]Section 11 of the Act provides, in elegant French, that "[l]a refonte s'effectue à droit constant". The English text endeavours to say the same thing, differently: "[c]onsolidation involves no change to the substance of the texts".

[5]See the useful account prepared for the popular press by Edmund Coates, "Getting it Right in English has enhanced the Civil Code", *Montreal Gazette*, May 22, 2014.

[6]The amended articles are listed, without any indication as to what precisely the changes are, in an "Information Note" from the *Service de refonte* of the Ministry of Justice announcing the changes to the official on-line version of the *Civil Code of Québec*: I.N. 2014-05-05.

NOTE TO THE 2014-2015 EDITION

These amendments have been 20 years in the making. Very soon after the coming into force of the Civil Code in 1994, a Joint Committee of the Bar of Quebec and the Chamber of Notaries was struck, composed of volunteer advocates and notaries. They took on the task of examining in detail every book of the Code so that the English and French texts could live up to the constitutional imperative expressed in section 133 of the *Constitution Act*, 1867 giving them equal authority as expressions of legislative intent. Their mandate was not confined to reviewing the English text: the Committee studied, as a matter of form and of substance, both linguistic versions, concluding quite plausibly that on occasion the English text gave a more precise indication of the meaning of the codal rule. The work of the Joint Committee has been well told elsewhere, but it is safe to say that the civil servants - who worked hard on the project - would not have succeeded in improving the occasionally maligned English text of the Code without the efforts of the Joint Committee chaired by one of the Bar's most senior members, Bâtonnier Casper Bloom, Q.C., Ad.E.[7].

Not enough has been said about the signal contribution to this enterprise made by Mtre Edmund Coates, Legislative Counsel to the Joint Committee, who worked closely alongside the civil servants in bringing the project to fruition. Mtre Coates, a graduate of the Faculty of Law at McGill University and long-serving research scholar at the Paul-André Crépeau Centre of Private and Comparative Law, is one of the leading jurilinguists in Canada. In recent years he worked on the *Private Law Dictionary/Dictionnaire de droit privé* project at the Centre where he established his credentials as an expert on Quebec civil law and legal bilingualism[8]. Mtre Coates distilled the sometimes disparate work in different books of the Code done by the various sub-committees of the Joint Committee chaired by Mtre Bloom. The final report presented by the Bloom Committee to Quebec City was assembled, corrected and substantively refined by Mtre Coates[9]. It is an important document, now to be counted among those relevant to understanding the modern Code, along with Mtre Coates' responses to proposals made by the ministerial committee charged with drafting the proposed changes to the law. Together they contain proposals for harmonized vocabulary and a renewed civilian English lexicon for the Code. The whole was prepared scrupulously according to the Supreme Court of Canada's injunction in *Doré v. Verdun (City)*[10] according to which both linguistic versions of the Code, whatever the circumstances of their preparation, are equally authoritative and relevant as expressions of the codal rule. The contribution of Mtre Coates to the considerable improvement to the English text of the Civil Code deserves to be celebrated, especially given the fact that those labouring on the linguistic aspects of Quebec's bilingual Code have often gone unheralded in the past[11].

The changes range from a shifted word or a syntactical adjustment to the introduction of a new term or phrase and even the occasional clarification of meaning. In the main, the amendments have made the Civil Code a more idiomatic and congenial expression of Quebec civilian English. One example is the change brought to the first paragraph of the canonical article 1457 C.C.Q., which gives voice to the general law's principal extracontractual obligation. With emphasis added, the text on the left is that enacted in 1991 (with

---

[7] Edmund Coates, "The English Voice of the *Civil Code of Québec*: An Unfinished History", (2011) 70 *R. du B.* 43. There is little doubt that the small team of legal translators in the National Assembly and the Ministry of Justice worked immensely hard and with great diligence to review the whole of the Code alongside their usual workload.

[8] Mtre Coates was one of the principal research scholars contributing to the *Private Law Dictionary — Property and Dictionnaire de droit privé — Les biens* (Cowansville: Éditions Yvon Blais, 2012).

[9] The Report is on file in the archives of the Paul-André Crépeau Centre at McGill University.

[10] [1997] 2 S.C.R. 862, par. 24.

[11] On this theme, with reference to the work of Mtre Coates, see Barbara McClintock, "Who Translated the Civil Code of Québec?", (2014) *Circuit* (the on-line journal of the Ordre des traducteurs, terminologues et interprètes du Québec that may be consulted at circuitmagazine.org).

one intervening legislative amendment); that on the right is the text updated and published in the official compilation in May, 2014:

1457. (S.Q. 1991, c. 64, added by S.Q. 2002, c. 19)

Every person has a duty ... by the rules of conduct which lie upon him, according to the circumstances, usage or law, so as not to cause ... another

Where he is endowed with ... on and fails in this duty, he is responsible for ... to another *person* by such fault and is ... nature, whether it be bodily, moral ...

He is also liable, ... es, to reparation for injury caused to ano... fault of another person or by the act of th...

1457. (as further amended by I.N. 2014-05-05)

Every person has a duty to abide by the rules of conduct *incumbent* on him, according to the circumstances, usage or law, so as not to cause injury to another.

Where he is endowed with reason and fails in this duty, he is *liable* for any injury he causes to another by such fault and is *bound to make* reparation for the injury, whether it be bodily, moral or material in nature.

He is also *bound*, in certain cases, to *make* reparation for injury caused to another by the act or fault of another person or by the act of things in his custody.

In ... expression "which lie upon him" rings awkwardly in English; it bears too p... int of the French "qui s'imposent à elle". The word "incumbent" does the ... lly, and the word has been substituted without, it would seem, changing ... of the rule. So too have the words "responsible", "liable" and "bound" bee... with a view of achieving an idiomatically correct English civilian text, rec... French but not subjugated by it. But is it all "à droit constant"? The su... word "person" in the updated second paragraph of article 1457 gives p... glish now tracks more perfectly the French "autrui". But has the law ... so slightly in that, in the updated version of the English text, the ... gation need not be a "person" in law as was previously the case? Does, ... anding to institute proceedings in civil liability in 2014 that it did not ... mendments? One wonders if it wouldn't have been wise for this ... cle 1457 to be enacted like the change brought to the same ... rather than simply "corrected" administratively[12].

... language vocabulary has been made more uniform, in recognition of ... sistent use of language allows a Civil Code to set a linguistic standard, ... the rest of the law. Thus, where the Civil Code had used variously ... and "prejudice", often interchangeably, the updated texts in articles ... 003, 1631, 1862, 1875, 1898, 1901, 1971 and 2365 C.C.Q., to take ... nder them uniformly as "injury". Elsewhere, "disposition" has become ... referring to a clause in a juridical act such as a will, more plainly ... the use of "disposition" where it speaks to the alienation of pro... rves, with no regret, the banishment of "country" from the Book on ... al Law in favour of "State"; although the preference of "State" to ... e in the Code, which some feel might lack respect for authority and ... cepts, will have to wait for another day[14].

... *Act to amend the Civil Code and other legislative provisions*, S.Q. 2002, c. 19, the expression "by ... d to the second paragraph of the English text of article 1457. In this case, the change to the text ... en considered to be a change in the law requiring an act of the legislature. On the amendments ... glish text of the Code in 2002, see "Note to the 2002-2003 edition", *Code civil du Québec: Édition* ... le of Québec: A Critical Edition (Cowansville: Éditions Yvon Blais, 2002) XVIII.

... the updated article 764, par. 1 C.C.Q. refers to clauses in a will as "testamentary provisions" rather ... ons" as it did formerly. Compare "disposition" as encountered in s. 6, *Charter of Human Rights and* ... LR, c. C-12.

... 077 C.C.Q. *et seq.*, to be compared with, *e.g.*, art. 919 C.C.Q.

NOTE TO THE 2014-2015 EDITION

The updating has brought some novelties, if not some new law. C₂ of the most de-
lightful was originally proposed for Quebec, it would seem, byMtré oates himself. In
1994, the lexicon of the law of emphyteusis was changed in the (ode purge references
to the "bail emphytéotique" on the theory, quite plausible, that illusi to lease would
wrongly put readers in mind of personal rights and not real rights, the er stuff of this
dismemberment of ownership[15]. But where the Code referred to the r of the real
right in French as the "emphytéote", the English text continued to refer actor as an
"emphyteutic lessee", courting the same old confusion and sounling p rly wrong
where emphyteusis is established by will. In a learned article that drew only historical and etymological, Mtre Coates thoughtfully proposed "empyteutas alternative[16], a suggestion which has been formally embraced this year in a '00 and
following of the Code as updated. The only regret is that the *Service de* id not
complete the work, leaving references to "emphyteutic lessee" in the titl article 1200 C.C.Q. and, importantly, in its explanation of the *droit de suite* the
emphyteuta in article 1199, para. 2. Happily, updating never ceases.

Overall, did the *Service de refonte* respect the rule that it was not to ch
substantively, that being the exclusive preserve of the legislature? When c
3,500 plus amendments, it is sometime hard to keep in mind that the draft'
make new law. Interestingly, section 3 of the Act contains their enthusias
fying that only minor changes can be made to reconcile the English and
and — the caveat is important — only "if the intended meaning is otherwis
French "si l'intention est par ailleurs manifeste"). The meaning of the expres
wise clear" has not otherwise been made manifest. The question as to whom t
should appear clear is itself unclear, as is the meaning of the term "otherw
leurs". All of this may well prove to be an issue someday should a dispute aris
meaning of one of these approximately 3,500 amendments if it is alleged tha
servants overstepped their statutory mandate.

Take, by way of example, the updating change made to one of the 1994 Coo
novel provisions in article 2 C.C.Q. Article 2 cements one of the great innovatio
Civil Code of Québec: the patrimony by appropriation. The original English tex
updated version read as follows:

2. (S.Q. 1991, c. 64)	**2.** (as amended by I.N. 2014-05-05)
Every person *has a patrimony.*	Every person *is the holder of a patrimony.*
The patrimony may be divided or appropriated to a purpose, but only to the extent provided by law.	*It may be the subject of a division or of an appropri* purpose, but only to the extent provided by law.

In the former text, one may well have asked whether the statement in paragraph 2 re
ted a general legal postulate that any patrimony, including a patrimony by appropriat
could be divided or, instead, whether the legislature simply intended to extend the rule
paragraph 1, relating to the patrimony held by a person[17]. Under the original formulati
"the patrimony" in paragraph 2 might well have applied to the patrimony by appropr
tion which suggested an affirmative answer to the complicated question as to wheth
say, a trust can create a trust. It would appear that the ambiguity, and the discordan
with the French, has now been cleared up. Article 2, as updated, closes that door (whic

---

[15]See s. 423, An *Act respecting the implementation of the reform of the Civil Code*, S.Q. 1992, c. 57, and the relevant commentary in Paul-André Crépeau *et al.*, eds, *Private Law Dictionary — Property, supra*, note 8, 60.

[16]Edmund Coates, "Emphyteutic Lessee c. Emphyteuta", (2009) 111 *R. du N.* 541.

[17]The first to note this important discordance in meaning was Roderick A. Macdonald, "Reconceiving the Symbols of Property: Universalities, Interests and Other Heresies" (1994) 39 *McGill L.J.* 761, n° 16.

one hastens to add, may have "otherwise" been left ajar in article 1260 *et seq.*). But by removing the ambiguity in article 2, have the civil servants changed the law?

A final example in which the French text was amended but the English left unchanged has special relevance to understanding the whole enterprise. Article 593 C.C.Q. treats the recourse by a creditor against multiple debtors of an obligation of support. In paragraph 2, the English word "support" was paired with the French "pension" as first enacted. The texts were discordant: the French text suggested periodic payments, the English was not so limited and might well have extended to lump sums. The French text of article 593, para. 2 has now been amended, and the English left unchanged:

593. (S.Q. 1991, c. 64)	**593.** (as amended by I.N. 2014-05-05)
Le créancier peut exercer son recours contre un de ses débiteurs alimentaires ou contre plusieurs simultanément.	Le créancier peut exercer son recours contre un de ses débiteurs alimentaires ou contre plusieurs simultanément..
Le tribunal fixe *le montant de la pension* que doit payer chacun des débiteurs poursuivis ou mis en cause.	Le tribunal fixe *le montant des aliments* que doit payer chacun des débiteurs poursuivis ou mis en cause.

The example is a rich one. At first blush, it appears to be an example where the original English text, not the French, spoke most intelligibly to legislative intention (thereby vindicating the Joint Committee's view that, whatever the circumstances of their preparation, both linguistic texts enjoy the same vocation to express the law). Moreover, there appears here to be a substantive shift in the law according to which the law is clearly not limited to payment of support by alimentary pension.

The issue as to the proper ways and means for consolidation of the Civil Code is a complicated one and calls for further study. Suffice to mention that the problem is not new. In 1866, the *Civil Code of Lower Canada* was, it might be recalled, proclaimed in force on the authority of a consolidating statute. In its final stage, the establishment and correction of the "roll" from which it was materially reproduced was left to civil servants rather than to the legislature[18]. Some have argued that there were substantive changes introduced into the Queen's Printer version that were not properly given force of law — most famously article 1056 C.C.L.C., that suprisingly uncivilian rule dealing with deceased victims of civil wrongs[19]. The publication by the government of the Information Note of 2014 provides an occasion to revisit the problem of the how the legislature can properly place powers in the hands of civil servants charged with consolidating the Civil Code, and an opportunity to measure whether those hands are sufficiently "tremblantes". Moreover, we await with interest to see if the legislature will choose to adopt other changes to the Code proposed by the Bloom Committee by way of formal enactment in the months that come.

Code-watchers — including those in the Ministry of Justice — are all new to the process of updating and rendering official the Civil Code electronically. So too are the editors of this work: this year we have endeavoured, as in the past, to present the texts in the most exacting manner possible. We plan to spend some of the upcoming months refining the critical analysis of the (not) new but (much) improved *Civil Code of Québec* now in force since May. In order to assist readers, we have chosen to reproduce, as an addition to this Note, the list of changed articles published by the *Service de refonte* in 2014.

***

---

[18]See ss. 1, 4 and 5 of the *Act respecting the Civil Code of Lower Canada*, S.C. 1865, c. 41.

[19]See Paul-André Crépeau and John E.C. Brierley, eds, *Civil Code - Code civil, 1866-1980: édition historique et critique — An Historical and Critical Edition* (Montreal: SOQUIJ/Chambre des notaires du Québec, 1981) 371 and its *Supplément — Supplement 1980-1993* (Cowansville: Chambres des notaires/Éditions Yvon Blais, 2012) 193.

NOTE TO THE 2014-2015 EDITION

The authors would like to thank Mtre Linda Domingue and Mtre Louis Bossé of the Éditions Yvon Blais for their assistance again this year. Thanks are also offered to Geneviève Bélanger, Edmund Coates, Ludovic Langlois-Thérien, Robert Leckey, the late Roderick Macdonald, Michael McAuley, Alexandra Popovici, Lionel Smith and Régine Tremblay for their helpful contributions to the preparation of this year's edition. Suggestions as to how this work can be improved are welcome and may be addressed to the undersigned at centre.crepeau@mcgill.ca. As in the past, the editors' royalties are made over to the Centre to support research in the civil law.

Jean-Maurice Brisson
Nicholas Kasirer
June 2014

NOTE D'INFORMATION

Code civil du Québec

Les articles suivants incluent les opérations suivantes:

Uniformisation de la terminologie, qualité de la langue, erreurs de transcription et corrections d'erreurs mineures afin de rétablir la concordance entre les versions française et anglaise LIVRE II art. 593 LIVRE V, TITRE I art. 1690 LIVRE V, TITRE II, CHAPITRE I art. 1728 LIVRE V, TITRE II, CHAPITRE XV art. 2608 LIVRE IX art. 3005, 3009, 3017 et 3036.

INFORMATION NOTE

Civil Code of Québec

This compilation includes the following operations:

Terminological uniformity; quality of language; errors of transcription and minor corrections with a view to reconciling the French and English versions BOOK I

- art. 2, 7, 8, 16, 18, 22, 23, 26, 31, 37, 39, 41, 42, 43, 44, 46, 49, 51, 52, 56, 57, 58, 59, 64, 68, 69, 71, 76, 82, 84, 87, 92, 94 , 99, 101, 109, 117, 121.2, 127, 128, 135, 137, 138, 144, 148, 160, 162, 163, 164, 165, 166, 172, 173, 174, 175, 181, 183, 191, 196, 201, 204, 208, 209, 212, 213, 214, 215, 216, 218, 221, 222, 223, 224, 225, 227, 230, 232, 233, 240, 263, 267, 268, 272, 273, 274, 279, 280, 281, 282, 283, 285, 291, 293, 294, 299, 303, 313, 315, 316, 317, 318, 319, 329, 331, 333, 341, 347, 351, 352, 356, 360, 362 and 366.

BOOK II

- art. 373, 380, 382, 404, 405, 408, 410, 411, 420, 423, 434, 435, 438, 441, 442, 447, 448, 452, 453, 454, 457, 463, 466, 468, 474, 476, 477, 482, 484, 486, 488, 492, 496, 501, 504, 512, 518, 521, 521.3, 521.9, 521.10, 521.12, 521.14, 521.16, 521.17, 521.18, 525, 530, 534, 538.2, 538.3, 539, 552, 556, 559, 561, Subsection 5 before art. 563, 563, 566, 568, 574, 582, 584, 587.2, 589, 596, 596.1, 605, 606 and 607.

BOOK III

- Title I before art. 613, 613, 614, 616, Chapter II before art. 617, 619, 620, 621, 623, 624, 625, 628, 631, 632, 633, 635, 638, 639, 640, 644, 649, 652, 653, 660, 686, 688, 689, 691, 693, 694, 695, 696, 697, 698, 713, 714, 716, 717, 718, 723, 724, 725, 726, 727, 728, 729, 730, 733, 735, 736, 737, 738, 739, 740, 741, 742, 744, 745, 746, 749, 750, 751, 754, 758, 759, 760, 761, 764, 767, 768, 770, 772, 773, 774, 779, 780, 782, 785, 787, 790, 791, 792, 793, 797, 798, 799, 800, 801, 802, 804, 807, 809, 811, 812, 813, 814, 815, 817, 818, 819, 820, 822, 827, 833, 835, 838, 839, 840, 841, 842, 843, 844, 845, 846, 847, 848, 851, 852, 853, 854, 855, 856, 857, 858, 859, 860, 864, 865, 866, 872, 874, 876, 877, 881, 882, 886, 888, 889, 890, 893, 894, 895 and 898.

BOOK IV

- Chapter II before art. 908, 908, 911, 912, 920, 923, 925, 929, 931, 933, 934, 952, 959, 961, 962, 963, 966, 973, 974, 975, 978, 982, 986, 988, 992, 993, 995, 997, 999, 1001, 1002, 1004, 1007, 1008, 1010, 1012, 1013, 1014, Section II before art. 1015, 1015, 1016, 1017, 1018, 1019, 1020, 1021, 1022, 1023, 1024, 1025, 1026, 1027, 1028, 1030, 1031, 1032, 1033, 1034, 1035, 1036, 1039, 1040, 1041, 1042, 1043, 1044, 1048, 1053, 1055, 1058, 1059, 1060, 1061, 1063, 1065, 1066, 1067, 1068, 1069, 1070, 1071, 1073, 1074, 1075, 1076, 1079, 1080, 1081, 1082, 1084, 1085, 1086, 1087, 1088, 1089, 1090, 1092, 1093, 1095, 1097, 1098, 1099, 1100, 1101, Section VIII before art. 1104, 1104, 1105, 1106, 1107, 1108, 1118, 1120, 1124, 1129, 1130, 1131, 1132, 1133, 1134, 1135, 1138, 1144, 1151, 1152, 1153, 1154, 1156, 1157, 1159, 1160, 1163, 1166, 1167, 1168, 1172, 1173, 1175, 1178,

1179, 1181, 1183, 1192, 1195, 1196, 1197, 1198, 1200, 1201, 1202, 1203, 1204, 1205, 1206, 1207, 1208, 1209, 1210, 1211, 1212, 1214, 1215, 1218, 1219, 1220, 1221, 1225, 1229, 1230, 1232, 1233, 1234, 1235, 1237, 1239, 1241, 1244, 1245, 1246, 1247, 1248, 1249, 1251, 1252, 1253, 1255, 1259, 1262, 1263, 1268, 1269, 1271, 1272, 1281, 1283, 1284, 1294, 1297, 1302, 1303, 1304, 1308, 1311, 1312, 1316, 1319, 1320, 1322, 1323, 1325, 1328, 1330, 1333, 1338, Section V before art. 1339, 1339, 1340, 1342, 1344, 1352, 1353, 1357, 1359, 1360, 1361, 1363, 1365, 1366 and 1367.

BOOK V, TITLE I

- art. 1375, 1377, 1383, 1385, 1387, 1392, 1394, 1395, 1399, 1400, 1405, 1406, 1408, 1409, 1414, 1420, 1423, 1433, 1438, 1442, 1443, 1444, 1453, 1455, 1457, 1458, 1459, 1460, 1461, 1462, 1463, 1464, 1465, 1466, 1467, 1468, 1469, 1470, 1471, 1473, 1475, 1476, 1477, 1478, 1479, 1480, 1484, 1485, 1488, 1489, Section II before art. 1491, 1492, 1493, 1494, 1495, 1520, 1522, 1525, 1527, 1530, 1532, 1533, 1538, 1548, 1549, 1555, 1557, 1561, 1562, 1563, 1566, 1573, 1576, 1577, 1578, 1579, 1580, 1581, 1582, 1583, 1584, 1585, 1588, 1592, 1595, 1600, 1602, 1603, 1605, 1608, 1610, 1611, 1614, 1615, 1616, 1617, Subsection 2 before art. 1622, 1622, 1625, 1627, 1631, 1632, 1633, 1634, 1636, 1639, 1641, 1644, 1645, 1646, 1648, 1653, 1656, 1658, 1659, 1660, 1661, 1662, 1663, 1664, 1665, 1666, 1668, 1673, 1677, 1678, 1680, 1690, 1693, Section VI before art. 1695, 1695, 1696, 1697, 1699, 1700, 1701, 1702, 1703 and 1706.

BOOK V, TITLE II, CHAPTER I

- art. 1708, 1709, 1711, 1712, 1713, 1714, 1716, 1718, 1719, 1720, 1724, 1725, 1726, 1727, 1728, 1729, 1732, 1734, 1737, 1738, 1739, 1741, 1742, 1743, Subsection 7 before art. 1744, 1745, 1747, 1750, 1754, 1755, 1756, 1762, 1763, 1765, 1766, 1779, 1784, 1785, 1786, 1787, 1788, 1789, 1790, 1791, 1792, 1793, 1794, 1799 and 1804.

BOOK V, TITLE II, CHAPTER II

- art. 1806, 1807, 1808, 1811, 1812, 1813, 1814, 1815, 1820, 1823, 1827, 1828, 1829, 1832 and 1841.

BOOK V, TITLE II, CHAPTER III

- art. 1842, 1844, 1847 and 1848.

BOOK V, TITLE II, CHAPTER IV

- art. 1851, 1852, 1857, 1858, 1859, 1860, 1861, 1862, 1863, 1864, 1865, 1867, 1868, 1869, 1870, 1871, 1874, 1875, 1877, 1878, 1882, 1886, 1887, 1888, 1889, 1890, 1891, Section IV before art. 1892, 1892, 1893, 1894, 1895, 1898, 1900, 1901, 1903, 1905, 1907, 1914, 1916, 1921, 1922, 1923, 1928, 1932, 1935, Subsection I before art. 1936, 1938, 1940, 1941, 1942, 1943, 1947, 1950, 1954, 1955, 1959, 1962, 1963, 1965, 1966, 1969, 1971, 1975, 1977, Subsection 9 before art. 1979, 1983, 1984, 1985, 1986, 1987, 1988, 1989, 1991, 1996 and 1997.

BOOK V, TITLE II, CHAPTER V

- art. 2001, 2002, 2003, 2004, 2005, 2006, 2007, 2009, 2012, 2013, 2014, 2017, 2018, 2019, 2020, 2021, 2023, 2024, 2025, 2026, 2027, 2028 and 2029.

BOOK V, TITLE II, CHAPTER VI

- Section I before art. 2030, 2031, 2033, 2034, 2037, 2039, 2041, 2044, 2049, 2050, 2053, 2054, 2055, 2058, 2059, Subsection 2 before art. 2061, 2061, 2062, 2064, 2065, 2066, 2068, 2069, 2071, 2072, 2073, 2074, 2075, 2078, 2079, 2082, 2083 and 2084.

BOOK V, TITLE II, CHAPTER VII

- art. 2085, 2088, 2089, 2091, 2092 and 2096.

BOOK V, TITLE II, CHAPTER VIII

- art. 2098, 2099, 2100, 2101, 2103, 2104, 2105, 2107, 2108, Subsection 2 before art. 2110, 2111, 2113, 2114, 2115, 2116, 2118, 2119, 2120, 2121, 2122, 2123, 2124, 2126, 2128 and 2129.

BOOK V, TITLE II, CHAPTER IX

- art. 2130, 2131, 2133, 2134, 2135, 2137, 2138, 2139, 2140, 2141, 2142, 2143, 2144, 2145, 2146, 2153, 2154, 2155, Section III before art. 2157, 2157, 2158, 2159, 2160, 2161, 2162, 2163, 2164, 2165, 2166, 2167, 2167.1, 2168, 2169, 2173, 2174, 2175, 2176, 2177, 2178, 2179, 2180, 2181, 2183 and 2184.

BOOK V, TITLE II, CHAPTER X

- art. 2186, 2188, 2195, 2196, 2197, 2198, 2199, 2200, 2202, 2204, 2205, 2206, 2207, 2208, 2209, 2211, 2213, 2214, 2215, 2216, 2218, 2219, 2220, 2221, 2222, 2223, 2224, 2226, 2227, 2228, 2229, 2230, 2231, 2233, 2236, 2237, 2239, 2241, 2242, 2243, 2244, 2246, 2250, 2251, 2252, 2253, 2254, 2255, 2256, 2257, 2258, 2259, 2260, 2261, 2262, 2265, 2266, 2267, 2268, 2269, 2272, 2273, 2274, 2275, 2276, 2277 and 2279.

BOOK V, TITLE II, CHAPTER XI

- art. 2280, 2281, 2283, 2284, 2285, 2286, 2288, 2289, 2290, 2292, 2294, 2295, 2298, 2302, 2304, 2307 and 2308.

BOOK V, TITLE II, CHAPTER XII

- art. 2313, 2314, 2315, 2316, 2319, 2321, 2322 and 2326.

BOOK V, TITLE II, CHAPTER XIII

- art. 2337, 2338, 2341, 2342, 2344, 2345, 2348, 2351, 2354, 2356, 2358, 2362, 2363 and 2365.

BOOK V, TITLE II, CHAPTER XIV

- art. 2367, 2368, 2369, 2371, 2373, 2377, 2378, 2379, 2380, 2381, 2384, 2386, 2387 and 2388.

BOOK V, TITLE II, CHAPTER XV

- art. 2389, 2392, 2393, 2395, 2396, 2400, 2401, 2403, 2404, 2405, 2408, 2409, 2410, 2411, 2412, 2415, 2420, 2421, 2422, 2424, Subsection 4 before art. 2425, Subsection 5 before art. 2427, 2431, 2433, 2434, 2435, 2436, 2437, 2441, 2443, 2445, 2447, 2449, Subsection II before art. 2453, 2454, 2456, 2458, 2459, 2461, 2462, 2463, 2464, 2465, 2466, 2467, 2468, Subsection III before art. 2469, 2470, 2471, 2472, 2473, 2474, 2476, 2478, 2479, Subsection I before art. 2480, 2481, 2483, 2484, 2485, 2486, 2487, Subsection IV before art. 2490, 2491, 2492, 2493, 2496, 2499, 2500, 2501, 2502, 2513, 2515, 2516, 2522, 2526, 2527, 2528, 2530, 2533, 2537, 2538, 2542, 2543, 2545, 2547, 2549, 2550, 2552, 2553, 2554, 2563, 2565, 2568, 2569, 2571, 2573, 2574, 2576, 2577, 2579, 2593, 2595, 2599, 2600, 2602, 2603, 2605, 2612, 2613, 2617, 2619, 2620, 2626, 2627 and 2628.

BOOK V, TITLE II, CHAPTER XVI

- art. 2629 and 2630.

BOOK V, TITLE II, CHAPTER XVII

- art. 2636.

BOOK VI

- art. 2645, 2647, 2648, 2650, 2651, 2652, 2654, 2654.1, 2657, 2660, 2661, 2662, 2663, 2664, 2666, 2667, 2668, 2670, 2672, 2673, 2674, 2675, 2676, 2677, 2678, 2679, 2682, 2683, 2684, 2688, 2689, 2690, 2693, 2694, 2697, 2699, 2700, 2708,

2710, 2711, 2712, 2713, 2714, 2715, 2716, 2717, 2718, 2719, 2721, 2724, 2725, 2726, 2727, 2728, 2729, 2731, 2732, 2733, 2734, 2735, 2736, 2737, 2738, 2739, 2740, 2741, 2742, 2743, 2745, 2746, 2747, 2748, 2750, 2751, 2752, 2753, 2754, 2755, 2757, 2758, 2759, 2760, 2761, 2762, 2764, 2766, 2767, 2769, 2770, 2771, 2772, 2774, 2775, 2776, 2777, 2778, 2779, 2780, 2781, 2783, 2786, 2788, 2789, 2790, 2793, 2794, 2795, 2796, 2797, 2800, 2801 and 2802.

BOOK VII

- art. 2803, 2807, 2808, 2810, Title II before art. 2811, 2811, 2813, 2814, 2815, 2816, 2817, 2820, 2821, 2822, 2824, 2827, 2828, 2829, 2830, 2832, 2833, 2836, 2838, 2839, 2841, 2844, 2846, 2848, 2851, 2852, 2853, Chapter V before art. 2854, 2854, 2855, 2856, Title III before art. 2857, 2857, 2858, Chapter II before art. 2859, 2859, 2860, 2861, 2862, 2865, 2866, 2868, 2869, 2870, 2872 and 2873.

BOOK VIII

- art. 2875, 2876, 2877, 2878, 2880, 2882, 2883, 2885, 2886, 2893, 2894, 2895, 2896, 2898, 2903, 2909, 2911, 2913, 2914, 2917, 2921, 2922, 2923, 2925, 2926, 2927, 2928, 2931, 2932 and 2933.

BOOK IX

- art. 2939, 2940, 2942, 2943, 2944, 2945, 2948, 2949, 2950, 2951, 2952, 2953, 2954, 2956, 2961, 2961.1, 2963, 2968, 2971.1, 2972.2, 2979, 2981.1, 2981.2, 2985, 2988, 2990, 2991, 2992, 2993, 2994, 2996, 2997, 2998, 2999, 2999.1, 3000, 3001, 3003, 3005, 3006, 3006.1, 3007, 3008, 3009, 3014, 3015, 3017, 3018, 3019, 3020, 3021, 3022, 3023, 3023.1, 3024, 3027, 3028, 3028.1, 3029, 3030, 3031, 3032, 3033, 3034, 3035, 3038, 3039, 3040, 3041, 3042, 3043, 3044, 3054, 3055, 3057, 3058, 3059, 3061, 3062, 3063, 3065, 3066.2, 3069, 3070, 3071, 3073, 3075 and 3075.1.

BOOK X

- art. 3077, 3079, 3080, 3081, 3082, 3083, 3084.1, 3085, 3086, 3087, 3088, 3089, 3090, 3090.1, 3090.2, 3090.3, Subsection 4 before art. 3091, 3092, 3097, 3098, 3099, 3100, 3102, 3103, 3104, 3105, 3106, 3107, 3108, 3108.1, 3108.2, 3108.3, 3108.5, 3108.6, 3108.7, 3108.8, 3109, 3110, 3111, 3112, 3113, 3114, 3115, 3116, 3117, 3118, 3119, Subsection 6 before art. 3120, 3121, 3123, 3124, 3126, 3128, 3129, 3130, 3133, 3134, 3135, 3136, 3140, 3141, 3142, 3143, 3144, 3145, 3146, 3147, 3148, 3149, 3150, 3151, 3152, 3153, 3154, 3155, 3156, 3158, 3159, 3160, 3161, 3162, 3163, 3164, 3165, 3166, 3167 and 3168.

AVANT-PROPOS

PREFACE

AVANT-PROPOS

De deux maux, il faut choisir le moindre, a-t-on coutume de dire, et c'est bien devant un tel dilemme que l'on est placé lorsqu'il s'agit de décider de la publication d'un code civil en feuilles mobiles ou en version reliée. Qui n'a pas eu à goûter en effet, à un moment ou à un autre, aux avantages prétendus des éditions à « feuilles volantes »? Destinées à la mise à jour périodique, de telles éditions relèguent nécessairement dans l'oubli, au fur et à mesure du remplacement de leurs pages — et au profit d'un présent lui-même transitoire — , le texte des règles jusqu'alors applicables. Par contraste, l'édition reliée, même lorsqu'elle est révisée annuellement, tend à masquer le fait que, comme tout texte législatif, un code constitue une oeuvre vivante[1]. Le jour n'est sans doute pas loin, on peut le souhaiter, où l'information numérique parviendra à atténuer les inconvénients respectifs de l'une et l'autre formules[2]. Pour l'heure, on trouvera ici, dans une nouvelle livrée, l'édition critique que les auteurs ont d'abord fait paraître en feuilles mobiles[3]. Bien qu'elle soit aujourd'hui abandonnée, il n'est peut-être pas déraisonnable de penser que cette édition antérieure, progressivement déclassée par nombre de changements législatifs qui ont cessé d'y être intégrés, pourra malgré tout continuer à remplir son office. Ce ne serait de toute façon pas la première fois qu'une promesse, non tenue, finirait par être oubliée[4].

Cette édition critique cherche à poursuivre l'oeuvre proposée par Paul-André Crépeau, destinée à évaluer la qualité et la concordance des textes anglais et français du droit commun du Québec. Dans cette nouvelle édition reliée, les divergences entre les deux textes et les impropriétés de termes ont été mises en évidence à chaque fois qu'elles pouvaient être perçues comme étant de conséquence sur le plan juridique, alors que celles, plus nombreuses, qui n'étaient que source d'agacement ont été simplement passées sous silence. Le travail critique présenté dans cette édition a été accompli à partir d'une certaine idée de la codification, suivant laquelle l'édification d'un code doit en révéler l'« harmonie interne », pour reprendre le mot d'un juriste éminent, et notamment à travers la constance du langage : « l'emploi répétitif des mêmes notions et des mêmes formules (...) repose sur le postulat d'une discipline linguistique : celle qui décide, au sein d'un même code, de placer toujours la même charge intellectuelle sur le même support, le même

---

[1]La question des modes de publication des lois du Québec et de leur fiabilité a été soulevée, il y a quelque soixante ans, par un groupe d'experts au nombre desquels figuraient Antonio Perrault, Pierre Basile Mignault, Édouard Fabre-Surveyer, Louis-Joseph de la Durantaye, Louis-Philippe Gagnon et Maximilien Caron: « Rédaction et publication des lois », (1941) 1 *R. du B.* 5, 27, 55, 79, 107, 143, 170, 175.

[2]Au moment d'écrire ces pages (le 30 juin 2000), seul le texte français du *Code civil du Québec* peut être consulté sur le site Internet du gouvernement du Québec, où il a été placé par les bons soins des Publications du Québec. Le texte anglais du Code n'y est pas encore reproduit, encore moins présenté en regard de l'autre: http://doc.gouv.qc.ca.

[3]L'édition originale a été publiée en 1997, aussi bien en feuilles mobiles que sous forme reliée: Jean-Maurice BRISSON et Nicholas KASIRER, *Code civil du Québec [:] Édition critique / Civil Code of Québec [:] A Critical Edition*, Cowansville, Éditions Yvon Blais, 1997.

[4]En plus de quelques éditions en feuilles mobiles demeurées sans suite, on compte parmi les promesses perdues un petit nombre d'ouvrages de droit québécois dont le deuxième tome n'a jamais paru. Sur les risques de toute entreprise du genre, on pourra se reporter aux propos bien sentis de J. Émile BILLETTE, « Avant-propos », *Traité théorique et pratique de droit civil canadien. Donations et testaments*, t. 1, Montréal, à compte d'auteur, 1993, p. iii et iv: « Un second tome suivra donc... lorsqu'il sera terminé. Nous ne sommes pas sous contrat. Nous n'avons jamais souffert les laisses, même dorées ».

signifié sous le même signifiant »[5]. C'est dans cette perspective qu'il a paru nécessaire de signaler au lecteur toutes les divergences jugées inconciliables entre les deux textes du code[6], les fautes de grammaire et erreurs apparentées[7], et les variations de langage susceptibles d'être source de confusion[8], en omettant cependant les inexactitudes linguistiques mineures[9]. On pourra juger de l'utilité de l'entreprise en constatant qu'elle a parfois retenu l'attention du législateur[10], à l'image d'ailleurs, en temps opportun, de celle du professeur Crépeau.

Il est manifeste que le législateur s'est astreint, en veillant à l'uniformité du style et du vocabulaire[11], à une certaine discipline linguistique destinée à assurer l'harmonie interne — mais non officiellement exprimée[12] — de l'oeuvre. On constate au surplus que l'effort a été poursuivi au-delà des frontières du Code, pour s'étendre à la législation dite statutaire, qu'une loi récente d'importance cherche à mettre en accord avec lui[13]. Comme on peut être tenté, enfin, de raccrocher à des préoccupations semblables l'initiative qui vise à harmoniser la législation fédérale avec « le droit civil de la province de Québec »[14]. Autant de situations qui justifient que le Code civil soit en mesure de servir de standard linguistique — de diapason juridique, en quelque sorte, comme le propose métaphoriquement Gérard Cornu — , en fonction duquel la terminologie du droit écrit, de quelque source que celui-ci provienne, puisse être accordée. Il paraissait à ce titre souhaitable, pour ne prendre qu'un seul exemple, de déterminer lequel des termes « dommage » ou « préjudice » serait destiné à exprimer la notion de perte en droit privé, ce qui semble

---

[5] Gérard CORNU, « Codification contemporaine: valeurs et langage », dans *L'art du droit en quête de sagesse*, Paris, P.U.F., 1998, 357, à la p. 367 (texte d'une conférence prononcée, dans sa forme initiale, à l'occasion d'un colloque sur la codification tenu au Québec en 1981).

[6] Voir, par exemple, l'art. 3018 (2) C.c.Q., tel que modifié par L.Q. 1998, c. 5 (en vigueur le 11 septembre 1999), qui associe improprement les termes « des biens qu'une personne possède » et « properties *owned* by a person ».

[7] Dans ce même article 3018 C.c.Q., les auteurs ont considéré comme impropre parce qu'au pluriel le terme « properties », erreur signalée par un astérisque (*). Comp., entre autres, l'art. 1260 C.c.Q. (biens/property).

[8] Les auteurs ont par exemple relevé ce qui paraît bien être une modification de la terminologie courante à l'art. 1745 C.c.Q. (tel que mod. par L.Q. 1998, c. 5), où l'expression « to have effect against third persons » est utilisée en lieu et place de « to set up against third persons », d'emploi fréquent au Code.

[9] L'art. 2683 C.c.Q., par exemple, a été modifié (L.Q. 1998, c. 5) par l'ajout des mots « subject to the rules as to form and *contents* prescribed by this Book or by regulation ». Il aurait sans doute été préférable de parler de « rules as to form and *content* », mais comme l'erreur est sans conséquence sur le sens à donner au texte, elle a été passée sous silence.

[10] Si les auteurs sont tentés de se réjouir de la correction apportée à une erreur qu'ils avaient signalée, dans l'édition antérieure de leur ouvrage, à l'art. 1750 C.c.Q. (par L.Q. 1998, c. 5), ils demeurent plutôt convaincus de l'inanité générale de leurs suggestions auprès du législateur, comme l'atteste la modification faite sans sourciller à l'art. 777 C.c.Q. (par L.Q. 1998, c. 51).

[11] On trouve une confirmation de la sensibilité du législateur à la nécessité d'une discipline linguistique dans l'emploi constant, parmi d'autres au Code, des termes « réputé »/« deemed » et « présumé »/« presumed » (voir l'art. 2847).

[12] Sauf à en retracer le germe dans la Disposition préliminaire du Code, qui énonce que le Code civil « est constitué d'un ensemble de règles qui, en toutes matières auxquelles se rapportent la *lettre* [. . .] de ses dispositions, établit, en termes exprès ou de façon implicite, le droit commun ».

[13] *Loi concernant l'harmonisation au Code civil des lois publiques*, L.Q. 1999, c. 40, dont les notes explicatives énoncent que ce « projet de loi a pour objet d'harmoniser les lois publiques avec le Code civil du Québec en leur apportant des modifications à caractère conceptuel, terminologique ou technique qui découlent de la réforme du Code civil, ainsi que des modifications que cette harmonisation rend nécessaires ». L'emploi des termes « réputé »/« deemed » et « présumé »/« presumed » a par exemple été étendu, par cette loi, à l'ensemble de la législation.

[14] *Loi n° 1 visant à harmoniser le droit fédéral avec le droit civil de la province de Québec et modifiant certaines lois pour que chaque version linguistique tienne compte du droit civil et du common law*, 36ᵉ Parl., 48-49 Eliz. II, 1999-2000 (Projet de loi S-22). Bien que, par son titre, la loi en question vise l'harmonisation de la législation fédérale et du droit civil, elle fait expressément voir par son préambule que le *Code civil du Québec* constitue, aux yeux du Parlement, le principal réservoir terminologique du droit privé québécois.

bien avoir été fait dans le *Code civil du Québec*[15]. Il devenait ensuite tout naturel, une fois le choix arrêté, de le faire rayonner à travers l'ensemble des *Lois refondues du Québec*[16].

Même si toute discipline digne de ce nom comporte par essence une part de souplesse, certaines lacunes évidentes dans les modifications apportées récemment au Code demeurent injustifiables. Nombre d'indices tendent à démontrer que le législateur n'a pas encore pleinement adhéré, à l'heure où le quadrillage des textes par ordinateur rend pourtant la chose commodément accessible[17], à la nécessité même d'une discipline linguistique[18]. Tout écart à la norme n'est bien sûr pas à condamner : la modernisation du lexique par le Code et par son rayonnementcommeexpression du droit communsuppose en effet que l'on accepte la survenance de termes nouveaux[19] ou renouvelés[20]. On est cependant amené à conclure, tout bien considéré, que l'idée même d'harmonie interne du Code et la discipline linguistique qu'elle suppose n'ont pas encore véritablement pris racine en droit autant que l'on pourrait souhaiter. Curieusement, c'est en dehors du Code que l'harmonie paraît s'être le mieux installée : quelques termes suspects, qui ont été éliminés de la législation, subsistent encore à l'heure actuelle, au *Code civil du Québec*[21]. À cet égard, le Code civil n'aura donc pas réussi à échapper au penchant qui guette tous ceux que la discipline inspire, à savoir qu'il s'agit là d'une politique qu'il est plus agréable d'imposer aux autres qu'à soi-même.

Jean-Maurice BRISSON
Nicholas KASIRER
Le 30 juin 2000

Les auteurs tiennent à remercier Me Linda Domingue qui, aux Éditions Yvon Blais, a supervisé avec attention les travaux d'édition de cet ouvrage.

---

[15]Les termes « préjudice »/« injury » ont été préférés à « dommage »/« damage », d'usage prépondérant dans le *Code civil du Bas Canada*. Comp., par exemple, les art. 1457 C.c.Q. et 1053 C.c.B.C. Pour une analyse critique de ce choix, voir Centre de recherche en droit privé et comparé du Québec (comité de rédaction du *Dictionnaire de droit privé/Private Law Dictionary*) « "Damage/Dommage" and "Injury/Préjudice" », (2000) 68 Circuit (sous presse).

[16]Les termes « préjudice »/« injury » semblent avoir été privilégiés par la *Loi concernant l'harmonisation au Code civil des lois publiques*, L.Q. 1999, c. 40.

[17]Voir, par exemple, l'emploi persistant du terme « dommages » plutôt que de « préjudice », à l'art. 1077 C.c.Q. Si l'utilisation du mot « dommage » aurait été correcte, compte tenu du caractère pécuniaire de la perte visée, l'emploi de « dommages », au pluriel, désigne plutôt — erronément dans le contexte — les « dommages-intérêts ». On notera que le texte anglais porte, à juste titre, de « damage ».

[18]Sauf à rappeler ici, à cet égard, l'apport vigilant de la Commission de terminologie juridique, mise sur pied par l'Office de la langue française et le ministre de la Justice du Québec, qui a pour responsabilité de « corriger les impropriétés terminologiques qui existent dans notre langue juridique »: Québec (Commission de terminologie juridique), *Termes juridiques: vocabulaire français/anglais*, Québec, Ministère de la Justice, 1997, avant-propos.

[19]Le vocabulaire usité en matière d'actes de l'état civil a été récemment modifié — numérisation oblige: comp. l'art. 134, tel que mod. par L.Q. 1999, c. 47 (« exemplaire informatique »/« computerized copy »), et l'art. 135 C.c.Q. (« exemplaire numérique »/« computerized version »), mod. par la même loi.

[20]L'emploi du terme « covenant », dans le texte anglais de l'art. 1852 C.c.Q. (tel que mod. par L.Q. 1998, c. 5), en fournit un exemple. À la différence de ce qu'il évoque dans la tradition de *common law*, ce terme, utilisé en parallèle avec celui de « convention », ne renvoie pas nécessairement à un écrit. Comparer avec l'usage (plutôt rare) qu'en faisait le *Code civil du Bas Canada*, surtout en matière de droit matrimonial (« marriage covenants », à l'art. 110 C.c.B.C., par exemple).

[21]Les termes « emphyteutic lessee » et « emphyteutic lease », erronément employés parce qu'associant l'emphytéose au registre des droits personnels plutôt que réels, ont été remplacés par la *Loi concernant l'harmonisation au Code civil des lois publiques*, L.Q. 1999, c. 40, mais maintenus au Code: voir, par exemple, l'art. 1200. De même l'expression « real estate » a été largement éliminée de la législation du Québec par cette loi, alors qu'on la trouve encore au Code civil, par exemple à l'art. 1791.

PREFACE

The decision to publish a civil code in a bound volume rather than in looseleaf format amounts to choosing between the lesser of two evils. Many jurists have indeed had occasion to regret the false convenience of looseleaf editions. Because they invite readers to replace pages when the rules printed thereupon are subject to amendment, "les feuilles mobiles" (the French tag sends the right image) suffer from a kind of legislative amnesia when the time comes to determine the law in force at any moment other than the ever-fleeting present. By contrast, a bound edition, even when updated on an annual basis, undermines the proper view that a code, like all legislation, is a living thing.[1] Perhaps the day will come when a digitalized format will accommodate these competing inconveniences.[2] In the meantime, the editors offer a new presentation of their critical edition of the *Civil Code of Québec* as a "replacement" — we take the term from transitional law — of our eclipsed looseleaf text.[3] We allow ourselves the vanity of hoping that the former publication, now worse than dead given legislative intiatives and counter-initiatives that "moved its pages" since its inception, might continue to occupy a place on the library shelf. There is a small tradition of ignoring unkept promises in the relatively young history of legal publishing in Quebec to which we beg to adhere.[4]

This critical edition continues to pursue the ideal set by Paul-André Crépeau in examining the quality and conformity of the French and English texts of Quebec's "common law". In this new bound edition we signal discordances and infelicities when we perceive them to have an impact in law rather than those more numerous instances in which they merely present a source of irritation. Our working premise turns itself on an ideal of codification.Acode should display what one leading scholar has called an "internal harmony" which, as one of its several features, is exemplified by a consistent use of language: "l'emploi répétitif des mêmes notions et des mêmes formules. . .repose sur le postulat d'une discipline linguistique: celle qui décide, au sein d'unmêmecode, de placer toujours lamêmecharge intellectuelle sur le même support, le même signifié sous le même signifiant".[5] In this spirit, we have sought to alert readers to irreconcilable con-

---

[1]The problem of the modes of publication of Quebec legislative enactments and their impact on the understanding of what the law in force may be at any given time was mooted sixty years ago by a panel of experts including Antonio Perrault, Pierre-Basile Mignault, Édouard Fabre-Surveyer, Louis-Joseph de la Durantaye, Louis-Philippe Gagnon and Maximilien Caron in "Rédaction et publication des lois", (1941) 1 *R. du B.* 5, 27, 55, 79, 107, 143, 170, 175.

[2]At the time of this writing (30 June 2000), the *Civil Code of Québec* was accessible in French at the website of the Quebec government, Publications du Québec. The English text was not yet accessible electronically at this site, much less presented side by side with the French text: http://doc.gouv.qc.ca.

[3]The original publication appeared in looseleaf and bound editions: Jean-Maurice Brisson and Nicholas Kasirer, eds., *Civil Code of Québec [:]A Critical Edition / Code civil du Québec [:] Édition critique* (Cowansville: Éd. Yvon Blais, 1997).

[4]In addition to the occasional lapsed looseleaf edition, this tradition includes a small number of works on Quebec law for which a promised subsequent volume has never appeared: for a colourful excursis on the risks of such an enterprise, see J. Émile BILLETTE, "Avant-propos", *Traité théorique et pratique de droit civil canadien. Donation et testaments*, t. I (Montreal: priv. pub., 1933) [iii] at [iv]: "Un second tome suivra donc... lorsqu'il sera terminé. Nous ne sommes pas *sous contrat*. Nous n'avons jamais souffert les laisses, même dorées" [emphasis in original].

[5]Gérard CORNU,"Codification contemporaine: valeurs et langage" in *L'art du droit en quête de sagesse* (Paris: P.U.F., 1998) 357 at p. 367. It may be noted that Professor Cornu delivered this paper in its initial form before a Quebec audience in 1981 at a conference on codification.

flicts in meaning between the two linguistic texts,[6] errors of grammar and the like,[7] and inconsistencies of language within the Code which might themselves confuse the reader,[8] but we have stopped short of less consequential linguistic miscues, however irksome.[9] The whole appears to justify the labours of the present editors who flatter themselves in thinking that, on occasion, they have caught the ear of the legislature as Professor Crépeau seems to have done in the past.[10]

This idea of the internal harmony of a code resting on linguistic discipline, while unspoken in the Civil Code itself,[11] may properly be ascribed to the legislature which plainly has taken some pains to ensure a uniformity of style and diction in the Code.[12] Moreover it appears that the terminological discipline established in the Code has been made to extend beyond the confines of the Code itself. In an important recent statute, the legislature has sought — literally — to take the principle of internal harmony that one senses at work within the code and "harmonize public statutes with the Civil Code"[13]; moreover one might reasonably ally a federal initiative to "harmonize" federal legislation with the civil law as proceeding on the same basis.[14] The Civil Code must therefore set a linguistic standard — a sort of legal diapason, to return to Cornu's musical metaphor — against which other statutes and written legal artefacts might be terminologically tuned. To take an example, it might be thought of as consonant with this standard-setting vocation of a civil code to choose between "harm", "injury" and "damage" as a principal term for loss in private law matters, which appears to have been done in the *Civil Code of Québec*.[15]

---

[6]See, for example, art. 3018, para. 2 C.C.Q., as amended by S.Q. 1998, c. 5 (in force 11 September 1999), in which "des biens qu'une personne *possède*" and "properties *owned* by a person" are inappropriately paired [emphasis added].

[7]In art. 3018 C.C.Q. as cited *ibid.*, the editors consider the use of "properties" in the plural in the English text as inappropriate and have signalled this error with the symbol *. Compare, e.g., art. 1260 C.C.Q. ("*biens*"/"property").

[8]The editors have, for example, signalled an apparent shift in current terminology at art. 1745 C.C.Q., as amended by S.Q. 1998, c. 5, in which the expression "to have effect against third persons" is used instead of the more frequent "to set up against third persons" encountered elsewhere in the Code.

[9]Art. 2683 C.C.Q., for example, was amended by S.Q. 1998, c. 5 to add, *inter alia*, "subject to the rules as to form and *contents* prescribed by this Book or by regulation" [emphasis added]. It might have been more idiomatically correct to speak of "rules as to form and *content*" but, since this has no impact on the meaning to be attributed to the text, the editors include no critical remark under the article.

[10]The editors allowed themselves to be cheered by the correction of one error they had identified in the former edition at art. 1750 C.C.Q. by S.Q. 1998, c. 5 but feel equally sure of their general lack of influence in observing their suggestions were not followed, for example, when art. 777 C.C.Q. was modified by S.Q. 1998, c. 51.

[11]One might however consider the language in the Preliminary Provision of the *Civil Code of Québec* as an indirect acceptance of the ideal: "[t]he Civil Code comprises a body of rules which, in all matters within the *letter. . .* of its provisions, lays down the jus commune, expressly or by implication" [emphasis added].

[12]The systematic use of certain terms throughout the Code — "deemed/*réputé*" and "presumed/*présumé*" constitute two examples (see 2847 C.C.Q.) — would suggest that the legislature shares this ideal of linguistic discipline as a facet of its conception of codification.

[13]*Act to harmonize public statutes with the Civil Code*, S.Q. 1999, c. 40. The Explanatory Notes state that "[t]he object of this bill is to harmonize public statutes with the Civil Code of Québec by introducing conceptual, terminological and technical changes resulting from the reform of the Civil Code and making necessary consequential amendments". By way of example, the new linguistic discipline established for the terms "deemed/*réputé*" and "presumed/*présumé*" has been generalized throughout the statute books.

[14]*A First Act to harmonize federal law and the civil law of the Province of Quebec and to amend certain Acts in order to ensure that each language version takes into account the common law and the civil law*, 2nd sess., 36th Parl., 48-49 Eliz. II, 1999-2000 (Bill S-22). While the title of the Act speaks to harmonizing federal legislation with the Civil law, the preamble makes plain the central role that the *Civil Code of Québec* has, in mind of the federal parliament, as the principal terminological fund for Quebec private law.

[15]The terms "injury"/"*préjudice*" appear to be preferred to "damage"/"*dommage*" as were most often used in the *Civil Code of Lower Canada*. Compare, for example, art. 1457 C.C.Q. and art 1053 C.C.L.C. For a critical evaluation of this choice, see Quebec Research Centre of Private and Comparative Law (Editorial Committee, *Private Law Dictionary/Dictionnaire de droit privé*), " "Damage/ *Dommage*" and "Injury/*Préjudice*" ", (2000) 68 *Circuit* [forthcoming].

PREFACE

Once the preference is adopted for the Code, it is only natural that the legislature carry the same choice through the Revised Statutes of Québec.[16]

No self-respecting discipline is unbending, but even the advantages of counterpoint cannot justify some of the lapses evident in the more recent amendments of the Code. There are indeed a number of signs that, even in this age of computer-driven word searches,[17] the legislature has not fully seized upon the idea of linguistic discipline.[18] Of course not all departures from the standard score are to be regretted — on occasion new[19] or renewed[20] words unexpectedly enter the modern lexicon through the Code and the range of Quebec's common law is extended accordingly. But on the whole, the principle of internal harmony for the Code and the linguistic discipline upon which it might be thought to rest have been incompletely incorporated into the law. Ironically, legislation rings more harmonious outside the Code than inside: some supposedly questionable terms such as "emphyteutic lessee"[21] and "real estate"[22] have been largely banished from the statute books but, at least at the time of this writing, they linger on in the *Civil Code of Québec*. In this respect at least, the Civil Code demonstrates a common failing of disciplinarians — it appears to be better at policing others than policing itself.

Jean-Maurice BRISSON
Nicholas KASIRER
30 June 2000

The authors would like to thank Me Linda Domingue for her careful supervision of the work associated with the preparation of this text for publication.

---

[16] The terms "injury/*préjudice*" are recognized as the preferred terms, it would seem, judging by changes made by the *Act to harmonize public statutes with the Civil Code*, S.Q. 1999, c. 40, *passim*.

[17] See, e.g., the continued use of "*dommages*" in art. 1077 C.C.Q. rather than "*préjudice*". While the term "*dommage*" might have been appropriate, especially given the patrimonial character of the loss alluded to, the use of "*dommages*" in the plural evokes "*dommages-intérêts*". Note that the English text employs, more correctly, "damage".

[18] One must however salute the careful work of the Commission de terminologie juridique, created by the Office de la langue française and the Ministry of Justice of Quebec, which seeks to "corriger les impropriétés terminologiques qui existent dans notre langue juridique": Quebec (Commission de terminologie juridique), *Termes juridiques: vocabulaire français-anglais* (Quebec City: Min de la Justice, 1997) avant-propos.

[19] A new terminology has been introduced recently to accommodate acts of civil status recorded digitally: compare art. 134 C.C.Q., as amended by S.Q. 1999, c. 47 ("computerized copy"/"*exemplaire informatique*") and art. 135 ("computerized version"/"*exemplaire numérique*") as modified by the same statute.

[20] The use of the term "covenant" in the English text of art. 1852 C.C., as amended by S.Q. 1998, c. 5 provides such an example. The term, used alongside the French *convention*, does not appear to refer necessarily to a writing as it does in the common law tradition. Compare its (infrequent) use in the *Civil Code of Lower Canada*, particularly in connection with matrimonial law ("marriage covenants" at, e.g., art. 110 C.C.L.C.).

[21] The expressions "emphyteutic lessee" and "emphyteutic lease", because they wrong ally emphyteusis with personal rather than real rights, have been replaced in the *Act to harmonize public statutes with the Civil Code*, S.Q. 1999, c. 40, *passim*. The term subsists however, in the Civil Code: see, e.g., art. 1200 C.C.Q.

[22] The expression "real estate" has been largely culled from the statutes of Quebec by the *Act to harmonize public statutes with the Civil Code*, S.Q. 1999, c. 40, *passim*, although it is still to be found in the Code at e.g. art 1791 C.C.Q.

AVANT-PROPOS DE L'ÉDITION CRITIQUE ORIGINALE (1997)

PREFACE TO THE ORIGINAL CRITICAL EDITION (1997)

AVANT-PROPOS DE L'ÉDITION CRITIQUE ORIGINALE (1997)

3058. Registration for which the date after which it will cease to be effective is restricted by law or by the application for registration expires by operation of law *at midnight* on the expiry date of the period fixed by law or entered in the register, if it has not been renewed before that time.

Bien malin qui pourrait dire, s'agissant d'une question de rapport au temps, si l'arrivée de minuit marque la fin du jour ou le début d'un jour nouveau. Aussi paraît-il indifférent — « *six of one, half a dozen of the other* », dirait-on — que l'on s'en remette au texte anglais ou au texte français de l'article 3058 du *Code civil du Québec* pour l'appliquer, l'un n'ayant pas davantage que l'autre vocation à rendre justice avec une acuité particulière à l'intention exprimée. S'il n'y a entre les textes de cet article aucune divergence de fond, il fait cependant voir qu'une même idée a pu être énoncée différemment dans l'un et l'autre des registres du droit privé du Québec, chacun répondant à ses propres lois harmoniques. La distance susceptible de s'installer entre la norme et sa formulation, sans conséquence dans le cas de l'article 3058, révèle cependant sa dimension véritable, ailleurs en matière de publicité des droits par exemple[1], lorsque les deux langues d'expression du Code sont discordantes sur le plan du fond[2].

Dans un système juridique où le bilinguisme législatif est la règle, l'intention du législateur risque donc en permanence d'être obscurcie par la mise en présence de deux textes, du moins pour l'interprète préoccupé d'en déterminer la teneur à partir de perspectives différentes. Aussi est-ce à circonscrire les risques de dérive que sert d'abord le principe de l'égale autorité des deux langues d'un texte législatif, quelle qu'en puisse être par ailleurs la valeur comme symbole politique. En érigeant au centre du système d'interprétation l'idée de dialogue, si justement mise en lumière à propos du *Code civil du Québec*[3], et dont la vigueur vient d'être réaffirmée sur le plan constitutionnel par la Cour suprême du Canada[4], il manifeste qu'aucune des langues du Code n'a le pouvoir d'exprimer seule, à l'exclusion de l'autre, la règle de droit, quelles que soient les circonstances de la naissance de celle-ci.

Cette édition critique du Code civil se situe dans le prolongement des travaux qui ont été menés depuis plus de vingt ans, au Centre de recherche en droit privé et comparé du Québec de l'Université McGill, par John E.C. Brierley et Paul-André Crépeau, et qui ont eu principalement le *Code civil du Bas Canada* pour objet[5]. Elle repose sur la conviction

---

[1] Pour un exemple de divergence apparemment irréconciliable en la matière, voir l'article 3014 C.c., qui emploie simultanément les termes « *registration* » et « publicité ».

[2] Voir encore, dans le même domaine, la formulation du Titre troisième du Livre neuvième, précédant l'article 2969 C.c., qui se lit en anglais : *Formalities* of Publication », et en français : « Des *modalités* de la publicité ». Ailleurs au Code, le terme « modalités » est associé, en anglais, à « *special modes* » (Titre troisième du Livre quatrième) et à « *modalities* » (art. 1497 C.c. et suiv.), alors que le terme « *formalities* » est employé simultanément, en français, avec « formalités » en matière testamentaire (voir, par ex., l'art. 718 C.c.).

[3] Par John E. C. BRIERLEY, « Les langues du Code civil du Québec », dans Pierre-André CÔTÉ (dir.), *Le nouveau Code civil du Québec, Interprétation et application*, Montréal, Éditions Thémis, 1993, 129, à la p. 138.

[4] Dans l'arrêt *Doré c. Verdun (Ville de)* (10 juillet 1997), J.E. 97-1443 (C.S.C.), qui mettait en cause l'interprétation des termes disposition/*stipulation*, employés à l'article 2930 C.c.

[5] Paul-André CRÉPEAU et John E. C. BRIERLEY (dir.), *Code civil — Civil Code 1866–1980 [:] Édition historique et critique [/] An Historical and Critical Edition*, Université McGill, Centre de recherche en droit privé et comparé (Montréal, Chambre des notaires du Québec et Société québécoise d'information juridique, 1981), suivi d'un *Supplément-*

identique que le bilinguisme en droit civil est un trait distinctif du droit québécois qui mérite d'être valorisé, ne serait-ce qu'en raison du fait qu'il constitue, soit par la présence de la langue anglaise, soit même par l'existence d'un lexique français de droit civil influencé par la langue anglaise, un phénomène d'exception dans les pays de tradition romano-germanique. Sa principale raison d'être tient donc tout entière dans le sentiment que les deux registres dans lesquels le droit commun[6] du Québec en droit privé est exprimé sont indissociables et tendent mutuellement à dire le droit sur chaque question abordée par le Code.

Sur le plan pratique, l'utilité première de cette édition critique réside dans le fait que, pour chacune des dispositions du Code, elle signale le cas échéant les divergences de fond qui en opposent le texte français et le texte anglais — et confirme en conséquence, en l'absence d'annotation, que l'un et l'autre sont accordés. De telles divergences ont été signalées par l'emploi d'un signe (†), dont l'utilisation a été cependant restreinte aux cas nets d'incompatibilité. Dire que les deux textes d'une disposition du Code divergent sur le plan du fond est, en effet, affaire d'interprétation[7]. Or il est bien souvent possible sinon facile, en ayant recours à des moyens usuels d'interprétation, de réconcilier des textes apparemment discordants. Cette réconciliation a été retenue à chaque fois qu'elle était praticable, avec le résultat que les textes ainsi jugés comme parlant à l'unisson n'ont fait l'objet d'aucune annotation[8]. À l'inverse, les divergences qui imposent une hiérarchisation des textes anglais et français, l'un des deux ayant seul vocation à exprimer l'intention du législateur, ont été signalées partout[9], sans indication de préférence. Certaines de ces divergences ont été corrigées, à la hâte sans doute, par la *Loi sur l'application de la réforme du Code civil*[10], comme d'autres l'ont été par le Code lui-même, qui existaient

---

Supplement 1980–1983 (Montréal, Chambre des notaires du Québec, 1983). Le professeur Crépeau a aussi publié, à compter de 1981, une édition critique annuelle et bilingue des Codes civils, couvrant à la fois la partie en vigueur du *Code civil du Québec de 1980*, et dont la dernière édition a paru en 1993 : Paul-André CRÉPEAU, *Les Codes civils-The Civil Codes [:] Édition critique [/] A Critical Edition*, Université McGill, Centre de recherche en droit privé et comparé du Québec (Cowansville et Montréal, Éditions Yvon Blais, 1993).

[6]L'association — contestable — des termes « droit commun » et « *jus commune* » dans les deux langues de cet avant-propos repose sur l'exemple que véhicule la Disposition préliminaire du *Code civil du Québec*. Voir cependant la note qui en suit immédiatement le texte, même que l'article 1725, *infra*.

[7]Pour une analyse complète de la part du bilinguisme dans la théorie et la pratique de l'interprétation des lois, voir Roderick A. MACDONALD, « Legal Bilingualism », (1997) 42 *R.D. McGill* 119.

[8]L'emploi simultané des termes suivants, par exemple, a été passé sous silence : opérations juridiques/*juridical acts* (art. 214), indivision/*undivided ownership* (art. 840, et partout ailleurs dans le Code), jour/*time* (art. 931-932), elle/*the alienation* (art. 1047), créance/*debt* (art. 809 et 1132), envers/*with* (art. 1486(2)), échus/*accrued* (art. 1620), frais judiciaires/*legal costs* (art. 1644), société/*partnership or company* (art. 1778), cours/*ordinary course* (notamment à l'art. 2550), porter atteinte/*affect* (art. 2774) et à l'appréciation du tribunal/*to the discretion of the court* (art. 2849). De même, n'a pas été signalée la discordance entre tous les titres des divisions du Code, qui en français présentent la matière comme n'étant pas exhaustivement couverte, contrairement au texte anglais, qui n'emploie plus le mot « *of* » (par ex. : « De la convention d'arbitrage/*Arbitration Agreements* », coiffant les art. 2638 à 2643). Il s'agit là d'un changement général par rapport au *Code civil du Bas Canada*, qui pourrait ne pas toujours être sans conséquence (par ex. : « Des démembrements du droit de propriété/*Dismemberments of the Right of Ownership* »). En revanche, certaines nuances entre les deux textes peuvent avoir été jugées irréconciliables (par ex. : injustement/*unlawfully* (art. 1650)).

[9]Par ex. : incessibles/*inalienable* (art. 3), selon les exigences de la bonne foi/*in good faith* (art. 6, comp. art. 194), habilitée/*qualified* (art. 22), besoins physiques/*material needs* (art. 33), doit rendre compte/*is accountable* (art. 169), frais utiles/*expenses reasonably incurred* (art. 352(3)), pension alimentaire/*support* (art. 685(2)), biens/*articles* (art. 708), censé/*deemed* (art. 884), usages locaux/*local custom* (art. 976, notamment), abuse/*makes misuse* (art. 1168), fait/*act* (notamment à l'art. 1457), bénéficiaires du droit/*holders of the right* (titre précédant l'art. 1936), conjointement/*solidarily* (art. 2120), action en réparation/*action in damages* (art. 2325), preneur/*insured* (titre précédant l'art. 2408), contrat/*policy* (art. 2437, notamment), saisie-exécution/*procedures in execution* (art. 2654), suspendue par une condition/*conditional* (art. 2680), vente aux enchères/*sale by public auction* (art. 2788), jour férié/*non-juridical day* (art. 2879) et vie commune/*cohabitation* (art. 2906, comp. art. 392).

[10]L.Q. 1992, c. 57, art. 716, dont plusieurs des dispositions ont pour objet de rétablir l'uniformité des textes anglais et français du Code. Ces corrections n'ont cependant pas été faites partout où elles auraient pu l'être, comme c'est le cas pour le remplacement du mot « *deed* » par le mot « *act* » à l'article 1575 (la discordance subsiste notamment à l'art.

dans le *Code civil du Bas Canada* ou le *Code civil du Québec de 1980* et qui avaient été mises au jour dans des éditions critiques antérieures[11]. Mais le nombre de divergences qui n'ont pas retenu l'attention du législateur dans le droit antérieur reconduit ou qui sont tout simplement nouvelles reste impressionnant et justifie à lui seul l'utilité d'une édition du genre de celle-ci.

En plus des divergences inconciliables entre les textes français et anglais du Code, on trouvera aussi mises en évidence, à leur place, les impropriétés de langage qui constituent à toutes fins utiles, sur le plan du droit ou de la langue, des erreurs. Elles sont signalées par l'emploi d'un astérisque (*) et sont de beaucoup plus nombreuses, on le découvrira probablement sans surprise, dans le texte anglais que dans le texte français. Commepour les divergences de fond qui n'ont été indiquées que dans les cas patents, n'ont été relevées que les erreurs dont on peut considérer qu'elles sont généralement perçues comme contraires au génie de la langue[12]. Sont donc demeurées dans l'ombre, parce que ne faisant l'objet d'aucune annotation, un nombre important d'incorrections, d'inexactitudes ou de tournures inélégantes qui, si elles altèrent la qualité d'expression du Code et manifestent qu'il a peut-être été abordé par « trop de mains insuffisamment tremblantes »[13] depuis les travaux de l'Office de révision du *Code civil*, n'atteignent pas un degré tel que l'efficacité normative du texte s'en trouve compromise, ou substantiellement gênée[14].

Dans toute loi du genre, où l'envergure de la matière à couvrir et la présomption de cohérence constituent pour le rédacteur des contraintes plus lourdes qu'à l'accoutumée, il est inévitable que des dérapages se produisent, auxquels le bilinguisme ne fait qu'ajouter. Il serait donc vain d'espérer que, dans chacune des langues où il est énoncé, le Code soit irréprochable et qu'au surplus ses deux « versions » linguistiques coïncident en tout point. Variations de vocabulaire[15] et différences de registre[16], dans l'expression des normes, font spontanément partie du domaine prévisible, du moins si l'on accepte de dire, avec le doyen Carbonnier, que « le droit est trop humain pour prétendre à l'absolu de la ligne droite »[17]. Aussi faut-il recevoir sous bénéfice d'inventaire les opinions qui ont

---

405(2)) et des mots « *deemed null* » par les mots « *deemed unwritten* » à l'article 757 (la discordance subsiste à l'art. 778).

[11]On pourra comparer, par exemple, les articles suivants du *Code civil du Québec* de 1980 et du *Code civil du Québec* de 1991, qui ont tous été « corrigés » dans leur formulation récente pour en éliminer les divergences signalées dans l'édition critique annuelle du professeur Crépeau : art. 442 C.c.Q. (1980)/art. 393 C.c.Q. (1991), art. 605/art. 553, art. 624/art. 576 et art. 644/art. 596.

[12]L'emploi du pronom indéfini « a » devant le mot *property* est sans conteste l'erreur la plus répandue, que la *Loi sur l'application de la réforme du Code civil* (art. 716, par 16°) n'a corrigée qu'à l'article 2783. Pour d'autres illustrations, voir les articles 183, 833, 1076, 1293, 1641, 1728, 2190, 2545 et 2952.

[13]Selon le mot de J.E.C. BRIERLEY, *loc. cit.*, note 3, 145.

[14]Par ex., au chapitre des faux-amis : contrôler/*control* (art. 331(2)), un certain temps/*a certain time* (art. 1120), détermine/*determines* (art. 1410). Voir aussi, pour d'autres exemples types, l'art. 1073 : *takes out insurance* (langage familier), l'art. 1305 : *destined* (gallicisme) ou l'art. 2400 : à moins que l'assureur n'ait, dans un document séparé, indiqué par écrit (pléonasme).

[15]On pense d'abord ici à l'absence d'uniformité des termes employés pour décrire l'état de la personne « incapable » (voir notamment les art. 11(2), 15, 16, 18, 19(2), 21, 26(2), 29, 31(2), 125, le titre précédant l'art. 153 (Titre quatrième), 176, 179, 206, 251, 258, 279, 291, 303, 372, 549, 552, 555, 595, 596, 703, 752, 783, 791, 2632 et 2766; puis à la variété des termes utilisés à titre d'équivalents du mot « bien » (art. 943, 989(2), 1268, 1468, 1473, 1556, 1561, 1566, 2485, 2526, 2558, 2852, notamment). Voir aussi, sur le simple plan de l'orthographe et parmi nombre d'exemples du genre, les mots « *seized* » (art. 1136) et « *seised* » (art. 1109).

[16]Par ex. : (personnes morales) de droit public ou de droit privé/*(legal persons) established in the public interest or for a private interest* (art. 298 et en général), action en inopposabilité/*Paulian action* (titre précédant l'art. 1631), la variété des termes employés en anglais pour exprimer la notion de recours (art. 825, 826, 831, 832, 1338, 1397, 1463, 1477, 1489, 1491, notamment), ou l'emploi irrégulier des termes *real property* ou *real estate* (art. 1050, 1205 et 2651(5°)), ou du latin en anglais seulement (par ex., art. 3064).

[17]Jean CARBONNIER, *Flexible droit, Textes pour une sociologie du droit sans rigueur*, 5e éd., Paris, L.G.D.J., 1983, p. 6.

circulé, dans un sens comme dans l'autre, pour dénigrer ou vanter le style du Code. Tantôt sujette à critique[18], tantôt digne de compliments[19], la manière du législateur, dans le Code, se situe en réalité dans le prolongement d'un fait social plus important qui, selon le point de vue, pourra paraître ou non regrettable, et qui est celui du déclin du bilinguisme législatif. Car il est opportun de se demander si, en marge de la norme constitutionnelle applicable[20], ne s'est pas développée, *praeter* sinon peut-être *contra legem*, une pratique qui tend à en affaiblir la vitalité et dont la publication séparée du texte anglais et du texte français des lois du Québec, le nouveau Code civil compris, est une manifestation non négligeable. Cette rupture formelle de la relation entre les deux langues législatives a sans doute été provoquée, puis ratifiée, par la démographie et la modification consécutive, à travers l'usage des juristes et des justiciables, de la place de l'anglais et du français dans le droit vivant. Même en admettant que le législateur puisse intervenir, cependant, il est peu vraisemblable que la seule action des lois réussisse à influencer le cours des choses.

Une fois le principe de la solidarité du texte anglais et du texte français des dispositions du Code disparu du recueil même des lois comme des habitudes de lecture, la recherche du sens devient vite plus complexe. La norme se trouve-t-elle toujours *entre* les deux textes[21], sorte de précipité des deux langues d'expression du Code? Le déclin de fait du bilinguisme a-t-il compromis le rapport de l'anglais et du français sur le terrain de l'interprétation des lois? S'il est vrai de dire que, pour arrêter le texte anglais du nouveau Code, le législateur s'est contenté de faire de la traduction, et s'il est plausible de croire que ce travail n'a pas reçu tout le soin requis, on n'a peut-être pas vu que, au bout du compte, c'est la force évocatrice du texte français qui s'en trouverait diminuée. Comme l'exprime si justement John Felstiner, en effet, « [a] translation converts strangeness into likeness, and yet in doing so may bring home to us the strangeness of the original »[22]. Aussi est-ce peut-être dans cette perspective qu'il faut replacer la relation entre les deux textes du Code — comme entre ceux de cet avant-propos même — , non plus en les installant simplement côte-à-côte mais bien l'un en face de l'autre, chacun, par rapport à son vis-à-vis, devant et derrière le miroir.

Jean-Maurice Brisson
Nicholas Kasirer

---

[18]Voir, entre autres, Pierre LEGRAND jr, « Civil Law Codification in Quebec: A Case of Decivilianization », (1993) 1 *European Review of Private Law* 574, 590.

[19]Par ex. pour l'emploi concomitant des termes suivants : célérité/*dispatch* (art. 787), librement discutées/*negotiable* (art. 1379), soustraire/*deliver* (art. 1404), exiger/*to exact* (art. 1444) et à tout son effet/*becomes absolute* (art. 1503).

[20]*Loi constitutionnelle de 1867*, 30-31 Vict., c. 3, art. 133 (R.-U.).

[21]Cette hypothèse a été mise de l'avant dans Nicholas KASIRER, « Dire ou définir le droit? », (1994) 28 *R.J.T.* 141, que l'on pourra compléter par, du même auteur, « What is *vie commune*? Qu'est-ce que *living together*? », dans *Mélanges offerts par ses collègues de McGill à Paul-André Crépeau*, Faculté de droit, Université McGill et Centre de recherche en droit privé et comparé du Québec, Montréal et Cowansville, Éditions Yvon Blais, 1997, 487.

[22]John FELSTINER, *Translating Neruda [:] The Way to Macchu Picchu*, Stanford, Stanford University Press, 1980, p. 5.

PREFACE TO THE ORIGINAL CRITICAL EDITION (1997)

> 3058. L'inscription dont la date extrême d'effet est limitée par la loi, ou par la réquisition d'inscription, est périmée de plein droit *le lendemain, à zéro heure*, de la date d'expiration du délai fixé par la loi ou inscrit sur le registre, si elle n'a pas préalablement été renouvelée.

Whether one imagines the clocks striking twelve as marking the end of one day or the start of the next reflects little more than a personal taste for telling time or, at most, a tiny hint as to one's general attitude to life. For the purposes of the interpretation of art. 3058 C.C., it appears to be a matter of indifference — "*bonnet blanc, blanc bonnet*" — which of the French or English texts is the most precise representation of legislative intent. Although there is no discrepancy between them in respect of their meaning in law, the two texts of art. 3058 demonstrate the reality that a single idea has been expressed differently in the two legislative voices of Quebec private law, each voice governed by its own rules of sound and rhythm. The distance between the legislative norm and its textual expression may be of little or no consequence here but, in other instances in the law relating to the publication of rights,[1] the difficulty of measuring that distance is genuinely confounded by the uneven tenor of the two linguistic texts of the *Civil Code of Québec*.[2]

In a legal system for which legislative bilingualism is the rule, the presence of two texts may indeed further obscure parliamentary intention for the conscientious reader bent on considering meaning from two different perspectives. Yet whatever its merits or failings as a political symbol, the principle that each of Quebec's legislative languages enjoys equal authority does have the advantage of bringing the two texts together in a necessarily common quest for meaning. Legal bilingualism in Quebec carries with it, as a corollary of the principle of equality, the idea that neither the French or English text monopolizes legislative intention for the Civil Code, notwithstanding the circumstances in which the Code may have come into existence. The two linguistic texts are forced together in a system of interpretation for which the metaphor of dialogue has been advanced as one basis for understanding how they interact to produce meaning.[3] Dialogue throws the texts into a living relationship for the *Civil Code of Québec*, the vigour of which the Supreme Court of Canada recently saw fit to reaffirm as a tenet of constitutional law relevant to that enactment.[4]

This critical edition of the Civil Code has been prepared in the same spirit as those previously published by the Quebec Research Centre of Private and Comparative Law and, in particular, the twenty-year scholarly dialogue between John E.C. Brierley and Paul-An-

---

[1] See, as an example of discordance between the French and English texts that does not appear to be reconcilable in this sector, the pairing of terms "*publicité*" and "registration" in art. 3014 C.C.

[2] A further example in this field is the name provided for Title Three of Book Nine, preceding art. 2969 C.C.: in French, the title is rendered "Des *modalités* de la publicité"; in English, it is "*Formalities* of Publication". It may be noted that elsewhere in the Code the French term "*modalités*" is paired with "special modes" (Title Three of Book Four) and "modalities" (arts 1497 C.C. *et seq.*). The English term "formalities" is matched with "*formalités*" in the law of wills (see, *e.g.*, art. 718 C.C.).

[3] See John E.C. BRIERLEY, "Les langues du Code civil du Québec" in Pierre-André CÔTÉ, ed., *Le nouveau Code civil du Québec, Interprétation et application* (Montreal : Éditions Thémis, 1993) 129 at p. 138.

[4] See *Doré v. Verdun (City)* (10 July 1997), J.E. 97-1443 (Supreme Court of Canada), which turned on the interpretation of the terms stipulation/*disposition* in art. 2930 C.C.

dré Crépeau which sustained their critical reading of Quebec's civil codes.[5] This work is founded on a similar conviction that legislative bilingualism for the Civil Law is a distinctive feature of Quebec legal culture which deserves to be championed. The presence of Civilian parlance in English in Quebec is sufficiently rare in the Romano-Germanic legal family to justify this attention; rarer still is the presence of a local French-language Civilian lexicon which is coloured, for better or worse, by its relationship with an official English text. The authors hope to record herein the manner in which the two voices of Quebec's *jus commune*[6] in private law are bound up together in their shared mission to state the law expressed in the Code. This alone, it is felt, justifies the publication of a further edition of the *Civil Code of Québec* in an already cluttered marketplace.

As a practical matter, this edition is useful chiefly as a record of the conflicts of meaning between the French and English texts of the Code. For each provision of the law, we have sought to alert readers to the presence of such substantive discordances by the addition of a symbol (†). By extension, in the many cases in which no such symbol appears, we adopt the view that there is a concurrence of meaning between the two linguistic texts. To assert that the two texts of a provision of the Code diverge — or to refrain from so doing — is, of course, a matter of interpretation.[7] It is often possible to reconcile apparently conflicting texts on the basis of ordinary rules relevant to the construction of an enactment having the character of a civil code. We have preferred to consider texts as reconcilable in all instances in which it was practicable to interpret the two texts as speaking in unison.[8] Conversely, discrepancies so marked as to suggest that, at best, only one of the linguistic texts can be seen as expressing legislative intention have been indicated by the dagger symbol,[9] although we have stopped short of saying which of the two, in our view, is preferable in any given case. Some of these instances of discordance were cor-

---

[5]Paul-André CRÉPEAU & John E.C. BRIERLEY, eds., *Code civil — Civil Code 1866–1980 [:] Édition historique et critique [/] An Historical and Critical Edition*, McGill University, Centre of Private and Comparative Law (Montreal : Chambre des Notaires du Québec & Société québécoise d'information juridique, 1981) and its *Supplément — 1980–1983 — Supplement* (Montreal : Chambre des Notaires du Québec, 1983). Professor Crépeau also published an annual critical edition of the civil codes, including that portion of the *Civil Code of Québec* in force from 1981: Paul-André CRÉPEAU, *Les Codes civils — The Civil Codes. Édition critique [/] A Critical Edition*, McGill University, Quebec Research Centre of Private and Comparative Law (Montreal & Cowansville : Éd. Yvon Blais, 1993).

[6]The decision to pair the terms *jus commune* in English and *droit commun* in French in this Preface — decision with which one might quibble — follows the usage established by the Preliminary Provision of the *Civil Code of Québec*. See, however, our editorial note appearing under that Preliminary Provision, *infra*, as well as art. 1725, *infra*.

[7]For a full discussion of the place of bilingualism in the theory and practice of the law of interpretation, see Roderick A. MACDONALD, "Legal Bilingualism" (1997) 42 *McGill L.J.* 119.

[8]By way of example, we refrained from recording the following paired terms as examples of divergencies in law: juridical acts/*opérations juridiques* (art. 214); undivided ownership/*indivision* (art. 840 and *passim*); time/*jour* (arts 931-932); the alienation/*elle* (art. 1047); debt/*créance* (art. 809 and 1132); with/*envers* (art. 1486 para. 2); accrued/*échus* (art. 1620); legal costs/*frais judiciaires* (art. 1644); partnership or company/*société* (art. 1778); ordinary course/*cours* (in particular at art. 2550); affect/*porter atteinte* (art. 2774); to the discretion of the court/*à l'appréciation du tribunal* (art. 2849). Similarly, the discordance between the French and English titles of all the divisions of the Code was not noted in the text, although one might well argue that the French text presents material as not exhaustively covered unlike the English, which no longer uses the word "of" (as in "Arbitration Agreements/*De la convention d'arbitrage*," in the title applicable to arts 2638–2643). This is a change from the *Civil Code of Lower Canada* which may, at least in some contexts, be of consequence (as, for example, in respect of the title "Dismemberments of the Right of Ownership/*Des démembrements du droit de propriété*" preceding art. 1119). By way of contrast, certain nuances between terms may be considered irreconcilable (*e.g.* unlawfully/*injustement* (art. 1650)).

[9]Some examples include inalienable/*incessibles* (art. 3); in good faith/*selon les exigences de la bonne foi* (art. 6, comp. art. 194); qualified/*habilitée* (art. 22); material needs/*besoins physiques* (art. 33); is accountable/*doit rendre compte* (art. 169); expenses reasonably incurred/*frais utiles* (art. 352 para. 3); support/*pension alimentaire* (art. 685 para. 2); deemed/*censé* (art. 884); local custom/*usages locaux* (in particular art. 976); makes misuse/*abuse* (art. 1168); act/*fait* (in particular art. 1457); holders of the right/*bénéficiaires du droit* (title preceding art. 1936); solidarily/*conjointement* (art. 2120); action in damages/*action en réparation* (art. 2325); insured/*preneur* (title preceding art. 2408); policy/*contrat* (in particular art. 2437); procedures in execution/*saisie-exécution* (art. 2654); conditional/*suspendue par une condition* (art. 2680); sale by public auction/*vente aux enchères* (art. 2788); non-juridical day/*jour férié* (art. 2879); cohabitation/*vie commune* (art. 2906, comp. art. 392).

rected, no doubt in the heat of the parliamentary moment, by *An Act respecting the implementation of the reform of the Civil Code*,[10] as were certain Examples which had come to light in previous critical editions of the civil codes.[11] This said, a great number of discrepancies remain, including those in the former law which survived the enactment of the *Civil Code of Québec* and others which were newly introduced in the process of its confection.

In addition to the irreconcilable substantive differences between the French and English texts of the Code, certain infelicities of language have also been noted where they constitute mistakes on the basis of any usual measure. Whether they represent errors of law or of language, these mistakes are considerably more prevalent, perhaps not surprisingly, in the English than in the French text. They are designated herein by an asterisk (*). Just as indications of substantive divergencies are limited to those that appear to be patent, only those errors which are plainly counter to the inherent genius of language have been pointed out.[12] There is, as well, not a small number of incorrect expressions, inaccuracies and inelegant turns of phrase that have been left unacknowledged herein. We have decided that, however irritating to the reader, the *faux pas* that do not compromise meaning in a substantial or substantive fashion would best be catalogued by grammarians or others with the appropriate editorial expertise. These smaller mistakes are nonetheless serious in that they affect the overall literary quality of the Code which may, in turn, obliquely diminish or otherwise obscure its juridical tenor.[13] More seriously still, they may be a sign that rather too many "mains insuffisamment tremblantes"[14] have fiddled with the law since the days of the *Civil Code* Revision Office.

We have sought to contain our critical enthusiasms: in an enactment of this kind, the breadth of the material covered and the presumption that the document forms a coherent whole represent a considerable test of the talents of anyone charged with legislative drafting. Not only is it inevitable that some slip-ups should occur, but bilingualism might well be thought of as potentially increasing the likelihood that they will arise. That the Code be beyond reproach in both of languages is of course most unrealistic, as is the hope that the two linguistic "versions" achieve perfect concurrence throughout. Variations in vocabulary[15] and differences in tone of normative expression[16] are naturally to be expected

---

[10]S.Q. 1992, c.57, s.716 which sought, in several of its provisions, to reestablish the conformity between the French and English texts of the Code. Corrections were not, however, made in every instance that called for correction. The term "deed", for example, was replaced by the word "act" in art.1575 but not in art. 405 para. 2, and the words "deemed null" were replaced by "deemed unwritten" in art. 757 but not art. 778.

[11]By comparing, for example, the following articles of the *Civil Code of Québec* (1980) with their counterparts in the *Civil Code of Québec* (1991), it may be observed that discrepancies identified by Professor Crépeau in his annual critical edition were "corrected": art. 442 C.C.Q. (1980) / art. 393 C.C.Q. (1991); art. 605/ art. 553; art. 624 / art. 576; art. 644 / art. 596.

[12]The use of the indefinite article "a" before the word "property" is without question the most wide-spread mistake which, oddly, was only corrected in art. 2783 by *An act respecting the implementation of the Civil Code* (s.716(16)). For other examples, see arts 183, 833, 1076, 1293, 1641, 1728, 2190, 2545 and 2952.

[13]In the category of *faux amis*, for example, see control/*contrôler* (art. 331 para. 2); a certain time/*un certain temps* (art. 1120); determines/*détermine* (art. 1410). See also art. 1073: "takes out insurance" (as common parlance); art. 1305: "destined" (as Gallicism); art. 2400: "*à moins que l'assureur n'ait, dans un document séparé, indiqué par écrit*" (pleonasm).

[14]Brierley, *supra*, note 3 at p. 145.

[15]The uneven fashion in which the condition of "incapable" persons is spoken to constitutes a prime example (see in particular arts 11 para. 3, 15, 16, 18, 19 para. 2, 21, 26 para. 2, 29, 31 para. 2, 125, title preceding art. 153 (Title Four), 176, 179, 206, 251, 258, 279, 291, 303, 372, 549, 552, 555, 595, 596, 703, 752, 783, 791, 2632 and 2766). Similarly, the variety of terms used as equivalents of the word "bien" is to be noted (in particular art. 943, 989 para. 2, 1268, 1468, 1473, 1556, 1561, 1566, 2485, 2526, 2558, 2852). Spelling is also uneven at times as, for example, for "seized" (art. 1136) and "seised" (art. 1109).

[16]For example (legal persons) established in the public interest or for a private interest/(*personnes morales*) *de droit public ou de droit privé* (art. 298 and *passim*); Paulian action/*action en inopposabilité* (title preceding art. 1631); the

and only serve to confirm Jean Carbonnier's sense that "le droit est trop humain pour prétendre à l'absolu de la ligne droite."[17] Consequently, the raft of opinions lauding or savaging the style and cadence of the law, as the case may be, should be treated with caution and accepted, if at all, under benefit of inventory. Deserving of both kudos[18] and complaints,[19] the legislature's grip on language evinced in the Civil Code maybe something of a harbinger of a more generalized social phenomenon, that of the decline of legislative bilingualism. Indeed one might well ask whether a practice has taken shape, standing *praeter legem* or perhaps even *contra legem* in respect of the applicable principle of constitutional law,[20] which serves to undermine the vigour of formal bilingualism. The publication in officialdom of separate French and English legislative texts, including the text(s) of the Civil Code, is part cause, part symptom of this decline. The formal break with relational bilingualism in legislative texts has no doubt been prompted then ratified by changes in demography. It is plain too that the practices of legal professionals and others shape the relationship between French and English in the living law. Even if one acknowledges that the legislature has a measure of influence and some opportunity to stem this tide, it seems doubtful that legislative texts alone will determine the ultimate fate of legal bilingualism.

Once the principle of solidarity between the French and English legislative texts has been eclipsed in both the statute books and in the habits of their readers, the search for meaning becomes increasingly complex. Is the norm still to be located *between* the two linguistic texts, the product of an on-going conversation between them?[21] Has the changed social context for legal bilingualism altered the manner in which French and English speak to one another in the law of interpretation? It seems fair to infer that the legislature was content to translate a notional "*v.o.*" in order to establish the English text of the Code, and that these travails could have been accomplished with greater finesse. But whatever the resulting quality of the English-language text of the Code, it has yet to be recognized that the evocative powers of the French have also suffered through this process. As John Felstiner saw fit to remark, "[a] translation converts strangeness into likeness, and yet in doing so may bring home to us the strangeness of the original."[22] Perhaps it would be best to reimagine the relationship between the two texts of the Code in this light. Each of the "versions" of the Code, like those of this very Preface, stand not side-by-side but face-to-face, at once behind and in front of the mirror.

Jean-Maurice Brisson
Nicholas Kasirer

---

range of terms used in English as equivalents for the French "*recours*" (in particular art. 825, 826, 831, 832, 1338, 1397, 1463, 1477, 1489, 1491); the uneven use of terms "real property" and "real estate" (arts 1050, 1205, 2651(5)); and the use of Latin terminology in English where Latin is eschewed in the French (see, *e.g.*, art. 3064).

[17] Jean CARBONNIER, *Flexible droit, Textes pour une sociologie du droit sans rigueur*, 5ᵉ ed. (Paris: L.G.D.J., 1983) at p. 6.

[18] The following terms may be counted among the well-chosen pairings of French and English terms: dispatch/*célérité* (art. 787); negotiable/*librement discutées* (art. 1379); deliver/*soustraire* (art. 1404); to exact/*exiger* (art. 1444) and becomes absolute/*a tout son effet* (art. 1503).

[19] See, *e.g.*, Pierre LEGRAND jr, "Civil Law Codification in Quebec: A Case of Decivilianization" (1993) 1 European Review of Private Law 574 at p. 580.

[20] *Constitution Act, 1867* (U.K.), 30 & 31 Vict., c.3, s.133.

[21] This hypothesis is set forth in Nicholas KASIRER, "Dire ou définir le droit?" (1994) 28 R.J.T. 141 and elaborated upon, by the same author, in "What is *vie commune*? Qu'est-ce que *living together*?", *Mélanges presented by McGill Colleagues to Paul-André Crépeau*, Faculty of Law, McGill University & Quebec Research Centre of Private and Comparative Law (Montreal and Cowansville : Éditions Yvon Blais, 1997) 487.

[22] John FELSTINER, *Translating Neruda [:] The Way to Macchu Picchu* (Stanford: Stanford University Press, 1980) at p. 5.

REMERCIEMENTS (1997)

ACKNOWLEDGEMENTS (1997)

REMERCIEMENTS (1997)

S'il est arrivé que la publication d'éditions « privées » du Code civil prenne à l'occasion l'allure d'une affaire de famille[1], les auteurs de celle-ci ne peuvent prétendre à aucun lien de cette nature avec ceux qui, avant eux, ont réalisé des travaux semblables au Centre de recherche en droit privé et comparé du Québec. Nous reconnaissons cependant avec enthousiasme que cette édition critique bilingue du *Code civil du Québec* s'inscrit dans le prolongement direct des éditions des Codes civils antérieurs qui ont été préparées par Paul-André Crépeau et John E.C. Brierley[2]. Nous sommes particulièrement reconnaissants à M. le professeur Crépeau de nous avoir invités, après nous avoir associés aux travaux du comité de rédaction du *Dictionnaire de droit privé et du Private Law Dictionary*, à collaborer à la préparation d'une édition critique du *Code civil du Québec* de 1991 inspirée de celle qu'il a lui-même assumée pour le *Code civil du Bas Canada* et le *Code civil du Québec* de 1980[3]. Cette initiative a été encouragée dès le départ par Me Yvon Blais et le personnel de la maison d'édition qu'il dirige. Nous tenons donc à remercier Me Blais aussi bien que ceux de ses collaborateurs qui ont supervisé le travail d'édition, Mme Sylvie Desmeules et Mes Louis Bossé, Philippe Denault et Geneviève Roy.

Nous remercions également nos collègues du Centre et des facultés de droit de l'Université McGill et de l'Université de Montréal pour leur disponibilité et leurs conseils suivis tout au long des cinq années qu'a duré cette entreprise. En plus de John Brierley et de Paul-André Crépeau, nous exprimons notre gratitude à Madeleine Cantin Cumyn, Ysolde Gendreau, Gérald Goldstein, Daniel Jutras, Didier Lluelles, Roderick A. Macdonald, William Tetley et Robert Wilkins. Nous offrons enfin des remerciements empressés à Manon Berthiaume et Hélène Lajeunesse pour leur collaboration à la transcription du texte de l'ouvrage. Malgré tout le soutien dont nous avons profité, la réalisation de cette édition critique a été parsemée de difficultés. Moins aveuglément confiants que d'autres ont pu l'être avant nous[4], nous ne sommes donc pas certains que cette présentation du texte du Code soit exempte d'erreurs. Aussi sommes-nous d'avance reconnaissants aux lecteurs

---

[1]Voir, par exemple, l'édition du *Code civil du Bas Canada* publiée par les frères jumeaux Oscar-Pierre et Albert-Paul DORAIS, *Code civil de la province de Québec mis au courant de la législation jusqu'au premier octobre 1897*, Montréal, C. Théorêt, Éditeur, 1897. L'empreinte familiale d'une autre initiative du genre a été mise en évidence par Anselme-Séraphin Deguire, dans sa « Préface » à René DEGUIRE (dir.), *Code civil de la province de Québec*, 5e éd., Montréal, Wilson & Lafleur, 1934.Me Deguire père avançait, en présentant la nouvelle édition de son propre Code préparée par son fils, que « [s]i nous étions étranger à l'auteur, nous affirmerions sans crainte que ce Code est le plus parfait qui ait été imprimé depuis bien longtemps » (p. [iii]).

[2]Paul-André CRÉPEAU et John E. C. BRIERLEY (dir.), *Code civil — Civil Code 1866-1980 [:] Édition historique et critique [/] An Historical and Critical Edition*, Université McGill, Centre de recherche en droit privé et comparé (Montréal, Chambre des notaires du Québec et Société québécoise d'information juridique, 1981), suivi d'un *Supplément-Supplement 1980-1983* (Montréal, Chambre des notaires du Québec, 1983).

[3]Paul-André CRÉPEAU, *Les Codes civils-The Civil Codes. Édition critique [/] A Critical Edition*, Université McGill, Centre de recherche en droit privé et comparé du Québec (Cowansville et Montréal, Éditions Yvon Blais, 1993). Il s'agit là de la treizième et dernière édition annuelle du *Code civil du Bas Canada* et du *Code civil du Québec*, L.Q. 1980, c. 39, reproduisant toutes les dispositions législatives en vigueur jusqu'à leur remplacement par le *Code civil du Québec*, L.Q. 1991, c. 64.

[4]Dans l'avant-propos de son ouvrage intitulé *Civil Code of Lower Canada with the Amendments effected by Imperial, Federal and Provincial Legislation, and all Reported Cases from the Earliest Reports up to 1st October 1888*, vol. I, Montréal, A. Périard, Law Bookseller and Publisher, 1889, William Prescott SHARP écrivait avec assurance que « [t]he value of a work of this kind necessarily depends entirely on its accuracy. It is believed that, so far as regards the articles of the Code itself, they are letter perfect » (p. VI).

qui voudront bien porter à notre connaissance, par l'intermédiaire de l'éditeur, celles qu'ils pourront découvrir.

J.-M.B.
N.K.

ACKNOWLEDGEMENTS (1997)

The publication of "private" editions of the Civil Code has at times evolved as a family affair[1] and, while the present authors can claim no such connection with the authors of previous works edited by the Quebec Research Centre of Private and Comparative Law, they happily acknowledge the filiation between this bilingual critical edition and the Codes prepared under the direction of Paul-André Crépeau and John E.C. Brierley.[2] We owe a great vote of thanks to Professor Crépeau who, after having brought us together as members of the editorial committee of the *Private Law Dictionary and the Dictionnaire de droit privé*, invited us to collaborate on a critical edition of the *Civil Code of Québec* in the tradition of those prepared by him for the *Civil Code of Lower Canada* and the portion of the *Civil Code of Québec* enacted in 1980.[3] This project was at once embraced by Mtre Yvon Blais and the staff of the publishing house that bears his name. We owe thanks to Mtre Blais as well as to his collaborators, Mrs Sylvie Desmeules and Mtrs Louis Bossé, Philippe Denault and Geneviève Roy.

Thanks are also extended to colleagues at the Centre and at the law faculties of McGill University and the Université de Montréal for their good graces and expert advice in response to our inquiries over the five-year life of this enterprise. In addition to John Brierley and Paul-André Crépeau, we thank Madeleine Cantin Cumyn, Ysolde Gendreau, Gérald Goldstein, Daniel Jutras, Didier Lluelles, Roderick A. Macdonald, William Tetley and Robert Wilkins. Thanks are also offered to Manon Berthiaume and Hélène Lajeunesse for their help with the transcription of the text. Even with all this assistance, the work has proved difficult. Less confident than others who have come before us,[4] we are not sure that this representation of the text of the Code is free from errors. Readers who discover them would be kind to write to us, care of the publisher, so that we may endeavour to improve any future edition.

J.-M.B.
N.K.

---

[1]See, by way of example, the edition of the *Civil Code of Lower Canada* published by the twin brothers Oscar-Pierre DORAIS and Albert-Paul DORAIS, *Code civil de la province de Québec mis au courant de la législation jusqu'au premier octobre 1897* (Montreal: C. Théorêt, Éditeur, 1897). The family character of another such enterprise was acknowledged in Anselme-Séraphin Deguire, "Préface" in René DEGUIRE,ed., *Code civil de la province de Québec*, 5ᵉ ed. (Montreal: Wilson & Lafleur;, 1934). Mtre Deguire *père*, in introducing the new edition of his own Code edited by his son, commented: "[s]i nous étions étranger à l'auteur, nous affirmerions sans crainte que ce Code est le plus parfait qui ait été imprimé depuis bien longtemps" (p. [iii]).

[2]Paul-André CRÉPEAU & John E.C. BRIERLEY, eds., *Code civil — Civil Code 1866-1980 [:] Édition historique et critique [/] An Historical and Critical Edition*, McGill University, Centre of Private and Comparative Law (Montreal: Chambre des Notaires du Québec & Société québécoise d'information juridique, 1981) and its *Supplément — 1980-1983 — Supplement* (Montreal: Chambre des Notaires du Québec, 1983).

[3]Paul-André CRÉPEAU, *Les Codes civils — The Civil Codes. Édition critique [/] A Critical Edition*, McGill University, Quebec Research Centre of Private and Comparative Law (Cowansville & Montreal: Éd. Yvon Blais, 1993). This was the thirteenth and last of the annual editions of the *Civil Code of Lower Canada* and the *Civil Code of Québec*, S.Q. 1980, c. 39, incorporating legislative materials in force down to the effective date of the replacement of these codes by the *Civil Code of Québec*, S.Q. 1991, c. 64.

[4]In the "Preface" to his *Civil Code of Lower Canada with the Amendments effected by Imperial, Federal and Provincial Legislation, and all Reported Cases from the Earliest Reports up to 1st October 1888*, Vol. I (Montreal: A. Périard, Law Bookseller and Publisher, 1889), William Prescott SHARP wrote with assurance that "[t]he value of a work of this kind necessarily depends entirely on its accuracy. It is believed that, so far as regards the articles of the Code itself, they are letter perfect" (p. VI).

LISTE DES ABRÉVIATIONS ET DES SIGNES

LIST OF ABBREVIATIONS AND SYMBOLS

LISTE DES ABRÉVIATIONS ET DES SIGNES

1. — Abréviations

al.	alinéa
art. ou a.	article
c.	chapitre
cf.	comparer
comp.	comparer
C.c.B.C.	Code civil du Bas Canada
C.c. ou C.C.Q. ou C.c.Q.	Code civil du Québec, L.Q. 1991, c. 64
C.c.Q., L.II	Loi instituant un nouveau Code civil et portant réforme du droit de la famille, L.Q. 1980, c. 39, et les lois qui l'ont modifiée
C.c.Q., L.IV	Loi portant réforme au Code civil du Québec du droit des personnes, des successions et des biens, L.Q. 1987, c. 18
C.p.c. ou C.P.C.	Code de procédure civile
D.	Décret
D.T.	Dispositions transitoires de la Loi sur l'application de la réforme du Code civil
E.E.V.	Entrée en vigueur
G.O.	Gazette officielle du Québec
L.	Livre
L.C.	Lois du Canada
L.Q.	Lois du Québec
L.R.C.	Lois révisées du Canada
L.R.Q.	Lois refondues du Québec
O.R.C.C.	Office de révision du Code civil
par.	paragraphe
RLRQ	Recueil des lois et des règlements du Québec

2. — Signes

*	erreur
†	défaut de conformité des textes français et anglais
∎	articles liés

LIST OF ABBREVIATIONS AND SYMBOLS

1. — Abbreviations

art. or a.	article
B.	Book
c.	chapter
C.C.L.C.	Civil Code of Lower Canada
C.C.P. or C.P.C.	Code of Civil Procedure
C.C. or C.C.Q.	Civil Code of Québec, S.Q. 1991, c.64
C.C.Q., B.II	An Act to establish a new Civil Code and to reform family law, S.Q. 1980, c. 39, and the statutes amending it
C.C.Q., B.IV	An Act to add the reformed law of persons, successions and property to the Civil Code of Québec, S.Q. 1987, c. 18
C.C.R.O.	Civil Code Revision Office
cf.	compare
comp.	compare
C.I.F.	Coming into force
CQLR	Consolidated Québec legislation and regulation
G.O.	Gazette officielle du Québec
O.C.	Order in council
para.	paragraph
R.S.C.	Revised Statutes of Canada
R.S.Q.	Revised Statutes of Québec
s.	section
S.C.	Statutes of Canada
S.Q.	Statutes of Québec
T.P. or D.T.	Transitional Provisions of the Act respecting the implementation of the reform of the Civil Code

2. — Signes

*	error
†	discrepancy between English and French texts
∎	related articles

CODE CIVIL DU QUÉBEC

CIVIL CODE OF QUÉBEC

Extrait du Décret 712-93

« QUE le 1er janvier 1994 soit la date d'entrée en vigueur du *Code civil du Québec* (1991, c. 64) et de la *Loi sur l'application de la réforme du Code civil* (1992, c. 57), à l'exception des articles 717 et 718 de cette Loi qui sont entrés en vigueur le 18 décembre 1992. »

MODIFICATIONS

AMENDMENTS

MODIFICATIONS / AMENDMENTS

- Loi sur l'application de la réforme du Code civil, L.Q. 1992, c. 57, a. 716 / An Act respecting the implementation of the reform of the Civil Code, S.Q. 1992, c. 57, s. 716

- Loi modifiant, en matière de sûretés et de publicité des droits, la Loi sur l'application de la réforme du Code civil et d'autres dispositions législatives, L.Q. 1995, c. 33, a. 30-32 / An Act to amend the Act respecting the implementation of the reform of the Civil Code and other legislative provisions as regards security and the publication of rights, S.Q. 1995, c. 33, s. 30-32

- Loi modifiant la Loi sur la Régie du logement et le Code civil du Québec, L.Q. 1995, c. 61, a. 2 / An Act to amend the Act respecting the Régie du logement and the Civil Code of Québec, S.Q. 1995, c. 61, s. 2

- Loi sur le ministère des Relations avec les citoyens et de l'Immigration et modifiant d'autres dispositions législatives, L.Q. 1996, c. 21, a. 27-29 / An Act respecting the Ministère des Relations avec les citoyens et de l'Immigration and amending other legislative provisions, S.Q. 1996, c. 21, s. 27-29

- Loi modifiant le Code civil en matière d'obligation alimentaire, L.Q. 1996, c. 28, a. 1 / An Act to amend the Civil Code as regards the obligation of support, S.Q. 1996, c. 28, s. 1

- Loi modifiant le Code civil du Québec et le Code de procédure civile relativement à la fixation des pensions alimentaires pour enfants, L.Q. 1996, c. 68, a. 1 / An Act to amend the Civil Code of Québec and the Code of Civil Procedure as regards the determination of child support payments, S.Q. 1996, c. 68, s. 1

- Loi sur la protection des personnes dont l'état mental présente un danger pour elles-mêmes ou pour autrui, L.Q. 1997, c. 75, a. 28-33 / An Act respecting the protection of persons whose mental state presents a danger to themselves or to others, S.Q. 1997, c. 75, s. 28-33

- Loi modifiant le Code civil et d'autres dispositions législatives relativement à la publicité des droits personnels et réels mobiliers et à la constitution d'hypothèques mobilières sans dépossession, L.Q. 1998, c. 5, a. 1-18 / An Act to amend the Civil Code and other legislative provisions as regards the publication of personal and movable real rights and the constitution of movable hypothecs without delivery, S.Q. 1998, c. 5, s. 1-18

- Loi modifiant l'article 21 du Code civil et d'autres dispositions législatives, L.Q. 1998, c. 32, a. 1-2 / An Act to amend article 21 of the Civil Code and other legislative provisions, S.Q. 1998, c. 32, s. 1-2

- Loi modifiant la Loi sur le curateur public et d'autres dispositions législatives relativement aux biens soumis à l'administration provisoire du curateur public, L.Q. 1997, c. 80, a. 46-48 / An Act to amend the Public Curator Act and other legislative provisions relating to property under the provisional administration of the Public Curator, S.Q. 1997, c. 80, s. 46-48

- Loi modifiant le Code de procédure civile en matière notariale et d'autres dispositions législatives, L.Q. 1998, c. 51, a. 22-26 / An Act to amend the Code of Civil Procedure and other legislative provisions in relation to notarial matters, S.Q. 1998, c. 51, s. 22-26

- Loi modifiant certaines dispositions législatives concernant le curateur public, L.Q. 1999, c. 30, a. 21-22 / An Act to amend certain legislative provisions respecting the Public Curator, S.Q. 1999, c. 30, s. 21-22

- Loi modifiant le Code civil en matière de nom et de registre de l'état civil, L.Q. 1999, c. 47, a. 1-15 / An Act to amend the Civil Code as regards names and the register of civil status, S.Q. 1999, c. 47, s. 1-15

- Loi modifiant le Code civil relativement à la publication de certains droits au moyen d'avis, L.Q.1999, c. 49, a. 1-2 / An Act to amend the Civil Code as regards publication of certain rights by means of a notice, S.Q. 1999, c. 49, s. 1-2

- Loi permettant la mise en oeuvre d'ententes avec les communautés mohawks, L.Q. 1999, c. 53, a. 19-20 / An Act to provide for the implementation of agreements with Mohawk communities, S.Q. 1999, c. 53, s. 19-20

- Loi modifiant diverses dispositions législatives en matière municipale, L.Q. 1999, c. 90, a. 41-44 / An Act to amend various legislative provisions respecting municipal affairs, S.Q. 1999, c. 90, s. 41-44

- Loi modifiant le Code civil et d'autres dispositions législatives relativement à la publicité foncière, L.Q. 2000, c. 42, a. 1-43 (partie), 44-66, 68-86 / An Act to amend the Civil Code and other legislative provisions relating to land registration, L.Q. 2000, c. 42, s. 1-43 (part), 44-66, 68-86

- Loi sur la Financière agricole du Québec, L.Q. 2000, c. 53, a. 67 / An Act respecting la Financière agricole du Québec, S.Q. 2000, c. 53, s. 67

- Loi concernant le cadre juridique des technologies de l'information, L.Q. 2001, c. 32, a. 77-81 / An Act to establish a legal framework for information technology, S.Q. 2001, c. 32, s. 77-81

- Loi modifiant le Code civil en matière de documents d'état civil, L.Q. 2001, a. 1 / An Act to amend the Civil Code as regards civil status documents, S.Q. 2001, c. 41, s. 1

- Loi modifiant le Code civil en matière de demande de documents d'état civil, L.Q. 2001, c. 70, a. 1 / An Act to amend the Civil Code as regards requests for civil status documents, S.Q. 2001, c. 70, s. 1

- Loi modifiant le Code civil et d'autres dispositions législatives, L.Q. 2002, c. 19, a. 1-15 / An Act to amend the Civil Code and others legislative provisions, S.Q. 2002, c. 19, s. 1-15

- Loi instituant l'union civile et établissant de nouvelles règles de filiation, L.Q. 2002, c. 6, a. 1-73, 235 / An Act instituting civil unions and establishing new rules of filiation, S.Q. 2002, c. 6, s. 1-73, 235

- Loi modifiant la Loi sur les assurances et d'autres dispositions législatives, L.Q. 2002, c. 70, a. 156 / An Act to amend the Act respecting insurance and other legislative provisions, S.Q. 2002, c. 70, s. 156

- Loi sur l'Agence nationale d'encadrement du secteur financier, L.Q. 2002, c. 45, a. 157-161 / An Act respecting the Agence nationale d'encadrement du secteur financier, S.Q. 2002, c. 45, s. 157-161

- Loi modifiant la Loi sur les valeurs mobilières et d'autres dispositions législatives, L.Q. 2004, c. 37, a. 90 / An Act to amend the Securities Act and other legislative provisions, S.Q. 2004, c. 37, s. 90

- Loi modifiant le Code civil relativement au mariage, L.Q. 2004, c. 23, a. 1-7 / An Act to amend the Civil Code as regards marriage, S.Q. 2004, c. 23, s. 1-7

- Loi assurant la mise en œuvre de la Convention sur la protection des enfants et la coopération en matière d'adoption internationale et modifiant diverses dispositions législatives en matière d'adoption, L.Q. 2004, c. 3, a. 12-19 / An Act to implement

MODIFICATIONS / AMENDMENTS

the Convention on Protection of Children and Co-operation in Respect of Intercountry Adoption and to amend various legislative previsions in relation to adoption, S.Q. 2004, c. 3, s. 12-19

- Loi insérant l'article 1974.1 au Code civil, L.Q. 2005, c. 49, a. 1 / An Act to insert
article 1974.1 in the Civil Code, S.Q. 2005, c. 49, s. 1

- Loi sur l'abolition de certains organismes publics et le transfert de responsabilités
administratives, L.Q. 2005, c. 44, a. 47 / An Act to abolish certain public bodies
and transfer administrative responsibilities, S.Q. 2005, c. 44, s. 47

- Loi modifiant la Loi sur l'accès aux documents des organismes publics et sur la
protection des renseignements personnels et d'autres dispositions législatives, L.Q.
2006, c. 22, a. 177 / An Act to amend the Act respecting Access to documents held
by public bodies and the Protection of personal information and other legislative
provisions, S.Q. 2006, c. 22, s. 177

- Loi modifiant la Loi sur la protection de la jeunesse et d'autres dispositions législatives, L.Q. 2006, c. 34, a. 61 / An Act to amend the Youth Protection Act and other
legislative provisions, S.Q. 2006, c. 34, s. 61

- Loi modifiant la Loi sur les valeurs mobilières et d'autres dispositions législatives,
L.Q. 2006, c. 50, a. 112 / An Act to amend the Securities Act and other legislative
provisions, S.Q. 2006, c. 50, s. 112

- Loi modifiant la Loi sur les assurances, la Loi sur les sociétés de fiducie et les
sociétés d'épargne et d'autres dispositions législatives, L.Q. 2007, c. 16, a. 4 / An
Act to amend the Act respecting insurance, the Act respecting trust companies and
savings companies and other legislative provisions, S.Q. 2007, c. 16, s. 4

- Loi modifiant la Loi sur Services Québec et d'autres dispositions législatives, L.Q.
2007, c. 32, a. 8-11 / An Act to amend the Act respecting Services Québec and
other legislative provisions, S.Q 2007, c. 32, s. 8-11

- Loi sur le transfert de valeurs mobilières et l'obtention de titres intermédiés, L.Q.
2008, c. 20, a. 131-139 / An Act respecting the transfer of Securities and the
Establishment of Security Entitlements, S.Q. 2008, c. 20, s. 131-139

- Loi sur l'Agence du revenu du Québec, L.Q. 2010, c. 31, a. 81 / An Act Respecting
the Agence du Revenu du Québec, S.Q. 2010, c. 31, s. 81

- Loi sur la publicité légale des entreprises, L.Q. 2010, c. 7, a. 164-175 / An Act
respecting the legal publicity of enterprises, S.Q. 2010, c. 7, s. 164-175

- Loi modifiant la Loi sur le cadastre et le Code civil, L.Q. 2010, c. 4, a. 2-4 / An Act
to amend the Cadastre Act and the Civil Code, S.Q. 2010, c. 4, s. 2-4

- Loi édictant la Loi sur les entreprises de services monétaires et modifiant diverses
dispositions législatives, L.Q. 2010, c. 40, a. 92 / An Act to enact the Money-Ser-
vices Business Act and to amend various legislative provisions, S.Q. 2010, c. 40, s.
92

- Loi sur les biens non réclamés, L.Q. 2011, c. 10, a. 63, 64 / Unclaimed Property
Act, S.Q. 2011, c. 10, s. 63, 64

- Loi modifiant le Code civil concernant certains cas de résiliation du bail d'un logement, L.Q. 2011, c. 29, a. 1-7 / An Act to amend the Civil Code as regards the
resiliation of a dwelling lease in certain cases, S.Q. 2011, c. 29, s. 1-7

- Loi favorisant l'accès à la justice en matière familiale, L.Q. 2012, c. 20, a. 42-44 /
An Act to promote access to justice in family matters, S.Q. 2012, c. 20, s. 42-44

- Loi modifiant la Loi sur l'indemnisation des victimes d'actes criminels, la Loi visant à favoriser le civisme et certaines dispositions du Code civil relatives à la
prescription, L.Q. 2013, c. 8, a. 6-10 / An Act to amend the Crime Victims Com-

pensation Act, the Act to promote good citizenship and certain provisions of the Civil Code concerning prescription, S.Q. 2013, c. 8, s. 6-10

- Loi modifiant le Code civil et d'autres dispositions législatives en matière de recherche, L.Q. 2013, c. 17, a. 1-5 / An Act to amend the Civil Code and other legislative provisions with respect to research, S.Q. 2013, c. 17, s. 1-5

- Loi modifiant le Code civil en matière d'état civil, de successions et de publicité des droits, L.Q. 2013, c. 27, a. 1, 2, 5, 6-38 / An Act to amend the Civil Code as regards civil status, successions and the publication of rights, S.Q. 2013, c. 27, s. 1, 2, 5, 6-38

- Loi sur les régimes volontaires d'épargne-retraite, L.Q. 2013, c. 26, a. 128 / Voluntary retirement savings plans Act, S.Q. 2013, c. 26, s. 128

Dispositions non en vigueur

- L'article 2441.1 entrera en vigueur lors de l'entrée en vigueur de l'article 48 du chapitre 25 des lois de 2009 à la date fixée par le gouvernement / Article 2441.1 will be in force upon the coming into force of section 48 of chapter 25 of the statutes of 2009 on the date fixed by the Government

- L'article 2442 sera modifié lors de l'entrée en vigueur de l'article 49 du chapitre 25 des lois de 2009 à la date fixée par le gouvernement / Article 2442 will be amended upon the coming into force of section 49 of chapter 25 of the statutes of 2009 on the date fixed by the Government

- Les articles 71 et 72 seront modifiés lors de l'entrée en vigueur des articles 3 et 4 du chapitre 27 des lois de 2013 à la date fixée par le gouvernement / Sections 71 and 72 will be amended upon the coming into force of sections 3 and 4 of chapter 27 of the statutes of 2013 on the date fixed by the Government

- Plusieurs articles seront modifiés lors de l'entrée en vigueur des articles 784-810 du chapitre 1 des lois de 2014 à la date fixée par le gouvernement / Several articles will be amended upon the coming into force of sections 784-810 of chapter 1 of the statutes of 2014 on the date fixed by the Government

DISPOSITIONS TRANSITOIRES ET FINALES

TRANSITIONAL AND FINAL PROVISIONS

DISPOSITIONS TRANSITOIRES ET FINALES (DEPUIS LE 17 SEPTEMBRE 1999)

Loi modifiant le Code civil et d'autres dispositions législatives relativement à la publicité des droits personnels et réels mobiliers et à la constitution d'hypothèques mobilières sans dépossession, L.Q. 1998, c. 5.

a. 23. À moins qu'elle ne soit déjà publiée, la fiducie établie depuis le 1er janvier 1994 pour garantir l'exécution d'une obligation doit, dès lors qu'elle porte sur des biens meubles, être publiée dans l'année qui suit le 17 septembre 1999 pour conserver son opposabilité initiale.

a. 24. Les réserves de propriété ou facultés de rachat de biens meubles, ainsi que les cessions de ces réserves ou facultés, qui ont été consenties antérieurement au 17 septembre 1999 et qui, en application des dispositions introduites par la présente loi, sont désormais assujetties à des formalités de publicité pour être opposables aux tiers doivent, pour conserver leur opposabilité initiale, être publiées dans l'année qui suit cette date.

Il en est de même des droits de propriété d'un crédit-bailleur, des droits résultant du bail d'une durée de plus d'un an portant sur un bien meuble qui n'ont pas déjà été publiés, des stipulations d'insaisissabilité relatives à des biens meubles et des cessions de ces droits, si ces droits ou cessions, ayant été consentis antérieurement au 17 septembre 1999, sont désormais assujettis à des formalités de publicité pour être opposables aux tiers en application des dispositions introduites par la présente loi.

a. 25. À compter du 17 septembre 1999, aucune inscription sur le registre des droits personnels et réels mobiliers ne peut être effectuée, lorsqu'elle renvoie à un droit visé aux articles 23 et 24, à moins que le droit lui-même n'y soit inscrit.

a. 26. [La modification apportée à l'article 2700 C.c.] a effet depuis le 1er janvier 1994.

Loi modifiant le Code civil en matière denomet de registre de l'état civil, L.Q. 1999, c. 47, L.Q. 1999, c. 47.

a. 16. L'article 51 de ce code, remplacé par l'article 1 de la présente loi, et l'article 145 de ce code, modifié par l'article 13 de la présente loi, sont réputés s'être toujours lus dans leur version nouvelle.

a. 17. Le directeur de l'état civil peut, sur demande des père et mère, remplacer le nom de famille composé de leur enfant mineur, attribué lors d'une déclaration de naissance faite entre le 1er janvier 1994 et le 5 novembre 1999, par un nom formé d'une seule partie provenant de celles qui forment les noms de famille de ses parents.

Le présent article cesse d'avoir effet le 5 novembre 2001.

a. 18. Les articles 7 et 9 à 12 [modifiant les articles 129, 134, 135, 137 et 142 C.c.] ont effet depuis le 1er janvier 1994.

Loi modifiant le Code civil relativement à la publication de certains droits au moyen d'avis, L.Q. 1999, c. 49.

a. 3. Les droits résultant d'un bail immobilier autre qu'un bail relatif à un logement, de mêmeque toute cession d'un tel bail, sont, si l'acte ou le document qui les constate a fait l'objet, depuis le 1er janvier 1994, d'une inscription sur les registres fonciers,

réputés valablement publiés dès lors que cet acte ou ce document contient au moins les mentions requises par l'article 2999.1 du Code civil introduit par la présente loi.

La référence au bail auquel se rapporte l'acte ou le document inscrit et l'indication des droits de renouvellement ou de reconduction du bail ne sont toutefois pas requises pour l'application de la présente règle.

Loi modifiant diverses dispositions législatives en matière municipale, L.Q. 1999, c. 90.

a. 45. Toute disposition d'une loi ou de ses textes d'application indiquant que des coûts, frais, taxes ou autres sommes dues à une municipalité sont garantis par une hypothèque légale est, lorsque ces sommes constituent aussi une créance prioritaire au sens du paragraphe 5° de l'article 2651 du Code civil, réputée ne conférer une telle garantie qu'à l'égard de créances non constitutives d'un droit réel.

Loi modifiant le Code civil et d'autres dispositions législatives relativement à la publicité foncière, L.Q. 2000, c. 42.

a. 237. Jusqu'à la date fixée dans un avis du ministre des Ressources naturelles, publié à la *Gazette officielle du Québec*, indiquant qu'un bureau de la publicité des droits établi dans l'une des circonscriptions foncières du Québec est pleinement informatisé en ce qui a trait à la publicité foncière, l'application des dispositions de la présente loi est, relativement à ce bureau, assujettie aux réserves exprimées dans les articles qui suivent.

L'avis peut, pour la période qui y est indiquée, suspendre temporairement certains services informatisés du bureau, de même que d'autres services touchés par son informatisation, notamment les services de consultation des documents conservés dans le bureau; le bureau est considéré comme étant pleinement informatisé malgré cette suspension.

Un avis de la publication à la *Gazette officielle du Québec* est donné dans un quotidien ou hebdomadaire circulant dans la circonscription foncière visée.

a. 238. Jusqu'à la date fixée dans l'avis du ministre des Ressources naturelles indiquant qu'un bureau de la publicité des droits est pleinement informatisé en ce qui a trait à la publicité foncière, les dispositions du Code civil, telles que modifiées par la présente loi, doivent être considérées avec les réserves qui suivent :

1° le registre foncier au sens de l'article 2972 et des autres articles s'y rapportant s'entend du registre foncier tenu dans ce bureau, constitué d'un index des noms, d'un index des immeubles, d'un registre des droits réels d'exploitation de ressources de l'État, d'un registre des réseaux de services publics et des immeubles situés en territoire non cadastré et du répertoire complétant ces deux derniers registres; en outre, les fiches immobilières au sens de ces articles s'entendent des feuillets de l'index des immeubles, du registre des droits réels d'exploitation de ressources de l'État ou du registre des réseaux de services publics et des immeubles situés en territoire non cadastré;

2° la date, l'heure et la minute auxquelles les droits publiés sur le registre foncier tenu dans ce bureau prennent rang, suivant l'article 2945, sont inscrites sur un bordereau de présentation;

3° nonobstant l'article 2969, les registres et documents tenus ou conservés dans ce bureau le 8 octobre 2001, continuent d'y être tenus ou conservés;

4° la publicité des droits qui concernent un immeuble situé dans la circonscription foncière pour laquelle le bureau est établi se fait, pour l'application de l'article 2970, au registre foncier tenu dans ce bureau;

5° l'article 2981.1 ne reçoit pas application dans ce bureau;

6° les réquisitions d'inscription qui concernent un immeuble situé dans la circonscription foncière pour laquelle le bureau est établi ne peuvent, nonobstant l'article 2982, être présentées qu'à ce bureau, sur un support papier;

7° la publicité de la subrogation ou de la cession visée à l'article 3003 se fait au registre foncier tenu dans ce bureau, lorsque l'hypothèque en cause y avait été publiée, et les documents qui doivent être remis au débiteur en vertu de cet article sont la réquisition présentée portant certificat d'inscription et, lorsque cette réquisition prend la forme d'un sommaire, le document qui l'accompagne;

8° pour l'application de l'article 3006.1, l'officier de la publicité affecté à ce bureau porte la date, l'heure et la minute de la présentation des réquisitions sur un bordereau de présentation, qu'il remet ensuite aux requérants; il ne procède ni au transfert des réquisitions et documents sur un support informatique et à leur transmission, sur ce support, au Bureau de la publicité foncière, ni à la remise subséquente des réquisitions aux requérants;

9° l'état certifié que l'officier affecté à ce bureau doit remettre au requérant en vertu de l'article 3011 s'entend du double de la réquisition présentée portant certificat d'inscription; de même, pour l'application de cet article, l'officier conserve dans le bureau un double de la réquisition présentée portant certificat d'inscription;

10° l'officier de la publicité n'a pas, dans ce bureau, à effectuer les vérifications requises par l'article 3014 relativement au titre de créance et les mentions exigées par cet article, avec les indications qui s'y rattachent, sont portées en marge de la réquisition constatant le droit ou la créance visé;

11° l'état certifié visé aux articles 3016 et 3044 s'entend, dans ce bureau, d'un certificat d'inscription;

12° l'état certifié d'une inscription particulière visé au deuxième alinéa de l'article 3019 s'entend, dans ce bureau, d'un certificat d'inscription apposé sur une copie authentique de la réquisition, lorsque celle-ci est authentique sans être notariée en brevet, ou sur un double de la réquisition, lorsqu'elle est notariée en brevet ou sous seing privé;

13° on ne peut, pour l'application de l'article 3022, requérir de l'officier de la publicité l'inscription, dans ce bureau, d'une adresse électronique;

14° la radiation, dans ce bureau, d'une inscription au sens de l'article 3057 s'entend d'une radiation résultant d'une inscription faite en marge du document ou de la réquisition constatant le droit dont la radiation est recherchée; il est fait référence sur le registre approprié, à l'exclusion de l'index des noms, au numéro d'inscription de la réquisition qui autorise la radiation;

15° l'article 3057.2 ne reçoit pas application dans ce bureau;

16° les dispositions suivantes s'appliquent, dans ce bureau, en lieu et place des dispositions de l'article 3075.1 :

> **3075.1** Nonobstant les articles 3069 et 3070, si, dans un même document, on vise à la fois l'inscription d'un droit et la radiation ou la réduction d'une inscription, l'inscription, de même que la radiation ou la réduction, doivent être demandées séparément au moyen de réquisitions distinctes ou par la présentation d'un exemplaire additionnel du document.

a. 239. Jusqu'à la date fixée dans l'avis du ministre des Ressources naturelles indiquant qu'un premier bureau de la publicité des droits est pleinement informatisé en ce qui a trait à la publicité foncière, un immeuble visé par l'article 2918 du Code civil doit être considéré comme étant non immatriculé pour l'application de cet article.

a. 240. Nonobstant l'article 94 de la présente loi, le *Règlement provisoire sur le registre foncier* édicté par le décret n° 1596-93 (1993, *G.O.* II, 8084), à l'exception des articles 18, 48 et 48.1, demeure applicable à un bureau de la publicité des droits établi dans l'une des circonscriptions foncières du Québec jusqu'à la date fixée

dans l'avis du ministre des Ressources naturelles indiquant que ce bureau est pleinement informatisé en ce qui a trait à la publicité foncière.

Le gouvernement peut, pour tenir compte du maintien temporaire de bureaux fonciers non informatisés, modifier ce règlement pour y prescrire toute mesure nécessaire à l'application des dispositions de la présente loi, y compris édicter des dispositions différentes de celles prévues au livre neuvième du Code civil ou dans les autres lois modifiées par la présente loi.

a. 241. Jusqu'à la date fixée dans l'avis du ministre des Ressources naturelles indiquant qu'un bureau de la publicité des droits est pleinement informatisé en ce qui a trait à la publicité foncière, les dispositions des lois qui suivent, en vigueur le 8 octobre 2001, demeurent applicables relativement à ce bureau :

> 1° les articles 22, 23 et 24 de la *Loi sur l'acquisition de terres agricoles par des non-résidants* (L.R.Q., chapitre A-4.1);

> 2° l'article 126 de la *Loi sur le bâtiment* (L.R.Q., chapitre B-1.1);

> 3° les articles 12 et 13 de la *Loi sur les bureaux de la publicité des droits* (L.R.Q., chapitre B-9);

> 4° l'article 704 du *Code de procédure civile* (L.R.Q., chapitre C-25);

> 5° les articles 3, 9, 9.1, 9.2 et 10 de la *Loi concernant les droits sur les mutations immobilières* (L.R.Q., chapitre D-15.1);

> 6° les articles 10, 19, 20 et 33 de la *Loi concernant les droits sur les transferts de terrains* (L.R.Q., chapitre D-17);

> 7° l'article 42.1 de la *Loi sur l'expropriation* (L.R.Q., chapitre E-24);

> 8° les articles 24, 35 à 37, 52, 67 et 105.1 de la *Loi sur la protection du territoire et des activités agricoles* (L.R.Q., chapitre P-41.1);

> 9° les articles 4 et 50 de la *Loi sur la Société de financement agricole* (L.R.Q., chapitre S-11.0101).

a. 242. Les index des immeubles tenus dans un bureau de la publicité des droits à la date fixée dans l'avis du ministre des Ressources naturelles indiquant que ce bureau est pleinement informatisé en ce qui a trait à la publicité foncière sont réputés authentiques malgré toute anomalie qui aurait pu, avant cette date, se produire dans l'ouverture ou la retranscription de fiches immobilières à ces index, dans le format ou la présentation matérielle de ces index ou dans l'indication qui y est faite de dénominations cadastrales.

a. 243. À compter de la date fixée dans l'avis du ministre des Ressources naturelles indiquant qu'un bureau de la publicité des droits est pleinement informatisé en ce qui a trait à la publicité foncière, les corrections d'erreurs matérielles relativement aux mentions et inscriptions faites en marge des réquisitions ou sur le registre complémentaire, de même que les mentions ou inscriptions omises en marge des réquisitions ou sur ce registre complémentaire sont portées au registre des mentions prévu à l'article 2979.1 du *Code civil* introduit par l'article 26 de la présente loi, pour tout document publié dans ce bureau *avant* la date fixée dans l'avis du ministre. De même, les corrections d'erreurs matérielles relativement aux états certifiés d'inscription sont portées dans ce registre pour tout acte publié dans ce bureau avant la date fixée dans l'avis du ministre.

a. 244. À la date fixée dans l'avis du ministre des Ressources naturelles indiquant que le bureau de la publicité des droits de la circonscription foncière de Montréal est pleinement informatisé en ce qui a trait à la publicité foncière, les mentions et inscriptions contenues dans le registre des mentions des actes microfilmés tenu pour ce bureau sont portées dans le registre des mentions prévu à l'article 2979.1 du Code civil introduit par l'article 26 de la présente loi.

a. 245. Les registres et documents suivants, tenus ou conservés dans un bureau de la publicité des droits à la date fixée dans l'avis du ministre des Ressources naturelles indiquant que ce bureau est pleinement informatisé en ce qui a trait à la publicité foncière, sont conservés dans ce bureau : l'index des noms, le livre de présentation, le registre des nantissements agricoles et forestiers, le registre des nantissements commerciaux, le registre des procès-verbaux, actes d'accord ou règlements relatifs aux chemins, aux ponts et aux cours d'eau, la liste visée au paragraphe 2 de l'article 2161 du *Code civil du Bas Canada*, tel qu'il se lisait le 31 décembre 1993, le registre des adresses et le répertoire des bordereaux de présentation.

L'index des noms tenu dans les bureaux établis pour les circonscriptions foncières de Laval et de Montréal n'y est cependant conservé que pour la période antérieure au 1er janvier 1994.

a. 246. L'Officier de la publicité des droits personnels et réels mobiliers assume, à compter du 5 décembre 2000, la garde du registre des cessions de biens en stock, de même que celle de tout document présenté au soutien des inscriptions ou radiations faites sur ce registre.

a. 247. Les officiers en titre affectés à un bureau de la publicité des droits établi pour une circonscription foncière à la date d'entrée en fonction de l'Officier de la publicité foncière nommé en application de l'article 1.1 de la *Loi sur les bureaux de la publicité des droits* deviennent, à compter de cette date, des officiers adjoints.

Ces officiers, de même que tout officier adjoint affecté à un tel bureau agissent, à compter de cette même date, sous l'autorité de l'Officier de la publicité foncière; ils conservent tous les pouvoirs, devoirs et obligations s'attachant à leur charge à cette date, jusqu'à ce que le ministre des Ressources naturelles ou un fonctionnaire de son ministère qu'il désigne par écrit les modifie, le cas échéant, par un nouvel acte de nomination.

a. 248. L'Officier de la publicité des droits personnels et réels mobiliers peut, lorsque sont remplies les conditions d'application du deuxième alinéa de l'article 2980 du *Code civil* introduit par l'article 27 de la présente loi, supprimer toutes les inscriptions faites avant le 5 décembre 2000 sur les fiches tenues sous la désignation des locateurs ou cessionnaires des biens loués.

Loi modifiant le Code civil en matière de demande de documents d'état civil, L.Q. 2001, c. 70.

a. 2. Le ministre responsable de l'état civil doit, au plus tard le 20 décembre 2006, faire au gouvernement un rapport sur l'application de la présente loi. Ce rapport est déposé dans les 30 jours suivants devant l'Assemblée nationale ou, si elle ne siège pas, dans les 30 jours de la reprise de ses travaux.

Loi instituant l'union civile et établissant de nouvelles règles de filiation, L.Q. 2002, c. 6.

a. 237. Dans les règlements auxquels s'applique la *Loi sur les règlements* (L.R.Q., chapitre R-18.1), à moins que le contexte ne s'y oppose, les concepts de mariage, de nullité, de divorce ou de dissolution de mariage doivent se lire en comprenant l'union civile, la nullité et la dissolution de l'union civile, les concepts d'époux ou de personne mariée, en comprenant les conjoints unis civilement, le concept de fiancé, en comprenant celui qui s'est engagé par une promesse d'union civile et les concepts de contrat de mariage et de régime matrimonial, en comprenant ceux d'union civile, avec les adaptations nécessaires.

a. 239. Les actes faits antérieurement à la date d'entrée en vigueur des dispositions nouvelles produisent les effets que ces dispositions y attachent. Toutefois, les droits héréditaires ne peuvent être exercés dans les successions ouvertes avant l'entrée en vigueur des dispositions nouvelles sauf, dans le cas d'une substitution non encore ouverte, au profit des appelés.

a. 240. Jusqu'au 30 juin 2005, ne sont pas soumises à la publication d'un avis ni aux droits prévus par le Code civil la déclaration tardive de filiation concernant un enfant né, avant l'entrée en vigueur des dispositions nouvelles, d'un projet parental entre deux conjointes, ni la demande accessoire d'ajout au nom de famille de l'enfant de tout ou partie du nom de la déclarante.

a. 241. Jusqu'à ce qu'un nouvel arrêté du ministre de la Justice les modifie, les Règles sur la célébration du mariage civil édictées par l'arrêté n° 1440 du 6 juillet 1994 (1994, *G.O.* 2, 4282) sont applicables, compte tenu des adaptations nécessaires, aux personnes qui sont ou seront habilitées à célébrer des mariages en vertu des dispositions nouvelles introduites par l'article 23 de la présente loi.

Toutefois, ces personnes ne sont ni tenues de célébrer les mariages dans une salle d'un palais de justice ou d'un autre édifice où un tribunal est appelé à siéger, ni soumises au port de la toge, pourvu cependant qu'elles respectent les autres exigences prescrites par les Règles sur la célébration du mariage civil relativement aux lieux de célébration des mariages ou à la tenue vestimentaire requise.

a. 242. Jusqu'à ce qu'un règlement du gouvernement, pris en application des dispositions nouvelles introduites par l'article 25 de la présente loi, fixe les droits minimum et maximum que les maires, les autres membres des conseils municipaux ou des conseils d'arrondissements et les fonctionnaires municipaux désignés par le ministre de la Justice en vertu de ces dispositions peuvent percevoir des futurs époux, ces droits sont ceux que prescrit, pour les mariages célébrés par des greffiers ou greffiers-adjoints de la Cour supérieure, le Tarif des frais judiciaires en matière civile et des droits de greffe édicté par le décret n° 256-95 (1995, *G.O.* 2, 1234).

a. 243. Toute personne tenue par l'effet de la présente loi à de nouvelles obligations ou restrictions doit s'y conformer avant le 1er octobre 2002 ou, dans le cas où elle doit se départir d'actifs ou se retirer d'un contrat, avant le 1er janvier 2003.

Loi modifiant le Code civil relativement au mariage, L.Q. 2004, c. 23.

a. 8. Dans les règlements auxquels s'applique la *Loi sur les règlements* (L.R.Q., chapitre R-18.), et cela même si le texte s'y oppose, la notion d'époux ou d'épouse et les notions équivalentes ainsi que celle de veuf ou de veuve s'appliquent tant aux conjoints de même sexe qu'aux conjoints de sexe différent.

Loi assurant la mise en œuvre de la Convention sur la protection des enfants et la coopération en matière d'adoption internationale et modifiant diverses dispositions législatives en matière d'adoption, L.Q. 2004, c. 3.

a. 33. Les démarches d'adoption d'un enfant domicilié hors du Québec entreprises par un adoptant et autorisées par écrit par le ministre avant l'entrée en vigueur de l'article 14 peuvent être poursuivies par l'adoptant.

a. 34. Les démarches d'adoption d'un enfant domicilié hors du Québec que le ministre a accepté par écrit d'effectuer pour l'adoptant avant l'entrée en vigueur de l'article 14 peuvent être poursuivies par le ministre.

Loi insérant l'article 1974.1 au Code civil, L.Q. 2005, c. 49.

a. 2. Le ministre de la Justice doit, au plus tard le 1er avril 2008, faire au gouvernement un rapport sur l'application de l'article 1974.1 du Code civil et sur l'opportunité de le modifier.

Le ministre dépose ce rapport à l'Assemblée nationale dans les 30 jours qui suivent ou, si elle ne siège pas, dans les 30 jours de la reprise de ses travaux.

Loi sur le transfert de valeurs mobilières et l'obtention de titres intermédiés, L.Q. 2008, c. 20.

a. 172. Les dispositions de la présente loi ne sont pas applicables aux instances en cours le 1er janvier 2009.

a. 173. Les hypothèques mobilières avec dépossession opérée par la maîtrise du créancier sur des valeurs mobilières ou des titres intermédiés visés par la présente loi ne peuvent être annulées ou déclarées inopposables aux tiers pour le motif que cette maîtrise, bien qu'obtenue de la manière prévue par les dispositions de cette loi, l'a été antérieurement au 1er janvier 2009.

a. 174. Les hypothèques mobilières avec dépossession qui, antérieurement au 1er janvier 2009, sont devenues opposables aux tiers au moyen d'un mode de publicité que le droit nouveau résultant de la présente loi ne reconnaît pas conservent leur opposabilité initiale, pourvu qu'elles soient publiées dans l'année qui suit le 1er janvier 2009 conformément au droit en vigueur au moment de la publication. En l'absence de cette publication, la publicité initiale de ces hypothèques cesse d'avoir effet à l'expiration de cette année.

Aux seules fins visées au premier alinéa, les hypothèques publiées par inscription sur le registre des droits personnels et réels mobiliers seront dans tous les cas considérées être publiées conformémentau droit en vigueur au momentde la publication.

a. 175. Les dispositions de la présente loi sont applicables aux hypothèques visées par les articles 173 et 174, notamment quant à leur publicité ou quant au rang qu'elles ont entre elles ou par rapport à d'autres hypothèques portant sur les mêmes valeurs ou titres.

Loi modifiant le Code civil concernant certains cas de résiliation du bail d'un logement, L.Q. 2011, c. 29.

a. 8. Les dispositions de l'article 1895.1 du Code civil, édicté par l'article 3, ne sont applicables qu'aux baux reconduits ou conclus après le 30 novembre 2011.

a. 9. Pour l'application des dispositions de l'article 1974 du Code civil modifié par l'article 6, sont des soins infirmiers les soins offerts dans le cadre des activités professionnelles que les infirmières ou les infirmiers et les infirmières auxiliaires ou les infirmiers auxiliaires sont autorisés à exercer en vertu d'une loi ou d'un règlement, demêmeque les soins offerts dans le cadre de l'exercice de telles activités par toute personne autorisée à les exercer en vertu d'une loi ou d'un règlement.

Sont par ailleurs des services d'assistance personnelle pour l'application de ces mêmes dispositions :

1° les services d'aide et de supervision à l'alimentation, à l'hygiène quotidienne, à l'habillage, aux déplacements et aux transferts de position pour se lever ou se coucher dans un lit, pour s'asseoir ou se lever d'une chaise, d'un fauteuil roulant, d'une toilette ou d'une chaise d'aisance, ce qui inclut notamment la stimulation à la réalisation de ces activités;

2° les services de soins invasifs d'assistance aux activités de la vie quotidienne ou d'administration de médicaments;

3° les services de distribution de médicaments.

Les dispositions du présent article sont applicables jusqu'à ce qu'un règlement pris en application de la *Loi sur les services de santé et les services sociaux* (L.R.Q., chapitre S-4.2) définisse les expressions soins infirmiers et services d'assistance personnelle.

Loi modifiant la Loi sur l'indemnisation des victimes d'actes criminels, la Loi visant à favoriser le civisme et certaines dispositions du Code civil relatives à la prescription, L.Q. 2013, c. 8, a. 12-13.

a. 12. La suspension de la prescription prévue à l'article 2905 du *Code civil du Québec*, édictée par l'article 6 de la présente loi, n'est applicable aux situations juridiques en cours qu'à partir de l'entrée en vigueur de cet article 6.

a. 13. Les délais de prescription prévus à l'article 2926.1 du Code civil, édicté par l'article 7 de la présente loi, sont applicables aux situations juridiques en cours en tenant compte du temps déjà écoulé.

Les dispositions de ce même article 2926.1 du Code civil qui concernent le point de départ du délai de prescription sont déclaratoires.

***Loi modifiant le Code Civil en matière d'état civil, de successions et de publicité des droits*, L.Q. 2013, c. 27, a. 41-43.**

a. 41. Les dispositions introduites à l'article 3017 du Code civil par l'article 33 de la présente loi ne sont applicables qu'à une hypothèque dont la constitution, l'acquisition ou la transmission a été publiée à la date ou postérieurement à la date à laquelle le bureau de la publicité des droits établi pour la circonscription foncière dans laquelle est situé l'immeuble visé est devenu pleinement informatisé en ce qui a trait à la publicité foncière, tel qu'énoncé à l'annexe de la présente loi, ou, dans le cas de la circonscription foncière de Montréal, postérieurement au 31 août 1980 et, dans le cas de la circonscription foncière de Laval, postérieurement au 31 juillet 1980.

a. 42. La période de 30 ans prévue à l'article 3022 du Code civil pour la validité de l'inscription d'une adresse sur le registre foncier est réputée avoir pour point de départ l'inscription de l'adresse sur ce registre, même si cette inscription est antérieure au 9 octobre 2001.

Les dispositions du présent article n'affectent pas la validité de l'inscription d'une adresse faite plus de 27 ans avant le 6 décembre 2013 et qui n'a pas été radiée à cette date, pourvu que l'inscription soit renouvelée dans les trois ans qui suivent cette même date.

a. 43. Le premier règlement pris en application des articles 3 et 4 doit faire l'objet d'une étude par la commission compétente de l'Assemblée nationale avant son adoption par le gouvernement.

TRANSITIONAL AND FINAL PROVISIONS (FROM SEPTEMBER 17, 1999)

An Act to amend the Civil Code and other legislative provisions as regards the publication of personal and movable real rights and the constitution of movable hypothecs without delivery, S.Q. 1998, c. 5.

s. 23. Unless it has already been published, a trust in respect of movable property established on or after 1 January 1994 to secure the performance of an obligation must be published within one year of 17 September 1999 in order to retain its initial effect against third persons.

s. 24. Reservations of ownership or rights of redemption in respect of movable property, as well as transfers of such reservations or rights, granted before 17 September 1999, whose effect against third persons is, pursuant to the provisions enacted herein, henceforth subject to publication formalities must be published within one year of that date in order to retain their initial effect against third persons.

The same applies to a lessor's ownership rights under a leasing contract, unpublished rights under a lease of movable property with a term of more than one year or stipulations of unseizability in respect of movable property, or to any transfer thereof, granted before 17 September 1999, if the effect of such rights or transfers against third persons is, pursuant to the provisions enacted herein, henceforth subject to publication formalities.

s. 25. From 17 September 1999, no entry referring to a right referred to in section 23 or 24 may be made in the register of personal and movable real rights unless the right itself is registered therein.

s. 26. [The amendment to article 2700 C.C.P.] has effect from 1 January 1994.

An Act to amend the Civil Code as regards names and the register of civil status, S.Q. 1999, c. 47.

s. 16. Article 51 of the said Code, replaced by section 1 of this Act and article 145 of the said Code, amended by section 13 of this Act, are deemed to have always read in their new versions.

s. 17. The registrar of civil status may, on the request of the father and mother of a minor child, substitute a surname consisting of one of the surnames composing his parents' surnames for the compound surname assigned to the child in a declaration of birth made between 1 January 1994 and 5 November 1999.

This section ceases to have effect on 5 November 2001.

s. 18. Sections 7 and 9 to 12 [amending articles 129, 134, 135, 137 and 142 C.C.] have effect from 1 January 1994.

An Act to amend the Civil Code as regards publication of certain rights by means of a notice, S.Q. 1999, c. 49.

s. 3. Rights under a lease on an immovable other than a dwelling or the assignment of such a lease that are or is evidenced by an act or document registered in a land register on or after 1 January 1994 shall be deemed validly published provided that

the act or document contains at the least the particulars required by article 2999.1 of the Civil Code enacted by this Act.

However, for the purposes of this rule, a reference to the lease to which the act or document relates and an indication of the rights existing in respect of the renewal of the lease are not required.

An Act to amend various legislative provisions respecting municipal affairs, S.Q. 1999, c. 90.

s. 45. Every provision of an Act or statutory instrument indicating that the costs, charges, taxes or other sums owed to a municipality are secured by a legal hypothec is deemed, where the sums also constitute a prior claim within the meaning of paragraph 5 of article 2651 of the Civil Code, to confer such security only in respect of claims that do not constitute a real right.

An Act to amend the Civil Code and other legislative provisions relating to land registration, S.Q. 2000, c. 42.

s. 237. Until the date fixed in a notice published in the *Gazette officielle du Québec* by the Minister of Natural Resources stating that a registry office established in a registration division in Québec is fully computerized for land registration purposes, the application of the provisions of this Act as they concern that registry office is subject to the restrictions contained in the following sections.

The notice may suspend temporarily, for the period indicated, certain computerized services at the registry office, or other services affected by the computerization such as consultation of documents kept at the registry office; the registry office shall be considered to be fully computerized despite such suspension.

Notice of the publication in the *Gazette officielle du Québec* shall be published in a daily or weekly newspaper circulated in the registration division concerned.

s. 238. Until the date fixed in the notice of the Minister of Natural Resources stating that a registry office is fully computerized for land registration purposes, the provisions of the Civil Code, as amended by this Act, shall apply subject to the following restrictions:

(1) the land register within the meaning of article 2972 and the other articles that refer thereto means the land register kept in that registry office, consisting of an index of names, an index of immovables, a register of real rights of State resource development, a register of public service networks and immovables situated in territory without a cadastral survey and the directory which completes the latter two registers; in addition, a land file within the meaning of those articles means a leaf of the index of immovables, the register of real rights of State resource development or the register of public service networks and immovables situated in territory without a cadastral survey;

(2) the date, hour and minute according to which the rights published in the land register kept in that registry office rank pursuant to article 2945 shall be entered on the memorial of presentation;

(3) notwithstanding article 2969, the registers and documents kept or preserved in that registry office on the 8th of October 2001 shall continue to be kept or preserved in that registry office;

(4) rights concerning an immovable situated in the registration division for which the registry office is established shall, for the purposes of article 2970, be published in the land register kept in that registry office;

(5) article 2981.1 is not applicable in that registry office;

(6) notwithstanding article 2982, an application for registration concerning an immovable situated in the registration division for which the registry of-

fice is established can only be presented at that registry office and in paper form;

(7) a subrogation or assignment referred to in article 3003 shall be published in the land register kept in that registry office if the hypothec concerned was also published in that registry office, and the documents that must be furnished to the debtor pursuant to that article are the application presented, bearing the registration certificate, and, where if application is in the form of a summary, the accompanying document;

(8) for the purposes of article 3006.1, the registrar assigned to that registry office shall enter the date, hour and minute of presentation of an application on a memorial of presentation which he shall give to the applicant; the registrar shall neither convert the application or the documents to electronic form, transmit them in electronic form to the Land Registry Office, nor return the originals to the applicant;

(9) the certified statement that the registrar assigned to that registry office must remit to the applicant pursuant to article 3011 means a duplicate of the application presented, bearing the registration certificate; as well, for the purposes of that article, the registrar shall keep a duplicate of the application presented, bearing the registration certificate;

(10) the registrar is not required, in that registry office, to make the verifications prescribed by article 3014 concerning the title of indebtedness, and the mentions required by that article, with the related indications, shall be entered in the margin of the application relating to the right or the debt concerned;

(11) the certified statement referred to in articles 3016 and 3044 means, in that registry office, the registration certificate;

(12) the certified statement of a particular entry referred to in the second paragraph of article 3019 means, in that registry office, the registration certificate affixed to an authentic copy of the application, if the application is authentic but not notarized *en brevet*, or on a duplicate of the application, where it is notarized *en brevet* or in private writing;

(13) for the purposes of article 3022, the registrar may not be required in that registry office to register an electronic address;

(14) the cancellation, in that registry office, of a registration within the meaning of article 3057 means a cancellation arising from an entry made in the margin of the document or application relating to the right to be cancelled; a reference to the registration number of the application requiring the cancellation shall be made in the appropriate register, except the index of names;

(15) article 3057.2 is not applicable in that registry office;

(16) the following provisions apply, in that registry office, in place of the provisions of article 3075.1:

> **3075.1** Notwithstanding articles 3069 and 3070, if a single document requires both the registration of a right and the cancellation of a registration or the reduction of an entry, the registration and the cancellation or reduction must be applied for separately by means of separate applications or by the presentation of an additional copy of the document.

s. 239. Until the date fixed in the notice of the Minister of Natural Resources stating that a first registry office is fully computerized for land registration purposes, any immovable to which article 2918 of the Civil Code applies must be considered as non-registered for the purposes of that article.

s. 240. Notwithstanding section 94 of this Act, the *Provisional Regulation respecting the land register* made by Order in Council 1596-93 (1993, *G.O.* II, 6239), except sec-

TRANSITIONAL AND FINAL PROVISIONS

tions 18, 48 and 48.1, shall remain applicable to every registry office established in a registration division in Québec until the date fixed in the notice of the Minister of Natural Resources stating that that registry office is fully computerized for land registration purposes.

The Government may, in view of the temporary continuation of non-computerized registry offices, amend the regulation to prescribe any measure necessary for the purposes of this Act, and may enact provisions that differ from those provided in Book Nine of the Civil Code or in other legislation amended by this Act.

s. 241. Until the date fixed in the notice of the Minister of Natural Resources stating that a registry office is fully computerized for land registration purposes the following provisions, in force on the 8th of October 2001, shall remain applicable to that registry office:

(1) sections 22, 23 and 24 of the *Act respecting the acquisition of farm land by non-residents* (R.S.Q., chapter A-4.1);

(2) section 126 of the *Building Act* (R.S.Q., chapter B-1.1);

(3) sections 12 and 13 of the *Act respecting registry offices* (R.S.Q., chapter B-9);

(4) article 704 of the *Code of Civil Procedure* (R.S.Q., chapter C-25);

(5) sections 3, 9, 9.1, 9.2 and 10 of the *Act respecting duties on transfers of immovables* (R.S.Q., chapter D-15.1);

(6) sections 10, 19, 20 and 33 of the *Land Transfer Duties Act* (R.S.Q., chapter D-17);

(7) section 42.1 of the *Expropriation Act* (R.S.Q., chapter E-24);

(8) sections 24, 35 to 37, 52, 67 and 105.1 of the *Act respecting the preservation of agricultural land and agricultural activities* (R.S.Q., chapter P-41.1); and

(9) sections 4 and 50 of the *Act respecting the Société de financement agricole* (R.S.Q., chapter S-11.0101).

s. 242. The indexes of immovables kept in a registry office on the date fixed in the notice of the Minister of Natural Resources stating that the registry office is fully computerized for land registration purposes are deemed to be authentic despite any irregularity that may, before that date, have occurred in the opening or transfer of land files in or to those indexes, in the format or physical presentation of those indexes or in references to cadastral designations in those indexes.

s. 243. From the date fixed in the notice of the Minister of Natural Resources stating that a registry office is fully computerized for land registration purposes, corrections of clerical errors in the mentions or entries made in the margin of applications or in the complementary register, as well as mentions and entries omitted in the margin of applications or in the complementary register are entered in the register of mentions provided for in article 2979.1 of the Civil Code, introduced by section 26, as regards any document published in that registry office before the date fixed in the Minister's notice. Likewise, corrections of clerical errors in certified statements of registration are entered in the register of mentions as regards any act published in that registry office before the date fixed in the Minister's notice.

s. 244. As of the date fixed in the notice of the Minister of Natural Resources stating that the registry office for the registration division of Montréal is fully computerized for land registration purposes, mentions and entries contained in the register of mentions for microfilmed acts kept for that office are entered in the register of mentions provided for in article 2979.1 of the Civil Code, introduced by section 26.

TRANSITIONAL AND FINAL PROVISIONS

s. 245. The following registers and documents, kept or preserved in a registry office on the date fixed in the notice of the Minister of Natural Resources stating that the office is fully computerized for land registration purposes, shall be preserved in that registry office: the index of names, the book of presentation, the register of farm and forest pledges, the register of commercial pledges, the register of *procès-verbaux*, deeds of agreement or by-laws relating to roads, bridges and watercourses, the list referred to in paragraph 2 of article 2161 of the *Civil Code of Lower Canada*, as it read on 31 December 1993, the register of addresses and the list of memorials of presentation.

The index of names kept in the registry offices established for the registration divisions of Laval and Montréal shall be preserved only for the period preceding 1 January 1994.

s. 246. The Personal and Movable Real Rights Registrar shall, from 5 December 2000, keep the register of transfers of property in stock, and any document presented in support of an entry or cancellation in that register.

s. 247. The registrars who, on the date on which the Land Registrar appointed under section 1.1 of the *Act respecting registry offices* takes up duties, are assigned to a registry office established for a registration division shall become, as of that date, deputy registrars.

Such registrars, and all deputy registrars assigned to such a registry office shall, as of that date, act under the authority of the Land Registrar; they shall retain all the powers, duties and obligations of their office on that date, so long as they are not modified by a new instrument of appointment issued by the Minister of Natural Resources or a public servant with the Minister's department, designated in writing by the Minister.

s. 248. The Personal and Movable Real Rights Registrar may, where the conditions under which the second paragraph of article 2980 of the Civil Code introduced by section 27 of this Act are fulfilled, strike all entries made before 5 December 2000 in the files kept under the description of lessors or transferors of leased property.

An Act to amend the Civil Code as regards requests for civil status documents, S.Q. 2001, c. 70.

s. 2. Not later than 20 December 2006, the Minister responsible for civil status shall report to the Government on the application of this Act. The report shall be tabled in the National Assembly within the ensuing 30 days or, if the Assembly is not in session, within 30 days of resumption.

An Act instituting civil unions and establishing new rules of filiation, S.Q. 2000, c. 6.

s. 237. In all regulations to which the *Regulations Act* (R.S.Q., chapter R-18.1) applies, unless the context indicates otherwise, the concepts of marriage, annulment of marriage, divorce or dissolution of marriage shall be read as inclusive of a civil union and annulment or dissolution of a civil union, the concepts of married spouse or married person as inclusive of civil union spouses, the concept of fiancé as inclusive of a person having made a promise of civil union and the concepts of marriage contract and matrimonial regime as inclusive of a civil union contract and a civil union regime, with the necessary modifications.

s. 239. Acts made before the date of coming into force of the new provisions shall produce the effects attached thereto by the new provisions. However, hereditary rights may not be exercised with respect to successions open before the coming into force of the new provisions except, in the case of a substitution that is not yet open, in favour of the substitutes.

s. 240. Until 30 June 2005, tardy declarations of filiation in respect of a child born of a mutual parental project before the coming into force of the new provisions and incidental applications for authorization to add all or part of the declarant's name to

the child's name are not subject to the obligation to publish a notice or to pay the duties prescribed by the Civil Code.

s. 241. Until they are amended by an order of the Minister of Justice, the Rules respecting the solemnization of civil marriages made by Ministerial Order 1440 dated 6 July 1994 (1994, *G.O.* 2, 2975) are applicable, with the necessary modifications, to persons who are or become authorized to solemnize marriages under the new provisions introduced by section 23.

However, those persons are not required to solemnize marriages in a room of a courthouse or of any other building in which a court of law sits and are not required to wear a gown, provided they comply with the other requirements of the Rules respecting the solemnization of civil marriages concerning the place of solemnization of marriages and the proper attire.

s. 242. Until the minimum and maximum amounts of the duties that may be collected from intended spouses by mayors, other members of municipal or borough councils and municipal officers designated by the Minister of Justice under the new provisions introduced by section 25 are fixed by regulation of the Government pursuant to those provisions, the duties that may be collected are those prescribed with respect to marriages solemnized by clerks or deputy clerks of the Superior Court by the Tariff of Court Costs in Civil Matters and Court Office Fees made by Order in Council 256-95 (1995, *G.O.* 2, 918).

s. 243. Every person who, by the effect of this Act, is subject to new obligations or restrictions is required to conform therewith before 1 October 2002 or, if the person must dispose of assets or withdraw from a contract, before 1 January 2003.

An Act to amend the Civil Code as regards marriage, S.Q. 2004, c. 23.

s. 8. In the regulations subject to the *Regulations Act* (R.S.Q., chapter R-18.1) even if the text indicates otherwise, the term "married spouse" and equivalent terms, as well as the term "widower" or "widow" apply equally to spouses of the same sex and spouses of opposite sex.

An Act to implement the Convention on Protection of Children and Co-operation in Respect of Intercountry Adoption and to amend various legislative provisions in relation to adoption, S.Q. 2004, c. 3.

s. 33. An adoption process in respect of a child domiciled outside Québec undertaken by an adopter and authorized by the Minister in writing before the coming into force of section 14 may be continued by the adopter.

s. 34. An adoption process in respect of a child domiciled outside Québec which the Minister agreed, in writing, to undertake on behalf of the adopter before the coming into force of section 14 may be continued by the Minister.

An Act to insert article 1974.1 in the Civil Code, S.Q. 2005, c. 49.

s. 2. The Minister of Justice must, not later than 1 April 2008, report to the Government on the application of article 1974.1 of the *Civil Code* and on the advisability of amending it.

The Minister must table the report in the National Assembly within the following 30 days or, if the National Assembly is not sitting, within 30 days of resumption.

An Act respecting the Transfer of Securities and the Establishment of security entitlements, S.Q. 2008, c. 20.

s. 172. The provisions of this Act are not applicable to proceedings pending on 1 January 2009.

s. 173. Movable hypothecs with delivery effected by the creditor obtaining control of securities or security entitlements within the meaning of this Act may not be cancelled or declared unenforceable against third persons on the grounds that control

of the securities or security entitlements, though obtained in the manner provided for by that Act, was obtained before 1 January 2009.

s. 174. Movable hypothecs with delivery which became enforceable against third persons before 1 January 2009 after being published in a manner not recognized by the new provisions enacted by this Act retain their original enforceability provided they are published in the year that follows that date in accordance with the law in force at the time of publication. In the absence of such publication, the initial publication of those hypothecs ceases to have effect on the expiry of that year.

For the sole purposes of the first paragraph, hypothecs published by registration in the register of personal and movable real rights will in all cases be considered to be published in accordance with the law in force at the time of publication.

s. 175. This Act applies to hypothecs referred to in sections 173 and 174, especially as regards their publication or their ranking among themselves or in relation to other hypothecs on the same securities or security entitlements.

An Act to amend the Civil Code as regards the resiliation of a dwelling lease in certain cases, S.Q. 2011, c. 29.

s. 8. Article 1895.1 of the Civil Code, enacted by section 3, is applicable only to leases renewed or entered into after 30 November 2011.

s. 9. For the purposes of article 1974 of the Civil Code, amended by section 6, nursing care includes care provided within the scope of the professional activities that nurses and nursing assistants are authorized to exercise under an Act or a regulation, and care provided within the scope of such activities by any person authorized to exercise them under an Act or a regulation.

Personal assistance services for the purpose of that section include

(1) assistance with and supervision of eating, personal hygiene, dressing, locomotion, transferring in and out of bed or in and out of a chair or a wheelchair, and using the toilet or a commodechair, including encouragement to carry out such activities;

(2) invasive care involved in assistance with activities of daily living or administering medication; and

(3) distribution of medication.

This section is applicable until a regulation is made under the *Act respecting health services and social services* (R.S.Q., chapter S-4.2) to define the expressions "nursing care" and "personal assistance services".

An Act to amend the Crime Victims Compensation Act, the Act to promote good citizenship and certain provisions of the Civil Code concerning prescription, S.Q. 2013, c. 8, s. 12-13.

s. 12. Suspension of prescription provided for in article 2905 of the *Civil Code of Québec*, enacted by section 6, applies to existing juridical situations only as of the coming into force of section 6.

s. 13. The prescriptive periods provided for in article 2926.1 of the Civil Code, enacted by section 7, apply to existing juridical situations taking into account the time already elapsed.

The provisions of article 2926.1 of the Civil Code concerning the starting point of prescriptive periods are declaratory.

An Act to amend the Civil Code as regards Civil Status, Successions and the Publication of Rights, S.Q. 2013, c. 27, s. 41-43.

s. 41. The provisions added to article 3017 of the Civil Code by section 33 apply only to a hypothec the constitution, acquisition or transmission of which was registered on

or after the date on which the registry office established for the registration division in which the immovable concerned is situated became fully computerized with regard to land registration, as stated in the Schedule to this Act, or, in the case of the registration division of Montréal, after 31 August 1980 and, in the case of the registration division of Laval, after 31 July 1980.

s. 42. The period of 30 years set in article 3022 of the Civil Code with regard to the validity of the registration of an address in the land register is deemed to begin on the registration of the address in the register, even if the registration was effected before 9 October 2001.

This section does not affect the validity of the registration of an address effected more than 27 years prior to 6 December 2013 and not cancelled at that date, provided the registration is renewed within three years of that date.

s. 43. The first regulation made under sections 3 and 4 must be examined by the competent committee of the National Assembly before it is adopted by the Government.

NOTES EXPLICATIVES

Le *Code civil du Québec* remplace le *Code civil du Bas Canada* adopté par le chapitre 41 des lois de 1865 de la législature de la province du Canada, *Acte concernant le Code civil du Bas Canada*, tel qu'il a été modifié de temps à autre, de même que le chapitre 39 des lois de 1980, Loi instituant un nouveau *Code civil* et portant réforme du droit de la famille, et les lois qui l'ont modifiée, ainsi que le chapitre 18 des lois de 1987, Loi portant réforme au *Code civil du Québec* du droit des personnes, des successions et des biens.

Le *Code civil du Québec* comprend dix livres, à savoir : le Livre premier : Des personnes; le Livre deuxième : De la famille; le Livre troisième : Des successions; le Livre quatrième : Des biens; le Livre cinquième : Des obligations; le Livre sixième : Des priorités et des hypothèques; le Livre septième : De la preuve; le Livre huitième : De la prescription; le Livre neuvième : De la publicité des droits et le Livre dixième : Du droit international privé.

Livre 1 — Des personnes

Le Livre premier du *Code civil du Québec* porte sur le droit des personnes. Il reprend, en les modifiant à certains égards, pour tenir compte entre autres des modifications apportées au *Code civil du Bas Canada* par le chapitre 54 des lois de 1989, les dispositions du chapitre 18 des lois de 1987. Ce livre comprend cinq titres.

Le premier titre traite de la jouissance et de l'exercice des droits civils et il énonce les principes généraux en la matière.

Le deuxième titre est consacré à certains droits de la personnalité. Il compte quatre chapitres qui portent respectivement sur l'intégrité de la personne, notamment quant aux soins, à la garde en établissement et à l'examen psychiatrique, sur le respect des droits de l'enfant, sur le respect de la réputation et de la vie privée et sur le respect du corps après le décès.

Le troisième titre, divisé en quatre chapitres, traite de certains éléments relatifs à l'état des personnes. Il aborde, au premier chapitre, les règles relatives à l'attribution du nom, à son utilisation, au changement de nom par voie administrative ou judiciaire, ainsi que celles ayant trait au changement de la mention du sexe à l'acte de l'état civil et à la révision des décisions. Le deuxième chapitre établit les règles relatives au domicile et à la résidence; le troisième précise les règles sur l'absence, sur le jugement déclaratif de décès, sur le retour et sur la preuve du décès. Quant au quatrième chapitre, il est consacré à l'état civil et divisé en six sections portant respectivement sur l'officier de l'état civil, sur le registre de l'état civil et sur les actes de l'état civil que sont les actes de naissance, de mariage et de décès, ainsi que sur la modification du registre, sur la publicité du registre et sur certains pouvoirs réglementaires relatifs à la tenue du registre ou à sa publicité.

Le titre quatrième énonce, dans trois chapitres, les règles relatives à la capacité des personnes. Le premier chapitre est consacré à la majorité, à la minorité et à l'émancipation. Le deuxième chapitre, sur la tutelle au mineur, est divisé en sept sections qui traitent successivement de la charge tutélaire, de la tutelle légale, de la tutelle dative, de l'administration tutélaire, du conseil de tutelle, des mesures de surveillance de la tutelle, ainsi que du remplacement du tuteur et de la fin de la tutelle. Quant au troisième chapitre, il établit les règles des régimes de protection du majeur; il présente quelques dispositions générales et d'autres règles traitant de l'ouverture des régimes de protection, de la cura-

telle au majeur, de la tutelle au majeur, du conseiller au majeur et de la fin du régime de protection.

Enfin, le titre cinquième du Livre premier porte sur les personnes morales. Il établit, dans un premier chapitre, les règles générales de la personnalité juridique des personnes morales et aborde les questions relatives à la constitution et aux espèces de personnes morales, aux effets de la personnalité juridique qui leur est attribuée, aux obligations des administrateurs et à leurs inhabilités ainsi qu'à l'attribution judiciaire de la personnalité. Un second chapitre, consacré aux dispositions applicables à certaines personnes morales, traite du fonctionnement de ces personnes morales, de leur dissolution et de leur liquidation.

Livre 2 — De la famille

Le Livre deuxième porte sur le droit de la famille. Il reprend substantiellement le chapitre 39 des lois de 1980, tel qu'il a été modifié au cours des ans, tout en introduisant quelques règles nouvelles, notamment en matière de filiation, pour tenir compte du développement de la procréation médicalement assistée. Ce livre comprend quatre titres.

Le premier titre traite du mariage et est divisé en sept chapitres. Les trois premiers chapitres portent respectivement sur le mariage et sa célébration, sur la preuve du mariage et sur les nullités de mariage. Le quatrième chapitre détermine les effets du mariage et contient les dispositions relatives aux droits et aux devoirs des époux, à la résidence familiale, à la constitution et au partage du patrimoine familial et à la prestation compensatoire. Le cinquième chapitre, après avoir énoncé certaines règles générales sur le choix du régime matrimonial et l'exercice des droits et pouvoirs résultant du régime matrimonial, précise les règles applicables au régime de la société d'acquêts, à celui de la séparation de biens et aux régimes communautaires. Les chapitres sixième et septième portent sur la séparation de corps et la dissolution du mariage, le dernier chapitre reprenant certaines règles édictées en 1980 relativement aux effets du divorce.

Le titre deuxième s'attache à la filiation par le sang ou consécutive à l'adoption. Le premier chapitre, sur la filiation par le sang, détermine les preuves de la filiation et les actions qui s'y rattachent, et il introduit certaines règles sur la procréation médicalement assistée. Le deuxième chapitre, sur l'adoption, énonce les conditions de l'adoption, précise la nature de l'ordonnance de placement et du jugement d'adoption, indique les effets de l'adoption et établit le caractère confidentiel des dossiers d'adoption.

Les deux derniers titres du Livre deuxième ont trait à l'obligation alimentaire et à l'autorité parentale.

Livre 3 — Des successions

Le Livre troisième porte sur le droit des successions. Il reprend substantiellement les dispositions adoptées par le chapitre 18 des lois de 1987 et les modifications apportées au *Code civil du Bas Canada* par le chapitre 55 des lois de 1989. Ce livre compte six titres.

Le titre premier détermine les circonstances de l'ouverture d'une succession et établit les qualités requises pour succéder.

Le titre deuxième, qui traite de la transmission de la succession, comprend trois chapitres. Le premier porte sur la saisine, le deuxième sur la pétition d'hérédité et ses effets sur la transmission de la succession, tandis que le troisième concerne le droit d'option des successibles et énonce les règles relatives à la délibération et à l'option, à l'acceptation d'une succession et à la renonciation à celle-ci.

Le titre troisième, qui établit les règles de la dévolution légale des successions, est divisé en six chapitres. Le premier chapitre détermine la vocation successorale. Le deuxième porte sur la parenté et fixe les notions de degré, de génération et de ligne, directe ou collatérale, ascendante ou descendante. Le troisième chapitre définit la représentation,

détermine quand elle a lieu et en précise les effets. Le quatrième chapitre établit l'ordre de dévolution des successions entre le conjoint survivant, les descendants, les ascendants et collatéraux privilégiés ou ordinaires. Le cinquième chapitre établit les règles relatives à la survie de l'obligation alimentaire. Enfin, le sixième chapitre aborde la question des droits de l'État.

Le titre quatrième, divisé en six chapitres, traite successivement de la nature du testament, de la capacité requise pour tester, des formes de testament, des dispositions testamentaires et des légataires, de la révocation des testaments et legs, ainsi que de la preuve et de la vérification des testaments.

Le titre cinquième, qui comprend quatre chapitres, énonce les règles relatives à la liquidation successorale : le premier traite de l'objet de la liquidation et de la séparation des patrimoines; le deuxième porte sur le liquidateur de la succession et établit les règles concernant la désignation et la charge du liquidateur, l'inventaire des biens et les fonctions du liquidateur; le troisième porte sur le paiement des dettes et des legs particuliers et le quatrième chapitre régit la fin de la liquidation.

Le titre sixième, divisé en cinq chapitres, contient les règles du partage. Y sont traités les droits au partage et au maintien de l'indivision, les modalités du partage, les règles à suivre pour la composition des lots, les attributions préférentielles ou les contestations et la remise des titres; y sont également déterminés l'obligation de rapporter les dons, les legs et les dettes, la façon de rapporter et les effets du rapport. Les deux derniers chapitres portent sur les effets du partage et sur la nullité du partage.

Livre 4 — Des biens

Le Livre quatrième porte sur le droit des biens. Il reprend substantiellement les dispositions adoptées par le chapitre 18 des lois de 1987 et intègre les modifications apportées au *Code civil du Bas Canada* par le chapitre 16 des lois de 1988. Ce livre compte sept titres.

Le titre premier porte sur la distinction des biens et leur appropriation. Ses quatre chapitres traitent respectivement de la distinction des biens, immeubles et meubles, des biens dans leurs rapports avec ce qu'ils produisent, des biens dans leurs rapports avec ceux qui y ont des droits ou qui les possèdent et de certains rapports de fait concernant les biens. Dans le dernier chapitre sont précisées les règles de la possession et celles sur l'acquisition des biens vacants, biens sans maître ou meubles perdus ou oubliés.

Le titre deuxième traite de la propriété. Le premier chapitre précise la nature et l'étendue du droit de propriété et le deuxiè- me les règles relatives à l'accession immobilière et mobilière. Quant au troisième chapitre, il énonce d'abord une règle générale sur les inconvénients normaux du voisinage puis des règles particulières à la propriété immobilière, telles celles sur les limites des fonds et le bornage, sur les eaux, les arbres, l'accès au fonds d'autrui et sa protection, les vues, le droit de passage et les clôtures et ouvrages mitoyens.

Le titre troisième est consacré aux principales modalités de la propriété. Le premier chapitre définit la copropriété par indivision, la copropriété dite divise et la propriété superficiaire; les trois autres chapitres régissent les régimes de la copropriété par indivision, de la copropriété divise et de la propriété superficiaire.

Le titre quatrième régit les démembrements du droit de propriété. Ce titre, divisé en quatre chapitres, traite de l'usufruit, de l'usage, des servitudes et de l'emphytéose.

Le titre cinquième établit les règles relatives aux restrictions à la libre disposition de certains biens. Le premier chapitre énonce les règles concernant les stipulations d'inaliénabilité et le second celles qui concernent la substitution.

Le titre sixième porte sur certains patrimoines d'affectation. Le premier chapitre définit la fondation et le second est consacré à la fiducie : il en précise la nature, détermine les diverses espèces de fiducie et leur durée, établit les règles relatives à l'administration de la fiducie, prévoit les modifications à la fiducie et au patrimoine, ainsi que la fin de la fiducie.

Enfin, le titre septième détermine les règles relatives à l'administration du bien d'autrui. Le premier chapitre contient des dispositions générales et le deuxième détermine l'étendue des activités de l'administrateur du bien d'autrui selon deux types d'administration, la simple ou la pleine administration; le troisième chapitre, sur les règles de l'administration, précise les obligations de l'administrateur envers le bénéficiaire et les tiers, celles du bénéficiaire envers les tiers, et d'autres règles sur l'inventaire, les sûretés et les assurances, sur l'administration collective et la délégation, sur les placements présumés sûrs, sur la répartition des bénéfices et des dépenses, ainsi que sur le compte annuel. Le quatrième chapitre, sur la fin de l'administration, détermine les causes qui mettent fin à l'administration, ainsi que les règles relatives à la reddition de compte et à la remise du bien.

Livre 5 — Des obligations

Le Livre cinquième porte sur le droit des obligations. Il comprend deux titres : un titre premier sur les obligations en général et un titre deuxième sur les contrats nommés.

Titre 1 — Des obligations en général

Le titre premier du Livre cinquième présente les éléments de la théorie générale des obligations; il est divisé en neuf chapitres.

Le premier chapitre, introductif de la matière, établit les principes qui sont à la base même de la théorie générale des obligations.

Le chapitre deuxième, intitulé « Du contrat », compte cinq sections. Les deux premières, générales, prévoient l'assujettissement des contrats aux règles du chapitre et traitent de la nature du contrat et de certaines de ses espèces. La troisième section établit les conditions de formation du contrat que sont le consentement, la capacité, la cause, l'objet et, en certains cas, la forme, et elle fixe la sanction de l'inobservation de ces conditions. La quatrième section est consacrée aux règles d'interprétation du contrat tandis que la cinquième traite des effets du contrat à l'égard des parties et des tiers, de même que de ceux qui sont particuliers à certains contrats.

Le chapitre troisième regroupe les principales règles de la responsabilité civile. Il traite des conditions de la responsabilité, de certains cas d'exonération de responsabilité et du partage de responsabilité.

Le chapitre quatrième complète l'exposé des principales sources de l'obligation et traite successivement de la gestion d'affaires, de la réception de l'indu et de l'enrichissement sans cause ou injustifié.

Le chapitre cinquième est consacré aux modalités de l'obligation. Y sont successivement abordées les obligations à modalité simple, soit l'obligation conditionnelle et l'obligation à terme, de même que les obligations à modalité complexe, soit l'obligation conjointe, divisible et indivisible, solidaire, alternative et facultative.

Le sixième chapitre, qui traite de l'exécution de l'obligation, est divisé en trois sections. La première énonce les règles du paiement, y compris celles relatives à l'imputation des paiements, aux offres réelles et à la consignation. La deuxième est consacrée à la mise en oeuvre du droit à l'exécution de l'obligation et traite non seulement de l'exception d'inexécution, du droit de rétention et de la mise en demeure préalable, mais également des divers recours ouverts au créancier pour forcer l'exécution en nature de l'obligation, pour obtenir la résolution ou la résiliation du contrat et la réduction de l'obligation ou pour en obtenir l'exécution par équivalence pécuniaire. La troisième section est consacrée

aux mesures de protection du droit à l'exécution de l'obligation : mesures conservatoires, action oblique et action paulienne ou en inopposabilité.

Le septième chapitre concerne la transmission et les mutations de l'obligation. Y sont successivement présentées les règles de la cession de créance, de la subrogation, de la novation et de la délégation.

Le chapitre huitième est consacré aux causes d'extinction de l'obligation et il traite spécifiquement de la compensation, de la confusion, de la remise, de l'impossibilité d'exécuter l'obligation et de la libération du débiteur.

Enfin, le neuvième chapitre regroupe les principales règles de la restitution des prestations consécutive à l'anéantissement rétroactif d'un acte juridique.

Titre 2 — Des contrats nommés

Le titre deuxième du Livre cinquième regroupe les règles particulières à divers contrats, dits nommés; il est divisé en dix- huit chapitres.

Le premier chapitre, réservé à la vente, compte trois sections. La première, générale, traite de la promesse de vente, de la vente du bien d'autrui, des obligations du vendeur et de l'acheteur, et elle présente aussi les règles propres à l'exercice des droits des parties. Cette section traite en outre de diverses modalités de la vente : la vente à l'essai, la vente à tempérament, la vente avec faculté de rachat et la vente aux enchères, et elle expose les règles sur la vente d'entreprise et sur celle de certains biens incorporels, soit les droits successoraux et les droits litigieux. La deuxième section présente les règles particulières à la vente d'immeubles à usage d'habitation et la troisième est réservée aux contrats apparentés à la vente, soit l'échange, la dation en paiement et le bail à rente.

Le chapitre deuxième, sur la donation, traite de la nature et de l'étendue du contrat de donation et de certaines conditions de la donation, y compris les règles de validité et les règles de forme; il traite aussi des droits et obligations des parties, de la révocation de la donation pour cause d'ingratitude, ainsi que de la donation par contrat de mariage.

Le chapitre troisième énonce les principales règles du contrat de crédit-bail.

Le chapitre quatrième est consacré au louage et il traite d'abord de la nature du louage, des droits et obligations résultant du bail et de la fin du bail. Suivent les dispositions particulières au bail d'un logement et notamment les règles relatives à ce bail, au loyer, à l'état du logement, à certaines modifications au logement, à l'accès et à la visite du logement, au droit au maintien dans les lieux et à la résiliation du bail. Sont enfin présentées les règles particulières au bail dans un établissement d'enseignement, au bail d'un logement à loyer modique et au bail d'un terrain pour maison mobile.

Le chapitre cinquième concerne l'affrètement et il prévoit, outre les règles générales applicables à tout contrat d'affrètement, les règles particulières à l'affrètement coque-nue, à temps, ou au voyage.

Le chapitre sixième, sur le transport, expose les règles générales pour tout mode de transport, de personnes ou de biens, puis les règles particulières au transport maritime de biens.

Le chapitre septième porte sur le contrat de travail.

Le chapitre huitième regroupe les règles relatives au contrat d'entreprise et au contrat de service; il contient, entre autres, les règles particulières aux ouvrages, notamment les règles propres aux ouvrages immobiliers.

Le chapitre neuvième, sur le mandat, traite successivement de la nature et de l'étendue du mandat, des obligations des parties entre elles ou envers les tiers et de la fin du mandat et il présente les règles particulières au mandat donné en prévision de l'inaptitude du mandant.

Le chapitre dixième est consacré à la société et à l'association et il traite plus particulièrement de la société en nom collectif, de la société en commandite et de la société en participation.

Le chapitre onzième est réservé au dépôt; il traite du dépôt en général, du dépôt nécessaire, du dépôt hôtelier et du séquestre.

Le chapitre douzième concerne le contrat de prêt et il traite plus particulièrement du prêt à usage et du simple prêt.

Le chapitre treizième est consacré au cautionnement; y sont présentées les règles relatives à la nature, à l'objet et à l'étendue du cautionnement, de même que les règles propres aux effets et à la fin du cautionnement.

Le chapitre quatorzième, sur la rente, traite de la nature, de l'étendue et de certains effets du contrat de rente.

Le chapitre quinzième, sur les assurances, compte quatre sections. La première, générale, traite de la nature du contrat d'assurances et de ses espèces, de la formation et du contenu du contrat, ainsi que des déclarations et engagements du preneur en assurance terrestre. La deuxième section, qui porte sur les assurances de personnes, établit entre autres les règles relatives au contenu de la police, à l'intérêt d'assurance, à la déclaration de l'âge et du risque, à la prise d'effet et à l'exécution de l'assurance, ainsi qu'à la désignation des bénéficiaires et des titulaires subrogés. La troisième section est consacrée à l'assurance de dommages et elle présente, outre les dispositions communes, les dispositions relatives aux assurances de biens et aux assurances de responsabilité. La quatrième section est réservée à l'assurance maritime.

Enfin, les trois derniers chapitres du titre deuxième sont respectivement consacrés au contrat de jeu et pari, à la transaction et à la convention d'arbitrage.

Livre 6 — Des priorités et des hypothèques

Le Livre sixième établit le régime juridique des priorités et des hypothèques. Il comprend trois titres.

Le titre premier, sur le gage commun des créanciers, maintient, avec certains aménagements, la règle selon laquelle les biens d'un débiteur sont affectés à l'exécution de ses obligations et constituent le gage commun de ses créanciers.

Le titre deuxième, sur les priorités, établit le droit de préférence, sans publication, de certaines créances, dans les cas prévus expressément au Code.

Le titre troisième porte sur les hypothèques et compte six chapitres. Le premier traite de la nature et des espèces d'hypothèques, ainsi que de leur objet et de leur étendue. Le deuxième chapitre, qui porte sur l'hypothèque conventionnelle, indique qui peut être constituant d'une hypothèque, suivant son espèce, et traite des règles relatives à l'obligation garantie par hypothèque. Ce chapitre présente aussi les règles applicables aux diverses espèces d'hypothèques : l'hypothèque immobilière, l'hypothèque mobilière, avec ou sans dépossession, et l'hypothèque dite ouverte. Le chapitre troisième est consacré à l'hypothèque légale. Le quatrième chapitre traite en particulier de certains effets de l'hypothèque. Le chapitre cinquième, divisé en sept sections, porte sur l'exercice des droits hypothécaires qui permettent au créancier de faire valoir sa sûreté. La première section expose quelques règles générales et la deuxième, les conditions générales d'exercice des droits hypothécaires. La troisième section concerne les mesures préalables à l'exercice des droits hypothécaires, dont le préavis d'exercice de ces droits donné par le créancier, les droits du débiteur ou de celui contre qui le droit est exercé et le délaissement. Les quatre dernières sections présentent les règles propres à chacun des droits hypothécaires, qu'il s'agisse de la prise de possession à des fins d'administration, de la prise en paiement du bien ou de la vente de celui-ci par le créancier, ou encore de la vente sous contrôle de justice. Enfin, le chapitre sixième expose les règles sur l'extinction des hypothèques.

Livre 7 — De la preuve

Le Livre septième établit le droit de la preuve; il comprend trois titres.

Le titre premier traite du régime général de la preuve et comprend deux chapitres. Le premier porte sur l'objet et la charge de la preuve et le second présente les règles relatives à la connaissance d'office.

Le titre deuxième porte sur les moyens de preuve; il est divisé en cinq chapitres traitant respectivement des cinq moyens de preuve. Le premier chapitre concerne la preuve par un écrit et comprend sept sections qui traitent successivement des copies de lois, des actes authentiques, des actes semi-authentiques, des actes sous seing privé, des autres écrits, des inscriptions informatisées et, enfin, de la reproduction d'un écrit. Le chapitre deuxième est consacré au témoignage. Il définit le témoignage et sa valeur probante. Les chapitres troisième et quatrième, portant respectivement sur la présomption et l'aveu, définissent et distinguent les différentes catégories de présomptions et d'aveux et déterminent leur valeur probante. Le chapitre cinquième introduit dans le *Code civil du Québec* un cinquième moyen de preuve, la présentation d'un élément matériel.

Le titre troisième concerne la recevabilité des éléments et des moyens de preuve. Il comprend trois chapitres : le premier, portant sur les éléments de preuve, établit le principe général de recevabilité, le deuxième présente les règles relatives à la recevabilité des moyens de preuve et le troisième, les règles relatives à certaines déclarations.

Livre 8 — De la prescription

Le Livre huitième, relatif au droit de la prescription, compte trois titres.

Le titre premier porte sur le régime de la prescription. Ses quatre chapitres traitent respectivement des dispositions générales applicables à la prescription acquisitive et à la prescription extinctive, de la renonciation à la prescription, de l'interruption de la prescription et de la suspension de la prescription.

Le titre deuxième traite de la prescription acquisitive et comprend deux chapitres. Le premier chapitre précise les conditions d'exercice de la prescription acquisitive et le deuxième, les délais de cette prescription.

Le titre troisième présente les règles particulières à la prescription extinctive.

Livre 9 — De la publicité des droits

Le Livre neuvième porte sur la publicité des droits, publicité qui résulte essentiellement de l'inscription qui est faite d'un droit sur le registre approprié. Il est divisé en cinq titres.

Le premier titre établit le domaine de la publicité en indiquant notamment quels sont les droits soumis à la publicité.

Le titre deuxième porte sur les effets de la publicité, notamment sur l'opposabilité des droits à l'égard des tiers, sur le rang des droits entre eux et sur la protection des tiers de bonne foi. Y sont également présentées les règles sur la préinscription.

Le titre troisième expose les modalités de la publicité. Le premier chapitre désigne les registres où sont inscrits les droits et traite du registre foncier et du registre des droits personnels et réels mobiliers. Le deuxième chapitre traite des réquisitions d'inscription et notamment des attestations et de certaines règles d'inscription particulières. Le troisième chapitre présente les devoirs et fonctions de l'officier de la publicité des droits. Le quatrième chapitre traite de l'inscription des adresses et, enfin, le cinquième chapitre précise le cadre des règlements d'application à être établis.

Le titre quatrième, sur l'immatriculation des immeubles, traite à la fois du plan cadastral et des modifications qui y sont apportées. Il prévoit aussi des règles pour le report des droits; il expose également certaines règles applicables aux parties de lots.

Enfin, le titre cinquième, portant sur la radiation des droits, traite successivement des causes de radiation, de certaines radiations et des formalités et effets de la radiation.

Livre 10 — Du droit international privé

Le Livre dixième introduit dans le Code civil un ensemble de règles portant sur le droit international privé. Il comprend quatre titres.

Le titre premier énonce les principes fondamentaux de cette branche du droit civil.

Le titre deuxième établit les règles de conflits de lois qui indiquent le système juridique compétent pour résoudre les situations comportant un élément d'extranéité. Il est divisé en quatre chapitres qui correspondent aux grandes divisions du droit civil soit le statut personnel, le statut réel, le statut des obligations et celui de la procédure.

Le titre troisième traite de la compétence internationale des autorités du Québec. Il est divisé en deux chapitres, l'un contenant des dispositions générales et l'autre les dispositions particulières aux matières personnelles à caractère extrapatrimonial et familial, aux matières personnelles à caractère patrimonial, ainsi qu'aux matières réelles et mixtes.

Enfin, le titre quatrième, divisé en deux chapitres, énonce les règles applicables à la reconnaissance et à l'exécution des décisions étrangères, de même que les règles relatives à la compétence des autorités étrangères.

EXPLANATORY NOTES

The *Civil Code of Québec* replaces the *Civil Code of Lower Canada*, adopted by chapter 41 of the statutes of 1865 of the legislature of the Province of Canada, *An Act respecting the Civil Code of Lower Canada*, as amended from time to time, as well as chapter 39 of the statutes of 1980, An Act to establish a new *Civil Code* and to reform family law, and the Acts amending it, and chapter 18 of the statutes of 1987, An Act to add the reformed law of persons, successions and property to the *Civil Code of Québec*.

The *Civil Code of Québec* comprises ten books: Book One: Persons; Book Two: The Family; Book Three: Successions; Book Four: Property; Book Five: Obligations; Book Six: Prior Claims and Hypothecs; Book Seven: Evidence; Book Eight: Prescription; Book Nine: Publication of Rights, and Book Ten: Private International Law.

Book 1 — Persons

Book One is concerned with the law of persons. It takes up the provisions of chapter 18 of the statutes of 1987, modifying them in certain respects to take account of, among other things, the changes made to the *Civil Code of Lower Canada* by chapter 54 of the statutes of 1989.

The first of the five titles in Book One deals with the enjoyment and exercise of civil rights and sets down the general principles in that regard.

Title Two is devoted to certain personality rights. It has four chapters, under the headings of, respectively, integrity of the person, which deals particularly with medical and other care, confinement in an establishment and psychiatric examination; respect of children's rights; respect of reputation and privacy, and respect of the body after death.

The four chapters in Title Three deal with certain particulars relating to the status of persons. Chapter I sets out the rules on assignment of name, use of name, change of name by way of administrative or judicial process, change of designation of sex on the act of civil status, and review of decisions. Chapter II sets down the rules on domicile and residence, and Chapter III is concerned with the rules on absence, declaratory judgment of death, return, and proof of death. Chapter IV is devoted to civil status and is divided into six sections. These deal, respectively, with the officer of civil status; the register of civil status; acts of civil status, namely, acts of birth, acts of marriage and acts of death; alteration of the register; publication of the register, and certain regulatory powers concerning the keeping and publication of the register.

Title Four sets out the rules on the capacity of persons. The first of its three chapters deals with majority and minority, and with emancipation. Chapter II, on tutorship to minors, is divided into seven sections, on the subjects of tutorship, legal tutorship, dative tutorship, the administration of tutors, tutorship councils, the supervision of tutorships, the replacement of a tutor and the end of tutorship, respectively. Chapter III lays down the rules on the protective supervision of persons of full age, setting out, in order, general provisions, rules on the institution of protective supervision, curatorship to persons of full age, tutorship to persons of full age, advisers to persons of full age, and the end of protective supervision.

The fifth and final Title of Book One is concerned with legal persons. It sets out the general rules on the juridical personality of legal persons in Chapter I, which deals with the constitution and kinds of legal persons, the effects of their juridical personality, the obligations and disqualification of directors, and the judicial attribution of personality.

EXPLANATORY NOTES

Chapter II contains provisions applicable to certain legal persons, and deals with the functioning, dissolution and winding-up of legal persons.

Book 2 — The Family

Book Two, on family law, takes up in substance the provisions of chapter 39 of the statutes of 1980, as amended over the years, and introduces some new rules, concerning filiation in particular, to take account of the development of medically assisted procreation.

The first of its four Titles deals with marriage, and is divided into seven chapters. The first three are concerned with marriage and solemnization of marriage, proof of marriage and nullity of marriage, respectively. Chapter IV determines the effects of marriage and contains provisions relating to the rights and duties of the spouses, the family residence, the establishment and partition of the family patrimony, and the compensatory allowance. The fifth chapter contains some general rules governing the choice of a matrimonial regime and the exercise of the rights and powers arising from the regime chosen. It also specifies the rules applicable to each regime, namely, partnership of acquests, separation as to property and the community regime. Chapter VI deals with separation from bed and board, and Chapter VII, on the dissolution of marriage, contains some rules enacted in 1980 in respect of the effects of divorce.

Title Two is devoted to filiation by blood or resulting from adoption. Chapter I, on filiation by blood, determines what constitutes proof of filiation and the actions relating to it, and introduces a number of rules respecting medically assisted procreation. Chapter II, on adoption, sets out conditions for adoption, specifies the nature of an order of placement and an adoption judgment, indicates the effects of adoption and establishes the confidentiality of adoption files.

Titles Three and Four cover, respectively, the obligation of support and parental authority.

Book 3 — Successions

Book Three contains the law of successions. It takes up in substance the provisions contained in chapter 18 of the statutes of 1987, together with the amendments made to the *Civil Code of Lower Canada* by chapter 55 of the statutes of 1989. This book comprises six titles.

Title One determines the circumstances surrounding the opening of successions and establishes the qualities required for succession.

Title Two, which deals with the transmission of successions, has three chapters. Chapter I is on seisin; Chapter II, on the petition of inheritance and its effects on the transmission of the succession; Chapter III covers the right of option of successors and sets out the rules governing deliberation and option, and acceptance and renunciation of a succession.

Title Three establishes the rules on the legal devolution of successions, and has six chapters. Chapter I determines heirship. Chapter II deals with relationship, defining degrees, generations and direct and collateral lines of ascent and descent. Chapter III defines representation, determines when it takes place and details its effects. Chapter IV establishes the order of devolution of successions among the surviving spouse, descendants, privileged ascendants and collaterals and ordinary ascendants or collaterals. Chapter V establishes the rules relating to the survival of the obligation to provide support. Finally, Chapter VI deals with the rights of the State.

The six chapters of Title Four deal, in order, with the nature of wills, the capacity required to make a will, the forms of wills, testamentary dispositions and legatees, the revocation of wills and legacies, and the proof and probate of wills.

Title Five, which has four chapters, sets out the rules on the liquidation of successions. Chapter I deals with the object of liquidation and the separation of patrimonies. Chapter II deals with the liquidator of the succession and lays down the rules on the appointment and responsibilities of the liquidator, the inventory of the property and the functions of the liquidator. Chapter III deals with the payment of the debts and legacies by particular title, and Chapter IV governs the end of the liquidation.

Title Six, with five chapters, contains the rules on partition. It deals with the right to partition and the right to maintain undivided ownership, the conditions of partition and the rules for making up the shares, making preferential allotments or contestation, and delivering titles. It also determines the obligation to return gifts, legacies and debts, the manner of making a return and the effects of the return. The two final chapters deal with the effects of partition and the nullity of partition.

Book 4 — Property

Book Four sets out the law of property. It takes up in substance the provisions contained in chapter 18 of the statutes of 1987, and incorporates amendments made to the *Civil Code of Lower Canada* by chapter 16 of the statutes of 1988.

The first of its seven titles is concerned with the kinds of property and its appropriation. Its four chapters deal, in order, with the kinds of property, that is, movable and immovable property; property in relation to its proceeds; property in relation to persons having rights in it or possession of it, and certain *de facto* relationships concerning property. This last chapter sets out the rules on possession and those on the acquisition of vacant property, things without an owner or lost or forgotten movables.

Title Two is concerned with ownership. Chapter I defines the nature and extent of the right of ownership, while Chapter II sets out the rules on immovable and movable accession. The final chapter, Chapter III, first sets out a general rule on normal neighbourhood annoyances, followed by specific rules on the ownership of immovables, such as limits and boundaries of land, waters, trees, access to and protection of another's land, views, right of way, and common fences and works.

Title Three is devoted to the principal special modes of ownership. Chapter I defines undivided co-ownership, so-called divided co-ownership, and superficies. The three other chapters give the rules governing undivided co-ownership, divided co-ownership and superficies.

Title Four governs dismemberments of the right of ownership. Its four chapters deal, in order, with usufruct, use, servitudes and emphyteusis.

Title Five sets out the rules regarding restrictions on the free disposition of certain property. Chapter I contains the rules on stipulations of inalienability, and Chapter II, those on substitution.

Title Six deals with certain patrimonies by appropriation. Chapter I defines the foundation, while Chapter II defines the trust, specifying the various kinds of trust and their duration, setting out the rules on their administration, and providing for termination of the trust and changes to the trust and to the patrimony.

The seventh and final title, divided into four chapters, lays down the rules governing administration of the property of others. The first chapter contains general provisions, while Chapter II determines the scope of the activities of the administrator of the property of others according to whether he has simple or full administration. Chapter III, on the rules of administration, sets out the obligations of the administrator towards the beneficiary and third persons and those of the beneficiary towards third persons, together with the rules on inventory, security and insurance, joint administration and delegation, presumed sound investments, apportionment of profit and expenditure, and the annual account. Chapter IV, on the termination of administration, determines the causes of termination of administration and the rules on the rendering of account and delivery of the property.

EXPLANATORY NOTES

Book 5 — Obligations

Book Five deals with the law of obligations, and comprises two titles: the first, on obligations in general, and the second, on nominate contracts.

Title 1 — Obligations in General

Title One of Book Five sets forth the elements of the general theory of obligations. It is divided into nine chapters.

Chapter I, an introductory chapter, lays down the fundamental principles of the general theory of obligations.

Chapter II, entitled "Contracts", comprises five sections. The first two sections contain general provisions, establishing that contracts are subject to the rules set out in the chapter, and dealing with the nature of a contract and certain classes of contracts. The third section lays down the conditions of formation of a contract, namely, consent, capacity, cause, object and, in some cases, form, and establishes sanctions for failure to observe them. The fourth section is devoted to the rules of interpretation of contracts, while the fifth section deals with the effects of a contract with respect to the parties and to third persons, together with the special effects of certain contracts.

Chapter III brings together the main rules on civil liability. It deals with the conditions of liability, certain cases of exemption from liability and the apportionment of liability.

Chapter IV completes the presentation of the principal sources of obligations, dealing successively with the management of the business of another, reception of a thing not due and unjust enrichment.

Chapter V is devoted to the modalities of obligations. It deals in turn with obligations with simple modalities, comprising conditional obligations and obligations with a term, and obligations with complex modalities, including joint, divisible, indivisible, solidary, alternative and facultative obligations.

Chapter VI, dealing with the performance of obligations, is divided into three sections. Section I sets out the rules on payment, including the rules on imputation of payment and on tender and deposit. Section II, having to do with the exercise of the right to enforce performance, deals with exception for nonperformance, right of retention and prior putting in default, and with the various remedies available to the creditor to force specific performance of the obligation, to obtain resolution or resiliation of the contract and reduction of the obligation, or to obtain its performance by equivalence in money. Section III is devoted to measures for protection of the right to performance of the obligation, namely, conservatory measures, the oblique action and the Paulian or revocatory action.

Chapter VII concerns transmission and alteration of obligations. It presents, in order, the rules on assignment of a claim, subrogation, novation and delegation.

Chapter VIII is devoted to the causes of extinction of obligations, and deals specifically with compensation, confusion, release, impossibility of performance and discharge of the debtor.

The ninth and final chapter contains the principal rules respecting the restitution of prestations following the retroactive annulment of a juridical act.

Title 2 — Nominate Contracts

Title Two of Book Five, which brings together the special rules relating to so- called nominate contracts, is divided into eighteen chapters.

Chapter I, on sale, has three sections. The first, of a general nature, deals with the promise of sale, the sale of property of another and the obligations of the seller and buyer, and sets forth special rules regarding the exercise of the rights of the parties. This first

section also deals with various modes of sale, namely, trial sale, instalment sale, sale with a right of redemption and auction sale, and it lays down the rules governing the sale of an enterprise and the sale of certain incorporeal rights, specifically the sale of rights of succession and the sale of litigious rights. Section II sets out the special rules regarding the sale of immovables used for residential purposes, while Section III is devoted to contracts akin to contracts of sale, that is, exchange, giving in payment and alienation for rent.

Chapter II, on gifts, deals with the nature and scope of the contract of gift and of certain conditions pertaining to gifts, including rules governing their validity and form. It also deals with the rights and obligations of the parties, the revocation of a gift for ingratitude, and gifts made by marriage contract.

Chapter III sets out the principal rules governing the contract of leasing.

Chapter IV, devoted to the lease, deals first with the nature of a lease, the rights and obligations resulting from a lease and the termination of the lease. It then sets out special provisions for the lease of a dwelling, including, in particular, those governing such a lease, the rent, the condition of the dwelling, certain changes to the dwelling, access to and visit of the dwelling, the right to maintain occupancy, and resiliation of the lease. Lastly, it sets out the special rules on leases with educational institutions, leases of dwellings in low-rental housing, and leases of land for mobile homes.

Chapter V, on affreightment, contains general rules applicable to all contracts of affreightment, and special rules relating to bareboat charters, time charters and voyage charters.

Chapter VI, on carriage, sets out the rules applicable to all means of transportation, whether of persons or of property, and the special rules governing carriage of goods by water.

Chapter VII deals with the contract of employment.

Chapter VIII groups together the rules governing contracts of enterprise and contracts for services, and includes, among others, the special rules relating to works, particularly the specific rules on immovable works.

Chapter IX, on the mandate, deals, in order, with the nature and scope of a mandate, the mutual obligations of the parties, the obligations of the parties towards third persons and the termination of a mandate. It sets forth the special rules regarding the mandate given in anticipation of the incapacity of the mandator.

Chapter X, devoted to partnership and association, deals especially with general partnerships, limited partnerships and undeclared partnerships.

Chapter XI concerns deposit, dealing with deposit in general, necessary deposit, deposit with an innkeeper and sequestration.

Chapter XII concerns the contract of loan, giving special treatment to the loan for use and the simple loan.

Chapter XIII, devoted to suretyship, sets out the rules on the nature, object and extent of suretyship, and the special rules relating to the effects and the termination of suretyship.

Chapter XIV, on the annuity, deals with the nature, scope and certain effects of the contract of annuity.

Chapter XV, on insurance, comprises four sections. Section I contains general provisions dealing with the nature of the insurance contract, the classes of insurance, the formation and content of the contract, and the representations and warranties of the client in non-marine insurance. Section II, dealing with insurance of persons, contains rules on, among other things, the content of the policy, insurable interest, representation of age and risk, effective date, performance under the terms of the policy, designation of beneficiaries and subrogated policyholders. Section III is devoted to damage insurance and sets out both common provisions and special rules relating to property insurance and to liability insurance. The fourth section is devoted to marine insurance.

The final three chapters of Title Two are devoted to gaming and wagering contracts, transaction and arbitration agreements.

Book 6 — Prior Claims and Hypothecs

Book Six establishes the body of legal rules governing prior claims and hypothecs. It comprises three titles.

Title One, on the common pledge of creditors, preserves, with certain alterations, the rule that the property of a debtor is charged with the performance of his obligations and is the common pledge of his creditors.

Title Two, on prior claims, establishes the right to preference, without publication, for certain claims in the cases expressly provided for in the Code.

Title Three, on hypothecs, comprises six chapters. Chapter I deals with the nature of a hypothec, the kinds of hypothec and the object and extent of hypothecs. Chapter II, on conventional hypothecs, indicates who may grant the different kinds of hypothec, and deals with the rules concerning obligations secured by hypothec. It also sets out the rules applicable to the various kinds of hypothec: immovable hypothecs, movable hypothecs, with or without delivery, and so-called floating hypothecs. Chapter III deals with legal hypothecs, and Chapter IV deals particularly with certain effects of hypothecs. Chapter V contains seven sections dealing with the exercise of hypothecary rights enabling the creditor to enforce his security. Section I lays down some general rules, and Section II establishes the general conditions for exercising hypothecary rights. Section III is concerned with measures preceding the exercise of hypothecary rights, including prior notice of the exercise of such rights to be given by the creditor, the rights of the debtor or the person against whom the right is exercised, and surrender. The last four sections set out specific rules governing each hypothecary right: taking possession for administration purposes, taking in payment of the property or sale of the property by the creditor, or sale by judicial authority. Finally, Chapter VI lays down the rules on the extinction of hypothecs.

Book 7 — Evidence

Book Seven establishes the law of evidence. It comprises three titles.

Title One, dealing with the general rules of evidence, has two chapters. Chapter I is concerned with the object and burden of proof, while Chapter II laws down the rules on judicial notice.

Title Two deals with the means of proof. It is divided into five chapters, each concerned with one of the five means of proof. Chapter I, on proof by writings, is divided into seven sections, dealing respectively with copies of statutes, authentic acts, semi- authentic acts, private writings, other writings, computerized records, and reproduction of writings. Chapter II, devoted to testimony, defines testimony and its probative force. Chapters III and IV, on presumption and admission, respectively, define and distinguish between the different kinds of presumptions and admissions and determine their probative force. Chapter V introduces a new means of proof, the production of material things, into the *Civil Code of Québec*.

Title Three, concerning the admissibility of evidence and proof, contains three chapters. The first, dealing with evidence, lays down the general principle of admissibility. The second sets out the rules on the admissibility of means of proof, and the third, the rules on certain statements.

Book 8 — Prescription

Book Eight regards the law of prescription.

The first of its three titles sets down the rules on prescription. It comprises four chapters, dealing respectively with the general rules applicable to acquisitive prescription and extinctive prescription, renunciation of prescription, interruption of prescription and suspension of prescription.

Title Two, comprising two chapters, is devoted to acquisitive prescription. The first chapter specifies the conditions under which acquisitive prescription operates, while the second determines the periods required for such prescription.

Title Three sets out the special rules relating to extinctive prescription.

Book 9 — Publication of Rights

Book Nine deals with the publication of rights, which results essentially from entry of the rights in the proper register. The Book is divided into five titles.

Title One defines the scope of publication, indicating which rights require publication.

Title Two deals with the effects of publication, namely, the setting up of registered rights against third persons, the ranking of rights and the protection of third persons in good faith. It also sets out the rules on advance registration.

Title Three sets out the formalities of registration. Chapter I designates the registers in which rights are entered, and deals with the land register and the register of personal and movable real rights. Chapter II deals with applications for registration, and in particular with certificates and certain special registration rules. Chapter III sets out the duties and functions of the registrar, and Chapter IV deals with the registration of addresses. Lastly, Chapter V is concerned with the regulations to be established to govern the application of these provisions.

Title Four, on the immatriculation of immovables, deals both with the cadastral plan and with amendments to it. It also provides for the carry-over of rights, and lays down rules governing parts of lots.

Finally, Title Five, on the cancellation of rights, deals in turn with the causes of cancellation, certain cases of cancellation and the formalities and effects of cancellation.

Book 10 — Private International Law

Book Ten introduces into the Civil Code a set of rules concerning private international law. It contains four titles.

Title One sets forth the basic principles of this branch of civil law.

Title Two establishes the rules governing conflict of laws, indicating which legal system has jurisdiction to solve situations involving extraneous elements. This title is divided into four chapters, corresponding to the primary divisions of civil law, namely, the status of persons, the status of property, the status of obligations and the status of procedure.

Title Three deals with the international jurisdiction of Québec authorities. It is divided into two chapters, one containing general provisions, and the other containing the special provisions relating to matters of an extrapatrimonial and family nature or of a personal and patrimonial nature, and to real and mixed actions.

Title IV, consisting of two chapters, lays down the rules applicable to the recognition and enforcement of foreign decisions, and those regarding the jurisdiction of foreign authorities.

TABLE DES MATIÈRES DU CODE CIVIL

TABLE OF CONTENTS OF THE CIVIL CODE

TABLE DES MATIÈRES DU CODE CIVIL

DISPOSITION PRÉLIMINAIRE

LIVRE 1 — DES PERSONNES

TABLE DES MATIÈRES DU CODE CIVIL

LIVRE 3 — DES SUCCESSIONS

LIVRE 5 — DES OBLIGATIONS

TABLE DES MATIÈRES DU CODE CIVIL

cxxi

TABLE DES MATIÈRES DU CODE CIVIL

TABLE OF CONTENTS OF THE CIVIL CODE

PRELIMINARY PROVISION

BOOK 1 — PERSONS

TABLE OF CONTENTS OF THE CIVIL CODE

TABLE OF CONTENTS OF THE CIVIL CODE

BOOK 2 — THE FAMILY

BOOK 3 — SUCCESSIONS

BOOK 4 — PROPERTY

TABLE OF CONTENTS OF THE CIVIL CODE

BOOK 5 — OBLIGATIONS

TABLE OF CONTENTS OF THE CIVIL CODE

TABLE OF CONTENTS OF THE CIVIL CODE

BOOK 6 — PRIOR CLAIMS AND HYPOTHECS

TABLE OF CONTENTS OF THE CIVIL CODE

BOOK 8 — PRESCRIPTION

BOOK 9 — PUBLICATION OF RIGHTS

TABLE OF CONTENTS OF THE CIVIL CODE

DISPOSITION PRÉLIMINAIRE

Le *Code civil du Québec* (L.Q., 1991, c. 64) régit, en harmonie avec la *Charte des droits et libertés de la personne* (chapitre C-12) et les principes généraux du droit, les personnes, les rapports entre les personnes, ainsi que les biens.

Le Code est constitué d'un ensemble de règles qui, en toutes matières auxquelles se rapportent la lettre, l'esprit ou l'objet de ses dispositions, établit, en termes exprès ou de façon implicite, le droit commun. En ces matières, il constitue le fondement des autres lois qui peuvent elles-mêmes ajouter au code ou y déroger.

PRELIMINARY PROVISION

The *Civil Code of Québec* (S.Q. 1991, c. 64), in harmony with the *Charter of human rights and freedoms* (chapter C-12) and the general principles of law, governs persons, relations between persons, and property.

The Civil Code comprises a body of rules which, in all matters within the letter, spirit or object of its provisions, lays down the *jus commune*, expressly or by implication. In these matters, the Code is the foundation of all other laws, although other laws may complement the Code or make exceptions to it.

Note : La mise en relation des termes « droit commun » et « *jus commune* », employés au deuxième alinéa, est inusitée. On aurait préféré l'emploi simultané des termes « droit commun », d'une part, et « *common law* », « *general law* » ou « *ordinary law* », d'autre part, ou encore l'usage du terme « *jus commune* » dans les textes français et anglais du Code, si telle était l'intention du législateur. Comp. a. 1725, al. 1. / The choice of "droit commun" and "jus commune" as parallel terms in the second paragraph is unusual. It would have been preferable to employ, as equivalents, "*droit commun*" and either "common law", "general law" or "ordinary law". Alternatively, "*jus commune*" might have been used in both the French and English texts of the Code. Comp. a. 1725, para. 1.

LIVRE 1 —
DES PERSONNES

BOOK 1 —
PERSONS

TITRE 1 —
DE LA JOUISSANCE ET DE L'EXERCICE DES DROITS CIVILS

TITLE 1 —
ENJOYMENT AND EXERCISE OF CIVIL RIGHTS

1. Tout être humain possède la personnalité juridique; il a la pleine jouissance des droits civils.

[1991, c. 64, a. 1].

∎ C.C.Q., 2-9, 3083.

1. Every human being possesses juridical personality and has the full enjoyment of civil rights.

[1991, c. 64, a. 1].

2. Toute personne est titulaire d'un patrimoine.

Celui-ci peut faire l'objet d'une division ou d'une affectation, mais dans la seule mesure prévue par la loi.

[1991, c. 64, a. 2].

∎ C.C.Q., 302, 323, 780.

2. Every person is the holder of a patrimony.

It may be the subject of a division or of an appropriation to a purpose, but only to the extent provided by law.

[1991, c. 64, a. 2; I.N., 2014-05-01].

3. Toute personne est titulaire de droits de la personnalité, tels le droit à la vie, à l'inviolabilité et à l'intégrité de sa personne, au respect de son nom, de sa réputation et de sa vie privée.

Ces droits sont incessibles†.

[1991, c. 64, a. 3].

∎ C.C.Q., 10, 35, 55.

3. Every person is the holder of personality rights, such as the right to life, the right to the inviolability and integrity of his person, and the right to the respect of his name, reputation and privacy.

These rights are inalienable†.

[1991, c. 64, a. 3].

4. Toute personne est apte à exercer pleinement ses droits civils.

Dans certains cas, la loi prévoit un régime de représentation ou d'assistance.

[1991, c. 64, a. 4].

∎ C.C.Q., 153, 256.

4. Every person is fully able to exercise his civil rights.

In certain cases, the law provides for representation or assistance.

[1991, c. 64, a. 4].

5. Toute personne exerce ses droits civils sous le nom qui lui est attribué et qui est énoncé dans son acte de naissance.

[1991, c. 64, a. 5].

∎ C.C.Q., 50, 56, 393.

5. Every person exercises his civil rights under the name assigned to him and stated in his act of birth.

[1991, c. 64, a. 5].

6. Toute personne est tenue d'exercer ses droits civils selon les exigences de† la bonne foi.

[1991, c. 64, a. 6].

Note : Comp. a./arts 7, 194.

▮ C.C.Q., 7, 1375, 2805.

6. Every person is bound to exercise his civil rights in† good faith.

[1991, c. 64, a. 6].

7. Aucun droit ne peut être exercé en vue de nuire à autrui ou d'une manière excessive et déraisonnable, allant ainsi à l'encontre des exigences de la bonne foi.

[1991, c. 64, a. 7].

▮ C.C.Q., 6, 1375, 2805.

7. No right may be exercised with the intent of injuring another or in an excessive and unreasonable manner, and therefore contrary to the requirements of good faith.

[1991, c. 64, a. 7; I.N., 2014-05-01].

8. On ne peut renoncer à l'exercice des droits civils que dans la mesure où le permet l'ordre public.

[1991, c. 64, a. 8].

▮ C.C.Q., 541, 631, 836, 1373, 1411, 2632.

8. A person may only renounce the exercise of his civil rights to the extent consistent with public order.

[1991, c. 64, a. 8; I.N., 2014-05-01].

9. Dans l'exercice des droits civils, il peut être dérogé aux règles du présent code qui sont supplétives de volonté; il ne peut, cependant, être dérogé à celles qui intéressent l'ordre public.

[1991, c. 64, a. 9].

▮ C.C.Q., 1411, 1499; C.P.C., 95-99.

9. In the exercise of civil rights, derogations may be made from those rules of this Code which supplement intention, but not from those of public order.

[1991, c. 64, a. 9].

TITRE 2 ⸺
DE CERTAINS DROITS DE LA PERSONNALITÉ

TITLE 2 ⸺
CERTAIN PERSONALITY RIGHTS

Chapitre I ⸺
De l'intégrité de la personne

Chapter I ⸺
Integrity of the person

10. Toute personne est inviolable et a droit à son intégrité.

Sauf dans les cas prévus par la loi, nul ne peut lui porter atteinte sans son consentement libre et éclairé.

[1991, c. 64, a. 10].

▮ C.P.C., 774, 775.

10. Every person is inviolable and is entitled to the integrity of his person.

Except in cases provided for by law, no one may interfere with his* free and enlightened consent.

[1991, c. 64, a. 10].

11. Nul ne peut être soumis sans son consentement à des soins, quelle qu'en soit la nature, qu'il s'agisse d'examens, de prélèvements, de traitements ou de toute autre intervention.

Si l'intéressé est inapte à donner ou à refuser son consentement à des soins, une personne autorisée par la loi ou par un mandat donné en prévision de son inaptitude peut le remplacer.

[1991, c. 64, a. 11].

❚ C.C.Q., 12, 15, 31, 269, 270, 273, 276; C.P.C., 776, 777.

12. Celui qui consent à des soins pour autrui ou qui les refuse est tenu d'agir dans le seul intérêt de cette personne en tenant compte, dans la mesure du possible, des volontés que cette dernière a pu manifester.

S'il exprime un consentement, il doit s'assurer que les soins seront bénéfiques, malgré la gravité et la permanence de certains de leurs effets, qu'ils sont opportuns dans les circonstances et que les risques présentés ne sont pas hors de proportion avec le bienfait qu'on en espère.

[1991, c. 64, a. 12].

❚ C.C.Q., 11, 14-16, 24.

13. En cas d'urgence, le consentement aux soins médicaux n'est pas nécessaire lorsque la vie de la personne est en danger ou son intégrité menacée et que son consentement ne peut être obtenu en temps utile.

Il est toutefois nécessaire lorsque les soins sont inusités ou devenus inutiles ou que leurs conséquences pourraient être intolérables pour la personne.

[1991, c. 64, a. 13].

❚ C.C.Q., 16.

14. Le consentement aux soins requis par l'état de santé du mineur est donné par le titulaire de l'autorité parentale ou par le tuteur.

Le mineur de quatorze ans et plus peut,

11. No person may be made to undergo care of any nature, whether for examination, specimen taking, removal of tissue, treatment or any other act, except with his consent.

If the person concerned is incapable of giving or refusing his consent to care, a person authorized by law or by mandate given in anticipation of his incapacity may do so in his place.

[1991, c. 64, a. 11].

12. A person who gives his consent to or refuses care for another person is bound to act in the sole interest of that person, taking into account, as far as possible, any wishes the latter may have expressed.

If he gives his consent, he shall ensure that the care is beneficial notwithstanding the gravity and permanence of certain of its effects, that it is advisable in the circumstances and that the risks incurred are not disproportionate to the anticipated benefit.

[1991, c. 64, a. 12].

13. Consent to medical care is not required in case of emergency if the life of the person is in danger or his integrity is threatened and his consent cannot be obtained in due time.

It is required, however, where the care is unusual or has become useless or where its consequences could be intolerable for the person.

[1991, c. 64, a. 13].

14. Consent to care required by the state of health of a minor is given by the person having parental authority or by his tutor.

A minor fourteen years of age or over,

néanmoins, consentir seul à ces soins. Si son état exige qu'il demeure dans un établissement de santé ou de services sociaux pendant plus de douze heures, le titulaire de l'autorité parentale ou le tuteur doit être informé de ce fait.

[1991, c. 64, a. 14].

∎ C.C.Q., 12, 177.

however, may give his consent alone to such care. If his state requires that he remain in a health or social services establishment for over twelve hours, the person having parental authority or tutor shall be informed of that fact.

[1991, c. 64, a. 14].

15. Lorsque l'inaptitude d'un majeur à consentir aux soins requis par son état de santé est constatée, le consentement est donné par le mandataire, le tuteur ou le curateur. Si le majeur n'est pas ainsi représenté, le consentement est donné par le conjoint, qu'il soit marié, en union civile ou en union de fait, ou, à défaut de conjoint ou en cas d'empêchement de celui-ci, par un proche parent ou par une personne qui démontre pour le majeur un intérêt particulier.

[1991, c. 64, a. 15; 2002, c. 6, a. 1].

∎ C.C.Q., 12.

15. Where it is ascertained that a person of full age is incapable of giving consent to care required by his or her state of health, consent is given by his or her mandatary, tutor or curator. If the person of full age is not so represented, consent is given by his or her married, civil union or *de facto* spouse or, if the person has no spouse or his or her spouse is prevented from giving consent, it is given by a close relative or a person who shows a special interest in the person of full age.

[1991, c. 64, a. 15; 2002, c. 6, s. 1].

16. L'autorisation du tribunal est nécessaire en cas d'empêchement ou de refus injustifié de celui qui peut consentir à des soins requis par l'état de santé d'un mineur ou d'un majeur inapte à donner son consentement; elle l'est également si le majeur inapte à consentir refuse catégoriquement de recevoir les soins, à moins qu'il ne s'agisse de soins d'hygiène ou d'un cas d'urgence.

Elle est, enfin, nécessaire pour soumettre un mineur âgé de quatorze ans et plus à des soins qu'il refuse, à moins qu'il n'y ait urgence et que sa vie ne soit en danger ou son intégrité menacée, auquel cas le consentement du titulaire de l'autorité parentale ou du tuteur suffit.

[1991, c. 64, a. 16].

∎ C.C.Q., 12, 13; C.P.C., 776, 777.

16. The authorization of the court is necessary where the person who may give consent to care required by the state of health of a minor or a person of full age who is incapable of giving his consent is prevented from doing so or, without justification, refuses to do so; it is also necessary where a person of full age who is incapable of giving his consent categorically refuses to receive care, except in the case of hygienic care or emergency.

The authorization of the court is necessary, furthermore, to submit a minor 14 years of age or over to care which he refuses, except in the case of emergency if his life is in danger or his integrity threatened, in which case the consent of the person having parental authority or the tutor is sufficient.

[1991, c. 64, a. 16; I.N., 2014-05-01].

17. Le mineur de quatorze ans et plus peut consentir seul aux soins non requis par l'état de santé; le consentement du titulaire de l'autorité parentale ou du tuteur est cependant nécessaire si les soins présentent un risque sérieux pour la santé du mineur

17. A minor fourteen years of age or over may give his consent alone to care not required by the state of his health; however, the consent of the person having parental authority or of the tutor is required if the care entails a serious risk for the health of

et peuvent lui causer des effets graves et permanents.

[1991, c. 64, a. 17].

■ C.C.Q., 12.

18. Lorsque la personne est âgée de moins de quatorze ans ou qu'elle est inapte à consentir, le consentement aux soins qui ne sont pas requis par son état de santé est donné par le titulaire de l'autorité parentale, le mandataire, le tuteur ou le curateur; l'autorisation du tribunal est en outre nécessaire si les soins présentent un risque sérieux pour la santé ou s'ils peuvent causer des effets graves et permanents.

[1991, c. 64, a. 18].

■ C.C.Q., 12; C.P.C., 776, 777.

19. Une personne majeure, apte à consentir, peut aliéner entre vifs une partie de son corps pourvu que le risque couru ne soit pas hors de proportion avec le bienfait qu'on peut raisonnablement en espérer.

Un mineur ou un majeur inapte ne peut aliéner une partie de son corps que si celle-ci est susceptible de régénération et qu'il n'en résulte pas un risque sérieux pour sa santé, avec le consentement du titulaire de l'autorité parentale, du mandataire, tuteur ou curateur, et l'autorisation du tribunal.

[1991, c. 64, a. 19].

■ C.C.Q., 12; C.P.C., 776, 777.

20. Une personne majeure, apte à consentir, peut participer à une recherche susceptible de porter atteinte à son intégrité pourvu que le risque couru ne soit pas hors de proportion avec le bienfait qu'on peut raisonnablement en espérer. Le projet de recherche doit être approuvé et suivi par un comité d'éthique de la recherche.

[1991, c. 64, a. 20; 2013, c. 17, a. 1].

■ C.C.Q., 24, 1398.

21. Un mineur ou un majeur inapte ne peut participer à une recherche susceptible de porter atteinte à son intégrité qu'à la condition que le risque couru, en tenant compte de son état de santé et de sa condition personnelle, ne soit pas hors de pro-

the minor and may cause him grave and permanent effects.

[1991, c. 64, a. 17].

18. Where the person is under 14 years of age or is incapable of giving his consent, consent to care not required by his state of health is given by the person having parental authority or the mandatary, tutor or curator; the authorization of the court is also necessary if the care entails a serious risk to health or if it may cause grave and permanent effects.

[1991, c. 64, a. 18; I.N., 2014-05-01].

19. A person of full age who is capable of giving his consent may alienate a part of his body *inter vivos*, provided the risk incurred is not disproportionate to the benefit that may reasonably be anticipated.

A minor or a person of full age who is incapable of giving his consent may, with the consent of the person having parental authority, mandatary, tutor or curator and with the authorization of the court, alienate a part of his body only if that part is capable of regeneration and provided that no serious risk to his health results.

[1991, c. 64, a. 19].

20. A person of full age who is capable of giving his consent may participate in research that could interfere with the integrity of his person provided that the risk incurred is not disproportionate to the benefit that can reasonably be anticipated. The research project must be approved and monitored by a research ethics committee.

[1991, c. 64, a. 20; 2013, c. 17, s. 1].

21. A minor or a person of full age who is incapable of giving consent may participate in research that could interfere with the integrity of his person only if the risk incurred, taking into account his state of health and personal condition, is not dis-

portion avec le bienfait qu'on peut raisonnablement en espérer.

Il ne peut, en outre, participer à une telle recherche qu'à la condition que la recherche laisse espérer, si elle ne vise que lui, un bienfait pour sa santé ou, si elle vise un groupe, des résultats qui seraient bénéfiques aux personnes possédant les mêmes caractéristiques d'âge, de maladie ou de handicap que les membres du groupe.

Dans tous les cas, il ne peut participer à une telle recherche s'il s'y oppose alors qu'il en comprend la nature et les conséquences.

Le projet de recherche doit être approuvé et suivi par un comité d'éthique de la recherche compétent. Un tel comité est institué par le ministre de la Santé et des Services sociaux ou désigné par lui parmi les comités d'éthique de la recherche existants; la composition et les conditions de fonctionnement d'un tel comité sont établies par le ministre et sont publiées à la *Gazette officielle du Québec*.

Le consentement à une recherche susceptible de porter atteinte à l'intégrité du mineur est donné, pour ce dernier, par le titulaire de l'autorité parentale ou le tuteur. Le mineur de 14 ans et plus peut néanmoins consentir seul si, de l'avis du comité d'éthique de la recherche compétent, la recherche ne comporte qu'un risque minimal et que les circonstances le justifient.

Le consentement à une recherche susceptible de porter atteinte à l'intégrité du majeur inapte est donné, pour ce dernier, par le mandataire, le tuteur ou le curateur. Cependant, lorsque le majeur n'est pas ainsi représenté et que la recherche ne comporte qu'un risque minimal, le consentement peut être donné par la personne habilitée à consentir aux soins requis par l'état de santé du majeur. Le consentement peut aussi être donné par une telle personne lorsque l'inaptitude du majeur est subite et que la recherche, dans la mesure où elle doit être effectuée rapidement après l'apparition de l'état qui y donne lieu, ne permet pas d'attribuer au majeur un tel repré-

proportionate to the benefit that may reasonably be anticipated.

Moreover, a minor or a person of full age incapable of giving consent may participate in such research only if, where he is the only subject of the research, it has the potential to produce benefit to his health or only if, in the case of research on a group, it has the potential to produce results capable of conferring benefit to other persons in the same age category or having the same disease or handicap.

In all cases, a minor or a person of full age incapable of giving consent may not participate in such research where he understands the nature and consequences of the research and objects to participating in it.

The research project must be approved and monitored by a competent research ethics committee. Such a committee is formed by the Minister of Health and Social Services or designated by that Minister from among existing research ethics committees; the composition and operating conditions of such a committee are determined by the Minister and published in the *Gazette officielle du Québec*.

Consent to research that could interfere with the integrity of a minor may be given by the person having parental authority or the tutor. A minor 14 years of age or over, however, may give consent alone if, in the opinion of the competent research ethics committee, the research involves only minimal risk and the circumstances justify it.

Consent to research that could interfere with the integrity of a person of full age incapable of giving consent may be given by the mandatary, tutor or curator. However, where such a person of full age is not so represented and the research involves only minimal risk, consent may be given by the person qualified to consent to any care required by the state of health of the person of full age. Consent may also be given by such a qualified person where a person of full age suddenly becomes incapable of giving consent and the research, insofar as it must be undertaken promptly after the appearance of the condition giving rise to it, does not permit, for lack of

sentant en temps utile. Dans les deux cas, il appartient au comité d'éthique de la recherche compétent de déterminer, lors de l'évaluation du projet de recherche, si le projet satisfait aux conditions requises.

[1991, c. 64, a. 21; 1998, c. 32, a. 1; 2013, c. 17, a. 2].

▋ C.C.Q., 24.

22. Une partie du corps, qu'il s'agisse d'organes, de tissus ou d'autres substances, prélevée sur une personne dans le cadre de soins qui lui sont prodigués, peut être utilisée aux fins de recherche, avec le consentement de la personne concernée ou de celle habilitée à consentir pour elle ou, si la personne concernée est décédée, de la personne qui pouvait ou aurait pu consentir aux soins requis par son état de santé.

[1991, c. 64, a. 22; 2013, c. 17, a. 3].

▋ C.C.Q., 11, 12, 14-16.

23. Le tribunal appelé à statuer sur une demande d'autorisation relative à des soins ou à l'aliénation d'une partie du corps, prend l'avis d'experts, du titulaire de l'autorité parentale, du mandataire, du tuteur ou du curateur et du conseil de tutelle; il peut aussi prendre l'avis de toute personne qui manifeste un intérêt particulier pour la personne concernée par la demande.

Il est aussi tenu, sauf impossibilité, de recueillir l'avis de cette personne et, à moins qu'il ne s'agisse de soins requis par son état de santé, de respecter son refus.

[1991, c. 64, a. 23; 1998, c. 32, a. 2].

▋ C.C.Q., 16, 18, 19, 21.

24. Le consentement aux soins qui ne sont pas requis par l'état de santé, à l'aliénation d'une partie du corps ou à une recherche susceptible de porter atteinte à l'intégrité doit être donné par écrit.

Toutefois, le consentement à une telle recherche peut être donné autrement que par écrit si, de l'avis d'un comité d'éthique de

---

time, the designation of a legal representative for the person of full age. In both cases, it is incumbent upon the competent research ethics committee to determine, when evaluating the research project, whether it meets the prescribed requirements.

[1991, c. 64, a. 21; 1992, c. 57, s. 716; 1998, c. 32, s. 1; 2013, c. 17, s. 2].

22. A part of the body, whether an organ, tissue or other substance, removed from a person as part of the care he receives may, with his consent or that of the person qualified to give consent on his behalf, be used for purposes of research or, if he has died, be so used with the consent of the person who could give or could have given consent to any care required by his state of health.

[1991, c. 64, a. 22; 2013, c. 17, s. 3; I.N., 2014-05-01].

23. When the court is called upon to rule on an application for authorization with respect to care or the alienation of a part of a person's body, it obtains the opinions of experts, of the person having parental authority, of the mandatary, of the tutor or the curator and of the tutorship council; it may also obtain the opinion of any person who shows a special interest in the person concerned by the application.

The court is also bound to obtain the opinion of the person concerned unless that is impossible, and to respect his refusal unless the care is required by his state of health.

[1991, c. 64, a. 23; 1998, c. 32, s. 2; I.N., 2014-05-01].

24. Consent to care not required by a person's state of health, to the alienation of a part of a person's body, or to research that could interfere with the integrity of his person shall be given in writing.

However, consent to such research may be given otherwise than in writing if justified in the circumstances in the opinion of a re-

la recherche, les circonstances le justifient. Dans un tel cas, le comité détermine les modalités d'obtention du consentement qui permettent d'en constituer une preuve.

Il peut toujours être révoqué, même verbalement.

[1991, c. 64, a. 24; 2013, c. 17, a. 4].

■ C.C.Q., 11, 17-22.

25. L'aliénation que fait une personne d'une partie ou de produits de son corps doit être gratuite; elle ne peut être répétée si elle présente un risque pour la santé.

La participation d'une personne à une recherche susceptible de porter atteinte à son intégrité ne peut donner lieu à aucune contrepartie financière hormis le versement d'une indemnité en compensation des pertes et des contraintes subies.

[1991, c. 64, a. 25; 2013, c. 17, a. 5].

■ C.C.Q., 19-22, 24.

SECTION II —
DE LA GARDE EN ÉTABLISSEMENT ET DE L'ÉVALUATION PSYCHIATRIQUE

26. Nul ne peut être gardé dans un établissement de santé ou de services sociaux, en vue d'une évaluation psychiatrique ou à la suite d'une évaluation psychiatrique concluant à la nécessité d'une garde, sans son consentement ou sans que la loi ou le tribunal l'autorise.

Le consentement peut être donné par le titulaire de l'autorité parentale ou, lorsque la personne est majeure et qu'elle ne peut manifester sa volonté, par son mandataire, son tuteur ou son curateur. Ce consentement ne peut être donné par le représentant qu'en l'absence d'opposition de la personne.

[1991, c. 64, a. 26; 1997, c. 75, a. 29].

■ C.C.Q., 10; C.P.C., 778, 779.

27. S'il a des motifs sérieux de croire qu'une personne représente un danger pour elle-même ou pour autrui en raison de son état mental, le tribunal peut, à la demande d'un médecin ou d'un intéressé, or-

search ethics committee. In such a case, the committee determines the proper manner, for evidential purposes, of obtaining consent.

It may be withdrawn at any time, even verbally.

[1991, c. 64, a. 24; 2013, c. 17, s. 4].

25. The alienation by a person of a part or product of his body shall be gratuitous; it may not be repeated if it involves a risk to his health.

A person's participation in research that could interfere with the integrity of his person may not give rise to any financial reward other than the payment of an indemnity as compensation for the loss and inconvenience suffered.

[1991, c. 64, a. 25; 2013, c. 17, s. 5].

SECTION II —
CONFINEMENT IN AN INSTITUTION AND PSYCHIATRIC ASSESSMENT

26. No person may be confined in a health or social services institution for a psychiatric assessment or following a psychiatric assessment concluding that confinement is necessary, without the person's consent or without authorization by law or the court.

Consent may be given by the person having parental authority or, in the case of a person of full age unable to express his wishes, by his mandatary, tutor or curator. Such consent may be given by the representative only if the person concerned does not object.

[1991, c. 64, a. 26; 1997, c. 75, s. 29; I.N., 2014-05-01].

27. Where the court has serious reasons to believe that a person is a danger to himself or to others owing to his mental state, it may, on the application of a physician or an interested person and notwithstanding

donner qu'elle soit, malgré l'absence de consentement, gardée provisoirement dans un établissement de santé ou de services sociaux pour y subir une évaluation psychiatrique. Le tribunal peut aussi, s'il y a lieu, autoriser tout autre examen médical rendu nécessaire par les circonstances. Si la demande est refusée, elle ne peut être présentée à nouveau que si d'autres faits sont allégués.

Si le danger est grave et immédiat, la personne peut être mise sous garde préventive, sans l'autorisation du tribunal, comme il est prévu par la *Loi sur la protection des personnes dont l'état mental présente un danger pour elles-mêmes ou pour autrui* (chapitre P-38.001).

[1991, c. 64, a. 27; 1997, c. 75, a. 30].

∎ C.C.Q., 26.

28. Lorsque le tribunal ordonne une mise sous garde en vue d'une évaluation psychiatrique, un examen doit avoir lieu dans les vingt-quatre heures de la prise en charge par l'établissement de la personne concernée ou, si celle-ci était déjà sous garde préventive, de l'ordonnance du tribunal.

Si le médecin qui procède à l'examen conclut à la nécessité de garder la personne en établissement, un second examen psychiatrique doit être effectué par un autre médecin, au plus tard† dans les quatre-vingt-seize heures de la prise en charge ou, si la personne était initialement sous garde préventive, dans les quarante-huit heures de l'ordonnance.

Dès lors† qu'un médecin conclut que la garde n'est pas nécessaire, la personne doit être libérée. Si les deux médecins concluent à la nécessité de la garde, la personne peut être maintenue sous garde, pour un maximum de quarante-huit heures, sans son consentement ou l'autorisation du tribunal.

[1991, c. 64, a. 28; 1997, c. 75, a. 31].

∎ C.C.Q., 26; C.P.C., 781.

29. Tout rapport d'examen psychiatrique doit porter, notamment, sur la nécessité d'une garde en établissement si la personne représente un danger pour elle-

the absence of consent, order that he be confined temporarily in a health or social services institution for a psychiatric assessment. The court may also, where appropriate, authorize any other medical examination that is necessary in the circumstances. The application, if refused, may not be submitted again except where different facts are alleged.

If the danger is grave and immediate, the person may be placed under preventive confinement, without the authorization of the court, as provided for in the *Act respecting the protection of persons whose mental state presents a danger to themselves or to others* (chapter P-38.001).

[1991, c. 64, a. 27; 1997, c. 75, s. 30].

28. Where the court orders that a person be placed under confinement for a psychiatric assessment, an examination must be carried out within twenty-four hours after the person is taken in charge by the institution or, if the person was already under preventive confinement, within twenty-four hours of the court order.

If the physician who carries out the examination concludes that confinement in an institution is necessary, a second psychiatric examination must be carried out by another physician within† ninety-six hours after the person is taken in charge by the institution or, if the person was already under preventive confinement, within forty-eight hours of the court order.

If† a physician reaches the conclusion that confinement is not necessary, the person must be released. If both physicians reach the conclusion that confinement is necessary, the person may be kept under confinement without his consent or the authorization of the court for no longer than forty-eight hours.

[1991, c. 64, a. 28; 1997, c. 75, s. 31].

29. A psychiatric examination report must deal in particular with the necessity of confining the person in an institution if he is a danger to himself or to others owing to

même ou pour autrui en raison de son état mental, sur l'aptitude de la personne qui a subi l'examen à prendre soin d'elle-même ou à administrer ses biens et, le cas échéant, sur l'opportunité d'ouvrir à son égard un régime de protection du majeur.

Il doit être remis au tribunal dans les sept jours de l'ordonnance. Il ne peut être divulgué, sauf aux parties, sans l'autorisation du tribunal.

[1991, c. 64, a. 29; 1997, c. 75, a. 32].

∎ C.C.Q., 28.

30. La garde en établissement à la suite d'une évaluation psychiatrique ne peut être autorisée par le tribunal que si les deux rapports d'examen psychiatrique concluent à la nécessité de cette garde.

Même en ce cas, le tribunal ne peut autoriser la garde que s'il a lui-même des motifs sérieux de croire que la personne est dangereuse et que sa garde est nécessaire, quelle que soit par ailleurs la preuve qui pourrait lui être présentée et même en l'absence de toute contre-expertise.

[1991, c. 64, a. 30; 1997, c. 75, a. 33; 2002, c. 19, a. 1].

∎ C.C.Q., 26, 28; C.P.C., 778, 779, 852.

30.1. Le jugement qui autorise la garde en fixe aussi la durée.

La personne sous garde doit, cependant, être libérée dès que la garde n'est plus justifiée, même si la période fixée n'est pas expirée.

Toute garde requise au-delà de la durée fixée par le jugement doit être autorisée par le tribunal, conformément aux dispositions de l'article 30.

[2002, c. 19, a. 1].

31. Toute personne qui est gardée dans un établissement de santé ou de services sociaux et y reçoit des soins doit être informée par l'établissement du plan de soins établi à son égard, ainsi que de tout changement important dans ce plan ou dans ses conditions de vie.

his mental state, with the ability of the person who has undergone the examination to care for himself or to administer his property and, where applicable, with the advisability of instituting protective supervision of the person of full age.

The report must be filed with the court within seven days of the court order. It may not be disclosed, except to the parties, without the authorization of the court.

[1991, c. 64, a. 29; 1997, c. 75, s. 32].

30. Confinement in an institution following a psychiatric assessment may only be authorized by the court if both psychiatric reports conclude that confinement is necessary.

Even if that is the case, the court may not authorize confinement unless the court itself has serious reasons to believe that the person is dangerous and that the person's confinement is necessary, whatever evidence may be otherwise presented to the court and even in the absence of any contrary medical opinion.

[1991, c. 64, a. 30; 1997, c. 75, s. 33; 2002, c. 19, s. 1].

30.1. A judgment authorizing confinement must also set the duration of confinement.

However, the person under confinement must be released as soon as confinement is no longer justified, even if the set period of confinement has not elapsed.

Any confinement required beyond the duration set by the judgment must be authorized by the court, in accordance with the provisions of article 30.

[2002, c. 19, s. 1].

31. Every person confined in and receiving care in a health or social services establishment shall be informed by the establishment of the program of care established for him and of any important change in the program or in his living conditions.

Si la personne est âgée de moins de quatorze ans ou si elle est inapte à consentir, l'information est donnée à la personne qui peut consentir aux soins pour elle.

[1991, c. 64, a. 31].

▌ C.C.Q., 11, 18.

If the person is under 14 years of age or is incapable of giving his consent, the information is given to the person who is qualified to give consent to care on his behalf.

[1991, c. 64, a. 31; I.N., 2014-05-01].

Chapitre II ——
Du respect des droits de l'enfant

Chapter II ——
Respect of children's rights

32. Tout enfant a droit à la protection, à la sécurité et à l'attention que ses parents ou les personnes qui en tiennent lieu peuvent lui donner.

[1991, c. 64, a. 32].

▌ C.C.Q., 33, 34.

32. Every child has a right to the protection, security and attention that his parents or the persons acting in their stead are able to give to him.

[1991, c. 64, a. 32].

33. Les décisions concernant l'enfant doivent être prises dans son intérêt et dans le respect de ses droits.

Sont pris en considération, outre les besoins moraux, intellectuels, affectifs et physiques de l'enfant, son âge, sa santé, son caractère, son milieu familial et les autres aspects de sa situation.

[1991, c. 64, a. 33].

▌ C.C.Q., 32, 34.

33. Every decision concerning a child shall be taken in light of the child's interests and the respect of his rights.

Consideration is given, in addition to the moral, intellectual, emotional and physical needs of the child, to the child's age, health, personality and family environment, and to the other aspects of his situation.

[1991, c. 64, a. 33; 2002, c. 19, s. 15].

34. Le tribunal doit, chaque fois qu'il est saisi d'une demande mettant en jeu l'intérêt d'un enfant, lui donner la possibilité d'être entendu si son âge et son discernement le permettent.

[1991, c. 64, a. 34].

▌ C.C.Q., 32, 33.

34. The court shall, in every application brought before it affecting the interest of a child, give the child an opportunity to be heard if his age and power of discernment permit it.

[1991, c. 64, a. 34].

Chapitre III ——
Du respect de la réputation et de la vie privée

Chapter III ——
Respect of reputation and privacy

35. Toute personne a droit au respect de sa réputation et de sa vie privée.

Nulle atteinte ne peut être portée à la vie privée d'une personne sans que celle-ci y consente ou sans que la loi l'autorise.

[1991, c. 64, a. 35; 2002, c. 19, a. 2].

35. Every person has a right to the respect of his reputation and privacy.

No one may invade the privacy of a person without the consent of the person unless authorized by law.

[1991, c. 64, a. 35; 2002, c. 19, s. 2].

Note : Dans le deuxième alinéa, l'interdiction vise les atteintes elles-mêmes dans le texte français, alors qu'elle s'impose à l'auteur de l'acte dans le texte anglais. Comp. O.R.C.C., Livre I, a. 13, dans les deux langues (« Nul ne peut porter atteinte... »; « No person may invade... »). / In the second paragraph, the prohibition is directed at the invasions of privacy themselves in the French text, whereas the prohibition is directed at the actor in the English text. Comp. C.C.R.O., Book I, a. 13 ("No person may invade..."; "*Nul ne peut porter atteinte...*").

▌ C.C.Q., 36.

36. Peuvent être notamment considérés comme des atteintes à la vie privée d'une personne les actes suivants:

1° Pénétrer chez elle† ou y prendre quoi que ce soit;

2° Intercepter ou utiliser volontairement une communication privée;

3° Capter ou utiliser son image ou sa voix lorsqu'elle se trouve dans des lieux privés;

4° Surveiller sa vie privée par quelque moyen que ce soit;

5° Utiliser son nom, son image, sa ressemblance ou sa voix à toute autre fin que l'information légitime du public;

6° Utiliser sa correspondance, ses manuscrits ou ses autres documents personnels.

[1991, c. 64, a. 36].

▌ C.C.Q., 35.

37. Toute personne qui constitue un dossier sur une autre personne doit avoir un intérêt sérieux et légitime à le faire. Elle ne peut recueillir que les renseignements pertinents à l'objet déclaré du dossier et elle ne peut, sans le consentement de l'intéressé ou l'autorisation de la loi, les communiquer à des tiers ou les utiliser à des fins incompatibles avec celles de sa constitution; elle ne peut non plus, dans la constitution ou l'utilisation du dossier, porter autrement atteinte à la vie privée de l'intéressé ni à sa réputation.

[1991, c. 64, a. 37].

▌ C.C.Q., 35.

38. Sous réserve des autres dispositions de la loi, toute personne peut, gratuitement, consulter et faire rectifier un dossier qu'une autre personne détient sur elle soit pour prendre une décision à son égard, soit

36. The following acts, in particular, may be considered as invasions of the privacy of a person:

(1) entering or taking anything in his dwelling†;

(2) intentionally intercepting or using his private communications;

(3) appropriating or using his image or voice while he is in private premises;

(4) keeping his private life under observation by any means;

(5) using his name, image, likeness or voice for a purpose other than the legitimate information of the public;

(6) using his correspondence, manuscripts or other personal documents.

[1991, c. 64, a. 36].

37. Every person who establishes a file on another person shall have a serious and legitimate reason for doing so. He may gather only information which is relevant to the stated objective of the file, and may not, without the consent of the person concerned or authorization by law, communicate such information to third persons or use it for purposes that are inconsistent with the purposes for which the file was established. In addition, he may not, when establishing or using the file, otherwise invade the privacy or injure the reputation of the person concerned.

[1991, c. 64, a. 37; I.N., 2014-05-01].

38. Except as otherwise provided by law, any person may, free of charge, examine and cause the rectification of a file kept on him by another person with a view to making a decision in his regard or to informing

pour informer un tiers; elle peut aussi le faire reproduire, moyennant† des frais raisonnables. Les renseignements contenus dans le dossier doivent être accessibles dans une transcription intelligible.

[1991, c. 64, a. 38].

Note : Comp. a./arts 952, 1802, 1842.

❚ C.C.Q., 39-41.

39. Celui qui détient un dossier sur une personne ne peut lui refuser l'accès aux renseignements qui y sont contenus à moins qu'il ne justifie d'un intérêt sérieux et légitime à le faire ou que ces renseignements ne soient susceptibles de nuire sérieusement à un tiers.

[1991, c. 64, a. 39].

❚ C.C.Q., 38, 40, 41.

40. Toute personne peut faire corriger, dans un dossier qui la concerne, des renseignements inexacts, incomplets ou équivoques; elle peut aussi faire supprimer un renseignement périmé ou non justifié par l'objet du dossier, ou formuler par écrit des commentaires et les verser au dossier.

La rectification est notifiée, sans délai, à toute personne qui a reçu les renseignements dans les six mois précédents et, le cas échéant, à la personne de qui elle les tient. Il en est de même de la demande de rectification, si elle est contestée.

[1991, c. 64, a. 40].

❚ C.C.Q., 38, 39, 41.

41. Lorsque la loi ne prévoit pas les conditions et les modalités d'exercice du droit de consultation ou de rectification d'un dossier, le tribunal les détermine sur demande.

De même, s'il survient une difficulté dans l'exercice de ces droits, le tribunal la tranche sur demande.

[1991, c. 64, a. 41].

❚ C.C.Q., 38-40.

a third person; he may also cause a copy of it to be made at† reasonable cost. The information contained in the file shall be made accessible in an intelligible transcript.

[1991, c. 64, a. 38].

39. A person keeping a file on a person may not deny him access to the information contained therein unless he has a serious and legitimate reason for doing so or unless the information may seriously injure a third person.

[1991, c. 64, a. 39; I.N., 2014-05-01].

40. Every person may cause information which is contained in a file concerning him and which is inaccurate, incomplete or equivocal to be rectified; he may also cause obsolete information or information not justified by the purpose of the file to be deleted, or deposit his written comments in the file.

Notice of the rectification is given without delay to every person having received the information in the preceding six months and, where applicable, to the person who provided that information. The same rule applies to an application for rectification, if it is contested.

[1991, c. 64, a. 40].

41. Where the law does not provide the conditions and manner of exercising the right of examination or rectification of a file, the court, upon application, determines them.

Similarly, if a difficulty arises in the exercise of those rights, the court settles it, upon application.

[1991, c. 64, a. 41; I.N., 2014-05-01].

Chapitre IV ——
Du respect du corps après le décès

Chapter IV ——
Respect of the body after death

42. Le majeur peut régler ses funérailles et le mode de disposition de son corps; le mineur le peut également avec le consentement écrit du titulaire de l'autorité parentale ou de son tuteur. À défaut de volontés exprimées par le défunt, on s'en remet à la volonté des héritiers ou des successibles. Dans l'un et l'autre cas, les héritiers ou les successibles sont tenus d'agir; les frais sont à la charge de la succession.

[1991, c. 64, a. 42].

❚ C.C.Q., 43.

42. A person of full age may determine the nature of his funeral and the disposal of his body; a minor may also do so with the written consent of the person having parental authority or his tutor. In the absence of wishes expressed by the deceased, the wishes of the heirs or successors prevail. In both cases, the heirs and successors are bound to act; the expenses are charged to the succession.

[1991, c. 64, a. 42; I.N., 2014-05-01].

43. Le majeur ou le mineur âgé de quatorze ans et plus peut, dans un but médical ou scientifique, donner son corps ou autoriser sur celui-ci le prélèvement d'organes ou de tissus. Le mineur de moins de quatorze ans le peut également, avec le consentement du titulaire de l'autorité parentale ou de son tuteur.

Cette volonté est exprimée soit verbalement devant deux témoins, soit par écrit, et elle peut être révoquée de la même manière. Il doit être donné effet à la volonté exprimée, sauf motif impérieux.

[1991, c. 64, a. 43].

❚ C.C.Q., 42, 44.

43. A person of full age or a minor 14 years of age or over may, for medical or scientific purposes, give his body or authorize the removal of organs or tissues therefrom. A minor under 14 years of age may also do so with the consent of the person having parental authority or of his tutor.

These wishes are expressed verbally before two witnesses, or in writing, and may be revoked in the same manner. The wishes expressed shall be followed, unless there is a compelling reason not to do so.

[1991, c. 64, a. 43; I.N., 2014-05-01].

44. À défaut de volontés connues ou présumées du défunt, le prélèvement peut être effectué avec le consentement de la personne qui pouvait ou aurait pu consentir aux soins.

Ce consentement n'est pas nécessaire lorsque deux médecins attestent par écrit l'impossibilité de l'obtenir en temps utile, l'urgence de l'intervention et l'espoir sérieux de sauver une vie humaine ou d'en améliorer sensiblement la qualité.

[1991, c. 64, a. 44].

❚ C.C.Q., 43, 45.

44. A part of the body of a deceased person may be removed, if the wishes of the deceased are not known or cannot be presumed, with the consent of the person who was or would have been qualified to give consent to care.

Consent is not required where two physicians attest in writing to the impossibility of obtaining it in due time, the urgency of the operation and the serious hope of saving a human life or of improving its quality to an appreciable degree.

1991, c. 64, a. 44; I.N., 2014-05-01].

45. Le prélèvement ne peut être effectué avant que le décès du donneur n'ait été constaté par deux médecins qui ne partici-

45. No part of the body may be removed before the death of the donor is attested by two physicians who do not participate ei-

pent ni au prélèvement ni à la transplantation.

[1991, c. 64, a. 45].

▮ C.C.Q., 44.

ther in the removal or in the transplantation.

[1991, c. 64, a. 45].

46. L'autopsie peut être effectuée dans les cas prévus par la loi ou si le défunt y avait déjà consenti; elle peut aussi l'être avec le consentement de la personne qui pouvait ou aurait pu consentir aux soins. Celui qui demande l'autopsie ou qui y a consenti a le droit de recevoir une copie du rapport.

[1991, c. 64, a. 46].

▮ C.C.Q., 47-49.

46. An autopsy may be performed in the cases provided for by law or if the deceased had already given his consent thereto; it may also be performed with the consent of the person who was or would have been qualified to consent to care. The person requesting the autopsy or having given his consent thereto has a right to receive a copy of the report.

[1991, c. 64, a. 46; I.N., 2014-05-01].

47. Le tribunal peut, si les circonstances le justifient, ordonner l'autopsie du défunt sur demande d'un médecin ou d'un intéressé; en ce dernier cas, il peut restreindre partiellement la divulgation du rapport d'autopsie.

Le coroner peut également, dans les cas prévus par la loi, ordonner l'autopsie du défunt.

[1991, c. 64, a. 47].

▮ C.C.Q., 46, 48, 49.

47. The court may, if circumstances justify it, order the performance of an autopsy on the deceased at the request of a physician or any interested person; in the latter case, it may restrict the release of parts of the autopsy report.

The coroner may also order the performance of an autopsy on the deceased in the cases provided for by law.

[1991, c. 64, a. 47].

48. Nul ne peut embaumer, inhumer ou incinérer un corps avant que le constat de décès n'ait été dressé et qu'il ne se soit écoulé six heures depuis le constat.

[1991, c. 64, a. 48].

▮ C.C.Q., 46, 47, 49.

48. No person may embalm, bury or cremate a body before an attestation of death has been drawn up and six hours have elapsed since that was done.

[1991, c. 64, a. 48].

49. Il est permis, en suivant les prescriptions de la loi, d'exhumer un corps si un tribunal l'ordonne, si la destination du lieu où il est inhumé change ou s'il s'agit de l'inhumer ailleurs ou de réparer la sépulture.

L'exhumation est également permise si, conformément à la loi, un coroner l'ordonne.

[1991, c. 64, a. 49].

▮ C.C.Q., 46-48.

49. Subject to compliance with the requirements of the law, it is permissible to disinter a body on the order of a court, on the change of destination of its burial place or in order to bury it elsewhere or to repair the tomb.

Disinterment is also permissible on the order of a coroner in accordance with the law.

[1991, c. 64, a. 49; I.N., 2014-05-01].

TITRE 3 ━━
DE CERTAINS ÉLÉMENTS RELATIFS À
L'ÉTAT DES PERSONNES

TITLE 3 ━━
CERTAIN PARTICULARS RELATING TO
THE STATUS OF PERSONS

Chapitre I ━━ Du nom

Chapter I ━━ Name

SECTION I ━━
DE L'ATTRIBUTION DU NOM

SECTION I ━━
ASSIGNMENT OF NAME

50. Toute personne a un nom qui lui est attribué à la naissance et qui est énoncé dans l'acte de naissance.

Le nom comprend le nom de famille et les prénoms.

[1991, c. 64, a. 50].

∎ C.C.Q., 5, 56, 393.

50. Every person has a name which is assigned to him at birth and is stated in his act of birth.

The name includes the surname and given names.

[1991, c. 64, a. 50].

51. L'enfant reçoit, au choix de ses père et mère, un ou plusieurs prénoms ainsi qu'un nom de famille formé d'au plus deux parties provenant de celles qui forment les noms de famille de ses parents.

[1991, c. 64, a. 51; 1999, c. 47, a. 1].

∎ C.C.Q., 52-54.

51. A child is given, as his mother and father choose, one or more given names and a surname composed of not more than two parts taken from those which compose his parents' surnames.

[1991, c. 64, a. 51; 1999, c. 47, s. 1; I.N., 2014-05-01].

52. En cas de désaccord sur le choix du nom de famille, le directeur de l'état civil attribue à l'enfant un nom composé de deux parties provenant l'une du nom de famille du père, l'autre de celui de la mère, selon leur choix respectif.

Si le désaccord porte sur le choix du prénom, il attribue à l'enfant deux prénoms au choix respectif des père et mère.

[1991, c. 64, a. 52].

∎ C.C.Q., 33, 51, 53, 54.

52. In case of disagreement over the choice of a surname, the registrar of civil status assigns to the child a surname consisting of two parts, one part being taken from the surname of his father and the other from that of his mother, according to their respective choice.

If the disagreement is over the choice of a given name, he assigns to the child two given names chosen by his father and his mother, respectively.

[1991, c. 64, a. 52; I.N., 2014-05-01].

53. L'enfant dont seule la filiation paternelle ou maternelle est établie porte le nom de famille de son père ou de sa mère, selon le cas, et un ou plusieurs prénoms choisis par son père ou sa mère.

L'enfant dont la filiation n'est pas établie

53. If only the paternal or the maternal filiation of a child is established, he bears the surname of his father or of his mother, as the case may be, and one or more given names chosen by his father or mother.

A child whose filiation is not established

porte le nom qui lui est attribué par le directeur de l'état civil.

[1991, c. 64, a. 53].

∎ C.C.Q., 51, 52, 54.

54. Lorsque le nom choisi par le père et mère comporte un nom de famille composé ou des prénoms inusités qui, manifestement, prêtent au ridicule ou sont susceptibles de déconsidérer l'enfant, le directeur de l'état civil peut inviter les parents à modifier leur choix.

Si ceux-ci refusent de le faire, il dresse néanmoins l'acte de naissance et en avise le Procureur général du Québec. Celui-ci peut saisir le tribunal, dans les quatre-vingt-dix jours de l'inscription de l'acte, pour lui demander de remplacer le nom ou les prénoms choisis par les parents par le nom de famille de l'un d'eux ou par deux prénoms usuels, selon le cas.

Jusqu'à l'expiration du délai pour saisir le tribunal ou, si un recours est exercé, jusqu'à ce que le jugement soit passé en force de chose jugée, le directeur de l'état civil fait mention de l'avis donné au procureur général sur les copies, certificats et attestations relatifs à cet acte de naissance.

[1991, c. 64, a. 54; 1999, c. 47, a. 2].

∎ C.C.Q., 51-53.

bears the name assigned to him by the registrar of civil status.

[1991, c. 64, a. 53].

54. Where the name chosen by the father and mother contains an odd compound surname or odd given names which clearly invite ridicule or may discredit the child, the registrar of civil status may suggest to the parents that they change the child's name.

If they refuse to do so, the registrar nevertheless draws up the act of birth and notifies the Attorney General of Québec. The Attorney General may bring the matter before the court within ninety days of the registration of the act to request that the surname of one of the parents be substituted for the surname chosen by the parents or that two given names in common use be substituted for the given names chosen by the parents.

Until the time for bringing the matter before the court expires or, if proceedings are brought, until the judgment acquires the authority of *res judicata*, the registrar of civil status makes a notation of the notice given to the Attorney General on every copy, certificate and attestation issued on the basis of the act of birth.

[1991, c. 64, a. 54; 1999, c. 47, s. 2].

SECTION II —
DE L'UTILISATION DU NOM

SECTION II —
USE OF NAME

55. Toute personne a droit au respect de son nom.

Elle peut utiliser un ou plusieurs des prénoms énoncés dans son acte de naissance.

[1991, c. 64, a. 55].

∎ C.C.Q., 5, 50, 56, 393.

55. Every person has a right to the respect of his name.

He may use one or more of the given names stated in his act of birth.

[1991, c. 64, a. 55].

56. Celui qui utilise un autre nom que le sien est responsable de la confusion ou du préjudice qui peut en résulter.

Tant le titulaire du nom que la personne à laquelle il est marié ou uni civilement ou

56. A person who uses a name other than his or her own is liable for any resulting confusion or injury.

The holder of a name as well as his or her married or civil union spouse or close rela-

ses proches parents, peuvent s'opposer à cette utilisation et demander la réparation du préjudice causé.

[1991, c. 64, a. 56; 2002, c. 6, a. 2].

∎ C.C.Q., 393, 1457.

tives may object to such use and demand redress for the injury caused.

[1991, c. 64, a. 56; 2002, c. 6, s. 2; I.N., 2014-05-01].

SECTION III —
DU CHANGEMENT DE NOM

SECTION III —
CHANGE OF NAME

§ 1. — Disposition générale

§ 1. — General provision

57. Qu'il porte sur le nom de famille ou le prénom, le changement de nom d'une personne ne peut avoir lieu sans l'autorisation du directeur de l'état civil ou du tribunal, suivant ce qui est prévu à la présente section.

[1991, c. 64, a. 57].

∎ C.C.Q., 74; D.T., 11; C.P.C., 864, 864.1.

57. No change may be made to a person's name, whether to his surname or given name, without the authorization of the registrar of civil status or the court, in accordance with the provisions of this section.

[1991, c. 64, a. 57; I.N., 2014-05-01].

§ 2. — Du changement de nom par voie administrative

§ 2. — Change of name by way of administrative process

58. Le directeur de l'état civil a compétence pour autoriser le changement de nom pour un motif sérieux dans tous les cas qui ne ressortissent pas à la compétence du tribunal; il en est ainsi, notamment, lorsque le nom généralement utilisé ne correspond pas à celui qui est inscrit dans l'acte de naissance, que le nom est d'origine étrangère ou trop difficile à prononcer ou à écrire dans sa forme originale ou que le nom prête au ridicule ou est frappé d'infamie.

Il a également compétence lorsque l'on demande l'ajout au nom de famille d'une partie provenant du nom de famille du père ou de la mère, déclaré dans l'acte de naissance.

[1991, c. 64, a. 58].

∎ C.C.Q., 57, 65.

58. The registrar of civil status has the authority to authorize a change of name for a serious reason in every case that does not come under the jurisdiction of the court, and in particular where the name generally used does not correspond to that appearing in the act of birth, where the name is of foreign origin or too difficult to pronounce or write in its original form or where the name invites ridicule or has become infamous.

The registrar also has such authority where a person applies for the addition to the surname of a part taken from the surname of the father or mother, as declared in the act of birth.

[1991, c. 64, a. 58; I.N., 2014-05-01].

59. Le majeur qui a la citoyenneté canadienne et est domicilié au Québec depuis au moins un an peut demander le changement de son nom. Cette demande vaut aussi, si elle porte sur le nom de famille,

59. A person of full age who is a Canadian citizen and who has been domiciled in Québec for at least one year may apply for a change of name. If the application concerns the surname, it is also valid as an ap-

pour ses enfants mineurs qui portent le même nom ou une partie de ce nom.

Il peut aussi demander que les prénoms de ses enfants mineurs soient modifiés ou qu'il soit ajouté à leur nom de famille une partie provenant de son propre nom.

[1991, c. 64, a. 59].

∎ C.C.Q., 57, 58.

60. Le tuteur d'un mineur peut demander le changement de nom de son pupille, si ce dernier a la citoyenneté canadienne et est domicilié au Québec depuis au moins un an.

[1991, c. 64, a. 60].

∎ C.C.Q., 57, 58.

61. Celui qui demande un changement de nom expose ses motifs et indique le nom de ses père et mère, le nom de la personne à laquelle il est marié ou uni civilement, celui de ses enfants et, s'il y a lieu, le nom de l'autre parent de ces derniers.

Il atteste sous serment que les motifs exposés et les renseignements donnés sont exacts, et il joint à sa demande tous les documents utiles.

[1991, c. 64, a. 61; 2002, c. 6, a. 3]

∎ C.C.Q., 3, 4, 57, 58.

62. À moins d'un motif impérieux, le changement de nom à l'égard d'un enfant mineur n'est pas accordé si le tuteur ou le mineur de quatorze ans et plus n'a pas été avisé de la demande ou s'il s'y oppose.

Cependant, lorsque l'on demande l'ajout au nom de famille du mineur d'une partie provenant du nom de famille de son père ou de sa mère, le droit d'opposition est réservé au mineur.

[1991, c. 64, a. 62].

∎ C.C.Q., 6, 8, 57, 58.

63. Avant d'autoriser un changement de nom, le directeur de l'état civil doit s'assu-

plication for the person's minor children who bear the same surname or part of that surname.

A person may also apply for a change to the given names of the minor children or for the addition of a part taken from the person's own surname to his children's surname.

[1991, c. 64, a. 59; I.N., 2014-05-01].

60. The tutor to a minor may apply for the change of the name of his pupil, if the latter is a Canadian citizen and has been domiciled in Québec for at least one year.

[1991, c. 64, a. 60].

61. A person applying for a change of name states the reasons for the application and gives the names of his or her father and mother, the name of his or her married or civil union spouse and children and, where applicable, the name of the children's other parent.

The person attests under oath that the reasons stated and the information given are true, and appends all the necessary documents to the application.

[1991, c. 64, a. 61; 2001, c. 6, a. 3].

62. Except for a compelling reason, no change of name of a minor child may be granted if the tutor or the minor, if fourteen years of age or over, has not been notified of the application or objects to it.

However, in the case of an application for the addition to the surname of the minor of a part taken from the surname of the father or mother, only the minor has the right to object.

[1991, c. 64, a. 62].

63. Before authorizing a change of name, the registrar of civil status shall ascertain

rer que les avis de la demande ont été publiés, sauf dans les cas suivants:

1° une dispense spéciale de publication a été accordée par le ministre de la Justice pour des motifs d'intérêt général;

2° il est manifeste que le changement demandé, s'il porte sur le prénom, concerne la modification de l'identité sexuelle de la personne;

3° le changement demandé concerne un mineur de moins de six mois.

Il peut aussi exiger du demandeur les explications et les renseignements supplémentaires dont il a besoin et il doit donner aux tiers qui le demandent la possibilité de faire connaître leurs observations.

[1991, c. 64, a. 63; 1996, c. 21, a. 27; 2007, c. 32, a. 8; 2013, c. 27, a. 1].

∎ C.C.Q., 5, 57, 58.

64. Les autres règles relatives à la procédure de changement de nom, à la publicité de la demande et de la décision et les droits exigibles de la personne qui fait la demande sont déterminés par règlement du gouvernement.

[1991, c. 64, a. 64].

§ 3. — Du changement de nom par voie judiciaire

65. Le tribunal est seul compétent pour autoriser le changement de nom d'un enfant en cas de changement dans la filiation, d'abandon par le père ou la mère ou de déchéance de l'autorité parentale.

[1991, c. 64, a. 65].

∎ C.C.Q., 57; C.P.C., 864, 864.1.

66. Le mineur de quatorze ans et plus peut présenter lui-même une demande de changement de nom, mais il doit alors aviser le titulaire de l'autorité parentale et le tuteur.

Il peut aussi s'opposer seul à une demande.

[1991, c. 64, a. 66].

that notices of the application have been published, except where

1° a special exemption from publication has been granted by the Minister of Justice for reasons of general interest;

2° in the case of an application concerning a given name, it is clear that the change requested relates to a modification of the person's sexual identity; or

3° the change requested concerns a child under 6 months of age.

In addition, the registrar may require the applicant to furnish any necessary additional explanation and information and shall give third persons who so request the opportunity to state their views.

[1991, c. 64, a. 63; 1996, c. 21, s. 27; 2007, c. 32, s. 8; 2013, c. 27, s. 1].

64. The other rules that apply to the procedure for a change of name and to the publication of the application and decision, and the duties payable by the person making the application are determined by regulation of the Government.

[1991, c. 64, a. 64; I.N., 2014-05-01].

§ 3. — Change of name by way of judicial process

65. The court has exclusive jurisdiction to authorize the change of the name of a child in the case of a change of filiation, of abandonment by the father or mother, or of deprivation of parental authority.

[1991, c. 64, a. 65].

66. A minor fourteen years of age or over acting alone may present an application for a change of name, but he shall in such a case give notice of the application to the person having parental authority and to the tutor.

The minor acting alone may also object to an application.

[1991, c. 64, a. 66].

▌C.C.Q., 57; C.P.C., 864, 864.1.

§ 4. — Des effets du changement de nom	§ 4. — Effects of a change of name

67. Le changement de nom produit ses effets dès que le jugement qui l'autorise est passé en force de chose jugée ou que la décision du directeur de l'état civil n'est plus susceptible d'être révisée.

Un avis en est publié à la *Gazette officielle du Québec* sauf dans les cas suivants:

1° une dispense spéciale de publication a été accordée par le ministre de la Justice pour des motifs d'intérêt général;

2° dans le cas d'une demande portant sur le prénom, il est manifeste que le changement demandé concerne la modification de l'identité sexuelle de la personne;

3° le changement demandé concerne un mineur de moins de six mois.
[1991, c. 64, a. 67; 1996, c. 21, a. 27; 2007, c. 32, a. 9; 2013, c. 27, a. 2].

▌C.C.Q., 57; C.P.C., 864, 864.1.

67. A change of name produces its effects from the time the judgment authorizing it acquires the authority of a final judgment (*res judicata*) or from the time that the decision of the registrar of civil status is no longer open to review.

Notice of the change is published in the *Gazette officielle du Québec* except where

(1) a special exemption from publication has been granted by the Minister of Justice for reasons of general interest;

(2) in the case of an application concerning a given name, it is clear that the change requested relates to a modification of the person's sexual identity; or

(3) the change requested concerns a child under 6 months of age.
[1991, c. 64, a. 67; 1996, c. 21, s. 27; 2007, c. 32, s. 9; 2013, c. 27, s. 2].

68. Le changement de nom ne modifie en rien les droits et les obligations d'une personne.
[1991, c. 64, a. 68].

▌C.C.Q., 5.

68. A change of name in no way alters the rights and obligations of a person.
[1991, c. 64, a. 68; I.N., 2014-05-01].

69. Les documents faits sous l'ancien nom d'une personne sont réputés faits sous son nouveau nom.

Cette personne ou un tiers intéressé peut, à ses frais et en fournissant la preuve du changement de nom, exiger que ces documents soient rectifiés par l'indication du nouveau nom.
[1991, c. 64, a. 69].

▌C.C.Q., 67.

69. All documents made under the former name of a person are deemed to be made under his new name.

The person or any interested third person may, at his expense and upon furnishing proof of the change of name, demand that the documents be rectified to indicate the new name.
[1991, c. 64, a. 69; I.N., 2014-05-01].

70. Les actions auxquelles est partie une personne qui a changé de nom se poursui-

70. Any proceedings to which a person who has changed his name is a party are

vent sous son nouveau nom, sans reprise d'instance.

[1991, c. 64, a. 70].

■ C.C.Q., 67.

continued under his new name, without continuance of suit.

[1991, c. 64, a. 70].

SECTION IV —
DU CHANGEMENT DE LA MENTION DU SEXE

SECTION IV —
CHANGE OF DESIGNATION OF SEX

71. La personne qui a subi avec succès des traitements médicaux et des interventions chirurgicales impliquant une modification structurale des organes sexuels, et destinés à changer ses caractères sexuels apparents, peut obtenir la modification de la mention du sexe figurant sur son acte de naissance et, s'il y a lieu, de ses prénoms.

Seul un majeur domicilié au Québec depuis au moins un an et ayant la citoyenneté canadienne, peut faire cette demande.

[1991, c. 64, a. 71; 2004, c. 23, a. 1].

■ C.C.Q., 16; D.T., 11; C.P.C., 864.

71. All persons who have successfully undergone medical treatments and surgical operations involving a structural modification of the sexual organs intended to change their secondary sexual characteristics may obtain a change of the designation of sex which appears on their act of birth and, if necessary, of their given names.

Only a person of full age who has been domiciled in Québec for at least one year and is a Canadian citizen may make an application under this article.

[1991, c. 64, a. 71; 2004, c. 23, s. 1; I.N., 2014-05-01].

72. La demande est faite au directeur de l'état civil; outre les autres documents pertinents, elle est accompagnée d'un certificat du médecin traitant et d'une attestation du succès des soins établie par un autre médecin qui exerce au Québec.

[1991, c. 64, a. 72].

■ C.C.Q., 19, 20, 71; C.P.C., 864.

72. The application is made to the registrar of civil status; it is accompanied with, in addition to the other relevant documents, a certificate of the attending physician and an attestation by another physician practising in Québec to the effect that the treatments and operations were successful.

[1991, c. 64, a. 72].

73. La demande obéit à la même procédure que la demande de changement de nom, sauf quant à sa publicité, et est sujette aux mêmes droits. Le changement de la mention du sexe a, avec les adaptations nécessaires, les mêmes effets que le changement de nom.

[1991, c. 64, a. 73; 2004, c. 23, a. 2; 2013, c. 27, a. 5].

■ C.C.Q., 18, 19, 22; C.P.C., 864.

73. The application is subject to the same procedure as an application for a change of name, except as to publication requirements, and to the same duties. A change of designation of sex has, with the necessary modifications, the same effects as a change of name.

[1991, c. 64, a. 73; 2004, c. 23, s. 2; 2013, c. 27, s. 5].

SECTION V ——
DE LA RÉVISION DES DÉCISIONS

SECTION V ——
REVIEW OF DECISIONS

74. Les décisions du directeur de l'état civil relatives à l'attribution du nom ou à un changement de nom ou de mention du sexe, peuvent être révisées par le tribunal, sur demande d'une personne intéressée.

[1991, c. 64, a. 74].

■ C.C.Q., 71, 72; C.P.C., 864.2.

74. Any decision of the registrar of civil status relating to the assignment of a name or to a change of name or designation of sex may be reviewed by the court, on the application of an interested person.

[1991, c. 64, a. 74].

Chapitre II ——
Du domicile et de la résidence

Chapter II ——
Domicile and residence

75. Le domicile d'une personne, quant à l'exercice de ses droits civils, est au lieu de son principal établissement.

[1991, c. 64, a. 75].

■ C.C.Q., 3083, 3098, 3126; C.P.C., 68, 77, 83, 123, 307.

75. The domicile of a person, for the exercise of his civil rights, is at the place of his principal establishment.

[1991, c. 64, a. 75].

76. Le changement de domicile s'opère par le fait d'établir sa résidence dans un autre lieu, avec l'intention d'en faire son principal établissement.

La preuve de l'intention résulte des déclarations de la personne et des circonstances.

[1991, c. 64, a. 76].

■ C.C.Q., 75.

76. Change of domicile is effected by a person establishing his residence in another place with the intention of making it his principal establishment.

The proof of such intention results from the declarations of the person and from the circumstances of the case.

[1991, c. 64, a. 76; I.N., 2014-05-01].

77. La résidence d'une personne est le lieu où elle demeure de façon habituelle; en cas de pluralité de résidences, on considère, pour l'établissement du domicile, celle qui a le caractère principal.

[1991, c. 64, a. 77].

■ C.C.Q., 75, 76.

77. The residence of a person is the place where he ordinarily resides; if a person has more than one residence, his principal residence is considered in establishing his domicile.

[1991, c. 64, a. 77].

78. La personne dont on ne peut établir le domicile avec certitude est réputée domiciliée au lieu de sa résidence.

À défaut de résidence, elle est réputée domiciliée au lieu où elle se trouve† ou, s'il est inconnu, au lieu de son dernier domicile connu.

[1991, c. 64, a. 78].

■ C.C.Q., 75, 77.

78. A person whose domicile cannot be determined with certainty is deemed to be domiciled at the place of his residence.

A person who has no residence is deemed to be domiciled at the place where he lives† or, if that is unknown, at the place of his last known domicile.

[1991, c. 64, a. 78].

79. La personne appelée à une fonction publique, temporaire ou révocable, conserve son domicile, à moins qu'elle ne manifeste l'intention contraire.

[1991, c. 64, a. 79].

▮ C.C.Q., 75.

80. Le mineur non émancipé a son domicile chez† son tuteur.

Lorsque les père et mère exercent la tutelle mais n'ont pas de domicile commun, le mineur est présumé domicilié chez† celui de ses parents avec lequel il réside habituellement, à moins que le tribunal n'ait autrement fixé le domicile de l'enfant.

[1991, c. 64, a. 80].

▮ C.C.Q., 75, 177 et s.

81. Le majeur en tutelle est domicilié chez† son tuteur, celui en curatelle, chez† son curateur.

[1991, c. 64, a. 81].

▮ C.C.Q., 75, 256 et s.

82. Les époux et les conjoints unis civilement peuvent avoir un domicile distinct, sans qu'il soit pour autant porté atteinte aux règles relatives à la vie commune.

[1991, c. 64, a. 82; 2002, c. 6, a. 4].

▮ C.C.Q., 75, 392, 395.

83. Les parties à un acte juridique peuvent, par écrit, faire une élection de domicile en vue de l'exécution de cet acte ou de l'exercice des droits qui en découlent.

L'élection de domicile ne se présume pas.

[1991, c. 64, a. 83].

▮ C.C.Q., 75; C.P.C., 63, 64, 68, 140.

Chapitre III ——
De l'absence et du décès

SECTION I ——
DE L'ABSENCE

84. L'absent est celui qui, alors qu'il avait son domicile au Québec, a cessé d'y pa-

79. A person called to a temporary or revocable public office retains his domicile, unless he manifests a contrary intention.

[1991, c. 64, a. 79].

80. An unemancipated minor is domiciled with† his tutor.

Where the father and mother exercise the tutorship but have no common domicile, the minor is presumed to be domiciled with the parent with† whom he usually resides unless the court has fixed the domicile of the child elsewhere.

[1991, c. 64, a. 80].

81. A person of full age under tutorship is domiciled with† his tutor; a person under curatorship is domiciled with† his curator.

[1991, c. 64, a. 81].

82. Married or civil union spouses may have separate domiciles without prejudice to the rules relating to their living together.

[1991, c. 64, a. 82; 2002, c. 6, s. 4; I.N., 2014-05-01].

83. The parties to a juridical act may, in writing, elect domicile with a view to the execution of the act or the exercise of the rights arising from it.

Election of domicile is not presumed.

[1991, c. 64, a. 83].

Chapter III ——
Absence and death

SECTION I ——
ABSENCE

84. An absentee is a person who, while he had his domicile in Québec, ceased to ap-

raître sans donner de nouvelles, et sans que l'on sache s'il vit encore.

[1991, c. 64, a. 84].

C.C.Q., 85; C.P.C., 865.1.

pear there, without advising anyone, and without it being known whether he is still alive.

[1991, c. 64, a. 84; I.N., 2014-05-01].

85. L'absent est présumé vivant durant les sept années qui suivent sa disparition, à moins que son décès ne soit prouvé avant l'expiration de ce délai.

[1991, c. 64, a. 85].

C.C.Q., 95, 97.

85. An absentee is presumed to be alive for seven years following his disappearance, unless proof of his death is made before then.

[1991, c. 64, a. 85].

86. Un tuteur peut être nommé à l'absent qui a des droits à exercer ou des biens à administrer si l'absent n'a pas désigné un administrateur de ses biens ou si ce dernier n'est pas connu, refuse ou néglige d'agir, ou en est empêché.

[1991, c. 64, a. 86].

D.T., 12; C.P.C., 865.1.

86. A tutor may be appointed to an absentee who has rights to be exercised or property to be administered if the absentee did not designate an administrator to his property or if the administrator is unknown, refuses or neglects to act or is prevented from acting.

[1991, c. 64, a. 86].

87. Tout intéressé, y compris le curateur public ou un créancier de l'absent, peut demander l'ouverture d'une tutelle à l'absent.

La tutelle est déférée par le tribunal sur avis du conseil de tutelle et les règles relatives à la tutelle au mineur s'y appliquent, compte tenu des adaptations nécessaires.

[1991, c. 64, a. 87].

C.C.Q., 206, 224; D.T., 12, 13; C.P.C., 865.1.

87. Any interested person, including the Public Curator or a creditor of the absentee, may apply for the institution of tutorship to the absentee.

Tutorship is conferred by the court on the advice of the tutorship council and the rules that apply to tutorship to minors, adapted as required, apply to tutorship to absentees.

[1991, c. 64, a. 87; I.N., 2014-05-01].

88. Le tribunal fixe, à la demande du tuteur ou d'un intéressé et suivant l'importance des biens, les sommes qu'il convient d'affecter aux charges du mariage ou de l'union civile, à l'entretien de la famille ou au paiement des obligations alimentaires de l'absent.

[1991, c. 64, a. 88; 2002, c. 6, a. 5].

C.P.C., 865.2.

88. The court, on the application of the tutor or of an interested person and according to the extent of the property, fixes the amounts that it is expedient to allocate to the expenses of the marriage or civil union, to the maintenance of the family or to the payment of the obligation of support of the absentee.

[1991, c. 64, a. 88; 2002, c. 6, s. 5].

89. L'époux ou le conjoint uni civilement ou le tuteur de l'absent peut, après un an d'absence, demander au tribunal de décla-

89. The married or civil union spouse of or the tutor to the absentee may, after one year of absence, apply to the court for a

rer que les droits patrimoniaux des conjoints sont susceptibles de liquidation.

Le tuteur doit obtenir l'autorisation du tribunal pour accepter le partage des acquêts du conjoint de l'absent ou y renoncer, ou autrement se prononcer sur les autres droits de l'absent.

[1991, c. 64, a. 89; 2002, c. 6, a. 6].

❚ C.C.Q., 465; C.P.C., 865.2.

90. La tutelle à l'absent se termine par son retour, par la désignation qu'il fait d'un administrateur de ses biens, par le jugement déclaratif de décès ou par le décès prouvé de l'absent.

[1991, c. 64, a. 90].

❚ C.C.Q., 92, 97; D.T., 13.

91. En cas de force majeure, on peut aussi nommer, comme à l'absent, un tuteur à la personne empêchée de paraître à son domicile et qui ne peut désigner un administrateur de ses biens.

[1991, c. 64, a. 91].

❚ C.C.Q., 84; D.T., 12; C.P.C., 865.1.

SECTION II —
DU JUGEMENT DÉCLARATIF DE DÉCÈS

92. Lorsqu'il s'est écoulé sept ans depuis la disparition, le jugement déclaratif de décès peut être prononcé, à la demande de tout intéressé, y compris le curateur public et le ministre du Revenu dans ses fonctions d'administrateur provisoire de biens.

Le jugement peut également être prononcé avant ce temps lorsque la mort d'une personne domiciliée au Québec ou qui est présumée y être décédée peut être tenue pour certaine, sans qu'il soit possible de dresser un constat de décès.

[1991, c. 64, a. 92; 2005, c. 44, a. 47].

❚ D.T., 14; C.P.C., 865.3, 865.4.

93. Le jugement déclaratif de décès énonce le nom et le sexe du défunt présumé et, s'ils sont connus, les lieu et date de sa naissance et, le cas échéant, de son mariage ou de son union civile, le nom du

declaration that the patrimonial rights of the spouses may be liquidated.

The tutor shall obtain the authorization of the court to accept or renounce the partition of the acquests of the spouse of the absentee or otherwise decide on the other rights of the absentee.

[1991, c. 64, a. 89; 2002, c. 6, s. 6].

90. Tutorship to an absentee is terminated by his return, by the appointment by him of an administrator to his property, by declaratory judgment of death or by proof of his death.

[1991, c. 64, a. 90].

91. In case of superior force, a tutor may also be appointed, as in the case of an absentee, to a person prevented from appearing at his domicile and who is unable to appoint an administrator to his property.

[1991, c. 64, a. 91].

SECTION II —
DECLARATORY JUDGMENT OF DEATH

92. A declaratory judgment of death may be pronounced on the application of any interested person, including the Public Curator or the Minister of Revenue as provisional administrator of property, seven years after the disappearance.

It may also be pronounced before that time where the death of a person domiciled in Québec or presumed to have died there may be held to be certain although it is impossible to draw up an attestation of death.

[1991, c. 64, a. 92; 2005, c. 44, s. 47; I.N., 2014-05-01].

93. A declaratory judgment of death states the name and sex of the person presumed dead and, if known, the place and date of his or her birth and, if applicable, marriage or civil union, the name of the spouse, the

conjoint, le nom de ses père et mère ainsi que le lieu de son dernier domicile et les lieu, date et heure du décès.

names of his or her father and mother as well as his or her last domicile, and the date, time and place of death.

Une copie du jugement est transmise, sans délai, au coroner en chef par le greffier du tribunal qui a rendu la décision.

A copy of the judgment is transmitted without delay to the chief coroner by the clerk of the court that rendered the decision.

[1991, c. 64, a. 93; 2002, c. 6, a. 7].

[1991, c. 64, a. 93; 2002, c. 6, s. 7].

❚ C.C.Q., 126; D.T., 14; C.P.C., 865.3, 865.4.

94. La date du décès est fixée soit à l'expiration de sept ans à compter de la disparition, soit plus tôt si les présomptions tirées des circonstances permettent de tenir la mort d'une personne pour certaine.

94. The date fixed as the date of death is either the date upon expiry of seven years from the disappearance, or an earlier date if the presumptions drawn from the circumstances allow the death of a person to be held to be certain at that date.

Le lieu du décès est fixé, en l'absence d'autres preuves, là où la personne a été vue pour la dernière fois.

In the absence of other proof, the place fixed as the place of death is that where the person was last seen.

[1991, c. 64, a. 94].

[1991, c. 64, a. 94; I.N., 2014-05-01].

❚ C.C.Q., 126; D.T., 14; C.P.C., 865.3, 865.4.

95. Le jugement déclaratif de décès produit les mêmes effets que le décès.

95. A declaratory judgment of death produces the same effects as death.

[1991, c. 64, a. 95].

[1991, c. 64, a. 95].

❚ C.C.Q., 92, 93, 126, 129.

96. S'il est prouvé que la date du décès est antérieure à celle que fixe le jugement déclaratif de décès, la dissolution du régime matrimonial ou d'union civile rétroagit à la date réelle du décès et la succession est ouverte à compter de cette date.

96. If the date of death is proved to precede that fixed by the declaratory judgment of death, the dissolution of the matrimonial or civil union regime is retroactive to the true date of death and the succession is open from that date.

S'il est prouvé que la date du décès est postérieure à celle fixée par le jugement, la dissolution du régime matrimonial ou d'union civile rétroagit à la date fixée par ce jugement, mais la succession n'est ouverte qu'à compter de la date réelle du décès.

If the date of death is proved to follow that fixed by the declaratory judgment of death, the dissolution of the matrimonial or civil union regime is retroactive to the date fixed by the judgment but the succession is open only from the true date of death.

Les rapports entre les héritiers apparents et véritables obéissent aux règles du livre Des obligations relatives à la restitution des prestations.

Relations between the apparent heirs and the true heirs are governed by those rules contained in the Book on Obligations which concern the restitution of prestations.

[1991, c. 64, a. 96; 2002, c. 6, a. 8].

[1991, c. 64, a. 96; 2002, c. 6, s. 8].

❚ C.C.Q., 417, 466, 613, 2847.

97. Les effets du jugement déclaratif de décès cessent au retour de la personne déclarée décédée, mais le mariage ou l'union civile demeure dissous.

Cependant, s'il surgit des difficultés concernant la garde des enfants ou les aliments, elles sont réglées comme s'il y avait eu séparation de corps ou dissolution de l'union civile.

[1991, c. 64, a. 97; 2002, c. 6, a. 9].

∎ C.C.Q., 101, 373.

97. Where a person declared dead by a declaratory judgment of death returns, the effects of the judgment cease but the marriage or civil union remains dissolved.

However, if difficulties arise over custody of the children or support, they are settled as in the case of separation from bed and board or the dissolution of a civil union.

[1991, c. 64, a. 97; 2002, c. 6, s. 9].

98. Celui qui revient doit demander au tribunal l'annulation du jugement déclaratif de décès et la rectification du registre de l'état civil. Il peut aussi, sous réserve des droits des tiers, demander au tribunal la radiation ou la rectification des mentions ou inscriptions faites à la suite du jugement déclaratif de décès, et que le retour rend sans effet, comme si elles avaient été faites sans droit.

Tout intéressé peut présenter la demande au tribunal aux frais de celui qui revient, à défaut pour ce dernier d'agir.

[1991, c. 64, a. 98].

∎ C.C.Q., 97.

98. A person who has returned shall apply to the court for annulment of the declaratory judgment of death and rectification of the register of civil status. He may also, subject to the rights of third persons, apply to the court for the cancellation or rectification of the particulars or entries made following the declaratory judgment of death and nullified by his return, as if they had been made without right.

Any interested person may make the application to the court at the expense of the person who has returned if the latter fails to act.

[1991, c. 64, a. 98].

99. Celui qui revient reprend ses biens suivant les modalités prévues par les règles du livre Des obligations relatives à la restitution des prestations. Il rembourse les personnes qui étaient, de bonne foi, en possession de ses biens et qui ont acquitté ses obligations autrement qu'avec ses biens.

[1991, c. 64, a. 99].

∎ C.P.C., 865.5.

99. A person who has returned recovers his property in accordance with the rules contained in the Book on Obligations which concern the restitution of prestations. He reimburses the persons who, in good faith, were in possession of his property and who discharged his obligations otherwise than with his property.

[1991, c. 64, a. 99; I.N., 2014-05-01].

100. Tout paiement qui a été fait aux héritiers ou aux légataires particuliers de celui qui revient postérieurement à un jugement déclaratif de décès, mais avant la radiation ou la rectification des mentions ou inscriptions, est valable et libératoire.

[1991, c. 64, a. 100].

100. Any payment made to the heirs or legatees by particular title of a person who has returned after a declaratory judgment of death but before the particulars or entries are cancelled or rectified is valid and constitutes a valid discharge.

[1991, c. 64, a. 100].

❚ C.C.Q., 97.

101. L'héritier apparent qui apprend l'existence de la personne déclarée décédée conserve la possession des biens et en acquiert les fruits et les revenus, tant que celui qui revient ne demande pas de reprendre les biens.

[1991, c. 64, a. 101].

❚ C.C.Q., 931, 932, 2805.

101. An apparent heir who learns that the person declared dead is alive retains possession of the property and acquires the fruits and revenues there of until the person who has returned asks to recover the property.

[1991, c. 64, a. 101; I.N., 2014-05-01].

SECTION IV —
DE LA PREUVE DU DÉCÈS

SECTION IV —
PROOF OF DEATH

102. La preuve du décès s'établit par l'acte de décès, hormis les cas où la loi autorise un autre mode de preuve.

[1991, c. 64, a. 102].

❚ C.C.Q., 378, 2813, 2818.

102. Proof of death is established by an act of death, except in cases where the law authorizes another mode of proof.

[1991, c. 64, a. 102].

Chapitre IV —
Du registre et des actes de l'état civil

Chapter IV —
Register and acts of civil status

SECTION I —
DE L'OFFICIER DE L'ÉTAT CIVIL

SECTION I —
OFFICER OF CIVIL STATUS

103. Le directeur de l'état civil est le seul officier de l'état civil.

Il est chargé de dresser les actes de l'état civil et de les modifier, de tenir le registre de l'état civil, de le garder et d'en assurer la publicité†.

[1991, c. 64, a. 103].

❚ D.T., 16, 21; C.P.C., 817.1, 864.

103. The registrar of civil status is the sole officer of civil status.

The registrar is responsible for drawing up and altering acts of civil status, for the keeping and custody of the register of civil status and for providing access† to it.

[1991, c. 64, a. 103].

SECTION II —
DU REGISTRE DE L'ÉTAT CIVIL

SECTION II —
REGISTER OF CIVIL STATUS

104. Le registre de l'état civil est constitué de l'ensemble des actes de l'état civil et des actes juridiques qui les modifient.

[1991, c. 64, a. 104].

❚ D.T., 19.

104. The register of civil status consists of all the acts of civil status and the juridical acts by which they are altered.

[1991, c. 64, a. 104].

105. Le registre de l'état civil est tenu en double exemplaire.

[1991, c. 64, a. 105; 2013, c. 27, a. 6].

▌ D.T., 15, 21.

106. (*Abrogé*).

[2013, c. 27, a. 7].

SECTION III —
DES ACTES DE L'ÉTAT CIVIL

§ 1. — Dispositions générales

107. Les seuls actes de l'état civil sont les actes de naissance, de mariage, d'union civile et de décès.

Ils ne contiennent que ce qui est exigé par la loi; ils sont authentiques.

[1991, c. 64, a. 107; 2002, c. 6, a. 10].

▌ C.C.Q., 126, 2814; D.T., 17, 162; C.P.C., 870-871.4.

108. Les actes de l'état civil sont dressés, sans délai, à partir des constats, des déclarations et des actes juridiques reçus par le directeur de l'état civil, relatifs aux naissances, mariages, unions civiles et décès qui surviennent au Québec ou qui concernent une personne qui y est domiciliée.

Lorsqu'un nom comporte des caractères, des signes diacritiques ou une combinaison d'un caractère et d'un signe diacritique qui ne sont pas utilisés pour l'écriture du français ou de l'anglais, il doit être transcrit en français ou en anglais, au choix de la personne intéressée. Cette transcription est portée au registre et est substituée à la graphie originale sur les copies d'actes, les certificats et les attestations. L'orthographe originale du nom est respectée sous réserve des modifications que cette transcription exige.

[1991, c. 64, a. 108; 1999, c. 47, a. 3; 2002, c. 6, a. 11; 2013, c. 27, a. 8].

▌ D.T., 17.

109. Le directeur de l'état civil dresse l'acte de l'état civil en signant la déclaration qu'il reçoit, ou en l'établissant lui-même conformément au jugement ou à un

105. The register of civil status is kept in duplicate.

[1991, c. 64, a. 105; 2013, c. 27, s. 6].

106. (*Repealed*).

[2013, c. 27, s. 7].

SECTION III —
ACTS OF CIVIL STATUS

§ 1. — General provisions

107. The only acts of civil status are acts of birth, acts of marriage or civil union and acts of death.

They contain only what is required by law, and are authentic.

[1991, c. 64, a. 107; 2002, c. 6, s. 10].

108. The acts of civil status are drawn up without delay from the attestations, declarations and juridical acts received by the registrar of civil status, regarding births, marriages, civil unions and deaths occurring in Québec or concerning persons domiciled in Québec.

Where a name contains characters, diacritical signs or a combination of a character and a diacritical sign that are not used for the writing of French or English, the name must be transcribed into French or English, at the option of the interested person. The transcription is entered in the register and is substituted for the original form of the name on copies of acts, certificates and attestations. The original spelling of the name is preserved, subject to the modifications required by the transcription.

[1991, c. 64, a. 108; 1999, c. 47, s. 3; 2002, c. 6, s. 11; 2013, c. 27, s. 8].

109. The registrar of civil status prepares an act of civil status by signing the declaration he receives, or by drawing it up himself in accordance with the judgment

autre acte qu'il reçoit. Pour l'établir, il procède, s'il y a lieu, à une enquête sommaire pour obtenir les informations requises.

Il date la déclaration, lui attribue un numéro d'inscription et l'insère dans le registre de l'état civil; elle constitue, dès lors, l'acte de l'état civil.

[1991, c. 64, a. 109; 2004, c. 3, a. 12; 2013, c. 27, a. 9].

▌ C.C.Q., 110, 130; C.P.C., 817.1.

or other act he receives. Where necessary to obtain the information required to draw up the act of civil status, the registrar makes a summary investigation.

He dates the declaration, assigns a registration number to it and inserts it in the register of civil status. The declaration thereupon constitutes an act of civil status.

[1991, c. 64, a. 109; 2004, c. 3, s. 12; 2013, c. 27, s. 9; I.N., 2014-05-01].

110. Les constats et les déclarations énoncent la date où ils sont faits, les nom, qualité et domicile de leur auteur et ils portent sa signature.

[1991, c. 64, a. 110].

▌ C.C.Q., 109; D.T., 17; C.P.C., 817.1.

110. Every attestation and declaration indicates the date on which it was made and the name, quality and domicile of the person making it and bears his signature.

[1991, c. 64, a. 110].

§ 2. — Des actes de naissance

§ 2. — Acts of birth

111. L'accoucheur dresse le constat de la naissance.

Le constat énonce les lieu, date et heure de la naissance, le sexe de l'enfant, de même que le nom et le domicile de la mère.

[1991, c. 64, a. 111].

▌ C.C.Q., 107.

111. The accoucheur draws up an attestation of birth.

An attestation states the place, date and time of birth, the sex of the child, and the name and domicile of the mother.

[1991, c. 64, a. 111].

112. L'accoucheur remet un exemplaire du constat à ceux qui doivent déclarer la naissance; il transmet, sans délai, un autre exemplaire du constat au directeur de l'état civil.

[1991, c. 64, a. 112; 2013, c. 27, a. 10].

▌ C.C.Q., 111.

112. The accoucheur transmits a copy of the attestation to those who are required to declare the birth; he transmits without delay another copy of the attestation to the registrar of civil status.

[1991, c. 64, a. 112; 2013, c. 27, s. 10].

113. La déclaration de naissance de l'enfant est faite au directeur de l'état civil, dans les trente jours, par les père et mère ou par l'un d'eux.

[1991, c. 64, a. 113; 2013, c. 27, a. 11].

▌ C.C.Q., 109.

113. The declaration of birth of a child is made by the father and mother, or by either of them, to the registrar of civil status within thirty days.

[1991, c. 64, a. 113; 2013, c. 27, s. 11].

114. Seuls le père ou la mère peuvent déclarer la filiation de l'enfant à leur égard. Cependant, lorsque la conception ou la naissance survient pendant le mariage ou

114. Only the father or mother may declare the filiation of a child with regard to themselves. However, where the child is conceived or born during the marriage or

l'union civile, l'un des conjoints peut déclarer la filiation de l'enfant à l'égard de l'autre.

Aucune autre personne ne peut déclarer la filiation à l'égard d'un parent sans l'autorisation de ce dernier.

[1991, c. 64, a. 114; 2002, c. 6, a. 12].

▌ C.C.Q., 113.

115. La déclaration de naissance énonce le nom attribué à l'enfant, son sexe, les lieu, date et heure de la naissance, le nom et le domicile des père et mère, de même que le lien de parenté du déclarant avec l'enfant. Lorsque les parents sont de même sexe, ils sont désignés comme les mères ou les pères de l'enfant, selon le cas.

[1991, c. 64, a. 115; 2002, c. 6, a. 13; 2013, c. 27, a. 12].

▌ C.C.Q., 107, 130.

116. La personne qui recueille ou garde un nouveau-né, dont les père et mère sont inconnus ou empêchés d'agir, est tenue, dans les trente jours, de déclarer la naissance au directeur de l'état civil.

La déclaration mentionne le sexe de l'enfant et, s'ils sont connus, son nom et les lieu, date et heure de la naissance. L'auteur de la déclaration doit également fournir une note faisant état des faits et des circonstances et y indiquer, s'ils lui sont connus, les noms des père et mère.

[1991, c. 64, a. 116; 2013, c. 27, a. 13].

▌ C.C.Q., 113-115.

117. Lorsqu'ils sont inconnus, le directeur de l'état civil fixe les lieu, date et heure de la naissance sur la foi d'un rapport médical et suivant les présomptions tirées des circonstances.

[1991, c. 64, a. 117].

▌ C.C.Q., 115.

civil union, one of the spouses may declare the filiation of the child with regard to the other.

No other person may declare the filiation with regard to one of the parents, except with the authorization of that parent.

[1991, c. 64, a. 114; 2002, c. 6, s. 12].

115. A declaration of birth states the name assigned to the child, the sex and the place, date and time of birth of the child, the name and domicile of the father and of the mother and the family relationship between the declarant and the child. Where the parents are of the same sex, they are designated as the mothers or fathers of the child, as the case may be.

[1991, c. 64, a. 115; 2002, c. 19, s. 15; 2002, c. 6, s. 13; 2013, c. 27, s. 12].

116. Every person who gives shelter to or takes custody of a newborn child whose father and mother are unknown or prevented from acting is bound to declare the birth to the registrar of civil status within thirty days.

A declaration states the sex and, if known, the name and the place, date and time of birth of the child. The person making a declaration shall also provide a note relating the facts and circumstances and indicating, if known to him, the names of the father and mother.

[1991, c. 64, a. 116; 2013, c. 27, s. 13].

117. Where the place, date and time of birth are unknown, the registrar of civil status establishes them on the basis of a medical report and the presumptions that may be drawn from the circumstances.

[1991, c. 64, a. 117; I.N., 2014-05-01].

§ 3. —— Des actes de mariage

§ 3. —— Acts of marriage

118. La déclaration de mariage est faite, sans délai, au directeur de l'état civil par celui qui célèbre le mariage.

[1991, c. 64, a. 118; 1999, c. 47, a. 4].

❚ C.C.Q., 119-121.

118. The declaration of marriage is made without delay to the registrar of civil status by the person having solemnized the marriage.

[1991, c. 64, a. 118; 1999, c. 47, s. 4].

119. La déclaration de mariage énonce les nom et domicile des époux, le lieu et la date de leur naissance et de† leur mariage, ainsi que le nom de leur père et mère et des témoins.

Elle énonce aussi les nom, domicile et qualité du célébrant, et indique, s'il y a lieu, la société religieuse[2] à laquelle il appartient.

[1991, c. 64, a. 119].

119. A declaration of marriage states the name and domicile of each spouse, their places and dates of birth, the date† of their marriage, and the name of the father and mother of each of them and of the witnesses.

The declaration also states the name, domicile and quality of the officiant and indicates, where applicable, his religious affiliation[2].

[1991, c. 64, a. 119].

Note 1 : Le texte anglais n'impose pas que la déclaration énonce le lieu du mariage. Comp. a. 121.2 et O.R.C.C., Livre I, a. 91. / The English text does not require that the declaration state the place of the marriage. Comp. a. 121.2 and C.C.R.O., Book I, a. 91.

Note 2 : Comp. a. 121.2.

❚ C.C.Q., 110, 118, 120, 121, 366.

120. La déclaration de mariage indique, s'il y a lieu, le fait d'une dispense de publication, le fait que les époux étaient déjà liés par une union civile et, si l'un des époux est mineur, les autorisations ou consentements obtenus.

[1991, c. 64, a. 120; 2004, c. 23, a. 3].

❚ C.C.Q., 118, 119, 121, 135.

120. A declaration of marriage indicates, where such is the case, the fact of a dispensation from publication, the fact that the spouses were already in a civil union and, if one of the spouses is a minor, the authorizations or consents obtained.

[1991, c. 64, a. 120; 2004, c. 23, s. 3].

121. La déclaration est signée par le célébrant, les époux et les témoins.

[1991, c. 64, a. 121].

❚ C.C.Q., 118-120.

121. The declaration is signed by the officiant, the spouses and the witnesses.

[1991, c. 64, a. 121].

§ 3.1. — **Des actes d'union civile**

§ 3.1. — **Acts of civil union**

121.1. La déclaration d'union civile est faite, sans délai, au directeur de l'état civil par celui qui célèbre l'union.

[2002, c. 6, a. 14].

121.1. The declaration of civil union is made without delay to the registrar of civil status by the person having solemnized the civil union.

[2002, c. 6, s. 14].

121.2. La déclaration d'union civile énonce les nom et domicile des conjoints, le lieu et la date de leur naissance et de leur union ainsi que le nom de leur père et mère et des témoins. Elle indique, s'il y a lieu, le fait d'une dispense de publication.

Elle énonce aussi les nom, domicile et qualité du célébrant et indique, s'il y a lieu, la société religieuse à laquelle il appartient.

[2002, c. 6, a. 14].

121.2. The declaration of civil union states the names and domicile and places and dates of birth of the spouses, the place and date of solemnization of the civil union, and the names of their fathers and mothers and witnesses. Where applicable, the declaration indicates that a dispensation from publication has been granted.

The declaration also states the name, domicile and quality of the officiant and indicates, where applicable, the officiant's religious affiliation.

[2002, c. 6, s. 14; I.N., 2014-05-01].

121.3. La déclaration est signée par le célébrant, les conjoints et les témoins.

[2002, c. 6, a. 14].

121.3. The declaration is signed by the officiant, the spouses and the witnesses.

[2002, c. 6, s. 14].

§ 4. — **Des actes de décès**

§ 4. — **Acts of death**

122. Le médecin qui constate un décès en dresse le constat.

Il remet un exemplaire à celui qui est tenu de déclarer le décès. Un autre exemplaire est transmis, sans délai, au directeur de l'état civil par le médecin ou par le directeur de funérailles qui prend charge du corps du défunt, avec la déclaration de décès, à moins que celle-ci ne puisse être transmise immédiatement.

[1991, c. 64, a. 122; 1999, c. 47, a. 5].

■ C.C.Q., 107-110.

122. The physician who establishes that a death has occurred draws up an attestation of death.

He transmits a copy of the attestation to the person who is required to declare the death. Another copy is sent without delay to the registrar of civil status by the physician or by the funeral director who takes charge of the body of the deceased, together with the declaration of death, unless it cannot be transmitted immediately.

[1991, c. 64, a. 122; 1999, c. 47, s. 5].

123. S'il est impossible de faire constater le décès par un médecin dans un délai raisonnable, mais que la mort est évidente, le constat de décès peut être dressé par deux

123. If it is impossible to have a death attested by a physician within a reasonable time, and if death is obvious, the attestation of death may be drawn up by two

agents de la paix, qui sont tenus aux mêmes obligations que le médecin.

[1991, c. 64, a. 123].

▌ C.C.Q., 122.

124. Le constat énonce le nom et le sexe du défunt, ainsi que les lieu, date et heure du décès.

[1991, c. 64, a. 124].

▌ C.C.Q., 110, 122, 123.

125. La déclaration de décès est faite, sans délai, au directeur de l'état civil, soit par le conjoint du défunt, soit par un proche parent ou un allié, soit, à défaut, par toute autre personne capable d'identifier le défunt. Dans le cas où un directeur de funérailles prend charge du corps, il déclare le moment, le lieu et le mode de disposition du corps.

[1991, c. 64, a. 125; 1999, c. 47, a. 6; 2013, c. 27, a. 14].

▌ C.C.Q., 109, 122, 123.

126. La déclaration de décès énonce le nom et le sexe du défunt, le lieu et la date de sa naissance et, le cas échéant, de son mariage ou de son union civile, le nom du conjoint, le nom de ses père et mère, le lieu de son dernier domicile, les lieu, date et heure du décès ainsi que le moment, le lieu et le mode de disposition du corps.

[1991, c. 64, a. 126; 2002, c. 6, a. 15; 2013, c. 27, a. 15].

▌ C.C.Q., 110, 125.

127. Lorsqu'elles sont inconnues, le directeur de l'état civil fixe la date et l'heure du décès sur la foi du rapport d'un coroner et suivant les présomptions tirées des circonstances.

Si le lieu du décès n'est pas connu, le lieu présumé est celui où le corps a été découvert.

[1991, c. 64, a. 127].

▌ C.C.Q., 126.

128. Si l'identité du défunt est inconnue, le constat contient son signalement et décrit

peace officers, who are then bound by the same obligations as the physician.

[1991, c. 64, a. 123].

124. An attestation states the name and sex of the deceased and the place, date and time of death.

[1991, c. 64, a. 124].

125. A declaration of death is made without delay to the registrar of civil status by the spouse of the deceased, a close relative or a person connected by marriage or a civil union or, failing them, by any other person able to identify the deceased. If a funeral director has taken charge of the body.

[1991, c. 64, a. 125; 1999, c. 47, s. 6; 2002, c. 6, s. 235; 2013, c. 27, s. 14].

126. A declaration of death states the name and sex, place and date of birth and, if applicable, of marriage or civil union of the deceased, the name of the spouse, the names of the father and mother and the last domicile of the deceased and the place, date and time of death as well as the time, place and mode of disposal of the body.

[1991, c. 64, a. 126; 2002, c. 6, s. 15; 2013, c. 27, s. 15].

127. Where the date and time of death are unknown, the registrar of civil status establishes them on the basis of the report of a coroner and the presumptions that may be drawn from the circumstances.

If the place of death is unknown, it is presumed to be the place where the body was discovered.

[1991, c. 64, a. 127; I.N., 2014-05-01].

128. If the deceased's identity is unknown, the attestation includes a description of the

les circonstances de la découverte du corps.

[1991, c. 64, a. 128].

body and an account of the circumstances surrounding its discovery.

[1991, c. 64, a. 128; I.N., 2014-05-01].

SECTION IV —
DE LA MODIFICATION DU REGISTRE DE L'ÉTAT CIVIL

SECTION IV —
ALTERATION OF THE REGISTER OF CIVIL STATUS

§ 1. — Disposition générale

§ 1. — General provision

129. Le greffier du tribunal qui a rendu un jugement qui change le nom d'une personne ou modifie autrement l'état d'une personne ou une mention à l'un des actes de l'état civil, notifie ce jugement au directeur de l'état civil, dès qu'il est passé en force de chose jugée.

129. The clerk of the court that has rendered a judgment changing the name of a person or otherwise altering the status of a person or any particular in an act of civil status gives notice of the judgment to the registrar of civil status as soon as it acquires the authority of a final judgment (*res judicata*).

Le notaire qui reçoit[1] une déclaration commune de dissolution d'une union civile la notifie sans délai au directeur de l'état civil.

The notary who executes[1] a joint declaration dissolving a civil union gives notice of the declaration without delay to the registrar of civil status.

Le directeur de l'état civil fait alors les inscriptions nécessaires au registre.

[1991, c. 64, a. 129; 1999, c. 47, a. 7; 2002, c. 6, a. 16; 2013, c. 27, a. 16].

The registrar of civil status then makes the required entries in the register.

[1991, c. 64, a. 129; 1999, c. 47, s. 7; 2002, c. 6, s. 16; 2013, c. 27, s. 16].

Note 1 : Comp. les articles 441 et 759, où les verbes « recevoir » et « *to receive* » sont présentés comme équivalents. Voir cependant l'article 2988 où, comme c'est le cas ici, l'on emploie plutôt concurremment « recevoir » et « *to execute*, en accord avec le droit commun notarial exprimé dans la *Loi sur le notariat*, RLRQ, c. N-2, a. 6 et suiv. / Comp. articles 441 and 759, in which the verbs "to receive" and "*recevoir*" are employed as equivalents. See, however, art. 2988 in which, as in the case of this provision, "to execute" and "*recevoir*" are used simultaneously, in keeping with the common law notarial matters as set forth in the *Notarial Act*, CQLR, c. N-2.

▌ C.C.Q., 3015, 3023; C.P.C., 817.1, 864.

§ 2. — De la confection des actes et des mentions

§ 2. — Preparation of acts and notations

130. Lorsqu'une naissance, un mariage, une union civile ou un décès survenu au Québec n'est pas constaté ou déclaré, ou l'est incorrectement ou tardivement, le directeur de l'état civil procède à une enquête sommaire, dresse l'acte de l'état civil sur la foi de l'information qu'il obtient et l'insère dans le registre de l'état civil.

130. Where a birth, marriage, civil union or death having occurred in Québec is not attested or declared or is attested or declared inaccurately or late, the registrar of civil status makes a summary investigation, draws up the act of civil status on the basis of the information he obtains and inserts the act in the register of civil status.

En cas de déclaration tardive s'ajoutant à une autre déclaration sans la contredire, le directeur de l'état civil peut, avec le consentement de l'auteur de la déclaration

Where a tardy declaration is made which adds to an earlier one without contradicting it, the registrar of civil status may, with the consent of the author of the ear-

précédente, apporter la modification correspondante à l'acte de l'état civil. Toutefois, s'il s'agit d'une déclaration de filiation, la modification est, en outre, conditionnelle au consentement de l'enfant âgé de quatorze ans ou plus et à l'absence d'un lien de filiation établi en faveur d'une autre personne par un titre†, une possession constante d'état ou une présomption légale; elle est aussi conditionnelle à l'absence d'objection d'un tiers dans les vingt jours d'un avis publié conformément aux règles fixées par règlement du gouvernement.

[1991, c. 64, a. 130; 1999, c. 47, a. 8; 2002, c. 6, a. 17].

❚ C.C.Q., 109, 131; D.T., 16.

131. Lorsque la déclaration et le constat contiennent des mentions contradictoires, par ailleurs essentielles pour permettre d'établir l'état de la personne, l'acte de l'état civil ne peut être dressé qu'avec l'autorisation du tribunal, sur demande du directeur de l'état civil ou d'une personne intéressée.

[1991, c. 64, a. 131].

❚ C.P.C., 817.1, 864.

132. Un nouvel acte de l'état civil est dressé, à la demande d'une personne intéressée, lorsqu'un jugement qui modifie une mention essentielle d'un acte de l'état civil, tel le nom ou la filiation, a été notifié au directeur de l'état civil ou que la décision d'autoriser un changement de nom ou de la mention du sexe a acquis un caractère définitif.

Pour compléter l'acte, le directeur peut requérir que la nouvelle déclaration qu'il établit soit signée par ceux qui auraient pu la signer eût-elle été la déclaration primitive.

Le nouvel acte se substitue à l'acte primitif; il en reprend toutes les énonciations et les mentions qui n'ont pas fait l'objet† de modifications. De plus, une mention de la substitution est portée à l'acte primitif.

[1991, c. 64, a. 132].

❚ C.C.Q., 129, 149; C.P.C., 817.1, 864.

lier declaration, alter the act of civil status accordingly. However, in the case of a declaration of filiation, alteration of the act of civil status is conditional upon the consent of the child if he is 14 years of age or over and upon the absence of a bond of filiation established in favour of another person by an act†, uninterrupted possession of status or a legal presumption; it is also conditional upon the absence of any objection from a third person within twenty days of the publication of a notice in accordance with the rules determined by government regulation.

[1991, c. 64, a. 130; 1999, c. 47, s. 8; 2002, c. 6, s. 17].

131. Where the declaration and the attestation contain particulars that are contradictory yet essential to the establishment of the status of a person, no act of civil status may be drawn up except with the authorization of the court, on the application of the registrar of civil status or of an interested person.

[1991, c. 64, a. 131].

132. A new act of civil status is drawn up, on the application of an interested person, where a judgment changing an essential particular in an act of civil status, such as the name or filiation of a person, has been notified to the registrar of civil status or where the decision to authorize a change of name or of designation of sex has become final.

To complete the act, the registrar may require the new declaration he draws up to be signed by those who could have signed it if it had been the original declaration.

The new act is substituted for the original act; it repeats all the statements and particulars that are not affected† by the alterations. In addition, the substitution is noted in the original act.

[1991, c. 64, a. 132].

132.1. Lorsqu'il s'agit de l'adoption d'un enfant domicilié hors du Québec par une personne domiciliée au Québec, le directeur de l'état civil dresse l'acte de naissance à partir du jugement rendu au Québec, de la décision reconnue judiciairement au Québec ou d'un autre acte qui, en vertu de la loi, produit les effets de l'adoption au Québec et qui lui a été notifié.

Le greffier du tribunal notifie au directeur de l'état civil le jugement dès qu'il est passé en force de chose jugée et y joint la décision ou l'acte, le cas échéant.

Le greffier du tribunal notifie également au directeur de l'état civil le certificat qu'il délivre en vertu de la *Loi sur les adoptions d'enfants domiciliés en République populaire de Chine* (chapitre A-7.01).

Le ministre de la Santé et des Services sociaux notifie au directeur de l'État civil le certificat de conformité délivré par l'autorité compétente étrangère et la déclaration contenant le nom choisi pour l'enfant, qui lui sont transmis en application de la *Loi assurant la mise en oeuvre de la Convention sur la protection des enfants et la coopération en matière d'adoption internationale* (chapitre M-35.1.3), à moins qu'il n'ait saisi le tribunal en vertu du deuxième alinéa de l'article 9 de cette loi. Le ministre notifie également, le cas échéant, le certificat attestant la conversion de l'adoption qu'il dresse en vertu du même article.

[2004, c. 3, a. 13; 2006, c. 34, a. 76].

∎ C.C.Q., 565, 573.1, 581.

133. Lorsqu'un jugement déclaratif de décès lui est notifié, le directeur de l'état civil dresse l'acte de décès en y indiquant les mentions conformes au jugement.

[1991, c. 64, a. 133].

∎ D.T., 20; C.P.C., 817.1, 864.

133.1. Lorsqu'un tribunal a reconnu la culpabilité d'une personne pour des actes ayant causé le décès d'une personne disparue ou la disparition du corps d'une personne décédée, tout intéressé peut déclarer

132.1. Where a child domiciled outside Québec is adopted by a person domiciled in Québec, the registrar of civil status draws up the act of birth on the basis of the judgment rendered in Québec, the decision judicially recognized in Québec or any other act notified to the registrar which, under the law, produces the effects of adoption in Québec.

The clerk of the court notifies the judgment to the registrar of civil status as soon as it becomes *res judicata* and, where applicable, attaches the decision or the act thereto.

The clerk of the court also notifies to the registrar of civil status any certificate the clerk issues under the *Act respecting adoptions of children domiciled in the People's Republic of China* (chapter A-7.01).

The Minister of Health and Social Services notifies to the registrar of civil status the certificate issued by the foreign competent authority and the declaration containing the name chosen for the child transmitted to the Minister under the *Act to implement the Convention on Protection of Children and Co-operation in Respect of Intercountry Adoption* (chapter M-35.1.3), unless the Minister has applied to the court for a ruling under the second paragraph of section 9 of that Act. Where applicable, the Minister also notifies the certificate drawn up by the Minister under the same section to attest to the conversion of the adoption.

[2004, c. 3, s. 13; 2006, c. 34, s. 76].

133. Where a declaratory judgment of death is notified to him, the registrar of civil status draws up the act of death, indicating the particulars in accordance with the judgment.

[1991, c. 64, a. 133].

133.1. Where a court has found a person guilty of acts having caused the death of a missing person or the disappearance of a deceased person's body, any interested person may declare the death of the absen-

le décès de l'absent au directeur de l'état civil. Une copie du jugement de culpabilité[1], passé en force de chose jugée†, doit être jointe à la déclaration de décès.

Le directeur dresse l'acte de décès de l'absent. Lorsqu'ils sont inconnus, le directeur fixe la date, l'heure et le lieu du décès sur la foi des énonciations du jugement et suivant les présomptions tirées des circonstances.

L'acte dressé par le directeur a les mêmes effets qu'un jugement déclaratif de décès.
[2013, c. 27, a. 17].

tee to the registrar of civil status. A copy of the judgment of guilty[1], having become final†, must be attached to the declaration of death.

The registrar draws up the act of death of the absentee. Where the date, time and place of death are unknown, the registrar fixes them on the basis of the particulars of the judgment and the presumptions that may be drawn from the circumstances.

The act drawn up by the registrar produces the same effects as a declaratory judgment of death.
[2013, c. 27, s. 17].

Note 1 : Outre la divergence de sens entre les mots « final » et « chose jugée », l'expression « passé en force de chose jugée » semble inappropriée dans le contexte, étant inusitée en droit pénal. / In addition to the discordance of meaning between the words "chose jugée" / "final" the term "passé en force de chose jugée" appears inappropriate in this context, given the proper current usage in criminal law.

134. Le directeur de l'état civil fait mention, à l'acte de naissance, de l'acte de mariage ou d'union civile; il fait aussi mention, aux actes de naissance et de mariage ou d'union civile, de l'acte de décès.
[1991, c. 64, a. 134; 1999, c. 47, a. 9; 2002, c. 6, a. 18; 2013, c. 27, a. 18].

134. The registrar of civil status makes a notation of the act of marriage or civil union in the act of birth, and makes a notation of the act of death in the act of birth and the act of marriage or civil union.
[1991, c. 64, a. 134; 1999, c. 47, s. 9; 2002, c. 6, s. 18; 2013, c. 27, s. 18].

❚ D.T., 20.

135. Le directeur de l'état civil doit, sur notification d'un jugement prononçant un divorce, en faire mention aux actes de naissance et de mariage de chacune des parties.

Il doit, sur notification d'une déclaration commune notariée ou d'un jugement de dissolution d'une union civile, en faire mention aux actes de naissance et d'union civile de chacune des personnes concernées.

Il doit, lorsqu'il reçoit une déclaration de mariage qui indique que les époux étaient déjà unis civilement, en faire mention à l'acte d'union civile.

Il doit également, sur notification d'un jugement prononçant la nullité de mariage ou d'union civile ou annulant un jugement déclaratif de décès, annuler, selon le cas, l'acte de mariage, d'union civile ou de dé-

135. The registrar of civil status, upon notification of a judgment granting a divorce, shall make a notation of the judgment in the acts of birth and marriage of each of the parties.

Upon notification of a notarized joint declaration or a judgment dissolving a civil union, the registrar shall make a notation of the declaration or judgment in the acts of birth and civil union of each of the persons concerned.

Upon receiving a declaration of marriage indicating that the spouses were already in a civil union, the registrar shall make a notation of the declaration in the act of civil union.

Upon notification of a judgment declaring a marriage or civil union null or annulling a declaratory judgment of death, the registrar shall cancel the act of marriage or civil union or of death, as the case may be, and

cès et faire les inscriptions nécessaires pour assurer la cohérence du registre.

[1991, c. 64, a. 135; 1999, c. 47, a. 10; 2002, c. 6, a. 19; 2004, c. 23, a. 4; 2013, c. 27, a. 19].

❚ C.C.Q., 120; D.T., 20; C.P.C., 817.1, 864.

136. Lorsque la mention qu'il porte à un acte résulte d'un jugement, le directeur de l'état civil inscrit à l'acte, l'objet et la date du jugement, le tribunal qui l'a rendu et le numéro du dossier.

Dans les autres cas, il porte à l'acte les mentions qui permettent de retrouver l'acte modificatif.

[1991, c. 64, a. 136; 2013, c. 27, a. 20].

❚ C.P.C., 817.1, 864.

137. Le directeur de l'état civil, sur réception d'un acte de l'état civil fait hors du Québec, mais concernant une personne domiciliée au Québec, insère cet acte dans le registre comme s'il s'agissait d'un acte dressé au Québec.

Il insère également les actes juridiques faits hors du Québec modifiant ou remplaçant un acte qu'il détient; il fait alors, les inscriptions nécessaires au registre.

Malgré leur insertion au registre, les actes juridiques, y compris les actes de l'état civil, faits hors du Québec conservent leur caractère d'actes semi-authentiques, à moins que leur validité n'ait été reconnue par un tribunal du Québec. Le directeur doit mentionner ce fait lorsqu'il délivre des copies, certificats ou attestations qui concernent ces actes.

[1991, c. 64, a. 137; 1999, c. 47, a. 11; 2013, c. 27, a. 21].

❚ C.C.Q., 3134; D.T., 162; C.P.C., 817.1, 864.

138. Lorsqu'il y a un doute sur la validité de l'acte de l'état civil ou de l'acte juridique fait hors du Québec, le directeur de l'état civil peut refuser d'agir, à moins que la validité du document ne soit reconnue par un tribunal du Québec.

[1991, c. 64, a. 138].

❚ C.P.C., 817.1, 864.

make the required entries in the register to ensure the coherence of the register.

[1991, c. 64, a. 135; 1999, c. 47, s. 10; 2002, c. 6, s. 19; 2004, c. 23, s. 4; 2013, c. 27, s. 19; I.N., 2014-05-01].

136. Where the registrar of civil status makes a notation in an act as a result of a judgment, he enters, in the act, the object and date of the judgment, the court that rendered it and the number of the court record.

In any other case, he makes the necessary notations in the act to allow retrieval of the altering act.

[1991, c. 64, a. 136].

137. The registrar of civil status, upon receiving an act of civil status drawn up outside Québec but relating to a person domiciled in Québec, inserts the act in the register as though it were an act drawn up in Québec.

He also inserts the juridical acts drawn up outside Québec which alter or replace acts of civil status in his possession; he then makes the entries in the register.

Notwithstanding their insertion in the register, juridical acts, including acts of civil status, drawn up outside Québec retain their status as semi-authentic acts until their validity is recognized by a court in Québec. The registrar shall mention this fact when issuing copies, certificates or attestations as to those acts.

[1991, c. 64, a. 137; 1999, c. 47, s. 11; 2013, c. 27, s. 21; I.N., 2014-05-01].

138. Where there is any doubt as to the validity of an act of civil status or a juridical act drawn up outside Québec, the registrar of civil status may refuse to act until the validity of the document is recognized by a court in Québec.

[1991, c. 64, a. 138; I.N., 2014-05-01].

139. Si l'acte de l'état civil dressé hors du Québec a été perdu, détruit ou s'il est impossible d'en obtenir une copie, le directeur de l'état civil ne peut dresser un acte de l'état civil ou porter une mention sur un acte qu'il détient déjà que s'il y est autorisé par le tribunal.

[1991, c. 64, a. 139].

▮ C.P.C., 817.1, 864.

139. If an act of civil status drawn up outside Québec has been lost or destroyed or if no copy of it can be obtained, the registrar of civil status shall not draw up an act of civil status or make a notation in an act already in his possession except with the authorization of the court.

[1991, c. 64, a. 139].

140. Les actes de l'état civil et les actes juridiques faits hors du Québec et rédigés dans une autre langue que le français ou l'anglais doivent être accompagnés d'une traduction vidimée au Québec.

[1991, c. 64, a. 140].

▮ C.P.C., 817.1, 864.

140. Every act of civil status or juridical act made outside Québec and drawn up in a language other than French or English shall be accompanied by a translation authenticated in Québec.

[1991, c. 64, a. 140].

§ 3. — De la rectification et de la reconstitution des actes et du registre

§ 3. — Rectification and reconstitution of an act and of the register

141. Hormis les cas prévus au présent chapitre, le tribunal peut seul ordonner la rectification d'un acte de l'état civil ou son insertion dans le registre.

Il peut aussi, sur demande d'un intéressé, réviser toute décision du directeur de l'état civil relative à un acte de l'état civil.

[1991, c. 64, a. 141].

▮ C.C.Q., 130-132, 137, 142; C.P.C., 817.1, 864.

141. Except in the cases provided for in this chapter, only the court may order the rectification of an act of civil status or its insertion in the register.

The court may also, on the application of an interested person, review any decision of the registrar of civil status relating to an act of civil status.

[1991, c. 64, a. 141].

142. Le directeur de l'état civil corrige dans tous les actes les erreurs purement matérielles.

[1991, c. 64, a. 142; 1999, c. 47, a. 12; 2013, c. 27, a. 22].

▮ C.C.Q., 130.

142. The registrar of civil status corrects the clerical errors in all acts.

[1991, c. 64, a. 142; 1999, c. 47, s. 12; 2013, c. 27, s. 22].

143. Sur la foi des renseignements qu'il obtient, le directeur de l'état civil reconstitue, conformément au *Code de procédure civile* (chapitre C-25), l'acte perdu ou détruit.

[1991, c. 64, a. 143].

▮ D.T., 16, 21; C.P.C., 870-871.4.

143. On the basis of the information he obtains, the registrar of civil status reconstitutes, in accordance with the *Code of Civil Procedure* (chapter C-25), any act which has been lost or destroyed.

[1991, c. 64, a. 143].

SECTION V —
DE LA PUBLICITÉ DU REGISTRE DE L'ÉTAT CIVIL

144. La publicité du registre de l'état civil se fait par la délivrance de copies d'actes, de certificats ou d'attestations portant le vidimus du directeur de l'état civil et la date de la délivrance.

Les copies d'actes de l'état civil, les certificats et les attestations ainsi délivrés sont authentiques, sous réserve de l'article 137.

[1991, c. 64, a. 144].

❚ D.T., 18, 20.

145. Est une copie d'un acte de l'état civil le document qui reproduit intégralement les énonciations de l'acte, y compris les mentions portées à l'acte, telles qu'elles ont pu être modifiées, à l'exception des mentions exigées par règlement qui ne sont pas essentielles pour établir l'état d'une personne.

[1991, c. 64, a. 145; 1999, c. 47, a. 13].

❚ C.C.Q., 144; C.P.C., 870-871.4.

146. Le certificat d'état civil énonce les nom, sexe, lieu et date de naissance de la personne et, si elle est décédée, les lieu et date du décès. Il énonce également, le cas échéant, les lieu et date de mariage ou d'union civile et le nom du conjoint.

Le directeur de l'état civil peut également délivrer des certificats de naissance, de mariage, d'union civile ou de décès portant les seules mentions relatives à un fait certifié.

[1991, c. 64, a. 146; 2002, c. 6, a. 20].

❚ C.C.Q., 144.

147. L'attestation porte sur la présence ou l'absence, dans le registre, d'un acte ou d'une mention dont la loi exige qu'elle soit portée à l'acte.

[1991, c. 64, a. 147; 2013, c. 27, a. 23].

❚ C.C.Q., 144.

148. Le directeur de l'état civil ne délivre la copie d'un acte ou un certificat qu'aux

SECTION V —
PUBLICATION OF THE REGISTER OF CIVIL STATUS

144. The register of civil status is published by the issuing of copies of acts, certificates or attestations bearing the vidimus of the registrar of civil status and the date of issue.

Subject to article 137, copies of acts of civil status, certificates and attestations so issued are authentic.

[1991, c. 64, a. 144; I.N., 2014-05-01].

145. Any document which reproduces in their entirety the statements of an act of civil status, including the notations thereon, as altered, but excluding notations required by regulation which are not essential to the establishment of the status of a person, is a copy of that act.

1991, c. 64, a. 145; 1999, c. 47, s. 13].

146. A certificate of civil status sets forth the person's name, sex, place and date of birth and, if the person is deceased, the place and date of death. It also sets forth, if applicable, the place and date of marriage or civil union and the name of the spouse.

The registrar of civil status may also issue certificates of birth, marriage, civil union or death bearing only the particulars relating to one certified fact.

[1991, c. 64, a. 146; 2002, c. 6, s. 20].

147. An attestation deals with the presence or absence in the register of an act or of a notation required by law to be made in the act.

[1991, c. 64, a. 147]

148. The registrar of civil status issues a copy of an act or a certificate only to the

personnes qui y sont mentionnées ou à celles qui justifient de leur intérêt. Le directeur peut exiger d'une personne qui demande la copie d'un acte ou un certificat qu'elle lui fournisse les documents ou renseignements nécessaires pour vérifier son identité ou son intérêt.

Il délivre les attestations à toute personne qui en fait la demande si la mention ou le fait qu'il atteste est de la nature de ceux qui apparaissent sur un certificat; autrement, il ne les délivre qu'aux seules personnes qui justifient de leur intérêt.

[1991, c. 64, a. 148; 2001, c. 41, a. 1; 2001, c. 70, a. 1].

■ C.C.Q., 144, 150.

149. Lorsqu'un nouvel acte a été dressé, seules les personnes mentionnées à l'acte nouveau peuvent obtenir copie de l'acte primitif. En cas d'adoption cependant, il n'est jamais délivré copie de l'acte primitif, à moins que, les autres conditions de la loi étant remplies, le tribunal ne l'autorise.

Dès lors qu'un acte est annulé, seules les personnes qui démontrent leur intérêt peuvent obtenir une copie de celui-ci.

[1991, c. 64, a. 149].

■ C.C.Q., 144, 148, 582-584.

150. Le registre de l'état civil ne peut être consulté sans l'autorisation du directeur de l'état civil.

Celui-ci, s'il permet la consultation, détermine alors les conditions nécessaires à la sauvegarde des renseignements inscrits.

[1991, c. 64, a. 150].

■ C.C.Q., 104-106.

SECTION VI —
DES POUVOIRS RÉGLEMENTAIRES
RELATIFS À LA TENUE ET À LA
PUBLICITÉ DU REGISTRE DE L'ÉTAT CIVIL

151. Le directeur de l'état civil peut désigner une ou plusieurs personnes de son personnel pour le remplacer temporaire-

persons mentioned in the act or to persons who establish their interest. The registrar may require any person applying for a copy of an act or a certificate to produce such documents and information as are necessary to verify the person's identity or interest.

The registrar issues an attestation to all persons who apply therefor if the particular or fact he attests to is of the kind which appears on certificates; otherwise, he issues it only to persons who establish their interest.

1991, c. 64, a. 148; 2001, c. 41, s. 1; 2001, c. 70, s. 1; I.N., 2014-05-01].

149. Where a new act has been drawn up, only the persons mentioned in the new act may obtain a copy of the original act. However, in cases of adoption, no copy of the original act is ever issued unless, the other conditions of law having been fulfilled, it is authorized by the court.

Once an act has been annulled, only persons who establish their interest may obtain a copy of the annulled act.

[1991, c. 64, a. 149].

150. The register of civil status may be consulted only with the authorization of the registrar of civil status.

Where the registrar allows the register to be consulted, he determines the conditions required for the safeguard of the information it contains.

[1991, c. 64, a. 150].

SECTION VI —
REGULATORY POWERS RELATING TO
THE KEEPING AND PUBLICATION OF THE
REGISTER OF CIVIL STATUS

151. The registrar of civil status may designate one or more members of his personnel to replace him temporarily if he is ab-

ment en cas d'absence ou d'empêchement. Il peut également déléguer à son personnel certaines de ses fonctions.

La désignation et la délégation sont faites par écrit. Elles prennent effet dès leur signature par le directeur de l'état civil. Les actes de désignation et de délégation sont publiés à la *Gazette officielle du Québec*.

Les mentions additionnelles qui peuvent apparaître sur les constats et les déclarations, les droits de délivrance de copies d'actes, de certificats ou d'attestations et les droits exigibles pour la confection ou la modification d'un acte ou pour la consultation du registre sont déterminés par le règlement d'application pris par le gouvernement.

[1991, c. 64, a. 151; 1996, c. 21, a. 27; 1999, c. 47, a. 14].

▌C.C.Q., 104-106.

sent or unable to act. He may also delegate certain of his functions to his personnel.

Designations and delegations under the first paragraph are made in writing. They take effect upon their signature by the registrar of civil status. Acts of designation and delegation must be published in the *Gazette officielle du Québec*.

The additional particulars that may appear on attestations and declarations, the duties payable for the issuing of copies of acts, certificates or attestations and the charge for preparing or altering an act or for consulting the register are fixed by regulation of the Government.

[1991, c. 64, a. 151; 1996, c. 21, s. 27; 1999, c. 47, s. 14].

152. Dans les communautés cries, inuit ou naskapies, l'agent local d'inscription ou un autre fonctionnaire nommé en vertu des lois relatives aux autochtones cris, inuit et naskapis peut, dans la mesure prévue au règlement d'application, être autorisé à exercer certaines fonctions du directeur de l'état civil.

Dans le cadre d'une entente conclue entre le gouvernement et une communauté mohawk, le directeur de l'état civil peut convenir avec la personne désignée par la communauté de modalités particulières portant sur la transmission des informations relatives aux mariages célébrés sur le territoire défini dans l'entente et sur la transmission des déclarations de naissance, de mariage ou de décès des membres de la communauté, ainsi que pour l'inscription sur le registre des noms traditionnels des membres de la communauté.

[1991, c. 64, a. 152; 1999, c. 53, a. 19].

▌C.C.Q., 104-106.

152. In Cree, Inuit or Naskapi communities, the local registry officer or another public servant appointed under any *Act respecting Cree, Inuit and Naskapi* native persons may be authorized, to the extent provided by regulation, to perform certain duties of the registrar of civil status.

Within the context of an agreement concluded between the Government and a Mohawk community, the registrar of civil status may agree with the person designated by the community to a special procedure for the transmission of information concerning marriages solemnized in the territory defined in the agreement and for the transmission of declarations of birth, marriage or death concerning members of the community, as well as for entry in the register of the traditional names of the members of the community.

[1991, c. 64, a. 152; 1999, c. 53, s. 19].

TITRE 4 ━━━
DE LA CAPACITÉ DES PERSONNES

TITLE 4 ━━━
CAPACITY OF PERSONS

Chapitre I ——
De la majorité et de la minorité

Chapter I ——
Majority and minority

SECTION I ——
DE LA MAJORITÉ

SECTION I ——
MAJORITY

153. L'âge de la majorité est fixé à dix-huit ans.

La personne, jusqu'alors mineure, devient capable d'exercer pleinement tous ses droits civils.

[1991, c. 64, a. 153].

■ C.C.Q., 4, 171, 175, 176, 373, 1409.

153. Full age or the age of majority is eighteen years.

On attaining full age, a person ceases to be a minor and has the full exercise of all his civil rights.

[1991, c. 64, a. 153].

154. La capacité du majeur ne peut être limitée que par une disposition expresse de la loi ou par un jugement prononçant l'ouverture d'un régime de protection.

[1991, c. 64, a. 154].

■ C.C.Q., 1409.

154. In no case may the capacity of a person of full age be limited except by express provision of law or by a judgment ordering the institution of protective supervision.

[1991, c. 64, a. 154].

SECTION II ——
DE LA MINORITÉ

SECTION II ——
MINORITY

155. Le mineur exerce ses droits civils dans la seule mesure prévue par la loi.

[1991, c. 64, a. 155].

■ C.C.Q., 638, 703, 708, 1318, 1405, 2905, 2964; C.P.C., 56, 165, 394.1, 483.

155. A minor exercises his civil rights only to the extent provided by law.

[1991, c. 64, a. 155].

156. Le mineur de quatorze ans et plus est réputé majeur pour tous les actes relatifs à son emploi, ou à l'exercice de son art ou de sa profession.

[1991, c. 64, a. 156].

■ C.C.Q., 1318; C.P.C., 56.

156. A minor fourteen years of age or over is deemed to be of full age for all acts pertaining to his employment or to the practice of his craft or profession.

[1991, c. 64, a. 156].

157. Le mineur peut, compte tenu de son âge et de son discernement, contracter seul pour satisfaire ses besoins ordinaires et usuels.

[1991, c. 64, a. 157].

■ C.C.Q., 155, 163.

157. A minor may, within the limits imposed by his age and power of discernment, enter into contracts alone to meet his ordinary and usual needs.

[1991, c. 64, a. 157].

158. Hors les cas où il peut agir seul, le mineur est représenté par son tuteur pour l'exercice de ses droits civils.

158. Except where he may act alone, a minor is represented by his tutor for the exercise of his civil rights.

À moins que la loi ou la nature de l'acte ne le permette pas, l'acte que le mineur peut faire seul peut aussi être fait valablement par son représentant.

[1991, c. 64, a. 158].

▌ C.C.Q., 177, 188, 208.

159. Le mineur doit être représenté en justice par son tuteur; ses actions sont portées au nom de ce dernier.

Toutefois, le mineur peut, avec l'autorisation du tribunal, intenter seul une action relative à son état, à l'exercice de l'autorité parentale ou à un acte à l'égard duquel il peut agir seul; en ces cas, il peut agir seul en défense.

[1991, c. 64, a. 159].

▌ C.C.Q., 156-158; C.P.C., 56.

160. Le mineur peut invoquer seul, en défense, l'irrégularité provenant du défaut de représentation ou l'incapacité lui résultant de sa minorité.

[1991, c. 64, a. 160].

▌ C.C.Q., 708, 1421; C.P.C., 165, 394.1.

161. L'acte fait seul par le mineur, lorsque la loi ne lui permet pas d'agir seul ou représenté, est nul de nullité absolue.

[1991, c. 64, a. 161].

▌ C.C.Q., 1417, 1418.

162. L'acte accompli par le tuteur sans l'autorisation du tribunal, alors que celle-ci est requise par la nature de l'acte, peut être annulé à la demande du mineur, sans qu'il soit nécessaire d'établir qu'il a subi un préjudice.

[1991, c. 64, a. 162].

▌ C.C.Q., 213, 214.

163. L'acte fait seul par le mineur ou fait par le tuteur sans l'autorisation du conseil de tutelle, alors que celle-ci est requise par la nature de l'acte, ne peut être annulé ou les obligations qui en découlent réduites, à

Unless the law or the nature of the act does not allow it, an act that may be performed by a minor alone may also be validly performed by his representative.

[1991, c. 64, a. 158].

159. In judicial matters, a minor shall be represented by his tutor; his actions are brought in the name of his tutor.

A minor may, however, with the authorization of the court, institute alone an action relating to his status, to the exercise of parental authority or to an act that he may perform alone; he may in such cases act alone as defendant.

[1991, c. 64, a. 159].

160. A minor may invoke alone, in his defence, any irregularity arising from lack of representation or incapacity resulting from his minority.

[1991, c. 64, a. 160; I.N., 2014-05-01].

161. An act performed alone by a minor where the law does not allow him to act alone or through a representative is absolutely null.

[1991, c. 64, a. 161].

162. An act performed by the tutor without the authorization of the court although the nature of the act requires it may be annulled on the application of the minor, without any requirement to prove that he has suffered injury.

[1991, c. 64, a. 162; I.N., 2014-05-01].

163. An act performed alone by a minor or performed by his tutor without the authorization of the tutorship council although the nature of the act requires it may not be annulled nor the obligations arising from it

la demande du mineur, que s'il en subit un préjudice.

[1991, c. 64, a. 163].

∎ C.C.Q., 213, 1405.

reduced, on the application of the minor, unless he suffers injury therefrom.

[1991, c. 64, a. 163; I.N., 2014-05-01].

164. Le mineur ne peut exercer l'action en nullité ou en réduction de ses obligations lorsque le préjudice qu'il subit résulte d'un événement casuel et imprévu.

Il ne peut non plus se soustraire à l'obligation extracontractuelle de réparer le préjudice causé à autrui par sa faute.

[1991, c. 64, a. 164].

∎ C.C.Q., 1457.

164. A minor may not bring an action in nullity or reduction of his obligations if the injury he suffers is caused by a fortuitous and unforeseen event.

A minor may not avoid an extracontractual obligation to redress injury caused to another by his fault.

[1991, c. 64, a. 164; I.N., 2014-05-01].

165. La simple déclaration faite par un mineur qu'il est majeur ne le prive pas de son action en nullité ou en réduction de ses obligations.

[1991, c. 64, a. 165].

∎ C.C.Q., 1407.

165. The mere declaration by a minor that he is of full age does not deprive him of his action in nullity or in reduction of his obligations.

[1991, c. 64, a. 165; I.N., 2014-05-01].

166. Le mineur devenu majeur peut confirmer l'acte fait seul en minorité, alors qu'il devait être représenté. Après la reddition du compte de tutelle, il peut également confirmer l'acte fait par son tuteur sans que toutes les formalités aient été observées.

[1991, c. 64, a. 166].

∎ C.C.Q., 1423.

166. On attaining full age, a person may confirm an act he performed alone during minority for which he required to be represented. After the accounts of the tutorship are rendered, he may also confirm an act which his tutor had performed without compliance with all the formalities.

[1991, c. 64, a. 166; I.N., 2014-05-01].

SECTION III —
DE L'ÉMANCIPATION

§ 1. — De la simple émancipation

SECTION III —
EMANCIPATION

§ 1. — Simple emancipation

167. Le tuteur peut, avec l'accord du conseil de tutelle, émanciper le mineur de seize ans et plus qui le lui demande, par le dépôt d'une déclaration en ce sens auprès du curateur public.

L'émancipation prend effet au moment du dépôt de cette déclaration.

[1991, c. 64, a. 167].

∎ D.T., 22.

167. The tutor may, after obtaining the agreement of the tutorship council, emancipate a minor if he is sixteen years of age or over and requests it, by filing a declaration to that effect with the Public Curator.

Emancipation is effective from the filing of the declaration.

[1991, c. 64, a. 167].

168. Le tribunal peut aussi, après avoir pris l'avis du tuteur et, le cas échéant, du conseil de tutelle, émanciper le mineur.

Le mineur peut demander seul son émancipation.

[1991, c. 64, a. 168].

▌ C.C.Q., 169, 223.

168. The court may likewise, after obtaining the advice of the tutor and, where applicable, of the tutorship council, emancipate a minor.

A minor may apply alone for his emancipation.

[1991, c. 64, a. 168].

169. Le tuteur doit rendre compte† de son administration au mineur émancipé; il continue, néanmoins, de l'assister gratuitement.

[1991, c. 64, a. 169].

▌ C.C.Q., 247.

169. The tutor is accountable† for his administration to the emancipated minor; he continues, however, to assist him gratuitously.

[1991, c. 64, a. 169].

170. L'émancipation ne met pas fin à la minorité et ne confère pas tous les droits résultant de la majorité, mais elle libère le mineur de l'obligation d'être représenté pour l'exercice de ses droits civils.

[1991, c. 64, a. 170].

▌ C.C.Q., 175, 176.

170. Emancipation does not put an end to minority nor does it confer all the rights resulting from majority, but it releases the minor from the obligation to be represented for the exercise of his civil rights.

[1991, c. 64, a. 170].

171. Le mineur émancipé peut établir son propre domicile; il cesse d'être sous l'autorité de ses père et mère.

[1991, c. 64, a. 171].

▌ C.C.Q., 80, 170, 598, 602.

171. An emancipated minor may establish his own domicile, and he ceases to be under the authority of his father and mother.

[1991, c. 64, a. 171].

172. Outre les actes que le mineur peut faire seul, le mineur émancipé peut faire tous les actes de simple administration; il peut ainsi, à titre de locataire, passer des baux d'une durée d'au plus trois ans ou donner des biens suivant ses facultés s'il n'entame pas notablement son capital.

[1991, c. 64, a. 172].

▌ C.C.Q., 157, 167, 168.

172. In addition to the acts that a minor may perform alone, an emancipated minor may perform all acts of simple administration; thus, he may, as a lessee, sign leases for terms not exceeding three years and make gifts of his property according to his means, provided he does not appreciably reduce his capital.

[1991, c. 64, a. 172; I.N., 2014-05-01].

173. Le mineur émancipé doit être assisté de son tuteur pour tous les actes excédant la simple administration, notamment pour accepter une donation avec charge ou pour renoncer à une succession.

L'acte accompli sans assistance ne peut être annulé ou les obligations qui en dé-

173. An emancipated minor shall be assisted by his tutor for every act beyond simple administration, and in particular in accepting a gift encumbered with a charge or in renouncing a succession.

An act performed without assistance may not be annulled nor the obligations arising

coulent réduites que si le mineur en subit un préjudice.

[1991, c. 64, a. 173].

▍ C.C.Q., 208, 213, 214; C.P.C., 56.

from it reduced unless the minor suffers injury therefrom

[1991, c. 64, a. 173; I.N., 2014-05-01].

174. Les prêts ou les emprunts considérables, eu égard au patrimoine du mineur émancipé, et les actes d'aliénation d'un immeuble ou d'une entreprise doivent être autorisés par le tribunal, sur avis du tuteur. Autrement, l'acte ne peut être annulé ou les obligations qui en découlent réduites, à la demande du mineur, que s'il en subit un préjudice.

[1991, c. 64, a. 174].

▍ C.C.Q., 213.

174. Loans or borrowings of large amounts, considering the patrimony of an emancipated minor, and acts of alienation of an immovable or enterprise require the authorization of the court, on the advice of the tutor. In the absence of such authorization, the act may not be annulled or the obligations arising from the act reduced on the application of the minor, unless he suffers injury therefrom.

[1991, c. 64, a. 174; 1991, c. 64].

§ 2. — De la pleine émancipation

§ 2. — Full emancipation

175. La pleine émancipation a lieu par le mariage.

Elle peut aussi, à la demande du mineur, être déclarée par le tribunal pour un motif sérieux; en ce cas, le titulaire de l'autorité parentale, le tuteur et toute personne qui a la garde du mineur doivent être appelés à donner leur avis ainsi que, s'il y a lieu, le conseil de tutelle.

[1991, c. 64, a. 175].

▍ C.C.Q., 373.

175. Full emancipation is obtained by marriage.

It may also, on the application of the minor, be granted by the court for a serious reason; in that case, the person having parental authority, the tutor and any person having custody of the minor and, where applicable, the tutorship council shall be summoned to give their advice.

[1991, c. 64, a. 175; I.N., 2014-05-01].

176. La pleine émancipation rend le mineur capable, comme s'il était majeur, d'exercer ses droits civils.

[1991, c. 64, a. 176].

▍ C.C.Q., 175.

176. Full emancipation enables a minor to exercise his civil rights as if he were of full age.

[1991, c. 64, a. 176].

Chapitre II — De la tutelle au mineur

Chapter II — Tutorship to minors

SECTION I — DE LA CHARGE TUTÉLAIRE

SECTION I — TUTORSHIP

177. La tutelle est établie dans l'intérêt du mineur; elle est destinée à assurer la protection de sa personne, l'administration de

177. Tutorship is established in the interest of the minor; it is intended to ensure the protection of his person, the administration

son patrimoine et, en général, l'exercice de ses droits civils.

[1991, c. 64, a. 177].

▌C.C.Q., 158, 188, 208, 209; D.T., 23.

178. La tutelle au mineur est légale ou dative.

La tutelle légale résulte de la loi; la tutelle dative est celle qui est déférée par les père et mère ou par le tribunal.

[1991, c. 64, a. 178].

▌C.C.Q., 200, 205, 215-221.

179. La tutelle est une charge personnelle, accessible à toute personne physique capable du plein exercice de ses droits civils et apte à exercer la charge.

[1991, c. 64, a. 179].

▌C.C.Q., 304; D.T., 23.

180. Nul ne peut être contraint d'accepter une tutelle dative, sauf, à défaut d'une autre personne, le directeur de la protection de la jeunesse ou, pour une tutelle aux biens, le curateur public.

[1991, c. 64, a. 180].

▌C.C.Q., 200.

181. La tutelle ne passe pas aux héritiers du tuteur; ceux-ci sont seulement responsables de la gestion de leur auteur. S'ils sont majeurs, ils sont tenus de continuer l'administration de leur auteur jusqu'à la nomination d'un nouveau tuteur.

[1991, c. 64, a. 181].

▌C.C.Q., 1361, 2183.

182. La tutelle exercée par le directeur de la protection de la jeunesse ou le curateur public est liée à sa fonction.

[1991, c. 64, a. 182].

▌C.C.Q., 180, 183, 193.

183. Les père et mère, le directeur de la protection de la jeunesse ou la personne qu'il recommande comme tuteur exercent la tutelle gratuitement.

Toutefois, les père et mère peuvent, pour

of his patrimony and, generally, to secure the exercise of his civil rights.

1991, c. 64, a. 177].

178. Tutorship to minors is legal or dative.

Tutorship resulting from the law is legal; tutorship conferred by the father and mother or by the court is dative.

[1991, c. 64, a. 178].

179. Tutorship is a personal office open to every natural person capable of fully exercising his civil rights who is able to assume the office.

[1991, c. 64, a. 179].

180. No person may be compelled to accept a dative tutorship except, failing any other person, the director of youth protection or, for tutorship to property, the Public Curator.

[1991, c. 64, a. 180].

181. Tutorship does not pass to the heirs of the tutor; they are simply accountable for his administration. If they are of full age, they are bound to continue his administration until a new tutor is appointed.

[1991, c. 64, a. 181; I.N., 2014-05-01].

182. Tutorship exercised by the director of youth protection or the Public Curator is attached to the office.

[1991, c. 64, a. 182].

183. Fathers and mothers, the director of youth protection or the person recommended by him as tutor exercise tutorship gratuitously.

However, fathers and mothers may receive

l'administration des biens de leur enfant, recevoir une rémunération que fixe le tribunal, sur l'avis du conseil de tutelle, dès lors qu'il s'agit pour eux d'une occupation principale.

[1991, c. 64, a. 183].

▌C.C.Q., 180, 192.

such remuneration as may be fixed by the court, on the advice of the tutorship council, for the administration of the property of their child where that is one of their principal occupations.

[1991, c. 64, a. 183; I.N., 2014-05-01].

184. Le tuteur datif peut recevoir une rémunération que fixe le tribunal sur l'avis du conseil de tutelle, ou, encore, le père ou la mère qui le nomme ou, s'il y est autorisé, le liquidateur de leur succession. Il est tenu compte des charges de la tutelle et des revenus des biens à gérer.

[1991, c. 64, a. 184].

▌C.C.Q., 178.

184. A dative tutor may receive such remuneration as is fixed by the court on the advice of the tutorship council or by the father or mother by whom he is appointed, or by the liquidator of their succession if so authorized. The expenses of the tutorship and the revenue from the property to be administered are taken into account.

[1991, c. 64, a. 184].

185. Sauf division, la tutelle s'étend à la personne et aux biens du mineur.

[1991, c. 64, a. 185].

▌C.C.Q., 177, 187, 188.

185. Except where divided, tutorship extends to the person and property of the minor.

[1991, c. 64, a. 185].

186. Lorsque la tutelle s'étend à la personne du mineur et qu'elle est exercée par une personne autre que les père et mère, le tuteur agit comme titulaire de l'autorité parentale, à moins que le tribunal n'en décide autrement.

[1991, c. 64, a. 186].

▌C.C.Q., 607.

186. Where tutorship extends to the person of the minor and is exercised by a person other than the father or mother, the tutor acts as the person having parental authority, unless the court decides otherwise.

[1991, c. 64, a. 186].

187. On ne peut nommer qu'un tuteur à la personne, mais on peut en nommer plusieurs aux biens.

[1991, c. 64, a. 187].

▌C.C.Q., 185, 188.

187. In no case may more than one tutor to the person be appointed, but several tutors to property may be appointed.

1991, c. 64, a. 187].

188. Le tuteur aux biens est responsable de l'administration des biens du mineur; cependant, le tuteur à la personne représente le mineur en justice quant à ces biens.

Lorsque plusieurs tuteurs aux biens sont nommés, chacun d'eux est responsable de la gestion des biens qui lui ont été confiés.

[1991, c. 64, a. 188].

188. The tutor to property is responsible for the administration of the property of the minor, but the tutor to the person represents the minor in judicial proceedings regarding that property.

Where several tutors to property are appointed, each of them is accountable for the management of the property entrusted to him.

[1991, c. 64, a. 188].

■ C.C.Q., 185, 246; D.T., 28.

189. Une personne morale peut agir comme tuteur aux biens si elle y est autorisée par la loi.

[1991, c. 64, a. 189].

■ C.C.Q., 188, 783.

190. Chaque fois qu'un mineur a des intérêts à discuter en justice avec son tuteur, on lui nomme un tuteur *ad hoc*.

[1991, c. 64, a. 190].

■ C.C.Q., 235; C.P.C., 394.2.

191. Le siège de la tutelle est au domicile du mineur.

Dans le cas où la tutelle est exercée par le directeur de la protection de la jeunesse ou par le curateur public, le siège de la tutelle est au lieu où il exerce ses fonctions.

[1991, c. 64, a. 191].

■ C.C.Q., 80, 177, 180.

SECTION II —
DE LA TUTELLE LÉGALE

192. Outre les droits et devoirs liés à l'autorité parentale, les père et mère, s'ils sont majeurs ou émancipés, sont de plein droit tuteurs de leur enfant mineur, afin d'assurer sa représentation dans l'exercice de ses droits civils et d'administrer son patrimoine.

Ils le sont également de leur enfant conçu qui n'est pas encore né, et ils sont chargés d'agir pour lui dans tous les cas où son intérêt patrimonial l'exige.

[1991, c. 64, a. 192].

■ D.T., 24, 26.

193. Les père et mère exercent ensemble la tutelle, à moins que l'un d'eux ne soit décédé ou ne se trouve empêché de manifester sa volonté ou de le faire en temps utile.

[1991, c. 64, a. 193].

189. A legal person may act as tutor to property, if so authorized by law.

[1991, c. 64, a. 189].

190. Whenever a minor has any interest to discuss judicially with his tutor, a tutor *ad hoc* is appointed to him.

[1991, c. 64, a. 190].

191. The tutorship is based at the domicile of the minor.

If a tutorship is exercised by the director of youth protection or by the Public Curator, the tutorship is based at the place where that person holds office.

[1991, c. 64, a. 191; I.N., 2014-05-01].

SECTION II —
LEGAL TUTORSHIP

192. In addition to having the rights and duties connected with parental authority, the father and mother, if of full age or emancipated, are, of right, tutors to their minor child for the purposes of representing him in the exercise of his civil rights and administering his patrimony.

The father and mother are also tutors to their child conceived but yet unborn and are responsible for acting on his behalf in all cases where his patrimonial interests require it.

[1991, c. 64, a. 192].

193. The father and mother exercise tutorship together unless one parent is deceased or prevented from expressing his wishes or from doing so in due time.

[1991, c. 64, a. 193].

▌ C.C.Q., 192, 600.

194. L'un des parents peut donner à l'autre mandat de le représenter dans des actes relatifs à l'exercice de la tutelle.

Ce mandat est présumé à l'égard des tiers de bonne foi.

[1991, c. 64, a. 194].

▌ C.C.Q., 398, 2130.

194. Either parent may give the other the mandate to represent him in the performance of acts pertaining to the exercise of tutorship.

The mandate is presumed with regard to third persons in good faith.

[1991, c. 64, a. 194].

195. Lorsque la garde de l'enfant fait l'objet d'un jugement, la tutelle continue d'être exercée par les père et mère, à moins que le tribunal, pour des motifs graves, n'en décide autrement.

[1991, c. 64, a. 195].

▌ C.C.Q., 514.

195. Where the custody of a child is decided by judgment, the tutorship continues to be exercised by the father and mother, unless the court, for grave reasons, decides otherwise.

[1991, c. 64, a. 195].

196. En cas de désaccord relativement à l'exercice de la tutelle entre les père et mère, l'un ou l'autre peut saisir le tribunal du différend.

Le tribunal statue dans l'intérêt du mineur, après avoir favorisé la conciliation des parties et avoir obtenu, au besoin, l'avis du conseil de tutelle.

[1991, c. 64, a. 196].

▌ C.C.Q., 514, 604.

196. In case of disagreement relating to the exercise of the tutorship between the father and mother, either of them may refer the dispute to the court.

The court decides in the interest of the minor after fostering the conciliation of the parties and, if need be, obtaining the advice of the tutorship council.

[1991, c. 64, a. 196; I.N., 2014-05-01].

197. La déchéance de l'autorité parentale entraîne la perte de la tutelle; le retrait de certains attributs de l'autorité ou de leur exercice n'entraîne la perte de la tutelle que si le tribunal en décide ainsi.

[1991, c. 64, a. 197].

▌ C.C.Q., 199.

197. Deprivation of parental authority entails loss of tutorship; withdrawal of certain attributes of parental authority or of the exercise of such attributes entails loss of tutorship only if so decided by the court.

[1991, c. 64, a. 197].

198. Le père ou la mère qui s'est vu retirer la tutelle, par suite de la déchéance de l'autorité parentale ou du retrait de l'exercice de certains attributs de cette autorité, peut, même après l'ouverture d'une tutelle dative, être rétabli dans sa charge lorsqu'il jouit de nouveau du plein exercice de l'autorité parentale.

[1991, c. 64, a. 198].

▌ C.C.Q., 197; C.P.C., 826.1.

198. A father or mother deprived of tutorship as a result of having been deprived of parental authority or having had the exercise of certain attributes of parental authority withdrawn may, even after dative tutorship is instituted, be reinstated as tutor once he or she again has full exercise of parental authority.

[1991, c. 64, a. 198].

199. Lorsque le tribunal prononce la déchéance de l'autorité parentale à l'égard des père et mère du mineur, sans procéder à la nomination d'un tuteur, le directeur de la protection de la jeunesse du lieu où réside l'enfant devient d'office tuteur légal, à moins que l'enfant n'ait déjà un tuteur autre que ses père et mère.

Le directeur de la protection de la jeunesse est aussi, jusqu'à l'ordonnance de placement, tuteur légal de l'enfant qu'il a fait déclarer admissible à l'adoption ou au sujet duquel un consentement général à l'adoption lui a été remis, excepté dans le cas où le tribunal a nommé un autre tuteur.

[1991, c. 64, a. 199].

▌ C.C.Q., 556, 562, 572, 607; C.P.C., 826.

199. Where the court declares the father and mother of a minor deprived of parental authority without appointing another tutor, the director of youth protection having jurisdiction in the child's place of residence becomes by virtue of his office legal tutor to the child unless the child is already provided with a tutor other than his father and mother.

The director of youth protection is also, until the order of placement, legal tutor to a child he has caused to be declared eligible for adoption or in whose respect he has received a general consent to adoption, except where the court has appointed another tutor.

[1991, c. 64, a. 199].

SECTION III — DE LA TUTELLE DATIVE

SECTION III — DATIVE TUTORSHIP

200. Le père ou la mère peut nommer un tuteur à son enfant mineur, par testament, par un mandat donné en prévision de son inaptitude ou par une déclaration en ce sens transmise au curateur public.

[1991, c. 64, a. 200; 1998, c. 51, a. 22].

▌ C.C.Q., 178; D.T., 25.

200. A father or mother may appoint a tutor to his or her minor child by will, by a mandate given in anticipation of the mandator's incapacity or by filing a declaration to that effect with the Public Curator.

[1991, c. 64, a. 200; 1998, c. 51, s. 22].

201. Le droit de nommer le tuteur n'appartient qu'au dernier mourant des père et mère ou, selon le cas, au dernier des deux apte à assumer l'exercice de la tutelle, s'il a conservé au jour de son décès la tutelle légale.

Lorsque les père et mère décèdent en même temps ou perdent leur aptitude à assumer la tutelle au cours du même événement, en ayant chacun désigné comme tuteur une personne différente qui accepte la charge, le tribunal décide laquelle l'exercera.

[1991, c. 64, a. 201; 1998, c. 51, a. 23].

▌ C.C.Q., 200; D.T., 25.

201. The right to appoint a tutor belongs exclusively to the last surviving parent or to the last parent who is able to exercise tutorship, as the case may be, if that parent has retained legal tutorship to the day of his death.

Where both parents die simultaneously or lose the ability to exercise tutorship during the same event, each having designated a different person as tutor, and both persons accept the office, the court decides which person will exercise it.

[1991, c. 64, a. 201; 1998, c. 51, s. 23; I.N., 2014-05-01].

202. À moins que la désignation ne soit contestée, le tuteur nommé par le père ou la mère entre en fonction au moment de son acceptation de la charge.

La personne est présumée avoir accepté la tutelle si elle n'a pas refusé la charge dans les trente jours, à compter du moment où elle a eu connaissance† de sa nomination.

[1991, c. 64, a. 202; 1998, c. 51, a. 24].

∎ C.C.Q., 200.

202. Unless the designation is contested, the tutor appointed by the father or mother assumes office upon accepting it.

If the person does not refuse the office within thirty days after being informed† of his appointment, he is presumed to have accepted.

[1991, c. 64, a. 202; 1998, c. 51, s. 24].

203. Le tuteur nommé par le père ou la mère doit, qu'il accepte ou refuse la charge, en aviser le liquidateur de la succession et le curateur public.

[1991, c. 64, a. 203].

∎ C.C.Q., 1361.

203. Whether the tutor appointed by the father or mother accepts or refuses the office, he shall notify the liquidator of the succession and the Public Curator.

[1991, c. 64, a. 203].

204. Lorsque la personne désignée par le parent refuse la tutelle, elle doit en aviser, sans délai, son remplaçant si le parent en a désigné un.

Elle peut, néanmoins, revenir sur son refus avant qu'un remplaçant n'accepte la charge ou que l'ouverture d'une tutelle ne soit demandée au tribunal.

[1991, c. 64, a. 204].

∎ C.P.C., 885.

204. Where the person appointed by either parent refuses the tutorship, he shall without delay give notice of his refusal to the replacement, if any, designated by the parent.

The person may, however, retract his refusal before the replacement accepts the office or an application to institute tutorship is made to the court.

[1991, c. 64, a. 204; I.N., 2014-05-01].

205. La tutelle est déférée par le tribunal lorsqu'il y a lieu de nommer un tuteur ou de le remplacer, de nommer un tuteur *ad hoc* ou un tuteur aux biens, ou encore en cas de contestation du choix d'un tuteur nommé par les père et mère.

Elle est déférée sur avis du conseil de tutelle, à moins qu'elle ne soit demandée par le directeur de la protection de la jeunesse.

[1991, c. 64, a. 205].

∎ C.C.Q., 178, 200, 235; C.P.C., 394.2.

205. Tutorship is conferred by the court where it is expedient to appoint a tutor or a replacement, to appoint a tutor *ad hoc* or a tutor to property or where the designation of a tutor appointed by the father and mother is contested.

Tutorship is conferred on the advice of the tutorship council, unless it is applied for by the director of youth protection.

[1991, c. 64, a. 205].

206. Le mineur, le père ou la mère et les proches† parents et alliés du mineur, ou toute autre personne intéressée, y compris le curateur public, peuvent s'adresser au tribunal et proposer, le cas échéant, une

206. The minor, the father or mother and close† relatives of the minor and persons connected by marriage or a civil union to the minor or any other interested person, including the Public Curator, may apply to

personne qui soit apte à exercer la tutelle et prête à accepter la charge.

[1991, c. 64, a. 206].

the court and, if necessary, propose a suitable person who is willing to accept the tutorship.

[1991, c. 64, a. 206; 2002, c. 6, s. 235].

Note : Dans le texte français, l'adjectif « proches » paraît viser aussi bien les parents que les alliés, alors qu'en anglais, le terme « close » ne qualifie que « relatives ». / In the French text, the adjective "*proches*" appears to apply both to "*parents*" and "*alliés du mineur*". The term "close" in the English text, however, only serves to modify the noun "relatives".

▌ C.C.Q., 224, 251; C.P.C., 885.

207. Le directeur de la protection de la jeunesse ou la personne qu'il recommande pour l'exercer peut aussi demander l'ouverture d'une tutelle à un enfant mineur orphelin qui n'est pas déjà pourvu d'un tuteur, à un enfant dont ni le père ni la mère n'assument, de fait, le soin, l'entretien ou l'éducation, ou à un enfant qui serait vraisemblablement en danger s'il retournait auprès de ses père et mère.

[1991, c. 64, a. 207].

▌ C.C.Q., 885.

207. The director of youth protection or the person recommended as tutor by him may also apply for the institution of tutorship to an orphan who is a minor and who has no tutor, or to a child whose father and mother both fail, in fact, to assume his care, maintenance or education, or to a child who in all likelihood would be in danger if he returned to his father and mother.

[1991, c. 64, a. 207].

SECTION IV —
DE L'ADMINISTRATION TUTÉLAIRE

SECTION IV —
ADMINISTRATION OF TUTORS

208. Le tuteur agit à l'égard des biens du mineur à titre d'administrateur chargé de la simple administration.

[1991, c. 64, a. 208].

▌ C.C.Q., 177, 188.

208. With respect to the property of the minor, the tutor acts as an administrator charged with simple administration.

[1991, c. 64, a. 208; I.N., 2014-05-01].

209. Les père et mère ne sont pas tenus, dans l'administration des biens de leur enfant mineur, de faire l'inventaire des biens, de fournir une sûreté garantissant leur administration, de rendre un compte de gestion annuel, ou d'obtenir du conseil de tutelle ou du tribunal des avis ou autorisations, à moins que la valeur des biens ne soit supérieure à 25 000 $ ou que le tribunal ne l'ordonne, à la demande d'un intéressé.

[1991, c. 64, a. 209].

▌ C.C.Q., 240, 242, 243, 246, 249.

209. In administering the property of their minor child, fathers and mothers are not bound to make an inventory of the property, furnish security for their administration, render an annual account of their management, or obtain any advice or authorization from the tutorship council or the court unless the property is worth more than $25 000 or the court so orders upon the application of an interested person.

[1991, c. 64, a. 209; I.N., 2014-05-01].

210. Les biens donnés ou légués à un mineur, à la condition qu'ils soient administrés par un tiers, sont soustraits à l'administration du tuteur.

210. All property given or bequeathed to a minor on condition that it be administered by a third person is withdrawn from the administration of the tutor.

Si l'acte n'indique pas le régime d'administration de ces biens, la personne qui les administre a les droits et obligations d'un tuteur aux biens.

[1991, c. 64, a. 210].

∎ C.C.Q., 208, 246.

211. Le tuteur peut accepter seul une donation en faveur de son pupille. Toutefois, il ne peut accepter une donation avec charge sans obtenir l'autorisation du conseil de tutelle.

[1991, c. 64, a. 211].

∎ C.C.Q., 1814, 1824.

212. Le tuteur ne peut transiger ni poursuivre un appel sans l'autorisation du conseil de tutelle.

[1991, c. 64, a. 212].

∎ C.C.Q., 213, 222.

213. S'il s'agit de contracter un emprunt important eu égard au patrimoine du mineur, de grever un bien d'une sûreté, d'aliéner un bien important à caractère familial, un immeuble ou une entreprise, ou de provoquer le partage définitif des immeubles d'un mineur indivisaire, le tuteur doit être autorisé par le conseil de tutelle ou, si la valeur du bien ou de la sûreté excède 25 000 $, par le tribunal, qui sollicite l'avis du conseil de tutelle.

Le conseil de tutelle ou le tribunal ne permet de contracter l'emprunt, d'aliéner un bien à titre onéreux ou de le grever d'une sûreté, que dans les cas où cela est nécessaire pour l'éducation et l'entretien du mineur, pour payer ses dettes, pour maintenir le bien en bon état ou pour conserver sa valeur. L'autorisation indique alors le montant et les conditions de l'emprunt, les biens qui peuvent être aliénés ou grevés d'une sûreté, ainsi que les conditions dans lesquelles ils peuvent l'être.

[1991, c. 64, a. 213].

∎ C.C.Q., 162; D.T., 29.

If the act does not indicate the particular mode of administration of the property, the person administering it has the rights and obligations of a tutor to property.

[1991, c. 64, a. 210].

211. A tutor may accept alone any gift in favour of his pupil. He may not accept any gift with a charge, however, without obtaining the authorization of the tutorship council.

[1991, c. 64, a. 211].

212. A tutor may not transact or bring an appeal without the authorization of the tutorship council.

[1991, c. 64, a. 212; I.N., 2014-05-01].

213. The tutor, before contracting a significant loan in relation to the patrimony of the minor, offering property as security, alienating important family property, an immovable or an enterprise, or demanding the definitive partition of immovables held by the minor in undivided co-ownership, shall obtain the authorization of the tutorship council or, if the property or security is worth more than $25 000, of the court, which seeks the advice of the tutorship council.

The tutorship council or the court does not allow the loan to be contracted, or property to be alienated by onerous title or offered as security, except where that is necessary to ensure the education and maintenance of the minor, to pay his debts or to maintain the property in good order or safeguard its value. The authorization then indicates the amount and conditions of the loan, the property that may be alienated or offered as security, and sets forth the conditions under which it may be done.

[1991, c. 64, a. 213; 2002, c. 19, s. 15; I.N., 2014-05-01].

214. Le tuteur ne peut, sans avoir obtenu l'évaluation d'un expert, aliéner un bien dont la valeur excède 25 000 $, sauf s'il s'agit de valeurs cotées et négociées à une bourse reconnue suivant les dispositions relatives aux placements présumés sûrs. Une copie de l'évaluation est jointe au compte de gestion annuel.

214. No tutor may, without first obtaining an expert's appraisal, alienate property worth more than $25 000, except in the case of securities listed and traded on a recognized stock exchange in accordance with the provisions relating to investments presumed sound. A copy of the appraisal is attached to the annual management account.

Constituent un seul et même acte les opérations juridiques connexes par leur nature, leur objet ou le moment de leur passation.

Juridical acts which are related according to their nature, their object or the time they are performed constitute one and the same act.

[1991, c. 64, a. 214].

[1991, c. 64, a. 214; I.N., 2014-05-01].

❚ C.C.Q., 162.

215. Le tuteur peut conclure seul une convention tendant au maintien de l'indivision, mais, en ce cas, le mineur devenu majeur peut y mettre fin dans l'année qui suit sa majorité, quelle que soit la durée de la convention.

215. A tutor acting alone may enter into an agreement to continue in indivision, but in that case the minor may terminate the agreement within one year after reaching the age of majority, regardless of its term.

La convention autorisée par le conseil de tutelle et par le tribunal lie le mineur devenu majeur.

An agreement authorized by the tutorship council and by the court is binding on the minor once he attains full age.

[1991, c. 64, a. 215].

[1991, c. 64, a. 215; I.N., 2014-05-01].

❚ C.C.Q., 839-846, 1012 et s.

216. Le greffier du tribunal donne, sans délai, avis au conseil de tutelle et au curateur public de tout jugement relatif aux intérêts patrimoniaux du mineur, ainsi que de toute transaction effectuée dans le cadre d'une action à laquelle le tuteur est partie en cette qualité.

216. The clerk of the court gives notice without delay to the tutorship council and to the Public Curator of any judgment relating to the patrimonial interests of a minor and of any transaction effected pursuant to an action to which the tutor is a party in that quality.

[1991, c. 64, a. 216].

[1991, c. 64, a. 216; I.N., 2014-05-01].

❚ C.C.Q., 208.

217. Lorsque la valeur des biens excède 25 000 $, le liquidateur d'une succession dévolue ou léguée à un mineur et le donateur d'un bien si le donataire est mineur ou, dans tous les cas, toute personne qui paie une indemnité au bénéfice d'un mineur, doit déclarer le fait au curateur public et indiquer la valeur des biens.

217. Where the property is worth more than $25, 000, the liquidator of a succession which devolves or is bequeathed to a minor and the donor of property if the donee is a minor, and, in any case, any person who pays an indemnity for the benefit of a minor, shall declare that fact to the Public Curator and state the value of the property.

[1991, c. 64, a. 217].

[1991, c. 64, a. 217].

❚ C.C.Q., 209, 211, 638.

218. Le tuteur prélève sur les biens qu'il administre les sommes nécessaires pour acquitter les charges de la tutelle, notamment pour l'exercice des droits civils du mineur et l'administration de son patrimoine; il effectue aussi un tel prélèvement si, pour assurer l'entretien ou l'éducation du mineur, il y a lieu de suppléer l'obligation alimentaire des père et mère.

[1991, c. 64, a. 218].

▌C.C.Q., 219.

218. A tutor takes out of the property under his administration all sums necessary to pay the expenses of the tutorship, in particular, to provide for the exercise of the civil rights of the minor and the administration of his patrimony. He also does so where, to ensure the minor's maintenance and education, it is necessary to make up for the support owed by the father and mother.

[1991, c. 64, a. 218; I.N., 2014-05-01].

219. Le tuteur à la personne convient avec le tuteur aux biens des sommes qui lui sont nécessaires, annuellement, pour acquitter les charges de la tutelle.

S'ils ne s'entendent pas sur ces sommes ou leur paiement, le conseil de tutelle ou, à défaut, le tribunal tranche.

[1991, c. 64, a. 219].

▌C.C.Q., 218.

219. The tutor to the person agrees with the tutor to property as to the amounts he requires each year to pay the expenses of the tutorship.

If the tutors do not agree on the amounts or their payment, the tutorship council or, failing that, the court decides.

[1991, c. 64, a. 219].

220. Le mineur gère le produit de son travail et les allocations qui lui sont versées pour combler ses besoins ordinaires et usuels.

Lorsque les revenus du mineur sont considérables ou que les circonstances le justifient, le tribunal peut, après avoir obtenu l'avis du tuteur et, le cas échéant, du conseil de tutelle, fixer les sommes dont le mineur conserve la gestion. Il tient compte de l'âge et du discernement du mineur, des conditions générales de son entretien et de son éducation, ainsi que de ses obligations alimentaires et de celles de ses parents.

[1991, c. 64, a. 220].

▌C.C.Q., 157.

220. The minor manages the proceeds of his work and any allowances paid to him to meet his ordinary and usual needs.

Where the revenues of the minor are considerable or where justified by the circumstances, the court, after obtaining the advice of the tutor and, where applicable, the tutorship council, may fix the amounts that remain under the management of the minor. It takes into account the age and power of discernment of the minor, the general conditions of his maintenance and education and his obligations of support and those of his parents.

[1991, c. 64, a. 220].

221. Le directeur de la protection de la jeunesse qui exerce la tutelle ou la personne qu'il recommande pour l'exercer, doivent, lorsque la loi prévoit que le tuteur doit, pour agir, obtenir l'avis ou l'autorisation du conseil de tutelle, être autorisés par le tribunal.

Cependant, lorsque la valeur des biens est supérieure à 25 000 $ ou, dans tous les cas lorsque le tribunal l'ordonne, la tutelle aux

221. A director of youth protection exercising a tutorship or the person he recommends to exercise it shall obtain the authorization of the court where the law requires the tutor to obtain the advice or authorization of the tutorship council before acting.

Where the property is worth more than $25 000, however, or, in all cases where the court so orders, tutorship to property is

biens est déférée au curateur public. Celui-ci a, dès lors, les droits et les obligations du tuteur datif, sous réserve des dispositions de la loi.

[1991, c. 64, a. 221].

▌C.C.Q., 180, 182.

conferred on the Public Curator, who has from that time the rights and obligations of a dative tutor, subject to the provisions of law.

[1991, c. 64, a. 221; I.N., 2014-05-01].

SECTION V —
DU CONSEIL DE TUTELLE

SECTION V —
TUTORSHIP COUNCIL

§ 1. — Du rôle et de la constitution du conseil

§ 1. — Role and establishment of the council

222. Le conseil de tutelle a pour rôle de surveiller la tutelle. Il est formé de trois personnes désignées par une assemblée de parents, d'alliés ou d'amis ou, si le tribunal le décide, d'une seule personne.

[1991, c. 64, a. 222].

▌C.C.Q., 226, 233, 236; D.T., 27.

222. The role of the tutorship council is to supervise the tutorship. The tutorship council is composed of three persons designated by a meeting of relatives, persons connected by marriage or a civil union and friends or, if the court so decides, is composed of only one person.

[1991, c. 64, a. 222; 2002, c. 6, s. 235; I.N., 2014-05-01].

223. Le conseil de tutelle est constitué soit qu'il y ait tutelle dative, soit qu'il y ait tutelle légale, mais, en ce dernier cas, seulement si les père et mère sont tenus, dans l'administration des biens du mineur, de faire inventaire, de fournir une sûreté ou de rendre un compte annuel de gestion.

Il n'est pas constitué lorsque la tutelle est exercée par le directeur de la protection de la jeunesse ou une personne qu'il recommande comme tuteur, ou par le curateur public.

[1991, c. 64, a. 223].

▌C.C.Q., 209, 222.

223. A tutorship council is established both in the case of dative tutorship and in that of legal tutorship, although, in the latter case, only where the father and mother are bound, with respect to the administration of the property of the minor, to make an inventory, to furnish security or to render an annual account of management.

No council is established where the tutorship is exercised by the director of youth protection, a person he has recommended as tutor, or the Public Curator.

[1991, c. 64, a. 223; I.N., 2014-05-01].

224. Toute personne intéressée peut provoquer la constitution du conseil de tutelle en demandant soit à un notaire, soit au tribunal du lieu où le mineur a son domicile ou sa résidence, de convoquer une assemblée de parents, d'alliés ou d'amis.

Le tribunal saisi d'une demande pour nommer ou remplacer un tuteur ou un con-

224. Any interested person may initiate the establishment of a tutorship council by applying either to a notary, or to the court of the place where the minor has his domicile or residence, for the calling of a meeting of relatives, persons connected by marriage or a civil union and friends.

The court examining an application for the appointment or replacement of a tutor or

seil de tutelle le peut également, même d'office.

[1991, c. 64, a. 224].

▌C.P.C., 872-876.1.

tutorship council may do likewise, even of its own motion.

[1991, c. 64, a. 224; 2002, c. 6, s. 235; I.N., 2014-05-01].

225. Le tuteur nommé par le père ou la mère du mineur ou les père et mère, le cas échéant, doivent provoquer la constitution du conseil de tutelle.

Les père et mère peuvent, à leur choix, convoquer une assemblée de parents, d'alliés ou d'amis, ou demander au tribunal de constituer un conseil de tutelle d'une seule personne et de la désigner.

[1991, c. 64, a. 225].

▌C.C.Q., 224, 251; C.P.C., 872-876.1.

225. The tutor appointed by the father or mother of a minor or the father and mother, as the case may be, shall initiate the establishment of the tutorship council.

The father and mother may, at their option, call a meeting of relatives, persons connected by marriage or a civil union and friends or make an application to the court for the establishment of a tutorship council composed of only one person designated by the court.

[1991, c. 64, a. 225; 2002, c. 6, s. 235; I.N., 2014-05-01].

226. Doivent être convoqués à l'assemblée de parents, d'alliés ou d'amis appelée à constituer un conseil de tutelle, les père et mère du mineur et, s'ils ont une résidence connue au Québec, ses autres ascendants ainsi que ses frères et sœurs majeurs.

Peuvent être convoqués à l'assemblée, pourvu qu'ils soient majeurs, les autres parents et alliés du mineur et ses amis.

Au moins cinq personnes doivent assister à cette assemblée et, autant que possible, les lignes maternelle et paternelle doivent être représentées.

[1991, c. 64, a. 226].

▌C.P.C., 873, 874.

226. The father and mother of the minor and, if they have a known residence in Québec, his other ascendants and his brothers and sisters of full age shall be called to the meeting of relatives, persons connected by marriage or a civil union and friends called to establish a tutorship council.

The other relatives, persons connected by marriage or a civil union and friends of the minor may be called to the meeting provided they are of full age.

Not fewer than five persons shall attend the meeting and, as far as possible, the maternal and paternal lines shall be represented.

[1991, c. 64, a. 226; 2002, c. 6, s. 235].

227. Les personnes qui doivent être convoquées ont toujours le droit de se présenter à l'assemblée de constitution et d'y donner leur avis, même si on a omis de les convoquer.

[1991, c. 64, a. 227].

▌C.P.C., 873, 874.

227. Persons who shall be called are always entitled to attend the meeting which establishes the tutorship council and give their advice even if they were not called.

[1991, c. 64, a. 227; I.N., 2014-05-01].

228. L'assemblée désigne les trois membres du conseil et deux suppléants, en respectant, dans la mesure du possible, la représentation des lignes maternelle et paternelle.

Elle désigne également un secrétaire, membre ou non du conseil, chargé de rédiger et de conserver les procès-verbaux des délibérations; le cas échéant, elle fixe la rémunération du secrétaire.

Le tuteur ne peut être membre du conseil de tutelle.

[1991, c. 64, a. 228].

▌ C.C.Q., 222.

229. Le conseil comble les vacances en choisissant un des suppléants déjà désignés appartenant à la ligne où s'est produite la vacance. À défaut de suppléant, il choisit un parent ou un allié de la même ligne ou, à défaut, un parent ou un allié de l'autre ligne ou un ami.

[1991, c. 64, a. 229].

▌ C.C.Q., 226.

230. Le conseil de tutelle est tenu d'inviter le tuteur à toutes ses séances pour y prendre son avis; le mineur peut y être invité.

[1991, c. 64, a. 230].

▌ C.C.Q., 226.

231. Le tribunal peut, sur demande ou d'office, décider que le conseil de tutelle sera formé d'une seule personne qu'il désigne, lorsque la constitution d'un conseil formé de trois personnes est inopportune, en raison de l'éloignement†, de l'indifférence ou d'un empêchement majeur des membres de la famille, ou en raison de la situation personnelle ou familiale du mineur.

Il peut alors désigner une personne qui démontre un intérêt particulier pour le mineur ou, à défaut et s'il n'est pas déjà tuteur, le directeur de la protection de la jeunesse ou le curateur public.

Le tribunal peut dispenser celui qui présente la demande de procéder au préalable

228. The meeting* appoints the three members of the council and designates two alternates, giving consideration so far as possible to representation of the maternal and paternal lines.

It* also appoints a secretary, who may or may not be a member of the council, responsible for taking and keeping the minutes of the deliberations; it* fixes the remuneration of the secretary, where applicable.

The tutor may not be a member of the tutorship council.

[1991, c. 64, a. 228].

229. Vacancies are filled by the council by selecting a designated alternate in the line where the vacancy occurred. If there is no alternate, the council selects a relative or a person connected by marriage or a civil union in the same line or, if none, a relative or a person connected by marriage or a civil union in the other line or a friend.

1991, c. 64, a. 229; 2002, c. 6, s. 235].

230. He tutorship council is bound to invite the tutor to each of its meetings to hear his advice; the minor may be invited.

[1991, c. 64, a. 230; I.N., 2014-05-01].

231. The court may, on application or of its own motion, rule that the tutorship council will be composed of only one person designated by it where, owing to the dispersal† or indifference of the family members or their inability, for serious reasons, to attend, or to the personal or family situation of the minor, it would be inadvisable to establish a council composed of three persons.

The court may in such a case designate a person who shows a special interest in the minor or, failing that, the director of youth protection or the Public Curator, if he is not already the tutor.

The court may exempt the person making the application from first calling a meeting

à la convocation d'une assemblée de parents, d'alliés ou d'amis, s'il lui est démontré que des efforts suffisants ont été faits pour réunir cette assemblée et qu'ils ont été vains.

[1991, c. 64, a. 231].

∎ C.C.Q., 222, 225; C.P.C., 872.

of relatives, persons connected by marriage or a civil union and friends if it is shown that sufficient effort has been made to call the meeting, but that such effort has been in vain.

[1991, c. 64, a. 231; 2002, c. 6, s. 235].

232. À l'exception du directeur de la protection de la jeunesse et du curateur public, nul ne peut être contraint d'accepter une charge au conseil; celui qui a accepté une charge peut toujours en être relevé, pourvu que cela ne soit pas fait à contretemps.

La charge est personnelle et gratuite.

[1991, c. 64, a. 232].

∎ C.C.Q., 179, 180, 250.

232. Excepting the director of youth protection and the Public Curator, no person may be compelled to accept membership in the council; a person who has agreed to become a member may be released at any time provided it is not done at an inopportune moment.

Membership in a tutorship council is an office that is personal and gratuitous.

[1991, c. 64, a. 232; I.N., 2014-05-01].

§ 2. — Des droits et obligations du conseil

§ 2. — Rights and obligations of the council

233. Le conseil de tutelle donne les avis et prend les décisions dans tous les cas prévus par la loi.

En outre, lorsque les règles de l'administration du bien d'autrui prévoient que le bénéficiaire doit ou peut consentir à un acte, recevoir un avis ou être consulté, le conseil agit au nom du mineur bénéficiaire.

[1991, c. 64, a. 233].

∎ C.C.Q., 222, 1299-1370.

233. The tutorship council gives advice and makes decisions in every case provided for by law.

Moreover, where the rules for administration of the property of others provide that the beneficiary shall or may give his consent to an act, obtain advice or be consulted, the council acts on behalf of the minor who is the beneficiary.

[1991, c. 64, a. 233; I.N., 2014-05-01].

234. Le conseil, lorsqu'il est formé de trois personnes, se réunit au moins une fois l'an; il ne délibère valablement que si la majorité de ses membres est réunie ou si tous les membres peuvent s'exprimer à l'aide de moyens permettant à tous de communiquer immédiatement entre eux.

Les décisions sont prises, et les avis donnés, à la majorité des voix; les motifs de chacun doivent être exprimés.

234. The council, where composed of three persons, meets at least once a year; deliberations are not valid unless a majority of its members attend the meeting or unless all the members can express themselves by a means which allows all of them to communicate directly with each other.

The decisions and advice of the council are taken or given by majority vote; each member shall give reasons.

Dès sa constitution et lors de tout changement dans sa composition , le conseil de tutelle informe le mineur, s'il est âgé de 14 ans et plus, ainsi que son tuteur, du nom et des coordonnées de ses membres et de son secrétaire. il informe également le curateur public.

[1991, c. 64, a. 234; 2014, c. 1, a. 784].

∎ C.P.C., 876.1.

As soon as it is established and whenever there is a change in its composition, the council informs the minor, if 14 years of age or older, and the minor's tutor, providing the names and contact information of its members and its secretary. The council also informs the Public Curator.

[1991, c. 64, a. 234; 2014, c. 1, s. 784].

235. Le conseil doit faire nommer un tuteur *ad hoc* chaque fois que le mineur a des intérêts à discuter en justice avec son tuteur.

[1991, c. 64, a. 235].

∎ C.C.Q., 190; C.P.C., 394.2.

235. Whenever a minor has any interest to discuss judicially with his tutor, the council causes a tutor *ad hoc* to be appointed to him.

[1991, c. 64, a. 235].

236. Le conseil s'assure que le tuteur fait l'inventaire des biens du mineur et qu'il fournit et maintient sûreté.

Il reçoit le compte annuel de gestion du tuteur et a le droit de consulter tous les documents et pièces à l'appui du compte, et de s'en faire remettre une copie.

[1991, c. 64, a. 236].

∎ C.C.Q., 240, 243, 246, 1324, 1351.

236. The council ascertains that the tutor makes an inventory of the property of the minor and that he furnishes and maintains a security.

The council receives the annual management account from the tutor and is entitled to examine all documents and vouchers attached to the account and obtain a copy of them.

[1991, c. 64, a. 236].

237. Toute personne intéressée peut, pour un motif grave, demander au tribunal la révision, dans un délai de dix jours, d'une décision du conseil ou l'autorisation de provoquer la constitution d'un nouveau conseil.

Lorsqu'une demande en révision d'une décision du conseil lui est notifiée, le secrétaire transmet, sans délai, au greffe du tribunal, le procès-verbal et le dossier relatif à la décision qui fait l'objet de la demande de révision.

Toute notification au conseil de tutelle est faite à son secrétaire.

[1991, c. 64, a. 237; 2014, c. 1, a. 785].

237. Any interested person may, for a grave reason, apply to the court within ten days to have a decision of the council reviewed or for authorization to initiate the establishment of a new council.

When an application for the review of a council decision is notified to the council secretary, the latter sends the minutes and the record relating to the decision to the office of the court without delay.

Any document to be notified to the council is notified to the council secretary.

[1991, c. 64, a. 237; 2014, c. 1, s. 785].

❚ C.P.C., 872, 876.1.

238. Le tuteur peut provoquer la convocation du conseil ou, à défaut de pouvoir le faire, demander au tribunal l'autorisation d'agir seul.

[1991, c. 64, a. 238].

❚ C.C.Q., 222.

238. The tutor may demand the convening of the council or, if it cannot be convened, apply to the court for authorization to act alone.

[1991, c. 64, a. 238].

239. Il est de la responsabilité du conseil d'assurer la conservation des archives et, à la fin de la tutelle, de les remettre au mineur ou à ses héritiers.

[1991, c. 64, a. 239].

❚ C.C.Q., 233.

239. The council is responsible for seeing that the records of the tutorship are preserved and for transmitting them to the minor or his heirs at the end of the tutorship.

[1991, c. 64, a. 239].

SECTION VI —
DES MESURES DE SURVEILLANCE DE LA TUTELLE

SECTION VI —
SUPERVISION OF TUTORSHIPS

§ 1. — De l'inventaire

§ 1. — Inventory

240. Dans les soixante jours de l'ouverture de la tutelle, le tuteur doit faire l'inventaire des biens à administrer. Il doit faire de même à l'égard des biens échus au mineur après l'ouverture de la tutelle.

Une copie de l'inventaire est transmise au curateur public et au conseil de tutelle.

[1991, c. 64, a. 240].

❚ C.C.Q., 241, 638, 1142.

240. Within 60 days of the institution of the tutorship, the tutor shall make an inventory of the property to be administered. He shall do the same for property devolved to the minor after the tutorship is instituted.

A copy of the inventory is transmitted to the Public Curator and to the tutorship council.

[1991, c. 64, a. 240; I.N., 2014-05-01].

241. Le tuteur qui continue l'administration d'un autre tuteur, après la reddition de compte, est dispensé de faire l'inventaire des biens.

[1991, c. 64, a. 241].

❚ C.C.Q., 240.

241. A tutor who continues the administration of another tutor after the rendering of account is exempt from making an inventory.

[1991, c. 64, a. 241].

§ 2. — De la sûreté

§ 2. — Security

242. Le tuteur est tenu, lorsque la valeur des biens à administrer excède 25, 000 $, de souscrire une assurance ou de fournir une autre sûreté pour garantir l'exécution de ses obligations. La nature et l'objet de

242. The tutor is bound, if the value of the property to be administered exceeds $25 000, to take out liability insurance or furnish other security to guarantee the performance of his obligations. The kind and

la sûreté, ainsi que le délai pour la fournir, sont déterminés par le conseil de tutelle.

Les frais de la sûreté sont à la charge de la tutelle.

[1991, c. 64, a. 242].

▌ C.C.Q., 243.

243. Le tuteur doit, sans délai, justifier de la sûreté au conseil de tutelle et au curateur public.

Il doit, pendant la durée de sa charge, maintenir cette sûreté ou en offrir une autre de valeur suffisante, et la justifier annuellement.

[1991, c. 64, a. 243].

▌ C.C.Q., 236, 242.

244. La personne morale qui exerce la tutelle aux biens est dispensée de fournir une sûreté.

[1991, c. 64, a. 244].

▌ C.C.Q., 189.

245. Lorsqu'il y a lieu de donner mainlevée d'une sûreté, le conseil de tutelle ou le mineur devenu majeur peut le faire et requérir, s'il y a lieu, aux frais de la tutelle, la radiation de l'inscription. Un avis de la radiation est donné au curateur public.

[1991, c. 64, a. 245].

▌ C.P.C., 804.

§ 3. — Des rapports et comptes

246. Le tuteur transmet au mineur de quatorze ans et plus, au conseil de tutelle et au curateur public, le compte annuel de sa gestion.

Le tuteur aux biens rend compte annuellement au tuteur à la personne.

[1991, c. 64, a. 246].

▌ C.C.Q., 1351.

247. À la fin de son administration, le tuteur rend un compte définitif au mineur

object of the security and the time granted to furnish it are determined by the tutorship council.

The tutorship is liable for the costs of the security.

[1991, c. 64, a. 242].

243. The tutor shall without delay furnish proof of the security to the tutorship council and to the Public Curator.

The tutor shall maintain the security or another of sufficient value for the duration of his office and furnish proof of it every year.

[1991, c. 64, a. 243].

244. A legal person exercising tutorship to property is exempt from furnishing security.

[1991, c. 64, a. 244].

245. Where it is advisable to release the security, the tutorship council or the minor, once he attains full age, may do so and, at the cost of the tutorship, apply for cancellation of the registration, if any. Notice of the cancellation is given to the Public Curator.

[1991, c. 64, a. 245].

§ 3. — Reports and accounts

246. The tutor sends the annual account of his management to the minor fourteen years of age or over, to the tutorship council and to the Public Curator.

The tutor to property renders an annual account to the tutor to the person.

[1991, c. 64, a. 246].

247. At the end of his administration, the tutor shall give a final account to the mi-

devenu majeur; il doit aussi rendre compte au tuteur qui le remplace et au mineur de quatorze ans et plus ou, le cas échéant, au liquidateur de la succession du mineur. Il doit transmettre une copie du compte définitif au conseil de tutelle et au curateur public.

[1991, c. 64, a. 247].

■ C.C.Q., 169, 246, 1363; C.P.C., 532-539.

248. Tout accord entre le tuteur et le mineur devenu majeur portant sur l'administration ou sur le compte est nul, s'il n'est précédé de la reddition d'un compte détaillé et de la remise des pièces justificatives.

[1991, c. 64, a. 248].

■ C.C.Q., 246, 247.

249. Le curateur public examine les comptes annuels de gestion du tuteur et le compte définitif. Il s'assure aussi du maintien de la sûreté.

Il a le droit d'exiger tout document et toute explication concernant ces comptes et il peut, lorsque la loi le prévoit, en requérir la vérification.

[1991, c. 64, a. 249].

■ C.C.Q., 246, 247.

SECTION VII —
DU REMPLACEMENT DU TUTEUR ET DE LA FIN DE LA TUTELLE

250. Le tuteur datif peut, pour un motif sérieux, demander au tribunal d'être relevé de sa charge, pourvu que sa demande ne soit pas faite à contretemps et qu'un avis en ait été donné au conseil de tutelle.

[1991, c. 64, a. 250].

■ C.C.Q., 180, 203.

251. Le conseil de tutelle ou, en cas d'urgence, l'un de ses membres doit demander le remplacement du tuteur qui ne peut exercer sa charge ou ne respecte pas ses obligations. Le tuteur à la personne doit

nor who has come of age; he shall also give an account to the tutor who replaces him and to the minor fourteen years of age or over or, where applicable, to the liquidator of the succession of the minor. He shall send a copy of his final account to the tutorship council and to the Public Curator.

[1991, c. 64, a. 247].

248. Every agreement between the tutor and the minor who has come of age relating to the administration or the account is null unless it is preceded by a detailed rendering of account and the delivery of the related vouchers.

[1991, c. 64, a. 248].

249. The Public Curator examines the annual accounts of management and the final account of the tutor. He also ascertains that the security is maintained.

He may require any document and any explanation concerning the accounts and, where provided for by law, require that they be audited.

[1991, c. 64, a. 249].

SECTION VII —
REPLACEMENT OF TUTOR AND END OF TUTORSHIP

250. A dative tutor may, for a serious reason, apply to the court to be relieved of his duties, provided his application is not made at an inopportune moment and notice of it has been given to the tutorship council.

[1991, c. 64, a. 250].

251. The tutorship council or, in case of emergency, one of its members shall apply for the replacement of a tutor who is unable to perform his duties or neglects his obligations. A tutor to the person shall act

agir de même à l'égard d'un tuteur aux biens.

Tout intéressé, y compris le curateur public, peut aussi demander le remplacement du tuteur pour ces motifs.

[1991, c. 64, a. 251].

■ C.C.Q., 206, 222; C.P.C., 885.

252. Lorsque la tutelle est exercée par le directeur de la protection de la jeunesse, par une personne qu'il recommande comme tuteur ou par le curateur public, tout intéressé peut demander leur remplacement sans avoir à justifier d'un autre motif que l'intérêt du mineur.

[1991, c. 64, a. 252].

■ C.P.C., 885.

253. Pendant l'instance, le tuteur continue à exercer sa charge, à moins que le tribunal n'en décide autrement et ne désigne un administrateur provisoire chargé de la simple administration des biens du mineur.

[1991, c. 64, a. 253].

■ C.C.Q., 1301-1305.

254. Le jugement qui met fin à la charge du tuteur doit énoncer les motifs du remplacement et désigner le nouveau tuteur.

[1991, c. 64, a. 254].

■ C.P.C., 885.

255. La tutelle prend fin à la majorité, lors de la pleine émancipation ou au décès du mineur.

La charge du tuteur cesse à la fin de la tutelle, au remplacement du tuteur ou à son décès.

[1991, c. 64, a. 255].

■ C.C.Q., 153, 175, 176, 251.

in the same manner with regard to a tutor to property.

Any interested person, including the Public Curator, may also, for the reasons set forth in the first paragraph, apply for the replacement of the tutor.

[1991, c. 64, a. 251].

252. Where tutorship is exercised by the director of youth protection, by a person he recommends as tutor or by the Public Curator, any interested person may apply for his replacement without having to justify it for any reason other than the interest of the minor.

[1991, c. 64, a. 252].

253. During the proceedings, the tutor continues to exercise his duties unless the court decides otherwise and appoints a provisional administrator responsible for the simple administration of the property of the minor.

[1991, c. 64, a. 253].

254. Every judgment terminating the duties of a tutor contains the reasons for replacing him and designates the new tutor.

[1991, c. 64, a. 254].

255. Tutorship ends when the minor attains full age, obtains full emancipation or dies.

The office of a tutor ceases at the end of the tutorship, when the tutor is replaced or on his death.

[1991, c. 64, a. 255].

Chapitre III ——
Des régimes de protection du majeur

SECTION I ——
DISPOSITIONS GÉNÉRALES

Chapter III ——
Protective supervision of persons of full age

SECTION I ——
GENERAL PROVISIONS

256. Les régimes de protection du majeur sont établis dans son intérêt; ils sont destinés à assurer la protection de sa personne, l'administration de son patrimoine et, en général, l'exercice de ses droits civils.

L'incapacité qui en résulte est établie en sa faveur seulement.

[1991, c. 64, a. 256].

❚ C.C.Q., 1318, 1405; C.P.C., 394.1, 877-884.

256. Protective supervision of a person of full age is established in his interest and is intended to ensure the protection of his person, the administration of his patrimony and, generally, the exercise of his civil rights.

Any incapacity resulting from protective supervision is established solely in favour of the person under protection.

[1991, c. 64, a. 256].

257. Toute décision relative à l'ouverture d'un régime de protection ou qui concerne le majeur protégé doit être prise dans son intérêt, le respect de ses droits et la sauvegarde de son autonomie.

Le majeur doit, dans la mesure du possible et sans délai, en être informé.

[1991, c. 64, a. 257].

❚ C.C.Q., 256.

257. Every decision relating to the institution of protective supervision or concerning a protected person of full age shall be in his interest, respect his rights and safeguard his autonomy.

The person of full age shall, so far as possible and without delay, be informed of the decision.

[1991, c. 64, a. 257].

258. Il est nommé au majeur un curateur ou un tuteur pour le représenter, ou un conseiller pour l'assister, dans la mesure où il est inapte à prendre soin de lui-même ou à administrer ses biens, par suite, notamment, d'une maladie, d'une déficience ou d'un affaiblissement dû à l'âge qui altère ses facultés mentales ou son aptitude physique à exprimer sa volonté.

Il peut aussi être nommé un tuteur ou un conseiller au prodigue qui met en danger le bien-être de son époux ou conjoint uni civilement ou de ses enfants mineurs.

[1991, c. 64, a. 258; 2002, c. 6, a. 21].

❚ C.C.Q., 256, 257; C.P.C., 877-884.

258. A tutor or curator is appointed to represent, or an adviser to assist, a person of full age who is incapable of caring for himself or herself or of administering property by reason, in particular, of illness, deficiency or debility due to age which impairs the person's mental faculties or physical ability to express his or her will.

A tutor or an adviser may also be appointed to a prodigal who endangers the well-being of his or her married or civil union spouse or minor children.

[1991, c. 64, a. 258; 2002, c. 6, s. 21].

259. Dans le choix d'un régime de protection, il est tenu compte du degré d'inapti-

259. In selecting the form of protective supervision, consideration is given to the de-

tude de la personne à prendre soin d'elle-même ou à administrer ses biens.

[1991, c. 64, a. 259].

■ C.C.Q., 258.

260. Le curateur ou le tuteur au majeur protégé a la responsabilité de sa garde et de son entretien; il a également celle d'assurer le bien-être moral et matériel du majeur, en tenant compte de la condition de celui-ci, de ses besoins et de ses facultés, et des autres circonstances dans lesquelles il se trouve.

Il peut déléguer l'exercice de la garde et de l'entretien du majeur protégé, mais, dans la mesure du possible, il doit, de même que le délégué, maintenir une relation personnelle avec le majeur, obtenir son avis, le cas échéant, et le tenir informé des décisions prises à son sujet.

[1991, c. 64, a. 260].

Note : Comp. a. 394.

■ C.C.Q., 256.

261. Le curateur public n'exerce la curatelle ou la tutelle au majeur protégé, que s'il est nommé par le tribunal pour exercer la charge; il peut aussi agir d'office si le majeur n'est plus pourvu d'un curateur ou d'un tuteur.

[1991, c. 64, a. 261].

■ C.P.C., 877-884.

262. Le curateur public a la simple administration des biens du majeur protégé, même lorsqu'il agit comme curateur.

[1991, c. 64, a. 262].

■ C.C.Q., 208, 1301-1305.

263. Le curateur public n'a pas la garde du majeur protégé auquel il est nommé tuteur ou curateur, à moins que le tribunal, si aucune autre personne ne peut l'exercer, ne la lui confie. Il est cependant chargé, dans tous les cas, d'assurer la protection du majeur.

La personne à qui la garde est confiée

gree of the person's incapacity to care for himself or administer his property.

[1991, c. 64, a. 259].

260. The curator or the tutor to a protected person of full age is responsible for his custody and maintenance; he is also responsible for ensuring the moral and material well-being of the protected person, taking into account his condition, needs and faculties and the other aspects of his situation.

He may delegate the exercise of the custody and maintenance of the protected person of full age but, so far as possible, he and the delegated person shall maintain a personal relationship with the protected person, obtain his advice where necessary, and keep him informed of the decisions made in his regard.

[1991, c. 64, a. 260; 2002, c. 19, s. 15].

261. The Public Curator does not exercise curatorship or tutorship to a protected person of full age unless he is appointed by the court to do so; he may also act by virtue of his office if the person of full age is no longer provided with a curator or tutor.

[1991, c. 64, a. 261].

262. The Public Curator has the simple administration of the property of a protected person of full age even when acting as curator.

[1991, c. 64, a. 262].

263. The Public Curator does not have custody of the protected person of full age to whom he is appointed tutor or curator unless, where no other person can assume it, the court entrusts it to him. He is nevertheless, in all cases, responsible for protection of the person of full age.

The person to whom custody is entrusted,

exerce, cependant, les pouvoirs du tuteur ou du curateur pour consentir aux soins requis par l'état de santé du majeur, à l'exception de ceux que le curateur public choisit de se réserver.

[1991, c. 64, a. 263].

■ C.C.Q., 15, 261, 262.

however, has the powers of a tutor or curator to give consent to the care required by the state of health of the person of full age, except the care which the Public Curator elects to provide.

[1991, c. 64, a. 263; I.N., 2014-05-01].

264. Le curateur public qui agit comme tuteur ou curateur d'un majeur protégé peut déléguer l'exercice de certaines fonctions de la tutelle ou de la curatelle à une personne qu'il désigne, après s'être assuré, si le majeur est soigné dans un établissement de santé ou de services sociaux, que la personne choisie n'est pas un salarié de cet établissement et n'y occupe aucune fonction. Il peut néanmoins, lorsque les circonstances le justifient, passer outre à cette restriction si le salarié de l'établissement est le conjoint ou un proche parent du majeur ou s'il s'agit de gérer, selon ses directives, l'allocation mensuelle destinée au majeur pour ses dépenses personnelles.

Il peut autoriser le délégué à consentir aux soins requis par l'état de santé du majeur, à l'exception de ceux qu'il choisit de se réserver.

[1991, c. 64, a. 264; 1999, c. 30, a. 21].

■ C.C.Q., 261.

264. The Public Curator acting as tutor or curator to a protected person of full age may delegate the exercise of certain functions related to tutorship or curatorship to a person he designates after ascertaining, where the person of full age is being treated in a health or social services establishment, that the designated person is not an employee of the establishment and has no duties therewith. He may, however, where circumstances warrant, disregard this restriction if the employee of the establishment is the spouse or a close relative of the person of full age or if the function delegated is the management, according to the Public Curator's instructions, of the monthly personal expense allowance granted to the person.

He may authorize the delegate to consent to the care required by the state of health of the person of full age, except care which the Public Curator elects to provide.

[1991, c. 64, a. 264; 1999, c. 30, s. 21].

265. Le délégué rend compte de l'exercice de la garde au curateur public, au moins une fois l'an. Ce dernier peut, en cas de conflit d'intérêts entre le délégué et le majeur protégé ou pour un autre motif sérieux, retirer la délégation.

[1991, c. 64, a. 265].

■ C.C.Q., 264.

265. At least once a year, the delegate renders account of the exercise of the custody to the Public Curator. The Public Curator may revoke the delegation if there is a conflict of interest between the delegate and the protected person of full age or for any other serious reason.

[1991, c. 64, a. 265].

266. Les règles relatives à la tutelle au mineur s'appliquent à la tutelle et à la curatelle au majeur, compte tenu des adaptations nécessaires.

Ainsi, s'ajoutent aux personnes qui doivent être convoquées à l'assemblée de parents, d'alliés ou† d'amis en application de

266. The rules pertaining to tutorship to minors apply, adapted as required, to tutorship and curatorship to persons of full age.

Thus, the spouse and descendants in the first degree of the person of full age shall be called to the meeting of relatives, per-

l'article 226, le conjoint et les descendants du majeur au premier degré.

[1991, c. 64, a. 266; 1998, c. 51, a. 25].

▌ C.C.Q., 177-255.

267. Lorsque le curateur public demande l'ouverture ou la révision d'un régime de protection et qu'il démontre que des efforts suffisants ont été faits pour réunir l'assemblée de parents, d'alliés ou d'amis et qu'ils ont été vains, le tribunal peut procéder sans que cette assemblée soit tenue.

[1991, c. 64, a. 267].

▌ C.P.C., 877-884.

SECTION II —
DE L'OUVERTURE D'UN RÉGIME DE
PROTECTION

268. L'ouverture d'un régime de protection est prononcée par le tribunal.

Celui-ci n'est pas lié par la demande et il peut fixer un régime différent de celui dont on demande l'ouverture.

[1991, c. 64, a. 268].

▌ C.P.C., 877-884.

269. Peuvent demander l'ouverture d'un régime de protection le majeur lui-même, son conjoint, ses proches† parents et alliés, toute personne qui démontre pour le majeur un intérêt particulier ou tout autre intéressé, y compris le mandataire désigné par le majeur ou le curateur public.

[1991, c. 64, a. 269].

Note : *Cf.* note sous l'article 206. / *Cf.* note respecting article 206.

▌ C.C.Q., 268; C.P.C., 877-884.

270. Lorsqu'un majeur, qui reçoit des soins ou des services d'un établissement de santé ou de services sociaux, a besoin d'être assisté ou représenté dans l'exercice

sons connected by marriage or a civil union and† friends along with the persons to be called to it pursuant to article 226.

[1991, c. 64, a. 266; 1998, c. 51, a. 25; 2002, c. 6, s. 235].

267. Where the Public Curator applies for the institution or review of protective supervision and shows that sufficient effort has been made to call the meeting of relatives, persons connected by marriage or a civil union and friends but that such effort has been in vain, the court may proceed without the meeting being held.

[1991, c. 64, a. 267; 2002, c. 6, s. 235; I.N., 2014-05-01].

SECTION II —
INSTITUTION OF PROTECTIVE
SUPERVISION

268. Protective supervision is instituted by the court.

The court is not bound by the application and may decide on a form of protective supervision other than the form contemplated by the application.

[1991, c. 64, a. 268; I.N., 2014-05-01].

269. The person of full age himself, his spouse, his close† relatives and the persons connected to him by marriage or a civil union, any person showing a special interest in the person or any other interested person, including the mandatary designated by the person of full age or the Public Curator, may apply for the institution of protective supervision.

[1991, c. 64, a. 269; 2002, c. 6, s. 235].

270. Where a person of full age receiving care or services from a health or social services establishment requires to be assisted or represented in the exercise of his civil

de ses droits civils en raison de son isolement, de la durée prévisible de son inaptitude, de la nature ou de l'état de ses affaires ou en raison du fait qu'aucun mandataire désigné par lui n'assure déjà une assistance ou une représentation adéquate, le directeur général de l'établissement en fait rapport au curateur public, transmet une copie de ce rapport au majeur et en informe un des proches† de ce majeur.

Le rapport est constitué, entre autres, de l'évaluation médicale et psychosociale de celui qui a examiné le majeur; il porte sur la nature et le degré d'inaptitude du majeur, l'étendue de ses besoins et les autres circonstances de sa condition, ainsi que sur l'opportunité d'ouvrir à son égard un régime de protection. Il mentionne également, s'ils sont connus, les noms des personnes qui ont qualité pour demander l'ouverture du régime de protection.

[1991, c. 64, a. 270].

❚ C.C.Q., 256-258, 269.

rights by reason of his isolation, the foreseeable duration of his incapacity, the nature or state of his affairs or because no mandatary already designated by him gives him adequate assistance or representation, the executive director of the health or social services institution reports that fact to the Public Curator, transmits a copy of his report to the person of full age and informs a close relative† of that person.

Such a report contains, in particular, the medical and psychosocial assessment prepared by the person who examined the person of full age; it deals with the nature and degree of the incapacity of the person of full age, the extent of his needs and the other circumstances of his situation and with the advisability of instituting protective supervision for him. It also sets out the names, if known, of the persons qualified to apply for the institution of protective supervision.

[1991, c. 64, a. 270].

271. L'ouverture d'un régime de protection du majeur peut être demandée dans l'année précédant la majorité.

Le jugement ne prend effet qu'à la majorité.

[1991, c. 64, a. 271].

❚ C.C.Q., 153; C.P.C., 877-884.

271. The institution of protective supervision of a person of full age may be applied for in the year preceding his attaining full age.

The judgment takes effect on the day the person attains full age.

[1991, c. 64, a. 271].

272. En cours d'instance, le tribunal peut, même d'office, statuer sur la garde du majeur s'il est manifeste qu'il ne peut prendre soin de lui-même et que sa garde est nécessaire pour lui éviter un préjudice sérieux.

Même avant l'instance, le tribunal peut, si une demande d'ouverture d'un régime de protection est imminente et qu'il y a lieu d'agir pour éviter au majeur un préjudice sérieux, désigner provisoirement le curateur public ou une autre personne pour assurer la protection de la personne du majeur ou pour le représenter dans l'exercice de ses droits civils.

[1991, c. 64, a. 272; 1999, c. 30, a. 22].

272. During proceedings, the court may, even of its own motion, decide on the custody of the person of full age if it is clear that he is unable to care for himself and that custody is required to prevent serious injury for him.

Even before the proceedings, the Court may, if protective supervision is about to be instituted and it is necessary to act to prevent serious injury for the person of full age, provisionally designate the Public Curator or another person to ensure protection of the person of full age or to represent him in the exercise of his civil rights.

[1991, c. 64, a. 272; 1999, c. 30, s. 22; I.N., 2014-05-01].

▌C.P.C., 877-884.

273. L'acte par lequel le majeur a déjà chargé une autre personne de l'administration de ses biens continue de produire ses effets malgré l'instance, à moins que, pour un motif sérieux, cet acte ne soit révoqué par le tribunal.

En l'absence d'un mandat donné par le majeur ou par le tribunal en vertu de l'article 444, on suit les règles de la gestion d'affaires, et le curateur public, ainsi que toute autre personne qui a qualité pour demander l'ouverture du régime, peut faire, en cas d'urgence et même avant l'instance si une demande d'ouverture est imminente, les actes nécessaires à la conservation du patrimoine.

[1991, c. 64, a. 273].

▌C.C.Q., 444, 1482-1490; C.P.C., 877-884.

274. Hors les cas du mandat ou de la gestion d'affaires, ou même avant l'instance si une demande d'ouverture d'un régime de protection est imminente, le tribunal peut, s'il y a lieu d'agir pour éviter un préjudice sérieux, désigner provisoirement le curateur public ou une autre personne, soit pour accomplir un acte déterminé, soit pour administrer les biens du majeur dans les limites de la simple administration du bien d'autrui.

[1991, c. 64, a. 274].

▌C.C.Q., 262, 272, 273.

275. Pendant l'instance et par la suite, si le régime de protection applicable est la tutelle, le logement du majeur protégé et les meubles dont il est garni doivent être conservés à sa disposition. Le pouvoir d'administrer ces biens ne permet que des conventions de jouissance précaire, lesquelles cessent d'avoir effet de plein droit dès le retour du majeur protégé.

S'il devient nécessaire ou s'il est de l'intérêt du majeur protégé qu'il soit disposé des meubles ou des droits relatifs au logement, l'acte doit être autorisé par le conseil de tutelle. Même en ce cas, il ne peut être dis-

273. An act under which the person of full age has entrusted another person with the administration of his property continues to produce its effects notwithstanding the proceedings unless it is revoked by the court for a serious reason.

If no mandate has been given by the person of full age or by the court under article 444, the rules for the management of the business of another apply and the Public Curator and any other person who is qualified to apply for the institution of protective supervision may, in an emergency or even before proceedings if an application for the institution of protective supervision is about to be made, perform the acts required to preserve the patrimony.

[1991, c. 64, a. 273; I.N., 2014-05-01].

274. In cases where there is no mandate or management of the business of another or even before proceedings if an application for the institution of protective supervision is about to be made, the court may, if it is necessary to act in order to prevent serious injury, provisionally designate the Public Curator or another person either to perform a specific act or to administer the property of the person of full age within the limits of simple administration of the property of others.

[1991, c. 64, a. 274; I.N., 2014-05-01].

275. During proceedings and thereafter, if the form of protective supervision is a tutorship, the dwelling of the protected person of full age and the furniture in it are kept at his disposal. The power to administer that property extends only to agreements granting precarious enjoyment, which cease to have effect by operation of law upon the return of the protected person of full age.

Should it be necessary or in the best interest of the protected person of full age that his furniture or his rights in respect of a dwelling be disposed of, the act may be done only with the authorization of the tu-

posé des souvenirs et autres objets à caractère personnel, à moins d'un motif impérieux; ils doivent, dans la mesure du possible, être gardés à la disposition du majeur par l'établissement de santé ou de services sociaux.

[1991, c. 64, a. 275].

❚ C.C.Q., 213, 233; C.P.C., 877-884.

276. Le tribunal saisi de la demande d'ouverture d'un régime de protection prend en considération, outre l'avis des personnes susceptibles d'être appelées à former le conseil de tutelle, les preuves médicales et psychosociales, les volontés exprimées par le majeur dans un mandat qu'il a donné en prévision de son inaptitude mais qui n'a pas été homologué, ainsi que le degré d'autonomie de la personne pour laquelle on demande l'ouverture d'un régime.

Il doit donner au majeur l'occasion d'être entendu, personnellement ou par représentant si son état de santé le requiert, sur le bien-fondé de la demande et, le cas échéant, sur la nature du régime et sur la personne qui sera chargée de le représenter ou de l'assister.

[1991, c. 64, a. 276].

❚ C.P.C., 877-884.

277. Le jugement qui concerne un régime de protection est toujours susceptible de révision.

[1991, c. 64, a. 277].

❚ C.P.C., 884.

278. Le régime de protection est réévalué, à moins que le tribunal ne fixe un délai plus court, tous les trois ans s'il s'agit d'un cas de tutelle ou s'il y a eu nomination d'un conseiller, ou tous les cinq ans en cas de curatelle.

Le curateur, le tuteur ou le conseiller du majeur est tenu de veiller à ce que le majeur soit soumis à une évaluation médicale et psychosociale en temps voulu. Lorsque celui qui procède à l'évaluation constate que la situation du majeur a suffisamment changé pour justifier la fin du régime ou sa

torship council. Even in such a case, except for a compelling reason, souvenirs and other personal effects may not be disposed of and shall, so far as possible, be kept at the disposal of the person of full age by the health or social services establishment.

[1991, c. 64, a. 275].

276. Where the court examines an application to institute protective supervision, it takes into consideration, in addition to the advice of the persons who may be called to form the tutorship council, the medical and psychosocial evidence, the wishes expressed by the person of full age in a mandate given in anticipation of his incapacity but which has not been homologated, and the degree of autonomy of the person in whose respect the institution of protective supervision is applied for.

The court shall give to the person of full age an opportunity to be heard, personally or through a representative where required by his state of health, on the merits of the application and, where applicable, on the form of protective supervision and as to the person who will represent or assist him.

[1991, c. 64, a. 276].

277. A judgment concerning protective supervision may be reviewed at any time.

[1991, c. 64, a. 277].

278. Unless the court fixes an earlier date, the protective supervision is reviewed every three years in the case of a tutorship or where an adviser has been appointed or every five years in the case of a curatorship.

The curator, tutor or adviser to the person of full age is bound to see to it that the person of full age is submitted to a medical and psychosocial assessment in due time. Where the person making the assessment becomes aware that the situation of the person of full age has so changed as to jus-

modification, il en fait rapport au majeur et à la personne qui a demandé l'évaluation et il en dépose une copie au greffe du tribunal.

[1991, c. 64, a. 278].

■ C.C.Q., 277; C.P.C., 885.

279. Le directeur général de l'établissement de santé ou de services sociaux qui prodigue au majeur des soins ou des services doit, en cas de cessation de l'inaptitude justifiant le régime de protection, l'attester dans un rapport qu'il dépose au greffe du tribunal. Ce rapport est constitué, entre autres, de l'évaluation médicale et psychosociale.

[1991, c. 64, a. 279].

■ C.C.Q., 278, 280.

280. Sur dépôt d'un rapport de révision d'un régime de protection, le greffier avise les personnes habilitées à intervenir dans la demande d'ouverture du régime. À défaut d'opposition dans les trente jours du dépôt, la mainlevée ou la modification du régime a lieu de plein droit. Un constat est dressé par le greffier et transmis, sans délai, au majeur lui-même et au curateur public.

[1991, c. 64, a. 280].

■ C.C.Q., 278, 279.

SECTION III ——
DE LA CURATELLE AU MAJEUR

281. Le tribunal ouvre une curatelle s'il est établi que l'inaptitude du majeur à prendre soin de lui-même et à administrer ses biens est totale et permanente, et qu'il a besoin d'être représenté dans l'exercice de ses droits civils.

Il nomme alors un curateur.

[1991, c. 64, a. 281].

■ C.P.C., 877-884.

tify the termination or modification of protective supervision, he makes a report to the person of full age and to the person having applied for the assessment and files a copy of the report in the office of the court.

[1991, c. 64, a. 278].

279. The executive director of the health or social services institution providing care or services to the person of full age shall, if the incapacity that justified protective supervision ceases, attest to that fact in a report which he files in the office of the court. Such a report includes the medical and psychosocial assessment.

[1991, c. 64, a. 279; I.N., 2014-05-01].

280. When a report on the review of protective supervision has been filed, the clerk notifies the persons qualified to intervene in the application for protective supervision. If no objection is made within 30 days after the report is filed, protective supervision is modified or terminated, by operation of law. An attestation is drawn up by the clerk and transmitted without delay to the person of full age himself and to the Public Curator.

[1991, c. 64, a. 280; 2002, c. 19, s. 15; I.N., 2014-05-01].

SECTION III ——
CURATORSHIP TO PERSONS OF FULL AGE

281. The court institutes curatorship to a person of full age if it is established that the incapacity of that person to care for himself and to administer his property is total and permanent and that he needs to be represented in the exercise of his civil rights.

The court then appoints a curator.

[1991, c. 64, a. 281; 2002, c. 19, s. 15; I.N., 2014-05-01].

282. Le curateur a la pleine administration des biens du majeur protégé, à cette exception qu'il est tenu, comme l'administrateur du bien d'autrui chargé de la simple administration, de ne faire que des placements présumés sûrs. Seules les règles de l'administration du bien d'autrui s'appliquent à son administration.

[1991, c. 64, a. 282].

❚ C.C.Q., 281, 1299-1370.

282. The curator has the full administration of the property of the protected person of full age, except that he is bound, as the administrator charged with simple administration of the property of others, to make only investments that are presumed sound. Only the rules for the administration of the property of others apply to his administration.

[1991, c. 64, a. 282; I.N., 2014-05-01].

283. L'acte fait seul par le majeur en curatelle peut être annulé ou les obligations qui en découlent réduites, sans qu'il soit nécessaire d'établir un préjudice.

[1991, c. 64, a. 283].

❚ C.C.Q., 284.

283. An act performed alone by a person of full age under curatorship may be declared null or the obligations resulting from it reduced, without any requirement to prove injury.

[1991, c. 64, a. 283; I.N., 2014-05-01].

284. Les actes faits antérieurement à la curatelle peuvent être annulés ou les obligations qui en découlent réduites, sur la seule preuve que l'inaptitude était notoire ou connue du cocontractant à l'époque où les actes ont été passés.

[1991, c. 64, a. 284].

❚ C.C.Q., 290.

284. Acts performed before the curatorship may be annulled or the obligations resulting from them reduced on the mere proof that the incapacity was notorious or known to the other party at the time the acts were performed.

[1991, c. 64, a. 284].

SECTION IV —
DE LA TUTELLE AU MAJEUR

SECTION IV —
TUTORSHIP TO PERSONS OF FULL AGE

285. Le tribunal ouvre une tutelle s'il est établi que l'inaptitude du majeur à prendre soin de lui-même ou à administrer ses biens est partielle ou temporaire, et qu'il a besoin d'être représenté dans l'exercice de ses droits civils.

Il nomme alors un tuteur à la personne et aux biens ou un tuteur soit à la personne, soit aux biens.

[1991, c. 64, a. 285].

❚ C.P.C., 877-884.

285. The court institutes tutorship to a person of full age if it is established that the incapacity of that person to care for himself or to administer his property is partial or temporary and that he needs to be represented in the exercise of his civil rights.

The court then appoints a tutor to the person and to property, or a tutor either to the person or to property.

[1991, c. 64, a. 285; I.N., 2014-05-01].

286. Le tuteur a la simple administration des biens du majeur incapable d'administrer ses biens. Il l'exerce de la même ma-

286. The tutor has the simple administration of the property of the person of full age incapable of administering his pro-

nière que le tuteur au mineur, sauf décision contraire du tribunal.

[1991, c. 64, a. 286].

▌ C.C.Q., 208, 287.

287. Les règles relatives à l'exercice des droits civils du mineur s'appliquent au majeur en tutelle, compte tenu des adaptations nécessaires.

[1991, c. 64, a. 287].

▌ C.C.Q., 155, 286.

288. À l'ouverture de la tutelle ou postérieurement, le tribunal peut déterminer le degré de capacité du majeur en tutelle, en prenant en considération l'évaluation médicale et psychosociale et, selon le cas, l'avis du conseil de tutelle ou des personnes susceptibles d'être appelées à en faire partie.

Il indique alors les actes que la personne en tutelle peut faire elle-même, seule ou avec l'assistance du tuteur, ou ceux qu'elle ne peut faire sans être représentée.

[1991, c. 64, a. 288].

▌ C.C.Q., 233; C.P.C., 877-884.

289. Le majeur en tutelle conserve la gestion du produit de son travail, à moins que le tribunal n'en décide autrement.

[1991, c. 64, a. 289].

▌ C.C.Q., 220; C.P.C., 885.

290. Les actes faits antérieurement à la tutelle peuvent être annulés ou les obligations qui en découlent réduites, sur la seule preuve que l'inaptitude était notoire ou connue du cocontractant à l'époque où les actes ont été passés.

[1991, c. 64, a. 290].

▌ C.C.Q., 284.

perty. He exercises his administration in the same manner as the tutor to a minor, unless the court decides otherwise.

[1991, c. 64, a. 286].

287. The rules pertaining to the exercise of the civil rights of a minor apply, adapted as required, to a person of full age under tutorship.

[1991, c. 64, a. 287].

288. The court may, on the institution of the tutorship or subsequently, determine the degree of capacity of the person of full age under tutorship, taking into consideration the medical and psychosocial assessment and, as the case may be, the advice of the tutorship council or of the persons who may be called upon to form the tutorship council.

The court then indicates the acts which the person under tutorship may perform alone or with the assistance of the tutor, or which he may not perform unless he is represented.

[1991, c. 64, a. 288].

289. The person of full age under tutorship retains the administration of the proceeds of his work, unless the court decides otherwise.

[1991, c. 64, a. 289].

290. Acts performed before the tutorship may be annulled or the obligations resulting from them reduced on the mere proof that the incapacity was notorious or known to the other party at the time the acts were performed.

[1991, c. 64, a. 290].

DES PERSONNES

SECTION V —
DU CONSEILLER AU MAJEUR

291. Le tribunal nomme un conseiller au majeur si celui-ci, bien que généralement ou habituellement apte à prendre soin de lui-même et à administrer ses biens, a besoin, pour certains actes ou temporairement, d'être assisté ou conseillé dans l'administration de ses biens.

[1991, c. 64, a. 291].

▌C.P.C., 877-884.

292. Le conseiller n'a pas l'administration des biens du majeur protégé. Il doit, cependant, intervenir aux actes pour lesquels il est tenu de lui prêter assistance.

[1991, c. 64, a. 292].

▌C.C.Q., 291.

293. À l'ouverture du régime ou postérieurement, le tribunal indique les actes pour lesquels l'assistance du conseiller est requise ou, à l'inverse, ceux pour lesquels elle ne l'est pas.

Si le tribunal ne donne aucune indication, le majeur protégé doit être assisté de son conseiller dans tous les actes qui excèdent la capacité du mineur simplement émancipé.

[1991, c. 64, a. 293].

▌C.C.Q., 167-174; C.P.C., 877-884.

294. L'acte fait seul par le majeur, alors que l'intervention de son conseiller était requise, ne peut être annulé ou les obligations qui en découlent réduites que si le majeur en subit un préjudice.

[1991, c. 64, a. 294].

▌C.C.Q., 162, 283.

SECTION VI —
DE LA FIN DU RÉGIME DE PROTECTION

295. Le régime de protection cesse par l'effet d'un jugement de mainlevée ou par le décès du majeur protégé.

SECTION V —
ADVISERS TO PERSONS OF FULL AGE

291. The court appoints an adviser to a person of full age who, although generally and habitually capable of caring for himself and of administering his property, needs, for certain acts or for a certain time, to be assisted or advised in the administration of his property.

[1991, c. 64, a. 291; I.N., 2014-05-01].

292. The adviser does not have the administration of the property of the protected person of full age. He shall, however, intervene in the acts for which he is bound to give him assistance.

[1991, c. 64, a. 292].

293. The court, on the institution of the protective supervision or subsequently, indicates the acts for which the adviser's assistance is required, and those for which it is not required.

If the court gives no indication, the protected person of full age shall be assisted by his adviser for every act beyond the capacity of a minor who has been granted simple emancipation.

[1991, c. 64, a. 293; I.N., 2014-05-01].

294. Acts performed alone by a person of full age for which the intervention of his adviser was required may be annulled or the obligations resulting from them reduced only if the person of full age suffers injury therefrom.

1991, c. 64, a. 294; I.N., 2014-05-01].

SECTION VI —
END OF PROTECTIVE SUPERVISION

295. Protective supervision ceases by a judgment of release or by the death of the protected person of full age.

Il cesse aussi à l'expiration du délai prévu pour contester le rapport qui atteste la cessation de l'inaptitude.

[1991, c. 64, a. 295].

▌C.C.Q., 278-280.

296. Le majeur protégé peut toujours, après la mainlevée du régime et, le cas échéant, la reddition de compte du curateur ou du tuteur, confirmer un acte autrement nul.

[1991, c. 64, a. 296].

▌C.C.Q., 295.

297. La vacance de la charge de curateur, de tuteur ou de conseiller ne met pas fin au régime de protection.

Le conseil de tutelle doit, le cas échéant, provoquer la nomination d'un nouveau curateur ou tuteur; tout intéressé peut aussi provoquer cette nomination, de même que celle d'un nouveau conseiller.

1991, c. 64, a. 297].

▌D.T., 29; C.P.C., 877-884.

Protective supervision also ceases upon the expiry of the prescribed period for contesting the report attesting the cessation of the incapacity.

[1991, c. 64, a. 295].

296. A protected person of full age may at any time after the release of protective supervision and, where applicable, after the rendering of account by the tutor or curator, confirm any act otherwise null.

[1991, c. 64, a. 296].

297. A vacancy in the office of curator, tutor or adviser does not terminate protective supervision.

The tutorship council shall, on the occurrence of a vacancy, initiate the appointment of a new curator or tutor; any interested person may also initiate such an appointment, as well as that of a new adviser.

[1991, c. 64, a. 297].

TITRE 5 ▬
DES PERSONNES MORALES

Chapitre I ▬
De la personnalité juridique

SECTION I ▬
DE LA CONSTITUTION ET DES ESPÈCES
DE PERSONNES MORALES

298. Les personnes morales ont la personnalité juridique.

Elles sont de droit public ou de droit privé.

[1991, c. 64, a. 298].

TITLE 5 ▬
LEGAL PERSONS

Chapter I ▬
Juridical personality

SECTION I ▬
CONSTITUTION AND KINDS OF LEGAL
PERSONS

298. Legal persons are endowed with juridical personality.

Legal persons are established in the public interest or for a private interest.

[1991, c. 64, a. 298].

Note : On notera l'importante différence de perspective que fait apparaître la formulation du deuxième alinéa entre les textes français et anglais. / The terminology used in the English and French texts of the second paragraph is founded on a marked difference of perspective.

▌ C.C.Q., 301-320; C.P.C., 828.

299. Les personnes morales sont constituées suivant les formes juridiques prévues par la loi, et parfois directement par la loi.

Elles existent à compter de l'entrée en vigueur de la loi ou au temps que celle-ci prévoit, si elles sont de droit public, ou si elles sont constituées directement par la loi ou par l'effet de celle-ci; autrement, elles existent au temps prévu par les lois qui leur sont applicables.

[1991, c. 64, a. 299].

▌ D.T., 30.

299. Legal persons are constituted in accordance with the juridical forms provided by law, and sometimes directly by law.

Legal persons exist from the coming into force of the Act or from the time provided therein if they are established in the public interest or are constituted directly by law or by operation of law; otherwise, they exist from the time provided by the Acts that are applicable to them.

[1991, c. 64, a. 299; I.N., 2014-05-01].

300. Les personnes morales de droit public sont d'abord régies par les lois particulières qui les constituent et par celles qui leur sont applicables; les personnes morales de droit privé sont d'abord régies par les lois applicables à leur espèce.

Les unes et les autres sont aussi régies par le présent code lorsqu'il y a lieu de compléter les dispositions de ces lois, notamment quant à leur statut de personne morale, leurs biens ou leurs rapports avec les autres personnes.

[1991, c. 64, a. 300].

▌ C.C.Q., 298, 299, 334, 1376.

300. Legal persons established in the public interest are primarily governed by the special Acts by which they are constituted and by those which are applicable to them; legal persons established for a private interest are primarily governed by the Acts applicable to their particular type.

Both kinds of legal persons are also governed by this Code where the provisions of such Acts require to be complemented, particularly with regard to their status as legal persons, their property or their relations with other persons.

[1991, c. 64, a. 300].

SECTION II —
DES EFFETS DE LA PERSONNALITÉ
JURIDIQUE

SECTION II —
EFFECTS OF JURIDICAL PERSONALITY

301. Les personnes morales ont la pleine jouissance des droits civils.

[1991, c. 64, a. 301].

▌ C.C.Q., 4-9, 303.

301. Legal persons have full enjoyment of civil rights.

[1991, c. 64, a. 301].

302. Les personnes morales sont titulaires d'un patrimoine qui peut, dans la seule mesure prévue par la loi, faire l'objet

302. Every legal person has a patrimony which may, to the extent provided by law, be divided or appropriated to a purpose. It

d'une division ou d'une affectation. Elles ont aussi des droits et obligations extrapatrimoniaux liés à leur nature.

[1991, c. 64, a. 302].

∎ C.C.Q., 2, 309, 315, 317.

303. Les personnes morales ont la capacité requise pour exercer tous leurs droits, et les dispositions du présent code relatives à l'exercice des droits civils par les personnes physiques leur sont applicables, compte tenu des adaptations nécessaires.

Elles n'ont d'autres incapacités que celles qui résultent de leur nature ou d'une disposition expresse de la loi.

[1991, c. 64, a. 303].

∎ C.C.Q., 4-9, 304, 783, 1123, 1272.

304. Les personnes morales ne peuvent exercer ni la tutelle ni la curatelle à la personne.

Elles peuvent cependant, dans la mesure où elles sont autorisées par la loi à agir à ce titre, exercer la charge de tuteur ou de curateur aux biens, de liquidateur d'une succession, de séquestre, de fiduciaire ou d'administrateur d'une autre personne morale.

[1991, c. 64, a. 304].

∎ C.C.Q., 189, 224, 783, 1272.

305. Les personnes morales ont un nom qui leur est donné au moment de leur constitution; elles exercent leurs droits et exécutent leurs obligations sous ce nom.

Ce nom doit être conforme à la loi et inclure, lorsque la loi le requiert, une mention indiquant clairement la forme juridique qu'elles empruntent.

[1991, c. 64, a. 305].

∎ C.P.C., 130.

306. La personne morale peut exercer une activité ou s'identifier sous un nom autre que le sien. Elle doit en donner avis au registraire des entreprises en lui produisant une déclaration en ce sens conformément à la *Loi sur la publicité légale des entrepri-*

also has the extra-patrimonial rights and obligations flowing from its nature.

[1991, c. 64, a. 302].

303. Legal persons have capacity to exercise all their rights, and the provisions of this Code concerning the exercise of civil rights by natural persons are applicable to them, adapted as required.

They have no incapacities other than those which may result from their nature or from an express provision of law.

[1991, c. 64, a. 303; I.N., 2014-05-01].

304. Legal persons may not exercise tutorship or curatorship to the person.

They may, however, to the extent that they are authorized by law to act as such, hold office as tutor or curator to property, liquidator of a succession, sequestrator, trustee or administrator of another legal person.

[1991, c. 64, a. 304].

305. Every legal person has a name which is assigned to it when it is constituted, and under which it exercises its rights and performs its obligations.

It shall be assigned a name which conforms to law and which includes, where required by law, an expression that clearly indicates the juridical form assumed by the legal person.

[1991, c. 64, a. 305].

306. A legal person may engage in an activity or identify itself under a name other than its own name. It shall give notice to the enterprise registrar by filing a declaration to that effect in accordance with the *Act respecting the legal publicity of enter-*

ses (chapitre P-44.1) et, si elle est un syndicat de copropriétaires, requérir l'inscription d'un tel avis sur le registre foncier.

[1991, c. 64, a. 306; 2000, c. 42, a. 1; 2002, c. 45, a. 157; 2010, c. 7, a. 164].

∎ C.C.Q., 358; C.P.C., 115.

307. La personne morale a son domicile aux lieu et adresse de son siège.

[1991, c. 64, a. 307].

∎ C.P.C., 130, 132.

308. La personne morale peut changer son nom ou son domicile en suivant la procédure établie par la loi.

[1991, c. 64, a. 308].

∎ C.C.Q., 305, 307.

309. Les personnes morales sont distinctes de leurs membres. Leurs actes n'engagent qu'elles-mêmes, sauf les exceptions prévues par la loi.

[1991, c. 64, a. 309].

∎ C.C.Q., 315.

310. Le fonctionnement, l'administration du patrimoine et l'activité des personnes morales sont réglés par la loi, l'acte constitutif et les règlements; dans la mesure où la loi le permet, ils peuvent aussi être réglés par une convention unanime des membres.

En cas de divergence entre l'acte constitutif et les règlements, l'acte constitutif prévaut.

[1991, c. 64, a. 310].

∎ C.C.Q., 335.

311. Les personnes morales agissent par leurs organes, tels le conseil d'administration et l'assemblée des membres.

[1991, c. 64, a. 311].

∎ C.C.Q., 335, 345.

312. La personne morale est représentée par ses dirigeants, qui l'obligent dans la

prises (chapter P-44.1) and, if the legal person is a syndicate of co-owners, apply for the registration of such a notice in the land register.

[1991, c. 64, a. 306; 2000, c. 42, s. 1; 2002, c. 45, s. 157; 2010, c. 7, s. 164].

307. The domicile of a legal person is at the place and address of its head office.

[1991, c. 64, a. 307].

308. A legal person may change its name or its domicile by following the procedure established by law.

[1991, c. 64, a. 308].

309. Legal persons are distinct from their members. Their acts bind none but themselves, except as provided by law.

[1991, c. 64, a. 309].

310. The functioning, the administration of the patrimony and the activities of a legal person are regulated by law, the constituting act and the by-laws; to the extent permitted by law, they may also be regulated by a unanimous agreement of the members.

In case of inconsistency between the constituting act and the by-laws, the constituting act prevails.

[1991, c. 64, a. 310].

311. Legal persons act through their organs, such as the board of directors and the general meeting of the members.

[1991, c. 64, a. 311].

312. A legal person is represented by its senior officers, who bind it to the extent of

mesure des pouvoirs que la loi, l'acte constitutif ou les règlements leur confèrent.

[1991, c. 64, a. 312].

▮ C.C.Q., 313; C.P.C., 61.

the powers vested in them by law, the constituting act or the by-laws.

[1991, c. 64, a. 312].

313. Les règlements de la personne morale établissent des rapports de nature contractuelle entre elle et ses membres.

[1991, c. 64, a. 313].

▮ C.C.Q., 309, 310.

313. The by-laws of a legal person establish contractual relations existing between the legal person and its members.

[1991, c. 64, a. 313; I.N., 2014-05-01].

314. L'existence d'une personne morale est perpétuelle, à moins que la loi ou l'acte constitutif n'en dispose autrement.

[1991, c. 64, a. 314].

▮ C.C.Q., 2228, 2260.

314. A legal person exists in perpetuity unless otherwise provided by law or its constituting act.

[1991, c. 64, a. 314].

315. Les membres d'une personne morale sont tenus envers elle de ce qu'ils promettent d'y apporter, à moins que la loi n'en dispose autrement.

[1991, c. 64, a. 315].

▮ C.C.Q., 2198-2218.

315. The members of a legal person are bound toward the legal person for anything they have promised to contribute to it, unless otherwise provided by law.

[1991, c. 64, a. 315; I.N., 2014-05-01].

316. En cas de fraude à l'égard de la personne morale, le tribunal peut, à la demande de tout intéressé, tenir les fondateurs, les administrateurs, les autres dirigeants ou les membres de la personne morale qui ont participé à l'acte reproché ou en ont tiré un profit personnel responsables, dans la mesure qu'il indique, du préjudice subi par la personne morale.

[1991, c. 64, a. 316].

▮ C.C.Q., 1457.

316. In case of fraud with regard to the legal person, the court may, on the application of an interested person, hold the founders, directors, other senior officers or members of the legal person who have participated in the alleged act or derived personal profit therefrom liable, to the extent it indicates, for any injury suffered by the legal person.

[1991, c. 64, a. 316; I.N., 2014-05-01].

317. La personnalité juridique d'une personne morale ne peut être invoquée à l'encontre d'une personne de bonne foi, dès lors qu'on invoque cette personnalité pour masquer la fraude, l'abus de droit ou une contravention à une règle intéressant l'ordre public.

[1991, c. 64, a. 317].

▮ C.P.C., 828.

317. The juridical personality of a legal person may not be invoked against a person in good faith so as to dissemble fraud, abuse of right or contravention of a rule of public order.

[1991, c. 64, a. 317; I.N., 2014-05-01].

318. Le tribunal peut, pour statuer sur l'action d'un tiers de bonne foi, décider qu'une personne ou un groupement qui n'a

318. The court, in deciding an action brought by a third person in good faith, may rule that a person or group not having

pas le statut de personne morale est tenu au même titre qu'une personne morale s'il a agi comme tel à l'égard de ce tiers.

[1991, c. 64, a. 318].

■ C.P.C., 828.

the status of a legal person is bound in the same way as a legal person, if the person or group acted as such towards the third person.

[1991, c. 64, a. 318; I.N., 2014-05-01].

319. La personne morale peut ratifier l'acte accompli pour elle avant sa constitution; elle est alors substituée à la personne qui a agi pour elle.

La ratification n'opère pas novation; la personne qui a agi a, dès lors, les mêmes droits et est soumise aux mêmes obligations qu'un mandataire à l'égard de la personne morale.

[1991, c. 64, a. 319].

■ C.C.Q., 320, 2138-2148.

319. A legal person may ratify an act performed for it before it was constituted; it is then substituted for the person who acted for it.

The ratification does not effect novation; the person who acted has thenceforth the same rights and is subject to the same obligations as a mandatary with respect to the legal person.

[1991, c. 64, a. 319; I.N., 2014-05-01].

320. Celui qui agit pour une personne morale avant qu'elle ne soit constituée est tenu des obligations ainsi contractées, à moins que le contrat ne stipule autrement et ne mentionne la possibilité que la personne morale ne soit pas constituée ou n'assume pas les obligations ainsi souscrites.

[1991, c. 64, a. 320].

■ C.C.Q., 319.

320. A person who acts for a legal person before it is constituted is bound by the obligations so contracted, unless the contract stipulates otherwise and includes a statement to the effect that the legal person might not be constituted or might not assume the obligations subscribed in the contract.

[1991, c. 64, a. 320].

SECTION III —
DES OBLIGATIONS DES ADMINISTRATEURS ET DE LEURS INHABILITÉS

SECTION III —
OBLIGATIONS AND DISQUALIFICATION OF DIRECTORS

321. L'administrateur est considéré comme mandataire de la personne morale. Il doit, dans l'exercice de ses fonctions, respecter les obligations que la loi, l'acte constitutif et les règlements lui imposent et agir dans les limites des pouvoirs qui lui sont conférés.

[1991, c. 64, a. 321].

■ C.C.Q., 322, 2138-2148.

321. A director is considered to be the mandatary of the legal person. He shall, in the performance of his duties, conform to the obligations imposed on him by law, the constituting act or the by-laws and he shall act within the limits of the powers conferred on him.

[1991, c. 64, a. 321].

322. L'administrateur doit agir avec prudence et diligence.

322. A director shall act with prudence and diligence.

Il doit aussi agir avec honnêteté et loyauté dans l'intérêt de la personne morale.

[1991, c. 64, a. 322].

Note : Comp. a. 1309.

▮ C.C.Q., 321, 1309, 1375, 2088, 2138.

He shall also act with honesty and loyalty in the interest of the legal person.

[1991, c. 64, a. 322; 2002, c. 19, s. 15].

323. L'administrateur ne peut confondre les biens de la personne morale avec les siens; il ne peut utiliser, à son profit ou au profit d'un tiers, les biens de la personne morale ou l'information qu'il obtient en raison de ses fonctions, à moins qu'il ne soit autorisé à le faire par les membres de la personne morale.

[1991, c. 64, a. 323].

▮ C.C.Q., 1313, 1314, 2146.

323. No director may mingle the property of the legal person with his own property nor may he use for his own profit or that of a third person any property of the legal person or any information he obtains by reason of his duties, unless he is authorized to do so by the members of the legal person.

[1991, c. 64, a. 323].

324. L'administrateur doit éviter de se placer dans une situation de conflit entre son intérêt personnel et ses obligations d'administrateur.

Il doit dénoncer à la personne morale tout intérêt qu'il a dans une entreprise ou une association susceptible de le placer en situation de conflit d'intérêts, ainsi que les droits qu'il peut faire valoir contre elle, en indiquant, le cas échéant, leur nature et leur valeur. Cette dénonciation d'intérêt est consignée au procès-verbal des délibérations du conseil d'administration ou à ce qui en tient lieu.

[1991, c. 64, a. 324].

▮ C.C.Q., 322, 323, 1310, 1311; C.P.C., 828.

324. A director shall avoid placing himself in any situation where his personal interest would be in conflict with his obligations as a director.

A director shall declare to the legal person any interest he has in an enterprise or association that may place him in a situation of conflict of interest and of any right he may set up against it, indicating their nature and value, where applicable. The declaration of interest is recorded in the minutes of the proceedings of the board of directors or the equivalent.

[1991, c. 64, a. 324].

325. Tout administrateur peut, même dans l'exercice de ses fonctions, acquérir, directement ou indirectement, des droits dans les biens qu'il administre ou contracter avec la personne morale.

Il doit signaler aussitôt le fait à la personne morale, en indiquant la nature et la valeur des droits qu'il acquiert, et demander que le fait soit consigné au procès-verbal des délibérations du conseil d'administration ou à ce qui en tient lieu. Il doit, sauf nécessité, s'abstenir de délibérer et de voter sur la question. La présente règle ne s'applique pas, toutefois, aux questions qui

325. A director may, even in carrying on his duties, acquire, directly or indirectly, rights in the property under his administration or enter into contracts with the legal person.

The director shall immediately inform the legal person of any acquisition or contract described in the first paragraph, indicating the nature and value of the rights he is acquiring, and request that the fact be recorded in the minutes of proceedings of the board of directors or the equivalent. He shall abstain, except if required, from the discussion and voting on the question.

concernent la rémunération de l'administrateur ou ses conditions de travail.

[1991, c. 64, a. 325].

❚ C.C.Q., 321-324, 1312.

326. Lorsque l'administrateur de la personne morale omet de dénoncer correctement et sans délai une acquisition ou un contrat, le tribunal, à la demande de la personne morale ou d'un membre, peut, entre autres mesures, annuler l'acte ou ordonner à l'administrateur de rendre compte et de remettre à la personne morale le profit réalisé ou l'avantage reçu.

L'action doit être intentée dans l'année qui suit la connaissance de l'acquisition ou du contrat.

[1991, c. 64, a. 326].

❚ C.C.Q., 325; C.P.C., 828.

327. Sont inhabiles à être administrateurs les mineurs, les majeurs en tutelle ou en curatelle, les faillis et les personnes à qui le tribunal interdit l'exercice de cette fonction.

Cependant, les mineurs et les majeurs en tutelle peuvent être administrateurs d'une association constituée en personne morale qui n'a pas pour but de réaliser des bénéfices pécuniaires et dont l'objet les concerne.

[1991, c. 64, a. 327].

❚ C.C.Q., 329.

328. Les actes des administrateurs ou des autres dirigeants ne peuvent être annulés pour le seul motif que ces derniers étaient inhabiles ou que leur désignation était irrégulière.

[1991, c. 64, a. 328].

❚ C.C.Q., 327, 329.

329. Le tribunal peut, à la demande de tout intéressé, interdire l'exercice de la fonction d'administrateur d'une personne morale à toute personne trouvée coupable d'un acte criminel comportant fraude ou malhonnêteté, dans une matière reliée aux personnes morales, ainsi qu'à toute per-

This rule does not, however, apply to matters concerning the remuneration or conditions of employment of the director.

[1991, c. 64, a. 325].

326. Where the director of a legal person fails to give information correctly and immediately of an acquisition or a contract, the court, on the application of the legal person or a member, may, among other measures, annul the act or order the director to render account and to remit the profit or benefit realized to the legal person.

The action may be brought only within one year after knowledge is gained of the acquisition or contract.

[1991, c. 64, a. 326].

327. Minors, persons of full age under tutorship or curatorship, bankrupts and persons prohibited by the court from holding such office are disqualified for office as directors.

However, minors and persons of full age under tutorship may be directors of associations constituted as legal persons that do not aim to make pecuniary profits and whose objects concern them.

[1991, c. 64, a. 327].

328. The acts of a director or senior officer may not be annulled on the sole ground that he was disqualified or that his designation was irregular.

[1991, c. 64, a. 328].

329. The court, on the application of an interested person, may prohibit a person from holding office as a director of a legal person if the person has been found guilty of an indictable offence involving fraud or dishonesty in a matter related to legal persons, or who has repeatedly violated the

sonne qui, de façon répétée, enfreint les lois relatives aux personnes morales ou manque à ses obligations d'administrateur.

[1991, c. 64, a. 329].

▌ C.C.Q., 327.

laws relating to legal persons or failed to fulfil his obligations as a director.

[1991, c. 64, a. 329; I.N., 2014-05-01].

330. L'interdiction ne peut excéder cinq ans à compter du dernier acte reproché.

Le tribunal peut, à la demande de la personne concernée, lever l'interdiction aux conditions qu'il juge appropriées.

[1991, c. 64, a. 330].

▌ C.C.Q., 327, 329.

330. No prohibition may extend beyond five years from the latest act charged.

The court may lift the prohibition under the conditions it sees fit, on the application of the person concerned by the prohibition.

[1991, c. 64, a. 330].

SECTION IV —
DE L'ATTRIBUTION JUDICIAIRE DE LA PERSONNALITÉ

SECTION IV —
JUDICIAL ATTRIBUTION OF PERSONALITY

331. La personnalité juridique peut, rétroactivement, être conférée par le tribunal à une personne morale qui, avant qu'elle ne soit constituée, a présenté de façon publique, continue et non équivoque, toutes les apparences d'une personne morale et a agi comme telle tant à l'égard de ses membres que des tiers.

L'autorité qui, à l'origine, aurait dû en contrôler la constitution doit, au préalable, consentir à la demande.

[1991, c. 64, a. 331].

331. Juridical personality may be conferred retroactively by the court on a legal person which, before being constituted, had publicly, continuously and unequivocally all the appearances of a legal person and acted as such towards both its members and third persons.

The authority that should originally have overseen the constitution of the legal person must first consent to the application.

[1991, c. 64, a. 331; I.N., 2014-05-01].

332. Tout intéressé peut intervenir dans l'instance, ou se pourvoir contre le jugement qui, en fraude de ses droits, a attribué la personnalité.

[1991, c. 64, a. 332].

▌ C.P.C., 828.

332. Any interested person may intervene in the proceedings or contest a judgment which, in fraud of his rights, has attributed juridical personality.

[1991, c. 64, a. 332; 2002, c. 19, s. 15].

333. Le jugement confère la personnalité juridique à compter de la date qu'il indique. Il ne modifie en rien les droits et obligations existant à cette date.

Une copie en est transmise sans délai, par le greffier du tribunal, à l'autorité qui a reçu ou délivré l'acte constitutif de la personne morale. Avis du jugement doit être

333. The judgment confers juridical personality from the date it indicates. It in no way alters the rights and obligations existing on that date.

A copy of the judgment is transmitted without delay by the clerk of the court to the authority which accepted or issued the constituting act of the legal person. Notice

publié par cette autorité à la *Gazette officielle du Québec*.

[1991, c. 64, a. 333].

❚ C.C.Q., 331, 332.

of the judgment shall be published by the authority in the *Gazette officielle du Québec*.

[1991, c. 64, a. 333; I.N., 2014-05-01].

Chapitre II ——
Des dispositions applicables à certaines personnes morales

Chapter II ——
Provisions applicable to certain legal persons

334. Les personnes morales qui empruntent une forme juridique régie par un autre titre de ce code sont soumises aux règles du présent chapitre; il en est de même de toute autre personne morale, si la loi qui la constitue ou qui lui est applicable le prévoit ou si cette loi n'indique aucun autre régime de fonctionnement, de dissolution ou de liquidation.

Elles peuvent cependant, dans leurs règlements, déroger aux règles établies pour leur fonctionnement, à condition, toutefois, que les droits des membres soient préservés.

[1991, c. 64, a. 334].

❚ C.C.Q., 313.

334. Legal persons assuming a juridical form governed by another title of this Code are subject to the rules of this chapter; the same applies to any other legal person if the Act by which it is constituted or which applies to it so provides or indicates no other rules of functioning, dissolution or liquidation.

They may, however, make derogations in their by-laws from the rules concerning their functioning, provided the rights of the members are safeguarded.

[1991, c. 64, a. 334].

SECTION I ——
DU FONCTIONNEMENT DES PERSONNES MORALES

SECTION I ——
FUNCTIONAL STRUCTURE OF LEGAL PERSONS

§ 1. —— De l'administration

§ 1. —— Administration

335. Le conseil d'administration gère les affaires de la personne morale et exerce tous les pouvoirs nécessaires à cette fin; il peut créer des postes de direction et d'autres organes, et déléguer aux titulaires de ces postes et à ces organes l'exercice de certains de ces pouvoirs.

Il adopte et met en vigueur les règlements de gestion, sauf à les faire ratifier par les membres à l'assemblée qui suit.

[1991, c. 64, a. 335].

❚ C.C.Q., 310, 311, 321-326.

335. The board of directors manages the affairs of the legal person and exercises all the powers necessary for that purpose; it may create management positions and other organs, and delegate the exercise of certain powers to the holders of those positions and to those organs.

The board of directors adopts and implements management by-laws, subject to approval by the members at the next general meeting.

[1991, c. 64, a. 335].

336. Les décisions du conseil d'administration sont prises à la majorité des voix des administrateurs.

[1991, c. 64, a. 336].

❚ C.C.Q., 335.

337. Tout administrateur est responsable, avec ses coadministrateurs, des décisions du conseil d'administration, à moins qu'il n'ait fait consigner sa dissidence au procès-verbal des délibérations ou à ce qui en tient lieu.

Toutefois, un administrateur absent à une réunion du conseil est présumé ne pas avoir approuvé les décisions prises lors de cette réunion.

[1991, c. 64, a. 337].

338. Les administrateurs de la personne morale sont désignés par les membres.

Nul ne peut être désigné comme administrateur s'il n'y consent expressément.

[1991, c. 64, a. 338].

❚ C.C.Q., 311.

339. La durée du mandat des administrateurs est d'un an; à l'expiration de ce temps, leur mandat se continue s'il n'est pas dénoncé.

[1991, c. 64, a. 339].

❚ C.C.Q., 338.

340. Les administrateurs comblent les vacances au sein du conseil. Ces vacances ne les empêchent pas d'agir; si leur nombre est devenu inférieur au quorum, ceux qui restent peuvent valablement convoquer les membres.

[1991, c. 64, a. 340].

❚ C.C.Q., 338, 339.

341. Si, en cas d'empêchement ou par suite de l'opposition systématique de certains administrateurs, le conseil ne peut plus agir selon la règle de la majorité ou selon une autre proportion prévue, les autres peuvent agir seuls pour les actes con-

336. The decisions of the board of directors are taken by the vote of a majority of the directors.

[1991, c. 64, a. 336].

337. Every director is, with the other directors, liable for the decisions taken by the board of directors unless he requested that his dissent be recorded in the minutes of proceedings or the equivalent.

However, a director who was absent from a meeting of the board is presumed not to have approved the decisions taken at that meeting.

[1991, c. 64, a. 337].

338. The directors of a legal person are designated by the members.

No person may be designated as a director without his express consent.

[1991, c. 64, a. 338].

339. The term of office of directors is one year; at the expiry of that period, their term continues unless it is revoked.

[1991, c. 64, a. 339].

340. The directors fill the vacancies on the board. Vacancies on the board do not prevent the directors from acting; if their number has become less than a quorum, the remaining directors may validly convene the members.

[1991, c. 64, a. 340].

341. Where the board is prevented from acting according to majority rule or another specified proportion owing to an impediment or the systematic opposition of some directors, the others may act alone for conservatory acts; they may also, with

servatoires; ils peuvent aussi agir seuls pour des actes qui demandent célérité, s'ils y sont autorisés par le tribunal.

the authorization of the court, act alone for acts requiring immediate action.

Lorsque la situation persiste et que l'administration s'en trouve sérieusement entravée, le tribunal peut, à la demande d'un intéressé, dispenser les administrateurs d'agir suivant la proportion prévue, diviser leurs fonctions, accorder une voix prépondérante à l'un d'eux ou rendre toute ordonnance qu'il estime appropriée suivant les circonstances.

[1991, c. 64, a. 341].

Where the situation persists and the administration is seriously impeded as a result, the court, on the application of an interested person, may exempt the directors from acting in the specified proportion, divide their duties, grant a casting vote to one of them or make any order it sees fit in the circumstances.

[1991, c. 64, a. 341; I.N., 2014-05-01].

❚ C.C.Q., 336.

342. Le conseil d'administration tient la liste des membres, ainsi que les livres et registres nécessaires au bon fonctionnement de la personne morale.

Ces documents sont la propriété de la personne morale et les membres y ont accès.

[1991, c. 64, a. 342].

342. The board of directors keeps the list of members and the books and registers necessary for the proper functioning of the legal person.

The documents referred to in the first paragraph are the property of the legal person and the members have access to them.

[1991, c. 64, a. 342].

❚ C.C.Q., 335.

343. Le conseil d'administration peut désigner une personne pour tenir les livres et registres de la personne morale.

Cette personne peut délivrer des copies des documents dont elle est dépositaire; jusqu'à preuve du contraire, ces copies font preuve de leur contenu, sans qu'il soit nécessaire de prouver la signature qui y est apposée ni l'autorité de son auteur.

[1991, c. 64, a. 343].

343. The board of directors may designate a person to keep the books and registers of the legal person.

The designated person may issue copies of the documents deposited with him; until proof to the contrary, the copies are proof of their contents without any requirement to prove the signature affixed to them or the authority of the author.

[1991, c. 64, a. 343].

❚ C.C.Q., 335, 342.

344. Les administrateurs peuvent, si tous sont d'accord, participer à une réunion du conseil d'administration à l'aide de moyens permettant à tous les participants de communiquer immédiatement entre eux.

[1991, c. 64, a. 344].

344. If all the directors are in agreement, they may participate in a meeting of the board of directors by the use of a means which allows all those participating to communicate directly with each other.

[1991, c. 64, a. 344].

❚ C.C.Q., 335.

§ 2. — De l'assemblée des membres

345. L'assemblée des membres est convoquée chaque année par le conseil d'administration, ou suivant ses directives, dans les six mois de la clôture de l'exercice financier.

La première assemblée est réunie dans les six mois qui suivent la constitution de la personne morale.

[1991, c. 64, a. 345].

■ C.C.Q., 335.

346. L'avis de convocation de l'assemblée annuelle indique la date, l'heure et le lieu où elle est tenue, ainsi que l'ordre du jour; il est envoyé à chacun des membres habiles à y assister, au moins dix jours, mais pas plus de quarante-cinq jours, avant l'assemblée.

Il n'est pas nécessaire de mentionner à l'ordre du jour de l'assemblée annuelle les questions qui y sont ordinairement traitées.

[1991, c. 64, a. 346].

■ C.C.Q., 345.

347. L'avis de convocation de l'assemblée annuelle est accompagné du bilan, de l'état des résultats de l'exercice écoulé et d'un état des dettes et créances.

[1991, c. 64, a. 347].

■ C.C.Q., 345, 346.

348. L'assemblée des membres ne peut délibérer sur d'autres questions que celles figurant à l'ordre du jour, à moins que tous les membres qui devaient être convoqués ne soient présents et n'y consentent. Cependant, lors de l'assemblée annuelle, chacun peut soulever toute question d'intérêt pour la personne morale ou ses membres.

[1991, c. 64, a. 348].

■ C.C.Q., 345, 346.

§ 2. — General meeting

345. The general meeting is convened each year by the board of directors, or following its directives, within six months after the close of the financial period.

The first general meeting is held within six months from the constitution of the legal person.

[1991, c. 64, a. 345].

346. The notice convening the annual general meeting indicates the date, time and place of the meeting and the agenda; it is sent to each member qualified to attend, not less than ten but not more than forty-five days before the meeting.

Ordinary business need not be mentioned in the agenda of the annual meeting.

[1991, c. 64, a. 346].

347. The notice convening the annual general meeting is accompanied by the balance sheet, the statement of income for the preceding financial period and a statement of debts and claims.

[1991, c. 64, a. 347; I.N., 2014-05-01].

348. No business may be discussed at a general meeting except that appearing on the agenda, unless all the members entitled to be convened are present and consent. However, at an annual meeting, each member may raise any question of interest to the legal person or its members.

[1991, c. 64, a. 348].

349. L'assemblée ne délibère valablement que si la majorité des voix qui peuvent s'exprimer sont présentes ou représentées.
[1991, c. 64, a. 349].

❚ C.C.Q., 345, 348.

349. The proceedings of the general meeting are invalid unless a majority of the members qualified to vote are present or represented.
[1991, c. 64, a. 349].

350. Un membre peut se faire représenter à une assemblée s'il donne un mandat écrit à cet effet.
[1991, c. 64, a. 350].

❚ C.C.Q., 346.

350. A member may be represented at a general meeting if he has given a written mandate to that effect.
[1991, c. 64, a. 350].

351. Les décisions de l'assemblée se prennent à la majorité des voix exprimées.

Le vote des membres se fait à main levée ou, sur demande, au scrutin secret.
[1991, c. 64, a. 351].

❚ C.C.Q., 349.

351. Decisions of the meeting are taken by a majority of the votes cast.

The vote of the members is taken by a show of hands or, upon request, by secret ballot.
[1991, c. 64, a. 351; I.N., 2014-05-01].

352. S'ils représentent 10% des voix, des membres peuvent requérir des administrateurs ou du secrétaire la convocation d'une assemblée annuelle ou extraordinaire en précisant, dans un avis écrit, les questions qui devront y être traitées.

À défaut par les administrateurs ou le secrétaire d'agir dans un délai de vingt et un jours à compter de la réception de l'avis, tout membre signataire de l'avis peut convoquer l'assemblée.

La personne morale est tenue de rembourser aux membres les frais utiles qu'ils ont pris en charge pour tenir l'assemblée, à moins que celle-ci n'en décide autrement.
[1991, c. 64, a. 352].

❚ C.C.Q., 345.

352. If they represent 10 % of the votes, members may require the directors or the secretary to convene an annual or special general meeting, stating in a written notice the business to be transacted at the meeting.

If the directors or the secretary fail to act within 21 days after receiving the notice, any of the members who signed it may convene the meeting.

The legal person is bound to reimburse to the members the useful expenses incurred by them to hold the meeting, unless the meeting decides otherwise.
[1991, c. 64, a. 352; 2002, c. 19, s. 15; I.N., 2014-05-01].

§ 3. —— Des dispositions communes aux réunions d'administrateurs et aux assemblées de membres

§ 3. —— Provisions common to meetings of directors and general meetings

353. Les administrateurs ou les membres peuvent renoncer à l'avis de convocation à

353. The directors or the members may waive the notice convening a meeting of

une réunion du conseil d'administration, à une assemblée des membres ou à une séance d'un autre organe.

Leur seule présence équivaut à une renonciation à l'avis de convocation, à moins qu'ils ne soient là pour contester la régularité de la convocation.

[1991, c. 64, a. 353].

█ C.C.Q., 345, 346.

354. Les résolutions écrites, signées par toutes les personnes habiles à voter, ont la même valeur que si elles avaient été adoptées lors d'une réunion du conseil d'administration, d'une assemblée des membres ou d'une séance d'un autre organe.

Un exemplaire de ces résolutions est conservé avec les procès-verbaux des délibérations ou ce qui en tient lieu.

[1991, c. 64, a. 354].

█ C.C.Q., 337, 345.

SECTION II —
DE LA DISSOLUTION ET DE LA
LIQUIDATION DES PERSONNES MORALES

355. La personne morale est dissoute par l'annulation de son acte constitutif ou pour toute autre cause prévue par l'acte constitutif ou par la loi.

Elle est aussi dissoute lorsque le tribunal constate l'avènement de la condition apposée à l'acte constitutif, l'accomplissement de l'objet pour lequel la personne morale a été constituée ou l'impossibilité d'accomplir cet objet ou encore l'existence d'une autre cause légitime.

[1991, c. 64, a. 355].

█ C.C.Q., 2230-2235, 2258.

356. La personne morale peut aussi être dissoute du consentement d'au moins les deux tiers des voix exprimées à une assemblée des membres convoquée expressément à cette fin.

L'avis de convocation doit être envoyé au moins trente jours, mais pas plus de qua-

the board of directors, a general meeting or a meeting of any other organ.

The mere presence of the directors or the members is equivalent to a waiver of the convening notice unless they are attending to object that the meeting was not regularly convened.

[1991, c. 64, a. 353].

354. Resolutions in writing signed by all the persons qualified to vote at a meeting are as valid as if passed at a meeting of the board of directors, at a general meeting or at a meeting of any other organ.

A copy of the resolutions is kept with the minutes of proceedings or the equivalent.

[1991, c. 64, a. 354].

SECTION II —
DISSOLUTION AND LIQUIDATION OF
LEGAL PERSONS

355. A legal person is dissolved by the annulment of its constituting act or for any other cause provided for by the constituting act or by law.

It is also dissolved where the court confirms the fulfilment of the condition attached to the constituting act, the accomplishment of the object for which the legal person was constituted, or the impossibility of accomplishing that object, or the existence of some other legitimate cause.

[1991, c. 64, a. 355

356. A legal person may also be dissolved by consent of not less than two-thirds of the votes cast at a general meeting convened expressly for that purpose.

The notice convening the meeting shall be sent not less than 30 days but not more

rante-cinq jours, avant la date de l'assemblée et non à contretemps.

[1991, c. 64, a. 356].

▪ C.C.Q., 2226, 2230, 2258.

than 45 days before the meeting and not at an inopportune moment.

[1991, c. 64, a. 356; I.N., 2014-05-01].

357. La personnalité juridique de la personne morale subsiste aux fins de la liquidation.

[1991, c. 64, a. 357].

▪ C.C.Q., 298.

357. The juridical personality of the legal person continues to exist for the purposes of the liquidation.

[1991, c. 64, a. 357].

358. Les administrateurs doivent donner un avis de la dissolution au registraire des entreprises en lui produisant une déclaration en ce sens conformément à la *Loi sur la publicité légale des entreprises* (chapitre P-44.1) et, s'il s'agit d'un syndicat de copropriétaires, requérir l'inscription d'un tel avis sur le registre foncier. De plus, ils doivent désigner, conformément aux règlements, un liquidateur qui doit procéder immédiatement à la liquidation.

À défaut de respecter ces obligations, les administrateurs peuvent être tenus responsables des actes de la personne morale, et tout intéressé peut s'adresser au tribunal pour que celui-ci désigne un liquidateur.

[1991, c. 64, a. 358; 2000, c. 42, a. 2; 2002, c. 45, a. 158; 2010, c. 7, a. 165].

▪ C.C.Q., 306, 2235, 2264, 2266.

358. The directors shall give notice of the dissolution to the enterprise registrar by filing a declaration to that effect in accordance with the *Act respecting the legal publicity of enterprises* (chapter P-44.1) and, if the legal person is a syndicate of co-owners, apply for the registration of the notice in the land register. They shall also appoint a liquidator, according to the by-laws, who shall proceed immediately with the liquidation.

If the directors fail to fulfil these obligations, they may be held liable for the acts of the legal person, and any interested person may apply to the court for the appointment of a liquidator.

[1991, c. 64, a. 358; 2000, c. 42, s. 2; 2002, c. 45, s. 158; 2010, c. 7, s. 165].

359. Un avis de la nomination du liquidateur, comme de toute révocation, est produit au même lieu et de la même manière que l'avis de dissolution. La nomination et la révocation sont opposables aux tiers à compter du dépôt de l'avis au registre des entreprises visé au chapitre II de la *Loi sur la publicité légale des entreprises* (chapitre P-44.1).

[1991, c. 64, a. 359; 2010, c. 7, a. 166; 2010, c. 40, a. 92].

▪ C.C.Q., 358, 2235, 2264, 2266.

359. Notice of the appointment of a liquidator, as also of any revocation, is filed in the same place and in the same manner as the notice of dissolution. The appointment and revocation may be set up against third persons from the filing of the notice in the enterprise register kept under Chapter II of the *Act respecting the legal publicity of enterprises* (chapter P-44.1).

[1991, c. 64, a. 359; 2010, c. 7, s. 166; 2010, c. 40, s. 92].

360. Le liquidateur a la saisine des biens de la personne morale; il agit à titre d'administrateur du bien d'autrui chargé de la pleine administration.

Il a le droit d'exiger des administrateurs et

360. The liquidator is seised of the property of the legal person and acts as an administrator of the property of others charged with full administration.

The liquidator is entitled to require from

des membres de la personne morale tout document et toute explication concernant les droits et les obligations de la personne morale.

[1991, c. 64, a. 360].

❚ C.C.Q., 2235, 2264, 2266.

the directors and the members of the legal person any document and any explanation concerning the rights and obligations of the legal person.

[1991, c. 64, a. 360; I.N., 2014-05-01].

361. Le liquidateur procède au paiement des dettes, puis au remboursement des apports.

Il procède ensuite, sous réserve des dispositions de l'alinéa suivant, au partage de l'actif entre les membres, en proportion de leurs droits ou, autrement, en parts égales; il suit, au besoin, les règles relatives au partage d'un bien indivis. S'il subsiste un reliquat, il est dévolu à l'État.

Si l'actif comprend des biens provenant des contributions de tiers, le liquidateur doit remettre ces biens à une autre personne morale ou à une fiducie partageant des objectifs semblables à la personne morale liquidée; à défaut de pouvoir être ainsi employés, ces biens sont dévolus à l'État ou, s'ils sont de peu d'importance, partagés également entre les membres.

[1991, c. 64, a. 361].

❚ C.C.Q., 360, 2279.

361. The liquidator first repays the debts, then effects the reimbursement of the capital contributions.

The liquidator, subject to the provisions of the following paragraph, then partitions the assets among the members in proportion to their rights or, otherwise, in equal portions, following if need be the rules relating to the partition of property in undivided co-ownership. Any residue devolves to the State.

If the assets include property coming from contributions of third persons, the liquidator shall remit such property to another legal person or a trust sharing objectives similar to those of the legal person being liquidated; if that is not possible, it devolves to the State or, if of little value, is shared equally among the members.

[1991, c. 64, a. 361].

362. Le liquidateur conserve les livres et registres de la personne morale pendant les cinq années qui suivent la clôture de la liquidation; il les conserve pour une plus longue période si les livres et registres sont requis en preuve dans une instance.

Par la suite, il en dispose à son gré.

[1991, c. 64, a. 362].

❚ C.C.Q., 360.

362. The liquidator retains the books and records of the legal person for five years from the closing of the liquidation; he holds them for a longer period if the books and records are required as evidence in proceedings.

He disposes of them thereafter as he sees fit.

[1991, c. 64, a. 362; I.N., 2014-05-01].

363. À moins que le liquidateur n'obtienne une prolongation du tribunal, le ministre du Revenu entreprend ou poursuit la liquidation qui n'est pas terminée dans les cinq ans qui suivent le dépôt de l'avis de dissolution.

363. Unless the liquidator obtains an extension from the court, the Minister of Revenue undertakes or continues a liquidation that is not terminated within five years from the filing of the notice of dissolution.

Le ministre du Revenu a alors les mêmes droits et obligations qu'un liquidateur.

[1991, c. 64, a. 363; 2005, c. 44, a. 54].

❚ C.C.Q., 362.

The Minister of Revenue has, in that case, the same rights and obligations as a liquidator.

[1991, c. 64, a. 363; 2005, c. 44, s. 54].

364. La liquidation de la personne morale est close par la production de l'avis de clôture au même lieu et de la même manière que l'avis de dissolution. Le cas échéant, le dépôt de cet avis au registre opère radiation de toute inscription concernant la personne morale.

[1991, c. 64, a. 364; 2010, c. 7, a. 167].

❚ C.C.Q., 358.

364. The liquidation of a legal person is closed by the filing of a notice of closure in the same place and in the same manner as the notice of dissolution. The filing of the notice in the register cancels any other registrations concerning the legal person.

[1991, c. 64, a. 364; 2010, c. 7, s. 167].

LIVRE 2 —
DE LA FAMILLE

BOOK 2 —
THE FAMILY

TITRE 1 —
DU MARIAGE

TITLE 1 —
MARRIAGE

Chapitre I —
Du mariage et de sa célébration

Chapter I —
Marriage and solemnization of marriage

365. Le mariage doit être contracté publiquement devant un célébrant compétent et en présence de deux témoins.

[1991, c. 64, a. 365; 2002, c. 6, a. 22].

❚ C.C.Q., 1386, 1398, 1399.

365. Marriage shall be contracted openly, in the presence of two witnesses, before a competent officiant.

[1991, c. 64, a. 365; 2002, c. 6, s. 22].

366. Sont des célébrants compétents pour célébrer les mariages, les greffiers et greffiers-adjoints de la Cour supérieure désignés par le ministre de la Justice, les notaires habilités par la loi à recevoir des actes notariés ainsi que, sur le territoire défini dans son acte de désignation, toute autre personne désignée par le ministre de la Justice, notamment des maires, d'autres membres des conseils municipaux ou des conseils d'arrondissements et des fonctionnaires municipaux.

Le sont aussi les ministres du culte habilités à le faire par la société religieuse à laquelle ils appartiennent, pourvu qu'ils résident au Québec et que le ressort dans

366. Every clerk or deputy clerk of the Superior Court designated by the Minister of Justice, every notary authorized by law to execute notarial acts and, within the territory defined in the instrument of designation, any other person designated by the Minister of Justice, including mayors, members of municipal or borough councils and municipal officers, is competent to solemnize marriage.

In addition, every minister of religion authorized to solemnize marriage by the religious society to which he belongs is competent to do so, provided that he is res-

lequel ils exercent leur ministère soit situé en tout ou en partie au Québec, que l'existence, les rites et les cérémonies de leur confession aient un caractère permanent, qu'ils célèbrent les mariages dans des lieux conformes à ces rites ou aux règles prescrites par le ministre de la Justice et qu'ils soient autorisés par ce dernier.

Les ministres du culte qui, sans résider au Québec, y demeurent temporairement peuvent aussi être autorisés à y célébrer des mariages pour un temps qu'il appartient au ministre de la Justice de fixer.

Sont également compétentes pour célébrer les mariages sur le territoire défini dans une entente conclue entre le gouvernement et une communauté mohawk les personnes désignées par le ministre de la Justice et la communauté.

[1991, c. 64, a. 366; 1996, c. 21, a. 28; 1999, c. 53, a. 20; 2002, c. 6, a. 23; 2007, c. 32, a. 10].

▌ C.C.Q., 365.

367. Aucun ministre du culte ne peut être contraint à célébrer un mariage contre lequel il existe quelque empêchement selon sa religion et la discipline de la société religieuse[1] à laquelle il appartient.

[1991, c. 64, a. 367].

Note 1 : Comp. a. 121.2.

▌ C.C.Q., 365, 366.

368. On doit, avant de procéder à la célébration d'un mariage, faire une publication par voie d'affiche apposée, pendant vingt jours avant la date prévue pour la célébration, au lieu où doit être célébré le mariage. Aucune publication n'est toutefois exigée lorsque les futurs époux sont déjà unis civilement.

Au moment de la publication ou de la demande de dispense, les époux doivent être informés de l'opportunité d'un examen médical prénuptial.

[1991, c. 64, a. 368; 2004, c. 23, a. 5].

▌ C.C.Q., 369.

ident in Québec, that he carries on the whole or part of his ministry in Québec, that the existence, rites and ceremonies of his confession are of a permanent nature, that he solemnizes marriages in places which conform to those rites or to the rules prescribed by the Minister of Justice and that he is authorized by the latter.

Any minister of religion not resident but living temporarily in Québec may also be authorized to solemnize marriage in Québec for such time as the Minister of Justice determines.

In the territory defined in an agreement concluded between the Government and a Mohawk community, the persons designated by the Minister of Justice and the community are also competent to solemnize marriages.

[1991, c. 64, a. 366; 1996, c. 21, s. 28; 1999, c. 53, s. 20; 2002, c. 6, s. 23; 2004, c. 5, s. 1; 2007, c. 32, s. 10; I.N., 2014-05-01].

367. No minister of religion may be compelled to solemnize a marriage to which there is any impediment according to his religion and to the discipline of the religious society[1] to which he belongs.

[1991, c. 64, a. 367].

368. Before the solemnization of a marriage, publication shall be effected by means of a notice posted up, for twenty days before the date fixed for the marriage, at the place where the marriage is to be solemnized. No publication is required if the intended spouses are already in a civil union.

At the time of the publication or of the application for a dispensation, the spouses shall be informed of the advisability of a premarital medical examination.

[1991, c. 64, a. 368; 2004, c. 23, s. 5].

369. La publication de mariage énonce les nom et domicile de chacun des futurs époux, ainsi que la date et le lieu de leur naissance. L'exactitude de ces énonciations est attestée par un témoin majeur.

[1991, c. 64, a. 369].

❚ C.C.Q., 368.

369. The publication sets forth the name and domicile of each of the intended spouses, and the date and place of birth of each. The correctness of these particulars is confirmed by a witness of full age.

1991, c. 64, a. 369].

370. Le célébrant peut, pour un motif sérieux, accorder une dispense de publication.

[1991, c. 64, a. 370].

❚ C.C.Q., 120, 368.

370. The officiant may, for a serious reason, grant a dispensation from publication.

[1991, c. 64, a. 370].

371. Si le mariage n'est pas célébré dans les trois mois à compter de la vingtième journée de la publication, celle-ci doit être faite de nouveau.

[1991, c. 64, a. 371].

❚ C.C.Q., 368.

371. If a marriage is not solemnized within three months from the twentieth day after publication, the publication shall be renewed.

[1991, c. 64, a. 371].

372. Toute personne intéressée peut faire opposition à la célébration d'un mariage entre personnes inhabiles à le contracter.

Le mineur peut s'opposer seul à un mariage; il peut aussi agir seul en défense.

[1991, c. 64, a. 372].

❚ C.P.C., 70, 819-819.4.

372. Any interested person may oppose the solemnization of a marriage between persons incapable of contracting it.

A minor may oppose a marriage alone. He may also act alone as defendant.

[1991, c. 64, a. 372].

373. Avant de procéder au mariage, le célébrant s'assure de l'identité des futurs époux, ainsi que du respect des conditions de formation du mariage et de l'accomplissement des formalités prescrites par la loi. Il s'assure en particulier qu'ils sont libres de tout lien de mariage ou d'union civile antérieur, sauf, en ce dernier cas, s'il s'agit des mêmes conjoints et, s'ils sont mineurs, que le titulaire de l'autorité parentale ou, le cas échéant, le tuteur a consenti au mariage.

[1991, c. 64, a. 373; 2002, c. 6, a. 24; 2004, c. 23, a. 6].

❚ C.C.Q., 120, 153, 434; D.T., 31.

373. Before solemnizing a marriage, the officiant ascertains the identity of the intended spouses, compliance with the conditions for the formation of the marriage and fulfilment of the formalities prescribed by law. More particularly, the officiant ascertains that the intended spouses are free from any previous bond of marriage or civil union, except in the case of a civil union between the same spouses, and, in the case of minors, that the person having parental authority or, if applicable, the tutor has consented to the marriage.

[1991, c. 64, a. 373; 2002, c. 6, s. 24; 2004, c. 23, s. 6; I.N., 2014-05-01].

374. Le célébrant fait lecture aux futurs époux, en présence des témoins, des dispositions des articles 392 à 396.

374. In the presence of the witnesses, the officiant reads articles 392 to 396 to the intended spouses.

Il demande à chacun des futurs époux et reçoit d'eux personnellement la déclaration qu'ils veulent se prendre pour époux†. Il les déclare alors unis par le mariage.

[1991, c. 64, a. 374].

■ C.C.Q., 392-396.

He requests and receives, from each of the intended spouses personally, a declaration of their wish to take each other as husband and wife†. He then declares them united in marriage.

[1991, c. 64, a. 374].

375. Le célébrant établit la déclaration de mariage et la transmet sans délai au directeur de l'état civil.

[1991, c. 64, a. 375; 1999, c. 47, a. 15].

■ C.C.Q., 118.

375. The officiant draws up the declaration of marriage and sends it without delay to the registrar of civil status.

[1991, c. 64, a. 375; 1999, c. 47, s. 15].

376. Les greffiers et les greffiers-adjoints, les notaires, ainsi que les personnes désignées par le ministre de la Justice procèdent à la célébration du mariage selon les règles prescrites par ce dernier.

Les greffiers et greffiers-adjoints perçoivent des futurs époux, pour le compte du ministre des Finances, les droits fixés par règlement du gouvernement.

Les notaires et les personnes désignées perçoivent des futurs époux les honoraires convenus avec ceux-ci. Toutefois, les maires, les autres membres des conseils municipaux ou d'arrondissements et les fonctionnaires municipaux perçoivent des futurs époux, pour le compte de leur municipalité, les droits fixés par règlement de la municipalité; ces droits doivent respecter les minimum et maximum fixés par règlement du gouvernement.

[1991, c. 64, a. 376; 2002, c. 6, a. 25].

■ C.C.Q., 366.

376. Clerks and deputy clerks, notaries and persons designated by the Minister of Justice solemnize marriages according to the rules prescribed by the Minister of Justice.

Clerks and deputy clerks collect the duties fixed by regulation of the Government from the intended spouses, on behalf of the Minister of Finance.

Notaries and designated persons collect the agreed fees from the intended spouses. However, mayors, other members of municipal or borough councils and municipal officers collect the duties fixed by municipal by-law from the intended spouses, on behalf of the municipality; such duties must be in keeping with the minimum and maximum amounts fixed by regulation of the Government.

[1991, c. 64, a. 376; 2002, c. 6, s. 25].

377. Sauf s'il lui a délégué le pouvoir d'accorder les autorisations et les désignations prévues à l'article 366, le ministre de la Justice porte à l'attention du directeur de l'état civil, pour l'inscription ou la radiation des mentions appropriées sur un registre, les autorisations, désignations et révocations qu'il donne ou effectue, ou auxquelles il participe, relativement aux célébrants compétents à célébrer les mariages.

Le secrétaire de l'Ordre des notaires du

377. Unless the Minister of Justice has already delegated to the registrar of civil status the power to grant the authorizations and make the designations provided for in article 366, the Minister of Justice keeps the registrar informed of the authorizations, designations and revocations the Minister of Justice gives, makes or takes part in with respect to officiants competent to solemnize marriages, so that appropriate entries and corrections may be made in a register.

For the same purposes, the secretary of the

Québec porte de même à l'attention du directeur de l'état civil, pour les mêmes fins, une liste, qu'il doit maintenir à jour, des notaires compétents à célébrer les mariages en indiquant, pour chacun de ces notaires, la date à laquelle il est ainsi devenu compétent et, le cas échéant, celle à laquelle il cessera de l'être.

En cas d'inhabilité† ou de décès d'un célébrant, il appartient à la société religieuse[1], au greffier de la Cour supérieure ou au secrétaire de l'Ordre des notaires du Québec, selon le cas, d'en aviser le directeur de l'état civil afin qu'il procède aux radiations appropriées sur le registre.
[1991, c. 64, a. 377; 1996, c. 21, a. 29; 2002, c. 6, a. 26; 2007, c. 32, a. 11].

Note 1 : Comp. a. 121.2.

▌ C.C.Q., 366.

Ordre des notaires du Québec maintains, and communicates to the registrar of civil status, an updated list of the notaries who are competent to solemnize marriages, specifying the date on which each notary became so competent and, if known, the date on which the notary will cease to be so competent.

If an officiant is unable† to act or dies, the religious society[1], the clerk of the Superior Court or the secretary of the Ordre des notaires du Québec, as the case may be, is responsible for informing the registrar of civil status so that the appropriate corrections may be made in the register.
[1991, c. 64, a. 377; 1996, c. 21, s. 29; 2002, c. 6, s. 26; 2007, c. 32, s. 11].

Chapitre II ——
De la preuve du mariage

Chapter II ——
Proof of marriage

378. Le mariage se prouve par l'acte de mariage, sauf les cas où la loi autorise un autre mode de preuve.
[1991, c. 64, a. 378].

▌ C.C.Q., 107, 118-121.

378. Marriage is proved by an act of marriage, except in cases where the law authorizes another mode of proof.
[1991, c. 64, a. 378].

379. La possession d'état d'époux supplée aux défauts de forme de l'acte de mariage.
[1991, c. 64, a. 379].

▌ C.C.Q., 107, 118-121, 378.

379. Possession of the status of spouses compensates for a defect of form in the act of marriage.
[1991, c. 64, a. 379].

Chapitre III ——
Des nullités de mariage

Chapter III ——
Nullity of marriage

380. Le mariage qui n'est pas célébré suivant les prescriptions du présent titre et suivant les conditions nécessaires à sa formation peut être frappé de nullité à la demande de toute personne intéressée, sauf au tribunal à juger suivant les circonstances.

L'action est irrecevable s'il s'est écoulé

380. A marriage which is not solemnized as prescribed by this Title and the necessary conditions for its formation may be declared null upon the application of any interested person, although the court may decide according to the circumstances.

No action lies after the lapse of three years

trois ans depuis la célébration, sauf si l'ordre public est en cause.

[1991, c. 64, a. 380].

▮ C.C.Q., 1398-1408; D.T., 31.

381. La nullité du mariage, pour quelque cause que ce soit, ne prive pas les enfants des avantages qui leur sont assurés par la loi ou par le contrat de mariage.

Elle laisse subsister les droits et les devoirs des pères et mères à l'égard de leurs enfants.

[1991, c. 64, a. 381].

▮ C.C.Q., 599.

382. Le mariage qui a été frappé de nullité produit ses effets en faveur des époux qui étaient de bonne foi.

Il est procédé notamment à la liquidation de leurs droits patrimoniaux qui sont alors présumés avoir existé, à moins que les époux ne conviennent de reprendre chacun leurs biens.

[1991, c. 64, a. 382].

▮ C.C.Q., 2805.

383. Si les époux étaient de mauvaise foi, ils reprennent chacun leurs biens.

[1991, c. 64, a. 383].

▮ C.C.Q., 382.

384. Si un seul des époux était de bonne foi, il peut, à son choix, reprendre ses biens ou demander la liquidation des droits patrimoniaux qui lui résultent du mariage.

[1991, c. 64, a. 384].

▮ C.C.Q., 382, 383.

385. Sous réserve de l'article 386, l'époux de bonne foi a droit aux donations qui lui ont été consenties en considération du mariage.

Toutefois, le tribunal peut, au moment où il prononce la nullité du mariage, les déclarer caduques ou les réduire, ou ordonner que le paiement des donations entre

from the solemnization, except where public order is concerned.

[1991, c. 64, a. 380; 2002, c. 19, s. 15; I.N., 2014-05-01].

381. The nullity of a marriage, for whatever reason, does not deprive the children of the advantages secured to them by law or by the marriage contract.

The rights and duties of fathers and mothers towards their children are unaffected by the nullity of their marriage.

[1991, c. 64, a. 381

382. A marriage that has been declared null produces its effects in favour of spouses who were in good faith.

In particular, the liquidation of the patrimonial rights that are then presumed to have existed is proceeded with, unless the spouses each agree to take back their property.

[1991, c. 64, a. 382; I.N., 2014-05-01].

383. If the spouses were in bad faith, they each take back their property.

[1991, c. 64, a. 383].

384. If only one spouse was in good faith, that spouse may either take back his or her property or apply for the liquidation of the patrimonial rights resulting to him or her from the marriage.

[1991, c. 64, a. 384].

385. Subject to article 386, spouses in good faith are entitled to the gifts made to them in consideration of marriage.

However, the court may, when declaring a marriage null, declare the gifts to have lapsed or reduce them, or order the payment of the gifts *inter vivos* deferred for

vifs soit différé pour un temps qu'il détermine, en tenant compte des circonstances dans lesquelles se trouvent les parties.

[1991, c. 64, a. 385].

▌ C.C.Q., 386, 624.

386. La nullité du mariage rend nulles les donations entre vifs consenties à l'époux de mauvaise foi en considération du mariage.

Elle rend également nulles les donations à cause de mort qu'un époux a consenties à l'autre en considération du mariage.

[1991, c. 64, a. 386].

▌ C.C.Q., 1819.

387. Un époux est présumé avoir contracté mariage de bonne foi, à moins que le tribunal, en prononçant la nullité, ne le déclare de mauvaise foi.

[1991, c. 64, a. 387].

▌ C.C.Q., 2805.

388. Le tribunal statue, comme en matière de séparation de corps, sur les mesures provisoires durant l'instance, sur la garde, l'entretien et l'éducation des enfants; en prononçant la nullité, il statue sur le droit de l'époux de bonne foi à des aliments ou à une prestation compensatoire.

[1991, c. 64, a. 388].

▌ C.C.Q., 427, 499, 511, 514.

389. La nullité du mariage éteint le droit qu'avaient les époux de se réclamer des aliments, à moins que, sur demande, le tribunal, au moment où il prononce la nullité, n'ordonne à l'un des époux de verser des aliments à l'autre ou, s'il ne peut statuer équitablement sur la question en raison des circonstances, ne réserve le droit d'en réclamer.

Le droit de réclamer des aliments ne peut être réservé que pour une période d'au plus deux ans; il est éteint de plein droit à l'expiration de cette période.

[1991, c. 64, a. 389].

▌ C.C.Q., 502, 511.

the period of time it fixes, taking the circumstances of the parties into account.

[1991, c. 64, a. 385].

386. The nullity of the marriage renders null the gifts *inter vivos* made in consideration of the marriage to a spouse in bad faith.

It also renders null the gifts *mortis causa* made by one spouse to the other in consideration of the marriage.

[1991, c. 64, a. 386].

387. A spouse is presumed to have contracted marriage in good faith unless, when declaring the marriage null, the court declares that spouse to be in bad faith.

[1991, c. 64, a. 387].

388. The court decides, as in proceedings for separation from bed and board, as to the provisional measures pending suit, the custody, maintenance and education of the children and, in declaring nullity, it decides as to the right of a spouse in good faith to support or to a compensatory allowance.

[1991, c. 64, a. 388].

389. Nullity of marriage extinguishes the right which the spouses had to claim support unless, on a demand, the court, in declaring nullity, orders one of them to pay support to the other or, being unable, owing to the circumstances, to decide the question equitably, reserves the right to claim support.

The right to claim support may not be reserved for a period of over two years; it is extinguished by operation of law at the expiry of that period.

[1991, c. 64, a. 389].

390. Lorsque le tribunal a accordé des aliments ou réservé le droit d'en réclamer, il peut toujours, postérieurement à l'annulation du mariage, déclarer éteint le droit à des aliments.

[1991, c. 64, a. 390].

▌ C.C.Q., 594.

390. Where the court has awarded support or reserved the right to claim support, it may at any time after the marriage is annulled declare the right to support extinguished.

[1991, c. 64, a. 390].

Chapitre IV ——
Des effets du mariage

Chapter IV ——
Effects of marriage

391. Les époux ne peuvent déroger aux dispositions du présent chapitre, quel que soit leur régime matrimonial.

[1991, c. 64, a. 391].

▌ C.C.Q., 9, 431, 3081, 3089, 3145; D.T., 5.

391. In no case may spouses derogate from the provisions of this chapter, whatever their matrimonial regime.

[1991, c. 64, a. 391].

SECTION I ——
DES DROITS ET DES DEVOIRS DES ÉPOUX

SECTION I ——
RIGHTS AND DUTIES OF SPOUSES

392. Les époux ont, en mariage, les mêmes droits et les mêmes obligations.

Ils se doivent mutuellement respect, fidélité, secours et assistance.

Ils sont tenus de faire vie commune†.

[1991, c. 64, a. 392].

392. The spouses have the same rights and obligations in marriage.

They owe each other respect, fidelity, succour and assistance.

They are bound to live together†.

1991, c. 64, a. 392].

Note : Il est douteux que les termes « *living together* » et « vie commune » soient équivalents. On pourrait soutenir que le terme anglais ne vise que la simple cohabitation, alors que « vie commune » évoque, plus largement, une communauté d'intérêts entre les époux. / The equivalence between "*vie commune*" and "living together" in this provision and others in the law of marriage is questionable. It is arguable that the expression in the English text signifies mere cohabitation, while "*vie commune*" is suggestive of a community of interests between husband and wife that transcends living under one roof.

▌ C.C.Q., 82, 374, 393-400, 494, 499, 507, 585, 3089.

393. Chacun des époux conserve, en mariage, son nom; il exerce ses droits civils sous ce nom.

[1991, c. 64, a. 393].

▌ C.C.Q., 5, 50, 3089.

393. In marriage, both spouses retain their respective names, and exercise their respective civil rights under those names.

[1991, c. 64, a. 393].

394. Ensemble, les époux assurent la direction morale et matérielle de la famille, exercent l'autorité parentale et assument les tâches qui en découlent.

[1991, c. 64, a. 394].

394. The spouses together take in hand the moral and material direction of the family, exercise parental authority and assume the tasks resulting therefrom.

[1991, c. 64, a. 394].

▌C.C.Q., 397, 398, 400, 597-600, 3089.

395. Les époux choisissent de concert la résidence familiale.

En l'absence de choix exprès, la résidence familiale est présumée être celle où les membres de la famille habitent lorsqu'ils exercent leurs principales activités.

[1991, c. 64, a. 395].

395. The spouses choose the family residence together.

In the absence of an express choice, the family residence is presumed to be the residence where the members of the family live while carrying on their principal activities.

[1991, c. 64, a. 395].

▌C.C.Q., 77, 401-413, 415, 3062, 3063, 3089.

396. Les époux contribuent aux charges du mariage à proportion de leurs facultés respectives.

Chaque époux peut s'acquitter de sa contribution par son activité au foyer.

[1991, c. 64, a. 396].

396. The spouses contribute towards the expenses of the marriage in proportion to their respective means.

The spouses may make their respective contributions by their activities within the home.

[1991, c. 64, a. 396].

▌C.C.Q., 400, 427, 3089.

397. L'époux qui contracte pour les besoins courants de la famille engage aussi pour le tout son conjoint non séparé de corps.

Toutefois, le conjoint n'est pas obligé à la dette s'il avait préalablement porté à la connaissance du cocontractant sa volonté de n'être pas engagé.

[1991, c. 64, a. 397].

397. A spouse who enters into a contract for the current needs of the family also binds the other spouse for the whole, if they are not separated from bed and board.

However, the non-contracting spouse is not liable for the debt if he or she had previously informed the other contracting party of his or her unwillingness to be bound.

[1991, c. 64, a. 397].

▌C.C.Q., 394, 464, 3089.

398. Chacun des époux peut donner à l'autre mandat de le représenter dans des actes relatifs à la direction morale et matérielle de la famille.

Ce mandat est présumé lorsque l'un des époux est dans l'impossibilité de manifester sa volonté pour quelque cause que ce soit ou ne peut le faire en temps utile.

[1991, c. 64, a. 398].

398. Either spouse may give the other a mandate in order to be represented in acts relating to the moral and material direction of the family.

This mandate is presumed if one spouse is unable to express his or her will for any reason or if he or she is unable to do so in due time.

[1991, c. 64, a. 398].

▌C.C.Q., 394, 443, 464, 600-603, 2130, 3089.

399. Un époux peut être autorisé par le tribunal à passer seul un acte pour lequel le consentement de son conjoint serait nécessaire, s'il ne peut l'obtenir pour quelque

399. Either spouse may be authorized by the court to enter alone into any act for which the consent of the other would be required, provided such consent is unob-

cause que ce soit ou si le refus n'est pas justifié par l'intérêt de la famille.

L'autorisation est spéciale et pour un temps déterminé; elle peut être modifiée ou révoquée.

[1991, c. 64, a. 399].

■ C.C.Q., 400-406, 408, 444-447, 462, 3089; C.P.C., 813, 813.4.

400. Si les époux ne parviennent pas à s'accorder sur l'exercice de leurs droits et l'accomplissement de leurs devoirs, les époux ou l'un d'eux peuvent saisir le tribunal qui statuera dans l'intérêt de la famille, après avoir favorisé la conciliation des parties.

[1991, c. 64, a. 400].

■ C.C.Q., 33, 394, 604, 3089; C.P.C., 813, 815.1-815.4.

SECTION II —
DE LA RÉSIDENCE FAMILIALE

401. Un époux ne peut, sans le consentement de son conjoint, aliéner, hypothéquer ni transporter hors de la résidence familiale les meubles qui servent à l'usage du ménage.

Les meubles qui servent à l'usage du ménage ne comprennent que les meubles destinés à garnir la résidence familiale, ou encore à l'orner; sont compris dans les ornements, les tableaux et œuvres d'art, mais non les collections.

[1991, c. 64, a. 401].

■ C.C.Q., 399, 402, 407, 408, 410, 415, 500, 840, 2668, 3089; C.P.C., 552, 642, 652.

402. Le conjoint qui n'a pas donné son consentement à un acte relatif à un meuble qui sert à l'usage du ménage peut, s'il n'a pas ratifié l'acte, en demander la nullité.

Toutefois, l'acte à titre onéreux ne peut être annulé si le cocontractant était de bonne foi.

[1991, c. 64, a. 402].

■ C.C.Q., 399, 401, 408, 447, 1381, 2085, 2906, 2925, 2927, 3089; C.P.C., 813.

403. L'époux locataire de la résidence familiale ne peut, sans le consentement écrit de son conjoint, sous-louer, céder son

---

tainable for any reason, or its refusal is not justified by the interest of the family.

The authorization is special and for a specified time; it may be amended or revoked.

[1991, c. 64, a. 399].

400. If the spouses disagree as to the exercise of their rights and the performance of their duties, they or either of them may apply to the court, which will decide in the interest of the family after fostering the conciliation of the parties.

[1991, c. 64, a. 400].

SECTION II —
THE FAMILY RESIDENCE

401. Neither spouse may, without the consent of the other, alienate, hypothecate or remove from the family residence the movable property serving for the use of the household.

The movable property serving for the use of the household includes only the movable property destined to furnish the family residence or decorate it; decorations include pictures and other works of art, but not collections.

[1991, c. 64, a. 401].

402. A spouse having neither consented to nor ratified an act concerning any movable property serving for the use of the household may apply to have it annulled.

However, an act by onerous title may not be annulled if the other contracting party was in good faith.

[1991, c. 64, a. 402].

403. Neither spouse, if the lessee of the family residence, may, without the written consent of the other, sublet it, transfer the

droit, ni mettre fin au bail lorsque le locateur a été avisé, par l'un ou l'autre des époux, du fait que le logement servait de résidence familiale.

Le conjoint qui n'a pas donné son consentement à l'acte peut, s'il ne l'a pas ratifié, en demander la nullité.

[1991, c. 64, a. 403].

right or terminate the lease where the lessor has been notified, by either of them, that the dwelling is used as the family residence.

A spouse having neither consented to nor ratified the act may apply to have it annulled.

[1991, c. 64, a. 403].

▌ C.C.Q., 395, 399, 408, 409, 1870-1876, 1938, 2906, 2925, 2927, 2995, 3089; C.P.C., 813.

404. L'époux propriétaire d'un immeuble de moins de cinq logements qui sert, en tout ou en partie, de résidence familiale ne peut, sans le consentement écrit de son conjoint, l'aliéner, le grever d'un droit réel ni en louer la partie réservée à l'usage de la famille.

À moins qu'il n'ait ratifié l'acte, le conjoint qui n'y a pas donné son consentement peut en demander la nullité si une déclaration de résidence familiale a été préalablement inscrite contre l'immeuble.

[1991, c. 64, a. 404].

404. Neither spouse, if the owner of an immovable with fewer than five dwellings that is used in whole or in part as the family residence, may, without the written consent of the other, alienate the immovable, charge it with a real right or lease that part of it reserved for the use of the family.

A spouse having neither consented to nor ratified the act may apply to have it annulled if a declaration of family residence was previously registered against the immovable.

[1991, c. 64, a. 404; I.N., 2014-05-01].

▌ C.C.Q., 395, 399, 406, 407, 408, 2906, 2925, 2927, 2995, 3022, 3044, 3062, 3063, 3089; D.T., 9.

405. L'époux propriétaire d'un immeuble de cinq logements ou plus qui sert, en tout ou en partie, de résidence familiale ne peut, sans le consentement écrit de son conjoint, l'aliéner ni en louer la partie réservée à l'usage de la famille.

Si une déclaration de résidence familiale a été préalablement inscrite contre l'immeuble, le conjoint qui n'a pas donné son consentement à l'acte d'aliénation peut exiger de l'acquéreur qu'il lui consente un bail des lieux déjà occupés à des fins d'habitation, aux conditions régissant le bail d'un logement; sous la même condition, celui qui n'a pas donné son consentement à l'acte de location peut, s'il ne l'a pas ratifié, en demander la nullité.

[1991, c. 64, a. 405].

405. Neither spouse, if the owner of an immovable with five dwellings or more that is used in whole or in part as the family residence may, without the written consent of the other, alienate the immovable or lease that part of it reserved for the use of the family.

Where a declaration of family residence was previously registered against the immovable, a spouse not having consented to the act of alienation may require from the acquirer the grant of a lease of the premises already occupied as a dwelling, under the conditions governing the lease of a dwelling; on the same condition, a spouse having neither consented to nor ratified the act of lease may apply to have it annulled.

[1991, c. 64, a. 405; I.N., 2014-05-01].

▌ C.C.Q., 395, 399, 406, 407, 408, 2906, 2925, 2995, 3022, 3044, 3062, 3063, 3089; D.T., 9.

406. L'usufruitier, l'emphytéote et l'usager sont soumis aux règles des articles 404 et 405.

406. The usufructuary, the emphyteuta lessee and the user are subject to the rules of articles 404 and 405.

L'époux autrement titulaire de droits qui lui confèrent l'usage de la résidence familiale ne peut non plus en disposer sans le consentement de son conjoint.

[1991, c. 64, a. 406].

▌C.C.Q., 399, 404, 405, 408, 1119-1211, 2906, 3089.

Neither spouse may, without the consent of the other, dispose of rights held by another title conferring use of the family residence.

[1991, c. 64, a. 406; I.N., 2014-05-01].

407. La déclaration de résidence familiale est faite par les époux ou l'un d'eux.

Elle peut aussi résulter d'une déclaration à cet effet contenue dans un acte destiné à la publicité.

[1991, c. 64, a. 407].

▌C.C.Q., 395, 404-406, 2995, 3022, 3044, 3062, 3063, 3089; C.P.C., 813.4.

407. The declaration of family residence is made by both spouses or by either of them.

It may also result from a declaration to that effect contained in an act intended for publication.

[1991, c. 64, a. 407].

408. L'époux qui n'a pas consenti à l'acte pour lequel son consentement était requis peut, sans porter atteinte à ses autres droits, réclamer des dommages-intérêts de son conjoint ou de toute autre personne qui, par sa faute, lui a causé un préjudice.

[1991, c. 64, a. 408].

▌C.C.Q., 399, 401-406, 2906, 3089.

408. A spouse not having given consent to an act for which it was required may, without prejudice to any other right, claim damages from the other spouse or from any other person having, through his fault, caused the spouse injury.

[1991, c. 64, a. 408; I.N., 2014-05-01].

409. En cas de séparation de corps, de divorce ou de nullité du mariage, le tribunal peut, à la demande de l'un des époux, attribuer au conjoint du locataire le bail de la résidence familiale.

L'attribution lie le locateur dès que le jugement lui est signifié et libère, pour l'avenir, le locataire originaire des droits et obligations résultant du bail.

[1991, c. 64, a. 409].

▌C.C.Q., 403, 500, 512, 1660-1666, 1938, 3089; C.P.C., 813.4, 817.

409. In the event of separation from bed and board, divorce or nullity of a marriage, the court may, upon the application of either spouse, award to the spouse of the lessee the lease of the family residence.

The award binds the lessor upon being served on him and relieves the original lessee of the rights and obligations arising out of the lease from that time forward.

[1991, c. 64, a. 409].

410. En cas de séparation de corps, de dissolution ou de nullité du mariage, le tribunal peut attribuer, à l'un des époux ou au survivant, la propriété ou l'usage de meubles de son conjoint, qui servent à l'usage du ménage.

Il peut également attribuer à l'époux auquel il accorde la garde d'un enfant un droit d'usage de la résidence familiale.

L'usager est dispensé de fournir une sûreté

410. In the event of separation from bed and board, or the dissolution or nullity of a marriage, the court may award, to either spouse or to the surviving spouse, the ownership or use of the movable property of the other spouse which serves for the use of the household.

It may also award the right of use of the family residence to the spouse to whom it awards custody of a child.

The user is exempted from furnishing se-

et de dresser un inventaire des biens, à moins que le tribunal n'en décide autrement.

[1991, c. 64, a. 410].

▌ C.C.Q., 388, 395, 401, 404-406, 411-413, 415, 429, 482, 500, 512, 840, 856, 1172-1176, 3032, 3033, 3036, 3037, 3089; C.P.C., 817.

411. L'attribution du droit d'usage ou de propriété se fait, à défaut d'accord entre les parties, aux conditions que le tribunal détermine et notamment, s'il y a lieu, moyennant une soulte payable au comptant ou par versements.

Lorsque la soulte est payable par versements, le tribunal en fixe les modalités de garantie et de paiement.

[1991, c. 64, a. 411].

▌ C.C.Q., 410, 412, 413, 482, 856, 1172-1176, 3089.

412. L'attribution judiciaire d'un droit de propriété est assujettie aux dispositions relatives à la vente.

[1991, c. 64, a. 412].

▌ C.C.Q., 1708-1805, 3089.

413. Le jugement qui attribue un droit d'usage ou de propriété équivaut à titre et en a tous les effets.

[1991, c. 64, a. 413].

▌ C.C.Q., 410, 411, 1119, 1172-1176, 2938, 2941, 3032, 3033, 3036, 3037, 3089; C.P.C., 118, 817.

SECTION III —
DU PATRIMOINE FAMILIAL

§ 1. — De la constitution du patrimoine

414. Le mariage emporte constitution d'un patrimoine familial formé de certains biens des époux sans égard à celui des deux qui détient un droit de propriété sur ces biens.

[1991, c. 64, a. 414].

▌ C.C.Q., 391, 415, 3089.

415. Le patrimoine familial est constitué des biens suivants dont l'un ou l'autre des époux est propriétaire: les résidences de la

curity and from making an inventory of the property unless the court decides otherwise.

[1991, c. 64, a. 410; I.N., 2014-05-01].

411. The award of the right of use or ownership is effected, failing agreement between the parties, on the conditions determined by the court and, in particular, on condition of payment of any equalizing sum, in cash or by instalments.

When the equalizing sum is payable by instalments, the court fixes the terms and conditions of guarantee and payment.

[1991, c. 64, a. 411; I.N., 2014-05-01].

412. Judicial award of a right of ownership is subject to the provisions relating to sale.

[1991, c. 64, a. 412].

413. A judgment awarding a right of use or ownership is equivalent to title and has the effects thereof.

[1991, c. 64, a. 413].

SECTION III —
FAMILY PATRIMONY

§ 1. — Establishment of patrimony

414. Marriage entails the establishment of a family patrimony consisting of certain property of the spouses regardless of which of them holds a right of ownership in that property.

[1991, c. 64, a. 414].

415. The family patrimony is composed of the following property owned by one or the other of the spouses: the residences of

famille ou les droits qui en confèrent l'usage, les meubles qui les garnissent ou les ornent et qui servent à l'usage du ménage, les véhicules automobiles utilisés pour les déplacements de la famille et les droits accumulés durant le mariage au titre d'un régime de retraite. Le versement de cotisations au titre d'un régime de retraite emporte accumulation de droits au titre de ce régime; il en est de même de la prestation de services reconnus aux termes d'un régime de retraite.

Entrent également dans ce patrimoine, les gains inscrits, durant le mariage, au nom de chaque époux en application de la *Loi sur le régime de rentes du Québec* (chapitre R-9) ou de programmes équivalents.

Sont toutefois exclus du patrimoine familial, si la dissolution du mariage résulte du décès, les gains visés au deuxième alinéa ainsi que les droits accumulés au titre d'un régime de retraite régi ou établi par une loi qui accorde au conjoint survivant le droit à des prestations de décès.

Sont également exclus du patrimoine familial, les biens échus à l'un des époux par succession ou donation avant ou pendant le mariage.

Pour l'application des règles sur le patrimoine familial, est un régime de retraite:

– le régime régi par la *Loi sur les régimes complémentaires de retraite* (chapitre R-15.1) ou par la *Loi sur les régimes volontaires d'épargne-retraite* (chapitre R-17.0.1) ou celui qui serait régi par l'une de ces lois si celle-ci s'appliquait au lieu où l'époux travaille,

– le régime de retraite régi par une loi semblable émanant d'une autorité législative autre que le Parlement du Québec,

– le régime établi par une loi émanant du Parlement du Québec ou d'une autre autorité législative,

– un régime d'épargne-retraite,

– tout autre instrument d'épargne-retraite, dont un contrat constitutif de rente, dans

the family or the rights which confer use of them, the movable property with which they are furnished or decorated and which serves for the use of the household, the motor vehicles used for family travel and the benefits accrued during the marriage under a retirement plan. The payment of contributions into a pension plan entails an accrual of benefits under the pension plan; so does the accumulation of service recognized for the purposes of a pension plan.

This patrimony also includes the registered earnings, during the marriage, of each spouse pursuant to the *Act respecting the Québec Pension Plan* (chapter R-9) or to similar plans.

The earnings contemplated in the second paragraph and accrued benefits under a retirement plan governed or established by an Act which grants a right to death benefits to the surviving spouse where the marriage is dissolved as a result of death are, however, excluded from the family patrimony.

Property devolved to one of the spouses by succession or gift before or during the marriage is also excluded from the family patrimony.

For the purposes of the rules on family patrimony, a retirement plan is any of the following:

– a plan governed by the *Supplemental Pension Plans Act* (chapter R-15.1) or by the *Voluntary Retirement Savings Plans Act* (chapter R-17.0.1) or that would be governed by one of those Acts if one of them applied where the spouse works;

– a retirement plan governed by a similar Act of a legislative jurisdiction other than the Parliament of Québec;

– a plan established by an Act of the Parliament of Québec or of another legislative jurisdiction;

– a retirement-savings plan;

– any other retirement-savings instrument, including an annuity contract, into which

lequel ont été transférées des sommes provenant de l'un ou l'autre de ces régimes.

[1991, c. 64, a. 415; 2002, c. 19, a. 3; 2013, c. 26, a. 128].

∎ C.C.Q., 401, 414, 691, 1119-1176, 1806-1841, 3089.

§ 2. —— Du partage du patrimoine

416. En cas de séparation de corps, de dissolution ou de nullité du mariage, la valeur du patrimoine familial des époux, déduction faite des dettes contractées pour l'acquisition, l'amélioration, l'entretien ou la conservation des biens qui le constituent, est divisée à parts égales, entre les époux ou entre l'époux survivant et les héritiers, selon le cas.

Lorsque le partage a eu lieu à l'occasion de la séparation de corps, il n'y a pas de nouveau partage si, sans qu'il y ait eu reprise volontaire de la vie commune†, il y a ultérieurement dissolution ou nullité du mariage; en cas de nouveau partage, la date de reprise de la vie commune†, remplace celle du mariage pour l'application des règles de la présente section.

[1991, c. 64, a. 416].

∎ C.C.Q., 415, 417-419, 422, 423, 619, 3089; C.P.C., 814.3 -814.14, 815.2.1, 815.2.2, 827.3, 827.4.

417. La valeur nette du patrimoine familial est établie selon la valeur des biens qui constituent le patrimoine et des dettes contractées pour l'acquisition, l'amélioration, l'entretien ou la conservation des biens qui le constituent à la date du décès de l'époux ou à la date d'introduction de l'instance en vertu de laquelle il est statué sur la séparation de corps, le divorce ou la nullité du mariage, selon le cas; les biens sont évalués à leur valeur marchande.

Le tribunal peut, toutefois, à la demande de l'un ou l'autre des époux ou de leurs ayants cause, décider que la valeur nette du patrimoine familial sera établie selon la valeur de ces biens et de ces dettes à la date où les époux ont cessé de faire vie commune†.

[1991, c. 64, a. 417].

∎ C.C.Q., 415, 416, 418, 3089.

sums from any of such plans have been transferred.

[1991, c. 64, a. 415; 2002, c. 19, s. 3; 2013, c. 26, s. 128].

§ 2. —— Partition of patrimony

416. In the event of separation from bed and board, or the dissolution or nullity of a marriage, the value of the family patrimony of the spouses, after deducting the debts contracted for the acquisition, improvement, maintenance or preservation of the property composing it, is equally divided between the spouses or between the surviving spouse and the heirs, as the case may be.

Where partition is effected upon separation from bed and board, no new partition is effected upon the subsequent dissolution or nullity of the marriage unless the spouses had voluntarily resumed living together†; where a new partition is effected, the date when the spouses resumed living together† is substituted for the date of the marriage for the purposes of this section.

[1991, c. 64, a. 416].

417. The net value of the family patrimony is determined according to the value of the property composing the patrimony and the debts contracted for the acquisition, improvement, maintenance or preservation of the property composing it on the date of death of the spouse or on the date of the institution of the action in which separation from bed and board, divorce or nullity of the marriage, as the case may be, is decided; the property is valued at its market value.

The court may, however, upon the application of one or the other of the spouses or of their successors, decide that the net value of the family patrimony will be established according to the value of such property and such debts on the date when the spouses ceased living together†.

[1991, c. 64, a. 417].

418. Une fois établie la valeur nette du patrimoine familial, on en déduit la valeur nette, au moment du mariage, du bien que l'un des époux possédait alors et qui fait partie de ce patrimoine; on en déduit de même celle de l'apport, fait par l'un des époux pendant le mariage, pour l'acquisition ou l'amélioration d'un bien de ce patrimoine, lorsque cet apport a été fait à même les biens échus par succession ou donation, ou leur remploi.

On déduit également de cette valeur, dans le premier cas, la plus-value acquise, pendant le mariage, par le bien, dans la même proportion que celle qui existait, au moment du mariage, entre la valeur nette et la valeur brute du bien et, dans le second cas, la plus-value acquise, depuis l'apport, dans la même proportion que celle qui existait, au moment de l'apport, entre la valeur de l'apport et la valeur brute du bien.

Le remploi, pendant le mariage, d'un bien du patrimoine familial possédé† lors du mariage donne lieu aux mêmes déductions, compte tenu des adaptations nécessaires.

[1991, c. 64, a. 418].

■ C.C.Q., 415, 418, 421, 3089.

418. Once the net value of the family patrimony has been established, a deduction is made from it of the net value, at the time of the marriage, of the property then owned by one of the spouses that is included in the family patrimony; similarly, a deduction is made from it of the net value of a contribution made by one of the spouses during the marriage for the acquisition or improvement of property included in the family patrimony, where the contribution was made out of property devolved by succession or gift, or its reinvestment.

A further deduction from the net value is made, in the first case, of the increase in value acquired by the property during the marriage, proportionately to the ratio existing at the time of the marriage between the net value and the gross value of the property, and, in the second case, of the increase in value acquired since the contribution, proportionately to the ratio existing at the time of the contribution between the value of the contribution and the gross value of the property.

Reinvestment during the marriage of property included in the family patrimony that was owned† at the time of the marriage gives rise to the same deductions, adapted as required.

[1991, c. 64, a. 418].

419. L'exécution du partage du patrimoine familial a lieu en numéraire ou par dation en paiement.

Si l'exécution du partage a lieu par dation en paiement, les époux peuvent convenir de transférer la propriété d'autres biens que ceux du patrimoine familial.

[1991, c. 64, a. 419].

■ C.C.Q., 415, 416, 426, 1799-1801, 3089; C.P.C., 553, al. 2.

419. Partition of the family patrimony is effected by giving in payment or by payment in money.

If partition is effected by giving in payment, the spouses may agree to transfer ownership of other property than that composing the family patrimony.

1991, c. 64, a. 419].

420. Outre qu'il peut, lors du partage, attribuer certains biens à l'un des époux, le tribunal peut aussi, si cela est nécessaire pour éviter un préjudice, ordonner que l'époux débiteur exécute son obligation par versements échelonnés sur une période qui ne dépasse pas dix ans.

420. The court may, at the time of partition, award certain property to one of the spouses and may also, where it is necessary to avoid injury, order the debtor spouse to perform his or her obligation by way of instalments spread over a period of not more than 10 years.

Il peut, également, ordonner toute autre mesure qu'il estime appropriée pour assurer la bonne exécution du jugement et, notamment, ordonner qu'une sûreté soit conférée à l'une des parties pour garantir l'exécution des obligations de l'époux débiteur.

[1991, c. 64, a. 420].

▌ C.C.Q., 419, 3089; C.P.C., 817.

421. Lorsqu'un bien qui faisait partie du patrimoine familial a été aliéné ou diverti dans l'année précédant le décès de l'un des époux ou l'introduction de l'instance en séparation de corps, divorce ou annulation de mariage et que ce bien n'a pas été remplacé, le tribunal peut ordonner qu'un paiement compensatoire soit fait à l'époux à qui aurait profité l'inclusion de ce bien dans le patrimoine familial.

Il en est de même lorsque le bien a été aliéné plus d'un an avant le décès de l'un des époux ou l'introduction de l'instance et que cette aliénation a été faite dans le but de diminuer la part de l'époux à qui aurait profité l'inclusion de ce bien dans le patrimoine familial.

[1991, c. 64, a. 421].

▌ C.C.Q., 415, 416, 418, 3089; C.P.C., 813, 817.

422. Le tribunal peut, sur demande, déroger au principe du partage égal et, quant aux gains inscrits en vertu de la *Loi sur le régime de rentes du Québec* (chapitre R-9) ou de programmes équivalents, décider qu'il n'y aura aucun partage de ces gains, lorsqu'il en résulterait une injustice compte tenu, notamment, de la brève durée du mariage, de la dilapidation de certains biens par l'un des époux ou encore de la mauvaise foi de l'un d'eux.

[1991, c. 64, a. 422].

▌ C.C.Q., 415, 416, 425, 3089; C.P.C., 817.

423. Les époux ne peuvent renoncer, par leur contrat de mariage ou autrement, à leurs droits dans le patrimoine familial.

Toutefois, un époux peut, à compter du décès de son conjoint ou du jugement de di-

It may also order any other measure it considers appropriate to ensure that the judgment is properly executed, and, in particular, order that security be granted to one of the parties to guarantee performance of the obligations of the debtor spouse.

[1991, c. 64, a. 420; I.N., 2014-05-01].

421. Where property included in the family patrimony was alienated or misappropriated in the year preceding the death of one of the spouses or the institution of proceedings for separation from bed and board, divorce or annulment of marriage and was not replaced, the court may order that a compensatory payment be made to the spouse who would have benefited from the inclusion of that property in the family patrimony.

The same rule applies where the property was alienated over one year before the death of one of the spouses or the institution of proceedings and the alienation was made for the purpose of decreasing the share of the spouse who would have benefited from the inclusion of that property in the family patrimony.

[1991, c. 64, a. 421

422. The court may, on an application, make an exception to the rule of partition into equal shares, and decide that there will be no partition of earnings registered pursuant to the *Act respecting the Québec Pension Plan* (chapter R-9) or to similar plans where it would result in an injustice considering, in particular, the brevity of the marriage, the waste of certain property by one of the spouses, or the bad faith of one of them.

[1991, c. 64, a. 422].

423. The spouses may not, by way of their marriage contract or otherwise, renounce their rights in the family patrimony.

A spouse may, however, from the death of the other spouse or from the judgment of

vorce, de séparation de corps ou de nullité de mariage, y renoncer, en tout ou en partie, par acte notarié en minute; il† peut aussi y renoncer, par une déclaration judiciaire dont il est donné acte, dans le cadre d'une instance en divorce, en séparation de corps ou en nullité de mariage.

divorce, separation from bed and board or nullity of marriage, renounce such rights, in whole or in part, by notarial act en minute; that spouse may also renounce them by a judicial declaration which is recorded, in the course of proceedings for divorce, separation from bed and board or nullity of marriage.

La renonciation doit être inscrite au registre des droits personnels et réels mobiliers. À défaut d'inscription dans un délai d'un an à compter du jour de l'ouverture du droit au partage, l'époux renonçant est réputé avoir accepté.

Renunciation shall be entered in the register of personal and movable real rights. Failing entry within a period of one year from the time when the right to partition arose, the renouncing spouse is deemed to have accepted.

[1991, c. 64, a. 423].

[1991, c. 64, a. 423; 1992, c. 57, s. 716; I.N., 2014-05-01].

▌ C.C.Q., 415, 416, 646, 2938, 2980, 3089.

424. La renonciation de l'un des époux, par acte notarié, au partage du patrimoine familial peut être annulée pour cause de lésion ou pour toute autre cause de nullité des contrats.

424. Renunciation by one of the spouses, by notarial act, of partition of the family patrimony may be annulled by reason of lesion or any other cause of nullity of contracts.

[1991, c. 64, a. 424].

[1991, c. 64, a. 424].

▌ C.C.Q., 423, 1398-1408, 1411, 1413, 1416; C.P.C., 813; D.T., 7, 75-80.

425. Le partage des gains inscrits au nom de chaque époux en application de la *Loi sur le régime de rentes du Québec* (chapitre R-9) ou de programmes équivalents est exécuté par l'organisme chargé d'administrer le régime ou le programme, conformément à cette loi ou à la loi applicable à ce programme, sauf si cette dernière ne prévoit aucune règle de partage.

425. The partition of the earnings registered in the name of each spouse pursuant to the *Act respecting the Québec Pension Plan* (chapter R-9) or to a similar plan is effected by the body responsible for administering the plan, in accordance with that Act or the Act applicable to that plan, unless the latter Act provides no rules for partition.

[1991, c. 64, a. 425].

[1991, c. 64, a. 425].

▌ C.C.Q., 414, 415, 422, 423, 425, 3089; C.P.C., 817.2.

426. Le partage des droits accumulés par l'un des époux au titre d'un régime de retraite régi ou établi par une loi est effectué conformément, s'il en existe, aux règles d'évaluation et de dévolution édictées par cette loi ou, s'il n'en existe pas, conformément à celles déterminées par le tribunal saisi de la demande.

426. The partition of the accrued benefits of one of the spouses under a pension plan governed or established by an Act is effected according to the rules of valuation and devolution contained in that Act or, where there are no such rules, according to the rules determined by the court seized of the application.

Toutefois, le partage de ces droits ne peut en aucun cas avoir pour effet de priver le titulaire original de ces droits de plus de la moitié de la valeur totale des droits qu'il a accumulés avant ou pendant le mariage, ni de conférer au bénéficiaire du droit au par-

In no case, however, may the partition of such benefits deprive the original holder of such benefits of over one-half of the total value of the benefits accrued to him before or during the marriage, or confer more benefits on the beneficiary of the right to

tage plus de droits qu'en possède, en vertu de son régime, le titulaire original de ces droits.

Entre les époux ou pour leur bénéfice, et nonobstant toute disposition contraire, ces droits, ainsi que ceux accumulés au titre d'un autre régime de retraite, sont cessibles et saisissables pour le partage du patrimoine familial.

[1991, c. 64, a. 426; 2002, c. 19, a. 4].

■ C.C.Q., 415, 416, 3089; C.P.C., 553, al. 1 (7), 553, al. 2.

partition than the original holder of these benefits has under his plan.

Between the spouses or for their benefit, and notwithstanding any provision to the contrary, such benefits and benefits accrued under any other pension plan are transferable and seizable for partition of the family patrimony.

[1991, c. 64, a. 426; 2002, c. 19, s. 4].

SECTION IV — DE LA PRESTATION COMPENSATOIRE

SECTION IV — COMPENSATORY ALLOWANCE

427. Au moment où il prononce la séparation de corps, le divorce ou la nullité du mariage, le tribunal peut ordonner à l'un des époux de verser à l'autre, en compensation de l'apport de ce dernier, en biens ou en services, à l'enrichissement du patrimoine de son conjoint, une prestation payable au comptant ou par versements, en tenant compte, notamment, des avantages que procurent le régime matrimonial et le contrat de mariage. Il en est de même en cas de décès; il est alors, en outre, tenu compte des avantages que procure au conjoint survivant la succession.

Lorsque le droit à la prestation compensatoire est fondé sur la collaboration régulière de l'époux à une entreprise, que cette entreprise ait trait à un bien ou à un service et qu'elle soit ou non à caractère commercial, la demande peut en être faite dès la fin de la collaboration si celle-ci est causée par l'aliénation, la dissolution ou la liquidation volontaire ou forcée de l'entreprise.

[1991, c. 64, a. 427].

427. The court, in declaring separation from bed and board, divorce or nullity of marriage, may order either spouse to pay to the other, as compensation for the latter's contribution, in property or services, to the enrichment of the patrimony of the former, an allowance payable in cash or by instalments, taking into account, in particular, the advantages of the matrimonial regime and of the marriage contract. The same rule applies in case of death; in such a case, the advantages of the succession to the surviving spouse are also taken into account.

Where the right to the compensatory allowance is founded on the regular cooperation of the spouse in an enterprise, whether the enterprise deals in property or in services and whether or not it is a commercial enterprise, it may be applied for from the time the cooperation ends, if this results from the alienation, dissolution or voluntary or forced liquidation of the enterprise.

[1991, c. 64, a. 427].

■ C.C.Q., 396, 429, 430, 809, 1525, 2928, 3089; C.P.C., 734.0.1, 813, 814.3-814.14, 815.2.1, 815.2.2, 817, 827.1, 827.3, 827.4.

428. L'époux collaborateur peut prouver son apport à l'enrichissement du patrimoine de son conjoint par tous moyens.

[1991, c. 64, a. 428].

428. The cooperating spouse may adduce any evidence to prove his or her contribution to the enrichment of the patrimony of the other spouse.

[1991, c. 64, a. 428].

■ C.C.Q., 427, 2811-2856, 3089.

429. Lorsqu'il y a lieu au paiement d'une prestation compensatoire, le tribunal en fixe la valeur, à défaut d'accord entre les parties. Celui-ci peut également déterminer, le cas échéant, les modalités du paiement et ordonner que la prestation soit payée au comptant ou par versements ou qu'elle soit payée par l'attribution de droits dans certains biens.

Si le tribunal attribue à l'un des époux ou au conjoint survivant un droit sur la résidence familiale, sur les meubles qui servent à l'usage du ménage ou des droits accumulés au titre d'un régime de retraite, les dispositions des sections II et III sont applicables.

[1991, c. 64, a. 429].

■ C.C.Q., 401-426, 430, 809, 2928, 3089; C.P.C., 817.

429. Where a compensatory allowance becomes payable, the court, failing agreement between the parties, fixes the amount thereof. It may also, where applicable, fix the terms and conditions of payment and order that the allowance be paid in cash or by instalments or that it be paid by the awarding of rights in certain property.

If the court awards a right in the family residence, a right in the movable property serving for the use of the household or retirement benefits accrued under a retirement plan to one of the spouses or to the surviving spouse, the provisions of Sections II and III are applicable.

[1991, c. 64, a. 429].

430. L'un des époux peut, pendant le mariage, convenir avec son conjoint d'acquitter en partie la prestation compensatoire. Le paiement reçu doit être déduit lorsqu'il y a lieu de fixer la valeur de la prestation compensatoire.

[1991, c. 64, a. 430].

■ C.C.Q., 427, 429, 3089.

430. One of the spouses may, during the marriage, agree with the other spouse to make partial payment of the compensatory allowance. The payment received shall be deducted when the time comes to fix the value of the compensatory allowance.

[1991, c. 64, a. 430].

Chapitre V —
Des régimes matrimoniaux

Chapter V —
Matrimonial regimes

SECTION I —
DISPOSITIONS GÉNÉRALES

SECTION I —
GENERAL PROVISIONS

§ 1. — Du choix du régime matrimonial

§ 1. — Choice of matrimonial regime

431. Il est permis de faire, par contrat de mariage, toutes sortes de stipulations, sous réserve des dispositions impératives de la loi et de l'ordre public.

[1991, c. 64, a. 431].

■ C.C.Q., 9, 391-430, 432 et s., 521.8, 1806-1841.

431. Any kind of stipulation may be made in a marriage contract, subject to the imperative provisions of law and public order.

[1991, c. 64, a. 431].

432. Les époux qui, avant la célébration du mariage, n'ont pas fixé leur régime matrimonial par contrat de mariage sont soumis au régime de la société d'acquêts.

[1991, c. 64, a. 432].

432. Spouses who, before the solemnization of their marriage, have not fixed their matrimonial regime in a marriage contract, are subject to the regime of partnership of acquests.

[1991, c. 64, a. 432].

■ C.C.Q., 431, 448-484.

433. Le régime matrimonial, qu'il soit légal ou conventionnel, prend effet du jour de la célébration du mariage.

La modification du régime effectuée pendant le mariage prend effet du jour de l'acte la constatant.

On ne peut stipuler que le régime matrimonial ou sa modification prendra effet à une autre date.

[1991, c. 64, a. 433].

■ C.C.Q., 431, 437, 438.

434. Le mineur autorisé à se marier peut, avant la célébration du mariage, consentir toutes les conventions matrimoniales permises dans un contrat de mariage, pourvu qu'il soit autorisé à cet effet par le tribunal.

Le titulaire de l'autorité parentale ou, le cas échéant, le tuteur doivent être appelés à donner leur avis.

Le mineur peut demander seul l'autorisation.

[1991, c. 64, a. 434].

■ C.C.Q., 153, 159, 435; C.P.C., 70, 813, 818.1.

435. Les conventions non autorisées par le tribunal ne peuvent être attaquées que par le mineur ou les personnes qui devaient être appelées à donner leur avis; elles ne peuvent plus l'être lorsqu'il s'est écoulé une année depuis la célébration du mariage.

[1991, c. 64, a. 435].

■ C.C.Q., 434, 1416-1423.

436. Le majeur en tutelle ou pourvu d'un conseiller ne peut passer de conventions matrimoniales sans l'assistance de son tuteur ou de son conseiller; le tuteur doit être autorisé à cet effet par le tribunal sur l'avis du conseil de tutelle.

Les conventions passées en violation du présent article ne peuvent être attaquées que par le majeur lui-même, son tuteur ou son conseiller, selon le cas; elles ne peu-

433. A matrimonial regime, whether legal or conventional, takes effect on the day when the marriage is solemnized.

A change made to the matrimonial regime during the marriage takes effect on the day of the act attesting the change.

In no case may the parties stipulate that their matrimonial regime or any change to it will take effect on another date.

[1991, c. 64, a. 433].

434. A minor authorized to marry may, before the marriage is solemnized, make all such matrimonial agreements as the marriage contract admits of, provided he is authorized to that effect by the court.

The person having parental authority or, as the case may be, the tutor shall be summoned to give his advice.

The minor may apply for the authorization alone.

[1991, c. 64, a. 434; I.N., 2014-05-01].

435. Agreements not authorized by the court may be impugned only by the minor or by the persons who had to be summoned to give their advice; no such agreement may be impugned if one year has elapsed since the marriage was solemnized.

1991, c. 64, a. 435; I.N., 2014-05-01].

436. No person of full age under tutorship or provided with an adviser may make matrimonial agreements without the assistance of his tutor or adviser; the tutor shall be authorized for this purpose by the court upon the advice of the tutorship council.

No agreement made in violation of this article may be impugned except by the person of full age himself, his tutor or his adviser, as the case may be, nor except in the

vent plus l'être lorsqu'il s'est écoulé une année depuis la célébration du mariage ou depuis le jour de l'acte modifiant les conventions matrimoniales.

[1991, c. 64, a. 436].

▌ C.C.Q., 222 et s., 285-290, 291-294, 438; C.P.C., 70, 813, 818.2.

437. Les futurs époux peuvent modifier leurs conventions matrimoniales, avant la célébration du mariage, en présence et avec le consentement de tous ceux qui ont été parties au contrat de mariage, pourvu que ces modifications soient elles-mêmes faites par contrat de mariage.

[1991, c. 64, a. 437].

▌ C.C.Q., 438-442.

438. Les époux peuvent, pendant le mariage, modifier leur régime matrimonial, ainsi que toute stipulation de leur contrat de mariage, pourvu que ces modifications soient elles-mêmes faites par contrat de mariage.

Les donations portées au contrat de mariage, y compris celles qui sont faites à cause de mort, peuvent être modifiées, même si elles sont stipulées irrévocables, pourvu que soit obtenu le consentement de tous les intéressés.

Les créanciers, s'ils en subissent préjudice, peuvent, dans le délai d'un an à compter du jour où ils ont eu connaissance des modifications apportées au contrat de mariage, les faire déclarer inopposables à leur égard.

[1991, c. 64, a. 438].

▌ C.C.Q., 431, 433, 439-442, 465(2), 1839-1841.

439. Les enfants à naître sont représentés par les époux pour la modification ou la suppression, avant ou pendant le mariage, des donations faites en leur faveur par contrat de mariage.

[1991, c. 64, a. 439].

▌ C.C.Q., 192, 437, 438, 1840.

440. Les contrats de mariage doivent être faits par acte notarié en minute, à peine de nullité absolue.

[1991, c. 64, a. 440].

year immediately following the solemnization of the marriage or the day of the act changing the matrimonial agreements.

[1991, c. 64, a. 436].

437. Intended spouses may change their matrimonial agreements before the solemnization of the marriage, in the presence and with the consent of all those who were parties to the marriage contract, provided the changes themselves are made by marriage contract.

[1991, c. 64, a. 437].

438. During marriage, spouses may change their matrimonial regime and any stipulation in their marriage contract, provided the change itself is made by marriage contract.

Gifts made in marriage contracts, including gifts *mortis causa*, may be changed even if they are stipulated as irrevocable, provided that the consent of all interested persons is obtained.

If a creditor suffers injury as the result of a change to a marriage contract, he may, within one year of becoming aware of the change, obtain a declaration that it may not be set up against him.

[1991, c. 64, a. 438; I.N., 2014-05-01].

439. Children to be born are represented by the spouses for the modification or cancellation, before or during the marriage, of gifts made to them by the marriage contract.

[1991, c. 64, a. 439].

440. Marriage contracts shall be established by a notarial act *en minute*, on pain of absolute nullity.

[1991, c. 64, a. 440].

■ C.C.Q., 1416-1418, 1422, 2814.

441. Le notaire qui reçoit le contrat de mariage modifiant un contrat antérieur doit, sans délai, en donner avis au dépositaire de la minute du contrat de mariage original et au dépositaire de la minute de tout contrat modifiant le régime matrimonial. Le dépositaire est tenu de faire mention du changement sur la minute et sur toute copie qu'il en délivre, en indiquant la date du contrat, le nom du notaire et le numéro de sa minute.

[1991, c. 64, a. 441].

■ C.C.Q., 437, 438.

441. The notary executing a marriage contract changing a previous contract shall immediately notify the depositary of the original marriage contract and the depositary of any contract changing the matrimonial regime. The depositary is bound to enter the change on the original and on any copy he may make of it, indicating the date of the contract, the name of the notary and the number of his minute.

[1991, c. 64, a. 441; I.N., 2014-05-01].

442. Un avis de tout contrat de mariage doit être inscrit au registre des droits personnels et réels mobiliers sur la réquisition du notaire instrumentant.

[1991, c. 64, a. 442].

■ C.C.Q., 437, 438, 440, 441, 2980; D.T., 163.

442. A notice of every marriage contract shall be entered in the register of personal and movable real rights at the requisition of the officiating notary.

[1991, c. 64, a. 442; I.N., 2014-05-01].

§ 2. —— De l'exercice des droits et pouvoirs résultant du régime matrimonial

§ 2. —— Exercise of the rights and powers arising out of the matrimonial regime

443. Chacun des époux peut donner à l'autre mandat de le représenter dans l'exercice des droits et pouvoirs que le régime matrimonial lui attribue.

[1991, c. 64, a. 443].

■ C.C.Q., 398, 444-446, 2130-2185.

443. Either spouse may give a mandate to the other in order to be represented in the exercise of rights and powers granted by the matrimonial regime.

[1991, c. 64, a. 443].

444. Le tribunal peut confier à l'un des époux le mandat d'administrer les biens de son conjoint ou les biens dont celui-ci a l'administration en vertu du régime matrimonial, lorsque le conjoint ne peut manifester sa volonté ou ne peut le faire en temps utile.

Il fixe les modalités et les conditions d'exercice des pouvoirs conférés.

[1991, c. 64, a. 444].

■ C.C.Q., 399, 443, 445-447, 462, 2130-2185; C.P.C., 813.

444. Where an expression of will cannot be given or cannot be given in due time by one spouse, the court may confer a mandate upon the other spouse to administer the property of that spouse or property administered by that spouse under the matrimonial regime.

The court fixes the terms and conditions of exercise of the powers conferred.

[1991, c. 64, a. 444].

445. Le tribunal peut prononcer le retrait du mandat judiciaire dès qu'il est établi qu'il n'est plus nécessaire.

445. The court may declare the judicial mandate withdrawn once it is established that it is no longer necessary.

Ce mandat cesse de plein droit dès que le conjoint est pourvu d'un tuteur ou d'un curateur.

[1991, c. 64, a. 445].

■ C.C.Q., 86, 268, 281, 285, 444, 446.

The mandate ceases by operation of law upon the other spouse's being provided with a tutor or curator.

[1991, c. 64, a. 445].

446. L'époux qui a eu l'administration des biens de son conjoint est comptable même des fruits et revenus qui ont été consommés avant qu'il n'ait été en demeure de rendre compte.

[1991, c. 64, a. 446].

■ C.C.Q., 443-445, 910, 2184.

446. Either spouse, having administered the property of the other, is accountable even for the fruits and revenues consumed before receiving a demand to render an account.

[1991, c. 64, a. 446].

447. Si l'un des époux a outrepassé les pouvoirs que lui attribue le régime matrimonial, l'autre, à moins qu'il n'ait ratifié l'acte, peut en demander la nullité.

Toutefois, en matière de meubles, chaque époux est réputé, à l'égard des tiers de bonne foi, avoir le pouvoir de passer seul les actes à titre onéreux pour lesquels le consentement du conjoint serait nécessaire.

[1991, c. 64, a. 447].

■ C.C.Q., 461, 486, 492, 1420, 2805, 2906; C.P.C., 813.

447. If one spouse exceeds the powers granted by the matrimonial regime and the other has not ratified the act, the latter may apply to have it declared null.

As regards movable property, however, each spouse is deemed, with respect to third persons in good faith, to have power to enter alone into acts by onerous title for which the consent of the other spouse would be necessary.

[1991, c. 64, a. 447; I.N., 2014-05-01].

SECTION II —
DE LA SOCIÉTÉ D'ACQUÊTS

SECTION II —
PARTNERSHIP OF ACQUESTS

§ 1. — De ce qui compose la société d'acquêts

§ 1. — Composition of the partnership of acquests

448. Les biens que chacun des époux possède au début du régime ou qu'il acquiert par la suite constituent des acquêts ou des propres selon les règles prévues ci-après.

[1991, c. 64, a. 448].

■ C.C.Q., 449-460.

448. The property that each of the spouses possesses when the regime comes into effect or that they subsequently acquire constitutes acquests or private property according to the rules that follow.

[1991, c. 64, a. 448; I.N., 2014-05-01].

449. Les acquêts de chaque époux comprennent tous les biens non déclarés propres par la loi et notamment:

1° Le produit de son travail au cours du régime;

449. The acquests of each spouse include all property not declared to be private property by law, and, in particular,

(1) the proceeds of that spouse's work during the regime;

2° Les fruits et revenus échus ou perçus au cours du régime, provenant de tous ses biens, propres ou acquêts.

[1991, c. 64, a. 449].

▮ C.C.Q., 450-460, 910.

450. Sont propres à chacun des époux:

1° Les biens dont il a la propriété ou la possession au début du régime;

2° Les biens qui lui échoient au cours du régime, par succession ou donation et, si le testateur ou le donateur l'a stipulé, les fruits et revenus qui en proviennent;

3° Les biens qu'il acquiert en remplacement d'un propre de même que les indemnités d'assurance qui s'y rattachent;

4° Les droits ou avantages qui lui échoient à titre de titulaire subrogé ou à titre de bénéficiaire déterminé d'un contrat ou d'un régime de retraite, d'une autre rente ou d'une assurance de personnes;

5° Ses vêtements et ses papiers personnels, ses alliances†, ses décorations et ses diplômes;

6° Les instruments de travail nécessaires à sa profession, sauf récompense s'il y a lieu.

[1991, c. 64, a. 450].

▮ C.C.Q., 433, 448 et s., 613 et s., 1806 et s., 2367 et s., 2445 et s.

451. Est également propre, à charge de récompense, le bien acquis avec des propres et des acquêts, si la valeur des propres employés est supérieure à la moitié du coût total d'acquisition de ce bien. Autrement, il est acquêt à charge de récompense.

La même règle s'applique à l'assurance sur la vie, de même qu'aux pensions de retraite et autres rentes. Le coût total est déterminé par l'ensemble des primes ou sommes versées, sauf dans le cas de l'assurance temporaire où il est déterminé par la dernière prime.

[1991, c. 64, a. 451].

▮ C.C.Q., 449, 450, 475.

(2) the fruits and income due or collected from all that spouse's private property or acquests during the regime.

[1991, c. 64, a. 449].

450. The private property of each spouse consists of

(1) property owned or possessed by that spouse when the regime comes into effect;

(2) property which devolves to that spouse during the regime by succession or gift, and the fruits and income derived from it if the testator or donor has so provided;

(3) property acquired by that spouse to replace private property and any insurance indemnity relating thereto;

(4) the rights or benefits devolved to that spouse as a subrogated holder or as a specified beneficiary under a contract or plan of retirement, other annuity or insurance of persons;

(5) that spouse's clothing and personal papers, wedding ring†, decorations and diplomas;

(6) the instruments required for that spouse's occupation, saving compensation where applicable.

[1991, c. 64, a. 450].

451. Property acquired with private property and acquests is also private property, subject to compensation, if the value of the private property used is greater than one-half of the total cost of acquisition of the property. Otherwise, it is an acquest subject to compensation.

The same rule applies to life insurance, retirement pensions and other annuities. The total cost is the aggregate of the premiums or sums paid, except in term insurance where it is the amount of the latest premium.

[1991, c. 64, a. 451].

452. Lorsque, au cours du régime, un époux, déjà propriétaire en propre d'une partie indivise d'un bien, en acquiert une autre partie, celle-ci lui est également propre, sauf récompense s'il y a lieu.

Toutefois, si la valeur des acquêts employés pour cette acquisition est égale ou supérieure à la moitié de la valeur totale du bien dont l'époux est devenu propriétaire, ce bien devient acquêt à charge de récompense.

[1991, c. 64, a. 452].

■ C.C.Q., 449, 460, 475, 1010.

452. Where, during the regime, a spouse who is already a co-owner in indivision of property, held as private property, acquires another part of it, this acquired part is also that spouse's private property, saving compensation where applicable.

However, if the value of the acquests used to acquire that part is equal to or greater than one-half of the total value of the property of which the spouse has become the owner, this property becomes an acquest, subject to compensation.

[1991, c. 64, a. 452; I.N., 2014-05-01].

453. Le droit d'un époux à une pension alimentaire, à une pension d'invalidité ou à quelque autre avantage de même nature, lui reste propre, mais sont acquêts tous les avantages pécuniaires qui en proviennent et qui sont échus ou perçus au cours du régime ou qui sont payables, à son décès, à ses héritiers et ayants cause.

Aucune récompense n'est due en raison des sommes ou primes payées avec les acquêts ou les propres pour acquérir ces pensions ou autres avantages.

[1991, c. 64, a. 453].

■ C.C.Q., 449, 450, 585-596.

453. The right of a spouse to support, to a disability pension or to any other benefit of the same nature remains the private property of that spouse; however, all pecuniary benefits derived from these are acquests, if they fall due or are collected during the regime or are payable to that spouse's heirs and successors at death.

No compensation is due by reason of any amount or premium paid with the acquests or the private property to acquire the support, allowance or other benefits.

[1991, c. 64, a. 453; I.N., 2014-05-01].

454. Sont également propres à l'époux le droit de réclamer des dommages-intérêts et l'indemnité reçue en réparation d'un préjudice moral ou corporel.

La même règle s'applique au droit et à l'indemnité découlant d'un contrat d'assurance ou de tout autre régime d'indemnisation, mais aucune récompense n'est due en raison des primes ou sommes payées avec les acquêts.

[1991, c. 64, a. 454].

■ C.C.Q., 3, 10, 35-41, 449, 450, 453, 1457-1481, 1611 et s.

454. The right to claim damages and the compensation received for moral or bodily injury are also the private property of the spouse.

The same rule applies to the right and the compensation arising from an insurance contract or any other indemnification scheme, but no compensation is due by reason of the premiums or amounts paid with the acquests.

[1991, c. 64, a. 454; I.N., 2014-05-01].

455. Le bien acquis à titre d'accessoire ou d'annexe d'un bien propre ainsi que les constructions, ouvrages ou plantations faits sur un immeuble propre restent propres, sauf récompense s'il y a lieu.

Cependant, si c'est avec les acquêts qu'a

455. Property acquired as an accessory of or an annex to private property, and any construction, work or plantation on or in an immovable which is private property, remain private, saving compensation, if need be.

However, if the accessory or annex was

été acquis l'accessoire ou l'annexe, ou qu'ont été faits les constructions, ouvrages ou plantations et que leur valeur est égale ou supérieure à celle du bien propre, le tout devient acquêt à charge de récompense.

[1991, c. 64, a. 455].

∎ C.C.Q., 449-452, 475, 948, 955 et s.

acquired, or the construction, work or plantation made, from acquests, and if its value is equal to or greater than that of the private property, the whole becomes an acquest subject to compensation.

[1991, c. 64, a. 455].

456. Les valeurs mobilières acquises par suite de la déclaration de dividendes sur des valeurs propres à l'un des époux lui restent propres, sauf récompense.

Les valeurs mobilières acquises par suite de l'exercice d'un droit de souscription ou de préemption ou autre droit semblable que confèrent des valeurs propres à l'un des époux lui restent également propres, sauf récompense s'il y a lieu.

Les primes de rachat ou de remboursement anticipé de valeurs mobilières propres à l'un des époux lui restent propres sans récompense.

[1991, c. 64, a. 456].

∎ C.C.Q., 449, 450, 475; D.T., 32.

456. Securities acquired by the effect of a declaration of dividends on securities that are the private property of either spouse remain that spouse's private property, saving compensation.

Securities acquired by the effect of the exercise of a subscription right, a pre-emptive right or any other similar right conferred on either spouse by securities that are that spouse's private property likewise remain so, saving compensation, if need be.

Redemption premiums and prepaid premiums on securities that are the private property of either spouse remain that spouse's private property without compensation.

[1991, c. 64, a. 456].

457. Sont propres, à charge de récompense, les revenus provenant de l'exploitation d'une entreprise propre à l'un des époux, s'ils sont investis dans l'entreprise.

Toutefois, aucune récompense n'est due si l'investissement était nécessaire pour maintenir les revenus de cette entreprise.

[1991, c. 64, a. 457].

∎ C.C.Q., 449, 450, 475, 1525.

457. Income derived from the carrying on of an enterprise that is the private property of either spouse remains that spouse's private property, subject to compensation, if it is reinvested in the enterprise.

No compensation is due, however, if the investment was necessary in order to maintain the income of the enterprise.

[1991, c. 64, a. 457; I.N., 2014-05-01].

458. Les droits de propriété intellectuelle et industrielle sont propres, mais sont acquêts tous les fruits et revenus qui en proviennent et qui sont perçus ou échus au cours du régime.

[1991, c. 64, a. 458].

∎ C.C.Q., 449, 910.

458. Intellectual and industrial property rights are private property, but all fruits and income arising from them and collected or fallen due during the regime are acquests.

[1991, c. 64, a. 458].

459. Tout bien est présumé acquêt, tant entre les époux qu'à l'égard des tiers, à

459. All property is presumed to constitute an acquest, both between the spouses and

moins qu'il ne soit établi qu'il est un propre.

[1991, c. 64, a. 459].

■ C.C.Q., 448, 449, 460, 487, 2846, 2847.

with respect to third persons, unless it is established that it is private property.

[1991, c. 64, a. 459].

460. Le bien qu'un époux ne peut prouver lui† être exclusivement propre ou acquêt est présumé appartenir aux deux indivisément, à chacun pour moitié.

[1991, c. 64, a. 460].

460. Any property that a spouse is unable to prove to be an*† exclusively private property or acquest is presumed to be held by both spouses in undivided co-ownership, one-half by each.

[1991, c. 64, a. 460].

Note : Comp. a. 492 C.c.Q. (L.Q. 1980, c. 39). / Comp. a. 492 C.C.Q. (S.Q. 1980, c. 39).

■ C.C.Q., 459, 1010-1037, 2846, 2847.

§ 2. — De l'administration des biens et de la responsabilité des dettes

§ 2. — Administration of property and liability for debts

461. Chaque époux a l'administration, la jouissance et la libre disposition de ses biens propres et de ses acquêts.

[1991, c. 64, a. 461].

■ C.C.Q., 391 et s., 462.

461. Each spouse has the administration, enjoyment and free disposal of his or her private property and acquests.

[1991, c. 64, a. 461].

462. Un époux ne peut cependant, sans le consentement de son conjoint, disposer de ses acquêts entre vifs à titre gratuit, si ce n'est de biens de peu de valeur ou de cadeaux d'usage.

Toutefois, il peut être autorisé par le tribunal à passer seul un tel acte, si le consentement ne peut être obtenu pour quelque cause que ce soit ou si le refus n'est pas justifié par l'intérêt de la famille.

[1991, c. 64, a. 462].

■ C.C.Q., 447, 461, 1807; C.P.C., 70, 813.3.

462. Neither spouse may, however, without the consent of the other, dispose of acquests *inter vivos* by gratuitous title, with the exception of property of small value or customary presents.

A spouse may be authorized by the court to enter into the act alone, however, if consent cannot be obtained for any reason or if refusal is not justified in the interest of the family.

[1991, c. 64, a. 462].

463. La restriction au droit de disposer ne limite pas le droit d'un époux de désigner un tiers comme bénéficiaire ou titulaire subrogé d'une assurance de personnes, d'une pension de retraite ou autre rente, sous réserve de l'application des règles relatives au patrimoine familial.

Aucune récompense n'est due en raison des sommes ou primes payées avec les ac-

463. The restriction to the right to dispose of acquests does not limit the right of either spouse to designate a third person as a beneficiary or subrogated holder of an insurance of persons, a retirement pension or any other annuity, subject to the application of the rules concerning the family patrimony.

No compensation is due by reason of the sums or premiums paid with the acquests

quêts si la désignation est en faveur du conjoint ou des enfants de l'époux ou du conjoint.

[1991, c. 64, a. 463].

▌ C.C.Q., 414-426, 462, 2445 et s.

464. Chacun des époux est tenu, tant sur ses biens propres que sur ses acquêts, des dettes nées de son chef avant ou pendant le mariage.

Il n'est pas tenu, pendant la durée du régime, des dettes nées du chef de son conjoint, sous réserve des dispositions des articles 397 et 398.

[1991, c. 64, a. 464].

▌ C.C.Q., 397, 398, 443-447, 484.

§ 3. —— De la dissolution et de la liquidation du régime

465. Le régime de la société d'acquêts se dissout:

1° Par le décès de l'un des époux;

2° Par le changement conventionnel de régime pendant le mariage;

3° Par le jugement qui prononce le divorce, la séparation de corps ou la séparation de biens;

4° Par l'absence de l'un des époux dans les cas prévus par la loi;

5° Par la nullité du mariage si celui-ci produit néanmoins des effets.

Les effets de la dissolution se produisent immédiatement, sauf dans les cas des [paragraphes] 3° et 5°, où ils remontent, entre les époux, au jour de la demande.

[1991, c. 64, a. 465].

▌ C.C.Q., 89, 96, 122 et s., 382, 383, 438, 466, 476, 488, 489, 508, 518, 521.19; C.P.C., 813 et s., 817.

466. Dans tous les cas de dissolution du régime, le tribunal peut, à la demande de l'un ou l'autre des époux ou de leurs ayants cause, décider que, dans les rapports mutuels des conjoints, les effets de la

---

if the designation is in favour of the other spouse or of the children of either spouse.

[1991, c. 64, a. 463; I.N., 2014-05-01].

464. The spouses, individually, are liable on both their private property and their acquests for all debts incurred by them before or during the marriage.

While the regime lasts, neither spouse is liable for the debts incurred by the other, subject to articles 397 and 398.

[1991, c. 64, a. 464].

§ 3. —— Dissolution and liquidation of the regime

465. The regime of partnership of acquests is dissolved by

(1) the death of one of the spouses;

(2) a conventional change of regime during the marriage;

(3) a judgment of divorce, separation from bed and board, or separation as to property;

(4) the absence of one of the spouses in the cases provided for by law;

(5) the nullity of the marriage if, nevertheless, the marriage produces effects.

The effects of the dissolution are produced immediately, except in the cases of subparagraphs 3 and 5, where they are retroactive, between the spouses, to the day of the application.

[1991, c. 64, a. 465].

466. In any case of dissolution of a regime, the court may, upon the application of either spouse or of the latter's successors, decide that, in the relations between the spouses, the effects of the dissolution

dissolution remonteront à la date où ils ont cessé de faire vie commune.

[1991, c. 64, a. 466].

▮ C.C.Q., 417, 465, 489, 508, 518; C.P.C., 813 et s., 817.

are retroactive to the date when they ceased to live together.

[1991, c. 64, a. 466; I.N., 2014-05-01].

467. Après la dissolution du régime, chaque époux conserve ses biens propres.

Il a la faculté d'accepter le partage des acquêts de son conjoint ou d'y renoncer, nonobstant toute convention contraire.

[1991, c. 64, a. 467].

▮ C.C.Q., 465, 468-474.

467. Each spouse retains his or her private property after the regime is dissolved.

One spouse may accept or renounce the partition of the other spouse's acquests, notwithstanding any agreement to the contrary.

[1991, c. 64, a. 467].

468. L'acceptation peut être expresse ou tacite.

L'époux qui s'est immiscé dans la gestion des acquêts de son conjoint postérieurement à la dissolution du régime ne peut recevoir la part des acquêts de son conjoint qui lui revient que si ce dernier a lui-même accepté le partage des acquêts de celui qui s'est immiscé.

Les actes de simple administration n'emportent point immixtion.

[1991, c. 64, a. 468].

▮ C.C.Q., 467, 471, 1301-1305.

468. Acceptance may be either express or tacit.

A spouse who has interfered in the management of the acquests of the other spouse after the regime is dissolved may not receive the share of the acquests of the other spouse to which he or she is entitled unless the other spouse has accepted the partition of the acquests of the spouse who interfered.

Acts of simple administration do not constitute interference.

[1991, c. 64, a. 468; I.N., 2014-05-01].

469. La renonciation doit être faite par acte notarié en minute ou par une déclaration judiciaire dont il est donné acte.

La renonciation doit être inscrite au registre des droits personnels et réels mobiliers; à défaut d'inscription dans un délai d'un an à compter du jour de la dissolution, l'époux est réputé avoir accepté.

[1991, c. 64, a. 469].

▮ C.C.Q., 423, 467-474, 2938, 2941, 2963.

469. Renunciation shall be made by notarial act *en minute* or by a judicial declaration which is recorded.

Renunciation shall be entered in the register of personal and movable real rights; failing entry within one year from the date of the dissolution, the spouse is deemed to have accepted.

[1991, c. 64, a. 469].

470. Si l'époux renonce, la part à laquelle il aurait eu droit dans les acquêts de son conjoint reste acquise à ce dernier.

Toutefois, les créanciers de l'époux qui renonce au préjudice de leurs droits peuvent demander au tribunal de déclarer que la re-

470. If either spouse renounces partition, the share of the other's acquests to which he or she would have been entitled remains vested in the other.

However, the creditors of the spouse who renounces partition to the prejudice of their rights may apply to the court for a

nonciation leur est inopposable et accepter la part des acquêts du conjoint de leur débiteur au lieu et place de ce dernier.

Dans ce cas, leur acceptation n'a d'effet qu'en leur faveur et à concurrence seulement de leurs créances; elle ne vaut pas au profit de l'époux renonçant.

[1991, c. 64, a. 470].

∎ C.C.Q., 469.

declaration that the renunciation may not be set up against them, and accept the share of the acquests of their debtor's spouse in his or her place and stead.

In that case, their acceptance has effect only in their favour and only to the extent of the amount of their claims; it is not valid in favour of the renouncing spouse.

[1991, c. 64, a. 470].

471. Un époux est privé de sa part dans les acquêts de son conjoint s'il a diverti ou recelé des acquêts, s'il a dilapidé ses† acquêts ou s'il les a administrés de mauvaise foi.

[1991, c. 64, a. 471].

∎ C.C.Q., 467.

471. A spouse who has misappropriated or concealed acquests, wasted† acquests or administered them in bad faith forfeits his or her share of the acquests of the other spouse.

[1991, c. 64, a. 471].

472. L'acceptation ou la renonciation est irrévocable. Toutefois, la renonciation peut être annulée pour cause de lésion ou pour toute autre cause de nullité des contrats.

[1991, c. 64, a. 472].

∎ C.C.Q., 467-470, 1399 et s.

472. Acceptance and renunciation are irrevocable. Renunciation may be annulled, however, by reason of lesion or any other cause of nullity of contracts.

[1991, c. 64, a. 472].

473. Lorsque le régime est dissous par décès et que le conjoint survivant a accepté le partage des acquêts de l'époux décédé, les héritiers de l'époux décédé ont la faculté d'accepter le partage des acquêts du conjoint survivant ou d'y renoncer et, à l'exception des attributions préférentielles dont seul peut bénéficier le conjoint survivant, les dispositions sur la dissolution et la liquidation du régime leur sont applicables.

Si, parmi les héritiers, l'un accepte et les autres renoncent, celui qui accepte ne peut prendre que la portion d'acquêts qu'il aurait eue si tous avaient accepté.

La renonciation du conjoint survivant est opposable aux créanciers de l'époux décédé.

[1991, c. 64, a. 473].

∎ C.C.Q., 465-484.

473. When the regime is dissolved by death and the surviving spouse has accepted the partition of the acquests of the deceased spouse, the heirs of the deceased spouse may accept or renounce the partition of the surviving spouse's acquests, and, excepting preferential awards which only the surviving spouse is entitled to receive, the provisions on the dissolution and liquidation of the regime apply to them.

If one of the heirs accepts partition and the others renounce it, the heir who accepts may not take more than the portion of the acquests that he would have had if all had accepted.

Renunciation by the surviving spouse may be set up against the creditors of the deceased spouse.

[1991, c. 64, a. 473].

474. Lorsqu'un époux décède alors qu'il était encore en droit de renoncer, ses héritiers ont, à compter du décès, un nouveau délai d'un an pour faire inscrire leur renonciation.

[1991, c. 64, a. 474].

▌C.C.Q., 467-472.

474. When a spouse dies while still entitled to renounce partition, the heirs have a further period of one year from the date of death in which to have their renunciation registered.

[1991, c. 64, a. 474; I.N., 2014-05-01].

475. Sur acceptation du partage des acquêts du conjoint, on forme d'abord deux masses des biens de ce dernier, l'une constituée des propres, l'autre des acquêts.

On dresse ensuite un compte des récompenses dues par la masse des propres à la masse des acquêts de ce conjoint et réciproquement.

La récompense est égale à l'enrichissement dont une masse a bénéficié au détriment de l'autre.

[1991, c. 64, a. 475].

▌C.C.Q., 448, 450-457, 465, 467, 468, 476-481.

475. When the partition of a spouse's acquests is accepted, the property of the patrimony of that spouse is first divided into two masses, one comprising the private property and the other the acquests.

A statement is then prepared of the compensation owed by the mass of private property to the mass of the spouse's acquests, and *vice versa*.

The compensation is equal to the enrichment enjoyed by one mass to the detriment of the other.

[1991, c. 64, a. 475].

476. Les biens susceptibles de récompense s'estiment d'après leur état au jour de la dissolution du régime et d'après leur valeur au temps de la liquidation.

L'enrichissement est évalué au jour de la dissolution du régime; toutefois, lorsque le bien acquis ou amélioré a été aliéné au cours du régime, l'enrichissement est évalué au jour de l'aliénation.

[1991, c. 64, a. 476].

▌C.C.Q., 450-457, 465, 466, 475, 478, 479.

476. Property susceptible of compensation is assessed according to its condition at the time of dissolution of the regime and to its value at the time of liquidation.

The enrichment is valued as on the day the regime is dissolved; however, when the property acquired or improved was alienated during the regime, the enrichment is valued as on the day of the alienation.

[1991, c. 64, a. 476; I.N., 2014-05-01].

477. Aucune récompense n'est due en raison des impenses nécessaires ou utiles à l'entretien ou à la conservation des biens.

[1991, c. 64, a. 477].

▌C.C.Q., 455, 475, 957 et s.

477. No compensation is due by reason of disbursements necessary or useful for the maintenance or preservation of the property.

[1991, c. 64, a. 477; I.N., 2014-05-01].

478. Les dettes contractées au profit des propres et non acquittées donnent lieu à récompense comme si elles avaient déjà été payées avec les acquêts.

[1991, c. 64, a. 478].

▌C.C.Q., 475, 476, 484.

478. Unpaid debts incurred for the benefit of the private property give rise to compensation as if they had already been paid with the acquests.

[1991, c. 64, a. 478].

479. Le paiement, avec les acquêts, d'une amende imposée en vertu de la loi donne lieu à récompense.

[1991, c. 64, a. 479].

▌ C.C.Q., 475, 476.

480. Si le compte accuse un solde en faveur de la masse des acquêts, l'époux titulaire du patrimoine en fait rapport à cette masse partageable, soit en moins prenant, soit en valeur, soit avec des propres.

S'il accuse un solde en faveur de la masse des propres, l'époux prélève parmi ses acquêts des biens jusqu'à concurrence de la somme due.

[1991, c. 64, a. 480].

▌ C.C.Q., 475, 481.

481. Le règlement des récompenses effectué, on établit la valeur nette de la masse des acquêts et cette valeur est partagée, par moitié, entre les époux. L'époux titulaire du patrimoine peut payer à son conjoint la part qui lui revient en numéraire ou par dation en paiement.

[1991, c. 64, a. 481].

▌ C.C.Q., 475, 476, 482.

482. Si la dissolution du régime résulte du décès ou de l'absence de l'époux titulaire du patrimoine, son conjoint peut exiger qu'on lui donne en paiement, moyennant, s'il y a lieu, une soulte payable au comptant ou par versements, la résidence familiale et les meubles qui servent à l'usage du ménage ou tout autre bien à caractère familial pour autant qu'ils fussent des acquêts ou des biens faisant partie du patrimoine familial.

À défaut d'accord sur le paiement de la soulte, le tribunal en fixe les modalités de garantie et de paiement.

[1991, c. 64, a. 482].

▌ C.C.Q., 84, 89, 415, 449, 459, 465, 473, 481.

483. Si les parties ne s'entendent pas sur l'estimation des biens, celle-ci est faite par

479. Payment with the acquests of any fine imposed by law gives rise to compensation.

[1991, c. 64, a. 479].

480. If the statement shows a balance in favour of the mass of acquests, the spouse who holds the patrimony makes a return to that mass for partition, either by taking less, or in value, or with his or her private property.

If the statement shows a balance in favour of the mass of private property, the spouse removes assets from his or her acquests up to the amount owed.

[1991, c. 64, a. 480].

481. Once the settlement of compensation has been effected, the net value of the mass of acquests is established and evenly divided between the spouses. The spouse who holds the patrimony may pay the portion due to the other spouse by paying him or her in money or by giving in payment.

[1991, c. 64, a. 481].

482. If the dissolution of the regime results from the death or absence of the spouse who holds the patrimony, the other spouse may require to be given in payment, on condition of payment of any equalizing sum, in cash or by instalments, the family residence and the movable property serving for the use of the household or any other family property to the extent that they were acquests or property forming part of the family patrimony.

If there is no agreement on the payment of the equalizing sum, the court fixes the terms and conditions of guarantee and payment.

[1991, c. 64, a. 482; I.N., 2014-05-01].

483. If the parties do not agree on the valuation of the property, it is valued by ex-

des experts que désignent les parties ou, à défaut, le tribunal.

[1991, c. 64, a. 483].

█ C.C.Q., 476; C.P.C., 414 et s., 813, 815.1.

perts designated by the parties or, failing them, the court.

[1991, c. 64, a. 483].

484. La dissolution du régime ne peut préjudicier, avant le partage, aux droits des créanciers antérieurs sur l'intégralité du patrimoine de leur débiteur.

Après le partage, les créanciers antérieurs peuvent uniquement poursuivre le paiement de leur créance contre l'époux débiteur, à moins qu'il n'ait pas été tenu compte de cette créance lors du partage. En ce cas, ils peuvent, après avoir discuté les biens de leur débiteur, poursuivre le conjoint. Chaque époux conserve alors un recours contre son conjoint pour les sommes auxquelles il aurait eu droit si la créance avait été payée avant le partage.

Le conjoint de l'époux débiteur ne peut, en aucun cas, être appelé à payer une somme supérieure à la part des acquêts qu'il a reçue de son conjoint.

[1991, c. 64, a. 484].

█ C.C.Q., 397, 398, 464, 481.

484. Before the partition, dissolution of the regime does not prejudice the rights of former creditors against the whole of their debtor's patrimony.

After the partition, former creditors may only pursue payment of their claims against the debtor spouse. However, if the claims were not taken into account when the partition was made, they may, after discussion of the property of their debtor, pursue the other spouse. Each spouse then retains a remedy against the other for the amounts he or she would have been entitled to if the claims had been paid before the partition.

In no case may the spouse of the debtor spouse be called upon to pay a greater amount than the portion of the acquests he or she received from the latter.

[1991, c. 64, a. 484; I.N., 2014-05-01].

SECTION III —
DE LA SÉPARATION DE BIENS

§ 1. — De la séparation conventionnelle de biens

485. Le régime de séparation conventionnelle de biens s'établit par la simple déclaration faite à cet effet dans le contrat de mariage.

[1991, c. 64, a. 485].

█ C.C.Q., 431, 486, 487.

SECTION III —
SEPARATION AS TO PROPERTY

§ 1. — Conventional separation as to property

485. The regime of conventional separation as to property is established by a simple declaration to this effect in the marriage contract.

[1991, c. 64, a. 485].

486. En régime de séparation de biens, chaque époux a l'administration, la jouissance et la libre disposition de tous ses biens.

[1991, c. 64, a. 486].

█ C.C.Q., 391 et s., 485, 487.

486. Under the regime of separation as to property, each spouse has the administration, enjoyment and free disposal of all his or her property.

[1991, c. 64, a. 486; I.N., 2014-05-01].

487. Le bien sur lequel aucun des époux ne peut justifier de son droit exclusif de propriété est présumé appartenir aux deux indivisément, à chacun pour moitié.

[1991, c. 64, a. 487].

∎ C.C.Q., 1010-1037, 2846, 2847.

487. Property over which the spouses are unable to establish their exclusive right of ownership is presumed to be held by both in undivided co-ownership, one-half by each.

[1991, c. 64, a. 487].

§ 2. —— De la séparation judiciaire de biens

§ 2. —— Judicial separation as to property

488. La séparation de biens peut être poursuivie par l'un ou l'autre des époux lorsque l'application des règles du régime matrimonial se révèle contraire à ses intérêts ou à ceux de la famille.

[1991, c. 64, a. 488].

∎ C.C.Q., 489-491; C.P.C., 821.

488. Either spouse may seek separation as to property when the application of the rules of the matrimonial regime proves to be contrary to the interests of that spouse or of the family.

[1991, c. 64, a. 488; I.N., 2014-05-01].

489. La séparation de biens prononcée en justice emporte dissolution du régime matrimonial et place les époux dans la situation de ceux qui sont conventionnellement séparés de biens.

Entre les époux, les effets de la séparation remontent au jour de la demande, à moins que le tribunal ne les fasse remonter à la date où les époux ont cessé de faire vie commune†.

[1991, c. 64, a. 489].

∎ C.C.Q., 465 et s., 485-488, 490, 491, 492.

489. Separation as to property judicially obtained entails dissolution of the matrimonial regime and puts the spouses in the situation of those who are conventionally separate as to property.

Between spouses, the effects of the separation are retroactive to the day of the application unless the court makes them retroactive to the date on which the spouses ceased to live together†.

[1991, c. 64, a. 489].

490. Les créanciers des époux ne peuvent demander la séparation de biens, mais ils peuvent intervenir dans l'instance.

Ils peuvent aussi se pourvoir contre la séparation de biens prononcée ou exécutée en fraude de leurs droits.

[1991, c. 64, a. 490].

∎ C.C.Q., 488, 1626-1630; C.P.C., 208-211, 489.

490. Creditors of the spouses may not apply for separation as to property, but may intervene in the action.

They may also institute proceedings against separation as to property pronounced or executed in fraud of their rights.

[1991, c. 64, a. 490].

491. La dissolution du régime matrimonial opérée par la séparation de biens ne donne pas ouverture aux droits de survie, sauf stipulation contraire dans le contrat de mariage.

[1991, c. 64, a. 491].

∎ C.C.Q., 431, 488.

491. Dissolution of the matrimonial regime effected by separation as to property does not give rise to the rights of survivorship, unless otherwise stipulated in the marriage contract.

[1991, c. 64, a. 491].

SECTION IV ——
DES RÉGIMES COMMUNAUTAIRES

SECTION IV ——
COMMUNITY REGIMES

492. Lorsque les époux optent pour un régime matrimonial communautaire et qu'il est nécessaire de suppléer aux dispositions de la convention, on doit se référer aux règles de la société d'acquêts, compte tenu des adaptations nécessaires.

Les époux mariés sous l'ancien régime de communauté légale peuvent invoquer les règles de dissolution et de liquidation du régime de la société d'acquêts lorsqu'elles ne sont pas incompatibles avec les règles de leur régime matrimonial.

[1991, c. 64, a. 492].

▌ C.C.Q., 391, 448-484.

492. Where the spouses elect for a community matrimonial regime and it is necessary to supplement the provisions of the agreement, reference shall be made to the rules of partnership of acquests, adapted as required.

Spouses married under the former regime of legal community may invoke the rules of dissolution and liquidation of the regime of partnership of acquests where these are not inconsistent with their matrimonial regime.

[1991, c. 64, a. 492; I.N., 2014-05-01].

Chapitre VI ——
De la séparation de corps

Chapter VI ——
Separation from bed and board

SECTION I ——
DES CAUSES DE LA SÉPARATION DE
CORPS

SECTION I ——
GROUNDS FOR SEPARATION FROM BED
AND BOARD

493. La séparation de corps est prononcée lorsque la volonté de vie commune† est gravement atteinte.

[1991, c. 64, a. 493].

▌ C.C.Q., 392, 494, 498; C.P.C., 70, 813.4, 822.

493. Separation from bed and board is granted when the will to live together† is gravely undermined.

[1991, c. 64, a. 493].

494. Il en† est ainsi notamment:

1° Lorsque les époux ou l'un d'eux rapportent la preuve d'un ensemble de faits rendant difficilement tolérable le maintien de la vie commune†;

2° Lorsqu'au moment de la demande, les époux vivent séparés l'un de l'autre;

3° Lorsque l'un des époux a manqué gravement à une obligation du mariage, sans toutefois que cet époux puisse invoquer son propre manquement.

[1991, c. 64, a. 494].

▌ C.C.Q., 392, 395, 396, 493, 498, 506, 2847.

494. The will to live together† is gravely undermined particularly

(1) where proof of an accumulation of facts that make further living together† hardly tolerable is adduced by the spouses or either of them;

(2) where, at the time of the application, the spouses are living apart;

(3) where either spouse has seriously failed to perform an obligation resulting from the marriage; however, the spouse may not invoke his or her own failure.

[1991, c. 64, a. 494].

495. Les époux qui soumettent à l'approbation du tribunal un projet d'accord qui règle les conséquences de leur séparation de corps peuvent la demander sans avoir à en faire connaître la cause.

Le tribunal prononce alors la séparation, s'il considère que le consentement des époux est réel et que l'accord préserve suffisamment les intérêts de chacun d'eux et des enfants.

[1991, c. 64, a. 495].

▌ C.C.Q., 504, 512; C.P.C., 822, 822.5.

495. If the spouses submit to the approval of the court a draft agreement settling the consequences of their separation from bed and board, they may apply for separation without disclosing the ground.

The court then grants the separation if it is satisfied that the spouses truly consent and that the agreement sufficiently preserves the interests of each of them and of the children.

[1991, c. 64, a. 495].

SECTION II — DE L'INSTANCE EN SÉPARATION DE CORPS

SECTION II — PROCEEDINGS FOR SEPARATION FROM BED AND BOARD

§ 1. — Disposition générale

§ 1. — General provision

496. À tout moment de l'instance en séparation de corps, il entre dans la mission du tribunal de conseiller les époux, de favoriser leur conciliation et de veiller aux intérêts des enfants et au respect de leurs droits.

[1991, c. 64, a. 496].

▌ C.C.Q., 32-34, 500-506; C.P.C., 547g, 815.2, 815.3, 827.2.

496. At all stages of the proceedings for separation from bed and board, it is within the role of the court to counsel the spouses and foster their conciliation, and to see to the interests of the children and the respect of their rights.

[1991, c. 64, a. 496; I.N., 2014-05-01].

§ 2. — De la demande et de la preuve

§ 2. — Application and proof

497. La demande en séparation de corps peut être présentée par les époux ou l'un d'eux.

[1991, c. 64, a. 497].

▌ C.C.Q., 493, 498; C.P.C., 814.1, 822.

497. An application for separation from bed and board may be presented by both spouses or either of them.

[1991, c. 64, a. 497].

498. La preuve que le maintien de la vie commune† est difficilement tolérable peut résulter du témoignage† d'une partie, mais le tribunal peut exiger une preuve additionnelle.

[1991, c. 64, a. 498].

▌ C.C.Q., 493-495, 498; C.P.C., 13, 195, 404, 457, 815.1, 815.3, 822.2.

498. Proof that further living together† is hardly tolerable for the spouses may result from the admission† of one party but the court may require additional evidence.

[1991, c. 64, a. 498].

§ 3. — Des mesures provisoires

§ 3. — Provisional measures

499. La demande en séparation de corps délie les époux de l'obligation de faire vie commune†.

[1991, c. 64, a. 499].

❚ C.C.Q., 392, 500-503; C.P.C., 813-817.4.

499. An application for separation from bed and board releases the spouses from the obligation to live together†.

[1991, c. 64, a. 499].

500. Le tribunal peut ordonner à l'un des époux de quitter la résidence familiale pendant l'instance.

Il peut aussi autoriser l'un d'eux à conserver provisoirement des biens meubles qui jusque-là servaient à l'usage commun.

[1991, c. 64, a. 500].

❚ C.C.Q., 392, 403, 405, 499, 501-503; C.P.C., 813-817.4.

500. The court may order either spouse to leave the family residence during the proceedings.

It may also authorize either spouse to retain temporarily certain movable property which until that time had served for common use.

[1991, c. 64, a. 500].

501. Le tribunal peut statuer sur la garde et l'éducation des enfants.

Il fixe la contribution de chacun des époux à leur entretien pendant l'instance.

[1991, c. 64, a. 501].

❚ C.C.Q., 499, 500, 502, 503, 599, 605; C.P.C., 813-817.4.

501. The court may decide as to the custody and education of the children.

It fixes the contribution of each spouse to the maintenance of the children during the proceedings.

[1991, c. 64, a. 501; I.N., 2014-05-01].

502. Le tribunal peut ordonner à l'un des époux de verser à l'autre une pension† alimentaire et une provision pour les frais de l'instance.

[1991, c. 64, a. 502].

Note : Comp. a. 590.

❚ C.C.Q., 499-501, 503, 590; C.P.C., 813-817.4.

502. The court may order either spouse to pay support† to the other, and a provisional sum to cover the costs of the proceedings.

[1991, c. 64, a. 502].

503. Les mesures provisoires sont sujettes à révision lorsqu'un fait nouveau le justifie.

[1991, c. 64, a. 503].

❚ C.C.Q., 499-502; C.P.C., 813-817.4.

503. Provisional measures may be reviewed whenever warranted by any new fact.

[1991, c. 64, a. 503].

§ 4. — Des ajournements et de la réconciliation

§ 4. — Adjournments and reconciliation

504. Le tribunal peut ajourner l'instruction de la demande en séparation de corps, s'il

504. The court may adjourn the hearing of the application for separation from bed

croit que l'ajournement peut favoriser la réconciliation des époux ou éviter un préjudice sérieux à l'un des conjoints ou à l'un de leurs enfants.

Il peut aussi le faire s'il estime que les époux peuvent régler à l'amiable les conséquences de leur séparation de corps et conclure, à ce sujet, des accords que le tribunal pourra prendre en considération.

[1991, c. 64, a. 504].

■ C.C.Q., 505, 506; C.P.C., 815.2, 827.2, 827.3.

505. La réconciliation des époux survenue depuis la demande met fin à l'instance.

Chacun des époux peut néanmoins présenter une nouvelle demande pour cause survenue depuis la réconciliation et alors faire usage des anciennes causes pour appuyer sa demande.

[1991, c. 64, a. 505].

■ C.C.Q., 493, 494, 504, 506; C.P.C., 815.2.

506. La seule reprise de la cohabitation pendant moins de quatre-vingt-dix jours ne fait pas présumer la réconciliation.

[1991, c. 64, a. 506].

■ C.C.Q., 504, 505; C.P.C., 815.2.

SECTION III —
DES EFFETS DE LA SÉPARATION DE CORPS ENTRE LES ÉPOUX

507. La séparation de corps délie les époux de l'obligation de faire vie commune†; elle ne rompt pas le lien du mariage.

[1991, c. 64, a. 507].

■ C.C.Q., 392, 508-512, 513, 516, 525.

508. La séparation de corps emporte séparation de biens, s'il y a lieu.

Entre les époux, les effets de la séparation de biens remontent au jour de la demande en séparation de corps, à moins que le tri-

and board if it considers that adjournment can foster the reconciliation of the spouses or avoid serious injury to either spouse or to any of their children.

The court may also adjourn the hearing if it considers that the spouses are able to settle the consequences of their separation from bed and board and to make agreements in that respect which the court will be able to take into account.

[1991, c. 64, a. 504; I.N., 2014-05-01].

505. Reconciliation between the spouses occurring after the application is presented terminates the proceedings.

Either spouse may nevertheless present a new application on any ground arising after the reconciliation and, in that case, may invoke the previous grounds in support of the application.

[1991, c. 64, a. 505].

506. Resumption of cohabitation for less than ninety days does not by itself create a presumption of reconciliation.

[1991, c. 64, a. 506].

SECTION III —
EFFECTS BETWEEN SPOUSES OF SEPARATION FROM BED AND BOARD

507. Separation from bed and board releases the spouses from the obligation to live together†; it does not break the bond of marriage.

[1991, c. 64, a. 507].

508. Separation from bed and board carries with it separation as to property, where applicable.

Between spouses, the effects of separation as to property are produced from the day of the application for separation from bed

bunal ne les fasse remonter à la date où les époux ont cessé de faire vie commune†.

[1991, c. 64, a. 508].

▌ C.C.Q., 438, 465, 466, 485-491, 515; C.P.C., 817.

and board, unless the court makes them retroactive to the date on which the spouses ceased to live together†.

[1991, c. 64, a. 508].

509. La séparation de corps ne donne pas immédiatement ouverture aux droits de survie, sauf stipulation contraire dans le contrat de mariage.

[1991, c. 64, a. 509].

▌ C.C.Q., 431, 491, 684, 695.

509. Separation from bed and board does not immediately give rise to rights of survivorship, unless otherwise stipulated in the marriage contract.

[1991, c. 64, a. 509].

510. La séparation de corps ne rend pas caduques les donations consenties aux époux en considération du mariage.

Toutefois, le tribunal peut, au moment où il prononce la séparation, les déclarer caduques ou les réduire, ou ordonner que le paiement des donations entre vifs soit différé pour un temps qu'il détermine, en tenant compte des circonstances dans lesquelles se trouvent les parties.

[1991, c. 64, a. 510].

▌ C.C.Q., 386, 512, 1807, 1839, 1840.

510. Separation from bed and board does not entail the lapse of gifts made to the spouses in consideration of marriage.

However, the court, when granting a separation, may declare the gifts lapsed or reduce them, or order the payment of gifts *inter vivos* deferred for such time as it may fix, taking the circumstances of the parties into account.

[1991, c. 64, a. 510].

511. Au moment où il prononce la séparation de corps ou postérieurement, le tribunal peut ordonner à l'un des époux de verser des aliments à l'autre.

[1991, c. 64, a. 511].

▌ C.C.Q., 388, 389, 392, 507, 512, 585-596, 1262, 2724, 2730; C.P.C., 817.

511. The court, when granting a separation from bed and board or subsequently, may order either spouse to pay support to the other.

[1991, c. 64, a. 511].

512. Dans les décisions relatives aux effets de la séparation de corps à l'égard des époux, le tribunal tient compte des circonstances dans lesquelles ils se trouvent; il prend en considération, entre autres, leurs besoins et leurs facultés, les accords qu'ils ont conclus entre eux, leur âge et leur état de santé, leurs obligations familiales, leurs possibilités d'emploi, leur situation patrimoniale existante et prévisible, en évaluant tant leur capital que leurs revenus et, s'il y a lieu, le temps nécessaire au créancier pour acquérir une autonomie suffisante.

[1991, c. 64, a. 512].

▌ C.C.Q., 495, 507-511.

512. In any decision relating to the effects of separation from bed and board as regards the spouses, the court takes their circumstances into account; it considers, among other things, their needs and means, the agreements made between them, their age and state of health, their family obligations, their chances of finding employment, their existing and foreseeable patrimonial situation, evaluating both their capital and their income, and, as the case may be, the time needed by the creditor of support to acquire sufficient autonomy.

[1991, c. 64, a. 512; I.N., 2014-05-01].

SECTION IV ——
DES EFFETS DE LA SÉPARATION DE
CORPS À L'ÉGARD DES ENFANTS

SECTION IV ——
EFFECTS OF SEPARATION FROM BED
AND BOARD ON CHILDREN

513. La séparation de corps ne prive pas les enfants des avantages qui leur sont assurés par la loi ou par le contrat de mariage.

513. Separation from bed and board does not deprive the children of the advantages secured to them by law or by the marriage contract.

Elle laisse subsister les droits et les devoirs des père et mère à l'égard de leurs enfants.

The rights and duties of fathers and mothers towards their children are unaffected by separation from bed and board.

[1991, c. 64, a. 513].

[1991, c. 64, a. 513].

▌ C.C.Q., 394, 585, 597-612.

514. Au moment où il prononce la séparation de corps ou postérieurement, le tribunal statue sur la garde, l'entretien et l'éducation des enfants, dans l'intérêt de ceux-ci et le respect de leurs droits, en tenant compte, s'il y a lieu, des accords conclus entre les époux.

514. The court, in granting separation from bed and board or subsequently, decides as to the custody, maintenance and education of the children, in their interest and in the respect of their rights, taking into account the agreements made between the spouses, where such is the case.

[1991, c. 64, a. 514].

[1991, c. 64, a. 514].

▌ C.C.Q., 33, 34, 195, 597-612; C.P.C., 817.

SECTION V ——
DE LA FIN DE LA SÉPARATION DE
CORPS

SECTION V ——
END OF SEPARATION FROM BED AND
BOARD

515. La reprise volontaire de la vie commune† met fin à la séparation de corps.

515. Separation from bed and board is terminated upon the spouses' voluntarily resuming living together†.

La séparation de biens subsiste, sauf si les époux choisissent, par contrat de mariage, un régime matrimonial différent.

Separation as to property remains unless the spouses elect another matrimonial regime by marriage contract.

[1991, c. 64, a. 515].

[1991, c. 64, a. 515].

▌ C.C.Q., 485-491, 507, 516.

Chapitre VII ——
De la dissolution du mariage

Chapter VII ——
Dissolution of marriage

SECTION I ——
DISPOSITIONS GÉNÉRALES

SECTION I ——
GENERAL PROVISIONS

516. Le mariage se dissout par le décès de l'un des conjoints ou par le divorce.

516. Marriage is dissolved by the death of either spouse or by divorce.

[1991, c. 64, a. 516].

[1991, c. 64, a. 516].

▌ C.C.Q., 392, 416, 427, 465, 466, 481, 492, 517, 518.

517. Le divorce est prononcé conformément à la loi† canadienne sur le divorce. Les règles relatives à l'instance en séparation de corps édictées par le présent code et les règles du *Code de procédure civile* (chapitre C-25) s'appliquent à ces demandes dans la mesure où elles sont compatibles avec la loi† canadienne.

[1991, c. 64, a. 517].

517. Divorce is granted in accordance with the Divorce Act† of Canada. The rules governing proceedings for separation from bed and board enacted by this Code and the rules of the *Code of Civil Procedure* (chapter C-25) apply to such applications to the extent that they are consistent with the Divorce Act† of Canada.

[1991, c. 64, a. 517].

Note : Le texte anglais comporte des références explicites au titre abrégé de la *Loi concernant le divorce et les mesures accessoires*, L.R.C., c. D-3.4. / The English text refers explicitly to the short title of *An Act respecting divorce and corollary relief*, R.S.C., c. D-3.4.

▌ C.C.Q., 392, 496-506, 516, 518, 2966; D.T., 34; C.P.C., 813.

SECTION II —
DES EFFETS DU DIVORCE

SECTION II —
EFFECTS OF DIVORCE

518. Le divorce emporte la dissolution du régime matrimonial.

Les effets de la dissolution du régime remontent, entre les époux, au jour de la demande, à moins que le tribunal ne les fasse remonter à la date où les époux ont cessé de faire vie commune.

[1991, c. 64, a. 518].

518. Divorce carries with it the dissolution of the matrimonial regime.

The effects of the dissolution of the regime, as between the spouses, are retroactive to the date of the application, unless the court makes them retroactive to the date on which the spouses ceased to live together.

[1991, c. 64, a. 518; I.N., 2014-05-01].

▌ C.C.Q., 427, 448-487, 516; C.P.C., 817.

519. Le divorce rend caduques les donations à cause de mort qu'un époux a consenties à l'autre en considération du mariage.

[1991, c. 64, a. 519].

519. Divorce entails the lapse of gifts *mortis causa* made by one spouse to the other in consideration of marriage.

[1991, c. 64, a. 519].

▌ C.C.Q., 386, 510, 516, 518, 520, 1808, 1839-1841, 2459; D.T., 106; C.P.C., 813, 817.4.

520. Le divorce ne rend pas caduques les autres donations à cause de mort ni les donations entre vifs consenties aux époux en considération du mariage.

Toutefois, le tribunal peut, au moment où il prononce le divorce, les déclarer caduques ou les réduire, ou ordonner que le paiement des donations entre vifs soit différé pour un temps qu'il détermine.

[1991, c. 64, a. 520].

520. Divorce does not entail the lapse of other gifts *mortis causa* or gifts *inter vivos* made to the spouses in consideration of marriage.

The court may, however, when granting a divorce, declare such gifts lapsed or reduce them, or order the payment of gifts *inter vivos* deferred for such time as it may fix.

[1991, c. 64, a. 520].

▌ C.C.Q., 385, 386, 510, 520, 1807, 1818, 1819, 1839, 1840, 2459.

521. À l'égard des enfants, le divorce produit les mêmes effets que la séparation de corps.

[1991, c. 64, a. 521].

∎ C.C.Q., 32-34, 513, 514, 586, 597, 599, 600, 1840.

521. Divorce has the same effects with regard to the children as separation from bed and board.

[1991, c. 64, a. 521; I.N., 2014-05-01].

TITRE PREMIER.1 ——
DE L'UNION CIVILE

TITLE 1.1 ——
CIVIL UNION

Chapitre I ——
De la formation de l'union civile

Chapter I ——
Formation of civil union

521.1. L'union civile est l'engagement de deux personnes âgées de 18 ans ou plus qui expriment leur consentement libre et éclairé à faire vie commune† et à respecter les droits et obligations liés à cet état.

Elle ne peut être contractée qu'entre personnes libres de tout lien de mariage ou d'union civile antérieur et que si l'une n'est pas, par rapport à l'autre, un ascendant, un descendant, un frère ou une sœur.

[2002, c. 6, a. 27].

∎ C.C.Q., 1386, 1398, 1399.

521.1. A civil union is a commitment by two persons eighteen years of age or over who express their free and enlightened consent to live together† and to uphold the rights and obligations that derive from that status.

A civil union may only be contracted between persons who are free from any previous bond of marriage or civil union and who in relation to each other are neither an ascendant or a descendant, nor a brother or a sister.

[2002, c. 6, s. 27].

521.2. L'union civile doit être contractée publiquement devant un célébrant compétent à célébrer les mariages et en présence de deux témoins.

Aucun ministre du culte ne peut être contraint à célébrer une union civile contre laquelle il existe quelque empêchement selon sa religion et la discipline de la société religieuse[1] à laquelle il appartient.

[2002, c. 6, a. 27].

Note 1 : Comp. a. 121.2.

∎ C.C.Q., 1386, 1398, 1399.

521.2. A civil union must be contracted openly before an officiant competent to solemnize marriages and in the presence of two witnesses.

No minister of religion may be compelled to solemnize a civil union to which there is an impediment according to the minister's religion and the discipline of the religious society[1] to which he or she belongs.

[2002, c. 6, s. 27].

521.3. Avant de procéder à l'union civile, le célébrant s'assure de l'identité des futurs conjoints, ainsi que du respect des conditions de formation de l'union et de l'accomplissement des formalités prescrites par la loi.

521.3. Before proceeding with a civil union, the officiant ascertains the identity of the intended spouses as well as compliance with the conditions for the formation of a civil union and fulfilment of the formalities prescribed by law.

La célébration d'une union civile est sou-mise, avec les adaptations nécessaires, aux mêmes règles que celles de la célébration d'un mariage, y compris celles relatives à la publication préalable.

[2002, c. 6, a. 27].

∎ C.C.Q., 368-372.

The solemnization of a civil union is sub-ject to the same rules, with the necessary modifications, as are applicable to the sol-emnization of a marriage, including the rules relating to prior publication.

[2002, c. 6, s. 27; I.N., 2014-05-01].

521.4. Toute personne intéressée peut faire opposition à une union civile entre per-sonnes inhabiles à la contracter.

Le mineur peut s'opposer seul à une union civile.

[2002, c. 6, a. 27].

∎ C.C.Q., 372.

521.4. Any interested person may oppose a civil union between persons incapable of contracting a civil union.

A minor may act alone to oppose a civil union.

[2002, c. 6, s. 27].

521.5. L'union civile se prouve par l'acte d'union civile, sauf les cas où la loi auto-rise un autre mode de preuve.

La possession d'état de conjoints unis civi-lement supplée aux défauts de forme de l'acte d'union civile.

[2002, c. 6, a. 27].

∎ C.C.Q., 121.1, 378.

521.5. A civil union is proved by an act of civil union, except where another mode of proof is authorized by law.

Possession of the status of civil union spouses compensates for a defect of form in the act of civil union.

[2002, c. 6, s. 27].

Chapitre II ▬▬
Des effets civils de l'union civile

Chapter II ▬▬
Civil effects of civil union

521.6. Les conjoints ont, en union civile, les mêmes droits et les mêmes obligations.

Ils se doivent mutuellement respect, fidé-lité, secours et assistance.

Ils sont tenus de faire vie commune†.

L'union civile, en ce qui concerne la direc-tion de la famille, l'exercice de l'autorité parentale, la contribution aux charges, la résidence familiale, le patrimoine familial et la prestation compensatoire, a, compte tenu des adaptations nécessaires, les mêmes effets que le mariage.

Les conjoints ne peuvent déroger aux dis-positions du présent article quel que soit leur régime d'union civile.

[2002, c. 6, a. 27].

∎ C.C.Q., 391, 392.

521.6. The spouses in a civil union have the same rights and obligations.

They owe each other respect, fidelity, suc-cour and assistance.

They are bound to live together†.

The effects of the civil union as regards the direction of the family, the exercise of parental authority, contribution towards expenses, the family residence, the family patrimony and the compensatory allow-ance are the same as the effects of mar-riage, with the necessary modifications.

Whatever their civil union regime, the spouses may not derogate from the provi-sions of this article.

[2002, c. 6, s. 27].

521.7. L'union civile crée une alliance entre chaque conjoint et les parents de son conjoint.

[2002, c. 6, a. 27].

521.7. A civil union creates a family connection between each spouse and the relatives of his or her spouse.

[2002, c. 6, s. 27].

521.8. Il est permis, par voie contractuelle, d'établir un régime d'union civile et de faire toutes sortes de stipulations, sous réserve des dispositions impératives de la loi et de l'ordre public.

Les conjoints qui, avant la célébration de leur union, n'ont pas ainsi fixé leur régime sont soumis au régime de la société d'acquêts.

Le régime d'union civile, qu'il soit légal ou conventionnel, et le contrat d'union civile sont, compte tenu des adaptations nécessaires, soumis aux règles applicables respectivement aux régimes matrimoniaux et au contrat de mariage.

[2002, c. 6, a. 27].

521.8. A civil union regime may be created by and any kind of stipulation may be made in a civil union contract, subject to the imperative provisions of law and public order.

Spouses who, before the solemnization of their civil union, have not so fixed their civil union regime are subject to the regime of partnership of acquests.

Civil union regimes, whether legal or conventional, and civil union contracts are subject to the same rules as are applicable to matrimonial regimes and marriage contracts, with the necessary modifications.

[2002, c. 6, s. 27].

521.9. Si les conjoints ne parviennent pas à s'accorder sur l'exercice de leurs droits et l'accomplissement de leurs devoirs, ils peuvent, ensemble ou individuellement, saisir le tribunal qui statuera dans l'intérêt de la famille, après avoir favorisé la conciliation des parties.

[2002, c. 6, a. 27].

❚ C.C.Q., 400.

521.9. If spouses cannot agree as to the exercise of their rights and the performance of their duties, they or either of them may apply to the court, which will decide in the interest of the family after fostering conciliation of the parties.

[2002, c. 6, s. 27; I.N., 2014-05-01].

Chapitre III ——
De la nullité de l'union civile

Chapter III ——
Nullity of civil union

521.10. L'union civile qui n'est pas contractée suivant les prescriptions du présent titre peut être frappée de nullité à la demande de toute personne intéressée, sauf au tribunal à juger suivant les circonstances.

L'action est irrecevable s'il s'est écoulé trois ans depuis la célébration, sauf si l'ordre public est en cause.

[2002, c. 6, a. 27].

❚ C.C.Q., 380, 1398-1408.

521.10. A civil union which is not contracted as prescribed by this Title may be declared null upon the application of any interested person, although the court may decide according to the circumstances.

No action lies after the lapse of three years from the solemnization, except where public order is concerned.

[2002, c. 6, s. 27; I.N., 2014-05-01].

521.11. La nullité de l'union civile emporte les mêmes effets que la nullité du mariage.

[2002, c. 6, a. 27].

521.11. The nullity of a civil union entails the same effects as the nullity of a marriage.

[2002, c. 6, s. 27].

Chapitre IV ——
De la dissolution de l'union civile

Chapter IV ——
Dissolution of civil union

521.12. L'union civile se dissout par le décès de l'un des conjoints. Elle se dissout également par un jugement du tribunal ou par une déclaration commune notariée lorsque la volonté de vie commune des conjoints est irrémédiablement atteinte.

L'union civile se dissout également par le mariage des deux conjoints. Cette dissolution n'emporte comme seule conséquence que la rupture du lien d'union civile. Ainsi, les effets de l'union civile sont maintenus et considérés comme des effets du mariage subséquent à compter de la date de l'union civile et le régime d'union civile des conjoints devient le régime matrimonial des époux, à moins que ceux-ci n'y aient apporté des modifications par contrat de mariage.

[2002, c. 6, a. 27; 2004, c. 23, a. 7].

❚ C.C.Q., 516; C.P.C., 813.

521.12. A civil union is dissolved by the death of either spouse. It is also dissolved by a court judgment or by a notarized joint declaration where the spouses' will to live together is irretrievably undermined.

A civil union is also dissolved by the marriage of the spouses to one another. The sole consequence of the dissolution is the severing of the bond of civil union. The effects of the civil union are maintained and are considered to be effects of the marriage from the date of the civil union, and the civil union regime of the spouses becomes the matrimonial regime, unless they have made changes to it by marriage contract.

[2002, c. 6, s. 27; 2004, c. 23, s. 7; I.N., 2014-05-01].

521.13. Les conjoints peuvent consentir, dans une déclaration commune, à la dissolution de leur union s'ils en règlent toutes les conséquences dans un accord.

La déclaration et l'accord doivent être reçus devant notaire et constatés dans des actes notariés en minute.

Le notaire ne peut recevoir[1] la déclaration avant que l'accord ne soit constaté dans un contrat de transaction notarié. Au préalable, il doit informer les conjoints des conséquences de la dissolution et s'assurer que le consentement de ceux-ci est réel et que l'accord n'est pas contraire à des dispositions impératives ou à l'ordre public. Il peut, s'il l'estime approprié, les informer sur les services qu'il connaît† et qui sont susceptibles de les aider à la conciliation.

[2002, c. 6, a. 27].

521.13. The spouses may consent, by way of a joint declaration, to the dissolution of the civil union provided they settle all the consequences of the dissolution in an agreement.

The declaration and the agreement must be executed before a notary and recorded in notarial acts *en minute*.

The notary may not execute[1] the declaration before the agreement is recorded in a notarized transaction contract. The notary must inform the spouses beforehand of the consequences of the dissolution and make sure that they truly consent to the dissolution and that the agreement is not contrary to imperative provisions of law or public order. If appropriate, the notary may provide information to the spouses on any available† conciliation services.

[2002, c. 6, s. 27].

Note 1 : Voir a. 129. / See a. 129.

521.14. Le contrat de transaction précise la date à laquelle la valeur nette du patrimoine familial est établie. Cette date ne peut être antérieure à la démarche commune de dissolution ou à la date de cessation de la vie commune ni postérieure à la date à laquelle le contrat est reçu devant notaire.

[2002, c. 6, a. 27].

521.14. The transaction contract specifies the date on which the net value of the family patrimony is established. The date may not be earlier than the date of the joint proceeding for the dissolution of the civil union or the date on which the spouses ceased living together, or later than the date of the execution of the contract before a notary.

[2002, c. 6, s. 27; I.N., 2014-05-01].

521.15. La déclaration commune de dissolution précise le nom et le domicile des conjoints, le lieu et la date de leur naissance et de leur union; elle indique les dates et lieux où le contrat de transaction et la déclaration sont reçus ainsi que le numéro de la minute de chacun de ces actes.

[2002, c. 6, a. 27].

521.15. The joint declaration dissolving a civil union states the names and domicile of the spouses, their places and dates of birth and the place and date of solemnization of the union; it also indicates the places and dates of execution of the transaction contract and of the declaration as well as the minute number given to each of those acts.

[2002, c. 6, s. 27].

521.16. La déclaration commune de dissolution et le contrat de transaction ont, à compter de la date où ils sont reçus devant notaire et sans autre formalité, les effets d'un jugement de dissolution de l'union civile.

Outre sa notification au directeur de l'état civil, la déclaration notariée doit être transmise au dépositaire de la minute du contrat d'union civile original et, le cas échéant, au dépositaire de la minute de tout contrat qui en modifie le régime. Le dépositaire est tenu de faire mention, sur la minute et sur toute copie qu'il en délivre, de la déclaration commune de dissolution qui lui a été transmise, en indiquant la date de la déclaration, le numéro de la minute ainsi que le nom et l'adresse du notaire qui l'a reçue. La déclaration et la transaction notariées doivent, en outre, être transmises à la Régie des rentes du Québec.

Sur réquisition du notaire instrumentant, un avis de la déclaration notariée doit être inscrit au registre des droits personnels et réels mobiliers.

[2002, c. 6, a. 27].

521.16. From the date of their execution before a notary and without further formality, the joint declaration dissolving the civil union and the transaction contract have the effects of a judgment dissolving a civil union.

In addition to being notified to the registrar of civil status, the notarized declaration must be sent to the depositary of the original civil union contract and to the depositary of any contract modifying the civil union regime established by the original contract. The depositary is bound to make a reference to the joint declaration of dissolution on the original of the contract and on any copy issued, specifying the date of the declaration, the minute number and the name and address of the notary who executed the declaration. The notarized declaration and transaction must also be sent to the Régie des rentes du Québec.

A notice of the notarized declaration must be entered in the register of personal and movable real rights on the application of the officiating notary.

[2002, c. 6, s. 27; I.N., 2014-05-01].

521.17. À défaut d'une déclaration commune de dissolution reçue devant notaire ou lorsque les intérêts des enfants communs des conjoints sont en cause, la dissolution doit être prononcée par le tribunal.

Il incombe au tribunal de s'assurer que la volonté de vie commune est irrémédiablement atteinte, de favoriser la conciliation et de veiller aux intérêts des enfants et au respect[1] de leurs droits. Il peut, pendant l'instance, décider de mesures provisoires, comme s'il s'agissait d'une séparation de corps.

Au moment où il prononce la dissolution ou postérieurement, le tribunal peut ordonner à l'un des conjoints de verser des aliments à l'autre, statuer sur la garde, l'entretien et l'éducation des enfants, dans l'intérêt de ceux-ci et le respect de leurs droits, en tenant compte, s'il y a lieu, des accords conclus entre les conjoints.

[2002, c. 6, a. 27].

521.18. La dissolution de l'union civile ne prive pas les enfants des avantages qui leur sont assurés par la loi ou le contrat d'union civile.

Elle laisse subsister les droits et les devoirs des parents à l'égard de leurs enfants.

[2002, c. 6, a. 27].

❚ C.C.Q., 513.

521.19. La dissolution de l'union civile emporte la dissolution du régime d'union civile. Les effets de cette dissolution du régime, entre les conjoints, remontent au jour du décès, au jour où la déclaration commune de dissolution est reçue[1] devant notaire ou, si les conjoints en ont convenu dans la transaction notariée, à la date à laquelle la valeur nette du patrimoine familial est établie. Dans le cas où la dissolution est prononcée par le tribunal, ils remontent au jour de la demande en justice, à moins que le tribunal ne les fasse remonter au jour où les conjoints ont cessé de faire vie commune†.

La dissolution autrement que par décès rend caduques les donations à cause de

521.17. In the absence of a joint declaration dissolving the civil union executed before a notary or where the interests of the common children of the spouses are at stake, the dissolution of the union must be pronounced by the court.

The court must ascertain that the spouses' will to live together is irretrievably undermined, foster conciliation and see to the interests of the children and the respect of their rights. During the proceeding, the court may determine provisional measures, as in the case of separation from bed and board.

Upon or after pronouncing the dissolution, the court may order one of the spouses to pay support to the other and decide as to the custody, maintenance and education of the children, in their best interests and with due regard for their rights, and in keeping with any agreements made between the spouses.

[2002, c. 6, s. 27; I.N., 2014-05-01].

521.18. The dissolution of a civil union does not deprive the children of the advantages secured to them by law or by the civil union contract.

The rights and duties of parents towards their children are unaffected by the dissolution of the union.

[2002, c. 6, s. 27; I.N., 2014-05-01].

521.19. The dissolution of a civil union entails the dissolution of the civil union regime. Between the spouses, the effects of the dissolution of the regime are retroactive to the day of the death, the day of execution[1] of the joint declaration of dissolution before a notary or, if the spouses so stipulated in the notarized transaction, the day on which the net value of the family patrimony is established. If the dissolution is pronounced by the court, its effects are retroactive to the day of the application to the court, unless the court makes them retroactive to the day on which the spouses ceased living together†.

Dissolution, otherwise than by death, entails the lapse of gifts *mortis causa* made

mort qu'un conjoint a consenties à l'autre en considération de l'union civile. Elle ne rend pas caduques les autres donations à cause de mort ni les donations entre vifs consenties aux conjoints en considération de l'union, sous réserve que le tribunal peut, au moment où il prononce la dissolution, les déclarer caduques ou les réduire, ou ordonner que le paiement des donations entre vifs soit différé pour un temps qu'il détermine.

[2002, c. 6, a. 27].

Note 1 : Voir a. 129. / See a. 129.

■ C.C.Q., 518, 519, 520.

by one spouse to the other in consideration of the civil union. It does not entail the lapse of other gifts *mortis causa* or of gifts *inter vivos* between the spouses in consideration of the union, except that the court may, upon pronouncing the dissolution, declare such gifts lapsed or reduce them, or order the payment of gifts *inter vivos* deferred for such time as it may fix.

[2002, c. 6, s. 27].

TITRE 2 ——
DE LA FILIATION
Disposition générale

TITLE 2 ——
FILIATION
General provision

522. Tous les enfants dont la filiation est établie ont les mêmes droits et les mêmes obligations, quelles que soient les circonstances de leur naissance.

[1991, c. 64, a. 522].

■ C.C.Q., 32.

522. All children whose filiation is established have the same rights and obligations, regardless of their circumstances of birth.

[1991, c. 64, a. 522].

Chapitre I ——
De la filiation par le sang

Chapter I ——
Filiation by blood

SECTION I ——
DES PREUVES DE LA FILIATION

SECTION I ——
PROOF OF FILIATION

§ 1. —— Du titre et de la possession d'état

§ 1. —— Title and possession of status

523. La filiation tant paternelle que maternelle se prouve par l'acte de naissance, quelles que soient les circonstances de la naissance de l'enfant.

À défaut de ce titre, la possession constante d'état suffit.

[1991, c. 64, a. 523].

■ C.C.Q., 107, 111-117, 524, 530, 538.1.

523. Paternal filiation and maternal filiation are proved by the act of birth, regardless of the circumstances of the child's birth.

In the absence of an act of birth, uninterrupted possession of status is sufficient.

[1991, c. 64, a. 523].

524. La possession constante d'état s'établit par une réunion suffisante de faits qui indiquent les rapports de filiation entre l'enfant et les personnes dont on le dit issu.

[1991, c. 64, a. 524].

▌ C.C.Q., 523, 530.

524. Uninterrupted possession of status is established by an adequate combination of facts which indicate the relationship of filiation between the child and the persons of whom he is said to be born.

[1991, c. 64, a. 524].

§ 2. —— De la présomption de paternité

§ 2. —— Presumption of paternity

525. L'enfant né pendant le mariage ou l'union civile de personnes de sexe différent ou dans les trois cents jours après sa dissolution ou son annulation est présumé avoir pour père le conjoint de sa mère.

Cette présomption de paternité est écartée lorsque l'enfant naît plus de trois cents jours après le jugement prononçant la séparation de corps des époux, sauf s'il y a eu reprise volontaire de la vie commune avant la naissance.

La présomption est également écartée à l'égard de l'ex-conjoint lorsque l'enfant est né dans les trois cents jours de la dissolution ou de l'annulation du mariage ou de l'union civile, mais après le mariage ou l'union civile subséquent de sa mère.

[1991, c. 64, a. 525; 2002, c. 6, a. 28].

▌ C.C.Q., 114, 507, 515, 531, 532, 538.3, 2846, 2847.

525. If a child is born during a marriage or a civil union between persons of opposite sex, or within 300 days after its dissolution or annulment, the spouse of the child's mother is presumed to be the father.

The presumption of paternity is rebutted if the child is born more than 300 days after the judgment ordering separation from bed and board of married spouses, unless the spouses have voluntarily resumed living together before the birth.

The presumption is also rebutted as regards the former spouse if the child is born within 300 days of the dissolution or annulment of the marriage or civil union, but after a subsequent marriage or civil union of the child's mother.

[1991, c. 64, a. 525; 2002, c. 6, s. 28; I.N., 2014-05-01].

§ 3. —— De la reconnaissance volontaire

§ 3. —— Voluntary acknowledgement

526. Si la maternité ou la paternité ne peut être déterminée par application des articles qui précèdent, la filiation de l'enfant peut aussi être établie par reconnaissance volontaire.

[1991, c. 64, a. 526].

▌ C.C.Q., 523-525, 527-529, 2850.

526. If maternity or paternity cannot be determined by applying the preceding articles, the filiation of a child may also be established by voluntary acknowledgement.

[1991, c. 64, a. 526].

527. La reconnaissance de maternité résulte de la déclaration faite par une femme qu'elle est la mère de l'enfant.

La reconnaissance de paternité résulte de

527. Maternity is acknowledged by a declaration made by a woman that she is the mother of the child.

Paternity is acknowledged by a declaration

la déclaration faite par un homme qu'il est le père de l'enfant.

[1991, c. 64, a. 527].

■ C.C.Q., 130, 526, 528, 529, 2850.

made by a man that he is the father of the child.

[1991, c. 64, a. 527].

528. La seule reconnaissance de maternité ou de paternité ne lie que son auteur.

[1991, c. 64, a. 528].

■ C.C.Q., 526, 527, 529.

528. Mere acknowledgement of maternity or of paternity binds only the person who made it.

[1991, c. 64, a. 528].

529. On ne peut contredire par la seule reconnaissance de maternité ou de paternité une filiation déjà établie et non infirmée en justice.

[1991, c. 64, a. 529].

■ C.C.Q., 526-528.

529. An established filiation which has not been successfully contested in court is not impugnable by a mere acknowledgement of maternity or of paternity.

[1991, c. 64, a. 529].

SECTION II —
DES ACTIONS RELATIVES À LA FILIATION

SECTION II —
ACTIONS RELATING TO FILIATION

530. Nul ne peut réclamer une filiation contraire à celle que lui donnent son acte de naissance et la possession d'état conforme à ce titre.

Nul ne peut contester l'état de celui qui a une possession d'état conforme à son acte de naissance.

[1991, c. 64, a. 530].

■ C.C.Q., 107, 111-117, 523, 524, 531.

530. No one may claim a filiation contrary to that assigned to him by his act of birth and the possession of status consistent with that act.

No one may contest the status of a person whose possession of status is consistent with his act of birth.

[1991, c. 64, a. 530; I.N., 2014-05-01].

531. Toute personne intéressée, y compris le père ou la mère, peut contester par tous moyens la filiation de celui qui n'a pas une possession d'état conforme à son acte de naissance.

Toutefois, le père présumé ne peut contester la filiation et désavouer l'enfant que dans un délai d'un an à compter du jour où la présomption de paternité prend effet, à moins qu'il n'ait pas eu connaissance de la naissance, auquel cas le délai commence à courir du jour de cette connaissance. La mère peut contester la paternité du père présumé dans l'année qui suit la naissance de l'enfant.

[1991, c. 64, a. 531].

■ C.C.Q., 65, 107, 111-117, 525, 530, 532, 535-537, 2921; C.P.C., 815.

531. Any interested person, including the father or the mother, may, by any means, contest the filiation of a person whose possession of status is not consistent with his act of birth.

However, the presumed father may contest the filiation and disavow the child only within one year of the date on which the presumption of paternity takes effect, unless he is unaware of the birth, in which case the time limit begins to run on the day he becomes aware of it. The mother may contest the paternity of the presumed father within one year from the birth of the child.

[1991, c. 64, a. 531].

532. L'enfant dont la filiation n'est pas établie par un titre et une possession d'état conforme peut réclamer sa filiation en justice. Pareillement, les père et mère peuvent réclamer la paternité ou la maternité d'un enfant dont la filiation n'est pas établie à leur égard par un titre et une possession d'état conforme.

Si l'enfant a déjà une autre filiation établie soit par un titre, soit par la possession d'état, soit par l'effet de la présomption de paternité, l'action en réclamation d'état ne peut être exercée qu'à la condition d'être jointe à une action en contestation de l'état ainsi établi.

Les recours en désaveu ou en contestation d'état sont dirigés contre l'enfant et, selon le cas, contre la mère ou le père présumé.

[1991, c. 64, a. 532].

532. A child whose filiation is not established by an act and by possession of status consistent therewith may claim his filiation before the court. Similarly, the father or the mother may claim paternity or maternity of a child whose filiation in their regard is not established by an act and by possession of status consistent therewith.

If the child already has another filiation established by an act of birth, by the possession of status, or by the effect of a presumption of paternity, an action to claim status may not be brought unless it is joined to an action contesting the status thus established.

The action for disavowal or for contestation of status is directed against the child and against the mother or the presumed father, as the case may be.

[1991, c. 64, a. 532].

▌ C.C.Q., 65, 159, 192 et s., 523, 525, 526, 530, 531, 536; C.P.C., 70, 195, 813 et s.

533. La preuve de la filiation pourra se faire par tous moyens. Toutefois, les témoignages ne sont admissibles que s'il y a un commencement de preuve, ou lorsque les présomptions ou indices résultant de faits déjà clairement établis sont assez graves pour en déterminer l'admission.

[1991, c. 64, a. 533].

533. Proof of filiation may be made by any mode of proof. However, testimony is not admissible unless there is a commencement of proof, or unless the presumptions or indications resulting from already clearly established facts are sufficiently strong to permit its admission.

[1991, c. 64, a. 533].

▌ C.C.Q., 534, 535, 2803, 2811, 2843-2845, 2849, 2865.

534. Le commencement de preuve résulte des titres de famille, des registres et papiers domestiques, ainsi que de tous autres écrits publics ou privés émanés d'une partie engagée dans la contestation ou qui y aurait intérêt si elle était vivante.

[1991, c. 64, a. 534].

534. Commencement of proof results from the family documents, domestic records and papers, and all other public or private writings originating from a party engaged in the contestation or who would have an interest therein if he were alive.

[1991, c. 64, a. 534; I.N., 2014-05-01].

▌ C.C.Q., 526-529, 533, 2811, 2843-2845, 2865.

535. Tous les moyens de preuve sont admissibles pour s'opposer à une action relative à la filiation.

De même, sont recevables tous les moyens de preuve propres à établir que le mari ou le conjoint uni civilement n'est pas le père de l'enfant.

[1991, c. 64, a. 535; 2002, c. 6, a. 29].

535. Every mode of proof is admissible to contest an action concerning filiation.

Any mode of proof tending to establish that the husband or civil union spouse is not the father of the child is also admissible.

[1991, c. 64, a. 535; 2002, c. 6, s. 29].

▌ C.C.Q., 521.1, 531-534, 535.1, 2803, 2811.

535.1. Le tribunal saisi d'une action relative à la filiation peut, à la demande d'un intéressé, ordonner qu'il soit procédé à une analyse permettant, par prélèvement d'une substance corporelle, d'établir l'empreinte génétique d'une personne visée par l'action.

Toutefois, lorsque l'action vise à établir la filiation, le tribunal ne peut rendre une telle ordonnance que s'il y a un commencement de preuve de la filiation établi par le demandeur ou si les présomptions ou indices résultant de faits déjà clairement établis par celui-ci sont assez graves pour justifier l'ordonnance.

Le tribunal fixe les conditions du prélèvement et de l'analyse, de manière qu'elles portent le moins possible atteinte à l'intégrité de la personne qui y est soumise ou au respect de son corps. Ces conditions ont trait, notamment, à la nature et aux date et lieu du prélèvement, à l'identité de l'expert chargé d'y procéder et d'en faire l'analyse, à l'utilisation des échantillons prélevés et à la confidentialité des résultats de l'analyse.

Le tribunal peut tirer une présomption négative du refus injustifié de se soumettre à l'analyse visée par l'ordonnance.

[2002, c. 19, a. 5].

535.1. Where the court is seized of an action concerning filiation, it may, on the application of an interested person, order the analysis of a sample of a bodily substance so that the genetic profile of a person involved in the action may be established.

However, where the purpose of the action is to establish filiation, the court may not issue such an order unless a commencement of proof of filiation has been established by the person having brought the action or unless the presumptions or indications resulting from facts already clearly established by that person are sufficiently strong to warrant such an order.

The court determines conditions for the sample-taking and analysis that are as respectful as possible of the physical integrity of the person concerned or of the body of the deceased. These conditions include the nature and the date and place of the sample-taking, the identity of the expert charged with taking and analyzing the sample, the use of any sample taken and the confidentiality of the analysis results.

The court may draw a negative presumption from an unjustified refusal to submit to the analysis ordered by the court.

[2002, c. 19, s. 5].

❚ C.C.Q., 3, 10, 11, 530, 531, 533-535, 2811, 2849, 2854-2856, 2858, 2865; C.P.C., 55.

536. Toutes les fois qu'elles ne sont pas enfermées par la loi dans des délais plus courts, les actions relatives à la filiation se prescrivent par trente ans, à compter du jour où l'enfant a été privé de l'état qui est réclamé ou a commencé à jouir de l'état qui lui est contesté.

Les héritiers de l'enfant décédé sans avoir réclamé son état, mais alors qu'il était encore dans les délais utiles pour le faire, peuvent agir dans les trois ans de son décès.

[1991, c. 64, a. 536].

536. In all cases where the law does not impose a shorter period, actions concerning filiation are prescribed by thirty years from the day the child is deprived of the claimed status or begins to enjoy the contested status.

If a child has died without having claimed his status but while he was still within the time limit to do so, his heirs may take action within three years of his death.

[1991, c. 64, a. 536].

❚ C.C.Q., 525, 530, 531, 537, 619, 2875 et s.; C.P.C., 813 et s.; D.T., 6.

537. Le décès du père présumé ou de la mère avant l'expiration du délai prévu

537. The death of the presumed father or of the mother before the expiry of the pe-

pour le désaveu ou la contestation d'état n'éteint pas le droit d'action.

riod for disavowal or for contestation of status does not extinguish the right of action.

Toutefois, ce droit doit être exercé par les héritiers dans l'année qui suit le décès.

[1991, c. 64, a. 537].

The heirs may exercise this right, however, only within one year after the death.

[1991, c. 64, a. 537].

■ C.C.Q., 525, 531, 536, 619.

Chapitre I.1 ——
De la filiation des enfants nés d'une procréation assistée

Chapter I.1 ——
Filiation of children born of assisted procreation

538. Le projet parental avec assistance à la procréation existe dès lors qu'une personne seule ou des conjoints ont décidé, afin d'avoir un enfant, de recourir aux forces génétiques d'une personne qui n'est pas partie au projet parental.

[1991, c. 64, a. 538; 2002, c. 6, a. 30].

538. A parental project involving assisted procreation exists from the moment a person alone decides or spouses by mutual consent decide, in order to have a child, to resort to the genetic material of a person who is not party to the parental project.

[1991, c. 64, a. 538; 2002, c. 6, s. 30].

■ C.C.Q., 538.1-542.

538.1. La filiation de l'enfant né d'une procréation assistée s'établit, comme une filiation par le sang, par l'acte de naissance. À défaut de ce titre, la possession constante d'état suffit; celle-ci s'établit par une réunion suffisante de faits qui indiquent le rapport de filiation entre l'enfant, la femme qui lui a donné naissance et, le cas échéant, la personne qui a formé, avec cette femme, le projet parental commun.

538.1. As in the case of filiation by blood, the filiation of a child born of assisted procreation is established by the act of birth. In the absence of an act of birth, uninterrupted possession of status is sufficient; the latter is established by an adequate combination of facts which indicate the relationship of filiation between the child, the woman who gave birth to the child and, where applicable, the other party to the parental project.

Cette filiation fait naître les mêmes droits et obligations que la filiation par le sang.

[2002, c. 6, a. 30].

This filiation creates the same rights and obligations as filiation by blood.

[2002, c. 6, s. 30].

■ C.C.Q., 522, 523-529, 530, 538.2-541.

538.2. L'apport de forces génétiques au projet parental d'autrui ne peut fonder aucun lien de filiation entre l'auteur de l'apport et l'enfant qui en est issu.

538.2. The contribution of genetic material to the parental project of another cannot be the basis for any bond of filiation between the contributor and the child consequently born.

Cependant, lorsque l'apport de forces génétiques se fait par relation sexuelle, un lien de filiation peut être établi, dans l'année qui suit la naissance, entre l'auteur de l'apport et l'enfant. Pendant cette période, le conjoint de la femme qui a donné naissance à l'enfant ne peut, pour s'opposer à

However, if the contribution of genetic material is provided by way of sexual intercourse, a bond of filiation may be established, in the year following the birth, between the contributor and the child. During that period, the spouse of the woman who gave birth to the child may not

cette demande, invoquer une possession d'état conforme au titre.

[2002, c. 6, a. 30].

■ C.C.Q., 530, 532, 538, 539, 542.

538.3. L'enfant, issu par procréation assistée d'un projet parental entre époux ou conjoints unis civilement, qui est né pendant leur union ou dans les trois cents jours après sa dissolution ou son annulation est présumé avoir pour autre parent le conjoint de la femme qui lui a donné naissance.

Cette présomption est écartée lorsque l'enfant naît plus de trois cents jours après le jugement prononçant la séparation de corps des époux, sauf s'il y a eu reprise volontaire de la vie commune avant la naissance.

La présomption est également écartée à l'égard de l'ex-conjoint lorsque l'enfant est né dans les trois cents jours de la fin de l'union, mais après le mariage ou l'union civile subséquent de la femme qui lui a donné naissance.

[2002, c. 6, a. 30].

■ C.C.Q., 525, 538, 538.1, 539, 540, 2847.

539. Nul ne peut contester la filiation de l'enfant pour la seule raison qu'il est issu d'un projet parental avec assistance à la procréation. Toutefois, la personne mariée ou unie civilement à la femme qui a donné naissance à l'enfant peut, s'il n'y a pas eu formation d'un projet parental commun ou sur preuve que l'enfant n'est pas issu de la procréation assistée, contester la filiation et désavouer l'enfant.

Les règles relatives aux actions en matière de filiation par le sang s'appliquent, avec les adaptations nécessaires, aux contestations d'une filiation établie par application du présent chapitre.

[1991, c. 64, a. 539; 2002, c. 6, a. 30].

■ C.C.Q., 530-537, 538-538.3, 540.

539.1. Lorsque les parents sont tous deux de sexe féminin, les droits et obligations que la loi attribue au père, là où ils se dis-

invoke possession of status consistent with the act of birth in order to oppose the application for establishment of the filiation.

[2002, c. 6, s. 30].

538.3. If a child is born of a parental project involving assisted procreation between married or civil union spouses during the marriage or the civil union or within 300 days after its dissolution or annulment, the spouse of the woman who gave birth to the child is presumed to be the child's other parent.

The presumption is rebutted if the child is born more than 300 days after the judgment ordering separation from bed and board of the married spouses, unless they have voluntarily resumed living together before the birth.

The presumption is also rebutted as regards the former spouse if the child is born within 300 days of the termination of the marriage or civil union, but after a subsequent marriage or civil union of the woman who gave birth to the child.

[2002, c. 6, s. 30; I.N., 2014-05-01].

539. No one may contest the filiation of a child solely on the grounds of the child being born of a parental project involving assisted procreation. However, the married or civil union spouse of the woman who gave birth to the child may contest the filiation and disavow the child if there was no mutual parental project or if it is established that the child was not born of the assisted procreation.

The rules governing actions relating to filiation by blood apply with the necessary modifications to any contestation of a filiation established pursuant to this chapter.

[1991, c. 64, s. 539; 2002, c. 6, s. 30; I.N., 2014-05-01].

539.1. If both parents are women, the rights and obligations assigned by law to the father, insofar as they differ from the

tinguent de ceux de la mère, sont attribués à celle des deux mères qui n'a pas donné naissance à l'enfant.

[2002, c. 6, a. 30].

▌C.C.Q., 115, 226, 228, 538, 578.1, 676, 679.

540. La personne qui, après avoir formé un projet parental commun† hors mariage ou union civile, ne déclare pas, au registre de l'état civil, son lien de filiation avec l'enfant qui en est issu engage sa responsabilité envers cet enfant et la mère de ce dernier.

[1991, c. 64, a. 540; 2002, c. 6, a. 30].

▌C.C.Q., 104, 130, 538-539, 1457, 1458, 2925; D.T., 35.

541. Toute convention par laquelle une femme s'engage à procréer ou à porter un enfant pour le compte d'autrui est nulle de nullité absolue.

[1991, c. 64, a. 541; 2002, c. 6, a. 30].

▌C.C.Q., 114, 130, 523-529, 531-533, 538, 538.2, 555, 1413, 1417, 1418, 1422.

542. Les renseignements personnels relatifs à la procréation médicalement assistée d'un enfant sont confidentiels.

Toutefois, lorsqu'un préjudice grave risque d'être causé à la santé d'une personne ainsi procréée ou de ses descendants si cette personne est privée des renseignements qu'elle requiert, le tribunal peut permettre leur transmission, confidentiellement, aux autorités médicales concernées. L'un des descendants de cette personne peut également se prévaloir de ce droit si le fait d'être privé des renseignements qu'il requiert risque de causer un préjudice grave à sa santé ou à celle de l'un de ses proches†.

[1991, c. 64, a. 542; 2002, c. 6, a. 30; 2006, c. 22, a. 177].

▌C.C.Q., 3, 538, 538.2, 582-584.

mother's, are assigned to the mother who did not give birth to the child.

[2002, c. 6, s. 30].

540. A person who, after consenting to a parental project† outside marriage or a civil union, fails to declare his or her bond of filiation with the child born of that project in the register of civil status is liable toward the child and the child's mother.

[1991, c. 64, s. 540; 2002, c. 6, s. 30].

541. Any agreement whereby a woman undertakes to procreate or carry a child for another person is absolutely null.

[1991, c. 64, s. 541; 2002, c. 6, s. 30].

542. Personal information relating to medically assisted procreation is confidential.

However, where the health of a person born of medically assisted procreation or of any descendant of that person could be seriously harmed if the person were deprived of the information requested, the court may allow the information to be transmitted confidentially to the medical authorities concerned. A descendant of such a person may also exercise this right where the health of that descendant or of a close relative† could be seriously harmed if the descendant were deprived of the information requested.

[1991, c. 64, s. 542; 2002, c. 6, s. 30; 2006, c. 22, s. 177].

Chapitre II ——	Chapter II ——
De l'adoption	Adoption

SECTION I ——
DES CONDITIONS DE L'ADOPTION

SECTION I ——
CONDITIONS FOR ADOPTION

§ 1. —— Dispositions générales

§ 1. —— General provisions

543. L'adoption ne peut avoir lieu que dans l'intérêt de l'enfant et aux conditions prévues par la loi.

Elle ne peut avoir lieu pour confirmer une filiation déjà établie par le sang.
[1991, c. 64, a. 543].

■ C.C.Q., 523-542; C.P.C., 823-825.7.

543. No adoption may take place except in the interest of the child and on the conditions prescribed by law.

No adoption may take place for the purpose of confirming filiation already established by blood.
[1991, c. 64, a. 543].

544. L'enfant mineur ne peut être adopté que si ses père et mère ou tuteur ont consenti à l'adoption ou s'il a été déclaré judiciairement admissible à l'adoption.
[1991, c. 64, a. 544].

■ C.C.Q., 177, 185, 548, 551-562; C.P.C., 823-825.7.

544. No minor child may be adopted unless his father and mother or his tutor have consented to the adoption or unless he has been judicially declared eligible for adoption.
[1991, c. 64, a. 544].

545. Une personne majeure ne peut être adoptée que par ceux qui, alors qu'elle était mineure, remplissaient auprès d'elle le rôle de parent.

Toutefois, le tribunal peut, dans l'intérêt de l'adopté, passer outre à cette exigence.
[1991, c. 64, a. 545].

■ C.C.Q., 543; C.P.C., 823-825.7.

545. No person of full age may be adopted except by the persons who stood *in loco parentis* towards him when he was a minor.

The court, however, may dispense with this requirement in the interest of the person to be adopted.
[1991, c. 64, a. 545].

546. Toute personne majeure peut, seule ou conjointement avec une autre personne, adopter un enfant.
[1991, c. 64, a. 546].

■ C.C.Q., 543; C.P.C., 823-825.7.

546. Any person of full age may, alone or jointly with another person, adopt a child.
[1991, c. 64, a. 546].

547. L'adoptant doit avoir au moins dix-huit ans de plus que l'adopté, sauf si ce dernier est l'enfant de son conjoint.

547. A person may not be an adopter unless he is at least eighteen years older than the person adopted, except where the person adopted is the child of the spouse of the adopter.

Toutefois, le tribunal peut, dans l'intérêt de l'adopté, passer outre à cette exigence.

[1991, c. 64, a. 547].

The court may, however, dispense with this requirement in the interest of the person to be adopted.

[1991, c. 64, a. 547].

▌ C.C.Q., 546; C.P.C., 823-825.7.

548. Les consentements prévus au présent chapitre doivent être donnés par écrit devant deux témoins.

Il en est de même de leur rétractation.

[1991, c. 64, a. 548].

548. Consent provided for in this chapter shall be given in writing and before two witnesses.

The same rule applies to the withdrawal of consent.

[1991, c. 64, a. 548].

▌ C.C.Q., 544, 549, 551-558, 568, 574; C.P.C., 823-825.7.

§ 2. — Du consentement de l'adopté

§ 2. — Consent of the adopted person

549. L'adoption ne peut avoir lieu qu'avec le consentement de l'enfant, s'il est âgé de dix ans et plus, à moins que ce dernier ne soit dans l'impossibilité de manifester sa volonté.

Toutefois, lorsque l'enfant de moins de quatorze ans refuse son consentement, le tribunal peut différer son jugement pour la période de temps qu'il indique ou, nonobstant le refus, prononcer l'adoption.

[1991, c. 64, a. 549].

549. No child ten years of age or over may be adopted without his consent, unless he is unable to express his will.

However, when a child under fourteen years of age refuses to give his consent, the court may defer its judgment for the period of time it indicates, or grant adoption notwithstanding his refusal.

[1991, c. 64, a. 549].

▌ C.C.Q., 34, 548, 550; C.P.C., 823-825.7.

550. Le refus de l'enfant âgé de quatorze ans et plus fait obstacle à l'adoption.

[1991, c. 64, a. 550].

550. Refusal by a child fourteen years of age or over is a bar to adoption.

[1991, c. 64, a. 550].

▌ C.C.Q., 549; C.P.C., 823-825.7.

§ 3. — Du consentement des parents ou du tuteur

§ 3. — Consent of parents or tutor

551. Lorsque l'adoption a lieu du consentement des parents, les deux doivent y consentir si la filiation de l'enfant est établie à l'égard de l'un et de l'autre.

Si la filiation de l'enfant n'est établie qu'à

551. When adoption takes place with the consent of the parents, the consent of both parents to the adoption is necessary if the filiation of the child is established with regard to both of them.

If the filiation of the child is established

l'égard de l'un d'eux, le consentement de ce dernier suffit.

[1991, c. 64, a. 551].

▌ C.C.Q., 544, 548; C.P.C., 823-825.7.

552. Si l'un des deux parents est décédé ou dans l'impossibilité de manifester sa volonté, ou s'il est déchu de l'autorité parentale, le consentement de l'autre suffit.

[1991, c. 64, a. 552].

▌ C.C.Q., 548, 600; C.P.C., 823-825.7.

553. Si les deux parents sont décédés, dans l'impossibilité de manifester leur volonté ou déchus de l'autorité parentale, l'adoption de l'enfant est subordonnée au consentement du tuteur, si l'enfant en est pourvu.

[1991, c. 64, a. 553].

▌ C.C.Q., 544, 548; C.P.C., 823-825.7.

554. Le parent mineur peut consentir lui-même, sans autorisation, à l'adoption de son enfant.

[1991, c. 64, a. 554].

▌ C.C.Q., 544, 548; C.P.C., 823-825.7.

555. Le consentement à l'adoption peut être général ou spécial. Le consentement spécial ne peut être donné qu'en faveur d'un ascendant de l'enfant, d'un parent en ligne collatérale jusqu'au troisième degré ou du conjoint de cet ascendant ou parent; il peut également être donné en faveur du conjoint du père ou de la mère. Cependant, lorsqu'il s'agit de conjoints de fait, ces derniers doivent cohabiter depuis au moins trois ans.

[1991, c. 64, a. 555; 2002, c. 6, a. 31].

▌ C.C.Q., 548, 655-659; C.P.C., 823.4.

556. Le consentement à l'adoption entraîne de plein droit, jusqu'à l'ordonnance de placement, délégation de l'autorité parentale à la personne à qui l'enfant est remis.

[1991, c. 64, a. 556].

▌ C.C.Q., 548, 597-612; C.P.C., 823-825.7.

with regard to only one parent, the consent of that parent is sufficient.

[1991, c. 64, a. 551].

552. If either parent is deceased, is unable to express his or her will or is deprived of parental authority, the consent of the other parent is sufficient.

[1991, c. 64, a. 552].

553. If both parents are deceased, if they are unable to express their will, or if they are deprived of parental authority, the adoption of the child is subject to the consent of the tutor, if the child has a tutor.

[1991, c. 64, a. 553].

554. A parent of minor age may himself, without authorization, give his consent to the adoption of his child.

[1991, c. 64, a. 554].

555. Consent to adoption may be general or special; special consent may be given only in favour of an ascendant of the child, a relative in the collateral line to the third degree or the spouse of that ascendant or relative; it may also be given in favour of the spouse of the father or mother. However, in the case of *de facto* spouses, they must have been cohabiting for at least three years.

[1991, c. 64, a. 555; 2002, c. 6, s. 31].

556. Until the order of placement, consent to adoption entails, by operation of law, delegation of parental authority to the person to whom the child is given.

[1991, c. 64, a. 556; I.N., 2014-05-01].

557. Celui qui a donné son consentement à l'adoption peut le rétracter dans les trente jours suivant la date à laquelle il a été donné.

L'enfant doit alors être rendu sans formalité ni délai à l'auteur de la rétractation.

[1991, c. 64, a. 557].

∎ C.C.Q., 548, 558; C.P.C., 824.

558. Celui qui n'a pas rétracté son consentement dans les trente jours peut, à tout moment avant l'ordonnance de placement, s'adresser au tribunal en vue d'obtenir la restitution de l'enfant.

[1991, c. 64, a. 558].

∎ C.C.Q., 548, 557; C.P.C., 824.

§ 4. ⎯ De la déclaration d'admissibilité à l'adoption

559. Peut être judiciairement déclaré admissible à l'adoption:

1° L'enfant de plus de trois mois dont ni la filiation paternelle ni la filiation maternelle ne sont établies;

2° L'enfant dont ni les père et mère ni le tuteur n'ont assumé de fait le soin, l'entretien ou l'éducation depuis au moins six mois;

3° L'enfant dont les père et mère sont déchus de l'autorité parentale, s'il n'est pas pourvu d'un tuteur;

4° L'enfant orphelin de père et de mère, s'il n'est pas pourvu d'un tuteur.

[1991, c. 64, a. 559].

∎ C.C.Q., 560-562; C.P.C., 824.1.

560. La demande en déclaration d'admissibilité à l'adoption ne peut être présentée que par un ascendant de l'enfant, un parent en ligne collatérale jusqu'au troisième degré, le conjoint de cet ascendant ou parent, par l'enfant lui-même s'il est âgé de quatorze ans et plus ou par un directeur de la protection de la jeunesse.

[1991, c. 64, a. 560].

557. A person who has given his consent to adoption may withdraw it within thirty days from the date it was given.

The child shall then be returned without formality or delay to the person who has withdrawn his consent.

[1991, c. 64, a. 557].

558. If a person has not withdrawn his consent within thirty days, he may, at any time before the order of placement, apply to the court to have the child returned.

[1991, c. 64, a. 558].

§ 4. ⎯ Declaration of eligibility for adoption

559. The following may be judicially declared eligible for adoption :

(1) a child over three months old, if neither his paternal filiation nor his maternal filiation has been established;

(2) a child whose care, maintenance or education has not in fact been assumed by his mother, father or tutor for at least six months;

(3) a child whose father and mother have been deprived of parental authority, if he has no tutor;

(4) a child who has neither father nor mother, if he has no tutor.

[1991, c. 64, a. 559; I.N., 2014-05-01].

560. An application for a declaration of eligibility for adoption may be made by no one except an ascendant of the child, a relative in the collateral line to the third degree, the spouse of such an ascendant or relative, the child himself if fourteen years of age or over, or a director of youth protection.

[1991, c. 64, a. 560].

▌C.C.Q., 559, 561, 562, 655-659; C.P.C., 824.1.

561. L'enfant ne peut être déclaré admissible à l'adoption que s'il est improbable que son père, sa mère ou son tuteur en reprenne la garde et en assume le soin, l'entretien ou l'éducation. Cette improbabilité est présumée.

[1991, c. 64, a. 561].

▌C.C.Q., 559, 560, 562; C.P.C., 824.1.

561. A child may not be declared eligible for adoption unless it is unlikely that his father, mother or tutor will resume custody of him and assume his care, maintenance or education. This unlikelihood is presumed.

[1991, c. 64, a. 561; I.N., 2014-05-01].

562. Lorsqu'il déclare l'enfant admissible à l'adoption, le tribunal désigne la personne qui exercera l'autorité parentale à son égard.

[1991, c. 64, a. 562].

▌C.C.Q., 559-561; C.P.C., 824.1.

562. The court, when declaring a child eligible for adoption, designates the person who is to exercise parental authority in his regard.

[1991, c. 64, a. 562].

§ 5. —— Des conditions particulières à l'adoption d'un enfant domicilié hors du Québec

§ 5. —— Special conditions as to adoption of a child domiciled outside Québec

563. Toute personne domiciliée au Québec qui veut adopter un enfant domicilié hors du Québec doit préalablement faire l'objet d'une évaluation psychosociale effectuée dans les conditions prévues par la *Loi sur la protection de la jeunesse* (chapitre P-34.1).

[1991, c. 64, a. 563].

563. Every person domiciled in Québec wishing to adopt a child domiciled outside Québec shall first undergo a psychosocial assessment made in accordance with the conditions provided in the *Youth Protection Act* (chapter P-34.1).

[1991, c. 64, a. 563; I.N., 2014-05-01].

564. Les démarches en vue de l'adoption sont effectuées par un organisme agréé par le ministre de la Santé et des Services sociaux en vertu de la *Loi sur la protection de la jeunesse* (chapitre P-34.1), à moins qu'un arrêté de ce ministre publié à la *Gazette officielle du Québec* ne prévoie autrement.

[1991, c. 64, a. 564; 2004, c. 3, a. 14].

564. The adoption arrangements are made by a body certified by the Minister of Health and Social Services pursuant to the *Youth Protection Act* (chapter P-34.1), unless an order of the Minister published in the *Gazette officielle du Québec* provides otherwise.

[1991, c. 64, a. 564; 2004, c. 3, s. 14].

565. L'adoption d'un enfant domicilié hors du Québec doit être prononcée soit à l'étranger, soit judiciairement au Québec. Le jugement prononcé au Québec est précédé d'une ordonnance de placement. La décision prononcée à l'étranger doit faire l'objet d'une reconnaissance judiciaire au Québec, sauf si l'adoption est certifiée conforme à la Convention sur la protection des enfants et la coopération en matière

565. The adoption of a child domiciled outside Québec must be granted abroad or granted by judicial decision in Québec. A judgment granted in Québec is preceded by an order of placement. A decision granted abroad must be recognized by the court in Québec, unless the adoption has been certified by the competent authority of the State where it took place as having been made in accordance with the Con-

d'adoption internationale par l'autorité compétente de l'État où elle a eu lieu.

[1991, c. 64, a. 565; 2004, c. 3, a. 14].

Note : Comp. a. 581.

▌ C.C.Q., 132.1, 573.1, 581, 3147.

vention on Protection of Children and Co-operation in Respect of Intercountry Adoption.

[1991, c. 64, a. 565; 2004, c. 3, s. 14].

SECTION II —
DE L'ORDONNANCE DE PLACEMENT ET DU JUGEMENT D'ADOPTION

SECTION II —
ORDER OF PLACEMENT AND ADOPTION JUDGMENT

566. Le placement d'un mineur ne peut avoir lieu que sur ordonnance du tribunal et son adoption ne peut être prononcée que s'il a vécu au moins six mois avec l'adoptant depuis l'ordonnance.

Ce délai peut toutefois être réduit d'une période n'excédant pas trois mois, en prenant notamment en considération le temps pendant lequel le mineur aurait déjà vécu avec l'adoptant antérieurement à l'ordonnance.

[1991, c. 64, a. 566].

▌ C.C.Q., 568-571, 573; C.P.C., 825-825.5.

566. The placement of a minor may not take place except by order of the court nor may the adoption of a child be granted unless the child has lived with the adopter for at least six months since the court order.

The period may be reduced by up to three months, however, particularly in consideration of the time during which the minor has already lived with the adopter before the order.

[1991, c. 64, a. 566; I.N., 2014-05-01].

567. Une ordonnance de placement ne peut être prononcée s'il ne s'est pas écoulé trente jours depuis qu'un consentement à l'adoption a été donné.

[1991, c. 64, a. 567].

▌ C.C.Q., 548, 568; C.P.C., 825-825.5.

567. An order of placement may not be granted before the lapse of thirty days after the giving of consent to adoption.

[1991, c. 64, a. 567].

568. Avant de prononcer l'ordonnance de placement, le tribunal s'assure que les conditions de l'adoption ont été remplies et, notamment, que les consentements requis ont été valablement donnés en vue d'une adoption qui a pour effet de rompre le lien préexistant de filiation entre l'enfant et sa famille d'origine.

Le tribunal vérifie en outre, lorsque le placement d'un enfant domicilié hors du Québec est fait en vertu d'un accord conclu en application de la *Loi sur la protection de la jeunesse* (chapitre P-34.1) , si la procédure suivie est conforme à l'accord. Lorsque le placement de l'enfant est fait dans le cadre de la Convention sur la protection

568. Before granting an order of placement, the court ascertains that the conditions for adoption have been complied with and, particularly, that the required consents have been validly given for the purposes of an adoption resulting in the dissolution of the pre-existing bond of filiation between the child and the child's family of origin.

Where the placement of a child domiciled outside Québec is made under an agreement entered into by virtue of the *Youth Protection Act* (chapter P-34.1), the court also verifies that the procedure followed is as provided in the agreement. Where the placement of a child is made within the framework of the Convention on Protec-

des enfants et la coopération en matière d'adoption internationale, il vérifie si les conditions qui y sont prévues ont été respectées.

Le placement peut, pour des motifs sérieux et si l'intérêt de l'enfant le commande, être ordonné bien que l'adoptant ne se soit pas conformé aux dispositions des articles 563 et 564. Cependant, la requête doit être accompagnée d'une évaluation psychosociale effectuée par le directeur de la protection de la jeunesse.

[1991, c. 64, a. 568; 2004, c. 3, a. 15].

❚ C.C.Q., 33, 548, 563, 564; C.P.C., 825-825.5.

tion of Children and Co-operation in Respect of Intercountry Adoption, the court verifies that the conditions provided therein have been complied with.

Even if the adopter has not complied with the provisions of articles 563 and 564, the placement may be ordered for serious reasons and if the interest of the child demands it. However, the application shall be accompanied with a psychosocial assessment made by the director of youth protection.

[1991, c. 64, a. 568; 2004, c. 3, s. 15; I.N., 2014-05-01].

---

569. L'ordonnance de placement confère l'exercice de l'autorité parentale à l'adoptant; elle permet à l'enfant, pendant la durée du placement, d'exercer ses droits civils sous les nom et prénoms choisis par l'adoptant, lesquels sont constatés dans l'ordonnance.

Elle fait obstacle à toute restitution de l'enfant à ses parents ou à son tuteur, ainsi qu'à l'établissement d'un lien de filiation entre l'enfant et ses parents par le sang.

[1991, c. 64, a. 569].

❚ C.C.Q., 65; C.P.C., 825-825.5.

569. The order of placement confers the exercise of parental authority on the adopter; it allows the child, for the term of the placement, to exercise his civil rights under the surname and given names chosen by the adopter, which are recorded in the order.

The order is a bar to the return of the child to his parents or to his tutor and to the establishment of filial relationship between the child and his parents by blood.

[1991, c. 64, a. 569].

---

570. Les effets de cette ordonnance cessent s'il est mis fin au placement ou si le tribunal refuse de prononcer l'adoption.

[1991, c. 64, a. 570].

❚ C.P.C., 825-825.5.

570. The effects of the order of placement cease if placement terminates or if the court refuses to grant the adoption.

[1991, c. 64, a. 570].

---

571. Si l'adoptant ne présente pas sa demande d'adoption dans un délai raisonnable à compter de la fin de la période minimale de placement, l'ordonnance de placement peut être révoquée, à la demande de l'enfant lui-même s'il est âgé de quatorze ans et plus ou de tout intéressé.

[1991, c. 64, a. 571].

❚ C.C.Q., 34; C.P.C., 825-825.5.

571. If the adopter fails to present his application for adoption within a reasonable time after the expiry of the minimum period of placement, the order of placement may be revoked on the application of the child himself if he is fourteen years of age or over or by any interested person.

[1991, c. 64, a. 571].

---

572. Lorsque les effets de l'ordonnance de placement cessent sans qu'il y ait eu adoption, le tribunal désigne, même d'office, la personne qui exercera l'autorité parentale

572. Where the effects of the order of placement cease and no adoption has taken place, the court, even of its own motion, designates the person who is to exercise

à l'égard de l'enfant; le directeur de la protection de la jeunesse qui exerçait la tutelle antérieurement à l'ordonnance de placement, l'exerce à nouveau.

[1991, c. 64, a. 572].

▌ C.C.Q., 597-612; C.P.C., 825-825.5.

parental authority over the child; the director of youth protection who was the legal tutor before the order of placement again becomes the legal tutor.

[1991, c. 64, a. 572].

573. Le tribunal prononce l'adoption sur la demande que lui en font les adoptants, à moins qu'un rapport n'indique que l'enfant ne s'est pas adapté à sa famille adoptive. En ce cas ou chaque fois que l'intérêt de l'enfant le commande, le tribunal peut requérir toute autre preuve qu'il estime nécessaire.

[1991, c. 64, a. 573].

▌ C.C.Q., 33; C.P.C., 825-825.5.

573. The court grants adoption on the application of the adopters unless a report indicates that the child has not adapted to his adopting family. In this case or whenever the interest of the child demands it, the court may require any additional proof it considers necessary.

[1991, c. 64, a. 573].

573.1. Le tribunal qui, dans le cadre de la Convention sur la protection des enfants et la coopération en matière d'adoption internationale, prononce l'adoption au Québec d'un enfant résidant habituellement hors du Québec délivre le certificat de conformité prévu à la Convention, dès que le jugement d'adoption est passé en force de chose jugée.

[2004, c. 3, a. 16].

▌ C.C.Q., 132.1.

573.1. Where the court, within the framework of the Convention on Protection of Children and Co-operation in Respect of Intercountry Adoption, grants an adoption in Québec of a child habitually residing outside Québec, it issues the certificate provided for in the Convention as soon as the adoption judgment becomes *res judicata*.

[2004, c. 3, s. 16].

574. Le tribunal appelé à reconnaître une décision d'adoption rendue hors du Québec s'assure que les règles concernant le consentement à l'adoption et l'admissibilité à l'adoption de l'enfant ont été respectées et que les consentements ont été donnés en vue d'une adoption qui a pour effet de rompre le lien préexistant de filiation entre l'enfant et sa famille d'origine.

Le tribunal vérifie en outre, lorsque la décision d'adoption a été rendue hors du Québec en vertu d'un accord conclu en application de la *Loi sur la protection de la jeunesse* (chapitre P-34.1), si la procédure suivie est conforme à l'accord.

La reconnaissance peut, pour des motifs sérieux et si l'intérêt de l'enfant le commande, être accordée bien que l'adoptant ne se soit pas conformé aux dispositions des articles 563 et 564. Cependant, la re-

574. The court, where called upon to recognize a decision granting an adoption made outside Québec, ascertains that the rules that apply to consent to adoption and eligibility for adoption have been complied with and that the consents have been given for the purposes of an adoption resulting in the dissolution of the pre-existing bond of filiation between the child and the child's family of origin.

Where the decision granting the adoption has been made outside Québec under an agreement entered into by virtue of the *Youth Protection Act* (chapter P-34.1), the court also verifies that the procedure followed is as provided in the agreement.

Even if the adopter has not complied with the provisions of articles 563 and 564, recognition may be granted for serious reasons and if the interest of the child demands it. However, the application shall

quête doit être accompagnée d'une évaluation psychosociale.

[1991, c. 64, a. 574; 2004, c. 3, a. 17].

■ C.C.Q., 33, 548; C.P.C., 825-825.5.

be accompanied with a psychosocial assessment.

[1991, c. 64, a. 574; 2004, c. 3, s. 17; I.N., 2014-05-01].

575. Si l'un des adoptants décède après l'ordonnance de placement, le tribunal peut prononcer l'adoption même à l'égard de l'adoptant décédé.

Il peut aussi reconnaître une décision d'adoption rendue hors du Québec malgré le décès de l'adoptant.

[1991, c. 64, a. 575; 2004, c. 3, a. 18].

■ C.P.C., 825-825.5.

575. If either of the adopters dies after the order of placement, the court may grant adoption even with regard to the deceased adopter.

The court may also recognize a decision granting an adoption made outside Québec notwithstanding the death of the adopter.

[1991, c. 64, a. 575; 2004, c. 3, s. 18].

576. Le tribunal attribue à l'adopté les nom et prénoms choisis par l'adoptant, à moins qu'il ne décide, à la demande de l'adoptant ou de l'adopté, de lui laisser ses nom et prénoms d'origine.

[1991, c. 64, a. 576].

■ C.C.Q., 50, 65, 66; C.P.C., 825-825.5.

576. The court assigns to the adopted person the surname and given names chosen by the adopter unless, at the request of the adopter or of the adopted person, it allows him to keep his original surname and given names.

[1991, c. 64, a. 576].

SECTION III —
DES EFFETS DE L'ADOPTION

SECTION III —
EFFECTS OF ADOPTION

577. L'adoption confère à l'adopté une filiation qui se substitue à sa filiation d'origine.

L'adopté cesse d'appartenir à sa famille d'origine, sous réserve des empêchements de mariage ou d'union civile.

[1991, c. 64, a. 577; 2002, c. 6, a. 32].

■ C.C.Q., 373.

577. Adoption confers on the adopted person a filiation which replaces his or her original filiation.

The adopted person ceases to belong to his or her original family, subject to any impediments to marriage or a civil union.

[1991, c. 64, a. 577; 2002, c. 6, s. 32].

578. L'adoption fait naître les mêmes droits et obligations que la filiation par le sang.

Toutefois, le tribunal peut, suivant les circonstances, permettre un mariage ou une union civile en ligne collatérale entre l'adopté et un membre de sa famille d'adoption.

[1991, c. 64, a. 578; 2002, c. 6, a. 33].

■ C.C.Q., 522-542.

578. Adoption creates the same rights and obligations as filiation by blood.

The court may, however, according to circumstances, permit a marriage or civil union in the collateral line between the adopted person and a member of his or her adoptive family.

[1991, c. 64, a. 578; 2002, c. 6, s. 33].

578.1. Lorsque les parents de l'adopté sont de même sexe, celui qui a un lien biologique avec l'enfant a, dans le cas où la loi attribue à chaque parent des droits et obligations distincts, ceux du père, s'il s'agit d'un couple de sexe masculin, et ceux de la mère, s'il s'agit d'un couple de sexe féminin. L'adoptant a alors les droits et obligations que la loi attribue à l'autre parent.

Lorsqu'aucun des parents n'a de lien biologique avec l'enfant, le jugement d'adoption détermine les droits et obligations de chacun.

[2002, c. 6, a. 34].

579. Lorsque l'adoption est prononcée, les effets de la filiation précédente prennent fin; le tuteur, s'il en existe, perd ses droits et est libéré de ses devoirs à l'endroit de l'adopté, sauf l'obligation de rendre compte.

Cependant, l'adoption, par une personne, de l'enfant de son conjoint ne rompt pas le lien de filiation établi entre ce conjoint et son enfant.

[1991, c. 64, a. 579; 2002, c. 6, a. 35].

▮ C.C.Q., 246-249.

580. L'adoption prononcée en faveur d'adoptants dont l'un est décédé après l'ordonnance de placement produit ses effets à compter de l'ordonnance.

[1991, c. 64, a. 580].

▮ C.P.C., 825-825.5.

581. La reconnaissance d'une décision d'adoption produit les mêmes effets qu'un jugement d'adoption rendu au Québec à compter du prononcé de la décision d'adoption rendue hors du Québec.

La reconnaissance de plein droit d'une adoption prévue à la Convention sur la protection des enfants et la coopération en matière d'adoption internationale produit les mêmes effets qu'un jugement d'adoption rendu au Québec à compter du prononcé de la décision d'adoption, sous réserve de l'article 9 de la *Loi assurant la mise en oeuvre de la Convention sur la*

578.1. If the parents of an adopted child are of the same sex and where different rights and obligations are assigned by law to the father and to the mother, the parent who is biologically related to the child has the rights and obligations assigned to the father in the case of a male couple and those assigned to the mother in the case of a female couple. The adoptive parent has the rights and obligations assigned by law to the other parent.

If neither parent is biologically related to the child, the rights and obligations of each parent are determined in the adoption judgment.

[2002, c. 6, s. 34].

579. When adoption is granted, the effects of the preceding filiation cease; the tutor, if any, loses his or her rights and is discharged from his or her duties regarding the adopted person, save the obligation to render account.

Notwithstanding the foregoing, a person's adoption of a child of his or her spouse does not dissolve the bond of filiation between the child and that parent.

[1991, c. 64, a. 579; 2002, c. 6, s. 35].

580. Where one of the adopters dies after the order of placement is made, the adoption produces its effects from the date of the order.

[1991, c. 64, a. 580].

581. The recognition of a decision granting an adoption produces the same effects as an adoption judgment rendered in Québec from the time the decision granting the adoption was pronounced outside Québec.

The recognition by operation of law of an adoption as provided for in the Convention on Protection of Children and Co-operation in Respect of Intercountry Adoption produces the same effects as an adoption judgment rendered in Québec from the time the decision granting the adoption is pronounced, subject to section 9 of *the Act to implement the Convention on Protection*

protection des enfants et la coopération en matière d'adoption internationale (chapitre M-35.1.3).

[1991, c. 64, a. 581; 2004, c. 3, a. 19].

▋C.P.C., 825-825.5.

of Children and Co-operation in Respect of Intercountry Adoption (chapter M-35.1.3).

[1991, c. 64, a. 581; 2004, c. 3, s. 19].

SECTION IV —
DU CARACTÈRE CONFIDENTIEL DES DOSSIERS D'ADOPTION

SECTION IV —
CONFIDENTIALITY OF ADOPTION FILES

582. Les dossiers judiciaires et administratifs ayant trait à l'adoption d'un enfant sont confidentiels et aucun des renseignements qu'ils contiennent ne peut être révélé, si ce n'est pour se conformer à la loi.

Toutefois, le tribunal peut permettre la consultation d'un dossier d'adoption à des fins d'étude, d'enseignement, de recherche ou d'enquête publique, pourvu que soit respecté l'anonymat de l'enfant, des parents et de l'adoptant.

[1991, c. 64, a. 582].

▋C.C.Q., 3, 35-41.

582. The judicial and administrative files concerning the adoption of a child are confidential and no information contained in them may be revealed except as required by law.

However, the court may allow an adoption file to be examined for the purposes of study, teaching, research or a public inquiry, provided that the anonymity of the child, of the parents and of the adopter is preserved.

[1991, c. 64, a. 582; I.N., 2014-05-01].

583. L'adopté majeur ou l'adopté mineur de quatorze ans et plus a le droit d'obtenir les renseignements lui permettant de retrouver ses parents, si ces derniers y ont préalablement consenti. Il en va de même des parents d'un enfant adopté, si ce dernier, devenu majeur, y a préalablement consenti.

L'adopté mineur de moins de quatorze ans a également le droit d'obtenir les renseignements lui permettant de retrouver ses parents, si ces derniers, ainsi que ses parents adoptifs, y ont préalablement consenti.

Ces consentements ne doivent faire l'objet d'aucune sollicitation; un adopté mineur ne peut cependant être informé de la demande de renseignements de son parent.

[1991, c. 64, a. 583].

▋C.C.Q., 548.

583. An adopted person of full age or an adopted minor fourteen years of age or over is entitled to obtain the information enabling him to find his parents if they have previously consented thereto. The same holds true of the parents of an adopted child if the child, once of full age, has previously consented thereto.

An adopted minor under fourteen years of age is entitled to obtain information enabling him to find his parents if the parents and the adoptive parents have previously consented thereto.

Consent may not be solicited; however, an adopted minor may not be informed of the application for information made by his father or mother.

[1991, c. 64, a. 583].

584. Lorsqu'un préjudice grave risque d'être causé à la santé de l'adopté, majeur ou mineur, ou de l'un de ses proches parents s'il est privé des renseignements

584. Where serious harm could be caused to the health of the adopted person, whether a minor or of full age, or of any of his close relatives if he is deprived of the

qu'il requiert, le tribunal peut permettre que l'adopté obtienne ces renseignements.

L'un des proches parents de l'adopté peut également se prévaloir de ce droit si le fait d'être privé des renseignements qu'il requiert risque de causer un préjudice grave à sa santé ou à celle de l'un de ses proches.

[1991, c. 64, a. 584].

I C.C.Q., 582, 583.

information he requires, the court may allow the adopted person to obtain such information.

A close relative of the adopted person may also avail himself of such right if the fact of being deprived of the information he requires could be the cause of serious harm to his health or the health of any of his close relatives.

[1991, c. 64, a. 584; I.N., 2014-05-01].

TITRE 3 ━━
DE L'OBLIGATION ALIMENTAIRE

585. Les époux et conjoints unis civilement de même que les parents en ligne directe au premier degré se doivent des aliments.

[1991, c. 64, a. 585; 1996, c. 28, a. 1; 2002, c. 6, a. 36].

I C.C.Q., 656, 657.

TITLE 3 ━━
OBLIGATION OF SUPPORT

585. Married or civil union spouses, and relatives in the direct line in the first degree, owe each other support.

[1991, c. 64, a. 585; 1996, c. 28, s. 1; 2002, c. 6, s. 36].

586. Le recours alimentaire de l'enfant mineur peut être exercé par le titulaire de l'autorité parentale, par son tuteur ou par toute autre personne qui en a la garde, selon les circonstances.

Un parent qui subvient en partie aux besoins de son enfant majeur qui n'est pas en mesure d'assurer sa propre subsistance peut exercer pour lui un recours alimentaire, à moins que l'enfant ne s'y oppose.

Le tribunal peut déclarer les aliments payables à la personne qui a la garde de l'enfant ou au parent de l'enfant majeur qui exerce le recours pour lui.

[1991, c. 64, a. 586; 2004, c. 5, a. 2].

I C.C.Q., 159.

586. Proceedings for the support of a minor child may be instituted by the holder of parental authority, his tutor, or any person who has custody of him, according to the circumstances.

A parent providing in part for the needs of a child of full age unable to support himself may institute support proceedings on the child's behalf, unless the child objects.

The court may order the support payable to the person who has custody of the child or to the parent of the child of full age who instituted the proceedings on the child's behalf.

[1991, c. 64, a. 586; 2004, c. 5, s. 2].

587. Les aliments sont accordés en tenant compte des besoins et des facultés des parties, des circonstances dans lesquelles elles

587. In awarding support, account is taken of the needs and means of the parties, their circumstances and, as the case may be, the

se trouvent et, s'il y a lieu, du temps nécessaire au créancier pour acquérir une autonomie suffisante.

[1991, c. 64, a. 587].

▌C.C.Q., 585.

587.1. En ce qui concerne l'obligation alimentaire des parents à l'égard de leur enfant, la contribution alimentaire parentale de base, établie conformément aux règles de fixation des pensions alimentaires pour enfants édictées en application du *Code de procédure civile* (chapitre C-25), est présumée correspondre aux besoins de l'enfant et aux facultés des parents.

Cette contribution alimentaire peut être augmentée pour tenir compte de certains frais relatifs à l'enfant prévus par ces règles, dans la mesure où ceux-ci sont raisonnables eu égard aux besoins et facultés de chacun.

[1996, c. 68, a. 1].

▌C.C.Q., 585, 587; C.P.C., 825.8-825.14.

587.2. Les aliments exigibles d'un parent pour son enfant sont équivalents à sa part de la contribution alimentaire parentale de base, augmentée, le cas échéant, pour tenir compte des frais relatifs à l'enfant.

La valeur de ces aliments peut toutefois être augmentée ou réduite par le tribunal si la valeur des actifs d'un parent ou l'importance des ressources dont dispose l'enfant le justifie ou encore en considération, le cas échéant, des obligations alimentaires qu'a l'un ou l'autre des parents à l'égard d'enfants qui ne sont pas visés par la demande, si le tribunal estime que ces obligations entraînent pour eux des difficultés.

Le tribunal peut également augmenter ou réduire la valeur de ces aliments s'il estime que son maintien entraînerait, pour l'un ou l'autre des parents, des difficultés excessives dans les circonstances; ces difficultés peuvent résulter, entre autres, de frais liés à l'exercice de droits de visite à l'égard de l'enfant, d'obligations alimentaires assumées à l'endroit d'autres personnes que des enfants ou, encore, de dettes raisonnablement contractées pour des besoins familiaux.

[1996, c. 68, a. 1; 2004, c. 5, a. 3].

time needed by the creditor of support to acquire sufficient autonomy.

[1991, c. 64, a. 587].

587.1. As regards the support owed to a child by his parents, the basic parental contribution, as determined pursuant to the rules for the determination of child support payments adopted under the *Code of Civil Procedure* (chapter C-25), is presumed to meet the needs of the child and to be in proportion to the means of the parents.

The basic parental contribution may be increased having regard to certain expenses relating to the child which are specified in the rules, to the extent that such expenses are reasonable considering the needs and means of the parents and child.

[1996, c. 68, s. 1].

587.2. The support to be provided by a parent for his child is equal to that parent's share of the basic parental contribution, increased, where applicable, having regard to specified expenses relating to the child.

The court may, however, increase or reduce the level of support where warranted by the value of either parent's assets or the extent of the resources available to the child, or to take account of either parent's obligation to provide support to children not named in the application, if the court considers the obligation entails hardship for that parent.

The court may also increase or reduce the level of support if it is of the opinion that, in the special circumstances of the case, not doing so would entail undue hardship for either parent. Such hardship may be due, among other reasons, to the costs involved in exercising visiting rights in relation to the child, an obligation to provide support to persons other than children or reasonable debts incurred to meet family needs.

[1996, c. 68, s. 1; 2004, c. 5, s. 3; I.N., 2014-05-01].

■ C.C.Q., 585, 587; C.P.C., 825.8-825.14.

587.3. Les parents peuvent, à l'égard de leur enfant, convenir d'aliments d'une valeur différente de celle qui serait exigible en application des règles de fixation des pensions alimentaires pour enfants, sauf au tribunal à vérifier que ces aliments pourvoient suffisamment aux besoins de l'enfant.

[1996, c. 68, a. 1].

■ C.C.Q., 585, 587; C.P.C., 825.8-825.14.

587.3. Parents may make a private agreement stipulating a level of child support that departs from the level which would be required to be provided under the rules for the determination of child support payments, subject to the court being satisfied that the needs of the child are adequately provided for.

[1996, c. 68, s. 1].

588. Le tribunal peut accorder au créancier d'aliments une pension provisoire pour la durée de l'instance.

Il peut, également, accorder au créancier d'aliments une provision pour les frais de l'instance.

[1991, c. 64, a. 588].

■ C.C.Q., 502.

588. The court may award provisional support to the creditor of support for the duration of the proceedings.

It may also award a provisional sum to the creditor of support to cover the costs of the proceedings.

[1991, c. 64, a. 588].

589. Les aliments sont payables sous forme de pension; le tribunal peut exceptionnellement remplacer ou compléter cette pension alimentaire par une somme forfaitaire payable au comptant ou par versements.

[1991, c. 64, a. 589].

■ C.C.Q., 585.

589. Support is payable as a pension; the court may, by way of exception, replace or complete that support by a lump sum payable in cash or by instalments.

[1991, c. 64, a. 589; I.N., 2014-05-01].

590. Afin de maintenir la valeur monétaire réelle de la créance qui résulte du jugement accordant des aliments, ceux-ci, s'ils sont payables sous forme de pension, sont indexés de plein droit, au 1er janvier de chaque année, suivant l'indice annuel des rentes établi conformément à l'article 119 de la *Loi sur le régime de rentes du Québec* (chapitre R-9).

Toutefois, lorsque l'application de cet indice entraîne une disproportion sérieuse entre les besoins du créancier et les facultés du débiteur, le tribunal peut, dans l'exercice de sa compétence, soit fixer un autre indice d'indexation, soit ordonner que la créance ne soit pas indexée.

[1991, c. 64, a. 590].

590. If support is payable as a pension, it is indexed by operation of law on 1 January each year, in accordance with the annual Pension Index established pursuant to section 119 of the *Act respecting the Québec Pension Plan* (chapter R-9), in order to maintain the real monetary value of the claim resulting from the judgment awarding support.

However, where the application of the index brings about a serious imbalance between the needs of the creditor and the means of the debtor, the court may, in exercising its jurisdiction, either fix another basis of indexation or order that the claim not be indexed.

[1991, c. 64, a. 590].

591. Le tribunal peut, s'il l'estime nécessaire, ordonner au débiteur de fournir, au-
delà de l'hypothèque légale, une sûreté
suffisante pour le paiement des aliments
ou ordonner la constitution d'une fiducie
destinée à garantir ce paiement.

[1991, c. 64, a. 591].

∎ C.C.Q., 1262, 2724-2732.

591. The court, if it considers it necessary,
may order the debtor to furnish sufficient
security beyond the legal hypothec for
payment of support, or order the constitution of a trust to secure such payment.

[1991, c. 64, a. 591].

592. Le débiteur qui offre de recevoir chez
lui son créancier alimentaire peut, si les
circonstances s'y prêtent, être dispensé du
paiement des aliments ou d'une partie de
ceux-ci.

[1991, c. 64, a. 592].

∎ C.C.Q., 585.

592. If the debtor offers to take the creditor of support into his home, he may, if
circumstances permit, be dispensed from
paying all or part of the support.

[1991, c. 64, a. 592].

593. Le créancier peut exercer son recours
contre un de ses débiteurs alimentaires ou
contre plusieurs simultanément.

Le tribunal fixe le montant des aliments
que doit payer chacun des débiteurs poursuivis ou mis en cause.

[1991, c. 64, a. 593; N.I., 2014-05-01].

∎ C.C.Q., 586.

593. The creditor may pursue a remedy
against one of the debtors of support or
against several of them simultaneously.

The court fixes the amount of support that
each of the debtors sued or impleaded
shall pay.

[1991, c. 64, a. 593].

594. Le jugement qui accorde des aliments, que ceux-ci soient ou non indexés
ou rajustés, est sujet à révision chaque fois
que les circonstances le justifient.

Toutefois, s'il ordonne le paiement d'une
somme forfaitaire, il ne peut être révisé
que s'il n'a pas été exécuté.

[1991, c. 64, a. 594; 2012, c. 20, a. 42].

∎ C.C.Q., 586, 588, 590.

594. The judgment awarding support,
whether or not the support is indexed or
recalculated, may be reviewed by the court
whenever warranted by circumstances.

However, a judgment awarding payment
of a lump sum may be reviewed only if it
has not been executed.

[1991, c. 64, a. 594; 2012, c. 20, s. 42].

595. On peut réclamer, pour un enfant, des
aliments pour des besoins existant avant la
demande; on ne peut cependant les exiger
au-delà de trois ans, sauf si le parent débiteur a eu un comportement répréhensible
envers l'autre parent ou l'enfant.

En outre, lorsque les aliments ne sont pas
réclamés pour un enfant, ceux-ci peuvent
l'être pour des besoins existant avant la
demande sans néanmoins pouvoir les exiger au-delà de l'année écoulée; le créan-

595. Child support may be claimed for
needs that existed before the application;
however, child support cannot be claimed
for needs that existed more than three
years before the application, unless the
debtor parent behaved in a reprehensible
manner toward the other parent or the
child.

If the support is not claimed for a child, it
may nevertheless be claimed for needs that
existed before the application, but not for
needs that existed more than one year
before the application; the creditor must

cier doit alors prouver qu'il s'est trouvé en fait dans l'impossibilité d'agir plus tôt, à moins qu'il n'ait mis le débiteur en demeure dans l'année écoulée, auquel cas les aliments sont accordés à compter de la demeure.

[1991, c. 64, a. 595; 2012, c. 20, a. 43].

▌C.C.Q., 585.

596. Le débiteur de qui on réclame des arrérages peut opposer un changement dans sa condition ou celle de son créancier survenu depuis le jugement et être libéré de tout ou partie de leur paiement.

Cependant, lorsque les arrérages sont dus depuis plus de six mois, le débiteur ne peut être libéré de leur paiement que s'il démontre qu'il lui a été impossible d'exercer ses recours pour obtenir une révision du jugement fixant la pension alimentaire.

[1991, c. 64, a. 596].

▌C.C.Q., 595.

596.1. Afin de maintenir à jour la valeur des aliments dus à leur enfant, les parents doivent, à la demande de l'un d'eux et au plus une fois l'an, ou selon les modalités fixées par le tribunal, se tenir mutuellement informés de l'état de leurs revenus respectifs et fournir, à cette fin, les documents prescrits par les règles de fixation des pensions alimentaires pour enfants édictées en application du *Code de procédure civile* (chapitre C-25).

L'inexécution de cette obligation par l'un des parents confère à l'autre le droit de demander, outre l'exécution en nature et les dépens, des dommages-intérêts en réparation du préjudice qu'il a subi, notamment pour compenser les honoraires et débours extrajudiciaires qu'il a engagés.

[2012, c. 20, a. 44].

prove that it was in fact impossible to act sooner, unless a formal demand was made to the debtor within one year before the application, in which case support is awarded from the date of the demand.

[1991, c. 64, a. 595; 2012, c. 20, s. 43].

596. A debtor from whom arrears are claimed may plead a change, after judgment, in his condition or in that of his creditor and be released from payment of the whole or a part of them.

However, in no case where the arrears claimed have been due for over six months may the debtor be released from payment of them unless he shows that it was impossible for him to exercise his right to obtain a review of the judgment fixing the support.

[1991, c. 64, a. 596; 2002, c. 19, s. 15; I.N., 2014-05-01].

596.1. In order to update the amount of support payable to their child, parents must, on the request of one of them and no more than once a year, or as required by the court, keep each other mutually informed of the state of their respective incomes and provide, to that end, the documents determined by the rules for the determination of child support payments adopted under the *Code of Civil Procedure* (chapter C-25).

Failure by one parent to fulfill that obligation confers on the other parent the right to demand, in addition to the specific performance of the obligation and payment of the costs, damages in reparation for the injury suffered, including the professional fees and extrajudicial costs incurred.

[2012, c. 20, s. 44; I.N., 2014-05-01].

TITRE 4 ——
DE L'AUTORITÉ PARENTALE

TITLE 4 ——
PARENTAL AUTHORITY

597. L'enfant, à tout âge, doit respect à ses père et mère.

[1991, c. 64, a. 597].

▌C.P.C., 826-826.3.

597. Every child, regardless of age, owes respect to his father and mother.

[1991, c. 64, a. 597].

598. L'enfant reste sous l'autorité de ses père et mère jusqu'à sa majorité ou son émancipation.

[1991, c. 64, a. 598].

▌C.C.Q., 153, 167-176, 599, 600, 602.

598. A child remains subject to the authority of his father and mother until his majority or emancipation.

[1991, c. 64, a. 598].

599. Les père et mère ont, à l'égard de leur enfant, le droit et le devoir de garde, de surveillance et d'éducation.

Ils doivent nourrir et entretenir leur enfant.

[1991, c. 64, a. 599].

▌C.C.Q., 600, 601, 605.

599. The father and mother have the rights and duties of custody, supervision and education of their children.

They shall maintain their children.

[1991, c. 64, a. 599].

600. Les père et mère exercent ensemble l'autorité parentale.

Si l'un d'eux décède, est déchu de l'autorité parentale ou n'est pas en mesure de manifester sa volonté, l'autorité est exercée par l'autre.

[1991, c. 64, a. 600].

▌C.C.Q., 599, 601, 604, 606-610.

600. The father and mother exercise parental authority together.

If either parent dies, is deprived of parental authority or is unable to express his or her will, parental authority is exercised by the other parent.

[1991, c. 64, a. 600].

601. Le titulaire de l'autorité parentale peut déléguer la garde, la surveillance ou l'éducation de l'enfant.

[1991, c. 64, a. 601].

▌C.C.Q., 599, 600.

601. The person having parental authority may delegate the custody, supervision or education of the child.

[1991, c. 64, a. 601].

602. Le mineur non émancipé ne peut, sans le consentement du titulaire de l'autorité parentale, quitter son domicile.

[1991, c. 64, a. 602].

▌C.C.Q., 75, 80, 598, 599, 600.

602. No unemancipated minor may leave his domicile without the consent of the person having parental authority.

[1991, c. 64, a. 602].

603. À l'égard des tiers de bonne foi, le père ou la mère qui accomplit seul un acte d'autorité à l'égard de l'enfant est présumé agir avec l'accord de l'autre.

[1991, c. 64, a. 603].

▌C.C.Q., 599, 600.

603. Where the father or the mother performs alone any act of authority concerning their child, he or she is, with regard to third persons in good faith, presumed to be acting with the consent of the other parent.

[1991, c. 64, a. 603].

604. En cas de difficultés relatives à l'exercice de l'autorité parentale, le titulaire de l'autorité parentale peut saisir le tribunal qui statuera dans l'intérêt de l'enfant après avoir favorisé la conciliation des parties.

[1991, c. 64, a. 604].

∎ C.C.Q., 33, 495, 496, 514, 543, 573, 599, 600.

605. Que la garde de l'enfant ait été confiée à l'un des parents ou à une tierce personne, quelles qu'en soient les raisons, les père et mère conservent le droit de surveiller son entretien et son éducation et sont tenus d'y contribuer à proportion de leurs facultés.

[1991, c. 64, a. 605].

∎ C.C.Q., 599, 600, 601.

606. La déchéance de l'autorité parentale peut être prononcée par le tribunal, à la demande de tout intéressé, à l'égard des père et mère, de l'un d'eux ou du tiers à qui elle aurait été attribuée, si des motifs graves et l'intérêt de l'enfant justifient une telle mesure.

Si la situation ne requiert pas l'application d'une telle mesure, mais requiert néanmoins une intervention, le tribunal peut plutôt prononcer le retrait d'un attribut de l'autorité parentale ou de son exercice. Il peut aussi être saisi directement d'une demande de retrait.

[1991, c. 64, a. 606].

∎ C.C.Q., 33, 599, 607-610; C.P.C., 826-826.3.

607. Le tribunal peut, au moment où il prononce la déchéance, le retrait d'un attribut de l'autorité parentale ou de son exercice, désigner la personne qui exercera l'autorité parentale ou l'un de ses attributs; il peut aussi prendre, le cas échéant, l'avis du conseil de tutelle avant de procéder à cette désignation ou, si l'intérêt de l'enfant l'exige, à la nomination d'un tuteur.

[1991, c. 64, a. 607].

∎ C.C.Q., 33, 599, 606, 608-610; C.P.C., 826-826.3; D.T., 36.

604. In the case of difficulties relating to the exercise of parental authority, the person having parental authority may refer the matter to the court, which will decide in the interest of the child after fostering the conciliation of the parties.

[1991, c. 64, a. 604].

605. Whether custody is entrusted to one of the parents or to a third person, for whatever reason, the father and mother retain the right to supervise the maintenance and education of the children, and are bound to contribute thereto in proportion to their means.

[1991, c. 64, a. 605; I.N., 2014-05-01].

606. The court may, for a grave reason and in the interest of the child, on the application of any interested person, declare the father, the mother or either of them, or a third person on whom parental authority may have been conferred, to be deprived of such authority.

Where such a measure is not required by the situation but action is nevertheless necessary, the court may declare, instead, the withdrawal of an attribute of parental authority or of its exercise. The court may also directly examine an application for withdrawal.

[1991, c. 64, a. 606; I.N., 2014-05-01].

607. The court may, in declaring deprivation or withdrawal of an attribute of parental authority or of its exercise, designate the person who is to exercise parental authority or an attribute thereof; it may also, where applicable, obtain the advice of the tutorship council before designating the person or, if required in the interest of the child, appointing a tutor.

[1991, c. 64, a. 607; I.N., 2014-05-01].

608. La déchéance s'étend à tous les enfants mineurs déjà nés au moment du jugement, à moins que le tribunal n'en décide autrement.

[1991, c. 64, a. 608].

▌C.C.Q., 599, 606, 607, 609, 610; C.P.C., 826-826.3.

609. La déchéance emporte pour l'enfant dispense de l'obligation alimentaire, à moins que le tribunal n'en décide autrement. Cette dispense peut néanmoins, si les circonstances le justifient, être levée après la majorité.

[1991, c. 64, a. 609].

▌C.C.Q., 599, 606-608, 610; C.P.C., 826-826.3.

610. Le père ou la mère qui a fait l'objet d'une déchéance ou du retrait de l'un des attributs de l'autorité parentale peut obtenir, en justifiant de circonstances nouvelles, que lui soit restituée l'autorité dont il avait été privé, sous réserve des dispositions relatives à l'adoption.

[1991, c. 64, a. 610].

▌C.C.Q., 33, 551-576, 599, 606-609; C.P.C., 826-826.3.

611. Les père et mère ne peuvent sans motifs graves faire obstacle aux relations personnelles de l'enfant avec ses grands-parents.

À défaut d'accord entre les parties, les modalités de ces relations sont réglées par le tribunal.

[1991, c. 64, a. 611].

▌C.C.Q., 33, 612; C.P.C., 813.8.

612. Les décisions qui concernent les enfants peuvent être révisées à tout moment par le tribunal, si les circonstances le justifient.

[1991, c. 64, a. 612].

▌C.C.Q., 33, 600-605, 611.

608. Deprivation extends to all minor children born at the time of the judgment, unless the court decides otherwise.

[1991, c. 64, a. 608].

609. Deprivation entails the exemption of the child from the obligation to provide support, unless the court decides otherwise. However, where circumstances warrant it, the exemption may be lifted after the child reaches full age.

[1991, c. 64, a. 609].

610. A father or mother who has been deprived of parental authority or from whom an attribute of parental authority has been withdrawn may have the withdrawn authority restored, provided he or she alleges new circumstances, subject to the provisions governing adoption.

[1991, c. 64, a. 610].

611. In no case may the father or mother, without a grave reason, interfere with personal relations between the child and his grandparents.

Failing agreement between the parties, the terms and conditions of these relations are decided by the court.

[1991, c. 64, a. 611].

612. Decisions concerning the children may be reviewed at any time by the court, if warranted by circumstances.

[1991, c. 64, a. 612].

LIVRE 3 ——
DES SUCCESSIONS

BOOK 3 ——
SUCCESSIONS

Chapitre I —
De l'ouverture des successions

Chapter I —
Opening of successions

613. La succession d'une personne s'ouvre par son décès, au lieu de son dernier domicile.

Elle est dévolue suivant les prescriptions de la loi, à moins que le défunt n'ait, par des dispositions testamentaires, réglé autrement la dévolution de ses biens. La donation à cause de mort est, à cet égard, une disposition testamentaire.

[1991, c. 64, a. 613].

■ C.C.Q., 75-83, 92-96, 102, 108, 122-128, 666-683, 736, 1808, 1819, 1841; D.T., 37, 39.

613. The succession of a person opens by his death, at the place of his last domicile.

The succession devolves according to the provisions of law unless the deceased has, by testamentary dispositions, provided otherwise for the devolution of his property. Gifts *mortis causa* are, in that respect, testamentary dispositions.

[1991, c. 64, a. 613; I.N., 2014-05-01].

614. La loi ne considère ni l'origine ni la nature des biens pour en régler la succession; tous ensemble, ils ne forment qu'un seul patrimoine.

[1991, c. 64, a. 614].

■ C.C.Q., 899-907.

614. In settling succession to property, the law considers neither the origin nor the nature of the property; all the property constitutes a single patrimony.

[1991, c. 64, a. 614; I.N., 2014-05-01].

615. Lorsqu'une personne décède en laissant des biens situés hors du Québec ou des créances contre des personnes qui n'y résident pas, on peut, suivant les règles prévues au *Code de procédure civile* (chapitre C-25), obtenir des lettres de vérification.

[1991, c. 64, a. 615].

■ C.C.Q., 3098-3101; C.P.C., 892-896.

615. When a person dies leaving property situated outside Québec or claims against persons not residing in Québec, letters of verification may be obtained in the manner provided in the *Code of Civil Procedure* (chapter C-25).

[1991, c. 64, a. 615].

616. Les personnes qui décèdent sans qu'il soit possible d'établir laquelle a survécu à l'autre sont réputées décédées au même instant, si au moins l'une d'entre elles est appelée à la succession de l'autre.

La succession de chacune d'elles est alors dévolue aux personnes qui auraient été appelées à la recueillir à leur défaut.

[1991, c. 64, a. 616].

■ C.C.Q., 660-665, 703, 736, 2448, 2803-2874.

616. Where persons die and it is impossible to determine which survived the other, they are deemed to have died at the same time if at least one of them is called to the succession of the other.

The succession of each then devolves to the persons who would have been called to take it in their place.

[1991, c. 64, a. 616; I.N., 2014-05-01].

Chapitre II ——
Des qualités requises pour succéder

Chapter II ——
Qualities required to inherit

617. Peuvent succéder les personnes physiques qui existent au moment de l'ouverture de la succession, y compris l'absent présumé vivant à cette époque et l'enfant conçu, mais non encore né, s'il naît vivant et viable.

Peuvent également succéder, en cas de substitution ou de fiducie, les personnes qui ont les qualités requises lorsque la disposition produit effet à leur égard.

[1991, c. 64, a. 617].

■ C.C.Q., 75-83, 85, 92-96, 102, 108, 122-128, 660, 666-683, 736, 750, 1266, 1808, 1818, 1841; D.T., 37.

617. Natural persons who exist at the time the succession opens, including absentees presumed to be alive at that time and children conceived but yet unborn, if they are born alive and viable, may inherit.

In the case of a substitution or trust, persons who have the required qualities when the disposition produces its effect in their regard may also inherit.

[1991, c. 64, a. 617; I.N., 2014-05-01].

618. L'État peut recevoir par testament; les personnes morales le peuvent aussi, dans la limite des biens qu'elles peuvent posséder.

Le fiduciaire peut recevoir le legs destiné à la fiducie ou celui qui sert à la poursuite du but de la fiducie.

[1991, c. 64, a. 618].

■ C.C.Q., 303, 653, 696, 1266-1273.

618. The State may receive by will. Legal persons may receive by will such property as they may legally hold.

A trustee may receive a legacy intended for the trust or a legacy to be used to accomplish the object of the trust.

[1991, c. 64, a. 618].

619. Est héritier depuis l'ouverture de la succession, pour autant qu'il l'accepte, le successible à qui est dévolue la succession *ab intestat* et celui qui reçoit, par testament, un legs universel ou à titre universel.

[1991, c. 64, a. 619].

■ C.C.Q., 625, 630, 731-742, 1808, 1819.

619. A successor to whom an intestate succession devolves, or who receives a universal legacy or a legacy by general title by will, is an heir from the opening of the succession, provided he accepts it.

[1991, c. 64, a. 619; I.N., 2014-05-01].

620. Est de plein droit indigne de succéder:

1° Celui qui est déclaré coupable d'avoir attenté à la vie du défunt;

2° Celui qui est déchu de l'autorité parentale sur son enfant, avec dispense pour celui-ci de l'obligation alimentaire, à l'égard de la succession de cet enfant.

[1991, c. 64, a. 620].

■ C.C.Q., 606, 609, 621, 622, 1836; D.T., 38.

620. The following persons are unworthy of inheriting by operation of law :

(1) a person convicted of making an attempt on the life of the deceased;

(2) person deprived of parental authority over his child, with the exemption for the child from the obligation to provide support, with respect to that child's succession.

[1991, c. 64, a. 620; I.N., 2014-05-01].

621. Peut être déclaré indigne de succéder:

1° Celui qui a exercé des sévices sur le défunt ou a eu autrement envers lui un comportement hautement répréhensible;

2° Celui qui a recelé, altéré ou détruit de mauvaise foi le testament du défunt;

3° Celui qui a gêné le testateur dans la rédaction, la modification ou la révocation de son testament.

[1991, c. 64, a. 621].

■ C.C.Q., 620, 622, 623, 627, 628, 660, 740, 1699-1707, 1836, 2805, 2925; D.T., 38.

621. The following persons may be declared unworthy of inheriting :

(1) a person guilty of cruelty towards the deceased or having otherwise behaved towards him in a seriously reprehensible manner;

(2) a person who has concealed, altered or destroyed in bad faith the will of the deceased;

(3) a person who has hindered the testator in the drawing up, amendment or revocation of his will.

[1991, c. 64, a. 621; I.N., 2014-05-01].

622. L'héritier n'est pas indigne de succéder et ne peut être déclaré tel si le défunt, connaissant la cause d'indignité, l'a néanmoins avantagé ou n'a pas modifié la libéralité, alors qu'il aurait pu le faire.

[1991, c. 64, a. 622].

■ C.C.Q., 620, 621, 623.

622. An heir is not unworthy of inheriting nor subject to being declared so if the deceased knew the cause of unworthiness and yet conferred a benefit on him or did not modify the liberality when he could have done so.

[1991, c. 64, a. 622].

623. Tout successible peut, dans l'année qui suit l'ouverture de la succession ou la connaissance d'une cause d'indignité, demander au tribunal de déclarer l'indignité d'un héritier lorsque celui-ci n'est pas indigne de plein droit.

[1991, c. 64, a. 623].

■ C.C.Q., 620-622; D.T., 6; C.P.C., 110.

623. Any successor may, within one year after the opening of the succession or becoming aware of a cause of unworthiness, apply to the court to have an heir declared unworthy of inheriting if that heir is not unworthy by operation of law.

[1991, c. 64, a. 623; I.N., 2014-05-01].

624. L'époux ou le conjoint uni civilement de bonne foi succède à son conjoint si la nullité du mariage ou de l'union civile est prononcée après le décès.

[1991, c. 64, a. 624; 2002, c. 6, a. 37].

■ C.C.Q., 365-378, 380-390, 764, 2805.

624. The married or civil union spouse in good faith of the deceased inherits if the marriage or civil union is declared null after the death.

[1991, c. 64, a. 624; 2002, c. 6, s. 37; I.N., 2014-05-01].

TITRE 2
DE LA TRANSMISSION DE LA SUCCESSION

TITLE 2
TRANSMISSION OF SUCCESSIONS

Chapitre I ——
De la saisine

Chapter I ——
Seisin

625. Les héritiers sont, par le décès du défunt ou par l'événement qui donne effet à un legs, saisis du patrimoine du défunt, sous réserve des dispositions relatives à la liquidation successorale.

Ils ne sont pas, sauf les exceptions prévues au présent livre, tenus des obligations du défunt au-delà de la valeur des biens qu'ils recueillent et ils conservent le droit de réclamer de la succession le paiement de leurs créances.

Ils sont saisis des droits d'action du défunt contre l'auteur de toute violation d'un droit de la personnalité ou contre ses représentants.

[1991, c. 64, a. 625].

625. The heirs are seised, by the death of the deceased or by the event which gives effect to a legacy, of the patrimony of the deceased, subject to the provisions on the liquidation of successions.

Subject to the exceptions provided in this Book, the heirs are not liable for the obligations of the deceased in excess of the value of the property they take, and they retain their right to demand payment of their claims from the succession.

The heirs are seised of the rights of action of the deceased against the author of any infringement of his personality rights or against the author's representative

[1991, c. 64, a. 625; I.N., 2014-05-01].

■ C.C.Q., 10, 35, 613, 619, 645, 697, 739, 777, 779, 780, 782, 799-801, 823, 826, 829, 834, 835, 916.

Chapitre II ——
De la pétition d'hérédité et de ses effets sur la transmission de la succession

Chapter II ——
Petition of inheritance and its effects on the transmission of the succession

626. Le successible peut toujours faire reconnaître sa qualité d'héritier, dans les dix ans qui suivent soit l'ouverture de la succession à laquelle il prétend avoir droit, soit le jour où son droit s'est ouvert.

[1991, c. 64, a. 626].

626. A successor is entitled to have his heirship recognized at any time within ten years from the opening of the succession to which he claims to be entitled or from the day his right arises.

[1991, c. 64, a. 626].

■ C.C.Q., 523-529, 613, 619, 650, 698, 772, 1240, 1242, 1272, 1279; D.T., 39; C.P.C., 74, 116.

627. La reconnaissance de la qualité d'héritier au successible oblige l'héritier apparent à la restitution de ce qu'il a reçu sans droit de la succession, suivant les règles du livre Des obligations relatives à la restitution des prestations.

[1991, c. 64, a. 627].

627. An apparent heir is obliged, by the recognition of the heirship of the successor, to restore everything he has received from the succession without being entitled to it, in accordance with the rules in the Book on Obligations relating to restitution of prestations.

[1991, c. 64, a. 627].

■ C.C.Q., 619, 626, 670, 674, 955-964, 1699-1707, 2805, 2944.

628. L'indigne qui a reçu un bien de la succession est réputé héritier apparent de mauvaise foi.

[1991, c. 64, a. 628].

628. Any person who is unworthy of inheriting and who has received property from the succession is deemed to be an apparent heir in bad faith.

[1991, c. 64, a. 628; I.N., 2014-05-01].

■ C.C.Q., 620-624, 750, 1699-1707.

629. Les obligations du défunt acquittées par les héritiers apparents, autrement qu'avec des biens provenant de la succession, sont remboursées par les héritiers véritables.

[1991, c. 64, a. 629].

■ C.C.Q., 99, 626-628, 772, 792, 821.

629. Obligations of the deceased discharged by the apparent heirs otherwise than out of property from the succession are reimbursed by the true heirs.

[1991, c. 64, a. 629].

Chapitre III ——
Du droit d'option

Chapter III ——
The right of option

SECTION I ——
DE LA DÉLIBÉRATION ET DE L'OPTION

SECTION I ——
DELIBERATION AND OPTION

630. Tout successible a le droit d'accepter la succession ou d'y renoncer.

L'option est indivisible. Toutefois, le successible qui cumule plus d'une vocation successorale a, pour chacune d'elles, un droit d'option distinct.

[1991, c. 64, a. 630].

■ C.C.Q., 173, 619, 625, 633, 646-652, 779, 800, 801, 867; D.T., 39.

630. Every successor has the right to accept or to renounce the succession.

The option is indivisible. However, a successor called to the succession in several ways has a separate option for each.

[1991, c. 64, a. 630].

631. Nul ne peut exercer d'option sur une succession non ouverte ni faire aucune stipulation sur une pareille succession, même avec le consentement de celui dont la succession est en cause.

[1991, c. 64, a. 631].

■ C.C.Q., 8, 9, 632, 757, 1409-1413, 1417, 1418, 3081.

631. No one may exercise his option with respect to a succession not yet opened or make any stipulation with respect to such a succession, even with the consent of the person whose succession it is.

[1991, c. 64, a. 631; I.N., 2014-05-01].

632. Le successible a six mois, à compter du jour où son droit s'est ouvert, pour délibérer et exercer son option. Ce délai est prolongé de plein droit d'autant de jours qu'il est nécessaire pour qu'il dispose d'un délai de soixante jours à compter de la clôture de l'inventaire.

Pendant la période de délibération, il ne peut être condamné à titre d'héritier, à moins qu'il n'ait déjà accepté la succession.

[1991, c. 64, a. 632].

■ C.C.Q., 630, 633-636, 640, 741, 794-796, 800.

632. A successor has six months from the day his right arises to deliberate and exercise his option. The period is extended, by operation of law, by as many days as necessary to afford him 60 days from closure of the inventory.

During the period for deliberation, no judgment may be rendered against the successor as an heir unless he has already accepted the succession.

[1991, c. 64, a. 632; I.N., 2014-05-01].

633. Le successible qui connaît sa qualité et ne renonce pas dans le délai de délibération est présumé avoir accepté, sauf prolongation du délai par le tribunal. Celui qui ignorait sa qualité peut être contraint d'opter dans le délai fixé par le tribunal.

Le successible qui n'opte pas dans le délai imparti par le tribunal est présumé avoir renoncé.

[1991, c. 64, a. 633].

▌C.C.Q., 625, 630, 632, 634, 650, 2847.

633. If a successor aware of his heirship does not renounce within the period for deliberation, he is presumed to have accepted unless the period has been extended by the court. If a successor is unaware of his heirship, he may be compelled to exercise his option within the time determined by the court.

If a successor does not exercise his option within the time determined by the court, he is presumed to have renounced.

[1991, c. 64, a. 633; I.N., 2014-05-01].

634. Si le successible renonce dans le délai de délibération fixé à l'article 632, les frais légitimement faits jusqu'à cette époque sont à la charge de la succession.

[1991, c. 64, a. 634].

▌C.C.Q., 630, 632, 633.

634. If a successor renounces within the period for deliberation fixed in article 632, the lawful expenses incurred to that time are borne by the succession.

[1991, c. 64, a. 634].

635. Si le successible décède avant d'avoir exercé son option, ses héritiers délibèrent et exercent cette option, dans le délai qui leur est imparti pour délibérer et opter à l'égard de la succession de leur auteur.

Chacun des héritiers du successible exerce séparément son option; la part de l'héritier qui renonce accroît aux cohéritiers.

[1991, c. 64, a. 635].

▌C.C.Q., 619, 630, 632.

635. If a successor dies before exercising his option, his heirs deliberate and exercise the option within the period allotted to them for deliberation and exercise of the option regarding the succession of their predecessor in title.

Each of the heirs of the successor exercises his option separately; the share of an heir who renounces accrues to the coheirs.

[1991, c. 64, a. 635; I.N., 2014-05-01].

636. Une personne peut faire annuler son option pour les causes et dans les délais prévus pour invoquer la nullité des contrats.

[1991, c. 64, a. 636].

▌C.C.Q., 163, 283, 287, 637, 638, 646, 1398-1408, 1416-1422, 1699-1707, 2925, 2927.

636. A person may cause an option he has exercised to be annulled on the grounds and within the time prescribed for invoking nullity of contracts.

[1991, c. 64, a. 636].

SECTION II —
DE L'ACCEPTATION

SECTION II —
ACCEPTANCE

637. L'acceptation est expresse ou tacite. Elle peut aussi résulter de la loi.

L'acceptation est expresse quand le successible prend formellement le titre ou la qualité d'héritier; elle est tacite quand le

637. Acceptance is express or tacit. It may also result from the law.

Acceptance is express where the successor formally assumes the title or quality of heir; it is tacit where the successor per-

successible fait un acte qui suppose nécessairement son intention d'accepter.

[1991, c. 64, a. 637].

■ C.C.Q., 619, 625, 630, 633, 636, 638-645, 648, 780, 785, 2455.

forms an act that necessarily implies his intention of accepting.

[1991, c. 64, a. 637].

638. La succession dévolue au mineur, au majeur protégé ou à l'absent est réputée acceptée, sauf renonciation, dans les délais de délibération et d'option:

1° Par le représentant du successible avec l'autorisation du conseil de tutelle, s'il s'agit du mineur non émancipé, du majeur en tutelle ou en curatelle, ou de l'absent;

2° Par le successible lui-même, assisté de son tuteur ou de son conseiller, selon qu'il s'agit du mineur émancipé ou du majeur qui a besoin d'assistance.

Le mineur, le majeur protégé ou l'absent ne peut jamais être tenu au paiement des dettes de la succession au-delà de la valeur des biens qu'il recueille.

[1991, c. 64, a. 638].

638. A succession devolving to a minor, to a protected person of full age or to an absentee is deemed to be accepted, except where it is renounced within the time for deliberation and exercise of the option,

(1) in the case of an unemancipated minor, a person of full age under tutorship or curatorship or an absentee, by the representative of the successor with the authorization of the tutorship council;

(2) in the case of an emancipated minor or person of full age who requires assistance, by the successor himself, assisted by his tutor or his adviser.

In no case is the minor, the protected person of full age or the absentee liable for the payment of debts of the succession in excess of the value of the property he takes.

[1991, c. 64, a. 638; I.N., 2014-05-01].

■ C.C.Q., 86, 158, 163, 167-176, 192, 223, 233, 258, 281, 282, 285, 287, 288, 293, 294, 617, 625, 632, 646, 779, 2166-2185, 2847; D.T., 39(1).

639. Le fait pour le successible de dispenser le liquidateur de faire inventaire ou celui de confondre, après le décès, les biens de la succession avec ses biens personnels emporte acceptation de la succession.

[1991, c. 64, a. 639].

■ C.C.Q., 619, 625, 632, 640, 779, 780, 794, 799, 801, 835.

639. The fact that the successor exempts the liquidator from making an inventory, or mingles property of the succession with his personal property after the death, entails acceptance of the succession.

[1991, c. 64, a. 639; I.N., 2014-05-01].

640. La succession est présumée acceptée lorsque le successible, sachant que le liquidateur refuse ou néglige de faire inventaire, néglige lui-même de procéder à l'inventaire ou de demander au tribunal soit de remplacer le liquidateur, soit de lui enjoindre de le faire dans les soixante jours qui suivent l'expiration du délai de délibération de six mois.

[1991, c. 64, a. 640].

■ C.C.Q., 625, 632, 780, 794, 800, 835, 2847.

640. The succession is presumed to be accepted where the successor, knowing that the liquidator refuses or neglects to make the inventory, himself neglects to make the inventory or to apply to the court to have the liquidator replaced or for an order to have him make the inventory within 60 days after expiry of the six months for deliberation.

[1991, c. 64, a. 640; I.N., 2014-05-01].

641. La cession, à titre gratuit ou onéreux, qu'une personne fait de ses droits dans la succession emporte acceptation.

Il en est ainsi de la renonciation au profit d'un ou de plusieurs cohéritiers, même si elle est à titre gratuit, ou de la renonciation à titre onéreux, encore qu'elle soit au profit de tous les cohéritiers indistinctement.

[1991, c. 64, a. 641].

■ C.C.Q., 625, 631, 780, 1779-1781, 1809.

641. The transfer by a person of his rights in a succession by gratuitous or onerous title entails acceptance.

The same rule applies to renunciation in favour of one or more coheirs, even by gratuitous title, and to renunciation by onerous title, even though it be in favour of all the coheirs without distinction.

[1991, c. 64, a. 641].

642. Les actes purement conservatoires, de surveillance et d'administration provisoire n'emportent pas, à eux seuls, acceptation de la succession.

Il en est ainsi de l'acte rendu nécessaire par des circonstances exceptionnelles et accompli par le successible dans l'intérêt de la succession.

[1991, c. 64, a. 642].

■ C.C.Q., 639, 640, 643, 644, 1301, 1309.

642. Mere conservatory acts and acts of supervision and provisional administration do not, by themselves, entail acceptance of the succession.

The same rule applies to an act rendered necessary by exceptional circumstances which the successor performs in the interest of the succession.

[1991, c. 64, a. 642].

643. La répartition des vêtements, papiers personnels, décorations et diplômes du défunt, ainsi que des souvenirs de famille, n'emporte pas, à elle seule, acceptation de la succession si elle est faite avec l'accord de tous les successibles.

L'acceptation, par un successible, de la transmission en sa faveur d'un emplacement destiné à recevoir un corps ou des cendres n'emporte pas, non plus, acceptation de la succession.

[1991, c. 64, a. 643].

■ C.C.Q., 637, 639.

643. The distribution of the clothing, private papers, medals and diplomas of the deceased and family souvenirs does not by itself entail acceptance of the succession if it is done with the agreement of all the successors.

Acceptance by a successor of the transmission in his favour of a site intended for a body or ashes does not entail acceptance of the succession.

[1991, c. 64, a. 643].

644. S'il existe dans la succession des biens susceptibles de dépérissement, le successible peut, avant la désignation du liquidateur, les vendre de gré à gré ou, s'il ne peut trouver preneur en temps utile, les donner à des organismes de bienfaisance ou encore les distribuer entre les successibles, sans qu'on puisse en inférer une acceptation de sa part.

Il peut aussi aliéner les biens qui, sans être susceptibles de dépérissement, sont dispendieux à conserver ou susceptibles de se

644. If a succession includes perishable property, the successor may, before the designation of a liquidator, sell it by agreement or, if he cannot find a buyer in due time, give it to charitable institutions or distribute it among the successors, without implying acceptance on his part.

He may also alienate movable property which, although not perishable, is expensive to preserve or is likely to depreciate

déprécier rapidement. Il agit alors comme administrateur du bien d'autrui.

[1991, c. 64, a. 644].

❚ C.C.Q., 619, 639, 777, 784, 785, 786, 792, 1299-1370.

rapidly. In this case, he acts as an administrator of the property of others.

[1991, c. 64, a. 644; I.N., 2014-05-01].

645. L'acceptation confirme la transmission qui s'est opérée de plein droit au moment du décès.

[1991, c. 64, a. 645].

❚ C.C.Q., 613, 619, 625, 637, 738, 739, 743.

645. Acceptance confirms the transmission which took place by operation of law at the time of death.

[1991, c. 64, a. 645].

SECTION III — DE LA RENONCIATION

SECTION III — RENUNCIATION

646. La renonciation est expresse. Elle peut aussi résulter de la loi.

La renonciation expresse se fait par acte notarié en minute ou par une déclaration judiciaire dont il est donné acte.

[1991, c. 64, a. 646].

❚ C.C.Q., 173, 625, 630-633, 636, 638, 647-651, 867, 868, 1824, 2814, 2938, 2970.

646. Renunciation is express. It may also result from the law.

Express renunciation is made by notarial act *en minute* or by a judicial declaration which is recorded.

[1991, c. 64, a. 646].

647. Celui qui renonce est réputé n'avoir jamais été successible.

[1991, c. 64, a. 647].

❚ C.C.Q., 617-624, 660, 664, 697, 867, 2847.

647. A person who renounces is deemed never to have been a successor.

[1991, c. 64, a. 647].

648. Le successible peut renoncer à la succession, pourvu qu'il n'ait pas fait d'acte qui emporte acceptation ou qu'il n'existe pas contre lui de jugement passé en force de chose jugée qui le condamne à titre d'héritier.

[1991, c. 64, a. 648].

❚ C.C.Q., 630, 632, 633, 636, 637, 639, 641-645, 649, 785.

648. A successor may renounce the succession provided that he has not performed any act entailing acceptance and that no judgment having the authority of a final judgment (*res judicata*) has been rendered against him as an heir.

[1991, c. 64, a. 648].

649. Le successible qui a renoncé à la succession conserve, dans les dix ans depuis le jour où son droit s'est ouvert, la faculté d'accepter la succession qui n'a pas été acceptée par un autre.

L'acceptation se fait par acte notarié en minute ou par une déclaration judiciaire dont il est donné acte.

L'héritier prend la succession dans l'état où elle se trouve alors et sous réserve des

649. A successor who has renounced the succession retains, for 10 years from the day it arose, his right to accept the succession, if it has not been accepted by another.

Acceptance is made by notarial act *en minute* or by a judicial declaration which is recorded.

The heir takes the succession in its actual condition at that time and subject to the

droits acquis par des tiers sur les biens de la succession.

[1991, c. 64, a. 649].

▌ C.C.Q., 617, 632, 646, 650, 697, 701, 702, 2915; D.T., 39.

rights acquired by third persons in the property of the succession.

[1991, c. 64, a. 649; I.N., 2014-05-01].

650. Le successible qui a ignoré sa qualité ou ne l'a pas fait connaître durant dix ans, à compter du jour où son droit s'est ouvert, est réputé avoir renoncé à la succession.

[1991, c. 64, a. 650].

▌ C.C.Q., 617-624, 630, 633, 648, 2847; D.T., 39(4).

650. A successor who has been unaware of his heirship or has not made it known for ten years from the day his right arose is deemed to have renounced the succession.

[1991, c. 64, a. 650].

651. Le successible qui, de mauvaise foi, a diverti ou recelé un bien de la succession ou omis de le comprendre dans l'inventaire est réputé avoir renoncé à la succession, malgré toute acceptation antérieure.

[1991, c. 64, a. 651].

▌ C.C.Q., 621, 617-624, 637-645, 647, 664, 794, 1326, 2805, 2847.

651. A successor who, in bad faith, has abstracted or concealed property of the succession or failed to include property in the inventory is deemed to have renounced the succession notwithstanding any prior acceptance.

[1991, c. 64, a. 651].

652. Les créanciers de celui qui renonce au préjudice de leurs droits peuvent, dans l'année, demander au tribunal de déclarer que la renonciation leur est inopposable et accepter la succession au lieu et place de leur débiteur.

L'acceptation n'a d'effet qu'en leur faveur et à concurrence seulement du montant de leur créance. Elle ne vaut pas au profit de celui qui a renoncé.

[1991, c. 64, a. 652].

▌ C.C.Q., 649, 1627, 1631, 2645, 2938, 2970; D.T., 36; C.P.C., 110.

652. The creditors of a successor who renounces to the prejudice of their rights may, if the renunciation is prejudicial to their rights, apply within one year to the court for a declaration that the renunciation may not be set up against them, and accept the succession in the place and stead of their debtor.

The acceptance has effect only in their favour, and only up to the amount of their claim. It has no effect in favour of the person who renounced.

[1991, c. 64, a. 652; I.N., 2014-05-01].

TITRE 3 ——
DE LA DÉVOLUTION LÉGALE DES
SUCCESSIONS

TITLE 3 ——
LEGAL DEVOLUTION OF SUCCESSIONS

Chapitre I ——
De la vocation successorale

Chapter I ——
Heirship

653. À moins de dispositions testamentaires autres, la succession est dévolue au conjoint survivant qui était lié au défunt par mariage ou union civile et aux parents du défunt, dans l'ordre et suivant les règles

653. Unless otherwise provided by testamentary dispositions, a succession devolves to the surviving married or civil union spouse and relatives of the deceased, in the order and according to the rules pro-

du présent titre. À défaut d'héritier, elle échoit à l'État.

[1991, c. 64, a. 653; 2002, c. 6, a. 38].

■ C.C.Q., 666, 671, 696.

vided in this Title. Where there is no heir, it falls to the State.

[1991, c. 64, a. 653; 2002, c. 6, s. 38; I.N., 2014-05-01].

654. La vocation successorale du conjoint survivant n'est pas subordonnée à la renonciation aux droits et avantages qui lui résultent du mariage ou de l'union civile.

[1991, c. 64, a. 654; 2002, c. 6, a. 39].

■ C.C.Q., 416, 427, 684.

654. The surviving spouse's heirship is not dependent on the renunciation of his or her rights and benefits by reason of the marriage or civil union.

[1991, c. 64, a. 654; 2002, c. 6, s. 39].

Chapitre II ——
De la parenté

Chapter II ——
Relationship

655. La parenté est fondée sur les liens du sang ou de l'adoption.

[1991, c. 64, a. 655].

■ C.C.Q., 522-584.

655. Relationship is based on ties of blood or of adoption.

[1991, c. 64, a. 655].

656. Le degré de parenté est déterminé par le nombre de générations, chacune formant un degré. La suite des degrés forme la ligne directe ou collatérale.

[1991, c. 64, a. 656].

■ C.C.Q., 655.

656. The degree of relationship is established by the number of generations, each forming one degree. The series of degrees forms the direct line or the collateral line.

[1991, c. 64, a. 656].

657. La ligne directe est la suite des degrés entre personnes qui descendent l'une de l'autre. On compte alors autant de degrés qu'il y a de générations entre le successible et le défunt.

[1991, c. 64, a. 657].

■ C.C.Q., 656.

657. The direct line is the series of degrees between persons descended one from another. The number of degrees in the direct line is equal to the number of generations between the successor and the deceased.

[1991, c. 64, a. 657].

658. La ligne directe descendante est celle qui lie la personne avec ses descendants; la ligne directe ascendante est celle qui lie la personne avec ses auteurs.

[1991, c. 64, a. 658].

■ C.C.Q., 656, 657.

658. The direct line of descent connects a person with his descendants; the direct line of ascent connects him with his ancestors.

[1991, c. 64, a. 658].

659. La ligne collatérale est la suite des degrés entre personnes qui ne descendent pas l'une de l'autre, mais d'un auteur commun.

En ligne collatérale, on compte autant de

659. The collateral line is the series of degrees between persons descended not one from another but from a common ancestor.

In the collateral line, the number of de-

degrés qu'il y a de générations entre le successible et l'auteur commun, puis entre ce dernier et le défunt.

[1991, c. 64, a. 659].

▍ C.C.Q., 656.

grees is equal to the number of generations between the successor and the common ancestor and between the common ancestor and the deceased.

[1991, c. 64, a. 659].

Chapitre III ——
De la représentation

660. La représentation est une faveur accordée par la loi, en vertu de laquelle un parent est appelé à recueillir une succession qu'aurait recueillie son ascendant, parent moins éloigné du défunt, qui, étant indigne, prédécédé ou décédé au même instant que lui, ne peut la recueillir lui-même.

[1991, c. 64, a. 660].

▍ C.C.Q., 749, 1252; D.T., 41.

661. La représentation a lieu à l'infini dans la ligne directe descendante.

Elle est admise soit que les enfants du défunt concourent avec les descendants d'un enfant représenté, soit que, tous les enfants du défunt étant décédés ou indignes, leurs descendants se trouvent, entre eux, en degrés égaux ou inégaux.

[1991, c. 64, a. 661].

▍ C.C.Q., 658, 660.

662. La représentation n'a pas lieu en faveur des ascendants; le plus proche dans chaque ligne exclut les plus éloignés.

[1991, c. 64, a. 662].

▍ C.C.Q., 658, 660.

663. En ligne collatérale, la représentation a lieu, entre collatéraux privilégiés, en faveur des descendants au premier degré des frères et sœurs du défunt, qu'ils concourent ou non avec ces derniers; entre collatéraux ordinaires, elle a lieu en faveur des autres descendants des frères et sœurs du défunt à d'autres degrés, qu'ils se trou-

Chapter III ——
Representation

660. Representation is a favour granted by law by which a relative is called to a succession which his ascendant, who is a closer relative of the deceased, would have taken but is unable to take himself, having died previously or at the same time, or being unworthy.

[1991, c. 64, a. 660; I.N., 2014-05-01].

661. There is no limit to representation in the direct line of descent.

Representation is allowed whether the children of the deceased compete with the descendants of a represented child, or whether, all the children of the deceased being themselves deceased or unworthy, their descendants are in equal or unequal degrees of relationship to each other.

[1991, c. 64, a. 661].

662. Representation does not take place in favour of ascendants, the nearer ascendant in each line excluding the more distant.

[1991, c. 64, a. 662].

663. In the collateral line, representation takes place, between privileged collaterals, in favour of the descendants in the first degree of the brothers and sisters of the deceased, whether or not they compete with them and, between ordinary collaterals, in favour of the other descendants of the brothers and sisters of the deceased in

vent, entre eux, en degrés égaux ou inégaux.

[1991, c. 64, a. 663].

▌ C.C.Q., 674, 677.

other degrees, whether they are in equal or unequal degrees of relationship to each other.

[1991, c. 64, a. 663].

664. On ne représente pas celui qui a renoncé à la succession, mais on peut représenter celui à la succession duquel on a renoncé.

[1991, c. 64, a. 664].

▌ C.C.Q., 646-652, 660.

664. No person who has renounced a succession may be represented, but a person whose succession has been renounced may be represented.

[1991, c. 64, a. 664].

665. Dans tous les cas où la représentation est admise, le partage s'opère par souche.

Si une même souche a plusieurs branches, la subdivision se fait aussi par souche dans chaque branche, et les membres de la même branche partagent entre eux par tête.

[1991, c. 64, a. 665].

▌ C.C.Q., 660.

665. In all cases where representation is permitted, partition is effected by roots.

If one root has several branches, the subdivision is also made by roots in each branch, and the members of the same branch share among themselves by heads.

[1991, c. 64, a. 665].

Chapitre IV — De l'ordre de dévolution de la succession

Chapter IV — Order of devolution of successions

SECTION I — DE LA DÉVOLUTION AU CONJOINT SURVIVANT ET AUX DESCENDANTS

SECTION I — DEVOLUTION TO THE SURVIVING SPOUSE AND TO DESCENDANTS

666. Si le défunt laisse un conjoint et des descendants, la succession leur est dévolue.

Le conjoint recueille un tiers de la succession et les descendants les deux autres tiers.

[1991, c. 64, a. 666].

▌ C.C.Q., 671.

666. If the deceased leaves a spouse and descendants, the succession devolves to them.

The spouse takes one-third of the succession and the descendants, the other two-thirds.

[1991, c. 64, a. 666].

667. À défaut de conjoint, la succession est dévolue pour le tout aux descendants.

[1991, c. 64, a. 667].

▌ C.C.Q., 666.

667. Where there is no spouse, the entire succession devolves to the descendants.

[1991, c. 64, a. 667].

668. Si les descendants qui succèdent sont tous au même degré et appelés de leur

668. If the descendants who inherit are all in the same degree and called in their own

chef, ils partagent par égales portions et par tête.

S'il y a représentation, ils partagent par souche.

[1991, c. 64, a. 668].

▌ C.C.Q., 660-667.

669. Sauf s'il y a représentation, le descendant qui se trouve au degré le plus proche recueille la part attribuée aux descendants, à l'exclusion de tous les autres.

[1991, c. 64, a. 669].

▌ C.C.Q., 658, 660 à 665.

right, they share in equal portions and by heads.

If there is representation, they share by roots.

[1991, c. 64, a. 668].

669. Unless there is representation, the descendant in the closest degree takes the share of the descendants, to the exclusion of all the others.

[1991, c. 64, a. 669].

SECTION II —
DE LA DÉVOLUTION AU CONJOINT SURVIVANT ET AUX ASCENDANTS OU COLLATÉRAUX PRIVILÉGIÉS

SECTION II —
DEVOLUTION TO THE SURVIVING SPOUSE AND TO PRIVILEGED ASCENDANTS OR COLLATERALS

670. Sont des ascendants privilégiés, les père et mère du défunt.

Sont des collatéraux privilégiés, les frères et sœurs du défunt, ainsi que leurs descendants au premier degré.

[1991, c. 64, a. 670].

▌ C.C.Q., 656, 658, 659.

670. The father and mother of the deceased are privileged ascendants.

The brothers and sisters of the deceased and their descendants in the first degree are privileged collaterals.

[1991, c. 64, a. 670].

671. À défaut de descendants, d'ascendants et de collatéraux privilégiés, la succession est dévolue pour le tout au conjoint survivant.

[1991, c. 64, a. 671].

▌ C.C.Q., 654, 670.

671. Where there are neither descendants, privileged ascendants nor privileged collaterals, the entire succession devolves to the surviving spouse.

[1991, c. 64, a. 671].

672. À défaut de descendants, la succession est dévolue au conjoint survivant pour deux tiers et aux ascendants privilégiés pour l'autre tiers.

[1991, c. 64, a. 672].

▌ C.C.Q., 658, 670.

672. Where there are no descendants, two-thirds of the succession devolves to the surviving spouse and one-third to the privileged ascendants.

[1991, c. 64, a. 672].

673. À défaut de descendants et d'ascendants privilégiés, la succession est dévolue au conjoint survivant pour deux tiers et aux collatéraux privilégiés pour l'autre tiers.

[1991, c. 64, a. 673].

▌ C.C.Q., 658, 659, 670.

673. Where there are no descendants and no privileged ascendants, two-thirds of the succession devolves to the surviving spouse and one-third to the privileged collaterals.

[1991, c. 64, a. 673].

674. À défaut de descendants et de conjoint survivant, la succession est partagée également entre les ascendants privilégiés et les collatéraux privilégiés.

À défaut d'ascendants privilégiés, les collatéraux privilégiés succèdent pour la totalité, et inversement.

[1991, c. 64, a. 674].

❚ C.C.Q., 658, 659, 670.

674. Where there are no descendants and no surviving spouse, the succession is partitioned equally between the privileged ascendants and the privileged collaterals.

Where there are no privileged ascendants, the privileged collaterals inherit the entire succession, and *vice versa*.

[1991, c. 64, a. 674].

675. Lorsque les ascendants privilégiés succèdent, ils partagent par égales portions; si l'un d'eux seulement succède, il recueille la part qui aurait été dévolue à l'autre.

[1991, c. 64, a. 675].

❚ C.C.Q., 670.

675. Where the privileged ascendants inherit, they share equally; where only one of the privileged ascendants inherits, he takes the share that would have devolved to the other.

[1991, c. 64, a. 675].

676. Lorsque les collatéraux privilégiés qui succèdent sont des parents germains du défunt, ils partagent par égales portions ou par souche, le cas échéant.

Au cas contraire, la part qui leur revient est divisée également entre les lignes paternelle et maternelle du défunt; les germains prennent part dans les deux lignes et les utérins ou consanguins dans leur ligne seulement.

S'il n'y a de collatéraux privilégiés que dans une ligne, ils succèdent pour le tout, à l'exclusion de tous les autres ascendants et collatéraux ordinaires de l'autre ligne.

[1991, c. 64, a. 676].

❚ C.C.Q., 663, 670.

676. Where the privileged collaterals who inherit are fully related by blood to the deceased, they share equally or by roots, as the case may be.

Where this is not the case, the share which devolves to them is divided equally between the paternal line and the maternal line of the deceased; persons fully related by blood partake in both lines and those half related by blood partake each in his own line.

If the privileged collaterals are in one line only, they inherit the entire succession to the exclusion of all other ascendants and ordinary collaterals in the other line.

[1991, c. 64, a. 676].

SECTION III ——
DE LA DÉVOLUTION AUX ASCENDANTS ET COLLATÉRAUX ORDINAIRES

SECTION III ——
DEVOLUTION TO ORDINARY ASCENDANTS AND COLLATERALS

677. Les ascendants et collatéraux ordinaires ne sont appelés à la succession qu'à défaut de conjoint, de descendants et d'ascendants ou collatéraux privilégiés du défunt.

[1991, c. 64, a. 677].

❚ C.C.Q., 662.

677. The ordinary ascendants and collaterals are not called to the succession unless the deceased left no spouse, no descendants and no privileged ascendants or collaterals.

[1991, c. 64, a. 677].

678. Si parmi les collatéraux ordinaires se trouvent des descendants des collatéraux privilégiés, ils recueillent la moitié de la succession; l'autre moitié est dévolue aux ascendants et aux autres collatéraux.

À défaut de descendants de collatéraux privilégiés, la totalité de la succession est dévolue aux ascendants et aux autres collatéraux, et inversement.

[1991, c. 64, a. 678].

▌ C.C.Q., 670.

679. Le partage de la succession dévolue aux ascendants† et aux autres collatéraux ordinaires† du défunt s'opère également entre les lignes paternelle et maternelle.

Dans chaque ligne, les personnes qui succèdent partagent par tête.

[1991, c. 64, a. 679].

▌ C.C.Q., 658, 659.

680. Dans chaque ligne, l'ascendant qui se trouve au deuxième degré recueille la part attribuée à sa ligne, à l'exclusion de tous les autres ascendants ou collatéraux ordinaires.

À défaut d'ascendant au deuxième degré dans une ligne, la part attribuée à cette ligne est dévolue aux collatéraux ordinaires qui descendent de cet ascendant et qui se trouvent au degré le plus proche.

[1991, c. 64, a. 680].

▌ C.C.Q., 658, 659.

681. À défaut, dans une ligne, de collatéraux ordinaires qui descendent des ascendants au deuxième degré, la part attribuée à cette ligne est dévolue aux ascendants qui se trouvent au troisième degré ou, à leur défaut, aux plus proches collatéraux ordinaires qui descendent de cet ascendant, et ainsi de suite, jusqu'à épuisement des parents au degré successible.

[1991, c. 64, a. 681].

▌ C.C.Q., 658, 659.

678. If the ordinary collaterals include descendants of the privileged collaterals, these descendants take one-half of the succession and the other half devolves to the ascendants and the other collaterals.

Where there are no descendants of privileged collaterals, the entire succession devolves to the ascendants and the other collaterals, and *vice versa*.

[1991, c. 64, a. 678].

679. The succession devolving to the ordinary† ascendants and the other collaterals† of the deceased is divided equally between the paternal and maternal lines.

In each line, the persons who inherit share by heads.

[1991, c. 64, a. 679].

680. In each line, the ascendant in the second degree takes the share allotted to his line, to the exclusion of the other ordinary ascendants or collaterals.

Where in one line there is no ascendant in the second degree, the share allotted to that line devolves to the closest ordinary collaterals descended from that ascendant.

[1991, c. 64, a. 680].

681. Where in one line there are no ordinary collaterals descended from the ascendants in the second degree, the share allotted to that line devolves to the ascendants in the third degree or, if there are none, to the closest ordinary collaterals descended from them, and so on until no relatives within the degrees of succession remain.

[1991, c. 64, a. 681].

682. À défaut de parents au degré successible dans une ligne, les parents de l'autre ligne succèdent pour le tout.

[1991, c. 64, a. 682].

❚ C.C.Q., 656-659.

682. If there are no relatives within the degrees of succession in one line, the relatives in the other line inherit the entire succession.

[1991, c. 64, a. 682].

683. Les parents au-delà du huitième degré ne succèdent pas.

[1991, c. 64, a. 683].

❚ C.C.Q., 656.

683. Relatives beyond the eighth degree do not inherit.

[1991, c. 64, a. 683].

Chapitre V —
De la survie de l'obligation alimentaire

Chapter V —
The survival of the obligation to provide support

684. Tout créancier d'aliments peut, dans les six mois qui suivent le décès, réclamer de la succession une contribution financière à titre d'aliments.

Ce droit existe encore que le créancier soit héritier ou légataire particulier ou que le droit aux aliments n'ait pas été exercé avant la date du décès, mais il n'existe pas au profit de celui qui est indigne de succéder au défunt.

[1991, c. 64, a. 684].

❚ C.C.Q., 585, 620, 654.

684. Every creditor of support may within six months after the death claim a financial contribution from the succession as support.

The right exists even where the creditor is an heir or a legatee by particular title or where the right to support was not exercised before the date of the death, but does not exist in favour of a person unworthy of inheriting from the deceased.

[1991, c. 64, a. 684].

685. La contribution est attribuée sous forme d'une somme forfaitaire payable au comptant ou par versements.

À l'exception de celle qui est attribuée à l'ex-conjoint du défunt qui percevait effectivement une pension† alimentaire au moment du décès, la contribution attribuée aux créanciers d'aliments est fixée en accord avec le liquidateur de la succession agissant avec le consentement des héritiers et des légataires particuliers ou, à défaut d'entente, par le tribunal.

[1991, c. 64, a. 685].

Note : Comp. a. 590.

❚ C.C.Q., 654, 807.

685. The contribution is made in the form of a lump sum payable in cash or by instalments.

The contribution made to the creditors of support†, with the exception of that made to the former spouse of the deceased who was in fact receiving support at the time of the death, is fixed with the concurrence of the liquidator of the succession acting with the consent of the heirs and legatees by particular title or, failing agreement, by the court.

[1991, c. 64, a. 685].

686. Pour fixer la contribution, il est tenu compte des besoins et facultés du créancier, des circonstances dans lesquelles il se

686. In fixing the contribution, the needs and means of the creditor of support, his circumstances and the time he needs to ac-

trouve et du temps qui lui est nécessaire pour acquérir une autonomie suffisante ou, si le créancier percevait effectivement des aliments du défunt à l'époque du décès, du montant des versements qui avait été fixé par le tribunal pour le paiement de la pension alimentaire ou de la somme forfaitaire accordée à titre d'aliments.

quire sufficient autonomy or, if he was in fact receiving support from the deceased at the time of the death, the amount of the instalments that had been fixed by the court for the payment of the support or of the lump sum awarded as support are taken into account.

Il est tenu compte également de l'actif de la succession, des avantages que celle-ci procure au créancier, des besoins et facultés des héritiers et des légataires particuliers, ainsi que, le cas échéant, du droit aux aliments que d'autres personnes peuvent faire valoir.

[1991, c. 64, a. 686].

Account is also taken of the assets of the succession, the benefits derived from the succession by the creditor of support, the needs and means of the heirs and legatees by particular title and, where that is the case, the right to support which may be claimed by other persons.

[1991, c. 64, a. 686; I.N., 2014-05-01].

▌C.C.Q., 587.

687. Lorsque la contribution est réclamée par le conjoint ou un descendant, la valeur des libéralités faites par le défunt par acte entre vifs dans les trois ans précédant le décès et celles ayant pour terme† le décès sont considérées comme faisant partie de la succession pour fixer la contribution.

[1991, c. 64, a. 687].

687. Where the contribution is claimed by the spouse or a descendant, the value of the liberalities made by the deceased by act *inter vivos* during the three years preceding the death and those taking effect† at the death are considered to be part of the succession for the fixing of the contribution.

[1991, c. 64, a. 687].

▌C.C.Q., 684-686, 690-692.

688. La contribution attribuée au conjoint ou à un descendant ne peut excéder la différence entre la moitié de la part à laquelle il aurait pu prétendre si toute la succession, y compris la valeur des libéralités, avait été dévolue suivant la loi et ce qu'il reçoit de la succession.

688. The contribution granted to the spouse or to a descendant may not exceed the difference between one-half of the share he could have claimed had the entire succession, including the value of the liberalities, devolved according to law, and what he receives from the succession.

Celle qui est attribuée à l'ex-conjoint est égale à douze mois d'aliments, celle attribuée à un autre créancier d'aliments est égale à six mois d'aliments; toutefois, dans l'un et l'autre cas, elle ne peut, même si le créancier percevait effectivement des aliments du défunt à l'époque de la succession, excéder le moindre de la valeur de douze ou six mois d'aliments ou 10% de la valeur de la succession, y compris, le cas échéant, la valeur des libéralités.

[1991, c. 64, a. 688].

The contribution granted to the former spouse is equal to the value of 12 months' support, and that granted to other creditors of support is equal to the value of six months' support; however, in neither case may such a contribution, even where the creditor was in fact receiving support from the deceased at the time the succession opened, exceed the lesser of the value of 12 or six months' support and 10 % of the value of the succession including, where that is the case, the value of the liberalities.

[1991, c. 64, a. 688; I.N., 2014-05-01].

▌C.C.Q., 684-686.

689. Lorsque l'actif de la succession est insuffisant pour payer entièrement les contributions dues au conjoint ou à un descendant, en raison des libéralités faites par acte entre vifs dans les trois ans précédant le décès ou de celles ayant pour terme le décès, le tribunal peut ordonner la réduction de ces libéralités.

Toutefois, les libéralités auxquelles le conjoint ou le descendant a consenti ne peuvent être réduites et celles qu'il a reçues doivent être imputées sur sa créance.

[1991, c. 64, a. 689].

▎C.C.Q., 684-687.

689. Where the assets of the succession are insufficient to make full payment of the contributions due to the spouse or to a descendant, as a result of liberalities made by acts *inter vivos* during the three years preceding the death or taking effect at the death, the court may order the liberalities reduced.

Liberalities to which the spouse or descendant consented may not be reduced, however, and those he has received shall be imputed to his claim.

[1991, c. 64, a. 689; I.N., 2014-05-01].

690. Est présumée être une libéralité toute aliénation, sûreté ou charge consentie par le défunt pour une prestation dont la valeur est nettement inférieure à celle du bien au moment où elle a été faite.

[1991, c. 64, a. 690].

▎C.C.Q., 691, 692.

690. Any alienation, security or charge granted by the deceased for a prestation clearly of smaller value than that of the property at the time it was made is presumed to be a liberality.

[1991, c. 64, a. 690].

691. Sont assimilés à des libéralités les avantages découlant d'un régime de retraite visé à l'article 415 ou d'un contrat d'assurance de personne, lorsque ces avantages auraient fait partie de la succession ou auraient été versés au créancier n'eût été la désignation d'un titulaire subrogé ou d'un bénéficiaire, par le défunt, dans les trois ans précédant le décès. Malgré toute disposition contraire, les droits que confèrent les avantages découlant de ces régimes ou contrats sont cessibles et saisissables pour le paiement d'une créance alimentaire payable en vertu du présent chapitre.

[1991, c. 64, a. 691].

▎C.C.Q., 690, 692, 2461.

691. Benefits under a retirement plan contemplated in article 415 or under a contract of insurance of persons, where these benefits would have been part of the succession or would have been paid to the creditor had it not been for the designation of a subrogated holder or a beneficiary, by the deceased, during the three years preceding the death, are considered to be liberalities. Notwithstanding any provision to the contrary, rights conferred by benefits under any such plan or contract may be transferred or seized for the payment of support due under this chapter.

[1991, c. 64, a. 691; I.N., 2014-05-01].

692. À moins qu'ils n'aient été manifestement exagérés eu égard aux facultés du défunt, les frais d'entretien ou d'éducation et les cadeaux d'usage ne sont pas considérés comme des libéralités.

[1991, c. 64, a. 692].

▎C.C.Q., 690, 691.

692. The cost of education or maintenance and customary presents are not considered to be liberalities unless, considering the means of the deceased, they are manifestly exaggerated.

[1991, c. 64, a. 692].

693. La réduction des libéralités se fait contre un ou plusieurs des bénéficiaires simultanément.

Au besoin, le tribunal fixe la part que doit payer chacun des bénéficiaires poursuivis ou mis en cause.

[1991, c. 64, a. 693].

▌ C.C.Q., 689.

693. Reduction of the liberalities takes place against one of the beneficiaries or several of them simultaneously.

If need be, the court fixes the share payable by each beneficiary sued or impleaded.

[1991, c. 64, a. 693; I.N., 2014-05-01].

694. Le paiement de la réduction se fait, à défaut d'accord entre les parties, aux conditions que le tribunal détermine et suivant les modalités de garantie et de paiement qu'il fixe.

Elle ne peut être ordonnée en nature, mais le débiteur peut toujours se libérer par la remise du bien.

[1991, c. 64, a. 694].

▌ C.C.Q., 689, 693.

694. Payment of the reduction is made, failing agreement between the parties, on the conditions determined by the court and on the terms and conditions of guarantee and payment it fixes.

Payment in kind may not be ordered, but the debtor may be discharged at any time by handing over the property.

[1991, c. 64, a. 694; I.N., 2014-05-01].

695. Les biens s'évaluent suivant leur état à l'époque de la libéralité et leur valeur à l'ouverture de la succession; si un bien a été aliéné, on considère sa valeur à l'époque de l'aliénation ou, en cas de remploi, la valeur du bien substitué au jour de l'ouverture de la succession.

Les libéralités en usufruit, en droit d'usage, en rente ou en revenus d'une fiducie sont comptées pour leur valeur en capital au jour de l'ouverture de la succession.

[1991, c. 64, a. 695].

▌ C.C.Q., 687, 689-694, 874.

695. Property is valued according to its condition at the time of the liberality and its value at the opening of the succession; if property has been alienated, its value at the time of alienation or, in the case of reinvestment, the value of the replacement property on the day the succession opened is the value considered.

Liberalities by way of a usufruct, right of use, annuity or income from a trust are taken into account at their capital value on the day the succession opened.

[1991, c. 64, a. 695; I.N., 2014-05-01].

Chapitre VI ——
Des droits de l'État

Chapter VI ——
Rights of the State

696. Lorsque le défunt ne laisse ni conjoint ni parents au degré successible, ou que tous les successibles ont renoncé à la succession ou qu'aucun successible n'est connu ou ne la réclame, l'État recueille, de plein droit, les biens de la succession qui sont situés au Québec.

Est sans effet la disposition testamentaire

696. Where the deceased leaves no spouse or relatives within the degrees of succession, or where all the successors have renounced the succession, or where no successor is known or claims the succession, the State takes, by operation of law, the property of the succession situated in Québec.

Any testamentary provision which would

qui, sans régler la dévolution des biens, vient faire échec à ce droit.

[1991, c. 64, a. 696].

■ C.C.Q., 653, 916, 935.

697. L'État n'est pas un héritier; il est néanmoins saisi, comme un héritier, des biens du défunt, dès que tous les successibles connus ont renoncé à la succession ou six mois après le décès, lorsque aucun successible n'est connu ou ne réclame la succession.

Il n'est pas tenu des obligations du défunt au-delà de la valeur des biens qu'il recueille.

[1991, c. 64, a. 697].

■ C.C.Q., 696.

698. La saisine de l'État à l'égard d'une succession qui lui est échue est exercée par le ministre du Revenu.

Tant qu'ils demeurent confiés à l'administration du ministre du Revenu, les biens de la succession ne sont pas confondus avec les biens de l'État.

[1991, c. 64, a. 698; 1997, c. 80, a. 46; 2005, c. 44, a. 54].

■ C.C.Q., 650, 696, 697.

699. Sous réserve de la *Loi sur les biens non réclamés* (chapitre B-5.1) et sans autre formalité, le ministre du Revenu agit comme liquidateur de la succession. Il est tenu de faire inventaire et de donner avis de la saisine de l'État à la *Gazette officielle du Québec*; il doit également faire publier l'avis dans un journal distribué dans la localité où était établi le domicile du défunt.

[1991, c. 64, a. 699; 2005, c. 44, a. 54; 2011, c. 10, a. 63].

■ C.C.Q., 777, 794.

700. À la fin de la liquidation, le ministre du Revenu rend compte au ministre des Finances.

Il donne et publie un avis de la fin de la liquidation, de la même manière que s'il

defeat this right without otherwise providing for the devolution of the property is without effect.

[1991, c. 64, a. 696; I.N., 2014-05-01].

697. The State is not an heir, but, once all known successors have renounced the succession, or, where no successor is known or claims the succession, six months after the death, is seised of the property of the deceased in the same manner as an heir.

It is not liable for obligations of the deceased in excess of the value of the property it takes.

[1991, c. 64, a. 697; I.N., 2014-05-01].

698. Seisin of a succession which falls to the State is exercised by the Minister of Revenue.

No property of a succession may be mingled with the property of the State so long as it remains under the administration of the Minister of Revenue.

[1991, c. 64, a. 698; 1997, c. 80, s. 46; 2005, c. 44, s. 54; I.N., 2014-05-01].

699. Subject to the *Unclaimed Property Act* (chapter B-5.1) and without any other formality, the Minister of Revenue acts as liquidator of the succession. He is bound to make an inventory and give notice of the seisin of the State in the *Gazette officielle du Québec*; he shall also cause the notice to be published in a newspaper circulated in the locality where the deceased was domiciled.

[1991, c. 64, a. 699; 2005, c. 44, s. 54; 2011, c. 10, s. 63].

700. At the end of the liquidation, the Minister of Revenue renders an account to the Minister of Finance.

The Minister of Revenue gives and publishes a notice of the end of the liquidation

s'agissait d'un avis de la saisine de l'État; il indique, à l'avis, le reliquat de la succession et le délai pendant lequel tout successible peut faire valoir ses droits d'héritier.

[1991, c. 64, a. 700; 2005, c. 44, a. 54].

■ C.C.Q., 819, 1363.

701. Le ministre du Revenu, au moment où il rend compte, remet au ministre des Finances les sommes constituant le reliquat de la succession, qui sont alors acquises à l'État.

Tout héritier qui établit sa qualité peut néanmoins, dans les 10 ans qui suivent soit l'ouverture de la succession, soit le jour où son droit s'est ouvert, récupérer ces sommes auprès du ministre du Revenu avec les intérêts, capitalisés quotidiennement et calculés depuis la remise de ces sommes au ministre des Finances au taux fixé en application du deuxième alinéa de l'article 28 de la *Loi sur l'administration fiscale* (chapitre A-6.002).

[1991, c. 64, a. 701; 1997, c. 80, a. 47; 2005, c. 44, a. 54; 2011, c. 10, a. 64].

■ C.C.Q., 626.

702. L'héritier qui réclame la succession avant la fin de la liquidation la reprend dans l'état où elle se trouve, sauf son droit de réclamer des dommages-intérêts si les formalités de la loi n'ont pas été suivies.

[1991, c. 64, a. 702; 1997, c. 80, a. 48].

■ C.C.Q., 1318, 1611.

in the same manner as for a notice of seisin of the State. He indicates in the notice the residue of the succession and the time granted to successors to assert their rights of heirship.

[1991, c. 64, a. 700; 2005, c. 44, s. 54].

701. The Minister of Revenue, upon rendering account, transfers to the Minister of Finance the amounts constituting the residue of the succession, which then become the property of the State.

Heirs who establish their quality may, however, within 10 years from the opening of the succession or from the day their right arises, recover those amounts from the Minister of Revenue with interest capitalized daily and calculated from the time the amounts were transferred to the Minister of Finance, at the rate set under the second paragraph of section 28 of the *Tax Administration Act* (chapter A-6.002).

[1991, c. 64, a. 701; 1997, c. 80, s. 47; 2005, c. 44, s. 54; 2011, c. 10, s. 64].

702. An heir who claims the succession before the end of the liquidation takes it in its actual condition, subject to his right to claim damages if the legal formalities have not been followed.

[1991, c. 64, a. 702; 1997, c. 80, s. 48].

TITRE 4 ——
DES TESTAMENTS

TITLE 4 ——
WILLS

Chapitre I ——
De la nature du testament

Chapter I ——
The nature of wills

703. Toute personne ayant la capacité requise peut, par testament, régler autrement que ne le fait la loi la dévolution, à sa mort, de tout ou partie de ses biens.

[1991, c. 64, a. 703].

703. Every person having the required capacity may, by will, provide otherwise than as by law for the devolution upon his death of the whole or part of his property.

[1991, c. 64, a. 703].

▮ C.C.Q., 1, 4, 153-176, 200, 201, 256-297, 414-426, 613, 684-695, 704-711, 736, 1398-1408, 3098; D.T., 7, 40.

704. Le testament est un acte juridique unilatéral, révocable, établi dans l'une des formes prévues par la loi, par lequel le testateur dispose, par libéralité, de tout ou partie de ses biens, pour n'avoir effet qu'à son décès.

Il ne peut être fait conjointement par deux ou plusieurs personnes.

[1991, c. 64, a. 704].

704. A will is a unilateral and revocable juridical act drawn up in one of the forms provided for by law, by which the testator disposes by liberality of all or part of his property, to take effect only after his death.

In no case may a will be made jointly by two or more persons.

[1991, c. 64, a. 704].

▮ C.C.Q., 200, 201, 613, 631, 703, 705-730, 736, 737, 741, 759-761, 763-775, 1282, 1371, 1398 et s., 1806, 1808, 1819, 1839-1841; D.T., 7, 40.

705. Le testament peut ne contenir que des dispositions relatives à la liquidation successorale, à la révocation de dispositions testamentaires antérieures ou à l'exclusion d'un héritier.

[1991, c. 64, a. 705].

705. The act is a will even if it contains only provisions regarding the liquidation of the succession, the revocation of previous testamentary dispositions or the exclusion of an heir.

[1991, c. 64, a. 705].

▮ C.C.Q., 200, 201, 613, 697, 703, 704, 712, 736, 763 et s., 772, 778, 785.

706. Personne ne peut, même par contrat de mariage ou d'union civile, si ce n'est dans les limites prévues par l'article 1841, abdiquer sa faculté de tester, de disposer à cause de mort ou de révoquer les dispositions testamentaires qu'il a faites.

[1991, c. 64, a. 706; 2002, c. 6, a. 40].

706. No person may, even in a marriage or civil union contract, except within the limits provided in article 1841, renounce his or her right to make a will, to dispose of his or her property in contemplation of death or to revoke the testamentary dispositions he or she has made.

[1991, c. 64, a. 706; 2002, c. 6, s. 40].

▮ C.C.Q., 8, 9, 416, 438, 519, 521.8, 521.19, 631, 684 et s., 703, 704, 741, 763-771, 1253, 1255, 1282, 1841, 2450, 3081; D.T., 106.

Chapitre II ——
De la capacité requise pour tester

Chapter II ——
The capacity required to make a will

707. La capacité du testateur se considère au temps de son testament.

[1991, c. 64, a. 707].

707. The capacity of the testator is considered relatively to the time he made his will.

[1991, c. 64, a. 707].

: C.C.Q., 4, 153, 154 et s., 256 et s., 284, 703, 708-712, 726-730, 772; D.T., 7, 40.

708. Le mineur ne peut tester d'aucune partie de ses biens si ce n'est de biens† de peu de valeur.

[1991, c. 64, a. 708].

708. A minor may not dispose of any part of his property by will, except articles† of little value.

[1991, c. 64, a. 708].

▮ C.C.Q., 4, 42, 43, 153, 155, 157, 161-163, 167, 168, 170, 172, 175, 176, 220, 434, 653 et s., 703, 707, 711, 712, 1301-1305, 1315, 1398, 1813, 1840.

709. Le testament fait par un majeur après sa mise en tutelle peut être confirmé par le tribunal si la nature de ses dispositions et les circonstances qui entourent sa confection le permettent.

[1991, c. 64, a. 709].

■ C.C.Q., 153, al. 2, 154, 266, 285-290, 436, 521.8, 703, 704, 707, 711, 1398, 2166-2174; C.P.C., 885.

710. Le majeur en curatelle ne peut tester. Le majeur pourvu d'un conseiller peut tester sans être assisté.

[1991, c. 64, a. 710].

■ C.C.Q., 153, al. 2, 154, 256, 281-284, 291-294, 436, 521.8, 703, 704, 706, 707, 711, 1398, 1841.

711. Les tuteurs, curateurs ou conseillers ne peuvent tester pour ceux qu'ils représentent ou assistent, ni seuls ni conjointement avec ces derniers.

[1991, c. 64, a. 711].

■ C.C.Q., 282, 286, 292, 293, 703, 704, 708-710, 772, 2166 et s.

709. A will made by a person of full age after he has been placed under tutorship may be confirmed by the court if the nature of its dispositions and the circumstances in which it was drawn up allow it.

[1991, c. 64, a. 709].

710. A person of full age under curatorship may not make a will. A person of full age provided with an adviser may make a will without assistance.

[1991, c. 64, a. 710].

711. A tutor, curator or adviser may not make a will on behalf of the person whom he represents or assists, either alone or jointly with that person.

[1991, c. 64, a. 711].

Chapitre III —
Des formes du testament

SECTION I —
DISPOSITIONS GÉNÉRALES

Chapter III —
Forms of wills

SECTION I —
GENERAL PROVISIONS

712. On ne peut tester que par testament notarié, olographe ou devant témoins.

[1991, c. 64, a. 712].

■ C.C.Q., 703, 704, 713-730, 772, 773, 1385, 3109; D.T., 7, 40.

712. The only forms of will that may be made are the notarial will, the holograph will and the will made in the presence of witnesses.

[1991, c. 64, a. 712].

713. Les formalités auxquelles les divers testaments sont assujettis doivent être observées, à peine de nullité.

Néanmoins, le testament fait sous une forme donnée et qui ne satisfait pas aux exigences de cette forme vaut comme testament fait sous une autre forme, s'il en respecte les conditions de validité.

[1991, c. 64, a. 713].

■ C.C.Q., 712, 715-730, 772, 773, 2814 (6), 3098-3101; C.P.C., 887-891; D.T., 7, 40.

713. The formalities governing the various kinds of wills shall be complied with, on pain of nullity.

However, if a will made in one form does not meet the requirements of that form of will, it is valid as a will made in another form if it meets the requirements for validity of that other form.

[1991, c. 64, a. 713; I.N., 2014-05-01].

714. Le testament olographe ou devant témoins qui ne satisfait pas pleinement aux

714. A holograph will or a will made in the presence of witnesses that does not

conditions requises par sa forme vaut néanmoins s'il y satisfait pour l'essentiel et s'il contient de façon certaine et non équivoque les dernières volontés du défunt.

[1991, c. 64, a. 714].

fully meet the requirements of that form is valid nevertheless if it meets the essential requirements thereof and if it unquestionably and unequivocally contains the last wishes of the deceased.

[1991, c. 64, a. 714; I.N., 2014-05-01].

■ C.C.Q., 704, 712, 713, 726, 727-730, 772 et s.; C.P.C., 887 et s.; D.T., 7, 40.

715. Nul ne peut soumettre la validité de son testament à des formalités que la loi ne prévoit pas.

[1991, c. 64, a. 715].

715. No person may cause the validity of his will to be subject to any formality not required by law.

[1991, c. 64, a. 715].

■ C.C.Q., 8, 9, 703, 704, 706, 712-714, 765, 766, 772-775, 3109, 3110; D.T., 7, 40.

SECTION II — DU TESTAMENT NOTARIÉ

SECTION II — NOTARIAL WILLS

716. Le testament notarié est reçu en minute par un notaire, assisté d'un témoin ou, en certains cas, de deux témoins.

Il doit porter mention de la date et du lieu où il est reçu.

[1991, c. 64, a. 716].

716. A notarial will is executed by a notary, *en minute*, in the presence of a witness or, in certain cases, two witnesses.

The date and place of the making of the will shall be noted on the will.

[1991, c. 64, a. 716; I.N., 2014-05-01].

■ C.C.Q., 712-714, 717-725, 765, 766, 768, 2814, 2818, 2819, 2821, 3109, 3110; D.T., 7, 40.

717. Le testament notarié est lu par le notaire au testateur seul ou, au choix du testateur, en présence d'un témoin. Une fois la lecture faite, le testateur doit déclarer en présence du témoin que l'acte lu contient l'expression de ses dernières volontés.

Le testament est ensuite signé par le testateur et le ou les témoins, ainsi que par le notaire; tous signent en présence les uns des autres.

[1991, c. 64, a. 717].

717. A notarial will is read by the notary to the testator alone or, if the testator chooses, in the presence of a witness. Once the reading is done, the testator shall declare in the presence of the witness that the act read contains the expression of his last wishes.

The will is then signed by the testator, the witness or witnesses and the notary, in each other's presence.

[1991, c. 64, a. 717; 1992, c. 57, s. 716; I.N., 2014-05-01].

■ C.C.Q., 55, 56, 713, 716, 718-725, 2819, 2827.

718. Les formalités du testament notarié sont présumées avoir été accomplies, même s'il n'en est pas fait mention expresse, sous réserve des lois relatives au notariat.

Cependant, en cas de formalités spéciales

718. The formalities governing notarial wills are presumed to have been complied with even when this is not expressly stated, subject to the Acts respecting notaries.

However, in the case of formalities partic-

à certains testaments, mention doit être faite dans l'acte de la cause de leur accomplissement.

[1991, c. 64, a. 718].

■ C.C.Q., 716, 717, 719-725, 2814, 2821, 2847.

ular to certain wills, the reason for their fulfilment shall be mentioned in the act.

[1991, c. 64, a. 718; I.N., 2014-05-01].

719. Le testament notarié de celui qui ne peut signer contient la déclaration du testateur faisant état de ce fait. Cette déclaration est également lue par le notaire au testateur, en présence de deux témoins, et elle supplée à l'absence de signature du testateur.

[1991, c. 64, a. 719].

■ C.C.Q., 716-718, 725, 760, 2819.

719. The notarial will of a testator who cannot sign contains a declaration by him to that effect. This declaration also is read by the notary to the testator in the presence of two witnesses, and it compensates for the absence of the signature of the testator.

[1991, c. 64, a. 719].

720. Le testament notarié de l'aveugle est lu par le notaire au testateur en présence de deux témoins.

Dans le testament, le notaire déclare qu'il en a fait la lecture en présence des témoins; cette déclaration est également lue.

[1991, c. 64, a. 720].

■ C.C.Q., 713, 717, 718, 725, 729, 772.

720. The notarial will of a blind person is read by the notary to the testator in the presence of two witnesses.

In the will, the notary declares that he has read the will in the presence of the witnesses, and this declaration also is read.

[1991, c. 64, a. 720].

721. Le testament notarié du sourd est lu par le testateur lui-même en présence du notaire seul ou, à son choix, du notaire et d'un témoin. La lecture est faite à haute voix si le testateur est apte à le faire.

Dans le testament, le testateur déclare qu'il l'a lu en présence du notaire et, le cas échéant, du témoin. Si le testateur est sourd† et n'a pas l'usage de la parole, cette déclaration lui est lue par le notaire en présence du témoin; s'il a l'usage de la parole, elle est lue par lui-même à haute voix, en présence du notaire et du témoin.

[1991, c. 64, a. 721; 2013, c. 27, a. 24].

■ C.C.Q., 713, 718, 722, 725.

721. The notarial will of a deaf person is read by the testator himself in the presence of the notary alone or, if he chooses, of the notary and a witness. If the testator is able to do so, he reads the will aloud.

In the will, the testator declares that he has read it in the presence of the notary and, where such is the case, the witness. If the testator† is unable to speak, the declaration is read to him by the notary in the presence of the witness; if he is able to speak, it is read aloud by the testator himself, in the presence of the notary and the witness.

[1991, c. 64, a. 721; 2013, c. 27, s. 24].

722. La personne qui, ne pouvant s'exprimer de vive voix, désire faire un testament notarié, instruit le notaire de ses volontés par écrit.

[1991, c. 64, a. 722].

■ C.C.Q., 716-718, 721, 730.

722. A person unable to express himself aloud who wishes to make a notarial will conveys his wishes to the notary in writing.

[1991, c. 64, a. 722].

722.1. Le sourd qui, ne pouvant ni parler, ni lire, ni écrire, ne peut se prévaloir des autres dispositions de la présente section, peut faire un testament notarié, à la condition d'instruire le notaire de ses volontés en ayant recours à un interprète en langue des signes.

En présence du notaire et du témoin, le testateur déclare, par le même moyen, que l'écrit† qui lui est traduit par l'interprète est son testament.

L'interprète est choisi par le testateur parmi les interprètes qualifiés à exercer leurs fonctions devant les tribunaux et il ne peut être conjoint, parent ou allié du testateur, ni en ligne directe, ni en ligne collatérale jusqu'au troisième degré inclusivement.

L'interprète doit préalablement prêter serment, par écrit, devant le notaire, le testateur et le témoin, de remplir ses fonctions avec impartialité et exactitude et de ne divulguer aucune information reliée à son mandat. L'original du serment est annexé au testament.

[2013, c. 27, a. 25].

723. Le testament notarié ne peut être reçu par un notaire conjoint, parent ou allié du testateur, ni en ligne directe, ni en ligne collatérale jusqu'au troisième degré inclusivement.

[1991, c. 64, a. 723].

❚ C.C.Q., 655-659, 716, 759.

724. Le notaire qui reçoit un testament peut y être désigné comme liquidateur, à la condition de remplir gratuitement cette charge.

[1991, c. 64, a. 724].

❚ C.C.Q., 716, 759, 777-779, 783-793.

725. Le témoin appelé à assister au testament notarié doit y être nommé et désigné.

Tout majeur peut assister comme témoin

722.1. A deaf person who, being unable to speak, read or write, cannot avail himself of the other provisions of this section may make a notarial will, provided he conveys his wishes to the notary through a sign-language interpreter.

The testator, in the presence of the notary and a witness, declares, through the same means, that the document† translated to him by the interpreter is his will.

The interpreter is chosen by the testator from among interpreters qualified to exercise their functions before the courts and may in no case be the spouse of the testator or related to the testator in either the direct or the collateral line up to and including the third degree, or connected with the testator by marriage or a civil union.

The interpreter must first swear in writing, before the notary, the testator and the witness, to carry out his functions with impartiality and accuracy and not to disclose any information related to his mandate. The original of the oath is attached to the will.

[2013, c. 27, s. 25].

723. In no case may a notarial will be executed by a notary who is the spouse of the testator, is related to the testator in either the direct or the collateral line up to and including the third degree, or connected with him by marriage or a civil union.

[1991, c. 64, a. 723; 2002, c. 6, s. 235; I.N., 2014-05-01].

724. The notary before whom a will is made may be designated in the will as the liquidator, provided he fulfils that office gratuitously.

[1991, c. 64, a. 724; I.N., 2014-05-01].

725. A witness called upon to be present at the making of a notarial will shall be named and described in the will.

Any person of full age may witness a nota-

au testament notarié, à l'exception des employés du notaire instrumentant qui ne sont pas notaires.

[1991, c. 64, a. 725].

rial will, except an employee of the officiating notary who is not himself a notary.

[1991, c. 64, a. 725; I.N., 2014-05-01].

■ C.C.Q., 5, 153, 176, 716, 717, 719, 720, 721, 723, 2819.

SECTION III —
DU TESTAMENT OLOGRAPHE

726. Le testament olographe doit être entièrement écrit par le testateur et signé par lui, autrement que par un moyen technique.

Il n'est assujetti à aucune autre forme.

[1991, c. 64, a. 726].

SECTION III —
HOLOGRAPH WILLS

726. A holograph will shall be written entirely by the testator and signed by him, without the use of any mechanical process.

It is subject to no other formal requirement.

[1991, c. 64, a. 726; 1992, c. 57, s. 716; I.N., 2014-05-01].

■ C.C.Q., 703, 704, 712-714, 737, 765-768, 772-775, 2827, 3109, 3110; C.P.C., 887-891; D.T., 7, 40.

SECTION IV —
DU TESTAMENT DEVANT TÉMOINS

727. Le testament devant témoins est écrit par le testateur ou par un tiers.

En présence de deux témoins majeurs, le testateur déclare ensuite que l'écrit qu'il présente, et dont il n'a pas à divulguer le contenu, est son testament; il le signe à la fin ou, s'il l'a signé précédemment, reconnaît sa signature; il peut aussi le faire signer par un tiers pour lui, en sa présence et suivant ses instructions.

Les témoins signent aussitôt le testament en présence du testateur.

[1991, c. 64, a. 727].

SECTION IV —
WILLS MADE IN THE PRESENCE OF WITNESSES

727. A will made in the presence of witnesses is written by the testator or by a third person.

The testator then declares in the presence of two witnesses of full age that the document he is presenting is his will. He need not divulge its contents. He signs it at the end or, if he has already signed it, acknowledges his signature; he may also cause a third person to sign it for him in his presence and according to his instructions.

The witnesses sign the will forthwith in the presence of the testator.

[1991, c. 64, a. 727; I.N., 2014-05-01].

■ C.C.Q., 703, 704, 707, 713, 714, 728-730, 760, 765-768, 772, 2827, 3109; C.P.C., 887-891; D.T., 7, 40.

728. Lorsque le testament est écrit par un tiers ou par un moyen technique, le testateur et les témoins doivent parapher ou signer chaque page de l'acte qui ne porte pas leur signature.

L'absence de paraphe ou de signature à chaque page n'empêche pas le testament notarié, qui ne peut valoir comme tel, de

728. Where the will is written by a third person or by a mechanical process, the testator and the witnesses initial or sign each page of the act which does not bear their signature.

The absence of initials or a signature on each page does not prevent a will made before a notary that is not valid as a nota-

valoir comme testament devant témoins si les autres formalités sont accomplies.

[1991, c. 64, a. 728].

▍ C.C.Q., 713, 714, 727.

729. La personne qui ne peut lire peut faire un testament devant témoins à la condition que la lecture en soit faite au testateur par l'un des témoins en présence de l'autre.

En présence des mêmes témoins, le testateur déclare que l'écrit lu est son testament et le signe à la fin ou le fait signer par un tiers pour lui, en sa présence et suivant ses instructions.

Les témoins signent aussitôt le testament en présence du testateur.

[1991, c. 64, a. 729; 2013, c. 27, a. 26].

▍ C.C.Q., 713, 714, 720, 727, 728.

730. La personne qui ne peut parler, mais peut écrire, peut faire un testament devant témoins, à la condition d'écrire elle-même, autrement que par un moyen technique mais en présence des témoins, que l'écrit qu'elle présente est son testament.

[1991, c. 64, a. 730].

▍ C.C.Q., 727, 728.

730.1. Le sourd qui, ne pouvant ni parler, ni lire, ni écrire, ne peut se prévaloir des autres dispositions de la présente section, peut faire un testament devant témoins, à la condition d'instruire le rédacteur de ses volontés en ayant recours à un interprète en langue des signes.

En présence des témoins, le testateur déclare, par le même moyen, que l'écrit qui lui est traduit par l'interprète est son testament. S'il le peut, le testateur appose son nom ou sa marque personnelle à la fin du testament. À défaut, il le fait signer par un tiers pour lui, en sa présence et suivant ses instructions. Les témoins signent aussitôt le testament en présence du testateur.

L'interprète est choisi par le testateur

rial will from being valid as a will made in the presence of witnesses, if the other formalities are fulfilled.

[1991, c. 64, a. 728; I.N., 2014-05-01].

729. A person who is unable to read may make a will in the presence of witnesses, provided the will is read to the testator by one of the witnesses in the presence of the other.

The testator, in the presence of the same witnesses, declares that the document read is his will and signs it at the end or causes a third person to sign it for him in his presence and according to his instructions.

The witnesses sign the will forthwith in the presence of the testator.

[1991, c. 64, a. 729; 2013, c. 27, s. 26; I.N., 2014-05-01].

730. A person who is unable to speak but able to write may make a will in the presence of witnesses, provided he indicates in writing, otherwise than by a mechanical process, in the presence of the witnesses, that the document he is presenting is his will.

[1991, c. 64, a. 730; I.N., 2014-05-01].

730.1. A deaf person who, being unable to speak, read or write, cannot avail himself of the other provisions of this section may make a will in the presence of witnesses, provided he conveys his wishes to the drafter through a sign-language interpreter.

The testator, in the presence of the witnesses, declares, through the same means, that the document translated to him by the interpreter is his will. Where possible, the testator affixes his signature or a personal mark at the end of the will. Otherwise, the testator has a third party sign for him, in his presence and in accordance with his instructions. The witnesses then sign the will immediately in the presence of the testator.

The interpreter is chosen by the testator

parmi les interprètes qualifiés à exercer leurs fonctions devant les tribunaux et il ne peut être conjoint, parent ou allié du testateur, ni en ligne directe, ni en ligne collatérale jusqu'au troisième degré inclusivement

L'interprète doit préalablement prêter serment, par écrit, devant le rédacteur, le testateur et les témoins, de remplir ses fonctions avec impartialité et exactitude et de ne divulguer aucune information reliée à son mandat. L'original du serment est annexé au testament.

[2013, c. 27, a. 27].

from among interpreters qualified to exercise their functions before the courts and may in no case be the spouse of the testator or be related to the testator in either the direct or the collateral line up to and including the third degree, or connected with the testator by marriage or a civil union.

The interpreter must first swear in writing, before the drafter, the testator and the witnesses, to carry out his functions with impartiality and accuracy and not to disclose any information related to his mandate. The original of the oath is attached to the will.

[2013, c. 27, s. 27].

Chapitre IV ——
Des dispositions testamentaires et des légataires

Chapter IV ——
Testamentary dispositions and legatees

Section I ——
Des diverses espèces de legs

Section I ——
Various kinds of legacies

731. Les legs sont de trois espèces: universel, à titre universel ou à titre particulier.

[1991, c. 64, a. 731].

∎ C.C.Q., 613, 619, 625, 626, 630, 632, 637, 703, 704, 732 et s., 785, 823-835, 1441.

731. Legacies are of three kinds: universal, by general title and by particular title.

[1991, c. 64, a. 731].

732. Le legs universel est celui qui donne à une ou plusieurs personnes vocation à recueillir la totalité de la succession.

[1991, c. 64, a. 732].

∎ C.C.Q., 619, 731, 735-738, 749.

732. A universal legacy entitles one or several persons to take the entire succession.

[1991, c. 64, a. 732].

733. Le legs à titre universel est celui qui donne à une ou plusieurs personnes vocation à recueillir:

1° La propriété d'une quote-part de la succession;

2° Un démembrement du droit de propriété sur la totalité ou sur une quote-part de la succession;

3° La propriété ou un démembrement de ce droit sur la totalité ou sur une quote-part de l'universalité des immeubles ou des meubles, des biens propres, communs

733. legacy by general title entitles one or several persons to take

(1) the ownership of an aliquot share of the succession;

(2) a dismemberment of the right of ownership of the whole or of an aliquot share of the succession;

(3) the ownership or a dismemberment of the right of ownership of the whole or of an aliquot share of all the immovable or movable property, private property, com-

ou acquêts, ou des biens corporels ou in-corporels.

[1991, c. 64, a. 733].

■ C.C.Q., 619, 731, 735-738, 749, 823-825, 899-907, 1119-1211, 1779-1784.

munity property or acquests, or corporeal or incorporeal property.

[1991, c. 64, a. 733; I.N., 2014-05-01].

734. Tout legs qui n'est ni universel ni à titre universel est à titre particulier.

[1991, c. 64, a. 734].

■ C.C.Q., 619, 731-742, 749, 755, 756, 762, 776, 812-818, 823-835, 1823.

734. Any legacy which is neither a universal legacy nor a legacy by general title is a legacy by particular title.

[1991, c. 64, a. 734].

735. L'exception de biens particuliers, quels qu'en soient le nombre et la valeur, n'enlève pas son caractère au legs universel ou à titre universel.

[1991, c. 64, a. 735].

■ C.C.Q., 732-734.

735. The exception of particular items of property, whatever their number or value, does not affect the character of a universal legacy or of a legacy by general title.

[1991, c. 64, a. 735; I.N., 2014-05-01].

736. Les biens que le testateur laisse sans en avoir disposé, ou à l'égard desquels les dispositions sont privées d'effet, de-meurent dans sa succession *ab intestat* et sont dévolus suivant les règles relatives à la dévolution légale des successions.

[1991, c. 64, a. 736].

■ C.C.Q., 613, 619, 630, 653 et s., 703, 704, 732-734, 737, 750 et s., 1806 et s.

736. Property left by the testator for which he made no disposition or for which the dispositions are without effect remains in his intestate succession and devolves according to the rules governing legal devolution of successions.

[1991, c. 64, a. 736; I.N., 2014-05-01].

737. Les dispositions testamentaires faites sous le nom d'institution d'héritier, de don ou de legs, ou sous toute autre dénomina-tion propre à manifester la volonté du tes-tateur, produisent leurs effets suivant les règles établies au présent livre pour les legs universels, à titre universel ou à titre particulier.

Ces règles, de même que le sens attribué à certains termes, cèdent devant l'expression suffisante, par le testateur, d'une volonté différente.

[1991, c. 64, a. 737].

■ C.C.Q., 8, 9, 522, 578, 619, 703, 704, 736, 739, 764, 1425-1432, 3081; C.P.C., 453-456.

737. Testamentary dispositions made in the form of an appointment of heir, a gift or a legacy, or in other terms indicating the intentions of the testator, take effect according to the rules provided in this Book with regard to universal legacies, legacies by general title or legacies by particular title.

Sufficient expression by the testator of a different intention takes precedence over the rules referred to in the first paragraph and the meaning ascribed to certain terms.

[1991, c. 64, a. 737; I.N., 2014-05-01].

738. Le légataire universel ou à titre universel est héritier dès l'ouverture de la succession, pour autant qu'il accepte le legs.

[1991, c. 64, a. 738].

738. A universal legatee or legatee by general title is an heir upon the opening of the succession, provided he accepts the legacy.

[1991, c. 64, a. 738; I.N., 2014-05-01].

■ C.C.Q., 416, 453, 473, 474, 521.6, 536, 537, 613, 619, 625, 630-645, 732-734, 739-742, 777, 779, 785, 839-848, 855-864, 1441, 2998.

739. Le légataire particulier qui accepte le legs n'est pas un héritier, mais il est néanmoins saisi, comme un héritier, des biens légués, par le décès du défunt ou par l'événement qui donne effet à son legs.

Il n'est pas tenu des obligations du défunt sur ces biens, à moins que les autres biens de la succession ne suffisent pas à payer les dettes; en ce cas, il n'est tenu qu'à concurrence de la valeur des biens qu'il recueille.

[1991, c. 64, a. 739].

739. A legatee by particular title who accepts the legacy is not an heir, but is nonetheless seised of the property bequeathed, as is an heir, by the death of the deceased or by the event which gives effect to the legacy.

He is not liable for the debts of the deceased on the property of the legacy unless the other property of the succession is insufficient to pay the debts, in which case he is liable only up to the value of the property he takes.

[1991, c. 64, a. 739; I.N., 2014-05-01].

■ C.C.Q., 617, 625-629, 734, 738, 740-742, 749, 777, 812-816, 826-835, 2998.

740. Le légataire particulier doit, pour recevoir son legs, avoir les mêmes qualités que celles requises pour succéder.

Il peut être indigne de recevoir, comme on peut l'être pour succéder; il peut, comme un successible, demander au tribunal de déclarer l'indignité d'un héritier ou d'un colégataire particulier.

[1991, c. 64, a. 740].

740. In order to receive his legacy, the legatee by particular title is required to have the same qualities as for succession.

He may be unworthy to receive on the same grounds as for succession; like a successor, he may apply to the court to have an heir or a colegatee by particular title declared unworthy.

[1991, c. 64, a. 740; I.N., 2014-05-01].

■ C.C.Q., 617-625, 739, 741, 742, 750, 755, 756, 777, 1242, 1279.

741. Le légataire particulier a le droit, comme un successible, de délibérer et d'exercer son option à l'égard du legs qui lui est fait, avec les mêmes effets et suivant les mêmes règles.

[1991, c. 64, a. 741].

741. Like a successor, a legatee by particular title has the right to deliberate and exercise his option with respect to the legacy made to him, with the same effects and according to the same rules.

[1991, c. 64, a. 741; I.N., 2014-05-01].

■ C.C.Q., 630-652, 734, 739, 740, 742.

742. Les dispositions relatives à la pétition d'hérédité et à ses effets sur la transmission de la succession sont également applicables au légataire particulier, compte tenu des adaptations nécessaires.

742. The provisions concerning the petition of inheritance and its effects on the transmission of the succession are also applicable, adapted as required, to a legatee by particular title.

Pour le reste, le légataire particulier est assujetti aux dispositions du présent livre qui concernent les légataires.

[1991, c. 64, a. 742].

∎ C.C.Q., 626-629, 738-741.

In all other respects, the legatee by particular title is subject to the provisions of this Book concerning legatees.

[1991, c. 64, a. 742; I.N., 2014-05-01].

SECTION III ——
DE L'EFFET DES LEGS

SECTION III ——
THE EFFECT OF LEGACIES

743. Les fruits et revenus du bien légué profitent au légataire, à compter de l'ouverture de la succession ou du moment où la disposition produit effet à son égard.

[1991, c. 64, a. 743].

∎ C.C.Q., 619, 625, 645, 738, 739, 744-746, 777, 871, 878, 910.

743. Fruits and revenues from the property bequeathed accrue to the legatee from the opening of the succession or the time when the disposition takes effect in his favour.

[1991, c. 64, a. 743].

744. Le bien légué est délivré avec ses accessoires, dans l'état où il se trouve au décès du testateur.

Il en est de même, s'il s'agit d'un legs de valeurs mobilières, des droits qui leur sont attachés et n'ont pas encore été exercés.

[1991, c. 64, a. 744].

∎ C.C.Q., 625, 738, 739, 745, 746, 751, 824, 825, 831, 878, 910, 1120 et s., 1177 et s.

744. Bequeathed property is delivered, with its dependencies, in the condition in which it was when the testator died.

This rule also applies to the rights attached to bequeathed securities, if they have not yet been exercised.

[1991, c. 64, a. 744; I.N., 2014-05-01].

745. En cas de legs d'un immeuble, l'immeuble accessoire ou annexe qui a été acquis par le testateur depuis la signature du testament est présumé compris dans le legs s'il compose un tout avec l'immeuble légué.

[1991, c. 64, a. 745].

∎ C.C.Q., 455, 703, 737, 744, 746, 900-904, 948, 954, 955, 2847.

745. Where immovable property is bequeathed, any dependent or annexed immovable property acquired by the testator after signing the will is presumed to be included in the legacy, provided the property forms a whole with the immovable bequeathed.

[1991, c. 64, a. 745; I.N., 2014-05-01].

746. Le legs d'une entreprise est présumé inclure les exploitations acquises ou créées depuis la signature du testament et qui composent, au décès, une unité économique avec l'entreprise léguée.

[1991, c. 64, a. 746].

∎ C.C.Q., 703, 737, 744, 839, 852, 1525, 2847.

746. The legacy of an enterprise is presumed to include the operations acquired or created after the signing of the will which, at the time of death, form an economic unit with the bequeathed enterprise.

[1991, c. 64, a. 746; I.N., 2014-05-01].

747. Lorsque le paiement du legs est soumis à un terme, le légataire a, néanmoins, un droit acquis dès le décès du testateur et

747. Where the payment of a legacy is subject to a term, the legatee nevertheless has an acquired right from the death of the

transmissible à ses propres héritiers ou légataires particuliers.

Son droit au legs fait sous condition est également transmissible, sauf si la condition a un caractère purement personnel.

[1991, c. 64, a. 747].

▋ C.C.Q., 625, 645, 739, 743, 750, 757, 1497-1517.

748. Le legs au créancier n'est pas présumé fait en compensation de sa créance.

[1991, c. 64, a. 748].

▋ C.C.Q., 776, 1672, 2847.

749. La représentation a lieu, dans les successions testamentaires, de la même manière et en faveur des mêmes personnes que dans les successions *ab intestat*, lorsque le legs est fait à tous les descendants ou collatéraux du testateur qui auraient été appelés à sa succession s'il était décédé *ab intestat*, à moins qu'il ne soit exclue par le testateur, expressément ou par l'effet des dispositions du testament.

Cependant, il n'y a pas de représentation en matière de legs particulier, sauf disposition contraire du testateur.

[1991, c. 64, a. 749].

▋ C.C.Q., 613, 653, 657, 659-665, 668, 669, 703, 750, 755, 756, 1252; D.T., 41.

testator which is transmissible to his own heirs or legatees by particular title.

The right of the legatee to a legacy made under a condition is also transmissible unless the condition is of a purely personal nature.

[1991, c. 64, a. 747].

748. A legacy to a creditor is not presumed to have been made as compensation for his claim.

[1991, c. 64, a. 748].

749. Where, in testate successions, the legacy is made to all the descendants or collaterals of the testator who would have been called to his succession had he died intestate, representation takes place in the same manner and in favour of the same persons as in intestate successions, unless it is excluded by the testator, expressly or by the effect of the provisions of the will.

There is no representation in the matter of legacies by particular title, however, unless the testator has so provided.

[1991, c. 64, a. 749; I.N., 2014-05-01].

SECTION IV —
DE LA CADUCITÉ ET DE LA NULLITÉ DES
LEGS

SECTION IV —
LAPSE AND NULLITY OF LEGACIES

750. Le legs est caduc, sauf s'il y a lieu à représentation, lorsque le légataire n'a pas survécu au testateur.

Il est aussi caduc lorsque le légataire le refuse, est indigne de le recevoir, ou encore lorsqu'il décède avant l'accomplissement de la condition suspensive dont le legs est assorti si la condition a un caractère purement personnel.

[1991, c. 64, a. 750].

750. A legacy lapses when the legatee does not survive the testator, except where there may be representation.

A legacy also lapses where the legatee refuses it, is unworthy to receive it or dies before the fulfilment of the suspensive condition attached to it, if the condition is of a purely personal nature.

[1991, c. 64, a. 750; I.N., 2014-05-01].

▋ C.C.Q., 616, 617, 620-623, 631, 646-652, 660-665, 703, 740, 747, 749, 751-757, 1252, 1497 et s.

751. Le legs est également caduc si le bien légué a totalement péri du vivant du testateur ou avant l'ouverture du legs fait sous une condition suspensive.

Si la perte du bien survient au décès du testateur, à l'ouverture du legs ou postérieurement, l'indemnité d'assurance est substituée au bien qui a péri.

[1991, c. 64, a. 751].

▌ C.C.Q., 747, 750, 752, 753, 1497 et s.

752. Lorsqu'un legs chargé d'un autre legs devient caduc pour une cause qui se rattache au légataire, le legs imposé comme charge devient lui-même caduc, à moins que l'héritier ou le légataire qui recueille ce qui faisait l'objet du legs atteint de caducité ne soit en mesure d'exécuter la charge.

[1991, c. 64, a. 752].

▌ C.C.Q., 750, 751, 753.

753. Le legs fait au liquidateur en guise de rémunération est caduc si le liquidateur n'accepte pas la charge.

Il en est de même du legs rémunératoire en faveur de la personne que le testateur nomme tuteur à un enfant mineur ou qu'il a désignée pour agir à titre d'administrateur du bien d'autrui.

[1991, c. 64, a. 753].

▌ C.C.Q., 184, 200, 201, 210, 724, 754, 760, 786, 789, 1278, 1300, 1367.

754. Le legs rémunératoire est résolu lorsque le liquidateur, le tuteur ou autre administrateur du bien d'autrui désigné par le testateur cesse d'occuper sa charge; dans ce cas, il a droit à une rémunération proportionnelle à la valeur du legs et au temps pendant lequel il a occupé la charge.

[1991, c. 64, a. 754].

▌ C.C.Q., 184, 200, 201, 210, 753, 760, 786, 789, 1278, 1299 et s., 1367.

755. Il y a accroissement au profit des légataires particuliers lorsque le bien leur est

751. A legacy also lapses if the bequeathed property perished totally during the lifetime of the testator or before the opening of a legacy made under a suspensive condition.

If the loss of the property occurs at the death of the testator, at the opening of the legacy or subsequently, the insurance indemnity is substituted for the property that perished.

[1991, c. 64, a. 751; I.N., 2014-05-01].

752. Where a legacy charged with another legacy lapses from a cause depending on the legatee, the legacy imposed as a charge also lapses, unless the heir or legatee called to take what was the object of the lapsed legacy is able to execute the charge.

[1991, c. 64, a. 752].

753. A legacy made to the liquidator as remuneration lapses if he does not accept the office.

This is also the case where a legacy is made to remunerate the person appointed by the testator as tutor to a minor child or designated by him to act as the administrator of the property of others.

[1991, c. 64, a. 753].

754. A remunerative legacy ceases to have effect where the liquidator, tutor or another administrator of the property of others designated by the testator ceases to hold that office; he has in this case a right to remuneration proportionate to the value of the legacy and the time for which he held the office.

[1991, c. 64, a. 754; I.N., 2014-05-01].

755. Accretion takes place in favour of the legatees by particular title where property

légué conjointement et qu'il y a caducité à l'égard de l'un d'eux.

[1991, c. 64, a. 755].

❚ C.C.Q., 646, 647, 734, 736, 749-753, 756, 1166.

is bequeathed to them jointly and a lapse occurs with regard to one of them.

[1991, c. 64, a. 755].

756. Le legs particulier est présumé fait conjointement lorsqu'il est fait par une seule et même disposition, et que le testateur n'a pas assigné la part de chacun des colégataires dans le bien légué ou qu'il leur a assigné des quotes-parts égales.

Il est encore présumé fait conjointement lorsque tout le bien a été légué par le même acte à plusieurs personnes séparément.

[1991, c. 64, a. 756].

❚ C.C.Q., 731-734, 750-755, 827, 2847.

756. A legacy by particular title is presumed to be made jointly if it is made by one and the same disposition and if the testator has not allotted the share of each colegatee in the bequeathed property or has allotted the colegatees equal aliquot shares.

It is also presumed to be made jointly when the entire property is bequeathed by the same act to several persons separately.

[1991, c. 64, a. 756].

757. La condition impossible ou contraire à l'ordre public est réputée non écrite.

Ainsi est réputée non écrite la disposition limitant les droits du conjoint survivant lorsqu'il se lie de nouveau par un mariage ou une union civile.

[1991, c. 64, a. 757; 2002, c. 6, a. 41].

❚ C.C.Q., 8, 9, 747, 758, 1212-1217, 1373, 1411, 1499, 2847, 3081; D.T., 5.

757. A condition that is impossible or that is contrary to public order is deemed unwritten.

Thus, a clause limiting the rights of a surviving spouse in the event of a remarriage or new civil union is deemed unwritten.

[1991, c. 64, a. 757; 1992, c. 57, s. 716; 2002, c. 6, s. 41].

758. La clause pénale ayant pour but d'empêcher l'héritier ou le légataire particulier de contester la validité de tout ou partie du testament est réputée non écrite.

Est aussi réputée non écrite l'exhérédation prenant la forme d'une clause pénale visant le même but.

[1991, c. 64, a. 758].

❚ C.C.Q., 738, 757, 773, 1216, 1499, 1622, 2847; D.T., 42, 45.

758. A penal clause intended to prevent an heir or a legatee by particular title from contesting the validity of the will or any part of it is deemed unwritten.

A disinheritance taking the form of a penal clause intended for the same purpose is also deemed unwritten.

[1991, c. 64, a. 758; I.N., 2014-05-01].

759. Le legs fait au notaire qui reçoit le testament ou celui fait au conjoint du notaire ou à l'un de ses parents au premier degré est sans effet; les autres dispositions du testament subsistent.

[1991, c. 64, a. 759].

❚ C.C.Q., 656, 703, 716, 723, 724, 753, 760, 761, 773; D.T., 5, 42.

759. A legacy made to the notary who executes a will or to the spouse of the notary or to a relative in the first degree of the notary is without effect; this does not affect the other dispositions of the will.

[1991, c. 64, a. 759; 2002, c. 19, s. 15; I.N., 2014-05-01].

760. Le legs fait au témoin, même en surnombre, est sans effet, mais laisse subsister les autres dispositions du testament.

Il en est de même, pour la partie qui excède sa rémunération, du legs fait en faveur du liquidateur ou d'un autre administrateur du bien d'autrui désigné au testament, s'il agit comme témoin.

[1991, c. 64, a. 760].

■ C.C.Q., 703, 716, 724, 725, 727, 753, 754, 773, 789, 1300.

761. Le legs fait au propriétaire, à l'administrateur ou au salarié d'un établissement de santé ou de services sociaux qui n'est ni le conjoint ni un proche parent du testateur, est sans effet s'il a été fait à l'époque où le testateur y était soigné ou y recevait des services.

Le legs fait au membre de la famille d'accueil à l'époque où le testateur y demeurait est également sans effet.

[1991, c. 64, a. 761].

■ C.C.Q., 703, 707-711, 1398 et s., 1817; D.T., 5.

762. Le legs du bien d'autrui est sans effet, sauf s'il apparaît que l'intention du testateur était d'obliger l'héritier à procurer le bien légué au légataire particulier.

[1991, c. 64, a. 762].

■ C.C.Q., 704, 737-739, 769, 916, 1713, 2288.

Chapitre V ——
De la révocation du testament ou d'un legs

763. La révocation du testament ou d'un legs est expresse ou tacite.

[1991, c. 64, a. 763].

■ C.C.Q., 704, 706, 764-771, 1841, 2449, 2450; C.P.C., 866 et s.

764. Le legs fait au conjoint antérieurement au divorce ou à la dissolution de l'union civile est révoqué, à moins que le testateur n'ait, par des dispositions testa-

760. A legacy made to a witness, even a supernumerary, is without effect, but this does not affect the other dispositions of the will.

The same is true for that part of the legacy made to the liquidator or to another administrator of property of others designated in the will which exceeds his remuneration, if he acts as a witness.

[1991, c. 64, a. 760; 2002, c. 19, s. 15; I.N., 2014-05-01].

761. A legacy made to the owner, a director or an employee of a health or social services establishment who is neither the spouse nor a close relative of the testator is without effect if it was made while the testator was receiving care or services at the establishment.

A legacy made to a member of a foster family while the testator was residing with that family is also without effect.

[1991, c. 64, a. 761; 2002, c. 19, s. 15; I.N., 2014-05-01].

762. A legacy of property of another is without effect, unless it appears that the intention of the testator was to oblige the heir to obtain the bequeathed property for the legatee by particular title.

[1991, c. 64, a. 762; 2002, c. 19, s. 15].

Chapter V ——
Revocation of wills and legacies

763. Revocation of a will or of a legacy is express or tacit.

[1991, c. 64, a. 763].

764. A legacy made to the spouse before a divorce or the dissolution of a civil union is revoked unless the testator manifested, by means of testamentary provisions, the

mentaires, manifesté l'intention d'avantager le conjoint malgré cette éventualité.

intention of benefitting the spouse despite that possibility.

La révocation du legs emporte celle de la désignation du conjoint comme liquidateur de la succession.

Revocation of the legacy entails revocation of the designation of the spouse as liquidator of the succession.

Les mêmes règles s'appliquent en cas de nullité du mariage ou de l'union civile prononcée du vivant des conjoints.

[1991, c. 64, a. 764; 2002, c. 6, a. 42].

The same rules apply if the marriage or civil union is declared null during the lifetime of the spouses.

[1991, c. 64, a. 764; 2002, c. 6, s. 42; I.N., 2014-05-01].

▮ C.C.Q., 380, 386, 507, 510, 519, 521.10-521.12, 521.19, 624, 763, 786, 2459, 3096.

765. La révocation expresse est faite par un testament postérieur portant explicitement déclaration du changement de volonté.

765. Express revocation is made by a subsequent will explicitly declaring the change of intention.

La révocation qui ne vise pas spécialement l'acte révoqué ne cesse pas d'être expresse.

[1991, c. 64, a. 765].

A revocation that does not specifically refer to the revoked act is nonetheless express.

[1991, c. 64, a. 765].

▮ C.C.Q., 42, 703-705, 712, 763, 766, 2449, 2450.

766. Le testament qui en révoque un autre peut être fait dans une forme différente de celle du testament révoqué.

[1991, c. 64, a. 766].

766. A will that revokes another will may be made in a different form from that of the revoked will.

[1991, c. 64, a. 766].

▮ C.C.Q., 704, 705, 706, 712-714, 765, 768.

767. La destruction, la lacération ou la rature du testament olographe ou fait devant témoins emporte révocation s'il est établi qu'elle a été faite délibérément par le testateur ou sur son ordre. De même, la rature d'une de leurs dispositions emporte révocation du legs qui y est fait.

767. The destruction, tearing or erasure of a holograph will or of a will made in the presence of witnesses entails revocation if it is established that this was done deliberately by the testator or on his instructions. Similarly, the erasure of any provision of a will entails revocation of the legacy made by that provision.

La destruction ou la perte du testament connue du testateur, alors qu'il était en mesure de le remplacer, emporte aussi révocation.

[1991, c. 64, a. 767].

Revocation is entailed also where the testator was aware of the destruction or loss of the will and could have replaced it.

[1991, c. 64, a. 767; I.N., 2014-05-01].

▮ C.C.Q., 621, 704, 706, 763, 772, 774, 775, 2803, 2967; C.P.C., 870 et s.

768. La révocation tacite résulte pareillement de toute disposition testamentaire

768. A subsequent testamentary provision similarly entails tacit revocation of a pre-

nouvelle, dans la mesure où elle est incompatible avec une disposition antérieure.

vious provision to the extent that they are inconsistent.

Cette révocation conserve tout son effet, quoique la disposition nouvelle devienne caduque.

[1991, c. 64, a. 768].

The revocation retains its full effect even if the subsequent provision lapses.

[1991, c. 64, a. 768; I.N., 2014-05-01].

▮ C.C.Q., 613, 750 et s., 763.

769. L'aliénation du bien légué, même forcée ou faite sous une condition résolutoire ou par un échange, emporte aussi révocation pour tout ce qui a été aliéné, sauf disposition contraire.

769. Alienation of bequeathed property, even when forced or made under a resolutive condition or by exchange, also entails revocation with regard to everything that has been alienated, unless the testator provided otherwise.

La révocation subsiste, encore que le bien aliéné se retrouve dans le patrimoine du testateur, sauf preuve d'une intention contraire.

Revocation subsists even if the alienated property has returned into the patrimony of the testator, unless a contrary intention is proved.

L'aliénation forcée du bien légué, si elle est annulée, n'emporte pas révocation.

[1991, c. 64, a. 769].

If the forced alienation of the bequeathed property is annulled, it does not entail revocation

[1991, c. 64, a. 769].

▮ C.C.Q., 762, 763, 1398, 1399, 1497, 1806.

770. La révocation d'une révocation antérieure, expresse ou tacite, n'a pas pour effet de faire revivre la disposition primitive, à moins que le testateur n'ait manifesté une intention contraire ou que cette intention ne résulte des circonstances.

[1991, c. 64, a. 770].

770. Revocation of a previous express or tacit revocation does not revive the original provision, unless the testator manifested a contrary intention or unless such intention is apparent from the circumstances.

[1991, c. 64, a. 770; I.N., 2014-05-01].

▮ C.C.Q., 763, 766, 767.

771. Si, en raison de circonstances imprévisibles lors de l'acceptation du legs, l'exécution d'une charge devient impossible ou trop onéreuse pour l'héritier ou le légataire particulier, le tribunal peut, après avoir entendu les intéressés, la révoquer ou la modifier, compte tenu de la valeur du legs, de l'intention du testateur et des circonstances.

[1991, c. 64, a. 771].

771. If, owing to circumstances unforeseeable at the time of the acceptance of the legacy, the execution of a charge becomes impossible or too burdensome for the heir or the legatee by particular title, the court, after hearing the interested persons, may revoke it or change it, taking account of the value of the legacy, the intention of the testator and the circumstances.

[1991, c. 64, a. 771].

▮ C.C.Q., 619, 630, 637, 1294, 1834; C.P.C., 74, 453, 472; D.T., 44.

Chapitre VI ——
De la preuve et de la vérification des testaments

Chapter VI ——
Proof and probate of wills

772. Le testament olographe ou devant témoins est vérifié, à la demande de tout intéressé, en la manière prescrite au *Code de procédure civile* (chapitre C-25).

Les héritiers et successibles connus doivent être appelés à la vérification du testament, sauf dispense du tribunal.

[1991, c. 64, a. 772].

772. A holograph will or a will made in the presence of witnesses is probated, on the application of any interested person, in the manner prescribed in the *Code of Civil Procedure* (chapter C-25).

The known heirs and successors shall be summoned to the probate of the will unless an exemption is granted by the court.

[1991, c. 64, a. 772; I.N., 2014-05-01].

■ C.C.Q., 102, 613, 703, 704, 713, 714, 726, 727, 773-775, 803, 2814, 2818, 2819, 2826, 3098-3101; C.P.C., 862 et s., 887-891; D.T., 44.

773. Celui qui a reconnu un testament ne peut plus en contester la validité; il peut toutefois en demander la vérification.

En cas de contestation d'un testament déjà vérifié, il appartient à celui qui se prévaut du testament d'en prouver l'origine et la régularité.

[1991, c. 64, a. 773].

773. No person having acknowledged a will may thereafter contest its validity, although he may apply to have the will probated.

In the case of contestation of a will which has been probated, the burden is on the person availing himself of the will to prove its origin and regularity.

[1991, c. 64, a. 773; I.N., 2014-05-01]

■ C.C.Q., 713, 772, 803; C.P.C., 887-891; D.T., 44.

774. Le testament qui n'est pas produit ne peut être vérifié; il doit être reconstitué à la suite d'une action à laquelle les héritiers, les autres successibles et les légataires particuliers ont été appelés, et† la preuve de son contenu, de son origine et de sa régularité doit être concluante et non équivoque.

[1991, c. 64, a. 774].

774. A will that is not produced may not be probated; it must be reconstituted upon an action in which the heirs, the other successors and the legatees by particular title have been summoned and unless the proof of its contents, origin and regularity is conclusive and unequivocal.

[1991, c. 64, a. 774; I.N., 2014-05-01].

■ C.C.Q., 772, 803, 2860, 2861, 2967; C.P.C., 74, 110, 870-871.4; D.T., 44.

775. La preuve testimoniale d'un testament qui ne peut être produit est admise, que le testament ait été perdu ou détruit ou qu'il se trouve en la possession d'un tiers, sans collusion de celui qui veut s'en prévaloir.

[1991, c. 64, a. 775].

775. Proof by testimony of a will that cannot be produced is admissible if the will has been lost or destroyed, or is in the possession of a third person, without the collusion of the person who wishes to avail himself of the will.

[1991, c. 64, a. 775].

■ C.C.Q., 767, 774, 2815 et s., 2843-2845, 2860; C.P.C., 866 et s., 870-871.4; D.T., 44.

TITRE 5 ━━ DE LA LIQUIDATION DE LA SUCCESSION	**TITLE 5** ━━ LIQUIDATION OF SUCCESSIONS
Chapitre I ━━ De l'objet de la liquidation et de la séparation des patrimoines	**Chapter I** ━━ Object of liquidation and separation of patrimonies

776. La liquidation de la succession *ab intestat* ou testamentaire consiste à identifier et à appeler les successibles, à déterminer le contenu de la succession, à recouvrer les créances, à payer les dettes de la succession, qu'il s'agisse des dettes du défunt, des charges de la succession ou des dettes alimentaires, à payer les legs particuliers, à rendre compte et à faire la délivrance des biens.

[1991, c. 64, a. 776].

776. The liquidation of an intestate or testate succession consists in identifying and calling in the successors, determining the content of the succession, recovering the claims, paying the debts of the succession, whether these be debts of the deceased, charges on the succession or debts of support, paying the legacies by particular title, rendering an account and delivering the property.

[1991, c. 64, a. 776].

▌ C.C.Q., 522, 578, 613, 616-624, 653-702, 704, 712-737, 772-775, 778, 779, 781, 792, 794, 795, 807-822, 836-898, 1012-1037, 1324-1331, 1819; D.T., 45.

777. Le liquidateur exerce†, à compter de l'ouverture de la succession et pendant le temps nécessaire à la liquidation, la saisine des héritiers et des légataires particuliers.

Il peut même revendiquer les biens contre ces héritiers et légataires.

La désignation ou le remplacement du liquidateur de la succession est publié au registre des droits personnels et réels mobiliers ainsi qu'au registre foncier, le cas échéant. L'inscription de la désignation ou du remplacement s'obtient par la présentation d'un avis qui fait référence à l'acte de désignation ou de remplacement, identifie le défunt et le liquidateur et contient, le cas échéant, la désignation de tout immeuble auquel il se rapporte.

[1991, c. 64, a. 777; 1998, c. 51, a. 26; 1999, c. 49, a. 1].

777. The liquidator has†, from the opening of the succession and for the time necessary for liquidation, the seisin of the heirs and the legatees by particular title.

The liquidator may even claim the property against the heirs and the legatees by particular title.

The designation or replacement of the liquidator of the succession is published in the register of personal and movable real rights and, where applicable, in the land register. Registration of the act of designation or replacement is obtained by presenting a notice which refers to the act of designation or replacement, identifies the deceased and the liquidator and contains the description of the immovables concerned, if any.

[1991, c. 64, a. 777; 1998, c. 51, s. 26; 1999, c. 49, s. 1].

▌ C.C.Q., 617-625, 697, 698, 739, 776, 778, 779, 785, 786, 802, 804, 822, 1301-1305.

778. Le testateur peut modifier la saisine du liquidateur, ses pouvoirs et obligations, et pourvoir de toute autre manière à la liquidation de sa succession ou à l'exécution de son testament. Toutefois, la clause qui a pour effet de restreindre les pouvoirs ou les obligations du liquidateur, de manière à empêcher un acte nécessaire à la li-

778. The testator may modify the seisin, powers and obligations of the liquidator and provide in any other manner for the liquidation of his succession or the execution of his will. However, a clause that would in effect restrict the powers or obligations of the liquidator in such a manner as to prevent an act necessary for liquida-

quidation ou à le dispenser de faire inventaire, est réputée non écrite.

[1991, c. 64, a. 778].

■ C.C.Q., 757, 758, 776, 777, 787, 789, 790, 802, 804, 820, 1305, 1339-1344, 1355, 1358, 2847.

tion or to exempt him from making an inventory is deemed unwritten.

[1991, c. 64, a. 778; 2002, c. 19, s. 15].

779. Les héritiers peuvent, d'un commun accord, liquider la succession sans suivre les règles prescrites pour la liquidation, lorsque la succession est manifestement solvable. Ils sont, en conséquence de cette décision, tenus au paiement des dettes de la succession sur leur patrimoine propre, au-delà même de la valeur des biens qu'ils recueillent.

[1991, c. 64, a. 779].

■ C.C.Q., 619, 638, 739, 776-835, 1012-1037.

779. Where the succession is manifestly solvent, the heirs may, by mutual agreement, liquidate it without following the prescribed rules for liquidation. As a result of this decision, they are liable for payment of the debts of the succession from their own patrimony, even where the debts exceed the value of the property they take.

[1991, c. 64, a. 779; I.N., 2014-05-01].

780. Le patrimoine du défunt et celui de l'héritier sont séparés de plein droit, tant que la succession n'a pas été liquidée.

Cette séparation a effet à l'égard tant des créanciers de la succession que des créanciers de l'héritier ou du légataire particulier.

[1991, c. 64, a. 780].

■ C.C.Q., 619, 645, 776, 781, 782.

780. The patrimony of the deceased is separate from that of the heir by operation of law until the succession has been liquidated.

The separation has effect with regard to both the creditors of the succession and the creditors of the heir or of the legatee by particular title.

[1991, c. 64, a. 780; I.N., 2014-05-01].

781. Les biens de la succession sont employés au paiement des créanciers de la succession et au paiement des légataires particuliers, de préférence à tout créancier de l'héritier.

[1991, c. 64, a. 781].

■ C.C.Q., 639, 776, 780, 807-814.

781. The property of the succession is used to pay the creditors of the succession and to pay the legatees by particular title, in preference to any creditor of the heir.

[1991, c. 64, a. 781].

782. Les biens de l'héritier ne sont employés au paiement des dettes de la succession que dans le seul cas où l'héritier est tenu au paiement de ces dettes au-delà de la valeur des biens qu'il recueille et qu'il y a insuffisance des biens de la succession.

Le paiement des créanciers de la succession ne vient, alors, qu'après le paiement des créanciers de chaque héritier dont la créance est née avant l'ouverture de la succession. Toutefois, les créanciers de l'héritier dont la créance est née après l'ouver-

782. The property of the heir is used to pay the debts of the succession only in the case where the heir is liable for debts of greater value than the property he takes and the property of the succession is insufficient.

In that case, payment of the creditor of the succession is made only after payment of the creditor of each heir whose claim arose before the opening of the succession. However, a creditor of the heir whose claim arose after the opening of the suc-

ture de la succession sont payés concurremment avec les créanciers impayés de la succession.

[1991, c. 64, a. 782].

▌C.C.Q., 613, 625, 639, 640, 779, 799-801, 826, 834.

cession is paid concurrently with the unpaid creditors of the succession

[1991, c. 64, a. 782; I.N., 2014-05-01].

Chapitre II ——
Du liquidateur de la succession

Chapter II ——
Liquidator of the succession

SECTION I ——
DE LA DÉSIGNATION ET DE LA CHARGE
DU LIQUIDATEUR

SECTION I ——
DESIGNATION AND RESPONSIBILITIES OF
THE LIQUIDATOR

783. Toute personne pleinement capable de l'exercice de ses droits civils peut exercer la charge de liquidateur.

La personne morale autorisée par la loi à administrer le bien d'autrui peut exercer la charge de liquidateur.

[1991, c. 64, a. 783].

▌C.C.Q., 153, 155, 157, 167-176, 179, 189, 281, 283, 298, 304, 311, 312.

783. Any person fully capable of exercising his civil rights may hold the office of liquidator.

A legal person authorized by law to administer the property of others may hold the office of liquidator.

[1991, c. 64, a. 783].

784. Nul n'est tenu d'accepter la charge de liquidateur d'une succession, à moins qu'il ne soit le seul héritier.

[1991, c. 64, a. 784].

▌C.C.Q., 619, 625, 637, 733, 739, 776, 779, 783-788, 790, 792, 802-804, 823, 1301-1305.

784. No person is bound to accept the office of liquidator of a succession unless he is the sole heir.

[1991, c. 64, a. 784].

785. La charge de liquidateur incombe de plein droit aux héritiers, à moins d'une disposition testamentaire contraire; les héritiers peuvent désigner, à la majorité, le liquidateur et pourvoir au mode de son remplacement.

[1991, c. 64, a. 785].

▌C.C.Q., 619, 625, 632, 739, 778, 783, 784, 786, 788, 791, 792.

785. The office of liquidator devolves by operation of law to the heirs unless otherwise provided by a testamentary provision; the heirs, by majority vote, may designate the liquidator and provide the mode of his replacement.

[1991, c. 64, a. 785; I.N., 2014-05-01].

786. Le testateur peut désigner un ou plusieurs liquidateurs; il peut aussi pourvoir au mode de leur remplacement.

La personne désignée par le testateur pour liquider la succession ou exécuter son testament a la qualité de liquidateur, qu'elle ait été désignée comme administrateur de succession, exécuteur testamentaire ou autrement.

[1991, c. 64, a. 786].

786. A testator may designate one or several liquidators; he may also provide the mode of their replacement.

A person designated by a testator to liquidate the succession or execute his will has the quality of liquidator whether he was designated as administrator of the succession, testamentary executor or otherwise.

[1991, c. 64, a. 786].

❚ C.C.Q., 705, 724, 753, 754, 759, 778, 783-785, 787.

787. Les personnes qui exercent ensemble la charge de liquidateur doivent agir de concert, à moins qu'elles n'en soient dispensées par le testament ou, à défaut de disposition testamentaire, par les héritiers.

En cas d'empêchement d'un des liquidateurs, les autres peuvent agir seuls pour les actes conservatoires et ceux qui demandent célérité.

[1991, c. 64, a. 787].

❚ C.C.Q., 619, 739, 785, 786, 1321-1338, 1353, 1363, 2145.

787. Persons holding the office of liquidator together shall act in concert, unless exempted therefrom by the will or, in the absence of a testamentary provision, by the heirs.

If one of the liquidators is prevented from acting, the others may perform alone acts of a conservatory nature and acts requiring dispatch.

[1991, c. 64, a. 787; I.N., 2014-05-01].

788. Le tribunal peut, à la demande d'un intéressé, désigner ou remplacer un liquidateur, à défaut d'entente entre les héritiers ou en cas d'impossibilité de pourvoir à la nomination ou au remplacement du liquidateur.

[1991, c. 64, a. 788].

❚ C.C.Q., 778, 783, 785, 786, 791, 792; C.P.C., 74, 885b.

788. The court may, on the application of an interested person, designate or replace a liquidator failing agreement among the heirs or if it is impossible to appoint or replace the liquidator.

[1991, c. 64, a. 788].

789. Le liquidateur a droit au remboursement des dépenses faites dans l'accomplissement de sa charge.

Il a droit à une rémunération s'il n'est pas un héritier; s'il l'est, il peut être rémunéré, à la condition que le testament y pourvoie ou que les héritiers en conviennent.

Si la rémunération n'a pas été fixée par le testateur, elle l'est par les héritiers ou, en cas de désaccord entre les intéressés, par le tribunal.

[1991, c. 64, a. 789].

❚ C.C.Q., 619, 739, 753, 754, 1300, 1367, 1369, 2150; C.P.C., 885c.

789. The liquidator is entitled to the reimbursement of the expenses incurred in fulfilling his office.

He is entitled to remuneration if he is not an heir; if he is an heir, he may be remunerated if the will so provides or the heirs so agree.

If the remuneration was not fixed by the testator, it is fixed by the heirs or, in case of disagreement among the interested persons, by the court.

[1991, c. 64, a. 789].

790. Le liquidateur n'est pas tenu de souscrire une assurance ou de fournir une autre sûreté garantissant l'exécution de ses obligations, à moins que le testateur ou la majorité des héritiers ne l'exige, ou que le tribunal ne l'ordonne à la demande d'un intéressé qui établit la nécessité d'une telle mesure.

Si, étant requis de fournir une sûreté, le

790. The liquidator is not bound to take out insurance or to furnish other security guaranteeing the performance of his obligations, unless the testator or the majority of the heirs require it or the court orders it on the application of any interested person who establishes the need for such a measure.

If a liquidator required to furnish security

liquidateur omet ou refuse de le faire, il est déchu de sa charge, à moins que le tribunal ne le relève de son défaut.

[1991, c. 64, a. 790].

▌C.C.Q., 776, 802, 1301, 1305, 1324, 1331; C.P.C., 885c.

fails or refuses to do so, he forfeits his office, unless exempted by the court.

[1991, c. 64, a. 790; I.N., 2014-05-01].

791. Tout intéressé peut demander au tribunal le remplacement du liquidateur qui est dans l'impossibilité d'exercer sa charge, néglige ses devoirs ou ne respecte pas ses obligations.

Le liquidateur continue à exercer sa charge pendant l'instance, à moins que le tribunal ne décide de désigner un liquidateur provisoire.

[1991, c. 64, a. 791].

791. Any interested person may apply to the court for the replacement of a liquidator who is unable to assume the responsibilities of his office, who neglects his duties or who does not fulfil his obligations.

During the proceedings, the liquidator continues to hold office unless the court decides to designate a provisional liquidator.

[1991, c. 64, a. 791; I.N., 2014-05-01].

▌C.C.Q., 640, 785, 788, 802, 806, 1304, 1309-1314, 1339-1344, 1360; C.P.C., 74, 885.

792. Tout intéressé peut, si le liquidateur n'est pas désigné, tarde à accepter ou à refuser la charge, ou doit être remplacé, s'adresser au tribunal pour faire apposer les scellés, faire inventaire, nommer provisoirement un liquidateur ou rendre toute autre ordonnance propre à assurer la conservation de ses droits. Ces mesures profitent à tous les intéressés, mais ne créent entre eux aucune préférence.

Les frais d'inventaire et de scellés sont à la charge de la succession.

[1991, c. 64, a. 792].

792. Where the liquidator is not designated, delays to accept or decline the office or is to be replaced, any interested person may apply to the court to have seals affixed, an inventory made, a provisional liquidator appointed or any other order rendered which is necessary to preserve his rights. These measures benefit all the interested persons but create no preference among them.

The costs of inventory and seals are charged to the succession.

[1991, c. 64, a. 792; I.N., 2014-05-01].

▌C.C.Q., 632, 640, 785, 786, 788, 791, 794; C.P.C., 547, 885, 897.

793. Les actes faits par la personne qui, de bonne foi, se croyait liquidateur de la succession sont valables et opposables à tous.

[1991, c. 64, a. 793].

793. Acts performed by a person who, in good faith, believed he was liquidator of the succession are valid and may be set up against anyone.

[1991, c. 64, a. 793; I.N., 2014-05-01].

▌C.C.Q., 6, 785, 786, 1323, 1362, 2805.

SECTION II —
DE L'INVENTAIRE DES BIENS

SECTION II —
INVENTORY OF THE PROPERTY

794. Le liquidateur est tenu de faire inventaire, en la manière prévue au titre De l'administration du bien d'autrui.

[1991, c. 64, a. 794].

794. The liquidator is bound to make an inventory, in the manner prescribed in the Title on Administration of the Property of Others.

[1991, c. 64, a. 794].

▌C.C.Q., 625, 637, 639, 640, 776-780, 785, 786, 792, 795-797, 800, 802, 1326-1331; C.P.C., 168, 547, 885, 897.

795. La clôture de l'inventaire est publiée au registre des droits personnels et réels mobiliers au moyen de l'inscription d'un avis qui identifie le défunt et qui indique le lieu où l'inventaire peut être consulté par les intéressés.

Cet avis est aussi publié dans un journal distribué dans la localité de la dernière adresse connue du défunt.

[1991, c. 64, a. 795].

∎ C.C.Q., 632, 700, 794, 797, 815, 816, 822, 2938, 2969, 2970, 2980, 2983.

796. Le liquidateur informe les héritiers, les successibles qui n'ont pas encore opté et les légataires particuliers, de même que les créanciers connus, de l'inscription de l'avis de clôture et du lieu où l'inventaire peut être consulté. Si cela peut être fait aisément, il leur transmet une copie de l'inventaire.

[1991, c. 64, a. 796].

∎ C.C.Q., 632, 794, 795, 797, 815, 816, 1327, 2814, 2815, 2820.

797. Les créanciers de la succession, les héritiers, les successibles et les légataires particuliers peuvent contester l'inventaire ou l'une de ses inscriptions; ils peuvent aussi convenir de la révision de l'inventaire ou demander qu'il soit procédé à un nouvel inventaire.

[1991, c. 64, a. 797].

∎ C.C.Q., 619, 794-796; C.P.C., 110.

798. Lorsqu'un inventaire a déjà été fait par un héritier ou un autre intéressé, le liquidateur doit le vérifier; il doit aussi s'assurer qu'un avis de clôture a été inscrit et que ceux qui devaient être informés l'ont été.

[1991, c. 64, a. 798].

∎ C.C.Q., 619, 640, 776, 785, 786, 792, 794-796.

799. Le liquidateur ne peut être dispensé de faire inventaire que si tous les héritiers et les successibles y consentent.

Les héritiers, et les successibles devenus de ce fait héritiers, sont alors tenus au paiement des dettes de la succession au-

795. Closure of the inventory is published in the register of personal and movable real rights by registration of a notice identifying the deceased and indicating the place where the inventory may be consulted by interested persons.

The notice is also published in a newspaper circulated in the locality where the deceased had his last known address.

[1991, c. 64, a. 795].

796. The liquidator informs the heirs, the successors who have not yet exercised their option, the legatees by particular title and the known creditors of the registration of the notice of closure and of the place where the inventory may be consulted, and transmits a copy of the inventory to them if that can easily be done.

[1991, c. 64, a. 796].

797. The creditors of the succession, the heirs, the successors and the legatees by particular title may contest the inventory or any item in it; they may also agree to a revision of the inventory or request a new inventory.

[1991, c. 64, a. 797; I.N., 2014-05-01].

798. Where an inventory has already been made by an heir or another interested person, the liquidator shall verify it. He shall also ascertain that the notice of closure has been registered and that everyone who should have been informed has been informed.

[1991, c. 64, a. 798; I.N., 2014-05-01].

799. The liquidator may be exempted from making an inventory, but only with the consent of all the heirs and successors.

If they give their consent, the heirs, and the successors having by that fact become heirs, are liable for the debts of the succes-

delà de la valeur des biens qu'ils recueillent.

[1991, c. 64, a. 799].

■ C.C.Q., 619, 625, 637, 639, 778, 782, 792, 794, 800, 826.

sion that exceed the value of the property they take.

[1991, c. 64, a. 799; I.N., 2014-05-01].

800. Les héritiers qui, sachant que le liquidateur refuse ou néglige de faire inventaire, négligent eux-mêmes, dans les soixante jours qui suivent l'expiration du délai de délibération de six mois, soit de procéder à l'inventaire, soit de demander au tribunal de remplacer le liquidateur ou de lui enjoindre de procéder à l'inventaire, sont tenus au paiement des dettes de la succession au-delà de la valeur des biens qu'ils recueillent.

[1991, c. 64, a. 800].

■ C.C.Q., 619, 632, 640, 776, 782, 791, 794-796, 799, 826, 835.

800. Where the heirs, knowing that the liquidator refuses or neglects to make the inventory, themselves neglect, within 60 days following the expiry of the six-month period for deliberation, to proceed with the inventory or to apply to the court to have the liquidator replaced or for an order to have him proceed with the inventory, they are liable for the debts of the succession that exceed the value of the property they take.

[1991, c. 64, a. 800; I.N., 2014-05-01].

801. Les héritiers qui, avant l'inventaire, confondent les biens de la succession avec leurs biens personnels, sauf si ces biens étaient déjà confondus avant le décès, notamment en cas de cohabitation, sont, de même, tenus au paiement des dettes de la succession au-delà de la valeur des biens qu'ils recueillent.

Si cette confusion survient après l'inventaire, mais avant la fin de la liquidation, ils sont tenus personnellement des dettes jusqu'à concurrence de la valeur des biens confondus.

[1991, c. 64, a. 801].

■ C.C.Q., 625, 639, 780, 835, 2907.

801. Heirs who, before the inventory, mingle the property of the succession with their personal property, unless the property was already mingled before the death, such as in the case of cohabitation, are likewise liable for the debts of the succession that exceed the value of the property they take.

If the mingling is done after the inventory but before the end of the liquidation, they are personally liable for the debts up to the value of the mingled property.

[1991, c. 64, a. 801; I.N., 2014-05-01].

SECTION III —
DES FONCTIONS DU LIQUIDATEUR

SECTION III —
FUNCTIONS OF THE LIQUIDATOR

802. Le liquidateur agit à l'égard des biens de la succession à titre d'administrateur du bien d'autrui chargé de la simple administration.

[1991, c. 64, a. 802].

■ C.C.Q., 777, 805, 1301-1305, 1308-1354; D.T., 43.

802. The liquidator acts with respect to the property of the succession as an administrator of the property of others charged with simple administration.

[1991, c. 64, a. 802; I.N., 2014-05-01].

803. Le liquidateur doit rechercher si le défunt avait fait un testament.

Le cas échéant, il fait vérifier le testament

803. The liquidator shall make a search to ascertain whether the deceased made a will.

If the deceased made a will, the liquidator

et prend toutes les mesures nécessaires à son exécution.

[1991, c. 64, a. 803].

▌ C.C.Q., 613, 726, 727, 772, 773, 1819, 2824; C.P.C., 885, 887-891.

804. Le liquidateur administre la succession. Il poursuit la réalisation des biens de la succession, dans la mesure nécessaire au paiement des dettes et des legs particuliers.

Il peut, en conséquence, aliéner seul le bien meuble susceptible de dépérir, de se déprécier rapidement ou dispendieux à conserver. Il peut aussi, avec le consentement des héritiers ou, à défaut, avec l'autorisation du tribunal, aliéner les autres biens de la succession.

[1991, c. 64, a. 804].

▌ C.C.Q., 619, 776, 777, 781, 783, 802, 807-814, 1339, 1340; C.P.C., 897-910.

805. Le liquidateur qui a une action à exercer contre la succession en donne avis au ministre du Revenu. Ce dernier agit d'office comme liquidateur *ad hoc*, à moins que les héritiers ou le tribunal ne désignent une autre personne.

[1991, c. 64, a. 805; 2005, c. 44, a. 54].

▌ C.C.Q., 619, 739, 788, 794, 1309, 1310; C.P.C., 885.

806. Si la liquidation se prolonge au-delà d'une année, le liquidateur doit, à la fin de la première année et, par la suite, au moins une fois l'an, rendre un compte annuel de gestion aux héritiers, créanciers et légataires particuliers restés impayés.

[1991, c. 64, a. 806].

▌ C.C.Q., 777, 778, 819-822, 1351-1354.

807. Lorsque la succession est manifestement solvable, le liquidateur peut, après s'être assuré que tous les créanciers et légataires particuliers peuvent être payés, verser des acomptes aux créanciers d'aliments et aux héritiers et légataires particuliers de sommes d'argent. Ces acomptes s'imputent sur la part de ceux qui en bénéficient.

[1991, c. 64, a. 807].

▌ C.C.Q., 776, 804, 808.

causes the will to be probated and takes all the necessary steps for its execution.

[1991, c. 64, a. 803].

804. The liquidator administers the succession. He realizes the property of the succession to the extent necessary to pay the debts and the legacies by particular title.

To do this, he may alienate, alone, movable property that is perishable, likely to depreciate rapidly or expensive to preserve. He may also alienate the other property of the succession with the consent of the heirs or, failing that, the authorization of the court.

[1991, c. 64, a. 804; I.N., 2014-05-01].

805. A liquidator who has an action to bring against the succession gives notice thereof to the Minister of Revenue. The latter acts by virtue of his office as liquidator *ad hoc*, unless the heirs or the court designate another person.

[1991, c. 64, a. 805; 2005, c. 44, s. 54].

806. If the liquidation takes longer than one year, the liquidator shall, at the end of the first year, and at least once a year thereafter, render an annual account of management to the heirs, creditors and legatees by particular title who have not been paid.

[1991, c. 64, a. 806].

807. Where the succession is manifestly solvent, the liquidator, after ascertaining that all the creditors and legatees by particular title can be paid, may pay advances to the creditors of support and to the heirs and legatees by particular title of sums of money. The advances are imputed to the shares of those who receive them.

[1991, c. 64, a. 807; I.N., 2014-05-01].

Chapitre III —— **Du paiement des dettes et des legs particuliers**	**Chapter III** —— **Payment of debts and of legacies by particular title**

SECTION I ——
DES PAIEMENTS FAITS PAR LE LIQUIDATEUR

SECTION I ——
PAYMENTS BY THE LIQUIDATOR

808. Si les biens de la succession sont suffisants pour payer tous les créanciers et légataires particuliers et pourvu qu'une provision soit faite pour payer les créances qui font l'objet d'une instance, le liquidateur paie les créanciers et les légataires particuliers connus, au fur et à mesure qu'ils se présentent.

Il paie les comptes usuels d'entreprises de services publics et il rembourse les dettes qui demeurent payables à terme, au fur et à mesure de leur exigibilité ou suivant les modalités convenues.

[1991, c. 64, a. 808].

■ C.C.Q., 776, 781, 804, 807-814, 817.

808. If the property of the succession is sufficient to pay all the creditors and all the legatees by particular title and if provision is made to pay the claims that are the subject of proceedings, the liquidator pays the known creditors and known legatees by particular title as and when they present themselves.

The liquidator pays the ordinary public utility bills and pays the outstanding debts as and when they become due or according to the agreed terms and conditions.

[1991, c. 64, a. 808].

809. Le liquidateur paie, comme toute autre dette de la succession, la prestation compensatoire du conjoint survivant et toute autre créance résultant de la liquidation des droits patrimoniaux des époux ou conjoints unis civilement, suivant ce que conviennent entre eux les héritiers, les légataires particuliers et le conjoint ou, s'ils ne s'entendent pas, suivant ce que détermine le tribunal.

[1991, c. 64, a. 809; 2002, c. 6, a. 43].

■ C.C.Q., 414-430, 776, 778, 807-814, 2928.

809. The liquidator pays, in the same manner as any other debt of the succession, the compensatory allowance to the surviving spouse and any other claim resulting from the liquidation of the patrimonial rights of the married or civil union spouses, as agreed between the heirs, the legatees by particular title and the spouse or, failing such agreement, as determined by the court.

[1991, c. 64, a. 809; 2002, c. 6, s. 43; I.N., 2014-05-01].

810. Lorsque la solvabilité de la succession n'est pas manifeste, le liquidateur ne peut payer les dettes de cette dernière ni les legs particuliers, avant l'expiration d'un délai de soixante jours à compter de l'inscription de l'avis de clôture de l'inventaire ou depuis la dispense d'inventaire.

Il peut toutefois, si les circonstances l'exigent, payer avant l'expiration de ce délai

810. Where the succession is not manifestly solvent, the liquidator may not pay the debts of the succession or the legacies by particular title until the expiry of sixty days from registration of the notice of closure of inventory or from the exemption from making an inventory.

The liquidator may pay the ordinary public utility bills and the debts in urgent need of

les comptes usuels d'entreprises de services publics et les dettes dont le paiement revêt un caractère d'urgence.

[1991, c. 64, a. 810].

▌ C.C.Q., 776, 795, 799, 807-814.

payment before the expiry of that time, however, if circumstances require it.

[1991, c. 64, a. 810].

811. Si les biens de la succession sont insuffisants, le liquidateur ne peut payer aucune dette ou legs particulier avant d'en avoir dressé un état complet, donné avis aux intéressés et fait homologuer par le tribunal une proposition de paiement dans laquelle, s'il y a lieu, une provision est prévue pour acquitter un jugement éventuel.

[1991, c. 64, a. 811].

▌ C.C.Q., 776, 804, 807-814; C.P.C., 885.

811. If the property of the succession is insufficient, the liquidator may not pay any debt or legacy by particular title before drawing up a full statement thereof, giving notice to the interested persons and obtaining homologation by the court of a payment proposal which contains a provision for a reserve for the payment of any potential judgment.

[1991, c. 64, a. 811; I.N., 2014-05-01].

812. En cas d'insuffisance des biens de la succession et conformément à sa proposition de paiement, le liquidateur paie d'abord les créanciers prioritaires ou hypothécaires, suivant leur rang; il paie ensuite les autres créanciers, sauf pour leur créance alimentaire et, s'il ne peut les rembourser entièrement, il les paie en proportion de leur créance.

Si, ces créanciers étant payés, il reste des biens, le liquidateur paie les créanciers d'aliments, en proportion de leur créance s'il ne peut les payer entièrement; il paie ensuite les légataires particuliers.

[1991, c. 64, a. 812].

▌ C.C.Q., 809, 811, 813, 814, 1369; D.T., 43.

812. Where the property of the succession is insufficient, the liquidator, in accordance with his payment proposal, first pays the prior or hypothecary creditors, according to their rank; next, he pays the other creditors, except with regard to their claims for support, and, if he is unable to repay them fully, he pays them in proportion to their claims.

If property remains after the creditors have been paid, the liquidator pays the creditors of support, in proportion to their claims if he is unable to pay them fully, and he then pays the legatees by particular title.

[1991, c. 64, a. 812; I.N., 2014-05-01].

813. Le liquidateur peut aliéner un bien légué à titre particulier ou réduire les legs particuliers si les autres biens sont insuffisants pour payer toutes les dettes.

L'aliénation ou la réduction se fait dans l'ordre et suivant les proportions dont les légataires conviennent. À défaut d'accord, le liquidateur réduit d'abord les legs qui n'ont aucune préférence en vertu du testament et qui ne portent pas sur un bien individualisé, en proportion de leur valeur; en cas d'insuffisance, il aliène l'objet des legs de biens individualisés, puis l'objet des legs qui ont la préférence, ou réduit ces legs proportionnellement à leur valeur.

813. The liquidator may alienate property bequeathed as legacies by particular title or reduce the legacies by particular title if the other property of the succession is insufficient to pay all the debts.

The alienation or reduction is effected in the order and in the proportions agreed by the legatees. Failing agreement, the liquidator first reduces the legacies not having preference under the will nor involving determined things, in proportion to their value. Where the property is still insufficient, he alienates the objects of legacies of determined things, then the objects of legacies having preference, or reduces such legacies in proportion to their value.

Les légataires peuvent toujours convenir d'un autre mode de règlement ou se libérer en faisant remise de leur legs ou de sa valeur.

[1991, c. 64, a. 813].

▮ C.C.Q., 769, 776, 809, 812, 814, 833.

The legatees may always agree to another mode of settlement or be relieved by giving back their legacies or equivalent value.

[1991, c. 64, a. 813; I.N., 2014-05-01].

814. Si les biens de la succession sont insuffisants pour payer tous les légataires particuliers, le liquidateur, suivant sa proposition de paiement, paie d'abord ceux qui ont la préférence aux termes du testament, puis les légataires d'un bien individualisé; les autres légataires subissent ensuite la réduction proportionnelle de leur legs et le partage du solde des biens se fait entre eux en proportion de la valeur de chaque legs.

[1991, c. 64, a. 814].

▮ C.C.Q., 811-813, 833.

814. If the property of the succession is insufficient to pay all the legatees by particular title, the liquidator, in accordance with his payment proposal, first pays those having preference under the will and then the legatees of an individual property. The other legatees then have their legacies reduced proportionately, and the remainder is partitioned among them in proportion to the value of each legacy.

[1991, c. 64, a. 814; I.N., 2014-05-01].

SECTION II —
DES RECOURS DES CRÉANCIERS ET
LÉGATAIRES PARTICULIERS

SECTION II —
ACTION OF CREDITORS AND LEGATEES
BY PARTICULAR TITLE

815. Les créanciers et légataires particuliers connus qui ont été omis dans les paiements faits par le liquidateur ont, outre leur recours en responsabilité contre ce dernier, un recours contre les héritiers qui ont reçu des acomptes et contre les légataires particuliers payés à leur détriment.

Subsidiairement, les créanciers ont aussi un recours contre les autres créanciers en proportion de leurs créances, compte tenu des causes de préférence.

[1991, c. 64, a. 815].

▮ C.C.Q., 776, 777, 807-814, 816, 818; C.P.C., 110.

815. Known creditors and legatees by particular title who have been omitted in the payments made by the liquidator have, in addition to their action in liability against the liquidator, an action against the heirs who have received advances and against the legatees by particular title paid to their detriment.

Subsidiarily, the creditors also have an action against the other creditors in proportion to their claims, taking into account the causes of preference.

[1991, c. 64, a. 815; I.N., 2014-05-01].

816. Les créanciers et légataires particuliers qui, demeurés inconnus, ne se présentent qu'après les paiements régulièrement effectués, n'ont de recours contre les héritiers qui ont reçu des acomptes et contre les légataires particuliers payés à leur détriment, que s'ils justifient d'un motif sérieux pour n'avoir pu se présenter en temps utile.

En tout état de cause, ils n'ont aucun re-

816. Creditors and legatees by particular title who, remaining unknown, do not present themselves until after the payments have been regularly made have no action against the heirs who have received advances and against the legatees by particular title paid to their detriment unless they prove that they had a serious reason for not presenting themselves in due time.

In no case do they have an action if they

cours s'ils se présentent après l'expiration d'un délai de trois ans depuis la décharge du liquidateur, ni aucune préférence par rapport aux créanciers personnels des héritiers ou légataires.

[1991, c. 64, a. 816].

■ C.C.Q., 807-815, 819, 822; C.P.C., 110.

817. En cas d'insuffisance de la provision prévue dans une proposition de paiement, le créancier a, pour le paiement de sa part de créance restée impayée, un recours contre les héritiers qui ont reçu des acomptes et les légataires particuliers jusqu'à concurrence de ce qu'ils ont reçu et, subsidiairement, contre les autres créanciers en proportion de leur créance, compte tenu des causes de préférence.

[1991, c. 64, a. 817].

■ C.C.Q., 807, 810, 811.

818. Le créancier hypothécaire dont la créance demeure impayée conserve, outre son recours personnel, ses droits hypothécaires contre celui qui a reçu le bien grevé d'hypothèque.

[1991, c. 64, a. 818].

■ C.C.Q., 2749.

Chapitre IV ——
De la fin de la liquidation

SECTION I ——
DU COMPTE DU LIQUIDATEUR

819. La liquidation est achevée lorsque les créanciers et légataires particuliers connus ont été payés ou que le paiement de leurs créances et legs est autrement réglé, ou pris en charge par des héritiers ou des légataires particuliers. Elle l'est aussi lorsque l'actif est épuisé.

Elle prend fin par la décharge du liquidateur.

[1991, c. 64, a. 819].

■ C.C.Q., 776, 820, 822; C.P.C., 532-539.

present themselves after the expiry of three years from the discharge of the liquidator, or any preference over the personal creditors of the heirs or legatees.

[1991, c. 64, a. 816].

817. Where the reserve provided for in a payment proposal is insufficient, the creditor has, for the payment of his share of the outstanding claim, an action against the heirs who have received advances and legatees by particular title up to the amount they received and, subsidiarily, an action against the other creditors, in proportion to their claims, taking into account the causes of preference.

[1991, c. 64, a. 817; I.N., 2014-05-01].

818. A hypothecary creditor who has an outstanding claim retains, in addition to his personal action, his hypothecary rights against the person who received the hypothecated property.

[1991, c. 64, a. 818; I.N., 2014-05-01].

Chapter IV ——
End of liquidation

SECTION I ——
ACCOUNT OF THE LIQUIDATOR

819. Liquidation is complete when the known creditors and the known legatees by particular title have been paid or when payment of their claims and legacies is otherwise settled or assumed by heirs or legatees by particular title. It is also complete when the assets are exhausted.

It ends by the discharge of the liquidator.

[1991, c. 64, a. 819; I.N., 2014-05-01].

820. Le compte définitif du liquidateur a pour objet de déterminer l'actif net ou le déficit de la succession.

Il indique les dettes et legs restés impayés, ceux garantis par une sûreté ou pris en charge par des héritiers ou légataires particuliers, et ceux dont le paiement est autrement réglé, et il précise pour chacun le mode de paiement. Il établit, le cas échéant, les provisions nécessaires pour exécuter les jugements éventuels.

Le liquidateur doit, si le testament ou la majorité des héritiers le requiert, joindre à son compte une proposition de partage.

[1991, c. 64, a. 820].

820. The object of the final account of the liquidator is to determine the net assets or the deficit of the succession.

The final account indicates the debts and legacies left unpaid, those guaranteed by security or assumed by heirs or legatees by particular title and those whose payment is settled otherwise, specifying the mode of payment for each. Where applicable, it establishes the reserves needed for the satisfaction of potential judgments.

The liquidator shall append a proposal for partition to his account if that is required by the will or the majority of the heirs.

[1991, c. 64, a. 820; I.N., 2014-05-01].

▮ C.C.Q., 779, 816, 819, 822, 836, 838, 1363; C.P.C., 532-539.

---

821. Le liquidateur peut, en tout temps et de l'agrément de tous les héritiers, rendre compte à l'amiable†. Les frais de la reddition de compte sont à la charge de la succession.

Si le compte ne peut être rendu à l'amiable, la reddition de compte a lieu en justice.

[1991, c. 64, a. 821].

821. The liquidator, at any time and with the concurrence of all the heirs, may render an amicable account without judicial formalities†. The cost of rendering the account is borne by the succession.

If an amicable account cannot be rendered, the account is rendered in court.

[1991, c. 64, a. 821].

Note : Comp. a. 678 C.c.B.C. et O.R.C.C., Livre III, a. 137. Le souci de précision exprimé par l'ancien Code (« à l'amiable et sans formalités de justice ») et par l'Office de révision n'a pas eu de suite dans le texte français du Code actuel. / Comp. a. 678 C.C.L.C. and C.C.R.O., Book III, a. 137. The manner in which this rule was rendered precise in the former Code ("*à l'amiable et sans formalités de justice*") and in the draft of the Civil Code Revision Office has not been carried forward in the French text of the present Code.

▮ C.C.Q., 820, 1363; C.P.C., 532-539.

---

822. Après l'acceptation du compte définitif, le liquidateur est déchargé de son administration et fait délivrance des biens aux héritiers.

La clôture du compte est publiée au registre des droits personnels et réels mobiliers au moyen de l'inscription d'un avis qui identifie le défunt et indique le lieu où le compte peut être consulté.

[1991, c. 64, a. 822].

822. After acceptance of the final account, the liquidator is discharged of his administration and delivers the property to the heirs.

Closure of the account is published in the register of personal and movable real rights by registration of a notice identifying the deceased and indicating the place where interested persons may consult the account.

[1991, c. 64, a. 822; I.N., 2014-05-01].

▮ C.C.Q., 795, 812, 819, 820, 837, 838, 1330, 1363, 1369, 2938, 2969, 2983.

SECTION II —
OBLIGATIONS OF HEIRS AND LEGATEES
BY PARTICULAR TITLE AFTER
LIQUIDATION

SECTION II —
DE L'OBLIGATION DES HÉRITIERS ET
LÉGATAIRES PARTICULIERS APRÈS LA
LIQUIDATION

SECTION II —
OBLIGATIONS OF HEIRS AND LEGATEES
BY PARTICULAR TITLE AFTER
LIQUIDATION

823. L'héritier venant seul à la succession est tenu, jusqu'à concurrence de la valeur des biens qu'il recueille, de toutes les dettes restées impayées par le liquidateur. Les créanciers et légataires particuliers qui ne se présentent qu'après les paiements régulièrement effectués n'ont, toutefois, aucune préférence par rapport aux créanciers personnels de l'héritier.

Lorsque la succession est dévolue à plusieurs héritiers, chacun d'eux n'est tenu de ces dettes qu'en proportion de la part qu'il reçoit en qualité d'héritier, sous réserve des règles relatives aux dettes indivisibles.
[1991, c. 64, a. 823].

823. The sole heir to a succession is liable, up to the value of the property he takes, for all the debts not paid by the liquidator. However, the creditors and legatees by particular title who do not present themselves until after the payments have been regularly made have no preference over the personal creditors of the heir.

Where a succession devolves to several heirs, each of them is liable for the debts only in proportion to the share he receives as an heir, subject to the rules governing indivisible debts.
[1991, c. 64, a. 823].

▌ C.C.Q., 619, 625, 739, 780-782, 784, 807-814, 819, 826-829, 833-835, 1518-1520, 1540, 2742, 2900-2903.

824. Le légataire à titre universel de l'usufruit est, envers les créanciers, seul tenu des dettes restées impayées par le liquidateur, même du capital, en proportion de ce qu'il reçoit, et aussi des hypothèques grevant tout bien qu'il a reçu.

Entre lui et le nu-propriétaire, la contribution aux dettes s'établit d'après les règles prescrites au livre Des biens.
[1991, c. 64, a. 824].

824. The legatee by general title of a usufruct is solely liable to the creditors for the debts left unpaid by the liquidator, even for the capital, proportionately to what he receives, and also for hypothecs charged on any property he has received.

The relative contributions of the legatee by general title of the usufruct and of the bare owner to the debts are established according to the rules prescribed in the Book on Property.
[1991, c. 64, a. 824].

▌ C.C.Q., 625, 733, 833, 1119-1121, 1156-1158.

825. Le légataire à titre universel de l'usufruit de la totalité de la succession est, sans recours contre le nu-propriétaire, tenu au paiement des rentes ou pensions† établies par le testateur.
[1991, c. 64, a. 825].

825. The legatee by general title of a usufruct of the entire succession is, without recourse against the bare owner, liable for payment of any annuities or support† established by the testator.
[1991, c. 64, a. 825].

▌ C.C.Q., 733, 1156, 2367-2388.

826. Les héritiers sont tenus, comme pour le paiement des dettes, au paiement des legs particuliers restés impayés par le

826. The heirs are liable, as in the case of payment of the debts, for payment of the legacies by particular title left unpaid by

liquidateur, mais ils ne sont jamais tenus au-delà de la valeur des biens qu'ils recueillent.

Toutefois, si un legs est imposé en particulier à un héritier, le recours du légataire particulier ne s'étend pas aux autres.
[1991, c. 64, a. 826].

the liquidator, but never for more than the value of the property they take.

If a legacy is imposed on a specific heir, however, the action of the legatee by particular title does not lie against the others.
[1991, c. 64, a. 826].

❚ C.C.Q., 619, 739, 776, 780, 782, 807-814, 823, 1519, 1656, 2907; D.T., 43.

827. Les légataires particuliers ne sont tenus au paiement des dettes et des legs restés impayés par le liquidateur qu'en cas d'insuffisance des biens échus aux héritiers.

Lorsqu'un legs particulier est fait conjointement à plusieurs légataires, chacun d'eux n'est tenu des dettes et des legs qu'en proportion de sa part dans le bien légué, sous réserve des règles relatives aux dettes indivisibles.
[1991, c. 64, a. 827].

827. The legatees by particular title are liable for payment of the debts and legacies left unpaid by the liquidator only where the property devolving to the heirs is insufficient.

Where a legacy by particular title is made jointly to several legatees, each of them is liable for the debts and legacies only in proportion to his share in the bequeathed property, subject to the rules on indivisible debts.
[1991, c. 64, a. 827; I.N., 2014-05-01].

❚ C.C.Q., 619, 732-734, 739, 756, 812, 813, 818, 833, 1519, 1520, 1540.

828. Lorsqu'un legs particulier comprend une universalité d'actif et de passif, le légataire est seul tenu au paiement des dettes qui se rattachent à cette universalité, sous réserve du recours subsidiaire des créanciers contre les héritiers et les autres légataires particuliers en cas d'insuffisance des biens de l'universalité.
[1991, c. 64, a. 828].

828. When a legacy by particular title includes a universality of assets and liabilities, the legatee is solely liable for payment of the debts connected with the universality, subject to the subsidiary action of the creditors against the heirs and the other legatees by particular title where the property of the universality is insufficient.
[1991, c. 64, a. 828].

❚ C.C.Q., 812, 827.

829. L'héritier ou le légataire particulier, qui a payé une portion des dettes et des legs supérieure à sa part, a un recours contre ses cohéritiers ou colégataires pour le remboursement de ce qui excédait sa part. Il ne peut, toutefois, l'exercer que pour la part que chacun d'eux aurait dû personnellement supporter, même s'il est subrogé dans les droits de celui qui a été payé.
[1991, c. 64, a. 829].

829. An heir or a legatee by particular title who has paid part of the debts and legacies in excess of his share has an action against his coheirs or colegatees for the reimbursement of the excess over his share. His action lies, however, only for the share that each of them ought to have paid individually, even if he is subrogated to the rights of the person who was paid.
[1991, c. 64, a. 829].

❚ C.C.Q., 823, 827, 830, 833-835.

830. En cas d'insolvabilité d'un cohéritier ou d'un colégataire, sa part dans le paiement des dettes ou dans la réduction des

830. If one of the coheirs or colegatees is insolvent, his share in the payment of the debts or in the reduction of the legacies is

legs est répartie entre ses cohéritiers ou colégataires en proportion de leur part respective, à moins que l'un des cohéritiers ou colégataires n'accepte d'en supporter la totalité.

[1991, c. 64, a. 830].

❚ C.C.Q., 823, 827, 829, 893, 1538.

divided among his coheirs or colegatees in proportion to their respective shares, unless one of the coheirs or colegatees agrees to bear the entire amount.

[1991, c. 64, a. 830].

831. L'usufruit constitué sur un bien légué est supporté sans recours par le légataire de la nue-propriété.

De même, la servitude est supportée sans recours par le légataire du bien grevé.

[1991, c. 64, a. 831].

❚ C.C.Q., 824, 825, 1120, 1121, 1177, 1181.

831. A usufruct established on bequeathed property is borne without recourse by the legatee of the bare ownership.

Similarly, a servitude is borne without recourse by the legatee of the property charged with it.

[1991, c. 64, a. 831].

832. Lorsque les recours des créanciers ou légataires particuliers impayés sont exercés avant le partage, il doit être tenu compte, dans la composition des lots, des recours des héritiers ou légataires, contre leurs cohéritiers ou colégataires pour ce qu'ils ont payé en excédent de leur part.

Lorsque les recours des créanciers ou légataires impayés sont exercés après le partage, ceux des héritiers ou légataires qui ont payé plus que leur part ont lieu, le cas échéant, suivant les règles applicables à la garantie des copartageants, sauf stipulation contraire dans l'acte de partage.

[1991, c. 64, a. 832].

❚ C.C.Q., 816, 823-848, 889-894.

832. Where the rights of action of the unpaid creditors or legatees by particular title are exercised before partition, account shall be taken, in the composition of the shares, of the actions of the heirs or legatees against their coheirs or colegatees for the amounts they paid in excess of their shares.

Where the rights of action of the unpaid creditors or legatees are exercised after partition, those of the heirs or legatees who paid more than their share are exercised, where such is the case, according to the rules applicable to the warranty of co-partitioners, unless the act of partition stipulates otherwise.

[1991, c. 64, a. 832].

833. Le testateur peut changer, entre ses héritiers et légataires particuliers, le mode et les proportions d'après lesquels la loi les rend responsables du paiement des dettes et leur impose la réduction des legs.

Ces modifications sont inopposables aux créanciers; elles n'ont d'effet qu'entre les héritiers et légataires particuliers.

[1991, c. 64, a. 833].

❚ C.C.Q., 808-814, 823-835.

833. The testator may change the manner and proportion in which the law holds his heirs and legatees by particular title liable for payment of the debts and imposes reduction of the legacies on them.

The changes may not be set up against the creditors; they have effect only between the heirs and the legatees by particular title.

[1991, c. 64, a. 833; I.N., 2014-05-01].

834. L'héritier qui a assumé le paiement des dettes de la succession au-delà des biens qu'il a recueille ou celui qui y est tenu peut être contraint sur ses biens personnels pour sa part des dettes restées impayées.

[1991, c. 64, a. 834].

▌C.C.Q., 625, 779, 782, 799-801, 823, 833, 835.

834. An heir having assumed payment of the debts of the succession beyond the value of the property he takes or being liable for them may be held liable on his personal property for his share of the debts left unpaid.

[1991, c. 64, a. 834].

835. L'héritier qui a assumé le paiement des dettes de la succession ou celui qui y est tenu en vertu des règles du présent titre peut, s'il était de bonne foi, demander au tribunal de réduire son obligation ou de limiter sa responsabilité à la valeur des biens qu'il a recueillis; il le peut, entre autres, s'il découvre des faits nouveaux ou s'il se présente un créancier dont il ne pouvait connaître l'existence au moment où il s'est obligé, lorsque de tels événements ont pour effet de modifier substantiellement l'étendue de son obligation.

[1991, c. 64, a. 835].

▌C.C.Q., 829, 834; D.T., 45.

835. An heir having assumed payment of the debts of the succession or being liable for them under the rules of this Title may, if he was in good faith, apply to the court to have his obligation reduced or his liability limited to the value of the property he has taken if new circumstances substantially change the extent of his obligation, including, but not limited to, his discovery of new facts, or the coming forward of a creditor of whose existence he could not have been aware when he assumed the obligation.

[1991, c. 64, a. 835; I.N., 2014-05-01].

Titre 6
Du partage de la succession

Title 6
Partition of successions

Chapitre I
Du droit au partage

Chapter I
Right to partition

836. Le partage ne peut avoir lieu ni être exigé avant la fin de la liquidation.

[1991, c. 64, a. 836].

▌C.C.Q., 776-779, 819, 820, 822, 837-844, 849-864, 867, 884, 895, 1013, 1030, 1037.

836. Partition may not take place or be applied for before the liquidation is terminated.

[1991, c. 64, a. 836].

837. Le testateur peut, pour une cause sérieuse et légitime, ordonner que le partage soit totalement ou partiellement différé pendant un temps limité. Il peut aussi ordonner que le partage soit différé si, pour parfaire l'exécution de ses volontés, les pouvoirs et obligations du liquidateur doivent continuer à s'exercer à un autre titre.

[1991, c. 64, a. 837].

▌C.C.Q., 200-255, 778, 836, 839-844, 849, 1012-1037, 1274-1370; D.T., 46.

837. The testator, for a serious and legitimate reason, may order partition wholly or partly deferred for a limited time. He may also order it deferred if, to carry out his intentions fully, it is necessary that the powers and obligations of the liquidator continue to be held under another title.

[1991, c. 64, a. 837].

838. Si tous les héritiers sont d'accord, le partage se fait suivant la proposition jointe au compte définitif du liquidateur ou de la manière qu'ils jugent la meilleure.

En cas de désaccord entre les héritiers, il ne peut avoir lieu que dans les conditions fixées au chapitre deuxième et dans les formes requises par le *Code de procédure civile* (chapitre C-25).

[1991, c. 64, a. 838].

838. If all the heirs agree, partition is made in accordance with the proposal appended to the final account of the liquidator; otherwise, partition is made as they see best.

If the heirs disagree, partition may not take place except under the conditions set out in Chapter II and in the forms required by the *Code of Civil Procedure* (chapter C-25).

[1991, c. 64, a. 838; 1991, c. 64].

■ C.C.Q., 86, 87, 208, 213, 286, 287, 619, 738, 739, 820, 822, 836, 837, 839-844, 846, 849-866, 1301-1305, 1363; D.T., 46; C.P.C., 809-811.

839. Malgré une demande de partage, l'indivision peut être maintenue à l'égard d'une entreprise à caractère familial dont l'exploitation était assurée par le défunt, ou à l'égard des parts sociales, actions ou autres valeurs mobilières liées à l'entreprise dans le cas où le défunt en était le principal associé ou actionnaire.

[1991, c. 64, a. 839].

839. Notwithstanding an application for partition, indivision may be maintained in respect of a family enterprise that had been operated by the deceased, or of the shares or other securities connected with the enterprise where the deceased was the principal partner or shareholder.

[1991, c. 64, a. 839; I.N., 2014-05-01].

■ C.C.Q., 401, 836, 838, 840-842, 844-846, 849, 856-858, 1030, 1525; D.T., 46.

840. L'indivision peut aussi être maintenue à l'égard de la résidence familiale ou des meubles qui servent à l'usage du ménage, même dans le cas où un droit de propriété, d'usufruit ou d'usage est attribué au conjoint survivant qui était lié au défunt par mariage ou union civile.

[1991, c. 64, a. 840; 2002, c. 6, a. 44].

840. Indivision may also be maintained in respect of the family residence or of movable property serving for the use of the household, even where a right of ownership, usufruct or use is granted to the surviving married or civil union spouse.

[1991, c. 64, a. 840; 2002, c. 6, s. 44; I.N., 2014-05-01].

■ C.C.Q., 401, 419, 420, 429, 841, 842, 844, 845, 856, 857, 1030, 1120, 1172; D.T., 46.

841. Le maintien de l'indivision peut être demandé au tribunal par tout héritier qui, avant le décès, participait activement à l'exploitation de l'entreprise ou demeurait dans la résidence familiale.

[1991, c. 64, a. 841].

841. An heir who before the death actively participated in the operation of the enterprise or lived in the family residence may apply to the court for the maintenance of the indivision.

[1991, c. 64, a. 841; I.N., 2014-05-01].

■ C.C.Q., 619, 739, 1525; D.T., 46; C.P.C., 809.

842. Lorsqu'il statue sur une demande visant à maintenir l'indivision, le tribunal prend en considération les dispositions testamentaires et les intérêts en présence, ainsi que les moyens de subsistance que la famille et les héritiers retirent des biens indivis; en tout état de cause, les conven-

842. When deciding an application for the maintenance of indivision, the court takes into account the testamentary provisions, as well as the existing interests and means of livelihood which the family and the heirs derive from the undivided property; in all cases, the agreements among the

tions entre associés ou actionnaires auxquelles le défunt était partie sont respectées.

[1991, c. 64, a. 842].

▌ C.C.Q., 839-841, 843, 844; D.T., 46.

partners or shareholders to which the deceased was a party are respected.

[1991, c. 64, a. 842; I.N., 2014-05-01].

843. À la demande d'un héritier, le tribunal peut, afin d'éviter une perte, surseoir au partage immédiat de tout ou partie des biens et maintenir l'indivision à leur égard.

[1991, c. 64, a. 843].

▌ C.C.Q., 839, 840, 844-846, 1032; D.T., 46.

843. On the application of an heir, the court may, to avoid a loss, stay the immediate partition of the whole or part of the property and maintain indivision in respect of it.

[1991, c. 64, a. 843; I.N., 2014-05-01].

844. Le maintien de l'indivision a lieu aux conditions fixées par le tribunal; il ne peut, cependant, être accordé pour une durée supérieure à cinq ans, sauf l'accord de tous les intéressés.

Il peut être renouvelé jusqu'au décès de l'époux ou du conjoint uni civilement ou jusqu'à la majorité du plus jeune enfant du défunt.

[1991, c. 64, a. 844; 2002, c. 6, a. 45].

▌ C.C.Q., 619, 739, 836, 845, 1012-1037; D.T., 46.

844. Maintenance of indivision takes place upon the conditions fixed by the court but may not be granted for a duration of more than five years except with the agreement of all the interested persons.

It may be renewed until the death of the married or civil union spouse or until the majority of the youngest child of the deceased.

[1991, c. 64, a. 844; 2002, c. 6, s. 45; I.N., 2014-05-01].

845. Le tribunal peut ordonner le partage lorsque les causes ayant justifié le maintien de l'indivision ont cessé, ou que l'indivision est devenue intolérable ou présente de grands risques pour les héritiers.

[1991, c. 64, a. 845].

▌ C.C.Q., 836, 837, 839, 840, 843, 844, 1030; D.T., 46; C.P.C., 809.

845. The court may order partition where the causes that justified the maintenance of indivision have ceased or where indivision has become intolerable or presents too great a risk for the heirs.

[1991, c. 64, a. 845; I.N., 2014-05-01].

846. Si la demande de maintien de l'indivision ne vise qu'un bien en particulier ou un ensemble de biens, rien n'empêche de procéder au partage du résidu des biens de la succession. Par ailleurs, les héritiers peuvent toujours satisfaire celui qui s'oppose au maintien de l'indivision en lui payant eux-mêmes sa part ou en lui attribuant, après évaluation, certains autres biens de la succession.

[1991, c. 64, a. 846].

▌ C.C.Q., 839, 840, 843, 1033, 1034; D.T., 46.

846. If an application for the maintenance of indivision contemplates a particular item of property or a group of properties, nothing prevents proceeding with the partition of the residue of the property of the succession. Furthermore, the heirs may always satisfy an heir who objects to the maintenance of indivision by paying his share themselves or granting him, after evaluation, other property of the succession.

[1991, c. 64, a. 846; I.N., 2014-05-01].

847. Celui qui n'a droit qu'à la jouissance d'une part des biens indivis ne peut participer qu'à un partage provisionnel.

[1991, c. 64, a. 847].

❚ D.T., 46.

848. Tout héritier peut écarter du partage une personne qui n'est pas un héritier et à laquelle un autre héritier aurait cédé son droit à la succession, moyennant le remboursement de la valeur de ce droit à l'époque du retrait et des frais acquittés lors de la cession.

[1991, c. 64, a. 848].

❚ C.C.Q., 619, 641, 739, 1022, 1779.

847. A person entitled to enjoyment of only a share of the undivided property may only participate in a provisional partition.

[1991, c. 64, a. 847; I.N., 2014-05-01].

848. Every heir may exclude from the partition a person who is not an heir but to whom another heir transferred his right in the succession, by paying him the value of the right as at the time of the withdrawal and his disbursements for costs related to the transfer.

[1991, c. 64, a. 848; I.N., 2014-05-01].

Chapitre II — Des modalités† du partage

SECTION I — DE LA COMPOSITION DES LOTS

Chapter II — Modes† of partition

SECTION I — COMPOSITION OF SHARES

849. Le partage peut comprendre tous les biens indivis ou une partie seulement de ces biens.

Le partage d'un immeuble est réputé effectué, même s'il laisse subsister des parties communes impartageables ou destinées à rester dans l'indivision.

[1991, c. 64, a. 849].

❚ C.C.Q., 846, 884, 1010, 2847; D.T., 46.

849. Partition may include all or only part of the undivided property.

Partition of an immovable is deemed to have been carried out even if parts remain which are common and indivisible or which are intended to remain undivided.

[1991, c. 64, a. 849].

850. Si les parts sont égales, on compose autant de lots qu'il y a d'héritiers ou de souches copartageantes.

Si les parts sont inégales, on compose autant de lots qu'il est nécessaire pour permettre le tirage au sort.

[1991, c. 64, a. 850].

❚ C.C.Q., 838, 852, 853; D.T., 46; C.P.C., 809-811.

850. If the undivided shares are equal, as many shares are composed as there are heirs or partitioning roots.

If the undivided shares are unequal, as many shares are composed as necessary to allow a drawing of lots.

[1991, c. 64, a. 850].

851. Dans la composition des lots, il doit être tenu compte des dispositions testamentaires, notamment de celles mettant à la charge de certains héritiers le paiement de dettes ou de legs, ainsi que des recours qu'ont entre eux les héritiers pour ce qu'ils ont payé en excédent de leur part; il doit

851. In composing the shares, account shall be taken of the testamentary provisions, particularly those charging certain heirs with payment of debts or legacies, as well as the rights of action the heirs have against each other for the amounts they paid in excess of their shares; account

être aussi tenu compte des droits du conjoint survivant qui était lié au défunt par mariage ou union civile, des demandes d'attribution par voie de préférence, des oppositions et, le cas échéant, des provisions de fonds pour exécuter les jugements éventuels.

Peuvent aussi être prises en considération, entre autres, les incidences fiscales de l'attribution, les intentions manifestées par certains héritiers de prendre en charge certaines dettes ou la commodité du mode d'attribution.

[1991, c. 64, a. 851; 2002, c. 6, a. 46].

▮ D.T., 46.

852. Dans la composition des lots, on évite de morceler les immeubles et de diviser les entreprises.

Dans la mesure où le morcellement des immeubles et la division des entreprises peuvent être évités, chaque lot doit, autant que possible, être composé de meubles ou d'immeubles et de droits ou de créances de valeur équivalente.

L'inégalité de valeur des lots se compense par une soulte.

[1991, c. 64, a. 852].

▮ C.C.Q., 746, 839, 840, 2651; D.T., 46.

853. Les indivisaires qui procèdent à un partage amiable composent les lots à leur gré et décident, d'un commun accord, de leur attribution ou de leur tirage au sort.

S'ils estiment nécessaire de procéder à la vente des biens à partager ou de certains d'entre eux, ils fixent également, d'un commun accord, les modalités de la vente.

[1991, c. 64, a. 853].

▮ C.C.Q., 779, 838, 852, 854; D.T., 46; C.P.C., 897-903.

854. À défaut d'accord entre les indivisaires quant à la composition des lots, ceux-ci sont faits par un expert désigné par

shall also be taken of the rights of the surviving married or civil union spouse, the applications for allotment by preference, the objections and, where such is the case, the reserve funds for satisfying potential judgments.

Consideration may also be given to, among other things, the fiscal consequences of the allotments, the intention shown by certain heirs to assume certain debts or the convenience of the mode of allotment.

[1991, c. 64, a. 851; 2002, c. 6, s. 46; I.N., 2014-05-01].

852. In composing the shares, immovables and enterprises should not be divided up.

Insofar as the dividing up of immovables and enterprises can be avoided, each share shall, as far as possible, be composed of movable or immovable property and rights or claims of equivalent value.

Any inequality in the value of the shares is compensated by the payment of an equalizing sum.

[1991, c. 64, a. 852; I.N., 2014-05-01].

853. Heirs in indivision who make an amicable partition compose the shares as they see fit and decide, by mutual agreement, on their allotment or on a drawing of lots for them.

If they consider it necessary to sell all or some of the property to be partitioned, they also set, by mutual agreement, the terms and conditions of sale.

[1991, c. 64, a. 853; I.N., 2014-05-01].

854. If the heirs in indivision fail to agree as to the composition of the shares, the shares are composed by an expert desig-

le tribunal; si le désaccord porte sur leur attribution, les lots sont tirés au sort.

Avant de procéder au tirage, chaque indivisaire est admis à proposer sa réclamation contre leur formation.

[1991, c. 64, a. 854].

■ C.C.Q., 483, 853, 863, 1034; D.T., 46; C.P.C., 885b.

855. Chaque héritier reçoit en nature sa part des biens de la succession; il peut demander qu'on lui attribue, par voie de préférence, un bien ou un lot.

[1991, c. 64, a. 855].

■ C.C.Q., 852, 856-860; D.T., 46.

856. Le conjoint survivant qui était lié au défunt par mariage ou union civile peut, par préférence à tout autre héritier, exiger que l'on place dans son lot la résidence familiale ou les droits qui lui en confèrent l'usage et les meubles qui servent à l'usage du ménage.

Si la valeur des biens excède la part due au conjoint, celui-ci les conserve à charge de soulte.

[1991, c. 64, a. 856; 2002, c. 6, a. 47].

■ C.C.Q., 395, 482, 855, 857, 859, 860; D.T., 46.

857. Sous réserve des droits du conjoint survivant qui était lié au défunt par mariage ou union civile, lorsque plusieurs héritiers demandent qu'on leur attribue, par voie de préférence, l'immeuble qui servait de résidence au défunt, celui qui y résidait a la préférence.

[1991, c. 64, a. 857; 2002, c. 6, a. 48].

■ C.C.Q., 420, 429, 482, 840, 852, 855, 856, 858, 859.

858. Malgré l'opposition ou la demande d'attribution par voie de préférence formée par un autre copartageant, l'entreprise ou les parts sociales, actions ou autres valeurs

nated by the court; if the failure to agree concerns the allotment of the shares, the allotment is made by a drawing of lots.

Before the drawing, each heir in indivision may contest the composition of the shares.

[1991, c. 64, a. 854; I.N., 2014-05-01].

855. Each heir receives his share of the property of the succession in kind, and may apply for the allotment, by preference, of particular property or a share.

[1991, c. 64, a. 855; I.N., 2014-05-01].

856. The surviving married or civil union spouse may, in preference to any other heir, require that the family residence or the rights conferring use of it, together with the movable property serving for the use of the household, be placed in his or her share.

If the value of the property exceeds the share due to the spouse, he or she keeps the property, subject to the payment of an equalizing sum.

[1991, c. 64, a. 856; 2002, c. 6, s. 47; I.N., 2014-05-01].

857. Subject to the rights of the surviving married or civil union spouse, if several heirs apply for the allotment by preference of the immovable that served as the residence of the deceased, preference goes to the person who was residing there.

[1991, c. 64, a. 857; 2002, c. 6, s. 48; I.N., 2014-05-01].

858. Notwithstanding any objection or application for an allotment by preference presented by another co-partitioner, the enterprise, or the shares or other securities

mobilières liées à celle-ci sont attribuées, par préférence, à l'héritier qui participait activement à l'exploitation de l'entreprise au temps du décès.

[1991, c. 64, a. 858].

■ C.C.Q., 839, 841, 852, 855, 857, 859, 1525; D.T., 46.

connected with the enterprise, are allotted by preference to the heir who was actively participating in the operation of the enterprise at the time of the death.

[1991, c. 64, a. 858; I.N., 2014-05-01].

859. Si plusieurs héritiers font valoir le même droit de préférence ou qu'il y ait un différend sur une demande d'attribution, la contestation est tranchée par le sort ou, s'il s'agit d'attribuer la résidence, l'entreprise ou les valeurs mobilières liées à celle-ci, par le tribunal. En ce cas, il est tenu compte, entre autres, des intérêts en présence, des motifs de préférence ou du degré de participation de chacun à l'exploitation de l'entreprise ou à l'entretien de la résidence.

[1991, c. 64, a. 859].

■ C.C.Q., 855, 857, 858, 1525; D.T., 46; C.P.C., 809.

859. If several heirs exercise the same right of preference or if an application for an allotment is contested, the contestation is settled by a drawing of lots or, if it concerns the allotment of the residence, the enterprise or the securities connected with the enterprise, by the court. In this case, account is taken of, among other things, the interests involved, the reasons for the preference of each party or the degree of his participation in the enterprise or in the upkeep of the residence.

[1991, c. 64, a. 859; I.N., 2014-05-01].

860. Lorsque la contestation entre les co-partageants porte sur la détermination ou le paiement d'une soulte, le tribunal la détermine et peut, au besoin, fixer les modalités de garantie et de paiement appropriées aux circonstances.

[1991, c. 64, a. 860].

■ C.C.Q., 855, 859; D.T., 46; C.P.C., 809.

860. Where the contestation among the co-partitioners is over the determination or payment of an equalizing sum, the court determines it and may, if necessary, fix the appropriate terms and conditions of guarantee and payment in the circumstances.

[1991, c. 64, a. 860; I.N., 2014-05-01].

861. Les biens s'estiment d'après leur état et leur valeur au moment du partage.

[1991, c. 64, a. 861].

■ C.C.Q., 695, 852, 863, 897; D.T., 46.

861. The property is appraised according to its condition and value at the time of partition.

[1991, c. 64, a. 861].

862. Si certains biens ne peuvent être commodément partagés ou attribués, les intéressés peuvent décider de procéder à leur vente.

[1991, c. 64, a. 862].

■ C.C.Q., 839-843, 852, 855, 863, 885; D.T., 46; C.P.C., 809, 897-910.

862. If certain property cannot be conveniently partitioned or allotted, the interested persons may decide to sell it.

[1991, c. 64, a. 862].

863. En cas de désaccord entre les intéressés, le tribunal peut, le cas échéant, désigner des experts pour évaluer les biens, ordonner la vente des biens qui ne peuvent être commodément partagés ou attribués et en fixer les modalités, ou encore ordonner

863. If the interested persons cannot agree, the court may, where applicable, designate experts to evaluate the property, order the sale of the property that cannot conveniently be partitioned or allotted and fix the terms and conditions of sale; or it may

de surseoir au partage pour le temps qu'il indique.

[1991, c. 64, a. 863].

∎ C.C.Q., 861, 862; D.T., 46; C.P.C., 809, 897-910.

864. Les créanciers de la succession et d'un héritier peuvent, pour éviter que le partage ne soit fait en fraude de leurs droits, assister au partage et y intervenir à leurs frais.

[1991, c. 64, a. 864].

∎ C.C.Q., 652, 797, 815, 855, 877, 1626, 1631; D.T., 46.

SECTION III —
DE LA REMISE DES TITRES

865. Après le partage, les titres communs à tout ou partie de l'héritage sont remis à la personne choisie par les héritiers pour en être dépositaire, à charge d'en aider les co-partageants, sur demande. En cas de désaccord sur ce choix, il est tranché par le sort.

[1991, c. 64, a. 865].

∎ C.C.Q., 866; D.T., 46.

866. Tout héritier qui en fait la demande peut obtenir, au temps du partage et à frais communs, une copie des titres qui concernent les biens dans lesquels il conserve des droits.

[1991, c. 64, a. 866].

∎ C.C.Q., 865; D.T., 46.

Chapitre III —
Des rapports

SECTION I —
DU RAPPORT DES DONS ET DES LEGS

867. En vue du partage, chaque héritier n'est tenu de rapporter à la masse que ce qu'il a reçu du défunt, par donation ou testament, à charge expresse de rapport.

Le successible qui renonce à la succession ne doit pas le rapport.

[1991, c. 64, a. 867].

order a stay of partition for the time it indicates.

[1991, c. 64, a. 863].

864. In order that the partition not be made in fraud of their rights, the creditors of the succession and those of an heir may be present at the partition and intervene at their own expense.

[1991, c. 64, a. 864; I.N., 2014-05-01].

SECTION III —
DELIVERY OF TITLES

865. After partition, the titles common to all or part of the inheritance are delivered to the person chosen by the heirs to act as depositary, on the condition that he assist the co-partitioners in this matter at their request. Failing agreement on the choice, it is made by a drawing of lots.

[1991, c. 64, a. 865; I.N., 2014-05-01].

866. At partition, any heir who so requests may obtain, at common expense, a copy of the titles to property in which he retains rights.

[1991, c. 64, a. 866; I.N., 2014-05-01].

Chapter III —
Return

SECTION I —
RETURN OF GIFTS AND LEGACIES

867. With a view to partition, each coheir is bound to return to the mass only what he has received from the deceased by gift or by will under an express obligation to return it.

A successor who renounces the succession is under no obligation to make any return.

[1991, c. 64, a. 867].

■ C.C.Q., 619, 739, 869-872, 876, 879; D.T., 47.

868. Le représentant est tenu de rapporter, outre ce à quoi il est lui-même tenu, ce que le représenté aurait eu à rapporter.

Le rapport est dû même si le représentant a renoncé à la succession du représenté.

[1991, c. 64, a. 868].

■ C.C.Q., 657, 659-665, 670, 674, 867, 869.

868. A person who represents another in the succession is bound to return what the person represented would have had to return, in addition to what he is bound to return in his own right.

A return is due even if the person who represents the other has renounced the succession of the person represented.

[1991, c. 64, a. 868].

869. Le rapport ne se fait qu'à la succession du donateur ou du testateur.

Il n'est dû que par le cohéritier à son cohéritier; il n'est dû ni aux légataires particuliers ni aux créanciers de la succession.

[1991, c. 64, a. 869].

■ C.C.Q., 619, 739, 867, 868.

869. A return is made only to the succession of the donor or of the testator.

It is due only from one coheir to another and is not due to the legatees by particular title or to the creditors of the succession.

[1991, c. 64, a. 869].

870. Le rapport se fait en moins prenant.

Est sans effet la disposition imposant à l'héritier le rapport en nature. Toutefois, celui-ci a la faculté de faire le rapport en nature s'il est encore propriétaire du bien et s'il ne l'a pas grevé d'usufruit, de servitude, d'hypothèque ou d'un autre droit réel.

[1991, c. 64, a. 870].

■ C.C.Q., 695, 757, 855, 867-875, 877-879, 882, 1561.

870. A return is made by taking less.

Any provision requiring the heir to make a return in kind is without effect. However, the heir may elect to make the return in kind if he still owns the property, unless he has charged it with a usufruct, servitude, hypothec or other real right.

[1991, c. 64, a. 870; 2002, c. 19, s. 15].

871. Chacun des cohéritiers à qui le rapport en moins prenant est dû prélève sur la masse de la succession des biens de valeur égale au montant du rapport.

Les prélèvements se font, autant que possible, en biens de même nature et qualité que ceux dont le rapport est dû.

Si les prélèvements ne peuvent se faire ainsi, l'héritier rapportant peut verser la valeur† en numéraire du bien reçu ou laisser chacun des cohéritiers prélever d'autres biens de valeur équivalente dans la masse.

[1991, c. 64, a. 871].

■ C.C.Q., 420, 429, 482, 839-844, 850, 852, 856, 870, 872.

871. Each coheir to whom a return by taking less is due pre-takes from the mass of the succession property equal in value to the amount of the return.

As far as possible, pre-takings are made in property of the same kind and quality as the property due to be returned.

If it is impossible to pre-take in the manner described, the heir returning may either pay the cash value of the property received or allow each coheir to pre-take other equivalent† property from the mass.

[1991, c. 64, a. 871].

872. Le rapport en moins prenant peut aussi se faire en imputant au lot de l'héritier la valeur en numéraire du bien reçu.

[1991, c. 64, a. 872].

▌C.C.Q., 780, 871.

872. A return by taking less may also be made by imputing the cash value of the property received to the share of the heir.

[1991, c. 64, a. 872; I.N., 2014-05-01].

873. Sauf disposition contraire de la donation ou du testament, l'évaluation du bien donné qui est rapporté en moins prenant se fait au moment du partage, si le bien se trouve encore entre les mains de l'héritier, ou à la date de l'aliénation, si le bien a été aliéné avant le partage.

Le bien légué et celui qui est resté dans la succession s'évaluent d'après leur état et leur valeur au moment du partage.

[1991, c. 64, a. 873].

▌C.C.Q., 861, 874.

873. Unless otherwise provided in the gift or will, property returned by taking less is valued at the time of partition if it is still in the hands of the heir, or on the date of alienation if it was alienated before partition.

Bequeathed property, and that which remains in the succession, is valued according to its condition and value at the time of partition.

[1991, c. 64, a. 873].

874. La valeur du bien rapporté, en moins prenant ou en nature, doit être diminuée de la plus-value acquise par le bien du fait des impenses ou de l'initiative personnelle du rapportant.

Elle est aussi diminuée du montant des impenses nécessaires.

Réciproquement, la valeur est augmentée de la moins-value résultant du fait du rapportant.

[1991, c. 64, a. 874].

▌C.C.Q., 861, 870, 872, 873, 876, 957.

874. The value of property returned by taking less, or returned in kind, shall be reduced by the increase in value of the property resulting from the disbursements or personal initiative of the heir returning it.

It is also reduced by the amount of the necessary disbursements.

Conversely, the value is increased by the decrease in value resulting from the actions of the heir making the return.

[1991, c. 64, a. 874; I.N., 2014-05-01].

875. L'héritier a le droit de retenir le bien qui doit être rapporté en nature jusqu'au remboursement des sommes qui lui sont dues.

[1991, c. 64, a. 875].

▌C.C.Q., 870, 874, 1591-1593, 2650, 2651.

875. The heir is entitled to retain the property due to be returned in kind until he has been reimbursed the amounts he is owed.

[1991, c. 64, a. 875].

876. L'héritier est tenu au rapport si la perte du bien résulte de son fait; il n'y est pas tenu si la perte résulte d'une force majeure.

Dans l'un ou l'autre cas, si une indemnité lui est versée à raison de la perte du bien, il doit la rapporter.

[1991, c. 64, a. 876].

876. An heir is bound to make a return in regard to property whose loss results from his acts or omissions; he is not bound to do so if the loss results from superior force.

In either case, he shall return any indemnity paid to him for the loss of the property.

[1991, c. 64, a. 876; I.N., 2014-05-01].

▌C.C.Q., 874, 1457, 1470, 1701, 2739.

877. Les copartageants peuvent convenir que soit rapporté en nature un bien grevé d'une hypothèque ou d'un autre droit réel; le rapport se fait alors sans nuire au titulaire de ce droit. L'obligation qui en résulte est mise à la charge du rapportant dans le partage de la succession.

[1991, c. 64, a. 877].

▌C.C.Q., 870.

877. The co-partitioners may agree that property charged with a hypothec or other real right be returned in kind; the return is then made without prejudice to the holder of the right. The obligation resulting therefrom is, in the partition of the succession, borne by the heir who makes the return.

[1991, c. 64, a. 877; I.N., 2014-05-01].

878. Les fruits et revenus du bien donné ou légué, si ce bien est rapporté en nature, ou les intérêts de la somme sujette à rapport sont aussi rapportables, à compter de l'ouverture de la succession.

[1991, c. 64, a. 878].

▌C.C.Q., 743, 867, 870, 883, 1018.

878. The fruits and revenues of the property given or bequeathed, if the property is returned in kind, or the interest on the amount returnable, are also returnable from the opening of the succession.

[1991, c. 64, a. 878].

**SECTION II —
DU RAPPORT DES DETTES**

**SECTION II —
RETURN OF DEBTS**

879. L'héritier venant au partage doit faire rapport à la masse des dettes qu'il a envers le défunt; il doit aussi faire rapport des sommes dont il est débiteur envers ses copartageants du fait de l'indivision.

Ces dettes sont rapportables même si elles ne sont pas échues au moment du partage; elles ne le sont pas si le défunt a stipulé remise de la dette pour prendre effet à l'ouverture de la succession.

[1991, c. 64, a. 879].

▌C.C.Q., 613, 619, 739, 867, 880-883.

879. An heir coming to a partition shall return to the mass the debts he owes to the deceased; he shall also return the amounts he owes to his co-partitioners by reason of the indivision.

These debts are subject to return even if they are not due when partition takes place; they are not subject to return if the testator provided for release therefrom to take effect at the opening of the succession.

[1991, c. 64, a. 879].

880. Si le montant en capital et intérêts de la dette à rapporter excède la valeur de la part héréditaire de l'héritier tenu au rapport, celui-ci reste débiteur de l'excédent et doit en faire le paiement selon les modalités afférentes à la dette.

[1991, c. 64, a. 880].

▌C.C.Q., 879, 883.

880. If the amount in capital and interest of the debt to be returned exceeds the value of the hereditary share of the heir who is bound to make the return, the heir remains indebted for the excess and shall pay it according to the terms and conditions attached to the debt.

[1991, c. 64, a. 880].

881. Si l'héritier tenu au rapport a lui-même une créance à faire valoir, encore qu'elle ne soit pas exigible au moment du

881. If an heir bound to make a return has a claim of his own to make, even though it is not exigible at the time of partition,

partage, il y a compensation et il n'est tenu de rapporter que le solde dont il reste débiteur.

La compensation s'opère aussi si la créance excède la dette et l'héritier reste créancier de l'excédent.

[1991, c. 64, a. 881].

∎ C.C.Q., 879, 1672, 1673.

compensation is effected and he is bound to return only the balance of his debt.

Compensation is also effected if the claim exceeds the debt and the heir remains creditor for the excess.

[1991, c. 64, a. 881; I.N., 2014-05-01].

882. Le rapport a lieu en moins prenant.

Le prélèvement effectué par les cohéritiers ou l'imputation de la somme au lot de l'héritier est opposable aux créanciers personnels de l'héritier tenu au rapport.

[1991, c. 64, a. 882].

∎ C.C.Q., 870, 879, 883.

882. A return is made by taking less.

The pre-taking effected by the coheirs or the imputation of the amount to the share of the heir may be set up against the personal creditors of the heir who is bound to make the return

[1991, c. 64, a. 882; I.N., 2014-05-01].

883. Doit être rapportée la valeur de la dette en capital et intérêts au moment du partage.

La dette rapportable porte intérêt à compter du décès si elle est antérieure au décès, et à compter du jour où elle est née si elle a pris naissance postérieurement au décès.

[1991, c. 64, a. 883].

∎ C.C.Q., 879.

883. A return shall be made of the value of the debt in capital and interest at the time of partition.

A returnable debt bears interest from the death if it precedes the death and from the date when it arose if it arose after death.

[1991, c. 64, a. 883].

Chapitre IV ——
Des effets du partage

Chapter IV ——
Effects of partition

SECTION I ——
DE L'EFFET DÉCLARATIF DU PARTAGE

SECTION I ——
THE DECLARATORY EFFECT OF
PARTITION

884. Le partage est déclaratif de propriété.

Chaque copartageant est réputé avoir succédé, seul et immédiatement†, à tous les biens compris dans son lot ou qui lui sont échus par un acte de partage total ou partiel; il est censé† avoir eu la propriété de ces biens à compter du décès et n'avoir jamais été propriétaire des autres biens de la succession.

[1991, c. 64, a. 884].

884. Partition is declaratory of ownership.

Each co-partitioner is deemed to have inherited, alone and directly†, all the property included in his share or which devolves to him through any partial or complete partition. He is deemed† to have owned the property from the death, and never to have owned the other property of the succession.

[1991, c. 64, a. 884].

∎ C.C.Q., 645, 849, 885, 887, 888, 1021, 1037, 1522, 1540, 2679, 2847; D.T., 46.

885. Tout acte qui a pour objet de faire cesser l'indivision entre les copartageants vaut partage, lors même qu'il est qualifié de vente, d'échange, de transaction ou autrement.

[1991, c. 64, a. 885].

∎ C.C.Q., 884; D.T., 46.

885. Any act the object of which is to terminate indivision between co-partitioners is equivalent to a partition, even though the act is described as a sale, an exchange, a transaction or otherwise.

[1991, c. 64, a. 885].

886. Sous réserve des dispositions relatives à l'administration des biens indivis et des rapports juridiques entre un héritier et ses ayants cause, les actes accomplis par un indivisaire, de même que les droits réels qu'il a consentis sur les biens qui ne lui sont pas attribués, sont inopposables aux autres indivisaires qui n'y consentent pas.

[1991, c. 64, a. 886].

∎ C.C.Q., 877, 884, 887, 1015, 1025-1029; D.T., 46.

886. Subject to the provisions concerning the administration of undivided property and the juridical relationships between an heir and his successors, acts performed by an heir in indivision and real rights granted by him in property which has not been allotted to him may not be set up against any other heirs in indivision who have not consented to them.

[1991, c. 64, a. 886; I.N., 2014-05-01].

887. Les actes valablement faits pendant l'indivision résultant du décès conservent leur effet, quel que soit, au partage, l'héritier qui reçoit les biens.

Chaque héritier est alors réputé avoir fait l'acte qui concerne les biens qui lui sont échus.

[1991, c. 64, a. 887].

∎ C.C.Q., 778, 884, 886, 1012-1037, 2847; D.T., 46.

887. Acts validly made during indivision resulting from death retain their effect, regardless of which heir receives the property at partition.

Each heir is then deemed to have made the acts concerning the property which devolves to him.

[1991, c. 64, a. 887].

888. L'effet déclaratif s'applique pareillement aux créances contre des tiers, à la cession de ces créances faite pendant l'indivision par un cohéritier et à la saisie-arrêt de ces créances pratiquée par les créanciers d'un cohéritier.

L'attribution des créances est assujettie, quant à son opposabilité aux débiteurs, aux règles du livre Des obligations relatives à la cession de créance.

[1991, c. 64, a. 888].

∎ C.C.Q., 884, 1637-1650; D.T., 46; C.P.C., 626.

888. The declaratory effect also applies to claims against third persons, to any assignment of these claims made during indivision by one of the coheirs and to any seizure by garnishment of the claims by the creditors of one of the coheirs.

The setting up of claims against debtors is subject to the rules of the Book on Obligations relating to assignment of claims.

[1991, c. 64, a. 888; I.N., 2014-05-01].

SECTION II —
DE LA GARANTIE DES COPARTAGEANTS

SECTION II —
WARRANTY OF CO-PARTITIONERS

889. Les copartageants sont respectivement garants, les uns envers les autres, des

889. Co-partitioners are warrantors towards each other only for the disturbances

seuls troubles et évictions qui procèdent d'une cause antérieure au partage.

Néanmoins, chaque copartageant demeure toujours garant de l'éviction causée par son fait personnel.

[1991, c. 64, a. 889].

▮ C.C.Q., 852, 891, 892, 894, 1732, 1733; D.T., 46; C.P.C., 168(5), 216.

and evictions arising from a cause prior to the partition.

Nevertheless, each co-partitioner remains a warrantor for any eviction caused by his personal acts or omissions.

[1991, c. 64, a. 889; I.N., 2014-05-01].

890. L'insolvabilité du débiteur d'une créance échue à l'un des copartageants donne lieu à la garantie, de la même manière que l'éviction, si l'insolvabilité est antérieure au partage.

[1991, c. 64, a. 890].

▮ C.C.Q., 889, 892, 894, 1639, 1640, 1723; D.T., 46.

890. The insolvency of the debtor of a claim devolving to one of the co-partitioners gives rise to a warranty in the same manner as an eviction, if the insolvency occurred prior to partition.

[1991, c. 64, a. 890; I.N., 2014-05-01].

891. La garantie n'a pas lieu si l'éviction se trouve exceptée par une stipulation de l'acte de partage; elle cesse si c'est par sa faute que le copartageant est évincé.

[1991, c. 64, a. 891].

▮ C.C.Q., 889, 890, 1639, 1723-1725; D.T., 46.

891. The warranty does not arise if the eviction has been excepted by a stipulation in the act of partition; it terminates if the co-partitioner is evicted through his own fault.

[1991, c. 64, a. 891].

892. Chacun des copartageants est personnellement obligé, en proportion de sa part, d'indemniser son copartageant de la perte que lui a causée l'éviction.

La perte est évaluée au jour du partage.

[1991, c. 64, a. 892].

▮ C.C.Q., 830, 893; D.T., 46.

892. Each co-partitioner is personally bound in proportion to his share to indemnify his co-partitioner for the loss which the eviction has caused him.

The loss is valued as on the day of the partition.

[1991, c. 64, a. 892].

893. Si l'un des copartageants se trouve insolvable, l'indemnité à laquelle il est tenu doit être répartie proportionnellement entre le garanti et tous les copartageants solvables.

[1991, c. 64, a. 893].

▮ C.C.Q., 830, 889, 892; D.T., 46.

893. If one of the co-partitioners is insolvent, the indemnity for which he is bound shall be divided proportionately between the warrantee and all the solvent co-partitioners.

[1991, c. 64, a. 893; I.N., 2014-05-01].

894. L'action en garantie se prescrit par trois ans depuis l'éviction ou la découverte du trouble, ou depuis le partage si elle a pour cause l'insolvabilité d'un débiteur de la succession.

[1991, c. 64, a. 894].

▮ C.C.Q., 889-892; D.T., 46; C.P.C., 71, 110, 168, 216-222, 1012.

894. The action in warranty is prescribed by three years from eviction or discovery of the disturbance, or from partition if it is caused by the insolvency of a debtor of the succession.

[1991, c. 64, a. 894; I.N., 2014-05-01].

Chapitre V ——
De la nullité du partage

Chapter V ——
Nullity of partition

895. Le partage, même partiel, peut être annulé pour les mêmes causes que les contrats.

Toutefois, plutôt que d'annuler, on peut procéder à un partage supplémentaire ou rectificatif, dans tous les cas où cela peut être fait avec avantage pour les copartageants.

[1991, c. 64, a. 895].

895. Partition, even partial, may be annulled for the same causes as contracts.

However, instead of an annulment, a supplementary or corrective partition may be effected in any case where it is to the advantage of the co-partitioners.

[1991, c. 64, a. 895; I.N., 2014-05-01].

■ C.C.Q., 162, 213, 282, 283, 849, 896, 897, 1398-1408, 1411, 1419, 1422, 2925, 2927; D.T., 46; C.P.C., 110.

896. La simple omission d'un bien indivis ne donne pas ouverture à l'action en nullité, mais seulement à un supplément à l'acte de partage.

[1991, c. 64, a. 896].

896. Mere omission of undivided property does not give rise to an action in nullity, but only to a supplementary partition.

[1991, c. 64, a. 896].

■ C.C.Q., 852, 895; D.T., 46.

897. Pour décider s'il y a eu lésion, c'est la valeur des biens au moment du partage qu'il faut considérer.

[1991, c. 64, a. 897].

897. In deciding whether lesion has occurred, the value of the property is considered as at the time of partition.

[1991, c. 64, a. 897].

■ C.C.Q., 163, 213, 266, 287, 294, 695, 838, 861, 873, 895, 1045, 1405, 1406; D.T., 46.

898. Le défendeur à une demande en nullité de partage peut, dans tous les cas, en arrêter le cours et empêcher un nouveau partage, en offrant et en fournissant au demandeur le supplément de sa part dans la succession en numéraire ou en nature.

[1991, c. 64, a. 898].

898. The defendant in an action in nullity of partition may, in all cases, terminate the action and prevent a new partition by offering and delivering to the plaintiff the supplement from the defendant's share of the succession, in money or in kind.

[1991, c. 64, a. 898; I.N., 2014-05-01].

■ C.C.Q., 895; D.T., 46.

LIVRE 4 ——
DES BIENS

BOOK 4 ——
PROPERTY

TITRE 1 ——
DE LA DISTINCTION DES BIENS ET DE LEUR APPROPRIATION

TITLE 1 ——
KINDS OF PROPERTY AND ITS APPROPRIATION

Chapitre I ——
De la distinction des biens

Chapter I ——
Kinds of property

899. Les biens, tant corporels qu'incorporels, se divisent en immeubles et en meubles.

[1991, c. 64, a. 899].

∎ C.C.Q., 3078.

899. Property, whether corporeal or incorporeal, is divided into immovables and movables.

[1991, c. 64, a. 899].

900. Sont immeubles les fonds de terre, les constructions et ouvrages à caractère permanent qui s'y trouvent et tout ce qui en fait partie intégrante.

Le sont aussi les végétaux et les minéraux, tant qu'ils ne sont pas séparés ou extraits du fonds. Toutefois, les fruits et les autres produits du sol peuvent être considérés comme des meubles dans les actes de disposition† dont ils sont l'objet.

[1991, c. 64, a. 900].

∎ C.C.Q., 899, 910, 2698.

900. Land, and any constructions and works of a permanent nature located thereon and anything forming an integral part thereof, are immovables.

Plants and minerals, as long as they are not separated or extracted from the land, are also immovables. Fruits and other products of the soil may be considered to be movables, however, when they are the object of an act of alienation†.

[1991, c. 64, a. 900; 2002, c. 19, s. 15].

901. Font partie intégrante d'un immeuble les meubles qui sont incorporés à l'immeuble, perdent leur individualité et assurent l'utilité de l'immeuble.

[1991, c. 64, a. 901].

∎ C.C.Q., 899, 900.

901. Movables incorporated with an immovable that lose their individuality and ensure the utility of the immovable form an integral part of the immovable.

[1991, c. 64, a. 901].

902. Les parties intégrantes d'un immeuble qui sont temporairement détachées de l'immeuble, conservent leur caractère immobilier, si ces parties sont destinées à y être replacées.

[1991, c. 64, a. 902].

∎ C.C.Q., 899, 900.

902. Integral parts of an immovable that are temporarily detached therefrom retain their immovable character if they are destined to be put back.

[1991, c. 64, a. 902].

903. Les meubles qui sont, à demeure, matériellement attachés ou réunis à l'immeuble, sans perdre leur individualité et sans y être incorporés, sont immeubles tant qu'ils y restent et assurent l'utilité de l'immeuble.

Toutefois, les meubles qui, dans l'immeuble, servent à l'exploitation d'une entreprise ou à la poursuite d'activités demeurent meubles.

[1991, c. 64, a. 903; 2013, c. 27, a. 28].

903. Movables which are permanently physically attached or joined to an immovable without losing their individuality and without being incorporated with the immovable are immovables for as long as they remain there and ensure the utility of the immovable.

However, movables which, in the immovable, are used to operate[1] an enterprise or to carry on activities remain movables.

[1991, c. 64, a. 903; 2013, c. 27, s. 28].

Note 1 : Comp. a. 1525(2).

▌ C.C.Q., 2672; D.T., 48.

904. Les droits réels qui portent sur des immeubles, les actions qui tendent à les faire valoir et celles qui visent à obtenir la possession d'un immeuble sont immeubles.

[1991, c. 64, a. 904].

▌ C.C.Q., 921, 1119, 1120, 1172, 1177, 1195, 2923, 3097.

904. Real rights in immovables, as well as actions to assert such rights or to obtain possession of immovables, are immovables.

[1991, c. 64, a. 904].

905. Sont meubles les choses qui peuvent se transporter, soit qu'elles se meuvent elles-mêmes, soit qu'il faille une force étrangère pour les déplacer.

[1991, c. 64, a. 905].

▌ C.C.Q., 899, 906, 907.

905. Things which can be moved either by themselves or by an extrinsic force are movables.

[1991, c. 64, a. 905].

906. Sont réputées meubles corporels les ondes ou l'énergie maîtrisées par l'être humain et mises à son service, quel que soit le caractère mobilier ou immobilier de leur source.

[1991, c. 64, a. 906].

▌ C.C.Q., 899, 905.

906. Waves or energy harnessed and put to use by man, whether their source is movable or immovable, are deemed corporeal movables.

[1991, c. 64, a. 906].

907. Tous les autres biens que la loi ne qualifie pas sont meubles.

[1991, c. 64, a. 907].

▌ C.C.Q., 899, 3078.

907. All other property, if not qualified by law, is movable.

[1991, c. 64, a. 907].

Chapitre II ——
Des biens dans leurs rapports avec ce qu'ils produisent

Chapter II ——
Property in relation to that which it produces

908. Les biens peuvent, suivant leurs rapports entre eux, se diviser en capitaux et en fruits et revenus.

[1991, c. 64, a. 908].

▌ C.C.Q., 909, 910.

908. Property, according to its relation to other property, may be divided into capital, and fruits and revenues.

[1991, c. 64, a. 908; I.N., 2014-05-01].

909. Sont du capital les biens dont on tire des fruits et revenus, les biens affectés au service ou à l'exploitation d'une entreprise, les actions ou les parts[1] sociales d'une personne morale ou d'une société, le remploi des fruits et revenus, le prix de la disposition d'un capital ou son remploi,

909. Property that produces fruits and revenues, property appropriated for the service or operation of an enterprise, shares of the capital stock or common[1] shares of a legal person or partnership, the reinvestment of the fruits and revenues, the price for any disposal of capital or its reinvest-

ainsi que les indemnités d'expropriation ou d'assurance qui tiennent lieu du capital.

Le capital comprend aussi les droits de propriété intellectuelle et industrielle, sauf les sommes qui en proviennent sans qu'il y ait eu aliénation de ces droits, les obligations et autres titres d'emprunt payables en argent, de même que les droits dont l'exercice tend à accroître le capital, tels les droits de souscription des valeurs mobilières d'une personne morale, d'une société en commandite ou d'une fiducie.

[1991, c. 64, a. 909].

Note 1 : Comp. a. 2232.

❚ C.C.Q., 908, 1525.

910. Les fruits et revenus sont ce que le bien produit sans que sa substance soit entamée ou ce qui provient de l'utilisation d'un capital. Ils comprennent aussi les droits dont l'exercice tend à accroître les fruits et revenus du bien.

Sont classés parmi les fruits ce qui est produit spontanément par le bien, ce qui est produit par la culture ou l'exploitation d'un fonds, de même que le produit ou le croît des animaux.

Sont classées parmi les revenus les sommes d'argent que le bien rapporte, tels les loyers, les intérêts, les dividendes, sauf s'ils représentent la distribution d'un capital d'une personne morale; le sont aussi les sommes reçues en raison de la résiliation ou du renouvellement d'un bail ou d'un paiement par anticipation, ou les sommes attribuées ou perçues dans des circonstances analogues.

[1991, c. 64, a. 910].

❚ C.C.Q., 900, 908, 949, 1126, 1129, 1130, 1175, 1281, 1284, 1348, 1349, 1456, 1586, 1587, 1704, 1780, 2287, 2698, 2737.

ment, and expropriation or insurance indemnities in replacement of capital, are capital.

Capital also includes rights of intellectual or industrial property except sums derived therefrom without alienation of the rights, bonds and other loan certificates payable in cash and rights the exercise of which tends to increase the capital, such as the right to subscribe to securities of a legal person, limited partnership or trust.

[1991, c. 64, a. 909].

910. Fruits and revenues are that which is produced by property without any alteration to its substance or that which is derived from the use of capital. They also include rights the exercise of which tends to increase the fruits and revenues of the property.

Fruits comprise things spontaneously produced by property or produced by the cultivation or working of land, and the produce or increase of animals.

Revenues comprise sums of money yielded by property, such as rents, interest and dividends, except those representing the distribution of capital of a legal person; they also comprise sums received by reason of the resiliation or renewal of a lease or of prepayment, or sums allotted or collected in similar circumstances.

[1991, c. 64, a. 910].

Chapitre III ——	Chapter III ——
Des biens dans leurs rapports avec ceux qui y ont des droits ou qui les possèdent	**Property in relation to persons having rights in it or possession of it**

911. On peut, à l'égard d'un bien, être titulaire, seul ou avec d'autres, d'un droit de

911. A person, alone or with others, may hold a right of ownership or other real

propriété ou d'un autre droit réel, ou encore être possesseur du bien.

On peut aussi être détenteur ou administrateur du bien d'autrui, ou être fiduciaire d'un bien affecté à une fin particulière.

[1991, c. 64, a. 911].

▌ C.C.Q., 921, 928, 1260, 1299.

912. Le titulaire d'un droit de propriété ou d'un autre droit réel a le droit d'agir en justice pour faire reconnaître ce droit.

[1991, c. 64, a. 912].

▌ C.C.Q., 911, 953.

913. Certaines choses ne sont pas susceptibles d'appropriation; leur usage, commun à tous, est régi par des lois d'intérêt général et, à certains égards, par le présent code.

L'air et l'eau qui ne sont pas destinés à l'utilité publique sont toutefois susceptibles d'appropriation s'ils sont recueillis et mis en récipient.

[1991, c. 64, a. 913].

▌ C.C.Q., 911.

914. Certaines autres choses qui, parce que sans maître, ne sont pas l'objet d'un droit peuvent néanmoins être appropriées par occupation, si celui qui les prend le fait avec l'intention de s'en rendre propriétaire.

[1991, c. 64, a. 914].

▌ C.C.Q., 934-946.

915. Les biens appartiennent aux personnes ou à l'État, ou font, en certains cas, l'objet d'une affectation.

[1991, c. 64, a. 915].

▌ C.C.Q., 653, 696, 934-946.

916. Les biens s'acquièrent par contrat, par succession, par occupation, par prescription, par accession ou par tout autre mode prévu par la loi.

Cependant, nul ne peut s'approprier par occupation, prescription ou accession les biens de l'État, sauf ceux que ce dernier a

right in property, or have possession of the property.

A person also may hold or administer the property of others or be trustee of property appropriated to a particular purpose.

[1991, c. 64, a. 911; I.N., 2014-05-01].

912. The holder of a right of ownership or other real right has the right to take legal action to have his right acknowledged.

[1991, c. 64, a. 912; I.N., 2014-05-01].

913. Certain things may not be appropriated; their use, common to all, is governed by general laws and, in certain respects, by this Code.

However, water and air not intended for public utility may be appropriated if collected and placed in receptacles.

[1991, c. 64, a. 913].

914. Certain other things, being without an owner, are not the object of any right, but may nevertheless be appropriated by occupation if the person taking them does so with the intention of becoming their owner.

[1991, c. 64, a. 914].

915. Property belongs to persons or to the State or, in certain cases, is appropriated to a purpose.

[1991, c. 64, a. 915].

916. Property is acquired by contract, succession, occupation, prescription, accession or any other mode provided by law.

No one may appropriate property of the State for himself by occupation, prescription or accession except property the State

acquis par succession, vacance ou confiscation, tant qu'ils n'ont pas été confondus avec ses autres biens. Nul ne peut non plus s'approprier les biens des personnes morales de droit public qui sont affectés à l'utilité publique.

[1991, c. 64, a. 916].

■ C.C.Q., 625, 703, 927, 936, 948, 954, 1378, 2875, 2910.

has acquired by succession, vacancy or confiscation, so long as it has not been mingled with its other property. Nor may anyone acquire for himself property of legal persons established in the public interest that is appropriated to public utility.

[1991, c. 64, a. 916].

917. Les biens confisqués en vertu de la loi sont, dès leur confiscation, la propriété de l'État ou, en certains cas, de la personne morale de droit public qui a légalement le pouvoir de les confisquer.

[1991, c. 64, a. 917].

■ C.C.Q., 915.

917. Property confiscated under the law is, upon being confiscated, property of the State or, in certain cases, of the legal person established in the public interest authorized by law to confiscate it.

[1991, c. 64, a. 917].

918. Les parties du territoire qui ne sont pas la propriété de personnes physiques ou morales, ou qui ne sont pas transférées à un patrimoine fiduciaire, appartiennent à l'État et font partie de son domaine. Les titres originaires de l'État sur ces biens sont présumés.

[1991, c. 64, a. 918].

■ C.C.Q., 919, 966.

918. Parts of the territory not owned by natural persons or legal persons nor transferred to a trust patrimony belong to the State and form part of its domain. The State is presumed to have the original titles to such property.

[1991, c. 64, a. 918].

919. Le lit des lacs et des cours d'eau navigables et flottables est, jusqu'à la ligne des hautes eaux, la propriété de l'État.

Il en est de même du lit des lacs et cours d'eau non navigables ni flottables bordant les terrains aliénés par l'État après le 9 février 1918; avant cette date, la propriété du fonds riverain emportait, dès l'aliénation, la propriété du lit des cours d'eau non navigables ni flottables.

Dans tous les cas, la loi ou l'acte de concession peuvent disposer autrement.

[1991, c. 64, a. 919].

■ C.C.Q., 918, 966.

919. The beds of navigable and floatable lakes and watercourses are property of the State up to the high-water line.

The beds of non-navigable and non-floatable lakes and watercourses bordering lands alienated by the State after 9 February 1918 also are property of the State up to the high-water line; before that date, ownership of the riparian land carried with it, upon alienation, ownership of the beds of non-navigable and non-floatable watercourses.

In all cases, the law or the act of concession may provide otherwise.

[1991, c. 64, a. 919].

920. Toute personne peut circuler sur les cours d'eau et les lacs, à la condition de pouvoir y accéder légalement, de ne pas porter atteinte aux droits des propriétaires

920. Any person may travel on watercourses and lakes provided he gains legal access to them, does not encroach on the rights of the riparian owners, does not set

riverains, de ne pas prendre pied sur les berges et de respecter les conditions d'utilisation de l'eau.

[1991, c. 64, a. 920].

▌ C.C.Q., 981.

foot on the banks and complies with the conditions of use of the water.

[1991, c. 64, a. 920; I.N., 2014-05-01].

Chapitre IV ——
De certains rapports de fait concernant les biens

Chapter IV ——
Certain *de facto* relationships concerning property

SECTION I ——
DE LA POSSESSION

SECTION I ——
POSSESSION

§ 1. —— De la nature de la possession

§ 1. —— The nature of possession

921. La possession est l'exercice de fait, par soi-même ou par l'intermédiaire d'une autre personne qui détient le bien, d'un droit réel dont on se veut titulaire.

Cette volonté est présumée. Si elle fait défaut, il y a détention.

[1991, c. 64, a. 921].

▌ C.C.Q., 916, 927, 929, 930, 932, 2880, 2913, 2919, 2933.

921. Possession is the exercise in fact, by a person himself or by another person having detention of the property, of a real right, with the intention of acting as the holder of that right.

The intention is presumed. Where it is lacking, there is merely detention.

[1991, c. 64, a. 921].

922. Pour produire des effets, la possession doit être paisible, continue, publique et non équivoque.

[1991, c. 64, a. 922].

▌ C.C.Q., 925, 929, 930, 932, 2880, 2913, 2919, 2933.

922. Only peaceful, continuous, public and unequivocal possession produces effects in law.

[1991, c. 64, a. 922].

923. Celui qui a commencé à détenir pour le compte d'autrui ou avec reconnaissance d'un domaine supérieur est toujours présumé détenir en la même qualité, sauf s'il y a preuve d'interversion de titre résultant de faits non équivoques.

[1991, c. 64, a. 923].

▌ C.C.Q., 2914.

923. A person having begun to detain property on behalf of another or with acknowledgement of superior domain is presumed to continue to detain it in that quality unless interversion of title is proved on the basis of unequivocal facts.

[1991, c. 64, a. 923; I.N., 2014-05-01].

924. Les actes de pure faculté ou de simple tolérance ne peuvent fonder la possession.

[1991, c. 64, a. 924].

▌ C.C.Q., 921.

924. Merely facultative acts or acts of sufferance do not found possession.

[1991, c. 64, a. 924].

925. Le possesseur actuel est présumé avoir une possession continue depuis le jour de son entrée en possession; il peut joindre sa possession et celle de ses auteurs.

La possession demeure continue même si l'exercice en est empêché ou interrompu temporairement.

[1991, c. 64, a. 925].

▌ C.C.Q., 922, 2847, 2889, 2912, 2914, 2920.

925. The present possessor is presumed to have been in continuous possession from the time he came into possession; he may join his possession to that of his predecessors in title.

Possession is continuous even if its exercise is temporarily prevented or interrupted.

[1991, c. 64, a. 925; I.N., 2014-05-01].

926. La possession entachée de quelque vice ne commence à produire des effets qu'à compter du moment où le vice a cessé.

Les ayants cause, à quelque titre que ce soit, ne souffrent pas des vices dans la possession de leur auteur.

[1991, c. 64, a. 926].

▌ C.C.Q., 927, 932, 1399.

926. Defective possession begins to produce effects only from the time the defect ceases.

Successors by whatever title do not suffer from defects in the possession of their predecessor.

[1991, c. 64, a. 926].

927. Le voleur, le receleur et le fraudeur ne peuvent invoquer les effets de la possession, mais leurs ayants cause, à quelque titre que ce soit, le peuvent s'ils ignoraient le vice.

[1991, c. 64, a. 927].

▌ C.C.Q., 921, 926, 932.

927. No thief, receiver of stolen goods or defrauder may invoke the effects of possession, but his successors by whatever title may do so if they were unaware of the defect.

[1991, c. 64, a. 927].

§ 2. — Des effets de la possession

§ 2. — Effects of possession

928. Le possesseur est présumé titulaire du droit réel qu'il exerce. C'est à celui qui conteste cette qualité à prouver son droit et, le cas échéant, l'absence de titre, ou encore les vices de la possession ou du titre du possesseur.

[1991, c. 64, a. 928].

▌ C.C.Q., 930.

928. A possessor is presumed to hold the real right he is exercising. A person contesting that presumption has the burden of proving his own right and, as the case may be, that the possessor has no title, a defective title, or defective possession.

[1991, c. 64, a. 928].

929. Le possesseur dont la possession a été continue pendant plus d'une année a, contre celui qui trouble sa possession ou qui l'a dépossédé, un droit d'action pour faire cesser le trouble ou être remis en possession.

[1991, c. 64, a. 929].

▌ C.C.Q., 953, 2923.

929. A possessor in continuous possession for more than a year has a right of action against any person who disturbs his possession or dispossesses him, in order to put an end to the disturbance or be put back into possession.

[1991, c. 64, a. 929; I.N., 2014-05-01].

930. La possession rend le possesseur titulaire du droit réel qu'il exerce s'il se conforme aux règles de la prescription.

[1991, c. 64, a. 930].

▌ C.C.Q., 928, 932, 1454, 2880, 2910-2916, 2919.

930. Possession vests the possessor with the real right he is exercising if he complies with the rules on prescription.

[1991, c. 64, a. 930].

931. Le possesseur de bonne foi est dispensé de rendre compte des fruits et revenus du bien; il supporte les frais qu'il a engagés pour les produire.

Le possesseur de mauvaise foi doit, après avoir compensé les frais, remettre les fruits et revenus, à compter du jour où sa mauvaise foi a commencé.

[1991, c. 64, a. 931].

▌ C.C.Q., 101, 933, 957-959, 1492, 1703.

931. A possessor in good faith need not render account of the fruits and revenues of the property, and he bears the costs he incurred to produce them.

A possessor in bad faith shall, after compensating for the costs, remit the fruits and revenues from the day he began to be in bad faith.

[1991, c. 64, a. 931; I.N., 2014-05-01].

932. Le possesseur est de bonne foi si, au début de sa possession, il est justifié de se croire titulaire du droit réel qu'il exerce. Sa bonne foi cesse du jour[1] où l'absence de titre ou les vices de sa possession ou de son titre lui sont dénoncés par une procédure civile.

[1991, c. 64, a. 932].

Note 1 : Comp. a. 2280.

▌ C.C.Q., 921, 926, 928, 2805.

932. A possessor is in good faith if, when his possession begins, he is justified in believing he holds the real right he is exercising. His good faith ceases from the time[1] his lack of title or the defects of his possession or title are notified to him by a civil proceeding.

[1991, c. 64, a. 932].

933. Le possesseur peut être remboursé ou indemnisé pour les constructions, ouvrages et plantations qu'il a faits, suivant les règles prévues au chapitre de l'accession.

[1991, c. 64, a. 933].

▌ C.C.Q., 931, 954-975, 1137, 1210, 1248; D.T., 49.

933. A possessor may be reimbursed or indemnified, in accordance with the rules in the chapter on accession, for the constructions, plantations and works he has made.

[1991, c. 64, a. 933; I.N., 2014-05-01].

SECTION II —
DE L'ACQUISITION DES BIENS VACANTS

§ 1. — Des biens sans maître

SECTION II —
ACQUISITION OF VACANT PROPERTY

§ 1. — Things without an owner

934. Sont sans maître les biens qui n'ont pas de propriétaire, tels les animaux sauvages en liberté, ceux qui, capturés, ont recouvré leur liberté, la faune aquatique, ainsi que les biens qui ont été abandonnés par leur propriétaire.

Sont réputés abandonnés les meubles de

934. Things without an owner are things belonging to no one, such as animals in the wild, or formerly in captivity but that have returned to the wild, and aquatic fauna, and things abandoned by their owner.

Movables of slight value or in a very dete-

peu de valeur ou très détériorés qui sont laissés en des lieux publics, y compris sur la voie publique ou dans des véhicules qui servent au transport du public.

[1991, c. 64, a. 934].

▌C.C.Q., 914.

935. Les meubles sans maître appartiennent à la personne qui se les approprie par occupation.

Les meubles abandonnés que personne ne s'approprie appartiennent aux municipalités qui les recueillent sur leur territoire ou à l'État.

[1991, c. 64, a. 935].

▌C.C.Q., 653, 696, 914, 916.

936. Les immeubles sans maître appartiennent à l'État. Toute personne peut néanmoins les acquérir, par accession naturelle ou prescription, à moins que l'État ne possède ces immeubles ou ne s'en soit déclaré propriétaire par un avis du ministre du Revenu inscrit au registre foncier.

[1991, c. 64, a. 936; 2005, c. 44, a. 54].

▌C.C.Q., 653, 696, 914, 916.

937. Les biens sans maître que l'État s'approprie sont administrés par le ministre du Revenu; celui-ci en dispose conformément à la loi.

[1991, c. 64, a. 937; 2005, c. 44, a. 54].

938. Le trésor appartient à celui qui le trouve dans son fonds; s'il est découvert dans le fonds d'autrui, il appartient pour moitié au propriétaire du fonds et pour l'autre moitié à celui qui l'a découvert, à moins que l'inventeur n'ait agi pour le compte du propriétaire.

[1991, c. 64, a. 938].

▌C.C.Q., 935.

§ 2. — Des meubles perdus ou oubliés

939. Les meubles qui sont perdus ou oubliés entre les mains d'un tiers ou en un

riorated condition that are left in a public place, including a public road or a vehicle used for public transportation, are deemed abandoned things.

[1991, c. 64, a. 934; 2002, c. 19, s. 15; I.N., 2014-05-01].

935. A movable without an owner belongs to the person who appropriates it for himself by occupation.

An abandoned movable, if no one appropriates it for himself, belongs to the municipality that collects it in its territory, or to the State.

[1991, c. 64, a. 935].

936. An immovable without an owner belongs to the State. Any person may nevertheless acquire it by natural accession or prescription unless the State has possession of it or is declared the owner of it by a notice of the Minister of Revenue entered in the land register.

[1991, c. 64, a. 936; 2005, c. 44, s. 54].

937. Things without an owner which the State appropriates for itself are administered by the Minister of Revenue, who disposes of them according to law.

[1991, c. 64, a. 937; 2005, c. 44, s. 54].

938. Treasure belongs to the finder if he finds it on his own land; if it is found on the land of another, one-half belongs to the owner of the land and one-half to the finder, unless the finder was acting for the owner.

[1991, c. 64, a. 938].

§ 2. — Lost or forgotten movables

939. A movable that is lost or that is forgotten in the hands of a third person or in a

lieu public continuent d'appartenir à leur propriétaire.

Ces biens ne peuvent s'acquérir par occupation, mais ils peuvent, de même que le prix qui leur est subrogé, être prescrits par celui qui les détient.

[1991, c. 64, a. 939].

∎ C.C.Q., 941, 944, 945.

940. Celui qui trouve un bien doit tenter d'en retrouver le propriétaire; le cas échéant, il doit lui remettre le bien.

[1991, c. 64, a. 940].

∎ C.C.Q., 2919.

941. Pour prescrire soit le bien, soit le prix qui lui est subrogé, celui qui trouve un bien perdu doit déclarer le fait à un agent de la paix, à la municipalité sur le territoire de laquelle il a été trouvé ou à la personne qui a la garde du lieu où il a été trouvé.

Il peut alors, à son choix, garder le bien, en disposer comme un détenteur ou le remettre à la personne à laquelle il a fait la déclaration pour que celle-ci le détienne.

[1991, c. 64, a. 941].

∎ C.C.Q., 942, 2919.

942. Le détenteur du bien trouvé, y compris l'État ou une municipalité, peut vendre le bien s'il n'est pas réclamé dans les soixante jours.

La vente du bien se fait aux enchères et elle a lieu à l'expiration d'un délai d'au moins dix jours après la publication, dans un journal distribué dans la localité où le bien est trouvé, d'un avis de vente mentionnant la nature du bien et indiquant le lieu, le jour et l'heure de la vente.

Cependant, le détenteur peut disposer sans délai du bien susceptible de dépérissement. Il peut aussi, à défaut d'enchérisseur, vendre le bien de gré à gré, le donner à un organisme de bienfaisance ou, s'il est impossible d'en disposer ainsi, le détruire.

[1991, c. 64, a. 942].

∎ C.C.Q., 939-941, 943.

public place continues to belong to its owner.

The movable may not be acquired by occupation, but may be prescribed by the person who detains it, as may the price subrogated thereto.

[1991, c. 64, a. 939].

940. The finder of a thing shall attempt to find its owner; if he finds him, he shall return it to him.

[1991, c. 64, a. 940].

941. The finder of a lost thing, in order to acquire, by prescription, ownership of it or of the price subrogated to it, shall declare the fact that he has found it to a peace officer, to the municipality in whose territory it was found or to the person in charge of the place where it was found.

He may then, at his option, keep the thing, dispose of it in the manner of a person having detention or hand it over for detention to the person to whom he made the declaration.

[1991, c. 64, a. 941].

942. The holder of a found thing, including the State or a municipality, may sell it if it is not claimed within sixty days.

The sale of the thing is held by auction and on the expiry of not less than ten days after publication of a notice of sale in a newspaper circulated in the locality where the thing was found, stating the nature of the thing and indicating the place, day and hour of the sale.

The holder may dispose of the thing immediately, however, if it is perishable. Also, if there is no bidder at the auction, he may sell the thing by agreement, give it to a charitable institution or, if it is impossible to dispose of it in this way, destroy it.

[1991, c. 64, a. 942].

943. L'État ou la municipalité peut vendre aux enchères, comme le détenteur du bien trouvé, les biens meubles qu'il détient, sans autres délais que ceux requis pour la publication, lorsque:

1° Le propriétaire du bien le réclame, mais néglige ou refuse de rembourser au détenteur les frais d'administration dans les soixante jours de sa réclamation;

2° Plusieurs personnes réclament le bien à titre de propriétaire, mais aucune d'entre elles ne prouve indubitablement son titre ou n'agit en justice pour le faire établir dans le délai d'au moins soixante jours qui lui est imparti;

3° Le bien déposé au greffe d'un tribunal n'est pas réclamé par son propriétaire, soit dans les soixante jours de l'avis qui lui est donné de venir le prendre, soit dans les six mois qui suivent le jugement final ou le désistement d'instance si aucun avis n'a pu lui être donné.

[1991, c. 64, a. 943].

▌ C.C.Q., 942.

944. Lorsqu'un bien, confié pour être gardé, travaillé ou transformé, n'est pas réclamé dans les quatre-vingt-dix jours de la fin du travail ou de la période convenue, il est considéré comme oublié et son détenteur peut en disposer après avoir donné un avis de la même durée à celui qui lui a confié le bien.

[1991, c. 64, a. 944].

▌ D.T., 50.

945. Le détenteur du bien confié mais oublié dispose du bien en le vendant soit aux enchères comme s'il s'agissait d'un bien trouvé, soit de gré à gré. Il peut aussi donner à un organisme de bienfaisance le bien qui ne peut être vendu et, s'il ne peut être donné, il en dispose à son gré.

[1991, c. 64, a. 945].

▌ C.C.Q., 944; D.T., 50.

946. Le propriétaire d'un bien perdu ou oublié peut, tant que son droit de propriété n'est pas prescrit, le revendiquer en offrant de payer les frais d'administration du bien

943. The State or a municipality may, in the manner of the holder of a found thing, sell movable property in its hands by auction, without further delay than that required for publication, in the following cases:

(1) the owner of the property claims it but neglects or refuses to reimburse the holder for the cost of administration of the property within sixty days of claiming it;

(2) several persons claim the property as owner, but none of them establishes a clear title or takes legal action to establish it within the sixty days or more allotted to him;

(3) a movable deposited in the office of a court is not claimed by its owner within sixty days from notice given him to fetch it or, if it has not been possible to give him any notice, within six months from the final judgment or from the discontinuance of the proceedings.

[1991, c. 64, a. 943].

944. Where a thing that has been entrusted for safekeeping, work or processing is not claimed within ninety days from completion of the work or the agreed time, it is considered to be forgotten and the holder, after having given notice of the same length of time to the person who entrusted him with the thing, may dispose of it.

[1991, c. 64, a. 944].

945. The holder of a thing entrusted but forgotten disposes of it by auction sale as in the case of a found thing, or by agreement. He may also give a thing that cannot be sold to a charitable institution or, if that is not possible, dispose of it as he sees fit.

[1991, c. 64, a. 945].

946. The owner of a lost or forgotten thing may revendicate it, so long as his right of ownership has not been prescribed, by offering to pay the cost of its administration

et, le cas échéant, la valeur du travail effectué. Le détenteur du bien a le droit de le retenir jusqu'au paiement.

Si le bien a été aliéné, le droit du propriétaire ne s'exerce, malgré l'article 1714, que sur ce qui reste du prix de la vente, déduction faite des frais d'administration et d'aliénation du bien et de la valeur du travail effectué.

[1991, c. 64, a. 946].

■ C.C.Q., 939, 940, 1714.

and, where applicable, the value of the work done. The holder of the thing may retain it until payment.

If the thing has been alienated, the owner's right is exercised, notwithstanding article 1714, only against what is left of the price of sale, after deducting the cost of its administration and alienation and the value of the work done.

[1991, c. 64, a. 946].

TITRE 2
DE LA PROPRIÉTÉ

TITLE 2
OWNERSHIP

Chapitre I
De la nature et de l'étendue du droit de propriété

Chapter I
Nature and extent of the right of ownership

947. La propriété est le droit d'user, de jouir et de disposer librement et complètement d'un bien, sous réserve des limites et des conditions d'exercice fixées par la loi.

Elle est susceptible de modalités et de démembrements.

[1991, c. 64, a. 947].

■ C.C.Q., 915, 916, 957, 978, 979, 1009, 1177.

947. Ownership is the right to use, enjoy and dispose of property fully and freely, subject to the limits and conditions for doing so determined by law.

Ownership may be in various modes and dismemberments.

[1991, c. 64, a. 947].

948. La propriété d'un bien donne droit à ce qu'il produit et à ce qui s'y unit, de façon naturelle ou artificielle, dès l'union. Ce droit se nomme droit d'accession.

[1991, c. 64, a. 948].

■ C.C.Q., 916, 949, 954, 1718.

948. Ownership of property gives a right to what it produces and to what is united to it, naturally or artificially, from the time of union. This right is called a right of accession.

[1991, c. 64, a. 948; 1992, c. 57, s. 716].

949. Les fruits et revenus du bien appartiennent au propriétaire, qui supporte les frais qu'il a engagés pour les produire.

[1991, c. 64, a. 949].

■ C.C.Q., 910, 931, 1129, 1130, 1349.

949. The fruits and revenues of property belong to the owner, who bears the costs he incurred to produce them.

[1991, c. 64, a. 949].

950. Le propriétaire du bien assume les risques de perte.

[1991, c. 64, a. 950].

950. The owner of the property assumes the risks of loss.

[1991, c. 64, a. 950].

▌ C.C.Q., 947, 1456.

---

951. La propriété du sol emporte celle du dessus et du dessous.

Le propriétaire peut faire, au-dessus et au-dessous, toutes les constructions, ouvrages et plantations qu'il juge à propos; il est tenu de respecter, entre autres, les droits publics† sur les mines, sur les nappes d'eau et sur les rivières souterraines.

[1991, c. 64, a. 951].

▌ C.C.Q., 955, 982, 990-992, 1002, 1011, 1110.

951. Ownership of the soil carries with it ownership of what is above and what is below the surface.

The owner may make such constructions, works or plantations above or below the surface as he sees fit; he is bound to respect, among other things, the rights of the State† in mines, sheets of water and underground streams.

[1991, c. 64, a. 951].

---

952. Le propriétaire ne peut être contraint de céder sa propriété, si ce n'est par voie d'expropriation faite suivant la loi pour une cause d'utilité publique et moyennant une juste et préalable indemnité.

[1991, c. 64, a. 952].

952. No owner may be compelled to transfer his ownership except by expropriation according to law for public utility and in return for a just and prior indemnity.

[1991, c. 64, a. 952; I.N., 2014-05-01].

---

953. Le propriétaire d'un bien a le droit de le revendiquer contre le possesseur ou celui qui le détient sans droit; il peut s'opposer à tout empiétement ou à tout usage que la loi ou lui-même n'a pas autorisé.

[1991, c. 64, a. 953].

▌ C.C.Q., 928.

953. The owner of property has a right to revendicate it against the possessor or the person detaining it without right, and may object to any encroachment or to any use not authorized by him or by law.

[1991, c. 64, a. 953].

Chapitre II
De l'accession

Chapter II
Accession

SECTION I
DE L'ACCESSION IMMOBILIÈRE

SECTION I
IMMOVABLE ACCESSION

954. L'accession à un immeuble d'un bien meuble ou immeuble peut être volontaire ou indépendante de toute volonté. Dans le premier cas, l'accession est artificielle; dans le second, elle est naturelle.

[1991, c. 64, a. 954].

▌ C.C.Q., 916, 933, 948.

954. Accession of movable or immovable property to an immovable may be voluntary or involuntary. Accession is artificial in the first case, natural in the second.

[1991, c. 64, a. 954].

§ 1. —— De l'accession artificielle

§ 1. —— Artificial accession

955. Les constructions, ouvrages ou plantations sur un immeuble sont présumés avoir été faits par le propriétaire, à ses frais, et lui appartenir.

[1991, c. 64, a. 955].

❚ C.C.Q., 956, 957, 1011, 1110.

955. Constructions, works or plantations on an immovable are presumed to have been made by the owner of the immovable at his own expense and to belong to him.

[1991, c. 64, a. 955].

956. Le propriétaire de l'immeuble devient propriétaire par accession des constructions, ouvrages ou plantations qu'il a faits avec des matériaux qui ne lui appartiennent pas, mais il est tenu de payer la valeur, au moment de l'incorporation, des matériaux utilisés.

Celui qui était propriétaire des matériaux n'a pas le droit de les enlever ni ne peut être contraint de les reprendre.

[1991, c. 64, a. 956].

❚ C.C.Q., 955.

956. The owner of an immovable becomes the owner by accession of the constructions, works or plantations he has made with materials which do not belong to him, but he is bound to pay the value, at the time they were incorporated, of the materials used.

The previous owner of the materials has no right to remove them nor any obligation to take them back.

[1991, c. 64, a. 956].

957. Le propriétaire de l'immeuble acquiert par accession la propriété des constructions, ouvrages ou plantations faits sur son immeuble par un possesseur, que les impenses soient nécessaires, utiles ou d'agrément.

[1991, c. 64, a. 957].

❚ C.C.Q., 874, 931, 933, 1137, 1210, 1248, 1488, 1703.

957. The owner of an immovable acquires by accession ownership of the constructions, works or plantations made on his immovable by a possessor, whether the disbursements were necessary, useful or for amenities.

[1991, c. 64, a. 957].

958. Le propriétaire doit rembourser au possesseur les impenses nécessaires, même si les constructions, ouvrages ou plantations n'existent plus.

Cependant, si le possesseur est de mauvaise foi, il y a lieu, déduction faite des frais engagés pour les produire, à la compensation des fruits et revenus perçus.

[1991, c. 64, a. 958].

❚ C.C.Q., 957; D.T., 49.

958. The owner shall reimburse the possessor for the necessary disbursements, even if the constructions, works or plantations no longer exist.

If the possessor is in bad faith, however, compensation may be claimed for the fruits and revenues collected, after deducting the costs incurred to produce them.

[1991, c. 64, a. 958].

959. Le propriétaire doit rembourser les impenses utiles faites par le possesseur de bonne foi si les constructions, ouvrages ou plantations existent encore; il peut aussi, à

959. The owner shall reimburse the useful disbursements made by a possessor in good faith, if the constructions, works or plantations still exist; he may also, if he

son choix, lui verser une indemnité égale à la plus-value.

Il peut, aux mêmes conditions, rembourser les impenses utiles faites par le possesseur de mauvaise foi; il peut alors opérer la compensation pour les fruits et revenus que le possesseur lui doit.

Il peut aussi contraindre le possesseur de mauvaise foi à enlever ces constructions, ouvrages ou plantations et à remettre les lieux dans leur état antérieur; si la remise en l'état est impossible, le propriétaire peut les conserver sans indemnité ou contraindre le possesseur à les enlever.

[1991, c. 64, a. 959].

■ C.C.Q., 957; D.T., 49.

960. Le propriétaire peut contraindre le possesseur à acquérir l'immeuble et à lui en payer la valeur, si les impenses utiles sont coûteuses et représentent une proportion considérable de cette valeur.

[1991, c. 64, a. 960].

■ C.C.Q., 964; D.T., 49.

961. Le possesseur de bonne foi qui a fait des impenses pour son propre agrément peut, au choix du propriétaire, enlever, en évitant d'endommager les lieux, les constructions, ouvrages ou plantations faits, s'ils peuvent l'être avantageusement, ou encore les abandonner.

Dans ce dernier cas, le propriétaire est tenu de rembourser au possesseur le moindre du coût ou de la plus-value accordée à l'immeuble.

[1991, c. 64, a. 961].

■ C.C.Q., 957; D.T., 49.

962. Le propriétaire peut contraindre le possesseur de mauvaise foi à enlever les constructions, ouvrages ou plantations qu'il a faits pour son agrément et à remettre les lieux dans leur état antérieur; si la remise en l'état est impossible, il peut les conserver sans indemnité ou contraindre le possesseur à les enlever.

[1991, c. 64, a. 962].

■ C.C.Q., 957; D.T., 49.

chooses, pay him an indemnity equal to the increase in value.

The owner may, on the same conditions, reimburse the useful disbursements made by the possessor in bad faith; he may in that case effect compensation for the fruits and revenues owed to him by the possessor.

The owner may also compel the possessor in bad faith to remove the constructions, works or plantations and to restore the place to its former condition; if such restoration is impossible, the owner may keep them without indemnity or compel the possessor to remove them.

[1991, c. 64, a. 959; I.N., 2014-05-01].

960. The owner may compel the possessor to acquire the immovable and to pay him its value if the useful disbursements made are costly and represent a considerable proportion of that value.

[1991, c. 64, a. 960].

961. A possessor in good faith who has made disbursements for amenities for himself may, at the owner's option, either remove, without causing damage to the place, the constructions, works or plantations he has made, if that can be done advantageously, or abandon them.

If he abandons them, the owner is bound to reimburse him for either their cost or the increase in value of the immovable, whichever is less.

[1991, c. 64, a. 961; I.N., 2014-05-01].

962. The owner may compel the possessor in bad faith to remove the constructions, works or plantations he has made as amenities for himself and to restore the place to its former condition; if such restoration is impossible, he may keep them without indemnity or compel the possessor to remove them.

[1991, c. 64, a. 962; I.N., 2014-05-01].

963. Le possesseur de bonne foi a le droit de retenir l'immeuble jusqu'à ce qu'il ait obtenu le remboursement des impenses nécessaires ou utiles.

Le possesseur de mauvaise foi n'a ce droit qu'à l'égard des impenses nécessaires qu'il a faites.

[1991, c. 64, a. 963].

■ C.C.Q., 875, 2770; D.T., 49.

963. A possessor in good faith has a right to retain the immovable until he has been reimbursed for necessary or useful disbursements.

A possessor in bad faith has that right only as regards the necessary disbursements he has made.

[1991, c. 64, a. 963; I.N., 2014-05-01].

964. Les impenses faites par un détenteur sont traitées suivant les règles établies pour celles qui sont faites par un possesseur de mauvaise foi.

Le détenteur ne peut, toutefois, être contraint d'acquérir le bien.

[1991, c. 64, a. 964].

■ C.C.Q., 921, 923, 957-962; D.T., 49.

964. Disbursements made by a person detaining property are dealt with according to the rules prescribed for disbursements made by a possessor in bad faith.

The person detaining the property is under no obligation to acquire it, however.

[1991, c. 64, a. 964].

§ 2. — De l'accession naturelle

§ 2. — Natural accession

965. L'alluvion profite au propriétaire riverain.

Les alluvions sont les atterrissements et les accroissements qui se forment successivement et imperceptiblement aux fonds riverains d'un cours d'eau.

[1991, c. 64, a. 965].

■ C.C.Q., 918, 919, 948, 954, 968.

965. Alluvion becomes the property of the riparian owner.

Alluvion is the deposits of earth and augmentations which are gradually and imperceptibly formed on riparian lands of a watercourse.

[1991, c. 64, a. 965].

966. Les relais que forme l'eau courante qui se retire insensiblement de l'une des rives en se portant sur l'autre profitent au propriétaire de la rive découverte, sans que le propriétaire riverain du côté opposé ne puisse rien réclamer pour le terrain perdu.

Ce droit n'a pas lieu à l'égard des relais de la mer qui font partie du domaine de l'État.

[1991, c. 64, a. 966].

■ C.C.Q., 918, 919.

966. Accretions left by the imperceptible recession of running water from one bank while it encroaches upon the opposite bank become the property of the riparian owner on the bank gradually added to, and the riparian owner on the opposite bank has no claim for the lost land.

That right does not exist as regards accretions from the sea, which form part of the domain of the State.

[1991, c. 64, a. 966; I.N., 2014-05-01].

967. Si un cours d'eau enlève, par une force subite, une partie considérable et reconnaissable d'un fonds riverain et la

967. If, by sudden force, a watercourse carries away a large and recognizable part of a riparian land to a lower land or to the

porte vers un fonds inférieur ou sur la rive opposée, le propriétaire de la partie enlevée peut la réclamer.

Il est tenu, à peine de déchéance, de le faire dans l'année à compter de la prise de possession par le propriétaire du fonds auquel la partie a été réunie.

[1991, c. 64, a. 967].

∎ C.C.Q., 918, 919, 2880.

opposite bank, the owner of the part carried away may reclaim it.

The owner is bound, on pain of forfeiture, to reclaim the part carried away within one year after the owner of the land it has attached to takes possession of it.

[1991, c. 64, a. 967].

968. Les îles qui se forment dans le lit d'un cours d'eau appartiennent au propriétaire du lit.

[1991, c. 64, a. 968].

∎ C.C.Q., 918, 919.

968. An island formed in the bed of a watercourse belongs to the owner of the bed.

[1991, c. 64, a. 968].

969. Si un cours d'eau, en formant un bras nouveau, coupe un fonds riverain et en fait une île, le propriétaire du fonds riverain conserve la propriété de l'île ainsi formée.

[1991, c. 64, a. 969].

∎ C.C.Q., 918, 919.

969. If, in forming a new branch, a watercourse cuts a riparian land and thereby forms an island, the owner of the riparian land retains the ownership of the island so formed.

[1991, c. 64, a. 969].

970. Si un cours d'eau abandonne son lit pour s'en former un nouveau, l'ancien est attribué aux propriétaires des fonds nouvellement occupés, dans la proportion du terrain qui leur a été enlevé.

[1991, c. 64, a. 970].

∎ C.C.Q., 918, 919.

970. If a watercourse abandons its bed and forms a new bed, the former bed belongs to the owners of the newly occupied land, each in proportion to the land he has lost.

[1991, c. 64, a. 970].

SECTION II —
DE L'ACCESSION MOBILIÈRE

SECTION II —
MOVABLE ACCESSION

971. Lorsque des meubles appartenant à plusieurs propriétaires ont été mélangés ou unis de telle sorte qu'il n'est plus possible de les séparer sans détérioration ou sans un travail et des frais excessifs, le nouveau bien appartient à celui des propriétaires qui a contribué davantage à sa constitution, par la valeur du bien initial ou par son travail.

[1991, c. 64, a. 971].

∎ C.C.Q., 972-975.

971. Where movables belonging to several owners have been intermingled or united in such a way as to be no longer separable without deterioration or without excessive labour and cost, the new thing belongs to the owner having contributed most to its creation by the value of the original thing or by his work.

[1991, c. 64, a. 971].

972. La personne, qui a travaillé ou transformé une matière qui ne lui appartenait

972. A person having worked on or processed material which did not belong to

pas, acquiert la propriété du nouveau bien si la valeur du travail ou de la transformation est supérieure à celle de la matière employée.

[1991, c. 64, a. 972].

■ C.C.Q., 971, 973-975.

973. Le propriétaire du nouveau bien doit payer la valeur de la matière ou de la main-d'œuvre à celui qui l'a fournie.

S'il est impossible de déterminer qui a contribué davantage à la constitution du nouveau bien, les intéressés en sont copropriétaires indivis.

[1991, c. 64, a. 973].

■ C.C.Q., 971, 972, 974, 975, 1012, 1030.

974. Celui qui est tenu de restituer le nouveau bien peut le retenir jusqu'au paiement de l'indemnité qui lui est due par le propriétaire du nouveau bien.

[1991, c. 64, a. 974].

■ C.C.Q., 963, 971-973, 975, 2651.

975. Dans les circonstances qui ne sont pas prévues, le droit d'accession en matière mobilière est entièrement subordonné aux principes de l'équité.

[1991, c. 64, a. 975].

■ C.C.Q., 971-974.

him acquires ownership of the new thing if the work or processing is worth more than the material used.

[1991, c. 64, a. 972].

973. The owner of the new thing shall pay the value of the material or labour to the person having supplied it.

If it is impossible to determine who contributed most to the creation of the new thing, the interested persons are its co-owners in indivision.

[1991, c. 64, a. 973; I.N., 2014-05-01].

974. The person bound to return the new thing may retain it until its owner pays him the indemnity he owes him.

[1991, c. 64, a. 974; 1991, c. 64].

975. In circumstances not provided for, the right of accession with respect to movable property is entirely subordinate to the principles of equity.

[1991, c. 64, a. 975; I.N., 2014-05-01].

Chapitre III ——
Des règles particulières à la propriété immobilière

SECTION I ——
DISPOSITION GÉNÉRALE

Chapter III ——
Special rules on the ownership of immovables

SECTION I ——
GENERAL PROVISION

976. Les voisins doivent accepter les inconvénients normaux du voisinage qui n'excèdent pas les limites de la tolérance qu'ils se doivent, suivant la nature ou la situation de leurs fonds, ou suivant les usages† locaux.

[1991, c. 64, a. 976].

■ C.C.Q., 6, 7.

976. Neighbours shall suffer the normal neighbourhood annoyances that are not beyond the limit of tolerance they owe each other, according to the nature or location of their land or local custom†.

[1991, c. 64, a. 976].

977. Les limites d'un fonds sont déterminées par les titres, les plans cadastraux et la démarcation du terrain et, au besoin, par tous autres indices ou documents utiles.

[1991, c. 64, a. 977].

▌ C.C.Q., 978.

978. Tout propriétaire peut obliger son voisin au bornage de leurs propriétés contiguës pour établir les bornes, rétablir des bornes déplacées ou disparues, reconnaître d'anciennes bornes ou rectifier la ligne séparative de leurs fonds.

Il doit au préalable, en l'absence d'accord entre eux, mettre le voisin en demeure de consentir au bornage et de convenir avec lui du choix d'un arpenteur-géomètre pour procéder aux opérations requises, suivant les règles prévues au *Code de procédure civile* (chapitre C-25).

Le procès-verbal de bornage doit être inscrit au registre foncier.

[1991, c. 64, a. 978].

▌ C.C.Q., 2814, 2972, 2989, 2996; C.P.C., 787-794.

979. Les fonds inférieurs sont assujettis, envers ceux qui sont plus élevés, à recevoir les eaux qui en découlent naturellement.

Le propriétaire du fonds inférieur ne peut élever aucun ouvrage qui empêche cet écoulement. Celui du fonds supérieur ne peut aggraver la situation du fonds inférieur; il n'est pas présumé le faire s'il effectue des travaux pour conduire plus commodément les eaux à leur pente naturelle ou si, son fonds étant voué à l'agriculture, il exécute des travaux de drainage.

[1991, c. 64, a. 979].

▌ C.C.Q., 976.

977. The limits of land are determined by the titles, the cadastral plan and the boundary lines of the land, and by any other useful indication or document, if need be.

[1991, c. 64, a. 977].

978. Every owner may compel his neighbour to have the boundaries between their contiguous lands determined in order to fix the boundary markers, set displaced or missing boundary markers back in place, verify ancient boundary markers or rectify the dividing line between their properties.

Failing agreement between them, the owner shall first make a demand to his neighbour to consent to have the boundaries determined and to agree upon the choice of a land surveyor to carry out the necessary operations, in accordance with the rules in the *Code of Civil Procedure* (chapter C-25).

The minutes of the determination of the boundaries shall be entered in the land register.

[1991, c. 64, a. 978; I.N., 2014-05-01].

979. Lower land is subject to receiving water flowing onto it naturally from higher land.

The owner of lower land has no right to erect works to prevent the natural flow. The owner of higher land has no right to aggravate the condition of lower land, and is not presumed to do so if he carries out work to facilitate the natural run-off or, where his land is devoted to agriculture, he carries out drainage work.

[1991, c. 64, a. 979].

PROPERTY

980. Le propriétaire qui a une source dans son fonds peut en user et en disposer.

Il peut, pour ses besoins, user de l'eau des lacs et étangs qui sont entièrement sur son fonds, mais en ayant soin d'en† conserver la qualité.

[1991, c. 64, a. 980].

∎ C.C.Q., 913, 976.

981. Le propriétaire riverain peut, pour ses besoins, se servir d'un lac, de la source tête d'un cours d'eau ou de tout autre cours d'eau qui borde ou traverse son fonds. À la sortie du fonds, il doit rendre ces eaux à leur cours ordinaire, sans modification importante de la qualité et de la quantité de l'eau.

Il ne peut, par son usage, empêcher l'exercice des mêmes droits par les autres personnes qui utilisent ces eaux.

[1991, c. 64, a. 981].

∎ C.C.Q., 920.

982. À moins que cela ne soit contraire à l'intérêt général, celui qui a droit à l'usage d'une source, d'un lac, d'une nappe d'eau ou d'une rivière souterraine, ou d'une eau courante, peut, de façon à éviter la pollution ou l'épuisement de l'eau, exiger la destruction ou la modification de tout ouvrage qui pollue ou épuise l'eau.

[1991, c. 64, a. 982].

∎ C.C.Q., 951, 981.

983. Les toits doivent être établis de manière que les eaux, les neiges et les glaces tombent sur le fonds du propriétaire.

[1991, c. 64, a. 983].

∎ C.C.Q., 979.

SECTION IV — DES ARBRES

984. Les fruits qui tombent d'un arbre sur un fonds voisin appartiennent au propriétaire de l'arbre.

[1991, c. 64, a. 984].

∎ C.C.Q., 910, 949, 1129.

980. An owner who has a spring on his land may use it and dispose of it.

He may, for his needs, use water from the lakes and ponds that are entirely on his land, taking care to preserve their† quality.

[1991, c. 64, a. 980].

981. A riparian owner may, for his needs, make use of a lake, the headwaters of a watercourse or any other watercourse bordering or crossing his land. As the water leaves his land, he shall direct it, not substantially changed in quality or quantity, into its regular course.

No riparian owner may by his use of the water prevent other riparian owners from exercising the same right.

[1991, c. 64, a. 981].

982. Unless it is contrary to the general interest, a person having a right to use a spring, lake, sheet of water, underground stream or any running water may, to prevent the water from being polluted or depleted, require the destruction or modification of any works by which the water is being polluted or depleted.

[1991, c. 64, a. 982; I.N., 2014-05-01].

983. Roofs are required to be built in such a manner that water, snow and ice fall on the owner's land.

[1991, c. 64, a. 983].

SECTION IV — TREES

984. Fruit that falls from a tree onto neighbouring land belongs to the owner of the tree.

[1991, c. 64, a. 984].

985. Le propriétaire peut, si des branches ou des racines venant du fonds voisin s'avancent sur son fonds et nuisent sérieusement à son usage, demander à son voisin de les couper; en cas de refus, il peut le contraindre à les couper.

Il peut aussi, si un arbre du fonds voisin menace de tomber sur son fonds, contraindre son voisin à abattre l'arbre ou à le redresser.

[1991, c. 64, a. 985].

■ C.C.Q., 976.

986. Le propriétaire d'un fonds exploité à des fins agricoles peut contraindre son voisin à faire abattre, le long de la ligne séparative, sur une largeur qui ne peut excéder cinq mètres, les arbres qui nuisent sérieusement à son exploitation, sauf ceux qui sont dans les vergers et les érablières ou qui sont conservés pour l'embellissement de la propriété.

[1991, c. 64, a. 986].

■ C.C.Q., 976.

SECTION V —
DE L'ACCÈS AU FONDS D'AUTRUI ET DE SA PROTECTION

987. Tout propriétaire doit, après avoir reçu un avis, verbal ou écrit, permettre à son voisin l'accès à son fonds si cela est nécessaire pour faire ou entretenir une construction, un ouvrage ou une plantation sur le fonds voisin.

[1991, c. 64, a. 987].

■ C.C.Q., 976.

988. Le propriétaire qui doit permettre l'accès à son fonds a droit à la réparation du préjudice qu'il subit de ce seul fait et à la remise de son fonds en l'état.

[1991, c. 64, a. 988].

■ C.C.Q., 997.

989. Lorsque, par l'effet d'une force naturelle ou majeure, des biens sont entraînés sur le fonds d'autrui ou s'y transportent, le propriétaire de ce fonds doit en permettre

985. If branches or roots extend over or upon an owner's land from the neighbouring land and seriously obstruct its use, the owner may request his neighbour to cut them and, if he refuses, compel him to do so.

If a tree on the neighbouring land is in danger of falling on the owner's land, he may compel his neighbour to fell the tree, or to right it.

[1991, c. 64, a. 985].

986. The owner of land used for agricultural purposes may compel his neighbour to fell the trees along and not more than five metres from the dividing line, if they are seriously damaging to his operations, except trees in an orchard or sugar bush and trees preserved to embellish the property.

[1991, c. 64, a. 986; I.N., 2014-05-01].

SECTION V —
ACCESS TO AND PROTECTION OF THE LAND OF ANOTHER

987. Every owner of land, after having been notified verbally or in writing, shall allow his neighbour access to it if that is necessary to make or maintain a construction, works or plantation on the neighbouring land.

[1991, c. 64, a. 987].

988. An owner bound to give access to his land is entitled to reparation for injury he suffers as a result of that sole fact and to the restoration of his land to its former condition.

[1991, c. 64, a. 988; I.N., 2014-05-01].

989. Where a thing is carried or strays onto the land of another by the effect of a natural or superior force, the owner of that land shall allow the thing to be searched

la recherche et l'enlèvement, à moins qu'il ne procède lui-même immédiatement à la recherche et ne remette les biens.

Ces biens, objets ou animaux, continuent d'appartenir à leur propriétaire, sauf s'il en abandonne la recherche; dans ce cas, le propriétaire du fonds les acquiert, à moins qu'il ne contraigne le propriétaire de ces biens à les enlever et à remettre son fonds dans son état antérieur.

[1991, c. 64, a. 989].

▌C.C.Q., 934, 939, 940, 976.

990. Le propriétaire du fonds doit exécuter les travaux de réparation ou de démolition qui s'imposent afin d'éviter la chute d'une construction ou d'un ouvrage qui est sur son fonds et qui menace de tomber sur le fonds voisin, y compris sur la voie publique.

[1991, c. 64, a. 990].

▌C.C.Q., 985, 987.

991. Le propriétaire du fonds ne doit pas, s'il fait des constructions, ouvrages ou plantations sur son fonds, ébranler le fonds voisin ni compromettre la solidité des constructions, ouvrages ou plantations qui s'y trouvent.

[1991, c. 64, a. 991].

▌C.C.Q., 976.

992. Le propriétaire de bonne foi qui a bâti au-delà des limites de son fonds sur une parcelle de terrain qui appartient à autrui doit, au choix du propriétaire du fonds sur lequel il a empiété, soit acquérir cette parcelle en lui en payant la valeur, soit lui verser une indemnité pour la perte temporaire de l'usage de cette parcelle.

Si l'empiétement est considérable, cause un préjudice sérieux ou est fait de mauvaise foi, le propriétaire du fonds qui le subit peut contraindre le constructeur soit à acquérir son immeuble et à lui en payer la valeur, soit à enlever les constructions et à remettre les lieux en l'état.

[1991, c. 64, a. 992].

▌C.C.Q., 988.

for and removed, unless he immediately searches for it himself and returns it.

The thing, whether object or animal, does not cease to belong to its owner unless he abandons the search, in which case it is acquired by the owner of the land unless he compels the owner of the thing to remove it and to restore his land to its former condition.

[1991, c. 64, a. 989].

990. The owner of land shall do any repair or demolition work needed to prevent the collapse of a construction or works situated on his land that is in danger of falling onto the neighbouring land, including a public road.

[1991, c. 64, a. 990].

991. Where the owner of land erects a construction or works or makes a plantation on his land, he may not disturb the neighbouring land or undermine the constructions, works or plantations situated on it.

[1991, c. 64, a. 991].

992. Where an owner has, in good faith, built beyond the limits of his land on a parcel of land belonging to another, he shall, as the owner of the land he has encroached upon elects, acquire the parcel by paying him its value, or pay him an indemnity for the temporary loss of use of the parcel.

If the encroachment is a considerable one, causes serious injury or is made in bad faith, the owner of the land encroached upon may compel the builder to acquire his immovable and to pay him its value, or to remove the constructions and to restore the place to its former condition.

[1991, c. 64, a. 992; I.N., 2014-05-01].

SECTION VI —
DES VUES

SECTION VI —
VIEWS

993. On ne peut avoir sur le fonds voisin de vues droites à moins d'un mètre cinquante de la ligne séparative.

993. No person may have upon neighbouring land direct views less than 150 cm from the dividing line.

Cette règle ne s'applique pas lorsqu'il s'agit de vues sur la voie publique ou sur un parc public, ou lorsqu'il s'agit de portes pleines ou à verre translucide.

[1991, c. 64, a. 993].

This rule does not apply in the case of views on the public thoroughfare or on a public park or in the case of panelled doors or doors with translucid glass.

[1991, c. 64, a. 993; 1992, c. 57, s. 716; I.N., 2014-05-01].

▌C.C.Q., 947, 977.

994. La distance d'un mètre cinquante se mesure depuis le parement extérieur du mur où l'ouverture est faite et perpendiculairement à celui-ci jusqu'à la ligne séparative. S'il y a une fenêtre en saillie, cette distance se mesure depuis la ligne extérieure.

[1991, c. 64, a. 994].

994. The distance of one hundred and fifty centimetres is measured from the exterior facing of the wall where the opening is made and perpendicularly therefrom to the dividing line. In the case of a projecting window, the distance is measured from the exterior line.

[1991, c. 64, a. 994].

▌C.C.Q., 993.

995. Des jours translucides et dormants peuvent être pratiqués dans un mur qui n'est pas mitoyen, même si celui-ci est à moins d'un mètre cinquante de la ligne séparative.

[1991, c. 64, a. 995].

995. Fixed translucid lights may be made in a wall that is not a common wall, even if it is less than 150 cm from the dividing line.

[1991, c. 64, a. 995; I.N., 2014-05-01].

▌C.C.Q., 993.

996. Le copropriétaire d'un mur mitoyen ne peut y pratiquer d'ouverture sans l'accord de l'autre.

[1991, c. 64, a. 996].

996. A co-owner of a common wall has no right to make any opening in it without the agreement of the other co-owner.

[1991, c. 64, a. 996].

▌C.C.Q., 1005, 1179.

SECTION VII —
DU DROIT DE PASSAGE

SECTION VII —
RIGHT OF WAY

997. Le propriétaire dont le fonds est enclavé soit qu'il n'ait aucune issue sur la voie publique, soit que l'issue soit insuffisante, difficile ou impraticable, peut, si on refuse de lui accorder une servitude ou un autre mode d'accès, exiger de l'un de ses voisins qu'il lui fournisse le passage

997. The owner of land enclosed by that of others in such a way that there is no access or only an inadequate, difficult or impassable access to it from the public road may, if all his neighbours refuse to grant him a servitude or another mode of access, require one of them to provide him with the

nécessaire à l'utilisation et à l'exploitation de son fonds.

Il paie alors une indemnité proportionnelle au préjudice qu'il peut causer.
[1991, c. 64, a. 997].

■ C.C.Q., 952, 1179, 1186, 1187.

998. Le droit de passage s'exerce contre le voisin à qui le passage peut être le plus naturellement réclamé, compte tenu de l'état des lieux, de l'avantage du fonds enclavé et des inconvénients que le passage occasionne au fonds qui le subit.
[1991, c. 64, a. 998].

■ C.C.Q., 997.

999. Si l'enclave résulte de la division du fonds par suite d'un partage, d'un testament ou d'un contrat, le passage ne peut être demandé qu'au copartageant, à l'héritier ou au contractant, et non au propriétaire du fonds à qui le passage aurait été le plus naturellement réclamé. Le passage est alors fourni sans indemnité.
[1991, c. 64, a. 999].

■ C.C.Q., 997; C.P.C., 809-811.

1000. Le bénéficiaire du droit de passage doit faire et entretenir tous les ouvrages nécessaires pour que son droit s'exerce dans les conditions les moins dommageables pour le fonds qui le subit.
[1991, c. 64, a. 1000].

■ C.C.Q., 997, 998.

1001. Le droit de passage prend fin lorsqu'il cesse d'être nécessaire à l'utilisation et à l'exploitation du fonds. Il n'y a pas lieu à remboursement de l'indemnité; si elle était payable par annuités ou par versements, ceux-ci cessent d'être dus pour l'avenir.
[1991, c. 64, a. 1001].

■ C.C.Q., 997.

necessary right of way to use and exploit his land.

Where an owner claims his right under this article, he pays an indemnity proportionate to any injury he might cause.
[1991, c. 64, a. 997; I.N., 2014-05-01].

998. Right of way is claimed from the owner whose land affords the most natural way out, taking into consideration the condition of the place, the benefit to the enclosed land and the inconvenience caused by the right of way to the land on which it is exercised.
[1991, c. 64, a. 998].

999. If land is enclosed as a result of the division of land pursuant to a partition, will or contract, right of way may be claimed only from a co-partitioner, heir or contracting party, not from the owner whose land affords the most natural way out, and in this case the right of way is provided without indemnity.
[1991, c. 64, a. 999; I.N., 2014-05-01].

1000. The beneficiary of a right of way shall build and maintain all the works necessary to ensure that his right is exercised under conditions that cause the least possible damage to the land on which it is exercised.
[1991, c. 64, a. 1000].

1001. Right of way is extinguished when it ceases to be necessary for the use and exploitation of the land. The indemnity is not reimbursed, but if it was payable as an annual rent or by instalments, future payments of these are no longer due.
[1991, c. 64, a. 1001; I.N., 2014-05-01].

1002. Tout propriétaire peut clore son terrain à ses frais, l'entourer de murs, de fossés, de haies ou de toute autre clôture.

Il peut également obliger son voisin à faire sur la ligne séparative, pour moitié ou à frais communs, un ouvrage de clôture servant à séparer leurs fonds et qui tienne compte de la situation et de l'usage des lieux.

[1991, c. 64, a. 1002].

▌C.C.Q., 951, 976, 996.

1002. Any owner of land may fence it, at his own expense, with walls, ditches, hedges or any other kind of fence.

To divide their lands, he may also require his neighbour to make on the dividing line one-half of, or at common expense, a fence suited to the situation and use made of the place.

[1991, c. 64, a. 1002; I.N., 2014-05-01].

1003. Toute clôture qui se trouve sur la ligne séparative est présumée mitoyenne. De même, le mur auquel sont appuyés, de chaque côté, des bâtiments est présumé mitoyen jusqu'à l'héberge.

[1991, c. 64, a. 1003].

▌C.C.Q., 1002.

1003. A fence on the dividing line is presumed to be common. Similarly, a wall supporting buildings on either side is presumed to be common up to the point of disjunction.

[1991, c. 64, a. 1003].

1004. Tout propriétaire peut acquérir la mitoyenneté d'un mur privatif joignant directement la ligne séparative en remboursant au propriétaire du mur la moitié du coût de la portion rendue mitoyenne et, le cas échéant, la moitié de la valeur du sol utilisé. Le coût du mur est estimé à la date de l'acquisition de sa mitoyenneté compte tenu de l'état dans lequel il se trouve.

[1991, c. 64, a. 1004].

▌C.C.Q., 952.

1004. An owner may acquire common ownership of a private wall directly adjacent to the dividing line by reimbursing the owner of the wall for one-half of the cost of the section rendered common and, where applicable, one-half of the value of the ground used. The cost of the wall is assessed on the date on which it was rendered common, and account is taken of its condition.

[1991, c. 64, a. 1004; I.N., 2014-05-01].

1005. Chaque propriétaire peut bâtir contre un mur mitoyen et y placer des poutres et des solives. Il doit obtenir l'accord de l'autre propriétaire sur la façon de le faire.

En cas de désaccord, il peut demander au tribunal de déterminer les moyens nécessaires pour que le nouvel ouvrage nuise le moins possible aux droits de l'autre propriétaire.

[1991, c. 64, a. 1005].

▌C.C.Q., 996.

1005. Each owner may build against a common wall and set beams and joists against it. He shall obtain the concurrence of the other owner on how to proceed.

In case of disagreement, the owner may apply to the court to determine the means necessary to ensure that the new works infringe the rights of the other owner as little as possible.

[1991, c. 64, a. 1005].

1006. L'entretien, la réparation et la reconstruction du mur mitoyen sont à la charge des propriétaires, proportionnellement aux droits de chacun.

Le propriétaire qui n'utilise pas le mur mitoyen peut abandonner son droit et ainsi se libérer de son obligation de contribuer aux charges, en produisant un avis en ce sens au bureau de la publicité des droits et en transmettant sans délai une copie de cet avis aux autres propriétaires. Cet avis emporte renonciation à faire usage du mur.

[1991, c. 64, a. 1006].

■ C.C.Q., 1185.

1007. Le copropriétaire d'un mur mitoyen a le droit de le faire exhausser à ses frais, après s'être assuré, au moyen d'une expertise, que le mur est en état de supporter l'exhaussement; il doit payer à l'autre, à titre d'indemnité, un sixième du coût de l'exhaussement.

Si le mur n'est pas en état de supporter l'exhaussement, il doit le reconstruire en entier, à ses frais, et l'excédent d'épaisseur doit se prendre de son côté.

[1991, c. 64, a. 1007].

■ C.C.Q., 1008.

1008. La partie du mur exhaussé appartient à celui qui l'a faite et il en supporte les frais d'entretien, de réparation et de reconstruction.

Le voisin qui n'a pas contribué à l'exhaussement peut cependant en acquérir la mitoyenneté en payant la moitié du coût d'exhaussement ou de reconstruction et, le cas échéant, la moitié de la valeur du sol fourni pour l'excédent d'épaisseur. Il doit, en outre, rembourser l'indemnité reçue.

[1991, c. 64, a. 1008].

■ C.C.Q., 1007.

1006. The maintenance, repair and rebuilding of a common wall are at the expense of each owner in proportion to his right.

An owner who does not use the common wall may renounce his right and thereby be relieved of his obligation to share the expenses by producing a notice to that effect at the registry office and transmitting a copy of the notice to the other owners without delay. The notice entails renunciation of the right to make use of the wall.

[1991, c. 64, a. 1006].

1007. A co-owner of a common wall has a right to heighten it at his own expense after ascertaining by means of an expert appraisal that it can withstand it, and shall pay one-sixth of the cost of the heightening to the other as an indemnity.

If the wall cannot withstand heightening, the co-owner shall rebuild the entire wall at his own expense, any additional thickness going on his own side.

[1991, c. 64, a. 1007; I.N., 2014-05-01].

1008. The heightened part of the wall belongs to the person who made it, and the cost of its maintenance, repair and rebuilding is his responsibility.

The neighbour who did not contribute to the heightening may nevertheless acquire common ownership of it by paying one-half of the cost of the heightening or rebuilding and, where applicable, one-half of the value of the ground provided for additional thickness. He shall also repay any indemnity he has received.

[1991, c. 64, a. 1008; I.N., 2014-05-01].

TITRE 3 ——
DES MODALITÉS† DE LA PROPRIÉTÉ

TITLE 3 ——
SPECIAL MODES† OF OWNERSHIP

Chapitre I ——
Dispositions générales

1009. Les principales modalités† de la propriété sont la copropriété et la propriété superficiaire.

[1991, c. 64, a. 1009].

∎ C.C.Q., 947, 1010, 1011.

1010. La copropriété est la propriété que plusieurs personnes ont ensemble et concurremment sur un même bien, chacune d'elles étant investie, privativement, d'une quote-part du droit.

Elle est dite par indivision lorsque le droit de propriété ne s'accompagne pas d'une division matérielle du bien.

Elle est dite divise lorsque le droit de propriété se répartit entre les copropriétaires par fractions comprenant chacune une partie privative, matériellement divisée, et une quote-part des parties communes.

[1991, c. 64, a. 1010].

∎ C.C.Q., 1009, 1012, 1038.

1011. La propriété superficiaire est celle des constructions, ouvrages ou plantations situés sur l'immeuble appartenant à une autre personne, le tréfoncier.

[1991, c. 64, a. 1011].

∎ C.C.Q., 1009.

Chapitre II ——
De la copropriété par indivision

SECTION I ——
DE L'ÉTABLISSEMENT DE L'INDIVISION

1012. L'indivision peut résulter d'un contrat, d'une succession, d'un jugement ou de la loi.

[1991, c. 64, a. 1012].

∎ C.C.Q., 176, 215, 282, 287, 293, 361, 460, 487, 614, 836-848, 2970, 2981-2987; D.T., 51.

1013. Les indivisaires peuvent, par écrit, convenir de reporter le partage du bien à

Chapter I ——
General provisions

1009. Ownership has two principal special modes†, co-ownership and superficies.

[1991, c. 64, a. 1009].

1010. Co-ownership is ownership of the same property, jointly and concurrently, by several persons each of whom is privately vested with a share of the right of ownership.

Co-ownership is called undivided where the right of ownership is not accompanied by a physical division of the property.

It is called divided where the right of ownership is apportioned among the co-owners in fractions, each comprising a physically divided private portion and a share of the common portions.

[1991, c. 64, a. 1010; I.N., 2014-05-01].

1011. Superficies is ownership of the constructions, works or plantations situated on an immovable belonging to another person, the owner of the subsoil.

[1991, c. 64, a. 1011].

Chapter II ——
Undivided co-ownership

SECTION I ——
ESTABLISHMENT OF INDIVISION

1012. Indivision arises from a contract, a succession or a judgment or by operation of law.

[1991, c. 64, a. 1012; I.N., 2014-05-01].

1013. Co-owners may agree in writing to postpone the partition of property on ex-

l'expiration de la durée prévue de l'indivision.

Cette convention ne doit pas excéder trente ans, mais elle peut être renouvelée. La convention qui excède trente ans est réduite à cette durée.

[1991, c. 64, a. 1013].

■ C.C.Q., 844, 1030, 1032, 2970, 2981-2987.

1014. L'indivision conventionnelle portant sur un immeuble doit être publiée pour être opposable aux tiers. La publication porte notamment sur la durée prévue de l'indivision, sur l'identification des parts des indivisaires et, le cas échéant, sur les droits de préemption accordés ou sur l'attribution d'un droit d'usage ou de jouissance exclusive d'une partie du bien indivis.

[1991, c. 64, a. 1014].

■ C.C.Q., 1627, 2941, 2970, 2981-2987.

SECTION II —
DES DROITS ET OBLIGATIONS DES INDIVISAIRES

1015. Les parts des indivisaires sont présumées égales.

Chacun des indivisaires a, relativement à sa part, les droits et les obligations d'un propriétaire exclusif. Il peut ainsi l'aliéner ou l'hypothéquer, et ses créanciers peuvent la saisir.

[1991, c. 64, a. 1015].

■ C.C.Q., 886, 1026, 2979.

1016. Chaque indivisaire peut se servir du bien indivis, à la condition de ne porter atteinte ni à sa destination ni aux droits des autres indivisaires.

Celui qui a l'usage et la jouissance exclusive du bien est redevable d'une indemnité.

[1991, c. 64, a. 1016].

■ C.C.Q., 1010.

1017. Le droit d'accession profite à tous les indivisaires en proportion de leur part

piry of the term provided for the indivision.

Such an agreement may not exceed 30 years, but is renewable. An agreement exceeding 30 years is reduced to that term.

[1991, c. 64, a. 1013; I.N., 2014-05-01].

1014. Indivision by agreement with respect to an immovable shall be published if it is to be set up against third persons. In particular, publication mentions the expected length of indivision, the identification of the shares of the co-owners and, where applicable, the pre-emptive rights granted, or the granting of a right of use or exclusive enjoyment of a portion of the undivided property, shall be mentioned.

[1991, c. 64, a. 1014; I.N., 2014-05-01].

SECTION II —
RIGHTS AND OBLIGATIONS OF CO-OWNERS

1015. The shares of co-owners are presumed equal.

Each co-owner has the rights and obligations of an exclusive owner as regards his share. Thus, each may alienate or hypothecate his share and his creditors may seize it.

[1991, c. 64, a. 1015; I.N., 2014-05-01].

1016. Each co-owner may make use of the undivided property provided he does not affect its destination or the rights of the other co-owners.

If one of the co-owners has the use and exclusive enjoyment of the property, he is liable for an indemnity.

[1991, c. 64, a. 1016; I.N., 2014-05-01].

1017. The right of accession operates to the benefit of all the co-owners propor-

dans l'indivision; néanmoins, lorsqu'un indivisaire bénéficie d'un droit d'usage ou de jouissance exclusive sur une partie du bien indivis, le titulaire de ce droit a aussi l'usage ou la jouissance exclusive de ce qui s'unit ou s'incorpore à cette partie.

[1991, c. 64, a. 1017].

■ C.C.Q., 744, 948, 954-975, 1020.

tionately to their share in the indivision. Nevertheless, where a co-owner holds a right of exclusive use or enjoyment of a portion of the undivided property, he also has exclusive use or enjoyment of anything joined or incorporated with that portion.

[1991, c. 64, a. 1017; I.N., 2014-05-01].

1018. Les fruits et revenus du bien indivis accroissent à l'indivision, à défaut de partage provisionnel ou de tout autre accord visant leur distribution périodique; ils accroissent encore à l'indivision s'ils ne sont pas réclamés dans les trois ans de leur date d'échéance.

[1991, c. 64, a. 1018].

■ C.C.Q., 743, 910, 949.

1018. The fruits and revenues of the undivided property accrue to the indivision, where there is no provisional partition or any other agreement with respect to their periodic distribution. They also accrue to the indivision if they are not claimed within three years from their due date.

[1991, c. 64, a. 1018; I.N., 2014-05-01].

1019. Les indivisaires sont tenus, à proportion de leur part, des frais d'administration et des autres charges communes qui se rapportent au bien indivis.

[1991, c. 64, a. 1019].

■ C.C.Q., 1025.

1019. Co-owners are liable proportionately to their shares for the costs of administration and the other common charges related to the undivided property.

[1991, c. 64, a. 1019; I.N., 2014-05-01].

1020. Chaque indivisaire a droit au remboursement des impenses nécessaires qu'il a faites pour conserver le bien indivis. Pour les autres impenses autorisées, il a droit, au moment du partage, à une indemnité égale à la plus-value donnée au bien.

Inversement, l'indivisaire répond des pertes qui diminuent, par son fait, la valeur du bien indivis.

[1991, c. 64, a. 1020].

■ C.C.Q., 876, 885, 958, 959, 1137, 1210, 1248, 1703, 2740.

1020. Each co-owner is entitled to be reimbursed for necessary disbursements he has made to preserve the undivided property. For other authorized disbursements, he is entitled, at partition, to an indemnity equal to the increase in value given to the property.

Conversely, each co-owner is liable for any loss which by his doing decreases the value of the undivided property.

[1991, c. 64, a. 1020; I.N., 2014-05-01].

1021. Le partage qui a lieu avant le moment fixé par la convention d'indivision n'est pas opposable au créancier qui détient une hypothèque sur une part indivise du bien, à moins qu'il n'ait consenti au partage ou que son débiteur ne conserve un droit de propriété sur quelque partie du bien.

[1991, c. 64, a. 1021].

■ C.C.Q., 877, 1037, 2660.

1021. Partition which takes place before the time fixed by the indivision agreement may not be set up against a creditor holding a hypothec on an undivided share of the property unless he has consented to the partition or unless his debtor retains a right of ownership over some portion of the property.

[1991, c. 64, a. 1021; I.N., 2014-05-01].

1022. Tout indivisaire peut, dans les soixante jours où il apprend qu'une personne étrangère à l'indivision a acquis, à titre onéreux, la part d'un indivisaire, l'écarter de l'indivision en lui remboursant le prix de la cession et les frais qu'elle a acquittés. Ce droit doit être exercé dans l'année qui suit l'acquisition de la part.

Le droit de retrait ne peut être exercé lorsque les indivisaires ont, dans la convention d'indivision, stipulé des droits de préemption et que, portant sur un immeuble, ces droits ont été publiés.

[1991, c. 64, a. 1022].

■ C.C.Q., 848, 1023, 1024, 2209.

1022. Any co-owner, within 60 days of learning that a third person has, by onerous title, acquired the share of a co-owner, may exclude him from the indivision by reimbursing him for the transfer price and the expenses he has paid. This right may be exercised only within one year from the acquisition of the share.

The right of withdrawal may not be exercised where the co-owners have stipulated pre-emptive rights in the indivision agreement and where such rights, if they are rights in an immovable, have been published.

[1991, c. 64, a. 1022; I.N., 2014-05-01].

1023. L'indivisaire qui a fait inscrire son adresse au bureau de la publicité des droits peut, dans les soixante jours de la notification qui lui est faite de l'intention d'un créancier de faire vendre la part d'un indivisaire ou de la prendre en paiement d'une obligation, être subrogé dans les droits du créancier en lui payant la dette de l'indivisaire et les frais.

Il ne peut opposer, s'il n'a pas fait inscrire son adresse, son droit de retrait à un créancier ou aux ayants cause de celui-ci.

[1991, c. 64, a. 1023].

■ C.C.Q., 1022, 1024, 1651.

1023. A co-owner having caused his address to be registered at the registry office may, within 60 days of being notified of the intention of the creditor to sell the share of an undivided co-owner or to take it in payment of an obligation, be subrogated to the rights of the creditor by paying him the debt of that co-owner, with costs.

A co-owner not having caused his address to be registered has no right of withdrawal against a creditor or the successors of the creditor.

[1991, c. 64, a. 1023; I.N., 2014-05-01].

1024. Si plusieurs indivisaires exercent leur droit de retrait ou de subrogation sur la part d'un indivisaire, ils la partagent proportionnellement à leur droit dans l'indivision.

[1991, c. 64, a. 1024].

■ C.C.Q., 1015, 1022, 1023.

1024. If several co-owners exercise their rights of withdrawal or subrogation against the share of a co-owner, it is partitioned among them proportionately to their rights in the undivided property.

[1991, c. 64, a. 1024; I.N., 2014-05-01].

SECTION III —
DE L'ADMINISTRATION DU BIEN INDIVIS

SECTION III —
ADMINISTRATION OF UNDIVIDED PROPERTY

1025. Les indivisaires administrent le bien en commun.

[1991, c. 64, a. 1025].

■ C.C.Q., 1027-1029.

1025. The co-owners administer the property jointly.

[1991, c. 64, a. 1025; I.N., 2014-05-01].

1026. Les décisions relatives à l'administration du bien sont prises à la majorité des indivisaires, en nombre et en parts.

Les décisions visant à aliéner le bien indivis, à le partager, à le grever d'un droit réel, à en changer la destination ou à y apporter des modifications substantielles sont prises à l'unanimité.

[1991, c. 64, a. 1026].

∎ C.C.Q., 885, 1015, 1019, 1332-1338.

1027. L'administration d'un bien indivis peut être confiée à un gérant choisi, ou non, parmi les indivisaires et nommé par eux.

Le tribunal peut, à la demande d'un indivisaire, désigner le gérant et fixer les conditions de sa charge lorsque le choix de la personne à nommer ne reçoit pas l'assentiment de la majorité, en nombre et en parts, des indivisaires, ou en cas d'impossibilité de pourvoir à la nomination ou au remplacement du gérant.

[1991, c. 64, a. 1027].

∎ C.C.Q., 1085.

1028. L'indivisaire qui administre le bien indivis à la connaissance des autres indivisaires et sans opposition de leur part est présumé avoir été nommé gérant.

[1991, c. 64, a. 1028].

∎ C.C.Q., 1482.

1029. Le gérant agit seul à l'égard du bien indivis, à titre d'administrateur du bien d'autrui chargé de la simple administration.

[1991, c. 64, a. 1029].

∎ C.C.Q., 1299-1370.

1026. Decisions relating to the administration of the property are taken by a majority in number and shares of the co-owners.

Decisions in view of alienating or partitioning the undivided property, charging it with a real right, changing its destination or making substantial alterations to it require unanimous approval.

[1991, c. 64, a. 1026; I.N., 2014-05-01].

1027. The co-owners may appoint one of their number or another person as manager and entrust him with the administration of the undivided property.

Upon application by a co-owner, the court may designate the manager and determine the terms and conditions of his office, where a majority in number and shares of the co-owners cannot agree on whom to appoint, or where it is impossible to appoint or replace the manager.

[1991, c. 64, a. 1027; I.N., 2014-05-01].

1028. A co-owner who administers the undivided property with the knowledge of the other co-owners and without objection on their part is presumed to have been appointed manager.

[1991, c. 64, a. 1028; I.N., 2014-05-01].

1029. The manager acts alone with respect to the undivided property as administrator of the property of others charged with simple administration.

[1991, c. 64, a. 1029].

SECTION IV —
DE LA FIN DE L'INDIVISION ET DU PARTAGE

SECTION IV —
END OF INDIVISION AND PARTITION

1030. Nul n'est tenu de demeurer dans l'indivision. Le partage peut toujours être provoqué, à moins qu'il n'ait été reporté par une convention, par une disposition

1030. No one is bound to remain in indivision. Partition may be demanded at any time unless it has been postponed by an agreement, a testamentary disposition or a

testamentaire, par un jugement ou par l'effet de la loi, ou qu'il n'ait été rendu impossible du fait de l'affectation du bien à un but durable.

[1991, c. 64, a. 1030].

■ C.C.Q., 8, 9, 836-848, 885, 1013, 3081; C.P.C., 809-811.

judgment, or by operation of law, or unless it has become impossible because the property has been appropriated to a lasting purpose.

[1991, c. 64, a. 1030; I.N., 2014-05-01].

1031. Malgré toute convention contraire, les trois quarts des indivisaires, représentant 90% des parts, peuvent mettre fin à la copropriété indivise d'un immeuble principalement à usage d'habitation pour en établir la copropriété divise.

Les indivisaires peuvent satisfaire ceux qui s'opposent à l'établissement d'une copropriété divise et qui refusent de signer la déclaration de copropriété en leur attribuant leur part en numéraire; la part de chaque indivisaire est alors augmentée en proportion de son paiement.

[1991, c. 64, a. 1031].

■ C.C.Q., 1059, 1098, 1108.

1031. Notwithstanding any agreement to the contrary, three-quarters of the co-owners representing 90 % of the shares may terminate the undivided co-ownership of a mainly residential immovable in order to establish divided co-ownership of it.

The co-owners may satisfy those who object to the establishment of divided co-ownership and who refuse to sign the declaration of co-ownership by apportioning their share to them in money; the share of each co-owner is then increased in proportion to his payment.

[1991, c. 64, a. 1031; I.N., 2014-05-01].

1032. À la demande d'un indivisaire, le tribunal peut, afin d'éviter une perte, surseoir au partage immédiat de tout ou partie du bien et maintenir l'indivision pour une durée d'au plus deux ans.

Cette décision peut être révisée si les causes qui ont justifié le maintien de l'indivision ont cessé ou si l'indivision est devenue intolérable ou présente de grands risques pour les indivisaires.

[1991, c. 64, a. 1032].

■ C.C.Q., 843-845.

1032. Upon application by a co-owner, the court, to avoid a loss, may postpone the partition of all or part of the property and maintain the indivision for at most two years.

The decision may be revised if the causes justifying the maintenance of the indivision have ceased to exist or if the indivision has become intolerable or too high a risk for the co-owners.

[1991, c. 64, a. 1032; I.N., 2014-05-01].

1033. Les indivisaires peuvent toujours satisfaire celui qui s'oppose au maintien de l'indivision en lui attribuant sa part, selon sa préférence, soit en nature, pourvu qu'elle soit aisément détachable du reste du bien indivis, soit en numéraire.

Si la part est attribuée en nature, les indivisaires peuvent accorder celle qui est la moins nuisible à l'exercice de leurs droits.

Si la part est attribuée en numéraire, la part

1033. If a co-owner objects to the maintenance of the indivision, the other co-owners may satisfy him at any time by apportioning his share to him in kind, provided it is easily detachable from the rest of the undivided property, or in money, as he chooses.

If the share is apportioned in kind, the co-owners may make the allotment least prejudicial to the exercise of their rights.

If the share is apportioned in money, the

de chaque indivisaire est alors augmentée en proportion de son paiement.

[1991, c. 64, a. 1033].

∎ C.C.Q., 846.

share of each co-owner is increased in proportion to his payment.

[1991, c. 64, a. 1033; I.N., 2014-05-01].

1034. Si les indivisaires ne s'entendent pas sur la part à attribuer à l'un d'eux, en nature ou en numéraire, une expertise ou une évaluation est faite par une personne désignée par tous les indivisaires ou, s'ils ne s'accordent pas entre eux, par le tribunal.

[1991, c. 64, a. 1034].

∎ C.C.Q., 483, 854, 863.

1034. If the co-owners fail to agree on the share in kind or in money to be apportioned to one of them, an appraisal or a valuation is made by a person designated by all the co-owners or, if they cannot agree among themselves, by the court.

[1991, c. 64, a. 1034; I.N., 2014-05-01].

1035. Les créanciers dont la créance résulte de l'administration sont payés par prélèvement sur l'actif, avant le partage.

Les créanciers, même hypothécaires, d'un indivisaire ne peuvent demander le partage si ce n'est par action oblique[1], dans le cas où l'indivisaire pourrait lui-même le demander.

[1991, c. 64, a. 1035].

∎ C.C.Q., 1627-1630.

1035. Creditors whose claims arise from the administration are paid out of the assets before partition.

No creditor, not even a hypothecary creditor, of a co-owner may demand partition, except by an oblique action where the co-owner could demand it himself.

[1991, c. 64, a. 1035; I.N., 2014-05-01].

1036. Il peut être mis fin à l'indivision en cas de perte ou d'expropriation d'une partie importante du bien indivis si la majorité des indivisaires en nombre et en parts en décide ainsi.

[1991, c. 64, a. 1036].

∎ C.C.Q., 1026.

1036. Indivision may be terminated by the decision of a majority in number of shares of the co-owners where a substantial part of the undivided property is lost or expropriated.

[1991, c. 64, a. 1036; I.N., 2014-05-01].

1037. L'indivision cesse par le partage du bien ou par son aliénation.

Si on procède au partage, les dispositions relatives au partage des successions s'appliquent, compte tenu des adaptations nécessaires.

Néanmoins, l'acte de partage qui met fin à une indivision autre que successorale est attributif du droit de propriété.

[1991, c. 64, a. 1037].

∎ C.C.Q., 836-848, 1021, 2679.

1037. Indivision ends by the partition or alienation of the property.

In the case of partition, the provisions relating to the partition of successions apply, adapted as required.

However, the act of partition which terminates indivision, other than indivision by succession, is an act of attribution of the right of ownership.

[1991, c. 64, a. 1037].

Chapitre III ——
De la copropriété divise d'un immeuble

Chapter III ——
Divided co-ownership of immovables

SECTION I ——
DE L'ÉTABLISSEMENT DE LA COPROPRIÉTÉ DIVISE

SECTION I ——
ESTABLISHMENT OF DIVIDED CO-OWNERSHIP

1038. La copropriété divise d'un immeuble est établie par la publication d'une déclaration en vertu de laquelle la propriété de l'immeuble est divisée en fractions, appartenant à une ou plusieurs personnes.

[1991, c. 64, a. 1038].

▌ C.C.Q., 1010, 3030, 3041; D.T., 53.

1038. Divided co-ownership of an immovable is established by publication of a declaration under which ownership of the immovable is divided into fractions belonging to one or several persons.

[1991, c. 64, a. 1038].

1039. La collectivité des copropriétaires constitue, dès la publication de la déclaration de copropriété, une personne morale qui a pour objet la conservation de l'immeuble, l'entretien et l'administration des parties communes, la sauvegarde des droits afférents à l'immeuble ou à la copropriété, ainsi que toutes les opérations d'intérêt commun.

Elle prend le nom de syndicat.

[1991, c. 64, a. 1039].

▌ D.T., 52.

1039. Upon the publication of the declaration of co-ownership, the co-owners as a body constitute a legal person, the objects of which are the preservation of the immovable, the maintenance and administration of the common portions, the protection of the rights appurtenant to the immovable or the co-ownership, as well as all business in the common interest.

The legal person is called a syndicate.

[1991, c. 64, a. 1039; I.N., 2014-05-01].

1040. La copropriété divise peut être établie sur un immeuble bâti par l'emphytéote ou sur un immeuble qui fait l'objet d'une propriété superficiaire si la durée non écoulée des droits, au moment de la publication de la déclaration, est supérieure à cinquante ans.

En ce cas, chaque copropriétaire est tenu à l'égard du propriétaire de l'immeuble faisant l'objet de l'emphytéose ou de la propriété superficiaire, d'une manière divise et en proportion de la valeur relative de sa fraction, des obligations divisibles de l'emphytéote ou du superficiaire, selon le cas; le syndicat est tenu des obligations indivisibles.

[1991, c. 64, a. 1040].

▌ C.C.Q., 1785-1794.

1040. Divided co-ownership of an immovable that is built by an emphyteuta or that is subject to superficies may be established if the unexpired term of the right, at the time of publication of the declaration, is more than 50 years.

In cases arising under the first paragraph, each co-owner, dividedly and proportionately to the relative value of his fraction, is liable for the divisible obligations of the emphyteuta or superficiary, as the case may be, towards the owner of the immovable subject to emphyteusis or superficies. The syndicate assumes the indivisible obligations.

[1991, c. 64, a. 1040; I.N., 2014-05-01].

SECTION II — DES FRACTIONS DE COPROPRIÉTÉ

1041. La valeur relative de chaque fraction de la copropriété divise est établie par rapport à la valeur de l'ensemble des fractions, en fonction de la nature, de la destination, des dimensions et de la situation de la partie privative de chaque fraction, mais sans tenir compte de son utilisation.

Elle est déterminée dans la déclaration.

[1991, c. 64, a. 1041].

▌ C.C.Q., 1038.

1042. Sont dites privatives les parties des bâtiments et des terrains qui sont la propriété d'un copropriétaire déterminé et dont il a l'usage exclusif.

[1991, c. 64, a. 1042].

▌ C.C.Q., 1038, 1041.

1043. Sont dites communes les parties des bâtiments et des terrains qui sont la propriété de tous les copropriétaires et qui servent à leur usage commun.

Cependant, certaines de ces parties peuvent ne servir qu'à l'usage de certains copropriétaires ou d'un seul. Les règles relatives aux parties communes s'appliquent à ces parties communes à usage restreint.

[1991, c. 64, a. 1043].

▌ C.C.Q., 1038, 1064.

1044. Sont présumées parties communes le sol, les cours, balcons, parcs et jardins, les voies d'accès, les escaliers et ascenseurs, les passages et corridors, les locaux des services communs, de stationnement et d'entreposage, les caves, le gros œuvre des bâtiments, les équipements et les appareils communs, tels les systèmes centraux de chauffage et de climatisation et les canalisations, y compris celles qui traversent les parties privatives.

[1991, c. 64, a. 1044].

▌ C.C.Q., 1043.

SECTION II — FRACTIONS OF CO-OWNERSHIP

1041. The relative value of each of the fractions of the divided co-ownership is established with reference to the value of all the fractions together, taking into account the nature, destination, dimensions and location of the private portion of each fraction, but not its use.

The relative value is determined in the declaration.

[1991, c. 64, a. 1041; I.N., 2014-05-01].

1042. Those portions of the buildings and land that are owned by a specific co-owner and are for his exclusive use are called the private portions.

[1991, c. 64, a. 1042; I.N., 2014-05-01].

1043. Those portions of the buildings and land that are owned by all the co-owners and serve for their common use are called the common portions.

However, some of the portions may serve for the use of certain, or only one, of the co-owners. The rules regarding the common portions apply to the common portions that have restricted use.

[1991, c. 64, a. 1043; I.N., 2014-05-01].

1044. The following are presumed to be common portions: the ground, yards, verandas or balconies, parks and gardens, access ways, stairways and elevators, passageways and halls, common service areas, parking and storage areas, basements, foundations and main walls of buildings, and common equipment and apparatus, such as the central heating and air-conditioning systems and the piping and wiring, including that which runs through private portions.

[1991, c. 64, a. 1044; I.N., 2014-05-01].

278

1045. Les cloisons ou les murs non compris dans le gros œuvre du bâtiment et qui séparent une partie privative d'une partie commune ou d'une autre partie privative sont présumés mitoyens.

[1991, c. 64, a. 1045].

■ C.C.Q., 1042-1044.

1045. Partitions or walls that are not part of the foundations and main walls of a building but which separate a private portion from a common portion or from another private portion are presumed common.

[1991, c. 64, a. 1045].

1046. Chaque copropriétaire a sur les parties communes un droit de propriété indivis. Sa quote-part dans les parties communes est égale à la valeur relative de sa fraction.

[1991, c. 64, a. 1046].

■ C.C.Q., 1016, 1041.

1046. Each co-owner has an undivided right of ownership in the common portions. His share of the common portions is proportionate to the relative value of his fraction.

[1991, c. 64, a. 1046].

1047. Chaque fraction constitue une entité distincte et peut faire l'objet d'une aliénation totale ou partielle; elle comprend, dans chaque cas, la quote-part des parties communes afférente à la fraction, ainsi que le droit d'usage des parties communes à usage restreint, le cas échéant.

[1991, c. 64, a. 1047].

■ C.C.Q., 1050, 1063.

1047. Each fraction constitutes a distinct entity and may be alienated in whole or in part; the alienation includes, in each case, the share of the common portions appurtenant to the fraction, as well as the right to use the common portions for restricted use, where applicable.

[1991, c. 64, a. 1047].

1048. La quote-part des parties communes d'une fraction ne peut faire l'objet, séparément de la partie privative de cette fraction, ni d'une aliénation ni d'une action en partage.

[1991, c. 64, a. 1048].

■ C.C.Q., 1047, 1049.

1048. The share of the common portions appurtenant to a fraction may not, separately from the private portion of the fraction, be the subject of alienation or an action in partition.

[1991, c. 64, a. 1048; 2002, c. 19, s. 15; I.N., 2014-05-01].

1049. L'aliénation d'une partie divise d'une partie privative est sans effet si la déclaration de copropriété et le plan cadastral n'ont pas été préalablement modifiés pour créer une nouvelle fraction, la décrire, lui attribuer un numéro cadastral distinct et déterminer sa valeur relative, ou pour faire état des modifications apportées aux limites des parties privatives contiguës.

[1991, c. 64, a. 1049; 2000, c. 42, a. 3].

■ C.C.Q., 1047.

1049. Alienation of a divided part of a private portion is without effect unless the declaration of co-ownership and the cadastral plan have been altered prior to the alienation so as to create a new fraction, describe it, give it a separate cadastral number and determine its relative value, or to record the alterations made to the boundaries between contiguous private portions.

[1991, c. 64, a. 1049; 2000, c. 42, s. 3; 2002, c. 19, s. 15].

1050. Chaque fraction forme une entité distincte aux fins d'évaluation et d'imposition foncière†.

Le syndicat doit être mis en cause en cas de contestation en justice de l'évaluation d'une fraction par un copropriétaire.

[1991, c. 64, a. 1050].

1050. Each fraction forms a distinct entity for the purposes of real property† assessment and taxation.

The syndicate shall be impleaded in the case of any judicial contestation of the assessment of a fraction by a co-owner.

[1991, c. 64, a. 1050].

Note : Dans le langage civiliste traditionnel, l'adjectif « *real* », employé en pareil contexte, signifie normalement *in rem*. Il est parfois arrivé que, dans la terminologie juridique en usage au Québec, on ait à l'occasion eu recours — et cette position n'est pas indéfendable — au terme « *real* » (c'est le cas, par exemple, de l'expression « *real estate* » qui a été employée jusque dans la *Loi sur le courtage immobilier* (*Real Estate Brokerage Act*), RLRQ, c. C-73.1). Par la modification apportée à l'article 3069 C.c.Q., cependant, le législateur semble rejeter toute équivalence entre les termes « *real property* » et « *foncier* », du moins dans la langue de la législation. / In classical civilian parlance, the adjective "real" in this context is suggestive of *in rem*. Quebec legal terminology has arguably adopted the term "real" to mean "immovable" in certain instances (as in the case, for example, in respect of the expression "real estate" which even finds use in legislative texts such as the *Real Estate Brokerage Act*, CQLR, c. C-73.1). However by its amendment to article 3069 C.C.Q., the legislature appears to reject "real property" as an equivalent to "*foncier*" in respect of the formal language of legislative enactment.

1051. Malgré les articles 2650 et 2662, l'hypothèque, les sûretés additionnelles qui s'y greffent ou les priorités[1] existantes sur l'ensemble de l'immeuble détenu en copropriété, lors de l'inscription de la déclaration de copropriété, se divisent entre les fractions suivant la valeur relative de chacune d'elles ou suivant toute autre proportion prévue.

[1991, c. 64, a. 1051].

1051. Notwithstanding articles 2650 and 2662, a hypothec, any additional security accessory thereto or any preferences[1] existing at the time of registration of the declaration of co-ownership on the whole of an immovable held in co-ownership are divided among the fractions according to the relative value of each or according to any other established proportion.

[1991, c. 64, a. 1051].

Note 1 : Comp. a. 2647.

❚ C.C.Q., 2650, 2662.

SECTION III —
DE LA DÉCLARATION DE COPROPRIÉTÉ

SECTION III —
DECLARATION OF CO-OWNERSHIP

§ 1. — Du contenu de la
déclaration

§ 1. — Content of the declaration

1052. La déclaration de copropriété comprend l'acte constitutif de copropriété, le règlement de l'immeuble et l'état descriptif des fractions.

[1991, c. 64, a. 1052].

❚ D.T., 54.

1052. A declaration of co-ownership comprises the act constituting the co-ownership, the by-laws of the immovable and a description of the fractions.

[1991, c. 64, a. 1052].

1053. L'acte constitutif de copropriété définit la destination de l'immeuble, des parties privatives et des parties communes.

Il détermine également la valeur relative de chaque fraction et indique la méthode suivie pour l'établir, la quote-part des charges et le nombre de voix attachées à chaque fraction et prévoit toute autre convention relative à l'immeuble ou à ses parties privatives ou communes. Il précise aussi les pouvoirs et devoirs respectifs du conseil d'administration du syndicat et de l'assemblée des copropriétaires.

[1991, c. 64, a. 1053].

∎ C.C.Q., 1041, 1052, 1054, 1058, 1059, 1068.

1053. An act constituting the co-ownership defines the destination of the immovable, of the private portions and of the common portions.

The act also specifies the relative value of each fraction, indicating how that value was determined, the share of the expenses and the number of votes attached to each fraction and provides any other agreement regarding the immovable or its private or common portions. In addition, it specifies the powers and duties of the board of directors of the syndicate and of the general meeting of the co-owners.

[1991, c. 64, a. 1053; I.N., 2014-05-01].

1054. Le règlement de l'immeuble contient les règles relatives à la jouissance, à l'usage et à l'entretien des parties privatives et communes, ainsi que celles relatives au fonctionnement et à l'administration de la copropriété.

Le règlement porte également sur la procédure de cotisation et de recouvrement des contributions aux charges communes.

[1991, c. 64, a. 1054].

∎ C.C.Q., 1052, 1057, 1894, 1897.

1054. The by-laws of an immovable contain the rules on the enjoyment, use and upkeep of the private and common portions, and those on the operation and administration of the co-ownership.

The by-laws also deal with the procedure of assessment and collection of contributions to the common expenses.

[1991, c. 64, a. 1054].

1055. L'état descriptif contient la désignation cadastrale des parties privatives et des parties communes de l'immeuble.

Il contient aussi une description des droits réels grevant l'immeuble ou existant en sa faveur, sauf les hypothèques et les sûretés additionnelles qui s'y greffent.

[1991, c. 64, a. 1055].

∎ C.C.Q., 1052.

1055. A description of the fractions contains the cadastral description of the private portions and common portions of the immovable.

Such a description also contains a description of the real rights to which the immovable is subject or existing in favour of the immovable, other than hypothecs and additional security accessory thereto.

[1991, c. 64, a. 1055; I.N., 2014-05-01].

1056. La déclaration de copropriété ne peut imposer aucune restriction aux droits des copropriétaires, sauf celles qui sont justifiées par la destination de l'immeuble, ses caractères ou sa situation.

[1991, c. 64, a. 1056].

∎ C.C.Q., 1016.

1056. No declaration of co-ownership may impose any restriction on the rights of the co-owners except restrictions justified by the destination, characteristics or location of the immovable.

[1991, c. 64, a. 1056].

1057. Le règlement de l'immeuble est opposable au locataire ou à l'occupant d'une partie privative, dès qu'un exemplaire du règlement ou des modifications qui lui sont apportées lui est remis par le copropriétaire ou, à défaut, par le syndicat.

[1991, c. 64, a. 1057].

■ C.C.Q., 1054, 1065, 1894; D.T., 55.

1057. The by-laws of the immovable may be set up against the lessee or occupant of a private portion upon his being given a copy of the by-laws or the amendments to them by the co-owner or, if not by him, by the syndicate.

[1991, c. 64, a. 1057].

1058. À moins que l'acte constitutif de copropriété ne le prévoie expressément, une fraction ne peut être détenue par plusieurs personnes ayant chacune un droit de jouissance, périodique et successif, de la fraction et elle ne peut non plus être aliénée dans ce but.

Le cas échéant, l'acte doit indiquer le nombre de fractions qui peuvent être ainsi détenues, les périodes d'occupation, le nombre maximum de personnes qui peuvent détenir ces fractions, ainsi que les droits et les obligations de ces occupants.

[1991, c. 64, a. 1058].

■ C.C.Q., 1098; D.T., 56.

1058. Unless express provision is made therefor in the act constituting the co-ownership, no fraction may be held by several persons each having a periodic and successive right of enjoyment in the fraction, nor may a fraction be alienated for that purpose.

Where the act makes provision for a periodic and successive right of enjoyment, it shall indicate the number of fractions that may be held in this way, the occupancy periods, the maximum number of persons who may hold these fractions, and the rights and obligations of the occupants.

[1991, c. 64, a. 1058; I.N., 2014-05-01].

§ 2. ── De l'inscription de la déclaration

§ 2. ── Registration of the declaration

1059. La déclaration de copropriété doit être notariée et en minute; il en est de même des modifications qui sont apportées à l'acte constitutif de copropriété et à l'état descriptif des fractions.

La déclaration doit être signée par tous les propriétaires de l'immeuble, par l'emphytéote ou le superficiaire, le cas échéant, ainsi que par les créanciers qui détiennent une hypothèque sur l'immeuble; les modifications sont signées par le syndicat.

[1991, c. 64, a. 1059].

■ C.C.Q., 1062, 2819, 2972, 3030, 3041.

1059. A declaration of co-ownership, and any amendments to the act constituting the co-ownership or the description of the fractions, shall be in the form of notarial act *en minute*.

The declaration shall be signed by all the owners of the immovable, by the emphyteuta or the superficiary, if any, and by all the creditors holding hypothecs on the immovable; amendments are signed by the syndicate.

[1991, c. 64, a. 1059; I.N., 2014-05-01].

1060. La déclaration, ainsi que les modifications apportées à l'acte constitutif de copropriété et à l'état descriptif des fractions, sont présentées au bureau de la publicité des droits. La déclaration est inscrite au registre foncier, sous les numéros d'immatriculation des parties communes et des parties privatives; les modifications ne sont

1060. The declaration and any amendments to the act constituting the co-ownership or the description of the fractions are filed at the registry office. The declaration is entered in the land register under the registration numbers of the common portions and the private portions. The amendments are entered under the registration

inscrites que sous le numéro d'immatriculation des parties communes, à moins qu'elles ne touchent directement une partie privative. Quant aux modifications apportées au règlement de l'immeuble, il suffit qu'elles soient déposées auprès du syndicat.

Le cas échéant, l'emphytéote ou le superficiaire doit donner avis de l'inscription au propriétaire de l'immeuble faisant l'objet d'une emphytéose ou sur lequel a été créée une propriété superficiaire.

[1991, c. 64, a. 1060].

▌ C.C.Q., 2972-2979.

1061. L'inscription d'un acte qui concerne une partie privative vaut pour la quote-part des parties communes qui y est afférente, sans qu'il y ait lieu de faire une inscription sous le numéro d'immatriculation des parties communes.

[1991, c. 64, a. 1061].

▌ C.C.Q., 1060.

1062. La déclaration de copropriété lie les copropriétaires, leurs ayants cause et les personnes qui l'ont signée et produit ses effets envers eux, à compter de son inscription.

[1991, c. 64, a. 1062].

▌ C.C.Q., 1059, 1434, 2819, 2941.

SECTION IV —
DES DROITS ET OBLIGATIONS DES
COPROPRIÉTAIRES

1063. Chaque copropriétaire dispose de sa fraction; il use et jouit librement de sa partie privative et des parties communes, à la condition de respecter le règlement de l'immeuble et de ne porter atteinte ni aux droits des autres copropriétaires ni à la destination de l'immeuble.

[1991, c. 64, a. 1063].

▌ C.C.Q., 947, 1016.

1064. Chacun des copropriétaires contribue, en proportion de la valeur relative de sa fraction, aux charges résultant de la copropriété et de l'exploitation de l'immeu-

number of the common portions only, unless they directly affect a private portion. However, it is sufficient for amendments made to the by-laws of the immovable to be filed with the syndicate.

The emphyteuta or superficiary, if any, shall give notice of the registration to the owner of the immovable under emphyteusis or on which superficies has been established.

[1991, c. 64, a. 1060; I.N., 2014-05-01].

1061. The registration of an act concerning a private portion is valid with regard to the share of the common portions appurtenant to it, without any requirement to make an entry under the registration number of the common portions.

[1991, c. 64, a. 1061; I.N., 2014-05-01].

1062. The declaration of co-ownership binds the co-owners, their successors and the persons who signed it, and produces its effects towards them from the time of its registration.

[1991, c. 64, a. 1062].

SECTION IV —
RIGHTS AND OBLIGATIONS OF CO-
OWNERS

1063. Each co-owner has the disposal of his fraction; he has free use and enjoyment of his private portion and of the common portions, provided he complies with the by-laws of the immovable and does not impair the rights of the other co-owners or the destination of the immovable.

[1991, c. 64, a. 1063; I.N., 2014-05-01].

1064. Each co-owner contributes in proportion to the relative value of his fraction to the expenses arising from the co-ownership and from the operation of the immov-

ble, ainsi qu'au fonds de prévoyance cons- titué en application de l'article 1071. Toutefois, les copropriétaires qui utilisent les parties communes à usage restreint contribuent seuls aux charges qui en résul- tent.

[1991, c. 64, a. 1064].

■ C.C.Q., 1041, 1054, 1068, 1069, 1071, 1086, 1094; D.T., 53.

able and the contingency fund established under article 1071, although only the co- owners who use common portions for re- stricted use contribute to the costs result- ing from those portions.

[1991, c. 64, a. 1064].

1065. Le copropriétaire qui loue sa partie privative doit le notifier au syndicat et in- diquer le nom du locataire.

[1991, c. 64, a. 1065].

■ C.C.Q., 1057, 1066, 1070, 1079, 1870.

1065. A co-owner who leases his private portion shall notify the syndicate and give the name of the lessee.

[1991, c. 64, a. 1065; I.N., 2014-05-01].

1066. Aucun copropriétaire ne peut faire obstacle à l'exécution, même à l'intérieur de sa partie privative, des travaux néces- saires à la conservation de l'immeuble dé- cidés par le syndicat ou des travaux urgents.

Lorsque la partie privative est louée, le syndicat donne au locataire, le cas échéant, les avis prévus par les articles 1922 et 1931 relatifs aux améliorations et aux tra- vaux.

[1991, c. 64, a. 1066].

■ C.C.Q., 1865, 1868, 1922, 1931.

1066. No co-owner may interfere with the carrying out, even inside his private por- tion, of work required for the preservation of the immovable decided upon by the syndicate or of urgent work.

Where a private portion is leased, the syn- dicate gives the lessee, where applicable, the notices prescribed by articles 1922 and 1931 regarding improvements and work.

[1991, c. 64, a. 1066; I.N., 2014-05-01].

1067. Le copropriétaire qui subit un préju- dice par suite de l'exécution des travaux, en raison d'une diminution définitive de la valeur de sa fraction, d'un trouble de jouissance grave, même temporaire, ou de dégradations, a le droit d'obtenir une in- demnité qui est à la charge du syndicat si les travaux ont été faits à la demande de celui-ci; autrement l'indemnité est à la charge des copropriétaires qui ont fait les travaux.

[1991, c. 64, a. 1067].

■ C.C.Q., 1066.

1067. A co-owner who, as a result of work carried out, suffers injury in the form of a permanent diminution in the value of his fraction, a grave disturbance to enjoyment, even if temporary, or through deteriora- tion, is entitled to obtain an indemnity from the syndicate if the syndicate ordered the work or, if it did not, from the co-own- ers who did the work.

[1991, c. 64, a. 1067; I.N., 2014-05-01].

1068. Tout copropriétaire peut, dans les cinq ans du jour de l'inscription de la dé- claration de copropriété, demander au tri- bunal la révision, pour l'avenir, de la va- leur relative des fractions et de la répartition des charges communes.

Le droit à la révision ne peut être exercé

1068. Every co-owner may, within five years from the day of registration of the declaration of co-ownership, apply to the court for a revision, for the future, of the relative value of the fractions and of the apportionment of the common expenses.

The right to apply for a revision may be

que s'il existe, entre la valeur relative accordée à une fraction ou la part des charges communes qui y est afférente et la valeur relative ou la part qui aurait dû être établie, suivant les critères prévus à la déclaration de copropriété, un écart de plus d'un dixième soit en faveur d'un autre copropriétaire, soit au préjudice du copropriétaire qui fait la demande.

[1991, c. 64, a. 1068].

❚ C.C.Q., 1041.

1069. Celui qui, par quelque mode que ce soit, y compris par suite de l'exercice d'un droit hypothécaire, acquiert une fraction de copropriété divise est tenu au paiement de toutes les charges communes dues relativement à cette fraction au moment de l'acquisition.

Celui qui se propose d'acquérir une fraction de copropriété peut néanmoins demander au syndicat des copropriétaires un état des charges communes dues relativement à cette fraction et le syndicat est, de ce fait, autorisé à le lui fournir, sauf à en aviser au préalable le propriétaire de la fraction ou ses ayants cause; le proposant acquéreur n'est alors tenu au paiement de ces charges communes que si l'état lui est fourni par le syndicat dans les quinze jours de la demande.

L'état fourni est ajusté selon le dernier budget annuel des copropriétaires.

[1991, c. 64, a. 1069; 2002, c. 19, a. 6].

❚ C.C.Q., 1064, 1068.

exercised only if there exists, between the relative value assigned to a fraction or the share of common expenses allocated thereto and the value or share that should have been established, according to the criteria provided in the declaration of co-ownership, a difference in excess of one-tenth in favour of another co-owner or to the prejudice of the applicant co-owner.

[1991, c. 64, a. 1068; I.N., 2014-05-01].

1069. A person who acquires a fraction of divided co-ownership, by whatever means, including the exercise of a hypothecary right, is bound to pay all common expenses due with respect to that fraction at the time of the acquisition.

A person contemplating the acquisition of such a fraction may request from the syndicate of co-owners a statement of the common expenses due with respect to the fraction and the syndicate is thereupon authorized to provide the statement to him, subject to the syndicate giving prior notice to the owner of the fraction or his successors; in such a case, the prospective acquirer is bound to pay the common expenses only if the statement is provided to him by the syndicate within 15 days of the request.

The statement provided is adjusted to the last annual budget of the co-owners.

[1991, c. 64, a. 1069; 2002, c. 19, s. 6; I.N., 2014-05-01].

SECTION V —
DES DROITS ET OBLIGATIONS DU SYNDICAT

SECTION V —
RIGHTS AND OBLIGATIONS OF THE SYNDICATE

1070. Le syndicat tient à la disposition des copropriétaires un registre contenant le nom et l'adresse de chaque copropriétaire et de chaque locataire, les procès-verbaux des assemblées des copropriétaires et du conseil d'administration, ainsi que les états financiers.

Il tient aussi à leur disposition la déclaration de copropriété, les copies de contrats

1070. The syndicate keeps a register at the disposal of the co-owners containing the name and address of each co-owner and each lessee, the minutes of the meetings of the co-owners and of the board of directors and the financial statements.

It also keeps at their disposal the declaration of co-ownership, the copies of the

auxquels il est partie, une copie du plan cadastral, les plans et devis de l'immeuble bâti, le cas échéant, et tous autres documents relatifs à l'immeuble et au syndicat.

[1991, c. 64, a. 1070].

■ C.C.Q., 342, 1039; D.T., 52.

contracts to which it is a party, a copy of the cadastral plan, the plans and specifications of the building built and all other documents relating to the immovable and the syndicate.

[1991, c. 64, a. 1070; I.N., 2014-05-01].

1071. Le syndicat constitue, en fonction du coût estimatif des réparations majeures et du coût de remplacement des parties communes, un fonds de prévoyance, liquide et disponible à court terme, affecté uniquement à ces réparations et remplacements. Ce fonds est la propriété du syndicat.

[1991, c. 64, a. 1071].

■ C.C.Q., 1064, 1078.

1071. The syndicate establishes, according to the estimated cost of major repairs and the cost of replacement of common portions, a contingency fund to be used exclusively for such repairs and replacement, which is liquid and available at short notice. The syndicate is the owner of the fund.

[1991, c. 64, a. 1071; I.N., 2014-05-01].

1072. Annuellement, le conseil d'administration fixe, après consultation de l'assemblée des copropriétaires, la contribution de ceux-ci aux charges communes, après avoir déterminé les sommes nécessaires pour faire face aux charges découlant de la copropriété et de l'exploitation de l'immeuble et les sommes à verser au fonds de prévoyance.

La contribution des copropriétaires au fonds de prévoyance est d'au moins 5% de leur contribution aux charges communes. Il peut être tenu compte, pour l'établir, des droits respectifs des copropriétaires sur les parties communes à usage restreint.

Le syndicat avise, sans délai, chaque copropriétaire du montant de ses contributions et de la date où elles sont exigibles.

[1991, c. 64, a. 1072].

■ C.C.Q., 1064, 1071.

1072. Each year, the board of directors, after consultation with the general meeting of the co-owners, fixes their contribution for common expenses, after determining the sums required to meet the expenses arising from the co-ownership and the operation of the immovable, and the amounts to be paid into the contingency fund.

The contribution of the co-owners to the contingency fund is at least 5% of their contribution for common expenses. In fixing the contribution, the rights of any co-owner in the common portions for restricted use may be taken into account.

The syndicate, without delay, notifies each co-owner of the amount of his contribution and the date when it is payable.

[1991, c. 64, a. 1072].

1073. Le syndicat a un intérêt assurable dans tout l'immeuble, y compris les parties privatives. Il doit souscrire des assurances contre les risques usuels, tels le vol et l'incendie, couvrant la totalité de l'immeuble, à l'exclusion des améliorations apportées

1073. The syndicate has an insurable interest in the whole immovable, including the private portions. It shall take out insurance against ordinary risks, such as fire and theft, on the whole of the immovable, except improvements made by a co-owner to

par un copropriétaire à sa partie. Le montant de l'assurance souscrite correspond à la valeur à neuf de l'immeuble.

Il doit aussi souscrire une assurance couvrant sa responsabilité envers les tiers.

[1991, c. 64, a. 1073].

▌ C.C.Q., 1039, 1075, 1331, 2481.

1074. La violation d'une des conditions du contrat d'assurance par un copropriétaire n'est pas opposable au syndicat.

[1991, c. 64, a. 1074].

▌ C.C.Q., 1073.

1075. L'indemnité due au syndicat à la suite d'une perte importante est, malgré l'article 2494, versée au fiduciaire nommé dans l'acte constitutif de copropriété ou, à défaut, désigné par le syndicat.

Elle doit être utilisée pour la réparation ou la reconstruction de l'immeuble, sauf si le syndicat décide de mettre fin à la copropriété; en ce cas, le fiduciaire, après avoir déterminé la part de l'indemnité de chacun des copropriétaires en fonction de la valeur relative de sa fraction, paie, sur cette part, les créanciers prioritaires et hypothécaires suivant les règles de l'article 2497. Il remet, pour chacun des copropriétaires, le solde de l'indemnité au liquidateur du syndicat avec son rapport.

[1991, c. 64, a. 1075].

▌ C.C.Q., 1073, 2494.

1076. Le syndicat peut, s'il y est autorisé, acquérir ou aliéner des fractions, des parties communes ou d'autres droits réels.

L'acquisition qu'il fait d'une fraction n'enlève pas son caractère à la partie privative. Cependant, en assemblée générale, il ne dispose d'aucune voix pour ces parties et le total des voix qui peuvent être exprimées est réduit d'autant.

[1991, c. 64, a. 1076].

▌ C.C.Q., 1090.

1077. Le syndicat est responsable des dommages causés aux copropriétaires ou

his portion. The amount insured is equal to the replacement cost of the immovable.

The syndicate shall also take out third person liability insurance.

[1991, c. 64, a. 1073; I.N., 2014-05-01].

1074. A co-owner's non-compliance with a condition of the insurance contract may not be set up against the syndicate.

[1991, c. 64, a. 1074; I.N., 2014-05-01].

1075. The indemnity owing to the syndicate following a substantial loss is, notwithstanding article 2494, paid to the trustee appointed in the act constituting the co-ownership or, where none has been appointed, designated by the syndicate.

The indemnity shall be used to repair or rebuild the immovable, unless the syndicate decides to terminate the co-ownership, in which case the trustee, after determining each co-owner's share of the indemnity according to the relative value of his fraction, pays the prior and hypothecary creditors out of that share according to the rules in article 2497. For each of the co-owners, he remits the balance of the indemnity to the liquidator of the syndicate with his report.

[1991, c. 64, a. 1075; I.N., 2014-05-01].

1076. The syndicate may, if authorized to do so, acquire or alienate fractions, common portions or other real rights.

A private portion does not cease to be private by the fact that the fraction is acquired by the syndicate, but the syndicate has no vote for that portion at the general meeting and the total number of votes that may be cast is reduced accordingly.

[1991, c. 64, a. 1076; I.N., 2014-05-01].

1077. The syndicate is liable for damage caused to the co-owners or third persons

aux tiers par le vice de conception ou de construction ou le défaut d'entretien des parties communes, sans préjudice de toute action récursoire.

[1991, c. 64, a. 1077].

■ C.C.Q., 1073, 1081.

by faulty design, construction defects or lack of maintenance of the common portions, without prejudice to any counterclaim.

[1991, c. 64, a. 1077; 2002, c. 19, s. 15].

1078. Le jugement qui condamne le syndicat à payer une somme d'argent est exécutoire contre lui et contre chacune des personnes qui étaient copropriétaires au moment où la cause d'action a pris naissance, proportionnellement à la valeur relative de sa fraction.

Ce jugement ne peut être exécuté sur le fonds de prévoyance, sauf pour une dette née de la réparation de l'immeuble ou du remplacement des parties communes.

[1991, c. 64, a. 1078].

■ C.C.Q., 525-531.

1078. A judgment condemning the syndicate to pay a sum of money is executory against the syndicate and against each of the persons who were co-owners at the time the cause of action arose, proportionately to the relative value of his fraction.

The judgment may not be executed against the contingency fund, except for a debt arising from the repair of the immovable or the replacement of common portions.

[1991, c. 64, a. 1078].

1079. Le syndicat peut, après avoir avisé le locateur et le locataire, demander la résiliation du bail d'une partie privative lorsque l'inexécution d'une obligation par le locataire cause un préjudice sérieux à un copropriétaire ou à un autre occupant de l'immeuble.

[1991, c. 64, a. 1079].

■ C.C.Q., 1057, 1063, 1065, 1066, 1875.

1079. The syndicate may demand the resiliation of the lease of a private portion, after notifying the lessor and the lessee, where the non-performance of an obligation by the lessee causes serious injury to a co-owner or to another occupant of the immovable.

[1991, c. 64, a. 1079; I.N., 2014-05-01].

1080. Lorsque le refus du copropriétaire de se conformer à la déclaration de copropriété cause un préjudice sérieux et irréparable au syndicat ou à l'un des copropriétaires, l'un ou l'autre peut demander au tribunal de lui enjoindre de s'y conformer.

Si le copropriétaire transgresse l'injonction ou refuse d'y obéir, le tribunal peut, outre les autres peines qu'il peut imposer, ordonner la vente de la fraction conformément aux dispositions du *Code de procédure civile* (chapitre C-25) relatives à la vente du bien d'autrui.

[1991, c. 64, a. 1080].

■ C.C.Q., 1056, 1063, 1079; C.P.C., 751.

1080. Where the refusal of a co-owner to comply with the declaration of co-ownership causes serious and irreparable injury to the syndicate or to one of the co-owners, either of them may apply to the court for an injunction ordering the owner to comply with the declaration.

If the co-owner violates the injunction or refuses to obey it, the court may, in addition to the other penalties it may impose, order the sale of the co-owner's fraction, in accordance with the provisions of the *Code of Civil Procedure* (chapter C-25) regarding the sale of the property of others.

[1991, c. 64, a. 1080; I.N., 2014-05-01].

1081. Le syndicat peut intenter toute action fondée sur un vice caché, un vice de conception ou de construction de l'immeuble ou un vice du sol. Dans le cas où les vices concernent les parties privatives, le syndicat ne peut agir sans avoir obtenu l'autorisation des copropriétaires de ces parties.

Le défaut de diligence que peut opposer le défendeur à l'action fondée sur un vice caché s'apprécie, à l'égard du syndicat ou d'un copropriétaire, à compter du jour de l'élection d'un nouveau conseil d'administration, après la perte de contrôle du promoteur sur le syndicat.

[1991, c. 64, a. 1081].

∎ C.C.Q., 1077, 1726, 2118; D.T., 57.

1081. The syndicate may institute any action on the grounds of latent defects, faulty design or construction defects of the immovable or defects in the ground. In a case where the faults or defects affect the private portions, the syndicate may not proceed until it has obtained the authorization of the co-owners of those portions.

Where the defendant sets up the failure to act with diligence against an action based on a latent defect, such diligence is appraised in respect of the syndicate or a co-owner from the day of the election of a new board of directors, after the developer loses control of the syndicate.

[1991, c. 64, a. 1081; 2002, c. 19, s. 15; I.N., 2014-05-01].

1082. Le syndicat a le droit, dans les six mois à compter de la notification qui lui est faite par le propriétaire de l'immeuble faisant l'objet d'une emphytéose ou d'une propriété superficiaire de son intention de céder à titre onéreux ses droits dans l'immeuble, de les acquérir, dans ce seul délai, par préférence à tout autre acquéreur éventuel. Si la cession projetée ne lui est pas notifiée, le syndicat peut, dans les six mois à compter du moment où il apprend qu'un tiers a acquis les droits du propriétaire, acquérir les droits de ce tiers en lui remboursant le prix de la cession et les frais qu'il a acquittés.

[1991, c. 64, a. 1082].

∎ C.C.Q., 1022, 1040, 1641.

1082. The syndicate, within six months of being notified by the owner of an immovable under emphyteusis or superficies that he intends to transfer by onerous title his rights in the immovable, may acquire such rights in preference to any other potential acquirer during that period. If it is not notified of the planned transfer, it may, within six months from the time it learns that a third person has acquired the owner's rights, acquire such rights from that person by reimbursing him for the transfer price and the costs he has paid.

[1991, c. 64, a. 1082; I.N., 2014-05-01].

1083. Le syndicat peut adhérer à une association de syndicats de copropriétés constituée pour la création, l'administration et l'entretien de services communs à plusieurs immeubles détenus en copropriété ou pour la poursuite d'intérêts communs.

[1991, c. 64, a. 1083].

∎ C.C.Q., 1039.

1083. The syndicate may join an association of co-ownership syndicates formed for the creation, administration and upkeep of common services for several immovables held in co-ownership, or for the pursuit of common interests.

[1991, c. 64, a. 1083].

SECTION VI —
DU CONSEIL D'ADMINISTRATION DU SYNDICAT

1084. La composition du conseil d'administration du syndicat, le mode de nomination, de remplacement ou de rémunération des administrateurs, ainsi que les autres conditions de leur charge, sont fixés par le règlement de l'immeuble.

En cas de silence du règlement ou d'impossibilité de procéder en la manière prévue, le tribunal peut, à la demande d'un copropriétaire, nommer ou remplacer un administrateur et fixer les conditions de sa charge.

[1991, c. 64, a. 1084].

❚ C.C.Q., 788, 1027, 1054.

1085. L'administration courante du syndicat peut être confiée à un gérant choisi, ou non, parmi les copropriétaires.

Le gérant agit à titre d'administrateur du bien d'autrui chargé de la simple administration.

[1991, c. 64, a. 1085].

❚ C.C.Q., 321-330, 1027, 1029, 1301.

1086. Le syndicat peut remplacer l'administrateur ou le gérant qui, étant copropriétaire, néglige de payer sa contribution aux charges communes ou au fonds de prévoyance.

[1991, c. 64, a. 1086].

❚ C.C.Q., 791, 1064.

SECTION VII —
DE L'ASSEMBLÉE DES COPROPRIÉTAIRES

1087. L'avis de convocation de l'assemblée annuelle des copropriétaires doit être accompagné, en plus du bilan, de l'état des résultats de l'exercice écoulé, de l'état des dettes et créances, du budget prévisionnel, de tout projet de modification à la déclaration de copropriété et d'une note sur les

SECTION VI —
BOARD OF DIRECTORS OF THE SYNDICATE

1084. The composition of the board of directors of the syndicate, the mode of their appointment, replacement and remuneration as well as the other terms and conditions of their appointment are fixed in the by-laws of the immovable.

The court, upon application by a co-owner, may appoint or replace a director and fix the terms and conditions of his appointment if there is no provision therefor in the by-laws or if it is impossible to proceed in the manner prescribed therein.

[1991, c. 64, a. 1084; I.N., 2014-05-01].

1085. The day-to-day administration of the syndicate may be entrusted to a manager who may, but need not be, chosen from among the co-owners.

The manager acts as an administrator of the property of others charged with simple administration.

[1991, c. 64, a. 1085; I.N., 2014-05-01].

1086. The syndicate may replace a director or manager who, being a co-owner, neglects to pay his contribution to the common expenses or to the contingency fund.

[1991, c. 64, a. 1086; I.N., 2014-05-01].

SECTION VII —
GENERAL MEETING OF THE CO-OWNERS

1087. The notice calling the annual general meeting of the co-owners shall be accompanied, in addition to the balance sheet, by the income statement for the preceding financial period, the statement of debts and claims, the budget forecast, any draft amendment to the declaration of co-

modalités essentielles de tout contrat proposé et de tous travaux projetés.

[1991, c. 64, a. 1087].

❚ C.C.Q., 346, 347, 1089.

ownership and a note on the general terms and conditions of any proposed contract or planned work.

[1991, c. 64, a. 1087; I.N., 2014-05-01].

1088. Tout copropriétaire peut, dans les cinq jours de la réception de l'avis de convocation, faire inscrire toute question à l'ordre du jour.

Avant la tenue de l'assemblée, le conseil d'administration avise par écrit les copropriétaires des questions nouvellement inscrites.

[1991, c. 64, a. 1088].

❚ C.C.Q., 346, 348.

1088. Within five days of receiving notice of a general meeting of the co-owners, any co-owner may cause a question to be placed on the agenda.

Before the meeting is held, the board of directors gives written notice to the co-owners of the questions newly placed on the agenda.

[1991, c. 64, a. 1088; I.N., 2014-05-01].

1089. Le quorum, à l'assemblée, est constitué par les copropriétaires détenant la majorité des voix.

Si le quorum n'est pas atteint, l'assemblée est alors ajournée à une autre date, dont avis est donné à tous les copropriétaires; les trois quarts des membres présents ou représentés à la nouvelle assemblée y constituent le quorum.

L'assemblée où il n'y a plus quorum doit être ajournée si un copropriétaire le réclame.

[1991, c. 64, a. 1089].

❚ C.C.Q., 349.

1089. Co-owners holding a majority of the votes constitute a quorum at general meetings.

If a quorum is not reached, the meeting is adjourned to a later date, notice of which is given to all the co-owners; three-quarters of the members present or represented at the second meeting constitute a quorum.

A meeting at which there is no longer a quorum shall be adjourned if a co-owner requests it.

[1991, c. 64, a. 1089; I.N., 2014-05-01].

1090. Chaque copropriétaire dispose, à l'assemblée, d'un nombre de voix proportionnel à la valeur relative de sa fraction. Les indivisaires d'une fraction exercent leurs droits dans la proportion de leur quote-part indivise.

[1991, c. 64, a. 1090].

❚ C.C.Q., 1053, 1094, 1099.

1090. Each co-owner is entitled to a number of votes at a general meeting proportionate to the relative value of his fraction. Co-owners of a fraction held in indivision vote in proportion to their undivided shares.

[1991, c. 64, a. 1090; I.N., 2014-05-01].

1091. Lorsqu'un copropriétaire dispose, dans une copropriété comptant moins de cinq fractions, d'un nombre de voix supérieur à la moitié de l'ensemble des voix des copropriétaires, le nombre de voix dont il dispose, à une assemblée, est réduit

1091. Where, in a co-ownership comprising fewer than five fractions, a co-owner is entitled to more than one-half of all the votes available to the co-owners, the number of votes to which he is entitled at a meeting is reduced to the total number of

à la somme des voix des autres copropriétaires présents ou représentés à cette assemblée.

[1991, c. 64, a. 1091].

■ C.C.Q., 1092, 1093, 1099.

1092. Le promoteur d'une copropriété comptant cinq fractions ou plus ne peut disposer, outre les voix attachées à la fraction qui lui sert de résidence, de plus de 60% de l'ensemble des voix des copropriétaires à l'expiration de la deuxième et de la troisième année de la date d'inscription de la déclaration de copropriété.

Ce nombre est réduit à 25% par la suite.

[1991, c. 64, a. 1092].

■ C.C.Q., 1091, 1093, 1099.

1093. Est considéré comme promoteur celui qui, au moment de l'inscription de la déclaration de copropriété, est propriétaire d'au moins la moitié de l'ensemble des fractions ou ses ayants cause, sauf celui qui acquiert de bonne foi et dans l'intention de l'habiter une fraction pour un prix égal à sa valeur marchande.

[1991, c. 64, a. 1093].

■ C.C.Q., 1092, 1785.

1094. Le copropriétaire qui, depuis plus de trois mois, n'a pas acquitté sa quote-part des charges communes ou sa contribution au fonds de prévoyance, est privé de son droit de vote.

[1991, c. 64, a. 1094].

■ C.C.Q., 1064, 1086, 2724.

1095. La cession des droits de vote d'un copropriétaire doit être dénoncée au syndicat pour lui être opposable.

[1991, c. 64, a. 1095].

■ C.C.Q., 1090-1092.

1096. Les décisions du syndicat sont prises à la majorité des voix des copropriétaires présents ou représentés à l'assemblée, y

votes to which the other co-owners present or represented at the meeting are entitled.

[1991, c. 64, a. 1091].

1092. At the end of the second and third years after the date of registration of the declaration of co-ownership, a developer of a co-ownership comprising five or more fractions is not entitled to more than 60 % of all the votes of the co-owners, in addition to the votes attached to the fraction serving as his residence.

The limit is thereafter reduced to 25 %.

[1991, c. 64, a. 1092; I.N., 2014-05-01].

1093. Any person who, at the time of registration of a declaration of co-ownership, owns at least one-half of all the fractions, or his successors, other than a person who in good faith acquires a fraction for a price equal to its market value with the intention of inhabiting it, is considered to be a developer.

[1991, c. 64, a. 1093; I.N., 2014-05-01].

1094. Any co-owner who has not paid his share of the common expenses or his contribution to the contingency fund for more than three months is deprived of his voting rights.

[1991, c. 64, a. 1094].

1095. Only assignments of the voting rights of a co-owner which have been declared to the syndicate may be set up against it.

[1991, c. 64, a. 1095; I.N., 2014-05-01].

1096. Decisions of the syndicate, including a decision to correct a clerical error in the declaration of co-ownership, are taken

compris celles visant à corriger une erreur matérielle dans la déclaration de copropriété.

[1991, c. 64, a. 1096].

▌ C.C.Q., 351, 1026, 1097.

1097. Sont prises à la majorité des copropriétaires, représentant les trois quarts des voix de tous les copropriétaires, les décisions qui concernent:

1° Les actes d'acquisition ou d'aliénation immobilière par le syndicat;

2° Les travaux de transformation, d'agrandissement ou d'amélioration des parties communes, ainsi que la répartition du coût de ces travaux;

3° La construction de bâtiments pour créer de nouvelles fractions;

4° La modification de l'acte constitutif de copropriété ou de l'état descriptif des fractions.

[1991, c. 64, a. 1097].

▌ C.C.Q., 1096.

1098. Sont prises à la majorité des trois quarts des copropriétaires, représentant 90% des voix de tous les copropriétaires, les décisions:

1° Qui changent la destination de l'immeuble;

2° Qui autorisent l'aliénation des parties communes dont la conservation est nécessaire au maintien de la destination de l'immeuble;

3° Qui modifient la déclaration de copropriété pour permettre la détention d'une fraction par plusieurs personnes ayant un droit de jouissance périodique et successif.

[1991, c. 64, a. 1098].

▌ C.C.Q., 1031.

1099. Lorsque le nombre de voix dont dispose un copropriétaire ou un promoteur est réduit, en application de la présente section, le total des voix des copropriétaires est réduit d'autant pour le vote des déci-

by a majority of the co-owners present or represented at the meeting.

[1991, c. 64, a. 1096].

1097. Decisions concerning the following matters require a majority vote of the co-owners representing three-quarters of the votes of all the co-owners :

(1) acts of acquisition or alienation of immovables by the syndicate;

(2) work for the alteration, enlargement or improvement of the common portions, and the apportionment of its cost;

(3) the construction of buildings to create new fractions;

(4) the amendment of the act constituting the co-ownership or of the description of the fractions.

[1991, c. 64, a. 1097; I.N., 2014-05-01].

1098. Decisions on the following matters require a majority vote of three-quarters of the co-owners representing 90% of the votes of all the co-owners :

(1) to change the destination of the immovable;

(2) to authorize the alienation of common portions the retention of which is necessary to maintain the destination of the immovable;

(3) to amend the declaration of co-ownership in order to permit the holding of a fraction by several persons having a periodic and successive right of enjoyment.

[1991, c. 64, a. 1098; I.N., 2014-05-01].

1099. Where the number of votes to which a co-owner or a developer is entitled is reduced by the effect of this section, the total number of votes available to all the co-owners to decide a question requiring a

sions exigeant la majorité en nombre et en voix.

[1991, c. 64, a. 1099].

❚ C.C.Q., 1091, 1092.

majority in number and in votes is reduced by the same number.

[1991, c. 64, a. 1099; I.N., 2014-05-01].

1100. Les copropriétaires de parties privatives contiguës peuvent modifier les limites de leur partie privative sans l'accord de l'assemblée, à la condition d'obtenir le consentement de leur créancier hypothécaire et du syndicat. La modification ne peut augmenter ou diminuer la valeur relative de l'ensemble des parties privatives modifiées ou l'ensemble des droits de vote qui y sont attachés.

Le syndicat modifie la déclaration de copropriété et le plan cadastral aux frais de ces copropriétaires; l'acte de modification doit être accompagné des consentements des créanciers, des copropriétaires et du syndicat.

[1991, c. 64, a. 1100].

❚ C.C.Q., 1097.

1100. The co-owners of contiguous private portions may alter the boundaries between their private portions without obtaining the approval of the general meeting provided they obtain the consent of their hypothecary creditors and of the syndicate. No alteration may increase or decrease the relative value of the group of private portions altered or the total of the voting rights attached to them.

The syndicate amends the declaration of co-ownership and the cadastral plan at the expense of the co-owners contemplated in the first paragraph; the act of amendment shall be accompanied by the consents of the creditors, the co-owners and the syndicate.

[1991, c. 64, a. 1100; I.N., 2014-05-01].

1101. Est réputée non écrite toute stipulation de la déclaration de copropriété qui modifie le nombre de voix requis pour prendre une décision prévue par le présent chapitre.

[1991, c. 64, a. 1101].

❚ D.T., 53.

1101. Any stipulation in the declaration of co-ownership that changes the number of votes required to make a decision under this chapter is deemed unwritten.

1991, c. 64, a. 1101; 1992, c. 57, s. 716; I.N., 2014-05-01].

1102. Est sans effet toute décision du syndicat qui, à l'encontre de la déclaration de copropriété, impose au copropriétaire une modification à la valeur relative de sa fraction, à la destination de sa partie privative ou à l'usage qu'il peut en faire.

[1991, c. 64, a. 1102].

❚ C.C.Q., 1068.

1102. Any decision of the syndicate which, contrary to the declaration of co-ownership, imposes on a co-owner a change in the relative value of his fraction, a change of destination of his private portion or a change in the use he may make of it is without effect.

[1991, c. 64, a. 1102; 2002, c. 19, s. 15].

1103. Tout copropriétaire peut demander au tribunal d'annuler une décision de l'assemblée si elle est partiale, si elle a été prise dans l'intention de nuire aux copro-

1103. Any co-owner may apply to the court to annul a decision of the general meeting if the decision is biased, if it was taken with intent to injure the co-owners

priétaires ou au mépris de leurs droits, ou encore si une erreur s'est produite dans le calcul des voix.

L'action doit, sous peine de déchéance, être intentée dans les soixante jours de l'assemblée.

Le tribunal peut, si l'action est futile ou vexatoire, condamner le demandeur à des dommages-intérêts.

[1991, c. 64, a. 1103].

∎ C.C.Q., 1607-1610.

or in contempt of their rights, or if an error was made in counting the votes.

The action is forfeited unless instituted within sixty days after the meeting.

If the action is futile or vexatious, the court may condemn the plaintiff to pay damages.

[1991, c. 64, a. 1103].

SECTION VIII — DE LA PERTE DE CONTRÔLE DU PROMOTEUR SUR LE SYNDICAT

SECTION VIII — LOSS OF CONTROL OF THE SYNDICATE BY THE DEVELOPER

1104. Dans les quatre-vingt-dix jours à compter de celui où le promoteur d'une copropriété ne détient plus la majorité des voix à l'assemblée des copropriétaires, le conseil d'administration doit convoquer une assemblée extraordinaire des copropriétaires pour l'élection d'un nouveau conseil d'administration.

Si l'assemblée n'est pas convoquée dans les quatre-vingt-dix jours, tout copropriétaire peut le faire.

[1991, c. 64, a. 1104].

∎ C.C.Q., 1092; D.T., 58.

1104. Within 90 days from the day on which the developer of a co-ownership ceases to hold a majority of votes in the general meeting of the co-owners, the board of directors shall call a special meeting of the co-owners to elect a new board of directors.

If the meeting is not called within 90 days, any co-owner may call it.

[1991, c. 64, a. 1104; I.N., 2014-05-01].

1105. Le conseil d'administration, lors de cette assemblée, rend compte de son administration.

Il produit des états financiers, lesquels doivent être accompagnés de commentaires d'un comptable sur la situation financière du syndicat. Le comptable doit, dans son rapport aux copropriétaires, indiquer toute irrégularité qu'il constate.

Les états financiers doivent être vérifiés sur demande des copropriétaires représentant 40% des voix de tous les copropriétaires. Cette demande peut être faite en tout temps, même avant l'assemblée.

[1991, c. 64, a. 1105].

∎ C.C.Q., 1104, 1351-1354.

1105. The board of directors renders account of its administration at the special meeting.

It produces the financial statements, which shall be accompanied with the comments of an accountant on the financial situation of the syndicate. The accountant shall, in his report to the co-owners, indicate any irregularity that has come to his attention.

The financial statements shall be audited on the application of co-owners representing 40 % of the votes of all the co-owners. The application may be made at any time, even before the meeting.

[1991, c. 64, a. 1105; I.N., 2014-05-01].

1106. Le comptable a accès, à tout moment, aux livres, comptes et pièces justificatives qui concernent la copropriété.

Il peut exiger du promoteur ou d'un administrateur les informations et explications qu'il estime nécessaires à l'accomplissement de ses fonctions.

[1991, c. 64, a. 1106].

∎ C.C.Q., 1105.

1106. The accountant has a right of access at all times to the books, accounts and vouchers concerning the co-ownership.

He may require from the developer or an administrator any information or explanation necessary for the performance of his duties.

[1991, c. 64, a. 1106; I.N., 2014-05-01].

1107. Le nouveau conseil d'administration peut, dans les soixante jours de l'élection, mettre fin sans pénalité au contrat conclu par le syndicat pour l'entretien de l'immeuble ou pour d'autres services, antérieurement à cette élection, lorsque la durée du contrat excède un an.

[1991, c. 64, a. 1107].

∎ C.C.Q., 1104; D.T., 58.

1107. The new board of directors may, within 60 days after the election, terminate without penalty a contract entered into before the election by the syndicate for maintenance of the immovable or for other services, if the term of the contract exceeds one year.

[1991, c. 64, a. 1107; I.N., 2014-05-01].

SECTION IX —
DE LA FIN DE LA COPROPRIÉTÉ

SECTION IX —
TERMINATION OF CO-OWNERSHIP

1108. Il peut être mis fin à la copropriété par décision des trois quarts des copropriétaires représentant 90% des voix de tous les copropriétaires.

La décision de mettre fin à la copropriété doit être consignée dans un écrit que signent le syndicat et les personnes détenant des hypothèques sur tout ou partie de l'immeuble. Cette décision est inscrite au registre foncier, sous les numéros d'immatriculation des parties communes et des parties privatives.

[1991, c. 64, a. 1108].

∎ C.C.Q., 356, 358, 1301, 1098.

1108. Co-ownership of an immovable may be terminated by a decision of a majority of three-quarters of the co-owners representing 90 % of the votes of all the co-owners.

The decision to terminate the co-ownership shall be recorded in writing and signed by the syndicate and the persons holding hypothecs on the immovable or part thereof. This decision is entered in the land register under the registration numbers of the common portions and private portions.

[1991, c. 64, a. 1108; I.N., 2014-05-01].

1109. Le syndicat est liquidé suivant les règles du livre premier applicables aux personnes morales.

À cette fin, le liquidateur est saisi, en plus des biens du syndicat, de l'immeuble et de tous les droits et obligations des copropriétaires dans l'immeuble.

[1991, c. 64, a. 1109].

∎ C.C.Q., 355-364.

1109. The syndicate is liquidated according to the rules of Book One on the liquidation of legal persons.

For that purpose, the liquidator is seised of the immovable and of all the rights and obligations of the co-owners in the immovable, in addition to the property of the syndicate.

[1991, c. 64, a. 1109].

Chapitre IV ——
De la propriété superficiaire

Chapter IV ——
Superficies

SECTION I ——
DE L'ÉTABLISSEMENT DE LA PROPRIÉTÉ SUPERFICIAIRE

SECTION I ——
ESTABLISHMENT OF SUPERFICIES

1110. La propriété superficiaire résulte de la division de l'objet du droit de propriété portant sur un immeuble, de la cession du droit d'accession ou de la renonciation au bénéfice de l'accession.

[1991, c. 64, a. 1110].

▮ C.C.Q., 1009, 1011; D.T., 59.

1110. Superficies results from division of the object of the right of ownership of an immovable, transfer of the right of accession or renunciation of the benefit of accession.

[1991, c. 64, a. 1110].

1111. Le droit du propriétaire superficiaire à l'usage du tréfonds est réglé par la convention. À défaut, le tréfonds est grevé des servitudes nécessaires à l'exercice de ce droit; elles s'éteignent lorsqu'il prend fin.

[1991, c. 64, a. 1111].

▮ C.C.Q., 1110.

1111. The right of the superficiary to use the subsoil is governed by an agreement. Failing agreement, the subsoil is charged with the servitudes necessary for the exercise of the right. These servitudes are extinguished upon termination of the right.

[1991, c. 64, a. 1111].

1112. Le superficiaire et le tréfoncier supportent les charges grevant ce qui fait l'objet de leurs droits de propriété respectifs.

[1991, c. 64, a. 1112].

▮ C.C.Q., 1110.

1112. The superficiary and the owner of the subsoil each bear the charges encumbering what constitutes the object of their respective rights of ownership.

[1991, c. 64, a. 1112].

1113. La propriété superficiaire peut être perpétuelle, mais un terme peut être fixé par la convention qui établit la modalité superficiaire.

[1991, c. 64, a. 1113].

▮ C.C.Q., 1110.

1113. Superficies may be perpetual, but a term may be fixed by the agreement establishing its conditions.

[1991, c. 64, a. 1113].

SECTION II ——
DE LA FIN DE LA PROPRIÉTÉ SUPERFICIAIRE

SECTION II ——
TERMINATION OF SUPERFICIES

1114. La propriété superficiaire prend fin:

1° Par la réunion des qualités de tréfoncier et de superficiaire dans une même personne, sous réserve toutefois des droits des tiers;

1114. Superficies is terminated

(1) by the union of the qualities of subsoil owner and superficiary in the same person, subject to the rights of third persons;

2° Par l'avènement d'une condition résolutoire;

3° Par l'arrivée du terme.

[1991, c. 64, a. 1114].

▋ C.C.Q., 1162, 1191, 1208.

1115. La perte totale des constructions, ouvrages ou plantations ne met fin à la propriété superficiaire que si celle-ci résulte de la division de l'objet du droit de propriété.

L'expropriation des constructions, ouvrages ou plantations ou celle du tréfonds ne met pas fin à la propriété superficiaire.

[1991, c. 64, a. 1115].

▋ C.C.Q., 1163, 1164.

1116. À l'expiration de la propriété superficiaire, le tréfoncier acquiert par accession la propriété des constructions, ouvrages ou plantations en en payant la valeur au superficiaire.

Cependant, si la valeur est égale ou supérieure à celle du tréfonds, le superficiaire a le droit d'acquérir la propriété du tréfonds en en payant la valeur au tréfoncier, à moins qu'il ne préfère, à ses frais, enlever les constructions, ouvrages et plantations qu'il a faits et remettre le tréfonds dans son état antérieur.

[1991, c. 64, a. 1116].

▋ C.C.Q., 948, 1114, 1115.

1117. À défaut par le superficiaire d'exercer son droit d'acquérir la propriété du tréfonds, dans les quatre-vingt-dix jours suivant la fin de la propriété superficiaire, le tréfoncier conserve la propriété des constructions, ouvrages et plantations.

[1991, c. 64, a. 1117].

▋ C.C.Q., 1116.

1118. Le tréfoncier et le superficiaire qui ne s'entendent pas sur le prix et les autres conditions d'acquisition du tréfonds ou des constructions, ouvrages ou plantations, peuvent demander au tribunal de fixer le

(2) by the fulfilment of a resolutive condition;

(3) by the expiry of the term.

[1991, c. 64, a. 1114].

1115. The total loss of the constructions, works or plantations terminates superficies only if superficies is a result of the division of the object of the right of ownership.

Expropriation of the constructions, works or plantations or expropriation of the subsoil does not terminate superficies.

[1991, c. 64, a. 1115].

1116. At the termination of superficies, the subsoil owner acquires by accession ownership of the constructions, works or plantations by paying their value to the superficiary.

If, however, the constructions, works or plantations are equal in value to the subsoil or of greater value, the superficiary has a right to acquire ownership of the subsoil by paying its value to the subsoil owner, unless he prefers to remove, at his own expense, the constructions, works and plantations he has made and return the subsoil to its former condition.

[1991, c. 64, a. 1116].

1117. Where the superficiary fails to exercise his right to acquire ownership of the subsoil within ninety days from the end of the superficies, the owner of the subsoil retains ownership of the constructions, works and plantations.

[1991, c. 64, a. 1117].

1118. A subsoil owner and a superficiary who do not agree on the price and other terms and conditions of acquisition of the subsoil or of the constructions, works or plantations may apply to have the court fix

prix et les conditions d'acquisition. Le jugement vaut titre et en a tous les effets.

Ils peuvent aussi, en cas de désaccord sur les conditions d'enlèvement de ces constructions, ouvrages ou plantations, demander au tribunal de les déterminer.

[1991, c. 64, a. 1118].

C.C.Q., 1116.

the price and the terms and conditions of acquisition. The judgment is equivalent to a valid title and has all the effects thereof.

They may also, if they fail to agree on the terms and conditions of removal of the constructions, works or plantations, apply to have the court determine them.

[1991, c. 64, a. 1118; I.N., 2014-05-01].

TITRE 4
DES DÉMEMBREMENTS DU DROIT DE PROPRIÉTÉ

Disposition générale

1119. L'usufruit, l'usage, la servitude et l'emphytéose sont des démembrements du droit de propriété et constituent des droits réels.

[1991, c. 64, a. 1119].

C.C.Q., 1120, 1172, 1177.

TITLE 4
DISMEMBERMENTS OF THE RIGHT OF OWNERSHIP

General provision

1119. Usufruct, use, servitude and emphyteusis are dismemberments of the right of ownership and are real rights.

[1991, c. 64, a. 1119].

Chapitre I
De l'usufruit

SECTION I
DE LA NATURE DE L'USUFRUIT

1120. L'usufruit est le droit d'user et de jouir, pendant un certain temps, d'un bien dont un autre a la propriété, comme le propriétaire lui-même, mais à charge d'en conserver la substance.

[1991, c. 64, a. 1120].

C.C.Q., 911, 947, 1124; D.T., 34.

Chapter I
Usufruct

SECTION I
NATURE OF USUFRUCT

1120. Usufruct is the right of use and enjoyment, for a certain time, of property owned by another, as one's own, subject to the obligation of preserving its substance.

[1991, c. 64, a. 1120; I.N., 2014-05-01].

1121. L'usufruit s'établit par contrat, par testament ou par la loi; il peut aussi être établi par jugement dans les cas prévus par la loi.

[1991, c. 64, a. 1121].

C.C.Q., 429, 1120.

1121. Usufruct is established by contract, by will or by law; it may also be established by judgment in the cases prescribed by law.

[1991, c. 64, a. 1121].

1122. L'usufruit peut être établi pour un seul ou plusieurs usufruitiers, conjointement ou successivement.

Les usufruitiers doivent exister lors de l'ouverture de l'usufruit en leur faveur.

[1991, c. 64, a. 1122].

■ C.C.Q., 1120.

1123. La durée de l'usufruit ne peut excéder cent ans, même si l'acte qui l'accorde prévoit une durée plus longue ou constitue un usufruit successif.

L'usufruit accordé sans terme est viager ou, si l'usufruitier est une personne morale, trentenaire.

[1991, c. 64, a. 1123].

■ C.C.Q., 1162, 1165.

1122. Usufruct may be established for the benefit of one or several usufructuaries jointly or successively.

Only a person who exists when the usufruct in his favour opens may be a usufructuary.

[1991, c. 64, a. 1122].

1123. No usufruct may last longer than one hundred years even if the act granting it provides a longer term or creates a successive usufruct.

Usufruct granted without a term is granted for life or, if the usufructuary is a legal person, for thirty years.

[1991, c. 64, a. 1123].

SECTION II —
DES DROITS DE L'USUFRUITIER

§ 1. — De l'étendue de l'usufruit

1124. L'usufruitier a l'usage et la jouissance du bien sur lequel porte l'usufruit; il prend le bien dans l'état où il le trouve.

L'usufruit porte sur tous les accessoires, de même que sur tout ce qui s'unit ou s'incorpore naturellement à l'immeuble par voie d'accession.

[1991, c. 64, a. 1124].

■ C.C.Q., 947, 1172, 1200, 1218.

1125. L'usufruitier peut exiger du nu-propriétaire la cessation de tout acte qui l'empêche d'exercer pleinement son droit.

L'aliénation que le nu-propriétaire fait de son droit ne porte pas atteinte au droit de l'usufruitier.

[1991, c. 64, a. 1125].

■ C.C.Q., 953.

SECTION II —
RIGHTS OF THE USUFRUCTUARY

§ 1. — Scope of the usufruct

1124. The usufructuary has the use and enjoyment of the property subject to usufruct; he takes the property in the condition in which he finds it.

Usufruct bears on all accessories and on everything that is naturally united to or incorporated with the immovable by accession.

[1991, c. 64, a. 1124; I.N., 2014-05-01].

1125. The usufructuary may require the bare owner to cease any act which prevents him from fully exercising his right.

The bare owner's alienation of his right does not affect the right of the usufructuary.

[1991, c. 64, a. 1125].

1126. L'usufruitier fait siens les fruits et revenus que produit le bien.

[1991, c. 64, a. 1126].

■ C.C.Q., 743, 910, 949, 1129, 1130.

1127. L'usufruitier peut disposer, comme s'il était propriétaire, des biens compris dans l'usufruit dont on ne peut faire usage sans les consommer, à charge d'en rendre de semblables en pareille quantité et qualité à la fin de l'usufruit.

S'il ne peut en rendre de semblables, il doit en payer la valeur en numéraire[1].

[1991, c. 64, a. 1127].

Note 1 : Comp. inter alia a./arts 419, 898, 1802.

■ C.C.Q., 1244, 1556, 2314.

1128. L'usufruitier peut disposer, comme un administrateur prudent et diligent, du bien qui, sans être consomptible, se détériore rapidement par l'usage.

Il doit, en ce cas, rendre à la fin de l'usufruit la valeur de ce bien au moment où il en a disposé.

[1991, c. 64, a. 1128].

■ C.C.Q., 1225, 1309.

1129. L'usufruitier perçoit les fruits attachés au bien au début de l'usufruit. Il n'a aucun droit sur ceux qui, lors de la cessation de l'usufruit, sont encore attachés au bien.

Une indemnité est due par le nu-propriétaire ou par l'usufruitier, selon le cas, à celui qui a fait les travaux ou les dépenses nécessaires à la production de ces fruits.

[1991, c. 64, a. 1129].

■ C.C.Q., 743, 949, 1126.

1130. Les revenus se comptent, entre l'usufruitier et le nu-propriétaire, jour par jour. Ils appartiennent à l'usufruitier du jour où son droit commence jusqu'à celui

1126. The usufructuary appropriates the fruits and revenues produced by the property.

[1991, c. 64, a. 1126].

1127. The usufructuary may dispose, as though he were its owner, of all the property under his usufruct which cannot be used without being consumed, subject to the obligation of returning similar property in the same quantity and of the same quality at the end of the usufruct.

Where the usufructuary is unable to return similar property he shall pay the value thereof in cash[1].

[1991, c. 64, a. 1127].

1128. The usufructuary may dispose, as a prudent and diligent administrator, of property which, though not consumable, rapidly deteriorates with use.

In the case described in the first paragraph, the usufructuary shall, at the end of the usufruct, return the value of the property at the time he disposed of it.

[1991, c. 64, a. 1128].

1129. The usufructuary is entitled to the fruits attached to the property at the beginning of the usufruct. He has no right to the fruits still attached to it at the time his usufruct ceases.

An indemnity is due by the bare owner or by the usufructuary, as the case may be, to the person who has done the work, or incurred the expenses, necessary for the production of the fruits.

[1991, c. 64, a. 1129; I.N., 2014-05-01].

1130. Revenues are counted, between the usufructuary and the bare owner, day by day. They belong to the usufructuary from the day his right begins to the day it termi-

où il prend fin, quel que soit le moment où ils sont exigibles ou versés, sauf les dividendes qui n'appartiennent à l'usufruitier que s'ils sont déclarés pendant l'usufruit.

[1991, c. 64, a. 1130].

■ C.C.Q., 910, 1349.

nates, regardless of when they are payable or paid, except dividends, which belong to the usufructuary only if they are declared during the usufruct.

[1991, c. 64, a. 1130; I.N., 2014-05-01].

1131. Les gains exceptionnels qui découlent de la propriété du bien sur lequel porte l'usufruit, telles les primes attribuées à l'occasion du rachat d'une valeur mobilière, sont versés à l'usufruitier, qui en doit compte au nu-propriétaire à la fin de l'usufruit.

[1991, c. 64, a. 1131].

■ C.C.Q., 1126.

1131. Extraordinary gains derived from ownership of the property subject to usufruct, such as premiums granted upon the redemption of securities, are paid to the usufructuary, who is accountable for them to the bare owner at the end of the usufruct.

[1991, c. 64, a. 1131; I.N., 2014-05-01].

1132. Si la créance sur laquelle porte l'usufruit vient à échéance au cours de l'usufruit, le prix en est payé à l'usufruitier, qui en donne quittance.

L'usufruitier en doit compte au nu-propriétaire à la fin de l'usufruit.

[1991, c. 64, a. 1132].

■ C.C.Q., 1226, 1302.

1132. If a claim subject to a usufruct becomes payable during the usufruct, it is paid to the usufructuary, who gives an acquittance for it.

The usufructuary is accountable for it to the bare owner at the end of the usufruct.

[1991, c. 64, a. 1132; I.N., 2014-05-01].

1133. Le droit d'augmenter le capital sujet à l'usufruit, comme celui de souscription à des valeurs mobilières, appartient au nu-propriétaire, mais le droit de l'usufruitier s'étend à cette augmentation.

Si le nu-propriétaire choisit d'aliéner son droit, le produit de l'aliénation est remis à l'usufruitier qui en est comptable à la fin de l'usufruit.

[1991, c. 64, a. 1133].

■ C.C.Q., 1131.

1133. The right to increase the capital subject to the usufruct, such as the right to subscribe for securities, belongs to the bare owner, but the right of the usufructuary extends to the increase.

Where the bare owner elects to alienate his right, the proceeds of the alienation are remitted to the usufructuary, who is accountable for them at the end of the usufruct.

[1991, c. 64, a. 1133; I.N., 2014-05-01].

1134. Le droit de vote attaché à une action ou à une autre valeur mobilière, à une part indivise, à une fraction de copropriété ou à tout autre bien appartient à l'usufruitier.

Toutefois, appartient au nu-propriétaire le vote qui a pour effet de modifier la substance du bien principal, comme le capital social ou le bien détenu en copropriété, ou de changer la destination de ce bien ou de

1134. Voting rights attached to shares or to other securities, to an undivided share, to a fraction of property held in co-ownership or to any other property belong to the usufructuary.

However, any vote having the effect of altering the substance of the principal property, such as share capital or property held in co-ownership, or of changing the destination of the property or terminating

mettre fin à la personne morale, à l'entreprise ou au groupement concerné.

the legal person, enterprise or group concerned belongs to the bare owner.

La répartition de l'exercice des droits de vote n'est pas opposable aux tiers; elle ne se discute qu'entre l'usufruitier et le nu-propriétaire.

[1991, c. 64, a. 1134].

▎C.C.Q., 1124.

The allocation of the exercise of voting rights may not be set up against third persons; it is discussed only between the usufructuary and the bare owner.

[1991, c. 64, a. 1134; I.N., 2014-05-01].

1135. L'usufruitier peut céder son droit ou louer un bien compris dans l'usufruit.

[1991, c. 64, a. 1135].

▎C.C.Q., 1173, 1229.

1135. The usufructuary may transfer his right or lease property included in the usufruct.

[1991, c. 64, a. 1135; I.N., 2014-05-01].

1136. Le créancier de l'usufruitier peut faire saisir et vendre les droits de celui-ci, sous réserve des droits du nu-propriétaire.

Le créancier du nu-propriétaire peut également faire saisir et vendre les droits de celui-ci, sous réserve des droits de l'usufruitier.

[1991, c. 64, a. 1136].

▎C.C.Q., 1199.

1136. A creditor of the usufructuary may cause the rights of the usufructuary to be seized and sold, subject to the rights of the bare owner.

A creditor of the bare owner may also cause the rights of the bare owner to be seized and sold, subject to the rights of the usufructuary.

[1991, c. 64, a. 1136].

§ 2. — Des impenses

§ 2. — Disbursements

1137. Les impenses nécessaires faites par l'usufruitier sont traitées, par rapport au nu-propriétaire, comme celles faites par un possesseur de bonne foi.

[1991, c. 64, a. 1137].

▎C.C.Q., 933, 957, 958, 1703; D.T., 49.

1137. Necessary disbursements made by the usufructuary are treated, in relation to the bare owner, as those made by a possessor in good faith.

[1991, c. 64, a. 1137].

1138. Les impenses utiles faites par l'usufruitier sont, à la fin de l'usufruit, conservées par le nu-propriétaire sans indemnité, à moins que l'usufruitier ne choisisse de les enlever et de remettre le bien en l'état. Le nu-propriétaire ne peut cependant contraindre l'usufruitier à les enlever.

[1991, c. 64, a. 1138].

▎C.C.Q., 957, 959; D.T., 49.

1138. The useful disbursements made by the usufructuary are preserved by the bare owner without indemnity at the end of the usufruct, unless the usufructuary elects to remove them and restore the property to its original condition. However, the bare owner may not compel the usufructuary to remove them.

[1991, c. 64, a. 1138; I.N., 2014-05-01].

§ 3. — Des arbres et des minéraux

§ 3. — Trees and minerals

1139. L'usufruitier ne peut abattre les arbres qui croissent sur le fonds soumis à l'usufruit, sauf pour les réparations, l'entretien et l'exploitation du fonds. Il peut, cependant, disposer de ceux qui sont renversés ou qui meurent naturellement.

Il remplace ceux qui sont détruits en suivant l'usage des lieux ou la coutume des propriétaires. Il remplace aussi les arbres des vergers et érablières, à moins qu'en grande partie ils n'aient été détruits.

[1991, c. 64, a. 1139].

∎ C.C.Q., 984-986; D.T., 60.

1139. In no case may the usufructuary fell trees growing on the land subject to the usufruct except for repairs, maintenance or exploitation of the land. He may, however, dispose of those which have fallen or died naturally.

The usufructuary replaces the trees that have been destroyed, in conformity with the usage of the place or the custom of the owners. He also replaces orchard and sugar bush trees, unless most of them have been destroyed.

[1991, c. 64, a. 1139].

1140. L'usufruitier peut commencer une exploitation agricole ou sylvicole si le fonds soumis à l'usufruit s'y prête.

L'usufruitier qui commence une exploitation ou la continue doit veiller à ne pas épuiser le sol ni enrayer la reproduction de la forêt. S'il s'agit d'une exploitation sylvicole, il doit en outre, avant le début de son exploitation, faire approuver le plan d'exploitation par le nu-propriétaire. À défaut d'obtenir cette approbation, l'usufruitier peut faire approuver le plan par le tribunal.

[1991, c. 64, a. 1140].

∎ C.C.Q., 986, 1228; D.T., 60.

1140. The usufructuary may begin agricultural or sylvicultural operations if the land subject to the usufruct is suitable therefor.

Where the usufructuary begins or continues operations, he shall do so in such a manner as not to exhaust the soil or prevent the regrowth of the forest. He shall also, in the case of sylvicultural operations, have his operating plan approved by the bare owner before his operations begin. If he fails to obtain such approval, he may have the plan approved by the court.

[1991, c. 64, a. 1140].

1141. L'usufruitier ne peut extraire les minéraux compris dans le fonds soumis à l'usufruit, sauf pour les réparations et l'entretien de ce fonds.

Si, toutefois, l'extraction de ces minéraux constituait, avant l'ouverture de l'usufruit, une source de revenus pour le propriétaire, l'usufruitier peut en continuer l'extraction de la même manière qu'elle a été commencée.

[1991, c. 64, a. 1141].

∎ C.C.Q., 1228; D.T., 60.

1141. No usufructuary may extract minerals from the land subject to the usufruct except for the repair and maintenance of the land.

However, where the extraction of minerals constituted a source of income for the owner before the opening of the usufruct, the usufructuary may continue the extraction in the same way as it was begun.

[1991, c. 64, a. 1141].

SECTION III —
DES OBLIGATIONS DE L'USUFRUITIER

§ 1. — De l'inventaire et des sûretés

1142. L'usufruitier fait l'inventaire des biens soumis à son droit, comme s'il était administrateur du bien d'autrui, à moins que celui qui a constitué l'usufruit n'ait lui-même fait l'inventaire ou n'ait dispensé l'usufruitier de le faire. La dispense ne peut être accordée si l'usufruit est successif.

L'usufruitier fait l'inventaire à ses frais et en fournit une copie au nu-propriétaire.

[1991, c. 64, a. 1142].

■ C.C.Q., 240, 1122, 1201, 1224, 1324-1331.

1143. L'usufruitier ne peut contraindre celui qui constitue l'usufruit ou le nu-propriétaire à lui délivrer le bien, tant qu'il n'a pas fait un inventaire.

[1991, c. 64, a. 1143].

■ C.C.Q., 1146.

1144. Sauf le cas du vendeur ou du donateur sous réserve d'usufruit, l'usufruitier doit, dans les soixante jours de l'ouverture de l'usufruit, souscrire une assurance ou fournir au nu-propriétaire une autre sûreté garantissant l'exécution de ses obligations. Il doit fournir une sûreté additionnelle si ses obligations viennent à augmenter pendant la durée de l'usufruit.

Il est dispensé de ces obligations s'il ne peut les exécuter ou si celui qui constitue l'usufruit le prévoit.

[1991, c. 64, a. 1144].

■ C.C.Q., 236, 790, 1237, 1324.

1145. À défaut par l'usufruitier de fournir une sûreté dans le délai prévu, le nu-propriétaire peut obtenir la mise sous séquestre des biens.

Le séquestre place, comme un administra-

SECTION III —
OBLIGATIONS OF THE USUFRUCTUARY

§ 1. — Inventory and security

1142. The usufructuary, in the manner of an administrator of the property of others, makes an inventory of the property subject to his right unless the person constituting the usufruct has done so himself or has exempted him from doing so. No exemption may be granted if the usufruct is successive.

The usufructuary makes the inventory at his own expense and furnishes a copy to the bare owner.

[1991, c. 64, a. 1142].

1143. In no case may the usufructuary compel the person constituting the usufruct or the bare owner to deliver the property to him until he has made an inventory.

[1991, c. 64, a. 1143].

1144. Except in the case of a seller or donor who has reserved the usufruct, the usufructuary shall, within 60 days from the opening of the usufruct, take out insurance or furnish other security to the bare owner to guarantee performance of his obligations. The usufructuary shall furnish additional security if his obligations increase while the usufruct lasts.

The usufructuary is exempted from these obligations if he is unable to perform them or if the person constituting the usufruct so provides.

[1991, c. 64, a. 1144; I.N., 2014-05-01].

1145. If the usufructuary fails to furnish security within the allotted time, the bare owner may have the property sequestrated.

The sequestrator, in the manner of an ad-

teur du bien d'autrui chargé de la simple administration, les sommes comprises dans l'usufruit et celles qui proviennent de la vente des biens susceptibles de dépérissement. Il place, de même, les sommes provenant du paiement des créances soumises à l'usufruit.

[1991, c. 64, a. 1145].

■ C.C.Q., 1301-1305, 2305-2311; C.P.C., 742.

1146. Le retard injustifié de l'usufruitier à faire un inventaire des biens ou à fournir une sûreté le prive de son droit aux fruits et revenus, à compter de l'ouverture de l'usufruit jusqu'à l'exécution de son obligation.

[1991, c. 64, a. 1146].

■ D.T., 61.

1147. L'usufruitier peut demander au tribunal que des meubles sous séquestre, nécessaires à son usage, lui soient laissés, à la seule charge de les rendre à la fin de l'usufruit.

[1991, c. 64, a. 1147].

■ C.C.Q., 2305-2311.

§ 2. ── Des assurances et des réparations

1148. L'usufruitier est tenu d'assurer le bien contre les risques usuels, tels le vol et l'incendie, et de payer pendant la durée de l'usufruit les primes de cette assurance. Il est néanmoins dispensé de cette obligation si la prime d'assurance est trop élevée par rapport aux risques.

[1991, c. 64, a. 1148].

■ C.C.Q., 1163, 1227, 1331; D.T., 62.

1149. En cas de perte, l'indemnité est versée à l'usufruitier qui en donne quittance à l'assureur.

L'usufruitier est tenu d'employer l'indemnité à la réparation du bien, sauf en cas de perte totale, où il peut jouir de l'indemnité.

[1991, c. 64, a. 1149].

■ C.C.Q., 1148; D.T., 62.

ministrator of the property of others charged with simple administration, invests the amounts included in the usufruct and the proceeds of the sale of perishable property. He similarly invests the amounts deriving from payment of the claims subject to the usufruct.

[1991, c. 64, a. 1145].

1146. Any unjustified delay by the usufructuary in making an inventory of the property or furnishing security deprives him of his right to the fruits and revenues from the opening of the usufruct until the performance of his obligations.

[1991, c. 64, a. 1146].

1147. The usufructuary may apply to the court for leave to retain sequestrated movables necessary for his use under no other condition than that he undertake to produce them at the end of the usufruct.

[1991, c. 64, a. 1147].

§ 2. ── Insurance and repairs

1148. The usufructuary is bound to insure the property against ordinary risks such as fire and theft and to pay the insurance premiums while the usufruct lasts. He is, however, exempt from that obligation where the insurance premium is too high in relation to the risks.

[1991, c. 64, a. 1148].

1149. In the case of a loss, the indemnity is paid to the usufructuary, who gives an acquittance therefor to the insurer.

The usufructuary is bound to use the indemnity for the repair of the property, except in the case of total loss, where he may have enjoyment of the indemnity.

[1991, c. 64, a. 1149].

1150. L'usufruitier ou le nu-propriétaire peuvent contracter, pour leur compte, une assurance garantissant leur droit.

L'indemnité leur appartient respectivement.

[1991, c. 64, a. 1150].

∎ C.C.Q., 1148.

1150. The usufructuary or the bare owner may take out insurance on his own account to secure his rights.

The indemnity belongs to the usufructuary or the bare owner, as the case may be.

[1991, c. 64, a. 1150].

1151. L'entretien du bien est à la charge de l'usufruitier. Il n'est pas tenu de faire les réparations majeures, à moins qu'elles ne résultent de son fait, notamment du défaut d'effectuer les réparations d'entretien depuis l'ouverture de l'usufruit.

[1991, c. 64, a. 1151].

∎ C.C.Q., 1124.

1151. Maintenance of the property is the responsibility of the usufructuary. He is not bound to make major repairs, unless they result from his act or omission, in particular his failure to carry out maintenance repairs since the opening of the usufruct.

[1991, c. 64, a. 1151; I.N., 2014-05-01].

1152. Les réparations majeures sont celles qui portent sur une partie importante du bien et nécessitent une dépense exceptionnelle, comme celles relatives aux poutres et aux murs portants, au remplacement des couvertures, aux murs de soutènement, aux systèmes de chauffage, d'électricité ou de plomberie ou aux systèmes électroniques et, à l'égard d'un meuble, aux pièces motrices ou à l'enveloppe du bien.

[1991, c. 64, a. 1152].

∎ C.C.Q., 1151.

1152. Major repairs are those which affect a substantial part of the property and require extraordinary outlays, such as repairs relating to beams and support walls, to the replacement of roofs, to retaining walls or to heating, electrical, plumbing or electronic systems, and, with respect to movables, to motive parts or the casing of the property.

[1991, c. 64, a. 1152; I.N., 2014-05-01].

1153. L'usufruitier doit aviser le nu-propriétaire de la nécessité de réparations majeures.

Le nu-propriétaire n'est pas tenu de les faire. S'il y procède, l'usufruitier supporte les inconvénients qui en résultent. Dans le cas contraire, l'usufruitier peut y procéder et s'en faire rembourser le coût à la fin de l'usufruit.

[1991, c. 64, a. 1153].

∎ D.T., 63.

1153. The usufructuary shall notify the bare owner that major repairs are necessary.

The bare owner is not bound to make the major repairs. If he makes them, the usufructuary suffers the resulting inconvenience. If he does not make them, the usufructuary may make them and be reimbursed for the cost at the end of the usufruct.

[1991, c. 64, a. 1153; I.N., 2014-05-01].

§ 3. —— Des autres charges

§ 3. —— Other charges

1154. L'usufruitier est tenu, en proportion de la durée de l'usufruit, des charges ordinaires grevant le bien soumis à son droit et

1154. The usufructuary is liable, in proportion to the duration of the usufruct, for ordinary charges against the property sub-

des autres charges normalement payées avec les revenus.

Il est pareillement tenu des charges extra-ordinaires, lorsqu'elles sont payables par versements périodiques échelonnés sur plusieurs années.

[1991, c. 64, a. 1154].

■ C.C.Q., 1112.

ject to his right and for the other charges that are ordinarily paid with the revenues.

The usufructuary is similarly liable for extraordinary charges that are payable in periodic instalments over several years.

[1991, c. 64, a. 1154; I.N., 2014-05-01].

1155. L'usufruitier à titre particulier peut, s'il est forcé de payer une dette de la succession pour conserver l'objet de son droit, en exiger le remboursement du débiteur immédiatement ou l'exiger du nu-propriétaire à la fin de l'usufruit.

[1991, c. 64, a. 1155].

■ C.C.Q., 823, 827.

1155. If a usufructuary by particular title is forced to pay a debt of the succession in order to preserve the property subject to his right, he may require immediate reimbursement from the debtor or reimbursement from the bare owner at the end of the usufruct.

[1991, c. 64, a. 1155].

1156. L'usufruitier à titre universel et le nu-propriétaire sont tenus au paiement des dettes de la succession en proportion de leur part dans la succession.

Le nu-propriétaire est tenu du capital et l'usufruitier des intérêts.

[1991, c. 64, a. 1156].

■ C.C.Q., 824.

1156. The usufructuary by general title and the bare owner are bound to pay the debts of the succession in proportion to their shares in the succession.

The bare owner is liable for the capital and the usufructuary for the interest.

[1991, c. 64, a. 1156; I.N., 2014-05-01].

1157. L'usufruitier à titre universel peut payer les dettes de la succession; le nu-propriétaire lui en doit compte à la fin de l'usufruit.

Si l'usufruitier choisit de ne pas les payer, le nu-propriétaire peut faire vendre, jusqu'à concurrence du montant des dettes, les biens soumis à l'usufruit ou les payer lui-même; en ce cas, l'usufruitier lui verse, pendant la durée de l'usufruit, des intérêts sur la somme payée.

[1991, c. 64, a. 1157].

■ C.C.Q., 1156.

1157. The usufructuary under a legacy by general title may pay the debts of the succession; the bare owner is accountable therefor to him at the end of the usufruct.

Where the usufructuary elects not to pay the debts of the succession, the bare owner may cause the sale of property subject to the usufruct, up to the amount of the debts, or pay the debts himself; in the latter case, the usufructuary pays interest to the bare owner on the amount paid, for the duration of the usufruct.

[1991, c. 64, a. 1157; I.N., 2014-05-01].

1158. L'usufruitier est tenu aux dépens de toute demande en justice[1] se rapportant à son droit d'usufruit.

Si l'action concerne à la fois les droits du nu-propriétaire et ceux de l'usufruitier, les

1158. The usufructuary is liable for the costs of any legal[1] proceedings related to his right of usufruct.

Where proceedings relate to both the rights of the bare owner and those of the

règles relatives au paiement des dettes de la succession entre l'usufruitier à titre universel et le nu-propriétaire s'appliquent, à moins que le jugement ne mette fin à l'usufruit. En ce cas, les frais sont partagés également entre l'usufruitier et le nu-propriétaire.

[1991, c. 64, a. 1158].

Note 1 : Comp. a. 1070.

∎ C.C.Q., 1156, 1157.

1159. L'usufruitier doit prévenir le nu-propriétaire de toute usurpation commise par un tiers sur le bien ou de toute autre atteinte aux droits du nu-propriétaire, faute de quoi il est responsable de tous les dommages qui peuvent en résulter, comme il le serait de dégradations commises par lui-même.

[1991, c. 64, a. 1159].

∎ C.C.Q., 1858.

1160. Ni le nu-propriétaire ni l'usufruitier ne sont tenus de remplacer ce qui est tombé de vétusté.

L'usufruitier dispensé d'assurer le bien n'est pas tenu de remplacer ou de payer la valeur du bien qui périt par force majeure.

[1991, c. 64, a. 1160].

∎ C.C.Q., 1149, 1308, 1470.

1161. Si l'usufruit porte sur un troupeau qui périt entièrement par force majeure, l'usufruitier dispensé d'assurer le bien est tenu de rendre compte au nu-propriétaire des cuirs ou de leur valeur.

Si le troupeau ne périt pas entièrement, l'usufruitier est tenu de remplacer, à concurrence du croît, les animaux qui ont péri.

[1991, c. 64, a. 1161].

∎ C.C.Q., 1163.

usufructuary, the rules governing payment of the debts of the succession between the usufructuary under a legacy by general title and the bare owner apply unless the usufruct is terminated by the judgment, in which case the costs are divided equally between the usufructuary and the bare owner.

[1991, c. 64, a. 1158].

1159. If, during the usufruct, a third person encroaches on the property or otherwise infringes the rights of the bare owner, the usufructuary shall notify the bare owner, failing which he is liable for all resulting damage, as if he himself had committed waste.

[1991, c. 64, a. 1159; I.N., 2014-05-01].

1160. Neither the bare owner nor the usufructuary is bound to replace anything that has fallen into decay.

A usufructuary exempted from insuring the property is not bound to replace or pay the value of any property that perishes by superior force.

[1991, c. 64, a. 1160; I.N., 2014-05-01].

1161. If a usufruct is established upon a herd or a flock and the entire herd or flock perishes by superior force, the usufructuary exempted from insuring the property is bound to account to the owner for the skins or their value.

If the herd or flock does not perish entirely, the usufructuary is bound to replace those animals which have perished, up to the number of the increase.

[1991, c. 64, a. 1161].

SECTION IV — DE L'EXTINCTION DE L'USUFRUIT

SECTION IV — EXTINCTION OF USUFRUCT

1162. L'usufruit s'éteint:

1° Par l'arrivée du terme;

2° Par le décès de l'usufruitier ou par la dissolution de la personne morale;

3° Par la réunion des qualités d'usufruitier et de nu-propriétaire dans la même personne, sous réserve des droits des tiers;

4° Par la déchéance du droit, son abandon ou sa conversion en rente;

5° Par le non-usage pendant dix ans.
[1991, c. 64, a. 1162].

▌C.C.Q., 355, 1114, 1123, 1163-1166, 1169-1171, 1191, 1208, 1296, 1356.

1162. Usufruct is extinguished

(1) by the expiry of the term;

(2) by the death of the usufructuary or the dissolution of the legal person;

(3) by the union of the qualities of usufructuary and bare owner in the same person, subject to the rights of third persons;

(4) by the forfeiture or renunciation of the right or its conversion into an annuity;

(5) by non-user for ten years.
[1991, c. 64, a. 1162].

1163. L'usufruit prend fin également par la perte totale du bien sur lequel il est établi, sauf si le bien est assuré par l'usufruitier.

En cas de perte partielle du bien, l'usufruit subsiste sur le reste.
[1991, c. 64, a. 1163].

▌C.C.Q., 1115, 1123, 1162.

1163. Usufruct is also extinguished by the total loss of the property on which it is established, unless the property is insured by the usufructuary.

In case of partial loss of the property, the usufruct subsists upon the remainder.
[1991, c. 64, a. 1163; I.N., 2014-05-01].

1164. L'usufruit ne prend pas fin par l'expropriation du bien sur lequel il est établi. L'indemnité est remise à l'usufruitier, à charge d'en rendre compte à la fin de l'usufruit.
[1991, c. 64, a. 1164].

▌C.C.Q., 1162, 1163.

1164. Usufruct is not extinguished by expropriation of the property on which it is established. The indemnity is remitted to the usufructuary under the condition of his rendering account of it at the end of the usufruct.
[1991, c. 64, a. 1164].

1165. L'usufruit accordé jusqu'à ce qu'un tiers ait atteint un âge déterminé dure jusqu'à cette date, encore que le tiers soit décédé avant l'âge fixé.
[1991, c. 64, a. 1165].

▌C.C.Q., 1123, 1162-1164.

1165. If a usufruct is granted until a third person reaches a certain age, it continues until the date he would have reached that age, even if he has died.
[1991, c. 64, a. 1165].

1166. L'usufruit créé au bénéfice de plusieurs usufruitiers successifs prend fin avec le décès du dernier usufruitier ou avec la dissolution de la dernière personne morale.

1166. A usufruct created for the benefit of several successive usufructuaries is extinguished with the death of the last usufructuary or the dissolution of the last legal person.

S'il est conjoint, l'extinction de l'usufruit à l'égard de l'un des usufruitiers profite au nu-propriétaire.

[1991, c. 64, a. 1166].

▌ C.C.Q., 1162-1165.

The extinction of the right of one of the usufructuaries in a joint usufruct benefits the bare owner.

[1991, c. 64, a. 1166; I.N., 2014-05-01].

1167. À la fin de l'usufruit, l'usufruitier rend au nu-propriétaire, dans l'état où il se trouve, le bien sur lequel porte son usufruit.

Il répond de la perte survenue par sa faute ou ne résultant pas de l'usage normal du bien.

[1991, c. 64, a. 1167].

▌ C.C.Q., 1162, 1163, 1165, 1166.

1167. At the end of the usufruct, the usufructuary returns the property subject to the usufruct to the bare owner in the condition in which it is at that time.

The usufructuary is liable for any loss due to his fault or not resulting from normal use of the property.

[1991, c. 64, a. 1167; I.N., 2014-05-01].

1168. L'usufruitier qui abuse de sa jouissance, qui commet des dégradations sur le bien ou le laisse dépérir ou qui, de toute autre façon, met en danger les droits du nu-propriétaire, peut être déchu de son droit.

Le tribunal peut, suivant la gravité des circonstances, prononcer l'extinction absolue de l'usufruit, avec indemnité payable immédiatement ou par versements au nu-propriétaire, ou sans indemnité. Il peut aussi prononcer la déchéance des droits de l'usufruitier en faveur d'un usufruitier conjoint ou successif, ou encore imposer des conditions pour la continuation de l'usufruit.

Les créanciers de l'usufruitier peuvent intervenir à la demande pour la conservation de leurs droits; ils peuvent offrir la réparation des dégradations commises et des garanties pour l'avenir.

[1991, c. 64, a. 1168].

▌ C.C.Q., 1238.

1168. A usufructuary who abuses his enjoyment, commits waste on the property, allows it to perish or in any manner endangers the rights of the bare owner may be declared to have forfeited his right.

The court may, according to the gravity of the circumstances, pronounce the absolute extinction of the usufruct, with an indemnity payable immediately or by instalments to the bare owner, or without indemnity. It may also declare the usufructuary's right forfeited in favour of a joint or successive usufructuary, or it may impose conditions for the continuance of the usufruct.

The creditors of the usufructuary may intervene in the proceedings to ensure the preservation of their rights; they may offer to repair the waste and provide security for the future.

[1991, c. 64, a. 1168; I.N., 2014-05-01].

1169. Un usufruitier peut abandonner tout ou partie de son droit.

En cas d'abandon partiel et à défaut d'entente, le tribunal fixe les nouvelles obligations de l'usufruitier en tenant compte, notamment, de l'étendue du droit, de sa durée, ainsi que des fruits et revenus qui en sont tirés.

[1991, c. 64, a. 1169].

1169. A usufructuary may renounce his right, in whole or in part.

Where part only of the right is renounced and failing an agreement, the court fixes the new obligations of the usufructuary, taking into account, in particular, the scope and duration of the right, and the fruits and revenues derived therefrom.

[1991, c. 64, a. 1169].

▌C.C.Q., 1185, 1211.

1170. L'abandon total est opposable au nu-propriétaire à compter du jour de sa signification; l'abandon partiel est opposable à compter de la demande en justice ou de l'entente entre les parties.

[1991, c. 64, a. 1170].

▌C.C.Q., 1169.

1170. Total renunciation may be set up against the bare owner from the day he is served notice of it; partial renunciation may be set up from the date of judicial proceedings or of an agreement between the parties.

[1991, c. 64, a. 1170].

1171. L'usufruitier qui éprouve des difficultés sérieuses à remplir ses obligations a le droit d'exiger du nu-propriétaire ou de l'usufruitier conjoint ou successif la conversion de son droit en rente.

À défaut d'entente, le tribunal, s'il constate le droit de l'usufruitier, fixe la rente en tenant compte, notamment, de l'étendue du droit, de sa durée, ainsi que des fruits et revenus qui en sont tirés.

[1991, c. 64, a. 1171].

▌C.C.Q., 1168, 1169.

1171. A usufructuary having serious difficulty in performing his obligations is entitled to require the bare owner or joint or successive usufructuary to convert his right to an annuity.

Failing agreement, the court, if it confirms the right of the usufructuary, fixes the annuity, taking into account, in particular, the scope and duration of the right and the fruits and revenues derived from it.

[1991, c. 64, a. 1171].

Chapitre II ——
De l'usage

Chapter II ——
Use

1172. L'usage est le droit de se servir temporairement du bien d'autrui et d'en percevoir les fruits et revenus, jusqu'à concurrence des besoins de l'usager et des personnes qui habitent avec lui ou sont à sa charge.

[1991, c. 64, a. 1172].

▌C.C.Q., 413.

1172. A right of use is the right to temporarily enjoy the property of another and to take the fruits and revenues thereof, to the extent of the needs of the user and the persons living with him or his dependants.

[1991, c. 64, a. 1172; I.N., 2014-05-01].

1173. Le droit d'usage est incessible et insaisissable, à moins que la convention ou l'acte qui constitue le droit d'usage ne prévoie le contraire.

Si la convention ou l'acte est muet sur la cessibilité ou la saisissabilité du droit, le tribunal peut, dans l'intérêt de l'usager et après avoir constaté que le propriétaire ne subit aucun préjudice, autoriser la cession ou la saisie du droit.

[1991, c. 64, a. 1173].

▌C.C.Q., 1627.

1173. The right of use may not be assigned or seized unless the agreement or the act establishing the right of use provides otherwise.

If the agreement or act is silent as to whether the right may be assigned or seized, the court may, in the interest of the user and after ascertaining that the owner suffers no injury, authorize the assignment or seizure of the right.

[1991, c. 64, a. 1173; I.N., 2014-05-01].

1174. L'usager dont le droit porte sur une partie seulement d'un bien peut utiliser les installations destinées à l'usage commun.

[1991, c. 64, a. 1174].

▌ C.C.Q., 1172.

1175. L'usager qui retire tous les fruits et revenus du bien ou qui l'utilise en totalité est tenu pour le tout aux frais qu'il a engagés pour le produire, aux réparations d'entretien et au paiement des charges, de la même manière que l'usufruitier.

S'il ne prend qu'une partie des fruits et revenus ou s'il n'utilise qu'une partie du bien, il contribue en proportion de ce dont il fait usage.

[1991, c. 64, a. 1175].

▌ C.C.Q., 1151, 1154.

1176. Les dispositions relatives à l'usufruit sont, pour le reste, applicables au droit d'usage, compte tenu des adaptations nécessaires.

Toutefois, les règles relatives à la conversion de l'usufruit en rente ne s'appliquent pas au droit d'usage, sauf si ce droit est cessible et saisissable.

[1991, c. 64, a. 1176].

▌ C.C.Q., 1120-1171.

1174. A user whose right bears on only part of a property may use any facility intended for common use.

[1991, c. 64, a. 1174].

1175. A user who takes all the fruits and revenues of the property or who uses the property in its entirety is liable, for the whole, for the costs he incurred to produce them, for the maintenance repairs and for the payment of the charges, in the same manner as a usufructuary.

Where the user takes only part of the fruits and revenues or uses only part of the property, he contributes in proportion to his use.

[1991, c. 64, a. 1175; I.N., 2014-05-01].

1176. The provisions governing usufruct, adapted as required, are, in all other respects, applicable to the right of use.

However, the rules relating to conversion of the usufruct into an annuity do not apply to the right of use unless that right may be assigned and seized.

[1991, c. 64, a. 1176].

Chapitre III ━━
Des servitudes

SECTION I ━━
DE LA NATURE DES SERVITUDES

1177. La servitude est une charge imposée sur un immeuble, le fonds servant, en faveur d'un autre immeuble, le fonds dominant, et qui appartient à un propriétaire différent.

Cette charge oblige le propriétaire du fonds servant à supporter, de la part du propriétaire du fonds dominant, certains

Chapter III ━━
Servitudes

SECTION I ━━
NATURE OF SERVITUDES

1177. A servitude is a charge imposed on an immovable, the servient land, in favour of another immovable, the dominant land, belonging to a different owner.

Under the charge the owner of the servient land is required to tolerate certain acts of use by the owner of the dominant land or

actes d'usage ou à s'abstenir lui-même d'exercer certains droits inhérents à la propriété.

La servitude s'étend à tout ce qui est nécessaire à son exercice.

[1991, c. 64, a. 1177].

▮ C.C.Q., 1184.

himself abstain from exercising certain rights inherent in ownership.

A servitude extends to all that is necessary for its exercise.

[1991, c. 64, a. 1177].

1178. Une obligation de faire peut être rattachée à une servitude et imposée au propriétaire du fonds servant. Cette obligation est un accessoire de la servitude et ne peut être stipulée que pour le service ou l'exploitation de l'immeuble.

[1991, c. 64, a. 1178].

▮ C.C.Q., 1177.

1178. An obligation to do something may be attached to a servitude and imposed on the owner of the servient land. The obligation is an accessory to the servitude and can only be stipulated for the service or exploitation of the immovable.

[1991, c. 64, a. 1178; I.N., 2014-05-01].

1179. Les servitudes sont continues ou discontinues.

La servitude continue est celle dont l'exercice ne requiert pas le fait actuel de son titulaire, comme la servitude de vue ou de non-construction.

La servitude discontinue est celle dont l'exercice requiert le fait actuel de son titulaire, comme la servitude de passage à pied ou en voiture.

[1991, c. 64, a. 1179].

▮ C.C.Q., 987, 993, 997, 1177, 1192, 2938.

1179. Servitudes are either continuous or discontinuous.

Continuous servitudes, such as servitudes of view or of non-construction, are those the exercise of which does not require the actual intervention of the holder.

Discontinuous servitudes, such as pedestrian or vehicular rights of way, are those the exercise of which requires the actual intervention of the holder.

[1991, c. 64, a. 1179; I.N., 2014-05-01].

1180. Les servitudes sont apparentes ou non apparentes.

La servitude est apparente lorsqu'elle se manifeste par un signe extérieur; autrement elle est non apparente.

[1991, c. 64, a. 1180].

▮ C.C.Q., 1177.

1180. Servitudes are either apparent or unapparent.

A servitude is apparent if it is manifested by an external sign; otherwise it is unapparent.

[1991, c. 64, a. 1180].

1181. La servitude s'établit par contrat, par testament, par destination du propriétaire ou par l'effet de la loi.

Elle ne peut s'établir sans titre et la possession, même immémoriale, ne suffit pas à cet effet.

[1991, c. 64, a. 1181].

▮ C.C.Q., 922, 924, 2938.

1181. A servitude is established by contract, by will, by destination of the owner or by operation of law.

It may not be established without title, and possession, even immemorial, is insufficient for this purpose.

[1991, c. 64, a. 1181; I.N., 2014-05-01].

1182. Les mutations de propriété du fonds servant ou dominant ne portent pas atteinte à la servitude. Celle-ci suit les immeubles en quelques mains qu'ils passent, sous réserve des dispositions relatives à la publicité des droits.

[1991, c. 64, a. 1182].

▮ C.C.Q., 1177, 1187, 2941.

1182. Servitudes are not affected by the transfer of ownership of the servient or dominant land. They remain attached to the immovables through changes of ownership, subject to the provisions relating to the publication of rights.

[1991, c. 64, a. 1182].

1183. La servitude par destination du propriétaire est constatée par un écrit du propriétaire du fonds qui, prévoyant le morcellement éventuel de son fonds, établit immédiatement la nature, l'étendue et la situation de la servitude sur une partie du fonds en faveur d'autres parties.

[1991, c. 64, a. 1183].

▮ C.C.Q., 8, 9, 1177, 1411.

1183. Servitude by destination of the owner is evidenced in writing by the owner of the land who, in contemplation of its future parcelling, immediately establishes the nature, scope and situation of the servitude on one part of the land in favour of other parts.

[1991, c. 64, a. 1183; I.N., 2014-05-01].

SECTION II —
DE L'EXERCICE DE LA SERVITUDE

SECTION II —
EXERCISE OF SERVITUDES

1184. Le propriétaire du fonds dominant peut, à ses frais, prendre les mesures ou faire tous les ouvrages nécessaires pour user de la servitude et pour la conserver, à moins d'une stipulation contraire de l'acte constitutif de la servitude.

À la fin de la servitude, il doit, à la demande du propriétaire du fonds servant, remettre les lieux dans leur état antérieur.

[1991, c. 64, a. 1184].

▮ C.C.Q., 1177.

1184. The owner of the dominant land may, at his own expense, take the measures or make all the works necessary for the exercise and preservation of the servitude unless otherwise stipulated in the act establishing the servitude.

At the end of the servitude he shall, at the request of the owner of the servient land, restore the place to its former condition.

[1991, c. 64, a. 1184].

1185. Le propriétaire du fonds servant, chargé par le titre de faire les ouvrages nécessaires pour l'usage et la conservation de la servitude, peut s'affranchir de cette charge en abandonnant au propriétaire du fonds dominant soit la totalité du fonds servant, soit une portion du fonds suffisante pour l'exercice de la servitude.

[1991, c. 64, a. 1185].

▮ C.C.Q., 1006, 1169.

1185. The owner of the servient land, charged by the title with making the necessary works for the exercise and preservation of the servitude, may free himself of the charge by abandoning the entire servient land or any part of it sufficient for the exercise of the servitude to the owner of the dominant land.

[1991, c. 64, a. 1185].

1186. Le propriétaire du fonds dominant ne peut faire de changements qui aggravent la situation du fonds servant.

Le propriétaire du fonds servant ne peut rien faire qui tende à diminuer l'exercice de la servitude ou à le rendre moins commode; toutefois, s'il a un intérêt pour le faire, il peut déplacer, à ses frais, l'assiette de la servitude dans un autre endroit où son exercice est aussi commode pour le propriétaire du fonds dominant.

[1991, c. 64, a. 1186].

■ C.C.Q., 979, 1000, 1457.

1187. Si le fonds dominant vient à être divisé, la servitude reste due pour chaque portion, mais la condition du fonds servant ne doit pas en être aggravée.

Ainsi, dans le cas d'un droit de passage, tous les propriétaires des lots provenant de la division du fonds dominant doivent l'exercer par le même endroit.

[1991, c. 64, a. 1187].

■ C.C.Q., 998, 1188, 1519.

1188. Si le fonds servant vient à être divisé, cette division ne porte pas atteinte aux droits du propriétaire du fonds dominant.

[1991, c. 64, a. 1188].

■ C.C.Q., 1177, 1187.

1189. Sauf en cas d'enclave, la servitude de passage peut être rachetée lorsque son utilité pour le fonds dominant est hors de proportion avec l'inconvénient ou la dépréciation qu'elle entraîne pour le fonds servant.

À défaut d'entente, le tribunal, s'il accorde le droit au rachat, fixe le prix en tenant compte, notamment, de l'ancienneté de la servitude et du changement de valeur que la servitude entraîne, tant au profit du fonds servant qu'au détriment du fonds dominant.

[1991, c. 64, a. 1189].

■ C.C.Q., 998; D.T., 64.

1186. In no case may the owner of the dominant land make any change that would aggravate the situation of the servient land.

In no case may the owner of the servient land do anything that would tend to diminish the exercise of the servitude or to render it less convenient. However, he may, at his own expense, provided he has an interest in doing so, transfer the site of the servitude to another place where its exercise will be no less convenient to the owner of the dominant land.

[1991, c. 64, a. 1186].

1187. If the dominant land is divided, the servitude remains due for each portion, but the situation of the servient land may not thereby be aggravated.

Thus, in the case of a right of way, all owners of lots resulting from the division of the dominant land shall exercise it over the same place.

[1991, c. 64, a. 1187].

1188. Division of the servient land does not affect the rights of the owner of the dominant land.

[1991, c. 64, a. 1188].

1189. Except in the case of land enclosed by that of others, a servitude of right of way may be redeemed where its usefulness to the dominant land is out of proportion to the inconvenience or depreciation it entails for the servient land.

Failing agreement, the court, if it grants the right of redemption, fixes the price, taking into account, in particular, the length of time for which the servitude has existed and the change of value entailed by the servitude both in favour of the servient land and to the detriment of the dominant land.

[1991, c. 64, a. 1189].

1190. Les parties peuvent, par écrit, exclure la faculté de racheter une servitude pour une période n'excédant pas trente ans.

[1991, c. 64, a. 1190].

∎ C.C.Q., 1189.

1190. The parties may, in writing, exclude the possibility of redeeming a servitude for a period of not over thirty years.

[1991, c. 64, a. 1190].

SECTION III —
DE L'EXTINCTION DES SERVITUDES

SECTION III —
EXTINCTION OF SERVITUDES

1191. La servitude s'éteint:

1° Par la réunion dans une même personne de la qualité de propriétaire des fonds servant et dominant;

2° Par la renonciation expresse du propriétaire du fonds dominant;

3° Par l'arrivée du terme pour lequel elle a été constituée;

4° Par le rachat;

5° Par le non-usage pendant dix ans.

[1991, c. 64, a. 1191].

∎ C.C.Q., 1114, 1162, 1193, 1208, 1296, 1683.

1191. A servitude is extinguished

(1) by the union of the qualities of owner of the servient land and owner of the dominant land in the same person;

(2) by the express renunciation of the owner of the dominant land;

(3) by the expiry of the term for which it was established;

(4) by redemption;

(5) by non-user for ten years.

[1991, c. 64, a. 1191].

1192. La prescription commence à courir, pour les servitudes discontinues, du jour où le propriétaire du fonds dominant cesse d'exercer la servitude et, pour les servitudes continues, du jour où il est fait un acte contraire à leur exercice.

[1991, c. 64, a. 1192].

∎ C.C.Q., 1179, 2879.

1192. In the case of discontinuous servitudes, prescription begins to run from the day the owner of the dominant land ceases to exercise the servitude and, in the case of continuous servitudes, from the day any act contrary to their exercise is done.

[1991, c. 64, a. 1192; I.N., 2014-05-01].

1193. Le mode d'exercice de la servitude se prescrit comme la servitude elle-même et de la même manière.

[1991, c. 64, a. 1193].

∎ C.C.Q., 1191, 1192.

1193. The mode of exercising a servitude may be prescribed just as the servitude itself, and in the same manner.

[1991, c. 64, a. 1193].

1194. La prescription court même lorsque le fonds dominant ou le fonds servant subit un changement de nature à rendre impossible l'exercice de la servitude.

[1991, c. 64, a. 1194].

∎ C.C.Q., 1192.

1194. Prescription runs even where the dominant land or the servient land undergoes a change of such a kind as to render exercise of the servitude impossible.

[1991, c. 64, a. 1194].

Chapitre IV ——
De l'emphytéose

Chapter IV ——
Emphyteusis

SECTION I ——
DE LA NATURE DE L'EMPHYTÉOSE

SECTION I ——
NATURE OF EMPHYTEUSIS

1195. L'emphytéose est le droit qui permet à une personne, pendant un certain temps, d'utiliser pleinement un immeuble appartenant à autrui et d'en tirer tous ses avantages, à la condition de ne pas en compromettre l'existence et à charge d'y faire des constructions, ouvrages ou plantations qui augmentent sa valeur d'une façon durable.

L'emphytéose s'établit par contrat ou par testament.

[1991, c. 64, a. 1195].

▌ C.C.Q., 904, 947, 1119, 1229; D.T., 65.

1196. L'emphytéose qui porte à la fois sur un terrain et un immeuble déjà bâti peut faire l'objet d'une déclaration de cœmphytéose, dont les règles sont les mêmes que celles prévues pour la déclaration de copropriété. Elle est en outre assujettie, compte tenu des adaptations nécessaires, aux règles de la copropriété établie sur un immeuble bâti par un emphytéote.

[1991, c. 64, a. 1196].

▌ C.C.Q., 1040, 1052.

1197. L'emphytéose doit avoir une durée, stipulée dans l'acte constitutif, d'au moins dix ans et d'au plus cent ans. Si elle excède cent ans, elle est réduite à cette durée.

[1991, c. 64, a. 1197].

▌ C.C.Q., 1208.

1198. L'emphytéose portant sur un terrain sur lequel est bâti l'immeuble détenu en copropriété, ainsi que celle qui porte à la fois sur un terrain et sur un immeuble déjà bâti, peuvent être renouvelées, sans que l'emphytéote soit obligé d'y faire de nouvelles constructions ou plantations ou de nouveaux ouvrages, autres que des impenses utiles.

[1991, c. 64, a. 1198].

▌ C.C.Q., 1197.

1195. Emphyteusis is the right which, for a certain time, grants a person the full benefit and enjoyment of an immovable owned by another provided he does not endanger its existence and undertakes to make constructions, works or plantations thereon that increase its value in a lasting manner.

Emphyteusis is established by contract or by will.

[1991, c. 64, a. 1195; I.N., 2014-05-01].

1196. Emphyteusis both on land and an existing building may be the subject of a declaration of co-emphyteusis, which is governed by the same rules as those provided for a declaration of co-ownership. It is also subject to the rules, adapted as required, applicable to co-ownership established on a building built by an emphyteuta.

[1991, c. 64, a. 1196; I.N., 2014-05-01].

1197. The term of the emphyteusis shall be stipulated in the constituting act and shall be not less than 10 nor more than 100 years. If it is longer, it is reduced to 100 years.

[1991, c. 64, a. 1197; I.N., 2014-05-014].

1198. Emphyteusis on land on which a building held in co-ownership is built, or both on land and an existing building, may be renewed without the emphyteuta being required to make new constructions or plantations or new works, other than useful disbursements.

[1991, c. 64, a. 1198; I.N., 2014-05-01].

1199. Le créancier de l'emphytéote peut faire saisir et vendre les droits de celui-ci, sous réserve des droits du propriétaire de l'immeuble.

Le créancier du propriétaire peut également faire saisir et vendre les droits de celui-ci, sous réserve des droits de l'emphytéote.

[1991, c. 64, a. 1199].

▌ C.C.Q., 1136.

1199. The creditor of the emphyteutic lessee may cause the latter's rights to be seized and sold, subject to the rights of the owner of the immovable.

The creditor of the owner may also cause the latter's rights to be seized and sold, subject to the rights of the emphyteutic lessee.

[1991, c. 64, a. 1199].

SECTION II — DES DROITS ET OBLIGATIONS DE L'EMPHYTÉOTE ET DU PROPRIÉTAIRE

SECTION II — RIGHTS AND OBLIGATIONS OF THE EMPHYTEUTA AND OF THE OWNER

1200. L'emphytéote a, à l'égard de l'immeuble, tous les droits attachés à la qualité de propriétaire, sous réserve des limitations du présent chapitre et de l'acte constitutif d'emphytéose.

L'acte constitutif peut limiter l'exercice des droits des parties, notamment pour accorder au propriétaire des droits ou des garanties qui protègent la valeur de l'immeuble, assurent sa conservation, son rendement ou son utilité ou pour autrement préserver les droits du propriétaire ou de l'emphytéote, ou régler l'exécution des obligations prévues dans l'acte constitutif.

[1991, c. 64, a. 1200].

▌ C.C.Q., 1207.

1200. The emphyteuta has all the rights in the immovable attaching to the quality of owner, subject to the restrictions contained in this chapter and in the act constituting emphyteusis.

The constituting act may limit the exercise of the rights of the parties, particularly by granting rights or guarantees to the owner for protecting the value of the immovable, ensuring its conservation, yield or use or by otherwise preserving the rights of the owner or of the emphyteuta or regulating the performance of the obligations established in the constituting act.

[1991, c. 64, a. 1200; I.N., 2014-05-01].

1201. L'emphytéote fait dresser à ses frais, en y appelant le propriétaire, un état des immeubles soumis à son droit, à moins que le propriétaire ne l'en ait dispensé.

[1991, c. 64, a. 1201].

▌ C.C.Q., 1200.

1201. The emphyteuta, at his own expense, and after convening the owner, causes a statement of the immovables subject to his right to be drawn up, unless the owner has exempted him therefrom.

[1991, c. 64, a. 1201; I.N., 2014-05-01].

1202. La perte partielle de l'immeuble est à la charge de l'emphytéote; il demeure alors tenu au paiement intégral du prix stipulé dans l'acte constitutif.

[1991, c. 64, a. 1202].

▌ C.C.Q., 1167, 1210, 1702.

1202. The emphyteuta is liable for partial loss of the immovable; he remains liable in such a case for full payment of the price stipulated in the constituting act.

[1991, c. 64, a. 1202; I.N., 2014-05-01].

1203. L'emphytéote est tenu aux réparations, même majeures, qui se rapportent à l'immeuble ou aux constructions, ouvrages ou plantations qu'il a faits en exécution de son obligation.

[1991, c. 64, a. 1203].

❚ C.C.Q., 1151, 1152.

1203. The emphyteuta is bound to make repairs, even major repairs, concerning the immovable or the constructions, works or plantations made in the performance of his obligation.

[1991, c. 64, a. 1203; I.N., 2014-05-01].

1204. Si l'emphytéote commet des dégradations sur l'immeuble ou le laisse dépérir ou, de toute autre façon, met en danger les droits du propriétaire, il peut être déchu de son droit.

Le tribunal peut, suivant la gravité des circonstances, résilier l'emphytéose, avec indemnité payable immédiatement ou par versements au propriétaire, ou sans indemnité, ou encore obliger l'emphytéote à fournir d'autres sûretés ou lui imposer toutes autres obligations ou conditions.

Les créanciers de l'emphytéote peuvent intervenir à la demande pour la conservation de leurs droits; ils peuvent offrir la réparation des dégradations et des garanties pour l'avenir.

[1991, c. 64, a. 1204].

❚ C.C.Q., 1168, 1238.

1204. If an emphyteuta commits waste on the immovable, fails to prevent the deterioration of the immovable or in any manner endangers the rights of the owner, the emphyteuta may be declared forfeited of his right.

The court, according to the gravity of the circumstances, may resiliate the emphyteusis with an indemnity payable immediately or by instalments to the owner, or without indemnity, or it may require the emphyteuta to furnish other security or impose any other obligations or conditions on him.

The creditors of the emphyteuta may intervene in the proceedings to preserve their rights; they may offer to repair the waste and give security for the future.

[1991, c. 64, a. 1204; I.N., 2014-05-01].

1205. L'emphytéote acquitte les charges foncières dont l'immeuble est grevé.

[1991, c. 64, a. 1205].

❚ C.C.Q., 1112, 1154.

1205. The emphyteuta is liable for all real property charges against the immovable.

[1991, c. 64, a. 1205; I.N., 2014-05-01].

1206. Le propriétaire est tenu, à l'égard de l'emphytéote, aux mêmes obligations que le vendeur.

[1991, c. 64, a. 1206].

❚ C.C.Q., 1716-1733.

1206. The owner has the same obligations towards the emphyteuta as a seller.

[1991, c. 64, a. 1206; I.N., 2014-05-01].

1207. Si un prix, payable globalement ou par versements, est fixé dans l'acte constitutif et que l'emphytéote laisse s'écouler trois années sans le payer, le propriétaire a le droit, après un avis d'au moins quatre-vingt-dix jours, de demander la résiliation de l'acte.

Ce droit ne peut être exercé lorsqu'une co-

1207. Where a price payable in a lump sum or by instalments is fixed in the constituting act and the emphyteuta fails to pay it for three years, the owner is entitled, after at least 90 days' notice, to apply for resiliation of the constituting act.

Resiliation may not be applied for where

propriété divise est établie sur un immeuble bâti par l'emphytéote. Il en est de
même lorsque l'immeuble fait l'objet
d'une déclaration de coemphytéose.

[1991, c. 64, a. 1207].

▌C.C.Q., 1195.

divided co-ownership is established on a
building built by the emphyteuta. The
same applies where the immovable is the
subject of a declaration of co-emphyteusis.

[1991, c. 64, a. 1207; I.N., 2014-05-01].

SECTION III —
DE LA FIN DE L'EMPHYTÉOSE

SECTION III —
TERMINATION OF EMPHYTEUSIS

1208. L'emphytéose prend fin:

1° Par l'arrivée du terme fixé dans l'acte
constitutif;

2° Par la perte ou l'expropriation totales de
l'immeuble;

3° Par la résiliation de l'acte constitutif;

4° Par la réunion des qualités de propriétaire et d'emphytéote dans une même
personne;

5° Par le non-usage pendant dix ans;

6° Par l'abandon.

[1991, c. 64, a. 1208].

▌C.C.Q., 1114, 1162, 1191, 1211, 1296, 1356.

1208. Emphyteusis is terminated

(1) by the expiry of the term stipulated in
the constituting act;

(2) by the total loss or expropriation of the
immovable;

(3) by the resiliation of the constituting
act;

(4) by the union of the qualities of owner
and emphyteuta in the same person;

(5) by non-user for 10 years;

(6) by abandonment.

[1991, c. 64, a. 1208; I.N., 2014-05-01].

1209. À la fin de l'emphytéose, le propriétaire reprend l'immeuble libre de tous
droits et charges consentis par l'emphytéote, sauf si la fin de l'emphytéose résulte
d'une résiliation amiable ou de la réunion
des qualités de propriétaire et d'emphytéote dans une même personne.

[1991, c. 64, a. 1209].

▌C.C.Q., 1208.

1209. Upon termination of the emphyteusis, the owner recovers the immovable free
of all the rights and charges granted by the
emphyteuta, unless the termination of the
emphyteusis results from resiliation by
agreement or from the union of the qualities of owner and emphyteuta in the same
person.

[1991, c. 64, a. 1209; I.N., 2014-05-01].

1210. À la fin de l'emphytéose, l'emphytéote doit remettre l'immeuble en bon état
avec les constructions, ouvrages ou plantations prévus à l'acte constitutif, à moins
qu'ils n'aient péri par force majeure.

Ce qu'il a ajouté à l'immeuble sans y être

1210. Upon termination of the emphyteusis, the emphyteuta shall return the immovable in a good state of repair with the
constructions, works or plantations stipulated in the constituting act, unless they
have perished by superior force.

Any additions made to the immovable by

tenu est traité comme les impenses faites par un possesseur de bonne foi.

[1991, c. 64, a. 1210].

▌ C.C.Q., 874, 957-961, 963, 1202; D.T., 49.

the emphyteuta which he is under no obligation to make are treated as disbursements made by a possessor in good faith.

[1991, c. 64, a. 1210; I.N., 2014-05-01].

1211. À moins que l'emphytéote n'ait renoncé à son droit, l'emphytéose peut aussi prendre fin par l'abandon, qui ne peut avoir lieu que si l'emphytéote a satisfait pour le passé à toutes ses obligations et laisse l'immeuble libre de toutes charges.

[1991, c. 64, a. 1211].

▌ C.C.Q., 1208.

1211. Unless the emphyteuta has renounced his right, emphyteusis may also be terminated by abandonment, which may take place only if the emphyteuta has fulfilled all his past obligations and leaves the immovable free of all charges.

[1991, c. 64, a. 1211; I.N., 2014-05-01].

TITRE 5 ━━━
DES RESTRICTIONS À LA LIBRE DISPOSITION DE CERTAINS BIENS

Chapitre I ━━━
Des stipulations d'inaliénabilité

1212. La restriction à l'exercice du droit de disposer d'un bien ne peut être stipulée que par donation ou testament.

La stipulation d'inaliénabilité est faite par écrit à l'occasion du transfert, à une personne ou à une fiducie, de la propriété d'un bien ou d'un démembrement du droit de propriété sur un bien.

Cette stipulation n'est valide que si elle est temporaire et justifiée par un intérêt sérieux et légitime. Néanmoins, dans le cas d'une substitution ou d'une fiducie, elle peut valoir pour leur durée.

[1991, c. 64, a. 1212].

▌ C.C.Q., 1214, 1272, 1273, 2377, 2649.

TITLE 5 ━━━
RESTRICTIONS ON THE FREE DISPOSITION OF CERTAIN PROPERTY

Chapter I ━━━
Stipulations of inalienability

1212. A restriction on the exercise of the right to dispose of property may only be stipulated by gift or will.

A stipulation of inalienability is made in writing at the time of transfer of ownership of the property or a dismemberment of the right of ownership in it to a person or to a trust.

The stipulation of inalienability is valid only if it is temporary and justified by a serious and legitimate interest. Nevertheless, it may be valid for the duration of a substitution or trust.

[1991, c. 64, a. 1212; I.N., 2014-05-01].

1213. Celui†[1] dont le bien est inaliénable peut être autorisé par le tribunal à disposer du bien si l'intérêt qui avait justifié la stipulation d'inaliénabilité a disparu ou s'il advient qu'un intérêt plus important l'exige.

Le tribunal peut, lorsqu'il autorise l'aliénation du bien, fixer toutes les conditions

1213. A person†[1] whose property is inalienable may be authorized by the court to dispose of the property if the interest that had justified the stipulation of inalienability has disappeared or where a greater interest comes to require it.

The court may, where it authorizes alienation of the property, fix any conditions it

qu'il juge nécessaires pour sauvegarder les intérêts de celui qui a stipulé l'inaliénabilité, ceux de ses ayants cause ou ceux de la personne au bénéfice de laquelle elle a été stipulée.

[1991, c. 64, a. 1213].

considers necessary to safeguard the interests of the person who stipulated inalienability, his successors or the person for whose benefit inalienability was stipulated.

[1991, c. 64, a. 1213].

Note 1 : L'article 1212(2) réfère à la fois à la personne et à la fiducie. / Article 1212(2) refers to both a person and a trust.

▮ C.C.Q., 1173, 1217; D.T., 66.

1214. La stipulation d'inaliénabilité n'est opposable aux tiers que si elle est publiée au registre approprié.

[1991, c. 64, a. 1214].

1214. A stipulation of inalienability may not be set up against third persons unless it is published in the appropriate register.

[1991, c. 64, a. 1214; I.N., 2014-05-01].

▮ C.C.Q., 1014, 1218, 2649, 2939.

1215. La stipulation d'inaliénabilité d'un bien entraîne l'insaisissabilité de celui-ci pour toute dette contractée, avant ou pendant la période d'inaliénabilité, par la personne qui reçoit le bien, sous réserve notamment des dispositions du *Code de procédure civile* (chapitre C-25).

[1991, c. 64, a. 1215].

1215. A stipulation of inalienability of property renders the property unseizable for any debt contracted before or during the period of inalienability by the person who receives the property, subject, however, to the provisions of the *Code of Civil Procedure* (chapter C-25).

[1991, c. 64, a. 1215; I.N., 2014-05-01].

▮ C.C.Q., 1212.

1216. La clause tendant à empêcher celui dont le bien est inaliénable de contester la validité de la stipulation d'inaliénabilité ou de demander l'autorisation de l'aliéner est réputée non écrite.

L'est également la clause pénale au même effet.

[1991, c. 64, a. 1216].

1216. Any clause tending to prevent a person whose property is inalienable from contesting the validity of the stipulation of inalienability or from applying for authorization to transfer the property is deemed unwritten.

Any penal clause to the same effect is also deemed unwritten.

[1991, c. 64, a. 1216; 2002, c. 19, s. 15].

▮ C.C.Q., 758, 1622.

1217. La nullité de l'aliénation faite malgré une stipulation d'inaliénabilité et sans autorisation du tribunal, ne peut être invoquée que par celui qui a stipulé l'inaliénabilité et ses ayants cause ou par celui au bénéfice duquel elle a été stipulée.

[1991, c. 64, a. 1217].

1217. The nullity of an alienation made notwithstanding a stipulation of inalienability and without the authorization of the court may not be invoked by anyone except the person who made the stipulation and his successors or the person for whose benefit the stipulation was made.

[1991, c. 64, a. 1217].

▮ C.C.Q., 1419, 1420.

Chapitre II ——
De la substitution

Chapter II ——
Substitution

SECTION I ——
DE LA NATURE ET DE L'ÉTENDUE DE LA
SUBSTITUTION

SECTION I ——
NATURE AND SCOPE OF SUBSTITUTION

1218. Il y a substitution lorsqu'une personne reçoit des biens par libéralité, avec l'obligation de les rendre après un certain temps à un tiers.

La substitution s'établit par donation ou par testament; elle doit être constatée par écrit et publiée au bureau de la publicité des droits.

[1991, c. 64, a. 1218].

1218. Substitution exists where a person receives property by a liberality with the obligation of delivering it over to a third person after a certain period.

Substitution is established by gift or by will; it shall be evidenced in writing and published at the registry office.

[1991, c. 64, a. 1218; I.N., 2014-05-01].

❚ C.C.Q., 172, 617, 703, 1222, 1240, 1252, 1279, 1315, 1455, 1813, 1816, 1820, 1824, 2938, 2939, 2961, 2998, 2999; D.T., 67.

1219. La personne qui a l'obligation de rendre se nomme le grevé; celle qui a droit de recueillir postérieurement se nomme l'appelé.

L'appelé qui recueille, avec l'obligation de rendre, devient à son tour grevé par rapport à l'appelé subséquent.

[1991, c. 64, a. 1219].

1219. The person who has the obligation to hand over is called the institute and the person who is entitled to take after him is called the substitute.

A substitute who takes with the obligation to hand over becomes in turn the institute with respect to the subsequent substitute.

[1991, c. 64, a. 1219; I.N., 2014-05-01].

❚ C.C.Q., 1221.

1220. La défense de tester des biens, faite au donataire ou légataire sans autre indication, emporte substitution en faveur de ses héritiers *ab intestat* quant aux biens donnés ou légués qui restent à son décès.

[1991, c. 64, a. 1220].

1220. A prohibition against disposing of the property by will that is subject to no other indication entails substitution in favour of the intestate heirs of the donee or legatee with respect to the property given or bequeathed and remaining at his death.

[1991, c. 64, a. 1220; I.N., 2014-05-01].

❚ C.C.Q., 736, 1246.

1221. Aucune substitution ne peut s'étendre à plus de deux ordres successifs de personnes, outre celui du grevé initial; autrement, elle est sans effet pour les ordres subséquents.

Les accroissements qui ont lieu entre cogrevés au décès de l'un d'eux, lorsqu'il est stipulé que sa part passe aux grevés survivants, ne sont pas considérés comme étant faits à un ordre subséquent.

[1991, c. 64, a. 1221].

1221. A substitution may not extend to more than two successive ranks of persons, in addition to that of the initial institute, and is without effect for subsequent ranks.

Accretion between co-institutes upon the death of one of them, where it is stipulated that his share passes to the surviving institutes, is not considered to be made to a subsequent rank.

[1991, c. 64, a. 1221; I.N., 2014-05-01].

■ C.C.Q., 8, 9, 1240, 1241, 1252, 1271, 3081.

1222. Compte tenu des adaptations nécessaires, les règles des successions, notamment celles relatives au droit d'opter ou aux dispositions testamentaires, s'appliquent à la substitution à compter de l'ouverture, qu'elle soit établie par donation ou par testament.

[1991, c. 64, a. 1222].

■ C.C.Q., 630-636, 737, 1252.

1222. The rules on successions, particularly those relating to the right of option or to testamentary dispositions, adapted as required, apply to a substitution from the time it opens, whether it was created by gift or by will.

[1991, c. 64, a. 1222].

SECTION II —
DE LA SUBSTITUTION AVANT L'OUVERTURE

§ 1. — Des droits et obligations du grevé

SECTION II —
SUBSTITUTIONS BEFORE OPENING

§ 1. — Rights and obligations of the institute

1223. Avant l'ouverture, le grevé est propriétaire des biens substitués; ces biens forment, au sein de son patrimoine personnel, un patrimoine distinct destiné à l'appelé.

[1991, c. 64, a. 1223].

■ C.C.Q., 780, 1232, 1313; D.T., 69, 70.

1223. Before the opening of a substitution, the institute is the owner of the substituted property, which forms, within his personal patrimony, a separate patrimony intended for the substitute.

[1991, c. 64, a. 1223].

1224. Le grevé doit, de la même manière qu'un administrateur du bien d'autrui, faire, à ses frais, l'inventaire des biens dans les deux mois de la donation ou de l'acceptation du legs, en y convoquant l'appelé.

[1991, c. 64, a. 1224].

■ C.C.Q., 240, 794, 1142, 1236, 1324-1331.

1224. Within two months after the gift or after acceptance of the legacy, the institute, in the manner of an administrator of the property of others, shall make an inventory of the property at his own expense, after convening the substitute.

[1991, c. 64, a. 1224].

1225. Dans l'exercice de ses droits et dans l'exécution de ses obligations, le grevé doit agir avec prudence et diligence eu égard aux droits de l'appelé.

[1991, c. 64, a. 1225].

■ C.C.Q., 1309.

1225. The institute, in exercising his rights and performing his obligations, shall act with prudence and diligence, having regard to the rights of the substitute.

[1991, c. 64, a. 1225; I.N., 2014-05-01].

1226. Le grevé doit faire les actes nécessaires à l'entretien et à la conservation des biens.

Il paie les charges et les dettes qui deviennent exigibles avant l'ouverture, quelle que soit leur nature; il perçoit les créances, en donne quittance et exerce en justice les

1226. The institute shall perform all acts necessary to maintain and preserve the property.

He pays the charges and debts of all kinds that became due before the opening; he collects the claims, gives acquittance therefor and exercises all judicial re-

actions qui se rapportent aux biens substitués.

[1991, c. 64, a. 1226].

▌ C.C.Q., 804, 1238, 1301, 1302, 1557; C.P.C., 734.

1227. Le grevé doit assurer les biens contre les risques usuels, tels le vol et l'incendie. Il est, néanmoins, dispensé de cette
obligation si la prime d'assurance est trop
élevée par rapport aux risques.

L'indemnité d'assurance devient un bien
substitué.

[1991, c. 64, a. 1227].

▌ C.C.Q., 1237, 1324, 1331.

1228. Le grevé est soumis aux règles de
l'usufruit quant à son droit de commencer
ou de continuer sur un fonds substitué une
exploitation agricole, sylvicole ou minière.

[1991, c. 64, a. 1228].

▌ C.C.Q., 1139-1141.

1229. Le grevé peut aliéner à titre onéreux
les biens substitués ou les louer. Il peut
aussi les grever d'une hypothèque si cela
s'impose pour l'entretien et la conservation du bien ou pour faire un placement au
nom de la substitution.

Les droits de l'acquéreur, du créancier ou
du locataire ne sont pas affectés par les
droits de l'appelé à l'ouverture de la substitution.

[1991, c. 64, a. 1229].

▌ C.C.Q., 213, 214, 1304, 1305, 1339, 1707, 2682, 2916; D.T., 69.

1230. Le grevé est tenu de faire remploi,
au nom de la substitution, du prix de toute
aliénation de biens substitués et des capitaux qui lui sont versés avant l'ouverture
ou qu'il a reçus du disposant, conformément aux dispositions relatives aux placements présumés sûrs.

[1991, c. 64, a. 1230].

▌ C.C.Q., 1232, 1238, 1244, 1304, 1339.

1231. Le grevé doit, à chaque anniversaire
de la date de l'inventaire des biens, informer l'appelé de toute modification à la
masse des biens; il doit l'informer aussi du

courses relating to the substituted property.

[1991, c. 64, a. 1226].

1227. The institute shall insure the property against ordinary risks such as fire
and theft. He is, however, dispensed from
that obligation if the insurance premium is
too high in relation to the risks.

The insurance indemnity becomes substituted property.

[1991, c. 64, a. 1227].

1228. The right of an institute to begin or
continue agricultural, sylvicultural or mining operations on substituted land is governed by the rules on usufruct.

[1991, c. 64, a. 1228].

1229. An institute may alienate the substituted property by onerous title or lease it.
He may also charge it with a hypothec if
that is required for its maintenance and
preservation or to make an investment in
the name of the substitution.

The rights of the acquirer, creditor or
lessee are unaffected by the rights of the
substitute at the opening of the substitution.

[1991, c. 64, a. 1229; I.N., 2014-05-01].

1230. The institute is bound to reinvest, in
the name of the substitution, the proceeds
of any alienation of substituted property
and the capital paid to him before the
opening or received by him from the grantor, in accordance with the provisions relating to investments presumed sound.

[1991, c. 64, a. 1230; I.N., 2014-05-01].

1231. On each anniversary of the date of
inventory of the property, the institute
shall inform the substitute of any change
in the general mass of the property; he

remploi qu'il a fait du prix des biens aliénés.

[1991, c. 64, a. 1231].

■ C.C.Q., 1224.

1232. Le grevé peut, si l'acte constitutif de la substitution le prévoit, disposer gratuitement des biens substitués ou ne pas faire remploi du prix de leur aliénation; il ne peut en tester sans que l'acte le permette expressément.

La substitution n'a alors d'effet qu'à l'égard des biens dont le grevé n'a pas disposé.

[1991, c. 64, a. 1232].

■ C.C.Q., 1229, 1230.

1233. Les créanciers qui détiennent une priorité[1] ou une hypothèque sur les biens substitués peuvent exercer, sur ces biens, les droits et recours que la loi leur confère.

Les autres créanciers peuvent faire saisir et vendre ces biens en justice après discussion du patrimoine personnel du grevé. L'appelé peut faire opposition à la saisie et demander que la saisie et la vente soient limitées aux droits conférés au grevé par la substitution. À défaut d'opposition, la vente est valide; l'adjudicataire a un titre définitif et le recours de l'appelé ne peut être exercé que contre le grevé.

[1991, c. 64, a. 1233].

■ C.C.Q., 1136, 1199, 1757-1766, 2646, 2748; C.P.C., 696, 699.

1234. Le grevé peut, avant l'ouverture, renoncer à ses droits au profit de l'appelé et lui rendre par anticipation les biens substitués.

Cette renonciation ne peut nuire aux droits de ses créanciers non plus qu'aux droits de l'appelé éventuel.

[1991, c. 64, a. 1234].

■ C.C.Q., 1240, 1626-1636.

shall also inform him of the reinvestment he has made of the proceeds of alienation of property.

[1991, c. 64, a. 1231].

1232. If the act constituting the substitution provides therefor, the institute may dispose of the substituted property gratuitously or not reinvest the proceeds of its alienation; he has no right to bequeath it unless that is expressly permitted by the act.

In such cases, the substitution has effect only as regards the property that was not disposed of by the institute.

[1991, c. 64, a. 1232; I.N., 2014-05-01].

1233. Creditors holding a prior claim or a hypothec on substituted property have, with respect to that property, the rights and remedies conferred on them by law.

The other creditors may cause substituted property to be seized and sold by judicial sale, after discussion of the personal patrimony of the institute. The substitute may oppose the seizure and demand that the seizure and sale be limited to the rights conferred on the institute by the substitution. Failing opposition, the sale is valid; the successful bidder has a good title and the right of action of the substitute is exercisable only against the institute.

[1991, c. 64, a. 1233; I.N., 2014-05-01].

1234. The institute may, before the substitution opens, renounce his rights in favour of the substitute and hand over the substituted property to him in advance.

The renunciation by the institute may not prejudice the rights of his creditors or the rights of the eventual substitute.

[1991, c. 64, a. 1234; I.N., 2014-05-01].

§ 2. — Des droits de l'appelé

1235. Avant l'ouverture, l'appelé a un droit éventuel aux biens substitués; il peut en disposer ou y renoncer et faire tous les actes conservatoires utiles à la protection de son droit.

[1991, c. 64, a. 1235].

∎ C.C.Q., 1504, 2916; C.P.C., 733.

1236. L'appelé peut, si le grevé refuse ou néglige de faire l'inventaire des biens dans le délai requis, y procéder aux frais du grevé. Il convoque alors le grevé et les autres intéressés.

[1991, c. 64, a. 1236].

∎ C.C.Q., 792, 1142, 1201, 1238.

1237. Le grevé doit, si l'acte constitutif de la substitution le lui enjoint ou si le tribunal l'ordonne à la demande de l'appelé ou d'un intéressé qui établit la nécessité d'une telle mesure, souscrire une assurance ou fournir une autre sûreté garantissant l'exécution de ses obligations.

Il doit, de même, fournir une sûreté additionnelle si ses obligations viennent à augmenter avant l'ouverture.

[1991, c. 64, a. 1237].

∎ C.C.Q., 1144, 1168, 1204, 1227, 1324, 1331.

1238. Si le grevé n'exécute pas ses obligations ou agit de façon à mettre en péril les droits de l'appelé, le tribunal peut, suivant la gravité des circonstances, priver le grevé des fruits et revenus, l'obliger à rétablir le capital, prononcer la déchéance de ses droits en faveur de l'appelé ou nommer un séquestre choisi de préférence parmi les appelés.

[1991, c. 64, a. 1238].

∎ C.C.Q., 224, 791, 1168, 1204, 1360.

1239. Les droits de l'appelé qui n'est pas conçu sont exercés par la personne désignée par le disposant pour agir comme curateur à la substitution et qui accepte cette

§ 2. — Rights of the substitute

1235. Before the substitution opens, the substitute has an eventual right to the property substituted; he may dispose of or renounce his right and perform any conservatory act to ensure the protection of his right.

[1991, c. 64, a. 1235; I.N., 2014-05-01].

1236. Where the institute refuses or fails to make an inventory of the property within the required time, the substitute may do so at the expense of the institute. He first convenes the institute and the other interested persons.

[1991, c. 64, a. 1236].

1237. The institute shall, if the act creating the substitution so requires or if ordered by the court upon the application of the substitute or any interested person who establishes that such a measure is necessary, take out insurance or furnish other security to guarantee the performance of his obligations.

He shall also furnish additional security where his obligations are increased before the opening of the substitution.

[1991, c. 64, a. 1237; I.N., 2014-05-01].

1238. If the institute fails to perform his obligations or acts in a manner that endangers the rights of the substitute, the court may, depending on the gravity of the circumstances, deprive him of fruits and revenues, require him to restore the capital, declare his rights forfeited in favour of the substitute or appoint a sequestrator chosen preferably from the substitutes.

[1991, c. 64, a. 1238].

1239. The rights of a substitute who is not yet conceived are exercised by the person designated by the grantor to act as curator to the substitution and who accepts the of-

charge ou, en l'absence de désignation ou d'acceptation, par celle que nomme le tribunal, à la demande du grevé ou de tout intéressé.

Le curateur public peut être désigné pour agir.

[1991, c. 64, a. 1239].

■ C.C.Q., 192, 206, 1242, 1289, 1814.

fice or, failing designation or acceptance, by the person appointed by the court on the application of the institute or any interested person.

The Public Curator may be designated to act.

[1991, c. 64, a. 1239; I.N., 2014-05-01].

SECTION III —
DE L'OUVERTURE DE LA SUBSTITUTION

1240. À moins qu'une époque antérieure n'ait été fixée par le disposant, l'ouverture de la substitution a lieu au décès du grevé.

Si le grevé est une personne morale, l'ouverture de la substitution ne peut avoir lieu plus de trente ans après la donation ou l'ouverture de la succession, ou du jour de l'ouverture de son droit.

[1991, c. 64, a. 1240].

■ D.T., 68.

SECTION III —
OPENING OF THE SUBSTITUTION

1240. Unless an earlier time has been fixed by the grantor, the opening of the substitution takes place on the death of the institute.

Where the institute is a legal person, the substitution may not open more than thirty years after the gift or the opening of succession, or after the day its right arises.

[1991, c. 64, a. 1240].

1241. Lorsqu'il est stipulé que la part d'un grevé passe, à son décès, aux grevés du même ordre qui lui survivent, l'ouverture de la substitution n'a lieu qu'au décès du dernier grevé.

Toutefois, l'ouverture ainsi différée ne peut nuire aux droits de l'appelé qui aurait reçu au décès d'un grevé, en l'absence d'une telle stipulation; le droit de recevoir lui est acquis, mais il ne peut être exercé avant l'ouverture.

[1991, c. 64, a. 1241].

■ C.C.Q., 1221.

1241. Where it is stipulated that the share of an institute passes, on his death, to the surviving institutes of the same rank, opening of the substitution takes place only on the death of the last institute.

However, an opening so deferred may not prejudice the rights of the substitute who would have received on the death of an institute but for the stipulation; the right to receive is vested in the substitute but its exercise is suspended until the substitution opens.

[1991, c. 64, a. 1241; I.N., 2014-05-01].

1242. L'appelé doit avoir les qualités requises pour recevoir par donation ou par testament à l'ouverture de la substitution.

S'il y a plusieurs appelés du même ordre, il suffit que l'un d'eux ait les qualités requises pour recevoir à l'ouverture de son droit afin que soit préservé le droit de tous

1242. Only a person having the required qualities to receive by gift or by will at the time the substitution opens may be a substitute.

Where there are several substitutes of the same rank, only one need have the required qualities to receive at the time his right arises to protect the right of all the

les autres appelés à recevoir, s'ils acceptent la substitution par la suite.

[1991, c. 64, a. 1242].

❚ C.C.Q., 617, 1239, 1279, 1813.

other substitutes to receive, if they subsequently accept the substitution.

[1991, c. 64, a. 1242].

Section IV —
DE LA SUBSTITUTION APRÈS L'OUVERTURE

Section IV —
SUBSTITUTION AFTER OPENING

1243. L'appelé, s'il accepte la substitution, reçoit les biens directement du disposant. Il est, par l'ouverture, saisi de la propriété des biens.

[1991, c. 64, a. 1243].

❚ C.C.Q., 625, 739; D.T., 69.

1243. The substitute who accepts the substitution receives the property directly from the grantor and is, by the opening, seised of ownership of the property.

[1991, c. 64, a. 1243].

1244. Le grevé doit, à l'ouverture, rendre compte à l'appelé et lui remettre les biens substitués.

Si le bien substitué ne se trouve plus en nature, il rend ce qui a été acquis en remploi ou, à défaut, la valeur du bien au moment de l'aliénation.

[1991, c. 64, a. 1244].

❚ C.C.Q., 1167, 1297, 1363.

1244. The institute shall, at the opening, render account to the substitute and hand over the substituted property to him.

Where the substituted property is no longer in kind, the institute hands over whatever has been acquired through reinvestment or, failing that, the value of the property at the time of the alienation.

[1991, c. 64, a. 1244; I.N., 2014-05-01].

1245. Le grevé rend les biens substitués dans l'état où ils se trouvent lors de l'ouverture.

Il répond de la perte survenue par sa faute ou ne résultant pas d'un usage normal.

[1991, c. 64, a. 1245].

❚ C.C.Q., 876, 1167, 1244, 2286.

1245. The institute hands over the property in the condition it is in at the opening of the substitution.

The institute is liable for any loss caused by his fault or not resulting from normal use.

[1991, c. 64, a. 1245; I.N., 2014-05-01].

1246. Lorsque la substitution ne porte que sur le résidu des biens donnés ou légués, le grevé ne rend que les biens qui restent, ainsi que le solde du prix de ceux qui ont été aliénés.

[1991, c. 64, a. 1246].

❚ C.C.Q., 1220, 1232.

1246. Where only the residue of the property given or bequeathed is subject to the substitution, the institute hands over only the property remaining and the balance of the proceeds of the alienated property.

[1991, c. 64, a. 1246; I.N., 2014-05-01].

1247. Le grevé a le droit d'être remboursé, avec les intérêts courus depuis l'ouverture, des dettes en capital qu'il a payées sans en avoir été chargé et des dépenses générale-

1247. The institute is entitled to reimbursement, with interest accrued from the opening, of capital debts that he has paid without having been charged to do so and

ment débitées au capital qu'il a faites en raison de la substitution.

Il a aussi le droit d'être remboursé, en proportion de la durée de son droit, des dépenses généralement débitées au revenu et dont l'objet excède cette durée.

[1991, c. 64, a. 1247].

of expenditures generally debited from the capital that he has incurred by reason of the substitution.

The institute is also entitled to reimbursement, in proportion to the duration of his right, of expenditures generally debited from the revenues for any object that exceeds that duration.

[1991, c. 64, a. 1247; I.N., 2014-05-01].

■ C.C.Q., 1226, 1301, 1302, 1345-1347, 1565, 2150, 2293; D.T., 70.

1248. Le grevé a le droit d'être remboursé des impenses utiles qu'il a faites, suivant les règles applicables au possesseur de bonne foi.

[1991, c. 64, a. 1248].

1248. The institute is entitled to be reimbursed for the useful disbursements he has made, in accordance with the rules applicable to possessors in good faith.

[1991, c. 64, a. 1248; I.N., 2014-05-01].

■ C.C.Q., 959, 961, 963, 1138, 1210, 1488, 1703; D.T., 49.

1249. L'ouverture de la substitution fait revivre les créances et les dettes qui existaient entre le grevé et le disposant; elle met fin à la confusion, dans la personne du grevé, des qualités de créancier et de débiteur, sauf pour les intérêts courus jusqu'à l'ouverture.

[1991, c. 64, a. 1249].

1249. The opening of a substitution revives the claims and debts that existed between the institute and the grantor; it terminates the confusion, in the person of the institute, of the qualities of creditor and debtor, except for interest accrued until the opening.

[1991, c. 64, a. 1249; I.N., 2014-05-01].

■ C.C.Q., 1683.

1250. Le grevé peut retenir les biens substitués jusqu'au paiement de ce qui lui est dû.

[1991, c. 64, a. 1250].

1250. The institute may retain the substituted property until payment of what is due to him.

[1991, c. 64, a. 1250].

■ C.C.Q., 963, 1592, 1593, 2293.

1251. Les héritiers du grevé sont tenus d'exécuter les obligations que les dispositions de la présente section imposent au grevé et ils exercent les droits qu'elles lui confèrent.

Ils sont tenus de continuer ce qui est la suite nécessaire des actes du grevé ou ce qui ne peut être différé sans risque de perte.

[1991, c. 64, a. 1251].

1251. The heirs of the institute are bound to perform the obligations that this section imposes on the institute, and they have the same rights as it confers on him.

The heirs of the institute are bound to continue anything that is a necessary consequence of the acts performed by him or that cannot be deferred without risk of loss.

[1991, c. 64, a. 1251; I.N., 2014-05-01].

■ C.C.Q., 1361, 1484, 2162.

Section V —
Lapse and revocation of
substitution

Section V —
De la caducité et de la révocation
de la substitution

1252. La caducité d'une substitution testamentaire à l'égard d'un grevé se produit sans qu'il y ait lieu à représentation; elle profite à ses cogrevés ou, à défaut, à l'appelé.

La caducité à l'égard d'un appelé profite à ses coappelés, s'il en existe; sinon, elle profite au grevé.

[1991, c. 64, a. 1252].

■ C.C.Q., 660, 750, 1222, 1446.

1252. Lapse of a testamentary substitution with regard to an institute does not give rise to representation; it benefits his co-institutes or, in the absence of co-institutes, the substitute.

Lapse of a testamentary substitution with regard to a substitute benefits his co-substitutes, if any; otherwise, it benefits the institute.

[1991, c. 64, a. 1252; I.N., 2014-05-01].

1253. Le donateur peut révoquer la substitution quant à l'appelé jusqu'à l'ouverture, tant qu'il n'y a pas eu acceptation par l'appelé ou pour lui. Cependant, à l'égard du donateur, l'appelé est réputé avoir accepté lorsqu'il est l'enfant du grevé ou lorsque l'un des coappelés a accepté la substitution.

[1991, c. 64, a. 1253].

■ C.C.Q., 1254.

1253. The donor may revoke the substitution with regard to the substitute, until the opening, as long as it has not been accepted by or for the substitute. However, with respect to the donor, the substitute is deemed to have accepted where he is the child of the institute or where one of the co-substitutes has accepted the substitution.

[1991, c. 64, a. 1253; I.N., 2014-05-01].

1254. La révocation de la substitution quant au grevé profite au cogrevé s'il en existe, sinon à l'appelé. La révocation quant à l'appelé profite au coappelé s'il en existe, sinon au grevé.

[1991, c. 64, a. 1254].

■ C.C.Q., 1253, 1835.

1254. Revocation of a substitution with regard to the institute benefits the co-institute, if any; otherwise it benefits the substitute; revocation with regard to the substitute benefits the co-substitute, if any; otherwise it benefits the institute.

[1991, c. 64, a. 1254].

1255. Le disposant peut se réserver la faculté de déterminer la part des appelés ou conférer cette faculté au grevé.

L'exercice de cette faculté par le donateur ne constitue pas une révocation de la substitution, même si cela a pour effet d'exclure complètement un appelé du bénéfice de la substitution.

[1991, c. 64, a. 1255].

■ C.C.Q., 1254.

1255. The grantor may reserve for himself the right to determine the share of the substitutes or confer that right on the institute.

The exercise of the right by the donor does not constitute a revocation of the substitution even if it has the effect of completely excluding a substitute from the benefit of the substitution.

[1991, c. 64, a. 1255; I.N., 2014-05-01].

Chapitre I
De la fondation

Chapter I
The foundation

1256. La fondation résulte d'un acte par lequel une personne affecte, d'une façon irrévocable, tout ou partie de ses biens à une fin d'utilité sociale ayant un caractère durable†.

La fondation ne peut avoir pour objet essentiel† la réalisation d'un bénéfice ni l'exploitation d'une entreprise.

[1991, c. 64, a. 1256].

❚ C.C.Q., 327, 617, 1270, 1525, 2186.

1256. A foundation results from an act whereby a person irrevocably appropriates the whole or part of his property to the durable† fulfilment of a socially beneficial purpose.

It may not have the making of profit or the operation of an enterprise as its main† object.

[1991, c. 64, a. 1256].

1257. Les biens de la fondation constituent soit un patrimoine autonome et distinct de celui du disposant et de toute autre personne, soit le patrimoine d'une personne morale.

Dans le premier cas, la fondation est régie par les dispositions du présent titre relatives à la fiducie d'utilité sociale, sous réserve des dispositions de la loi; dans le second cas, elle est régie par les lois applicables aux personnes morales de son espèce.

[1991, c. 64, a. 1257].

❚ C.C.Q., 1261, 1270, 1282, 1287, 1294, 1298.

1257. The property of the foundation constitutes either an autonomous patrimony distinct from that of the settlor or any other person, or the patrimony of a legal person.

In the first case, the foundation is governed by the provisions of this Title relating to a social trust, subject to the provisions of law; in the second case, the foundation is governed by the laws applicable to legal persons of the same kind.

[1991, c. 64, a. 1257].

1258. La fondation créée par fiducie est établie par donation ou par testament, suivant les règles gouvernant ces actes.

[1991, c. 64, a. 1258].

❚ C.C.Q., 617, 703, 1806; D.T., 71.

1258. A foundation created by trust is established by gift or by will in accordance with the rules governing those acts.

[1991, c. 64, a. 1258].

1259. À moins d'une stipulation contraire dans l'acte constitutif de la fondation, les biens qui forment le patrimoine initial de la fondation créée par fiducie, ou les biens qui leur sont subrogés ou adjoints, doivent être conservés et permettre d'atteindre la fin poursuivie soit par la distribution des seuls revenus qui en proviennent, soit par un usage qui ne modifie pas sensiblement la consistance du patrimoine.

[1991, c. 64, a. 1259].

1259. Unless otherwise provided in the act constituting the foundation, the initial property of the trust foundation or any property substituted therefor or added thereto shall be preserved and allow for the fulfilment of the purpose, either by the distribution only of those revenues that derive therefrom or by a use that does not appreciably alter the substance of the initial property.

[1991, c. 64, a. 1259; I.N., 2014-05-01].

■ C.C.Q., 1256, 1293.

Chapitre II —
De la fiducie

Chapter II —
The trust

SECTION I —
DE LA NATURE DE LA FIDUCIE

SECTION I —
NATURE OF THE TRUST

1260. La fiducie résulte d'un acte par lequel une personne, le constituant, transfère de son patrimoine à un autre patrimoine qu'il constitue, des biens qu'il affecte à une fin particulière et qu'un fiduciaire s'oblige, par le fait de son acceptation, à détenir et à administrer.

[1991, c. 64, a. 1260].

■ C.C.Q., 1256, 1278, 1287, 1297, 1306.

1260. A trust results from an act whereby a person, the settlor, transfers property from his patrimony to another patrimony constituted by him which he appropriates to a particular purpose and which a trustee undertakes, by his acceptance, to hold and administer.

[1991, c. 64, a. 1260].

1261. Le patrimoine fiduciaire, formé des biens transférés en fiducie, constitue un patrimoine d'affectation autonome et distinct de celui du constituant, du fiduciaire ou du bénéficiaire, sur lequel aucun d'entre eux n'a de droit réel.

[1991, c. 64, a. 1261].

■ C.C.Q., 1260.

1261. The trust patrimony, consisting of the property transferred in trust, constitutes a patrimony by appropriation, autonomous and distinct from that of the settlor, trustee or beneficiary and in which none of them has any real right.

[1991, c. 64, a. 1261].

1262. La fiducie est établie par contrat, à titre onéreux ou gratuit, par testament ou, dans certains cas, par la loi. Elle peut aussi, lorsque la loi l'autorise, être établie par jugement.

[1991, c. 64, a. 1262].

■ C.C.Q., 1258, 3107, 3108; D.T., 71.

1262. A trust is established by contract, whether by onerous or gratuitous title, by will or, in certain cases, by law. Where authorized by law, it may also be established by judgment.

[1991, c. 64, a. 1262; I.N., 2014-05-01].

1263. La fiducie établie par contrat à titre onéreux peut avoir pour objet de garantir l'exécution d'une obligation. En ce cas, la fiducie doit, pour être opposable aux tiers, être publiée au registre des droits personnels et réels mobiliers ou au registre foncier, selon la nature mobilière ou immobilière des biens transférés en fiducie.

Le fiduciaire est, en cas de défaut du constituant, assujetti aux règles relatives à l'exercice des droits hypothécaires énoncées au livre Des priorités et des hypothèques.

[1991, c. 64, a. 1263; 1998, c. 5, a. 1].

1263. The purpose of an onerous trust established by contract may be to secure the performance of an obligation. In that case, to be set up against third persons, the trust must be published in the register of personal and movable real rights or in the land register, according to the movable or immovable nature of the property transferred in trust.

Upon the default of the settlor, the trustee is governed by the rules regarding the exercise of hypothecary rights set out in the Book on Prior Claims and Hypothecs.

[1991, c. 64, a. 1263; 1998, c. 5, s. 1; I.N., 2014-05-01].

C.C.Q., 1233, 1590, 2647, 2656, 2687, 2735, 2749, 2757.

1264. La fiducie est constituée dès l'acceptation du fiduciaire ou, s'ils sont plusieurs, de l'un d'eux.

Lorsque la fiducie est établie par testament, les effets de l'acceptation rétroagissent au jour du décès.

[1991, c. 64, a. 1264].

C.C.Q., 1260, 1262.

1264. A trust is constituted upon the acceptance of the trustee or of one of the trustees if there are several.

In the case of a testamentary trust, the effects of the trustee's acceptance are retroactive to the day of death.

[1991, c. 64, a. 1264].

1265. L'acceptation de la fiducie dessaisit le constituant des biens, charge le fiduciaire de veiller à leur affectation et à l'administration du patrimoine fiduciaire et suffit pour rendre certain le droit du bénéficiaire.

[1991, c. 64, a. 1265].

C.C.Q., 625, 777, 1243.

1265. Acceptance of the trust divests the settlor of the property, charges the trustee with seeing to the appropriation of the property and the administration of the trust patrimony and is sufficient to establish the right of the beneficiary with certainty.

[1991, c. 64, a. 1265].

SECTION II —
DES DIVERSES ESPÈCES DE FIDUCIE ET DE LEUR DURÉE

SECTION II —
VARIOUS KINDS OF TRUSTS AND THEIR DURATION

1266. Les fiducies sont constituées à des fins personnelles, ou à des fins d'utilité privée ou sociale.

Elles peuvent, dans la mesure où une mention indique qu'il s'agit d'une fiducie, être identifiées sous le nom du disposant, du fiduciaire ou du bénéficiaire ou, si elles sont constituées à des fins d'utilité privée ou sociale, sous un nom qui désigne leur objet.

[1991, c. 64, a. 1266].

C.C.Q., 1267, 1268.

1266. Trusts are constituted for personal purposes or for purposes of private or social utility.

Provided it is designated as a trust, a trust may be identified by the name of the grantor, the trustee or the beneficiary or, in the case of a trust constituted for purposes of private or social utility, by a name which reflects its object.

[1991, c. 64, a. 1266].

1267. La fiducie personnelle est constituée à titre gratuit, dans le but de procurer un avantage à une personne déterminée ou qui peut l'être.

[1991, c. 64, a. 1267].

C.C.Q., 1266, 1279, 1285, 1289.

1267. A personal trust is constituted gratuitously for the purpose of securing a benefit for a determinate or determinable person.

[1991, c. 64, a. 1267].

1268. La fiducie d'utilité privée est celle qui a pour objet l'érection, l'entretien ou la conservation d'un bien corporel, ou l'utilisation d'un bien affecté à un usage déter-

1268. A private trust has for its object the erection, maintenance or preservation of a thing or the use of property appropriated to a specific use, whether for the indirect

miné, soit à l'avantage indirect d'une personne ou à sa mémoire, soit dans un autre but de nature privée.

[1991, c. 64, a. 1268].

▌ C.C.Q., 1266, 1285.

benefit of a person or in his memory, or for some other private purpose.

[1991, c. 64, a. 1268; I.N., 2014-05-01].

1269. Est aussi d'utilité privée la fiducie constituée à titre onéreux dans le but, notamment, de permettre la réalisation d'un profit au moyen de placements ou d'investissements, de pourvoir à une retraite ou de procurer un autre avantage au constituant ou aux personnes qu'il désigne, aux membres d'une société ou d'une association, à des salariés ou à des porteurs de titre.

[1991, c. 64, a. 1269].

▌ C.C.Q., 1266, 1285.

1269. A trust constituted by onerous title for the purpose, in particular, of allowing the making of profit by means of investments, providing for retirement or procuring another benefit for the settlor or for the persons he designates or for the members of a partnership, company or association, or for employees or shareholders, is also a private trust.

[1991, c. 64, a. 1269; I.N., 2014-05-01].

1270. La fiducie d'utilité sociale est celle qui est constituée dans un but d'intérêt général, notamment à caractère culturel, éducatif, philanthropique, religieux ou scientifique.

Elle n'a pas pour objet essentiel† de réaliser un bénéfice ni d'exploiter une entreprise.

[1991, c. 64, a. 1270].

▌ C.C.Q., 1256, 1266, 1294, 1298, 1525.

1270. A social trust is a trust constituted for a purpose of general interest, such as a cultural, educational, philanthropic, religious or scientific purpose.

It does not have the making of profit or the operation of an enterprise as its main† object.

[1991, c. 64, a. 1270].

1271. La fiducie personnelle constituée au bénéfice de plusieurs personnes successivement ne peut comprendre plus de deux ordres de bénéficiaires des fruits et revenus, outre celui du bénéficiaire du capital; elle est sans effet à l'égard des ordres subséquents qui y seraient visés.

Les accroissements, entre les cobénéficiaires des fruits et revenus d'un même ordre, ont lieu de la même façon qu'entre cogrevés du même ordre en matière de substitution.

[1991, c. 64, a. 1271].

▌ C.C.Q., 755, 909, 910, 1221, 1241, 1252.

1271. A personal trust constituted for the benefit of several persons successively may not include more than two ranks of beneficiaries of the fruits and revenues, in addition to that of the beneficiary of the capital; it is without effect with respect to any subsequent ranks it might contemplate.

Accretions of fruits and revenues between co-beneficiaries of the same rank are subject to the rules of substitution relating to accretions between co-institutes of the same rank.

[1991, c. 64, a. 1271; I.N., 2014-05-01].

1272. Le droit du bénéficiaire du premier ordre s'ouvre au plus tard à l'expiration des cent ans qui suivent la constitution de la fiducie, même si un terme plus long a

1272. The right of beneficiaries of the first rank opens not later than 100 years after the trust is constituted, even if a longer term is stipulated. The right of benefi-

été stipulé. Celui des bénéficiaires des ordres subséquents peut s'ouvrir postérieurement, mais au profit des seuls bénéficiaires qui ont la qualité requise pour recevoir à l'expiration des cent ans qui suivent la constitution de la fiducie.

Les personnes morales ne peuvent jamais être bénéficiaires pour une période excédant cent ans, même si un terme plus long a été stipulé.

[1991, c. 64, a. 1272].

▌ C.C.Q., 617, 1221, 1240, 1271; D.T., 72.

1273. La fiducie d'utilité privée ou sociale peut être perpétuelle.

[1991, c. 64, a. 1273].

▌ C.C.Q., 1268-1270, 1294, 1296.

ciaries of subsequent ranks may open later but solely for the benefit of those beneficiaries who have the required quality to receive at the expiry of 100 years after the constitution of the trust.

In no case may a legal person be a beneficiary for a period exceeding 100 years, even if a longer term is stipulated.

[1991, c. 64, a. 1272; I.N., 2014-05-01].

1273. A private or social trust may be perpetual.

[1991, c. 64, a. 1273].

SECTION III —
DE L'ADMINISTRATION DE LA FIDUCIE

§ 1. — De la désignation et de la charge du fiduciaire

1274. La personne physique pleinement capable de l'exercice de ses droits civils peut être fiduciaire, de même que la personne morale autorisée par la loi.

[1991, c. 64, a. 1274].

▌ C.C.Q., 153, 301, 304, 783.

1275. Le constituant ou le bénéficiaire peut être fiduciaire, mais il doit agir conjointement avec un fiduciaire qui n'est ni constituant ni bénéficiaire.

[1991, c. 64, a. 1275].

▌ C.C.Q., 1260.

1276. Le constituant peut désigner un ou plusieurs fiduciaires ou pourvoir au mode de leur désignation ou de leur remplacement.

[1991, c. 64, a. 1276].

▌ C.C.Q., 788, 791, 1332-1338, 2264.

1277. Le tribunal peut, à la demande d'un intéressé et après un avis donné aux personnes qu'il indique, désigner un fidu-

SECTION III —
ADMINISTRATION OF THE TRUST

§ 1. — Appointment and office of the trustee

1274. Any natural person having the full exercise of his civil rights, and any legal person authorized by law, may act as a trustee.

[1991, c. 64, a. 1274].

1275. The settlor or the beneficiary may be a trustee but he shall act jointly with a trustee who is neither the settlor nor a beneficiary.

[1991, c. 64, a. 1275].

1276. The settlor may appoint one or several trustees or provide the mode of their appointment or replacement.

[1991, c. 64, a. 1276].

1277. The court may, at the request of an interested person and after notice has been given to the persons it indicates, appoint a

ciaire lorsque le constituant a omis de le désigner ou qu'il est impossible de pourvoir à la désignation ou au remplacement d'un fiduciaire.

Il peut, lorsque les conditions de l'administration l'exigent, désigner un ou plusieurs autres fiduciaires.

[1991, c. 64, a. 1277].

▮ C.C.Q., 788, 791, 2264.

1278. Le fiduciaire a la maîtrise et l'administration exclusive du patrimoine fiduciaire et les titres relatifs aux biens qui le composent sont établis à son nom; il exerce tous les droits afférents au patrimoine et peut prendre toute mesure propre à en assurer l'affectation.

Il agit à titre d'administrateur du bien d'autrui chargé de la pleine administration.

[1991, c. 64, a. 1278].

▮ C.C.Q., 282, 360, 618, 802, 1299, 2137, 2238, 2266.

§ 2. — Du bénéficiaire et de ses droits

1279. Le bénéficiaire d'une fiducie constituée à titre gratuit doit avoir les qualités requises pour recevoir par donation ou par testament à l'ouverture de son droit.

S'il y a plusieurs bénéficiaires du même ordre, il suffit que l'un d'eux ait ces qualités pour préserver le droit des autres bénéficiaires, s'ils s'en prévalent.

[1991, c. 64, a. 1279].

▮ C.C.Q., 617, 1221, 1222, 1239, 1242, 1264, 1289.

1280. Le bénéficiaire d'une fiducie doit, pour recevoir, remplir les conditions requises par l'acte constitutif.

[1991, c. 64, a. 1280].

▮ C.C.Q., 1262.

1281. Le constituant peut se réserver le droit de recevoir les fruits et revenus ou, éventuellement, le capital d'une fiducie,

trustee where the settlor has failed to do so or where it is impossible to appoint or replace a trustee.

The court may appoint one or several other trustees where required by the conditions of the administration.

[1991, c. 64, a. 1277].

1278. A trustee has the control and the exclusive administration of the trust patrimony, and the titles relating to the property of which it is composed are drawn up in his name; he has the exercise of all the rights pertaining to the patrimony and may take any proper measure to secure its appropriation.

A trustee acts as the administrator of the property of others charged with full administration.

[1991, c. 64, a. 1278].

§ 2. — The beneficiary and his rights

1279. Only a person having the qualities to receive by gift or by will at the time his right opens may be the beneficiary of a trust constituted gratuitously.

Where there are several beneficiaries of the same rank, it is sufficient that one of them have such qualities to preserve the right of the others if they avail themselves of it.

[1991, c. 64, a. 1279].

1280. To receive, the beneficiary of a trust shall meet the conditions required by the constituting act.

[1991, c. 64, a. 1280].

1281. The settlor may reserve the right to receive the fruits and revenues or even, where such is the case, the capital of the

même constituée à titre gratuit, ou de participer aux avantages qu'elle procure.

[1991, c. 64, a. 1281].

▌ C.C.Q., 909, 910, 1349, 1456.

1282. Le constituant peut se réserver ou conférer au fiduciaire ou à un tiers la faculté d'élire les bénéficiaires ou de déterminer leur part.

En cas de fiducie d'utilité sociale, la faculté du fiduciaire d'élire les bénéficiaires et de déterminer leur part se présume. En cas de fiducie personnelle ou d'utilité privée, la faculté d'élire ne peut être exercée par le fiduciaire ou le tiers que si la catégorie de personnes parmi lesquelles ils doivent† choisir le bénéficiaire est clairement déterminée dans l'acte constitutif.

[1991, c. 64, a. 1282].

▌ C.C.Q., 833, 1255, 1276.

1283. Celui qui a la faculté d'élire les bénéficiaires ou de déterminer leur part l'exerce comme il l'entend; il peut modifier ou révoquer sa décision pour les besoins de la fiducie.

Celui qui exerce la faculté ne peut le faire à son propre avantage.

[1991, c. 64, a. 1283].

▌ C.C.Q., 1282.

1284. Pendant la durée de la fiducie, le bénéficiaire a le droit d'exiger, suivant l'acte constitutif, soit la prestation d'un avantage qui lui est accordé, soit le paiement des fruits et revenus et du capital ou de l'un d'eux seulement.

[1991, c. 64, a. 1284].

▌ C.C.Q., 1290.

1285. Le bénéficiaire d'une fiducie constituée à titre gratuit est présumé avoir accepté le droit qui lui est accordé et il peut en disposer.

Il peut aussi y renoncer à tout moment; il doit alors le faire par acte notarié en mi-

trust, even a trust constituted by gratuitous title, or to participate in the benefits it procures.

[1991, c. 64, a. 1281; I.N., 2014-05-01].

1282. The settlor may reserve for himself the power to appoint the beneficiaries or determine their shares, or confer it on the trustees or a third person.

In the case of a social trust, the trustee's power to appoint the beneficiaries and determine their shares is presumed. In the case of a personal or private trust, the power to appoint may be exercised by the trustee or the third person only if the class of persons from which he may† appoint the beneficiary is clearly determined in the constituting act.

[1991, c. 64, a. 1282].

1283. The person having the power to appoint the beneficiaries or determine their shares exercises it as he sees fit. He may change or revoke his decision for the requirements of the trust.

The person exercising that power may not do so for his own benefit.

[1991, c. 64, a. 1283; I.N., 2014-05-01].

1284. While the trust is in effect, the beneficiary has the right to require, pursuant to the constituting act, either the provision of a benefit granted to him, or the payment of the fruits and revenues and of the capital or the payment of one or the other.

[1991, c. 64, a. 1284; I.N., 2014-05-01].

1285. The beneficiary of a trust constituted by gratuitous title is presumed to have accepted the right granted to him and he is entitled to dispose of it.

He may renounce it at any time; he shall then do so by notarial act *en minute* if he is

nute s'il est bénéficiaire d'une fiducie personnelle ou d'utilité privée.

[1991, c. 64, a. 1285].

❚ C.C.Q., 646, 1296.

1286. Si le bénéficiaire renonce à son droit ou que ce dernier devient sans effet, son droit passe, en proportion des parts de chacun, aux cobénéficiaires des fruits et revenus ou du capital, selon que lui-même est bénéficiaire des fruits et revenus ou du capital.

S'il est seul bénéficiaire des fruits et revenus dans son ordre, son droit passe, en proportion des parts de chacun, aux bénéficiaires des fruits et revenus du second ordre ou, à défaut, aux bénéficiaires du capital.

[1991, c. 64, a. 1286].

❚ C.C.Q., 755, 1221, 1252, 1271.

§ 3. — Des mesures de surveillance et de contrôle

1287. L'administration de la fiducie est soumise à la surveillance du constituant ou de ses héritiers, s'il est décédé, et du bénéficiaire, même éventuel.

En outre, dans les cas prévus par la loi, l'administration des fiducies d'utilité privée ou sociale est soumise, suivant leur objet et leur fin, à la surveillance des personnes et organismes désignés par la loi.

[1991, c. 64, a. 1287].

❚ C.C.Q., 1295.

1288. Dès la constitution de la fiducie d'utilité privée ou sociale soumise à la surveillance d'une personne ou d'un organisme désigné par la loi, le fiduciaire doit déposer auprès de la personne ou de l'organisme une déclaration indiquant, notamment, la nature et l'objet de la fiducie, sa durée, ainsi que les nom et adresse du fiduciaire.

Il doit, à la demande de la personne ou de l'organisme, permettre l'examen des dos-

the beneficiary of a personal or private trust.

[1991, c. 64, a. 1285].

1286. If the beneficiary renounces his right, or if his right lapses, it passes, according to whether he is the beneficiary of the fruits and revenues or of the capital, to the co-beneficiaries of the fruits and revenues or of the capital, in proportion to the share of each.

If he is the sole beneficiary of the fruits and revenues of his rank, his right passes, in proportion to the share of each, to the beneficiaries of the fruits and revenues of the second rank, or where there are no such beneficiaries, to the beneficiaries of the capital.

[1991, c. 64, a. 1286].

§ 3. — Measures of supervision and control

1287. The administration of a trust is subject to the supervision of the settlor or of his heirs, if he has died, and of the beneficiary, even a future beneficiary.

In addition, in cases provided for by law, the administration of a private or social trust is subject, according to its object and purpose, to the supervision of the persons or bodies designated by law.

[1991, c. 64, a. 1287].

1288. Upon the constitution of a private or social trust subject to the supervision of a person or body designated by law, the trustee shall file with the person or body a statement indicating, in particular, the nature, object and term of the trust and the name and address of the trustee.

The trustee shall, at the request of the person or body, allow the trust records to be

siers de la fiducie et fournir tout compte, rapport ou information qui lui est demandé.

[1991, c. 64, a. 1288].

∎ C.C.Q., 360, 1295.

1289. Les droits du bénéficiaire d'une fiducie personnelle sont exercés, s'il n'est pas encore conçu, par la personne qui, ayant été désignée par le constituant pour agir comme curateur, accepte cette charge ou, à défaut, par celle que nomme le tribunal à la demande du fiduciaire ou de tout intéressé. Le curateur public peut être désigné pour agir.

En cas de fiducie d'utilité privée dont aucune personne, même déterminable ou éventuelle, ne peut être bénéficiaire, les droits que le présent paragraphe accorde au bénéficiaire peuvent être exercés par le curateur public.

[1991, c. 64, a. 1289].

∎ C.C.Q., 192, 224, 281, 617, 1239, 1267, 1814, 2905.

1290. Le constituant, le bénéficiaire ou un autre intéressé peut, malgré toute stipulation contraire, agir contre le fiduciaire pour le contraindre à exécuter ses obligations ou à faire un acte nécessaire à la fiducie, pour lui enjoindre de s'abstenir de tout acte dommageable à la fiducie ou pour obtenir sa destitution.

Il peut aussi attaquer les actes faits par le fiduciaire en fraude du patrimoine fiduciaire ou des droits du bénéficiaire.

[1991, c. 64, a. 1290].

∎ C.C.Q., 791, 792, 1080; C.P.C., 751-761.

1291. Le tribunal peut autoriser le constituant, le bénéficiaire ou un autre intéressé à agir en justice à la place du fiduciaire, lorsque celui-ci, sans motif suffisant, refuse d'agir, néglige de le faire ou en est empêché.

[1991, c. 64, a. 1291].

∎ C.C.Q., 792.

1292. Le fiduciaire, le constituant et le bénéficiaire sont, s'ils y participent, solidai-

examined and furnish any account, report or information requested of him.

[1991, c. 64, a. 1288].

1289. The rights of the beneficiary of a personal trust, if he is not yet conceived, are exercised by the person who, having been designated by the settlor to act as curator, accepts the office or, failing him, by the person appointed by the court on the application of the trustee or any interested person. The Public Curator may be designated to act.

In a private trust of which no person, even determinable or future, may be a beneficiary, the rights granted to the beneficiary under this subsection may be exercised by the Public Curator.

[1991, c. 64, a. 1289].

1290. The settlor, the beneficiary or any other interested person may, notwithstanding any stipulation to the contrary, take action against the trustee to compel him to perform his obligations or to perform any act which is necessary in the interest of the trust, to enjoin him to abstain from any action harmful to the trust or to have him removed.

He may also impugn any acts performed by the trustee in fraud of the trust patrimony or the rights of the beneficiary.

[1991, c. 64, a. 1290].

1291. The court may authorize the settlor, the beneficiary or any other interested person to take legal action in the place and stead of the trustee when, without sufficient reason, he refuses or neglects to act or is prevented from acting.

[1991, c. 64, a. 1291].

1292. The trustee, the settlor and the beneficiary are solidarily liable for acts in

rement responsables des actes exécutés en fraude des droits des créanciers du constituant ou du patrimoine fiduciaire.

[1991, c. 64, a. 1292].

❚ C.C.Q., 1523, 1525.

which they participate that are performed in fraud of the rights of the creditors of the settlor or of the trust patrimony.

[1991, c. 64, a. 1292].

SECTION IV —
DES MODIFICATIONS À LA FIDUCIE ET AU PATRIMOINE

SECTION IV —
CHANGES TO THE TRUST AND TO THE PATRIMONY

1293. Toute personne peut augmenter le patrimoine fiduciaire en lui* transférant des biens par contrat ou par testament et en suivant, pour ces augmentations, les règles propres à la constitution d'une fiducie. Elle n'acquiert pas, de ce fait, les droits d'un constituant.

Les biens transférés se confondent dans le patrimoine fiduciaire et sont administrés conformément aux dispositions de l'acte constitutif.

[1991, c. 64, a. 1293].

❚ C.C.Q., 1257, 1259, 1261.

1293. Any person may increase the trust patrimony by transferring property to it by contract or by will in conformity with the rules applicable to the constitution of a trust. The person does not acquire the rights of a settlor by that fact.

The transferred property is mingled with the other property of the trust patrimony and is administered in accordance with the provisions of the constituting act.

[1991, c. 64, a. 1293].

1294. Lorsqu'une fiducie a cessé de répondre à la volonté première du constituant, notamment par suite de circonstances inconnues de lui ou imprévisibles qui rendent impossible ou trop onéreuse la poursuite du but de la fiducie, le tribunal peut, à la demande d'un intéressé, mettre fin à la fiducie; il peut aussi, dans le cas d'une fiducie d'utilité sociale, lui substituer un but qui se rapproche le plus possible du but original.

Si la fiducie répond toujours à la volonté du constituant, mais que de nouvelles mesures permettraient de mieux respecter sa volonté ou favoriseraient l'accomplissement de la fiducie, le tribunal peut modifier les dispositions de l'acte constitutif.

[1991, c. 64, a. 1294].

❚ C.C.Q., 355, 1296, 1298.

1294. Where a trust has ceased to meet the original intent of the settlor, particularly as a result of circumstances unknown to him or unforeseeable and which make the pursuit of the purpose of the trust impossible or too onerous, the court may, on the application of an interested person, terminate the trust; the court may also, in the case of a social trust, substitute another closely related purpose for the original purpose of the trust.

Where the trust continues to meet the intent of the settlor but new measures would allow a more faithful compliance with his intent or facilitate the fulfilment of the trust, the court may amend the provisions of the constituting act.

[1991, c. 64, a. 1294; I.N., 2014-05-01].

1295. Il doit être donné avis de la demande au constituant et au fiduciaire et, le cas échéant, au bénéficiaire, au liquidateur de la succession du constituant ou aux héritiers et à toute autre personne ou orga-

1295. Notice of the application shall be given to the settlor and to the trustee and, where such is the case, to the beneficiary, to the liquidator of the succession of the settlor, or his heirs, and to any other per-

nisme désigné par la loi, si la fiducie est soumise à leur surveillance.

[1991, c. 64, a. 1295].

son or body designated by law, where the trust is subject to their supervision.

[1991, c. 64, a. 1295].

Note : Comp. a. 1298.

❚ C.C.Q., 1287, 1294, 1298.

SECTION V —
DE LA FIN DE LA FIDUCIE

SECTION V —
TERMINATION OF THE TRUST

1296. La fiducie prend fin par la renonciation ou la caducité du droit de tous les bénéficiaires, tant du capital que des fruits et revenus.

Elle prend fin aussi par l'arrivée du terme ou l'avènement de la condition, par le fait que le but de la fiducie a été atteint ou par l'impossibilité, constatée par le tribunal, de l'atteindre.

[1991, c. 64, a. 1296].

❚ C.C.Q., 355, 822, 1252, 1285, 1294, 1356.

1296. A trust is terminated by the renunciation or lapse of the right of all the beneficiaries, both of the capital and of the fruits and revenues.

A trust is also terminated by the expiry of the term or the fulfilment of the condition, by the attainment of the purpose of the trust or by the impossibility, confirmed by the court, of attaining it.

[1991, c. 64, a. 1296].

1297. Le fiduciaire doit, au terme de la fiducie, remettre les biens à ceux qui y ont droit.

À défaut de bénéficiaire, les biens qui restent au terme de la fiducie sont dévolus au constituant ou à ses héritiers.

[1991, c. 64, a. 1297].

❚ C.C.Q., 361, 1270, 1294, 1295, 2279.

1297. At the termination of a trust, the trustee shall hand over the property to those who are entitled to it.

Where there is no beneficiary, any property remaining when the trust is terminated devolves to the settlor or his heirs.

[1991, c. 64, a. 1297; I.N., 2014-05-01].

1298. Les biens de la fiducie d'utilité sociale qui prend fin par suite de l'impossibilité de l'accomplir sont dévolus à une fiducie, à une personne morale ou à tout autre groupement de personnes ayant une vocation se rapprochant le plus possible de celle de la fiducie. La désignation en est faite par le tribunal, sur la recommandation du fiduciaire. Le tribunal prend aussi l'avis de la personne ou de l'organisme désigné par la loi, si la fiducie était soumise à leur surveillance.

[1991, c. 64, a. 1298].

❚ C.C.Q., 361, 1270, 1294, 1295, 1297, 2279.

1298. The property of a social trust that terminates by the impossibility of its fulfilment devolves to a trust, to a legal person or to any other group of persons devoted to a purpose as nearly like that of the trust as possible, designated by the court on the recommendation of the trustee. The court also obtains the advice of any person or body designated by law to supervise the trust.

[1991, c. 64, a. 1298].

<table>
<tr><td>

TITRE 7 ⸺
DE L'ADMINISTRATION DU BIEN D'AUTRUI

</td><td>

TITLE 7 ⸺
ADMINISTRATION OF THE PROPERTY OF OTHERS

</td></tr>
</table>

Chapitre I ⸺
Dispositions générales

1299. Toute personne qui est chargée d'administrer un bien ou un patrimoine qui n'est pas le sien assume la charge d'administrateur du bien d'autrui. Les règles du présent titre s'appliquent à une administration, à moins qu'il ne résulte de la loi, de l'acte constitutif ou des circonstances qu'un autre régime d'administration ne soit applicable.

[1991, c. 64, a. 1299].

❚ C.C.Q., 208, 282, 286, 802, 1029, 1085, 1278; D.T., 73.

1300. À moins que l'administration ne soit gratuite en vertu de la loi, de l'acte ou des circonstances, l'administrateur a droit à la rémunération fixée par l'acte, les usages ou la loi, ou encore à celle établie d'après la valeur des services.

Celui qui agit sans droit ou sans y être autorisé n'a droit à aucune rémunération.

[1991, c. 64, a. 1300].

❚ C.C.Q., 184, 753, 789, 1084, 1318, 1367, 2133, 2148.

Chapitre II ⸺
Des formes de l'administration

SECTION I ⸺
DE LA SIMPLE ADMINISTRATION DU BIEN D'AUTRUI

1301. Celui qui est chargé de la simple administration doit faire tous les actes nécessaires à la conservation du bien ou ceux qui sont utiles pour maintenir l'usage auquel le bien est normalement destiné.

[1991, c. 64, a. 1301].

❚ C.C.Q., 208, 262, 282, 286, 802, 1029, 1039, 1226.

Chapter I ⸺
General provisions

1299. Any person who is charged with the administration of property or a patrimony that is not his own assumes the office of administrator of the property of others. The rules of this Title apply to every administration unless another form of administration applies under the law or the constituting act, or due to circumstances.

[1991, c. 64, a. 1299].

1300. Unless the administration is gratuitous according to law, the act or the circumstances, the administrator is entitled to the remuneration fixed in the act, by usage or by law, or to the remuneration established according to the value of the services rendered.

A person acting without right or authorization is not entitled to any remuneration.

[1991, c. 64, a. 1300].

Chapter II ⸺
Kinds of administration

SECTION I ⸺
SIMPLE ADMINISTRATION OF THE PROPERTY OF OTHERS

1301. A person charged with simple administration shall perform all the acts necessary for the preservation of the property or useful for the maintenance of the use for which the property is ordinarily destined.

[1991, c. 64, a. 1301].

1302. L'administrateur chargé de la simple administration est tenu de percevoir les fruits et revenus du bien qu'il administre et d'exercer les droits qui lui sont attachés.

Il perçoit les créances qui sont soumises à son administration et en donne valablement quittance; il exerce les droits attachés aux valeurs mobilières qu'il administre, tels les droits de vote, de conversion ou de rachat.

[1991, c. 64, a. 1302].

∎ C.C.Q., 1301.

1303. L'administrateur doit continuer l'utilisation ou l'exploitation du bien qui produit des fruits et revenus, sans en changer la destination, à moins d'y être autorisé par le bénéficiaire ou, en cas d'empêchement, par le tribunal.

[1991, c. 64, a. 1303].

∎ C.C.Q., 1301.

1304. L'administrateur est tenu de placer les sommes d'argent qu'il administre, conformément aux règles du présent titre relatives aux placements présumés sûrs.

Il peut modifier les placements faits avant son entrée en fonctions ou ceux qu'il a faits.

[1991, c. 64, a. 1304].

∎ C.C.Q., 1301, 1339-1344.

1305. L'administrateur peut, avec l'autorisation du bénéficiaire ou, si celui-ci est empêché, avec celle du tribunal, aliéner le bien à titre onéreux ou le grever d'une hypothèque, lorsque cela est nécessaire pour payer les dettes, maintenir l'usage auquel le bien est normalement destiné ou en conserver la valeur.

Il peut, toutefois, aliéner seul un bien susceptible de se déprécier rapidement ou de dépérir.

[1991, c. 64, a. 1305].

∎ C.C.Q., 162, 213, 804; C.P.C., 897-910.

1302. An administrator charged with simple administration is bound to collect the fruits and revenues of the property under his administration and to exercise the rights pertaining to the property.

He collects the claims under his administration and gives valid acquittance for them; he exercises the rights pertaining to the securities administered by him, such as voting, conversion or redemption rights.

[1991, c. 64, a. 1302; I.N., 2014-05-01].

1303. An administrator shall continue the use or operation of the property which produces fruits and revenues without changing its destination, unless he is authorized to make such a change by the beneficiary or, in case of impediment, by the court.

[1991, c. 64, a. 1303; I.N., 2014-05-01].

1304. An administrator is bound to invest the sums of money under his administration in accordance with the rules of this Title relating to investments presumed sound.

He may likewise change any investment made before he took office or that he has made himself.

[1991, c. 64, a. 1304; I.N., 2014-05-01].

1305. An administrator, with the authorization of the beneficiary or, if the beneficiary is prevented from acting, of the court, may alienate the property by onerous title or charge it with a hypothec where that is necessary for the payment of the debts, maintenance of the use for which the property is ordinarily destined, or the preservation of its value.

He may, however, alienate alone any property that is perishable or likely to depreciate rapidly.

[1991, c. 64, a. 1305].

SECTION II —
DE LA PLEINE ADMINISTRATION DU BIEN D'AUTRUI

1306. Celui qui est chargé de la pleine administration doit conserver et faire fructifier le bien, accroître le patrimoine ou en réaliser† l'affectation, lorsque l'intérêt du bénéficiaire ou la poursuite du but de la fiducie l'exigent.

[1991, c. 64, a. 1306].

▮ C.C.Q., 1278.

1307. L'administrateur peut, pour exécuter ses obligations, aliéner le bien à titre onéreux, le grever d'un droit réel ou en changer la destination et faire tout autre acte nécessaire ou utile, y compris toutes espèces de placements.

[1991, c. 64, a. 1307].

▮ C.C.Q., 1306, 2137.

Chapitre III —
Des règles de l'administration

SECTION I —
DES OBLIGATIONS DE L'ADMINISTRATEUR ENVERS LE BÉNÉFICIAIRE

1308. L'administrateur du bien d'autrui doit, dans l'exercice de ses fonctions, respecter les obligations que la loi et l'acte constitutif lui imposent; il doit agir dans les limites des pouvoirs qui lui sont conférés.

Il ne répond pas de la perte du bien qui résulte d'une force majeure, de la vétusté du bien, de son dépérissement ou de l'usage normal et autorisé du bien.

[1991, c. 64, a. 1308].

▮ C.C.Q., 1864, 1890, 2739.

1309. L'administrateur doit agir avec prudence et diligence.

Il doit aussi agir avec honnêteté et loyauté, dans le meilleur intérêt du bénéficiaire ou de la fin poursuivie.

[1991, c. 64, a. 1309].

SECTION II —
FULL ADMINISTRATION OF THE PROPERTY OF OTHERS

1306. A person charged with full administration shall preserve the property and make it productive, increase the patrimony or appropriate† it to a purpose, where the interest of the beneficiary or the pursuit of the purpose of the trust requires it.

[1991, c. 64, a. 1306].

1307. An administrator may, to perform his obligations, alienate the property by onerous title, charge it with a real right or change its destination and perform any other necessary or useful act, including any form of investment.

[1991, c. 64, a. 1307].

Chapter III —
Rules of administration

SECTION I —
OBLIGATIONS OF THE ADMINISTRATOR TOWARDS THE BENEFICIARY

1308. The administrator of the property of others shall, in carrying out his duties, comply with the obligations imposed on him by law or by the constituting act. He shall act within the powers conferred on him.

He is not liable for loss of the property resulting from superior force or from its age, its perishable nature or its normal and authorized use.

[1991, c. 64, a. 1308; I.N., 2014-05-01].

1309. An administrator shall act with prudence and diligence.

He shall also act honestly and faithfully in the best interest of the beneficiary or of the object pursued.

[1991, c. 64, a. 1309].

▌ C.C.Q., 322, 1128, 1225, 1343, 2138.

1310. L'administrateur ne peut exercer ses pouvoirs dans son propre intérêt ni dans celui d'un tiers; il ne peut non plus se placer dans une situation de conflit entre son intérêt personnel et ses obligations d'administrateur.

S'il est lui-même bénéficiaire, il doit exercer ses pouvoirs dans l'intérêt commun, en considérant son intérêt au même titre que celui des autres bénéficiaires.

[1991, c. 64, a. 1310].

▌ C.C.Q., 324, 2147.

1311. L'administrateur doit, sans délai, dénoncer au bénéficiaire tout intérêt qu'il a dans une entreprise et qui est susceptible de le placer en situation de conflit d'intérêts, ainsi que les droits qu'il peut faire valoir contre lui ou dans les biens administrés, en indiquant, le cas échéant, la nature et la valeur de ces droits. Il n'est pas tenu de dénoncer l'intérêt ou les droits qui résultent de l'acte ayant donné lieu à l'administration.

Sont dénoncés à la personne ou à l'organisme désigné par la loi, l'intérêt ou les droits portant sur les biens d'une fiducie soumise à leur surveillance.

[1991, c. 64, a. 1311].

▌ C.C.Q., 1309, 1310.

1312. L'administrateur ne peut, pendant son administration, se porter partie à un contrat qui touche les biens administrés, ni acquérir autrement que par succession des droits sur ces biens ou contre le bénéficiaire.

Il peut, néanmoins, y être expressément autorisé par le bénéficiaire ou, en cas d'empêchement ou à défaut d'un bénéficiaire déterminé, par le tribunal.

[1991, c. 64, a. 1312].

▌ C.C.Q., 1709.

1310. No administrator may exercise his powers in his own interest or that of a third person or place himself in a position where his personal interest is in conflict with his obligations as administrator.

If the administrator himself is a beneficiary, he shall exercise his powers in the common interest, giving the same consideration to his own interest as to that of the other beneficiaries.

[1991, c. 64, a. 1310].

1311. An administrator shall, without delay, declare to the beneficiary any interest he has in an enterprise that could place him in a position of conflict of interest as well as the rights he may invoke against the beneficiary or in the property administered, indicating, where applicable, the nature and value of the rights. He is not bound to declare the interest or rights deriving from the act having given rise to the administration.

Any interest or right pertaining to the property of a trust under the supervision of a person or body designated by law is disclosed to that person or body.

[1991, c. 64, a. 1311; I.N., 2014-05-01].

1312. No administrator may, in the course of his administration, become a party to a contract affecting the administered property or acquire, otherwise than by succession, any right in the property or against the beneficiary.

He may, nevertheless, be expressly authorized to do so by the beneficiary or, in case of impediment or if there is no determinate beneficiary, by the court.

[1991, c. 64, a. 1312; 1991, c. 64].

1313. L'administrateur ne doit pas confondre les biens administrés avec ses propres biens.

[1991, c. 64, a. 1313].

∎ C.C.Q., 323, 780, 1257, 1260.

1314. L'administrateur ne peut utiliser à son profit le bien qu'il administre ou l'information qu'il obtient en raison même de son administration, à moins que le bénéficiaire n'ait consenti à un tel usage ou qu'il ne résulte de la loi ou de l'acte constitutif de l'administration.

[1991, c. 64, a. 1314].

∎ C.C.Q., 1366, 2283.

1315. À moins qu'il ne soit de la nature de son administration de pouvoir le faire, l'administrateur ne peut disposer à titre gratuit des biens qui lui sont confiés; il le peut, néanmoins, s'il s'agit de biens de peu de valeur et que la disposition est faite dans l'intérêt du bénéficiaire ou de la fin poursuivie.

Il ne peut, sans contrepartie valable, renoncer à un droit qui appartient au bénéficiaire ou qui fait partie du patrimoine administré.

[1991, c. 64, a. 1315].

∎ C.C.Q., 173, 1813.

1316. L'administrateur peut ester en justice pour tout ce qui touche son administration; il peut aussi intervenir dans toute action concernant les biens administrés.

[1991, c. 64, a. 1316].

∎ C.P.C., 59.

1317. S'il y a plusieurs bénéficiaires de l'administration, simultanément ou successivement, l'administrateur est tenu d'agir avec impartialité à leur égard, compte tenu de leurs droits respectifs.

[1991, c. 64, a. 1317].

∎ C.C.Q., 1370.

1318. Lorsqu'il apprécie l'étendue de la responsabilité d'un administrateur et fixe les dommages-intérêts en résultant, le tri-

1313. No administrator may mingle the administered property with his own property.

[1991, c. 64, a. 1313].

1314. No administrator may use for his benefit the property he administers or information he obtains by reason of his administration except with the consent of the beneficiary or unless it results from the law or the act constituting the administration.

[1991, c. 64, a. 1314].

1315. Unless it is of the very nature of his administration to do so, no administrator may dispose gratuitously of the property entrusted to him, except property of little value disposed of in the interest of the beneficiary or of the object pursued.

No administrator may, except for valuable consideration, renounce any right belonging to the beneficiary or forming part of the patrimony administered.

[1991, c. 64, a. 1315; 2002, c. 19, s. 15].

1316. An administrator may sue and be sued with respect to anything connected with his administration; he may also intervene in any action respecting the administered property.

[1991, c. 64, a. 1316; I.N., 2014-05-01].

1317. If there are several beneficiaries of the administration, concurrently or successively, the administrator is bound to act impartially in their regard, taking account of their respective rights.

[1991, c. 64, a. 1317].

1318. The court, in appreciating the extent of the liability of an administrator and fixing the resulting damages, may reduce

bunal peut les réduire, en tenant compte des circonstances dans lesquelles l'administration est assumée ou du fait que l'administrateur agit gratuitement, ou qu'il est mineur ou majeur protégé.

[1991, c. 64, a. 1318].

❚ C.C.Q., 2148.

them in view of the circumstances in which the administration is assumed or of the fact that the administrator acts gratuitously or that he is a minor or a protected person of full age.

[1991, c. 64, a. 1318].

SECTION II ——
DES OBLIGATIONS DE
L'ADMINISTRATEUR ET DU BÉNÉFICIAIRE
ENVERS LE TIERS

SECTION II ——
OBLIGATIONS OF THE ADMINISTRATOR
AND THE BENEFICIARY TOWARDS THIRD
PERSONS

1319. L'administrateur qui, dans les limites de ses pouvoirs, s'oblige au nom du bénéficiaire ou pour le patrimoine fiduciaire n'est pas personnellement responsable envers les tiers avec qui il contracte.

Il est responsable envers eux s'il s'oblige en son propre nom, sous réserve des droits des tiers contre le bénéficiaire ou le patrimoine fiduciaire, le cas échéant.

[1991, c. 64, a. 1319].

❚ C.C.Q., 2157.

1319. Where an administrator binds himself, within the limits of his powers, in the name of the beneficiary or the trust patrimony, he is not personally liable to third persons with whom he contracts.

He is liable to them if he binds himself in his own name, subject to any rights they have against the beneficiary or the trust patrimony.

[1991, c. 64, a. 1319; I.N., 2014-05-01].

1320. L'administrateur qui excède ses pouvoirs est responsable envers les tiers avec qui il contracte, à moins que les tiers n'en aient eu une connaissance suffisante ou que le bénéficiaire n'ait ratifié, expressément ou tacitement, les obligations contractées.

[1991, c. 64, a. 1320].

❚ C.C.Q., 2158.

1320. Where an administrator exceeds his powers, he is liable to third persons with whom he contracts unless the third persons were sufficiently aware of that fact or unless the obligations contracted were expressly or tacitly ratified by the beneficiary.

[1991, c. 64, a. 1320; I.N., 2014-05-01].

1321. L'administrateur qui exerce seul des pouvoirs qu'il est chargé d'exercer avec un autre excède ses pouvoirs.

N'excède pas ses pouvoirs celui qui les exerce d'une manière plus avantageuse que celle qui lui était imposée.

[1991, c. 64, a. 1321].

❚ C.C.Q., 2145, 2158.

1321. An administrator who exercises alone powers that he is required to exercise jointly with another person exceeds his powers.

He does not exceed his powers if he exercises them more advantageously than he is required to do.

[1991, c. 64, a. 1321].

1322. Le bénéficiaire ne répond envers les tiers du préjudice causé par la faute de l'administrateur dans l'exercice de ses fonctions qu'à concurrence des avantages

1322. The beneficiary is liable to third persons for injury caused by the fault of the administrator in carrying out his duties only up to the amount of the benefit he has

qu'il a retirés de l'acte. En cas de fiducie, ces obligations retombent sur le patrimoine fiduciaire.

[1991, c. 64, a. 1322].

▌C.C.Q., 2164.

derived from the act. In the case of a trust, these obligations fall back upon the trust patrimony.

[1991, c. 64, a. 1322; I.N., 2014-05-01].

1323. Celui qui, pleinement capable d'exercer ses droits civils, a donné à croire qu'une personne était administrateur de ses biens, est responsable, comme s'il y avait eu administration, envers les tiers qui ont contracté de bonne foi avec cette personne.

[1991, c. 64, a. 1323].

▌C.C.Q., 2163.

1323. Where a person fully capable of exercising his civil rights has given reason to believe that another person was the administrator of his property, he is liable to third persons who in good faith have contracted with that other person, as though the property had been under administration.

[1991, c. 64, a. 1323; I.N., 2014-05-01].

SECTION III —
DE L'INVENTAIRE, DES SÛRETÉS ET DES ASSURANCES

SECTION III —
INVENTORY, SECURITY AND INSURANCE

1324. L'administrateur n'est pas tenu de faire inventaire, de souscrire une assurance ou de fournir une autre sûreté pour garantir l'exécution de ses obligations, à moins d'y être obligé par la loi ou l'acte, ou encore par le tribunal, à la demande du bénéficiaire ou de tout intéressé.

Quand l'acte lui crée ces obligations, il peut, si les circonstances le justifient, demander d'en être dispensé.

[1991, c. 64, a. 1324].

▌C.C.Q., 240, 790, 794, 1073, 1142, 1148, 1224, 1227.

1324. An administrator is not bound to make an inventory, to take out insurance or to furnish other security to guarantee the performance of his obligations unless required to do so by law or by the act, or, again, by the court on the application of the beneficiary or any interested person.

Where the act creates these obligations, the administrator may apply for an exemption if circumstances warrant it.

[1991, c. 64, a. 1324].

1325. Le tribunal saisi d'une demande tient compte, dans sa décision, de la valeur des biens administrés, de la situation des parties et des autres circonstances.

Il ne peut faire droit à la demande si cela a pour effet de remettre en cause les termes d'une convention à laquelle l'administrateur et le bénéficiaire étaient initialement parties.

[1991, c. 64, a. 1325].

▌C.C.Q., 1324.

1325. In making its decision upon an application, the court takes account of the value of the property administered, the situation of the parties and the other circumstances.

It may not grant the application if that would have the effect of calling into question the terms of the initial agreement between the administrator and the beneficiary.

[1991, c. 64, a. 1325; I.N., 2014-05-01].

1326. L'inventaire auquel peut être tenu l'administrateur doit comprendre l'énumération fidèle et exacte de tous les biens

1326. An administrator bound to make an inventory shall include in it a faithful and exact enumeration of all the property en-

qu'il est chargé d'administrer ou qui forment le patrimoine administré.

Il comprend notamment:

1° La désignation des immeubles et la description des meubles, avec indication de leur valeur et, s'il s'agit d'une universalité de biens meubles, une identification suffisante de cette universalité;

2° La désignation des espèces en numéraire et des autres valeurs;

3° L'énumération des documents de valeur.

L'inventaire fait aussi état des dettes et se termine par une récapitulation de l'actif et du passif.

[1991, c. 64, a. 1326].

❚ C.C.Q., 1142, 1327-1330.

1327. L'inventaire est fait par acte notarié en minute. Il peut aussi être fait sous seing privé en présence de deux témoins. Dans ce cas, son auteur et les témoins le signent et y indiquent la date et le lieu où il est fait.

[1991, c. 64, a. 1327].

❚ C.C.Q., 1326.

1328. Lorsqu'il se trouve, dans le patrimoine administré, des effets personnels du titulaire du patrimoine ou, le cas échéant, du défunt, il suffit de les mentionner généralement dans l'inventaire et de n'énumérer ou ne décrire que les vêtements, papiers personnels, bijoux ou objets d'usage courant dont la valeur excède pour chacun 100 $.

[1991, c. 64, a. 1328].

❚ C.C.Q., 1326.

1329. Les biens désignés dans l'inventaire sont présumés en bon état à la date de la confection de l'inventaire, à moins que l'administrateur n'y joigne un document attestant le contraire.

[1991, c. 64, a. 1329].

❚ C.C.Q., 1326.

trusted to his administration or constituting the administered patrimony.

Such an inventory contains the following in particular:

(1) the description of the immovables, and a description of the movables, with indication of their value and, in the case of a universality of movable property, sufficient identification of the universality;

(2) a description of the currency in cash and other securities;

(3) a listing of valuable documents.

It also contains a statement of liabilities and concludes with a recapitulation of assets and liabilities.

[1991, c. 64, a. 1326].

1327. The inventory is made by notarial act *en minute*. It may also be made by a private writing before two witnesses. In the latter case, the author and the witnesses sign it, indicating the date and place of execution.

[1991, c. 64, a. 1327].

1328. Where the administered patrimony contains personal effects of the holder of the patrimony or, as the case may be, of the deceased, it is sufficient to make a general reference to them in the inventory and to describe only those worth over $ 100 each consisting of clothing, personal papers, jewelry or ordinary items of personal use.

[1991, c. 64, a. 1328; I.N., 2014-05-01].

1329. The property described in the inventory is presumed to be in good condition on the date of preparation of the inventory, unless the administrator appends a document attesting the contrary.

[1991, c. 64, a. 1329].

1330. L'administrateur doit fournir une copie de l'inventaire à celui qui l'a chargé de l'administration et au bénéficiaire de celle-ci, ainsi qu'à toute personne dont l'intérêt lui est connu. Il doit aussi, lorsque la loi le prévoit, déposer au lieu indiqué l'inventaire ou un avis de clôture en précisant alors le lieu où l'inventaire peut être consulté.

Tout intéressé peut contester l'inventaire ou l'une de ses inscriptions; il peut aussi demander qu'il soit procédé à un nouvel inventaire.

[1991, c. 64, a. 1330].

❚ C.C.Q., 1326.

1330. The administrator shall furnish a copy of the inventory to the person who entrusted him with the administration and to the beneficiary of the administration, and also to every person he knows to have an interest. He shall also, where required by law, file the inventory or notice of the closure of the inventory in the indicated place, specifying in the latter case where the inventory may be consulted.

Any interested person may contest the inventory or any item therein; he may also demand that a new inventory be prepared.

[1991, c. 64, a. 1330; I.N., 2014-05-01].

1331. L'administrateur peut, aux frais du bénéficiaire ou de la fiducie, assurer les biens qui lui sont confiés contre les risques usuels, tels le vol et l'incendie.

Il peut aussi souscrire une assurance garantissant l'exécution de ses obligations; il le fait aux frais du bénéficiaire ou de la fiducie si l'administration est gratuite.

[1991, c. 64, a. 1331].

❚ C.C.Q., 2480-2497.

1331. An administrator may insure the property entrusted to him against ordinary risks such as fire and theft at the expense of the beneficiary or trust.

He may also take out insurance guaranteeing the performance of his obligations; he does so at the expense of the beneficiary or trust if his administration is gratuitous.

[1991, c. 64, a. 1331].

SECTION IV —
DE L'ADMINISTRATION COLLECTIVE ET DE LA DÉLÉGATION

SECTION IV —
JOINT ADMINISTRATION AND DELEGATION

1332. Lorsque plusieurs administrateurs sont chargés de l'administration, ils peuvent agir à la majorité d'entre eux, à moins que l'acte ou la loi ne prévoie qu'ils agissent de concert ou suivant une proportion déterminée.

[1991, c. 64, a. 1332].

❚ C.C.Q., 787, 1353, 2144.

1332. Where several administrators are charged with the administration, a majority of them may act unless the act or the law requires them to act jointly or in a determinate proportion.

[1991, c. 64, a. 1332].

1333. Si, en cas d'empêchement ou par suite de l'opposition systématique de certains d'entre eux, les administrateurs ne peuvent agir à la majorité ou selon la proportion prévue, les autres peuvent agir seuls pour les actes conservatoires; ils peu-

1333. Where the administrators are prevented from acting as a majority or in the specified proportion, owing to an impediment or the systematic opposition of some of them, the others may act alone for conservatory acts; they may also, with the au-

vent aussi agir seuls pour des actes qui demandent célérité, s'ils y sont autorisés par le tribunal.

Lorsque la situation persiste et que l'administration s'en trouve sérieusement entravée, le tribunal peut, à la demande d'un intéressé, dispenser les administrateurs d'agir suivant la proportion prévue, diviser leurs fonctions, donner voix prépondérante à l'un d'eux ou rendre toute ordonnance qu'il estime appropriée dans les circonstances.

[1991, c. 64, a. 1333].

∎ C.C.Q., 1332.

thorization of the court, act alone for acts requiring immediate action.

Where the situation persists and the administration is seriously impeded as a result, the court, on the application of an interested person, may exempt the administrators from acting in the specified proportion, divide their duties, give a casting vote to one of them or make any order it sees fit in the circumstances.

[1991, c. 64, a. 1333; I.N., 2014-05-01].

1334. Les administrateurs sont solidairement responsables de leur administration.

Toutefois, lorsque leurs fonctions ont été divisées par la loi, l'acte ou le tribunal et que cette division a été respectée, chacun n'est responsable que de sa propre administration.

[1991, c. 64, a. 1334].

∎ C.C.Q., 1353, 1363, 1523, 2144.

1334. Joint administrators are solidarily liable for their administration.

However, where the duties of joint administrators have been divided by law, the act or the court, and the division has been respected, each administrator is liable for his own administration only.

[1991, c. 64, a. 1334].

1335. L'administrateur est présumé avoir approuvé toute décision prise par ses coadministrateurs. Il en est responsable avec eux, à moins qu'il ne manifeste immédiatement sa dissidence à ses coadministrateurs et en avise le bénéficiaire dans un délai raisonnable.

L'administrateur qui justifie de motifs sérieux pour n'avoir pu faire connaître au bénéficiaire sa dissidence en temps utile peut, néanmoins, se dégager de sa responsabilité.

[1991, c. 64, a. 1335].

∎ C.C.Q., 337, 2212, 2215.

1335. An administrator is presumed to have approved any decision made by his co-administrators. He is liable with them for the decision unless he immediately indicates his dissent to them and notifies it to the beneficiary within a reasonable time.

The administrator may be relieved of liability, however, if he proves that he was unable for serious reasons to make his dissent known to the beneficiary in due time.

[1991, c. 64, a. 1335].

1336. L'administrateur est présumé avoir approuvé une décision prise en son absence, à moins qu'il ne manifeste sa dissidence aux autres administrateurs et au bénéficiaire dans un délai raisonnable après en avoir pris connaissance.

[1991, c. 64, a. 1336].

∎ C.C.Q., 1335.

1336. An administrator is presumed to have approved a decision made in his absence unless he makes his dissent known to the other administrators and to the beneficiary within a reasonable time after becoming aware of the decision.

[1991, c. 64, a. 1336].

1337. L'administrateur peut déléguer ses fonctions ou se faire représenter par un tiers pour un acte déterminé; toutefois, il ne peut déléguer généralement la conduite de l'administration ou l'exercice d'un pouvoir discrétionnaire, sauf à ses coadministrateurs.

Il répond de la personne qu'il a choisie, entre autres, lorsqu'il n'était pas autorisé à le faire; s'il l'était, il ne répond alors que du soin avec lequel il a choisi cette personne et lui a donné ses instructions.

[1991, c. 64, a. 1337].

■ C.C.Q., 787, 1353, 2141, 2161.

1337. An administrator may delegate his duties or be represented by a third person for specific acts; however, he may not delegate generally the conduct of the administration or the exercise of a discretionary power, except to his co-administrators.

He is accountable for the person selected by him if, among other things, he was not authorized to make the selection. If he was so authorized, he is accountable only for the care with which he selected the person and gave him instructions.

[1991, c. 64, a. 1337].

1338. Le bénéficiaire qui subit un préjudice peut répudier les actes de la personne mandatée par l'administrateur, s'ils sont faits en violation de l'acte constitutif de l'administration ou des usages.

Il peut aussi, même si l'administrateur pouvait valablement confier le mandat, exercer ses recours contre la personne mandatée.

[1991, c. 64, a. 1338].

■ C.C.Q., 1337, 2161.

1338. A beneficiary who suffers injury may repudiate the acts of the person mandated by the administrator if they are done contrary to the constituting act or to usage.

The beneficiary may also exercise his judicial recourses against the mandated person even where the administrator was duly empowered to give the mandate.

[1991, c. 64, a. 1338; I.N., 2014-05-01].

SECTION V —
DES PLACEMENTS PRÉSUMÉS SÛRS

SECTION V —
INVESTMENTS PRESUMED SOUND

1339. Sont présumés sûrs les placements faits dans les biens suivants:

1° Les titres de propriété sur un immeuble;

2° Les obligations ou autres titres d'emprunt émis ou garantis par le Québec, le Canada ou une province canadienne, les États-Unis d'Amérique ou l'un des États membres, la Banque internationale pour la reconstruction et le développement, une municipalité ou une commission scolaire au Canada ou une fabrique au Québec;

3° Les obligations ou autres titres d'emprunt émis par une personne morale exploitant un service public au Canada et investie du droit de fixer un tarif pour ce service;

1339. Investments in the following are presumed sound :

(1) titles of ownership in an immovable;

(2) bonds or other evidences of indebtedness issued or guaranteed by Québec, Canada or a province of Canada, the United States of America or any of its member states, the International Bank for Reconstruction and Development, a municipality or a school board in Canada, or a fabrique in Québec;

(3) bonds or other evidences of indebtedness issued by a legal person which operates a public service in Canada and which is entitled to impose a tariff for such service;

4° Les obligations ou autres titres d'emprunt garantis par l'engagement, pris envers un fiduciaire, du Québec, du Canada ou d'une province canadienne, de verser des subventions suffisantes pour acquitter les intérêts et le capital à leurs échéances respectives;

5° Les obligations ou autres titres d'emprunt d'une société dans les cas suivants:

a) Ils sont garantis par une hypothèque de premier rang sur un immeuble ou sur des titres présumés sûrs;

b) Ils sont garantis par une hypothèque de premier rang sur des équipements et la société a régulièrement assuré le service des intérêts sur ses emprunts au cours des dix derniers exercices;

c) Ils sont émis par une société dont les actions ordinaires ou privilégiées constituent des placements présumés sûrs;

6° Les obligations ou autres titres d'emprunt émis par une société de prêts constituée par une loi du Québec ou autorisée à exercer son activité au Québec en vertu de la *Loi sur les sociétés de prêts et de placements* (chapitre S-30), à la condition que cette société ait été spécialement agréée par le gouvernement et que son activité habituelle au Québec consiste à faire soit des prêts aux municipalités ou aux commissions scolaires et aux fabriques, soit des prêts garantis par une hypothèque de premier rang sur des immeubles situés au Québec;

7° Les créances garanties par hypothèque sur des immeubles situés au Québec:

a) Si le paiement du capital et des intérêts est garanti ou assuré par le Québec, le Canada ou une province canadienne;

b) Si le montant de la créance n'est pas supérieur à 80% de la valeur de l'immeuble qui en garantit le paiement, déduction faite des autres créances garanties par le même immeuble et ayant le même rang que la créance ou un rang antérieur;

(4) bonds or other evidences of indebtedness guaranteed by an undertaking towards a trustee by Québec, Canada or a province of Canada, to pay sufficient subsidies to meet the interest and the capital upon their respective maturities;

(5) bonds or other evidences of indebtedness of a company in the following cases :

(a) they are secured by a hypothec ranking first on an immovable, or by securities presumed to be sound investments;

(b) they are secured by a hypothec ranking first on equipment and the company has regularly serviced the interest on its borrowings during the last 10 financial years;

(c) they are issued by a company whose common or preferred shares are investments presumed sound;

(6) bonds or other evidences of indebtedness issued by a loan society incorporated by a statute of Québec or authorized to do business in Québec under the *Loan and Investment Societies Act* (chapter S-30), provided it has been specially approved by the Government and its ordinary operations in Québec consist in making loans to municipalities or school boards and to fabriques or loans secured by a hypothec ranking first on immovables situated in Québec;

(7) debts secured by hypothec on immovables in Québec :

(a) if payment of the capital and interest is guaranteed or secured by Québec, Canada or a province of Canada;

(b) if the amount of the claim is not more than 80 % of the value of the immovable property securing payment of the claim after deduction of the other claims secured by the same immovable and ranking equally with or before the claims;

c) Si le montant de la créance qui excède 80% de la valeur de l'immeuble qui en garantit le paiement, déduction faite des autres créances garanties par le même immeuble et ayant le même rang que la créance ou un rang antérieur, est garanti ou assuré par le Québec, le Canada, une province canadienne, la Société canadienne d'hypothèques et de logements, la Société d'habitation du Québec ou par une police d'assurance hypothécaire délivrée par une société titulaire d'un permis en vertu de la *Loi sur les assurances* (chapitre A-32);

8° Les actions privilégiées libérées, émises par une société dont les actions ordinaires constituent des placements présumés sûrs ou qui, au cours des cinq derniers exercices, a distribué le dividende stipulé sur toutes ses actions privilégiées;

9° Les actions ordinaires, émises par une société qui satisfait depuis trois ans aux obligations d'information continue définies par la *Loi sur les valeurs mobilières* (chapitre V-1.1) dans la mesure où elles sont inscrites à la cote d'une bourse reconnue à cette fin par le gouvernement, sur recommandation de l'Autorité des marchés financiers, et où la capitalisation boursière de la société, compte non tenu des actions privilégiées et des blocs d'actions de 10% et plus, excède la somme alors fixée par le gouvernement;

10° Les titres d'un fonds d'investissement ou d'une fiducie d'utilité privée, à la condition que 60% de leur portefeuille soit composé de placements présumés sûrs et que le fonds ou la fiducie satisfait depuis trois ans aux obligations d'information continue définies par la *Loi sur les valeurs mobilières*.

[1991, c. 64, a. 1339; 2002, c. 19, a. 7; 2002, c. 45, a. 159; 2004, c. 37, a. 90; 2006, c. 50, a. 112; 2007, c. 16, a. 4].

▌ D.T., 74.

1340. L'administrateur décide des placements à faire en fonction du rendement et de la plus-value espérée; dans la mesure du possible, il tend à composer un portefeuille diversifié, assurant, dans une pro-

(c) if the amount of the claim that exceeds 80% of the value of the immovable by which it is secured, after deduction of the other claims secured by the same immovable and ranking equally with or before the claim, is guaranteed or secured by Québec, Canada or a province of Canada, the Canada Mortgage and Housing Corporation, the Société d'habitation du Québec or a hypothecary insurance policy issued by a company holding a licence under the *Act respecting insurance* (chapter A-32);

(8) fully paid preferred shares issued by a company whose common shares are investments presumed sound or which, during the last five financial years, has distributed the stipulated dividend on all its preferred shares;

(9) common shares, issued by a company that for three years has been meeting the timely disclosure requirements defined in the *Securities Act* (chapter V-1.1), where they are listed on a stock exchange recognized for that purpose by the Government on the recommendation of the Autorité des marchés financiers, and where the market capitalization of the company, not taking into account preferred shares or blocks of shares of 10 % or more, is higher than the amount so fixed by the Government;

(10) securities of an investment fund or of a private trust, provided that 60 % of its portfolio consists of investments presumed sound and that the fund or trust has fulfilled in the last three years the continuous disclosure requirements specified in the Securities Act.

[1991, c. 64, a. 1339; 2002, c. 19, s. 7; 2002, c. 45, s. 159; 2004, c. 37, s. 90; 2006, c. 50, s. 112; 2007, c. 16, s. 4; I.N., 2014-05-01].

1340. The administrator decides on the investments to make according to the yield and the anticipated capital gain; so far as possible, he works toward a diversified portfolio producing fixed income and vari-

portion établie en fonction de la conjoncture, des revenus fixes et des revenus variables.

Il ne peut, cependant, acquérir plus de 5% des actions d'une même société, ni acquérir des actions, obligations ou autres titres d'emprunt d'une personne morale ou d'une société en commandite qui a omis de payer les dividendes prescrits sur ses actions ou les intérêts sur ses obligations ou autres titres, ni consentir un prêt à ladite personne morale ou société.

[1991, c. 64, a. 1340].

■ C.C.Q., 1339.

1341. L'administrateur peut déposer les sommes d'argent dont il est saisi dans une banque, une caisse d'épargne et de crédit ou un autre établissement financier, si le dépôt est remboursable à vue ou sur un avis d'au plus trente jours.

Il peut aussi les déposer pour un terme plus long si le remboursement du dépôt est pleinement garanti par l'Autorité des marchés financiers; autrement, il ne peut qu'avec l'autorisation du tribunal, aux conditions que celui-ci détermine.

[1991, c. 64, a. 1341; 2002, c. 45, a. 160; 2004, c. 37, a. 90].

■ C.C.Q., 1339.

1342. L'administrateur peut maintenir les placements existants lors de son entrée en fonctions, même s'ils ne sont pas présumés sûrs.

Il peut aussi détenir les titres qui, par suite de la réorganisation, de la liquidation ou de la fusion d'une personne morale, remplacent ceux qu'il détenait.

[1991, c. 64, a. 1342].

■ C.C.Q., 1339-1341.

1343. L'administrateur qui agit conformément aux dispositions de la présente section est présumé agir prudemment.

L'administrateur qui effectue un placement qu'il n'est pas autorisé à faire est, par

able revenues in the proportion suggested by the prevailing economic conditions.

He may not, however, acquire more than five per cent of the shares of the same company, nor acquire shares, bonds or other evidences of indebtedness of a legal person or limited partnership which has failed to pay the dividends set for its shares or the interest on its bonds or other securities, nor grant a loan to that legal person or partnership.

[1991, c. 64, a. 1340; I.N., 2014-05-01].

1341. An administrator may deposit the sums of money entrusted to him in or with a bank, a savings and credit union or any other financial institution, if the deposit is repayable on demand or on thirty days' notice.

He may also deposit the sums of money for a longer term if repayment of the deposit is fully guaranteed by the Autorité des marchés financiers; otherwise, he may not do so except with the authorization of the court and on the conditions it determines.

[1991, c. 64, a. 1341; 2002, c. 45, s. 160; 2004, c. 37, s. 90].

1342. An administrator may maintain the existing investments upon his taking office even if they are not investments presumed sound.

The administrator may also hold securities which, following the reorganization, winding-up or amalgamation of a legal person, replace securities he held.

[1991, c. 64, a. 1342; I.N., 2014-05-01].

1343. An administrator who acts in accordance with this section is presumed to act prudently.

An administrator who makes an investment he is not authorized to make is, by

ce seul fait et sans autre preuve de faute, responsable des pertes qui en résultent.

[1991, c. 64, a. 1343].

▌ C.C.Q., 1339-1342, 1344.

1344. Les placements effectués au cours de l'administration doivent l'être au nom de l'administrateur agissant ès qualités.

Ils peuvent aussi être faits au nom du bénéficiaire, pourvu que soit également indiqué qu'ils sont faits par l'administrateur agissant ès qualités.

[1991, c. 64, a. 1344].

▌ C.C.Q., 1339-1341.

SECTION VI —
DE LA RÉPARTITION DES BÉNÉFICES ET DES DÉPENSES

1345. La répartition des bénéfices et des dépenses, entre le bénéficiaire des fruits et revenus et celui du capital, se fait conformément aux dispositions de l'acte constitutif et suivant l'intention qui y est manifestée.

À défaut d'indication suffisante dans l'acte, cette répartition se fait le plus équitablement possible, en tenant compte de l'objet de l'administration, des circonstances qui y ont donné lieu et des usages comptables généralement reconnus.

[1991, c. 64, a. 1345].

▌ C.C.Q., 1346-1350.

1346. Le compte du revenu est généralement débité des dépenses suivantes et autres de même nature:

1° Les primes d'assurance, le coût des réparations mineures et les autres dépenses ordinaires de l'administration;

2° La moitié de la rémunération de l'administrateur et des dépenses raisonnables qu'il a faites dans l'administration conjointe du capital et des fruits et revenus;

3° Les impôts payables sur les biens administrés;

---

that very fact and without further proof of fault, liable for any loss resulting from it.

[1991, c. 64, a. 1343].

1344. Investments made in the course of administration shall be made in the name of the administrator as acting in that quality.

Such investments may also be made in the name of the beneficiary, if it is also indicated that they are made by the administrator as acting in that quality.

[1991, c. 64, a. 1344; I.N., 2014-05-01].

SECTION VI —
APPORTIONMENT OF PROFIT AND EXPENDITURE

1345. Apportionment of profit and expenditure between the beneficiary of the fruits and revenues and the beneficiary of the capital is made in accordance with the stipulations and clear intention of the constituting act.

Failing sufficient indication in the act, apportionment is made as equitably as possible, taking into account the object of the administration, the circumstances that gave rise to it and generally recognized accounting practices.

[1991, c. 64, a. 1345].

1346. The revenue account is generally debited for the following expenditures and other expenditures of the same kind:

(1) insurance premiums, the cost of minor repairs and other ordinary expenses of administration;

(2) one-half of the remuneration of the administrator and his reasonable expenses for joint administration of the capital and fruits and revenues;

(3) taxes payable on the administered property;

4° À moins que le tribunal n'en ordonne autrement, les frais acquittés pour protéger les droits du bénéficiaire des fruits et revenus et la moitié des frais de la reddition de compte en justice;

5° L'amortissement des biens, sauf ceux utilisés à des fins personnelles par le bénéficiaire.

L'administrateur peut, pour régulariser le revenu, répartir les dépenses considérables sur une période de temps raisonnable.

[1991, c. 64, a. 1346].

∎ C.C.Q., 1345.

1347. Le compte du capital est généralement débité des dépenses qui ne sont pas débitées au revenu, y compris celles qui sont afférentes au placement du capital, à l'aliénation des biens, à la protection des droits du bénéficiaire du capital ou du droit de propriété des biens administrés.

Sont aussi généralement débités au compte du capital les impôts sur les gains ou les autres montants attribuables au capital, lors même que la loi qui régit ces impôts les considère comme impôts sur le revenu.

[1991, c. 64, a. 1347].

∎ C.C.Q., 1345, 1346.

1348. Le bénéficiaire des fruits et revenus a droit au revenu net des biens administrés, à compter de la date déterminée dans l'acte donnant lieu à l'administration ou, à défaut, de la date du début de l'administration ou de celle du décès qui y a donné ouverture.

[1991, c. 64, a. 1348].

∎ C.C.Q., 1345.

1349. Les fruits et revenus payables périodiquement sont comptés jour par jour.

Les dividendes et distributions d'une personne morale sont dus depuis la date indiquée à la déclaration de distribution ou, à défaut, depuis la date de cette déclaration.

[1991, c. 64, a. 1349].

∎ C.C.Q., 910.

(4) unless the court orders otherwise, costs paid to safeguard the rights of the beneficiary of the fruits and revenues and one-half of the cost of the judicial rendering of account;

(5) amortization of the property, except property used by the beneficiary for personal purposes.

The administrator may, to maintain revenue at a regular level, spread substantial expenses over a reasonable period.

[1991, c. 64, a. 1346].

1347. The capital account is generally debited for expenditures that are not debited from the revenues, including expenses pertaining to capital investment, alienation of property, and safeguard of the rights of the capital beneficiary or the right of ownership of the administered property.

Taxes on gains and other amounts attributable to capital, even where the law governing such taxes considers them to be income taxes, are also generally debited from the capital account.

[1991, c. 64, a. 1347].

1348. The beneficiary of the fruits and revenues is entitled to the net income of the administered property from the date determined in the act giving rise to the administration or, if no date is determined, from the date of the beginning of the administration or that of the death which gave rise to it.

[1991, c. 64, a. 1348].

1349. Fruits and revenues payable periodically are counted day by day.

Dividends and distributions of a legal person are due from the date indicated in the declaration of distribution or, failing that, from the date of the declaration.

[1991, c. 64, a. 1349].

1350. Lorsque son droit prend fin, le bénéficiaire des fruits et revenus a droit aux fruits et revenus qui ne lui ont pas été versés et à la portion gagnée mais non encore perçue par l'administrateur.

Cependant, il n'a pas droit aux dividendes d'une personne morale qui n'ont pas été déclarés durant la période d'existence de son droit.

[1991, c. 64, a. 1350].

▌C.C.Q., 1345.

1350. At the extinction of his right, the beneficiary of the fruits and revenues is entitled to the fruits and revenues that have not been paid to him and to the portion earned but not yet collected by the administrator.

He is not entitled, however, to the dividends of a legal person that were not declared during the period his right existed.

[1991, c. 64, a. 1350].

SECTION VII — DU COMPTE ANNUEL

1351. L'administrateur rend un compte sommaire de sa gestion au bénéficiaire au moins une fois l'an.

[1991, c. 64, a. 1351].

▌C.C.Q., 246, 819, 1105.

SECTION VII — ANNUAL ACCOUNT

1351. An administrator renders a summary account of his administration to the beneficiary at least once a year.

[1991, c. 64, a. 1351].

1352. Le compte doit être suffisamment détaillé pour qu'on puisse en vérifier l'exactitude.

Tout intéressé peut, à l'occasion de la reddition de compte, demander au tribunal d'en ordonner la vérification par un expert.

[1991, c. 64, a. 1352].

▌C.C.Q., 1351.

1352. The account shall be sufficiently detailed to allow verification of its accuracy.

Any interested person may, on a rendering of account, apply to the court for an order that the account be audited by an expert.

[1991, c. 64, a. 1352; I.N., 2014-05-01].

1353. S'il y a plusieurs administrateurs, ils doivent rendre un seul et même compte, sauf si leurs fonctions ont été divisées par la loi, l'acte ou le tribunal et que cette division a été respectée.

[1991, c. 64, a. 1353].

▌C.C.Q., 1334, 1363.

1353. Where there are several administrators, they shall render one and the same account unless their duties have been divided by law, the act or the court, and these have been divided accordingly.

[1991, c. 64, a. 1353].

1354. L'administrateur doit, à tout moment, permettre au bénéficiaire d'examiner les livres et pièces justificatives se rapportant à l'administration.

[1991, c. 64, a. 1354].

▌C.C.Q., 362.

1354. An administrator shall at all times allow the beneficiary to examine the books and vouchers relating to the administration.

[1991, c. 64, a. 1354].

Chapitre IV ⸺
De la fin de l'administration

Chapter IV ⸺
Termination of administration

SECTION I ⸺
DES CAUSES METTANT FIN À L'ADMINISTRATION

SECTION I ⸺
CAUSES TERMINATING ADMINISTRATION

1355. Les fonctions de l'administrateur prennent fin par son décès, sa démission ou son remplacement, par sa faillite ou par l'ouverture à son égard d'un régime de protection.

Elles prennent fin aussi par la faillite du bénéficiaire ou par l'ouverture à son égard d'un régime de protection, si cela a un effet sur les biens administrés.

[1991, c. 64, a. 1355].

▌ C.C.Q., 250, 295, 819, 2175.

1355. The duties of an administrator terminate upon his death, resignation or replacement or his becoming bankrupt or being placed under protective supervision.

The duties of an administrator are also terminated where the beneficiary becomes bankrupt or is placed under protective supervision, if that affects the administered property.

[1991, c. 64, a. 1355].

1356. L'administration prend fin:

1° Par la cessation du droit du bénéficiaire sur les biens administrés;

2° Par l'arrivée du terme ou l'avènement de la condition stipulée dans l'acte donnant lieu à l'administration;

3° Par l'accomplissement de l'objet de l'administration ou la disparition de la cause qui y a donné lieu.

[1991, c. 64, a. 1356].

▌ C.C.Q., 1355.

1356. Administration is terminated

(1) by extinction of the right of the beneficiary in the administered property;

(2) by expiry of the term or fulfilment of the condition stipulated in the act giving rise to the administration;

(3) by achievement of the object of the administration or disappearance of the cause that gave rise to it.

[1991, c. 64, a. 1356].

1357. L'administrateur peut renoncer à ses fonctions en avisant par écrit le bénéficiaire et, le cas échéant, ses coadministrateurs ou la personne qui peut lui nommer un remplaçant. S'il ne se trouve aucune de ces personnes ou s'il est impossible de leur donner l'avis, celui-ci est donné au ministre du Revenu qui, au besoin, assume provisoirement l'administration des biens et fait procéder au remplacement de l'administrateur.

L'administrateur d'une fiducie d'utilité privée ou sociale doit aussi aviser de sa

1357. An administrator may resign by giving written notice to the beneficiary and, where applicable, to his co-administrators or to the person empowered to appoint an administrator in his place. Where there are no such persons or where it is impossible to give notice to them, the notice is given to the Minister of Revenue who, if necessary, assumes the provisional administration of the property and causes a new administrator to be appointed in place of the administrator who has resigned.

The administrator of a private trust or social trust shall also give notice of his resig-

démission la personne ou l'organisme désigné par la loi pour surveiller son administration.

[1991, c. 64, a. 1357; 2005, c. 44, a. 54].

■ C.C.Q., 1358, 1359, 2178.

nation to the person or body designated by law to supervise his administration.

[1991, c. 64, a. 1357; 2005, c. 44, s. 54; I.N., 2014-05-01].

1358. La démission de l'administrateur prend effet à la date de la réception de l'avis ou à une date postérieure qui y est indiquée.

[1991, c. 64, a. 1358].

■ C.C.Q., 1357.

1358. The resignation of the administrator takes effect on the date the notice is received or on any later date indicated in the notice.

[1991, c. 64, a. 1358].

1359. L'administrateur est tenu de réparer le préjudice causé par sa démission si elle est donnée sans motif sérieux et à contretemps, ou si elle équivaut à un manquement à ses devoirs.

[1991, c. 64, a. 1359].

■ C.C.Q., 1357, 1597.

1359. An administrator is bound to make reparation for injury caused by his resignation where it is submitted without a serious reason and at an inopportune moment or where it amounts to failure of duty.

[1991, c. 64, a. 1359; I.N., 2014-05-01].

1360. Le bénéficiaire qui a confié à autrui l'administration d'un bien peut remplacer l'administrateur ou mettre fin à l'administration, notamment en exerçant son droit d'exiger sur demande la remise du bien.

Tout intéressé peut demander le remplacement de l'administrateur qui ne peut exercer sa charge ou qui ne respecte pas ses obligations.

[1991, c. 64, a. 1360].

■ C.C.Q., 791, 792, 2175-2185.

1360. A beneficiary who has entrusted the administration of property to another person may replace the administrator or terminate the administration, particularly by exercising his right to require that the property be returned to him on demand.

Any interested person may apply for the replacement of an administrator who is unable to perform his duties or does not fulfil his obligations.

[1991, c. 64, a. 1360; I.N., 2014-05-01].

1361. Lors du décès de l'administrateur ou de l'ouverture à son égard d'un régime de protection, le liquidateur de sa succession, son tuteur ou curateur qui est au courant de l'administration est tenu d'en aviser le bénéficiaire et, le cas échéant, les coadministrateurs ou, s'il s'agit d'une fiducie d'utilité privée ou sociale, la personne ou l'organisme désigné par la loi pour surveiller l'administration.

Le liquidateur, tuteur ou curateur est également tenu de faire, dans les affaires commencées, tout ce qui est immédiatement nécessaire pour prévenir une perte; il doit

1361. Upon the death of the administrator or his being placed under protective supervision, the liquidator of his succession, or his tutor or curator, if aware of the administration, is bound to give notice of the death or of the institution of protective supervision to the beneficiary and to the coadministrators, if any, or, in the case of a private trust or social trust, to the person or body designated by law to supervise the administration.

The liquidator, tutor or curator is also bound, with respect to any matter already begun, to do all that is immediately necessary to prevent a loss; he shall also render

aussi rendre compte et remettre les biens à ceux qui y ont droit.

[1991, c. 64, a. 1361].

▌ C.C.Q., 181, 2183.

1362. Les obligations contractées envers les tiers de bonne foi par l'administrateur, dans l'ignorance du terme de son administration, sont valides et obligent le bénéficiaire ou le patrimoine fiduciaire; il en est de même des obligations contractées après la fin de l'administration qui en sont la suite nécessaire ou sont requises pour prévenir une perte.

Le bénéficiaire ou le patrimoine fiduciaire est aussi tenu des obligations contractées envers les tiers qui ignoraient la fin de l'administration.

[1991, c. 64, a. 1362].

▌ C.C.Q., 2152, 2162.

SECTION II —
DE LA REDDITION DE COMPTE ET DE LA REMISE DU BIEN

1363. L'administrateur doit, à la fin de son administration, rendre un compte définitif au bénéficiaire et, le cas échéant, à l'administrateur qui le remplace ou à ses coadministrateurs. S'il y a plusieurs administrateurs et que leur charge prend fin simultanément, ils doivent rendre un seul et même compte, à moins d'une division de leurs fonctions.

Le compte doit être suffisamment détaillé pour permettre d'en vérifier l'exactitude; les livres et les autres pièces justificatives se rapportant à l'administration peuvent être consultés par les intéressés.

L'acceptation du compte par le bénéficiaire en opère la clôture.

[1991, c. 64, a. 1363].

▌ C.C.Q., 247, 819, 2184; C.P.C., 532-539.

1364. L'administrateur peut, à tout moment et avec l'agrément de tous les bénéficiaires, rendre compte à l'amiable.

account and hand over the property to those entitled to it.

[1991, c. 64, a. 1361; I.N., 2014-05-01].

1362. Obligations contracted towards third persons in good faith by an administrator who is unaware that his administration has terminated are valid and bind the beneficiary or the trust patrimony; the same rule applies to obligations contracted by the administrator after the end of the administration that are its necessary consequence or are required to prevent a loss.

The beneficiary or the trust patrimony is also bound by the obligations contracted towards third persons who were unaware that the administration had terminated.

[1991, c. 64, a. 1362].

SECTION II —
RENDERING OF ACCOUNT AND DELIVERY OF THE PROPERTY

1363. On the termination of his administration, an administrator shall render a final account of his administration to the beneficiary and, where applicable, to the administrator replacing him or to his co-administrators. Where there are several administrators and their duties are terminated simultaneously, they shall render one and the same account, except where their duties are divided.

The account shall be made sufficiently detailed to allow verification of its accuracy; the books and other vouchers pertaining to the administration may be consulted by interested persons.

The acceptance of the account by the beneficiary closes the account.

[1991, c. 64, a. 1363; I.N., 2014-05-01].

1364. An administrator may at any time and with the consent of all the beneficiaries render account by agreement.

Si le compte ne peut être rendu à l'amiable, la reddition de compte a lieu en justice.

[1991, c. 64, a. 1364].

▮ C.C.Q., 821, 1363.

If there is no agreement, the rendering of account is made judicially.

[1991, c. 64, a. 1364].

1365. L'administrateur doit remettre le bien administré au lieu convenu ou, à défaut, au lieu où il se trouve.

[1991, c. 64, a. 1365].

▮ C.C.Q., 1566, 2291.

1365. An administrator shall hand over the administered property at the place agreed upon or, failing that, where it is.

[1991, c. 64, a. 1365; I.N., 2014-05-01].

1366. L'administrateur doit remettre tout ce qu'il a reçu dans l'exécution de ses fonctions, même si ce qu'il a reçu n'était pas dû au bénéficiaire ou au patrimoine fiduciaire; il est aussi comptable de tout profit ou avantage personnel qu'il a réalisé en utilisant, sans y être autorisé, l'information qu'il détenait en raison de son administration.

L'administrateur qui a utilisé un bien sans y être autorisé est tenu d'indemniser le bénéficiaire ou le patrimoine fiduciaire pour son usage, en payant soit un loyer approprié, soit l'intérêt sur le numéraire.

[1991, c. 64, a. 1366].

▮ C.C.Q., 1363-1365, 2184, 2185.

1366. An administrator shall hand over all that he has received in the performance of his duties, even if what he has received was not due to the beneficiary or to the trust patrimony; he is also accountable for any personal profit or benefit he has realized by using, without authorization, information he had obtained by reason of his administration.

Where an administrator has used property without authorization, he is bound to indemnify the beneficiary or the trust patrimony for his use by paying an appropriate rent or the interest on the money.

[1991, c. 64, a. 1366; I.N., 2014-05-01].

1367. Les dépenses de l'administration, y compris les frais de la reddition de compte et de remise, sont à la charge du bénéficiaire ou du patrimoine fiduciaire.

La démission ou le remplacement de l'administrateur oblige le bénéficiaire ou le patrimoine fiduciaire à lui payer, outre les dépenses de l'administration, la part acquise de sa rémunération.

[1991, c. 64, a. 1367].

▮ C.C.Q., 1360, 2293.

1367. The expenses of the administration, including the cost of rendering account and handing over the property, are borne by the beneficiary or the trust patrimony.

The resignation or replacement of the administrator binds the beneficiary or the trust patrimony to pay him, in addition to the expenses of the administration, any remuneration he has earned.

[1991, c. 64, a. 1367; I.N., 2014-05-01].

1368. L'administrateur doit des intérêts sur le reliquat, à compter de la clôture du compte définitif ou de la mise en demeure de le produire; le bénéficiaire ou le patrimoine fiduciaire n'en doit qu'à compter de la mise en demeure.

[1991, c. 64, a. 1368].

▮ C.C.Q., 1366, 1565, 2184.

1368. An administrator owes interest on the balance from the close of the final account or the formal notice to produce it; the beneficiary or the trust patrimony owes interest only from the formal notice.

[1991, c. 64, a. 1368].

OBLIGATIONS

a. 1373

1369. L'administrateur a le droit de déduire des sommes qu'il doit remettre ce que le bénéficiaire ou le patrimoine fiduciaire lui doit en raison de l'administration.

Il peut retenir le bien administré jusqu'au paiement de ce qui lui est dû.

[1991, c. 64, a. 1369].

▮ C.C.Q., 875, 963, 1250, 1593, 2003, 2058, 2185, 2293, 2651.

1370. S'il y a plusieurs bénéficiaires, leur obligation envers l'administrateur est solidaire.

[1991, c. 64, a. 1370].

▮ C.C.Q., 2156.

1369. An administrator is entitled to deduct from the sums he is required to remit anything the beneficiary or the trust patrimony owes him by reason of the administration.

An administrator may retain the administered property until payment of what is owed to him.

[1991, c. 64, a. 1369].

1370. Where there are several beneficiaries, their obligation towards the administrator is solidary.

[1991, c. 64, a. 1370].

LIVRE 5 ━━
DES OBLIGATIONS

BOOK 5 ━━
OBLIGATIONS

TITRE 1 ━━
DES OBLIGATIONS EN GÉNÉRAL

TITLE 1 ━━
OBLIGATIONS IN GENERAL

Chapitre I ━━
Dispositions générales

Chapter I ━━
General provisions

1371. Il est de l'essence de l'obligation qu'il y ait des personnes entre qui elle existe, une prestation qui en soit l'objet et, s'agissant d'une obligation découlant d'un acte juridique, une cause qui en justifie l'existence.

[1991, c. 64, a. 1371].

▮ C.C.Q., 1385, 1409.

1372. L'obligation naît du contrat et de tout acte ou fait auquel la loi attache d'autorité les effets d'une obligation.

Elle peut être pure et simple ou assortie de modalités.

[1991, c. 64, a. 1372].

▮ C.C.Q., 1385, 1457, 1482, 1491, 1493; C.P.C., 953b).

1373. L'objet de l'obligation est la prestation à laquelle le débiteur est tenu envers le créancier et qui consiste à faire ou à ne pas faire quelque chose.

1371. It is of the essence of an obligation that there be persons between whom it exists, a prestation which forms its object, and, in the case of an obligation arising out of a juridical act, a cause which justifies its existence.

[1991, c. 64, a. 1371].

1372. An obligation arises from a contract or from any act or fact to which the effects of an obligation are attached by law.

An obligation may be pure and simple or subject to modalities.

[1991, c. 64, a. 1372].

1373. The object of an obligation is the prestation that the debtor is bound to render to the creditor and which consists in doing or not doing something.

La prestation doit être possible et déterminée ou déterminable; elle ne doit être ni prohibée par la loi ni contraire à l'ordre public.

[1991, c. 64, a. 1373].

▌ C.C.Q., 9, 1411, 3081.

The debtor is bound to render a prestation that is possible and determinate or determinable and that is neither forbidden by law nor contrary to public order.

[1991, c. 64, a. 1373].

1374. La prestation peut porter sur tout bien, même à venir, pourvu que le bien soit déterminé quant à son espèce et déterminable quant à sa quotité.

[1991, c. 64, a. 1374].

▌ C.C.Q., 1453, 1563; C.P.C., 717.

1374. The prestation may relate to any property, even future property, provided that the property is determinate as to kind and determinable as to quantity.

[1991, c. 64, a. 1374].

1375. La bonne foi doit gouverner la conduite des parties, tant au moment de la naissance de l'obligation qu'à celui de son exécution ou de son extinction.

[1991, c. 64, a. 1375].

▌ C.C.Q., 6, 7, 2805.

1375. The parties shall conduct themselves in good faith both at the time the obligation arises and at the time it is performed or extinguished.

[1991, c. 64, a. 1375; I.N., 2014-05-01].

1376. Les règles du présent livre s'appliquent à l'État, ainsi qu'à ses organismes et à toute autre personne morale de droit public, sous réserve des autres règles de droit qui leur sont applicables.

[1991, c. 64, a. 1376].

▌ C.C.Q., 300, 916, 1464, 1672, 2877, 2694.

1376. The rules set forth in this Book apply to the State and its bodies, and to all other legal persons established in the public interest, subject to any other rules of law which may be applicable to them.

[1991, c. 64, a. 1376].

Chapitre II
Du contrat

Chapter II
Contracts

SECTION I
DISPOSITION GÉNÉRALE

SECTION I
GENERAL PROVISION

1377. Les règles générales du présent chapitre s'appliquent à tout contrat, quelle qu'en soit la nature.

Des règles particulières à certains contrats, qui complètent ces règles générales ou y dérogent, sont établies au titre deuxième du présent livre.

[1991, c. 64, a. 1377].

▌ C.C.Q., 1378-1456; D.T., 4.

1377. The general rules set out in this chapter apply to all contracts, regardless of their nature.

For certain contracts, special rules which complement or depart from these general rules are established under Title Two of this Book.

[1991, c. 64, a. 1377; I.N., 2014-05-01].

SECTION II —
DE LA NATURE DU CONTRAT ET DE CERTAINES DE SES ESPÈCES

SECTION II —
NATURE AND CERTAIN CLASSES OF CONTRACTS

1378. Le contrat est un accord de volonté, par lequel une ou plusieurs personnes s'obligent envers une ou plusieurs autres à exécuter une prestation.

Il peut être d'adhésion ou de gré à gré, synallagmatique ou unilatéral, à titre onéreux ou gratuit, commutatif ou aléatoire et à exécution instantanée ou successive; il peut aussi être de consommation.

[1991, c. 64, a. 1378].

■ C.C.Q., 1379-1384, 1433.

1378. A contract is an agreement of wills by which one or several persons obligate themselves to one or several other persons to perform a prestation.

Contracts may be divided into contracts of adhesion and contracts by mutual agreement, synallagmatic and unilateral contracts, onerous and gratuitous contracts, commutative and aleatory contracts, and contracts of instantaneous performance or of successive performance; they may also be consumer contracts.

[1991, c. 64, a. 1378].

1379. Le contrat est d'adhésion lorsque les stipulations essentielles qu'il comporte ont été imposées par l'une des parties ou rédigées par elle, pour son compte ou suivant ses instructions, et qu'elles ne pouvaient être librement discutées.

Tout contrat qui n'est pas d'adhésion est de gré à gré.

[1991, c. 64, a. 1379].

■ C.C.Q., 1378, 1432, 1435-1437.

1379. A contract of adhesion is a contract in which the essential stipulations were imposed or drawn up by one of the parties, on his behalf or upon his instructions, and were not negotiable.

Any contract that is not a contract of adhesion is a contract by mutual agreement.

[1991, c. 64, a. 1379].

1380. Le contrat est synallagmatique ou bilatéral lorsque les parties s'obligent réciproquement, de manière que l'obligation de chacune d'elles soit corrélative à l'obligation de l'autre.

Il est unilatéral lorsque l'une des parties s'oblige envers l'autre sans que, de la part de cette dernière, il y ait d'obligation.

[1991, c. 64, a. 1380].

■ C.C.Q., 1378, 1591.

1380. A contract is synallagmatic, or bilateral, when the parties obligate themselves reciprocally, each to the other, so that the obligation of one party is correlative to the obligation of the other.

When one party obligates himself to the other without any obligation on the part of the latter, the contract is unilateral.

[1991, c. 64, a. 1380].

1381. Le contrat à titre onéreux est celui par lequel chaque partie retire un avantage en échange de son obligation.

Le contrat à titre gratuit est celui par lequel l'une des parties s'oblige envers l'autre pour le bénéfice de celle-ci, sans retirer d'avantage en retour.

[1991, c. 64, a. 1381].

1381. A contract is onerous when each party obtains an advantage in return for his obligation.

When one party obligates himself to the other for the benefit of the latter without obtaining any advantage in return, the contract is gratuitous.

[1991, c. 64, a. 1381].

▮ C.C.Q., 1378, 1632, 1633.

1382. Le contrat est commutatif lorsque, au moment où il est conclu, l'étendue des obligations des parties et des avantages qu'elles retirent en échange est certaine et déterminée.

Il est aléatoire lorsque l'étendue de l'obligation ou des avantages est incertaine.

[1991, c. 64, a. 1382].

▮ C.C.Q., 1378.

1382. A contract is commutative when, at the time it is formed, the extent of the obligations of the parties and of the advantages obtained by them in return is certain and determinate.

When the extent of the obligations or of the advantages is uncertain, the contract is aleatory.

[1991, c. 64, a. 1382].

1383. Le contrat à exécution instantanée est celui où la nature des choses ne s'oppose pas à ce que les obligations des parties s'exécutent en une seule et même fois.

Le contrat à exécution successive est celui où la nature des choses exige que les obligations s'exécutent en plusieurs fois ou d'une façon continue.

[1991, c. 64, a. 1383].

▮ C.C.Q., 1378, 1604, 2931, 2932.

1383. Where the circumstances do not preclude the performance of the obligations of the parties at one single time, the contract is a contract of instantaneous performance.

Where the circumstances absolutely require that the obligations be performed at several different times or on a continuing basis, the contract is a contract of successive performance.

[1991, c. 64, a. 1383; I.N., 2014-05-01].

1384. Le contrat de consommation est le contrat dont le champ d'application est délimité par les lois relatives à la protection du consommateur, par lequel l'une des parties, étant une personne physique, le consommateur, acquiert, loue, emprunte ou se procure de toute autre manière, à des fins personnelles, familiales ou domestiques, des biens ou des services auprès de l'autre partie, laquelle offre de tels biens ou† services dans le cadre d'une entreprise qu'elle exploite.

[1991, c. 64, a. 1384].

▮ C.C.Q., 1378, 1432, 1435-1437, 1525.

1384. A consumer contract is a contract whose field of application is delimited by legislation respecting consumer protection whereby one of the parties, being a natural person, the consumer, acquires, leases, borrows or obtains in any other manner, for personal, family or domestic purposes, property or services from the other party, who offers such property and† services as part of an enterprise which he carries on.

[1991, c. 64, a. 1384].

SECTION III —
DE LA FORMATION DU CONTRAT

SECTION III —
FORMATION OF CONTRACTS

§ 1. — Des conditions de formation du contrat

§ 1. — Conditions of formation of contracts

I — Disposition générale

I — General provision

1385. Le contrat se forme par le seul échange de consentement entre des personnes capables de contracter, à moins que la loi n'exige, en outre, le respect d'une forme particulière comme condition nécessaire à sa formation, ou que les parties n'assujettissent la formation du contrat à une forme solennelle.

Il est aussi de son essence qu'il ait une cause et un objet.

[1991, c. 64, a. 1385].

▎ C.C.Q., 4, 1409, 1410, 1412, 3109.

1385. A contract is formed by the sole exchange of consents between persons having capacity to contract, unless, in addition, the law requires a particular form to be respected as a necessary condition of its formation, or unless the parties subject the formation of the contract to a solemn form.

It is also of the essence of a contract that it have a cause and an object.

[1991, c. 64, a. 1385; I.N., 2014-05-01].

II — Du consentement

II — Consent

I — De l'échange de consentement

I — Exchange of consents

1386. L'échange de consentement se réalise par la manifestation, expresse ou tacite, de la volonté d'une personne d'accepter l'offre de contracter que lui fait une autre personne.

[1991, c. 64, a. 1386].

▎ C.C.Q., 637, 1399, 2631.

1386. The exchange of consents is accomplished by the express or tacit manifestation of the will of a person to accept an offer to contract made to him by another person.

[1991, c. 64, a. 1386].

1387. Le contrat est formé au moment où l'offrant reçoit l'acceptation et au lieu où cette acceptation est reçue, quel qu'ait été le moyen utilisé pour la communiquer et lors même que les parties ont convenu de réserver leur accord sur certains éléments secondaires.

[1991, c. 64, a. 1387].

▎ C.C.Q., 2938.

1387. A contract is formed when and where acceptance is received by the offeror, regardless of the method of communication used, and even though the parties have agreed to reserve agreement as to secondary elements.

[1991, c. 64, a. 1387; I.N., 2014-05-01].

2 — De l'offre et de l'acceptation

2 — Offer and acceptance

1388. Est une offre de contracter, la proposition qui comporte tous les éléments es-

1388. An offer to contract is a proposal which contains all the essential elements

sentiels du contrat envisagé et qui indique la volonté de son auteur d'être lié en cas d'acceptation.

[1991, c. 64, a. 1388].

▪ C.C.Q., 1386, 1387.

1389. L'offre de contracter émane de la personne qui prend l'initiative du contrat ou qui en détermine le contenu, ou même, en certains cas, qui présente le dernier élément essentiel du contrat projeté.

[1991, c. 64, a. 1389].

▪ C.C.Q., 1388.

1390. L'offre de contracter peut être faite à une personne déterminée ou indéterminée; elle peut être assortie ou non d'un délai pour son acceptation.

Celle qui est assortie d'un délai est irrévocable avant l'expiration du délai; celle qui n'en est pas assortie demeure révocable tant que l'offrant n'a pas reçu l'acceptation.

[1991, c. 64, a. 1390].

▪ C.C.Q., 1388, 1396.

1391. La révocation qui parvient au destinataire avant l'offre rend celle-ci caduque, lors même que l'offre est assortie d'un délai.

[1991, c. 64, a. 1391].

▪ C.C.Q., 1390.

1392. L'offre devient caduque si aucune acceptation n'est reçue par l'offrant avant l'expiration du délai imparti ou, en l'absence d'un tel délai, à l'expiration d'un délai raisonnable; elle devient également caduque à l'égard du destinataire qui l'a refusée.

Le décès ou la faillite de l'offrant ou du destinataire de l'offre, assortie ou non d'un délai, de même que l'ouverture à l'égard de l'un ou de l'autre d'un régime de protection, emportent aussi la caducité de l'offre, si ces causes de caducité surviennent avant que l'acceptation ne soit reçue par l'offrant.

[1991, c. 64, a. 1392].

of the proposed contract and in which the offeror signifies his willingness to be bound if it is accepted.

[1991, c. 64, a. 1388].

1389. An offer to contract derives from the person who initiates the contract or the person who determines its content or even, in certain cases, the person who presents the last essential element of the proposed contract.

[1991, c. 64, a. 1389].

1390. An offer to contract may be made to a determinate or an indeterminate person, and a term for acceptance may or may not be attached to it.

Where a term is attached, the offer may not be revoked before the term expires; if none is attached, the offer may be revoked at any time before acceptance is received by the offeror.

[1991, c. 64, a. 1390].

1391. Where the offeree receives a revocation before the offer, the offer lapses, even though a term is attached to it.

[1991, c. 64, a. 1391].

1392. An offer lapses if no acceptance is received by the offeror before the expiry of the specified term or, where no term is specified, before the expiry of a reasonable time; it also lapses with respect to the offeree if he has rejected it.

The death or bankruptcy of the offeror or the offeree, whether or not a term is attached to the offer, or the institution of protective supervision with respect to either of them also causes the offer to lapse, if that event occurs before acceptance is received by the offeror.

[1991, c. 64, a. 1392; I.N., 2014-05-01].

▌C.C.Q., 750, 1391.

1393. L'acceptation qui n'est pas substantiellement conforme à l'offre, de même que celle qui est reçue par l'offrant alors que l'offre était devenue caduque, ne vaut pas acceptation.

Elle peut, cependant, constituer elle-même une nouvelle offre.

[1991, c. 64, a. 1393].

▌C.C.Q., 1392.

1393. Acceptance which does not correspond substantially to the offer or which is received by the offeror after the offer has lapsed does not constitute acceptance.

It may, however, constitute a new offer.

[1991, c. 64, a. 1393].

1394. Le silence ne vaut pas acceptation, à moins qu'il n'en résulte autrement de la volonté des parties, de la loi ou de circonstances particulières, tels les usages ou les relations d'affaires antérieures.

[1991, c. 64, a. 1394].

▌C.C.Q., 1425, 1426, 2132.

1394. Silence does not imply acceptance of an offer, unless the contrary results from the will of the parties, the law or special circumstances, such as usage or a prior business relationship.

[1991, c. 64, a. 1394; I.N., 2014-05-01].

1395. L'offre de récompense à quiconque accomplira un acte donné est réputée acceptée et lie l'offrant dès qu'une personne, même sans connaître l'offre, accomplit cet acte, à moins que, dans les cas qui le permettent, l'offrant n'ait révoqué son offre antérieurement d'une manière expresse et suffisante.

[1991, c. 64, a. 1395].

▌C.C.Q., 1388-1390.

1395. The offer of a reward made to anyone who performs a particular act is deemed to be accepted and is binding on the offeror as soon as the act is performed, even if the person who performs the act does not know of the offer, unless, in cases which admit of it, the offer was previously revoked expressly and adequately by the offeror.

[1991, c. 64, a. 1395; I.N., 2014-05-01].

1396. L'offre de contracter, faite à une personne déterminée, constitue une promesse de conclure le contrat envisagé, dès lors que le destinataire manifeste clairement à l'offrant son intention de prendre l'offre en considération et d'y répondre dans un délai raisonnable ou dans celui dont elle est assortie.

La promesse, à elle seule, n'équivaut pas au contrat envisagé; cependant, lorsque le bénéficiaire de la promesse l'accepte ou lève l'option à lui consentie, il s'oblige alors, de même que le promettant, à conclure le contrat, à moins qu'il ne décide de le conclure immédiatement.

[1991, c. 64, a. 1396].

▌C.C.Q., 1710.

1396. An offer to contract made to a determinate person constitutes a promise to enter into the proposed contract from the moment that the offeree clearly indicates to the offeror that he intends to consider the offer and reply to it within a reasonable time or within the time stated therein.

A mere promise is not equivalent to the proposed contract; however, where the beneficiary of the promise accepts the promise or takes up his option, both he and the promisor are bound to enter into the contract, unless the beneficiary decides to enter into the contract immediately.

[1991, c. 64, a. 1396].

1397. Le contrat conclu en violation d'une promesse de contracter est opposable au bénéficiaire de celle-ci, sans préjudice, toutefois, de ses recours en dommages-intérêts contre le promettant et la personne qui, de mauvaise foi, a conclu le contrat avec ce dernier.

Il en est de même du contrat conclu en violation d'un pacte de préférence.

[1991, c. 64, a. 1397].

■ C.C.Q., 1613.

1397. A contract made in violation of a promise to contract may be set up against the beneficiary of the promise, but without affecting his remedy for damages against the promisor and the person having contracted in bad faith with the promisor.

The same rule applies to a contract made in violation of a first refusal agreement.

[1991, c. 64, a. 1397].

3 — Des qualités et des vices du consentement

3 — Qualities and defects of consent

1398. Le consentement doit être donné par une personne qui, au temps où elle le manifeste, de façon expresse ou tacite, est apte à s'obliger.

[1991, c. 64, a. 1398].

■ C.C.Q., 153, 155-166, 172, 173, 256, 285, 291, 1405.

1398. Consent may be given only by a person who, at the time of manifesting such consent, either expressly or tacitly, is capable of binding himself.

[1991, c. 64, a. 1398].

1399. Le consentement doit être libre et éclairé.

Il peut être vicié par l'erreur, la crainte ou la lésion.

[1991, c. 64, a. 1399].

■ C.C.Q., 636, 895, 2927.

1399. Consent must be free and enlightened.

It may be vitiated by error, fear or lesion.

[1991, c. 64, a. 1399; I.N., 2014-05-01].

1400. L'erreur vicie le consentement des parties ou de l'une d'elles lorsqu'elle porte sur la nature du contrat, sur l'objet de la prestation ou, encore, sur tout élément essentiel qui a déterminé le consentement.

L'erreur inexcusable ne constitue pas un vice de consentement.

[1991, c. 64, a. 1400].

■ C.C.Q., 380, 1407, 2634; D.T., 75; C.P.C., 828.

1400. Error vitiates the consent of the parties or of one of them where the error relates to the nature of the contract, to the object of the prestation or to any essential element that determined the consent.

An inexcusable error does not constitute a defect of consent.

[1991, c. 64, a. 1400; I.N., 2014-05-01].

1401. L'erreur d'une partie, provoquée par le dol de l'autre partie ou à la connaissance de celle-ci, vicie le consentement dans tous les cas où, sans cela, la partie n'aurait pas contracté ou aurait contracté à des conditions différentes.

1401. Error on the part of one party induced by fraud committed by the other party or with his knowledge vitiates consent whenever, but for that error, the party would not have contracted, or would have contracted on different terms.

Le dol peut résulter du silence ou d'une réticence.

[1991, c. 64, a. 1401].

Fraud may result from silence or concealment.

[1991, c. 64, a. 1401].

▌C.C.Q., 1407, 1713, 1726, 2411, 2466, 2805; D.T., 76; C.P.C., 483, 612, 698, 828.

1402. La crainte d'un préjudice sérieux pouvant porter atteinte à la personne ou aux biens de l'une des parties vicie le consentement donné par elle, lorsque cette crainte est provoquée par la violence ou la menace de l'autre partie ou à sa connaissance.

Le préjudice appréhendé peut aussi se rapporter à une autre personne ou à ses biens et il s'apprécie suivant les circonstances.

[1991, c. 64, a. 1402].

1402. Fear of serious injury to the person or property of one of the parties vitiates consent given by that party where the fear is induced by violence or threats exerted or made by or known to the other party.

Apprehended injury may also relate to another person or his property and is appraised according to the circumstances.

[1991, c. 64, a. 1402].

▌C.C.Q., 1401, 1404, 1407, 2927; D.T., 77.

1403. La crainte inspirée par l'exercice abusif d'un droit ou d'une autorité ou par la menace d'un tel exercice vicie le consentement.

[1991, c. 64, a. 1403].

1403. Fear induced by the abusive exercise of a right or power or by the threat of such exercise vitiates consent.

[1991, c. 64, a. 1403].

▌C.C.Q., 7.

1404. N'est pas vicié le consentement à un contrat qui a pour objet de soustraire celui qui le conclut à la crainte d'un préjudice sérieux, lorsque le cocontractant, bien qu'ayant connaissance de l'état de nécessité, est néanmoins de bonne foi.

[1991, c. 64, a. 1404].

1404. Consent to a contract the object of which is to deliver the person making it from fear of serious injury is not vitiated where the other contracting party, although aware of the state of necessity, is acting in good faith.

[1991, c. 64, a. 1404].

▌C.C.Q., 1402.

1405. Outre les cas expressément prévus par la loi, la lésion ne vicie le consentement qu'à l'égard des mineurs et des majeurs protégés.

[1991, c. 64, a. 1405].

1405. Except in the cases expressly provided by law, lesion vitiates consent only with respect to minors and persons of full age under protective supervision.

[1991, c. 64, a. 1405; I.N., 2014-05-01].

▌C.C.Q., 424, 472, 636, 895, 1901, 2332.

1406. La lésion résulte de l'exploitation de l'une des parties par l'autre, qui entraîne une disproportion importante entre les prestations des parties; le fait même qu'il y ait disproportion importante fait présumer l'exploitation.

Elle peut aussi résulter, lorsqu'un mineur

1406. Lesion results from the exploitation of one of the parties by the other, which creates a serious disproportion between the prestations of the parties; the fact that there is a serious disproportion creates a presumption of exploitation.

In cases involving a minor or a protected

ou un majeur protégé est en cause, d'une obligation estimée excessive eu égard à la situation patrimoniale de la personne, aux avantages qu'elle retire du contrat et à l'ensemble des circonstances.

[1991, c. 64, a. 1406].

▌ C.C.Q., 897, 2332.

person of full age, lesion may also result from an obligation that is considered to be excessive in view of the patrimonial situation of the person, the advantages he gains from the contract and the circumstances as a whole.

[1991, c. 64, a. 1406; I.N., 2014-05-01].

1407. Celui dont le consentement est vicié a le droit de demander la nullité du contrat; en cas d'erreur provoquée par le dol, de crainte ou de lésion, il peut demander, outre la nullité, des dommages-intérêts ou encore, s'il préfère que le contrat soit maintenu, demander une réduction de son obligation équivalente aux dommages-intérêts qu'il eût été justifié de réclamer.

[1991, c. 64, a. 1407].

▌ C.C.Q., 1423, 1739, 1821; D.T., 78; C.P.C., 483.

1407. A person whose consent is vitiated has the right to apply for annulment of the contract; in the case of error occasioned by fraud, of fear or of lesion, he may, in addition to annulment, also claim damages or, where he prefers that the contract be maintained, apply for a reduction of his obligation equivalent to the damages he would be justified in claiming.

[1991, c. 64, a. 1407].

1408. Le tribunal peut, en cas de lésion, maintenir le contrat dont la nullité est demandée, lorsque le défendeur offre une réduction de sa créance ou un supplément pécuniaire équitable.

[1991, c. 64, a. 1408].

▌ D.T., 78.

1408. In a case of lesion, the court may maintain a contract for which annulment is sought, if the defendant offers a reduction of his claim or an equitable pecuniary supplement.

[1991, c. 64, a. 1408; I.N., 2014-05-01].

III — De la capacité de contracter

III — Capacity to contract

1409. Les règles relatives à la capacité de contracter sont principalement établies au livre Des personnes.

[1991, c. 64, a. 1409].

▌ C.C.Q., 153-166, 172, 173, 256, 285, 287-291, 293, 294, 1405, 2681.

1409. The rules relating to the capacity to contract are established principally in the Book on Persons.

[1991, c. 64, a. 1409; I.N., 2014-05-01].

IV — De la cause du contrat

IV — Cause of contracts

1410. La cause du contrat est la raison qui détermine chacune des parties à le conclure.

Il n'est pas nécessaire qu'elle soit exprimée.

[1991, c. 64, a. 1410].

▌ C.C.Q., 1385, 1554, 2635.

1410. The cause of a contract is the reason that determines each of the parties to enter into the contract.

The cause need not be expressed.

[1991, c. 64, a. 1410].

1411. Est nul le contrat dont la cause est prohibée par la loi ou contraire à l'ordre public.

[1991, c. 64, a. 1411].

∎ C.C.Q., 8, 9, 1385, 1410, 1416-1421, 2635, 2639, 3081.

1411. A contract whose cause is prohibited by law or contrary to public order is null.

[1991, c. 64, a. 1411].

V — De l'objet du contrat

1412. L'objet du contrat est l'opération juridique envisagée par les parties au moment de sa conclusion, telle qu'elle ressort de l'ensemble des droits et obligations que le contrat fait naître.

[1991, c. 64, a. 1412].

∎ C.C.Q., 1385, 1413.

V — Object of contracts

1412. The object of a contract is the juridical operation envisaged by the parties at the time of its formation, as it emerges from all the rights and obligations created by the contract.

[1991, c. 64, a. 1412].

1413. Est nul le contrat dont l'objet est prohibé par la loi ou contraire à l'ordre public.

[1991, c. 64, a. 1413].

∎ C.C.Q., 8, 9, 1416-1421, 3081.

1413. A contract whose object is prohibited by law or contrary to public order is null.

[1991, c. 64, a. 1413].

VI — De la forme du contrat

1414. Lorsqu'une forme particulière ou solennelle est exigée comme condition nécessaire à la formation du contrat, elle doit être observée; cette forme doit aussi être observée pour toute modification apportée à un tel contrat, à moins que la modification ne consiste qu'en stipulations accessoires.

[1991, c. 64, a. 1414].

∎ C.C.Q., 440, 713, 1385.

VI — Form of contracts

1414. Where a particular or solemn form is required as a necessary condition for the formation of a contract, it must be observed; it must also be observed for any modification to the contract, unless the modification is only an accessory stipulation.

[1991, c. 64, a. 1414; I.N., 2014-05-01].

1415. La promesse de conclure un contrat n'est pas soumise à la forme exigée pour ce contrat.

[1991, c. 64, a. 1415].

∎ C.C.Q., 1396, 1414.

1415. A promise to enter into a contract is not subject to the form required for the contract.

[1991, c. 64, a. 1415].

§ 2. —— De la sanction des
conditions de formation du contrat

§ 2. —— Sanction of conditions
of formation of contracts

I — De la nature de la nullité

I — Nature of nullity

1416. Tout contrat qui n'est pas conforme aux conditions nécessaires à sa formation peut être frappé de nullité.

[1991, c. 64, a. 1416].

■ C.C.Q., 636, 1422, 1713, 1819.

1416. Any contract which does not meet the necessary conditions of its formation may be annulled.

[1991, c. 64, a. 1416].

1417. La nullité d'un contrat est absolue lorsque la condition de formation qu'elle sanctionne s'impose pour la protection de l'intérêt général.

[1991, c. 64, a. 1417].

■ C.C.Q., 440, 1824.

1417. A contract is absolutely null where the condition of formation sanctioned by its nullity is necessary for the protection of the general interest.

[1991, c. 64, a. 1417].

1418. La nullité absolue d'un contrat peut être invoquée par toute personne qui y a un intérêt né et actuel; le tribunal la soulève d'office.

Le contrat frappé de nullité absolue n'est pas susceptible de confirmation.

[1991, c. 64, a. 1418].

■ C.C.Q., 1417.

1418. The absolute nullity of a contract may be invoked by any person having a present and actual interest in doing so; it is invoked by the court of its own motion.

A contract that is absolutely null may not be confirmed.

[1991, c. 64, a. 1418].

1419. La nullité d'un contrat est relative lorsque la condition de formation qu'elle sanctionne s'impose pour la protection d'intérêts particuliers; il en est ainsi lorsque le consentement des parties ou de l'une d'elles est vicié.

[1991, c. 64, a. 1419].

■ C.C.Q., 1420.

1419. A contract is relatively null where the condition of formation sanctioned by its nullity is necessary for the protection of an individual interest, such as where the consent of the parties or of one of them is vitiated.

[1991, c. 64, a. 1419].

1420. La nullité relative d'un contrat ne peut être invoquée que par la personne en faveur de qui elle est établie ou par son co-contractant, s'il est de bonne foi et en subit un préjudice sérieux; le tribunal ne peut la soulever d'office.

Le contrat frappé de nullité relative est susceptible de confirmation.

[1991, c. 64, a. 1420].

■ C.C.Q., 1217, 1405, 1419, 1706, 2927; D.T., 79.

1420. The relative nullity of a contract may be invoked only by the person in whose interest it is established or by the other contracting party, provided he is acting in good faith and suffers serious injury therefrom; it may not be invoked by the court of its own motion.

A contract that is relatively null may be confirmed.

[1991, c. 64, a. 1420; I.N., 2014-05-01].

1421. À moins que la loi n'indique clairement le caractère de la nullité, le contrat qui n'est pas conforme aux conditions nécessaires à sa formation est présumé n'être frappé que de nullité relative.

[1991, c. 64, a. 1421].

❚ D.T., 78.

1421. Unless the nature of the nullity is clearly indicated in the law, a contract which does not meet the necessary conditions of its formation is presumed to be relatively null.

[1991, c. 64, a. 1421].

II — Des effets de la nullité

II — Effect of nullity

1422. Le contrat frappé de nullité est réputé n'avoir jamais existé.

Chacune des parties est, dans ce cas, tenue de restituer à l'autre les prestations qu'elle a reçues.

[1991, c. 64, a. 1422].

❚ C.C.Q., 1606, 1699, 1706.

1422. A contract that is null is deemed never to have existed.

In such a case, each party is bound to restore to the other the prestations he has received.

[1991, c. 64, a. 1422].

III — De la confirmation du contrat

III — Confirmation of the contract

1423. La confirmation d'un contrat résulte de la volonté, expresse ou tacite, de renoncer à en invoquer la nullité.

La volonté de confirmer doit être certaine et évidente.

[1991, c. 64, a. 1423].

❚ C.C.Q., 166, 2635; D.T., 80.

1423. The confirmation of a contract results from the express or tacit will to renounce the invocation of its nullity.

The will to confirm must be certain and evident.

[1991, c. 64, a. 1423; I.N., 2014-05-01].

1424. Lorsque chacune des parties peut invoquer la nullité du contrat, ou que plusieurs d'entre elles le peuvent à l'encontre d'un cocontractant commun, la confirmation par l'une d'elles n'empêche pas les autres d'invoquer la nullité.

[1991, c. 64, a. 1424].

❚ C.C.Q., 886.

1424. Where the nullity of a contract may be invoked by each of the parties or by several of them against a common opposite party to the contract, confirmation by one of them does not prevent the others from invoking nullity.

[1991, c. 64, a. 1424].

SECTION IV — DE L'INTERPRÉTATION DU CONTRAT

SECTION IV — INTERPRETATION OF CONTRACTS

1425. Dans l'interprétation du contrat, on doit rechercher quelle a été la commune intention des parties plutôt que de s'arrêter au sens littéral des termes utilisés.

[1991, c. 64, a. 1425].

❚ C.C.Q., 1426.

1425. The common intention of the parties rather than adherence to the literal meaning of the words shall be sought in interpreting a contract.

[1991, c. 64, a. 1425].

1426. On tient compte, dans l'interprétation du contrat, de sa nature, des circonstances dans lesquelles il a été conclu, de l'interprétation que les parties lui ont déjà donnée ou qu'il peut avoir reçue, ainsi que des usages.

[1991, c. 64, a. 1426].

▮ C.C.Q., 1434, 3112.

1426. In interpreting a contract, the nature of the contract, the circumstances in which it was formed, the interpretation which has already been given to it by the parties or which it may have received, and usage, are all taken into account.

[1991, c. 64, a. 1426].

1427. Les clauses s'interprètent les unes par les autres, en donnant à chacune le sens qui résulte de l'ensemble du contrat.

[1991, c. 64, a. 1427].

▮ C.C.Q., 1438; C.P.C., 2.

1427. Each clause of a contract is interpreted in light of the others so that each is given the meaning derived from the contract as a whole.

[1991, c. 64, a. 1427].

1428. Une clause s'entend dans le sens qui lui confère quelque effet plutôt que dans celui qui n'en produit aucun.

[1991, c. 64, a. 1428].

▮ C.C.Q., 1427.

1428. A clause is given a meaning that gives it some effect rather than one that gives it no effect.

[1991, c. 64, a. 1428].

1429. Les termes susceptibles de deux sens doivent être pris dans le sens qui convient le plus à la matière du contrat.

[1991, c. 64, a. 1429].

▮ C.C.Q., 1427.

1429. Words susceptible of two meanings shall be given the meaning that best conforms to the subject matter of the contract.

[1991, c. 64, a. 1429].

1430. La clause destinée à écarter tout doute sur l'application du contrat à un cas particulier ne restreint pas la portée du contrat par ailleurs conçu en termes généraux.

[1991, c. 64, a. 1430].

▮ C.C.Q., 1427.

1430. A clause intended to eliminate doubt as to the application of the contract to a specific situation does not restrict the scope of a contract otherwise expressed in general terms.

[1991, c. 64, a. 1430].

1431. Les clauses d'un contrat, même si elles sont énoncées en termes généraux, comprennent seulement ce sur quoi il paraît que les parties se sont proposé de contracter.

[1991, c. 64, a. 1431].

▮ C.C.Q., 1425, 1426, 1429.

1431. The clauses of a contract cover only what it appears that the parties intended to include, however general the terms used.

[1991, c. 64, a. 1431].

1432. Dans le doute, le contrat s'interprète en faveur de celui qui a contracté l'obligation et contre celui qui l'a stipulée. Dans

1432. In case of doubt, a contract is interpreted in favour of the person who contracted the obligation and against the per-

tous les cas, il s'interprète en faveur de l'adhérent ou du consommateur.

[1991, c. 64, a. 1432].

❚ C.C.Q., 1379, 1384; D.T., 81.

son who stipulated it. In all cases, it is interpreted in favour of the adhering party or the consumer.

[1991, c. 64, a. 1432].

SECTION V —
DES EFFETS DU CONTRAT

§ 1. — Des effets du contrat entre les parties

I — Disposition générale

1433. Le contrat crée des obligations et quelquefois les modifie ou les éteint.

En certains cas, il a aussi pour effet de constituer, transférer, modifier ou éteindre des droits réels.

[1991, c. 64, a. 1433].

❚ C.C.Q., 1458, 1590, 1601, 1602.

II — De la force obligatoire et du contenu du contrat

1434. Le contrat valablement formé oblige ceux qui l'ont conclu non seulement pour ce qu'ils y ont exprimé, mais aussi pour tout ce qui en découle d'après sa nature et suivant les usages, l'équité ou la loi.

[1991, c. 64, a. 1434].

❚ C.C.Q., 1426, 3111, 3112.

1435. La clause externe à laquelle renvoie le contrat lie les parties.

Toutefois, dans un contrat de consommation ou d'adhésion, cette clause est nulle si, au moment de la formation du contrat, elle n'a pas été expressément portée à la connaissance du consommateur ou de la partie qui y adhère, à moins que l'autre partie ne prouve que le consommateur ou l'adhérent en avait par ailleurs connaissance.

[1991, c. 64, a. 1435].

SECTION V —
EFFECTS OF CONTRACTS

§ 1. — Effects of contracts between the parties

I — General provision

1433. A contract creates obligations and, in certain cases, modifies or extinguishes them.

In some cases, it also has the effect of creating, transferring, modifying or extinguishing real rights.

[1991, c. 64, a. 1433; I.N., 2014-05-01].

II — Binding force and content of contracts

1434. A contract validly formed binds the parties who have entered into it not only as to what they have expressed in it but also as to what is incident to it according to its nature and in conformity with usage, equity or law.

[1991, c. 64, a. 1434].

1435. An external clause referred to in a contract is binding on the parties.

In a consumer contract or a contract of adhesion, however, an external clause is null if, at the time of formation of the contract, it was not expressly brought to the attention of the consumer or adhering party, unless the other party proves that the consumer or adhering party otherwise knew of it.

[1991, c. 64, a. 1435].

▌C.C.Q., 1379, 1384.

1436. Dans un contrat de consommation ou d'adhésion, la clause illisible ou incompréhensible pour une personne raisonnable est nulle si le consommateur ou la partie qui y adhère en souffre préjudice, à moins que l'autre partie ne prouve que des explications adéquates sur la nature et l'étendue de la clause ont été données au consommateur ou à l'adhérent.

[1991, c. 64, a. 1436].

▌C.C.Q., 1379, 1384; D.T., 82.

1436. In a consumer contract or a contract of adhesion, a clause which is illegible or incomprehensible to a reasonable person is null if the consumer or the adhering party suffers injury therefrom, unless the other party proves that an adequate explanation of the nature and scope of the clause was given to the consumer or adhering party.

[1991, c. 64, a. 1436].

1437. La clause abusive d'un contrat de consommation ou d'adhésion est nulle ou l'obligation qui en découle, réductible.

Est abusive toute clause qui désavantage le consommateur ou l'adhérent d'une manière excessive et déraisonnable, allant ainsi à l'encontre de ce qu'exige la bonne foi; est abusive, notamment, la clause si éloignée des obligations essentielles qui découlent des règles gouvernant habituellement le contrat qu'elle dénature celui-ci.

[1991, c. 64, a. 1437].

▌C.C.Q., 1379, 1384; D.T., 82.

1437. An abusive clause in a consumer contract or contract of adhesion is null, or the obligation arising from it may be reduced.

An abusive clause is a clause which is excessively and unreasonably detrimental to the consumer or the adhering party and is therefore not in good faith; in particular, a clause which so departs from the fundamental obligations arising from the rules normally governing the contract that it changes the nature of the contract is an abusive clause.

[1991, c. 64, a. 1437].

1438. La clause qui est nulle ne rend pas le contrat invalide quant au reste, à moins qu'il n'apparaisse que le contrat doive être considéré comme un tout indivisible.

Il en est de même de la clause qui est sans effet ou réputée non écrite.

[1991, c. 64, a. 1438].

▌C.C.Q., 757, 758, 1101.

1438. A clause which is null does not render the contract invalid in other respects, unless it is apparent that the contract may be considered only as an indivisible whole.

The same applies to a clause that is without effect or that is deemed unwritten.

[1991, c. 64, a. 1438; I.N., 2014-05-01].

1439. Le contrat ne peut être résolu, résilié, modifié ou révoqué que pour les causes reconnues par la loi ou de l'accord des parties.

[1991, c. 64, a. 1439].

▌C.C.Q., 1458, 1590, 1601, 1604, 2125, 2230, 2260.

1439. A contract may not be resolved, resiliated, modified or revoked except on grounds recognized by law or by agreement of the parties.

[1991, c. 64, a. 1439].

§ 2. —— Des effets du contrat à l'égard des tiers

I — Dispositions générales

1440. Le contrat n'a d'effet qu'entre les parties contractantes; il n'en a point quant aux tiers, excepté dans les cas prévus par la loi.

[1991, c. 64, a. 1440].

▌ C.C.Q., 886.

1441. Les droits et obligations résultant du contrat sont, lors du décès de l'une des parties, transmis à ses héritiers si la nature du contrat ne s'y oppose pas.

[1991, c. 64, a. 1441].

▌ C.C.Q., 619, 2093, 2127, 2128, 2175, 2258, 2361.

1442. Les droits des parties à un contrat sont transmis à leurs ayants cause à titre particulier s'ils constituent l'accessoire d'un bien qui leur est transmis ou s'ils lui sont intimement liés.

[1991, c. 64, a. 1442].

▌ D.T., 83.

II — De la promesse du fait d'autrui

1443. On ne peut, par un contrat fait en son propre nom, engager d'autres que soi-même et ses héritiers; mais on peut, en son propre nom, promettre qu'un tiers s'engagera à exécuter une obligation; en ce cas, on est tenu envers son cocontractant du préjudice qu'il subit si le tiers ne s'engage pas conformément à la promesse.

[1991, c. 64, a. 1443].

▌ C.C.Q., 1337, 1555, 2140, 2346, 2681.

III — De la stipulation pour autrui

1444. On peut, dans un contrat, stipuler en faveur d'un tiers.

Cette stipulation confère au tiers bénéfi-

§ 2. —— Effects of contracts with respect to third persons

I — General provisions

1440. A contract has effect only between the contracting parties; it does not affect third persons, except where provided by law.

[1991, c. 64, a. 1440].

1441. Upon the death of one of the parties, the rights and obligations arising from a contract pass to his heirs, if the nature of the contract permits it.

[1991, c. 64, a. 1441].

1442. The rights of the parties to a contract pass to their successors by particular title if the rights are accessory to the property which passes to them or are closely related to it.

[1991, c. 64, a. 1442; I.N., 2014-05-01].

II — Promise for another

1443. No person may bind anyone but himself and his heirs by a contract made in his own name, but he may promise in his own name that a third person will undertake to perform an obligation, and in that case he is liable for injury to the other contracting party if the third person does not undertake to perform the obligation as promised.

[1991, c. 64, a. 1443; I.N., 2014-05-01].

III — Stipulation for another

1444. A person may, in a contract, stipulate for the benefit of a third person.

The stipulation gives the third person ben-

ciaire le droit d'exiger directement du promettant l'exécution de l'obligation promise.

[1991, c. 64, a. 1444].

▌ C.C.Q., 1667, 1773, 1806, 2333, 2369.

eficiary the right to exact performance of the promised obligation directly from the promisor.

[1991, c. 64, a. 1444; I.N., 2014-05-01].

1445. Il n'est pas nécessaire que le tiers bénéficiaire soit déterminé ou existe au moment de la stipulation; il suffit qu'il soit déterminable à cette époque et qu'il existe au moment où le promettant doit exécuter l'obligation en sa faveur.

[1991, c. 64, a. 1445].

▌ C.C.Q., 2447.

1445. A third person beneficiary need not exist nor be determinate when the stipulation is made; he need only be determinable at that time and exist when the promisor is to perform the obligation for his benefit.

[1991, c. 64, a. 1445].

1446. La stipulation est révocable aussi longtemps que le tiers bénéficiaire n'a pas porté à la connaissance du stipulant ou du promettant sa volonté de l'accepter.

[1991, c. 64, a. 1446].

▌ C.C.Q., 1253.

1446. The stipulation may be revoked as long as the third person beneficiary has not advised the stipulator or the promisor of his will to accept it.

[1991, c. 64, a. 1446].

1447. Seul le stipulant peut révoquer la stipulation; ni ses héritiers ni ses créanciers ne le peuvent.

Il ne peut, toutefois, le faire sans le consentement du promettant, lorsque celui-ci a un intérêt à ce que la stipulation soit maintenue.

[1991, c. 64, a. 1447].

▌ C.C.Q., 1446.

1447. Only the stipulator may revoke a stipulation; neither his heirs nor his creditors may do so.

If the promisor has an interest in maintaining the stipulation, however, the stipulator may not revoke it without his consent.

[1991, c. 64, a. 1447].

1448. La révocation de la stipulation prend effet dès qu'elle est portée à la connaissance du promettant, à moins qu'elle ne soit faite par testament, auquel cas elle prend effet dès l'ouverture de la succession.

La révocation profite au stipulant ou à ses héritiers, à défaut d'une nouvelle désignation de bénéficiaire.

[1991, c. 64, a. 1448].

▌ C.C.Q., 1446, 1447.

1448. Revocation of the stipulation has effect as soon as it is made known to the promisor; if it is made by will, however, it has effect upon the opening of the succession.

Where a new beneficiary is not designated, revocation benefits the stipulator or his heirs.

[1991, c. 64, a. 1448].

1449. Le tiers bénéficiaire et ses héritiers peuvent valablement accepter la stipulation, même après le décès du stipulant ou du promettant.

[1991, c. 64, a. 1449].

1449. A third person beneficiary or his heirs may validly accept the stipulation, even after the death of the stipulator or promisor.

[1991, c. 64, a. 1449].

❚ C.C.Q., 1441, 1444.

1450. Le promettant peut opposer au tiers bénéficiaire les moyens qu'il aurait pu faire valoir contre le stipulant.

[1991, c. 64, a. 1450].

❚ C.C.Q., 1449.

1450. A promisor may set up against the third person beneficiary such defenses as he could have set up against the stipulator.

[1991, c. 64, a. 1450].

IV — De la simulation

IV — Simulation

1451. Il y a simulation lorsque les parties conviennent d'exprimer leur volonté réelle non point dans un contrat apparent, mais dans un contrat secret, aussi appelé contre-lettre.

Entre les parties, la contre-lettre l'emporte sur le contrat apparent.

[1991, c. 64, a. 1451].

❚ C.C.Q., 1452.

1451. Simulation exists where the parties agree to express their true intent, not in an apparent contract, but in a secret contract, also called a counter letter.

Between the parties, a counter letter prevails over an apparent contract.

[1991, c. 64, a. 1451].

1452. Les tiers de bonne foi peuvent, selon leur intérêt, se prévaloir du contrat apparent ou de la contre-lettre, mais s'il survient entre eux un conflit d'intérêts, celui qui se prévaut du contrat apparent est préféré.

[1991, c. 64, a. 1452].

❚ C.C.Q., 1451.

1452. Third persons in good faith may, according to their interest, avail themselves of the apparent contract or the counter letter; however, where conflicts of interest arise between them, preference is given to the person who avails himself of the apparent contract.

[1991, c. 64, a. 1452].

§ 3. — Des effets particuliers à certains contrats

I — Du transfert de droits réels

§ 3. — Special effects of certain contracts

I — Transfer of real rights

1453. Le transfert d'un droit réel portant sur un bien individualisé ou sur plusieurs biens considérés comme une universalité, en rend l'acquéreur titulaire dès la formation du contrat, quoique la délivrance n'ait pas lieu immédiatement et qu'une opération puisse rester nécessaire à la détermination du prix.

Le transfert portant sur un bien déterminé quant à son espèce seulement en rend l'acquéreur titulaire, dès qu'il a été informé de l'individualisation du bien.

[1991, c. 64, a. 1453].

❚ C.C.Q., 916, 1374, 1708, 1718, 1737, 1806, 2670.

1453. The transfer of a real right in certain and determinate property, or in several properties considered as a universality, vests the acquirer with the right upon the formation of the contract, even though the property is not delivered immediately and an operation may still remain necessary for the price to be determined.

The transfer of a real right in property determined only as to kind vests the acquirer with that right as soon as he is notified that the property is certain and determinate.

[1991, c. 64, a. 1453; I.N., 2014-05-01].

1454. Si une partie transfère successivement, à des acquéreurs différents, un même droit réel portant sur un même bien meuble, l'acquéreur de bonne foi qui est mis en possession du bien en premier est titulaire du droit réel sur ce bien, quoique son titre soit postérieur.

[1991, c. 64, a. 1454].

▌ C.C.Q., 1641, 2710, 2938, 2998.

1454. If a party transfers the same real right in the same movable property to different acquirers successively, the acquirer in good faith who is first given possession of the property is vested with the real right in that property, even though his title may be later in time.

[1991, c. 64, a. 1454].

1455. Le transfert d'un droit réel portant sur un bien immeuble n'est opposable aux tiers que suivant les règles relatives à la publicité des droits.

[1991, c. 64, a. 1455].

▌ C.C.Q., 2663, 2938, 2948.

1455. The transfer of a real right in immovable property may not be set up against third persons except in accordance with the rules concerning the publication of rights.

[1991, c. 64, a. 1455; I.N., 2014-05-01].

II — Des fruits et revenus et des risques du bien

II — Fruits and revenues and risks incident to property

1456. L'attribution des fruits et revenus et la charge des risques du bien qui est l'objet d'un droit réel transféré par contrat sont principalement réglées au livre Des biens.

Toutefois, tant que la délivrance du bien n'a pas été faite, le débiteur de l'obligation de délivrance continue d'assumer les risques y afférents.

[1991, c. 64, a. 1456].

▌ C.C.Q., 949, 950; D.T., 84.

1456. The allocation of fruits and revenues and the assumption of risks incident to property forming the object of a real right transferred by contract are principally governed by the Book on Property.

The debtor of the obligation to deliver the property continues, however, to bear the risks attached to the property until it is delivered.

[1991, c. 64, a. 1456].

Chapitre III — De la responsabilité civile

Chapter III — Civil liability

SECTION I — DES CONDITIONS DE LA RESPONSABILITÉ

SECTION I — CONDITIONS OF LIABILITY

§ 1. — Dispositions générales

§ 1. — General provisions

1457. Toute personne a le devoir de respecter les règles de conduite qui, suivant les circonstances, les usages ou la loi, s'imposent à elle, de manière à ne pas causer de préjudice à autrui.

Elle est, lorsqu'elle est douée de raison et

1457. Every person has a duty to abide by the rules of conduct incumbent on him, according to the circumstances, usage or law, so as not to cause injury to another.

Where he is endowed with reason and fails

qu'elle manque à ce devoir, responsable du préjudice qu'elle cause par cette faute à autrui et tenue de réparer ce préjudice, qu'il soit corporel, moral ou matériel.

Elle est aussi tenue, en certains cas, de réparer le préjudice causé à autrui par le fait ou la faute d'une autre personne ou par le fait des biens qu'elle a sous sa garde.

[1991, c. 64, a. 1457].

❚ C.C.Q., 164, 597, 1458, 1470, 1526, 1607, 1611, 2064, 2164, 2298, 3126-3129; D.T., 85, 86.

1458. Toute personne a le devoir d'honorer les engagements qu'elle a contractés.

Elle est, lorsqu'elle manque à ce devoir, responsable du préjudice, corporel, moral ou matériel, qu'elle cause à son cocontractant et tenue de réparer ce préjudice; ni elle ni le cocontractant ne peuvent alors se soustraire à l'application des règles du régime contractuel de responsabilité pour opter en faveur de règles qui leur seraient plus profitables.

[1991, c. 64, a. 1458].

❚ C.C.Q., 1457, 1742, 1765, 2939; C.P.C., 66.

§ 2. ── Du fait† ou de la faute d'autrui

1459. Le titulaire de l'autorité parentale est tenu de réparer le préjudice causé à autrui par le fait ou la faute du mineur à l'égard de qui il exerce cette autorité, à moins de prouver qu'il n'a lui-même commis aucune faute dans la garde, la surveillance ou l'éducation du mineur.

Celui qui a été déchu de l'autorité parentale est tenu de la même façon, si le fait ou la faute du mineur est lié à l'éducation qu'il lui a donnée.

[1991, c. 64, a. 1459].

❚ C.C.Q., 186, 197, 394, 597, 1462.

1460. La personne qui, sans être titulaire de l'autorité parentale, se voit confier, par délégation ou autrement, la garde, la surveillance ou l'éducation d'un mineur est tenue, de la même manière que le titulaire

in this duty, he is liable for any injury he causes to another by such fault and is bound to make reparation for the injury, whether it be bodily, moral or material in nature.

He is also bound, in certain cases, to make reparation for injury caused to another by the act or fault of another person or by the act of things in his custody.

[1991, c. 64, a. 1457; 2002, c. 19, s. 15; I.N., 2014-05-01].

1458. Every person has a duty to honour his contractual undertakings.

Where he fails in this duty, he is liable for any bodily, moral or material injury he causes to the other contracting party and is bound to make reparation for the injury; neither he nor the other party may in such a case avoid the rules governing contractual liability by opting for rules that would be more favourable to them.

[1991, c. 64, a. 1458; I.N., 2014-05-01].

§ 2. ── Act† or fault of another

1459. A person having parental authority is bound to make reparation for injury caused to another by the act or fault of the minor under his authority, unless he proves that he himself did not commit any fault with regard to the custody, supervision or education of the minor.

A person deprived of parental authority is bound in the same manner, if the act or fault of the minor is related to the education he has given to him.

[1991, c. 64, a. 1459; I.N., 2014-05-01].

1460. A person who, without having parental authority, is entrusted, by delegation or otherwise, with the custody, supervision or education of a minor is bound, in the same manner as the person having parental

de l'autorité parentale, de réparer le préjudice causé par le fait ou la faute du mineur.

Toutefois, elle n'y est tenue, lorsqu'elle agit gratuitement ou moyennant une récompense, que s'il est prouvé qu'elle a commis une faute.

[1991, c. 64, a. 1460].

▮ C.C.Q., 186, 601.

authority, to make reparation for injury caused by the act or fault of the minor.

Where he is acting gratuitously or for reward, however, he is not so bound unless it is proved that he has committed a fault.

[1991, c. 64, a. 1460; I.N., 2014-05-01].

1461. La personne qui, agissant comme tuteur, curateur ou autrement, assume la garde d'un majeur non doué de raison n'est pas tenue de réparer le préjudice causé par le fait de ce majeur, à moins qu'elle n'ait elle-même commis une faute intentionnelle ou lourde dans l'exercice de la garde.

[1991, c. 64, a. 1461].

▮ C.C.Q., 260, 1474.

1461. Any person who, as tutor, curator or otherwise, assumes custody of a person of full age who is not endowed with reason, is not bound to make reparation for injury caused by any act of the person of full age, except where he is himself guilty of a deliberate or gross fault in exercising custody.

[1991, c. 64, a. 1461; I.N., 2014-05-01].

1462. On ne peut être responsable du préjudice causé à autrui par le fait d'une personne non douée de raison que dans le cas où le comportement de celle-ci aurait été autrement considéré comme fautif.

[1991, c. 64, a. 1462].

▮ C.C.Q., 1457, 1459.

1462. A person is liable for injury caused to another by an act or omission of a person not endowed with reason, only in cases where the conduct of the person not endowed with reason would otherwise have been considered wrongful.

[1991, c. 64, a. 1462; I.N., 2014-05-01].

1463. Le commettant est tenu de réparer le préjudice causé par la faute de ses préposés dans l'exécution de leurs fonctions; il conserve, néanmoins, ses recours contre eux.

[1991, c. 64, a. 1463].

▮ C.C.Q., 2073, 2301.

1463. The principal is bound to make reparation for injury caused by the fault of his agents and servants in the performance of their duties; nevertheless, he retains his remedies against them.

[1991, c. 64, a. 1463; I.N., 2014-05-01].

1464. Le préposé de l'État ou d'une personne morale de droit public ne cesse pas d'agir dans l'exécution de ses fonctions du seul fait qu'il commet un acte illégal, hors de sa compétence ou non autorisé, ou du fait qu'il agit comme agent de la paix.

[1991, c. 64, a. 1464].

▮ C.C.Q., 1463.

1464. An agent or servant of the State or of a legal person established in the public interest does not cease to act in the performance of his duties by the mere fact that he performs an act that is illegal, beyond his authority or unauthorized, or by the fact that he is acting as a peace officer.

[1991, c. 64, a. 1464; I.N., 2014-05-01].

§ 3. — Du fait† des biens

§ 3. — Act† of a thing

1465. Le gardien d'un bien est tenu de réparer le préjudice causé par le fait autonome de celui-ci, à moins qu'il prouve n'avoir commis aucune faute.

[1991, c. 64, a. 1465].

▌ C.C.Q., 1467.

1465. The custodian of a thing is bound to make reparation for injury resulting from the autonomous act of the thing, unless he proves that he is not at fault.

[1991, c. 64, a. 1465; I.N., 2014-05-01].

1466. Le propriétaire d'un animal est tenu de réparer le préjudice que l'animal a causé, soit qu'il fût sous sa garde ou sous celle d'un tiers, soit qu'il fût égaré ou échappé.

La personne qui se sert de l'animal en est aussi, pendant ce temps, responsable avec le propriétaire.

[1991, c. 64, a. 1466].

▌ C.C.Q., 1470.

1466. The owner of an animal is bound to make reparation for injury it has caused, whether the animal was under his custody or that of a third person, or had strayed or escaped.

A person making use of the animal is also, during that time, liable therefor together with the owner.

[1991, c. 64, a. 1466; I.N., 2014-05-01].

1467. Le propriétaire, sans préjudice de sa responsabilité à titre de gardien, est tenu de réparer le préjudice causé par la ruine, même partielle, de son immeuble, qu'elle résulte d'un défaut d'entretien ou d'un vice de construction.

[1991, c. 64, a. 1467].

▌ C.C.Q., 990, 1077, 1465.

1467. The owner of an immovable, without prejudice to his liability as custodian, is bound to make reparation for injury caused by its ruin, even partial, whether the ruin has resulted from lack of repair or from a defect in construction.

[1991, c. 64, a. 1467; I.N., 2014-05-01].

1468. Le fabricant d'un bien meuble, même si ce bien est incorporé à un immeuble ou y est placé pour le service ou l'exploitation de celui-ci, est tenu de réparer le préjudice causé à un tiers par le défaut de sécurité du bien.

Il en est de même pour la personne qui fait la distribution du bien sous son nom ou comme étant son bien et pour tout fournisseur du bien, qu'il soit grossiste ou détaillant, ou qu'il soit ou non l'importateur du bien.

[1991, c. 64, a. 1468].

▌ C.C.Q., 1442, 1458, 1469, 1473, 1730, 3128.

1468. The manufacturer of a movable thing is bound to make reparation for injury caused to a third person by reason of a safety defect in the thing, even if it is incorporated with or placed in an immovable for the service or operation of the immovable.

The same rule applies to a person who distributes the thing under his name or as his own and to any supplier of the thing, whether a wholesaler or a retailer and whether or not he imported the thing.

[1991, c. 64, a. 1468; I.N., 2014-05-01].

1469. Il y a défaut de sécurité du bien lorsque, compte tenu de toutes les circonstances, le bien n'offre pas la sécurité à laquelle on est normalement en droit de

1469. A thing has a safety defect where, having regard to all the circumstances, it does not afford the safety which a person is normally entitled to expect, particularly

s'attendre, notamment en raison d'un vice de conception ou de fabrication du bien, d'une mauvaise conservation ou présentation du bien ou, encore, de l'absence d'indications suffisantes quant aux risques et dangers qu'il comporte ou quant aux moyens de s'en prémunir.

[1991, c. 64, a. 1469].

∎ C.C.Q., 1468.

by reason of a defect in design or manufacture, poor preservation or presentation, or the lack of sufficient indications as to the risks and dangers it involves or as to the means to avoid them.

[1991, c. 64, a. 1469; I.N., 2014-05-01].

SECTION II ——
DE CERTAINS CAS D'EXONÉRATION DE
RESPONSABILITÉ

SECTION II ——
CERTAIN CASES OF EXEMPTION FROM
LIABILITY

1470. Toute personne peut se dégager de sa responsabilité pour le préjudice causé à autrui si elle prouve que le préjudice résulte d'une force majeure, à moins qu'elle ne se soit engagée à le réparer.

La force majeure est un événement imprévisible et irrésistible; y est assimilée la cause étrangère qui présente ces mêmes caractères.

[1991, c. 64, a. 1470].

∎ C.C.Q., 876, 1160, 1600, 1693, 1727, 2029, 2034, 2100, 2322, 2739.

1470. A person may free himself from his liability for injury caused to another by proving that the injury results from superior force, unless he has undertaken to make reparation for it.

Superior force is an unforeseeable and irresistible event, including external causes with the same characteristics.

[1991, c. 64, a. 1470; I.N., 2014-05-01].

1471. La personne qui porte secours à autrui ou qui, dans un but désintéressé, dispose gratuitement de biens au profit d'autrui est exonérée de toute responsabilité pour le préjudice qui peut en résulter, à moins que ce préjudice ne soit dû à sa faute intentionnelle ou à sa faute lourde.

[1991, c. 64, a. 1471].

∎ C.C.Q., 1474.

1471. Where a person comes to the assistance of another or, for an unselfish motive, gratuitously disposes of property for the benefit of another, he is exempt from all liability for injury that may result, unless the injury is due to his intentional or gross fault.

[1991, c. 64, a. 1471; I.N., 2014-05-01].

1472. Toute personne peut se dégager de sa responsabilité pour le préjudice causé à autrui par suite de la divulgation d'un secret commercial si elle prouve que l'intérêt général l'emportait sur le maintien du secret et, notamment, que la divulgation de celui-ci était justifiée par des motifs liés à la santé ou à la sécurité du public.

[1991, c. 64, a. 1472].

∎ C.C.Q., 1612.

1472. A person may free himself from his liability for injury caused to another as a result of the disclosure of a trade secret by proving that considerations of general interest prevailed over keeping the secret and, particularly, that its disclosure was justified for reasons of public health or safety.

[1991, c. 64, a. 1472].

1473. Le fabricant, distributeur ou fournisseur d'un bien meuble n'est pas tenu de réparer le préjudice causé par le défaut de

1473. The manufacturer, distributor or supplier of a movable thing is not bound to make reparation for injury caused by a

sécurité de ce bien s'il prouve que la victime connaissait ou était en mesure de connaître le défaut du bien, ou qu'elle pouvait prévoir le préjudice.

Il n'est pas tenu, non plus, de réparer le préjudice s'il prouve que le défaut ne pouvait être connu, compte tenu de l'état des connaissances, au moment où il a fabriqué, distribué ou fourni le bien et qu'il n'a pas été négligent dans son devoir d'information lorsqu'il a eu connaissance de l'existence de ce défaut.

[1991, c. 64, a. 1473].

■ C.C.Q., 1468, 1469.

1474. Une personne ne peut exclure ou limiter sa responsabilité pour le préjudice matériel causé à autrui par une faute intentionnelle ou une faute lourde; la faute lourde est celle qui dénote une insouciance, une imprudence ou une négligence grossières.

Elle ne peut aucunement exclure ou limiter sa responsabilité pour le préjudice corporel ou moral causé à autrui.

[1991, c. 64, a. 1474].

■ C.C.Q., 1461, 1471.

1475. Un avis, qu'il soit ou non affiché, stipulant l'exclusion ou la limitation de l'obligation de réparer le préjudice résultant de l'inexécution d'une obligation contractuelle n'a d'effet, à l'égard du créancier, que si la partie qui invoque l'avis prouve que l'autre partie en avait connaissance au moment de la formation du contrat.

[1991, c. 64, a. 1475].

■ C.C.Q., 1476.

1476. On ne peut, par un avis, exclure ou limiter, à l'égard des tiers, son obligation de réparer; mais, pareil avis peut valoir dénonciation d'un danger.

[1991, c. 64, a. 1476].

■ C.C.Q., 1475.

1477. L'acceptation de risques par la victime, même si elle peut, eu égard aux cir-

safety defect in it if he proves that the victim knew or could have known of the defect, or could have foreseen the injury.

Nor is he bound to make reparation if he proves that, according to the state of knowledge at the time that he manufactured, distributed or supplied the thing, the existence of the defect could not have been known, and that he was not neglectful of his duty to provide information when he became aware of the defect.

[1991, c. 64, a. 1473; 2002, c. 19, s. 15; I.N., 2014-05-01].

1474. A person may not exclude or limit his liability for material injury caused to another through an intentional or gross fault; a gross fault is a fault which shows gross recklessness, gross carelessness or gross negligence.

He may not in any way exclude or limit his liability for bodily or moral injury caused to another.

[1991, c. 64, a. 1474].

1475. A notice, whether posted or not, stipulating the exclusion or limitation of the obligation to make reparation for injury resulting from the nonperformance of a contractual obligation has effect, with respect to the creditor, only if the party who invokes the notice proves that the other party was aware of its existence at the time the contract was formed.

[1991, c. 64, a. 1475; I.N., 2014-05-01].

1476. A person may not by way of a notice exclude or limit his obligation to make reparation with respect to third persons; such a notice may, however, constitute disclosure of a danger.

[1991, c. 64, a. 1476; I.N., 2014-05-01].

1477. The assumption of risk by the victim, although it may be considered impru-

constances, être considérée comme une imprudence, n'emporte pas renonciation à son recours contre l'auteur du préjudice.

[1991, c. 64, a. 1477].

∎ C.C.Q., 1457.

dent having regard to the circumstances, does not entail renunciation of his remedy against the author of the injury.

[1991, c. 64, a. 1477; I.N., 2014-05-01].

SECTION III —
DU PARTAGE DE RESPONSABILITÉ

SECTION III —
APPORTIONMENT OF LIABILITY

1478. Lorsque le préjudice est causé par plusieurs personnes, la responsabilité se partage entre elles en proportion de la gravité de leur faute respective.

La faute de la victime, commune dans ses effets avec celle de l'auteur, entraîne également un tel partage.

[1991, c. 64, a. 1478].

∎ C.C.Q., 1479-1481.

1478. Where an injury has been caused by several persons, liability is shared between them in proportion to the seriousness of the fault of each.

The victim is included in the apportionment when the injury is partly the effect of his own fault.

[1991, c. 64, a. 1478; I.N., 2014-05-01].

1479. La personne qui est tenue de réparer un préjudice ne répond pas de l'aggravation de ce préjudice que la victime pouvait éviter.

[1991, c. 64, a. 1479].

∎ C.C.Q., 1478.

1479. A person who is bound to make reparation for an injury is not liable for any aggravation of the injury that the victim could have avoided.

[1991, c. 64, a. 1479; I.N., 2014-05-01].

1480. Lorsque plusieurs personnes ont participé à un fait collectif fautif qui entraîne un préjudice ou qu'elles ont commis des fautes distinctes dont chacune est susceptible d'avoir causé le préjudice, sans qu'il soit possible, dans l'un ou l'autre cas, de déterminer laquelle l'a effectivement causé, elles sont tenues solidairement à la réparation du préjudice.

[1991, c. 64, a. 1480].

∎ C.C.Q., 1478, 1523, 1526, 2118.

1480. Where several persons have jointly participated in a wrongful act which has resulted in injury or have committed separate faults each of which may have caused the injury, and where it is impossible to determine, in either case, which of them actually caused the injury, they are solidarily bound to make reparation thereof.

[1991, c. 64, a. 1480; I.N., 2014-05-01].

1481. Lorsque le préjudice est causé par plusieurs personnes et qu'une disposition expresse d'une loi particulière exonère l'une d'elles de toute responsabilité, la part de responsabilité qui lui aurait été attribuée est assumée de façon égale par les autres responsables du préjudice.

[1991, c. 64, a. 1481].

∎ C.C.Q., 1478.

1481. Where an injury has been caused by several persons and one of them is exempted from all liability by an express provision of a special Act, the share of the liability which would have been his is assumed equally by the other persons liable for the injury.

[1991, c. 64, a. 1481].

Chapitre IV — De certaines autres sources de l'obligation

Chapter IV — Certain other sources of obligations

SECTION I —
DE LA GESTION D'AFFAIRES

SECTION I —
MANAGEMENT OF THE BUSINESS OF ANOTHER

1482. Il y a gestion d'affaires lorsqu'une personne, le gérant, de façon spontanée et sans y être obligée, entreprend volontairement et opportunément de gérer l'affaire d'une autre personne, le géré, hors la connaissance de celle-ci ou à sa connaissance si elle n'était pas elle-même en mesure de désigner un mandataire ou d'y pourvoir de toute autre manière.

[1991, c. 64, a. 1482].

∎ C.C.Q., 3125.

1482. Management of the business of another exists where a person, the manager, spontaneously and under no obligation to act, voluntarily and opportunely undertakes to manage the business of another, the principal, without his knowledge, or with his knowledge if he was unable to appoint a mandatary or otherwise provide for it.

[1991, c. 64, a. 1482].

1483. Le gérant doit, dès qu'il lui est possible de le faire, informer le géré de la gestion qu'il a entreprise.

[1991, c. 64, a. 1483].

∎ C.C.Q., 1482.

1483. The manager shall as soon as possible inform the principal of the management he has undertaken.

[1991, c. 64, a. 1483].

1484. La gestion d'affaires oblige le gérant à continuer la gestion qu'il a entreprise jusqu'à ce qu'il puisse l'abandonner sans risque de perte ou jusqu'à ce que le géré, ses tuteur ou curateur, ou le liquidateur de sa succession, le cas échéant, soient en mesure d'y pourvoir.

Le gérant est, pour le reste, soumis dans sa gestion aux obligations générales de l'administrateur du bien d'autrui chargé de la simple administration, dans la mesure où ces obligations ne sont pas incompatibles, compte tenu des circonstances.

[1991, c. 64, a. 1484].

∎ C.C.Q., 1251, 1309, 1318, 1361, 2182.

1484. The manager is bound to continue the management undertaken until he can withdraw without risk of loss or until the principal, or his tutor or curator, or the liquidator of the succession, as the case may be, is able to provide for it.

The manager is in all other aspects of his management subject to the general obligations of an administrator of the property of another charged with simple administration, insofar as the obligations are not incompatible, having regard to the circumstances.

[1991, c. 64, a. 1484; I.N., 2014-05-01].

1485. Le liquidateur de la succession du gérant qui connaît la gestion, n'est tenu de faire, dans les affaires commencées, que ce qui est nécessaire pour prévenir une perte; il doit aussitôt rendre compte au géré.

[1991, c. 64, a. 1485].

1485. The liquidator of the succession of the manager who is aware of the management is bound to do only what is necessary to avoid loss in matters already begun; he shall immediately account to the principal.

[1991, c. 64, a. 1485; I.N., 2014-05-01].

▌ C.C.Q., 1361, 2183.

1486. Le géré doit, lorsque les conditions de la gestion d'affaires sont réunies et même si le résultat recherché n'a pas été atteint, rembourser au gérant les dépenses nécessaires ou utiles faites par celui-ci et l'indemniser pour le préjudice qu'il a subi en raison de sa gestion et qui n'est pas dû à sa faute.

Il doit aussi remplir les engagements nécessaires ou utiles qui ont été contractés, en son nom ou à son bénéfice, par le gérant envers des tiers.

[1991, c. 64, a. 1486].

▌ C.C.Q., 1362, 2152.

1486. When the conditions of management of the business of another are fulfilled, even if the desired result has not been attained, the principal shall reimburse the manager for all the necessary or useful expenses he has incurred and indemnify him for any injury he has suffered by reason of his management and not through his own fault.

The principal shall also fulfil any necessary or useful obligations that the manager has contracted with third persons in his name or for his benefit.

[1991, c. 64, a. 1486].

1487. L'utilité ou la nécessité des dépenses faites par le gérant et des obligations qu'il a contractées s'apprécie au moment où elles ont été faites ou contractées.

[1991, c. 64, a. 1487].

▌ C.C.Q., 954-975, 1486.

1487. Expenses or obligations are assessed as to their necessity or usefulness at the time they were incurred or contracted by the manager.

[1991, c. 64, a. 1487].

1488. Les impenses faites par le gérant sur un immeuble appartenant au géré sont traitées suivant les règles établies pour celles faites par un possesseur de bonne foi.

[1991, c. 64, a. 1488].

▌ C.C.Q., 958, 959, 961, 963.

1488. Disbursements made by the manager with respect to an immovable belonging to the principal are treated as provided in the rules established for disbursements made by a possessor in good faith.

[1991, c. 64, a. 1488; I.N., 2014-05-01].

1489. Le gérant qui agit en son propre nom est tenu envers les tiers avec qui il contracte, sans préjudice des recours de l'un et des autres contre le géré.

Le gérant qui agit au nom du géré n'est tenu envers les tiers avec qui il contracte que si le géré n'est pas tenu envers eux.

[1991, c. 64, a. 1489].

▌ C.C.Q., 1319, 2157.

1489. A manager acting in his own name is bound towards third persons with whom he contracts, without prejudice to his or their remedies against the principal.

A manager acting in the name of the principal is bound towards third persons with whom he contracts only if the principal is not bound towards them.

[1991, c. 64, a. 1489; I.N., 2014-05-01].

1490. La gestion inopportunément entreprise par le gérant n'oblige le géré que dans la seule mesure de son enrichissement.

[1991, c. 64, a. 1490].

1490. Management inopportunely undertaken by a manager is binding on the principal only to the extent of his enrichment.

[1991, c. 64, a. 1490].

■ C.C.Q., 1482.

SECTION II —
DE LA RÉCEPTION DE L'INDU

1491. Le paiement fait par erreur, ou simplement pour éviter un préjudice à celui qui le fait en protestant qu'il ne doit rien, oblige celui qui l'a reçu à le restituer.

Toutefois, il n'y a pas lieu à la restitution lorsque, par suite du paiement, celui qui a reçu de bonne foi a désormais une créance prescrite, a détruit son titre ou s'est privé d'une sûreté, sauf le recours de celui qui a payé contre le véritable débiteur.

[1991, c. 64, a. 1491].

■ C.C.Q., 1554, 1556, 1559, 1643, 2630, 3125.

1492. La restitution de ce qui a été payé indûment se fait suivant les règles de la restitution des prestations.

[1991, c. 64, a. 1492].

■ C.C.Q., 931, 1554, 1562, 1699-1707.

SECTION III —
DE L'ENRICHISSEMENT INJUSTIFIÉ

1493. Celui qui s'enrichit aux dépens d'autrui doit, jusqu'à concurrence de son enrichissement, indemniser ce dernier de son appauvrissement corrélatif s'il n'existe aucune justification à l'enrichissement ou à l'appauvrissement.

[1991, c. 64, a. 1493].

■ C.C.Q., 3125.

1494. Il y a justification à l'enrichissement ou à l'appauvrissement lorsqu'il résulte de l'exécution d'une obligation, du défaut, par l'appauvri, d'exercer un droit qu'il peut ou aurait pu faire valoir contre l'enrichi ou d'un acte accompli par l'appauvri dans son intérêt personnel et exclusif ou à ses risques et périls ou, encore, dans une intention libérale constante.

[1991, c. 64, a. 1494].

■ C.C.Q., 1493.

SECTION II —
RECEIPT OF A PAYMENT NOT DUE

1491. A person who receives a payment made in error, or merely to avoid injury to the person making it while protesting that he owes nothing, is obliged to restore it.

He is not obliged to restore it, however, where, in consequence of the payment, the claim of the person who received the undue payment in good faith is prescribed or the person has destroyed his title or relinquished a security, saving the remedy of the person having made the payment against the true debtor.

[1991, c. 64, a. 1491].; I.N., 2014-05-01].

1492. Restitution of payments not due is made according to the rules for the restitution of prestations.

[1991, c. 64, a. 1492; I.N., 2014-05-01].

SECTION III —
UNJUST ENRICHMENT

1493. A person who is enriched at the expense of another shall, to the extent of his enrichment, indemnify the other for the latter's correlative impoverishment, if there is no justification for the enrichment or the impoverishment.

[1991, c. 64, a. 1493; I.N., 2014-05-01].

1494. Enrichment or impoverishment is justified where it results from the performance of an obligation, from the failure of the person impoverished to exercise a right of which he may avail himself or could have availed himself against the person enriched, or from an act performed by the person impoverished for his personal and exclusive interest or at his own risk and peril, or with a consistent liberal intention.

[1991, c. 64, a. 1494; I.N., 2014-05-01].

1495. L'indemnité n'est due que si l'enrichissement subsiste au jour de la demande.

Tant l'enrichissement que l'appauvrissement s'apprécient au jour de la demande; toutefois, si les circonstances indiquent la mauvaise foi de l'enrichi, l'enrichissement peut s'apprécier au temps où il en a bénéficié.

[1991, c. 64, a. 1495].

❙ C.C.Q., 1493.

1495. The indemnity is due only if the enrichment continues to exist on the day of the demand.

Both the enrichment and the impoverishment are assessed on the day of the demand; however, where the circumstances indicate the bad faith of the person enriched, the enrichment may be assessed as at the time he benefited therefrom.

[1991, c. 64, a. 1495; I.N., 2014-05-01].

1496. Lorsque l'enrichi a disposé gratuitement de ce dont il s'est enrichi sans intention de frauder l'appauvri, l'action de ce dernier peut s'exercer contre le tiers bénéficiaire, si celui-ci était en mesure de connaître l'appauvrissement.

[1991, c. 64, a. 1496].

❙ C.C.Q., 1493.

1496. Where the person enriched disposes of his enrichment gratuitously, with no intention of defrauding the person impoverished, the action of the person impoverished may be taken against the third person beneficiary if the latter could have known of the impoverishment.

[1991, c. 64, a. 1496].

Chapitre V —— Des modalités de l'obligation

Chapter V —— Modalities of obligations

SECTION I —— DE L'OBLIGATION À MODALITÉ SIMPLE

SECTION I —— SIMPLE MODALITIES

§ 1. —— De l'obligation conditionnelle

§ 1. —— Conditional obligations

1497. L'obligation est conditionnelle lorsqu'on le fait dépendre d'un événement futur et incertain, soit en suspendant sa naissance jusqu'à ce que l'événement arrive ou qu'il devienne certain qu'il n'arrivera pas, soit en subordonnant son extinction au fait que l'événement arrive ou n'arrive pas.

[1991, c. 64, a. 1497].

❙ C.C.Q., 2658, 2680; C.P.C., 639, 716.

1497. An obligation is conditional where it is made to depend upon a future and uncertain event, either by suspending it until the event occurs or is certain not to occur, or by making its extinction dependent on whether or not the event occurs.

[1991, c. 64, a. 1497].

1498. N'est pas conditionnelle l'obligation dont la naissance ou l'extinction dépend d'un événement qui, à l'insu des parties, est déjà arrivé au moment où le débiteur s'est obligé sous condition.

[1991, c. 64, a. 1498].

❙ C.C.Q., 1487.

1498. An obligation is not conditional if it or its extinction depends on an event that, unknown to the parties, had already occurred at the time that the debtor obligated himself conditionally.

[1991, c. 64, a. 1498].

1499. La condition dont dépend l'obligation doit être possible et ne doit être ni prohibée par la loi ni contraire à l'ordre public; autrement, elle est nulle et rend nulle l'obligation qui en dépend.

[1991, c. 64, a. 1499].

▮ C.C.Q., 8, 9, 757, 1373, 1411, 1497, 3081.

1500. L'obligation dont la naissance dépend d'une condition qui relève de la seule discrétion du débiteur est nulle; mais, si la condition consiste à faire ou à ne pas faire quelque chose, quoique cela relève de sa discrétion, l'obligation est valable.

[1991, c. 64, a. 1500].

▮ C.C.Q., 1822.

1501. La condition qui n'est assortie d'aucun délai pour son accomplissement peut toujours être accomplie; elle est toutefois défaillie s'il devient certain qu'elle ne s'accomplira pas.

[1991, c. 64, a. 1501].

▮ C.C.Q., 1497.

1502. Lorsque l'obligation est subordonnée à la condition qu'un événement n'arrivera pas dans un temps déterminé, cette condition est accomplie lorsque le temps s'est écoulé sans que l'événement soit arrivé; elle l'est également lorsqu'il devient certain, avant l'écoulement du temps prévu, que l'événement n'arrivera pas.

S'il n'y a pas de temps déterminé, la condition n'est censée accomplie que lorsqu'il devient certain que l'événement n'arrivera pas.

[1991, c. 64, a. 1502].

▮ C.C.Q., 1497.

1503. L'obligation conditionnelle a tout son effet lorsque le débiteur obligé sous telle condition en empêche l'accomplissement.

[1991, c. 64, a. 1503].

▮ C.C.Q., 1497.

1499. A condition upon which an obligation depends is one that is possible and neither unlawful nor contrary to public order; otherwise, it is null and renders null the obligation that depends upon it.

[1991, c. 64, a. 1499].

1500. An obligation that depends upon a condition that is at the sole discretion of the debtor is null; however, if the condition consists in doing or not doing something, the obligation is valid, even where the act is at the discretion of the debtor.

[1991, c. 64, a. 1500].

1501. If no time has been fixed for fulfillment of a condition, the condition may be fulfilled at any time; the condition fails, however, if it becomes certain that it will not be fulfilled.

[1991, c. 64, a. 1501].

1502. Where an obligation is dependent on the condition that an event will not occur within a given time, the condition is considered fulfilled once the time has elapsed without the event having occurred, and also when, before the time has elapsed, it becomes certain that the event will not occur.

Where no time has been fixed, the condition is not considered fulfilled until it becomes certain that the event will not occur.

[1991, c. 64, a. 1502].

1503. A conditional obligation becomes absolute when the debtor whose obligation is subject to the condition prevents it from being fulfilled.

[1991, c. 64, a. 1503].

1504. Le créancier peut, avant l'accomplissement de la condition, prendre toutes les mesures utiles à la conservation de ses droits.

[1991, c. 64, a. 1504].

■ C.C.Q., 642, 1626.

1504. The creditor, pending fulfillment of the condition, may take any useful measures to preserve his rights.

[1991, c. 64, a. 1504].

1505. Le simple fait que l'obligation soit conditionnelle ne l'empêche pas d'être cessible ou transmissible.

[1991, c. 64, a. 1505].

■ C.C.Q., 747, 750.

1505. The conditional nature of an obligation does not prevent it from being transferable or transmissible.

[1991, c. 64, a. 1505].

1506. La condition accomplie a, entre les parties et à l'égard des tiers, un effet rétroactif au jour où le débiteur s'est obligé sous condition.

[1991, c. 64, a. 1506].

■ C.C.Q., 1497.

1506. The fulfillment of a condition has a retroactive effect, between the parties and with respect to third persons, to the day on which the debtor obligated himself conditionally.

[1991, c. 64, a. 1506].

1507. La condition suspensive accomplie oblige le débiteur à exécuter l'obligation, comme si celle-ci avait existé depuis le jour où il s'est obligé sous telle condition.

La condition résolutoire accomplie oblige chacune des parties à restituer à l'autre les prestations qu'elle a reçues en vertu de l'obligation, comme si celle-ci n'avait jamais existé.

[1991, c. 64, a. 1507].

■ C.C.Q., 1671, 1742, 1743.

1507. The fulfillment of a suspensive condition obliges the debtor to perform the obligation, as though it had existed from the day on which he obligated himself under that condition.

The fulfillment of a resolutory condition obliges each party to return to the other the prestations he has received pursuant to the obligation, as though the obligation had never existed.

[1991, c. 64, a. 1507].

§ 2. — De l'obligation à terme

§ 2. — Obligations with a term

1508. L'obligation est à terme suspensif lorsque son exigibilité seule est suspendue jusqu'à l'arrivée d'un événement futur et certain.

[1991, c. 64, a. 1508].

■ C.C.Q., 747, 2319.

1508. An obligation with a suspensive term is an existing obligation that does not become exigible until the occurrence of a future and certain event.

[1991, c. 64, a. 1508].

1509. Lorsque l'exigibilité de l'obligation est suspendue jusqu'à l'expiration d'un délai, sans mention d'une date déterminée,

1509. Where the obligation does not become exigible until the expiry of a period of time but no specific date is mentioned,

on ne compte pas le jour qui marque le point de départ, mais on compte celui de l'échéance.

[1991, c. 64, a. 1509].

■ C.C.Q., 1508.

the first day of the period is not counted, but the day of its expiry is counted.

[1991, c. 64, a. 1509].

1510. Si l'événement qui était tenu pour certain n'arrive pas, l'obligation devient exigible au jour où l'événement aurait dû normalement arriver.

[1991, c. 64, a. 1510].

■ C.C.Q., 1508.

1510. If an event that was considered certain does not occur, the obligation is exigible from the day on which the event normally should have occurred.

[1991, c. 64, a. 1510].

1511. Le terme profite au débiteur, sauf s'il résulte de la loi, de la volonté des parties ou des circonstances qu'il a été stipulé en faveur du créancier ou des deux parties.

La partie au bénéfice exclusif de qui le terme est stipulé peut y renoncer, sans le consentement de l'autre partie.

[1991, c. 64, a. 1511].

■ C.C.Q., 1515.

1511. A term is for the benefit of the debtor, unless it is apparent from the law, the intent of the parties or the circumstances that it has been stipulated for the benefit of the creditor or both parties.

The party for whose exclusive benefit a term has been stipulated may renounce it, without the consent of the other party.

[1991, c. 64, a. 1511].

1512. Lorsque les parties ont convenu de retarder la détermination du terme ou de laisser à l'une d'elles le soin de le déterminer et qu'à l'expiration d'un délai raisonnable, elles n'y ont point encore procédé, le tribunal peut, à la demande de l'une d'elles, fixer ce terme en tenant compte de la nature de l'obligation, de la situation des parties et de toute circonstance appropriée.

Le tribunal peut aussi fixer ce terme lorsqu'il est de la nature de l'obligation qu'elle soit à terme et qu'il n'y a pas de convention par laquelle on puisse le déterminer.

[1991, c. 64, a. 1512].

■ C.C.Q., 1508.

1512. Where the parties have agreed to delay the determination of the term or to leave it to one of them to make such determination and where, after a reasonable time, no term has been determined, the court may, upon the application of one of the parties, fix the term according to the nature of the obligation, the situation of the parties and the circumstances.

The court may also fix the term where a term is required by the nature of the obligation and there is no agreement as to how it may be determined.

[1991, c. 64, a. 1512].

1513. Ce qui n'est dû qu'à terme ne peut être exigé avant l'échéance; mais ce qui a été exécuté d'avance, librement et sans erreur, ne peut être répété.

[1991, c. 64, a. 1513].

■ C.C.Q., 1554, 2362.

1513. What is due with a term may not be exacted before the term expires, but anything performed freely and without error before the expiry of the term may not be recovered.

[1991, c. 64, a. 1513].

1514. Le débiteur perd le bénéfice du terme s'il devient insolvable, est déclaré failli, ou diminue, par son fait† et sans le consentement du créancier, les sûretés qu'il a consenties à ce dernier.

Il perd aussi le bénéfice du terme s'il fait défaut de respecter les conditions en considération desquelles ce bénéfice lui avait été accordé.

[1991, c. 64, a. 1514].

▌C.C.Q., 1721, 2354, 2359, 2386; C.P.C., 718.

1514. A debtor loses the benefit of the term if he becomes insolvent, is declared bankrupt, or, by his own act† and without the consent of the creditor, reduces the security he has given to him.

He also loses the benefit of the term if he fails to meet the conditions in consideration of which it was granted to him.

[1991, c. 64, a. 1514].

1515. La renonciation au bénéfice du terme ou la déchéance du terme rend l'obligation immédiatement exigible.

[1991, c. 64, a. 1515].

▌C.C.Q., 1511.

1515. Renunciation of the benefit of the term or forfeiture of the term renders the obligation exigible immediately.

[1991, c. 64, a. 1515].

1516. La déchéance du terme encourue par l'un des débiteurs, même solidaire, est inopposable aux autres codébiteurs.

[1991, c. 64, a. 1516].

▌C.C.Q., 1515.

1516. Forfeiture of the term incurred by one of the debtors, even a solidary debtor, may not be set up against the other co-debtors.

[1991, c. 64, a. 1516].

1517. L'obligation est à terme extinctif lorsque sa durée est fixée par la loi ou par les parties et qu'elle s'éteint par l'arrivée du terme.

[1991, c. 64, a. 1517].

▌C.C.Q., 355, 1673, 2230, 2258.

1517. An obligation with an extinctive term is an obligation which has a duration fixed by law or by the parties and which is extinguished by expiry of the term.

[1991, c. 64, a. 1517].

SECTION II —
DE L'OBLIGATION À MODALITÉ
COMPLEXE

SECTION II —
COMPLEX MODALITIES

§ 1. — De l'obligation à plusieurs
sujets

§ 1. — Obligations with multiple
persons

I — De l'obligation conjointe,
divisible et indivisible

I — Joint, divisible and indivisible
obligations

1518. L'obligation est conjointe entre plusieurs débiteurs lorsqu'ils sont obligés à une même chose envers le créancier, mais de manière que chacun d'eux ne puisse

1518. An obligation is joint between two or more debtors where they are obligated to the creditor for the same thing but in such a way that each debtor may only be

être contraint à l'exécution de l'obligation que séparément et jusqu'à concurrence de sa part dans la dette.

Elle est conjointe entre plusieurs créanciers lorsque chacun d'eux ne peut exiger, du débiteur commun, que l'exécution de sa part dans la créance.

[1991, c. 64, a. 1518].

■ C.C.Q., 2120, 2221, 2274.

1519. L'obligation est divisible de plein droit, à moins que l'indivisibilité n'ait été expressément stipulée ou que l'objet de l'obligation ne soit pas, de par sa nature, susceptible de division matérielle ou intellectuelle.

[1991, c. 64, a. 1519].

■ C.C.Q., 823, 827, 884, 1037, 1625, 1755, 2360, 2901, 2902.

1520. L'obligation qui est indivisible ne se divise ni entre les débiteurs ou les créanciers, ni entre leurs héritiers.

Chacun des débiteurs ou de ses héritiers peut être séparément contraint à l'exécution de l'obligation entière et chacun des créanciers ou de ses héritiers peut, inversement, exiger son exécution intégrale, encore que l'obligation ne soit pas solidaire.

[1991, c. 64, a. 1520].

■ C.C.Q., 2900.

1521. La stipulation de solidarité, à elle seule, ne confère pas à l'obligation le caractère d'indivisibilité.

[1991, c. 64, a. 1521].

■ C.C.Q., 1541-1544.

1522. L'obligation divisible qui n'a qu'un seul débiteur et qu'un seul créancier doit être exécutée entre eux comme si elle était indivisible; mais elle demeure divisible entre leurs héritiers.

[1991, c. 64, a. 1522].

■ C.C.Q., 823, 827, 884, 1561.

compelled to perform the obligation separately and only up to his share of the debt.

An obligation is joint between two or more creditors where each creditor may only exact the performance of his share of the claim from the common debtor.

[1991, c. 64, a. 1518].

1519. An obligation is divisible by operation of law, unless it is expressly stipulated that it is indivisible or unless the object of the obligation, owing to its nature, is not susceptible of division either materially or intellectually.

[1991, c. 64, a. 1519].

1520. An indivisible obligation may not be divided, either between the creditors or the debtors or between their heirs.

Each debtor or each of his heirs may separately be compelled to perform the whole obligation and, conversely, each creditor or each of his heirs may exact the performance of the whole obligation, even though the obligation is not solidary.

[1991, c. 64, a. 1520].; I.N., 2014-05-01].

1521. A stipulation of solidarity does not make an obligation indivisible.

[1991, c. 64, a. 1521].

1522. A divisible obligation binding only one debtor and one creditor must be performed between them as if it were indivisible, but it remains divisible between their heirs.

[1991, c. 64, a. 1522; I.N., 2014-05-01].

II — De l'obligation solidaire

II — Solidary obligations

1 — De la solidarité entre les débiteurs

1 — Solidarity between debtors

1523. L'obligation est solidaire entre les débiteurs lorsqu'ils sont obligés à une même chose envers le créancier, de manière que chacun puisse être séparément contraint pour la totalité de l'obligation, et que l'exécution par un seul libère les autres envers le créancier.

[1991, c. 64, a. 1523].

❚ C.C.Q., 1334, 1525, 1664, 1689, 1690, 2156, 2221, 2326.

1524. L'obligation peut être solidaire quoique l'un des codébiteurs soit obligé différemment des autres à l'accomplissement de la même chose, par exemple si l'un est obligé conditionnellement tandis que l'engagement de l'autre n'est pas conditionnel, ou s'il est donné à l'un un terme qui n'est pas accordé à l'autre.

[1991, c. 64, a. 1524].

❚ C.C.Q., 1497, 1498, 1508.

1525. La solidarité entre les débiteurs ne se présume pas; elle n'existe que lorsqu'elle est expressément stipulée par les parties ou prévue par la loi.

Elle est, au contraire, présumée entre les débiteurs d'une obligation contractée pour le service ou l'exploitation d'une entreprise.

Constitue l'exploitation d'une entreprise l'exercice, par une ou plusieurs personnes, d'une activité économique organisée, qu'elle soit ou non à caractère commercial, consistant dans la production ou la réalisation de biens, leur administration ou leur aliénation, ou dans la prestation de services.

[1991, c. 64, a. 1525].

❚ C.C.Q., 1334, 1370, 2118, 2144, 2156, 2221, 2254.

1526. L'obligation de réparer le préjudice causé à autrui par la faute de deux personnes ou plus est solidaire, lorsque cette obligation est extracontractuelle.

[1991, c. 64, a. 1526].

1523. An obligation is solidary between the debtors where they are obligated to the creditor for the same thing in such a way that each of them may be compelled separately to perform the whole obligation and where performance by a single debtor releases the others towards the creditor.

[1991, c. 64, a. 1523].

1524. An obligation may be solidary even though one of the co-debtors is obliged differently from the others to perform the same thing, such as where one is conditionally bound while the obligation of the other is not conditional, or where one is allowed a term which is not granted to the other.

[1991, c. 64, a. 1524].

1525. Solidarity between debtors is not presumed; it exists only where it is expressly stipulated by the parties or provided for by law.

Solidarity between debtors is presumed, however, where an obligation is contracted for the service or carrying on of an enterprise.

The carrying on by one or more persons of an organized economic activity, whether or not it is commercial in nature, consisting of producing, administering or alienating property, or providing a service, constitutes the carrying on of an enterprise.

[1991, c. 64, a. 1525; I.N., 2014-05-01].

1526. The obligation to make reparation for injury caused to another through the fault of two or more persons is solidary where the obligation is extra-contractual.

[1991, c. 64, a. 1526].

■ C.C.Q., 1457-1469.

1527. Lorsque l'exécution en nature d'une obligation devient impossible par la faute ou pendant la demeure de l'un ou de plusieurs des débiteurs solidaires, les autres codébiteurs ne sont pas déchargés de l'obligation d'en payer l'équivalent au créancier, mais ils ne sont pas tenus des dommages-intérêts additionnels qui pourraient lui être dus.

Le créancier ne peut réclamer des dommages-intérêts additionnels qu'aux codébiteurs par la faute desquels l'obligation est devenue impossible à exécuter et qu'à ceux qui étaient alors en demeure de l'exécuter.

[1991, c. 64, a. 1527].

■ C.C.Q., 1594-1600.

1528. Le créancier d'une obligation solidaire peut s'adresser, pour en obtenir le paiement, à celui des codébiteurs qu'il choisit, sans que celui-ci puisse lui opposer le bénéfice de division.

[1991, c. 64, a. 1528].

■ C.C.Q., 2349.

1529. La poursuite intentée contre l'un des débiteurs solidaires ne prive pas le créancier de son recours contre les autres, mais le débiteur poursuivi peut appeler, au procès, les autres débiteurs solidaires.

[1991, c. 64, a. 1529].

■ C.P.C., 216.

1530. Le débiteur solidaire poursuivi par le créancier peut opposer tous les moyens qui lui sont personnels, ainsi que ceux qui sont communs à tous les codébiteurs; mais il ne peut opposer les moyens qui sont purement personnels à l'un ou à plusieurs des autres codébiteurs.

[1991, c. 64, a. 1530].

■ C.C.Q., 1671, 1678, 1679, 1689, 2353.

1531. Le débiteur solidaire qui, par le fait† du créancier, est privé d'une sûreté ou d'un droit qu'il aurait pu faire valoir par subrogation, est libéré jusqu'à concurrence

1527. Where specific performance of an obligation has become impossible through the fault of one or more of the solidary debtors, or at a time when one or more of the solidary debtors are in default, the other co-debtors are not released from their obligation to make an equivalent payment to the creditor, but they are not liable for additional damages which may be owed to him.

The creditor may not claim additional damages except from those co-debtors through whose fault the obligation became impossible to perform, and from those who were then in default to perform it.

[1991, c. 64, a. 1527; I.N., 2014-05-01].

1528. The creditor of a solidary obligation may apply for payment to any one of the co-debtors at his option, without such debtor having a right to plead the benefit of division.

[1991, c. 64, a. 1528].

1529. Proceedings instituted against one of the solidary debtors do not deprive the creditor of his remedy against the others, but the debtor sued may implead the other solidary debtors.

[1991, c. 64, a. 1529].

1530. A solidary debtor who is sued by his creditor may set up all the defenses that are personal to the debtor, as well as those that are common to all the co-debtors, but he may not set up defenses that are purely personal to one or several of the other co-debtors.

[1991, c. 64, a. 1530; I.N., 2014-05-01].

1531. Where, through the act† of the creditor, a solidary debtor is deprived of a security or of a right which he could have set up by subrogation, he is released to the ex-

de la valeur de la sûreté ou du droit dont il est privé.

[1991, c. 64, a. 1531].

∎ C.C.Q., 1656.

1532. Le créancier qui renonce à la solidarité à l'égard de l'un des débiteurs conserve son recours solidaire contre les autres pour le tout.

[1991, c. 64, a. 1532].

∎ C.C.Q., 1538, 1690, 2349.

1533. Le créancier qui reçoit divisément et sans réserve la part de l'un des débiteurs solidaires, en spécifiant dans sa quittance que c'est pour sa part, ne renonce à la solidarité qu'à l'égard de ce débiteur.

[1991, c. 64, a. 1533].

∎ C.C.Q., 1538.

1534. Le créancier qui reçoit divisément et sans réserve la part de l'un des débiteurs dans les arrérages ou les intérêts de la dette, en spécifiant dans la quittance que c'est pour sa part, perd son recours solidaire contre ce dernier pour les arrérages ou intérêts échus, mais non pour ceux à échoir, ni pour le capital, à moins que le paiement divisé ne se soit continué pendant trois ans consécutifs.

[1991, c. 64, a. 1534].

∎ C.C.Q., 1533.

1535. Le créancier qui poursuit un débiteur solidaire pour sa part perd son recours solidaire contre ce débiteur, lorsque celui-ci acquiesce à la demande ou est condamné par jugement.

[1991, c. 64, a. 1535].

∎ C.C.Q., 1528, 1529.

1536. Le débiteur solidaire qui a exécuté l'obligation ne peut répéter de ses codébiteurs que leur part respective dans celle-ci, encore qu'il soit subrogé aux droits du créancier.

[1991, c. 64, a. 1536].

∎ C.C.Q., 829, 2360.

---

tent of the value of the security or right of which he is deprived.

[1991, c. 64, a. 1531].

1532. A creditor who renounces solidarity with regard to one of the debtors retains his solidary remedy against the other debtors for the whole debt.

[1991, c. 64, a. 1532; I.N., 2014-05-01].

1533. A creditor who receives separately and without reserve the share of one of the solidary debtors and specifies in the acquittance that it applies to that share renounces solidarity with regard to that debtor alone.

[1991, c. 64, a. 1533; I.N., 2014-05-01].

1534. Where a creditor receives separately and without reserve the share of one of the debtors in the periodic payments or interest on the debt and specifies in the acquittance that it applies to his share, he loses his solidary remedy against that debtor for the periodic payments or interest due, but not for any that may become due in the future, nor for the capital, unless separate payment is continued for three consecutive years.

[1991, c. 64, a. 1534].

1535. A creditor who sues a solidary debtor for his share loses his solidary remedy against him if the debtor acquiesces in the demand or is condemned by judgment.

[1991, c. 64, a. 1535].

1536. A solidary debtor who has performed the obligation may not recover from his co-debtors more than their respective shares, although he is subrogated to the rights of the creditor.

[1991, c. 64, a. 1536].

1537. La contribution dans le paiement d'une obligation solidaire se fait en parts égales entre les débiteurs solidaires, à moins que leur intérêt dans la dette, y compris leur part dans l'obligation de réparer le préjudice causé à autrui, ne soit inégal, auquel cas la contribution se fait proportionnellement à l'intérêt de chacun dans la dette.

Cependant, si l'obligation a été contractée dans l'intérêt exclusif de l'un des débiteurs ou résulte de la faute d'un seul des codébiteurs, celui-ci est tenu seul de toute la dette envers ses codébiteurs, lesquels sont alors considérés, par rapport à lui, comme ses cautions.

[1991, c. 64, a. 1537].

▌ C.C.Q., 2347, 2352.

1537. Contribution to the payment of a solidary obligation is made by equal shares among the solidary debtors, unless their interests in the debt, including their shares of the obligation to make reparation for injury caused to another, are unequal, in which case their contributions are proportional to the interest of each in the debt.

However, if the obligation was contracted in the exclusive interest of one of the debtors or if it is due to the fault of one co-debtor alone, he is liable for the whole debt to the other co-debtors, who are then considered, in his regard, as his sureties.

[1991, c. 64, a. 1537].

1538. La perte occasionnée par l'insolvabilité de l'un des débiteurs solidaires se répartit en parts égales entre les autres codébiteurs, sauf si leur intérêt dans la dette est inégal.

Toutefois, le créancier qui a renoncé à la solidarité à l'égard de l'un des débiteurs supporte la part contributive de ce dernier.

[1991, c. 64, a. 1538].

▌ C.C.Q., 1532, 1533, 1690.

1538. A loss arising from the insolvency of a solidary debtor is equally divided between the other co-debtors, unless their interests in the debt are unequal.

A creditor who has renounced solidarity with regard to one debtor, however, bears the share of that debtor in the contribution.

[1991, c. 64, a. 1538; I.N., 2014-05-01].

1539. Le débiteur solidaire poursuivi en remboursement par celui des codébiteurs qui a exécuté l'obligation peut soulever les moyens communs que ce dernier n'a pas opposés au créancier; il peut aussi opposer les moyens qui lui sont personnels, mais non ceux qui sont purement personnels à l'un ou à plusieurs des autres codébiteurs.

[1991, c. 64, a. 1539].

▌ C.C.Q., 1530, 1665, 1671, 1678-1680, 1689, 2353.

1539. A solidary debtor sued for reimbursement by the co-debtor who has performed the obligation may raise any common defenses that have not been set up by the co-debtor against the creditor. He may also set up defenses which are personal to himself, but not those which are purely personal to one or several of the other co-debtors.

[1991, c. 64, a. 1539].

1540. L'obligation d'un débiteur solidaire se divise de plein droit entre ses héritiers, à moins qu'elle ne soit indivisible.

[1991, c. 64, a. 1540].

▌ C.C.Q., 884, 1520, 1521, 1544.

1540. The obligation of a solidary debtor is divided by operation of law between his heirs, except where it is indivisible.

[1991, c. 64, a. 1540].

2 — Solidarity between creditors

2 — De la solidarité entre les
créanciers

1541. La solidarité n'existe entre les créanciers que lorsqu'elle a été expressément stipulée.

Elle donne alors à chacun d'eux le droit d'exiger du débiteur qu'il exécute entièrement l'obligation, ainsi que le droit d'en donner quittance pour le tout.

[1991, c. 64, a. 1541].

❚ C.C.Q., 1599, 1666, 1678, 1685, 2900, 2902.

1541. Solidarity between creditors exists only where it has been expressly stipulated.

It entitles each of them to exact the whole performance of the obligation from the debtor and to give a full acquittance for it.

[1991, c. 64, a. 1541].

1542. L'exécution de l'obligation au profit de l'un des créanciers solidaires libère le débiteur à l'égard des autres créanciers.

[1991, c. 64, a. 1542].

❚ C.C.Q., 1541.

1542. Performance of an obligation in favour of one of the solidary creditors releases the debtor towards the other creditors.

[1991, c. 64, a. 1542].

1543. Le débiteur a le choix d'exécuter l'obligation au profit de l'un ou l'autre des créanciers solidaires, tant qu'il n'a pas été poursuivi par l'un d'eux.

Néanmoins, si l'un des créanciers lui fait remise de l'obligation, le débiteur n'en est libéré que pour la part de ce créancier. Il en est de même dans tous les cas où l'obligation est éteinte autrement que par le paiement de celle-ci.

[1991, c. 64, a. 1543].

❚ C.C.Q., 1689, 1690.

1543. A debtor has the option of performing the obligation in favour of any of the solidary creditors, provided he has not been sued by any of them.

A release from the obligation granted by one of the solidary creditors releases the debtor, but only for the portion of that creditor. The same rule applies to all cases in which the obligation is extinguished otherwise than by payment thereof.

[1991, c. 64, a. 1543].

1544. L'obligation au profit d'un créancier solidaire se divise de plein droit entre ses héritiers.

[1991, c. 64, a. 1544].

❚ C.C.Q., 1521, 1540.

1544. An obligation for the benefit of a solidary creditor is divided by operation of law between his heirs.

[1991, c. 64, a. 1544].

§ 2. — De l'obligation à
plusieurs objets

§ 2. — Obligations with
multiple objects

I — De l'obligation alternative

I — Alternative obligations

1545. L'obligation est alternative lorsqu'elle a pour objet deux prestations

1545. An alternative obligation is one which has two principal prestations as its

principales et que l'exécution d'une seule libère le débiteur pour le tout.

L'obligation n'est pas considérée comme alternative si au moment où elle est née, l'une des prestations ne pouvait être l'objet de l'obligation.

[1991, c. 64, a. 1545].

∎ C.C.Q., 1551.

1546. Le choix de la prestation appartient au débiteur, à moins qu'il n'ait été expressément accordé au créancier.

Toutefois, si la partie à qui appartient le choix de la prestation fait défaut, après mise en demeure, d'exercer son choix dans le délai qui lui est imparti pour le faire, le choix de la prestation revient à l'autre partie.

[1991, c. 64, a. 1546].

∎ C.C.Q., 1590.

1547. Le débiteur ne peut exécuter ni être contraint d'exécuter partie d'une prestation et partie de l'autre.

[1991, c. 64, a. 1547].

∎ C.C.Q., 1561.

1548. Le débiteur qui a le choix de la prestation doit, si l'une ou l'autre des prestations devient impossible à exécuter même par sa faute, exécuter la prestation qui reste.

Si, dans le même cas, les deux prestations deviennent impossibles à exécuter et que l'impossibilité quant à l'une ou l'autre est due à la faute du débiteur, celui-ci est tenu envers le créancier jusqu'à concurrence de la valeur de la prestation qui est restée la dernière.

[1991, c. 64, a. 1548].

∎ C.C.Q., 1600, 1671.

1549. Le créancier qui a le choix de la prestation doit, si l'une ou l'autre des prestations devient impossible à exécuter, accepter la prestation qui reste, à moins que cette impossibilité ne résulte de la faute du débiteur, auquel cas il peut exiger soit l'exécution en nature de la prestation qui

object, the performance of either of which releases the debtor for the whole.

An obligation is not considered to be alternative if, when it arose, one of the prestations could not be the object of the obligation.

[1991, c. 64, a. 1545].

1546. The choice of the prestation belongs to the debtor, unless it has been expressly granted to the creditor.

Where, after being put in default, the party who has the choice of the prestation fails to exercise it within the time allotted to him to do so, the choice of the prestation passes to the other party.

[1991, c. 64, a. 1546].

1547. A debtor may neither perform nor be compelled to perform part of one prestation and part of the other.

[1991, c. 64, a. 1547].

1548. Where the debtor has the choice of the prestation and one of the prestations becomes impossible to perform, even through his own fault, he shall perform the one that remains.

If, in the same case, both prestations become impossible to perform and the impossibility of performing either of them is due to the fault of the debtor, he is liable to the creditor to the extent of the value of the last prestation remaining.

[1991, c. 64, a. 1548; I.N., 2014-05-01].

1549. Where the creditor has the choice of the prestation, he shall, if one of the prestations becomes impossible to perform, accept the remaining prestation unless the impossibility of performing it is due to the fault of the debtor, in which case the creditor has the right to exact specific perform-

reste, soit la réparation, par équivalent, du préjudice résultant de l'inexécution de la prestation devenue impossible.

Si, dans le même cas, les prestations deviennent impossibles à exécuter et que l'impossibilité est due à la faute du débiteur, il peut exiger la réparation, par équivalent, du préjudice résultant de l'inexécution de l'une ou l'autre des prestations.

[1991, c. 64, a. 1549].

❚ C.C.Q., 1546.

ance of the remaining prestation, or reparation, by equivalence, for the injury resulting from the nonperformance of the prestation that has become impossible.

If, in the same case, the prestations become impossible to perform and the impossibility of performing them is due to the fault of the debtor, the creditor may exact reparation, by equivalence, for the injury resulting from the nonperformance of either of the prestations.

[1991, c. 64, a. 1549; I.N., 2014-05-01].

1550. Lorsque toutes les prestations deviennent impossibles à exécuter sans la faute du débiteur, l'obligation est éteinte.

[1991, c. 64, a. 1550].

❚ C.C.Q., 1548, 1549.

1550. Where all the prestations become impossible to perform through no fault of the debtor, the obligation is extinguished.

[1991, c. 64, a. 1550].

1551. L'obligation est alternative même dans les cas où elle a pour objet plus de deux prestations principales; les règles du présent sous-paragraphe s'appliquent à ces cas, compte tenu des adaptations nécessaires.

[1991, c. 64, a. 1551].

❚ C.C.Q., 1545.

1551. The obligation is an alternative obligation even where it has more than two principal prestations as its object, and the rules of this subdivision apply, adapted as required, to all such obligations.

[1991, c. 64, a. 1551].

II — De l'obligation facultative

II — Facultative obligations

1552. L'obligation est facultative lorsqu'elle a pour objet une seule prestation principale dont le débiteur peut néanmoins se libérer en exécutant une autre prestation.

Le débiteur est libéré si la prestation principale devient impossible à exécuter sans que cela soit dû à sa faute.

[1991, c. 64, a. 1552].

❚ C.C.Q., 1545.

1552. A facultative obligation is an obligation which has only one principal prestation as its object but from which the debtor may release himself by performing another prestation.

The debtor is released if the principal prestation, through no fault on his part, becomes impossible to perform.

[1991, c. 64, a. 1552].

Chapitre VI —
De l'exécution de l'obligation

Chapter VI —
Performance of obligations

SECTION I —
DU PAIEMENT

SECTION I —
PAYMENT

§ 1. — Du paiement en général

§ 1. — Payment in general

1553. Par paiement on entend non seulement le versement d'une somme d'argent pour acquitter une obligation, mais aussi l'exécution même de ce qui est l'objet de l'obligation.

[1991, c. 64, a. 1553].

∎ C.C.Q., 1554-1568, 2803 et s.; D.T., 87.

1553. Payment means not only the turning over of a sum of money in satisfaction of an obligation, but also the actual performance of whatever forms the object of the obligation.

[1991, c. 64, a. 1553].

1554. Tout paiement suppose une obligation: ce qui a été payé sans qu'il existe une obligation est sujet à répétition.

La répétition n'est cependant pas admise à l'égard des obligations naturelles qui ont été volontairement acquittées.

[1991, c. 64, a. 1554].

∎ C.C.Q., 1491, 1492, 1513, 1700, 2630.

1554. Every payment presupposes an obligation; what has been paid where there is no obligation may be recovered.

Recovery is not admitted, however, in the case of natural obligations that have been voluntarily paid.

[1991, c. 64, a. 1554].

1555. Le paiement peut être fait par toute personne, lors même qu'elle serait un tiers par rapport à l'obligation; le créancier peut être mis en demeure par l'offre d'un tiers d'exécuter l'obligation pour le débiteur, mais il faut que cette offre soit faite pour l'avantage du débiteur et non dans le seul but de changer de créancier.

Toutefois, le créancier ne peut être contraint de recevoir le paiement d'un tiers lorsqu'il a intérêt à ce que le paiement soit fait personnellement par le débiteur.

[1991, c. 64, a. 1555].

∎ C.C.Q., 1440, 1443, 1482, 1601-1603, 1651, 2128; C.P.C., 634, 637.

1555. Payment may be made by any person, even if he is a third person with respect to the obligation; the creditor may be put in default by the offer of a third person to perform the obligation in the name of the debtor, provided the offer is made for the benefit of the debtor and not merely to change creditors.

A creditor may not be compelled to take payment from a third person, however, if he has an interest in the payment being made by the debtor personally.

[1991, c. 64, a. 1555; I.N., 2014-05-01].

1556. Pour payer valablement, il faut avoir dans ce qui est dû un droit qui autorise à le donner en paiement.

Néanmoins, si ce qui est dû est une somme d'argent ou autre chose qui se consomme par l'usage, le paiement ne peut être recouvré contre le créancier qui l'a con-

1556. A valid payment may only be made by a person having a right in the thing due which entitles him to give it in payment.

However, payment of a sum of money or of any other thing due that is consumed by use may not be recovered against a creditor who has used it in good faith, even

sommé de bonne foi, quoique ce paiement ait été fait par une personne qui n'était pas autorisée à le faire.

[1991, c. 64, a. 1556].

∎ C.C.Q., 1555.

though it was made by a person who was not authorized to make it.

[1991, c. 64, a. 1556].

1557. Le paiement doit être fait au créancier ou à une personne autorisée à le recevoir pour lui.

S'il est fait à un tiers, il est valable si le créancier le ratifie; à défaut de ratification, il ne vaut que dans la mesure où le créancier en a profité.

[1991, c. 64, a. 1557].

∎ C.C.Q., 158, 173, 188, 208, 256, 1226, 1309, 1573, 1583, 1588, 2135.

1557. Payment shall be made to the creditor or to a person authorized to receive it for him.

Payment made to a third person is valid if the creditor ratifies it; if it is not ratified, the payment is valid only to the extent of the benefit that the creditor derives from it.

[1991, c. 64, a. 1557; I.N., 2014-05-01].

1558. Le paiement fait à un créancier qui est incapable de le recevoir ne vaut que dans la mesure où il en a profité.

[1991, c. 64, a. 1558].

∎ C.C.Q., 1409, 1706.

1558. Payment made to a creditor without capacity to receive it is valid only to the extent of the benefit he derives from it.

[1991, c. 64, a. 1558].

1559. Le paiement fait de bonne foi au créancier apparent est valable, encore que subséquemment il soit établi qu'il n'est pas le véritable créancier.

[1991, c. 64, a. 1559].

∎ C.C.Q., 1491, 1492.

1559. Payment made in good faith to the apparent creditor is valid, even though it is subsequently established that he is not the rightful creditor.

[1991, c. 64, a. 1559].

1560. Le paiement fait par un débiteur à son créancier au détriment d'un créancier saisissant n'est pas valable à l'égard de celui-ci, lequel peut, selon ses droits, contraindre le débiteur à payer de nouveau; dans ce cas, le débiteur a un recours contre celui de ses créanciers qu'il a ainsi payé.

[1991, c. 64, a. 1560].

∎ C.C.Q., 1631, 1768; C.P.C., 626.

1560. Payment made by a debtor to his creditor to the detriment of a seizing creditor who, according to his rights, may compel the debtor to pay again; in that case, the debtor has a remedy against the creditor so paid.

[1991, c. 64, a. 1560].

1561. Le créancier ne peut être contraint de recevoir autre chose que ce qui lui est dû, quoique ce qui est offert soit d'une plus grande valeur.

Il ne peut, non plus, être contraint de recevoir le paiement partiel de l'obligation, à moins qu'il n'y ait un litige sur une partie de celle-ci, auquel cas il ne peut, si le débiteur offre de payer la partie non litigieuse,

1561. A creditor may not be compelled to accept anything other than what is due to him, even though the thing offered is of greater value.

Nor may he be compelled to accept partial payment of an obligation unless the obligation is disputed in part. In that case, if the debtor offers to pay the undisputed part, the creditor may not refuse to accept

refuser d'en recevoir le paiement; mais il conserve son droit de réclamer l'autre partie de l'obligation.

[1991, c. 64, a. 1561].

■ C.C.Q., 1375, 1519; D.T., 87.

payment of it, but he retains his right to claim the other part of the obligation.

[1991, c. 64, a. 1561; I.N., 2014-05-01].

1562. Le débiteur d'un bien individualisé est libéré par la remise de celui-ci dans l'état où il se trouve lors du paiement, pourvu que les détériorations qu'il a subies ne résultent pas de son fait ou de sa faute et ne soient pas survenues après qu'il fût en demeure de payer.

[1991, c. 64, a. 1562].

■ C.C.Q., 1594, 1693, 1701.

1562. A debtor of certain and determinate property is released by the handing over of the property in its actual condition at the time of payment, provided that the deterioration it has suffered is not due to his act or fault and did not occur after he was in default for the payment.

[1991, c. 64, a. 1562; I.N., 2014-05-01].

1563. Le débiteur d'un bien qui n'est déterminé que par son espèce n'est pas tenu de le donner de la meilleure qualité, mais il ne peut l'offrir de la plus mauvaise.

[1991, c. 64, a. 1563].

■ C.C.Q., 1374, 1453.

1563. Where the property is determinate as to its kind only, the debtor need not give the best quality, but he may not offer the worst quality.

[1991, c. 64, a. 1563; I.N., 2014-05-01].

1564. Le débiteur d'une somme d'argent est libéré par la remise au créancier de la somme nominale prévue, en monnaie ayant cours légal lors du paiement.

Il est aussi libéré par la remise de la somme prévue au moyen d'un mandat postal, d'un chèque fait à l'ordre du créancier et certifié par un établissement financier exerçant son activité au Québec ou d'un autre effet de paiement offrant les mêmes garanties au créancier, ou, encore, si le créancier est en mesure de l'accepter, au moyen d'une carte de crédit ou d'un virement de fonds à un compte que détient le créancier dans un établissement financier.

[1991, c. 64, a. 1564].

■ C.C.Q., 1553.

1564. Where the debt consists of a sum of money, the debtor is released by paying the nominal amount due in money which is legal tender at the time of payment.

He is also released by remitting the amount due by money order, by cheque made to the order of the creditor and certified by a financial institution carrying on business in Québec, or by any other instrument of payment offering the same guarantees to the creditor, or, if the creditor is in a position to accept it, by means of a credit card or a transfer of funds to an account of the creditor in a financial institution.

1991, c. 64, a. 1564].

1565. Les intérêts se paient au taux convenu ou, à défaut, au taux légal.

[1991, c. 64, a. 1565].

■ C.C.Q., 1570.

1565. Interest is paid at the agreed rate or, if none, at the legal rate.

[1991, c. 64, a. 1565].

1566. Le paiement se fait au lieu désigné expressément ou implicitement par les parties.

1566. Payment is made at the place expressly or impliedly indicated by the parties.

Si le lieu n'est pas ainsi désigné, le paiement se fait au domicile du débiteur, à moins que ce qui est dû ne soit un bien individualisé, auquel cas le paiement se fait au lieu où le bien se trouvait lorsque l'obligation est née.

[1991, c. 64, a. 1566].

∎ C.C.Q., 75, 83, 1365, 1577, 1581, 1734, 2291.

If no place is indicated by the parties, payment is made at the domicile of the debtor, unless what is due is certain and determinate property, in which case payment is made at the place where the property was when the obligation arose.

[1991, c. 64, a. 1566; I.N., 2014-05-01].

1567. Les frais du paiement sont à la charge du débiteur.

[1991, c. 64, a. 1567].

∎ C.C.Q., 1367, 1722, 2292.

∎ C.C.Q., 1553-1567, 1573-1589.

1567. The expenses attending payment are borne by the debtor.

[1991, c. 64, a. 1567].

1568. Le débiteur qui paie a droit à une quittance et à la remise du titre original de l'obligation.

[1991, c. 64, a. 1568].

1568. A debtor who pays his debt is entitled to an acquittance and to the turning over of the original title of the obligation.

[1991, c. 64, a. 1568].

§ 2. ── De l'imputation des paiements

§ 2. ── Imputation of payment

1569. Le débiteur de plusieurs dettes a le droit d'indiquer, lorsqu'il paie, quelle dette il entend acquitter.

Il ne peut toutefois, sans le consentement du créancier, imputer le paiement sur une dette qui n'est pas encore échue de préférence à une dette qui est échue, à moins qu'il ne soit prévu qu'il puisse payer par anticipation.

[1991, c. 64, a. 1569].

∎ C.C.Q., 1677, 2206, 2743.

1569. When making payment, a debtor who owes several debts has the right to impute payment to the debt he intends to pay.

He may not, however, without the consent of the creditor, impute payment to a debt not yet due in preference to a debt which has become due, unless it was agreed that payment may be made by anticipation.

[1991, c. 64, a. 1569].

1570. Le débiteur d'une dette qui porte intérêt ou produit des arrérages ne peut, sans le consentement du créancier, imputer le paiement qu'il fait sur le capital de préférence aux intérêts ou arrérages.

Le paiement fait sur capital et intérêts, mais qui n'est point intégral, s'impute d'abord sur les intérêts.

[1991, c. 64, a. 1570].

∎ C.C.Q., 1620.

1570. A debtor who owes a debt that bears interest or yields periodic payments may not, without the consent of the creditor, impute a payment to the capital in preference to the interest or periodic payments.

Any partial payment made on the principal and interest is imputed first to the interest.

[1991, c. 64, a. 1570].

1571. Le débiteur de plusieurs dettes qui a accepté une quittance par laquelle le créancier a, lors du paiement, imputé ce qu'il a reçu sur l'une d'elles spécialement, ne peut plus demander l'imputation sur une dette différente, à moins que ne se présente une des causes de nullité des contrats.

[1991, c. 64, a. 1571].

▌ C.C.Q., 1407.

1571. Where a debtor who owes several debts has accepted an acquittance by which the creditor, at the time of payment, imputed payment to one specific debt, he may not subsequently require that it be imputed to a different debt, except upon grounds for which contracts may be annulled.

[1991, c. 64, a. 1571].

1572. À défaut d'imputation par les parties, le paiement est d'abord imputé sur la dette échue.

Entre plusieurs dettes échues, l'imputation se fait sur celle que le débiteur a, pour lors, le plus d'intérêt à acquitter.

À intérêt égal, l'imputation se fait sur la dette qui est échue la première, mais si toutes les dettes sont échues en même temps, elle se fait proportionnellement.

[1991, c. 64, a. 1572].

▌ C.C.Q., 1677.

1572. In the absence of imputation by the parties, payment is imputed first to the debt that is due.

Where several debts are due, payment is imputed to the debt which the debtor has the greatest interest in paying.

Where the debtor has the same interest in paying several debts, payment is imputed to the debt that became due first; if all of the debts became due at the same time, however, payment is imputed proportionately.

[1991, c. 64, a. 1572].

§ 3. —— Des offres réelles et de la consignation

§ 3. —— Tender and deposit

1573. Lorsque le créancier refuse ou néglige de recevoir le paiement, le débiteur peut lui faire des offres réelles.

Ces offres consistent à mettre à la disposition du créancier le bien qui est dû, aux temps et lieu où le paiement doit être fait. Elles doivent comprendre, outre le bien dû et les intérêts ou arrérages qu'il a produits, une somme raisonnable destinée à couvrir les frais non liquidés dus par le débiteur, sauf à les parfaire.

[1991, c. 64, a. 1573].

▌ C.C.Q., 1157, 1561, 2311; C.P.C., 187.

1573. Where a creditor refuses or neglects to accept payment, the debtor may make a tender.

A tender consists in placing the property that is due at the disposal of the creditor at the place and time that payment is due. In addition to the property due, with the interest and periodic payments it has yielded, a reasonable amount to cover unliquidated expenses owed by the debtor shall be included, saving the right to make up any deficiency in that amount.

[1991, c. 64, a. 1573; I.N., 2014-05-01].

1574. Les offres réelles portant sur une somme d'argent peuvent être faites en monnaie ayant cours légal lors du paiement ou au moyen d'un chèque établi à

1574. Where the object tendered is a sum of money, it may be tendered in currency which is legal tender at the time of payment or by cheque made to the order of the

l'ordre du créancier et certifié par un établissement financier exerçant son activité au Québec.

Elles peuvent aussi être faites par la présentation d'un engagement irrévocable, inconditionnel et à durée indéterminée, pris par un établissement financier exerçant son activité au Québec, de verser au créancier la somme qui fait l'objet des offres si ce dernier les accepte ou si le tribunal les déclare valables.

[1991, c. 64, a. 1574].

∎ C.C.Q., 1556, 1557.

1575. Les offres réelles peuvent être constatées par acte notarié en minute ou par une déclaration judiciaire dont il est donné acte; elles peuvent aussi être constatées par un autre écrit ou faites de toute autre manière, sauf, en ces cas, à en rapporter la preuve.

Lorsque les offres réelles sont constatées par acte notarié, le notaire y mentionne la réponse du créancier, de même que, en cas de refus, les motifs que celui-ci lui a donnés.

[1991, c. 64, a. 1575].

∎ C.C.Q., 1576.

1576. Les offres réelles faites par déclaration judiciaire qui ont pour objet une somme d'argent ou une valeur mobilière, doivent être complétées par la consignation de cette somme ou de cette valeur, suivant les règles du *Code de procédure civile* (chapitre C-25).

[1991, c. 64, a. 1576].

∎ C.P.C., 187-191.

1577. Lorsque le bien doit être payé ou livré au domicile du débiteur ou au lieu où le bien se trouve, l'avis écrit donné par le débiteur au créancier qu'il est prêt à y exécuter l'obligation tient lieu d'offres réelles.

Lorsque le bien n'a pas à être ainsi payé ou livré et qu'il est difficile de le transporter au lieu où il doit l'être, le débiteur peut, s'il est justifié de croire que le créancier en refusera le paiement, requérir ce dernier,

creditor and certified by a financial institution carrying on business in Québec.

Tender may also be made by way of an irrevocable and unconditional undertaking, for an indefinite term, by a financial institution carrying on business in Québec, to pay to the creditor the amount tendered if the creditor accepts the tender or if the court declares it valid.

[1991, c. 64, a. 1574].

1575. Tender may be made by notarial act *en minute* or by a judicial declaration which is recorded; it may also be made by any other writing or in any other manner, provided it is legally proved.

Where tender is made by notarial act, the notary records the answer of the creditor in the act and, in case of refusal, the reasons given by him.

[1991, c. 64, a. 1575; 1992, c. 57, s. 71].

1576. The tender of a sum of money or securities made by a judicial declaration which is recorded shall be completed by deposit of the sum or the securities, in accordance with the rules of the *Code of Civil Procedure* (chapter C-25).

[1991, c. 64, a. 1576; I.N., 2014-05-01].

1577. Where payment or delivery of the property is to be made at the domicile of the debtor or at the place where the property is located, a written notice given to the creditor by the debtor that he is ready to perform the obligation there has the same effect as a tender.

Where payment or delivery of the property need not be so made and it is difficult to transport the property to the place where it is to be made, the debtor may, in writing, require the creditor to advise him of his

par écrit, de lui faire connaître sa volonté de recevoir le bien; à défaut par le créancier de faire connaître sa volonté en temps utile, le débiteur est dispensé de transporter le bien au lieu où il doit être payé ou livré et son avis tient lieu d'offres réelles.

[1991, c. 64, a. 1577].

❚ C.C.Q., 75, 83, 1566.

1578. Lorsque le bien qui est dû est une somme d'argent ou une valeur mobilière, l'avis écrit, donné par le débiteur au créancier, de la consignation de la somme ou de la valeur, tient lieu d'offres réelles.

[1991, c. 64, a. 1578].

❚ C.C.Q., 1573, 1574, 1577, 1583; C.P.C., 187-191.

1579. Les offres réelles ou les avis qui en tiennent lieu doivent indiquer la nature de la dette, le titre qui la crée et le nom du créancier ou des personnes à qui le paiement doit être fait; de plus, elles doivent décrire le bien offert et, s'il s'agit d'espèces, en contenir l'énumération et la qualité.

[1991, c. 64, a. 1579].

❚ C.P.C., 187-191.

1580. Le créancier est en demeure de plein droit de recevoir le paiement lorsqu'il refuse sans justification les offres réelles valablement faites, lorsqu'il refuse de donner suite à l'avis qui en tient lieu ou, encore, lorsqu'il exprime clairement son intention de refuser les offres que le débiteur pourrait vouloir lui faire; en ce dernier cas, le débiteur est dispensé de lui faire des offres ou de lui donner l'avis qui en tient lieu.

Il est encore en demeure de plein droit lorsque le débiteur, malgré sa diligence, ne peut le trouver.

[1991, c. 64, a. 1580].

❚ C.C.Q., 1581, 1582, 1597.

1581. Le débiteur peut, lorsque le créancier est en demeure de recevoir le paiement, prendre toutes les mesures néces-

willingness to accept the property if he has reason to believe that the creditor will refuse it; if the creditor fails to advise the debtor of his willingness in due time, the debtor need not transport the property to the place where it is to be paid or delivered and his notice to the creditor has the same effect as a tender.

[1991, c. 64, a. 1577; 2002, c. 19, s. 15; I.N., 2014-05-01].

1578. Where the property which is due is a sum of money or securities, a written notice given by the debtor to the creditor that the sum of money or the securities are deposited has the same effect as a tender.

[1991, c. 64, a. 1578; I.N., 2014-05-01].

1579. In every tender, or notice having the same effect, the nature of the debt, the title under which it was created and the name of the creditor or the persons to whom payment is to be made shall be indicated; in addition, a description of the property tendered shall be included with, in the case of a sum of money in cash, an enumeration of each denomination.

[1991, c. 64, a. 1579; I.N., 2014-05-01].

1580. A creditor is in default to receive payment by operation of law where, without justification, he refuses a valid tender or refuses to act on the notice having the same effect, or where he clearly expresses his intention to refuse any tender that the debtor might wish to make; in this last case, the debtor need not make any tender or give any notice having the same effect.

A creditor is also in default by operation of law where the debtor, despite his diligence, cannot find him.

[1991, c. 64, a. 1580; I.N., 2014-05-01].

1581. Where the creditor is in default to receive payment, the debtor may take any measures necessary or useful for the pres-

saires ou utiles à la conservation du bien qu'il doit et, notamment, le faire entreposer auprès d'un tiers ou lui en confier la garde.

Il peut aussi, dans le même cas, faire vendre le bien pour en consigner le prix, lorsque celui-ci est susceptible de dépérir ou de se déprécier rapidement ou qu'il est dispendieux à conserver.

[1991, c. 64, a. 1581].

▌ C.C.Q., 644, 804, 1305, 1580.

ervation of the property which he owes and, in particular, entrust it to a third person for storage or custody.

In the same case, if the property is perishable, likely to depreciate rapidly or expensive to preserve, the debtor may cause it to be sold and deposit the proceeds.

[1991, c. 64, a. 1581; I.N., 2014-05-01].

1582. Le créancier qui est en demeure de recevoir le paiement assume les frais raisonnables de conservation du bien, de même que les frais de la vente du bien et de la consignation du prix, le cas échéant.

Il assume aussi les risques de perte du bien par force majeure.

[1991, c. 64, a. 1582].

▌ C.C.Q., 1580.

1582. A creditor who is in default to receive payment bears the reasonable costs of preservation of the property, as well as any costs that may be incurred for the sale of the property and the deposit of the proceeds.

He also bears the risks of loss of the property by superior force.

[1991, c. 64, a. 1582; I.N., 2014-05-01].

1583. La consignation consiste dans le dépôt, par le débiteur, de la somme d'argent ou de la valeur mobilière qu'il doit, au Bureau général de dépôts pour le Québec ou auprès d'une société de fiducie ou, encore, si le dépôt est fait en cours d'instance, suivant les règles du *Code de procédure civile* (chapitre C-25).

Outre le cas où le créancier refuse de recevoir la somme ou la valeur due par le débiteur, la consignation peut, entre autres, être faite lorsque la créance est l'objet d'un litige entre plusieurs personnes ou que le débiteur est empêché de payer parce que le créancier ne peut être trouvé au lieu où le paiement doit être fait.

[1991, c. 64, a. 1583].

▌ C.C.Q., 2311; C.P.C., 187-191.

1583. Deposit by the debtor of the sum of money or the securities which he owes is made in the general deposit office of Québec or any trust company or, during judicial proceedings, in accordance with the rules of the *Code of Civil Procedure* (chapter C-25).

Deposit may be made not only where the creditor refuses to accept the money or securities owed by the debtor, but also, among other cases, where the claim is in dispute between several persons or where the debtor is prevented from making payment by reason of the fact that the creditor cannot be found at the place where the payment is to be made.

[1991, c. 64, a. 1583; I.N., 2014-05-01].

1584. Le débiteur peut retirer la somme d'argent ou la valeur mobilière consignée tant qu'elle n'a pas été acceptée par le créancier et, en ce cas, ni ses codébiteurs, ni ses cautions ne sont libérés.

Le retrait ne peut, toutefois, être fait en

1584. A debtor may withdraw a sum of money or securities which he has deposited, so long as the deposit has not been accepted by the creditor; if he withdraws it, neither his co-debtors nor his sureties are released.

No withdrawal may be made during judi-

cours d'instance qu'avec l'autorisation du tribunal.

[1991, c. 64, a. 1584].

▌ C.C.Q., 1523, 2305, 2346; C.P.C., 187-191.

1585. Lorsque le tribunal déclare valable la consignation de la somme d'argent ou de la valeur mobilière, le débiteur ne peut la retirer qu'avec le consentement du créancier.

Ce retrait ne peut, toutefois, porter atteinte aux droits des tiers ni empêcher la libération des codébiteurs ou des cautions du débiteur.

[1991, c. 64, a. 1585].

▌ C.C.Q., 1584.

1586. La consignation faite dans les conditions prévues aux articles précédents libère le débiteur du paiement des intérêts ou des revenus produits pour l'avenir.

[1991, c. 64, a. 1586].

▌ C.C.Q., 1573.

1587. Les intérêts ou revenus produits pendant la consignation appartiennent au créancier. Néanmoins, ils appartiennent au débiteur jusqu'à ce que la consignation soit acceptée par le créancier, lorsque la consignation est faite afin d'obtenir l'exécution d'une obligation de ce dernier, elle-même corrélative à celle qu'entend exécuter le débiteur par la consignation.

[1991, c. 64, a. 1587].

▌ C.C.Q., 1586.

1588. Les offres réelles acceptées par le créancier ou déclarées valables par le tribunal équivalent, quant au débiteur, à un paiement fait au jour des offres ou de l'avis qui en tient lieu, à la condition qu'il ait toujours été disposé à payer depuis ce jour.

[1991, c. 64, a. 1588].

▌ C.C.Q., 1585.

1589. Les frais des offres réelles et de la consignation sont à la charge du créancier

cial proceedings, however, except by authorization of the court.

[1991, c. 64, a. 1584; I.N., 2014-05-01].

1585. Where the deposit of a sum of money or of securities is declared valid by the court, the debtor may not withdraw the deposit except with the consent of the creditor.

Such a withdrawal may not, however, impair the rights of third persons or prevent the release of the co-debtors or the sureties of the debtor.

[1991, c. 64, a. 1585; I.N., 2014-05-01].

1586. A deposit made according to the conditions set forth in the preceding articles releases the debtor, for the future, from the payment of interest or income yielded.

[1991, c. 64, a. 1586].

1587. Interest or income yielded from the date of deposit belongs to the creditor. Nevertheless, where the deposit is made to obtain the performance of an obligation of the creditor that is correlative to the obligation the debtor intends to perform by the deposit, the interest or income belongs to the debtor until the deposit is accepted by the creditor.

[1991, c. 64, a. 1587].

1588. A tender accepted by the creditor or declared valid by the court is equivalent, with respect to the debtor, to payment made on the day of the tender or of the notice having the same effect, provided the debtor has always been willing to pay from that time.

[1991, c. 64, a. 1588; I.N., 2014-05-01].

1589. Where tender and deposit are accepted or declared valid by the court, the

lorsqu'elles sont acceptées ou déclarées valables.

[1991, c. 64, a. 1589].

❚ C.P.C., 191.

expenses related to them are borne by the creditor.

[1991, c. 64, a. 1589].

SECTION II —
DE LA MISE EN ŒUVRE DU DROIT À
L'EXÉCUTION DE L'OBLIGATION

SECTION II —
RIGHT TO ENFORCE PERFORMANCE

§ 1. — Disposition générale

§ 1. — General provision

1590. L'obligation confère au créancier le droit d'exiger qu'elle soit exécutée entièrement, correctement et sans retard.

Lorsque le débiteur, sans justification, n'exécute pas son obligation et qu'il est en demeure, le créancier peut, sans préjudice de son droit à l'exécution par équivalent de tout ou partie de l'obligation:

1° Forcer l'exécution en nature de l'obligation;

2° Obtenir, si l'obligation est contractuelle, la résolution ou la résiliation du contrat ou la réduction de sa propre obligation corrélative;

3° Prendre tout autre moyen que la loi prévoit pour la mise en œuvre de son droit à l'exécution de l'obligation.

[1991, c. 64, a. 1590].

❚ C.C.Q., 1595, 1742, 1743; D.T., 88.

1590. An obligation confers on the creditor the right to demand that the obligation be performed in full, properly and without delay.

Where the debtor fails to perform his obligation without justification on his part and he is in default, the creditor may, without prejudice to his right to the performance of the obligation in whole or in part by equivalence,

(1) force specific performance of the obligation;

(2) obtain, in the case of a contractual obligation, the resolution or resiliation of the contract or the reduction of his own correlative obligation;

(3) take any other measure provided by law to enforce his right to the performance of the obligation.

[1991, c. 64, a. 1590].

§ 2. — De l'exception
d'inexécution et du droit de
rétention

§ 2. — Exception for
nonperformance and right of
retention

1591. Lorsque les obligations résultant d'un contrat synallagmatique sont exigibles et que l'une des parties n'exécute pas substantiellement la sienne ou n'offre pas de l'exécuter, l'autre partie peut, dans une mesure correspondante, refuser d'exécuter son obligation corrélative, à moins qu'il ne résulte de la loi, de la volonté des parties ou des usages qu'elle soit tenue d'exécuter la première.

[1991, c. 64, a. 1591].

1591. Where the obligations arising from a synallagmatic contract are exigible and one of the parties fails to perform his obligation to a substantial degree or does not offer to perform it, the other party may refuse to perform his correlative obligation to a corresponding degree, unless he is bound by law, the will of the parties or usage to perform first.

[1991, c. 64, a. 1591].

∎ C.C.Q., 1380.

1592. Toute partie qui, du consentement de son cocontractant, détient un bien appartenant à celui-ci a le droit de le retenir jusqu'au paiement total de la créance qu'elle a contre lui, lorsque sa créance est exigible et est intimement liée au bien qu'elle détient.

[1991, c. 64, a. 1592].

∎ C.C.Q., 875, 946, 963, 974, 1250, 1369, 1593, 2003, 2058, 2185, 2293, 2302, 2324.

1593. Le droit de rétention qu'exerce une partie est opposable à tous.

La dépossession involontaire du bien n'éteint pas le droit de rétention; la partie qui exerce ce droit peut revendiquer le bien, sous réserve des règles de la prescription.

[1991, c. 64, a. 1593].

∎ C.C.Q., 1592, 2880.

§ 3. — De la demeure

1594. Le débiteur peut être constitué en demeure d'exécuter l'obligation par les termes mêmes du contrat, lorsqu'il y est stipulé que le seul écoulement du temps pour l'exécuter aura cet effet.

Il peut être aussi constitué en demeure par la demande extrajudiciaire que lui adresse son créancier d'exécuter l'obligation, par la demande en justice formée contre lui ou, encore, par le seul effet de la loi.

[1991, c. 64, a. 1594].

∎ C.C.Q., 1368, 1507, 1693; D.T., 89.

1595. La demande extrajudiciaire par laquelle le créancier met son débiteur en demeure doit être faite par écrit.

Elle doit accorder au débiteur un délai d'exécution suffisant, eu égard à la nature de l'obligation et aux circonstances; autrement, le débiteur peut toujours l'exécuter dans un délai raisonnable à compter de la demande.

[1991, c. 64, a. 1595].

∎ C.C.Q., 1590, 1594.

1592. A party who, with the consent of the other party, has detention of property belonging to the latter has a right to retain it pending full payment of his claim against him, if the claim is exigible and is closely related to the property of which he has detention.

[1991, c. 64, a. 1592; I.N., 2014-05-01].

1593. The right of retention may be set up against anyone.

Involuntary dispossession does not extinguish a right of retention; the party exercising the right may revendicate the property, subject to the rules on prescription.

[1991, c. 64, a. 1593].

§ 3. — Default

1594. A debtor may be in default by the terms of the contract itself, when it contains a stipulation that the mere lapse of time for performing it will have that effect.

A debtor may also be put in default by an extrajudicial demand addressed to him by his creditor to perform the obligation, a judicial demand filed against him or the sole operation of law.

[1991, c. 64, a. 1594].

1595. The extrajudicial demand by which a creditor puts his debtor in default shall be made in writing.

The demand shall allow the debtor sufficient time for performance, having regard to the nature of the obligation and the circumstances; otherwise the debtor may perform the obligation within a reasonable time after the demand.

[1991, c. 64, a. 1595; I.N., 2014-05-01].

1596. La demande en justice formée par le créancier contre le débiteur, sans que celui-ci n'ait été autrement constitué en demeure au préalable, lui confère le droit d'exécuter l'obligation dans un délai raisonnable à compter de la demande. S'il y a exécution de l'obligation dans ce délai, les frais de la demande sont à la charge du créancier.

[1991, c. 64, a. 1596].

∎ C.C.Q., 1594.

1596. Where a creditor files a judicial demand against the debtor without his otherwise being in default, the debtor is entitled to perform the obligation within a reasonable time after the demand. If the obligation is performed within a reasonable time, the costs of the demand are borne by the creditor.

[1991, c. 64, a. 1596].

1597. Le débiteur est en demeure de plein droit, par le seul effet de la loi, lorsque l'obligation ne pouvait être exécutée utilement que dans un certain temps qu'il a laissé s'écouler ou qu'il ne l'a pas exécutée immédiatement alors qu'il y avait urgence.

Il est également en demeure de plein droit lorsqu'il a manqué à une obligation de ne pas faire, ou qu'il a, par sa faute, rendu impossible l'exécution en nature de l'obligation; il l'est encore lorsqu'il a clairement manifesté au créancier son intention de ne pas exécuter l'obligation ou, s'il s'agit d'une obligation à exécution successive, qu'il refuse ou néglige de l'exécuter de manière répétée.

[1991, c. 64, a. 1597].

∎ C.C.Q., 1458, 1527, 1548.

1597. A debtor is in default by the sole operation of law where the performance of the obligation would have been useful only within a certain time which he allowed to expire or where he failed to perform the obligation immediately despite the urgency that he do so.

A debtor is also in default by operation of law where he has violated an obligation not to do, or where specific performance of the obligation has become impossible through his fault, and also where he has made clear to the creditor his intention not to perform the obligation or where, in the case of an obligation of successive performance, he has repeatedly refused or neglected to perform it.

[1991, c. 64, a. 1597].

1598. Le créancier doit prouver la survenance de l'un des cas où il y a demeure de plein droit, malgré toute déclaration ou stipulation contraire.

[1991, c. 64, a. 1598].

∎ D.T., 89.

1598. The creditor shall prove the occurrence of one of the cases of default by operation of law notwithstanding any statement or stipulation to the contrary.

[1991, c. 64, a. 1598].

1599. La demande extrajudiciaire par laquelle le créancier met l'un des débiteurs solidaires en demeure vaut à l'égard des autres débiteurs.

Celle qui est faite par l'un des créanciers solidaires vaut, de même, à l'égard des autres créanciers.

[1991, c. 64, a. 1599].

∎ C.C.Q., 1594, 1595.

1599. An extrajudicial demand by which the creditor puts one of the solidary debtors in default has effect with respect to the other debtors.

Similarly, an extrajudicial demand made by one of the solidary creditors has effect with respect to the other creditors.

[1991, c. 64, a. 1599].

1600. Le débiteur, même s'il bénéficie d'un délai de grâce, répond, à compter de la demeure, du préjudice qui résulte du retard à exécuter l'obligation, lorsque celle-ci a pour objet une somme d'argent.

Il répond aussi, à compter de la demeure, de toute perte qui résulte d'une force majeure, à moins qu'il ne soit alors libéré.

[1991, c. 64, a. 1600].

❚ C.C.Q., 1368, 1693, 1701, 2184, 2198, 2287.

1600. Where the object of the obligation is a sum of money, the debtor, although he may be granted a period of grace, is liable for injury resulting from delay in the performance of the obligation from the moment he begins to be in default.

The debtor in such a case is also liable from the same moment for any loss resulting from superior force, unless he is released thereby from his obligation.

[1991, c. 64, a. 1600; I.N., 2014-05-01].

§ 4. —— De l'exécution en nature

§ 4. —— Specific performance

1601. Le créancier, dans les cas qui le permettent, peut demander que le débiteur soit forcé d'exécuter en nature l'obligation.

[1991, c. 64, a. 1601].

❚ C.C.Q., 1750, 1802, 1807, 2368.

1601. A creditor may, in cases which admit of it, demand that the debtor be forced to make specific performance of the obligation.

[1991, c. 64, a. 1601].

1602. Le créancier peut, en cas de défaut, exécuter ou faire exécuter l'obligation aux frais du débiteur.

Le créancier qui veut se prévaloir de ce droit doit en aviser le débiteur dans sa demande, extrajudiciaire ou judiciaire, le constituant en demeure, sauf dans les cas où ce dernier est en demeure de plein droit ou par les termes mêmes du contrat.

[1991, c. 64, a. 1602].

❚ C.C.Q., 1601.

1602. Where the debtor is in default, the creditor may perform the obligation or cause it to be performed at the expense of the debtor.

A creditor wishing to avail himself of this right shall so notify the debtor in the judicial or extrajudicial demand by which he puts him in default, except in cases where the debtor is in default by operation of law or by the terms of the contract itself.

[1991, c. 64, a. 1602; I.N., 2014-05-01].

1603. Le créancier peut être autorisé à détruire ou enlever, aux frais du débiteur, ce que celui-ci a fait en violation d'une obligation de ne pas faire.

[1991, c. 64, a. 1603].

❚ C.C.Q., 1458, 1602.

1603. The creditor may be authorized to destroy or remove, at the expense of the debtor, what has been done by the debtor in violation of an obligation not to do.

[1991, c. 64, a. 1603; I.N., 2014-05-01].

§ 5. —— De la résolution ou de la résiliation du contrat et de la réduction de l'obligation

§ 5. —— Resolution or resiliation of contracts and reduction of obligations

1604. Le créancier, s'il ne se prévaut pas du droit de forcer, dans les cas qui le

1604. Where the creditor does not avail himself of the right to force the specific

permettent, l'exécution en nature de l'obligation contractuelle de son débiteur, a droit à la résolution du contrat, ou à sa résiliation s'il s'agit d'un contrat à exécution successive.

Cependant, il n'y a pas droit, malgré toute stipulation contraire, lorsque le défaut du débiteur est de peu d'importance, à moins que, s'agissant d'une obligation à exécution successive, ce défaut n'ait un caractère répétitif; mais il a droit, alors, à la réduction proportionnelle de son obligation corrélative.

La réduction proportionnelle de l'obligation corrélative s'apprécie en tenant compte de toutes les circonstances appropriées; si elle ne peut avoir lieu, le créancier n'a droit qu'à des dommages-intérêts.

[1991, c. 64, a. 1604].

■ C.C.Q., 1383; D.T., 90.

performance of the contractual obligation of the debtor in cases which admit of it, he is entitled either to the resolution of the contract, or to its resiliation in the case of a contract of successive performance.

However and notwithstanding any stipulation to the contrary, he is not entitled to resolution or resiliation of the contract if the default of the debtor is of minor importance, unless, in the case of an obligation of successive performance, the default occurs repeatedly, but he is then entitled to a proportional reduction of his correlative obligation.

All the relevant circumstances are taken into consideration in assessing the proportional reduction of the correlative obligation. If the obligation cannot be reduced, the creditor is entitled to damages only.

[1991, c. 64, a. 1604].

1605. La résolution ou la résiliation du contrat peut avoir lieu sans poursuite judiciaire lorsque le débiteur est en demeure de plein droit d'exécuter son obligation ou qu'il ne l'a pas exécutée dans le délai fixé par la mise en demeure.

[1991, c. 64, a. 1605].

■ C.C.Q., 1604.

1605. A contract may be resolved or resiliated without judicial proceedings where the debtor is in default by operation of law to perform his obligation or where he has failed to perform it within the time allowed in the writing putting him in default.

[1991, c. 64, a. 1605; I.N., 2014-05-01].

1606. Le contrat résolu est réputé n'avoir jamais existé; chacune des parties est, dans ce cas, tenue de restituer à l'autre les prestations qu'elle a reçues.

Le contrat résilié cesse d'exister pour l'avenir seulement.

[1991, c. 64, a. 1606].

■ C.C.Q., 1422, 1604, 1699.

1606. A contract which is resolved is deemed never to have existed; each party is, in such a case, bound to restore to the other the prestations he has already received.

A contract which is resiliated ceases to exist, but only for the future.

[1991, c. 64, a. 1606].

§ 6. — De l'exécution par équivalent

I — Dispositions générales

1607. Le créancier a droit à des dommages-intérêts en réparation du préjudice,

§ 6. — Performance by equivalence

I — General provisions

1607. The creditor is entitled to damages for bodily, moral or material injury which

qu'il soit corporel, moral ou matériel, que lui cause le défaut du débiteur et qui en est une suite immédiate et directe.

[1991, c. 64, a. 1607].

∎ C.C.Q., 1457, 1527, 1622, 1765.

is an immediate and direct consequence of the debtor's default.

[1991, c. 64, a. 1607].

1608. L'obligation du débiteur de payer des dommages-intérêts au créancier n'est ni atténuée ni modifiée par le fait que le créancier reçoive une prestation d'un tiers, par suite du préjudice qu'il a subi, sauf dans la mesure où le tiers est subrogé aux droits du créancier.

[1991, c. 64, a. 1608].

∎ C.C.Q., 1607.

1608. The obligation of the debtor to pay damages to the creditor is neither reduced nor altered by the fact that the creditor receives a benefit from a third person, as a result of the injury he has suffered, except so far as the third person is subrogated to the rights of the creditor.

[1991, c. 64, a. 1608; I.N., 2014-05-01].

1609. Les quittances, transactions ou déclarations obtenues du créancier par le débiteur, un assureur ou leurs représentants, lorsqu'elles sont liées au préjudice corporel ou moral subi par le créancier, sont sans effet si elles ont été obtenues dans les trente jours du fait† dommageable et sont préjudiciables au créancier.

[1991, c. 64, a. 1609].

∎ C.C.Q., 8, 9, 3081.

1609. An acquittance, transaction or statement obtained from the creditor in connection with bodily or moral injury he has sustained, obtained by the debtor, an insurer or their representatives within thirty days of the act† which caused the injury, is without effect if it is damaging to the creditor.

[1991, c. 64, a. 1609].

1610. Le droit du créancier à des dommages-intérêts, même punitifs, est cessible et transmissible.

Il est fait exception à cette règle lorsque le droit du créancier résulte de la violation d'un droit de la personnalité; en ce cas, son droit à des dommages-intérêts est incessible, et il n'est transmissible qu'à ses héritiers.

[1991, c. 64, a. 1610].

∎ C.C.Q., 3, 625, 1607.

1610. The right of a creditor to damages, including punitive damages, may be assigned or transmitted.

This rule does not apply where the right of the creditor results from the infringement of a personality right; in such a case, the right of the creditor to damages may not be assigned, and may be transmitted only to his heirs.

[1991, c. 64, a. 1610; I.N., 2014-05-01].

II — De l'évaluation des
dommages-intérêts

II — Assessment of damages

I — De l'évaluation en général

I — Assessment in general

1611. Les dommages-intérêts dus au créancier compensent la perte qu'il subit et le gain dont il est privé.

On tient compte, pour les déterminer, du préjudice futur lorsqu'il est certain et qu'il est susceptible d'être évalué.

[1991, c. 64, a. 1611].

▌ C.C.Q., 1607.

1611. The damages due to the creditor compensate for the amount of the loss he has sustained and the profit of which he has been deprived.

Future injury which is certain and assessable is taken into account in awarding damages.

[1991, c. 64, a. 1611; I.N., 2014-05-01].

1612. En matière de secret commercial, la perte que subit le propriétaire† du secret comprend le coût des investissements faits pour son acquisition, sa mise au point et son exploitation; le gain dont il est privé peut être indemnisé sous forme de redevances.

[1991, c. 64, a. 1612].

▌ C.C.Q., 1368, 1693, 1701, 2184, 2198, 2287.

1612. The loss sustained by the owner† of a trade secret includes the investment expenses incurred for its acquisition, perfection and use; the profit of which he is deprived may be compensated for through payment of royalties.

[1991, c. 64, a. 1612; 2002, c. 19, s. 15].

1613. En matière contractuelle, le débiteur n'est tenu que des dommages-intérêts qui ont été prévus ou qu'on a pu prévoir au moment où l'obligation a été contractée, lorsque ce n'est point par sa faute intentionnelle ou par sa faute lourde qu'elle n'est point exécutée; même alors, les dommages-intérêts ne comprennent que ce qui est une suite immédiate et directe de l'inexécution.

[1991, c. 64, a. 1613].

▌ C.C.Q., 1474.

1613. In contractual matters, the debtor is liable only for damages that were foreseen or foreseeable at the time the obligation was contracted, where the failure to perform the obligation does not proceed from intentional or gross fault on his part; even then, the damages include only what is an immediate and direct consequence of the nonperformance.

[1991, c. 64, a. 1613].

1614. Les dommages-intérêts dus au créancier en réparation du préjudice corporel qu'il subit sont établis, quant aux aspects prospectifs du préjudice, en fonction des taux d'actualisation prescrits par règlement du gouvernement, dès lors que de tels taux sont ainsi fixés.

[1991, c. 64, a. 1614].

▌ C.C.Q., 1611; D.T., 91.

1614. Damages owed to the creditor for bodily injury he suffers are measured as to the future aspects of the injury according to the discount rates set by regulation of the Government, from the time such rates are set.

[1991, c. 64, a. 1614; I.N., 2014-05-01].

1615. Le tribunal, quand il accorde des dommages-intérêts en réparation d'un préjudice corporel peut, pour une période d'au plus trois ans, réserver au créancier le droit de demander des dommages-intérêts additionnels, lorsqu'il n'est pas possible de déterminer avec une précision suffisante l'évolution de sa condition physique au moment du jugement.

[1991, c. 64, a. 1615].

❚ C.C.Q., 1611, 1614; D.T., 91.

1615. The court, in awarding damages for bodily injury, may, for a period of not more than three years, reserve the right of the creditor to apply for additional damages, if the course of his physical condition cannot be determined with sufficient precision at the time of the judgment.

[1991, c. 64, a. 1615; I.N., 2014-05-01].

1616. Les dommages-intérêts accordés pour la réparation d'un préjudice sont, à moins que les parties n'en conviennent autrement, exigibles sous la forme d'un capital payable au comptant.

Toutefois, lorsque le préjudice est corporel et que le créancier est mineur, le tribunal peut imposer, en tout ou en partie, le paiement sous forme de rente ou de versements périodiques, dont il fixe les modalités et peut prévoir l'indexation suivant un taux fixe. Dans les trois mois qui suivent sa majorité, le créancier peut exiger le paiement immédiat, actualisé, de tout ce qui lui reste à recevoir.

[1991, c. 64, a. 1616].

❚ C.C.Q., 1611, 1614, 1615; D.T., 91.

1616. Damages awarded for injury are exigible in the form of capital payable in cash, unless otherwise agreed by the parties.

Where the injury suffered is bodily injury and where the creditor is a minor, however, the court may order payment, in whole or in part, in the form of an annuity or by periodic instalments, on the terms and conditions it fixes and indexed according to a fixed rate. Within three months after the date on which the creditor attains full age, he may demand immediate and discounted payment of any amount still receivable.

[1991, c. 64, a. 1616; I.N., 2014-05-01].

1617. Les dommages-intérêts résultant du retard dans l'exécution d'une obligation de payer une somme d'argent consistent dans l'intérêt au taux convenu ou, à défaut de toute convention, au taux légal.

Le créancier y a droit à compter de la demeure sans être tenu de prouver qu'il a subi un préjudice.

Le créancier peut, cependant, stipuler qu'il aura droit à des dommages-intérêts additionnels, à condition de les justifier.

[1991, c. 64, a. 1617].

❚ C.C.Q., 1368, 1565, 2198, 2287, 2356.

1617. Damages which result from delay in the performance of an obligation to pay a sum of money consist of interest at the agreed rate or, in the absence of any agreement, at the legal rate.

The creditor is entitled to the damages from the date of default without having to prove that he has suffered any injury.

A creditor may stipulate, however, that he will be entitled to additional damages, provided he justifies them.

[1991, c. 64, a. 1617; I.N., 2014-05-01].

1618. Les dommages-intérêts autres que ceux résultant du retard dans l'exécution d'une obligation de payer une somme d'argent portent intérêt au taux convenu entre les parties ou, à défaut, au taux légal, depuis la demeure ou depuis toute autre

1618. Damages other than those resulting from delay in the performance of an obligation to pay a sum of money bear interest at the rate agreed by the parties or, in the absence of agreement, at the legal rate, from the date of default or from any other

date postérieure que le tribunal estime appropriée, eu égard à la nature du préjudice et aux circonstances.

[1991, c. 64, a. 1618].

∎ D.T., 91.

1619. Il peut être ajouté aux dommages-intérêts accordés à quelque titre que ce soit, une indemnité fixée en appliquant à leur montant, à compter de l'une ou l'autre des dates servant à calculer les intérêts qu'ils portent, un pourcentage égal à l'excédent du taux d'intérêt fixé pour les créances de l'État en application de l'article 28 de la *Loi sur l'administration fiscale* (chapitre A-6.002) sur le taux d'intérêt convenu entre les parties ou, à défaut, sur le taux légal.

[1991, c. 64, a. 1619; 2010, c. 31, a. 175].

∎ C.C.Q., 1612-1618.

1620. Les intérêts échus des capitaux ne produisent eux-mêmes des intérêts que s'il existe une convention ou une loi à cet effet ou si, dans une action, de nouveaux intérêts sont expressément demandés.

[1991, c. 64, a. 1620].

∎ C.C.Q., 1616.

1621. Lorsque la loi prévoit l'attribution de dommages-intérêts punitifs, ceux-ci ne peuvent excéder, en valeur, ce qui est suffisant pour assurer leur fonction préventive.

Ils s'apprécient en tenant compte de toutes les circonstances appropriées, notamment de la gravité de la faute du débiteur, de sa situation patrimoniale ou de l'étendue de la réparation à laquelle il est déjà tenu envers le créancier, ainsi que, le cas échéant, du fait que la prise en charge du paiement réparateur† est, en tout ou en partie, assumée par un tiers.

[1991, c. 64, a. 1621].

∎ C.C.Q., 1610, 1899, 1902, 1968.

2 — De l'évaluation anticipée

1622. La clause pénale est celle par laquelle les parties évaluent par anticipation

later date which the court considers appropriate, having regard to the nature of the injury and the circumstances.

[1991, c. 64, a. 1618].

1619. An indemnity may be added to the amount of damages awarded for any reason, which is fixed by applying to the amount of the damages, from either of the dates used in computing the interest on them, a percentage equal to the excess of the rate of interest fixed for claims of the State under section 28 of the *Tax Administration Act* (chapter A-6.002) over the rate of interest agreed by the parties or, in the absence of agreement, over the legal rate.

[1991, c. 64, a. 1619; 2010, c. 31, s. 175].

1620. Interest accrued on principal does not itself bear interest except where that is provided by agreement or by law or where additional interest is expressly demanded in a suit.

[1991, c. 64, a. 1620].

1621. Where the awarding of punitive damages is provided for by law, the amount of such damages may not exceed what is sufficient to fulfil their preventive purpose.

Punitive damages are assessed in the light of all the appropriate circumstances, in particular the gravity of the debtor's fault, his patrimonial situation, the extent of reparation for which he is already liable to the creditor and, where such is the case, the fact that the payment of the damages† is wholly or partly assumed by a third person.

[1991, c. 64, a. 1621].

2 — Advance assessment of damages

1622. A penal clause is one by which the parties assess the damages in advance,

les dommages-intérêts en stipulant que le débiteur se soumettra à une peine au cas où il n'exécuterait pas son obligation.

Elle donne au créancier le droit de se prévaloir de cette clause au lieu de poursuivre, dans les cas qui le permettent, l'exécution en nature de l'obligation; mais il ne peut en aucun cas demander en même temps l'exécution et la peine, à moins que celle-ci n'ait été stipulée que pour le seul retard dans l'exécution de l'obligation.

[1991, c. 64, a. 1622].

∎ C.C.Q., 1901.

1623. Le créancier qui se prévaut de la clause pénale a droit au montant de la peine stipulée sans avoir à prouver le préjudice qu'il a subi.

Cependant, le montant de la peine stipulée peut être réduit si l'exécution partielle de l'obligation a profité au créancier ou si la clause est abusive.

[1991, c. 64, a. 1623].

∎ C.C.Q., 1622; D.T., 92.

1624. Lorsque l'obligation assortie d'une clause pénale est indivisible sans être solidaire et que son inexécution est le fait d'un seul des codébiteurs, la peine peut être demandée soit en totalité contre celui qui n'a pas exécuté, soit contre chacun des codébiteurs pour sa part; sauf, dans ce dernier cas, leur recours contre celui qui a fait encourir la peine.

[1991, c. 64, a. 1624].

∎ C.C.Q., 1622; D.T., 92.

1625. Lorsque l'obligation assortie d'une clause pénale est divisible, la peine est également divisible et elle n'est encourue que par celui des codébiteurs qui n'exécute pas l'obligation, et pour la part dont il est tenu dans l'obligation, sans qu'il y ait d'action contre ceux qui l'ont exécutée.

Cette règle ne s'applique pas lorsque l'obligation est solidaire. Elle ne s'applique pas, non plus, lorsque la clause pénale avait été stipulée afin que le paiement

stipulating that the debtor will suffer a penalty if he fails to perform his obligation.

A creditor has the right to avail himself of a penal clause instead of enforcing, in cases which admit of it, the specific performance of the obligation; but in no case may he exact both the performance and the penalty, unless the penalty has been stipulated for mere delay in the performance of the obligation.

[1991, c. 64, a. 1622; I.N., 2014-05-01].

1623. A creditor who avails himself of a penal clause is entitled to the amount of the stipulated penalty without having to prove the injury he has suffered.

However, the amount of the stipulated penalty may be reduced if the creditor has benefited from partial performance of the obligation or if the clause is abusive.

[1991, c. 64, a. 1623].

1624. Where an obligation with a penal clause is indivisible without being solidary and its nonperformance is due to the act or omission of only one of the co-debtors, the penalty may be exacted in full against him or against each of the co-debtors for his share, but, in the latter case, without prejudice to their remedy against the co-debtor who caused the penalty to be incurred.

[1991, c. 64, a. 1624; 2002, c. 19, s. 15].

1625. Where an obligation with a penal clause is divisible, the penalty also is divisible and is incurred only by that debtor who fails to perform the obligation, and only for that share of the obligation for which he is bound, without there being any action against those who have performed it.

This rule does not apply where the obligation is solidary, nor where the penal clause was stipulated to prevent partial payment and one of the co-debtors has prevented

ne pût se faire partiellement et que l'un des codébiteurs a empêché l'exécution de l'obligation pour la totalité; en ce cas, la peine entière peut être exigée de lui, et des autres pour leur part seulement, sauf leur recours contre lui.

[1991, c. 64, a. 1625].

▌C.C.Q., 1519, 1522, 1540; D.T., 92.

the performance of the obligation for the whole; in this case, that co-debtor is liable for the whole penalty and the others are liable for their respective shares only, without prejudice to their remedy against him.

[1991, c. 64, a. 1625; I.N., 2014-05-01].

SECTION III —
DE LA PROTECTION DU DROIT À L'EXÉCUTION DE L'OBLIGATION

SECTION III —
PROTECTION OF THE RIGHT TO PERFORMANCE OF OBLIGATIONS

§ 1. — Des mesures conservatoires

§ 1. — Conservatory measures

1626. Le créancier peut prendre toutes les mesures nécessaires ou utiles à la conservation de ses droits.

[1991, c. 64, a. 1626].

▌C.C.Q., 1504, 2735.

1626. A creditor may take all necessary or useful measures to preserve his rights.

[1991, c. 64, a. 1626].

§ 2. —
De l'action oblique

§ 2. — Oblique action

1627. Le créancier dont la créance est certaine, liquide et exigible peut, au nom de son débiteur, exercer les droits et actions de celui-ci, lorsque le débiteur, au préjudice du créancier, refuse ou néglige de les exercer.

Il ne peut, toutefois, exercer les droits et actions qui sont exclusivement attachés à la personne du débiteur.

[1991, c. 64, a. 1627].

▌C.C.Q., 652, 864, 1168, 1631, 2644; D.T., 93; C.P.C., 625.

1627. A creditor whose claim is certain, liquid and exigible may, in the debtor's name, exercise the rights and actions of the debtor where the debtor, to the prejudice of the creditor, refuses or neglects to exercise them.

However, he may not exercise rights and actions which are strictly personal to the debtor.

[1991, c. 64, a. 1627; I.N., 2014-05-01].

1628. Il n'est pas nécessaire que la créance soit liquide et exigible au moment où l'action est intentée; mais elle doit l'être au moment du jugement sur l'action.

[1991, c. 64, a. 1628].

▌C.C.Q., 1627.

1628. It is not necessary for the claim to be liquid and exigible at the time the action is instituted, but it is necessary that it be so at the time judgment is rendered.

[1991, c. 64, a. 1628

1629. Celui contre qui est exercée l'action oblique peut opposer au créancier tous les

1629. The person against whom an oblique action is brought may set up against the

moyens qu'il aurait pu opposer à son propre créancier.

[1991, c. 64, a. 1629].

▌ C.C.Q., 1627; D.T., 93.

1630. Les biens recueillis par le créancier au nom de son débiteur tombent dans le patrimoine de celui-ci et profitent à tous ses créanciers.

[1991, c. 64, a. 1630].

▌ C.C.Q., 1627, 2644.

§ 3. — De l'action en inopposabilité

1631. Le créancier, s'il en subit un préjudice, peut faire déclarer inopposable à son égard l'acte juridique que fait son débiteur en fraude de ses droits, notamment l'acte par lequel il se rend ou cherche à se rendre insolvable ou accorde, alors qu'il est insolvable, une préférence à un autre créancier.

[1991, c. 64, a. 1631].

▌ C.C.Q., 470, 490, 652, 864, 1560, 2887.

1632. Un contrat à titre onéreux ou un paiement fait en exécution d'un tel contrat est réputé fait avec l'intention de frauder si le cocontractant ou le créancier connaissait l'insolvabilité du débiteur ou le fait que celui-ci, par cet acte, se rendait ou cherchait à se rendre insolvable.

[1991, c. 64, a. 1632].

▌ C.C.Q., 1631, 2963.

1633. Un contrat à titre gratuit ou un paiement fait en exécution d'un tel contrat est réputé fait avec l'intention de frauder, même si le cocontractant ou le créancier ignorait ces faits, dès lors que le débiteur est insolvable ou le devient au moment où le contrat est conclu ou le paiement effectué.

[1991, c. 64, a. 1633].

▌ C.C.Q., 1631.

1634. La créance doit être certaine au moment où l'action est intentée; elle doit

creditor all the defenses he could have set up against his own creditor.

[1991, c. 64, a. 1629].

1630. Property recovered by a creditor in the name of the debtor falls into the patrimony of the debtor and benefits all his creditors.

[1991, c. 64, a. 1630].

§ 3. — Paulian action

1631. A creditor who suffers injury through a juridical act made by his debtor in fraud of his rights, in particular an act by which the debtor renders or seeks to render himself insolvent, or by which, being insolvent, he grants preference to another creditor, may obtain a declaration that the act may not be set up against him.

[1991, c. 64, a. 1631; I.N., 2014-05-01].

1632. An onerous contract or a payment made in performance of such a contract is deemed to be made with fraudulent intent if the other contracting party or the creditor knew the debtor to be insolvent or knew that the debtor, by the juridical act, was rendering himself or was seeking to render himself insolvent.

[1991, c. 64, a. 1632; I.N., 2014-05-01].

1633. A gratuitous contract or a payment made in performance of such a contract is deemed to be made with fraudulent intent, even if the other contracting party or the creditor was unaware of the facts, where the debtor is or becomes insolvent at the time the contract is formed or the payment is made.

[1991, c. 64, a. 1633; I.N., 2014-05-01].

1634. The claim must be certain at the time the action is instituted, and must be

aussi être liquide et exigible au moment du jugement sur l'action.

liquid and exigible at the time the judgment is rendered.

La créance doit être antérieure à l'acte juridique attaqué, sauf si cet acte avait pour but de frauder un créancier postérieur.

[1991, c. 64, a. 1634].

C.C.Q., 1628, 1631; D.T., 93.

The claim must exist prior to the juridical act which is attacked, unless that act was made for the purpose of defrauding a later ranking creditor.

[1991, c. 64, a. 1634; I.N., 2014-05-01].

1635. L'action doit, à peine de déchéance, être intentée avant l'expiration d'un délai d'un an à compter du jour où le créancier a eu connaissance du préjudice résultant de l'acte attaqué ou, si l'action est intentée par un syndic de faillite pour le compte des créanciers collectivement, à compter du jour de la nomination du syndic.

[1991, c. 64, a. 1635].

C.C.Q., 2878.

1635. The action is forfeited unless it is brought within one year from the day on which the creditor learned of the injury resulting from the act which is attacked, or, where the action is brought by a trustee in bankruptcy on behalf of all the creditors, from the date of appointment of the trustee.

[1991, c. 64, a. 1635].

1636. Lorsque l'acte juridique est déclaré inopposable à l'égard du créancier, il l'est aussi à l'égard des autres créanciers qui pouvaient intenter l'action et qui y sont intervenus pour protéger leurs droits; tous peuvent faire saisir et vendre le bien qui en est l'objet et être payés en proportion de leur créance, sous réserve des droits des créanciers prioritaires ou hypothécaires.

[1991, c. 64, a. 1636].

C.C.Q., 1631.

1636. Where it is declared that a juridical act may not be set up against the creditor, it may not be set up against any other creditors who were entitled to institute the action and who intervened in it to protect their rights; all may have the property forming the subject of the contract or payment seized and sold and be paid according to their claims, subject to the rights of prior or hypothecary creditors.

[1991, c. 64, a. 1636; I.N., 2014-05-01].

Chapitre VII
De la transmission et des mutations† de l'obligation

Chapter VII
Transfer and alteration† of obligations

SECTION I
DE LA CESSION DE CRÉANCE

SECTION I
ASSIGNMENT OF CLAIMS

§ 1. — De la cession de créance en général

§ 1. — Assignment of claims in general

1637. Le créancier peut céder à un tiers, tout ou partie d'une créance ou d'un droit d'action qu'il a contre son débiteur.

1637. A creditor may assign to a third person all or part of a claim or a right of action which he has against his debtor.

Cette cession ne peut, cependant, porter at-

He may not, however, make an assignment

teinte aux droits du débiteur, ni rendre son obligation plus onéreuse.

[1991, c. 64, a. 1637].

■ C.C.Q., 888, 1135, 1680, 2461, 2475; D.T., 94.

1638. La cession d'une créance en comprend les accessoires.

[1991, c. 64, a. 1638].

■ C.C.Q., 1718, 2661, 2671, 2712.

1639. Le cédant à titre onéreux garantit que la créance existe et qu'elle lui est due même si la cession est faite sans garantie, à moins que le cessionnaire ne l'ait acquise à ses risques et périls ou qu'il n'ait connu, lors de la cession, le caractère incertain de la créance.

[1991, c. 64, a. 1639].

■ C.C.Q., 889, 1716, 1723.

1640. Le cédant à titre onéreux qui répond, par une simple clause de garantie, de la solvabilité du débiteur ne répond de cette solvabilité qu'au moment de la cession et qu'à concurrence du prix qu'il a reçu.

[1991, c. 64, a. 1640].

■ C.C.Q., 890.

1641. La cession est opposable au débiteur et aux tiers, dès que le débiteur y a acquiescé ou qu'il a reçu une copie ou un extrait pertinent de l'acte de cession ou, encore, une autre preuve de la cession qui soit opposable au cédant.

Lorsque le débiteur ne peut être trouvé au Québec, la cession est opposable dès la publication d'un avis de la cession, dans un journal distribué dans la localité de la dernière adresse connue du débiteur ou, s'il exploite une entreprise, dans la localité où elle a son principal établissement.

[1991, c. 64, a. 1641].

■ C.C.Q., 1525, 1680, 2461, 2710-2713, 3003.

that is injurious to the rights of the debtor or that renders his obligation more onerous.

[1991, c. 64, a. 1637].

1638. The assignment of a claim includes its accessories.

[1991, c. 64, a. 1638].

1639. Where the assignment is by onerous title, the assignor warrants that the claim exists and is owed to him, even if the assignment is made without warranty, unless the assignee has acquired it at his own risk or knew of the uncertain nature of the claim at the time of the assignment.

[1991, c. 64, a. 1639; I.N., 2014-05-01].

1640. Where the assignor by onerous title guarantees the solvency of the debtor by a simple clause of warranty, he is liable for the solvency only at the time of the assignment and to the extent of the price he received.

[1991, c. 64, a. 1640].

1641. An assignment may be set up against the debtor and third persons as soon as the debtor has acquiesced in it or received a copy or a pertinent extract of the act of assignment or any other evidence of the assignment which may be set up against the assignor.

Where the debtor cannot be found in Québec, the assignment may be set up upon publication of a notice of assignment in a newspaper distributed in the locality of the last known address of the debtor or, if he carries on an enterprise, in the locality where its principal establishment is situated.

[1991, c. 64, a. 1641; 1992, c. 57, s. 716; I.N., 2014-05-01].

1642. La cession d'une universalité de créances, actuelles ou futures, est opposable aux débiteurs et aux tiers, par l'inscription de la cession au registre des droits personnels et réels mobiliers, pourvu cependant, quant aux débiteurs qui n'ont pas acquiescé à la cession, que les autres formalités prévues pour leur rendre la cession opposable aient été accomplies.

[1991, c. 64, a. 1642].

▌C.C.Q., 1641, 2710-2713, 2938.

1642. The assignment of a universality of claims, present or future, may be set up against debtors and third persons by the registration of the assignment in the register of personal and movable real rights, provided, however, that the other formalities whereby the assignment may be set up against the debtors who have not acquiesced in it have been accomplished.

[1991, c. 64, a. 1642].

1643. Le débiteur peut opposer au cessionnaire tout paiement fait au cédant avant que la cession ne lui ait été rendue opposable, ainsi que toute autre cause d'extinction de l'obligation survenue avant ce moment.

Il peut aussi opposer le paiement que lui-même ou sa caution a fait de bonne foi au créancier apparent, même si les formalités exigées pour rendre la cession opposable au débiteur et aux tiers ont été accomplies.

[1991, c. 64, a. 1643].

▌C.C.Q., 1559.

1643. A debtor may set up against the assignee any payment made to the assignor before the assignment could be set up against him, as well as any other cause of extinction of the obligation that occurred before that time.

A debtor may also set up any payment made in good faith by himself or his surety to an apparent creditor, even if the required formalities whereby the assignment may be set up against the debtor and third persons have been accomplished.

[1991, c. 64, a. 1643].

1644. Lorsque la remise au débiteur de la copie ou d'un extrait de l'acte de cession ou d'une autre preuve de la cession qui soit opposable au cédant a lieu au moment de la signification d'une action exercée contre le débiteur, aucuns frais judiciaires ne peuvent être exigés de ce dernier s'il paie dans le délai fixé pour la comparution, à moins qu'il n'ait déjà été en demeure d'exécuter l'obligation.

[1991, c. 64, a. 1644].

▌C.C.Q., 1641-1643.

1644. Where a copy or an extract of the act of assignment or any other evidence of the assignment which may be set up against an assignor is handed over to the debtor at the time of service of an action brought against the debtor, no legal costs may be exacted from the debtor if he pays within the time fixed for appearance, unless he was already in default to perform the obligation.

[1991, c. 64, a. 1644; 1992, c. 57, s. 716; I.N., 2014-05-01].

1645. La cession n'est opposable à la caution que si les formalités prévues pour rendre la cession opposable au débiteur ont été accomplies à l'égard de la caution elle-même.

[1991, c. 64, a. 1645].

▌C.C.Q., 1641, 1642, 2333-2366.

1645. The assignment may not be set up against the surety unless the prescribed formalities for the setting up of the assignment against the debtor have been accomplished with respect to the surety himself.

1991, c. 64, a. 1645; I.N., 2014-05-01.

1646. Les cessionnaires d'une même créance, de même que le cédant pour ce qui lui reste dû, sont payés en proportion de leur créance.

Néanmoins, ceux qui ont obtenu une cession avec la garantie de fournir et faire valoir sont payés par préférence à tous les autres cessionnaires, ainsi qu'au cédant, en tenant compte, entre eux, des dates auxquelles leurs cessions respectives sont devenues opposables au débiteur.

[1991, c. 64, a. 1646].

▌C.C.Q., 1658, 1659.

1646. The assignees of the same claim, and the assignor with respect to any remainder due to him, are paid in proportion to the value of their claims.

However, persons having obtained an assignment with a warranty of payment are paid in preference to all other assignees and to the assignor, and, among themselves, in the order of the dates on which their respective assignments could be set up against the debtor.

[1991, c. 64, a. 1646; I.N., 2014-05-01].

§ 2. — De la cession d'une créance constatée dans un titre au porteur

§ 2. — Assignment of claims attested by bearer instrument

1647. Il est de l'essence de toute créance constatée dans un titre au porteur émis par un débiteur, qu'elle puisse être cédée par la simple tradition, d'un porteur à un autre, du titre qui la constate.

[1991, c. 64, a. 1647].

▌C.C.Q., 2043, 2044, 2528; C.P.C., 570.

1647. It is of the essence of a claim attested by a bearer instrument issued by a debtor that it may be assigned by mere delivery, to another bearer, of the instrument attesting it.

[1991, c. 64, a. 1647].

1648. Le débiteur qui a émis le titre au porteur est tenu de payer la créance qui y est constatée à tout porteur qui lui remet le titre, sauf s'il a reçu notification d'un jugement lui ordonnant d'en retenir le paiement.

Il ne peut opposer au porteur d'autres moyens que ceux qui concernent la nullité ou un vice du titre, qui dérivent d'une stipulation expresse du titre ou qu'il peut faire valoir contre le porteur personnellement.

[1991, c. 64, a. 1648].

▌C.C.Q., 1647, 1650.

1648. A debtor who has issued a bearer instrument is bound to pay the debt attested thereby to any bearer who hands over the instrument to him, except where he has received notice of a judgment ordering him to withhold payment thereof.

He may not set up any defenses against the bearer other than defenses concerning the nullity of or a defect in the instrument, those founded on an express stipulation in the instrument or such defenses as he may raise against the bearer personally.

1991, c. 64, a. 1648; I.N., 2014-05-01].

1649. Le débiteur qui a émis le titre au porteur demeure tenu envers tout porteur de bonne foi, même s'il démontre que le titre a été mis en circulation contre sa volonté.

[1991, c. 64, a. 1649].

▌C.C.Q., 1647, 1648, 1650.

1649. A debtor who has issued a bearer instrument remains bound towards every bearer in good faith, even if the debtor shows that the instrument was negotiated against his will.

[1991, c. 64, a. 1649].

1650. Celui qui a été injustement† dépossédé d'un titre au porteur ne peut empêcher le débiteur de payer la créance à celui qui le lui présente, que sur notification d'une ordonnance du tribunal.

[1991, c. 64, a. 1650].

■ C.C.Q., 1648.

1650. A person who has been unlawfully† dispossessed of a bearer instrument may not prevent the debtor from paying the claim to the person who presents the instrument except on notification of an order of the court.

[1991, c. 64, a. 1650].

SECTION II — DE LA SUBROGATION

SECTION II — SUBROGATION

1651. La personne qui paie à la place du débiteur peut être subrogée dans les droits du créancier.

Elle n'a pas plus de droits que le subrogeant.

[1991, c. 64, a. 1651].

■ C.C.Q., 829, 1023, 1536, 1555, 1637, 2360, 2474, 2620, 3003, 3004, 3014.

1651. A person who pays in the place of a debtor may be subrogated to the rights of the creditor.

He does not have more rights than the subrogating creditor.

[1991, c. 64, a. 1651].

1652. La subrogation est conventionnelle ou légale.

[1991, c. 64, a. 1652].

■ C.C.Q., 1651, 1653, 1656.

1652. Subrogation may be conventional or legal.

[1991, c. 64, a. 1652].

1653. La subrogation conventionnelle peut être consentie par le créancier ou par le débiteur, mais elle doit être expresse et constatée par écrit.

[1991, c. 64, a. 1653].

■ C.C.Q., 1652, 3003.

1653. Conventional subrogation may be made by the creditor or the debtor, but it must be made expressly and in writing.

[1991, c. 64, a. 1653; I.N., 2014-05-01].

1654. La subrogation consentie par le créancier doit l'être en même temps qu'il reçoit le paiement. Elle s'opère sans le consentement du débiteur, malgré toute stipulation contraire.

[1991, c. 64, a. 1654].

■ C.C.Q., 1639, 2956, 3003; D.T., 95.

1654. Subrogation may be made by the creditor only at the same time as he receives payment. It takes effect without the consent of the debtor, notwithstanding any stipulation to the contrary.

[1991, c. 64, a. 1654].

1655. La subrogation consentie par le débiteur ne peut l'être qu'au profit de son prêteur et elle s'opère sans le consentement du créancier.

Il faut, pour que cette subrogation soit valable, que l'acte de prêt et la quittance soient faits par acte notarié en minute ou par acte sous seing privé établi en présence

1655. Subrogation may not be made by a debtor in favour of anyone except his lender and it takes effect without the consent of the creditor.

In order for subrogation to be valid in this case, the loan instrument and the acquittance shall each be made in the form of a notarial act *en minute* or by a private writ-

de deux témoins qui le signent. En outre, il doit être déclaré, dans l'acte de prêt, que l'emprunt est fait pour acquitter la dette, et, dans la quittance, que le paiement est fait à même l'emprunt.

[1991, c. 64, a. 1655].

■ C.C.Q., 3003, 3004, 3014.

1656. La subrogation s'opère par le seul effet de la loi:

1° Au profit d'un créancier qui paie un autre créancier qui lui est préférable en raison d'une créance prioritaire ou d'une hypothèque;

2° Au profit de l'acquéreur d'un bien qui paie un créancier dont la créance est garantie par une hypothèque sur ce bien;

3° Au profit de celui qui paie une dette à laquelle il est tenu avec d'autres ou pour d'autres et qu'il a intérêt à acquitter;

4° Au profit de l'héritier qui paie de ses propres deniers une dette de la succession à laquelle il n'était pas tenu;

5° Dans les autres cas établis par la loi.

[1991, c. 64, a. 1656].

■ C.C.Q., 625, 799, 801, 826, 829, 1023, 1523, 1531, 1536, 2333, 2355, 2365, 2474, 2620, 2650, 2651, 2660 et s., 2941, 2945, 2952.

1657. La subrogation a effet contre le débiteur principal et ses garants, qui peuvent opposer au subrogé les moyens qu'ils avaient contre le créancier originaire.

[1991, c. 64, a. 1657].

■ C.C.Q., 1651, 1658, 1659.

1658. Le créancier qui n'a été payé qu'en partie peut exercer ses droits pour le solde de sa créance, par préférence au subrogé dont il n'a reçu qu'une partie de celle-ci.

Toutefois, si le créancier s'est obligé envers le subrogé à fournir et faire valoir le

ing drawn up before two witnesses who sign it. In addition, a statement shall be made in the loan instrument that the loan is granted for the purpose of paying the debt, and, in the acquittance, that the debt is paid out of the loan.

[1991, c. 64, a. 1655].

1656. Subrogation takes place by the sole operation of law

(1) in favour of a creditor who pays another creditor whose claim is preferred to his because of a prior claim or a hypothec;

(2) in favour of the acquirer of property who pays a creditor whose claim is secured by a hypothec on the property;

(3) in favour of a person who pays a debt to which he is bound with others or for others and which he has an interest in paying;

(4) in favour of an heir who pays with his own funds a debt of the succession for which he was not bound;

(5) in any other case provided by law.

[1991, c. 64, a. 1656; I.N., 2014-05-01].

1657. Subrogation has effect against the principal debtor and his warrantors, who may set up against the person subrogated the defenses they had against the original creditor.

[1991, c. 64, a. 1657].

1658. A creditor who has been only partly paid may exercise his rights with respect to the balance of his claim in preference to the person subrogated from whom he has received only part of his claim.

However, if the creditor has obligated himself to the person subrogated to guar-

montant pour lequel sa subrogation est acquise, le subrogé lui est préféré.

[1991, c. 64, a. 1658].

▌C.C.Q., 1657, 1659, 2956.

1659. Ceux qui sont subrogés dans les droits d'un même créancier sont payés à proportion de leur part dans le paiement subrogatoire, sauf convention contraire.

[1991, c. 64, a. 1659].

▌C.C.Q., 1651, 1658, 1659.

SECTION III —
DE LA NOVATION

1660. La novation s'opère lorsque le débiteur contracte envers son créancier une nouvelle dette qui est substituée à l'ancienne, laquelle est éteinte, ou lorsqu'un nouveau débiteur est substitué à l'ancien, lequel est déchargé par le créancier; la novation peut alors s'opérer sans le consentement de l'ancien débiteur.

Elle s'opère aussi lorsque, par l'effet d'un nouveau contrat, un nouveau créancier est substitué à l'ancien envers lequel le débiteur est déchargé.

[1991, c. 64, a. 1660].

▌C.C.Q., 1555, 1654.

1661. La novation ne se présume pas; l'intention de l'opérer doit être évidente.

[1991, c. 64, a. 1661].

▌C.C.Q., 319, 2803, 2849.

1662. Les hypothèques liées à l'ancienne créance ne passent point à celle qui lui est substituée, à moins que le créancier ne les ait expressément réservées.

[1991, c. 64, a. 1662].

▌C.C.Q., 1433, 1439, 2661.

1663. Lorsque la novation s'opère par la substitution d'un nouveau débiteur, le nouveau débiteur ne peut opposer au créancier les moyens qu'il pouvait faire valoir contre l'ancien débiteur, ni ceux que l'ancien

antee payment of the amount for which the subrogation is acquired, the person subrogated has preference.

[1991, c. 64, a. 1658; I.N., 2014-05-01].

1659. Except where there is agreement to the contrary, persons who are subrogated to the rights of the same creditor are paid in proportion to their share in the subrogated payment.

[1991, c. 64, a. 1659; I.N., 2014-05-01].

SECTION III —
NOVATION

1660. Novation is effected where the debtor contracts towards his creditor a new debt which is substituted for the former debt, which is extinguished, or where a new debtor is substituted for the former debtor, who is discharged by the creditor; in such a case, novation may be effected without the consent of the former debtor.

Novation is also effected where, by the effect of a new contract, a new creditor is substituted for the former creditor, towards whom the debtor is discharged.

[1991, c. 64, a. 1660; I.N., 2014-05-01].

1661. Novation is not presumed; the intention to effect it must be evident.

[1991, c. 64, a. 1661; I.N., 2014-05-01].

1662. Hypothecs attached to the former claim are not transferred to the claim substituted for it, unless they are expressly reserved by the creditor.

[1991, c. 64, a. 1662; I.N., 2014-05-01].

1663. Where novation is effected by substitution of a new debtor, the new debtor may not set up against the creditor the defenses which he could have raised against the former debtor, nor the defenses which

OBLIGATIONS

débiteur avait contre le créancier, à moins, dans ce dernier cas, qu'il ne puisse invoquer la nullité de l'acte qui les liait.

De plus, les hypothèques liées à l'ancienne créance ne peuvent point passer sur les biens du nouveau débiteur; et elles ne peuvent point, non plus, être réservées sur les biens de l'ancien débiteur sans son consentement. Mais elles peuvent passer sur les biens acquis de l'ancien débiteur par le nouveau débiteur, si celui-ci y consent.

[1991, c. 64, a. 1663].

■ C.C.Q., 1530, 1539, 1660, 2650, 2660, 2665, 2751.

1664. Lorsque la novation s'opère entre le créancier et l'un des débiteurs solidaires, les hypothèques liées à l'ancienne créance ne peuvent être réservées que sur les biens du codébiteur qui contracte la nouvelle dette.

[1991, c. 64, a. 1664].

■ C.C.Q., 1660.

1665. La novation qui s'opère entre le créancier et l'un des débiteurs solidaires libère les autres codébiteurs à l'égard du créancier; celle qui s'opère à l'égard du débiteur principal libère les cautions.

Toutefois, lorsque le créancier a exigé, dans le premier cas, l'accession des codébiteurs, ou, dans le second cas, celle des cautions, l'ancienne créance subsiste, si les codébiteurs ou les cautions refusent d'accéder au nouveau contrat.

[1991, c. 64, a. 1665].

■ C.C.Q., 1523, 1689, 2365.

1666. La novation consentie par un créancier solidaire est inopposable à ses cocréanciers, excepté pour sa part dans la créance solidaire.

[1991, c. 64, a. 1666].

■ C.C.Q., 1541-1544, 1690.

SECTION IV — DE LA DÉLÉGATION

1667. La désignation par le débiteur d'une personne qui paiera à sa place ne constitue

the former debtor had against the creditor, unless, in the latter case, he may invoke the nullity of the act that bound them.

Furthermore, hypothecs attached to the former claim may not be transferred to the property of the new debtor; nor may they be reserved upon the property of the former debtor without his consent. However, they may be transferred to property acquired from the former debtor by the new debtor, if the new debtor consents thereto.

[1991, c. 64, a. 1663; I.N., 2014-05-01].

1664. Where novation is effected between the creditor and one of the solidary debtors, hypothecs attached to the former claim may only be reserved upon the property of the co-debtor who contracts the new debt.

[1991, c. 64, a. 1664; I.N., 2014-05-01].

1665. Novation effected between the creditor and one of the solidary debtors releases the other co-debtors with respect to the creditor; novation effected with respect to the principal debtor releases his sureties.

However, where the creditor has required the accession of the co-debtors, in the first case, or of the sureties, in the second case, the creditor's former claim subsists if the co-debtors or the sureties refuse to accede to the new contract.

[1991, c. 64, a. 1665; I.N., 2014-05-01].

1666. Novation which has been agreed to by one of the solidary creditors may not be set up against the other co-creditors, except for his share in the solidary claim.

[1991, c. 64, a. 1666; I.N., 2014-05-01].

SECTION IV — DELEGATION

1667. Designation by a debtor of a person who is to pay in his place constitutes a del-

une délégation de paiement que si le délégué s'oblige personnellement au paiement envers le créancier délégataire; autrement, elle ne constitue qu'une simple indication de paiement.

[1991, c. 64, a. 1667].

■ C.C.Q., 1482, 1555, 1653, 1655.

egation of payment only when the delegate obligates himself personally to the delegatee to make the payment; otherwise, it merely constitutes an indication of payment.

[1991, c. 64, a. 1667

1668. Le créancier délégataire, s'il accepte la délégation, conserve ses droits contre le débiteur délégant, à moins qu'il ne soit évident que le créancier entend décharger ce débiteur.

[1991, c. 64, a. 1668].

■ C.C.Q., 1667.

1668. Where the delegatee accepts the delegation, he retains his rights against the delegator, unless the delegatee evidently intends to discharge him.

[1991, c. 64, a. 1668; I.N., 2014-05-01].

1669. Le délégué ne peut opposer au délégataire les moyens qu'il aurait pu faire valoir contre le délégant, même s'il en ignorait l'existence au moment de la délégation.

Cette règle ne s'applique pas, si, au moment de la délégation, rien n'est dû au délégataire, et elle ne préjudicie pas au recours du délégué contre le délégant.

[1991, c. 64, a. 1669].

■ C.C.Q., 1667.

1669. The delegate may not set up against the delegatee the defenses he could have raised against the delegator, even though he did not know of their existence at the time of the delegation.

This rule does not apply if, at the time of the delegation, nothing is due to the delegatee, nor does it prejudice the remedy of the delegate against the delegator.

[1991, c. 64, a. 1669].

1670. Le délégué peut opposer au délégataire tous les moyens que le délégant aurait pu faire valoir contre le délégataire.

Le délégué ne peut, toutefois, opposer la compensation de ce que le délégant doit au délégataire, ni de ce que le délégataire doit au délégant.

[1991, c. 64, a. 1670].

■ C.C.Q., 1667, 1669.

1670. The delegate may set up against the delegatee all such defenses as the delegator could have set up against the delegatee.

The delegate may not set up compensation, however, for what the delegator owes to the delegatee or for what the delegatee owes to the delegator.

[1991, c. 64, a. 1670].

Chapitre VIII ——
De l'extinction de l'obligation

SECTION I ——
DISPOSITION GÉNÉRALE

Chapter VIII ——
Extinction of obligations

SECTION I ——
GENERAL PROVISION

1671. Outre les autres causes d'extinction prévues ailleurs dans ce code, tels le paiement, l'arrivée d'un terme extinctif, la no-

1671. Obligations are extinguished not only by the causes of extinction contemplated in other provisions of this Code,

vation ou la prescription, l'obligation est éteinte par la compensation, par la confusion, par la remise, par l'impossibilité de l'exécuter ou, encore, par la libération du débiteur.

[1991, c. 64, a. 1671].

such as payment, the expiry of an extinctive term, novation or prescription, but also by compensation, confusion, release, impossibility of performance or discharge of the debtor.

[1991, c. 64, a. 1671].

■ C.C.Q., 823, 827, 1360, 1553, 1660, 1672, 1683, 1687, 1693, 1695, 2875.

SECTION II — DE LA COMPENSATION

SECTION II — COMPENSATION

1672. Lorsque deux personnes se trouvent réciproquement débitrices et créancières l'une de l'autre, les dettes auxquelles elles sont tenues s'éteignent par compensation jusqu'à concurrence de la moindre.

La compensation ne peut être invoquée contre l'État, mais celui-ci peut s'en prévaloir.

[1991, c. 64, a. 1672].

1672. Where two persons are reciprocally debtor and creditor of each other, the debts for which they are liable are extinguished by compensation, up to the amount of the lesser debt.

Compensation may not be claimed from the State, but the State may claim it.

[1991, c. 64, a. 1672].

■ C.C.Q., 748, 881, 1376; C.P.C., 172.

1673. La compensation s'opère de plein droit dès que coexistent des dettes qui sont l'une et l'autre certaines, liquides et exigibles et qui ont pour objet une somme d'argent ou une certaine quantité de biens fongibles de même espèce.

Une partie peut demander la liquidation judiciaire d'une dette afin de l'opposer en compensation.

[1991, c. 64, a. 1673].

1673. Compensation is effected by operation of law upon the coexistence of debts that are certain, liquid and exigible and the object of both of which is a sum of money or a certain quantity of fungible property identical in kind.

A party may apply for judicial liquidation of a debt in order to set it up for compensation.

[1991, c. 64, a. 1673; I.N., 2014-05-01].

■ C.C.Q., 1672.

1674. La compensation s'opère même si les dettes ne sont pas payables au même lieu, sauf à tenir compte des frais de délivrance, le cas échéant.

[1991, c. 64, a. 1674].

1674. Compensation is effected even though the debts are not payable at the same place, provided allowance is made for the expenses of delivery, if any.

[1991, c. 64, a. 1674].

■ C.C.Q., 1566, 1567.

1675. Le délai de grâce accordé pour le paiement de l'une des dettes ne fait pas obstacle à la compensation.

[1991, c. 64, a. 1675].

1675. A period of grace granted for payment of one of the debts does not prevent compensation.

[1991, c. 64, a. 1675].

■ C.C.Q., 1561.

1676. La compensation s'opère quelle que soit la cause de l'obligation d'où résulte la dette.

Elle n'a pas lieu, cependant, si la créance résulte d'un acte fait dans l'intention de nuire ou si la dette a pour objet un bien insaisissable.

[1991, c. 64, a. 1676].

▌ C.P.C., 553.

1677. Lorsque plusieurs dettes susceptibles de compensation sont dues par le même débiteur, il est fait application des règles établies pour l'imputation des paiements.

[1991, c. 64, a. 1677].

▌ C.C.Q., 1569-1572.

1678. Le débiteur solidaire ne peut opposer la compensation de ce que le créancier doit à son codébiteur, excepté pour la part de ce dernier dans la dette solidaire.

Le débiteur, qu'il soit ou non solidaire, ne peut opposer à un créancier solidaire la compensation de ce qu'un cocréancier lui doit, excepté pour la part de ce dernier dans la créance solidaire.

[1991, c. 64, a. 1678].

▌ C.C.Q., 1539.

1679. La caution peut opposer la compensation de ce que le créancier doit au débiteur principal; mais le débiteur principal ne peut opposer la compensation de ce que le créancier doit à la caution.

[1991, c. 64, a. 1679].

▌ C.C.Q., 1539, 2347, 2352, 2353.

1680. Le débiteur qui acquiesce purement et simplement à la cession ou à l'hypothèque de créance consentie par son créancier à un tiers, ne peut plus opposer à ce tiers la compensation qu'il eût pu opposer au créancier originaire avant son acquiescement.

La cession ou l'hypothèque à laquelle le débiteur n'a pas acquiescé, mais qui lui est devenue opposable, n'empêche que la

1676. Compensation is effected regardless of the cause of the obligation that has given rise to the debt.

Compensation does not take place, however, if the claim results from an act performed with intention to harm or if the object of the debt is property which is exempt from seizure.

[1991, c. 64, a. 1676].

1677. Where several debts subject to compensation are owed by the same debtor, the rules for imputation of payment apply.

[1991, c. 64, a. 1677; I.N., 2014-05-01].

1678. One of the solidary debtors may not set up compensation for what the creditor owes to his co-debtor, except for the share of that co-debtor in the solidary debt.

A debtor, whether solidary or not, may not set up compensation against one of the solidary creditors for what a co-creditor owes him, except for the share of that co-creditor in the solidary claim.

[1991, c. 64, a. 1678; I.N., 2014-05-01].

1679. A surety may set up compensation for what the creditor owes to the principal debtor, but the principal debtor may not set up compensation for what the creditor owes to the surety.

[1991, c. 64, a. 1679].

1680. A debtor who has acquiesced unconditionally in the assignment or hypothecating of claims by his creditor to a third person may not afterwards set up against the third person any compensation that he could have set up against the original creditor before he acquiesced.

An assignment or hypothec in which a debtor has not acquiesced, but which from a certain time may be set up against him,

compensation des dettes du créancier originaire qui sont postérieures au moment où la cession ou l'hypothèque lui est ainsi devenue opposable.

[1991, c. 64, a. 1680].

∎ C.C.Q., 1637-1642, 2710-2713.

prevents compensation only for debts of the original creditor which arise after that time.

[1991, c. 64, a. 1680; I.N., 2014-05-01].

1681. La compensation n'a pas lieu, et on ne peut non plus y renoncer, au préjudice des droits acquis à un tiers.

[1991, c. 64, a. 1681].

∎ C.C.Q., 1560.

1681. Compensation may neither be effected nor be renounced to the prejudice of the acquired rights of a third person.

[1991, c. 64, a. 1681].

1682. Le débiteur qui pouvait opposer la compensation et qui a néanmoins payé sa dette ne peut plus se prévaloir, au préjudice des tiers, des priorités ou des hypothèques attachées à sa créance.

[1991, c. 64, a. 1682].

∎ C.C.Q., 2644-2802.

1682. A debtor who could have set up compensation and has nevertheless paid his debt may not afterwards avail himself, to the prejudice of third persons, of any priority or hypothec attached to his claim.

[1991, c. 64, a. 1682; 2002, c. 19, s. 15].

SECTION III — DE LA CONFUSION

SECTION III — CONFUSION

1683. La réunion des qualités de créancier et de débiteur dans la même personne opère une confusion qui éteint l'obligation. Néanmoins, dans certains cas, lorsque la confusion cesse d'exister, ses effets cessent aussi.

[1991, c. 64, a. 1683].

∎ C.C.Q., 799, 801, 1162, 2659, 2797.

1683. Where the qualities of creditor and debtor are united in the same person, confusion is effected, extinguishing the obligation. Nevertheless, in certain cases where confusion ceases to exist, the effects cease also.

[1991, c. 64, a. 1683].

1684. La confusion qui s'opère par le concours des qualités de créancier et de débiteur en la même personne profite aux cautions. Celle qui s'opère par le concours des qualités de caution et de créancier, ou de caution et de débiteur principal, n'éteint pas l'obligation principale.

[1991, c. 64, a. 1684].

∎ C.C.Q., 1683.

1684. Confusion of the qualities of creditor and debtor in the same person avails the sureties. Confusion of the qualities of surety and creditor or of surety and principal debtor does not extinguish the primary obligation.

[1991, c. 64, a. 1684].

1685. La confusion qui s'opère par le concours des qualités de créancier et de codébiteur solidaire ou de débiteur et de cocréancier solidaire, n'éteint l'obligation qu'à concurrence de la part de ce codébiteur ou cocréancier.

[1991, c. 64, a. 1685].

1685. Confusion of the qualities of creditor and solidary co-debtor or of debtor and solidary co-creditor extinguishes the obligation only to the extent of the share of that co-debtor or co-creditor.

[1991, c. 64, a. 1685].

▌C.C.Q., 1683.

1686. L'hypothèque s'éteint par la confusion des qualités de créancier hypothécaire et de propriétaire du bien hypothéqué.

Elle renaît, cependant, si le créancier est évincé pour quelque cause indépendante de lui.

[1991, c. 64, a. 1686].

▌C.C.Q., 1249, 2772.

1686. A hypothec is extinguished by confusion of the qualities of hypothecary creditor and owner of the hypothecated property.

However, if the creditor is evicted for a cause which is not attributable to him, the hypothec revives.

[1991, c. 64, a. 1686].

SECTION IV —
DE LA REMISE

SECTION IV —
RELEASE

1687. Il y a remise lorsque le créancier libère son débiteur de son obligation.

La remise est totale, à moins qu'elle ne soit stipulée partielle.

[1991, c. 64, a. 1687].

▌C.C.Q., 1688.

1687. Release takes place where the creditor releases his debtor from his obligation.

Release is complete, unless it is stipulated to be partial.

[1991, c. 64, a. 1687].

1688. La remise est expresse ou tacite.

Elle est à titre onéreux ou à titre gratuit, suivant la nature de l'acte dans lequel elle s'inscrit.

[1991, c. 64, a. 1688].

▌C.C.Q., 1687.

1688. Release is either express or tacit.

Release is either onerous or gratuitous, according to the nature of the act from which it derives.

[1991, c. 64, a. 1688].

1689. Le créancier qui, volontairement, met son débiteur en possession du titre original de l'obligation est présumé lui faire remise de la dette, s'il n'y a d'autres circonstances permettant d'en déduire plutôt un paiement du débiteur.

Le créancier qui, pareillement, met l'un des débiteurs solidaires en possession du titre original de l'obligation est, de même, présumé faire remise de la dette à l'égard de tous.

[1991, c. 64, a. 1689].

▌C.C.Q., 1523, 1687.

1689. A creditor who voluntarily surrenders the original title of an obligation to his debtor is presumed to grant him a release of the debt, unless the circumstances indicate that the debtor has paid the debt.

Similarly, a creditor who voluntarily surrenders the original title of an obligation to one of the solidary debtors is presumed to grant a release of the debt in favour of all the debtors.

[1991, c. 64, a. 1689].

1690. La remise expresse accordée à l'un des débiteurs solidaires ne libère les autres codébiteurs que pour la part de celui qui a été déchargé; et si l'un ou plusieurs des

1690. Express release granted to one of the solidary debtors releases the other co-debtors only for the share of the co-debtor who has been discharged; if one or several of

autres codébiteurs deviennent insolvables, les portions des insolvables sont réparties par contribution entre tous les autres codébiteurs, excepté celui à qui il a été fait remise, dont la part contributive est supportée par le créancier.

La remise expresse accordée par l'un des créanciers solidaires ne libère le débiteur que pour la part de ce créancier.

[1991, c. 64, a. 1690; N.I., 2014-05-01].

▌C.C.Q., 1532, 1543, 1688, 1689.

1691. La renonciation expresse à une priorité ou à une hypothèque par le créancier ne fait pas présumer la remise de la dette garantie.

[1991, c. 64, a. 1691].

▌C.C.Q., 1687-1689.

1692. La remise expresse accordée à l'une des cautions libère les autres, dans la mesure du recours que ces dernières auraient eu contre la caution libérée.

Toutefois, ce que le créancier a reçu de la caution pour sa libération n'est pas imputé à la décharge du débiteur principal ou des autres cautions, excepté, quant à ces derniers†, dans les cas où ils ont un recours contre la caution libérée et jusqu'à concurrence de tel recours.

[1991, c. 64, a. 1692].

▌C.C.Q., 1687, 1688.

SECTION V —
DE L'IMPOSSIBILITÉ D'EXÉCUTER
L'OBLIGATION

1693. Lorsqu'une obligation ne peut plus être exécutée par le débiteur, en raison d'une force majeure et avant qu'il soit en demeure, il est libéré de cette obligation; il en est également libéré, lors même qu'il était en demeure, lorsque le créancier n'aurait pu, de toute façon, bénéficier de l'exécution de l'obligation en raison de cette force majeure; à moins que, dans l'un et l'autre cas, le débiteur ne se soit expressément chargé des cas de force majeure.

the other co-debtors become insolvent, the shares of the insolvents are apportioned rateably between all the other co-debtors, except the co-debtor to whom the release was granted, whose share is borne by the creditor.

Express release granted by one of the solidary creditors releases the debtor only to the extent of the share of that creditor.

[1991, c. 64, a. 1690; I.N., 2014-05-01].

1691. Express renunciation of a priority or a hypothec by a creditor does not give rise to a presumption of release of the secured debt.

[1991, c. 64, a. 1691].

1692. Express release granted to one of the sureties releases the other sureties to the extent of the remedy they would have had against the released surety.

Nevertheless, no payment received by the creditor from the surety for his release may be imputed to the discharge of the principal debtor or of the other sureties, except, as regards the sureties†, where they have a remedy against the released surety and to the extent of that remedy.

[1991, c. 64, a. 1692].

SECTION V —
IMPOSSIBILITY OF PERFORMANCE

1693. Where an obligation can no longer be performed by the debtor, by reason of superior force and before he is in default, the debtor is released from the obligation; he is also released from it, even though he was in default, where the creditor could not, in any case, have benefited from the performance of the obligation by reason of that superior force, unless, in either case, the debtor has expressly assumed the risk of superior force.

La preuve d'une force majeure incombe au débiteur.

[1991, c. 64, a. 1693].

∎ C.C.Q., 1470, 1562, 1582, 1594-1600.

The burden of proof of superior force is on the debtor.

[1991, c. 64, a. 1693; I.N., 2014-05-01].

1694. Le débiteur ainsi libéré ne peut exiger l'exécution de l'obligation corrélative du créancier; si elle a été exécutée, il y a lieu à restitution.

Lorsque le débiteur a exécuté son obligation en partie, le créancier demeure tenu d'exécuter la sienne jusqu'à concurrence de son enrichissement.

[1991, c. 64, a. 1694].

∎ C.C.Q., 1491, 1693, 1700.

1694. A debtor released by impossibility of performance may not exact performance of the correlative obligation of the creditor; if the performance has already been rendered, restitution is owed.

Where the debtor has performed part of his obligation, the creditor remains bound to perform his own obligation to the extent of his enrichment.

[1991, c. 64, a. 1694].

SECTION VI —
DE LA LIBÉRATION DU DÉBITEUR

SECTION VI —
RELEASE OF THE DEBTOR

1695. Lorsqu'un créancier prioritaire ou hypothécaire acquiert le bien sur lequel porte sa créance, à la suite d'une vente en justice, d'une vente faite par le créancier ou d'une vente sous contrôle de justice, le débiteur est libéré de sa dette envers ce créancier, jusqu'à concurrence de la valeur marchande du bien au moment de l'acquisition, déduction faite de toute autre créance ayant priorité de rang sur celle de l'acquéreur.

Le débiteur est également libéré lorsque, dans les trois années qui suivent la vente, ce créancier reçoit, en revendant le bien ou une partie de celui-ci, ou en faisant sur le bien d'autres opérations, une valeur au moins égale au montant de sa créance, en capital, intérêts et frais, au montant des impenses qu'il a faites sur le bien, portant intérêt, et au montant des autres créances prioritaires ou hypothécaires qui prennent rang avant la sienne.

[1991, c. 64, a. 1695].

∎ C.C.Q., 2657, 2784, 2791, 2945; D.T., 96.

1695. Where a prior or hypothecary creditor acquires the property on which he has a claim, as a result of a judicial sale, a sale by the creditor or a sale by judicial authority, the debtor is released from his debt to the creditor up to the market value of the property as at the time of acquisition, less any claims ranking ahead of the acquirer's claim.

The debtor is also released where, within three years from the sale, the creditor who acquired the property receives, by resale of all or part of the property or by any other dealings with respect to it, value equal to or greater than the amount of his claim, including capital, interest and costs, the amount of the disbursements he has made on the property, with interest, and the amount of the other prior or hypothecary claims ranking ahead of his own.

[1991, c. 64, a. 1695; I.N., 2014-05-01].

1696. Le créancier est présumé avoir acquis le bien s'il est vendu à une personne avec qui il est de connivence ou qui lui est liée, notamment un conjoint, un parent ou allié jusqu'au deuxième degré, une per-

1696. The creditor is presumed to have acquired the property if it is sold to a person in connivance with or related to the creditor, in particular a spouse, a relative by blood or a person connected by marriage

sonne vivant sous son toit, ou encore un associé ou une personne morale dont il est un administrateur ou qu'il contrôle.

[1991, c. 64, a. 1696; 2002, c. 6, a. 49].

❚ C.C.Q., 326, 655; C.P.C., 686, 688, 689, 698, 700.

or a civil union up to the second degree, a person living with the creditor, a partner or a legal person controlled by or of which the creditor is a director.

[1991, c. 64, a. 1696; 1992, c. 57, s. 716; 2002, c. 6, s. 49; I.N., 2014-05-01].

1697. Le débiteur libéré a le droit d'obtenir quittance du créancier.

Si ce dernier refuse, le débiteur peut s'adresser au tribunal pour faire constater sa libération. Le jugement qui la constate vaut quittance à l'égard du créancier.

[1991, c. 64, a. 1697].

❚ C.C.Q., 1568, 1695, 3065.

1697. A debtor who is released is entitled to an acquittance from his creditor.

If the creditor refuses to grant the acquittance, the debtor may ask the court to declare that he is released. The judgment attesting the release is equivalent to an acquittance with respect to the creditor.

[1991, c. 64, a. 1697; I.N., 2014-05-01].

1698. La libération du débiteur principal entraîne la libération de ses cautions et de ses autres garants, qui peuvent exercer les mêmes droits que le débiteur principal, même indépendamment de lui.

[1991, c. 64, a. 1698].

❚ C.C.Q., 1697.

1698. Release of the principal debtor entails release of his sureties and other warrantors, who may exercise the same rights as the principal debtor, even independently of him.

[1991, c. 64, a. 1698].

Chapitre IX —
De la restitution des prestations

Chapter IX —
Restitution of prestations

SECTION I —
DES CIRCONSTANCES DANS LESQUELLES A LIEU LA RESTITUTION

SECTION I —
CIRCUMSTANCES IN WHICH RESTITUTION TAKES PLACE

1699. La restitution des prestations a lieu chaque fois qu'une personne est, en vertu de la loi, tenue de rendre à une autre des biens qu'elle a reçus sans droit ou par erreur, ou encore en vertu d'un acte juridique qui est subséquemment anéanti de façon rétroactive ou dont les obligations deviennent impossibles à exécuter en raison d'une force majeure.

Le tribunal peut, exceptionnellement, refuser la restitution lorsqu'elle aurait pour effet d'accorder à l'une des parties, débiteur ou créancier, un avantage indu, à moins qu'il ne juge suffisant, dans ce cas, de modifier plutôt l'étendue ou les modalités de la restitution.

[1991, c. 64, a. 1699].

1699. Restitution of prestations takes place where a person is bound by law to return to another person the property he has received, either unlawfully or in error, or under a juridical act which is subsequently annulled with retroactive effect or whose obligations become impossible to perform by reason of superior force.

The court may, exceptionally, refuse restitution where it would have the effect of according an undue advantage to one party, whether the debtor or the creditor, unless it considers it sufficient, in that case, to modify the scope or mode of the restitution instead.

[1991, c. 64, a. 1699; I.N., 2014-05-01].

∎ D.T., 97.

SECTION II —
DES MODALITÉS† DE LA RESTITUTION

1700. La restitution des prestations se fait en nature, mais si elle ne peut se faire ainsi en raison d'une impossibilité ou d'un inconvénient sérieux, elle se fait par équivalent.

L'équivalence s'apprécie au moment où le débiteur a reçu ce qu'il doit restituer.

[1991, c. 64, a. 1700].

∎ D.T., 97.

1701. En cas de perte totale ou d'aliénation du bien sujet à restitution, celui qui a l'obligation de restituer est tenu de rendre la valeur du bien, considérée au moment de sa réception, de sa perte ou aliénation, ou encore au moment de la restitution, suivant la moindre de ces valeurs; mais s'il est de mauvaise foi ou si la cause de restitution est due à sa faute, la restitution se fait suivant la valeur la plus élevée.

Le débiteur est cependant dispensé de toute restitution si le bien a péri par force majeure, mais il doit alors céder au créancier, le cas échéant, l'indemnité qu'il a reçue pour cette perte, ou le droit à cette indemnité s'il ne l'a pas déjà reçue; lorsque le débiteur est de mauvaise foi ou que la cause de restitution est due à sa faute, il n'est dispensé de la restitution que si le bien eût également péri entre les mains du créancier.

[1991, c. 64, a. 1701].

∎ D.T., 97.

1702. Lorsque le bien qu'il rend a subi une perte partielle, telle une détérioration ou une autre dépréciation de valeur, celui qui a l'obligation de restituer est tenu d'indemniser le créancier pour cette perte, à moins que celle-ci ne résulte de l'usage normal du bien.

[1991, c. 64, a. 1702].

∎ D.T., 97.

SECTION II —
MODE† OF RESTITUTION

1700. Restitution of prestations is made in kind, but, if this is impossible or cannot be done without serious inconvenience, it may be made by equivalence.

Equivalence is assessed as at the time when the debtor received what he is liable to restore.

[1991, c. 64, a. 1700; I.N., 2014-05-01].

1701. In the case of total loss or alienation of property subject to restitution, the person obligated to make the restitution is bound to return the value of the property, considered when it was received, as at the time of its loss or alienation, or as at the time of the restitution, whichever value is the lowest; but if the person is in bad faith or if the restitution is due to his fault, the restitution is made according to whichever value is the highest.

If the property has perished by superior force, however, the debtor is exempt from making restitution, but he shall then transfer to the creditor, where applicable, the indemnity he has received for the loss of the property or, if he has not already received it, the right to the indemnity. If the debtor is in bad faith or if the restitution is due to his fault, he is not exempt from making restitution unless the property would also have perished if it had been in the hands of the creditor.

[1991, c. 64, a. 1701; I.N., 2014-05-01].

1702. Where the property he returns has suffered partial loss, for example a deterioration or any other depreciation in value, the person who is obligated to make restitution is bound to indemnify the creditor for such loss, unless it results from normal use of the property.

[1991, c. 64, a. 1702; I.N., 2014-05-01].

1703. Le droit d'être remboursé des impenses faites au bien sujet à la restitution est réglé conformément aux dispositions du livre Des biens applicables au possesseur de bonne foi ou, s'il y a mauvaise foi ou si la cause de la restitution est due à la faute de celui qui a l'obligation de restituer, à celles qui sont applicables au possesseur de mauvaise foi.

[1991, c. 64, a. 1703].

∎ C.C.Q., 874, 958, 1137, 1210, 1248, 1486, 1702; D.T., 97.

1703. The right to reimbursement for expenses incurred with respect to property subject to restitution is governed by the provisions of the Book on Property, applicable to a possessor in good faith or, in case of bad faith or if the restitution is due to the fault of the person who is bound to make restitution, by those applicable to possessors in bad faith.

[1991, c. 64, a. 1703; I.N., 2014-05-01].

1704. Celui qui a l'obligation de restituer fait siens les fruits et revenus produits par le bien qu'il rend et il supporte les frais qu'il a engagés pour les produire. Il ne doit aucune indemnité pour la jouissance du bien, à moins que cette jouissance n'ait été l'objet principal de la prestation ou que le bien était susceptible de se déprécier rapidement.

Cependant, s'il est de mauvaise foi, ou si la cause† de la restitution est due à sa faute, il est tenu, après avoir compensé les frais, de rendre ces fruits et revenus et d'indemniser le créancier pour la jouissance qu'a pu lui procurer le bien.

[1991, c. 64, a. 1704].

∎ C.C.Q., 932; D.T., 97.

1704. The fruits and revenues of the property being restored belong to the person who is bound to make restitution, and he bears the costs he has incurred to produce them. He owes no indemnity for enjoyment of the property unless that was the primary object of the prestation or unless the property was subject to rapid depreciation.

If the person who is bound to make restitution is in bad faith or if the †restitution is due to his fault, he is bound, after compensating for the costs, to return the fruits and revenues and indemnify the creditor for any enjoyment he has derived from the property.

[1991, c. 64, a. 1704].

1705. Les frais de la restitution sont supportés par les parties, en proportion, le cas échéant, de la valeur des prestations qu'elles se restituent mutuellement.

Toutefois, lorsque l'une d'elles est de mauvaise foi ou que la cause† de la restitution est due à sa faute, elle seule supporte les frais de la restitution.

[1991, c. 64, a. 1705].

∎ D.T., 97.

1705. Costs of restitution are borne by the parties, in proportion, where applicable, to the value of the prestations mutually restored.

Where one party is in bad faith, however, or where the †restitution is due to his fault, the costs are borne by that party alone.

[1991, c. 64, a. 1705].

1706. Les personnes protégées ne sont tenues à la restitution des prestations que jusqu'à concurrence de l'enrichissement qu'elles en conservent; la preuve de cet enrichissement incombe à celui qui exige la restitution.

Elles peuvent, toutefois, être tenues à la restitution intégrale lorsqu'elles ont rendu

1706. Protected persons are bound to make restitution of prestations only to the extent of the enrichment they derive from them; proof of such enrichment is borne by the person claiming restitution.

A protected person may, however, be bound to make full restitution where resti-

impossible la restitution par leur faute intentionnelle ou lourde.

[1991, c. 64, a. 1706].

■ C.C.Q., 1318, 1474, 1493, 1558, 2282; D.T., 97.

tution has become impossible through his intentional or gross fault.

[1991, c. 64, a. 1706; I.N., 2014-05-01].

SECTION III ——
DE LA SITUATION DES TIERS À L'ÉGARD DE LA RESTITUTION

SECTION III ——
EFFECTS OF RESTITUTION ON THIRD PERSONS

1707. Les actes d'aliénation à titre onéreux faits par celui qui a l'obligation de restituer, s'ils ont été accomplis au profit d'un tiers de bonne foi, sont opposables à celui à qui est due la restitution. Ceux à titre gratuit sont inopposables, sous réserve des règles relatives à la prescription.

Les autres actes accomplis au profit d'un tiers de bonne foi sont opposables à celui à qui est due la restitution.

[1991, c. 64, a. 1707].

■ D.T., 97.

1707. Acts of alienation by onerous title performed by a person who is bound to make restitution, if made in favour of a third person in good faith, may be set up against the person to whom restitution is owed. Acts of alienation by gratuitous title may not be set up, subject to the rules on prescription.

Any other acts performed in favour of a third person in good faith may be set up against the person to whom restitution is owed.

[1991, c. 64, a. 1707].

TITRE 2 ——
DES CONTRATS NOMMÉS

TITLE 2 ——
NOMINATE CONTRACTS

Chapitre I ——
De la vente

Chapter I ——
Sale

SECTION I ——
DE LA VENTE EN GÉNÉRAL

SECTION I ——
SALE IN GENERAL

§ 1. —— Dispositions générales

§ 1. —— General provisions

1708. La vente est le contrat par lequel une personne, le vendeur, transfère la propriété d'un bien à une autre personne, l'acheteur, moyennant un prix en argent que cette dernière s'oblige à payer.

Le transfert peut aussi porter sur un démembrement du droit de propriété ou sur tout autre droit dont on est titulaire.

[1991, c. 64, a. 1708].

1708. Sale is a contract by which a person, the seller, transfers ownership of property to another person, the buyer, for a price in money which the latter obligates himself to pay.

A dismemberment of the right of ownership, or any other right held by a person, may also be transferred by sale.

[1991, c. 64, a. 1708; I.N., 2014-05-01].

▌ C.C.Q., 916, 1119, 1378-1424, 1453-1455, 1800, 2938.

1709. Celui qui est chargé de vendre le bien d'autrui ne peut, même par partie interposée, se rendre acquéreur d'un tel bien; il en est de même de celui qui est chargé d'administrer le bien d'autrui ou de surveiller l'administration qui en est faite, sous réserve cependant, quant à l'administrateur, de l'article 1312.

Celui qui ne peut acquérir ne peut, non plus, vendre ses propres biens, moyennant un prix provenant du bien ou du patrimoine qu'il administre ou dont il surveille l'administration.

Ces personnes ne peuvent en aucun cas demander la nullité de la vente.

[1991, c. 64, a. 1709].

▌ C.C.Q., 1299-1370, 1416-1422; C.P.C., 610, 686, 688.

1709. A person charged with the sale of property of another may not acquire such property, even through an intermediary; the same applies to a person charged with administration of property of another or with supervision of its administration, subject, however, as regards the administrator, to article 1312.

Nor may such a person sell his own property for a price paid out of the the property or patrimony which he administers or of which he supervises the administration.

In no case may such persons apply for annulment of the sale.

[1991, c. 64, a. 1709; I.N., 2014-05-01].

§ 2. —— De la promesse

§ 2. —— Promise

1710. La promesse de vente accompagnée de délivrance et possession actuelle équivaut à vente.

[1991, c. 64, a. 1710].

▌ C.C.Q., 921-933, 1396, 1397, 1711, 1717.

1710. The promise of sale with delivery and actual possession is equivalent to sale.

[1991, c. 64, a. 1710].

1711. Toute somme versée à l'occasion d'une promesse de vente est présumée être un acompte sur le prix, à moins que le contrat n'en dispose autrement.

[1991, c. 64, a. 1711].

1711. Any amount paid on the occasion of a promise of sale is presumed to be a deposit on account of the price unless otherwise stipulated in the contract.

[1991, c. 64, a. 1711; I.N., 2014-05-01].

1712. Le défaut par le promettant vendeur ou le promettant acheteur de passer titre confère au bénéficiaire de la promesse le droit d'obtenir un jugement qui en tienne lieu.

[1991, c. 64, a. 1712].

▌ C.C.Q., 1396, 1397; C.P.C., 470.

1712. Failure by the promisor, whether seller or buyer, to execute the deed entitles the beneficiary of the promise to obtain a judgment in lieu thereof.

[1991, c. 64, a. 1712; I.N., 2014-05-01].

§ 3. —— De la vente du bien d'autrui

§ 3. —— Sale of property of another

1713. La vente d'un bien par une personne qui n'en est pas propriétaire ou qui n'est

1713. The sale of property by a person other than the owner or a person charged

pas chargée ni autorisée à le vendre, peut être frappée de nullité.

Elle ne peut plus l'être si le vendeur devient propriétaire du bien.

[1991, c. 64, a. 1713].

▮ C.C.Q., 1416, 1422; C.P.C., 612.

1714. Le véritable propriétaire peut demander la nullité de la vente et revendiquer contre l'acheteur le bien vendu, à moins que la vente n'ait eu lieu sous l'autorité de la justice ou que l'acheteur ne puisse opposer une prescription acquisitive.

Il est tenu, si le bien est un meuble qui a été vendu dans le cours des activités d'une entreprise, de rembourser à l'acheteur de bonne foi le prix qu'il a payé.

[1991, c. 64, a. 1714].

▮ C.C.Q., 921-933, 1525, 2805, 2910; C.P.C., 612.

1715. L'acheteur peut aussi demander la nullité de la vente.

Il n'est pas, toutefois, admis à le faire lorsque le propriétaire n'est pas lui-même admis à revendiquer le bien.

[1991, c. 64, a. 1715].

▮ C.C.Q., 1713, 1714.

§ 4. — Des obligations du vendeur

1716. Le vendeur est tenu de délivrer le bien, et d'en garantir le droit de propriété et la qualité.

Ces garanties existent de plein droit, sans qu'il soit nécessaire de les stipuler dans le contrat de vente.

[1991, c. 64, a. 1716].

▮ C.C.Q., 1457, 1458, 1590, 1601-1604, 1607, 1717-1731, 1740.

I — De la délivrance

1717. L'obligation de délivrer le bien est remplie lorsque le vendeur met l'acheteur

with its sale or authorized to sell it may be declared null.

The sale may not be declared null, however, if the seller becomes the owner of the property.

[1991, c. 64, a. 1713; I.N., 2014-05-01].

1714. The true owner may apply for the annulment of the sale and revendicate the sold property from the buyer unless the sale was made under judicial authority or unless the buyer can set up acquisitive prescription.

If the property is a movable sold in the ordinary course of business of an enterprise, the owner is bound to reimburse the buyer in good faith for the price he has paid.

[1991, c. 64, a. 1714; I.N., 2014-05-01].

1715. The buyer as well may apply for the annulment of the sale.

He may not do so, however, where the owner himself is not entitled to revendicate the property.

[1991, c. 64, a. 1715].

§ 4. — Obligations of the seller

1716. The seller is bound to deliver the property and to warrant the ownership and quality of the property.

These warranties exist by operation of law, whether or not they are stipulated in the contract of sale.

[1991, c. 64, a. 1716; I.N., 2014-05-01].

I — Delivery

1717. The obligation to deliver the property is fulfilled when the seller puts the

en possession du bien ou consent à ce qu'il en prenne possession, tous obstacles étant écartés.

[1991, c. 64, a. 1717].

■ C.C.Q., 1577, 1736; C.P.C., 640, 697.

buyer in possession of the property or consents to his taking possession of it and all hindrances are removed.

[1991, c. 64, a. 1717].

1718. Le vendeur est tenu de délivrer le bien dans l'état où il se trouve lors de la vente, avec tous ses accessoires.

[1991, c. 64, a. 1718].

■ C.C.Q., 949, 1562, 1638; C.P.C., 695.

1718. The seller is bound to deliver the property in the condition it is in at the time of the sale, with all its accessories.

[1991, c. 64, a. 1718; I.N., 2014-05-01].

1719. Le vendeur est tenu de remettre à l'acheteur les titres de propriété qu'il possède, ainsi que, s'il s'agit d'une vente immobilière, une copie de l'acte d'acquisition de l'immeuble, de même qu'une copie des titres antérieurs et du certificat de localisation qu'il possède.

[1991, c. 64, a. 1719].

■ C.C.Q., 1717, 1718.

1719. The seller is bound to hand over to the buyer the titles of ownership in his possession and, in the case of the sale of an immovable, a copy of the act of acquisition of the immovable, of any previous titles and of any location certificate in his possession.

[1991, c. 64, a. 1719; I.N., 2014-05-01].

1720. Le vendeur est tenu de délivrer la contenance ou la quantité indiquée au contrat, que la vente ait été faite à raison de tant la mesure ou pour un prix global, à moins qu'il ne soit évident que le bien individualisé a été vendu sans égard à cette contenance ou à cette quantité.

[1991, c. 64, a. 1720].

■ C.C.Q., 1737; C.P.C., 695.

1720. The seller is bound to deliver the area, volume or quantity specified in the contract, whether the sale was made for a price based on measurements or for a flat price, unless it is obvious that the certain and determinate property was sold without regard to such area, volume or quantity.

[1991, c. 64, a. 1720; I.N., 2014-05-01].

1721. Le vendeur qui a accordé un délai pour le paiement n'est pas tenu de délivrer le bien si, depuis la vente, l'acheteur est devenu insolvable.

[1991, c. 64, a. 1721].

■ C.C.Q., 1514, 1515.

1721. A seller having granted a term for payment is not bound to deliver the property if the buyer has become insolvent since the sale.

[1991, c. 64, a. 1721].

1722. Les frais de délivrance sont à la charge du vendeur; ceux d'enlèvement sont à la charge de l'acheteur.

[1991, c. 64, a. 1722].

■ C.P.C., 540.

1722. Delivery expenses are assumed by the seller and removal expenses, by the buyer.

[1991, c. 64, a. 1722].

II — De la garantie du droit de propriété

II — Warranty of ownership

1723. Le vendeur est tenu de garantir à l'acheteur que le bien est libre de tous droits, à l'exception de ceux qu'il a déclarés lors de la vente.

Il est tenu de purger le bien des hypothèques qui le grèvent, même déclarées ou inscrites, à moins que l'acheteur n'ait assumé la dette ainsi garantie.

[1991, c. 64, a. 1723].

■ C.C.Q., 404, 405, 930, 1639, 1640, 1738, 1766, 2600; C.P.C., 168, 216, 962, 1012.

1723. The seller is bound to warrant the buyer that the property is free of all rights except those he has declared at the time of the sale.

The seller is bound to discharge the property of all hypothecs, even declared or registered, unless the buyer has assumed the debt so secured.

[1991, c. 64, a. 1723].

1724. Le vendeur se porte garant envers l'acheteur de tout empiétement exercé par lui-même, à moins qu'il ne l'ait déclaré lors de la vente.

Il se porte garant, de même, de tout empiétement qu'un tiers aurait, à sa connaissance, commencé d'exercer avant la vente.

[1991, c. 64, a. 1724].

■ C.C.Q., 992.

1724. The seller warrants the buyer against any encroachment on his part unless he has declared it at the time of the sale.

The seller also warrants against any encroachment commenced with his knowledge by a third person before the sale.

[1991, c. 64, a. 1724; I.N., 2014-05-01].

1725. Le vendeur d'un immeuble se porte garant envers l'acheteur de toute violation aux limitations de droit public qui grèvent le bien et qui échappent au droit commun de la propriété.

Le vendeur n'est pas tenu à cette garantie lorsqu'il a dénoncé ces limitations à l'acheteur lors de la vente, lorsqu'un acheteur prudent et diligent aurait pu les découvrir par la nature, la situation et l'utilisation des lieux ou lorsqu'elles ont fait l'objet d'une inscription au bureau de la publicité des droits.

[1991, c. 64, a. 1725].

■ C.C.Q., 2943.

1725. The seller of an immovable warrants the buyer against any violation of public law restrictions affecting the property which are exceptions to the ordinary law of ownership.

The seller is not bound to that warranty where he has given notice of these restrictions to the buyer at the time of the sale, where a prudent and diligent buyer could have discovered them by reason of the nature, location and use of the premises or where such restrictions have been registered at the registry office.

[1991, c. 64, a. 1725; I.N., 2014-05-01].

III — De la garantie de qualité

III — Warranty of quality

1726. Le vendeur est tenu de garantir à l'acheteur que le bien et ses accessoires sont, lors de la vente, exempts de vices cachés qui le rendent impropre à l'usage auquel on le destine ou qui diminuent tellement son utilité que l'acheteur ne l'aurait

1726. The seller is bound to warrant the buyer that the property and its accessories are, at the time of the sale, free of latent defects which render it unfit for the use for which it was intended or which so diminish its usefulness that the buyer would not

pas acheté, ou n'aurait pas donné si haut prix, s'il les avait connus.

have bought it or paid so high a price if he had been aware of them.

Il n'est, cependant, pas tenu de garantir le vice caché connu de l'acheteur ni le vice apparent; est apparent le vice qui peut être constaté par un acheteur prudent et diligent sans avoir besoin de recourir à un expert.

[1991, c. 64, a. 1726].

▌C.C.Q., 1457, 1458, 1601-1603, 1739, 2328.

The seller is not bound, however, to warrant against any latent defect known to the buyer or any apparent defect; an apparent defect is a defect that can be perceived by a prudent and diligent buyer without the need to resort to an expert.

[1991, c. 64, a. 1726; I.N., 2014-05-01].

1727. Lorsque le bien périt en raison d'un vice caché qui existait lors de la vente, la perte échoit au vendeur, lequel est tenu à la restitution du prix; si la perte résulte d'une force majeure ou est due à la faute de l'acheteur, ce dernier doit déduire, du montant de sa réclamation, la valeur du bien, dans l'état où il se trouvait lors de la perte.

[1991, c. 64, a. 1727].

▌C.C.Q., 1457, 1458, 1470.

1727. If the property perishes by reason of a latent defect that existed at the time of the sale, the loss is borne by the seller, who is bound to restore the price; if the loss results from superior force or is due to the fault of the buyer, the buyer shall deduct from his claim the value of the property in the condition it was in at the time of the loss.

[1991, c. 64, a. 1727; I.N., 2014-05-01].

1728. Si le vendeur connaissait le vice caché ou ne pouvait l'ignorer, il est tenu, outre la restitution du prix, de réparer le préjudice subi par l'acheteur.

[1991, c. 64, a. 1728; N.I., 2014-05-01].

▌C.C.Q., 1607, 1611-1625, 1727, 1733.

1728. If the seller was aware or could not have been unaware of the latent defect, he is bound not only to restore the price, but also to make reparation for the injury suffered by the buyer.

[1991, c. 64, a. 1728; I.N., 2014-05-01].

1729. En cas de vente par un vendeur professionnel, l'existence d'un vice au moment de la vente est présumée, lorsque le mauvais fonctionnement du bien ou sa détérioration survient prématurément par rapport à des biens identiques ou de même espèce; cette présomption est repoussée si le défaut est dû à une mauvaise utilisation du bien par l'acheteur.

[1991, c. 64, a. 1729].

1729. In a sale by a professional seller, a defect is presumed to have existed at the time of the sale if the property malfunctions or deteriorates prematurely in comparison with identical property or property of the same type; such a presumption is rebutted if the defect is due to improper use of the property by the buyer.

[1991, c. 64, a. 1729; I.N., 2014-05-01].

1730. Sont également tenus† à la garantie du vendeur, le fabricant, toute personne qui fait la distribution du bien sous son nom ou comme étant son bien et tout fournisseur du bien, notamment le grossiste et l'importateur.

[1991, c. 64, a. 1730].

1730. The manufacturer, any person who distributes the property under his name or as his own, and any supplier of the property, in particular the wholesaler and the importer, are also bound to warrant the buyer† in the same manner as the seller.

[1991, c. 64, a. 1730].

Note : Contrairement au texte français, le texte anglais précise que le bénéficiaire de la garantie est l'acheteur (« *the buyer* »). / Unlike its French counterpart, the English text specifies that "the buyer" profits from the warranty.

■ C.C.Q., 1422, 1468.

1731. La vente faite sous l'autorité de la justice ne donne lieu à aucune obligation de garantie de qualité du bien vendu.

[1991, c. 64, a. 1731].

■ C.C.Q., 1714, 1757-1766, 2794; C.P.C., 605-612, 695.

1731. Sale under judicial authority does not give rise to any obligation of warranty of the quality of the sold property.

[1991, c. 64, a. 1731].

IV — De la garantie conventionnelle

IV — Conventional warranty

1732. Les parties peuvent, dans leur contrat, ajouter aux obligations de la garantie légale, en diminuer les effets, ou l'exclure entièrement, mais le vendeur ne peut, en aucun cas, se dégager de ses faits personnels.

[1991, c. 64, a. 1732].

■ C.C.Q., 8, 9, 1622, 1716, 1723, 1726.

1732. The parties may, in their contract, add to the obligations of legal warranty, diminish its effects or exclude it altogether but in no case may the seller exempt himself from liability for his personal fault.

[1991, c. 64, a. 1732; I.N., 2014-05-01].

1733. Le vendeur ne peut exclure ni limiter sa responsabilité, s'il n'a pas révélé les vices qu'il connaissait ou ne pouvait ignorer et qui affectent le droit de propriété ou la qualité du bien.

Cette règle reçoit exception lorsque l'acheteur achète à ses risques et périls d'un vendeur non professionnel.

[1991, c. 64, a. 1733].

■ C.C.Q., 1639.

1733. A seller may not exclude or limit his liability unless he has disclosed the defects of which he was aware or could not have been unaware and which affect the right of ownership or the quality of the property.

An exception may be made to this rule where a buyer buys property at his own risk from a seller who is not a professional seller.

[1991, c. 64, a. 1733].

§ 5. — Des obligations de l'acheteur

§ 5. — Obligations of the buyer

1734. L'acheteur est tenu de prendre livraison du bien vendu et d'en payer le prix au moment et au lieu de la délivrance. Il est aussi tenu, le cas échéant, de payer les frais de l'acte de vente.

[1991, c. 64, a. 1734].

■ C.C.Q., 1474, 1553, 1566, 1600, 1607, 1617, 1740-1743; C.P.C., 194, 962.

1734. The buyer is bound to take delivery of the property sold, and to pay the price thereof at the time and place of delivery. He is also bound to pay any expenses related to the act of sale.

[1991, c. 64, a. 1734; I.N., 2014-05-01].

1735. L'acheteur doit l'intérêt du prix de la vente, à compter de la délivrance du bien ou de l'expiration du délai convenu entre les parties.

[1991, c. 64, a. 1735].

1735. The buyer owes interest on the sale price from the time of delivery of the property or the expiry of the period agreed by the parties.

[1991, c. 64, a. 1735].

▌C.C.Q., 1570, 1600, 1617, 1741; C.P.C., 27.

§ 6. — Des règles particulières à l'exercice des droits des parties	§ 6. — Special rules regarding the exercise of the rights of the parties

I — Des droits de l'acheteur

I — Rights of the buyer

1736. L'acheteur d'un bien meuble peut, lorsque le vendeur ne délivre pas le bien, considérer la vente comme résolue si le vendeur est en demeure de plein droit d'exécuter son obligation ou s'il ne l'exécute pas dans le délai fixé par la mise en demeure.

[1991, c. 64, a. 1736].

▌C.C.Q., 1594, 1595, 1597, 1605, 1606, 1740.

1736. The buyer of movable property may, if the seller fails to deliver it, consider the sale resolved if the seller is in default by operation of law or if he fails to perform his obligation within the time allowed in the notice of default.

[1991, c. 64, a. 1736].

1737. Lorsque le vendeur est tenu de délivrer la contenance ou la quantité indiquée au contrat et qu'il est dans l'impossibilité de le faire, l'acheteur peut obtenir une diminution du prix ou, si la différence lui cause un préjudice sérieux, la résolution de la vente.

Toutefois, l'acheteur est tenu, lorsque la contenance ou la quantité excède celle qui est indiquée au contrat, de payer l'excédent ou de remettre celui-ci au vendeur.

[1991, c. 64, a. 1737].

▌C.C.Q., 1604-1606, 1720; C.P.C., 695, 699.

1737. Where the seller is bound to deliver the area, volume or quantity specified in the contract and is unable to do so, the buyer may obtain a reduction of the price or, if the difference causes him serious injury, resolution of the sale.

However, where the area, volume or quantity exceeds that specified in the contract, the buyer is bound to pay for the excess or to restore it to the seller.

[1991, c. 64, a. 1737; I.N., 2014-05-01].

1738. L'acheteur qui découvre un risque d'atteinte à son droit de propriété doit, par écrit et dans un délai raisonnable depuis sa découverte, dénoncer au vendeur le droit ou la prétention du tiers, en précisant la nature de ce droit ou de cette prétention.

Le vendeur qui connaissait ou ne pouvait ignorer ce droit ou cette prétention ne peut, toutefois, se prévaloir d'une dénonciation tardive de l'acheteur.

[1991, c. 64, a. 1738].

▌C.C.Q., 1723-1725.

1738. A buyer who discovers a risk of infringement of his right of ownership shall, within a reasonable time after discovering it, give notice to the seller, in writing, of the right or claim of the third person, specifying its nature.

The seller may not, however, invoke the tardiness of a notice from the buyer if he was aware of the right or claim or could not have been unaware of it.

[1991, c. 64, a. 1738; I.N., 2014-05-01].

1739. L'acheteur qui constate que le bien est atteint d'un vice doit, par écrit, le dénoncer au vendeur dans un délai raisonnable depuis sa découverte. Ce délai com-

1739. A buyer who ascertains that the property is defective may give notice in writing of the defect to the seller only within a reasonable time after discovering it.

mence à courir, lorsque le vice apparaît graduellement, du jour où l'acheteur a pu en soupçonner la gravité et l'étendue.

Where the defect appears gradually, the time begins to run on the day that the buyer could have suspected the seriousness and extent of the defect.

Le vendeur ne peut se prévaloir d'une dénonciation tardive de l'acheteur s'il connaissait ou ne pouvait ignorer le vice.

[1991, c. 64, a. 1739].

The seller may not invoke the tardiness of a notice from the buyer if he was aware of the defect or could not have been unaware of it.

[1991, c. 64, a. 1739; I.N., 2014-05-01].

▌ C.C.Q., 1726-1731, 1738, 2118.

II — Des droits du vendeur

II — Rights of the seller

1740. Le vendeur d'un bien meuble peut, lorsque l'acheteur n'en paie pas le prix et n'en prend pas délivrance, considérer la vente comme résolue si l'acheteur est en demeure de plein droit d'exécuter ses obligations ou s'il ne les a pas exécutées dans le délai fixé par la mise en demeure.

1740. The seller of movable property may, if the buyer fails to pay the sale price and to accept delivery of it, consider the sale resolved if the buyer is in default by operation of law or if he fails to perform his obligations within the time allowed in the notice of default.

Il peut aussi, lorsqu'il apparaît que l'acheteur n'exécutera pas une partie substantielle de ses obligations, arrêter la livraison du bien en cours de transport.

[1991, c. 64, a. 1740].

The seller may also, where it appears that the buyer will not perform a substantial part of his obligations, stop delivery of the property in transit.

[1991, c. 64, a. 1740].

▌ C.C.Q., 1553, 1594, 1595, 1597, 1600, 1605, 1606, 1693, 1736.

1741. Lorsque la vente d'un bien meuble a été faite sans terme, le vendeur peut, dans les trente jours de la délivrance, considérer la vente comme résolue et revendiquer le bien, si l'acheteur, alors qu'il est en demeure, fait défaut de payer le prix et si le meuble est encore entier et dans le même état, sans être passé entre les mains d'un tiers qui en a payé le prix ou d'un créancier hypothécaire qui a obtenu le délaissement du bien.

1741. Where the sale of movable property was made without a term, the seller may, within 30 days of delivery, consider the sale resolved and revendicate the property if the buyer, being in default, fails to pay the price and the property is still entire and in the same condition, not having passed into the hands of a third person who has paid the price thereof or of a hypothecary creditor who has obtained surrender thereof.

La saisie par un tiers, alors que l'acheteur est en demeure de payer le prix et que le bien est dans les conditions prescrites pour la résolution, ne fait pas obstacle au droit du vendeur.

[1991, c. 64, a. 1741].

Where the buyer is in default to pay the price and the property meets the conditions prescribed for resolution of the sale, the seizure of the property by a third person is no hindrance to the rights of the seller.

[1991, c. 64, a. 1741; I.N., 2014-05-01].

▌ C.C.Q., 1594, 1595, 1604-1606, 2763-2772; C.P.C., 580-594.1.

1742. Le vendeur d'un bien immeuble ne peut demander la résolution de la vente, faute par l'acheteur d'exécuter l'une de ses

1742. The seller of immovable property may not apply for resolution of the sale for failure by the buyer to perform one of his

obligations, que si le contrat contient une stipulation particulière à cet effet.

S'il est dans les conditions pour demander la résolution, il est tenu d'exercer son droit dans un délai de cinq ans à compter de la vente.

[1991, c. 64, a. 1742].

■ C.C.Q., 1507, 1604-1606; C.P.C., 604, 697.

1743. Le vendeur d'un bien immeuble qui veut se prévaloir d'une clause résolutoire doit mettre en demeure l'acheteur et, le cas échéant, tout acquéreur subséquent, de remédier au défaut dans les soixante jours qui suivent l'inscription de la mise en demeure au registre foncier; les règles relatives à la prise en paiement énoncées au livre Des priorités et des hypothèques, ainsi que les mesures préalables à l'exercice de ce droit s'appliquent à la résolution de la vente, compte tenu des adaptations nécessaires.

Le vendeur qui reprend le bien par suite de l'exercice d'une telle clause le reprend libre de toutes les charges dont l'acheteur a pu le grever après que le vendeur a inscrit ses droits.

[1991, c. 64, a. 1743].

■ C.C.Q., 1594, 1595, 2778, 2934, 2938, 2939.

§ 7. — De diverses modalités de la vente

I — De la vente à l'essai

1744. La vente à l'essai d'un bien est présumée faite sous condition suspensive.

Lorsque la durée de l'essai n'est pas stipulée, la condition est réalisée par le défaut de l'acheteur de faire connaître son refus au vendeur dans les trente jours de la délivrance du bien.

[1991, c. 64, a. 1744].

■ C.C.Q., 1497-1517, 1717-1722.

obligations unless the contract specifically stipulates that right.

If the seller meets the conditions for applying for resolution, he is bound to exercise his right within five years after the sale.

[1991, c. 64, a. 1742; I.N., 2014-05-01].

1743. A seller of immovable property wishing to avail himself of a resolutory clause shall make a demand to the buyer and, where applicable, any subsequent acquirer, to remedy his default within 60 days after the notice is registered in the land register; the rules pertaining to taking in payment set out in the Book on Prior Claims and Hypothecs and the measures to be taken prior to the exercise of that right apply, adapted as required, to the resolution of the sale.

A seller who takes back property by exercising a resolutory clause takes it back free of any charges which the buyer may have placed on it after the seller registered his rights.

[1991, c. 64, a. 1743; I.N., 2014-05-01].

§ 7. — Various Modalities of Sale

I — Trial sales

1744. The sale of property on trial is presumed to be made under a suspensive condition.

Where the trial period is not stipulated, the condition is fulfilled upon the buyer's failure to inform the seller of his refusal within 30 days after delivery of the property.

[1991, c. 64, a. 1744; I.N., 2014-05-01].

DES OBLIGATIONS

II — De la vente à tempérament

II — Instalment sales

1745. La vente à tempérament est une vente à terme par laquelle le vendeur se réserve la propriété du bien jusqu'au paiement total du prix de vente.

La réserve de propriété d'un véhicule routier ou d'un autre bien meuble déterminés par règlement, de même que celle de tout bien meuble acquis pour le service ou l'exploitation d'une entreprise, n'est opposable aux tiers que si elle est publiée; cette opposabilité est acquise à compter de la vente si la réserve est publiée dans les quinze jours. La cession d'une telle réserve n'est également opposable aux tiers que si elle est publiée.

[1991, c. 64, a. 1745; 1998, c. 5, a. 2].

■ C.C.Q., 1508, 1525, 2934.

1745. An instalment sale is a sale with a term by which the seller reserves ownership of the property until full payment of the sale price.

A reservation of ownership with respect to a road vehicle or other movable property determined by regulation, or with respect to any movable property acquired for the service or operation of an enterprise, may be set up against third persons only if it has been published; the reservation may be set up against third persons from the date of the sale provided the reservation of ownership is published within 15 days. As well, the transfer of such a reservation may be set up against third persons only if it has been published.

[1991, c. 64, a. 1745; 1998, c. 5, s. 2; I.N., 2014-05-01].

1746. La vente à tempérament transfère à l'acheteur les risques de perte du bien à moins qu'il ne s'agisse d'un contrat de consommation ou que les parties n'aient stipulé autrement.

[1991, c. 64, a. 1746].

■ C.C.Q., 1384; D.T., 99.

1746. An instalment sale transfers to the buyer the risks of loss of the property, except in the case of a consumer contract or where the parties have stipulated otherwise.

[1991, c. 64, a. 1746].

1747. Le solde dû par l'acheteur devient exigible lorsque le bien est vendu sous l'autorité de la justice ou que l'acheteur, sans le consentement du vendeur, cède à un tiers le droit qu'il a sur le bien.

[1991, c. 64, a. 1747].

■ C.C.Q., 1637-1646; C.P.C., 605-612, 683-694.

1747. The balance owing by the buyer becomes due where the property is sold under judicial authority or where the buyer assigns his right in the property to a third person without the consent of the seller.

[1991, c. 64, a. 1747; I.N., 2014-05-01].

1748. Lorsque l'acheteur fait défaut de payer le prix de vente selon les modalités du contrat, le vendeur peut exiger le paiement immédiat des versements échus ou reprendre le bien vendu; si le contrat contient une clause de déchéance du terme, il peut plutôt exiger le paiement du solde du prix de vente.

[1991, c. 64, a. 1748].

■ C.C.Q., 1514, 1515.

1748. Where the buyer fails to pay the sale price in accordance with the terms and conditions of the contract, the seller may exact immediate payment of the instalments due or take back the sold property; if the contract contains a clause of forfeiture of benefit of the term, the seller may instead exact payment of the balance of the sale price.

[1991, c. 64, a. 1748].

1749. Le vendeur ou le cessionnaire qui, en cas de défaut de l'acheteur, choisit de reprendre le bien vendu est assujetti aux règles relatives à l'exercice des droits hypothécaires énoncées au livre Des priorités et des hypothèques; toutefois, en cas de contrat de consommation, seules les règles de la *Loi sur la protection du consommateur* (chapitre P-40.1) sont applicables à l'exercice du droit de reprise du vendeur ou cessionnaire.

Si la réserve de propriété devait être publiée mais ne l'a pas été, le vendeur ou cessionnaire ne peut reprendre le bien vendu qu'entre les mains de l'acheteur immédiat† du bien; il reprend alors le bien dans l'état où il se trouve et sujet aux droits et charges dont l'acheteur a pu le grever.

Si la réserve de propriété devait être publiée mais ne l'a été que tardivement, le vendeur ou cessionnaire ne peut, de même, reprendre le bien vendu qu'entre les mains de l'acheteur immédiat† du bien, à moins que la réserve n'ait été publiée antérieurement à la vente du bien par cet acheteur†, auquel cas il peut aussi le reprendre entre les mains de tout acquéreur subséquent; dans tous les cas, le vendeur ou cessionnaire reprend le bien dans l'état où il se trouve, mais sujet aux seuls droits et charges dont l'acheteur† avait pu le grever au moment de la publication de la réserve et qui avaient alors été publiés.

[1991, c. 64, a. 1749; 1998, c. 5, a. 3].

1749. A seller or transferee who, upon the default of the buyer, elects to take back the property sold is governed by the rules regarding the exercise of hypothecary rights set out in the Book on Prior Claims and Hypothecs; however, in the case of a consumer contract, only the rules contained in the *Consumer Protection Act* (chapter P-40.1) are applicable to the exercise by the seller or transferee of the right of repossession.

If the reservation of ownership required publication but was not published, the seller or transferee may take the property back only if it is in the hands of the original† buyer; the seller or transferee takes the property back in its existing condition and subject to the rights and charges with which the buyer may have encumbered it.

If the reservation of ownership required publication but was published late, the seller or transferee may likewise take the property back only if it is in the hands of the original† buyer, unless the reservation was published before the sale of the property by the original† buyer, in which case the seller or transferee may also take the property back if it is in the hands of a subsequent acquirer; in all cases, the seller or transferee takes the property back in its existing condition, but subject only to such rights and charges with which the original† buyer may have encumbered it at the time of the publication of the reservation of ownership and which had already been published.

[1991, c. 64, a. 1749; 1998, c. 5, s. 3].

■ C.C.Q., 1594, 1595, 2778, 2934, 2938, 2939.

III — De la vente avec faculté de rachat

III — Sales with right of redemption

1750. La vente faite avec faculté de rachat, aussi appelée vente à réméré, est une vente sous condition résolutoire par laquelle le vendeur transfère la propriété d'un bien à l'acheteur en se réservant la faculté de le racheter.

La faculté de rachat d'un véhicule routier ou d'un autre bien meuble déterminés par règlement, de même que celle de tout bien meuble acquis pour le service ou l'exploi-

1750. A sale with a right of redemption is a sale under a resolutory condition by which the seller transfers ownership of property to the buyer while reserving the right to redeem it.

A right of redemption with respect to a road vehicle or other movable property determined by regulation, or with respect to any movable property acquired for the ser-

tation d'une entreprise, n'est opposable aux tiers que si elle est publiée; cette opposabilité est acquise à compter de la vente si la faculté est publiée dans les quinze jours. La cession d'une telle faculté n'est également opposable aux tiers que si elle est publiée.

[1991, c. 64, a. 1750; 1998, c. 5, a. 4].

■ C.C.Q., 1497, 1507, 1525, 2934-2939.

vice or operation of an enterprise, may be set up against third persons only if it has been published; the right of redemption may be set up against third persons from the date of the sale provided the right is published within 15 days. As well, the transfer of such a right of redemption may be set up against third persons only if it has been published.

[1991, c. 64, a. 1750; 1998, c. 5, s. 4; I.N., 2014-05-01].

1751. Le vendeur qui désire exercer la faculté de rachat et reprendre le bien doit donner un avis de son intention à l'acheteur et, si la faculté de rachat a été publiée, à tout acquéreur subséquent contre lequel il entend exercer son droit. Cet avis doit, si la faculté de rachat a été publiée, être lui-même publié; il s'agit, en ce cas, d'un avis de vingt jours si le bien est un meuble et d'un avis de soixante jours s'il est un immeuble. Le délai de vingt jours est porté à trente jours s'il s'agit d'un contrat de consommation.

[1991, c. 64, a. 1751; 1998, c. 5, a. 5].

■ C.C.Q., 2934-2939.

1751. A seller wishing to exercise his right of redemption and take back property shall give notice of his intention to the buyer and, if the right of redemption has been published, to any subsequent acquirer against whom he intends to exercise his right. If the right of redemption has been published, the notice must also be published; in that case, the notice is of twenty days in the case of movable property and sixty days in the case of an immovable. In the case of a consumer contract, the twenty days' notice is increased to thirty days.

[1991, c. 64, a. 1751; 1998, c. 5, s. 5].

1752. Lorsque le vendeur exerce la faculté de rachat, il reprend le bien libre de toutes les charges dont l'acheteur a pu le grever, pourvu que le droit du vendeur, s'il devait être publié, l'ait été en temps utile et conformément aux règles relatives à la publicité des droits.

[1991, c. 64, a. 1752; 1998, c. 5, a. 6].

■ C.C.Q., 2934-2939.

1752. Where the seller exercises his right of redemption, he takes back the property free of any charges which the buyer may have encumbered it with, provided the seller's right, if it required publication, was published in due time and in accordance with the rules regarding the publication of rights.

[1991, c. 64, a. 1752; 1998, c. 5, s. 6].

1753. La faculté de rachat ne peut être stipulée pour un terme excédant cinq ans; s'il excède cinq ans, le terme est réduit à cette durée.

[1991, c. 64, a. 1753].

■ C.C.Q., 1508-1514; D.T., 100.

1753. The right of redemption may not be stipulated for a term exceeding five years. If the term exceeds five years, it is reduced to five years.

[1991, c. 64, a. 1753].

1754. Si l'acheteur d'une partie indivise d'un bien sujet à la faculté de rachat devient, par l'effet d'un partage, acquéreur de la totalité, il peut obliger le vendeur qui

1754. If the buyer of an undivided share of property subject to a right of redemption acquires the whole property through the effect of a partition, he may oblige the

veut exercer la faculté à reprendre la totalité du bien.

[1991, c. 64, a. 1754].

∎ C.C.Q., 1012-1037; C.P.C., 809-811.

1755. Lorsque la vente a été faite par plusieurs personnes conjointement et par un seul contrat ou lorsque le vendeur a laissé plusieurs héritiers, l'acheteur peut s'opposer à la reprise partielle du bien et exiger que le covendeur ou le cohéritier reprenne la totalité du bien.

Pour le reste, les règles relatives à l'obligation conjointe ou divisible s'appliquent, compte tenu des adaptations nécessaires, à l'exercice de la faculté de rachat qui existe au profit de plusieurs vendeurs, à l'encontre de plusieurs acheteurs, ou entre leurs héritiers.

[1991, c. 64, a. 1755].

∎ C.C.Q., 1518-1522.

1756. Si la faculté de rachat a pour objet de garantir un prêt, le vendeur est réputé emprunteur et l'acquéreur est réputé créancier hypothécaire. Le vendeur ne pourra toutefois perdre le droit d'exercer la faculté de rachat, à moins que l'acquéreur ne suive les règles prévues au livre Des priorités et des hypothèques pour l'exercice des droits hypothécaires.

[1991, c. 64, a. 1756].

∎ C.C.Q., 2312-2316.

IV — De la vente aux enchères

1757. La vente aux enchères est celle par laquelle un bien est offert en vente à plusieurs personnes par l'entremise d'un tiers, l'encanteur, et est déclaré adjugé au plus offrant et dernier enchérisseur.

[1991, c. 64, a. 1757].

∎ C.P.C., 605-612, 683-694.

1758. La vente aux enchères est volontaire ou forcée; en ce dernier cas, la vente est alors soumise aux règles prévues au *Code de procédure civile* (chapitre C-25), ainsi

seller, if the seller wishes to exercise his right, to take back the whole property.

[1991, c. 64, a. 1754; I.N., 2014-05-01].

1755. Where a sale is made by several persons jointly by way of a single contract or where the seller has left several heirs, the buyer may object to the taking back of a part of the property and require the co-seller or coheir to take back the whole property.

In other respects, the rules pertaining to joint or divisible obligations, adapted as required, apply to the exercise of the right of redemption existing for the benefit of several sellers, against several buyers, or between their heirs.

[1991, c. 64, a. 1755; I.N., 2014-05-01].

1756. Where the object of the right of redemption is to secure a loan, the seller is deemed to be a borrower and the acquirer is deemed to be a hypothecary creditor. The seller does not, however, lose the right to exercise his right of redemption unless the acquirer follows the rules for the exercise of hypothecary rights set out in the Book on Prior Claims and Hypothecs.

[1991, c. 64, a. 1756; I.N., 2014-05-01].

IV — Auction sales

1757. An auction sale is a sale by which property is offered for sale to several persons through the intermediary of a third person, the auctioneer, and declared sold to the last and highest bidder.

[1991, c. 64, a. 1757].

1758. An auction sale is either voluntary or forced; forced sales are subject to the rules contained in the *Code of Civil Procedure* (chapter C-25) and to the rules con-

qu'aux règles du présent sous-paragraphe, s'il n'y a pas incompatibilité.

[1991, c. 64, a. 1758].

▮ C.P.C., 605-612, 683-694.

tained under this subheading, so far as they are consistent.

[1991, c. 64, a. 1758].

1759. Le vendeur peut fixer une mise à prix ou d'autres conditions à la vente. Celles-ci ne sont, néanmoins, opposables à l'adjudicataire que si l'encanteur les a communiquées aux personnes présentes avant de recevoir les enchères.

[1991, c. 64, a. 1759].

▮ C.C.Q., 1765.

1759. The seller may fix a reserve price or any other conditions of sale. The conditions of sale may not be set up against the successful bidder unless the auctioneer communicates them to the persons present before receiving bids.

[1991, c. 64, a. 1759].

1760. Le vendeur peut refuser de divulguer son identité lors des enchères, mais si celle-ci n'est pas divulguée à l'adjudicataire, l'encanteur est tenu personnellement de toutes les obligations du vendeur.

[1991, c. 64, a. 1760].

▮ C.C.Q., 1716-1733.

1760. The seller may refuse to disclose his identity at the auction but, if his identity is not disclosed to the successful bidder, the auctioneer becomes personally bound by all the obligations of the seller.

[1991, c. 64, a. 1760].

1761. L'enchérisseur ne peut, en aucun temps, retirer son enchère.

[1991, c. 64, a. 1761].

▮ C.P.C., 605-612, 683-694.

1761. At no time may a bidder withdraw his bid.

[1991, c. 64, a. 1761].

1762. La vente aux enchères est parfaite par l'adjudication du bien, par l'encanteur, au dernier enchérisseur. L'inscription, au registre de l'encanteur, du nom de l'adjudicataire et de son enchère fait preuve de la vente, mais, à défaut d'inscription, la preuve testimoniale est admise.

[1991, c. 64, a. 1762].

▮ C.C.Q., 2843-2845.

1762. An auction sale is perfected when the auctioneer declares the property sold to the last bidder. Entry of the name and bid of the successful bidder in the auctioneer's register makes proof of the sale; failing such entry, proof by testimony is admissible.

[1991, c. 64, a. 1762; I.N., 2014-05-01].

1763. Le vendeur et l'adjudicataire d'un immeuble doivent passer l'acte de vente dans les dix jours de la demande de l'une des parties.

[1991, c. 64, a. 1763].

▮ C.C.Q., 2938-2940.

1763. The seller of an immovable and the successful bidder shall execute the act of sale within 10 days after either party so requests.

[1991, c. 64, a. 1763; I.N., 2014-05-01].

1764. (*Abrogé*).

[2002, c. 19, a. 8].

1764. (*Repealed*).

[2002, c. 19, s. 8].

1765. Le défaut de l'acheteur de payer le prix, selon les conditions de la vente, per-

1765. If the buyer fails to pay the price in accordance with the conditions of the sale,

met à l'encanteur, outre les recours ordinaires du vendeur, de revendre le bien à la folle enchère, selon l'usage et après un avis suffisant.

Le fol enchérisseur ne peut, alors, enchérir de nouveau et il est tenu, le cas échéant, de payer la différence entre le prix de son adjudication et le prix moindre de la revente, sans qu'il puisse réclamer l'excédent. Il est aussi, en cas de vente forcée, responsable envers le vendeur, le saisi et les créanciers qui ont obtenu un jugement, des intérêts, des frais et des dommages-intérêts résultant de son défaut.

[1991, c. 64, a. 1765].

the auctioneer may, in addition to the ordinary remedies of a seller, resell the property for false bidding, according to usage and after sufficient notice.

A false bidder may not bid again at the resale. He is bound to pay the difference between the price at which the property was sold to him and the resale price, if lesser, but is not entitled to claim any excess amount. He is also, in the case of a forced sale, liable to the seller, the person from whom the property was seized and the creditors having obtained the judgment, for all interest, costs and damages arising from his default.

[1991, c. 64, a. 1765; I.N., 2014-05-01].

■ C.C.Q., 1457, 1458, 1566, 1601-1625; C.P.C., 686, 688.1, 690-694, 730.

1766. L'adjudicataire dont le droit de propriété sur un bien acquis lors d'une vente aux enchères est atteint à la suite d'une saisie exercée par un créancier du vendeur, peut recouvrer du vendeur le prix qu'il a payé, avec les intérêts et les frais; il peut aussi recouvrer des créanciers du vendeur le prix qui leur a été remis, avec intérêts, sous réserve de se faire opposer le bénéfice de discussion.

Il peut réclamer du créancier saisissant les dommages-intérêts qui résultent des irrégularités de la saisie ou de la vente.

[1991, c. 64, a. 1766].

1766. A successful bidder whose right of ownership of property acquired at an auction sale is infringed as a result of seizure of the property by a creditor of the seller may recover the price paid, with interest and costs, from the seller. He may also recover the price, with interest, from the creditors of the seller to whom it has been remitted, but they may set up the benefit of discussion against him.

He may claim damages from the seizing creditor resulting from any irregularity in the seizure or sale.

[1991, c. 64, a. 1766; I.N., 2014-05-01].

■ C.C.Q., 1457, 1607-1625, 1714, 1723, 1731; C.P.C., 580-595.1, 612, 660-673, 695-700, 733-740.

§ 8. — De la vente d'entreprise

§ 8. — Sale of an enterprise

1767.-1778. (*Abrogés*).

[2002, c. 19, a. 8].

1767.-1778. (*Repealed*).

[2002, c. 19, s. 8].

§ 9. — De la vente de certains biens incorporels

§ 9. — Sale of certain incorporeal property

I — De la vente de droits successoraux†

I — Sale of rights of succession†

1779. Le vendeur de droits successoraux, s'il ne spécifie pas en détail les biens sur

1779. The seller of rights of succession, if he does not specify in detail the property

lesquels portent les droits, ne garantit que sa qualité d'héritier.

[1991, c. 64, a. 1779].

▌ C.C.Q., 631, 641, 648, 848.

1780. Le vendeur est tenu de remettre à l'acheteur les fruits et revenus qu'il a perçus, de même que le capital de la créance échue et le prix des biens qu'il a vendus et qui faisaient partie de la succession.

[1991, c. 64, a. 1780].

▌ C.C.Q., 878, 1718.

1781. L'acheteur est tenu de rembourser au vendeur les dettes de la succession et les frais de liquidation de celle-ci que le vendeur a payés, de même que les sommes que la succession lui doit.

Il doit aussi acquitter les dettes de la succession dont le vendeur est tenu.

[1991, c. 64, a. 1781].

▌ C.C.Q., 776-782, 808-814, 823-835.

II — De la vente de droits litigieux

1782. Un droit est litigieux lorsqu'il est incertain, disputé ou susceptible de dispute par le débiteur, que l'action soit intentée ou qu'il y ait lieu de présumer qu'elle sera nécessaire.

[1991, c. 64, a. 1782].

▌ C.C.Q., 2631.

1783. Les juges, avocats, notaires et officiers de justice ne peuvent se porter acquéreurs de droits litigieux, sous peine de nullité absolue de la vente.

[1991, c. 64, a. 1783].

▌ C.C.Q., 1418, 1422.

1784. Lorsqu'une vente de droits litigieux a lieu, celui de qui ils sont réclamés est entièrement déchargé en remboursant à l'acheteur le prix de cette vente, les frais et les intérêts sur le prix, à compter du jour où le paiement a été fait.

subject to the rights, warrants only his quality as an heir.

[1991, c. 64, a. 1779; I.N., 2014-05-01].

1780. The seller is bound to hand over the fruits and revenues he has received to the buyer, together with the capital of any claim due and the price of any property he has sold which formed part of the succession.

[1991, c. 64, a. 1780].

1781. The buyer is bound to reimburse the seller for the debts and liquidation expenses of the succession that he has paid and all amounts owed to him by the succession.

The buyer shall also pay the debts of the succession for which the seller is liable.

[1991, c. 64, a. 1781].

II — Sale of litigious rights

1782. A right is litigious when it is uncertain, contested or contestable by the debtor, whether an action is pending or there is reason to presume that it will become necessary.

[1991, c. 64, a. 1782].

1783. No judge, advocate, notary or officer of justice may acquire litigious rights, on pain of absolute nullity of the sale.

[1991, c. 64, a. 1783].

1784. Where litigious rights are sold, the person from whom they are claimed is fully discharged by paying to the buyer the sale price, the costs and the interest on the price computed from the day payment was made.

Ce droit de retrait ne peut être exercé lorsque la vente est faite à un créancier en paiement de ce qui lui est dû ou à un cohéritier ou copropriétaire du droit vendu, ou encore au possesseur du bien qui est l'objet du droit. Il ne peut l'être, non plus, lorsque le tribunal a rendu un jugement maintenant le droit vendu ou lorsque le droit a été établi et que le litige est en état d'être jugé.

[1991, c. 64, a. 1784].

▌ C.C.Q., 921-933, 1553-1589.

This right of withdrawal may not be exercised where the sale is made to a creditor in payment of what is due to him, to a co-heir or co-owner of the rights sold or to the possessor of the property subject to the right. Nor may it be exercised where a court has rendered a judgment affirming the rights sold or where the rights have been established and the case is ready for judgment.

[1991, c. 64, a. 1784; I.N., 2014-05-01].

SECTION II —
DES RÈGLES PARTICULIÈRES À LA VENTE D'IMMEUBLES À USAGE D'HABITATION

SECTION II —
SPECIAL RULES REGARDING SALE OF RESIDENTIAL IMMOVABLES

1785. Dès lors que la vente d'un immeuble à usage d'habitation, bâti ou à bâtir, est faite par le constructeur de l'immeuble ou par un promoteur à une personne physique qui l'acquiert pour l'occuper elle-même, elle doit, que cette vente comporte ou non le transfert à l'acquéreur des droits du vendeur sur le sol, être précédée d'un contrat préliminaire par lequel une personne promet d'acheter l'immeuble.

Le contrat préliminaire doit contenir une stipulation par laquelle le promettant acheteur peut, dans les dix jours de l'acte, se dédire de la promesse.

[1991, c. 64, a. 1785].

▌ C.C.Q., 1786.

1785. The sale of an existing or planned residential immovable by the builder or a developer to a natural person who acquires it to occupy it shall be preceded by a preliminary contract by which a person promises to buy the immovable, whether or not the sale includes the transfer to him of the seller's rights over the land.

A stipulation that the promisor may withdraw his promise within 10 days after signing it shall be included in the preliminary contract.

[1991, c. 64, a. 1785; I.N., 2014-05-01].

1786. Outre qu'il doit indiquer les nom et adresse du vendeur et du promettant acheteur, les ouvrages à réaliser, le prix de vente, la date de délivrance et les droits réels qui grèvent l'immeuble, le contrat préliminaire doit contenir les informations utiles relatives aux caractéristiques de l'immeuble et mentionner, si le prix est révisable, les modalités de la révision.

Lorsque le contrat préliminaire prescrit une indemnité en cas d'exercice de la faculté de dédit, celle-ci ne peut excéder 0,5% du prix de vente convenu.

[1991, c. 64, a. 1786].

▌ C.C.Q., 1717-1722, 1785.

1786. In addition to the name and address of the seller and of the promisor, the work to be performed, the sale price, the date of delivery and the real rights charging the immovable, the preliminary contract shall contain any useful information pertaining to the characteristics of the immovable and, where the sale price is subject to review, the terms and conditions of review.

Where the preliminary contract provides for an indemnity in case of exercise of the right of withdrawal, the indemnity may not exceed 0.5 % of the agreed sale price.

[1991, c. 64, a. 1786; I.N., 2014-05-01].

1787. Lorsque la vente porte sur une fraction de copropriété divise ou sur une part indivise d'un immeuble à usage d'habitation et que cet immeuble comporte ou fait partie d'un ensemble qui comporte au moins dix unités de logement, le vendeur doit remettre au promettant acheteur, lors de la signature du contrat préliminaire, une note d'information; il doit également remettre cette note lorsque la vente porte sur une résidence faisant partie d'un ensemble comportant dix résidences ou plus et ayant des installations communes.

La vente qui porte sur la même fraction de copropriété faite à plusieurs personnes qui acquièrent ainsi sur cette fraction un droit de jouissance, périodique et successif, est aussi subordonnée à la remise d'une note d'information.

[1991, c. 64, a. 1787].

❚ C.C.Q., 1012-1109, 1788.

1787. Where a fraction of an immovable under divided co-ownership or an undivided share of a residential immovable comprising or forming part of a development which comprises at least 10 dwellings is sold, the seller shall give the promisor a memorandum, at the time of signing the preliminary contract; he shall also furnish the memorandum where a residence forming part of a development comprising at least 10 residences and having common facilities is sold.

A memorandum shall also be given where the same fraction of an immovable under co-ownership is sold to several persons who thereby acquire a periodic and successive right of enjoyment in the fraction.

[1991, c. 64, a. 1787; I.N., 2014-05-01].

1788. La note d'information complète le contrat préliminaire. Elle énonce les noms des architectes, ingénieurs, constructeurs et promoteurs et contient un plan de l'ensemble du projet immobilier et, s'il y a lieu, le plan général de développement du projet, ainsi que le sommaire d'un devis descriptif; elle fait état du budget prévisionnel, indique les installations communes et fournit les renseignements sur la gérance de l'immeuble, ainsi que, s'il y a lieu, sur les droits d'emphytéose et les droits de propriété superficiaire dont l'immeuble fait l'objet.

Une copie ou un résumé de la déclaration de copropriété ou de la convention d'indivision et du règlement de l'immeuble, même si ces documents sont à l'état d'ébauche, doit être annexé à la note d'information.

[1991, c. 64, a. 1788].

❚ C.C.Q., 1012-1037, 1052-1062, 1110-1118, 1195-1211, 1787.

1788. The memorandum complements the preliminary contract. It contains the names of the architects, engineers, builders and developers, a plan of the overall property development project and, where applicable, the general development plan of the project and a summary of the descriptive specifications. It also contains the budget forecast, indicates the common facilities and contains information on the management of the immovable and, where applicable, on the rights of emphyteusis or superficies to which the immovable is subject.

A copy or summary of the declaration of co-ownership or indivision agreement and of the by-laws of the immovable shall be appended to the memorandum even if they are draft documents.

[1991, c. 64, a. 1788; I.N., 2014-05-01].

1789. Lorsque la vente porte sur une fraction de copropriété divise, la note d'information contient un état des baux consentis par le promoteur ou le constructeur sur les parties privatives ou communes de l'immeuble et indique le nombre maximum de

1789. Where a fraction of an immovable under divided co-ownership is sold, the memorandum contains a statement of the leases granted by the developer or the builder on the private or common portions of the immovable and indicates the maxi-

fractions destinées par eux à des fins locatives.

[1991, c. 64, a. 1789].

■ C.C.Q., 1038-1109, 1788.

1790. Lorsque le promoteur ou le constructeur consent un bail au-delà du maximum indiqué à la note d'information, le syndicat des copropriétaires peut, après avoir avisé le locateur et le locataire, demander la résiliation du bail. S'il y a plusieurs baux qui excèdent ce maximum, les baux les plus récents doivent d'abord être résiliés.

[1991, c. 64, a. 1790].

■ C.C.Q., 1604-1606, 1851-1853.

1791. Le budget prévisionnel doit être établi sur une base annuelle d'occupation complète de l'immeuble; dans le cas d'une copropriété divise, il est établi pour une période débutant le jour où la déclaration de copropriété est inscrite.

Le budget comprend, notamment, un état des dettes et des créances, des recettes et débours et des charges communes. Il indique aussi, pour chaque fraction, les impôts fonciers susceptibles d'être dus, le taux de ceux-ci, et les charges annuelles à payer, y compris, le cas échéant, la contribution au fonds de prévoyance.

[1991, c. 64, a. 1791].

■ C.C.Q., 1038-1109, 1788, 2934, 2938.

1792. La vente d'une fraction de copropriété peut être résolue sans formalités lorsque la déclaration de copropriété n'est pas inscrite dans un délai de trente jours, à compter de la date où elle peut l'être suivant le livre De la publicité des droits.

[1991, c. 64, a. 1792].

■ C.C.Q., 1038, 1062, 1604-1606, 2934-2937.

1793. La vente d'un immeuble à usage d'habitation qui n'est pas précédée du contrat préliminaire peut être annulée à la demande de l'acheteur, si celui-ci démontre qu'il en subit un préjudice sérieux.

[1991, c. 64, a. 1793].

mum number of fractions intended for lease by the developer or builder.

[1991, c. 64, a. 1789; I.N., 2014-05-01].

1790. Where the developer or builder grants a lease in excess of the maximum number indicated in the memorandum, the syndicate of co-owners, after notifying the lessor and the lessee, may demand the resiliation of the lease. If there are several leases in excess of the maximum number, the most recent leases shall be resiliated first.

[1991, c. 64, a. 1790; I.N., 2014-05-01].

1791. The budget forecast shall be prepared on the basis of one year of full occupancy of the immovable; in the case of an immovable under divided co-ownership, it is prepared for a period beginning on the date of registration of the declaration of co-ownership.

A budget includes, in particular, a statement of debts and claims, revenues and expenditures and common expenses. It also indicates, for each fraction, the likely amount of property taxes, the rate of such taxes and the annual expenses payable, including, where applicable, the contribution to the contingency fund.

[1991, c. 64, a. 1791; I.N., 2014-05-01].

1792. The sale of a fraction of an immovable under co-ownership may be resolved without formality where the declaration of co-ownership is not registered within 30 days after the date on which it may be registered pursuant to the Book on Publication of Rights.

[1991, c. 64, a. 1792; I.N., 2014-05-01].

1793. The sale of a residential immovable that is not preceded by the preliminary contract may be annulled on the application of the buyer if he shows that he suffers serious injury therefrom.

[1991, c. 64, a. 1793; I.N., 2014-05-01].

▌ C.C.Q., 1416-1422.

1794. La vente par un entrepreneur d'un fonds qui lui appartient, avec un immeuble à usage d'habitation bâti ou à bâtir, est assujettie aux règles du contrat d'entreprise ou de service relatives aux garanties, compte tenu des adaptations nécessaires. Les mêmes règles s'appliquent à la vente faite par un promoteur immobilier.

[1991, c. 64, a. 1794].

▌ C.C.Q., 2098-2129.

1794. The sale by a contractor of land belonging to him, along with an existing or planned residential immovable, is subject to the rules pertaining to warranties in contracts of enterprise or for services, adapted as required. Those rules also apply to sales by a property developer.

[1991, c. 64, a. 1794; I.N., 2014-05-01].

SECTION III —
DE DIVERS CONTRATS APPARENTÉS À LA VENTE

SECTION III —
VARIOUS CONTRACTS SIMILAR TO SALE

§ 1. — De l'échange

§ 1. — Exchange

1795. L'échange est le contrat par lequel les parties se transfèrent respectivement la propriété d'un bien, autre qu'une somme d'argent.

[1991, c. 64, a. 1795].

▌ C.C.Q., 1377-1384, 1453.

1795. Exchange is a contract by which the parties transfer ownership of property other than money to each other.

[1991, c. 64, a. 1795].

1796. Lorsque l'une des parties, même après avoir reçu le bien qui lui est transféré en échange, prouve que l'autre partie n'en est pas propriétaire, elle ne peut être forcée à délivrer celui qu'elle a promis en contre-échange, mais seulement à rendre celui qu'elle a reçu.

[1991, c. 64, a. 1796].

▌ C.C.Q., 1795.

1796. Where one of the parties proves, even after having received the property transferred to him in exchange, that the other party was not the owner of the property, he may not be compelled to deliver the property he had promised in exchange, but only to return the property he has received.

[1991, c. 64, a. 1796].

1797. La partie qui est évincée du bien qu'elle a reçu en échange peut réclamer des dommages-intérêts ou reprendre le bien qu'elle a transféré.

[1991, c. 64, a. 1797].

▌ C.C.Q., 1607-1625, 1723.

1797. A party who is evicted of the property he has received in exchange may claim damages or recover the property he has transferred.

[1991, c. 64, a. 1797].

1798. Les règles du contrat de vente sont, pour le reste, applicables au contrat d'échange.

[1991, c. 64, a. 1798].

▌ C.C.Q., 1708, 1709.

1798. In all other respects, the rules pertaining to contracts of sale apply to contracts of exchange.

[1991, c. 64, a. 1798].

§ 2. — De la dation en paiement

1799. La dation en paiement est le contrat par lequel un débiteur transfère la propriété d'un bien à son créancier qui accepte de la recevoir, à la place et en paiement d'une somme d'argent ou de quelque autre bien qui lui est dû.

[1991, c. 64, a. 1799].

❚ C.C.Q., 1800.

1800. La dation en paiement est assujettie aux règles du contrat de vente et celui qui transfère ainsi un bien est tenu aux mêmes garanties que le vendeur.

Toutefois, la dation en paiement n'est parfaite que par la délivrance du bien.

[1991, c. 64, a. 1800].

❚ C.C.Q., 1708-1794, 1799.

1801. Est réputée non écrite toute clause selon laquelle, pour garantir l'exécution de l'obligation de son débiteur, le créancier se réserve le droit de devenir propriétaire irrévocable du bien ou d'en disposer.

[1991, c. 64, a. 1801].

❚ D.T., 102.

§ 3. — Du bail à rente

1802. Le bail à rente est le contrat par lequel le bailleur transfère la propriété d'un immeuble moyennant une rente foncière que le preneur s'oblige à payer.

La rente est payable en numéraire ou en nature; les redevances sont dues à la fin de chaque année et elles sont comptées à partir de la constitution de la rente.

[1991, c. 64, a. 1802].

❚ C.C.Q., 2367.

1803. Le preneur peut toujours se libérer du service de la rente en offrant de rembourser la valeur de la rente en capital et en renonçant à la répétition des redevances

§ 2. — Giving in payment

1799. Giving in payment is a contract by which a debtor transfers ownership of property to his creditor, who agrees to take it in place and payment of a sum of money or some other property due to him.

[1991, c. 64, a. 1799; I.N., 2014-05-01].

1800. Giving in payment is subject to the rules pertaining to contracts of sale and the person who so transfers property is bound to the same warranties as a seller.

Giving in payment is perfected only by delivery of the property.

[1991, c. 64, a. 1800].

1801. Any clause by which a creditor, with a view to securing the performance of the obligation of his debtor, reserves the right to become the irrevocable owner of the property or to dispose of it is deemed not written.

[1991, c. 64, a. 1801].

§ 3. — Alienation for rent

1802. Alienation for rent is a contract by which the lessor transfers the ownership of an immovable to a lessee in return for a ground rent which the latter obligates himself to pay.

The rent is payable in money or in kind, at the end of each year, from the date of constitution of the rent.

[1991, c. 64, a. 1802].

1803. The lessee may free himself at any time from the annual payments of rent by offering to reimburse the capital value of the rent and renouncing the recovery of the

payées; mais il ne peut, pour le service de la rente, se faire remplacer par un assureur.

[1991, c. 64, a. 1803].

■ C.C.Q., 2367-2370, 2388.

payments made, but he may not substitute an insurer to make the payments in his place.

[1991, c. 64, a. 1803].

1804. Le preneur est tenu personnellement de la rente envers le bailleur. Le fait qu'il abandonne l'immeuble ou que celui-ci soit détruit par force majeure ne le libère pas de son obligation.

[1991, c. 64, a. 1804].

■ C.C.Q., 1470.

1804. The lessee is personally liable to the lessor for the rent. He is not discharged from his obligation by his abandonment of the immovable or its destruction by superior force.

[1991, c. 64, a. 1804; I.N., 2014-05-01].

1805. Les règles relatives au contrat de vente et à la rente sont, pour le reste, applicables au contrat de bail à rente.

[1991, c. 64, a. 1805].

■ C.C.Q., 1708, 1709, 2367-2370, 2959, 3067.

1805. In all other respects, the rules pertaining to contracts of sale and to annuities apply to contracts of alienation for rent.

[1991, c. 64, a. 1805].

Chapitre II —
De la donation

Chapter II —
Gifts

SECTION I —
DE LA NATURE ET DE L'ÉTENDUE DE LA DONATION

SECTION I —
NATURE AND SCOPE OF GIFTS

1806. La donation est le contrat par lequel une personne, le donateur, transfère la propriété d'un bien à titre gratuit à une autre personne, le donataire; le transfert peut aussi porter sur un démembrement du droit de propriété ou sur tout autre droit dont on est titulaire.

La donation peut être faite entre vifs ou à cause de mort.

[1991, c. 64, a. 1806].

■ C.C.Q., 916, 1371 et s., 1377-1456, 1807-1841.

1806. Gift is a contract by which a person, the donor, transfers ownership of the property by gratuitous title to another person, the donee; a dismemberment of the right of ownership, or any other right held by a person, may also be transferred by gift.

Gifts may be *inter vivos* or *mortis causa*.

[1991, c. 64, a. 1806; I.N., 2014-05-01].

1807. La donation entre vifs est celle qui emporte le dessaisissement actuel du donateur, en ce sens que celui-ci se constitue actuellement débiteur envers le donataire.

Le fait que le transfert du bien ou sa délivrance soient assortis d'un terme, ou que le transfert porte sur un bien individualisé que le donateur s'engage à acquérir, ou sur un bien déterminé quant à son espèce seu-

1807. A gift *inter vivos* is one whereby there is actual divesting of the donor, in the sense that the donor actually becomes the debtor of the donee.

The divesting of the donor is not prevented from being actual by the fact that the transfer or delivery of the property is subject to a term or that the transfer is with respect to certain and determinate property

lement que le donateur s'engage à délivrer, n'empêche pas le dessaisissement du donateur d'être actuel.

[1991, c. 64, a. 1807].

▮ C.C.Q., 1453, 1508 et s., 1806, 1818, 1821-1825, 1836-1841.

which the donor undertakes to acquire or property determinate only as to kind which the donor undertakes to deliver.

[1991, c. 64, a. 1807; I.N., 2014-05-01].

1808. La donation à cause de mort est celle où le dessaisissement du donateur demeure subordonné à son décès et n'a lieu qu'à ce moment.

[1991, c. 64, a. 1808].

▮ C.C.Q., 613 et s., 731 et s., 1806, 1818-1820, 1839-1841.

1808. A gift *mortis causa* is one whereby the divesting of the donor remains conditional upon his death and takes place only at that time.

[1991, c. 64, a. 1808; I.N., 2014-05-01].

1809. L'acte par lequel une personne renonce à exercer un droit qui ne lui est pas encore acquis ou renonce, purement et simplement, à une succession ou à un legs ne constitue pas une donation.

[1991, c. 64, a. 1809].

▮ C.C.Q., 619, 630-652, 741, 1806.

1809. An act by which a person renounces a right that he has not yet acquired or unconditionally renounces a succession or legacy does not constitute a gift.

[1991, c. 64, a. 1809].

1810. La donation rémunératoire ou la donation avec charge ne vaut donation que pour ce qui excède la valeur de la rémunération ou de la charge.

[1991, c. 64, a. 1810].

▮ C.C.Q., 1806, 1821, 1830, 1831-1835, 1838.

1810. A remunerative gift or a gift with a charge constitutes a gift only for the value in excess of that of the remuneration or charge.

[1991, c. 64, a. 1810].

1811. La donation indirecte et la donation déguisée sont régies, sauf quant à la forme, par les dispositions du présent chapitre.

[1991, c. 64, a. 1811].

▮ C.C.Q., 1451, 1688, 1806 et s.

1811. Indirect gifts and disguised gifts are governed by the provisions of this chapter, except as to their form.

[1991, c. 64, a. 1811; I.N., 2014-05-01].

1812. La promesse d'une donation n'équivaut pas à donation; elle ne confère au bénéficiaire de la promesse que le droit de réclamer du promettant, à défaut par ce dernier de remplir sa promesse, des dommages-intérêts équivalents aux avantages que ce bénéficiaire a concédés et aux frais qu'il a faits en considération de la promesse.

[1991, c. 64, a. 1812].

▮ C.C.Q., 1396, 1397, 1590, 1607 et s., 1806; D.T., 103.

1812. The promise of a gift does not constitute a gift but only confers on the beneficiary of the promise the right to claim from the promisor, on the latter's failure to fulfil his promise, damages equivalent to the benefits which the beneficiary has granted and the expenses he has incurred in consideration of the promise.

[1991, c. 64, a. 1812; I.N., 2014-05-01].

SECTION II —
DE CERTAINES CONDITIONS DE LA DONATION

§ 1. — De la capacité de donner et de recevoir

1813. Même représenté par son tuteur ou son curateur, le mineur ou le majeur protégé ne peut donner que des biens de peu de valeur et des cadeaux d'usage, sous réserve des règles relatives au contrat de mariage ou d'union civile.

[1991, c. 64, a. 1813; 2002, c. 6, a. 50].

∎ C.C.Q., 153-221, 256-290, 434-436, 1299 et s., 1816, 1839-1841.

1814. Les père et mère ou le tuteur peuvent accepter la donation faite à un mineur ou, sous la condition qu'il naisse vivant et viable, à un enfant conçu mais non encore né.

Seul le tuteur ou le curateur peut accepter la donation faite à un majeur protégé. Le mineur et le majeur pourvu d'un tuteur peuvent, néanmoins, accepter seuls la donation de biens de peu de valeur ou de cadeaux d'usage.

[1991, c. 64, a. 1814].

∎ C.C.Q., 153-221, 256-290, 1299 et s.

1815. Le majeur à qui il est nommé un conseiller dont l'assistance est requise pour accepter une donation peut aussi donner, s'il est ainsi assisté.

[1991, c. 64, a. 1815].

∎ C.C.Q., 172, 173, 258, 291-294.

§ 2. — De certaines règles de validité de la donation

1816. La donation d'un bien par une personne qui n'en est pas propriétaire ou qui n'est pas chargée de le donner ni autorisée à le faire est nulle, à moins que le donateur ne se soit expressément engagé à l'acquérir.

[1991, c. 64, a. 1816].

∎ C.C.Q., 1315, 1806, 1807, 1826.

SECTION II —
CERTAIN CONDITIONS PERTAINING TO GIFTS

§ 1. — Capacity to make and receive gifts

1813. A minor or a protected person of full age, even represented by his tutor or curator, may make gifts only of property of little value or customary presents, subject to the rules pertaining to marriage or civil union contracts.

[1991, c. 64, a. 1813; 2002, c. 6, s. 50; I.N., 2014-05-01].

1814. The father, mother or tutor may accept gifts made to a minor or, provided he is born alive and viable, to a child conceived but yet unborn.

Only the tutor or curator may accept gifts made to a protected person of full age. Nevertheless, a minor or a person of full age who has a tutor may, acting alone, accept gifts of property of little value or customary presents.

[1991, c. 64, a. 1814; I.N., 2014-05-01].

1815. A person of full age who, to accept a gift, requires the assistance of the adviser appointed to him may also make a gift, if assisted by the adviser.

[1991, c. 64, a. 1815; I.N., 2014-05-01].

§ 2. — Certain rules governing the validity of gifts

1816. The gift of property by a person who does not own it or who is not charged with giving it or authorized to give it is null, unless the donor has expressly undertaken to acquire the property.

[1991, c. 64, a. 1816].

1817. La donation faite au propriétaire, à l'administrateur ou au salarié d'un établissement de santé ou de services sociaux qui n'est ni le conjoint ni un proche parent du donateur est nulle si elle est faite au temps où le donateur y est soigné ou y reçoit des services.

La donation faite à un membre de la famille d'accueil à l'époque où le donateur y demeure est également nulle.

[1991, c. 64, a. 1817].

▌ C.C.Q., 761, 1416, 1419, 1806.

1817. A gift made to the owner, a director or an employee of a health or social services establishment who is neither the spouse nor a close relative of the donor is null if it was made while the donor was receiving care or services at the establishment.

A gift made to a member of a foster family while the donor was residing with that family is also null.

[1991, c. 64, a. 1817].

1818. La donation entre vifs ne peut porter que sur des biens présents.

Celle qui prétendrait porter sur des biens à venir est réputée faite à cause de mort, mais celle qui porte à la fois sur des biens présents et à venir n'est réputée faite à cause de mort qu'à l'égard des biens à venir.

[1991, c. 64, a. 1818].

▌ C.C.Q., 1807, 1808.

1818. Gifts *inter vivos* are valid only as to present property.

The gift of future property is deemed to be *mortis causa*, but the gift of both present and future property is deemed to be *mortis causa* only with respect to the future property.

[1991, c. 64, a. 1818].

1819. La donation à cause de mort est nulle, à moins qu'elle ne soit faite par contrat de mariage ou d'union civile ou qu'elle ne puisse valoir comme legs.

[1991, c. 64, a. 1819; 2002, c. 6, a. 50].

▌ C.C.Q., 431, 521.8, 613, 704, 731 et s., 1416 et s., 1808, 1818, 1839-1841.

1819. A gift *mortis causa* is null unless it is made by marriage or civil union contract or unless it may be upheld as a legacy.

[1991, c. 64, a. 1819; 2002, c. 6, s. 50].

1820. La donation faite durant la maladie réputée mortelle du donateur, suivie ou non de son décès, est nulle comme faite à cause de mort si aucune circonstance n'aide à la valider.

Néanmoins, si le donateur se rétablit et laisse le donataire en possession paisible pendant trois ans, le vice disparaît.

[1991, c. 64, a. 1820].

▌ C.C.Q., 921, 922, 1807, 1808.

1820. A gift made during the deemed mortal illness of the donor is null as having been made *mortiscausa*, whether or not death follows, unless circumstances tend to render it valid.

Nevertheless, if the donor recovers and leaves the donee in peaceable possession for three years, the nullity is covered.

[1991, c. 64, a. 1820; I.N., 2014-05-01].

1821. La donation entre vifs qui impose au donataire l'obligation d'acquitter des dettes ou des charges autres que celles qui existent lors de la donation est nulle, à

1821. A gift *inter vivos* which imposes on the donee the obligation to pay debts or charges other than those existing at the time of the gift is null, unless the nature

moins que la nature de ces autres dettes ou charges ne soit exprimée au contrat et que leur montant n'y soit déterminé.

[1991, c. 64, a. 1821].

▌ C.C.Q., 1807, 1810, 1831-1835; D.T., 104.

and amount of those other debts or charges are specified in the contract.

[1991, c. 64, a. 1821].

1822. La donation entre vifs stipulée révocable suivant la seule discrétion du donateur est nulle, alors même qu'elle est faite par contrat de mariage ou d'union civile.

[1991, c. 64, a. 1822; 2002, c. 6, a. 50].

▌ C.C.Q., 431, 1500, 1807, 1839, 1840.

1822. A gift *inter vivos* stipulated to be revocable at the sole discretion of the donor is null, even if it is made by marriage or civil union contract.

[1991, c. 64, a. 1822; 2002, c. 6, s. 50].

1823. La donation entre vifs ne peut être faite qu'à titre particulier; autrement, elle est nulle, de nullité absolue.

[1991, c. 64, a. 1823].

▌ C.C.Q., 734, 1807.

1823. A gift *inter vivos* may only be made by particular title; otherwise, it is absolutely null.

[1991, c. 64, a. 1823; I.N., 2014-05-01].

§ 3. — De la forme et de la publicité de la donation

§ 3. — Form and publication of gifts

1824. La donation d'un bien meuble ou immeuble s'effectue, à peine de nullité absolue, par acte notarié en minute; elle doit être publiée.

Il est fait exception à ces règles lorsque, s'agissant de la donation d'un bien meuble, le consentement des parties s'accompagne de la délivrance et de la possession immédiate du bien.

[1991, c. 64, a. 1824].

▌ C.C.Q., 899-907, 921 et s., 1416-1418, 1422, 2814, 2819, 2934, 2938, 2941, 2970.

1824. The gift of movable or immovable property is made, on pain of absolute nullity, by notarial act *en minute*, and shall be published.

These rules do not apply where, in the case of the gift of movable property, the consent of the parties is accompanied by delivery and immediate possession of the property.

[1991, c. 64, a. 1824].

SECTION III — DES DROITS ET OBLIGATIONS DES PARTIES

SECTION III — RIGHTS AND OBLIGATIONS OF THE PARTIES

§ 1. — Dispositions générales

§ 1. — General provisions

1825. Le donateur délivre le bien en mettant le donataire en possession du bien ou en permettant au donataire qu'il en prenne possession, tous obstacles étant écartés.

[1991, c. 64, a. 1825].

▌ C.C.Q., 1453, 1456, 1806, 1807.

1825. The donor delivers the property by putting the donee in possession of it or allowing him to take possession of it, all hindrances being removed.

[1991, c. 64, a. 1825].

1826. Le donateur n'est tenu de transférer que les droits qu'il a sur le bien donné.

[1991, c. 64, a. 1826].

▌ C.C.Q., 1806, 1827.

1827. Le donataire ne peut recouvrer du donateur le paiement qu'il a fait pour libérer le bien donné d'un droit appartenant à un tiers ou pour exécuter une charge, que dans la mesure où le paiement excède l'avantage qu'il retire de la donation.

Cependant, le donataire évincé peut recouvrer du donateur les frais payés en raison de la donation, au-delà de l'avantage qu'il en retire, si l'éviction, totale ou partielle, provient d'un vice du droit transféré que le donateur connaissait mais n'a pas révélé lors de la donation.

[1991, c. 64, a. 1827].

▌ C.C.Q., 1553, 1806, 1810, 1826; D.T., 83.

1828. Le donateur ne répond pas des vices cachés qui affectent le bien donné.

Toutefois, il est tenu de réparer le préjudice causé au donataire en raison d'un vice qui porte atteinte à son intégrité physique, s'il connaissait ce vice et ne l'a pas révélé lors de la donation.

[1991, c. 64, a. 1828].

▌ C.C.Q., 1458, 1471, 1474, 1607 et s., 1806; D.T., 83.

1829. Le donateur paie les frais du contrat; le donataire, ceux de l'enlèvement du bien.

[1991, c. 64, a. 1829].

▌ C.C.Q., 1825.

§ 2. — Des dettes du donateur

1830. Le donataire n'est tenu que des dettes du donateur qui se rattachent à une universalité d'actif et de passif qu'il reçoit, à moins qu'il n'en résulte autrement du contrat ou de la loi.

[1991, c. 64, a. 1830].

▌ C.C.Q., 613, 1821, 1823, 1827, 1831-1835; D.T., 104.

1826. The donor is bound to transfer only the rights he holds in the property given.

[1991, c. 64, a. 1826].

1827. The donee may recover from the donor a payment he has made to free the property of a right vested in a third person or to execute a charge, only to the extent the payment exceeds the benefit he derives from the gift.

The evicted donee may, however, recover from the donor the expenses paid in connection with the gift in excess of the benefit he derives from it if the eviction, whether total or partial, results from a defect in the transferred right which the donor was aware of but failed to disclose at the time of the gift.

[1991, c. 64, a. 1827; I.N., 2014-05-01].

1828. The donor is not liable for latent defects in the property given.

However, he is bound to make reparation for injury caused to the donee as a result of a defect which impairs his physical integrity, if he was aware of the defect but failed to disclose it at the time of the gift.

[1991, c. 64, a. 1828; I.N., 2014-05-01].

1829. The donor pays the expenses for the contract and the donee pays those for the removal of the property.

[1991, c. 64, a. 1829; I.N., 2014-05-01].

§ 2. — Debts of the donor

1830. Unless otherwise provided in the contract or by law, the donee is only liable for debts of the donor connected with a universality of assets and liabilities he receives.

[1991, c. 64, a. 1830].

§ 3. — Des charges stipulées
en faveur d'un tiers

1831. La donation peut être assortie d'une charge ou d'une stipulation en faveur d'un tiers.

[1991, c. 64, a. 1831],

❚ C.C.Q., 1444-1450, 1810, 1832-1835, 1838.

1832. La charge stipulée au bénéfice de plusieurs personnes, sans détermination de leurs parts respectives, emporte, au décès de l'une, accroissement de sa part en faveur des cobénéficiaires survivants.

Toutefois, lorsque les parts respectives des bénéficiaires sont déterminées, le décès de l'un n'emporte pas accroissement.

[1991, c. 64, a. 1832].

❚ C.C.Q., 1810, 1831, 1835.

1833. Le donataire est tenu personnellement des charges grevant le bien donné.

[1991, c. 64, a. 1833].

❚ C.C.Q., 1810, 1821, 1831-1835.

1834. La charge qui, en raison de circonstances imprévisibles lors de l'acceptation de la donation, devient impossible ou trop onéreuse pour le donataire, peut être modifiée ou révoquée par le tribunal, compte tenu de la valeur de la donation, de l'intention du donateur et des circonstances.

[1991, c. 64, a. 1834].

❚ C.C.Q., 771, 1810, 1831-1835.

1835. La révocation ou la caducité de la charge stipulée en faveur d'un tiers profite au donataire, à moins qu'un autre bénéficiaire ne soit désigné.

[1991, c. 64, a. 1835].

❚ C.C.Q., 1831-1834.

SECTION IV —
DE LA RÉVOCATION DE LA DONATION
POUR CAUSE D'INGRATITUDE

1836. Toute donation entre vifs peut être révoquée pour cause d'ingratitude.

§ 3. — Charges stipulated in
favour of third persons

1831. A gift may be made with a charge or a stipulation in favour of a third person.

[1991, c. 64, a. 1831].

1832. A charge stipulated in favour of several persons with no determination of their respective shares entails, upon the death of one of them, the accretion of his share in favour of the surviving co-beneficiaries.

However, where the respective shares of the beneficiaries are determined, the death of one of them does not entail accretion.

[1991, c. 64, a. 1832; I.N., 2014-05-01].

1833. The donee is personally liable for charges on the property given.

[1991, c. 64, a. 1833].

1834. A charge which, owing to circumstances unforeseeable at the time of the acceptance of the gift, becomes impossible or too burdensome for the donee may be varied or revoked by the court, taking account of the value of the gift, the intention of the donor and the circumstances.

[1991, c. 64, a. 1834].

1835. The revocation or lapse of a charge stipulated in favour of a third person benefits the donee, unless another beneficiary is designated.

[1991, c. 64, a. 1835].

SECTION IV —
REVOCATION OF GIFTS ON ACCOUNT OF
INGRATITUDE

1836. Gifts *inter vivos* may be revoked on account of ingratitude.

OBLIGATIONS a. 1839

Il y a cause d'ingratitude lorsque le donataire a eu envers le donateur un comportement gravement[1] répréhensible, eu égard à la nature de la donation, aux facultés des parties et aux circonstances.

[1991, c. 64, a. 1836].

Note 1 : Comp. a. 621.

❚ C.C.Q., 620, 621, 1807, 1837, 1838.

Ingratitude is a ground of revocation where the donee has behaved in a seriously reprehensible manner towards the donor, having regard to the nature of the gift, the faculties of the parties and the circumstances.

[1991, c. 64, a. 1836].

1837. L'action en révocation doit être intentée du vivant du donataire et dans l'année qui suit la cause d'ingratitude ou le jour où le donateur en a eu connaissance.

Le décès du donateur, dans les délais utiles à l'exercice de l'action, n'éteint pas le droit, mais ses héritiers doivent agir dans l'année du décès.

[1991, c. 64, a. 1837].

❚ C.C.Q., 1836, 1838, 2878.

1837. The action in revocation may be brought only during the lifetime of the donee and within one year after the ingratitude became a ground or the day the donor became aware of it.

The death of the donor within the time for bringing an action does not extinguish the right of action, but the heirs of the donor may act only within one year after his death.

[1991, c. 64, a. 1837].

1838. La révocation de la donation oblige le donataire à restituer au donateur ce qu'il a reçu en vertu du contrat, suivant les règles du présent livre relatives à la restitution des prestations.

Elle emporte extinction, pour l'avenir, des charges qui y sont stipulées.

[1991, c. 64, a. 1838].

❚ C.C.Q., 1699-1707, 1810, 1831-1837.

1838. The revocation of a gift obliges the donee to restore to the donor what he has received under the contract, in accordance with the rules of this Book pertaining to the restitution of prestations.

The revocation extinguishes, for the future, the charges stipulated in the contract.

[1991, c. 64, a. 1838].

SECTION V — DE LA DONATION PAR CONTRAT DE MARIAGE OU D'UNION CIVILE

SECTION V — GIFTS MADE BY MARRIAGE OR CIVIL UNION CONTRACT

1839. Les donations consenties dans un contrat de mariage ou d'union civile peuvent être entre vifs ou à cause de mort.

Elles ne sont valides que si le contrat prend lui-même effet.

[1991, c. 64, a. 1839; 2002, c. 6, a. 50].

❚ C.C.Q., 431-442, 521.8, 1806-1808, 1840, 1841.

1839. Gifts made by marriage or civil union contract may be *inter vivos* or *mortis causa*.

They are valid only if the contract takes effect.

[1991, c. 64, a. 1839; 2002, c. 6, s. 50].

475

1840. Toute personne peut faire une donation entre vifs par contrat de mariage ou d'union civile, mais seuls peuvent être donataires les futurs conjoints, les conjoints, leurs enfants respectifs et leurs enfants communs nés et à naître, s'ils naissent vivants et viables.

La donation à cause de mort ne peut avoir lieu qu'entre les personnes qui peuvent être bénéficiaires d'une donation entre vifs par contrat de mariage ou d'union civile.

[1991, c. 64, a. 1840; 2002, c. 6, a. 51].

▌ C.C.Q., 431-442, 521.8, 522, 1806-1808, 1839, 1841; D.T., 105.

1840. Any person may make a gift *inter vivos* by marriage or civil union contract but only the future spouses, the spouses, their respective children and their common children born or yet unborn, if they are born alive and viable, may be donees.

The only persons between whom gifts *mortis causa* may be made are those entitled to be beneficiaries of gifts *inter vivos* made by marriage or civil union contract.

[1991, c. 64, a. 1840; 2002, c. 6, s. 51].

1841. La donation à cause de mort, même faite à titre particulier, est révocable.

Toutefois, lorsque le donateur a stipulé l'irrévocabilité de la donation, il ne peut disposer des biens à titre gratuit par acte entre vifs ou par testament, à moins d'avoir obtenu le consentement du donataire et de tous les autres intéressés ou qu'il ne s'agisse de biens de peu de valeur ou de cadeaux d'usage; il demeure, cependant, titulaire des droits sur les biens donnés et libre de les aliéner à titre onéreux.

[1991, c. 64, a. 1841].

▌ C.C.Q., 437, 438, 613, 703 et s., 1808, 1839, 1840; D.T., 106.

1841. Gifts *mortis causa*, even those made by particular title, are revocable.

However, if a donor has stipulated that a gift is irrevocable, he may not dispose of the property gratuitously by an act *inter vivos* or by will without the consent of the donee and of all other interested persons, unless the gift consists of property of little value or customary presents. The donor continues nonetheless to hold his rights in the property given and he remains free to alienate it by onerous title.

[1991, c. 64, a. 1841; I.N., 2014-05-01].

Chapitre III ——
Du crédit-bail

Chapter III ——
Leasing

1842. Le crédit-bail est le contrat par lequel une personne, le crédit-bailleur, met un meuble à la disposition d'une autre personne, le crédit-preneur, pendant une période de temps déterminée et moyennant une contrepartie.

Le bien qui fait l'objet du crédit-bail est acquis d'un tiers par le crédit-bailleur, à la demande du crédit-preneur et conformément aux instructions de ce dernier.

Le crédit-bail ne peut être consenti qu'à des fins d'entreprise.

[1991, c. 64, a. 1842].

▌ C.C.Q., 1525, 2683.

1842. Leasing is a contract by which a person, the lessor, puts movable property at the disposal of another person, the lessee, for a fixed term and in return for payment.

The lessor acquires the property that is the subject of the leasing from a third person, at the request and in accordance with the instructions of the lessee.

Leasing may be entered into only for business purposes.

[1991, c. 64, a. 1842; I.N., 2014-05-01].

1843. Le bien qui fait l'objet du crédit-bail conserve sa nature mobilière tant que dure le contrat, même s'il est rattaché ou réuni à un immeuble, pourvu qu'il ne perde pas son individualité.

[1991, c. 64, a. 1843].

◾ C.C.Q., 903.

1844. Le crédit-bailleur doit dénoncer le contrat de crédit-bail dans l'acte d'achat.

[1991, c. 64, a. 1844].

◾ C.C.Q., 1845.

1845. Le vendeur du bien est directement tenu envers le crédit-preneur des garanties légales et conventionnelles inhérentes au contrat de vente.

[1991, c. 64, a. 1845].

◾ C.C.Q., 1716-1733.

1846. Le crédit-preneur assume, à compter du moment où il en prend possession, tous les risques de perte du bien, même par force majeure.

Il en assume, de même, les frais d'entretien et de réparation.

[1991, c. 64, a. 1846].

◾ C.C.Q., 921-933, 1470.

1847. Les droits de propriété du crédit-bailleur ne sont opposables aux tiers que s'ils sont publiés; cette opposabilité est acquise à compter du crédit-bail si ces droits sont publiés dans les quinze jours.

La cession des droits de propriété du crédit-bailleur n'est également opposable aux tiers que si elle est publiée.

[1991, c. 64, a. 1847; 1998, c. 5, a. 7].

◾ C.C.Q., 927, 2934-2940.

1848. Le crédit-preneur peut, après que le crédit-bailleur est en demeure, considérer le contrat de crédit-bail comme étant résolu si le bien ne lui est pas délivré dans un délai raisonnable depuis le contrat ou dans le délai fixé dans la mise en demeure.

[1991, c. 64, a. 1848].

1843. Property that is the subject of a leasing, even if attached or joined to an immovable, retains its movable nature for as long as the contract lasts, provided it does not lose its individuality.

[1991, c. 64, a. 1843].

1844. The lessor shall disclose the contract of leasing in the act of purchase.

[1991, c. 64, a. 1844; I.N., 2014-05-01].

1845. The seller of the property is directly bound towards the lessee by the legal and conventional warranties inherent in the contract of sale.

[1991, c. 64, a. 1845].

1846. The lessee assumes all risks of loss of the property, even by superior force, from the time he takes possession of it.

He likewise assumes all maintenance and repair expenses.

[1991, c. 64, a. 1846].

1847. The rights of ownership of the lessor may be set up against third persons only if they have been published; the rights may be set up against third persons from the date of the leasing contract provided the rights are published within 15 days.

As well, the transfer of the lessor's rights of ownership may be set up against third persons only if it has been published.

[1991, c. 64, a. 1847; 1998, c. 5, s. 7; I.N., 2014-05-01].

1848. Once the lessor is in default, the lessee may consider the contract of leasing resolved if the property is not delivered to the lessee within a reasonable time after the formation of the contract or within the time fixed in the notice of default.

[1991, c. 64, a. 1848; I.N., 2014-05-01].

❚ C.C.Q., 1594, 1595, 1605, 1606, 1699-1707.

1849. Lorsque le contrat de crédit-bail est résolu et que le crédit-preneur a retiré un avantage du contrat, le crédit-bailleur peut déduire, lors de la restitution des prestations qu'il a reçues du crédit-preneur, une somme raisonnable qui tienne compte de cet avantage.

[1991, c. 64, a. 1849].

❚ C.C.Q., 1605, 1606, 1699-1707.

1849. Where the contract of leasing is resolved and the lessee has derived a benefit from the contract, the lessor, when returning the prestations he has received from the lessee, may deduct a reasonable sum to take account of such benefit.

[1991, c. 64, a. 1849].

1850. Lorsque le contrat de crédit-bail prend fin, le crédit-preneur est tenu de rendre le bien au crédit-bailleur, à moins qu'il ne se soit prévalu, le cas échéant, de la faculté que lui réserve le contrat de l'acquérir.

[1991, c. 64, a. 1850].

❚ C.C.Q., 1842, 1843.

1850. Upon termination of the contract of leasing, the lessee is bound to return the property to the lessor unless, where applicable, he has availed himself of the option to acquire it given to him by the contract.

[1991, c. 64, a. 1850].

Chapitre IV ———
Du louage

Chapter IV ———
Lease

SECTION I ———
DE LA NATURE DU LOUAGE

SECTION I ———
NATURE OF LEASE

1851. Le louage, aussi appelé bail, est le contrat par lequel une personne, le locateur, s'engage envers une autre personne, le locataire, à lui procurer, moyennant un loyer, la jouissance d'un bien, meuble ou immeuble, pendant un certain temps.

Le bail est à durée fixe ou indéterminée.

[1991, c. 64, a. 1851].

❚ C.C.Q., 1877.

1851. Lease is a contract by which a person, the lessor, undertakes to provide another person, the lessee, in return for a rent, with the enjoyment of movable or immovable property for a certain time.

The term of a lease is fixed or indeterminate.

[1991, c. 64, a. 1851; I.N., 2014-05-01].

1852. Les droits résultant du bail peuvent être publiés.

Sont toutefois soumis à la publicité les droits résultant du bail d'une durée de plus d'un an portant sur un véhicule routier ou un autre bien meuble déterminés par règlement, ou sur tout bien meuble requis pour le service ou l'exploitation d'une entreprise, sous réserve, en ce dernier cas, des exclusions prévues par règlement; l'opposabilité de ces droits est acquise à compter

1852. The rights resulting from the lease may be published.

Publication is required, however, in the case of rights resulting from a lease, with a term of more than one year, of a road vehicle or other movable property determined by regulation, or of any movable property required for the service or operation of an enterprise, subject, in the latter case, to the exclusions provided by regulation; the rights may be set up against third persons

du bail s'ils sont publiés dans les quinze jours. Le bail qui prévoit une période de location d'un an ou moins est réputé d'une durée de plus d'un an lorsque, par l'effet d'une clause de renouvellement, de reconduction ou d'une autre convention de même effet, cette période peut être portée à plus d'un an.

La cession des droits résultant du bail est admise ou soumise à la publicité, selon que ces droits sont eux-mêmes admis ou soumis à la publicité.

[1991, c. 64, a. 1852; 1998, c. 5, a. 8].

∎ C.C.Q., 2934-2940, 2995.

1853. Le bail portant sur un bien meuble ne se présume pas; la personne qui utilise le bien, avec la tolérance du propriétaire, est présumée l'avoir emprunté en vertu d'un prêt à usage.

Le bail portant sur un bien immeuble est, pour sa part, présumé lorsqu'une personne occupe les lieux avec la tolérance du propriétaire. Ce bail est à durée indéterminée; il prend effet dès l'occupation et comporte un loyer correspondant à la valeur locative.

[1991, c. 64, a. 1853].

∎ C.C.Q., 1877, 2312, 2313, 2317-2326.

SECTION II —
DES DROITS ET OBLIGATIONS RÉSULTANT DU BAIL

§ 1. — Dispositions générales

1854. Le locateur est tenu de délivrer au locataire le bien loué en bon état de réparation de toute espèce et de lui en procurer la jouissance paisible pendant toute la durée du bail.

Il est aussi tenu de garantir au locataire que le bien peut servir à l'usage pour lequel il est loué, et de l'entretenir à cette fin pendant toute la durée du bail.

[1991, c. 64, a. 1854].

∎ C.C.Q., 1863, 1864, 1890, 1893, 1910.

from the date of the lease provided they are published within 15 days. A lease with a term of one year or less is deemed to have a term of more than one year if, by the operation of a renewal clause or other covenant to the same effect, the term of the lease may be increased to more than one year.

The transfer of rights under a lease requires or is open to publication, according to whether the rights themselves require or are open to publication.

[1991, c. 64, a. 1852; 1998, c. 5, s. 8; I.N., 2014-05-01].

1853. The lease of movable property is not presumed; a person using the property by sufferance of the owner is presumed to have borrowed it by virtue of a loan for use.

The lease of immovable property is presumed where a person occupies the premises by sufferance of the owner. The term of the lease is indeterminate; the lease takes effect upon occupancy and entails the obligation to pay a rent corresponding to the rental value.

[1991, c. 64, a. 1853].

SECTION II —
RIGHTS AND OBLIGATIONS RESULTING FROM LEASE

§ 1. — General provisions

1854. The lessor is bound to deliver the leased property to the lessee in a good state of repair in all respects and to provide him with peaceable enjoyment of the property throughout the term of the lease.

He is also bound to warrant the lessee that the property may be used for the purpose for which it was leased and to maintain the property for that purpose throughout the term of the lease.

[1991, c. 64, a. 1854].

1855. Le locataire est tenu, pendant la durée du bail, de payer le loyer convenu et d'user du bien avec prudence et diligence.

[1991, c. 64, a. 1855].

■ C.C.Q., 1883, 1903, 1904, 1971.

1855. The lessee is bound to pay the agreed rent and to use the property with prudence and diligence during the term of the lease.

[1991, c. 64, a. 1855].

1856. Ni le locateur ni le locataire ne peuvent, au cours du bail, changer la forme ou la destination du bien loué.

[1991, c. 64, a. 1856].

■ C.C.Q., 1893.

1856. Neither the lessor nor the lessee may change the form or destination of the leased property during the term of the lease.

[1991, c. 64, a. 1856].

1857. Le locateur a le droit de vérifier l'état du bien loué, d'y effectuer des travaux et, s'il s'agit d'un immeuble, de le faire visiter à un locataire ou à un acquéreur éventuel; il est toutefois tenu d'user de son droit de façon raisonnable.

[1991, c. 64, a. 1857].

■ C.C.Q., 1885, 1893, 1930-1935.

1857. The lessor has the right to ascertain the condition of the leased property, to carry out work thereon and, in the case of an immovable, to have it visited by a prospective lessee or acquirer; he is, however, bound to exercise his right in a reasonable manner.

[1991, c. 64, a. 1857; I.N., 2014-05-01].

1858. Le locateur est tenu de garantir le locataire des troubles de droit apportés à la jouissance du bien loué.

Le locataire, avant d'exercer ses recours, doit d'abord dénoncer le trouble au locateur.

[1991, c. 64, a. 1858].

■ C.C.Q., 1893; C.P.C., 168, 216, 962, 1012.

1858. The lessor is bound to warrant the lessee against legal disturbances to enjoyment of the leased property.

Before pursuing his remedies, the lessee shall notify the lessor of the disturbance.

[1991, c. 64, a. 1858; I.N., 2014-05-01].

1859. Le locateur n'est pas tenu de réparer le préjudice qui résulte du trouble de fait qu'un tiers apporte à la jouissance du bien; il peut l'être lorsque le tiers est aussi locataire de ce bien ou est une personne à laquelle le locataire permet l'usage ou l'accès à celui-ci.

Toutefois, si la jouissance du bien en est diminuée, le locataire conserve ses autres recours contre le locateur.

[1991, c. 64, a. 1859].

■ C.C.Q., 1860, 1861; C.P.C., 34.

1859. The lessor is not bound to make reparation for injury resulting from disturbance to enjoyment of the property caused by the act of a third person; he may be so bound where the third person is also a lessee of that property or is a person the lessee allows to use or to have access to the property.

However, if the enjoyment of the property is diminished by the disturbance, the lessee retains his other remedies against the lessor.

1991, c. 64, a. 1859; I.N., 2014-05-01].

1860. Le locataire est tenu de se conduire de manière à ne pas troubler la jouissance normale des autres locataires.

Il est tenu, envers le locateur et les autres locataires, de réparer le préjudice qui peut résulter de la violation de cette obligation, que cette violation soit due à son fait ou au fait des personnes auxquelles il permet l'usage du bien ou l'accès à celui-ci.

Le locateur peut, au cas de violation de cette obligation, demander la résiliation du bail.

[1991, c. 64, a. 1860].

▌C.C.Q., 1457, 1607-1625, 1882, 1893.

1861. Le locataire, troublé par un autre locataire ou par les personnes auxquelles ce dernier permet l'usage du bien ou l'accès à celui-ci, peut obtenir, suivant les circonstances, une diminution de loyer ou la résiliation du bail, s'il a dénoncé au locateur commun le trouble et que celui-ci persiste.

Il peut aussi obtenir des dommages-intérêts du locateur commun, à moins que celui-ci ne prouve qu'il a agi avec prudence et diligence; le locateur peut s'adresser au locataire fautif, afin d'être indemnisé pour le préjudice qu'il a subi.

[1991, c. 64, a. 1861].

▌C.C.Q., 1457, 1604-1625, 1893; C.P.C., 34.

1862. Le locataire est tenu de réparer le préjudice subi par le locateur en raison des pertes survenues au bien loué, à moins qu'il ne prouve que ces pertes ne sont pas dues à sa faute ou à celle des personnes à qui il permet l'usage du bien ou l'accès à celui-ci.

Néanmoins, lorsque le bien loué est un immeuble, le locataire n'est tenu des dommages-intérêts résultant d'un incendie que s'il est prouvé que celui-ci est dû à sa faute ou à celle des personnes à qui il a permis l'accès à l'immeuble.

[1991, c. 64, a. 1862].

▌C.C.Q., 1457, 1607-1625, 1893.

1860. A lessee is bound to act in such a way as not to disturb the normal enjoyment of the other lessees.

He is bound, towards the lessor and the other lessees, to make reparation for injury that results from a violation of that obligation, whether the violation is due to his own act or to the act of persons he allows to use or to have access to the property.

In case of violation of this obligation, the lessor may apply for resiliation of the lease.

[1991, c. 64, a. 1860; I.N., 2014-05-01].

1861. A lessee who is disturbed by another lessee or by persons whom another lessee allows to use or to have access to the property may obtain, according to the circumstances, a reduction of rent or the resiliation of the lease, if he notified the common lessor of the disturbance and if the disturbance persists.

He may also recover damages from the common lessor unless the lessor proves that he acted with prudence and diligence; the lessor has a recourse against the lessee at fault to be indemnified for the injury suffered by him.

[1991, c. 64, a. 1861; I.N., 2014-05-01].

1862. The lessee is bound to make reparation for injury suffered by the lessor by reason of loss with regard to the leased property, unless he proves that the loss is not due to his fault or that of persons he allows to use or to have access to the property.

Where the leased property is an immovable, the lessee is not bound for injury resulting from a fire unless it is proved that the fire was due to his fault or that of persons he allowed to have access to the immovable.

[1991, c. 64, a. 1862; 2002, c. 19, s. 15; I.N., 2014-05-01].

1863. L'inexécution d'une obligation par l'une des parties confère à l'autre le droit de demander, outre des dommages-intérêts, l'exécution en nature, dans les cas qui le permettent. Si l'inexécution lui cause à elle-même ou, s'agissant d'un bail immobilier, aux autres occupants, un préjudice sérieux, elle peut demander la résiliation du bail.

L'inexécution confère, en outre, au locataire le droit de demander une diminution de loyer; lorsque le tribunal accorde une telle diminution de loyer, le locateur qui remédie au défaut a néanmoins le droit au rétablissement du loyer pour l'avenir.

[1991, c. 64, a. 1863].

▌ C.C.Q., 1457, 1601-1625, 1893.

1863. The nonperformance of an obligation by one of the parties entitles the other party to apply for, in addition to damages, specific performance of the obligation in cases which admit of it. He may apply for the resiliation of the lease where the nonperformance causes serious injury to him or, in the case of the lease of an immovable, to the other occupants.

The nonperformance also entitles the lessee to apply for a reduction of rent; where the court grants it, the lessor, upon remedying his default, is nonetheless entitled to the reestablishment of the rent for the future.

[1991, c. 64, a. 1863; I.N., 2014-05-01].

§ 2. —— Des réparations

§ 2. —— Repairs

1864. Le locateur est tenu, au cours du bail, de faire toutes les réparations nécessaires au bien loué, à l'exception des menues réparations d'entretien; celles-ci sont à la charge du locataire, à moins qu'elles ne résultent de la vétusté du bien ou d'une force majeure.

[1991, c. 64, a. 1864].

▌ C.C.Q., 1458, 1470.

1864. The lessor is bound, during the term of the lease, to make all necessary repairs to the leased property other than minor maintenance repairs, which are assumed by the lessee unless they result from normal aging of the property or superior force.

[1991, c. 64, a. 1864; I.N., 2014-05-01].

1865. Le locataire doit subir les réparations urgentes et nécessaires pour assurer la conservation ou la jouissance du bien loué.

Le locateur qui procède à ces réparations peut exiger l'évacuation ou la dépossession temporaire du locataire, mais il doit, s'il ne s'agit pas de réparations urgentes, obtenir l'autorisation préalable du tribunal, lequel fixe alors les conditions requises pour la protection des droits du locataire.

Le locataire conserve néanmoins, suivant les circonstances, le droit d'obtenir une diminution de loyer, celui de demander la résiliation du bail ou, en cas d'évacuation ou de dépossession temporaire, celui d'exiger une indemnité.

[1991, c. 64, a. 1865].

▌ C.C.Q., 1604-1606, 1893; C.P.C., 46, 547.

1865. The lessee shall allow urgent and necessary repairs to be made to ensure the preservation or enjoyment of the leased property.

A lessor who makes such repairs may require the lessee to vacate or be dispossessed of the property temporarily but, if the repairs are not urgent, he shall first obtain the authorization of the court, which also fixes the conditions required to protect the rights of the lessee.

The lessee retains, according to the circumstances, the right to obtain a reduction of rent, to apply for the resiliation of the lease or, if he vacates or is dispossessed of the property temporarily, to demand an indemnity.

[1991, c. 64, a. 1865; I.N., 2014-05-01].

1866. Le locataire qui a connaissance d'une défectuosité ou d'une détérioration substantielles du bien loué, est tenu d'en aviser le locateur dans un délai raisonnable.

[1991, c. 64, a. 1866].

❚ C.C.Q., 1863, 1893.

1866. A lessee who becomes aware of a serious defect or deterioration of the leased property is bound to inform the lessor within a reasonable time.

[1991, c. 64, a. 1866].

1867. Lorsque le locateur n'effectue pas les réparations ou améliorations auxquelles il est tenu, en vertu du bail ou de la loi, le locataire peut s'adresser au tribunal afin d'être autorisé à les exécuter.

Le tribunal, s'il autorise les travaux, en détermine le montant et fixe les conditions pour les effectuer. Le locataire peut alors retenir sur son loyer les dépenses faites pour l'exécution des travaux autorisés, jusqu'à concurrence du montant ainsi fixé.

[1991, c. 64, a. 1867].

❚ C.C.Q., 1907.

1867. Where a lessor fails to make the repairs or improvements he is bound to make under the lease or by law, the lessee may apply to the court for authorization to carry them out himself.

If the court grants authorization to make the repairs or improvements, it determines their amount and fixes the conditions to be complied with in carrying them out. The lessee may then withhold from his rent the amount of the expenses incurred to carry out the authorized work, up to the amount fixed by the court.

[1991, c. 64, a. 1867; I.N., 2014-05-01].

1868. Le locataire peut, après avoir tenté d'informer le locateur ou après l'avoir informé si celui-ci n'agit pas en temps utile, entreprendre une réparation ou engager une dépense, même sans autorisation du tribunal, pourvu que cette réparation ou cette dépense soit urgente et nécessaire pour assurer la conservation ou la jouissance du bien loué. Le locateur peut toutefois intervenir à tout moment pour poursuivre les travaux.

Le locataire a le droit d'être remboursé des dépenses raisonnables qu'il a faites dans ce but; il peut, si nécessaire, retenir sur son loyer le montant de ces dépenses.

[1991, c. 64, a. 1868].

❚ C.C.Q., 1893; C.P.C., 547.

1868. After the lessee has attempted to inform the lessor, or has informed him and the lessor fails to act in due time, the lessee may undertake repairs or incur expenses, even without the authorization of the court, provided they are urgent and necessary to ensure the preservation or enjoyment of the leased property. The lessor may intervene at any time, however, to pursue the work.

The lessee is entitled to reimbursement of the reasonable expenses he incurred for that purpose; he may, if necessary, withhold the amount of such expenses from his rent.

[1991, c. 64, a. 1868; I.N., 2014-05-01].

1869. Le locataire est tenu de rendre compte au locateur des réparations ou améliorations effectuées au bien et des dépenses engagées, de lui remettre les pièces justificatives de ces dépenses et, s'il s'agit d'un meuble, de lui remettre les pièces remplacées.

Le locateur, pour sa part, est tenu de rem-

1869. The lessee is bound to render an account to the lessor of the repairs or improvements made to the property and the expenses incurred and to hand over to him the vouchers for such expenses and, in the case of movable property, the replaced parts.

The lessor is bound to reimburse the lessee

bourser la somme qui excède le loyer retenu, mais il n'est tenu, le cas échéant, qu'à concurrence de la somme que le locataire a été autorisé à débourser.

[1991, c. 64, a. 1869].

▌ C.C.Q., 1863, 1893, 1907; C.P.C., 532.

for any amount in excess of the rent withheld, but not in excess of the amount the lessee was authorized to disburse, where that is the case.

[1991, c. 64, a. 1869; I.N., 2014-05-01].

§ 3. — De la sous-location du bien et de la cession du bail

§ 3. — Sublease of property and assignment of lease

1870. Le locataire peut sous-louer tout ou partie du bien loué ou céder le bail. Il est alors tenu d'aviser le locateur de son intention, de lui indiquer le nom et l'adresse de la personne à qui il entend sous-louer le bien ou céder le bail et d'obtenir le consentement du locateur à la sous-location ou à la cession.

[1991, c. 64, a. 1870].

▌ C.C.Q., 1863, 1893, 1981, 1995.

1870. A lessee may sublease all or part of the leased property or assign the lease. In either case, he is bound to give the lessor notice of his intention and the name and address of the intended sublessee or assignee and to obtain the lessor's consent to the sublease or assignment.

[1991, c. 64, a. 1870; I.N., 2014-05-01].

1871. Le locateur ne peut refuser de consentir à la sous-location du bien ou à la cession du bail sans un motif sérieux.

Lorsqu'il refuse, le locateur est tenu d'indiquer au locataire, dans les quinze jours de la réception de l'avis, les motifs de son refus; s'il omet de le faire, il est réputé avoir consenti.

[1991, c. 64, a. 1871].

▌ C.C.Q., 1863, 1893.

1871. The lessor may not refuse to consent to the sublease of the property or the assignment of the lease without a serious reason.

If he refuses, he is bound to inform the lessee of his reasons for refusing within 15 days after receiving the notice; otherwise, he is deemed to have consented.

[1991, c. 64, a. 1871; I.N., 2014-05-01].

1872. Le locateur qui consent à la sous-location ou à la cession ne peut exiger que le remboursement des dépenses raisonnables qui peuvent résulter de la sous-location ou de la cession.

[1991, c. 64, a. 1872].

▌ C.C.Q., 1863, 1893.

1872. A lessor who consents to the sublease of the property or the assignment of the lease may not exact any payment other than the reimbursement of any reasonable expenses resulting from the sublease or assignment.

[1991, c. 64, a. 1872].

1873. La cession de bail décharge l'ancien locataire de ses obligations, à moins que, s'agissant d'un bail autre que le bail d'un logement, les parties n'aient convenu autrement.

[1991, c. 64, a. 1873].

▌ C.C.Q., 1892-1902.

1873. The assignment of a lease acquits the former lessee of his obligations, unless, where the lease is not a lease of a dwelling, the parties agree otherwise.

[1991, c. 64, a. 1873].

1874. Lorsqu'une action est intentée par le locateur contre le locataire, le sous-locataire n'est tenu, envers le locateur, qu'à concurrence du loyer de la sous-location dont il est lui-même débiteur envers le locateur; il ne peut opposer les paiements faits par anticipation.

Le paiement fait par le sous-locataire soit en vertu d'une stipulation portée à son bail et dénoncée au locateur, soit conformément à l'usage des lieux, n'est pas considéré fait par anticipation.

[1991, c. 64, a. 1874].

■ C.C.Q., 1553-1569.

1875. Lorsque l'inexécution d'une obligation par le sous-locataire cause un préjudice sérieux au locateur ou aux autres locataires ou occupants, le locateur peut demander la résiliation de la sous-location.

[1991, c. 64, a. 1875].

■ C.C.Q., 1604-1606, 1893.

1876. Faute par le locateur d'exécuter les obligations auxquelles il est tenu, le sous-locataire peut exercer les droits et recours appartenant au locataire du bien pour les faire exécuter.

[1991, c. 64, a. 1876].

■ C.C.Q., 1893.

SECTION III —
DE LA FIN DU BAIL

1877. Le bail à durée fixe cesse de plein droit à l'arrivée du terme. Le bail à durée indéterminée cesse lorsqu'il est résilié par l'une ou l'autre des parties.

[1991, c. 64, a. 1877].

■ C.C.Q., 1594, 1604-1606.

1878. Le bail à durée fixe peut être reconduit. Cette reconduction doit être expresse, à moins qu'il ne s'agisse du bail d'un immeuble, auquel cas elle peut être tacite.

[1991, c. 64, a. 1878].

■ C.C.Q., 1877, 1879.

1874. Where the lessor brings an action against the lessee, the sublessee is not bound towards the lessor for any amount except the rent for the sublease which he owes to the lessee; the sublessee may not set up advance payments.

Payments made by the sublessee under a stipulation that is included in his lease and has been made known to the lessor, or that are made in accordance with local usage are not considered to be advance payments.

[1991, c. 64, a. 1874; I.N., 2014-05-01].

1875. Where the nonperformance of an obligation by a sublessee causes serious injury to the lessor or the other lessees or occupants, the lessor may apply for the resiliation of the sublease.

[1991, c. 64, a. 1875; I.N., 2014-05-01].

1876. Where a lessor fails to perform his obligations, the sublessee may exercise the rights and remedies of the lessee to have them performed.

[1991, c. 64, a. 1876].

SECTION III —
TERMINATION OF THE LEASE

1877. A lease with a fixed term terminates by operation of law upon expiry of the term. A lease with an indeterminate term terminates upon resiliation by one of the parties.

[1991, c. 64, a. 1877; I.N., 2014-05-01].

1878. A lease with a fixed term may be renewed. The renewal must be express, unless the lease is of an immovable, in which case the renewal may be tacit.

[1991, c. 64, a. 1878; I.N., 2014-05-01].

1879. Le bail est reconduit tacitement lorsque le locataire continue, sans opposition de la part du locateur, d'occuper les lieux plus de dix jours après l'expiration du bail.

Dans ce cas, le bail est reconduit pour un an ou pour la durée du bail initial, si celle-ci était inférieure à un an, aux mêmes conditions. Le bail reconduit est lui-même sujet à reconduction.

[1991, c. 64, a. 1879].

▌ C.C.Q., 1878.

1880. La durée du bail ne peut excéder cent ans. Si elle excède cent ans, elle est réduite à cette durée.

[1991, c. 64, a. 1880].

▌ C.C.Q., 1123, 1197, 2376.

1881. La sûreté consentie par un tiers pour garantir l'exécution des obligations du locataire ne s'étend pas au bail reconduit.

[1991, c. 64, a. 1881].

▌ C.C.Q., 2335, 2343.

1882. La partie qui entend résilier un bail à durée indéterminée doit donner à l'autre partie un avis à cet effet.

L'avis est donné dans le même délai que le terme fixé pour le paiement du loyer ou, si le terme excède trois mois, dans un délai de trois mois. Toutefois, lorsque le bien loué est un bien meuble, ce délai est de dix jours, quel que soit le terme fixé pour le paiement du loyer.

[1991, c. 64, a. 1882].

▌ C.C.Q., 1946.

1883. Le locataire poursuivi en résiliation du bail pour défaut de paiement du loyer peut éviter la résiliation en payant, avant jugement, outre le loyer dû et les frais, les intérêts au taux fixé en application de l'article 28 de la *Loi sur l'administration fiscale* (chapitre A-6.002) ou à un autre taux convenu avec le locateur si ce taux est moins élevé.

[1991, c. 64, a. 1883; 2010, c. 31, a. 175].

▌ C.C.Q., 1893, 1971; C.P.C., 187-191.

1879. A lease is renewed tacitly where the lessee continues to occupy the premises for more than ten days after the expiry of the lease without opposition from the lessor.

In that case, the lease is renewed for one year or for the term of the initial lease, if that was less than one year, on the same conditions. The renewed lease is also subject to renewal.

[1991, c. 64, a. 1879].

1880. The term of a lease may not exceed one hundred years. If it exceeds one hundred years, it is reduced to that term.

[1991, c. 64, a. 1880].

1881. Security given by a third person to secure the performance of the obligations of the lessee does not extend to a renewed lease.

[1991, c. 64, a. 1881].

1882. A party who intends to resiliate a lease with an indeterminate term shall give the other party notice to that effect.

The time for giving the notice is the same as that fixed for payment of the rent, or three months if that latter time exceeds three months. However, if the leased property is a movable, the time for giving the notice is 10 days, regardless of the time fixed for payment of the rent.

[1991, c. 64, a. 1882; I.N., 2014-05-01].

1883. A lessee against whom proceedings for resiliation of a lease are brought for non-payment of the rent may avoid the resiliation by paying, before judgment, in addition to the rent due and costs, interest at the rate fixed in accordance with section 28 of the *Tax Administration Act* (chapter A-6.002) or at any other lower rate agreed with the lessor.

[1991, c. 64, a. 1883; 2010, c. 31, s. 175].

1884. Le décès de l'une des parties n'emporte pas résiliation du bail.

[1991, c. 64, a. 1884].

▮ C.C.Q., 1938, 1939, 1944, 1948.

1885. Lorsque le bail d'un immeuble est à durée fixe, le locataire doit, aux fins de location, permettre la visite des lieux et l'affichage au cours des trois mois qui précèdent l'expiration du bail, ou au cours du mois qui précède si le bail est de moins d'un an.

Lorsque le bail est à durée indéterminée, le locataire est tenu à cette obligation à compter de l'avis de résiliation.

[1991, c. 64, a. 1885].

▮ C.C.Q., 1857.

1886. L'aliénation volontaire ou forcée du bien loué, de même que l'extinction du titre du locateur pour toute autre cause, ne met pas fin de plein droit au bail.

[1991, c. 64, a. 1886].

▮ C.P.C., 684, 696.1.

1887. L'acquéreur ou celui qui bénéficie de l'extinction du titre peut résilier le bail à durée indéterminée en suivant les règles ordinaires de résiliation prévues à la présente section.

S'il s'agit d'un bail immobilier à durée fixe et qu'il reste à courir plus de douze mois à compter de l'aliénation ou de l'extinction du titre, il peut le résilier à l'expiration de ces douze mois en donnant par écrit un préavis de six mois au locataire. Si le bail a été inscrit au bureau de la publicité des droits avant que l'ait été l'acte d'aliénation ou l'acte à l'origine de l'extinction du titre, il ne peut résilier le bail.

S'il s'agit d'un bail mobilier à durée fixe, l'avis est d'un mois.

[1991, c. 64, a. 1887].

▮ C.C.Q., 1882, 2934-2940; C.P.C., 696.1.

1888. L'expropriation totale du bien loué met fin au bail à compter de la date à la-

1884. A lease is not resiliated by the death of either party.

[1991, c. 64, a. 1884].

1885. Where the lease of an immovable is for a fixed term, the lessee shall allow the premises to be visited and signs to be posted, for leasing purposes, during the three months preceding the expiry of the lease, or during the month preceding it if the lease is for less than one year.

Where the lease is for an indeterminate term, the lessee is bound to allow such activities from the date of the notice of resiliation.

[1991, c. 64, a. 1885].

1886. Voluntary or forced alienation of leased property or extinction of the lessor's title for any other reason does not terminate the lease by operation of law.

[1991, c. 64, a. 1886; I.N., 2014-05-01].

1887. The acquirer or the person who benefits from the extinction of title may resiliate the lease, if it is a lease with an indeterminate term, in accordance with the ordinary rules pertaining to resiliation contained in this section.

In the case of the lease of an immovable with a fixed term and if more than 12 months remain from the date of alienation or extinction of title, he may resiliate it upon expiry of the 12 months by giving the lessee written notice of six months. He may not resiliate the lease if it was registered at the registry office before the act of alienation or the act by which the title is extinguished was so registered.

In the case of the lease of a movable with a fixed term, notice is of one month.

[1991, c. 64, a. 1887; I.N., 2014-05-01].

1888. The total expropriation of leased property terminates the lease from the date

quelle l'expropriant peut prendre possession du bien selon la *Loi sur l'expropriation* (chapitre E-24).

Si l'expropriation est partielle, le locataire
peut, suivant les circonstances, obtenir une
diminution du loyer ou la résiliation du
bail.

[1991, c. 64, a. 1888].

▌ C.C.Q., 1863.

1889. Le locateur d'un immeuble peut obtenir l'expulsion du locataire qui continue
d'occuper les lieux loués après la fin du
bail ou après la date convenue au cours du
bail pour la remise des lieux; le locateur
d'un meuble peut, dans les mêmes circonstances, obtenir la remise du bien.

[1991, c. 64, a. 1889].

▌ C.C.Q., 1458, 1601-1603, 1607-1625, 1877, 1940; C.P.C., 547.

1890. Le locataire est tenu, à la fin du bail,
de remettre le bien dans l'état où il l'a
reçu, mais il n'est pas tenu des changements résultant de la vétusté, de l'usure
normale du bien ou d'une force majeure.

L'état du bien peut être constaté par la
description ou les photographies qu'en ont
faites les parties; à défaut de constatation,
le locataire est présumé avoir reçu le bien
en bon état au début du bail.

[1991, c. 64, a. 1890].

▌ C.C.Q., 1458, 1470, 1854.

1891. Le locataire est tenu, à la fin du bail,
d'enlever les constructions, ouvrages ou
plantations qu'il a faits.

S'ils ne peuvent être enlevés sans détériorer le bien, le locateur peut les conserver
en en payant la valeur au locataire ou for-

on which the expropriating party is allowed to take possession of the property in
accordance with *the Expropriation Act*
(chapter E-24).

In the case of partial expropriation, the
lessee may, according to the circumstances, obtain a reduction of rent or the
resiliation of the lease.

[1991, c. 64, a. 1888; I.N., 2014-05-01].

1889. The lessor of an immovable may obtain the eviction of a lessee who continues
to occupy the leased premises after the expiry of the lease or after the date for the
handing over of the premises agreed upon
during the term of the lease; the lessor of a
movable may, in the same circumstances,
obtain the handing over of the property.

[1991, c. 64, a. 1889; I.N., 2014-05-01].

1890. Upon termination of the lease, the
lessee is bound to hand over the property
in the condition in which he received it but
he is not liable for changes resulting from
aging or fair wear and tear of the property
or superior force.

The condition of the property may be established by the description made or the
photographs taken by the parties; if it is
not so established, the lessee is presumed
to have received the property in good condition at the beginning of the lease.

[1991, c. 64, a. 1890; I.N., 2014-05-01].

1891. Upon termination of the lease, the
lessee is bound to remove all the constructions, works or plantations he has made.

If they cannot be removed without deterio-
rating the property, the lessor may retain
them by paying their value to the lessee or

cer celui-ci à les enlever et à remettre le bien dans l'état où il l'a reçu.

compel the lessee to remove them and to restore the property to the condition in which it was when he received it.

Si la remise en l'état est impossible, le locateur peut les conserver sans indemnité.

[1991, c. 64, a. 1891].

If the property cannot be restored to its original condition, the lessor may retain the constructions, works or plantations without indemnity.

[1991, c. 64, a. 1891; I.N., 2014-05-01].

∎ C.C.Q., 1863.

SECTION IV —
RÈGLES PARTICULIÈRES AU BAIL D'UN LOGEMENT

SECTION IV —
SPECIAL RULES FOR LEASES OF DWELLINGS

§ 1. — Du domaine d'application

§ 1. — Application

1892. Sont assimilés à un bail de logement, le bail d'une chambre, celui d'une maison mobile placée sur un châssis, qu'elle ait ou non une fondation permanente, et celui d'un terrain destiné à recevoir une maison mobile.

1892. The lease of a room, of a mobile home placed on a chassis, with or without a permanent foundation, or of land intended for the emplacement of a mobile home is considered to be the lease of a dwelling.

Les dispositions de la présente section régissent également les baux relatifs aux services, accessoires et dépendances du logement, de la chambre, de la maison mobile ou du terrain, ainsi qu'aux services offerts par le locateur qui se rattachent à la personne même du locataire.

The provisions of this section also govern leases relating to the services, accessories and dependencies attached to a dwelling, a room, a mobile home or land, and to services of a personal nature provided by the lessor to the lessee.

Cependant, ces dispositions ne s'appliquent pas aux baux suivants:

The provisions of this section do not apply to

1° Le bail d'un logement loué à des fins de villégiature;

(1) the lease of a dwelling leased as a vacation resort;

2° Le bail d'un logement dont plus du tiers de la superficie totale est utilisée à un autre usage que l'habitation;

(2) the lease of a dwelling in which over one-third of the total floor area is used for purposes other than residential purposes;

3° Le bail d'une chambre située dans un établissement hôtelier;

(3) the lease of a room situated in a hotel establishment;

4° Le bail d'une chambre située dans la résidence principale du locateur, lorsque deux chambres au maximum y sont louées ou offertes en location et que la chambre ne possède ni sortie distincte donnant sur l'extérieur ni installations sanitaires indépendantes de celles utilisées par le locateur;

(4) the lease of a room situated in the principal residence of the lessor, if not more than two rooms are rented or offered for rent and if the room has neither a separate entrance from the outside nor sanitary facilities separate from those used by the lessor;

5° Le bail d'une chambre située dans un établissement de santé et de services sociaux, sauf en application de l'article 1974.

[1991, c. 64, a. 1892; 2011, c. 29, a. 1].

▌ C.C.Q., 1892.1; C.P.C., 34, 954, 983.

1892.1. Sont des services qui se rattachent à la personne même du locataire les services visés au formulaire dont le contenu apparaît à l'annexe 6 du *Règlement sur les formulaires de bail obligatoires et sur les mentions de l'avis au nouveau locataire* (chapitre R-8.1, r. 3).

[2011, c. 29, a. 2].

▌ C.C.Q., 1892.

1893. Est sans effet la clause d'un bail portant sur un logement, qui déroge aux dispositions de la présente section, à celles du deuxième alinéa de l'article 1854 ou à celles des articles 1856 à 1858, 1860 à 1863, 1865, 1866, 1868 à 1872, 1875, 1876 et 1883.

[1991, c. 64, a. 1893].

▌ C.C.Q., 1854, 1856-1858, 1860-1863, 1865, 1866, 1868-1872, 1875, 1876, 1883.

§ 2. — Du bail

1894. Le locateur est tenu, avant la conclusion du bail, de remettre au locataire, le cas échéant, un exemplaire du règlement de l'immeuble portant sur les règles relatives à la jouissance, à l'usage et à l'entretien des logements et des lieux d'usage commun.

Ce règlement fait partie du bail.

[1991, c. 64, a. 1894].

▌ C.C.Q., 1863, 1897.

1895. Le locateur est tenu, dans les dix jours de la conclusion du bail, de remettre un exemplaire du bail au locataire ou, dans le cas d'un bail verbal, de lui remettre un écrit indiquant le nom et l'adresse du locateur, le nom du locataire, le loyer et l'adresse du logement loué et reproduisant les mentions prescrites par les règlements pris par le gouvernement. Cet écrit fait

(5) the lease of a room situated in a health or social services institution, except pursuant to article 1974.

[1991, c. 64, a. 1892; 2011, c. 29, s. 1; I.N., 2014-05-01].

1892.1. The services listed in the form reproduced in Schedule 6 to the *Regulation respecting mandatory lease forms and the particulars of a notice to a new lessee* (chapter R-8.1, r. 3) are services of a personal nature provided to the lessee.

[2011, c. 29, s. 2].

1893. A clause in a lease of a dwelling which is inconsistent with the provisions of this section, the second paragraph of article 1854 or articles 1856 to 1858, 1860 to 1863, 1865, 1866, 1868 to 1872, 1875, 1876 and 1883 is without effect.

[1991, c. 64, a. 1893; I.N., 2014-05-01].

§ 2. — Lease

1894. Before entering into a lease, the lessor is bound to give the lessee, where applicable, a copy of the by-laws of the immovable which contain the rules for the enjoyment, use and maintenance of the dwelling and of the common premises.

The by-laws form part of the lease.

[1991, c. 64, a. 1894; I.N., 2014-05-01].

1895. Within 10 days after entering into the lease, the lessor is bound to give the lessee a copy of the lease or, in the case of an oral lease, a writing setting forth the name and address of the lessor, the name of the lessee, the rent and the address of the leased property, and containing the text of the particulars prescribed by the regulations of the Government. The writing

partie du bail. Le bail ou l'écrit doit être fait sur le formulaire dont l'utilisation est rendue obligatoire par les règlements pris par le gouvernement.

Il est aussi tenu, lorsque le bail est reconduit et que les parties conviennent de le modifier, de remettre au locataire, avant le début de la reconduction, un écrit qui constate les modifications au bail initial.

Le locataire ne peut, toutefois, demander la résiliation du bail si le locateur fait défaut de se conformer à ces prescriptions.

[1991, c. 64, a. 1895; 1995, c. 61, a. 2].

■ C.C.Q., 1895.1, 1897, 1941-1946.

1895.1. Lorsque le bail comprend des services qui se rattachent à la personne même du locataire, le locateur doit indiquer, dans l'annexe appropriée du formulaire obligatoire, la partie du loyer afférente au coût de chacun de ces services.

[2011, c. 29, a. 3].

■ C.C.Q., 1892, 1892.1, 1895.

1896. Le locateur doit, lors de la conclusion du bail, remettre au nouveau locataire un avis indiquant le loyer le plus bas payé au cours des douze mois précédant le début du bail ou, le cas échéant, le loyer fixé par le tribunal au cours de la même période, ainsi que toute autre mention prescrite par les règlements pris par le gouvernement.

Il n'est pas tenu de cette obligation lorsque le bail porte sur un logement visé aux articles 1955 et 1956.

[1991, c. 64, a. 1896].

■ C.C.Q., 1863, 1950, 1951.

1897. Le bail, ainsi que le règlement de l'immeuble, doivent être rédigés en français. Ils peuvent cependant être rédigés dans une autre langue si telle est la volonté expresse des parties.

[1991, c. 64, a. 1897].

■ C.C.Q., 1863.

forms part of the lease. The lease or writing shall be made on the form the use of which is made mandatory by the regulations of the Government.

Where the lease is renewed and the parties agree to modify it, the lessor is bound to give a writing evidencing the modifications to the initial lease to the lessee before the beginning of the renewal.

However, the lessee may not apply for resiliation of the lease on the ground that the lessor has failed to comply with those requirements.

[1991, c. 64, a. 1895; 1995, c. 61, s. 2; I.N., 2014-05-01].

1895.1. If the lease includes services of a personal nature to be provided to the lessee, the lessor must specify, in the relevant schedule to the mandatory form, the part of the rent that relates to the cost of each of those services.

[2011, c. 29, s. 3].

1896. At the time of entering into a lease, the lessor shall give a notice to the new lessee, indicating the lowest rent paid in the twelve months preceding the beginning of the lease or the rent fixed by the court during the same period, as the case may be, and containing any other particular prescribed by the regulations of the Government.

The lessor is not bound to give the notice in the case of the lease of an immovable referred to in articles 1955 and 1956.

[1991, c. 64, a. 1896].

1897. The lease and the by-laws of the immovable shall be drawn up in French. They may, however, be drawn up in another language at the express wish of the parties.

[1991, c. 64, a. 1897].

1898. Tout avis relatif au bail, à l'exception de celui qui est donné par le locateur afin d'avoir accès au logement, doit être donné par écrit à l'adresse indiquée dans le bail, ou à la nouvelle adresse d'une partie lorsque l'autre en a été avisée après la conclusion du bail; il doit être rédigé dans la même langue que le bail et respecter les règles prescrites par règlement.

L'avis qui ne respecte pas ces exigences est inopposable au destinataire, à moins que la personne qui a donné l'avis ne démontre au tribunal que le destinataire n'en subit aucun préjudice.

[1991, c. 64, a. 1898].

❚ C.C.Q., 1931.

1899. Le locateur ne peut refuser de consentir un bail à une personne, refuser de la maintenir dans ses droits ou lui imposer des conditions plus onéreuses pour le seul motif qu'elle est enceinte ou qu'elle a un ou plusieurs enfants, à moins que son refus ne soit justifié par les dimensions du logement; il ne peut, non plus, agir ainsi pour le seul motif que cette personne a exercé un droit qui lui est accordé en vertu du présent chapitre ou en vertu de la *Loi sur la Régie du logement* (chapitre R-8.1).

Il peut être attribué des dommages-intérêts punitifs en cas de violation de cette disposition.

[1991, c. 64, a. 1899].

❚ C.C.Q., 1457, 1607-1625, 1863.

1900. Est sans effet la clause qui limite la responsabilité du locateur, l'en exonère ou rend le locataire responsable d'un préjudice causé sans sa faute.

Est aussi sans effet la clause visant à modifier les droits du locataire en raison de l'augmentation du nombre d'occupants, à moins que les dimensions du logement n'en justifient l'application, ou la clause limitant le droit du locataire d'acheter des biens ou d'obtenir des services de personnes de son choix, suivant les modalités dont lui-même convient.

[1991, c. 64, a. 1900].

1898. Every notice relating to a lease, except notice given by the lessor with a view to having access to the dwelling, shall be given in writing at the address indicated in the lease or, after the lease has been entered into, at the new address of the party, if the other party has been informed of it; the notice shall be drawn up in the same language as the lease and conform to the rules prescribed by regulation.

A notice that does not conform to the prescribed requirements may not be set up against the addressee unless the person who gave it proves to the court that the addressee has not suffered any injury as a consequence.

[1991, c. 64, a. 1898; I.N., 2014-05-01].

1899. A lessor may not refuse to enter into a lease with a person or to maintain the person in his or her rights, or impose more onerous conditions on the person for the sole reason that the person is pregnant or has one or several children, unless the refusal is warranted by the size of the dwelling; nor can he so act for the sole reason that the person has exercised his or her rights under this chapter or the *Act respecting the Régie du logement* (chapter R-8.1).

Punitive damages may be awarded in cases where this provision is violated.

[1991, c. 64, a. 1899].

1900. A clause which limits the liability of the lessor or exempts him from liability or renders the lessee liable for injury caused without his fault is without effect.

A clause to modify the rights of a lessee by reason of an increase in the number of occupants, unless the size of the dwelling warrants it, or to limit the right of a lessee to purchase property or obtain services from such persons as he chooses, and on such terms and conditions as he sees fit, is also without effect.

[1991, c. 64, a. 1900; I.N., 2014-05-01].

▌ C.C.Q., 1457, 2098-2129.

1901. Est abusive la clause qui stipule une peine dont le montant excède la valeur du préjudice réellement subi par le locateur, ainsi que celle qui impose au locataire une obligation qui est, en tenant compte des circonstances, déraisonnable.

Cette clause est nulle ou l'obligation qui en découle, réductible.

[1991, c. 64, a. 1901].

▌ C.C.Q., 1622-1625.

1901. A clause stipulating a penalty of an amount exceeding the value of the injury actually suffered by the lessor, or imposing an obligation on the lessee which is unreasonable in the circumstances, is an abusive clause.

Such a clause is null or any obligation arising from it may be reduced.

[1991, c. 64, a. 1901; I.N., 2014-05-01].

1902. Le locateur ou toute autre personne ne peut user de harcèlement envers un locataire de manière à restreindre son droit à la jouissance paisible des lieux ou à obtenir qu'il quitte le logement.

Le locataire, s'il est harcelé, peut demander que le locateur ou toute autre personne qui a usé de harcèlement soit condamné à des dommages-intérêts punitifs.

[1991, c. 64, a. 1902].

▌ C.C.Q., 1457, 1607-1625, 1863, 1968.

1902. Neither the lessor nor any other person may harass a lessee in such a manner as to limit his right to peaceable enjoyment of the premises or to induce him to leave the dwelling.

A lessee who suffers harassment may demand that the lessor or any other person who has harassed him be condemned to pay punitive damages.

[1991, c. 64, a. 1902].

§ 3. —— Du loyer

§ 3. —— Rent

1903. Le loyer convenu doit être indiqué dans le bail.

Il est payable par versements égaux, sauf le dernier qui peut être moindre; il est aussi payable le premier jour de chaque terme, à moins qu'il n'en soit convenu autrement.

[1991, c. 64, a. 1903].

▌ C.C.Q., 1863.

1903. The rent agreed upon shall be indicated in the lease.

It is payable in equal instalments, except for the last, which may be less; it is payable on the first day of each payment period, unless otherwise agreed.

[1991, c. 64, a. 1903; I.N., 2014-05-01].

1904. Le locateur ne peut exiger que chaque versement excède un mois de loyer; il ne peut exiger d'avance que le paiement du premier terme de loyer ou, si ce terme excède un mois, le paiement de plus d'un mois de loyer.

Il ne peut, non plus, exiger une somme d'argent autre que le loyer, sous forme de dépôt ou autrement, ou exiger, pour le

1904. The lessor may not exact any instalment in excess of one month's rent; he may not exact payment of rent in advance for more than the first payment period or, if that period exceeds one month, payment of more than one month's rent.

Nor may he exact any amount of money other than the rent, in the form of a deposit or otherwise, or demand that payment be

paiement, la remise d'un chèque ou d'un autre effet postdaté.

[1991, c. 64, a. 1904].

▌ C.C.Q., 1863.

made by postdated cheque or any other postdated instrument.

[1991, c. 64, a. 1904].

1905. Est sans effet la clause d'un bail stipulant que le loyer total sera exigible en cas de défaut du locataire d'effectuer un versement.

[1991, c. 64, a. 1905].

▌ C.C.Q., 1508-1517.

1905. A clause in a lease stipulating that the full amount of the rent will be payable in the event of the failure by the lessee to pay an instalment is without effect.

[1991, c. 64, a. 1905; I.N., 2014-05-01].

1906. Est sans effet, dans un bail à durée fixe de douze mois ou moins, la clause stipulant le réajustement du loyer en cours de bail.

Est également sans effet, dans un bail dont la durée excède douze mois, la clause stipulant le réajustement du loyer au cours des douze premiers mois du bail ou plus d'une fois au cours de chaque période de douze mois.

[1991, c. 64, a. 1906].

▌ C.C.Q., 1949.

1906. A clause in a lease with a fixed term of twelve months or less providing for an adjustment of the rent during the term of the lease is without effect.

A clause in a lease with a term of more than twelve months providing for an adjustment of the rent during the first twelve months of the lease or more than once during each twelve month period is also without effect.

[1991, c. 64, a. 1906].

1907. Lorsque le locateur n'exécute pas les obligations auxquelles il est tenu, le locataire peut s'adresser au tribunal afin d'être autorisé à les exécuter. Les parties sont alors soumises aux dispositions des articles 1867 et 1869.

Le locataire peut aussi déposer son loyer au greffe du tribunal, s'il donne au locateur un préavis de dix jours indiquant le motif du dépôt et si le tribunal, considérant que le motif est sérieux, autorise le dépôt et en fixe le montant et les conditions.

[1991, c. 64, a. 1907].

▌ C.C.Q., 1863; C.P.C., 34.

1907. Where the lessor fails to perform his obligations, the lessee may apply to the court for authorization to perform them himself. The parties are then subject to the provisions of articles 1867 and 1869.

The lessee may also deposit his rent in the office of the court, if he gives the lessor prior notice of 10 days indicating the grounds for depositing it and if the court, considering that the grounds are serious, authorizes the deposit and fixes its amount and conditions.

[1991, c. 64, a. 1907; I.N., 2014-05-01].

1908. Le locataire qui, lors de l'aliénation de l'immeuble, de l'inscription d'une hypothèque sur les loyers ou d'une cession de créance, n'a pas été personnellement avisé du nom et de l'adresse du nouveau locateur ou de la personne à qui il doit payer le loyer, peut déposer son loyer au greffe du tribunal s'il obtient l'autorisation de celui-ci.

1908. Where, following the alienation of an immovable, the registration of a hypothec against the rent or an assignment of claim, the lessee is not personally informed of the name and address of the new lessor or of the person to whom he owes payment of the rent, he may, with the authorization of the court, deposit his rent in the office of the court.

Le dépôt peut aussi être autorisé lorsque, pour tout autre motif sérieux, le locataire n'est pas certain de l'identité de la personne à qui il doit payer le loyer, lorsque le locateur ne peut être trouvé ou lorsqu'il refuse le paiement du loyer.

[1991, c. 64, a. 1908].

▌ C.C.Q., 1637-1650, 2660, 2663.

Deposit may also be authorized where, for any other serious reason, the lessee is not certain of the identity of the person to whom he owes payment of the rent, where the lessor cannot be found or where he refuses payment of the rent.

[1991, c. 64, a. 1908].

1909. Le tribunal autorise la remise du dépôt lorsque la personne à qui le locataire doit verser le loyer est identifiée ou a été trouvée ou, selon le cas, lorsque le locateur exécute ses obligations; autrement, il peut permettre au locataire de continuer à déposer son loyer jusqu'à ce que cette identification soit faite ou que le locateur ait rempli ses obligations. Il peut aussi autoriser la remise du dépôt au locataire pour lui permettre d'exécuter les obligations du locateur.

[1991, c. 64, a. 1909].

▌ C.C.Q., 1907, 1908.

1909. The court authorizes the remittance of the deposit where the person to whom the lessee owes payment of the rent is identified or has been found or where the lessor performs his obligations; otherwise, it may permit the lessee to continue to deposit his rent until the identification is made or until the lessor performs his obligations. The court may also authorize the remittance of the deposit to the lessee to enable him to perform the obligations of the lessor.

[1991, c. 64, a. 1909].

§ 4. ⸺ De l'état du logement

§ 4. ⸺ Condition of dwelling

1910. Le locateur est tenu de délivrer un logement en bon état d'habitabilité; il est aussi tenu de le maintenir ainsi pendant toute la durée du bail.

La stipulation par laquelle le locataire reconnaît que le logement est en bon état d'habitabilité est sans effet.

[1991, c. 64, a. 1910].

▌ C.C.Q., 1863, 1907.

1910. A lessor is bound to deliver a dwelling in good habitable condition; he is bound to maintain it in that condition throughout the term of the lease.

A stipulation whereby a lessee acknowledges that the dwelling is in good habitable condition is without effect.

[1991, c. 64, a. 1910].

1911. Le locateur est tenu de délivrer le logement en bon état de propreté; le locataire est, pour sa part, tenu de maintenir le logement dans le même état.

Lorsque le locateur effectue des travaux au logement, il doit remettre celui-ci en bon état de propreté.

[1991, c. 64, a. 1911].

▌ C.C.Q., 1863, 1907.

1911. The lessor is bound to deliver the dwelling in clean condition and the lessee is bound to keep it so.

Where the lessor carries out work in the dwelling, he shall restore it to clean condition.

[1991, c. 64, a. 1911].

1912. Donnent lieu aux mêmes recours qu'un manquement à une obligation du bail:

1° Tout manquement du locateur ou du locataire à une obligation imposée par la loi relativement à la sécurité ou à la salubrité d'un logement;

2° Tout manquement du locateur aux exigences minimales fixées par la loi, relativement à l'entretien, à l'habitabilité, à la sécurité et à la salubrité d'un immeuble comportant un logement.

[1991, c. 64, a. 1912].

∎ C.C.Q., 1863, 1907.

1913. Le locateur ne peut offrir en location ni délivrer un logement impropre à l'habitation.

Est impropre à l'habitation le logement dont l'état constitue une menace sérieuse pour la santé ou la sécurité des occupants ou du public, ou celui qui a été déclaré tel par le tribunal ou par l'autorité compétente.

[1991, c. 64, a. 1913].

∎ C.C.Q., 1863, 1907.

1914. Le locataire peut refuser de prendre possession du logement qui lui est délivré s'il est impropre à l'habitation; le bail est alors résilié de plein droit.

[1991, c. 64, a. 1914].

∎ C.C.Q., 1604-1606.

1915. Le locataire peut abandonner son logement s'il devient impropre à l'habitation. Il est alors tenu d'aviser le locateur de l'état du logement, avant l'abandon ou dans les dix jours qui suivent.

Le locataire qui donne cet avis est dispensé de payer le loyer pour la période pendant laquelle le logement est impropre à l'habitation, à moins que l'état du logement ne résulte de sa faute.

[1991, c. 64, a. 1915].

∎ C.C.Q., 1457, 1898, 1972, 1975.

1912. The following give rise to the same remedies as failure to perform an obligation under the lease:

(1) failure on the part of the lessor or the lessee to comply with an obligation imposed by law with respect to the safety and sanitation of dwellings;

(2) failure on the part of the lessor to comply with the minimum requirements fixed by law with respect to the maintenance, habitability, safety and sanitation of immovables comprising a dwelling.

[1991, c. 64, a. 1912].

1913. The lessor may not offer for rent or deliver a dwelling that is unfit for habitation.

A dwelling is unfit for habitation if it is in such a condition as to be a serious danger to the health or safety of its occupants or the public, or if it has been declared so by the court or by a competent authority.

[1991, c. 64, a. 1913].

1914. A lessee may refuse to take possession of a dwelling delivered to him if it is unfit for habitation; in such a case, the lease is resiliated by operation of law.

[1991, c. 64, a. 1914; I.N., 2014-05-01].

1915. A lessee may abandon his dwelling if it becomes unfit for habitation, but he is bound to inform the lessor of the condition of the dwelling before abandoning it or within the following ten days.

A lessee who gives such a notice to the lessor is exempt from rent for the period during which the dwelling is unfit for habitation, unless the condition of the dwelling is the result of his own fault.

[1991, c. 64, a. 1915].

1916. Dès que le logement redevient propre à l'habitation, le locateur est tenu d'en aviser le locataire, si ce dernier l'a avisé de sa nouvelle adresse; le locataire est alors tenu, dans les dix jours, d'aviser le locateur de son intention de réintégrer ou non le logement.

Si le locataire n'a pas avisé le locateur de sa nouvelle adresse ou de son intention de réintégrer le logement, le bail est résilié de plein droit et le locateur peut consentir un bail à un nouveau locataire.

[1991, c. 64, a. 1916].

∎ C.C.Q., 1604-1606, 1898.

1916. As soon as the dwelling becomes fit for habitation again, the lessor is bound to inform the lessee, if the lessee has given him his new address; the lessee is then bound to notify the lessor within the following 10 days as to whether or not he intends to return to the dwelling.

Where the lessee has not given the lessor his new address or fails to notify him that he intends to return to the dwelling, the lease is resiliated by operation of law and the lessor may enter into a lease with a new lessee.

[1991, c. 64, a. 1916; I.N., 2014-05-01].

1917. Le tribunal peut, à l'occasion de tout litige relatif au bail, déclarer, même d'office, qu'un logement est impropre à l'habitation; il peut alors statuer sur le loyer, fixer les conditions nécessaires à la protection des droits du locataire et, le cas échéant, ordonner que le logement soit rendu propre à l'habitation.

[1991, c. 64, a. 1917].

∎ C.C.Q., 1913.

1917. The court, when seised of any dispute in connection with a lease, may, even of its own motion, declare that the dwelling is unfit for habitation; it may then rule on the rent, fix the conditions necessary for the protection of the rights of the lessee and, where applicable, order that the dwelling be made fit for habitation again.

[1991, c. 64, a. 1917].

1918. Le locataire peut requérir du tribunal qu'il enjoigne au locateur d'exécuter ses obligations relativement à l'état du logement lorsque leur inexécution risque de rendre le logement impropre à l'habitation.

[1991, c. 64, a. 1918].

∎ C.C.Q., 1913.

1918. The lessee may apply to the court for an order enjoining the lessor to perform his obligations regarding the condition of the dwelling, where their nonperformance threatens to make the dwelling unfit for habitation.

[1991, c. 64, a. 1918].

1919. Le locataire ne peut, sans le consentement du locateur, employer ou conserver dans un logement une substance qui constitue un risque d'incendie ou d'explosion et qui aurait pour effet d'augmenter les primes d'assurance du locateur.

[1991, c. 64, a. 1919].

∎ C.C.Q., 1863.

1919. The lessee may not, without the consent of the lessor, use or keep in a dwelling a substance which constitutes a risk of fire or explosion and which would lead to an increase in the insurance premiums of the lessor.

[1991, c. 64, a. 1919].

1920. Le nombre d'occupants d'un logement doit être tel qu'il permet à chacun de vivre dans des conditions normales de confort et de salubrité.

[1991, c. 64, a. 1920].

∎ C.C.Q., 1911.

1920. The occupants of a dwelling shall be of such a number as to allow each of them to live in normal conditions of comfort and sanitation.

[1991, c. 64, a. 1920].

1921. Lorsqu'une personne handicapée, sérieusement restreinte dans ses déplacements, occupe un logement, qu'elle soit ou non elle-même locataire, le locateur est tenu, à la demande du locataire, d'identifier le logement, conformément à la *Loi assurant l'exercice des droits des personnes handicapées en vue de leur intégration scolaire, professionnelle et sociale* (chapitre E-20.1).

[1991, c. 64, a. 1921; 2004, c. 31, a. 71].

▌ C.C.Q., 1863.

1921. Where a handicapped person significantly limited in his mobility occupies a dwelling, whether or not that person is the lessee, the lessor is bound, at the request of the lessee, to identify the dwelling in accordance with the *Act to secure handicapped persons in the exercise of their rights with a view to achieving social, school and workplace integration* (chapter E-20.1).

[1991, c. 64, a. 1921; 2004, c. 31, s. 71; I.N., 2014-05-01].

§ 5. —— De certaines modifications au logement

§ 5. —— Certain changes to dwelling

1922. Une amélioration majeure ou une réparation majeure non urgente, ne peut être effectuée dans un logement avant que le locateur n'en ait avisé le locataire et, si l'évacuation temporaire du locataire est prévue, avant que le locateur ne lui ait offert une indemnité égale aux dépenses raisonnables qu'il devra assumer en raison de cette évacuation.

[1991, c. 64, a. 1922].

▌ C.C.Q., 1066, 1863, 1898, 1929.

1922. No major improvements or major repairs, other than urgent repairs, may be made in a dwelling without prior notice from the lessor to the lessee and, if it is necessary for the lessee to vacate temporarily, until the lessor has offered him an indemnity equal to the reasonable expenses he will have to incur by reason of the vacation.

[1991, c. 64, a. 1922; I.N., 2014-05-01].

1923. L'avis indique la nature des travaux, la date à laquelle ils débuteront et l'estimation de leur durée, ainsi que, s'il y a lieu, la période d'évacuation nécessaire; il précise aussi, le cas échéant, le montant de l'indemnité offerte, ainsi que toutes autres conditions dans lesquelles s'effectueront les travaux, si elles sont susceptibles de diminuer substantiellement la jouissance des lieux.

L'avis doit être donné au moins dix jours avant la date prévue pour le début des travaux ou, s'il est prévu une période d'évacuation de plus d'une semaine, au moins trois mois avant celle-ci.

[1991, c. 64, a. 1923].

▌ C.C.Q., 1922.

1923. The notice given to the lessee indicates the nature of the work, the date on which it is to begin and an estimate of its duration and, where required, the necessary period of vacancy; it also specifies the amount of the indemnity offered, where applicable, and any other conditions under which the work will be carried out, if they are of such a nature as to cause a substantial reduction of the enjoyment of the premises.

The notice shall be given at least 10 days before the date on which the work is to begin or, if a period of vacancy of more than one week is necessary, at least three months before that date.

[1991, c. 64, a. 1923; I.N., 2014-05-01].

1924. L'indemnité due au locataire en cas d'évacuation temporaire est payable à la date de l'évacuation.

1924. The indemnity due to a lessee by reason of temporary vacancy is payable on the date he vacates.

Si l'indemnité se révèle insuffisante, le locataire peut être remboursé des dépenses raisonnables faites en surplus.

If the indemnity proves inadequate, the lessee may be reimbursed for any reasonable expenses incurred beyond the amount of the indemnity.

Le locataire peut aussi obtenir, selon les circonstances, une diminution de loyer ou la résiliation du bail.

[1991, c. 64, a. 1924].

∎ C.C.Q., 1604-1606.

The lessee may also, depending on the circumstances, obtain a reduction of rent or resiliation of the lease.

[1991, c. 64, a. 1924].

1925. Lorsque l'avis du locateur prévoit une évacuation temporaire, le locataire doit, dans les dix jours de la réception de l'avis, aviser le locateur de son intention de s'y conformer ou non; s'il omet de le faire, il est réputé avoir refusé de quitter les lieux.

1925. If the notice of the lessor provides for temporary vacancy, the lessee shall notify the lessor within ten days after receiving it that he intends or does not intend to comply with it; otherwise, he is deemed to have refused to vacate the premises.

En cas de refus du locataire, le locateur peut, dans les dix jours du refus, demander au tribunal de statuer sur l'opportunité de l'évacuation.

[1991, c. 64, a. 1925].

∎ C.C.Q., 1922, 1927.

If the lessee refuses to vacate, the lessor may apply to the court within ten days after the refusal for a ruling on the expediency of the vacancy.

[1991, c. 64, a. 1925].

1926. Lorsque aucune évacuation temporaire n'est exigée ou lorsque l'évacuation est acceptée par le locataire, celui-ci peut, dans les dix jours de la réception de l'avis, demander au tribunal de modifier ou de supprimer une condition abusive.

[1991, c. 64, a. 1926].

∎ C.C.Q., 1922, 1927.

1926. Where temporary vacancy is not required or the lessee agrees to vacate, the lessee, within ten days after receiving the notice, may apply to the court for the modification or suppression of any abusive condition.

[1991, c. 64, a. 1926].

1927. La demande du locateur ou celle du locataire est instruite et jugée d'urgence. Elle suspend l'exécution des travaux, à moins que le tribunal n'en décide autrement.

1927. The application of the lessor or of the lessee is heard and decided by preference. It suspends the carrying out of the work unless the court orders otherwise.

Le tribunal peut imposer les conditions qu'il estime justes et raisonnables.

[1991, c. 64, a. 1927].

∎ C.C.Q., 1925, 1926.

The court may impose such conditions as it considers just and reasonable.

[1991, c. 64, a. 1927].

1928. Il appartient au locateur, lorsque le tribunal est saisi d'une demande sur les conditions dans lesquelles les travaux seront effectués, de démontrer le caractère

1928. Where the court is adjudicating upon an application regarding the conditions under which work is to be carried out, it is for the lessor to show that such

raisonnable de ces travaux et de ces conditions, ainsi que la nécessité de l'évacuation.

[1991, c. 64, a. 1928].

▌ C.C.Q., 1926.

1929. Aucun avis n'est requis et aucune
contestation n'est possible lorsque les modifications effectuées ont fait l'objet d'une
entente entre le locateur et le locataire,
dans le cadre d'un programme public de
conservation et de remise en état des logements.

[1991, c. 64, a. 1929].

▌ C.C.Q., 1922, 1925, 1926.

§ 6. —— De l'accès et de la visite du logement

1930. Le locataire qui avise le locateur de
la non-reconduction du bail ou de sa résiliation est tenu de permettre la visite du logement et l'affichage, dès qu'il a donné
cet avis.

[1991, c. 64, a. 1930].

▌ C.C.Q., 1863, 1898.

1931. Le locateur est tenu, à moins d'une
urgence, de donner au locataire un préavis
de vingt-quatre heures de son intention de
vérifier l'état du logement, d'y effectuer
des travaux ou de le faire visiter par un acquéreur éventuel.

[1991, c. 64, a. 1931].

▌ C.C.Q., 1857, 1863, 1898.

1932. Le locataire peut, à moins d'une urgence, refuser que le logement soit visité
par un locataire ou un acquéreur éventuel,
si la visite doit avoir lieu avant 9 heures et
après 21 heures; il en est de même dans le
cas où le locateur désire en vérifier l'état.

Il peut, dans tous les cas, refuser la visite
si le locateur ne peut être présent.

[1991, c. 64, a. 1932].

▌ C.C.Q., 1930, 1931.

work and conditions are reasonable and
that the vacancy is necessary.

[1991, c. 64, a. 1928; I.N., 2014-05-01].

1929. No notice is required and no contestation is allowed where the alterations
made have been the subject of an agreement between the lessor and the lessee
within the scope of a public housing preservation and restoration program.

[1991, c. 64, a. 1929].

§ 6. —— Access to and visit of dwelling

1930. Where a lessee gives notice of non-
renewal or resiliation of the lease to the
lessor, he is bound to allow the dwelling to
be visited and signs to be posted from the
time he gives the notice.

[1991, c. 64, a. 1930].

1931. The lessor is bound, except in case
of emergency, to give the lessee a prior
notice of twenty-four hours of his intention to ascertain the condition of the dwelling, to carry out work in the dwelling or to
have it visited by a prospective acquirer.

[1991, c. 64, a. 1931].

1932. The lessee may, except in case of
emergency, refuse to allow the dwelling to
be visited by a prospective lessee or acquirer before 9 a.m. or after 9 p.m.; the
same rule applies where the lessor wishes
to ascertain the condition of the dwelling.

The lessee may, in all cases, refuse to allow the dwelling to be visited if the lessor
is unable to be present.

[1991, c, 64, a. 1932; I.N., 2014-05-01].

1933. Le locataire ne peut refuser l'accès du logement au locateur, lorsque celui-ci doit y effectuer des travaux.

Il peut, néanmoins, en refuser l'accès avant 7 heures et après 19 heures, à moins que le locateur ne doive y effectuer des travaux urgents.

[1991, c. 64, a. 1933].

❚ C.C.Q., 1863.

1933. The lessee may not refuse to allow the lessor to have access to the dwelling to carry out work.

He may deny him access before 7 a.m. and after 7 p.m., however, unless the work is urgent.

[1991, c. 64, a. 1933].

1934. Aucune serrure ou autre mécanisme restreignant l'accès à un logement ne peut être posé ou changé sans le consentement du locateur et du locataire.

Le tribunal peut ordonner à la partie qui ne se conforme pas à cette obligation de permettre à l'autre l'accès au logement.

[1991, c. 64, a. 1934].

❚ C.C.Q., 1863.

1934. No lock or other device restricting access to a dwelling may be installed or changed without the consent of the lessor and the lessee.

If either party fails to comply with his obligation, the court may order him to allow the other party to have access to the dwelling.

[1991, c. 64, a. 1934].

1935. Le locateur ne peut interdire l'accès à l'immeuble ou au logement à un candidat à une élection provinciale, fédérale, municipale ou scolaire, à un délégué officiel nommé par un comité national ou à leur représentant autorisé, à des fins de propagande électorale ou de consultation populaire en vertu d'une loi.

[1991, c. 64, a. 1935].

❚ C.C.Q., 1863.

1935. The lessor may not prohibit a candidate in a provincial, federal, municipal or school election, an official delegate appointed by a national committee or the authorized representative of either from having access to the immovable or dwelling for the purpose of election campaigning or a referendum under an Act.

[1991, c. 64, a. 1935; I.N., 2014-05-01].

§ 7. — Du droit au maintien dans les lieux

§ 7. — Right to maintain occupancy

I — Des bénéficiaires du droit

I — Beneficiaries of the Right

1936. Tout locataire a un droit personnel au maintien dans les lieux; il ne peut être évincé du logement loué que dans les cas prévus par la loi.

[1991, c. 64, a. 1936].

❚ C.C.Q., 1863, 1959, 1979, 1980.

1936. Every lessee has a personal right to maintain occupancy; he may not be evicted from the leased dwelling, except in the cases provided for by law.

[1991, c. 64, a. 1936].

1937. L'aliénation volontaire ou forcée d'un immeuble comportant un logement, ou l'extinction du titre du locateur, ne permet pas au nouveau locateur de résilier le

1937. The voluntary or forced alienation of an immovable comprising a dwelling or the extinction of the title of the lessor does not permit the new lessor to resiliate the

bail. Celui-ci est continué et peut être re-conduit comme tout autre bail.

Le nouveau locateur a, envers le locataire, les droits et obligations résultant du bail.

[1991, c. 64, a. 1937].

█ C.C.Q., 1863, 1941-1946; C.P.C., 696.1.

1938. L'époux ou le conjoint uni civile-ment d'un locataire ou, s'il habite avec ce dernier depuis au moins six mois, son con-joint de fait, un parent ou un allié, a droit au maintien dans les lieux et devient loca-taire si, lorsque cesse la cohabitation, il continue d'occuper le logement et avise le locateur de ce fait dans les deux mois de la cessation de la cohabitation.

La personne qui habite avec le locataire au moment de son décès a le même droit et devient locataire, si elle continue d'occu-per le logement et avise le locateur de ce fait dans les deux mois du décès; cepen-dant, si elle ne se prévaut pas de ce droit, le liquidateur de la succession ou, à défaut, un héritier, peut dans le mois qui suit l'ex-piration de ce délai de deux mois, résilier le bail en donnant au locateur un avis d'un mois. Dans tous les cas, la personne qui habitait avec le locataire au moment de son décès, le liquidateur de sa succession ou l'héritier n'est tenu, le cas échéant, au paiement de la partie du loyer afférente au coût des services qui se rattachent à la per-sonne même du locataire qu'à l'égard des services qui ont été fournis du vivant de celui-ci. Il en est de même du coût de tels services lorsqu'ils sont offerts par le loca-teur en vertu d'un contrat distinct du bail.

[1991, c. 64, a. 1938; 2002, c. 6, a. 52; 2011, c. 29, a. 4].

█ C.C.Q., 1863, 1892, 1892.1, 1898.

1939. Si personne n'habite avec le loca-taire au moment du décès, le liquidateur de la succession ou, à défaut, un héritier, peut résilier le bail en donnant au locateur, dans les six mois du décès, un avis de deux

lease, which is continued and may be re-newed in the same manner as any other lease.

The new lessor has, towards the lessee, the rights and obligations resulting from the lease.

[1991, c. 64, a. 1937].

1938. The married or civil union spouse of a lessee, or a person who has been living with the lessee for at least six months, be-ing the de facto spouse or blood relative of the lessee or a person connected to the lessee by marriage or a civil union, is enti-tled to maintain occupancy and becomes the lessee if he or she continues to occupy the dwelling after the cessation of cohabi-tation and gives notice to that effect to the lessor within two months after the cessa-tion of cohabitation.

A person living with the lessee at the time of death of the lessee has the same right and becomes the lessee if he or she contin-ues to occupy the dwelling and gives no-tice to that effect to the lessor within two months after the death. If the person does not avail himself or herself of this right, the liquidator of the succession or, failing him or her, an heir may, in the month which follows the expiry of the period of two months, resiliate the lease by giving notice of one month to that effect to the lessor. In all cases, if part of the rent cov-ers services of a personal nature provided to the lessee, the person living with the lessee at the time of the lessee's death, the liquidator of the succession or the heir is only required to pay that part of the rent that relates to the services which were pro-vided during the lifetime of the lessee. The same applies to the cost of such services if they are provided by the lessor under a contract separate from the lease.

[1991, c. 64, a. 1938; 2002, c. 6, s. 52; 2011, c. 29, s. 4; I.N., 2014-05-01].

1939. If no one is living with the lessee at the time of his or her death, the liquidator of the succession or, if there is no liquida-tor, an heir may resiliate the lease by giv-ing the lessor two months' notice within

mois. La résiliation prend effet avant l'expiration de ce dernier délai si le liquidateur ou l'héritier et le locateur en conviennent ou lorsque le logement est reloué par le locateur pendant ce même délai.

Le liquidateur ou l'héritier n'est tenu, le cas échéant, au paiement de la partie du loyer afférente au coût des services qui se rattachent à la personne même du locataire qu'à l'égard des services qui ont été fournis du vivant de celui-ci. Il en est de même du coût de tels services lorsqu'ils sont offerts† par le locateur en vertu d'un contrat distinct du bail.

[1991, c. 64, a. 1939; 2011, c. 29, a. 5].

∎ C.C.Q., 1892, 1892.1, 1898.

1940. Le sous-locataire d'un logement ne bénéficie pas du droit au maintien dans les lieux.

La sous-location prend fin au plus tard à la date à laquelle prend fin le bail du logement; le sous-locataire n'est cependant pas tenu de quitter les lieux avant d'avoir reçu du sous-locateur ou, en cas de défaut de sa part, du locateur principal, un avis de dix jours à cette fin.

[1991, c. 64, a. 1940].

∎ C.C.Q., 1877, 1898; D.T., 108.

II — De la reconduction et de la modification du bail

1941. Le locataire qui a droit au maintien dans les lieux a droit à la reconduction de plein droit du bail à durée fixe lorsque celui-ci prend fin.

Le bail est, à son terme, reconduit aux mêmes conditions et pour la même durée ou, si la durée du bail initial excède douze mois, pour une durée de douze mois. Les parties peuvent, cependant, convenir d'un terme de reconduction différent.

[1991, c. 64, a. 1941].

∎ C.C.Q., 1863, 1877, 1949, 1969, 1977, 1991.

1942. Le locateur peut, lors de la reconduction du bail, modifier les conditions de celui-ci, notamment la durée ou le loyer; il

six months after the death. The resiliation takes effect before the two-month period expires if the liquidator or the heir and the lessor so agree or when the dwelling is released by the lessor during that same period.

If part of the rent covers the cost of services of a personal nature provided to the lessee, the liquidator or the heir is only required to pay that part of the rent that relates to the services which were provided during the lifetime of the lessee. The same applies to the cost of such services if they are provided† by the lessor under a contract separate from the lease.

[1991, c. 64, a. 1939; 2011, c. 29, s. 5].

1940. The sublessee of a dwelling is not entitled to maintain occupancy.

The sublease terminates not later than the date on which the lease of the dwelling terminates; however, the sublessee is not bound to vacate the premises before receiving notice of 10 days to that effect from the sublessor or, failing him, from the principal lessor.

[1991, c. 64, a. 1940; I.N., 2014-05-01].

II — Renewal and modification of lease

1941. A lessee entitled to maintain occupancy and having a lease with a fixed term is entitled by operation of law to its renewal at term.

The lease is renewed at term on the same conditions and for the same term or, if the term of the initial lease exceeds 12 months, for a term of 12 months. The parties may, however, agree on a different renewal term.

[1991, c. 64, a. 1941; I.N., 2014-05-01].

1942. At the renewal of the lease, the lessor may modify its conditions, particularly the term or the rent, but only if he gives

ne peut cependant le faire que s'il donne un avis de modification au locataire, au moins trois mois, mais pas plus de six mois, avant l'arrivée du terme. Si la durée du bail est de moins de douze mois, l'avis doit être donné, au moins un mois, mais pas plus de deux mois, avant le terme.

Lorsque le bail est à durée indéterminée, le locateur ne peut le modifier, à moins de donner au locataire un avis d'au moins un mois, mais d'au plus deux mois.

Ces délais sont respectivement réduits à dix jours et vingt jours s'il s'agit du bail d'une chambre.

[1991, c. 64, a. 1942].

■ C.C.Q., 1877, 1898, 1947.

1943. L'avis de modification qui vise à augmenter le loyer doit indiquer en dollars le nouveau loyer proposé, ou l'augmentation en dollars ou en pourcentage du loyer en cours. Cette augmentation peut être exprimée en pourcentage du loyer qui sera déterminé par le tribunal, si ce loyer fait déjà l'objet d'une demande de fixation ou de révision.

L'avis doit, de plus, indiquer la durée proposée du bail, si le locateur propose de la modifier, et le délai accordé au locataire pour refuser la modification proposée.

[1991, c. 64, a. 1943].

■ C.C.Q., 1942, 1945.

1944. Le locateur peut, lorsque le locataire a sous-loué le logement pendant plus de douze mois, éviter la reconduction du bail, s'il avise le locataire et le sous-locataire de son intention d'y mettre fin, dans les mêmes délais que s'il y apportait une modification.

Il peut de même, lorsque le locataire est décédé et que personne n'habitait avec lui lors de son décès, éviter la reconduction en avisant l'héritier ou le liquidateur de la succession.

[1991, c. 64, a. 1944].

■ C.C.Q., 1898, 1948.

notice of the modification to the lessee not less than three months nor more than six months before term. If the term of the lease is less than 12 months, the notice shall be given not less than one month nor more than two months before term.

A lessor may not modify a lease with an indeterminate term unless he gives the lessee a notice of not less than one month but not more than two months.

The notice is of not less than 10 days but not more than 20 days in the case of the lease of a room.

[1991, c. 64, a. 1942; I.N., 2014-05-01].

1943. In every notice of modification increasing the rent, an indication shall be made of the proposed new rent in dollars or of the increase expressed in dollars or as a percentage of the current rent. The increase may be expressed as a percentage of the rent that will be determined by the court, where an application for the fixing or review of the rent has been filed.

The notice shall, in addition, indicate the proposed term of the lease, if the lessor proposes to modify the term, and the time granted to the lessee to refuse the proposed modification.

[1991, c. 64, a. 1943; I.N., 2014-05-01].

1944. The lessor may avoid the renewal of the lease where the lessee has subleased the dwelling for more than twelve months by giving notice, within the same time as for modification of the lease, of his intention to terminate it to the lessee and to the sublessee.

The lessor may similarly avoid the renewal of the lease where the lessee has died and no one was living with him at the time of the death, by giving the notice to the heir or to the liquidator of the succession.

[1991, c. 64, a. 1944].

1945. Le locataire qui refuse la modification proposée par le locateur est tenu, dans le mois de la réception de l'avis de modification du bail, d'aviser le locateur de son refus ou de l'aviser qu'il quitte le logement; s'il omet de le faire, il est réputé avoir accepté la reconduction du bail aux conditions proposées par le locateur.

Toutefois, lorsque le bail porte sur un logement visé à l'article 1955, le locataire qui refuse la modification proposée doit quitter le logement à la fin du bail.

[1991, c. 64, a. 1945].

∎ C.C.Q., 1877, 1898, 1947.

1946. Le locataire qui n'a pas reçu du locateur un avis de modification des conditions du bail peut éviter la reconduction d'un bail à durée fixe ou mettre fin à un bail à durée indéterminée, en donnant au locateur un avis de non-reconduction ou de résiliation du bail, dans les mêmes délais que ceux que doit respecter le locateur lorsqu'il donne un avis de modification.

[1991, c. 64, a. 1946].

∎ C.C.Q., 1898, 1942.

III — De la fixation des conditions du bail

1947. Le locateur peut, lorsque le locataire refuse la modification proposée, s'adresser au tribunal dans le mois de la réception de l'avis de refus, pour faire fixer le loyer ou, suivant le cas, faire statuer sur toute autre modification du bail; s'il omet de le faire, le bail est reconduit de plein droit aux conditions antérieures.

[1991, c. 64, a. 1947].

∎ C.C.Q., 1896, 1952, 1953, 1955, 1956.

1948. Le locataire qui a sous-loué son logement pendant plus de douze mois, ainsi que l'héritier ou le liquidateur de la succession d'un locataire décédé, peut, dans le mois de la réception d'un avis donné par le locateur pour éviter la reconduction du bail, s'adresser au tribunal pour en contester le bien-fondé; s'il omet de le faire, il est réputé avoir accepté la fin du bail.

1945. A lessee who objects to the modification proposed by the lessor is bound to notify the lessor, within one month after receiving the notice of modification of the lease, that he objects or that he is vacating the dwelling; otherwise, he is deemed to have agreed to the renewal of the lease on the conditions proposed by the lessor.

In the case of a lease of a dwelling described in article 1955, however, the lessee shall vacate the dwelling upon termination of the lease if he objects to the proposed modification.

[1991, c. 64, a. 1945].

1946. A lessee who has not received a notice of modification of the conditions of the lease from the lessor may avoid the renewal of a lease with a fixed term or terminate a lease with an indeterminate term by giving notice of non-renewal or resiliation of the lease to the lessor, within the same time as a lessor giving notice of modification.

[1991, c. 64, a. 1946].

III — Fixing conditions of lease

1947. Where a lessee objects to the proposed modification, the lessor may apply to the court, within one month after receiving the notice of objection, to have the rent fixed or for a ruling on any other modification of the lease, as the case may be; otherwise, the lease is renewed by operation of law on the same conditions.

[1991, c. 64, a. 1947; I.N., 2014-05-01].

1948. A lessee who has subleased his dwelling for more than twelve months, or an heir or the liquidator of the succession of a lessee who has died may, within one month after receiving notice of the intention of the lessor to avoid the renewal of the lease, contest the notice on its merits before the court; otherwise, he is deemed to have agreed to terminate the lease.

Si le tribunal accueille la demande du locataire, mais que sa décision est rendue après l'expiration du délai pour donner un avis de modification du bail, celui-ci est reconduit, mais le locateur peut alors s'adresser au tribunal pour faire fixer un nouveau loyer, dans le mois de la décision finale.

[1991, c. 64, a. 1948].

❚ C.C.Q., 1942, 1953, 1955, 1956.

1949. Lorsque le bail prévoit le réajustement du loyer, les parties peuvent s'adresser au tribunal pour contester le caractère excessif ou insuffisant du réajustement proposé ou convenu et faire fixer le loyer.

La demande doit être faite dans le mois où le réajustement doit prendre effet.

[1991, c. 64, a. 1949].

❚ C.C.Q., 1896, 1953, 1955, 1956.

1950. Un nouveau locataire ou un sous-locataire peut faire fixer le loyer par le tribunal lorsqu'il paie un loyer supérieur au loyer le moins élevé des douze mois qui précèdent le début du bail ou, selon le cas, de la sous-location, à moins que ce loyer n'ait déjà été fixé par le tribunal.

La demande doit être présentée dans les dix jours de la conclusion du bail ou de la sous-location. Elle doit l'être dans les deux mois du début du bail ou de la sous-location lorsqu'elle est présentée par un nouveau locataire ou par un sous-locataire qui n'ont pas reçu du locateur, lors de la conclusion du bail ou de la sous-location, l'avis indiquant le loyer le moins élevé de l'année précédente; si le locateur a remis un avis comportant une fausse déclaration, la demande doit être présentée dans les deux mois de la connaissance de ce fait.

[1991, c. 64, a. 1950].

❚ C.C.Q., 1896.

1951. N'est pas considéré comme nouveau locataire celui à qui la loi reconnaît le droit d'être maintenu dans les lieux et de devenir locataire lorsque cesse la cohabitation avec le locataire ou que celui-ci décède.

[1991, c. 64, a. 1951].

Where the court grants the application of the lessee after the expiry of the time for giving notice of modification of the lease, the lease is renewed but the lessor may, within one month after the final judgment, apply to the court for the fixing of a new rent.

[1991, c. 64, a. 1948].

1949. Where the lease provides for the adjustment of the rent, the parties may apply to the court to contest the excessive or inadequate nature of the proposed or agreed adjustment and for the fixing of the rent.

The application shall be made within one month from the date on which the adjustment is to take effect.

[1991, c. 64, a. 1949].

1950. A new lessee or a sublessee may apply to the court to have the rent fixed if his rent is higher than the lowest rent paid during the 12 months preceding the beginning of the lease or sublease, as the case may be, unless that rent has already been fixed by the court.

He may apply only within 10 days after the lease or sublease has been entered into. If at the time the lease or sublease is entered into he has not received the notice from the lessor indicating the lowest rent paid in the preceding year, he may apply not later than two months after the beginning of the lease or sublease; where the lessor has given a notice containing a false statement, the new lessee or sublessee may apply no later than two months after becoming aware of that fact.

[1991, c. 64, a. 1950; I.N., 2014-05-01].

1951. A person entitled by law to maintain occupancy and to become lessee upon the cessation of cohabitation with the lessee or the death of the lessee is not considered to be a new lessee.

[1991, c. 64, a. 1951].

❚ C.C.Q., 1938.

1952. Le tribunal qui autorise la modification d'une condition du bail fixe le loyer exigible pour le logement, compte tenu de la valeur relative de la modification par rapport au loyer du logement.

[1991, c. 64, a. 1952].

❚ C.C.Q., 1896.

1953. Le tribunal saisi d'une demande de fixation ou de réajustement de loyer détermine le loyer exigible, en tenant compte des normes fixées par les règlements.

Le loyer qu'il fixe est en vigueur pour la même durée que le bail reconduit ou pour celle qu'il détermine, mais qui ne peut excéder douze mois.

S'il accorde une augmentation de loyer, il peut échelonner le paiement des arriérés sur une période qui n'excède pas le terme du bail reconduit.

[1991, c. 64, a. 1953].

❚ C.C.Q., 1553-1568, 1941.

1954. Lorsque le tribunal fixe le loyer à la demande d'un nouveau locataire, il le détermine pour la durée du bail.

Si la durée du bail excède douze mois, le locateur peut, néanmoins, en obtenir la fixation annuelle. La demande doit être faite trois mois avant l'expiration de chaque période de douze mois, après la date à laquelle la fixation du loyer a pris effet.

[1991, c. 64, a. 1954].

❚ C.C.Q., 1950.

1955. Ni le locateur ni le locataire d'un logement loué par une coopérative d'habitation à l'un de ses membres, ne peut faire fixer le loyer ni modifier d'autres conditions du bail par le tribunal.

De même, ni le locateur ni le locataire d'un logement situé dans un immeuble nouvellement bâti ou dont l'utilisation à des fins locatives résulte d'un changement d'affectation récent ne peut exercer un tel

1952. Where the court authorizes the modification of a condition of a lease, it fixes the rent payable for the dwelling, taking into consideration the relative value of the modification in relation to the rent for the dwelling.

[1991, c. 64, a. 1952].

1953. Where the court has an application before it for the fixing or adjustment of rent, it takes into consideration the standards prescribed by regulation.

The rent fixed by the court is in force for the term of the renewed lease or for such term, not in excess of twelve months, as it determines.

If the court grants an increase of rent, it may spread the payment of the arrears over a period not exceeding the term of the renewed lease.

[1991, c. 64, a. 1953].

1954. Where the court fixes the rent on the application of a new lessee, it does so for the term of the lease.

Where the term of the lease exceeds 12 months, the lessor may nevertheless have the rent fixed annually. The application must be made not later than three months before the expiry of each period of 12 months from the date on which the fixed rent took effect.

[1991, c. 64, a. 1954; I.N., 2014-05-01].

1955. Neither the lessor nor the lessee of a dwelling leased by a housing cooperative to one of its members may apply to the court to have the rent fixed or any other condition of the lease modified.

Similarly, the lessor or the lessee of a dwelling situated in a recently erected immovable or an immovable used for rental as a result of a recent change of destination may not pursue such a remedy within

recours, dans les cinq années qui suivent la date à laquelle l'immeuble est prêt pour l'usage auquel il est destiné.

Le bail d'un tel logement doit toutefois mentionner ces restrictions, à défaut de quoi le locateur ne peut les invoquer à l'encontre du locataire.

[1991, c. 64, a. 1955].

∎ C.C.Q., 1896, 1945; D.T., 109.

1956. Le locateur ou le locataire d'un logement à loyer modique ne peut faire fixer le loyer ou modifier d'autres conditions du bail que conformément aux dispositions particulières à ce type de bail.

[1991, c. 64, a. 1956].

∎ C.C.Q., 1896, 1984, 1992, 1993.

IV — De la reprise du logement et de l'éviction

1957. Le locateur d'un logement, s'il en est le propriétaire, peut le reprendre pour l'habiter lui-même ou y loger ses ascendants ou descendants au premier degré, ou tout autre parent ou allié dont il est le principal soutien.

Il peut aussi le reprendre pour y loger un conjoint dont il demeure le principal soutien après la séparation de corps, le divorce ou la dissolution de l'union civile.

[1991, c. 64, a. 1957; 2002, c. 6, a. 53].

∎ C.C.Q., 1960.

1958. Le propriétaire d'une part indivise d'un immeuble ne peut reprendre aucun logement s'y trouvant, à moins qu'il n'y ait qu'un seul autre propriétaire et que ce dernier soit son conjoint.

[1991, c. 64, a. 1958; 2002, c. 6, a. 54].

∎ C.C.Q., 1010; D.T., 110.

1959. Le locateur d'un logement peut en évincer le locataire pour subdiviser le lo-

five years after the date on which the immovable is ready for its intended use.

Those restrictions shall, however, be mentioned in the lease of such a dwelling; if they are not mentioned, they may not be set up by the lessor against the lessee.

[1991, c. 64, a. 1955; I.N., 2014-05-01].

1956. The lessor or lessee of a dwelling in low-rental housing may not apply for the fixing of the rent or for the modification of any other condition of the lease except in accordance with the provisions specific to that type of lease.

[1991, c. 64, a. 1956].

IV — Repossession of a dwelling and eviction

1957. The lessor of a dwelling who is the owner of the dwelling may repossess it as a residence for himself or herself or for ascendants or descendants in the first degree or for any other relative or person connected by marriage or a civil union of whom the lessor is the main support.

The lessor may also repossess the dwelling as a residence for a spouse of whom the lessor remains the main support after a separation from bed and board or divorce or the dissolution of a civil union.

[1991, c. 64, a. 1957; 2002, c. 6, s. 53].

1958. The owner of an undivided share of an immovable may not repossess any dwelling in the immovable unless the only other owner is his or her spouse.

[1991, c. 64, a. 1958; 2002, c. 6, s. 54].

1959. The lessor of a dwelling may evict the lessee to subdivide the dwelling, en-

gement, l'agrandir substantiellement ou en changer l'affectation.

[1991, c. 64, a. 1959].

∎ C.C.Q., 1960.

large it substantially or change its destination.

[1991, c. 64, a. 1959; I.N., 2014-05-01].

1960. Le locateur qui désire reprendre le logement ou évincer le locataire doit aviser celui-ci, au moins six mois avant l'expiration du bail à durée fixe; si la durée du bail est de six mois ou moins, l'avis est d'un mois.

Toutefois, lorsque le bail est à durée indéterminée, l'avis doit être donné six mois avant la date de la reprise ou de l'éviction.

[1991, c. 64, a. 1960].

∎ C.C.Q., 1877, 1898.

1960. A lessor wishing to repossess a dwelling or to evict a lessee shall notify him at least six months before the expiry of the lease in the case of a lease with a fixed term; if the term of the lease is six months or less, the notice is of one month.

In the case of a lease with an indeterminate term, the notice shall be given six months before the date of repossession or eviction.

[1991, c. 64, a. 1960].

1961. L'avis de reprise doit indiquer la date prévue pour l'exercer, le nom du bénéficiaire et, s'il y a lieu, le degré de parenté ou le lien du bénéficiaire avec le locateur.

L'avis d'éviction doit indiquer le motif et la date de l'éviction.

Toutefois, la reprise ou l'éviction peut prendre effet à une date postérieure, à la demande du locataire et sur autorisation du tribunal.

[1991, c. 64, a. 1961].

∎ C.C.Q., 1969.

1961. In a notice of repossession, the date fixed for the dwelling to be repossessed, the name of the beneficiary and, where applicable, the degree of relationship or the bond between the beneficiary and the lessor shall be indicated.

In a notice of eviction, the reason for and the date of eviction shall be indicated.

Repossession or eviction may take effect on a later date, however, upon the application of the lessee and with the authorization of the court.

[1991, c. 64, a. 1961].

1962. Dans le mois de la réception de l'avis de reprise, le locataire est tenu d'aviser le locateur de son intention de s'y conformer ou non; s'il omet de le faire, il est réputé avoir refusé de quitter le logement.

[1991, c. 64, a. 1962].

∎ C.C.Q., 1960, 1961.

1962. Within one month after receiving notice of repossession, the lessee is bound to notify the lessor as to whether or not he intends to comply with the notice; otherwise, he is deemed to have refused to vacate the dwelling.

[1991, c. 64, a. 1962; I.N., 2014-05-01].

1963. Lorsque le locataire refuse de quitter le logement, le locateur peut, néanmoins, le reprendre, avec l'autorisation du tribunal.

Cette demande doit être présentée dans le mois du refus et le locateur doit alors dé-

1963. If the lessee refuses to vacate the dwelling, the lessor may nevertheless repossess it with the authorization of the court.

The application for authorization must be made within one month after the refusal by

montrer qu'il entend réellement reprendre le logement pour la fin mentionnée dans l'avis et qu'il ne s'agit pas d'un prétexte pour atteindre d'autres fins.

[1991, c. 64, a. 1963].

■ C.C.Q., 1962.

1964. Le locateur ne peut, sans le consentement du locataire, se prévaloir du droit à la reprise, s'il est propriétaire d'un autre logement qui est vacant ou offert en location à la date prévue pour la reprise, et qui est du même genre que celui occupé par le locataire, situé dans les environs et d'un loyer équivalent.

[1991, c. 64, a. 1964].

■ C.C.Q., 1957.

1965. Le locateur doit payer au locataire évincé une indemnité de trois mois de loyer et des frais raisonnables de déménagement. Si le locataire considère que le préjudice qu'il subit justifie des dommages-intérêts plus élevés, il peut s'adresser au tribunal pour en faire fixer le montant.

L'indemnité est payable à l'expiration du bail et les frais de déménagement le sont, sur présentation de pièces justificatives.

[1991, c. 64, a. 1965].

■ C.C.Q., 1607-1625, 1877.

1966. Le locataire peut, dans le mois de la réception de l'avis d'éviction, s'adresser au tribunal pour s'opposer à la subdivision, à l'agrandissement ou au changement d'affectation du logement; s'il omet de le faire, il est réputé avoir consenti à quitter les lieux.

S'il y a opposition, il revient au locateur de démontrer qu'il entend réellement subdiviser le logement, l'agrandir ou en changer l'affectation et que la loi le permet.

[1991, c. 64, a. 1966].

■ C.C.Q., 1959.

1967. Lorsque le tribunal autorise la reprise ou l'éviction, il peut imposer les con-

the lessee; the lessor shall show the court that he truly intends to repossess the dwelling for the purpose mentioned in the notice and not as a pretext for other purposes.

[1991, c. 64, a. 1963; I.N., 2014-05-01].

1964. The lessor may not, without the consent of the lessee, avail himself of the right to repossess the dwelling where he owns another dwelling that is vacant or offered for rent on the date fixed for repossession, and that is of the same type as that occupied by the lessee, situated in the same neighbourhood and at equivalent rent.

[1991, c. 64, a. 1964].

1965. The lessor shall pay an indemnity equal to three months' rent and reasonable moving expenses to the evicted lessee. If the lessee considers that the injury he suffers warrants greater damages, he may apply to the court to have the amount fixed.

The indemnity is payable at the expiry of the lease; the moving expenses are payable on presentation of vouchers.

[1991, c. 64, a. 1965; I.N., 2014-05-01].

1966. Within one month after receiving the notice of eviction, the lessee may apply to the court to object to the subdivision, enlargement or change of destination of the dwelling; otherwise, he is deemed to have consented to vacate the premises.

Where an objection is brought, the burden is on the lessor to show that he truly intends to subdivide, enlarge or change the destination of the dwelling and that he is permitted to do so by law.

[1991, c. 64, a. 1966; I.N., 2014-05-01].

1967. Where the court authorizes repossession or eviction, it may impose such

ditions qu'il estime justes et raisonnables, y compris, en cas de reprise, le paiement au locataire d'une indemnité équivalente aux frais de déménagement.

[1991, c. 64, a. 1967].

▮ C.C.Q., 1963, 1966.

1968. Le locataire peut recouvrer les dommages-intérêts résultant d'une reprise ou d'une éviction obtenue de mauvaise foi, qu'il ait consenti ou non à cette reprise ou éviction.

Il peut aussi demander que celui qui a ainsi obtenu la reprise ou l'éviction soit condamné à des dommages-intérêts punitifs.

[1991, c. 64, a. 1968].

▮ C.C.Q., 1457, 1607-1625, 2805.

1969. Lorsque le locateur n'exerce pas ses droits de reprise ou d'éviction à la date prévue, le bail est reconduit de plein droit, pour autant que le locataire continue d'occuper le logement et que le locateur y consente. Le locateur peut alors, dans le mois de la date prévue pour la reprise ou l'éviction, s'adresser au tribunal, pour faire fixer un nouveau loyer.

Le bail est aussi reconduit lorsque le tribunal refuse la demande de reprise ou d'éviction et que cette décision est rendue après l'expiration des délais prévus pour éviter la reconduction du bail ou pour modifier celui-ci. Le locateur peut alors présenter au tribunal, dans le mois de la décision finale, une demande de fixation de loyer.

[1991, c. 64, a. 1969].

▮ C.C.Q., 1941, 1942, 1953, 1961.

1970. Un logement qui a fait l'objet d'une reprise ou d'une éviction ne peut être loué ou utilisé pour une fin autre que celle pour laquelle le droit a été exercé, sans que le tribunal l'autorise.

Si le tribunal autorise la location du logement, il en fixe le loyer.

[1991, c. 64, a. 1970].

▮ C.C.Q., 1953.

conditions as it considers just and reasonable, including, in the case of repossession, payment to the lessee of an indemnity equivalent to his moving expenses.

[1991, c. 64, a. 1967].

1968. The lessee may recover damages resulting from repossession or eviction in bad faith, whether or not he has consented to it.

He may also apply for punitive damages against the person who has repossessed the dwelling or evicted him in bad faith.

[1991, c. 64, a. 1968].

1969. Where the lessor does not exercise his right of repossession or eviction on the fixed date, the lease is renewed by operation of law provided the lessee continues to occupy the dwelling with the consent of the lessor. In that case, the lessor, within one month after the date fixed for repossession or eviction, may apply to the court to have a new rent fixed.

The lease is also renewed where the court refuses an application for repossession or eviction and renders its decision after expiry of the period provided to avoid the renewal of the lease or to modify it. The lessor may then, within one month after the final decision, apply to the court to fix the rent.

[1991, c. 64, a. 1969; I.N., 2014-05-01].

1970. A dwelling that has been the subject of a repossession or eviction may not, without the authorization of the court, be leased or used for a purpose other than that for which the right was exercised.

If the court gives authorization to lease the dwelling, it fixes the rent.

[1991, c. 64, a. 1970].

§ 8. — De la résiliation du bail

1971. Le locateur peut obtenir la résiliation du bail si le locataire est en retard de plus de trois semaines pour le paiement du loyer ou, encore, s'il en subit un préjudice sérieux, lorsque le locataire en retarde fréquemment le paiement.

[1991, c. 64, a. 1971].

▌ C.C.Q., 1907.

1972. Le locateur ou le locataire peut demander la résiliation du bail lorsque le logement devient impropre à l'habitation.

[1991, c. 64, a. 1972].

▌ C.C.Q., 1913.

1973. Lorsque l'une ou l'autre des parties demande la résiliation du bail, le tribunal peut l'accorder immédiatement ou ordonner au débiteur d'exécuter ses obligations dans le délai qu'il détermine, à moins qu'il ne s'agisse d'un retard de plus de trois semaines dans le paiement du loyer.

Si le débiteur ne se conforme pas à la décision du tribunal, celui-ci, à la demande du créancier, résilie le bail.

[1991, c. 64, a. 1973].

▌ C.C.Q., 1971, 1972.

1974. Un locataire peut résilier le bail en cours, s'il lui est attribué un logement à loyer modique ou si, en raison d'une décision du tribunal, il est relogé dans un logement équivalent qui correspond à ses besoins; il peut aussi le résilier s'il ne peut plus occuper son logement en raison d'un handicap ou, s'il s'agit d'une personne âgée, s'il est admis de façon permanente dans un centre d'hébergement et de soins de longue durée, dans une ressource intermédiaire, dans une résidence privée pour aînés où lui sont offerts† les soins infirmiers ou les services d'assistance personnelle que nécessite son état de santé ou dans tout autre lieu d'hébergement, quelle qu'en soit l'appellation, où lui sont offerts† de tels soins ou services, qu'il réside

§ 8. — Resiliation of lease

1971. The lessor may obtain the resiliation of the lease if the lessee is over three weeks late in paying the rent or, if he suffers serious injury as a result, where the lessee is frequently late in paying it.

[1991, c. 64, a. 1971; I.N., 2014-05-01].

1972. The lessor or the lessee may apply for the resiliation of the lease if the dwelling becomes unfit for habitation.

[1991, c. 64, a. 1972].

1973. Where either of the parties applies for the resiliation of the lease, the court may grant it immediately or order the debtor to perform his obligations within the period it determines, except where payment of the rent is over three weeks late.

Where the debtor does not comply with the decision of the court, the court resiliates the lease on the application of the creditor.

[1991, c. 64, a. 1973].

1974. A lessee may resiliate the current lease if he or she is allocated a dwelling in low-rental housing or, because of a decision of the court, the lessee is relocated in an equivalent dwelling corresponding to his or her needs; the lessee may also resiliate the lease if he or she can no longer occupy the dwelling because of a handicap or, in the case of a senior, if he or she is permanently admitted to a residential and long-term care centre, to a facility operated by an intermediate resource, to a private seniors' residence where the nursing care and personal assistance services required by his or her state of health are provided†, or to any other lodging facility, regardless of its name, where such care and services are pro-

ou non dans un tel endroit au moment de son admission.

La résiliation prend effet deux mois après l'envoi d'un avis au locateur ou un mois après l'envoi d'un tel avis lorsque le bail est à durée indéterminée ou de moins de 12 mois. Elle prend toutefois effet avant l'expiration de ce† délai si les parties en conviennent ou lorsque le logement, étant libéré par le locataire, est reloué par le locateur pendant ce† même délai. L'avis doit être accompagné d'une attestation de l'autorité concernée, à laquelle est joint, dans le cas d'un aîné, le certificat d'une personne autorisée certifiant que les conditions nécessitant l'admission sont remplies.

Le locataire n'est tenu, le cas échéant, au paiement de la partie du loyer afférente au coût des services qui se rattachent à sa personne même qu'à l'égard des services qui lui ont été fournis avant qu'il quitte le logement. Il en est de même du coût de tels services lorsqu'ils sont offerts† par le locateur en vertu d'un contrat distinct du bail.

[1991, c. 64, a. 1974; 2011, c. 29, a. 6].

❚ C.C.Q., 1892, 1892.1, 1898, 1984, 1990.

1974.1. Un locataire peut résilier le bail en cours si, en raison de la violence d'un conjoint ou d'un ancien conjoint ou en raison d'une agression à caractère sexuel, même par un tiers, sa sécurité ou celle d'un enfant qui habite avec lui est menacée.

La résiliation prend effet deux mois après l'envoi d'un avis au locateur ou un mois après l'envoi d'un tel avis lorsque le bail est à durée indéterminée ou de moins de 12 mois. Elle prend toutefois effet avant l'expiration de ce† délai si les parties en conviennent ou lorsque le logement, étant libéré par le locataire, est reloué par le locateur pendant ce† délai.

L'avis doit être accompagné d'une attestation d'un fonctionnaire ou d'un officier public désigné par le ministre de la Justice, qui, sur le vu de la déclaration sous serment du locataire selon laquelle il existe

vided†, whether or not the lessee already resides in such a place at the time of admission.

The resiliation takes effect two months after a notice is sent to the lessor, or one month after the notice is sent if the lease is for an indeterminate term or a term of less than 12 months. However, the resiliation takes effect before the two-month or one-month† period expires if the parties so agree or when the dwelling, having been vacated by the lessee, is re-leased by the lessor during that same† period. The notice must be sent with an acknowledgement from the authority concerned and, in the case of a senior, with a certificate from an authorized person stating that the conditions requiring admission to the facility have been met.

If part of the rent covers the cost of services of a personal nature provided to the lessee, the lessee is only required to pay that part of the rent which relates to the services which were provided before he or she vacated the dwelling. The same applies to the cost of such services if they are provided† by the lessor under a contract separate from the lease.

[1991, c. 64, a. 1974; 2011, c. 29, s. 6].

1974.1. A lessee may resiliate the current lease if, because of the violent behaviour of a spouse or former spouse or because of a sexual aggression, even by a third party, the safety of the lessee or of a child living with the lessee is threatened.

The resiliation takes effect two months after a notice is sent to the lessor or one month after the notice is sent if the lease is for an indeterminate term or a term of less than 12 months. However, the resiliation takes effect before the two-month or one-month† period expires if the parties so agree or when the dwelling, having been vacated by the lessee, is re-leased by the lessor during that same† period.

The notice must be sent with an attestation from a public servant or public officer designated by the Minister of Justice, who, on examining the lessee's sworn statement that there exists a situation involving vio-

une situation de violence ou d'agression à caractère sexuel et sur le vu d'autres éléments de faits ou de documents provenant de personnes en contact avec les victimes et appuyant cette déclaration, considère que la résiliation du bail, pour le locataire, est une mesure de nature à assurer la sécurité de ce dernier ou celle d'un enfant qui habite avec lui. Le fonctionnaire ou l'officier public doit agir avec célérité.

Le locataire n'est tenu, le cas échéant, au paiement de la partie du loyer afférente au coût des services qui se rattachent à sa personne même ou à celle d'un enfant† qui habite avec lui qu'à l'égard des services qui ont été fournis avant qu'il quitte le logement. Il en est de même du coût de tels services lorsqu'ils sont offerts† par le locateur en vertu d'un contrat distinct du bail.

[2005, c. 49, a, 1; 2011, c. 29, a. 7].

❚ C.C.Q., 1892, 1892.1, 1898.

1975. Le bail est résilié de plein droit lorsque, sans motif, un locataire déguerpit en emportant ses effets mobiliers; il peut être résilié, sans autre motif, lorsque le logement est impropre à l'habitation et que le locataire l'abandonne sans en aviser le locateur.

[1991, c. 64, a. 1975].

❚ C.C.Q., 1913, 1915, 1972.

1976. Sauf stipulation contraire dans le contrat de travail, l'employeur peut résilier le bail accessoire à un tel contrat lorsque le salarié cesse d'être à son service, en lui donnant un préavis d'un mois.

Le salarié peut résilier un tel bail lorsque le contrat de travail a pris fin, s'il donne à l'employeur un préavis d'un mois, sauf stipulation contraire dans le contrat.

[1991, c. 64, a. 1976].

❚ C.C.Q., 1898.

1977. Lorsque le tribunal rejette une demande de résiliation de bail et que cette décision est rendue après les délais prévus pour éviter la reconduction du bail ou pour modifier celui-ci, le bail est reconduit de

lence or sexual aggression, and other factual elements or documents supporting the lessee's statement provided by persons in contact with the victims, considers that the resiliation of the lease is a measure that will ensure the safety of the lessee or of a child living with the lessee. The public servant or public officer must act promptly.

If part of the rent covers the cost of services of a personal nature provided to the lessee or to a child of the lessee† who lives with the lessee, the lessee is only required to pay that part of the rent that relates to the services which were provided before he or she vacated the dwelling. The same applies to the cost of such services if they are provided† by the lessor under a contract separate from the lease.

[2005, c. 49, s. 1; 2011, c. 29, s. 7].

1975. The lease is resiliated by operation of law where a lessee abandons the dwelling without any reason, taking his movable effects with him; it may also be resiliated without further reason, where the dwelling is unfit for habitation and the lessee abandons it without notifying the lessor.

[1991, c. 64, a. 1975; I.N., 2014-05-01].

1976. An employer may, where an employee ceases to be in his employ, resiliate a lease that is accessory to the contract of employment by giving the employee prior notice of one month, unless otherwise stipulated in the contract.

An employee may resiliate such a lease upon the termination of the contract of employment by giving prior notice of one month to his employer, unless otherwise stipulated in the contract.

[1991, c. 64, a. 1976].

1977. The lease is renewed by operation of law where the court refuses an application for resiliation thereof and renders its decision after expiry of the period provided to avoid the renewal of the lease or to modify

plein droit. Le locateur peut alors présenter au tribunal, dans le mois de la décision finale, une demande de fixation de loyer.

[1991, c. 64, a. 1977].

∎ C.C.Q., 1941, 1942, 1953.

1978. Le locataire doit, lorsque le bail est résilié ou qu'il quitte le logement, laisser celui-ci libre de tous effets mobiliers autres que ceux qui appartiennent au locateur. S'il laisse des effets à la fin de son bail ou après avoir abandonné le logement, le locateur en dispose conformément aux règles prescrites au livre Des biens pour le détenteur du bien confié et oublié.

[1991, c. 64, a. 1978].

∎ C.C.Q., 939-946, 1863.

§ 9. — Des dispositions particulières à certains baux

I — Du bail dans un établissement d'enseignement

1979. La personne aux études qui loue un logement d'un établissement d'enseignement a droit au maintien dans les lieux pour toute période pendant laquelle elle est inscrite à temps plein dans cet établissement, mais elle n'y a pas droit si elle loue un logement dans un établissement autre que celui où elle est inscrite.

Celle à qui est consenti un bail pour la seule période estivale n'a pas non plus droit au maintien dans les lieux.

[1991, c. 64, a. 1979].

∎ C.C.Q., 1863.

1980. La personne aux études qui désire bénéficier du droit au maintien dans les lieux doit donner un avis d'un mois avant le terme du bail indiquant son intention de le reconduire.

L'établissement d'enseignement peut toutefois, pour des motifs sérieux, la reloger dans un logement de même genre que celui qu'elle occupe, situé dans les environs et de loyer équivalent.

[1991, c. 64, a. 1980].

it. The lessor may then, within one month after the final decision, apply to have the court fix the rent.

[1991, c. 64, a. 1977; I.N., 2014-05-01].

1978. The lessee, on resiliation of the lease or when he vacates the dwelling, shall leave it free of all movable effects except those which belong to the lessor. If the lessee leaves movable effects at the end of the lease or after abandoning the dwelling, the lessor may dispose of them in accordance with the rules prescribed in the Book on Property which apply to the holder of property entrusted and forgotten.

[1991, c. 64, a. 1978].

§ 9. — Special Provisions as to certain Leases

I — Lease with an educational institution

1979. Every person pursuing studies who leases a dwelling from an educational institution is entitled to maintain occupancy for any period during which he is enrolled in the institution as a full-time student, but is not so entitled if he leases a dwelling from an institution other than the one in which he is enrolled.

A person having a lease for the summer period only is not entitled to maintain occupancy.

[1991, c. 64, a. 1979].

1980. A person pursuing studies who wishes to avail himself of the right to maintain occupancy shall give notice of one month before the expiry of the lease that he intends to renew it.

The educational institution may, however, for serious reasons, relocate the person in a dwelling of the same type as that which he occupies, situated in the same neighbourhood and at equivalent rent.

[1991, c. 64, a. 1980].

❚ C.C.Q., 1877, 1898, 1979.

1981. La personne aux études ne peut sous-louer son logement ou céder son bail.
[1991, c. 64, a. 1981].

❚ C.C.Q., 1863.

1981. A person pursuing studies may not sublease the dwelling or assign his lease.
[1991, c. 64, a. 1981].

1982. L'établissement d'enseignement peut résilier le bail d'une personne qui cesse d'étudier à plein temps; il doit cependant lui donner un préavis d'un mois, lequel peut être contesté, quant à son bien-fondé, dans le mois de sa réception. La personne aux études peut, pareillement, résilier le bail.
[1991, c. 64, a. 1982].

❚ C.C.Q., 1604, 1605, 1606, 1898.

1982. The educational institution may resiliate the lease of a person who ceases to be a full-time student. It shall give him prior notice of one month, which may be contested, on its merits, within one month after it is received. The person pursuing studies may, similarly, resiliate the lease.
[1991, c. 64, a. 1982].

1983. Le bail d'une personne aux études cesse de plein droit lorsqu'elle termine ses études ou lorsqu'elle n'est plus inscrite à l'établissement d'enseignement.
[1991, c. 64, a. 1983].

❚ C.C.Q., 1979.

1983. The lease of a person pursuing studies is resiliated by operation of law when he ends his studies or ceases to be enrolled in the educational institution.
[1991, c. 64, a. 1983; I.N., 2014-05-01].

II — Du bail d'un logement à loyer modique

II — Lease of a dwelling in low-rental housing

1984. Est à loyer modique le logement situé dans un immeuble d'habitation à loyer modique dont est propriétaire ou administratrice la Société d'habitation du Québec ou une personne morale dont les coûts d'exploitation sont subventionnés en totalité ou en partie par la Société, ou le logement situé dans un autre immeuble, mais dont le loyer est déterminé conformément aux règlements de la Société.

Est aussi à loyer modique le logement pour lequel la Société d'habitation du Québec convient de verser une somme à l'acquit du loyer, mais, en ce cas, les dispositions relatives au registre des demandes de location et à la liste d'admissibilité ne s'y appliquent pas lorsque le locataire est sélectionné par une association ayant la personnalité morale constituée à cette fin en vertu de la *Loi sur la Société d'habitation du Québec* (chapitre S-8).
[1991, c. 64, a. 1984].

1984. A dwelling situated in low-rental housing owned or administered by the Société d'habitation du Québec or by a legal person whose operating expenses are met, in whole or in part, by a subsidy from the Société d'habitation du Québec, or a dwelling which is not so situated but whose rent is fixed by by-law of the Société d'habitation du Québec is a dwelling in low-rental housing.

A dwelling for which the Société d'habitation du Québec agrees to pay an amount toward the rent is also a dwelling in low-rental housing but, in this case, the provisions pertaining to the register of lease applications and to the list of eligible persons do not apply where the lessee is selected by an association that is a legal person constituted for that purpose under the *Act respecting the Société d'habitation du Québec* (chapter S-8).
[1991, c. 64, a. 1984; I.N., 2014-05-01].

■ C.C.Q., 1974.

1985. Le locateur d'un logement à loyer modique doit tenir à jour un registre des demandes de location et une liste d'admissibilité à la location d'un logement, conformément aux règlements de la Société d'habitation du Québec et, le cas échéant, aux règlements qu'il est autorisé à prendre lui-même en application des règlements de la Société.

Lorsqu'un logement est vacant, il doit l'offrir à une personne inscrite sur la liste d'admissibilité, dans les conditions prévues par ces règlements.

[1991, c. 64, a. 1985].

1986. Une personne peut, si le locateur refuse d'inscrire sa demande au registre ou de l'inscrire sur la liste d'admissibilité, s'adresser au tribunal, dans le mois du refus, pour faire réviser la décision du locateur.

La personne radiée de la liste ou inscrite dans une catégorie de logement, incluant une sous-catégorie, autre que celle à laquelle elle a droit peut, pareillement, faire réviser la décision du locateur, dans le mois qui suit la décision.

En ces cas, il incombe au locateur d'établir qu'il a agi dans les conditions prévues par les règlements. Le tribunal peut, le cas échéant, ordonner l'inscription de la demande au registre ou l'inscription, la réinscription ou le reclassement de la personne sur la liste d'admissibilité.

[1991, c. 64, a. 1986].

■ C.C.Q., 1985.

1987. Si le locateur attribue un logement à une personne autre que celle qui y a droit en vertu des règlements, celle qui y a droit peut, dans le mois de l'attribution du logement, s'adresser au tribunal pour faire réviser la décision du locateur.

Il incombe au locateur d'établir qu'il a agi dans les conditions prévues par les règlements et s'il ne l'établit pas, le tribunal peut ordonner de loger la personne dans un

1985. The lessor of a dwelling in low-rental housing shall keep an up-to-date register of lease applications and a list of eligible persons for the lease of a dwelling, in accordance with the by-laws of the Société d'habitation du Québec and with any by-law made by the lessor himself as authorized by and pursuant to the by-laws of the Société d'habitation du Québec.

Where a dwelling is vacant, the lessor shall offer it to a person entered on the list of eligible persons, according to the conditions prescribed in the by-laws.

[1991, c. 64, a. 1985; I.N., 2014-05-01].

1986. If a lessor refuses to enter the application of a person in the register or to enter his name on the list of eligible persons, the person may apply to the court within one month after the refusal for a review of the decision.

A person whose name is removed from the list or entered on the list for a dwelling of a category or subcategory other than that to which he is entitled may also, within one month after the decision, apply to the court to have the decision of the lessor revised.

In such cases, the lessor has the burden of establishing that he acted within the conditions prescribed in the by-laws. The court may, as the case may be, order the application entered in the register or the name of the person entered, re-entered or reclassified on the list of eligible persons.

[1991, c. 64, a. 1986; I.N., 2014-05-01].

1987. If the lessor allocates a dwelling to a person other than the person entitled to it under the by-laws, the person entitled to the dwelling may apply to the court within one month thereafter for a review of the decision.

The lessor has the burden of establishing that he acted within the conditions prescribed in the by-laws; if he fails to do so, the court may order him to house the per-

logement de la catégorie à laquelle elle a droit ou, si aucun n'est vacant, de lui attribuer le prochain logement vacant de cette catégorie. Il peut aussi, s'il y a urgence, ordonner de la loger dans un logement équivalent, à loyer modique ou non, qui correspond à la catégorie de logement à laquelle elle a droit. Si le loyer de ce logement est plus élevé que celui que cette personne aurait payé pour le logement auquel elle a droit, le locateur est tenu d'en payer l'excédent.

[1991, c. 64, a. 1987].

▌ C.C.Q., 1985.

1988. Lorsqu'un logement à loyer modique est attribué à la suite d'une fausse déclaration du locataire, le locateur peut, dans les deux mois où il a connaissance de la fausse déclaration, demander au tribunal la résiliation du bail ou la modification de certaines conditions du bail si, sans cela, il n'aurait pas attribué le logement au locataire ou l'aurait fait à des conditions différentes.

[1991, c. 64, a. 1988].

▌ D.T., 111.

1989. Le locataire qui occupe un logement d'une catégorie autre que celle à laquelle il aurait droit peut s'adresser au locateur afin d'être réinscrit sur la liste d'admissibilité.

Si le locateur refuse de réinscrire le locataire ou l'inscrit dans une catégorie de logement autre que celle à laquelle il a droit, ce dernier peut, dans le mois de la réception de l'avis de refus du locateur ou de l'attribution du logement, s'adresser au tribunal pour contester la décision du locateur.

[1991, c. 64, a. 1989].

▌ C.C.Q., 1986.

1990. Le locateur peut, en tout temps, reloger le locataire qui occupe un logement d'une catégorie autre que celle à laquelle il

son in a dwelling of the category to which he is entitled or, if none is vacant, to allocate to him the next dwelling of that category that becomes vacant. The court may also, in an urgent case, order the lessor to house him in an equivalent dwelling, whether in low-rental housing or not, corresponding to the category of dwelling to which he is entitled. If the rent for that dwelling is higher than the rent the person would have paid for the dwelling he is entitled to, the lessor is bound to pay the excess amount.

[1991, c. 64, a. 1987; I.N., 2014-05-01].

1988. Where a dwelling in low-rental housing is allocated following a false statement of the lessee, the lessor may, within two months after becoming aware of the false statement, apply to the court for the resiliation of the lease or the modification of certain conditions of the lease if, were it not for the false statement, he would not have allocated the dwelling to the lessee or would have done so on different conditions.

[1991, c. 64, a. 1988; I.N., 2014-05-01].

1989. A lessee who occupies a dwelling of a category other than that to which he is entitled may apply to the lessor to have his name re-entered on the list of eligible persons.

If the lessor refuses to re-enter the lessee's name or enters it on the list for a category of dwelling other than that to which he is entitled, the lessee may apply to the court to contest the lessor's decision within one month after receiving notice of the refusal or the allocation of the dwelling.

[1991, c. 64, a. 1989; I.N., 2014-05-01].

1990. The lessor may, at any time, relocate a lessee who occupies a dwelling of a category other than that to which he is entitled

aurait droit dans un logement approprié†, s'il lui donne un avis de trois mois.

Le locataire peut faire réviser cette décision par le tribunal dans le mois de la réception de l'avis.

[1991, c. 64, a. 1990].

▍ C.C.Q., 1898, 1974.

1991. En cas de cessation de cohabitation avec le locataire ou en cas de décès de celui-ci, la personne qui bénéficie du droit au maintien dans les lieux n'a pas droit à la reconduction de plein droit du bail si elle ne satisfait plus aux conditions d'attribution prévues par les règlements.

Le locateur peut alors résilier le bail en donnant un avis de trois mois avant la fin du bail.

[1991, c. 64, a. 1991].

▍ C.C.Q., 1898, 1938, 1993.

1992. Le locateur qui avise le locataire de son intention d'augmenter le loyer n'est pas tenu d'indiquer le nouveau loyer ou le montant de l'augmentation et le locataire n'est pas tenu de répondre à cet avis.

Cependant, si le loyer n'est pas déterminé conformément aux règlements de la Société d'habitation du Québec, le locataire peut, dans les deux mois qui suivent la détermination du loyer, s'adresser au tribunal pour le faire réviser.

[1991, c. 64, a. 1992].

▍ C.C.Q., 1956.

1993. Le locataire qui reçoit un avis de modification de la durée ou d'une autre condition du bail peut, dans le mois de la réception de l'avis, s'adresser au tribunal pour faire statuer sur la durée ou sur la modification demandée, sinon il est réputé avoir accepté les nouvelles conditions.

Celui qui bénéficie du droit au maintien dans les lieux et qui reçoit un avis de résiliation du bail peut, pareillement, s'adresser au tribunal pour s'opposer au bien-

in a dwelling of the appropriate category or subcategory† on giving him three months' notice.

The lessee may apply to the court for review of the decision within one month after receiving the notice.

[1991, c. 64, a. 1990].

1991. If a person who benefits from the right to maintain occupancy ceases to cohabit with the lessee or if the lessee dies, that person is not entitled to renewal of the lease by operation of law if he no longer meets the conditions of allocation prescribed in the by-laws.

The lessor may, in such a case, resiliate the lease by giving the person three months' notice before termination of the lease.

[1991, c. 64, a. 1991; I.N., 2014-05-01].

1992. A lessor who notifies the lessee of his intention to increase the rent is not bound to indicate the new rent or the amount of the increase, and the lessee is not bound to respond to such a notice.

However, if the rent is not fixed in accordance with the by-laws of the Société d'habitation du Québec, the lessee may apply to the court, within two months after the fixing of the rent, for its review.

[1991, c. 64, a. 1992].

1993. A lessee, within one month after receiving notice of modification of the term or of another condition of the lease, may apply to the court for a ruling on the requested term or modification; otherwise, he is deemed to consent to the new conditions.

A person who benefits from the right to maintain occupancy and who receives a notice of resiliation of the lease may, similarly, contest the resiliation on its merits

fondé de la résiliation, sinon il est réputé l'avoir acceptée.

[1991, c. 64, a. 1993].

▌ C.C.Q., 1936-1940.

1994. Le locateur est tenu, au cours du bail et à la demande d'un locataire qui a subi une diminution de revenu ou un changement dans la composition de son ménage, de réduire le loyer conformément aux règlements de la Société d'habitation du Québec; s'il refuse ou néglige de le faire, le locataire peut s'adresser au tribunal pour obtenir la réduction.

Toutefois, si le revenu du locataire redevient égal ou supérieur à ce qu'il était, le loyer antérieur est rétabli; le locataire peut, dans le mois du rétablissement de loyer, s'adresser au tribunal pour contester ce rétablissement.

[1991, c. 64, a. 1994].

▌ C.C.Q., 1863.

1995. Le locataire d'un logement à loyer modique ne peut sous-louer le logement ou céder son bail.

Il peut cependant, en tout temps, résilier le bail en donnant un avis de trois mois au locateur.

[1991, c. 64, a. 1995].

▌ C.C.Q., 1863, 1898.

III — Du bail d'un terrain destiné à l'installation d'une maison mobile

1996. Le locateur d'un terrain destiné à l'installation d'une maison mobile est tenu de délivrer le terrain et de l'entretenir en conformité avec les normes d'aménagement établies par la loi. Ces obligations font partie du bail.

[1991, c. 64, a. 1996].

▌ C.C.Q., 1863.

1997. Le locateur ne peut exiger de procéder lui-même au déplacement de la maison mobile du locataire.

[1991, c. 64, a. 1997].

before the court; otherwise, he is deemed to have agreed to it.

[1991, c. 64, a. 1993].

1994. The lessor, at the request of a lessee who has suffered a reduction of income or a change in the composition of his household, is bound to reduce his rent during the term of the lease in accordance with the by-laws of the Société d'habitation du Québec; if he refuses or neglects to do so, the lessee may apply to the court for the reduction.

If the income of the lessee returns to or becomes greater than what it was, the former rent is re-established; the lessee may contest the re-establishment of the rent within one month after it is re-established.

[1991, c. 64, a. 1994].

1995. The lessee of a dwelling in low-rental housing may not sublease the dwelling or assign his lease.

He may resiliate the lease at any time by giving three months' notice to the lessor.

[1991, c. 64, a. 1995].

III — Lease of land intended for the installation of a mobile home

1996. The lessor of land intended for the installation of a mobile home is bound to deliver the land and maintain it in accordance with the land use standards established by law. These obligations form part of the lease.

[1991, c. 64, a. 1996; I.N., 2014-05-01].

1997. The lessor may not require that the lessee's mobile home be moved by the lessor.

[1991, c. 64, a. 1997; I.N., 2014-05-01].

■ C.C.Q., 1996.

1998. Le locateur ne peut restreindre le droit du locataire du terrain de remplacer sa maison par une autre maison mobile de son choix.

Il ne peut, non plus, limiter le droit du locataire d'aliéner ou de louer la maison mobile; il ne peut davantage exiger d'agir comme mandataire ou de choisir la personne qui agira comme mandataire du locataire pour l'aliénation ou la location de la maison mobile.

Le locataire qui aliène sa maison mobile doit toutefois en aviser immédiatement le locateur du terrain.

[1991, c. 64, a. 1998].

■ C.C.Q., 1863, 1898, 2130.

1999. Le locateur ne peut exiger du locataire de somme d'argent en raison de l'aliénation ou de la location de la maison mobile, à moins qu'il n'agisse comme mandataire du locataire pour l'aliénation ou la location de cette maison.

[1991, c. 64, a. 1999].

■ C.C.Q., 2130.

2000. L'acquéreur d'une maison mobile située sur un terrain loué devient locataire du terrain, à moins qu'il n'avise le locateur de son intention de quitter les lieux dans le mois de l'acquisition.

[1991, c. 64, a. 2000].

1998. The lessor may not limit the right of the lessee of the land to replace his mobile home by another mobile home of his choice.

The lessor may not limit the right of the lessee to alienate or lease his mobile home; nor may he require that he, the lessor, act as the mandatary or that he select the person to act as the mandatary of the lessee for the alienation or lease of the mobile home.

A lessee who alienates his mobile home shall, however, notify the lessor of the land immediately.

[1991, c. 64, a. 1998].

1999. The lessor may not require any amount of money from the lessee by reason of the alienation or lease of the mobile home, unless he acts as the mandatary of the lessee for alienation or lease.

[1991, c. 64, a. 1999].

2000. The acquirer of a mobile home situated on leased land becomes the lessee of the land unless he notifies the lessor of his intention to leave the premises within one month after the acquisition.

[1991, c. 64, a. 2000].

Chapitre V ——
De l'affrètement

SECTION I ——
DISPOSITIONS GÉNÉRALES

Chapter V ——
Affreightment

SECTION I ——
GENERAL PROVISIONS

2001. L'affrètement est le contrat par lequel une personne, le fréteur, moyennant un prix, aussi appelé fret, s'engage à mettre à la disposition d'une autre personne, l'affréteur, tout ou partie d'un navire, en vue de le faire naviguer.

Le contrat, lorsqu'il est écrit, est constaté

2001. Affreightment is a contract by which a person, the lessor, undertakes for a price, also called freight, to place all or part of a ship at the disposal of another person, the charterer, for navigation.

The contract, if in writing, is evidenced by

par une chartepartie qui énonce, outre le nom des parties, les engagements de celles-ci et les éléments d'individualisation du navire.

[1991, c. 64, a. 2001].

▮ C.C.Q., 2007-2029.

a charterparty containing the names of the parties, their undertakings under the contract and particulars identifying the ship.

[1991, c. 64, a. 2001; I.N., 2014-05-01].

2002. L'affréteur est tenu de payer le prix de l'affrètement. Si aucun prix n'a été convenu, il doit payer une somme qui tienne compte des conditions du marché, au lieu et au moment de la conclusion du contrat.

[1991, c. 64, a. 2002].

▮ C.C.Q., 2012, 2019, 2027, 2028.

2002. The charterer is bound to pay freight. If no price has been agreed, he shall pay an amount consistent with market conditions, at the place and time the contract is entered into.

[1991, c. 64, a. 2002; I.N., 2014-05-01].

2003. Le fréteur qui n'est pas payé lors du déchargement de la cargaison du navire peut retenir les biens transportés jusqu'au paiement de ce qui lui est dû, y compris les frais raisonnables et les dommages qui résultent de cette rétention.

[1991, c. 64, a. 2003].

▮ C.C.Q., 1457, 1458, 1592, 1593, 1607-1625, 2651.

2003. Where the lessor has not been paid at the time of discharge of the cargo from the ship, he may retain the property carried until payment of what is due to him, including for reasonable expenses and injury resulting from the retention.

[1991, c. 64, a. 2003; I.N., 2014-05-01].

2004. Les dispositions relatives aux avaries communes sont celles admises par les règles et les usages maritimes conventionnels, au lieu et au moment de la conclusion du contrat.

[1991, c. 64, a. 2004].

▮ C.C.Q., 2077, 2599.

2004. General average is governed by conventional maritime rules and customs, at the place and time the contract is entered into.

[1991, c. 64, a. 2004; I.N., 2014-05-01].

2005. L'affréteur peut sous-fréter le navire, avec le consentement du fréteur, ou l'utiliser à des transports sous connaissement; dans l'un ou l'autre cas, il demeure tenu envers le fréteur des obligations résultant du contrat d'affrètement.

Le fréteur peut, dans la mesure de ce qui lui est dû par l'affréteur, agir contre le sous-affréteur en paiement du fret dû par celui-ci, mais le sous-affrètement n'établit pas d'autres relations directes entre le fréteur et le sous-affréteur.

[1991, c. 64, a. 2005].

▮ C.C.Q., 1601-1603, 2040-2058.

2005. The charterer may subcharter the ship with the consent of the lessor or use it for carriage under bills of lading; in either case, he remains liable to the lessor for his obligations under the contract of affreightment.

The lessor may, to the extent of what is due to him by the charterer, bring action against the subcharterer for payment of the freight due by the latter, but the subchartering of the ship establishes no other direct relationship between the lessor and the subcharterer.

[1991, c. 64, a. 2005; I.N., 2014-05-01].

2006. La prescription des actions nées des contrats d'affrètement court, pour l'affrè-

2006. Prescription of an action arising out of a contract of affreightment runs, in the

tement coque-nue ou à temps, depuis l'expiration de la durée du contrat ou l'interruption définitive de son exécution, et, pour l'affrètement au voyage, depuis le déchargement complet des biens transportés ou l'événement qui a mis fin au voyage.

La prescription des actions nées des contrats de sous-affrètement court dans les mêmes conditions.

[1991, c. 64, a. 2006].

∎ C.C.Q., 2001.

case of a bareboat or time charter, from the expiry of the term of the contract or the permanent interruption of its performance and, in the case of a voyage charter, from the completion of the discharge of the property carried or from the event which put an end to the voyage.

Prescription of an action arising out of a contract of subcharter runs under the same conditions.

[1991, c. 64, a. 2006; I.N., 2014-05-01].

SECTION II — DES RÈGLES PARTICULIÈRES AUX DIFFÉRENTS CONTRATS D'AFFRÈTEMENT

SECTION II — SPECIAL RULES GOVERNING DIFFERENT CONTRACTS OF AFFREIGHTMENT

§ 1. — De l'affrètement coque-nue

§ 1. — Bareboat charter

2007. L'affrètement coque-nue est le contrat par lequel le fréteur met, pour un temps défini, un navire sans armement ni équipement, ou avec un armement et un équipement incomplets, à la disposition de l'affréteur et lui transfère la gestion nautique et la gestion commerciale du navire.

[1991, c. 64, a. 2007].

2007. A bareboat charter is a contract of affreightment by which a lessor places an unmanned and unequipped or partly manned and partly equipped ship at the disposal of a charterer for a fixed time, and transfers to him the nautical and commercial management of the ship.

[1991, c. 64, a. 2007; I.N., 2014-05-01].

2008. Le fréteur présente, au lieu et au moment convenus, le navire en bon état de navigabilité et apte au service auquel il est destiné.

[1991, c. 64, a. 2008].

∎ C.C.Q., 2007.

2008. The lessor delivers the ship in a seaworthy condition and fit for the service for which it is intended, at the agreed place and time.

[1991, c. 64, a. 2008].

2009. L'affréteur peut utiliser le navire à toutes les fins conformes à sa destination normale, mais le fréteur peut, dans le contrat, imposer des restrictions quant à cette utilisation.

[1991, c. 64, a. 2009].

∎ C.C.Q., 2007.

2009. The charterer may use the ship for any purpose for which it is intended, but the lessor may, in the contract, impose restrictions as to that use.

[1991, c. 64, a. 2009; I.N., 2014-05-01].

2010. L'affréteur a l'usage du matériel et de l'équipement de bord du navire.

2010. The charterer may use the ship's stores and equipment.

Il assure le navire et en supporte tous les frais d'exploitation. Il recrute l'équipage et assume toutes les dépenses liées à l'entretien de celui-ci.

[1991, c. 64, a. 2010].

■ C.C.Q., 2007, 2505-2510.

He insures the ship and bears all operating costs. He hires and maintains the crew.

[1991, c. 64, a. 2010].

2011. L'affréteur est tenu de garantir le fréteur contre tous les recours des tiers qui sont la conséquence de l'exploitation du navire.

[1991, c. 64, a. 2011].

■ C.C.Q., 2007.

2011. The charterer is bound to warrant the lessor against all remedies of third persons arising out of the operation of the ship.

[1991, c. 64, a. 2011].

2012. L'affréteur est tenu de procéder à l'entretien du navire et d'effectuer les réparations et les remplacements nécessaires.

Le fréteur est, pour sa part, tenu des réparations et des remplacements occasionnés par les vices propres dont les effets se manifestent dans l'année de la remise du navire à l'affréteur et, si le navire est immobilisé par suite d'un tel vice, ce dernier ne doit aucun fret pendant l'immobilisation, si celle-ci dépasse vingt-quatre heures.

[1991, c. 64, a. 2012].

■ C.C.Q., 2007.

2012. The charterer is bound to maintain the ship and make the necessary repairs and replacements.

The lessor is bound to make the repairs and replacements arising from inherent defects which appear within one year after delivery of the ship to the charterer and, if the ship is immobilized for more than 24 hours by reason of such a defect, no freight is payable by the charterer for the time during which the ship is immobilized.

[1991, c. 64, a. 2012; I.N., 2014-05-01].

2013. L'affréteur restitue le navire, en fin de contrat, au lieu où il en a pris livraison et dans l'état où il l'a reçu; il n'est pas tenu d'indemniser le fréteur pour l'usure normale du navire, du matériel et de l'équipement de bord.

Il est cependant tenu, alors, de restituer la même quantité et la même qualité de matériel, de provisions et d'équipement de bord que ceux qu'il a reçus lorsqu'il a pris livraison du navire.

[1991, c. 64, a. 2013].

■ C.C.Q., 2007.

2013. At the end of the contract, the charterer redelivers the ship at the place where it was delivered and in the condition in which it was delivered; he is not bound to indemnify the lessor for fair wear and tear of the ship, stores and equipment.

He is bound, however, to redeliver stores, provisions and equipment of the same quantity and quality as those he received when the ship was delivered to him.

[1991, c. 64, a. 2013; I.N., 2014-05-01].

§ 2. — De l'affrètement à temps

§ 2. — Time charter

2014. L'affrètement à temps est le contrat par lequel le fréteur met à la disposition de l'affréteur, pour un temps défini, un navire

2014. A time charter is a contract by which a lessor places a fully-equipped and manned ship at the disposal of a charterer

armé et équipé, dont il conserve la gestion nautique, alors qu'il en transfère la gestion commerciale à l'affréteur.

[1991, c. 64, a. 2014].

∎ C.C.Q., 2015.

2015. Le fréteur présente, au lieu et au moment convenus, le navire en bon état de navigabilité, armé et équipé convenablement pour accomplir les opérations auxquelles il est destiné.

[1991, c. 64, a. 2015].

∎ C.C.Q., 2014.

2016. L'affréteur assume les frais inhérents à l'exploitation commerciale du navire, notamment les droits de quai, de même que les frais de pilotage et de canaux.

Il acquiert et paie les soutes qui sont à bord du navire au moment où celui-ci lui est remis, ainsi que celles dont il doit le pourvoir et qui sont d'une qualité propre à assurer son bon fonctionnement.

[1991, c. 64, a. 2016].

∎ C.C.Q., 2014.

2017. Le capitaine du navire doit obéir, dans les limites fixées par le contrat, aux instructions que lui donne l'affréteur pour tout ce qui a trait à la gestion commerciale du navire.

Si ces instructions sont incompatibles avec les droits que détient le fréteur en vertu du contrat, le capitaine peut refuser de s'y conformer. Si, néanmoins, il s'y conforme, il le fait, en ce cas, sans porter préjudice au recours du fréteur contre l'affréteur.

[1991, c. 64, a. 2017].

∎ C.C.Q., 1458, 1607-1625.

2018. L'affréteur est tenu d'indemniser le fréteur des pertes et des avaries qui sont causées au navire et qui résultent de son exploitation commerciale, exception faite de l'usure normale.

[1991, c. 64, a. 2018].

∎ C.C.Q., 2014.

for a fixed time and under which he retains the nautical management of the ship but transfers its commercial management to the charterer.

[1991, c. 64, a. 2014; I.N., 2014-05-01].

2015. The lessor delivers the ship in a seaworthy condition and properly manned and equipped for the service for which it is intended, at the agreed place and time.

[1991, c. 64, a. 2015].

2016. The charterer bears the cost of the commercial operation of the ship, in particular wharfage, pilotage and canal dues.

He acquires and pays for the fuel on board when the ship is delivered to him and thereafter provides and pays for fuel of such a grade as to ensure the proper working of the ship.

[1991, c. 64, a. 2016].

2017. The master of the ship shall, within the limits stipulated in the contract, follow the instructions of the charterer with respect to the commercial management of the ship.

If the instructions are inconsistent with the rights of the lessor under the contract, the master may refuse to follow them. If he follows them, he does so without prejudice to the lessor's remedy against the charterer.

[1991, c. 64, a. 2017; I.N., 2014-05-01].

2018. The charterer is bound to indemnify the lessor for any loss or damage caused to the ship as a result of its commercial operation, fair wear and tear excepted.

[1991, c. 64, a. 2018; I.N., 2014-05-01].

2019. Le fret court à compter du jour où le navire est remis à l'affréteur, conformément aux conditions du contrat.

Il est dû jusqu'au jour de la restitution du navire au fréteur; il n'est pas dû, cependant, pour les périodes où le fonctionnement du navire est entravé par force majeure ou pour une cause imputable à un tiers ou au fréteur.

[1991, c. 64, a. 2019].

▌ C.C.Q., 1458, 1470.

2020. L'affréteur restitue le navire au lieu et dans les délais convenus; il en informe le fréteur, au préalable, dans un délai raisonnable. Si aucun lieu n'a été convenu pour la restitution, elle est faite au lieu où le navire a été présenté.

[1991, c. 64, a. 2020].

▌ C.C.Q., 2015.

§ 3. —— De l'affrètement au voyage

2021. L'affrètement au voyage est le contrat par lequel le fréteur met à la disposition de l'affréteur, en tout ou en partie, un navire armé et équipé dont il conserve la gestion nautique et la gestion commerciale, en vue d'accomplir, relativement à une cargaison, un ou plusieurs voyages déterminés.

Le contrat définit la nature et l'importance de la cargaison; il précise également les lieux de chargement et de déchargement, ainsi que le temps prévu pour effectuer ces opérations.

[1991, c. 64, a. 2021].

▌ C.C.Q., 2022.

2022. Le fréteur présente, au lieu et au moment convenus, le navire en bon état de navigabilité, armé et équipé convenablement pour accomplir le voyage prévu.

Il s'oblige, en outre, à maintenir le navire en bon état de navigabilité et à faire toutes diligences qui dépendent de lui pour exécuter le voyage.

[1991, c. 64, a. 2022].

2019. Freight runs from the day the ship is delivered to the charterer, in accordance with the terms of the contract.

Freight is payable until the day the ship is redelivered to the lessor; it is not payable, however, for periods during which the working of the ship is impeded by superior force or by a cause attributable to a third person or to the lessor.

[1991, c. 64, a. 2019; I.N., 2014-05-01].

2020. The charterer redelivers the ship at the agreed place and within the agreed time; he gives reasonable prior notice to the lessor. If no place has been agreed for the redelivery of the ship, it is redelivered at the place at which it was delivered.

[1991, c. 64, a. 2020; I.N., 2014-05-01].

§ 3. —— Voyage charter

2021. A voyage charter is a contract by which a lessor places all or part of a fully-equipped and manned ship at the disposal of a charterer for the carriage of cargo on one or more specified voyages and under which he retains the nautical and commercial management of the ship.

The contract specifies the nature and quantity of the cargo as well as the places of loading and discharge and the time allowed for those operations.

[1991, c. 64, a. 2021; I.N., 2014-05-01].

2022. The lessor presents the ship in a seaworthy condition and properly manned and equipped for the voyage, at the agreed place and time.

Moreover, he is bound to maintain the ship in a seaworthy condition and to use all diligence within his means to prosecute the voyage.

[1991, c. 64, a. 2022].

▌C.C.Q., 2021.

2023. Le fréteur est responsable de la perte ou de l'avarie des biens reçus à bord, dans les limites prévues par le contrat. Il peut cependant se libérer de cette responsabilité en établissant que les dommages ne résultent pas d'un manquement à ses obligations.

[1991, c. 64, a. 2023].

▌C.C.Q., 1457, 1458, 1607-1625, 2064.

2023. The lessor is responsible, within the limits stipulated in the contract, for loss of or damage to the property received on board. He may, however, relieve himself from that liability by proving that the damage did not result from failure on his part to perform his obligations.

[1991, c. 64, a. 2023; I.N., 2014-05-01].

2024. L'affréteur est tenu de mettre à bord la cargaison, suivant la quantité et la qualité convenues; s'il ne le fait pas, il est néanmoins tenu de payer le fret prévu.

Il peut, cependant, résilier le contrat avant de commencer le chargement; il doit alors au fréteur une indemnité correspondant au préjudice subi par ce dernier, mais qui ne peut excéder le montant du fret.

[1991, c. 64, a. 2024].

▌C.C.Q., 1604-1625.

2024. The charterer is bound to load cargo of the agreed quality in the agreed quantity; if he does not, he is nevertheless bound to pay the stipulated freight.

The charterer may, however, resiliate the contract before loading begins; in that case, he shall pay to the lessor an indemnity equal to the loss he suffers, but in no case greater than the amount of the freight.

[1991, c. 64, a. 2024; I.N., 2014-05-01].

2025. L'affréteur doit charger et décharger la cargaison dans les délais alloués par le contrat ou, à défaut, dans un délai raisonnable ou suivant l'usage du port.

Si le contrat établit distinctement les délais pour le chargement et le déchargement, ces délais ne sont pas réversibles et doivent être décomptés séparément.

[1991, c. 64, a. 2025].

▌C.C.Q., 2024.

2025. The charterer shall load and discharge the cargo within the time allowed by the contract or, failing such a stipulation, within a reasonable time or according to the custom of the port.

Where the times for loading and discharging are fixed separately by the contract, they are not reversible and the time for each operation is computed separately.

[1991, c. 64, a. 2025; I.N., 2014-05-01].

2026. Les délais pour charger ou décharger courent à compter du moment où le fréteur informe l'affréteur que le navire est prêt à charger ou à décharger, après son arrivée au port.

[1991, c. 64, a. 2026].

▌C.C.Q., 2025.

2026. The time for loading or discharging runs from the moment the lessor informs the charterer that the ship is ready to load or ready to discharge, after its arrival at the port.

[1991, c. 64, a. 2026; I.N., 2014-05-01].

2027. En cas de dépassement des délais alloués, pour une cause qui n'est pas imputable au fréteur, l'affréteur doit, à compter de la fin du délai alloué pour charger ou décharger, des surestaries; celles-ci sont considérées comme un supplément du fret

2027. Where a time allowed for loading or discharging is exceeded for any reason not attributable to the lessor, the charterer shall pay demurrage from the expiry of the time allowed; demurrage is considered a supplement to freight and is payable for

et sont dues pour toute la période additionnelle effectivement requise pour les opérations de chargement ou de déchargement.

the entire additional time actually required for loading or discharging.

Les surestaries qui ne sont pas prévues au contrat sont calculées à un taux raisonnable, suivant l'usage du port où ont lieu les opérations ou, à défaut, suivant les usages maritimes.

Demurrage not fixed by the contract is calculated at a reasonable rate, according to the custom of the port of loading or discharge or, failing that, according to general custom.

[1991, c. 64, a. 2027].

[1991, c. 64, a. 2027; I.N., 2014-05-01].

▌ C.C.Q., 2025, 2026.

2028. Le fret est dû à la fin du voyage. Il n'est toutefois pas dû en toutes circonstances.

2028. Freight is payable on completion of the voyage. However, it is not due in all circumstances.

Ainsi, lorsque l'achèvement du voyage devient impossible, l'affréteur n'est tenu au fret que si cette impossibilité est due à une cause non imputable au fréteur. Toutefois, le fret dû est alors limité au fret de distance.

Where completion of the voyage becomes impossible, the charterer is bound to pay freight only if the completion was prevented by a cause not attributable to the lessor. In that case, freight is due only proportionately to the distance travelled.

[1991, c. 64, a. 2028].

[1991, c. 64, a. 2028; I.N., 2014-05-01].

▌ C.C.Q., 2021, 2022.

2029. Le contrat est résolu de plein droit, sans dommages-intérêts de part et d'autre, si, avant le commencement du voyage, il survient une force majeure qui rend impossible l'exécution du voyage.

2029. The contract is resolved by operation of law, with no claim for damages on either part, if superior force renders the voyage impossible before its commencement.

Toutefois, il subsiste si la force majeure n'empêche que pour un temps la sortie du navire ou la poursuite du voyage; en ce cas, il n'y a pas lieu à une réduction du fret ou à des dommages-intérêts en raison du retard.

The contract stands, however, if superior force prevents the sailing of the ship or the prosecution of the voyage for a time only; in that case, no reduction of freight or damages may be claimed by reason of the delay.

[1991, c. 64, a. 2029].

[1991, c. 64, a. 2029; I.N., 2014-05-01].

▌ C.C.Q., 1458, 1470, 1604-1606.

Chapitre VI ━━
Du transport

Chapter VI ━━
Carriage

SECTION I ━━
DES RÈGLES APPLICABLES À TOUS LES
MODES DE TRANSPORT

SECTION I ━━
RULES APPLICABLE TO ALL MODES OF
TRANSPORTATION

§ 1. ━━ **Dispositions générales**

§ 1. ━━ **General provisions**

2030. Le contrat de transport est celui par lequel une personne, le transporteur,

2030. A contract of carriage is a contract by which one person, the carrier, under-

s'oblige principalement à effectuer le déplacement d'une personne ou d'un bien, moyennant un prix qu'une autre personne, le passager, l'expéditeur ou le destinataire du bien, s'engage à lui payer, au temps convenu.

[1991, c. 64, a. 2030].

■ C.C.Q., 2036-2060.

2031. Le transport successif est celui qui est effectué par plusieurs transporteurs qui se succèdent en utilisant le même mode de transport; le transport combiné est celui où les transporteurs se succèdent en utilisant des modes différents de transport.

[1991, c. 64, a. 2031].

■ C.C.Q., 2039, 2051.

2032. Sauf s'il est effectué par un transporteur qui offre ses services au public dans le cours des activités de son entreprise, le transport à titre gratuit d'une personne ou d'un bien n'est pas régi par les règles du présent chapitre et celui qui offre le transport n'est tenu, en ces cas, que d'une obligation de prudence et de diligence.

[1991, c. 64, a. 2032].

■ C.C.Q., 1457.

2033. Le transporteur qui offre ses services au public doit transporter toute personne qui le demande et tout bien qu'on lui demande de transporter, à moins qu'il n'ait un motif sérieux de refus; mais le passager, l'expéditeur ou le destinataire est tenu de suivre les instructions données par le transporteur, conformément à la loi.

[1991, c. 64, a. 2033].

2034. Le transporteur ne peut exclure ou limiter sa responsabilité que dans la mesure et aux conditions prévues par la loi.

Il est tenu de réparer le préjudice résultant du retard, à moins qu'il ne prouve la force majeure.

[1991, c. 64, a. 2034].

■ C.C.Q., 1457, 1458, 1470, 1474, 1607-1625, 2039, 2070.

takes principally to carry a person or property from one place to another, in return for a price which another person, the passenger or the shipper or receiver of the property, undertakes to pay at the agreed time.

[1991, c. 64, a. 2030].

2031. Successive carriage is effected by several carriers in succession, using the same mode of transportation; combined carriage is effected by several carriers in succession, using different modes of transportation.

[1991, c. 64, a. 2031; I.N., 2014-05-01].

2032. Except where it is effected by a carrier offering his services to the public in the course of the activities of his enterprise, gratuitous carriage of a person or property is not governed by the rules contained in this chapter and the carrier is bound only by an obligation of prudence and diligence.

[1991, c. 64, a. 2032].

2033. A carrier who provides services to the general public shall carry any person requesting it and any property he is requested to carry, unless he has serious cause for refusal; the passenger, shipper or receiver is bound to follow the instructions given by the carrier, in accordance with the law.

[1991, c. 64, a. 2033; I.N., 2014-05-01].

2034. A carrier may not exclude or limit his liability except to the extent and subject to the conditions established by law.

He is bound to make reparation for injury resulting from delay, unless he proves superior force.

[1991, c. 64, a. 2034; I.N., 2014-05-01].

2035. Lorsque le transporteur se substitue un autre transporteur pour exécuter, en tout ou en partie, son obligation, la personne qu'il se substitue est réputée être partie au contrat de transport.

Le paiement effectué par l'expéditeur à l'un des transporteurs est libératoire.

[1991, c. 64, a. 2035].

❚ C.C.Q., 2030.

2035. Where the carrier entrusts another carrier with the performance of all or part of his obligation, the substitute carrier is deemed to be a party to the contract.

The shipper is discharged by payment to one of the carriers.

[1991, c. 64, a. 2035].

§ 2. —— Du transport de personnes

§ 2. —— Carriage of persons

2036. Le transport de personnes couvre, outre les opérations de transport, celles d'embarquement et de débarquement.

[1991, c. 64, a. 2036].

❚ C.C.Q., 2030.

2036. Carriage of persons includes, in addition to carriage itself, embarking and disembarking operations.

[1991, c. 64, a. 2036].

2037. Le transporteur est tenu de mener le passager, sain et sauf, à destination.

Il est tenu de réparer le préjudice subi par le passager, à moins qu'il n'établisse que ce préjudice résulte d'une force majeure, de l'état de santé du passager ou de la faute de celui-ci. Il est aussi tenu à réparation lorsque le préjudice résulte de son état de santé ou de celui d'un de ses préposés, ou encore de l'état ou du fonctionnement du véhicule.

[1991, c. 64, a. 2037].

❚ C.C.Q., 1457, 1458, 1470, 1474, 1607-1625.

2037. The carrier is bound to convey his passengers safe and sound to their destination.

The carrier is bound to make reparation for injury suffered by a passenger unless he proves it was caused by superior force or by the state of health or fault of the passenger. He is also bound to make reparation where the injury is caused by his state of health or that of one of his subordinates or by the condition or working of the vehicle.

[1991, c. 64, a. 2037; I.N., 2014-05-01].

2038. Le transporteur est responsable de la perte des bagages et des autres effets qui lui ont été confiés par le passager, à moins qu'il ne prouve la force majeure, le vice propre du bien ou la faute du passager.

Cependant, il n'est pas responsable de la perte de documents, d'espèces ou d'autres biens de grande valeur, à moins que la nature ou la valeur du bien ne lui ait été déclarée et qu'il n'ait accepté de le transporter; il n'est pas, non plus, responsable de la perte des bagages à main et des autres effets qui ont été laissés sous la surveillance du passager, à moins que ce dernier ne prouve la faute du transporteur.

[1991, c. 64, a. 2038].

2038. The carrier is liable for any loss of the luggage or other effects placed in his care by a passenger, unless he proves superior force, an inherent defect in the property or the fault of the passenger.

However, the carrier is not liable for any loss of documents, money or other property of great value, unless he agreed to carry the property after its nature or value was declared to him; moreover, the carrier is not liable for any loss of hand luggage or other effects which remain in the care of the passenger, unless the passenger proves the fault of the carrier.

[1991, c. 64, a. 2038].

■ C.C.Q., 1457, 1458, 1470, 1607-1625.

2039. En cas de transport successif ou combiné de personnes, celui qui effectue le transport au cours duquel le préjudice est survenu en est responsable, à moins que, par stipulation expresse, l'un des transporteurs n'ait assumé la responsabilité pour tout le voyage.

[1991, c. 64, a. 2039].

■ C.C.Q., 2031, 2037, 2038, 2051.

2039. In the case of successive or combined carriage of persons, the carrier who effects the carriage in the course of which the injury occurs is liable therefor, unless one of the carriers has, by express stipulation, assumed liability for the entire journey.

[1991, c. 64, a. 2039; I.N., 2014-05-01].

§ 3. — Du transport de biens

§ 3. — Carriage of property

2040. Le transport de biens couvre la période qui s'étend de la prise en charge du bien par le transporteur, en vue de son déplacement, jusqu'à la délivrance.

[1991, c. 64, a. 2040].

■ C.C.Q., 1457, 1458, 1470, 1717.

2040. Carriage of property extends from the time the carrier receives the property into his charge for carriage until its delivery.

[1991, c. 64, a. 2040].

2041. Le connaissement est l'écrit qui constate le contrat de transport de biens.

Il mentionne, entre autres, les noms de l'expéditeur, du destinataire, du transporteur et, s'il y a lieu, de celui qui doit payer le fret et les frais de transport. Il mentionne également les lieu et date de la prise en charge du bien, les points de départ et de destination, le fret, ainsi que la nature, la quantité, le volume ou le poids et l'état apparent du bien et, s'il y a lieu, son caractère dangereux.

[1991, c. 64, a. 2041].

■ C.C.Q., 2001-2084, 2708.

2041. A bill of lading is a writing which evidences a contract for the carriage of property.

A bill of lading states the names of the shipper, receiver and carrier and, where applicable, of the person who is to pay the freight and carriage charges. It also states the place and date of receipt of the property by the carrier into his charge, the points of origin and destination, the freight as well as the nature, quantity, volume or weight and apparent condition of the property and any dangerous properties it may have.

[1991, c. 64, a. 2041; I.N., 2014-05-01].

2042. Le connaissement est établi en plusieurs exemplaires; le transporteur qui l'émet en conserve un, il en remet un à l'expéditeur et un autre accompagne le bien jusqu'à sa destination.

Il fait foi, jusqu'à preuve du contraire, de la prise en charge, de la nature et de la quantité, ainsi que de l'état apparent du bien.

[1991, c. 64, a. 2042].

■ C.C.Q., 2041.

2042. The bill of lading is issued in several copies; the issuing carrier keeps a copy and gives one to the shipper; another copy accompanies the property to its destination.

In the absence of any evidence to the contrary, the bill of lading is proof of the receipt of the property by the carrier into his charge and of its nature, quantity and apparent condition.

[1991, c. 64, a. 2042].

2043. Le connaissement n'est pas négociable, à moins que la loi ou le contrat ne prévoie le contraire.

Lorsqu'il est négociable, la négociation a lieu soit par endossement et délivrance, soit par la seule délivrance, s'il est au porteur.

[1991, c. 64, a. 2043].

▌ C.C.Q., 1647, 2709.

2043. A bill of lading is not negotiable, unless otherwise provided by law or by the contract.

Negotiation of a negotiable bill of lading is effected by endorsement and delivery, or by mere delivery if the bill is made to bearer.

[1991, c. 64, a. 2043].

2044. Le transporteur est tenu de délivrer le bien transporté au destinataire ou au détenteur du connaissement.

Le détenteur d'un connaissement est tenu de le remettre au transporteur lorsqu'il exige la délivrance du bien transporté.

[1991, c. 64, a. 2044].

▌ C.C.Q., 2045.

2044. The carrier is bound to deliver the property to the receiver or to the holder of the bill of lading.

The holder of a bill of lading is bound to hand it over to the carrier when he demands delivery of the property.

[1991, c. 64, a. 2044; I.N., 2014-05-01].

2045. Sous réserve des droits de l'expéditeur, le destinataire, par son acceptation du bien ou du contrat, acquiert les droits et assume les obligations résultant du contrat.

[1991, c. 64, a. 2045].

▌ C.C.Q., 2044, 2066.

2045. Subject to the rights of the shipper, the receiver upon accepting the property or the contract acquires the rights and assumes the obligations arising out of the contract.

[1991, c. 64, a. 2045].

2046. Le transporteur est tenu d'informer le destinataire de l'arrivée du bien et du délai imparti pour son enlèvement, à moins que la délivrance du bien ne s'effectue à la résidence ou à l'établissement du destinataire.

[1991, c. 64, a. 2046].

▌ C.C.Q., 1717.

2046. The carrier is bound to notify the receiver of the arrival of the property and of the time allowed to remove it, unless it is delivered to the receiver's residence or premises.

[1991, c. 64, a. 2046].

2047. Lorsque le destinataire est introuvable ou qu'il refuse ou néglige de prendre délivrance du bien, ou que, pour toute autre raison, le transporteur ne peut, sans qu'il y ait faute de sa part, effectuer la délivrance, ce dernier doit, sans délai, en aviser l'expéditeur et lui demander des instructions sur la façon de disposer du bien; il n'y est pas tenu, cependant, s'il y a urgence et si le bien est périssable, auquel cas il peut en disposer sans avis.

Faute d'avoir reçu, lorsqu'il y a lieu†, des instructions dans les quinze jours de l'avis,

2047. Where the receiver cannot be found or refuses or neglects to take delivery of the property or where, for any other reason, the carrier cannot deliver the property through no fault of his own, the carrier shall notify the shipper without delay and request instructions as to disposal of the property; in an emergency, however, the carrier may dispose of perishable property without notice.

If the carrier receives† no instructions within fifteen days of notification, he may

le transporteur peut retourner les biens à l'expéditeur, aux frais de celui-ci ou en disposer conformément aux règles prescrites au livre Des biens pour le détenteur du bien confié et oublié.

[1991, c. 64, a. 2047].

∎ C.C.Q., 945.

2048. À l'expiration du délai d'enlèvement, ou à compter de l'avis donné à l'expéditeur, les obligations du transporteur deviennent celles d'un dépositaire à titre gratuit; néanmoins, il a droit, pour la conservation ou l'entreposage du bien, à une rémunération raisonnable, qui est à la charge du destinataire ou, à défaut, de l'expéditeur.

[1991, c. 64, a. 2048].

∎ C.C.Q., 2046, 2047, 2283-2292.

2049. Le transporteur est tenu de transporter le bien à destination.

Il est tenu de réparer le préjudice résultant du transport, à moins qu'il ne prouve que la perte résulte d'une force majeure, du vice propre du bien ou d'une freinte normale.

[1991, c. 64, a. 2049].

∎ C.C.Q., 1457, 1458, 1470, 1607-1625, 2067, 2071.

2050. Le délai de prescription de l'action en dommages-intérêts contre un transporteur court à compter de la délivrance du bien ou de la date à laquelle il aurait dû être délivré.

L'action n'est pas recevable à moins qu'un avis écrit de réclamation n'ait été préalablement donné au transporteur, dans les soixante jours à compter de la délivrance du bien, que la perte survenue au bien soit apparente ou non, ou, s'il n'est pas délivré, dans les neuf mois à compter de la date de son expédition. Aucun avis n'est nécessaire si l'action est intentée dans ce délai.

[1991, c. 64, a. 2050].

∎ C.C.Q., 1457, 1458, 2079, 2921-2933; D.T., 112.

2051. En cas de transport successif ou combiné de biens, l'action en responsabilité peut être exercée contre le transporteur

return the property to the shipper at the shipper's expense or dispose of it in accordance with the rules contained in Book Four on Property concerning the holder of property entrusted and forgotten.

[1991, c. 64, a. 2047].

2048. From the expiry of the time allowed for removal or from notification of the shipper, the obligations of the carrier are those of a gratuitous depositary; he is entitled, however, to reasonable remuneration for the preservation and storage of the property, payable by the receiver or, failing him, by the shipper.

[1991, c. 64, a. 2048].

2049. The carrier is bound to carry the property to its destination.

He is bound to make reparation for injury resulting from the carriage, unless he proves that the loss was caused by superior force, an inherent defect in the property or natural shrinkage.

[1991, c. 64, a. 2049; I.N., 2014-05-01].

2050. Prescription of any action in damages against a carrier runs from the delivery of the property or from the date on which it should have been delivered.

The action is not admissible unless a notice of the claim was first given to the carrier in writing within 60 days after the delivery of the property, whether or not the loss is apparent, or if the property is not delivered, within nine months after the date on which it was shipped. No notice is required if the action is brought within that time.

[1991, c. 64, a. 2050; I.N., 2014-05-01].

2051. In the case of successive or combined carriage of property, an action in liability may be brought against the carrier

avec qui le contrat a été conclu ou le der-nier transporteur.

[1991, c. 64, a. 2051].

∎ C.C.Q., 1457, 1458, 2031, 2039.

2052. La responsabilité du transporteur, en cas de perte, ne peut excéder la valeur du bien déclarée par l'expéditeur.

À défaut de déclaration, la valeur du bien est établie suivant sa valeur au lieu et au moment de l'expédition.

[1991, c. 64, a. 2052].

∎ C.C.Q., 2049.

2053. Le transporteur n'est pas tenu de transporter des documents, des espèces ou des biens de grande valeur.

S'il accepte de transporter ce type de bien, il n'est responsable de la perte que dans le cas où la nature ou la valeur du bien lui a été déclarée; la déclaration mensongère qui trompe sur la nature ou qui augmente la valeur du bien l'exonère de toute res-ponsabilité.

[1991, c. 64, a. 2053].

∎ C.C.Q., 1457, 1458, 1607-1625.

2054. L'expéditeur qui remet au transpor-teur un bien dangereux, sans en avoir fait connaître au préalable la nature exacte, doit indemniser le transporteur du préju-dice que celui-ci subit en raison de ce transport.

De plus, il doit, le cas échéant, acquitter les frais d'entreposage de ce bien et en as-sumer les risques.

[1991, c. 64, a. 2054].

∎ C.C.Q., 1457, 1607-1625.

2055. L'expéditeur est tenu de réparer le préjudice subi par le transporteur lorsque ce préjudice résulte du vice propre du bien ou de l'omission, de l'insuffisance ou de l'inexactitude de ses déclarations relative-ment au bien transporté.

Toutefois, le transporteur demeure respon-sable envers les tiers qui subissent un pré-

with whom the contract was made or the last carrier.

[1991, c. 64, a. 2051].

2052. The liability of the carrier, in the case of loss, may not exceed the value of the property declared by the shipper.

If no value has been declared, it is estab-lished on the basis of the value of the pro-perty at the place and time of shipment.

[1991, c. 64, a. 2052].

2053. No carrier is bound to carry docu-ments, money or property of great value.

If a carrier agrees to carry that type of pro-perty, he is not liable for loss unless its na-ture or value has been declared to him; any deceitful declaration which misleads as to the nature of the property or inflates its value exempts the carrier from all liability.

[1991, c. 64, a. 2053; I.N., 2014-05-01].

2054. A shipper who places dangerous property into the charge of a carrier with-out prior disclosure of its exact nature shall indemnify the carrier for any injury he suffers by reason of carriage of the property.

In addition, the shipper shall pay any stor-age charges for the property and assume all the risks attached to it.

[1991, c. 64, a. 2054; I.N., 2014-05-01].

2055. The shipper is bound to make repa-ration for injury suffered by the carrier as a result of an inherent defect in the pro-perty or any omission, deficiency or inac-curacy in the shipper's declarations as to the property carried.

However, the carrier remains liable to third persons who suffer injury as a result

judice en raison de l'un de ces faits, sous réserve de son recours contre l'expéditeur.

[1991, c. 64, a. 2055].

■ C.C.Q., 1457, 1607-1625.

of any of these acts or omissions, subject to his remedy against the shipper.

[1991, c. 64, a. 2055; I.N., 2014-05-01].

2056. Le fret et les frais de transport sont payables avant la délivrance, à moins de stipulation contraire sur le connaissement.

Dans l'un ou l'autre cas, si le bien n'est pas de la même nature† que celui décrit dans le contrat ou si sa valeur est supérieure au montant déclaré, le transporteur peut réclamer le prix qu'il aurait pu exiger pour ce transport.

[1991, c. 64, a. 2056].

■ C.C.Q., 2041.

2056. The freight and carriage charges are payable before delivery, unless otherwise stipulated in the bill of lading.

In either case, if the property is not as† described in the contract or if its value is greater than the declared amount, the carrier may claim the amount he could have charged for its carriage.

[1991, c. 64, a. 2056].

2057. Lorsque le prix du bien transporté est payable lors de la délivrance, le transporteur ne doit le délivrer qu'après avoir reçu le paiement.

À moins que l'expéditeur ne donne des instructions contraires sur le connaissement, les frais sont à sa charge.

[1991, c. 64, a. 2057].

■ C.C.Q., 2030.

2057. Where the price of the property carried is payable on delivery, the carrier shall not deliver the property until he receives payment.

The shipper pays the charges unless he has instructed otherwise on the bill of lading.

[1991, c. 64, a. 2057].

2058. Le transporteur a le droit de retenir le bien transporté jusqu'au paiement du fret, des frais de transport et, le cas échéant, des frais raisonnables d'entreposage.

Si, selon les instructions de l'expéditeur, ces sommes sont dues par le destinataire, le transporteur qui n'en exige pas l'exécution perd son droit de les réclamer de l'expéditeur.

[1991, c. 64, a. 2058].

■ C.C.Q., 1592, 1593, 2651.

2058. The carrier may retain the property carried until the freight, the carriage charges and any reasonable storage charges are paid.

If, according to the shipper's instructions, those amounts are payable by the receiver and the carrier does not demand payment of them, he loses his right to claim them from the shipper.

[1991, c. 64, a. 2058; I.N., 2014-05-01].

§ 1. — Dispositions générales

§ 1. — General provisions

2059. À moins que les parties n'en conviennent autrement, la présente section s'applique au transport de biens par voie d'eau, lorsque les ports de départ et de destination sont situés au Québec.

[1991, c. 64, a. 2059].

❚ C.C.Q., 2060-2084.

2059. Unless otherwise agreed by the parties, this section applies to carriage of property by water where the ports of sailing and destination are situated in Québec.

[1991, c. 64, a. 2059; I.N., 2014-05-01].

2060. Le transport de biens couvre la période qui s'étend de la prise en charge des biens par le transporteur jusqu'à leur délivrance.

[1991, c. 64, a. 2060].

❚ C.C.Q., 2040.

2060. Carriage of property extends from the time the carrier receives the property into his charge until its delivery.

[1991, c. 64, a. 2060].

§ 2. — Des obligations des parties

§ 2. — Obligations of the Parties

2061. L'expéditeur ou chargeur doit le fret.

Le destinataire en est également débiteur lorsque le fret est payable à destination et qu'il accepte la délivrance du bien.

[1991, c. 64, a. 2061].

❚ C.C.Q., 2056, 2075.

2061. Freight is payable by the shipper.

Freight is also payable by the receiver where he takes delivery of property for which freight is payable on arrival.

[1991, c. 64, a. 2061; I.N., 2014-05-01].

2062. Le chargeur doit présenter le bien, au lieu et au moment fixés par la convention des parties ou l'usage du port de chargement. À défaut, il doit payer au transporteur une indemnité correspondant au préjudice subi par celui-ci, sans toutefois excéder le montant du fret convenu.

[1991, c. 64, a. 2062].

❚ C.C.Q., 1457, 1458, 1607-1625.

2062. The shipper shall present the property at the time and place fixed by agreement between the parties or according to the custom of the port of loading, failing which he shall pay to the carrier an indemnity equal to the injury he suffers, but in no case greater than the amount of the freight.

[1991, c. 64, a. 2062; I.N., 2014-05-01].

2063. Le transporteur est tenu, au début du transport et même avant, de faire diligence pour mettre le navire en état de navigabilité, pour convenablement l'armer, l'équiper et l'approvisionner, et pour approprier

2063. At the beginning of the voyage and even before, the carrier is bound to exercise diligence to make the ship seaworthy, properly man, equip and supply it, and make fit and safe all parts of the ship

et mettre en bon état toute partie de navire où les biens doivent être chargés et conservés pendant le transport.

[1991, c. 64, a. 2063].

▌ C.C.Q., 2051, 2071.

2064. Le transporteur est tenu de procéder, de façon appropriée, au chargement, à la manutention, à l'arrimage, au transport, à la garde et au déchargement des biens transportés.

Sauf dans le petit cabotage, il commet une faute si, en l'absence de consentement du chargeur ou de règlements ou d'usages qui le permettent, il arrime le bien sur le pont du navire. Ce consentement est présumé en cas de chargement en conteneur, lorsque le navire est approprié pour ce type de transport.

[1991, c. 64, a. 2064].

▌ C.C.Q., 1457, 1607-1625, 2051, 2067.

2065. Le transporteur doit, sur demande du chargeur, lui délivrer un connaissement qu'il établit d'après les déclarations du chargeur.

Outre les mentions propres au connaissement, celui-ci porte les inscriptions qui permettent d'identifier clairement les biens à transporter, en indiquant les marques principales et les renseignements pertinents.

Le transporteur peut refuser d'inscrire des indications sur le connaissement lorsqu'il a des motifs sérieux de douter de leur exactitude ou qu'il n'a pas eu les moyens de les vérifier.

[1991, c. 64, a. 2065].

▌ C.C.Q., 2041, 2076.

2066. Le chargeur est garant au moment du chargement de l'exactitude des déclarations qu'il a faites et il est responsable du préjudice qu'il cause au transporteur en raison de leur inexactitude.

Le transporteur ne peut se prévaloir de ce droit qu'à l'égard du chargeur.

[1991, c. 64, a. 2066].

▌ C.C.Q., 1457, 1607-1625, 2076.

where property is to be loaded and kept during the voyage.

[1991, c. 64, a. 2063].

2064. The carrier is bound to proceed in an appropriate manner with the loading, handling, stowing, carrying, keeping in custody and discharging of the property carried.

Except in the coasting trade, a fault is committed by the carrier if, without the consent of the shipper and in the absence of rules or custom so permitting, he stows the property on deck. Consent is presumed where containers are loaded on a ship fit for that kind of carriage.

[1991, c. 64, a. 2064; I.N., 2014-05-01].

2065. The carrier shall issue to the shipper, at his request, a bill of lading based on the declarations of the shipper.

In addition to the usual particulars, such a bill of lading contains entries allowing the property to be carried to be clearly identified, including the leading marks appearing on it, and any relevant information.

The carrier may refuse to include in the bill of lading any particular whose accuracy he has serious reason to suspect or which he has had no means of checking.

[1991, c. 64, a. 2065; 2002, c. 19, s. 15; I.N., 2014-05-01].

2066. The shipper warrants the accuracy of his declarations at the time of shipment and is liable for any injury the carrier may suffer as a result of inaccuracies in his declarations.

The carrier may exercise his rights under this article only against the shipper.

[1991, c. 64, a. 2066; I.N., 2014-05-01].

2067. Lorsque le chargeur fait, sciemment, une déclaration inexacte de la nature ou de la valeur du bien, le transporteur n'encourt aucune responsabilité pour la perte qui survient.

[1991, c. 64, a. 2067].

▌ C.C.Q., 2076.

2068. L'enlèvement du bien fait présumer que celui-ci a été reçu par le destinataire dans l'état indiqué au connaissement ou, en l'absence d'indication, dans l'état où il était lors du chargement, à moins que, par écrit, le destinataire ne dénonce la perte du bien au transporteur, ou à son représentant au port du déchargement, au plus tard au moment de l'enlèvement du bien ou, si la perte n'est pas apparente, dans les trois jours de l'enlèvement.

Le transporteur et le destinataire peuvent, lors de l'enlèvement, requérir une constatation de l'état du bien.

[1991, c. 64, a. 2068].

▌ D.T., 112.

2069. En cas de perte du bien, certaine ou présumée, le transporteur et le destinataire sont tenus de se donner réciproquement les moyens d'inspecter le bien et de vérifier le nombre de colis.

[1991, c. 64, a. 2069].

2070. Est nulle toute stipulation du contrat qui exonère le transporteur ou le propriétaire du navire de l'obligation de réparer le préjudice résultant des pertes survenues aux biens transportés, à moins qu'il ne s'agisse du transport d'animaux vivants ou de marchandises en pontée, mais non, en ce cas, du transport de conteneurs chargés à bord, si le navire est muni d'installations appropriées pour ce type de transport.

Une clause cédant le bénéfice de l'assurance au transporteur ou toute clause semblable est considérée comme une stipulation exonérant le transporteur.

[1991, c. 64, a. 2070].

▌ C.C.Q., 2034, 2528-2531.

2071. Le transporteur est responsable de la perte survenue aux biens transportés, de-

2067. Where the nature or value of the property is knowingly misstated by the shipper, the carrier is not liable for any loss.

[1991, c. 64, a. 2067].

2068. Removal of the property creates a presumption that the property was delivered to the receiver in the condition indicated in the bill of lading or, failing such an indication, in its condition at the time of shipment, unless the receiver gives notice in writing of any loss with respect to the property to the carrier or to his representative at the port of discharge, not later than upon removal or, if the loss is not apparent, within three days of removal.

The carrier and the receiver may, at the time of removal, require a statement as to the condition of the property.

[1991, c. 64, a. 2068; I.N., 2014-05-01].

2069. In the case of any actual or apprehended loss with respect to the property, the carrier and the receiver are bound to give each other facilities for inspecting and tallying the items of property.

[1991, c. 64, a. 2069; I.N., 2014-05-01].

2070. Any stipulation in a contract whereby the carrier or the lessor is relieved from the obligation to make reparation for injury resulting from the loss sustained by the property carried, except in the case of carriage of live animals or property stowed on deck other than containers loaded on a ship fitted for the carriage of containers, is null.

Any clause assigning the benefit of insurance to the carrier or any similar clause is considered to be a stipulation relieving the carrier from liability.

[1991, c. 64, a. 2070].

2071. The carrier is liable for any loss sustained by the property carried, from the

puis la prise en charge jusqu'à la délivrance.

time he receives it into his charge until delivery.

Il l'est, notamment, si la perte résulte de l'état d'innavigabilité du navire, à moins qu'il n'établisse avoir fait diligence pour mettre le navire en état.

He is liable, in particular, for any loss resulting from unseaworthiness unless he proves that he exercised diligence to make the ship seaworthy.

[1991, c. 64, a. 2071].

[1991, c. 64, a. 2071; I.N., 2014-05-01].

▌ C.C.Q., 1457, 1458, 1607-1625, 2074; D.T., 112.

2072. Le transporteur n'est pas responsable de la perte du bien résultant:

2072. The carrier is not liable for any loss with respect to the property resulting from :

1° Des fautes nautiques du capitaine, du pilote ou des préposés du transporteur;

(1) fault in the navigation and management of the ship by the master, pilot or other servants of the carrier;

2° D'un incendie, à moins qu'il ne soit causé par son fait ou sa faute;

(2) fire, unless caused by an act or the fault of the carrier;

3° D'une force majeure;

(3) superior force;

4° D'une faute du propriétaire du bien ou du chargeur, notamment dans l'emballage, le conditionnement ou le marquage du bien;

(4) fault of the owner of the property or shipper, particularly in packing, packaging or marking the property;

5° Du vice propre du bien ou de la freinte†;

(5) an inherent defect in the property or natural shrinkage;

6° D'un acte ou d'une tentative de sauvetage de vies ou de biens au cours du transport ou d'un déroutement à cette fin.

(6) an act or attempt to save life or property in the course of a carriage or a deviation for that purpose.

[1991, c. 64, a. 2072].

[1991, c, 64, a. 2072; I.N., 2014-05-01].

▌ C.C.Q., 1457, 1458, 1470.

2073. Le chargeur n'est pas responsable du préjudice subi par le transporteur ni du dommage causé au navire sans qu'il y ait eu faute de sa part ou de ses préposés.

2073. The shipper is not liable for any injury suffered by the carrier or for any damage caused to the ship, if it is not due to his fault or that of his subordinates.

[1991, c. 64, a. 2073].

[1991, c. 64, a. 2073; I.N., 2014-05-01].

▌ C.C.Q., 1457, 1463, 1607-1625.

2074. Le transporteur est tenu de la perte du bien transporté jusqu'à concurrence de la somme fixée par règlement du gouvernement, mais il peut convenir avec le chargeur d'une indemnité différente, dans la mesure où elle est supérieure à celle fixée par règlement.

2074. The carrier is liable for any loss with respect to the property carried, up to the sum fixed by government regulation, unless a higher indemnity has been fixed by agreement between him and the shipper.

Il peut être tenu au-delà du montant fixé par règlement lorsqu'il y a eu dol de sa

He may be held liable in excess of the amount fixed by regulation if he commit-

part, ou que la nature et la valeur des biens ont été déclarées par le chargeur avant leur embarquement et que cette déclaration a été jointe au connaissement. Pareille déclaration fait foi à l'égard du transporteur, sauf preuve contraire de sa part.

[1991, c. 64, a. 2074].

▌ C.C.Q., 2071.

ted fraud or if the nature and value of the property were declared by the shipper before shipment and the declaration was attached to the bill of lading. The shipper's declaration is binding on the carrier, saving his right to make proof to the contrary.

[1991, c. 64, a. 2074; I.N., 2014-05-01].

2075. Il n'est dû aucun fret pour les biens perdus par fortune de mer ou par suite de la négligence du transporteur à mettre le navire en état de navigabilité.

[1991, c. 64, a. 2075].

▌ C.C.Q., 2071.

2075. No freight is payable for property lost by reason of perils of the sea or negligence on the part of the carrier to make the ship seaworthy.

[1991, c. 64, a. 2075; I.N., 2014-05-01].

2076. Le transporteur peut débarquer, détruire ou rendre inoffensifs les biens dangereux, à l'embarquement desquels il n'aurait pas consenti s'il avait connu leur nature ou leur caractère.

Le chargeur de ces biens est responsable du préjudice qui résulte de leur embarquement et des dépenses faites par le transporteur pour se départir de ces biens ou les rendre inoffensifs.

[1991, c. 64, a. 2076].

▌ C.C.Q., 1457, 1607-1625.

2076. The carrier may land, destroy or render innocuous any dangerous property if he would not have consented to its shipment had he been aware of its nature or properties.

The shipper of such property is liable for any injury resulting from its shipment and for any expense incurred by the carrier to dispose of it or render it innocuous.

[1991, c. 64, a. 2076].

2077. Lorsqu'un bien dangereux a été embarqué à la connaissance et avec le consentement du transporteur et qu'il devient un danger pour le navire ou la cargaison, il peut néanmoins être débarqué, détruit ou rendu inoffensif par le transporteur, sans responsabilité de sa part, si ce n'est qu'à titre d'avaries communes, s'il y a lieu.

[1991, c. 64, a. 2077].

▌ C.C.Q., 2051, 2599.

2077. Where dangerous property shipped with the knowledge and consent of the carrier becomes a danger to the ship or cargo, it may be landed, destroyed or rendered innocuous by the carrier without any liability on his part except by way of general average, if any.

[1991, c. 64, a. 2077].

2078. Le contrat est résolu, sans dommages-intérêts de part et d'autre si, en raison d'une force majeure, le départ du navire qui devait effectuer le transport est empêché ou retardé d'une manière telle que le transport ne puisse plus se faire utilement pour le chargeur et sans risque d'engager sa responsabilité à l'égard du transporteur.

[1991, c. 64, a. 2078].

▌ C.C.Q., 1458, 1470, 1606, 1699.

2078. The contract is resolved with no claim for damages on either part if, by reason of superior force, the sailing of the ship which was to effect the carriage is prevented or delayed such that carriage can no longer be effected usefully for the shipper and without risk of his incurring liability to the carrier.

[1991, c. 64, a. 2078; I.N., 2014-05-01].

2079. Toute action contre le transporteur, le chargeur ou le destinataire, en raison du contrat de transport, se prescrit par un an à compter de la délivrance du bien ou, en cas de perte totale, de la date à laquelle il eût dû être délivré.

[1991, c. 64, a. 2079].

▮ C.C.Q., 2921-2933.

2079. Any action against the carrier, shipper or receiver under a contract of carriage is prescribed by one year from the delivery of the property or, in the case of total loss, by one year from the date it should have been delivered.

[1991, c. 64, a. 2079; I.N., 2014-05-01].

§ 3. — De la manutention des biens

§ 3. — Handling of property

2080. L'entrepreneur de manutention est chargé de toutes les opérations de mise à bord et de débarquement des biens, y compris les opérations qui en sont le préalable ou la suite nécessaire.

Il est présumé, dans ses activités, avoir reçu le bien tel qu'il a été déclaré par le déposant.

[1991, c. 64, a. 2080].

▮ D.T., 113.

2080. The handling contractor is in charge of all loading and discharging operations, including all necessary operations prior and subsequent to loading and discharge.

For the purposes of his activities, the handling contractor is presumed to have received the property as declared by the depositor.

[1991, c. 64, a. 2080].

2081. L'entrepreneur de manutention agit pour le compte de celui qui a requis ses services, et sa responsabilité n'est engagée qu'envers celui-ci qui seul a une action contre lui.

[1991, c. 64, a. 2081].

▮ C.C.Q., 1607-1625.

2081. The handling contractor acts on behalf of the person who hired his services and is liable only to that person, who alone has an action against him.

[1991, c. 64, a. 2081].

2082. L'entrepreneur de manutention peut, éventuellement, être appelé à effectuer pour le compte du transporteur, du chargeur ou du destinataire la réception et la reconnaissance à terre des biens à embarquer, ainsi que leur garde jusqu'à leur embarquement; il peut, de même, être appelé à effectuer la réception et la reconnaissance à terre des biens débarqués, ainsi que leur garde et leur délivrance.

Ces services supplémentaires sont dus s'ils sont convenus ou sont conformes aux usages du port.

[1991, c. 64, a. 2082].

▮ C.C.Q., 2080.

2082. The handling contractor may be called upon, on behalf of the carrier, shipper or receiver, to receive and tally, onshore, property to be loaded and to have custody of it until loading; he may likewise be called upon to receive and tally, onshore, discharged property and to have custody of and deliver it.

These additional services are due if they have been agreed or if they are consistent with the custom of the port.

[1991, c. 64, a. 2082; I.N., 2014-05-01].

2083. L'entrepreneur de manutention peut être exonéré de sa responsabilité pour la perte d'un bien pour les mêmes motifs que le transporteur; néanmoins, le demandeur peut, dans ces cas, faire la preuve que la perte est due à une faute de l'entrepreneur ou de ses préposés.

L'entrepreneur de manutention ne peut en aucun cas être tenu au-delà de la somme fixée par règlement du gouvernement, à moins qu'il n'y ait eu dol de sa part ou qu'une déclaration de la valeur du bien ne lui ait été notifiée.

[1991, c. 64, a. 2083].

❙ C.C.Q., 1457, 1463, 2072.

2084. Est inopposable au chargeur et au destinataire, toute clause ayant pour objet ou pour effet de dégager l'entrepreneur de manutention de sa responsabilité, de renverser la charge de la preuve qui lui incombe, de limiter sa responsabilité à une somme inférieure à celle fixée par règlement, ou de lui céder le bénéfice d'une assurance du bien.

[1991, c. 64, a. 2084].

❙ C.C.Q., 2528-2531.

Chapitre VII ──
Du contrat de travail

2085. Le contrat de travail est celui par lequel une personne, le salarié, s'oblige, pour un temps limité et moyennant rémunération, à effectuer un travail sous la direction ou le contrôle d'une autre personne, l'employeur.

[1991, c. 64, a. 2085].

❙ C.C.Q., 1378, 1463, 2099.

2086. Le contrat de travail est à durée déterminée ou indéterminée.

[1991, c. 64, a. 2086].

❙ C.C.Q., 2085.

2087. L'employeur, outre qu'il est tenu de permettre l'exécution de la prestation de travail convenue et de payer la rémunération fixée, doit prendre les mesures appro-

2083. The handling contractor may be exonerated from liability for any loss with respect to property for the same reasons as the carrier; however, the plaintiff may in those cases establish that the loss is due to the fault of the handling contractor or his subordinates.

In no case may the liability of the handling contractor exceed the sum fixed by government regulation, unless he committed fraud or has been notified of a declaration of the value of the property.

1991, c. 64, a. 2083; I.N., 2014-05-01].

2084. No clause for the purpose or to the effect of relieving the handling contractor from liability, shifting the burden of proof which lies upon him, limiting his liability to a sum lower than that fixed by regulation or assigning the benefit of insurance to him may be set up against the shipper or the receiver.

[1991, c. 64, a. 2084; I.N., 2014-05-01].

Chapter VII ──
Contract of employment

2085. A contract of employment is a contract by which a person, the employee, undertakes for a limited period to do work for remuneration, according to the instructions and under the direction or control of another person, the employer.

[1991, c. 64, a. 2085; I.N., 2014-05-01].

2086. A contract of employment is for a fixed term or an indeterminate term.

[1991, c. 64, a. 2086].

2087. The employer is bound not only to allow the performance of the work agreed upon and to pay the remuneration fixed, but also to take any measures consistent

priées à la nature du travail, en vue de protéger la santé, la sécurité et la dignité du salarié.

[1991, c. 64, a. 2087].

with the nature of the work to protect the health, safety and dignity of the employee.

[1991, c. 64, a. 2087].

2088. Le salarié, outre qu'il est tenu d'exécuter son travail avec prudence et diligence, doit agir avec loyauté et ne pas faire usage de l'information à caractère confidentiel qu'il obtient dans l'exécution ou à l'occasion de son travail.

Ces obligations survivent pendant un délai raisonnable après cessation du contrat, et survivent en tout temps lorsque l'information réfère à la réputation et à la vie privée d'autrui.

[1991, c. 64, a. 2088].

■ C.C.Q., 35, 322, 1309, 1472, 2138.

2088. The employee is bound not only to perform his work with prudence and diligence, but also to act faithfully and honestly and not to use any confidential information he obtains in the performance or in the course of his work.

These obligations continue for a reasonable time after the contract terminates and permanently where the information concerns the reputation and private life of others.

[1991, c. 64, a. 2088; I.N., 2014-05-01].

2089. Les parties peuvent, par écrit et en termes exprès, stipuler que, même après la fin du contrat, le salarié ne pourra faire concurrence à l'employeur ni participer à quelque titre que ce soit à une entreprise qui lui ferait concurrence.

Toutefois, cette stipulation doit être limitée, quant au temps, au lieu et au genre de travail, à ce qui est nécessaire pour protéger les intérêts légitimes de l'employeur.

Il incombe à l'employeur de prouver que cette stipulation est valide.

[1991, c. 64, a. 2089].

■ C.C.Q., 2095.

2089. The parties may stipulate in writing and in express terms that, even after the termination of the contract, the employee may neither compete with his employer nor participate in any capacity whatsoever in an enterprise which would compete with him.

However, the stipulation shall be limited as to time, place and type of employment, to what is necessary for the protection of the legitimate interests of the employer.

The burden of proof that the stipulation is valid is on the employer.

[1991, c. 64, a. 2089; I.N., 2014-05-01].

2090. Le contrat de travail est reconduit tacitement pour une durée indéterminée lorsque, après l'arrivée du terme, le salarié continue d'effectuer son travail durant cinq jours, sans opposition de la part de l'employeur.

[1991, c. 64, a. 2090].

■ C.C.Q., 2086.

2090. A contract of employment is tacitly renewed for an indeterminate term where the employee continues to carry on his work for five days after the expiry of the term, without objection from the employer.

[1991, c. 64, a. 2090].

2091. Chacune des parties à un contrat à durée indéterminée peut y mettre fin en donnant à l'autre un délai de congé.

Le délai de congé doit être raisonnable et

2091. Either party to a contract for an indeterminate term may terminate it by giving notice of termination to the other party.

The notice of termination shall be given in

tenir compte, notamment, de la nature de l'emploi, des circonstances particulières dans lesquelles il s'exerce et de la durée de la prestation de travail.

[1991, c. 64, a. 2091].

reasonable time, taking into account, in particular, the nature of the employment, the specific circumstances in which it is carried on and the duration of the period of work.

[1991, c. 64, a. 2091; I.N., 2014-05-01].

2092. Le salarié ne peut renoncer au droit qu'il a d'obtenir une indemnité en réparation du préjudice qu'il subit, lorsque le délai de congé est insuffisant ou que la résiliation est faite de manière abusive.

[1991, c. 64, a. 2092].

▌ C.C.Q., 1457.

2092. The employee may not renounce his right to obtain an indemnity for any injury he suffers where insufficient notice of termination is given or where the manner of resiliation is abusive.

1991, c. 64, a. 2092; I.N., 2014-05-01].

2093. Le décès du salarié met fin au contrat de travail.

Le décès de l'employeur peut aussi, suivant les circonstances, y mettre fin.

[1991, c. 64, a. 2093].

▌ C.C.Q., 2128.

2093. A contract of employment terminates upon the death of the employee.

Depending on the circumstances, it may also terminate upon the death of the employer.

[1991, c. 64, a. 2093].

2094. Une partie peut, pour un motif sérieux, résilier unilatéralement et sans préavis le contrat de travail.

[1991, c. 64, a. 2094].

▌ C.C.Q., 2125-2129.

2094. One of the parties may, for a serious reason, unilaterally resiliate the contract of employment without prior notice.

[1991, c. 64, a. 2094].

2095. L'employeur ne peut se prévaloir d'une stipulation de non-concurrence, s'il a résilié le contrat sans motif sérieux ou s'il a lui-même donné au salarié un tel motif de résiliation.

[1991, c. 64, a. 2095].

▌ C.C.Q., 2089.

2095. An employer may not avail himself of a stipulation of non-competition if he has resiliated the contract without a serious reason or if he has himself given the employee such a reason for resiliating the contract.

[1991, c. 64, a. 2095].

2096. Lorsque le contrat prend fin, l'employeur doit fournir au salarié qui le demande un certificat de travail faisant état uniquement de la nature et de la durée de l'emploi et indiquant l'identité des parties.

[1991, c. 64, a. 2096].

2096. Upon termination of the contract, the employer shall furnish to the employee, at his request, a certificate of employment stating only the nature and duration of the employment and indicating the identities of the parties.

[1991, c. 64, a. 2096; I.N., 2014-05-01].

2097. L'aliénation de l'entreprise ou la modification de sa structure juridique par

2097. A contract of employment is not terminated by alienation of the enterprise or

fusion ou autrement, ne met pas fin au contrat de travail.

Ce contrat lie l'ayant cause de l'employeur.

[1991, c. 64, a. 2097].

any change in its legal structure by way of amalgamation or otherwise.

The contract is binding on the successor of the employer.

[1991, c. 64, a. 2097; 2002, c. 19, s. 15].

Chapitre VIII ——
Du contrat d'entreprise ou de service

Chapter VIII ——
Contract of enterprise or for services

SECTION I ——
DE LA NATURE ET DE L'ÉTENDUE DU CONTRAT

SECTION I ——
NATURE AND SCOPE OF THE CONTRACT

2098. Le contrat d'entreprise ou de service est celui par lequel une personne, selon le cas l'entrepreneur ou le prestataire de services, s'engage envers une autre personne, le client, à réaliser un ouvrage matériel ou intellectuel ou à fournir un service moyennant un prix que le client s'oblige à lui payer.

[1991, c. 64, a. 2098].

▌ C.C.Q., 2085, 2124.

2098. A contract of enterprise or for services is a contract by which a person, the contractor or the provider of services, as the case may be, undertakes to another person, the client, to carry out physical or intellectual work or to supply a service, for a price which the client binds himself to pay to him.

[1991, c. 64, a. 2098; I.N., 2014-05-01].

2099. L'entrepreneur ou le prestataire de services a le libre choix des moyens d'exécution du contrat et il n'existe entre lui et le client aucun lien de subordination quant à son exécution.

[1991, c. 64, a. 2099].

▌ C.C.Q., 2098.

2099. The contractor or the provider of services is free to choose the means of performing the contract and, with respect to such performance, no relationship of subordination exists between the contractor or the provider of services and the client.

[1991, c. 64, a. 2099; I.N., 2014-05-01].

2100. L'entrepreneur et le prestataire de services sont tenus d'agir au mieux des intérêts de leur client, avec prudence et diligence. Ils sont aussi tenus, suivant la nature de l'ouvrage à réaliser ou du service à fournir, d'agir conformément aux usages et règles de leur art, et de s'assurer, le cas échéant, que l'ouvrage réalisé ou le service fourni est conforme au contrat.

Lorsqu'ils sont tenus du résultat, ils ne peuvent se dégager de leur responsabilité qu'en prouvant la force majeure.

[1991, c. 64, a. 2100].

▌ C.C.Q., 1457, 1458, 1470.

2100. The contractor and the provider of services are bound to act in the best interests of their client, with prudence and diligence. Depending on the nature of the work to be carried out or the service to be supplied, they are also bound to act in accordance with usage and good practice and, where applicable, to ensure that the work carried out or service supplied is in conformity with the contract.

Where they are bound to produce results, they may not be relieved from their liability except by proving superior force.

[1991, c. 64, a. 2100; I.N., 2014-05-01].

SECTION II —
RIGHTS AND OBLIGATIONS OF THE
PARTIES

SECTION II —
DES DROITS ET OBLIGATIONS DES
PARTIES

§ 1. — Dispositions générales
appplicables tant aux services
qu'aux ouvrages

§ 1. — General provisions
applicable to both services and
works

2101. À moins que le contrat n'ait été conclu en considération de ses qualités personnelles ou que cela ne soit incompatible avec la nature même du contrat, l'entrepreneur ou le prestataire de services peut s'adjoindre un tiers pour l'exécuter; il conserve néanmoins la direction et la responsabilité de l'exécution.

[1991, c. 64, a. 2101].

❚ C.C.Q., 2128.

2101. Unless a contract has been entered into specifically in view of his personal qualities or unless the very nature of the contract prevents it, the contractor or the provider of services may employ a third person to perform the contract, but its performance remains under his supervision and responsibility.

[1991, c. 64, a. 2101; I.N., 2014-05-01].

2102. L'entrepreneur ou le prestataire de services est tenu, avant la conclusion du contrat, de fournir au client, dans la mesure où les circonstances le permettent, toute information utile relativement à la nature de la tâche qu'il s'engage à effectuer ainsi qu'aux biens et au temps nécessaires à cette fin.

[1991, c. 64, a. 2102].

❚ C.C.Q., 2103.

2102. Before the contract is entered into, the contractor or the provider of services is bound to provide the client, as far as circumstances permit, with any useful information concerning the nature of the task which he undertakes to perform and the property and time required for that task.

[1991, c. 64, a. 2102].

2103. L'entrepreneur ou le prestataire de services fournit les biens nécessaires à l'exécution du contrat, à moins que les parties n'aient stipulé qu'il ne fournirait que son travail.

Les biens qu'il fournit doivent être de bonne qualité; il est tenu, quant à ces biens, des mêmes garanties que le vendeur.

Il y a contrat de vente, et non contrat d'entreprise ou de service, lorsque l'ouvrage ou le service n'est qu'un accessoire par rapport à la valeur des biens fournis.

[1991, c. 64, a. 2103].

❚ C.C.Q., 1723-1731.

2103. The contractor or the provider of services supplies the property necessary for the performance of the contract, unless the parties have stipulated that only his work is required.

He shall supply only property of good quality; he is bound by the same warranties with respect to the property as a seller.

A contract is a contract of sale, and not a contract of enterprise or for services, where the work or service is merely an accessory in relation to the value of the property supplied.

[1991, c. 64, a. 2103; I.N., 2014-05-01].

2104. Lorsque les biens sont fournis par le client, l'entrepreneur ou le prestataire de services est tenu d'en user avec soin et de

2104. Where the property is supplied by the client, the contractor or the provider of services is bound to use it with care and to

rendre compte de cette utilisation; si les biens sont manifestement impropres à l'utilisation à laquelle ils sont destinés ou s'ils sont affectés d'un vice apparent ou d'un vice caché qu'il devait connaître, l'entrepreneur ou le prestataire de services est tenu d'en informer immédiatement le client, à défaut de quoi il est responsable du préjudice qui peut résulter de l'utilisation des biens.

[1991, c. 64, a. 2104].

▌C.C.Q., 1457, 2115.

account for its use; where the property is manifestly unfit for its intended use or where it has an apparent or latent defect of which the contractor or the provider of services should be aware, he is bound to inform the client immediately, failing which he is liable for any injury which may result from the use of the property.

[1991, c. 64, a. 2104; I.N., 2014-05-01].

2105. Si les biens nécessaires à l'exécution du contrat périssent par force majeure, leur perte est à la charge de la partie qui les fournit.

[1991, c. 64, a. 2105].

▌C.C.Q., 950, 1470.

2105. If the property necessary for the performance of the contract perishes by superior force, the party that supplied it bears the loss.

[1991, c. 64, a. 2105; I.N., 2014-05-01].

2106. Le prix de l'ouvrage ou du service est déterminé par le contrat, les usages ou la loi, ou encore d'après la valeur des travaux effectués ou des services rendus.

[1991, c. 64, a. 2106].

▌C.C.Q., 1426.

2106. The price of the work or services is fixed by the contract, by usage or by law or on the basis of the value of the work carried out or the services rendered.

[1991, c. 64, a. 2106].

2107. Si, lors de la conclusion du contrat, le prix des travaux ou des services a fait l'objet d'une estimation, l'entrepreneur ou le prestataire de services doit justifier toute augmentation du prix.

Le client n'est tenu de payer cette augmentation que dans la mesure où elle résulte de travaux, de services ou de dépenses qui n'étaient pas prévisibles par l'entrepreneur ou le prestataire de services au moment de la conclusion du contrat.

[1991, c. 64, a. 2107].

▌C.C.Q., 2108.

2107. Where the price of the work or services is estimated at the time the contract is entered into, the contractor or the provider of the services shall justify any increase of the price.

The client is bound to pay such increase only to the extent that it results from work, services or expenses that the contractor or the provider of services could not have foreseen at the time the contract was entered into.

[1991, c. 64, a. 2107; I.N., 2014-05-01].

2108. Lorsque le prix est établi en fonction de la valeur des travaux exécutés, des services rendus ou des biens fournis, l'entrepreneur ou le prestataire de services est tenu, à la demande du client, de lui rendre compte de l'état d'avancement des travaux, des services déjà rendus et des dépenses déjà faites.

[1991, c. 64, a. 2108].

▌C.C.Q., 2107, 2117.

2108. Where the price is fixed according to the value of the work performed, the services rendered or the property supplied, the contractor or the provider of services is bound, at the request of the client, to give him an account of the work progress, of the services that have been rendered and of the expenses incurred so far.

[1991, c. 64, a. 2108; I.N., 2014-05-01].

2109. Lorsque le contrat est à forfait, le client doit payer le prix convenu et il ne peut prétendre à une diminution du prix en faisant valoir que l'ouvrage ou le service a exigé moins de travail ou a coûté moins cher qu'il n'avait été prévu.

Pareillement, l'entrepreneur ou le prestataire de services ne peut prétendre à une augmentation du prix pour un motif contraire.

Le prix forfaitaire reste le même, bien que des modifications aient été apportées aux conditions d'exécution initialement prévues, à moins que les parties n'en aient convenu autrement.

[1991, c. 64, a. 2109].

■ C.C.Q., 2107, 2108.

2109. Where the price is fixed by the contract, the client shall pay the price agreed, and may not claim a reduction of the price on the ground that the work or service required less effort or cost less than had been foreseen.

Similarly, the contractor or the provider of services may not claim an increase of the price for the opposite reason.

Unless otherwise agreed by the parties, the price fixed by the contract remains unchanged notwithstanding any modification of the original terms and conditions of performance.

[1991, c. 64, a. 2109].

§ 2. —— Dispositions particulières aux ouvrages

I — Dispositions générales

§ 2. —— Special Provisions as to Works

I — General provisions

2110. Le client est tenu de recevoir l'ouvrage à la fin des travaux; celle-ci a lieu lorsque l'ouvrage est exécuté et en état de servir conformément à l'usage auquel on le destine.

La réception de l'ouvrage est l'acte par lequel le client déclare l'accepter, avec ou sans réserve.

[1991, c. 64, a. 2110].

■ C.C.Q., 2111, 2114.

2110. The client is bound to accept the work when work is completed; work is completed when the work has been produced and is ready to be used for its intended purpose.

Acceptance of the work is the act by which the client declares that he accepts it, with or without reservation.

[1991, c. 64, a. 2110].

2111. Le client n'est pas tenu de payer le prix avant la réception de l'ouvrage.

Lors du paiement, il peut retenir sur le prix, jusqu'à ce que les réparations ou les corrections soient faites à l'ouvrage, une somme suffisante pour satisfaire aux réserves faites quant aux vices ou malfaçons apparents qui existaient lors de la réception de l'ouvrage.

Le client ne peut exercer ce droit si l'entrepreneur lui fournit une sûreté suffisante garantissant l'exécution de ses obligations.

[1991, c. 64, a. 2111].

2111. The client is not bound to pay the price before the work is accepted.

At the time of payment, the client may deduct from the price, until the repairs or corrections are made to the work, a sufficient amount to meet the reservations which he made as to the apparent defects or poor workmanship that existed when he accepted the work.

The client may not exercise this right if the contractor furnishes him with sufficient security to secure the performance of his obligations.

[1991, c. 64, a. 2111; I.N., 2014-05-01].

∎ C.C.Q., 2123.

2112. Si les parties ne s'entendent pas sur la somme à retenir et les travaux à compléter, l'évaluation est faite par un expert que désignent les parties ou, à défaut, le tribunal.

[1991, c. 64, a. 2112].

∎ C.C.Q., 483, 854, 1034.

2113. Le client qui accepte sans réserve, conserve, néanmoins, ses recours contre l'entrepreneur aux cas de vices ou malfaçons non apparents.

[1991, c. 64, a. 2113].

∎ C.C.Q., 1726-1731, 2118, 2120.

2114. Si l'ouvrage est exécuté par phases successives, il peut être reçu par parties; le prix afférent à chacune d'elles est payable au moment de la délivrance et de la réception de cette partie et le paiement fait présumer qu'elle a été ainsi reçue, à moins que les sommes versées ne doivent être considérées comme de simples acomptes sur le prix.

[1991, c. 64, a. 2114].

∎ C.C.Q., 2110.

2115. L'entrepreneur est tenu de la perte de l'ouvrage qui survient avant sa délivrance, à moins qu'elle ne soit due à la faute du client ou que celui-ci ne soit en demeure de recevoir l'ouvrage.

Toutefois, si les biens sont fournis par le client, l'entrepreneur n'est pas tenu de la perte de l'ouvrage, à moins qu'elle ne soit due à sa faute ou à un autre manquement de sa part. Il ne peut réclamer le prix de son travail que si la perte de l'ouvrage résulte du vice propre des biens fournis ou d'un vice du bien qu'il ne pouvait déceler, ou encore si la perte est due à la faute du client.

[1991, c. 64, a. 2115].

∎ C.C.Q., 1594, 1693, 2104.

2116. La prescription des recours entre les parties ne commence à courir qu'à compter de la fin des travaux, même à l'égard

2112. If the parties do not agree on the amount to be deducted and on the work to be completed, an assessment is made by an expert designated by the parties or, failing that, by the court.

[1991, c. 64, a. 2112].

2113. A client who accepts without reservation nevertheless retains his right to pursue his remedies against the contractor in cases of nonapparent defects or nonapparent poor workmanship.

[1991, c. 64, a. 2113; I.N., 2014-05-01].

2114. Where the work is performed in successive phases, it may be accepted in parts; the price for each part is payable upon delivery and acceptance of the part; payment creates a presumption that the part has been accepted, unless the sums paid are to be considered as merely partial payments on account of the price.

[1991, c. 64, a. 2114; I.N., 2014-05-01].

2115. The contractor is liable for loss of the work occurring before its delivery, unless it is due to the fault of the client or the client is in default to receive the work.

However, where the property is supplied by the client, the contractor is not liable for the loss of the work unless it is due to his fault or some other failure on his part. He may not claim the price of his work except where the loss of the work results from an inherent defect in the property supplied or a defect in the property that he was unable to detect, or where the loss is due to the fault of the client.

[1991, c. 64, a. 2115; I.N., 2014-05-01].

2116. The prescription of rights to pursue remedies between the parties begins to run only from the time that work is completed,

de ceux qui ont fait l'objet de réserves lors de la réception de l'ouvrage.

[1991, c. 64, a. 2116].

▌ C.C.Q., 2110, 2925.

even with respect to work that was subject to reservations at the time of acceptance of the work.

[1991, c. 64, a. 2116; I.N., 2014-05-01].

II — Des ouvrages immobiliers

II — Immovable works

2117. À tout moment de la construction ou de la rénovation d'un immeuble, le client peut, mais de manière à ne pas nuire au déroulement des travaux, vérifier leur état d'avancement, la qualité des matériaux utilisés et celle du travail effectué, ainsi que l'état des dépenses faites.

[1991, c. 64, a. 2117].

▌ C.C.Q., 2108.

2117. At any time during the construction or renovation of an immovable, the client, provided he does not interfere with the work, may examine the progress of the work, the quality of the materials used and of the work performed, and the statement of expenses incurred so far.

1991, c. 64, a. 2117].

2118. À moins qu'ils ne puissent se déga-ger de leur responsabilité, l'entrepreneur, l'architecte et l'ingénieur qui ont, selon le cas, dirigé ou surveillé les travaux, et le sous-entrepreneur pour les travaux qu'il a exécutés, sont solidairement tenus de la perte de l'ouvrage qui survient dans les cinq ans qui suivent la fin des travaux, que la perte résulte d'un vice de conception, de construction ou de réalisation de l'ou-vrage, ou, encore, d'un vice du sol.

[1991, c. 64, a. 2118].

▌ C.C.Q., 1457, 1523, 1525, 1726; D.T., 114.

2118. Unless they can be relieved from li-ability, the contractor, the architect and the engineer who, as the case may be, directed or supervised the work, and the subcon-tractor with respect to work performed by him, are solidarily liable for the loss of the work occurring within five years after the work was completed, whether the loss re-sults from faulty design, construction or production of the work, or defects in the ground.

[1991, c. 64, a. 2118; I.N., 2014-05-01].

2119. L'architecte ou l'ingénieur ne sera dégagé de sa responsabilité qu'en prouvant que les vices de l'ouvrage ou de la partie qu'il a réalisée ne résultent ni d'une erreur ou d'un défaut dans les expertises ou les plans qu'il a pu fournir, ni d'un manque-ment dans la direction ou dans la surveil-lance des travaux.

L'entrepreneur n'en sera dégagé qu'en prouvant que ces vices résultent d'une er-reur ou d'un défaut dans les expertises ou les plans de l'architecte ou de l'ingénieur choisi par le client. Le sous-entrepreneur n'en sera dégagé qu'en prouvant que ces vices résultent des décisions de l'entrepre-neur ou des expertises ou plans de l'archi-tecte ou de l'ingénieur.

Chacun pourra encore se dégager de sa

2119. The architect or the engineer may be relieved from liability only by proving that the defects in the work or in the part of it completed do not result from any error or defect in the expert opinions or plans he may have supplied or from any failure in the direction or supervision of the work.

The contractor may be relieved from lia-bility only by proving that the defects re-sult from an error or defect in the expert opinions or plans of the architect or engi-neer selected by the client. The subcon-tractor may be relieved from liability only by proving that the defects result from de-cisions of the contractor or from the expert opinions or plans of the architect or engineer.

Each may, in addition, be relieved from li-

responsabilité en prouvant que ces vices résultent de décisions imposées par le client dans le choix du sol ou des matériaux, ou dans le choix des sous-entrepreneurs, des experts ou des méthodes de construction.

[1991, c. 64, a. 2119].

▌ D.T., 114.

2120. L'entrepreneur, l'architecte et l'ingénieur pour les travaux qu'ils ont dirigés ou surveillés et, le cas échéant, le sous-entrepreneur pour les travaux qu'il a exécutés, sont tenus conjointement pendant un an de garantir l'ouvrage contre les malfaçons existantes au moment de la réception, ou découvertes dans l'année qui suit la réception.

[1991, c. 64, a. 2120].

▌ C.C.Q., 1518, 2113; D.T., 114.

2121. L'architecte et l'ingénieur qui ne dirigent pas ou ne surveillent pas les travaux ne sont responsables que de la perte qui résulte d'un défaut ou d'une erreur dans les plans ou les expertises qu'ils ont fournis.

[1991, c. 64, a. 2121].

▌ D.T., 114.

2122. Pendant la durée des travaux, l'entrepreneur peut, si la convention le prévoit, exiger des acomptes sur le prix du contrat pour la valeur des travaux exécutés et des matériaux nécessaires à la réalisation de l'ouvrage; il est tenu, préalablement, de fournir au client un état des sommes payées aux sous-entrepreneurs, à ceux qui ont fourni ces matériaux et autres personnes qui ont participé à ces travaux, et des sommes qu'il leur doit encore pour terminer les travaux.

[1991, c. 64, a. 2122].

▌ C.C.Q., 2111.

2123. Au moment du paiement, le client peut retenir, sur le prix du contrat, une somme suffisante pour acquitter les créances des ouvriers, de même que celles des autres personnes qui peuvent faire valoir une hypothèque légale sur l'ouvrage immobilier et qui lui ont dénoncé leur con-

ability by proving that the defects result from decisions imposed by the client in selecting the land or materials, or the subcontractors, experts, or construction methods.

[1991, c. 64, a. 2119; I.N., 2014-05-01].

2120. The contractor, the architect and the engineer, for the work they directed or supervised, and, where applicable, the subcontractor, for the work he performed, are jointly bound to warrant the work for one year against poor workmanship existing at the time of acceptance or discovered within one year after acceptance.

[1991, c. 64, a. 2120; 2002, c. 19, s. 15; I.N., 2014-05-01].

2121. An architect or an engineer who does not direct or supervise work is liable only for the loss occasioned by a defect or error in the plans or in the expert opinions he supplied.

[1991, c. 64, a. 2121; I.N., 2014-05-01].

2122. During the performance of the work, the contractor may, if so provided in the agreement, require partial payments on account of the price of the contract for the value of the work performed and of the materials needed to produce the work; before doing so, he is bound to furnish the client with a statement of the amounts paid to the subcontractors, to the persons having supplied the materials and to any other person having participated in the work, and of the amounts he still owes them for the completion of the work.

[1991, c. 64, a. 2122; I.N., 2014-05-01].

2123. At the time of payment, the client may withhold from the price of the contract an amount sufficient to pay the claims of the workmen, as well as those of the other persons who may enforce a legal hypothec on the immovable work and who have given him notice of their contract

trat avec l'entrepreneur, pour les travaux faits ou les matériaux ou services fournis après cette dénonciation.

Cette retenue est valable tant que l'entrepreneur n'a pas remis au client une quittance de ces créances.

Il ne peut exercer ce droit si l'entrepreneur lui fournit une sûreté suffisante garantissant ces créances.

[1991, c. 64, a. 2123].

▌ C.C.Q., 2724, 2726, 2952, 3061.

2124. Pour l'application des dispositions du présent chapitre, le promoteur immobilier qui vend, même après son achèvement, un ouvrage qu'il a construit ou a fait construire est assimilé à l'entrepreneur.

[1991, c. 64, a. 2124].

▌ C.C.Q., 1785-1794; D.T., 114.

SECTION III ⸺
DE LA RÉSILIATION DU CONTRAT

2125. Le client peut, unilatéralement, résilier le contrat, quoique la réalisation de l'ouvrage ou la prestation du service ait déjà été entreprise.

[1991, c. 64, a. 2125].

▌ C.C.Q., 1607-1625, 2094.

2126. L'entrepreneur ou le prestataire de services ne peut résilier unilatéralement le contrat que pour un motif sérieux et, même alors, il ne peut le faire à contretemps; autrement, il est tenu de réparer le préjudice causé au client par cette résiliation.

Il est tenu, lorsqu'il résilie le contrat, de faire tout ce qui est immédiatement nécessaire pour prévenir une perte.

[1991, c. 64, a. 2126].

▌ C.C.Q., 1359, 2094, 2178.

with the contractor, in relation to the work performed or the materials or services supplied after the notice was given.

The withholding is valid until such time as the contractor gives the client an acquittance of such claims.

The client may not exercise the right set out in the first paragraph if the contractor furnishes him with sufficient security to secure the claims.

[1991, c. 64, a. 2123; I.N., 2014-05-01].

2124. For the purposes of this chapter, the property developer who sells the work which he has built or caused to be built, even after its completion, is considered to be a contractor.

[1991, c. 64, a. 2124; 1992, c. 57, s. 716; I.N., 2014-05-01].

SECTION III ⸺
RESILIATION OF THE CONTRACT

2125. The client may unilaterally resiliate the contract even though the work or provision of service is already in progress.

[1991, c. 64, a. 2125].

2126. The contractor or the provider of services may not resiliate the contract unilaterally except for a serious reason, and never at an inopportune moment; otherwise, he is bound to make reparation for injury caused to the client as a result of the resiliation.

Where the contractor or the provider of services resiliates the contract, he is bound to do all that is immediately necessary to prevent any loss.

[1991, c. 64, a. 2126; I.N., 2014-05-01].

2127. Le décès du client ne met fin au contrat que si cela rend impossible ou inutile l'exécution du contrat.

[1991, c. 64, a. 2127].

∎ C.C.Q., 2093.

2128. Le décès ou l'inaptitude de l'entrepreneur ou du prestataire de services ne met pas fin au contrat, à moins qu'il n'ait été conclu en considération de ses qualités personnelles ou qu'il ne puisse être continué de manière adéquate par celui qui lui succède dans ses activités, auquel cas le client peut résilier le contrat.

[1991, c. 64, a. 2128].

∎ C.C.Q., 2101.

2129. Le client est tenu, lors de la résiliation du contrat, de payer à l'entrepreneur ou au prestataire de services, en proportion du prix convenu, les frais et dépenses actuelles, la valeur des travaux exécutés avant la fin du contrat ou avant la notification de la résiliation, ainsi que, le cas échéant, la valeur des biens fournis, lorsque ceux-ci peuvent lui être remis et qu'il peut les utiliser.

L'entrepreneur ou le prestataire de services est tenu, pour sa part, de restituer les avances qu'il a reçues en excédent de ce qu'il a gagné.

Dans l'un et l'autre cas, chacune des parties est aussi tenue de tout autre préjudice que l'autre partie a pu subir.

[1991, c. 64, a. 2129].

∎ C.C.Q., 1611-1625.

Chapitre IX ——
Du mandat

Section I ——
DE LA NATURE ET DE L'ÉTENDUE DU MANDAT

2130. Le mandat est le contrat par lequel une personne, le mandant, donne le pouvoir de la représenter dans l'accomplissement d'un acte juridique avec un tiers, à une autre personne, le mandataire qui, par

2127. The death of the client does not terminate the contract unless its performance thereby becomes impossible or useless.

[1991, c. 64, a. 2127].

2128. The contract is not terminated by the death or incapacity of the contractor or the provider of services unless it has been entered into in view of his personal qualifications or cannot be adequately continued by the person who succeeds him in his activities, in which case the client may resiliate it.

[1991, c. 64, a. 2128; I.N., 2014-05-01].

2129. Upon resiliation of the contract, the client is bound to pay to the contractor or the provider of services, in proportion to the agreed price, the actual costs and expenses, the value of the work performed before the end of the contract or before the notice of resiliation and, as the case may be, the value of the property supplied, where it can be put into his hands and used by him.

For his part, the contractor or the provider of services is bound to repay any advances he has received in excess of what he has earned.

In either case, each party is liable for any other injury that the other party may have suffered.

[1991, c. 64, a. 2129; I.N., 2014-05-01].

Chapter IX ——
Mandate

Section I ——
NATURE AND SCOPE OF MANDATE

2130. Mandate is a contract by which a person, the mandator, confers upon another person, the mandatary, the power to represent him in the performance of a juridical act with a third person, and the

le fait de son acceptation, s'oblige à l'exercer.

Ce pouvoir et, le cas échéant, l'écrit qui le constate, s'appellent aussi procuration.

[1991, c. 64, a. 2130].

mandatary, by his acceptance, binds himself to exercise the power.

That power and, where applicable, the writing evidencing it are called power of attorney.

[1991, c. 64, a. 2130; I.N., 2014-05-01].

▌ C.C.Q., 4, 155, 256, 397, 398, 1299, 1398; C.P.C., 59, 61, 955, 1003.

2131. Le mandat peut aussi avoir pour objet les actes destinés à assurer, en prévision de l'inaptitude du mandant à prendre soin de lui-même ou à administrer ses biens, la protection de sa personne, l'administration, en tout ou en partie, de son patrimoine et, en général, son bien-être moral et matériel.

[1991, c. 64, a. 2131].

2131. The object of the mandate may also be the performance of acts intended to ensure the personal protection of the mandator, the administration, in whole or in part, of his patrimony, and generally his moral and material well-being, should he become incapable of taking care of himself or administering his property.

[1991, c. 64, a. 2131; 2002, c. 19, s. 15; I.N., 2014-05-01].

▌ C.C.Q., 2166-2174.

2132. L'acceptation du mandat est expresse ou tacite; elle est tacite lorsqu'elle s'induit des actes et même du silence du mandataire.

[1991, c. 64, a. 2132].

2132. Acceptance of a mandate may be express or tacit. Tacit acceptance may be inferred from the acts and even from the silence of the mandatary.

[1991, c. 64, a. 2132].

▌ C.C.Q., 2131.

2133. Le mandat est à titre gratuit ou à titre onéreux. Le mandat conclu entre deux personnes physiques est présumé à titre gratuit, mais le mandat professionnel est présumé à titre onéreux.

[1991, c. 64, a. 2133].

2133. A mandate is either by gratuitous title or by onerous title. A mandate entered into between two natural persons is presumed to be by gratuitous title, but a professional mandate is presumed to be by onerous title.

[1991, c. 64, a. 2133; I.N., 2014-05-01].

▌ C.C.Q., 1367, 2150.

2134. La rémunération, s'il y a lieu, est déterminée par le contrat, les usages ou la loi, ou encore d'après la valeur des services rendus.

[1991, c. 64, a. 2134].

2134. The remuneration, if any, is determined by the contract, usage or law, or on the basis of the value of the services rendered.

[1991, c. 64, a. 2134; I.N., 2014-05-01].

▌ C.C.Q., 1300.

2135. Le mandat peut être soit spécial pour une affaire particulière, soit général pour toutes les affaires du mandant.

Le mandat conçu en termes généraux ne confère que le pouvoir de passer des actes de simple administration. Il doit être

2135. A mandate may be special, for a particular matter, or general, for all the affairs of the mandator.

A mandate expressed in general terms confers the power to perform acts of simple administration only. The power to per-

exprès lorsqu'il confère le pouvoir de passer des actes autres que ceux-là, à moins que, s'agissant d'un mandat donné en prévision d'une inaptitude, il ne confie la pleine administration.

[1991, c. 64, a. 2135].

▌ C.C.Q., 1301, 1306, 1431, 2168.

form other acts is conferred only by express mandate, except where, in the case of a mandate given in anticipation of the mandator's incapacity, that mandate confers full administration.

[1991, c. 64, a. 2135; I.N., 2014-05-01].

2136. Les pouvoirs du mandataire s'étendent non seulement à ce qui est exprimé dans le mandat, mais encore à tout ce qui peut s'en déduire. Le mandataire peut faire tous les actes qui découlent de ces pouvoirs et qui sont nécessaires à l'exécution du mandat.

[1991, c. 64, a. 2136].

▌ C.C.Q., 1305, 1431, 1434, 2158.

2136. The powers of a mandatary extend not only to what is expressed in the mandate, but also to anything that may be inferred therefrom. The mandatary may carry out all acts which are incidental to such powers and which are necessary for the performance of the mandate.

[1991, c. 64, a. 2136].

2137. Les pouvoirs que l'on donne à des personnes de faire un acte qui n'est pas étranger à la profession ou aux fonctions qu'elles exercent, mais se déduisent de leur nature, n'ont pas besoin d'être mentionnés expressément.

[1991, c. 64, a. 2137].

▌ C.P.C., 59, 492.

2137. Powers that are granted to persons to perform an act not outside the scope of their profession or duties, but that may be inferred from the nature of such profession or duties, need not be mentioned expressly.

1991, c. 64, a. 2137; I.N., 2014-05-01].

SECTION II ——
DES OBLIGATIONS DES PARTIES ENTRE
ELLES

SECTION II ——
OBLIGATIONS BETWEEN PARTIES

§ 1. —— Des obligations du
mandataire envers le mandant

§ 1. —— Obligations of the
mandatary towards the mandator

2138. Le mandataire est tenu d'accomplir le mandat qu'il a accepté et il doit, dans l'exécution de son mandat, agir avec prudence et diligence.

Il doit également agir avec honnêteté et loyauté dans le meilleur intérêt du mandant et éviter de se placer dans une situation de conflit entre son intérêt personnel et celui de son mandant.

[1991, c. 64, a. 2138].

▌ C.C.Q., 1309, 1310.

2138. A mandatary is bound to fulfill the mandate he has accepted, and he shall act with prudence and diligence in performing it.

He shall also act honestly and faithfully in the best interests of the mandator, and shall avoid placing himself in a position where his personal interest is in conflict with that of his mandator.

[1991, c. 64, a. 2138; I.N., 2014-05-01].

2139. Au cours du mandat, le mandataire est tenu, à la demande du mandant ou lors-

2139. In the course of the mandate, the mandatary is bound to inform the

que les circonstances le justifient, de l'informer de l'état d'exécution du mandat.

Il doit, sans délai, faire savoir au mandant qu'il a accompli son mandat.

[1991, c. 64, a. 2139].

∎ C.C.Q., 2138.

mandator, at the mandator's request or where circumstances warrant it, of the stage reached in the performance of the mandate.

The mandatary shall inform the mandator without delay that he has fulfilled his mandate.

[1991, c. 64, a. 2139; I.N., 2014-05-01].

2140. Le mandataire est tenu d'accomplir personnellement le mandat, à moins que le mandant ne l'ait autorisé à se substituer une autre personne pour exécuter tout ou partie du mandat.

Il doit cependant, si l'intérêt du mandant l'exige, se substituer un tiers, lorsque des circonstances imprévues l'empêchent d'accomplir le mandat et qu'il ne peut en aviser le mandant en temps utile.

[1991, c. 64, a. 2140].

∎ C.C.Q., 1337.

2140. The mandatary is bound to fulfill the mandate himself unless he is authorized by the mandator to appoint another person to perform all or part of it in his place.

If the interests of the mandator so require, however, the mandatary shall appoint a third person to replace him where unforeseen circumstances prevent him from fulfilling the mandate and he is unable to inform the mandator thereof in due time.

[1991, c. 64, a. 2140; I.N., 2014-05-01].

2141. Le mandataire répond, comme s'il les avait personnellement accomplis, des actes de la personne qu'il s'est substituée, lorsqu'il n'était pas autorisé à le faire; s'il était autorisé à se substituer quelqu'un, il ne répond que du soin avec lequel il a choisi son substitut et lui a donné ses instructions.

Dans tous les cas, le mandant a une action directe contre la personne que le mandataire s'est substituée.

[1991, c. 64, a. 2141].

∎ C.C.Q., 1337, 1458, 2140, 2148, 2161.

2141. The mandatary is accountable for the acts of the person he has appointed without authorization as his substitute as if he had performed them himself; where he was authorized to make such a substitution, he is accountable only for the care with which he selected his substitute and gave him instructions.

In all cases, the mandator has a direct action against the person appointed by the mandatary as his substitute.

[1991, c. 64, a. 2141; I.N., 2014-05-01].

2142. Le mandataire peut, dans l'exécution du mandat, se faire assister par une autre personne et lui déléguer des pouvoirs à cette fin, à moins que le mandant ou l'usage ne l'interdise.

Il demeure tenu, à l'égard du mandant, des actes accomplis par la personne qui l'a assisté.

[1991, c. 64, a. 2142].

∎ C.C.Q., 1337, 2101.

2142. In the performance of the mandate, the mandatary, unless prohibited from doing so by the mandator or by usage, may be assisted by another person and delegate powers to him for that purpose.

The mandatary remains liable to the mandator for the acts performed by the person who assisted him.

[1991, c. 64, a. 2142; I.N., 2014-05-01].

2143. Un mandataire qui accepte de représenter, pour un même acte, des parties dont les intérêts sont en conflit ou susceptibles de l'être, doit en informer chacun des mandants, à moins que l'usage ou leur connaissance respective du double mandat ne l'en dispense, et il doit agir envers chacun d'eux avec impartialité.

Le mandant qui n'était pas en mesure de connaître le double mandat peut, s'il en subit un préjudice, demander la nullité de l'acte du mandataire.

[1991, c. 64, a. 2143].

■ C.C.Q., 1311, 1312.

2143. A mandatary who agrees to represent, in the same act, parties whose interests conflict or could conflict shall so inform each of the mandators, unless he is exempted by usage or by the fact that each of the mandators is aware of the double mandate; he shall act impartially towards each of them.

Where a mandator was not in a position to know of the double mandate, he may have the act of the mandatary declared null if he suffers injury as a result.

[1991, c. 64, a. 2143; I.N., 2014-05-01].

2144. Lorsque plusieurs mandataires sont nommés ensemble pour la même affaire, le mandat n'a d'effet que s'il est accepté par tous.

Ils doivent agir de concert quant à tous les actes visés par le mandat, à moins d'une stipulation contraire ou que cela ne découle implicitement du mandat. Ils sont tenus solidairement à l'exécution de leurs obligations.

[1991, c. 64, a. 2144].

■ C.C.Q., 1332, 1337, 1525, 2156.

2144. Where several mandataries are appointed in respect of the same matter, the mandate has effect only if it is accepted by all of them.

The mandataries shall act jointly with respect to all acts contemplated by the mandate, unless otherwise stipulated or implied by the mandate. They are solidarily liable for the performance of their obligations.

[1991, c. 64, a. 2144; I.N., 2014-05-01].

2145. Le mandataire qui exerce seul des pouvoirs qu'il est chargé d'exercer avec un autre excède ses pouvoirs, à moins qu'il ne les ait exercés d'une manière plus avantageuse pour le mandant que celle qui était convenue.

[1991, c. 64, a. 2145].

■ C.C.Q., 1321.

2145. A mandatary who, alone, exercises powers that he is charged to exercise with another exceeds his powers, unless he has exercised them in a manner more advantageous to the mandator than that agreed upon.

[1991, c. 64, a. 2145; I.N., 2014-05-01].

2146. Le mandataire ne peut utiliser à son profit l'information qu'il obtient ou le bien qu'il est chargé de recevoir ou d'administrer dans l'exécution de son mandat, à moins que le mandant n'y ait consenti ou que l'utilisation ne résulte de la loi ou du mandat.

Outre la compensation à laquelle il peut être tenu pour le préjudice subi, le mandataire doit, s'il utilise le bien ou l'information sans y être autorisé, indemniser le mandant en payant, s'il s'agit d'une information, une somme équivalant à l'enrichissement qu'il obtient ou, s'il s'agit d'un

2146. The mandatary may not use for his benefit any information he obtains or any property he is charged with receiving or administering in the performance of his mandate, unless the mandator consents to such use or such use arises from the law or the mandate.

If the mandatary uses the property or information without authorization, he shall indemnify the mandator by paying, in addition to any indemnity for which he may be liable for injury suffered, in the case of information, an amount equal to the enrichment he obtains or, in the case of pro-

bien, un loyer approprié ou l'intérêt sur les sommes utilisées.

[1991, c. 64, a. 2146].

▌ C.C.Q., 1314, 1366, 2148.

perty, appropriate rent or the interest on the sums used.

[1991, c. 64, a. 2146; I.N., 2014-05-01].

2147. Le mandataire ne peut se porter partie, même par personne interposée, à un acte qu'il a accepté de conclure pour son mandant, à moins que celui-ci ne l'autorise, ou ne connaisse sa qualité de cocontractant.

Seul le mandant peut se prévaloir de la nullité résultant de la violation de cette règle.

[1991, c. 64, a. 2147].

▌ C.C.Q., 1312.

2147. The mandatary may not, even through an intermediary, become a party to an act which he has agreed to perform for his mandator, unless the mandator authorizes it or is aware of his quality as a contracting party.

Only the mandator may avail himself of the nullity resulting from the violation of this rule.

[1991, c. 64, a. 2147].

2148. Si le mandat est gratuit, le tribunal peut, lorsqu'il apprécie l'étendue de la responsabilité du mandataire, réduire le montant des dommages-intérêts dont il est tenu.

[1991, c. 64, a. 2148].

▌ C.C.Q., 1318.

2148. Where the mandate is by gratuitous title, the court may, after assessing the extent of the mandatary's liability, reduce the amount of damages for which he is liable.

[1991, c. 64, a. 2148].

§ 2. — Des obligations du mandant envers le mandataire

§ 2. — Obligations of the mandator towards the mandatary

2149. Le mandant est tenu de coopérer avec le mandataire de manière à favoriser l'accomplissement du mandat.

[1991, c. 64, a. 2149].

▌ C.C.Q., 2150, 2152.

2149. The mandator is bound to cooperate with the mandatary to facilitate the fulfilment of the mandate.

[1991, c. 64, a. 2149].

2150. Le mandant, s'il en est requis, avance au mandataire les sommes nécessaires à l'exécution du mandat. Il rembourse au mandataire les frais raisonnables que celui-ci a engagés et lui verse la rémunération à laquelle il a droit.

[1991, c. 64, a. 2150].

▌ C.C.Q., 1300, 1486, 2133, 2205.

2150. Where required, the mandator advances to the mandatary the necessary sums for the performance of the mandate. He reimburses the mandatary for any reasonable expenses he has incurred and pays him the remuneration to which he is entitled.

1991, c. 64, a. 2150].

2151. Le mandant doit l'intérêt sur les frais engagés par le mandataire dans l'exécution de son mandat, à compter du jour où ils ont été déboursés.

[1991, c. 64, a. 2151].

2151. The mandator owes interest on expenses incurred by the mandatary in the performance of his mandate from the day they are disbursed.

[1991, c. 64, a. 2151].

■ C.C.Q., 1565.

2152. Le mandant est tenu de décharger le mandataire des obligations que celui-ci a contractées envers les tiers dans les limites du mandat.

Il n'est pas tenu envers le mandataire pour l'acte qui excède les limites du mandat; mais ses obligations sont entières s'il ratifie cet acte ou si le mandataire, au moment où il agit, ignorait la fin du mandat.

[1991, c. 64, a. 2152].

■ C.C.Q., 1319, 1423, 1482-1492, 2175.

2153. Le mandant est présumé avoir ratifié l'acte qui excède les limites du mandat, lorsque cet acte a été accompli d'une manière qui lui est plus avantageuse que celle même qu'il avait indiquée.

[1991, c. 64, a. 2153].

■ C.C.Q., 2136.

2154. Le mandant est tenu d'indemniser le mandataire qui n'a commis aucune faute, du préjudice que ce dernier a subi en raison de l'exécution du mandat.

[1991, c. 64, a. 2154].

■ C.C.Q., 1486.

2155. Si aucune faute n'est imputable au mandataire, les sommes qui lui sont dues le sont lors même que l'affaire n'aurait pas réussi.

[1991, c. 64, a. 2155].

■ C.C.Q., 2154.

2156. Si le mandat a été donné par plusieurs personnes, leur obligation à l'égard du mandataire est solidaire.

[1991, c. 64, a. 2156].

■ C.C.Q., 1334, 1370, 1525.

2152. The mandator is bound to discharge the mandatary from the obligations he has contracted towards third persons within the limits of the mandate.

The mandator is not liable to the mandatary for any act which exceeds the limits of the mandate. He is fully liable, however, if he ratifies such act or if the mandatary, at the time he acted, was unaware that the mandate had terminated.

[1991, c. 64, a. 2152].

2153. The mandator is presumed to have ratified an act which exceeds the limits of the mandate where the act has been performed in a manner more advantageous to him than the one he had indicated.

[1991, c. 64, a. 2153; I.N., 2014-05-01].

2154. Where the mandatary is not at fault, the mandator is bound to indemnify him for any injury he has suffered by reason of the performance of the mandate.

[1991, c. 64, a. 2154; I.N., 2014-05-01].

2155. If no fault is attributable to the mandatary, the sums owed to him are payable even though the matter was not successfully concluded.

[1991, c. 64, a. 2155; I.N., 2014-05-01].

2156. If a mandate is given by several persons, their obligations towards the mandatary are solidary.

[1991, c. 64, a. 2156].

SECTION III ——
OBLIGATIONS OF THE PARTIES
TOWARDS THIRD PERSONS

SECTION III ——
DES OBLIGATIONS DES PARTIES ENVERS
LES TIERS

§ 1. —— Des obligations du
mandataire envers les tiers

§ 1. —— Obligations of the
mandatary towards third persons

2157. Le mandataire qui, dans les limites de son mandat, s'oblige au nom et pour le compte du mandant, n'est pas personnellement tenu envers le tiers avec qui il contracte.

Il est tenu envers lui lorsqu'il agit en son propre nom, sous réserve des droits du tiers contre le mandant, le cas échéant.

[1991, c. 64, a. 2157].

❚ C.C.Q., 1319, 1489.

2157. A mandatary who binds himself, within the limits of his mandate, in the name and on behalf of the mandator, is not personally liable to the third person with whom he contracts.

The mandatary is liable to the third person if he acts in his own name, subject to any rights the third person may have against the mandator.

[1991, c. 64, a. 2157; I.N., 2014-05-01].

2158. Le mandataire qui outrepasse ses pouvoirs est personnellement tenu envers le tiers avec qui il contracte, à moins que le tiers n'ait eu une connaissance suffisante du mandat, ou que le mandant n'ait ratifié les actes que le mandataire a accomplis.

[1991, c. 64, a. 2158].

❚ C.C.Q., 1320, 2160.

2158. A mandatary who exceeds his powers is personally liable to the third person with whom he contracts, unless the third person was sufficiently aware of the mandate, or unless the mandator has ratified the acts performed by the mandatary.

[1991, c. 64, a. 2158; I.N., 2014-05-01].

2159. Le mandataire s'engage personnellement, s'il convient avec le tiers que, dans un délai fixé, il révélera l'identité de son mandant et qu'il omet de le faire.

Il s'engage aussi personnellement s'il est tenu de taire le nom du mandant ou s'il sait que celui* qu'il déclare est insolvable, mineur ou placé sous un régime de protection et qu'il omet de le mentionner.

[1991, c. 64, a. 2159].

❚ C.C.Q., 2158.

2159. A mandatary who agrees with a third person to disclose the identity of his mandator within a fixed period and fails to do so, binds himself personally.

A mandatary also binds himself personally if he is bound to withhold the name of the mandator or knows, but fails to mention, that the person whose identity he discloses is insolvent, is a minor or is under protective supervision.

[1991, c. 64, a. 2159; I.N., 2014-05-01].

§ 2. —— Des obligations du
mandant envers les tiers

§ 2. —— Obligations of the
mandator towards third persons

2160. Le mandant est tenu envers le tiers pour les actes accomplis par le mandataire dans l'exécution et les limites du mandat,

2160. A mandator is liable to third persons for the acts performed by the mandatary in the performance and within the limits of

sauf si, par la convention ou les usages, le mandataire est seul tenu.

Il est aussi tenu des actes qui excédaient les limites du mandat et qu'il a ratifiés.
[1991, c. 64, a. 2160].

▮ C.C.Q., 1319, 1320, 1423.

2161. Le mandant peut, s'il en subit un préjudice, répudier les actes de la personne que le mandataire s'est substituée lorsque cette substitution s'est faite sans l'autorisation du mandant ou sans que son intérêt ou les circonstances justifient la substitution.
[1991, c. 64, a. 2161].

▮ C.C.Q., 1338, 1458, 2140.

2162. Le mandant ou, à son décès, ses héritiers, sont tenus envers le tiers des actes accomplis par le mandataire dans l'exécution et les limites du mandat après la fin de celui-ci, lorsque ces actes étaient la suite nécessaire de ceux déjà accomplis ou qu'ils ne pouvaient être différés sans risque de perte, ou encore lorsque la fin du mandat est restée inconnue du tiers.
[1991, c. 64, a. 2162].

▮ C.C.Q., 1251, 1362, 2182.

2163. Celui qui a laissé croire qu'une personne était son mandataire est tenu, comme s'il y avait eu mandat, envers le tiers qui a contracté de bonne foi avec celle-ci, à moins qu'il n'ait pris des mesures appropriées pour prévenir l'erreur dans des circonstances qui la rendaient prévisible.
[1991, c. 64, a. 2163].

▮ C.C.Q., 1323.

2164. Le mandant répond du préjudice causé par la faute du mandataire dans l'exécution de son mandat, à moins qu'il ne prouve, lorsque le mandataire n'était pas son préposé, qu'il n'aurait pas pu empêcher le dommage.
[1991, c. 64, a. 2164].

his mandate unless, under the agreement or by virtue of usage, the mandatary alone is liable.

The mandator is also liable for any acts which exceeded the limits of the mandate, if he has ratified them.
[1991, c. 64, a. 2160; I.N., 2014-05-01].

2161. The mandator may, if he suffers injury thereby, repudiate the acts of the person appointed by the mandatary as his substitute where the substitution was made without the mandator's authorization or where the mandator's interest or the circumstances did not warrant the substitution.
[1991, c. 64, a. 2161; I.N., 2014-05-01].

2162. The mandator or, upon his death, his heirs, are liable to third persons for acts performed by the mandatary in the performance and within the limits of the mandate after the termination of the mandate, where the acts were the necessary consequence of those already performed or could not be deferred without risk of loss, or where the third person was unaware of the termination of the mandate.
[1991, c. 64, a. 2162; I.N., 2014-05-01].

2163. Where a person has allowed it to be believed that a person was his mandatary, he is liable, as if there had been a mandate, to a third person who in good faith has contracted with that person, unless he took appropriate measures to prevent the error in circumstances in which it was foreseeable.
[1991, c. 64, a. 2163; I.N., 2014-05-01].

2164. A mandator is liable for any injury caused by the fault of the mandatary in the performance of his mandate unless he proves, where the mandatary was not his subordinate, that he could not have prevented the injury.
[1991, c. 64, a. 2164; I.N., 2014-05-01].

C.C.Q., 1457, 1463.

2165. Le mandant peut, après avoir révélé au tiers le mandat qu'il avait consenti, poursuivre directement le tiers pour l'exécution des obligations contractées par ce dernier à l'égard du mandataire qui avait agi en son propre nom; toutefois, le tiers peut lui opposer l'incompatibilité du mandat avec les stipulations ou la nature de son contrat et les moyens respectivement opposables au mandant et au mandataire.

Si une action est déjà intentée par le mandataire contre le tiers, le droit du mandant ne peut alors s'exercer que par son intervention dans l'instance.

[1991, c. 64, a. 2165].

C.C.Q., 2157.

2165. A mandator, after disclosing to a third person the mandate he had given, may take action directly against the third person for the performance of the obligations contracted by that person towards the mandatary who had acted in his own name. However, the third person may plead the inconsistency of the mandate with the stipulations or nature of his contract, as well as the defenses which can be set up against the mandator and the mandatary respectively.

If proceedings have already been instituted against the third person by the mandatary, the mandator may exercise his right only by intervening in the proceedings.

[1991, c. 64, a. 2165; I.N., 2014-05-01].

SECTION IV —
DES RÈGLES PARTICULIÈRES AU MANDAT DONNÉ EN PRÉVISION DE L'INAPTITUDE DU MANDANT

SECTION IV —
SPECIAL RULES GOVERNING THE MANDATE GIVEN IN ANTICIPATION OF THE MANDATOR'S INCAPACITY

2166. Le mandat donné par une personne majeure en prévision de son inaptitude à prendre soin d'elle-même ou à administrer ses biens est fait par acte notarié en minute ou devant témoins.

Son exécution est subordonnée à la survenance de l'inaptitude et à l'homologation par le tribunal, sur demande du mandataire désigné dans l'acte.

[1991, c. 64, a. 2166].

C.P.C., 884.1-884.6.

2166. A mandate given by a person of full age in anticipation of his incapacity to take care of himself or to administer his property is made by a notarial act en *minute* or in the presence of witnesses.

The performance of the mandate is conditional upon the occurrence of the incapacity and homologation by the court upon application by the mandatary designated in the act.

[1991, c. 64, a. 2166; I.N., 2014-05-01].

2167. Le mandat devant témoins est rédigé par le mandant ou par un tiers.

Le mandant, en présence de deux témoins qui n'ont pas d'intérêt à l'acte et qui sont en mesure de constater son aptitude à agir, déclare la nature de l'acte mais sans être tenu d'en divulguer le contenu. Il signe cet acte à la fin ou, s'il l'a déjà signé, il reconnaît sa signature; il peut aussi le faire signer par un tiers pour lui, en sa présence et

2167. A mandate made in the presence of witnesses is drawn up by the mandator or by a third person.

The mandator, in the presence of two witnesses who have no interest in the act and who are able to ascertain his capacity to act, declares the nature of the act but need not disclose its contents. The mandator signs the act at the end or, if he has already signed it, acknowledges his signature; he may also cause a third person to sign the

suivant ses instructions. Les témoins signent aussitôt le mandat en présence du mandant.

[1991, c. 64, a. 2167].

■ C.C.Q., 727.

2167.1. Le tribunal peut, au cours de l'instance d'homologation du mandat ou même avant si une demande d'homologation est imminente et qu'il y a lieu d'agir pour éviter au mandant un préjudice sérieux, rendre toute ordonnance qu'il estime nécessaire pour assurer la protection de la personne du mandant, sa représentation dans l'exercice de ses droits civils ou l'administration de ses biens.

L'acte par lequel le mandant a déjà chargé une autre personne de l'administration de ses biens continue de produire ses effets malgré l'instance, à moins que, pour un motif sérieux, cet acte ne soit révoqué par le tribunal.

[2002, c. 19, a. 9].

2168. Lorsque la portée du mandat est douteuse, le mandataire l'interprète selon les règles relatives à la tutelle au majeur.

Si, alors, des avis, consentements ou autorisations sont requis en application des règles relatives à l'administration du bien d'autrui, le mandataire les obtient du curateur public ou du tribunal.

[1991, c. 64, a. 2168].

■ C.C.Q., 285-290, 1299-1370.

2169. Lorsque le mandat ne permet pas d'assurer pleinement les soins de la personne ou l'administration de ses biens, un régime de protection peut être établi pour le compléter; le mandataire poursuit alors l'exécution de son mandat et fait rapport, sur demande et au moins une fois l'an, au tuteur ou au curateur et, à la fin du mandat, il leur rend compte.

Le mandataire n'est tenu de ces obligations qu'à l'égard du tuteur ou curateur à la personne. S'il assure lui-même la pro-

writing for him in his presence and according to his instructions. The witnesses sign the mandate forthwith in the presence of the mandator.

[1991, c. 64, a. 2167; I.N., 2014-05-01].

2167.1. In the course of homologation proceedings or even before if a request for homologation is imminent and it is necessary to act to prevent serious injury for the mandator, the court may issue any order it considers necessary to ensure the personal protection of the mandator, his representation in the exercise of civil rights or the administration of his property.

An act under which the mandator has entrusted the administration of his property to another person continues to produce its effects notwithstanding the proceedings, unless the act is revoked by the court for a serious reason.

[2002, c. 19, s. 9; I.N., 2014-05-01].

2168. Where the scope of the mandate is unclear, the mandatary interprets it according to the rules that apply to tutorship to persons of full age.

If as a result any notice, consent or authorization is required pursuant to the rules with respect to the administration of the property of others, the mandatary obtains it from the Public Curator or from the court.

[1991, c. 64, a. 2168; I.N., 2014-05-01].

2169. Where the mandate does not fully ensure care of the person or administration of his property, protective supervision may be instituted to complete it; the mandatary then continues to perform the mandate and reports, on request and at least once each year, to the tutor or curator. At the end of the mandate, he renders an account to the tutor or curator.

The mandatary is bound by such obligations only with respect to the tutor or curator to the person. If the protection of the

tection de la personne, le tuteur ou le curateur aux biens est tenu aux mêmes obligations envers le mandataire.

[1991, c. 64, a. 2169].

■ C.C.Q., 256-297.

person is assumed by the mandatary himself, the tutor or curator to property is bound by the same obligations towards the mandatary.

[1991, c. 64, a. 2169; I.N., 2014-05-01].

2170. Les actes faits antérieurement à l'homologation du mandat peuvent être annulés ou les obligations qui en découlent réduites, sur la seule preuve que l'inaptitude était notoire ou connue du cocontractant à l'époque où les actes ont été passés.

[1991, c. 64, a. 2170].

■ C.C.Q., 284, 290, 1409.

2170. Acts performed before the homologation of the mandate may be annulled or the resulting obligations may be reduced, on the mere proof that the mandator's incapacity was notorious or known to the other party at the time that the acts were entered into.

[1991, c. 64, a. 2170].

2171. Sauf stipulation contraire dans le mandat, le mandataire est autorisé à exécuter à son profit les obligations du mandant prévues aux articles 2150 à 2152 et 2154.

[1991, c. 64, a. 2171].

■ C.C.Q., 2150-2152, 2154.

2171. Unless otherwise stipulated in the mandate, the mandatary is authorized to perform, to his benefit, the obligations of the mandator provided in articles 2150 to 2152 and 2154.

[1991, c. 64, a. 2171].

2172. Le mandat cesse d'avoir effet lorsque le tribunal constate que le mandant est redevenu apte; ce dernier peut alors, s'il le considère approprié, révoquer son mandat.

[1991, c. 64, a. 2172].

■ C.C.Q., 2173.

2172. The mandate ceases to have effect when the court ascertains that the mandator has again become capable; the mandator may then revoke his mandate if he considers it appropriate to do so.

[1991, c. 64, a. 2172].

2173. S'il constate que le mandant est redevenu apte, le directeur général de l'établissement de santé ou de services sociaux qui prodigue des soins ou procure des services au mandant doit attester cette aptitude dans un rapport qu'il dépose au greffe du tribunal. Ce rapport est constitué, entre autres, de l'évaluation médicale et psychosociale.

Le greffier avise de ce dépôt le mandataire, le mandant et les personnes habilitées à intervenir à une demande d'ouverture de régime de protection. À défaut d'opposition dans les trente jours, la constatation de l'aptitude du mandant par le tribunal est présumée et le greffier doit transmettre un avis de la cessation des effets du

2173. If the director general of the health and social services establishment which provides care or services to the mandator becomes aware that the mandator has again become capable, he shall attest to such capacity in a report filed in the office of the court. The report includes the medical and psychosocial assessment.

The clerk informs the mandatary, the mandator and the persons qualified to intervene in an application for the institution of protective supervision that the report has been filed. If no objection is made within 30 days, the court is presumed to have found that the mandator has again become capable, and the clerk shall, without

mandat, sans délai, au mandant, au mandataire et au curateur public.

[1991, c. 64, a. 2173].

∎ C.C.Q., 256-267, 276.

2174. Le mandataire ne peut, malgré toute stipulation contraire, renoncer à son mandat sans avoir au préalable pourvu à son remplacement si le mandat y pourvoit, ou sans avoir demandé l'ouverture d'un régime de protection à l'égard du mandant.

[1991, c. 64, a. 2174].

∎ C.C.Q., 2178.

SECTION V —
DE LA FIN DU MANDAT

2175. Outre les causes d'extinction communes aux obligations, le mandat prend fin par la révocation qu'en fait le mandant, par la renonciation du mandataire ou par l'extinction du pouvoir qui lui a été donné, ou encore par le décès de l'une ou l'autre des parties.

Il prend aussi fin par la faillite, sauf dans le cas où le mandat a été donné en prévision de l'inaptitude d'une personne, à titre gratuit; il peut également prendre fin, en certains cas, par l'ouverture d'un régime de protection à l'égard de l'une ou l'autre des parties.

[1991, c. 64, a. 2175].

∎ C.C.Q., 1355, 1439.

2176. Le mandant peut révoquer le mandat et contraindre le mandataire à lui remettre la procuration, pour qu'il y fasse mention de la fin du mandat. Le mandataire a le droit d'exiger du mandant qu'il lui fournisse un double de la procuration portant cette mention.

Si la procuration est faite par acte notarié en minute, le mandant effectue la mention sur une copie et peut donner avis de la fin du mandat au dépositaire de la minute, le-

delay, transmit a notice of cessation of the effects of the mandate to the mandator, the mandatary and the Public Curator.

[1991, c. 64, a. 2173; I.N., 2014-05-01].

2174. Notwithstanding any provision to the contrary, the mandatary may not renounce his mandate unless he has first seen to his replacement if the mandate provides therefor, or has applied for the institution of protective supervision for the mandator.

[1991, c. 64, a. 2174; I.N., 2014-05-01].

SECTION V —
TERMINATION OF MANDATE

2175. In addition to the causes of extinction common to obligations, the mandate is terminated by its revocation by the mandator, by renunciation by the mandatary, by the extinction of the power conferred on the mandatary or by the death of either of the parties.

The mandate is also terminated by bankruptcy, except where it was given by gratuitous title in anticipation of the mandator's incapacity; it may also be terminated, in certain cases, by the institution of protective supervision for either of the parties.

[1991, c. 64, a. 2175; I.N., 2014-05-01].

2176. The mandator may revoke the mandate and compel the mandatary to return to him the power of attorney in order to make a notation thereon of the termination of the mandate. The mandatary has the right to require that the mandator furnish him with a duplicate of the power of attorney containing the notation.

Where the power of attorney is made by notarial act *en minute*, the mandator makes the notation on a copy and may give notice of the termination of the mandate to the

quel est tenu d'en faire mention sur celle-ci et sur toute copie qu'il en délivre.

[1991, c. 64, a. 2176].

■ C.C.Q., 2213; C.P.C., 252.

depositary of the original, who is bound to note it on the original and on every copy of it which he issues.

[1991, c. 64, a. 2176; I.N., 2014-05-01].

2177. Lorsque le mandant est inapte, toute personne intéressée, y compris le curateur public, peut, si le mandat n'est pas fidèlement exécuté ou pour un autre motif sérieux, demander au tribunal de révoquer le mandat, d'ordonner la reddition de compte du mandataire et d'ouvrir un régime de protection à l'égard du mandant.

[1991, c. 64, a. 2177].

■ C.C.Q., 2175.

2177. Where the mandator is incapable, any interested person, including the Public Curator, may, if the mandate is not being faithfully performed or for any other serious reason, apply to have the court revoke the mandate, order the rendering of an account by the mandatary and institute protective supervision for the mandator.

[1991, c. 64, a. 2177; I.N., 2014-05-01].

2178. Le mandataire peut renoncer au mandat qu'il a accepté, en notifiant sa renonciation au mandant. Il a alors droit, si le mandat était donné à titre onéreux, à la rémunération qu'il a gagnée jusqu'au jour de sa renonciation.

Toutefois, il est tenu de réparer le préjudice causé au mandant par la renonciation faite sans motif sérieux et à contretemps.

[1991, c. 64, a. 2178].

■ C.C.Q., 1357, 1359, 1367, 1597.

2178. The mandatary may renounce the mandate he has accepted by so notifying the mandator. He is thereupon entitled, if the mandate was given by onerous title, to the remuneration he has earned until the day of his renunciation.

However, the mandatary is bound to make reparation for injury caused to the mandator by his renunciation, if he renounces without a serious reason and at an inopportune moment.

[1991, c. 64, a. 2178; I.N., 2014-05-01].

2179. Le mandant peut, pour une durée déterminée ou pour assurer l'exécution d'une obligation particulière, renoncer à son droit de révoquer unilatéralement le mandat.

Le mandataire peut, de la même façon, s'engager à ne pas exercer le droit qu'il a de renoncer.

La révocation unilatérale ou la renonciation faite, selon le cas, par le mandant ou le mandataire malgré son engagement met fin au mandat.

[1991, c. 64, a. 2179; 2002, c. 19, a. 10].

■ C.C.Q., 2175.

2179. The mandator may, for a fixed term or to ensure the performance of a particular obligation, renounce his right to revoke the mandate unilaterally.

The mandatary may, in the same manner, undertake not to exercise his right of renunciation.

Unilateral revocation or renunciation by, as the case may be, the mandator or the mandatary despite his undertaking terminates the mandate.

[1991, c. 64, a. 2179; 2002, c. 19, s. 10; I.N., 2014-05-01].

2180. La constitution par le mandant d'un nouveau mandataire, pour la même affaire,

2180. The appointment of a new mandatary by the mandator for the same matter is

vaut révocation du premier mandataire, à compter du jour où elle lui a été notifiée.

[1991, c. 64, a. 2180].

■ C.C.Q., 1356; C.P.C., 252.

2181. Le mandant qui révoque le mandat demeure tenu d'exécuter ses obligations envers le mandataire; il est aussi tenu de réparer le préjudice causé au mandataire par la révocation faite sans motif sérieux et à contretemps.

Si avis n'en a été donné qu'au mandataire, la révocation ne peut affecter le tiers qui, dans l'ignorance de cette révocation, traite avec lui, sauf le recours du mandant contre le mandataire.

[1991, c. 64, a. 2181].

■ C.C.Q., 1362, 2178, 2233, 2262.

2182. Lorsque le mandat prend fin, le mandataire est tenu de faire ce qui est la suite nécessaire de ses actes ou ce qui ne peut être différé sans risque de perte.

[1991, c. 64, a. 2182].

■ C.C.Q., 1362, 2162.

2183. En cas de décès du mandataire ou en cas d'ouverture à son égard d'un régime de protection, le liquidateur, tuteur ou curateur qui connaît le mandat et qui n'est pas dans l'impossibilité d'agir est tenu d'en aviser le mandant et de faire, dans les affaires commencées, tout ce qui ne peut être différé sans risque de perte.

Si le mandat a été donné en prévision de l'inaptitude du mandant, le liquidateur du mandataire est tenu, dans les mêmes circonstances, d'aviser le curateur public du décès du mandataire.

[1991, c. 64, a. 2183].

■ C.C.Q., 1361.

2184. À la fin du mandat, le mandataire est tenu de rendre compte et de remettre au mandant tout ce qu'il a reçu dans l'exécu-

equivalent to revocation of the first mandatary from the day the first mandatary was notified of the new appointment.

[1991, c. 64, a. 2180; I.N., 2014-05-01].

2181. A mandator who revokes a mandate remains bound to perform his obligations towards the mandatary; he is also bound to make reparation for injury caused to the mandatary as a result of a revocation made without a serious reason and at an inopportune moment.

Where notice of the revocation has been given only to the mandatary, the revocation does not affect a third person who deals with him while unaware of the revocation, without prejudice, however, to the remedy of the mandator against the mandatary.

[1991, c. 64, a. 2181; I.N., 2014-05-01].

2182. Upon termination of the mandate, the mandatary is bound to do everything which is a necessary consequence of his acts or which cannot be deferred without risk of loss.

[1991, c. 64, a. 2182].

2183. Upon the death of the mandatary or his being placed under protective supervision, the liquidator, tutor or curator, if aware of the mandate and able to act, is bound to notify the mandator of the death and, with respect to any matter already begun, to do everything which cannot be deferred without risk of loss.

In the case of a mandate given in anticipation of the mandator's incapacity, the liquidator of the mandatary is bound, in the same circumstances, to give notice of the mandatary's death to the Public Curator.

[1991, c. 64, a. 2183; I.N., 2014-05-01].

2184. Upon termination of the mandate, the mandatary is bound to render an account and hand over to the mandator eve-

tion de ses fonctions, même si ce qu'il a reçu n'était pas dû au mandant.

Il doit l'intérêt des sommes qu'il a reçues et qui constituent le reliquat du compte, depuis la demeure.

[1991, c. 64, a. 2184].

▌ C.C.Q., 1363-1370.

2185. Le mandataire a le droit de déduire, des sommes qu'il doit remettre, ce que le mandant lui doit en raison du mandat.

Il peut aussi retenir, jusqu'au paiement des sommes qui lui sont dues, ce qui lui a été confié par le mandant pour l'exécution du mandat.

[1991, c. 64, a. 2185].

▌ C.C.Q., 1369.

rything he has received in the performance of his duties, even if what he has received was not due to the mandator.

The mandatary owes interest, computed from the time he is in default, on sums received that constitute the balance of the account.

[1991, c. 64, a. 2184; I.N., 2014-05-01].

2185. A mandatary is entitled to deduct what the mandator owes him by reason of the mandate from the sums he is required to remit.

The mandatary may also retain what was entrusted to him by the mandator for the performance of the mandate until payment of the sums due to him.

[1991, c. 64, a. 2185].

Chapitre X
Du contrat de société et d'association

SECTION I
DISPOSITIONS GÉNÉRALES

Chapter X
Contract of partnership and of association

SECTION I
GENERAL PROVISIONS

2186. Le contrat de société est celui par lequel les parties conviennent, dans un esprit de collaboration, d'exercer une activité, incluant celle d'exploiter une entreprise, d'y contribuer par la mise en commun de biens, de connaissances ou d'activités et de partager entre elles les bénéfices pécuniaires qui en résultent.

Le contrat d'association est celui par lequel les parties conviennent de poursuivre un but commun autre que la réalisation de bénéfices pécuniaires à partager entre les membres de l'association.

[1991, c. 64, a. 2186].

▌ C.C.Q., 1525, 2187, 2203, 2240, 2250, 2267, 2268, 2269, 2279; C.P.C., 60, 629.

2186. A contract of partnership is a contract by which the parties, in a spirit of cooperation, agree to carry on an activity, including the operation of an enterprise, to contribute thereto by combining property, knowledge or activities and to share among themselves any resulting pecuniary profits.

A contract of association is a contract by which the parties agree to pursue a common goal other than the making of pecuniary profits to be shared among the members of the association.

[1991, c. 64, a. 2186; I.N., 2014-05-01].

2187. La société ou l'association est formée dès la conclusion du contrat, si une autre époque n'y est indiquée.

[1991, c. 64, a. 2187].

2187. The partnership or association is created upon the formation of the contract if no other date is indicated in the contract.

[1991, c. 64, a. 2187].

■ C.C.Q., 2186.

2188. La société est en nom collectif, en commandite ou en participation.

Elle peut être aussi par actions; dans ce cas, elle est une personne morale.
[1991, c. 64, a. 2188].
■ C.C.Q., 298-364, 2198-2266; D.T., 116-118.

2188. Partnerships are either general partnerships, limited partnerships or undeclared partnerships.

They may also be in joint-stock form, in which case they are legal persons.
[1991, c. 64, a. 2188; I.N., 2014-05-01].

2189. La société en nom collectif ou en commandite est formée sous un nom commun aux associés.

Elle doit produire une déclaration d'immatriculation conformément à la *Loi sur la publicité légale des entreprises* (chapitre P-44.1); à défaut de le faire, elle est réputée être une société en participation, sous réserve des droits des tiers de bonne foi.
[1991, c. 64, a. 2189; 2010, c. 7, a. 168].
■ C.C.Q., 2195, 2197, 2219-2225, 2238, 2243, 2246, 2247; D.T., 115, 118; C.P.C., 115.

2189. A general or limited partnership is formed under a name that is common to the partners.

It shall file a registration declaration in accordance with the *Act respecting the legal publicity of enterprises* (chapter P-44.1); otherwise, it is deemed to be an undeclared partnership, subject to the rights of third persons in good faith.
[1991, c. 64, a. 2189; 2010, c. 7, s. 168].

2190. (*Abrogé*).
[2010, c. 7, a. 169].

2190. (*Repealed*).
[2010, c. 7, s. 169].

2191. Lorsque la société constate ou est informée que sa déclaration d'immatriculation est incomplète, inexacte ou irrégulière, celle-ci peut être corrigée par une déclaration de mise à jour produite conformément à la *Loi sur la publicité légale des entreprises* (chapitre P-44.1).
[1991, c. 64, a. 2191; 2010, c. 7, a. 170].
■ C.C.Q., 2192, 2193, 2196.

2191. If the partnership discovers or is informed that its registration declaration is incomplete, inaccurate or irregular, the declaration may be corrected by filing an updating declaration in accordance with the *Act respecting the legal publicity of enterprises* (chapter P-44.1).
[1991, c. 64, a. 2191; 2010, c. 7, s. 170].

2192. La correction qui porterait atteinte aux droits des associés ou des tiers est sans effet à leur égard, à moins qu'ils n'y aient consenti ou que le tribunal n'ait ordonné la production de la déclaration, après avoir entendu les intéressés et modifié, au besoin, la déclaration proposée.
[1991, c. 64, a. 2192; 2010, c. 7, a. 170].
■ C.C.Q., 2191, 2193, 2196.

2192. A correction that would infringe upon the rights of the partners or of third persons has no effect in their regard unless they consented to it or unless the court, after hearing the persons concerned and, if necessary, amending the proposed updating declaration, ordered that it be filed.
[1991, c. 64, a. 2192; 2010, c. 7, s. 170].

2193. La correction est réputée faire partie de la déclaration d'immatriculation et avoir pris effet au même moment, à moins

2193. The correction is deemed to be part of the registration declaration and to have taken effect simultaneously with it unless

qu'une date ultérieure ne soit prévue à la déclaration de mise à jour ou au jugement.

[1991, c. 64, a. 2193; 2010, c. 7, a. 170].

▌C.C.Q., 2191, 2192, 2196.

a later date is provided in the updating declaration or in the judgment.

[1991, c. 64, a. 2193; 2010, c. 7, s. 170].

2194. Tout changement apporté au contenu de la déclaration d'immatriculation de la société doit faire l'objet d'une mise à jour conformément à la *Loi sur la publicité légale des entreprises* (chapitre P-44.1).

[1991, c. 64, a. 2194; 2010, c. 7, a. 171].

▌C.C.Q., 2189, 2196.

2194. Any change to the content of the registration declaration of the partnership shall be set forth in an updating declaration in accordance with the *Act respecting the legal publicity of enterprises* (chapter P-44.1).

[1991, c. 64, a. 2194; 2010, c. 7, s. 171].

2195. Les déclarations relatives à la société sont opposables aux tiers à compter du moment où les informations qu'elles contiennent sont inscrites au registre des entreprises. Elles font preuve de leur contenu en faveur des tiers de bonne foi.

Les tiers peuvent contredire les mentions d'une déclaration par tous moyens.

[1991, c. 64, a. 2195; 2010, c. 7, a. 172; 2010, c. 40, a. 92].

▌C.C.Q., 2189, 2195, 2196, 2223, 2814.

2195. Declarations relating to a partnership may be set up against third persons from the time the information they contain is recorded in the enterprise register. They constitute proof of their content in favour of third persons in good faith.

Third persons may refute the statements contained in a declaration, by any means.

[1991, c. 64, a. 2195; 2010, c. 7, s. 172; 2010, c. 40, s. 92; I.N., 2014-05-01].

2196. Si la déclaration d'immatriculation de la société est incomplète, inexacte ou irrégulière ou si, malgré un changement intervenu dans la société, la mise à jour n'est pas faite, les associés sont responsables, envers les tiers, des obligations de la société qui en résultent; cependant, les commanditaires qui ne sont pas par ailleurs tenus des obligations de la société n'encourent pas cette responsabilité.

[1991, c. 64, a. 2196; 2010, c. 7, a. 173].

▌C.C.Q., 2191, 2194, 2195, 2244, 2246, 2247; D.T., 119; C.P.C., 98.

2196. If the registration declaration of the partnership is incomplete, inaccurate or irregular or, despite a change having occurred in the partnership, no updating declaration has been filed, the partners are liable to third persons for the resulting obligations of the partnership; however, special partners who are not otherwise liable for the obligations of the partnership do not incur that liablity.

[1991, c. 64, a. 2196; 2010, c. 7, s. 173; I.N., 2014-05-01].

2197. La société en nom collectif ou en commandite doit, dans le cours de ses activités, indiquer sa forme juridique dans son nom même ou à la suite de celui-ci.

À défaut d'une telle mention dans un acte conclu par la société, le tribunal peut, pour statuer sur l'action d'un tiers de bonne foi, décider que la société et les associés seront tenus, à l'égard de cet acte, au même titre

2197. A general or limited partnership shall, in the course of its activities, indicate its juridical form in its name or after its name.

Failing such indication in an act concluded by the partnership, the court, in ruling on the action of a third person in good faith, may decide that the partnership and its partners are liable, with respect to that act,

qu'une société en participation et ses associés.

[1991, c. 64, a. 2197].

■ C.C.Q., 2189, 2247.

in the same manner as an undeclared partnership and its partners.

[1991, c. 64, a. 2197; 2002, c. 19, s. 15; I.N., 2014-05-01].

SECTION II —
DE LA SOCIÉTÉ EN NOM COLLECTIF

§ 1. — Des rapports des associés entre eux et envers la société

SECTION II —
GENERAL PARTNERSHIPS

§ 1. — Relations of partners between themselves and with the partnership

2198. L'associé est débiteur envers la société de tout ce qu'il promet d'y apporter.

Celui qui a promis d'apporter une somme d'argent et qui manque de le faire est tenu des intérêts, à compter du jour où son apport devait être versé, sous réserve des dommages-intérêts additionnels qui peuvent lui être réclamés.

[1991, c. 64, a. 2198].

■ C.C.Q., 1458, 1600, 1617, 2188, 2199, 2200, 2224, 2240, 2244, 2249, 2251, 2261.

2198. A partner is a debtor to the partnership for everything he promises to contribute to it.

Where a person promises to contribute a sum of money and fails to do so, he is liable for interest from the day his contribution ought to have been made, subject to any additional damages which may be claimed from him.

[1991, c. 64, a. 2198; I.N., 2014-05-01].

2199. L'apport de biens est réalisé par le transfert des droits de propriété ou de jouissance et par la mise des biens à la disposition de la société.

Dans ses rapports avec la société, celui qui apporte des biens en est garant, de la même manière que le vendeur l'est envers l'acheteur, lorsque son apport est en propriété; lorsque son apport est en jouissance, il en est garant comme le locateur l'est envers le locataire.

L'apport en jouissance de biens normalement appelés à être renouvelés pendant la durée de la société transfère la propriété des biens à la société, à la charge, pour celle-ci, d'en rendre une pareille quantité, qualité et valeur.

[1991, c. 64, a. 2199].

■ C.C.Q., 1716-1733, 1854-1863, 2188, 2198, 2200, 2249, 2251, 2261.

2199. A contribution of property is made by transferring rights of ownership or of enjoyment and by placing the property at the disposal of the partnership.

In his relations with the partnership, the person who contributes property is warrantor therefor, in the same manner as a seller towards a buyer, where the contribution is ownership of property; he is warrantor therefor, in the same manner as a lessor towards a lessee, where the contribution is the enjoyment of property.

In the case of property that would normally need to be renewed during the term of the partnership, a contribution consisting in enjoyment transfers ownership of the property to the partnership, subject to the obligation for it to return property of the same quantity, quality and value.

[1991, c. 64, a. 2199; I.N., 2014-05-01].

2200. L'apport de connaissances ou d'activités est dû de façon continue, tant que

2200. A contribution consisting of knowledge or activities is owed continuously so

l'associé qui s'est engagé à fournir un tel apport est membre de la société; l'associé est tenu envers cette dernière des bénéfices qu'il réalise par cet apport.

[1991, c. 64, a. 2200].

long as the partner who undertook to make such a contribution is a member of the partnership; the partner is liable to the partnership for any profit he realizes from the contribution.

[1991, c. 64, a. 2200; I.N., 2014-05-01].

■ C.C.Q., 2188, 2198, 2199, 2249, 2251, 2261.

2201. La participation aux bénéfices d'une société emporte l'obligation de partager les pertes.

[1991, c. 64, a. 2201].

2201. Participation in the profits of a partnership entails the obligation to share in the losses.

[1991, c. 64, a. 2201].

■ C.C.Q., 1525, 2188, 2202, 2203, 2207, 2221, 2249, 2251, 2261.

2202. La part de chaque associé dans l'actif, dans les bénéfices et dans la contribution aux pertes est égale si elle n'est pas déterminée par le contrat.

Si le contrat ne détermine que la part de chacun dans l'actif, dans les bénéfices ou dans la contribution aux pertes, cette détermination est présumée faite pour les trois cas.

[1991, c. 64, a. 2202].

2202. The share of each partner in the assets, profits and losses is equal if it is not determined by the contract.

If the contract determines only each partner's share of the assets, profits or losses, that determination is presumed to be made for all three cases.

[1991, c. 64, a. 2202; I.N., 2014-05-01].

■ C.C.Q., 2188, 2201, 2203, 2249, 2251, 2261.

2203. La stipulation qui exclut un associé de la participation aux bénéfices de la société est sans effet.

Celle qui dispense l'associé de l'obligation de partager les pertes est inopposable aux tiers.

[1991, c. 64, a. 2203].

2203. Any stipulation whereby a partner is excluded from participation in the profits is without effect.

Any stipulation whereby a partner is exempt from the obligation to share in the losses may not be set up against third persons.

[1991, c. 64, a. 2203].

■ C.C.Q., 2186, 2188, 2201, 2202, 2221, 2249, 2251, 2255, 2261.

2204. L'associé ne peut, pour son compte ou celui d'un tiers, faire concurrence à la société ni participer à une activité qui prive celle-ci des biens, des connaissances ou de l'activité qu'il est tenu d'y apporter; le cas échéant, les bénéfices qui en résultent sont acquis à la société, sans préjudice des recours que celle-ci peut exercer.

[1991, c. 64, a. 2204].

2204. A partner may not compete with the partnership on his own account or on behalf of a third person, or take part in an activity which deprives the partnership of the property, knowledge or activity he is bound to contribute to it; any profits arising therefrom belong to the partnership, without prejudice to the remedies it may pursue.

1991, c. 64, a. 2204; I.N., 2014-05-01].

■ C.C.Q., 1458, 1607-1625, 2188, 2249, 2251, 2261.

2205. L'associé a le droit, s'il était de bonne foi, de recouvrer la somme qu'il a déboursée pour le compte de la société et d'être indemnisé en raison des obligations qu'il a contractées et des pertes qu'il a subies en agissant pour celle-ci.

[1991, c. 64, a. 2205].

■ C.C.Q., 2150, 2152, 2154, 2155, 2188, 2249, 2251, 2261.

2206. Lorsque l'un des associés est, pour son propre compte, créancier d'une personne qui est aussi débitrice de la société, et que les dettes sont également exigibles, l'imputation de ce qu'il reçoit de ce débiteur doit se faire sur les deux créances dans la proportion de leur montant respectif.

[1991, c. 64, a. 2206].

■ C.C.Q., 1569-1572, 2188, 2249, 2251, 2261.

2207. Lorsque l'un des associés a reçu sa part entière d'une créance de la société et que le débiteur devient insolvable, cet associé est tenu de rapporter à la société ce qu'il a reçu, encore qu'il ait donné quittance pour sa part.

[1991, c. 64, a. 2207].

■ C.C.Q., 2188, 2201, 2249, 2251, 2261.

2208. Chaque associé peut utiliser les biens de la société pourvu qu'il les emploie dans l'intérêt de la société et suivant leur destination, et de manière à ne pas empêcher les autres associés d'en user selon leur droit.

Chacun peut aussi, dans le cours des activités de la société, lier celle-ci, sauf le droit qu'ont les associés de s'opposer à l'opération avant qu'elle ne soit conclue ou de limiter le droit d'un associé de lier la société.

[1991, c. 64, a. 2208].

■ C.C.Q., 2135, 2136, 2188, 2213, 2217, 2219, 2220, 2249, 2251, 2261.

2209. Un associé peut, sans le consentement des autres associés, s'associer un tiers relativement à la part qu'il a dans la

2205. A partner is entitled, if he was in good faith, to recover the amount of the disbursements he made on behalf of the partnership and to be indemnified for the obligations he contracted and for the losses he suffered in acting for the partnership.

[1991, c. 64, a. 2205; I.N., 2014-05-01].

2206. Where one of the partners is, on his own account, the creditor of a person who is also a debtor of the partnership, and the debts are equally due, the amounts he receives from the debtor shall be imputed to both claims in proportion to their respective amounts.

[1991, c. 64, a. 2206; I.N., 2014-05-01].

2207. Where a partner has received his full share of a claim due to the partnership, and the debtor becomes insolvent, the partner is bound to remit to the partnership what he has received, even though he may have given an acquittance for his share.

[1991, c. 64, a. 2207; I.N., 2014-05-01].

2208. Each partner may use the property of the partnership, provided he uses it in the interest of the partnership, according to the property's destination, and in such a way as not to prevent the other partners from using it as they are entitled.

Each partner may also bind the partnership in the course of its activities, but the partners may oppose dealings before they are entered into or restrict the right of a partner to bind the partnership.

[1991, c. 64, a. 2208; I.N., 2014-05-01].

2209. A partner may, without the consent of the other partners, become a partner with a third person with respect to his

société; mais il ne peut, sans ce consentement, l'introduire dans la société.

share in the partnership, but he may not make him a member of the partnership without their consent.

Tout associé peut, dans les soixante jours où il apprend qu'une personne étrangère à la société a acquis, à titre onéreux, la part d'un associé, l'écarter de la société en remboursant à cette personne le prix de la part et les frais qu'elle a acquittés. Ce droit ne peut être exercé que dans l'année qui suit l'acquisition de la part.

[1991, c. 64, a. 2209].

Within 60 days after becoming aware that a person who is not a member of the partnership has acquired the share of a partner by onerous title, any partner may exclude the person from the partnership by reimbursing him for the price of the share and the expenses he has paid. That right may only be exercised within one year from the acquisition of the share.

[1991, c. 64, a. 2209; I.N., 2014-05-01].

◼ C.C.Q., 1022, 2188, 2228, 2249, 2251, 2261; D.T., 120.

2210. Lorsqu'un associé cède sa part dans la société à un autre associé ou à la société, ou que celle-ci la lui rachète, la valeur de cette part, si les parties ne s'entendent pas pour la fixer, est déterminée par un expert que désignent les parties ou, à défaut, le tribunal.

[1991, c. 64, a. 2210].

2210. Where a partner transfers his share in the partnership to a partner or to the partnership or where the partnership redeems it, the value of the share, if the parties fail to agree on it, is determined by an expert designated by the parties or, failing that, by the court.

[1991, c. 64, a. 2210].

◼ C.C.Q., 2188, 2226, 2227, 2249, 2251, 2261.

2211. La part d'un associé dans l'actif ou dans les bénéfices de la société peut faire l'objet d'une hypothèque. Cependant, l'hypothèque qui porte sur la part d'un associé dans l'actif n'est possible que si les autres associés y consentent ou si le contrat le prévoit.

[1991, c. 64, a. 2211].

2211. The share of a partner in the assets or profits of the partnership may be charged with a hypothec. However, the share of a partner in the assets may only be hypothecated with the consent of the other partners or if so provided in the contract.

[1991, c. 64, a. 2211; I.N., 2014-05-01].

◼ C.C.Q., 2188, 2249, 2660-2663, 2251, 2261.

2212. Les associés peuvent faire entre eux toute convention qu'ils jugent appropriée quant à leurs pouvoirs respectifs dans la gestion des affaires de la société.

[1991, c. 64, a. 2212].

2212. The partners may enter into such agreements between themselves as they consider appropriate with regard to their respective powers in the management of the affairs of the partnership.

[1991, c. 64, a. 2212].

◼ C.C.Q., 2188, 2213, 2215, 2217, 2218, 2238, 2249, 2251, 2261.

2213. Les associés peuvent nommer l'un ou plusieurs d'entre eux, ou même un tiers, pour gérer les affaires de la société.

L'administrateur peut faire, malgré l'opposition des associés, tous les actes qui dépendent de sa gestion, pourvu que ce soit

2213. The partners may appoint one or more fellow partners or even a third person to manage the affairs of the partnership.

Notwithstanding the objection of the partners, the manager may perform any act within his management powers, provided

sans fraude. Ce pouvoir de gestion ne peut être révoqué sans motif sérieux tant que dure la société; mais s'il a été donné par un acte postérieur au contrat de société, il est révocable comme un simple mandat.

[1991, c. 64, a. 2213].

he does not act fraudulently. As long as the partnership lasts, those powers may not be revoked without a serious reason, except where they were conferred by an act subsequent to the contract of partnership, in which case they may be revoked in the same manner as a simple mandate.

[1991, c. 64, a. 2213; I.N., 2014-05-01].

▌C.C.Q., 2176, 2181, 2188, 2208, 2212, 2214, 2249, 2251, 2261.

2214. Lorsque plusieurs administrateurs sont chargés de la gestion sans que celle-ci soit partagée entre eux et sans qu'il soit stipulé que l'un ne pourra agir sans les autres, chacun d'eux peut agir séparément; mais si cette stipulation existe, l'un d'eux ne peut agir en l'absence des autres, lors même qu'il est impossible à ces derniers de concourir à l'acte.

[1991, c. 64, a. 2214].

2214. Where several persons are charged with the management and there is no stipulation dividing it between them nor any stipulation preventing one from acting without the others, each of them may act separately; where there is such a stipulation, however, none of them may act without the others, even where it is impossible for the others to join in the act.

[1991, c. 64, a. 2214; I.N., 2014-05-01].

▌C.C.Q., 2213, 2188, 2249, 2251, 2261.

2215. À défaut de stipulation sur le mode de gestion, les associés sont réputés s'être donné réciproquement le pouvoir de gérer les affaires de la société.

Tout acte accompli par un associé concernant les activités communes oblige les autres associés, sauf le droit de ces derniers, ensemble ou séparément, de s'opposer à l'acte avant que celui-ci ne soit accompli.

De plus, chaque associé peut contraindre ses coassociés aux dépenses nécessaires à la conservation des biens mis en commun, mais un associé ne peut changer l'état de ces biens sans le consentement des autres, si avantageux que soit le changement.

[1991, c. 64, a. 2215].

2215. Failing any stipulation as to the mode of management, the partners are deemed to have conferred the power to manage the affairs of the partnership on one another.

Any act performed by a partner with respect to the common activities binds the other partners, without prejudice to their right to object, jointly or separately, to the act before it is performed.

In addition, each partner may compel his partners to incur any expenses necessary to preserve the common property, but a partner may not change the condition of that property without the consent of the others, regardless of how advantageous such change may be.

[1991, c. 64, a. 2215; I.N., 2014-05-01].

▌C.C.Q., 2135, 2136, 2188, 2212, 2238, 2251, 2261.

2216. Tout associé a le droit de participer aux décisions collectives et le contrat de société ne peut empêcher l'exercice de ce droit.

À moins de stipulation contraire dans le contrat, ces décisions se prennent à la majorité des voix des associés, sans égard à la valeur de l'intérêt de ceux-ci dans la so-

2216. Every partner has the right to participate in collective decisions, and the contract of partnership may not prevent him from exercising that right.

Unless otherwise stipulated in the contract, decisions are taken by the vote of a majority of the partners, regardless of the value of their interests in the partnership, but de-

ciété, mais celles qui ont trait à la modification du contrat de société se prennent à l'unanimité.

[1991, c. 64, a. 2216].

■ C.C.Q., 1096-1098, 2188, 2231, 2249, 2251, 2261, 2272.

cisions to amend the contract of partnership are taken by a unanimous vote.

[1991, c. 64, a. 2216; I.N., 2014-05-01].

2217. L'associé sans pouvoir de gestion ne peut ni aliéner ni autrement disposer des biens mis en commun, sous réserve des droits des tiers de bonne foi.

[1991, c. 64, a. 2217].

■ C.C.Q., 2188, 2208, 2212, 2219, 2249, 2251, 2261.

2217. A partner without powers of management may not alienate or otherwise dispose of common property, subject to the rights of third persons in good faith.

[1991, c. 64, a. 2217].

2218. Tout associé, même s'il est exclu de la gestion, et malgré toute stipulation contraire, a le droit de se renseigner sur l'état des affaires de la société et d'en consulter les livres et registres.

Il est tenu d'exercer ce droit de manière à ne pas entraver indûment les opérations de la société ou à ne pas empêcher les autres associés d'exercer ce même droit.

[1991, c. 64, a. 2218].

■ C.C.Q., 2188, 2212, 2249, 2251, 2261, 2273.

2218. Notwithstanding any stipulation to the contrary, every partner, even though he is excluded from management, has the right to inform himself as to the state of the affairs of the partnership and consult its books and records.

In exercising this right, the partner is bound not to unduly hinder the operations of the partnership nor to prevent the other partners from exercising the same right.

[1991, c. 64, a. 2218; I.N., 2014-05-01].

§ 2. —— Des rapports de la société et des associés envers les tiers

§ 2. —— Relations of the partnership and the partners with third persons

2219. À l'égard des tiers de bonne foi, chaque associé est mandataire de la société et lie celle-ci pour tout acte conclu au nom de la société dans le cours de ses activités.

Toute stipulation contraire est inopposable aux tiers de bonne foi.

[1991, c. 64, a. 2219].

■ C.C.Q., 2160-2165, 2188, 2189, 2208, 2217, 2220, 2233, 2234, 2238, 2249, 2255; D.T., 119, 121.

2219. Each partner is a mandatary of the partnership with respect to third persons in good faith and binds the partnership for every act concluded in its name in the ordinary course of its activities.

No stipulation to the contrary may be set up against third persons in good faith.

[1991, c. 64, a. 2219; I.N., 2014-05-01].

2220. L'obligation contractée par un associé en son nom propre lie la société lorsqu'elle s'inscrit dans le cours des activités de celle-ci ou a pour objet des biens dont cette dernière a l'usage.

Le tiers peut, toutefois, cumuler les moyens opposables à l'associé et à la société, et faire valoir qu'il n'aurait pas con-

2220. An obligation contracted by a partner in his own name binds the partnership when it comes within the scope of the activities of the partnership or when its object is property for use by the partnership.

A third person may, however, cumulate the defences which may be set up against the partner and the partnership and plead

tracté s'il avait su que l'associé agissait pour le compte de la société.

[1991, c. 64, a. 2220].

that he would not have entered into the contract if he had known that the partner was acting on behalf of the partnership.

[1991, c. 64, a. 2220; I.N., 2014-05-01].

■ C.C.Q., 2157, 2165, 2188, 2189, 2219, 2223, 2238, 2249, 2255.

2221. À l'égard des tiers, les associés sont tenus conjointement des obligations de la société; mais ils en sont tenus solidairement si les obligations ont été contractées pour le service ou l'exploitation d'une entreprise de la société.

Les créanciers ne peuvent poursuivre le paiement contre un associé qu'après avoir, au préalable, discuté les biens de la société; même alors, les biens de l'associé ne sont affectés au paiement des créanciers de la société qu'après paiement de ses propres créanciers.

[1991, c. 64, a. 2221].

2221. With respect to third persons, the partners are jointly liable for the obligations contracted by the partnership but they are solidarily liable if the obligations have been contracted for the service or operation of an enterprise of the partnership.

The creditors may bring an action against a partner for payment only after they have discussed the property of the partnership; even then, the property of the partner is applied to the payment of the creditors of the partnership only after his own creditors have been paid.

[1991, c. 64, a. 2221; I.N., 2014-05-01].

■ C.C.Q., 1518, 1523, 1525, 2188, 2189, 2201, 2203, 2223, 2225, 2233, 2234, 2238, 2246, 2249, 2254, 2274; C.P.C., 115, 168.

2222. La personne qui donne à croire qu'elle est un associé, bien qu'elle ne le soit pas, peut être tenue comme un associé envers les tiers de bonne foi agissant suivant cette croyance.

La société n'est cependant obligée envers les tiers que si elle a elle-même donné à croire qu'une telle personne était un associé et qu'elle n'a pas pris de mesures pour prévenir l'erreur des tiers dans des circonstances qui la rendaient prévisible.

[1991, c. 64, a. 2222].

2222. A person who gives reason to believe that he is a partner, even though he is not, may be held liable to third persons in good faith acting in that belief.

The partnership is, however, liable to third persons only if it gave reason to believe that such a person was a partner and it failed to take measures to prevent the error on their part in circumstances in which it was foreseeable.

[1991, c. 64, a. 2222; I.N., 2014-05-01].

■ C.C.Q., 2163, 2188, 2189, 2238, 2249, 2263.

2223. L'associé non déclaré est tenu envers les tiers aux mêmes obligations que l'associé déclaré.

[1991, c. 64, a. 2223].

2223. Silent partners are liable to third persons for the same obligations as declared partners.

[1991, c. 64, a. 2223; I.N., 2014-05-01].

■ C.C.Q., 2188, 2189, 2195, 2219-2221, 2238, 2249.

2224. La société ne peut faire publiquement appel à l'épargne ou émettre des titres négociables, à peine de nullité des contrats conclus ou des titres émis et de l'obligation de réparer le préjudice qu'elle a causé aux tiers de bonne foi.

2224. A partnership may not make a distribution of securities to the public or issue negotiable instruments, on pain of nullity of the contracts entered into or of the securities or instruments issued and on pain of the obligation to make reparation for

any injury the partnership causes to third persons in good faith.

Les associés sont, en ce cas, tenus solidairement des obligations de la société.

[1991, c. 64, a. 2224].

In such a case, the partners are solidarily liable for the obligations of the partnership.

[1991, c. 64, a. 2224; I.N., 2014-05-01].

■ C.C.Q., 1457, 1523-1540, 1607-1625, 2188, 2189, 2198, 2238, 2249.

2225. La société peut ester en justice sous le nom qu'elle déclare et elle peut être poursuivie sous ce nom.

[1991, c. 64, a. 2225].

2225. A partnership may sue and be sued in a civil action under the name it declares.

[1991, c. 64, a. 2225].

■ C.C.Q., 2188, 2189, 2221, 2238, 2249, 2257; C.P.C., 115, 168.2.

§ 3. — De la perte de la qualité d'associé

§ 3. — Loss of the quality of partner

2226. Outre qu'il cesse d'être membre de la société par la cession de sa part ou par son rachat, un associé cesse également de l'être par son décès, par l'ouverture à son égard d'un régime de protection, par sa faillite ou par l'exercice de son droit de retrait; il cesse aussi de l'être par sa volonté, par son expulsion ou par un jugement autorisant son retrait ou ordonnant la saisie de sa part.

[1991, c. 64, a. 2226].

2226. A partner ceases to be a member of the partnership by the transfer or redemption of his share, by his death, by being placed under protective supervision, by becoming bankrupt, or by the exercise of his right of withdrawal; he also ceases to be a member by his own will, by his expulsion or by a judgment authorizing his withdrawal or ordering the seizure of his share.

[1991, c. 64, a. 2226; I.N., 2014-05-01].

■ C.C.Q., 256-297, 2188, 2210, 2228, 2229, 2249, 2258, 2259; C.P.C., 631.

2227. L'associé qui cesse d'être membre de la société autrement que par suite de la cession ou de la saisie de sa part a le droit d'obtenir la valeur de sa part au moment où il cesse d'être associé et les autres associés sont tenus au paiement, dès que le montant en est établi, avec intérêts à compter du jour où l'associé cesse d'être membre.

En l'absence de stipulation du contrat de société ou d'accord entre les intéressés sur la valeur de la part, cette valeur est déterminée par un expert que désignent les intéressés ou, à défaut, le tribunal. L'expert ou le tribunal peut, toutefois, différer l'évaluation d'éléments éventuels qui sont compris dans l'actif ou le passif.

[1991, c. 64, a. 2227].

2227. A partner who ceases to be a member of the partnership otherwise than by the transfer or seizure of his share is entitled to receive the value his share had when he ceased to be a partner, and the other partners are bound to pay him that value as soon as it is established, with interest from the day on which his membership ceased.

Failing stipulations in the contract of partnership or failing agreement among the interested persons as to the value of the share, the value is determined by an expert designated by the interested persons or, failing that, by the court. The expert or the court may, however, defer the assessment of contingent assets or liabilities.

[1991, c. 64, a. 2227; I.N., 2014-05-01].

■ C.C.Q., 1565, 2188, 2210, 2249, 2265.

2228. L'associé d'une société dont la durée n'est pas fixée ou dont le contrat réserve le droit de retrait peut se retirer de la société en donnant, de bonne foi et non à contretemps, un avis de son retrait à la société.

L'associé d'une société dont la durée est fixée ne peut se retirer qu'avec l'accord de la majorité des autres associés, à moins que le contrat ne règle autrement ce cas.

[1991, c. 64, a. 2228].

▮ C.C.Q., 2188, 2209, 2226, 2249, 2260, 2276.

2229. Les associés peuvent, à la majorité, convenir de l'expulsion d'un associé qui manque à ses obligations ou nuit à l'exercice des activités de la société.

Dans les mêmes circonstances, un associé peut demander au tribunal l'autorisation de se retirer de la société; il est fait droit à cette demande, à moins que le tribunal ne juge plus approprié d'ordonner l'expulsion de l'associé fautif.

[1991, c. 64, a. 2229].

▮ C.C.Q., 2188, 2226, 2249.

§ 4. —— De la dissolution et de la liquidation de la société

2230. La société, outre les causes de dissolution prévues par le contrat, est dissoute par l'accomplissement de son objet ou l'impossibilité de l'accomplir, ou, encore, du consentement de tous les associés. Elle peut aussi être dissoute par le tribunal, pour une cause légitime.

On procède alors à la liquidation de la société.

[1991, c. 64, a. 2230].

▮ C.C.Q., 2188, 2232, 2235, 2249, 2258, 2259, 2261, 2277; D.T., 125.

2231. La société constituée pour une durée déclarée peut être continuée du consentement de tous les associés.

[1991, c. 64, a. 2231].

▮ C.C.Q., 2188, 2216, 2249.

2228. A partner of a partnership constituted for a term that is not fixed or whose contract of partnership reserves the right of withdrawal may withdraw from the partnership by giving it notice of his withdrawal in good faith and not at an inopportune moment.

A partner of a partnership constituted for a fixed term may withdraw only with the agreement of a majority of the other partners, unless the contract of partnership stipulates otherwise.

[1991, c. 64, a. 2228; I.N., 2014-05-01].

2229. The partners may, by majority vote, agree on the expulsion of a partner who fails to perform his obligations or hinders the carrying on of the activities of the partnership.

In the same circumstances, a partner may apply to the court for authorization to withdraw from the partnership; the application is granted unless the court considers it more appropriate to order the expulsion of the partner at fault.

[1991, c. 64, a. 2229; I.N., 2014-05-01].

§ 4. —— Dissolution and liquidation of the partnership

2230. A partnership is dissolved by the causes of dissolution provided for in the contract, by the achievement of its object or the impossibility of achieving it, or by consent of all the partners. It may also be dissolved by the court for a legitimate cause.

The partnership is then liquidated.

[1991, c. 64, a. 2230; I.N., 2014-05-01].

2231. A partnership constituted for a specified term may be continued with the consent of all the partners.

[1991, c. 64, a. 2231; I.N., 2014-05-01].

2232. La réunion de toutes les parts sociales entre les mains d'un seul associé n'emporte pas la dissolution de la société, pourvu que, dans les cent vingt jours, au moins un autre associé se joigne à la société.

[1991, c. 64, a. 2232].

▌C.C.Q., 2230, 2188, 2245, 2249.

2232. The uniting of all the shares in the hands of a single partner does not entail dissolution of the partnership, provided at least one other partner joins the partnership within one hundred and twenty days.

[1991, c. 64, a. 2232].

2233. Les pouvoirs des associés d'agir pour la société cessent avec la dissolution de celle-ci, sauf quant aux actes qui sont une suite nécessaire des opérations en cours.

Néanmoins, tout ce qui est fait dans le cours des activités de la société par un associé agissant de bonne foi et dans l'ignorance de la dissolution de la société, lie cette dernière et les autres associés, comme si la société subsistait.

[1991, c. 64, a. 2233].

▌C.C.Q., 2152, 2162, 2188, 2219, 2221, 2249, 2278.

2233. The powers of the partners to act on behalf of the partnership cease upon the dissolution of the partnership, except for acts which are a necessary consequence of dealings already begun.

However, anything done in the ordinary course of the activities of the partnership by a partner unaware of the dissolution of the partnership and acting in good faith binds the partnership and the other partners as if the partnership were still in existence.

[1991, c. 64, a. 2233; I.N., 2014-05-01].

2234. La dissolution de la société ne porte pas atteinte aux droits des tiers de bonne foi qui contractent subséquemment avec un associé ou un mandataire agissant pour le compte de la société.

[1991, c. 64, a. 2234].

▌C.C.Q., 2162, 2188, 2219, 2221, 2249, 2262, 2263.

2234. Dissolution of the partnership does not affect the rights of third persons in good faith who subsequently enter into a contract with a partner or a mandatary acting on behalf of the partnership.

[1991, c. 64, a. 2234].

2235. On suit, pour la liquidation de la société, les règles prévues aux articles 358 à 364 du livre Des personnes, compte tenu des adaptations nécessaires et du fait que les avis requis par ces règles doivent être produits conformément à la *Loi sur la publicité légale des entreprises* (chapitre P-44.1).

[1991, c. 64, a. 2235; 2010, c. 7, a. 174].

▌C.C.Q., 2188, 2230, 2249, 2278; D.T., 125.

2235. Liquidation of the partnership is subject to the rules provided in articles 358 to 364 of the Book on Persons, adapted as required. The notices required by those rules shall be filed in accordance with the *Act respecting the legal publicity of enterprises* (chapter P-44.1).

[1991, c. 64, a. 2235; 2010, c. 7, s. 174].

SECTION III —
DE LA SOCIÉTÉ EN COMMANDITE

SECTION III —
LIMITED PARTNERSHIPS

2236. La société en commandite est constituée entre un ou plusieurs commandités, qui sont seuls autorisés à administrer la société et à l'obliger, et un ou plusieurs com-

2236. A limited partnership consists of one or more general partners who are the sole persons authorized to administer and bind the partnership, and of one or more special

manditaires qui sont tenus de fournir un apport au fonds commun de la société.

[1991, c. 64, a. 2236].

▌ C.C.Q., 2188, 2238, 2240, 2244, 2245; D.T., 121.

2237. La société en commandite peut faire publiquement appel à l'épargne de tiers pour la constitution ou l'augmentation du fonds commun et émettre des titres négociables.

Le tiers qui s'engage à fournir un apport devient commanditaire de la société.

[1991, c. 64, a. 2237].

▌ C.C.Q., 2188, 2692.

2238. Les commandités ont les pouvoirs, droits et obligations des associés de la société en nom collectif, mais ils sont tenus de rendre compte de leur administration aux commanditaires.

Ils sont tenus, envers ces derniers, des mêmes obligations que celles auxquelles l'administrateur chargé de la pleine administration du bien d'autrui est tenu envers le bénéficiaire de l'administration.

Les clauses limitant les pouvoirs des commandités sont inopposables aux tiers de bonne foi.

[1991, c. 64, a. 2238].

▌ C.C.Q., 1306, 1308-1318, 1355-1370, 2188, 2189, 2208, 2212, 2215, 2219-2225, 2236, 2244, 2246, 2255; C.P.C., 532-539.

2239. Les commandités tiennent, au lieu du principal établissement de la société, un registre dans lequel sont inscrits les nom et domicile des commanditaires et tous les renseignements concernant leur apport au fonds commun.

[1991, c. 64, a. 2239].

▌ C.C.Q., 2188, 2190.

2240. L'apport du commanditaire, lorsque cet apport consiste en une somme d'argent ou en un autre bien, est fourni lors de la constitution du fonds commun ou en tout autre temps, comme apport additionnel à ce fonds.

partners who are bound to contribute to the common stock of the partnership.

[1991, c. 64, a. 2236; I.N., 2014-05-01].

2237. A limited partnership may make a distribution of securities to the public to establish or increase the common stock, and may issue negotiable instruments.

A third person who undertakes to contribute becomes a special partner of the partnership.

[1991, c. 64, a. 2237; I.N., 2014-05-01].

2238. General partners have the powers, rights and obligations of the partners of a general partnership but they are bound to render an account of their administration to the special partners.

The general partners are bound by the same obligations towards the special partners as those binding an administrator charged with full administration of the property of others towards the beneficiary of the administration.

Clauses restricting the powers of the general partners may not be set up against third persons in good faith.

[1991, c. 64, a. 2238].

2239. The general partners keep a register at the place of the principal establishment of the partnership, containing the name and domicile of each of the special partners and all the information concerning their contributions to the common stock.

[1991, c. 64, a. 2239; I.N., 2014-05-01].

2240. The contribution of a special partner, where it consists of a sum of money or of any other property, is furnished at the time of establishment of the common stock or at any other time as an additional contribution to the common stock.

Le commanditaire assume jusqu'à la délivrance, les risques de perte, par force majeure, de l'apport convenu.

[1991, c. 64, a. 2240].

■ C.C.Q., 1470, 2186, 2188, 2198, 2236, 2241.

2241. Pendant la durée de la société, le commanditaire ne peut, de quelque manière, retirer une partie de son apport en biens au fonds commun, à moins d'obtenir le consentement de la majorité des autres associés et que suffisamment de biens subsistent, après ce retrait, pour acquitter les dettes de la société.

[1991, c. 64, a. 2241].

■ C.C.Q., 2188, 2240.

2242. Le commanditaire a le droit de recevoir sa part des bénéfices, mais si le paiement de ces bénéfices entame le fonds commun, le commanditaire qui les reçoit est tenu de remettre la somme nécessaire pour couvrir sa part du déficit, avec intérêts.

Dans le cas d'une société dont le capital comprend des biens qui se consomment par l'exploitation qu'elle en fait, le commanditaire ne peut recevoir sa part des bénéfices que si suffisamment de biens subsistent, après ce paiement, pour acquitter les dettes de la société.

[1991, c. 64, a. 2242].

■ C.C.Q., 2246.

2243. La part d'un commanditaire dans le fonds commun de la société est cessible.

À l'égard des tiers, le cédant demeure tenu des obligations pouvant résulter de sa participation à la société, alors qu'il en était encore commanditaire.

[1991, c. 64, a. 2243].

■ C.C.Q., 2188, 2189, 2246.

2244. Les commanditaires ne peuvent donner que des avis de nature consultative concernant la gestion de la société.

The special partner assumes the risk of loss of the agreed contribution by superior force until it is delivered.

[1991, c. 64, a. 2240].

2241. As long as the partnership exists, a special partner may not withdraw in any manner any part of his contribution in property to the common stock, unless he obtains the consent of a majority of the other partners and the property remaining after the withdrawal is sufficient to discharge the debts of the partnership.

[1991, c. 64, a. 2241; I.N., 2014-05-01].

2242. A special partner is entitled to receive his share of the profits, but if the payment of the profits reduces the common stock, every special partner who receives them is bound to remit such sum as is necessary to cover his share of the deficit, with interest.

In the case of a partnership whose capital includes property that is consumed by the partnership's use of it, the special partner may receive his share of the profits only if the property remaining after the payment is sufficient to discharge the debts of the partnership.

[1991, c. 64, a. 2242; I.N., 2014-05-01].

2243. The share of a special partner in the common stock of the partnership is transferable.

With respect to third persons, the transferor remains liable for the obligations which may result from his participation in the partnership while he was still a special partner.

[1991, c. 64, a. 2243; I.N., 2014-05-01].

2244. A special partner may not give other than an advisory opinion regarding the management of the partnership.

Ils ne peuvent négocier aucune affaire pour le compte de la société, ni agir pour celle-ci comme mandataire ou agent, ni permettre que leur nom soit utilisé dans un acte de la société; le cas échéant, ils sont tenus, comme un commandité, des obligations de la société résultant de ces actes et, suivant l'importance ou le nombre de ces actes, ils peuvent être tenus, comme celui-ci, de toutes les obligations de la société.

[1991, c. 64, a. 2244].

❚ C.C.Q., 2188, 2236, 2238, 2245, 2246; D.T., 122.

2245. Les commanditaires peuvent faire les actes de simple administration que requiert la gestion de la société, lorsque les commandités ne peuvent plus agir.

Si les commandités ne sont pas remplacés dans les cent vingt jours, la société est dissoute.

[1991, c. 64, a. 2245].

❚ C.C.Q., 1301-1305, 2188, 2232, 2236, 2244; D.T., 123.

2246. En cas d'insuffisance des biens de la société, chaque commandité est tenu solidairement des dettes de la société envers les tiers; le commanditaire y est tenu jusqu'à concurrence de l'apport convenu, malgré toute cession de part dans le fonds commun.

Est sans effet la stipulation qui oblige le commanditaire à cautionner ou à assumer les dettes de la société au-delà de l'apport convenu.

[1991, c. 64, a. 2246].

❚ C.C.Q., 1523-1540, 2188, 2189, 2221, 2238, 2242, 2243, 2244, 2248; D.T., 119, 124.

2247. Le commanditaire dont le nom apparaît dans le nom de la société, répond des obligations de la société de la même manière qu'un commandité, à moins que sa qualité de commanditaire ne soit clairement indiquée.

[1991, c. 64, a. 2247].

❚ C.C.Q., 2188, 2189, 2197; D.T., 124.

A special partner may not negotiate any business on behalf of the partnership or act as mandatary or agent for the partnership or allow his name to be used in any act of the partnership; should he do so, he is liable in the same manner as a general partner for the obligations of the partnership resulting from such acts and, according to the importance or number of such acts, he may be liable in the same manner as a general partner for all the obligations of the partnership.

[1991, c. 64, a. 2244; I.N., 2014-05-01].

2245. Where the general partners can no longer act, the special partners may perform any act of simple administration required for the management of the partnership.

If the general partners are not replaced within one hundred and twenty days, the partnership is dissolved.

[1991, c. 64, a. 2245].

2246. Where the property of the partnership is insufficient, the general partners are solidarily liable to third persons for the debts of the partnership; a special partner is liable for the debts up to the agreed amount of his contribution, notwithstanding any transfer of his share in the common stock.

Any stipulation whereby a special partner is bound to be surety for or assume the debts of the partnership beyond the agreed amount of his contribution is without effect.

[1991, c. 64, a. 2246; I.N., 2014-05-01].

2247. A special partner whose name appears in the firm name of the partnership is liable for the obligations of the partnership in the same manner as a general partner, unless his quality of special partner is clearly indicated.

[1991, c. 64, a. 2247].

2248. Dans le cas d'insuffisance des biens de la société, le commanditaire ne peut, en cette qualité, réclamer comme créancier avant que les autres créanciers de la société n'aient été satisfaits.

[1991, c. 64, a. 2248].

▌ C.C.Q., 2188, 2246.

2248. Where the property of the partnership is insufficient, a special partner may not, in that quality, claim as a creditor until the other creditors of the partnership are satisfied.

[1991, c. 64, a. 2248].

2249. Les règles relatives à la société en nom collectif sont, pour le reste, applicables à la société en commandite, compte tenu des adaptations nécessaires.

[1991, c. 64, a. 2249].

▌ C.C.Q., 2188, 2198-2235; D.T., 121.

2249. In all other respects, the rules governing general partnerships, adapted as required, apply to limited partnerships.

[1991, c. 64, a. 2249].

SECTION IV —
DE LA SOCIÉTÉ EN PARTICIPATION

SECTION IV —
UNDECLARED PARTNERSHIPS

§ 1. — De la constitution de la société

§ 1. — Establishment of an undeclared partnership

2250. Le contrat constitutif de la société en participation est écrit ou verbal. Il peut aussi résulter de faits manifestes qui indiquent l'intention de s'associer.

La seule indivision de biens existant entre plusieurs personnes ne fait pas présumer leur intention de s'associer.

[1991, c. 64, a. 2250].

▌ C.C.Q., 1012-1014, 2186, 2188, 2267; D.T., 116, 118.

2250. The contract by which an undeclared partnership is established may be written or verbal. It may also arise as a result of facts clearly indicating the intention to form an undeclared partnership.

Mere indivision of property existing between several persons does not create a presumption of their intention to form an undeclared partnership.

[1991, c. 64, a. 2250; I.N., 2014-05-01].

§ 2. — Des rapports des associés entre eux

§ 2. — Relations of the partners between themselves

2251. Les associés conviennent de l'objet, du fonctionnement, de la gestion et des autres modalités de la société en participation.

En l'absence de convention particulière, les rapports des associés entre eux sont réglés par les dispositions qui régissent les rapports des associés en nom collectif, entre eux et envers leur société, compte tenu des adaptations nécessaires.

[1991, c. 64, a. 2251].

▌ C.C.Q., 2188, 2198-2218.

2251. The partners agree upon the object, operation, management and the other terms and conditions of the undeclared partnership.

Failing any special agreement, the relations of the partners between themselves are subject to the provisions governing the relations of general partners between themselves and with the partnership, adapted as required.

[1991, c. 64, a. 2251; I.N., 2014-05-01].

§ 3. — Des rapports des associés envers les tiers

§ 3. — Relations of the partners with third persons

2252. À l'égard des tiers, chaque associé demeure propriétaire des biens constituant son apport à la société.

Sont indivis entre les associés, les biens dont l'indivision existait avant la mise en commun de leur apport, ou a été convenue par eux, et ceux acquis sur l'emploi de sommes indivises pendant que subsiste le contrat de société.

[1991, c. 64, a. 2252].

■ C.C.Q., 1012-1037, 2188, 2265.

2252. With respect to third persons, each partner remains the owner of the property he contributes to the undeclared partnership.

Property that was undivided before the contributions of the partners were combined or that is undivided by agreement of the partners, or any property acquired during the term of the contract of partnership using undivided sums, is undivided property as between the partners.

[1991, c. 64, a. 2252; I.N., 2014-05-01].

2253. Chaque associé contracte en son nom personnel et est seul obligé à l'égard des tiers.

Toutefois, lorsque les associés agissent en qualité d'associés à la connaissance des tiers, chaque associé est tenu à l'égard de ceux-ci des obligations résultant des actes accomplis en cette qualité par l'un des autres associés.

[1991, c. 64, a. 2253].

■ C.C.Q., 2188, 2254, 2255, 2256, 2257, 2262, 2263.

2253. Each partner contracts in his own name and is alone liable to third persons.

However, where the partners act in the quality of partners to the knowledge of third persons, each partner is liable to the latter for the obligations resulting from acts performed in that quality by any of the other partners.

[1991, c. 64, a. 2253; I.N., 2014-05-01].

2254. Les associés ne sont pas tenus solidairement des dettes contractées dans l'exercice de leur activité, à moins que celles-ci n'aient été contractées pour le service ou l'exploitation d'une entreprise commune; ils sont tenus envers le créancier, chacun pour une part égale, encore que leurs parts dans la société soient inégales.

[1991, c. 64, a. 2254].

■ C.C.Q., 1523, 1525, 2188, 2221, 2253, 2274.

2254. The partners are not solidarily liable for debts contracted in the course of carrying on their activity unless the debts have been contracted for the use or operation of a common enterprise; they are liable to the creditor, each for an equal share, even if their shares in the undeclared partnership are unequal.

[1991, c. 64, a. 2254; I.N., 2014-05-01].

2255. Toute stipulation qui limite l'étendue de l'obligation des associés envers les tiers est inopposable à ces derniers.

[1991, c. 64, a. 2255].

■ C.C.Q., 2188, 2203, 2219, 2220, 2238, 2253.

2255. No stipulation limiting the extent of the partners' obligation towards third persons may be set up against the latter.

[1991, c. 64, a. 2255; I.N., 2014-05-01].

2256. Les associés peuvent exercer tous les droits résultant des contrats conclus par

2256. The partners may exercise all the rights arising from contracts entered into

un autre associé, mais le tiers n'est lié qu'envers l'associé avec lequel il a contracté, sauf si cet associé a déclaré sa qualité.

[1991, c. 64, a. 2256].

■ C.C.Q., 1627-1630, 2188, 2253.

by another partner, but the third person is bound only towards the partner with whom he contracted, unless that partner declared his quality.

[1991, c. 64, a. 2256; I.N., 2014-05-01].

2257. Toute action qui peut être intentée contre tous les associés peut aussi l'être contre l'un ou plusieurs d'entre eux, en tant qu'associés d'autres personnes, sans que celles-ci y soient nommées.

Si le jugement est rendu contre celui ou ceux des associés qui sont poursuivis, tous les autres peuvent ensuite être poursuivis ensemble ou séparément, sur la même cause d'action. Si l'action est fondée sur une obligation constatée dans un écrit où sont nommés tous les associés obligés, tous doivent être partie à l'action pour que le jugement leur soit opposable.

[1991, c. 64, a. 2257].

■ C.C.Q., 61, 115, 2188, 2225, 2253, 2271.

2257. Any action which may be brought against all the partners may also be brought against one or more of them, as partners of other persons, without naming the other persons in the action.

Where judgment is rendered against the partner or partners sued, all the other partners may be sued jointly or separately on the same cause of action. Where the action is based on an obligation set forth in a writing naming all the partners bound thereby, all of them must be parties to the action for the judgment to be set up against them.

[1991, c. 64, a. 2257; I.N., 2014-05-01].

§ 4. — De la fin du contrat de société

§ 4. — Termination of the contract of undeclared partnership

2258. Le contrat de société, outre sa résiliation du consentement de tous les associés, prend fin par l'arrivée du terme ou l'avènement de la condition apposée au contrat, par l'accomplissement de l'objet du contrat ou par l'impossibilité d'accomplir cet objet.

Il prend fin aussi par le décès ou la faillite de l'un des associés, par l'ouverture à son égard d'un régime de protection ou par un jugement ordonnant la saisie de sa part.

[1991, c. 64, a. 2258].

■ C.C.Q., 2188, 2226, 2230, 2254, 2259, 2277; D.T., 125.

2258. A contract of undeclared partnership is terminated by resiliation with the consent of all the partners, by the expiry of its term, by the fulfilment of the condition attached to the contract, or by the achievement or impossibility of achieving the object of the contract.

It is also terminated by the death or bankruptcy of one of the partners, by his being placed under protective supervision or by a judgment ordering the seizure of his share.

[1991, c. 64, a. 2258; I.N., 2014-05-01].

2259. Il est permis de stipuler qu'advenant le décès de l'un des associés, la société continuera avec ses représentants légaux ou entre les associés survivants. Dans le second cas, les représentants de l'associé défunt ont droit au partage des biens de la société seulement telle qu'elle existait au moment du décès de cet associé. Ils ne peuvent réclamer le bénéfice des opéra-

2259. It may be stipulated that, in the event of the death of one of the partners, the undeclared partnership will continue with his legal representatives or among the surviving partners. In the latter case, the representatives of the deceased partner are entitled to the partition of the property of the undeclared partnership only as it existed at the time of death of the partner.

tions subséquentes, à moins qu'elles ne soient la suite nécessaire des opérations faites avant le décès.

[1991, c. 64, a. 2259].

■ C.C.Q., 2188, 2226, 2230, 2258.

2260. Le contrat de société dont la durée n'est pas fixée ou qui réserve un droit de retrait peut prendre fin à tout moment sur simple avis adressé par un associé aux autres associés, pourvu que cet avis soit donné de bonne foi et non à contretemps.

[1991, c. 64, a. 2260].

■ C.C.Q., 2188, 2228, 2261.

2261. Le contrat de société peut être résilié pour une cause légitime, notamment si l'un des associés manque à ses obligations ou nuit à l'exercice de l'activité des associés.

[1991, c. 64, a. 2261].

■ C.C.Q., 2188, 2198-2218, 2230, 2260.

2262. Les pouvoirs des associés d'agir en vertu du contrat de société cessent avec la fin de celui-ci, sauf quant aux actes qui sont une suite nécessaire des opérations en cours.

Néanmoins, tout ce qui est fait dans le cours des activités de la société par un associé agissant de bonne foi et dans l'ignorance de la fin du contrat lie tous les associés comme si la société subsistait.

[1991, c. 64, a. 2262].

■ C.C.Q., 2152, 2162, 2188, 2234, 2253.

2263. La fin du contrat de société ne porte pas atteinte aux droits des tiers de bonne foi qui contractent subséquemment avec un associé ou un autre mandataire de tous les associés.

[1991, c. 64, a. 2263].

■ C.C.Q., 2162, 2188, 2222, 2234, 2253.

2264. À défaut d'accord sur le mode de liquidation de la société ou sur le choix d'un liquidateur, tout intéressé peut s'adresser

They may not claim benefits arising from subsequent dealings unless the dealings are a necessary consequence of those carried out before the death.

[1991, c. 64, a. 2259; I.N., 2014-05-01].

2260. Where a contract of undeclared partnership is made for a term that is not fixed or where it reserves a right of withdrawal, it may be terminated at any time by mere notice given by one of the partners to the other partners, provided it is given in good faith and not at an inopportune moment.

[1991, c. 64, a. 2260; I.N., 2014-05-01].

2261. A contract of undeclared partnership may be resiliated for a legitimate cause, in particular where one of the partners fails to perform his obligations or hinders the carrying on of the activity of the partners.

[1991, c. 64, a. 2261; I.N., 2014-05-01].

2262. The powers of the partners to act under the contract of undeclared partnership cease upon the termination of the contract, except as regards necessary consequences of dealings already begun.

However, anything done in the course of activities of the undeclared partnership by a partner unaware of the termination of the contract and acting in good faith binds all the partners as if the undeclared partnership continued to exist.

[1991, c. 64, a. 2262; I.N., 2014-05-01].

2263. The termination of a contract of undeclared partnership does not affect the rights of third persons in good faith who subsequently contract with a partner or any other mandatary of all the partners.

[1991, c. 64, a. 2263].

2264. Failing agreement as to the mode of liquidation of the undeclared partnership or the selection of a liquidator, any inter-

au tribunal afin qu'un liquidateur soit nommé.

[1991, c. 64, a. 2264].

▌C.C.Q., 2188, 2278; D.T., 125; C.P.C., 862, 863, 885.

ested person may apply to the court for the appointment of a liquidator.

[1991, c. 64, a. 2264].

2265. L'associé a le droit d'obtenir la restitution des biens correspondant à la part dont il a la propriété, et d'exiger l'attribution, en nature ou par équivalent, des biens dont il a la propriété indivise dans la société, au moment où le contrat prend fin.

En l'absence d'accord sur la valeur d'une part, cette valeur est déterminée par le liquidateur ou, à défaut, par le tribunal. Le liquidateur ou le tribunal peut, toutefois, différer l'évaluation d'éléments éventuels qui sont compris dans l'actif ou le passif.

[1991, c. 64, a. 2265].

▌C.C.Q., 1030-1037, 2188, 2199, 2227, 2252.

2265. A partner is entitled to restitution of the property corresponding to the share he owns, and to demand the apportionment in kind or by equivalence of the undivided property he owns in the undeclared partnership, upon termination of the contract.

Failing agreement as to the value of the share, the liquidator or, failing him, the court determines it. The liquidator or the court may, however, defer assessment of contingent assets or liabilities.

[1991, c. 64, a. 2265; I.N., 2014-05-01].

2266. Le liquidateur a la saisine des biens mis en commun et agit à titre d'administrateur du bien d'autrui chargé de la pleine administration.

Il procède au paiement des dettes, puis au remboursement des apports et, ensuite, au partage de l'actif entre les associés.

[1991, c. 64, a. 2266].

▌C.C.Q., 1306-1318, 2188.

2266. The liquidator has the seisin of the common property and acts as an administrator of the property of others charged with full administration.

The liquidator first pays the debts, then reimburses the contributions, and thereafter partitions the assets among the partners.

[1991, c. 64, a. 2266; I.N., 2014-05-01].

SECTION V —
DE L'ASSOCIATION

SECTION V —
ASSOCIATIONS

2267. Le contrat constitutif de l'association est écrit ou verbal. Il peut aussi résulter de faits manifestes qui indiquent l'intention de s'associer.

[1991, c. 64, a. 2267].

▌C.C.Q., 2186, 2250, 2268.

2267. The contract by which an association is established may be written or verbal. It may also arise as a result of facts clearly indicating the intention to form an association.

[1991, c. 64, a. 2267; I.N., 2014-05-01].

2268. Le contrat d'association régit l'objet, le fonctionnement, la gestion et les autres modalités de l'association.

Il est présumé permettre l'admission de

2268. The contract of association governs the object, operation, management and other terms and conditions of the association.

It is presumed to allow the admission of

membres autres que les membres fondateurs.

[1991, c. 64, a. 2268].

■ C.C.Q., 2186, 2267, 2269.

members other than the founding members.

[1991, c. 64, a. 2268; I.N., 2014-05-01].

2269. En l'absence de règles particulières
dans le contrat d'association, les administrateurs de l'association sont choisis parmi
ses membres, et les membres fondateurs
sont, de plein droit, les administrateurs
jusqu'à ce qu'ils soient remplacés.

[1991, c. 64, a. 2269].

■ C.C.Q., 2186, 2268.

2269. Failing special rules in the contract
of association, the directors of the association are elected from among its members,
and the founding members are, by operation of law, the directors of the association
until they are replaced.

[1991, c. 64, a. 2269; I.N., 2014-05-01].

2270. Les administrateurs agissent à titre
de mandataire des membres de
l'association.

Ils n'ont pas d'autres pouvoirs que ceux
qui leur sont conférés par le contrat
d'association ou par la loi, ou qui découlent de leur mandat.

[1991, c. 64, a. 2270].

■ C.C.Q., 1299, 1300, 2130-2185.

2270. The directors act as mandataries of
the members of the association.

Their only powers are those conferred on
them by the contract of association or by
law, or those arising from their mandate.

[1991, c. 64, a. 2270].

2271. Les administrateurs peuvent ester en
justice pour faire valoir les droits et les intérêts de l'association.

[1991, c. 64, a. 2271].

■ C.C.Q., 2257, 2274, 2275; C.P.C., 60, 115, 129.

2271. The directors may sue and be sued
to assert the rights and interests of the association.

[1991, c. 64, a. 2271].

2272. Tout membre a le droit de participer
aux décisions collectives et le contrat
d'association ne peut empêcher l'exercice
de ce droit.

Ces décisions, y compris celles qui ont
trait à la modification du contrat d'association, se prennent à la majorité des voix des
membres, sauf stipulation contraire dudit
contrat.

[1991, c. 64, a. 2272].

■ C.C.Q., 2216.

2272. Every member is entitled to participate in the collective decisions and the
contract of association may not prevent
him from exercising that right.

Unless otherwise stipulated in the contract,
collective decisions, including those to
amend the contract of association, are
taken by a majority vote of the members.

[1991, c. 64, a. 2272; I.N., 2014-05-01].

2273. Tout membre, même s'il est exclu
de la gestion, et malgré toute stipulation
contraire, a le droit de se renseigner sur

2273. Notwithstanding any stipulation to
the contrary, every member, even though
he is excluded from management, has the

l'état des affaires de l'association et de consulter les livres et registres de celle-ci.

right to inform himself of the affairs of the association and consult its books and records.

Il est tenu d'exercer ce droit de manière à ne pas entraver indûment les activités de l'association ou à ne pas empêcher les autres membres d'exercer ce même droit.

In exercising this right, the member is bound not to unduly hinder the activities of the association nor to prevent the other members from exercising the same right.

[1991, c. 64, a. 2273].

[1991, c. 64, a. 2273; I.N., 2014-05-01].

▌ C.C.Q., 2218.

2274. En cas d'insuffisance des biens de l'association, les administrateurs et tout membre qui administre de fait les affaires de l'association, sont solidairement ou conjointement tenus des obligations de l'association qui résultent des décisions auxquelles ils ont souscrit pendant leur administration, selon que ces obligations ont été, ou non, contractées pour le service ou l'exploitation d'une entreprise de l'association.

2274. Where the property of the association is insufficient, the directors and any member who has the actual administration of the affairs of the association are solidarily or jointly liable for the obligations of the association resulting from decisions to which they gave their approval during their administration, whether or not the obligations have been contracted for the service or operation of an enterprise of the association.

Toutefois, les biens de chacune de ces personnes ne sont affectés au paiement des créanciers de l'association qu'après paiement de leurs propres créanciers.

However, the property of each of these persons is applied to the payment of the creditors of the association only after their own creditors have been paid.

[1991, c. 64, a. 2274].

[1991, c. 64, a. 2274; I.N., 2014-05-01].

▌ C.C.Q., 1518-1523, 2221, 2254, 2271, 2275.

2275. Le membre qui n'a pas administré l'association n'est tenu des dettes de celle-ci qu'à concurrence de la contribution promise et des cotisations échues.

2275. A member who has not administered the association is liable for the debts of the association only to the extent of the promised contribution and the membership fees that are due.

[1991, c. 64, a. 2275].

[1991, c. 64, a. 2275; I.N., 2014-05-01].

▌ C.C.Q., 2271, 2274.

2276. Un membre peut, malgré toute stipulation contraire, se retirer de l'association, même constituée pour une durée déterminée; le cas échéant, il est tenu au paiement de la contribution promise et des cotisations échues.

2276. Notwithstanding any stipulation to the contrary, a member may withdraw from the association, even if it has been established for a fixed term; if he withdraws, he is bound to pay the promised contribution and the membership fees that are due.

Il peut être exclu de l'association par une décision des membres.

A member may be excluded from the association by decision of the members.

[1991, c. 64, a. 2276].

[1991, c. 64, a. 2276; I.N., 2014-05-01].

▌ C.C.Q., 2228.

2277. Le contrat d'association prend fin par l'arrivée du terme ou l'avènement de la condition apposée au contrat, par l'accomplissement de l'objet du contrat ou par l'impossibilité d'accomplir cet objet.

En outre, il prend fin par une décision des membres.

[1991, c. 64, a. 2277].

■ C.C.Q., 2230, 2258.

2277. A contract of association is terminated by the expiry of its term or the fulfilment of the condition attached to the contract, or by the achievement or impossibility of achieving the object of the contract.

It is also terminated by decision of the members.

[1991, c. 64, a. 2277; I.N., 2014-05-01].

2278. Lorsque le contrat prend fin, l'association est liquidée par une personne nommée par les administrateurs ou, à défaut, par le tribunal.

[1991, c. 64, a. 2278].

■ C.C.Q., 358, 2233, 2235, 2264.

2278. When a contract of association is terminated, the association is liquidated by a person appointed by the directors or, failing that, by the court.

[1991, c. 64, a. 2278].

2279. Après le paiement des dettes, les biens qui restent sont dévolus conformément aux règles du contrat d'association ou, en l'absence de règles particulières, partagés entre les membres, en parts égales.

Toutefois, les biens qui proviennent des contributions de tiers sont, malgré toute stipulation contraire, dévolus à une association, à une personne morale ou à une fiducie partageant des objectifs semblables à l'association; si les biens ne peuvent être ainsi employés, ils sont dévolus à l'État et administrés par le ministre du Revenu comme des biens sans maître ou, s'ils sont de peu d'importance, partagés également entre les membres.

[1991, c. 64, a. 2279; 2005, c. 44, a. 54].

■ C.C.Q., 934-946, 2186.

2279. After payment of the debts, the remaining property devolves in accordance with the rules set out in the contract of association or, failing special rules, it is shared equally among the members.

However, any property derived from contributions of third persons devolves, notwithstanding any stipulation to the contrary, to an association, legal person or trust sharing objectives similar to those of the association; if such devolution is not possible, the property devolves to the State and is administered by the Minister of Revenue as property without an owner or, if it is of little value, it is shared equally among the members.

[1991, c. 64, a. 2279; 2005, c. 44, s. 54; I.N., 2014-05-01].

Chapitre XI —
Du dépôt

Chapter XI —
Deposit

SECTION I —
DU DÉPÔT EN GÉNÉRAL

SECTION I —
DEPOSIT IN GENERAL

§ 1. — Dispositions générales

§ 1. — General provisions

2280. Le dépôt est le contrat par lequel une personne, le déposant, remet un bien

2280. Deposit is a contract by which a person, the depositor, hands over movable

meuble à une autre personne, le dépositaire, qui s'oblige à garder le bien pendant un certain temps et à le restituer.

Le dépôt est à titre gratuit; il peut, cependant, être à titre onéreux lorsque l'usage ou la convention le prévoit.

[1991, c. 64, a. 2280].

▮ C.C.Q., 2295-2297, 2305-2311.

2281. La remise du bien est essentielle pour que le contrat de dépôt soit parfait.

La remise feinte suffit quand le dépositaire détient déjà le bien à un autre titre.

[1991, c. 64, a. 2281].

▮ C.C.Q., 2280.

2282. Si le dépôt a été fait à une personne mineure ou placée sous un régime de protection, le déposant peut revendiquer le bien déposé, tant qu'il demeure entre les mains de cette personne; il a le droit, si la restitution en nature est impossible, de demander la valeur du bien, jusqu'à concurrence de l'enrichissement qu'en a retiré celle qui l'a reçu.

[1991, c. 64, a. 2282].

▮ C.C.Q., 256-297, 1416-1421, 1699, 1706.

§ 2. ── Des obligations du dépositaire

2283. Le dépositaire doit agir, dans la garde du bien, avec prudence et diligence; il ne peut se servir du bien sans la permission du déposant.

[1991, c. 64, a. 2283].

▮ C.P.C., 744.

2284. Le dépositaire ne peut exiger du déposant la preuve qu'il est propriétaire du bien déposé; il ne peut l'exiger, non plus, de la personne à qui le bien doit être restitué.

[1991, c. 64, a. 2284].

▮ C.C.Q., 928.

property to another person, the depositary, who undertakes to keep it for a certain time and to restore it to him.

Deposit is by gratuitous title but may be by onerous title where permitted by usage or an agreement.

[1991, c. 64, a. 2280; I.N., 2014-05-01].

2281. Handing over of the property to be deposited is essential to perfect the contract of deposit.

Fictitious handing over is sufficient where the depositary already has detention of the property under another title.

[1991, c. 64, a. 2281; I.N., 2014-05-01].

2282. Where the deposit has been made with a minor person or with a person under protective supervision, the depositor may revendicate the property deposited so long as it remains in the hands of that person; where restitution in kind is impossible, he is entitled to claim the value of the property up to the amount of the enrichment of the person who received it.

[1991, c. 64, a. 2282].

§ 2. ── Obligations of the depositary

2283. The depositary shall act with prudence and diligence in the safekeeping of the property; he may not use the property without the permission of the depositor.

[1991, c. 64, a. 2283].; I.N., 2014-05-01].

2284. The depositary may not require the depositor to prove that he is the owner of the property deposited, or require such proof from the person to whom the property is to be restored.

[1991, c. 64, a. 2284; I.N., 2014-05-01].

2285. Le dépositaire est tenu de restituer au déposant le bien déposé, dès que ce dernier le demande, alors même qu'un terme aurait été fixé pour la restitution.

Il peut, s'il a émis un reçu ou un autre titre qui constate le dépôt ou donne à celui qui le détient le droit de retirer le bien, exiger la remise de ce titre.

[1991, c. 64, a. 2285].

■ C.C.Q., 2292, 2294.

2285. The depositary is bound to restore the property deposited to the depositor on demand, even if a term has been fixed for its restitution.

Where the depositary has issued a receipt or any other document evidencing the deposit or giving the person holding it the right to withdraw the property, he may require that the document be returned to him.

[1991, c. 64, a. 2285; I.N., 2014-05-01].

2286. Le dépositaire doit rendre le bien même qu'il a reçu en dépôt.

S'il a reçu quelque chose en remplacement du bien qui a péri par force majeure, il doit rendre au déposant ce qu'il a ainsi reçu.

[1991, c. 64, a. 2286].

■ C.C.Q., 1470.

2286. The depositary shall return the same property he received on deposit.

Where the depositary has received something to replace property that had perished by superior force, he shall return what he has so received to the depositor.

[1991, c. 64, a. 2286; I.N., 2014-05-01].

2287. Le dépositaire est tenu de restituer les fruits et les revenus qu'il a perçus du bien déposé.

Il ne doit les intérêts des sommes déposées que lorsqu'il est en demeure de les restituer.

[1991, c. 64, a. 2287].

■ C.C.Q., 1565, 1594, 1595, 1600, 1617.

2287. The depositary is bound to restore the fruits and revenues he has received from the property deposited.

The depositary owes interest on money deposited only when he is in default to restore the money.

[1991, c. 64, a. 2287].

2288. L'héritier ou un autre représentant légal du dépositaire, qui vend de bonne foi le bien dont il ignorait le dépôt, n'est tenu que de rendre le prix qu'il a reçu, ou de céder son droit contre l'acheteur si le prix n'a pas été payé.

[1991, c. 64, a. 2288].

■ C.C.Q., 1637-1646, 1740-1743.

2288. An heir or other legal representative of the depositary, who, in good faith and unaware of the deposit, sells the property deposited, is bound only to return the price he has received or to assign his claim against the buyer if the price has not been paid.

[1991, c. 64, a. 2288; I.N., 2014-05-01].

2289. Le dépositaire est tenu, si le dépôt est à titre gratuit, de la perte du bien déposé qui survient par sa faute; si le dépôt est à titre onéreux ou s'il a été exigé par le dépositaire, celui-ci est tenu de la perte du bien, à moins qu'il ne prouve la force majeure.

[1991, c. 64, a. 2289].

2289. Where a deposit is by gratuitous title, the depositary is liable for the loss of the property deposited, if caused by his fault; where a deposit is by onerous title or where it was required by the depositary, he is liable for the loss of the property, unless he proves superior force.

[1991, c. 64, a. 2289; I.N., 2014-05-01].

▌C.C.Q., 1457, 1458, 1562, 1607-1625, 2296, 2298; C.P.C., 744.

2290. Le tribunal peut réduire les dommages-intérêts dus par le dépositaire, lorsque le dépôt est à titre gratuit ou que le dépositaire a reçu en dépôt des documents, espèces ou autres biens de valeur, sans que le déposant ait déclaré leur nature ou leur valeur.

[1991, c. 64, a. 2290].

▌C.C.Q., 2289.

2290. The court may reduce the damages payable by the depositary where the deposit is by gratuitous title or where the depositary received documents, money or other valuables for deposit, without their nature or value having been declared by the depositor.

[1991, c. 64, a. 2290; I.N., 2014-05-01].

2291. La restitution du bien se fait au lieu où le bien a été remis en dépôt, à moins que les parties n'aient convenu d'un autre lieu.

[1991, c. 64, a. 2291].

▌C.C.Q., 1566, 2292.

2291. The property is restored at the place where it was handed over for deposit, unless the parties have agreed on another place.

[1991, c. 64, a. 2291].

2292. Lorsque le dépôt est à titre gratuit, les frais de la restitution sont à la charge du déposant; cependant, ils sont à la charge du dépositaire si celui-ci a, à l'insu du déposant, transporté le bien ailleurs qu'au lieu convenu pour la restitution, à moins qu'il ne l'ait fait pour en assurer la conservation.

Lorsque le dépôt est à titre onéreux, les frais de la restitution sont à la charge du dépositaire.

[1991, c. 64, a. 2292].

▌C.C.Q., 2291.

2292. Where the deposit is by gratuitous title, the cost of restitution is borne by the depositor, but it is borne by the depositary if he, without the knowledge of the depositor, has transported the property elsewhere than to the place agreed for its restitution, unless he did it to preserve the property.

Where the deposit is by onerous title, the cost of restitution is borne by the depositary.

[1991, c. 64, a. 2292; I.N., 2014-05-01].

§ 3. — Des obligations du déposant

§ 3. — Obligations of the depositor

2293. Le déposant est tenu de rembourser au dépositaire les dépenses faites pour la conservation du bien, de l'indemniser de toute perte que le bien lui a causée et de lui verser la rémunération convenue.

Le dépositaire a le droit de retenir le bien déposé jusqu'au paiement.

[1991, c. 64, a. 2293].

▌C.C.Q., 1591-1593.

2293. The depositor is bound to reimburse the depositary for any expenses he has incurred for the preservation of the property, to indemnify him for any loss the property may have caused him and to pay him the agreed remuneration.

The depositary is entitled to retain the deposited property until he is paid.

[1991, c. 64, a. 2293].

2294. Le déposant est tenu d'indemniser le dépositaire du préjudice que lui cause la

2294. The depositor is bound to indemnify the depositary for any injury caused to him

restitution anticipée du bien si le terme a été convenu dans le seul intérêt du dépositaire.

[1991, c. 64, a. 2294].

▌C.C.Q., 1458, 1607-1625, 2285.

by the premature restitution of the property if the term was agreed upon in the sole interest of the depositary.

[1991, c. 64, a. 2294; I.N., 2014-05-01].

SECTION II —
DU DÉPÔT NÉCESSAIRE

SECTION II —
NECESSARY DEPOSIT

2295. Il y a dépôt nécessaire lorsqu'une personne est contrainte par une nécessité imprévue et pressante provenant d'un accident ou d'une force majeure de remettre à une autre la garde d'un bien.

[1991, c. 64, a. 2295].

▌C.C.Q., 1470.

2295. Necessary deposit takes place where a person is compelled, by an unforeseen and urgent necessity due to an accident or to superior force, to entrust the custody of property to another.

[1991, c. 64, a. 2295; I.N., 2014-05-01].

2296. Le dépositaire ne peut refuser de recevoir le bien, à moins qu'il n'ait un motif sérieux de le faire.

Il est tenu de la perte du bien, de la même façon qu'un dépositaire à titre gratuit.

[1991, c. 64, a. 2296].

▌C.C.Q., 2289.

2296. The depositary may not refuse to accept the property without a serious reason.

The depositary is liable for loss of the property in the same manner as a depositary by gratuitous title.

[1991, c. 64, a. 2296].

2297. Le dépôt d'un bien dans un établissement de santé ou de services sociaux est présumé être un dépôt nécessaire.

[1991, c. 64, a. 2297].

▌C.C.Q., 2289, 2295, 2296.

2297. The deposit of property in a health or social services establishment is presumed to be a necessary deposit.

[1991, c. 64, a. 2297].

SECTION III —
DU DÉPÔT HÔTELIER

SECTION III —
DEPOSIT WITH AN INNKEEPER

2298. La personne qui offre au public des services d'hébergement, appelée l'hôtelier, est tenue de la perte des effets personnels et des bagages apportés par ceux qui logent chez elle, de la même manière qu'un dépositaire à titre onéreux, jusqu'à concurrence de dix fois le prix quotidien du logement qui est affiché ou, s'il s'agit de biens qu'elle a acceptés en dépôt, jusqu'à concurrence de cinquante fois ce prix.

[1991, c. 64, a. 2298].

▌D.T., 126.

2298. A person who offers lodging to the public, called an innkeeper, is liable in the same manner as a depositary by onerous title for the loss of the personal effects and baggage brought by persons who lodge with him, up to 10 times the posted cost of lodging for one day or, in the case of property he has accepted for deposit, up to 50 times such cost.

[1991, c. 64, a. 2298; I.N., 2014-05-01].

2299. L'hôtelier est tenu d'accepter en dépôt les documents, les espèces et les autres biens de valeur apportés par ses clients; il ne peut les refuser que si, compte tenu de l'importance ou des conditions d'exploitation de l'hôtel, les biens paraissent d'une valeur excessive ou sont encombrants, ou encore s'ils sont dangereux.

Il peut examiner les biens qui lui sont remis en dépôt et exiger qu'ils soient placés dans un réceptacle fermé ou scellé.

[1991, c. 64, a. 2299].

■ C.C.Q., 2298; D.T., 126.

2300. L'hôtelier qui met à la disposition de ses clients un coffre-fort dans la chambre même, n'est pas réputé avoir accepté en dépôt les biens qui y sont déposés par les clients.

[1991, c. 64, a. 2300].

■ C.C.Q., 2298; D.T., 126.

2301. Malgré ce qui précède, la responsabilité de l'hôtelier est illimitée lorsque la perte d'un bien apporté par un client provient de la faute intentionnelle ou lourde de l'hôtelier ou d'une personne dont celui-ci est responsable.

La responsabilité de l'hôtelier est encore illimitée lorsqu'il refuse le dépôt de biens qu'il est tenu d'accepter, ou lorsqu'il n'a pas pris les moyens nécessaires pour informer le client des limites de sa responsabilité.

[1991, c. 64, a. 2301].

■ C.C.Q., 1459-1464, 1474; D.T., 126.

2302. L'hôtelier a le droit, en garantie du paiement du prix du logement, ainsi que des services et prestations effectivement fournis par lui, de retenir les effets et les bagages apportés par le client à l'hôtel, à l'exclusion des papiers et des effets personnels de ce dernier qui n'ont pas de valeur marchande.

[1991, c. 64, a. 2302].

■ C.C.Q., 1591-1593.

2299. An innkeeper is bound to accept for deposit the documents, sums of money and other valuables brought by his guests; he may not refuse them unless, given the size and operating conditions of the hotel, they appear to be of excessive value or cumbersome, or unless they are dangerous.

The innkeeper may examine the property handed over to him for deposit and require it to be placed in a closed or sealed receptacle.

[1991, c. 64, a. 2299].

2300. An innkeeper who places a safe at the disposal of guests in the room itself is not deemed to have accepted for deposit the property placed in such a safe by a guest.

[1991, c. 64, a. 2300].

2301. Notwithstanding the foregoing, the liability of the innkeeper is unlimited where the loss of property brought by a guest is caused by the intentional or gross fault of the innkeeper or of a person for whom he is responsible.

The liability of the innkeeper is also unlimited where he refuses the deposit of property he is bound to accept, or where he has not taken the necessary measures to inform the guest of the limits of his liability.

[1991, c. 64, a. 2301].

2302. The innkeeper is entitled to retain, as security for payment of the cost of lodging and services actually provided by him, the effects and baggage brought to the hotel by the guest, with the exception of his documents and personal effects that have no market value.

[1991, c. 64, a. 2302; I.N., 2014-05-01].

2303. L'hôtelier peut disposer des biens retenus, à défaut de paiement, conformément aux règles prescrites au livre Des biens pour le détenteur du bien confié et oublié.

[1991, c. 64, a. 2303].

▌ C.C.Q., 945, 2302.

2303. The innkeeper may dispose of the property retained, failing payment, in accordance with the rules prescribed in the Book on Property, which apply to the holder of property entrusted and forgotten.

[1991, c. 64, a. 2303].

2304. L'hôtelier est tenu d'afficher, dans les bureaux, les salles et les chambres de son établissement, le texte, imprimé en caractères lisibles, des articles de la présente section.

[1991, c. 64, a. 2304].

▌ C.C.Q., 2298-2303.

2304. The innkeeper is bound to post the text of the articles of this section, printed in legible type, in the offices, public rooms and bedrooms of his establishment.

[1991, c. 64, a. 2304; I.N., 2014-05-01].

SECTION IV — DU SÉQUESTRE

SECTION IV — SEQUESTRATION

2305. Le séquestre est le dépôt par lequel des personnes remettent un bien qu'elles se disputent entre les mains d'une autre personne de leur choix qui s'oblige à ne le restituer qu'à celle qui y aura droit, une fois la contestation† terminée.

[1991, c. 64, a. 2305].

Note : Comp. a. 2309.

▌ C.C.Q., 1144, 2311; C.P.C., 742.

2305. Sequestration is the deposit by which persons place property over which they are in dispute in the hands of another person chosen by them, who binds himself to restore it, once the issue† is decided, to the person who will then be entitled to it.

[1991, c. 64, a. 2305].

2306. Le séquestre peut porter tant sur un bien immeuble que sur un bien meuble.

La remise de l'immeuble s'effectue par l'abandon de la détention de l'immeuble au dépositaire chargé d'agir à titre de séquestre.

[1991, c. 64, a. 2306].

▌ C.C.Q., 2764; C.P.C., 540.

2306. The object of sequestration may be immovable property as well as movable property.

An immovable is handed over by abandoning detention of the immovable to the depositary charged with acting as sequestrator.

[1991, c. 64, a. 2306].

2307. Les parties choisissent le séquestre d'un commun accord; elles peuvent désigner l'une d'entre elles pour agir à ce titre.

Si elles ne s'accordent pas sur le choix de la personne à nommer ou sur certaines conditions de sa charge, elles peuvent demander au tribunal d'en décider.

[1991, c. 64, a. 2307].

▌ C.C.Q., 2305.

2307. The parties choose the sequestrator by mutual agreement; they may designate one of their number to act as sequestrator.

Where the parties disagree on the choice of a sequestrator or on certain terms and conditions of his office, they may apply to the court for a ruling on the issue.

[1991, c. 64, a. 2307; I.N., 2014-05-01].

2308. Le séquestre ne peut faire, relativement au bien sous séquestre, ni impense ni aucun acte autre que de simple administration, à moins de stipulation contraire ou d'autorisation du tribunal.

Il peut, cependant, avec le consentement des parties ou, à défaut, avec l'autorisation du tribunal, aliéner, sans délai ni formalités, les biens dont la garde ou l'entretien entraîne des frais disproportionnés par rapport à leur valeur.

[1991, c. 64, a. 2308].

❚ C.C.Q., 1301-1305; C.P.C., 745.

2308. A sequestrator may not make any disbursement or perform any act other than acts of simple administration with respect to the sequestered property unless otherwise stipulated or unless authorized by the court.

He may, however, with the consent of the parties or, failing that, with the authorization of the court, alienate, without delay or formalities, property which entails costs for custody or maintenance disproportionate to its value.

[1991, c. 64, a. 2308; I.N., 2014-05-01].

2309. Le séquestre est déchargé, lorsque la contestation est terminée, par la restitution du bien à celui qui y a droit.

Il ne peut, auparavant, être déchargé et restituer le bien que si toutes les parties y consentent ou, à défaut d'accord, s'il existe une cause suffisante; en ce dernier cas, la décharge doit être autorisée par le tribunal.

[1991, c. 64, a. 2309].

❚ C.C.Q., 2305.

2309. The sequestrator is discharged, upon the termination of the contestation, by the restitution of the property to the person entitled to it.

The sequestrator may not be discharged and restore the property before the contestation is terminated except with the consent of all the parties or, failing that, for sufficient cause; in this last case, he may be discharged only with the authorization of the court.

[1991, c. 64, a. 2309].

2310. Le séquestre doit rendre compte de sa gestion à la fin de son administration, et même auparavant si les parties le requièrent ou si le tribunal l'ordonne.

[1991, c. 64, a. 2310].

❚ C.C.Q., 1351-1354, 1363; C.P.C., 532-539.

2310. The sequestrator shall render an account of his management at the end of his administration, and also earlier at the request of the parties or by order of the court.

[1991, c. 64, a. 2310].

2311. Le séquestre peut être constitué par l'autorité judiciaire; il est alors soumis aux dispositions du *Code de procédure civile* (chapitre C-25), ainsi qu'aux règles du présent chapitre, s'il n'y a pas incompatibilité.

[1991, c. 64, a. 2311].

❚ C.C.Q., 2280-2310; C.P.C., 742-750.

2311. A sequestrator may be appointed by judicial authority; in such a case, he is subject to the provisions of the *Code of Civil Procedure* (chapter C-25) and to the rules contained in this chapter, so far as they are consistent.

[1991, c. 64, a. 2311].

Chapitre XII —
Du prêt

Chapter XII —
Loan

SECTION I —
DES ESPÈCES DE PRÊT ET DE LEUR NATURE

SECTION I —
NATURE AND KINDS OF LOANS

2312. Il y a deux espèces de prêt: le prêt à usage et le simple prêt.

[1991, c. 64, a. 2312].

∎ C.C.Q., 2313, 2314, 2317-2332.

2312. There are two kinds of loans: loan for use and simple loan.

[1991, c. 64, a. 2312].

2313. Le prêt à usage est le contrat à titre gratuit par lequel une personne, le prêteur, remet un bien à une autre personne, l'emprunteur, pour qu'il en use, à la charge de le lui rendre après un certain temps.

[1991, c. 64, a. 2313].

∎ C.C.Q., 2317-2326.

2313. Loan for use is a contract by gratuitous title by which a person, the lender, hands over property to another person, the borrower, for his use, under the obligation to return it to him after a certain time.

[1991, c. 64, a. 2313; I.N., 2014-05-01].

2314. Le simple prêt est le contrat par lequel le prêteur remet une certaine quantité d'argent ou d'autres biens qui se consomment par l'usage à l'emprunteur, qui s'oblige à lui en rendre autant, de même espèce et qualité, après un certain temps.

[1991, c. 64, a. 2314].

∎ C.C.Q., 2327-2332.

2314. A simple loan is a contract by which the lender hands over a certain quantity of money or other property that is consumed by use to the borrower, who binds himself to return a like quantity of the same kind and quality to the lender after a certain time.

[1991, c. 64, a. 2314; I.N., 2014-05-01].

2315. Le simple prêt est présumé fait à titre gratuit, à moins de stipulation contraire ou qu'il ne s'agisse d'un prêt d'argent, auquel cas il est présumé fait à titre onéreux.

[1991, c. 64, a. 2315].

∎ C.C.Q., 2330.

2315. A simple loan is presumed to be by gratuitous title unless otherwise stipulated or unless it is a loan of money, in which case it is presumed to be by onerous title.

[1991, c. 64, a. 2315; I.N., 2014-05-01].

2316. La promesse de prêter ne confère au bénéficiaire de la promesse, à défaut par le promettant de l'exécuter, que le droit de réclamer des dommages-intérêts de ce dernier.

[1991, c. 64, a. 2316].

∎ C.C.Q., 1458, 1607-1611.

2316. A promise to lend confers on the beneficiary of the promise, in the event of failure by the promisor to perform the promise, only the right to claim damages from the promisor.

[1991, c. 64, a. 2316; I.N., 2014-05-01].

SECTION II —
DU PRÊT À USAGE

SECTION II —
LOAN FOR USE

2317. L'emprunteur est tenu, quant à la garde† et à la conservation du bien prêté, d'agir avec prudence et diligence.

[1991, c. 64, a. 2317].

2317. The borrower is bound to act with prudence and diligence in the safekeeping† and preservation of the property loaned.

[1991, c. 64, a. 2317].

Note : Comp. O.R.C.C., Livre V, a. 829, 1465. / Comp. C.C.R.O., Book V, arts 829, 1465.

▌C.C.Q., 2313.

2318. L'emprunteur ne peut se servir du bien prêté que pour l'usage auquel ce bien est destiné; il ne peut, non plus, permettre qu'un tiers l'utilise, à moins que le prêteur ne l'autorise.

[1991, c. 64, a. 2318].

▌C.C.Q., 2322.

2318. The borrower may not put the property loaned to a use other than that for which it is intended; nor may he allow a third person to use it without the authorization of the lender.

[1991, c. 64, a. 2318

2319. Le prêteur peut réclamer le bien avant l'échéance du terme, ou, si le terme est indéterminé, avant que l'emprunteur ait cessé d'en avoir besoin, lorsqu'il en a lui-même un besoin urgent et imprévu, lorsque l'emprunteur décède ou lorsqu'il manque à ses obligations.

[1991, c. 64, a. 2319].

▌C.C.Q., 1508, 1513, 2317, 2318.

2319. The lender may claim the property before the expiry of the term or, if the term is indeterminate, before the borrower ceases to need it, where he himself is in urgent and unforeseen need of the property or where the borrower dies or fails to perform his obligations.

[1991, c. 64, a. 2319; I.N., 2014-05-01].

2320. L'emprunteur a le droit d'être remboursé des dépenses nécessaires et urgentes faites pour la conservation du bien.

Il supporte seul les dépenses qu'il a dû faire pour utiliser le bien.

[1991, c. 64, a. 2320].

▌C.C.Q., 2324.

2320. The borrower is entitled to the reimbursement of any necessary and urgent expenses incurred for the preservation of the property.

The borrower alone bears the expenses he has incurred in using the property.

[1991, c. 64, a. 2320].

2321. Le prêteur qui connaissait les vices cachés du bien prêté et n'en a pas averti l'emprunteur, est tenu de réparer le préjudice qui en résulte pour ce dernier.

[1991, c. 64, a. 2321].

▌C.C.Q., 1457, 1607-1625, 1726-1731, 1854-1876, 2328.

2321. Where the lender knew that the property loaned had latent defects but failed to inform the borrower, he is bound to make reparation for injury the borrower suffered as a result.

[1991, c. 64, a. 2321; I.N., 2014-05-01].

2322. L'emprunteur n'est pas tenu de la perte du bien qui résulte de l'usage pour lequel il est prêté.

Cependant, s'il emploie le bien à un usage autre que celui auquel il est destiné ou pour un temps plus long qu'il ne le devait, il est tenu de la perte, même si celle-ci résulte d'une force majeure, sauf dans le cas où la perte se serait, de toute façon, produite en raison de cette force majeure.

[1991, c. 64, a. 2322].

■ C.C.Q., 1470, 1562, 1594, 1595, 1597, 1600.

2322. The borrower is not liable for loss of the property resulting from the use for which it is loaned.

However, where the borrower puts the property to a use other than that for which it is intended, or uses it for a longer time than agreed, he is liable for its loss even where the loss is caused by superior force, unless the superior force would in any case have caused the loss of the property.

[1991, c. 64, a. 2322; I.N., 2014-05-01].

2323. Si le bien prêté périt par force majeure, alors que l'emprunteur pouvait le protéger en employant le sien propre, ou si, ne pouvant en sauver qu'un, il a préféré le sien, il est tenu de la perte.

[1991, c. 64, a. 2323].

■ C.C.Q., 1470.

2323. Where the property loaned perishes by superior force and the borrower could have protected it by using his own property or if, being unable to save both, he chose to save his own, he is liable for the loss.

[1991, c. 64, a. 2323].

2324. L'emprunteur ne peut retenir le bien pour ce que le prêteur lui doit, à moins que la dette ne consiste en une dépense nécessaire et urgente faite pour la conservation du bien.

[1991, c. 64, a. 2324].

■ C.C.Q., 1561, 1676, 2320.

2324. The borrower may not retain the property for what the lender owes him unless the debt is an urgent and necessary expense incurred for the preservation of the property.

[1991, c. 64, a. 2324].

2325. L'action en réparation† du dommage causé par la faute d'un tiers au bien prêté appartient au plus diligent du prêteur ou de l'emprunteur.

[1991, c. 64, a. 2325].

■ C.C.Q., 1457, 1607-1625.

2325. An action in damages† for injury caused by the fault of a third person to the property loaned may be taken by the lender or the borrower, whichever is the more diligent.

[1991, c. 64, a. 2325].

2326. Si plusieurs personnes ont emprunté ensemble le même bien, elles en sont solidairement responsables envers le prêteur.

[1991, c. 64, a. 2326].

■ C.C.Q., 1523-1540.

2326. Where several persons borrow the same property together, they are solidarily liable to the lender.

[1991, c. 64, a. 2326; I.N., 2014-05-01].

2327. Par le simple prêt, l'emprunteur devient le propriétaire du bien prêté et il en assume, dès la remise, les risques de perte.

[1991, c. 64, a. 2327].

■ C.C.Q., 2312.

2327. By simple loan, the borrower becomes the owner of the property loaned and he bears the risks of loss of the property from the time it is handed over to him.

[1991, c. 64, a. 2327].

2328. Le prêteur est tenu, de la même manière que le prêteur à usage, du préjudice causé par les défauts ou les vices du bien prêté.

[1991, c. 64, a. 2328].

■ C.C.Q., 1457, 1458, 1607-1625, 1726-1733, 1854-1876.

2328. The lender is liable, in the same manner as the lender for use, for any injury resulting from defects in the property loaned.

[1991, c. 64, a. 2328].

2329. L'emprunteur est tenu de rendre la même quantité et qualité de biens qu'il a reçue et rien de plus, quelle que soit l'augmentation ou la diminution de leur prix.

Si le prêt porte sur une somme d'argent, il n'est tenu de rendre que la somme nominale reçue, malgré toute variation de valeur du numéraire.

[1991, c. 64, a. 2329].

■ C.C.Q., 1561, 2314.

2329. The borrower is bound to return the same quantity and quality of property as he received and nothing more, notwithstanding any increase or reduction of its price.

In the case of a loan of a sum of money, the borrower is bound to return only the nominal amount received, notwithstanding any variation in its value.

[1991, c. 64, a. 2329].

2330. Le prêt d'une somme d'argent porte intérêt à compter de la remise de la somme à l'emprunteur.

[1991, c. 64, a. 2330].

■ C.C.Q., 1565, 1617, 2315.

2330. The loan of a sum of money bears interest from the date the money is handed over to the borrower.

[1991, c. 64, a. 2330].

2331. La quittance du capital d'un prêt d'une somme d'argent emporte celle des intérêts.

[1991, c. 64, a. 2331].

■ C.C.Q., 1570.

2331. The discharge of the capital of a loan of money entails the discharge of the interest.

[1991, c. 64, a. 2331].

2332. Lorsque le prêt porte sur une somme d'argent, le tribunal peut prononcer la nullité du contrat, ordonner la réduction des obligations qui en découlent ou, encore, réviser les modalités de leur exécution dans la mesure où il juge, eu égard au ris-

2332. In the case of a loan of a sum of money, the court may pronounce the nullity of the contract, order the reduction of the obligations arising from the contract or revise the terms and conditions of the performance of the obligations to the extent

que et à toutes les circonstances, qu'il y a eu lésion à l'égard de l'une des parties.

[1991, c. 64, a. 2332].

▌ C.C.Q., 1406, 1416-1421, 1609, 1699; D.T., 127.

that it finds that, having regard to the risk and to all the circumstances, one of the parties has suffered lesion.

[1991, c. 64, a. 2332].

Chapitre XIII — Du cautionnement

Chapter XIII — Suretyship

Section I — De la nature, de l'objet et de l'étendue du cautionnement

Section I — Nature, object and extent of suretyship

2333. Le cautionnement est le contrat par lequel une personne, la caution, s'oblige envers le créancier, gratuitement ou contre rémunération, à exécuter l'obligation du débiteur si celui-ci n'y satisfait pas.

[1991, c. 64, a. 2333].

▌ C.C.Q., 1371 et s., 1377-1456, 2334-2366.

2333. Suretyship is a contract by which a person, the surety, binds himself towards the creditor, gratuitously or for remuneration, to perform the obligation of the debtor if he fails to fulfil it.

[1991, c. 64, a. 2333].

2334. Outre qu'il puisse résulter d'une convention, le cautionnement peut être imposé par la loi ou ordonné par jugement.

[1991, c. 64, a. 2334].

▌ C.C.Q., 2333, 2731, 2771, 2779; C.P.C., 65, 497, 525-530, 547, 677, 716, 755.

2334. Suretyship may result from an agreement, or may be imposed by law or ordered by judgment.

[1991, c. 64, a. 2334].

2335. Le cautionnement ne se présume pas; il doit être exprès.

[1991, c. 64, a. 2335].

▌ C.C.Q., 1398, 1425-1432.

2335. Suretyship is not presumed; it is effected only if it is express.

[1991, c. 64, a. 2335].

2336. On peut se rendre caution d'une obligation sans ordre de celui pour lequel on s'oblige, et même à son insu.

On peut aussi se rendre caution non seulement du débiteur principal, mais encore de celui qui l'a cautionné.

[1991, c. 64, a. 2336].

▌ C.C.Q., 2333, 2347, 2356.

2336. A person may become surety for an obligation without the order or even the knowledge of the person for whom he binds himself.

A person may also become surety not only for the principal debtor but also for his surety.

[1991, c. 64, a. 2336].

2337. Le débiteur tenu de fournir une caution doit en présenter une qui a et maintient au Québec des biens suffisants pour répondre de l'objet de l'obligation et qui a son domicile au Canada; à défaut de quoi, il doit en donner une autre.

2337. A debtor bound to furnish a surety shall offer a surety having and maintaining sufficient property in Québec to answer for the obligation and having his domicile in Canada; otherwise, he shall furnish another surety.

Cette règle ne s'applique pas lorsque le créancier a exigé pour caution une personne déterminée.

[1991, c. 64, a. 2337].

▪ C.C.Q., 75, 2333, 2334, 2339; C.P.C., 527, 528.

This rule does not apply where the creditor has required that a specific person be the surety.

[1991, c. 64, a. 2337; I.N., 2014-05-01].

2338. Le débiteur tenu de fournir une caution, légale ou judiciaire, peut donner à la place une autre sûreté suffisante.

[1991, c. 64, a. 2338].

▪ C.C.Q., 2334, 2339, 2660; C.P.C., 525-531.

2338. A debtor bound to furnish a legal or judicial surety may offer other sufficient security instead.

[1991, c. 64, a. 2338; I.N., 2014-05-01].

2339. S'il y a litige quant à la suffisance des biens de la caution ou quant à la suffisance de la sûreté offerte, il est tranché par le tribunal.

[1991, c. 64, a. 2339].

▪ C.C.Q., 2337, 2338; C.P.C., 527, 528.

2339. Any dispute as to the sufficiency of the property of the surety or the sufficiency of the security offered is decided by the court.

[1991, c. 64, a. 2339].

2340. Le cautionnement ne peut exister que pour une obligation valable.

On peut cautionner l'obligation dont le débiteur principal peut se faire décharger en invoquant son incapacité, à la condition d'en avoir connaissance, ainsi que l'obligation naturelle.

[1991, c. 64, a. 2340].

▪ C.C.Q., 1554, 2353, 2357.

2340. Suretyship may be contracted only for a valid obligation.

It may be for the fulfilment of an obligation from which the principal debtor may be discharged by invoking his incapacity, provided the surety is aware of this, or the fulfilment of a purely natural obligation.

[1991, c. 64, a. 2340].

2341. Le cautionnement ne peut excéder ce qui est dû par le débiteur, ni être contracté à des conditions plus onéreuses.

Le cautionnement qui ne respecte pas cette exigence n'est pas nul pour autant; il est seulement réductible à la mesure de l'obligation principale.

[1991, c. 64, a. 2341].

▪ C.C.Q., 2342-2344, 2354.

2341. Suretyship may not exceed what is owed by the debtor, or be contracted with more onerous conditions.

Suretyship which does not meet that requirement is not null for that reason; it may only be reduced to the extent of the principal obligation.

[1991, c. 64, a. 2341; I.N., 2014-05-01].

2342. Le cautionnement peut être contracté pour une partie de l'obligation principale seulement et à des conditions moins onéreuses.

[1991, c. 64, a. 2342].

▪ C.C.Q., 2341, 2343, 2344.

2342. Suretyship may be contracted for part of the principal obligation only and with less onerous conditions.

[1991, c. 64, a. 2342; I.N., 2014-05-01].

2343. Le cautionnement ne peut être étendu au-delà des limites dans lesquelles il a été contracté.

[1991, c. 64, a. 2343].

■ C.C.Q., 2335, 2341, 2342, 2344.

2344. Le cautionnement d'une obligation principale s'étend à tous les accessoires de la dette, même aux frais de la première demande et à tous ceux qui sont postérieurs à la dénonciation qui en est faite à la caution.

[1991, c. 64, a. 2344].

■ C.C.Q., 2341-2343.

SECTION II —
DES EFFETS DU CAUTIONNEMENT

§ 1. — Des effets entre le
créancier et la caution

2345. Le créancier est tenu de fournir à la caution, sur sa demande, tout renseignement utile sur le contenu et les modalités de l'obligation principale et sur l'état de son exécution.

[1991, c. 64, a. 2345].

■ C.C.Q., 6, 7, 1375, 2355.

2346. La caution n'est tenue de satisfaire à l'obligation du débiteur qu'à défaut par celui-ci de l'exécuter.

[1991, c. 64, a. 2346].

■ C.C.Q., 1523, 2333, 2347, 2348, 2352.

2347. La caution conventionnelle ou légale jouit du bénéfice de discussion, à moins qu'elle n'y renonce expressément.

Celui qui a cautionné la caution judiciaire ne peut demander la discussion du débiteur principal, ni de la caution.

[1991, c. 64, a. 2347].

■ C.C.Q., 1523, 1537, 2334, 2336, 2348, 2352; C.P.C., 168, al. 1(2).

2348. La caution qui se prévaut du bénéfice de discussion doit l'invoquer dans l'action intentée contre elle, indiquer au

2343. A suretyship may not be extended beyond the limits for which it was contracted.

[1991, c. 64, a. 2343].

2344. Suretyship extends to all the accessories of the principal obligation, even to the costs of the original action, and to all costs subsequent to notice of it given to the surety.

[1991, c. 64, a. 2344; I.N., 2014-05-01].

SECTION II —
EFFECTS OF SURETYSHIP

§ 1. — Effects between the
creditor and the surety

2345. At the request of the surety, the creditor is bound to provide him with any useful information as to the content and the terms and conditions of the principal obligation and as to the stage reached in its performance.

[1991, c. 64, a. 2345; I.N., 2014-05-01].

2346. The surety is bound to fulfil the obligation of the debtor only if the debtor fails to perform it.

[1991, c. 64, a. 2346].

2347. A conventional or legal surety enjoys the benefit of discussion unless he renounces it expressly.

A person who is surety of a judicial surety may not demand the discussion of the principal debtor nor of the surety.

[1991, c. 64, a. 2347].

2348. A surety who avails himself of the benefit of discussion shall invoke it in the action against him, indicate to the creditor

créancier les biens saisissables du débiteur principal en lui avançant les sommes nécessaires pour la discussion.

Le créancier qui néglige de procéder à la discussion est tenu, à l'égard de la caution et jusqu'à concurrence de la valeur des biens indiqués, de l'insolvabilité du débiteur principal survenue après l'indication, par la caution, des biens saisissables du débiteur principal.

[1991, c. 64, a. 2348].

■ C.C.Q., 2347; C.P.C., 159, 168, al. 1(2).

the seizable property of the principal debtor, and advance to the creditor the sums required for the costs of discussion.

Where the creditor neglects to carry out the discussion, he is liable to the surety, up to the value of the property indicated, for insolvency of the principal debtor occurring after the surety has indicated the seizable property of the principal debtor.

[1991, c. 64, a. 2348; I.N., 2014-05-01].

2349. Lorsque plusieurs personnes se sont rendues cautions d'un même débiteur pour une même dette, chacune d'elles est obligée à toute la dette, mais elle peut invoquer le bénéfice de division si elle n'y a pas renoncé expressément à l'avance.

Les cautions qui se prévalent du bénéfice de division peuvent exiger que le créancier divise son action et la réduise à la part et portion de chacune d'elles.

[1991, c. 64, a. 2349].

■ C.C.Q., 2350-2532; C.P.C., 172, 199.

2349. Where several persons become sureties of the same debtor for the same debt, each of them is liable for the whole debt but may invoke the benefit of division if he has not renounced it expressly in advance.

Each surety who avails himself of the benefit of division may require the creditor to divide his action and to reduce it to the amount of the share and portion of each surety.

[1991, c. 64, a. 2349].

2350. Lorsque, dans le temps où l'une des cautions a fait prononcer la division, il y en avait d'insolvables, cette caution est proportionnellement tenue de ces insolvabilités; mais elle ne peut plus être recherchée en raison des insolvabilités survenues depuis la division.

[1991, c. 64, a. 2350].

■ C.C.Q., 2349.

2350. If, at the time division was obtained by one of the sureties, some of them were insolvent, that surety is proportionately liable for their insolvency, but he may not be made liable for insolvencies occurring after the division.

[1991, c. 64, a. 2350].

2351. Si le créancier a divisé lui-même et volontairement son action, il ne peut remettre en cause cette division, quoiqu'il y eût, même antérieurement au moment où il l'a ainsi consentie, des cautions insolvables.

[1991, c. 64, a. 2351].

■ C.C.Q., 2349, 2350.

2351. Where the creditor has himself voluntarily divided his action, he may not call the division into question although, even prior to the time of the division, some of the sureties were insolvent.

[1991, c. 64, a. 2351; I.N., 2014-05-01].

2352. Lorsque la caution s'oblige, avec le débiteur principal, en prenant la qualification de caution solidaire ou de codébiteur solidaire, elle ne peut plus invoquer les bé-

2352. Where the surety binds himself with the principal debtor as solidary surety or solidary codebtor, he may no longer invoke the benefits of discussion and divi-

néfices de discussion et de division; les effets de son engagement se règlent par les principes établis pour les dettes solidaires, dans la mesure où ils sont compatibles avec la nature du cautionnement.

[1991, c. 64, a. 2352].

❚ C.C.Q., 1523-1540, 2347, 2349.

sion; the effects of his undertaking are governed by the rules established with respect to solidary debts so far as they are consistent with the nature of the suretyship.

[1991, c. 64, a. 2352].

2353. La caution, même qualifiée de solidaire, peut opposer au créancier tous les moyens que pouvait opposer le débiteur principal, sauf ceux qui sont purement personnels à ce dernier ou qui sont exclus par les termes de son engagement.

[1991, c. 64, a. 2353].

❚ C.C.Q., 1530, 1665, 1671, 1679, 1684, 1692, 2340; C.P.C., 163, 165, 168, 172.

2353. A surety, whether or not he is a solidary surety, may set up against the creditor all the defences of the principal debtor, except those which are purely personal to the principal debtor or that are excluded by the terms of his undertaking.

[1991, c. 64, a. 2353].

2354. La caution n'est point déchargée par la simple prorogation du terme accordée par le créancier au débiteur principal; de même, la déchéance du terme encourue par le débiteur principal produit ses effets à l'égard de la caution.

[1991, c. 64, a. 2354].

❚ C.C.Q., 1508, 1514, 1515, 1517, 2359; D.T., 128.

2354. The surety is not discharged by mere prorogation of the term granted by the creditor to the principal debtor; in the same way, forfeiture of the term by the principal debtor produces its effects with respect to the surety.

[1991, c. 64, a. 2354; I.N., 2014-05-01].

2355. La caution ne peut renoncer à l'avance au droit à l'information et au bénéfice de subrogation.

[1991, c. 64, a. 2355].

❚ C.C.Q., 2345, 2365; D.T., 129.

2355. A surety may not renounce in advance the right to be provided with information or the benefit of subrogation.

[1991, c. 64, a. 2355].

§ 2. — Des effets entre le débiteur et la caution

§ 2. — Effects between the debtor and the surety

2356. La caution qui s'est obligée avec le consentement du débiteur peut lui réclamer ce qu'elle a payé en capital, intérêts et frais, outre les dommages-intérêts pour la réparation de tout préjudice qu'elle a subi en raison du cautionnement; elle peut aussi exiger des intérêts sur toute somme qu'elle a dû verser au créancier, même si la dette principale ne produisait pas d'intérêts.

Celle qui s'est obligée sans le consentement du débiteur ne peut recouvrer de ce dernier que ce qu'il aurait été tenu de payer, y compris les dommages-intérêts, si le cautionnement n'avait pas eu lieu, sauf

2356. A surety who has bound himself with the consent of the debtor may claim from him what he has paid in capital, interest and costs, in addition to damages for any injury he has suffered by reason of the suretyship; he may also charge interest on any sum he has had to pay to the creditor, even if the principal debt was not producing interest.

A surety who has bound himself without the consent of the debtor may only recover from him what the debtor would have been bound to pay, including damages, if there had been no suretyship; however, costs

les frais subséquents à la dénonciation du paiement, lesquels sont à la charge du débiteur.

[1991, c. 64, a. 2356].

▌ C.C.Q., 2336, 2357-2359.

subsequent to notice of the payment are payable by the debtor.

[1991, c. 64, a. 2356; I.N., 2014-05-01].

2357. Lorsque le débiteur principal s'est fait décharger de son obligation en invoquant son incapacité, la caution a, dans la mesure de l'enrichissement qu'en conserve† ce débiteur, un recours en remboursement contre lui.

[1991, c. 64, a. 2357].

▌ C.C.Q., 2340.

2357. Where the principal debtor has been released from his obligation by invoking his incapacity, the surety has, to the extent of the resulting† enrichment of the debtor, a remedy for reimbursement against him.

[1991, c. 64, a. 2357].

2358. La caution qui a payé une dette n'a point de recours contre le débiteur principal qui l'a payée ultérieurement, lorsqu'elle ne l'a pas averti du paiement.

Celle qui a payé sans avertir le débiteur principal n'a point de recours contre lui si, au moment du paiement, le débiteur avait des moyens pour faire déclarer la dette éteinte. Elle n'a, dans les mêmes circonstances, de recours que pour la somme que le débiteur aurait pu être appelé à payer, dans la mesure où ce dernier pouvait opposer au créancier d'autres moyens pour faire réduire la dette.

Dans tous les cas, la caution conserve son action en répétition contre le créancier.

[1991, c. 64, a. 2358].

▌ C.C.Q., 1554, 2356.

2358. A surety who paid a debt has no remedy against the principal debtor who paid it subsequently, if he failed to inform the debtor of the payment.

A surety who paid without informing the principal debtor has no remedy against him if, at the time of the payment, the debtor had defences that could have enabled him to have the debt declared extinguished. In these circumstances, the surety has a remedy only for the sum the debtor could have been required to pay, to the extent that the debtor could set up other defences against the creditor to cause the debt to be reduced.

In all cases the surety retains his right of action for recovery against the creditor.

[1991, c. 64, a. 2358; I.N., 2014-05-01].

2359. La caution qui s'est obligée avec le consentement du débiteur peut agir contre lui, même avant d'avoir payé, lorsqu'elle est poursuivie en justice pour le paiement ou que le débiteur est insolvable, ou que celui-ci s'est obligé à lui rapporter† sa quittance dans un certain temps.

Il en est de même lorsque la dette est devenue exigible par l'arrivée de son terme, abstraction faite du délai que le créancier a, sans le consentement de la caution, accordé au débiteur ou lorsque, en raison de pertes subies par le débiteur ou d'une faute que ce dernier a commise, elle court des

2359. A surety who has bound himself with the consent of the debtor may take action against him, even before paying, if he is sued for payment or the debtor is insolvent, or if the debtor has bound himself to effect† his acquittance within a certain time.

The same rule applies where the debt becomes payable by the expiry of its term, disregarding any extension granted to the debtor by the creditor without the consent of the surety, or where, by reason of losses incurred by the debtor or of any fault committed by the debtor, the surety is at appre-

risques sensiblement plus élevés qu'au moment où elle s'est obligée.

[1991, c. 64, a. 2359].

■ C.C.Q., 2336, 2341, 2354, 2360, 2362.

ciably higher risk than at the time he bound himself.

[1991, c. 64, a. 2359].

§ 3. — Des effets entre les cautions

§ 3. — Effects between sureties

2360. Lorsque plusieurs personnes ont cautionné un même débiteur pour une même dette, la caution qui a acquitté la dette a, outre l'action subrogatoire, une action personnelle contre les autres cautions, chacune pour sa part et portion.

Cette action personnelle n'a lieu que lorsque la caution a payé dans l'un des cas où elle pouvait agir contre le débiteur, avant d'avoir payé.

S'il y a insolvabilité de l'une des cautions, elle se répartit par contribution entre les autres et celle qui a fait le paiement.

[1991, c. 64, a. 2360].

■ C.C.Q., 1651, 1656(3), 1692, 2349, 2359.

2360. Where several persons have become sureties of the same debtor for the same debt, the surety who has paid the debt has in addition to the action in subrogation, a personal right of action against the other sureties, each for his share and portion.

The personal right of action may only be exercised where the surety has paid in one of the cases in which he could take action against the debtor before paying.

Where one of the sureties is insolvent, his insolvency is apportioned by contribution among the other sureties, including the surety who made the payment.

[1991, c. 64, a. 2360].

SECTION III — DE LA FIN DU CAUTIONNEMENT

SECTION III — TERMINATION OF SURETYSHIP

2361. Le décès de la caution met fin au cautionnement, malgré toute stipulation† contraire.

[1991, c. 64, a. 2361].

■ C.C.Q., 625, 2364; D.T., 130.

2361. Notwithstanding any contrary provision†, the death of the surety terminates the suretyship.

[1991, c. 64, a. 2361].

2362. Le cautionnement consenti en vue de couvrir des dettes futures ou indéterminées, ou encore pour une période indéterminée, comporte, après trois ans et tant que la dette n'est pas devenue exigible, la faculté pour la caution d'y mettre fin en donnant un préavis suffisant au débiteur, au créancier et aux autres cautions.

Cette règle ne s'applique pas dans le cas d'un cautionnement judiciaire.

[1991, c. 64, a. 2362].

■ C.C.Q., 2334, 2364.

2362. Where suretyship is contracted with a view to covering future or indeterminate debts, or for an indeterminate period, the surety may terminate it after three years, so long as the debt has not become due, by giving prior and sufficient notice to the debtor, the creditor and the other sureties.

This rule does not apply in the case of a judicial suretyship.

[1991, c. 64, a. 2362; I.N., 2014-05-01].

2363. Le cautionnement attaché à l'exercice de fonctions particulières prend fin lorsque cessent ces fonctions.

[1991, c. 64, a. 2363].

▌ C.C.Q., 9, 2364; D.T., 131.

2363. Suretyship attached to the performance of special duties is terminated upon cessation of the duties.

[1991, c. 64, a. 2363; I.N., 2014-05-01].

2364. Lorsque le cautionnement prend fin, la caution demeure tenue des dettes existantes à ce moment, même si elles sont soumises à une condition ou à un terme.

[1991, c. 64, a. 2364].

▌ C.C.Q., 1497-1517, 2361-2363.

2364. Upon termination of the suretyship, the surety remains liable for debts existing at that time, even if those debts are subject to a condition or a term.

[1991, c. 64, a. 2364].

2365. Lorsque la subrogation aux droits du créancier ne peut plus, par le fait de ce dernier, s'opérer utilement en faveur de la caution, celle-ci est déchargée dans la mesure du préjudice qu'elle en subit.

[1991, c. 64, a. 2365].

▌ C.C.Q., 1375, 1651, 1656, 1658, 2355; D.T., 129.

2365. Where, as a result of the act of the creditor, the surety can no longer be usefully subrogated to his rights, the surety is discharged to the extent of the injury he suffers thereby.

[1991, c. 64, a. 2365; I.N., 2014-05-01].

2366. L'acceptation volontaire que le créancier a faite d'un bien, en paiement de la dette principale, décharge la caution, encore que le créancier vienne à être évincé.

[1991, c. 64, a. 2366].

▌ C.C.Q., 1553, 1561, 1799.

2366. Where a creditor voluntarily accepts property in payment of the capital debt, the surety is discharged even if the creditor is subsequently evicted.

[1991, c. 64, a. 2366].

Chapitre XIV ——
De la rente

Chapter XIV ——
Annuities

SECTION I ——
DE LA NATURE DU CONTRAT ET DE LA PORTÉE DES RÈGLES QUI LE RÉGISSENT

SECTION I ——
NATURE OF THE CONTRACT AND SCOPE OF THE RULES GOVERNING IT

2367. Le contrat constitutif de rente est celui par lequel une personne, le débirentier, gratuitement ou moyennant l'aliénation à son profit d'un capital, s'oblige à servir périodiquement et pendant un certain temps des redevances à une autre personne, le crédirentier.

Le capital peut être constitué d'un bien immeuble ou meuble; s'il s'agit d'une somme d'argent, il peut être payé au comptant ou par versements.

[1991, c. 64, a. 2367].

2367. A contract for the constitution of an annuity is a contract by which a person, the debtor, undertakes, by gratuitous title or in exchange for the alienation of capital for his benefit, to make periodic payments to another person, the annuitant, for a certain time.

The capital may consist of immovable or movable property; if it is a sum of money, it may be paid in cash or by instalments.

[1991, c. 64, a. 2367; I.N., 2014-05-01].

2368. Lorsque le débirentier s'oblige au service de la rente moyennant le transfert, à son profit, de la propriété d'un immeuble, le contrat est dit bail à rente et est principalement régi par les règles du contrat de vente auquel il s'apparente.

[1991, c. 64, a. 2368].

■ C.C.Q., 1802-1805, 2387, 2959.

2368. Where the debtor undertakes to pay the annuity in return for the transfer, for his benefit, of ownership of an immovable, the contract is called alienation for rent and it is principally governed by the rules that apply to contracts of sale, to which it is similar.

[1991, c. 64, a. 2368; I.N., 2014-05-01].

2369. La rente peut être constituée au profit d'une personne autre que celle qui en fournit le capital.

En ce cas, le contrat n'est point assujetti aux formes requises pour les donations, bien que la rente ainsi constituée soit reçue à titre gratuit par le crédirentier.

[1991, c. 64, a. 2369].

■ C.C.Q., 1432.

2369. An annuity may be constituted for the benefit of a person other than the person who furnishes the capital.

In such a case, the contract is not subject to the forms required for gifts even though the annuity so constituted is received by gratuitous title by the annuitant.

[1991, c. 64, a. 2369; I.N., 2014-05-01].

2370. Outre qu'elle puisse être constituée par contrat, la rente peut l'être aussi par testament, par jugement ou par la loi.

Les règles du présent chapitre s'appliquent à ces rentes, compte tenu des adaptations nécessaires.

[1991, c. 64, a. 2370].

■ C.C.Q., 703, 825, 1171, 2376.

2370. An annuity may be constituted by contract, will, judgment or law.

The rules of this chapter, adapted as required, apply to such annuities.

[1991, c. 64, a. 2370].

SECTION II —
DE L'ÉTENDUE DU CONTRAT

SECTION II —
SCOPE OF THE CONTRACT

2371. La rente peut être viagère ou non viagère.

Elle est viagère lorsque la durée de son service est limitée au temps de la vie d'une ou de plusieurs personnes.

Elle est non viagère lorsque la durée de son service est autrement déterminée.

[1991, c. 64, a. 2371].

■ C.C.Q., 2376.

2371. An annuity may be either a life annuity or a fixed term annuity.

A life annuity is an annuity payable for a duration limited to the lifetime of one or several persons.

A fixed term annuity is an annuity payable for a duration determined otherwise.

[1991, c. 64, a. 2371; I.N., 2014-05-01].

2372. La rente viagère peut être établie pour la durée de la vie de la personne qui la constitue ou qui la reçoit, ou pour la vie d'un tiers qui n'a aucun droit† de jouir de cette rente.

2372. A life annuity may be set up for the lifetime of the person who constitutes it or receives it or for the lifetime of a third person who has no entitlement† whatever to enjoyment of the annuity.

Néanmoins, il peut être stipulé que le service de la rente se continuera au-delà du décès de la personne en fonction de laquelle la durée du service a été établie, au profit, selon le cas, d'une personne déterminée ou des héritiers du crédirentier.

[1991, c. 64, a. 2372].

Note : Comp. a. 1902 C.c.B.C./ C.C.L.C.

❚ C.C.Q., 2371.

2373. Est sans effet la rente viagère établie pour la durée de la vie d'une personne qui est décédée au jour où le débirentier doit commencer à servir la rente, ou qui décède dans les trente jours qui suivent.

De même, est sans effet la rente viagère établie pour la durée de la vie d'une personne n'existant pas encore au jour où le débirentier doit commencer à servir la rente, à moins que cette personne n'ait été alors conçue et qu'elle naisse vivante et viable.

[1991, c. 64, a. 2373].

❚ C.C.Q., 1373.

2374. La rente viagère qui est établie pour la durée de la vie de plusieurs personnes successivement n'a d'effet que si la première d'entre elles existe au jour où le débirentier doit commencer à servir la rente ou si, étant alors conçue, elle naît vivante et viable.

Elle prend fin lorsque les personnes visées sont décédées ou lorsqu'elles ne sont pas nées vivantes et viables, mais au plus tard, cent ans après sa constitution.

[1991, c. 64, a. 2374].

❚ C.C.Q., 1123, 1197, 1272, 2371, 2376.

2375. Le prêt à fonds perdu est présumé constituer une rente viagère au profit du prêteur et pour la durée de sa vie.

[1991, c. 64, a. 2375].

❚ C.C.Q., 2371.

2376. La durée du service de toute rente, qu'elle soit viagère ou non, est dans tous

It may be stipulated, however, that the payment of the annuity will continue beyond the death of the person for whose lifetime the duration of payment was constituted, for the benefit, as the case may be, of a determinate person or of the heirs of the annuitant.

[1991, c. 64, a. 2372].

2373. A life annuity set up for the lifetime of a person who is dead on the day the debtor is to begin paying the annuity or who dies within the following 30 days is without effect.

Similarly, a life annuity set up for the lifetime of a person who does not exist yet on the day on which the debtor is to begin paying the annuity is without effect, unless the person was conceived at that time and is born alive and viable.

[1991, c. 64, a. 2373; I.N., 2014-05-01].

2374. Where a life annuity is set up for the lifetime of several persons successively, it has effect only if the first of those persons exists on the day the debtor is to begin paying the annuity or if he is conceived at that time and is born alive and viable.

It terminates where the persons concerned are dead or are not born alive and viable, but not later than one hundred years after it is constituted.

[1991, c. 64, a. 2374].

2375. A non-returnable loan is presumed to constitute a life annuity for the benefit and for the lifetime of the lender.

[1991, c. 64, a. 2375].

2376. The duration of payment of any annuity, whether or not it is a life annuity, is

les cas limitée ou réduite à cent ans depuis la constitution de la rente, même si le contrat prévoit une durée plus longue ou constitue une rente successive.

[1991, c. 64, a. 2376].

∎ C.C.Q., 2371.

SECTION III — DE CERTAINS EFFETS DU CONTRAT

2377. La rente ne peut être stipulée insaisissable et inaliénable que lorsqu'elle est reçue à titre gratuit par le crédirentier; même alors, la stipulation n'a d'effet qu'à concurrence du montant de la rente qui est nécessaire au crédirentier en tant qu'aliments.

[1991, c. 64, a. 2377].

∎ C.C.Q., 585-596, 1212, 2457, 2645.

2378. Le capital accumulé pour le service de la rente est insaisissable, lorsque la rente doit être servie à un crédirentier et à celui qui lui est substitué, tant que ce capital demeure affecté au service d'une rente.

Il ne l'est, cependant, que pour cette partie du capital qui, suivant l'appréciation du créancier saisissant, du débirentier et du crédirentier ou, s'ils ne s'entendent pas, du tribunal, serait nécessaire pour servir, pendant la durée prévue au contrat, une rente qui satisferait les besoins d'aliments du crédirentier.

[1991, c. 64, a. 2378].

∎ C.C.Q., 2377.

2379. La désignation ou la révocation d'un crédirentier autre que la personne qui a fourni le capital de la rente, est régie par les règles de la stipulation pour autrui.

Toutefois, la désignation ou la révocation d'un crédirentier, au titre de rentes pratiquées par les assureurs ou dans le cadre d'un régime de retraite, est régie par les règles du contrat d'assurance relatives aux bénéficiaires et aux titulaires subrogés, compte tenu des adaptations nécessaires.

[1991, c. 64, a. 2379].

in all cases limited or reduced to one hundred years after the annuity is constituted even if the contract provides for a longer duration or constitutes a successive annuity.

[1991, c. 64, a. 2376].

SECTION III — CERTAIN EFFECTS OF THE CONTRACT

2377. A stipulation to the effect that the annuity is unseizable and inalienable is without effect unless the annuitant receives it by gratuitous title; even in such a case, the stipulation has effect only up to the amount of the annuity necessary to the annuitant as support.

[1991, c. 64, a. 2377; I.N., 2014-05-01].

2378. Any capital accumulated for the payment of the annuity is unseizable where the annuity is payable to the annuitant and to the person substituted for him, so long as the capital is appropriated to the payment of an annuity.

Only that part of the capital is unseizable, however, which, in the assessment of the seizing creditor, the debtor and the annuitor or, if they disagree, the court, would be necessary, for the duration fixed in the contract, for the payment of an annuity which would meet the requirements of the annuitant for support.

[1991, c. 64, a. 2378; I.N., 2014-05-01].

2379. The designation or revocation of an annuitant, other than the person who furnished the capital of the annuity, is governed by the rules that apply to stipulations for another.

However, the designation or revocation of an annuitant, with respect to annuities provided by insurers or pursuant to a retirement plan, is governed by the rules for contracts of insurance that relate to beneficiaries and subrogated policyholders, adapted as required.

[1991, c. 64, a. 2379; I.N., 2014-05-01].

▌ C.C.Q., 1444-1450, 2445-2452.

2380. La rente viagère constituée au profit de deux ou plusieurs crédirentiers conjointement peut être stipulée réversible, au décès de l'un d'eux, sur la tête des crédirentiers qui lui survivent.

Celle qui est, de même, constituée au profit de conjoints est, au décès de l'un d'eux, présumée réversible sur la tête du conjoint survivant.

[1991, c. 64, a. 2380].

▌ C.C.Q., 2371.

2380. A stipulation may be made to the effect that a life annuity, constituted for the benefit of two or more annuitants jointly, continues on the death of one of the annuitants for the lifetimes of those who survive him.

Similarly, a life annuity constituted for the benefit of spouses is presumed, on the death of either spouse, to continue for the lifetime of the surviving spouse.

[1991, c. 64, a. 2380; I.N., 2014-05-01].

2381. La rente viagère n'est due au crédirentier, que dans la proportion du nombre de jours qu'a vécu la personne en fonction de laquelle la durée du service de la rente a été établie, et le crédirentier n'en peut demander le paiement qu'en justifiant l'existence de cette personne.

Toutefois, s'il a été stipulé que la rente serait payée d'avance, ce qui a dû être payé est acquis du jour où le paiement a dû en être fait.

[1991, c. 64, a. 2381].

▌ C.C.Q., 1504, 1590, 2803.

2381. The life annuity is due to the annuitant only in proportion to the number of days lived by the person upon whose life the duration of payment of the annuity was established, and the annuitant may demand payment of the annuity only if he establishes the existence of the person.

However, where it was stipulated that the annuity would be paid in advance, that which was to have been paid vests from the day it was to have been paid.

[1991, c. 64, a. 2381; I.N., 2014-05-01].

2382. Les redevances se paient à la fin de chaque période prévue, laquelle ne peut excéder un an; elles sont comptées à partir du jour où le débirentier doit commencer à servir la rente.

[1991, c. 64, a. 2382].

▌ C.C.Q., 1802, 2386.

2382. Payments are made at the end of each payment period, which may not exceed one year; the amount due is computed from the day the debtor is bound to begin paying the annuity.

[1991, c. 64, a. 2382].

2383. Le débirentier ne peut se libérer du service de la rente en offrant de rembourser la valeur de la rente en capital et en renonçant à la répétition des redevances payées; il est tenu de servir la rente pendant toute la durée prévue au contrat.

[1991, c. 64, a. 2383].

▌ C.C.Q., 1554, 2376, 2387.

2383. In no case may the debtor free himself from the payment of the annuity by offering to reimburse the capital value of the annuity and renouncing the recovery of the annuity payments made; he is bound to pay the annuity for the whole duration stipulated in the contract.

[1991, c. 64, a. 2383].

2384. Le débirentier a la faculté de se faire remplacer par un assureur autorisé en lui versant la valeur de la rente qu'il doit.

De même, le propriétaire d'un immeuble grevé d'une sûreté pour la garantie du service de la rente, a la faculté de substituer la sûreté attachée à cette rente par celle qui est offerte par un assureur autorisé.

Le crédirentier ne peut s'opposer à la substitution, mais il peut demander que l'achat de la rente se fasse auprès d'un autre assureur ou contester la valeur du capital arrêté ou celle de la rente en découlant.

[1991, c. 64, a. 2384].

❚ C.C.Q., 2385.

2384. The debtor of an annuity may appoint an authorized insurer to replace him, by paying that insurer the value of the annuity.

Similarly, the owner of an immovable charged as security for the payment of the annuity may substitute the security offered by an authorized insurer for that securing the annuity.

The annuitant may not object to the substitution, but he may require that the purchase of the annuity be made with another insurer, or he may contest the determined capital value or the value of the annuity arising therefrom.

[1991, c. 64, a. 2384; I.N., 2014-05-01].

2385. La substitution libère le débirentier ou le propriétaire de l'immeuble grevé d'une sûreté pour la garantie du service de la rente, dès le paiement du capital requis; elle oblige l'assureur envers le crédirentier et, le cas échéant, emporte extinction de l'hypothèque garantissant le service de la rente.

[1991, c. 64, a. 2385].

❚ C.C.Q., 2384.

2385. The substitution releases the debtor or the owner of the immovable charged as security for the payment of the annuity, upon payment of the required capital; it binds the insurer towards the annuitant and, as the case may be, entails the extinction of the hypothec securing the payment of the annuity.

[1991, c. 64, a. 2385].

2386. Le seul défaut du paiement des redevances n'est pas une cause qui permette au crédirentier d'exiger la remise du capital aliéné pour constituer la rente; il ne lui permet, outre d'exiger le paiement de ce qui est dû, que de saisir et vendre les biens du débirentier et de faire consentir ou ordonner, sur le produit de la vente, l'emploi d'une somme suffisante pour le service de la rente ou d'exiger que le débirentier soit remplacé par un assureur autorisé.

La remise du capital peut néanmoins être exigée si le débirentier devient insolvable, est déclaré failli ou diminue, par son fait et sans le consentement du crédirentier, les sûretés qu'il a consenties pour la garantie du service de la rente.

[1991, c. 64, a. 2386].

❚ C.C.Q., 1514, 1590.

2386. The non-payment of the annuity is not a reason which permits the annuitant to demand recovery of the capital alienated for the constitution of the annuity; it only allows him, beyond demanding payment of the amount owing, to seize and sell the property of the debtor, and to require or order the use of an amount, from the proceeds of the sale, sufficient to ensure payment of the annuity, or to require that the debtor be replaced by an authorized insurer.

Payment of the capital may be required, however, if the debtor becomes insolvent or bankrupt or decreases, by his act and without the consent of the annuitant, the security he has furnished to secure the payment of the annuity.

[1991, c. 64, a. 2386; I.N., 2014-05-01].

2387. Lorsque le service de la rente est garanti par une hypothèque sur un bien qui doit faire l'objet d'une vente forcée, le crédirentier ne peut demander que la vente soit réalisée à charge de sa rente; mais il peut, si son hypothèque est de premier rang, exiger que le créancier lui fournisse caution suffisante pour que la rente continue d'être servie.

Le défaut de fournir caution confère au crédirentier le droit de recevoir, suivant son rang, la valeur de la rente en capital, au jour de la collocation ou de la distribution.

[1991, c. 64, a. 2387].

∎ C.C.Q., 1802, 1805, 2368; D.T., 132; C.P.C., 676, 719.

2388. La valeur de la rente en capital est toujours estimée égale au montant qui serait suffisant pour acquérir d'un assureur autorisé une rente de même valeur.

[1991, c. 64, a. 2388].

∎ C.C.Q., 2367.

2387. Where the payment of an annuity is secured by a hypothec on property that is to be the subject of a forced sale, the annuitant may not require that the sale be carried out subject to his annuity but, if his hypothec ranks first, he may require the creditor to furnish him with a surety sufficient to ensure that the annuity continues to be paid.

Failure to furnish a surety entitles the annuitant, according to his rank, to receive the capital value of the annuity on the day of collocation or distribution.

[1991, c. 64, a. 2387; I.N., 2014-05-01].

2388. The capital value of an annuity is always assessed as equal to the amount that would be sufficient to acquire an annuity of equivalent value from an authorized insurer.

[1991, c. 64, a. 2388; I.N., 2014-05-01].

Chapitre XV ——
Des assurances

Chapter XV ——
Insurance

SECTION I ——
DISPOSITIONS GÉNÉRALES

SECTION I ——
GENERAL PROVISIONS

§ 1. —— De la nature du contrat et des diverses espèces d'assurance

§ 1. —— Nature of the contract of insurance and classes of insurance

2389. Le contrat d'assurance est celui par lequel l'assureur, moyennant une prime ou cotisation, s'oblige à verser au preneur ou à un tiers une prestation dans le cas où un risque couvert par l'assurance se réalise.

L'assurance est maritime ou terrestre.

[1991, c. 64, a. 2389].

∎ C.C.Q., 1444, 1555, 2469.

2389. A contract of insurance is a contract whereby the insurer undertakes, for a premium or assessment, to make a payment to the client or a third person if a risk covered by the insurance occurs.

Insurance is divided into marine insurance and non-marine insurance.

1991, c. 64, a. 2389; I.N., 2014-05-01].

2390. L'assurance maritime a pour objet d'indemniser l'assuré des sinistres qui peuvent résulter des risques relatifs à une opération maritime.

[1991, c. 64, a. 2390].

❚ C.C.Q., 2505-2628.

2390. The object of marine insurance is to indemnify the insured against losses incident to marine adventure.

[1991, c. 64, a. 2390].

2391. L'assurance terrestre comprend l'assurance de personnes et l'assurance de dommages.

[1991, c. 64, a. 2391].

❚ C.C.Q., 2392, 2395, 2415, 2463, 3119.

2391. Non-marine insurance is divided into insurance of persons and damage insurance.

[1991, c. 64, a. 2391].

2392. L'assurance de personnes porte sur la vie, l'intégrité physique ou la santé de l'assuré.

L'assurance de personnes est individuelle ou collective.

L'assurance collective de personnes couvre, en vertu d'un contrat-cadre, les personnes adhérant à un groupe déterminé et, dans certains cas, leur famille ou les personnes à leur charge.

[1991, c. 64, a. 2392].

❚ C.C.Q., 2391.

2392. Insurance of persons covers the life, physical integrity or health of the insured.

Insurance of persons is divided into individual insurance and group insurance.

Group insurance of persons covers, under a master policy, the participants in a specified group and, in some cases, their families or dependants.

[1991, c. 64, a. 2392; I.N., 2014-05-01].

2393. L'assurance sur la vie garantit le paiement de la somme convenue, au décès de l'assuré; elle peut aussi garantir le paiement de cette somme du vivant de l'assuré, que celui-ci soit encore en vie à une époque déterminée ou qu'un événement touchant son existence arrive.

Les rentes viagères ou à terme, pratiquées par les assureurs, sont assimilées à l'assurance sur la vie, mais elles demeurent aussi régies par les dispositions du chapitre De la rente. Cependant, les règles du présent chapitre sur l'insaisissabilité s'appliquent en priorité.

[1991, c. 64, a. 2393].

❚ C.C.Q., 2367.

2393. Life insurance guarantees payment of the agreed amount upon the death of the insured; it may also guarantee payment of the agreed amount during the lifetime of the insured, on his surviving a specified period or on the occurrence of an event related to his existence.

Life or fixed-term annuities provided by insurers are assimilated to life insurance but also remain governed by the chapter on Annuities. However, the rules in this chapter that apply to unseizability take precedence.

[1991, c. 64, a. 2393; I.N., 2014-05-01].

2394. Les clauses d'assurance contre la maladie ou les accidents qui sont accessoires à un contrat d'assurance sur la vie, et les clauses d'assurance sur la vie qui sont accessoires à un contrat d'assurance

2394. Clauses of accident and sickness insurance which are accessory to a contract of life insurance and clauses of life insurance which are accessory to a contract of accident and sickness insurance are gov-

contre la maladie ou les accidents, sont, les unes et les autres, régies par les dispositions relatives au contrat principal.

[1991, c. 64, a. 2394].

▌ C.C.Q., 1427.

erned by the rules governing the principal contract.

[1991, c. 64, a. 2394].

2395. L'assurance de dommages garantit l'assuré contre les conséquences d'un événement pouvant porter atteinte à son patrimoine.

[1991, c. 64, a. 2395].

▌ C.C.Q., 2396, 2463.

2395. Damage insurance protects the insured against the consequences of an event that may adversely affect his patrimony.

[1991, c. 64, a. 2395; I.N., 2014-05-01].

2396. L'assurance de dommages comprend l'assurance de biens, qui a pour objet d'indemniser l'assuré des pertes matérielles qu'il subit, et l'assurance de responsabilité, qui a pour objet de garantir l'assuré contre les conséquences pécuniaires de l'obligation qui peut lui incomber, en raison d'un fait dommageable, de réparer le préjudice causé à autrui.

[1991, c. 64, a. 2396].

▌ C.C.Q., 2395.

2396. Damage insurance includes property insurance, the object of which is to indemnify the insured for material loss, and liability insurance, the object of which is to protect the insured against the pecuniary consequences of the liability he may incur for damage to a third person by reason of an injurious act.

[1991, c. 64, a. 2396; I.N., 2014-05-01].

2397. Le contrat de réassurance n'a d'effet qu'entre l'assureur et le réassureur.

[1991, c. 64, a. 2397].

▌ C.C.Q., 2591.

2397. The contract of reinsurance has effect only between the insurer and the reinsurer.

[1991, c. 64, a. 2397].

§ 2. — De la formation et du contenu du contrat

§ 2. — Formation and content of the contract

2398. Le contrat d'assurance est formé dès que l'assureur accepte la proposition du preneur.

[1991, c. 64, a. 2398].

▌ C.C.Q., 1387.

2398. A contract of insurance is formed upon acceptance by the insurer of the application of the client.

[1991, c. 64, a. 2398].

2399. La police est le document qui constate l'existence du contrat d'assurance.

Elle doit indiquer, outre le nom des parties au contrat et celui des personnes à qui les sommes assurées sont payables ou, si ces personnes sont indéterminées, le moyen de les identifier, l'objet et le montant de l'assurance, la nature des risques, le mo-

2399. The policy is the document evidencing the existence of the contract of insurance.

In addition to the names of the parties to the contract and the names of the persons to whom the insured sums are payable or, if those persons are not determined, a means to identify them, the object of the insurance shall be set out in the policy, to-

ment à partir duquel ils sont garantis et la durée de la garantie, ainsi que le montant ou† le taux des primes et les dates auxquelles celles-ci viennent à échéance.

[1991, c. 64, a. 2399].

■ C.C.Q., 1414, 2414, 2415, 2480, 3119.

2400. En matière d'assurance terrestre, l'assureur est tenu de remettre la police au preneur, ainsi qu'une copie de toute proposition écrite faite par ce dernier ou pour lui.

En cas de divergence entre la police et la proposition, cette dernière fait foi du contrat, à moins que l'assureur n'ait, dans un document séparé, indiqué par écrit au preneur les éléments sur lesquels il y a divergence.

[1991, c. 64, a. 2400].

■ C.P.C., 69.

2401. L'assureur délivre la police d'assurance collective au preneur et il lui remet également les attestations d'assurance que ce dernier doit distribuer aux adhérents.

L'adhérent et le bénéficiaire ont le droit de consulter la police à l'établissement du preneur et d'en prendre copie et, en cas de divergence entre la police et l'attestation d'assurance, ils peuvent invoquer l'une ou l'autre, selon leur intérêt.

[1991, c. 64, a. 2401].

■ C.C.Q., 2406.

2402. En matière d'assurance terrestre, est réputée non écrite la clause générale par laquelle l'assureur est libéré de ses obligations en cas de violation de la loi, à moins que cette violation ne constitue un acte criminel.

Est aussi réputée non écrite la clause de la police par laquelle l'assuré consent en faveur de son assureur, en cas de sinistre, une cession de créance qui aurait pour effet d'accorder à ce dernier plus de droits que ceux que lui confèrent les règles de la subrogation.

[1991, c. 64, a. 2402].

gether with the amount of coverage, the nature of the risks insured, the time from which the risks are covered and the term of the coverage as well as the amount and† rate of the premiums and the dates on which they are due.

[1991, c. 64, a. 2399].

2400. In non-marine insurance, the insurer is bound to deliver the policy to the client, as well as a copy of any application in writing made by or on behalf of the client.

In case of inconsistency between the policy and the application, the latter prevails unless the insurer has indicated in writing to the client, in a separate document, the particulars of the inconsistency.

[1991, c. 64, a. 2400; I.N., 2014-05-01].

2401. The insurer issues the group insurance policy to the client and delivers to him the insurance certificates, which the latter shall distribute to the participants.

Participants and beneficiaries may examine and make copies of the policy at the place of business of the client and, in case of inconsistency between the policy and the insurance certificate, they may invoke either one according to their interest.

[1991, c. 64, a. 2401; I.N., 2014-05-01].

2402. In non-marine insurance, any general clause whereby the insurer is released from his obligations if the law is violated is deemed not written, unless the violation is an indictable offence.

Any clause of a policy whereby the insured consents, in case of loss, to effect an assignment of claim to his insurer that would result in granting his insurer more rights than he would have under the rules on subrogation is also deemed not written.

[1991, c. 64, a. 2402].

DES OBLIGATIONS

■ C.C.Q., 1438, 1651, 2414.

2403. Sous réserve des dispositions particulières à l'assurance maritime, l'assureur ne peut invoquer des conditions ou déclarations qui ne sont pas énoncées par écrit dans le contrat.

[1991, c. 64, a. 2403].

■ C.C.Q., 2417.

2404. En matière d'assurance de personnes, l'assureur ne peut invoquer que les exclusions ou les clauses de réduction de la garantie qui sont clairement indiquées sous un titre approprié.

[1991, c. 64, a. 2404].

■ C.C.Q., 2416, 2417, 2441.

2405. En matière d'assurance terrestre, les modifications que les parties apportent au contrat sont constatées par un avenant à la police.

Toutefois, l'avenant constatant une réduction des engagements de l'assureur ou un accroissement des obligations de l'assuré autre que l'augmentation de la prime, n'a d'effet que si le titulaire de la police consent, par écrit, à cette modification.

Lorsqu'une telle modification est faite à l'occasion du renouvellement du contrat, l'assureur doit l'indiquer clairement à l'assuré dans un document distinct de l'avenant qui la constate. La modification est présumée acceptée par l'assuré trente jours après la réception du document.

[1991, c. 64, a. 2405].

■ C.C.Q., 2398.

2406. Les déclarations de celui qui adhère à une assurance collective ne lui sont opposables que si l'assureur lui en a remis copie.

[1991, c. 64, a. 2406].

■ C.C.Q., 2401.

2407. Le certificat de participation dans une société mutuelle peut établir les droits et obligations des membres par référence aux statuts de la société, mais seuls l'acte constitutif et les règlements qui sont préci-

2403. Subject to the special provisions on marine insurance, the insurer may not invoke conditions or representations not stated in writing in the contract.

[1991, c. 64, a. 2403; I.N., 2014-05-01].

2404. In insurance of persons, the insurer may invoke only the exclusions or clauses reducing coverage that are clearly indicated under an appropriate heading.

[1991, c. 64, a. 2404; I.N., 2014-05-01].

2405. In non-marine insurance, changes to the contract made by the parties are evidenced by riders attached to the policy.

However, any rider stipulating a reduction of the insurer's liability or an increase in the insured's obligations, other than an increased premium, has no effect unless the policyholder consents to the change in writing.

Where such a change is made upon renewal of the contract, the insurer shall indicate it clearly to the insured in a separate document from the rider which stipulates it. The change is presumed to be accepted by the insured 30 days after receipt of the document.

[1991, c. 64, a. 2405; I.N., 2014-05-01].

2406. The representations of a participant in group insurance may be invoked against him only if the insurer has furnished him with a copy of them.

[1991, c. 64, a. 2406].

2407. A certificate of participation in a mutual association may establish the rights and obligations of the members by reference to the articles of the association, but only the constituting instrument and those

sément indiqués dans le certificat sont opposables aux membres.

Tout membre a le droit d'obtenir une copie des statuts de la société qui sont en vigueur.

[1991, c. 64, a. 2407].

by-laws which are specifically indicated in the certificate may be invoked against the members.

Every member is entitled to a copy of the articles of the association in force.

[1991, c. 64, a. 2407].

§ 3. — Des déclarations et engagements du preneur † en assurance terrestre

§ 3. — Representations and warranties of insured † in non-marine insurance

2408. Le preneur, de même que l'assuré si l'assureur le demande, est tenu de déclarer toutes les circonstances connues de lui qui sont de nature à influencer de façon importante un assureur dans l'établissement de la prime, l'appréciation du risque ou la décision de l'accepter, mais il n'est pas tenu de déclarer les circonstances que l'assureur connaît ou est présumé connaître en raison de leur notoriété, sauf en réponse aux questions posées.

[1991, c. 64, a. 2408].

❚ C.C.Q., 1401, 2546, 2547, 2550.

2408. The client, and the insured if the insurer requires it, is bound to represent all the facts known to him which are likely to materially influence an insurer in the setting of the premium, the appraisal of the risk or the decision to cover it, but he is not bound to represent facts that the insurer knows or is presumed to know because of their notoriety, except in answer to inquiries.

[1991, c. 64, a. 2408; I.N., 2014-05-01].

2409. L'obligation relative aux déclarations est réputée correctement exécutée lorsque les déclarations faites sont celles d'un assuré normalement prévoyant, qu'elles ont été faites sans qu'il y ait de réticence importante et que les circonstances en cause sont, en substance, conformes à la déclaration qui en est faite.

[1991, c. 64, a. 2409].

❚ C.C.Q., 2408.

2409. The obligation with respect to representations is deemed properly met if the representations are such as a normally provident insured would make, if they were made without material concealment and if the facts are substantially as represented.

[1991, c. 64, a. 2409; I.N., 2014-05-01].

2410. Sous réserve des dispositions relatives à la déclaration de l'âge et du risque, les fausses déclarations et les réticences du preneur ou de l'assuré à révéler les circonstances en cause entraînent, à la demande de l'assureur, la nullité du contrat, même en ce qui concerne les sinistres non rattachés au risque ainsi dénaturé.

[1991, c. 64, a. 2410].

❚ C.C.Q., 1401, 2420, 2424, 2472, 2552.

2410. Subject to the provisions on statement of age and risk, any misrepresentation or concealment of material facts by either the client or the insured nullifies the contract at the instance of the insurer, even with respect to losses not connected with the risks so misrepresented or concealed.

1991, c. 64, a. 2410; I.N., 2014-05-01].

2411. En matière d'assurance de dommages, à moins que la mauvaise foi du preneur ne soit établie ou qu'il ne soit dé-

2411. In damage insurance, unless the bad faith of the client is established or unless it is established that the insurer would not

621

montré que le risque n'aurait pas été accepté par l'assureur s'il avait connu les circonstances en cause, ce dernier demeure tenu de l'indemnité envers l'assuré, dans le rapport de la prime perçue à celle qu'il aurait dû percevoir.

[1991, c. 64, a. 2411].

∎ C.C.Q., 2466, 2805.

have covered the risk if he had known the true facts, the insurer remains liable to the insured for such proportion of the indemnity as the premium he collected bears to the premium he should have collected.

[1991, c. 64, a. 2411; I.N., 2014-05-01].

2412. Les manquements aux engagements formels aggravant le risque suspendent la garantie. La suspension prend fin dès que l'assureur donne son acquiescement ou que l'assuré respecte à nouveau ses engagements.

[1991, c. 64, a. 2412].

∎ C.C.Q., 2553.

2412. A breach of warranty aggravating the risk suspends the coverage. The suspension ceases as soon as the insurer has acquiesced or the insured has remedied the breach.

[1991, c. 64, a. 2412; I.N., 2014-05-01].

2413. Lorsque les déclarations contenues dans la proposition d'assurance ont été inscrites ou suggérées par le représentant de l'assureur ou par tout courtier d'assurance, la preuve testimoniale est admise pour démontrer qu'elles ne correspondent pas à ce qui a été effectivement déclaré.

[1991, c. 64, a. 2413].

∎ C.C.Q., 2549, 2843, 2864.

2413. Where the representations contained in the application for insurance have been entered or suggested by the representative of the insurer or by an insurance broker, proof may be made by testimony that they do not correspond to what was actually represented.

[1991, c. 64, a. 2413].

§ 4. — Disposition particulière

§ 4. — Special provision

2414. Toute clause d'un contrat d'assurance terrestre qui accorde au preneur, à l'assuré, à l'adhérent, au bénéficiaire ou au titulaire du contrat moins de droits que les dispositions du présent chapitre est nulle.

Est également nulle la stipulation qui déroge aux règles relatives à l'intérêt d'assurance ou, en matière d'assurance de responsabilité, à celles protégeant les droits du tiers lésé.

[1991, c. 64, a. 2414].

∎ C.C.Q., 8, 9, 1438, 2402, 3081.

2414. Any clause in a non-marine insurance contract which grants the client, the insured, the participant, the beneficiary or the policyholder fewer rights than are granted by the provisions of this chapter is null.

Any stipulation which derogates from the rules on insurable interest or, in liability insurance, from those protecting the rights of injured third persons is also null.

[1991, c. 64, a. 2414].

§ 1. — Du contenu de la police
d'assurance

§ 1. — Content of policy

2415. Outre les mentions prescrites pour toute police d'assurance, la police d'assurance de personnes doit, le cas échéant, indiquer le nom de l'assuré ou un moyen de l'identifier, les délais de paiement de prime et les droits de participation aux bénéfices, ainsi que la méthode et le tableau devant servir à établir la valeur de rachat et les droits à la valeur de rachat et aux avances sur police.

Elle doit aussi indiquer, le cas échéant, les conditions de remise en vigueur, les droits de transformation de l'assurance, les modalités de paiement des sommes dues et la période durant laquelle les prestations sont payables.

[1991, c. 64, a. 2415].

❚ C.C.Q., 2399.

2415. In addition to the particulars prescribed for policies generally, a policy of insurance of persons shall indicate, where applicable, the name of the insured or a means to identify him, the time limits for payment of premiums, any right to policy dividends, the method and table by which the surrender value is established and any rights to the surrender value and to policy advances.

The conditions of reinstatement, the right to convert the insurance, the terms and conditions of payment of sums due and the period during which benefits are payable shall also be set out in the policy, where applicable.

[1991, c. 64, a. 2415; 2002, c. 19, s. 15; I.N., 2014-05-01].

2416. L'assureur doit, dans une police d'assurance contre la maladie ou les accidents, indiquer expressément et en caractères apparents† la nature de la garantie qui y est stipulée.

Lorsque l'assurance porte sur l'invalidité, il doit indiquer, de la même manière, les conditions de paiement des indemnités, ainsi que la nature et le caractère de l'invalidité assurée. À défaut d'indication claire dans la police concernant la nature et le caractère de l'invalidité assurée, cette invalidité est l'inaptitude à exercer le travail habituel.

[1991, c. 64, a. 2416].

❚ C.C.Q., 2404.

2416. In an accident and sickness policy, the insurer shall set out, expressly and in clearly legible† characters, the nature of the coverage stipulated in it.

Where the contract provides coverage against disability, he shall set out in the same manner the terms and conditions of payment of the indemnities and the nature and extent of the disability covered. Failing clear indication as to the nature and extent of the disability covered, the inability to carry on one's usual occupation constitutes the disability.

[1991, c. 64, a. 2416].

2417. En matière d'assurance contre la maladie ou les accidents, si l'affection est déclarée dans la proposition, l'assureur ne peut, sauf en cas de fraude, exclure ou ré-

2417. In accident and sickness insurance, the insurer may not, except in case of fraud, exclude or reduce the coverage by reason of a disease or ailment disclosed in

duire la garantie en raison de cette affection, si ce n'est en vertu d'une clause la désignant nommément.

L'assureur ne peut, par une clause générale, exclure ou limiter la garantie d'assurance en raison d'une affection non déclarée dans la proposition, à moins que cette affection ne se manifeste dans les deux premières années de l'assurance ou qu'il n'y ait fraude.

[1991, c. 64, a. 2417].

▌ C.C.Q., 2434.

the application except under a clause referring by name to the disease or ailment.

Except in the case of fraud, an insurer may not, by a general clause, exclude or limit the coverage by reason of a disease or ailment not disclosed in the application unless the disease or ailment appears within the first two years of the insurance.

[1991, c. 64, a. 2417].

§ 2. —— De l'intérêt d'assurance

§ 2. —— Insurable interest

2418. Le contrat d'assurance individuelle est nul si, au moment où il est conclu, le preneur n'a pas un intérêt susceptible d'assurance dans la vie ou la santé de l'assuré, à moins que ce dernier n'y consente par écrit.

Sous cette même réserve, la cession d'un tel contrat est aussi nulle lorsque, au moment où elle est consentie, le cessionnaire n'a pas l'intérêt requis.

[1991, c. 64, a. 2418].

▌ C.C.Q., 2419, 2475, 2484.

2418. In individual insurance, a contract is null if at the time the contract is made the client has no insurable interest in the life or health of the insured, unless the insured consents in writing.

Subject to the same reservation, the assignment of such a contract is null if the assignee does not have the required interest at the time of the assignment.

[1991, c. 64, a. 2418].

2419. Une personne a un intérêt susceptible d'assurance dans sa propre vie et sa propre santé, ainsi que dans la vie et la santé de son conjoint, de ses descendants et des descendants de son conjoint ou des personnes qui contribuent à son soutien ou à son éducation.

Elle a aussi un intérêt dans la vie et la santé de ses préposés†[1] et de son personnel, ou des personnes dont la vie et la santé présentent pour elle un intérêt moral ou pécuniaire.

[1991, c. 64, a. 2419].

2419. A person has an insurable interest in his own life and health and in the life and health of his spouse, of his descendants and the descendants of his spouse, or of persons who contribute to his support or education.

He also has an interest in the life and health of his employees†[1] and staff or of persons in whose life and health he has a pecuniary or moral interest.

[1991, c. 64, a. 2419].

Note 1 : Comp. a./arts 1463, 2085.

▌ C.C.Q., 2418.

§ 3. — De la déclaration de l'âge et du risque

2420. La fausse déclaration sur l'âge de l'assuré n'entraîne pas la nullité de l'assurance. Dans ce cas, la somme assurée est ajustée suivant le rapport de la prime perçue à celle qui aurait dû être perçue.

Toutefois, si l'assurance porte sur la maladie ou les accidents, l'assureur peut choisir de redresser la prime pour la rendre conforme aux tarifs applicables à l'âge véritable de l'assuré.

[1991, c. 64, a. 2420].

❚ C.C.Q., 2410.

2421. L'assureur est fondé à demander la nullité du contrat d'assurance sur la vie lorsque l'âge de l'assuré se trouve, au moment où se forme le contrat, hors des limites d'âge fixées par les tarifs de l'assureur.

Ce dernier est tenu d'agir dans les trois ans de la conclusion du contrat, pourvu qu'il le fasse du vivant de l'assuré et dans les soixante jours de la connaissance de l'erreur par l'assureur.

[1991, c. 64, a. 2421].

❚ C.C.Q., 1400, 1401, 1407, 2927.

2422. Seul l'âge véritable est déterminant lorsque le début ou la fin d'un contrat d'assurance contre la maladie ou les accidents dépend de l'âge de l'assuré.

Cet âge détermine aussi la fin d'un contrat d'assurance sur la vie lorsque l'assurance doit prendre fin à un âge donné et que la fausse déclaration est découverte avant le décès de l'assuré.

[1991, c. 64, a. 2422].

❚ C.C.Q., 2420, 2421.

2423. Les fausses déclarations et les réticences de l'adhérent à un contrat d'assurance collective, sur l'âge ou le risque,

§ 3. — Representation of age and risk

2420. Misrepresentation of the age of the insured does not entail the nullity of the insurance. In such circumstances, the sum insured is adjusted in such proportion as the premium collected bears to the premium that should have been collected.

In accident and sickness insurance, however, the insurer may elect to adjust the premium to make it correspond to the rates applicable for the true age of the insured.

[1991, c. 64, a. 2420; I.N., 2014-05-01].

2421. In life insurance, the insurer may bring an action for the annulment of the contract if, at the time of formation of the contract, the age of the insured exceeds the limits fixed by the insurer's rates.

The insurer may bring the action only within three years of the making of the contract, during the lifetime of the insured and within 60 days after becoming aware of the error.

[1991, c. 64, a. 2421; I.N., 2014-05-01].

2422. In accident and sickness insurance, the true age is the determining factor in cases where the commencement or termination of the insurance depends on the age of the insured.

In life insurance, the true age is also the determining factor for termination of a contract which is to terminate at a specified age, where the misrepresentation as to age is discovered before the death of the insured.

[1991, c. 64, a. 2422; I.N., 2014-05-01].

2423. In group insurance, misrepresentation or concealment by a participant as to age or risk affects only the insurance of

n'ont d'effet que sur l'assurance des personnes qui en font l'objet.

[1991, c. 64, a. 2423].

▌ C.C.Q., 2420.

2424. En l'absence de fraude, la fausse déclaration ou la réticence portant sur le risque ne peut fonder la nullité ou la réduction de l'assurance qui a été en vigueur pendant deux ans.

Toutefois, cette règle ne s'applique pas à l'assurance portant sur l'invalidité si le début de celle-ci est survenu durant les deux premières années de l'assurance.

[1991, c. 64, a. 2424].

▌ C.C.Q., 2434.

§ 4. — De la prise d'effet de l'assurance

2425. L'assurance sur la vie prend effet au moment de l'acceptation de la proposition par l'assureur, pour autant que cette dernière ait été acceptée sans modification, que la première prime ait été versée et qu'aucun changement ne soit intervenu dans le caractère assurable du risque depuis la signature de la proposition.

[1991, c. 64, a. 2425].

▌ C.C.Q., 1553, 2398.

2426. L'assurance contre la maladie ou les accidents prend effet au moment de la délivrance de la police au preneur, même si cette délivrance n'est pas le fait d'un représentant de l'assureur.

La police est aussi valablement délivrée lorsqu'elle est établie conformément à la proposition et remise à un représentant de l'assureur pour délivrance au preneur, sans réserve.

[1991, c. 64, a. 2426].

▌ C.C.Q., 2401.

the persons who are the subject of the misrepresentation or concealment.

[1991, c. 64, a. 2423].

2424. In the absence of fraud, misrepresentation or concealment as to risk does not justify the annulment or reduction of insurance which has been in force for two years.

However, this rule does not apply in the case of disability insurance if the disability begins during the first two years of the insurance.

[1991, c. 64, a. 2424; I.N., 2014-05-01].

§ 4. — Effective Date of the Insurance

2425. Life insurance takes effect when the application is accepted by the insurer, provided that it is accepted without modification, that the initial premium has been paid, and that there has been no change in the insurability of the risk since the application was signed.

[1991, c. 64, a. 2425].

2426. Accident and sickness insurance takes effect upon the delivery of the policy to the client, even if it is delivered by a person other than a representative of the insurer.

A policy issued in accordance with the application and given to a representative of the insurer for unconditional delivery to the client is also validly delivered.

[1991, c. 64, a. 2426].

§ 5. —— Des primes, des avances et de la remise en vigueur de l'assurance

§ 5. —— Premiums, Advances and Reinstatement of the Insurance

2427. Le titulaire d'une police d'assurance sur la vie bénéficie pour le paiement de chaque prime, sauf la première, d'un délai de trente jours; l'assurance reste en vigueur pendant ce délai, mais le défaut de paiement à l'intérieur de ce délai met fin à l'assurance.

Le délai court en même temps que tout autre délai consenti par l'assureur, mais aucune convention ne peut le réduire.

[1991, c. 64, a. 2427].

▌ C.C.Q., 1605, 2425.

2427. In life insurance, the policyholder is entitled to thirty days for the payment of each premium, except the initial premium; the insurance remains in force during the thirty days, but failure to pay the premium within that period terminates the insurance.

The period runs concurrently with any other period granted by the insurer, but it may not be reduced by agreement.

[1991, c. 64, a. 2427].

2428. Lorsque le paiement est fait au moyen d'une lettre de change, il est réputé fait si la lettre est payée dès la première présentation.

Il l'est également si le défaut de paiement est attribuable au décès de celui qui a émis la lettre de change, sous réserve du paiement de la prime.

[1991, c. 64, a. 2428].

▌ C.C.Q., 1564.

2428. When payment is made by bill of exchange, it is deemed made only if the bill is honoured when first presented.

The payment is also deemed made when the bill is not honoured by reason of the death of the person who issued the bill of exchange, subject to payment of the premium.

[1991, c. 64, a. 2428].

2429. La prime ne porte pas intérêt durant le délai de paiement, sauf en assurance collective.

Lorsque l'assureur a droit à des intérêts sur la prime échue, ceux-ci ne peuvent être supérieurs au taux fixé par les règlements pris à ce sujet par le gouvernement.

[1991, c. 64, a. 2429].

▌ C.C.Q., 1565.

2429. The premium does not bear interest during the period allowed for payment, except in group insurance.

Where the insurer is entitled to interest on a premium due, the interest may not be at a higher rate than that fixed by the regulations made to that effect by the Government.

[1991, c. 64, a. 2429].

2430. Le contrat d'assurance contre la maladie ou les accidents, lorsqu'il est en vigueur, ne peut être résilié pour défaut de paiement de la prime, à moins que le débiteur n'en ait été avisé par écrit au moins quinze jours auparavant.

[1991, c. 64, a. 2430].

▌ C.C.Q., 1439.

2430. No accident and sickness insurance contract that is in force may be cancelled for non-payment of the premium unless fifteen day's prior notice in writing is given to the debtor.

[1991, c. 64, a. 2430].

2431. L'assureur est tenu de remettre en vigueur l'assurance individuelle sur la vie qui a été résiliée pour défaut de paiement de la prime, si le titulaire de la police lui en fait la demande dans les deux ans de la date de la résiliation et s'il établit que l'assuré remplit encore les conditions nécessaires pour être assurable au titre du contrat résilié. Le titulaire est alors tenu de payer les primes en souffrance et de rembourser les avances qu'il a reçues sur la police, avec un intérêt n'excédant pas le taux fixé par les règlements pris à ce sujet par le gouvernement.

Toutefois, l'assureur n'est pas tenu de le faire lorsque la valeur de rachat de la police a été payée ou que le titulaire a opté pour la réduction ou la prolongation de l'assurance.

[1991, c. 64, a. 2431].

∎ C.C.Q., 2427.

2432. Le remboursement qui doit être effectué pour la remise en vigueur d'un contrat peut se faire au moyen des avances à recevoir sur la police, jusqu'à concurrence de la somme stipulée par le contrat.

[1991, c. 64, a. 2432].

∎ C.C.Q., 2454.

2433. L'assureur peut exiger le paiement des primes échues lorsqu'il s'agit d'exécuter un contrat d'assurance collective sur la vie ou un contrat d'assurance contre la maladie ou les accidents.

Il peut, pour tout contrat d'assurance individuelle, retenir le montant de la prime due sur les prestations qu'il doit verser.

[1991, c. 64, a. 2433].

∎ C.C.Q., 1369, 2543.

2434. Dès que le contrat d'assurance est remis en vigueur, le délai de deux ans pendant lequel l'assureur est fondé à demander la nullité du contrat ou la réduction de l'assurance pour les fausses déclarations ou réticences relatives à la déclaration du risque, ou l'exécution d'une clause d'exclusion de garantie en cas de suicide de l'assuré, court à nouveau.

[1991, c. 64, a. 2434].

2431. The insurer is bound to reinstate individual life insurance that has been cancelled for non-payment of the premium if the policyholder applies to him therefor within two years from the date of the cancellation and establishes that the insured still meets the conditions required to be insured under the cancelled contract. The policyholder is bound in that case to pay the overdue premiums and repay the advances he has obtained on the policy, with interest at a rate not exceeding the rate fixed by the regulations made to that effect by the Government.

However, the insurer is not bound by the first paragraph if the surrender value has been paid or if the policyholder has elected for a reduction or extension of coverage.

[1991, c. 64, a. 2431; I.N., 2014-05-01].

2432. Any amount payable for the reinstatement of a contract may be made out of advances receivable on the policy up to the sum stipulated in the contract.

[1991, c. 64, a. 2432].

2433. The insurer may require the payment of overdue premiums when settling a claim under a group life insurance contract or an accident and sickness insurance contract.

The insurer may, for any individual insurance contract, deduct the amount of any overdue premium out of the benefits payable.

[1991, c. 64, a. 2433; I.N., 2014-05-01].

2434. Upon the reinstatement of a contract of insurance, the two-year period during which the insurer may apply to have the contract annulled or the coverage reduced by reason of misrepresentation or concealment relating to the risk, or may have effect given to a clause that excludes coverage in case of the suicide of the insured, runs again.

[1991, c. 64, a. 2434; I.N., 2014-05-01].

■ C.C.Q., 2417, 2424, 2441, 2903.

§ 6. — De l'exécution du contrat d'assurance

§ 6. — Performance of the contract of insurance

2435. Le titulaire, le bénéficiaire ou l'assuré d'une police d'assurance contre la maladie ou les accidents est tenu d'informer l'assureur, par écrit, du sinistre dans les trente jours de celui où il en a eu connaissance. Il doit également, dans les quatre-vingt-dix jours, transmettre à l'assureur tous les renseignements auxquels ce dernier peut raisonnablement s'attendre sur les circonstances et sur l'étendue du sinistre.

Lorsque la personne qui a droit à la prestation démontre qu'il lui a été impossible d'agir dans les délais impartis, elle n'est pas pour autant empêchée de toucher la prestation, pourvu que l'information soit transmise à l'assureur dans l'année du sinistre.

[1991, c. 64, a. 2435].

■ C.C.Q., 2470, 2471, 2575.

2436. L'assureur est tenu de payer les sommes assurées et les autres avantages prévus au contrat, suivant les conditions qui y sont fixées, dans les trente jours suivant la réception de la justification requise pour le paiement.

Toutefois, ce délai est de soixante jours lorsque l'assurance porte sur la maladie ou les accidents, à moins que l'assurance ne couvre la perte de revenus occasionnée par l'invalidité.

[1991, c. 64, a. 2436].

■ C.C.Q., 2435.

2437. Lorsque l'assurance couvre la perte de revenus occasionnée par l'invalidité et que le contrat stipule un délai de carence, le délai de trente jours pour payer la première indemnité court à compter de l'expiration du délai de carence.

Les paiements ultérieurs sont effectués à des intervalles d'au plus trente jours,

2435. The holder of an accident and sickness policy, or the beneficiary or insured is bound to give written notice of loss to the insurer within 30 days of acquiring knowledge of it. He shall also, within 90 days, transmit all the information to the insurer that he may reasonably expect as to the circumstances and extent of the loss.

The person entitled to the payment is not prevented from receiving it if he proves that it was impossible for him to act within the prescribed time, provided the information is sent to the insurer within one year of the loss.

[1991, c. 64, a. 2435; I.N., 2014-05-01].

2436. The insurer is bound to pay the sums insured and the other benefits provided in the policy, in accordance with the conditions of the policy, within 30 days after receipt of the required proof of loss.

However, in accident and sickness insurance, the period is 60 days, unless the policy covers losses of income arising from disability.

[1991, c. 64, a. 2436; I.N., 2014-05-01].

2437. Where the insurance covers losses of income arising from disability and the contract stipulates a waiting period, the 30 day period for payment of the first indemnity runs from the expiry of the waiting period.

Subsequent payments are made at intervals of not more than 30 days, provided that

pourvu que justification soit fournie à l'assureur sur demande.

[1991, c. 64, a. 2437].

▌C.C.Q., 2436.

proof is furnished to the insurer on request.

[1991, c. 64, a. 2437; I.N., 2014-05-01].

2438. L'assuré doit se soumettre à un examen médical, lorsque l'assureur est justifié de le demander en raison de la nature de l'invalidité.

[1991, c. 64, a. 2438].

▌C.C.Q., 11.

2438. The insured shall submit to a medical examination when the insurer is entitled to require it owing to the nature of the disability.

[1991, c. 64, a. 2438].

2439. L'assureur peut, lorsqu'il y a eu aggravation du risque professionnel persistant pendant six mois ou plus, réduire l'indemnité prévue par le contrat† d'assurance contre la maladie ou les accidents, à la somme qui aurait été payable en fonction de la prime stipulée au contrat†, pour le nouveau risque.

Cependant, lorsqu'il y a diminution du risque professionnel, il est tenu, à compter de l'avis qu'il en reçoit, de réduire le taux de la prime ou de prolonger l'assurance en fonction du taux correspondant au nouveau risque, au choix du preneur.

[1991, c. 64, a. 2439].

▌C.C.Q., 2466.

2439. In accident and sickness insurance, where an aggravation of the occupational risk has lasted for six months or more, the insurer may reduce the indemnity provided under the policy† to the sum payable for the new risk according to the premium stipulated in the policy†.

Where there is a reduction of the occupational risk, the insurer is bound, from receipt of a notice to that effect, to reduce the rate of the premium or to extend the insurance by applying the rate corresponding to the new risk, as the client may elect.

[1991, c. 64, a. 2439].

2440. Les héritiers du bénéficiaire d'une assurance peuvent exiger de l'assureur qu'il leur escompte en un paiement unique toutes les sommes payables par versements.

[1991, c. 64, a. 2440].

▌C.C.Q., 2456.

2440. The heirs of the beneficiary of an insurance contract may require the insurer to make a single lump sum payment to them of any sums payable by instalments.

[1991, c. 64, a. 2440].

2441. L'assureur ne peut refuser de payer les sommes assurées en raison du suicide de l'assuré, à moins qu'il n'ait stipulé l'exclusion de garantie expresse pour ce cas. Même alors, la stipulation est sans effet si le suicide survient après deux ans d'assurance ininterrompue.

Toute modification du contrat portant augmentation du montant d'assurance est, en ce qui a trait au montant additionnel, sujette à la clause d'exclusion initialement stipulée pour une période de deux ans

2441. The insurer may not refuse payment of the sums insured by reason of the suicide of the insured unless he expressly stipulated that coverage would be excluded in such a case and, even then, the stipulation is without effect if the suicide occurs after two years of uninterrupted insurance.

Any change made to a contract to increase the amount of coverage is, as regards the additional amount, subject to the initially stipulated exclusion clause for a period of two years of uninterrupted insurance be-

d'assurance ininterrompue s'appliquant à compter de la prise d'effet de l'augmentation.

[1991, c. 64, a. 2441; 2002, c. 70, a. 156].

∎ C.C.Q., 2404, 2434.

2441.1. Le contrat d'assurance de frais funéraires est celui par lequel un assureur, moyennant une prime, s'engage à verser à un titulaire d'un permis de directeur de funérailles requis en vertu de la *Loi sur les laboratoires médicaux, la conservation des organes, des tissus, des gamètes et des embryons et la disposition des cadavres* une prestation lors du décès de l'assuré pour acquitter, en tout ou en partie, les frais funéraires convenus dans un contrat d'arrangements préalables de services funéraires ou un contrat d'achat préalable de sépulture.

L'excédent de la prestation due par l'assureur sur les frais funéraires réellement engagés par le titulaire du permis est remis à la personne désignée dans le contrat d'assurance comme bénéficiaire de l'excédent ou, à défaut, à la succession de l'assuré.

L'assureur est tenu de veiller à ce que la prestation qu'il verse serve effectivement à acquitter les frais funéraires convenus.

La nullité, la résolution ou la résiliation du contrat d'arrangements préalables de services funéraires ou du contrat d'achat préalable de sépulture n'emporte pas résiliation du contrat d'assurance de frais funéraires.

[2009, c. 25, a. 48].

2442. Le contrat d'assurance de frais funéraires par lequel une personne, moyennant une prime payée en une seule fois ou par versements, s'engage à fournir des services ou effets lors du décès d'une autre personne, à acquitter des frais funéraires ou à affecter une somme d'argent à cette fin, est nul.

La nullité de ce contrat, de même que la répétition de la prime payée, ne peut être

ginning on the effective date of the increase.

[1991, c. 64, a. 2441; 2002, c. 70, s. 156; I.N., 2014-05-01].

2441.1. A funeral insurance contract is a contract whereby an insurer undertakes, for a premium, to make a payment, upon the death of the insured, to a funeral director holding a permit under the *Act respecting medical laboratories, organ, tissue, gamete and embryo conservation and the disposal of human bodies*, in order to cover all or part of the funeral expenses agreed on in a prearranged funeral services contract or prepurchased sepulture contract.

If the payment due by the insurer exceeds the funeral costs actually incurred by the funeral director, the surplus is paid to the person designated in the insurance contract as the beneficiary of such surplus or, if there is no such person, to the succession of the insured.

The insurer must see to it that the payment made under the insurance contract is actually used to cover the funeral expenses agreed on.

Annulment, resolution or resiliation of the prearranged funeral services contract or prepurchased sepulture contract does not entail the resiliation of the funeral insurance contract.

[2009, c. 25, s. 48].

2442. A contract of insurance for funeral expenses whereby a person undertakes, for a premium paid in a single payment or by instalments, to provide services or goods upon the death of another person, to pay funeral expenses or to set aside a sum of money for that purpose is null.

Only the person who paid the premium or instalments or the Autorité des marchés

demandée que par ceux qui ont payé la prime ou fait des versements, ou par l'Autorité des marchés financiers agissant en leur nom.

[1991, c. 64, a. 2442; 2002, c. 45, a. 161; 2004, c. 37, a. 90].

▮ C.C.Q., 1411, 1554.

2443. L'attentat à la vie de l'assuré par le titulaire de la police entraîne de plein droit la résiliation de l'assurance et le paiement de la valeur de rachat.

L'attentat à la vie de l'assuré par toute autre personne n'entraîne la déchéance qu'à l'égard du droit de cette personne à la garantie.

[1991, c. 64, a. 2443].

▮ C.C.Q., 620, 621, 1836.

2444. Les avantages établis en faveur d'un membre d'une société de secours mutuels, de son époux ou son conjoint uni civilement, de ses ascendants et de ses descendants, sont insaisissables, tant pour les dettes de ce membre que pour celles des personnes avantagées.

[1991, c. 64, a. 2444; 2002, c. 6, a. 55].

▮ C.P.C., 553.

§ 7. —— De la désignation des bénéficiaires et des titulaires subrogés

I —— Des conditions de la désignation

2445. La somme assurée peut être payable au titulaire de la police, à l'adhérent ou à un bénéficiaire déterminé.

Lorsqu'une assurance individuelle porte sur la tête d'un tiers, le titulaire de la police peut désigner un titulaire subrogé qui le remplacera à son décès; il peut aussi désigner plusieurs titulaires subrogés et déterminer l'ordre dans lequel chacun succédera au titulaire précédent.

La police d'assurance-vie ne peut être payable au porteur.

[1991, c. 64, a. 2445].

financiers acting on his behalf may bring an action for the annulment of the contract or recovery of the premium.

[1991, c. 64, a. 2442; 2002, c. 45, s. 161; 2004, c. 37, s. 90].

2443. An attempt on the life of the insured by the policyholder entails, by operation of law, cancellation of the insurance and payment of the surrender value.

An attempt on the life of the insured by any person other than the policyholder entails forfeiture only with respect to that person's right to the coverage.

[1991, c. 64, a. 2443; I.N., 2014-05-01].

2444. The benefits established in favour of a member of a mutual benefit association, or of his or her married or civil union spouse, ascendants or descendants are unseizable either for debts of the member or for debts of the beneficiaries.

[1991, c. 64, a. 2444; 2002, c. 6, s. 55].

§ 7. —— Designation of beneficiaries and subrogated policyholders

I —— Conditions of designation

2445. The sum insured may be payable to the policyholder, the participant or a specified beneficiary.

In individual insurance, the holder of a policy on the life of a third person may designate a subrogated policyholder to replace him upon his death; he may also designate several subrogated policyholders and specify the order in which they will succeed to any preceding policyholder.

A life insurance policy may not be payable to bearer.

[1991, c. 64, a. 2445; I.N., 2014-05-01].

▌ C.C.Q., 1444, 2372.

2446. La désignation de bénéficiaires ou de titulaires subrogés se fait dans la police ou dans un autre écrit revêtu, ou non, de la forme testamentaire.

[1991, c. 64, a. 2446].

▌ C.C.Q., 2445.

2446. The designation of beneficiaries or of subrogated policyholders is made in the policy or in another writing which may or may not be in the form of a will.

[1991, c. 64, a. 2446].

2447. Il n'est pas nécessaire que le bénéficiaire ou le titulaire subrogé existe lors de la désignation, ni qu'il soit alors expressément déterminé; il suffit qu'à l'époque où son droit devient exigible, le bénéficiaire ou le titulaire subrogé existe ou, s'il est conçu, mais non encore né, qu'il naisse vivant et viable, et que sa qualité soit reconnue.

La désignation de bénéficiaire est présumée faite sous la condition de l'existence de la personne bénéficiaire à l'époque de l'exigibilité de la somme assurée; celle du titulaire subrogé, sous la condition de l'existence de la personne ainsi désignée au décès du titulaire précédent de la police.

[1991, c. 64, a. 2447].

▌ C.C.Q., 192, 617, 1445, 1814, 2373.

2447. The beneficiary or the subrogated policyholder need not exist at the time of designation or be then expressly determined; it is sufficient that at the time his right becomes payable he exist or, if he is conceived but not born, that he be born alive and viable and that his quality be recognized.

The designation of a beneficiary is presumed made on the condition that the beneficiary exists at the time the proceeds of the insurance become payable; the designation of the subrogated policyholder is presumed made on the condition that the person so designated exists at the death of the preceding policyholder.

[1991, c. 64, a. 2447; I.N., 2014-05-01].

2448. Lorsque l'assuré et le bénéficiaire décèdent en même temps ou dans des circonstances qui ne permettent pas d'établir l'ordre des décès, l'assuré est, aux fins de l'assurance, réputé avoir survécu au bénéficiaire. Dans le cas où l'assuré décède *ab intestat* et ne laisse aucun héritier au degré successible, le bénéficiaire est réputé avoir survécu à l'assuré. De même, entre le titulaire précédent et le titulaire subrogé, le premier est réputé avoir survécu au second.

[1991, c. 64, a. 2448].

▌ C.C.Q., 616.

2448. Where the insured and the beneficiary die at the same time or in circumstances which make it impossible to determine which of them died first, the insured is, for the purposes of the insurance, deemed to have survived the beneficiary. Where the insured dies intestate, leaving no heir within the degrees of succession, the beneficiary is deemed to have survived the insured. In similar circumstances, the preceding policyholder is deemed to have survived the subrogated policyholder.

[1991, c. 64, a. 2448].

2449. La désignation de la personne à laquelle il est marié ou uni civilement à titre de bénéficiaire, par le titulaire de la police ou l'adhérent, dans un écrit autre qu'un testament, est irrévocable, à moins de stipulation contraire. La désignation de toute autre personne à titre de bénéficiaire est

2449. A policyholder's or participant's designation, in a writing other than a will, of his or her married or civil union spouse as beneficiary is irrevocable, unless otherwise stipulated. The designation of any other person as beneficiary is revocable unless otherwise stipulated in the policy or

révocable, sauf stipulation contraire dans la police ou dans un écrit distinct autre qu'un testament. La désignation d'une personne en tant que titulaire subrogé est toujours révocable.

Lorsqu'elle peut être faite, la révocation doit résulter d'un écrit; il n'est pas nécessaire, toutefois, qu'elle soit expresse.

[1991, c. 64, a. 2449; 2002, c. 6, a. 56].

■ C.C.Q., 2452, 2459.

2450. La désignation ou la révocation contenue dans un testament nul pour vice de forme n'est pas nulle pour autant; mais elle l'est si le testament est révoqué.

Cependant, la désignation ou la révocation contenue dans un testament ne vaut pas à l'encontre d'une autre désignation ou révocation postérieure à la signature du testament. Elle ne vaut pas, non plus, à l'encontre d'une désignation antérieure à la signature du testament, à moins que le testament ne mentionne la police d'assurance en cause ou que l'intention du testateur à cet égard ne soit évidente.

[1991, c. 64, a. 2450].

■ C.C.Q., 713, 714, 763-771.

2451. Toute désignation de bénéficiaire demeure révocable tant que l'assureur ne l'a pas reçue, quels que soient les termes employés.

[1991, c. 64, a. 2451].

■ C.C.Q., 2449.

2452. Les désignation et révocation ne sont opposables à l'assureur que du jour où il les a reçues; lorsque plusieurs désignations de bénéficiaires irrévocables sont faites, sans être conjointes ou simultanées, la priorité est donnée suivant les dates auxquelles l'assureur les reçoit.

Le paiement que l'assureur fait de bonne foi, suivant ces règles, à la dernière personne connue qui y a droit, est libératoire.

[1991, c. 64, a. 2452].

■ C.C.Q., 2445-2447, 2449-2451.

in a separate writing other than a will. The designation of a person as subrogated policyholder is always revocable.

Where revocation is permitted, it may only result from a writing but it need not be express.

[1991, c. 64, a. 2449; 2002, c. 6, s. 56; I.N., 2014-05-01].

2450. A designation or revocation contained in a will that is null by reason of a defect of form is not null for that sole reason; such a designation or revocation is null, however, if the will is revoked.

A designation or revocation made in a will does not avail against another designation or revocation subsequent to the signing of the will. Nor does it avail against a designation prior to the signing of the will unless the will refers to the insurance policy in question or unless the intention of the testator in that respect is manifest.

[1991, c. 64, a. 2450].

2451. Regardless of the terms used, every designation of beneficiaries remains revocable until received by the insurer.

[1991, c. 64, a. 2451].

2452. Designations and revocations may be set up against the insurer only from the day he receives them; where several irrevocable designations of beneficiaries are made separately and at different times, they are given priority according to their dates of receipt by the insurer.

The insurer is discharged by payment in good faith in accordance with these rules to the last known person entitled to it.

[1991, c. 64, a. 2452].

II — Des effets de la désignation	II — Effects of a Designation

2453. Le bénéficiaire et le titulaire subrogé sont créanciers de l'assureur; toutefois, l'assureur peut alors opposer les causes de nullité ou de déchéance susceptibles d'être invoquées contre le titulaire ou l'adhérent.

[1991, c. 64, a. 2453].

❚ C.C.Q., 2421, 2424, 2430, 2443.

2453. Beneficiaries and subrogated policyholders are the creditors of the insurer but the insurer may set up against them the causes of nullity or forfeiture that may be invoked against the policyholder or participant.

[1991, c. 64, a. 2453].

2454. Le titulaire de la police a le droit de participer aux bénéfices et aux autres avantages qui lui sont conférés par le contrat, même si le bénéficiaire a été désigné irrévocablement.

Les participations et avantages doivent être imputés par l'assureur à toute prime échue afin de maintenir l'assurance en vigueur.

Dans les deux cas, le contrat peut en disposer autrement.

[1991, c. 64, a. 2454].

❚ C.C.Q., 1572.

2454. The policyholder is entitled to the policy dividends and other benefits conferred on him by the contract even if the beneficiary has been designated irrevocably.

Policy dividends and benefits shall be imputed by the insurer to any premium due, so as to keep the insurance in force.

In either case, the contract may provide otherwise.

[1991, c. 64, a. 2454; I.N., 2014-05-01].

2455. La somme assurée payable à un bénéficiaire ne fait pas partie de la succession de l'assuré. De même, le contrat transmis au titulaire subrogé ne fait pas partie de la succession du titulaire précédent.

[1991, c. 64, a. 2455].

❚ C.C.Q., 2.

2455. Sums insured payable to a beneficiary do not form part of the succession of the insured. Similarly, a contract transferred to a subrogated policyholder does not form part of the succession of the preceding policyholder.

[1991, c. 64, a. 2455].

2456. L'assurance payable à la succession ou aux ayants cause, héritiers, liquidateurs ou autres représentants légaux d'une personne, en vertu d'une stipulation employant ces expressions ou des expressions analogues, fait partie de la succession de cette personne.

Les règles sur la représentation successorale ne jouent pas en matière d'assurance, mais celles sur l'accroissement au profit des légataires particuliers s'appliquent entre cobénéficiaires et entre cotitulaires subrogés.

[1991, c. 64, a. 2456].

❚ C.C.Q., 755, 756.

2456. Insurance payable to the succession or to the assigns, heirs, liquidators or other legal representatives of a person pursuant to a stipulation in which those terms or similar terms are employed forms part of the succession of that person.

The rules on representation of heirs do not apply with respect to insurance but those on accretion to the benefit of legatees by particular title apply among co-beneficiaries or subrogated co-policyholders.

[1991, c. 64, a. 2456; I.N., 2014-05-01].

2457. Lorsque le bénéficiaire désigné de l'assurance est l'époux ou le conjoint uni civilement, le descendant ou l'ascendant du titulaire ou de l'adhérent, les droits conférés par le contrat sont insaisissables, tant que le bénéficiaire n'a pas touché la somme assurée.

[1991, c. 64, a. 2457; 2002, c. 6, a. 57].

▌C.C.Q., 2444.

2458. La stipulation d'irrévocabilité lie le titulaire de la police, même si le bénéficiaire désigné n'en a pas connaissance. Tant que la désignation à titre irrévocable subsiste, les droits conférés par le contrat au titulaire, à l'adhérent et au bénéficiaire sont insaisissables.

[1991, c. 64, a. 2458].

▌C.C.Q., 2449.

2459. La séparation de corps ne porte pas atteinte aux droits du conjoint, qu'il soit bénéficiaire ou titulaire subrogé. Toutefois, le tribunal peut, au moment où il prononce la séparation, les déclarer révocables ou caducs.

Le divorce ou la nullité du mariage et la dissolution ou la nullité de l'union civile rendent caduque toute désignation du conjoint à titre de bénéficiaire ou de titulaire subrogé.

[1991, c. 64, a. 2459; 2002, c. 6, a. 58].

▌C.C.Q., 385, 386, 510, 519, 520, 2449.

2460. Même si le bénéficiaire a été désigné à titre irrévocable, le titulaire de la police et l'adhérent peuvent disposer de leurs droits, sous réserve des droits du bénéficiaire.

[1991, c. 64, a. 2460].

▌C.C.Q., 1841, 2454.

§ 8. — De la cession et de l'hypothèque d'un droit résultant d'un contrat d'assurance

2461. La cession ou l'hypothèque d'un droit résultant d'un contrat d'assurance n'est opposable à l'assureur, au bénéfi-

2457. Where the designated beneficiary of the insurance is the married or civil union spouse, descendant or ascendant of the policyholder or of the participant, the rights under the contract are exempt from seizure until the beneficiary receives the sum insured.

[1991, c. 64, a. 2457; 2002, c. 6, s. 57].

2458. A stipulation of irrevocability binds the policyholder even if the designated beneficiary has no knowledge of it. As long as the designation remains irrevocable, the rights conferred by the contract on the policyholder, participant or beneficiary are exempt from seizure.

[1991, c. 64, a. 2458; I.N., 2014-05-01].

2459. Separation from bed and board does not affect the rights of the spouse, whether a beneficiary or a subrogated policyholder. However, the court may declare them revocable or lapsed when granting a separation.

Divorce or nullity of marriage or the dissolution or nullity of a civil union causes any designation of the spouse as beneficiary or subrogated policyholder to lapse.

[1991, c. 64, a. 2459; 2002, c. 6, s. 58; I.N., 2014-05-01].

2460. Even if the beneficiary has been designated irrevocably, the policyholder and the participant may dispose of their rights, subject to the rights of the beneficiary.

[1991, c. 64, a. 2460].

§ 8. — Assignment and hypothecation of a right under a contract of insurance

2461. An assignment of a right under a contract of insurance or a hypothec charging such a right may not be set up against

ciaire ou aux tiers qu'à compter du moment où l'assureur en reçoit avis.

En présence de plusieurs cessions ou hypothèques d'un droit résultant d'un contrat d'assurance, la priorité est fonction de la date à laquelle l'assureur est avisé.

[1991, c. 64, a. 2461].

C.C.Q., 1637-1650, 2418, 2475, 2478, 2663.

2462. La cession d'une assurance confère au cessionnaire tous les droits et obligations du cédant; elle entraîne la révocation de la désignation du bénéficiaire révocable et du titulaire subrogé.

Cependant, l'hypothèque d'un droit résultant d'un contrat d'assurance ne confère de droits au créancier hypothécaire qu'à concurrence du solde de la créance, des intérêts et des accessoires; elle n'emporte révocation du bénéficiaire révocable et du titulaire subrogé que pour ces sommes.

[1991, c. 64, a. 2462].

C.C.Q., 2449.

the insurer, the beneficiary or third persons until the insurer receives notice thereof.

Where a right under a contract of insurance is subject to several assignments or hypothecs, priority is determined by the date on which the insurer is notified.

[1991, c. 64, a. 2461; I.N., 2014-05-01].

2462. The assignment of insurance confers on the assignee all the rights and obligations of the assignor and entails the revocation of any revocable designation of a beneficiary and of any designation of a subrogated policyholder.

However, a hypothec charging a right under a contract of insurance confers on the hypothecary creditor only a right to the balance of the claim, interest and accessories; it entails revocation of the revocable designation of the beneficiary and of the subrogated policyholder only with respect to those amounts.

[1991, c. 64, a. 2462; I.N., 2014-05-01].

SECTION III —
DE L'ASSURANCE DE DOMMAGES

§ 1. — Dispositions communes à l'assurance de biens et de responsabilité

I — Du caractère indemnitaire de l'assurance

2463. L'assurance de dommages oblige l'assureur à réparer le préjudice subi au moment du sinistre, mais seulement jusqu'à concurrence du montant de l'assurance.

[1991, c. 64, a. 2463].

C.C.Q., 2395, 2396, 2490-2493.

2464. L'assureur est tenu de réparer le préjudice causé par une force majeure ou par la faute de l'assuré, à moins qu'une exclusion ne soit expressément et limitativement stipulée dans le contrat. Il n'est tou-

SECTION III —
DAMAGE INSURANCE

§ 1. — Provisions common to property insurance and liability insurance

I — Principle of indemnity

2463. In damage insurance, the insurer is obliged to indemnify for the injury suffered at the time of the loss, but only up to the amount of the coverage.

[1991, c. 64, a. 2463; I.N., 2014-05-01].

2464. The insurer is bound to indemnify for injury resulting from superior force or the fault of the insured, unless an exclusion is expressly and restrictively stipulated in the policy. However, the insurer is

tefois jamais tenu de réparer le préjudice qui résulte de la faute intentionnelle de l'assuré. En cas de pluralité d'assurés, l'obligation de garantie demeure à l'égard des assurés qui n'ont pas commis de faute intentionnelle.

Lorsque l'assureur est garant du préjudice que l'assuré est tenu de réparer en raison du fait d'une autre personne, l'obligation de garantie subsiste quelles que soient la nature et la gravité de la faute commise par cette personne.

[1991, c. 64, a. 2464].

■ C.C.Q., 1457, 1459-1464, 1470-1478, 2485, 2486, 2494, 2576.

2465. L'assureur n'est pas tenu d'indemniser le préjudice qui résulte des freintes, diminutions ou pertes du bien et qui proviennent de son vice propre ou de la nature de celui-ci.

[1991, c. 64, a. 2465].

■ C.C.Q., 2038, 2072, 2577.

II — De l'aggravation† du risque

2466. L'assuré est tenu de déclarer à l'assureur, promptement, les circonstances qui aggravent les risques stipulés dans la police et qui résultent de ses faits et gestes si elles sont de nature à influencer de façon importante un assureur dans l'établissement du taux de la prime, l'appréciation du risque ou la décision de maintenir l'assurance.

Lorsque l'assuré ne remplit pas cette obligation, les dispositions de l'article 2411 s'appliquent, compte tenu des adaptations nécessaires.

[1991, c. 64, a. 2466].

■ C.C.Q., 2411, 2439.

2467. L'assureur qui est informé des nouvelles circonstances peut résilier le contrat ou proposer, par écrit, un nouveau taux de prime, auquel cas l'assuré est tenu d'accepter et d'acquitter la prime ainsi fixée, dans les trente jours de la proposition qui lui est faite, à défaut de quoi la police cesse d'être en vigueur.

Toutefois, s'il continue d'accepter les

never bound to indemnify for injury resulting from the insured's intentional fault. Where there is more than one insured, the obligation of coverage remains with respect to those insured who have not committed an intentional fault.

Where the insurer covers injury caused by a person for whose acts the insured is liable, the obligation of coverage subsists regardless of the nature or gravity of the fault committed by that person.

[1991, c. 64, a. 2464; I.N., 2014-05-01].

2465. The insurer is not bound to indemnify for injury resulting from natural loss, diminution or losses sustained by the property arising from an inherent defect in it or its nature.

[1991, c. 64, a. 2465; I.N., 2014-05-01].

II — Material change† in risk

2466. The insured is bound to promptly notify the insurer of any change that increases the risks stipulated in the policy and that result from events within his control if they are such as to materially influence an insurer in setting the rate of the premium, appraising the risk or deciding to continue to insure it.

If the insured fails to discharge his obligation, the provisions of article 2411 apply, adapted as required.

[1991, c. 64, a. 2466; I.N., 2014-05-01].

2467. On being notified of any material change in the risk, the insurer may cancel the contract or propose, in writing, a new rate of premium, in which case the insured is bound to accept and to pay the premium at the new rate within 30 days of the proposal, otherwise the policy ceases to be in force.

However, if the insurer continues to accept

primes ou s'il paie une indemnité après un sinistre, il est réputé avoir acquiescé au changement qui lui a été déclaré.

[1991, c. 64, a. 2467].

▌ C.C.Q., 2466, 2477.

the premiums or pays an indemnity after a loss, he is deemed to have acquiesced in the change notified to him.

[1991, c. 64, a. 2467; I.N., 2014-05-01].

2468. L'inoccupation d'une résidence ne constitue pas une aggravation du risque lorsqu'elle ne dure pas plus de trente jours consécutifs ou que l'assurance porte sur une résidence secondaire désignée comme telle.

Ne constitue pas, non plus, une aggravation du risque le fait d'y laisser entrer des gens de métier pour effectuer des travaux d'entretien ou de réparation d'une durée d'au plus trente jours.

[1991, c. 64, a. 2468].

▌ C.C.Q., 2466.

2468. The lack of occupation of a residence does not constitute a change which increases the risk if it does not last more than 30 consecutive days or the insurance covers a second residence designated as such.

Nor does the admission of tradesmen into the residence to do maintenance or repair work for a period of not more than 30 days constitute a change which increases the risk.

[1991, c. 64, a. 2468; I.N., 2014-05-01].

III — Du paiement de la prime

III — Payment of the Premium

2469. L'assureur n'a droit à la prime qu'à compter du moment où le risque commence, et uniquement pour sa durée si le risque disparaît totalement par suite d'un événement qui ne fait pas l'objet de l'assurance.

Il peut poursuivre le paiement de la prime ou la déduire de l'indemnité qu'il doit verser.

[1991, c. 64, a. 2469].

▌ C.C.Q., 2389.

2469. The insurer is entitled to the premium only from the time the risk begins, and only for its duration if the risk disappears completely as a result of an event that is not covered by the insurance.

The insurer may bring an action for payment of the premium or deduct it from the indemnity payable.

[1991, c. 64, a. 2469].

IV — De la déclaration de sinistre et du paiement de l'indemnité

IV — Notice of loss and payment of indemnity

2470. L'assuré doit déclarer à l'assureur tout sinistre de nature à mettre en jeu la garantie, dès qu'il en a eu connaissance. Tout intéressé peut faire cette déclaration.

Lorsque l'assureur n'a pas été ainsi informé et qu'il en a subi un préjudice, il est admis à invoquer, contre l'assuré, toute

2470. The insured shall notify the insurer of any loss which may give rise to an indemnity, as soon as he becomes aware of it. Any interested person may give such notice.

An insurer who has not been so notified, and thereby suffers injury, may set up against the insured any clause of the policy

clause de la police qui prévoit la
déchéance du droit à l'indemnisation dans
un tel cas.

[1991, c. 64, a. 2470].

❚ C.C.Q., 2435, 2472, 2575.

2471. À la demande de l'assureur, l'assuré
doit, le plus tôt possible, faire connaître à
l'assureur toutes les circonstances entourant le sinistre, y compris sa cause probable, la nature et l'étendue des dommages,
l'emplacement du bien, les droits des tiers
et les assurances concurrentes; il doit aussi
lui fournir les pièces justificatives et attester, sous serment, la véracité de celles-ci.

Lorsque l'assuré ne peut, pour un motif sérieux, remplir cette obligation, il a droit à
un délai raisonnable pour l'exécuter.

À défaut par l'assuré de se conformer à
son obligation, tout intéressé peut le faire à
sa place.

[1991, c. 64, a. 2471].

❚ C.C.Q., 2470, 2472.

2472. Toute déclaration mensongère entraîne pour son auteur la déchéance de son
droit à l'indemnisation à l'égard du risque
auquel se rattache ladite déclaration.

Toutefois, si la réalisation du risque a entraîné la perte à la fois de biens mobiliers
et immobiliers, ou à la fois de biens à
usage professionnel et à usage personnel,
la déchéance ne vaut qu'à l'égard de la catégorie de biens à laquelle se rattache la
déclaration mensongère.

[1991, c. 64, a. 2472].

❚ C.C.Q., 2410, 2470, 2552.

2473. L'assureur est tenu de payer l'indemnité dans les soixante jours suivant la
réception de la déclaration de sinistre ou,
s'il en a fait la demande, des renseignements pertinents et des pièces justificatives.

[1991, c. 64, a. 2473].

❚ C.C.Q., 2436.

providing for forfeiture of the right to indemnity in such a case.

[1991, c. 64, a. 2470; I.N., 2014-05-01].

2471. At the request of the insurer, the insured shall inform the insurer as soon as
possible of all the circumstances surrounding the loss, including its probable cause,
the nature and extent of the damage, the
location of the insured property, the rights
of third persons, and any concurrent insurance; he shall also provide the insurer with
vouchers and attest under oath to the truth
of the information.

Where, for a serious reason, the insured is
unable to fulfil that obligation, he is entitled to a reasonable time in which to do so.

If the insured fails to fulfil his obligation,
any interested person may do so on his behalf.

[1991, c. 64, a. 2471; I.N., 2014-05-01].

2472. Any deceitful representation entails
the loss of the right of the person making it
to any indemnity for the risk to which the
representation relates.

However, if the occurrence of the risk insured against has entailed the loss of both
movable and immovable property or of
both property for occupational use and
personal property, forfeiture is incurred
only with respect to the class of property
to which the representation relates.

[1991, c. 64, a. 2472; I.N., 2014-05-01].

2473. The insurer is bound to pay the indemnity within sixty days after receiving
the notice of loss or, at his request, the relevant information and vouchers.

[1991, c. 64, a. 2473].

2474. L'assureur est subrogé dans les droits de l'assuré contre l'auteur du préjudice, jusqu'à concurrence des indemnités qu'il a payées. Quand, du fait de l'assuré, il ne peut être ainsi subrogé, il peut être libéré, en tout ou en partie, de son obligation envers l'assuré.

L'assureur ne peut jamais être subrogé contre les personnes qui font partie de la maison de l'assuré.

[1991, c. 64, a. 2474].

∎ C.C.Q., 1531, 1651.

2474. The insurer is subrogated to the rights of the insured against the person responsible for the loss, up to the amount of indemnity paid. The insurer may be fully or partly released from his obligation towards the insured where, owing to any act of the insured, he cannot be so subrogated.

The insurer may never be subrogated against persons who are members of the household of the insured.

[1991, c. 64, a. 2474; I.N., 2014-05-01].

V — De la cession de l'assurance

2475. Le contrat d'assurance ne peut être cédé qu'avec le consentement de l'assureur et qu'en faveur d'une personne ayant un intérêt d'assurance dans le bien assuré.

[1991, c. 64, a. 2475].

∎ C.C.Q., 2084, 2461, 2478, 2481, 2528.

V — Assignment

2475. A contract of insurance may be assigned only with the consent of the insurer and in favour of a person who has an insurable interest in the insured property.

[1991, c. 64, a. 2475].

2476. Lors du décès de l'assuré, de sa faillite ou de la cession, entre coassurés, de leur intérêt dans l'assurance, celle-ci continue au profit de l'héritier, du syndic ou de l'assuré restant, à charge pour eux d'exécuter les obligations dont l'assuré était tenu.

[1991, c. 64, a. 2476].

∎ C.C.Q., 2481.

2476. Upon the death or bankruptcy of the insured or the assignment of his interest in the insurance to a co-insured, the insurance continues in favour of the heir, trustee in bankruptcy or remaining insured, subject to his performing the obligations to which the insured was bound.

[1991, c. 64, a. 2476; I.N., 2014-05-01].

VI — De la résiliation du contrat

2477. L'assureur peut résilier le contrat moyennant un préavis qui doit être envoyé à chacun des assurés nommés dans la police. La résiliation a lieu quinze jours après la réception du préavis par l'assuré à sa dernière adresse connue.

Le contrat d'assurance peut aussi être résilié sur simple avis écrit donné à l'assureur par chacun des assurés nommés dans la police. La résiliation a lieu dès la réception de l'avis.

Les assurés nommés dans la police peuvent toutefois confier à un ou plusieurs

VI — Cancellation of the contract

2477. The insurer may cancel the contract on prior notice which shall be sent to every insured named in the policy. The cancellation takes place fifteen days after notice is received by the insured at his last known address.

A contract of insurance may also be cancelled on mere notice in writing given to the insurer by each of the insured named in the policy. The cancellation takes place upon receipt of the notice.

The insured named in the policy may, however, give one or more of their number

d'entre eux le mandat de recevoir ou d'expédier l'avis de résiliation.

[1991, c. 64, a. 2477].

■ C.C.Q., 1439, 2430.

2478. Lorsque le droit à l'indemnité a été hypothéqué et que notification en a été faite à l'assureur, le contrat ne peut être ni résilié ni modifié au détriment du créancier hypothécaire, à moins que l'assureur n'ait avisé ce dernier au moins quinze jours à l'avance.

[1991, c. 64, a. 2478].

■ C.C.Q., 2475.

2479. Lorsque l'assurance est résiliée, l'assureur n'a droit qu'à la portion de prime acquise, calculée au jour le jour si la résiliation procède de lui ou d'après le taux à court terme si elle procède de l'assuré; il est alors tenu de rembourser le trop-perçu de prime.

[1991, c. 64, a. 2479].

■ C.C.Q., 1606.

2479.1. Lorsque l'assuré a cédé ou hypothéqué son droit au remboursement du trop-perçu de prime† en faveur de celui qui a payé la prime et que l'assureur en a reçu avis, l'assureur est tenu de rembourser le trop-perçu au cessionnaire ou au titulaire de l'hypothèque.

La cession ou l'hypothèque du droit au remboursement du trop-perçu de prime n'est opposable aux tiers qu'à compter du moment où l'assureur en reçoit avis.

En présence de plusieurs cessions ou hypothèques du droit au remboursement du trop-perçu de prime, la priorité est fonction du moment où l'assureur est avisé.

[2008, c. 20, a. 131].

the mandate of receiving or sending the notice of cancellation.

[1991, c. 64, a. 2477].

2478. Where the right to the indemnity has been hypothecated and notice to that effect has been given to the insurer, the contract may not be cancelled or amended to the detriment of the hypothecary creditor unless the insurer has given him prior notice of at least 15 days.

[1991, c. 64, a. 2478; I.N., 2014-05-01].

2479. Where the insurance is cancelled, the insurer is entitled to only the earned portion of the premium, computed day by day if the contract is cancelled by the insurer, or at the short-term rate if it is cancelled by the insured; the insurer is bound to refund any overpayment of premium.

[1991, c. 64, a. 2479; I.N., 2014-05-01].

2479.1. If the insured has assigned or hypothecated his right to a premium overpayment refund to† or in favour of the person who paid the premium and the insurer has received notice of the assignment or hypothec, the insurer is bound to make the overpayment refund to the assignee or to the holder of the hypothec.

The assignment or hypothec may not be set up against third persons until the insurer receives notice of the assignment or hypothec.

If two or more assignments or hypothecs are made or granted on the same right to a premium overpayment refund, priority is determined according to when the insurer received notice.

[2008, c. 20, s. 131].

§ 2. — Des assurances de biens

I — Du contenu de la police

2480. Outre les mentions prescrites pour toute police d'assurance, la police d'assurance de biens doit indiquer les exclusions de garantie qui ne résultent pas du sens courant des mots ou les limitations qui s'appliquent à des objets ou à des catégories d'objets déterminés, et préciser les conditions de résiliation du contrat par l'assuré, ainsi que les conditions de rétablissement ou de continuation de l'assurance après un sinistre.

[1991, c. 64, a. 2480].

∎ C.C.Q., 2399, 3119.

II — De l'intérêt d'assurance

2481. Une personne a un intérêt d'assurance dans un bien lorsque la perte de celui-ci peut lui causer un préjudice direct et immédiat.

L'intérêt doit exister au moment du sinistre, mais il n'est pas nécessaire que le même intérêt ait existé pendant toute la durée du contrat.

[1991, c. 64, a. 2481].

∎ C.C.Q., 2511.

2482. Les biens à venir et les biens incorporels peuvent faire l'objet d'un contrat d'assurance.

[1991, c. 64, a. 2482].

∎ C.C.Q., 2395, 2396.

2483. L'assurance de biens peut être contractée pour le compte de qui il appartiendra. La clause vaut, tant comme assurance au profit du titulaire de la police que comme stipulation pour autrui au profit du bénéficiaire connu ou éventuel de ladite clause.

Le titulaire de la police est seul tenu au paiement de la prime envers l'assureur; les exceptions que l'assureur pourrait lui op-

§ 2. — Property insurance

I — Content of the Policy

2480. In addition to the particulars prescribed for insurance policies generally, an indication shall be made in a property insurance policy of any exclusion of coverage not resulting from the ordinary meaning of the words or any limitation of coverage applying to specified objects or classes of objects, specifying the conditions on which the contract may be cancelled by the insured, as well as those on which the insurance may be reinstated or continued after a loss.

[1991, c. 64, a. 2480].

II — Insurable interest

2481. A person has an insurable interest in property where the loss or deterioration of the property may cause him direct and immediate injury.

It is necessary that the insurable interest exist at the time of the loss but not necessary that the same interest have existed throughout the duration of the contract.

[1991, c. 64, a. 2481; I.N., 2014-05-01].

2482. Future property and incorporeal property may be the subject of a contract of insurance.

[1991, c. 64, a. 2482].

2483. Property insurance may be contracted on behalf of whomever it may concern. The clause is valid as insurance for the benefit of the policyholder or as a stipulation for another in favour of the beneficiary of the clause, whether known or potential.

The policyholder alone is liable for payment of the premium to the insurer; any exception that the insurer may set up

poser sont également opposables au bénéficiaire du contrat, quel qu'il soit.

[1991, c. 64, a. 2483].

❚ C.C.Q., 1444.

2484. L'assurance d'un bien dans lequel
l'assuré n'a aucun intérêt d'assurance est
nulle.

[1991, c. 64, a. 2484].

❚ C.C.Q., 2418, 2481.

III — De l'étendue de la garantie

2485. L'assureur qui assure un bien contre
l'incendie est tenu de réparer le préjudice
qui est une conséquence immédiate du feu
ou de la combustion, quelle qu'en soit la
cause, y compris le dommage subi par le
bien en cours de transport, ou occasionné
par les moyens employés pour éteindre le
feu, sauf les exceptions particulières contenues dans la police. Il est aussi garant de
la disparition des objets assurés survenue
pendant l'incendie, à moins qu'il ne
prouve qu'elle provient d'un vol qu'il
n'assure pas.

Il n'est cependant pas tenu de réparer le
préjudice occasionné uniquement par la
chaleur excessive d'un appareil de chauffage ou par une opération comportant l'application de la chaleur, lorsqu'il n'y a ni
incendie ni commencement d'incendie
mais, même en l'absence d'incendie, il est
tenu de réparer le préjudice causé par la
foudre ou l'explosion d'un combustible.

[1991, c. 64, a. 2485].

❚ C.C.Q., 1919, 2464.

2486. L'assureur qui assure un bien contre
l'incendie n'est pas garant du préjudice
causé par les incendies ou les explosions
résultant d'une guerre étrangère ou civile,
d'une émeute ou d'un mouvement populaire, d'une explosion nucléaire, d'une
éruption volcanique, d'un tremblement de
terre ou d'autres cataclysmes.

[1991, c. 64, a. 2486].

against him may also be set up against the
beneficiary of the contract, whoever he
may be.

[1991, c. 64, a. 2483; I.N., 2014-05-01].

2484. The insurance of property in which
the insured has no insurable interest is
null.

[1991, c. 64, a. 2484; I.N., 2014-05-01].

III — Extent of coverage

2485. In fire insurance, the insurer is
bound to indemnify for damage which is
an immediate consequence of fire or combustion, whatever the cause, including
damage to the property during removal or
that caused by the means employed to extinguish the fire, subject to the exceptions
specified in the policy. The insurer also
covers the disappearance of insured things
that occurs during the fire, unless he
proves that the disappearance is due to
theft which is not covered.

The insurer is not bound to indemnify for
damage caused solely by excessive heat
from a heating apparatus or by any process
involving the application of heat where
there is no fire or commencement of fire
but, even where there is no fire, the insurer
is bound to indemnify for damage caused
by lightning or the explosion of fuel.

[1991, c. 64, a. 2485; I.N., 2014-05-01].

2486. An insurer who insures property
against fire does not cover damage due to
fires or explosions caused by foreign or
civil war, riot or civil disturbance, nuclear
explosion, volcanic eruption, earthquake
or other cataclysm.

[1991, c. 64, a. 2486; I.N., 2014-05-01].

2487. L'assureur est tenu de réparer le dommage causé au bien assuré par les mesures de secours ou de sauvetage.

[1991, c. 64, a. 2487].

■ C.C.Q., 2485.

2487. The insurer is bound to indemnify for damage to the insured property caused by measures taken to save or protect it.

[1991, c. 64, a. 2487; I.N., 2014-05-01].

2488. L'assurance portant sur des objets désignés généralement comme se trouvant en un lieu couvre tous les objets du même genre qui s'y trouvent au moment du sinistre.

[1991, c. 64, a. 2488].

■ C.C.Q., 2480.

2488. Insurance of things generally described as being in a certain place covers all things of the same kind which are in that place at the time of the loss.

[1991, c. 64, a. 2488].

2489. L'assurance d'une résidence meublée et celle des meubles en général couvre toutes les catégories de meubles, à l'exception de ce qui est exclu expressément ou de ce qui n'est assuré que pour un montant limité.

[1991, c. 64, a. 2489].

■ C.C.Q., 2480.

2489. The insurance of a furnished residence and that of movable property in general covers every class of movable property except what is expressly excluded or what is insured for only a limited amount.

[1991, c. 64, a. 2489

IV — Du montant d'assurance

IV — Amount of Coverage

2490. La valeur du bien assuré s'établit de la manière habituelle lorsque le contrat ne prévoit pas de formule d'évaluation particulière.

[1991, c. 64, a. 2490].

■ C.C.Q., 2491.

2490. The value of the insured property is determined in the ordinary manner unless a special valuation formula is contained in the policy.

[1991, c. 64, a. 2490].

2491. Dans les contrats à valeur indéterminée, le montant de l'assurance ne fait pas preuve de la valeur du bien assuré.

Dans les contrats à valeur agréée, la valeur convenue fait pleinement foi, entre l'assureur et l'assuré, de la valeur du bien.

[1991, c. 64, a. 2491].

■ C.C.Q., 2604, 2606.

2491. In unvalued policies, the amount of the coverage does not make proof of the value of the insured property.

In valued policies, the agreed value makes complete proof, between the insurer and the insured, of the value of the insured property.

[1991, c. 64, a. 2491; I.N., 2014-05-01].

2492. Le contrat fait sans fraude pour un montant supérieur à la valeur du bien est valable jusqu'à concurrence de cette valeur; l'assureur n'a pas le droit d'exiger

2492. A contract made without fraud for an amount greater than the value of the insured property is valid up to that value; the insurer has no right to charge any premium

une prime pour l'excédent, mais celles qui ont été payées ou sont échues lui restent acquises.

[1991, c. 64, a. 2492].

▋ C.C.Q., 2491.

for the excess but premiums paid or due remain earned by him.

[1991, c. 64, a. 2492; I.N., 2014-05-01].

2493. L'assureur ne peut, pour la seule raison que le montant de l'assurance est inférieur à la valeur du bien, refuser de couvrir le risque. En pareil cas, l'assureur est libéré par le paiement du montant de l'assurance, s'il y a perte totale, ou d'une indemnité proportionnelle, s'il y a perte partielle.

[1991, c. 64, a. 2493].

▋ C.C.Q., 2491.

2493. The insurer may not refuse to cover a risk for the sole reason that the amount of the coverage is less than the value of the insured property. In such a case, he is released by paying the amount of the coverage in the event of total loss or a proportional indemnity in the event of partial loss.

[1991, c. 64, a. 2493; I.N., 2014-05-01].

V — Du sinistre et du paiement de l'indemnité

V — Losses, and payment of indemnity

2494. Sous réserve des droits des créanciers prioritaires† et hypothécaires, l'assureur peut se réserver la faculté de réparer, de reconstruire ou de remplacer le bien assuré. Il bénéficie alors du droit au sauvetage et peut récupérer le bien.

[1991, c. 64, a. 2494].

Note : Comp. a./arts 2497, 2656, 2658.

▋ C.C.Q., 2495.

2494. Subject to the rights of preferred† and hypothecary creditors, the insurer may reserve the right to repair, rebuild or replace the insured property. He is then entitled to salvage and may take over the property.

[1991, c. 64, a. 2494].

2495. L'assuré ne peut abandonner le bien endommagé en l'absence de convention à cet effet.

Il doit faciliter le sauvetage du bien assuré et les vérifications de l'assureur. Il doit, notamment, permettre à l'assureur et à ses représentants de visiter les lieux et d'examiner le bien assuré.

[1991, c. 64, a. 2495].

▋ C.C.Q., 2494, 2587.

2495. The insured may not abandon the damaged property if there is no agreement to that effect.

The insured shall facilitate the salvage and inspection of the insured property by the insurer. He shall, in particular, permit the insurer and his representatives to visit the premises and examine the insured property.

[1991, c. 64, a. 2495].

2496. Celui qui, sans fraude, est assuré auprès de plusieurs assureurs, par plusieurs polices, pour un même intérêt et contre un même risque, de telle sorte que le total des indemnités qui résulteraient de leur exécution indépendante dépasse le montant du préjudice subi, peut se faire indemniser par

2496. Any person who, without fraud, is insured by several insurers, under several policies, for the same interest and against the same risk, so that the total amount of indemnity that would result from the separate performance of such policies would exceed the loss incurred, may be indemni-

le ou les assureurs de son choix, chacun n'étant tenu que pour le montant auquel il s'est engagé.

Est inopposable à l'assuré la clause qui suspend, en tout ou en partie, l'exécution du contrat en cas de pluralité d'assurances.

Entre les assureurs, à moins d'entente contraire, l'indemnité est répartie en proportion de la part de chacun dans la garantie totale, sauf en ce qui concerne une assurance spécifique, laquelle constitue une assurance en première ligne.

[1991, c. 64, a. 2496].

∎ C.C.Q., 2621-2625.

2497. Les indemnités dues à l'assuré sont attribuées aux créanciers prioritaires ou aux créanciers titulaires d'une hypothèque sur le bien endommagé, suivant leur rang et sans délégation expresse, moyennant une simple dénonciation et justification de leur part, malgré toute disposition contraire.

Néanmoins, les paiements faits de bonne foi par l'assureur, avant la dénonciation, sont libératoires.

[1991, c. 64, a. 2497].

∎ C.C.Q., 2452.

§ 3. — Des assurances de responsabilité

2498. La responsabilité civile, contractuelle ou extracontractuelle, peut faire l'objet d'un contrat d'assurance.

[1991, c. 64, a. 2498].

∎ C.C.Q., 1457-1481.

2499. Outre les mentions prescrites pour toute police d'assurance, la police d'assurance de responsabilité doit indiquer la relation entre les personnes et les biens, ainsi que celle entre les personnes et les faits, qui entraîne la responsabilité, de même que les montants et les exclusions de garantie, le caractère obligatoire ou facultatif de l'assurance et les bénéficiaires directs et indirects de celle-ci.

[1991, c. 64, a. 2499].

fied by the insurer or insurers of his choice, each being liable only for the amount he has contracted for.

No clause suspending all or part of the performance of the contract by reason of plurality of insurance may be set up against the insured.

Unless otherwise agreed, the indemnity is apportioned among the insurers in proportion to the share of each in the total coverage, except with respect to specific insurance, which constitutes primary insurance.

[1991, c. 64, a. 2496; I.N., 2014-05-01].

2497. Notwithstanding any contrary provision, the indemnities due to the insured are apportioned among the prior creditors or creditors holding hypothecs on the damaged property, according to their rank and without express delegation, upon mere notice and proof by them.

However, payments made in good faith before the notice discharge the insurer.

[1991, c. 64, a. 2497].

§ 3. — Liability insurance

2498. Civil liability, whether contractual or extracontractual, may be the subject of a contract of insurance.

[1991, c. 64, a. 2498].

2499. In addition to the particulars prescribed for insurance policies generally, a liability insurance policy shall set out the relation between persons and property as well as between persons and acts which entails liability, together with the amounts of and exclusions from coverage, and the compulsory or optional nature of the insurance and the direct and indirect beneficiaries of it.

[1991, c. 64, a. 2499; I.N., 2014-05-01].

∎ C.C.Q., 2399.

2500. Le montant de l'assurance est affecté exclusivement au paiement des tiers lésés.

[1991, c. 64, a. 2500].

∎ C.C.Q., 2501.

2500. The proceeds of the insurance are applied exclusively to the payment of injured third persons.

[1991, c. 64, a. 2500; I.N., 2014-05-01].

2501. Le tiers lésé peut faire valoir son droit d'action contre l'assuré ou l'assureur ou contre l'un et l'autre.

Le choix fait par le tiers lésé à cet égard n'emporte pas renonciation à ses autres recours.

[1991, c. 64, a. 2501].

∎ C.C.Q., 1528, 1529, 2414, 2628; C.P.C., 69.

2501. An injured third person may bring an action directly against the insured or against the insurer, or against both.

The option chosen in that regard by the injured third person does not deprive him of his other recourses.

[1991, c. 64, a. 2501; I.N., 2014-05-01].

2502. L'assureur peut opposer au tiers lésé les moyens qu'il aurait pu faire valoir contre l'assuré au jour du sinistre, mais il ne peut opposer ceux qui sont relatifs à des faits survenus postérieurement au sinistre; l'assureur dispose, quant à ceux-ci, d'une action récursoire contre l'assuré.

[1991, c. 64, a. 2502].

∎ C.C.Q., 2501.

2502. The insurer may set up against the injured third person any grounds he could have invoked against the insured at the time of the loss, but not grounds pertaining to facts that occurred after the loss; the insurer has a right of action against the insured with respect to facts that occurred after the loss.

[1991, c. 64, a. 2502; I.N., 2014-05-01].

2503. L'assureur est tenu de prendre fait et cause pour toute personne qui a droit au bénéfice de l'assurance et d'assumer sa défense dans toute action dirigée contre elle.

Les frais et dépens qui résultent des actions contre l'assuré, y compris ceux de la défense, ainsi que les intérêts sur le montant de l'assurance, sont à la charge de l'assureur, en plus du montant d'assurance.

[1991, c. 64, a. 2503].

∎ C.P.C., 168, 477.

2503. The insurer is bound to take up the interest of any person entitled to the benefit of the insurance and assume his defence in any action brought against him.

Costs and expenses resulting from actions against the insured, including those of the defence, and interest on the proceeds of the insurance are borne by the insurer over and above the proceeds of the insurance.

[1991, c. 64, a. 2503].

2504. Aucune transaction conclue sans le consentement de l'assureur ne lui est opposable.

[1991, c. 64, a. 2504].

∎ C.C.Q., 1609, 2631.

2504. No transaction made without the consent of the insurer may be set up against him.

[1991, c. 64, a. 2504].

SECTION IV —
DE L'ASSURANCE MARITIME

SECTION IV —
MARINE INSURANCE

§ 1. — Dispositions générales

§ 1. — General provisions

2505. Outre les risques relatifs à une opération maritime, l'assurance maritime peut couvrir les risques découlant d'opérations analogues aux opérations maritimes, les risques terrestres qui se rattachent à une opération maritime, de même que les risques relatifs à la construction, à la réparation et au lancement des navires.

[1991, c. 64, a. 2505].

2505. In addition to providing coverage against the losses incident to marine adventure, marine insurance may cover the risks of any adventure analogous to a marine adventure, land risks which are incidental to a marine adventure or risks incident to the building, repair and launch of a ship.

[1991, c. 64, a. 2505].

2506. Il y a risque relatif à une opération maritime, notamment lorsqu'un navire, des marchandises ou d'autres biens meubles sont exposés à des périls de la mer ou lorsqu'en raison de ces périls, la responsabilité civile d'une personne qui a un intérêt dans les biens assurables ou à leur égard peut être engagée.

Il en est de même lorsque des avances, notamment† le fret, le prix de passage, la commission et la sûreté donnée pour les avances, les prêts ou les débours, sont compromises parce que les biens assurables en cause sont exposés à des périls de la mer.

[1991, c. 64, a. 2506].

2506. In particular, there is a marine adventure where any ship, goods or other movables are exposed to maritime perils or where by reason of such perils, civil liability may be incurred by any person interested in, or responsible for, insurable property.

There is also a marine adventure where the earning or acquisition† of any freight, passage money, commission or other pecuniary benefit, or the security for any advances, loan or disbursements, is endangered by the exposure of insurable property to maritime perils.

[1991, c. 64, a. 2506].

Note : La discordance tient à l'absence, dans le texte anglais, de terme équivalent au mot « notamment ». / The discordance stems from the absence of an equivalent to the word "*notamment*" in the English text.

▌C.C.Q., 2507.

2507. Les périls de la mer sont notamment ceux mentionnés dans la police et ceux qui sont connexes à la navigation ou qui en découlent, comme les fortunes de mer, le fait des écumeurs de mer, les contraintes, le jet à la mer et la baraterie, ainsi que la prise, la contrainte, la saisie ou la détention du navire ou des autres biens assurables par un gouvernement.

[1991, c. 64, a. 2507].

2507. Maritime perils include the perils designated by the policy and the perils consequent on or incidental to navigation such as perils of the sea, piracy, restraints, jettisons and barratry, and the capture, restraint, seizure or detainment of the ship or other insurable property by a government.

[1991, c. 64, a. 2507].

2508. L'assurance d'un navire porte tant sur la coque du navire que sur l'armement, les approvisionnements, les machines et chaudières et, dans le cas d'un navire af-

2508. The insurance of a ship covers the hull of the ship as well as her outfit, stores and provisions, the machinery and boilers and, in the case of a ship engaged in a spe-

fecté à un transport particulier, sur les accessoires prévus à cette fin, de même que sur les approvisionnements des machines et le carburant qui appartiennent à l'assuré.

[1991, c. 64, a. 2508].

cial trade, the ordinary fittings requisite for that trade, and, if owned by the insured, the bunkers and engine stores.

[1991, c. 64, a. 2508].

2509. L'assurance du fret porte tant sur le profit que peut retirer un armateur de l'emploi de son navire au transport de ses propres marchandises ou de ses autres biens meubles, que sur le fret payable par un tiers, mais elle ne couvre pas le prix du passage.

[1991, c. 64, a. 2509].

2509. Insurance on freight covers the profit derivable by a shipowner from the employment of his ship to carry his own goods or other movables as well as freight payable by a third party, but does not include passage money.

[1991, c. 64, a. 2509].

2510. L'assurance des biens meubles porte sur tous les meubles non couverts par l'assurance du navire.

[1991, c. 64, a. 2510].

■ C.C.Q., 2563.

2510. The insurance on movables covers all movables not covered by the insurance on the ship.

[1991, c. 64, a. 2510].

§ 2. — De l'intérêt d'assurance

§ 2. — Insurable interest

I — De la nécessité de l'intérêt

I — Necessity of interest

2511. Il n'est pas nécessaire que l'intérêt d'assurance existe à la conclusion du contrat, mais il doit exister au moment du sinistre.

L'acquisition d'un intérêt après la survenance du sinistre ne rend pas l'assurance valide. Toutefois, l'assurance sur bonnes ou mauvaises nouvelles est valide, que l'assuré ait acquis son intérêt avant ou après le sinistre, pourvu, en ce dernier cas, qu'au moment de la conclusion du contrat, l'assuré n'ait pas été au courant du sinistre.

[1991, c. 64, a. 2511].

■ C.C.Q., 1410, 1411, 2481, 2513, 2847, 2866.

2511. It is not necessary that the insurable interest exist when the contract is made but it is necessary that it exist at the time of the loss.

The acquisition of an interest after a loss does not validate the insurance. However, where the property is insured 'lost or not lost', the insurance is valid although the insured may not have acquired his interest until after the loss provided that, at the time of making the contract, the insured was not aware of the loss.

[1991, c. 64, a. 2511].

2512. Un contrat d'assurance maritime par manière de jeu ou de pari est nul, de nullité absolue.

Il y a contrat de jeu ou de pari lorsque l'assuré n'a pas d'intérêt d'assurance et que le contrat est conclu sans l'attente d'en acquérir un.

2512. Every contract of marine insurance by way of gaming or wagering is absolutely null.

There is a gaming or wagering contract where the insured has no insurable interest and the contract is entered into with no expectation of acquiring such an interest.

Sont réputés des contrats de jeu et pari ceux qui comportent des stipulations† comme « intérêt ou sans intérêt », ou « sans autre preuve d'intérêt que la police elle-même », de même que ceux qui stipulent qu'il n'y a aura pas de délaissement en faveur de l'assureur alors que, dans les faits, il y a possibilité de délaissement.

[1991, c. 64, a. 2512].

A contract of marine insurance is deemed to be a gaming or wagering contract where the policy is made† "interest or no interest" or "without further proof of interest than the policy itself", or "without benefit of abandonment to the insurer" where there is in fact a possibility of abandonment.

[1991, c. 64, a. 2512].

II — Des cas d'intérêt d'assurance

II — Instances of insurable interest

2513. L'intérêt d'assurance existe lorsqu'une personne est intéressée dans une opération maritime et, particulièrement, lorsqu'il existe, entre cette personne et l'opération ou entre elle et le bien assurable, un rapport de nature telle que sa responsabilité puisse être engagée ou qu'elle puisse tirer un avantage de la sécurité ou de la bonne arrivée du bien assurable ou subir un préjudice en cas de détention, perte ou avarie.

[1991, c. 64, a. 2513].

■ C.C.Q., 2481, 2511.

2513. An insurable interest exists where a person is interested in a marine adventure and, in particular, where the relation between that person and the adventure or the insurable property is such that he may incur liability in respect thereof or derive benefit from the safety or due arrival of the insurable property or be prejudiced in case of detainment, loss or damage.

[1991, c. 64, a. 2513; I.N., 2014-05-01].

2514. Un intérêt d'assurance annulable, éventuel ou partiel† peut faire l'objet du contrat d'assurance maritime.

[1991, c. 64, a. 2514].

2514. A contingent or partial insurable interest† subject to annulment may be the subject of a contract of marine insurance.

[1991, c. 64, a. 2514].

Note : Le texte français énumère trois types d'intérêt qui peuvent faire l'objet d'un contrat d'assurance, alors que le texte anglais n'en désigne que deux, qui doivent au surplus être annulables (« *subject to annulment* »). Comp. O.R.C.C., Livre V, a. 1015. / The French text enumerates three types of interest that may be subject to a contract of marine insurance whereas the English text only enumerates two such interests which, in addition, must be "subject to annulment". Comp. C.C.R.O., Book V, a. 1015.

2515. Ont, notamment, un intérêt d'assurance, l'assureur, pour le risque qu'il assure, l'assuré, pour les frais de l'assurance souscrite et pour assurer la solvabilité de son assureur, ainsi que le capitaine du navire ou un membre de l'équipage, pour son salaire.

Ont aussi un tel intérêt la personne qui paie le fret à l'avance lorsqu'il ne lui est pas remboursable en cas de sinistre, l'acheteur de marchandises, même s'il est en droit de refuser les marchandises ou de les considérer aux risques du vendeur, ainsi que le débiteur hypothécaire, pour le

2515. An insurable interest exists, in particular, for the insurer in respect of the risk insured, for the insured in respect of the charges of insurance effected and the solvency of his insurer and for the master or any member of the crew of a ship in respect of his wages.

An insurable interest also exists for the person advancing freight in so far as it is not repayable in case of loss, for the buyer of goods even where he is entitled to reject the goods or treat them as at the seller's risk, for the hypothecary debtor in respect of the full value of the hypothecated pro-

plein montant de la valeur du bien hypothéqué, et le créancier hypothécaire, sur le bien hypothéqué, à concurrence de sa créance.

[1991, c. 64, a. 2515].

∎ C.C.Q., 2419, 2513.

perty, and for the hypothecary creditor up to the amount of his claim.

[1991, c. 64, a. 2515; I.N., 2014-05-01].

III — De l'étendue de l'intérêt d'assurance

III — Extent of insurable interest

2516. Toute personne ayant un intérêt dans le bien assuré peut souscrire une assurance aussi bien pour son propre compte que pour celui d'un tiers qui y a un intérêt.

[1991, c. 64, a. 2516].

∎ C.C.Q., 1444, 2483.

2516. Any person having an interest in the insured property may insure on behalf and for the benefit of other persons interested as well as for his own benefit.

[1991, c. 64, a. 2516; I.N., 2014-05-01].

2517. L'intérêt d'assurance du propriétaire d'un bien est la valeur de celui-ci, sans qu'il y ait lieu de considérer l'obligation qu'un tiers pourrait avoir de l'indemniser en cas de sinistre.

[1991, c. 64, a. 2517].

2517. The owner of insurable property has an insurable interest in respect of the full value thereof, notwithstanding that some third person might have agreed, or be liable, to indemnify him in case of loss.

[1991, c. 64, a. 2517].

§ 3. — De la détermination de la valeur assurable des biens

§ 3. — Measure of insurable value

2518. La valeur assurable des biens est la valeur des biens qui, au moment où le contrat est formé†, est aux risques de l'assuré.

Elle comprend aussi les frais d'assurance sur les biens.

[1991, c. 64, a. 2518].

2518. The insurable value is the amount at the risk of the insured when the policy attaches†.

The insurable value includes the charges of insurance on the property.

[1991, c. 64, a. 2518].

Note : O.R.C.C., Livre V, a. 1024. / C.C.R.O., Book V, a. 1024.

∎ C.C.Q., 2490.

2519. La valeur assurable d'un navire comprend, outre la valeur du navire, celle des débours et des avances sur le salaire des membres de l'équipage, ainsi que la valeur des dépenses faites pour réaliser le voyage ou l'opération prévue au contrat.

Celle du fret est le montant brut du fret aux risques de l'assuré, qu'il ait été payé à l'avance ou autrement et celle des marchandises est le prix coûtant de celles-ci,

2519. In insurance on ship, the insurable value is the value of the ship plus the money advanced for seamen's wages and any other disbursements incurred to make the ship fit for the voyage or adventure contemplated by the policy.

In insurance on freight, whether paid in advance or otherwise, the insurable value is the gross amount of the freight at the risk of the insured; in insurance on goods,

augmenté des frais d'embarquement et de ceux s'y rattachant.

[1991, c. 64, a. 2519].

the insurable value is the cost price of the goods plus the expenses of and incidental to shipping.

[1991, c. 64, a. 2519].

§ 4. —— Du contrat et de la police

§ 4. —— Contract and policy

I — De la souscription

I — Subscription

2520. La souscription de chaque assureur constitue un contrat distinct avec l'assuré.

[1991, c. 64, a. 2520].

2520. The subscription of each insurer constitutes a distinct contract with the insured.

[1991, c. 64, a. 2520].

II — Des espèces de contrats

II — Kinds of contract

2521. Les contrats sont au voyage ou de durée; ils peuvent faire l'objet d'une seule et même police.

Ils sont aussi à valeur agréée, à valeur indéterminée ou flottants.

[1991, c. 64, a. 2521].

∎ C.C.Q., 2491.

2521. A contract may be for a voyage or for a period of time; a contract for both voyage and time may be included in the same policy.

A contract may be valued, unvalued or floating.

[1991, c. 64, a. 2521].

2522. Le contrat au voyage couvre l'assuré d'un lieu de départ à un ou plusieurs lieux d'arrivée et, lorsque le contrat le précise, au lieu de départ même.

Le contrat de durée couvre l'assuré pour la période stipulée.

[1991, c. 64, a. 2522].

∎ C.C.Q., 2560.

2522. A voyage contract covers the insured from one place to another or others and, where specified in the policy, at the place of departure itself.

A time contract covers the insured for the stipulated period of time.

[1991, c. 64, a. 2522; I.N., 2014-05-01].

2523. Le contrat à valeur agréée fixe la valeur convenue du bien assuré.

En l'absence de fraude, la valeur ainsi fixée fait foi, entre l'assureur et l'assuré, de la valeur du bien, qu'il y ait perte totale ou seulement avarie, mais elle ne les lie pas lorsqu'il s'agit de déterminer s'il y a perte totale implicite.

[1991, c. 64, a. 2523].

2523. A valued contract is a contract which specifies the agreed value of the insured property.

In the absence of fraud, the value fixed by the policy is, as between the insurer and the insured, conclusive of the value of the insured property whether the loss be total or partial, but is not conclusive for the purpose of determining whether there has been a constructive total loss.

[1991, c. 64, a. 2523].

▌ C.C.Q., 2491, 2606.

2524. Le contrat à valeur indéterminée ne fixe pas la valeur du bien assuré, mais permet, sans excéder le montant de la garantie, d'établir ultérieurement la valeur qui était assurable.

Lorsque la valeur d'un bien assuré n'est pas déclarée avant l'avis de l'arrivée ou de la perte, le contrat est considéré à valeur indéterminée en ce qui concerne ce bien, à moins que la police n'en dispose autrement.

[1991, c. 64, a. 2524].

▌ C.C.Q., 2491.

2525. Le contrat flottant décrit l'assurance en termes généraux et permet de déclarer ultérieurement les précisions nécessaires, dont le nom du navire.

[1991, c. 64, a. 2525].

▌ C.C.Q., 1431.

2526. Les déclarations peuvent être faites au moyen d'une mention dans la police ou de toute autre manière consacrée par l'usage, mais, lorsqu'elles concernent des biens à expédier ou à charger, elles doivent, à moins que la police n'en dispose autrement, être faites dans l'ordre d'expédition ou de chargement, indiquer la valeur de ces biens et porter sur tous les envois visés par la police.

Les omissions et les déclarations erronées, faites de bonne foi, peuvent être corrigées, même après le sinistre ou après l'arrivée des biens à destination.

[1991, c. 64, a. 2526].

▌ C.C.Q., 2041, 2545-2552.

III — Du contenu de la police d'assurance

2527. Une police d'assurance maritime doit, outre le nom de l'assureur, de l'assuré ou de la personne qui effectue l'assurance pour son compte, spécifier le bien assuré, le risque contre lequel il est assuré et les sommes assurées, ainsi que le

2524. An unvalued contract is a contract which does not specify the value of the insured property but, without exceeding the amount of coverage, leaves the insurable value to be subsequently ascertained.

Where a declaration of the value of an insured property is not made until after notice of loss or arrival, the contract is treated as an unvalued contract as regards that property, unless the policy provides otherwise.

[1991, c. 64, a. 2524].

2525. A floating contract is a contract which describes the insurance in general terms and leaves the necessary particulars such as the name of the ship to be defined by subsequent declaration.

[1991, c. 64, a. 2525].

2526. The declarations may be made by endorsement on the policy or in other other customary manner but, where they pertain to goods to be dispatched or shipped, they shall, unless the policy provides otherwise, be made in the order of dispatch or shipment, state the value of the goods and comprise all consignments within the terms of the policy.

Omissions or erroneous declarations made in good faith may be rectified even after loss or arrival.

[1991, c. 64, a. 2526; I.N., 2014-05-01].

III — Content of the Policy

2527. In addition to the name of the insurer and of the insured or of the person who effects the insurance on behalf of the insured, a marine insurance policy shall specify the property insured and the risk insured against as well as the sums in-

voyage ou la période de temps couverts par l'assurance, la date et le lieu de la souscription, le montant ou le taux des primes et les dates de leur échéance.

[1991, c. 64, a. 2527].

■ C.C.Q., 2399, 2480.

sured, the voyage or period of time covered by the insurance, the date and place of subscription, the amount or rate of the premiums and the dates on which they become due.

[1991, c. 64, a. 2527; I.N., 2014-05-01].

IV — De la cession de la police d'assurance

IV — Assignment of policy

2528. La cession de l'assurance est permise, que ce soit avant ou après le sinistre.

Elle se fait au moyen d'une mention dans la police ou de toute autre manière consacrée par l'usage.

[1991, c. 64, a. 2528].

■ C.C.Q., 1641.

2528. A marine policy may be assigned either before or after loss.

A marine policy may be assigned by endorsement on the policy or in other customary manner.

1991, c. 64, a. 2528; I.N., 2014-05-01].

2529. L'assuré qui a aliéné ou perdu son intérêt dans le bien assuré ne peut céder l'assurance, à moins qu'il n'ait, auparavant ou à ce moment, convenu expressément ou implicitement de la céder.

[1991, c. 64, a. 2529].

■ C.C.Q., 2418, 2475, 2484.

2529. Where the insured has alienated or lost his interest in the insured property, and has not, before or at the time of so doing expressly or impliedly agreed to assign the policy, he may not subsequently assign the policy.

[1991, c. 64, a. 2529].

2530. L'aliénation du bien assuré n'emporte pas la cession de l'assurance, à moins qu'elle ne résulte d'une transmission qui a lieu par l'effet de la loi ou par succession au profit d'un héritier.

[1991, c. 64, a. 2530].

■ C.C.Q., 2529.

2530. The alienation of the insured property does not entail assignment of the insurance except in the case of a transmission by operation of law or by succession.

[1991, c. 64, a. 2530; I.N., 2014-05-01].

2531. Le cessionnaire peut faire valoir ses droits contre l'assureur directement, mais celui-ci peut lui opposer tous les moyens découlant du contrat qu'il aurait pu invoquer contre l'assuré.

[1991, c. 64, a. 2531].

■ C.C.Q., 1643.

2531. The assignee may enforce his rights directly against the insurer but the insurer may make any defense arising out of the contract which he would have been entitled to make against the insured.

[1991, c. 64, a. 2531].

V — De la preuve et de la ratification du contrat

2532. Le contrat ne se prouve que par la production de la police d'assurance, mais lorsque celle-ci a été établie, les attestations d'assurance, comme la note de couverture, sont recevables comme preuve, notamment † pour établir la teneur† véritable du contrat et le moment où l'assureur a accepté la demande d'assurance.

[1991, c. 64, a. 2532].

▮ C.C.Q., 2826.

2533. Lorsqu'un contrat est fait de bonne foi pour le compte d'un tiers, ce dernier peut le ratifier, même après avoir eu connaissance du sinistre.

[1991, c. 64, a. 2533].

§ 5. — Des droits et obligations des parties relativement à la prime

2534. L'assureur n'est pas tenu de délivrer la police avant qu'il n'y ait eu paiement de la prime ou que des offres réelles de paiement ne lui aient été faites.

[1991, c. 64, a. 2534].

▮ C.C.Q., 1573-1589, 2426.

2535. Lorsque l'assurance souscrite prévoit que le montant de la prime doit être établi par une entente ultérieure et que celle-ci n'intervient pas, l'assuré doit néanmoins une prime raisonnable.

Il en est de même lorsque l'assurance est souscrite à la condition qu'une prime supplémentaire soit fixée dans une éventualité donnée et que celle-ci se présente sans que cette prime ait été fixée.

[1991, c. 64, a. 2535].

2536. Le courtier doit la prime à l'assureur lorsque la police est obtenue par son intermédiaire; sinon, elle est due par l'assuré.

[1991, c. 64, a. 2536].

V — Evidence and ratification of the contract

2532. A contract is inadmissible in evidence unless it is embodied in an insurance policy, but once the policy has been issued, customary memorandums of the contract such as the slip or covering note are admissible in evidence † for the purpose of determining the actual terms† of the contract and showing when the proposal was accepted.

[1991, c. 64, a. 2532].

2533. Where a contract is effected in good faith on behalf of a third person, he may ratify it even after he is aware of a loss.

[1991, c. 64, a. 2533; I.N., 2014-05-01].

§ 5. — Rights and obligations of the parties as regards the premium

2534. The insurer is not bound to issue the policy until payment or tender of the premium.

[1991, c. 64, a. 2534].

2535. Where an insurance is effected at a premium to be arranged, and no arrangement is made, a reasonable premium is payable.

The same applies where an insurance is effected on the terms that an additional premium is to be arranged in a given event and that event happens but no arrangement is made.

[1991, c. 64, a. 2535].

2536. Where a marine policy is effected on behalf of the insured by a broker, the broker is responsible to the insurer for the premium. In other cases, the insured is responsible.

[1991, c. 64, a. 2536].

■ C.C.Q., 2544.

2537. L'assureur est redevable des sommes exigibles envers l'assuré. Lors d'un sinistre ou d'une ristourne de la prime, l'assureur doit ces sommes à l'assuré, qu'il ait ou non perçu la prime du courtier.

[1991, c. 64, a. 2537].

2537. The insurer is responsible to the insured for the amounts payable. In the event of a loss or a return of premium, insurer is responsible to the insured for such amounts whether or not he has collected the premium from the broker.

[1991, c. 64, a. 2537; I.N., 2014-05-01].

2538. L'assureur est tenu de restituer la prime quand la contrepartie du paiement de celle-ci fait totalement défaut et qu'il n'y a eu ni fraude ni illégalité de la part de l'assuré.

Si la contrepartie du paiement de la prime est divisible et qu'une fraction de cette contrepartie fait totalement défaut, l'assureur est également tenu, aux mêmes conditions, de restituer la prime, en proportion de l'absence de contrepartie.

[1991, c. 64, a. 2538].

■ C.C.Q., 1519.

2538. Where the consideration for the payment of the premium totally fails and there has been no fraud or illegality on the part of the insured, the premium is returnable to the insured.

Where the consideration for the payment of the premium is apportionable and there is a total failure of any apportionable part of the consideration, a proportionate part of the premium is, under the same conditions, returnable to the insured.

[1991, c. 64, a. 2538; I.N., 2014-05-01].

2539. Lorsque la police est nulle ou qu'elle est annulée par l'assureur avant le commencement du risque, ce dernier doit restituer la prime, pourvu qu'il n'y ait eu ni fraude ni illégalité de la part de l'assuré; toutefois, lorsque le risque n'est pas divisible et qu'il a commencé à courir, cette restitution n'est pas due.

[1991, c. 64, a. 2539].

2539. Where the policy is null or is cancelled by the insurer before the commencement of the risk, the premium is returnable provided there has been no fraud or illegality on the part of the insured; but if the risk is not apportionable, and has once attached, the premium is not returnable.

[1991, c. 64, a. 2539].

2540. Il y a lieu à une ristourne intégrale lorsque les biens assurés n'ont jamais été exposés au risque; il y a lieu à une ristourne partielle lorsqu'une partie seulement des biens assurés n'a pas été exposée au risque.

Toutefois, en assurance sur bonnes ou mauvaises nouvelles, lorsque les biens assurés étaient déjà arrivés à destination en bon état, au moment de la conclusion du contrat, il n'y a lieu à une ristourne que si l'assureur était déjà au courant de la bonne arrivée.

[1991, c. 64, a. 2540].

2540. Where the insured property, or part thereof, has never been imperilled, the premium, or a proportionate part thereof, is returnable.

Where the property has been insured "lost or not lost" and has arrived in safety at the time when the contract is concluded, the premium is not returnable unless, at such time, the insurer knew of the safe arrival.

[1991, c. 64, a. 2540].

2541. Il y a lieu à une ristourne lorsque l'assuré n'a eu aucun intérêt d'assurance pendant toute la durée du risque et qu'il ne s'agit pas d'un contrat de jeu ou de pari.

Cependant, il n'a pas ce droit lorsque l'intérêt d'assurance est annulable et qu'il prend fin pendant la durée du risque.

[1991, c. 64, a. 2541].

■ C.C.Q., 2481, 2484, 2511-2517.

2542. L'assurance souscrite pour un montant supérieur à la valeur du bien, dans un contrat à valeur indéterminée, donne lieu à une restitution proportionnelle de la prime.

Il en est de même de la surassurance résultant du cumul de contrats, survenue hors de la connaissance de l'assuré. Toutefois, lorsque les contrats ont pris effet à des époques différentes et qu'un des contrats, à un moment donné, a couvert seul l'intégralité du risque, ou si, encore, une indemnité a été acquittée par l'assureur en regard du plein montant de l'assurance, il n'y a pas lieu à la restitution de la prime de ce contrat.

[1991, c. 64, a. 2542].

■ C.C.Q., 2491, 2492, 2621.

2543. Le courtier a le droit de retenir la police pour le montant de la prime et des frais engagés pour la souscription de la police.

Lorsque le courtier a fait affaire avec une personne comme si cette dernière agissait pour son propre compte, il a également le droit de retenir la police pour le solde de tout compte d'assurance qui peut lui être dû par cette personne, à moins qu'au moment où la dette a été contractée, il n'ait eu de bonnes raisons de croire que cette personne n'agissait que pour le compte d'autrui.

[1991, c. 64, a. 2543].

■ C.C.Q., 1592, 1593, 2433.

2544. Lorsque la police obtenue par un courtier mentionne que la prime a été payée, cette mention, en l'absence de

2541. Where the insured has no insurable interest throughout the currency of the risk, the premium is returnable, provided the contract was not effected by way of gaming or wagering.

Where the insured has an interest subject to annulment which is terminated during the currency of the risk, the premium is not returnable.

[1991, c. 64, a. 2541].

2542. Where the insured has over-insured under an unvalued contract, a proportionate part of the premium is returnable.

The same applies in the case of over-insurance resulting from several contracts, if effected without the knowledge of the insured. But if the contracts have become effective at different times, and any of the contracts has, at any time, borne the entire risk or if an indemnity has been paid by the insurer in respect of the full sum insured thereby, no premium is returnable in respect of that contract.

[1991, c. 64, a. 2542; I.N., 2014-05-01].

2543. The broker has a right of retention upon the policy for the amount of the premium and his charges in respect of effecting the policy.

Where the broker has dealt with a person as if that person was acting on his own account, he also has a right of retention upon the policy in respect of any balance on any insurance account which may be due to him from such person, unless, when the debt was incurred, he had reason to believe that such person was acting only on behalf of another.

[1991, c. 64, a. 2543; I.N., 2014-05-01].

2544. Where a policy effected by a broker acknowledges the receipt of the premium, the acknowledgement is, in the absence of

fraude, fait foi entre l'assureur et l'assuré, mais non entre l'assureur et le courtier.

[1991, c. 64, a. 2544].

■ C.C.Q., 2536.

fraud, conclusive as between the insurer and the insured, but not as between the insurer and the broker.

[1991, c. 64, a. 2544].

§ 6. — Des déclarations

§ 6. — Disclosure and representations

2545. La formation du contrat d'assurance maritime nécessite la plus* absolue bonne foi.

Si celle-ci n'est pas observée par l'une des parties, l'autre peut demander la nullité du contrat.

[1991, c. 64, a. 2545].

2545. A contract of marine insurance is a contract based upon the utmost good faith.

If the utmost good faith is not observed by either party, the other party may apply to have the contract annulled.

[1991, c. 64, a. 2545; I.N., 2014-05-01].

Note : Y a-t-il des degrés dans l'absolu? / Can the "absolu" be a matter of degree?

■ C.C.Q., 6, 7, 1375, 1416, 2805.

2546. L'assuré doit, avant la formation du contrat, déclarer toutes les circonstances qu'il connaît et qui sont de nature à influencer de façon importante un assureur dans l'établissement de la prime, l'appréciation du risque ou la décision de l'accepter; ces déclarations doivent être vraies.

L'obligation de déclaration s'étend aux communications qui ont été faites à l'assuré et aux renseignements reçus par lui.

[1991, c. 64, a. 2546].

■ C.C.Q., 2408, 2409.

2546. The insured shall disclose to the insurer, before the formation of the contract, all circumstances known to him which would materially influence an insurer in fixing the premium, appreciating the risk or determining whether he will take it; the insured shall make only true representations.

Circumstances requiring disclosure include any communication made to or information received by the insured.

[1991, c. 64, a. 2546].

2547. S'il n'est pas interrogé, l'assuré n'est pas tenu de déclarer les circonstances qui ont pour effet de réduire le risque, de même que celles qu'il est superflu de déclarer en raison d'engagements exprès ou implicites.

De même, il n'est pas tenu de déclarer ce qui est de notoriété, ni les circonstances que l'assureur connaît ou sur lesquelles il renonce à être informé.

[1991, c. 64, a. 2547].

■ C.C.Q., 2408, 2550.

2547. In the absence of inquiry, the insured is not bound to disclose circumstances which diminish the risk and circumstances which it is superfluous to disclose by reason of an express or implied warranty.

Similarly, the insured is not bound to disclose matters of notoriety or circumstances which are known to the insurer or as to which information is waived by the insurer.

[1991, c. 64, a. 2547; I.N., 2014-05-01].

2548. Les déclarations portant sur des faits sont réputées vraies lorsque la différence entre la réalité et ce qui est déclaré n'est pas de nature à influencer, de façon importante, le jugement d'un assureur.

Les déclarations exprimant des attentes ou des croyances sont réputées vraies lorsqu'elles sont faites de bonne foi.

[1991, c. 64, a. 2548].

2549. Lorsque l'assurance est conclue par un représentant de l'assuré, le représentant est soumis aux mêmes obligations que l'assuré quant aux déclarations à faire.

Toutefois, on ne peut pas lui imputer d'omission lorsque les circonstances sont arrivées trop tard à la connaissance de l'assuré pour lui être communiquées.

[1991, c. 64, a. 2549].

2550. L'assuré et l'assureur, de même que leurs représentants, sont réputés connaître toutes les circonstances qui, dans le cours de leurs activités, devraient être connues d'eux.

[1991, c. 64, a. 2550].

2551. Les déclarations peuvent être rectifiées ou retirées avant la formation du contrat.

[1991, c. 64, a. 2551].

2552. Toute omission ou fausse déclaration de la part de l'assuré entraîne la nullité du contrat à la demande de l'assureur, même en ce qui concerne les pertes et dommages qui ne sont pas rattachés aux risques ainsi dénaturés.

[1991, c. 64, a. 2552].

▌C.C.Q., 2067, 2411, 2423, 2472.

§ 7. —— Des engagements

2553. Il y a engagement lorsque l'assuré affirme ou nie l'existence d'un certain état de fait ou lorsqu'il s'oblige à ce qu'une

2548. A representation as to a matter of fact is deemed true if the difference between what is represented and what is actually correct would not materially influence the judgment of an insurer.

A representation as to a matter of expectation or belief is deemed true if it is made in good faith.

[1991, c. 64, a. 2548].

2549. In the absence of inquiry, the insured is not bound to disclose circumstances which diminish the risk and circumstances which it is superfluous to disclose by reason of an express or implied warranty.

Similarly, the insured is not bound to disclose matters of notoriety or circumstances which are known to the insurer or as to which information is waived by the insurer.

[1991, c. 64, a. 2549; I.N., 2014-05-01].

2550. The insured and the insurer as well as their representatives are deemed to know every circumstance which, in the ordinary course of business, they ought to know.

[1991, c. 64, a. 2550; I.N., 2014-05-01].

2551. A representation may be withdrawn or corrected before the formation of the contract.

[1991, c. 64, a. 2551].

2552. If the insured fails to make a disclosure or if a representation made by him is untrue, the insurer may apply for annulment of the contract, even with respect to losses not connected with the risks misrepresented or not disclosed.

[1991, c. 64, a. 2552; I.N., 2014-05-01].

§ 7. —— Warranties

2553. A warranty is an undertaking by the insured whereby he affirms or denies the existence of a particular state of facts or

chose soit faite ou ne soit pas faite ou que certaines conditions soient remplies.

L'affirmation ou la négation d'un état de fait sous-entend nécessairement que cet état ne variera pas.

[1991, c. 64, a. 2553].

∎ C.C.Q., 1373.

2554. Les engagements doivent être respectés intégralement, qu'ils soient susceptibles ou non d'influencer de façon importante le jugement d'un assureur.

S'ils ne sont pas ainsi respectés, l'assureur est libéré de ses obligations, à compter de la violation de l'engagement, quant à tout sinistre qui survient ultérieurement; l'assuré ne peut invoquer en défense le fait qu'il a été remédié à la violation et que l'on s'est conformé à l'engagement avant le sinistre.

[1991, c. 64, a. 2554].

2555. L'assuré n'est pas obligé de respecter les engagements qui sont devenus illégaux ou qui, en raison d'un changement de circonstances, ne sont plus pertinents au contrat.

[1991, c. 64, a. 2555].

∎ C.C.Q., 1373, 2564.

2556. L'engagement peut être exprès ou implicite. L'engagement exprès n'est soumis à aucune forme particulière, mais il doit figurer dans la police ou dans un document qui y est intégré par un avenant.

Un engagement exprès n'exclut pas un engagement implicite, à moins qu'il n'y ait incompatibilité entre les deux.

[1991, c. 64, a. 2556].

2557. L'engagement exprès portant sur la neutralité d'un navire ou d'autres biens assurables comporte l'engagement implicite que la neutralité existe au commencement du risque et que, dans la mesure où l'as-

promises that some particular thing will or will not be done or that some condition will be fulfilled.

The affirmation or denial of a particular state of facts necessarily implies that the state of facts will not vary.

[1991, c. 64, a. 2553; I.N., 2014-05-01].

2554. A warranty shall be exactly complied with whether or not it may materially influence the judgment of an insurer.

Where a warranty is not complied with, the insurer is discharged from liability as from the time of the breach of warranty with respect to any loss which occurs subsequently; the insured may not avail himself of the defence that the breach has been remedied, and the warranty complied with, before the loss.

[1991, c. 64, a. 2554; I.N., 2014-05-01].

2555. The insured is not required to comply with a warranty which has become unlawful or which has ceased, by reason of a change of circumstances, to be applicable to the circumstances of the contract.

[1991, c. 64, a. 2555].

2556. A warranty may be express or implied. An express warranty may be in any form of words but shall be written in the policy or contained in a document incorporated into the policy by way of a rider.

An express warranty does not exclude an implied warranty, unless it is inconsistent therewith.

[1991, c. 64, a. 2556].

2557. Where insurable property, whether ship or goods, is expressly warranted "neutral", there is an implied warranty that the property will have a neutral character at the commencement of the risk and that,

suré en a le contrôle, elle sera maintenue pendant la durée du risque.

L'engagement exprès portant sur la neutralité d'un navire comporte également l'engagement implicite que, dans la mesure où l'assuré en a le contrôle, le navire aura à son bord les documents nécessaires à l'établissement de sa neutralité, que ces documents ne seront ni supprimés ni falsifiés et que des faux ne seront pas utilisés. Si un sinistre survient par suite de la violation de cet engagement implicite, le contrat peut être annulé à la demande de l'assureur.

[1991, c. 64, a. 2557].

so far as the insured can control the matter, its neutral character will be preserved during the risk.

Where a ship is expressly warranted "neutral" there is also an implied warranty that, so far as the insured can control the matter, she will carry the necessary papers to establish her neutrality and that she will not falsify or suppress her papers or use simulated papers. If any loss occurs through breach of this implied warranty, the insurer may bring an action for the annulment of the contract.

[1991, c. 64, a. 2557].

2558. Il n'y a pas d'engagement implicite quant à la nationalité du navire ou au maintien de cette nationalité pendant la durée du risque.

[1991, c. 64, a. 2558].

2558. There is no implied warranty as to the nationality of a ship, or that her nationality will not be changed during the risk.

[1991, c. 64, a. 2558].

2559. Lorsqu'il y a engagement que les biens assurés sont en bon état ou en sécurité un jour donné, il suffit qu'ils le soient à un moment de cette journée.

[1991, c. 64, a. 2559].

2559. Where the insured property is warranted well or in good safety on a particular day, it is sufficient if it be safe at any time during that day.

[1991, c. 64, a. 2559].

2560. Dans un contrat au voyage, il y a engagement implicite que le navire est, au commencement du voyage, en bon état de navigabilité pour l'opération maritime assurée.

Si le risque commence alors que le navire est au port, il y a engagement implicite que le navire sera, alors, en état de faire face aux périls ordinaires du port; si les diverses étapes d'un voyage exigent une préparation ou un armement différent ou supplémentaire pour le navire, il y a engagement implicite que le navire sera en bon état de navigabilité au début de chaque étape.

[1991, c. 64, a. 2560].

2560. In a voyage policy, there is an implied warranty that at the commencement of the voyage the ship will be seaworthy for the purpose of the particular adventure insured.

Where the risk attaches while the ship is in port, there is also an implied warranty that, at the commencement of the risk, she will be fit to encounter the ordinary perils of the port; where the different stages of a voyage require different kinds of or further preparation or equipment for the ship, there is an implied warranty that the ship will be seaworthy at the commencement of each stage.

[1991, c. 64, a. 2560].

2561. Dans un contrat de durée, il n'y a pas d'engagement implicite que le navire est en bon état de navigabilité.

Toutefois, lorsque, au su de l'assuré, le navire prend la mer en état d'innavigabilité,

2561. In a time policy there is no implied warranty that the ship is seaworthy.

Where, with the knowledge of the insured, the ship is sent to sea in an unseaworthy

l'assureur n'est pas tenu des pertes et des dommages qui en résultent.

[1991, c. 64, a. 2561].

state, the insurer is not liable for any loss attributable to such unseaworthiness.

[1991, c. 64, a. 2561].

2562. Un navire est réputé en bon état de navigabilité lorsqu'il est, à tous égards, en état de faire face aux périls habituels de la mer durant l'opération maritime assurée.

[1991, c. 64, a. 2562].

2562. A ship is deemed to be seaworthy when she is fit in all respects to encounter the ordinary perils of the seas of the adventure insured.

[1991, c. 64, a. 2562].

2563. Lorsque l'assurance porte sur des marchandises ou d'autres biens meubles, il n'y a pas d'engagement implicite garantissant que ces biens sont en état de voyager par mer.

Cependant, si le contrat est au voyage, il y a engagement implicite qu'au commencement du voyage, le navire est en bon état de navigabilité et qu'il est en état de transporter ces biens à la destination envisagée.

[1991, c. 64, a. 2563].

2563. In a contract of insurance on goods or other movables, there is no implied warranty that the goods or movables are seaworthy.

However, in a voyage policy there is an implied warranty that, at the commencement of the voyage, the ship is seaworthy and that she is fit to carry the goods to the destination contemplated.

[1991, c. 64, a. 2563; I.N., 2014-05-01].

2564. Il y a engagement implicite que l'opération maritime assurée n'est pas prohibée par la loi et que, dans la mesure du possible pour l'assuré, l'opération maritime sera exécutée conformément à la loi.

[1991, c. 64, a. 2564].

2564. There is an implied warranty that the adventure insured is not unlawful and that, so far as the insured can control the matter, the adventure will be carried out in a lawful manner.

[1991, c. 64, a. 2564].

▌C.C.Q., 1373, 1411, 2555.

§ 8. — Du voyage

§ 8. — The voyage

I — Du départ

I — Commencement

2565. Le contrat au voyage comporte une condition implicite que si, lors de la conclusion du contrat, le navire n'est pas au lieu de départ qui y est indiqué, l'opération maritime commencera, néanmoins, dans un délai raisonnable.

Si tel n'est pas le cas, le contrat peut être annulé à la demande de l'assureur, à moins que l'assuré ne démontre que le retard était dû à des circonstances connues de l'assureur avant la conclusion du contrat.

[1991, c. 64, a. 2565].

2565. In a voyage contract there is an implied condition that if, when the contract is made, the ship is not at the place of departure specified therein, the adventure will nevertheless commence within a reasonable time.

If the adventure is not so commenced, the insurer may apply for the annulment of the contract unless the insured shows that the delay was caused by circumstances known to the insurer before the contract was made.

[1991, c. 64, a. 2565; I.N., 2014-05-01].

▌C.C.Q., 2078, 2522, 2550, 2572.

2566. Lorsque le navire prend la mer d'un lieu de départ autre que celui indiqué au contrat, le risque n'est pas assuré.

Il en est de même lorsque le navire, au départ, prend la mer pour une destination autre que celle indiquée au contrat.

[1991, c. 64, a. 2566].

2566. Where the ship sails from a place other than the place of departure specified in the contract the risk does not attach.

The same applies where the ship sails for a destination other than that specified in the contract.

[1991, c. 64, a. 2566].

II —
Du changement de voyage

II — Change of voyage

2567. Il y a changement de voyage dès que se manifeste, après le début du risque, la décision de changer volontairement la destination du navire de celle indiquée au contrat.

L'assureur est libéré de ses obligations dès ce changement, que l'itinéraire ait ou non, en fait, été changé au moment du sinistre.

[1991, c. 64, a. 2567].

2567. There is a change of voyage from such time as, after the commencement of the risk, the determination to voluntarily change the destination specified in the contract is manifested.

The insurer is discharged from liability from the time of the change whether or not the course has in fact been changed when the loss occurs.

[1991, c. 64, a. 2567].

III — Du déroutement

III — Deviation

2568. Il y a déroutement lorsque le navire s'écarte effectivement de l'itinéraire indiqué au contrat ou, lorsque aucun itinéraire n'étant indiqué, il s'écarte de l'itinéraire habituel.

L'assureur est libéré de ses obligations, dès qu'il y a déroutement sans excuse légitime, que le navire ait ou non repris son itinéraire avant le sinistre.

[1991, c. 64, a. 2568].

2568. There is a deviation where the ship departs in fact from the course specified in the contract or, if none is specified, where the usual and customary course is departed from.

The insurer is discharged from liability from the time of a deviation without lawful excuse, whether or not the ship has regained her course before any loss occurs.

[1991, c. 64, a. 2568; I.N., 2014-05-01].

2569. Lorsque le contrat indique plusieurs lieux de déchargement, il n'est pas obligatoire que le navire se rende à tous ces lieux.

Toutefois, en l'absence d'usage contraire ou d'excuse légitime, il doit se rendre aux lieux qu'il touchera, en suivant l'ordre indiqué au contrat, sans quoi il y a déroutement.

[1991, c. 64, a. 2569].

2569. Where several places of discharge are specified in the contract, the ship may proceed to all or any of them.

However, in the absence of any usage or lawful excuse to the contrary, the ship shall proceed to such of the places as she goes to in the order specified in the contract; if she does not, there is a deviation.

[1991, c. 64, a. 2569; I.N., 2014-05-01].

2570. Lorsque le contrat désigne les lieux de déchargement d'une région, générale-

2570. Where several places of discharge within a given area are referred to in the

ment et sans les nommer, le navire doit, en l'absence d'usage contraire† ou d'excuse légitime, se rendre aux lieux qu'il touchera dans l'ordre géographique, sans quoi il y a déroutement.

[1991, c. 64, a. 2570].

contract in general terms but are not named, the ship shall, in the absence of any usage or lawful excuse to the contrary†, proceed to such of them as she goes to in their geographical order; if she does not, there is a deviation.

[1991, c. 64, a. 2570].

IV — Du retard

2571. Lorsque le contrat est au voyage, l'opération maritime doit être poursuivie avec diligence; si, sans excuse légitime, elle ne se poursuit pas ainsi, l'assureur est libéré de ses obligations à compter du moment où l'absence de diligence devient manifeste.

[1991, c. 64, a. 2571].

IV — Delay

2571. In the case of a voyage contract, the adventure shall be prosecuted with dispatch and if, without lawful excuse, it is not so prosecuted, the insurer is discharged from liability from the time when the lack of dispatch becomes manifest.

[1991, c. 64, a. 2571; I.N., 2014-05-01].

V — Des retards et des déroutements excusables

2572. Les déroutements et les retards dans la poursuite du voyage sont excusés lorsqu'ils sont autorisés par le contrat ou qu'ils sont rendus nécessaires pour respecter un engagement prévu† au contrat; ils le sont, aussi, lorsqu'ils sont causés par des circonstances qui échappent au contrôle du capitaine et de son employeur ou qu'ils sont rendus nécessaires pour la sécurité des biens assurés.

Ils sont également excusés lorsqu'il s'agit de sauver des vies humaines ou de rendre des services de sauvetage à un navire en détresse, à bord duquel des vies humaines peuvent être en danger, ou qu'ils sont nécessaires en vue de procurer des soins médicaux ou chirurgicaux à une personne à bord du navire, ou encore lorsqu'ils sont causés par la baraterie du capitaine ou de l'équipage, à condition que la baraterie soit un risque assuré.

[1991, c. 64, a. 2572].

▌C.C.Q., 1471, 2072.

V — Excuses for deviation or delay

2572. Deviation or delay in prosecuting the voyage is excused where authorized by the contract or necessary in order to comply with an express or implied† warranty or where caused by circumstances beyond the control of the master and his employer or necessary for the safety of the insured property.

Deviation or delay is also excused where it occurs for the purpose of saving human life or aiding a ship in distress where human life may be in danger or where necessary for the purpose of obtaining medical or surgical aid for any person on board the ship, or where caused by the barratrous conduct of the master or crew, provided barratry is one of the perils insured against.

[1991, c. 64, a. 2572].

2573. Lorsque la cause excusant le déroutement ou le retard disparaît, le navire doit, avec diligence, reprendre son itinéraire et poursuivre son voyage.

[1991, c. 64, a. 2573].

2573. When the cause excusing the deviation or delay ceases to operate, the ship shall resume her course and prosecute her voyage with reasonable dispatch.

1991, c. 64, a. 2573; I.N., 2014-05-01].

2574. L'assureur n'est pas libéré de ses obligations lorsque, par suite de la réalisation d'un risque couvert par l'assurance, le voyage est interrompu dans un lieu intermédiaire, dans des circonstances qui, à moins de stipulation particulière dans le contrat d'affrètement, autorisent le capitaine à débarquer et à rembarquer les marchandises ou autres biens meubles ou à les transborder et à les envoyer à leur destination.

[1991, c. 64, a. 2574].

2574. Where, by the occurrence of a peril insured against, the voyage is interrupted at an intermediate place under such circumstances as, apart from any special stipulation in the contract of affreightment, to justify the master in landing and reshipping the goods or other movables, or in transhipping them, and sending them on to their destination, the liability of the insurer continues.

[1991, c. 64, a. 2574; I.N., 2014-05-01].

§ 9. — De la déclaration du sinistre, des pertes et des dommages

§ 9. — Notice of loss

2575. La déclaration d'un sinistre obéit aux règles applicables à l'assurance terrestre de dommages.

[1991, c. 64, a. 2575].

∎ C.C.Q., 2470-2474.

2575. The notice of loss is governed by the rules applicable in non-marine damage insurance.

[1991, c. 64, a. 2575].

2576. L'assureur n'est tenu que des pertes et des dommages résultant directement d'un risque couvert par la police.

Il est libéré de ses obligations lorsque ces pertes et dommages résultent de la faute intentionnelle de l'assuré, mais il ne l'est pas s'ils résultent de la faute du capitaine ou de l'équipage.

[1991, c. 64, a. 2576].

∎ C.C.Q., 1474, 2464.

2576. The insurer is liable only for losses directly caused by a peril insured against.

The insurer is not liable for any such loss caused by the insured's intentional fault, but he is liable if it is caused by fault on the part of the master or crew.

[1991, c. 64, a. 2576; I.N., 2014-05-01].

2577. L'assureur du navire ou des marchandises est libéré de ses obligations lorsque les pertes et dommages résultent directement du retard, même si le retard est imputable à la réalisation d'un risque couvert.

Il l'est également si les dommages causés aux machines ne résultent pas directement d'un péril de la mer ou si les pertes et les dommages proviennent directement du fait des rats et de la vermine, de l'usure, du coulage et du bris qui se produisent normalement au cours d'un voyage, ou de la nature même du bien assuré ou de son vice propre.

[1991, c. 64, a. 2577].

∎ C.C.Q., 2072, 2465, 2507, 2571.

2577. The insurer on ship or goods is not liable for any loss directly caused by delay, even though the delay is attributable to the occurrence of a peril insured against.

The insurer is also not liable for any injury to machinery not directly caused by maritime perils nor for any loss directly caused by rats or vermin, ordinary wear and tear, ordinary leakage and breakage during a voyage, or the very nature of the insured property or any inherent defect in it.

[1991, c. 64, a. 2577; I.N., 2014-05-01].

2578. Le préjudice subi par l'assuré peut être soit une avarie, soit la perte totale des biens assurés.

Les pertes totales sont réelles ou implicites.

Seules les pertes visées au présent paragraphe peuvent être considérées comme des pertes totales.

[1991, c. 64, a. 2578].

2578. A loss may be either total or partial.

A total loss may be either an actual total loss or a constructive total loss.

Only a loss contemplated by this subsection may be considered a total loss.

[1991, c. 64, a. 2578].

2579. L'assurance contre les pertes totales comprend tant celles qui sont réelles que celles qui sont implicites, à moins que les conditions du contrat n'autorisent des conclusions différentes.

[1991, c. 64, a. 2579].

2579. Unless a different intention appears from the terms of the policy, insurance against total loss includes a constructive total loss as well as an actual total loss.

[1991, c. 64, a. 2579; I.N., 2014-05-01].

2580. La perte est totale et réelle lorsque l'assuré est irrémédiablement privé du bien assuré ou que celui-ci est détruit ou endommagé à un point tel qu'il perd son identité. Elle est présumée telle lorsque le navire a disparu et qu'on n'a pas reçu de ses nouvelles pendant une période de temps raisonnable.

[1991, c. 64, a. 2580].

■ C.C.Q., 2587.

2580. There is an actual total loss where the insured is irretrievably deprived of the insured property or where it is destroyed or so damaged as to cease to be a thing of the kind insured. An actual total loss may be presumed where the ship is missing and no news of her has been received for a reasonable period of time.

[1991, c. 64, a. 2580].

2581. La perte est totale et implicite lorsque le bien assuré est abandonné et qu'il l'a été parce que la perte totale réelle paraissait inévitable ou qu'elle ne pouvait être évitée qu'en engageant des frais excédant la valeur du bien assuré.

Elle l'est également lorsque l'assuré est privé de la possession du bien assuré, en raison de la réalisation d'un risque couvert par l'assurance, et qu'il est soit improbable qu'il puisse recouvrer le bien, soit trop onéreux de le tenter; elle l'est encore lorsque le bien est endommagé et qu'il serait trop onéreux de le réparer.

[1991, c. 64, a. 2581].

■ C.C.Q., 2507.

2581. There is a constructive total loss where the insured property is abandoned on account of its actual total loss appearing to be unavoidable, or because it could not be preserved from actual total loss without an expenditure which would exceed the value of the insured property.

There is also a constructive total loss where the insured is deprived of the possession of the insured property by a peril insured against and it is either unlikely that he can recover it, or too costly to attempt to do so; there is also constructive total loss where repairing the damage to the insured property would be too costly.

[1991, c. 64, a. 2581].

2582. Le recouvrement ou la réparation est présumé trop onéreux lorsque le coût excéderait la valeur du bien au moment où il serait fait, ou lorsque les frais à engager

2582. Recovery or repair is presumed to be too costly where the cost would exceed the value of the insured property at the time the expense was incurred or where

pour la réparation des biens† et leur envoi à destination excéderaient leur valeur à l'arrivée ou lorsque les frais à engager pour la réparation du navire excéderaient sa valeur une fois réparé.

[1991, c. 64, a. 2582].

the cost of repairing the damage and forwarding the goods† to their destination would exceed their value on arrival or where the cost of repairing the damage to the ship would exceed the value of the ship when repaired.

[1991, c. 64, a. 2582].

Note : Comp. a. 2563(1).

2583. Les contributions d'avarie commune à percevoir d'un tiers pour la réparation d'un navire ne sont pas comptées pour calculer les frais à engager pour cette réparation.

Cependant, on tient compte des frais d'opération de sauvetage et des contributions d'avarie commune auxquels serait tenu le navire s'il était réparé.

[1991, c. 64, a. 2583].

❚ C.C.Q., 2599.

2583. In estimating the cost of repairs, no deduction is to be made in respect of general average contributions to those repairs payable by other interests.

However, account is to be taken of the expense of future salvage operations and of any future general average contributions to which the ship would be liable if repaired.

[1991, c. 64, a. 2583].

2584. L'assuré a le choix de considérer les pertes totales implicites soit comme des avaries, soit, en délaissant les biens assurés à l'assureur, comme des pertes totales réelles.

[1991, c. 64, a. 2584].

❚ C.C.Q., 2578.

2584. Where there is a constructive total loss, the insured may either treat the loss as a partial loss, or abandon the insured property to the insurer and treat the loss as if it were an actual total loss.

[1991, c. 64, a. 2584

2585. Lorsque l'assuré intente une action pour une perte totale et que la preuve révèle qu'il n'y a eu qu'avarie, il a quand même le droit d'être indemnisé pour le préjudice subi, à moins que le contrat ne couvre pas les avaries.

[1991, c. 64, a. 2585].

❚ C.C.Q., 2578.

2585. Where the insured brings an action for a total loss and the evidence proves only a partial loss, he may nevertheless recover for a partial loss, unless partial losses are not covered by the contract.

[1991, c. 64, a. 2585].

2586. L'impossibilité d'identifier les marchandises, à destination, pour quelque raison que ce soit et notamment par suite de l'oblitération des marques, ne donne droit qu'à une action d'avaries.

[1991, c. 64, a. 2586].

❚ C.C.Q., 2072, 2578.

2586. Where goods that have reached their destination are incapable of identification by reason of obliteration of marks or otherwise, the insured has a right of action for partial loss only.

[1991, c. 64, a. 2586].

§ 10. —— Du délaissement   § 10. —— Abandonment

2587. L'assuré qui choisit de délaisser le bien assuré doit donner un avis de délaissement; il est dispensé de donner l'avis lorsque la perte est totale et réelle. Autrement, il n'a droit qu'à une action d'avaries.

[1991, c. 64, a. 2587].

▌ C.C.Q., 2578, 2580, 2584, 2590.

2587. Where the insured elects to abandon the insured property, he shall give notice of abandonment, except in the case of total actual loss. If he fails to do so, he has a right of action for partial loss only.

[1991, c. 64, a. 2587].

2588. Il n'y a aucune exigence particulière quant à la forme ou à la teneur de l'avis de délaissement, mais l'intention de l'assuré d'effectuer un délaissement sans condition doit être manifeste.

[1991, c. 64, a. 2588].

2588. There are no special requirements as to the form or substance of the notice of abandonment but the insured shall make his intention to effect unconditional abandonment manifest.

[1991, c. 64, a. 2588].

2589. L'avis de délaissement doit être donné avec diligence, dès que l'assuré est informé, de sources dignes de foi, de la survenance d'un sinistre.

Cependant, lorsque la nature des renseignements est douteuse, l'assuré a droit à un délai raisonnable pour faire enquête.

[1991, c. 64, a. 2589].

2589. Notice of abandonment shall be given with diligence after the receipt of reliable information of the loss.

Where the information is of a doubtful character the insured is entitled to a reasonable time to make inquiry.

[1991, c. 64, a. 2589].

2590. L'avis de délaissement n'est pas nécessaire si, au moment où l'assuré a été mis au courant de la perte, l'assureur n'aurait pu de toute façon tirer aucun avantage du délaissement, même si l'avis lui avait été donné.

[1991, c. 64, a. 2590].

▌ C.C.Q., 2587.

2590. Notice of abandonment is unnecessary if, at the time the insured receives information of the loss, there would be no possibility of benefit to the insurer if notice were given to him.

[1991, c. 64, a. 2590].

2591. L'assureur n'est pas tenu de donner un avis du délaissement à son réassureur.

[1991, c. 64, a. 2591].

2591. The insurer need not give notice of the abandonment to his reinsurer.

[1991, c. 64, a. 2591].

2592. L'assureur peut accepter ou refuser le délaissement qui lui est valablement offert. Il peut aussi renoncer à l'avis de délaissement.

L'acceptation du délaissement est expresse ou découle de la conduite de l'assureur, mais son silence ne constitue pas une acceptation.

[1991, c. 64, a. 2592].

2592. The insurer may either accept or refuse an abandonment validly tendered. He may also waive notice of abandonment.

The acceptance of an abandonment may be either express or implied* from the conduct of the insurer, but the mere silence of the insurer is not an acceptance.

[1991, c. 64, a. 2592].

▌C.C.Q., 1394.

2593. L'acceptation de l'avis en justifie la validité, rend le délaissement irrévocable et comporte reconnaissance de la part de l'assureur de son obligation d'indemniser l'assuré.

[1991, c. 64, a. 2593].

2593. The acceptance of the notice admits sufficiency of the notice, renders the abandonment irrevocable and conclusively admits the insurer's obligation to indemnify the insured.

[1991, c. 64, a. 2593; I.N., 2014-05-01].

2594. L'assureur qui accepte le délaissement devient propriétaire, à compter du sinistre, tant de l'intérêt de l'assuré dans tout ce qui peut subsister du bien assuré que des droits qui y sont afférents. Il assume, en même temps, les obligations qui s'y rattachent.

L'assureur qui a accepté le délaissement d'un navire a droit au fret gagné après le sinistre, déduction faite des frais engagés, après le sinistre, pour le gagner. De plus, quand le navire transporte les marchandises du propriétaire du navire, l'assureur a droit à une rémunération raisonnable pour le transport effectué après le sinistre.

[1991, c. 64, a. 2594].

▌C.C.Q., 2002, 2019, 2509.

2594. Where the insurer accepts the abandonment, he becomes, from the time of the loss, the owner of the interest of the insured in whatever may remain of the insured property and all rights and obligations incidental thereto.

An insurer who has accepted the abandonment of a ship is entitled to any freight earned after the loss, less the expenses of earning it incurred after the loss. And, where the ship is carrying the ship owner's goods, the insurer is entitled to a reasonable remuneration for the carriage of them subsequent to the loss.

[1991, c. 64, a. 2594].

2595. Le refus de l'assureur d'accepter le délaissement, alors même que l'avis en a été valablement donné, ne porte pas atteinte aux droits de l'assuré, notamment à celui d'être indemnisé pour une perte totale implicite.

L'assuré conserve son intérêt dans tout ce qui peut subsister du bien assuré, ainsi que les droits et les obligations qui s'y rattachent, même si l'assureur l'indemnise des pertes et des dommages qui ont donné lieu au délaissement.

[1991, c. 64, a. 2595].

▌C.C.Q., 2581, 2584.

2595. Where the notice of abandonment is properly given, the rights of the insured, particularly the right of recovery for a constructive total loss, are not prejudiced by the fact that the insurer refuses to accept the abandonment.

The insured retains his interest in whatever may remain of the insured property and all incidental rights and obligations, even if the insurer indemnifies him for the loss which gave rise to the abandonment.

[1991, c. 64, a. 2595; I.N., 2014-05-01].

§ 11. —— Des espèces d'avaries

§ 11. —— Kinds of average loss

2596. Ne sont considérées comme avaries particulières que les avaries matérielles causées par la réalisation d'un risque assuré et qui ne résultent pas d'un fait d'avarie commune.

[1991, c. 64, a. 2596].

2596. A particular average loss is a partial loss of the insured property, caused by a peril insured against, and which is not a general average loss.

[1991, c. 64, a. 2596].

2597. Les avaries-frais sont les frais engagés par l'assuré, ou pour son compte, pour la préservation ou la sécurité du bien assuré, à l'exclusion des frais d'avarie commune et de sauvetage.

Elles ne sont pas comprises dans les avaries particulières.

[1991, c. 64, a. 2597].

2597. Expenses incurred by or on behalf of the insured for the preservation or safety of the insured property, other than general average and salvage charges, are called particular charges.

Particular charges are not included in particular average.

[1991, c. 64, a. 2597].

2598. Les frais de sauvetage engagés pour prévenir des pertes et des dommages résultant de la réalisation d'un risque assuré peuvent être recouvrés comme une perte causée par ces risques.

On entend par frais de sauvetage, les frais qui, en vertu du droit maritime, peuvent être recouvrés par un sauveteur agissant sans contrat de sauvetage. Ils ne comprennent pas les frais pour les services de sauvetage rendus par l'assuré ou son mandataire†, ou par toute autre personne employée par eux, à seule fin d'éviter la réalisation du risque, à moins que ces frais ne soient justifiés, auquel cas ils peuvent être recouvrés à titre d'avaries-frais ou de pertes par avarie commune, compte tenu des circonstances dans lesquelles ils ont été engagés.

[1991, c. 64, a. 2598].

◼ C.C.Q., 2487, 2583, 2612.

2598. Salvage charges incurred in preventing a loss by perils insured against may be recovered as a loss by those perils.

"Salvage charges" means the charges recoverable under maritime law by a salvor independently of contract. They do not include the expenses of services in the nature of salvage rendered by the insured or by persons acting on his behalf†, or any person employed for hire by them, for the sole purpose of averting a peril insured against, unless such expenses are properly incurred, in which case they may be recovered as particular charges or as a general average loss, according to the circumstances in which they were incurred.

[1991, c. 64, a. 2598].

2599. La perte par avarie commune est celle qui résulte d'un fait d'avarie commune.

Il y a fait d'avarie commune lorsqu'un sacrifice ou une dépense extraordinaire est volontairement et raisonnablement consenti à un moment périlleux, dans le but de préserver les biens en péril.

[1991, c. 64, a. 2599].

◼ C.C.Q., 2487, 2583, 2612.

2599. A general average loss is a loss caused by a general average act.

There is a general average act where any extraordinary sacrifice or expense is voluntarily and reasonably made or incurred in time of peril for the purpose of preserving the property imperilled.

[1991, c. 64, a. 2599; I.N., 2014-05-01].

2600. Sous réserve des règles du droit maritime, la perte par avarie commune donne le droit, à la partie qui la subit, d'exiger une contribution proportionnelle des autres intéressés; cette contribution est dite contribution d'avarie commune.

[1991, c. 64, a. 2600].

2600. Where there is a general average loss, the party on whom it falls is entitled, subject to the conditions imposed by maritime law, to a rateable contribution from the other interested persons, and such contribution is called a general average contribution.

[1991, c. 64, a. 2600; I.N., 2014-05-01].

2601. L'assuré qui a engagé une dépense d'avarie commune peut se faire indemniser par l'assureur, dans la mesure et la proportion de la perte qui lui incombe; celui qui a consenti un sacrifice d'avarie commune peut se faire indemniser par l'assureur de la totalité de la perte qu'il a subie, sans être tenu d'exiger une contribution des autres parties.

[1991, c. 64, a. 2601].

2601. Where the insured has incurred a general average expenditure, he may recover from the insurer in respect of the proportion of the loss which falls upon him, if any; in the case of a general average sacrifice, he may recover from the insurer in respect of the whole loss without having enforced his right of contribution from the other parties.

[1991, c. 64, a. 2601].

2602. L'assureur n'est pas tenu d'indemniser les pertes par avarie commune ou les contributions à leur égard si les dommages n'ont pas été subis dans le but d'éviter la réalisation d'un risque couvert ou s'ils ne se rattachent pas à des mesures prises pour l'éviter.

[1991, c. 64, a. 2602].

▌ C.C.Q., 2576.

2602. The insurer is not bound to indemnify for any general average loss or contribution where the loss was not incurred for the purpose of avoiding, or in connection with the avoidance of, a peril insured against.

1991, c. 64, a. 2602; I.N., 2014-05-01].

2603. Lorsque le navire, le fret, les marchandises ou d'autres biens meubles, ou au moins deux d'entre eux, sont la propriété d'un même assuré, la responsabilité de l'assureur, en ce qui concerne les pertes par avarie commune ou les contributions à leur égard, est établie comme si les biens appartenaient à des personnes différentes.

[1991, c. 64, a. 2603].

2603. Where the ship, freight, and cargo, or other movable property, or any two of them, are owned by the same insured, the liability of the insurer in respect of general average losses or contributions is to be determined as if the property were owned by different persons.

[1991, c. 64, a. 2603; I.N., 2014-05-01].

§ 12. — Du calcul de l'indemnité

§ 12. — Measure of indemnity

2604. L'indemnité exigible se calcule en fonction de la pleine valeur assurable, si le contrat est à valeur indéterminée, ou en fonction de la somme fixée au contrat, si celui-ci est à valeur agréée.

[1991, c. 64, a. 2604].

▌ C.C.Q., 2491, 2523, 2524.

2604. The measure of indemnity is the sum recoverable, to the full extent of the insurable value in the case of an unvalued policy or, in the case of a valued policy, to the full extent of the value fixed in the policy.

[1991, c. 64, a. 2604].

2605. Lorsqu'une perte ou une avarie donne le droit d'exiger une indemnité, l'assureur ou chacun d'eux, s'il y en a plusieurs, est tenu de payer une indemnité égale au rapport existant entre, d'une part, le montant de sa souscription et, d'autre

2605. Where there is a loss recoverable under the contract, the insurer, or each insurer if there is more than one, is liable for such proportion of the measure of indemnity as the amount of his subscription bears to the value fixed in the policy in the

part, soit la valeur fixée au contrat, si celui-ci est à valeur agréée, soit la valeur assurable, si le contrat est à valeur indéterminée.

[1991, c. 64, a. 2605].

case of a valued policy, or to the insurable value in the case of an unvalued policy.

[1991, c. 64, a. 2605; I.N., 2014-05-01].

2606. L'indemnité pour la perte totale est la somme fixée au contrat, s'il est à valeur agréée, ou la valeur assurable du bien assuré, si le contrat est à valeur indéterminée.

[1991, c. 64, a. 2606].

▌ C.C.Q., 2491, 2523, 2524, 2578.

2606. The measure of indemnity for a total loss is the sum fixed in the contract in the case of a valued policy, or the insurable value of the insured property in the case of an unvalued policy.

[1991, c. 64, a. 2606].

2607. L'indemnité due pour la perte de fret est déterminée par comparaison entre la valeur globale du fret assuré et celle du fret obtenu, le taux de dépréciation ainsi obtenu devant être appliqué sur la valeur agréée, le cas échéant, sinon sur la valeur assurable.

[1991, c. 64, a. 2607].

2607. Where freight is lost, the measure of indemnity is such proportion of the sum fixed in the policy, in the case of a valued policy, or of the insurable value, in the case of an unvalued policy, as the proportion of freight lost bears to the whole insured freight.

[1991, c. 64, a. 2607].

2608. L'avarie d'un navire donne droit aux indemnités qui suivent :

1° Lorsque le navire a été réparé, l'assuré a droit au coût raisonnable des réparations, moins les déductions habituelles, mais sans que l'indemnité puisse excéder, pour un sinistre, la somme assurée;

2° Lorsque le navire n'a été que partiellement réparé, l'assuré a droit au coût raisonnable des réparations, calculé conformément au 1°; il a également le droit d'être indemnisé pour la dépréciation raisonnable résultant des dommages non réparés, sans toutefois que le montant total de l'indemnité puisse excéder le coût de la réparation de la totalité des dommages;

3° Lorsque le navire n'a pas été réparé et n'a pas été vendu dans son état d'avarie pendant la durée du risque, l'assuré a droit à une indemnité pour la dépréciation raisonnable résultant des dommages non réparés sans, toutefois, que l'indemnité puisse excéder le coût raisonnable de la réparation de ces dommages, calculé conformément au 1°.

[1991, c. 64, a. 2608; N.I., 2014-05-01].

▌ C.C.Q., 2519.

2608. Where a ship is damaged, but is not totally lost, the measure of indemnity is as follows:

(1) where the ship has been repaired, the insured is entitled to the reasonable cost of the repairs, less the customary deductions, but not exceeding the sum insured in respect of any one casualty;

(2) where the ship has been only partially repaired, the insured is entitled to the reasonable cost of such repairs computed as in paragraph 1, and also to be indemnified for the reasonable depreciation arising from the unrepaired damage, provided that the aggregate amount does not exceed the cost of repairing the whole damage;

(3) where the ship has not been repaired, and has not been sold in her damaged state during the risk, the insured is entitled to be indemnified for the reasonable depreciation arising from the unrepaired damage, but not exceeding the reasonable cost of repairing such damage, computed as in paragraph 1.

[1991, c. 64, a. 2608].

2609. L'indemnité due pour la perte totale d'une partie des marchandises ou des autres biens meubles assurés par un contrat à valeur agréée est égale à la somme fixée au contrat, multipliée par le rapport existant entre la valeur assurable de la partie perdue et la valeur assurable du tout, ces deux valeurs étant établies de la même façon que s'il s'agissait d'un contrat à valeur indéterminée.

Celle due pour la perte totale d'une partie des biens assurés par un contrat à valeur indéterminée est la valeur assurable de la partie perdue, établie de la même façon que s'il s'agissait d'une perte totale de tous les biens.

[1991, c. 64, a. 2609].

2610. Lorsque la totalité ou une partie quelconque des marchandises ou des autres biens meubles assurés a été livrée à destination en état d'avarie, l'indemnité due est déterminée par comparaison entre la valeur brute à l'état sain et la valeur brute en état d'avarie, le taux de dépréciation ainsi obtenu devant être appliqué sur la valeur agréée, le cas échéant, sinon sur la valeur assurable.

On entend par valeur brute, le prix de gros au lieu de destination ou, à défaut, l'estimation de la valeur des biens en y ajoutant, dans chaque cas, les droits acquittés à l'avance, ainsi que les frais de débarquement et le fret ou, pour les marchandises qui se vendent ordinairement en entrepôt, le prix en entrepôt.

[1991, c. 64, a. 2610].

2611. La ventilation de la valeur assurée de biens de nature différente ayant fait l'objet d'une évaluation globale se fait en proportion de la valeur assurable de chaque groupe; de même, la ventilation de la valeur assurée de chacun des éléments d'un groupe se fait en proportion de la valeur assurable de chacun des éléments du groupe.

La ventilation de la valeur assurée de marchandises de nature différente dont il est impossible de déterminer séparément le prix facturé, la qualité ou le genre peut se

2609. Where part of the goods or other movable property insured by a valued contract is totally lost, the measure of indemnity is such proportion of the sum fixed in the contract as the insurable value of the part lost bears to the insurable value of the whole, ascertained as in the case of an unvalued contract.

Where part of the property insured by an unvalued contract is totally lost, the measure of indemnity is the insurable value of the part lost, ascertained as in case of total loss.

[1991, c. 64, a. 2609].

2610. Where the whole or any part of the goods or other movable property insured has been delivered damaged at its destination, the measure of indemnity is such proportion of the sum fixed or, as the case may be, of the insurable value, as the difference between the gross sound and damaged values bears to the gross sound value.

"Gross value" means the wholesale price at destination or, if there is no such price, the estimated value of the property with, in either case, freight, landing charges and duty paid beforehand or, in the case of goods customarily sold in bond, the bonded price.

[1991, c. 64, a. 2610].

2611. Where different species of property are insured under a single valuation, the valuation is apportioned over the different species in proportion to their respective insurable values; similarly, the insured value of any part of a species is such proportion of the total insured value of that species as the insurable value of the part bears to the insurable value of the whole.

Where the valuation of the insured value of different species of goods has to be apportioned, and particulars of the invoice value, quality, or description of each sepa-

faire en fonction de la valeur nette des marchandises saines à destination.

[1991, c. 64, a. 2611].

rate species cannot be ascertained, the division of the valuation may be made over the net arrived sound values of the goods.

[1991, c. 64, a. 2611].

2612. L'assuré appelé à contribuer aux pertes par avarie commune a droit à une indemnité pour le montant total de sa contribution, si le bien est assuré pour sa pleine valeur contributive. S'il n'est pas ainsi assuré ou s'il n'est assuré qu'en partie, l'indemnité est réduite en proportion de la sous-assurance.

La somme attribuée en compensation du préjudice subi par l'assuré, en raison d'une avarie particulière garantie par l'assureur et déductible de la valeur contributive, doit être déduite de la valeur assurée, afin d'établir le montant de la contribution qui incombe à l'assureur.

Ces règles s'appliquent également pour calculer les frais de sauvetage que l'assureur est tenu de rembourser.

[1991, c. 64, a. 2612].

▌C.C.Q., 2626.

2612. Where the insured has paid, or is liable for, any general average contribution, the measure of indemnity is the full amount of such contribution if the property is insured for its full contributory value; if the property is not insured for its full contributory value or if only part of it is insured, the indemnity is reduced in proportion to the under-insurance.

The amount awarded as compensation for injury suffered by the insured by reason of a particular average loss which constitutes a deduction from the contributory value, and for which the insurer is liable, shall be deducted from the insured value in order to ascertain what the insurer is liable to contribute.

The extent of the insurer's liability for salvage charges is determined on the same principles.

[1991, c. 64, a. 2612; I.N., 2014-05-01].

2613. L'indemnité exigible en vertu d'une assurance de responsabilité civile est la somme payée ou payable aux tiers, jusqu'à concurrence du montant de l'assurance.

[1991, c. 64, a. 2613].

▌C.C.Q., 2498, 2500.

2613. The measure of indemnity payable under a civil liability insurance contract is the sum paid or payable to third persons, up to the amount of the coverage.

[1991, c. 64, a. 2613; I.N., 2014-05-01].

2614. Lorsque les pertes ou les dommages subis ne sont pas visés par le présent paragraphe, l'indemnité s'établit néanmoins, autant que possible, conformément à celui-ci.

[1991, c. 64, a. 2614].

2614. Where the loss sustained is not expressly provided for in this subsection, the measure of indemnity is ascertained, as nearly as may be, in accordance with this subsection.

[1991, c. 64, a. 2614].

2615. Lorsque le bien est assuré franc d'avaries particulières, l'assuré n'a pas droit à une indemnité pour la perte partielle du bien assuré, à moins que la perte ne résulte d'un sacrifice d'avarie commune ou que le contrat ne puisse faire l'objet d'un fractionnement.

Dans ce dernier cas, l'assuré a droit à une

2615. Where the insured property is warranted free from particular average, the insured may not recover for a loss of part of the insured property other than a loss incurred by a general average sacrifice, unless the contract is apportionable.

If the contract is apportionable, the insured

indemnité pour la perte totale de toute fraction du bien assuré.

[1991, c. 64, a. 2615].

▌ C.C.Q., 2616.

2616. Lorsque le bien est assuré franc d'avaries particulières, soit totalement, soit en deçà d'un certain pourcentage, l'assureur est néanmoins tenu aux frais de sauvetage, de même qu'aux frais engagés pour éviter une perte couverte par l'assurance et, notamment, aux avaries-frais et aux frais engagés conformément à la clause sur les mesures conservatoires et préventives.

On ne peut ajouter les avaries communes aux avaries particulières pour atteindre le pourcentage stipulé au contrat. De la même façon, on ne tient pas compte des avaries-frais et des frais engagés pour établir le montant du préjudice subi.

[1991, c. 64, a. 2616].

2617. Sous réserve des dispositions du présent paragraphe, l'assureur est garant des sinistres successifs, même si le montant total des pertes et des dommages dépasse la somme assurée.

Toutefois, lorsque des avaries sont suivies d'une perte totale, l'assuré ne peut, en vertu d'un même contrat, recouvrer que l'indemnité due pour la perte totale, à moins que l'avarie n'ait déjà fait l'objet de réparations ou d'un remplacement.

Les obligations de l'assureur, en vertu de la clause sur les mesures conservatoires et préventives, demeurent.

[1991, c. 64, a. 2617].

2618. La clause sur les mesures conservatoires et préventives est réputée supplémentaire au contrat d'assurance; l'assuré peut, en vertu de cette clause, recouvrer tous les frais qu'il a engagés, même si l'assureur a déjà réglé les dommages sur la base d'une perte totale ou même si le bien a été assuré franc d'avaries particulières, totalement ou en deçà d'un certain pourcentage.

Cette clause ne couvre cependant pas les

may recover for a total loss of any apportionable part of the insured property.

[1991, c. 64, a. 2615].

2616. Where the insured property is warranted free from particular average, either wholly or under a certain percentage, the insurer is nevertheless liable for salvage charges, and for particular charges and other expenses properly incurred pursuant to the provisions of the suing and labouring clause in order to avert a loss insured against.

A general average loss may not be added to a particular average loss to make up the percentage stipulated in the contract. Likewise, no regard is had to particular charges and the expenses of and incidental to ascertaining the loss.

[1991, c. 64, a. 2616].

2617. Subject to the provisions of this subsection, the insurer is liable for successive losses, even though the total amount of such losses may exceed the sum insured.

However, where a partial loss which has not been the subject of repairs or replacement is followed by a total loss, the insured may only recover under the same policy in respect of the total loss.

The liability of the insurer under the suing and labouring clause is not affected.

[1991, c. 64, a. 2617; I.N., 2014-05-01].

2618. A suing and labouring clause is deemed to be supplementary to the contract of insurance; the insured may recover from the insurer any expenses properly incurred pursuant to the clause, notwithstanding that the insurer may have paid for a total loss, or that the property may have been warranted free from particular average, either wholly or under a certain percentage.

General average losses and contributions,

pertes par avarie commune, les contributions aux avaries communes, les frais de sauvetage, ni les frais engagés pour éviter ou limiter des pertes ou des dommages non couverts par le contrat.

[1991, c. 64, a. 2618].

salvage charges, and expenses incurred for the purpose of averting or diminishing any loss not covered by the contract are not recoverable under the suing and labouring clause.

[1991, c. 64, a. 2618].

2619. Il est du devoir de l'assuré et de ses représentants de prendre, dans tous les cas, les mesures raisonnables afin d'éviter ou de limiter les pertes et les dommages.

[1991, c. 64, a. 2619].

2619. It is the duty of the insured and of his representatives, in all cases, to take reasonable measures for the purpose of averting or minimizing a loss.

[1991, c. 64, a. 2619; I.N., 2014-05-01].

§ 13. — Dispositions diverses

§ 13. — Miscellaneous provisions

I — De la subrogation

I — Subrogation

2620. Lorsque l'assureur indemnise l'assuré en raison d'une perte totale, soit pour le tout, soit, s'il s'agit de marchandises, pour une partie divisible du bien assuré, il acquiert de ce fait le droit de recueillir l'intérêt de l'assuré dans tout ce qui peut subsister du bien qu'il assurait; il est, par là même, subrogé dans tous les droits et recours de l'assuré relativement à ce bien, depuis le moment de l'événement qui a causé la perte.

Cependant, l'indemnisation de l'assuré pour des avaries particulières ne confère à l'assureur aucun droit dans le bien assuré ou dans ce qui peut en rester. L'assureur est de ce fait subrogé, à compter du sinistre, dans tous les droits de l'assuré relativement à ce bien, jusqu'à concurrence de l'indemnité d'assurance payée.

[1991, c. 64, a. 2620].

■ C.C.Q., 1651-1659.

2620. Where the insurer pays for a total loss, either of the whole, or, in the case of goods, of any apportionable part of the insured property, he becomes entitled to take over the interest of the insured in whatever may remain of the property so paid for and he is thereby subrogated to all the rights and remedies of the insured in and in respect of the insured property from the time of the event causing the loss.

However, where the insurer pays for a particular average loss, he acquires no right to the insured property, or to any part of it that may remain, but he is thereupon subrogated to all rights and remedies of the insured in or in respect of the property from the time of the event causing the loss, up to the indemnity paid.

[1991, c. 64, a. 2620; I.N., 2014-05-01].

II — Du cumul de contrats

II — Double insurance

2621. Il y a cumul de contrats lorsque plusieurs polices d'assurance sont établies par l'assuré ou pour son compte, couvrant en tout ou en partie le même intérêt d'assurance et la même opération maritime, et que les sommes assurées sont supérieures au montant de l'indemnité exigible.

[1991, c. 64, a. 2621].

2621. Where two or more insurance policies are effected by or on behalf of the insured on the same adventure and interest or any part thereof and the sums insured exceed the indemnity recoverable, the insured is said to be over-insured by double insurance.

[1991, c. 64, a. 2621].

▌ C.C.Q., 2496, 2542.

2622. L'assuré peut, en cas de cumul de contrats, exiger le paiement de ses assureurs dans l'ordre de son choix, mais, en aucun cas, il ne peut recevoir une somme supérieure à l'indemnité exigible.

[1991, c. 64, a. 2622].

2622. Where the insured is over-insured by double insurance, he may claim payment from the insurers in such order as he may think fit, but in no case is he entitled to receive any sum in excess of the indemnity recoverable.

[1991, c. 64, a. 2622].

2623. Lorsque le contrat est à valeur agréée, l'assuré doit déduire, jusqu'à concurrence de l'évaluation, les sommes qu'il a reçues en vertu d'un autre contrat, sans égard à la valeur réelle du bien assuré.

Lorsque le contrat est à valeur indéterminée, il doit déduire, jusqu'à concurrence de la pleine valeur d'assurance, les sommes qu'il a reçues en vertu d'un autre contrat.

[1991, c. 64, a. 2623].

2623. Where the contract under which the insured claims is a valued policy, the insured shall give credit as against the valuation for any sum received by him under any other policy without regard to the actual value of the insured property.

Where the contract under which the insured claims is an unvalued policy, the insured shall give credit, as against the full insurable value, for any sum received by him under any other policy.

[1991, c. 64, a. 2623].

2624. L'assuré qui recouvre une somme supérieure à l'indemnité exigible est réputé détenir cette somme pour le compte des assureurs, selon leurs droits respectifs.

[1991, c. 64, a. 2624].

2624. Where the insured receives any sum in excess of the indemnity recoverable, he is deemed to hold such sum on behalf of the insurers according to their right of contribution among themselves.

[1991, c. 64, a. 2624].

2625. Lorsqu'il y a cumul de contrats, chaque assureur est tenu à l'égard des autres de contribuer à l'indemnisation de l'assuré, proportionnellement à la somme qu'il assure aux termes de son contrat.

L'assureur qui contribue au-delà de sa part a le droit de recouvrer l'excédent des autres assureurs, de la même manière que la caution qui contribue au-delà de sa part.

[1991, c. 64, a. 2625].

2625. Where the insured is over-insured by double insurance, each insurer is bound, as between himself and the other insurers, to contribute to the loss rateably to the amount for which he is liable under his contract.

If any insurer pays more than his proportion of the loss, he is entitled to recover the excess from the other insurers in the same manner as a surety who has paid more than his proportion of the debt.

[1991, c. 64, a. 2625].

III — De la sous-assurance

2626. Lorsque l'assuré est couvert pour une somme inférieure à la valeur assurable ou, si le contrat est à valeur agréée, pour une somme inférieure à la valeur conve-

III — Under-insurance

2626. Where the insured is insured for an amount less than the insurable value or, in the case of a valued policy, for an amount less than the policy valuation, the insured

nue, l'assuré est son propre assureur pour la différence.

[1991, c. 64, a. 2626].

▌C.C.Q., 2612.

is his own insurer in respect of the uninsured balance.

[1991, c. 64, a. 2626; I.N., 2014-05-01].

IV — De l'assurance mutuelle

2627. L'assurance est mutuelle lorsque plusieurs personnes décident de s'assurer les unes les autres contre des risques maritimes.

Elle obéit aux règles de la présente section, sauf quant à la prime et les parties peuvent substituer toute autre forme d'engagement à celle-ci.

[1991, c. 64, a. 2627].

IV — Mutual insurance

2627. Where two or more persons mutually agree to insure each other against marine losses there is said to be mutual insurance.

Mutual insurance is governed by the provisions of this section except those relating to the premium but such arrangement as may be agreed upon may be substituted for the premium.

[1991, c. 64, a. 2627; I.N., 2014-05-01].

V — De l'action directe

2628. Les articles 2500 à 2502, relatifs à l'action directe du tiers lésé, s'appliquent à l'assurance maritime. Toute stipulation qui déroge à ces règles est nulle.

[1991, c. 64, a. 2628].

▌C.C.Q., 2500-2502.

V — Direct action

2628. Articles 2500 to 2502 as to the direct action of injured third persons apply to marine insurance. Any stipulation that is inconsistent with those rules is null.

[1991, c. 64, a. 2628; I.N., 2014-05-01].

Chapitre XVI ——
Du jeu et du pari

2629. Les contrats de jeu et de pari sont valables dans les cas expressément autorisés par la loi.

Ils le sont aussi lorsqu'ils portent sur des exercices et des jeux licites qui tiennent à la seule adresse des parties ou à l'exercice de leur corps, à moins que la somme en jeu ne soit excessive, compte tenu des circonstances, ainsi que de l'état et des facultés des parties.

[1991, c. 64, a. 2629].

▌C.C.Q., 9, 1400.

Chapter XVI ——
Gaming and wagering

2629. Gaming and wagering contracts are valid in the cases expressly authorized by law.

They are also valid where they are related to lawful activities and games requiring only skill or bodily exertion on the part of the parties, unless the amount at stake is immoderate given the circumstances and in view of the condition and means of the parties.

[1991, c. 64, a. 2629; I.N., 2014-05-01].

2630. Lorsque le jeu et le pari ne sont pas expressément autorisés, le gagnant ne peut

2630. Where gaming and wagering contracts are not expressly authorized by law,

exiger le paiement de la dette et le perdant ne peut répéter la somme payée.

the winning party may not exact payment of the debt and the losing party may not recover the sum paid.

Toutefois, il y a lieu à répétition dans les cas de fraude ou de supercherie, ou lorsque le perdant est un mineur ou un majeur protégé ou non doué de raison.

[1991, c. 64, a. 2630].

The losing party may recover the sum paid, however, in cases of fraud or trickery, or where the losing party is a minor or a protected person of full age or not endowed with reason.

[1991, c. 64, a. 2630; I.N., 2014-05-01].

■ C.C.Q., 1398, 1554, 1699.

Chapitre XVII —
De la transaction

Chapter XVII —
Transaction

2631. La transaction est le contrat par lequel les parties préviennent une contestation à naître, terminent un procès ou règlent les difficultés qui surviennent lors de l'exécution d'un jugement, au moyen de concessions ou de réserves réciproques.

Elle est indivisible quant à son objet.

[1991, c. 64, a. 2631].

2631. Transaction is a contract by which the parties prevent a future contestation, put an end to a lawsuit or settle difficulties arising in the execution of a judgment, by way of mutual concessions or reservations.

A transaction is indivisible as to its object.

[1991, c. 64, a. 2631].

■ C.C.Q., 885, 1431, 1609, 2504, 2896; C.P.C., 1025.

2632. On ne peut transiger relativement à l'état ou à la capacité des personnes ou sur les autres questions qui intéressent l'ordre public.

[1991, c. 64, a. 2632].

2632. No transaction may be made with respect to the status or capacity of persons or to other matters of public order.

[1991, c. 64, a. 2632].

■ C.C.Q., 9, 153-297, 1409, 2639.

2633. La transaction a, entre les parties, l'autorité de la chose jugée.

La transaction n'est susceptible d'exécution forcée qu'après avoir été homologuée.

[1991, c. 64, a. 2633].

2633. A transaction has, between the parties, the authority of a final judgment (*res judicata*).

A transaction is not subject to compulsory execution until it is homologated.

[1991, c. 64, a. 2633].

■ C.C.Q., 2848.

2634. L'erreur de droit n'est pas une cause de nullité de la transaction. Sauf cette exception, la transaction peut être annulée pour les mêmes causes que les contrats en général†.

[1991, c. 64, a. 2634].

2634. Error of law is not a cause for annulling a transaction. Apart from such exception, a transaction may be annulled for lesion† or any other cause of nullity of contracts in general.

[1991, c. 64, a. 2634].

■ C.C.Q., 1399, 1407, 1411, 1413.

2635. La transaction fondée sur un titre nul est également nulle, à moins que les parties n'aient expressément traité sur la nullité.

Celle fondée sur des pièces qui ont depuis été reconnues fausses est aussi nulle.

[1991, c. 64, a. 2635].

▌ C.C.Q., 1410, 1411, 1423.

2636. La transaction sur un procès est nulle si les parties, ou l'une d'elles, ignoraient qu'un jugement passé en force de chose jugée avait terminé le litige.

[1991, c. 64, a. 2636].

▌ C.C.Q., 2631.

2637. Lorsque les parties ont transigé sur l'ensemble de leurs affaires, la découverte subséquente de documents qui leur étaient alors inconnus n'est pas une cause de nullité de la transaction, à moins qu'ils n'aient été retenus par le fait de l'une des parties ou, à sa connaissance, par un tiers.

Cependant, la transaction est nulle si elle n'a qu'un objet et que les documents nouvellement découverts établissent que l'une des parties n'y avait aucun droit.

[1991, c. 64, a. 2637].

▌ C.C.Q., 2631.

Chapitre XVIII ——
De la convention d'arbitrage

2638. La convention d'arbitrage est le contrat par lequel les parties s'engagent à soumettre un différend né ou éventuel à la décision d'un ou de plusieurs arbitres, à l'exclusion des tribunaux.

[1991, c. 64, a. 2638].

▌ C.C.Q., 1372, 1410, 1434, 2895, 3121, 3133; C.P.C., 940-951.2.

2639. Ne peut être soumis à l'arbitrage, le différend portant sur l'état et la capacité

2635. A transaction based on a title that is null is also null, unless the parties have expressly referred to and covered the nullity.

A transaction based on writings later found to be false is also null.

[1991, c. 64, a. 2635].

2636. A transaction upon a lawsuit is null if the parties, or one of them, were unaware that a judgment having acquired the authority of a final judgment (*res judicata*) had terminated the litigation.

[1991, c. 64, a. 2636; I.N., 2014-05-01].

2637. Where the parties have made a transaction on all matters between them, the subsequent discovery of documents of which they were unaware at the time of the transaction does not constitute a cause for annulling the transaction, unless the documents were withheld by one of the parties or, to his knowledge, by a third person.

However, the transaction is null if it relates to only one object and if the documents later discovered prove that one of the parties had no rights in it.

[1991, c. 64, a. 2637].

Chapter XVIII ——
Arbitration agreements

2638. An arbitration agreement is a contract by which the parties undertake to submit a present or future dispute to the decision of one or more arbitrators, to the exclusion of the courts.

[1991, c. 64, a. 2638].

2639. Disputes over the status and capacity of persons, family matters or other mat-

des personnes, sur les matières familiales ou sur les autres questions qui intéressent l'ordre public.

Toutefois, il ne peut être fait obstacle à la convention d'arbitrage au motif que les règles applicables pour trancher le différend présentent un caractère d'ordre public.

[1991, c. 64, a. 2639].

■ C.C.Q., 9, 153-297, 1409, 2632; C.P.C., 946.5, 947.2.

ters of public order may not be submitted to arbitration.

An arbitration agreement may not be opposed on the ground that the rules applicable to settlement of the dispute are in the nature of rules of public order.

[1991, c. 64, a. 2639].

2640. La convention d'arbitrage doit être constatée par écrit; elle est réputée l'être si elle est consignée dans un échange de communications qui en atteste l'existence ou dans un échange d'actes de procédure où son existence est alléguée par une partie et non contestée par l'autre.

[1991, c. 64, a. 2640].

■ C.C.Q., 2826, 2863.

2640. An arbitration agreement shall be evidenced in writing; it is deemed to be evidenced in writing if it is contained in an exchange of communications which attest to its existence or in an exchange of proceedings in which its existence is alleged by one party and is not contested by the other party.

[1991, c. 64, a. 2640].

2641. Est nulle la stipulation qui confère à une partie une situation privilégiée quant à la désignation des arbitres.

[1991, c. 64, a. 2641].

■ C.P.C., 941-941.3.

2641. A stipulation which places one party in a privileged position with respect to the designation of the arbitrators is null.

[1991, c. 64, a. 2641].

2642. Une convention d'arbitrage contenue dans un contrat est considérée comme une convention distincte des autres clauses de ce contrat et la constatation de la nullité du contrat par les arbitres ne rend pas nulle pour autant la convention d'arbitrage.

[1991, c. 64, a. 2642].

■ C.C.Q., 1438.

2642. An arbitration agreement contained in a contract is considered to be an agreement separate from the other clauses of the contract and the ascertainment by the arbitrators that the contract is null does not entail the nullity of the arbitration agreement.

[1991, c. 64, a. 2642].

2643. Sous réserve des dispositions de la loi auxquelles on ne peut déroger, la procédure d'arbitrage est réglée par le contrat ou, à défaut, par le *Code de procédure civile* (chapitre C-25).

[1991, c. 64, a. 2643].

■ C.P.C., 940-951.2.

2643. Subject to the peremptory provisions of law, the procedure of arbitration is governed by the contract or, failing that, by the *Code of Civil Procedure* (chapter C-25).

[1991, c. 64, a. 2643].

LIVRE 6 ——
DES PRIORITÉS ET DES
HYPOTHÈQUES

BOOK 6 ——
PRIOR CLAIMS AND HYPOTHECS

TITRE 1 ——
DU GAGE COMMUN DES CRÉANCIERS

TITLE 1 ——
COMMON PLEDGE OF CREDITORS

2644. Les biens du débiteur sont affectés à l'exécution de ses obligations et constituent le gage commun de ses créanciers.
[1991, c. 64, a. 2644].

■ C.C.Q., 2, 302, 915; D.T., 133.

2644. The property of a debtor is charged with the performance of his obligations and is the common pledge of his creditors.
[1991, c. 64, a. 2644].

2645. Quiconque est obligé personnellement est tenu de remplir son engagement sur tous ses biens meubles et immeubles, présents et à venir, à l'exception de ceux qui sont insaisissables et de ceux qui font l'objet d'une division de patrimoine permise par la loi.

Toutefois, le débiteur peut convenir avec son créancier qu'il ne sera tenu de remplir son engagement que sur les biens qu'ils désignent.
[1991, c. 64, a. 2645].

■ C.C.Q., 625, 1830, 2649, 2668, 2753; C.P.C., 552, 553.

2645. Any person under a personal obligation charges, for its performance, all his property, movable and immovable, present and future, except property which is exempt from seizure or property which is the subject of a division of patrimony permitted by law.

However, the debtor may agree with his creditor to be bound to fulfil his obligation only from the property they designate.
[1991, c. 64, a. 2645; I.N., 2014-05-01].

2646. Les créanciers peuvent agir en justice pour faire saisir et vendre les biens de leur débiteur.

En cas de concours† entre les créanciers, la distribution du prix se fait en proportion de leur créance, à moins qu'il n'y ait entre eux des causes légitimes de préférence.
[1991, c. 64, a. 2646].

Note : Comp. O.R.C.C., Livre IV, a. 279. / Comp. C.C.R.O., Book IV, a. 279.

■ C.C.Q., 1590, 1757-1766, 2647, 2651; C.P.C., 568-732.

2646. Creditors may institute judicial proceedings to cause the property of their debtor to be seized and sold.

If the creditors rank† equally, the price is distributed proportionately to their claims, unless some of them have a legal cause of preference.
[1991, c. 64, a. 2646].

2647. Les causes légitimes de préférence sont les priorités et les hypothèques.
[1991, c. 64, a. 2647].

■ C.C.Q., 2650, 2660.

2647. The legal causes of preference are prior claims and hypothecs.
[1991, c. 64, a. 2647; I.N., 2014-05-01].

2648. Peuvent être soustraits à la saisie, dans les limites fixées par le *Code de procédure civile* (chapitre C-25), les meubles du débiteur qui garnissent sa résidence

2648. The movable property of the debtor which furnishes his principal residence, used by and necessary for the life of the household, may be exempted from seizure

principale, servent à l'usage du ménage et sont nécessaires à la vie de celui-ci, sauf si ces meubles sont saisis pour les sommes dues sur le prix.

Peuvent l'être aussi, dans les limites ainsi fixées, les instruments de travail nécessaires à l'exercice personnel d'une activité professionnelle, sauf si ces meubles sont saisis par un créancier détenant une hypothèque sur ceux-ci.

[1991, c. 64, a. 2648].

▌ C.C.Q., 401, 415, 1525, 2668; C.P.C., 552, 553, 553.2, 569, 652.

2649. La stipulation d'insaisissabilité est sans effet, à moins qu'elle ne soit faite dans un acte à titre gratuit et qu'elle ne soit temporaire et justifiée par un intérêt sérieux et légitime; néanmoins, le bien demeure saisissable dans la mesure prévue au *Code de procédure civile* (chapitre C-25).

Elle n'est opposable aux tiers que si elle est publiée au registre approprié.

[1991, c. 64, a. 2649].

▌ C.C.Q., 1212, 1215, 2668, 2970; C.P.C., 553.

to the extent fixed by the *Code of Civil Procedure* (chapter C-25), except where such movables are seized for sums owed on the price.

The same rule applies to instruments of work needed for the personal exercise of a professional activity, except where such movables are seized by a creditor holding a hypothec thereon.

[1991, c. 64, a. 2648; I.N., 2014-05-01].

2649. A stipulation of unseizability is without effect, unless it is made in an act by gratuitous title and is temporary and justified by a serious and legitimate interest. Nevertheless, the property remains liable to seizure to the extent provided in the *Code of Civil Procedure* (chapter C-25).

It may be set up against third persons only if it is published in the appropriate register.

[1991, c. 64, a. 2649; 2002, c. 19, s. 15].

TITRE 2 ⎯⎯
DES PRIORITÉS

TITLE 2 ⎯⎯
PRIOR CLAIMS

2650. Est prioritaire la créance à laquelle la loi attache, en faveur d'un créancier, le droit d'être préféré aux autres créanciers, même hypothécaires, suivant la cause de sa créance.

La priorité est indivisible.

[1991, c. 64, a. 2650].

▌ C.C.Q., 2647, 2651-2659.

2650. A claim to which the law attaches the right for a creditor to be preferred over the other creditors, even the hypothecary creditors, is a prior claim.

The priority of a claim is indivisible.

[1991, c. 64, a. 2650; I.N., 2014-05-01].

2651. Les créances prioritaires sont les suivantes et, lorsqu'elles se rencontrent, elles sont, malgré toute convention contraire, colloquées dans cet ordre:

1° Les frais de justice et toutes les dépenses faites dans l'intérêt commun;

2651. The following are the prior claims and, notwithstanding any agreement to the contrary, they are in all cases collocated in the order here set out :

(1) legal costs and all expenses incurred in the common interest;

2° La créance du vendeur impayé pour le prix du meuble vendu à une personne physique qui n'exploite pas une entreprise;

3° Les créances de ceux qui ont un droit de rétention sur un meuble, pourvu que ce droit subsiste;

4° Les créances de l'État pour les sommes dues en vertu des lois fiscales;

5° Les créances des municipalités et des commissions scolaires pour les impôts fonciers sur les immeubles qui y sont assujettis, de même que celles des municipalités, spécialement prévues par les lois qui leur sont applicables, pour les taxes autres que foncières sur les immeubles et les meubles en raison desquels ces taxes sont dues.

[1991, c. 64, a. 2651; 1999, c. 90, a. 41].

(2) the claim of a seller who has not been paid the price of a movable sold to a natural person who does not operate an enterprise;

(3) the claims of persons having the right to retain movable property, provided that the right subsists;

(4) claims of the State for amounts due under fiscal laws;

(5) claims of municipalities and school boards for property taxes on taxable immovables as well as claims of municipalities, specially provided for by laws applicable to them, for taxes other than property taxes on immovables and movables for which the taxes are due.

1991, c. 64, a. 2651; 1999, c. 90, s. 41; I.N., 2014-05-01].

▌ C.C.Q., 875, 946, 1250, 1369, 1525, 1592, 1593, 2003, 2058, 2185, 2293, 2324, 2652-2654.1, 2658, 2770; D.T., 134.

2652. La créance prioritaire couvrant les frais de justice et les dépenses faites dans l'intérêt commun peut être exécutée sur les biens meubles ou immeubles.

[1991, c. 64, a. 2652].

2652. Prior claims for legal costs and expenses incurred in the common interest may be enforced on movable or immovable property.

[1991, c. 64, a. 2652; I.N., 2014-05-01].

▌ C.C.Q., 2651; C.P.C., 616.

2653. La créance prioritaire de l'État pour les sommes dues en vertu des lois fiscales peut être exécutée sur les biens meubles.

[1991, c. 64, a. 2653].

2653. Prior claims of the State for sums due under fiscal laws may be executed on movable property.

[1991, c. 64, a. 2653].

▌ C.C.Q., 2655; C.P.C., 580-624.

2654. Le créancier qui procède à une saisie-exécution ou celui qui, titulaire d'une hypothèque mobilière, a inscrit un préavis d'exercice de ses droits hypothécaires, peut demander à l'État de dénoncer le montant de sa créance prioritaire. Cette demande doit être inscrite et la preuve de sa notification présentée au bureau de la publicité des droits.

Dans les trente jours qui suivent la notification, l'État doit dénoncer et inscrire, au registre des droits personnels et réels mobiliers, le montant de sa créance; cette dé-

2654. A creditor who takes procedures in execution or who, as holder of a movable hypothec, has registered a prior notice of his intention to exercise his hypothecary rights, may request from the State that it declare the amount of its prior claim. The request shall be registered and proof of its notification shall be filed at the registry office.

Within 30 days following the notification, the State shall declare the amount of its claim and enter it in the register of personal and movable real rights; such a dec-

nonciation n'a pas pour effet de limiter la priorité de l'État au montant inscrit.

[1991, c. 64, a. 2654].

▌ C.C.Q., 1769, 2757-2760.

laration does not have the effect of limiting the priority of the State's claim to the amount entered.

[1991, c. 64, a. 2654; I.N., 2014-05-01].

2654.1. Les créances prioritaires des municipalités et des commissions scolaires pour les impôts fonciers sont constitutives d'un droit réel.

Elles confèrent à leur titulaire le droit de suivre les biens qui y sont assujettis en quelques mains qu'ils soient.

[1999, c. 90, a. 42].

▌ C.C.Q., 2651.

2654.1. Prior claims of municipalities and school boards for property taxes constitute a real right.

They confer on the holder of the claims the right to follow the taxable property into whomsoever's hands it may come.

[1999, c. 90, s. 42; I.N., 2014-05-01].

2655. Les créances prioritaires sont opposables aux autres créanciers, ou à tous les tiers lorsqu'elles sont constitutives d'un droit réel, sans qu'il soit nécessaire de les publier.

[1991, c. 64, a. 2655; 1999, c. 90, a. 43].

▌ C.C.Q., 2651, 2938, 2941.

2655. Prior claims may be set up against other creditors, or against all third persons if they constitute a real right, without being published.

[1991, c. 64, a. 2655; 1999, c. 90, s. 43].

2656. Outre leur action personnelle ou réelle, le cas échéant, et les mesures provisionnelles prévues au *Code de procédure civile* (chapitre C-25), les créanciers prioritaires peuvent, pour faire valoir et réaliser leur priorité, exercer les recours que leur confère la loi.

[1991, c. 64, a. 2656; 1999, c. 90, a. 44].

▌ C.C.Q., 1626-1636, 2748; C.P.C., 733-761.

2656. In addition to their personal or, as the case may be, real right of action and the provisional measures provided in the *Code of Civil Procedure* (chapter C-25), prior creditors may exercise their remedies under the law for the enforcement and realization of their prior claim.

[1991, c. 64, a. 2656; 1999, c. 90, s. 44].

2657. Les créances prioritaires prennent rang, suivant leur ordre respectif, avant les hypothèques mobilières ou immobilières, quelle que soit leur date.

Si elles prennent le même rang, elles viennent en proportion du montant de chacune des créances.

[1991, c. 64, a. 2657].

▌ C.C.Q., 2651; C.P.C., 616, 714.

2657. Prior claims rank, according to their order among themselves, and without regard to their date, before movable or immovable hypothecs.

Prior claims of the same rank concur in proportion to the amount of each claim.

[1991, c. 64, a. 2657; I.N., 2014-05-01].

2658. Lorsqu'il y a lieu à distribution ou à collocation entre plusieurs créanciers prioritaires, celui dont la créance est indéterminée ou non liquidée, ou suspendue† par une condition, est colloqué suivant son

2658. In a case of distribution or collocation among several prior creditors, the creditor of an indeterminate, unliquidated or conditional† claim is collocated according to his rank, but subject to the condi-

rang, sujet cependant aux conditions prescrites par le *Code de procédure civile* (chapitre C-25).

[1991, c. 64, a. 2658].

Note : Comp. a. 2051 C.c.B.C./C.C.L.C.

■ C.C.Q., 1497, 2680; C.P.C., 711-728.

2659. La priorité accordée par la loi à certaines créances cesse de plein droit lorsque l'obligation qui en est la cause s'éteint.

[1991, c. 64, a. 2659].

■ C.C.Q., 1497, 2797; C.P.C., 804-808.

tions prescribed in the *Code of Civil Procedure* (chapter C-25).

1991, c. 64, a. 2658].

2659. The priority granted by law to certain claims ceases by operation of law when the obligation which is its cause is extinguished.

[1991, c. 64, a. 2659].

TITRE 3 ——
DES HYPOTHÈQUES

Chapitre I ——
Dispositions générales

SECTION I ——
DE LA NATURE DE L'HYPOTHÈQUE

TITLE 3 ——
HYPOTHECS

Chapter I ——
General provisions

SECTION I ——
NATURE OF HYPOTHECS

2660. L'hypothèque est un droit réel sur un bien, meuble ou immeuble, affecté à l'exécution d'une obligation; elle confère au créancier le droit de suivre le bien en quelques mains qu'il soit, de le prendre en possession ou en paiement, de le vendre ou de le faire vendre et d'être alors préféré sur le produit de cette vente suivant le rang fixé dans le présent code.

[1991, c. 64, a. 2660].

■ C.C.Q., 899-907, 2666, 2733, 2748.

2660. A hypothec is a real right on movable or immovable property made liable for the performance of an obligation. It confers on the creditor the right to follow the property into whomsoever's hands it may come, to take possession of it, to take it in payment, to sell it or to cause it to be sold and thus to have a preference upon the proceeds of the sale, according to the rank as determined in this Code.

[1991, c. 64, a. 2660; I.N., 2014-05-01].

2661. L'hypothèque n'est qu'un accessoire et ne vaut qu'autant que l'obligation dont elle garantit l'exécution subsiste.

[1991, c. 64, a. 2661].

■ C.C.Q., 2660, 2797.

2661. A hypothec is merely an accessory right, and is valid only as long as the obligation whose performance it secures subsists.

[1991, c. 64, a. 2661; I.N., 2014-05-01].

2662. L'hypothèque est indivisible et subsiste en entier sur tous les biens qui sont

2662. A hypothec is indivisible and subsists in its entirety over all the charged

grevés, sur chacun d'eux et sur chaque partie de ces biens, malgré la divisibilité du bien ou de l'obligation.

[1991, c. 64, a. 2662].

■ C.C.Q., 1051, 1519, 2650, 2742, 2753.

property, over each property and over every part of the property, even where the property or obligation is divisible.

[1991, c. 64, a. 2662; I.N., 2014-05-01].

2663. L'hypothèque doit être publiée, conformément au présent livre ou au livre De la publicité des droits, pour que les droits hypothécaires qu'elle confère soient opposables aux tiers.

[1991, c. 64, a. 2663].

■ C.C.Q., 2701.1, 2703, 2712, 2714, 2714.1, 2716, 2725, 2938, 2941, 2970, 3028.1.

2663. A hypothec shall be published in accordance with this Book or the Book on Publication of Rights for the hypothecary rights it confers to be set up against third persons.

[1991, c. 64, a. 2663; I.N., 2014-05-01].

SECTION II — DES ESPÈCES D'HYPOTHÈQUE

SECTION II — KINDS OF HYPOTHEC

2664. L'hypothèque n'a lieu que dans les conditions et suivant les formes autorisées par la loi.

Elle est conventionnelle ou légale.

[1991, c. 64, a. 2664].

■ D.T., 134.

2664. Hypothecation takes place only under the conditions and in accordance with the formalities authorized by law.

A hypothec may be conventional or legal.

[1991, c. 64, a. 2664; I.N., 2014-05-01].

2665. L'hypothèque est mobilière ou immobilière, selon qu'elle grève† un meuble ou un immeuble, ou une universalité soit mobilière, soit immobilière.

L'hypothèque mobilière a lieu avec dépossession ou sans dépossession du meuble hypothéqué. Lorsqu'elle a lieu avec dépossession, elle est aussi appelée gage.

[1991, c. 64, a. 2665].

■ C.C.Q., 899-907, 2666, 2693-2714.7, 2798, 2799.

2665. A hypothec is movable or immovable depending on whether the object † charged is movable or immovable property or a universality of movable or immovable property.

A movable hypothec may be created with or without delivery of the movable hypothecated. Where it is created with delivery, it may also be called a pledge.

[1991, c. 64, a. 2665].

SECTION III — DE L'OBJET ET DE L'ÉTENDUE DE L'HYPOTHÈQUE

SECTION III — OBJECT AND EXTENT OF HYPOTHECS

2666. L'hypothèque grève soit un ou plusieurs biens particuliers, corporels ou incorporels, soit un ensemble de biens compris dans une universalité.

[1991, c. 64, a. 2666].

■ C.C.Q., 2665, 2684, 2684.1.

2666. A hypothec is a charge on specific corporeal or incorporeal property, whether individual or multiple, or on all the property comprised in a universality.

[1991, c. 64, a. 2666; I.N., 2014-05-01].

2667. L'hypothèque garantit, outre le capital, les intérêts qu'il produit et les frais, autres que les honoraires extrajudiciaires, légitimement engagés pour les recouvrer ou pour conserver le bien grevé.

[1991, c. 64, a. 2667; 2002, c. 19, a. 11].

■ C.C.Q., 1565, 2689, 2690, 2728, 2740, 2762, 2959, 2960; C.P.C., 720.

2667. A hypothec secures the capital, the interest accrued thereon and the costs, other than extra-judicial professional fees, legitimately incurred for their recovery or to conserve the charged property.

[1991, c. 64, a. 2667; 2002, c. 19, s. 11, 15; I.N., 2014-05-01].

2668. L'hypothèque ne peut grever des biens insaisissables.

Elle ne peut non plus grever les meubles du débiteur qui garnissent sa résidence principale, servent à l'usage du ménage et sont nécessaires à la vie de celui-ci.

[1991, c. 64, a. 2668].

■ C.C.Q., 401, 404, 1215, 2645, 2648, 2649, 2683, 2684, 2684.1, 2748, 2753, 2761; C.P.C., 552, 553.

2668. A hypothec may not charge property exempt from seizure.

Neither may a hypothec charge movable property belonging to a debtor which furnishes his principal residence and which is used by and is necessary for the life of the household.

[1991, c. 64, a. 2668; I.N., 2014-05-01].

2669. L'hypothèque constituée sur la nue-propriété ne s'étend pas à la pleine propriété lors de l'extinction du démembrement du droit de propriété.

[1991, c. 64, a. 2669].

■ C.C.Q., 1162, 1208, 2752.

2669. A hypothec granted on the bare ownership does not extend to the full ownership upon extinction of the dismemberment of the right of ownership.

[1991, c. 64, a. 2669].

2670. L'hypothèque sur le bien d'autrui ou sur un bien à venir ne grève ce bien qu'à compter du moment où le constituant devient le titulaire du droit hypothéqué.

[1991, c. 64, a. 2670].

■ C.C.Q., 1374, 2681, 2948, 2954.

2670. A hypothec on the property of another or on future property begins to charge it only once the grantor acquires title to the hypothecated right.

[1991, c. 64, a. 2670; I.N., 2014-05-01].

2671. L'hypothèque s'étend à tout ce qui s'unit au bien par accession.

[1991, c. 64, a. 2671].

■ C.C.Q., 948, 2673.

2671. A hypothec extends to everything united to the property by accession.

[1991, c. 64, a. 2671].

2672. Les meubles grevés d'hypothèque qui sont, à demeure, matériellement attachés ou réunis à l'immeuble, sans perdre leur individualité et sans y être incorporés, sont considérés, pour l'exécution de l'hypothèque, conserver leur nature mobilière tant que subsiste l'hypothèque.

[1991, c. 64, a. 2672].

■ C.C.Q., 903, 2795; D.T., 48.

2672. Movables charged with a hypothec which are permanently physically attached or joined to an immovable without losing their individuality and without being incorporated with the immovable are considered, for the enforcement of the hypothec, to retain their movable character for as long as the hypothec subsists.

[1991, c. 64, a. 2672; I.N., 2014-05-01].

2673. L'hypothèque subsiste sur le meuble nouveau qui résulte de la transformation d'un bien grevé d'hypothèque et s'étend à celui qui résulte du mélange ou de l'union de plusieurs meubles dont certains sont ainsi grevés. Celui qui acquiert la propriété du nouveau bien, notamment par application des règles de l'accession mobilière, est tenu de cette hypothèque.

[1991, c. 64, a. 2673].

■ C.C.Q., 948, 971-975, 2953.

2673. A hypothec subsists on the new movable resulting from the transformation of property charged with a hypothec and extends to property resulting from the mixture or combination of several movables of which some are so charged. A person acquiring ownership of the new property, particularly through application of the rules on movable accession, is bound by such hypothec.

[1991, c. 64, a. 2673; I.N., 2014-05-01].

2674. L'hypothèque qui grève une universalité de biens subsiste mais se reporte sur le bien de même nature qui remplace celui qui a été aliéné dans le cours des activités de l'entreprise.

Celle qui grève un bien individualisé ainsi aliéné se reporte sur le bien qui le remplace, par l'inscription d'un avis identifiant ce nouveau bien.

Si aucun bien ne remplace le bien aliéné, l'hypothèque ne subsiste et n'est reportée que sur les sommes d'argent provenant de l'aliénation, pourvu que celles-ci puissent être identifiées.

[1991, c. 64, a. 2674].

■ C.C.Q., 2675, 2684, 2684.1, 2700.

2674. A hypothec that charges a universality of property subsists but attaches to property of the same nature which replaces property that has been alienated in the ordinary course of business of the enterprise.

A hypothec on an individual property so alienated attaches to the property that replaces it, by the registration of a notice identifying the new property.

If no property replaces the alienated property, the hypothec subsists but attaches only to the proceeds of the alienation, provided they can be identified.

[1991, c. 64, a. 2674; I.N., 2014-05-01].

2675. L'hypothèque qui grève une universalité de biens subsiste, malgré la perte des biens hypothéqués, lorsque le débiteur ou le constituant les remplace dans un délai qui, eu égard à la quantité et à la nature de ces biens, revêt un caractère raisonnable.

[1991, c. 64, a. 2675].

■ C.C.Q., 2494, 2497, 2674, 2795.

2675. A hypothec that charges a universality of property subsists notwithstanding the loss of the hypothecated property where the debtor or the grantor replaces it within a reasonable time, having regard to the quantity and nature of the property.

[1991, c. 64, a. 2675; I.N., 2014-05-01].

2676. L'hypothèque qui grève une universalité de créances ne s'étend pas aux nouvelles créances de celui qui a constitué l'hypothèque, quand celles-ci résultent de la vente de ses autres biens, faite par un tiers dans l'exercice de ses droits.

Elle ne s'étend pas, non plus, à la créance qui résulte d'un contrat d'assurance sur les autres biens du constituant.

[1991, c. 64, a. 2676].

2676. A hypothec that charges a universality of claims does not extend to the subsequent claims of the person granting the hypothec when such claims result from the sale of his other property by a third person exercising his rights.

Nor does it extend to a claim under an insurance contract on the other property of the grantor.

[1991, c. 64, a. 2676; 2002, c. 19, s. 15; I.N., 2014-05-01].

▌ C.C.Q., 1642, 2497, 2710-2713.

2677. L'hypothèque sur des actions individualisées du capital-actions d'une personne morale subsiste sur les actions ou autres valeurs mobilières reçues ou émises lors de l'achat, du rachat, de la conversion ou de l'annulation, ou d'une autre transformation des actions hypothéquées. La publicité par inscription de cette hypothèque ne subsiste que si cette inscription est renouvelée sur les actions ou les autres valeurs reçues ou émises.

Le créancier ne peut s'opposer à ces transformations en raison de son hypothèque.

[1991, c. 64, a. 2677; 2008, c. 20, a. 132].

▌ C.C.Q., 2701.1, 2703, 2714.1, 2934.

2677. A hypothec on certain and determinate shares of the capital stock of a legal person subsists upon the shares or other securities received or issued on the purchase, redemption, conversion or cancellation or any other transformation of the hypothecated shares. Publication of the hypothec by registration subsists only if the registration is renewed against the shares or other securities received or issued.

The creditor may not object to the transformation by reason of his hypothec.

[1991, c. 64, a. 2677; 2008, c. 20, s. 132; I.N., 2014-05-01].

2678. Lorsque ce qui est dû au créancier fait l'objet d'offres réelles ou d'une consignation selon les termes du présent code, le tribunal peut, à la demande du débiteur qui les fait, autoriser le report de l'hypothèque sur le bien offert ou consigné, et permettre la réduction du montant initialement inscrit.

Dès lors que la réduction du montant initial est inscrite au registre approprié, le débiteur ne peut plus retirer ses offres ou le bien consigné.

[1991, c. 64, a. 2678].

▌ C.C.Q., 1573-1589, 2731, 3066.

2678. Where what is owed to the creditor is the subject of a tender or deposit in accordance with this Code, the court may, following an application by the debtor making the tender or deposit, authorize attachment of the hypothec to the property tendered or deposited, and may allow the amount initially registered to be reduced.

As soon as the reduction of the initial amount is entered in the appropriate register, the debtor is no longer entitled to withdraw his tender or the property deposited.

[1991, c. 64, a. 2678; I.N., 2014-05-01].

2679. L'hypothèque sur une partie indivise d'un bien subsiste si, par le partage ou par un autre acte déclaratif ou attributif de propriété, le constituant ou son ayant cause conserve des droits sur quelque partie de ce bien, sous réserve des dispositions du livre Des successions.

Si le constituant ne conserve aucun droit sur le bien, l'hypothèque subsiste néanmoins, mais elle est reportée, selon son rang, sur le prix de la cession qui revient au constituant, sur le paiement résultant de l'exercice d'un droit de retrait ou d'un pacte de préférence, ou sur la soulte payable au constituant.

[1991, c. 64, a. 2679].

▌ C.C.Q., 884, 885, 1021, 1022, 1037, 1039.

2679. A hypothec on an undivided share of property subsists if, by reason of partition or other act declaratory or attributive of ownership, the grantor or his successor retains rights in some part of the property, subject to the Book on Successions.

If the grantor does not retain any rights in the property, the hypothec nevertheless subsists and attaches, according to its rank, to the transfer price payable to the grantor, to the payment resulting from the exercise of a right of withdrawal or a first refusal agreement, or to the equalizing sum payable to the grantor.

[1991, c. 64, a. 2679; I.N., 2014-05-01].

2680. Lorsqu'il y a lieu à distribution ou à collocation entre plusieurs créanciers hypothécaires, celui dont la créance est indéterminée ou non liquidée, ou suspendue† par une condition, est colloqué suivant son rang, sujet cependant aux conditions prescrites par le *Code de procédure civile* (chapitre C-25).

[1991, c. 64, a. 2680].

Note : Comp. a. 2051 C.c.B.C./C.C.L.C.

■ C.C.Q., 1497, 2658; C.P.C., 716-718.

2680. In the case of distribution or collocation among several hypothecary creditors, the creditor of an indeterminate, unliquidated or conditional† claim is collocated according to his rank, but subject to the conditions prescribed in the *Code of Civil Procedure* (chapter C-25).

[1991, c. 64, a. 2680].

Chapitre II
De l'hypothèque conventionnelle

Chapter II
Conventional hypothecs

SECTION I
DU CONSTITUANT DE L'HYPOTHÈQUE

SECTION I
GRANTOR OF A HYPOTHEC

2681. L'hypothèque conventionnelle ne peut être consentie que par celui qui a la capacité d'aliéner les biens qu'il y soumet.

Elle peut être consentie par le débiteur de l'obligation qu'elle garantit ou par un tiers.

[1991, c. 64, a. 2681].

2681. A conventional hypothec may be granted only by a person having the capacity to alienate the property hypothecated.

It may be granted by the debtor of the obligation secured or by a third person.

[1991, c. 64, a. 2681].

■ C.C.Q., 155, 213, 214, 256, 303, 401, 804, 1229, 1305, 1307, 1385, 1398, 1409, 2211, 2219, 2236, 2664; D.T., 134.

2682. Celui qui n'a sur un bien qu'un droit conditionnel ou susceptible d'être frappé de nullité ne peut consentir qu'une hypothèque sujette à la même condition ou nullité.

[1991, c. 64, a. 2682].

2682. A person whose right in the property is conditional or subject to annulment may only grant a hypothec subject to the same condition or nullity.

[1991, c. 64, a. 2682; I.N., 2014-05-01].

■ C.C.Q., 1229, 1707, 1743, 1752, 2261, 2659.

2683. À moins qu'elle n'exploite une entreprise et que l'hypothèque ne grève les biens de l'entreprise, une personne physique ne peut consentir une hypothèque mobilière sans dépossession que dans les conditions et sur les véhicules routiers et autres biens meubles déterminés par règlement.

L'acte constitutif de l'hypothèque est, s'il s'agit d'un acte accessoire à un contrat de consommation, assujetti aux règles de forme et de contenu prévues par le présent livre ou par règlement.

[1991, c. 64, a. 2683; 1998, c. 5, a. 9].

2683. Except where he operates an enterprise and the hypothec is charged on the property of that enterprise, a natural person may grant a movable hypothec without delivery only on road vehicles or other movable property determined by regulation and subject to the conditions determined by regulation.

Where the act constituting the hypothec is accessory to a consumer contract, it is subject to the rules on form and content prescribed by this Book or by regulation.

[1991, c. 64, a. 2683; 1998, c. 5, s. 9; I.N., 2014-05-01].

∎ C.C.Q., 1525, 2684, 2684.1, 2696-2714.7.

2684. Seule la personne ou le fiduciaire qui exploite une entreprise peut consentir une hypothèque sur une universalité de biens, meubles ou immeubles, présents ou à venir, corporels ou incorporels.

Celui qui exploite l'entreprise peut, ainsi, hypothéquer les animaux, l'outillage ou le matériel d'équipement professionnel, les créances et comptes clients, les brevets et marques de commerce, ou encore les meubles corporels qui font partie de l'actif de l'une ou l'autre de ses entreprises et qui sont détenus afin d'être vendus, loués ou traités dans le processus de fabrication ou de transformation d'un bien destiné à la vente, à la location ou à la prestation de services.

[1991, c. 64, a. 2684].

∎ C.C.Q., 1525, 2684.1, 2685, 2686, 2773.

2684. Only a person or a trustee carrying on an enterprise may grant a hypothec on a universality of property, movable or immovable, present or future, corporeal or incorporeal.

The person or the trustee may thus hypothecate animals, tools or equipment pertaining to the enterprise, claims and accounts receivable, patents and trademarks, or corporeal movables included in the assets of any of his enterprises kept for sale, lease or processing in the manufacture or transformation of property intended for sale, for lease or for use in providing a service.

[1991, c. 64, a. 2684; I.N., 2014-05-01].

2684.1. Nonobstant l'article 2684, la personne physique qui n'exploite pas une entreprise peut, si ces valeurs ou titres sont de la nature de ceux qu'elle peut grever d'une hypothèque sans dépossession, consentir une hypothèque sur une universalité de valeurs mobilières ou de titres intermédiés, présents ou à venir, visés par la *Loi sur le transfert de valeurs mobilières et l'obtention de titres intermédiés* (chapitre T-11.002).

Elle peut aussi, si les biens sont de la nature de ceux qu'elle peut grever d'une hypothèque sans dépossession, consentir une hypothèque sur toute autre universalité de biens, présents ou à venir, déterminée par règlement.

[2008, c. 20, a. 133].

∎ C.C.Q., 1525, 2684.

2684.1. Notwithstanding article 2684, a natural person not carrying on an enterprise may grant a hypothec on a universality of present or future securities or security entitlements, within the meaning of the *Act respecting the transfer of securities and the establishment of security entitlements* (chapter T-11.002), provided the securities or security entitlements are securities or security entitlements that the person may encumber with a hypothec without delivery.

Such a natural person may also grant a hypothec on any other universality of present or future property determined by regulation, provided the property is property that the person may encumber with a hypothec without delivery.

[2008, c. 20, s. 133].

2685. Seule la personne qui exploite une entreprise peut consentir une hypothèque sur un meuble représenté par un connaissement.

[1991, c. 64, a. 2685].

∎ C.C.Q., 1525, 2041, 2684, 2686, 2699, 2708.

2685. Only a person carrying on an enterprise may grant a hypothec on a movable represented by a bill of lading.

[1991, c. 64, a. 2685].

693

2686. Seule la personne ou le fiduciaire qui exploite une entreprise peut consentir une hypothèque ouverte sur les biens de l'entreprise.

[1991, c. 64, a. 2686].

▌C.C.Q., 1278, 1307, 1525, 2684, 2685, 2715, 2720, 2755, 2955.

2686. Only a person or a trustee carrying on an enterprise may grant a floating hypothec on the property of the enterprise.

[1991, c. 64, a. 2686].

SECTION II —
DE L'OBLIGATION GARANTIE PAR HYPOTHÈQUE

SECTION II —
OBLIGATIONS SECURED BY HYPOTHECS

2687. L'hypothèque peut être consentie pour quelque obligation que ce soit.

[1991, c. 64, a. 2687].

▌C.C.Q., 1371-1376, 2688, 2689, 2691, 2692, 2797.

2687. A hypothec may be granted to secure any obligation whatever.

[1991, c. 64, a. 2687].

2688. L'hypothèque constituée pour garantir le paiement d'une somme d'argent est valable, encore qu'au moment de sa constitution le débiteur n'ait pas reçu ou n'ait reçu que partiellement la prestation en raison de laquelle il s'est obligé.

Cette règle s'applique, notamment, en matière d'ouverture de crédit ou d'émission d'obligations et autres titres d'emprunt.

[1991, c. 64, a. 2688].

▌C.C.Q., 2314, 2690, 2691, 2692, 2797.

2688. A hypothec granted to secure payment of a sum of money is valid even if, when it is granted, the debtor has not received or has received only partially the prestation in consideration of which he has undertaken the obligation.

This rule is applicable in particular to lines of credit and the issue of bonds or other titles of indebtedness.

[1991, c. 64, a. 2688; I.N., 2014-05-01].

2689. L'acte constitutif d'hypothèque doit indiquer la somme déterminée pour laquelle elle est consentie.

Cette règle s'applique alors même que l'hypothèque est constituée pour garantir l'exécution d'une obligation dont la valeur ne peut être déterminée ou est incertaine.

[1991, c. 64, a. 2689].

▌C.C.Q., 2667, 2690.

2689. The act constituting a hypothec shall indicate the specific sum for which it is granted.

The same rule applies even where the hypothec is constituted to secure the performance of an obligation of which the value cannot be determined or is uncertain.

[1991, c. 64, a. 2689; I.N., 2014-05-01].

2690. La somme pour laquelle l'hypothèque est consentie n'est pas considérée indéterminée si l'acte, plutôt que de stipuler un taux fixe d'intérêt, contient les éléments nécessaires à la détermination du taux d'intérêt effectif de cette somme.

[1991, c. 64, a. 2690].

▌C.C.Q., 2667, 2688, 2689.

2690. The sum for which the hypothec is granted is not considered to be indeterminate where the act, rather than stipulating a fixed rate of interest, contains the necessary particulars for determining the effective rate of interest on the sum.

[1991, c. 64, a. 2690; I.N., 2014-05-01].

2691. Si le créancier refuse de remettre les sommes d'argent qu'il s'est engagé à prêter et en garantie desquelles il détient une hypothèque, le débiteur ou le constituant peut obtenir, aux frais du créancier, la réduction ou la radiation de l'hypothèque, sur paiement, en ce dernier cas, des seules sommes alors dues.

[1991, c. 64, a. 2691].

■ C.C.Q., 2741, 3057-3075.1.

2692. L'hypothèque qui garantit le paiement des obligations ou autres titres d'emprunt, émis par le fiduciaire, la société en commandite ou la personne morale autorisée à le faire en vertu de la loi, doit, à peine de nullité absolue, être constituée par acte notarié en minute, en faveur du fondé de pouvoir des créanciers.

[1991, c. 64, a. 2692].

■ C.C.Q., 2237, 2687, 2799, 2819.

SECTION III —
DE L'HYPOTHÈQUE IMMOBILIÈRE

2693. L'hypothèque immobilière doit, à peine de nullité absolue, être constituée par acte notarié en minute.

[1991, c. 64, a. 2693].

■ C.C.Q., 1416, 2695, 2799, 2819.

2694. L'hypothèque immobilière n'est valable qu'autant que l'acte constitutif désigne de façon précise le bien hypothéqué.

[1991, c. 64, a. 2694].

■ C.C.Q., 3026-3056; D.T., 155.

2695. Sont considérées comme immobilières l'hypothèque des loyers, présents et à venir, que produit un immeuble, et celle des indemnités versées en vertu des contrats d'assurance qui couvrent ces loyers.

Ces hypothèques sont publiées au registre foncier.

[1991, c. 64, a. 2695].

■ C.C.Q., 2670, 2693, 2743-2745, 2941, 2970, 2972; D.T., 133, 136.

2691. Where the creditor refuses to hand over the sums of money he has undertaken to lend and for which he holds a hypothec as security, the debtor or the grantor may, at the expense of the creditor, cause the hypothec to be reduced or cancelled, upon payment, in the latter case, of only the amounts that may then be due.

[1991, c. 64, a. 2691].

2692. A hypothec securing payment of bonds or other titles of indebtedness issued by a trustee, a limited partnership or a legal person authorized to do so by law shall, on pain of absolute nullity, be granted by notarial act *en minute* in favour of the person holding the power of attorney of the creditors.

[1991, c. 64, a. 2692].

SECTION III —
IMMOVABLE HYPOTHECS

2693. An immovable hypothec shall, on pain of absolute nullity, be granted by notarial act *en minute*.

[1991, c. 64, a. 2693; I.N., 2014-05-01].

2694. An immovable hypothec is valid only so far as the constituting act describes in a precise manner the hypothecated property.

[1991, c. 64, a. 2694; I.N., 2014-05-01].

2695. Hypothecs on the present and future rents produced by an immovable and hypothecs on the indemnities paid under the insurance contracts covering the rents are considered to be immovable hypothecs.

Such hypothecs are published in the land register.

[1991, c. 64, a. 2695].

SECTION IV ——
DE L'HYPOTHÈQUE MOBILIÈRE

SECTION IV ——
MOVABLE HYPOTHECS

§ 1. —— Dispositions particulières
à l'hypothèque mobilière sans
dépossession

§ 1. —— Movable hypothecs
without delivery

2696. L'hypothèque mobilière sans dépossession doit, à peine de nullité absolue, être constituée par écrit.

[1991, c. 64, a. 2696].

❚ C.C.Q., 1416-1418, 2665, 2683, 2798; D.T., 157-157.2.

2696. A movable hypothec without delivery shall, on pain of absolute nullity, be granted in writing.

1991, c. 64, a. 2696].

2697. L'acte constitutif d'une hypothèque mobilière doit contenir une description suffisante du bien qui en est l'objet ou, s'il s'agit d'une universalité de meubles, l'indication de la nature de cette universalité.

[1991, c. 64, a. 2697].

❚ C.C.Q., 2674, 2684, 2696, 2700, 2950, 2981, 3024.

2697. The act constituting a movable hypothec shall contain a sufficient description of the hypothecated property or, in the case of a universality of movables, an indication of the nature of that universality.

1991, c. 64, a. 2697; I.N., 2014-05-01].

2698. L'hypothèque mobilière grevant les fruits et les produits du sol, ainsi que les matériaux ou d'autres choses qui font partie intégrante d'un immeuble, prend effet au moment où ceux-ci deviennent des meubles ayant une entité distincte. Elle prend rang à compter de† son inscription au registre des droits personnels et réels mobiliers.

[1991, c. 64, a. 2698].

❚ C.C.Q., 900, 901, 2670, 2671, 2795, 2941, 2945, 2980.

2698. A movable hypothec charging the fruits and products of the soil, and the materials and other things forming an integral part of an immovable, takes effect when they become movables with a separate existence. It ranks from its date† of registration in the register of personal and movable real rights.

[1991, c. 64, a. 2698].

2699. L'hypothèque mobilière qui grève des biens représentés par un connaissement ou un autre titre négociable ou qui grève des créances est opposable aux créanciers du constituant depuis le moment où le créancier a exécuté sa prestation, si elle est inscrite dans les dix jours qui suivent.

[1991, c. 64, a. 2699].

❚ C.C.Q., 1371, 1373, 2041, 2663, 2685, 2708, 2710, 2941, 2945; D.T., 136.

2699. A movable hypothec that charges property represented by a bill of lading or other negotiable instrument or that charges claims may be set up against the creditors of the grantor from the time the creditor gives value, provided it is registered within the following 10 days.

[1991, c. 64, a. 2699; I.N., 2014-05-01].

2700. L'hypothèque mobilière sur un bien qui n'est pas aliéné dans le cours des activités de l'entreprise et qui n'est pas inscrite sur une fiche établie sous la description de ce bien est conservée par la production au registre des droits person-

2700. A movable hypothec on property that is not alienated in the ordinary course of business of an enterprise and that is not registered in a file opened under the description of the property is preserved by filing a notice of preservation of hypothec

nels et réels mobiliers, d'un avis de conservation de l'hypothèque.

Cet avis doit être inscrit dans les quinze jours qui suivent le moment où le créancier a été informé, par écrit, du transfert du bien et du nom de l'acquéreur ou le moment où il a consenti par écrit à ce transfert; dans le même délai, le créancier transmet une copie de l'avis à l'acquéreur.

L'avis doit indiquer le nom du débiteur ou du constituant, de même que celui de l'acquéreur, et contenir une description du bien.

[1991, c. 64, a. 2700; 1998, c. 5, a. 10].

∎ C.C.Q., 1525, 2674, 2701, 2732, 2980; D.T., 138, 157.2.

2701. L'hypothèque mobilière assumée par un acquéreur† peut être publiée.

[1991, c. 64, a. 2701].

∎ C.C.Q., 2700.

2701.1. L'hypothèque mobilière constituée[1] par un intermédiaire en valeurs mobilières sur des valeurs mobilières ou des titres intermédiés visés par la *Loi sur le transfert de valeurs mobilières et l'obtention de titres intermédiés* (chapitre T-11.002) est réputée publiée par sa seule constitution, sans la nécessité d'une inscription.

Lorsque l'intermédiaire a constitué[1] plusieurs hypothèques mobilières sur les mêmes valeurs ou titres, ces hypothèques viennent en concurrence, quel que soit le moment de leur publication.

[2008, c. 20, a. 134].

Note 1 : Comp. a. 3108.8 ("granted").

∎ C.C.Q., 2663, 2665, 2934, 2941, 2945.

§ 2. ── Dispositions particulières à l'hypothèque mobilière avec dépossession

2702. L'hypothèque mobilière avec dépossession est constituée par la remise matérielle du bien ou du titre au créancier ou, si le bien est déjà entre ses mains, par le

in the register of personal and movable real rights.

The notice shall be registered within 15 days after the creditor is informed in writing of the transfer of the property and the name of the purchaser, or after he consents in writing to the transfer. The creditor transmits a copy of the notice to the purchaser within the same time.

The notice shall indicate the name of the debtor or grantor and of the purchaser and contain a description of the property.

[1991, c. 64, a. 2700; 1998, c. 5, s. 10; I.N., 2014-05-01].

2701. A movable hypothec assumed by a purchaser† may be published.

[1991, c. 64, a. 2701].

2701.1. A movable hypothec constituted[1] by a securities intermediary on securities or security entitlements within the meaning of the *Act respecting the transfer of securities and the establishment of security entitlements* (chapter T-11.002) is deemed to be published by the sole fact of its constitution, and does not require registration.

If the securities intermediary has constituted[1] two or more movable hypothecs on the same securities or security entitlements, the hypothecs rank concurrently among themselves, regardless of when they were published.

[2008, c. 20, s. 134].

§ 2. ── Movable hypothecs with delivery

2702. A movable hypothec with delivery is granted by physical delivery of the property or title to the creditor or, if the property is already in his hands, by his contin-

maintien de la détention matérielle, du consentement du constituant, afin de garantir sa créance.

[1991, c. 64, a. 2702; 2008, c. 20, a. 135].

uing to physically hold it, with the grantor's consent, to secure his claim.

[1991, c. 64, a. 2702; 2008, c. 20, s. 135].

◼ C.C.Q., 2665, 2705, 2709, 2714.1-2714.7, 2736-2742, 2798.

2703. L'hypothèque mobilière avec dépossession est publiée par la détention du bien ou du titre qu'exerce le créancier, et elle ne le demeure que si la détention est continue.

[1991, c. 64, a. 2703].

2703. A movable hypothec with delivery is published by the creditor's holding the property or title, and remains so only as long as he continues to hold it.

[1991, c. 64, a. 2703].

◼ C.C.Q., 2461, 2479.1, 2663, 2702, 2704, 2705, 2707, 2708, 2710-2712, 2714.1, 2798.

2704. La détention demeure continue même si son exercice est empêché par le fait† d'un tiers, sans que le créancier y ait consenti, ou même si cet exercice est interrompu, temporairement, par la remise du bien ou du titre au constituant, ou à un tiers, afin qu'il l'évalue, le répare, le transforme ou l'améliore.

[1991, c. 64, a. 2704].

2704. Holding is continuous even if its exercise is prevented by the act† of a third person without the consent of the creditor or is temporarily interrupted by the handing over of the property or title to the grantor or to a third person for evaluation, repair, transformation or improvement.

[1991, c. 64, a. 2704].

◼ C.C.Q., 2703, 2706.

2705. Le créancier peut, avec l'accord du constituant, exercer sa détention par l'intermédiaire d'un tiers, mais, en ce cas, la détention par le tiers n'équivaut à publicité qu'à compter du moment où celui-ci reçoit une preuve écrite de l'hypothèque.

[1991, c. 64, a. 2705].

2705. The creditor, with the consent of the grantor, may hold the property through a third person, but if so, detention by the third person effects publication only from the time the third person receives evidence in writing of the hypothec.

[1991, c. 64, a. 2705].

◼ C.C.Q., 2703.

2706. Le créancier qui est empêché d'exercer sa détention peut revendiquer le bien de celui qui le détient, à moins que l'empêchement ne résulte de l'exercice, par un autre créancier, de ses droits hypothécaires ou d'une procédure de saisie-exécution.

[1991, c. 64, a. 2706].

2706. A creditor prevented from holding the property may revendicate it from the person holding it, unless he is prevented as a result of the exercise of hypothecary rights or a seizure in execution by another creditor.

[1991, c. 64, a. 2706].

◼ C.C.Q., 2704, 2748; C.P.C., 580-616.1, 734.

2707. L'hypothèque mobilière avec dépossession peut être, postérieurement à sa constitution, publiée par inscription, pourvu qu'il n'y ait pas interruption de publicité.

[1991, c. 64, a. 2707].

2707. A movable hypothec granted with delivery may be published by registration at a later date, provided publication is not interrupted.

[1991, c. 64, a. 2707].

◼ C.C.Q., 2703, 2704.

2708. L'hypothèque mobilière qui grève des biens représentés par un connaissement ou un autre titre négociable ou qui grève des créances, est opposable aux créanciers du constituant depuis le moment où le créancier a exécuté sa prestation, si le titre lui est remis dans les dix jours qui suivent.

[1991, c. 64, a. 2708].

■ C.C.Q., 1371, 1373, 2041, 2663, 2685, 2699, 2709, 2710.

2708. A movable hypothec that charges property represented by a bill of lading or other negotiable instrument or that charges claims may be set up against the creditors of the grantor from the time the creditor gives value, provided the title is remitted to him within 10 days from that time.

[1991, c. 64, a. 2708; I.N., 2014-05-01].

2709. Si le titre est négociable par endossement et délivrance, ou par délivrance seulement, la remise au créancier a lieu par l'endossement et la délivrance, ou par la délivrance seulement.

[1991, c. 64, a. 2709].

■ C.C.Q., 2043, 2702, 2708; C.P.C., 570.

2709. Where the title is negotiable by endorsement and delivery, or delivery alone, its remittance to the creditor takes place by endorsement and delivery, or by delivery alone.

[1991, c. 64, a. 2709].

§ 3. — Dispositions particulières à l'hypothèque mobilière sur des créances

§ 3. — Movable hypothecs on claims

2710. L'hypothèque mobilière qui grève une créance que détient le constituant contre un tiers, ou une universalité de créances, peut être constituée avec ou sans dépossession.

Cependant, dans l'un et l'autre cas, le créancier ne peut faire valoir son hypothèque à l'encontre des débiteurs des créances hypothéquées tant qu'elle ne leur est pas rendue opposable de la même manière qu'une cession de créance.

[1991, c. 64, a. 2710].

■ C.C.Q., 1641-1648, 1680, 2676, 2711, 2712, 2743-2747, 3014.1.

2710. A movable hypothec that charges a claim held by the grantor against a third person may be granted with or without delivery.

In either case, however, the creditor may not enforce his hypothec against the debtors of hypothecated claims as long as it has not been set up against them in the same way as an assignment of claims.

[1991, c. 64, a. 2710; I.N., 2014-05-01].

2711. L'hypothèque qui grève une universalité de créances doit, même lorsqu'elle est constituée par la remise du titre au créancier, être inscrite au registre approprié.

[1991, c. 64, a. 2711].

■ C.C.Q., 1642, 2676, 2702, 2703, 2718.

2711. A hypothec that charges a universality of claims, even when granted by the remittance of the title to the creditor, shall be entered in the appropriate register.

[1991, c. 64, a. 2711; I.N., 2014-05-01].

2712. L'hypothèque qui grève une créance que détient le constituant contre un tiers, créance qui est elle-même garantie par une hypothèque inscrite, doit être publiée par inscription; le créancier doit remettre une

2712. A hypothec that charges a claim held by the grantor against a third person shall, where the claim is itself secured by a registered hypothec, be published by registration; the creditor shall remit a copy of a

copie d'un état certifié de l'inscription au débiteur de la créance hypothéquée.

[1991, c. 64, a. 2712].

▌C.C.Q., 2934, 3003, 3011, 3014.1.

2713. Dans tous les cas, le créancier ou le constituant peut, en mettant l'autre en cause, intenter une action en recouvrement d'une créance hypothéquée.

[1991, c. 64, a. 2713].

▌C.C.Q., 2733, 2735, 2743-2747; C.P.C., 216-222.

§ 4. — Dispositions particulières à l'hypothèque mobilière sur navire, cargaison ou fret

2714. L'hypothèque mobilière qui grève un navire n'a d'effet que si, au moment où elle est publiée, le navire qui en fait l'objet n'est pas immatriculé en vertu de la *Loi sur la marine marchande du Canada* (L.R.C. (1985), c. S-9) ou en vertu d'une loi étrangère équivalente.

L'hypothèque peut aussi être constituée sur la cargaison d'un navire immatriculé ou sur le fret, que les biens soient ou non à bord, mais elle est alors assujettie, le cas échéant, aux droits que d'autres personnes peuvent avoir sur les biens en vertu de telles lois.

[1991, c. 64, a. 2714].

▌C.C.Q., 2696 et s.

§ 5. — Dispositions particulières à l'hypothèque mobilière avec dépossession sur certaines valeurs ou certains titres

2714.1. La remise et la détention nécessaires à la constitution et à l'opposabilité d'une hypothèque mobilière avec dépossession peuvent, dans le cas de valeurs mobilières ou de titres intermédiés visés par la *Loi sur le transfert de valeurs mobilières et l'obtention de titres intermédiés* (chapitre T-11.002), s'opérer par la maî-

certified statement of registration to the debtor of the hypothecated claim.

[1991, c. 64, a. 2712; I.N., 2014-05-01].

2713. In all cases, either the creditor or the grantor may institute an action to recover a hypothecated claim, provided he impleads the other.

[1991, c. 64, a. 2713; I.N., 2014-05-01].

§ 4. — Movable hypothecs on ships, cargo or freight

2714. A movable hypothec that charges a ship is effective only if at the time of publication the ship is not registered under the *Canada Shipping Act* or under an equivalent foreign law.

A movable hypothec may also be granted on the cargo of a registered ship or on the freight, whether or not the property is on board, but in that case it is subject to any rights in the property which other persons may have under such legislation.

[1991, c. 64, a. 2714; I.N., 2014-05-01].

§ 5. — Movable Hypothecs with Delivery on Certain Securities or Security Entitlements

2714.1. In the case of securities and security entitlements within the meaning of the *Act respecting the transfer of securities and the establishment of security entitlements* (chapter T-11.002), the requirement that the property be delivered to and held by the creditor in order for a movable hypothec with delivery to be constituted and

trise de ces valeurs ou titres qu'obtient le créancier conformément à cette loi.

[2008, c. 20, a. 136].

█ C.C.Q., 2663, 2702, 2703, 2714.2-2714.7.

2714.2. L'hypothèque mobilière avec dépossession opérée par la maîtrise qu'obtient un créancier relativement à des valeurs mobilières ou à des titres intermédiés prend rang avant toute autre hypothèque mobilière portant sur les mêmes valeurs ou titres, quel que soit le moment où cette autre hypothèque est publiée, dès l'obtention de cette maîtrise.

Lorsque plusieurs hypothèques mobilières avec dépossession portant sur les mêmes valeurs mobilières ou sur les mêmes titres intermédiés ont été consenties en faveur de créanciers ayant chacun obtenu la maîtrise de ces valeurs ou titres, les hypothèques prennent rang, entre elles, suivant le moment où chacun des créanciers a obtenu la maîtrise des valeurs ou titres. Toutefois, lorsque les hypothèques portent sur des titres intermédiés, l'hypothèque du créancier qui a obtenu la maîtrise des titres en en devenant titulaire a priorité de rang.

[2008, c. 20, a. 136].

█ C.C.Q., 2714.1 et s.

2714.3. L'hypothèque mobilière avec dépossession grevant, en faveur d'un intermédiaire en valeurs mobilières, des titres intermédiés sur un actif financier porté au crédit d'un compte de titres que l'intermédiaire tient pour le constituant prend rang avant toute autre hypothèque grevant ces titres.

[2008, c. 20, a. 136].

█ C.C.Q., 2714.1 et s.

2714.4. L'hypothèque mobilière avec dépossession qui grève des valeurs mobilières représentées par un certificat nominatif prend rang, même si le créancier n'a pas la maîtrise de ces valeurs, avant toute hypothèque mobilière sans dépossession portant sur les mêmes valeurs, quel que soit le moment de la publication de cette dernière hypothèque.

[2008, c. 20, a. 136].

set up against third persons may be met by the creditor obtaining control of the securities or security entitlements in accordance with that Act.

[2008, c. 20, s. 136].

2714.2. From the time a creditor secured by a movable hypothec with delivery obtains control of the securities or security entitlements, that hypothec ranks ahead of any other movable hypothec on the same securities or security entitlements, regardless of when that other hypothec is published.

If two or more movable hypothecs with delivery are granted on the same securities or on the same security entitlements in favour of creditors each of whom has obtained control of the securities or security entitlements, the hypothecs rank among themselves according to when the creditors obtained control. However, in the case of security entitlements, the hypothec granted in favour of the creditor who obtained control of the security entitlements by becoming the entitlement holder ranks ahead of the other.

[2008, c. 20, s. 136].

2714.3. A movable hypothec with delivery granted in favour of a securities intermediary on security entitlements to a financial asset credited to a securities account maintained by the securities intermediary for its grantor ranks ahead of any other hypothec on those security entitlements.

[2008, c. 20, s. 136].

2714.4. A movable hypothec with delivery encumbering securities represented by a certificate in registered form, even if granted in favour of a creditor who does not have control of the securities, ranks ahead of any movable hypothec without delivery encumbering the same securities, regardless of when the hypothec without delivery is published.

[2008, c. 20, s. 136].

❚ C.C.Q., 2702 et s., 2714.1 et s.

2714.5. À moins que l'hypothèque ne porte sur des valeurs mobilières représentées par des certificats, la personne physique qui n'exploite pas une entreprise ne peut consentir à une hypothèque mobilière avec dépossession sur des valeurs mobilières ou des titres intermédiés qu'à l'égard de valeurs ou de titres qu'elle peut, dans les conditions prescrites, grever d'une hypothèque mobilière sans dépossession.

[2008, c. 20, a. 136].

❚ C.C.Q., 2683-2686, 2714.1 et s.

2714.5. Except in the case of securities represented by a certificate, a natural person not carrying on an enterprise may grant a movable hypothec with delivery only on those securities or security entitlements that the person may, under the conditions prescribed, encumber with a movable hypothec without delivery.

[2008, c. 20, s. 136].

2714.6. Sauf convention contraire entre le constituant et le créancier, le créancier titulaire d'une hypothèque mobilière avec dépossession portant sur des valeurs mobilières ou des titres intermédiés peut aliéner ces valeurs ou titres ou les grever d'une hypothèque mobilière en faveur d'un tiers.

[2008, c. 20, a. 136].

❚ C.C.Q., 2714.1 et s., 2736 et s.

2714.6. Unless otherwise agreed between the grantor and the creditor, a creditor holding a movable hypothec with delivery on securities or security entitlements may alienate the securities or security entitlements or grant a movable hypothec on them in favour of a third person.

[2008, c. 20, s. 136].

2714.7. La dépossession opérée par la remise et la détention matérielles de certificats de valeurs mobilières ne requiert pas que ces certificats soient négociables lorsqu'ils représentent des valeurs mobilières visées par la *Loi sur le transfert de valeurs mobilières et l'obtention de titres intermédiés* (chapitre T-11.002); la dépossession s'effectue par la livraison des certificats conformément à cette loi.

[2008, c. 20, a. 136].

❚ C.C.Q., 2702 et s., 2714.1 et s.

2714.7. Certificates representing securities within the meaning of the *Act respecting the transfer of securities and the establishment of security entitlements* (chapter T-11.002) do not have to be negotiable for hypothecary delivery to be validly effected through the physical delivery and holding of the certificates; hypothecary delivery results from the delivery of the certificates in accordance with that Act.

[2008, c. 20, s. 136].

SECTION V —
DE L'HYPOTHÈQUE OUVERTE

2715. L'hypothèque ouverte est celle dont certains des effets sont suspendus jusqu'au moment où, le débiteur ou le constituant ayant manqué à ses obligations, le créancier provoque la clôture de l'hypothèque en leur signifiant un avis dénonçant le défaut et la clôture de l'hypothèque.

SECTION V —
FLOATING HYPOTHECS

2715. A hypothec is a floating hypothec when some of the effects are suspended until, the debtor or grantor having defaulted, the creditor brings about crystallization of the hypothec by serving a notice of default and crystallization of the hypothec on the debtor or grantor.

Le caractère ouvert de l'hypothèque doit être expressément stipulé dans l'acte.

[1991, c. 64, a. 2715].

▌ C.C.Q., 2686, 2693, 2696, 2755, 2955.

2716. Il est nécessaire pour que l'hypothèque ouverte produise ses effets qu'elle ait été publiée au préalable et, dans le cas d'une affectation de biens immeubles, qu'elle ait été inscrite contre chacun des biens.

Elle n'est opposable aux tiers que par l'inscription de l'avis de clôture.

[1991, c. 64, a. 2716].

▌ C.C.Q., 2715, 2722, 2755, 2955.

2717. Les conditions ou restrictions stipulées à l'acte constitutif quant au droit du constituant d'aliéner, d'hypothéquer ou de disposer des biens grevés ont effet entre les parties avant même la clôture.

[1991, c. 64, a. 2717].

▌ C.C.Q., 2715, 2716.

2718. L'hypothèque ouverte qui grève plusieurs créances produit ses effets à l'égard des débiteurs des créances hypothéquées dès l'inscription de l'avis de clôture, à condition que cet avis soit publié dans un journal distribué dans la localité de la dernière adresse connue du constituant de l'hypothèque ouverte ou, si celui-ci exploite une entreprise, dans la localité où son principal établissement est situé.

La publication de l'avis n'est pas nécessaire si l'hypothèque et l'avis de clôture sont rendus opposables aux débiteurs des créances hypothéquées, de la même manière qu'une cession de créance.

[1991, c. 64, a. 2718].

▌ C.C.Q., 1641, 1642, 2716.

2719. L'hypothèque ouverte emporte, par sa clôture, les effets d'une hypothèque, mobilière ou immobilière, à l'égard des droits que le constituant peut encore avoir, à ce moment, dans les biens grevés; si,

The floating character of the hypothec shall be expressly stipulated in the act.

[1991, c. 64, a. 2715; I.N., 2014-05-01].

2716. A floating hypothec has effect only if it was published beforehand and, if immovables are charged, only if it was registered against each property.

It may not be set up against third persons except by registration of the notice of crystallization.

[1991, c. 64, a. 2716; I.N., 2014-05-01].

2717. Any condition or restriction stipulated in the constituting act as to the right of the grantor to alienate, hypothecate or dispose of the charged property has effect between the parties even before crystallization.

[1991, c. 64, a. 2717; I.N., 2014-05-01].

2718. A floating hypothec that charges more than one claim has effect as regards the debtors of hypothecated claims from registration of the notice of crystallization, provided the notice is published in a newspaper circulated in the locality of the last known address of the grantor of the floating hypothec or, where he carries on an enterprise, in the locality where the enterprise has its principal establishment.

The notice need not be published if the hypothec and the notice of crystallization have been set up against the debtors of the hypothecated claims in the same way as an assignment of claims.

[1991, c. 64, a. 2718; I.N., 2014-05-01].

2719. By crystallization, a floating hypothec has the effects of a movable or immovable hypothec with respect to whatever rights the grantor may have at that time in the charged property; if the

parmi ceux-ci, se trouve une universalité, elle grève aussi les biens acquis par le constituant après la clôture.

[1991, c. 64, a. 2719].

▌ C.C.Q., 2715, 2716.

property includes a universality, the hypothec also charges the property acquired by the grantor after crystallization.

[1991, c. 64, a. 2719; I.N., 2014-05-01].

2720. La vente d'entreprise consentie par le constituant n'est pas opposable au titulaire de l'hypothèque ouverte; il en est de même de la fusion ou de la réorganisation dont l'entreprise fait l'objet.

[1991, c. 64, a. 2720].

▌ C.C.Q., 2686.

2720. The sale of an enterprise by the grantor may not be set up against the holder of a floating hypothec. The same applies to a merger or reorganization of an enterprise.

[1991, c. 64, a. 2720].

2721. Le créancier titulaire d'une hypothèque ouverte grevant une universalité de biens peut, à compter de l'inscription de l'avis de clôture, prendre possession des biens pour les administrer, par préférence à tout autre créancier qui n'aurait publié son hypothèque qu'après l'inscription de l'hypothèque ouverte.

[1991, c. 64, a. 2721].

▌ C.C.Q., 2716, 2750, 2755, 2773.

2721. A creditor holding a floating hypothec that charges a universality of property may, from registration of the notice of crystallization, take possession of the property to administer it in preference to any other creditor having published his hypothec after the date of registration of the floating hypothec.

[1991, c. 64, a. 2721; I.N., 2014-05-01].

2722. Lorsque plusieurs hypothèques ouvertes grèvent les mêmes biens, la clôture de l'une d'elles permet aux autres créanciers d'inscrire eux-mêmes un avis de clôture au bureau de la publicité des droits.

[1991, c. 64, a. 2722].

▌ C.C.Q., 2715, 2955.

2722. Where there are several floating hypothecs on the same property, crystallization of one of them enables the creditors holding the others to register their own notice of crystallization at the registry office.

[1991, c. 64, a. 2722].

2723. Lorsqu'il est remédié au défaut du débiteur, le créancier requiert l'officier de la publicité des droits de radier l'avis de clôture.

Les effets de la clôture cessent à compter de cette radiation et les effets de l'hypothèque sont à nouveau suspendus.

[1991, c. 64, a. 2723; 2000, c. 42, a. 4].

▌ C.C.Q., 2715, 3057; D.T., 139.

2723. Where the default of the debtor has been remedied, the creditor requires the registrar to cancel the notice of crystallization.

The effects of crystallization cease with the cancellation, and the effects of the hypothec are again suspended.

[1991, c. 64, a. 2723].

Chapitre III ——
De l'hypothèque légale

Chapter III ——
Legal hypothecs

2724. Les seules créances qui peuvent donner lieu à une hypothèque légale sont les suivantes:

2724. Only the following claims may give rise to a legal hypothec :

1° Les créances de l'État pour les sommes dues en vertu des lois fiscales, ainsi que certaines autres créances de l'État ou de personnes morales de droit public, spécialement prévues dans les lois particulières;

2° Les créances des personnes qui ont participé à la construction ou à la rénovation d'un immeuble;

3° La créance du syndicat des copropriétaires pour le paiement des charges communes et des contributions au fonds de prévoyance;

4° Les créances qui résultent d'un jugement.

[1991, c. 64, a. 2724].

■ C.C.Q., 2651, 2664, 2725-2732, 2800, 2952, 3061, 3068; D.T., 134, 140.

(1) claims of the State for sums due under fiscal laws, as well as certain other claims of the State or of legal persons established in the public interest, under specific provision of law;

(2) claims of persons having taken part in the construction or renovation of an immovable;

(3) the claim of a syndicate of co-owners for payment of the common expenses and contributions to the contingency fund;

(4) claims under a judgment.

[1991, c. 64, a. 2724; I.N., 2014-05-01].

2725. Les hypothèques légales de l'État, y compris celles pour les sommes dues en vertu des lois fiscales, de même que les hypothèques des personnes morales de droit public, peuvent grever des biens meubles ou immeubles.

Ces hypothèques ne sont acquises que par leur inscription sur le registre approprié. La réquisition d'inscription se fait par la présentation d'un avis qui indique la loi créant l'hypothèque, les biens du débiteur sur lesquels le créancier entend la faire valoir, la cause et le montant de la créance. L'avis doit être signifié au débiteur.

L'inscription, par l'État, d'une hypothèque légale mobilière pour les sommes dues en vertu des lois fiscales, ne l'empêche pas de se prévaloir plutôt de sa créance prioritaire.

[1991, c. 64, a. 2725].

■ C.C.Q., 2653, 2724, 2731, 2732, 2981, 3068.

2725. The legal hypothecs of the State, including those for sums due under fiscal laws, and the hypothecs of legal persons established in the public interest may charge movable or immovable property.

Such hypothecs take effect only from their registration in the appropriate register. Application for registration is made by filing a notice indicating the legislation granting the hypothec, the property of the debtor on which the creditor intends to enforce it, and stating the cause and the amount of the claim. The notice shall be served on the debtor.

Registration by the State of a legal movable hypothec for sums due under fiscal laws does not prevent it from enforcing its prior claim.

[1991, c. 64, a. 2725; I.N., 2014-05-01].

2726.· L'hypothèque légale en faveur des personnes qui ont participé à la construction ou à la rénovation d'un immeuble ne peut grever que cet immeuble. Elle n'est acquise qu'en faveur des architecte, ingénieur, fournisseur de matériaux, ouvrier, entrepreneur ou sous-entrepreneur, à raison des travaux demandés par le propriétaire de l'immeuble, ou à raison des matériaux ou services qu'ils ont fournis ou

2726. A legal hypothec in favour of the persons having taken part in the construction or renovation of an immovable may not charge any other immovable. It exists only in favour of the architect, engineer, supplier of materials, workman and contractor or subcontractor in proportion to the work requested by the owner of the immovable, or to the materials or services supplied or prepared by them for the work.

705

préparés pour ces travaux. Elle existe sans qu'il soit nécessaire de la publier.

[1991, c. 64, a. 2726].

It is not necessary to publish a legal hypothec for it to exist.

[1991, c. 64, a. 2726; 1992, c. 57, s. 716; I.N., 2014-05-01].

▮ C.C.Q., 2123, 2724, 2727, 2728, 2952, 3061; D.T., 140; C.P.C., 721.

2727. L'hypothèque légale en faveur des personnes qui ont participé à la construction ou à la rénovation d'un immeuble subsiste, quoiqu'elle n'ait pas été publiée, pendant les trente jours qui suivent la fin des travaux.

Elle est conservée si, avant l'expiration de ce délai, il y a eu inscription d'un avis désignant l'immeuble grevé et indiquant le montant de la créance. Cet avis doit être signifié au propriétaire de l'immeuble.

Elle s'éteint six mois après la fin des travaux à moins que, pour conserver l'hypothèque, le créancier ne publie une action contre le propriétaire de l'immeuble ou qu'il n'inscrive un préavis d'exercice d'un droit hypothécaire.

[1991, c. 64, a. 2727].

2727. A legal hypothec in favour of persons having taken part in the construction or renovation of an immovable subsists, even if it has not been published, for 30 days after the work has been completed.

It subsists if, before the 30 days expire, a notice describing the charged immovable and indicating the amount of the claim is registered. The notice shall be served on the owner of the immovable.

It is extinguished six months after the work is completed, unless, to preserve the hypothec, the creditor publishes an action against the owner of the immovable or registers a prior notice of the exercise of a hypothecary right.

[1991, c. 64, a. 2727; I.N., 2014-05-01].

▮ C.C.Q., 2110, 2123, 2724, 2726, 2728, 2735, 2748, 2757, 2952; D.T., 140.

2728. L'hypothèque garantit la plus-value donnée à l'immeuble par les travaux, matériaux ou services fournis ou préparés pour ces travaux; mais, lorsque ceux en faveur de qui elle existe n'ont pas eux-mêmes contracté avec le propriétaire, elle est limitée aux travaux, matériaux ou services qui suivent la dénonciation écrite du contrat au propriétaire. L'ouvrier n'est pas tenu de dénoncer son contrat.

[1991, c. 64, a. 2728].

2728. The hypothec secures the increase in value given to the immovable by the work, materials or services supplied or prepared for the work. However, where those in favour of whom it exists did not themselves enter into a contract with the owner, the hypothec is limited to the work, materials or services supplied after written notice of the contract to the owner. A workman is not bound to give notice of his contract.

[1991, c. 64, a. 2728; I.N., 2014-05-01].

▮ C.C.Q., 2123, 2724, 2726, 2727, 2952.

2729. L'hypothèque légale du syndicat des copropriétaires grève la fraction du copropriétaire en défaut, pendant plus de trente jours, de payer sa quote-part des charges communes ou sa contribution au fonds de prévoyance; elle n'est acquise qu'à compter de l'inscription d'un avis indiquant la nature de la réclamation, le montant exigible au jour de l'inscription de l'avis, le

2729. The legal hypothec of a syndicate of co-owners charges the fraction of the co-owner who has defaulted for more than 30 days on payment of his common expenses or his contribution to the contingency fund, and has effect only from registration of a notice indicating the nature of the claim, the amount owing on the day the notice is registered, and the expected

montant prévu pour les charges et créances de l'année financière en cours et celles des deux années qui suivent.

[1991, c. 64, a. 2729].

▪ C.C.Q., 1039, 1064, 1069, 1071, 2724, 2800, 3061.

amount of charges and claims for the current financial year and the next two years.

[1991, c. 64, a. 2729; I.N., 2014-05-01].

2730. Tout créancier en faveur de qui un tribunal ayant compétence au Québec a rendu un jugement portant condamnation à verser une somme d'argent, peut acquérir une hypothèque légale sur un bien, meuble ou immeuble, de son débiteur.

Il l'acquiert par l'inscription d'un avis désignant le bien grevé par l'hypothèque et indiquant le montant de l'obligation, et, s'il s'agit de rente ou d'aliments, le montant des versements et, le cas échéant, l'indice d'indexation. L'avis est présenté avec une copie du jugement; il doit être signifié au débiteur.

[1991, c. 64, a. 2730; 2000, c. 42, a. 5].

▪ C.C.Q., 585 et s., 2724, 2731; C.P.C., 553.2.

2730. Every creditor in whose favour a judgment awarding a sum of money has been rendered by a court having jurisdiction in Québec may acquire a legal hypothec on the movable or immovable property of his debtor.

He may acquire it by registering a notice describing the property charged with the hypothec and specifying the amount of the obligation, and, in the case of an annuity or support, the amount of the instalments and, where applicable, the annual Pension Index. The notice is filed with a copy of the judgment; it must be served on the debtor.

[1991, c. 64, a. 2730; 2000, c. 42, s. 5].

2731. À moins que l'hypothèque légale ne soit celle de l'État ou d'une personne morale de droit public, le tribunal peut, à la demande du propriétaire du bien grevé d'une hypothèque légale, déterminer le bien que l'hypothèque pourra grever, réduire le nombre de ces biens ou permettre au requérant de substituer à cette hypothèque une autre sûreté suffisante pour garantir le paiement; il peut alors ordonner la radiation de l'inscription de l'hypothèque légale.

[1991, c. 64, a. 2731].

▪ C.C.Q., 2724, 2725; D.T., 135.

2731. Except in the case of the legal hypothec of the State or of a legal person established in the public interest, the court, on application of the owner of the property charged with a legal hypothec, may determine which property the hypothec may charge, reduce the number of properties or allow the applicant to substitute other security, sufficient to secure payment, for the hypothec; it may thereupon order cancellation of the registration of the legal hypothec.

[1991, c. 64, a. 2731; I.N., 2014-05-01].

2732. Le créancier qui a inscrit son hypothèque légale conserve son droit de suite sur le bien meuble qui n'est pas aliéné dans le cours des activités d'une entreprise, de la même manière que s'il était titulaire d'une hypothèque conventionnelle.

[1991, c. 64, a. 2732].

▪ C.C.Q., 1525, 2674, 2700, 2751, 2980.

2732. A creditor who has registered his legal hypothec retains his right to follow it on movable property which is not alienated in the ordinary course of business of an enterprise, as though he were the holder of a conventional hypothec.

[1991, c. 64, a. 2732; I.N., 2014-05-01].

Chapitre IV ——
De certains effets de l'hypothèque

Chapter IV ——
Certain effects of hypothecs

SECTION I ——
DISPOSITIONS GÉNÉRALES

SECTION I ——
GENERAL PROVISIONS

2733. L'hypothèque ne dépouille ni le constituant ni le possesseur qui continuent de jouir des droits qu'ils ont sur les biens grevés et peuvent en disposer, sans porter atteinte aux droits du créancier hypothécaire.

[1991, c. 64, a. 2733].

▌ C.C.Q., 2660, 2751, 2760.

2733. A hypothec does not divest the grantor or the possessor, who continue to enjoy their rights over the charged property and may dispose of it, subject to the rights of the hypothecary creditor.

[1991, c. 64, a. 2733; I.N., 2014-05-01].

2734. Ni le constituant ni son ayant cause ne peuvent détruire ou détériorer le bien hypothéqué, ou en diminuer sensiblement la valeur, si ce n'est par une utilisation normale ou en cas de nécessité.

Dans le cas où il en subit une perte, le créancier peut, outre ses autres recours et encore que sa créance ne soit ni liquide ni exigible, recouvrer des dommages-intérêts compensatoires jusqu'à concurrence de sa créance et au même titre d'hypothèque; la somme ainsi perçue est imputée sur sa créance.

[1991, c. 64, a. 2734].

▌ C.C.Q., 1067, 1168, 1204, 1457, 1514, 1607, 1611-1625, 2494, 2497, 2675, 2739, 2748; C.P.C., 733, 751.

2734. Neither the grantor nor his successor may destroy or deteriorate the hypothecated property or materially reduce its value except by normal use or in case of necessity.

Where he suffers a loss, the creditor may, in addition to his other remedies, and even though his claim is neither liquid nor due, recover damages and interest in compensation up to the amount of his claim and with the same right of hypothec; the amount so collected is imputed to his claim.

[1991, c. 64, a. 2734; I.N., 2014-05-01].

2735. Les créanciers hypothécaires peuvent agir en justice pour faire reconnaître leur hypothèque et interrompre la prescription, encore que leur créance ne soit ni liquide ni exigible.

[1991, c. 64, a. 2735].

▌ C.C.Q., 818, 912, 1233, 1504, 1626, 2727, 2746, 2748, 2889-2903, 2957.

2735. Hypothecary creditors may institute legal proceedings to have their hypothec recognized and interrupt prescription, even though their claims are neither liquid nor due.

[1991, c. 64, a. 2735; I.N., 2014-05-01].

SECTION II ——
DES DROITS ET OBLIGATIONS DU
CRÉANCIER QUI DÉTIENT† LE BIEN
HYPOTHÉQUÉ

SECTION II ——
RIGHTS AND OBLIGATIONS OF
CREDITORS IN POSSESSION† OF
HYPOTHECATED PROPERTY

2736. Le créancier d'une hypothèque mobilière avec dépossession doit faire tous les actes nécessaires à la conservation du bien grevé dont il a la détention; il ne peut l'utiliser sans la permission du constituant.

[1991, c. 64, a. 2736].

2736. The creditor of a movable hypothec with delivery shall do whatever is necessary to preserve the charged property he holds; he may not use it without the permission of the grantor.

[1991, c. 64, a. 2736; I.N., 2014-05-01].

▌C.C.Q., 2702-2709, 2733, 2739.

2737. Le créancier perçoit les fruits et revenus du bien hypothéqué.

À moins d'une stipulation contraire, le créancier remet au constituant les fruits qu'il a perçus et il impute les revenus perçus, d'abord au paiement des frais, puis des intérêts qui lui sont dus, et enfin au paiement du capital de la dette.

[1991, c. 64, a. 2737].

▌C.C.Q., 910, 949, 1126, 1570, 2743.

2738. Dans le cas de rachat en espèces des actions du capital-actions d'une personne morale par l'émetteur, le créancier qui reçoit le prix l'impute comme s'il s'agissait de revenus.

[1991, c. 64, a. 2738].

▌C.C.Q., 910, 2737.

2739. Le créancier ne répond pas de la perte du bien hypothéqué, survenue par suite de force majeure ou résultant de la vétusté du bien, de son dépérissement ou de son usage normal et autorisé.

[1991, c. 64, a. 2739].

▌C.C.Q., 950, 1160, 1161, 1167, 1168, 1308, 1470, 1562, 1701, 1702, 1846, 2049, 2072, 2286, 2289, 2322, 2675, 2734.

2740. Le constituant est tenu de rembourser au créancier les impenses faites par ce dernier pour la conservation du bien.

[1991, c. 64, a. 2740].

▌C.C.Q., 958-964, 1020, 1137, 1210, 1248, 1488, 1703, 2293, 2667, 2736.

2741. Le constituant ne peut obtenir la restitution du bien hypothéqué qu'après l'exécution de l'obligation, à moins que le créancier n'abuse du bien.

Le créancier tenu de restituer le bien en vertu d'un jugement perd alors son hypothèque.

[1991, c. 64, a. 2741].

▌C.C.Q., 7, 2691, 2702, 2736.

2737. The fruits and revenues of the hypothecated property are collected by the creditor.

Unless otherwise stipulated, the creditor hands over the fruits collected to the grantor, and imputes the revenues collected, first to expenses, then to any interest owing to him, and lastly to the capital of the debt.

[1991, c. 64, a. 2737; I.N., 2014-05-01].

2738. Where shares of the capital stock of a legal person are redeemed for cash by the issuer, the creditor who receives the price imputes it as if it were revenue.

[1991, c. 64, a. 2738; I.N., 2014-05-01].

2739. The creditor is not liable for loss of the hypothecated property owing to superior force or as a result of its ageing, perishable nature, or normal and authorized use.

[1991, c. 64, a. 2739; I.N., 2014-05-01].

2740. The grantor is bound to repay to the creditor his disbursements made for the preservation of the property.

[1991, c. 64, a. 2740; I.N., 2014-05-01].

2741. The grantor may not recover possession of the hypothecated property until performance of his obligation, unless the creditor abuses the property.

A creditor bound by a judgment to return the property loses his hypothec.

[1991, c. 64, a. 2741; I.N., 2014-05-01].

2742. L'héritier du débiteur, qui paie sa part de la dette, ne peut demander sa portion du bien hypothéqué tant qu'une partie de la dette reste due.

L'héritier du créancier qui reçoit sa portion de la dette, ne peut remettre le bien hypothéqué au préjudice de ceux de ses cohéritiers qui n'ont pas été payés.

[1991, c. 64, a. 2742].

❚ C.C.Q., 823, 872, 1520, 1540, 2662.

2742. An heir of the debtor who has paid his share of the debt may not demand his share of the hypothecated property until the whole debt is paid.

An heir of the creditor who receives his share of the debt may not return the hypothecated property to the prejudice of any unpaid coheir.

[1991, c. 64, a. 2742; I.N., 2014-05-01].

SECTION III —
DES DROITS ET OBLIGATIONS DU
CRÉANCIER TITULAIRE D'UNE
HYPOTHÈQUE SUR DES CRÉANCES

SECTION III —
RIGHTS AND OBLIGATIONS OF
CREDITORS HOLDING HYPOTHECATED
CLAIMS

2743. Le créancier titulaire d'une hypothèque sur une créance perçoit les revenus qu'elle produit, ainsi que le capital qui échoit durant l'existence de l'hypothèque; il donne aussi quittance des sommes qu'il perçoit.

À moins d'une stipulation contraire, il impute les sommes perçues au paiement de l'obligation, même non encore exigible, suivant les règles générales du paiement.

[1991, c. 64, a. 2743].

❚ C.C.Q., 1570, 2695, 2710-2713, 2737, 2747.

2743. A creditor holding a hypothec on a claim collects the revenues it produces, together with the capital falling due while the hypothec is in effect; he also gives an acquittance for the sums he collects.

Unless otherwise stipulated, he imputes the amounts collected to payment of the obligation, even if it is not yet due, in accordance with the general rules for payment.

[1991, c. 64, a. 2743; I.N., 2014-05-01].

2744. Le créancier peut, dans l'acte d'hypothèque, autoriser le constituant à percevoir, à leur échéance, les remboursements de capital ou les revenus des créances hypothéquées.

[1991, c. 64, a. 2744].

❚ C.C.Q., 2695, 2743, 2745.

2744. The creditor may, in the act constituting the hypothec, authorize the grantor to collect repayments of capital or the revenues from the hypothecated claims as they fall due.

[1991, c. 64, a. 2744].

2745. Le créancier peut, à tout moment, retirer l'autorisation de percevoir qu'il a donnée au constituant. Il doit alors notifier le constituant et le débiteur des droits hypothéqués qu'il percevra désormais lui-même les sommes exigibles. Le retrait d'autorisation doit être inscrit.

[1991, c. 64, a. 2745; 1998, c. 5, a. 11].

❚ C.C.Q., 2695, 2743, 2744.

2745. The creditor may at any time withdraw the authorization to collect that he gave to the grantor. To do so he shall notify the grantor and the debtor of the hypothecated rights that he will himself thenceforth collect the sums due. The withdrawal of authorization shall be registered.

1991, c. 64, a. 2745; 1998, c. 5, s. 11; I.N., 2014-05-01].

2746. Le créancier n'est pas tenu, durant l'existence de l'hypothèque, d'agir en justice pour recouvrer les droits hypothéqués, en capital ou en intérêts, mais il doit, dans un délai raisonnable, informer le constituant de toute irrégularité dans le paiement des sommes exigibles sur ces droits.

[1991, c. 64, a. 2746].

∎ C.C.Q., 2713, 2743.

2746. While the hypothec is in effect, the creditor is not bound to institute judicial proceedings to recover the capital or interest of the hypothecated rights, but he shall inform the grantor within a reasonable time of any irregularity in the payment of any sums due on the rights.

[1991, c. 64, a. 2746; I.N., 2014-05-01].

2747. Le créancier rend au constituant les sommes perçues qui excèdent l'obligation due en capital, intérêts et frais, malgré toute stipulation selon laquelle le créancier les conserverait, à quelque titre que ce soit.

[1991, c. 64, a. 2747].

∎ C.C.Q., 2661.

2747. The creditor remits to the grantor any sums collected over and above the obligation owed in capital, interest and costs, notwithstanding any stipulation by which, on whatever ground, the creditor may keep them.

[1991, c. 64, a. 2747; I.N., 2014-05-01].

Chapitre V ——
De l'exercice des droits hypothécaires

Chapter V ——
Exercise of hypothecary rights

SECTION I ——
DISPOSITION GÉNÉRALE

SECTION I ——
GENERAL PROVISION

2748. Outre leur action personnelle et les mesures provisionnelles prévues au *Code de procédure civile* (chapitre C-25), les créanciers ne peuvent, pour faire valoir et réaliser leur sûreté, exercer que les droits hypothécaires prévus au présent chapitre.

Ils peuvent ainsi, lorsque leur débiteur est en défaut et que leur créance est liquide et exigible, exercer les droits hypothécaires suivants: ils peuvent prendre possession du bien grevé pour l'administrer, le prendre en paiement de leur créance, le faire vendre sous contrôle de justice ou le vendre eux-mêmes.

[1991, c. 64, a. 2748].

2748. In addition to their personal right of action and the provisional measures provided in the *Code of Civil Procedure* (chapter C-25), creditors may exercise only the hypothecary rights provided in this chapter for the enforcement and realization of their security.

Thus, where their debtor is in default and their claim is liquid and due, they may exercise the following hypothecary rights: they may take possession of the charged property to administer it, take it in payment of their claim, cause it to be sold by judicial authority or sell it themselves.

[1991, c. 64, a. 2748; I.N., 2014-05-01].

∎ C.C.Q., 818, 1627, 1631, 2735, 2749, 2757, 2763, 2773, 2778, 2784, 2791; D.T., 133; C.P.C., 733-761.

SECTION II —
DES CONDITIONS GÉNÉRALES
D'EXERCICE DES DROITS
HYPOTHÉCAIRES

SECTION II —
GENERAL CONDITIONS FOR THE
EXERCISE OF HYPOTHECARY RIGHTS

2749. Les créanciers ne peuvent exercer leurs droits hypothécaires avant l'expiration du délai imparti pour délaisser le bien tel qu'il est fixé par l'article 2758.

[1991, c. 64, a. 2749].

■ C.C.Q., 2758, 2761, 2763 et s.

2749. Creditors may not exercise their hypothecary rights before the period established in article 2758 for surrender of the property has expired.

[1991, c. 64, a. 2749].

2750. Celui des créanciers dont le rang est antérieur a priorité, pour l'exercice de ses droits hypothécaires, sur ceux qui viennent après lui.

Il peut cependant être tenu de payer les frais engagés par un créancier subséquent si, étant avisé de l'exercice d'un droit hypothécaire par cet autre créancier, il néglige, dans un délai raisonnable, d'invoquer l'antériorité de ses droits.

[1991, c. 64, a. 2750].

■ C.C.Q., 2753, 2754, 2762, 2945.

2750. Earlier ranking creditors take priority over later ranking creditors when exercising their hypothecary rights.

An earlier ranking creditor may, however, be bound to pay the costs incurred by a later ranking creditor if, after being notified of the exercise of a hypothecary right by the latter, he fails to invoke the priority of his rights within a reasonable time.

[1991, c. 64, a. 2750; I.N., 2014-05-01].

2751. Le créancier exerce ses droits hypothécaires en quelques mains que le bien se trouve.

[1991, c. 64, a. 2751].

2751. The creditor may exercise his hypothecary rights in whomsoever's hands the property lies.

[1991, c. 64, a. 2751; I.N., 2014-05-01].

■ C.C.Q., 818, 2660, 2661, 2663, 2700, 2732, 2733, 2748, 2757, 2797; C.P.C., 800-803.

2752. Lorsque le bien grevé d'une hypothèque fait subséquemment l'objet d'un usufruit, les droits hypothécaires doivent être exercés simultanément contre le nu-propriétaire et contre l'usufruitier, ou dénoncés à celui contre qui ils n'ont pas été exercés en premier.

[1991, c. 64, a. 2752].

■ C.C.Q., 1120 et s., 2669, 2733, 2757; C.P.C., 168, 207.

2752. Where property charged with a hypothec subsequently is the subject of a usufruct, the hypothecary rights shall be exercised against the bare owner and the usufructuary simultaneously, or notice shall be given to the one against whom the rights were not exercised first.

1991, c. 64, a. 2752; I.N., 2014-05-01].

2753. Le créancier dont l'hypothèque grève plusieurs biens peut exercer ses droits hypothécaires, simultanément ou successivement, sur les biens qu'il juge à propos.

[1991, c. 64, a. 2753].

■ C.C.Q., 2645, 2662, 2665, 2666, 2742, 2754, 2782, 2785, al. 2.

2753. A creditor whose hypothec charges more than one property may exercise his hypothecary rights simultaneously or successively against such property as he sees fit.

[1991, c. 64, a. 2753; I.N., 2014-05-01].

2754. Lorsque des créanciers de rang postérieur n'ont d'hypothèque à faire valoir que sur un seul des biens grevés en faveur d'un même créancier, l'hypothèque de ce dernier se répartit, si au moins deux de ces biens sont vendus sous l'autorité de la justice et que le prix à distribuer soit suffisant pour acquitter sa créance, proportionnellement à ce qui reste à distribuer sur leurs prix respectifs.

[1991, c. 64, a. 2754].

■ C.C.Q., 2750, 2753, 2945 et s.

2754. Where later ranking creditors are secured by a hypothec enforceable on only one of the properties charged in favour of the same creditor, that creditor's hypothec is divided, if two or more of the properties are sold under judicial authority and the proceeds to be distributed are sufficient to pay his claim, in proportion to what remains to be distributed out of the respective proceeds of the properties.

[1991, c. 64, a. 2754; I.N., 2014-05-01].

2755. Le titulaire d'une hypothèque ouverte ne peut exercer ses droits hypothécaires qu'après l'inscription de l'avis de clôture.

[1991, c. 64, a. 2755].

■ C.C.Q., 2686, 2715-2723, 2955.

2755. The holder of a floating hypothec may not exercise his hypothecary rights until after registration of the notice of crystallization.

[1991, c. 64, a. 2755; I.N., 2014-05-01].

2756. (*Abrogé*).

[2008, c. 20, a. 137].

2756. (*Repealed*).

[2008, c. 20, s. 137].

SECTION III —
DES MESURES PRÉALABLES À L'EXERCICE DES DROITS HYPOTHÉCAIRES

SECTION III —
PRELIMINARY MEASURES

§ 1. — Du préavis

§ 1. — Prior notice

2757. Le créancier qui entend exercer un droit hypothécaire doit produire au bureau de la publicité des droits un préavis, accompagné de la preuve de la signification au débiteur et, le cas échéant, au constituant, ainsi qu'à toute autre personne contre laquelle il entend exercer son droit.

L'inscription de ce préavis est dénoncée conformément au livre De la publicité des droits.

[1991, c. 64, a. 2757].

2757. A creditor intending to exercise a hypothecary right shall file a prior notice at the registry office, together with evidence that it has been served on the debtor and, where applicable, on the grantor and on any other person against whom he intends to exercise his right.

The registration of the notice shall be made in accordance with the Book on Publication of Rights.

[1991, c. 64, a. 2757; I.N., 2014-05-01].

■ C.C.Q., 2654, 2749, 2751, 2752, 2755, 2758, 2759, 2934 et s., 3017, 3022, 3069; C.P.C., 119.2-146.02, 800-803.

2758. Le préavis d'exercice d'un droit hypothécaire doit dénoncer tout défaut par le débiteur d'exécuter ses obligations et rappeler le droit, le cas échéant, du débiteur ou d'un tiers, de remédier à ce défaut. Il doit aussi indiquer le montant de la créance en capital et intérêts, s'il en existe,

2758. A prior notice of the exercise of a hypothecary right shall disclose any failure by the debtor to perform his obligations, and contain a reminder, where applicable, that the debtor or a third person has the right to remedy the default. It shall also disclose the amount of the claim in capital,

et la nature du droit hypothécaire que le créancier entend exercer, fournir une description du bien grevé et sommer celui contre qui le droit hypothécaire est exercé de délaisser le bien, avant l'expiration du délai imparti.

Ce délai est de vingt jours à compter de l'inscription du préavis s'il s'agit d'un bien meuble, de soixante jours s'il s'agit d'un bien immeuble, ou de dix jours lorsque l'intention du créancier est de prendre possession du bien; il est toutefois de trente jours pour tout préavis relatif à un bien meuble grevé d'une hypothèque dont l'acte constitutif est accessoire à un contrat de consommation.

[1991, c. 64, a. 2758; 1998, c. 5, a. 12].

■ C.C.Q., 1384, 2748, 2749, 2757, 2761, 2767, 3032 et s.

2759. Les créanciers titulaires d'une hypothèque grevant des valeurs mobilières ou des titres intermédiés visés par la *Loi sur le transfert de valeurs mobilières et l'obtention de titres intermédiés* (chapitre T-11.002) peuvent, si la convention qu'ils ont avec le constituant le permet et si, lorsqu'ils n'ont pas la maîtrise des valeurs ou titres, ceux-ci sont négociables sur une bourse ou sur les marchés de capitaux, vendre ces valeurs ou titres ou autrement en disposer sans être tenus de donner un préavis, d'obtenir un délaissement ou de respecter les délais prescrits par le présent titre.

Le créancier qui dispose ainsi d'une valeur ou d'un titre agit au nom du constituant et il n'est pas tenu de dénoncer sa qualité à l'acquéreur. Il impute le produit de la disposition au paiement des frais qu'il a engagés pour y procéder, au paiement des créances primant ses droits, puis à celui de sa créance; il remet ensuite au constituant le surplus, s'il en existe. La disposition purge les droits réels grevant la valeur ou le titre dans la mesure prévue au *Code de procédure civile* (chapitre C-25) quant à l'effet de l'adjudication.

Les règles du présent titre relatives à la

and in interest, if any, and the nature of the hypothecary right which the creditor intends to exercise, furnish a description of the charged property, and demand from the person against whom the hypothecary right is to be exercised that he surrender the property before the expiry of the period specified in the notice.

That period is 20 days after registration of the notice in the case of movable property, 60 days in the case of immovable property, or 10 days if the creditor intends to take possession of the property; however, the period is 30 days in the case of a notice relating to movable property charged with a hypothec constituted by an act accessory to a consumer contract.

[1991, c. 64, a. 2758; 1998, c. 5, s. 12; I.N., 2014-05-01].

2759. A creditor holding a hypothec on securities or security entitlements within the meaning of the *Act respecting the transfer of securities and the establishment of security entitlements* (chapter T-11.002) may sell the securities or security entitlements or otherwise dispose of them without being required to give a prior notice, obtain their surrender or comply with the time limits prescribed by this Title, if the agreement between the creditor and the grantor so permits and, where the creditor does not have control of the securities or security entitlements, if they are, or are of a type, dealt in or traded on securities exchanges or financial markets.

A creditor who so disposes of securities or security entitlements acts on behalf of the grantor and is not bound to declare the creditor's quality to the purchaser. The creditor imputes the proceeds of the disposition to payment of the costs incurred to dispose of the securities or security entitlements, to payment of the hypothecary claims prior to the creditor's claim and, finally, to payment of the creditor's claim; the creditor remits any surplus to the grantor. The disposition purges the real rights to the extent provided by the *Code of Civil Procedure* (chapter C-25) regarding the effect of adjudication.

The rules of this Title pertaining to a sale

vente par le créancier sont, pour le reste, applicables à la disposition d'une valeur ou d'un titre par le créancier, compte tenu des adaptations nécessaires.

[1991, c. 64, a. 2759; 2008, c. 20, a. 138].

■ C.C.Q., 2714.1-2714.7, 2749, 2757 et s., 2763 et s., 2784-2790.

by a creditor are applicable in all other respects to the disposition of securities or security entitlements by a creditor, with the necessary modifications.

[1991, c. 64, a. 2758; 2008, c. 20, s. 138; I.N., 2014-05-01].

2760. L'aliénation volontaire du bien grevé d'une hypothèque, faite après l'inscription par le créancier du préavis d'exercice d'un droit hypothécaire, est inopposable à ce créancier, à moins que l'acquéreur, avec le consentement du créancier, n'assume personnellement la dette, ou que ne soit consignée une somme suffisante pour couvrir le montant de la dette, les intérêts dus et les frais engagés par le créancier.

[1991, c. 64, a. 2760].

■ C.C.Q., 1583 et s., 2667, 2674, 2733, 2757-2759, 2783, 2790, 2794.

2760. The voluntary alienation of property charged with a hypothec, effected after the creditor has registered a prior notice of the exercise of a hypothecary right, may not be set up against the creditor unless the acquirer, with the consent of the creditor, personally assumes the debt, or unless a sum sufficient to cover the amount of the debt, interest due and the costs incurred by the creditor is deposited.

[1991, c. 64, a. 2760; I.N., 2014-05-01].

§ 2. — Des droits du débiteur ou de celui contre qui le droit hypothécaire est exercé

§ 2. — Rights of the debtor or person against whom a hypothecary right is exercised

2761. Le débiteur ou celui contre qui le droit hypothécaire est exercé, ou tout autre intéressé, peut faire échec à l'exercice du droit du créancier en lui payant ce qui lui est dû ou en remédiant à l'omission ou à la contravention mentionnée dans le préavis et à toute omission ou contravention subséquente et, dans l'un ou l'autre cas, en payant les frais engagés.

Il peut exercer ce droit jusqu'à ce que le bien ait été pris en paiement ou vendu ou, si le droit exercé est la prise de possession, à tout moment.

[1991, c. 64, a. 2761].

■ C.C.Q., 1573-1589, 1651 et s., 2758, 2762, 2781.

2761. A debtor or a person against whom a hypothecary right is exercised, or any other interested person, may defeat exercise of the right by paying the creditor the amount owing to him or by remedying the omission or breach set forth in the prior notice and any subsequent omission or breach, and, in either case, by paying the costs incurred.

This right may be exercised before the property is taken in payment or sold, or, if the right exercised is taking in possession, at any time.

[1991, c. 64, a. 2761; I.N., 2014-05-01].

2762. Le créancier qui a donné un préavis d'exercice d'un droit hypothécaire n'a le droit d'exiger du débiteur aucune indemnité autre que les intérêts échus et les frais engagés.

Nonobstant toute stipulation contraire, les frais engagés excluent les honoraires extrajudiciaires dus par le créancier pour des services professionnels qu'il a requis pour

2762. A creditor having given prior notice of the exercise of a hypothecary right is not entitled to demand any indemnity from the debtor except the interest owing and the costs incurred.

Notwithstanding any stipulation to the contrary, the costs incurred exclude extrajudicial professional fees payable by the creditor for services required by the credi-

recouvrer le capital et les intérêts garantis par l'hypothèque ou pour conserver le bien grevé.

[1991, c. 64, a. 2762; 2002, c. 19, a. 12].

∎ C.C.Q., 1565, 1622-1625, 2667, 2757, 2758, 2761.

tor in order to recover the capital and interest secured by the hypothec or to preserve the charged property.

[1991, c. 64, a. 2762; 2002, c. 19, s. 12; I.N., 2014-05-01].

§ 3. — Du délaissement

2763. Le délaissement est volontaire ou forcé.

[1991, c. 64, a. 2763].

∎ C.C.Q., 2764-2772.

2764. Le délaissement est volontaire lorsque, avant l'expiration du délai indiqué dans le préavis, celui contre qui le droit hypothécaire est exercé abandonne le bien au créancier afin qu'il en prenne possession ou consent, par écrit, à le remettre au créancier au moment convenu.

Si le droit hypothécaire exercé est la prise en paiement, le délaissement volontaire doit être constaté dans un acte consenti par celui qui délaisse le bien et accepté par le créancier.

[1991, c. 64, a. 2764; 2000, c. 42, a. 6].

∎ C.C.Q., 2749, 2758, 2761, 2763, 2765, 2768, 2778 et s., 2781; C.P.C., 540-542.

2765. Le délaissement est forcé lorsque le tribunal l'ordonne, après avoir constaté l'existence de la créance, le défaut du débiteur, le refus de délaisser volontairement et l'absence d'une cause valable d'opposition†.

Le jugement fixe le délai dans lequel le délaissement doit s'opérer, en détermine la manière et désigne la personne en faveur de qui il a lieu.

[1991, c. 64, a. 2765].

∎ C.C.Q., 2748, 2763-2772; C.P.C., 796-799.

2766. Si la bonne foi du créancier ou son aptitude à administrer le bien dont il demande le délaissement, ou son habileté à le vendre est mise en doute, le tribunal

§ 3. — Surrender

2763. Surrender is voluntary or forced.

[1991, c. 64, a. 2763].

2764. Surrender is voluntary where, before the period indicated in the prior notice expires, the person against whom the hypothecary right is exercised abandons the property to the creditor in order that the creditor may take possession of it or consents in writing to turn it over to the creditor at an agreed time.

If the hypothecary right exercised is taking in payment, voluntary surrender shall be attested in an act made by the person surrendering the property and accepted by the creditor.

[1991, c. 64, a. 2764; 2000, c. 42, s. 6; I.N., 2014-05-01].

2765. Surrender is forced where the court orders it after ascertaining the existence of the claim, the debtor's default, the refusal to surrender voluntarily and the absence of a valid cause for objection†.

The judgment fixes the period within which surrender shall be effected, determines the manner of effecting it and designates the person in whose favour it is carried out.

[1991, c. 64, a. 2765].

2766. If the good faith of the creditor or his capacity to administer the property or ability to sell the property for which he has applied for surrender is challenged, the court may or-

peut ordonner au créancier de fournir une sûreté pour garantir l'exécution de ses obligations.

[1991, c. 64, a. 2766].

❚ C.C.Q., 2765, 2773 et s., 2784 et s., 2805.

der the creditor to furnish a surety to guarantee performance of his obligations.

[1991, c. 64, a. 2766; I.N., 2014-05-01].

2767. Le délaissement est également forcé lorsque le tribunal, à la demande du créancier, ordonne le délaissement du bien, avant même que le délai indiqué dans le préavis ne soit expiré, parce qu'il est à craindre que, sans cette mesure, le recouvrement de sa créance ne soit mis en péril, ou lorsque le bien est susceptible de dépérir ou de se déprécier rapidement. En ces derniers cas, le créancier est autorisé à exercer immédiatement ses droits hypothécaires.

La demande n'a pas à être signifiée à celui contre qui le droit hypothécaire est exercé, mais l'ordonnance doit l'être. Si celle-ci est annulée par la suite, le créancier est tenu de remettre le bien ou de rembourser le prix de l'aliénation.

[1991, c. 64, a. 2767].

2767. Surrender is also forced where the court, upon application by the creditor, orders surrender of the property before the period indicated in the prior notice expires, where there is reason to fear that otherwise recovery of his claim may be endangered, or where the property may perish or deteriorate rapidly. In the latter cases, the creditor is authorized to exercise his hypothecary rights immediately.

The application need not be served on the person against whom the hypothecary right is exercised, but the order shall be served on him. If the order is subsequently rescinded, the creditor is bound to return the property or pay back the price of alienation.

[1991, c. 64, a. 2767; I.N., 2014-05-01].

❚ C.C.Q., 2748, 2749, 2757, 2758, 2763-2772; C.P.C., 575, 733, 796-799.

2768. Le créancier qui a obtenu le délaissement du bien en a la simple administration jusqu'à ce que le droit hypothécaire qu'il entend exercer soit effectivement exercé.

[1991, c. 64, a. 2768].

❚ C.C.Q., 1301-1305, 2763-2767.

2768. A creditor who has obtained surrender of the property has simple administration thereof until the hypothecary right he intends to exercise has in fact been exercised.

[1991, c. 64, a. 2768].

2769. Celui contre qui le droit hypothécaire est exercé et qui n'est pas tenu de la dette en devient personnellement responsable s'il fait défaut de délaisser le bien dans le délai imparti par le jugement.

[1991, c. 64, a. 2769].

❚ C.C.Q., 2681, al. 2, 2748, 2751, 2763-2767.

2769. A person against whom the hypothecary right is exercised and who is not liable for the debt becomes personally liable therefor if he fails to surrender the property within the time allotted by the judgment.

[1991, c. 64, a. 2769; I.N., 2014-05-01].

2770. Lorsque celui contre qui le droit hypothécaire est exercé a une créance prioritaire en raison du droit qu'il a de retenir le meuble, il est tenu de le délaisser, mais à charge de sa priorité.

[1991, c. 64, a. 2770].

2770. Where a person against whom the hypothecary right is exercised has a prior claim by reason of his right to retain the movable property, he is bound to surrender it, subject to his priority.

[1991, c. 64, a. 2770; I.N., 2014-05-01].

■ C.C.Q., 875, 946, 974, 1137, 1176, 1250, 1369, 1592, 1593, 1714, 2003, 2058, 2185, 2293, 2302, 2324, 2650, 2651, 2657.

2771. Celui contre qui le droit hypothécaire est exercé peut, lorsqu'il a reçu le bien en paiement de sa créance, prioritaire ou hypothécaire, antérieure à celle visée au préavis, ou lorsqu'il a acquitté des créances prioritaires ou hypothécaires antérieures, exiger que le créancier procède lui-même à la vente du bien ou le fasse vendre sous contrôle de justice; il n'est alors tenu de délaisser le bien qu'à la condition que le créancier lui donne caution que la vente du bien se fera à un prix suffisamment élevé qu'il sera payé intégralement de ses créances prioritaires ou hypothécaires antérieures.

[1991, c. 64, a. 2771].

■ C.C.Q., 1656, 1799, 2334, 2784, 2791.

2771. A person against whom the hypothecary right is exercised may, where he has received the property in payment of his prior or hypothecary claim ranking earlier than the claim contemplated by the prior notice, or where he has paid prior or hypothecary claims ranking earlier, require that the creditor himself sell the property or cause it to be sold by judicial authority; in that case, he is bound to surrender the property only subject to the creditor giving him security that the property will be sold at a price sufficient to ensure full payment of his earlier ranking prior or hypothecary claims.

[1991, c. 64, a. 2771; I.N., 2014-05-01].

2772. Les droits réels que celui contre qui le droit hypothécaire est exercé avait sur le bien au moment où il l'a acquis, ou qu'il a éteints durant sa possession, renaissent après le délaissement s'ils n'ont pas été radiés.

[1991, c. 64, a. 2772].

■ C.C.Q., 1114, 1162, 1176, 1191, 1208(4), 3057 et s.

2772. Real rights which a person against whom the hypothecary right is exercised had in the property when he acquired it, or that he extinguished while it was in his possession, revive after surrender unless they have been cancelled.

[1991, c. 64, a. 2772; I.N., 2014-05-01].

SECTION IV —
DE LA PRISE DE POSSESSION À DES FINS D'ADMINISTRATION

SECTION IV —
TAKING POSSESSION FOR PURPOSES OF ADMINISTRATION

2773. Le créancier qui détient une hypothèque sur les biens d'une entreprise peut prendre temporairement possession des biens hypothéqués et les administrer ou en déléguer généralement l'administration à un tiers. Le créancier, ou celui à qui il a délégué l'administration, agit alors à titre d'administrateur du bien d'autrui chargé de la pleine administration.

[1991, c. 64, a. 2773].

2773. A creditor who holds a hypothec on the property of an enterprise may temporarily take possession of the hypothecated property and administer it or generally delegate its administration to a third person. The creditor or the person to whom he has delegated the administration acts in such a case as administrator of the property of others entrusted with full administration.

[1991, c. 64, a. 2773].

■ C.C.Q., 1299 et s., 1306, 1307, 1525, al. 3, 2721, 2758, al. 2, 2766, 2768, 2774-2777.

2774. La prise de possession du bien ne porte pas atteinte aux droits du locataire.

[1991, c. 64, a. 2774].

■ C.C.Q., 1851 et s., 2773, 2775-2777.

2774. The taking of possession of property does not affect the rights of the lessee.

[1991, c. 64, a. 2774; I.N., 2014-05-01].

2775. Outre qu'elle cesse lorsque le créancier est satisfait de sa créance en capital, intérêts et frais, ou lorsqu'il est fait échec à l'exercice de son droit, ou lorsque le créancier a publié un préavis d'exercice d'un autre droit hypothécaire, la prise de possession prend fin dans les circonstances où prend fin l'administration du bien d'autrui. La faillite de celui contre qui le droit hypothécaire est exercé ne met pas fin à la prise de possession.

[1991, c. 64, a. 2775].

❚ C.C.Q., 1355-1362, 2750, 2757, 2758, 2761, 2773, 2774, 2776, 2777.

2775. The taking of possession terminates when the claim of the creditor is satisfied in capital, interest and costs, when the exercise of his right is defeated, when he publishes a prior notice of the exercise of another hypothecary right, and under the same circumstances as the termination of the administration of the property of others. The bankruptcy of the person against whom the hypothecary right is exercised does not terminate the taking of possession.

[1991, c. 64, a. 2775; I.N., 2014-05-01].

2776. À la fin de la possession, le créancier doit rendre compte de son administration et, à moins qu'il n'ait publié un préavis d'exercice d'un autre droit hypothécaire, remettre les biens possédés à celui contre qui le droit hypothécaire a été exercé, ou encore à ses ayants cause, au lieu préalablement convenu ou, à défaut, au lieu où ils se trouvent.

Il inscrit au registre approprié un avis de remise des biens.

[1991, c. 64, a. 2776].

❚ C.C.Q., 1363-1370, 2773-2775, 2777.

2776. When the possession ends, the creditor shall render account of his administration and, unless he has published a prior notice of the exercise of another hypothecary right, return the property in his possession to the person against whom the hypothecary right was exercised, or to his successors, at the place agreed on beforehand or, failing that, at the place where it is.

He registers a notice of return of the property in the appropriate register.

[1991, c. 64, a. 2776; I.N., 2014-05-01].

2777. Le créancier qui, en raison de son administration, obtient le paiement de la dette, est tenu de remettre à celui contre qui le droit hypothécaire a été exercé, outre le bien, tout surplus restant entre ses mains après l'acquittement de la dette, des dépenses de l'administration et des frais engagés pour exercer la possession du bien.

[1991, c. 64, a. 2777].

❚ C.C.Q., 2773-2776.

2777. A creditor who has, through his administration, obtained payment of the debt, is bound to remit to the person against whom the hypothecary right was exercised, in addition to the property, any surplus remaining in his hands after payment of the debt, the expenses of the administration and the costs incurred to exercise possession of the property.

[1991, c. 64, a. 2777; I.N., 2014-05-01].

SECTION V —
DE LA PRISE EN PAIEMENT

SECTION V —
TAKING IN PAYMENT

2778. À moins que celui contre qui le droit est exercé ne délaisse volontairement le bien, le créancier doit obtenir l'autorisation du tribunal pour exercer la prise en paiement lorsque le débiteur a déjà acquitté, au moment de l'inscription du pré-

2778. Where, at the time of registration of the creditor's prior notice, the debtor has already discharged one-half or more of the obligation secured by the hypothec, the creditor shall obtain authorization from the court before taking the property in pay-

avis du créancier, la moitié, ou plus, de l'obligation garantie par hypothèque.

[1991, c. 64, a. 2778].

ment, unless the person against whom the right is exercised has voluntarily surrendered the property.

[1991, c. 64, a. 2778; I.N., 2014-05-01].

▌ C.C.Q., 2750, 2757, 2758, 2764, 2765, 2767, 2771, 2779-2783.

2779. Les créanciers hypothécaires subséquents ou le débiteur peuvent, dans les délais impartis pour délaisser, exiger que le créancier abandonne la prise en paiement et procède lui-même à la vente du bien ou le fasse vendre sous contrôle de justice; ils doivent, au préalable, avoir inscrit un avis à cet effet, remboursé les frais engagés par le créancier et avancé les sommes nécessaires à la vente du bien.

L'avis doit être signifié au créancier, au constituant ou au débiteur, ainsi qu'à celui contre qui le droit hypothécaire est exercé et son inscription est dénoncée, conformément au livre De la publicité des droits.

Les créanciers subséquents qui exigent que le créancier procède à la vente du bien doivent, en outre, lui donner caution que la vente se fera à un prix suffisamment élevé qu'il sera payé intégralement de sa créance.

[1991, c. 64, a. 2779].

2779. Later ranking hypothecary creditors or the debtor may, within the time allotted for surrender, require the creditor to abandon the taking in payment and sell the property himself or cause it to be sold by judicial authority; they shall have registered a notice beforehand to that effect, reimbursed the creditor for the costs he has incurred and advanced the amounts needed for the sale of the property.

The notice shall be served on the creditor, the grantor or the debtor, and the person against whom the hypothecary right is exercised, and its registration is declared in accordance with the Book on Publication of Rights.

Later ranking creditors who require the creditor to proceed with the sale shall also furnish him with security that the property will be sold at a price sufficient to ensure full payment of his claim.

[1991, c. 64, a. 2779; 1992, c. 57, s. 716; 2002, c. 19, s. 15; I.N., 2014-05-01].

▌ C.C.Q., 2749, 2750, 2758, 2761-2767, 2771, 2778, 2780-2794, 3017.

2780. Le créancier requis de vendre doit procéder à la vente, à moins qu'il ne préfère désintéresser les créanciers subséquents qui ont inscrit l'avis ou, si l'avis a été inscrit par le débiteur, que le tribunal n'autorise le créancier, aux conditions qu'il détermine, à prendre en paiement.

À défaut par le créancier d'agir, le tribunal peut permettre à celui qui a inscrit l'avis exigeant la vente, ou à toute autre personne qu'il désigne, d'y procéder.

[1991, c. 64, a. 2780].

2780. A creditor required to sell shall proceed to do so unless he prefers to pay the later ranking creditors who registered the notice, or if the notice was registered by the debtor, unless the court authorizes the creditor to take the property in payment on such conditions as it determines.

If the creditor does not act, the court may allow the person who registered the notice requiring the sale, or any other person designated by him, to proceed with it.

[1991, c. 64, a. 2780; I.N., 2014-05-01].

▌ C.C.Q., 2779, 2784, 2791.

2781. Lorsqu'il n'a pas été remédié au défaut ou que le paiement n'a pas été fait dans le délai imparti pour délaisser, le créancier prend le bien en paiement par l'effet du jugement en délaissement, ou par un acte volontairement consenti par

2781. Where the default has not been remedied or the payment has not been made in the time allotted for surrender, the creditor takes the property in payment by the effect of the judgment of surrender, or of a deed voluntarily made by the person against

celui contre qui le droit hypothécaire est exercé, et accepté par le créancier, si les créanciers subséquents ou le débiteur n'ont pas exigé qu'il procède à la vente.

Le jugement en délaissement ou l'acte volontairement consenti et accepté constitue le titre de propriété du créancier.
[1991, c. 64, a. 2781; 2000, c. 42, a. 7].

█ C.C.Q., 2758, 2761, 2764, 2765, 2767, 2779, 2801.

2782. La prise en paiement éteint l'obligation.

Le créancier qui a pris le bien en paiement ne peut réclamer ce qu'il paie à un créancier prioritaire ou hypothécaire qui lui est préférable. Il n'a pas droit, dans tel cas, à subrogation contre son ancien débiteur.
[1991, c. 64, a. 2782].

█ C.C.Q., 1651, 1656(1), 1686, 2650 et s., 2660 et s., 2770, 2771, 2778-2781, 2783, 2797, 2945 et s.

2783. Le créancier qui a pris le bien en paiement en devient le propriétaire à compter de l'inscription du préavis. Il le prend dans l'état où il se trouvait alors, mais libre des hypothèques publiées après la sienne.

Les droits réels créés après l'inscription du préavis ne sont pas opposables au créancier s'il n'y a pas consenti.
[1991, c. 64, a. 2783].

█ C.C.Q., 2757, 2772, 2778-2782, 2801, 2945 et s., 3069.

SECTION VI
DE LA VENTE PAR LE CRÉANCIER

2784. Le créancier qui détient une hypothèque sur les biens d'une entreprise peut, s'il a présenté au bureau de la publicité des droits un préavis indiquant son intention de vendre lui-même le bien grevé et, après avoir obtenu le délaissement du bien, procéder à la vente de gré à gré, par appel d'offres ou aux enchères†.
[1991, c. 64, a. 2784].

█ C.C.Q., 1525, 2749, 2757, 2758, 2763-2772, 2785-2790, 3000.

whom the hypothecary right is exercised, and accepted by the creditor, if neither the later ranking creditors nor the debtor required him to proceed with the sale.

The judgment of surrender or the deed voluntarily made and accepted constitutes the creditor's title of ownership.
[1991, c. 64, s. 7; I.N., 2014-05-01].

2782. Taking in payment extinguishes the obligation.

A creditor who has taken property in payment may not claim what he pays to a prior or hypothecary creditor whose claim is preferred to his. In such a case, he is not entitled to subrogation against his former debtor.
[1991, c. 64, a. 2782].

2783. A creditor who has taken property in payment becomes the owner of it from the time of registration of the prior notice. He takes it as it then stood, but free of all hypothecs published after his.

Real rights created after registration of the prior notice may not be set up against the creditor if he did not consent to them.
[1991, c. 64, a. 2783; 1992, c. 57, s. 716; I.N., 2014-05-01].

SECTION VI
SALE BY THE CREDITOR

2784. A creditor who holds a hypothec on the property of an enterprise and who has filed a prior notice at the registry office indicating his intention to sell the charged property himself may, after obtaining surrender of the property, proceed with the sale by agreement, by a call for tenders or by public† auction.
[1991, c. 64, a. 2784].

2785. Le créancier doit vendre le bien sans retard inutile, pour un prix commercialement raisonnable, et dans le meilleur intérêt de celui contre qui le droit hypothécaire est exercé.

S'il y a plus d'un bien, il peut les vendre ensemble ou séparément.

[1991, c. 64, a. 2785].

▮ C.C.Q., 6, 7, 2662, 2753, 2784, 2786-2790.

2785. The creditor shall sell the property without unnecessary delay, at a commercially reasonable price, and in the best interest of the person against whom the hypothecary right is exercised.

If there is more than one* property, he may sell them together or separately.

[1991, c. 64, a. 2785].

2786. Le créancier qui vend lui-même le bien agit au nom du propriétaire et il est tenu de dénoncer sa qualité à l'acquéreur lors de la vente.

[1991, c. 64, a. 2786].

▮ C.C.Q., 1695, 1696, 2768, 2784, 2785, 2787-2790.

2786. A creditor who sells the property himself acts in the name of the owner and is bound to declare his quality to the acquirer at the time of the sale.

[1991, c. 64, a. 2786; I.N., 2014-05-01].

2787. Le créancier qui procède par appel d'offres peut le faire par la voie des journaux ou sur invitation.

L'appel d'offres doit contenir les renseignements suffisants pour permettre à toute personne intéressée de présenter, en temps et lieu, une soumission.

Le créancier est tenu d'accepter la soumission la plus élevée, à moins que les conditions dont elle est assortie ne la rendent moins avantageuse qu'une autre offrant un prix moins élevé, ou que le prix offert ne soit pas un prix commercialement raisonnable.

[1991, c. 64, a. 2787].

▮ C.C.Q., 2784-2786, 2789-2790.

2787. A creditor who proceeds by a call for tenders may do so through the newspapers or by invitation.

Sufficient information shall be included in the call for tenders to enable any interested person to make an offer at the proper time and place.

The creditor is bound to accept the highest offer unless the conditions attached to it render it less advantageous than another lower offer, or unless the price offered is not commercially reasonable.

[1991, c. 64, a. 2787].

2788. Le créancier qui procède à la vente aux enchères† doit le faire aux date, heure et lieu fixés dans l'avis de vente signifié à celui contre qui le droit hypothécaire est exercé et au constituant, et notifié aux autres créanciers qui ont publié leur droit à l'égard du bien.

Il doit, en outre, informer de ses démarches les personnes intéressées qui lui en font la demande.

[1991, c. 64, a. 2788].

▮ C.C.Q., 1757-1766, 2784-2787, 2789, 2790, 3000.

2788. A creditor who proceeds with a sale by public auction shall hold it at the date, time and place fixed in the notice of sale served on the person against whom the hypothecary right is exercised and on the grantor, and notified to the other creditors who have published their right as regards the property.

He shall also inform, as to the measures he takes, any interested person who so requests.

[1991, c. 64, a. 2788; I.N., 2014-05-01].

2789. Le créancier impute le produit de la vente au paiement des frais engagés pour l'*exercer, au paiement des créances primant ses droits, puis à celui de sa créance.

Si d'autres créanciers ont des droits à faire valoir, le créancier qui a vendu le bien rend compte du produit de la vente au greffier du tribunal compétent et lui remet ce qui reste du prix après l'imputation; dans le cas contraire, il doit, dans les dix jours, rendre compte du produit de la vente au propriétaire des biens et lui remettre le surplus, s'il en existe; la reddition de compte peut être contestée de la manière établie au *Code de procédure civile* (chapitre C-25).

Si le produit de la vente ne suffit pas à payer sa créance et les frais, le créancier conserve, à l'encontre de son débiteur, une créance pour ce qui lui reste dû.

[1991, c. 64, a. 2789].

◼ C.C.Q., 2646, 2647, 2667, 2762, 2784-2788, 2790, 2945 et s.; C.P.C., 532 et s.

2789. The creditor imputes the proceeds of the sale to payment of the costs of exercising the right, payment of the claims prior to his rights, and, finally, payment of his claim.

If other creditors have rights to assert, the creditor who sold the property renders account of the proceeds of the sale to the clerk of the competent court and remits what remains of the price after imputation; where no such creditors exist, he shall, within 10 days, render account of the proceeds of the sale to the owner of the property and remit any surplus to him; the rendering of account may be contested in the manner established in the *Code of Civil Procedure* (chapter C-25).

Where the proceeds of the sale are insufficient to pay his claim and costs, the creditor retains a claim against his debtor for the balance due to him.

[1991, c. 64, a. 2789; I.N., 2014-05-01].

2790. L'acquéreur prend le bien à charge des droits réels qui le grevaient au moment de l'inscription du préavis, à l'exclusion de l'hypothèque du créancier qui a vendu le bien et des créances qui primaient les droits de ce dernier.

Les droits réels créés après l'inscription du préavis ne sont pas opposables à l'acquéreur s'il n'y a pas consenti.

[1991, c. 64, a. 2790].

◼ C.C.Q., 2646, 2647, 2757, 2784-2790, 2945 et s., 3069.

2790. The acquirer takes the property as subject to the real rights charging it at the time of registration of the prior notice, except for the hypothec of the creditor who sold the property and the claims which ranked ahead of the latter's rights.

Real rights created after registration of the prior notice may not be set up against the acquirer if he did not consent to them.

[1991, c. 64, a. 2790; I.N., 2014-05-01].

SECTION VII —
DE LA VENTE SOUS CONTRÔLE DE JUSTICE

SECTION VII —
SALE BY JUDICIAL AUTHORITY

2791. La vente a lieu sous contrôle de justice lorsque le tribunal désigne la personne qui y procédera, détermine les conditions et les charges de la vente, indique si elle peut être faite de gré à gré, par appel d'offres ou aux enchères † et, s'il le juge opportun, fixe, après s'être enquis de la valeur du bien, une mise à prix.

2791. A sale takes place by judicial authority where the court designates the person who will proceed with it, fixes the conditions and charges of the sale, indicates whether it may be made by agreement, a call for tenders or public † auction and, if it considers it expedient, after enquiring as to the value of the property, fixes the upset price.

La personne chargée de vendre le bien doit être indépendante des intéressés et avoir les compétences nécessaires pour y procéder.

[1991, c. 64, a. 2791; 2014, c. 1, a. 801].

▌ C.C.Q., 2792-2794, 3000; C.P.C., 897-910.3.

The person in charge of selling the property must be independent from any interested persons and have the qualifications needed to conduct the sale.

[1991, c. 64, a. 2791; 2014, c. 1, s. 801].

2792. Un créancier ne peut demander que la vente ait lieu à charge de son hypothèque.

[1991, c. 64, a. 2792].

▌ C.C.Q., 2387, 2791, 2793, 2794.

2792. No creditor may require that the sale be subject to his hypothec.

[1991, c. 64, a. 2792].

2793. La personne chargée de vendre le bien est tenue, outre de suivre les règles prescrites au *Code de procédure civile* (chapitre C-25) pour la vente du bien d'autrui, d'informer de ses démarches les parties intéressées si celles-ci le demandent.

Elle agit au nom du propriétaire et elle est tenue de dénoncer sa qualité à l'acquéreur.

[1991, c. 64, a. 2793].

▌ C.C.Q., 1695, 1731, 2768, 2786, 2791, 2792, 2794; C.P.C., 712-723, 897-910.3.

2793. The person entrusted with the sale of the property is bound to comply with the rules prescribed in the *Code of Civil Procedure* (chapter C-25) for the sale of the property of another and to inform, as to the measures he takes, the interested parties who so request.

The person acts in the name of the owner and is bound to declare his quality to the acquirer.

[1991, c. 64, a. 2793; I.N., 2014-05-01].

2794. La vente sous contrôle de justice purge les droits réels dans la mesure prévue au *Code de procédure civile* (chapitre C-25) quant à l'effet du décret d'adjudication.

[1991, c. 64, a. 2794].

▌ C.C.Q., 2791-2793, 3069; C.P.C., 696, 696.1.

2794. Sale by judicial authority purges the real rights to the extent provided by the *Code of Civil Procedure* (chapter C-25) regarding the effect of a sheriff's sale.

[1991, c. 64, a. 2794; I.N., 2014-05-01].

Chapitre VI ——
De l'extinction des hypothèques

Chapter VI ——
Extinction of hypothecs

2795. Les hypothèques s'éteignent par la perte du bien grevé, son changement de nature, sa mise hors commerce ou son expropriation, lorsque ces événements portent sur la totalité du bien.

[1991, c. 64, a. 2795].

▌ C.C.Q., 899-907, 2494, 2497, 2675, 2734, 2796, 2802; C.P.C., 804, 808.

2795. Hypothecs are extinguished by the loss of the charged property, a change in its nature, its withdrawal from commerce or its expropriation, where those events concern the property as a whole.

[1991, c. 64, a. 2795; I.N., 2014-05-01].

2796. Lorsqu'un bien meuble est incorporé à un immeuble, l'hypothèque mobilière peut subsister, à titre d'hypothèque

2796. Where movable property is incorporated into an immovable, the movable hypothec may subsist as an immovable hy-

immobilière, si elle est inscrite sur le registre foncier, malgré le changement de nature du bien; elle prend rang selon les règles établies au livre De la publicité des droits.

[1991, c. 64, a. 2796].

▮ C.C.Q., 901, 902, 2951.

pothec, notwithstanding the change of nature of the property, provided it is registered in the land register; it is ranked according to the rules set out in the Book on Publication of Rights.

[1991, c. 64, a. 2796; I.N., 2014-05-01].

2797. L'hypothèque s'éteint par l'extinction de l'obligation dont elle garantit l'exécution. Cependant, dans le cas d'une ouverture de crédit et dans tout autre cas où le débiteur s'oblige à nouveau en vertu d'une stipulation dans l'acte constitutif d'hypothèque, celle-ci subsiste malgré l'extinction de l'obligation, à moins qu'elle n'ait été radiée.

[1991, c. 64, a. 2797].

2797. A hypothec is extinguished by the extinction of the obligation whose performance it secures. In the case of a line of credit or in any other case where the debtor obligates himself again under a provision of the act constituting the hypothec, the hypothec, unless cancelled, subsists notwithstanding the extinction of the obligation.

[1991, c. 64, a. 2797; I.N., 2014-05-01].

▮ C.C.Q., 1662, 1663, 1671 et s., 1686, 1691, 2661, 2688, 2782, 3057 et s.

2798. L'hypothèque mobilière s'éteint au plus tard dix ans après son inscription ou après l'inscription d'un avis qui lui donne effet ou la renouvelle.

Le gage s'éteint lorsque cesse la détention.

[1991, c. 64, a. 2798].

2798. A movable hypothec is extinguished not later than ten years after the date of its registration or registration of a notice giving it effect or renewing it.

Pledge is extinguished upon termination of detention.

[1991, c. 64, a. 2798].

▮ C.C.Q., 2663, 2665, al. 2, 2696-2701.1, 2702-2713, 2714.1-2714.7, 2715, 2716, 2937, 2942, 3058.

2799. L'hypothèque immobilière s'éteint au plus tard trente ans après son inscription ou après l'inscription d'un avis qui lui donne effet ou la renouvelle.

Cette règle ne reçoit pas application dans le cas d'une hypothèque garantissant le prix de l'emphytéose, la rente créée pour le prix de l'immeuble, la rente viagère ou l'usufruit viager, d'une hypothèque constituée en faveur de La Financière agricole du Québec ou de la Société d'habitation du Québec, ou d'une hypothèque constituée en faveur d'un fondé de pouvoir des créanciers pour garantir le paiement d'obligations ou autres titres d'emprunt.

[1991, c. 64, a. 2799; 2000, c. 42, a. 8; 2000, c. 53, a. 67].

2799. An immovable hypothec is extinguished not later than thirty years after the date of its registration or registration of a notice giving it effect or renewing it.

This rule does not apply in the case of hypothecs securing the price of emphyteusis, a rent constituted for the price of an immovable, a life annuity or a usufruct for life, hypothecs given in favour of La Financière agricole du Québec or the Société d'habitation du Québec, or hypothecs in favour of a person holding a power of attorney from the creditors to secure payment of bonds or other evidences of indebtedness.

[1991, c. 64, a. 2799; 2000, c. 42, s. 8; 2000, c. 53, s. 67].

▮ C.C.Q., 2663, 2692, 2715, 2716, 2937, 2942, 3058.

2800. L'hypothèque légale du syndicat des copropriétaires sur la fraction d'un copro-

2800. The legal hypothec of a syndicate of co-owners on the fraction of a co-owner is

priétaire s'éteint trois ans après son ins-cription, à moins que le syndicat, afin de la conserver, ne publie une action contre le propriétaire en défaut ou n'inscrive un pré-avis d'exercice d'un droit hypothécaire.

[1991, c. 64, a. 2800].

extinguished three years after it is regis-tered, unless the syndicate, in order to pre-serve it, publishes an action against the owner who has defaulted or registers a prior notice of the exercise of a hypothe-cary right.

[1991, c. 64, a. 2800; I.N., 2014-05-01].

▌ C.C.Q., 1009, 1010, 1038 et s., 2724(3), 2729, 2757 et s., 3058, 3061, al. 2 et 3.

2801. Dans le cas où un créancier hypo-thécaire prend le bien hypothéqué en paie-ment, l'hypothèque des créanciers de rang postérieur ne s'éteint que par l'inscription de l'acte volontairement consenti et ac-cepté ou du jugement en délaissement.

[1991, c. 64, a. 2801; 2000, c. 42, a. 9].

2801. Where a hypothecary creditor takes the hypothecated property in payment, the hypothec of the later ranking creditors is not extinguished except by registration of the act voluntarily made and accepted or of the judgment of surrender.

[1991, c. 64, a. 2801; 2000, c. 42, s. 9; I.N., 2014-05-01].

▌ C.C.Q., 2764, 2765, 2767, 2778-2783, 2945 et s., 3069, 3075.1.

2802. L'hypothèque s'éteint aussi par les autres causes prévues par la loi.

[1991, c. 64, a. 2802].

2802. Hypothecs are also extinguished by the other causes provided by law.

[1991, c. 64, a. 2802; I.N., 2014-05-01].

▌ C.C.Q., 1662, 1671, 1686, 2385, 2661, 2682, 2782, 2790, 2794, 2795-2801.

LIVRE 7 ——
DE LA PREUVE

BOOK 7 ——
EVIDENCE

TITRE 1 ——
DU RÉGIME GÉNÉRAL DE LA PREUVE

TITLE 1 ——
GENERAL RULES OF EVIDENCE

Chapitre I ——
Dispositions générales

Chapter I ——
General provisions

2803. Celui qui veut faire valoir un droit doit prouver les faits qui soutiennent sa prétention.

Celui qui prétend qu'un droit est nul, a été modifié ou est éteint doit prouver les faits sur lesquels sa prétention est fondée.

[1991, c. 64, a. 2803].

2803. A person seeking to assert a right shall prove the facts on which his claim is based.

A person who claims that a right is null, has been modified or is extinguished shall prove the facts on which he bases his claim.

[1991, c. 64, a. 2803; I.N., 2014-05-01].

▌ C.C.Q., 2804, 2805.

2804. La preuve qui rend l'existence d'un fait plus probable que son inexistence est suffisante, à moins que la loi n'exige une preuve plus convaincante.

[1991, c. 64, a. 2804].

2804. Evidence is sufficient if it renders the existence of a fact more probable than its non-existence, unless the law requires more convincing proof.

[1991, c. 64, a. 2804].

■ C.C.Q., 2803, 2805.

2805. La bonne foi se présume toujours, à moins que la loi n'exige expressément de la prouver.

[1991, c. 64, a. 2805].

■ C.C.Q., 2803, 2804.

2805. Good faith is always presumed, unless the law expressly requires that it be proved.

[1991, c. 64, a. 2805].

Chapitre II ——
De la connaissance d'office

Chapter II ——
Judicial notice

2806. Nul n'est tenu de prouver ce dont le tribunal est tenu de prendre connaissance d'office.

[1991, c. 64, a. 2806].

■ C.C.Q., 2807-2810.

2806. No proof is required of a matter of which judicial notice shall be taken.

[1991, c. 64, a. 2806].

2807. Le tribunal doit prendre connaissance d'office du droit en vigueur au Québec.

Doivent cependant être allégués les textes d'application des lois en vigueur au Québec, qui ne sont pas publiés à la *Gazette officielle du Québec* ou d'une autre manière prévue par la loi, les traités et accords internationaux s'appliquant au Québec qui ne sont pas intégrés dans un texte de loi, ainsi que le droit international coutumier.

[1991, c. 64, a. 2807].

■ C.C.Q., 2806.

2807. Judicial notice shall be taken of the law in force in Québec.

However, statutory instruments in force in Québec but not published in the *Gazette officielle du Québec* or in any other manner prescribed by law, international treaties and agreements applicable to Québec but not embodied in a text of law, and customary international law, shall be pleaded.

[1991, c. 64, a. 2807; I.N., 2014-05-01].

2808. Le tribunal doit prendre connaissance d'office de tout fait dont la notoriété rend l'existence raisonnablement incontestable.

[1991, c. 64, a. 2808].

■ C.C.Q., 2806.

2808. Judicial notice shall be taken of any fact the common knowledge of which renders it beyond reasonable question.

[1991, c. 64, a. 2808; I.N., 2014-05-01].

2809. Le tribunal peut prendre connaissance d'office du droit des autres provinces ou territoires du Canada et du droit d'un État étranger, pourvu qu'il ait été allégué. Il peut aussi demander que la preuve en soit faite, laquelle peut l'être, entre autres, par le témoignage d'un expert ou par la production d'un certificat établi par un jurisconsulte.

Lorsque ce droit n'a pas été allégué ou que

2809. Judicial notice may be taken of the law of other provinces or territories of Canada and of that of a foreign state, provided it has been pleaded. The court may also require that proof be made of such law; this may be done, among other means, by expert testimony or by the production of a certificate drawn up by a jurisconsult.

Where such law has not been pleaded or

sa teneur n'a pas été établie, il applique le droit en vigueur au Québec.

[1991, c. 64, a. 2809].

■ C.C.Q., 2806; C.P.C., 76-93.

its content has not been established, the court applies the law in force in Québec.

[1991, c. 64, a. 2809; 2002, c. 19, s. 15].

2810. Le tribunal, peut, en toute matière, prendre connaissance des faits litigieux, en présence des parties ou lorsque celles-ci ont été dûment appelées. Il peut procéder aux constatations qu'il estime nécessaires, et se transporter, au besoin, sur les lieux.

[1991, c. 64, a. 2810].

■ C.C.Q., 2806, 2854-2856; C.P.C., 290, 294, 312, 318, 426-437.

2810. The court may, in any matter, take judicial notice of the facts in dispute in the presence of the parties or where the parties have been duly called. It may conduct any observations it considers necessary and go to the scene, if need be.

[1991, c. 64, a. 2810; I.N., 2014-05-01].

TITRE 2 ——
DES MOYENS DE PREUVE

TITLE 2 ——
MEANS OF PROOF

2811. La preuve d'un acte juridique ou d'un fait peut être établie par écrit, par témoignage, par présomption, par aveu ou par la présentation d'un élément matériel, conformément aux règles énoncées dans le présent livre et de la manière indiquée par le *Code de procédure civile* (chapitre C-25) ou par quelque autre loi.

[1991, c. 64, a. 2811].

■ C.C.Q., 2854-2856; C.P.C., 274-447.

2811. A fact or juridical act may be proved by a writing, by testimony, by presumption, by admission or by the production of real evidence, according to the rules set forth in this Book and in the manner provided in the *Code of Civil Procedure* (chapter C-25) or in any other Act.

[1991, c. 64, a. 2811; I.N., 2014-05-01].

Chapitre I ——
De l'écrit

Chapter I ——
Writings

SECTION I ——
DES COPIES DE LOIS

SECTION I ——
COPIES OF STATUTES

2812. Les copies de lois qui ont été ou sont en vigueur au Canada, et qui sont attestées par un officier public compétent ou publiées par un éditeur autorisé, font preuve de l'existence et de la teneur de ces lois, sans qu'il soit nécessaire de prouver la signature ni le sceau y apposés, non plus que la qualité de l'officier ou de l'éditeur.

[1991, c. 64, a. 2812].

■ C.C.Q., 2811.

2812. Copies of statutes which have been or are in force in Canada, attested by a competent public officer or published by an authorized publisher, make proof of the existence and content of such statutes, and neither the signature or seal appended to such a copy nor the quality of the officer or publisher need be proved.

[1991, c. 64, a. 2812].

SECTION II —
DES ACTES AUTHENTIQUES

2813. L'acte authentique est celui qui a été reçu ou attesté par un officier public compétent selon les lois du Québec ou du Canada, avec les formalités requises par la loi.

L'acte dont l'apparence matérielle respecte ces exigences est présumé authentique.

[1991, c. 64, a. 2813].

❚ C.C.Q., 2814-2817, 2819.

2814. Sont authentiques, notamment les documents suivants, s'ils respectent les exigences de la loi:

1° Les documents officiels du Parlement du Canada et du Parlement du Québec;

2° Les documents officiels émanant du gouvernement du Canada ou du Québec, tels les lettres patentes, les décrets et les proclamations;

3° Les registres des tribunaux judiciaires ayant juridiction au Québec;

4° Les registres et les documents officiels émanant des municipalités et des autres personnes morales de droit public constituées par une loi du Québec;

5° Les registres à caractère public dont la loi requiert la tenue par des officiers publics;

6° L'acte notarié;

7° Le procès-verbal de bornage.

[1991, c. 64, a. 2814].

❚ C.C.Q., 103, 978, 2819, 2969, 2996; C.P.C., 787-794.

2815. La copie de l'original d'un acte authentique ou, en cas de perte de l'original, la copie d'une copie authentique de tel acte est authentique lorsqu'elle est attestée par l'officier public qui en est le dépositaire.

[1991, c. 64, a. 2815].

❚ C.P.C., 871.1-871.4.

SECTION II —
AUTHENTIC ACTS

2813. An authentic act is one that has been received or attested by a competent public officer in accordance with the laws of Québec or of Canada, with the formalities required by law.

An act whose material appearance satisfies such requirements is presumed to be authentic.

[1991, c. 64, a. 2813; I.N., 2014-05-01].

2814. The following documents in particular are authentic if they conform to the requirements of the law :

(1) official documents of the Parliament of Canada or the Parliament of Québec;

(2) official documents issued by the government of Canada or of Québec, such as letters patent, orders and proclamations;

(3) records of the courts of justice having jurisdiction in Québec;

(4) records of and official documents issued by municipalities and other legal persons established in the public interest by an Act of Québec;

(5) public records required by law to be kept by public officers;

(6) notarial acts;

(7) minutes of determination of boundaries.

[1991, c. 64, a. 2814; I.N., 2014-05-01].

2815. A copy of the original of an authentic act or, where the original is lost, a copy of an authentic copy of such an act is authentic if it is attested by the public officer who is its depositary.

[1991, c. 64, a. 2815; I.N., 2014-05-01].

2816. Lorsque l'original d'un document, inscrit sur un registre dont la loi requiert la tenue et conservé par l'officier chargé du registre, est perdu ou est en la possession de la partie adverse ou d'un tiers, sans la collusion de la partie qui l'invoque, la copie de ce document est aussi authentique, si elle est attestée par l'officier public qui en est le dépositaire ou, si elle a été versée ou déposée aux archives nationales, par le Conservateur des archives nationales du Québec.

[1991, c. 64, a. 2816].

▌ C.P.C., 871.1-871.4.

2816. In the event that the original of a document, entered in a register required to be kept by law and retained by the officer in charge of the register, is lost or is in the possession of the adverse party or of a third person without collusion on the part of the party invoking it, a copy of the document is also authentic if it is attested by the public officer who is its depositary or, if it has been deposited or filed in the Archives nationales, by the Keeper of the Archives nationales du Québec.

[1991, c. 64, a. 2816; I.N., 2014-05-01].

2817. L'extrait qui reproduit textuellement une partie d'un acte authentique est lui-même authentique lorsqu'il est certifié par le dépositaire de l'acte, pourvu qu'il indique la date de la délivrance et mentionne, quant à l'acte original, la date et la nature de celui-ci, le lieu où il a été passé et, le cas échéant, le nom des parties à l'acte et celui de l'officier public qui l'a rédigé.

[1991, c. 64, a. 2817].

▌ C.P.C., 871.1-871.4.

2817. An extract which reproduces verbatim part of an authentic act is itself authentic if it is certified by the depositary of the act, provided the extract bears its date of issue and indicates the date, nature and place of execution of the original act and, where such is the case, the names of the parties and of the public officer who drew it up.

[1991, c. 64, a. 2817; I.N., 2014-05-01].

2818. Les énonciations, dans l'acte authentique, des faits que l'officier public avait mission de constater ou d'inscrire, font preuve à l'égard de tous.

[1991, c. 64, a. 2818].

▌ C.C.Q., 2819.

2818. The recital, in an authentic act, of the facts which the public officer had the task of observing or recording makes proof against all persons.

[1991, c. 64, a. 2818].

2819. L'acte notarié, pour être authentique, doit être signé par toutes les parties; il fait alors preuve, à l'égard de tous, de l'acte juridique qu'il renferme et des déclarations des parties qui s'y rapportent directement.

Lorsque les parties ne peuvent pas signer, leur déclaration ou consentement doit être reçu en présence d'un témoin qui signe. Ne peuvent servir de témoins, les mineurs, les majeurs inaptes à consentir, de même que les personnes qui ont un intérêt dans l'acte.

[1991, c. 64, a. 2819].

▌ C.C.Q., 2818.

2819. To be authentic, a notarial act shall be signed by all the parties; it then makes proof against all persons of the juridical act which it sets forth and of those declarations of the parties which directly relate to the act.

Where the parties are unable to sign, their declaration or consent shall be given before a witness who signs. Minors, persons of full age who are unable to give consent and persons who have an interest in the act may not be witnesses.

[1991, c. 64, a. 2819].

2820. La copie authentique d'un document fait preuve, à l'égard de tous, de sa conformité à l'original et supplée à ce dernier.

L'extrait authentique fait preuve de sa conformité avec la partie du document qu'il reproduit.

[1991, c. 64, a. 2820].

❚ C.C.Q., 2815.

2821. L'inscription de faux n'est nécessaire que pour contredire les énonciations dans l'acte authentique des faits que l'officier public avait mission de constater.

Elle n'est pas requise pour contester la qualité de l'officier public et des témoins ou la signature de l'officier public.

[1991, c. 64, a. 2821].

❚ C.P.C., 223, 223.1, 224, 228, 230.

SECTION III —
DES ACTES SEMI-AUTHENTIQUES

2822. L'acte qui émane apparemment d'un officier public étranger compétent fait preuve, à l'égard de tous, de son contenu, sans qu'il soit nécessaire de prouver la qualité ni la signature de cet officier.

De même, la copie d'un document dont l'officier public étranger est dépositaire fait preuve, à l'égard de tous, de sa conformité à l'original et supplée à ce dernier, si elle émane apparemment de cet officier.

[1991, c. 64, a. 2822].

❚ C.C.Q., 2825.

2823. Fait également preuve, à l'égard de tous, la procuration sous seing privé faite hors du Québec lorsqu'elle est certifiée par un officier public compétent qui a vérifié l'identité et la signature du mandant.

[1991, c. 64, a. 2823].

❚ C.C.Q., 2130-2137.

2824. Les actes, copies et procurations mentionnés dans la présente section peu-

2820. An authentic copy of a document makes proof against all persons of its conformity to the original and substitutes for it.

An authentic extract makes proof of its conformity to the part of the document which it reproduces.

[1991, c. 64, a. 2820; I.N., 2014-05-01].

2821. Improbation is necessary only to contradict the recital in an authentic act of the facts which the public officer had the task of observing.

Improbation is not required to contest the quality of the public officer or witnesses or the signature of the public officer.

[1991, c. 64, a. 2821; I.N., 2014-05-01].

SECTION III —
SEMI-AUTHENTIC ACTS

2822. An act purporting to be issued by a competent foreign public officer makes proof of its content against all persons and neither the quality nor the signature of the officer need be proved.

Similarly, a copy of a document of which the foreign public officer is the depositary makes proof of its conformity to the original against all persons and substitutes for the original, if it purports to be issued by that officer.

[1991, c. 64, a. 2822; I.N., 2014-05-01].

2823. A power of attorney under a private writing made outside Québec also makes proof against all persons where it is certified by a competent public officer who has verified the identity and signature of the mandator.

[1991, c. 64, a. 2823].

2824. Acts, copies and powers of attorney mentioned in this section may be depos-

vent être déposés chez un notaire pour qu'il en délivre copie.

La copie fait preuve de sa conformité au document déposé et supplée à ce dernier.

[1991, c. 64, a. 2824].

▌ C.C.Q., 2822, 2823, 2825.

ited with a notary, who may then issue copies of them.

Such a copy makes proof of its conformity to the deposited document and substitutes for it.

[1991, c. 64, a. 2824; I.N., 2014-05-01].

2825. Lorsqu'ont été contestés les actes et copies émanant d'un officier public étranger, de même que les procurations certifiées par un officier public étranger, il incombe à celui qui les invoque de faire la preuve de leur authenticité.

[1991, c. 64, a. 2825].

▌ C.C.Q., 2822; C.P.C., 89.

2825. Where an act or copy issued by a foreign public officer or a power of attorney certified by a foreign public officer has been contested, the person invoking it has the burden of proving that it is authentic.

[1991, c. 64, a. 2825].

SECTION IV —
DES ACTES SOUS SEING PRIVÉ

SECTION IV —
PRIVATE WRITINGS

2826. L'acte sous seing privé est celui qui constate un acte juridique et qui porte la signature des parties; il n'est soumis à aucune autre formalité.

[1991, c. 64, a. 2826].

▌ C.C.Q., 2827.

2826. A private writing is a writing setting forth a juridical act and bearing the signature of the parties; it is not subject to any other formality.

[1991, c. 64, a. 2826].

2827. La signature consiste dans l'apposition qu'une personne fait à un acte de son nom ou d'une marque qui lui est personnelle et qu'elle utilise de façon courante, pour manifester son consentement.

[1991, c. 64, a. 2827; 2001, c. 32, a. 77].

▌ C.C.Q., 2826.

2827. A signature is the affixing by a person, to a writing, of his name or a mark distinctive to him which he regularly uses to signify his intention.

[1991, c. 64, a. 2827; 2001, c. 32, s. 77; I.N., 2014-05-01].

2828. Celui qui invoque un acte sous seing privé doit en faire la preuve.

Toutefois, l'acte opposé à celui qui paraît l'avoir signé ou à ses héritiers est tenu pour reconnu s'il n'est pas contesté de la manière prévue au *Code de procédure civile* (chapitre C-25).

[1991, c. 64, a. 2828].

▌ C.P.C., 89.

2828. A person who invokes a private writing has the burden of proving it.

However, a writing set up against the person by whom it purports to have been signed or his heirs is considered to be acknowledged unless it is contested in the manner provided in the *Code of Civil Procedure* (chapter C-25).

[1991, c. 64, a. 2828; I.N., 2014-05-01].

2829. L'acte sous seing privé fait preuve, à l'égard de ceux contre qui il est prouvé, de

2829. A private writing makes proof, with respect to the persons against whom it is

l'acte juridique qu'il renferme et des déclarations des parties qui s'y rapportent directement.

[1991, c. 64, a. 2829].

▌ C.C.Q., 2828.

2830. L'acte sous seing privé n'a point de date contre les tiers, mais celle-ci peut être établie contre eux par tous moyens.

Néanmoins, les actes passés dans le cours des activités d'une entreprise sont présumés l'avoir été à la date qui y est inscrite.

[1991, c. 64, a. 2830].

▌ C.C.Q., 1525.

SECTION V —
DES AUTRES ÉCRITS

2831. L'écrit non signé, habituellement utilisé dans le cours des activités d'une entreprise pour constater un acte juridique, fait preuve de son contenu.

[1991, c. 64, a. 2831].

▌ C.C.Q., 1525.

2832. L'écrit ni authentique ni semi-authentique qui rapporte un fait peut, sous réserve des règles contenues dans ce livre, être admis en preuve à titre de témoignage ou à titre d'aveu contre son auteur.

[1991, c. 64, a. 2832].

▌ C.C.Q., 2869-2874.

2833. Les papiers domestiques qui énoncent un paiement reçu ou qui contiennent la mention que la note supplée au défaut de titre en faveur de celui au profit duquel ils énoncent une obligation, font preuve contre leur auteur.

[1991, c. 64, a. 2833].

▌ C.C.Q., 1553.

2834. La mention libératoire apposée par le créancier sur le titre, ou une copie de celui-ci qui est toujours restée en sa possession, bien que non signée ni datée, fait preuve contre lui.

proved, of the juridical act which it sets forth and of the statements of the parties directly relating to the act.

[1991, c. 64, a. 2829; I.N., 2014-05-01].

2830. A private writing does not make proof of its date against third persons but that date may be established against them, by any means.

However, acts executed in the ordinary course of business of an enterprise are presumed to have been made on the date they bear.

[1991, c. 64, a. 2830; I.N., 2014-05-01].

SECTION V —
OTHER WRITINGS

2831. An unsigned writing regularly used in the ordinary course of business of an enterprise to evidence a juridical act makes proof of its content.

[1991, c. 64, a. 2831].

2832. A writing that is neither authentic nor semi-authentic that relates a fact may be admitted into evidence as testimony or as an admission against its author, subject to the rules of this Book.

[1991, c. 64, a. 2832; I.N., 2014-05-01].

2833. A domestic paper stating that a payment has been received or containing a mention that the entry compensates for the lack of a title in favour of the person for whose benefit it sets forth an obligation makes proof against its author.

[1991, c. 64, a. 2833; I.N., 2014-05-01].

2834. A release, although unsigned and undated, inscribed by a creditor on the title of his debt or on a copy thereof which has always remained in his possession makes proof against him.

Cependant, la mention n'est pas admise comme preuve de paiement, si elle a pour effet de soustraire la dette aux règles relatives à la prescription.

[1991, c. 64, a. 2834].

▌ C.C.Q., 2835.

The release is not admissible in proof of payment, however, if it has the effect of withdrawing the debt from the rules governing prescription.

[1991, c. 64, a. 2834].

2835. Celui qui invoque un écrit non signé doit prouver que cet écrit émane de celui qu'il prétend en être l'auteur.

[1991, c. 64, a. 2835].

▌ C.C.Q., 2834.

2835. A person who invokes an unsigned writing shall prove that it originates from the person whom he claims to be its author.

[1991, c. 64, a. 2835].

2836. Les écrits visés par la présente section peuvent être contredits par tous moyens.

[1991, c. 64, a. 2836].

▌ C.C.Q., 2831-2833.

2836. Writings contemplated by this section may be contradicted by any means.

[1991, c. 64, a. 2836; I.N., 2014-05-01].

SECTION VI —
DES SUPPORTS DE L'ÉCRIT ET DE LA NEUTRALITÉ TECHNOLOGIQUE

SECTION VI —
MEDIA FOR WRITINGS AND TECHNOLOGICAL NEUTRALITY

2837. L'écrit est un moyen de preuve quel que soit le support du document, à moins que la loi n'exige l'emploi d'un support ou d'une technologie spécifique.

Lorsque le support de l'écrit fait appel aux technologies de l'information, l'écrit est qualifié de document technologique au sens de la *Loi concernant le cadre juridique des technologies de l'information* (chapitre C-1.1).

[1991, c. 64, a. 2837; 2001, c. 32, a. 78].

▌ C.C.Q., 2840-2842.

2837. A writing is a means of proof whatever the medium, unless the use of a specific medium or technology is required by law.

Where a writing is in a medium that is based on information technology, the writing is referred to as a technology-based document within the meaning of the *Act to establish a legal framework for information technology* (chapter C-1.1).

[1991, c. 64, a. 2837; 2001, c. 32, s. 78].

2838. Outre les autres exigences de la loi, il est nécessaire, pour que la copie d'une loi, l'acte authentique, l'acte semi-authentique ou l'acte sous seing privé établi sur un support faisant appel aux technologies de l'information fasse preuve au même titre qu'un document de même nature établi sur support papier, que son intégrité soit assurée.

[1991, c. 64, a. 2838; 2001, c. 32, a. 78].

▌ C.C.Q., 2837, 2839, 2840, 2860.

2838. In addition to meeting all other requirements of the law, the integrity of a copy of a statute, an authentic writing, a semi-authentic writing or a private writing drawn up in a medium based on information technology must be ensured for it to be used to adduce proof in the same way as a writing of the same kind drawn up as a paper-based document.

[1991, c. 64, a. 2838; 2001, c. 32, s. 78; I.N., 2014-05-01].

2839. L'intégrité d'un document est assurée, lorsqu'il est possible de vérifier que l'information n'en est pas altérée et qu'elle est maintenue dans son intégralité, et que le support qui porte cette information lui procure la stabilité et la pérennité voulue.

Lorsque le support ou la technologie utilisé ne permet ni d'affirmer ni de dénier que l'intégrité du document est assurée, celui-ci peut, selon les circonstances, être reçu à titre de témoignage ou d'élément matériel de preuve et servir de commencement de preuve.

[1991, c. 64, a. 2839; 2001, c. 32, a. 78].

▌ C.C.Q., 2837, 2838.

2840. Il n'y a pas lieu de prouver que le support du document ou que les procédés, systèmes ou technologies utilisés pour communiquer au moyen d'un document permettent d'assurer son intégrité, à moins que celui qui conteste l'admissibilité du document n'établisse, par prépondérance de preuve, qu'il y a eu atteinte à l'intégrité du document.

[1991, c. 64, a. 2840; 2001, c. 32, a. 78].

▌ C.C.Q., 298, 300, 2837.

SECTION VII — DES COPIES ET DES DOCUMENTS RÉSULTANT D'UN TRANSFERT

2841. La reproduction d'un document peut être faite soit par l'obtention d'une copie sur un même support ou sur un support qui ne fait pas appel à une technologie différente, soit par le transfert de l'information que porte le document vers un support faisant appel à une technologie différente.

Lorsqu'ils reproduisent un document original ou un document technologique qui remplit cette fonction aux termes de l'article 12 de la *Loi concernant le cadre juridique des technologies de l'information* (chapitre C-1.1), la copie, si elle est certifiée, et le document résultant du transfert de l'information, s'il est documenté, peuvent légalement tenir lieu du document reproduit.

2839. The integrity of a document is ensured if it is possible to verify that the information it contains has not been altered and has been maintained in its entirety, and that the medium used provides stability and the required perennity to the information.

Where the medium or technology used does not allow the integrity of the document to be confirmed or denied, the document may, depending on the circumstances, be admitted as testimonial evidence or real evidence and serve as a commencement of proof.

[1991, c. 64, a. 2839; 1992, c. 57, s. 716; 2001, c. 32, s. 78; I.N., 2014-05-01].

2840. It is not necessary to prove that the medium of a document or that the processes, systems or technology used to communicate by means of a document ensure its integrity, unless the person contesting the admission of the document establishes, upon a preponderance of evidence, that the integrity of the document has been affected.

[1991, c. 64, a. 2840; 2001, c. 32, s. 78].

SECTION VII — COPIES AND DOCUMENTS RESULTING FROM A TRANSFER

2841. A document may be reproduced either by generating a copy in the same medium or in a medium that is based on the same technology, or by transferring the information contained in the document to a medium based on different technology.

Where it reproduces an original document or a technology-based document fulfilling the functions of an original as provided for in section 12 of the *Act to establish a legal framework for information technology* (chapter C-1.1), a copy, provided it is certified, or a document resulting from the transfer of information, provided it is documented, may legally stand in lieu of the reproduced document.

La certification est faite, dans le cas d'un document en la possession de l'État, d'une personne morale, d'une société ou d'une association, par une personne en autorité ou responsable de la conservation du document.

[1991, c. 64, a. 2841; 2001, c. 32, a. 78].

■ C.C.Q., 2832, 2841.

In the case of a document in the possession of the State, a legal person, a partnership or an association, certification is effected by a person in authority or the person responsible for conserving the document.

[1991, c. 64, a. 2841; 2001, c. 32, s. 78; I.N., 2014-05-01].

2842. La copie certifiée est appuyée, au besoin, d'une déclaration établissant les circonstances et la date de la reproduction, le fait que la copie porte la même information que le document reproduit et l'indication des moyens utilisés pour assurer l'intégrité de la copie. Cette déclaration est faite par la personne responsable de la reproduction ou qui l'a effectuée.

Le document résultant du transfert de l'information est appuyé, au besoin, de la documentation visée à l'article 17 de la *Loi concernant le cadre juridique des technologies de l'information* (chapitre C-1.1).

[1991, c. 64, a. 2842; 2001, c. 32, a. 78].

■ C.C.Q., 2841.

2842. A certified copy is supported, if necessary, by a statement establishing the circumstances and the date of the reproduction, attesting that the copy contains the same information as the reproduced document and indicating the means used to ensure the integrity of the copy. The statement is made by the person responsible for document reproduction or by the person who reproduced the document.

A document resulting from the transfer of information is supported, if necessary, by the documentation referred to in section 17 of the *Act to establish a legal framework for information technology* (chapter C-1.1).

[1991, c. 64, a. 2842; 2001, c. 32, s. 78].

Chapitre II ——
Du témoignage

Chapter II ——
Testimony

2843. Le témoignage est la déclaration par laquelle une personne relate les faits dont elle a eu personnellement connaissance ou par laquelle un expert donne son avis.

Il doit, pour faire preuve, être contenu dans une déposition faite à l'instance, sauf du consentement des parties ou dans les cas prévus par la loi.

[1991, c. 64, a. 2843].

■ C.C.Q., 2862-2864, 2869; C.P.C., 294-323, 397-398.2.

2843. Testimony is a statement whereby a person relates facts of which he has personal knowledge or whereby an expert gives his opinion.

To make proof, testimony shall be given by deposition in a judicial proceeding unless otherwise agreed by the parties or provided by law.

[1991, c. 64, a. 2843].

2844. La preuve par témoignage peut être apportée par un seul témoin.

L'enfant qui, de l'avis du juge, ne comprend pas la nature du serment, peut être admis à rendre témoignage sans cette formalité, si le juge estime qu'il est assez dé-

2844. Proof by testimony may be adduced by a single witness.

A child who, in the opinion of the judge, does not understand the nature of an oath, may be permitted to testify without that formality, if the judge considers that the

veloppé pour pouvoir rapporter des faits dont il a eu connaissance, et qu'il comprend le devoir de dire la vérité; toutefois, un jugement ne peut être fondé sur la foi de ce seul témoignage.

[1991, c. 64, a. 2844].

∎ C.P.C., 299.

child is sufficiently mature to be able to relate the facts of which he had knowledge, and that he understands the duty to tell the truth. However, a judgment may not be based upon such testimony alone.

[1991, c. 64, a. 2844; I.N., 2014-05-01].

2845. La force probante du témoignage est laissée à l'appréciation du tribunal.

[1991, c. 64, a. 2845].

∎ C.C.Q., 2843.

2845. The probative force of testimony is left to the appraisal of the court.

[1991, c. 64, a. 2845].

Chapitre III ——
De la présomption

Chapter III ——
Presumptions

2846. La présomption est une conséquence que la loi ou le tribunal tire d'un fait connu à un fait inconnu.

[1991, c. 64, a. 2846].

∎ C.C.Q., 2847.

2846. A presumption is an inference drawn by the law or the court from a known fact to an unknown fact.

[1991, c. 64, a. 2846; I.N., 2014-05-01].

2847. La présomption légale est celle qui est spécialement attachée par la loi à certains faits; elle dispense de toute autre preuve celui en faveur de qui elle existe.

Celle qui concerne des faits présumés est simple et peut être repoussée par une preuve contraire; celle qui concerne des faits réputés est absolue et aucune preuve ne peut lui être opposée.

[1991, c. 64, a. 2847].

∎ D.T., 141.

2847. A legal presumption is one that is specially attached by law to certain facts; it exempts the person in whose favour it exists from making any other proof.

A presumption concerning presumed facts is simple and may be rebutted by proof to the contrary; a presumption concerning deemed facts is absolute and irrebuttable.

[1991, c. 64, a. 2847].

2848. L'autorité de la chose jugée est une présomption absolue; elle n'a lieu qu'à l'égard de ce qui a fait l'objet du jugement, lorsque la demande est fondée sur la même cause et mue entre les mêmes parties, agissant dans les mêmes qualités, et que la chose demandée est la même.

Cependant, le jugement qui dispose d'un recours collectif a l'autorité de la chose jugée à l'égard des parties et des membres du groupe qui ne s'en sont pas exclus.

[1991, c. 64, a. 2848].

∎ C.P.C., 165, 999-1052.

2848. The authority of a final judgment (*res judicata*) is an absolute presumption; it applies only to the object of the judgment when the demand is based on the same cause and is between the same parties acting in the same qualities and the thing applied for is the same.

However, a judgment deciding a class action has the authority of a final judgment with respect to the parties and the members of the group who have not excluded themselves therefrom.

[1991, c. 64, a. 2848; I.N., 2014-05-01].

2849. Les présomptions qui ne sont pas établies par la loi sont laissées à l'appréciation du tribunal qui ne doit prendre en considération que celles qui sont graves, précises et concordantes.

[1991, c. 64, a. 2849].

■ C.C.Q., 2846.

2849. Presumptions which are not established by law are left to the discretion of the court which shall take only serious, precise and concordant presumptions into consideration.

[1991, c. 64, a. 2849].

Chapitre IV ——
De l'aveu

Chapter IV ——
Admissions

2850. L'aveu est la reconnaissance d'un fait de nature à produire des conséquences juridiques contre son auteur.

[1991, c. 64, a. 2850].

■ C.C.Q., 2867.

2850. An admission is the acknowledgment of a fact which may produce legal consequences against the person who makes it.

[1991, c. 64, a. 2850].

2851. L'aveu peut être exprès ou implicite.

Il ne peut toutefois résulter du seul silence que dans les cas prévus par la loi.

[1991, c. 64, a. 2851].

■ C.P.C., 85, 86, 89, 403, 411, 413.

2851. An admission may be express or implied.

An admission cannot, however, arise from silence alone, except in the cases provided by law.

[1991, c. 64, a. 2851; I.N., 2014-05-01].

2852. L'aveu fait par une partie au litige, ou par un mandataire autorisé à cette fin, fait preuve contre elle, s'il est fait au cours de l'instance où il est invoqué. Il ne peut être révoqué, à moins qu'on ne prouve qu'il a été la suite d'une erreur de fait.

La force probante de tout autre aveu est laissée à l'appréciation du tribunal.

[1991, c. 64, a. 2852].

■ C.C.Q., 2866, 2867; C.P.C., 331.

2852. An admission made by a party to a dispute or by an authorized mandatary makes proof against the party if it is made in the proceeding in which it is invoked. It may not be revoked, unless it is proved to have been made through an error of fact.

The probative force of any other admission is left to the appraisal of the court.

[1991, c. 64, a. 2852; I.N., 2014-05-01].

2853. L'aveu ne peut être divisé, à moins qu'il ne contienne des faits étrangers à la contestation liée, que la partie contestée de l'aveu soit invraisemblable ou contredite par des indices de mauvaise foi ou par une preuve contraire, ou qu'il n'y ait pas de connexité entre les faits mentionnés dans l'aveu.

[1991, c. 64, a. 2853].

■ C.P.C., 186.

2853. An admission may not be divided unless it contains facts which are foreign to the issue, the part of the admission objected to is implausible or contradicted by indications of bad faith or by contrary evidence, or the facts contained in the admission are unrelated to each other.

[1991, c. 64, a. 2853; I.N., 2014-05-01].

Chapitre V ——
De la présentation d'un élément matériel

Chapter V ——
Production of Real Evidence

2854. La présentation d'un élément matériel constitue un moyen de preuve qui permet au juge de faire directement ses propres constatations. Cet élément matériel peut consister en un objet, de même qu'en la représentation sensorielle de cet objet, d'un fait ou d'un lieu.

[1991, c. 64, a. 2854].

❚ C.C.Q., 2868; C.P.C., 290, 312, 403.

2854. The production of real evidence is a means of proof which allows the judge to make his own findings. Such real evidence may consist of an object, as well as the representation for the senses of an object, fact or place.

[1991, c. 64, a. 2854; I.N., 2014-05-01].

2855. La présentation d'un élément matériel, pour avoir force probante, doit au préalable faire l'objet d'une preuve distincte qui en établisse l'authenticité. Cependant, lorsque l'élément matériel est un document technologique au sens de la *Loi concernant le cadre juridique des technologies de l'information* (chapitre C-1.1), cette preuve d'authenticité n'est requise que dans le cas visé au troisième alinéa de l'article 5 de cette loi.

[1991, c. 64, a. 2855; 2001, c. 32, a. 79].

❚ C.C.Q., 2838, 2854.

2855. The production of real evidence does not have probative force until its authenticity has been established by separate proof. However, where the real evidence produced is a technology-based document within the meaning of the *Act to establish a legal framework for information technology* (chapter C-1.1), authenticity need only be established in cases to which the third paragraph of section 5 of that Act applies.

[1991, c. 64, a. 2855; 2001, c. 32, s. 79; I.N., 2014-05-01].

2856. Le tribunal peut tirer de la présentation d'un élément matériel toute conclusion qu'il estime raisonnable.

[1991, c. 64, a. 2856].

❚ C.C.Q., 2854.

2856. The court may draw any inference it considers reasonable from the production of real evidence.

[1991, c. 64, a. 2856; I.N., 2014-05-01].

TITRE 3 ——
DE LA RECEVABILITÉ DES ÉLÉMENTS ET DES MOYENS DE PREUVE

TITLE 3 ——
ADMISSIBILITY OF EVIDENCE AND MEANS OF PROOF

Chapitre I ——
Des éléments de preuve

Chapter I ——
Evidence

2857. La preuve de tout fait pertinent au litige est recevable et peut être faite par tous moyens.

[1991, c. 64, a. 2857].

❚ C.C.Q., 2859-2868.

2857. Evidence of any fact relevant to a dispute is admissible and may be produced by any means.

[1991, c. 64, a. 2857; I.N., 2014-05-01].

2858. Le tribunal doit, même d'office, re-jeter tout élément de preuve obtenu dans des conditions qui portent atteinte aux droits et libertés fondamentaux et dont l'utilisation est susceptible de déconsidérer l'administration de la justice.

Il n'est pas tenu compte de ce dernier cri-tère lorsqu'il s'agit d'une violation du droit au respect du secret professionnel.

[1991, c. 64, a. 2858].

∎ C.P.C., 307, 308.

2858. The court shall, even of its own mo-tion, reject any evidence obtained under such circumstances that fundamental rights and freedoms are violated and whose use would tend to bring the admin-istration of justice into disrepute.

The latter criterion is not taken into ac-count in the case of violation of the right of professional secrecy.

[1991, c. 64, a. 2858; I.N., 2014-05-01].

Chapitre II ——
Des moyens de preuve

2859. Le tribunal ne peut suppléer d'office les moyens d'irrecevabilité résultant des dispositions du présent chapitre qu'une partie présente ou représentée a fait défaut d'invoquer.

[1991, c. 64, a. 2859].

∎ C.C.Q., 2860-2863, 2866-2868.

Chapter II ——
Means of Proof

2859. The court may not of its own motion raise a ground of inadmissibility resulting from the provisions of this chapter where a party who is present or represented has failed to raise it.

[1991, c. 64, a. 2859; I.N., 2014-05-01].

2860. L'acte juridique constaté dans un écrit ou le contenu d'un écrit doit être prouvé par la production de l'original ou d'une copie qui légalement en tient lieu.

Toutefois, lorsqu'une partie ne peut, mal-gré sa bonne foi et sa diligence, produire l'original de l'écrit ou la copie qui légale-ment en tient lieu, la preuve peut être faite par tous moyens.

À l'égard d'un document technologique, la fonction d'original est remplie par un do-cument qui répond aux exigences de l'arti-cle 12 de la *Loi concernant le cadre juridi-que des technologies de l'information* (chapitre C-1.1) et celle de copie qui en tient lieu, par la copie d'un document cer-tifié qui satisfait aux exigences de l'article 16 de cette loi.

[1991, c. 64, a. 2860; 2001, c. 32, a. 80].

∎ C.C.Q., 2838, 2861.

2860. A juridical act set forth in a writing or the content of a writing shall be proved by the production of the original or a copy which legally stands in lieu of it.

However, where a party acting in good faith and with diligence is unable to pro-duce the original of a writing or a copy which legally stands in lieu of it, proof may be made by any means.

In the case of technology-based docu-ments, the functions of the original are ful-filled by a document meeting the require-ments of section 12 of the *Act to establish a legal framework for information technol-ogy* (chapter C-1.1) and the functions of the copy standing in lieu of the original are fulfilled by a certified copy of the docu-ment meeting the requirements of section 16 of that Act.

[1991, c. 64, a. 2860; 2001, c. 32, s. 80; I.N., 2014-05-01].

2861. Lorsqu'il n'a pas été possible à une partie, pour une raison valable, de se mé-

2861. Where a party has been unable, for a valid reason, to procure written proof of a

nager la preuve écrite d'un acte juridique, la preuve de cet acte peut être faite par tous moyens.

[1991, c. 64, a. 2861].

∎ C.C.Q., 2860.

juridical act, such an act may be proved by any means.

[1991, c. 64, a. 2861; I.N., 2014-05-01].

2862. La preuve d'un acte juridique ne peut, entre les parties, se faire par témoignage lorsque la valeur du litige excède 1 500 $.

Néanmoins, en l'absence d'une preuve écrite et quelle que soit la valeur du litige, on peut prouver par témoignage tout acte juridique dès lors qu'il y a commencement de preuve; on peut aussi prouver par témoignage, contre une personne, tout acte juridique passé par elle dans le cours des activités d'une entreprise.

[1991, c. 64, a. 2862].

∎ C.C.Q., 2865.

2862. Proof of a juridical act may not be made, between the parties, by testimony where the value in dispute exceeds $ 1,500.

However, in the absence of proof in writing and regardless of the value in dispute, proof may be made by testimony of any juridical act where there is a commencement of proof; proof may also be made by testimony, against a person, of a juridical act executed by him in the ordinary course of business of an enterprise.

[1991, c. 64, a. 2862; I.N., 2014-05-01].

2863. Les parties à un acte juridique constaté par un écrit ne peuvent, par témoignage, le contredire ou en changer les termes, à moins qu'il n'y ait un commencement de preuve.

[1991, c. 64, a. 2863].

∎ C.C.Q., 2836, 2865.

2863. The parties to a juridical act set forth in a writing may not contradict or vary the terms of the writing by testimony unless there is a commencement of proof.

[1991, c. 64, a. 2863].

2864. La preuve par témoignage est admise lorsqu'il s'agit d'interpréter un écrit, de compléter un écrit manifestement incomplet ou d'attaquer la validité de l'acte juridique qu'il constate.

[1991, c. 64, a. 2864].

∎ C.C.Q., 2843-2845.

2864. Proof by testimony is admissible to interpret a writing, to complete a clearly incomplete writing or to impugn the validity of the juridical act which the writing sets forth.

[1991, c. 64, a. 2864].

2865. Le commencement de preuve peut résulter d'un aveu ou d'un écrit émanant de la partie adverse, de son témoignage ou de la présentation d'un élément matériel, lorsqu'un tel moyen rend vraisemblable le fait allégué.

[1991, c. 64, a. 2865].

∎ C.C.Q., 2812-2845, 2850-2856.

2865. A commencement of proof may arise from an admission or writing of the adverse party, his testimony or the production of real evidence that gives an indication that the alleged fact may have occurred.

[1991, c. 64, a. 2865; I.N., 2014-05-01].

2866. Nulle preuve n'est admise contre une présomption légale, lorsque, à raison de cette présomption, la loi annule certains

2866. No evidence is admissible to rebut a legal presumption where, by reason of such presumption, the law annuls certain

actes ou refuse l'action en justice, sans avoir réservé la preuve contraire.

acts or disallows an action, unless the law has reserved the right to make proof to the contrary.

Toutefois, cette présomption peut être contredite par un aveu fait à l'instance au cours de laquelle la présomption est invoquée, lorsqu'elle n'est pas d'ordre public.

[1991, c. 64, a. 2866].

However, where the presumption is not of public order, it may be rebutted by an admission made in the proceeding in which the presumption is invoked.

1991, c. 64, a. 2866; I.N., 2014-05-01].

▌ C.C.Q., 2847, 2848.

2867. L'aveu, fait en dehors de l'instance où il est invoqué, se prouve par les moyens recevables pour prouver le fait qui en est l'objet.

[1991, c. 64, a. 2867].

2867. An admission made outside the proceeding in which it is invoked is proved by the means admissible as proof of the fact which is its object.

[1991, c. 64, a. 2867].

▌ C.C.Q., 2850-2853.

2868. La preuve par la présentation d'un élément matériel est admise conformément aux règles de recevabilité prévues pour prouver l'objet, le fait ou le lieu qu'il représente.

[1991, c. 64, a. 2868].

2868. Proof by the production of real evidence is admissible in accordance with the relevant rules on admissibility as proof of the object, the fact or the place represented by it.

[1991, c. 64, a. 2868; I.N., 2014-05-01].

▌ C.C.Q., 2854.

Chapitre III —— De certaines déclarations

Chapter III —— Certain statements

2869. La déclaration d'une personne qui ne témoigne pas à l'instance ou celle d'un témoin faite antérieurement à l'instance est admise à titre de témoignage si les parties y consentent; est aussi admise à titre de témoignage la déclaration qui respecte les exigences prévues par le présent chapitre ou par la loi.

[1991, c. 64, a. 2869].

2869. A statement made by a person who does not testify in the judicial proceeding or made by a witness prior to the judicial proceeding is admissible as testimony if the parties consent thereto; a statement that meets the requirements of this chapter or of the law is also admissible as testimony.

[1991, c. 64, a. 2869; I.N., 2014-05-01].

▌ C.C.Q., 2870, 2871; C.P.C., 294.1.

2870. La déclaration faite par une personne qui ne comparaît pas comme témoin, sur des faits au sujet desquels elle aurait pu légalement déposer, peut être admise à titre de témoignage, pourvu que, sur demande et après qu'avis en ait été donné à la partie adverse, le tribunal l'autorise.

2870. A statement made by a person who does not appear as a witness, concerning facts to which he could have legally testified, is admissible as testimony on application and after notice is given to the adverse party, provided the court authorizes it.

Celui-ci doit cependant s'assurer qu'il est impossible d'obtenir la comparution du

The court shall, however, ascertain that it is impossible for the declarant to appear as

déclarant comme témoin, ou déraisonnable de l'exiger, et que les circonstances entourant la déclaration donnent à celle-ci des garanties suffisamment sérieuses pour pouvoir s'y fier.

Sont présumés présenter ces garanties, notamment, les documents établis dans le cours des activités d'une entreprise et les documents insérés dans un registre dont la tenue est exigée par la loi, de même que les déclarations spontanées et contemporaines de la survenance des faits.

[1991, c. 64, a. 2870].

▌ C.C.Q., 2869.

2871. Lorsqu'une personne comparaît comme témoin, ses déclarations antérieures sur des faits au sujet desquels elle peut légalement déposer peuvent être admises à titre de témoignage, si elles présentent des garanties suffisamment sérieuses pour pouvoir s'y fier.

[1991, c. 64, a. 2871].

▌ C.C.Q., 2843-2845.

2872. Doit être prouvée par la production de l'écrit, la déclaration qui a été faite sous cette forme.

Toute autre déclaration ne peut être prouvée que par la déposition de l'auteur ou de ceux qui en ont eu personnellement connaissance, sauf les exceptions prévues aux articles 2873 et 2874.

[1991, c. 64, a. 2872].

▌ C.C.Q., 2869-2871.

2873. La déclaration, consignée dans un écrit par une personne autre que celle qui l'a faite, peut être prouvée par la production de cet écrit lorsque le déclarant a reconnu qu'il reproduisait fidèlement sa déclaration.

Il en est de même lorsque l'écrit a été rédigé à la demande de celui qui a fait la déclaration ou par une personne agissant dans l'exercice de ses fonctions, s'il y a lieu de présumer, eu égard aux circonstances, que l'écrit reproduit fidèlement la déclaration.

[1991, c. 64, a. 2873].

a witness, or that it is unreasonable to require him to do so, and that the reliability of the statement is sufficiently guaranteed by the circumstances in which it is made.

Reliability is presumed to be sufficiently guaranteed with respect in particular to documents drawn up in the ordinary course of business of an enterprise, to documents entered in a register required by law to be kept, and spontaneous statements that are contemporaneous to the occurrence of the facts.

[1991, c. 64, a. 2870; I.N., 2014-05-01].

2871. Previous statements by a person who appears as a witness, concerning facts to which he may legally testify, are admissible as testimony if their reliability is sufficiently guaranteed.

[1991, c. 64, a. 2871].

2872. Statements made in written form shall be proved by producing the writing.

No other statement may be proved except by the testimony of the declarant or of the persons having had personal knowledge of it, unless otherwise provided in articles 2873 and 2874.

[1991, c. 64, a. 2872; I.N., 2014-05-01].

2873. A statement recorded in writing by a person other than the declarant may be proved by producing the writing if the declarant has acknowledged that the writing faithfully reproduces his statement.

The same rule applies where the writing was drawn up at the request of the declarant or by a person acting in the performance of his duties, if there is reason to presume, having regard to the circumstances, that the writing faithfully reproduces the statement.

[1991, c. 64, a. 2873; I.N., 2014-05-01].

▌C.C.Q., 2870, 2871.

2874. La déclaration qui a été enregistrée sur ruban magnétique ou par une autre technique d'enregistrement à laquelle on peut se fier, peut être prouvée par ce moyen, à la condition qu'une preuve distincte en établisse l'authenticité. Cependant, lorsque l'enregistrement est un document technologique au sens de la *Loi concernant le cadre juridique des technologies de l'information* (chapitre C-1.1), cette preuve d'authenticité n'est requise que dans le cas visé au troisième alinéa de l'article 5 de cette loi.

[1991, c. 64, a. 2874; 2001, c. 32, a. 81].

▌C.C.Q., 2837-2839.

2874. A statement recorded on magnetic tape or by any other reliable recording technique may be proved by such means, provided its authenticity is separately proved. However, where the recording is a technology-based document within the meaning of the *Act to establish a legal framework for information technology* (chapter C-1.1), authenticity need only be established in cases to which the third paragraph of section 5 of that Act applies.

[1991, c. 64, a. 2874; 2001, c. 32, s. 81].

LIVRE 8 ——
DE LA PRESCRIPTION

BOOK 8 ——
PRESCRIPTION

TITRE 1 ——
DU RÉGIME DE LA PRESCRIPTION

TITLE 1 ——
RULES GOVERNING PRESCRIPTION

Chapitre I ——
Dispositions générales

Chapter I ——
General provisions

2875. La prescription est un moyen d'acquérir ou de se libérer par l'écoulement du temps et aux conditions déterminées par la loi; la prescription est dite acquisitive dans le premier cas et, dans le second, extinctive.

[1991, c. 64, a. 2875].

▌C.C.Q., 916, 2910, 2921; D.T., 6.

2875. Prescription is a means of acquiring or of being released by the lapse of time and according to the conditions determined by law: prescription is called acquisitive in the first case and extinctive in the second.

[1991, c. 64, a. 2875; I.N., 2014-05-01].

2876. Ce qui est hors commerce, incessible ou non susceptible d'appropriation, par nature ou par affectation, est imprescriptible.

[1991, c. 64, a. 2876].

▌C.C.Q., 913, 915-919, 935, 936, 1173, 2877.

2876. That which is not an object of commerce, is non-transferable or is inappropriable, by reason of its nature or the purpose to which it has been appropriated, cannot be prescribed.

[1991, c. 64, a. 2876; I.N., 2014-05-01].

2877. La prescription s'accomplit en faveur ou à l'encontre de tous, même de l'État, sous réserve des dispositions expresses de la loi.

[1991, c. 64, a. 2877].

2877. Prescription takes effect in favour of or against everyone, including the State, subject to express provision of law.

[1991, c. 64, a. 2877; I.N., 2014-05-01].

■ C.C.Q., 2876, 2904 et s.

2878. Le tribunal ne peut suppléer d'office le moyen résultant de la prescription.

Toutefois, le tribunal doit déclarer d'office la déchéance du recours, lorsque celle-ci est prévue par la loi. Cette déchéance ne se présume pas; elle résulte d'un texte exprès.
[1991, c. 64, a. 2878].

2878. The court may not, of its own motion, raise the plea of prescription.

However, it shall, of its own motion, declare a remedy forfeit where so provided by law. Such forfeiture is never presumed; it results only where expressly provided for in a text.
[1991, c. 64, a. 2878; I.N., 2014-05-01].

■ C.C.Q., 9, 380, 434-436, 525, 650, 967, 1022, 1103, 1117, 1635, 1742, 1837, 2050, 2118, 2435; C.P.C., 165.

2879. Le délai de prescription se compte par jour entier. Le jour à partir duquel court la prescription n'est pas compté dans le calcul du délai.

La prescription n'est acquise que lorsque le dernier jour du délai est révolu. Lorsque le dernier jour est un samedi ou un jour férié†, la prescription n'est acquise qu'au premier jour ouvrable† qui suit.
[1991, c. 64, a. 2879].

2879. The period of time required for prescription is reckoned by full days. The day on which prescription begins to run is not counted in computing such period.

Prescription is acquired only when the last day of the period has elapsed. Where the last day is a Saturday or a non-juridical† day, prescription is acquired only on the following juridical† day.
[1991, c. 64, a. 2879].

Note : Le terme « jour férié » est défini à l'a. 61(23°) de la *Loi d'interprétation*, RLRQ, c. I-16, avec « *holiday* » comme équivalent anglais. Le terme « *non-juridical day* » est défini à l'a. 6 du *Code de procédure civile*, RLRQ, c. C-25, avec « jour non juridique » comme équivalent français. / The term "*jour férié*" is defined at s. 61(23) of the *Interpretation Act*, CQLR, c. I-16, with "holiday" as its English equivalent. The term "non-juridical day" is defined at a. 6 of the *Code of Civil Procedure*, CQLR, c. C-25, with "*jour non juridique*" as its French equivalent.

■ C.C.Q., 2880, 2917-2919, 2922-2925.

2880. La dépossession fixe le point de départ du délai de la prescription acquisitive.

Le jour où le droit d'action a pris naissance fixe le point de départ de la prescription extinctive.
[1991, c. 64, a. 2880].

2880. Dispossession determines the beginning of the period of acquisitive prescription.

The day on which the right of action arises determines the beginning of the period of extinctive prescription.
[1991, c. 64, a. 2880; I.N., 2014-05-01].

■ C.C.Q., 2875, 2879, 2926-2929, 2932.

2881. La prescription peut être opposée en tout état de cause, même en appel, à moins que la partie qui n'aurait pas opposé le moyen n'ait, en raison des circonstances, manifesté son intention d'y renoncer.
[1991, c. 64, a. 2881].

2881. Prescription may be pleaded at any stage of judicial proceedings, even in appeal, unless the party who has not pleaded prescription has, in light of the circumstances, demonstrated his intention of renouncing it.
[1991, c. 64, a. 2881].

■ C.C.Q., 2883-2888.

2882. Même si le délai pour s'en prévaloir par action directe est expiré, le moyen qui tend à repousser une action peut toujours être invoqué, à la condition qu'il ait pu constituer un moyen de défense valable à l'action, au moment où il pouvait encore fonder une action directe.

Ce moyen, s'il est reçu, ne fait pas revivre l'action directe prescrite.

[1991, c. 64, a. 2882].

▌C.C.Q., 2881, 2921 et s.; C.P.C., 172 et s.

2882. A ground of defence that may be raised to defeat an action may still be invoked, even if the time for using it by way of a direct action has expired, provided such ground could have constituted a valid defence to an action at the time when it could have served as the basis of a direct action.

Acceptance of such a ground does not revive a direct action that is prescribed.

[1991, c. 64, a. 2882; I.N., 2014-05-01].

Chapitre II ——
De la renonciation à la prescription

Chapter II ——
Renunciation of prescription

2883. On ne peut pas renoncer d'avance à la prescription, mais on peut renoncer à la prescription acquise et au bénéfice du temps écoulé pour celle commencée.

[1991, c. 64, a. 2883].

▌C.C.Q., 2884-2888, 2898.

2883. Prescription may not be renounced in advance, but prescription acquired or the benefit of the time elapsed in the case of prescription that has begun to run may be renounced.

[1991, c. 64, a. 2883; I.N., 2014-05-01].

2884. On ne peut pas convenir d'un délai de prescription autre que celui prévu par la loi.

[1991, c. 64, a. 2884].

▌C.C.Q., 9, 2917-2919, 2922-2926.

2884. No prescriptive period other than that provided by law may be agreed upon.

[1991, c. 64, a. 2884].

2885. La renonciation à la prescription est soit expresse, soit tacite; elle est tacite lorsqu'elle résulte d'un fait qui suppose l'abandon du droit acquis.

Toutefois, la renonciation à la prescription acquise de droits réels immobiliers doit être publiée au bureau de la publicité des droits.

[1991, c. 64, a. 2885].

▌C.C.Q., 2883.

2885. Renunciation of prescription is either express or tacit; tacit renunciation results from an act which implies the abandonment of the acquired right.

However, renunciation of acquired prescription with respect to immovable real rights shall be published at the registry office.

[1991, c. 64, a. 2885; I.N., 2014-05-01].

2886. Celui qui ne peut aliéner ne peut renoncer à la prescription acquise.

[1991, c. 64, a. 2886].

▌C.C.Q., 153-297, 804, 1305, 1307, 1409, 2135, 2883, 2885.

2886. A person who may not alienate may not renounce acquired prescription.

[1991, c. 64, a. 2886; I.N., 2014-05-01].

2887. Toute personne ayant intérêt à ce que la prescription soit acquise peut l'opposer, lors même que le débiteur ou le possesseur y renonce.

[1991, c. 64, a. 2887].

▌ C.C.Q., 2883.

2888. Après la renonciation, la prescription recommence à courir par le même laps de temps.

[1991, c. 64, a. 2888].

▌ C.C.Q., 2883 et s., 2903.

Chapitre III ——
De l'interruption de la prescription

2889. La prescription peut être interrompue naturellement ou civilement.

[1991, c. 64, a. 2889].

▌ C.C.Q., 2890-2903.

2890. Il y a interruption naturelle de la prescription acquisitive lorsque le possesseur est privé, pendant plus d'un an, de la jouissance du bien.

[1991, c. 64, a. 2890].

▌ C.C.Q., 921, 922, 925, 929, 2889, 2910.

2891. Il y a interruption naturelle de la prescription extinctive lorsque le titulaire d'un droit, après avoir omis de s'en prévaloir, exerce ce droit.

[1991, c. 64, a. 2891].

▌ C.C.Q., 2889.

2892. Le dépôt d'une demande en justice, avant l'expiration du délai de prescription, forme une interruption civile, pourvu que cette demande soit signifiée à celui qu'on veut empêcher de prescrire, au plus tard dans les soixante jours qui suivent l'expiration du délai de prescription.

La demande reconventionnelle, l'intervention, la saisie et l'opposition sont considérées comme des demandes en justice. Il en est de même de l'avis exprimant l'intention d'une partie de soumettre un différend à l'arbitrage, pourvu que cet avis expose l'objet du différend qui y sera soumis et

2887. Any person who has an interest in the acquisition of prescription may plead it, even if the debtor or the possessor renounces it.

[1991, c. 64, a. 2887].

2888. Following renunciation, prescription begins to run again for the same period.

[1991, c. 64, a. 2888].

Chapter III ——
Interruption of prescription

2889. Prescription may be interrupted naturally or civilly.

[1991, c. 64, a. 2889].

2890. Acquisitive prescription is interrupted naturally where the possessor is deprived of the enjoyment of the property for more than one year.

[1991, c. 64, a. 2890].

2891. Extinctive prescription is interrupted naturally where the holder of a right, having failed to avail himself of it, exercises that right.

[1991, c. 64, a. 2891].

2892. The filing of a judicial demand before the expiry of the prescriptive period constitutes a civil interruption, provided the demand is served on the person to be prevented from prescribing not later than sixty days following the expiry of the prescriptive period.

Cross demands, interventions, seizures and oppositions, are considered to be judicial demands. The notice expressing the intention by one party to submit a dispute to arbitration is also considered to be a judicial demand, provided it describes the object of the dispute to be submitted and is served

qu'il soit signifié suivant les règles et dans les délais applicables à la demande en justice.

[1991, c. 64, a. 2892].

■ C.C.Q., 2889, 2893-2903; C.P.C., 110, 119.2 et s., 172, 208, 554 et s.

in accordance with the rules and time limits applicable to judicial demands.

[1991, c. 64, a. 2892].

2893. Interrompt également la prescription, toute demande faite par un créancier en vue de participer à une distribution en concurrence avec d'autres créanciers.

[1991, c. 64, a. 2893].

■ C.C.Q., 2889; C.P.C., 578, 615, 643, 655.1, 713.

2893. Any demand by a creditor to share in a distribution with other creditors also interrupts prescription.

[1991, c. 64, a. 2893; I.N., 2014-05-01].

2894. L'interruption n'a pas lieu s'il y a rejet de la demande, désistement ou péremption de l'instance.

[1991, c. 64, a. 2894].

■ C.C.Q., 2892, 2895; C.P.C., 110.1, 262 et s., 274.3.

2894. Interruption does not occur if the demand is dismissed, or if the proceedings are discontinued or perempted.

[1991, c. 64, a. 2894; I.N., 2014-05-01].

2895. Lorsque la demande d'une partie est rejetée sans qu'une décision ait été rendue sur le fond de l'affaire et que, à la date du jugement, le délai de prescription est expiré ou doit expirer dans moins de trois mois, le demandeur bénéficie d'un délai supplémentaire de trois mois à compter de la signification du jugement, pour faire valoir son droit.

Il en est de même en matière d'arbitrage; le délai de trois mois court alors depuis le dépôt de la sentence, la fin de la mission des arbitres ou la signification du jugement d'annulation de la sentence.

[1991, c. 64, a. 2895].

■ C.C.Q., 2892, 2894; C.P.C., 165, 168, 169.

2895. Where the demand of a party is dismissed without a decision having been made on the merits of the matter and where, on the date of the judgment, the prescriptive period has expired or will expire in less than three months, the demanding party has an additional period of three months from service of the judgment in which to assert his right.

The same applies to arbitration; the three-month period then runs from the time the award is made, from the end of the arbitrators' mandate, or from the service of the judgment annulling the award.

[1991, c. 64, a. 2895; I.N., 2014-05-01].

2896. L'interruption résultant d'une demande en justice se continue jusqu'au jugement passé en force de chose jugée ou, le cas échéant, jusqu'à la transaction intervenue entre les parties.

Elle a son effet, à l'égard de toutes les parties, pour tout droit découlant de la même source.

[1991, c. 64, a. 2896].

■ C.C.Q., 2631-2637, 2889, 2892.

2896. An interruption resulting from a judicial demand continues until the judgment has acquired the authority of a final judgment (*res judicata*) or, as the case may be, until a transaction has intervened between the parties.

The interruption has effect with regard to all the parties with respect to any right arising from the same source.

[1991, c. 64, a. 2896; I.N., 2014-05-01].

2897. L'interruption qui résulte de l'exercice d'un recours collectif profite à tous les membres du groupe qui n'ont pas demandé à en être exclus.

[1991, c. 64, a. 2897].

▌ C.C.Q., 2889, 2892, 2908; C.P.C., 999 et s.

2897. An interruption which results from the bringing of a class action benefits all the members of the group who have not requested their exclusion from the group.

[1991, c. 64, a. 2897].

2898. La reconnaissance d'un droit, de même que la renonciation au bénéfice du temps écoulé, interrompt la prescription.

[1991, c. 64, a. 2898].

▌ C.C.Q., 2883, 2889.

2898. Acknowledgement of a right, as well as renunciation of the benefit of a period of the time elapsed, interrupts prescription.

[1991, c. 64, a. 2898; I.N., 2014-05-01].

2899. La demande en justice, ou tout autre acte interruptif contre le débiteur principal ou contre la caution, interrompt la prescription à l'égard de l'un et de l'autre.

[1991, c. 64, a. 2899].

▌ C.C.Q., 2333-2366, 2889, 2892, 2898.

2899. A judicial demand or any other act of interruption against the principal debtor or against a surety interrupts prescription with regard to both.

[1991, c. 64, a. 2899].

2900. L'interruption à l'égard de l'un des créanciers ou des débiteurs d'une obligation solidaire ou indivisible produit ses effets à l'égard des autres.

[1991, c. 64, a. 2900].

▌ C.C.Q., 1519 et s., 1523 et s., 2889 et s., 2909.

2900. Interruption with regard to one of the creditors or debtors of a solidary or indivisible obligation has effect with regard to the others.

[1991, c. 64, a. 2900].

2901. L'interruption à l'égard de l'un des créanciers ou débiteurs conjoints d'une obligation divisible ne produit pas d'effet à l'égard des autres.

[1991, c. 64, a. 2901].

▌ C.C.Q., 1518, 1519, 2889 et s., 2909.

2901. Interruption with regard to one of the joint creditors or debtors of a divisible obligation has no effect with regard to the others.

[1991, c. 64, a. 2901].

2902. L'interruption à l'égard de l'un des cohéritiers d'un créancier ou débiteur solidaire d'une obligation divisible ne produit ses effets, à l'égard des autres créanciers ou débiteurs solidaires, que pour la part de cet héritier.

[1991, c. 64, a. 2902].

▌ C.C.Q., 1519, 1522, 1523 et s., 1540, 2889 et s.

2902. Interruption with regard to one of the coheirs of a solidary creditor or debtor of a divisible obligation has effect, with regard to the other solidary creditors or debtors, only as regards the portion of that heir.

[1991, c. 64, a. 2902].

2903. Après l'interruption, la prescription recommence à courir par le même laps de temps.

[1991, c. 64, a. 2903].

▌ C.C.Q., 2888, 2889 et s.

2903. After its interruption, prescription begins to run again for the same period.

[1991, c. 64, a. 2903; I.N., 2014-05-01].

Chapitre IV ——
De la suspension de la prescription

Chapter IV ——
Suspension of prescription

2904. La prescription ne court pas contre les personnes qui sont dans l'impossibilité en fait d'agir soit par elles-mêmes, soit en se faisant représenter par d'autres.

[1991, c. 64, a. 2904].

▌ C.C.Q., 2877, 2905-2909, 2926.1.

2904. Prescription does not run against persons if it is impossible in fact for them to act by themselves or to be represented by others.

[1991, c. 64, a. 2904].

2905. La prescription ne court pas contre l'enfant à naître.

Elle ne court pas, non plus, contre le mineur ou le majeur sous curatelle ou sous tutelle à l'égard des recours qu'ils peuvent avoir contre leur représentant ou contre la personne qui est responsable de leur garde, ou à l'égard des recours qu'ils peuvent avoir contre quiconque pour la réparation du préjudice corporel résultant d'un acte pouvant constituer une infraction criminelle.

[1991, c. 64, a. 2905; 2013, c. 8, a. 6].

Note : Comp. a. 392.

▌ C.C.Q., 155 et s., 2904, 2925, 2926.1.

2905. Prescription does not run against a child yet unborn.

Nor does it run against a minor or a person of full age under curatorship or tutorship with respect to remedies they may have against their representative or against the person entrusted with their custody, or with respect to remedies they may have against any person for bodily injury resulting from an act which could constitute a criminal offence.

[1991, c. 64, a. 2905; 2013, c. 8, s. 6].

2906. La prescription ne court point entre les époux ou les conjoints unis civilement pendant la vie commune†.

[1991, c. 64, a. 2906; 2002, c. 6, a. 59].

▌ C.C.Q., 82, 392, 416, 417, 466, 521.1, 521.6.

2906. Married or civil union spouses do not prescribe against each other during cohabitation†.

[1991, c. 64, a. 2906; 2002, c. 6, s. 59].

2907. La prescription ne court pas contre l'héritier, à l'égard des créances qu'il a contre la succession.

[1991, c. 64, a. 2907].

▌ C.C.Q., 639, 738, 780.

2907. Prescription does not run against an heir with respect to his claims against the succession.

[1991, c. 64, a. 2907].

2908. La requête pour obtenir l'autorisation d'exercer un recours collectif suspend la prescription en faveur de tous les membres du groupe auquel elle profite ou, le cas échéant, en faveur du groupe que décrit le jugement qui fait droit à la requête.

Cette suspension dure tant que la requête n'est pas rejetée, annulée ou que le juge-

2908. A motion for leave to bring a class action suspends prescription in favour of all the members of the group for whose benefit it is made or, as the case may be, in favour of the group described in the judgment granting the motion.

The suspension lasts until the motion is dismissed or annulled or until the judg-

ment qui y fait droit n'est pas annulé; par contre, le membre qui demande à être exclu du recours, ou qui en est exclu par la description que fait du groupe le jugement qui autorise le recours, un jugement interlocutoire ou le jugement qui dispose du recours, cesse de profiter de la suspension de la prescription.

Toutefois, s'il s'agit d'un jugement, la prescription ne recommence à courir qu'au moment où le jugement n'est plus susceptible d'appel.

[1991, c. 64, a. 2908].

■ C.C.Q., 2892, 2897; C.P.C., 999 et s.

2909. La suspension de la prescription des créances solidaires et des créances indivisibles produit ses effets à l'égard des créanciers ou débiteurs et de leurs héritiers suivant les règles applicables à l'interruption de la prescription de ces mêmes créances.

[1991, c. 64, a. 2909].

■ C.C.Q., 1519 et s., 1523 et s., 2900-2903.

ment granting the motion is set aside; however, a member requesting to be excluded from the action or who is excluded therefrom by the description of the group made by the judgment on the motion, an interlocutory judgment or the judgment on the action ceases to benefit from the suspension of prescription.

In the case of a judgment, however, prescription runs again only when the judgment is no longer susceptible of appeal.

[1991, c. 64, a. 2908].

2909. Suspension of prescription of solidary claims and indivisible claims produces its effects with respect to creditors and debtors and their heirs in accordance with the rules applicable to interruption of prescription of such claims.

[1991, c. 64, a. 2909; I.N., 2014-05-01].

TITRE 2 ——
DE LA PRESCRIPTION ACQUISITIVE

Chapitre I ——
Des conditions d'exercice de la prescription acquisitive

2910. La prescription acquisitive est un moyen d'acquérir le droit de propriété ou l'un de ses démembrements, par l'effet de la possession.

[1991, c. 64, a. 2910].

■ C.C.Q., 916, 921-933, 947 et s., 1119-1211, 2875-2909, 2911, 2920.

2911. La prescription acquisitive requiert une possession conforme aux conditions établies au livre Des biens.

[1991, c. 64, a. 2911].

■ C.C.Q., 921-933.

TITLE 2 ——
ACQUISITIVE PRESCRIPTION

Chapter I ——
Conditions of acquisitive prescription

2910. Acquisitive prescription is a means of acquiring a right of ownership, or one of its dismemberments, through the effect of possession.

[1991, c. 64, a. 2910].

2911. Acquisitive prescription requires possession conforming to the conditions set out in the Book on Property.

[1991, c. 64, a. 2911; I.N., 2014-05-01].

2912. L'ayant cause à titre particulier peut, pour compléter la prescription, joindre à sa possession celle de ses auteurs.

L'ayant cause universel ou à titre universel continue la possession de son auteur.

[1991, c. 64, a. 2912].

▌C.C.Q., 925, 926.

2913. La détention ne peut fonder la prescription, même si elle se poursuit au-delà du terme convenu.

[1991, c. 64, a. 2913].

▌C.C.Q., 921, 923, 941, 942, 944-946, 2911, 2914.

2914. Un titre précaire peut être interverti au moyen d'un titre émanant d'un tiers ou d'un acte du détenteur inconciliable avec la précarité.

L'interversion rend la possession utile à la prescription, à compter du moment où le propriétaire a connaissance du nouveau titre ou de l'acte du détenteur.

[1991, c. 64, a. 2914].

▌C.C.Q., 2913, 2916.

2915. Les tiers peuvent prescrire contre le propriétaire durant le démembrement ou la précarité.

[1991, c. 64, a. 2915].

▌C.C.Q., 2910 et s.

2916. Le grevé et ses ayants cause universels ou à titre universel ne peuvent prescrire contre l'appelé avant l'ouverture de la substitution.

[1991, c. 64, a. 2916].

▌C.C.Q., 1218-1255, 2914.

2912. A successor by particular title may join to his possession that of his predecessors in order to complete prescription.

A successor by universal title or by general title continues the possession of his predecessor.

[1991, c. 64, a. 2912].

2913. Detention cannot serve as the basis for prescription, even if it extends beyond the term agreed upon.

[1991, c. 64, a. 2913; I.N., 2014-05-01].

2914. A precarious title may be interverted by a title originating from a third person or by an act performed by the holder which is incompatible with precarious holding.

Interversion renders the possession effective for prescription, from the time the owner learns of the new title or of the act of the holder.

[1991, c. 64, a. 2914; I.N., 2014-05-01].

2915. Third persons may prescribe against the owner of property during its dismemberment or when it is held precariously.

[1991, c. 64, a. 2915].

2916. The institute and his successors by universal title or by general title do not prescribe against the substitute before the opening of the substitution.

[1991, c. 64, a. 2916].

Chapitre II ——
Des délais de la prescription acquisitive

Chapter II ——
Periods of acquisitive prescription

2917. Le délai de prescription acquisitive est de dix ans, s'il n'est autrement fixé par la loi.

[1991, c. 64, a. 2917].

▌C.C.Q., 2918, 2919, 2920; D.T., 6, 143.

2917. The period for acquisitive prescription is 10 years, except as otherwise determined by law.

1991, c. 64, a. 2917; I.N., 2014-05-01].

2918. Celui qui, pendant dix ans, a possédé un immeuble à titre de propriétaire ne peut en acquérir la propriété qu'à la suite d'une demande en justice.

[1991, c. 64, a. 2918; 2000, c. 42, a. 10].

■ C.C.Q., 921 et s., 2910 et s.; D.T., 6, 143; C.P.C., 805, 806.

2919. Le possesseur de bonne foi d'un meuble en acquiert la propriété par trois ans à compter de la dépossession du propriétaire.

Tant que ce délai n'est pas expiré, le propriétaire peut revendiquer le meuble, à moins qu'il n'ait été acquis sous l'autorité de la justice.

[1991, c. 64, a. 2919].

■ C.C.Q., 912, 921 et s., 953, 932, 2805, 2880, 2910 et s., 2920; D.T., 6.

2920. Pour prescrire, il suffit que la bonne foi des tiers acquéreurs ait existé lors de l'acquisition, quand même leur possession utile n'aurait commencé que depuis cette date.

Il en est de même en cas de jonction des possessions, à l'égard de chaque acquéreur précédent.

[1991, c. 64, a. 2920].

■ C.C.Q., 921 et s., 932, 2805, 2880, 2910 et s., 2919.

2918. A person who has for ten years possessed an immovable as its owner may acquire the ownership of it only upon a judicial demand.

[1991, c. 64, a. 2918; 2000, c. 42, s. 10].

2919. The possessor in good faith of movable property acquires the ownership of it by three years running from the dispossession of the owner.

Until the expiry of that period, the owner may revendicate the movable property, unless it has been acquired under judicial authority.

[1991, c. 64, a. 2919].

2920. To prescribe, a subsequent acquirer need have been in good faith only at the time of the acquisition, even where his effective possession began only after that time.

The same applies where there is joinder of possession, with respect to each previous acquirer.

[1991, c. 64, a. 2920].

TITRE 3 ———
DE LA PRESCRIPTION EXTINCTIVE

TITLE 3 ———
EXTINCTIVE PRESCRIPTION

2921. La prescription extinctive est un moyen d'éteindre un droit par non-usage ou d'opposer une fin de non-recevoir à une action.

[1991, c. 64, a. 2921].

■ C.C.Q., 2875, 2922 et s.

2921. Extinctive prescription is a means of extinguishing a right owing to its non-use or of pleading a peremptory exception to an action.

1991, c. 64, a. 2921; I.N., 2014-05-01].

2922. Le délai de la prescription extinctive est de dix ans, s'il n'est autrement fixé par la loi.

[1991, c. 64, a. 2922].

■ C.C.Q., 2917, 2921 et s.; D.T., 6.

2922. The period for extinctive prescription is 10 years, except as otherwise determined by law.

[1991, c. 64, a. 2922; I.N., 2014-05-01].

2923. Les actions qui visent à faire valoir un droit réel immobilier se prescrivent par dix ans.

Toutefois, l'action qui vise à conserver ou obtenir la possession d'un immeuble doit être exercée dans l'année où survient le trouble ou la dépossession.

[1991, c. 64, a. 2923].

▌ C.C.Q., 900-904, 912, 929.

2923. Actions to enforce immovable real rights are prescribed by 10 years.

However, an action to retain or obtain possession of an immovable may be brought only within one year of the disturbance or dispossession.

[1991, c. 64, a. 2923; I.N., 2014-05-01].

2924. Le droit qui résulte d'un jugement se prescrit par dix ans s'il n'est pas exercé.

[1991, c. 64, a. 2924].

▌ C.C.Q., 2922.

2924. A right resulting from a judgment is prescribed by ten years if it is not exercised.

[1991, c. 64, a. 2924].

2925. L'action qui tend à faire valoir un droit personnel ou un droit réel mobilier et dont le délai de prescription n'est pas autrement fixé se prescrit par trois ans.

[1991, c. 64, a. 2925].

▌ C.C.Q., 905-907, 2884, 2921-2924, 2926.1, 2928-2930.

2925. An action to enforce a personal right or movable real right is prescribed by three years, if the prescriptive period is not otherwise determined.

[1991, c. 64, a. 2925; I.N., 2014-05-01].

2926. Lorsque le droit d'action résulte d'un préjudice moral, corporel ou matériel qui se manifeste graduellement ou tardivement, le délai court à compter du jour où il se manifeste pour la première fois.

[1991, c. 64, a. 2926].

▌ C.C.Q., 1457, 1458, 2880, 2926.1, 2929, 2930.

2926. Where the right of action arises from moral, bodily or material injury appearing progressively or tardily, the period runs from the day the injury appears for the first time.

[1991, c. 64, a. 2926; I.N., 2014-05-01].

2926.1. L'action en réparation† du préjudice corporel résultant d'un acte pouvant constituer une infraction criminelle se prescrit par 10 ans à compter du jour où la victime a connaissance que son préjudice est attribuable à cet acte. Ce délai est toutefois de 30 ans si le préjudice résulte d'une agression à caractère sexuel, de la violence subie pendant l'enfance, ou de la violence d'un conjoint ou d'un ancien conjoint.

En cas de décès de la victime ou de l'auteur de l'acte, le délai applicable, s'il n'est pas déjà écoulé, est ramené à trois ans et il court à compter du décès.

[2013, c. 8, a. 7].

▌ C.C.Q., 1457, 2880, 2904, 2905, 2925, 2930.

2926.1. An action in damages† for bodily injury resulting from an act which could constitute a criminal offence is prescribed by 10 years from the date the victim becomes aware that the injury suffered is attributable to that act. However, the prescriptive period is 30 years if the injury results from a sexual aggression, violent behaviour suffered during childhood, or the violent behaviour of a spouse or former spouse.

If the victim or the author of the act dies, the prescriptive period, if not already expired, is reduced to three years and runs from the date of death.

[2013, c. 8, s. 7].

2927. Le délai de prescription de l'action en nullité d'un contrat court à compter de la connaissance de la cause de nullité par celui qui l'invoque, ou à compter de la cessation de la violence ou de la crainte.

[1991, c. 64, a. 2927].

▌C.C.Q., 1385 et s., 1416 et s., 2880.

2928. La demande du conjoint survivant pour faire établir la prestation compensatoire se prescrit par un an à compter du décès de son conjoint.

[1991, c. 64, a. 2928].

▌C.C.Q., 427-430, 809; C.P.C., 827.1.

2929. L'action fondée sur une atteinte à la réputation se prescrit par un an, à compter du jour où la connaissance en fut acquise par la personne diffamée.

[1991, c. 64, a. 2929].

▌C.C.Q., 35, 2925, 2926.

2930. Malgré toute disposition contraire, lorsque l'action est fondée sur l'obligation de réparer le préjudice corporel causé à autrui, l'exigence de donner un avis préalablement à l'exercice d'une action, ou d'intenter celle-ci dans un délai inférieur à trois ans, 10 ans ou 30 ans, selon le cas, ne peut faire échec au délai de prescription prévu par le présent livre.

[1991, c. 64, a. 2930; 2013, c. 8, a. 8].

▌C.C.Q., 1457, 2925, 2926, 2926.1.

2931. Lorsque le contrat est à exécution successive, la prescription des paiements dus a lieu quoique les parties continuent d'exécuter l'une ou l'autre des obligations du contrat.

[1991, c. 64, a. 2931].

▌C.C.Q., 1383, 2932.

2932. Le délai de prescription de l'action en réduction d'une obligation qui s'exécute de manière successive, que cette obligation résulte d'un contrat, de la loi ou d'un jugement, court à compter du jour où l'obligation est devenue exigible.

[1991, c. 64, a. 2932].

▌C.C.Q., 1383, 1604, 2880, 2931.

2927. The prescriptive period for an action in nullity of contract runs from the day the person invoking the cause of nullity becomes aware of such cause or, in the case of violence or fear, from the day it ceases.

[1991, c. 64, a. 2927; I.N., 2014-05-01].

2928. An application by a surviving spouse to have the compensatory allowance determined is prescribed by one year from the death of his spouse.

[1991, c. 64, a. 2928; I.N., 2014-05-01].

2929. An action for defamation is prescribed by one year from the day on which the defamed person learned of the defamation.

[1991, c. 64, a. 2929].

2930. Notwithstanding any provision to the contrary, where an action is based on the obligation to make reparation for bodily injury caused to another, the requirement that notice be given prior to bringing the action or that the action be instituted within a period of less than 3 years, 10 years or 30 years, as the case may be, cannot affect a prescriptive period provided for in this Book.

[1991, c. 64, a. 2930; 2013, c. 8, s. 8].

2931. In the case of a contract of successive performance, prescription runs with respect to payments due, even though the parties continue to perform one or another of their obligations under the contract.

[1991, c. 64, a. 2931; I.N., 2014-05-01].

2932. The prescriptive period for an action to reduce an obligation that is performed successively runs from the day the obligation becomes due, whether the obligation arises from a contract, the law or a judgment.

[1991, c. 64, a. 2932; I.N., 2014-05-01].

2933. Le détenteur ne peut se libérer par prescription de la prestation attachée à sa détention, mais la quotité et les arrérages en sont prescriptibles.

[1991, c. 64, a. 2933].

∎ C.C.Q., 921.

2933. No holder may be released by prescription from the prestation attached to his detention; however, its extent may be prescribed, as may the arrears.

[1991, c. 64, a. 2933; I.N., 2014-05-01].

LIVRE 9 ——
DE LA PUBLICITÉ DES DROITS

BOOK 9 ——
PUBLICATION OF RIGHTS

TITRE 1 ——
DU DOMAINE† DE LA PUBLICITÉ

TITLE 1 ——
NATURE† AND SCOPE OF PUBLICATION

Chapitre I ——
Dispositions générales

Chapter I ——
General provisions

2934. La publicité des droits résulte de l'inscription qui en est faite sur le registre des droits personnels et réels mobiliers ou sur le registre foncier, à moins que la loi ne permette expressément un autre mode.

L'inscription profite aux personnes dont les droits sont ainsi rendus publics.

[1991, c. 64, a. 2934].

∎ C.C.Q., 2703, 2941, 2972, 2980.

2934. The publication of rights is effected by their registration in the register of personal and movable real rights or in the land register, unless some other mode is expressly permitted by law.

Registration benefits the persons whose rights are thereby published.

[1991, c. 64, a. 2934].

2934.1. L'inscription des droits sur le registre foncier consiste à indiquer sommairement la nature du document présenté à l'officier de la publicité des droits et à faire référence à la réquisition en vertu de laquelle elle est faite.

Cette inscription ne vaut que pour les droits soumis ou admis à la publicité qui sont mentionnés dans la réquisition ou, lorsque celle-ci prend la forme d'un sommaire, dans le document qui l'accompagne.

[2000, c. 42, a. 11].

∎ C.C.Q., 2663, 2941, 2972.

2934.1. The registration of rights in the land register is effected by indicating summarily the nature of the document presented to the registrar and making a reference to the application pursuant to which registration is effected.

The registration is valid only for the rights requiring or admissible for publication that are mentioned in the application, or where the application is in the form of a summary, in the accompanying document.

[2000, c. 42, s. 11].

2935. La publication d'un droit peut être requise par toute personne, même mineure ou placée sous un régime de protection, pour elle-même ou pour une autre.

[1991, c. 64, a. 2935].

∎ C.C.Q., 2964.

2935. Any person, even a minor or a protected person, may request the publication of a right, on his own behalf or on behalf of another.

[1991, c. 64, a. 2935].

2936. Toute renonciation ou restriction au droit de publier un droit soumis ou admis à la publicité, ainsi que toute clause pénale qui s'y rapporte, sont sans effet.

[1991, c. 64, a. 2936].

❚ C.C.Q., 1622, 1852, 2938, 2940, 2966.

2936. Any renunciation or restriction of the right to publish a right which shall or may be published, as well as any penal clause relating thereto, is without effect.

[1991, c. 64, a. 2936].

2937. La publicité d'un droit peut être renouvelée à la demande de toute personne intéressée.

[1991, c. 64, a. 2937].

❚ C.C.Q., 2942, 3014.

2937. Publication of a right may be renewed at the request of any interested person.

[1991, c. 64, a. 2937].

Chapitre II ——
Des droits soumis ou admis à la publicité

Chapter II ——
Rights requiring or admissible for publication

2938. Sont soumises à la publicité, l'acquisition, la constitution, la reconnaissance, la modification, la transmission et l'extinction d'un droit réel immobilier.

Le sont aussi la renonciation à une succession, à un legs, à une communauté de biens, au partage de la valeur des acquêts ou du patrimoine familial, ainsi que le jugement qui annule la renonciation.

Les autres droits personnels et les droits réels mobiliers sont soumis à la publicité dans la mesure où la loi prescrit ou autorise expressément leur publication. La modification ou l'extinction d'un droit ainsi publié est soumise à la publicité.

[1991, c. 64, a. 2938].

❚ C.C.Q., 423, 469, 795, 1455, 2885, 2948, 2970; D.T., 163.

2938. The acquisition, creation, recognition, modification, transmission or extinction of an immovable real right requires publication.

Renunciation of a succession, legacy, community of property, partition of the value of acquests or of the family patrimony, and the judgment annulling renunciation, also require publication.

Other personal rights and movable real rights require publication to the extent prescribed or expressly authorized by law. Modification or extinction of a published right shall also be published.

[1991, c. 64, a. 2938].

2939. Les restrictions au droit de disposer qui ne sont pas purement personnelles, ainsi que les droits de résolution, de résiliation ou d'extinction éventuelle d'un droit soumis ou admis à la publicité, sont aussi soumises ou admises à la publicité, de même que la cession ou la transmission de ces droits.

[1991, c. 64, a. 2939].

❚ C.C.Q., 1214, 1218.

2939. Restrictions on the right to dispose of property, other than purely personal restrictions, as well as clauses of resolution, resiliation or eventual extinction of a right which shall or may be published, and any transfer or transmission of such rights, also shall or may be published.

[1991, c. 64, a. 2939; 1992, c. 57, s. 716; I.N., 2014-05-01].

2940. Les transferts d'autorité relatifs à des immeubles par le gouvernement du Québec en faveur du gouvernement du Ca-

2940. Transfers of authority over immovables between the governments of Québec and Canada may be published.

nada, et inversement, sont admis à la publicité.

Il en est de même des transferts d'autorité par le gouvernement du Canada ou par le gouvernement du Québec en faveur de personnes morales de droit public, et inversement.

Transfers of authority between the government of Canada or of Québec and legal persons established in the public interest may also be published.

L'inscription du transfert s'obtient par la présentation d'un avis qui désigne l'immeuble visé, précise l'étendue de l'autorité transférée, ainsi que la durée du transfert, et qui indique la loi en vertu de laquelle le transfert est fait.

[1991, c. 64, a. 2940].

Registration of a transfer is obtained by filing a notice describing the immovable to be transferred and specifying the extent of the authority transferred, the term of the transfer and under which Act it is made.

[1991, c. 64, a. 2940; I.N., 2014-05-01].

∎ C.C.Q., 2938.

TITRE 2 ━━━
DES EFFETS DE LA PUBLICITÉ

TITLE 2 ━━━
EFFECTS OF PUBLICATION

Chapitre I ━━━
De l'opposabilité

Chapter I ━━━
Setting up of rights

2941. La publicité des droits les rend opposables aux tiers, établit leur rang et, lorsque la loi le prévoit, leur donne effet.

2941. Publication of rights allows them to be set up against third persons, establishes their rank and, where the law so provides, gives them effect.

Entre les parties, les droits produisent leurs effets, encore qu'ils ne soient pas publiés, sauf disposition expresse de la loi.

[1991, c. 64, a. 2941].

Rights produce their effects between the parties even before publication, unless the law expressly provides otherwise.

[1991, c. 64, a. 2941].

∎ C.C.Q., 2663, 2945, 2970; D.T., 157-160.

2942. Le renouvellement de la publicité d'un droit se fait par avis, de la manière prescrite par les règlements pris en application du présent livre; ce renouvellement conserve à ce droit son caractère d'opposabilité à son rang initial.

[1991, c. 64, a. 2942].

2942. The publication of a right is renewed by notice, in the manner prescribed in the regulations under this Book; such renewal preserves the opposability of the right at its initial rank.

[1991, c. 64, a. 2942; I.N., 2014-05-01].

∎ C.C.Q., 2798, 2937, 2953, 3014, 3024; D.T., 157.

2943. Un droit inscrit sur les registres à l'égard d'un bien est présumé connu de celui qui acquiert ou publie un droit sur le même bien.

2943. A right registered in a register in regard to property is presumed known to any person acquiring or publishing a right in the same property.

La personne qui s'abstient de consulter le registre approprié et, dans le cas d'un droit inscrit sur le registre foncier, la réquisition à laquelle il est fait référence dans l'inscription, ainsi que le document qui l'accompagne lorsque cette réquisition prend la forme d'un sommaire, ne peut repousser cette présomption en invoquant sa bonne foi.

[1991, c. 64, a. 2943; 2000, c. 42, a. 13].

A person who does not consult the appropriate register or, in the case of a right registered in the land register, the application to which the registration refers, as well as the accompanying document if the application is in the form of a summary, may not invoke good faith to rebut the presumption.

[1991, c. 64, a. 2943; 2000, c. 42, s. 13; I.N., 2014-05-01].

2943.1. L'inscription sur le registre foncier d'un droit réel établi par une convention ou d'une convention afférente à un droit réel ne prend effet qu'à compter de l'inscription du titre du constituant ou du dernier titulaire du droit visé.

Cette règle ne s'applique ni aux cas où le droit du constituant ou du dernier titulaire a été acquis sans titre, notamment par accession naturelle, ni à ceux où le titre visé est un titre originaire de l'État.

[2000, c. 42, a. 14].

■ C.C.Q., 2941, 2972.

2943.1. The registration in the land register of a real right established by agreement or of an agreement concerning a real right takes effect only from the registration of the title of the grantor or last holder of the right.

This rule does not apply where the right of the grantor or last holder was acquired without a title, in particular by natural accession, or where the title concerned is an original title of the State.

[2000, c. 42, s. 14].

2944. L'inscription d'un droit sur le registre des droits personnels et réels mobiliers ou sur le registre foncier emporte, à l'égard de tous, présomption simple de l'existence de ce droit.

[1991, c. 64, a. 2944; 2000, c. 42, a. 15].

■ C.C.Q., 2847, 2943, 2970.

2944. Registration of a right in the register of personal and movable real rights or the land register entails, as against all persons, a simple presumption of the existence of that right.

[1991, c. 64, a. 2944; 2000, c. 42, s. 15; I.N., 2014-05-01].

Chapitre II ——
Du rang des droits

Chapter II ——
Ranking of rights

2945. À moins que la loi n'en dispose autrement, les droits prennent rang suivant la date, l'heure et la minute inscrites sur le bordereau de présentation ou, si la réquisition qui les concerne est présentée au registre foncier, dans le livre de présentation, pourvu que les inscriptions soient faites sur les registres appropriés.

Lorsque la loi autorise ce mode de publicité, les droits prennent rang suivant le

2945. Unless otherwise provided by law, rights rank according to the date, hour and minute entered on the memorial of presentation or, if the application concerning them is presented for registration in the land register, entered in the book of presentation, provided that the entries have been made in the appropriate registers.

Where publication by delivery is authorized by law, rights rank according to the

moment de la remise du bien ou du titre au créancier.

[1991, c. 64, a. 2945; 2000, c. 42, a. 16].

▮ C.C.Q., 2946.

2946. De deux acquéreurs d'un immeuble qui tiennent leur titre du même auteur, le droit est acquis à celui qui, le premier, publie son droit.

[1991, c. 64, a. 2946].

▮ C.C.Q., 2947.

2947. Lorsque des inscriptions concernant le même bien et des droits de même nature sont requises en même temps, les droits viennent en concurrence.

[1991, c. 64, a. 2947].

▮ C.C.Q., 2952, 2953.

2948. L'hypothèque immobilière ne prend rang qu'à compter de l'inscription du titre du constituant, mais après l'hypothèque du vendeur créée dans l'acte d'acquisition du constituant.

Si plusieurs hypothèques ont été inscrites avant le titre du constituant, elles prennent rang suivant l'ordre de leur inscription respective.

[1991, c. 64, a. 2948].

▮ C.C.Q., 1743, 2954.

2949. L'hypothèque qui grève une universalité d'immeubles ne prend rang, à l'égard de chaque immeuble, qu'à compter de l'inscription de l'hypothèque sur chacun d'eux.

L'inscription de l'hypothèque sur les immeubles acquis postérieurement s'obtient par la présentation d'un avis désignant l'immeuble acquis, faisant référence à l'acte constitutif d'hypothèque et indiquant la somme déterminée pour laquelle cette hypothèque a été consentie.

Toutefois, si l'hypothèque n'a pas été publiée dans le livre foncier de la circonscription foncière où se trouve l'immeuble acquis postérieurement, l'inscription de l'hypothèque s'obtient par le moyen d'un

time at which the property or title is delivered to the creditor.

[1991, c. 64, a. 2945; 2000, c. 42, s. 16; I.N., 2014-05-01].

2946. Where two acquirers of an immovable hold their title from the same predecessor in title, the right is acquired by the acquirer who first publishes his right.

[1991, c. 64, a. 2946].

2947. Where several registrations concerning the same property and rights of the same nature are requested at the same time, the rights rank concurrently.

[1991, c. 64, a. 2947].

2948. An immovable hypothec ranks only from registration of the grantor's title, but after the seller's hypothec created in the grantor's act of acquisition.

If several hypothecs have been registered before the grantor's title, they rank in the order of their respective registrations.

[1991, c. 64, a. 2948; I.N., 2014-05-01].

2949. A hypothec charging a universality of immovables ranks, with respect to each immovable, only from the time of registration of the hypothec against each.

Registration of a hypothec against immovables acquired subsequently is obtained by presenting a notice containing the description of the immovable acquired and a reference to the act constituting the hypothec, and setting forth the specific sum for which the hypothec was granted.

However, if the hypothec was not published in the land book for the registration division in which the immovable acquired subsequently is located, its registration is obtained by means of a summary of the act

sommaire de l'acte constitutif, qui contient la désignation de l'immeuble acquis.

[1991, c. 64, a. 2949; 2000, c. 42, a. 17].

▮ C.C.Q., 2684, 2753.

2950. L'hypothèque qui grève une universalité de meubles ne prend rang, à l'égard de chaque meuble composant l'universalité, qu'à compter de l'inscription qui en est faite sur le registre, sous la désignation du constituant et sous l'indication de la nature de l'universalité.

[1991, c. 64, a. 2950].

▮ C.C.Q., 2665, 2674, 2675.

2951. L'hypothèque qui grevait un meuble incorporé ultérieurement à un immeuble et devenue immobilière ne peut être opposée aux tiers qu'à compter de son inscription sur le registre foncier.

Entre l'hypothèque qui grevait un meuble ultérieurement incorporé à un immeuble et l'hypothèque immobilière qui concerne le même immeuble, la priorité de rang est acquise à la première hypothèque inscrite sur le registre foncier.

L'inscription sur le registre foncier de l'hypothèque qui grevait le meuble s'obtient par la présentation d'un avis désignant l'immeuble visé, faisant référence à l'acte constitutif d'hypothèque, à l'inscription de celle-ci sur le registre des droits personnels et réels mobiliers et indiquant la somme déterminée pour laquelle cette hypothèque a été consentie.

[1991, c. 64, a. 2951].

▮ C.C.Q., 2796.

2952. Les hypothèques légales en faveur des personnes qui ont participé à la construction ou à la rénovation d'un immeuble prennent rang avant toute autre hypothèque publiée, pour la plus-value apportée à l'immeuble; entre elles, ces hypothèques viennent en concurrence, proportionnellement à la valeur de chacune des créances.

[1991, c. 64, a. 2952].

▮ C.C.Q., 2724, 2726-2728, 2947, 3061; C.P.C., 721.

constituting the hypothec, containing the description of the acquired immovable.

[1991, c. 64, a. 2949; 2000, c. 42, s. 17; I.N., 2014-05-01].

2950. A hypothec charging a universality of movables ranks, with respect to each movable included in the universality, only from registration thereof in the register, under the description of the grantor and under the indication of the nature of the universality.

[1991, c. 64, a. 2950; I.N., 2014-05-01].

2951. A hypothec that charged a movable subsequently incorporated into an immovable and that has become an immovable hypothec, may not be set up against third persons before its registration in the land register.

Between the hypothec that charged the movable subsequently incorporated into the immovable and the immovable hypothec concerning that immovable, the first of the hypothecs to be registered in the land register has priority of rank.

Registration in the land register of the hypothec that charged the movable is obtained by presenting a notice containing the description of the immovable concerned, a reference to the act constituting the hypothec and its registration in the register of personal and movable real rights, and setting forth the specific sum for which the hypothec was granted.

[1991, c. 64, a. 2951; I.N., 2014-05-01].

2952. Legal hypothecs in favour of persons having taken part in the construction or renovation of an immovable are ranked before any other published hypothec, for the increase in value given to the immovable; such hypothecs rank concurrently among themselves, in proportion to the value of each claim.

[1991, c. 64, a. 2952; I.N., 2014-05-01].

2953. Les hypothèques grevant des meubles qui ont été transformés, mélangés ou unis, de telle sorte qu'un meuble nouveau en est résulté, prennent le rang de la première hypothèque qui a été publiée sur l'un des biens qui ont servi à former le meuble nouveau, pourvu que la publicité de l'hypothèque grevant le meuble qui a été transformé, mélangé ou uni ait été renouvelée sur le meuble nouveau; ces hypothèques viennent alors en concurrence, proportionnellement à la valeur respective des meubles ainsi transformés, mélangés ou unis.

[1991, c. 64, a. 2953].

▌ C.C.Q., 2673.

2953. Hypothecs that charge movables that have been transformed, mixed or combined so as to form a new movable take the rank of the first hypothec published against any property having served to form the new movable, provided that the registration of the hypothec charging the movable that was transformed, mixed or combined has been renewed against the new movable; if that is the case, the hypothecs rank concurrently, in proportion to the value of each movable thus transformed, mixed or combined.

[1991, c. 64, a. 2953; 2002, c. 19, s. 15; I.N., 2014-05-01].

2954. L'hypothèque mobilière qui, au moment où elle a été acquise, l'a été sur le meuble d'autrui ou sur un meuble à venir, prend rang à compter du moment où elle a été publiée, mais, le cas échéant, après l'hypothèque du vendeur créée dans l'acte d'acquisition du constituant si cette hypothèque est publiée dans les quinze jours de la vente.

[1991, c. 64, a. 2954].

▌ C.C.Q., 2670.

2954. A movable hypothec acquired on the movable of another or on a future movable ranks from the time of its registration but after the seller's hypothec, if any, created in the grantor's act of acquisition, provided that hypothec is published within 15 days after the sale.

[1991, c. 64, a. 2954; I.N., 2014-05-01].

2955. L'inscription de l'avis de clôture détermine le rang de l'hypothèque ouverte.

Si plusieurs hypothèques ouvertes ont fait l'objet d'un avis de clôture, elles prennent rang suivant leur inscription respective, sans égard à l'inscription des avis de clôture.

[1991, c. 64, a. 2955].

▌ C.C.Q., 2715-2723.

2955. Registration of the notice of crystallization determines the rank of a floating hypothec.

If several floating hypothecs are the subject of notices of crystallization, they rank among themselves from their respective registrations, regardless of the registration of the notices of crystallization.

[1991, c. 64, a. 2955].

2956. La cession de rang entre créanciers hypothécaires doit être publiée.

Lorsqu'elle a lieu, une interversion s'opère entre les créanciers dans la mesure de leurs créances respectives, mais de manière à ne pas nuire aux créanciers intermédiaires, s'il s'en trouve.

[1991, c. 64, a. 2956].

▌ C.C.Q., 1646.

2956. Cession of rank between hypothecary creditors shall be published.

Where it occurs, the rank of the creditors is interverted to the extent of their respective claims, but in such a manner as not to prejudice any intermediate creditors.

[1991, c. 64, a. 2956; I.N., 2014-05-01].

Chapitre III ——
De certains autres effets

Chapter III ——
Other effects

2957. La publicité n'interrompt pas le cours de la prescription.

[1991, c. 64, a. 2957; 2000, c. 42, a. 18].

▌ C.C.Q., 2918, 2944.

2957. Publication does not interrupt prescription.

[1991, c. 64, a. 2957; 2000, c. 42, s. 18].

2958. Le créancier qui saisit un immeuble ne peut se voir opposer les droits publiés après l'inscription du procès-verbal de saisie, pourvu que celle-ci soit suivie d'une vente en justice.

[1991, c. 64, a. 2958].

▌ C.P.C., 660-732.

2958. Rights published after the registration of the minutes of the creditor's seizure of an immovable may not be set up against that creditor, provided the seizure is followed by a judicial sale.

[1991, c. 64, a. 2958].

2959. L'inscription d'une hypothèque conserve au créancier, au même rang que le capital, les intérêts échus de l'année courante et des trois années précédentes.

De même, l'inscription d'un droit de rente conserve au crédirentier, au même rang que la prestation, les redevances de l'année courante et les arrérages des trois années précédentes.

[1991, c. 64, a. 2959].

▌ C.C.Q., 1565, 2667, 2960.

2959. Registration of a hypothec preserves, in favour of the creditor, the same rank for the interest due for the current year and the three preceding years as for the capital.

Similarly, the registration of an annuity preserves, in favour of the annuitant, the same rank for the periodic payments for the current year and the arrears for the three preceding years as for the prestation.

[1991, c. 64, a. 2959].

2960. Le créancier ou le crédirentier n'a d'hypothèque pour le surplus des intérêts échus ou des arrérages de rente, qu'à compter de l'inscription d'un avis indiquant le montant réclamé.

Néanmoins, les intérêts échus ou les arrérages dus lors de l'inscription de l'hypothèque ou de la rente et dont le montant est indiqué dans la réquisition sont conservés par cette inscription.

[1991, c. 64, a. 2960].

▌ C.C.Q., 2959.

2960. The creditor or annuitant has a hypothec for the surplus of interest due or arrears of annuity only from the time of registration of a notice setting forth the amount claimed.

However, interest due or arrears owing at the time of registration of the hypothec or annuity are preserved by the registration if the amount is stated in the application.

[1991, c. 64, a. 2960].

2961. La substitution n'a d'effet, à l'égard des biens acquis en remploi de biens substitués, que s'il en est fait mention dans l'acte d'acquisition et que cette substitution est publiée.

La publicité de la substitution ne porte pas

2961. Substitution has no effect with respect to property acquired in replacement of substituted property unless the substitution is mentioned in the act of acquisition and is published.

Publication of the substitution does not af-

atteinte aux droits des tiers qui ont déjà publié les droits qu'ils tiennent du grevé en vertu d'un acte à titre onéreux.

[1991, c. 64, a. 2961].

∎ C.C.Q., 1218-1255.

2961.1. L'inscription de réserves de propriété, de facultés de rachat ou de leur cession consenties entre des personnes qui exploitent une entreprise, lorsqu'elle porte sur l'universalité des biens meubles d'une même nature susceptibles d'être l'objet de ventes ou de cessions entre ces personnes dans le cours de leurs activités, conserve au vendeur ou au cessionnaire tous ses droits, non seulement sur ces biens, mais aussi sur tous les biens de même nature qui font l'objet, entre ces mêmes personnes, de réserves, de facultés ou de cessions consenties postérieurement à l'inscription. Toutefois, ces réserves, facultés ou cessions ne sont pas opposables au tiers qui acquiert l'un de ces biens dans le cours des activités de l'entreprise de son vendeur.

L'inscription vaut pour une période de dix ans; elle peut néanmoins valoir pour une période plus longue si elle est renouvelée.

Ces règles sont également applicables à l'inscription de droits de propriété résultant de crédits-bails, de droits résultant de baux de plus d'un an ou de leur cession consentis entre des personnes qui exploitent une entreprise, lorsque l'inscription porte sur une universalité de biens meubles d'une même nature susceptibles d'être l'objet de tels contrats entre ces personnes dans le cours de leurs activités.

[1998, c. 5, a. 13].

fect the rights of third persons who have already published the rights they derive from the institute under an act by onerous title.

[1991, c. 64, a. 2961; I.N., 2014-05-01].

2961.1. The registration of reservations of ownership or rights of redemption, or of any transfer thereof, where it concerns a universality composed of movable property that is of the same kind and that may be sold or transferred in the ordinary course of business between persons carrying on enterprises, preserves all the rights of the seller or transferee not only in that property but also in any property of the same kind for which reservations of ownership, rights of redemption or transfers between those persons are granted subsequent to the registration. However, such reservations, rights or transfers may not be set up against a third person who acquires any such property in the ordinary course of business of the seller's enterprise.

The registration is effective for a period of 10 years; the period may be extended if the registration is renewed.

These rules also apply to the registration of rights of ownership under leasing contracts and of rights under leases with a term of more than one year, or of any transfer thereof, where the registration concerns a universality composed of movable property that is of the same kind and that may be the subject of such contracts in the ordinary course of business between persons carrying on enterprises.

[1998, c. 5, s. 13; I.N., 2014-05-01].

Chapitre IV ——— De la protection des tiers de bonne foi

2962. (*Abrogé*).

[2000, c. 42, a. 19].

∎ C.C.Q., 2943, 2944, 3075.

Chapter IV ——— Protection of third persons in good faith

2962. (*Repealed*).

[2000, c. 42, s. 19].

2963. L'avis donné ou la connaissance acquise d'un droit non publié ne supplée jamais le défaut de publicité.

[1991, c. 64, a. 2963].

■ C.C.Q., 2934, 2958.

2963. Notice given or knowledge acquired of a right that has not been published never compensates for the absence of publication.

[1991, c. 64, a. 2963; I.N., 2014-05-01].

2964. Le défaut de publicité peut être opposé par tout intéressé à toute personne, même mineure ou placée sous un régime de protection, ainsi qu'à l'État.

[1991, c. 64, a. 2964].

■ C.C.Q., 2935.

2964. Absence of publication may be set up by any interested person against any person, even a minor or a protected person, and against the State.

[1991, c. 64, a. 2964].

2965. Tout intéressé peut demander au tribunal, en cas d'erreur, de faire rectifier ou radier une inscription.

[1991, c. 64, a. 2965].

■ C.C.Q., 3016.

2965. Every interested person may apply to the court, in cases of error, to obtain the correction or cancellation of a registered entry.

[1991, c. 64, a. 2965].

Chapitre V ——
De la préinscription

Chapter V ——
Advance registration

2966. Toute demande en justice qui concerne un droit réel soumis ou admis à l'inscription sur le registre foncier, peut, au moyen d'un avis, faire l'objet d'une préinscription.

La demande en justice qui concerne un droit réel mobilier qui a été inscrit sur le registre des droits personnels et réels mobiliers, peut aussi, au moyen d'un avis, faire l'objet d'une préinscription.

[1991, c. 64, a. 2966].

■ C.C.Q., 2968.

2966. Any judicial demand concerning a real right which shall or may be published in the land register may, by means of a notice, be the subject of an advance registration.

A judicial demand concerning a movable real right entered in the register of personal and movable real rights may also, by means of a notice, be the subject of an advance registration.

[1991, c. 64, a. 2966].

2967. Lorsque, par suite du recel, de la suppression ou de la contestation d'un testament, ou à cause de tout autre obstacle, une personne se trouve, sans sa faute, hors d'état de publier un droit résultant de ce testament, elle peut, pour conserver ce droit, procéder, dans l'année qui suit le décès, à la préinscription du droit auquel elle prétend par la présentation d'un avis.

[1991, c. 64, a. 2967].

■ C.C.Q., 767, 774, 2968.

2967. Where a person is, through no fault of his own, prevented from publishing a right arising from a will by reason of the concealment, destruction or contestation of the will or of any other obstacle, he may, to preserve that right, make an advance registration of the right he claims by presenting a notice within one year after the testator's death.

[1991, c. 64, a. 2967].

2968. Sont réputés publiés à compter de la préinscription les droits qui font l'objet du jugement ou de la transaction qui met fin à l'action, pourvu qu'ils soient publiés dans les trente jours qui suivent celui où le jugement est passé en force de chose jugée ou celui de la transaction.

Sont aussi réputés publiés depuis la préinscription les droits résultant d'un testament que l'on était empêché de publier, pourvu que le testament soit publié dans les trente jours qui suivent celui où l'obstacle a cessé, ou encore celui où il a été obtenu ou vérifié, et, au plus tard, dans les trois ans de l'ouverture de la succession.

[1991, c. 64, a. 2968].

■ C.C.Q., 2966.

2968. Rights which are the object of a judgment or transaction terminating an action are deemed published from the time of their advance registration, provided they are published within 30 days after the judgment acquires the authority of a final judgment (*res judicata*) or the transaction takes place.

Rights under a will that was prevented from being published are also deemed published from the time of their advance registration, provided the will is published within 30 days after the obstacle has ceased or after the will is obtained or probated, and at the latest within three years from the opening of the succession.

[1991, c. 64, a. 2968; I.N., 2014-05-01].

TITRE 3 ——
DES MODALITÉS† DE LA PUBLICITÉ

Chapitre I ——
Des registres où sont inscrits les droits

SECTION I ——
DISPOSITIONS GÉNÉRALES

TITLE 3 ——
FORMALITIES† OF PUBLICATION

Chapter I ——
Registers of rights

SECTION I ——
GENERAL PROVISIONS

2969. Il est tenu, au Bureau de la publicité foncière, un registre foncier et un registre des mentions, de même que tout autre registre dont la tenue est prescrite par la loi ou par les règlements pris en application du présent livre.

Il est aussi tenu, au Bureau de la publicité des droits personnels et réels mobiliers, un registre des droits personnels et réels mobiliers.

L'Officier de la publicité foncière et l'Officier de la publicité des droits personnels et réels mobiliers sont respectivement chargés de la tenue de ces registres.

[1991, c. 64, a. 2969; 1998, c. 5, a. 14; 2000, c. 42, a. 20].

■ C.C.Q., 2970.

2969. A land register and a register of mentions are kept in the Land Registry Office, together with any other register the keeping of which is prescribed by law or by the regulations under this Book.

In addition, a register of personal and movable real rights is kept in the Personal and Movable Real Rights Registry Office.

The Land Registrar and the Personal and Movable Real Rights Registrar are charged, respectively, with keeping such registers.

[1991, c. 64, a. 2969; 1998, c. 5, s. 14; 2000, c. 42, s. 20].

2970. La publicité des droits qui concernent un immeuble se fait au registre foncier, dans le livre foncier de la circonscription foncière dans laquelle est situé l'immeuble.

La publicité des droits qui concernent un meuble et celle de tout autre droit s'opère par l'inscription du droit sur le registre des droits personnels et réels mobiliers; si le droit réel mobilier porte aussi sur un immeuble, l'inscription doit également être faite sur le registre foncier suivant les normes applicables à ce registre et déterminées par le présent livre ou par les règlements pris en application du présent livre.

[1991, c. 64, a. 2970; 2000, c. 42, a. 21].

▮ C.C.Q., 795, 2982, 2983.

2971. Les registres et les autres documents conservés dans les bureaux de la publicité des droits à des fins de publicité sont des documents publics; les règlements pris en application du présent livre prévoient les modalités de consultation de ces documents.

[1991, c. 64, a. 2971; 2000, c. 42, a. 22].

▮ C.C.Q., 3018, 3019.

2971.1. Nul ne peut utiliser les renseignements figurant sur les registres et autres documents conservés dans les bureaux de la publicité des droits de manière à porter atteinte à la réputation ou à la vie privée d'une personne désignée dans ces registres et documents.

[1998, c. 5, a. 15; 2000, c. 42, a. 23].

SECTION II —
DU REGISTRE FONCIER

2972. Le registre foncier est constitué d'autant de livres fonciers qu'il y a de circonscriptions foncières au Québec.

Chaque livre foncier est constitué à son tour d'un index des immeubles, d'un registre des droits réels d'exploitation de ressources de l'État, d'un registre des réseaux de services publics et des immeubles situés en territoire non cadastré et d'un index des noms. L'index des noms renferme

2970. Publication of rights concerning an immovable is made in the land register, in the land book for the registration division in which the immovable is situated.

Rights concerning a movable and any other rights are published by registration in the register of personal and movable real rights; if the movable real right also pertains to an immovable, registration shall also be made in the land register in accordance with the standards applicable to that register and determined by this Book or by the regulations under this Book.

[1991, c. 64, a. 2970; 2000, c. 42, s. 21].

2971. The registers and other documents kept for publication purposes in registry offices are public documents; the consultation procedure is prescribed by the regulations under this Book.

[1991, c. 64, a. 2971; 2000, c. 42, s. 22].

2971.1. No one may use the information contained in the registers and other documents kept in registry offices in such a manner as to injure the reputation or invade the privacy of a person identified in such a register or document.

[1998, c. 5, s. 15; 2000, c. 42, s. 23; I.N., 2014-05-01].

SECTION II —
LAND REGISTER

2972. The land register contains one land book for each registration division in Québec.

Each land book contains an index of immovables, a register of real rights of State resource development, a register of public service networks and immovables situated in territory without a cadastral survey and an index of names. The index of names comprises all the entries that cannot be

toutes les inscriptions qui ne peuvent être faites dans l'index des immeubles ou les autres registres tenus par l'Officier de la publicité foncière.

[1991, c. 64, a. 2972; 2000, c. 42, a. 24].

made in the index of immovables or the other registers kept by the Land Registrar.

[1991, c. 64, a. 2972; 2000, c. 42, s. 24].

2972.1. L'index des immeubles comprend autant de fiches immobilières qu'il y a d'immeubles immatriculés sur le plan cadastral afférent à la circonscription foncière.

[2000, c. 42, a. 24].

2972.1. The index of immovables contains one land file for each immatriculated immovable on the cadastral plan for the registration division.

[2000, c. 42, s. 24].

2972.2. Le registre des droits réels d'exploitation de ressources de l'État comprend autant de fiches immobilières établies sous un numéro d'ordre qu'il y a de tels droits réels dont l'assiette n'est pas immatriculée dans la circonscription foncière.

2972.2. The register of real rights of State resource development contains one land file, opened under a serial number, for each such real right in the registration division the *situs* of which is not immatriculated.

Le registre des réseaux de services publics et des immeubles situés en territoire non cadastré comprend, de même, autant de fiches immobilières établies sous un numéro d'ordre qu'il y a de tels réseaux ou immeubles non immatriculés dans la circonscription foncière, même si ces réseaux ou immeubles appartiennent à un même propriétaire.

The register of public service networks and immovables situated in territory without a cadastral survey contains one land file, opened under a serial number, for each such non-immatriculated network or immovable in the registration division, even if two or more networks or immovables belong to the same owner.

Un répertoire des titulaires de droits réels complète ces deux registres.

[2000, c. 42, a. 24].

A directory of real right holders completes the two registers.

[2000, c. 42, s. 24; I.N., 2014-05-01].

2972.3. Les fiches immobilières relatives à des immeubles, droits ou réseaux situés dans un territoire non cadastré et, lorsque la loi le permet, en territoire cadastré, sont établies de la manière prévue par règlement.

[2000, c. 42, a. 24].

2972.3. Land files relating to immovables, rights or networks situated in territory without a cadastral survey and, where permitted by law, in territory with a cadastral survey, are opened in the manner prescribed in the regulations.

[2000, c. 42, s. 24].

2972.4. Chaque fiche immobilière comprise dans l'index des immeubles, dans le registre des droits réels d'exploitation de ressources de l'État ou dans le registre des réseaux de services publics et des immeubles situés en territoire non cadastré répertorie les inscriptions qui concernent l'immeuble, les droits réels ou le réseau.

[2000, c. 42, a. 24].

2972.4. Each land file contained in the index of immovables, the register of real rights of State resource development or the register of public service networks and immovables situated in territory without a cadastral survey lists the entries made concerning the immovable, the real rights or the network concerned.

[2000, c. 42, s. 24].

2973.-2977. (*Abrogés*)

[2000, c. 42, a. 25].

2973.-2977. (*Repealed*)

[2000, c. 42, s. 25].

2978. Le propriétaire de plusieurs immeubles non immatriculés mais contigus, grevés des mêmes droits réels et situés dans une même circonscription foncière, peut requérir de l'officier de la publicité des droits qu'il regroupe, sur une même fiche immobilière, les fiches établies pour chacun des immeubles.

Le titulaire d'un droit réel d'exploitation de ressources de l'État dont l'assiette n'est pas immatriculée peut faire la même réquisition, pourvu que les droits réels d'exploitation soient de même nature, de même durée, contigus et grevés des mêmes droits réels.

Le propriétaire ou le titulaire présente une réquisition désignant l'immeuble qui résulte de ce regroupement, indiquant les fiches visées et les inscriptions subsistantes à reporter sur la nouvelle fiche. L'officier de la publicité indique la concordance entre les fiches anciennes et la nouvelle et procède au report des inscriptions.

[1991, c. 64, a. 2978].

∎ C.C.Q., 2972.

2978. The owner of several immovables not immatriculated but contiguous, charged with the same real rights and situated in the same registration division, may require the registrar to consolidate the files opened for each immovable into a single file.

The same applies to the holder of a real right of State resource development of which the *situs* is not immatriculated, provided the real rights of development are of the same nature, of the same duration, contiguous and charged with the same real rights.

The owner or holder presents an application containing the description of the immovable resulting from the consolidation and identifying the related land files and any subsisting entries to be carried over to the new land file. The registrar indicates the correspondence between the old and the new land files and carries over the entries.

[1991, c. 64, a. 2978].

2979. Tout morcellement d'un immeuble non immatriculé donne lieu à l'établissement de nouvelles fiches immobilières.

Le document constatant le morcellement doit comporter une déclaration, incluse ou annexée, désignant les immeubles visés et indiquant la fiche primitive et les inscriptions à reporter sur les nouvelles fiches.

L'officier de la publicité établit la concordance entre l'ancienne fiche et les nouvelles et procède au report des inscriptions.

[1991, c. 64, a. 2979].

2979. Upon any parcelling of an immovable which has not been immatriculated, new land files are opened.

The document evidencing the parcelling shall include a declaration containing a description of the immovables concerned and identifying the original land file and the entries to be carried over to the new land files.

The registrar establishes the correspondence between the old and the new land files and carries over the entries.

[1991, c. 64, a. 2979; I.N., 2014-05-01].

SECTION III —
DU REGISTRE DES MENTIONS

2979.1. Le registre des mentions porte, dans les cas prévus par la loi, les mentions et inscriptions requises par celle-ci ou par les règlements pris en application du présent livre relativement à des inscriptions faites sur le registre foncier ou sur les autres registres tenus par l'Officier de la publicité foncière.

[2000, c. 42, a. 26].

SECTION III —
REGISTER OF MENTIONS

2979.1. The register of mentions contains, in the cases prescribed by law, the mentions and entries required by law or by the regulations under this Book in connection with entries made in the land register or the other registers kept by the Land Registrar.

[2000, c. 42, s. 26].

SECTION IV —
DU REGISTRE DES DROITS PERSONNELS ET RÉELS MOBILIERS

2980. Le registre des droits personnels et réels mobiliers est constitué, en ce qui concerne les droits personnels, de fiches tenues par ordre alphabétique, alphanumérique ou numérique, sous la désignation des personnes nommées dans les réquisitions d'inscription et, en ce qui concerne les droits réels mobiliers, de fiches tenues par catégories de biens ou d'universalités, sous la désignation des meubles grevés ou l'indication de la nature de l'universalité ou, encore, de fiches tenues sous le nom du constituant.

Les droits résultant de baux mobiliers sont inscrits sur des fiches tenues sous la seule désignation des locataires nommés dans les réquisitions dans tous les cas où les biens visés par celles-ci donnent lieu, par ailleurs, à l'établissement de fiches tenues sous leur numéro d'identification.

Sur chaque fiche sont répertoriées les inscriptions qui concernent la personne ou le meuble.

[1991, c. 64, a. 2980; 2000, c. 42, a. 27].

❚ D.T., 157-157.2, 161, 163, 164.

SECTION IV —
REGISTER OF PERSONAL AND MOVABLE REAL RIGHTS

2980. The register of personal and movable real rights consists, with respect to personal rights, of files kept in alphabetical, alphanumerical or numerical order, under the description of the persons named in the application for registration and, with respect to movable real rights, of files kept by categories of property or of universalities, under the designation of the movables charged or the indication of the nature of the universality, or of files under the name of the grantor.

Rights under a lease on movable property are registered in files kept solely under the description of the lessee named in the application whenever a file is otherwise kept under the identification number of the leased property.

The registrations pertaining to the person or the movable property are listed in each file.

[1991, c. 64, a. 2980; 2000, c. 42, s. 27].

Chapitre II ——
Des réquisitions d'inscription

Chapter II ——
Applications for registration

SECTION I ——
RÈGLES GÉNÉRALES

SECTION I ——
GENERAL RULES

2981. Les réquisitions d'inscription sur le registre foncier portent notamment, outre les mentions prescrites par la loi ou par les règlements pris en application du présent livre, la désignation des titulaires et constituants des droits qui en sont l'objet, de même que la désignation des biens qui y sont visés.

Les réquisitions d'inscription sur le registre des droits personnels et réels mobiliers désignent les titulaires et constituants des droits, qualifient ces droits, désignent les biens visés et mentionnent tout autre fait pertinent à des fins de publicité, ainsi qu'il est prescrit par la loi ou par les règlements pris en application du présent livre.

[1991, c. 64, a. 2981; 2000, c. 42, a. 28].

∎ C.C.Q., 3012; D.T., 158, 160.

2981. Applications for registration in the land register, in addition to identifying the holders and grantors of the rights to be registered, contain, in particular, the description of the property concerned and the mentions prescribed by law or by the regulations under this Book.

Applications for registration in the register of personal and movable real rights identify the holders and grantors of the rights, state the nature of the rights, describe the property concerned and mention any other fact that is relevant for registration purposes, as prescribed by law or by the regulations under this Book.

[1991, c. 64, a. 2981; 2000, c. 42, s. 28].

2981.1. À moins qu'elle ne concerne un immeuble à l'égard duquel une fiche tenue sous un numéro d'ordre est établie, la réquisition d'inscription sur le registre foncier doit indiquer le nom de la circonscription foncière dans laquelle est situé l'immeuble qui y est visé.

[2000, c. 42, a. 29].

∎ C.C.Q., 2981, 2982; D.T., 158.

2981.1. Unless an application for registration in the land register concerns an immovable for which a land file under a serial number has been opened, the application must include the name of the registration division in which the immovable is situated.

[2000, c. 42, s. 29; I.N., 2014-05-01].

2981.2. La réquisition d'inscription sur le registre foncier d'une hypothèque, d'une restriction au droit de disposer, ou d'un droit dont la durée est déterminée, peut fixer la date extrême d'effet de l'inscription.

Celle qui est présentée au registre des droits personnels et réels mobiliers relativement à une hypothèque, à une telle restriction ou à un tel droit doit fixer la date extrême d'effet de l'inscription.

[2000, c. 42, a. 29].

∎ C.C.Q., 2981, 2983; D.T., 160.

2981.2. An application for registration in the land register of a hypothec, a restriction on the right to dispose of property or a right with a fixed term may fix the date after which the registration ceases to have effect.

An application for registration in the register of personal and movable real rights of a hypothec or of such a restriction or right must fix the date after which the registration ceases to have effect.

[2000, c. 42, s. 29; I.N., 2014-05-01].

2982. La réquisition d'inscription sur le registre foncier est présentée au Bureau de la publicité foncière ou, si la réquisition est présentée sur support papier, au bureau de la publicité des droits établi pour la circonscription foncière dans laquelle est situé l'immeuble.

La réquisition se fait par la présentation de l'acte lui-même ou d'un extrait authentique de celui-ci, par le moyen d'un sommaire qui résume le document ou encore, lorsque la loi le prévoit, au moyen d'un avis.

La présentation d'une réquisition d'inscription et des documents qui l'accompagnent est, dans tous les cas, subordonnée à ce que des données relatives, entre autres, à la nature de l'acte ou des droits à publier, à l'identité des parties à cet acte ou du titulaire de ces droits et, s'il y a lieu, à la désignation des immeubles visés soient préalablement inscrites sur le formulaire que l'Officier de la publicité foncière rend disponible. La réquisition présentée sur support papier doit être accompagnée du bordereau d'inscription tiré de ce formulaire.

[1991, c. 64, a. 2982; 2000, c. 42, a. 30; 2013, c. 27, a. 29].

2982. An application for registration in the land register is presented at the Land Registry Office or, if the application is presented in paper form, at the registry office established for the registration division in which the immovable is situated.

The application is made by presenting the act itself or an authentic extract of the act, by presenting a summary of the document or, where the law so provides, by means of a notice.

In all cases, before an application for registration and the accompanying documents may be presented, information concerning, among other things, the nature of the act or rights to be registered, the identity of the parties to the act or of the holder of the rights and, if applicable, the description of the immovables concerned must be entered on the form made available by the Land Registrar. If the application is presented in hard copy[1], it must be accompanied by the registration slip printed from that form.

[1991, c. 64, a. 2982; 2000, c. 42, s. 30; 2013, c. 27, s. 29; I.N., 2014-05-01].,

Note 1 : Comp. a. 3021.1.

▌ C.C.Q., 2817, 2985, 2991, 2992, 2994, 3057-3066.

2982.1. La réquisition d'inscription sur le registre foncier faite par la présentation d'un acte notarié en brevet[1] ou d'un acte sous seing privé résultant du transfert de l'information que porte l'acte d'origine vers un support faisant appel aux technologies de l'information ne peut être reçue par l'officier que si la signature du notaire ou de l'avocat qui a dressé l'acte est apposée au moyen d'une biclé de signature, conformément au *Règlement sur la publicité foncière* (chapitre CCQ, r. 6).

La documentation attestant que le notaire ou l'avocat a effectué ce transfert conformément à l'article 17 de la *Loi concernant le cadre juridique des technologies de l'information* (chapitre C-1.1) doit être jointe à la réquisition d'inscription.

[2013, c. 27, a. 30].

2982.1. An application for registration in the land register made by presenting a notarial deed executed en brevet[1] or an act in private writing resulting from the transfer of the information contained in the original deed or act to an information technology-based medium cannot be accepted by the registrar unless the signature of the notary or advocate who drew up the deed or act is affixed by means of a signature key pair in accordance with the *Regulation respecting land registration* (chapter CCQ, r. 6).

Documentation attesting that the notary or advocate made the transfer in accordance with section 17 of the *Act to establish a legal framework for information technology* (chapter C-1.1) must be attached to the application for registration.

[2013, c. 27, s. 29].

Note 1 : Le terme « en brevet » est de langue française/"En brevet" is a french term. See a. 440 C.c.Q.

2983. La réquisition d'inscription sur le registre des droits personnels et réels mobiliers est produite en un seul exemplaire au Bureau de la publicité des droits personnels et réels mobiliers; elle se fait par la présentation d'un avis, à moins que la loi ou les règlements n'en disposent autrement.

[1991, c. 64, a. 2983; 2000, c. 42, a. 31].

∎ C.C.Q., 2995, 3057-3066.

2983. A single copy of an application for registration in the register of personal and movable real rights is filed in the Personal and Movable Real Rights Registry Office; application is made by the presentation of a notice, unless otherwise provided by law or the regulations.

[1991, c. 64, a. 2983; 2000, c. 42, s. 31].

2984. Les réquisitions d'inscription sont signées, attestées et présentées de la manière prévue par la loi, le présent titre ou les règlements.

[1991, c. 64, a. 2984].

∎ C.C.Q., 3024.

2984. Applications for registration are signed, certified and presented in the manner prescribed by law, this Title or the regulations.

[1991, c. 64, a. 2984].

2985. La personne qui requiert une inscription sur le registre foncier est tenue de présenter, à des fins de conservation et de consultation, avec le sommaire, l'acte, l'extrait ou tout autre document qui en fait l'objet.

[1991, c. 64, a. 2985].

∎ C.C.Q., 3007.

2985. Every person requiring registration in the land register is bound to present, with the summary, the act, the extract or any other document it summarizes, for the purposes of conservation and consultation.

[1991, c. 64, a. 2985; 1992, c. 57, s. 716; I.N., 2014-05-01].

2986. Quelle que soit la forme que prenne la réquisition d'inscription sur le registre des droits personnels et réels mobiliers, seuls y sont publiés les droits qui sont énoncés à la réquisition et qui doivent être inscrits sur ce registre.

Néanmoins, pour préciser l'assiette ou l'étendue du droit, il est permis, lorsque les règlements l'autorisent, de faire référence, dans l'inscription, au document en vertu duquel celle-ci est requise.

[1991, c. 64, a. 2986; 2000, c. 42, a. 32].

▌ C.C.Q., 2941, 2943, 2944.

2987. Lorsque la réquisition d'inscription se fait par la présentation d'un sommaire, on ne peut utiliser le même sommaire pour résumer des documents qui ne se complètent pas ou qui n'ont aucune relation entre eux.

Il suffit cependant d'un seul sommaire lorsque le droit qu'on entend publier est constaté dans plusieurs documents.

[1991, c. 64, a. 2987].

▌ C.C.Q., 2982.

SECTION II ——
DES ATTESTATIONS

2988. Le notaire qui reçoit un acte donnant lieu à l'inscription ou à la suppression d'un droit sur le registre foncier, ou à la réduction d'une inscription, atteste, par sa seule signature, qu'il a vérifié l'identité, la qualité et la capacité des parties, et que le document traduit la volonté exprimée par elles.

[1991, c. 64, a. 2988; 2000, c. 42, a. 33].

▌ C.C.Q., 2992, 3009; D.T., 156.

2989. L'arpenteur-géomètre qui dresse un procès-verbal de bornage amiable, même celui fait sans formalité, atteste, par sa seule signature, qu'il a vérifié l'identité, la qualité et la capacité des parties et que le document traduit la volonté exprimée par elles.

[1991, c. 64, a. 2989; 2000, c. 42, a. 34].

2986. Whatever the form of the application for registration in the register of personal and movable real rights, only those rights which are set out in the application and which shall be entered in the register are published therein.

Nevertheless, where authorized by regulation, reference in the registration to the document under which registration is required is permitted to identify the *situs* of the right or the extent of the right.

[1991, c. 64, a. 2986; 2000, c. 42, s. 32].

2987. Where an application for registration is made by the presentation of a summary, that summary may not be used to summarize non-complementary or unrelated documents.

However, one summary is sufficient where the right intended to be published is evidenced in several documents.

[1991, c. 64, a. 2987].

SECTION II ——
CERTIFICATES

2988. A notary who executes an act giving rise to the registration of a right in or the removal of a right from the land register, or the reduction of an entry, certifies, merely by signing the document, that he has verified the identity, quality and capacity of the parties, and that the document represents the will expressed by the parties.

[1991, c. 64, a. 2988; 2000, c. 42, s. 33; I.N., 2014-05-01].

2989. A land surveyor who draws up the minutes following a voluntary determination of boundaries, even one done informally, certifies, merely by signing the document, that he has verified the identity, quality and capacity of the parties and that the document represents the will expressed by the parties.

[1991, c. 64, a. 2989; 2000, c. 42, s. 34].

▌ C.C.Q., 2996, 3009; D.T., 156.

2990. Les officiers de justice, les secrétaires ou greffiers municipaux, ainsi que les autres rédacteurs d'actes authentiques publics autres que les actes juridictionnels, doivent attester qu'ils ont vérifié l'identité des parties aux actes dressés par eux et soumis à la publicité foncière.

[1991, c. 64, a. 2990; 2000, c. 42, a. 35].

2990. Officers of justice, municipal clerks or secretaries, and others who draw up public authentic acts other than adjudicative acts, must certify that they have verified the identity of the parties to the acts drawn up by them which require publication by registration in the land register.

[1991, c. 64, a. 2990; 2000, c. 42, s. 35; I.N., 2014-05-01].

▌ C.C.Q., 2818, 3009; D.T., 156.

2991. L'acte sous seing privé donnant lieu à l'inscription ou à la suppression d'un droit sur le registre foncier, ou à la réduction d'une inscription, doit indiquer la date et le lieu où il a été dressé; il y est joint l'attestation par un notaire ou un avocat qu'il a vérifié l'identité, la qualité et la capacité des parties, la validité de l'acte quant à sa forme et que le document traduit la volonté exprimée par les parties.

[1991, c. 64, a. 2991; 2000, c. 42, a. 36].

2991. A private writing giving rise to the registration of a right in or the removal of a right from the land register, or the reduction of an entry, must indicate the date and place it is drawn up and be accompanied by a certificate of a notary or advocate certifying that he has verified the identity, quality and capacity of the parties and the validity of the act as to form, and that the document represents the will expressed by the parties.

[1991, c. 64, a. 2991; 2000, c. 42, s. 36; I.N., 2014-05-01].

▌ C.C.Q., 2992; D.T., 156.

2992. Lorsque l'inscription sur le registre foncier est requise au moyen d'un sommaire, l'attestation du notaire ou de l'avocat qui dresse le sommaire du document porte en outre sur l'exactitude du contenu du sommaire.

Si le sommaire est notarié, la seule signature du notaire tient lieu de telle attestation.

[1991, c. 64, a. 2992; 2013, c. 27, a. 31].

2992. Where registration in the land register is required by means of a summary, the notary or advocate who draws up the summary of the document also certifies that the summary is accurate.

If the notice is notarized, the mere signature of the notary is sufficient certification.

[1991, c. 64, a. 2992; 2013, c. 27, s. 31; I.N., 2014-05-01].

▌ C.C.Q., 2982, 2987.

2993. Sauf dans les cas où elle résulte de la signature du notaire ou de l'arpenteur-géomètre, l'attestation est consignée dans une déclaration qui énonce obligatoirement, outre la date à laquelle elle est faite, les nom et qualité de son auteur et le lieu où il exerce ses fonctions ou sa profession.

[1991, c. 64, a. 2993; 1995, c. 33, a. 30; 2000, c. 42, a. 37].

2993. Unless implicit in the signature of the notary or land surveyor, the certification is recorded in a declaration which must contain, in addition to the date on which it is made, the name and quality of the declarant and the place where the declarant exercises his functions or practises his profession.

[1991, c. 64, a. 2993; 1995, c. 33, s. 30; 2000, c. 42, s. 37; I.N., 2014-05-01].

▌ C.C.Q., 2988-2992.

2994. Lorsque l'attestation requise relativement à un acte soumis ou admis à la publicité foncière est impossible, le tribunal peut autoriser la publicité des droits constatés dans cet acte malgré le défaut d'attestation.

La réquisition d'inscription doit être accompagnée d'une copie du jugement; elle n'est recevable que si ce jugement a acquis force de chose jugée.

[1991, c. 64, a. 2994; 2000, c. 42, a. 38].

❚ C.C.Q., 2984, 2988, 2991, 2992.

2994. Where an act requiring or admissible for publication by registration in the land register cannot be certified as required, the court may authorize publication of the rights evidenced in the act despite the lack of certification.

The application for registration must be accompanied by a copy of the judgment; the application is not admissible unless the judgment has acquired the authority of *res judicata*.

[1991, c. 64, a. 2994; 2000, c. 42, s. 38; I.N., 2014-05-01].

2995. Aucune attestation de vérification n'est requise pour l'inscription sur le registre des droits personnels et réels mobiliers.

Pour l'inscription sur le registre foncier des déclarations de résidence familiale, des baux immobiliers ou des avis prévus par la loi, à l'exception des avis requis pour l'inscription d'une hypothèque légale ou mobilière, ou de l'avis cadastral d'inscription d'un droit, les documents présentés n'ont pas à être attestés par un notaire ou un avocat, mais par deux témoins, dont l'un sous serment.

[1991, c. 64, a. 2995].

❚ C.C.Q., 2972, 2980.

2995. No certificate of verification is required for the registration in the register of personal and movable real rights.

Documents presented for registration in the land register of declarations of family residence, immovable leases or notices prescribed by law, other than notices required for the registration of a legal or movable hypothec or the cadastral notice for the registration of a right, need not be certified by a notary or advocate, but by two witnesses, including one under oath.

[1991, c. 64, a. 2995].

SECTION III —
DE CERTAINES RÈGLES D'INSCRIPTION

SECTION III —
SPECIAL REGISTRATION RULES

2996. Le procès-verbal de bornage est accompagné du plan qui s'y rapporte. Le cas échéant, le procès-verbal est présenté avec la réquisition d'inscription du jugement qui l'homologue. Il doit mentionner expressément que la limite entre les propriétés bornées coïncide avec la limite cadastrale des lots qui y sont visés.

À défaut de cette mention, l'inscription du procès-verbal sur le registre foncier doit être refusée jusqu'à ce qu'une modification du plan soit indiquée sur le registre

2996. The minutes of boundary determination are presented with the related plan and, where applicable, with the application for registration of the judgment of homologation. An express statement that the limit between the properties whose boundaries have been determined coincides with the boundaries between the corresponding lots on the cadastre shall be included in the minutes.

In the absence of that statement, registration of the minutes in the land register shall be refused until an amendment to the plan is indicated in the land register and

foncier et qu'un avis de la modification relatif aux lots visés soit inscrit sur ce registre.

[1991, c. 64, a. 2996; 2000, c. 42, a. 39].

▌ C.C.Q., 3009; D.T., 155.

2997. La publicité d'un plan dont le dépôt au bureau de la publicité des droits est exigé en vertu d'une loi s'obtient par la présentation, avec le plan même, d'un avis désignant l'immeuble visé par ce plan.

La présente disposition ne s'applique pas aux plans cadastraux.

[1991, c. 64, a. 2997; 2000, c. 42, a. 40].

▌ C.C.Q., 3026-3042.

2998. Les droits de l'héritier et du légataire particulier dans un immeuble de la succession sont publiés par l'inscription d'une déclaration faite par acte notarié en minute.

Toutefois, en matière mobilière, l'inscription du droit de l'héritier et du légataire particulier est admise seulement si elle concerne la transmission d'une créance hypothécaire, d'une restriction au droit de disposer, ou une préinscription. La déclaration prend la forme d'un avis, lequel fait référence, le cas échéant, au testament.

[1991, c. 64, a. 2998].

▌ C.C.Q., 2670.

2999. La déclaration indique, quant au défunt, son nom, l'adresse de son dernier domicile, la date et le lieu de sa naissance, la date et le lieu de son décès, sa nationalité et son état civil, ainsi que son régime matrimonial ou d'union civile, s'il y a lieu.

Elle indique également la nature légale ou testamentaire de la succession, la qualité d'héritier, de légataire particulier, d'époux ou de conjoint uni civilement, de même que le degré de parenté de chacun des héritiers avec le défunt, les renonciations, la désignation des biens et des personnes visées, ainsi que le droit de chacun dans les biens.

[1991, c. 64, a. 2999; 2002, c. 6, a. 60].

notice of the amendment relating to the lots concerned is registered in that register.

[1991, c. 64, a. 2996; 2000, c. 42, s. 39; I.N., 2014-05-01].

2997. Where the deposit of a plan at the registry office is required by an Act, publication of the plan is obtained by presenting the plan and a notice describing the immovable represented on the plan.

This provision does not apply to cadastral plans.

[1991, c. 64, a. 2997; 2000, c. 42, s. 40; I.N., 2014-05-01].

2998. The rights of an heir or of a legatee by particular title in an immovable of the succession are published by registration of a declaration made by notarial act *en minute*.

However, with respect to movable property, the right of an heir or of a legatee by particular title may be registered only if the registration concerns the transmission of a hypothecary claim or of a restriction on the right to dispose of property, or an advance registration. The declaration takes the form of a notice in which, where applicable, reference is made to the will.

[1991, c. 64, a. 2998; I.N., 2014-05-01].

2999. The declaration sets forth the name and last domiciliary address, the date and place of birth and of death, the nationality and civil status, and the matrimonial or civil union regime, if any, of the deceased.

It also sets forth whether the succession is legal or testate, the quality as heir, legatee by particular title or married or civil union spouse, the degree of relationship between each of the heirs and the deceased, any renunciations, the description of the property and of the persons concerned, and the right of each in the property.

[1991, c. 64, a. 2999; 2002, c. 6, s. 60; I.N., 2014-05-01].

▌C.C.Q., 2998, 3098.

2999.1. L'inscription des droits résultant d'un bail immobilier autre qu'un bail relatif à un logement, de même que celle de la cession d'un tel bail, peuvent, outre les autres modes prévus par le présent livre, s'obtenir par la présentation d'un avis à l'officier de la publicité foncière.

L'avis fait référence au bail auquel il se rapporte, identifie les locateur et locataire et contient la désignation de l'immeuble où sont situés les lieux loués. À moins que l'inscription ne vise la cession du bail ou l'extinction des droits résultant du bail, l'avis indique aussi, notamment, la date du début et, le cas échéant, de la fin du bail ou les éléments nécessaires à leur détermination, ainsi que les droits de renouvellement ou de reconduction du bail, s'il en est.

L'exactitude du contenu de l'avis doit, dans tous les cas, être attestée par un notaire ou un avocat. Si l'avis est notarié, la seule signature du notaire tient lieu de cette attestation.

[1999, c. 49, a. 2; 2000, c. 42, a. 41; 2013, c. 27, a. 32].

▌C.C.Q., 1852, 1887, 2982, 2988-2995, 3033, 3034.

3000. Les avis de vente forcée et les autres avis prescrits au livre Des priorités et des hypothèques doivent être publiés.

Lorsqu'un immeuble fait l'objet d'une vente forcée ou consécutive à l'exercice d'un droit hypothécaire, il ne peut être délivré copie de l'acte constatant la vente avant que celle-ci n'ait été publiée, aux frais de l'acquéreur, par la personne habilitée à procéder à la vente.

[1991, c. 64, a. 3000; 1998, c. 5, a. 16].

▌C.P.C., 665.

3001. La personne habilitée à procéder à la vente aux enchères pour défaut de paiement de l'impôt foncier est tenue de présenter, dans les dix jours de l'adjudication, une liste désignant les immeubles vendus, leur acquéreur et leur dernier propriétaire

2999.1. Registration of rights under a lease on an immovable other than a dwelling or of the assignment of such a lease may be obtained, in addition to the other modes provided for in this Book, by presenting a notice to the Land Registrar.

The notice must refer to the lease concerned, identify the lessor and the lessee and contain the description of the immovable in which the leased premises are situated. It must also, unless the registration concerns the assignment of the lease or the extinction of rights under the lease, indicate, in particular, the effective date of the lease and the date of expiry, if any, or the particulars needed to determine such dates, as well as any lease renewal rights.

The accuracy of the content of the notice must in all cases be verified by a notary or an advocate. If the notice is notarized, the mere signature of the notary is sufficient verification.

[1999, c. 49, s. 2; 2000, c. 42, s. 41; 2013, c. 27, s. 32; I.N., 2014-05-01].

3000. Notices of forced sales and other notices prescribed in the Book on Prior Claims and Hypothecs shall be published.

Where an immovable is sold by way of a forced sale or a sale following the exercise of a hypothecary right, no copy of the act evidencing the sale may be issued before the sale is published, at the acquirer's expense, by the person entrusted with the sale.

[1991, c. 64, a. 3000; 1998, c. 5, s. 16; I.N., 2014-05-01].

3001. The person entrusted with an auction sale for non-payment of property taxes is bound to present, within 10 days after the adjudication, a list identifying each immovable sold, its acquirer and last owner and indicating the mode of acquisi-

et indiquant le mode d'acquisition et le numéro d'inscription du titre du dernier propriétaire.

La vente est inscrite avec la mention qu'il s'agit d'une adjudication pour défaut de paiement de l'impôt foncier.

[1991, c. 64, a. 3001].

∎ C.C.Q., 3070.

3002. La réquisition fondée sur un jugement qui ordonne la rectification d'une inscription sur le registre foncier ou qui prononce la reconnaissance du droit de propriété dans un immeuble n'est admise que si le jugement est passé en force de chose jugée.

[1991, c. 64, a. 3002].

∎ C.C.Q., 2918, 2965, 2966, 3073.

3003. Lorsqu'une hypothèque a été acquise par subrogation ou cession, la publicité de la subrogation ou de la cession se fait au registre foncier ou au registre des droits personnels et réels mobiliers, selon la nature immobilière ou mobilière de l'hypothèque.

Un état certifié de l'inscription, auquel sont joints, dans le cas d'une inscription faite sur le registre foncier, la réquisition et, lorsque celle-ci prend la forme d'un sommaire, le document qui l'accompagne, doit être fourni au débiteur.

À défaut de l'accomplissement de ces formalités, la subrogation ou la cession est inopposable au cessionnaire subséquent qui s'y est conformé.

[1991, c. 64, a. 3003; 2000, c. 42, a. 42].

∎ C.C.Q., 1637-1659, 3004.

3004. Lorsque la subrogation à une créance hypothécaire est acquise de plein droit, la publicité de la subrogation s'opère par l'inscription de l'acte dont elle résulte; en l'absence d'acte, elle s'opère par la présentation d'un avis énonçant les causes de la subrogation.

[1991, c. 64, a. 3004].

∎ C.C.Q., 1651-1659.

tion and the registration number of the title of the last owner.

The sale is registered with the mention that it was an adjudication for non-payment of property taxes.

[1991, c. 64, a. 3001; I.N., 2014-05-01].

3002. An application based on a judgment ordering the correction of an entry in the land register or pronouncing the recognition of a right of ownership in an immovable may be made only if the judgment has acquired the authority of a final judgment (*res judicata*).

[1991, c. 64, a. 3002].

3003. Where a hypothec is transferred by subrogation or assignment, the subrogation or assignment is published in the land register or in the register of personal and movable real rights, according to the immovable or movable nature of the hypothec.

A certified statement of registration must be furnished to the debtor, together with the application for registration in the case of registration in the land register and, if such application is in the form of a summary, the accompanying document.

If these formalities are not complied with, the subrogation or assignment may not be set up against a subsequent assignee who has complied with them.

[1991, c. 64, a. 3003; 2000, c. 42, s. 42; I.N., 2014-05-01].

3004. Where subrogation to a hypothecary claim is acquired by operation of law, publication of the subrogation is effected by registering the act from which it derives; if there is no act, publication of the subrogation is effected by presenting a notice stating the causes of the subrogation.

[1991, c. 64, a. 3004].

3005. Le sommaire attesté par un notaire peut énoncer le numéro de lot, au cadastre ou à l'arpentage primitif, attribué à l'immeuble sur lequel s'exerce le droit ou le numéro de la fiche tenue sous un numéro d'ordre qui s'y attache avec, le cas échéant, l'indication de ses tenants et aboutissants ou, encore, énoncer les coordonnées géographiques ou les coordonnées planes rectangulaires permettant de désigner l'immeuble, même si ces informations ne figurent pas dans le document que le sommaire résume.

Le sommaire attesté par un avocat ou par un notaire peut, même si l'acte n'en fait pas mention, contenir l'indication du nom de la municipalité ou de la circonscription foncière dans laquelle est situé l'immeuble, ou de la date et du lieu de naissance des personnes nommées dans l'acte, ainsi que les déclarations qu'exige la loi pour certaines mutations immobilières.

[1991, c. 64, a. 3005; 2000, c. 42, a. 43; 2002, c. 19, a. 13; N.I., 2014-05-01].

❚ C.C.Q., 2994.

3005. A summary certified by a notary may set forth the lot number assigned to the immovable in which the right is held in the cadastre or the original survey, or the number of the land file under a serial number with, if applicable, a description of the immovable by metes and bounds, or may state the geographic coordinates or the plane rectangular coordinates by which the immovable may be described, even if such information does not appear in the document summarized.

A summary certified by an advocate or a notary may include, even if the act contains no mention thereof, the name of the municipality or registration division in which the immovable is situated, and the date and place of birth of the persons named in the act, as well as the declarations required by law for certain transfers of immovables.

[1991, c. 64, a. 3005; 2000, c. 42, s. 43; 2002, c. 19, s. 13; I.N., 2014-05-01].

3006. Lorsque la loi prescrit que la réquisition doit être présentée accompagnée de documents, ces documents, s'ils sont rédigés dans une langue autre que le français ou l'anglais, doivent, en plus, être accompagnés d'une traduction vidimée au Québec.

[1991, c. 64, a. 3006].

❚ C.C.Q., 2985.

3006. Where the law prescribes that the application shall, upon presentation, be accompanied by other documents, any such documents drawn up in a language other than French or English shall themselves be accompanied by a translation authenticated in Québec.

[1991, c. 64, a. 3006; I.N., 2014-05-01].

Chapitre III ——
Des devoirs et fonctions de
l'officier de la publicité des droits

Chapter III ——
Duties and functions of the
registrar

3006.1. L'officier de la publicité des droits, en matière foncière, reçoit les réquisitions et porte, dans le livre de présentation, la date, l'heure et la minute exactes de leur présentation, ainsi que les mentions nécessaires pour les identifier. Il procède aussi, lorsqu'elles sont présentées sur un support papier, à la reproduction des réquisitions, avec les documents qui les accompagnent, sur un support informatique et à

3006.1. For purposes of land registration, the registrar receives applications and enters the exact date, hour and minute of their presentation in the book of presentation, together with the particulars required to identify each application. Where an application is presented in paper form, the registrar converts the application and the accompanying documents to electronic form, forwards them in that form to the

leur transmission, sur ce support, au Bureau de la publicité foncière, puis les remet aux requérants.

Ensuite, dans l'ordre de la présentation des réquisitions, l'officier fait, avec la plus grande diligence, les inscriptions, mentions ou références prescrites par la loi ou par les règlements pris en application du présent livre sur le registre approprié. Celles découlant de réquisitions d'inscription de droits sont faites au jour le jour et, dans tous les cas, prioritairement à celles découlant de réquisitions visant la suppression ou la réduction d'une inscription antérieure.

[2000, c. 42, a. 44].

∎ C.C.Q., 3007, 3008.

3007. L'Officier de la publicité des droits personnels et réels mobiliers reçoit les réquisitions et délivre à celui qui les présente un bordereau sur lequel il indique la date, l'heure et la minute exactes de leur présentation, ainsi que les mentions nécessaires pour identifier la réquisition.

Ensuite, au jour le jour, dans l'ordre de la présentation des réquisitions, il fait, avec la plus grande diligence, les inscriptions prescrites par la loi ou par les règlements pris en application du présent livre sur le registre.

[1991, c. 64, a. 3007; 2000, c. 42, a. 45].

∎ C.C.Q., 2965, 2971, 2985, 3008; D.T., 159.

3008. L'officier s'assure que la réquisition présentée à l'appui d'une inscription sur un registre contient les mentions prescrites et qu'elle satisfait aux dispositions de la loi et des règlements pris en application du présent livre et, le cas échéant, que les documents qui doivent l'accompagner sont aussi présentés.

[1991, c. 64, a. 3008].

∎ C.C.Q., 3007.

3009. Lorsque la réquisition d'inscription sur le registre foncier a été attestée par un avocat ou un notaire, l'identité et la capacité des parties sont tenues pour vérifiées et le sommaire du document est tenu pour être exact. Il en est de même de l'identité et de la capacité des parties à un procès-

Land Registry Office, and then returns them to the applicant.

Subsequently, in the order of presentation of the applications and with all possible diligence, the registrar makes the entries, mentions and references prescribed by law or by the regulations under this Book, in the appropriate register. The entries, mentions and references required by applications for the registration of rights are made day by day, giving priority in all cases to those entries, mentions and references over any that are required by applications to strike or reduce an earlier entry.

[2000, c. 42, s. 44; I.N., 2014-05-01].

3007. The Personal and Movable Real Rights Registrar receives the applications and issues to the person presenting them a memorial on which he indicates the exact date, hour and minute of presentation, as well as the particulars necessary for identifying the application.

Subsequently, day by day, in the order of presentation of applications, and with all possible diligence, he makes the entries prescribed by law or by the regulations under this Book in the register.

[1991, c. 64, a. 3007; 2000, c. 42, s. 45; I.N., 2014-05-01].

3008. The registrar ascertains that the application presented in support of an entry in a register contains the prescribed particulars and meets the requirements prescribed by law and the regulations under this Book and, where applicable, that the documents which must accompany it are also presented.

[1991, c. 64, a. 3008; I.N., 2014-05-01].

3009. Where the application for registration in the land register has been certified by an advocate or a notary, the identity and capacity of the parties are held to have been verified and the summary of the document is held to be accurate. The same rule applies to the identity and capacity of

verbal de bornage attesté par un arpenteur-géomètre.

L'identité des parties est aussi tenue pour vérifiée lorsqu'elle est attestée par l'une des personnes visées à l'article 2990.

L'identité des parties à toute autre réquisition d'inscription sur le registre foncier ou sur le registre des droits personnels et réels mobiliers est présumée exacte et leur capacité tenue pour vérifiée.

[1991, c. 64, a. 3009; N.I., 2014-05-01].

∎ C.C.Q., 2988-2990.

3010. Lorsque la réquisition présentée est irrecevable, ou qu'elle contient des inexactitudes ou des irrégularités, l'officier ne fait aucune inscription sur les registres; il informe le requérant des motifs du refus d'inscription.

[1991, c. 64, a. 3010].

∎ C.C.Q., 2996, 3014, 3033, 3035.

3011. L'officier remet au requérant un état certifié de l'inscription qu'il a faite sur le registre, sur le fondement de la réquisition présentée. Un double de cet état certifié est, en matière foncière, joint à la réquisition conservée dans le Bureau de la publicité foncière.

[1991, c. 64, a. 3011; 2000, c. 42, a. 46].

∎ C.C.Q., 2985.

3012. Les réquisitions sont réputées présentées dès le moment de leur réception par l'officier du bureau de la publicité des droits où elles doivent être présentées.

Si plusieurs réquisitions parviennent au bureau de la publicité par le même courrier ou sont présentées par le même porteur, elles sont réputées présentées simultanément. Les réquisitions acheminées en bloc par un moyen technologique déterminé par les règlements sont assimilées à des réquisitions présentées simultanément; elles portent, toutefois, la date, l'heure et la minute de la réception de la dernière réquisition ainsi acheminée.

Les réquisitions qui parviennent au bureau de la circonscription foncière dans laquelle

the parties to minutes of boundary determination certified by a land surveyor.

The identity of the parties is also held to have been verified where it is certified by one of the persons mentioned in article 2990.

The identity of parties to any other application for registration in the land register or in the register of personal and movable real rights is presumed to be accurate and their capacity is held to have been verified.

[1991, c. 64, a. 3009; I.N., 2014-05-01].

3010. Where the application presented is not admissible or contains inaccuracies or irregularities, the registrar makes no entry in the registers, but informs the applicant of the reasons for refusing registration.

[1991, c. 64, a. 3010].

3011. The registrar remits to the applicant a certified statement of the entry he has made in the register, on the basis of the application presented. As regards land registration, a duplicate of the certified statement is appended to the application kept in the Land Registry Office.

[1991, c. 64, a. 3011; 2000, c. 42, s. 46].

3012. Applications are deemed presented from the time they are received by the registrar of the registry office where they are to be presented.

If several applications are delivered to the registry office by the same mail delivery or are presented by the same bearer, they are deemed presented simultaneously. Applications forwarded in bulk by a technological means determined by regulation are considered to be presented simultaneously; however, they all bear the date, hour and minute of reception of the last application forwarded in that way.

Applications delivered to the registry office of the registration division in which

est situé l'immeuble, ou au Bureau de la publicité des droits personnels et réels mobiliers, en dehors des heures prévues pour la présentation des documents ou alors que le bureau est fermé sont réputées présentées à l'heure de la reprise de l'activité dans le bureau; celles qui parviennent au Bureau de la publicité foncière, en dehors des heures prévues pour la présentation des documents au bureau de la circonscription foncière dans laquelle est situé l'immeuble, ou alors que ce bureau est fermé, sont réputées présentées à l'heure de la reprise de l'activité dans ce dernier bureau.

[1991, c. 64, a. 3012; 2000, c. 42, a. 47].

∎ C.C.Q., 3007, 3008.

the immovable concerned is situated, or to the Personal and Movable Real Rights Registry Office, outside the hours for the presentation of documents or when the office is closed, are deemed presented at the time activities resume in the office; applications delivered to the Land Registry Office outside the hours for the presentation of documents at the registry office of the registration division in which the immovable concerned is situated, or when the latter registry office is closed, are deemed presented at the time activities resume in the latter registry office.

[1991, c. 64, a. 3012; 2000, c. 42, s. 47].

3013. (*Abrogé*).

[2000, c. 42, a. 48].

3013. (*Repealed*).

[2000, c. 42, s. 48].

3014. Avant d'inscrire sur le registre approprié une subrogation, une cession de créance, un préavis d'exercice d'un droit hypothécaire ou le renouvellement de la publicité d'un droit, l'officier doit vérifier le numéro d'inscription, s'il en existe, du titre de créance. En cas d'inexactitude, il refuse l'inscription.

Lorsque l'inscription est faite sur le registre foncier, mention de la subrogation, de la cession ou du renouvellement, avec l'indication de son numéro d'inscription, est portée au registre des mentions.

[1991, c. 64, a. 3014; 2000, c. 42, a. 49].

∎ C.C.Q., 3003, 3004, 3010.

3014. Before registering in the appropriate register a subrogation, an assignment of a claim, a prior notice of the exercise of a hypothecary right, or the renewal of the registration of a right, the registrar shall verify the registration number, if any, of the title of indebtedness. If the number is inaccurate, he refuses registration.

Where the registration is made in the land register, a mention of the subrogation, assignment or renewal, together with its registration number, is entered in the register of mentions.

[1991, c. 64, a. 3014; 2000, c. 42, s. 49; I.N., 2014-05-01].

3014.1. Lors de l'inscription sur le registre foncier d'une hypothèque sur une créance assortie d'une hypothèque immobilière, mention de cette hypothèque, avec l'indication de son numéro d'inscription, est portée au registre des mentions.

[2000, c. 42, a. 50].

∎ C.C.Q., 2710.

3014.1. Upon registration in the land register of a hypothec on a claim secured by an immovable hypothec, a mention of the hypothec, together with its registration number, is entered in the register of mentions.

[2000, c. 42, s. 50].

3015. L'officier doit, lorsqu'il reçoit un avis du changement de nom du titulaire ou du constituant d'un droit publié, contenant la référence au numéro d'inscription de ce droit et accompagné d'une copie certifiée

3015. The registrar, upon receiving notice of a change of name of the holder or grantor of a published right, containing a reference to the registration number of that right and accompanied by a certified copy

du document constatant le changement, porter celui-ci sur le registre approprié, établir la concordance entre le nom ancien et le nouveau et indiquer le numéro d'inscription du droit visé.

Pour obtenir l'inscription du changement de nom sur le registre foncier, l'avis doit aussi désigner l'immeuble visé.

[1991, c. 64, a. 3015].

▌C.C.Q., 67, 129, 3023.

3016. Lorsque l'officier constate une erreur matérielle dans un registre, dans l'état certifié d'une inscription ou dans une mention faite en marge d'un document, ou qu'il constate l'omission d'une inscription ou d'une mention dans un registre ou en marge d'un document, il procède à la rectification ou à l'inscription, ou effectue la mention, de la manière prescrite par règlement.

Tout intéressé peut, s'il constate de telles erreurs ou omissions, demander à l'officier de procéder à la rectification ou à l'inscription ou d'effectuer la mention; le requérant qui les constate est tenu de le faire.

Dans tous les cas, l'officier indique la date, l'heure et la minute de la rectification, de l'inscription ou de la mention.

[1991, c. 64, a. 3016; 2000, c. 42, a. 51].

▌C.C.Q., 2965, 3020; D.T., 161.

3017. L'officier est tenu de notifier, dans les meilleurs délais, à chaque personne qui a requis l'inscription de son adresse, que le bien sur lequel son droit est publié est l'objet d'un préavis d'exercice d'un droit hypothécaire ou d'un préavis de vente pour défaut de paiement de l'impôt foncier. Il fait de même lorsqu'un avis exige l'abandon de la prise en paiement ou lorsque le bien doit être vendu sous l'autorité de la justice ou, s'il s'agit d'un immeuble, a été adjugé pour défaut de paiement de l'impôt foncier ou fait l'objet d'une saisie; l'officier indique, le cas échéant, le lieu et la date de la vente.

Une telle notification doit être faite au pro-

of the document evidencing the change, shall enter the change in the appropriate register, establish the correspondence between the former name and the new name and indicate the registration number of the right concerned.

To obtain registration of a change of name in the land register, the description of the immovable concerned shall also be included in the notice.

[1991, c. 64, a. 3015; I.N., 2014-05-01].

3016. Where the registrar notes a clerical error in a register, a certified statement or a mention in the margin of a document, or the omission of an entry or of a mention in a register or in the margin of a document, he corrects the error or makes the entry or mention in the manner prescribed by regulation.

Any interested person may, upon noting such an error or omission, request the registrar to make the appropriate correction, entry or mention; if an applicant notes such an error or omission, he is bound to make such a request.

In all cases, the registrar indicates the date, hour and minute the correction, entry or mention is made.

[1991, c. 64, a. 3016; 2000, c. 42, s. 51].

3017. The registrar is bound to notify, as soon as possible, each person having required registration of his address, that the property in which he holds a published right is the subject of a notice of intention to exercise a hypothecary right or a prior notice of sale for non-payment of property taxes. He does the same where a notice requires the abandonment of a taking in payment or where the property is to be sold by judicial authority or, in the case of an immovable, has been adjudicated for non-payment of property taxes or is under seizure; where applicable, the registrar indicates the place and date of the sale.

Such notification shall be sent to the Attor-

cureur général lorsqu'il s'agit d'un bien grevé d'une hypothèque ou s'il s'agit d'une créance prioritaire publiée en faveur de l'État. Elle doit aussi être faite à La Financière agricole du Québec et à la Société d'habitation du Québec lorsqu'il s'agit d'immeubles grevés d'hypothèques publiées en leur faveur.

La personne qui a requis l'inscription d'une adresse électronique est réputée avoir été notifiée sur simple preuve de la transmission, à cette adresse, des renseignements exigés de l'officier.

[1991, c. 64, a. 3017; 2000, c. 42, a. 52; 2013, c. 27, a. 33; N.I., 2014-05-01].

■ C.C.Q., 3000, 3001, 3069; C.P.C., 665.

3018. L'officier ne peut, si ce n'est pour des fins prévues par règlement, utiliser les registres et les autres documents qu'il conserve à d'autres fins que d'assurer, conformément à la loi, la publicité des droits qui y sont inscrits ou mentionnés, notamment pour les rendre opposables aux tiers, établir leur rang ou leur donner effet.

Il ne peut, non plus, utiliser les registres et documents pour fournir à quiconque une liste de propriétaires, de créanciers hypothécaires ou d'autres titulaires de droits, une liste de débiteurs ou de constituants de droits ou une liste des biens qu'une personne possède. De plus, aucune recherche effectuée à partir du nom d'une personne n'est admise dans les registres et documents conservés par un officier de la publicité foncière, à moins qu'elle ne concerne les avis d'adresse ou qu'elle ne soit faite dans l'index des noms ou relativement à un immeuble, un droit réel d'exploitation de ressources de l'État ou un réseau de services publics qui n'est pas immatriculé.

[1991, c. 64, a. 3018; 1998, c. 5, a. 17; 2000, c. 42, a. 53].

■ C.C.Q., 1464, 2971.

3019. L'officier est tenu de délivrer à toute personne qui le requiert un état certifié des droits réels, ou des seules hypothèques ou charges, subsistant à l'égard d'un immeuble déterminé ou de son propriétaire ou, lorsque la demande concerne le registre

ney General in the case of any property charged with a hypothec or in the case of a prior claim that was published in favour of the State. It must also be sent to La Financière agricole du Québec and the Société d'habitation du Québec in the case of an immovable charged with hypothecs published in their favour.

A person having required the registration of an electronic address is deemed to have been notified upon simple proof that the information required from the registrar has been transmitted to that address.

[1991, c. 64, a. 3017; 2000, c. 42, s. 52; 2013, c. 27, s. 33; I.N., 2014-05-01].

3018. The registrar may not, except for purposes prescribed by regulation, use the registers, or the other documents he keeps, for purposes other than ensuring, in accordance with the law, the publication of the rights registered or mentioned therein, particularly so they may be set up against third persons, to establish their rank, or to give them effect.

Nor may the registrar use the registers or documents to furnish to any person a list of owners, hypothecary creditors or other holders of rights, a list of debtors or grantors of rights or a list of the property owned by a person. Furthermore, no search by reference to a person's name is permitted in the registers and documents kept by a land registrar, unless it concerns a notice of address, is carried out in the index of names or concerns an immovable, a real right of State resource development or public service network which is not immatriculated.

[1991, c. 64, a. 3018; 1998, c. 5, s. 17; 2000, c. 42, s. 53; I.N., 2014-05-01].

3019. The registrar is bound to issue to any person who applies therefor a certified statement of the real rights, or of the hypothecs or charges, subsisting against a specific immovable or its owner or, where the application concerns the register of

des droits personnels et réels mobiliers, un état certifié des droits inscrits sur ce registre; l'état énonce la date, l'heure et la minute de mise à jour du registre et il doit, s'il est délivré par un officier de la publicité foncière, faire mention de la demande.

Il est aussi tenu de fournir, à toute personne qui le demande, une copie des documents conservés dans les bureaux de la publicité des droits, ou un état certifié d'une inscription particulière.

[1991, c. 64, a. 3019; 2000, c. 42, a. 54].

▌ D.T., 164; C.P.C., 703-707.

3020. L'officier n'est pas responsable du préjudice pouvant résulter des renseignements qu'il a fournis, par suite d'une erreur qui n'est pas de son fait, dans l'identification d'une personne ou la désignation d'un bien.

[1991, c. 64, a. 3020].

▌ C.C.Q., 3007-3009.

3021. Les officiers sont tenus:

1° De conserver dans les bureaux de la publicité des droits, sur leur support d'origine ou sur un autre support, les documents qui leur sont transmis à des fins de publicité;

2° De faire les inscriptions sur les registres de manière à assurer l'intégrité de l'information;

3° De préserver les inscriptions contre toute altération;

4° D'établir et de conserver dans un autre lieu que les bureaux de la publicité, en sûreté, un exemplaire des registres et autres documents tenus sur support informatique;

5° De maintenir, à des fins d'archives, le relevé des inscriptions sur le registre des droits personnels et réels mobiliers qui n'ont plus d'effet;

6° (*Supprimé*).

Les officiers ne peuvent ni se départir des registres et documents, ni être requis d'en produire une copie hors du bureau, sauf en justice, dans le cadre d'une procédure

personal and movable real rights, a certified statement of the rights entered in that register; the statement indicates the date, hour and minute at which the register was last updated and, if it is issued by a land registrar, refers to the application.

The registrar is also bound to issue, to any person requesting it, a copy of documents kept at the registry offices or a certified statement of a particular entry.

[1991, c. 64, a. 3019; 2000, c. 42, s. 54; I.N., 2014-05-01].

3020. The registrar is not liable for any injury which may result from information furnished by him as a result of an error not due to his act or omission in the identification of a person or the description of property.

[1991, c. 64, a. 3020; I.N., 2014-05-01].

3021. Registrars are bound

(1) to keep, in their original medium or in any other medium, at the registry offices, the documents transmitted to them for publication purposes;

(2) to make entries in the registers so as to ensure the integrity of the information;

(3) to protect the entries in the registers against any alteration;

(4) to establish and keep in a safe place other than the registry offices, a copy of the registers and other documents kept on a computer system;

(5) for archival purposes, to maintain a record of entries in the register of personal and movable real rights which no longer have effect;

(6) (*Striked out*).

Registrars may not dispose of the registers and documents or be required to produce a copy of them outside the registry office except in judicial proceedings in improba-

d'inscription en faux ou d'une contestation portant sur l'authenticité d'un document.

De même, ils ne peuvent ni corriger ni modifier les plans cadastraux; s'il s'y trouve des omissions ou des erreurs dans la description, l'étendue ou le numéro d'un lot, dans le nom du propriétaire, le mode d'acquisition ou le numéro d'inscription du titre, ils doivent en faire rapport au ministre responsable du cadastre qui peut, chaque fois qu'il y a lieu, en corriger l'original ainsi que la copie, certifiant la correction.

[1991, c. 64, a. 3021; 2000, c. 42, a. 55; 2013, c. 27, a. 34].

❚ C.C.Q., 2821, 3016, 3026, 3045; C.P.C., 223.

3021.1. L'Officier de la publicité foncière est tenu de conserver à des fins d'archives, dans les bureaux de la publicité des droits ou dans tout autre lieu, les registres et documents sur support papier, dont ceux qui ont fait l'objet, conformément à un arrêté ministériel pris en application de la *Loi sur les bureaux de la publicité des droits* (chapitre B-9), d'une opération visant à les reproduire sur un support informatique.

[2013, c. 27, a. 35].

Note 1 : Comp. a. 2982.

tion or in contestation of the authenticity of a document.

In addition, they may not correct or amend the cadastral plans; if there are omissions or errors in the description, dimensions or number of any lot, or in the name of the owner, the mode of acquisition or the registration number of the title, they shall report the error or omission to the Minister responsible for the cadastre who may, where necessary, correct the original and the copy and certify the correction.

[1991, c. 64, a. 3021; 2000, c. 42, s. 55; 2013, c. 27, s. 34; I.N., 2014-05-01].

3021.1. The Land Registrar is bound to keep, for archival purposes, in the registry offices or in any other place, all registers and documents in paper form[1], including those which were converted to electronic form pursuant to a ministerial order under the *Act respecting registry offices* (chapter B-9).

[2013, c. 27, s. 35].

Chapitre IV ——
De l'inscription des adresses

Chapter IV ——
Registration of addresses

3022. Les créanciers prioritaires ou hypothécaires, ou leurs ayants cause, les titulaires d'un droit réel, les époux ou conjoints unis civilement qui publient une déclaration de résidence familiale ou les bénéficiaires de cette déclaration, ou encore toute autre personne intéressée, peuvent requérir, de la manière prévue par les règlements, l'inscription de leur adresse afin que l'officier leur notifie certains événements qui touchent leur droit. Ils ne peuvent, toutefois, requérir cette inscription en regard d'un droit publié à l'index des noms du registre foncier.

L'inscription d'une adresse sur le registre foncier vaut pour une période de trente ans; elle peut être renouvelée. Celle qui est faite sur le registre des droits personnels et

3022. The prior or hypothecary creditors or their successors, holders of real rights, married or civil union spouses having published a declaration of family residence or beneficiaries under such a declaration, or any other interested person, may require their addresses to be registered, in the manner prescribed by regulation, in order to receive notification from the registrar of certain events affecting their rights. However, they may not require that their address be registered in connection with a right published in the index of names of the land register.

Registration of an address in the land register is valid for a period of 30 years; it may be renewed. Registration of an address in the register of personal and mova-

réels mobiliers vaut tant que subsiste la publicité du droit auquel elle se rapporte.

ble real rights is valid for as long as the publication of the right to which it relates subsists.

Les réquisitions d'inscription d'une adresse ne sont soumises à aucune exigence d'attestation.

[1991, c. 64, a. 3022; 2000, c. 42, a. 56; 2002, c. 6, a. 61].

▌ C.C.Q., 3023, 3051.

Applications for the registration of an address do not require certification.

[1991, c. 64, a. 3022; 2000, c. 42, a. 56; 2002, c. 6, s. 61; I.N., 2014-05-01].

3023. La personne qui bénéficie de l'inscription d'une adresse peut, au moyen d'un avis, requérir l'officier d'apporter des modifications dans cette adresse ou dans son nom, ou dans la référence faite au numéro d'inscription de l'adresse.

Elle peut aussi, par le même moyen, requérir l'officier de porter sur le registre une référence omise au numéro d'inscription de l'adresse.

[1991, c. 64, a. 3023; 2000, c. 42, a. 57].

▌ C.C.Q., 3015, 3022.

3023. A person for whose benefit an address has been registered may, by means of a notice, require the registrar to effect a change in the address or in the person's name, or in the reference to the registration number of the address.

The person may also, by means of a notice, require the registrar to enter in the register an omitted reference to the registration number of the address.

[1991, c. 64, a. 3023; 2000, c. 42, s. 57; I.N., 2014-05-01].

3023.1. Il suffit, pour désigner un immeuble visé par une réquisition présentée en vertu des dispositions du présent chapitre, d'indiquer dans la réquisition le numéro de lot au cadastre qui a été attribué à l'immeuble ou le numéro de la fiche immobilière tenue sous un numéro d'ordre qui le concerne.

La désignation d'un immeuble n'est pas requise dans le cas d'un avis de modification dans l'adresse ou dans le nom d'une personne inscrit sur le registre.

[2000, c. 42, a. 58].

▌ C.C.Q., 3022, 3023.

3023.1. To describe an immovable in an application presented pursuant to the provisions of this chapter, it is sufficient to indicate the lot number assigned to the immovable in the cadastre or the number of the land file under a serial number concerning the immovable.

However, the immovable need not be described in a notice to change the address or name of a person that is registered in the register.

[2000, c. 42, s. 58; I.N., 2014-05-01].

Chapitre V ——
Des règlements d'application

Chapter V ——
Regulations

3024. Le gouvernement peut, par règlement, prendre toute mesure nécessaire à la mise en application du présent livre; il peut notamment établir les normes de présentation des réquisitions d'inscription et en déterminer la forme et le contenu; il peut déterminer également la forme et le contenu des documents, avis, attestations

3024. The Government may, by regulation, take any measure necessary for the implementation of the provisions of this Book; it may, in particular, establish the standards of presentation of applications for registration and determine the form and content thereof; it may also determine the form and content of documents, no-

et déclarations qui ne sont pas régis par la loi.

Le gouvernement peut aussi déterminer les normes et les critères permettant l'individualisation particulière d'un bien meuble et son identification spécifique, les catégories et les abréviations qui peuvent être utilisées pour désigner un bien meuble et la manière d'établir, de tenir et de clôturer les fiches.

Le gouvernement peut déterminer en outre la forme, le support et la teneur de tout registre et fiche tenus par un officier de la publicité, le support de conservation des réquisitions, le mode de numérotation de toute fiche immobilière, la manière de faire les différentes inscriptions sur les registres. Il fixe aussi les jours et les heures d'ouverture des bureaux, les modalités de consultation des registres et les formalités de délivrance des relevés ou des certificats.

[1991, c. 64, a. 3024].

3025. Si les circonstances l'exigent, le ministre chargé de la direction de l'organisation et de l'inspection d'un bureau de la publicité des droits peut, par arrêté, modifier les heures d'ouverture de ce bureau ou prévoir sa fermeture temporaire.

[1991, c. 64, a. 3025; 2000, c. 42, a. 59].

tices, certificates and declarations which are not governed by the law.

The Government may also determine the standards and criteria which allow the particulars identifying a movable to be specified, the categories and abbreviations which may be used in the description of a movable and the manner of opening, keeping and closing files.

The Government may also determine the form, medium and content of any register or file kept by a registrar, the medium in which applications are preserved, the method of numbering the land files of immovables, the manner of making various entries in the registers. It also fixes the business days and business hours of the registry offices, the procedure to consult registers and the formalities for the issuance of statements or certificates.

[1991, c. 64, a. 3024; 1992, c. 57, s. 716; I.N., 2014-05-01].

3025. Where required by the circumstances, the minister in charge of the organization and inspection of a registry office may, by order, change the business hours of the registry office or close the registry office temporarily.

[1991, c. 64, a. 3025; 2000, c. 42, s. 59].

TITRE 4 ——
DE L'IMMATRICULATION DES IMMEUBLES

Chapitre I ——
Du plan cadastral

TITLE 4 ——
IMMATRICULATION OF IMMOVABLES

Chapter I ——
Cadastral plan

3026. L'immatriculation consiste à situer les immeubles en position relative sur un plan cadastral, à indiquer leurs limites, leurs mesures et leur contenance† et à leur attribuer un numéro particulier.

Elle est complétée par l'identification du propriétaire, par l'indication du mode d'acquisition et du numéro d'inscription du titre et, le cas échéant, par l'établissement de la concordance entre les numéros

3026. The immatriculation of an immovable consists in establishing its relative position on a cadastral plan, indicating its boundaries, measurements and area† and assigning a number to it.

Immatriculation is completed by the identification of the owner, an indication of the mode of acquisition, the registration number of the title and, where applicable, the correspondence between the old and new

cadastraux ancien et nouveau, ou entre le numéro d'ordre de la fiche de l'immeuble et le numéro cadastral nouveau.

[1991, c. 64, a. 3026; 2000, c. 42, a. 60].

cadastral numbers, or between the serial number of the file for the immovable and the new cadastral number.

[1991, c. 64, a. 3026; 2000, c. 42, s. 60].

3027. Le plan cadastral est établi conformément à la loi et fait partie du registre foncier; il est présumé exact.

S'il y a discordance entre les limites, les mesures et la contenance indiquées sur le plan et celles mentionnées dans les documents présentés, l'exactitude des premières est présumée.

Le plan cadastral transmis sur support papier est, s'il n'est pas reproduit sur un support informatique, conservé dans le bureau de la publicité des droits de la circonscription foncière dans laquelle les immeubles visés par ce plan sont situés.

[1991, c. 64, a. 3027; 2000, c. 42, a. 61].

∎ C.C.Q., 2847.

3027. The cadastral plan is drawn up according to law and forms part of the land register; it is presumed accurate.

In the case of discrepancy between the boundaries, measurements and area shown on the plan and those mentioned in the documents presented, those on the plan are presumed accurate.

If the cadastral plan is transmitted in paper form and not converted to electronic form, it is kept at the registry office for the registration division in which the immovables represented on the plan are situated.

[1991, c. 64, a. 3027; 2000, c. 42, s. 61; I.N., 2014-05-01].

3028. Le plan cadastral entre en vigueur le jour de l'établissement de la fiche immobilière au registre foncier.

L'établissement d'une fiche doit se faire dans l'ordre de la réception de chaque plan cadastral, avec la plus grande diligence.

[1991, c. 64, a. 3028; 2000, c. 42, a. 62].

∎ C.C.Q., 3032, 3033.

3028. The cadastral plan comes into force on the day the land file is opened in the land register.

The opening of a land file shall be made, with all possible diligence, in the order of receipt of each cadastral plan.

[1991, c. 64, a. 3028; 2000, c. 42, s. 62; I.N., 2014-05-01].

3028.1. La publicité d'une hypothèque sur un immeuble faisant l'objet d'un plan cadastral établi en vertu de l'article 1 de la *Loi sur le cadastre* (chapitre C-1) doit, sauf si l'hypothèque a été inscrite sur la fiche sous un numéro d'ordre établie pour cet immeuble, être renouvelée dans les deux ans de l'établissement de la fiche immobilière à l'index des immeubles.

En l'absence de renouvellement, les droits conservés par l'inscription initiale n'ont aucun effet à l'égard des autres créanciers, ou des acquéreurs subséquents, dont les droits sont régulièrement publiés.

[2000, c. 42, a. 63].

3028.1. The publication of a hypothec on an immovable represented on a cadastral plan established pursuant to section 1 of the *Cadastre Act* (chapter C-1) must, except if the hypothec has been entered in the land file opened under a serial number for that immovable, be renewed within two years following the opening of the land file in the index of immovables.

If the publication is not renewed, the rights recorded by the initial registration have no effect with respect to other creditors or subsequent purchasers whose rights are duly published.

[2000, c. 42, s. 63; I.N., 2014-05-01].

3029. Tout plan cadastral doit être soumis au ministre responsable du cadastre, qui, s'il le trouve conforme à la loi et correct, en transmet pour dépôt une copie qu'il certifie au bureau de la publicité des droits; il en transmet aussi une copie au greffe de la municipalité de la situation de l'immeuble.

[1991, c. 64, a. 3029; 2000, c. 42, a. 64].

3029. Every cadastral plan shall be submitted to the minister responsible for the cadastre, who, if satisfied that the plan is made according to law and is accurate, transmits a copy certified by him for deposit at the registry office; he also sends a copy to the office of the municipality where the immovable is situated.

[1991, c. 64, a. 3029; 2000, c. 42, s. 64; I.N., 2014-05-01].

3030. À moins qu'il ne porte sur un immeuble situé en territoire non cadastré, aucun droit de propriété ne peut être publié au registre foncier si l'immeuble visé n'est pas identifié par un numéro de lot distinct au cadastre.

Aucune déclaration de copropriété ou de cœmphytéose ne peut être inscrite, à moins que l'immeuble n'ait fait l'objet d'un plan cadastral qui pourvoit à l'immatriculation des parties privatives et communes.

[1991, c. 64, a. 3030].

▌ C.C.Q., 3026.

3030. Except where it pertains to an immovable situated in territory without a cadastral survey, no right of ownership may be published in the land register unless the immovable concerned is identified by a separate lot number on the cadastre.

No declaration of co-ownership or of co-emphyteusis may be registered unless the immovable is the subject of a cadastral plan that contains the immatriculation of the private and common portions.

[1991, c. 64, a. 3030; I.N., 2014-05-01].

3031. L'assiette d'un droit réel d'exploitation de ressources de l'État, que la loi déclare propriété distincte de celle du sol sur lequel il porte, tel un droit minier, ainsi que celle d'un réseau de voies ferrées, ou d'un réseau de télécommunication par câble, de distribution d'eau ou de gaz, de lignes électriques, de canalisations pour le transport de produits pétroliers ou l'évacuation des eaux usées, peut être immatriculée.

Toutefois, le raccordement du réseau et des immeubles desservis n'est pas marqué sur le plan cadastral.

[1991, c. 64, a. 3031; 1995, c. 33, a. 31].

3031. The *situs* of a real right of State resource development which the law declares to be property separate from the land to which the right pertains, such as a mining right, or the situs of a railway network or a network of cable communications, water or gas distribution, power lines, oil or gas pipelines or sewage conduits may be immatriculated.

However, connections between a network and the immovables served by it are not shown on the cadastral plan.

[1991, c. 64, a. 3031; 1995, c. 33, s. 31; I.N., 2014-05-01].

3032. Dès le jour de l'entrée en vigueur du plan cadastral, le numéro donné à un lot est sa seule désignation et suffit dans tout document qui y fait référence.

Lorsque le droit à publier porte sur un immeuble formé de plusieurs lots entiers, chacun des lots doit être individuellement désigné.

[1991, c. 64, a. 3032].

3032. From the day a cadastral plan comes into force, the number assigned to a lot is its sole description and is sufficient in any document referring to the lot.

Where the right which is to be published pertains to an immovable composed of several whole lots, each lot shall be individually described.

[1991, c. 64, a. 3032; I.N., 2014-05-01].

▌C.P.C., 118, 664, 670.

3033. Dès l'entrée en vigueur du plan cadastral, toute personne qui rédige un acte soumis ou admis à la publicité est tenue de désigner les immeubles par le numéro qui leur est attribué sur le plan.

À défaut de cette désignation, la réquisition d'inscription d'un droit doit être refusée, à moins qu'un avis désignant l'immeuble visé ne soit présenté, avec l'acte même, l'extrait de celui-ci ou le sommaire, suivant les règles établies au présent livre.

L'avis cadastral d'inscription du droit doit être fait de la manière prescrite par les règlements pris en application du présent livre.

[1991, c. 64, a. 3033].

▌C.C.Q., 2995.

3034. Dès l'établissement, à la réquisition du propriétaire d'un immeuble situé en territoire non cadastré ou d'un réseau, ou du titulaire d'un droit réel d'exploitation de ressources de l'État, d'une fiche immobilière sous un numéro d'ordre, ce numéro est la seule désignation de l'immeuble qui fait l'objet de la fiche et suffit dans tout document qui y fait référence.

Après l'établissement de la fiche, toute personne qui rédige un acte soumis ou admis à la publicité est tenue de désigner l'immeuble qui a fait l'objet de l'établissement de la fiche par le numéro qui lui a été attribué et de préciser que cet immeuble correspond en tout ou en partie à celui qui a justifié l'établissement de la fiche. Faute de ces précisions, l'inscription doit être refusée.

[1991, c. 64, a. 3034; 2000, c. 42, a. 65].

3035. L'officier ne peut accepter la réquisition relative à un immeuble situé en territoire non cadastré, à un réseau, ou à un droit réel d'exploitation de ressources de l'État, lorsqu'elle ne contient pas la désignation de la fiche immobilière visée ou

3033. From the day a cadastral plan comes into force, every person who draws up an act which shall or may be published is bound to describe immovables by the number assigned to them on the cadastral plan.

Failing such description, the application for registration of a right shall be refused, unless a notice containing the description of the immovable is presented, with the act itself or an extract or summary thereof, in accordance with the rules established in this Book.

The cadastral notice for registration of the right shall be made in the manner prescribed in the regulations made under this Book.

[1991, c. 64, a. 3033; 1992, c. 57, s. 716; I.N., 2014-05-01].

3034. When, on an application from the owner of an immovable situated in a territory without a cadastral survey or of a network or the holder of a real right of State resource development, a land file is opened under a serial number, that number is the sole description of the immovable to which the file applies, and is sufficient in any document making reference thereto.

After the file is opened, any person who draws up an act which shall or may be published is bound to describe the immovable to which the file applies by the number assigned to it, and to indicate that the immovable corresponds, wholly or in part, to the immovable for which the file was opened. If this indication does not appear in the application, the registration shall be refused.

[1991, c. 64, a. 3034; 2000, c. 42, s. 65; I.N., 2014-05-01].

3035. In no case may the registrar accept an application concerning an immovable situated in territory without a cadastral survey, or a network or a real right of State resource development, if the application does not contain the description of the land

qu'elle n'est pas accompagnée d'un avis qui fait référence à cette fiche, à moins qu'elle ne comprenne ou ne soit accompagnée d'une réquisition visant l'établissement d'une fiche.

La réquisition visant l'établissement d'une fiche n'est toutefois pas nécessaire lorsque la réquisition relative à l'immeuble, au réseau ou au droit visé ne constate aucun droit réel établi par une convention ni convention afférente à un droit réel; mais l'inscription ne peut en ce cas, jusqu'à l'établissement d'une fiche, être faite qu'à l'index des noms.

Un droit réel d'exploitation de ressources de l'État ne peut donner lieu à l'établissement d'une fiche immobilière sous un numéro d'ordre que si la loi le déclare propriété distincte de celle du sol sur lequel il porte.

[1991, c. 64, a. 3035; 2000, c. 42, a. 66].

3036. Dans un territoire non cadastré et, le cas échéant, en territoire cadastré, lorsque la loi le permet, l'immeuble doit être désigné par la mention de ses tenants et aboutissants et de ses mesures; la désignation doit aussi contenir les éléments utiles pour situer l'immeuble en position relative et faire état de l'absence de fiche.

La désignation d'un immeuble, faite par référence à l'arpentage primitif ou au moyen de coordonnées géographiques ou de coordonnées planes rectangulaires, est néanmoins admise en territoire non cadastré pourvu que cette désignation, qui doit aussi faire état de l'absence de fiche, permette de bien identifier l'immeuble et le situer en position relative. La désignation d'un immeuble par référence à l'arpentage primitif doit, lorsqu'elle porte sur des parties de lots, être complétée par la mention des tenants et aboutissants et des mesures de chacune des parties.

[1991, c. 64, a. 3036; 2002, c. 19, a. 14; N.I., 2014-05-01].

∎ C.C.Q., 3030; D.T., 155.

3037. Lorsqu'un immeuble est formé de parties de plusieurs lots, chacune des par-

file concerned or is not accompanied by a notice making reference to the file, except where the application includes or is accompanied by an application for the opening of a file.

No application for the opening of a file is necessary, if the application concerning the immovable, network or right does not pertain to any real right established by agreement or any agreement relating to a real right; however, until a land file is opened, registration may only be effected in the index of names.

A land file identified by a serial number cannot be opened in respect of a real right of State resource development unless the right is declared by law to be property separate from the land in which it is held.

[1991, c. 64, a. 3035; 2000, c. 42, s. 66; I.N., 2014-05-01].

3036. In territory without a cadastral survey and also in territory with a cadastral survey if permitted by law, an immovable shall be described by metes and bounds and by its measurements; an indication of the elements useful for locating the relative position of the immovable and a statement that no land file exists, shall also be included in the description.

The description of an immovable by reference to the original survey or by means of geographic coordinates or plane rectangular coordinates is nevertheless admissible in a territory without a cadastral survey, provided that the description, which must also state that no land file exists, allows the immovable to be properly identified and its relative position to be properly located. Where the description of an immovable by reference to the original survey refers to parts of lots, it must be completed by a description by metes and bounds and the measurements of each of those parts.

[1991, c. 64, a. 3036; 2002, c. 19, s. 14].

3037. Where an immovable consists of parts of several lots, each part of a lot shall

ties de lot doit être désignée par ses tenants, aboutissants et mesures respectifs.

La désignation d'une partie de lot par distraction des parties de ce lot, ou par la seule mention du nom des propriétaires des tenants et aboutissants, n'est pas admise.

[1991, c. 64, a. 3037].

▌ C.C.Q., 3036; D.T., 155.

be described by metes and bounds and its measurements.

The description of a part of lot as the remainder after separation of other parts of the lot, or by reference to the names of the owners of its adjoining properties*, is not admissible.

[1991, c. 64, a. 3037].

3038. La désignation d'un réseau de voies ferrées, de télécommunication par câble, de distribution d'eau ou de gaz, de lignes électriques, de canalisations pour le transport de produits pétroliers ou l'évacuation des eaux usées comprend, outre l'indication de sa nature générale:

1° S'il est immatriculé, la désignation du numéro cadastral qui lui est attribué;

2° S'il n'est pas immatriculé, la désignation des cadastres qu'il traverse ou, en territoire non cadastré, une désignation suffisante pour l'identifier, à moins qu'une fiche immobilière n'ait été établie pour le réseau.

La réquisition d'établissement de la fiche immobilière d'un réseau qui n'est pas immatriculé doit désigner les cadastres ou le territoire qu'il dessert.

[1991, c. 64, a. 3038; 1995, c. 33, a. 32].

▌ C.C.Q., 3026.

3038. The description of a railway network, or a network of cable communications, water or gas distribution, power lines, oil or gas pipelines or sewage conduits includes, in addition to an indication of its general nature,

(1) if the network is immatriculated, the cadastral number assigned to it;

(2) if the network is not immatriculated, the description of the cadastres traversed by it or, in territory without a cadastral survey, a description sufficient to identify it, unless a land file has been opened for the network.

In an application for the opening of a land file for a network which is not immatriculated, a description shall be given of the cadastres or territory served by it.

[1991, c. 64, a. 3038; 1995, c. 33, s. 32; I.N., 2014-05-01].

3039. L'assiette du droit réel d'exploitation de ressources de l'État qui est immatriculée est désignée par le numéro d'immatriculation qui lui est donné. Ce numéro et l'indication de la nature du droit suffisent dans tout document qui y fait référence.

L'attribution d'un numéro d'immatriculation comprend aussi la désignation des immeubles sur lesquels s'exerce le droit réel d'exploitation de ressources de l'État, afin que les concordances soient portées sur le registre foncier.

[1991, c. 64, a. 3039].

3039. The *situs* of a real right of State resource development which has been immatriculated is described by the immatriculation number assigned to it. That number and the indication of the nature of the right are sufficient in any document which refers to it.

The assignment of an immatriculation number includes the description of the immovables on which the real right of State resource development is exercised, in order that the relevant correspondences be entered in the land register.

[1991, c. 64, a. 3039; I.N., 2014-05-01].

3040. L'assiette du droit réel d'exploitation de ressources de l'État qui n'est pas immatriculée est désignée par la mention de la nature du droit et la description du lieu où il s'exerce, à moins qu'une fiche immobilière n'ait été établie pour l'assiette du droit visé.

La réquisition d'établissement de la fiche immobilière de ce droit doit désigner le numéro de la fiche des immeubles sur lesquels il s'exerce, afin que les concordances soient portées sur le registre foncier, soit à l'index des immeubles, soit au registre des réseaux de services publics et des immeubles situés en territoire non cadastré; le droit n'est opposable aux tiers qu'à compter du moment où ces concordances sont ainsi portées sur le registre.

[1991, c. 64, a. 3040; 2000, c. 42, a. 68].

■ C.C.Q., 3039.

3041. L'immatriculation des parties privatives et communes d'une copropriété divise verticale ne peut se faire avant que le gros œuvre du bâtiment dans lequel elles sont situées ne permette de les mesurer et d'en déterminer les limites.

[1991, c. 64, a. 3041].

■ C.C.Q., 1041-1051.

3042. Celui qui est autorisé à exproprier doit, en territoire cadastré, soumettre au ministre responsable du cadastre un plan, qu'il approuve pour le propriétaire, afin que soient immatriculées la partie requise et la partie résiduelle; l'approbation, signée par l'expropriant, est reçue en minute par un arpenteur-géomètre et réfère à la minute du plan. En outre, s'il s'agit d'un plan comportant une nouvelle numérotation, l'expropriant doit notifier ce dépôt à toute personne qui a fait inscrire son adresse, mais le consentement des créanciers et du bénéficiaire d'une déclaration de résidence familiale n'est pas requis pour l'obtention de la nouvelle numérotation cadastrale.

L'inscription du transfert visé par la *Loi sur l'expropriation* (chapitre E-24), ou de

3040. The *situs* of a real right of State resource development which is not immatriculated is described by the mention of the nature of the right and a description of the place where it is exercised, unless a land file has been opened for the situs of the right in question.

The number of the land files of the immovables on which the right is exercised shall be included in the application for the opening of the land file of that right, so that the relevant correspondences may be entered in the land register, either in the index of immovables or in the register of public service networks and immovables situated in territory without a cadastral survey; the right may be set up against third persons only from the time the relevant correspondences are entered in the register.

[1991, c. 64, a. 3040; 2000, c. 42, s. 68; I.N., 2014-05-01].

3041. he immatriculation of the private and common portions of a vertical divided co-ownership may not take place before the foundation and main walls of the building in which they are situated allow measurement of their limits.

[1991, c. 64, a. 3041; I.N., 2014-05-01].

3042. A person authorized to expropriate shall, in territory with a cadastral survey, submit to the minister responsible for the cadastre a plan, approved by that person for the owner, in order that the required part and the remainder be immatriculated; the approval, signed by the expropriating party, is received *en minute* by a land surveyor and refers to the minute number of the plan. In addition, in the case of a plan involving a renumbering, the expropriating party shall give notice of the deposit to every person having caused his address to be registered, but the consent of the creditors and the beneficiary under a declaration of family residence is not required to obtain the new cadastral numbering.

No transfer under the *Expropriation Act* (chapter E-24) nor cession of the required

la cession de la partie de lot requise, ne peut être faite avant l'entrée en vigueur du plan.

Le premier alinéa s'applique également aux municipalités qui sont autorisées par la loi à s'approprier, sans formalité ni indemnité à verser, un droit de propriété en superficie, en surface ou dans le tréfonds d'un immeuble, pour une cause d'utilité publique.

[1991, c. 64, a. 3042; 2000, c. 42, a. 69; 2010, c. 4, a. 2].

part of the lot may be registered before the plan comes into force.

The first paragraph also applies to municipalities authorized by law to appropriate, without formality or indemnity, a right of superficies above, on or under an immovable, for public use.

[1991, c. 64, a. 3042; 2000, c. 42, s. 69; 2010, c. 4, s. 2; I.N., 2014-05-01].

Chapitre II ——
Des modifications du cadastre

Chapter II ——
Amendments to the cadastre

3043. Toute personne peut soumettre au ministre responsable du cadastre un plan, approuvé par elle, pour modifier le plan d'un lot dont elle est propriétaire* ou sur lequel elle a acquis, autrement qu'à la suite d'une convention, un droit de propriété; l'approbation, signée par le propriétaire, est reçue en minute par un arpenteur-géomètre et réfère à la minute du plan visé. Elle peut aussi demander le numérotage d'un lot, l'annulation ou le remplacement de la numérotation existante ou en obtenir une nouvelle.

3043. Any person may submit a plan, approved by him, to the minister responsible for the cadastre in order to amend the plan of a lot he owns or in which he has acquired a right of ownership otherwise than by agreement; the approval, signed by the owner, is received *en minute* by a land surveyor and refers to the minute number of the plan concerned. The owner may also request the numbering of a lot, the striking out or replacement of the existing numbering or obtain a new numbering.

L'acceptation, par le ministre, d'un plan visant à modifier le plan d'un lot sur lequel une personne a acquis un droit de propriété autrement qu'à la suite d'une convention supplée à l'approbation de toute autre personne ayant des droits sur le lot visé par le plan.

The acceptance by the minister of a plan the purpose of which is to amend the plan of a lot in which a right of ownership has been acquired by a person otherwise than by agreement compensates for the absence of the approval of any other person having rights in the lot represented on the plan.

Le ministre peut aussi, en cas d'erreur, corriger un plan ou modifier la numérotation d'un lot, ajouter la numérotation omise, ou annuler ou remplacer la numérotation existante. Il doit alors notifier la modification au propriétaire inscrit sur le registre foncier et à toute personne qui a fait inscrire son adresse. La notification est motivée; il y est joint un extrait des plans cadastraux ancien et nouveau.

The minister may also, in case of error, correct a plan or change the number of a lot, supply any omitted number or strike out or replace the existing numbering. He shall in such a case give notice of the amendment to the owner registered in the land register and to any person having caused his address to be registered. Such notification includes reasons and is accompanied by extracts from the old and the new cadastral plans.

Le morcellement d'un lot oblige à l'imma-

Upon the parcelling of a lot, the parts re-

triculation simultanée des parties qui résultent de ce morcellement.

[1991, c. 64, a. 3043; 2000, c. 42, a. 70; 2010, c. 4, a. 3].

∎ C.C.Q., 3046; D.T., 155.

3044. Le consentement des créanciers hypothécaires et du bénéficiaire d'une déclaration de résidence familiale est nécessaire pour l'obtention par le propriétaire d'une modification cadastrale qui entraîne une nouvelle numérotation.

Ce consentement, donné par acte notarié en minute, doit être publié.

[1991, c. 64, a. 3044; 2000, c. 42, a. 71; 2010, c. 4, a. 4].

3045. L'officier de la publicité des droits indique au registre, sous le numéro du lot visé, la nature de toute modification apportée au plan qui ne modifie pas le numéro cadastral.

Lors de l'établissement d'une fiche immobilière exigée par une nouvelle numérotation cadastrale, il établit, le cas échéant, suivant les données du plan, la concordance entre l'ancien numéro de lot ou l'ancien numéro d'ordre de la fiche immobilière et le numéro de lot nouveau.

[1991, c. 64, a. 3045; 2000, c. 42, a. 72].

Chapitre III ——
Du report des droits (*Abrogé*)

3046.-3053. (*Abrogés*).

[2000, c. 42, a. 73].

Chapitre IV ——
Des parties de lot

3054. Les droits énoncés dans la réquisition qui constate l'acquisition d'une partie de lot ne peuvent être inscrits sur le registre foncier, jusqu'à ce qu'une modification cadastrale attribue:

1° Soit un numéro cadastral distinct à la partie acquise et à la partie résiduelle; ou,

sulting therefrom shall be immatriculated simultaneously.

[1991, c. 64, a. 3043; 2000, c. 42, s. 70; 2010, c. 4, s. 3; I.N., 2014-05-01].

3044. The consent of the hypothecary creditors and of the beneficiary under a declaration of family residence is required for the owner to obtain a cadastral amendment involving a renumbering.

The consent is given by notarial act en minute, and shall be registered.

[1991, c. 64, a. 3044; 2000, c. 42, s. 71; 2010, c. 4, s. 4; I.N., 2014-05-01].

3045. The registrar indicates in the register, under the number of the lot concerned, the nature of any amendment made to the plan which does not affect the cadastral number.

When opening a land file required by a cadastral renumbering, the registrar establishes, where applicable, according to what is shown on the plan, the correspondence between the old lot number or the old serial number of the land file and the new lot number.

[1991, c. 64, a. 3045; 2000, c. 42, s. 72].

Chapter III ——
Carry-over of rights (*Repealed*)

3046.-3053. (*Repealed*).

[2000, c. 42, s. 73].

Chapter IV ——
Parts of lots

3054. Rights set forth in an application evidencing the acquisition of a part of a lot may not be registered in the land register until a cadastral amendment assigns

(1) a separate cadastral number to the acquired part and to the remainder; or

2° Soit, lorsque la partie acquise est fusionnée à un lot contigu, un numéro cadastral distinct à l'immeuble qui résulte du fusionnement, ainsi qu'à l'immeuble qui résulte du morcellement.

[1991, c. 64, a. 3054; 2000, c. 42, a. 74].

∎ C.C.Q., 3055; D.T., 155.

3055. Sur la recommandation du ministre responsable du cadastre, le gouvernement peut, par décret, permettre, aux conditions qu'il détermine, dans un territoire qui a fait l'objet d'une rénovation cadastrale, l'inscription sur le registre foncier de l'aliénation d'une partie de lot qui est située dans une zone agricole établie en vertu de la *Loi sur la protection du territoire et des activités agricoles* (chapitre P-41.1), ou qui est située à plus de 345 kilomètres du bureau de la publicité des droits de la circonscription foncière dans laquelle le lot est situé.

Le décret est publié dans la *Gazette officielle du Québec*; il entre en vigueur à la date, ultérieure à sa publication, qui y est fixée.

[1991, c. 64, a. 3055; 1996, c. 26, a. 85; 2000, c. 42, a. 75].

∎ C.C.Q., 3054, 3056.

3056. L'officier transmet au ministre responsable du cadastre une copie de tout document énonçant une aliénation qu'il a inscrite sur le registre foncier, sous l'autorité du décret.

Sur réception du document, le ministre prépare la modification qui donne lieu à l'attribution d'un numéro cadastral distinct à chacune des parties de lot qui résulte de l'aliénation.

[1991, c. 64, a. 3056].

∎ C.C.Q., 3055.

(2) a separate cadastral number, where the acquired part is amalgamated with a contiguous lot, to the immovable resulting from the amalgamation and to the immovable resulting from the parcelling.

[1991, c. 64, a. 3054; 2000, c. 42, s. 74; I.N., 2014-05-01].

3055. On the recommendation of the minister responsible for the cadastre, the Government may, by order, and on the conditions it determines, in a territory that has been the subject of a cadastral renovation, allow registration in the land register of the alienation of part of a lot situated in an agricultural zone established under the *Act respecting the preservation of agricultural land and agricultural activities* (chapter P-41.1), or situated over 345 km from the registry office for the registration division in which the lot is situated.

The order is published in the *Gazette officielle du Québec*; it comes into force on such date after its publication as is fixed therein.

[1991, c. 64, a. 3055; 1996, c. 26, s. 85; 2000, c. 42, s. 75; I.N., 2014-05-01].

3056. The registrar transmits to the minister responsible for the cadastre a copy of any document evidencing an alienation registered by him in the land register on the authority of the order.

On receipt of the document, the minister prepares the amendment providing a separate cadastral number for each part of a lot resulting from the alienation.

[1991, c. 64, a. 3056].

TITRE 5 ——
DE LA RADIATION

TITLE 5 ——
CANCELLATION

Chapitre I ——
Des causes de radiation

Chapter I ——
Causes of cancellation

3057. La radiation résulte d'une inscription qui vise la suppression d'une inscription antérieure sur le registre approprié.

L'inscription est faite, en matière foncière, sur le registre des mentions.
[1991, c. 64, a. 3057; 2000, c. 42, a. 76].

▌ C.C.Q., 2965; D.T., 161; C.P.C., 804.

3057.1. La radiation s'obtient, à moins que la loi n'en dispose autrement, par la présentation d'une réquisition faite suivant les règles applicables au registre foncier ou au registre des droits personnels et réels mobiliers. Cependant, les réquisitions de radiation sur le registre foncier ne peuvent prendre la forme d'un sommaire que dans les cas prévus par la loi.

La radiation est volontaire ou, à défaut, judiciaire; elle peut aussi être légale.
[2000, c. 42, a. 76].

3057.2. La radiation qui résulte d'une inscription sur le registre des mentions doit faire l'objet d'une indication sur le registre foncier, sauf à l'index des noms.
[2000, c. 42, a. 76].

3058. L'inscription dont la date extrême d'effet est limitée par la loi, ou par la réquisition d'inscription, est périmée de plein droit le lendemain, à zéro heure, de la date d'expiration du délai fixé par la loi ou par la réquisition et inscrit, le cas échéant, sur le registre, si elle n'a pas préalablement été renouvelée.
[1991, c. 64, a. 3058; 2000, c. 42, a. 77].

▌ C.C.Q., 3057.

3059. L'inscription d'un droit est radiée, du consentement du titulaire ou du bénéficiaire de ce droit.

Néanmoins, l'inscription sur le registre

3057. Cancellation arises from an entry made in the appropriate register to strike an earlier registration.

To cancel a registration in the land register, the entry is made in the register of mentions.
[1991, c. 64, a. 3057; 2000, c. 42, s. 76; I.N., 2014-05-01].

3057.1. Unless otherwise provided by law, cancellation is obtained by presenting an application made in accordance with the rules applicable to the land register or the register of personal and movable real rights. However, applications for cancellation of a registration in the land register may be presented in the form of a summary only in the cases determined by law.

Cancellation is voluntary or, failing that, judicial; it may also be legal.
[2000, c. 42, s. 76].

3057.2. Cancellation arising from an entry in the register of mentions must be noted in the land register, except in the index of names.
[2000, c. 42, s. 76].

3058. Where the law or the application for registration sets the date after which the registration ceases to have effect, the registration expires by operation of law at midnight on the expiry date of the period fixed by law or the application and, where applicable, entered in the register, if the registration has not been renewed before that time.
[1991, c. 64, a. 3058; 2000, c. 42, s. 77; I.N., 2014-05-01].

3059. The registration of a right is cancelled with the consent of the holder or beneficiary of the right.

Nevertheless, the registration in the land

foncier d'une hypothèque ou d'une restriction au droit de disposer, ou de tout autre droit dont la durée est déterminée, qui est périmée par l'arrivée de sa date extrême d'effet, peut, de même que celle d'une hypothèque éteinte par l'écoulement du temps prévu par la loi, être radiée sur présentation d'une réquisition faite par toute personne intéressée; et l'inscription sur le registre des droits personnels et réels mobiliers d'une hypothèque, ou d'une telle restriction ou d'un tel autre droit, qui, d'après le registre, est périmée, de même que celle de l'adresse qui n'a plus d'effet, peut être radiée d'office par l'officier. La radiation de l'inscription sur le registre des droits personnels et réels mobiliers doit être motivée et datée.

[1991, c. 64, a. 3059; 2000, c. 42, a. 78].

∎ C.C.Q., 3057-3058.

register of a hypothec or of a restriction on the right to dispose of property, or of any other right with a fixed term, which has expired because the date after which it ceases to have effect has passed, or the registration of a hypothec which is extinguished by the lapse of the time prescribed by law, may be cancelled on presentation of an application made by any interested person; the registration in the register of personal and movable real rights of a hypothec, or of such a restriction or right which, according to the register, has expired, or the registration of an address that no longer has effect, may be cancelled by the registrar on his own initiative. The cancellation of a registration in the register of personal and movable real rights must give reasons and be dated.

1991, c. 64, a. 3059; 2000, c. 42, s. 78; I.N., 2014-05-01].

3060. (*Abrogé*).

[2000, c. 42, a. 79].

3060. (*Repealed*).

[2000, c. 42, s. 79].

3061. L'inscription de l'hypothèque légale des personnes qui ont participé à la construction ou à la rénovation d'un immeuble est radiée, à la réquisition de tout intéressé, lorsque dans les six mois qui suivent soit la date de l'inscription, soit la date de la fin des travaux, selon la dernière éventualité aucune action n'a été intentée et publiée ou aucun préavis d'exercice d'un droit hypothécaire n'a été publié; la réquisition doit faire état de ces causes de radiation et être accompagnée d'une preuve qu'elle a été signifiée aux créanciers au moins dix jours précédant sa présentation à l'officier de la publicité des droits.

L'inscription de l'hypothèque légale du syndicat des copropriétaires sur la fraction d'une copropriété est radiée, à la réquisition de tout intéressé, à l'expiration des trois ans de sa date, à moins qu'une action n'ait été préalablement intentée et publiée.

Toutefois, si une action a été intentée et publiée, la radiation s'obtient par l'inscription du jugement rejetant l'action ou ordonnant la radiation, ou par la présentation

3061. The registration of the legal hypothec of persons having participated in the construction or renovation of an immovable is cancelled, on the application of any interested person, where, within six months after the later of the date of registration and the date of completion of the work, no action has been brought and published or no prior notice of the exercise of a hypothecary right has been published; the application must state the reasons for the cancellation and be presented with proof that it was served upon the creditors at least 10 days before its presentation to the registrar.

The registration of the legal hypothec of a syndicate of co-owners on a fraction of the co-ownership is cancelled, on the application of any interested person, upon the expiry of three years after its date, unless an action has previously been brought and published.

However, where an action has been brought and published, cancellation is obtained by registering the judgment dismissing the action or ordering the cancel-

d'un certificat du greffier du tribunal attestant que l'action a été discontinuée.

[1991, c. 64, a. 3061; 2000, c. 42, a. 80].

■ C.C.Q., 2724-2732.

3062. L'inscription d'une déclaration de résidence familiale n'est radiée, à la réquisition de tout intéressé, que dans les cas suivants: les époux ou conjoints unis civilement y consentent, l'un des conjoints est décédé et sa succession est liquidée, les conjoints sont séparés de corps ou divorcés, l'union civile est dissoute, la nullité du mariage ou de l'union civile est prononcée ou l'immeuble a été aliéné du consentement des conjoints ou avec l'autorisation du tribunal.

Hormis le cas où les conjoints y consentent, la réquisition doit être accompagnée d'un certificat de décès et d'une déclaration attestée de la liquidation de la succession ou d'une copie du jugement ou de la déclaration commune notariée de dissolution, selon le cas.

[1991, c. 64, a. 3062; 2002, c. 6, a. 62].

■ C.C.Q., 2995, 3063; C.P.C., 813.4.

3063. La radiation d'une inscription peut être ordonnée par le tribunal lorsque l'inscription a été faite sans droit ou irrégulièrement, sur un titre nul ou informe, ou lorsque le droit inscrit est annulé, résolu, résilié ou éteint par prescription ou autrement.

Elle est aussi ordonnée lorsque l'immeuble sur lequel une déclaration de résidence familiale avait été inscrite a cessé de servir à cette fin.

[1991, c. 64, a. 3063].

■ C.P.C., 804.

3064. (*Abrogé*).

[2000, c. 42, a. 81].

3065. La quittance totale d'une créance emporte le consentement à la radiation. La

lation, or by filing a certificate of the clerk of the court attesting that the action has been discontinued.

[1991, c. 64, a. 3061; 2000, c. 42, s. 80; I.N., 2014-05-01].

3062. Registration of a declaration of family residence is cancelled, on the application of any interested person, only in the following cases: where the married or civil union spouses consent, where one of the spouses has died and his succession has been liquidated, where the spouses are separated from bed and board or are divorced, where the civil union has been dissolved, the marriage or civil union has been annulled, or where the immovable has been alienated with the consent of the spouses or with the authorization of the court.

Except where the spouses consent to the cancellation, the application shall be accompanied by a death certificate and a certified declaration of the liquidation of the succession or a copy of the judgment or the notarized joint declaration of dissolution, as the case may be.

[1991, c. 64, a. 3062; 2002, c. 6, s. 62; I.N., 2014-05-01].

3063. The court may order the cancellation of a registration effected without right or irregularly, or on the basis of a title that is null or that is irregular as to form or where the registered right has been annulled, rescinded, resiliated or extinguished by prescription or otherwise.

It may also order cancellation where the immovable against which a declaration of family residence had been registered has ceased to be used for that purpose.

[1991, c. 64, a. 3063; I.N., 2014-05-01].

3064. (*Repealed*).

[2000, c. 42, s. 81].

3065. Total acquittance of a claim entails consent to cancellation. Partial acquittance

quittance partielle n'entraîne que le consentement à une réduction équivalente.

entails consent to only an equivalent reduction.

Le créancier est tenu de faire inscrire la quittance, s'il reçoit une somme suffisante pour acquitter les frais d'inscription et les frais d'acheminement de la réquisition au bureau de la publicité des droits; il ne peut exiger aucune autre somme, malgré toute stipulation contraire.

[1991, c. 64, a. 3065].

■ C.C.Q., 1557, 1568, 3012.

The creditor is bound to register the acquittance if he receives a sufficient amount to pay the registration fee and the costs of sending the application to the registry office; he may not claim any other amount, notwithstanding any stipulation to the contrary.

[1991, c. 64, a. 3065; I.N., 2014-05-01].

3066. La réduction de l'hypothèque garantissant la créance que la consignation d'une somme d'argent est destinée à payer, se fait par l'inscription du jugement qui déclare les offres valables et qui, le cas échéant, détermine la personne qui a droit à la somme consignée, ou par l'inscription du jugement qui autorise, à la demande du débiteur, la réduction de l'hypothèque et le report de celle-ci sur le bien offert ou consigné.

[1991, c. 64, a. 3066].

■ C.C.Q., 2678.

3066. Reduction of a hypothec securing a claim to be paid with a sum of money deposited for that purpose is made by registering the judgment declaring the tender to be valid and specifying, where applicable, the person entitled to the sum of money deposited, or by registering the judgment authorizing, at the debtor's request, the reduction of the hypothec and its transfer onto the property tendered or deposited.

[1991, c. 64, a. 3066].

Chapitre II ——
De certaines radiations

Chapter II ——
Certain cases of cancellation

3066.1. L'inscription de l'adresse d'un indivisaire peut être radiée à la réquisition de tout intéressé. Elle peut aussi être radiée d'office par l'officier lorsqu'il constate que l'indivision a pris fin.

3066.1. Registration of the address of a co-owner in indivision may be cancelled on the application of any interested person. It may also be cancelled on the registrar's own initiative if the registrar becomes aware that the undivided co-ownership has ended.

La réquisition doit contenir, outre une référence à l'acte constitutif de l'indivision et à celui qui y met fin à l'égard de l'indivisaire, la désignation de cet indivisaire et l'indication du numéro d'inscription de son adresse sur le registre.

[2000, c. 42, a. 82; 2013, c. 27, a. 36].

■ C.C.Q., 1014.

The application for cancellation must refer to the act constituting the undivided co-ownership and the act terminating the undivided co-ownership with respect to the co-owner and contain the description of the co-owner and the registration number of his address in the register.

[2000, c. 42, s. 82; 2013, c. 27, s. 36].

3066.2. L'avis de préinscription d'une demande en justice est radié par l'inscription d'un jugement rejetant la demande ou ordonnant la radiation, ou par la présentation

3066.2. A notice of advance registration of a judicial demand is cancelled upon registration of a judgment dismissing the demand or ordering the cancellation, or upon

d'un certificat du greffier du tribunal attestant que la demande a été discontinuée.

presentation of a certificate of the clerk of the court stating that the demand has been discontinued.

L'avis de préinscription de droits résultant d'un testament est radié à la réquisition de tout intéressé, lorsque le testament n'a pas été publié dans les trois ans de la date de l'ouverture de la succession. La réquisition doit être accompagnée de l'acte de décès du testateur.

[2000, c. 42, a. 82].

A notice of advance registration of rights arising from a will is cancelled upon the application of any interested person, if the will was not published within three years of the date of opening of the succession. The application must be accompanied by the act of death of the testator.

[2000, c. 42, s. 82; I.N., 2014-05-01].

∎ C.C.Q., 2966-2968, 2998, 3052, 3053.

3067. L'inscription d'un droit viager ou de l'hypothèque qui le garantit ne peut être radiée que du consentement du titulaire ou du bénéficiaire; s'il est décédé, la personne qui requiert la radiation doit présenter l'acte de décès, accompagné d'une déclaration sous serment concernant l'identité du défunt.

[1991, c. 64, a. 3067].

3067. Registration of a right ending at death or of a hypothec securing it may not be cancelled without the consent of the holder or beneficiary; after his death, the person requiring the cancellation shall present the act of death and a sworn statement as to the identity of the deceased.

[1991, c. 64, a. 3067].

∎ C.C.Q., 122.

3068. L'inscription d'une hypothèque en faveur de l'État est radiée ou réduite par la présentation d'un certificat du procureur général ou du sous-procureur général du Québec, ou d'une personne désignée par le procureur général, énonçant que telle hypothèque est éteinte ou réduite.

3068. Registration of a hypothec in favour of the State is cancelled or the registered amount thereof is reduced by filing a certificate of the Attorney General or Deputy Attorney General of Québec, or of a person designated by the Attorney General, stating that the hypothec is extinguished or reduced.

Elle l'est aussi par la présentation d'un certificat du ministre du Revenu, ou d'une personne désignée par lui, énonçant que telle hypothèque est éteinte ou réduite, si cette hypothèque a été constituée en vertu d'une loi dont l'application relève de ce ministre.

It is also cancelled by filing a certificate of the Minister of Revenue, or a person designated by the Minister of Revenue, stating that the hypothec is extinguished or reduced, if the hypothec was created by virtue of an Act under the administration of that Minister.

Elle peut l'être encore par la présentation d'une copie d'un décret du gouvernement, certifiée par le greffier du Conseil exécutif.

[1991, c. 64, a. 3068; 2010, c. 31, a. 81].

It may further be cancelled by filing a copy of an order of the Government, certified by the clerk of the Executive Council.

[1991, c. 64, a. 3068; 2010, c. 31, s. 81].

∎ C.C.Q., 2724, 2725, 3017.

3069. L'inscription des droits éteints par l'exercice des droits hypothécaires, par la vente forcée ou par la vente définitive du bien pour défaut de paiement de l'impôt foncier est radiée à la suite de l'inscription

3069. Registration of rights extinguished by the exercise of hypothecary rights, by forced sale or by definitive sale of the property for failure to pay property taxes is cancelled following registration of the sale

de la vente ou de la prise en paiement. Toutes les inscriptions des procès-verbaux de saisie, des préavis de vente, des préavis d'exercice d'un recours ou d'un droit et, le cas échéant, d'un avis exigeant l'abandon de la prise en paiement en vertu du livre Des priorités et des hypothèques, sont alors radiées par l'officier.

Cependant, lorsqu'il n'est pas procédé à la vente, les inscriptions des procès-verbaux, des préavis et des avis ne sont radiées que par la présentation d'un certificat constatant le fait et délivré par le greffier du tribunal ou par la personne désignée pour procéder à la vente.

Les réquisitions de radiation des inscriptions sur le registre foncier visées par le présent article peuvent prendre la forme d'un sommaire du document.

[1991, c. 64, a. 3069; 2000, c. 42, a. 83].

▌C.C.Q., 2794; C.P.C., 663, 665, 696, 804.

3070. L'inscription du préavis de vente pour défaut de paiement de l'impôt foncier et celle de l'adjudication sont radiées à la suite de l'inscription de la vente définitive consentie par l'autorité municipale ou scolaire ou de l'acte constatant que l'immeuble a fait l'objet d'un retrait.

L'inscription du préavis de vente pour défaut de paiement de l'impôt foncier est aussi radiée à la suite de la présentation de la liste des immeubles non vendus.

La radiation de ces inscriptions peut être requise au moyen d'un sommaire du document.

[1991, c. 64, a. 3070; 2000, c. 42, a. 84].

▌C.C.Q., 2724, 2725, 2651, 2653, 3017, 3069.

3071. L'inscription d'un droit réel d'exploitation de ressources de l'État est radiée, lorsque le ministre responsable de la loi qui régit ce droit avise l'officier de la publicité des droits de l'abandon ou de la révocation du droit qui n'est pas exempté de l'inscription.

L'avis doit désigner le droit abandonné ou

or of the taking in payment. All registrations of minutes of seizure, prior notices of sale, notices of intention to pursue a remedy or the exercise of a right and notices requiring abandonment of the taking in payment under the Book on Prior Claims and Hypothecs are thereupon cancelled by the registrar.

Where the sale is not proceeded with, registration of minutes of seizure and notices is cancelled only upon the filing of a certificate evidencing that fact issued by the clerk of the court or by the person designated to proceed with the sale.

Applications for cancellation in the land register of the registrations referred to in this article may be in the form of a summary of the document.

[1991, c. 64, a. 3069; 1992, c. 57, s. 716; 2000, c. 42, s. 83; I.N., 2014-05-01].

3070. Registration of the prior notice of sale for non-payment of property taxes and of the adjudication is cancelled following the registration of the definitive sale made by the municipal or school authority or by the act evidencing the redemption of the immovable.

Registration of the prior notice of sale for non-payment of property taxes is also cancelled following the production of the list of immovables that have not been sold.

The cancellation of a registration under this article may be applied for by means of a summary of the document.

[1991, c. 64, a. 3070; 2000, c. 42, s. 84; I.N., 2014-05-01].

3071. Where a real right of State resource development is not exempt from registration, its registration is cancelled when the minister responsible for the Act governing the right notifies the registrar of the abandonment or revocation of the right.

In the notice, the minister shall include the

révoqué et identifier la fiche immobilière visée; l'abandon ou la révocation est inscrite sur cette fiche, ainsi que sur celle de l'immeuble sur lequel s'exerçait le droit.

description of the abandoned or revoked right and identify the land file concerned; the abandonment or revocation is entered on the land file concerned and on the land file of the immovable on which the right was exercised.

Lorsque l'abandon ou la révocation concerne un droit dont l'assiette a été immatriculée, l'officier en donne avis au ministre responsable du cadastre afin qu'il puisse, d'office, annuler l'immatriculation du droit.

[1991, c. 64, a. 3071].

■ C.C.Q., 3034, 3039, 3040.

Where the abandonment or revocation concerns a right of which the situs has been immatriculated, the registrar informs the minister responsible for the cadastre so that he may, by virtue of his office, cancel the immatriculation of the right.

[1991, c. 64, a. 3071; I.N., 2014-05-01].

Chapitre III —
Des formalités et des effets de la radiation

Chapter III —
Formalities and effects of cancellation

3072. La réquisition qui vise la réduction d'une inscription suit les règles applicables au registre approprié.

[1991, c. 64, a. 3072].

■ C.P.C., 804.

3072. Applications for the reduction of a registration are made in accordance with the rules applicable to the appropriate register.

[1991, c. 64, a. 3072].

3072.1. La réquisition qui vise la radiation ou la réduction d'une inscription sur le registre foncier n'a pas à contenir la désignation des biens qui y sont visés, sauf lorsqu'il s'agit de réduire l'assiette même du droit inscrit.

[2000, c. 42, a. 85].

■ C.C.Q., 3072.

3072.1. Applications for the cancellation of a registration or the reduction of an entry in the land register need not contain the description of the property concerned, except where a reduction in the *situs* of the registered right is applied for.

[2000, c. 42, s. 85].

3073. La réquisition fondée sur un jugement qui ordonne la radiation d'un droit publié ou la réduction d'une inscription n'est admise que si ce jugement a passé en force de chose jugée.

3073. An application based on a judgment ordering the cancellation of a published right or the reduction of a registration is not admissible unless the judgment has acquired the authority of a final judgment (*res judicata*).

L'exécution provisoire n'est pas admise lorsque le jugement porte sur la rectification, la réduction ou la radiation d'une inscription.

Provisional execution of a judgment relating to the correction, reduction or cancellation of a registration is not admissible.

Le greffier du tribunal est tenu de délivrer un certificat attestant que le jugement n'est pas susceptible d'appel ou que, les délais d'appel étant expirés, il n'y a pas eu d'appel ou encore qu'à l'expiration d'un délai

The clerk of the court is bound to issue a certificate attesting that no appeal lies from the judgment, that no appeal was taken, the time for appeal having expired, or that no motion in revocation of judg-

de trente jours de la date du jugement au- cune demande en rétractation de jugement n'a été présentée.

[1991, c. 64, a. 3073].

❚ C.C.Q., 3061; C.P.C., 497, 547, 804.

ment was filed within 30 days from the date of the judgment.

[1991, c. 64, a. 3073; I.N., 2014-05-01].

3074. La radiation de l'inscription d'un droit principal autorise la radiation de l'inscription des droits accessoires et de toutes les mentions relatives à ces inscriptions.

[1991, c. 64, a. 3074].

❚ C.P.C., 804.

3074. Cancellation of the registration of a principal right authorizes cancellation of the registration of rights accessory to that right and of all references to such registrations.

[1991, c. 64, a. 3074].

3074.1. En matière foncière, l'officier peut radier d'office l'inscription d'une adresse qui n'a plus d'effet en raison de la radiation d'un droit principal.

[2013, c. 27, a. 37].

3074.1. In land registration matters, the registrar may, on his own initiative, cancel the registration of an address that no longer has effect because of the cancellation of the registration of a principal right.

[2013, c. 27, s. 37].

3075. L'inscription de la radiation faite sans droit ou à la suite d'une erreur est radiée sur ordonnance du tribunal, à la demande de toute personne intéressée.

L'inscription de l'ordonnance ne peut porter atteinte aux droits du tiers de bonne foi qui a publié son droit après la radiation faite sans droit ou à la suite d'une erreur.

[1991, c. 64, a. 3075].

❚ C.P.C., 804.

3075. Registration of cancellation effected without right or as the result of an error may be cancelled by order of the court on the application of any interested person.

In no case does registration of such an order affect the rights of a third person in good faith who published his right after a cancellation made without right or as the result of an error.

[1991, c. 64, a. 3075; I.N., 2014-05-01].

3075.1. Toute réquisition présentée à un officier de la publicité foncière, y compris celle présentée en vertu des articles 3069 et 3070, qui vise à la fois l'inscription d'un droit et la radiation ou la réduction d'une inscription sur le registre foncier, doit, de la manière prescrite par règlement, indiquer expressément à quelles fins la réquisition est présentée.

À défaut d'une telle indication, l'officier n'est tenu de procéder qu'à l'inscription du droit visé.

[2000, c. 42, a. 86].

❚ C.C.Q., 3069, 3070.

3075.1. Any application presented to a land registrar, including an application under article 3069 or 3070, for both the registration of a right and the cancellation of a registration or the reduction of an entry in the land register must indicate expressly, in the manner prescribed by regulation, for what purposes the application is presented.

In the absence of such indication, the registrar is only bound to proceed with the registration of the right.

[2000, c. 42, s. 86; I.N., 2014-05-01].

LIVRE 10 ———
DU DROIT INTERNATIONAL PRIVÉ

BOOK 10 ———
PRIVATE INTERNATIONAL LAW

TITRE 1 ———
DISPOSITIONS GÉNÉRALES

TITLE 1 ———
GENERAL PROVISIONS

3076. Les règles du présent livre s'appliquent sous réserve des règles de droit en vigueur au Québec dont l'application s'impose en raison de leur but particulier.

[1991, c. 64, a. 3076].

❚ C.C.Q., 3079, 3081, 3084, 3129.

3076. The rules contained in this Book apply subject to those rules of law in force in Québec which are applicable by reason of their particular object.

[1991, c. 64, a. 3076].

3077. Lorsqu'un État comprend plusieurs unités territoriales ayant des compétences législatives distinctes, chaque unité territoriale est considérée comme un État.

Lorsqu'un État comprend plusieurs systèmes juridiques applicables à différentes catégories de personnes, toute référence à la loi de cet État vise le système juridique déterminé par les règles en vigueur dans cet État; à défaut de telles règles, la référence vise le système juridique ayant les liens les plus étroits avec la situation.

[1991, c. 64, a. 3077].

❚ C.C.Q., 3080.

3077. Where a State comprises several territorial units having different legislative jurisdictions, each territorial unit is regarded as a State.

Where a State comprises several legal systems applicable to different categories of persons, any reference to the law of that State is a reference to the legal system prescribed by the rules in force in that State; in the absence of such rules, any such reference is a reference to the legal system most closely connected with the situation.

[1991, c. 64, a. 3077; I.N., 2014-05-01].

3078. La qualification est demandée au système juridique du tribunal saisi; toutefois, la qualification des biens, comme meubles ou immeubles, est demandée à la loi du lieu de leur situation.

Lorsque le tribunal ignore une institution juridique ou qu'il ne la connaît que sous une désignation ou avec un contenu distincts, la loi étrangère peut être prise en considération.

[1991, c. 64, a. 3078].

❚ C.C.Q., 899-907.

3078. Characterization is made according to the legal system of the court seised of the matter; however, characterization of property as movable or immovable is made according to the law of the place where it is situated.

Where a legal institution is unknown to the court or known to it under a different designation or with a different content, foreign law may be taken into account.

[1991, c. 64, a. 3078].

3079. Lorsque des intérêts légitimes et manifestement prépondérants l'exigent, il peut être donné effet à une disposition impérative de la loi d'un autre État avec lequel la situation présente un lien étroit.

Pour en décider, il est tenu compte du but

3079. Where legitimate and manifestly preponderant interests so require, effect may be given to a mandatory provision of the law of another State with which the situation is closely connected.

In deciding whether to do so, considera-

de la disposition, ainsi que des conséquences qui découleraient de son application.

[1991, c. 64, a. 3079].

∎ C.C.Q., 3076.

tion is given to the purpose of the provision and the consequences of its application.

[1991, c. 64, a. 3079; I.N., 2014-05-01].

3080. Lorsqu'en vertu des règles du présent livre la loi d'un État étranger s'applique, il s'agit des règles du droit interne de cet État, à l'exclusion de ses règles de conflits de lois.

[1991, c. 64, a. 3080].

∎ C.C.Q., 3079.

3080. Where, under the provisions of this Book, the law of a foreign State applies, the law in question is the internal law of that State, but not its rules governing conflict of laws.

[1991, c. 64, a. 3080; I.N., 2014-05-01].

3081. L'application des dispositions de la loi d'un État étranger est exclue lorsqu'elle conduit à un résultat manifestement incompatible avec l'ordre public tel qu'il est entendu dans les relations internationales.

[1991, c. 64, a. 3081].

∎ C.C.Q., 3076, 3079, 3080, 3099, 3117, 3118, 3155(5).

3081. The provisions of the law of a foreign State do not apply if their application would be manifestly inconsistent with public order as understood in international relations.

[1991, c. 64, a. 3081; I.N., 2014-05-01].

3082. À titre exceptionnel, la loi désignée par le présent livre n'est pas applicable si, compte tenu de l'ensemble des circonstances, il est manifeste que la situation n'a qu'un lien éloigné avec cette loi et qu'elle se trouve en relation beaucoup plus étroite avec la loi d'un autre État. La présente disposition n'est pas applicable lorsque la loi est désignée dans un acte juridique.

[1991, c. 64, a. 3082].

∎ C.C.Q., 3135.

3082. Exceptionally, the law designated by this Book is not applicable if, in the light of all attendant circumstances, it is clear that the situation is only remotely connected with that law and is much more closely connected with the law of another State. This provision does not apply where the law is designated in a juridical act.

[1991, c. 64, a. 3082; I.N., 2014-05-01].

TITRE 2 ——
DES CONFLITS DE LOIS

TITLE 2 ——
CONFLICT OF LAWS

Chapitre I ——
Du statut personnel

Chapter I ——
Personal status

SECTION I ——
DISPOSITIONS GÉNÉRALES

SECTION I ——
GENERAL PROVISIONS

3083. L'état et la capacité d'une personne physique sont régis par la loi de son domicile.

3083. The status and capacity of a natural person are governed by the law of his domicile.

L'état et la capacité d'une personne morale sont régis par la loi de l'État en vertu de laquelle elle est constituée, sous réserve, quant à son activité, de la loi du lieu où elle s'exerce.

[1991, c. 64, a. 3083].

▌C.C.Q., 50, 75, 153-364, 3084-3093.

The status and capacity of a legal person are governed by the law of the State under which it is constituted, subject, with respect to its activities, to the law of the place where they are carried on.

[1991, c. 64, a. 3083; I.N., 2014-05-01].

3084. En cas d'urgence ou d'inconvénients sérieux, la loi du tribunal saisi peut être appliquée à titre provisoire, en vue d'assurer la protection d'une personne ou de ses biens.

[1991, c. 64, a. 3084].

▌C.C.Q., 3140, 3085.

3084. In cases of emergency or serious inconvenience, the law of the court seised of the matter may be applied provisionally to ensure the protection of a person or of his property.

[1991, c. 64, a. 3084].

SECTION II —
DISPOSITIONS PARTICULIÈRES

SECTION II —
SPECIAL PROVISIONS

§ 0.1. — Du changement de la mention du sexe

§ 0.1. — Change of designation of sex

3084.1. Lorsqu'une modification de la mention du sexe figurant dans l'acte de naissance d'une personne née au Québec mais domiciliée hors du Québec s'avère impossible dans l'État de son domicile, le directeur de l'état civil peut, à la demande de cette personne, apporter la modification de la mention et, s'il y a lieu, des prénoms, à l'acte fait au Québec.

La demande est assujettie aux conditions prévues à la loi du Québec, exception faite des conditions relatives au domicile et à la nationalité.

[2013, c. 27, a. 38].

3084.1. When a change of the designation of sex that appears on the act of birth of a person born in Québec but domiciled outside Québec proves impossible in the State where the person is domiciled, the registrar of civil status may, at the request of the person, change the designation and, if necessary, change the person's given names in the act drawn up in Québec.

The application is subject to the conditions prescribed by the law of Québec, except those respecting domicile and nationality.

[2013, c. 27, s. 38; I.N., 2014-05-01].

§ 1. — Des incapacités

§ 1. — Incapacity

3085. Le régime juridique des majeurs protégés et la tutelle du mineur sont régis par la loi du domicile des personnes qui en font l'objet.

Lorsqu'un mineur ou un majeur protégé domicilié hors du Québec possède des biens au Québec ou a des droits à y exer-

3085. Protective supervision of persons of full age and tutorship to minors are governed by the law of the domicile of each person subject thereto.

Whenever a minor or a protected person of full age domiciled outside Québec possesses property in Québec or has rights to

cer et que la loi de son domicile ne pour-voit pas à ce qu'il ait un représentant, il peut lui être nommé un tuteur ou un cura-teur pour le représenter dans tous les cas où un tuteur ou un curateur peut représen-ter un mineur ou un majeur protégé d'après les lois du Québec.

[1991, c. 64, a. 3085].

▌ C.C.Q., 177-298, 3084.

be exercised and the law of his domicile does not provide for him to have a repre-sentative, a tutor or a curator may be ap-pointed to represent him in all cases where a tutor or a curator may represent a minor or a protected person of full age under the laws of Québec.

[1991, c. 64, a. 3085; I.N., 2014-05-01].

3086. La partie à un acte juridique qui est incapable selon la loi de l'État de son do-micile ne peut pas invoquer cette incapa-cité si elle était capable selon la loi de l'État du domicile de l'autre partie lorsque l'acte a été passé dans cet État, à moins que cette autre partie n'ait connu ou dû connaître cette incapacité.

[1991, c. 64, a. 3086].

▌ C.C.Q., 1409, 3083, 3087.

3086. A party to a juridical act who is in-capable under the law of the State of his domicile may not invoke his incapacity if he was capable under the law of the State in which the other party was domiciled when the act was entered into in that State, unless the other party was or should have been aware of the incapacity.

[1991, c. 64, a. 3086; 2002, c. 19, s. 15; I.N., 2014-05-01].

3087. La personne morale qui est partie à un acte juridique ne peut pas invoquer les restrictions au pouvoir de représentation des personnes qui agissent pour elle si ces restrictions n'existaient pas selon la loi de l'État du domicile de l'autre partie lorsque l'acte a été passé dans cet État, à moins que cette autre partie n'ait connu ou dû connaître ces restrictions en raison de sa fonction ou de sa relation avec la partie qui les invoque.

[1991, c. 64, a. 3087].

▌ C.C.Q., 321-330, 3086, 3116.

3087. A legal person who is a party to a juridical act may not invoke restrictions upon the power of representation of the persons acting for it if the restrictions did not exist under the law of the State in which the other party was domiciled when the act was entered into in that State, un-less the other party was or should have been aware of the restrictions by virtue of his position with or relationship to the party invoking them.

[1991, c. 64, a. 3087; 2002, c. 19, s. 15; I.N., 2014-05-01].

§ 2. — Du mariage

§ 2. — Marriage

3088. Le mariage est régi, quant à ses con-ditions de fond, par la loi applicable à l'état de chacun des futurs époux.

Il est régi, quant à ses conditions de forme, par la loi du lieu de sa célébration ou par la loi de l'État du domicile ou de la natio-nalité de l'un des époux.

[1991, c. 64, a. 3088].

▌ C.C.Q., 365-521; D.T., 167.

3088. Marriage is governed with respect to its essential validity by the law applicable to the status of each of the intended spouses.

With respect to its formal validity, it is governed by the law of the place of its sol-emnization or by the law of the State of domicile or of nationality of one of the spouses.

[1991, c. 64, a. 3088; I.N., 2014-05-01].

3089. Les effets du mariage, notamment ceux qui s'imposent à tous les époux quel que soit leur régime matrimonial, sont soumis à la loi de leur domicile.

Lorsque les époux sont domiciliés dans des États différents, la loi du lieu de leur résidence commune s'applique ou, à défaut, la loi de leur dernière résidence commune ou, à défaut, la loi du lieu de la célébration du mariage.

[1991, c. 64, a. 3089].

■ C.C.Q., 82, 391-430, 3090.1 al. 2, 3122, 3123.

3089. The effects of marriage, particularly those which are binding on all spouses regardless of their matrimonial regime, are subject to the law of the domicile of the spouses.

Where the spouses are domiciled in different States, the applicable law is the law of their common residence or, failing that, the law of their last common residence or, failing that, the law of the place of solemnization of the marriage.

[1991, c. 64, a. 3089; I.N., 2014-05-01].

§ 3. —— De la séparation de corps

3090. La séparation de corps est régie par la loi du domicile des époux.

Lorsque les époux sont domiciliés dans des États différents, la loi du lieu de leur résidence commune s'applique ou, à défaut, la loi de leur dernière résidence commune ou, à défaut, la loi du tribunal saisi.

Les effets de la séparation de corps sont soumis à la loi qui a été appliquée à la séparation de corps.

[1991, c. 64, a. 3090].

■ C.C.Q., 493-515, 3096, 3130.

§ 3. —— Separation from bed and board

3090. Separation from bed and board is governed by the law of the domicile of the spouses.

Where the spouses are domiciled in different States, the applicable law is the law of their common residence or, failing that, the law of their last common residence or, failing that, the law of the court seised of the matter.

The effects of separation from bed and board are subject to the law governing the separation.

[1991, c. 64, a. 3090; I.N., 2014-05-01].

§ 3.1. —— De l'union civile

3090.1. L'union civile est régie, quant à ses conditions de fond et de forme, par la loi du lieu où elle est célébrée.

La même loi s'applique aux effets de l'union civile, à l'exception de ceux qui s'imposent aux conjoints quel que soit leur régime d'union, lesquels sont soumis à la loi de leur domicile.

[2002, c. 6, a. 63].

■ C.C.Q., 3090.2, 3090.3, 3096, 3122-3124, 3144, 3145, 3154, 3167 al. 2.

§ 3.1. —— Civil union

3090.1. Civil union is governed with respect to its essential and formal validity by the law of the place of its solemnization.

That law also applies to the effects of civil union, except those binding all spouses regardless of their regime, which are subject to the law of the State of their domicile.

[2002, c. 6, s. 63; I.N., 2014-05-01].

3090.2. La dissolution de l'union civile est régie par la loi du domicile des conjoints ou par la loi du lieu de la célébration de

3090.2. The dissolution of a civil union is governed by the law of the State of domicile of the spouses or by the law of the

l'union. Les effets de la dissolution sont soumis à la loi qui a été appliquée à la dissolution de l'union.

[2002, c. 6, a. 63].

∎ C.C.Q., 3167 al. 2.

3090.3. Lorsque les conjoints sont domiciliés dans des États différents, la loi du lieu de leur résidence commune s'applique ou, à défaut, la loi de leur dernière résidence commune ou, à défaut, la loi du lieu de la célébration de leur union civile ou du tribunal saisi de la demande en dissolution, selon le cas.

[2002, c. 6, a. 63].

∎ C.C.Q., 3090.1, 3090.2.

place of its solemnization. The effects of the dissolution are subject to the law governing the dissolution.

[2002, c. 6, s. 63; I.N., 2014-05-01].

3090.3. Where the spouses are domiciled in different States, the applicable law is the law of their common place of residence or, failing that, the law of their last common place of residence or, failing that, the law of the place of solemnization of the civil union or the law of the court seised of the application for dissolution, as the case may be.

[2002, c. 6, s. 63; I.N., 2014-05-01].

§ 4. ⸺ De la filiation par le sang et de la filiation adoptive

§ 4. ⸺ Filiation by Blood and Filiation by Adoption

3091. L'établissement de la filiation est régi par la loi du domicile ou de la nationalité de l'enfant ou de l'un de ses parents, lors de la naissance de l'enfant, selon celle qui est la plus avantageuse pour celui-ci.

Ses effets sont soumis à la loi du domicile de l'enfant.

[1991, c. 64, a. 3091].

∎ C.C.Q., 523-542, 3083, 3093.

3091. Filiation is established in accordance with the law of the domicile or nationality of the child or of one of his parents, at the time of the child's birth, whichever is more beneficial to the child.

The effects of filiation are subject to the law of the domicile of the child.

[1991, c. 64, a. 3091].

3092. Les règles relatives au consentement et à l'admissibilité à l'adoption d'un enfant sont celles que prévoit la loi de son domicile.

Les effets de l'adoption sont soumis à la loi du domicile de l'adoptant.

[1991, c. 64, a. 3092].

∎ C.C.Q., 563, 565, 568, 573.1-575, 581.

3092. The rules that govern consent to adoption and the eligibility of a child for adoption are those provided by the law of the child's domicile.

The effects of adoption are subject to the law of the domicile of the adopter.

[1991, c. 64, a. 3092; I.N., 2014-05-01].

3093. La garde de l'enfant est régie par la loi de son domicile.

[1991, c. 64, a. 3093].

∎ C.C.Q., 514, 521, 3091 al. 2, 3142.

3093. Custody of the child is governed by the law of his domicile.

[1991, c. 64, a. 3093].

§ 5. — De l'obligation alimentaire

3094. L'obligation alimentaire est régie par la loi du domicile du créancier. Toutefois, lorsque le créancier ne peut obtenir d'aliments du débiteur en vertu de cette loi, la loi applicable est celle du domicile de ce dernier.

[1991, c. 64, a. 3094].

∎ C.C.Q., 585-596.

3095. La créance alimentaire d'un collatéral ou d'un allié est irrecevable si, selon la loi de son domicile, il n'existe pour le débiteur aucune obligation alimentaire à l'égard du demandeur.

[1991, c. 64, a. 3095].

∎ C.C.Q., 585-596, 3094.

3096. L'obligation alimentaire entre époux divorcés ou séparés de corps, entre conjoints unis civilement dont l'union est dissoute ou entre conjoints dont le mariage ou l'union civile a été déclaré nul est régie par la loi applicable au divorce, à la séparation de corps, à la dissolution de l'union civile ou à la nullité d'une union.

[1991, c. 64, a. 3096; 2002, c. 6, a. 64].

∎ C.C.Q., 502, 511, 517, 585-596, 3094.

Chapitre II — Du statut réel

Section I — Disposition générale

3097. Les droits réels ainsi que leur publicité sont régis par la loi du lieu de la situation du bien qui en fait l'objet.

Cependant, les droits réels sur des biens en transit sont régis par la loi de l'État du lieu de leur destination.

[1991, c. 64, a. 3097].

∎ C.C.Q., 911-920, 3102, 3103, 3108.6, 3108.8.

§ 5. — Obligation of support

3094. The obligation of support is governed by the law of the domicile of the creditor. However, where the creditor cannot obtain support from the debtor under that law, the applicable law is that of the domicile of the debtor.

[1991, c. 64, a. 3094].

3095. No claim of support of a collateral relation or a person connected by marriage or a civil union is admissible if, under the law of his domicile, there is no obligation for the debtor to provide support to the plaintiff.

[1991, c. 64, a. 3095; 2002, c. 6, s. 235].

3096. The obligation of support between spouses who are divorced or separated from bed and board, between spouses whose civil union is dissolved or spouses whose marriage or union has been declared null is governed by the law applicable to the divorce, separation from bed and board, dissolution of the civil union or annulment of the marriage or civil union.

[1991, c. 64, a. 3096; [2002, c. 6, s. 64].

Chapter II — Status of property

Section I — General provision

3097. Real rights and their publication are governed by the law of the place where the property concerned is situated.

However, real rights on property in transit are governed by the law of the State of their place of destination.

[1991, c. 64, a. 3097; I.N., 2014-05-01].

SECTION II —
DISPOSITIONS PARTICULIÈRES

SECTION II —
SPECIAL PROVISIONS

§ 1. — Des successions

§ 1. — Successions

3098. Les successions portant sur des meubles sont régies par la loi du dernier domicile du défunt; celles portant sur des immeubles sont régies par la loi du lieu de leur situation.

Cependant, une personne peut désigner, par testament, la loi applicable à sa succession à la condition que cette loi soit celle de l'État de sa nationalité ou de son domicile au moment de la désignation ou de son décès ou, encore, celle de la situation d'un immeuble qu'elle possède, mais en ce qui concerne cet immeuble seulement.

[1991, c. 64, a. 3098].

❚ C.C.Q., 613-616, 3099-3101, 3109; D.T., 168.

3098. Succession to movable property is governed by the law of the last domicile of the deceased; succession to immovable property is governed by the law of the place where the property is situated.

However, a person may designate, in a will, the law applicable to his succession, provided it is the law of the State of his nationality or of his domicile at the time of the designation or of his death, or the law of the place where an immovable owned by him is situated, but only with regard to that immovable.

[1991, c. 64, a. 3098; I.N., 2014-05-01].

3099. La désignation d'une loi applicable à la succession est sans effet dans la mesure où la loi désignée prive, dans une proportion importante, l'époux ou le conjoint uni civilement ou un enfant du défunt d'un droit de nature successorale auquel il aurait eu droit en l'absence d'une telle désignation.

Elle est aussi sans effet dans la mesure où elle porte atteinte aux régimes successoraux particuliers auxquels certains biens sont soumis par la loi de l'État de leur situation en raison de leur destination économique, familiale ou sociale.

[1991, c. 64, a. 3099; 2002, c. 6, a. 65].

❚ C.C.Q., 3079, 3098 al. 2.

3099. The designation of the law applicable to a succession is without effect to the extent that the law designated substantially deprives the married or civil union spouse or a child of the deceased of a right of succession to which, in the absence of such a designation, he or she would have been entitled.

In addition, the designation is without effect to the extent that it affects particular inheritance regimes to which certain property is subject, under the law of the State in which it is situated, because of economic, family or social considerations.

[1991, c. 64, a. 3099; 2002, c. 6, s. 65; I.N., 2014-05-01].

3100. Dans la mesure où l'application de la loi successorale sur des biens situés à l'étranger ne peut se réaliser, des correctifs peuvent être apportés à même les biens situés au Québec notamment au moyen d'un rétablissement des parts, d'une nouvelle participation aux dettes ou d'un prélèvement compensatoire constatés par un partage rectificatif.

[1991, c. 64, a. 3100].

❚ D.T., 169.

3100. To the extent that the law on successions cannot be enforced with respect to property situated outside Québec, corrective measures may be applied to property situated in Québec, in particular, by means of a redetermination of the shares, a new sharing of debts or a compensatory deduction established by a corrective partition.

[1991, c. 64, a. 3100; I.N., 2014-05-01].

3101. Lorsque la loi régissant la succession du défunt ne pourvoit pas à ce qu'il y ait un administrateur ou un liquidateur capable d'agir au Québec, mais que les héritiers ont des droits à y exercer ou que certains biens de la succession s'y trouvent, il peut lui en être nommé un suivant la loi du Québec.

[1991, c. 64, a. 3101].

▌ C.C.Q., 783-807, 1299-1370, 3085 al. 2, 3098.

§ 2. — Des sûretés mobilières

3102. La validité d'une sûreté mobilière est régie par la loi de l'État de la situation du bien qu'elle grève au moment de sa constitution.

La publicité et ses effets sont régis par la loi de l'État de la situation actuelle du bien grevé.

[1991, c. 64, a. 3102].

▌ C.C.Q., 2696, 2934, 3097, 3103-3105, 3108.8.

3103. Tout meuble qui n'est pas destiné à rester dans l'État où il se trouve peut être grevé d'une sûreté suivant la loi de l'État de sa destination; cette sûreté peut être publiée suivant la loi de cet État, mais la publicité n'a d'effet que si le bien y parvient effectivement dans les trente jours de la constitution de la sûreté.

[1991, c. 64, a. 3103].

▌ C.C.Q., 3097.

3104. La sûreté qui a été publiée selon la loi de l'État où le bien était situé au moment de sa constitution sera réputée publiée au Québec, à compter de la première publication, si elle est publiée au Québec avant que se réalise la première des éventualités suivantes:

1° La publicité dans l'État où était situé le bien lors de la constitution de la sûreté cesse d'avoir effet;

3101. Where the law governing the succession of the deceased does not provide for him to have an administrator or liquidator authorized to act in Québec and the heirs have rights to be exercised in Québec or certain property of the succession is situated in Québec, an administrator or a liquidator may be appointed under the law of Québec.

[1991, c. 64, a. 3101].

§ 2. — Movable securities

3102. The validity of a movable security is governed by the law of the State in which the property charged with it is situated at the time of creation of the security.

Publication and its effects are governed by the law of the State in which the property charged with the security is currently situated.

[1991, c. 64, a. 3102; I.N., 2014-05-01].

3103. Any movable that is not intended to remain in the State in which it is situated may be charged with a security in accordance with the law of the State for which it is destined; the security may be published in accordance with the law of that State, but publication has effect only if the property actually arrives in the State within 30 days of the creation of the security.

[1991, c. 64, a. 3103; I.N., 2014-05-01].

3104. A security published in accordance with the law of the State where the property was situated at the time of creation of the security will be deemed to be published in Québec, from the first publication, if it is published in Québec before any of the following events, whichever occurs first :

(1) the cessation of effect of publication in the State where the property was situated at the time of creation of the security;

2° Un délai de trente jours s'est écoulé depuis le moment où le bien est parvenu au Québec;

3° Un délai de quinze jours s'est écoulé depuis le moment où le créancier a été avisé que le bien est parvenu au Québec.

Toutefois, la sûreté n'est pas opposable à l'acheteur qui a acquis le bien dans le cours des activités du constituant.

[1991, c. 64, a. 3104].

∎ C.C.Q., 2674, 3103, 3108.8.

3105. La validité d'une sûreté grevant un meuble corporel ordinairement utilisé dans plus d'un État ou de celle grevant un meuble incorporel est régie par la loi de l'État où était domicilié le constituant au moment de sa constitution.

La publicité et ses effets sont régis par la loi de l'État du domicile actuel du constituant.

La présente disposition ne s'applique ni à la sûreté grevant un meuble incorporel constaté par un titre au porteur ni à celle publiée par la détention du titre qu'exerce le créancier.

[1991, c. 64, a. 3105; 1998, c. 5, a. 18].

∎ C.C.Q., 3102, 3103, 3106, 3108.2, 3108.8.

3106. La sûreté régie, au moment de sa constitution, par la loi de l'État du domicile du constituant et qui a été publiée, sera réputée publiée au Québec, à compter de la première publication, si elle est publiée au Québec avant que se réalise la première des éventualités suivantes:

1° La publicité dans l'État de l'ancien domicile du constituant cesse d'avoir effet;

2° Un délai de trente jours s'est écoulé depuis le moment où le constituant a établi son nouveau domicile au Québec;

(2) the expiry of 30 days from the time the property has arrived in Québec;

(3) the expiry of 15 days from the time the creditor is advised that the property has arrived in Québec.

However, the security may not be set up against a buyer who has acquired the property in the ordinary course of the activities of the grantor.

[1991, c. 64, a. 3104; 1992, c. 57, s. 716; I.N., 2014-05-01].

3105. The validity of a security charged on a corporeal movable ordinarily used in more than one State or charged on an incorporeal movable is governed by the law of the State where the grantor was domiciled at the time of creation of the security.

Publication and its effects are governed by the law of the State in which the grantor is currently domiciled.

However, the provisions of this article do not apply to a security encumbering an incorporeal movable established by a title in bearer form or to a security published by the creditor's holding of the title.

[1991, c. 64, a. 3105; 1992, c. 57, s. 716; 1998, c. 5, s. 18; I.N., 2014-05-01].

3106. A security which, when it is created, is governed by the law of the State where the grantor is then domiciled and which has been published will be deemed to have been published in Québec, from the first publication, provided it is published in Québec before any of the following events, whichever occurs first :

(1) the cessation of effect of publication in the State where the grantor was formerly domiciled;

(2) the expiry of 30 days from the time the grantor established his new domicile in Québec;

3° Un délai de quinze jours s'est écoulé depuis que le créancier a été avisé du nouveau domicile du constituant au Québec.

(3) the expiry of 15 days from the time the creditor was advised of the new domicile of the grantor in Québec.

Toutefois, la sûreté n'est pas opposable à l'acheteur qui a acquis le bien dans le cours des activités du constituant.

[1991, c. 64, a. 3106].

However, the security may not be set up against a buyer who has acquired the property in the ordinary course of the activities of the grantor.

[1991, c. 64, a. 3106; I.N., 2014-05-01].

▌ C.C.Q., 2674, 3103, 3104.

§ 3. — De la fiducie

§ 3. — Trusts

3107. À défaut d'une loi désignée expressément dans l'acte ou dont la désignation résulte d'une façon certaine des dispositions de cet acte, ou si la loi désignée ne connaît pas l'institution, la loi applicable à la fiducie créée par acte juridique est celle qui présente avec la fiducie les liens les plus étroits.

3107. In the absence of a designation of law that is expressly made in the juridical act creating a trust or that may be inferred with certainty from the terms of that act, or if the law designated does not provide for trusts, the law that applies to the trust is the law with which the trust is most closely connected.

Afin de déterminer la loi applicable, il est tenu compte, notamment, du lieu où la fiducie est administrée, de la situation des biens, de la résidence ou de l'établissement du fiduciaire, de la finalité de la fiducie et des lieux où celle-ci s'accomplit.

To determine the applicable law, account is taken in particular of the place of administration of the trust, the place where the trust property is situated, the residence or the establishment of the trustee, the objects of the trust and the places where they are to be fulfilled.

Un élément de la fiducie susceptible d'être isolé, notamment son administration, peut être régi par une loi distincte.

[1991, c. 64, a. 3107].

Any severable aspect of a trust, particularly its administration, may be governed by a different law.

[1991, c. 64, a. 3107; I.N., 2014-05-01].

▌ C.C.Q., 1260.

3108. La loi qui régit la fiducie détermine si la question soumise concerne sa validité ou son administration.

3108. The law governing the trust determines whether the question to be resolved concerns the validity or the administration of the trust.

Cette loi détermine également la possibilité et les conditions de son remplacement, ainsi que du remplacement de la loi applicable à un élément de la fiducie susceptible d'être isolé, par la loi d'un autre État.

[1991, c. 64, a. 3108].

It also determines whether that law or the law governing a severable aspect of the trust may be replaced by the law of another State and, if so, the conditions of replacement.

[1991, c. 64, a. 3108; I.N., 2014-05-01].

▌ C.C.Q., 3078, 3107.

<table>
<tr>
<td>

**§ 4. ⎯ Des valeurs mobilières
et titres intermédiés sur actifs
financiers**

</td>
<td>

**§ 4. ⎯ Securities and Security
Entitlements to Financial Assets**

</td>
</tr>
</table>

3108.1. La validité d'une valeur mobilière est régie par la loi de l'État en vertu de laquelle l'émetteur est constitué ou, lorsque l'émission de la valeur est le fait d'un État, par la loi de cet État.

[2008, c. 20, a. 139].

❚ C.C.Q., 3108.2, 3108.4, 3108.5, 3108.8.

3108.1. The validity of a security is governed by the law of the State under which the issuer is constituted or, if the security is issued by a State, by the law of that State.

[2008, c. 20, s. 139; I.N., 2014-05-01].

3108.2. Les questions suivantes sont régies par la loi de l'État en vertu de laquelle l'émetteur est constitué ou, si la loi de cet État le permet, par toute autre loi désignée, le cas échéant, par l'émetteur :

1° les droits et obligations de l'émetteur relativement à l'inscription du transfert d'une valeur mobilière sur ses registres et la validité de cette inscription;

2° les obligations de l'émetteur, s'il en a, envers une personne qui fait valoir des revendications relativement à une valeur mobilière qu'il a émise;

3° l'existence de revendications à l'encontre d'une personne à l'égard de laquelle le transfert d'une valeur mobilière est inscrit sur les registres de l'émetteur ou qui obtient la maîtrise d'une valeur mobilière sans certificat qu'il a émise.

Lorsque l'émetteur est constitué en vertu de la loi d'un État qui comprend plusieurs unités territoriales ayant des compétences législatives distinctes, la loi applicable est celle qui est en vigueur dans l'unité territoriale où est situé le siège de l'émetteur ou, si la loi de l'État qui comprend les unités territoriales le permet, toute autre loi désignée, le cas échéant, par l'émetteur.

[2008, c. 20, a. 139].

❚ C.C.Q., 3083, 3108.1, 3108.3-3108.6.

3108.2. The following matters are governed by the law of the State under which the issuer is constituted or, if permitted by the law of that State, by another law specified by the issuer :

(1) the rights and duties of the issuer with respect to the registration of transfer of a security on its books, and the validity of the registration;

(2) whether the issuer owes any duty to an adverse claimant to a security issued by the issuer; and

(3) whether an adverse claim may be asserted against a person to whom the transfer of a security is registered in the records of the issuer or who obtains control of an uncertificated security issued by the issuer.

If the issuer is constituted under the law of a State that comprises several territorial units having different legislative jurisdictions, the applicable law is the law in force in the territorial unit where the issuer has its head office or, if permitted by the law of the State that comprises the territorial units, another law specified by the issuer.

[2008, c. 20, s. 139; I.N., 2014-05-01].

3108.3. Nonobstant l'article 3108.2, les questions qui y sont visées sont régies, lorsque l'émetteur est un État, par la loi de cet État ou, si cette loi le permet, par la loi désignée, le cas échéant, par cet État.

[2008, c. 20, a. 139].

3108.3. Despite article 3108.2, if the issuer is a State, the matters listed in that article are governed by the law of that State or, if the law of that State so permits, by the law specified by that State.

[2008, c. 20, s. 139; I.N., 2014-05-01].

■ C.C.Q., 3108.2, 3108.4, 3108.5.

3108.4. L'État du Québec, de même que tout émetteur constitué en vertu d'une loi du Québec, peuvent désigner la loi applicable aux questions visées à l'article 3108.2.

[2008, c. 20, a. 139].

■ C.C.Q., 3108.2, 3108.3.

3108.4. Québec as an issuer and any issuer constituted under a law of Québec may specify the law governing the matters listed in article 3108.2.

[2008, c. 20, s. 139].

3108.5. L'opposabilité d'une valeur mobilière à l'émetteur malgré l'existence de vices ou de moyens de défense qu'il peut faire valoir et qui relèvent de questions autres que celles qui sont visées aux articles 3108.1 et 3108.2 est régie par la loi de l'État en vertu de laquelle l'émetteur est constitué ou, lorsque l'émetteur est constitué en vertu de la loi d'un État qui comprend plusieurs unités territoriales ayant des compétences législatives distinctes, par la loi de l'unité territoriale où est situé le siège de l'émetteur.

Lorsque l'émetteur est un État, la loi applicable est celle de cet État. Lorsque l'État émetteur comprend plusieurs unités territoriales ayant des compétences législatives distinctes, la loi applicable est celle de cet État ou toute autre loi désignée, le cas échéant, par ce même État.

[2008, c. 20, a. 139].

■ C.C.Q., 3108.1-3108.3.

3108.5. Whether a security is enforceable against the issuer despite a defect or defence related to matters other than those listed in articles 3108.1 and 3108.2 is governed by the law of the State under which the issuer is constituted or, if the issuer is constituted under the law of a State that comprises several territorial units having different legislative jurisdictions, by the law of the territorial unit in which the issuer has its head office.

If the issuer is a State, the applicable law is the law of that State. If the issuer is a State that comprises several territorial units having different legislative jurisdictions, the applicable law is the law of that State or any other law specified by that State.

[2008, c. 20, s. 139; I.N., 2014-05-01].

3108.6. La loi de l'État de la situation d'un certificat de valeur mobilière au moment de la livraison de ce certificat détermine si la valeur mobilière qu'il représente peut faire l'objet de revendications à l'encontre de la personne à qui le certificat est livré.

[2008, c. 20, a. 139].

■ C.C.Q., 1717, 3097, 3108.2.

3108.6. The law of the State in which a security certificate is located at the time of its delivery determines whether an adverse claim to the security it represents may be asserted against a person to whom the security certificate is delivered.

[2008, c. 20, s. 139; I.N., 2014-05-01].

3108.7. À moins qu'un acte juridique régissant le compte de titres ne désigne expressément la loi qui leur est applicable, les questions suivantes sont régies par la loi désignée expressément dans l'acte juridique régissant le compte de titres tenu par l'intermédiaire en valeurs mobilières pour le titulaire du compte comme étant la loi applicable à cet acte: :

3108.7. The law expressly specified in a juridical act governing a securities account maintained for an entitlement holder by a securities intermediary as the law applicable to that act governs the following matters, unless the act specifies another law as the law applicable to them :

1° l'obtention d'un titre intermédié sur des actifs financiers auprès de l'intermédiaire en valeurs mobilières;

(1) acquisition of a security entitlement from the securities intermediary;

2° les droits et obligations de l'intermédiaire en valeurs mobilières ou du titulaire du compte relativement à un titre intermédié;

(2) the rights and duties of the securities intermediary and the entitlement holder arising out of the security entitlement;

3° les obligations de l'intermédiaire en valeurs mobilières, s'il en a, envers une personne qui fait valoir des revendications relativement à un titre intermédié;

(3) whether the securities intermediary owes any duty to a person who has an adverse claim to a security entitlement; and

4° l'existence de revendications à l'encontre d'une personne qui obtient un titre intermédié auprès de l'intermédiaire en valeurs mobilières ou qui acquiert de son titulaire des droits sur un tel titre.

(4) whether an adverse claim may be asserted against a person who acquires a security entitlement from the securities intermediary or who acquires rights in a security entitlement from the entitlement holder.

En l'absence de toute désignation dans un acte juridique régissant le compte de titres, la loi applicable est celle de l'État de la situation de l'établissement mentionné expressément dans un tel acte comme étant le lieu où est tenu le compte de titres ou, si cet établissement n'y est pas expressément mentionné, de l'établissement où, selon un relevé de compte, se trouve le compte du titulaire du titre. Si le relevé de compte ne permet pas de la déterminer, la loi applicable est celle de l'État dans lequel est situé le centre de décision de l'intermédiaire en valeurs mobilières.

If no law is specified in a juridical act governing a securities account, the applicable law is the law of the State in which the establishment expressly mentioned in such an act as being the place where the securities account is maintained is located or, if no establishment is expressly specified in such an act, the law of the State in which the establishment identified in an account statement as the establishment serving the entitlement holder's account is located. If no law may be determined on the basis of the account statement, the applicable law is the law of the State in which the decision-making centre of the securities intermediary is located.

[2008, c. 20, a. 139].

[2008, c. 20, s. 139; I.N., 2014-05-01].

▌ C.C.Q., 3108.8.

3108.8. La validité d'une sûreté grevant une valeur mobilière ou un titre intermédié sur un actif financier, de même que la publicité de la sûreté et les effets de cette publicité, sont régis par l'une ou l'autre des lois qui suivent, déterminée, quant à la validité de la sûreté, au moment de la constitution de celle-ci :

3108.8. The validity of a security encumbering a security or security entitlement to a financial asset, the publication of the encumbering security and the effects of publication are governed by the following laws, determined, with respect to the validity of the encumbering security, at the time of its creation :

1° la loi de l'État de la situation du certificat de valeur mobilière, lorsque la sûreté grève une valeur mobilière représentée par un certificat;

(1) in the case of a certificated security, the law of the State in which the security certificate is located;

2° la loi régissant les questions visées à l'article 3108.2 relatives, entre autres, à

(2) in the case of an uncertificated security, the law governing the matters listed in

certains droits et obligations de l'émetteur, lorsque la sûreté grève une valeur mobilière non représentée par un certificat;

3° la loi régissant l'obtention d'un titre intermédié auprès de l'intermédiaire en valeurs mobilières, lorsque la sûreté grève un titre intermédié sur un actif financier.

La publicité de la sûreté au moyen de l'inscription, ainsi que la question de savoir si une sûreté sans dépossession constituée par un intermédiaire en valeurs mobilières est considérée publiée par sa seule constitution, sont toutefois régies par la loi de l'État du domicile du constituant.

[2008, c. 20, a. 139].

▌ C.C.Q., 3102, 3105, 3108.2, 3108.7.

article 3108.2 relating, among other things, to certain rights and duties of the issuer; and

(3) in the case of a security entitlement to a financial asset, the law governing acquisition of a security entitlement from a securities intermediary.

However, whether an encumbering security is published by registration and whether an encumbering security without delivery granted by a securities intermediary is considered to be published by the sole fact of its being granted are governed by the law of the State in which the grantor is domiciled.

[2008, c. 20, s. 139; I.N., 2014-05-01].

Chapitre III —— Du statut des obligations

Chapter III —— Status of obligations

SECTION I —— DISPOSITIONS GÉNÉRALES

SECTION I —— GENERAL PROVISIONS

§ 1. —— De la forme des actes juridiques

§ 1. —— Form of juridical acts

3109. La forme d'un acte juridique est régie par la loi du lieu où il est passé.

Est néanmoins valable l'acte qui est fait dans la forme prescrite par la loi applicable au fond de cet acte ou par celle du lieu où, lors de sa conclusion, sont situés les biens qui en font l'objet ou, encore, par celle du domicile de l'une des parties lors de la conclusion de l'acte.

Une disposition testamentaire peut, en outre, être faite dans la forme prescrite par la loi du domicile ou de la nationalité du testateur soit au moment où il a disposé, soit au moment de son décès.

[1991, c. 64, a. 3109].

▌ C.C.Q., 3088 al. 2, 3110, 3117.

3109. The form of a juridical act is governed by the law of the place where it is entered into.

A juridical act is nevertheless valid if it is made in the form prescribed by the law applicable to the content of the act, by the law of the place where the property which is the object of the act is situated when the act is concluded or by the law of the domicile of one of the parties when the act is concluded.

A testamentary disposition may also be made in the form prescribed by the law of the domicile or nationality of the testator either at the time he made the disposition or at the time of his death.

[1991, c. 64, a. 3109; I.N., 2014-05-01].

3110. Un acte peut être reçu hors du Québec par un notaire du Québec lorsqu'il porte sur un droit réel dont l'objet est situé au Québec, ou lorsque l'une des parties y a son domicile.

[1991, c. 64, a. 3110].

■ C.C.Q., 3109.

3110. An act may be executed outside Québec before a Québec notary if it pertains to a real right the object of which is situated in Québec or if one of the parties is domiciled in Québec.

[1991, c. 64, a. 3110; I.N., 2014-05-01].

§ 2. — Du fond des actes juridiques

§ 2. — Content of juridical acts

3111. L'acte juridique, qu'il présente ou non un élément d'extranéité, est régi par la loi désignée expressément dans l'acte ou dont la désignation résulte d'une façon certaine des dispositions de cet acte.

Néanmoins, s'il ne présente aucun élément d'extranéité, il demeure soumis aux dispositions impératives de la loi de l'État qui s'appliquerait en l'absence de désignation.

On peut désigner expressément la loi applicable à la totalité ou à une partie seulement d'un acte juridique.

[1991, c. 64, a. 3111].

■ C.C.Q., 1426, 1434, 3112, 3114-3119, 3121, 3122, 3129, 3133.

3111. A juridical act, whether or not it contains any foreign element, is governed by the law expressly designated in the act or whose designation may be inferred with certainty from the terms of the act.

Where a juridical act contains no foreign element, it remains nevertheless subject to the mandatory provisions of the law of the State which would apply in the absence of a designation.

The law may be expressly designated as applicable to the whole or to only part of a juridical act.

[1991, c. 64, a. 3111; I.N., 2014-05-01].

3112. En l'absence de désignation de la loi dans l'acte ou si la loi désignée rend l'acte juridique invalide, les tribunaux appliquent la loi de l'État qui, compte tenu de la nature de l'acte et des circonstances qui l'entourent, présente les liens les plus étroits avec cet acte.

[1991, c. 64, a. 3112].

■ C.C.Q., 1426, 3111, 3113.

3112. If no law is designated in the act or if the law designated invalidates the juridical act, the courts apply the law of the State with which the act is most closely connected in view of its nature and the attendant circumstances.

[1991, c. 64, a. 3112; I.N., 2014-05-01].

3113. Les liens les plus étroits sont présumés exister avec la loi de l'État dans lequel la partie qui doit fournir la prestation caractéristique de l'acte a sa résidence ou, si celui-ci est conclu dans le cours des activités d'une entreprise, son établissement.

[1991, c. 64, a. 3113].

■ C.C.Q., 3112.

3113. A juridical act is presumed to be most closely connected with the law of the State where the party who is to perform the prestation which is characteristic of the act has his residence or, if the act is concluded in the ordinary course of business of an enterprise, has his establishment.

[1991, c. 64, a. 3113; I.N., 2014-05-01].

SECTION II —
DISPOSITIONS PARTICULIÈRES

SECTION II —
SPECIAL PROVISIONS

§ 1. — De la vente

§ 1. — Sale

3114. En l'absence de désignation par les parties, la vente d'un meuble corporel est régie par la loi de l'État où le vendeur avait sa résidence ou, si la vente est conclue dans le cours des activités d'une entreprise, son établissement, au moment de la conclusion du contrat. Toutefois, la vente est régie par la loi de l'État où l'acheteur avait sa résidence ou son établissement, au moment de la conclusion du contrat, dans l'un ou l'autre des cas suivants:

3114. In the absence of a designation by the parties, the sale of a corporeal movable is governed by the law of the State where the seller had his residence or, if the sale is concluded in the ordinary course of business of an enterprise, his establishment, at the time the contract was concluded. However, the sale is governed by the law of the State in which the buyer had his residence or his establishment at the time the contract was concluded in any of the following cases :

1° Des négociations ont été menées et le contrat a été conclu dans cet État;

(1) negotiations have taken place and the contract has been concluded in that State;

2° Le contrat prévoit expressément que l'obligation de délivrance doit être exécutée dans cet État;

(2) the contract provides expressly that delivery shall be performed in that State;

3° Le contrat est conclu sous les conditions fixées principalement par l'acheteur, en réponse à un appel d'offres.

(3) the contract is concluded on terms determined mainly by the buyer, in response to a call for tenders.

En l'absence de désignation par les parties, la vente d'un immeuble est régie par la loi de l'État où il est situé.

In the absence of a designation by the parties, the sale of immovable property is governed by the law of the State where it is situated.

[1991, c. 64, a. 3114].

[1991, c. 64, a. 3114; I.N., 2014-05-01].

▮ C.C.Q., 1708-1805, 3111, 3112, 3115.

3115. En l'absence de désignation par les parties, la vente aux enchères ou la vente réalisée dans un marché de bourse est régie par la loi de l'État où sont effectuées les enchères ou celle de l'État où se trouve la bourse.

3115. In the absence of a designation by the parties, a sale by auction or on a stock exchange is governed by the law of the State where the auction takes place or the exchange is situated.

[1991, c. 64, a. 3115].

[1991, c. 64, a. 3115; I.N., 2014-05-01].

▮ C.C.Q., 1757-1766, 3111, 3114, 3076, 3079.

§ 2. — De la représentation
conventionnelle

§ 2. — Conventional
representation

3116. L'existence et l'étendue des pouvoirs du représentant dans ses relations avec un tiers, ainsi que les conditions auxquelles sa responsabilité ou celle du repré-

3116. The existence and scope of the powers of a representative in his relations with a third person and the conditions under which his personal liability or that of the

senté peut être engagée, sont régies par la loi désignée expressément par le représenté et le tiers ou, à défaut, par la loi de l'État où le représentant a agi si le représenté ou le tiers a son domicile ou sa résidence dans cet État.

[1991, c. 64, a. 3116].

represented person may be incurred are governed by the law expressly designated by the represented person and the third person or, where none is designated, by the law of the State in which the representative acted if the represented person or the third person has his domicile or residence in that State.

[1991, c. 64, a. 3116; I.N., 2014-05-01].

▌ C.C.Q., 2130-2137, 2157-2165, 3111-3113, 3118, 3126.

§ 3. — Du contrat de consommation

§ 3. — Consumer contract

3117. Le choix par les parties de la loi applicable au contrat de consommation ne peut avoir pour résultat de priver le consommateur de la protection que lui assurent les dispositions impératives de la loi de l'État où il a sa résidence si la conclusion du contrat a été précédée, dans ce lieu, d'une offre spéciale ou d'une publicité et que les actes nécessaires à sa conclusion y ont été accomplis par le consommateur, ou encore, si la commande de ce dernier y a été reçue.

Il en est de même lorsque le consommateur a été incité par son cocontractant à se rendre dans un État étranger afin d'y conclure le contrat.

En l'absence de désignation par les parties, la loi de la résidence du consommateur est, dans les mêmes circonstances, applicable au contrat de consommation.

[1991, c. 64, a. 3117].

3117. The choice by the parties of the law applicable to a consumer contract cannot result in depriving the consumer of the protection afforded to him by the mandatory rules of the law of the State where he has his residence if the conclusion of the contract was preceded, in that State, by a specific offer or by advertising and the consumer took in that State all the steps necessary on his part for the conclusion of the contract, or if the order from the consumer was received in that State.

The same rule also applies where the consumer was induced by the other contracting party to travel to a foreign State for the purpose of concluding the contract.

In the absence of a designation by the parties, the law of the place where the consumer has his residence is, in the same circumstances, applicable to the consumer contract.

[1991, c. 64, a. 3117; I.N., 2014-05-01].

▌ C.C.Q., 1384, 3112-3114, 3149.

§ 4. — Du contrat de travail

§ 4. — Contract of employment

3118. Le choix par les parties de la loi applicable au contrat de travail ne peut avoir pour résultat de priver le travailleur de la protection que lui assurent les dispositions impératives de la loi de l'État où il accomplit habituellement son travail, même s'il est affecté à titre temporaire dans un autre État ou, s'il n'accomplit pas habituellement son travail dans un même État, de la

3118. The choice by the parties of the law applicable to a contract of employment cannot result in depriving the worker of the protection afforded to him by the mandatory rules of the law of the State where the worker habitually carries out his work, even if he is on temporary assignment in another State or, if the worker does not habitually carry out his work in

loi de l'État où son employeur a son domicile ou son établissement.

En l'absence de désignation par les parties, la loi de l'État où le travailleur accomplit habituellement son travail ou la loi de l'État où son employeur a son domicile ou son établissement sont, dans les mêmes circonstances, applicables au contrat de travail.

[1991, c. 64, a. 3118].

▮ C.C.Q., 2085-2097, 3111, 3149.

any one State, of the law of the State where his employer has his domicile or establishment.

In the absence of a designation by the parties, the law of the State where the worker habitually carries out his work or the law of the State where his employer has his domicile or establishment is, in the same circumstances, applicable to the contract of employment.

[1991, c. 64, a. 3118; I.N., 2014-05-01].

§ 5. — Du contrat d'assurance terrestre

§ 5. — Contract of non-marine insurance

3119. Malgré toute convention contraire, le contrat d'assurance qui porte sur un bien ou un intérêt situé au Québec ou qui est souscrit au Québec par une personne qui y réside, est régi par la loi du Québec dès lors que le preneur en fait la demande au Québec ou que l'assureur y signe ou y délivre la police.

De même, le contrat d'assurance collective de personnes est régi par la loi du Québec, lorsque l'adhérent a sa résidence au Québec au moment de son adhésion.

Toute somme due en vertu d'un contrat d'assurance régi par la loi du Québec est payable au Québec.

[1991, c. 64, a. 3119].

▮ C.C.Q., 2389-2504, 3111-3113, 3150.

3119. Notwithstanding any agreement to the contrary, a contract of insurance covering property or an interest situated in Québec, or that is subscribed in Québec by a person resident in Québec, is governed by the law of Québec if the policyholder applies for the insurance in Québec or the insurer signs or delivers the policy in Québec.

Similarly, a contract of group insurance of persons is governed by the law of Québec where the participant has his residence in Québec at the time he becomes a participant.

Any sum due under a contract of insurance governed by the law of Québec is payable in Québec.

[1991, c. 64, a. 3119; 1992, c. 57, s. 716; I.N., 2014-05-01].

§ 6. — De la cession de créance

§ 6. — Assignment of claims

3120. Le caractère cessible de la créance, ainsi que les rapports entre le cessionnaire et le débiteur cédé, sont soumis à la loi qui régit les rapports entre le cédé et le cédant.

[1991, c. 64, a. 3120].

▮ C.C.Q., 1637-1650, 3111-3113.

3120. The assignability of a claim and relations between the assignee and the assigned debtor are governed by the law governing relations between the assigned debtor and the assignor.

[1991, c. 64, a. 3120].

§ 7. ——
De l'arbitrage

§ 7. —— Arbitration

3121. En l'absence de désignation par les parties, la convention d'arbitrage est régie par la loi applicable au contrat principal ou, si cette loi a pour effet d'invalider la convention, par la loi de l'État où l'arbitrage se déroule.

[1991, c. 64, a. 3121].

▌ C.C.Q., 2638-2643, 3133, 3148, 3165, 3168.

3121. In the absence of a designation by the parties, an arbitration agreement is governed by the law applicable to the principal contract or, where that law invalidates the agreement, by the law of the State where arbitration takes place.

[1991, c. 64, a. 3121; I.N., 2014-05-01].

§ 8. —— Du régime matrimonial
ou d'union civile

§ 8. —— Matrimonial or civil
union regime

3122. La loi applicable au régime matrimonial ou d'union civile conventionnel est déterminée par les règles générales applicables au fond des actes juridiques.

[1991, c. 64, a. 3122; 2002, c. 6, a. 67].

▌ C.C.Q., 431-492, 3109-3112.

3122. The law applicable to a conventional matrimonial or civil union regime is determined according to the general rules applicable to the content of juridical acts.

[1991, c. 64, a. 3122; 2002, c. 6, s. 67; I.N., 2014-05-01].

3123. Le régime matrimonial ou d'union civile des conjoints qui se sont unis sans passer de conventions matrimoniales ou d'union civile est régi par la loi de leur domicile au moment de leur union.

Lorsque les conjoints sont alors domiciliés dans des États différents, la loi de leur première résidence commune s'applique ou, à défaut, la loi de leur nationalité commune ou, à défaut, la loi du lieu de la célébration de leur union.

[1991, c. 64, a. 3123; 2002, c. 6, a. 68].

▌ C.C.Q., 432, 448-484.

3123. The matrimonial or civil union regime of spouses who have not entered into matrimonial or civil union agreements is governed by the law of the State in which they have their domicile at the time of their marriage or civil union.

If the spouses are at that time domiciled in different States, the applicable law is the law of their first common residence or, failing that, the law of their common nationality or, failing that, the law of the place of solemnization of their marriage or civil union.

[1991, c. 64, a. 3123; 2002, c. 6, s. 68; I.N., 2014-05-01].

3124. La validité d'une modification conventionnelle du régime matrimonial ou d'union civile est régie par la loi du domicile des conjoints au moment de la modification.

Si les conjoints sont alors domiciliés dans des États différents, la loi applicable est

3124. The validity of any agreed change to a matrimonial or civil union regime is governed by the law of the domicile of the spouses at the time of the change.

If the spouses are at that time domiciled in different States, the applicable law is the

celle de leur résidence commune ou, à défaut, la loi qui gouverne leur régime.

[1991, c. 64, a. 3124; 2002, c. 6, a. 69].

❚ C.C.Q., 433, 438, 441, 3122, 3123.

law of their common residence or, failing that, the law governing their matrimonial or civil union regime.

[1991, c. 64, a. 3124; 2002, c. 6, s. 69; I.N., 2014-05-01].

§ 9. —— De certaines autres sources de l'obligation

§ 9. —— Certain other sources of obligations

3125. Les obligations fondées sur la gestion d'affaires, la réception de l'indu ou l'enrichissement injustifié sont régies par la loi du lieu de survenance du fait† dont elles résultent.

[1991, c. 64, a. 3125].

❚ C.C.Q., 1482-1496.

3125. Obligations based on management of the business of another, reception of a thing not due or unjust enrichment are governed by the law of the place of occurrence of the act† from which they derive.

[1991, c. 64, a. 3125].

§ 10. —— De la responsabilité civile

§ 10. —— Civil liability

3126. L'obligation de réparer le préjudice causé à autrui est régie par la loi de l'État où le fait générateur du préjudice est survenu. Toutefois, si le préjudice est apparu dans un autre État, la loi de cet État s'applique si l'auteur devait prévoir que le préjudice s'y manifesterait.

Dans tous les cas, si l'auteur et la victime ont leur domicile ou leur résidence dans le même État, c'est la loi de cet État qui s'applique.

[1991, c. 64, a. 3126].

❚ C.C.Q., 1457-1481, 3127-3129.

3126. The obligation to make reparation for injury caused to another is governed by the law of the State where the injurious act occurred. However, if the injury appeared in another State, the law of the latter State is applicable if the person who committed the injurious act should have foreseen that the injury would manifest itself there.

In any case where the person who committed the injurious act and the victim have their domiciles or residences in the same State, the law of that State applies.

[1991, c. 64, a. 3126; I.N., 2014-05-01].

3127. Lorsque l'obligation de réparer un préjudice résulte de l'inexécution d'une obligation contractuelle, les prétentions fondées sur l'inexécution sont régies par la loi applicable au contrat.

[1991, c. 64, a. 3127].

❚ C.C.Q., 1433-1456, 3111, 3112, 3126, 3128.

3127. Where an obligation to make reparation for injury arises from nonperformance of a contractual obligation, claims based on the nonperformance are governed by the law applicable to the contract.

[1991, c. 64, a. 3127].

3128. La responsabilité du fabricant d'un bien meuble, quelle qu'en soit la source, est régie, au choix de la victime:

3128. Whatever its source, the liability of the manufacturer of a movable is governed, at the choice of the victim,

1° Par la loi de l'État dans lequel le fabricant a son établissement ou, à défaut, sa résidence;

2° Par la loi de l'État dans lequel le bien a été acquis.

[1991, c. 64, a. 3128].

❚ C.C.Q., 1468, 1469, 3117, 3126, 3129.

3129. Les règles du présent code s'appliquent de façon impérative à la responsabilité civile pour tout préjudice subi au Québec ou hors du Québec et résultant soit de l'exposition à une matière première provenant du Québec, soit de son utilisation, que cette matière première ait été traitée ou non.

[1991, c. 64, a. 3129].

❚ C.C.Q., 3076, 3126, 3128, 3151, 3165.

§ 11. —— De la preuve

3130. La preuve est régie par la loi qui s'applique au fond du litige, sous réserve des règles du tribunal saisi qui sont plus favorables à son établissement.

[1991, c. 64, a. 3130].

❚ C.C.Q., 2809, 2822-2825, 3132.

§ 12. —— De la prescription

3131. La prescription est régie par la loi qui s'applique au fond du litige.

[1991, c. 64, a. 3131].

❚ C.C.Q., 2875-2933.

Chapitre IV —— Du statut de la procédure

3132. La procédure est régie par la loi du tribunal saisi.

[1991, c. 64, a. 3132].

❚ C.C.Q., 3133.

3133. La procédure de l'arbitrage est régie par la loi de l'État où il se déroule lorsque

(1) by the law of the State where the manufacturer has his establishment or, failing that, his residence, or

(2) by the law of the State where the movable was acquired.

[1991, c. 64, a. 3128; I.N., 2014-05-01].

3129. The application of the rules of this Code is mandatory with respect to civil liability for any injury suffered in or outside Québec as a result of exposure to or the use of raw materials, whether processed or not, originating in Québec.

[1991, c. 64, a. 3129; I.N., 2014-05-01].

§ 11. —— Evidence

3130. Evidence is governed by the law applicable to the merits of the dispute, subject to any rules of the court seised of the matter which are more favourable to establishing it.

[1991, c. 64, a. 3130; I.N., 2014-05-01].

§ 12. —— Prescription

3131. Prescription is governed by the law applicable to the merits of the dispute.

[1991, c. 64, a. 3131].

Chapter IV —— Status of procedure

3132. Procedure is governed by the law of the court seised of the matter.

[1991, c. 64, a. 3132].

3133. Arbitration proceedings are governed by the law of the State where the ar-

les parties n'ont pas désigné soit la loi d'un autre État, soit un règlement d'arbitrage institutionnel ou particulier.

[1991, c. 64, a. 3133].

▌ C.C.Q., 3132; C.P.C., 940-951.2.

bitration takes place unless the parties have designated either the law of another State or an institutional or special arbitration procedure.

[1991, c. 64, a. 3133; 1992, c. 57, s. 716; I.N., 2014-05-01].

TITRE 3 ━━━
DE LA COMPÉTENCE INTERNATIONALE
DES AUTORITÉS DU QUÉBEC

Chapitre I ━━━
Dispositions générales

TITLE 3 ━━━
INTERNATIONAL JURISDICTION OF
QUÉBEC AUTHORITIES

Chapter I ━━━
General provisions

3134. En l'absence de disposition particulière, les autorités du Québec sont compétentes lorsque le défendeur a son domicile au Québec.

[1991, c. 64, a. 3134].

▌ C.C.Q., 3135; C.P.C., 68.

3134. In the absence of any special provision, Québec authorities have jurisdiction when the defendant is domiciled in Québec.

[1991, c. 64, a. 3134; I.N., 2014-05-01].

3135. Bien qu'elle soit compétente pour connaître d'un litige, une autorité du Québec peut, exceptionnellement et à la demande d'une partie, décliner cette compétence si elle estime que les autorités d'un autre État sont mieux à même de trancher le litige.

[1991, c. 64, a. 3135].

▌ C.C.Q., 3082, 3137, 3138.

3135. Even though a Québec authority has jurisdiction to hear a dispute, it may, exceptionally and on an application by a party, decline jurisdiction if it considers that the authorities of another State are in a better position to decide the dispute.

[1991, c. 64, a. 3135; I.N., 2014-05-01].

3136. Bien qu'une autorité québécoise ne soit pas compétente pour connaître d'un litige, elle peut, néanmoins, si une action à l'étranger se révèle impossible ou si on ne peut exiger qu'elle y soit introduite, entendre le litige si celui-ci présente un lien suffisant avec le Québec.

[1991, c. 64, a. 3136].

▌ C.C.Q., 3134.

3136. Even though a Québec authority has no jurisdiction to hear a dispute, it may nevertheless hear it provided the dispute has a sufficient connection with Québec, if proceedings cannot possibly be instituted outside Québec or where the institution of such proceedings outside Québec cannot reasonably be required.

[1991, c. 64, a. 3136; I.N., 2014-05-01].

3137. L'autorité québécoise, à la demande d'une partie, peut, quand une action est introduite devant elle, surseoir à statuer si une autre action entre les mêmes parties, fondée sur les mêmes faits et ayant le

3137. On the application of a party, a Québec authority may stay its ruling on an action brought before it if another action, between the same parties, based on the same facts and having the same object is pend-

même objet, est déjà pendante devant une autorité étrangère, pourvu qu'elle puisse donner lieu à une décision pouvant être reconnue au Québec, ou si une telle décision a déjà été rendue par une autorité étrangère.

[1991, c. 64, a. 3137].

▌ C.C.Q., 3135, 3148, 3151, 3152, 3155.

ing before a foreign authority, provided that the latter action can result in a decision which may be recognized in Québec, or if such a decision has already been rendered by a foreign authority.

[1991, c. 64, a. 3137].

3138. L'autorité québécoise peut ordonner des mesures provisoires ou conservatoires, même si elle n'est pas compétente pour connaître du fond du litige.

[1991, c. 64, a. 3138].

▌ C.C.Q., 3084; C.P.C., 438-447, 813.9, 813.10.

3138. A Québec authority may order provisional or conservatory measures even if it has no jurisdiction over the merits of the dispute.

[1991, c. 64, a. 3138].

3139. L'autorité québécoise, compétente pour la demande principale, est aussi compétente pour la demande incidente ou reconventionnelle.

[1991, c. 64, a. 3139].

▌ C.P.C., 172, 199-207.

3139. Where a Québec authority has jurisdiction to rule on the principal demand, it also has jurisdiction to rule on an incidental demand or a cross demand.

[1991, c. 64, a. 3139].

3140. En cas d'urgence ou d'inconvénients sérieux, les autorités québécoises sont compétentes pour prendre les mesures qu'elles estiment nécessaires à la protection d'une personne qui se trouve au Québec ou à la protection de ses biens s'ils y sont situés.

[1991, c. 64, a. 3140].

▌ C.C.Q., 3084, 3138, 3141.

3140. In cases of emergency or serious inconvenience, Québec authorities may also take such measures as they consider necessary for the protection of a person present in Québec or of the person's property if it is situated there.

[1991, c. 64, a. 3140; I.N., 2014-05-01].

Chapitre II ——
Dispositions particulières

Chapter II ——
Special provisions

Section I ——
Des actions personnelles à caractère extrapatrimonial et familial

Section I ——
Personal actions of an extrapatrimonial and family nature

3141. Les autorités du Québec sont compétentes pour connaître des actions personnelles à caractère extrapatrimonial et familial, lorsque l'une des personnes concernées est domiciliée au Québec.

[1991, c. 64, a. 3141].

▌ C.C.Q., 3083-3085, 3134, 3140; C.P.C., 70.

3141. Québec authorities have jurisdiction to hear personal actions of an extrapatrimonial and family nature when one of the persons concerned is domiciled in Québec.

[1991, c. 64, a. 3141; I.N., 2014-05-01].

3142. Les autorités québécoises sont compétentes pour statuer sur la garde d'un enfant pourvu que ce dernier soit domicilié au Québec.

[1991, c. 64, a. 3142].

■ C.C.Q., 80, 514, 521, 3093, 3140, 3146.

3142. Québec authorities have jurisdiction to decide as to the custody of a child provided he is domiciled in Québec.

[1991, c. 64, a. 3142; I.N., 2014-05-01].

3143. Les autorités québécoises sont compétentes pour statuer sur une action en matière d'aliments ou sur la demande de révision d'un jugement étranger rendu en matière d'aliments qui peut être reconnu au Québec lorsque l'une des parties a son domicile ou sa résidence au Québec.

[1991, c. 64, a. 3143].

■ C.C.Q., 502, 511, 517, 521, 585, 3141.

3143. Québec authorities have jurisdiction to decide actions in matters of support or applications for review of a foreign support judgment that may be recognized in Québec, if one of the parties has his domicile or residence in Québec.

[1991, c. 64, a. 3143; I.N., 2014-05-01].

3144. En matière de nullité du mariage et en matière de nullité ou de dissolution de l'union civile, les autorités québécoises sont compétentes lorsque l'un des conjoints a son domicile ou sa résidence au Québec ou que l'union y a été célébrée.

[1991, c. 64, a. 3144; 2002, c. 6, a. 70].

■ C.C.Q., 380, 3141.

3144. Québec authorities have jurisdiction in matters of nullity of marriage or dissolution or nullity of civil unions if the domicile or place of residence of one of the spouses or the place of solemnization of their marriage or civil union is in Québec.

[1991, c. 64, a. 3144; 2002, c. 6, s. 70; I.N., 2014-05-01].

3145. Pour ce qui est des effets du mariage ou de l'union civile, notamment ceux qui s'imposent à tous les conjoints quel que soit leur régime matrimonial ou d'union civile, les autorités québécoises sont compétentes lorsque l'un des conjoints a son domicile ou sa résidence au Québec.

[1991, c. 64, a. 3145; 2002, c. 6, a. 71].

■ C.C.Q., 391, 3089, 3141, 3143, 3154.

3145. As regards the effects of marriage or a civil union, particularly those that are binding on all spouses regardless of their matrimonial or civil union regime, Québec authorities have jurisdiction when the domicile or place of residence of one of the spouses is in Québec.

[1991, c. 64, a. 3145; 2002, c. 6, s. 71; I.N., 2014-05-01].

3146. Les autorités québécoises sont compétentes pour statuer sur la séparation de corps, lorsque l'un des époux a son domicile ou sa résidence au Québec à la date de l'introduction de l'action.

[1991, c. 64, a. 3146].

■ C.C.Q., 493, 3090, 3141.

3146. Québec authorities have jurisdiction to rule on separation from bed and board when one of the spouses has his domicile or residence in Québec at the time of the institution of the proceedings.

[1991, c. 64, a. 3146; I.N., 2014-05-01].

3147. Les autorités québécoises sont compétentes, en matière de filiation, si l'enfant ou l'un de ses parents a son domicile au Québec.

En matière d'adoption, elles sont compétentes si l'enfant ou le demandeur est domicilié au Québec.

[1991, c. 64, a. 3147].

∎ C.C.Q., 522, 3091, 3092.

3147. Québec authorities have jurisdiction in matters of filiation if the child or one of his parents is domiciled in Québec.

They have jurisdiction in matters of adoption if the child or plaintiff is domiciled in Québec.

[1991, c. 64, a. 3147; I.N., 2014-05-01].

SECTION II ⸻
DES ACTIONS PERSONNELLES À
CARACTÈRE PATRIMONIAL

SECTION II ⸻
PERSONAL ACTIONS OF A PATRIMONIAL
NATURE

3148. Dans les actions personnelles à caractère patrimonial, les autorités québécoises sont compétentes dans les cas suivants:

1° Le défendeur a son domicile ou sa résidence au Québec;

2° Le défendeur est une personne morale qui n'est pas domiciliée au Québec mais y a un établissement et la contestation est relative à son activité au Québec;

3° Une faute a été commise au Québec, un préjudice y a été subi, un fait dommageable s'y est produit ou l'une des obligations découlant d'un contrat devait y être exécutée;

4° Les parties, par convention, leur ont soumis les litiges nés ou à naître entre elles à l'occasion d'un rapport de droit déterminé;

5° Le défendeur a reconnu leur compétence.

Cependant, les autorités québécoises ne sont pas compétentes lorsque les parties ont choisi, par convention, de soumettre les litiges nés ou à naître entre elles, à propos d'un rapport juridique déterminé, à une autorité étrangère ou à un arbitre, à moins que le défendeur n'ait reconnu la compétence des autorités québécoises.

[1991, c. 64, a. 3148].

∎ C.P.C., 68.

3148. In personal actions of a patrimonial nature, Québec authorities have jurisdiction in the following cases :

(1) the defendant has his domicile or his residence in Québec;

(2) the defendant is a legal person, is not domiciled in Québec but has an establishment in Québec, and the dispute relates to its activities in Québec;

(3) a fault was committed in Québec, injury was suffered in Québec, an injurious act occurred in Québec or one of the obligations arising from a contract was to be performed in Québec;

(4) the parties have by agreement submitted to them the present or future disputes between themselves arising out of a specific legal relationship;

(5) the defendant has submitted to their jurisdiction.

However, Québec authorities have no jurisdiction where the parties have chosen by agreement to submit the present or future disputes between themselves relating to a specific legal relationship to a foreign authority or to an arbitrator, unless the defendant submits to the jurisdiction of the Québec authorities.

[1991, c. 64, a. 3148; I.N., 2014-05-01].

3149. Les autorités québécoises sont, en outre, compétentes pour connaître d'une action fondée sur un contrat de consommation ou sur un contrat de travail si le consommateur ou le travailleur a son domicile ou sa résidence au Québec; la renonciation du consommateur ou du travailleur à cette compétence ne peut lui être opposée.

[1991, c. 64, a. 3149].

▌ C.C.Q., 3117, 3118. 3148.

3149. Québec authorities also have jurisdiction to hear an action based on a consumer contract or a contract of employment if the consumer or worker has his domicile or residence in Québec; the waiver of such jurisdiction by the consumer or worker may not be set up against him.

[1991, c. 64, a. 3149; I.N., 2014-05-01].

3150. Les autorités québécoises ont également compétence pour décider de l'action fondée sur un contrat d'assurance lorsque le titulaire, l'assuré ou le bénéficiaire du contrat a son domicile ou sa résidence au Québec, lorsque le contrat porte sur un intérêt d'assurance qui y est situé, ou encore lorsque le sinistre y est survenu.

[1991, c. 64, a. 3150].

▌ C.C.Q., 2389-2504, 3119, 3148; C.P.C., 69.

3150. Québec authorities also have jurisdiction to hear an action based on a contract of insurance where the holder, the insured or the beneficiary of the contract is domiciled or resident in Québec, the contract covers an insurable interest situated in Québec or the loss took place in Québec.

[1991, c. 64, a. 3150; I.N., 2014-05-01].

3151. Les autorités québécoises ont compétence exclusive pour connaître en première instance de toute action fondée sur la responsabilité prévue à l'article 3129.

[1991, c. 64, a. 3151].

▌ C.C.Q., 1457, 3129, 3165.

3151. Québec authorities have exclusive jurisdiction to hear in first instance all actions based on liability under article 3129.

[1991, c. 64, a. 3151; I.N., 2014-05-01].

SECTION III —
DES ACTIONS RÉELLES ET MIXTES

SECTION III —
REAL AND MIXED ACTIONS

3152. Les autorités québécoises sont compétentes pour connaître d'une action réelle si le bien en litige est situé au Québec.

[1991, c. 64, a. 3152].

▌ C.C.Q., 3097.

3152. Québec authorities have jurisdiction to hear a real action if the property in dispute is situated in Québec.

[1991, c. 64, a. 3152; I.N., 2014-05-01].

3153. En matière successorale, les autorités québécoises sont compétentes lorsque la succession est ouverte au Québec ou lorsque le défendeur ou l'un des défendeurs y a son domicile ou, encore, lorsque le défunt a choisi le droit québécois pour régir sa succession.

Elles le sont, en outre, lorsque des biens du défunt sont situés au Québec et qu'il

3153. Québec authorities have jurisdiction in matters of succession if the succession opens in Québec, the defendant or one of the defendants is domiciled in Québec or the deceased had elected that Québec law should govern his succession.

They also have jurisdiction if any property of the deceased is situated in Québec and a

s'agit de statuer sur leur dévolution ou leur transmission.

[1991, c. 64, a. 3153].

■ C.C.Q., 613-616, 3098; C.P.C., 74.

3154. Les autorités québécoises sont compétentes en matière de régime matrimonial ou d'union civile dans les cas suivants:

1° Le régime est dissout par le décès de l'un des conjoints et les autorités sont compétentes quant à la succession de ce conjoint;

2° L'objet de la procédure ne concerne que des biens situés au Québec.

Dans les autres cas, les autorités québécoises sont compétentes lorsque l'un des conjoints a son domicile ou sa résidence au Québec à la date de l'introduction de l'action.

[1991, c. 64, a. 3154; 2002, c. 6, a. 72].

■ C.C.Q., 431-492, 3153.

ruling is required as to the devolution or transmission of the property.

[1991, c. 64, a. 3153; I.N., 2014-05-01].

3154. Québec authorities have jurisdiction in matters of matrimonial or civil union regimes in the following cases :

(1) the regime is dissolved by the death of one of the spouses and the authorities have jurisdiction with respect to the succession of that spouse;

(2) the object of the proceedings relates only to property situated in Québec.

In other cases, Québec authorities have jurisdiction if one of the spouses has his or her domicile or residence in Québec on the date of institution of the proceedings.

[1991, c. 64, a. 3154; 2002, c. 6, s. 72; I.N., 2014-05-01].

TITRE 4 ——
DE LA RECONNAISSANCE ET DE L'EXÉCUTION DES DÉCISIONS ÉTRANGÈRES ET DE LA COMPÉTENCE DES AUTORITÉS ÉTRANGÈRES

TITLE 4 ——
RECOGNITION AND ENFORCEMENT OF FOREIGN DECISIONS AND JURISDICTION OF FOREIGN AUTHORITIES

Chapitre I ——
De la reconnaissance et de l'exécution des décisions étrangères

Chapter I ——
Recognition and enforcement of foreign decisions

3155. Toute décision rendue hors du Québec est reconnue et, le cas échéant, déclarée exécutoire par l'autorité du Québec, sauf dans les cas suivants:

1° L'autorité de l'État dans lequel la décision a été rendue n'était pas compétente suivant les dispositions du présent titre;

3155. A decision rendered outside Québec is recognized and, where applicable, declared enforceable by the Québec authority, except in the following cases :

(1) the authority of the State where the decision was rendered had no jurisdiction under the provisions of this Title;

2° La décision, au lieu où elle a été rendue, est susceptible d'un recours ordinaire, ou n'est pas définitive ou exécutoire;

3° La décision a été rendue en violation des principes essentiels de la procédure;

4° Un litige entre les mêmes parties, fondé sur les mêmes faits et ayant le même objet, a donné lieu au Québec à une décision passée ou non en force de chose jugée, ou est pendant devant une autorité québécoise, première saisie, ou a été jugé dans un État tiers et la décision remplit les conditions nécessaires pour sa reconnaissance au Québec;

5° Le résultat de la décision étrangère est manifestement incompatible avec l'ordre public tel qu'il est entendu dans les relations internationales;

6° La décision sanctionne des obligations découlant des lois fiscales d'un État étranger.

[1991, c. 64, a. 3155].

■ C.C.Q., 574, 3156-3168, 3081; D.T., 170.

3156. Une décision rendue par défaut ne sera reconnue et déclarée exécutoire que si le demandeur prouve que l'acte introductif d'instance a été régulièrement signifié à la partie défaillante, selon la loi du lieu où elle a été rendue.

Toutefois, l'autorité pourra refuser la reconnaissance ou l'exécution si la partie défaillante prouve que, compte tenu des circonstances, elle n'a pu prendre connaissance de l'acte introductif d'instance ou n'a pu disposer d'un délai suffisant pour présenter sa défense.

[1991, c. 64, a. 3156].

■ C.C.Q., 3155; D.T., 170.

3157. La reconnaissance ou l'exécution ne peut être refusée pour la seule raison que l'autorité d'origine a appliqué une loi autre que celle qui aurait été applicable, d'après les règles du présent livre.

[1991, c. 64, a. 3157].

■ C.C.Q., 574, 3155 (5°); D.T., 170.

(2) the decision, at the place where it was rendered, is subject to an ordinary remedy or is not final or enforceable;

(3) the decision was rendered in contravention of the fundamental principles of procedure;

(4) a dispute between the same parties, based on the same facts and having the same object has given rise to a decision rendered in Québec, whether or not it has acquired the authority of a final judgment (*res judicata*), is pending before a Québec authority, in first instance, or has been decided in a third State and the decision meets the conditions necessary for it to be recognized in Québec;

(5) the outcome of a foreign decision is manifestly inconsistent with public order as understood in international relations;

(6) the decision enforces obligations arising from the taxation laws of a foreign State.

[1991, c. 64, a. 3155; I.N., 2014-05-01].

3156. A decision rendered by default may not be recognized or declared enforceable unless the plaintiff proves that the act instituting the proceedings was duly served on the defaulting party in accordance with the law of the place where the decision was rendered.

However, the authority may refuse recognition or enforcement if the defaulting party proves that, owing to the circumstances, he was unable to acquaint himself with the act instituting the proceedings or was not given sufficient time to offer his defence.

[1991, c. 64, a. 3156; I.N., 2014-05-01].

3157. Recognition or enforcement may not be refused on the sole ground that the original authority applied a law different from the law that would be applicable under the rules contained in this Book.

[1991, c. 64, a. 3157].

3158. L'autorité québécoise se limite à vérifier si la décision dont la reconnaissance ou l'exécution est demandée remplit les conditions prévues au présent titre, sans procéder à l'examen au fond de cette décision.

[1991, c. 64, a. 3158].

▌ C.C.Q., 3155; D.T., 170.

3158. The Québec authority confines itself to verifying whether the decision with respect to which recognition or enforcement is sought meets the requirements prescribed in this Title, without considering the merits of the decision.

[1991, c. 64, a. 3158; I.N., 2014-05-01].

3159. Si la décision statue sur plusieurs demandes qui sont dissociables, la reconnaissance ou l'exécution peut être accordée partiellement.

[1991, c. 64, a. 3159].

▌ C.C.Q., 3155; D.T., 170.

3159. If the decision contains provisions which can be dissociated, any one or more of them may be separately recognized or enforced.

[1991, c. 64, a. 3159; I.N., 2014-05-01].

3160. La décision rendue hors du Québec qui accorde des aliments par versements périodiques peut être reconnue et déclarée exécutoire pour les versements échus et à échoir.

[1991, c. 64, a. 3160].

▌ C.C.Q., 3155 (2°); D.T., 170.

3160. A decision rendered outside Québec awarding periodic payments of support may be recognized and declared enforceable with respect to payments due and payments to become due.

[1991, c. 64, a. 3160; I.N., 2014-05-01].

3161. Lorsqu'une décision étrangère condamne le débiteur au paiement d'une somme d'argent exprimée dans une monnaie étrangère, l'autorité québécoise convertit cette somme en monnaie canadienne, au cours du jour où la décision est devenue exécutoire au lieu où elle a été rendue.

La détermination des intérêts que peut porter une décision étrangère est régie par la loi de l'autorité qui l'a rendue, jusqu'à sa conversion.

[1991, c. 64, a. 3161].

▌ C.C.Q., 3155; D.T., 170.

3161. Where a foreign decision orders a debtor to pay a sum of money expressed in foreign currency, the Québec authority converts the sum into Canadian currency at the rate of exchange prevailing on the day the decision became enforceable at the place where it was rendered.

Until conversion, the determination of interest payable under a foreign decision is governed by the law of the authority that rendered the decision.

[1991, c. 64, a. 3161; I.N., 2014-05-01].

3162. L'autorité du Québec reconnaît et sanctionne les obligations découlant des lois fiscales d'un État qui reconnaît et sanctionne les obligations découlant des lois fiscales du Québec.

[1991, c. 64, a. 3162].

▌ C.C.Q., 3155 (6°); D.T., 170.

3162. The Québec authority recognizes and enforces the obligations resulting from the taxation laws of a State that recognizes and enforces the obligations resulting from the taxation laws of Québec.

[1991, c. 64, a. 3162; I.N., 2014-05-01].

3163. Les transactions exécutoires au lieu d'origine sont reconnues et, le cas échéant, déclarées exécutoires au Québec aux

3163. Transactions enforceable at their places of origin are recognized and, where applicable, declared to be enforceable in

mêmes conditions que les décisions judiciaires pour autant que ces conditions leur sont applicables.

[1991, c. 64, a. 3163].

■ C.C.Q., 2631, 2633, 3155; D.T., 170.

Québec, on the same conditions as judicial decisions, to the extent that those conditions apply to the transactions.

[1991, c. 64, a. 3163; 2002, c. 19, s. 15; I.N., 2014-05-01].

Chapitre II ——
De la compétence des autorités étrangères

Chapter II ——
Jurisdiction of foreign authorities

3164. La compétence des autorités étrangères est établie suivant les règles de compétence applicables aux autorités québécoises en vertu du titre troisième du présent livre dans la mesure où le litige se rattache d'une façon importante à l'État dont l'autorité a été saisie.

[1991, c. 64, a. 3164].

■ C.C.Q., 3134-3155, 3165-3168.

3164. The jurisdiction of foreign authorities is established in accordance with the rules on jurisdiction applicable to Québec authorities under Title Three of this Book, to the extent that the dispute is substantially connected with the State whose authority is seised of the matter.

[1991, c. 64, a. 3164; I.N., 2014-05-01].

3165. La compétence des autorités étrangères n'est pas reconnue par les autorités québécoises dans les cas suivants:

1° Lorsque, en raison de la matière ou d'une convention entre les parties, le droit du Québec attribue à ses autorités une compétence exclusive pour connaître de l'action qui a donné lieu à la décision étrangère;

2° Lorsque le droit du Québec admet, en raison de la matière ou d'une convention entre les parties, la compétence exclusive d'une autre autorité étrangère;

3° Lorsque le droit du Québec reconnaît une convention par laquelle la compétence exclusive a été attribuée à un arbitre.

[1991, c. 64, a. 3165].

■ C.C.Q., 3148, 3164, 3168.

3165. The jurisdiction of foreign authorities is not recognized by Québec authorities in the following cases :

(1) where, by reason of the subject matter or an agreement between the parties, Québec law grants exclusive jurisdiction to its authorities to hear the action which gave rise to the foreign decision;

(2) where, by reason of the subject matter or an agreement between the parties, Québec law recognizes the exclusive jurisdiction of another foreign authority;

(3) where Québec law recognizes an agreement by which exclusive jurisdiction has been conferred upon an arbitrator.

[1991, c. 64, a. 3165; I.N., 2014-05-01].

3166. La compétence des autorités étrangères est reconnue en matière de filiation lorsque l'enfant ou l'un de ses parents est domicilié dans cet État ou a la nationalité qui y est rattachée.

[1991, c. 64, a. 3166].

■ C.C.Q., 522-584, 3147, 3155, 3164.

3166. The jurisdiction of foreign authorities is recognized in matters of filiation where the child or either of his parents is domiciled in that State or is a national thereof.

[1991, c. 64, a. 3166; I.N., 2014-05-01].

3167. Dans les actions en matière de divorce, la compétence des autorités étrangères est reconnue soit que l'un des époux avait son domicile dans l'État où la décision a été rendue, ou y résidait depuis au moins un an, avant l'introduction de l'action, soit que les époux ont la nationalité de cet État, soit que la décision serait reconnue dans l'un de ces États.

Dans les actions en matière de dissolution de l'union civile, la compétence des autorités étrangères n'est reconnue que si l'État connaît cette institution; elle l'est alors aux mêmes conditions que s'il s'agissait d'un divorce.

[1991, c. 64, a. 3167; 2002, c. 6, a. 73].

▌C.C.Q., 3155, 3164.

3167. For actions in matters of divorce, the jurisdiction of foreign authorities is recognized if one of the spouses had his or her domicile in the State where the decision was rendered, or had his or her residence in that State for at least one year before the institution of the proceedings, if the spouses are nationals of that State, or if the decision has been recognized in any of those States.

For actions in matters of dissolution of a civil union, the jurisdiction of foreign authorities is recognized only if their State recognizes that institution; where that is the case, their jurisdiction is recognized on the same conditions as for divorce.

[1991, c. 64, a. 3167; 2002, c. 6, s. 73; I.N., 2014-05-01].

3168. Dans les actions personnelles à caractère patrimonial, la compétence des autorités étrangères n'est reconnue que dans les cas suivants:

1° Le défendeur était domicilié dans l'État où la décision a été rendue;

2° Le défendeur avait un établissement dans l'État où la décision a été rendue et la contestation est relative à son activité dans cet État;

3° Un préjudice a été subi dans l'État où la décision a été rendue et il résulte d'une faute qui y a été commise ou d'un fait dommageable qui s'y est produit;

4° Les obligations découlant d'un contrat devaient y être exécutées;

5° Les parties leur ont soumis les litiges nés ou à naître entre elles à l'occasion d'un rapport de droit déterminé; cependant, la renonciation du consommateur ou du travailleur à la compétence de l'autorité de son domicile ne peut lui être opposée;

6° Le défendeur a reconnu leur compétence.

[1991, c. 64, a. 3168].

▌C.C.Q., 3148-3151, 3155, 3164, 3165.

3168. In personal actions of a patrimonial nature, the jurisdiction of foreign authorities is recognized only in the following cases:

(1) the defendant was domiciled in the State where the decision was rendered;

(2) the defendant possessed an establishment in the State where the decision was rendered and the dispute relates to its activities in that State;

(3) injury was suffered in the State where the decision was rendered and it resulted from a fault which was committed in that State or from an injurious act which occurred there;

(4) the obligations arising from a contract were to be performed in that State;

(5) the parties have submitted to the foreign authorities the present or future disputes between themselves arising out of a specific legal relationship; however, renunciation by a consumer or a worker of the jurisdiction of the authority of his place of domicile may not be set up against him;

(6) the defendant has submitted to the jurisdiction of the foreign authorities.

[1991, c. 64, a. 3168; I.N., 2014-05-01].

Dispositions finales

Final provisions

Le présent code remplace le *Code civil du Bas-Canada* adopté par le chapitre 41 des lois de 1865 de la législature de la province du Canada, *Acte concernant le Code civil du Bas-Canada*, tel qu'il a été modifié. Il remplace aussi l'article premier du chapitre 39 des lois de 1980, *Loi instituant un nouveau Code civil et portant réforme du droit de la famille*, tel qu'il a été modifié, ainsi que le chapitre 18 des lois de 1987, *Loi portant réforme au Code civil du Québec du droit des personnes, des successions et des biens*.

Le présent code entrera en vigueur à la date qui sera fixée par le gouvernement, conformément à ce qui sera prévu dans la loi relative à l'application de la réforme du Code civil.

This Code replaces the *Civil Code of Lower Canada* adopted by chapter 41 of the statutes of 1865 of the Legislature of the Province of Canada, An *Act respecting the Civil Code of Lower Canada*, as amended. It also replaces the first section of chapter 39 of the statutes of 1980, An Act to establish a new Civil Code and to reform family law, as amended, and chapter 18 of the statutes of 1987, *An Act to add the reformed law of persons, successions and property to the Civil Code of Québec*.

This Code will come into force on the date to be fixed by the Government, in accordance with the provisions of the legislation respecting the implementation of the Civil Code reform.

DISPOSITIONS TRANSITOIRES DE LA LOI SUR L'APPLICATION DE LA RÉFORME DU CODE CIVIL

TRANSITIONAL PROVISIONS OF THE ACT RESPECTING THE IMPLEMENTATION OF THE REFORM OF THE CIVIL CODE

TABLE DES MATIÈRES

TABLE OF CONTENTS

TABLE DES MATIÈRES

TABLE OF CONTENTS

Table of Contents

MODIFICATIONS/AMENDMENTS

- Loi modifiant, en matière de sûretés et de publicité des droits, la Loi sur l'application de la réforme du Code civil et d'autres dispositions législatives, L.Q. 1995, c. 33 / An Act to amend the Act respecting the implementation of the reform of the Civil Code and other legislative provisions as regards security and the publication of rights S.Q. 1995, ch. 33

- Loi modifiant le Code civil et d'autres dispositions législatives relativement à la publicité des droits personnels et réels mobiliers et à la constitution d'hypothèques mobilières sans dépossession, L.Q. 1998, c. 5, a. 19 / An Act to amend the Civil Code and other legislative provisions as regards the publication of personal and movable real rights and the constitution of movable hypothecs without delivery, S.Q. 1998, c. 5, s. 19

- Loi concernant l'harmonisation au Code civil des lois publiques, L.Q. 1999, c. 40, a. 335 / An Act to harmonize public statutes with Civil Code, S.Q. 1999, c. 40, s. 335

- Loi modifiant le Code civil et d'autres dispositions législatives relativement à la publicité foncière, L.Q. 2000, c. 42, a. 87-94 / An Act to amend the Civil Code and other provisions relating to land registration, S.Q. 2000, c. 42, s. 87-94

- Loi modifiant le Code civil en matière d'état civil, de successions et de publicité des droits, L.Q. 2013, c. 75, a. 39 / An Act to amend the Civil Code as regards civil status, successions and the publication of rights, S.Q. 2013, c. 75, s. 39

LOI SUR L'APPLICATION DE LA RÉFORME DU CODE CIVIL (1-170),

L.Q. 1992, c. 57

TITRE I ——
DISPOSITIONS TRANSITOIRES

Disposition préliminaire

TITRE I ——
DISPOSITIONS TRANSITOIRES
Disposition préliminaire

1. Les dispositions du présent titre ont pour objet de régler les conflits de lois résultant de l'entrée en vigueur du *Code civil du Québec* et des modifications corrélatives apportées par la présente loi.

Le chapitre premier pose les règles générales de droit transitoire. Le second présente les règles particulières à chacun des livres du code, lesquelles contiennent des ajouts ou des dérogations aux règles générales ou précisent, dans certains cas, l'application ou la portée de ces règles.

[1992, c. 57, a. 1].

Chapitre I ——
Dispositions générales

2. La loi nouvelle n'a pas d'effet rétroactif: elle ne dispose que pour l'avenir.

Ainsi, elle ne modifie pas les conditions de

TITLE I ——
TRANSITIONAL PROVISIONS
Preliminary provision

1. The object of the provisions of this Title is to govern conflicts of legislation resulting from the coming into force of the *Civil Code of Québec* and the corresponding amendments introduced by this Act.

Chapter I lays down the general transitional rules of law. Chapter II sets forth the special rules for each Book of the Code; these rules contain certain additions and exceptions to the general rules, or specify the application or scope of the general rules in certain cases.

[1992, c. 57, s. 1].

Chapter I ——
General provisions

2. The new legislation has no retroactive effect; it applies only to the future.

It does not, therefore, change the condi-

création d'une situation juridique antérieurement créée ni les conditions d'extinction d'une situation juridique antérieurement éteinte. Elle n'altère pas non plus les effets déjà produits par une situation juridique.

[1992, c. 57, a. 2].

tions for creation of a previously created legal situation, nor the conditions for extinction of a previously extinguished legal situation, and it does not alter the effects already produced by a legal situation.

[1992, c. 57, s. 2].

3. La loi nouvelle est applicable aux situations juridiques en cours lors de son entrée en vigueur.

Ainsi, les situations en cours de création ou d'extinction sont, quant aux conditions de création ou d'extinction qui n'ont pas encore été remplies, régies par la loi nouvelle; celle-ci régit également les effets à venir des situations juridiques en cours.

[1992, c. 57, a. 3].

3. The new legislation is applicable to legal situations which exist when it comes into force.

Any hitherto unfulfilled conditions for the creation or extinction of situations in the course of being created or extinguished are therefore governed by the new legislation; it also governs the future effects of existing legal situations.

[1992, c. 57, s. 3].

4. Dans les situations juridiques contractuelles en cours lors de l'entrée en vigueur de la loi nouvelle, la loi ancienne survit lorsqu'il s'agit de recourir à des règles supplétives pour déterminer la portée et l'étendue des droits et des obligations des parties, de même que les effets du contrat.

Cependant, les dispositions de la loi nouvelle s'appliquent à l'exercice des droits et à l'exécution des obligations, à leur preuve, leur transmission, leur mutation ou leur extinction.

[1992, c. 57, a. 4].

4. In contractual situations which exist when the new legislation comes into force, the former legislation subsists where supplementary rules are used to determine the extent and scope of the rights and obligations of the parties and the effects of the contract.

However, the provisions of the new legislation apply to the exercise of the rights and the performance of the obligations, and to their proof, transfer, alteration or extinction.

[1992, c. 57, s. 4].

5. Les stipulations d'un acte juridique antérieures à la loi nouvelle et qui sont contraires à ses dispositions impératives sont privées d'effet pour l'avenir.

[1992, c. 57, a. 5].

5. The stipulations of a juridical act made prior to the new legislation which are contrary to its imperative provisions are without effect for the future.

[1992, c. 57, s. 5].

6. Lorsque la loi nouvelle allonge un délai, le nouveau délai s'applique aux situations en cours, compte tenu du temps déjà écoulé.

Si elle abrège un délai, le nouveau délai s'applique, mais il court à partir de l'entrée en vigueur de la loi nouvelle. Le délai prévu par la loi ancienne est cependant maintenu lorsque l'application du délai nouveau aurait pour effet de proroger l'ancien.

Si un délai, qui n'existait pas dans la loi

6. Where the new legislation lengthens a prescribed period of time, the new period applies to existing situations and account is taken of the time already elapsed.

Where it shortens a prescribed period, the new period applies, but begins to run from the coming into force of the new legislation. However, the period prescribed in the former legislation is maintained where it would in fact be extended if the new period applied.

Where a period of time not prescribed in

ancienne, est introduit par la loi nouvelle et prend comme point de départ un événement qui, en l'espèce, s'est produit avant son entrée en vigueur, ce délai, s'il n'est pas déjà écoulé, court à compter de cette entrée en vigueur.

[1992, c. 57, a. 6].

the former legislation is introduced by the new legislation and begins with an event which in fact occurred before the coming into force of that legislation, the period, if not already expired, runs from that coming into force.

[1992, c. 57, s. 6].

7. Les actes juridiques entachés de nullité lors de l'entrée en vigueur de la loi nouvelle ne peuvent plus être annulés pour un motif que la loi nouvelle ne reconnaît plus.

[1992, c. 57, a. 7].

7. Juridical acts which may be annulled when the new legislation comes into force may not be annulled thenceforth for any reason which is no longer recognized under the new legislation.

[1992, c. 57, s. 7].

8. Peuvent valablement être prises avant l'entrée en vigueur de la loi nouvelle les mesures préalables à l'exercice d'un droit ou d'un pouvoir conféré par cette dernière, y compris l'envoi d'un avis ou l'obtention d'une autorisation.

[1992, c. 57, a. 8].

8. The measures to be taken before the exercise of a right or power conferred by the new legislation, including the sending of a notice or the obtaining of an authorization, may validly be taken before the coming into force of the new legislation.

[1992, c. 57, s. 8].

9. Les instances en cours demeurent régies par la loi ancienne.

Cette règle reçoit exception lorsque le jugement à venir est constitutif de droits ou que la loi nouvelle, en application des dispositions de la présente loi, a un effet rétroactif. Elle reçoit aussi exception pour tout ce qui concerne la preuve et la procédure en l'instance.

[1992, c. 57, a. 9].

9. Proceedings pending continue to be governed by the former legislation.

An exception is made to this rule where the judgment to be rendered creates rights or where the new legislation has a retroactive effect pursuant to the provisions of this Act. A further exception is made for all matters concerning proof and procedure in such proceedings.

[1992, c. 57, s. 9].

10. Les demandes introduites suivant la procédure ordinaire en première instance sont continuées conformément aux règles nouvelles applicables à une telle procédure, même lorsque la loi nouvelle prévoit que de telles demandes seront désormais introduites par voie de requête, sauf aux parties à convenir de procéder suivant la voie nouvelle.

[1992, c. 57, a. 10].

10. Applications made according to the ordinary procedure in first instance are continued in accordance with the new rules applicable to ordinary procedure, even where the new legislation provides that in the future such applications are to be made by way of a motion, unless the parties agree to proceed according to the new provisions.

[1992, c. 57, s. 10].

Chapitre II —— Dispositions particulières	Chapter II —— Special provisions

SECTION I —— PERSONNES	SECTION I —— PERSONS

§1. —— Changement de nom	§1. —— Change of name

11. Les demandes de changement de nom ou de changement de la mention du sexe et du prénom formées antérieurement au 1er janvier 1994 demeurent régies par la loi ancienne.

Toutefois, celles qui avaient été adressées au ministre de la Justice sont déférées au directeur de l'état civil.

[1992, c. 57, a. 11].

11. Applications for a change of name or for a change of designation of sex and given name made prior to 1 January 1994 are governed by the former legislation.

However, applications which were addressed to the Minister of Justice are referred to the registrar of civil status.

[1992, c. 57, s. 11].

§2. —— Absence	§2. —— Absence

12. Les curateurs à l'absent deviennent tuteurs à l'absent.

[1992, c. 57, a. 12].

12. Curators to absentees become tutors to absentees.

13. Les envoyés en possession provisoire des biens d'un absent demeurent en possession provisoire et sont soumis au régime de la simple administration du bien d'autrui.

La possession provisoire se termine par la nomination d'un tuteur en application de l'article 87 du nouveau code ou par l'une des causes énumérées à l'article 90 du même code.

[1992, c. 57, a. 13].

13. The persons authorized to take provisional possession of the property of an absentee remain in provisional possession and are subject to the regime of simple administration of the property of others.

Provisional possession is terminated by the appointment of a tutor pursuant to article 87 of the new Code or by one of the causes of termination set forth in article 90 of that Code.

[1992, c. 57, s. 13].

14. Pourvu qu'il y ait préalablement eu envoi en possession provisoire des héritiers présomptifs, les jugements déclaratifs de décès prononcés après le 31 décembre 1993 pour une absence survenue avant le 1er janvier 1994 fixent la date du décès au jour de la disparition de l'absent, sauf si les présomptions tirées des circonstances permettent de tenir la mort pour certaine à une autre date.

[1992, c. 57, a. 14].

14. Where the presumptive heirs have been authorized to take provisional possession, a declaratory judgment of death pronounced after 31 December 1993 in respect of an absence beginning before 1 January 1994 fixes as the date of death the day of the disappearance of the absentee, except where the presumptions drawn from the circumstances allow the death to be held to be certain at another date.

[1992, c. 57, s. 14].

§3. — Registres et actes de l'état civil

15. Le double de tout registre qui n'aurait pas déjà été remis au greffier de la Cour supérieure, doit sans délai être remis au directeur de l'état civil. L'autre exemplaire est conservé par son détenteur ou, à défaut, remis au directeur de l'état civil.

Lorsque les registres n'ont été tenus qu'en un seul exemplaire, celui-ci doit être remis au directeur de l'état civil. Doivent lui être remis également les registres détenus par des greffiers. Le directeur de l'état civil authentifie tout registre qui n'aurait pas déjà été authentifié.

[1992, c. 57, a. 15].

16. Le directeur de l'état civil peut, de la manière prévue au nouveau code, procéder à l'insertion et à la correction d'actes dans les registres déjà tenus.

Avec l'autorisation du ministre de la Justice et selon les conditions que celui-ci détermine, le directeur de l'état civil peut reconstituer, conformément au *Code de procédure civile* (chapitre C-25), mais à l'exception de la signification prévue à l'article 871.2, des registres perdus, détruits ou détériorés, ou encore qui devaient être tenus et ne l'ont pas été ou compléter ceux qui l'ont été de manière incomplète.

À ces fins, le directeur de l'état civil jouit de l'immunité et est investi des pouvoirs prévus par la *Loi sur les commissions d'enquête* (chapitre C-37), sauf le pouvoir d'imposer l'emprisonnement.

[1992, c. 57, a. 16].

17. Les constats faits en application de la *Loi sur la protection de la santé publique* (chapitre P-35) et qualifiés par la loi ancienne de déclarations peuvent servir,

§3. — Registers and acts of civil status

15. The duplicate of a register which has not already been handed over to the clerk of the Superior Court shall be handed over without delay to the registrar of civil status. The other copy is retained by its holder or, if not, is handed over to the registrar of civil status.

Where only one copy of a register has been kept, it shall be handed over to the registrar of civil status, as shall any register held by a clerk. The registrar of civil status authenticates any register which has not already been authenticated.

[1992, c. 57, s. 15].

16. The registrar of civil status may, in the manner provided for in the new Code, insert and correct acts in the registers already kept by him.

With the authorization of and in accordance with the conditions determined by the Minister of Justice, the registrar of civil status may, in accordance with the *Code of Civil Procedure* (chapter C-25) and with the exception of the notification provided for in article 871.2, reconstitute any register which has been lost, destroyed or damaged, or which ought to have been kept and has not been kept, or which has been kept in an incomplete manner.

For those purposes, the registrar of civil status has the immunity and is vested with the powers provided for in the *Act respecting public inquiry commissions* (chapter C-37), except the power to order imprisonment.

[1992, c. 57, s. 16].

17. Attestations made pursuant to the *Public Health Protection Act* (chapter P-35) and described as declarations by the former legislation may, after 31 December

après le 31 décembre 1993, à établir un acte de l'état civil.

[1992, c. 57, a. 17].

1993, be used to establish an act of civil status.

[1992, c. 57, s. 17].

18. Les extraits des registres de l'état civil délivrés avant le 1er janvier 1994 demeurent valables.

[1992, c. 57, a. 18].

18. Extracts from the registers of civil status issued before 1 January 1994 remain valid.

[1992, c. 57, s. 18].

19. Les reconstitutions de registres en cours sont complétées suivant l'ancienne *Loi sur la reconstitution des registres de l'état civil* (chapitre R-2).

[1992, c. 57, a. 19].

19. Where a register is in the process of being reconstituted, the reconstitution is completed in accordance with the former *Act respecting the reconstitution of civil status registers* (chapter R-2).

[1992, c. 57, s. 19].

20. Le directeur de l'état civil n'est pas tenu de porter aux actes de naissance, de mariage ou de décès et aux certificats d'état civil qu'il délivre les mentions prévues aux articles 134 et 135 du nouveau code résultant d'événements antérieurs au 1er janvier 1994.

Il assure la publicité des décès survenus avant le 1er janvier 1994 au moyen de copies d'actes de décès, ainsi que de certificats et d'attestations de décès, tirés des actes de sépulture dressés en application de la loi ancienne, et au moyen des constats de décès faits en application de la *Loi sur la protection de la santé publique* (chapitre P-35), qualifiés de déclarations par la loi ancienne. S'il y a divergence entre le constat de décès et l'acte de sépulture, celui-ci prévaut.

[1992, c. 57, a. 20].

20. The registrar of civil status is not bound to make, on acts of birth, marriage or death and on certificates of civil status which he issues, the notations provided for in articles 134 and 135 of the new Code if the events from which such notations result occurred prior to 1 January 1994.

He publishes deaths occurring before 1 January 1994 by means of copies of acts of death and certificates and attestations of death based on the acts of burial drawn up under the former legislation, and by means of attestations of death made under the *Public Health Protection Act* (chapter P-35) and described as declarations by the former legislation. In cases of divergence between the attestation of death and the act of burial, the latter prevails.

[1992, c. 57, s. 20].

21. Le directeur de l'état civil peut permettre à toute église qui était autorisée par la loi ancienne à tenir des registres de l'état civil de reconstituer l'exemplaire des registres qu'elle conservait en utilisant le double dont il a la garde.

[1992, c. 57, a. 21].

21. The registrar of civil status may allow a church authorized to keep registers of civil status under the former legislation to reconstitute the copy of the registers preserved by that church by using the duplicate of which he has custody.

[1992, c. 57, s. 21].

§4. — Tutelle au mineur

22. Le curateur au mineur émancipé en justice devient le tuteur au mineur émancipé.

[1992, c. 57, a. 22].

23. Le mineur qui exerçait la tutelle à son enfant continue d'exercer sa charge, conformément aux règles nouvelles de la tutelle.

[1992, c. 57, a. 23].

24. Les tutelles datives qui, le 1er janvier 1994, sont exercées par un seul des père et mère peuvent, sur simple accord des parents constaté par écrit ou, à défaut, sur décision du tribunal, être converties en tutelles légales attribuées aux deux parents. Ces derniers doivent aviser le curateur public de cette conversion.

Si elles sont exercées par un tiers, elles peuvent, sur demande adressée au tribunal par les parents ou l'un d'eux, être converties en tutelles légales attribuées aux deux parents ou à l'un d'eux, selon le cas.

[1992, c. 57, a. 24].

25. A plein effet la tutelle prévue par testament fait avant le 1er janvier 1994, si le décès survient postérieurement au 31 décembre 1993.

[1992, c. 57, a. 25].

26. Les curatelles à l'enfant conçu mais non encore né, qui sont en cours le 1er janvier 1994, demeurent régies par la loi ancienne.

[1992, c. 57, a. 26].

27. Les subrogés-tuteurs et les subrogés-curateurs deviennent des conseils de tu-

§4. — Tutorship to minors

22. A curator to a judicially emancipated minor becomes a tutor to an emancipated minor.

[1992, c. 57, s. 22].

23. A minor having tutorship of his child retains it in accordance with the new rules of tutorship.

[1992, c. 57, s. 23].

24. A dative tutorship exercised by the father or mother alone on 1 January 1994 may, by simple agreement of the parents in writing or, where there is no such agreement, by decision of the court, be converted to a legal tutorship conferred on both parents. The parents must notify the Public Curator of the conversion.

Where a dative tutorship is exercised by a third person, it may, upon an application to the court by one or both of the parents, be converted to a legal tutorship conferred on one or both of the parents, as the case may be.

[1992, c. 57, s. 24].

25. A tutorship provided by a will made before 1 January 1994 has full effect, provided that death occurs after 31 December 1993.

[1992, c. 57, s. 25].

26. Curatorships to children conceived but yet unborn which are in effect on 1 January 1994 continue to be governed by the former legislation.

[1992, c. 57, s. 26].

27. Subrogate tutors and subrogate curators become tutorship councils composed

telle formés d'une seule personne. Ils ont les pouvoirs et devoirs d'un conseil de tutelle.

Tout intéressé peut demander au tribunal la constitution d'un nouveau conseil, sans avoir à invoquer des motifs graves.

[1992, c. 57, a. 27].

28. Par dérogation à l'article 188 du nouveau code, les tuteurs aux biens qui sont parties à une instance en cours le 1er janvier 1994 la continuent.

[1992, c. 57, a. 28].

29. Les avis donnés par le conseil de famille en application de l'article 297 de l'ancien code, en vue de passer un acte visé à cet article, valent comme avis du conseil de tutelle.

[1992, c. 57, a. 29].

§5. — Personnes morales

30. Les personnes morales qui existaient au temps de la cession du pays et qui, n'ayant pas été continuées et reconnues par autorité compétente aux termes du second alinéa de l'article 353 de l'ancien code, agissent toujours comme personnes morales sont réputées être légalement constituées.

[1992, c. 57, a. 30].

SECTION II — FAMILLE

31. Les mariages célébrés avant 1er janvier 1994 ne peuvent être annulés que pour les causes que la loi nouvelle reconnaît.

[1992, c. 57, a. 31].

32. La répartition, en propres et en acquêts, des biens visés à l'article 456 du

---

of only one person. They have the powers and duties of tutorship councils.

Any interested person may apply to the court for the establishment of a new council without invoking grave reasons.

[1992, c. 57, s. 27].

28. By way of exception to article 188 of the new Code, a tutor to property who is a party to proceedings pending on 1 January 1994 has continuance of suit.

[1992, c. 57, s. 28].

29. Advice given by a family council pursuant to article 297 of the former Code with a view to the making of an act contemplated in that article is valid as advice from a tutorship council.

[1992, c. 57, s. 29].

§5. — Legal persons

30. Legal persons which existed at the time of the cession of the country and which, although they have not been continued or recognized by competent authority pursuant to the second paragraph of article 353 of the former Code, still act as legal persons, are deemed to be legally constituted.

[1992, c. 57, s. 30].

SECTION II — THE FAMILY

31. Marriages solemnized before 1 January 1994 may not be annulled except for causes recognized by the new legislation.

[1992, c. 57, s. 31].

32. Property contemplated by article 456 of the new Code is divided into private

nouveau code est faite suivant la loi en vigueur lors de leur acquisition.

[1992, c. 57, a. 32].

property and acquests in accordance with the legislation in force when the property is acquired.

[1992, c. 57, s. 32].

33. L'article 476 du nouveau code est applicable à toute société d'acquêts dissoute avant le 1er janvier 1994, lorsque la faculté d'accepter le partage des acquêts ou d'y renoncer n'a pas encore été exercée par les intéressés et que le délai pour l'exercer n'est pas encore écoulé.

[1992, c. 57, a. 33].

33. Article 476 of the new Code is applicable to every partnership of acquests dissolved before 1 January 1994, where the interested parties have not yet accepted or renounced the partition of acquests and where the period for so doing has not yet expired.

[1992, c. 57, s. 33].

34. L'usufruit légal du conjoint survivant, en cours le 1er janvier 1994, demeure régi par les articles 1426 à 1433 de l'ancien code.

[1992, c. 57, a. 34].

34. The legal usufruct of a surviving consort in effect on 1 January 1994 continues to be governed by articles 1426 to 1433 of the former Code.

[1992, c. 57, s. 34].

35. L'article 540 du nouveau code est applicable même lorsque le consentement à la procréation médicalement assistée a été donné avant le 1er janvier 1994.

[1992, c. 57, a. 35].

35. Article 540 of the new Code is applicable even where consent to medically assisted procreation was given before 1 January 1994.

[1992, c. 57, s. 35].

36. Les avis donnés par un conseil de famille en application de l'article 655 de l'ancien *Code civil du Québec* sont considérés comme des avis d'un conseil de tutelle.

[1992, c. 57, a. 36].

36. Advice given by a family council pursuant to article 655 of the former *Civil Code of Québec* is considered to be advice from a tutorship council.

[1992, c. 57, s. 36].

Section III — Successions

37. Les successions sont régies par la loi en vigueur au jour de leur ouverture.

[1992, c. 57, a. 37].

Section III — Successions

37. Successions are governed by the legislation in force on the day they open.

[1992, c. 57, s. 37].

38. Les causes d'indignité et de révocation de testament ou de legs prévues respectivement par les articles 610 et 893 de l'ancien code qui n'ont pas encore été appliquées le 1er janvier 1994, ne peuvent plus

38. The causes of unworthiness and revocation of wills and legacies set forth in articles 610 and 893, respectively, of the former Code which have not yet been applied on 1 January 1994 may no longer be ap-

l'être si elles ne sont pas reconnues par la loi nouvelle.

plied if they are not recognized by the new legislation.

En ce qui concerne les successions ouvertes après le 31 décembre 1993, les causes d'indignité prévues par les articles 620 et 621 du nouveau code sont applicables bien que la cause d'indignité soit survenue antérieurement au 1er janvier 1994.

[1992, c. 57, a. 38].

The causes of unworthiness set forth in articles 620 and 621 of the new Code are applicable to successions which open after 31 December 1993, even where the cause of unworthiness arose before 1 January 1994.

[1992, c. 57, s. 38].

39. Pour les successions ouvertes avant le 1er janvier 1994:

1° la capacité requise pour exercer le droit d'option après le 31 décembre 1993 s'apprécie suivant les dispositions de la loi nouvelle;

2° le droit, prévu par l'article 626 du nouveau code, de se faire reconnaître la qualité d'héritier s'éteint à l'expiration des 10 années qui suivent le 1er janvier 1994 ou, si ce droit s'ouvre après le 31 décembre 1993, à l'expiration des 10 années qui suivent cette ouverture;

3° le droit de rétractation prévu à l'article 657 de l'ancien code ne peut être exercé que dans les 10 ans qui suivent le 1er janvier 1994;

4° le successible qui n'a pas exercé son droit d'option avant l'expiration des 10 années qui suivent le 1er janvier 1994 est réputé avoir renoncé à la succession.

[1992, c. 57, a. 39].

39. For successions which open before 1 January 1994,

(1) the capacity required to exercise the right of option after 31 December 1993 is appraised according to the provisions of the new legislation;

(2) the right provided in article 626 of the new Code to be recognized as an heir is extinguished upon the expiry of ten years from 1 January 1994 or, where the right arises after 31 December 1993, upon the expiry of ten years after it arises;

(3) the right to retract a renunciation under article 657 of the former Code may be exercised only within ten years from 1 January 1994;

(4) a successor who has not exercised his right of option before the expiry of ten years from 1 January 1994 is deemed to have renounced the succession.

[1992, c. 57, s. 39].

40. Sous réserve de l'article 7, la capacité requise pour tester et les formes du testament s'apprécient suivant la loi en vigueur au jour où le testament est fait.

[1992, c. 57, a. 40].

40. Subject to section 7, the capacity required to make a will and the form of the will are appraised according to the legislation in force on the day the will is made.

[1992, c. 57, s. 40].

41. La représentation, dans les successions testamentaires, n'a lieu que dans la mesure prévue par la loi en vigueur au jour où le testament est fait.

[1992, c. 57, a. 41].

41. In testamentary successions, representation takes place only to the extent provided by the legislation in force on the day the will is made.

[1992, c. 57, s. 41].

42. Les dispositions de l'article 758 du nouveau code, relatives aux clauses pénales et aux clauses d'exhérédation qui prennent la forme d'une clause pénale, sont applicables aux testaments faits avant le 1er janvier 1994.

Cette règle reçoit exception lorsque, s'agissant de successions ouvertes avant le 1er janvier 1994, leur liquidation est déjà commencée le 1er janvier 1994.

[1992, c. 57, a. 42].

42. The provisions of article 758 of the new Code, concerning penal clauses or exheredations taking the form of penal clauses, are applicable to wills made before 1 January 1994.

An exception is made to this rule where liquidation of a succession having opened before 1 January 1994 has already begun on 1 January 1994.

[1992, c. 57, s. 42].

43. Dans les successions ouvertes après le 31 décembre 1993, la stipulation d'hypothèque testamentaire, faite en application des dispositions de l'article 880 de l'ancien code, est réputée imposer au liquidateur de la succession la constitution d'une hypothèque immobilière conventionnelle au profit des personnes en faveur desquelles elle a été stipulée.

[1992, c. 57, a. 43].

43. In a succession which opens after 31 December 1993, a testamentary stipulation of hypothecation made under the provisions of article 880 of the former Code is deemed to require the liquidator of the succession to grant a conventional immovable hypothec for the benefit of the persons in whose favour the stipulation was made.

[1992, c. 57, s. 43].

44. Sont applicables aux testaments faits antérieurement au 1er janvier 1994 les dispositions de l'article 771 du nouveau code, relatives à l'exécution de charges devenues impossibles ou trop onéreuses, ainsi que celles des articles 772 à 775 de ce code, relatives à la preuve et à la vérification des testaments.

[1992, c. 57, a. 44].

44. The provisions of article 771 of the new Code, concerning the execution of a charge which becomes impossible or too burdensome, and the provisions of articles 772 to 775 of that Code, concerning proof and probate of wills, are applicable to wills made before 1 January 1994.

[1992, c. 57, s. 44].

45. Les successions ouvertes dont la liquidation n'est pas encore commencée le 1er janvier 1994 sont liquidées suivant la loi nouvelle et il peut être fait application, à ces successions, de l'article 835 du nouveau code.

La liquidation d'une succession est réputée commencée dès qu'un legs particulier ou une dette de la succession, autre que celles résultant de comptes usuels d'entreprises de services publics ou dont le paiement revêt un caractère de nécessité, est payé.

[1992, c. 57, a. 45].

45. Successions that have opened but have not yet begun to be liquidated on 1 January 1994 are liquidated pursuant to the new legislation, and article 835 of the new Code may be applied to those successions.

Liquidation of a succession is deemed to have begun when a legacy by particular title or a debt of the succession, other than the ordinary public utility bills or debts in need of payment, is paid.

[1992, c. 57, s. 45].

46. Les articles 837 à 847, 849 à 866 et 884 à 898 du nouveau code sont applicables, compte tenu des adaptations néces-

46. Articles 837 to 847, 849 to 866 and 884 to 898 of the new Code are applicable, adapted as required, to successions which

saires, aux successions ouvertes avant le 1er janvier 1994 quant aux biens dont le partage n'est pas encore commencé; le partage d'un bien est réputé commencé dès lors qu'une opération est réalisée, en vue d'y procéder, postérieurement à la décision des héritiers ou du tribunal de partager le bien.

La présente règle ne s'applique pas aux actions en partage en cours le 1er janvier 1994.

[1992, c. 57, a. 46].

open before 1 January 1994 in respect of property partition of which has not begun; partition of property is deemed to have begun when an operation is effected for the purpose of proceeding therewith, after the decision of the heirs or the court to partition the property.

This rule does not apply to an action in partition which is pending on 1 January 1994.

[1992, c. 57, s. 46].

47. Pour les successions ouvertes après le 31 décembre 1993, les donations faites avant le 1er janvier 1994 sont exclues de l'application de l'article 630 de l'ancien code, mais demeurent sujettes au rapport en application de ce code.

[1992, c. 57, a. 47].

47. For successions which open after 31 December 1993, gifts made before 1 January 1994 are excluded from the application of article 630 of the former Code, but remain subject to return pursuant to that Code.

[1992, c. 57, s. 47].

SECTION IV —
BIENS

SECTION IV —
PROPERTY

48. (*Abrogé*).

[2013, c. 27, a. 39].

48. (*Repealed*).

[2013, c. 27, s. 39].

49. Toute impense faite avant le 1er janvier 1994 est régie par la loi nouvelle.

[1992, c. 57, a. 49].

49. All disbursements made before 1 January 1994 are governed by the new legislation.

[1992, c. 57, s. 49].

50. Le détenteur d'un bien qui lui a été confié pour être gardé, travaillé ou transformé peut, si le bien n'a pas été réclamé à la fin du travail ou de la période convenue ou s'il a été oublié, en disposer conformément aux dispositions des articles 944 et 945 du nouveau code. Il conserve néanmoins la faculté de procéder à la vente conformément à la loi ancienne si toutes les formalités de publicité prévues par cette loi ont déjà été accomplies le 1er janvier 1994.

[1992, c. 57, a. 50].

50. The holder of a thing entrusted for safekeeping, work or processing may, if it is not claimed upon completion of the work or at the end of the agreed period or if it is forgotten, dispose of it in accordance with the provisions of articles 944 and 945 of the new Code. He nevertheless remains entitled to proceed with the sale thereof in accordance with the former legislation if all the formalities of publication required by that legislation have already been completed on 1 January 1994.

[1992, c. 57, s. 50].

51. L'indivision établie par convention avant le 1er janvier 1994 est régie par la loi nouvelle quant aux droits et obligations des indivisaires, à l'administration du bien indivis ou à la fin de l'indivision et au partage.

[1992, c. 57, a. 51].

51. In situations of indivision established by agreement before 1 January 1994, the rights and obligations of undivided co-owners, the administration of the undivided property and the end of indivision and partition are governed by the new legislation.

[1992, c. 57, s. 51].

52. En matière de copropriété divise d'un immeuble, les collectivités de copropriétaires deviennent des syndicats. Les droits et obligations des administrateurs des copropriétés passent aux syndicats.

Les administrateurs de la copropriété deviennent les administrateurs du syndicat et en constituent le conseil d'administration, sauf cause d'inhabilité.

Le syndicat est désigné par le nom que s'est donné la collectivité des copropriétaires ou sous lequel elle est généralement connue, ou encore par l'adresse du lieu où est situé l'immeuble.

[1992, c. 57, a. 52].

52. In matters concerning divided co-ownership of an immovable, a group of coproprietors becomes a syndicate. The rights and obligations of the administrators of the co-ownership are transferred to the syndicate.

The administrators of the co-ownership become the directors of the syndicate and constitute the board of directors thereof, except where there is cause for disqualification.

The syndicate is designated by the name which the co-owners as a body have given themselves or by which they are generally known, or by the address of the place where the immovable is located.

[1992, c. 57, s. 52].

53. La copropriété divise d'un immeuble établie avant le 1er janvier 1994 est régie par la loi nouvelle.

La stipulation de la déclaration de copropriété qui pose la règle de l'unanimité pour les décisions visant à changer la destination de l'immeuble est toutefois maintenue, malgré l'article 1101 du nouveau code.

Est également maintenue, malgré l'article 1064 du nouveau code, la stipulation de la déclaration de copropriété qui fixe la contribution aux charges résultant de la copropriété et de l'exploitation de l'immeuble suivant les dimensions de la partie privative de chaque fraction.

[1992, c. 57, a. 53].

53. Divided co-ownership of an immovable established before 1 January 1994 is governed by the new legislation.

However, any stipulation of the declaration of co-ownership which establishes the rule of unanimous approval for decisions changing the destination of the immovable is maintained notwithstanding article 1101 of the new Code.

Notwithstanding article 1064 of the new Code, any stipulation of the declaration of co-ownership which fixes the contribution for expenses arising from the co-ownership and the operation of the immovable on the basis of the dimensions of the private portion of each fraction is also maintained.

[1992, c. 57, s. 53].

54. Les clauses contenues dans les déclarations de copropriété existantes sont classées dans l'une ou l'autre des catégories visées à l'article 1052 du nouveau code, suivant ce que prévoient les articles 1053 à 1055 de ce code.

[1992, c. 57, a. 54].

54. The clauses contained in existing declarations of co-ownership are placed in one of the categories contemplated in article 1052 of the new Code, in accordance with the provisions of articles 1053 to 1055 of that Code.

[1992, c. 57, s. 54].

55. L'article 1057 du nouveau code est applicable au locataire dont le bail est en cours le 1er janvier 1994.

[1992, c. 57, a. 55].

55. Article 1057 of the new Code is applicable to a lessee under a lease in effect on 1 January 1994.

[1992, c. 57, s. 55].

56. L'article 1058 du nouveau code ne s'applique pas aux copropriétés divises d'immeubles existantes le 1er janvier 1994 dans lesquelles plusieurs personnes détiennent, sur une même fraction, un droit de jouissance périodique et successif.

Toutefois, tant que l'acte constitutif de copropriété n'aura pas été modifié comme le prévoit cet article, l'aliénation de tout droit sur ces fractions, ou sur toute autre fraction du même immeuble, est subordonnée, sous peine de nullité, à l'accomplissement des conditions prévues par les dispositions du nouveau code relatives à la vente d'immeubles résidentiels.

[1992, c. 57, a. 56].

56. Article 1058 of the new Code does not apply to divided co-ownership of immovables existing on 1 January 1994 and in which several persons have a periodic and successive right of enjoyment in the same fraction.

However, as long as the act constituting the co-ownership has not been amended pursuant to article 1058, the alienation of any right in such a fraction, or in any other fraction of the same immovable, is subordinate, on pain of nullity, to the fulfillment of the conditions relating to the sale of residential immovables provided in the new Code.

[1992, c. 57, s. 56].

57. Le défaut de diligence visé au second alinéa de l'article 1081 du nouveau code, s'apprécie conformément à la loi ancienne si le vice caché s'est manifesté avant le 1er janvier 1994.

[1992, c. 57, a. 57].

57. The failure to act with diligence referred to in the second paragraph of article 1081 of the new Code is appraised in accordance with the former legislation if the latent defect was discovered before 1 January 1994.

[1992, c. 57, s. 57].

58. Dans les copropriétés divises existantes le 1er janvier 1994, les délais prévus aux articles 1104 et 1107 du nouveau code courent à compter du 1er janvier 1994.

[1992, c. 57, a. 58].

58. In divided co-ownerships which exist on 1 January 1994, the periods provided for in articles 1104 and 1107 of the new Code run from 1 January 1994.

[1992, c. 57, s. 58].

59. Les situations juridiques visées par l'ancienne *Loi sur les constituts ou sur le régime de tenure* (chapitre C-64) sont ré-

59. Legal situations which were governed by the former *Constitut or Tenure System Act* (chapter C-64), other than offers to ac-

gies par les dispositions du nouveau code relatives à la propriété superficiaire, à l'exception des offres d'acquisition déjà faites en application de cette loi.

[1992, c. 57, a. 59].

quire already made under that Act, are governed by the provisions of the new Code relating to superficies.

[1992, c. 57, s. 59].

60. Les articles 1139 à 1141 du nouveau code sont applicables aux usufruits établis par contrat qui sont en cours le 1er janvier 1994.

[1992, c. 57, a. 60].

60. Articles 1139 to 1141 of the new Code are applicable to usufructs established by contract and existing on 1 January 1994.

[1992, c. 57, s. 60].

61. Le retard injustifié de l'usufruitier à faire inventaire ou à fournir une sûreté pour un usufruit ouvert avant 1er janvier 1994 ne donne pas lieu à l'application de l'article 1146 du nouveau code, sauf si l'usufruitier a été mis en demeure par le nu-propriétaire, auquel cas il a 60 jours pour remplir ses obligations.

[1992, c. 57, a. 61].

61. Any unjustified delay on the part of the usufructuary in making an inventory or in furnishing security for a usufruct which opens before 1 January 1994 does not give rise to the application of article 1146 of the new Code, except where the usufructuary has been put in default by the bare owner, in which case he has 60 days to fulfill his obligations.

[1992, c. 57, s. 61].

62. Les dispositions des articles 1148 et 1149 du nouveau code, relatives à l'assurance du bien sujet à un usufruit, ne s'appliquent pas aux usufruits établis avant le 1er janvier 1994.

[1992, c. 57, a. 62].

62. The provisions of articles 1148 and 1149 of the new Code concerning insurance of property subject to usufruct do not apply to usufructs established before 1 January 1994.

[1992, c. 57, s. 62].

63. Les dispositions du second alinéa de l'article 1153 du nouveau code, relatives au droit de l'usufruitier de se faire rembourser, à la fin de l'usufruit, le coût des réparations majeures auxquelles il a procédé, sont applicables aux réparations faites par l'usufruitier après le 31 décembre 1993.

[1992, c. 57, a. 63].

63. The provisions of the second paragraph of article 1153 of the new Code, concerning the right of usufructuaries to be reimbursed at the end of the usufruct for the cost of major repairs made by them, are applicable to repairs made by a usufructuary after 31 December 1993.

[1992, c. 57, s. 63].

64. Pour les servitudes existantes le 1er janvier 1994, la faculté de racheter une servitude de passage en application de l'article 1189 du nouveau code peut être exercée à l'expiration d'un délai de 30 ans à compter du 1er janvier 1994.

[1992, c. 57, a. 64].

64. Servitudes of right of way which exist on 1 January 1994 may be redeemed pursuant to article 1189 of the new Code upon the expiry of a period of 30 years from 1 January 1994.

[1992, c. 57, s. 64].

65. En matière d'emphytéose, les règles de la loi nouvelle sont applicables aux

65. The rules of the new legislation concerning emphyteusis are applicable to ex-

contrats d'emphytéose en cours, lorsqu'il s'agit d'en compléter les dispositions.

[1992, c. 57, a. 65].

isting contracts of emphyteusis insofar as they complete the provisions thereof.

[1992, c. 57, s. 65].

66. Celui dont le bien est inaliénable le 1er janvier 1994, par suite d'une stipulation contenue dans une libéralité antérieure au 1er janvier 1994, peut être autorisé par le tribunal à disposer du bien si l'une ou l'autre des conditions prévues à l'article 1213 du nouveau code est réalisée.

[1992, c. 57, a. 66].

66. A person whose property is inalienable on 1 January 1994, as a result of a stipulation contained in a liberality made prior to 1 January 1994, may be authorized by the court to dispose of the property if any of the conditions provided in article 1213 of the new Code is satisfied.

[1992, c. 57, s. 66].

67. La substitution constituée par contrat avant le 1er janvier 1994 est régie, quant à ses effets et à son ouverture, par la loi nouvelle, de la même manière que la substitution établie par testament.

[1992, c. 57, a. 67].

67. The effects and opening of a substitution established by contract before 1 January 1994 are governed by the new legislation in the same manner as a substitution established by will.

[1992, c. 57, s. 67].

68. Les substitutions non encore ouvertes le 1er janvier 1994, alors que le grevé est déjà décédé, ou celles dont le grevé est une personne morale, seront ouvertes 30 ans après cette date, à moins qu'une époque antérieure n'ait été fixée par le disposant dans l'acte constitutif de la substitution.

[1992, c. 57, a. 68].

68. Substitutions which have not yet opened on 1 January 1994, and in respect of which the institute is already deceased or is a legal person, open 30 years after that date, except where an earlier time has been fixed by the grantor in the act constituting the substitution.

[1992, c. 57, s. 68].

69. Lorsqu'avant le 1er janvier 1994 le grevé a aliéné ou affecté d'une sûreté les biens substitués, ou lorsque ces biens ont fait l'objet d'une saisie ou d'une vente forcée, le droit de l'appelé de reprendre les biens à l'ouverture de la substitution demeure régi par la loi ancienne.

[1992, c. 57, a. 69].

69. Where, before 1 January 1994, the institute has alienated the substituted property or used it as security, or where the property has been the subject of a seizure or a forced sale, the right of the substitute to take back the property when the substitution opens continues to be governed by the former legislation.

[1992, c. 57, s. 69].

70. Les sommes détenues par le protonotaire à titre de dépôt judiciaire en vertu de l'article 953a de l'ancien code sont remises au grevé. Les remboursements du capital prêté qui devaient être faits au protonotaire en vertu de ce même article le sont au grevé.

[1992, c. 57, a. 70].

70. Amounts held by a prothonotary as judicial deposits under article 953a of the former Code are remitted to the institute. Reimbursements of capital loaned which, under that article, were to be made to the prothonotary, are made to the institute.

[1992, c. 57, s. 70].

71. Les fondations et les fiducies établies par donation avant le 1er janvier 1994 sont régies, quant à leurs effets et leur extinction, par la loi nouvelle, de la même manière que celles établies par testament.

[1992, c. 57, a. 71].

71. The effects and extinction of foundations and trusts constituted by gift before 1 January 1994 are governed by the new legislation in the same manner as foundations and trusts constituted by will.

[1992, c. 57, s. 71].

72. La période maximale de 100 ans prévue à l'article 1272 du nouveau code court à compter du 1er janvier 1994 pour les fiducies constituées antérieurement, et pour les personnes morales bénéficiaires d'une fiducie si leurs droits sont alors ouverts.

[1992, c. 57, a. 72].

72. The maximum period of 100 years provided for in article 1272 of the new Code runs from 1 January 1994 for trusts constituted before that time and for legal persons who are beneficiaries of a trust, provided, in the latter case, that their rights have opened at that time.

[1992, c. 57, s. 72].

73. L'administration du bien d'autrui confiée par contrat au gérant de biens indivis ou au fiduciaire avant le 1er janvier 1994 est régie par la loi nouvelle, de la même manière que l'administration du bien d'autrui confiée par un autre mode.

[1992, c. 57, a. 73].

73. Administration of the property of others entrusted by contract to a manager of undivided property or to a trustee before 1 January 1994 is governed by the new legislation, as in the case of the administration of the property of others entrusted otherwise than by contract.

[1992, c. 57, s. 73].

74. Les placements faits avant le 1er janvier 1994 suivant les dispositions de l'article 981o de l'ancien code sont des placements présumés sûrs au sens du nouveau code.

[1992, c. 57, a. 74].

74. Investments made in accordance with the provisions of article 981o of the former Code before 1 January 1994 are presumed sound investments within the meaning of the new Code.

[1992, c. 57, s. 74].

SECTION V —
OBLIGATIONS

SECTION V —
OBLIGATIONS

§1. — Obligations en général

§1. — Obligations in general

I — Formation du contrat

I — Formation of contracts

75. La nullité d'un contrat conclu avant le 1er janvier 1994 ne peut plus être prononcée sur le fondement de l'erreur inexcusable d'une des parties.

[1992, c. 57, a. 75].

75. The nullity of a contract made before 1 January 1994 may no longer be pronounced on the basis of an inexcusable error on the part of one of the parties.

[1992, c. 57, s. 75].

76. Le vice de consentement provoqué par le dol d'une partie contractante ou d'un tiers à la connaissance d'une partie contractante avant le 1er janvier 1994 peut désormais être invoqué par l'autre partie, lors même qu'elle aurait néanmoins contracté, mais à des conditions différentes.

[1992, c. 57, a. 76].

76. The defect of consent induced by fraud committed before 1 January 1994 by one of the parties to the contract or by a third person with the knowledge of one of the parties may henceforth be invoked by the other party even where he would still have contracted, but on different terms.

[1992, c. 57, s. 76].

77. Aucune action, fondée sur la crainte suscitée par un tiers chez une partie à un contrat conclu avant le 1er janvier 1994, ne peut désormais être reçue ou maintenue si la violence ou les menaces du tiers étaient inconnues de l'autre partie au moment du contrat.

[1992, c. 57, a. 77].

77. No action based on fear induced by a third person in a party to a contract made before 1 January 1994 may henceforth be received or maintained if the violence exerted or threats made by the third person were unknown to the other party at the time the contract was made.

[1992, c. 57, s. 77].

78. Les dispositions des articles 1407, 1408 et 1421 du nouveau code, concernant respectivement les recours qui s'offrent à celui dont le consentement est vicié, le pouvoir conféré au tribunal de maintenir dans certains cas le contrat dont la nullité est demandée et la présomption de nullité relative s'attachant au contrat qui n'est pas conforme aux conditions nécessaires à sa formation, sont applicables aux contrats formés avant le 1er janvier 1994.

[1992, c. 57, a. 78].

78. The provisions of articles 1407, 1408 and 1421 of the new Code concerning, respectively, the remedies available to the person whose consent is vitiated, the power granted to the court to maintain, in certain cases, a contract in respect of which a demand for annulment has been made, and the presumption of relative nullity of a contract which does not meet the necessary conditions of its formation, are applicable to contracts formed before 1 January 1994.

[1992, c. 57, s. 78].

79. La nullité relative d'un contrat conclu avant le 1er janvier 1994 peut être invoquée par le cocontractant de la personne en faveur de qui elle est établie, dans les conditions prévues à l'article 1420 du nouveau code.

[1992, c. 57, a. 79].

79. The relative nullity of a contract made before 1 January 1994 may, in the conditions set forth in article 1420 of the new Code, be invoked by the party contracting with the person in whose interest the nullity is established.

[1992, c. 57, s. 79].

80. La confirmation d'un contrat faite antérieurement au 1er janvier 1994 sans respecter les conditions de l'article 1214 de l'ancien code est néanmoins valable si elle satisfait aux conditions établies par l'article 1423 du nouveau code.

80. The confirmation of a contract given prior to 1 January 1994 but which does not comply with the conditions of article 1214 of the former Code is nevertheless valid if it satisfies the conditions established by article 1423 of the new Code.

[1992, c. 57, s. 80].

II — Interprétation du contrat

II — Interpretation of contracts

81. Les dispositions de l'article 1432 du nouveau code, relatives à l'interprétation

81. The provisions of article 1432 of the new Code, concerning the interpretation of

d'un contrat d'adhésion ou de consommation, s'appliquent aux contrats en cours.

[1992, c. 57, a. 81].

III — Effets du contrat

82. Les clauses abusives, illisibles ou incompréhensibles d'un contrat antérieur à la loi nouvelle sont nulles, ou l'obligation qui en découle, réductible, dans les conditions prévues aux articles 1436 et 1437 du nouveau code.

[1992, c. 57, a. 82].

83. Pour tout contrat conclu antérieurement au 1er janvier 1994, la loi ancienne demeure applicable aux garanties, légales ou conventionnelles, dues par les parties contractantes entre elles ou à l'égard de leurs héritiers ou ayants cause à titre particulier.

[1992, c. 57, a. 83].

84. Les dispositions de l'article 1456 du nouveau code, relatives à la charge des risques afférents à un bien qui est l'objet d'un droit réel transféré par contrat, ne s'appliquent pas aux situations où l'obligation de délivrance du bien, même exigible après le 31 décembre 1993, découle d'un transfert effectué avant le 1er janvier 1994.

[1992, c. 57, a. 84].

IV — Responsabilité civile

85. Les conditions de la responsabilité civile sont régies par la loi en vigueur au moment de la faute ou du fait qui a causé le préjudice.

[1992, c. 57, a. 85].

86. Le droit d'une personne à la réparation du préjudice qu'elle subit en raison du décès d'une autre personne demeure régi par les dispositions de l'article 1056 de l'ancien code, dès lors que le décès résulte d'une faute ou d'un fait antérieurs au 1er janvier 1994.

[1992, c. 57, a. 86].

contracts of adhesion or consumer contracts, apply to existing contracts.

[1992, c. 57, s. 81].

III — Effects of contracts

82. Abusive, illegible or incomprehensible clauses of a contract made prior to the new legislation are null, or the obligation arising from them may be reduced, in the conditions set forth in articles 1436 and 1437 of the new Code.

[1992, c. 57, s. 82].

83. In any contract made before 1 January 1994, the former legislation continues to apply to the warranties, both legal or conventional, to which the contracting parties are obliged between themselves or in respect of their heirs or successors by particular title.

[1992, c. 57, s. 83].

84. The provisions of article 1456 of the new Code, concerning the bearing of risks attached to a property which is the subject of a real right transferred by contract, do not apply to situations in which the obligation to deliver the property, even where exigible after 31 December 1993, arises from a transfer made before 1 January 1994.

[1992, c. 57, s. 84].

IV — Civil liability

85. The conditions of civil liability are governed by the legislation in force at the time of the fault or act which causes the injury.

[1992, c. 57, s. 85].

86. The right of a person to damages for injury suffered by reason of the death of another person continues to be governed by the provisions of article 1056 of the former Code, provided the death occurred as a result of a fault or act having occurred prior to 1 January 1994.

[1992, c. 57, s. 86].

V — **Exécution de l'obligation**   V — **Perfomance of obligations**

87. Le paiement est régi par la loi en vigueur au moment où il est effectué.

[1992, c. 57, a. 87].

87. Payment is governed by the legislation in force at the time it is made.

[1992, c. 57, s. 87].

88. Les droits du créancier en cas d'inexécution de l'obligation du débiteur sont régis par la loi en vigueur au moment de l'inexécution, sous réserve des dispositions qui suivent.

[1992, c. 57, a. 88].

88. The rights of a creditor in case of nonperformance of an obligation of a debtor are governed by the legislation in force at the time of the nonperformance, subject to the provisions which follow.

[1992, c. 57, s. 88].

89. Est sans effet la stipulation ou la déclaration antérieures au 1er janvier 1994 visant à dispenser le créancier de prouver que le débiteur est en demeure de plein droit.

[1992, c. 57, a. 89].

89. A stipulation or statement made prior to 1 January 1994 and intended to exempt the creditor from the obligation to prove that the debtor is in default by operation of law is without effect.

[1992, c. 57, s. 89].

90. Les dispositions de l'article 1604 du nouveau code, relatives à la résolution ou à la résiliation du contrat et à la réduction des obligations qui en découlent, s'appliquent dès le 1er janvier 1994, même si l'inexécution reprochée au débiteur s'est produite antérieurement.

[1992, c. 57, a. 90].

90. The provisions of article 1604 of the new Code, concerning the resolution or resiliation of a contract and the reduction of the obligations arising from it, apply as of 1 January 1994, even where nonperformance by the debtor occurred before that time.

[1992, c. 57, s. 90].

91. Les dispositions des articles 1614 et 1615, du second alinéa de l'article 1616, et de l'article 1618 du nouveau code, relatives à la réparation du préjudice corporel et aux intérêts que portent certains dommages-intérêts, sont applicables aux demandes introduites après le 31 décembre 1993, même si l'inexécution de l'obligation, ou encore la faute ou le fait qui a causé le préjudice, se sont produits avant le 1er janvier 1994.

[1992, c. 57, a. 91].

91. The provisions of articles 1614 and 1615, the second paragraph of article 1616 and article 1618 of the new Code, concerning damages for bodily injury and interest on certain damages, are applicable to applications filed after 31 December 1993, even where the nonperformance of the obligation or the fault or act causing the injury occurred before 1 January 1994.

[1992, c. 57, s. 91].

92. Les dispositions des articles 1623 à 1625 du nouveau code sont applicables aux clauses pénales non encore exécutées, même si l'inexécution de l'obligation s'est produite antérieurement.

[1992, c. 57, a. 92].

92. The provisions of articles 1623 to 1625 of the new Code are applicable to penal clauses not yet executed, even if the nonperformance of the obligation occurred previously.

[1992, c. 57, s. 92].

93. Les actions obliques ou en inopposabilité en cours ne peuvent être rejetées pour

93. Pending oblique or paulian actions may not be dismissed for the sole reason

le seul motif que la créance du demandeur n'était pas liquide ou exigible au moment où il a intenté l'action.

[1992, c. 57, a. 93].

that the claim of the plaintiff was not liquid and exigible at the time the action was instituted.

[1992, c. 57, s. 93].

VI — Transmission et mutations de l'obligation

VI — Transfer and alteration of obligations

94. Les cessions de créance sont régies par la loi en vigueur au moment de la cession, mais les conditions d'opposabilité prévues par le nouveau code sont applicables aux cessions antérieures au 1er janvier 1994 lorsque les conditions prévues par l'ancien code n'ont pas encore été remplies.

[1992, c. 57, a. 94].

94. The assignment of a claim is governed by the legislation in force when the assignment is made, but the conditions provided by the new Code for setting it up are applicable to an assignment made prior to 1 January 1994 if the conditions provided by the former Code have not yet been fulfilled.

[1992, c. 57, s. 94].

95. Sont privés d'effet pour l'avenir les stipulations antérieures au 1er janvier 1994 subordonnant la subrogation au consentement préalable du débiteur.

[1992, c. 57, a. 95].

95. Stipulations made prior to 1 January 1994 which render subrogation dependent on the prior consent of the debtor are without effect for the future.

[1992, c. 57, s. 95].

VII — Extinction de l'obligation

VII — Extinction of obligations

96. La libération d'un débiteur, à la suite de l'acquisition, faite antérieurement au 1er janvier 1994, par un créancier privilégié ou hypothécaire d'un bien qui lui appartenait, demeure régie par la loi ancienne.

[1992, c. 57, a. 96].

96. The discharge of a debtor, following the acquisition, prior to 1 January 1994 by a privileged or hypothecary creditor of property which belonged to him, continues to be governed by the former legislation.

[1992, c. 57, s. 96].

VIII — Restitution des prestations

VIII — Restitution of prestations

97. Les dispositions des articles 1699 à 1707 du nouveau code sont applicables aux restitutions postérieures au 31 décembre 1993, mais fondées sur des causes de restitution antérieures.

[1992, c. 57, a. 97].

97. The provisions of articles 1699 to 1707 of the new Code are applicable to restitutions based on former causes of restitution but made after 31 December 1993.

[1992, c. 57, s. 97].

§2. — Contrats nommés

I — Contrat de vente

98. (*Abrogé*).

[1998, c. 5, a. 19].

99. Dans les ventes à tempérament faites avant le 1er janvier 1994, le transfert des risques de perte du bien demeure régi par la loi ancienne.

[1992, c. 57, a. 99].

100. Par dérogation à l'article 1753 du nouveau code, la faculté de rachat stipulée avant le 1er janvier 1994, pour un terme excédant cinq ans, conserve son terme initial.

[1992, c. 57, a. 100].

101. Les ventes en bloc faites avant le 1er janvier 1994 demeurent régies par les dispositions des articles 1569*a* et suivants de l'ancien code.

[1992, c. 57, a. 101].

102. L'article 1801 du nouveau code s'applique aux clauses de dation en paiement stipulées dans un acte portant hypothèque avant le 1er janvier 1994 si, à ce moment, le droit à leur exécution n'a pas encore été mis en oeuvre suivant les règles de l'article 1040*a* de l'ancien code.

Les droits rattachés aux clauses de dation en paiement, qui survivent ou sont exercées suivant le premier alinéa, ou les droits qui découlent de l'exécution de ces clauses sont aussi conservés.

[1992, c. 57, a. 102].

II — Contrat de donation

103. Les dispositions de l'article 1812 du nouveau code, relatives à la promesse de donation, sont applicables aux promesses antérieures au 1er janvier 1994.

Toutefois, le bénéficiaire de la promesse n'a droit, en cas d'inexécution de celle-ci,

§2. — Nominate contracts

I — Contracts of sale

98. (*Repealed*).

[1998, c. 5, s. 19].

99. In instalment sales made before 1 January 1994, transfers of the risks of loss of the property continue to be governed by the former legislation.

[1992, c. 57, s. 99].

100. By way of exception to article 1753 of the new Code, a right of redemption stipulated before 1 January 1994 for a term exceeding five years retains its original term.

[1992, c. 57, s. 100].

101. Bulk sales made before 1 January 1994 continue to be governed by the provisions of articles 1569*a* and following of the former Code.

[1992, c. 57, s. 101].

102. Article 1801 of the new Code applies to clauses of giving in payment stipulated in an act constituting a hypothec before 1 January 1994 if, at that time, the right to execution thereof has not yet been acquired by completion of the formalities set out in article 1040*a* of the former Code.

The rights attached to clauses of giving in payment which survive or are executed pursuant to the first paragraph, and the rights arising from the execution of such clauses, are also maintained.

[1992, c. 57, s. 102].

II — Contracts of gift

103. The provisions of article 1812 of the new Code concerning the promise of a gift are applicable to promises made prior to 1 January 1994.

However, where the promise is not fulfilled, the beneficiary of the promise is en-

qu'à des dommages-intérêts équivalents aux avantages qu'il a concédés à compter du 1ᵉʳ janvier 1994 et aux frais qu'il a faits à compter de cette date.

[1992, c. 57, a. 103].

titled to damages equivalent only to the benefits he has granted and the expenses he has incurred since 1 January 1994.

[1992, c. 57, s. 103].

104. Le donataire qui, lors d'une donation entre vifs faite par contrat de mariage avant le 1ᵉʳ janvier 1994, s'était obligé à acquitter des dettes ou des charges à venir dont ni la nature ni le montant n'étaient déterminés, n'a désormais cette obligation qu'à concurrence de la valeur des biens donnés.

[1992, c. 57, a. 104].

104. A donee who, at the time of a gift inter vivos made by marriage contract before 1 January 1994, obligated himself to pay future debts or charges of an undetermined nature and amount, is thenceforth bound by that obligation only up to the value of the property given.

[1992, c. 57, s. 104].

105. Les donations à cause de mort valablement faites en vertu des dispositions de l'ancien code ne peuvent être annulées sur la base des dispositions de l'article 1840 du nouveau code, même si leur acceptation n'a lieu qu'après le 31 décembre 1993.

[1992, c. 57, a. 105].

105. Gifts in contemplation of death validly made pursuant to the provisions of the former Code may not be annulled on the basis of the provisions of article 1840 of the new Code, even where their acceptance takes place after 31 December 1993.

[1992, c. 57, s. 105].

106. Les dispositions de l'article 1841 du nouveau code sont applicables aux donations à cause de mort faites avant le 1ᵉʳ janvier 1994, si elles n'ont pas encore été exécutées le 1ᵉʳ janvier 1994.

[1992, c. 57, a. 106].

106. The provisions of article 1841 of the new Code are applicable to gifts in contemplation of death made before 1 January 1994, provided such gifts have not yet been executed on 1 January 1994.

[1992, c. 57, s. 106].

III — Contrat de crédit-bail

107. (*Abrogé*).

[1998, c. 5, a. 19].

III — Contracts of leasing

107. (*Repealed*).

[1998, c. 5, s. 19].

IV — Contrat de louage

108. Le sous-locateur d'un logement autre qu'une chambre est dispensé du préavis de fin de bail prévu par l'article 1940 du nouveau code, lorsque le bail, ayant été conclu avant le 1ᵉʳ janvier 1994, doit prendre fin dans les 10 jours qui suivent le 1ᵉʳ janvier 1994.

[1992, c. 57, a. 108].

IV — Contracts of lease

108. A sublessor of a dwelling other than a room is not required to provide a prior notice of termination of a lease under article 1940 of the new Code if the lease is entered into before 1 January 1994 and terminates within ten days after 1 January 1994.

[1992, c. 57, s. 108].

109. Les dispositions du dernier alinéa de l'article 1955 du nouveau code ne s'appli-

109. The provisions of the last paragraph of article 1955 of the new Code do not ap-

quent pas aux baux conclus avant le 1er janvier 1994.

[1992, c. 57, a. 109].

ply to a lease entered into before 1 January 1994.

[1992, c. 57, s. 109].

110. Outre le cas prévu par l'article 1958 du nouveau code, celui qui, le 1er janvier 1994, est propriétaire d'une part indivise d'un immeuble peut reprendre un logement s'y trouvant si les conditions prévues par les paragraphes 2 et 3 de l'article 1659 de l'ancien code sont remplies.

[1992, c. 57, a. 110].

110. Except in the case contemplated in article 1958 of the new Code, the person who, on 1 January 1994, is the owner of an undivided share of an immovable may repossess a dwelling therein if the conditions set forth in subparagraphs 2 and 3 of the second paragraph of article 1659 of the former Code are fulfilled.

[1992, c. 57, s. 110].

111. Les dispositions de l'article 1988 du nouveau code, relatives aux recours du locateur en cas de fausse déclaration du locataire, sont applicables aux déclarations précédant d'un an ou moins le 1er janvier 1994.

Le délai prévu par l'article 1988 court à compter du 1er janvier 1994.

[1992, c. 57, a. 111].

111. The provisions of article 1988 of the new Code, concerning the remedies of a lessor in the case of a false statement by the lessee, are applicable to statements made one year or less before 1 January 1994.

The period provided in article 1988 runs from 1 January 1994.

[1992, c. 57, s. 111].

V — Contrat de transport

V — Contracts of carriage

112. Le droit d'action contre un transporteur de biens, pour les pertes ou avaries survenues avant le 1er janvier 1994, demeure régi par les dispositions de l'article 1680 de l'ancien code.

[1992, c. 57, a. 112].

112. The right of action against a carrier of property in respect of loss or damage occurring before 1 January 1994 continues to be governed by the provisions of article 1680 of the former Code.

[1992, c. 57, s. 112].

113. Les dispositions des articles 2080 à 2084 du nouveau code, relatives à la responsabilité de l'entrepreneur de manutention, ne s'appliquent que si la faute ou le fait qui a causé le préjudice est survenu après le 31 décembre 1993; au cas contraire, la faute ou le fait demeure régi par l'ancien droit, même si le préjudice ne s'est manifesté qu'après le 31 décembre 1993.

[1992, c. 57, a. 113].

113. The provisions of articles 2080 to 2084 of the new Code concerning the liability of the handling contractor apply only if the fault or act which caused the injury occurred after 31 December 1993; if this is not the case, the fault or act continues to be governed by the former legislation, even where the injury becomes evident only after 31 December 1993.

[1992, c. 57, s. 113].

VI — Contrat d'entreprise ou de service

VI — Contracts of enterprise or for services

114. Les articles 2118 à 2121 et 2124 du nouveau code s'appliquent, à l'égard des

114. Articles 2118 to 2121 and 2124 of the new Code apply in respect of losses result-

pertes résultant d'un vice ou d'une malfaçon, dans la mesure où l'origine du vice ou de la malfaçon est postérieure au 31 décembre 1993.

[1992, c. 57, a. 114].

ing from a defect or poor workmanship, to the extent that the origin of the defect or poor workmanship is subsequent to 31 December 1993.

[1992, c. 57, s. 114].

VII — Contrat de société et d'association

VII — Contracts of partnership and of association

115. Les sociétés civiles deviennent, dès le 1er janvier 1994, des sociétés en nom collectif; la responsabilité de la société et des associés envers les tiers demeure, néanmoins, régie par la loi ancienne pour les actes conclus et les obligations contractées antérieurement.

Ces sociétés sont tenues de se déclarer en application des dispositions des articles 2189 et 2190 du nouveau code, dans un délai d'un an à compter du 1er janvier 1994; à défaut, elles deviennent des sociétés en participation.

[1992, c. 57, a. 115].

115. Civil partnerships become general partnerships as of 1 January 1994; the liability of the partnership and the partners towards third persons nevertheless continues to be governed by the former legislation for acts performed and obligations contracted before that time.

Such partnerships are bound to make declarations, in accordance with the provisions of articles 2189 and 2190 of the new Code, within one year from 1 January 1994; if they fail to do so, they become undeclared partnerships.

[1992, c. 57, s. 115].

116. Les sociétés anonymes deviennent des sociétés en participation.

La responsabilité des associés à l'égard des tiers demeure toutefois régie par les dispositions de l'article 1870 de l'ancien code pour toute obligation contractée avant le 1er janvier 1994.

[1992, c. 57, a. 116].

116. Anonymous partnerships become undeclared partnerships.

The liability of the partners towards third persons continues, however, to be governed by the provisions of article 1870 of the former Code with respect to any obligation contracted before 1 January 1994.

[1992, c. 57, s. 116].

117. Les sociétés par actions qui étaient soumises, suivant l'article 1889 de l'ancien code, aux règles générales des sociétés commerciales en nom collectif deviennent des sociétés en nom collectif.

[1992, c. 57, a. 117].

117. Joint-stock companies which, under article 1889 of the former Code, are subject to the general rules established for commercial partnerships under a collective name become general partnerships.

[1992, c. 57, s. 117].

118. Les sociétés qui sont en défaut de se déclarer le 1er janvier 1994 deviennent des sociétés en participation, en application des dispositions du nouveau code, si elles n'y ont pas remédié à l'expiration d'un délai d'un an à compter du 1er janvier 1994.

[1992, c. 57, a. 118].

118. Partnerships which have not made a declaration on 1 January 1994 become undeclared partnerships, pursuant to the provisions of the new Code, unless they make a declaration before the expiry of a period of one year from 1 January 1994.

[1992, c. 57, s. 118].

119. La responsabilité, à l'égard des tiers, des associés d'une société en nom collectif

119. The liability of the partners of a general or limited partnership towards third

ou en commandite relativement aux obligations de la société résultant d'une déclaration incomplète, inexacte ou irrégulière ou du défaut de produire une déclaration modificative, est régie par la loi en vigueur au moment où l'obligation est née.

[1992, c. 57, a. 119].

persons in respect of obligations of the partnership resulting from an incomplete, inaccurate or irregular declaration or from a failure to produce an amending declaration, is governed by the legislation in force at the time the obligation arises.

[1992, c. 57, s. 119].

120. Le droit d'un associé, prévu par l'article 2209 du nouveau code, d'écarter une personne étrangère à la société qui a acquis, à titre onéreux, la part d'un des associés peut être exercé à l'égard de toute acquisition faite dans l'année qui précède le 1er janvier 1994.

En ce cas, le délai de 60 jours prévu par l'article 2209 court à compter du 1er janvier 1994.

[1992, c. 57, a. 120].

120. The right of a partner under article 2209 of the new Code to exclude a person who is not a member of the partnership and who has acquired the share of one of the partners by onerous title may be exercised in respect of any acquisition made in the year preceding 1 January 1994.

In such a case, the period of 60 days provided in article 2209 runs from 1 January 1994.

[1992, c. 57, s. 120].

121. Les actes conclus et les obligations contractées par une société en nom collectif ou en commandite ou par l'un de ses associés avant le 1er janvier 1994 demeurent régis par la loi ancienne en ce qui a trait à l'ensemble des rapports de la société et des associés envers les tiers.

[1992, c. 57, a. 121].

121. Acts performed and obligations contracted by a general or limited partnership or by a partner thereof before 1 January 1994 continue to be governed by the former legislation for matters concerning all relations of the partnership and the partners with third persons.

[1992, c. 57, s. 121].

122. Les dispositions du deuxième alinéa de l'article 2244 du nouveau code sont applicables aux actes d'immixtion accomplis par un commanditaire avant le 1er janvier 1994.

[1992, c. 57, a. 122].

122. The provisions of the second paragraph of article 2244 of the new Code are applicable to acts of interference by special partners before 1 January 1994.

[1992, c. 57, s. 122].

123. Les dispositions de l'article 2245 du nouveau code s'appliquent aux situations existantes d'impossibilité d'agir des commandités, et le délai de 120 jours prévu par cet article pour remplacer les commandités court à compter du 1er janvier 1994.

[1992, c. 57, a. 123].

123. The provisions of article 2245 of the new Code apply to existing situations in which the general partners are unable to act, and the period of 120 days provided in that article for replacing the general partners runs from 1 January 1994.

[1992, c. 57, s. 123].

124. Toute stipulation qui oblige le commanditaire à cautionner ou à prendre en charge les dettes d'une société en commandite au-delà de l'apport convenu devient sans effet à compter du 1er janvier 1994.

[1992, c. 57, a. 124].

124. Any stipulation whereby a special partner is bound to secure or assume the debts of a limited partnership beyond the agreed amount of his contribution is without effect from 1 January 1994.

[1992, c. 57, s. 124].

125. Les liquidations de sociétés commencées avant le 1er janvier 1994 sont poursuivies en application de la loi ancienne, mais les pouvoirs du liquidateur sont ceux prévus par le nouveau code.

La liquidation d'une société est réputée commencer dès la désignation du liquidateur

[1992, c. 57, a. 125].

125. A liquidation of a partnership begun before 1 January 1994 is continued under the former legislation, but the powers of the liquidator are as provided in the new Code.

Liquidation of a partnership is deemed to begin upon designation of the liquidator.

[1992, c. 57, s. 125].

VIII — Contrat de dépôt

126. La responsabilité de l'hôtelier, résultant de dépôts antérieurs au 1er janvier 1994, demeure régie par les dispositions des articles 1814 à 1816 de l'ancien code.

[1992, c. 57, a. 126].

VIII — Contracts of deposit

126. The liability of an innkeeper resulting from deposits made prior to 1 January 1994 continues to be governed by the provisions of articles 1814 to 1816 of the former Code.

[1992, c. 57, s. 126].

IX — Contrat de prêt

127. Les dispositions de l'article 2332 du nouveau code, relatives à la nullité ou à la réduction des obligations découlant d'un prêt d'argent, ainsi qu'à la révision de leurs modalités d'exécution, ne s'appliquent aux contrats en cours qu'en ce qui concerne les obligations pécuniaires qui en découlent.

[1992, c. 57, a. 127].

IX — Contracts of loan

127. The provisions of article 2332 of the new Code, concerning the nullity or reduction of the obligations arising from a loan of a sum of money, as well as the revision of the terms and conditions of their performance, apply to existing contracts only with respect to the resulting pecuniary obligations.

[1992, c. 57, s. 127].

X — Contrat de cautionnement

128. Les effets, à l'égard de la caution, de la déchéance du terme encourue par le débiteur principal sont déterminés par la loi en vigueur au moment de la déchéance.

[1992, c. 57, a. 128].

X — Contracts of suretyship

128. The effects in respect of the surety of forfeiture of the term by the principal debtor are determined by the legislation in force at the time of the forfeiture.

[1992, c. 57, s. 128].

129. Toute renonciation à l'avance au droit à l'information ou au bénéfice de subrogation, faite par une caution avant le 1er janvier 1994, devient sans effet.

[1992, c. 57, a. 129].

129. Any renunciation in advance of the right to be provided with information or the benefit of subrogation, made by a surety before 1 January 1994, ceases to have effect.

[1992, c. 57, s. 129].

130. Les obligations des héritiers de la caution s'éteignent dès le 1er janvier 1994,

130. The obligations of the heirs of a surety are extinguished as of 1 January

sauf quant aux dettes existantes à ce moment.

[1992, c. 57, a. 130].

1994, except with respect to debts existing at that time.

[1992, c. 57, s. 130].

131. Le cautionnement attaché à l'exercice de fonctions particulières qui ont cessé avant le 1er janvier 1994 prend fin, sauf quant aux dettes existantes, le 1er janvier 1994.

[1992, c. 57, a. 131].

131. A suretyship attached to the performance of special duties which ceased before 1 January 1994 terminates on 1 January 1994, except with respect to existing debts.

[1992, c. 57, s. 131].

XI — Contrat de rente

XI — Contracts of annuity

132. Le droit du crédirentier de demander que la vente forcée d'un bien hypothéqué pour garantir le service de sa rente soit réalisée à charge de cette dernière ne peut être exercé que si le processus conduisant à la vente a débuté avant le 1er janvier 1994; autrement, le crédirentier peut seulement exiger, en application de l'article 2387 du nouveau code, que le créancier lui fournisse une caution suffisante pour que la rente continue d'être servie.

[1992, c. 57, a. 132].

132. The right of an annuitant to require that the forced sale of a property which is hypothecated to secure payment of his annuity be carried out subject to his annuity may be exercised only if the process leading to the sale begins before 1 January 1994; otherwise, the annuitant may only demand, pursuant to article 2387 of the new Code, that the creditor furnish him with sufficient surety to ensure continued payment of the annuity.

[1992, c. 57, s. 132].

SECTION VI — PRIORITÉS ET HYPOTHÈQUES

SECTION VI — PRIOR CLAIMS AND HYPOTHECS

133. Les biens affectés d'une sûreté ayant pris naissance sous le régime de la loi ancienne demeurent régis par cette loi dans la mesure où le droit à l'exécution de la sûreté a été mis en oeuvre, par l'envoi et la publication des avis requis par la loi ancienne ou, à défaut, par une demande en justice, avant le 1er janvier 1994.

Si le droit à l'exécution de la sûreté n'a pas encore été mis en oeuvre, la loi nouvelle est applicable.

[1992, c. 57, a. 133].

133. Property charged as security under the rules of the former legislation continues to be governed by that legislation to the extent that the right to the realization of the security has been acquired by the sending and publication of the notices required under the former legislation or, if not, by means of a judicial demand, before 1 January 1994.

If the right to the realization of the security has not yet been acquired, the new legislation is applicable.

134. Sous réserve que leur enregistrement, s'il était requis par la loi ancienne, ait lieu dans les délais que celle-ci prévoyait:

1° les sûretés conventionnelles autres que les transports de créances visés à l'article 136 deviennent des hypothèques conventionnelles, mobilières ou immobilières, se-

134. Subject to registration, if the former legislation so required, within the time prescribed by that legislation,

(1) conventional securities other than transfers of claims contemplated by section 136 become conventional, movable or immovable hypothecs, depending on

lon qu'elles grèvent des biens meubles ou immeubles;

2° les hypothèques testamentaires deviennent des hypothèques conventionnelles;

3° les hypothèques légales ou judiciaires deviennent des hypothèques légales si la loi nouvelle attache cette qualité aux créances qui les fondent;

4° les hypothèques légales en faveur des mineurs ou des majeurs en tutelle ou en curatelle demeurent des hypothèques légales tant que le tuteur ou le curateur, en application des dispositions des articles 242, 243 et 266 du nouveau code, n'offre pas une autre sûreté de valeur suffisante;

5° les privilèges deviennent soit des priorités, soit des hypothèques légales, selon la qualité que la loi nouvelle attache aux créances qui les fondent. Toutefois, le privilège du vendeur d'un immeuble devient une hypothèque légale; le privilège du locateur d'un immeuble autre que résidentiel sur les meubles devient une hypothèque légale mobilière qui conserve son opposabilité pour une période d'au plus dix ans à la condition d'être publiée, comme s'il s'agissait d'un renouvellement fait conformément à l'article 157.

Les sûretés ci-dessus conservent dans tous les cas le rang que leur conférait la loi ancienne; cependant, les hypothèques sur des biens qui, en raison de l'application de la loi nouvelle, ont changé de nature doivent, pour conserver ce rang, être publiées dans les 12 mois qui suivent, sur le registre approprié.

Les anciennes sûretés légales ou judiciaires autres que le privilège du vendeur d'un immeuble, fondées sur des créances auxquelles la loi nouvelle n'accorde plus aucune préférence, deviennent des priorités colloquées après toute autre priorité.

135. L'application de la loi nouvelle n'aura en aucun cas pour effet de modifier l'objet initial de la sûreté, sans préjudice des pouvoirs accordés au tribunal par l'article 2731 du nouveau code.

[1992, c. 57, a. 135].

whether the property charged is movable or immovable property;

(2) hypothecs created by will become conventional hypothecs;

(3) legal or judicial hypothecs become legal hypothecs if the new legislation attributes this quality to the claims on which they are based;

(4) legal hypothecs in favour of minors or persons of full age under tutorship or curatorship continue to be legal hypothecs as long as the tutor or curator does not offer another security of sufficient value pursuant to articles 242, 243 and 266 of the new Code;

(5) privileges become either prior claims or legal hypothecs, depending on the quality attributed by the new legislation to the claims on which they are based. However, the privilege of the seller of an immovable becomes a legal hypothec; the privilege of the lessor of an immovable, other than a residential immovable, on the furniture becomes a legal movable hypothec which retains its opposability for a period of not more than ten years provided it is published, as though it were a renewal made in accordance with section 157.

The abovementioned securities conserve their rank under the former legislation in all cases; however, hypothecs on property which, by reason of the application of the new legislation, have changed in nature must, to conserve their rank, be published in the appropriate register within the following 12 months.

Former legal or judicial securities, other than the privilege of the seller of an immovable, based on claims which, under the new legislation, no longer have preference, become prior claims collocated after all other prior claims.

135. In no case does the application of the new legislation have the effect of changing the initial object of the security, without prejudice to the powers granted to the court by article 2731 of the new Code.

[1992, c. 57, s. 135].

136. Les transports des loyers présents et à venir que produit un immeuble, et les transports d'indemnités prévues par les contrats d'assurance qui couvrent ces loyers, deviennent des hypothèques immobilières; ils prennent rang selon la date d'enregistrement des actes qui les renferment, à moins qu'ils n'aient acquis un autre rang en vertu de la loi ancienne. Ces transports, s'ils ne sont pas renfermés dans un acte qui a été porté soit à l'index des immeubles en territoire cadastré, soit à l'index des noms en territoire non cadastré doivent, pour conserver ce rang, faire l'objet d'un renouvellement d'inscription ou d'une inscription, selon le cas, sur le registre foncier avant le 27 février 1996; le renouvellement ou l'inscription se fait par avis.

Les transports par connaissement deviennent des hypothèques conventionnelles et conservent leur rang initial, pourvu qu'ils soient inscrits avant le 27 février 1996.

[1992, c. 57, a. 136; 1995, c. 33, a. 1].

137. (*Abrogé*).

[1998, c. 5, a. 19].

138. Les aliénations de biens ayant préalablement fait l'objet d'une sûreté mobilière, faites en dehors du cours des activités de l'entreprise et antérieures au 1er janvier 1994, sont soumises aux dispositions de l'article 2700 du nouveau code.

Cependant, le délai d'inscription de l'avis visé audit article court à compter du 31 août 1996, mais le créancier peut toujours inscrire l'avis avant cette date.

[1992, c. 57, a. 138; 1995, c. 33, a. 2].

139. Les dispositions de l'article 2723 du nouveau code, relatives à la radiation des avis de clôture d'hypothèques ouvertes, sont applicables aux avis d'omission ou de contravention enregistrés en application de l'article 1040a de l'ancien code.

[1992, c. 57, a. 139].

140. Les privilèges acquis par des ouvriers résultant de travaux faits sur un immeuble et terminés avant le 1er janvier 1994, sont

136. Transfers of present and future rents produced by an immovable, and transfers of indemnities provided by the insurance contracts covering the rents, become immovable hypothecs; they rank according to the date of registration of the acts in which they are contained, unless they have a different rank under the former legislation. Any such transfer not contained in an act entered either in the index of immovables in territory with a cadastral survey or in the index of names in territory without a cadastral survey requires, to conserve its rank, renewal of registration or registration, as the case may be, in the land register before 27 February 1996; the renewal or registration are effected by notice.

Transfers by bill of lading become conventional hypothecs and conserve their initial rank, provided they are registered before 27 February 1996.

[1992, c. 57, s. 136; 1995, c. 33, s. 1].

137. (*Repealed*).

[1998, c. 5, s. 19].

138. An alienation of property having been the object of a movable security, made prior to 1 January 1994 and outside the ordinary course of business of an enterprise, is subject to the provisions of article 2700 of the new Code.

However, the period for registration of the notice provided in that article runs from 31 August 1996, but the creditor may register the notice at any time before that date.

[1992, c. 57, s. 138; 1995, c. 33, s. 2].

139. The provisions of article 2723 of the new Code, concerning cancellation of the notice of crystallization of a floating hypothec, are applicable to notices of omission or breach registered pursuant to article 1040a of the former Code.

[1992, c. 57, s. 139].

140. The privileges acquired by workmen as a result of work done on an immovable and completed before 1 January 1994 are

soumis à la publication d'un avis de conservation d'hypothèque légale dans les 30 jours de cette date, pourvu qu'ils subsistent encore à cette même date. .

[1992, c. 57, a. 140].

subject to publication of a notice of preservation of legal hypothec within 30 days after that date, provided they still exist on that date.

[1992, c. 57, s. 140].

SECTION VII —
PREUVE

SECTION VII —
PROOF

141. En matière de preuve préconstituée et de présomptions légales, la loi en vigueur au jour de la conclusion de l'acte juridique ou de la survenance des faits s'applique.

[1992, c. 57, a. 141].

141. In questions of preconstituted proof and legal presumptions, the applicable legislation is the legislation in force on the day on which the juridical act is entered into or the facts occur.

[1992, c. 57, s. 141].

142. (*Supprimé*).

[1999, c. 40, a. 335].

142. (*Striked out*).

[1999, c. 40, s. 335].

SECTION VIII —
PRESCRIPTION

SECTION VIII —
PRESCRIPTION

143. Celui qui n'a pas encore acquis par prescription, le 1er janvier 1994, un immeuble qu'il a possédé à titre de propriétaire est soumis aux dispositions de l'article 2918 du nouveau code.

Celui qui à cette date est devenu, suivant la loi ancienne, propriétaire d'un immeuble par prescription est toujours admis à s'adresser au tribunal dans le ressort duquel est situé l'immeuble, pour obtenir, par requête, la reconnaissance judiciaire de son droit de propriété.

[1992, c. 57, a. 143; 2000, c. 42, a. 87].

143. A person who, on 1 January 1994, has not yet acquired by prescription ownership of an immovable which he has possessed as owner is subject to the provisions of article 2918 of the new Code.

A person who, on 1 January 1994, has become the owner of an immovable by prescription, pursuant to the former legislation, may still apply to the court in whose territory the immovable is located to obtain, by motion, judicial recognition of his right of ownership.

[1992, c. 57, s. 143; 2000, c. 42, s. 87].

SECTION IX —
PUBLICITÉ DES DROITS

SECTION IX —
PUBLICATION OF RIGHTS

§1. —— Publicité foncière

§1. —— Publication by registration in the land register

144.-145. (*Abrogés*).

[2000, c. 42, a. 88].

144.-145. (*Repealed*).

[2000, c. 42, s. 88].

146. À compter du 1ᵉʳ janvier 1994, le registre minier sera connu sous le nom de registre des droits réels d'exploitation de ressources de l'État et le fichier personnel des titulaires de droits miniers sera connu sous le nom de Répertoire des titulaires de droits réels.

[1992, c. 57, a. 146; 2000, c. 42, a. 89].

146. From 1 January 1994, the mining register will be known as the register of real rights of State resource development, and the card-index file of the holders of mining rights will be known as the Directory of holders of real rights.

[1992, c. 57, s. 146; 2000, c. 42, s. 89].

147.-149. (*Abrogés*).

[2000, c. 42, a. 90].

147.-149. (*Repealed*).

[2000, c. 42, s. 90].

149.1. Pour la période comprise entre le 1ᵉʳ janvier 1994 et le 31 août 1995, et sous réserve des droits des tiers de bonne foi dont les droits ont été publiés pendant cette période, l'absence d'indication quant à l'étendue d'un droit, de même que l'insuffisance ou l'imprécision dans la qualification ou l'étendue d'un droit tant dans l'inscription visée à l'article 149, tel qu'il se lisait le 30 août 1995, que dans la réquisition qui la sous-tend, lorsque celle-ci prend la forme d'un sommaire, ne peut porter atteinte aux droits des parties à la réquisition qui bénéficient de l'inscription, dès lors que l'analyse de la réquisition ou, lorsque celle-ci prend la forme d'un sommaire, du document qui l'accompagne, permet de suppléer à cette absence, à cette insuffisance ou à cette imprécision.

[1995, c. 33, a. 4].

149.1. For the period from 1 January 1994 to 31 August 1995 and subject to the rights of third persons in good faith whose rights were published during that period, absence of an indication as to the extent of a right or insufficiency or inaccuracy in stating the nature or extent of a right either in a registration effected under section 149 as it read on 30 August 1995 or in the application on which the registration is based, where the application is made by means of a summary, shall not affect the rights of the parties to the application who benefit from the registration, if analysis of the application or, where the application is made by means of a summary, of the accompanying document compensates for the absence, insufficiency or inaccuracy.

[1995, c. 33, s. 4].

149.2. On peut, pour compléter une réquisition faite sous forme d'extrait au cours de la période comprise entre le 1ᵉʳ janvier 1994 et le 31 août 1995, présenter au bureau de la publicité des droits, dans les 180 jours qui suivent la fin de cette période, une copie authentique de l'acte en y joignant, à raison d'un avis par acte visé, un avis en double exemplaire établissant le lien entre l'acte et l'extrait et indiquant, outre la désignation des immeubles, le lieu et le numéro d'inscription de l'extrait. L'avis, qui n'a pas à être attesté, est inscrit sur les registres de la publicité des droits.

À compter de l'inscription de l'avis, et sous réserve des droits des tiers de bonne foi dont les droits ont été publiés entre le 1ᵉʳ janvier 1994 et la date de l'inscription, les dispositions de l'article 149.1 s'appli-

149.2. A person may complete an application made by means of an extract during the period from 1 January 1994 to 31 August 1995 by presenting at the registry office, within 180 days after the end of that period, an authentic copy of the act, accompanied with a notice in duplicate for every act concerned establishing the connection between the act and the extract and indicating, in addition to the description of the immovables, the place of registration and the registration number of the extract. The notice, which does not require certification, shall be entered in the registers.

From the registration of the notice and subject to the rights of third persons in good faith whose rights were published during the period from 1 January 1994 to the date of registration, the provisions of

quent à l'extrait, compte tenu des adaptations nécessaires.

[1995, c. 33, a. 44].

section 149.1, adapted as required, apply to the extract.

[1995, c. 33, s. 4].

150.-154. (*Abrogés*).

[2000, c. 42, a. 91].

150.-154. (*Repealed*).

[2000, c. 42, s. 91].

155. Tant que le territoire dans lequel un immeuble est situé n'a pas fait l'objet d'une rénovation cadastrale, les dispositions du livre neuvième du nouveau code doivent être considérées avec les réserves exprimées ci-après relativement à l'immeuble:

155. Until the territory in which an immovable is situated has been the subject of a cadastral renovation, the articles of Book Nine of the new Code shall apply, with regard to that immovable, subject to the following restrictions:

1° le deuxième alinéa de l'article 2996, le premier alinéa de l'article 3030, le dernier alinéa de l'article 3043 et l'article 3054 ne reçoivent pas application;

(1) the second paragraph of article 2996, the first paragraph of article 3030, the last paragraph of article 3043 and article 3054 are not applicable;

2° l'exigence de la mention des mesures prévue par les articles 3036 et 3037 ne reçoit pas application et les dispositions suivantes s'appliquent en lieu et place des dispositions du deuxième alinéa de l'article 3037: « La désignation d'une partie de lot par distraction des parties de ce lot n'est admise qu'à condition que les parties distraites soient désignées conformément aux dispositions de l'article 3036. »;

(2) the requirement under articles 3036 and 3037 that measurements be mentioned is not applicable, and the following shall apply in place of the provisions of the second paragraph of article 3037: "The description of a part of a lot as the remainder after separation of other parts of the lot is admissible only if the separated parts are described in accordance with the provisions of article 3036.";

3° l'article 3042 ne s'applique pas lorsque la réquisition d'inscription du transfert, de la cession ou du droit visés audit article comporte la déclaration, faite par celui qui est autorisé à exproprier l'immeuble ou à s'approprier un droit de propriété dans celui-ci, que l'immeuble, formé de la partie requise et de la partie résiduelle, correspondait à une ou plusieurs parties de lot au moment de l'inscription de l'avis d'expropriation ou d'appropriation.

(3) article 3042 is not applicable where the application for registration of the transfer, cession or right referred to in that article includes a statement, made by the person authorized to expropriate the immovable or to appropriate a right of ownership in the immovable, that the immovable comprising the required part and the remainder corresponded to one or more parts of a lot at the time when the notice of expropriation or appropriation was registered.

En outre, tant que ce territoire n'a pas fait l'objet d'une rénovation cadastrale, postérieure au 22 juin 1992, en application de la *Loi favorisant la réforme du cadastre québécois* (chapitre R-3.1), la présomption d'exactitude qui s'attache au plan cadastral, prévue par l'article 3027 du nouveau code, ne reçoit pas application et les titres relatifs à l'immeuble priment le plan cadastral.

In addition, if the territory has not been the subject of a cadastral renovation after 22 June 1992, pursuant to the *Act to promote the reform of the cadastre in Québec* (chapter R-3.1), the presumption of accuracy attaching to the cadastral plan, as established by article 3027 of the new Code, is not applicable and the titles relating to the immovable prevail over the cadastral plan.

[1992, c. 57, a. 155; 1995, c. 33, a. 6; 2000, c. 42, a. 92].

[1992, c. 57, s. 155; 1995, c. 33, s. 6; 2000, c. 42, s. 92].

155.1. (*Abrogé*).

[2000, c. 42, a. 93].

155.1. (*Repealed*).

[2000, c. 42, s. 93].

156. Les actes faits avant le 1ᵉʳ janvier 1994 sont admis à la publicité sans qu'il soit nécessaire d'y joindre l'attestation prévue par les articles 2988 à 2991 du nouveau code.

[1992, c. 57, a. 156; 1995, c. 33, a. 8].

156. Acts made before 1 January 1994 may be published without the accompanying certificate contemplated in articles 2988 to 2991 of the new Code.

[1992, c 57, s. 156; 1995, c 33, s. 8].

§2. —— Publicité des droits personnels et réels mobiliers

§2. —— Publication of personal and movable real rights

157. La publication des cessions de biens en stock, des nantissements agricoles et forestiers, des nantissements commerciaux et des autres sûretés réelles mobilières constituées et enregistrées suivant la loi ancienne, doit être renouvelée dans les 12 mois du 1ᵉʳ janvier 1994 par une inscription portée sur le registre des droits personnels et réels mobiliers; il en est de même des hypothèques mobilières publiées en application du deuxième alinéa de l'article 134.

L'inscription de l'avis de renouvellement au registre des droits personnels et réels mobiliers conserve à la sûreté, nonobstant l'article 2942 du nouveau code, son caractère d'opposabilité au rang qu'elle avait à la date de la première publication antérieure, sans égard aux autres dates de publication de la même sûreté.

En l'absence de ce renouvellement, les droits conservés par l'inscription initiale n'ont, à l'expiration des 15 mois après le 31 décembre 1993, aucun effet à l'égard des autres créanciers ou des acquéreurs subséquents de bonne foi dont les droits sont régulièrement publiés.

[1992, c. 57, a. 157].

157. Publications of transfers of property in stock, pledges of agricultural and forest property, commercial pledges and other movable real securities created and registered in accordance with the former legislation must be renewed within 12 months from 1 January 1994 by registration in the register of personal and movable real rights; the same applies to movable hypothecs published pursuant to the second paragraph of section 134.

Registration of the notice of renewal in the register of personal and movable real rights preserves the opposability of the security, notwithstanding article 2942 of the new Code, at the rank it held on the date of the first prior publication, regardless of the other dates of publication of the same security.

If the publication is not renewed, the rights preserved by the original registration have no effect, upon the expiry of 15 months after 31 December 1993, in respect of other creditors or subsequent purchasers in good faith whose claims have been regularly published.

[1995, c. 33, s. 157].

157.1. Les sûretés mobilières constituées en vertu de la loi ancienne qui n'étaient pas soumises à la formalité de l'enregistrement, mais qui sont devenues, par l'effet de la loi nouvelle, des hypothèques mobilières soumises à l'inscription doivent, pour conserver leur opposabilité à leur

157.1. All movable securities created under the former legislation that were not subject to the formality of registration but which have become, under the new legislation, movable hypothecs subject to registration require, to preserve their opposability at their original rank, registration in the

rang initial, être inscrites sur le registre des droits personnels et réels mobiliers avant le 31 août 1996.

[1995, c. 33, a. 9].

157.2. Par exception à l'article 2700 du nouveau code, le délai d'inscription de l'avis prévu audit article pour la conservation des sûretés visées aux articles 157 et 157.1 ne court, à l'égard des aliénations de biens faites entre le 1er janvier 1994 et le 31 août 1996, qu'à compter de cette dernière date, que ces aliénations soient antérieures ou postérieures à l'inscription des sûretés visées. Cette règle n'a pas pour effet d'empêcher un créancier d'inscrire l'avis avant le 31 août 1996.

[1995, c. 33, a. 9].

158. Aucune réquisition qui renvoie à un droit dont l'inscription doit être renouvelée ni aucun préavis d'exercice d'un droit hypothécaire, ou autre avis, ne peut être inscrit, à moins que le droit lui-même ne soit publié.

[1992, c. 57, a. 158; 1995, c. 33, a. 10].

159. Il suffit d'un seul avis lorsque la sûreté mobilière dont on entend renouveler la publicité a été publiée, conformément à la loi ancienne, dans plusieurs circonscriptions foncières. L'avis fait alors mention des diverses circonscriptions foncières et indique les dates et numéros d'inscription respectifs de la sûreté.

Durant les 15 mois qui suivent le 1er janvier 1994, l'officier peut, nonobstant le deuxième alinéa de l'article 3007 du nouveau code, si les circonstances l'exigent, traiter en priorité les réquisitions d'inscription qui ne prennent pas la forme d'un avis de renouvellement. Tout relevé des droits inscrits sur le registre des droits personnels et réels mobiliers doit indiquer les dates de certification spécifiques aux différentes inscriptions.

L'officier n'est tenu de faire la notification prévue à l'article 3017 du nouveau code qu'aux créanciers dont les droits auront été inscrits sur le registre des droits personnels

register of personal and movable real rights before 31 August 1996.

[1995, c. 33, s. 9].

157.2. Notwithstanding article 2700 of the new Code, the period for registering the notice required by the said article to preserve the securities referred to in sections 157 and 157.1 runs, in respect of alienations of property occurring from 1 January 1994 to 31 August 1996, from the latter date, whether the alienation occurs before or after the registration of the securities affected. This rule shall not prevent a creditor from registering a notice before 31 August 1996.

[1995, c. 33, s. 9].

158. No application for registration referring to a right the registration of which must be renewed, no prior notice of intention to exercise a hypothecary right and no other notice may be registered unless the right itself is published.

[1992, c. 57, s. 158; 1995, c. 33, s. 10].

159. A single notice is sufficient if the movable security for which publication is to be renewed has been published, in accordance with the former legislation, in several registration divisions. In this case, the notice mentions the various registration divisions and indicates the respective registration dates and numbers of the security.

Notwithstanding the second paragraph of article 3007 of the new Code, the registrar may, in the 15 months following 1 January 1994, and if circumstances so require, give priority to applications for registration which are not in the form of a notice of renewal. Any statement of rights registered in the register of personal and movable real rights must indicate the specific dates of certification for each registration.

The registrar is bound, under article 3017 of the new Code, to notify only those creditors whose rights are registered in the register of personal and movable real rights

et réels mobiliers et qui auront requis l'inscription de leur adresse à des fins de notification.

[1992, c. 57, a. 159].

and who have requested registration of their address for the purpose of notification.

[1992, c. 57, s. 159].

160. Les droits personnels et les droits réels mobiliers enregistrés suivant la loi ancienne, pour lesquels la loi nouvelle n'exige aucun renouvellement d'inscription, conservent leur caractère d'opposabilité. Ils peuvent être consultés dans les anciens registres.

[1992, c. 57, a. 160].

160. The personal rights and movable real rights registered in accordance with the former legislation and in respect of which the new legislation requires no renewal of registration retain their opposability. The entries may be consulted in the former registers.

[1992, c. 57, s. 160].

161. Le registre des nantissements agricoles et forestiers, le registre des nantissements commerciaux et le registre des cessions de biens en stock sont réputés clôturés dès le 1er janvier 1994 et aucune radiation, incluant la réduction d'une hypothèque, ne peut y être faite après l'expiration d'un délai de 12 mois; ce délai commence à courir dès le 1er janvier 1994.

L'officier dépositaire de ces registres peut, en application de l'article 3016 du nouveau code, y apporter des corrections.

[1992, c. 57, a. 161].

161. The register of farm and forest pledges, the register of commercial pledges and the register of transfers of property in stock are deemed to be closed as of 1 January 1994, and no cancellation, or reduction of a hypothec, may be made therein after the expiry of a period of 12 months; this period begins to run from 1 January 1994.

The registrar who is depositary of the registers may, pursuant to article 3016 of the new Code, make corrections thereto.

[1992, c. 57, s. 161].

162. (*Abrogé*).

[1998, c. 5, a. 19].

162. (*Repealed*).

[1998, c. 5, s. 19].

163. Les avis de contrat de mariage ou de modification d'un contrat de mariage inscrits au registre central des régimes matrimoniaux sont portés d'office au registre central des droits personnels et réels mobiliers.

[1992, c. 57, a. 163].

163. Notices of marriage contracts or changes to marriage contracts entered in the central register of matrimonial regimes are entered as of right in the central register of personal and movable real rights.

[1992, c. 57, s. 163].

164. Durant les 15 mois qui suivent le 1er janvier 1994, la consultation du registre des droits personnels et réels mobiliers ne dispense pas de consulter, selon le cas, le registre des cessions de biens en stock, le registre des nantissements agricoles et forestiers, le registre des nantissements commerciaux et l'index des noms.

L'officier de la publicité dépositaire de ces

164. In the 15 months following 1 January 1994, consultation of the register of personal and movable real rights does not grant exemption from consultation, where applicable, of the register of transfers of property in stock, the register of farm and forest pledges, the register of commercial pledges and the index of names.

The registrar who is depositary of the reg-

registres ou qui était habilité à y faire des inscriptions peut, pendant cette période, délivrer des relevés certifiés des droits subsistants quant aux droits créés avant le 1er janvier 1994 et traiter les réquisitions en réduction ou en radiation qui s'y rapportent.

Avant l'expiration de ce délai, l'officier de la publicité chargé du registre des droits personnels et réels mobiliers n'est tenu de délivrer un état certifié des droits inscrits sur ce registre que si ces droits ont été publiés après le 31 décembre 1993 ou si l'inscription de ces droits résulte d'un renouvellement fait conformément à l'article 157.

[1992, c. 57, a. 164].

isters or who was qualified to make entries therein may, during that period, issue certified statements of subsisting rights in respect of rights created before 1 January 1994, and may process applications for reduction or cancellation pertaining to such rights.

Before the expiry of that period, the registrar entrusted with the register of personal and movable real rights is bound to issue a certified statement of the rights entered in the register only if such rights were published after 31 December 1993 or if the registration of those rights is the result of a renewal made in accordance with section 157.

[1992, c. 57, s. 164].

§3. — (*L'intitulé de cette section est abrogé*)

165.-166. (*Abrogés*).

[2000, c. 42, a. 94].

§3. — (*The title of this subdivision is repealed*)

165.-166. (*Repealed*).

[2000, c. 42, s. 94].

SECTION X — DROIT INTERNATIONAL PRIVÉ

167. En matière de conflits de lois, la loi régissant les conditions de forme d'un mariage est déterminée en application des dispositions du second alinéa de l'article 3088 du nouveau code, même si le mariage a été célébré avant le 1er janvier 1994.

[1992, c. 57, a. 167].

SECTION X — PRIVATE INTERNATIONAL LAW

167. In questions of conflict of laws, the law governing the formal validity of a marriage is determined pursuant to the provisions of the second paragraph of article 3088 of the new Code, even if the marriage was solemnized before 1 January 1994.

[1992, c. 57, s. 167].

168. La désignation, faite par testament avant le 1er janvier 1994, de la loi applicable à une succession qui s'ouvre postérieurement au 31 décembre 1993 a plein effet, pourvu que les conditions prévues par le second alinéa de l'article 3098 du nouveau code soient remplies.

[1992, c. 57, a. 168].

168. A designation made by will, before 1 January 1994, of the law applicable to a succession which opens after 31 December 1993 has full effect, provided the conditions set forth in the second paragraph of article 3098 of the new Code are satisfied.

[1992, c. 57, s. 168].

169. Les dispositions de l'article 3100 du nouveau code s'appliquent aux successions ouvertes avant le 1er janvier 1994, quant aux biens situés au Québec et dont

169. The provisions of article 3100 of the new Code apply to successions which open before 1 January 1994 in respect of property situated in Québec and of which

le partage n'est pas encore commencé le 1ᵉʳ janvier 1994.

[1992, c. 57, a. 169].

partition has not yet begun on 1 January 1994.

[1992, c. 57, s. 169].

170. Les dispositions du nouveau code, relatives à la reconnaissance et à l'exécution des décisions étrangères, ne s'appliquent pas aux décisions déjà rendues le 1ᵉʳ janvier 1994 ni aux instances alors en cours devant les autorités étrangères.

[1992, c. 57, a. 170].

170. The provisions of the new Code concerning the recognition and enforcement of foreign decisions do not apply to decisions already rendered on 1 January 1994, or to proceedings pending at that time before foreign authorities.

[1992, c. 57, s. 170].

TITRE II ——
CODE DE PROCÉDURE CIVILE

171.-422. (*Omis*).

TITLE II ——
CODE OF CIVIL PROCEDURE

171.-422. (*Omitted*).

TITRE III ——
DISPOSITIONS RELATIVES AUX AUTRES LOIS

423.-710. (*Omis*).[1]

DISPOSITIONS DIVERSES

711.-718. (*Omis*).

DISPOSITIONS FINALES

719. À l'exception des articles 717 et 718 de la présente loi, qui entrent en vigueur le 18 décembre 1992, le *Code civil du Québec* et la présente loi entreront en vigueur à la date qui sera fixée par décret du gouvernement. Le décret doit être pris au moins six mois avant cette date.

Toutefois, les dispositions de la présente loi qui modifient des textes non encore en vigueur ne prennent effet qu'à la date d'entrée en vigueur de ces textes et celles qui remplacent de tels textes entreront en vigueur à la date ou aux dates fixées par décret du gouvernement.

[1992, c. 57, a. 719].

TITLE III ——
PROVISIONS RELATING TO OTHER ACTS

423.-710. (*Omitted*).[1]

MISCELLANEOUS PROVISIONS

711.-718. (*Omitted*).

FINAL PROVISIONS

719. With the exception of sections 717 and 718 of this Act, which will come into force on 18 December 1992, the *Civil Code of Québec* and this Act will come into force on the date which will be fixed by government order. The order shall be made at least six months before the said date.

However, the provisions of this Act which amend texts not yet in force will take effect only on the date of coming into force of those texts, and the provisions which replace such texts will come into force on the date or dates fixed by order of the Government.

[1992, c. 57, s. 179].

---

[1]Le texte des dispositions interprétatives (art. 423 et 424) se trouve aux pages 1429 à 1433.

INDEX
ANALYTIQUE

**(Code civil du Québec et
dispositions transitoires)**

INDEX

INDEX

933

INDEX

Dissolution

- Communauté de biens, 492
- Entreprise (prestation compensatoire), 427
- Personne morale, *voir* Personne morale
- Société d'acquêts, *voir* Société d'acquêts
- Société en commandite, 2245; DT : 123
- Société en nom collectif, 2230-2235
- Union civile, *voir* Union civile

Dissolution du mariage, *voir aussi* Divorce

- Causes, 516
- Meubles servant à l'usage du ménage, 410
- Patrimoine familial, 416
- Résidence familiale, 410

Distributeur

- Garantie de qualité, 1730
- Responsabilité du fait des biens, 1468, 1473

Divertissement de biens

- Société d'acquêts
- • Partage des acquêts, 471
- Succession (renonciation), 651

Dividendes

- Administration du bien d'autrui, 1349-1350
- Revenu, 910
- Usufruit, 1130

Divorce, *voir aussi* Dissolution du mariage

- Acte de mariage (mention), 135
- Acte de naissance (mention), 135
- Assurance de personnes, 2459
- Dissolution du mariage, 516
- Donation (effet), 519-520
- Droit international privé
- • Compétence des autorités étrangères, 3167
- • Conflit de lois, 3096
- Enfants (effets), 521

- Législation canadienne, 517
- Legs (révocation), 764
- Liquidateur de la succession
- • Désignation (révocation), 764
- Prestation compensatoire, 427
- Régime matrimonial (dissolution), 518
- Règles applicables, 517
- Résidence familiale, 409
- Société d'acquêts (dissolution), 465

Document technologique, *voir aussi* Support informatique

- Acte authentique, 2838
- Acte semi-authentique, 2838
- Acte sous seing privé, 2838
- Atteinte à l'intégrité du document (prépondérance de preuve), 2839
- Commencement de preuve, 2839
- Copie certifiée, 2860
- Copie d'une loi, 2838
- Élément matériel de preuve, 2839, 2855
- Enregistrement, 2874
- Intégrité du document, 2838-2840
- Moyen de preuve, 2838-2839, 2855, 2860, 2874
- Original, 2860
- Qualification, 2837
- Reproduction, 2841-2842

Dol

- Transport maritime
- • Entrepreneur de manutention, 2083
- • Transporteur, 2074
- Vice de consentement, 1401, 1407

Domicile, *voir aussi* Résidence

- Caractère principal, 77
- Caution, 2337
- Changement, 76
- Droit international privé
- • Compétence des autorités étrangères, 3166-3168
- • Compétence internationale des autorités du Québec, 3134, 3141-3150, 3153-3154

V

INDEX

(Civil Code of Québec and
Transitional Provisions)

INDEX

INDEX

A

Abandon, 2764
- Common wall, 1006
- Emphyteusis, 1211
- Servitude, 1185

Absence, *see* Absentee

Absentee, *see also* Declaratory judgment of death
- Administration of property, 86, 91
- Curator, TP: 12
- Decision of the court, 87-88
- Declaration of death (judgment of guilty), 133.1
- Declaratory judgment of death, 90, 92-96, 133.1; TP: 14
- Definition, 84
- Dissolution of matrimonial regime, 465, 482
- Heirship, 617, 638
- Partition of the acquests, 89, 465(4), 482
- Patrimonial rights, 89
- Presumed to be alive, 85
- Proof of death, 102
- Provisional possession of property, TP: 13
- Return, 90, 97-101; TP: 13
- Succession, 96, 617, 638
- Superior force, 91
- Termination of tutorship, 90
- Tutor, 86, 91
- Tutorship, 87, 90; TP: 12-13

Abuse of right
- By a legal person, 317
- By the usufructuary, 1168

Acceptance of a succession
- After renunciation, 649
- Conservatory acts, 642
- Creditor, 652
- Devolution to an absentee, 638
- Devolution to a minor, 638
- Devolution to a protected person of full age, 638
- Distribution of property, 643
- Effect, 645
- Express, 637
- Movable property expensive to preserve or likely to depreciate rapidly, 644
- Perishable property, 644
- Presumption, 639-640
- Renunciation in favour of coheir, 641
- Resulting from the law, 637
- Site intended for a body or ashes, 643
- Tacit, 637
- Transfer of rights, 641

Access to the land of another, *see* Right of way

Accession, 1017, *see also* Artificial accession, Immovable accession, Movable accession, Natural accession

Accident and sickness insurance, *see also* Insurance of persons
- Aggravation of the professional risk, 2439
- Effective date, 2426
- Exclusion or reduction of coverage, 2417
- Insurance policy, 2416
- Loss, 2435
- • Payment, 2436
- Premium
- • Overdue, 2430, 2433

INDEX

Bare owner, *see* Usufruct

Bearer instrument
- Assignment of claim, 1647-1650

Beneficiary, *see* Administration of the property of others, Insurance, Trust

Bidder, *see* Auction sale

Bill of lading, 2041-2043, 2065, 2685, 2708; TP: 136, *see also* Carriage of property

Birth, *see* Act of birth, Declaration of birth

Blind person
- Will, 720

Board of directors, *see* Legal person

Body, *see* Consent, Death

Borough council
- Solemnization of marriage, 366, 376

Boundaries, *see* Determination of boundaries

Builder, 992, 1785, 1788-1790

Bulk sale, TP: 101

Brother, *see* Collateral, Relationship

Buyer, *see also* Sale
- Defective property, 1739
- Failure to deliver, 1736
- Obligation, 1734-1735
- Rights, 1736-1739
- Risk of infringement of his right of ownership, 1738
- Volume or quantity specified in the contract, 1737

By-laws, *see also* Regulation
- Declaration of co-ownership, 1052
- Dwelling, 1894
- Legal person, 310, 312-313, 321, 334-335, 358

C

Cadastral plan, 3026-3042; TP: 155, *see also* Immatriculation of immovables, Land register
- Amendment, 3021, 3043-3045
- Certified copy (deposit), 3029
- Co-emphyteusis, 3030
- Co-ownership, 1070, 1100, 3030
- Coming into force, 3028
- Complementary file, 3034
- Description of a lot, 3032
- Description of an immovable, 3033-3036; TP: 155
- Description of parts of several lots, 3037; TP: 155
- Discrepancy between the boundaries (measurements and area), 3027
- Electronic form, 3027
- Establishment, 3027
- Expropriation, 3042; TP: 155
- Hypothec (publication of rights), 3028.1
- Land register (part), 3027
- Limit of land, 977
- Lot number, 3030, 3032, 3043-3045
- Municipal office (copy), 3029
- Network (public utilities), 3034-3035, 3038
- Preservation, 3027
- Presumption of accuracy, 3027; TP: 155
- Real right of State resource development, 3034-3035, 3039-3040
- Submitted to the Minister, 3029
- Territory without a cadastral survey, 3030, 3034-3036, 3038

Cadastre, *see* Cadastral plan, Immatriculation of immovables

Cadastre Act, 3028.1

Canada Mortgage and Housing Corporation, 1339(7)

Canada Shipping Act, 2714

Canadian citizen, 59-60, 71

INDEX

Contract of insurance for funeral expenses, 2441.1, 2442

Contract of leasing, *see* Leasing

Contract of marriage, *see* Marriage contract

Contract of partnership, *see also* Partnership
- Definition, 2186

Contract of reinsurance, *see* Reinsurance

Contract of sale, *see* Sale

Contract of civil union, *see* Civil union

Contractor, *see also* Handling contractor
- Contract of enterprise or for services, 2098-2116, 2125-2129
- Immovable work, 2117-2124
- Legal hypothec, 2724(2), 2726-2728

Convention of co-owners, *see* Undivided co-ownership

Convention on Protection of Children and Co-operation in Respect of Intercountry Adoption, 565, 568, 573.1, 581

Conventional hypothec, 2664, 2681-2723; TP: 134, 136
- Capacity, 2681
- Condition, 2682
- Enterprise, 2683-2686
- Floating hypothec, 2686
- Granting, 2681
- Movable, 2683
- Notarial act, 2692
- Obligation, 2687-2692
- Payment of a sum of money, 2688
- • Amount, 2689-2690
- Reduction or cancellation, 2691
- Specific sum, 2689
- Titles of indebtedness, 2692
- Universality of property, 2684, 2684.1

Conventional representation, *see also* Representation
- Conflict of laws, 3116

Conventional warranty, 1732-1733

Co-owner, *see* Common wall, Co-ownership, Owner

Co-ownership, *see also* Declaration of co-ownership, Divided co-ownership, Undivided co-ownership
- Definition, 1010
- Divided, 1038-1109
- Sale, 1787-1792
- Undivided, 1012-1037

Copy of a statute, *see* Legislation

Coroner, *see also* Chief coroner
- Autopsy, 47
- Disinterment, 49
- Report, 127

Court (order), *see also* Clerk, Conflict of laws, Evidence, Foreign decision, International jurisdiction of Québec authorities, Judgment, Jurisdiction of foreign authorities
- Act drawn up outside Québec, 137-139
- Act of civil status, 131, 141
- Action by a minor, 159
- Administration of the property of others, 1324-1325
- • Administrator who is party to the contract, 1312
- • Alienation of property, 1305
- • Damages, 1318
- • Expenses, 1346(4)
- • Investment, 1341
- • Rendering of account, 1352
- Adoption, 149, 545, 547, 558, 565-576, 578, 582-584
- Adviser to the person of full age, 291, 293
- Alienation of part of a person's body, 19, 23
- Bearer instrument, 1650
- Autopsy, 47
- Cancellation of registration, 3063, 3075
- Care, 18, 23
- Change of name, 57, 65-66, 74

Dwelling *(cont'd)*
• • Refusal, 1932

Dwelling in low-rental housing
• Allocation, 1987-1989, 1991, 1995
• • False statement, 1988; TP: 111
• Change to the lease, 1993
• Cohabitation, 1991
• Conditions of the lease, 1956
• Death, 1991
• Definition, 1984
• Increase of rent, 1992
• Reduction of rent, 1994
• Register of lease applications, 1985
• • Registration, 1986, 1989
• Relocation, 1990
• Resiliation of lease, 1991, 1995
• Sublease, 1995

E

Educational institution
• Lease
• • Assignment, 1981
• • Maintenance in occupancy, 1979
• • Renewal, 1980
• • Resiliation, 1982
• • Sublease, 1982
• • Termination, 1983

Elderly person
• Resiliation of lease, 1974

Electronic form, *see also* Technology-based document
• Cadastral plan, 3027
• Registration (application), 3006.1

Emancipated minor
• Acceptance of a gift with charge, 173
• Act, 172
• Domicile, 171
• Effect of emancipation, 170
• Final account of tutorship, 169
• Gift, 172
• Lease, 172
• Renunciation of succession, 173

• Tutor, TP: 21

Emphyteusis, 1119, 1195-1211
• Abandonment, 1208, 1211
• Addition made to the immovable, 1210
• Cadastral plan, co-emphyteusis, 3030
• Co-ownership (applicable rules), 1196, 1207
• Conflict of laws, TP: 65
• Constituting act, 1200, 1207-1208
• Creditor, 1199, 1204
• Declaration of co-emphyteusis, 1196
• Definition, 1195
• Divided co-ownership, 1040, 1060
• Duration, 1197
• Establishment, 1195
• Expropriation of property, 1208
• Family residence, 406
• Forfeiture, 1204
• Immovable hypothec (extinction), 2799
• Land and existing building, 1196, 1198, 1207
• Loss of property, 1208
• Non-use, 1208
• Partial loss of immovable, 1202
• Real property charges, 1205
• Real right, 1119
• Renewal, 1198
• Repairs, 1203
• Resiliation, 1207
• Return of immovable, 1210
• Rights and obligations of the emphyteuta, 1200-1205, 1207, 1210
• Rights and obligations of the owner, 1200, 1201, 1204, 1206, 1209
• Rights of the creditor, 1199, 1204
• Statement of the immovable, 1201
• Superior force, 1210
• Termination, 1208-1211
• • Effect, 1209
• • Obligations of the owner, 1206

Employee, *see* Contract of employment

Municipal officer
- Solemnization of marriage, 366, 376

Municipality
- Attestation, 2990
- Authentic act, 2814(4)
- Found thing, 941-943
- Investments presumed sound, 1339(2)
- Prior claim, 2651(5), 2654.1
- Prior notice of sale for non-payment of property taxes (cancellation of a registration), 3070
- Property without owner, 935

Mutual association, *see also* Insurance
- Certificate, 2407

N

Name of a legal person
- Change, 308
- Designation, 305-306

Name of a person, 3, 55, *see also* Change of name, Surname of the mother or father
- Act of civil status, transcription, 108
- Adoption, 576
- Adoption of a child domiciled outside Québec
- • Declaration containing the name chosen for the child, 132.1
- Assignment, 50
- Change, 54, 57-70
- Civil rights, 5
- Other than his own, 56
- Spouse, 393
- Substitution, 54
- Surname, 50-51, 55
- Use, 36(5)

Naskapi, 152

Native persons, 152

Natural accession, 2943.1
- Accretion, 966
- Alluvion, 965
- Island, 968-969
- New bed, 970

- Watercourse, 967

Necessary deposit
- Definition, 2295
- Loss of property, 2296
- Presumption, 2297
- Refusal of depositary, 2296

Neighbour, *see also* Immovable ownership
- Neighbourhood annoyances, 976

Network
- Immatriculation, 3031, 3035, 3038

Network (public service), *see* Public service network

Newspaper, *see* Public notice

Non-marine insurance, 2389
- Aggravation of the risk, 2412
- Change to contract, 2405
- Clause deemed not written, 2402
- Conflict of laws, 3119
- Definition, 2391
- Delivery of policy, 2400
- Nullity of clause, 2414
- Nullity of contract, 2410
- Representations of insured, 2408-2409
- • Misrepresentation or concealment, 2410
- • Testimony, 2413
- Rider, 2405

Notarial act, *see also* Notarial will, Notarized joint declaration
- Acceptance of succession, 649
- Administration of the property of others
- • Inventory, 1327
- Amendment to the cadastre, 3044
- Application for registration
- • Summary, 2992
- Authentic act, 2814
- • Conditions, 2819
- Beneficiary of a trust
- • Renunciation, 1285
- Civil union

Nullity of an obligation, *see* Obligation

Nullity of the partition of succession, *see* Partition of succession

Nullity of civil union, *see* Civil union

Nullity of contract, *see* Contract

Nullity of juridical act, *see* Action in nullity, Juridical act

Nullity of marriage, *see also* Patrimonial rights

- Action, 380
- Acts of civil status (notations), 135
- Compensatory allowance, 388, 427-430
- Conditions, 380
- Decision of the court, 388
- Dissolution of the partnership of acquests, 465(5)
- Effect, 2459
- Effect on children, 381
- Effect on gifts, 385-386
- Effect on spouse, 382-384
- Family residence, 409-410
- Obligation to support, 389-390
- Partition of patrimonial rights, 416-426
- Presumption of good faith, 387
- Revocation of legacy, 764
- Rights and duties of fathers and mothers, 381
- Succession, 624

O

Oath

- Change of name, 61
- Child, 2844
- Insurance, 2471
- Sign-language interpreter, 722.1, 730.1

Obligation (title)

- Capital, 909
- Form, 2692
- Hypothec, 2688, 2692
- Investments presumed sound, 1339-1340

Obligation to support

- Absentee, 88
- • Return, 97
- Arrears, 596
- Child of full age, support proceedings, 586
- Civil union, 585
- • Dissolution, 521.17
- Claim for the needs that existed before the claim, 595
- Conflict of laws, 3094-3096
- Costs of the proceedings, 588
- Creditor, 593, 595
- Determination, 587-587.3
- Exemption, 592, 609
- Indexing, 590
- Information on the status of the parents' income, 596.1
- Minor, support proceedings, 586
- Nullity of marriage, 388-389
- Parental authority, 599
- Payment, 586, 589
- Private international law, 3094-3096
- Provisional support, 502, 588
- Review, 594
- Security, 591
- Separation from bed and board, 511
- Spouse, 585
- Spouses and relatives in direct line, 585
- Succession, 812
- • Claim, 684
- • Contribution, 685-688
- • Reduction of liberalities, 689-695
- Trust, 591
- Tutorship to minors, 218

Obligations, *see also* Execution of an obligation

- Assignment of claim, 1637-1650
- Compensation, 1672-1682
- Complex modalities, 1518
- Conflict of laws, 3109-3113; TP: 4
- Confusion, 1683-1686
- Definition, 1371

INDEX

TABLES DE CONCORDANCE

TABLE DES MATIÈRES

Note: Les tables de concordance du *Code civil du Bas Canada* et du *Code civil du Québec* (ancien) ont été élaborées à l'aide de l'information contenue dans la troisième table préparée par Me Sophie Dufour, professeure adjointe à la Faculté de droit de l'Université de Sherbrooke.

ABRÉVIATIONS

C. assur.	Code (français) des assurances
C.c.B.C.	Code civil du Bas Canada
C.c.F.	Code civil des Français
C.c.Q.	Code civil du Québec
C.c.Q., L.II	*Loi instituant un nouveau Code civil et portant réforme du droit de la famille*, L.Q. 1980, c. 39, et les lois qui l'ont modifiée
C.c.Q., L.IV	*Loi portant réforme au Code civil du Québec du droit des personnes, des successions et des biens*, L.Q. 1987, c. 18
C.p.c.	Code de procédure civile du Québec
L.I.	Livre I du projet de l'O.R.C.C.
L.III	Livre III du projet de l'O.R.C.C.
L.IV	Livre IV du projet de l'O.R.C.C.
L.V	Livre V du projet de l'O.R.C.C.
L.VI	Livre VI du projet de l'O.R.C.C.
L.VII	Livre VII du projet de l'O.R.C.C.
L.VIII	Livre VIII du projet de l'O.R.C.C.
LIX	Livre IX du projet de l'O.R.C.C.
O.R.C.C.	Office de révisions du Code civil
P.L. 125	Projet de loi 125 ayant pour objet de remplacer le Code civil du Bas Canada, de même que le chapitre 39 des lois de 1980, *Loi instituant un nouveau Code civil et portant réforme du droit de la famille*, et les lois qui l'ont modifiée, ainsi que le chapitre 18 des lois de 1987, *Loi portant réforme au Code civil du Québec du droit des personnes, des successions et des biens*
#	Alinéa
( )	Paragraphe

TABLE DE CONCORDANCE DES ARTICLES DU CODE CIVIL DU BAS CANADA ET DU CODE CIVIL DU QUÉBEC

C.c.B.C.	C.c.Q.	C.c.B.C.	C.c.Q.
1		45a	
2		46	104, 108
3		47	104, 105
4		48	105, 106
5		49	106
6	3078, 3081, 3083–3085, 3088–3091, 3093, 3094, 3097, 3098, 3102, 3126, 3132	50	103, 144, 145, 148, 149
		51	143
		52	
7	137, 3109	53	
7.1	3088	53a	113, 130
8	3111, 3112	53b	
8.1	3129	54	110, 114, 115
9		55	110, 113, 114
10		55.1	
11		56	
12		56.1	51
13	8, 9, 3081	56.2	53
14		56.3	57, 65
15		56.4	66
17	1470	64	110, 118, 121
18	1	65	110, 119, 120
19	10	66	48
19.1	11	66a	
19.2		67	125, 126
19.3	12	68	
19.4	16	69	47
20	19–25	69a	49
21	42	70	92
22	43–45	71	93, 94
23	46, 47	72	95, 129, 133
27		73	97, 99, 100
28	3134	75	130, 141, 142
30	33	79	75
31	34	80	76
39	107	81	76
40	114	82	79
41		83	80, 81, 171
42	103, 105	84	
42a	107	85	83, 3149
42b		86	84
42c		87	86
43		88	87
44		89	1309
45	105	90	

C.c.B.C.	C.c.Q.	C.c.B.C.	C.c.Q.
91		266	179, 181, 1361
92	90	266.1	
93	89, 92	267	222, 236
94		268	251
95		269	190
96		270	
97		271	
98	85, 92	272	180
99	96	273	
100		274	
101	99	275	
102		276	180
103		277	
104		278	
105	617	282	179
106		284	
107	101	285	179, 1309
108	95	286	251
109	89	287	
110		288	254
115		289	253
116		290	158, 177, 188, 208, 209,
117			218, 220, 1309, 1310, 1312
118	373	290a	208, 1303
119	373	291	1309
120	373	292	240, 1324
124	373	293	
125	373	294	1304
126	373	295	1304
148		296	
149		296a	1304, 1341
150		297	208, 213, 214, 1305
151		298	213, 1305
152		300	
153		301	638
154		302	
155		303	211, 1814
156		304	159, 160, 216
246	153	305	
247	170, 171	306	212
248	155	307	212
249	178, 200, 205, 224	308	247
250	206, 224	309	1351
251	222, 224, 226, 228	310	247, 255
254	227	311	166, 248
264	185, 187, 188, 246	312	1364
265		313	1368

C.c.B.C.	C.c.Q.	C.c.B.C.	C.c.Q.
314	175, 176	**335.1**	292
315	168	**335.2**	293, 1815
316		**335.3**	294
317	169	**336**	295
318	169	**336.1**	296
319	172, 1815	**336.2**	
320	173	**336.3**	297
321	174	**337**	1908, 2471, 2910, 2930
322	173, 1815	**337a**	2936
323	1318	**338**	
324	4, 153	**339**	2934, 2935
325	256	**340**	169, 170
326	257	**345**	192
327	258	**346**	2947, 2948
328	259	**347**	
329	260	**347a**	401
330	261	**348**	
331	262	**348a**	3085, 3101
331.1	263	**352**	298, 300, 301, 314
331.2	264	**353**	299
331.3	265	**354**	
331.4	266	**355**	
331.5	267	**356**	300
332	268	**357**	305
332.1	269	**358**	303
332.2	270	**359**	338
332.3	270	**360**	312, 321, 335
332.4	271	**361**	310, 335
332.5	272	**362**	
332.6	273	**363**	309, 315
332.7	274	**364**	303
332.8	275	**365**	189
332.9	276	**366**	
332.10	277	**366a**	
332.11	278	**367**	
332.12	279, 280	**368**	355, 356
333	281	**369**	
333.1	282	**370**	
333.2	283	**371**	363
333.3	284	**374**	899
334	285	**375**	900
334.1	286	**376**	900
334.2	287	**377**	900
334.3	288	**378**	900
334.4	289	**379**	903
334.5	290	**380**	903
335	291	**381**	904

C.c.B.C.	C.c.Q.	C.c.B.C.	C.c.Q.
382		428	988, 989
383		429	971, 972, 973, 975
384	905	430	
385		431	986
386	902	432	
387	906	433	
388		434	973
389	1803, 2374, 2376, 2383, 2384	435	972, 973
		436	973
390		437	973
391	2374, 2376	438	973
392		439	
393	1803	440	
394	2383, 2384	441	974
395		441a	1357
396	401	441b	1010, 1038
397		441b.1	1040
398		441c	1047
399	915	441d	1046
400	918, 919	441e	1048
401	914, 935, 936	441f	1043, 1044
402		441g	1045
403		441h	1063
404		441i	
405	911	441j	1051
406	947	441k	1064
407	952	441l	1041, 1053, 1054, 1055
408	948, 949, 954, 984	441m	1059, 1060, 1062
409	949, 984	441n	1062
410	949, 1129	441o	1056
411	931	441p	1049, 1056
412	932	441q	1084, 1300
413	948	441r	1085, 1309
414	951, 1110	441s	1358
415	955	441t	1105, 1351, 1353, 1361, 1363
416	956		
417	933, 957, 958, 959	441u	1085
418	957, 960	441v	1039, 1085, 1319
419	963	441w	1076
420	965	441x	1076
421	966	441x.1	1082
422		441y	
423	967	441z	1077
424	968	442	1078
425	968	442a	1073, 1331
426	969	442b	
427	970	442c	1054, 1087

C.c.B.C.	C.c.Q.	C.c.B.C.	C.c.Q.
442d	1090	476	1159
442e	1089, 1096	477	1161
442f	1096, 1097, 1100	478	1161
442g	1068, 1102	479	1123, 1162, 1163
442h	1098	480	1168
442i		481	1123
442j	1072	482	1123, 1165
442k	2729	483	1125
442l	1066, 1067	484	
442m		485	1163
442n	1050	486	
442o	1108	487	1172
442p	1109	488	1176
442q		489	1176
443	1120, 1124	490	1176
444	1121	491	1176
445		492	1176
446		493	
447	910, 1124, 1126	494	1173
448	910	495	
449	910	496	
450	1129	497	1173
451	1130, 1349	498	1175
452	1127	499	1177
453		500	
454		501	979
455	1139, 1140	502	980
456	1139	503	981
457	1135	504	978
458	1124	505	1002
459		506	
460	1141	507	
461		508	
462	1125, 1137	509	
463	1124, 1142	510	1003
464	1144	511	
465	1145	512	1006
466	1145, 1147	513	1006
467	1146	514	1005
468	1151	515	1007
469	1152	516	1007
470	1160	517	1008
471	1154	518	1004
472	825	519	1005
473	1155	520	1002
474	1156, 1157	522	
475	1158	523	1003

C.c.B.C.	C.c.Q.	C.c.B.C.	C.c.Q.
524	1003	569	1195, 1200
525	1003	569.1	
526		570	1200
527	1003	571	1199
528		572	1206
529	985	573	
530	1003	574	1207
531	986	575	1202
532		576	1205
533		577	1203
534	995	578	1204
535	995	579	1208
536	993	580	1211
537		581	1210
538	994	582	1210
539	983	583	916, 2875
540	997	584	914, 934, 935, 936
541	998	585	913
542	998	586	938
543	999	587	934, 935
544	1001	588	934, 935
545		589	935, 939
546		591	935
547	1179	592	939
548	1180	593	939
549	1181	594	939
550		595	
551	1183	596	
552	1177	597	613, 619, 738
553	996, 1184	598	617, 618, 653
554	1184	599	614
555	1185	599a	
556	1187	600	613
557	1186	601	613
558	1186	603	616
559	1194	606	653
560	1194	607	625
561	1191	607.1	684
562	1191	607.2	685
563	1192	607.3	686
564	1193	607.4	687
565		607.5	688
566		607.6	689
567	1195	607.7	690
567.1	1196	607.8	691
568	1197	607.9	692
568.1	1198	607.10	693

C.c.B.C.	C.c.Q.	C.c.B.C.	C.c.Q.
607.11	694	653	647
608	617	654	664
610	620, 621	655	652
611	620, 621	656	648, 650
612	628	657	649
613	660	658	631
614		659	651
615	656	660	
616	656, 657, 658, 659	661	2970
617	657	662	
618	659	663	790
619	660	664	
620	661	665	644
621	662	666	632, 634
622	663	667	633
623	665	668	634
624	660, 664	669	633, 648
624a	671	670	651
624b	666, 672, 673	671	
624d		672	802
625	667, 668	673	802
626	674, 675	674	
627	674, 675	675	
628	677, 678, 679, 680	676	795, 808, 810, 811
629	678, 679, 680	676a	805
630	614	677	821
631		678	821
632	674	679	815
633	675, 676	680	816
634	677, 678, 679, 680	681	792
635	682, 683	682	
636	696	683	
639		684	696
640	702	685	
641	630	686	698
642		687	
643	638	688	699, 700
644	632, 645	689	836, 837, 843, 845, 1030, 1031
645	637		
646	642	690	
647	641	691	847
648	635	692	
649	635	693	838
650	636	694	
650a	615	695	
651	646	697	855, 862, 863
652	647	698	862, 863

C.c.B.C.	C.c.Q.	C.c.B.C.	C.c.Q.
700	879	**746**	884
701	871	**747**	885
702	850	**748**	889, 891
703	852	**749**	892, 893
704	852	**750**	890
705	854	**751**	895, 896
706	854	**752**	897
707	850	**753**	898
708		**754**	763
709		**755**	1806
710	848	**756**	
711	865, 866	**757**	1808, 1819
712	867	**758**	1808, 1819, 1839
713	867	**759**	
714		**760**	757
715		**761**	
716	868	**762**	1820
717		**763**	172, 1315, 1813
718	869	**764**	
719		**765**	
720		**766**	
721		**767**	
722	878	**769**	
723	869	**771**	
724	870	**772**	
725	870	**773**	1816
726	870	**774**	
727	876	**775**	
728	870	**776**	1824
729	874	**777**	1281, 1807
730	874	**778**	1818, 1819
731	870, 877	**779**	
732	875	**780**	1823
733	861, 873	**781**	1823
734	861, 873	**782**	1822
735	823, 827	**783**	1822
735.1	809, 823	**784**	1821
736	823	**785**	
737	823	**786**	
738		**787**	
739	818	**788**	
740	829	**789**	1814, 1815
741		**790**	
742	830	**791**	
743	780	**792**	1814
744	780, 781	**794**	
745	864	**795**	1806

C.c.B.C.	C.c.Q.	C.c.B.C.	C.c.Q.
796	1826, 1827, 1828	**844**	716, 725
797	1823, 1830	**845**	723, 725
798	1823	**846**	759, 760
799	1830	**847**	720, 721, 722
800	1823	**849**	712
801	1823	**850**	726
802	1823	**851**	727, 728
803		**852**	729, 730
804	1824, 2970	**853**	
805	1824	**854**	726
806	1824	**855**	713
807	1824	**856**	
808	1824	**857**	772
809	1824	**858**	772
810	1824	**859**	773
811	1836	**860**	767, 774
812		**861**	774
813	620, 621, 1836	**862**	
814	1837	**863**	731
815	1838	**864**	613, 736
816		**865**	752
817	1839	**866**	
818	1840	**867**	
819	1840	**868**	755, 756
820	812, 1840	**869**	1256, 1258, 1270
821	1814	**870**	
822	1839	**872**	737
823	706, 1841	**873**	732–735
824		**874**	
825		**875**	
826		**876**	824
827		**877**	833
828		**878**	
829		**879**	
830		**880**	826
831	703	**881**	762
833	708	**882**	
834	709, 710, 711	**883**	
835	707	**884**	828
836	618	**885**	814
837		**886**	813, 827
838	617, 1279	**887**	780
839		**888**	745, 746
840	737	**889**	831
841	704	**890**	748
842	712	**891**	625, 739, 744
843	716, 717, 718–721	**892**	765, 767, 768, 769

C.c.B.C.	C.c.Q.	C.c.B.C.	C.c.Q.
893	620, 621, 747	939	
894	768	940	
895	766, 768	941	
896	770	942	1238
897	769	943	
898	706, 715	944	1223
899	705	945	1238, 1239
900	750	946	1224, 1236, 1238
901	750	947	1226, 1230, 1247
902	747	948	1230
903	751	949	1229
904	750	949a	1228, 1229
905	785, 786	950	1229, 1233
907	783	951	1229
908	783	952	1232, 1246
909	783	953	1229
910	753, 784, 789, 790, 1300, 1324	953a	2229
		954	
911	1357	955	1237, 1238
912	1332	956	1235
913	787, 1332, 1337, 1353	957	1252
914	789, 1367	958	1248
915	1301	959	
916		960	1234
917	791, 1360	961	1240
918	777, 806, 1351	962	1243
919	794, 803, 804, 1301, 1302, 1324	963	1240
		964	1297
920	1361	965	1244
921	778	966	1249, 1250
922		967	1318
923	786	968	1212
924	788	969	
925	1218	970	
926	1218, 1252	971	1212
927	1219	972	
928	1218	973	
929	1242	974	
930	1252, 1253, 1254	975	
931	1230	976	1220
932	1221, 1271	977	
933	1222, 1252	978	
934		979	
935	1255, 1282	980	
936		981	1214
937	749, 1252	981a	1260, 1262, 1267, 1276, 1279
938	1218		

C.c.B.C.	C.c.Q.	C.c.B.C.	C.c.Q.
981b	1260, 1296	**1007**	164
981c	1276, 1277	**1008**	166
981d	1360	**1009**	162
981e	1361	**1010**	
981f	1332	**1011**	1318, 1706
981g	1300, 1367	**1012**	
981h	1357	**1013**	1425
981i		**1014**	1428
981j	1278, 1307, 1319	**1015**	1429
981k	1309, 1343	**1016**	1426
981l	1297, 1363, 1366	**1017**	1426
981m	1334, 1353, 1363	**1018**	1427
981n		**1019**	1432
981o	1230, 1339, 1340	**1020**	1431
981p	1342	**1021**	1430
981q	1230	**1022**	1433, 1439, 1453
981r	1341	**1023**	1440
981s	1342	**1024**	1434
981t	1343	**1025**	1453, 1455
981u	1343	**1026**	1453
981v	1304	**1027**	1454, 1455, 2919
982	1371	**1028**	886, 1441, 1443
983	1372	**1029**	1444, 1446
984	1385	**1030**	1441, 1442
985	1409	**1031**	1627
986	155, 1409, 1813	**1032**	1631
987		**1033**	1631
988	1386, 1398	**1034**	1633
989	1410, 1411	**1035**	1632
990	1411, 1412	**1036**	1632
991	1399	**1038**	1632
992	1400	**1039**	1634
993	1401	**1040**	1635
994	1402	**1040a**	1743, 1749, 1751, 2757, 2758
995	1402		
996	1402	**1040b**	2758, 2761, 2762, 2781
997	1403	**1040c**	2332
998	1403	**1040d**	1756
999	1404	**1040e**	
1000	1407	**1041**	1482
1001	1404	**1042**	
1002	157, 158, 163, 173, 174, 1404	**1043**	1482, 1484, 1489
		1044	1484
1003	165	**1045**	1484
1004	164	**1046**	1319, 1486
1005	1318	**1047**	1491, 1492, 1700
1006		**1048**	1491

TABLES DE CONCORDANCE

C.c.B.C.	C.c.Q.	C.c.B.C.	C.c.Q.
1049	1492	**1088**	1506, 1507
1050	1492, 1701	**1089**	1508
1051	1492, 1701	**1090**	1513
1052	1492, 1703	**1091**	1511
1053	1457, 1462	**1092**	1514
1054	1457, 1459, 1460, 1461, 1463, 1465	**1093**	1545, 1547
		1094	1546
1054.1	1461	**1095**	1545
1055	1466, 1467	**1096**	1548
1056		**1097**	1549
1056a		**1098**	1550
1056b	1609	**1099**	1551
1056c	1618, 1619	**1100**	
1056d		**1101**	1666, 1678, 1685
1057		**1102**	
1058	1373	**1103**	1523
1059		**1104**	1524
1060	1374	**1105**	1525
1061	631, 1374	**1106**	1526
1062	1373	**1107**	1528
1063		**1108**	1529
1064		**1109**	1527
1065	1590, 1601, 1602, 1604, 1605, 1607	**1110**	1541, 1542
		1111	1543
1066	1603	**1112**	1530, 1539
1067	1594, 1595	**1113**	1685
1068	1597	**1114**	1532
1069		**1115**	1533, 1535
1070	1597	**1116**	1534
1071	1470	**1117**	1536
1072	1470	**1118**	1536, 1538, 2360
1073	1611	**1119**	1538
1074	1613	**1120**	1537
1075	1607, 1613	**1121**	1519
1076		**1122**	1519, 1522, 1540
1077	1600, 1617	**1123**	1519
1078	1620	**1124**	1519
1078.1	1618, 1619	**1125**	1521
1079	1497, 1498	**1126**	1520
1080	1499	**1127**	1520
1081	1500	**1128**	
1082	1501	**1129**	1520
1083	1502	**1130**	
1084	1503	**1131**	1622
1085	1505, 1506	**1132**	
1086	1504	**1133**	1622
1087	1507	**1134**	

C.c.B.C.	C.c.Q.	C.c.B.C.	C.c.Q.
1135	1623	1182	1691
1136	1624	1183	1689
1137	1625	1184	1690
1138	1517, 1671, 2875	1185	1692
1139	1553	1186	1692
1140	1554	1187	1672
1141	1555	1188	1672, 1673
1142	1555	1189	1675
1143	1556	1190	1676
1144	1557	1191	1678, 1679
1145	1559, 1643	1192	1680
1146	1558	1193	1674
1147	1560	1194	
1148	1561	1195	1677
1149	1561, 2332	1196	1681
1150	1562	1197	1682
1151	1563	1198	1683
1152	1566	1199	1684
1153	1567	1200	1600, 1693
1154	1651, 1652	1201	
1155	1653, 1654, 1655	1202	1600, 1693, 1694
1156	1656	1202a	1695
1157	1657	1202b	1695
1158	1569	1202c	1695
1159	1570	1202d	
1160	1571	1202e	
1161	1572	1202f	1696
1162	1573, 1583, 1586, 1588	1202g	1696
1163	1573, 1574	1202h	1697
1164	1577	1202i	1698
1165	1577, 1581, 1582	1202j	
1166	1584	1202k	
1167	1585	1202l	
1168		1203	2803
1169	1660	1204	2860
1170		1205	2811, 2869
1171	1661	1206	
1172	1660	1207	107, 144, 2811, 2812, 2813, 2814, 2815
1173	1667, 1668		
1174	1667	1208	2814, 2819, 3110
1175		1209	
1176	1662	1210	102, 2818, 2819
1177	1663	1211	2821
1178	1664	1212	1451, 1452
1179	1665	1213	
1180	1663, 1669, 1670	1214	1423
1181	1688, 1689, 1690	1215	2815, 2820

C.c.B.C.	C.c.Q.	C.c.B.C.	C.c.Q.
1216	2817, 2820	1481	
1217	2815, 2816	1482	
1218	2816	1484	1310, 1312, 1709, 2147
1219	2816	1485	1783
1220	137, 2822, 2823, 2824	1486	
1221	2826	1487	1713
1222	2829	1488	1713, 1714
1223	2828	1489	1714
1224	2828	1490	1714
1225	2830	1491	1716, 1825
1226	2830	1492	1825
1227	2833	1493	1717, 1825
1228	2834	1494	
1229	2834	1495	1722
1233	775, 2860, 2861, 2862	1496	
1234	2863	1497	1721
1235		1498	1718
1236		1499	1718
1237		1500	1720, 1737
1237a		1501	1737
1238	2846	1502	1737
1239	2847	1503	1720
1240	2866	1504	
1241	2848	1505	
1242	2849	1506	1716
1243	2853	1507	1716, 1732
1244	2867	1508	1723, 1732
1245	2852	1509	1732
1426		1510	1639, 1733
1427		1511	
1428		1512	
1429		1513	
1430		1514	
1431		1515	
1432		1516	
1433		1517	
1434		1518	
1435		1519	
1472	1455, 1708	1520	1738
1473	1377	1521	
1474		1522	1726
1475	1744	1523	1726
1476	1712	1524	1733
1477	1711	1525	
1478	1710	1526	
1479	1734	1527	1728
1480		1528	1728

C.c.B.C.	C.c.Q.	C.c.B.C.	C.c.Q.
1529	1727	**1571**	1641, 2710
1530	1081, 1739	**1571a**	1641, 2710
1531	1731	**1571b**	1641, 2710
1532	1734	**1571c**	
1533	1734	**1571d**	1642, 2710, 2711
1534	1735	**1572**	1643
1535		**1573**	1647, 2709
1536	1742	**1574**	1638
1537	1742, 1743	**1575**	1638
1538		**1576**	1639
1539		**1577**	1640
1540		**1578**	2710
1541		**1579**	1779
1542		**1580**	1780
1543		**1581**	1781
1544	1740	**1582**	1784
1545		**1583**	1782
1546	1751	**1584**	1784
1547	1752	**1585**	
1548	1753	**1586**	1766
1549	1753	**1587**	1766
1550		**1588**	1758
1551	1753	**1589**	
1552	1751	**1590**	
1553		**1591**	1758
1554		**1592**	1800
1555	1754	**1593**	1802, 1805, 2368
1556	1755	**1594**	1802, 1805, 2368
1557	1755	**1595**	1804, 2368
1558	1755	**1596**	1795
1559	1755	**1597**	1796
1560	1755	**1598**	1797
1561		**1599**	1798
1562		**1600**	1851
1563		**1601**	1851
1564	1758	**1602**	1851
1565		**1603**	1842, 1845
1566		**1604**	1854
1567	1759, 1762	**1605**	1864
1568	1765	**1606**	1854
1569	1779	**1607**	1856
1569a	1767	**1608**	1859
1569b	1768	**1609**	1858
1569c	1776	**1610**	1863
1569d	1771, 1773, 1776	**1611**	1863
1569e	1778	**1612**	1867
1570		**1613**	1867

C.c.B.C.	C.c.Q.	C.c.B.C.	C.c.Q.
1614	1867, 1869	**1651.5**	1903, 1904
1615	1869	**1651.6**	1903
1616		**1651.7**	1908
1617	1855	**1652**	1910
1618	1856	**1652.1**	1911
1619	1870, 1871, 1872	**1652.2**	1912
1620	1874	**1652.3**	1911
1621	1862	**1652.4**	1912
1622	1857	**1652.5**	1920
1623	1890	**1652.6**	1866
1624	1891	**1652.7**	1978
1625	1865	**1652.8**	1913
1626	1865	**1652.9**	1915, 1975
1627	1864	**1652.10**	1916
1628	1863	**1652.11**	1913, 1917
1629	1877	**1653**	1922
1630	1877, 1882	**1653.1**	1923
1631	1882	**1653.1.1**	1924
1632	1884	**1653.1.2**	1925, 1927
1633	1883	**1653.1.3**	1926, 1927
1634	1853	**1653.1.4**	1927
1635	1859, 1860	**1653.1.5**	1928
1636	1859, 1861	**1653.2**	1929
1637		**1653.3**	1911
1638		**1653.4**	1868, 1869
1639		**1653.5**	1933
1640		**1654**	1930
1641	1879	**1654.1**	1931
1642	1881	**1654.2**	1932
1643	1862	**1654.3**	1932
1644	1868	**1654.4**	1934
1645	1857, 1885	**1655**	1870, 1871, 1872
1646	1886, 1887	**1655.1**	1875
1647	1886, 1887	**1655.2**	1981
1648	1889	**1656**	1863, 1907
1649	1888	**1656.1**	1909
1650	1892	**1656.2**	1973
1650.1	1892	**1656.3**	1918
1650.2	1892	**1656.4**	1971
1650.3	1892	**1656.5**	1883
1650.4	1893, 1937	**1656.6**	1973
1650.5	1940	**1657**	1936
1651	1057, 1894	**1657.1**	1937
1651.1	1895	**1657.2**	1938
1651.2	1896	**1657.3**	1938
1651.3	1897	**1657.4**	1939
1651.4	1898	**1657.5**	1940

C.c.B.C.	C.c.Q.	C.c.B.C.	C.c.Q.
1658	1941	**1662.4**	1987
1658.1	1942, 1943	**1662.5**	1987
1658.2	1944	**1662.6**	1989
1658.3	1944	**1662.7**	1990
1658.4	1946	**1662.8**	1992
1658.5	1945	**1662.9**	1993
1658.6	1947	**1662.10**	1994
1658.7	1948	**1662.11**	1995
1658.8	1942, 1946	**1662.12**	1995
1658.9	1948, 1977	**1663**	1996
1658.10	1950	**1663.1**	1998
1658.11	1950	**1663.2**	1998
1658.12	1951	**1663.3**	1999
1658.13	1949	**1663.4**	1997
1658.14	1950	**1663.5**	2000
1658.15	1953	**1664**	1893
1658.16	1906, 1952	**1664.1**	1910
1658.17	1953	**1664.2**	1905
1658.18	1953, 1954	**1664.3**	1906
1658.19	1954	**1664.4**	1900
1658.20	1953	**1664.5**	1900
1658.21	1955	**1664.6**	1900
1658.22	1956	**1664.7**	1898
1659	1957, 1958	**1664.8**	1998
1659.1	1960, 1961	**1664.9**	1900
1659.2	1962	**1664.10**	1901
1659.3	1963	**1664.11**	1901
1659.4	1964	**1665**	1899
1659.5	1969	**1665.1**	1079, 1904
1659.6	1970	**1665.2**	1904
1659.7	1967	**1665.3**	1913
1659.8	1968	**1665.4**	1921
1660	1959, 1969	**1665.5**	1919
1660.1	1960, 1961	**1665.6**	1935
1660.2	1966	**1665a**	2085
1660.3	1966	**1666**	
1660.4	1965	**1667**	2086, 2090
1660.5	1969, 1970	**1668**	2091, 2093
1661	1974	**1669**	
1661.1	1972	**1670**	1377
1661.2	1975	**1671**	
1661.4	1976	**1671a**	944, 945
1661.5	1982	**1671b**	944, 945
1662	1984	**1672**	
1662.1	1985	**1673**	2033
1662.2	1985	**1674**	2040
1662.3	1986	**1675**	2038, 2049

C.c.B.C.	C.c.Q.	C.c.B.C.	C.c.Q.
1676	1308	1719	1321
1677	944, 2038, 2053	1720	2152
1678	2034	1721	1362
1679	2058	1722	2150, 2155
1680	2050	1723	1369
1681		1724	2151
1682		1725	2154
1682a		1726	1370, 2156
1682b		1727	1320, 2160
1683	2103	1728	1362, 2162
1684	2115	1729	1362, 2162
1685	2115	1730	1323, 2163
1686	2115	1731	1322, 2164
1687	2114	1731.1	2166
1688	2118	1731.2	2167
1689	2121	1731.3	2166
1690	2109	1731.4	2168
1691	2125, 2129	1731.5	2169
1692	2128	1731.6	2170
1693	2129	1731.7	2171
1694	2127	1731.8	2172
1695		1731.9	2173
1696		1731.10	
1697		1731.11	2174
1697a		1732	
1697b		1733	
1697c		1734	
1697d		1735	
1701	2130, 2132	1736	
1701.1	2131	1737	
1702	1300, 2133	1738	3116
1703	1305, 2135	1739	
1704	2136	1740	
1705	2137	1741	
1706	1310, 1312, 2147	1742	
1707	1318	1743	
1709	1251, 2182	1744	
1710	1309, 1318, 2138, 2148	1745	
1711	1337, 1338, 2141, 2161	1746	
1712	1334, 1363, 2144	1747	
1713	1363, 1366, 1367, 1369, 2184, 2185	1748	
1714	1366, 1368, 2146, 2184	1749	
1715	1319, 1489, 2157	1750	
1716	1319, 1489, 2157	1751	
1717	1320, 2145, 2158	1752	
1718	1321, 2145, 2153, 2158	1753	
		1754	

C.c.B.C.	C.c.Q.	C.c.B.C.	C.c.Q.
1755	1355, 1356, 2175	**1801**	1318, 2282
1756	1360, 2176	**1802**	2283
1756.1	2177	**1803**	1314, 2283
1757	2180	**1804**	1308, 2286
1758	2181	**1805**	1308, 2289, 2739
1759	1357, 1359, 2178	**1806**	2288
1760	1362	**1807**	2287
1761	1361, 1362, 2183	**1808**	2284
1762	2312, 2313, 2314	**1809**	1309, 1365, 2292
1763	2313	**1810**	2285
1764		**1811**	
1765		**1812**	1367, 1369, 2293, 2740
1766	2317, 2318	**1813**	2295
1767	2322	**1814**	2298
1768	2323	**1815**	2298, 2299, 2301, 2304
1769	1308, 2322	**1816**	
1770	2324	**1816a**	2302, 2303
1771	2320	**1817**	
1772	1334, 2326	**1818**	2305
1773	2319	**1819**	
1774	2319	**1820**	2306
1775	2320	**1821**	2309
1776	2321, 2328	**1822**	
1777	2314	**1823**	2311
1778	2327	**1827**	2311
1779	2329	**1830**	2186
1780	2329	**1831**	2201, 2203
1781	2327, 2328	**1832**	2187
1782	2314	**1833**	314, 2228
1783	1512, 2319	**1834**	306, 307, 308, 2189
1784		**1834a**	
1785	1565, 2330	**1834b**	
1786	1565, 2331	**1835**	2194, 2195
1787	2367, 2376	**1836**	2257
1788	2370	**1837**	2189, 2257
1789	2376	**1838**	
1790	2386	**1839**	315, 2198, 2199
1791		**1840**	2198
1792	2387	**1841**	2198
1793		**1842**	2204
1794		**1843**	2206
1795	2280	**1844**	2207
1796	2280	**1845**	
1797	2281	**1846**	2199
1798		**1847**	2205
1799		**1848**	2202
1800		**1849**	2213

TABLES DE CONCORDANCE

C.c.B.C.	C.c.Q.	C.c.B.C.	C.c.Q.
1850	2214	**1893**	
1851	337, 1335, 2208, 2212, 2215	**1894**	2226, 2259
		1895	2228, 2260
1852	2217	**1896**	355, 2229, 2230, 2261
1853	2209	**1896a**	358, 359, 360, 2235, 2264, 2266
1854	2221, 2254		
1855	2219	**1897**	2233, 2262
1856	2219	**1898**	2235
1857	2188	**1899**	2221, 2235, 2246
1858	2188	**1900**	2234, 2263
1859	2188	**1901**	2370
1860	2188	**1902**	2372
1861	2188	**1903**	2371, 2374, 2376
1862	2188	**1904**	2369
1863	2188	**1905**	2373
1864	2188	**1906**	2373
1865	2189, 2221	**1907**	2386
1866	2212	**1908**	2387
1867	2220	**1909**	2383
1868	2223	**1910**	2381
1869	2222	**1911**	2377
1870	2188	**1912**	2383
1871	2189	**1913**	2381
1872	2236	**1914**	2387
1873	2236, 2240	**1915**	2388
1874	2240	**1916**	
1875	2246	**1917**	
1876	2236, 2238	**1918**	2631
1877	306, 307, 308, 2189, 2190	**1919**	
1878	2189	**1920**	2633
1879	308, 2194	**1921**	1377, 2634
1880	2196	**1922**	2635
1881	342, 2239	**1923**	2635
1882	2243	**1924**	2636
1883	2197, 2247	**1925**	2637
1883.1	2237	**1926**	
1884		**1926.1**	2638
1885	2241	**1926.2**	2632, 2639
1886	2242	**1926.3**	2640
1887	2218, 2244, 2273	**1926.4**	2641
1888	2238	**1926.5**	2642
1888a	2248	**1926.6**	2643
1888b		**1927**	2630
1889	2188	**1928**	2629
1890	2188	**1929**	2333
1891	2188	**1930**	2334
1892	355, 356, 2226, 2230, 2258	**1931**	2346

TABLES DE CONCORDANCE

C.c.B.C.	C.c.Q.	C.c.B.C.	C.c.Q.
1932	2340	**1979**	2970
1933	2341, 2342	**1979a**	2684
1934	2336	**1979b**	2696, 2697
1935	2335, 2343	**1979c**	2684, 2757, 2758, 2784,
1936	2344		2789
1937	2361	**1979d**	
1938	2337	**1979e**	
1939	1940 2337	**1979f**	2696, 2697
1941	2346, 2347, 2352	**1979g**	2970
1942	2348	**1979h**	
1943	2348	**1979i**	2757, 2758, 2784
1944	2348	**1979j**	2789
1945	2349	**1979k**	
1946	2349, 2350	**1980**	2645
1947	2351	**1981**	2644, 2646
1948	2356	**1982**	2647
1949	2356	**1983**	2650
1950		**1984**	2657
1951		**1985**	2657
1952	2358	**1986**	1658
1953	2359, 2362	**1987**	1659
1954	2362	**1988**	1646
1955	2360	**1989**	
1956		**1990**	
1957		**1991**	
1958	2353	**1992**	2652
1959	1531, 2365	**1993**	
1960	2366	**1994**	2651, 2652, 2725
1961	2354, 2359	**1994a**	2652
1962		**1994b**	2652
1963	2338	**1994c**	2652
1964	2347	**1994d**	2652
1965	2347	**1995**	2652
1966	2681, 2702	**1996**	2652
1966a		**1997**	
1967	2737	**1998**	1741
1968	2665	**1999**	1741
1969		**2000**	1741
1970	2703, 2705, 2707, 2798	**2001**	
1971	2747	**2002**	
1972	2736	**2003**	
1973	2739, 2740	**2004**	
1974	2737, 2743	**2005**	
1975	2741	**2005a**	
1976	2662, 2742	**2006**	
1977		**2006a**	2724
1978		**2007**	

C.c.B.C.	C.c.Q.	C.c.B.C.	C.c.Q.
2008	2658	**2049**	2753
2009	2651, 2652, 2725	**2050**	2753, 2772
2010		**2051**	2658, 2680
2011		**2052**	1646, 1658, 1659
2012		**2053**	2733
2013	2726, 2728, 2952	**2054**	2734
2013a	2726	**2055**	2734
2013b		**2056**	2751
2013c		**2057**	2735, 2748
2013d	2122, 2123, 2726, 2727, 2728	**2058**	2748
		2059	2752
2013e	2123, 2726, 2727, 2728	**2060**	
2013f	2123, 2726, 2727, 2728	**2061**	2763, 2765
2014	2724	**2062**	
2015		**2063**	
2016	2660, 2751	**2064**	
2017	2661, 2662, 2667, 2669, 2671	**2065**	
		2066	
2018	2664	**2067**	
2019	2664	**2068**	
2020	2664	**2069**	
2021	1021, 2679	**2070**	
2022	2660	**2071**	
2023		**2072**	2770
2024	2724	**2073**	2771
2025		**2074**	2760
2026	2725, 2730	**2075**	2763, 2764, 2765, 2769
2027		**2076**	
2028		**2077**	2764
2030	242	**2078**	2772
2031	242	**2079**	2761
2031.1		**2080**	2761
2032		**2081**	1686, 2659, 2794, 2795, 2797
2034	2724, 2730		
2035		**2081a**	2798, 2799
2036	2731	**2082**	2941
2037	2681	**2083**	2941, 2948
2038	2669, 2682	**2084**	3013
2039		**2085**	2963
2040	2693	**2086**	2964
2042	2694	**2087**	2935
2043	2670, 2948	**2088**	
2044	2689	**2089**	2946
2045		**2090**	
2046	2687	**2091**	2958
2047		**2092**	2970, 2982
2048	2956	**2093**	

C.c.B.C.	C.c.Q.	C.c.B.C.	C.c.Q.
2094		**2129l**	2979, 3036
2095	2957	**2129m**	
2096		**2129n**	3018
2097		**2129o**	
2098	2670, 2938, 2948, 2998, 2999, 3013	**2129p**	3071
		2129q	2977
2099		**2129s**	
2100	2948	**2130**	2663, 2945, 2947
2101	2938	**2131**	2937, 2942, 2982, 2995
2102	1743, 1750, 2939	**2132**	2945, 3007, 3008
2103	2952, 3061	**2133**	
2104		**2134**	3007, 3008, 3011
2105		**2135**	
2106		**2136**	2945, 2986, 3007
2107		**2137**	
2108	2938, 2939, 2961	**2138**	2987
2109	2938, 2961	**2138a**	2987
2110	2938, 2998	**2139**	3005
2111	2967, 2968	**2140**	2985
2112	2967, 2968	**2141**	
2116		**2142**	
2116a	2938	**2143**	
2116b	2938	**2144**	
2117	242	**2145**	3007, 3011
2118	242	**2147**	
2119		**2148**	3057, 3059, 3065, 3073
2120		**2148.1**	3062
2120a	2938, 2949	**2149**	
2121	2725, 2730, 2938	**2150**	3063
2122	2959	**2151**	3067, 3068
2123	2959	**2152**	3072
2124	2958	**2152a**	3072
2125	2960	**2153**	3073
2125a	2960	**2154**	
2125b		**2155**	3000
2126	2938, 2970	**2156**	3000
2127	2712, 2956, 3003, 3004, 3014	**2157**	3069
		2157a	
2129a	2997	**2157b**	
2129b	2935	**2158**	2938, 2970, 2982
2129d	3040	**2159**	
2129e		**2160**	3024, 3025
2129g	2976, 3035	**2160.1**	3012
2129h	3040	**2161**	2945, 2969, 2972, 2976, 3012, 3024
2129i	3040		
2129j		**2161a**	
2129k	2978	**2161b**	3022

C.c.B.C.	C.c.Q.	C.c.B.C.	C.c.Q.
2161c	3022, 3023	2188	2878
2161d	3000, 3069	2189	3131
2161e	3017	2190	3131
2161f		2191	3131
2161g	3069	2192	921
2161h	3069, 3070	2193	922
2161i	3001, 3070	2194	921
2161j		2195	923
2161k	3070	2196	924
2161l		2197	
2164	3024	2198	926
2164a		2199	925
2165		2200	2912
2166	3027, 3029	2201	2876
2167		2202	2805
2168	927, 3032, 3033, 3034, 3037	2203	2913, 2933
		2204	
2169	3028, 3032	2205	2914
2170	2972, 3028	2206	2915
2171	2972, 3007	2207	2916
2172		2208	2914
2172a		2209	
2173	3046	2210	
2173.2	3030, 3033, 3054	2211	
2173.3	3055, 3056	2212	
2173.4	3055, 3056	2213	
2173.5		2214	
2173.6	3042	2215	
2173.7	2996	2216	916, 936
2174	3021, 3043	2217	643
2174a	3043	2218	
2174b	3043, 3045	2219	
2175	3029, 3030, 3044	2220	916, 925
2176c		2221	916
2177	3019	2222	2889
2178	3019	2223	2890
2179	2971	2224	2892, 2893, 2896, 2897
2180	3007, 3012	2225	
2181		2226	2894
2181a	3059	2227	2898
2182	3021	2228	2899
2183	2875, 2910, 2921	2229	
2183a		2230	2900, 2901, 2902
2184	2883	2231	2900, 2901, 2902
2185	2885	2232	2877, 2904, 2905
2186	2886	2233	2906
2187	2887	2233a	2908

C.c.B.C.	C.c.Q.	C.c.B.C.	C.c.Q.
2235		2373	
2236	2880	2374	2714
2237	2907	2383	
2238		2384	
2239	2909	2385	2003
2240	1509, 2879	2386	
2241		2387	
2242	626, 894, 2917, 2922	2388	
2243		2389	
2244		2390	
2245		2391	2007
2246	930, 2882	2392	
2247		2393	
2248		2394	
2249		2395	
2250		2396	
2251		2397	
2252		2398	
2253	2920	2399	
2254		2400	
2255	2903	2401	
2256		2402	
2257		2403	
2258	2927	2406	
2259		2407	
2260		2408	
2260a		2409	
2260b		2410	2028
2261		2411	2028
2261.1	2906	2412	2028
2261.2	2928	2413	
2261.3		2414	
2262	2929	2415	
2263		2416	
2264	2888, 2903	2417	
2265	2924	2418	
2266	2931	2419	
2267	2878	2420	2041, 2042
2268	930, 939, 2880, 2919	2421	2043
2269		2422	
2270		2423	
2278		2424	
2355		2425	
2356		2426	
2359		2427	
2361		2428	
2362		2429	

C.c.B.C.	C.c.Q.	C.c.B.C.	C.c.Q.
2430		**2478**	2400
2431		**2479**	
2432		**2480**	2399
2433		**2481**	2402
2434		**2482**	2403, 2405
2435		**2483**	2406
2436		**2484**	2407
2437		**2485**	2408
2438		**2486**	2408, 2409
2439		**2487**	2410
2440		**2488**	2411
2441		**2489**	2412
2442		**2490**	
2443	2002	**2491**	2413
2444		**2492**	
2445	2028	**2493**	2397
2446	2028	**2494**	1608
2447	2028	**2495**	
2448	2028	**2496**	3119
2449	2028	**2497**	3119
2450	2028	**2498**	3119
2451	2028	**2499**	1432
2452	2028	**2500**	2414, 3119
2453	2003, 2028	**2501**	2415
2454	2028	**2502**	2404, 2416
2455	2028	**2503**	2417
2456		**2504**	2417
2457		**2505**	2401
2458		**2507**	2419
2459		**2508**	2418
2460		**2509**	2418
2461		**2510**	
2462		**2511**	2420, 2422
2464		**2512**	2421
2465		**2513**	2422
2466		**2514**	2423
2467		**2515**	2424
2468	2389	**2516**	2425
2469	2389	**2517**	2426
2470	2390	**2518**	2426
2471	2391	**2519**	2427
2472	2392	**2520**	2429
2473	2393	**2521**	2429
2474	2394	**2522**	2428
2475	2395, 2396	**2523**	2430
2476	2398	**2524**	2431, 2434
2477	2399	**2525**	2431

TABLES DE CONCORDANCE

C.c.B.C.	C.c.Q.	C.c.B.C.	C.c.Q.
2526	2432	**2573**	2471
2527	2433	**2574**	2472
2528	2436	**2575**	2473
2529		**2576**	2474
2530		**2577**	2475
2531	2440	**2578**	2476
2532	2441	**2579**	2480
2533	2439	**2580**	2481, 2482
2534		**2581**	2481
2535	2435	**2582**	2484
2536	2438	**2583**	2490, 2491
2537	2437	**2584**	2492
2538	2442	**2585**	2496
2539	2442	**2586**	2494, 2497
2540	2445, 2456	**2587**	
2541	2446	**2588**	2495
2542	2450	**2589**	2495
2543	1445, 2447	**2590**	2485
2544	2447	**2591**	2485
2545	2448	**2592**	2486
2546	2449, 2450	**2593**	2486
2547	2449	**2594**	2485, 2487
2548	2451	**2595**	2488
2549	2452	**2596**	2489
2550	2453, 2455	**2597**	2468
2551		**2598**	
2552	2457	**2599**	
2553	2454	**2600**	2498
2554	2458	**2601**	2499
2555	2459	**2602**	2500
2556	2460	**2603**	2501
2557	2452, 2461	**2604**	2503, 2504
2558	2462	**2605**	2503
2559	2443	**2606**	
2560	2443	**2607**	2513
2561	2444	**2608**	2511
2562	2463	**2609**	2527
2563	2464	**2610**	2505, 2515
2564	2464	**2611**	2512, 2521, 2524
2565	2465	**2612**	2521, 2522
2566	2466, 2467	**2613**	2507
2567	2477	**2614**	
2568	2478	**2615**	2528
2569	2479	**2616**	2529, 2530
2570	2469	**2617**	
2571	2469	**2618**	2511, 2540
2572	2470	**2619**	

C.c.B.C.	C.c.Q.	C.c.B.C.	C.c.Q.
2620		**2666**	2589
2621	2538, 2539, 2540, 2541	**2667**	
2622	2538, 2539, 2540	**2668**	2587
2623	2546	**2669**	2588
2624	2547	**2670**	
2625	2552	**2671**	2580
2626	2545	**2672**	2592, 2594
2627	2548	**2673**	2594
2628		**2674**	2593
2629	2560–2562	**2675**	2595
2630	2564	**2676**	2601
2631	2576	**2677**	2004, 2599
2632	2566–2570, 2572	**2678**	
2633	2576, 2577	**2679**	
2634	2507	**2680**	
2635		**2681**	
2636		**2682**	
2637		**2683**	
2638		**2684**	
2639	2542	**2685**	
2640	2542, 2621, 2622	**2686**	
2641	2542, 2622	**2687**	
2642		**2688**	
2643	2625	**2689**	
2644		**2690**	
2645	2575	**2691**	
2646	2578	**2692**	
2647	2578, 2581, 2582, 2584, 2587	**2693**	
2648	2578	**2694**	
2649		**2695**	
2650		**2696**	
2651		**2697**	
2652	2596	**2698**	
2653		**2699**	
2654		**2700**	
2655		**2701**	
2656		**2702**	
2657		**2703**	
2658	2518, 2519	**2704**	
2659	2518, 2519	**2705**	
2660		**2706**	
2661		**2707**	
2662	2619	**2708**	
2663	2584, 2587	**2709**	
2664	2588	**2710**	
2665		**2711**	
		2712	

C.c.B.C.	C.c.Q.		C.c.B.C.	C.c.Q.
2713			2715	

TABLE DE CONCORDANCE DES ARTICLES DES LIVRES II (L.Q. 1980, C. 39) ET IV (L.Q. 1987, C. 18) DU CODE CIVIL DU QUÉBEC (ANCIEN) ET DU CODE CIVIL DU QUÉBEC

C.c.Q., L.II/L.IV	C.c.Q.	C.c.Q., L.II/L.IV	C.c.Q.
400	365	443	393
401	365	444	82, 395
402		445	396
403		446	397
404		447	398
405		448	400
406	578	449	401
407	372	450	
408	372	451	
409		452	
410	365	453	
411	366	454	
412	367	455	407
413	368	455.1	408
414	369	456	399
415	370	457	409
416	371	458	410
417	373	459	
418	374	460	411
419	375	461	412
420	376	462	413, 3089
421	102, 378	462.1	414
422	379	462.2	415
423		462.3	416
424		462.4	417
425		462.5	418
426		462.6	419
427		462.7	420
428		462.8	421
429		462.9	422
430	380	462.10	423
431	381	462.11	424
432	382	462.12	425
433	383	462.13	426
434	384	462.14	427
435	385	462.15	428
436	386	462.16	429
437	386	462.17	430
438	387	463	431
439	388	464	432
440	391, 3089	465	433
441	82, 392	466	434
442	62, 393	467	435

C.c.Q., L.II/L.IV	C.c.Q.	C.c.Q., L.II/L.IV	C.c.Q.
468	436	514	481
469	437	515	482, 856, 857
470	438	516	483
471	439	517	484
472	440	518	485
473	441	519	486
474	442	520	487
475	443	521	488
476	444	522	489
477	445	523	490
478	446	524	491
479	447	524.1	492
480	448	525	493
481	449	526	494
482	450	527	495
483	451	528	496, 498–506
484	452	529	507
485	453	530	508
486	454	531	509
487	455, 745	532	510
488	456	533	
489	457	534	511
490	458	535	
491	459	536	515
492	460	536.1	513, 514, 521
493	461	537	516
494	462	538	
495	463	539	
496	464	540	494
497	96, 465	541	494
498	96, 466	542	494
499	467	543	496
500	468	544	497
501	469	545	498
502	470	546	499
503	471	547	500
504	472	548	501
505	473	549	502
506	474	550	503
507	475	551	504
508	475	552	504
509	476	553	505
510	477	554	506
511	478	555	
512	479	556	518
513	480	557	519, 764

C.c.Q., L.II/L.IV	C.c.Q.	C.c.Q., L.II/L.IV	C.c.Q.
558	520	**604**	552
559		**605**	553
560	389	**606**	554
561	389	**607**	555
562		**608**	556
563	594	**609**	557
564	389	**610**	558
565	390	**611**	559
566	512	**612**	560
567		**613**	561
568	513	**614**	562
569	514	**614.1**	563
570	605	**614.2**	564
571	612	**614.3**	565
572	523	**614.4**	
573	524	**615**	566
574	525	**616**	567
575	525	**617**	568
576	525	**617.1**	
577	526	**618**	569
578	527	**619**	570
579	528	**620**	571
580	529	**621**	572
581	531	**622**	573
582	531	**622.1**	574
583	532	**623**	575
584	537	**624**	576
585	535	**625**	129, 132
586		**626**	580
587	530	**626.1**	129, 581
588	531	**627**	577
589	532, 533	**628**	578, 655
590	534	**629**	579
591	532	**630**	579
592	535	**631**	149, 582
593	536	**632**	149, 583
594	522, 655	**633**	585, 684
595	543	**634**	586
596	544, 3092	**635**	587, 686
597	545	**636**	588
598	546	**637**	589, 685
599	547	**638**	590
600	548	**639**	591
601	549	**640**	592
602	550	**641**	593, 693
603	551	**642**	594

C.c.Q., L.II/L.IV	C.c.Q.	C.c.Q., L.II/L.IV	C.c.Q.
643	595	1367	1327
644	596	1368	1328
645	597	1369	
646	171, 598	1370	1329
647	599	1371	1330
648	193, 600	1372	1331
649	601	1373	1332
650	602	1374	1333
651		1375	1334
652	603	1376	1335
653	196, 604	1377	1336
654	606	1378	1337
655	607	1379	1338
656	608	1380	1339
657	609	1381	1340
658	610	1382	1341
659	611	1383	1342
1338	1299	1384	1343
1339	1300	1385	1344
1340	1301	1386	1345
1341	1302	1387	1346
1342	1303	1388	1347
1343	1304	1389	1348
1344	1305	1390	1349
1345	1306	1391	1350
1346	1307	1392	1351
1347	1308	1393	1352
1348	1309	1394	1353
1349	1309	1395	1354
1350	1310	1396	1355
1351	1311	1397	1356
1352	1312	1398	1357
1353	1313	1399	1358
1354	1314	1400	1359
1355	1315	1401	1360
1356	1316	1402	1361
1357	1317	1403	1362
1358	1318	1404	1363
1359	1319	1405	1364
1360	1320	1406	1365
1361	1321	1407	1366
1362	1322	1408	1367
1363	1323	1409	1368
1364	1324	1410	1369
1365	1325	1411	1370
1366	1326		

RÈGLEMENTS RELATIFS AU CODE CIVIL DU QUÉBEC

TABLE DES MATIÈRES

RÈGLEMENT D'APPLICATION DE L'ARTICLE 1614 DU CODE CIVIL SUR L'ACTUALISATION DES DOMMAGES-INTÉRÊTS EN MATIÈRE DE PRÉJUDICE CORPOREL,

D. 271-97, (1997) 129 *G.O.* II, 1449 [CCQ, r. 1]

Code civil du Québec, 1991, c. 64, a. 1614

REGULATION UNDER ARTICLE 1614 OF THE CIVIL CODE RESPECTING THE DISCOUNTING OF DAMAGES FOR BODILY INJURY,

O.C. 271-97, (1997) 129 *G.O.* II, 1141 [CCQ, r. 1]

Civil Code of Québec, 1991, c. 64, a. 1614

1. Les taux d'actualisation applicables, quant aux aspects prospectifs du préjudice, au calcul des dommages-intérêts dus au créancier en réparation du préjudice corporel qu'il subit sont:

    1° pour les pertes résultant tant de la diminution de la capacité de gains que de la progression des revenus, traitements ou salaires, de 2 %;

    2° pour les autres pertes résultant de l'inflation, de 3,25 %.

2. (*Omis*).

1. The discount rates applicable to the calculation of the damages owed to the creditor for the bodily injury he sustains are, as to the future aspects of the injury,

    (1) for losses resulting from a decrease in earning capacity and progression of income, salary or wages: 2%; and

    (2) for other loss resulting from inflation: 3.25%.

2. (*Omitted*).

RÈGLEMENT SUR LA CAPITALISATION BOURSIÈRE MINIMALE D'UNE SOCIÉTÉ AUX FINS DU PARAGRAPHE 9° DE L'ARTICLE 1339 DU CODE CIVIL DU QUÉBEC,

D. 1683-93, (1993) 125 *G.O.* II, 8647 [CCQ, r. 2]

Code civil du Québec, 1991, c. 64, a. 1339, par. 9°

REGULATION RESPECTING THE MINIMUM MARKET CAPITALIZATION OF A COMPANY FOR THE PURPOSES OF PARAGRAPH 9 OF ARTICLE 1339 OF THE CIVIL CODE OF QUÉBEC,

O.C. 1683-93, (1993) 125 *G.O.* II, 6733 [CCQ, r. 2]

Code civil du Québec, 1991, c. 64, a. 1339, par. 9°

1. Aux fins du paragraphe 9° de l'article 1339 du *Code civil du Québec* (1991, c. 64), la capitalisation boursière d'une société dont les actions ordinaires sont inscrites à la cote d'une bourse reconnue par le gouvernement doit être d'au moins 75 000 000 $.

2. (*Omis*).

1. For the purposes of paragraph 9 of article 1339 of the *Civil Code of Québec* (1991, c. 64), the market capitalization of a company whose common shares are listed by a stock exchange recognized by the Government shall be at least 75 000 000 $.

2. (*Omitted*).

RÈGLEMENT RELATIF AU CHANGEMENT DE NOM ET D'AUTRES QUALITÉS DE L'ÉTAT CIVIL,

D. 1592-93, (1993) 125 *G.O.* II, 8053 [CCQ, r. 4]

Code civil du Québec, 1991, c. 64, a. 64 et 73

REGULATION RESPECTING CHANGE OF NAME AND OF OTHER PARTICULARS OF CIVIL STATUS,

O.C. 1592-93, (1993) 125 *G.O.* II, 6209 [CCQ, r. 4]

Civil Code of Québec, 1991, c. 64, a. 64 and 73

SECTION I — DEMANDE DE CHANGEMENT DE NOM

1. La demande de changement de nom, présentée au directeur de l'état civil, est appuyée d'une déclaration sous serment du demandeur attestant que les motifs qui y sont exposés et les renseignements qui y sont donnés sont exacts.

2. La demande qui porte uniquement sur le changement de nom d'une personne majeure comprend les renseignements suivants sur le demandeur:

1° son nom, tel qu'il est constaté dans son acte de naissance, le nom qu'il demande ainsi que le nom qu'il utilise à la date de la présentation de la demande;

SECTION I — APPLICATION FOR A CHANGE OF NAME

1. An application for a change of name submitted to the registrar of civil status must be supported by an affidavit of the applicant attesting that the reasons and information given in the application are true.

2. An application to change the name of a person of full age only must include the following information:

(1) the applicant's name, as recorded on the act of birth, the name applied for and the name being used on the date on which the application is submitted;

2° son sexe;

3° les date et lieu de naissance ainsi que l'endroit où elle a été enregistrée;

4° l'adresse de son domicile à la date de la présentation de la demande et depuis combien d'années il est domicilié au Québec;

5° la date à laquelle il est devenu citoyen canadien, s'il est né ailleurs qu'au Canada;

6° les noms de ses père et mère;

7° son état civil et, s'il est marié, le nom de son conjoint ainsi que les date et lieu de leur mariage;

8° le nom de ses enfants, s'il en a, ainsi que leur date de naissance et le nom de l'autre parent de chacun d'eux;

9° s'il a déjà changé de nom, à la suite d'une décision judiciaire ou administrative, le nom qu'il portait avant cette décision ou, si un tel changement de nom lui a été refusé, les motifs de ce refus;

10° les motifs pour lesquels il demande le changement de son nom.

3. La demande qui porte sur le changement du nom de famille d'une personne majeure et de son enfant mineur, de même que celle qui porte uniquement sur le changement de nom d'un enfant mineur comprend, en outre, des renseignements exigés à l'article 2, les renseignements additionnels suivants sur l'enfant:

1° son nom, tel qu'il est constaté dans son acte de naissance, le nom demandé pour lui et le nom qu'il utilise à la date de la présentation de la demande;

2° son sexe;

3° les date et lieu de naissance ainsi que l'endroit où elle a été enregistrée;

(2) the applicant's sex;

(3) the applicant's date and place of birth and the place where the birth was registered;

(4) the address of the applicant's domicile on the date on which the application is submitted and the number of years the applicant has been domiciled in Québec;

(5) the date on which the applicant, if born outside Canada, became a Canadian citizen;

(6) the name of the applicant's father and mother;

(7) the applicant's marital status and, if the applicant is married, the spouse's name and the date and place of their marriage;

(8) the names of the applicant's children, if any, as well as their date of birth and the name of each child's other parent;

(9) if the applicant's name has been changed following a judicial or administrative decision, the applicant's name before that decision or, if a change of name was refused, the reasons for the refusal; and

(10) the reasons for which the applicant is applying for a change of name.

3. An application to change the surname of a person of full age and of that person's minor child and an application to change the name of a minor child only must include the following information, in addition to the information required in section 2:

(1) the child's name, as recorded on the act of birth, the name applied for in respect of the child and the name the child is using on the date on which the application is submitted;

(2) the child's sex;

(3) the child's date and place of birth and the place where the birth was registered;

4° l'adresse de son domicile à la date de la présentation de la demande et depuis combien d'années il est domicilié au Québec;

5° la date à laquelle il est devenu citoyen canadien, s'il est né ailleurs qu'au Canada;

6° les noms de ses père et mère ainsi que l'adresse de leur domicile à la date de la présentation de la demande;

7° s'il a déjà changé de nom, à la suite d'une décision judiciaire ou administrative, le nom qu'il portait avant cette décision ou, si un tel changement de nom a été refusé, les motifs de ce refus;

8° le cas échéant, l'indication que son père ou sa mère a été déchu de l'autorité parentale par jugement du tribunal;

9° le cas échéant, l'indication que sa filiation a été changée par jugement du tribunal;

10° le cas échéant, l'indication qu'un tuteur lui a été nommé, soit par jugement du tribunal, soit par testament ou déclaration au curateur public conformément à l'article 200 du *Code civil du Québec*, le nom du tuteur, l'adresse de son domicile à la date de la présentation de la demande, le mode de sa nomination ainsi que la date de prise d'effet de la tutelle;

11° les motifs pour lesquels le changement de son nom est demandé.

4. La demande de changement de nom est accompagnée des documents suivants:

1° copie des actes de naissance, de mariage et de décès mentionnés à la demande, lorsque ces actes ont été faits hors du Québec;

2° copie du certificat de citoyenneté canadienne du demandeur et de l'enfant mineur pour lequel le changement de nom est demandé, s'ils sont nés ailleurs qu'au Canada;

(4) the address of the child's domicile on the date on which the application is submitted and the number of years the child has been domiciled in Québec;

(5) the date on which the child, if born outside Canada, became a Canadian citizen;

(6) the names of the child's father and mother and the address of their domicile on the date on which the application is submitted;

(7) if the child's name has been changed before following a judicial or administrative decision, the child's name before that decision or, if a change of name was refused, the reasons for the refusal;

(8) if the child's father or mother has been deprived of parental authority by a judicial decision, an indication of that fact;

(9) if the child's filiation has been changed by a judicial decision, an indication of that fact;

(10) where such is the case, a statement that a tutor has been appointed to the child, either by a judicial decision, or by will or by a declaration filed with the Public Curator in accordance with article 200 of the *Civil Code of Québec*, the name of the tutor, the address of the tutor's domicile on the date on which the application is submitted, the mode of appointment of the tutor and the date on which the tutorship took effect; and

(11) the reasons for which the change of the child's name is applied for.

4. An application for a change of name must be accompanied with the following documents:

(1) a copy of the acts of birth, marriage and death referred to in the application, where they were drawn up outside Québec;

(2) a copy of the certificates of Canadian citizenship of the applicant and of the minor child for whom the change of name is applied for, if they were born outside Canada;

3° copie du jugement irrévocable ou du certificat de divorce du demandeur, si celui-ci est divorcé;

4° copie du jugement prononçant la nullité du mariage du demandeur, le cas échéant;

5° copie des décisions antérieures de changement de nom du demandeur et de l'enfant mineur pour lequel le changement de nom est demandé, s'ils ont déjà changé de nom;

6° si un tuteur a été nommé à l'enfant mineur pour lequel le changement de nom est demandé, la copie du jugement nommant le tuteur à l'enfant ou, si la désignation du tuteur a été faite par testament ou par une déclaration au curateur public, conformément à l'article 200 du *Code civil du Québec*, la copie du testament ou de la déclaration.

La demande de changement de nom est également accompagnée du paiement des droits exigibles.

SECTION II — PUBLICITÉ DE LA DEMANDE DE CHANGEMENT DE NOM

5. À moins qu'il n'en ait été dispensé par le ministre de la Justice, conformément à l'article 63 du *Code civil du Québec*, le demandeur donne avis de sa demande, une fois par semaine, pendant 2 semaines consécutives, à la *Gazette officielle du Québec* et dans un journal publié ou circulant dans le district judiciaire où il a son domicile.

Ces publications sont également faites dans le district judiciaire où l'enfant mineur, pour lequel le changement de nom est demandé, a son domicile si celui-ci est distinct de celui du demandeur.

6. L'avis de demande de changement de nom comprend, lorsque celle-ci porte sur le changement de nom d'une personne majeure, les renseignements suivants:

1° le nom du demandeur, tel qu'il est constaté dans son acte de naissance;

(3) a copy of the applicant's absolute decree of divorce or certificate of divorce, if the applicant is divorced;

(4) a copy of the judgment declaring the nullity of the applicant's marriage, where applicable;

(5) a copy of the previous decisions changing the names of the applicant and of the minor child for whom the change of name is applied for, if their names have been changed before; and

(6) if the minor child for whom the change of name is applied for has a tutor, a copy of the judgment appointing the tutor or, if the tutor was appointed by will or by a declaration filed with the Public Curator in accordance with article 200 of the *Civil Code of Québec*, a copy of the will or declaration.

The application must also be accompanied with the payable duties.

SECTION II — PUBLICATION OF AN APPLICATION FOR A CHANGE OF NAME

5. Unless an exemption from publication has been granted by the Minister of Justice in accordance with article 63 of the *Civil Code of Québec*, the applicant shall publish a notice of his application once a week for 2 consecutive weeks in the *Gazette officielle du Québec* and in a newspaper published or distributed in the judicial district where the applicant is domiciled.

The notice shall also be published in the same manner in the judicial district where the minor child for whom a change of name is applied for is domiciled, if the child's domicile is different from the applicant's.

6. Where the application is to change the name of a person of full age, the notice of application must include the following information:

(1) the applicant's name, as it appears on the act of birth;

2° l'adresse du domicile du demandeur;

3° le nom demandé au directeur de l'état civil;

4° les lieu et date de l'avis;

5° la signature du demandeur.

Lorsque la demande porte sur le changement de nom d'un enfant mineur, l'avis de demande comprend les renseignements suivants:

1° les nom et adresse du domicile du demandeur;

2° le nom de l'enfant, tel qu'il est constaté dans son acte de naissance;

3° le nom demandé pour l'enfant au directeur de l'état civil;

4° les lieu et date de l'avis;

5° la qualité du demandeur et sa signature.

7. Le demandeur doit fournir au directeur de l'état civil, soit la dispense de publication accordée par le ministre de la Justice en application de l'article 63 du *Code civil du Québec*, soit les pages complètes des journaux et de la *Gazette officielle du Québec* sur lesquelles a été publié l'avis de demande de changement de nom.

SECTION III — AVIS DE DEMANDE
DE CHANGEMENT DE NOM D'UN ENFANT
MINEUR

8. Le demandeur notifie, de la manière prescrite à la section VI, un avis de la demande qui porte sur le changement de nom d'un enfant mineur aux père et mère de l'enfant, à son tuteur, le cas échéant, et à l'enfant lui-même, s'il est âgé de quatorze ans et plus. Il joint à l'avis une copie de la demande.

9. L'avis de demande comprend les renseignements suivants:

(2) the address of the applicant's domicile;

(3) the name applied for to the registrar of civil status;

(4) the place and date of the notice; and

(5) the applicant's signature.

Where the application is to change the name of a minor child, the notice of application must include the following information:

(1) the applicant's name and the address of the applicant's domicile;

(2) the child's name, as recorded on the act of birth;

(3) the name applied for in respect of the child to the registrar of civil status;

(4) the place and date of the notice; and

(5) the applicant's capacity and signature.

7. The applicant shall provide the registrar of civil status with either the exemption from publication granted by the Minister of Justice pursuant to article 63 of the *Civil Code of Québec* or the full pages on which the notice of application for a change of name was published in the newspapers and in the *Gazette officielle du Québec*.

SECTION III — NOTICE OF AN
APPLICATION TO CHANGE THE NAME OF
A MINOR CHILD

8. The applicant shall, in the manner prescribed in Division VI, notify the child's father and mother, the child's tutor, where applicable, and the child, if 14 years of age or older, of the notice of application to change the name of a minor child. The applicant shall append to the notice a copy of the application.

9. The notice of application must include the following information:

1° les nom et adresse du domicile de la personne à qui l'avis doit être notifié;

2° le nom de l'enfant, tel qu'il est constaté dans son acte de naissance;

3° le nom demandé pour l'enfant;

4° les nom, qualité et adresse du domicile du demandeur;

5° les lieu et date de l'avis;

6° la signature du demandeur.

10. Le demandeur fournit au directeur de l'état civil, de la manière prévue à l'article 22, la preuve que la notification requise par l'article 8 a été faite; dans le cas contraire, il doit démontrer au directeur qu'il n'a pu procéder à la notification.

SECTION IV —— OBSERVATIONS SUR
UNE DEMANDE, OPPOSITION ET RÉPONSE
DU DEMANDEUR

11. Toute personne intéressée peut, dans les 20 jours suivant la date de la dernière publication requise par la section II, notifier ses observations au demandeur et au directeur de l'état civil.

12. Les personnes avisées d'une demande de changement de nom d'un enfant mineur, conformément à la section III, peuvent s'opposer à la demande sous réserve toutefois du cas prévu au deuxième alinéa de l'article 62 du *Code civil du Québec*.

Elles notifient, conformément à la section VI, leur opposition au directeur de l'état civil et au demandeur, au plus tard le vingtième jour suivant la date de la notification de l'avis de demande.

13. L'opposition à la demande de changement de nom d'un enfant mineur comprend les renseignements suivants:

(1) the name of the person who must be notified of the notice and the address of the person's domicile;

(2) the child's name, as recorded on the act of birth;

(3) the name applied for in respect of the child;

(4) the applicant's name and capacity and the address of the applicant's domicile;

(5) the place and date of the notice; and

(6) the applicant's signature.

10. The applicant shall provide the registrar of civil status, in the manner set out in section 22, with proof that the notification required by section 8 has been made; otherwise, the applicant must prove to the registrar that he was unable to make the required notification.

SECTION IV —— STATEMENT OF
VIEWS OF AN APPLICATION, OBJECTION
AND APPLICANT'S REPLY

11. Any interested person may, within 20 days following the date of the last publication required by Division II, notify the registrar of civil status and the applicant of his views.

12. The persons notified of an application to change the name of a minor child, in accordance with Division III, may object to the application subject, however, to the second paragraph of article 62 of the *Civil Code of Québec*.

The registrar of civil status and the applicant must be notified of their objection in accordance with Division VI, not later than the twentieth day following the date of notification of the notice of application.

13. An objection to an application to change the name of a minor child must include the following information:

1° les nom, qualité et adresse du domicile de l'opposant;

(1) the objector's name and capacity and the address of the objector's domicile;

2° le nom du demandeur;

(2) the applicant's name;

3° le nom de l'enfant, tel qu'il est constaté dans son acte de naissance;

(3) the child's name, as recorded on the act of birth;

4° le nom demandé pour l'enfant;

(4) the name applied for in respect of the child;

5° les motifs de l'opposition;

(5) the reasons for the objection;

6° les lieu et date de l'opposition;

(6) the place and date of the objection; and

7° la signature de l'opposant.

(7) the objector's signature.

14. Le demandeur peut, dans les 15 jours de la notification qui lui en est faite, répondre à une opposition ou aux observations formulées sur sa demande.

14. The applicant may reply to an objection or to the views stated on the application within 15 days from the day on which the applicant receives notification thereof.

Il notifie, conformément à la section VI, sa réponse au directeur de l'état civil et à l'opposant et, le cas échéant, aux autres personnes intéressées.

The applicant shall, in accordance with Division VI, give notice of his or her reply to the registrar of civil status, to the objector and, where applicable, to the other interested persons.

15. La réponse du demandeur comprend les renseignements suivants:

15. The applicant's reply must include the following information:

1° les nom et adresse du domicile du demandeur;

(1) the applicant's name and the address of the applicant's domicile;

2° le nom de l'opposant ou de la personne qui a formulé des observations sur la demande;

(2) the name of the objector or of the person who stated views on the application;

3° la date de la notification au demandeur de l'opposition ou des observations sur la demande;

(3) the date on which the applicant was notified of the objection or the views on the application;

4° le nom inscrit à l'acte de naissance de la personne dont le changement de nom est demandé;

(4) the name recorded on the act of birth of the person for whom a change of name is applied for;

5° le nom demandé pour cette personne;

(5) the name applied for in respect of that person;

6° les motifs pour lesquels le demandeur considère que l'opposition ou les observations sont mal fondées;

(6) the reasons for which the applicant deems the objection or views ill-founded;

7° les date et lieu de la réponse du demandeur;

(7) the date and place of the applicant's reply; and

8° la signature du demandeur.

(8) the applicant's signature.

16. La décision du directeur de l'état civil d'autoriser ou de refuser un changement de nom doit être motivée.

Elle est notifiée au demandeur, à l'opposant et, le cas échéant, aux personnes qui ont formulé des observations sur la demande.

17. Lorsque la décision du directeur de l'état civil d'autoriser un changement de nom n'est plus susceptible d'être révisée, soit à l'expiration du délai de 30 jours prévu à l'article 864.2 du *Code de procédure civile* (chapitre C-25), il en donne avis à la *Gazette officielle du Québec*, à moins qu'une dispense spéciale de publication ne soit accordée par le ministre de la Justice en application de l'article 67 du *Code civil du Québec*.

18. L'avis de changement de nom comprend les renseignements suivants:

1° la date de la décision d'autoriser le changement de nom;

2° le nom inscrit à l'acte de naissance de la personne dont le changement de nom était demandé;

3° la date de naissance de cette personne;

4° le nouveau nom accordé à cette personne;

5° la date de prise d'effet de la décision d'autoriser le changement de nom;

6° les lieu et date de l'avis;

7° la signature du directeur de l'état civil.

19. Le directeur de l'état civil expédie au demandeur un certificat de changement de nom. Il fait au registre de l'état civil les

16. The decision of the registrar of civil status to authorize or to refuse a change of name must give reasons.

The applicant, and, where applicable, the objector and the persons who made observations on the application must be notified of the decision.

17. When the decision of the registrar of civil status to authorize a change of name is no longer open to review, namely, upon the expiry of the 30-day period provided for in article 864.2 of the *Code of Civil Procedure* (chapter C-25), the registrar shall give notice of the decision in the *Gazette officielle du Québec*, unless a special exemption from publication is granted by the Minister of Justice pursuant to article 67 of the *Civil Code of Québec*.

18. The notice of a change of name must include the following information:

(1) the date of the decision to authorize the change of name;

(2) the name recorded on the act of birth of the person for whom the change of name was applied for;

(3) the date of birth of that person;

(4) the new name granted to that person;

(5) the date on which the decision to authorize the change of name takes effect;

(6) the place and date of the notice; and

(7) the signature of the registrar of civil status.

19. The registrar of civil statut shall send to the applicant a certificate of change of name. The registrar shall also make the re-

inscriptions nécessaires pour en assurer la publicité.

quired entries in the register of civil status to ensure the publication of the change of name.

SECTION VI — NOTIFICATION DE DOCUMENTS

SECTION VI — NOTIFICATION OF DOCUMENTS

20. La notification exigée par les articles 8, 11, 12, 14 et 16 est faite conformément aux articles 146.1 et 146.2 du *Code de procédure civile* (chapitre C-25).

20. The notification required by sections 8, 11, 12, 14 and 16 must be made in accordance with articles 146.1 and 146.2 of the *Code of Civil Procedure* (chapter C-25).

21. La notification est réputée faite à la date de signature, par le destinataire, du récépissé des documents ou à la date où a été signé, par le destinataire ou par l'une des personnes mentionnées à l'article 123 du *Code de procédure civile* (chapitre C-25), l'avis de réception présenté par le postier au moment de la livraison ou, pour le courrier certifié, l'avis de livraison.

21. Notification is deemed to have been made on the date the receipt for the documents is signed by the person to be notified or on the date on which the acknowledgement of receipt presented by the postal employee at the time of delivery or, in the case of certified mail, the acknowledgement of delivery, is signed by the person to be notified or by one of the persons referred to in article 123 of the *Code of Civil procedure* (chapter C-25).

22. La preuve de la notification est faite par la déclaration sous serment de l'expéditeur attestant qu'il a accompli toutes les formalités requises et à laquelle sont attachés, selon le cas, les récépissés, les avis de réception ou, pour le courrier certifié, les avis de livraison.

22. Notification is proved by an affidavit of the sender attesting that all the required formalities have been completed, to which must be appended, as the case may be, the receipts, the acknowledgements of receipt or, in the case of certified mail, the acknowledgements of delivery.

SECTION VII — CHANGEMENT DE LA MENTION DU SEXE

SECTION VII — CHANGE OF DESIGNATION OF SEX

23. Les articles 1, 2, 4 et 16 à 22 s'appliquent au changement de la mention du sexe, compte tenu des adaptations nécessaires.

23. Sections 1, 2, 4 and 16 to 22 apply, with the necessary modifications, to a change of designation of sex.

24. On ne peut, dans une demande de modification de la mention du sexe, demander un changement de nom de famille.

24. No one may, in an application for a change of designation of sex, request a change of surname.

SECTION VIII — DISPOSITION FINALE

SECTION VIII — MISCELLANEOUS

25. (*Omis*).

25. (*Omitted*).

RÈGLEMENT CONCERNANT LA PUBLICATION D'UN AVIS DE DÉCLARATION TARDIVE DE FILIATION,

D. 489-2002 (2002) 134 *G.O.* II. 2922 [CCQ, r. 5]

Code civil du Québec, 1991, c. 64, a. 130; 1999, c. 47, a. 8

REGULATION RESPECTING THE PUBLICATION OF A NOTICE OF TARDY DECLARATION OF FILIATION,

O.C. 489-2002 (2002) 134 *G.O.* II, 2291 [CCQ, r. 5]

Civil Code of Québec, 1991, c. 64, a. 130; 1999, c. 47, s. 8

1. L'auteur d'une déclaration tardive de filiation faite au directeur de l'état civil, conformément à l'article 130 du *Code civil du Québec* (L.Q. 1991, c. 64), donne avis de sa déclaration, une fois par semaine, pendant 2 semaines consécutives, à la *Gazette officielle du Québec* et dans un journal publié ou circulant dans le district judiciaire où il a son domicile.

Ces publications sont également faites dans un journal publié ou circulant dans le district judiciaire du domicile de l'enfant dont la filiation est déclarée tardivement, si ce domicile est distinct de celui de l'auteur de la déclaration tardive.

2. L'avis de déclaration tardive de filiation comprend:

1° les nom, qualité et adresse du domicile de l'auteur de cette déclaration;

1. The author of a tardy declaration of filiation made to the registrar of civil status, in accordance with article 130 of the *Civil Code of Québec* (S.Q. 1991, c. 64) shall give notice of the declaration, once a week for 2 consecutive weeks, in the *Gazette officielle du Québec* and in a newspaper published or circulated in the judicial district of the author's domicile.

The notice shall also be published in a newspaper published or circulated in the judicial district of the domicile of the child whose filiation is tardily declared, if the child's domicile is not the same as that of the author of the tardy declaration.

2. The notice of tardy declaration shall contain

(1) the name, status and domiciliary address of the author of the declaration;

2° les nom, date et lieu de naissance de l'enfant dont la filiation est déclarée tardivement, tels qu'ils sont constatés dans son acte de naissance;

(2) the name, date and place of birth of the child whose filiation is tardily declared, as they appear on the act of birth;

3° les nom, qualité et adresse du domicile de l'auteur de la déclaration précédente;

3° the name, status and domiciliary address of the author of the previous declaration;

4° le cas échéant, l'ajout au nom de famille de l'enfant, du nom de famille de l'auteur de la déclaration tardive de filiation ou d'une partie de ce nom, s'il est composé;

4° where applicable, the surname of the author of the tardy declaration of filiation to be added to the child's surname, or part of the author's surname if it is a compound name;

5° les lieux et date de l'avis;

5° the date and place of the notice;

6° la signature de l'auteur de la déclaration tardive de filiation;

6° the signature of the author of the tardy declaration of filiation; and

7° la mention que l'objection d'un tiers à la déclaration tardive de filiation doit être notifiée aux déclarants, à l'enfant mineur âgé de 14 ans ou plus et au directeur de l'état civil au plus tard dans les 20 jours de la dernière publication d'un avis de cette déclaration.

7° a mention that objections from third persons to the tardy declaration of filiation must be notified known to the authors of the declaration, to the minor child of 14 years of age or over and to the registrar of civil status within 20 days of the last publication of a notice of that declaration.

3. Le présent règlement entre en vigueur le 1ᵉʳ mai 2002.

3. The Regulation comes into force on the 1 May 2002.

RÈGLEMENT SUR LE REGISTRE DES DROITS PERSONNELS ET RÉELS MOBILIERS,

D. 1594-93, (1993) 125 *G.O.* II, 8058 [CCQ, r. 8], tel que modifié par D. 444-98, (1999) 130 *G.O.* II, 2015; E.E.V.: 98-05-19; D. 755-99, (1999) 131 *G.O.* II, 3035; E.E.V.: 99-08-05; *Erratum*, (1999) 131 *G.O.* II, 3825; D. 907-99, (1999) 131 *G.O.* II, 3846; E.E.V.: 99-09-17; D. 972-99, (1999) 131 *G.O.* II, 3997; E.E.V.: 99-09-01; D. 30-2009, (2009) 141 *G.O.* II, 23A; E.E.V.: 2009-01-16.

Code civil du Québec, 1991, c. 64, a. 3024

Loi sur l'application de la réforme du Code civil, 1992, c. 57, a. 165

Loi sur les bureaux de la publicité des droits, chapitre B-9, a. 5

REGULATION RESPECTING THE REGISTER OF PERSONAL AND MOVABLE REAL RIGHTS,

O.C. 1594-93, (1993) 125 *G.O.* II, 6215 [CCQ, r. 8], as amended by O.C. 444-98, (1999) 130 *G.O.* II, 1513; C.I.F.: 98-05-19; O.C. 755-99, (1999) 131 *G.O.* II, 2055; C.I.F.: 99-08-05; O.C. 907-99, (1999) 131 *G.O.* II, 2719; C.I.F.: 99-09-17; O.C. 972-99, (1999) 131 *G.O.* II, 2835; C.I.F.: 99-09-01; O.C. 30-2009, (2009) 141 *G.O.* II, 17A; C.I.F.: 2009-01-16.

Civil Code of Québec, 1991, c. 64, a. 3024

An Act respecting the implementation of the reform of the Civil Code, 1992, c. 57, s. 165

An Act respecting registry offices, chapter B-9, s. 5

Chapitre I —— Du registre des droits personnels et réels mobiliers	Chapter I —— Register of Personal and Movable Real Rights
SECTION I —— DISPOSITIONS GÉNÉRALES	SECTION I —— GENERAL PROVISIONS

1. Le registre des droits personnels et réels mobiliers est informatisé.

1. The register of personal and movable real rights shall be kept on computer.

2. Les réquisitions d'inscription sont numérotées par l'officier de la publicité. La numérotation fait référence à un numéro de séquence commençant par les 2 derniers chiffres de l'année civile.

2. Applications for registration shall be numbered by the registrar, using sequence numbers beginning with the last 2 numerals of the calendar year.

SECTION II — DU BORDEREAU DE PRÉSENTATION

SECTION II — MEMORIALS OF PRESENTATION

3. Les bordereaux de présentation sont numérotés par l'officier. La numérotation fait référence à un numéro de séquence que précède un caractère distinctif.

3. Memorials of presentation shall be numbered by the registrar, using sequence numbers preceded by an identifying character.

4. Le bordereau peut aussi être utilisé par le bureau à des fins d'établissement et de perception des frais exigibles, ainsi que de facturation.

4. Memorials may also be used by the registry office for the purposes of fixing and collecting exigible fees, and for billing purposes.

SECTION III — DE LA STRUCTURE DU REGISTRE

SECTION III — STRUCTURE OF THE REGISTER

5. Le registre des droits personnels et réels mobiliers est constitué de fiches nominatives et de fiches descriptives.

5. The register of personal and movable real rights is composed of name files and descriptive files.

6. Il est établi une fiche nominative pour chaque constituant identifié dans la réquisition d'inscription.

6. A name file shall be opened for each grantor named in an application for registration.

7. Seul un véhicule routier visé à l'article 15 donne lieu à l'établissement d'une fiche descriptive; les fiches nominative et descriptive sont complémentaires.

[D. 444-98, a. 1].

7. A descriptive file shall be opened only for a road vehicle listed in section 15. Name files and descriptive files are supplementary.

[O.C. 444-98, s. 1; O.C. 972-99, s. 1].

8. Chacune des fiches nominative et descriptive est constituée d'une fiche synoptique et d'une ou de plusieurs fiches détaillées.

8. Both name files and descriptive files are composed of a synoptic file and one or more detailed files.

9. Toute fiche nominative ou descriptive comporte un intitulé qui indique notamment le nom du registre, le nom du constituant ou le numéro d'identification du bien visé ainsi que les dates de certification du registre.

[D. 444-98, a. 2].

9. Each name file and descriptive file shall bear a heading indicating, in particular, the name of the register, the name of the grantor or the identification number of the property in question, and the dates of certification of the register.

[O.C. 444-98, s. 2].

10. La fiche synoptique, outre l'intitulé mentionné à l'article 9, relate la date, l'heure et la minute de présentation de la réquisition, le numéro d'inscription ainsi que la nature du droit inscrit; elle renvoie aux différentes fiches détaillées.

[D. 444-98, a. 2].

11. La fiche détaillée, outre l'intitulé mentionné à l'article 9, comprend l'inscription du droit donnant lieu à l'établissement de cette fiche.

Après l'établissement d'une fiche détaillée, les inscriptions concernant un droit qui en fait l'objet sont faites sur cette fiche; mention de l'inscription est aussi effectuée sur la fiche synoptique.

12. La radiation d'une inscription sur une fiche détaillée donne lieu à une épuration de concordance sur la fiche synoptique; la réduction qui soustrait totalement de l'inscription le bien qui a donné lieu à l'établissement d'une fiche descriptive entraîne la suppression de cette inscription sur celle-ci et mention de la réduction est portée sur la fiche nominative.

10. A synoptic file, in addition to bearing the heading prescribed in section 9, shall record the date, hour and minute of presentation of the application, as well as the registration number, and shall indicate the nature of the right registered; it shall cross-refer to the various detailed files.

[O.C. 444-98, s. 2].

11. A detailed file, in addition to bearing the heading prescribed in section 9, shall contain the registered entry of the right in respect of which such file has been opened.

Once a detailed file is opened, entries concerning the right in question shall be made in that file, and each such entry shall also be recorded in the synoptic file.

12. Where an entry is cancelled in a detailed file, the record of that entry shall be deleted from the corresponding synoptic file. Where a reduction completely eliminates from a registered entry the property in respect of which a descriptive file was opened, the registered entry shall be deleted from the descriptive file, and the reduction shall be recorded in the name file.

SECTION IV — DE L'ÉTABLISSEMENT DE LA FICHE AU REGISTRE

§1. — De la fiche nominative

13. La fiche nominative est établie comme suit:

1° s'il s'agit d'une personne physique: sous son nom et sa date de naissance;

1.1° s'il s'agit d'une succession: sous le nom et la date de naissance de la personne décédée;

1.2° s'il s'agit d'une fiducie: sous son nom et le code postal correspondant à l'établissement visé si celui-ci est situé au Canada;

SECTION IV — OPENING A FILE IN THE REGISTER

§1. — Name Files

13. Name files shall be opened as follows:

(1) in the case of a natural person, under the person's name and date of birth;

(1.1) in the case of a succession, under the name and date of birth of the deceased;

(1.2) in the case of a trust, under its name and the postal code for the establishment concerned by the registration, if that establishment is located in Canada;

2° s'il s'agit d'une personne morale: sous son nom et le code postal correspondant à l'établissement directement visé, si celui-ci est situé au Canada;

3° s'il s'agit d'une société en nom collectif ou en commandite ou d'une association: sous son nom et le code postal correspondant à l'établissement directement visé, si celui-ci est situé au Canada;

4° s'il s'agit de l'État: sous le nom de l'autorité administrative visée et le code postal correspondant au principal établissement de cette autorité.

Lorsqu'une personne physique agit dans le cadre d'une entreprise qu'elle exploite ou qu'une personne morale agit sous un nom autre que le sien et que sa désignation à la réquisition comprend aussi le nom de l'entreprise ou l'autre nom, la fiche nominative est également établie sous le nom de l'entreprise ou l'autre nom et sous le code postal relatif à l'adresse correspondante à ce nom.

[D. 444-98, a. 3].

13.1. Lors de l'établissement d'une fiche nominative, un algorithme de normalisation d'écriture est appliqué au nom sous lequel la fiche est établie; aucune demande pour éviter l'application de cet algorithme n'est admise.

[D. 444-98, a. 4].

§2. — De la fiche descriptive

14. La fiche descriptive est établie sous le numéro d'identification d'un véhicule routier.

15. Donne lieu à l'établissement d'une fiche descriptive, s'il est décrit conformément aux dispositions de l'article 20, un véhicule routier muni d'un numéro d'identification apposé conformément à l'article 210 du *Code de la sécurité routière* (chapitre C-24.2) et qui est:

(2) in the case of a legal person, under the person's name and the postal code for the establishment directly concerned by the registration, if that establishment is located in Canada;

(3) in the case of a general partnership, a limited partnership or an association, under the name of the partnership or association and the postal code for the establishment directly concerned by the registration, if that establishment is located in Canada;

(4) in the case of the State, under the name of the administrative authority concerned by the registration and the postal code for the main establishment of that authority.

Where a natural person acts within the framework of a business that the person operates or where a legal person acts under a name other than its own name and the designation of that natural or legal person on the application includes the name of the business or the other name, a name file shall also be opened under the name of the business or the other name and under the postal code for the address corresponding to that name.

[O.C. 444-98, s. 3].

13.1. When a name file is opened, a writing standardization algorithm shall be applied to the name under which the file is opened; any request to waive application of the algorithm shall be denied.

[O.C. 444-98, s. 4].

§2. — Descriptive Files

14. A descriptive file shall be opened under the identification number of a road vehicle.

15. Descriptive files shall be opened for the following road vehicles, where the description complies with section 20 and the road vehicle is provided with an identification number affixed in accordance with section 210 of the *Highway Safety Code* (chapter C-24.2):

1° un véhicule de promenade;

2° une motocyclette;

3° un taxi;

4° un véhicule d'urgence;

5° un autobus;

6° un minibus;

7° un véhicule de commerce;

8° une remorque ou une semi-remorque dont la masse nette est supérieure à 900 kg;

9° une habitation motorisée;

10° une motoneige dont le modèle est postérieur à l'année 1988;

11° un véhicule tout terrain motorisé, muni d'un guidon et d'au moins 2 roues, qui peut être enfourché et dont la masse nette n'excède pas 600 Kg.

Pour l'application du premier alinéa:

1° les véhicules routiers visés aux paragraphes 1° à 7° sont ceux définis à l'article 4 du *Code de la sécurité routière*;

2° les véhicules routiers visés aux paragraphes 8° à 10° sont ceux définis à l'article 2 du *Règlement sur l'immatriculation des véhicules routiers* (chapitre C-24.2, r. 29) édicté par le décret 1420-91 du 16 octobre 1991.

Un véhicule routier appartenant à l'une des catégories visées aux paragraphes 1° et 3° à 9° du premier alinéa ne peut donner lieu à l'établissement d'une fiche descriptive que si son numéro d'identification compte 17 caractères et s'il est vraisemblable à la suite de l'application de l'algorithme de contrôle par l'officier.

[D. 444-98, a. 5; D. 907-99, a. 1].

(1) a passenger vehicle;

(2) a motorcycle;

(3) a taxi;

(4) an emergency vehicle;

(5) a bus;

(6) a minibus;

(7) a commercial vehicle;

(8) a trailer or semi-trailer whose net weight exceeds 900 Kg;

(9) a motor home;

(10) a snowmobile of a model year more recent than 1988;

(11) a motorized all-terrain vehicle equipped with handlebars and at least 2 wheels, that is designed to be straddled and whose net weight does not exceed 600 Kg.

For the purposes of the first paragraph,

(1) the road vehicles listed in subparagraphs 1 to 7 are those defined in section 4 of the *Highway Safety Code*; and

(2) the road vehicles listed in subparagraphs 8 to 10 are those defined in section 2 of the *Regulation respecting road vehicle registration* (chapter C-24.2, r. 29).

A descriptive file shall be opened for a road vehicle included in one of the classes referred to in subparagraphs 1 and 3 to 9 of the first paragraph only where the vehicle's identification number has 17 characters and has been validated by the registrar using the control algorithm.

[O.C. 444-98, s. 5; O.C. 907-99, s. 1].

SECTION V —— OBJECT OF CERTAIN
RIGHTS SUBJECT TO PUBLICATION IN
THE REGISTER

SECTION V —— DE L'OBJET DE
CERTAINS DROITS SOUMIS À LA
PUBLICITÉ SUR LE REGISTRE

15.01. Outre les cas où ils portent sur des biens acquis ou requis pour le service ou l'exploitation d'une entreprise, sont soumis à la publicité sur le registre en vertu des articles 1745, 1750 et 1852 du Code civil les réserves de propriété, facultés de rachat et droits résultant d'un bail d'une durée de plus d'un an, de même que toute cession de ces réserves, facultés ou droits, portant sur les biens meubles suivants:

1° un véhicule routier appartenant à l'une des catégories visées aux paragraphes 1°, 2°, 9°, 10° et 11° du premier alinéa de l'article 15;

2° une caravane ou une semi-caravane;

3° une maison mobile;

4° un bateau;

5° une motomarine;

6° un aéronef.

[D. 907-99, a. 2].

15.01. In addition to where they pertain to property acquired or required for the service or operation of an enterprise, reservations of ownership, rights of redemption and rights under a lease of more than one year, as well as any transfer of those reservations or rights, require publication in the register in accordance with articles 1745, 1750 and 1852 of the Civil Code where they pertain to the following property:

(1) a road vehicle included in one of the classes referred to in subparagraphs 1, 2, 9, 10 and 11 of the first paragraph of section 15;

(2) a caravan or a fifth-wheel;

(3) a mobile home;

(4) a boat;

(5) a personal watercraft;

(6) an aircraft.

[O.C. 907-99, s. 2].

15.02. Les biens sur lesquels une personne physique qui n'exploite pas une entreprise peut consentir une hypothèque mobilière sans dépossession en application de l'article 2683 du *Code civil du Québec* (L.Q. 1991, c. 64) sont les suivants:

1° les biens énumérés à l'article 15.01;

2° les biens précieux au sens de la *Loi sur les impôts* (chapitre I-3);

3° les biens incorporels, notamment les biens qui constituent une forme d'investissement au sens de la *Loi sur les valeurs mobilières* (chapitre V-1.1), les valeurs mobilières et les titres intermédiés visés par la *Loi sur le transfert de valeurs mobilières et l'obtention de titres intermédiés* (chapitre T-11.002), les instruments dérivés visés par la *Loi sur les instruments dérivés* (chapitre I-14.01), les créances, les droits découlant d'un contrat d'assurance et les droits de propriété intellectuelle, à l'exception, dans tous les cas, des biens

15.02. The property on which a natural person who does not operate an enterprise may grant a movable hypothec without delivery pursuant to article 2683 of the *Civil Code of Québec* (S.Q. 1991, c. 64) is

(1) the property listed in section 15.01;

(2) precious property within the meaning of the *Taxation Act* (chapter I-3);

(3) incorporeal property, particularly property that constitutes a form of investment within the meaning of the *Securities Act* (chapter V-1.1), securities and security entitlements referred to in the *Act respecting the transfer of securities and the establishment of security entitlements* (chapter T-11.002), derivatives referred to in the *Derivatives Act* (chapter I-14.01), claims, rights arising from an insurance contract and intellectual property rights, excluding in all cases property constituting a registered retirement savings plan, a registered

constituant un Régime enregistré d'épargne retraite, un Fonds enregistré de revenu de retraite, un Régime enregistré d'épargne études ou un Régime enregistré d'épargne invalidité au sens de la *Loi sur les impôts.*

[D. 755-99, a. 2; D. 30-2009, a. 1].

retirement income fund, a registered education savings plan or a registered disability savings plan within the meaning of the *Taxation Act.*

[O.C. 907-99, s. 2; O.C. 30-2009, s. 1].

Chapitre II ⸺ Des moyens d'assurer la fiabilité des documents transmis par voie électronique

Section I ⸺ De la structure technologique

Chapter II ⸺ Measures to Guarantee the Reliability of Documents Transmitted Electronically

Section I ⸺ Technological Structure

15.1. Lors de la transmission par voie électronique d'une réquisition d'inscription et de la demande de service qui y est jointe, les normes de fiabilité et de sécurité prescrites au présent chapitre doivent être respectées.

Le système informatique mis en place et les normes auxquelles il répond, notamment en ce qui a trait à la sécurité, doivent permettre de protéger la confidentialité des documents durant la transmission et, pour assurer leur non-répudiation, d'établir l'identité du requérant ou de la personne qui transmet ces documents sur des réseaux ouverts de communication et de garantir en tout temps leur intégrité et leur intégralité.

[D. 755-99, a. 2].

15.1. Where an application for registration and the accompanying request for service are transmitted electronically, the reliability and security standards prescribed in this Chapter shall apply.

The computer system that is installed and the standards with which it must comply, in particular with respect to security, shall protect the confidentiality of the documents during transmission, ensure their nonrepudiation by establishing the identity of the applicant or of the person who sends the documents over an open communications network, and guarantee their integrity and completeness at all times.

[O.C. 755-99, s. 2].

15.2. Un système de cryptographie asymétrique, auquel est joint d'une manière auxiliaire un système de cryptographie symétrique, doit être utilisé pour assurer la fiabilité des données qui forment les documents électroniques transmis au bureau de la publicité des droits.

[D. 755-99, a. 2].

15.2. An asymmetric cryptographic system, combined with an auxiliary symmetric cryptographic system, shall be used to ensure the reliability of the data constituting the electronic documents transmitted to the registry office.

[O.C. 755-99, s. 2].

15.3. La structure technologique utilisée dans le cadre de la transmission électronique de documents au bureau de la publicité des droits doit être établie conformément à un ensemble de recommandations, de normes et de standards internationaux ou reconnus comme tels et, plus particulièrement, selon les critères minima suivants ou selon des critères au moins équivalents:

15.3. The technological structure used for the electronic transmission of documents to the registry office shall be established in accordance with international or internationally recognized recommendations and standards, and more specifically, at a minimum, with the following criteria or criteria that are at least equivalent:

1° la Recommandation X.500 (11/93) de l'Union internationale des télécommunications (UIT), de façon générale, reprise comme norme internationale par l'Organisation internationale de normalisation (ISO) et la Commission électrotechnique internationale (CEI) sous l'appellation globale d'ISO/ CEI 9594: 1995, pour ce qui est de la gestion du répertoire dans lequel sont inscrits des renseignements relatifs aux certificats et aux clés publiques qui font partie intégrante des biclés;

2° la Recommandation X.509 (11/93) de l'UIT, de façon particulière, reprise comme norme internationale par l'ISO et la CEI sous l'appellation d'ISO/CEI 9594-8: 1995 Technologies de l'information — Interconnexion de systèmes ouverts (OSI) — L'Annuaire: Cadre d'authentification, pour ce qui est de la délivrance et de l'archivage des biclés et des certificats de signature et de chiffrement;

3° le standard X12 de l'American National Standard Institute (ANSI), pour ce qui est du format et du balisage des données;

4° le standard FIPS 140-1 du National Institute of Standards and Technology (NIST), du gouvernement fédéral américain, pour ce qui est des algorithmes DES, DSA et SHA-1 utilisés dans le cadre de la cryptographie;

5° le jeu de caractères graphiques ISO/CEI 8859-1: 1988 (Alphabet latin no. 1), pour ce qui est de la présentation, de l'emmagasinage, de l'impression ou de la matérialisation des documents.

Les standards décrits aux paragraphes 3 et 4 sont tels qu'ils se trouvaient dans l'état de leur évolution au 1er décembre 1997.

[D. 755-99, a. 2; *Erratum*, (1999) 131 *G.O.* II, 3825].

(1) International Telecommunication Union (ITU) Recommendation X.500 (11/93), in general, adopted as an international standard by the International Organization for Standardization (ISO) and the International Electrotechnical Commission (IEC) under the general designation of ISO/IEC 9594: 1995, for the management of the directory containing the information relating to the certificates and public keys that form an integral part of key pairs;

(2) ITU Recommendation X.509 (11/93), in particular, adopted as an international standard by ISO and IEC under the designation ISO/IEC 9594-8: 1995 Information Technology - Open systems interconnection (OSI) - The Directory: Authentication framework, for the issue and storage of key pairs and signature verification and encryption certificates;

(3) American National Standards Institute (ANSI) Standard X12 for data format and markup;

(4) The American federal government's National Institute of Standards and Technology (NIST) Standard FIPS 140-1 for the DES, DSA and SHA-1 algorithms used in cryptography; and

(5) ISO/IEC 8859-1: 1988 graphic character sets (Latin alphabet No. 1) for the processing and storage of documents and their printing or conversion into hard copy.

Subsections 3 and 4 above refer to standards as they existed on 1 December 1997.

[O.C. 755-99, s. 2

15.4. Le système de cryptographie asymétrique doit prévoir la délivrance d'une biclé de signature qui permet notamment de signer les documents transmis et d'identifier le signataire.

Il doit prévoir également la délivrance d'une biclé de chiffrement dont la fonction est d'assurer la confidentialité des documents lors de leur transmission. La confidentialité des données résulte de leur chif-

15.4. The asymmetric cryptographic system shall provide for the issue of a signing key pair by means of which the transmitted documents are signed and their source identified.

The system shall also provide for the issue of an encryption key pair to protect the confidentiality of the documents being transmitted. Confidentiality is ensured by encrypting the data by means of a ran-

frement au moyen d'une clé secrète variable de façon aléatoire issue du système de cryptographie symétrique. Cette clé est elle-même chiffrée avec la clé publique qui compose la biclé de chiffrement du destinataire de la transmission, soit le bureau de la publicité des droits, qui déchiffre les données transmises avec sa clé privée.

Ce système doit comporter de plus une fonction de hachage qui permet de vérifier l'intégrité et l'intégralité des documents reçus au bureau.

[D. 755-99, a. 2].

15.5. Chacune des biclés de signature et de chiffrement doit être constituée d'une paire unique et indissociable de clés, l'une publique et l'autre privée, mathématiquement liées entre elles. Chaque clé publique doit être mentionnée dans un certificat servant à associer une clé publique au titulaire de la biclé.

La vérification de l'identité du titulaire est faite au moyen de sa clé publique et de son certificat de signature.

[D. 755-99, a. 2].

15.6. Les certificats de signature et de chiffrement doivent être sur support électronique. Ils doivent mentionner notamment les éléments suivants:

1° le nom distinctif du titulaire de la biclé et du certificat constitué de son nom auquel est joint un code unique;

2° la clé publique de vérification de signature ou la clé publique de chiffrement, selon le cas, ainsi que le numéro de série, la version, la date de délivrance et celle d'expiration du certificat;

3° le nom de l'émetteur, l'identification de l'algorithme qu'il utilise ainsi que le sceau numérique qui en résulte et par lequel l'émetteur effectue la certification.

[D. 755-99, a. 2].

15.7. Les certificats de chiffrement doivent être inscrits dans un répertoire tenu sur support électronique et mis à jour par l'officier de la publicité des droits.

domly variable secret key generated by the symmetric cryptographic system. That key is itself encrypted with the public key that forms part of the encryption key pair of the intended recipient, namely, the registry office, which decrypts the transmitted data with its private key.

The system shall also include a hash function by means of which the registry office can verify the integrity and completeness of the documents it receives.

[O.C. 755-99, s. 2].

15.5. Each signing and encryption key pair shall consist of a unique and indissociable pair of keys, one public and the other private, that are linked mathematically. Each public key shall be referred to in a certificate which serves to bind the key to the key pair holder.

The identity of the holder is verified by means of his public key and his signature verification certificate.

[O.C. 755-99, s. 2].

15.6. The signature verification certificate and encryption certificate shall be in electronic form and shall include the following information:

(1) the distinguishing name of the key pair and certificate holder which consists of his name combined with a unique code;

(2) the signature verification public key or the encryption public key, as the case may be, together with the certificate serial number, version, issue date and expiry date; and

(3) the name of the issuer, the characteristics of the algorithm and the resulting hash code used in delivering the certificate.

[O.C. 755-99, s. 2].

15.7. The encryption certificates shall be entered in an electronic directory and kept up-to-date by the registrar of the registry office.

Ce répertoire doit contenir notamment les numéros de série des certificats de signature et de chiffrement suspendus, révoqués, retirés ou supprimés. Au moment de la transmission des documents, la validité d'un certificat est vérifiée automatiquement par le logiciel de réalisation de formulaires.

[D. 755-99, a. 2].

The directory shall include the serial numbers of the signature verification certificates and encryption certificates that have been suspended, revoked, withdrawn or deleted. The form generation software automatically verifies the validity of a certificate when documents are transmitted.

[O.C. 755-99, s. 2].

SECTION II — DE LA DÉLIVRANCE ET DU RENOUVELLEMENT DES BICLÉS ET DES CERTIFICATS

SECTION II — ISSUE AND RENEWAL OF KEY PAIRS AND CERTIFICATES

15.8. L'officier est responsable de la délivrance et de l'archivage des biclés et des certificats attestant l'identité des titulaires de biclés.

[D. 755-99, a. 2].

15.8. The registrar is charged with the issue and storage of key pairs and certificates attesting to the identity of the key pair holders.

[O.C. 755-99, s. 2].

15.9. Pour qu'une personne puisse transmettre des réquisitions d'inscription par voie électronique au bureau de la publicité des droits, elle doit obtenir les biclés et les certificats appropriés. Ceux-ci sont obtenus à la suite de la vérification de son identité par un notaire accrédité par l'officier. Cette vérification d'identité est faite aux frais de la personne qui en fait la demande.

[D. 755-99, a. 2; *Erratum*, (1999) 131 *G.O.* II, 3825].

15.9. In order to send an application for registration to the registry office electronically, a person shall first obtain the appropriate key pairs and certificates. They will be issued after a notary accredited by the registrar has verified the person's identity. The person requiring that verification shall bear its cost.

[O.C. 755-99, s. 2

15.10. La vérification d'identité requiert la présence de la personne dont l'identité doit être vérifiée, laquelle doit fournir des renseignements exacts et produire les pièces ou documents pertinents.

[D. 755-99, a. 2].

15.10. The person whose identity is to be verified shall appear in person and provide accurate information and relevant supporting documents.

[O.C. 755-99, s. 2].

15.11. Le notaire qui fait la vérification d'identité doit recueillir les renseignements requis par l'officier notamment le code de vérification que la personne a choisi et qu'elle seule peut utiliser pour s'identifier auprès de l'officier.

Le notaire doit dresser un procès-verbal en minute dans lequel il atteste que l'identité de la personne est établie, que la vérification d'identité est faite dans le but d'obtenir des biclés et des certificats pour transmettre par voie électronique des

15.11. The notary verifying an identity shall record the information required by the registrar, including the verification code selected by the applicant that only he can use to identify himself to the registrar.

The notary shall draw up an act *en minute* in which he certifies that the identity of the person has been established, that the identity has been verified for the purpose of obtaining key pairs and certificates for the electronic transmission of documents to

documents au bureau de la publicité des droits et, selon le cas, que la personne dont l'identité est établie a l'intention de transmettre des réquisitions pour son compte ou qu'elle est autorisée à le faire pour le compte d'une autre personne désignée.

Il doit communiquer à l'officier les renseignements recueillis et les faits attestés, par voie électronique, dans un envoi signé et chiffré au moyen de biclés qui offrent au moins le même degré de sécurité et de fiabilité que celles délivrées par l'officier.

[D. 755-99, a. 2].

15.12. Lorsqu'une personne veut obtenir des biclés et des certificats et qu'elle en a été titulaire dans l'année précédente, la vérification de son identité peut être faite à l'aide de son code de vérification si elle a l'intention de transmettre des réquisitions pour son compte seulement.

[D. 755-99, a. 2].

15.13. L'officier doit transmettre séparément, à la personne dont l'identité a été vérifiée, 2 parties d'un jeton à partir duquel elle doit générer, de son poste de travail ou sur sa carte à puce, sa biclé de signature.

Elle doit choisir en outre un mot de passe servant principalement à déclencher le processus de signature, de chiffrement et de transmission de données électroniques.

La clé publique qui permet la vérification de la signature du titulaire doit être transmise à l'officier. Cette transmission se fait automatiquement par voie électronique.

[D. 755-99, a. 2].

15.14. Après réception de la clé publique qui fait partie de la biclé de signature, une biclé de chiffrement ainsi que 2 certificats, l'un de signature et l'autre de chiffrement, doivent être délivrés au titulaire. Lorsque le titulaire est autorisé à transmettre des réquisitions pour le compte d'une autre personne, un lien électronique ou par référence doit être établi entre cette information et son certificat de signature.

Le titulaire doit, avant de transmettre des

the registry office and, where applicable, that the person whose identity has been established intends to send applications on his own behalf or that he is authorized to send applications on behalf of another person who is named.

He shall convey the recorded information and the certified facts to the registrar electronically in a transmission signed and encrypted by means of key pairs that provide at least the same degree of security and reliability as those issued by the registrar.

[O.C. 755-99, s. 2].

15.12. Where a person who applies for key pairs and certificates has been a holder of key pairs and certificates in the preceding year, his identify verification code may be used to verify his identity providing he intends to send applications only on his own behalf.

[O.C. 755-99, s. 2].

15.13. The registrar shall send to the person whose identity has been verified, in separate deliveries, 2 parts of a token with which the person shall generate his signing key pair from his workstation or chip card.

The person shall also choose a password to be used primarily to initiate the process of signing, encrypting and transmitting electronic data.

The public key required to verify the holder's signature shall be sent to the registrar. The transmission is done electronically and is automatic.

[O.C. 755-99, s. 2].

15.14. After receipt of the public key forming part of the signing key pair, an encryption key pair, together with a signature verification certificate and an encryption certificate, shall be issued to the holder. Where the holder is authorized to transmit applications on behalf of another person, that information shall be linked electronically, or cross-referenced, to his signature verification certificate.

The holder shall, before transmitting docu-

documents par voie électronique, informer l'officier de la réception de ses biclés et de ses certificats afin qu'il les rende utilisables.

[D. 755-99, a. 2].

15.15. Un certificat en vigueur peut être renouvelé avant sa date d'expiration pour une durée égale à celle pour laquelle il a été délivré. Le renouvellement s'effectue alors par le branchement du système informatique du titulaire à celui de l'officier dans les délais suivants:

1° dans les 2 mois précédant la date d'expiration du certificat, lorsque celui-ci a été délivré pour un an;

2° dans les 4 mois précédant la date d'expiration du certificat, lorsque celui-ci a été délivré pour 2 ans;

3° dans les 7 mois précédant la date d'expiration du certificat, lorsque celui-ci a été délivré pour 3 ans;

4° dans les 9 mois précédant la date d'expiration du certificat, lorsque celui-ci a été délivré pour 4 ans;

5° dans les 12 mois précédant la date d'expiration du certificat, lorsque celui-ci a été délivré pour 5 ans.

Le renouvellement entraîne la génération d'une nouvelle biclé. La nouvelle clé publique qui en fait partie est automatiquement transmise à l'officier qui doit ensuite délivrer au titulaire le certificat relatif à la biclé.

[D. 755-99, a. 2; *Erratum*, (1999) 131 *G.O.* II, 3825].

15.16. Le titulaire ne doit utiliser ses biclés et ses certificats que pour la transmission électronique de documents au bureau de la publicité des droits.

[D. 755-99, a. 2].

15.17. Le titulaire doit assurer la sécurité et la confidentialité de la clé privée de chacune de ses biclés et de son code de vérification.

ments electronically, notify the registrar of the receipt of his key pairs and certificates in order that the registrar may activate them.

[O.C. 755-99, s. 2].

15.15. A valid certificate may be renewed before its expiry date for the same term as that for which it was issued. The renewal shall be effected by means of a link-up between the holder's and the registrar's computer systems within the following time limits:

(1) within 2 months of the certificate's expiry date, where it was issued for one year;

(2) within 4 months of the certificate's expiry date, where it was issued for 2 years;

(3) within 7 months of the certificate's expiry date, where it was issued for 3 years;

(4) within 9 months of the certificate's expiry date, where it was issued for 4 years; or

(5) within 12 months of the certificate's expiry date, where it was issued for 5 years.

A renewal requires the generation of a new key pair. The new public key that is part of the key pair is automatically sent to the registrar who shall then issue to the holder the certificate relating to the key pair.

[O.C. 755-99, s. 2

15.16. The holder shall use his key pairs and certificates solely for the electronic transmission of documents to the registry office.

[O.C. 755-99, s. 2].

15.17. The holder shall guarantee the security and confidentiality of the private key of each of his key pairs and of his identity verification code.

Il doit aviser l'officier le plus rapidement possible, lorsque la sécurité ou la confidentialité d'une clé privée est compromise, notamment lorsqu'il existe des risques d'accès non autorisé à cette clé ou de divulgation volontaire ou accidentelle du mot de passe qui déclenche le processus de signature, de chiffrement et de transmission électroniques des documents ou lorsqu'il croit avoir perdu ou s'être fait voler une clé privée.

[D. 755-99, a. 2].

He shall notify the registrar as quickly as possible where the security or the confidentiality of a private key has been compromised, particularly where there is a danger of unauthorized access to the key or of voluntary or accidental disclosure of the password that initiates the process of electronic signing, encryption and transmission of documents, or where he believes that he has lost a private key or has had it stolen.

[O.C. 755-99, s. 2].

15.18. Le titulaire doit détruire ses biclés lorsque, pour quelque raison, il ne les utilise plus ou ne peut plus les utiliser en raison du non-renouvellement d'un certificat, de son retrait, de sa suppression ou de sa révocation ou en raison du fait qu'il n'est plus autorisé à transmettre des documents pour autrui au bureau de la publicité des droits.

[D. 755-99, a. 2].

15.18. The holder shall destroy his key pairs where, for whatever reason, he no longer uses them or may no longer use them because of the non-renewal of a certificate, or because of its withdrawal, its deletion or its revocation or because he is no longer authorized to transmit documents on others' behalf to the registry office.

[O.C. 755-99, s. 2].

SECTION IV — DE LA VALIDITÉ DES BICLÉS ET DES CERTIFICATS

SECTION IV — VALIDITY OF KEY PAIRS AND CERTIFICATES

15.19. En cas de perte du mot de passe donnant accès à un certificat qui se rapporte à une biclé de chiffrement ou en cas de bris, de dysfonctionnement ou de perte du support d'un tel certificat, le titulaire peut demander à l'officier de rechercher le certificat de chiffrement et d'en permettre la réutilisation.

Une nouvelle biclé de signature doit être générée à partir d'un nouveau jeton expédié au titulaire. La nouvelle clé publique qui fait partie de la biclé de signature est automatiquement transmise à l'officier qui doit ensuite délivrer au titulaire un nouveau certificat de signature et lui transmettre la biclé et le certificat de chiffrement récupérés.

Avant de transmettre des documents par voie électronique, le titulaire doit informer l'officier de la réception de ses biclés et de ses certificats afin que celui-ci les rende utilisables.

[D. 755-99, a. 2; *Erratum*, (1999) 131 *G.O.* II, 3825].

15.19. In the event of the loss of a password accessing a certificate related to an encryption key pair, or in the event of a breakdown, dysfunction or loss of the medium storing the certificate, the holder may request the registrar to retrieve the encryption certificate and reactivate it.

A new signing key pair shall be generated from a new token sent to the holder. The new public key that is part of the signing key pair shall be automatically transmitted to the registrar who shall then issue a new signature verification certificate to the holder and send him the key pair and encryption certificate that were recovered.

Before transmitting documents electronically, the holder shall notify the registrar of the receipt of his key pairs and certificates in order that the registrar may activate them.

[O.C. 755-99, s. 2

15.20. Lorsque le titulaire ne veut plus utiliser ses certificats, il doit informer l'officier de la date à laquelle il entend cesser de les utiliser et demander leur retrait. Les certificats doivent être retirés après la vérification de l'identité du titulaire.

Le retrait prend effet lors de l'inscription des numéros de série des certificats dans la liste des certificats retirés ou révoqués, au plus tard la première journée ouvrable qui suit la date indiquée par le titulaire dans sa demande ou la première journée ouvrable suivant la vérification de son identité.

[D. 755-99, a. 2].

15.21. Le titulaire qui n'a jamais utilisé ses certificats peut demander à l'officier la suppression de leur inscription du répertoire. L'inscription doit être supprimée au plus tard la première journée ouvrable qui suit la vérification de l'identité du titulaire.

[D. 755-99, a. 2].

15.22. L'officier peut, de sa propre initiative, procéder à la suspension ou à la révocation des biclés et des certificats qui s'y rapportent:

1° s'il est écoulé une période de plus de 6 mois consécutifs sans que le titulaire n'utilise les certificats;

2° s'il y a des raisons de croire qu'un certificat a été altéré;

3° s'il y a des raisons de croire que la sécurité des biclés ou des certificats est compromise;

4° si le titulaire n'est plus autorisé à transmettre électroniquement des documents pour autrui au bureau de la publicité des droits, pourvu que l'officier en soit informé;

5° si le titulaire ne respecte pas ses obligations.

L'officier doit suspendre les biclés et les certificats avant de les révoquer et, sauf dans le cas prévu au paragraphe quatrième du premier alinéa, il doit notifier le titulaire, par tout mode de communication qui

15.20. Where a holder no longer wishes to use his certificates, he shall notify the registrar of the date on which he intends to cease using them and request their withdrawal. The certificates shall be withdrawn following verification of the holder's identity.

The withdrawal shall become effective when the certificate serial numbers are entered on the list of withdrawn or revoked certificates, which shall be at the latest on the first working day following the date indicated by the holder in his request or on the first working day following the verification of his identity.

[O.C. 755-99, s. 2].

15.21. Where the holder has never used his certificates, he may ask the registrar to delete them from the directory. The certificates shall be deleted at the latest on the first working day following the verification of the holder's identity.

[O.C. 755-99, s. 2].

15.22. The registrar may on his own initiative suspend or revoke key pairs and related certificates where

(1) more than 6 months have elapsed since the holder last used the certificates;

(2) there is reason to believe that a certificate has been altered;

(3) there is reason to believe that the security of the key pairs or certificates has been compromised;

(4) the holder is no longer authorized to transmit documents electronically on others' behalf to the registry office, provided that the registrar has been notified; or

(5) the holder fails to fulfil his obligations.

The registrar shall suspend the key pairs and certificates before revoking them and, except in the situation described in subparagraph 4 of the first paragraph, notify the holder, by any manner providing proof of

permet de ménager une preuve, du fait que son certificat est suspendu et qu'il se propose de le révoquer. Le titulaire a 15 jours à compter de la date où la notification a été faite pour présenter ses observations.

À la suite de cette suspension, les certificats doivent, selon le cas, être remis en vigueur ou révoqués. La révocation prend effet lorsque les numéros de série des certificats sont inscrits dans la liste des certificats retirés ou révoqués, soit au plus tard une journée ouvrable après la révocation.

[D. 755-99, a. 2].

15.23. Lorsque le titulaire n'est plus autorisé à transmettre électroniquement des documents pour autrui au bureau de la publicité des droits, la personne pour laquelle il était autorisé à effectuer des transmissions doit en informer l'officier.

[D. 755-99, a. 2].

15.24. L'officier doit refuser de délivrer, pendant une période de 2 ans à compter de la révocation, d'autres biclés et certificats pour la transmission de documents au bureau de la publicité des droits à une personne dont les biclés et les certificats ont été révoqués en raison du non-respect de ses obligations.

[D. 755-99, a. 2; *Erratum* (1999) 131 *G.O.* II, 3825].

15.25. Lorsque le titulaire des biclés et des certificats demande la récupération d'un certificat ou son retrait, la suppression de l'inscription d'un certificat dans le répertoire ou la rectification du code unique qui compose son nom distinctif, la vérification de son identité peut être faite à l'aide de son code de vérification.

[D. 755-99, a. 2].

15.26. Le titulaire doit être informé de la rectification, du renouvellement, du retrait, de la remise en vigueur après suspension ou de la révocation d'un certificat ainsi que de la suppression de l'inscription d'un certificat dans le répertoire. Il doit en outre être informé du refus de délivrer un certificat et des motifs de ce refus.

[D. 755-99, a. 2].

delivery, that his certificate has been suspended and that he intends to revoke it. Any comments by the holder shall be submitted within 15 days from the date the notice was given.

Following the suspension, the certificates shall be either reactivated or revoked. The revocation shall take effect when the certificate serial numbers are entered on the list of withdrawn or revoked certificates, which shall be at the latest one working day following the revocation.

[O.C. 755-99, s. 2].

15.23. Where a holder is no longer authorized to transmit documents electronically to the registry office on behalf of another person, that person shall notify the registrar accordingly.

[O.C. 755-99, s. 2].

15.24. The registrar shall refuse to issue, for a period of 2 years from the revocation, new key pairs and certificates for the transmission of documents to the registry office to a person whose key pairs and certificates were revoked as a result of a failure to fulfil his obligations.

[O.C. 755-99, s. 2]

15.25. Where the holder of key pairs and certificates requests the retrieval or withdrawal of a certificate, the deletion of a certificate from a directory, or the correction of the unique code that forms part of his distinguishing name, his identity may be verified by means of his identity verification code.

[O.C. 755-99, s. 2].

15.26. The holder shall be notified of any correction, renewal or withdrawal of a certificate, reactivation of a certificate following its suspension or revocation, or deletion of a certificate from the directory. He shall also be notified of any refusal to issue a certificate and the grounds therefor.

[O.C. 755-99, s. 2].

Chapitre III —— Des
réquisitions d'inscription

Chapter III —— Applications for
Registration

SECTION I —— DES DÉSIGNATIONS,
DES DESCRIPTIONS ET DES
QUALIFICATIONS

SECTION I —— DESIGNATION,
DESCRIPTION AND CHARACTERIZATION

16. La désignation des personnes doit indiquer:

1° pour une personne physique: le nom, et la date de naissance;

2° pour une personne morale: le nom et l'adresse de son siège ou, s'il y a lieu, le nom et l'adresse de l'établissement directement visé.

Lorsqu'une personne physique agit dans le cadre d'une entreprise qu'elle exploite ou qu'une personne morale agit sous un nom autre que le sien, la désignation peut comprendre aussi le nom de l'entreprise ou l'autre nom et l'adresse correspondante.

[D. 907-99, a. 3].

16. The designation of persons shall state,

(1) in the case of a natural person, the person's name, and date of birth;

(2) in the case of a legal person, its name and the address of its head office or, where applicable, the name and address of the establishment directly concerned by the application for registration.

Where a natural person acts within the framework of a business that the person operates or where a legal person acts under a name other than its own name, the designation may include the name of the business or the other name, and the corresponding address.

[O.C. 907-99, s. 3].

17. La désignation doit indiquer:

1° pour une société en nom collectif ou en commandite ou une association: le nom, la forme juridique qu'elle emprunte et son adresse;

2° pour l'État: le nom de l'autorité administrative visée et l'adresse correspondant au principal établissement de cette autorité;

3° pour une fiducie: le nom de la fiducie et son adresse, s'il en est; le fiduciaire doit également être désigné.

[D. 444-98, a. 6].

17. The designation shall state,

(1) in the case of a general partnership, a limited partnership or an association, its name, juridical form and address;

(2) in the case of the State, the name of the administrative authority concerned and the address of the main establishment of that authority; and

(3) in the case of a trust, its name and address, if any. The trustee shall also be designated.

[O.C. 444-98, s. 6].

18. La réquisition d'inscription doit indiquer clairement pour chaque personne qui y est nommée sa qualité de constituant ou de titulaire du droit qui en fait l'objet.

18. An application for registration shall clearly state whether each person named therein is a grantor or a holder of the right whose registration is being applied for.

19. L'adresse de tout lieu indique le numéro, la rue, la municipalité, la province ou le territoire et, si l'adresse est située au

19. All addresses shall state the number, the street name, the name of the municipality, the province or territory and, in the

Canada, le code postal. Cette adresse est complétée, le cas échéant, par l'indication du pays, s'il s'agit d'un pays autre que le Canada.

[D. 444-98, a. 7].

case of an address in Canada, the postal code. Where the country is not Canada, the name of the country shall also be given.

[O.C. 444-98, s. 7].

20. Le véhicule routier appartenant à l'une des catégories visées aux paragraphes 1 et 3 à 9 du premier alinéa de l'article 15, si son numéro d'identification compte 17 caractères et est conforme à l'algorithme de contrôle, ainsi que celui appartenant à l'une des catégories visées aux paragraphes 2, 10 et 11 de cet alinéa doit être décrit sous la rubrique « Véhicule routier » du formulaire. La description doit contenir le numéro d'identification du véhicule et la catégorie à laquelle il appartient.

Tout autre véhicule routier, y compris celui dont le numéro d'identification ne compte pas les 17 caractères requis ou n'est pas conforme à l'algorithme de contrôle, doit être décrit sous la rubrique « Autres biens » du formulaire.

[D. 444-98, a. 7; D. 907-99, a. 4].

20. A road vehicle included in one of the classes referred to in subparagraphs 1 and 3 to 9 of the first paragraph of section 15, where its identification number has at least 17 characters and complies with the control algorithm, and a road vehicle included in one of the classes referred to in subparagraphs 2, 10 and 11 of that paragraph shall be described under the heading 'Road vehicle' of the form. The description must contain the vehicle's identification number and class.

Any other road vehicle, including one whose identification number does not have the required 17 characters or does not comply with the control algorithm, shall be described under the heading 'Other property' of the form.

[O.C. 444-98, s. 7; O.C. 907-99, s. 4].

21. Le droit dont l'inscription est requise doit être qualifié de façon précise en utilisant, s'il en est, les termes de la loi.

21. The right whose registration is requested shall be characterized exactly, using the legal wording where possible.

SECTION II — DES MODES DE RÉALISATION ET DE TRANSMISSION

SECTION II — MEDIUM AND TRANSMISSION

22. Une réquisition d'inscription peut être réalisée sur support papier. Elle peut aussi être réalisée sur support électronique, dans la mesure où elle est réalisée au moyen du logiciel de réalisation de formulaires mis à la disposition du requérant par le bureau de la publicité des droits.

Elle peut être transmise au dépôt électronique du bureau conformément aux dispositions prévues au chapitre II relatives à la transmission électronique de documents si elle est réalisée et expédiée au moyen de ce logiciel.

[D. 444-98, a. 8; D. 755-99, a. 3].

22. An application for registration may be in paper form. It may also be submitted in electronic form insofar as it is generated by means of the form generation software provided to the applicant by the registry office.

It may be transmitted to the registry office's electronic depository in accordance with the provisions of Chapter II relating to the electronic transmission of documents where it is generated and delivered by means of that software.

[O.C. 444-98, s. 8; O.C. 755-99, s. 3].

23. La réquisition d'inscription qui prend la forme d'un avis doit être faite en utili-

23. The application for registration in the form of a notice shall be prepared by using

sant, soit le formulaire sur support papier produit par le bureau de la publicité des droits, soit le logiciel prévu à l'article 22. Le formulaire utilisé doit être choisi parmi ceux édictés en annexe et correspondre au type de réquisition présentée.

[D. 444-98, a. 9; D. 755-99, a. 3].

either the paper form provided by the registry office or the software referred to in section 22. The form to be completed shall be as prescribed in the Schedules to this Regulation and shall be appropriate to the type of application filed.

[O.C. 444-98, s. 9; O.C. 755-99, s. 3].

23.1. Le logiciel de réalisation de formulaires doit être scellé au moyen d'un sceau numérique pour en garantir l'intégrité. Le requérant ne doit pas modifier le logiciel et il doit utiliser l'une des versions en vigueur au bureau.

[D. 755-99, a. 3].

23.1. The form generation software shall be locked in by means of a hash code that will guarantee its integrity. The applicant shall not modify the software and he shall use one of the versions in use at the registry office.

[O.C. 755-99, s. 3].

23.2. Un formulaire de réquisition se compose de textes et de mots-clés ainsi que de rubriques et d'espaces qui doivent être remplis conformément aux indications pertinentes au type de réquisition présentée. Les éléments d'information qui composent le formulaire peuvent être disposés différemment selon que le formulaire est sur support papier ou électronique.

[D. 755-99, a. 3].

23.2. An application form consists of texts and key words in addition to headings and spaces that shall be filled in according to the instructions relating to the type of application filed. The basic information making up the form may be arranged differently depending on whether the paper form or electronic form is used.

[O.C. 755-99, s. 3].

23.3. Toute réquisition d'inscription sur support papier doit être sur des feuilles de 215 mm de largeur sur 355 mm de hauteur, d'au moins 75 g/m² à la rame et le formulaire utilisé pour la réquisition qui prend la forme d'un avis ne doit être imprimé que sur l'une des faces de la feuille.

[D. 755-99, a. 3].

23.3. An application for registration in paper form shall be submitted on paper measuring 215×355 mm and weighing at least 75 g/m² per ream; an application in the form of a notice shall be printed on only one side of the sheet.

[O.C. 755-99, s. 3].

23.4. Une réquisition d'inscription sur support papier ne doit pas être décalquée; elle doit être dactylographiée, imprimée ou écrite en lettres moulées. L'encre utilisée doit être de bonne qualité. Les caractères doivent être clairs, nets et lisibles, sans rature ni surcharge.

Elle doit porter la signature manuscrite du requérant et son nom doit être dactylographié, imprimé ou écrit en lettres moulées

23.4. An application for registration in paper form may not be a copy; it shall be typed, printed or written in block letters using good quality ink. The characters shall be clear, neat and legible, without deletions or alterations.

It shall bear the applicant's handwritten signature and his name shall be typed, printed or written in block letters under the

sous la signature ou, le cas échéant, dans l'espace approprié du formulaire de réquisition.

Elle peut être présentée au bureau de la publicité des droits ou y être acheminée par courrier.

[D. 755-99, a. 3].

23.5. Une réquisition d'inscription sur support électronique se compose des données qui forment et permettent de visualiser sur des pages-écrans le formulaire de réquisition et les mentions qui y sont inscrites. Les données du formulaire et des mentions sont jointes électroniquement ou par référence.

[D. 755-99, a. 3].

23.6. Une réquisition d'inscription sur support électronique doit être signée, au moyen du procédé de signature numérique, par le titulaire de la biclé utilisée pour effectuer la transmission électronique des données au bureau de la publicité des droits. Une seule signature est requise pour la transmission d'un groupe de documents composé de réquisitions d'inscription et d'une demande de service.

Le titulaire doit effectuer la transmission par transfert de fichiers au dépôt électronique du bureau où ils sont reçus par l'officier. Il doit joindre aux données transmises son certificat de signature.

[D. 755-99, a. 3; *Erratum*, (1999) 131 *G.O.* II, 3825].

23.7. Les données ne sont considérées reçues que si elles sont transmises intégralement et si l'officier peut y avoir accès et les déchiffrer.

[D. 755-99, a. 3].

23.8. Lors de la réception d'une réquisition d'inscription sur support électronique, l'officier doit s'assurer que le certificat de signature du titulaire des biclés ainsi que sa signature numérique sont valides et que les données transmises sont intègres.

[D. 755-99, a. 3; *Erratum*, (1999) 131 *G.O.* II, 3825].

signature or in the space provided on the application form.

It may be filed in person at the registry office or sent by mail.

[O.C. 755-99, s. 3].

23.5. An application for registration in electronic form shall consist of the data constituting the application form and inserted information that appear as screen pages. The form and inserted information data are linked electronically or by reference.

[O.C. 755-99, s. 3].

23.6. An application for registration in electronic form shall be signed by means of the digital signature process by the holder of the key pair used to transmit data electronically to the registry office. Only one signature is required for the transmission of a set of documents consisting of several applications for registration and one request for service.

The holder shall make the transmission by file transfer to the registry office's electronic depository where it will be received by the registrar. The holder shall attach his signature verification certificate to the transmitted data.

[O.C. 755-99, s. 3

23.7. The data shall be considered received only where they have been transmitted in full and where the registrar is able to access and decrypt them.

[O.C. 755-99, s. 3].

23.8. Upon receipt of an application for registration in electronic form, the registrar shall make sure that the key pair holder's signature verification certificate and digital signature are valid and that the transmitted data are intact.

[O.C. 755-99, s. 3

24. (*Remplacé*).

[D. 755-99, a. 3].

24. (*Replaced*).

[O.C. 755-99, s. 3].

SECTION III — CONTENU DE LA RÉQUISITION

SECTION III — CONTENT OF APPLICATIONS

25. La réquisition d'inscription d'un droit, en plus de faire référence, s'il en est, au document constitutif du droit, doit contenir l'information suivante:

1° la désignation des personnes visées à la réquisition et, lorsqu'une personne est représentée par un tuteur, un curateur, un mandataire désigné dans le mandat donné en prévision de l'inaptitude d'une partie, un liquidateur, un syndic à la faillite ou un séquestre, le nom et la qualité du représentant;

2° la description du bien, s'il y a lieu;

3° la qualification du droit dont l'inscription est requise, son étendue ainsi que, s'il en est, la date extrême d'effet de l'inscription demandée;

4° l'événement ou la condition, s'il en est, dont dépend l'existence du droit;

5° pour faire référence à un droit qui a fait l'objet d'une inscription antérieure sur le registre, le numéro d'inscription de ce droit;

6° lorsqu'il y a lieu de faire référence à un droit qui fait l'objet d'une réquisition présentée simultanément, le numéro de formulaire de cette réquisition.

La référence à un document constitutif de droit doit énoncer:

1° s'il en est, la date et le lieu de signature du document;

2° si ce document est notarié: le nom du notaire et le numéro de la minute ou la mention qu'il s'agit d'un acte en brevet;

25. An application for registration of a right, in addition to referring to the constituting document, if any, shall contain the following information:

(1) designation of the persons named in the application and, where a person is represented by a tutor, a curator, a mandatary appointed in a mandate conferred in anticipation of a party's incapacity, a liquidator, a bankruptcy trustee or a sequestrator, the name and quality of the representative;

(2) a description of the property, if applicable;

(3) characterization of the right whose registration is requested, its extent and, where applicable, the date after which the registration applied for ceases to be effective;

(4) the event or condition, if any, on which the existence of the right depends;

(5) to refer to a right in respect of which an entry was previously made in the register, the registration number of the right; and

(6) where it is necessary to refer to a right in respect of which an application is presented simultaneously, the form number of the application.

The reference to a document constituting a right shall state

(1) the date on which the document was signed and its place of signature, where applicable;

(2) in the case of a notarized document, the name of the notary and the number of the minute or, where the document is an act en brevet, an indication of that fact;

3° si ce document est judiciaire: le tribunal dont il émane, le district judiciaire, le numéro du dossier judiciaire;

4° si ce document est sous seing privé: le nom des témoins qui l'ont attesté, lorsque cette attestation est prescrite par la loi.

[D. 444-98, a. 11].

26. La réquisition qui vise la réduction ou la radiation d'une inscription, en plus de faire référence, s'il en est, au document qui autorise la réduction ou la radiation, doit contenir l'information suivante:

1° (*supprimé*);

2° l'indication du droit que vise la réquisition et le numéro d'inscription de ce droit;

3° si la réduction ou la radiation est volontaire: la désignation de la personne qui y consent et, lorsqu'il y a représentation, le nom et la qualité du représentant, de même que la nature de la pièce justificative en vertu de laquelle le représentant agit, ainsi que l'indication du nom du constituant;

4° si la réduction ou la radiation est judiciaire: le nom des personnes visées à l'acte;

5° si la réduction ou la radiation est légale: l'indication du texte de loi sur lequel se fonde le requérant, toute mention ou déclaration prescrite par la loi, ainsi que l'indication, s'il y a lieu, du nom des personnes que vise l'inscription;

6° s'il s'agit de la réduction du montant indiqué dans l'inscription: la somme pour laquelle la réduction est requise ou ordonnée;

7° s'il s'agit de la réduction de l'assiette du droit: la description du bien visé.

La référence au document qui autorise la réduction ou la radiation doit énoncer:

(3) in the case of a judicial document, the name of the court that issued it, the judicial district and the number of the court record; and

(4) in the case of a private writing, the names of the witnesses who attested the writing, if such attestation is prescribed by law.

[O.C. 444-98, s. 11].

26. An application for the reduction or cancellation of a registration, in addition to referring to the document, if any, that authorizes the reduction or cancellation, shall contain the following information:

(1) (*deleted*);

(2) identification of the right in respect of which the application is being presented and the registration number of that right;

(3) where the reduction or cancellation is voluntary, designation of the consenting party and, where that person is represented, the name and quality of the representative, as well as a statement of the nature of the document that authorizes the representative to act, and the grantor's name;

(4) where the reduction or cancellation is ordered by judgment, the names of the persons referred to in the instrument;

(5) where the reduction or cancellation is legal, the reference for the legislation on which the applicant has based the application, the statements or declarations prescribed by the legislation and, where applicable, the names of the persons named in the registration;

(6) where the amount stated in a registered entry is being reduced, the sum for which a reduction is requested or ordered; and

(7) where the *situs* of a right is being reduced, a description of the property in question.

The reference to a document authorizing the reduction or cancellation shall state

1° s'il en est, la date et le lieu de signature du document;

2° si ce document est notarié: le nom du notaire et le numéro de la minute ou la mention qu'il s'agit d'un acte en brevet;

3° si ce document est judiciaire: le tribunal dont il émane, le district judiciaire, le numéro du dossier judiciaire et, dans le cas d'un jugement, le dispositif du jugement;

4° si ce document est sous seing privé: le nom des témoins qui l'ont attesté, lorsque cette attestation est prescrite par la loi.
[D. 444-98, a. 12].

27. La réquisition de renouvellement de la publicité d'un droit désigne les personnes concernées par la réquisition, décrit, s'il y a lieu, le bien visé et indique le numéro d'inscription du droit visé ainsi que la date extrême d'effet de l'inscription demandée.
[D. 444-98, a. 13].

28. La réquisition de préinscription d'une demande en justice contient la désignation des parties, la description du bien et indique le tribunal, le district et le dossier judiciaires, la personne en possession du bien, l'objet de la demande et le numéro d'inscription du droit visé.
[D. 444-98, a. 13].

29. La réquisition de préinscription d'un droit résultant d'un testament désigne le testateur et indique le lieu et la date du décès; cette réquisition indique, en outre, la nature du droit auquel une personne prétend ainsi que le motif de la préinscription et, s'il y a lieu, la description du bien visé.
[D. 444-98, a. 13].

(1) the date on which the document was signed and its place of signature, where applicable;

(2) in the case of a notarized document, the name of the notary and the number of the minute or, where the document is an act en brevet, an indication of that fact;

(3) in the case of a judicial document, the name of the court that issued it, the judicial district, the number of the court record and, in the case of a judgment, the conclusions; and

(4) in the case of a private writing, the names of the witnesses who attested the writing, if such attestation is prescribed by law.
[O.C. 444-98, s. 12].

27. An application for renewal of the publication of a right shall designate the persons concerned by the application, shall describe the property, where applicable, and shall indicate the registration number of the right in question, as well as the date after which the registration applied for ceases to have effect.
[O.C. 444-98, s. 13].

28. An application for advance registration of a judicial demand shall designate the parties, shall describe the property and shall state the name of the court, the judicial district, the number of the court record, the name of the person in possession of the property, the purpose of the demand and the registration number of the right in question.
[O.C. 444-98, s. 13].

29. An application for advance registration of a right resulting from a will shall designate the testator and shall state the place and date of the testator's death; it shall also state the nature of the right to which a person claims entitlement, as well as the reasons for advance registration and, where applicable, shall contain a description of the property in question.
[O.C. 444-98, s. 13].

30. La réquisition d'inscription d'une adresse est faite au moment de la présentation de la réquisition d'inscription du droit visé ou ultérieurement.

La réquisition désigne le bénéficiaire de l'inscription et indique l'adresse où doit être faite la notification ainsi que le numéro d'inscription du droit visé ou, si le droit visé est relaté dans une réquisition présentée simultanément, le numéro de formulaire de cette réquisition. Elle peut également indiquer le numéro de télécopieur du bénéficiaire.

[D. 444-98, a. 14].

31. Le bénéficiaire de l'inscription de l'adresse se voit attribuer par l'officier, lors d'une première inscription d'adresse, un numéro d'avis d'adresse. Dans toute réquisition d'inscription subséquente, l'indication de l'adresse à des fins de notification se fait par référence au numéro d'avis d'adresse ainsi attribué.

32. La réquisition visant le changement ou la modification de l'adresse de notification ou du nom du bénéficiaire, ou l'ajout, le changement ou la modification du numéro de télécopieur, désigne le bénéficiaire et indique le numéro de l'avis d'adresse attribué par l'officier; elle spécifie, en outre, suivant le cas, les adresses de notification ancienne et nouvelle, les noms ancien et nouveau du bénéficiaire ou les numéros de télécopieur ancien et nouveau.

[D. 444-98, a. 15].

Chapitre IV —— Des inscriptions

33. Les inscriptions doivent être claires et précises; elles sont limitées aux indications exigées par la loi et le présent règlement.

34. Lorsque la réquisition fixe la date extrême d'effet de l'inscription, il y a lieu de l'indiquer dans l'inscription du droit. Si la date extrême d'effet indiquée dans la réquisition dépasse le délai de péremption légal, l'officier ramène la date au dernier jour de ce délai.

30. An application for registration of an address may be made at the same time as an application for registration of a right or at some later date.

The application shall designate the beneficiary of the registration and shall state the address to which notification must be sent, as well as the registration number of the right in question or, where that right is recorded on an application presented simultaneously, the form number of that application. It may also indicate the fax number of the beneficiary.

[O.C. 444-98, s. 14].

31. When an address is first registered, the registrar shall assign a notice of address number to the person who will benefit from the registration. In all subsequent applications for registration, the address to which notification must be sent shall be indicated by means of the notice of address number thus assigned.

32. An application to have an address to which notification must be sent or the name of the beneficiary of the registration changed or altered or to have a fax number added, changed or altered shall designate the beneficiary and indicate the number of the notice of address assigned by the registrar; it shall also state the former and new addresses to which notification must be sent, the beneficiary's former and new names or the former and new fax numbers, as the case may be.

[O.C. 444-98, s. 15].

Chapter IV —— Registered Entries

33. Entries shall be clear and exact. They shall contain only the particulars prescribed by law and this Regulation.

34. Where an application specifies a date after which the registration will cease to be effective, that date should be indicated in the entry concerning the right. If the date after which the registration ceases to be effective, indicated in the application, is later than the last day of the legal time

limit, the registrar shall bring that date forward to the last day of the time limit.

35. L'inscription d'un droit comprend l'indication précise de la nature du droit, son numéro d'inscription ainsi que la date, l'heure et la minute de présentation de la réquisition d'inscription de ce droit.

[D. 444-98, a. 16].

35. The registered entry of a right shall contain an exact statement of the nature of the right and shall record its registration number, as well as the date, hour and minute of presentation of the application for its registration.

[O.C. 444-98, s. 16].

36. La désignation d'une partie dans une inscription sur le registre comprend les indications prescrites aux articles 16 à 19.

[D. 444-98, a. 16].

36. The designation of a party in an entry in the register shall contain the particulars prescribed in sections 16 to 19.

[O.C. 444-98, s. 16].

36.1. Pour préciser l'assiette ou l'étendue d'un droit, l'officier peut, dans l'inscription de ce droit, faire référence à la réquisition par laquelle cette inscription est requise.

[D. 444-98, a. 16].

36.1. To specify the *situs* or extent of a right, the registrar may, in registering the right, include a reference to the application requesting registration.

[O.C. 444-98, s. 16].

37. Lorsqu'il y a lieu, dans l'inscription d'un droit, de faire référence à un droit qui a fait l'objet d'une inscription antérieure sur le registre, cette référence se fait par l'indication de la nature et du numéro d'inscription du droit visé.

Lorsque la réquisition d'inscription fait référence au droit visé en indiquant un numéro de formulaire tel que prévu au paragraphe 6 du premier alinéa de l'article 25, l'officier peut, dans l'inscription du nouveau droit, substituer au numéro de formulaire le numéro d'inscription correspondant.

[D. 444-98, a. 16].

37. Where, in registering a right, reference should be made to a right in respect of which an entry was previously made in the register, such reference shall be made by stating the nature of the right in question, along with its registration number.

Where the application for registration refers to the right in question by indicating a form number, as provided for in subparagraph 6 of the first paragraph of section 25, the registrar may, in registering the new right, replace the form number with the corresponding registration number.

[O.C. 444-98, s. 16].

38. (*Abrogé*).

[D. 444-98, a. 17].

38. (*Revoked*).

[O.C. 444-98, s. 17].

39. L'inscription d'une réduction ou d'une radiation volontaire, judiciaire ou légale indique la date de présentation de la réquisition et son numéro d'inscription.

L'inscription de la réduction ou de la radiation qui est faite d'office sur le fonde-

39. The entry of a legal or voluntary reduction or cancellation or of a reduction or cancellation ordered by judgment shall state the date on which the application was presented and its registration number.

The entry of a reduction or cancellation made as of right on the basis of the pe-

ment de la péremption d'une inscription est datée.

Dans tous les cas, l'inscription indique le caractère de la réduction ou de la radiation effectuée, ainsi que les numéros des inscriptions visées.

40. L'inscription de la réduction d'une somme indique le montant de cette réduction.

L'inscription de la réduction qui vise certains des biens grevés indique les biens visés par la réduction.

Lorsque la réduction n'est pas accordée par tous les créanciers ou titulaires du droit visé, l'inscription doit en faire mention.

[D. 444-98, a. 18].

41. Lorsque l'officier a porté erronément une inscription sur une fiche nominative ou descriptive ou qu'il a omis de faire une inscription, il porte l'inscription sur la fiche appropriée à la suite des inscriptions qui y figurent et supprime, s'il y a lieu, l'inscription erronée.

Une mention de la rectification ainsi que de ses date, heure et minute est faite dans l'espace réservé à cette fin, sous l'inscription du droit visé sur la fiche détaillée appropriée; cette mention indique aussi le nom de l'officier qui a fait la rectification.

[D. 444-98, a. 19].

42. La rectification d'une inscription faite sur la fiche nominative ou descriptive appropriée mais dont le contenu est incomplet ou erroné est faite en ajoutant l'élément omis ou en substituant l'information correcte à celle qui est erronée.

Une mention de la rectification ainsi que de ses date, heure et minute est faite dans l'espace réservé à cette fin sous l'inscription du droit visé sur la fiche détaillée; cette mention indique aussi le nom de l'officier qui a fait la rectification.

remption of a registered entry shall be dated.

In all cases, a registered entry shall state the nature of a reduction or cancellation that is registered, along with the registration numbers in question.

40. The entry for the reduction of a sum shall indicate the amount of the reduction.

An entry concerning a reduction that affects some of the property in question shall specify which property is affected by the reduction.

Where a reduction is not granted by all the creditors or all the holders of the right in question, those facts shall be recorded in the entry.

[O.C. 444-98, s. 18].

41. Where a registrar mistakenly records an entry on a name file or descriptive file, or where the registrar fails to make an entry, the entry shall be made on the appropriate file, below any entries already recorded, and any erroneous entry shall be deleted.

An indication of the fact that a correction has been made, and the date, hour and minute of correction, shall be entered in the appropriate detailed file, in the space reserved for that purpose below the entry of the right in question. The name of the registrar making the correction shall be entered in the same place.

[O.C. 444-98, s. 19].

42. Where an entry is made on the appropriate name file or descriptive file, but the content of that file is incomplete or erroneous, the entry shall be corrected by adding the missing item or by substituting the correct information for the erroneous.

An indication of the fact that a correction has been made, and the date, hour and minute of correction, shall be entered in the detailed file, in the space reserved for that purpose below the entry of the right in question. The name of the registrar making

the correction shall be entered in the same place.

Chapitre V —— Du fichier des adresses

Chapter V —— List of Addresses

43. Un fichier des adresses complète le registre des droits personnels et réels mobiliers.

43. The register of personal and movable real rights shall include a list of addresses.

Le fichier est constitué de fiches établies, s'il s'agit d'une personne physique, sous le nom du bénéficiaire de l'inscription de l'adresse et sa date de naissance et, dans les autres cas, sous son nom et le code postal correspondant à son adresse si celle-ci est située au Canada.

The list of addresses is composed of files opened, in the case of a natural person, under the name and date of birth of the beneficiary of the registration of an address and, in the other cases, under the name of the beneficiary and, where the address is in Canada, the postal code.

Chaque fiche comprend notamment le nom du bénéficiaire, son adresse à des fins de notification, son numéro de télécopieur, s'il en est, ainsi que le numéro d'avis d'adresse attribué par l'officier au bénéficiaire de l'inscription.

Each file shall state, in particular, the name of the beneficiary, the beneficiary's address for notification purposes, the fax number, if any, and the notice of address number assigned to the beneficiary by the registrar.

[D. 444-98, a. 20].

[O.C. 444-98, s. 20].

43.1. Lors de l'établissement d'une fiche au fichier des adresses, un algorithme de normalisation d'écriture est appliqué au nom sous lequel la fiche est établie; aucune demande pour éviter l'application de cet algorithme n'est admise.

43.1. When a file is opened in the list of addresses, a writing standardization algorithm shall be applied to the name under which the file is opened; any request to waive application of the algorithm shall be denied.

[D. 444-98, a. 21].

[O.C. 444-98, s. 21].

44. Toute réquisition d'inscription d'une adresse, tout changement ou modification de l'adresse ou du nom du bénéficiaire, ou tout ajout, changement ou modification du numéro de télécopieur, sont inscrits au fichier des adresses sous le nom du bénéficiaire. Lorsqu'il y a lieu, mention est faite du numéro d'avis d'adresse sur la fiche détaillée pertinente sous l'inscription du droit visé, dans l'espace réservé à cette fin.

44. Any application to have an address registered, to have the address or name of the beneficiary of the registration changed or altered, or to have a fax number added, changed or altered shall be entered in the list of addresses under the name of the beneficiary. Where applicable, the notice of address number shall be entered in the appropriate detailed file, in the space reserved for that purpose below the entry of the right in question.

[D. 444-98, a. 22].

[O.C. 444-98, s. 22].

44.1. La notification prévue à l'article 3017 du Code civil (L.Q. 1991, c. 64) peut être faite par télécopieur, au numéro mentionné au fichier des adresses sous le nom du bénéficiaire concerné.

44.1. Notification under article 3017 of the *Civil Code of Québec* (S.Q. 1991, c. 64) may be made by fax, at the number indicated in the list of addresses under the name of the beneficiary in question.

La preuve de notification peut être établie au moyen d'un bordereau de transmission ou, à défaut, d'une déclaration sous serment de la personne qui a effectué l'envoi et, dans tous les cas, d'une confirmation d'envoi, laquelle spécifie les numéros de télécopieur de l'officier et du bénéficiaire, la date, l'heure et le statut de la transmission ainsi que le nombre de pages acheminées.

Le bordereau de transmission ou, à défaut, la déclaration sous serment doit mentionner:

1° le nom, l'adresse, le numéro de téléphone de l'officier et le numéro de télécopieur utilisé;

2° le nom et le numéro de télécopieur du bénéficiaire à qui la notification est effectuée;

3° le nombre total de pages transmises, y compris le bordereau de transmission;

4° la nature du document.

[D. 444-98, a. 22].

Proof of notification may be established by means of a transmittal slip or, failing that, by means of a sworn statement by the person who sent the fax and, in all instances, by means of a confirmation of transmittal indicating the fax numbers of the registrar and the beneficiary, as well as the date, time and status of the transmittal and the number of pages sent.

A transmittal slip or, failing that, a sworn statement, shall state

(1) the name, address, telephone number of the registrar and fax number used;

(2) the name and fax number of the beneficiary to whom notification is given;

(3) the total number of pages sent, including the transmittal slip; and

(4) the nature of the document.

[O.C. 444-98, s. 22].

Chapitre VI —— De la consultation

Chapter VI —— Examination of the Register

45. La consultation du registre se fait sur place ou à distance, par téléphone ou à partir d'un écran de visualisation.

45. The register may be examined at the registry office, or through a telephone intermediary or by means of a display screen.

46. La recherche au registre s'effectue lorsqu'elle concerne:

1° une personne physique ou sa succession, à partir des éléments prévus à l'article 13;

2° une personne morale, une société, une association ou une fiducie, à partir du nom de celle-ci;

3° l'État, à partir du nom de l'autorité administrative visée;

46. A search in the register shall be done,

(1) where it concerns a natural person or his succession, using the particulars provided for in section 13;

(2) where it concerns a legal person, a partnership, an association or a trust, using the name thereof;

(3) where it concerns the State, using the name of the administrative authority concerned by the registration;

4° un véhicule routier visé à l'article 15, à partir de son numéro d'identification;

5° une inscription non radiée, à partir du numéro d'inscription ou du numéro de formulaire qui y correspond.

[D. 444-98, a. 23].

46.1. Lors de la consultation d'une inscription par téléphone ou à partir d'un écran de visualisation, la liste des biens visés peut ne pas être accessible. En tels cas, l'officier fait parvenir au requérant, sur demande, un état certifié de l'inscription lorsque cette liste est contenue dans le registre ou, dans le cas prévu à l'article 36.1, une copie certifiée de la réquisition qui contient la liste des biens.

[D. 444-98, a. 23].

46.2. La consultation du fichier des adresses s'effectue, sous le nom du bénéficiaire de l'inscription de l'adresse, à partir des mêmes éléments que pour la consultation du registre.

Elle peut s'effectuer également à partir du numéro d'avis d'adresse du bénéficiaire.

[D. 444-98, a. 23].

46.3. Lors d'une consultation, le nom qui fait l'objet de la recherche est soumis à l'application de l'algorithme de normalisation mentionné aux articles 13.1 et 43.1.

[D. 444-98, a. 23].

47. La consultation d'une inscription radiée ou d'une inscription qui vise la radiation d'une autre s'effectue par une demande spécifique qui désigne le droit visé et son numéro d'inscription.

47.1. Lorsque l'officier doit fournir une copie d'un document électronique signé numériquement, le document doit être matérialisé à partir des données qui ont été reçues et déchiffrées et dont l'intégrité a été vérifiée. À ces données, s'ajoutent les mentions qui forment le formulaire.

(4) where it concerns a road vehicle referred to in section 15, using its identification number; and

(5) where it concerns an uncancelled entry, using the corresponding registration number or form number.

[O.C. 444-98, s. 23].

46.1. Where a registered entry is examined through a telephone intermediary or by means of a display screen, it may not be possible to access the list of property in question. In such cases, the registrar shall send to the person so requesting a certified statement of the entry where the list is contained in the register or, in the case provided for in section 36.1, a certified copy of the application containing the list of the property.

[O.C. 444-98, s. 23].

46.2. The list of addresses may be examined, under the name of the beneficiary of the registration of the address, using the same particulars as those used for examination of the register.

It may also be examined using the beneficiary's notice of address number.

[O.C. 444-98, s. 23].

46.3. During examination, the standardization algorithm referred to in sections 13.1 and 43.1 shall be applied to the name under which the search is made.

[O.C. 444-98, s. 23].

47. A cancelled entry or an entry that will cancel another entry may be examined upon presentation of an application to that effect; the application shall designate the right in question and shall state its registration number.

47.1. Where the registrar must provide a copy of a digitally signed electronic document, the document shall be converted into hard copy from the data that was received and decrypted and whose integrity has been verified. The information constituting the form shall be added to these data.

Le nom du signataire résultant de la vérification de son identité ainsi que, le cas échéant, le nom de la personne pour laquelle la réquisition d'inscription a été transmise doivent apparaître sur le document matérialisé.

[D. 755-99, a. 5].

48. La signature de l'officier apposée à des fins de certification sur un état des droits inscrits sur le registre, sur un état d'une inscription particulière ou sur une copie des documents faisant partie des archives du bureau peut l'être par un moyen mécanique ou informatique.

Chapitre VII ━━ De la conservation, de la reproduction et du transfert

49. La réquisition d'inscription et la pièce justificative qui y est jointe, le cas échéant, peuvent, lorsqu'elles sont sur support papier, être reproduites sur microfilms ou sur un support optique non réinscriptible.

[D. 755-99, a. 6].

49.1. Les données qui forment les réquisitions d'inscription et les documents transmis sur support électronique au bureau de la publicité des droits doivent être conservées telles que reçues.

Elles peuvent cependant être transférées sur un support optique non réinscriptible, afin de protéger les données reçues, notamment contre des altérations accidentelles.

[D. 755-99, a. 6].

49.2. Une copie de sauvegarde des microfilms ou des disques optiques doit être entreposée ailleurs qu'au bureau de la publicité des droits.

[D. 755-99, a. 6].

The name of the signatory resulting from the verification of his identity and, if applicable, the name of the person on whose behalf the application for registration was transmitted shall appear on the hard copy.

[O.C. 755-99, s. 5].

48. The registrar's signature may be affixed mechanically or by computer for the purposes of certifying a statement concerning rights entered in the register, a statement concerning a specific entry, or a copy of a document forming part of the records of the registry office.

Chapter VII ━━ Conservation, Reproduction and Transfer

49. An application for registration and any supporting document may, where they are in paper from, be reproduced on microfilm or on a non-rewritable optical medium.

[O.C. 755-99, s. 6].

49.1. The data constituting the applications for registration and documents transmitted in electronic form to the registry office shall be conserved as received.

They may however be transferred to a non-rewritable optical medium in order to protect the data received, in particular against accidental alterations.

[O.C. 755-99, s. 6].

49.2. A backup copy of the microfilm or optical disks shall be stored elsewhere than at the registry office.

[O.C. 755-99, s. 6].

50. Les inscriptions radiées ainsi que les inscriptions qui visent la radiation d'une inscription peuvent être transférées sur un support magnétique ou optique non réinscriptible.

[D. 755-99, a. 6].

50. Cancelled entries or entries cancelling other entries may be transferred to a magnetic or non-rewritable optical medium.

[O.C. 755-99, s. 6].

Chapitre VIII —— Dispositions diverses

51. (*Abrogé*).

[D. 444-98, a. 24].

52. Le bureau où est tenu le registre est ouvert tous les jours, excepté les samedis et les jours visés à l'article 6 du *Code de procédure civile* (chapitre C-25).

Les heures de présentation des réquisitions sont de 9 h à 15 h; celles de consultation sur place ou par téléphone sont de 9 h à 16 h.

Malgré le deuxième alinéa, le bureau est ouvert de 9h00 à 10h00 les 24 et 31 décembre.

[D. 444-98, a. 25].

52.1. La consultation du registre à distance, faite à partir d'un écran de visualisation, est disponible de 8 h à 21 h tous les jours, excepté les samedis et les jours visés à l'article 6 du *Code de procédure civile* (chapitre C-25).

Les samedis, le registre peut être consulté à distance de 8 h à 17 h.

Malgré les premier et deuxième alinéas, le registre peut être consulté à distance de 9 h à 10 h les 24 et 31 décembre.

[D. 444-98, a. 26].

52.2. La réquisition d'inscription d'un droit visé à l'article 24 de la *Loi modifiant le Code civil et d'autres dispositions législatives relativement à la publicité des droits personnels et réels mobiliers et à la constitution d'hypothèques mobilières sans dépossession* (1998, c. 5) est faite sur

Chapter VIII —— Miscellaneous Provisions

51. (*Revoked*).

[O.C. 444-98, s. 24].

52. The office at which the register is kept shall be open every day, except Saturdays and the days referred to in article 6 of the *Code of Civil Procedure* (chapter C-25).

Applications may be presented from 9:00 a.m. to 3:00 p.m. The register may be examined at the registry office or through a telephone intermediary from 9:00 a.m. to 4:00 p.m.

Notwithstanding the second paragraph, the registry office shall be open from 9:00 a.m. to 10:00 a.m. on 24 and 31 December.

[O.C. 444-98, s. 25].

52.1. The register may be examined by remote by means of a display screen every day from 8:00 a.m. to 9:00 p.m., except Saturdays and the days referred to in article 6 of the *Code of Civil Procedure* (chapter C-25).

The register may be examined by remote on Saturdays, from 8:00 a.m. to 5:00 p.m.

Notwithstanding the first and second paragraphs, the register may be examined by remote on 24 and 31 December, from 9:00 a.m. to 10:00 a.m.

[O.C. 444-98, s. 26].

52.2. The application for registration of a right referred to in section 24 of the *Act to amend the Civil Code and other legislative provisions as regards the publication of personal and movable real rights and the constitution of movable hypothecs without delivery* (1998, c. 5) shall be made on the

le formulaire RZ « Réquisition d'inscription d'une réserve de propriété, des droits résultant d'un bail ou de certains autres droits — Droit transitoire ».

Toutefois, cette réquisition est faite sur le formulaire RD « Réquisition d'inscription d'une réserve de propriété, des droits résultant d'un bail ou de certains autres droits » lorsque l'inscription du droit est requise en vertu de l'article 2961.1 du Code civil.

[D. 907-99, a. 5].

53. (*Omis*).

form RZ "Application for registration of a reservation of ownership, rights under a lease or certain other rights - Transitional law".

Notwithstanding the foregoing, the application shall be made on the form RD "Application for registration of a reservation of ownership, rights under a lease or certain other rights" where registration of the right is required under article 2961.1 of the Civil Code.

[O.C. 907-99, s. 5].

53. (*Omitted*).

ANNEXE I

(a. 23)

Registre des droits personnels et réels mobiliers
Québec

RÉQUISITION D'INSCRIPTION
D'UNE HYPOTHÈQUE MOBILIÈRE
Formulaire RH — Page 1

NATURE

1- Cocher une seule case
a ☐ Hypothèque conventionnelle sans dépossession
b ☐ Hypothèque conventionnelle avec dépossession (gage)
c ☐ Hypothèque ouverte
d ☐ Hypothèque légale de l'État ou d'une personne morale de droit public
e ☐ Hypothèque légale résultant d'un jugement
f ☐ Renouvellement de la publicité d'une hypothèque

g ☐ Renouvellement sur un meuble nouveau
h ☐ Renouvellement sur de nouvelles actions
i ☐ Report sur le bien offert ou consigné
j ☐ Report sur le bien acquis en remplacement
k ☐ Affectation d'un bien à une hypothèque légale

D.E.E.

2- DATE EXTRÊME D'EFFET DE L'INSCRIPTION
Année Mois Jour
Nota: L'inscription pourra être radiée le lendemain de cette date sans présentation d'une réquisition à cet effet

PARTIES

① TITULAIRE Consulter les directives
4- Nom
5- Prénom
6- Date de naissance (Année Mois Jour)
3- Numéro d'avis d'adresse
7- Nom de l'organisme
8- Adresse (numéro, rue, ville, province)
9- Code postal
Au besoin, utiliser les annexes AP ou AD

② CONSTITUANT Consulter les directives
10- Nom
11- Prénom
12- Date de naissance (Année Mois Jour)
13- Nom de l'organisme
14- Adresse (numéro, rue, ville, province)
15- Code postal
Au besoin, utiliser les annexes AP ou AD
S'il y a lieu, cocher ☐ état certifié des droits, expédié aussi par ☐ télécopieur ☐ messagerie électronique

BIENS

VÉHICULE ROUTIER Consulter les directives
16- Catégorie 17- Numéro d'identification 18- Année 19- Description
Au besoin, utiliser l'annexe AV
S'il y a lieu, cocher ☐ état certifié des droits, expédié aussi par ☐ télécopieur ☐ messagerie électronique

20- AUTRES BIENS
Au besoin, utiliser l'annexe AG

21- Somme de l'hypothèque Consulter les directives

22- Référence à la loi créant l'hypothèque 23- Cause de la créance

MENTIONS

RÉFÉRENCE À L'INSCRIPTION VISÉE AU REGISTRE DES DROITS PERSONNELS ET RÉELS MOBILIERS
24- Numéro ① Au besoin, utiliser l'annexe AI
25- S'il y a lieu, cocher une case
a ☐ L'hypothèque est consentie pour garantir le paiement d'obligations ou autres titres d'emprunt (article 2692 C.c.Q.)
b ☐ L'hypothèque est consentie en garantie d'un droit viager
RÉFÉRENCE À L'ACTE CONSTITUTIF
26- Forme de l'acte Cocher une seule case a ☐ Sous seing privé b ☐ Notarié en minute c ☐ Notarié en brevet d ☐ Jugement
27- Date (Année Mois Jour)
28- Lieu ou district judiciaire
29- N° de minute ou de dossier 30- Nom et prénom du notaire ou du tribunal
31- AUTRES MENTIONS
Au besoin, utiliser l'annexe AG

SIGNATURE

Le signataire requiert l'inscription du présent avis.
32- Nom du signataire
33- X Signature

[D. 907-99, a. 6].

1234

SCHEDULE I
(s. 23)

Gouvernement du Québec
Ministère de la Justice
Register of personal and movable real rights

APPLICATION FOR REGISTRATION
OF A MOVABLE HYHPOTHEC
Form RH — Page 1

NATURE

1- Check one

a Conventional hypothec without delivery
b Conventional hypothec with delivery (pledge)
c Floating hypothec
d Legal hypothec of the State or of a legal person established in the public interest
e Legal hypothec under a judgment
f Renewal of publication of a hypothec

g Renewal on a new movable
h Renewal on new shares
j Extension of hypothec on property tendered or deposited
j Extension of hypothec on property acquired as a replacement
k Charging of property with legal hypothec

DIRECT

2- DATE AFTER WHICH REGISTRATION CEASES TO BE EFFECTIVE   Note - Registration may be cancelled on the day following this date without presentation of an application to that effect

Year   Month   Day

PARTIES

① HOLDER   See instructions

4- Surname   5- Given name   3- Notice of address number

6- Date of birth
Year   Month   Day

7- Name of organization or government agency

8- Address (no., street, municipality, province)   9- Postal code

If necessary, use Annex AP or AD

② GRANTOR   See Instructions

10- Surname   11- Given name   12- Date of birth
Year   Month   Day

13- Name of organization or government agency

14- Address (no., street, municipality, province)   15- Postal code

If necessary, use Annex AP or AD | Where applicable, check ☐ certified statement of rights, also sent by ☐ fax ☐ e-mail

PROPERTY

ROAD VEHICLE   See instructions

16- Class   17- Identification number   18- Year   19- Description
①

If necessary, use Annex AV | Where applicable, check ☐ certified statement of rights, also sent by ☐ fax ☐ e-mail

20- OTHER PROPERTY

If necessary, use Annex AG

21- Sum of hypothec   See Instructions

22- Reference to legislation granting hypothec   23- Cause of claim

PARTICULARS

REFERENCE TO REGISTRATION IN THE REGISTER OF PERSONAL AND MOVABLE REAL RIGHTS
24- Entry no. ①   If necessary, use Annex AI
25- Where applicable, check one
a The hypothec is granted to secure payment of bonds or other titles of indebtedness (C.c.Q., art. 2692).
b The hypothec is granted to secure a right ending at death.

REFERENCE TO CONSTITUTING ACT
26- Form of act   Check one   a Private writing   b Notarial act en minute   c Notarial act en brevet   d Judgment
27- Date   28- Place or judicial district
Month   Day
29- No. of minute or record   30- Full name of notary or name of court

31- OTHER PARTICULARS

If necessary, use Annex AG

SIGNATURE

The undersigned hereby requests that this notice be registered.   Form no.

32- Name of person signing

33- X   Signature

· 3H-177-97 (01)

[O.C. 907-99, s. 6].

1235

ANNEXE II

(a. 23)

Registre
des droits personnels
et réels mobiliers
Québec 🔲🔲

RÉQUISITION D'INSCRIPTION D'UNE RÉSERVE DE
PROPRIÉTÉ, DES DROITS RÉSULTANT D'UN BAIL OU DE
CERTAINS AUTRES DROITS
Formulaire RD — Page 1

1-NATURE *Cocher une seule case*

a ☐ Réserve de propriété (vente à tempérament)
b ☐ Droits résultant d'un bail
c ☐ Faculté de rachat (vente à réméré)
d ☐ Droits de propriété du crédit-bailleur

e ☐ Réserve de propriété et cession de la réserve
f ☐ Droits résultant d'un bail et cession des droits
g ☐ Faculté de rachat et cession de la faculté de rachat
h ☐ Droits de propriété du crédit-bailleur et cession

2-INSCRIPTION GLOBALE

a ☐ Cocher cette case, s'il y a lieu, pour que l'inscription vaille aussi à l'égard des droits de même nature consentis ultérieurement à l'inscription (article 2961.1 Code civil).

3- DATE EXTRÊME D'EFFET DE L'INSCRIPTION   *Note: L'inscription pourra être radiée le lendemain de cette date sans présentation d'une réquisition à cet effet*

Année   Mois   Jour

① **4-** *Cocher une seule case* a ☐ Vendeur b ☐ Locateur c ☐ Crédit-bailleur   *Consulter les directives* **5-** N° d'avis d'adresse

6- Nom	7- Prénom	8- Date de naissance
		Année Mois Jour

9- Nom de l'organisme

10- Adresse (numéro, rue, ville, province)	11- Code postal

Au besoin, utiliser les annexes AP ou AD

② **12-** *Cocher une seule case* d ☐ Acheteur e ☐ Locataire f ☐ Crédit-preneur   *Consulter les directives*

13- Nom	14- Prénom	15- Date de naissance
		Année Mois Jour

16- Nom de l'organisme

17- Adresse (numéro, rue, ville, province)	18- Code postal

Au besoin, utiliser les annexes AP ou AD   *S'il y a lieu, cocher* ☐ état certifié des droits, expédié aussi par ☐ télécopieur ☐ messagerie électronique

③ **CESSIONNAIRE**   *Consulter les directives*   **19-** N° d'avis d'adresse

20- Nom	21- Prénom	22- Date de naissance
		Année Mois Jour

23- Nom de l'organisme

24- Adresse (numéro, rue, ville, province)	25- Code postal

Au besoin, utiliser les annexes AP ou AD

VÉHICULE ROUTIER   *Consulter les directives*

26- Catégorie   **27- Numéro d'identification**   **28- Année**   **29- Description**
①

Au besoin, utiliser l'annexe AV   *S'il y a lieu, cocher* ☐ état certifié des droits, expédié aussi par ☐ télécopieur ☐ messagerie électronique

30- AUTRES BIENS

Au besoin, utiliser l'annexe AG

RÉFÉRENCE À L'ACTE CONSTITUTIF

31- Forme de l'acte *Cocher une seule case* a ☐ Sous seing privé b ☐ Notarié en minute c ☐ Notarié en brevet

32- Date   **33-** Lieu
Année Mois Jour

34- N° de minute   **35-** Nom et prénom du notaire

36- ÉTENDUE DE LA CESSION *Cocher une seule case, s'il y a lieu*
a ☐ Cession de tous les droits b ☐ Cession d'une partie des droits

37- AUTRES MENTIONS

Au besoin, utiliser l'annexe AG

Le signataire requiert l'inscription du présent avis.

38- Nom du signataire

39- X
Signature

[D. 907-99, a. 6].

SCHEDULE II

(s. 23)

Gouvernement du Québec
Ministère de la Justice
Register of personal and movable real rights

APPLICATION FOR REGISTRATION OF A
RESERVATION OF OWNERSHIP,
RIGHTS UNDER A LEASE
OR CERTAIN OTHER RIGHTS
Form RD — Page 1

NATURE

1- NATURE *Check one*

a	Reservation of ownership (instalment sale)	e	Reservation of ownership and transfer of the reservation of ownership
b	Rights under a lease	f	Rights under a lease and transfer of rights
c	Right of redemption	g	Right of redemption and transfer of the right of redemption
d	Rights of ownership of the lessor (leasing)	h	Rights of ownership of the lessor (leasing) and transfer

2- SINGLE REGISTRATION

a   Check, where the registration is to apply to rights of the same nature granted subsequently to the registration (C.C.Q., art. 2961.1).

D.R.C.E.

3- DATE AFTER WHICH REGISTRATION CEASES TO BE EFFECTIVE   *Note: Registration may be cancelled on the day following this date without presentation of an application to that effect.*

Year   Month   Day

PARTIES

① **4- Check one** a Seller b Lessor (Lease) c Lessor (Leasing)   *See instructions*   5- Notice of address no.

6- Surname   7- Given Name   8- Date of birth

Year   Month   Day

9- Name of organization or government agency

10- Address (no., street, municipality, province)   11- Postal code

If necessary, use Annex AP or AD

② **12- Check one** d Buyer e Lessee (Lease) f Lessee (Leasing)   *See instructions*

13- Surname   14- Given Name   15- Date of birth

Year   Month   Day

16- Name of organization or government agency

17- Address (no., street, municipality, province)   18- Postal code

If necessary, use Annex AP or AD   Where applicable, check   certified statement of rights, also sent by   fax   e-mail

③ **TRANSFEREE**   *See instructions*   19- Notice of address no.

20- Surname   21- Given name   22- Date of birth

Year   Month   Day

23- Name of organization or government agency

24- Address (no., street, municipality, province)   25- Postal code

If necessary, use Annex AP or AD

PROPERTY

ROAD VEHICLE   *See instructions*

26- Class   27- Identification no.   28- Year   29- Description

If necessary, use Annex AV   Where applicable, check   certified statement of rights, also sent by   fax   e-mail

30- OTHER PROPERTY

If necessary, use Annex AG

PARTICULARS

REFERENCE TO CONSTITUTING ACT

31- Form of act   *Check one*   a Private writing   b Notarial act *en minute*   c Notarial act *en brevet*

32- Date   33- Place

Year   Month   Day

34- No. of minute   35- Full name of notary

36- EXTENT OF THE TRANSFER   *Check one, where applicable*

a   Transfer of all the rights   b   Transfer of a part of the rights

37- OTHER PARTICULARS

If necessary, use Annex AG

SIGNATURE

The undersigned hereby requests that this notice be registered

38- Name of person signing   Form No.

39- X   Signature

[O.C. 907-99, s. 6].

ANNEXE III

(a. 23)

Gouvernement du Québec
Ministère de la Justice
Registre des droits personnels et réels mobiliers

RÉQUISITION D'INSCRIPTION D'UNE RÉSERVE DE PROPRIÉTÉ, DES DROITS RÉSULTANT D'UN BAIL OU DE CERTAINS AUTRES DROITS - DROIT TRANSITOIRE
Formulaire RZ — Page 1

NATURE

1- Cocher une *seule* case

a Réserve de propriété (vente à tempérament)
b Droits résultant d'un bail
c Faculté de rachat (vente à réméré)
d Droits de propriété du crédit-bailleur

e Réserve de propriété et cession de la réserve
f Droits résultant d'un bail et cession des droits
g Faculté de rachat et cession de la faculté de rachat
h Droits de propriété du crédit-bailleur et cession

i Stipulation d'insaisissabilité

D.E.E.

2- DATE EXTRÊME D'EFFET DE L'INSCRIPTION

Année   Mois   Jour

Note: L'inscription pourra être radiée le lendemain de cette date sans présentation d'une réquisition à cet effet.

PARTIES

① 3- Cocher une *seule* case   a Vendeur b   Locateur c   Crédit-bailleur d   Stipulant

Consulter les directives
4- N° d'avis d'adresse

5- Nom   6- Prénom   7- Date de naissance

Année   Mois   Jour

8- Nom de l'organisme

9- Adresse (numéro, rue, ville, province)   10- Code postal

Au besoin, utiliser les annexes AP ou AD

② 11- Cocher une *seule* case e   Acheteur f   Locataire g   Crédit-preneur h   Bénéficiaire   Consulter les directives
12- Nom   13- Prénom   14- Date de naissance

Année   Mois   Jour

15- Nom de l'organisme

16- Adresse (numéro, rue, ville, province)   17- Code postal

Au besoin, utiliser les annexes AP ou AD.   s'il y a lieu, cocher   état certifié des droits, expédié aussi par   télécopieur   messagerie électronique

③ CESSIONNAIRE   Consulter les directives
19- Nom   20- Prénom   18- N° d'avis d'adresse
21- Date de naissance

Année   Mois   Jour

22- Nom de l'organisme

23- Adresse (numéro, rue, ville, province)   24- Code postal

Au besoin, utiliser les annexes AP ou AD

BIENS

VÉHICULE ROUTIER   Consulter les directives
25- Catégorie   26- Numéro d'identification   27- Année   28- Description

Au besoin, utiliser l'annexe AV   s'il y a lieu, cocher   état certifié des droits, expédié aussi par   télécopieur   messagerie électronique
29- AUTRES BIENS

Au besoin, utiliser l'annexe AG

MENTIONS

RÉFÉRENCE À L'ACTE CONSTITUTIF
30- Forme de l'acte   Cocher une seule case   a   Sous seing privé   b   Notarié en minute   c   Notarié en brevet   d   Jugement
31- Date   32- Lieu ou district judiciaire

Année   Mois   Jour

33- N° de minute, ou de dossier   34- Nom et prénom du notaire ou tribunal

35- ÉTENDUE DE LA CESSION   Cocher une seule case, s'il y a lieu
a   Cession de tous les droits   b   Cession d'une partie des droits
36- AUTRES MENTIONS

Au besoin, utiliser l'annexe AG

SIGNATURE

Le signataire requiert l'inscription du présent avis.
37- Nom du signataire   Numéro du formulaire

38- X

Signature

[D. 907-99, a. 6].

SCHEDULE III

(s. 23)

Gouvernement du Québec Ministère de la Justice **Register of personal and movable real rights**	**APPLICATION FOR REGISTRATION OF A RESERVATION OF OWNERSHIP, RIGHTS UNDER A LEASE OR CERTAIN OTHER RIGHTS — TRANSITIONAL LAW** Form RZ — Page 1

1- Check one

NATURE

a Reservation of ownership (instalment sale)

b Rights under a lease

c Right of redemption

d Rights of ownership of the lessor

    i Stipulation of unseizability

e Reservation of ownership and transfer of the reservation of ownership

f Rights under a lease and transfer of rights

g Right of redemption and transfer of the right of redemption

h Rights of ownership of the lessor and transfer

D.R.C.E.

3- DATE AFTER WHICH REGISTRATION CEASES TO BE EFFECTIVE *Note: Registration may be cancelled on the day following this date without presentation of an application to that effect*

Year   Month   Day

PARTIES

① **3- Check one** a Seller b Lessor (Lease) c Lessor (Leasing) d Stipulator *See instructions* **4- Notice of address n°**

5- Surname   **6-** Given Name   **7-** Date of birth

Year   Month   Day

8- Name of organization or government agency

9- Address (no., street, municipality, province)   **10-** Postal code

If necessary, use Annex AP or AD

② **11- Check one** e Buyer f Lessee (Lease) g Lessee (Leasing) h Beneficiary *See instructions*

12- Surname   **13-** Given Name   **14-** Date of birth

Year   Month   Day

15- Name of organization or government agency

16- Address (no., street, municipality, province)   **17-** Postal code

If necessary, use Annex AP or AD Where applicable, check certified statement of rights. Also sent by fax e-mail

③ **TRANFEREE** *See instructions* **18-** Notice of address no.

19- Surname   **20-** Given name   **21-** Date of birth

Year   Month   Day

22- Name of organization or government agency

23- Address (no., street, municipality, province)   **24-** Postal code

If necessary, use Annex AP or AD

PROPERTY

ROAD VEHICULE *See instructions*

25- Class **26-** Identification no. **27-** Year **28-** Description

If necessary, use Annex AV Where applicable, check certified statement of rights. Also sent by fax e-mail

29- OTHER PROPERTY

If necessary, use Annex AG

PARTICULARS

REFERENCE TO CONSTITUTING ACT

30- Form of act Check one a Private writing b Notarial act en minute c Notarial act en brevet d Judgment

31- Date **32-** Place or judicial district

Year   Month   Day

33- No. of minute or record **34-** Full name of notary or name of court

35- EXTENT OF THE TRANSFER Check one, where applicable

a Transfer of all the rights b Transfer of a part of the rights

36- OTHER PARTICULARS

If necessary, use Annex AG

SIGNATURE

The undersigned hereby requests that this notice be registered.

37- Name of person signing   Form No.

38- X   Signature

[O.C. 907-99, s. 6].

ANNEXE IV

(a. 23)

Registre
des droits personnels
et réels mobiliers
Québec ✚✚

**RÉQUISITION D'INSCRIPTION
DE NATURE MATRIMONIALE**
Formulaire RM --- Page 1

NATURE

1- Cocher une seule case

MARIAGE   a ☐ Contrat de mariage   b ☐ Modification d'un contrat de mariage ou d'un régime matrimonial

JUGEMENT   c ☐ Séparation de corps   d ☐ Séparation de biens   e ☐ Nullité de mariage   f ☐ Divorce

RENONCIATION   g ☐ Partage de la valeur des acquêts   h ☐ Partage de la valeur du patrimoine familial   i ☐ Communauté de biens

ANNULATION D'UNE RENONCIATION   j ☐ Partage de la valeur des acquêts   k ☐ Partage de la valeur du patrimoine familial
l ☐ Communauté de biens

PARTIES

① **3- Cocher une seule case**   a ☐ Époux   b ☐ Époux renonçant   e ☐ Époux décédé   *Consulter les directives*

3- Nom | 4- Prénom | 5- Date de naissance

6- Adresse (numéro, rue, ville, province) | 7- Code postal

Année   Mois   Jour

S'il y a lieu, cocher ☐ état certifié des droits, expédié aussi par ☐ télécopieur ☐ messagerie électronique

③ **8- Cocher une seule case**   c ☐ Épouse   d ☐ Épouse renonçante   f ☐ Épouse décédée   *Consulter les directives*

9- Nom | 10- Prénom | 11- Date de naissance

12- Adresse (numéro, rue, ville, province) | 13- Code postal

Année   Mois   Jour

Au besoin, utiliser l'annexe AP   S'il y a lieu, cocher ☐ état certifié des droits, expédié aussi par ☐ télécopieur ☐ messagerie électronique

MENTIONS

14- CHOIX DU RÉGIME   Cocher une seule case

a ☐ Séparation de biens   b ☐ Société d'acquêts   c ☐ Communauté de biens

d ☐ Autre, préciser

15- OBJET DE LA MODIFICATION(autre que celle du régime matrimonial)

Au besoin, utiliser l'annexe AG

RÉFÉRENCE AU CONTRAT DE MARIAGE ANTÉRIEUR   *Remplir une seule des sections a, b ou c*

a- Contrat de mariage inscrit au registre des droits personnels et réels mobiliers,

16- Numéro

b- Contrat de mariage antérieur au 1er juillet 1970,

17- Numéro de minute | 18- Date

Année   Mois   Jour

19- Nom et prénom du notaire

c- Sans contrat de mariage,

20- Date du mariage | 21- Lieu

Année   Mois   Jour

CONJOINT DU RENONÇANT OU DU DÉFUNT

22- Nom et prénom

RÉFÉRENCE À L'INSCRIPTION DE LA RENONCIATION ANNULÉE   *Remplir la rubrique 23 ou les rubriques 24 et 25*

23- Numéro au registre des droits personnels et réels mobiliers

24- Numéro | 25- Circonscription foncière

RÉFÉRENCE À L'ACTE CONSTITUTIF

26- Forme de l'acte   Cocher une seule case   a ☐ Notarié en minute   b ☐ Jugement

27- Date | 28- Lieu ou district judiciaire

Année   Mois   Jour

29- N° de minute ou de dossier | 30- Nom et prénom du notaire ou tribunal

31- AUTRES MENTIONS

Au besoin, utiliser l'annexe AG

SIGNATURE

Le signataire requiert l'inscription du présent avis.

32- Nom du signataire

33- X

Signature

[D. 907-99, a. 6].

SCHEDULE IV
(s. 23)

Gouvernement du Québec
Ministère de la Justice
Register of personal and movable real rights

APPLICATION FOR A
MATRIMONIAL REGISTRATION
Form RM — Page 1

1- Check one

NATURE

| MARRIAGE | a Marriage contract | b Change in marriage contract or matrimonial regime |

| JUGMENT | c Separation from bed and board | d Separation as to property | e Nullity of marriage | f Divorce |

| RENONCIATION | g Partition of value of acquests | h Partition of value of family patrimony | i Community of property |

| ANNULMENT OF A RENUNCIATION | | j Partition of value of acquests | k Partition of value of family patrimony |
| | l Community of property |

PARTIES

① **2- Check one**   a Husband   b Renouncing husband   c Husband deceased   *See instructions*

3- Surname   4- Given name   5- Date of birth

6- Address (no., street, municipality, province)   7- Postal code

Where applicable, check ☐ certified statement of rights, also sent by ☐ fax ☐ e-mail

② **8- Check one**   e Wife   d Renouncing wife   f Wife deceased   *See instructions*

9- Surname   10- Given name   11- Date of birth

12- Address (no., street, municipality, province)   13- Postal code

If necessary, use Annex AP

Where applicable, check ☐ certified statement of rights, also sent by ☐ fax ☐ e-mail

PARTICULARS

14- REGIME CHOSEN   *Check one*

a Separation as to property   b Partnership of acquests   c Community of property

d Other (specify)

15- OBJECT OF CHANGE   (other than change of matrimonial regime)

If necessary, use Annex AG

REFERENCE TO PREVIOUS MARRIAGE CONTRACT   *Fill in a, b or c*

a- Marriage contract registered in the Register of personal and real rights
16- Number of entry
b- Marriage contract signed prior to 1 July 1970
17- Minute number   18- Date   Year   Month   Day

19- Full name of notary
c- No marriage contract
20- Date of marriage   Year   Month   Day   21- Place

SPOUSE OF PERSON RENOUNCING OR SPOUSE OF DECEASED

22- Full name

REFERENCE TO REGISTRATION OF ANNULLED RENUNCIATION   *Fill in space 23 or spaces 24 and 25*

23- Number of entry in the Register of personal and movable real rights
24- Number   25- Registration division

REFERENCE TO CONSTITUTING ACT

26- Forms of act   *Check one*   Notarial act *en minute*   Judgment
27- Date   Year   Month   Day   28- Place or judicial district
29- No. of minute or record   30- Full name of notary or name of court

31- OTHER PARTICULARS

If necessary, use Annex AG

SIGNATURE

The undersigned hereby requests that this notice be registered.

32- Name of person signing   Form no.

33- X   Signature

[O.C. 907-99, s. 6].

ANNEXE V

(a. 23)

Registre
des droits personnels
et réels mobiliers
Québec

RÉQUISITION GÉNÉRALE
D'UNE INSCRIPTION
Formulaire RG — Page 1

NATURE
Indiquer une seule nature de droit
1- Nature

D.E.E.
2- DATE EXTRÊME D'EFFET DE L'INSCRIPTION
Année Mois Jour
Note : L'inscription pourra être radiée le lendemain de cette date sans présentation d'une réquisition à cet effet

① Consulter les directives

4- Cocher une seule case a ☐ Titulaire b ☐ Constituant c ☐ Autre, préciser
3- N° d'avis d'adresse

5- Nom
6- Prénom
7- Date de naissance
Année Mois Jour

8- Nom de l'organisme

9- Adresse (numéro, rue, ville, province)
10- Code postal

S'il y a lieu, cocher ☐ état certifié des droits, expédié aussi par ☐ télécopieur ☐ messagerie électronique

② Consulter les directives

12- Cocher une seule case a ☐ Titulaire b ☐ Constituant c ☐ Autre, préciser
11- N° d'avis d'adresse

13- Nom
14- Prénom
15- Date de naissance
Année Mois Jour

16- Nom de l'organisme

17- Adresse (numéro, rue, ville, province)
18- Code postal

PARTIES

Au besoin, utiliser les annexes AP ou AD
S'il y a lieu, cocher ☐ état certifié des droits, expédié aussi par ☐ télécopieur ☐ messagerie électronique

VÉHICULE ROUTIER   Consulter les directives
19- Catégorie 20- Numéro d'identification 21- Année 22- Description
①

Au besoin, utiliser l'annexe AV
S'il y a lieu, cocher ☐ état certifié des droits, expédié aussi par ☐ télécopieur ☐ messagerie électronique

BIENS

23- AUTRES BIENS

Au besoin, utiliser l'annexe AG

24- Montant

RÉFÉRENCE À L'INSCRIPTION VISÉE AU REGISTRE DES DROITS PERSONNELS ET RÉELS MOBILIERS
25- Numéro ① ②
Au besoin, utiliser l'annexe AI

RÉFÉRENCE À L'ACTE CONSTITUTIF
26- Forme de l'acte   Cocher une seule case
a ☐ Sous seing privé b ☐ Notarié en minute c ☐ Notarié en brevet d ☐ Jugement
e ☐ Autre, préciser

MENTIONS

27- Date
Année Mois Jour
28- Lieu ou district judiciaire

29- N° de minute ou de dossier 30- Nom et prénom du notaire, tribunal ou nom et prénom des témoins

31- AUTRES MENTIONS

Au besoin, utiliser l'annexe AG

SIGNATURE
Le signataire requiert l'inscription du présent avis.
32- Nom du signataire

33- X
Signature

[D. 907-99, a. 6].

SCHEDULE V

(s. 23)

▲ Gouvernement du Québec Ministère de la Justice **Register of personal and movable real rights**	**GENERAL APPLICATION FOR REGISTRATION** Form **RG** — Page 1

NATURE — *Indicate one nature of right*

1- Nature

2- DATE AFTER WHICH REGISTRATION CEASES TO BE EFFECTIVE Note : *Registration may be cancelled on the day following this date without presentation of an application to that effect.*

Year   Month   Day

PARTIES

① *See instructions*

4- Check one   a   Holder   b   Grantor   c   Other (specify)   3- Notice of address no.

5- Surname   6- Given name

7- Date of birth

8- Name of organization or government agency   Year   Month   Day

9- Address (no., street, municipality, province)   10- Postal code

Where applicable, check ☐ certified statement of rights, also sent by ☐ fax ☐ e-mail

② *See instructions*   11- Notice of address no.

12- Check one   a   Holder   b   Grantor   c   Other (specify)

13- Surname   14- Given name

15- Date of birth

16- Name of organization or government agency   Year   Month   Day

17- Address (no., street, municipality, province)   18- Postal code

If necessary, use Annex AP or AD   Where applicable, check ☐ certified statement of rights, also sent by ☐ fax ☐ e-mail

---

PROPERTY

ROAD VEHICLE   *See instructions*

19- Class   20- Identification number   21- Year   22- Description
①

If necessary, use Annex AV   Where applicable, check ☐ certified statement of rights, also sent by ☐ fax ☐ e-mail

23- OTHER PROPERTY

If necessary, use Annex AG

PARTICULARS

24- Amount

REFERENCE TO REGISTRATION IN THE REGISTER OF PERSONAL AND MOVABLE REAL RIGHTS
25- Entry number   ①   ②   *If necessary, use annex AL*

REFERENCE TO CONSTITUTING ACT
26- Form of act   Check one
          a   Private writing   b   Notarial act en minute   c   Notarial act en brevet   d   Judgment
          e   Other (specify)

27- Date   28- Place or judicial district
Year   Month   Day

29- No. of minute or record   30- Full name of notary, name of court or full names of witnesses

31- OTHER PARTICULARS

If necessary, use Annex AG

SIGNATURE

The undersigned hereby requests that this notice be registered.   Form no.
          32- Name of person signing

33- X   Signature

[O.C. 907-99, s. 6].

ANNEXE VI
(a. 23)

Registre des droits personnels et réels mobiliers
Québec ✶✶

RÉQUISITION D'INSCRIPTION
D'UN PRÉAVIS D'EXERCICE
Formulaire RP — Page 1

NATURE

1- Nature du préavis   Cocher une seule case

a ☐ Préavis d'exercice d'un droit hypothécaire   b ☐ Préavis d'exercice des droits résultant d'une fiducie à titre onéreux
c ☐ Préavis d'exercice du droit de reprise du vendeur   d ☐ Préavis exigeant du vendeur l'exercice de la faculté de rachat
e ☐ Autre, préciser

PARTIES

①   Cocher une seule case   a ☐ TITULAIRE   b ☐ VENDEUR   Consulter les directives

2- Nom   3- Prénom   4- Date de naissance
    Année   Mois   Jour

5- Nom de l'organisme

6- Adresse (numéro, rue, ville, province)   7- Code postal

Au besoin, utiliser les annexes AP ou AD

②   Cocher une seule case   c ☐ CONSTITUANT   d ☐ ACHETEUR   Consulter les directives

8- Nom   9- Prénom   10- Date de naissance
    Année   Mois   Jour

11- Nom de l'organisme

12- Adresse (numéro, rue, ville, province)   13- Code postal

Au besoin, utiliser les annexes AP ou AD   S'il y a lieu, cocher ☐ état certifié des droits, expédié aussi par ☐ télécopieur ☐ messagerie électronique

BIENS

VÉHICULE ROUTIER   Consulter les directives

14- Catégorie   15- Numéro d'identification   16- Année   17- Description
①

Au besoin, utiliser l'annexe AV   S'il y a lieu, cocher ☐ état certifié des droits, expédié aussi par ☐ télécopieur ☐ messagerie électronique

18- AUTRES BIENS

Au besoin, utiliser l'annexe AG

MENTIONS

19- Droit dont l'exercice est projeté   Cocher une seule case

a ☐ Prise de possession à des fins d'administration   b ☐ Prise en paiement
c ☐ Vente par le créancier   d ☐ Vente sous contrôle de justice
e ☐ Autre, préciser

RÉFÉRENCE À L'INSCRIPTION VISÉE AU REGISTRE DES DROITS PERSONNELS ET RÉELS MOBILIERS

20- Numéro ①

RÉFÉRENCE AU PRÉAVIS

21- Forme de préavis   Cocher une seule case   a ☐ Sous seing privé   b ☐ Notarié en minute   c ☐ Notarié en brevet

22- Date   23- Lieu
Année   Mois   Jour

24- N° de minute   25- Nom et prénom du notaire

26- AUTRES MENTIONS

Au besoin, utiliser l'annexe AG
Le débiteur étant en défaut d'exécuter ses obligations, la titulaire a signifié un préavis d'exercice conformément aux dispositions de la loi.
Le préavis d'exercice ainsi que la preuve de sa signification sont produits avec la présente.

SIGNATURE

Le signataire requiert l'inscription du présent avis.

27- Nom du signataire

28- X
    Signature

[D. 907-99, a. 6].

SCHEDULE VI

(s. 23)

Gouvernement du Québec
Ministère de la Justice
**Register of personal and movable
real rights**

**APPLICATION FOR REGISTRATION
OF PRIOR NOTICE OF INTENTION**
Form RP — Page 1

NATURE

1- Nature of prior notice   Check one

- a   Prior notice of intention to exercise hypothecary right
- b   Prior notice of intention to exercise rights resulting from a trust by onerous title
- c   Prior notice of intention to exercise seller's right of repossession
- d   Prior notice requiring seller to exercise right of redemption
- e   Other (specify)

PARTIES

① - *Check one*   a ☐ Holder   b ☐ Seller   *See instructions*

2- Surname   3- Given name   **4- Date of birth**
Year   Month   Day

5- Name of organization or government agency

6- Address (no., street, municipality, province)   **7- Postal code**

If necessary, use Annex AP or AD

② - *Check one*   c ☐ Grantor   d ☐ Buyer   *See instructions*

8- Surname   9- Given name   **10- Date of birth**
Year   Month   Day

11- Name of organization or government agency

12- Address (no., street, municipality, province)   **13- Postal code**

If necessary, use Annex AP or AD   Where applicable, check ☐ certified statement of rights, also sent by ☐ fax ☐ e-mail

PROPERTY

ROAD VEHICLE   *See instructions*

14- Class   15- Identification number   16- Year   17- Description
①

If necessary, use Annex AV   Where applicable, check ☐ certified statement of rights, also sent by ☐ fax ☐ e-mail

18- OTHER PROPERTY

If necessary, use Annex AG

PARTICULARS

19- Right whose exercise is intended   Check one

- a   Taking possession for administrative purposes
- b   Taking in payment
- c   Sale by creditor
- d   Sale by judicial authority
- e   Other (specify)

REFERENCE TO REGISTRATION IN THE REGISTER OF PERSONAL AND MOVABLE REAL RIGHTS
20- Entry no.   ①

REFERENCE TO PRIOR NOTICE
21- Form of prior notice   Check one   a   Private writing   b   Notarial act *en minute*   c   Notarial act *en brevet*

22- Date   23- Place
Year   Month   Day

24- Minute number   25- Full name of notary

26- OTHER PARTICULARS

If necessary, use Annex AG

The debtor having failed to fulfil his obligations, the holder has served a prior notice of intention in accordance with the legislative provisions.
The prior notice of intention is filed with this application, along with proof of its service.

SIGNATURE

The undersigned hereby requests that this notice be registered.   Form no.

27- Name of person signing

28- X   Signature

RF 101 (97 02)

[O.C. 907-99, s. 6].

1245

ANNEXE VII

(a. 23)

Registre
des droits personnels
et réels mobiliers
Québec

RÉQUISITION D'INSCRIPTION
D'UNE RECTIFICATION
Formulaire RR — Page 1

NATURE

1- Cocher une seule case

a ☐ Rectification par une personne intéressée   b ☐ Rectification judiciaire

PARTIES

① Consulter les directives

2- Cocher une seule case   a ☐ Titulaire   b ☐ Constituant   c ☐ Autre, préciser _____

3- N° d'avis d'adresse

4- Nom _____   5- Prénom _____   6- Date de naissance
Année Mois Jour

7- Nom de l'organisme

8- Adresse (numéro, rue, ville, province) _____   9- Code postal

S'il y a lieu, cocher ☐ état certifié des droits, expédié aussi par ☐ télécopieur ☐ messagerie électronique

① Consulter les directives

10- Cocher une seule case   a ☐ Titulaire   b ☐ Constituant   c ☐ Autre, préciser _____

11- N° d'avis d'adresse

12- Nom _____   13- Prénom _____   14- Date de naissance
Année Mois Jour

15- Nom de l'organisme

16- Adresse (numéro, rue, ville, province) _____   17- Code postal

Au besoin, utiliser les annexes AP ou AD   S'il y a lieu, cocher ☐ état certifié des droits, expédié aussi par ☐ télécopieur ☐ messagerie électronique

MENTIONS

RÉFÉRENCE À L'INSCRIPTION VISÉE AU REGISTRE DES DROITS PERSONNELS ET RÉELS MOBILIERS
18- Numéro ①   Au besoin, utiliser l'annexe AI

RÉFÉRENCE AU JUGEMENT

19- Date _____   20- District judiciaire _____
Année Mois Jour

21- N° de dossier _____   22- Tribunal _____

23- OBJET DE LA RECTIFICATION

Au besoin, utiliser l'annexe AG

Si la rectification porte sur un véhicule routier, inscrire la description correcte ci-dessous :
24- Catégorie ①   25- Numéro d'identification   26- Année   27- Description

Au besoin, utiliser l'annexe AV   S'il y a lieu, cocher ☐ état certifié des droits, expédié aussi par ☐ télécopieur ☐ messagerie électronique

Si la rectification consiste à ramener à la baisse la date extrême d'effet de l'inscription, inscrire la date extrême d'effet corrigée ci-dessous :

28- DATE EXTRÊME D'EFFET DE L'INSCRIPTION _____   Note : L'inscription pourra être radiée le lendemain de cette date
Année Mois Jour   sans présentation d'une réquisition à cet effet

29- AUTRES MENTIONS

Au besoin, utiliser l'annexe AG

SIGNATURE

Le signataire requiert l'inscription du présent avis.
30- Nom et signature du signataire

[D. 907-99, a. 6].

SCHEDULE VII

(s. 23)

Gouvernement du Québec
Ministère de la Justice
Register of personal and movable real rights

APPLICATION FOR REGISTRATION
OF A CORRECTION
Form RR — Page 1

NATURE

1- Check one

a Correction by an interested person b Correction ordered by judgment

PARTIES

① See instructions

2- Check one a Holder b Grantor c Other (specify)
4- Surname 5- Given name

3- Notice of address number

6- Date of birth
Year Month Day

7- Name of organization or government agency

8- Address (no., street, municipality, province)

9- Postal code

Where applicable, check ☐ certified statement of rights, also sent by ☐ fax ☐ e-mail

② See instructions

10- Check one a Holder b Grantor c Other (specify)
12- Surname 13- Given name

11- Notice of address number

14- Date of birth
Year Month Day

15- Name of organization or government agency

16- Address (no., street, municipality, province)

17- Postal code

If necessary, use Annex AP or AD.

Where applicable, check ☐ certified statement of rights, also sent by ☐ fax ☐ e-mail

PARTICULARS

REFERENCE TO REGISTRATION IN THE REGISTER OF PERSONAL AND MOVABLE REAL RIGHTS
18- Entry No. ① If necessary, use Annex AI

REFERENCE TO JUDGMENT
19- Date 20- Judicial district
Year Month Day
21- Court record number 22- Court

23- OBJET OF CORRECTION

If necessary, use Annex AG
If the correction concerns a road vehicle, enter the corrected description below
24- Class 25- Identification number 26- Year 27- Description
①

If necessary, use Annex AV

Where applicable, check ☐ certified statement of rights, also sent by ☐ fax ☐ e-mail

If the correction brings forward the date after which registration ceases to be effective, enter the corrected description below

28- DATE AFTER WHICH REGISTRATION CEASES TO BE EFFECTIVE
Note : Registration may be cancelled on the day following this date
Year Month Day without presentation of an application to that effect

29- OTHER PARTICULARS

If necessary, use Annex AG

SIGNATURE

The undersigned hereby requests that this notice be registered.
30- Name and signature of person signing

Form no.

[O.C. 907-99, s. 6].

1247

ANNEXE VIII

(a. 23)

Registre des droits personnels et réels mobiliers
Québec

RÉQUISITION D'INSCRIPTION D'UNE ADRESSE
Formulaire RA — Page 1

NATURE

1- Cocher une seule case et remplir la section correspondante

a ☐ Inscription d'adresse à des fins de notification   b ☐ Changement de nom ou d'adresse de notification

c ☐ Inscription d'un numéro d'avis d'adresse ultérieure à l'inscription du droit visé   d ☐ Rectification

BÉNÉFICIAIRE

Consulter les directives

2- Nom   3- Prénom   4- Date de naissance (Année Mois Jour)

5- Nom de l'organisme

6- Adresse (numéro, rue, ville, province)   7- Code postal

OBJET DE L'INSCRIPTION

A- INSCRIPTION D'ADRESSE À DES FINS DE NOTIFICATION   *Remplir la section RÉFÉRENCES*

ADRESSE DE NOTIFICATION

8- Adresse   9- Code postal   10- Numéro de télécopieur

B- CHANGEMENT DE NOM OU D'ADRESSE DE NOTIFICATION

11- Numéro d'avis d'adresse

Changement de nom   *Remplir les rubriques 12, 13, 14, 16, 17, 18 ou 15, 19*

Ancien nom

12- Nom   13- Prénom   14- Date de naissance (Année Mois Jour)

15- Nom de l'organisme

Nouveau nom

16- Nom   17- Prénom   18- Date de naissance (Année Mois Jour)

19- Nom de l'organisme

Changement d'adresse de notification   *Remplir les rubriques 20 à 25*

Ancienne adresse

20- Adresse   21- Code postal   22- Numéro de télécopieur

Nouvelle adresse

23- Adresse   24- Code postal   25- Numéro de télécopieur

C- INSCRIPTION D'UN NUMÉRO D'AVIS D'ADRESSE ULTÉRIEURE À L'INSCRIPTION DU DROIT VISÉ

26- Numéro d'avis d'adresse   *Remplir la section RÉFÉRENCES*

D- RECTIFICATION   *Remplir a ou b*

a- D'un numéro d'inscription

27- Numéro d'inscription erroné

28- Numéro d'inscription exact

29- Numéro d'avis d'adresse visé

b- D'un numéro d'avis d'adresse   *Remplir la section RÉFÉRENCES*

30- Numéro d'avis d'adresse erroné   31- Numéro d'avis d'adresse exact

RÉFÉRENCES

32- NUMÉRO D'INSCRIPTION OU DE FORMULAIRE

①   ②   ③   ④

⑤   ⑥   ⑦   ⑧

Au besoin, utiliser l'annexe AI

Le signataire requiert l'inscription du présent avis.

SIGNATURE

33- Nom du signataire

34- X   Signature

[D. 907-99, a. 6].

SCHEDULE VIII
(s. 23)

Gouvernement du Québec
Ministère de la Justice
**Register of personal and movable
real rights**

**APPLICATION FOR REGISTRATION
OF AN ADDRESS**
Form RA — Page 1

NATURE	1- *Check one and fill in the corresponding section* a Registration of address for notification purposes c Registration of notice of address number following registration of the right in question b Change of name or of address for notification d Correction *See Instructions*

BENEFICIARY

2- Surname   3- Given name   4- Date of birth   Year Month Day

5- Name of organization or government agency

6- Address (no., street, municipality, province)   7- Postal code

OBJECT OF REGISTRATION

A- REGISTRATION OF ADDRESS FOR NOTIFICATION PURPOSES   *Fill in the References section*

ADDRESS FOR NOTIFICATION

8- Address   9- Postal code   10- Fax number

B- CHANGE OF NAME OR OF ADDRESS FOR NOTIFICATION

11- Notice of address number

Change of name   *Fill in spaces 12, 13, 14, 15, 17, 18 or 15, 19*

Former name
12- Surname   13- Given name   14- Date of birth   Year Month Day

15- Name of organization or government agency

New name
16- Surname   17- Given name   18- Date of birth   Year Month Day

19- Name of organization or government agency

Change of address for notification   *Fill in spaces 20 à 25*

Previous address
20- Address   21- Postal code   22- Fax number

New address
23- Address   24- Postal code   25- Fax number

C- REGISTRATION OF NOTICE OF ADDRESS NUMBER FOLLOWING REGISTRATION OF THE RIGHT IN QUESTION

26- Notice of address number   *Fill in the References section*

D- CORRECTION   *Fill in a or b*

a- Of a registration number
27- Incorrect registration number
28- Correct registration number

29- Notice of address number in question

b- Of a notice of address number   *Fill in the References section*
30- Incorrect notice of address number   31- Correct notice of address number

REFERENCES

32- **REGISTRATION NUMBER OR FORM NUMBER**

①   ②   ③   ④
⑤   ⑥   ⑦   ⑧
If necessary, use Annex AI

SIGNATURE

The undersigned hereby requests that this notice be registered.

33- Name of person signing   Form no.

34- X   Signature

[O.C. 907-99, s. 6].

ANNEXE IX

(a. 23)

Registre
des droits personnels
et réels mobiliers
Québec 🔳🔳

RÉQUISITION D'INSCRIPTION
D'UNE RADIATION VOLONTAIRE
Formulaire RV — Page 1

1- TITULAIRE
Désigner la personne qui consent à la radiation.
- S'il y a lieu, expliquer le changement de titulaire et produire la pièce justificative requise.
- S'il y a représentation, indiquer le nom et la qualité du représentant de même que la nature de la pièce justificative en vertu de laquelle il agit.

PARTIES

Au besoin, utiliser l'annexe AG

2- CONSTITUANT
Indiquer le nom du constituant

Au besoin, utiliser l'annexe AG

Remplir les rubriques 3 et 4 ou 5 et 6

QUITTANCE TOTALE - Le titulaire avise l'officier de la publicité qu'il a été entièrement payé de toute la somme due en vertu de la créance garantie par le droit auquel il est fait référence ci-dessous et qu'en conséquence, il requiert la radiation des inscriptions suivantes :

3- Numéro	**4- Nature**
①	
②	
③	

Au besoin, utiliser l'annexe AG

CONSENTEMENT À RADIATION - Le titulaire avise l'officier de la publicité qu'il consent, par la présente, à la radiation de l'inscription suivante :

5- Numéro	**6- Nature**
①	
②	
③	

Au besoin, utiliser l'annexe AG

OBJET DE LA RADIATION

7- AUTRES MENTIONS

Au besoin, utiliser l'annexe AG

Le signataire requiert l'inscription du présent avis.
8- Nom et signature du signataire

SIGNATURE

[D. 907-99, a. 6].

SCHEDULE IX
(s. 23)

Gouvernement du Québec Ministère de la Justice **Register of personal and movable real rights**	**APPLICATION FOR REGISTRATION OF A VOLUNTARY CANCELLATION** Form RV — Page 1

PARTIES

1- HOLDER
Designates the person consenting to the cancellation.
- *if the holder has changed, explain the change and file the required supporting document.*
- *if the holder is represented, indicate the name and quality of the representative, as well as the nature of the document authorizing the representative to act.*

If necessary, use Annex AG

2- GRANTOR
State the grantor's name.

If necessary, use Annex AG

OBJECT OF CANCELLATION

Fill in spaces 3 and 4 or 5 and 6

TOTAL ACQUITTANCE - The holder hereby informs the registrar that any sum owing by virtue of the claim secured by the right referred to below has been paid to him in full and that, accordingly, he requests cancellation of the following registration(s) :

3- Entry number
① ② ③

4- Nature

If necessary, use Annex AG

CONSENT TO CANCELLATION - The holder hereby informs the registrar that he consents to the cancellation of the following registration(s) :

5- Entry number
① ② ③

6- Nature

If necessary, use Annex AG

7- OTHER PARTICULARS

If necessary, use Annex AG

SIGNATURE

The undersigned hereby requests that this notice be registered.
8- Name and signature of person signing

Form no.

[O.C. 907-99, s. 6].

ANNEXE X
(a. 23)

Registre
des droits personnels
et réels mobiliers
Québec

RÉQUISITION D'INSCRIPTION
D'UNE RÉDUCTION VOLONTAIRE
Formulaire RE — Page 1

PARTIES

1- TITULAIRE
Désigner la personne qui consent à la réduction.
- S'il y a lieu, expliquer le changement de titulaire et produire la pièce justificative requise.
- S'il y a représentation, indiquer le nom et la qualité du représentant de même que la nature de la pièce justificative en vertu de laquelle il agit.

Au besoin, utiliser l'annexe AG

2- CONSTITUANT
Indiquer le nom du constituant

Au besoin, utiliser l'annexe AG

CONSENTEMENT À LA RÉDUCTION

3- LE TITULAIRE AVISE L'OFFICIER DE LA PUBLICITÉ QU'IL CONSENT, PAR LA PRÉSENTE, À LA RÉDUCTION SUIVANTE:

Au besoin, utiliser l'annexe AG

Si la réduction porte sur un véhicule routier, le décrire ci-dessous
4- Catégorie   5- Numéro d'identification   6- Année   7- Description

Au besoin, utiliser l'annexe AV

Le signataire requiert l'inscription du présent avis.
8- Nom et signature du signataire

SIGNATURE

[D. 907-99, a. 6].

1252

SCHEDULE X
(s. 23)

Gouvernement du Québec
Ministère de la Justice
Register of personal and movable real rights

APPLICATION FOR REGISTRATION
OF A VOLUNTARY REDUCTION
Form RE — Page 1

PARTIES

1- HOLDER
Designate the person consenting to the reduction.
- If the holder has changed, explain the change and file the required supporting document.
- If the holder is represented, indicate the name and quality of the representative, as well as the nature of the document authorizing the representative to act.

If necessary, use Annex AG

2- GRANTOR
State the grantor's name

If necessary, use Annex AG

CONSENT TO REDUCTION

3- THE HOLDER HEREBY INFORMS THE REGISTRAR THAT HE CONSENTS TO THE FOLLOWING REDUCTION:

If necessary, use Annex AG

If the reduction concerns a road vehicle, enter the description below

| 4- Class ① | 5- Identification number | 6- Year | 7- Description |

If necessary, use Annex AV

The undersigned hereby requests that this notice be registered.

8- Name and signature of person signing

SIGNATURES

Form no.

· RE 175-N/ 97

[O.C. 907-99, s. 6].

1253

ANNEXE XI

(a. 23)

RÉQUISITION D'INSCRIPTION
D'UNE RÉDUCTION OU
D'UNE RADIATION JUDICIAIRE
Formulaire RJ — Page 1

Registre
des droits personnels
et réels mobiliers
Québec

RÉFÉRENCE AU JUGEMENT

1- Nom et qualité des parties

Au besoin, utiliser l'annexe AG

2- Date du jugement :
3- Tribunal
4- District judiciaire
5- Numéro du dossier judiciaire

OBJET DE L'INSCRIPTION

6- DISPOSITIF DU JUGEMENT
La signataire avise l'officier de la publicité que le dispositif du jugement décrit ci-dessus est le suivant :

Au besoin, utiliser l'annexe AG

Le signataire requiert l'inscription du présent avis.

SIGNATURE

7- Nom du signataire

8- X _____
        Signature

[D. 907-99, a. 6].

SCHEDULE XI
(s. 23)

Gouvernement du Québec Ministère de la Justice **Register of personal and movable real rights**	APPLICATION FOR REGISTRATION OF A REDUCTION OR CANCELLATION ORDERED BY JUDGMENT
	Form RJ — Page 1

REFERENCE TO JUDGMENT

1- Name and quality of parties

If necessary, use Annex AG

2- Date of judgment
3- Court
4- Judicial district
5- Court record number

6- CONCLUSIONS OF JUDGMENT

The undersigned hereby notifies the registrar that the conclusions of the judgment designated above are as follows:

OBJECT OF REGISTRATION

If necessary, use Annex AG

The undersigned hereby requests that this notice be registered.

SIGNATURE

7- Name of person signing

Form no.

8- X

Signature

[O.C. 907-99, s. 6].

ANNEXE XII

(a. 23)

Registre
des droits personnels
et réels mobiliers
Québec 🔲🔲

RÉQUISITION D'INSCRIPTION
D'UNE RÉDUCTION OU
D'UNE RADIATION LÉGALE
Formulaire RL — Page 1

NATURE

1- Cocher une seule case
RÉDUCTION OU RADIATION LÉGALE
a ☐ d'un droit viager et de l'hypothèque qui le garantit à la suite du décès du bénéficiaire (art. 3067 C.c.Q.)
b ☐ à la suite d'une prise en paiement (art. 3069 al.1 C.c.Q.)
c ☐ à la suite d'une vente par un créancier (art. 3069 al.1 C.c.Q.)
d ☐ à la suite d'une vente sous contrôle de justice (art. 3069 al.1 C.c.Q.)
e ☐ à la suite d'une vente forcée (art. 3069 al.1 C.c.Q. et 911.1 C.p.c.)
f ☐ Autre, préciser

PARTIES

① Consulter les directives
2- Cocher une seule case   a ☐ Titulaire b ☐ Constituant c ☐ Autre, préciser
3- Nom   4- Prénom   5- Date de naissance
6- Nom de l'organisme   Année Mois Jour
7- Adresse (numéro, rue, ville, province)   8- Code postal

② Consulter les directives
9- Cocher une seule case   a ☐ Titulaire b ☐ Constituant c ☐ Autre, préciser
10- Nom   11- Prénom   12- Date de naissance
13- Nom de l'organisme   Année Mois Jour
14- Adresse (numéro, rue, ville, province)   15- Code postal

Au besoin, utiliser les annexes AP ou AD

OBJET DE L'INSCRIPTION

16- LE SIGNATAIRE AVISE L'OFFICIER DE LA PUBLICITÉ DE CE QUI SUIT :   Relater les événements, les documents et tout fait pertinent qui permettent la réduction ou la radiation légale. Faire référence aux inscriptions et décrire, s'il y a lieu, les biens visés par la présente.

Au besoin, utiliser l'annexe AG

Le signataire requiert l'inscription du présent avis.

SIGNATURE

17- Nom du signataire

18- X
Signature

[D. 907-99, a. 6].

1256

SCHEDULE XII

(s. 23)

Gouvernement du Québec
Ministère de la Justice
Register of personal and movable
real rights

**APPLICATION FOR REGISTRATION
OF A LEGAL REDUCTION OR CANCELLATION**
Form RL — Page 1

1- Check one

LEGAL REDUCTION OR CANCELLATION

NATURE

- a — of a right ending at death and of the hypothec securing it following the death of the beneficiary (C.C.Q. art. 3067)
- b — following a taking in payment (C.C.Q. art. 3069, par. 1)
- c — following a sale by a creditor (C.C.Q. art. 3069, par. 1)
- d — following a sale by judicial authority (C.C.Q. art. 3069, par. 1)
- e — following a forced sale (C.C.Q., art. 3069, par. 1, and C.C.P., art. 611.1)
- f — Other (specify)

PARTIES

① See instructions

2- Check one   a. Holder   b. Grantor   c. Other (specify)

3- Surname   **4- Given name**

5- Date of birth   Year   Month   Day

6- Name of organization or government agency

7- Address (no., street, municipality, province)

8- Postal code

② See instructions

9- Check one   a. Holder   b. Grantor   c. Other (specify)

10- Surname   **11- Given name**

12- Date of birth   Year   Month   Day

13- Name of organization or government agency

14- Address (no., street, municipality, province)

15- Code postal

If necessary, use Annex AP or AD

OBJECT OF REGISTRATION

16- THE UNDERSIGNED HEREBY NOTIFIES THE REGISTRAR THAT: Describe the events, documents and all relevant facts warranting a legal reduction or cancellation. Give references for the registered entries and, where applicable, describe the property in respect of which this application is being filed.

If necessary, use Annex AG

SIGNATURE

The undersigned hereby requests that this notice be registered.

17- Name of person signing

Form no.

18- X   Signature

[O.C. 907-99, s. 6].

ANNEXE XIII
(a. 23)

Registre
des droits personnels
et réels mobiliers
Québec

ANNEXE PARTIES
Formulaire AP

Indiquer le numéro de formulaire de la première page de la réquisition _____ Paginer l'annexe selon son ordre de présentation dans la réquisition _____

③ Consulter les directives
2- N° d'avis d'adresse _____
1- Cocher une seule case a ☐ Titulaire b ☐ Constituant c ☐ Autre, préciser _____
3- Nom _____ 4- Prénom _____ 5- Date de naissance _____ Année Mois Jour
6- Nom de l'organisme _____
7- Adresse (numéro, rue, ville, province) _____ 8- Code postal _____
9- Représenté par _____ 10- En qualité de _____
S'il y a lieu, cocher ☐ état certifié des droits, expédié aussi par ☐ télécopieur ☐ messagerie électronique

④ Consulter les directives
2- N° d'avis d'adresse _____
1- Cocher une seule case a ☐ Titulaire b ☐ Constituant c ☐ Autre, préciser _____
3- Nom _____ 4- Prénom _____ 5- Date de naissance _____ Année Mois Jour
6- Nom de l'organisme _____
7- Adresse (numéro, rue, ville, province) _____ 8- Code postal _____
9- Représenté par _____ 10- En qualité de _____
S'il y a lieu, cocher ☐ état certifié des droits, expédié aussi par ☐ télécopieur ☐ messagerie électronique

⑤ Consulter les directives
2- N° d'avis d'adresse _____
1- Cocher une seule case a ☐ Titulaire b ☐ Constituant c ☐ Autre, préciser _____
3- Nom _____ 4- Prénom _____ 5- Date de naissance _____ Année Mois Jour
6- Nom de l'organisme _____
7- Adresse (numéro, rue, ville, province) _____ 8- Code postal _____
9- Représenté par _____ 10- En qualité de _____
S'il y a lieu, cocher ☐ état certifié des droits, expédié aussi par ☐ télécopieur ☐ messagerie électronique

⑥ Consulter les directives
2- N° d'avis d'adresse _____
1- Cocher une seule case a ☐ Titulaire b ☐ Constituant c ☐ Autre, préciser _____
3- Nom _____ 4- Prénom _____ 5- Date de naissance _____ Année Mois Jour
6- Nom de l'organisme _____
7- Adresse (numéro, rue, ville, province) _____ 8- Code postal _____
9- Représenté par _____ 10- En qualité de _____
S'il y a lieu, cocher ☐ état certifié des droits, expédié aussi par ☐ télécopieur ☐ messagerie électronique

⑦ Consulter les directives
2- N° d'avis d'adresse _____
1- Cocher une seule case a ☐ Titulaire b ☐ Constituant c ☐ Autre, préciser _____
3- Nom _____ 4- Prénom _____ 5- Date de naissance _____ Année Mois Jour
6- Nom de l'organisme _____
7- Adresse (numéro, rue, ville, province) _____ 8- Code postal _____
9- Représenté par _____ 10- En qualité de _____
S'il y a lieu, cocher ☐ état certifié des droits, expédié aussi par ☐ télécopieur ☐ messagerie électronique

[D. 907-99, a. 6].

SCHEDULE XIII
(s. 23)

Gouvernement du Québec
Ministère de la Justice
Register of personal and movable real rights

ANNEX: PARTIES

Form AP

Enter the form number of the first page of the application.	Number the annex in the order in which it appears on the application form.

③ See Instructions

2- Notice of address number

1- *Check one* a Holder b Grantor c Other (specify)
3- Surname   4- Given name

5- Date of birth
Year Month Day

6- Name of organization or government agency

7- Address (no., street, municipality, province)

8- Postal code

9- Represented by   10- Quality of representative

Where applicable, check ☐ certified statement of rights, also sent by ☐ fax ☐ e-mail

④ See Instructions

2- Notice of address number

1- *Check one* a Holder b Grantor c Other (specify)
3- Surname   4- Given name

5- Date of birth
Year Month Day

6- Name of organization or government agency

7- Address (no., street, municipality, province)

8- Postal code

9- Represented by   10- Quality of representative

Where applicable, check ☐ certified statement of rights, also sent by ☐ fax ☐ e-mail

⑤ See Instructions

2- Notice of address number

1- *Check one* a Holder b Grantor c Other (specify)
3- Surname   4- Given name

5- Date of birth
Year Month Day

6- Name of organization or government agency

7- Address (no., street, municipality, province)

8- Postal code

9- Represented by   10- Quality of representative

Where applicable, check ☐ certified statement of rights, also sent by ☐ fax ☐ e-mail

⑥ See Instructions

2- Notice of address number

1- *Check one* a Holder b Grantor c Other (specify)
3- Surname   4- Given name

5- Date of birth
Year Month Day

6- Name of organization or government agency

7- Address (no., street, municipality, province)

8- Postal code

9- Represented by   10- Quality of representative

Where applicable, check ☐ certified statement of rights, also sent by ☐ fax ☐ e-mail

⑦ See Instructions

2- Notice of address number

1- *Check one* a Holder b Grantor c Other (specify)
3- Surname   4- Given name

5- Date of birth
Year Month Day

6- Name of organization or government agency

7- Address (no., street, municipality, province)

8- Postal code

9- Represented by   10- Quality of representative

Where applicable, check ☐ certified statement of rights, also sent by ☐ fax ☐ e-mail

Form no.

[O.C. 907-99, s. 6].

ANNEXE XIV
(a. 23)

Registre
des droits personnels
et réels mobiliers
Québec

ANNEXE DÉNOMINATION
Formulaire AD

Indiquer le numéro de formulaire de la première page de la réquisition	Paginer l'annexe selon son ordre de présentation dans la réquisition

③ **IDENTIFICATION DE LA DÉNOMINATION (NOM D'EMPRUNT)**

1- Cocher *une seule case* a ☐ Titulaire b ☐ Constituant c ☐ Autre, préciser
2- Dénomination

3- Adresse (numéro, rue, ville, province)   4- Code postal

S'il y a lieu, cocher ☐ état certifié des droits, expédié aussi par ☐ télécopieur ☐ messagerie électronique

NOM DES PERSONNES AGISSANT SOUS CETTE DÉNOMINATION (CE NOM D'EMPRUNT)

④ *Consulter les directives*   5- N° d'avis d'adresse
6- Nom   7- Prénom   8- Date de naissance
9- Nom de l'organisme   Année Mois Jour

10- Adresse (numéro, rue, ville, province)   11- Code postal

S'il y a lieu, cocher ☐ état certifié des droits, expédié aussi par ☐ télécopieur ☐ messagerie électronique

⑤ *Consulter les directives*   5- N° d'avis d'adresse
6- Nom   7- Prénom   8- Date de naissance
9- Nom de l'organisme   Année Mois Jour

10- Adresse (numéro, rue, ville, province)   11- Code postal

S'il y a lieu, cocher ☐ état certifié des droits, expédié aussi par ☐ télécopieur ☐ messagerie électronique

⑥ *Consulter les directives*   5- N° d'avis d'adresse
6- Nom   7- Prénom   8- Date de naissance
9- Nom de l'organisme   Année Mois Jour

10- Adresse (numéro, rue, ville, province)   11- Code postal

S'il y a lieu, cocher ☐ état certifié des droits, expédié aussi par ☐ télécopieur ☐ messagerie électronique

⑦ *Consulter les directives*   5- N° d'avis d'adresse
6- Nom   7- Prénom   8- Date de naissance
9- Nom de l'organisme   Année Mois Jour

10- Adresse (numéro, rue, ville, province)   11- Code postal

S'il y a lieu, cocher ☐ état certifié des droits, expédié aussi par ☐ télécopieur ☐ messagerie électronique

⑧ *Consulter les directives*   5- N° d'avis d'adresse
6- Nom   7- Prénom   8- Date de naissance
9- Nom de l'organisme   Année Mois Jour

10- Adresse (numéro, rue, ville, province)   11- Code postal

S'il y a lieu, cocher ☐ état certifié des droits, expédié aussi par ☐ télécopieur ☐ messagerie électronique

[D. 907-99, a. 6].

SCHEDULE XIV
(s. 23)

Gouvernement du Québec
Ministère de la Justice
Register of personal and movable
real rights

ANNEX: NAME

Form AD

Enter the form number of the first page of the application.	Number the annex in the order in which it appears on the application form.

③ NAME (ASSUMED NAME)

1- *Check one*   a   Holder   b   Grantor   c   Other (specify)

2- Name

3- Address (no., street, municipality, province)   4- Postal code

Where applicable, check ☐ certified statement of rights, also sent by ☐ fax ☐ e-mail

NAMES OF PERSONS ACTING UNDER ABOVE NAME (ASSUMED NAME)

④ *See instructions*
6- Surname   7- Given name   5- Notice of address number
                                                 8- Date of birth
9- Name of organization or government agency   Year   Month   Day

10- Address (no., street, municipality, province)   11- Postal code

Where applicable, check ☐ certified statement of rights, also sent by ☐ fax ☐ e-mail

⑤ *See instructions*
6- Surname   7- Given name   5- Notice of address number
                                                 8- Date of birth
9- Name of organization or government agency   Year   Month   Day

10- Address (no., street, municipality, province)   11- Postal code

Where applicable, check ☐ certified statement of rights, also sent by ☐ fax ☐ e-mail

⑥ *See instructions*
6- Surname   7- Given name   5- Notice of address number
                                                 8- Date of birth
9- Name of organization or government agency   Year   Month   Day

10- Address (no., street, municipality, province)   11- Postal code

Where applicable, check ☐ certified statement of rights, also sent by ☐ fax ☐ e-mail

⑦ *See instructions*
6- Surname   7- Given name   5- Notice of address number
                                                 8- Date of birth
9- Name of organization or government agency   Year   Month   Day

10- Address (no., street, municipality, province)   11- Postal code

Where applicable, check ☐ certified statement of rights, also sent by ☐ fax ☐ e-mail

⑧ *See instructions*
6- Surname   7- Given name   5- Notice of address number
                                                 8- Date of birth
9- Name of organization or government agency   Year   Month   Day

10- Address (no., street, municipality, province)   11- Postal code

Where applicable, check ☐ certified statement of rights, also sent by ☐ fax ☐ e-mail

Form no.

• RC 183 (97-07)

[O.C. 907-99, s. 6].

ANNEXE XV

(a. 23)

Registre
des droits personnels
et réels mobiliers
Québec 🍁🍁

ANNEXE DESCRIPTION
DES VÉHICULES ROUTIERS
Formulaire AV

Indiquer le numéro de formulaire
de la première page de la réquisition _____

Paginer l'annexe selon son ordre
de présentation dans la réquisition _____

VÉHICULES ROUTIERS

1- Catégorie   2- Numéro d'identification   3- Année   4- Description

S'il y a lieu, cocher ☐ état certifié des droits, expédié aussi par ☐ télécopieur ☐ messagerie électronique

[D. 907-99, a. 6].

1262

SCHEDULE XV
(s. 23)

Gouvernement du Québec
Ministère de la Justice
Register of personal and movable real rights

ANNEX
DESCRIPTION OF ROAD VEHICLES
Form **AV**

| Enter the form no. of the first page of the application. | Number the annex in the order in which it appears on the application form. |

ROAD VEHICLES

1- Class	2- Identification number	3- Year	4- Description
②			
③			Where applicable, check ☐ certified statement of rights, also sent by ☐ fax ☐ e-mail
④			Where applicable, check ☐ certified statement of rights, also sent by ☐ fax ☐ e-mail
⑤			Where applicable, check ☐ certified statement of rights, also sent by ☐ fax ☐ e-mail
⑥			Where applicable, check ☐ certified statement of rights, also sent by ☐ fax ☐ e-mail
⑦			Where applicable, check ☐ certified statement of rights, also sent by ☐ fax ☐ e-mail
⑧			Where applicable, check ☐ certified statement of rights, also sent by ☐ fax ☐ e-mail
⑨			Where applicable, check ☐ certified statement of rights, also sent by ☐ fax ☐ e-mail
⑩			Where applicable, check ☐ certified statement of rights, also sent by ☐ fax ☐ e-mail
⑪			Where applicable, check ☐ certified statement of rights, also sent by ☐ fax ☐ e-mail
⑫			Where applicable, check ☐ certified statement of rights, also sent by ☐ fax ☐ e-mail
⑬			Where applicable, check ☐ certified statement of rights, also sent by ☐ fax ☐ e-mail
⑭			Where applicable, check ☐ certified statement of rights, also sent by ☐ fax ☐ e-mail
⑮			Where applicable, check ☐ certified statement of rights, also sent by ☐ fax ☐ e-mail
⑯			Where applicable, check ☐ certified statement of rights, also sent by ☐ fax ☐ e-mail
⑰			Where applicable, check ☐ certified statement of rights, also sent by ☐ fax ☐ e-mail
⑱			Where applicable, check ☐ certified statement of rights, also sent by ☐ fax ☐ e-mail
⑲			Where applicable, check ☐ certified statement of rights, also sent by ☐ fax ☐ e-mail
⑳			Where applicable, check ☐ certified statement of rights, also sent by ☐ fax ☐ e-mail
㉑			Where applicable, check ☐ certified statement of rights, also sent by ☐ fax ☐ e-mail
㉒			Where applicable, check ☐ certified statement of rights, also sent by ☐ fax ☐ e-mail
			Where applicable, check ☐ certified statement of rights, also sent by ☐ fax ☐ e-mail

Form no.

[O.C. 907-99, s. 6].

ANNEXE XVI

(a. 23)

Registre
des droits personnels
et réels mobiliers
Québec 🔲🔲

ANNEXE GÉNÉRALE
Formulaire AG

Indiquer le numéro de formulaire
de la première page de la réquisition [   ]

Paginer l'annexe selon son ordre
de présentation dans la réquisition [   ]

Utiliser la présente annexe lorsque l'espace prévu aux rubriques «Autres biens», «Objet de la modification», «Objet de la rectification» ou «Autres mentions» est insuffisant ou encore pour compléter l'information d'une rubrique lorsqu'une réquisition d'inscription de réduction ou de radiation lorsqu'aucune autre annexe n'est prévue. Dans ce cas, indiquer, dans la colonne de gauche, le numéro de la rubrique du formulaire auquel la présente annexe se rattache et dont l'information est complétée. Si une rubrique autre que celles identifiées ci-dessus est complétée sur la présente annexe, indiquer, dans la colonne de gauche, le numéro de la rubrique «Autres mentions» du formulaire auquel la présente annexe se rattache.

Numéro
de la
rubrique
complétée

Note : laisser un espace entre chaque rubrique.

[D. 907-99, a. 6].

1264

SCHEDULE XVI
(s. 23)

Gouvernement du Québec
Ministère de la Justice
Register of personal and movable real rights

GENERAL ANNEX

Form **AG**

Enter the form no. of the first page of the application.	Number the annex in the order in which it appears on the application form.

Use this form if space is lacking under "Other property", "Object of change", "Object of correction" or "Other particulars", or to complete the information under a heading on an application for registration of a reduction or a cancellation if no other annex is provided. In these cases, enter in the left-hand column the number of the heading to which this annex relates and that it completes. If the information under a heading other than those indicated above is completed on this annex, enter in the left-hand column the number of the heading "Other particulars" on the form to which this annex relates and that it completes.

Number of heading to be completed

Note : Please leave a line between each heading.

Form no.

[O.C. 907-99, s. 6].

ANNEXE XVII
(a. 23)

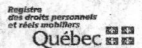

Registre
des droits personnels
et réels mobiliers
Québec

ANNEXE INSCRIPTIONS
Formulaire AI

Indiquer le numéro de formulaire de la première page de la réquisition	Paginer l'annexe selon son ordre de présentation dans la réquisition

Numéro d'inscription ou de formulaire

①	②	③	④
⑤	⑥	⑦	⑧
⑨	⑩	⑪	⑫
⑬	⑭	⑮	⑯
⑰	⑱	⑲	⑳
㉑	㉒	㉓	㉔
㉕	㉖	㉗	㉘
㉙	㉚	㉛	㉜
㉝	㉞	㉟	㊵
㊶	㊷	㊸	㊹
㊺	㊻	㊼	㊽
㊾	㊿	51	52
53	54	55	56
57	58	59	60
61	62	63	64
65	66	67	68
69	70	71	72
73	74	75	76
77	78	79	80
81	82	83	84
85	86	87	88
89	90	91	92
93	94	95	96
97	98	99	100
101	102	103	104
105	106	107	108
109	110	111	112
113	114	115	116
117	118	119	120

[D. 907-99, a. 6].

SCHEDULE XVII
(s. 23)

Gouvernement du Québec
Ministère de la Justice
**Register of personal and movable
real rights**

ANNEX: REGISTRATIONS

Form **AI**

| Enter the form no. of the first page of the application. | Number the annex in the order in which it appears on the application form. |

Registration or form number

① ② ③ ④
⑤ ⑥ ⑦ ⑧
⑨ ⑩ ⑪ ⑫
⑬ ⑭ ⑮ ⑯
⑰ ⑱ ⑲ ⑳
㉑ ㉒ ㉓ ㉔
㉕ ㉖ ㉗ ㉘
㉙ ㉚ ㉛ ㉜
㉝ ㉞ ㉟ ㊱
㊲ ㊳ ㊴ ㊵
㊶ ㊷ ㊸ ㊹
㊺ ㊻ ㊼ ㊽
㊾ ㊿ 51 52
53 54 55 56
57 58 59 60
61 62 63 64
65 66 67 68
69 70 71 72
73 74 75 76
77 78 79 80
81 82 83 84
85 86 87 88
89 90 91 92
93 94 95 96
97 98 99 100
101 102 103 104
105 106 107 108
109 110 111 112
113 114 115 116
117 118 119 120

Form no.

[O.C. 907-99, s. 6].

RÈGLEMENT SUR LA PUBLICITÉ FONCIÈRE,

D. 1067-2001, (2001) 133 G.O. II, 6345 [CCQ, r. 6], tel que modifié par L.Q. 2004, c. 25

Code civil du Québec, 1991, c. 64, a. 3024
Loi sur les bureaux de la publicité des droits, chapitre B-9, a. 5

REGULATION RESPECTING LAND REGISTRATION,

O.C. 1067-2001, (2001) 133 *G.O.* II, 4989 [CCQ, r. 6], as amended by S.Q. 2004, c.25

Civil Code of Québec, 1991, c. 64, s. 3024
An Act respecting Registry Offices, chapter B-9, s. 5

Chapitre Premier — Des registres de la publicité foncière

SECTION I — DISPOSITIONS GÉNÉRALES

1. Sont tenus au Bureau de la publicité foncière, pour chacune des circonscriptions foncières du Québec et comme faisant partie du registre foncier, les registres suivants:

1° un index des immeubles;

2° un registre des droits réels d'exploitation de ressources de l'État;

3° un registre des réseaux de services publics et des immeubles situés en territoire non cadastré;

4° un index des noms.

Les registres qui suivent sont également tenus au Bureau de la publicité foncière:

Chapter One — Registers

SECTION I — GENERAL

1. The following registers shall be kept in the Land Registry Office for every Québec registration division and as part of the land register:

(1) an index of immovables;

(2) a register of real rights of State resource development;

(3) a register of public service networks and immovables situated in territory without a cadastral survey; and

(4) an index of names.

The following registers shall also be kept in the Land Registry Office:

1° un répertoire des titulaires de droits réels, pour chacune des circonscriptions foncières du Québec;

2° un registre des mentions;

3° un livre de présentation;

4° un répertoire des adresses.

Les registres visés par le présent article sont tenus et conservés sur un support informatique.

2. Il est tenu, dans chacun des bureaux de la publicité des droits établis pour les circonscriptions foncières de Montréal et de Laval, un registre complémentaire de l'index des noms microfilmé ou microfiché.

Ce registre est tenu et conservé sur un support papier.

3. Les fiches établies conformément aux règles du présent chapitre n'ont pas à être signées par l'officier de la publicité des droits.

SECTION II — DE L'INDEX DES
IMMEUBLES

4. Chaque fiche immobilière comprise dans un index des immeubles comporte un en-tête dans lequel sont portés, outre le nom de cet index, les renseignements suivants:

1° le nom de la circonscription foncière et du cadastre dans lesquels est situé l'immeuble faisant l'objet de la fiche;

2° le numéro du lot marqué sur le plan cadastral auquel la fiche se rapporte;

3° la date d'établissement de la fiche;

4° l'indication du plan cadastral en vertu duquel la fiche est établie;

5° la concordance, le cas échéant, entre l'ancien numéro de lot ou l'ancien numéro

(1) a directory of holders of real rights, for every Québec registration division;

(2) a register of mentions;

(3) a book of presentation; and

(4) a directory of addresses.

Registers referred to in this section shall be kept on a computer system.

2. In each registry office established for the registration divisions of Montréal and Laval, a register complementary to the index of names in the form of microfilms or microfiches shall be kept.

That register shall be kept in paper form.

3. Files opened in accordance with the rules of this Chapter do not need to be signed by the registrar.

SECTION II — INDEX OF
IMMOVABLES

4. Each land file contained in an index of immovables comprises a heading in which the following information is recorded in addition to the name of the index:

(1) the name of the registration division and of the cadastre in which the immovable that is the subject of the file is situated;

(2) the lot number on the cadastral plan to which the file relates;

(3) the date the file was opened

(4) the cadastral plan under which the file was opened;

(5) the correspondence, if any, between the former lot number or the former serial

d'ordre de la fiche immobilière et le numéro de lot nouveau;

6° la date, l'heure et la minute des dernières mises à jour des inscriptions de droits et des indications de radiation ou de réduction faites sur la fiche.

5. La fiche immobilière doit permettre d'y porter, à la suite de l'en-tête, les renseignements suivants:

1° la date de présentation des réquisitions d'inscription de droits se rapportant à l'immeuble qui fait l'objet de la fiche et le numéro d'inscription de ces réquisitions;

2° l'indication sommaire de la nature des documents présentés à l'officier de la publicité des droits, ainsi que le nom et la qualité des titulaires et constituants de droits qui y sont désignés;

3° le numéro d'inscription des avis d'adresse donnés relativement à l'immeuble qui fait l'objet de la fiche;

4° les indications de radiation ou de réduction se rapportant aux inscriptions faites sur la fiche;

5° toute remarque jugée pertinente par l'officier de la publicité des droits.

6. Nonobstant l'article 4, les renseignements visés aux paragraphes 3°, 4° et 5° du même article ne sont portés dans l'en-tête de la fiche immobilière que si celle-ci est établie postérieurement à la date fixée dans l'avis du ministre des Ressources naturelles et de la Faune indiquant que le bureau de la publicité des droits de la circonscription foncière dans laquelle est situé l'immeuble qui fait l'objet de la fiche est pleinement informatisé en ce qui a trait à la publicité foncière ou, dans les cas où l'immeuble qui fait l'objet de cette fiche est situé dans les circonscriptions foncières de Montréal et de Laval, postérieurement au 1er septembre 1980 et au 1er août 1980 respectivement.

Si la fiche a été établie antérieurement à cette date, les renseignements visés sont portés à la fin de la fiche qui la reproduit

number of the land file and the new lot number; and

(6) the date, hour and minute of the last updates of the registrations of rights and the indication that cancellations or reductions were made on the file.

5. A land file must allow the addition of the following information after the heading:

(1) the date of presentation of the applications for registration of rights relating to the immovable that is the subject of the file and the registration numbers of the applications;

(2) a brief statement of the nature of the documents presented to the registrar and the name and quality of the holders and grantors of rights designated therein;

(3) the registration numbers of notices of addresses given with respect to the immovable that is the subject of the file;

(4) the indication that cancellations or reductions were made with respect to entries on the file; and

(5) any comment considered relevant by the registrar.

6. Notwithstanding section 4, the information referred to in paragraphs 3, 4 and 5 of the same section shall be recorded in the heading of the land file only if the file is opened after the date fixed in the notice of the Minister of Natural Resources and Wildlife stating that the registry office of the registration division in which the immovable that is the subject of the file is situated is fully computerized for land registration purposes or, where the immovable that is the subject of the file is situated in the registration division of Montréal or Laval, after 1 September 1980 and 1 August 1980, respectively.

If the file was opened before that date, the information in question shall be recorded at the end of the file that reproduces it pur-

en application d'un arrêté ministériel pris en vertu de l'article 3 de la *Loi sur les bureaux de la publicité des droits* (chapitre B-9), dans une section distincte réservée, d'une part, à la reproduction de la fiche et, d'autre part, aux inscriptions, mentions ou indications relatives à cette fiche.

suant to a ministerial order under section 3 of the *Act respecting registry offices* (chapter B-9), in a distinct section reserved, on the one hand, for the reproduction of the file and, on the other hand, for entries, mentions or indications related to that file.

SECTION III —— DU REGISTRE DES DROITS RÉELS D'EXPLOITATION DE RESSOURCES DE L'ÉTAT

SECTION III —— REGISTER OF REAL RIGHTS OF STATE RESOURCE DEVELOPMENT

7. Chaque fiche immobilière comprise dans un registre des droits réels d'exploitation de ressources de l'État comporte un en-tête dans lequel sont portés, outre le nom de ce registre, les renseignements suivants:

7. Every land file contained in a register of real rights of State resource development comprises a heading in which the following information is recorded in addition to the name of the register:

1° le nom de la circonscription foncière dans laquelle est situé l'immeuble sur lequel s'exerce le droit réel faisant l'objet de la fiche;

(1) the name of the registration division in which the real right that is the subject of the file is exercised;

2° le numéro d'ordre de la fiche;

(2) the serial number of the file;

3° la date d'établissement de la fiche;

(3) the date the file was opened;

4° la nature du droit réel visé;

(4) the nature of the real right in question;

5° la concordance, le cas échéant, entre l'ancien numéro d'ordre de la fiche et son nouveau numéro d'ordre;

(5) the correspondence, if any, between the former serial number of the file and its new serial number;

6° la concordance, le cas échéant, entre cette fiche et la fiche établie, relativement à l'immeuble sur lequel s'exerce le droit réel, à l'index des immeubles ou au registre des réseaux de services publics et des immeubles situés en territoire non cadastré;

(6) the correspondence, if any, between that file and the file that was opened, relating to the immovable on which the real right is exercised in the index of immovables or in the register of public service networks and immovables situated in territory without a cadastral survey; and

7° la date, l'heure et la minute des dernières mises à jour des inscriptions de droits et des indications de radiation ou de réduction faites sur la fiche.

(7) the date, hour and minute of the last updates of the registrations of rights and the indication that cancellations or reductions were made on the file.

8. La fiche immobilière doit permettre d'y porter, à la suite de l'en-tête, les renseignements suivants:

8. A land file must allow the addition of the following information after the heading:

1° la date de présentation des réquisitions d'inscription de droits se rapportant au

(1) the date of presentation of the applications for registration of rights relating to

droit réel qui fait l'objet de la fiche et le numéro d'inscription de ces réquisitions;

2° l'indication sommaire de la nature des documents présentés à l'officier de la publicité des droits, ainsi que le nom et la qualité des titulaires et constituants de droits qui y sont désignés;

3° le numéro d'inscription des avis d'adresse donnés relativement au droit réel qui fait l'objet de la fiche;

4° les indications de radiation ou de réduction se rapportant aux inscriptions faites sur la fiche;

5° toute remarque jugée pertinente par l'officier de la publicité des droits.

9. Nonobstant l'article 7, les renseignements visés aux paragraphes 3°, 4°, 5° et 6° du même article ne sont portés dans l'en-tête de la fiche immobilière que si celle-ci est établie postérieurement à la date fixée dans l'avis du ministre des Ressources naturelles et de la Faune indiquant que le bureau de la publicité des droits de la circonscription foncière dans laquelle est situé l'immeuble sur lequel s'exerce le droit réel qui fait l'objet de la fiche est pleinement informatisé en ce qui a trait à la publicité foncière.

Si la fiche a été établie antérieurement à cette date, les renseignements visés sont portés à la fin de la fiche qui la reproduit en application d'un arrêté ministériel pris en vertu de l'article 3 de la *Loi sur les bureaux de la publicité des droits* (chapitre B-9), dans une section distincte réservée, d'une part, à la reproduction de la fiche et, d'autre part, aux inscriptions, mentions ou indications relatives à cette fiche.

10. La numérotation des fiches immobilières comprises dans un registre des droits réels d'exploitation de ressources de l'État se fait par l'attribution d'un numéro composé, dans l'ordre, des éléments suivants qu'un tiret sépare les uns des autres:

1° le code de la circonscription foncière tel qu'établi au répertoire des codes de cadas-

the real right that is the subject of the file and the registration numbers of the applications;

(2) a brief statement of the nature of the documents presented to the registrar and the name and quality of the holders and grantors of rights designated therein;

(3) the registration numbers of notices of addresses given with respect to the real right that was the subject of the file;

(4) the indication that cancellations or reductions were made with respect to entries on the file; and

(5) any comment considered relevant by the registrar.

9. Notwithstanding section 7, the information referred to in paragraphs 3, 4, 5 and 6 of the same section shall be recorded in the heading of the land file only if the file is opened after the date fixed in the notice of the Minister of Natural Resources and Wildlife stating that the registry office of the registration division, in which the immovable on which the right is exercised and that is the subject of the file is situated, is fully computerized for land registration purposes.

If the file was opened before that date, the information in question shall be recorded at the end of the file that reproduces it pursuant to a ministerial order under section 3 of the *Act respecting registry offices* (chapter B-9), in a distinct section reserved, on the one hand, for the reproduction of the file and, on the other hand, for entries, mentions or indications related to that file.

10. The land files contained in a register of real rights of State resource development shall be assigned a number composed of the following elements, separated by a dash:

(1) the code of the registration division, as recorded in the directory of cadastre codes

tre tenu au ministère des Ressources naturelles et de la Faune;

2° la lettre *A*;

3° un nombre d'une même série consécutive commençant par le chiffre 1.

kept at the Ministère des Ressources naturelles et de la Faune;

(2) the letter A; and

(3) a number in a single consecutive series beginning with 1.

11. Chaque fiche immobilière comprise dans un registre des réseaux de services publics et des immeubles situés en territoire non cadastré comporte un en-tête dans lequel sont portés, outre le nom de ce registre, les renseignements suivants:

1° le nom de la circonscription foncière dans laquelle est situé le réseau ou l'immeuble;

2° le numéro d'ordre de la fiche;

3° la date d'établissement de la fiche;

4° la nature générale du réseau ou le lieu où se trouve l'immeuble;

5° la concordance, le cas échéant, entre l'ancien numéro d'ordre de la fiche et son nouveau numéro d'ordre;

6° la date, l'heure et la minute des dernières mises à jour des inscriptions de droits et des indications de radiation ou de réduction faites sur la fiche.

11. Each land file contained in a register of public service networks and immovables situated in territory without a cadastral survey comprises a heading in which the following information is recorded in addition to the name of the register:

(1) the name of the registration division in which the network or the immovable is situated;

(2) the serial number of the file;

(3) the date the file was opened;

(4) the general nature of the network or the place where the immovable is situated;

(5) the correspondence, if any, between the former serial number of the file and its new serial number; and

(6) the date, hour and minute of the last updates of the registrations of rights and the indication that cancellations or reductions were made on the file.

12. La fiche immobilière doit permettre d'y porter, à la suite de l'en-tête, les renseignements suivants:

1° la date de présentation des réquisitions d'inscription de droits se rapportant au réseau ou à l'immeuble qui fait l'objet de la fiche et le numéro d'inscription de ces réquisitions;

2° l'indication sommaire de la nature des documents présentés à l'officier de la publicité des droits, ainsi que le nom et la qualité des titulaires et constituants de droits qui y sont désignés;

12. A land file must allow the addition of the following information after the heading:

(1) the date of presentation of the applications for registration of rights relating to the network or the immovable in respect of which the file was opened and the registration numbers of the applications;

(2) a brief statement of the nature of the documents presented to the registrar and the name and quality of the holders and grantors of rights designated therein;

3° le numéro d'inscription des avis d'adresse donnés relativement au réseau ou à l'immeuble qui fait l'objet de la fiche;

4° les indications de radiation ou de réduction se rapportant aux inscriptions faites sur la fiche;

5° toute remarque jugée pertinente par l'officier de la publicité des droits.

13. Nonobstant l'article 11, les renseignements visés aux paragraphes 3°, 4° et 5° du même article ne sont portés dans l'en-tête de la fiche immobilière que si celle-ci est établie postérieurement à la date fixée dans l'avis du ministre des Ressources naturelles et de la Faune indiquant que le bureau de la publicité des droits de la circonscription foncière dans laquelle est situé le réseau ou l'immeuble qui fait l'objet de la fiche est pleinement informatisé en ce qui a trait à la publicité foncière.

Si la fiche a été établie antérieurement à cette date, les renseignements visés sont portés à la fin de la fiche qui la reproduit en application d'un arrêté ministériel pris en vertu de l'article 3 de la *Loi sur les bureaux de la publicité des droits* (chapitre B-9), dans une section distincte réservée, d'une part, à la reproduction de la fiche et, d'autre part, aux inscriptions, mentions ou indications relatives à cette fiche.

14. La numérotation des fiches immobilières comprises dans un registre des réseaux de services publics et des immeubles situés en territoire non cadastré se fait par l'attribution d'un numéro composé, dans l'ordre, des éléments suivants qu'un tiret sépare les uns des autres:

1° le code de la circonscription foncière tel qu'établi au répertoire des codes de cadastre tenu au ministère des Ressources naturelles et de la Faune;

2° la lettre *B*;

3° un nombre d'une même série consécutive commençant par le chiffre 1.

(3) the registration numbers of notices of addresses given with respect to the network or the immovable in respect of which the file was opened;

(4) the indication that cancellations or reductions were made with respect to entries on the file; and

(5) any comment considered relevant by the registrar.

13. Notwithstanding section 11, the information referred to in paragraphs 3, 4 and 5 of the same section shall be recorded in the heading of the land file only if the file is opened after the date fixed in the notice of the Minister of Natural Resources and Wildlife stating that the registry office of the registration division, in which the network or immovable that is the subject of the file is situated, is fully computerized for land registration purposes.

If the file was opened before that date, the information in question shall be recorded at the end of the file that reproduces it pursuant to a ministerial order under section 3 of the *Act respecting registry offices* (chapter B-9), in a distinct section reserved, on the one hand, for the reproduction of the file and, on the other hand, for entries, mentions or indications related to that file.

14. The land files contained in a register of public service networks and immovables situated in territory without a cadastral survey shall be assigned a number composed of the following elements, separated by a dash:

(1) the code of the registration division, as recorded in the directory of cadastre codes kept at the Ministère des Ressources naturelles et de la Faune;

(2) the letter B ; and

(3) a number in a single consecutive series beginning with 1.

SECTION V —— DE L'INDEX DES NOMS

SECTION V —— INDEX OF NAMES

15. Tout index des noms comprend autant de fiches qu'il y a de noms de titulaires et de constituants de droits désignés dans les réquisitions qui sont publiées à cet index relativement à des immeubles situés dans la circonscription foncière visée.

Les cas où plusieurs titulaires ou constituants de droits portent le même nom ne donnent lieu qu'à une seule fiche, établie sous ce nom commun.

15. An index of names contains one file for each name of the holder or grantor of rights designated in the applications published in that index with respect to immovables situated in the registration division in question.

Where several holders or grantors of rights bear the same name, only one file is opened under that common name.

16. Chaque fiche comprise dans un index des noms comporte un en-tête dans lequel sont portés, outre le nom de cet index, ceux de la circonscription foncière visée et du titulaire ou constituant à l'égard duquel elle est établie, ainsi que les date, heure et minute de la dernière mise à jour des inscriptions de droits qui y sont faites.

16. Each file contained in an index of names comprises a heading in which the names of the index, of the registration division in question and of the holder or grantor in respect of which a file was opened and the date, hour and minute of the last update of the registrations of rights made therein are recorded.

17. La fiche doit permettre d'y porter, à la suite de l'en-tête, les renseignements suivants:

1° la date de présentation des réquisitions d'inscription de droits se rapportant aux droits des titulaires et constituants visés et le numéro d'inscription de celles-ci;

2° l'indication sommaire de la nature des documents présentés à l'officier de la publicité des droits, ainsi que le nom et la qualité des titulaires et constituants de droits qui y sont désignés;

3° toute remarque jugée pertinente par l'officier de la publicité des droits.

17. A land file must allow the addition of the following information after the heading:

(1) the date of presentation of the applications for registration of rights relating to the rights of the holders and grantors in question and the registration numbers of the applications;

(2) a brief statement of the nature of the documents presented to the registrar and the name and quality of the holders and grantors of rights designated therein; and

(3) any comment considered relevant by the registrar.

SECTION VI —— DU RÉPERTOIRE DES TITULAIRES DE DROITS RÉELS

SECTION VI —— DIRECTORY OF HOLDERS OF REAL RIGHTS

18. Tout répertoire des titulaires de droits réels comprend, pour la circonscription foncière à l'égard de laquelle il est tenu, autant de fiches qu'il y a de noms de titulaires de droits réels d'exploitation de ressources de l'État ou de propriétaires de réseaux de services publics ou d'immeubles

18. A directory of holders of real rights contains, for the registration division for which it is kept, one file for every name of the holder of real rights of State resource development or of the owner of public service networks or immovables situated in territory without a cadastral survey de-

situés en territoire non cadastré désignés dans les réquisitions qui sont publiées aux registres qu'il complète.

Les cas où plusieurs titulaires de droits réels ou propriétaires de réseaux ou d'immeubles portent le même nom ne donnent lieu qu'à une seule fiche, établie sous ce nom commun.

19. Chaque fiche comprise dans un répertoire des titulaires de droits réels comporte un en-tête dans lequel sont portés, outre le nom de ce répertoire, ceux de la circonscription foncière visée et du titulaire ou propriétaire à l'égard duquel elle est établie.

20. La fiche doit permettre d'y porter, à la suite de l'en-tête, les renseignements suivants:

1° le numéro d'ordre de la fiche sur laquelle la réquisition conférant la qualité de titulaire du droit réel ou de propriétaire du réseau ou de l'immeuble a été inscrite et le numéro d'inscription de cette réquisition;

2° la nature du droit réel ou du réseau, ou l'indication que la fiche concerne un immeuble situé en territoire non cadastré;

3° toute remarque jugée pertinente par l'officier de la publicité des droits.

21. Toute fiche comprise dans un répertoire des titulaires de droits réels reproduisant une fiche en application d'un arrêté ministériel pris en vertu de l'article 3 de la *Loi sur les bureaux de la publicité des droits* (chapitre B-9) comporte, à la fin, une section distincte réservée, d'une part, à la reproduction de cette fiche et, d'autre part, aux inscriptions ou mentions relatives à la fiche ainsi reproduite.

SECTION VII — DU REGISTRE DES MENTIONS

22. Le registre des mentions comprend autant de fiches qu'il y a de réquisitions

scribed in the applications published in the registers that the directory completes.

Where several holders of real rights or owners of networks or immovables bear the same name, only one file shall be established under that common name.

19. Each file contained in a directory of holders of real rights comprises a heading in which the names of the directory, of the registration division in question and of the holder or owner in respect of which the file was opened are recorded.

20. A file must allow the addition of the following information after the heading:

(1) the serial number of the file on which the application conferring the quality of the holder of the real right or owner of the network or of the immovable was entered and the registration number of the application;

(2) the nature of the real right or of the network, or the indication that the file concerns an immovable situated in territory without a cadastral survey; and

(3) any comment considered relevant by the registrar.

21. Any file contained in a directory of holders of real rights reproducing a file pursuant to a ministerial order under section 3 of the *Act respecting registry offices* (chapter B-9) shall comprise, at the end, a distinct section reserved, on the one hand, for the reproduction of that file and, on the other hand, for entries or mentions relating to the file so converted.

SECTION VII — REGISTER OF MENTIONS

22. The register of mentions contains one file for every application for registration in

d'inscription sur le registre foncier ou sur les autres registres de la publicité foncière donnant lieu, notamment en application des articles 3014, 3014.1 et 3057 du Code civil, à une inscription ou à une mention sur le registre des mentions.

23. Chaque fiche comprise dans le registre des mentions doit permettre d'y porter, dans des sections distinctes, les mentions et inscriptions suivantes:

1° les mentions résultant de réquisitions d'inscription de droits;

2° les inscriptions de radiation ou de réduction;

3° les mentions ou inscriptions résultant de corrections d'erreurs matérielles relativement:
— à des mentions ou inscriptions faites ou omises en marge des réquisitions,
— à des mentions ou inscriptions faites ou omises sur le registre complémentaire des mentions en marge, ou sur le registre des mentions des actes microfilmés tenu dans le bureau de la publicité des droits établi pour la circonscription foncière de Montréal, visés aux articles 243 et 244 de la *Loi modifiant le Code civil et d'autres dispositions législatives relativement à la publicité foncière* (L.Q. 2000, c. 42),
— aux états certifiés d'inscription délivrés pour tout acte publié dans un bureau de la publicité des droits avant la date fixée dans l'avis du ministre des Ressources naturelles et de la Faune indiquant que ce bureau est pleinement informatisé en ce qui a trait à la publicité foncière.

Dans le cas de réquisitions d'inscription conservées dans le bureau de la publicité des droits établi pour la circonscription foncière de Montréal, la fiche doit également permettre de porter sur le registre des mentions, dans une autre section distincte, les mentions et inscriptions contenues dans le registre des mentions des actes microfilmés tenu dans ce bureau.

the land register or in the other land registration registers in respect of which an entry or a mention in the register of mentions was made, in particular, pursuant to articles 3014, 3014.1 and 3057 of the Civil Code.

23. Each file contained in the register of mentions must allow the recording in it, in distinct sections, of the following mentions and entries:

(1) the mentions resulting from the applications for registration of rights;

(2) the entries about cancellations or reductions that were made; and

(3) mentions or entries resulting from the correction of clerical errors relating to
— mentions or entries made or omitted in the margin of the applications;
— mentions or entries made or omitted in the complementary register of mentions made in the margin, or in the register of mentions for microfilmed acts kept in the registry office established for the registration division of Montréal, referred to in sections 243 and 244 of the *Act to amend the Civil Code and other legislative provisions relating to land registration* (S.Q. 2000, c. 42); and
— certified statements of registration issued for any act published in a registry office before the date fixed in the notice of the Minister of Natural Resources and Wildlife stating that that office is fully computerized for registration purposes.

For applications for registration kept in the registry office for the registration division of Montréal, the file must also allow the recording in the register of mentions, in another distinct section, of the mentions and entries contained in the register of mentions for microfilmed acts kept at that office.

24. Le livre de présentation fait état de toutes les réquisitions d'inscription présentées dans les bureaux de la publicité des droits.

Il est tenu par ordre chronologique de présentation de ces réquisitions.

25. Le livre de présentation comporte un en-tête dans lequel est porté le nom de ce livre.

Il doit par ailleurs permettre d'y porter, en regard de chaque réquisition, les date, heure et minute de sa présentation, son numéro d'inscription, le nom de la personne qui acquitte les frais d'inscription ou, en cas de gratuité, celui du requérant, avec l'indication que la réquisition est acceptée, refusée ou en cours de traitement ou, le cas échéant, que le numéro d'inscription de la réquisition a été annulé.

26. Le répertoire des adresses comporte autant de fiches qu'il y a d'avis d'adresse présentés et acceptés au Bureau de la publicité foncière.

Il comporte également autant de fiches qu'il y a d'avis d'adresse qui sont présentés et acceptés dans chacun des bureaux de la publicité des droits établis pour les circonscriptions foncières à compter de la date fixée dans l'avis du ministre des Ressources naturelles et de la Faune indiquant que ce bureau est pleinement informatisé en ce qui a trait à la publicité foncière, ou qui ont été présentés et acceptés dans ce bureau:

1° entre le 23 juin 1982 et la date fixée dans l'avis du ministre ou, dans le cas d'un bureau établi pour la circonscription foncière de Montréal ou de Laval, entre le 1er septembre 1980 ou le 1er août 1980, selon le cas, et cette même date;

24. The book of presentation shall state all the applications for registration presented to registry offices.

It shall be kept in chronological order of presentation of the applications.

25. The book of presentation comprises a heading in which the name of the book is recorded.

It must also allow the recording in it, with respect to each application, of the date, hour and minute of its presentation, its registration number, the name of the person who pays for the registration fee or, where free of charge, the name of the applicant, with the indication that the application is accepted, refused or is being processed or, where applicable, that the registration number of the application was cancelled.

26. The directory of addresses contains one file for each notice of address presented to the registry office and accepted.

It also contains one file for each notice of address presented to and accepted at each registry office established for registration divisions as of the date fixed in the notice of the Minister of Natural Resources and Wildlife stating that the office is fully computerized for land registration purposes, or presented to that office and accepted

(1) between 23 June 1982 and the date fixed in the notice of the Minister or, for an office established for the registration division of Montréal or Laval, between 1 September 1980 or 1 August 1980, as the case may be, and that date; or

2° à toute date antérieure à la date fixée dans l'avis du ministre, si les avis d'adresse ont donné lieu, depuis cette date, soit à des notifications de la part d'un officier de la publicité des droits, soit à des modifications dans l'adresse ou dans le nom qui y est indiqué.

27. Chaque fiche comprise dans le répertoire des adresses comporte un en-tête dans lequel est porté le nom de ce répertoire.

Elle doit permettre d'y porter, à la suite de l'en-tête, les renseignements suivants:

1° le nom de la circonscription foncière du bureau de la publicité des droits dans lequel l'avis d'adresse a été présenté, lorsque cet avis a été présenté antérieurement à la date fixée dans un avis du ministre des Ressources naturelles et de la Faune indiquant que ce bureau est pleinement informatisé en ce qui a trait à la publicité foncière;

2° le numéro d'inscription de l'avis d'adresse;

3° les derniers nom et adresse de la personne qui bénéficie de l'inscription de l'adresse.

SECTION X —— DU REGISTRE COMPLÉMENTAIRE DE L'INDEX DES NOMS MICROFILMÉ OU MICROFICHÉ

28. Le registre complémentaire de l'index des noms microfilmé ou microfiché, tenu dans chacun des bureaux de la publicité des droits établis pour les circonscriptions foncières de Montréal et Laval, porte les corrections d'erreurs matérielles ou d'omissions relatives à des inscriptions faites à l'index des noms conservé, dans ces bureaux, sur microfilms ou microfiches.

Il est tenu sur feuilles volantes d'un format de 215 mm sur 355 mm.

29. Chaque registre complémentaire de l'index des noms microfilmé ou microfi-

(2) on any date prior to the date fixed in the notice of the Minister, if the notices of addresses have given rise, since that date, to notifications from a registrar or to changes in the address or in the name indicated therein.

27. Each file contained in the directory of addresses comprises a heading in which the name of the directory is recorded.

It must allow the addition of the following information after the heading:

(1) the name of the registration division of the registry office in which the notice of address was presented, where that notice was presented prior to the date fixed in a notice of the Minister of Natural Resources and Wildlife stating that the office is fully computerized for land registration purposes;

(2) the registration number of the notice of address; and

(3) the latest name and address of the person who benefits from the registration of the address.

SECTION X —— REGISTER COMPLEMENTARY TO THE INDEX OF NAMES IN THE FORM OF MICROFILMS OR MICROFICHES

28. The register complementary to the index of names in the form of microfilms or microfiches, kept in each registry office established for the registration divisions of Montréal and Laval contains the correction of clerical errors or omissions related to registrations made in the index of names kept, in those offices, on microfilms or microfiches.

It shall be kept on loose leaves measuring 215 mm by 355 mm.

29. Each register complementary to the index of names in the form of microfilms or

ché comporte autant de fiches qu'il y a de personnes bénéficiant des rectifications ou inscriptions faites sur ce registre.

Les cas où plusieurs personnes bénéficiant des rectifications ou inscriptions faites sur ce registre portent le même nom ne donnent lieu qu'à une seule fiche, établie sous ce nom commun, par circonscription foncière visée.

30. Chaque fiche comprise dans un registre complémentaire de l'index des noms microfilmé ou microfiché comporte un entête dans lequel sont portés, outre le nom de ce registre, celui de la circonscription foncière visée et de la personne pour laquelle la rectification ou l'inscription est faite.

La fiche doit permettre d'y porter, à la suite de l'entête, les renseignements suivants:

1° la date de présentation de la réquisition d'inscription et son numéro d'inscription;

2° l'indication sommaire de la nature des documents présentés à l'officier de la publicité des droits, ainsi que le nom et la qualité des titulaires et constituants de droits qui y sont désignés;

3° toute remarque jugée pertinente par l'officier de la publicité des droits.

microfiches contains one file for each person benefiting from corrections or entries made in that register.

Where several persons who benefit from corrections or entries made in the register bear the same name, only one file shall be opened under that common name per registration division in question.

30. Each file contained in a register complementary to the index of names in the form of microfilms or microfiches comprises a heading in which the names of the register, of the registration division in question and of the person for which the correction or entry was made are recorded.

The file must allow the recording of the following information after the heading:

(1) the date of presentation of the application for registration and its registration number;

(2) a brief statement of the nature of the documents presented to the registrar and the name and quality of the holders and grantors of rights designated therein; and

(3) any comment considered relevant by the registrar.

Chapitre Deuxième —— Des réquisitions d'inscription sur les registres

SECTION I —— DE LA FORME DES RÉQUISITIONS

Chapter Two —— Applications for Registration in Registers

SECTION I —— FORM OF APPLICATIONS

31. Les réquisitions d'inscription présentées sur un support papier doivent être d'un même format de 215 mm sur 280 mm ou de 215 mm sur 355 mm; le papier utilisé doit être d'au moins 75 g/m² à la rame.

Les documents qui accompagnent ces réquisitions, lesquels doivent aussi être sur du papier d'au moins 75 g/m² à la rame, doivent être d'un format ne dépassant pas

31. Applications for registration presented in paper form shall be on sheets of the same size measuring 215 mm by 280 mm or 215 mm by 355 mm, on paper weighing at least 75 g/m² per ream.

The documents accompanying the applications, which shall also be on paper weighing at least 75 g/m² per ream, shall be on sheets that do not exceed 215 mm by 355

215 mm sur 355 mm, et les pages d'un document doivent toutes être d'un même format.

mm and the pages of a document shall all be of the same size.

32. Les réquisitions d'inscription présentées sur un support papier ne doivent pas être décalquées; elles peuvent être manuscrites, dactylographiées, imprimées ou reprographiées. L'encre utilisée pour leur confection doit être de bonne qualité.

32. Applications for registration presented in paper form may not be carbon copies; they shall be hand-written, typed, printed or photocopied. The ink used to make them shall be of good quality.

33. Le caractère de toute réquisition d'inscription, comme celui des documents qui l'accompagnent, doit être clair, net et lisible.

33. The characters of any application for registration, as for the accompanying documents, shall be clear, neat and legible.

Lorsqu'une réquisition doit être inscrite à l'index des noms ou au répertoire des titulaires de droits réels, ou être portée sur le répertoire des adresses, sauf, en ce dernier cas, si la réquisition vise à modifier seulement une adresse portée sur ce répertoire, le nom des constituants et titulaires de droits qui y sont visés doit figurer en lettres majuscules d'imprimerie, et leur prénom, sauf pour la première lettre, en lettres minuscules. À moins que d'autres éléments ne permettent d'y distinguer clairement et précisément l'un de l'autre, la réquisition qui ne rencontre pas ces exigences doit être refusée par l'officier de la publicité des droits.

Where an application must be entered in the index of names or in the directory of holders of real rights, or be recorded in the directory of addresses, except, in the latter case, if the application is intended only to change an address recorded in that directory, the surnames of the grantors and holders of rights covered thereby must be in block capitals and their given names, except for the first letter, in small letters. Unless other elements make it possible to clearly differentiate one from the other, an application that does not meet those requirements shall be refused by the registrar.

34. Les pages des réquisitions présentées sur un support papier doivent toutes être écrites ou bien sur les 2 faces, ou bien sur le recto seulement; dans le premier cas, elles doivent toutes être écrites soit tête-bêche, soit dans un même sens.

34. The pages of applications presented in paper form shall all be written on both sides or on the front side only; in the first case, they shall all be written tête-bêche or in the same direction.

35. Les réquisitions d'inscription faites par la présentation, sur un support papier, d'une copie authentique d'un titre original délivrée par le registraire du Québec ou Bibliothèque et Archives nationales du Québec doivent être d'un format de 215 mm sur 280 mm ou de 215 mm sur 355 mm, sur du papier d'au moins 75 g/m² à la rame. Elles peuvent être manuscrites, dactylographiées, imprimées ou reprographiées.

35. Where applications for registration are made by presenting, in paper form, authentic copies of original titles issued by the Registrar of Québec or Bibliothèque et Archives nationales du Québec, they shall be on paper measuring 215 mm by 280 mm or 215 mm by 355 mm weighing at least 75 g/m² per ream. They may be hand-written, typed, printed or photocopied.

Il en est de même des réquisitions d'inscription faites par la présentation, sur un

The foregoing shall also apply to applications for registration made by presenting,

support papier, d'une copie d'un décret du gouvernement. Toute copie d'un tel décret, qu'elle soit présentée sur un support papier ou sur un support informatique, doit être certifiée conforme en vertu de l'article 3 de la *Loi sur le ministère du Conseil exécutif* (chapitre M-30).

Les réquisitions d'inscription visées par le présent article ne sont assujetties à aucune autre règle de forme prévue par la présente section.

[L.Q. 2004, c. 25, a. 70].

36. Les articles 31 à 34 ne s'appliquent pas aux plans visés au premier alinéa de l'article 2997 du Code civil, aux plans cadastraux et aux plans qui doivent accompagner les procès-verbaux de bornage.

Le format de ces plans doit, s'ils sont présentés sur un support papier, être d'au moins 215 mm sur 280 mm sans toutefois dépasser 90 cm sur 150 cm.

SECTION II — DES MOYENS DE REQUÉRIR L'INSCRIPTION

37. La présentation d'une réquisition qui prend la forme d'un acte authentique, autre qu'un acte notarié en brevet, se fait par la présentation d'un extrait de cet acte ou d'une copie authentique de celui-ci.

La présentation d'une réquisition qui prend la forme d'un acte notarié en brevet ou d'un acte sous seing privé se fait par la présentation d'un original de cet acte.

38. L'indication, en application de l'article 3075.1 du Code civil, des fins pour lesquelles une réquisition est présentée à l'officier de la publicité des droits est faite:

1° dans le cas d'une réquisition présentée sur un support informatique, au moyen d'une mention que fait le requérant dans le fichier explicatif qui accompagne la réquisition;

2° dans le cas d'une réquisition présentée sur un support papier, au moyen d'une mention que fait le requérant à même la

in paper form, a copy of an Order in Council. A copy of such Order in Council, whether presented in paper form or in electronic form, shall be certified true in accordance with section 3 of the *Act respecting the Ministère du Conseil exécutif* (chapter M-30).

Applications for registration covered by this section shall not be subject to any other form rule provided for in this Division.

[S.Q. 2004, c. 25, s. 70].

36. Sections 31 to 34 do not apply to the plans referred to in the first paragraph of article 2997 of the Civil Code, to cadastral plans or to the plans that must be appended to the minutes of boundary determination.

The size of the plans, if presented in paper form, must be at least 215 mm by 280 mm without however exceeding 90 cm by 150 cm.

SECTION II — PROCEDURE FOR APPLICATION FOR REGISTRATION

37. The presentation of an application in the form of an authentic act other than a notarial act en brevet shall be made by presenting an extract of that act or an authentic copy thereof.

The presentation of an application in the form of a notarial act en brevet or a private writing shall be made by presenting one original of that act or writing.

38. Pursuant to article 3075.1 of the Civil Code, the purposes for which the application is presented must be indicated as follows:

(1) for an application presented electronically, the applicant shall state those purposes in the explanatory file accompanying the application;

(2) for an application presented in paper form, the applicant shall state those purposes on the application or on a separate

réquisition ou dans un écrit distinct qu'il joint à celle-ci.

written document appended to the application.

39. Les sommaires sont présentés avec une copie ou un extrait authentique des documents qu'ils résument, si ceux-ci sont des documents authentiques autres que des actes notariés en brevet, ou avec un original des documents mêmes qu'ils résument, si ceux-ci sont des actes notariés en brevet ou sous seing privé.

39. The summaries shall be presented with an authentic copy or extract from the documents summarized if the documents are authentic documents other than notarial acts en brevet, or with the originals of the summarized documents if the documents are notarial acts en brevet or private writings.

SECTION III —— DU CONTENU DES RÉQUISITIONS

SECTION III —— CONTENT OF APPLICATIONS

40. Tout sommaire doit énoncer:

40. A summary shall state

1° la date et le lieu où il est fait, ainsi que la date du document qu'il résume et le lieu où ce document a été fait;

1° the date and place where it is made, the date of the summarized document and the place where that document was drawn up;

2° si le document qu'il résume est un acte notarié, le nom du notaire, le lieu où il exerce sa profession et le numéro de la minute ou la mention qu'il s'agit d'un acte en brevet;

2° if the summarized document is a notarial act, the name of the notary, the place of his professional domicile and the number of the act in minute or the indication that the act is en brevet;

3° si le document qu'il résume est un acte judiciaire, le tribunal dont il émane, le district judiciaire, le numéro du dossier judiciaire et, dans le cas d'un jugement, le dispositif du jugement;

3° if the summarized document is a judicial act, the court that issued it, the judicial district, the court record number and, for a judgment, the conclusions of the judgment;

4° si le document qu'il résume est un acte sous seing privé, le nom des témoins qui l'ont attesté, lorsque cette attestation est prescrite par la loi;

4° if the summarized document is a private writing, the names of the witnesses who certified it, where such certification is prescribed by the law.

5° la nature du document qu'il résume et, s'il en est, la date extrême d'effet de l'inscription demandée;

5° the nature of the summarized document and, if applicable, the date on which the requested application ceases to have effect;

6° si le document qu'il résume est un acte de vente ou d'échange ou comporte un tel acte, l'indication du prix ou de la contrepartie;

6° if the summarized document is a deed of sale or exchange or if it includes such a deed, the price or consideration; and

7° si le document qu'il résume est un acte d'hypothèque ou comporte un tel acte, la somme pour laquelle elle est consentie et la nature de l'hypothèque.

7° if the summarized document is an act constituting a hypothec or if it includes such an act, the amount for which it is granted and the nature of the hypothec.

Il est signé par la personne qui requiert l'inscription.

It shall be signed by the person requesting the registration.

41. Les avis requis par la loi doivent indiquer la date et le lieu où ils ont été faits et désigner la personne visée par l'avis, ainsi que celle qui le donne. Ils doivent être signés par la personne qui donne l'avis et, lorsque celle-ci n'en est pas le bénéficiaire, porter la désignation de ce dernier.

Ces avis doivent spécifier leur nature et, s'il en est, celle du document concerné, ainsi que le numéro d'inscription de ce document.

42. Outre les mentions requises par l'article 2999.1 du Code civil, l'avis qui y est visé doit indiquer, le cas échéant, la mention des locataires cédant et cessionnaire et la nature de la modification apportée au bail.

En cas de cession, de modification ou d'extinction du bail, la référence au bail requise par ce même article 2999.1 est faite par l'indication du numéro d'inscription du bail ou de l'avis visant l'inscription des droits qui en résultent sur le registre.

43. L'avis de préinscription d'une demande en justice contient la désignation des parties et indique le tribunal saisi, le district judiciaire et le numéro du dossier judiciaire; il indique aussi la nature de la demande et du droit qui en fait l'objet ainsi que, le cas échéant, le numéro d'inscription du document visé.

44. L'avis de préinscription d'un testament désigne le testateur et indique la date du décès; il indique, en outre, la nature du droit auquel une personne prétend ainsi que le motif de la préinscription.

45. La réquisition d'inscription de l'adresse des personnes visées à l'article 3022 du Code civil prend la forme d'un avis qui indique le bénéficiaire de l'inscription et l'adresse où doit être faite la notification, ainsi que la nature et, s'il y a lieu, le numéro d'inscription du droit visé,

41. The notices required by the law shall specify the place where and the date they were made and designate the person covered by the notice and the person giving notice. They shall be signed by the person giving notice and, where that person is not the beneficiary thereof, bear the designation of the beneficiary.

They shall specify the nature of the notices and, where applicable, the nature of the document in question and its registration number.

42. In addition to the particulars required under article 2999.1 of the Civil Code, the notice shall contain, where applicable, the names of the lessees, whether assignors or assignees, and the nature of the modification made to the lease.

In case of transfer of, correction to or cancellation of the lease, the reference to the lease required under article 2999.1 shall be made by specifying the registration number of the lease or the number of the notice regarding the registration of the rights arising therefrom in the register.

43. A notice of advance registration of a judicial demand shall contain the designation of the parties and shall identify the court seized of the matter, the judicial district and specify the court record number; it shall also specify the nature of the demand and of the right that is the subject of the demand and, where applicable, the registration number of the document in question.

44. A notice of advance registration of a will shall designate the testator and shall specify the date of death; it shall also specify the nature of the right claimed by a person and the reason for advance registration.

45. An application for the registration of the address of a person referred to in article 3022 of the Civil Code shall be in the form of a notice specifying the beneficiary of the registration and the address where notification shall be made, as well as the nature and, where applicable, the registra-

ou la nature du document s'il s'agit d'une hypothèque.

On ne peut, dans un même avis d'adresse, requérir l'inscription de plus d'une adresse postale et d'une adresse électronique. En outre, lorsqu'il y a plusieurs personnes à une même réquisition d'inscription de droits, chacune doit requérir une inscription d'adresse distincte.

Nonobstant les premier et deuxième alinéas, lorsqu'une personne a déjà publié son adresse sur un registre, il suffit, dans toute réquisition d'inscription présentée postérieurement concernant cette personne, de faire référence, immédiatement après la désignation de cette même personne, au numéro d'inscription de l'avis d'adresse qui la concerne et, sauf s'il s'agit d'une hypothèque, de spécifier le droit en regard duquel ce numéro d'inscription sera porté. Cette règle n'est toutefois applicable qu'à l'égard d'adresses publiées postérieurement à la date fixée dans un avis du ministre des Ressources naturelles et de la Faune indiquant que le bureau de la circonscription foncière dans laquelle est situé l'immeuble, sur lequel porte le droit réel le cas échéant, visé par l'avis d'adresse est pleinement informatisé en ce qui a trait à la publicité foncière.

46. L'avis de modification dans l'adresse ou dans le nom des personnes visées à l'article 3022 du Code civil indique le numéro d'inscription de l'avis d'adresse déjà produit. Il reprend en outre tous les renseignements relatifs aux adresses ancienne et nouvelle et aux noms ancien et nouveau de chacun des bénéficiaires de l'avis d'adresse; les notifications postérieures à la modification sont faites sur le seul fondement de ces renseignements.

Lorsque l'avis d'adresse a été publié dans une circonscription foncière antérieurement à la date fixée dans un avis du ministre des Ressources naturelles et de la Faune indiquant que le bureau de cette circonscription foncière est pleinement informatisé en ce qui a trait à la publicité foncière, l'avis de modification indique également le nom de cette circonscription foncière.

tion number of the right in question or the nature of the document for a hypothec.

It is impossible to request, in the same notice of address, the entry of more than one postal address and electronic mail address. In addition, where several persons appear on the same application for registration of rights, a separate registration of address shall be made for each of them.

Notwithstanding the first and second paragraphs, where a person has already published his address in a register, the only requirement, in any application for registration previously presented concerning that person, is to refer, immediately after the designation of that person, to the registration number of the notice of address concerning that person and, except for a hypothec, to specify the right opposite to which the registration number will be recorded. Notwithstanding the foregoing, that rule applies only to addresses published after the date fixed in a notice of the Minister of Natural Resources and Wildlife stating that the registry office of the registration division in which the immovable subject, where applicable, to the real right, is situated is fully computerized for land registration purposes.

46. A notice of a change in the addresses or names of the persons referred to in article 3022 of the Civil Code shall specify the registration number of the notice of address already filed. It shall state all the information relating to the former and new addresses and the former and new names of each of the beneficiaries of the notice of address; the notifications subsequent to the change shall be made only on the basis of that information.

Where the notice of address was published in a registration division prior to the date fixed in a notice of the Minister of Natural Resources and Wildlife stating that the registry office of the registration division is fully computerized for land registration purposes, the notice of change shall also specify the name of that registration division.

47. L'avis de modification dans la référence faite au numéro d'inscription d'une adresse mentionne la nature et le numéro d'inscription du document visé, ainsi que les références ancienne et nouvelle au numéro d'inscription de l'adresse.

L'avis d'inscription d'une référence omise au numéro d'inscription d'une adresse mentionne le numéro d'inscription du document visé et la référence au numéro d'inscription de l'adresse. Il spécifie en outre le droit en regard duquel le numéro d'inscription de l'adresse sera porté, sauf s'il s'agit d'une hypothèque.

48. Tout avis d'adresse ou de modification dans l'adresse ou dans le nom d'une personne doit porter une adresse postale à laquelle seront faites les notifications requises. Il peut aussi porter une adresse électronique.

L'adresse doit être indiquée de façon précise et être complétée, dans le cas d'une adresse postale, par le code postal lorsque le lieu est situé au Canada ou par l'équivalent du code postal, s'il en est, lorsque le lieu est situé hors du Canada.

L'indication d'une adresse électronique est réputée marquer la préférence du bénéficiaire pour une notification faite à cette adresse.

49. L'avis de renouvellement de la publicité d'un droit spécifie le droit visé; il indique aussi le lieu, la date, le numéro d'inscription et la nature du document qui constate le droit.

L'avis de renouvellement de l'inscription d'une adresse indique le numéro d'inscription de l'avis d'adresse qu'on veut renouveler, le numéro d'inscription de la réquisition afférente à cet avis, le droit visé, sauf s'il s'agit d'une hypothèque, et le nom de la circonscription foncière dans laquelle est situé l'immeuble sur lequel porte le droit.

L'avis de renouvellement de la publicité d'un droit peut viser à la fois ce renouvellement et celui de l'inscription d'une

47. The notice of amendment to the reference to the registration number of an address shall state the nature and registration number of the document in question and the former and current references in the registration number of the address.

The notice of entry of a reference omitted in the registration number of an address shall state the registration number of the document in question and the reference to the registration number of the address. In addition, it shall specify the right in respect of which the registration number of the address will be entered, except for a hypothec.

48. There shall be a postal address in any notice of address or of change in the address or name of a person to which the required notifications will be sent. There may also be an electronic mail address.

The address shall be entered in a precise manner and be completed, for a postal address, by the postal code where the place is in Canada or the equivalent of the postal code where the place is outside Canada.

Where an electronic mail address is recorded, it shall be deemed that the beneficiary prefers the notification to be sent to that address.

49. A notice of renewal of the publication of a right shall specify the right in question and the place, date, registration number and nature of the document evidencing the right.

A notice of renewal of the registration of an address shall specify the registration number of the notice of address that a person wishes to renew, the registration number of the application pertaining to that notice, the right in question, except for a hypothec, and the name of the registration division in which the immovable subject to the right is situated.

A notice of renewal of the publication of a right may apply to that renewal and to the renewal of the registration of an address

adresse portée en regard de ce droit, pourvu seulement qu'une demande expresse à cette fin, faisant référence à l'avis d'adresse visé, se retrouve dans l'avis de renouvellement de la publicité du droit.

50. L'avis cadastral fait référence à la réquisition à laquelle il se rapporte, relate la désignation de l'immeuble contenue à l'acte qui constate le droit et désigne l'immeuble sur lequel l'inscription est requise.

51. L'avis qui vise l'inscription d'un document sur une fiche immobilière établie sous un numéro d'ordre fait référence à la réquisition à laquelle il se rapporte et relate la désignation contenue à cette réquisition; il spécifie le numéro d'ordre de la fiche sur laquelle l'inscription est requise.

52. Les réquisitions visant l'inscription d'actes de la nature de ceux qui sont énumérés à l'article 12 de la *Loi sur les bureaux de la publicité des droits* (chapitre B-9) doivent, lorsque l'immeuble visé n'est pas immatriculé, porter non seulement le nom de la municipalité locale sur le territoire de laquelle cet immeuble est situé, mais également, s'il en est, les autres éléments permettant de compléter l'adresse de cet immeuble.

53. Les réquisitions de radiation ou de réduction d'inscriptions sur les registres doivent, dans tous les cas, indiquer le nom des circonscriptions foncières à l'égard desquelles les inscriptions dont on requiert la radiation ou la réduction ont été faites.

SECTION IV — DES ATTESTATIONS

54. Les attestations prescrites sont portées à la fin des réquisitions, après la signature des parties, ou sont jointes aux réquisitions auxquelles elles se rapportent.

Lorsque des attestations sont jointes, elles doivent faire référence aux réquisitions auxquelles elles se rapportent par l'indica-

recorded with respect to that right provided only that an express request made for that purpose, referring to the notice of address in question, appears in the notice of renewal of publication of the right.

50. A cadastral notice shall refer to the application to which it relates, state the designation of the immovable contained in the act evidencing the right and designate the immovable for which the registration is required.

51. A notice applying to the registration of a document in a land file identified by a serial number refers to the application to which it relates and states the designation contained in that application; it shall specify the serial number of the file on which the registration is required.

52. Applications to register acts similar to those listed in section 12 of the *Act respecting registry offices* (chapter B-9) shall, where the immovable in question is not registered, bear the name of the local municipality in the territory of which the immovable is situated and any other element allowing to complete the address of that immovable.

53. When applications for the cancellation or reduction of entries in registers are made, the names of the registration divisions in respect of which the entries are made and for which entries the cancellation or reduction is applied for shall be specified.

SECTION IV — CERTIFICATES

54. The prescribed certificates shall appear at the end of the applications, below the parties' signatures, or shall be appended to the applications to which they relate.

Where such certificates are appended, they shall refer to the applications to which they relate by specifying the nature and the

tion de la nature, de la date et du lieu de signature de ces réquisitions, ainsi que du nom des personnes qui y sont parties.

date and place of signing of the applications, and the names of the parties thereto.

SECTION V — DE LA NUMÉROTATION DES RÉQUISITIONS

SECTION V — ASSIGNMENT OF NUMBERS TO APPLICATIONS

55. Les réquisitions d'inscription sont, dès leur réception par l'officier de la publicité des droits, numérotées dans un ordre consécutif double, l'un pour les réquisitions d'inscription de droits et de radiations ou de réductions, l'autre pour les réquisitions d'inscription d'adresses.

Cette numérotation est unique pour tout le territoire du Québec; elle vaut pour l'ensemble des réquisitions présentées dans les bureaux de la publicité des droits.

55. Applications for registration shall, as of the date they are received by the registrar, be assigned numbers in a double consecutive order, one for the applications for registration of rights and cancellations or reductions and the other for the applications for registration of addresses.

Applications shall be assigned unique numbers for all the territory of Québec: the assignment of numbers shall apply to all the applications presented to registry offices.

Chapitre Troisième — Des inscriptions sur les registres et de la correction d'erreurs matérielles ou d'omissions qui s'y trouvent

SECTION I — DES INSCRIPTIONS

Chapter Three — Entries in Registers and Correction of Clerical Errors or Omissions

SECTION I — ENTRIES

56. Les inscriptions sur les registres doivent être claires et précises.

56. Entries in registers shall be clear and precise.

57. Lorsqu'une inscription sur un registre faisant partie du registre foncier concerne plus de 2 constituants ou titulaires de droits, il suffit d'inscrire le nom des 2 premières personnes désignées en cette qualité dans la réquisition, suivis des mots « et autres ».

57. Where a registration in a register that is part of the land register concerns more than 2 grantors or holders of rights, only the name of the first 2 persons designated as such in the application need be indicated, followed by the words "and others".

58. L'inscription de tout document comprend l'indication de sa nature, au long ou en abrégé.

58. The registration of any document shall state the nature of the document, in full or with abbreviations.

59. Le numéro d'inscription d'un avis d'adresse sur un registre faisant partie du registre foncier est noté, dans ce registre, en regard de la réquisition d'inscription du droit auquel se rapporte l'adresse. Toutefois, lorsque cette réquisition a été inscrite sur une fiche ayant subséquemment fait l'objet d'un arrêté ministériel pris en ap-

59. The registration number of a notice of address in a register that is part of the land register shall be noted, in that register, opposite the application for registration of the right to which the address relates. Notwithstanding the foregoing, where the application was entered in a file that was subsequently the subject of a ministerial

plication de l'article 3 de la *Loi sur les bureaux de la publicité des droits* (chapitre B-9) visant à la reproduire sur un support informatique, le numéro d'inscription de l'avis d'adresse est noté dans la section distincte, figurant à la fin de la nouvelle fiche, réservée aux inscriptions, mentions ou indications relatives à la fiche que celle-ci reproduit.

Dans tous les cas, un avis d'adresse se rapportant à une créance prioritaire non inscrite sur le registre foncier ne donne lieu qu'à une inscription isolée, après la dernière inscription figurant sur le registre, faisant référence à cette créance prioritaire.

60. L'avis de modification dans l'adresse ou dans le nom d'une personne porte le numéro d'inscription de l'avis d'adresse qu'il modifie.

À moins que l'avis d'adresse n'ait été présenté et accepté dans un bureau de la publicité des droits antérieurement à la date fixée dans l'avis du ministre des Ressources naturelles et de la Faune indiquant que ce bureau est pleinement informatisé en ce qui a trait à la publicité foncière, l'avis de modification se substitue à l'avis d'adresse qu'il modifie.

Les informations nouvelles résultant des modifications se substituent, le cas échéant, aux informations qu'elles remplacent sur la fiche du répertoire des adresses afférente à l'avis d'adresse remplacé.

L'avis de modification dans l'adresse ou dans le nom d'une personne n'est pas noté sur le registre foncier.

61. L'inscription, sur le registre des mentions, de la radiation ou de la réduction d'une inscription sur un registre indique le numéro d'inscription de la réquisition qui constate le droit faisant l'objet de la radiation ou de la réduction.

Toutefois, lorsque la radiation ou la réduction concerne l'inscription d'une adresse sur un registre faisant partie du registre foncier, l'inscription qui en est faite sur le registre des mentions indique le numéro

order under section 3 of the *Act respecting registry offices* (chapter B-9) to convert it to electronic form, the registration number of the notice of address shall be noted in the distinct section, at the end of the new file, reserved for entries, mentions or indications related to the file that is reproduced by the new file.

In all cases, for a notice of address relating to a prior claim not entered in the land register, only one isolated entry referring to that prior claim shall be entered after the last entry appearing in the register.

60. A notice of a change in a person's address or name shall bear the registration number of the notice of address it changes.

Unless the notice of address was presented and accepted in a registry office before the date fixed in the notice of the Minister of Natural Resources and Wildlife stating that the registry office is fully computerized for land registration purposes, the notice of change shall be substituted for the notice of address it changes.

New information resulting from changes shall be substituted, where applicable, for the information that is replaced on the file of the directory of addresses related to the replaced notice of address.

The notice of a change in a person's address or name shall not be noted in the land register.

61. Registration, in the register of mentions, of the cancellation or reduction of an entry shall specify the registration number of the application evidencing the right subject to the cancellation or reduction.

Notwithstanding the foregoing, where the cancellation or reduction concerns the registration of an address in a register that is part of the land register, the registration made in the register of mentions shall

d'inscription du droit auquel se rapporte l'adresse.

specify the registration number of the right to which the address relates.

62. L'indication, sur le registre foncier, de la radiation ou de la réduction d'un droit est faite en regard de l'inscription de ce droit. Lorsque ce droit a été inscrit sur une fiche ayant subséquemment fait l'objet d'un arrêté ministériel pris en application de l'article 3 de la *Loi sur les bureaux de la publicité des droits* (chapitre B-9) visant à la reproduire sur un support informatique, l'indication de la radiation ou de la réduction est faite dans la section distincte, figurant à la fin de la fiche qui la reproduit, réservée aux inscriptions, mentions ou indications relatives à la fiche reproduite.

62. Indication in the land register that a right was cancelled or reduced shall be made with respect to the registration of that right. Where the right was registered on a file that was subsequently the subject of a ministerial order under section 3 of the *Act respecting registry offices* (chapter B-9) to convert it to electronic form, cancellations or reductions shall be indicated in the distinct section, at the end of the file that reproduces it, reserved for entries, mentions or indications related to the converted file.

63. La référence, sur le registre foncier, au numéro d'inscription d'une quittance totale ou d'une mainlevée totale est précédée de la lettre *T*. Toutefois, s'il s'agit d'une réduction du montant de l'inscription ou de l'assiette de la garantie, il suffit d'en rendre le fait apparent par la seule utilisation de la lettre *P*.

63. The reference in the land register to the registration number of a total acquittance or discharge shall be preceded by the letter T. Notwithstanding the foregoing, if the reduction concerns the amount registered or the situs of the security, that information shall be indicated by using the letter P.

64. L'indication, sur le registre foncier, de la radiation de l'inscription d'une adresse est faite par la mention de la lettre *R* immédiatement avant le numéro d'inscription de l'avis d'adresse. Celle de la réduction d'une telle inscription est faite par la mention de la lettre *P* au même endroit que l'indication de la réduction d'un droit.

64. Indication in the land register that the registration of an address was cancelled shall be made by using the letter R right before the registration number of the notice of address. Indication that such a registration was reduced shall be made by using the letter P at the same place as the indication of the reduction of a right.

L'indication, sur le même registre, de la radiation de toute indication de radiation ou de réduction est faite par la mention des lettres *RR* après le numéro d'inscription de la réquisition de radiation antérieure ou, dans le cas d'une indication de réduction, après la lettre *P* figurant sur le registre. L'indication est suivie du numéro d'inscription de la radiation.

Indication in the same register that any indication of cancellation or reduction was cancelled shall be made by using the letters RR after the registration number of the previous application for cancellation or, for an indication of reduction, after the letter P appearing on the register. The indication shall be followed by the registration number of the cancellation.

Il est fait exception à ces règles dans tous les cas où l'indication de radiation ou de réduction concerne une adresse, une radiation ou une réduction inscrite ou indiquée sur une fiche ayant subséquemment fait l'objet d'un arrêté ministériel pris en application de l'article 3 de la *Loi sur les bu-*

Those rules are not applicable where the indication of cancellation or reduction concerns an address, a cancellation or a reduction entered or indicated on a file that was subsequently the subject of a ministerial order under section 3 of the *Act respecting registry offices* (chapter B-9) to

reaux de la publicité des droits (chapitre B-9) visant à la reproduire sur un support informatique. En ces cas, l'indication de radiation ou de réduction est faite non pas sur cette fiche, mais dans la section distincte, figurant à la fin de la fiche qui la reproduit, réservée aux inscriptions, mentions ou indications relatives à la fiche reproduite.

convert it to electronic form. In such cases, the indication that a cancellation or reduction was made shall be made not on that file but in the distinct section, at the end of the file that reproduces it, reserved for entries, mentions or indications related to the converted file.

65. L'officier de la publicité des droits requis de procéder à la radiation ou à la réduction d'une inscription sur un registre faisant partie du registre foncier n'a pas à consulter le registre des droits personnels et réels mobiliers.

65. The registrar who is required to cancel or reduce an entry in a register that is part of the land register need not consult the register of personal and movable real rights.

66. L'état certifié d'inscription délivré par l'officier pour toute réquisition d'inscription acceptée à la publicité porte le numéro d'inscription de la réquisition à laquelle l'état se rapporte. Il mentionne la date, l'heure et la minute de présentation de cette réquisition, indique le livre foncier dans lequel elle a été inscrite et énonce, le cas échéant, les restrictions applicables relativement aux inscriptions portées sur les registres.

66. The certified statement of registration issued by the registrar for any application for registration accepted for publication bears the registration number of the application to which the statement relates. It shall specify the date, hour and minute of presentation of the application, specify the land book in which it was registered and any applicable restriction relating to the registrations recorded in the registers.

Le double de cet état certifié joint à la réquisition conservée au Bureau de la publicité foncière ne porte pas la signature de l'officier, mais il a la même valeur que s'il portait cette signature.

The duplicate of that certified statement appended to the application kept in the Land Registry Office does not bear the signature of the registrar but has the same value as if it bore his signature.

SECTION II — DE LA CORRECTION D'ERREURS MATÉRIELLES OU D'OMISSIONS

SECTION II — CORRECTION OF CLERICAL ERRORS OR OMISSIONS

67. La rectification, par l'officier de la publicité des droits, d'une inscription, mention ou indication sur un registre tenu sur un support informatique est faite par rature, de manière que le texte raturé reste lisible. Sauf en cas de suppression pure et simple de l'inscription, mention ou indication, la rectification est suivie immédiatement, en dessous du texte raturé, de l'inscription, mention ou indication nouvelle.

67. Correction by the registrar to an entry, mention or indication in a register kept on a computer system shall be made by crossing out the entry, mention or indication, in such a manner that the crossed out text remains legible. Except where the entry, mention or indication is deleted, the correction is followed by the new entry, mention or indication right under the crossed out text.

68. Nonobstant l'article 67:

68. Notwithstanding section 67,

1° les rectifications sur le registre foncier sont faites non seulement par la rature de l'inscription ou de l'indication erronée, mais également par la rature de toutes les inscriptions ou indications qui y sont accolées, et le texte raturé est suivi immédiatement, en dessous, non seulement de l'inscription ou de l'indication nouvelle, mais également de toutes les autres inscriptions ou indications ainsi raturées;

2° les inscriptions résultant d'une rectification faite sur le registre foncier ou sur le livre de présentation, lorsqu'elles portent sur la date, l'heure ou la minute de présentation de la réquisition d'inscription, ne suivent pas le texte raturé, mais sont plutôt portées à l'endroit où elles auraient dû apparaître;

3° la rectification des renseignements portés dans l'en-tête d'une fiche comprise dans le registre foncier ou dans le répertoire des titulaires de droits réels est faite non pas par rature des renseignements erronés, mais par substitution des nouveaux renseignements;

4° la rectification des inscriptions, mentions ou indications portées dans une section distincte à la fin d'une fiche comprise dans le registre foncier en application des articles 6, 9, 13 et 21 sont faites au moyen d'une note, précisant la nature de la rectification, insérée à l'endroit réservé à cette fin dans la section distincte.

69. L'ajout d'une inscription, mention ou indication omise sur un registre tenu sur support informatique est fait à l'endroit où celle-ci aurait dû apparaître.

Toutefois, si l'ajout vise à porter l'inscription d'une adresse ou l'indication d'une radiation ou d'une réduction sur le registre foncier, la correction est faite par rature de toutes les inscriptions de droits ou d'adresses et de toutes les indications de radiation ou de réduction, suivie immédiatement, en dessous, de l'inscription ou indication nouvelle et de la reproduction de toutes les autres inscriptions ou indications ainsi raturées. En outre, l'ajout des inscriptions, mentions ou indications qui auraient dû être portées dans la section distincte d'une fiche comprise dans le registre foncier ou

(1) corrections in the land register are made not only by crossing out the erroneous entry or indication, but also by crossing out all related entries or indications and the crossed out text shall be followed right under by the new entry or indication and by all other entries or indications thus crossed out;

(2) entries resulting from a correction made in the land register or in the book of presentation, where they affect the date, hour or minute of presentation of the application for registration, do not follow the crossed out text, but shall be made at the place where they should have appeared;

(3) correction to information recorded in the heading of a file contained in the land register or in the directory of holders of real rights shall not be made by crossing out erroneous information but by substituting new information; and

(4) correction to entries, mentions or indications recorded in a distinct section at the end of a file contained in the land register pursuant to sections 6, 9, 13 and 21 shall be made by a note, specifying the nature of the correction, inserted at the place reserved for that purpose in the distinct section.

69. An entry, mention or indication omitted in a register kept on a computer system shall be added at the place where it should have appeared.

Notwithstanding the foregoing, if the addition is intended to record the registration of an address or the indication of a cancellation or reduction in the land register, the correction shall be made by crossing out all registrations of rights or addresses and all indications of cancellations or reductions, followed right under by the new registration or indication and the reproduction of all the other registrations or indications thus crossed out. In addition, the addition of entries, mentions or indications that should have been recorded in the distinct section of a file contained in the

dans le répertoire des titulaires de droits réels en application des articles 6, 9, 13 et 21 sont faites au moyen d'une note, précisant la nature de l'ajout, insérée à l'endroit réservé à cette fin dans la section distincte.

land register or in the directory of holders of real rights pursuant to sections 6, 9, 13 and 21 shall be made by a note, specifying the nature of the addition, inserted at the place reserved for that purpose in the distinct section.

70. Toute rectification ou tout ajout fait sur le registre foncier donne obligatoirement lieu à une référence, faite après la dernière inscription figurant sur ce registre, à cette rectification ou à cet ajout.

70. Any correction or addition made in the land register must have a reference made after the last entry appearing in that register to that correction or addition.

71. La rectification d'une inscription sur un registre conservé sur un support papier est faite par rature de l'inscription erronée, et l'inscription nouvelle, s'il en est, est faite en surcharge.

71. The correction to an entry in a register kept in paper form shall be made by crossing out the erroneous entry and any new entry shall be overwritten.

L'ajout d'une inscription omise sur un tel registre est fait après la dernière inscription figurant sur ce registre. S'il se trouve des inscriptions entre la date de l'inscription de l'ajout et la date à laquelle l'inscription aurait dû être faite, une référence à la nouvelle inscription doit être faite à l'endroit où aurait dû apparaître cette inscription.

An entry omitted in such a register shall be added after the last entry appearing in that register. If there are entries between the date the addition was entered and the date on which that entry should have been made, a reference to the new entry shall be made at the place where that entry should have appeared.

72. La rectification de l'inscription d'un droit à l'index des noms microfilmé ou microfiché tenu dans les bureaux de la publicité des droits établis pour les circonscriptions foncières de Montréal et de Laval est faite au moyen d'une note, précisant la nature de la rectification, insérée dans la fiche ouverte sous le nom de la personne qui bénéficie de cette rectification au registre complémentaire de cet index.

72. Correction in the registration of a right in the index of names in the form of microfilms or microfiches kept in the registry offices established for the registration divisions of Montréal and Laval shall be made by a note, specifying the nature of the correction, inserted in the opened file, under the name of the person who benefits from that correction, in the register complementary to that index.

L'ajout de l'inscription d'un droit à cet index est fait sur la fiche ouverte, sous le nom de la personne qui bénéficie de l'ajout, au registre complémentaire de ce même index.

The registration of a right in that index shall be added in the opened file, under the name of the person who benefits from that addition, in the register complementary to that index.

73. La rectification d'une inscription ou mention en marge d'une réquisition d'inscription, de même que sur le registre complémentaire des mentions en marge ou le registre des mentions des actes microfilmés visés aux articles 243 et 244 de la *Loi modifiant le Code civil et d'autres dispositions législatives relativement à la pu-*

73. The correction of an entry or mention in the margin of a registration for application, and in the register complementary to mentions made in the margin or the register of mentions for microfilmed acts referred to in sections 243 and 244 of the *Act to amend the Civil Code and other legislative provisions relating to land registra-*

blicité foncière (L.Q. 2000, c. 42), est faite au moyen d'une note, précisant la nature de la rectification, insérée dans la fiche tenue au registre des mentions pour la réquisition visée par la mention ou l'inscription nouvelle.

L'ajout d'une inscription ou mention omise sur la réquisition ou sur le registre est fait sur la fiche tenue au registre des mentions pour la réquisition visée par l'ajout.

74. La rectification d'un état certifié d'inscription est faite par la délivrance d'un nouvel état certifié. Lorsque la rectification concerne l'un des éléments qui doivent figurer à l'état certifié en application de l'article 66, le nouvel état indique la nature de la rectification; dans les autres cas, il ne porte aucune indication de rectification.

Nonobstant le premier alinéa, lorsque l'état certifié a été délivré par l'officier d'un bureau de la publicité des droits établi pour une circonscription foncière avant la date fixée dans un avis du ministre des Ressources naturelles et de la Faune indiquant que ce bureau est pleinement informatisé en ce qui a trait à la publicité foncière, sa rectification est faite au moyen d'une note, précisant la nature de la rectification, insérée dans la fiche tenue au registre des mentions relativement à la réquisition d'inscription pour laquelle l'état certifié a été délivré.

tion (S.Q. 2000, c. 42), shall be made by a note, specifying the nature of the correction inserted in the file kept in the register of mentions for the application covered by the new mention or entry.

An entry or mention omitted in the application or in the register shall be added in the file kept in the register of mentions for the application covered by the addition.

74. Correction to a certified statement of registration shall be made by issuing a new certified statement. Where the correction concerns one of the elements that must appear in the certified statement pursuant to section 66, the new certified statement shall specify the nature of the correction; in any other case, no specification of correction shall be made.

Notwithstanding the first paragraph, where the certified statement that has been issued by the registrar of a registry office established for a registration division before the date fixed in a notice of the Minister of Natural Resources and Wildlife stating that the registry office is fully computerized for land registration purposes, the correction shall be made by a note, specifying the nature of the correction, inserted in a file kept in the register of mentions relating to the application for registration for which the certified statement was issued.

Chapitre Quatrième ⸺ De l'accès aux registres et autres documents

SECTION I ⸺ DISPOSITIONS GÉNÉRALES

Chapter Four ⸺ Access to the Registers and Other Documents

SECTION I ⸺ GENERAL

75. Les bureaux de la publicité des droits sont ouverts tous les jours, excepté les samedis et les jours visés à l'article 6 du *Code de procédure civile* (chapitre C-25).

Le Bureau de la publicité foncière est toutefois ouvert le samedi, mais à des fins de consultation seulement.

75. Registry offices are open every day, except Saturdays and the days referred to in article 6 of the *Code of Civil Procedure* (chapter C-25).

The Land Registry Office is open on Saturdays for consultation purposes only.

76. Les heures de présentation, sur place ou à distance, des réquisitions sont de 9 h à 15 h dans tous les bureaux de la publicité des droits.

76. Applications may be presented on the premises or remotely between 9:00 a.m. and 3:00 p.m. in every registry office.

77. La consultation des registres et autres documents tenus ou conservés dans les bureaux de la publicité des droits à des fins de publicité se fait sur place ou à distance et, en ce dernier cas, elle se fait à partir d'un écran de visualisation.

La consultation sur place ne peut toutefois se faire que dans les bureaux établis pour les circonscriptions foncières. En outre, la consultation à distance n'est possible qu'à l'égard des registres et autres documents tenus ou conservés sur un support informatique.

77. Registers and other documents kept in registry offices for publication purposes are consulted on the premises or remotely and, in the latter case, by means of a display screen.

Consultation on the premises is allowed only in the offices established for registration divisions. In addition, remote consultation is allowed with respect to registers and other documents kept in electronic form only.

78. Les heures de consultation sur place sont de 9 h à 16 h; à distance, les registres doivent être accessibles à la consultation, à partir d'autres écrans de visualisation que ceux des bureaux établis pour les circonscriptions foncières, au moins de 8 h à 23 h, sauf le samedi, où ils doivent être ainsi accessibles au moins de 8 h à 17 h.

78. Consultation on the premises is allowed between 9:00 a.m. and 4:00 p.m.; remote consultation, using other display screens than those located in offices established for registration divisions, is allowed between at least 8:00 a.m. and 11:00 p.m., except on Saturdays where it is allowed between at least 8:00 a.m. and 5:00 p.m.

79. Nonobstant les articles 76 et 78, les heures de présentation des réquisitions dans les bureaux de la publicité des droits, de même que celles de consultation, sur place ou à distance, des registres et autres documents qui y sont tenus ou conservés sont de 9 h à 10 h les 24 et 31 décembre.

79. Notwithstanding sections 76 and 78, applications may be presented to registry offices and registers and other documents kept there may be consulted, on the premises or remotely, from 9:00 a.m. to 10:00 a.m. on 24 and 31 December.

80. L'état certifié que l'officier de la publicité des droits est tenu de délivrer à toute personne qui le requiert en application de l'article 3019 du code doit indiquer, outre le type de l'état certifié, le nom de la personne qui le requiert, le numéro de lot attribué à l'immeuble et le nom du cadastre dans lequel il est situé, ou le numéro d'ordre de la fiche relative au droit réel, au réseau ou à l'immeuble et le nom du registre dans lequel elle est portée, le nom de la circonscription foncière dans laquelle est situé l'immeuble, le droit ou le réseau, le nom de son propriétaire ou titulaire le cas échéant, la période pour laquelle l'état est délivré et tous les numéros

80. The certified statement that the registrar is required to issue to any person who requests it pursuant to article 3019 of the Civil Code shall specify the type of certified statement, the name of the person requesting it, the lot number given to the immovable and the name of the cadastre in which it is situated, or the serial number of the file relating to the real right, the network or the immovable and the name of the register in which the file is recorded, the name of the registration division in which the immovable, right or network is situated, the name of its owner or holder, as the case may be, the period for which the certified statement is issued and all re-

d'inscription des réquisitions qui y sont visées, s'il en est.

Daté et signé par l'officier qui le délivre, l'état certifié est complété, s'il en est, par les copies des réquisitions d'inscription qui y sont visées, avec les documents qui les accompagnent lorsqu'elles prennent la forme d'un sommaire et, le cas échéant, les extraits pertinents du registre des mentions et du registre complémentaire afférents à chacune de ces réquisitions.

81. Les copies ou extraits des documents qui ont justifié une inscription sur les registres et que l'officier de la publicité des droits est tenu de délivrer à toute personne qui le requiert en application de l'article 3019 du code doivent être accompagnés, le cas échéant, des extraits pertinents du registre des mentions et du registre complémentaire.

SECTION II —— DISPOSITIONS
PARTICULIÈRES RÉGISSANT L'ACCÈS À
DISTANCE

82. Les réquisitions d'inscription présentées au Bureau de la publicité foncière, de même que les documents qui les accompagnent, sont acheminés par voie électronique.

Ces réquisitions et documents ne peuvent y être acceptés que si l'envoi électronique est accompagné d'un sceau de même nature apposé au moyen d'un dispositif, fourni par l'Officier de la publicité foncière aux producteurs des logiciels requis, attestant que l'envoi rencontre toutes les spécifications techniques requises et qu'il comporte un fichier explicatif, conforme à ces spécifications, portant entre autres un numéro de client attribué par l'Officier de la publicité foncière.

83. La présentation des réquisitions d'inscription et des documents qui les accompagnent au Bureau de la publicité foncière requiert l'utilisation de biclés et certificats de signature et de chiffrement délivrés par un prestataire de services de certification agréé par le Conseil du trésor.

gistration numbers of the applications in question, if any.

The certified statement, dated and signed by the registrar issuing it, shall be completed, where applicable, by the copies of the applications for registration in question, with the accompanying documents where they are in the form of a summary and, where applicable, relevant extracts from the register of mentions and the complementary register related to each application.

81. Copies of or extracts from documents that justified registrations in the registers and that the registrar is required to issue to any person requesting it pursuant to article 3019 of the Civil Code must be accompanied, where applicable, by relevant extracts from the register of mentions and from the complementary register.

SECTION II —— PARTICULAR
PROVISIONS GOVERNING REMOTE
ACCESS

82. Applications for registration presented to the Land Registry Office, as well as the accompanying documents, shall be forwarded electronically.

Those applications and documents may be accepted at the Land Registry Office only if the electronic transmission is accompanied by a code of the same nature affixed by means of a device, provided by the Land Registrar for firms that develop the required software, attesting that the transmission meets all the required technical specifications and that it contains an explanatory file, complying with the specifications, bearing a client number given by the Land Registrar.

83. Presentation of applications for registration and accompanying documents to the Land Registry Office requires the use of key pairs and signature verification and encryption certificates issued by a provider of certification services certified by the Conseil du trésor.

Un prestataire de services de certification ne peut être agréé par le Conseil du trésor que si la délivrance et l'archivage des biclés et certificats qu'il assume rencontrent les conditions minimales prévues en annexe au présent règlement.

84. Toute signature requise pour la présentation d'une réquisition d'inscription au Bureau de la publicité foncière doit être apposée au moyen d'une biclé de signature.

85. Les données formant les réquisitions d'inscription et les documents présentés au Bureau de la publicité foncière n'y sont considérées reçues que si elles sont transmises intégralement et si l'Officier de la publicité foncière peut y avoir accès et les déchiffrer.

Lorsque ces conditions sont remplies, l'Officier de la publicité foncière transmet aussitôt, par voie électronique, un accusé de réception aux personnes qui ont requis l'inscription.

86. Dès la réception des données formant les réquisitions d'inscription et les documents présentés au Bureau de la publicité foncière, l'Officier de la publicité foncière vérifie l'identité des personnes dont la signature était requise pour la présentation des réquisitions au moyen de la clé publique et du certificat de signature dont ces personnes sont titulaires. Il doit s'assurer que le certificat de signature de chacun de ces titulaires, ainsi que sa signature numérique, sont valides et que les données transmises sont intègres.

87. Les réquisitions d'inscription et les documents présentés au Bureau de la publicité foncière sont conservés tels quels, mais épurés des formats de transmission et des balises de données qui les accompagnaient. Ces réquisitions et documents, ainsi épurés, sont accessibles au public.

Les réquisitions d'inscription et les documents transmis au Bureau de la publicité

A provider of certification services may be certified by the Conseil du trésor only if the issue and storage of key pairs and certificates that it is responsible for meet the minimum conditions provided for in the Schedule to this Regulation.

84. Any signature required for the presentation of an application for registration to the Land Registry Office shall be affixed by means of a signature key pair.

85. Data constituting the applications for registration and documents presented to the Land Registry Office shall be considered received only if they are transmitted completely and if the Land Registrar may have access to them and decrypt them.

Where those conditions are met, the Land Registrar shall immediately transmit, electronically, an acknowledgement of receipt to the persons who requested registration.

86. Upon receipt of the data constituting the applications for registration and documents presented to the Land Registry Office, the Land Registrar shall verify the identity of the persons whose signatures were required for the presentation of applications by means of the public key and the signature verification certificate those persons hold. He shall ensure that the signature verification certificate of each holder, and his digital signature, are valid and that the transmitted data is intact.

87. Applications for registration and documents presented to the Land Registry Office shall be kept as such but transmission formats and data markup that accompanied the applications shall be removed from them. Those applications and documents, from which transmission formats and data markup were thus removed, shall be available to the public.

Applications for registration and documents transmitted to the Land Registry Of-

foncière par l'officier du bureau de la publicité des droits d'une circonscription foncière dans lequel ces réquisitions et documents avaient été présentés sur un support papier, sont conservés au moyen d'un algorithme de compression de type « sans perte de données ». Une version compressée de ces réquisitions et documents est produite au moyen d'un algorithme de compression de type « avec perte de données », lequel conserve néanmoins intacte et intégrale l'information transmise, et seule cette version est accessible au public.

fice by the registrar of a registration division in whose registry office the applications and documents were presented in paper form shall be kept by means of a lossless data compression algorithm. A compressed version of the applications and documents shall be produced by means of a lossy data compression algorithm, which keeps the transmitted information nonetheless intact and complete, and only that version is available to the public.

88. Lorsque l'Officier de la publicité foncière doit fournir une copie d'une réquisition d'inscription ou d'un document conservé sur un support informatique, cette copie est fournie à partir de la réquisition ou du document accessible au public, ou à partir de la version accessible au public de cette réquisition ou de ce document, selon le cas.

88. Where a copy of an application for registration or of a document kept on a computer system must be provided by the Land Registrar, such copy shall be made from that application or from the document available to the public, or from the version of the application or document available to the public, as the case may be.

Le nom des signataires, déterminé après vérification de leur identité, doit apparaître sur la copie, lorsque celle-ci a été produite à partir de la réquisition ou du document présenté au Bureau de la publicité foncière.

The names of the sources, determined after their identity is verified, shall appear on the copy, where the copy was made from the application or from the document presented to the Land Registry Office.

89. Les documents qui, en vertu de la loi, doivent porter la signature de l'Officier de la publicité foncière agissant dans l'exercice de ses fonctions d'officier public ne peuvent être transmis par voie électronique qu'au moyen d'une biclé de signature délivrée par un prestataire de services de certification agréé par le Conseil du trésor.

89. Documents that, under the law, shall bear the signature of the Land Registrar acting in the performance of his duties of public registrar may be transmitted electronically only by means of a signature key pair issued by a provider of certification services certified by the Conseil du trésor.

Chapitre Cinquième ——
Dispositions transitoires et finales

Chapter Five —— **Transitional and Final**

90. La numérotation des fiches d'un registre des droits réels d'exploitation de ressources de l'État prévue à l'article 10, de même que celle des fiches d'un registre des réseaux de services publics et des immeubles situés en territoire non cadastré prévue à l'article 14, se font en tenant compte de la numérotation existante dans ces registres à la date fixée dans l'avis du ministre des Ressources naturelles et de la Faune indiquant que le bureau de la publi-

90. When assigning numbers to files in a register of real rights of State resource development as provided for in section 10 and files in a register of public service networks and immovables situated in territory without a cadastral survey as provided for in section 14, the current numbers of the files in those registers on the date fixed in the notice of the Minister of Natural Resources and Wildlife stating that the registry office that keeps them is fully comput-

cité des droits qui les tient est pleinement informatisé en ce qui a trait à la publicité foncière.

91. Afin de tenir compte de la numérotation existante des réquisitions d'inscription conservées dans les bureaux de la publicité des droits jusqu'à la date fixée dans l'avis du ministre des Ressources naturelles et de la Faune indiquant, pour chacun de ces bureaux, qu'il est pleinement informatisé en ce qui a trait à la publicité foncière, la numérotation visée à l'article 55 commence, pour les réquisitions reçues à compter de cette date, au numéro 10.000.001 dans le cas des réquisitions d'inscription de droits et de radiations ou de réductions, et au numéro 6.000.001 dans le cas des réquisitions d'inscription d'adresses.

92. Les articles 15, 16 et 17 sont applicables, dans les bureaux de la publicité des droits établis dans les circonscriptions foncières de Montréal et de Laval, non seulement aux réquisitions d'inscription publiées à l'index des noms tenu dans ces bureaux à compter des dates fixées dans un avis du ministre des Ressources naturelles et de la Faune indiquant qu'ils sont pleinement informatisés en ce qui a trait à la publicité foncière, mais également à toutes les réquisitions d'inscription qui y ont été publiées depuis le 1ᵉʳ janvier 1994.

93. Les dispositions du paragraphe 1° du deuxième alinéa de l'article 26, relatives aux avis d'adresse qui ont été présentés et acceptés dans un bureau de la publicité des droits antérieurement à la date fixée dans l'avis du ministre des Ressources naturelles et de la Faune indiquant qu'il est pleinement informatisé en ce qui a trait à la publicité foncière, n'ont d'effet, à l'égard de tout bureau autre que ceux établis dans les circonscriptions foncières de Montréal et de Laval, qu'à compter de la date fixée dans un arrêté pris à cette fin par le ministre des Ressources naturelles et de la Faune.

94. (*Omis*).

erized for land registration purposes shall be taken into account.

91. In order to take into account the current numbers of applications for registration kept in registry offices until the date fixed in the notice of the Minister of Natural Resources and Wildlife stating, for each office, that it is fully computerized for land registration purposes, the assignment of numbers referred to in section 55 shall begin, for applications received as of that date, at number 10.000.001 for applications for registration of rights and cancellations or reductions, and at number 6.000.001 for applications for registration of addresses.

92. Sections 15, 16 and 17 shall apply, in registry offices of the registration divisions of Montréal and Laval, to applications for registration published in the index of names kept in those offices as of the dates fixed in a notice of the Minister of Natural Resources and Wildlife stating that they are fully computerized for land registration purposes, and to all the applications for registration that have been published in it since 1 January 1994.

93. The provisions of subparagraph 1 of the second paragraph of section 26 relating to the notices of addresses that were presented to a registry office before the date fixed in the notice of the Minister of Natural Resources and Wildlife stating that the office is fully computerized for registration purposes have effect, with respect to any other office than those established in the registration divisions of Montréal and Laval, only as of the date fixed in an order made for that purpose by the Minister of Natural Resources and Wildlife.

94. (*Omitted*).

(a. 23)

Les conditions minimales de délivrance et d'archivage de biclés et de certificats de signature et de chiffrement que doit remplir un prestataire de services de certification pour être agréé par le Conseil du trésor en application de l'article 83 sont les suivantes:

1° la fiabilité des données formant les réquisitions d'inscription et les documents présentés au Bureau de la publicité foncière doit être assurée par un système de cryptographie asymétrique;

2° le système de cryptographie asymétrique utilisé doit comporter une fonction de hachage permettant de vérifier l'intégrité et l'intégralité des données reçues au Bureau de la publicité foncière;

3° le système de cryptographie asymétrique utilisé doit prévoir la délivrance d'une biclé de signature permettant notamment de signer les réquisitions d'inscription et les documents présentés et d'identifier leur signataire, de même que la délivrance d'une biclé de chiffrement dont la fonction est d'assurer la confidentialité des réquisitions et des documents; cette confidentialité doit résulter du chiffrement des données formant ces réquisitions ou documents, au moyen d'une clé secrète variable de façon aléatoire issue d'un système de cryptographie symétrique; cette clé doit elle-même être chiffrée avec la clé publique qui compose la biclé de chiffrement du Bureau de la publicité foncière, et celui-ci doit pouvoir déchiffrer les données transmises avec sa clé privée;

4° chacune des biclés de signature et de chiffrement délivrées doit être constituée d'une paire unique et indissociable de clés, l'une publique et l'autre privée, mathématiquement liées entre elles, chaque clé publique doit être mentionnée dans un certificat, que délivre le prestataire de services de certification, servant à associer cette clé publique au titulaire de la biclé;

5° les certificats de signature et de chiffrement délivrés doivent être sur un support informatique et porter notamment les éléments suivants:

– le nom distinctif de leur titulaire, constitué de son nom joint à un code unique,

– le nom du prestataire de services de certification et sa signature,

– la clé publique de vérification de signature ou la clé publique de chiffrement, selon le cas, ainsi que le numéro de série, la version, la date de délivrance et la date d'expiration du certificat,

– le nom de leur émetteur et l'identification de l'algorithme qu'il utilise, ainsi que le sceau numérique qui en résulte et par lequel l'émetteur effectue la certification;

6° les certificats de chiffrement doivent être inscrits dans un répertoire tenu sur un support informatique et mis à jour par le prestataire de services de certification émetteur; ce répertoire doit contenir notamment les numéros de série des certificats de signature et de chiffrement suspendus, révoqués, retirés ou supprimés;

7° le prestataire de services de certification doit respecter les recommandations, normes ou standards qui suivent ou leur équivalent:

– la Recommandation X.500 (11/93) de l'Union internationale des télécommunications (UIT), de façon générale, reprise comme norme internationale par l'Organisa-

tion internationale de normalisation (ISO) et la Commission électrotechnique internationale (CEI) sous l'appellation globale d'ISO/CEI 9594: 1995, pour ce qui est de la gestion du répertoire dans lequel sont inscrits des renseignements relatifs aux certificats et aux clés publiques qui font partie intégrante des biclés,

– la Recommandation X.509 (11/93) de l'UIT, de façon particulière, reprise comme norme internationale par l'ISO et la CEI sous l'appellation d'ISO/CEI 9594-8: 1995 Technologies de l'information — Interconnexion de systèmes ouverts (OSI) — L'Annuaire: Cadre d'authentification, pour ce qui est de la délivrance et de l'archivage des biclés et des certificats de signature et de chiffrement,

– le standard FIPS 140-1 du National Institute of Standards and Technology (NIST), du gouvernement fédéral des États-Unis, pour ce qui est des algorithmes DES, DSA et SHA-1 utilisés dans le cadre de la cryptographie.

SCHEDULE — MINIMUM CONDITIONS FOR ISSUING AND STORING KEY PAIRS AND SIGNATURE VERIFICATION AND ENCRYPTION CERTIFICATES

(s. 23)

The following are the minimum conditions for issuing and storing key pairs and signature verification and encryption certificates that must be met by a provider of certification services to be certified by the Conseil du trésor pursuant to section 83:

(1) the reliability of the data constituting the applications for registration and documents presented to the Land Registry Office shall be ensured by using an asymmetric cryptographic system;

(2) the asymmetric cryptographic system used shall also include a hash function by means of which the Land Registry Office can verify the integrity and completeness of the data it receives;

(3) the asymmetric cryptographic system used shall provide for the issue of a signing key pair by means of which the applications for registration and documents presented are signed and their source identified and shall also provide for the issue of an encryption key pair to protect the confidentiality of the applications and documents; such confidentiality is ensured by encrypting the data by means of a randomly variable secret key generated by a symmetric cryptographic system; that key must itself be encrypted with the pubic key that forms part of the encryption key pair of the Land Registry Office, which shall be able to decrypt the transmitted data with its private key;

(4) each signing key and encryption key pair issued shall consist of a unique and indissociable pair of keys, one public and the other private, that are linked mathematically; each public key shall be referred to in a certificate, issued by the provider of certification services, which serves to bind the key to the key pair holder;

(5) The signature verification certificate and encryption certificate issued shall be on a computer system and shall include the following information:

- the distinguishing name of their holder which consists of his name combined with a unique code;

- the name of the provider of certification services and its signature;

- the signature verification public key or the encryption public key, as the case may be, together with the certificate serial number, version, issue date and expiry date; and

- the name of the issuer, the characteristics of the algorithm and the resulting hash code used in delivering the certificate;

(6) the encryption certificates shall be entered in an electronic directory and kept up-to-date by the issuing provider of certification services; the directory shall include the serial numbers of the signature verification certificates and encryption certificates that have been suspended, revoked, withdrawn or deleted; and

(7) the provider of certification services shall comply with the following recommendations or standards or their equivalents:

- International Telecommunication Union (ITU) Recommendation X.500 (11/93), in general, adopted as an international standard by the International Organization for Standardization (ISO) and the International Electrotechnical Commission (IEC) under the general designation of ISO/IEC 9594: 1995, for the management of the directory containing the information relating to the certificates and public keys that form an integral part of key pairs;

- ITU Recommendation X.509 (11/93), in particular, adopted as an international standard by ISO and IEC under the designation ISO/IEC 9594-8: 1995 Information Technology- Open systems interconnection (OSI)- The Directory: Authentication framework, for the issue and storage of key pairs and signature verification and encryption certificates; and

- the United States government National Institute of Standards and Technology (NIST) Standard FIPS 140-1 for the DES, DSA and SHA-1 algorithms used in cryptography.

RÈGLEMENT SUR LA RESPONSABILITÉ DU TRANSPORTEUR MARITIME,

D. 704-94, (1994) 126 *G.O.* II, 2633 [CCQ, r. 9]

Code civil du Québec, 1991, c. 64, a. 2074

REGULATION RESPECTING THE LIABILITY OF CARRIERS BY WATER,

O.C. 704-94, (1994) 126 *G.O.* II, 1944 [CCQ, r. 9]

Civil Code of Québec, 1991, c. 64, a. 2074

1. Le transporteur maritime est tenu de la perte du bien transporté jusqu'à concurrence de la somme fixée conformément aux alinéas *a* à *d* du paragraphe 5 de l'article IV des Règles de La Haye-Visby figurant dans la Convention internationale de Bruxelles du 25 août 1924 pour l'unification de certaines règles en matière de connaissement, modifiée par le Protocole de Bruxelles du 23 février 1968 et par le Protocole de Bruxelles du 21 décembre 1979, reproduits en annexe au présent règlement.

1. A carrier by water is liable for any loss of the property carried up to the sum fixed in accordance with sub-paragraphs *a* to *d* of paragraph 5 of Article IV of the Hague-Visby Rules embodied in the International Convention for the Unification of Certain Rules of Law relating to Bills of Lading, done at Brussels on 25 August 1924, as amended by the Protocol done at Brussels on 23 February 1968 and the Protocol done at Brussels on 21 December 1979, as set out in the Schedule to this Regulation.

2. (*Omis*).

2. (*Omitted*).

—— ANNEXE
EXTRAIT DES RÈGLES DE LA HAYE-VISBY
(article IV, paragraphe 5, alinéas *a* à *d*)

5.   *a*) À moins que la nature et la valeur des marchandises n'aient été déclarées par le chargeur avant leur embarquement et que cette déclaration n'ait été insérée dans le connaissement, le transporteur comme le navire ne seront en aucun cas responsables des pertes ou dommages des marchandises ou concernant celles-ci pour une somme supérieure à 666,67 unités de compte par colis ou unité, ou 2 unités de compte par kilogramme de poids brut des marchandises perdues ou endommagées, la limite la plus élevée étant applicable.

b) La somme totale due sera calculée par référence à la valeur des marchandises au lieu et au jour où elles sont déchargées conformément au contrat, ou au jour et au lieu où elles auraient dû être déchargées.

La valeur de la marchandise est déterminée d'après le cours en Bourse, ou, à défaut, d'après le prix courant sur le marché ou, à défaut de l'un et de l'autre, d'après la valeur usuelle de marchandises de même nature et qualité.

c) Lorsqu'un cadre, une palette ou tout engin similaire est utilisé pour grouper des marchandises, tout colis ou unité énuméré au connaissement comme étant inclus dans cet engin sera considéré comme un colis ou unité au sens du présent paragraphe. En dehors du cas prévu ci-dessus, cet engin sera considéré comme colis ou unité.

d) L'unité de compte mentionnée dans le présent article est le Droit de Tirage Spécial tel que défini par le Fonds Monétaire International.

La somme mentionnée à l'alinéa *a* du présent paragraphe sera convertie dans la monnaie nationale suivant la valeur de cette monnaie à une date qui sera déterminée par la loi de la juridiction saisie de l'affaire. La valeur en Droit de Tirage Spécial d'une monnaie nationale d'un État qui est membre du Fonds Monétaire International est calculée selon la méthode d'évaluation appliquée par le Fonds Monétaire International, à la date en question pour ses propres opérations et transactions. La valeur en Droit de Tirage Spécial d'une monnaie nationale d'un État non membre du Fonds Monétaire International est calculée de la façon déterminée par cet État.

Toutefois, un État qui n'est pas membre du Fonds Monétaire International et dont la législation ne permet pas l'application des dispositions prévues aux phrases précédentes peut, au moment de la ratification du Protocole de 1979 ou de l'adhésion à celui-ci ou encore à tout moment par la suite, déclarer que les limites de la responsabilité prévues par les présentes règles et applicables sur son territoire sont fixées de la manière suivante:

    i. en ce qui concerne la somme de 666,67 unités de compte mentionnée à l'alinéa *a* du présent paragraphe 5, 10 000 unités monétaires,

    ii. en ce qui concerne la somme de deux unités de compte mentionnée à l'alinéa *a* du présent paragraphe 5, 30 unités monétaires.

L'unité monétaire à laquelle il est fait référence à la phrase précédente correspond à 65,5 milligrammes d'or au titre de 900 millièmes de fin. La conversion en monnaie nationale des sommes mentionnées dans cette phrase s'effectuera conformément à la législation de l'État en cause. Les calculs de la conversion mentionnés aux phrases précédentes seront faits de manière à exprimer en monnaie nationale de l'État, dans la mesure du possible, la même valeur réelle pour les sommes mentionnées à l'alinéa *a* du présent paragraphe 5, que celle exprimée en unités de compte.

Les États communiqueront au dépositaire leur méthode de calcul, ou les résultats de la conversion selon les cas, au moment du dépôt de l'instrument de ratification ou d'adhésion et chaque fois qu'un changement se produit dans leur méthode de calcul ou dans la valeur de leur monnaie nationale par rapport à l'unité de compte ou à l'unité monétaire.

—— SCHEDULE
EXCERPT FROM THE HAGUE-VISBY RULES
Article IV, paragraph 5, sub-paragraphs *a* to *d*)

5. *(a)* Unless the nature and value of such goods have been declared by the shipper before shipment and inserted in the bill of lading, neither the carrier nor the ship shall in any event be or become liable for any loss or damage to or in connection with the goods in an amount exceeding 666.67 units of account per package or unit or 2 units of account per kilogramme of gross weight of the goods lost or damaged, whichever is the higher.

(b) The total amount recoverable shall be calculated by reference to the value of such goods at the place and time at which the goods are discharged from the ship in accordance with the contract or should have been so discharged.

The value of the goods shall be fixed according to the commodity exchange price, or, if there be no such price, according to the current market price, or, if there be no commodity exchange price or current market price, by reference to the normal value of goods of the same kind and quality.

(c) Where a container, pallet or similar article of transport is used to consolidate goods, the number of packages or units enumerated in the bill of lading as packed in such article of transport shall be deemed the number of packages or units for the purpose of this paragraph as far as these packages or units are concerned. Except as aforesaid such article of transport shall be considered the package or unit.

(d) The unit of account mentioned in this Article is the Special Drawing Right as defined by the International Monetary Fund.

The amounts mentioned in sub-paragraph *(a)* of this paragraph shall be converted into national currency on the basis of the value of that currency on the date to be determined by the law of the Court seized of the case. The value of the national currency, in terms of the Special Drawing Right, of a State which is a member of the International Monetary Fund, shall be calculated in accordance with the method of valuation applied by the International Monetary Fund in effect at the date in question for its operations and transactions. The value of the national currency, in terms of the Special Drawing Right, of a State which is not a member of the International Monetary Fund, shall be calculated in a manner determined by that State.

Nevertheless, a State which is not a member of the International Monetary Fund and whose law does not permit the application of the provisions of the preceding sentences may, at the time of ratification of the Protocol of 1979 or accession thereto or at any time thereafter, declare that the limits of liability provided for in this Convention to be applied in its territory shall be fixed as follows:

i. in respect of the amount of 666.67 units of account mentioned in sub-paragraph a of paragraph 5 of this Article, 10,000 monetary units;

ii. in respect of the amount of 2 units of account mentioned in sub-paragraph a of paragraph 5 of this Article, 30 monetary units.

The monetary unit referred to in the preceding sentence corresponds to 65.5 milligrammes of gold of millesimal fineness 900. The conversion of the amounts spec-

ified in that sentence into the national currency shall be made according to the law of the State concerned. The calculation and the conversion mentioned in the preceding sentences shall be made in such a manner as to express in the national currency of that State as far as possible the same real value for the amounts in subparagraph a of paragraph 5 of this Article as is expressed there in units of account.

States shall communicate to the depositary the manner of calculation or the result of the conversion as the case may be, when depositing an instrument of ratification or of accession thereto and whenever there is a change in either.

RÈGLEMENT RELATIF À LA TENUE ET À LA PUBLICITÉ DU REGISTRE DE L'ÉTAT CIVIL,

D. 1591-93, (1993) 125 *G.O.* II, 8051 [CCQ, r. 11]

Code civil du Québec, 1991, c. 64, a. 151

REGULATION RESPECTING THE KEEPING AND PUBLICATION OF THE REGISTER OF CIVIL STATUS

O.C.. 1591-93, (1993) 125 *G.O.* II, 6208 [CCQ, r. 11]

Code civil du Québec, 1991, c. 64, a. 151

SECTION I — MENTIONS ADDITIONNELLES AUX CONSTATS DE NAISSANCE ET DE DÉCÈS

1. Le constat de naissance énonce, en outre des renseignements exigés par les articles 110 et 111 du *Code civil du Québec*, les mentions additionnelles suivantes:

1° le numéro de code de l'établissement où est survenue la naissance, le cas échéant;

2° le lieu de naissance de la mère;

3° le numéro du permis d'exercice du médecin qui a procédé à l'accouchement, le cas échéant.

2. Le constat de décès énonce, en outre des renseignements exigés par les articles 110, 124 et 128 du Code, les mentions additionnelles suivantes:

SECTION I — ADDITIONAL PARTICULARS TO APPEAR ON ATTESTATIONS OF BIRTH AND DEATH

1. An attestation of birth shall state, in addition to the information required by articles 110 and 111 of the *Civil Code of Québec*, the following additional particulars:

(1) the code number of the institution where the birth occurred, where applicable;

(2) the place of birth of the mother; and

(3) the professional permit number of the physician who delivered the baby, where applicable.

2. An attestation of death shall state, in addition to the information required by articles 110, 124 and 128 of the *Civil Code of Québec*, the following additional particulars:

1° le numéro de code de l'établissement où est survenu le décès, le cas échéant;

(1) the code number of the institution where the death occurred, where applicable; and

2° le numéro du permis d'exercice du médecin qui a constaté le décès, le cas échéant.

(2) the professional permit number of the physician who certified the death, where applicable.

SECTION II — MENTIONS ADDITIONNELLES AUX DÉCLARATIONS DE NAISSANCE, DE MARIAGE ET DE DÉCÈS

SECTION II — ADDITIONAL PARTICULARS TO APPEAR ON DECLARATIONS OF BIRTH, MARRIAGE AND DEATH

3. La déclaration de naissance énonce, en outre des renseignements exigés par les articles 110, 115 et 116 du *Code civil du Québec*, les mentions additionnelles suivantes:

3. A declaration of birth shall state, in addition to the information required by articles 110, 115 and 116 of the *Civil Code of Québec*, the following additional particulars:

1° la date de naissance des père et mère de l'enfant;

(1) the dates of birth of the child's father and mother, and

2° aux fins de la déclaration de filiation de l'enfant, l'indication, le cas échéant, que son père et sa mère sont mariés l'un à l'autre et la date de leur mariage.

(2) for the purposes of the declaration of filiation of the child, whether the child's father and mother are married to each other and the date of their marriage, where applicable.

4. La déclaration de mariage énonce, en outre des renseignements exigés par les articles 110, 119 et 120 du Code, les mentions additionnelles suivantes:

4. A declaration of marriage shall state, in addition to the information required by articles 110, 119 and 120 of the *Civil Code of Québec*, the following additional particulars:

1° l'état matrimonial de chacun des futurs époux; s'il est divorcé, la date de son dernier divorce ou, s'il est veuf, la date du décès de son conjoint;

(1) the marital status of each of the spouses to be; if either is divorced or widowed, the date of the last divorce or the date of the former spouse's death;

2° le lieu d'enregistrement de la naissance de chacun des époux;

(2) the place where the birth of each of the spouses was registered; and

3° le numéro de code attribué au célébrant par le directeur de l'état civil.

(3) the code number assigned to the officiant by the registrar of civil status.

5. La déclaration de décès énonce, en outre des renseignements exigés par les articles 110 et 126 du Code, les mentions additionnelles suivantes:

5. A declaration of death shall state, in addition to the information required by articles 110 and 126 of the *Civil Code of Québec*, the following additional particulars:

1° le lieu d'enregistrement de la naissance du défunt;

(1) the place where the birth of the deceased was registered; and

2° l'état matrimonial du défunt.

(2) the marital status of the deceased.

SECTION III — DISPOSITION FINALE   **SECTION III — FINAL**

6. (*Omis*).   **6.** (*Omitted*).

RÈGLES SUR LA CÉLÉBRATION DU MARIAGE CIVIL OU DE L'UNION CIVILE,

A.M. 2152, (2003) 135 *G.O.* II, 1506 [CCQ, r. 3]

Code civil du Québec, 1991, c. 64, a. 376

RULES RESPECTING THE SOLEMNIZATION OF CIVIL MARRIAGES AND CIVIL UNIONS,

M.O. 2152-03, (2003) 135 *G.O.* II, 1217 [CCQ, r. 3]

Civil Code of Québec, 1991, c. 64, a. 376

1. La publication du mariage civil ou de l'union civile se fait au moyen de la formule prévue à l'annexe I ou à l'annexe II, selon le cas, laquelle doit être affichée pendant 20 jours avant la date prévue pour la célébration, à l'endroit où doit avoir lieu la cérémonie et au palais de justice le plus près de cet endroit.

2. Le mariage ou l'union civile célébré par un greffier ou un greffier adjoint de la Cour supérieure ou dans un palais de justice doit l'être entre 9 h et 16 h 30. Il ne peut être célébré les jours suivants:

1° les dimanches;

2° les 1ᵉʳ et 2 janvier;

3° le Vendredi saint;

4° le lundi de Pâques;

5° le 24 juin, jour de la fête nationale;

1. The publication of a civil marriage or a civil union shall be made using the form in Schedule I or Schedule II, as the case may be, which must be posted for 20 days before the date of the ceremony, at the place where the ceremony is to be held and at the courthouse nearest to that place.

2. Marriages and civil unions solemnized by a clerk or deputy clerk of the Superior Court or in a courthouse must be solemnized between 9:00 a.m. and 4:30 p.m. They may not be solemnized on

(1) Sundays;

(2) 1 and 2 January;

(3) Good Friday;

(4) Easter Monday;

(5) 24 June, the National Holiday;

6º le 1ᵉʳ juillet, anniversaire de la Confédération;

(6) 1 July, the anniversary of Confederation;

7º le premier lundi de septembre, fête du Travail;

(7) the first Monday of September, Labour Day;

8º le deuxième lundi d'octobre;

(8) the second Monday of October;

9º les 24, 25, 26 et 31 décembre;

(9) 24, 25, 26 and 31 December;

10º le jour fixé par proclamation du gouverneur général pour marquer l'anniversaire de naissance du Souverain;

(10) the day fixed by proclamation of the Governor General for the celebration of the birthday of the Sovereign; or

11º tout autre jour fixé par décret du gouvernement comme jour de fête publique ou d'action de grâces.

(11) any other day fixed by order of the Government as a public holiday or as a day of thanksgiving.

Le mariage ou l'union civile célébré par tout autre célébrant compétent suivant l'article 366 du Code civil et ailleurs que dans un palais de justice doit l'être entre 9 h et 22 h et peut l'être à tous les jours, y compris ceux visés au premier alinéa.

Marriages and civil unions solemnized by any other competent officiant under article 366 of the Civil Code elsewhere than in a courthouse must be solemnized between 9:00 a.m. and 10:00 p.m. and they may be solemnized on any day, including the days referred to in the first paragraph.

3. Le greffier ou le greffier adjoint de la Cour supérieure peut célébrer un mariage ou une union civile dans un palais de justice ou dans les endroits visés aux articles 4 et 5.

3. The clerk or deputy clerk of the Superior Court may solemnize a marriage or civil union in a courthouse or at the places referred to in sections 4 and 5.

Tout autre célébrant peut célébrer un mariage ou une union civile dans un palais de justice, dans un endroit visé à l'article 4 ou dans tout autre endroit convenu avec les futurs conjoints, lequel doit respecter le caractère solennel de la cérémonie et être aménagé à cette fin.

Any other officiant may solemnize a marriage or civil union in a courthouse, in a place referred to in section 4 or in any other place agreed upon by the intended spouses. That place shall be in keeping with the solemn nature of the ceremony and be laid out for that purpose.

4. Si l'un des futurs conjoints est dans l'impossibilité physique de se déplacer, attestée par certificat médical, la cérémonie peut avoir lieu à l'endroit où il se trouve, sur permission du célébrant, pourvu qu'une demande soit faite à ce dernier avant que l'acte de publication ne soit affiché ou au moment de la demande de dispense de publication.

4. If one of the intended spouses is physically unable to move about, and that inability is attested to in a medical certificate, the ceremony may take place, with the permission of the officiant, at the place where that intended spouse is, provided that a request to that effect is submitted to the officiant before the posting of the notice of marriage or civil union or at the time of the application for a dispensation from publication of the notice.

5. Si l'un des futurs conjoints est incarcéré dans un établissement de détention ou un pénitencier, la cérémonie peut s'y dérou-

5. If one of the intended spouses is confined in a correctional facility or penitentiary, the ceremony may take place at the

ler, pourvu que demande soit faite au greffier ou au greffier adjoint de la Cour supérieure avant que l'acte de publication ne soit affiché ou au moment de la demande de dispense de publication.

correctional facility or penitentiary, provided that a request to that effect is submitted to the clerk or deputy clerk of the Superior Court before the posting of the notice of marriage or civil union or at the time of the application for a dispensation from publication of the notice.

6. Le drapeau du Québec doit, si la cérémonie a lieu dans un palais de justice, être arboré dans la salle où cette dernière se déroule.

6. If the ceremony takes place in a courthouse, the Québec flag must be displayed in the room in which the ceremony takes place.

7. Le greffier ou le greffier adjoint de la Cour supérieure doit être vêtu d'une toge noire avec complet foncé, chemise blanche et cravate foncée ou d'une toge noire fermée devant, à l'encolure relevée et manches longues. S'il s'agit d'une greffière ou d'une greffière adjointe, elle doit porter une toge noire avec jupe foncée et un chemisier blanc à manches longues ou des vêtements foncés.

7. A male clerk or deputy clerk of the Superior Court shall wear a black gown with a dark suit, a white shirt, and dark tie or a black gown, closed in front, with a raised neck opening and long sleeves. A female clerk or deputy clerk shall wear a black gown with a dark skirt and a white long-sleeved blouse or dark clothing.

Tout autre célébrant est dispensé du port de la toge.

Any other officiant is exempt from wearing the gown.

8. Au moment de la célébration, le célébrant s'adresse aux futurs conjoints dans les termes de la formule prévue à l'annexe III ou à l'annexe IV, selon le cas. Si le célébrant célèbre plus d'un mariage ou plus d'une union civile à la fois, il ne lit qu'une fois la formule appropriée.

8. During the ceremony, the officiant shall address the intended spouses using the text in Schedule III or Schedule IV, as the case may be. If the officiant solemnizes more than one marriage or civil union at the same time, the appropriate text shall be read only once.

La lecture est faite en français ou en anglais au choix des futurs conjoints. Si l'un d'eux ne comprend ni l'une ni l'autre de ces langues, le célébrant demande que les futurs conjoints fournissent, à leurs frais, les services d'un interprète.

The text shall be read in French or in English, as determined by the intended spouses. If either spouse does not understand French or English, the officiant shall ask that the intended spouses provide the services of an interpreter at their expense.

9. Le célébrant reçoit ensuite l'échange de consentements des futurs conjoints de la manière prévue à l'annexe V ou à l'annexe VI, selon le cas.

9. The officiant shall then receive from the intended spouses a statement of their consent in the manner provided for in Schedule V or Schedule VI, as the case may be.

10. Le célébrant doit conserver, dans un endroit approprié, une copie de l'acte de publication du mariage ou de l'union civile, ou de la dispense, le cas échéant, de la déclaration de mariage ou d'union civile, du bulletin de mariage ou d'union ci-

10. The officiant must keep, in an appropriate place, a copy of the notice of marriage or civil union, or of the dispensation from publication, where applicable, of the declaration of marriage or civil union, and a copy of the certificate of marriage or

vile et de tout autre document ayant servi à attester la véracité des informations fournies par les conjoints.

Si le célébrant n'est pas un notaire, un maire, un membre d'un conseil municipal ou d'arrondissement ou un fonctionnaire municipal, la copie des documents exigée au premier alinéa doit être déposée au greffe de la Cour supérieure du district judiciaire où la cérémonie s'est déroulée.

11. Les présentes Règles remplacent les *Règles sur la célébration du mariage civil* (A.M. 1440, 94-07-06).

Toutefois, si les futurs conjoints avaient déjà convenu avec un greffier ou un greffier adjoint de la Cour supérieure, avant le 27 mars 2003, que la cérémonie de leur mariage ou de leur union civile aurait lieu à l'un des endroits prévus à l'article 5.1 des Règles remplacées, le greffier ou le greffier adjoint pourra célébrer ce mariage ou cette union à cet endroit.

12. (*Omis*).

civil union, and of any other document that was used to certify the accuracy of the information provided by the spouses.

If the officiant is not a notary, a mayor, a member of a municipal or borough council or a municipal officer, the copy of the documents required in the first paragraph must be filed with the clerk of the Superior Court in the judicial district where the ceremony took place.

11. These Rules replace the *Rules respecting the solemnization of civil marriages* (M.O. 1440, 94-07-06).

However, if the intended spouses had already agreed with a clerk or deputy clerk of the Superior Court, before 27 March 2003, that the solemnization of their marriage or civil union would take place at one of the places provided for in section 5.1 of the replaced Rules, the clerk or deputy clerk may solemnize the marriage or civil union at that place.

12. (*Omitted*).

ANNEXE I —— ACTE DE PUBLICATION D'UN MARIAGE CIVIL
(r. 1)

Un mariage civil sera célébré par le greffier ou le greffier adjoint de la Cour supérieure ou

.... (*nom et qualité du célébrant*)

à .... (*adresse de l'endroit et nom de la municipalité où aura lieu la cérémonie*)

district judiciaire

de ....

le ....

entre

.... (*nom et adresse du domicile du futur époux*)

né le ....

à.................................... (*municipalité, province ou territoire, pays*)

d'une part, et

.... (*nom et adresse du domicile de la future épouse*)

née le ....

à .... (*municipalité, province ou territoire, pays*) d'autre part.

Je soussigné, agissant comme témoin, déclare, sous serment, que je suis majeur, que j'ai pris connaissance des informations précitées et que ces énonciations sont exactes.

Témoin ....

Adresse ....

Déclaré devant moi à ....

le ....

.... (*signature*) (*fonction, profession ou qualité*)

Le présent acte de publication est affiché ce .... jour du mois de .... 20 .... par moi .... greffier ou greffier adjoint de la Cour supérieure du district judiciaire de ....

ou .... (*nom et qualité du célébrant*)

à .... (*adresse de l'endroit et nom de la municipalité où aura lieu la cérémonie et identification du palais de justice le plus près*)

.... signature (*célébrant*)

SCHEDULE I —— NOTICE OF CIVIL MARRIAGE
(s. 1)

A civil marriage will be solemnized by the clerk or deputy clerk of the Superior Court

or .... (*name and quality of officiant)*)

at .... (*address of the place and name of the municipality where the ceremony will take place*)

in the judicial district of....................................

on ....

between .... (*name and address of intended husband's domicile*)

born on ....

at .... (*municipality, province or territory, country*)

and

.... (*name and address of intended wife's domicile*)

born on ....

at................................... (*municipality, province or territory, country*)

I, the undersigned, acting as witness, declare under oath that I am of full age, that I have taken cognizance of the above information, and that those statements are true.

Witness ....

Address ....

Declared before me at ....

this ....

.... (*signature*) (*function, profession or quality*)

This notice of marriage has been posted, this .... day of ...., 20 ...., by me, ..., clerk or deputy clerk of the Superior Court in the judicial district of ....

or .... (*name and quality of officiant*)

at .... (*address of the place and name of the municipality where the ceremony will take place and identification of the nearest courthouse*)

.... signature (officiant)

ANNEXE II — ACTE DE PUBLICATION D'UNE UNION CIVILE
(r. 1)

Une union civile sera célébrée par le greffier ou le greffier-adjoint de la Cour supérieure ou

.... (*nom et qualité du célébrant*)

à .... (*adresse de l'endroit et nom de la municipalité où aura lieu la cérémonie*)

district judiciaire de

....

le ....

entre

.... (*nom et adresse du domicile du (de la) futur(e) conjoint(e)*)

né(e) le,

....

à.............................. (*municipalité, province ou territoire, pays*)

d'une part, et

.... (*nom et adresse du domicile de l'autre futur(e) conjoint(e)*)

née(e) le,

....

à

.... (*municipalité, province ou territoire, pays*)

d'autre part.

Je soussigné, agissant comme témoin, déclare, sous serment, que je suis majeur, que j'ai pris connaissance des informations précitées et que ces énonciations sont exactes.

Témoin ....

Adresse ....

Déclaré devant moi à ....

....

le .... (*signature*) (*fonction, profession ou qualité*)

Le présent acte de publication est affiché ce .... jour du mois de .... 20 .... par moi .... greffier ou greffier adjoint de la Cour supérieure du district judiciaire de ....

ou .... (*nom et qualité du célébrant*)

à .... (*adresse de l'endroit et nom de la municipalité où aura lieu la cérémonie et identification du palais de justice le plus près*)

.... signature (célébrant)

SCHEDULE II ⸺ NOTICE OF CIVIL UNION

(s. 1)

A civil union will be solemnized by the clerk or deputy clerk of the Superior Court

or .... *(name and quality of officiant)*

at .... ((address of the place and name of the municipality where the ceremony will take place)

in the judicial district of ....

on ....

between .... *(name and address of intended spouse's domicile)*

born on ....

at .... *(municipality, province or territory, country)*

and

.... *(name and address of other intended spouse's domicile)*

born on ....

at .... *(municipality, province or territory, country)*

I, the undersigned, acting as witness, declare under oath that I am of full age, that I have taken cognizance of the above information and that those statements are true.

Witness ....

Address ....

Declared before me at ....

this ....

.... *(signature) (function, profession or quality)*

This notice of civil union has been posted, this .... day of .... 20 .... by me .... clerk or deputy clerk of the Superior Court in the judicial district of ....

or .... *(name and quality of officiant)*

at .... *(address of the place and name of the municipality where the ceremony will take place and identification of the nearest courthouse)*

.... signature (officiant)

ANNEXE III ⸺ FORMULE UTILISÉE LORS D'UN MARIAGE CIVIL

(r. 8)

.... *(nom de l'épouse)*

.... *(nom de l'époux)*

avant de vous unir par les liens du mariage, je vous fais lecture de certains articles du Code civil qui vous exposent les droits et les devoirs des conjoints:

Article 392. Les époux ont, en mariage, les mêmes droits et les mêmes obligations.

Ils se doivent mutuellement respect, fidélité, secours et assistance.

Ils sont tenus de faire vie commune.

Article 393. Chacun des époux conserve, en mariage, son nom; il exerce ses droits civils sous ce nom.

Article 394. Ensemble, les époux assurent la direction morale et matérielle de la famille, exercent l'autorité parentale et assument les tâches qui en découlent.

Article 395. Les époux choisissent de concert la résidence familiale.

En l'absence de choix exprès, la résidence familiale est présumée être celle où les membres de la famille habitent lorsqu'ils exercent leurs principales activités.

Article 396. Les époux contribuent aux charges du mariage à proportion de leurs facultés respectives.

Chaque époux peut s'acquitter de sa contribution par son activité au foyer.

SCHEDULE III —— FORM USED FOR A CIVIL MARRIAGE
(s. 8)

.... *(name of wife)*

.... *(name of husband)*

before uniting you in the bonds of marriage, I am required to read to you certain articles of the Civil Code which set out the rights and duties of spouses:

Article 392. The spouses have the same rights and obligations in marriage.

They owe each other respect, fidelity, succour and assistance.

They are bound to live together.

Article 393. In marriage, both spouses retain their respective names and exercise their civil rights under those names.

Article 394. The spouses together take in hand the moral and material direction of the family, exercise parental authority and assume the tasks resulting therefrom.

Article 395. The spouses choose the family residence together.

In the absence of an express choice, the family residence is presumed to be the residence where the members of the family live while carrying on their principal activities

Article 396. The spouses contribute towards the expenses of the marriage in proportion to their respective means.

The spouses may make their respective contributions by their activities within the home.

ANNEXE IV —— FORMULE UTILISÉE LORS D'UNE UNION CIVILE
(r. 8)

.... *(nom d'un(e) conjoint(e))*

.... *(nom de l'autre conjoint(e))*

avant de vous unir par les liens du mariage, je vous fais lecture de certains articles du Code civil qui vous exposent les droits et les devoirs des conjoints:

Article 521.6. Les conjoints ont, en union civile, les mêmes droits et les mêmes obligations.

Ils se doivent mutuellement respect, fidélité, secours et assistance.

Ils sont tenus de faire vie commune.

L'union civile, en ce qui concerne la direction de la famille, l'exercice de l'autorité parentale, la contribution aux charges, la résidence familiale, le patrimoine familial et la prestation compensatoire, a, compte tenu des adaptations nécessaires, les mêmes effets que le mariage.

Les conjoints ne peuvent déroger aux dispositions du présent article quel que soit leur régime d'union civile.

(En vertu de l'article 393) Chacun des époux conserve, en mariage, son nom; il exerce ses droits civils sous ce nom.

(En vertu de l'article 394) Ensemble, les époux assurent la direction morale et matérielle de la famille, exercent l'autorité parentale et assument les tâches qui en découlent.

(En vertu de l'article 395) Les époux choisissent de concert la résidence familiale.

En l'absence de choix exprès, la résidence familiale est présumée être celle où les membres de la famille habitent lorsqu'ils exercent leurs principales activités.

(En vertu de l'article 396) Les époux contribuent aux charges du mariage à proportion de leurs facultés respectives.

Chaque époux peut s'acquitter de sa contribution par son activité au foyer.

SCHEDULE IV — FORM USED FOR A CIVIL UNION
(s. 8)

.... *(name of one spouse)*

.... *(name of other spouse)*

before uniting you in the bonds of civil union, I am required to read to you certain articles of the Civil Code which set out the rights and duties of spouses:

Article 521.6. The spouses in a civil union have the same rights and obligations.

They owe each other respect, fidelity, succour and assistance.

They are bound to live together.

The effects of the civil union as regards the direction of the family, the exercise of parental authority, contribution towards expenses, the family residence, the family patrimony and the compensatory allowance are the same as the effects of marriage, with the necessary modifications.

Whatever their civil union regime, the spouses may not derogate from the provisions of this article.

(Under article 393) In a civil union, both spouses retain their respective names and exercise their civil rights under those names.

(Under article 394) The spouses together take in hand the moral and material direction of the family, exercise parental authority and assume the tasks resulting therefrom.

(Under article 395) The spouses choose the family residence together.

In the absence of an express choice, the family residence is presumed to be the residence where the members of the family live while carrying on their principal activities.

(Under article 396) The spouses contribute towards the expenses of the civil union in proportion to their respective means.

The spouses may make their respective contributions by their activities within the home.

ANNEXE V — FORMULE UTILISÉE LORS D'UN MARIAGE CIVIL
(r. 9)

« .... (*nom de l'époux*) voulez vous prendre

.... (*nom de l'épouse*) qui est ici présente, pour épouse?

Répondez: « Oui, je le veux ».

Le futur époux déclare: « Oui, je le veux ».

« .... (*nom de l'épouse*) voulez vous prendre

.... (*nom de l'époux*) qui est ici présent, pour époux? »

Répondez: « Oui, je le veux ».

La future épouse déclare: « Oui, je le veux ».

Les époux se donnent alors la main et le célébrant prononce les paroles suivantes:

« En vertu des pouvoirs qui me sont conférés par la loi, vous

.... (*nom de l'époux*)

et

vous .... (*nom de l'épouse*)

je vous déclare maintenant unis par les liens du mariage. »

Les époux procèdent alors à l'échange des anneaux. Le célébrant peut ensuite s'adresser en ces termes aux nouveaux époux:

« Vous voilà donc mariés suivant la loi. Je vous offre, madame et monsieur, au nom de toutes les personnes présentes et en mon nom personnel, nos meilleurs vœux de bonheur. »

SCHEDULE V — FORM USED FOR A CIVIL MARRIAGE
(s. 9)

" ...., (*name of husband*) do you take

.... (*name of wife*) here present, to be your wife?

Answer: "I do"."

The intended husband declares: "I do."

" ...., (*name of wife*) do you take

................................., (*name of husband*) here present, to be your husband?

Answer: "I do"."

The intended wife declares: "I do".

The spouses then join hands and the officiant pronounces the following words:

"By virtue of the powers vested in me by law, I now declare you,

.... (*name of husband*)

and you .... (*name of wife*)

united in the bonds of marriage.".

The spouses then exchange rings. The officiant may then address the new spouses:

"You are now legally married. Allow me, on my own behalf and on behalf of all those present, to offer you our best wishes for your happiness.".

ANNEXE VI —— FORMULE UTILISÉE LORS D'UNE UNION CIVILE
(r. 9)

« .... (*nom d'un conjoint(e)*) voulez vous prendre

.... (*nom de l'autre conjoint(e)*) qui est ici présent(e) pour conjoint(e)?

Répondez: « Oui, je le veux ».

Le ou la futur(e) conjoint(e) déclare: « Oui, je le veux ».

« .... (*nom d'un conjoint(e)*) voulez vous prendre

.... (*nom de l'autre conjoint(e)*) qui est ici présent, pour conjoint(e)? »

Répondez: « Oui, je le veux ».

Le ou la futur(e) conjoint(e) déclare: « Oui, je le veux ».

Les conjoints se donnent alors la main et le célébrant prononce les paroles suivantes:

« En vertu des pouvoirs qui me sont conférés par la loi, vous

.... (*nom d'un conjoint(e)*)

et

vous .... (*nom de l'autre conjoint(e)*)

je vous déclare maintenant unis par les liens de l'union civile. »

Les conjoints procèdent alors à l'échange des anneaux. Le célébrant peut ensuite s'adresser en ces termes aux nouveaux conjoints:

« Vous voilà donc unis (es) suivant la loi. Je vous offre, au nom de toutes les personnes présentes et en mon nom personnel, nos meilleurs vœux de bonheur. »

SCHEDULE VI —— FORM USED FOR A CIVIL UNION
(s. 9)

"...................................., (name of one spouse) do you take

...................................., (name of other spouse) here present, to be your spouse?

Answer: "I do"."

The intended spouse declares: "I do".

" ...., (name of one spouse) do you take

...................................., (name of other spouse) here present, to be your spouse?

Answer: "I do"."

The intended spouse declares: "I do".

The spouses then join hands and the officiant pronounces the following words:

"By virtue of the powers vested in me by law, I now declare you, ...

.... (name of one spouse)

and you................................... (name of other spouse)

united in the bonds of civil union.".

The spouses then exchange rings. The officiant may then address the new spouses:

"You are now legally united. Allow me, on my own behalf and on behalf of all those present, to offer you our best wishes for your happiness.".

TARIF DES DROITS RELATIFS AUX ACTES DE L'ÉTAT CIVIL, AU CHANGEMENT DE NOM OU DE LA MENTION DU SEXE,

D. 1593-93, (1993) 125 *G.O.* II, 8057 [CCQ, r. 10], tel que modifié par D. 1286, (1996) 128 *G.O.* II, 5794; E.E.V.: 1996-10-31; D. 1276-2001, (2001) 133 *G.O.* II, 7501; E.E.V.: 2001-11-07; D. 490-2002, (2002) 134 *G.O.* II, 2923; E.E.V.: 2002-05-01; D. 964-2010, (2010) 142 *G.O.* II, 4474; E.E.V: 2010-12-09.

Code civil du Québec, 1991, c. 64, a. 64, 73 et 151

TARIFF OF DUTIES RESPECTING THE ACTS OF CIVIL STATUS AND CHANGE OF NAME OR OF DESIGNATION OF SEX

O.C. 1593-93, (1993) 125 *G.O.* II, 6213 [CCQ, r. 10], as amended by O.C. 1286, (1996) 128 *G.O.* II, 4247; C.I.F.: 1996-10-31; O.C. 1276-2001, (2001) 133 *G.O.* II, 5854; C.I.F.: 2001-11-07; O.C. 490-2002, (2002) 134 *G.O.* II, 2292; C.I.F.: 2002-05-01; O.C. 964-2010, (2010) 142 *G.O.* II, 2992; C.I.F.: 2010-12-09.

Civil Code of Québec, 1991, c. 64, a. 64, 73 and 151

SECTION I — DROITS RELATIFS AUX ACTES DE L'ÉTAT CIVIL

1. Les droits exigibles pour la délivrance de copies d'actes, de certificats et d'attestations sont, selon le document, son mode de demande et la période indiqués, les suivants:

1° pour un certificat de naissance, de mariage, d'union civile ou de décès:

(a) 28 $ par voie électronique, 38 $ par la poste et 43 $ au comptoir, jusqu'au 31 mars 2012;

(b) 29 $ par voie électronique, 39 $ par la poste et 44 $ au

SECTION I — DUTIES RESPECTING THE ACTS OF CIVIL STATUS

1. The duties payable for the issuing of copies of acts, certificates and attestations are, according to the document, the method of application and the period indicated, as follows:

1° for a certificate of birth, marriage, civil union or death,

(a) $28 by electronic means, $38 by mail and $43 at the counter until 31 March 2012;

(b) $29 by electronic means, $39 by mail and $44 at the

comptoir, du 1er avril 2012 jusqu'au 31 mars 2013;

(c) 31 $ par voie électronique, 44 $ par la poste et 49 $ au comptoir, à compter du 1er avril 2013;

2° pour une copie d'un acte de l'état civil:

(a) 35 $ par voie électronique, 45 $ par la poste et 50 $ au comptoir, jusqu'au 31 mars 2012;

(b) 36 $ par voie électronique, 46 $ par la poste et 51 $ au comptoir, du 1er avril 2012 jusqu'au 31 mars 2013;

(c) 37 $ par voie électronique, 51 $ par la poste et 55 $ au comptoir, à compter du 1er avril 2013;

3° pour un certificat d'état civil:

(a) 40 $ par voie électronique, 50 $ par la poste et 55 $ au comptoir, jusqu'au 31 mars 2012;

(b) 41 $ par voie électronique, 51 $ par la poste et 56 $ au comptoir, du 1er avril 2012 jusqu'au 31 mars 2013;

(c) 42 $ par voie électronique, 56 $ par la poste et 61 $ au comptoir, à compter du 1er avril 2013;

4° pour une attestation relative à un acte ou à une mention portée à un acte de l'état civil, 6 $.

Si une demande nécessite un traitement dans un délai accéléré, les droits exigibles sont, selon le document, son mode de demande et la période indiqués, les suivants:

1° dans l'un des cas visés aux paragraphes 1° à 3° du premier alinéa:

(a) 50 $ par voie électronique, 60 $ par la poste et 65 $ au comptoir, jusqu'au 31 mars 2012;

(b) 51 $ par voie électronique, 61 $ par la poste et 66 $ au comptoir, du 1er avril 2012 jusqu'au 31 mars 2013;

counter from 1 April 2012 to 31 March 2013; and

(c) $31 by electronic means, $44 by mail and $49 at the counter as of 1 April 2013;

2° for a copy of an act of civil status,

(a) $35 by electronic means, $45 by mail and $50 at the counter until 31 March 2012;

(b) $36 by electronic means, $46 by mail and $51 at the counter from 1 April 2012 to 31 March 2013; and

(c) $37 by electronic means, $51 by mail and $55 at the counter as of 1 April 2013;

3° for a certificate of civil status,

(a) $40 by electronic means, $50 by mail and $55 at the counter until 31 March 2012;

(b) $41 by electronic means, $51 by mail and $56 at the counter from 1 April 2012 to 31 March 2013; and

(c) $42 by electronic means, $56 by mail and $61 at the counter as of 1 April 2013;

4° for an attestation related to an act or to a notation made in an act of civil status, $6.

The duties payable for an application requiring an accelerated processing are, according to the document, the method of application and the period indicated, as follows:

1° in any case referred to in subparagraphs 1 to 3 of the first paragraph,

(a) $50 by electronic means, $60 by mail and $65 at the counter until 31 March 2012;

(b) $51 by electronic means, $61 by mail and $66 at the counter from 1 April 2012 to 31 March 2013; and

1328

(c) 60 $ par voie électronique, 65 $ par la poste et 70 $ au comptoir, à compter du 1ᵉʳ avril 2013.

2° dans le cas visé au paragraphe 4° du premier alinéa, 35 $.

[D. 1286–96, a. 1; D. 1276–2001, a. 1; D. 964–2010, a. 1].

2. (*Abrogé*).

[D. 964–2010, a. 2].

3. (*Abrogé*).

[D. 1276–2001, a. 2].

4. Des droits de 20 $ sont exigibles pour un rapport de consultation du registre de l'état civil rendant compte de la recherche relative à une personne ou à un événement sur une période de 5 ans; s'ajoutent à ces droits 4 $ par année de recherche additionnelle.

5. Des droits de 100 $ sont exigibles pour la confection d'un acte de naissance à la suite d'une enquête sommaire, lorsque la naissance est déclarée plus d'un an après sa survenance; les droits exigibles ne sont toutefois que de 50 $ si la déclaration, bien que tardive, est faite au directeur de l'état civil dans l'année de la naissance.

5.1. Des droits de 100 $ sont exigibles pour l'ajout de la filiation à un acte de naissance lorsqu'elle est déclarée plus d'un an après la naissance; les droits exigibles ne sont toutefois que de 50 $ si la déclaration de filiation, bien que tardive, est faite au directeur de l'état civil dans l'année de la naissance.

[D. 490–2002, a. 1].

SECTION II — DROITS RELATIFS AU CHANGEMENT DE NOM

6. Les droits exigibles pour une demande de changement du nom de famille ou du prénom d'une personne sont de 125 $.

(c) $60 by electronic means, $65 by mail and $70 at the counter as of 1 April 2013;

2° in the case referred to in subparagraph 4 of the first paragraph, $35.

[O.C. 1286-96, s. 1; O.C. 1276-2001, s. 1; O.C. 964-2010, s. 1].

2. (*Revoked*).

[O.C. 964-2010, s. 2].

3. (*Revoked*).

[O.C. 1276-2001, s. 2].

4. Duties of 20 $ are payable for a consultation report on a search in the register of civil status concerning a person or event and covering a 5-year period; duties of 4 $ are added for each additional year searched.

5. Duties of 100 $ are payable for the preparation of an act of birth following a summary investigation, where the birth is declared more than one year after it occured; the duties payable are only 50 $ if the declaration, although late, is made to the registrar of civil status during the year of birth.

5.1. Duties of 100 $ are payable for adding the filiation to an act of birth where the filiation is declared more than one year after the birth; the duties payable are only 50 $ if the declaration of filiation, although late, is made to the registrar of civil status during the year of birth.

[O.C. 490-2002, s. 1

SECTION II — DUTIES RESPECTING CHANGE OF NAME

6. The duties payable for an application to change the surname or given name of a person are 125 $.

7. Lorsque dans une même demande, la personne qui demande le changement de son nom de famille demande que le même nom de famille soit attribué à ses enfants mineurs, les droits prévus à l'article 6 sont majorés de 25 $ par enfant.

7. Where a person requests, in a single application, that his or her surname be changed and that the new surname be assigned to his or her minor children, the duties prescribed in section 6 are increased by 25 $ per child.

8. Les droits exigibles pour la délivrance d'une copie de certificat de changement de nom sont de 10 $.

8. The duties payable for the issuing of a copy of a certificate of change of name are 10 $.

SECTION III — **DROITS RELATIFS AU CHANGEMENT DE LA MENTION DU SEXE**

SECTION III — **DUTIES RESPECTING CHANGE OF DESIGNATION OF SEX**

9. Les droits exigibles pour une demande de changement de la mention du sexe sont de 125 $.

9. The duties payable for an application for a change of designation of sex are 125 $.

10. Les droits exigibles pour la délivrance d'une copie de certificat de changement de la mention du sexe sont de 10 $.

10. The duties payable for the issuing of a copy of a certificate of change of designation of sex are 10 $.

SECTION III.1 — **INDEXATION**

SECTION III.1 — **INDEXING**

10.1 Les droits exigibles prévus aux paragraphes 1° à 3° du premier alinéa et au paragraphe 1° du deuxième alinéa de l'article 1 sont indexés au 1er avril de chaque année à compter de l'année 2014 selon le taux déterminé à l'article 83.3 de la *Loi sur l'administration financière* (chapitre A-6.001).

[D. 964–2010, a. 3].

10.1 The duties prescribed in subparagraphs 1 to 3 of the first paragraph and in subparagraph 1 of the second paragraph of section 1 are indexed on 1 April of each year starting in 2014 according to the rate determined in section 83.3 of the *Financial Administration Act* (chapter A-6.001).

[O.C. 964–2010, s. 3].

10.2 Les droits exigibles prévus au paragraphe 4° du premier alinéa et au paragraphe 2° du deuxième alinéa de l'article 1, ainsi qu'aux articles 4, 5, 5.1., 6, 7, 8, 9 et 10 sont indexés de la même manière à compter de l'année 2011.

[D. 964–2010, a. 3].

10.2 The duties prescribed in subparagraph 4 of the first paragraph of section 1, in subparagraph 2 of the second paragraph of section 1 and in sections 4, 5, 5.1, 6, 7, 8, 9 and 10 are indexed in the same manner as of 2011.

[O.C. 964–2010, s. 3].

SECTION IV — **DISPOSITIONS DIVERSES**

SECTION IV — **MISCELLANEOUS**

11.-12. (*Omis*).

11.-12. (*Omitted*).

LOIS CONNEXES

LES CONNEXES

TABLE DES MATIÈRES

TABLE DES MATIÈRES

CHARTE CANADIENNE DES DROITS ET LIBERTÉS,

L.R.C. (1985), App. II, n° 44

CANADIAN CHARTER OF RIGHTS AND FREEDOMS,

R.S.C. (1985), App. II, no. 44

Attendu que le Canada est fondé sur des principes qui reconnaissent la suprématie de Dieu et la primauté du droit

Whereas Canada is founded upon principles that recognize the supremacy of God and the rule of law :

Garantie des droits et libertés

Guarantee of Rights and Freedoms

1. La *Charte canadienne des droits et libertés* garantit les droits et libertés qui y sont énoncés. Ils ne peuvent être restreints que par une règle de droit, dans des limites qui soient raisonnables et dont la justification puisse se démontrer dans le cadre d'une société libre et démocratique.

1. The *Canadian Charter of Rights and Freedoms* guarantees the rights and freedoms set out in it subject only to such reasonable limits prescribed by law as can be demonstrably justified in a free and democratic society.

Libertés fondamentales

Fundamental Freedoms

2. Chacun a les libertés fondamentales suivantes:

(a) la liberté de conscience et de religion;

(b) liberté de pensée, de croyance, d'opinion et d'expression, y compris la liberté de la presse et des autres moyens de communication;

(c) liberté de réunion pacifique;

(d) liberté d'association.

2. Everyone has the following fundamental freedoms :

(a) freedom of conscience and religion;

(b) freedom of thought, belief, opinion and expression, including freedom of the press and other media of communication;

(c) freedom of peaceful assembly; and

(d) freedom of association.

Droits démocratiques

Democratic Rights

3. Tout citoyen canadien a le droit de vote et est éligible aux élections législatives fédérales ou provinciales.

3. Every citizen of Canada has the right to vote in an election of members of the House of Commons or of a legislative assembly and to be qualified for membership therein.

4. (1) Le mandat maximal de la Chambre des communes et des assemblées législatives est de cinq ans à compter de la date fixée pour le retour des brefs relatifs aux élections générales correspondantes.

4. (1) No House of Commons and no legislative assembly shall continue for longer than five years from the date fixed for the return of the writs at a general election of its members.

(2) Le mandat de la Chambre des communes ou celui d'une assemblée législative peut être prolongé respectivement par le Parlement ou par la législature en question au-delà de cinq ans en cas de guerre, d'invasion ou d'insurrection, réelles ou appréhendées, pourvu que cette prolongation ne fasse pas l'objet d'une opposition exprimée par les voix de plus du tiers des députés de la Chambre des communes ou de l'assemblée législative.

(2) In time of real or apprehended war, invasion or insurrection, a House of Commons may be continued by Parliament and a legislative assembly may be continued by the legislature beyond five years if such continuation is not opposed by the votes of more than one-third of the members of the House of Commons or the legislative assembly, as the case may be.

5. Le Parlement et les législatures tiennent une séance au moins une fois tous les douze mois.

5. There shall be a sitting of Parliament and of each legislature at least once every twelve months.

Liberté de circulation et d'établissement

Mobility Rights

6. (1) Tout citoyen canadien a le droit de demeurer au Canada, d'y entrer ou d'en sortir.

6. (1) Every citizen of Canada has the right to enter, remain in and leave Canada.

(2) Tout citoyen canadien et toute personne ayant le statut de résident permanent au Canada ont le droit:

(2) Every citizen of Canada and every person who has the status of a permanent resident of Canada has the right

    (a) de se déplacer dans tout le pays et d'établir leur résidence dans toute province;

    (a) to move to and take up residence in any province; and

    (b) de gagner leur vie dans toute province.

    (b) to pursue the gaining of a livelihood in any province.

(3) Les droits mentionnés au paragraphe (2) sont subordonnés:

(3) The rights specified in subsection (2) are subject to

    (a) aux lois et usages d'application générale en vigueur dans une province donnée, s'ils n'établissent en-

    (a) any laws or practices of general application in force in a province other than those that discriminate

tre les personnes aucune distinction fondée principalement sur la province de résidence antérieure ou actuelle;

(b) aux lois prévoyant de justes conditions de résidence en vue de l'obtention des services sociaux publics.

(4) Les paragraphes (2) et (3) n'ont pas pour objet d'interdire les lois, programmes ou activités destinés à améliorer, dans une province, la situation d'individus défavorisés socialement ou économiquement, si le taux d'emploi dans la province est inférieur à la moyenne nationale.

Garanties juridiques

7. Chacun a droit à la vie, à la liberté et à la sécurité de sa personne; il ne peut être porté atteinte à ce droit qu'en conformité avec les principes de justice fondamentale.

8. Chacun a droit à la protection contre les fouilles, les perquisitions ou les saisies abusives.

9. Chacun a droit à la protection contre la détention ou l'emprisonnement arbitraires.

10. Chacun a le droit, en cas d'arrestation ou de détention:

(a) d'être informé dans les plus brefs délais des motifs de son arrestation ou de sa détention;

(b) d'avoir recours sans délai à l'assistance d'un avocat et d'être informé de ce droit;

(c) de faire contrôler, par *habeas corpus*, la légalité de sa détention et d'obtenir, le cas échéant, sa libération.

11. Tout inculpé a le droit:

among persons primarily on the basis of province of present or previous residence; and

(b) any laws providing for reasonable residency requirements as a qualification for the receipt of publicly provided social services.

(4) Subsections (2) and (3) do not preclude any law, program or activity that has as its object the amelioration in a province of conditions of individuals in that province who are socially or economically disadvantaged if the rate of employment in that province is below the rate of employment in Canada.

Legal Rights

7. Everyone has the right to life, liberty and security of the person and the right not to be deprived thereof except in accordance with the principles of fundamental justice.

8. Everyone has the right to be secure against unreasonable search or seizure.

9. Everyone has the right not to be arbitrarily detained or imprisoned.

10. Everyone has the right on arrest or detention

(a) to be informed promptly of the reasons therefor;

(b) to retain and instruct counsel without delay and to be informed of that right; and

(c) to have the validity of the detention determined by way of *habeas corpus* and to be released if the detention is not lawful.

11. Any person charged with an offence has the right

(a) d'être informé sans délai anormal de l'infraction précise qu'on lui reproche;

(b) d'être jugé dans un délai raisonnable;

(c) de ne pas être contraint de témoigner contre lui-même dans toute poursuite intentée contre lui pour l'infraction qu'on lui reproche;

(d) d'être présumé innocent tant qu'il n'est pas déclaré coupable, conformément à la loi, par un tribunal indépendant et impartial à l'issue d'un procès public et équitable;

(e) de ne pas être privé sans juste cause d'une mise en liberté assortie d'un cautionnement raisonnable;

(f) sauf s'il s'agit d'une infraction relevant de la justice militaire, de bénéficier d'un procès avec jury lorsque la peine maximale prévue pour l'infraction dont il est accusé est un emprisonnement de cinq ans ou une peine plus grave;

(g) de ne pas être déclaré coupable en raison d'une action ou d'une omission qui, au moment où elle est survenue, ne constituait pas une infraction d'après le droit interne du Canada ou le droit international et n'avait pas de caractère criminel d'après les principes généraux de droit reconnus par l'ensemble des nations;

(h) d'une part de ne pas être jugé de nouveau pour une infraction dont il a été définitivement acquitté, d'autre part de ne pas être jugé ni puni de nouveau pour une infraction dont il a été définitivement déclaré coupable et puni;

(i) de bénéficier de la peine la moins sévère, lorsque la peine qui sanctionne l'infraction dont il est déclaré coupable est modifiée entre le moment de la perpétration de l'infraction et celui de la sentence.

(a) to be informed without unreasonable delay of the specific offence;

(b) to be tried within a reasonable time;

(c) not to be compelled to be a witness in proceedings against that person in respect of the offence;

(d) to be presumed innocent until proven guilty according to law in a fair and public hearing by an independent and impartial tribunal;

(e) not to be denied reasonable bail without just cause;

(f) except in the case of an offence under military law tried before a military tribunal, to the benefit of trial by jury where the maximum punishment for the offence is imprisonment for five years or a more severe punishment;

(g) not to be found guilty on account of any act or omission unless, at the time of the act or omission, it constituted an offence under Canadian or international law or was criminal according to the general principles of law recognized by the community of nations;

(h) if finally acquitted of the offence, not to be tried for it again and, if finally found guilty and punished for the offence, not to be tried or punished for it again; and

(i) if found guilty of the offence and if the punishment for the offence has been varied between the time of commission and the time of sentencing, to the benefit of the lesser punishment.

12. Chacun a droit à la protection contre tous traitements ou peines cruels et inusités.

12. Everyone has the right not to be subjected to any cruel and unusual treatment or punishment.

13. Chacun a droit à ce qu'aucun témoignage incriminant qu'il donne ne soit utilisé pour l'incriminer dans d'autres procédures, sauf lors de poursuites pour parjure ou pour témoignages contradictoires.

14. La partie ou le témoin qui ne peuvent suivre les procédures, soit parce qu'ils ne comprennent pas ou ne parlent pas la langue employée, soit parce qu'ils sont atteints de surdité, ont droit à l'assistance d'un interprète.

Droits à l'égalité

15. (1) La loi ne fait acception de personne et s'applique également à tous, et tous ont droit à la même protection et au même bénéfice de la loi, indépendamment de toute discrimination, notamment des discriminations fondées sur la race, l'origine nationale ou ethnique, la couleur, la religion, le sexe, l'âge ou les déficiences mentales ou physiques.

(2) Le paragraphe (1) n'a pas pour effet d'interdire les lois, programmes ou activités destinés à améliorer la situation d'individus ou de groupes défavorisés, notamment du fait de leur race, de leur origine nationale ou ethnique, de leur couleur, de leur religion, de leur sexe, de leur âge ou de leurs déficiences mentales ou physiques.

Langues officielles du Canada

16. (1) Le français et l'anglais sont les langues officielles du Canada; ils ont un statut et des droits et privilèges égaux quant à leur usage dans les institutions du Parlement et du gouvernement du Canada.

(2) Le français et l'anglais sont les langues officielles du Nouveau-Brunswick; ils ont un statut et des droits et privilèges égaux quant à leur usage dans les institutions de la Législature et du gouvernement du Nouveau-Brunswick.

13. A witness who testifies in any proceedings has the right not to have any incriminating evidence so given used to incriminate that witness in any other proceedings, except in a prosecution for perjury or for the giving of contradictory evidence.

14. A party or witness in any proceedings who does not understand or speak the language in which the proceedings are conducted or who is deaf has the right to the assistance of an interpreter.

Equality Rights

15. (1) Every individual is equal before and under the law and has the right to the equal protection and equal benefit of the law without discrimination and, in particular, without discrimination based on race, national or ethnic origin, colour, religion, sex, age or mental or physical disability.

(2) Subsection (1) does not preclude any law, program or activity that has as its object the amelioration of conditions of disadvantaged individuals or groups including those that are disadvantaged because of race, national or ethnic origin, colour, religion, sex, age or mental or physical disability.

Official Languages of Canada

16. (1) English and French are the official languages of Canada and have equality of status and equal rights and privileges as to their use in all institutions of the Parliament and government of Canada.

(2) English and French are the official languages of New Brunswick and have equality of status and equal rights and privileges as to their use in all institutions of the legislature and government of New Brunswick.

(3) La présente charte ne limite pas le pouvoir du Parlement et des législatures de favoriser la progression vers l'égalité de statut ou d'usage du français et de l'anglais.

(3) Nothing in this Charter limits the authority of Parliament or a legislature to advance the equality of status or use of English and French.

16.1 (1) La communauté linguistique française et la communauté linguistique anglaise du Nouveau-Brunswick ont un statut et des droits et privilèges égaux, notamment le droit à des institutions d'enseignement distinctes et aux institutions culturelles distinctes nécessaires à leur protection et à leur promotion.

16.1 (1) The English linguistic community and the French linguistic community in New Brunswick have equality of status and equal rights and privileges, including the right to distinct educational institutions and such distinct cultural institutions as are necessary for the preservation and promotion of those communities.

(2) Le rôle de la législature et du gouvernement du Nouveau-Brunswick de protéger et de promouvoir le statut, les droits et les privilèges visés au paragraphe (1) est confirmé.

(2) The role of the legislature and government of New Brunswick to preserve and promote the status, rights and privileges referred to in subsection (1) is affirmed.

TR/93-54

[SI/93-54]

17. (1) Chacun a le droit d'employer le français ou l'anglais dans les débats et travaux du Parlement.

17. (1) Everyone has the right to use English or French in any debates and other proceedings of Parliament.

(2) Chacun a le droit d'employer le français ou l'anglais dans les débats et travaux de la Législature du Nouveau-Brunswick.

(2) Everyone has the right to use English or French in any debates and other proceedings of the legislature of New Brunswick.

18. (1) Les lois, les archives, les comptes rendus et les procès-verbaux du Parlement sont imprimés et publiés en français et en anglais, les deux versions des lois ayant également force de loi et celles des autres documents ayant même valeur.

18. (1) The statutes, records and journals of Parliament shall be printed and published in English and French and both language versions are equally authoritative.

(2) Les lois, les archives, les comptes rendus et les procès-verbaux de la Législature du Nouveau-Brunswick sont imprimés et publiés en français et en anglais, les deux versions des lois ayant également force de loi et celles des autres documents ayant même valeur.

(2) The statutes, records and journals of the legislature of New Brunswick shall be printed and published in English and French and both language versions are equally authoritative.

19. (1) Chacun a le droit d'employer le français ou l'anglais dans toutes les affaires dont sont saisis les tribunaux établis par le Parlement et dans tous les actes de procédure qui en découlent.

19. (1) Either English or French may be used by any person in, or in any pleading in or process issuing from, any court established by Parliament.

(2) Chacun a le droit d'employer le français ou l'anglais dans toutes les affaires

(2) Either English or French may be used by any person in, or in any pleading in or

1340

dont sont saisis les tribunaux du Nouveau-Brunswick et dans tous les actes de procédure qui en découlent.

20. (1) Le public a, au Canada, droit à l'emploi du français ou de l'anglais pour communiquer avec le siège ou l'administration centrale des institutions du Parlement ou du gouvernement du Canada ou pour en recevoir les services; il a le même droit à l'égard de tout autre bureau de ces institutions là où, selon le cas:

> (a) l'emploi du français ou de l'anglais fait l'objet d'une demande importante;

> (b) l'emploi du français et de l'anglais se justifie par la vocation du bureau.

(2) Le public a, au Nouveau-Brunswick, droit à l'emploi du français ou de l'anglais pour communiquer avec tout bureau des institutions de la législature ou du gouvernement ou pour en recevoir les services.

21. Les articles 16 à 20 n'ont pas pour effet, en ce qui a trait à la langue française ou anglaise ou à ces deux langues, de porter atteinte aux droits, privilèges ou obligations qui existent ou sont maintenus aux termes d'une autre disposition de la Constitution du Canada.

22. Les articles 16 à 20 n'ont pas pour effet de porter atteinte aux droits et privilèges, antérieurs ou postérieurs à l'entrée en vigueur de la présente charte et découlant de la loi ou de la coutume, des langues autres que le français ou l'anglais.

Droits à l'instruction dans la langue de la minorité

23. (1) Les citoyens canadiens:

> (a) dont la première langue apprise et encore comprise est celle de la

process issuing from, any court of New Brunswick.

20. (1) Any member of the public in Canada has the right to communicate with, and to receive available services from, any head or central office of an institution of the Parliament or government of Canada in English or French, and has the same right with respect to any other office of any such institution where

> (a) there is a significant demand for communications with and services from that office in such language; or

> (b) due to the nature of the office, it is reasonable that communications with and services from that office be available in both English and French.

(2) Any member of the public in New Brunswick has the right to communicate with, and to receive available services from, any office of an institution of the legislature or government of New Brunswick in English of French.

21. Nothing in sections 16 to 20 abrogates or derogates from any right, privilege or obligation with respect to the English and French languages, or either of them, that exists or is continued by virtue of any other provision of the Constitution of Canada.

22. Nothing in sections 16 to 20 abrogates or derogates from any legal or customary right or privilege acquired or enjoyed either before or after the coming into force of this Charter with respect to any language that is not English or French.

Minority Language Educational Rights

23. (1) Citizens of Canada

> (a) whose first language learned and still understood is that of the English

minorité francophone ou anglophone de la province où ils résident,

(b) qui ont reçu leur instruction, au niveau primaire, en français ou en anglais au Canada et qui résident dans une province où la langue dans laquelle ils ont reçu cette instruction est celle de la minorité francophone ou anglophone de la province,

ont, dans l'un ou l'autre cas, le droit d'y faire instruire leurs enfants, aux niveaux primaire et secondaire, dans cette langue.

(2) Les citoyens canadiens dont un enfant a reçu ou reçoit son instruction, au niveau primaire ou secondaire, en français ou en anglais au Canada ont le droit de faire instruire tous leurs enfants, aux niveaux primaire et secondaire, dans la langue de cette instruction.

(3) Le droit reconnu aux citoyens canadiens par les paragraphes (1) et (2) de faire instruire leurs enfants, aux niveaux primaire et secondaire, dans la langue de la minorité francophone ou anglophone d'une province:

(a) s'exerce partout dans la province où le nombre des enfants des citoyens qui ont ce droit est suffisant pour justifier à leur endroit la prestation, sur les fonds publics, de l'instruction dans la langue de la minorité;

(b) comprend, lorsque le nombre de ces enfants le justifie, le droit de les faire instruire dans des établissements d'enseignement de la minorité linguistique financés sur les fonds publics.

[Note: Alinéa 23(1) a) pour le Québec non en vigueur à la date de publication.]

or French linguistic minority population of the province in which they reside, or

(b) who have received their primary school instruction in Canada in English or French and reside in a province where the language in which they received that instruction is the language of the English or French linguistic minority population of the province,

have the right to have their children receive primary and secondary school instruction in that language in that province.

(2) Citizens of Canada of whom any child has received or is receiving primary or secondary school instruction in English or French in Canada, have the right to have all their children receive primary and secondary school instruction in the same language.

(3) The right of citizens of Canada under subsections (1) and (2) to have their children receive primary and secondary school instruction in the language of the English or French linguistic minority population of a province

(a) applies wherever in the province the number of children of citizens who have such a right is sufficient to warrant the provision to them out of public funds of minority language instruction; and

(b) includes, where the number of those children so warrants, the right to have them receive that instruction in minority language educational facilities provided out of public funds.

[The paragraph 23(1) is not in force for the Québec on the date of it's publication.]

Recours

Enforcement

24. (1) Toute personne, victime de violation ou de négation des droits ou libertés qui lui sont garantis par la présente charte, peut s'adresser à un tribunal compétent

24. (1) Anyone whose rights or freedoms, as guaranteed by this Charter, have been infringed or denied may apply to a court of competent jurisdiction to obtain such rem-

pour obtenir la réparation que le tribunal estime convenable et juste eu égard aux circonstances.

(2) Lorsque, dans une instance visée au paragraphe (1), le tribunal a conclu que des éléments de preuve ont été obtenus dans des conditions qui portent atteinte aux droits ou libertés garantis par la présente charte, ces éléments de preuve sont écartés s'il est établi, eu égard aux circonstances, que leur utilisation est susceptible de déconsidérer l'administration de la justice.

edy as the court considers appropriate and just in the circumstances.

(2) Where, in proceedings under subsection (1), a court concludes that evidence was obtained in a manner that infringed or denied any rights or freedoms guaranteed by this Charter, the evidence shall be excluded if it is established that, having regard to all the circumstances, the admission of it in the proceedings would bring the administration of justice into disrepute.

Dispositions générales

General

25. Le fait que la présente charte garantit certains droits et libertés ne porte pas atteinte aux droits ou libertés — ancestraux, issus de traités ou autres — des peuples autochtones du Canada, notamment:

(a) aux droits ou libertés reconnus par la Proclamation royale du 7 octobre 1763;

(b) aux droits ou libertés existants issus d'accords sur des revendications territoriales ou ceux susceptibles d'être ainsi acquis.

25. The guarantee in this Charter of certain rights and freedoms shall not be construed so as to abrogate or derogate from any aboriginal, treaty or other rights or freedoms that pertain to the aboriginal peoples of Canada including

(a) any rights or freedoms that have been recognized by the Royal Proclamation of October 7, 1763; and

(b) any rights or freedoms that now exist by way of land claims agreements or may be so acquired.

26. Le fait que la présente charte garantit certains droits et libertés ne constitue pas une négation des autres droits ou libertés qui existent au Canada.

26. The guarantee in this Charter of certain rights and freedoms shall not be construed as denying the existence of any other rights or freedoms that exist in Canada.

27. Toute interprétation de la présente charte doit concorder avec l'objectif de promouvoir le maintien et la valorisation du patrimoine multiculturel des Canadiens.

27. This Charter shall be interpreted in a manner consistent with the preservation and enhancement of the multicultural heritage of Canadians.

28. Indépendamment des autres dispositions de la présente charte, les droits et libertés qui y sont mentionnés sont garantis également aux personnes des deux sexes.

28. Notwithstanding anything in this Charter, the rights and freedoms referred to in it are guaranteed equally to male and female persons.

29. Les dispositions de la présente charte ne portent pas atteinte aux droits ou privilèges garantis en vertu de la Constitution

29. Nothing in this Charter abrogates or derogates from any rights or privileges guaranteed by or under the Constitution of

du Canada concernant les écoles séparées et autres écoles confessionnelles.

Canada in respect of denominational, separate or dissentient schools.

30. Dans la présente charte, les dispositions qui visent les provinces, leur législature ou leur assemblée législative visent également le territoire du Yukon, les Territoires du Nord-Ouest ou leurs autorités législatives compétentes.

30. A reference in this Charter to a Province or to the legislative assembly or legislature of a province shall be deemed to include a reference to the Yukon Territory and the Northwest Territories, or to the appropriate legislative authority thereof, as the case may be.

31. La présente charte n'élargit pas les compétences législatives de quelque organisme ou autorité que ce soit.

31. Nothing in this Charter extends the legislative powers of any body or authority.

Application de la charte

Application of Charter

32. (1) La présente charte s'applique:

(a) au Parlement et au gouvernement du Canada, pour tous les domaines relevant du Parlement, y compris ceux qui concernent le territoire du Yukon et les Territoires du Nord-Ouest;

(b) à la législature et au gouvernement de chaque province, pour tous les domaines relevant de cette législature.

32. (1) This Charter applies

(a) ato the Parliament and government of Canada in respect of all matters within the authority of Parliament including all matters relating to the Yukon Territory and Northwest Territories; and

(b) to the legislature and government of each province in respect of all matters within the authority of the legislature of each province.

(2) Par dérogation au paragraphe (1), l'article 15 n'a d'effet que trois ans après l'entrée en vigueur du présent article.

(2) Notwithstanding subsection (1), section 15 shall not have effect until three years after this section comes into force.

33. (1) Le Parlement ou la législature d'une province peut adopter une loi où il est expressément déclaré que celle-ci ou une de ses dispositions a effet indépendamment d'une disposition donnée de l'article 2 ou des articles 7 à 15 de la présente charte.

33. (1) Parliament or the legislature of a province may expressly declare in an Act of Parliament or of the legislature, as the case may be, that the Act or a provision thereof shall operate notwithstanding a provision included in section 2 or sections 7 to 15 of this Charter.

(2) La loi ou la disposition qui fait l'objet d'une déclaration conforme au présent article et en vigueur a l'effet qu'elle aurait sauf la disposition en cause de la charte.

(2) An Act or a provision of an Act in respect of which a declaration made under this section is in effect shall have such operation as it would have but for the provision of this Charter referred to in the declaration.

(3) La déclaration visée au paragraphe (1) cesse d'avoir effet à la date qui y est précisée ou, au plus tard, cinq ans après son entrée en vigueur.

(3) A declaration made under subsection (1) shall cease to have effect five years after it comes into force or on such earlier date as may be specified in the declaration.

(4) Le Parlement ou une législature peut adopter de nouveau une déclaration visée au paragraphe (1).

(5) Le paragraphe (3) s'applique à toute déclaration adoptée sous le régime du paragraphe (4).

Titre

34. Titre de la présente partie: *Charte canadienne des droits et libertés.*

. . . . .

52. (1) La Constitution du Canada est la loi suprême du Canada; elle rend inopérantes les dispositions incompatibles de toute autre règle de droit.

(2) La Constitution du Canada comprend :

a) la *Loi de 1982 sur le Canada*, y compris la présente loi;

b) les textes législatifs et les décrets figurant à l'annexe;

c) les modifications des textes législatifs et des décrets mentionnés aux alinéas *a*) ou *b*).

(3) La Constitution du Canada ne peut être modifiée que conformément aux pouvoirs conférés par elle.

(4) Parliament or the legislature of a province may re-enact a declaration made under subsection (1).

(5) Subsection (3) applies in respect of a re-enactment made under subsection (4).

Citation

34. This Part may be cited as the *Canadian Charter of Rights and Freedoms.*

. . . . .

52. (1) The Constitution of Canada is the supreme law of Canada, and any law that is inconsistent with the provisions of the Constitution is, to the extent of the inconsistency, of no force or effect.

(2) The Constitution of Canada includes

a) the *Canada Act 1982*, including this Act;

b) the Acts and orders referred to in the schedule; and

c) any amendment to any Act or order referred to in paragraph (*a*) or (*b*).

(3) Amendments to the Constitution of Canada shall be made only in accordance with the authority contained in the Constitution of Canada.

CHARTE DES DROITS ET LIBERTÉS DE LA PERSONNE,
RLRQ, c. C-12

CHARTER OF HUMAN RIGHTS AND FREEDOMS,
CQLR, c. C-12

PRÉAMBULE

PRÉAMBULE

CONSIDÉRANT que tout être humain possède des droits et libertés intrinsèques, destinés à assurer sa protection et son épanouissement;

Considérant que tous les êtres humains sont égaux en valeur et en dignité et ont droit à une égale protection de la loi;

Considérant que le respect de la dignité de l'être humain, l'égalité entre les femmes et les hommes et la reconnaissance des droits et libertés dont ils sont titulaires constituent le fondement de la justice, de la liberté et de la paix;

Considérant que les droits et libertés de la personne humaine sont inséparables des droits et libertés d'autrui et du bien-être général;

Considérant qu'il y a lieu d'affirmer solennellement dans une Charte les libertés et droits fondamentaux de la personne afin

PREAMBLE

Whereas every human being possesses intrinsic rights and freedoms designed to ensure his protection and development;

Whereas all human beings are equal in worth and dignity, and are entitled to equal protection of the law;

Whereas respect for the dignity of human beings, equality of women and men, and recognition of their rights and freedoms constitute the foundation of justice, liberty and peace;

Whereas the rights and freedoms of the human person are inseparable from the rights and freedoms of others and from the common well-being;

Whereas it is expedient to solemnly declare the fundamental human rights and freedoms in a Charter, so that they may be

que ceux-ci soient garantis par la volonté collective et mieux protégés contre toute violation;

guaranteed by the collective will and better protected against any violation;

À ces causes, Sa Majesté, de l'avis et du consentement de l'Assemblée nationale du Québec, décrète ce qui suit:

Therefore, Her Majesty, with the advice and consent of the National Assembly of Québec, enacts as follows :

PARTIE I —— LES DROITS ET LIBERTÉS DE LA PERSONNE

PART I —— HUMAN RIGHTS AND FREEDOMS

Chapitre I —— Libertés et droits fondamentaux

Chapter I —— Fundamental freedoms and rights

1. Tout être humain a droit à la vie, ainsi qu'à la sûreté, à l'intégrité et à la liberté de sa personne.

1. Every human being has a right to life, and to personal security, inviolability and freedom.

Il possède également la personnalité juridique.

He also possesses juridical personality.

[1975, c. 6, a. 1; 1982, c. 61, a. 1].

[1975, c. 6, s. 1; 1982, c. 61, s. 1].

2. Tout être humain dont la vie est en péril a droit au secours.

2. Every human being whose life is in peril has a right to assistance.

Toute personne doit porter secours à celui dont la vie est en péril, personnellement ou en obtenant du secours, en lui apportant l'aide physique nécessaire et immédiate, à moins d'un risque pour elle ou pour les tiers ou d'un autre motif raisonnable.

Every person must come to the aid of anyone whose life is in peril, either personally or calling for aid, by giving him the necessary and immediate physical assistance, unless it involves danger to himself or a third person, or he has another valid reason.

[1975, c. 6, a. 2].

[1975, c. 6, s. 2].

3. Toute personne est titulaire des libertés fondamentales telles la liberté de conscience, la liberté de religion, la liberté d'opinion, la liberté d'expression, la liberté de réunion pacifique et la liberté d'association.

3. Every person is the possessor of the fundamental freedoms, including freedom of conscience, freedom of religion, freedom of opinion, freedom of expression, freedom of peaceful assembly and freedom of association.

[1975, c. 6, a. 3].

[1975, c. 6, s. 3].

4. Toute personne a droit à la sauvegarde de sa dignité, de son honneur et de sa réputation.

4. Every person has a right to the safeguard of his dignity, honour and reputation.

[1975, c. 6, a. 4].

[1975, c. 6, s. 4].

5. Toute personne a droit au respect de sa vie privée.

[1975, c. 6, a. 5].

5. Every person has a right to respect for his private life.

[1975, c. 6, s. 5].

6. Toute personne a droit à la jouissance paisible et à la libre disposition de ses biens, sauf dans la mesure prévue par la loi.

[1975, c. 6, a. 6].

6. Every person has a right to the peaceful enjoyment and free disposition of his property, except to the extent provided by law.

[1975, c. 6, s. 6].

7. La demeure est inviolable.

[1975, c. 6, a. 7].

7. A person's home is inviolable.

[1975, c. 6, s. 7].

8. Nul ne peut pénétrer chez autrui ni y prendre quoi que ce soit sans son consentement exprès ou tacite.

[1975, c. 6, a. 8].

8. No one may enter upon the property of another or take anything therefrom without his express or implied consent.

[1975, c. 6, s. 8].

9. Chacun a droit au respect du secret professionnel.

Toute personne tenue par la loi au secret professionnel et tout prêtre ou autre ministre du culte ne peuvent, même en justice, divulguer les renseignements confidentiels qui leur ont été révélés en raison de leur état ou profession, à moins qu'ils n'y soient autorisés par celui qui leur a fait ces confidences ou par une disposition expresse de la loi.

Le tribunal doit, d'office, assurer le respect du secret professionnel.

[1975, c. 6, a. 9].

9. Every person has a right to non-disclosure of confidential information.

No person bound to professional secrecy by law and no priest or other minister of religion may, even in judicial proceedings, disclose confidential information revealed to him by reason of his position or profession, unless he is authorized to do so by the person who confided such information to him or by an express provision of law.

The tribunal must, *ex officio*, ensure that professional secrecy is respected.

[1975, c. 6, s. 9].

9.1. Les libertés et droits fondamentaux s'exercent dans le respect des valeurs démocratiques, de l'ordre public et du bien-être général des citoyens du Québec.

La loi peut, à cet égard, en fixer la portée et en aménager l'exercice.

[1982, c. 61, a. 2].

9.1. In exercising his fundamental freedoms and rights, a person shall maintain a proper regard for democratic values, public order and the general well-being of the citizens of Québec.

In this respect, the scope of the freedoms and rights, and limits to their exercise, may be fixed by law.

[1982, c. 61, s. 2].

Chapitre I.1 —— Droit à l'égalité dans la reconnaissance et l'exercice des droits et libertés

Chapter I.1 —— Right to equal recognition and exercise of rights and freedoms

10. Toute personne a droit à la reconnaissance et à l'exercice, en pleine égalité, des

10. Every person has a right to full and equal recognition and exercise of his

droits et libertés de la personne, sans distinction, exclusion ou préférence fondée sur la race, la couleur, le sexe, la grossesse, l'orientation sexuelle, l'état civil, l'âge sauf dans la mesure prévue par la loi, la religion, les convictions politiques, la langue, l'origine ethnique ou nationale, la condition sociale, le handicap ou l'utilisation d'un moyen pour pallier ce handicap.

Il y a discrimination lorsqu'une telle distinction, exclusion ou préférence a pour effet de détruire ou de compromettre ce droit.

[1975, c. 6, a. 10; 1977, c. 6, a. 1; 1978, c. 7, a. 112; 1982, c. 61, a. 3].

10.1. Nul ne doit harceler une personne en raison de l'un des motifs visés dans l'article 10.

[1982, c. 61, a. 4].

11. Nul ne peut diffuser, publier ou exposer en public un avis, un symbole ou un signe comportant discrimination ni donner une autorisation à cet effet.

[1975, c. 6, a. 11].

12. Nul ne peut, par discrimination, refuser de conclure un acte juridique ayant pour objet des biens ou des services ordinairement offerts au public.

[1975, c. 6, a. 12].

13. Nul ne peut, dans un acte juridique, stipuler une clause comportant discrimination.

Une telle clause est sans effet.

[1975, c. 6, a. 13; 1999, c. 40, a. 46].

14. L'interdiction visée dans les articles 12 et 13 ne s'applique pas au locateur d'une chambre située dans un local d'habitation, si le locateur ou sa famille réside dans le local, ne loue qu'une seule chambre et n'annonce pas celle-ci, en vue de la louer, par avis ou par tout autre moyen public de sollicitation.

[1975, c. 6, a. 14].

15. Nul ne peut, par discrimination, empêcher autrui d'avoir accès aux moyens de

human rights and freedoms, without distinction, exclusion or preference based on race, colour, sex, pregnancy, sexual orientation, civil status, age except as provided by law, religion, political convictions, language, ethnic or national origin, social condition, a handicap or the use of any means to palliate a handicap.

Discrimination exists where such a distinction, exclusion or preference has the effect of nullifying or impairing such right.

[1975, c. 6, s. 10; 1977, c. 6, s. 1; 1978, c. 7, s. 112; 1980, c. 11, s. 34; 1982, c. 61, s. 3].

10.1. No one may harass a person on the basis of any ground mentioned in section 10.

[1982, c. 61, s. 4].

11. No one may distribute, publish or publicly exhibit a notice, symbol or sign involving discrimination, or authorize anyone to do so.

[1975, c. 6, s. 11].

12. No one may, through discrimination, refuse to make a juridical act concerning goods or services ordinarily offered to the public.

[1975, c. 6, s. 12].

13. No one may in a juridical act stipulate a clause involving discrimination.

Such a clause is without effect.

[1975, c. 6, s. 13; 1999, c. 40, s. 46].

14. The prohibitions contemplated in sections 12 and 13 do not apply to the person who leases a room situated in a dwelling if the lessor or his family resides in such dwelling, leases only one room and does not advertise the room for lease by a notice or any other public means of solicitation.

[1975, c. 6, s. 14].

15. No one may, through discrimination, inhibit the access of another to public

transport ou aux lieux publics, tels les établissements commerciaux, hôtels, restaurants, théâtres, cinémas, parcs, terrains de camping et de caravaning, et d'y obtenir les biens et les services qui y sont disponibles.

[1975, c. 6, a. 15].

16. Nul ne peut exercer de discrimination dans l'embauche, l'apprentissage, la durée de la période de probation, la formation professionnelle, la promotion, la mutation, le déplacement, la mise à pied, la suspension, le renvoi ou les conditions de travail d'une personne ainsi que dans l'établissement de catégories ou de classifications d'emploi.

[1975, c. 6, a. 16].

17. Nul ne peut exercer de discrimination dans l'admission, la jouissance d'avantages, la suspension ou l'expulsion d'une personne d'une association d'employeurs ou de salariés ou de tout ordre professionnel ou association de personnes exerçant une même occupation.

[1975, c. 6, a. 17; 1994, c. 40, a. 457].

18. Un bureau de placement ne peut exercer de discrimination dans la réception, la classification ou le traitement d'une demande d'emploi ou dans un acte visant à soumettre une demande à un employeur éventuel.

[1975, c. 6, a. 18].

18.1. Nul ne peut, dans un formulaire de demande d'emploi ou lors d'une entrevue relative à un emploi, requérir d'une personne des renseignements sur les motifs visés dans l'article 10 sauf si ces renseignements sont utiles à l'application de l'article 20 ou à l'application d'un programme d'accès à l'égalité existant au moment de la demande.

[1982, c. 61, a. 5].

18.2. Nul ne peut congédier, refuser d'embaucher ou autrement pénaliser dans le cadre de son emploi une personne du seul fait qu'elle a été déclarée coupable d'une infraction pénale ou criminelle, si cette in-

transportation or a public place, such as a commercial establishment, hotel, restaurant, theatre, cinema, park, camping ground or trailer park, or his obtaining the goods and services available there.

[1975, c. 6, s. 15].

16. No one may practise discrimination in respect of the hiring, apprenticeship, duration of the probationary period, vocational training, promotion, transfer, displacement, laying-off, suspension, dismissal or conditions of employment of a person or in the establishment of categories or classes of employment.

[1975, c. 6, s. 16].

17. No one may practise discrimination in respect of the admission, enjoyment of benefits, suspension or expulsion of a person to, of or from an association of employers or employees or any professional order or association of persons carrying on the same occupation.

[1975, c. 6, s. 17; 1994, c. 40, s. 457].

18. No employment bureau may practise discrimination in respect of the reception, classification or processing of a job application or in any document intended for submitting an application to a prospective employer.

[1975, c. 6, s. 18].

18.1. No one may, in an employment application form or employment interview, require a person to give information regarding any ground mentioned in section 10 unless the information is useful for the application of section 20 or the implementation of an affirmative action program in existence at the time of the application.

[1982, c. 61, s. 5].

18.2. No one may dismiss, refuse to hire or otherwise penalize a person in his employment owing to the mere fact that he was convicted of a penal or criminal offence, if the offence was in no way connected with

fraction n'a aucun lien avec l'emploi ou si cette personne en a obtenu le pardon.

[1982, c. 61, a. 5; 1990, c. 4, a. 133].

19. Tout employeur doit, sans discrimination, accorder un traitement ou un salaire égal aux membres de son personnel qui accomplissent un travail équivalent au même endroit.

Il n'y a pas de discrimination si une différence de traitement ou de salaire est fondée sur l'expérience, l'ancienneté, la durée du service, l'évaluation au mérite, la quantité de production ou le temps supplémentaire, si ces critères sont communs à tous les membres du personnel.

Les ajustements salariaux ainsi qu'un programme d'équité salariale sont, eu égard à la discrimination fondée sur le sexe, réputés non discriminatoires, s'ils sont établis conformément à la *Loi sur l'équité salariale* (chapitre E-12.001).

[1975, c. 6, a. 19; 1996, c. 43, a. 125].

20. Une distinction, exclusion ou préférence fondée sur les aptitudes ou qualités requises par un emploi, ou justifiée par le caractère charitable, philanthropique, religieux, politique ou éducatif d'une institution sans but lucratif ou qui est vouée exclusivement au bien-être d'un groupe ethnique est réputée non discriminatoire.

[1975, c. 6, a. 20; 1982, c. 61, a. 6; 1996, c. 10, a. 1].

20.1. Dans un contrat d'assurance ou de rente, un régime d'avantages sociaux, de retraite, de rentes ou d'assurance ou un régime universel de rentes ou d'assurance, une distinction, exclusion ou préférence fondée sur l'âge, le sexe ou l'état civil est réputée non discriminatoire lorsque son utilisation est légitime et que le motif qui la fonde constitue un facteur de détermination de risque, basé sur des données actuarielles.

Dans ces contrats ou régimes, l'utilisation de l'état de santé comme facteur de détermination de risque ne constitue pas une discrimination au sens de l'article 10.

[1996, c. 10, a. 2].

the employment or if the person has obtained a pardon for the offence.

[1982, c. 61, s. 5; 1990, c. 4, s. 133].

19. Every employer must, without discrimination, grant equal salary or wages to the members of his personnel who perform equivalent work at the same place.

A difference in salary or wages based on experience, seniority, years of service, merit, productivity or overtime is not considered discriminatory if such criteria are common to all members of the personnel.

Adjustments in compensation and a pay equity plan are deemed not to discriminate on the basis of gender if they are established in accordance with the *Pay Equity Act* (chapter E-12.001).

[1975, c. 6, s. 19; 1996, c. 43, s. 125].

20. A distinction, exclusion or preference based on the aptitudes or qualifications required for an employment, or justified by the charitable, philanthropic, religious, political or educational nature of a non-profit institution or of an institution devoted exclusively to the well-being of an ethnic group, is deemed non-discriminatory.

[1975, c. 6, s. 20; 1982, c. 61, s. 6; 1996, c. 10, s. 1].

20.1. In an insurance or pension contract, a social benefits plan, a retirement, pension or insurance plan, or a public pension or public insurance plan, a distinction, exclusion or preference based on age, sex or civil status is deemed non-discriminatory where the use thereof is warranted and the basis therefor is a risk determination factor based on actuarial data.

In such contracts or plans, the use of health as a risk determination factor does not constitute discrimination within the meaning of section 10.

[1996, c. 10, s. 2].

Chapitre II ━━ **Droits politiques**	**Chapter II** ━━ **Political rights**

21. Toute personne a droit d'adresser des pétitions à l'Assemblée nationale pour le redressement de griefs.

[1975, c. 6, a. 21].

21. Every person has a right of petition to the National Assembly for the redress of grievances.

[1975, c. 6, s. 21].

22. Toute personne légalement habilitée et qualifiée a droit de se porter candidat lors d'une élection et a droit d'y voter.

[1975, c. 6, a. 22].

22. Every person legally capable and qualified has the right to be a candidate and to vote at an election.

[1975, c. 6, s. 22].

Chapitre III ━━ **Droits judiciaires**	**Chapter III** ━━ **Judicial rights**

23. Toute personne a droit, en pleine égalité, à une audition publique et impartiale de sa cause par un tribunal indépendant et qui ne soit pas préjugé, qu'il s'agisse de la détermination de ses droits et obligations ou du bien-fondé de toute accusation portée contre elle.

Le tribunal peut toutefois ordonner le huis clos dans l'intérêt de la morale ou de l'ordre public.

[1975, c. 6, a. 23; 1982, c. 17, a. 42; 1993, c. 30, a. 17].

23. Every person has a right to a full and equal, public and fair hearing by an independent and impartial tribunal, for the determination of his rights and obligations or of the merits of any charge brought against him.

The tribunal may decide to sit in camera, however, in the interests of morality or public order.

[1975, c. 6, s. 23; 1982, c. 17, s. 42; 1993, c. 30, s. 17].

24. Nul ne peut être privé de sa liberté ou de ses droits, sauf pour les motifs prévus par la loi et suivant la procédure prescrite.

[1975, c. 6, a. 24].

24. No one may be deprived of his liberty or of his rights except on grounds provided by law and in accordance with prescribed procedure.

[1975, c. 6, s. 24].

24.1. Nul ne peut faire l'objet de saisies, perquisitions ou fouilles abusives.

[1982, c. 61, a. 7].

24.1. No one may be subjected to unreasonable search or seizure.

[1982, c. 61, s. 7].

25. Toute personne arrêtée ou détenue doit être traitée avec humanité et avec le respect dû à la personne humaine.

[1975, c. 6, a. 25].

25. Every person arrested or detained must be treated with humanity and with the respect due to the human person.

[1975, c. 6, s. 25].

26. Toute personne détenue dans un établissement de détention a droit d'être soumise à un régime distinct approprié à son sexe, son âge et sa condition physique ou mentale.

[1975, c. 6, a. 26].

26. Every person confined to correctional facility has the right to separate treatment appropriate to his sex, his age and his physical or mental condition.

[1975, c. 6, s. 26].

27. Toute personne détenue dans un établissement de détention en attendant l'issue de son procès a droit d'être séparée, jusqu'au jugement final, des prisonniers qui purgent une peine.

[1975, c. 6, a. 27].

27. Every person confined to a house of detention while awaiting the outcome of his trial has the right to be kept apart, until final judgment, from prisoners serving sentence.

[1975, c. 6, s. 27].

28. Toute personne arrêtée ou détenue a droit d'être promptement informée, dans une langue qu'elle comprend, des motifs de son arrestation ou de sa détention.

[1975, c. 6, a. 28].

28. Every person arrested or detained has a right to be promptly informed, in a language he understands, of the grounds of his arrest or detention.

[1975, c. 6, s. 28].

28.1. Tout accusé a le droit d'être promptement informé de l'infraction particulière qu'on lui reproche.

[1982, c. 61, a. 8].

28.1. Every accused person has a right to be promptly informed of the specific offence with which he is charged.

[1982, c. 61, s. 8].

29. Toute personne arrêtée ou détenue a droit, sans délai, d'en prévenir ses proches et de recourir à l'assistance d'un avocat. Elle doit être promptement informée de ces droits.

[1975, c. 6, a. 29; 1982, c. 61, a. 9].

29. Every person arrested or detained has a right to immediately advise his next of kin thereof and to have recourse to the assistance of an advocate. He has a right to be informed promptly of those rights.

[1975, c. 6, s. 29; 1982, c. 61, s. 9].

30. Toute personne arrêtée ou détenue doit être promptement conduite devant le tribunal compétent ou relâchée.

[1975, c. 6, a. 30; 1982, c. 61, a. 10].

30. Every person arrested or detained must be brought promptly before the competent tribunal or released.

[1975, c. 6, s. 30; 1982, c. 61, s. 10].

31. Nulle personne arrêtée ou détenue ne peut être privée, sans juste cause, du droit de recouvrer sa liberté sur engagement, avec ou sans dépôt ou caution, de comparaître devant le tribunal dans le délai fixé.

[1975, c. 6, a. 31].

31. No person arrested or detained may be deprived without just cause of the right to be released on undertaking, with or without deposit or surety, to appear before the tribunal at the appointed time.

[1975, c. 6, s. 31].

32. Toute personne privée de sa liberté a droit de recourir à l'*habeas corpus*.

[1975, c. 6, a. 32].

32. Every person deprived of his liberty has a right of recourse to *habeas corpus*.

[1975, c. 6, s. 32].

32.1. Toute accusé a le droit d'être jugé dans un délai raisonnable.

[1982, c. 61, a. 11].

32.1. Every accused person has a right to be tried within a reasonable time.

[1982, c. 61, s. 11].

33. Tout accusé est présumé innocent jusqu'à ce que la preuve de sa culpabilité ait été établie suivant la loi.

[1975, c. 6, a. 33].

33. Every accused person is presumed innocent until proven guilty according to law.

[1975, c. 6, s. 33].

33.1. Nul accusé ne peut être contraint de témoigner contre lui-même lors de son procès.

[1982, c. 61, a. 12].

33.1. No accused person may be compelled to testify against himself at his trial.

[1982, c. 61, s. 12].

34. Toute personne a droit de se faire représenter par un avocat ou d'en être assistée devant tout tribunal.

[1975, c. 6, a. 34].

34. Every person has a right to be represented by an advocate or to be assisted by one before any tribunal.

[1975, c. 6, s. 34].

35. Tout accusé a droit à une défense pleine et entière et a le droit d'interroger et de contre-interroger les témoins.

[1975, c. 6, a. 35].

35. Every accused person has a right to a full and complete defense and has the right to examine and cross-examine witnesses.

[1975, c. 6, s. 35].

36. Tout accusé a le droit d'être assisté gratuitement d'un interprète s'il ne comprend pas la langue employée à l'audience ou s'il est atteint de surdité.

[1975, c. 6, a. 36; 1982, c. 61, a. 13].

36. Every accused person has a right to be assisted free of charge by an interpreter if he does not understand the language used at the hearing or if he is deaf.

[1975, c. 6, s. 36; 1982, c. 61, s. 13].

37. Nul accusé ne peut être condamné pour une action ou une omission qui, au moment où elle a été commise, ne constituait pas une violation de la loi.

[1975, c. 6, a. 37].

37. No accused person may be held guilty on account of any act or omission which, at the time when it was committed, did not constitute a violation of the law.

[1975, c. 6, s. 37].

37.1. Une personne ne peut être jugée de nouveau pour une infraction dont elle a été acquittée ou dont elle a été déclarée coupable en vertu d'un jugement passé en force de chose jugée.

[1982, c. 61, a. 14].

37.1. No person may be tried again for an offence of which he has been acquitted or of which he has been found guilty by a judgment that has acquired status as *res judicata*.

[1982, c. 61, s. 14].

37.2. Un accusé a droit à la peine la moins sévère lorsque la peine prévue pour l'infraction a été modifiée entre la perpétration de l'infraction et le prononcé de la sentence.

[1982, c. 61, a. 14].

37.2. Where the punishment for an offence has been varied between the time of commission and the time of sentencing, the accused person has a right to the lesser punishment.

[1982, c. 61, s. 14].

38. Aucun témoignage devant un tribunal ne peut servir à incriminer son auteur, sauf le cas de poursuites pour parjure ou pour témoignages contradictoires.

[1975, c. 6, a. 38; 1982, c. 61, a. 15].

38. No testimony before a tribunal may be used to incriminate the person who gives it, except in a prosecution for perjury or for the giving of contradictory evidence.

[1975, c. 6, s. 38; 1982, c. 61, s. 15; 1989, c. 51, s. 1].

Chapitre IV —— Droits économiques et sociaux	Chapter IV —— Economic and social rights

39. Tout enfant a droit à la protection, à la sécurité et à l'attention que ses parents ou les personnes qui en tiennent lieu peuvent lui donner.

[1975, c. 6, a. 39; 1980, c. 39, a. 61].

39. Every child has a right to the protection, security and attention that his parents or the persons acting in their stead are capable of providing.

[1975, c. 6, s. 39; 1980, c. 39, s. 61].

40. Toute personne a droit, dans la mesure et suivant les normes prévues par la loi, à l'instruction publique gratuite.

[1975, c. 6, a. 40].

40. Every person has a right, to the extent and according to the standards provided for by law, to free public education.

[1975, c. 6, s. 40].

41. Les parents ou les personnes qui en tiennent lieu ont le droit d'assurer l'éducation religieuse et morale de leurs enfants conformément à leurs convictions, dans le respect des droits de leurs enfants et de l'intérêt de ceux-ci.

[1975, c. 6, a. 41; 2005, c. 20, a. 13].

41. Parents or the persons acting in their stead have a right to give their children a religious and moral education in keeping with their convictions and with proper regard for their children's rights and interests.

[1975, c. 6, s. 41; 2005, c. 20, s. 13].

42. Les parents ou les personnes qui en tiennent lieu ont le droit de choisir pour leurs enfants des établissements d'enseignement privés, pourvu que ces établissements se conforment aux normes prescrites ou approuvées en vertu de la loi.

[1975, c. 6, a. 42].

42. Parents or the persons acting in their stead have a right to choose private educational establishments for their children, provided such establishments comply with the standards prescribed or approved by virtue of the law.

[1975, c. 6, s. 42].

43. Les personnes appartenant à des minorités ethniques ont le droit de maintenir et de faire progresser leur propre vie culturelle avec les autres membres de leur groupe.

[1975, c. 6, a. 43].

43. Persons belonging to ethnic minorities have a right to maintain and develop their own cultural interests with the other members of their group.

[1975, c. 6, s. 43].

44. Toute personne a droit à l'information, dans la mesure prévue par la loi.

[1975, c. 6, a. 44].

44. Every person has a right to information to the extent provided by law.

[1975, c. 6, s. 44].

45. Toute personne dans le besoin a droit, pour elle et sa famille, à des mesures d'assistance financière et à des mesures sociales, prévues par la loi, susceptibles de lui assurer un niveau de vie décent.

[1975, c. 6, a. 45].

45. Every person in need has a right, for himself and his family, to measures of financial assistance and to social measures provided for by law, susceptible of ensuring such person an acceptable standard of living.

[1975, c. 6, s. 45].

46. Toute personne qui travaille a droit, conformément à la loi, à des conditions de travail justes et raisonnables et qui respectent sa santé, sa sécurité et son intégrité physique.

[1975, c. 6, a. 46; 1979, c. 63, a. 275].

46.1. Toute personne a droit, dans la mesure et suivant les normes prévues par la loi, de vivre dans un environnement sain et respectueux de la biodiversité.

[2006, c. 3, a. 19].

47. Les conjoints ont, dans le mariage ou l'union civile, les mêmes droits, obligations et responsabilités.

Ils assurent ensemble la direction morale et matérielle de la famille et l'éducation de leurs enfants communs.

[1975, c. 6, a. 47; 2002, c. 6, a. 89].

48. Toute personne âgée ou toute personne handicapée a droit d'être protégée contre toute forme d'exploitation.

Telle personne a aussi droit à la protection et à la sécurité que doivent lui apporter sa famille ou les personnes qui en tiennent lieu.

[1975, c. 6, a. 48; 1978, c. 7, a. 113].

Chapitre V —— Dispositions spéciales et interprétatives

49. Une atteinte illicite à un droit ou à une liberté reconnu par la présente Charte confère à la victime le droit d'obtenir la cessation de cette atteinte et la réparation du préjudice moral ou matériel qui en résulte.

En cas d'atteinte illicite et intentionnelle, le tribunal peut en outre condamner son auteur à des dommages-intérêts punitifs.

[1975, c. 6, a. 49; 1999, c. 40, a. 46].

49.1. Les plaintes, différends et autres recours dont l'objet est couvert par la *Loi sur l'équité salariale* (chapitre E-12.001) sont réglés exclusivement suivant cette loi.

46. Every person who works has a right, in accordance with the law, to fair and reasonable conditions of employment which have proper regard for his health, safety and physical well-being.

[1975, c. 6, s. 46; 1979, c. 63, s. 275].

46.1. Every person has a right to live in a healthful environment in which biodiversity is preserved, to the extent and according to the standards provided by law.

[2006, c. 3, s. 19].

47. Married or civil union spouses have, in the marriage or civil union, the same rights, obligations and responsibilities.

Together they provide the moral guidance and material support of the family and the education of their common offspring.

[1975, c. 6, s. 47; 2002, c. 6, s. 89].

48. Every aged person and every handicapped person has a right to protection against any form of exploitation.

Such a person also has a right to the protection and security that must be provided to him by his family or the persons acting in their stead.

[1975, c. 6, s. 48; 1978, c. 7, s. 113].

Chapter V —— Special and interpretative provisions

49. Any unlawful interference with any right or freedom recognized by this Charter entitles the victim to obtain the cessation of such interference and compensation for the moral or material prejudice resulting therefrom.

In case of unlawful and intentional interference, the tribunal may, in addition, condemn the person guilty of it to punitive damages.

[1975, c. 6, s. 49; 1999, c. 40, s. 46].

49.1. Any complaint, dispute or remedy the subject-matter of which is covered by the *Pay Equity Act* (chapter E-12.001) shall be dealt with exclusively in accordance with the provisions of that Act.

En outre, toute question relative à l'équité salariale entre une catégorie d'emplois à prédominance féminine et une catégorie d'emplois à prédominance masculine dans une entreprise qui compte moins de 10 salariés doit être résolue par la Commission de l'équité salariale en application de l'article 19 de la présente Charte.

[1996, c. 43, a. 126].

Moreover, any question concerning pay equity between a predominantly female job class and a predominantly male job class in an enterprise employing fewer than 10 employees shall be settled by the Commission de l'équité salariale in accordance with section 19 of this Charter.

[1996, c. 43, s. 126].

50. La Charte doit être interprétée de manière à ne pas supprimer ou restreindre la jouissance ou l'exercice d'un droit ou d'une liberté de la personne qui n'y est pas inscrit.

[1975, c. 6, a. 50].

50. The Charter shall not be so interpreted as to suppress or limit the enjoyment or exercise of any human right or freedom not enumerated herein.

[1975, c. 6, s. 50].

50.1. Les droits et libertés énoncés dans la présente Charte sont garantis également aux femmes et aux hommes.

[2008, c. 15, a. 2].

50.1. The rights and freedoms set forth in this Charter are guaranteed equally to women and men.

[2008, c. 15, s. 2].

51. La Charte ne doit pas être interprétée de manière à augmenter, restreindre ou modifier la portée d'une disposition de la loi, sauf dans la mesure prévue par l'article 52.

[1975, c. 6, a. 51].

51. The Charter shall not be so interpreted as to extend, limit or amend the scope of a provision of law except to the extent provided in section 52.

[1975, c. 6, s. 51].

52. Aucune disposition d'une loi, même postérieure à la Charte, ne peut déroger aux articles 1 à 38, sauf dans la mesure prévue par ces articles, à moins que cette loi n'énonce expressément que cette disposition s'applique malgré la Charte.

[1975, c. 6, a. 52; 1982, c. 61, a. 16].

52. No provision of any Act, even subsequent to the Charter, may derogate from sections 1 to 38, except so far as provided by those sections, unless such Act expressly states that it applies despite the Charter.

[1975, c. 6, s. 52; 1982, c. 61, s. 16].

53. Si un doute surgit dans l'interprétation d'une disposition de la loi, il est tranché dans le sens indiqué par la Charte.

[1975, c. 6, a. 53].

53. If any doubt arises in the interpretation of a provision of the Act, it shall be resolved in keeping with the intent of the Charter.

[1975, c. 6, s. 53].

54. La Charte lie l'État.

[1975, c. 6, a. 54; 1999, c. 40, a. 46].

54. The Charter binds the State.

[1975, c. 6, s. 54; 1999, c. 40, s. 46].

55. La Charte vise les matières qui sont de la compétence législative du Québec.

[1975, c. 6, a. 55].

55. The Charter affects those matters that come under the legislative authority of Québec.

[1975, c. 6, s. 55].

56. 1. Dans les articles 9, 23, 30, 31, 34 et 38, dans le chapitre III de la partie II ainsi que dans la partie IV, le mot « tribunal » inclut un coroner, un commissaire-enquêteur sur les incendies, une commission d'enquête et une personne ou un organisme exerçant des fonctions quasi-judiciaires.

2. Dans l'article 19, les mots « traitement » et « salaire » incluent les compensations ou avantages à valeur pécuniaire se rapportant à l'emploi.

3. Dans la Charte, le mot « loi » inclut un règlement, un décret, une ordonnance ou un arrêté en conseil pris sous l'autorité d'une loi.

[1975, c. 6, a. 56; 1989, c. 51, a. 2].

56. (1) In sections 9, 23, 30, 31, 34 and 38, in Chapter III of Part II and in Part IV, the word "tribunal" includes a coroner, a fire investigation commissioner, an inquiry commission, and any person or agency exercising quasi-judicial functions.

(2) In section 19, the words "salary" and "wages" include the compensations or benefits of pecuniary value connected with the employment.

(3) In the Charter, the word "law" or "act" includes a regulation, a decree, an ordinance or an order in council made under the authority of any act.

[1975, c. 6, s. 56; 1989, c. 51, s. 2].

PARTIE II —— LA COMMISSION DES DROITS DE LA PERSONNE ET DES DROITS DE LA JEUNESSE

Chapitre I —— Constitution

PART II —— LA COMMISSION DES DROITS DE LA PERSONNE ET DES DROITS DE LA JEUNESSE

Chapter I —— Constitution

57. Est constituée la Commission des droits de la personne et des droits de la jeunesse.

La Commission a pour mission de veiller au respect des principes énoncés dans la présente Charte ainsi qu'à la protection de l'intérêt de l'enfant et au respect des droits qui lui sont reconnus par la *Loi sur la protection de la jeunesse* (chapitre P-34.1); à ces fins, elle exerce les fonctions et les pouvoirs que lui attribuent cette Charte et cette loi.

La Commission doit aussi veiller à l'application de la *Loi sur l'accès à l'égalité en emploi dans des organismes publics* (chapitre A-2.01). À cette fin, elle exerce les fonctions et les pouvoirs que lui attribuent la présente Charte et cette loi.

[1975, c. 6, a. 57; 1995, c. 27, a. 1, 2; 2000, c. 45, a. 27].

57. A body, hereinafter called the "commission", is established under the name of "Commission des droits de la personne et des droits de la jeunesse".

The mission of the commission is to ensure that the principles set forth in this Chapter are upheld, that the interests of children are protected and that their rights recognized by the *Youth Protection Act* (chapter P-34.1) are respected; for such purposes, the commission shall exercise the functions and powers conferred on it by this Charter and the *Youth Protection Act*.

Moreover, the Commission is responsible for the administration of the *Act respecting equal access to employment in public bodies* (chapter A-2.01). For such purposes, the Commission shall exercise the functions and powers conferred on it by that Act and this Charter.

[1975, c. 6, s. 57; 1995, c. 27, s. 2; 2000, c. 45, s. 27].

58. La Commission est composée de 13 membres, dont un président et deux vice-présidents.

58. The Commission shall be composed of 13 members, including the president and two vice-presidents.

Les membres de la Commission sont nommés par l'Assemblée nationale sur proposition du premier ministre. Ces nominations doivent être approuvées par les deux tiers des membres de l'Assemblée.

[1975, c. 6, a. 58; 1989, c. 51, a. 3; 1995, c. 27, a. 3; 2002, c. 34, a. 1].

58.1. Cinq membres de la Commission sont choisis parmi des personnes susceptibles de contribuer d'une façon particulière à l'étude et à la solution des problèmes relatifs aux droits et libertés de la personne, et cinq autres parmi des personnes susceptibles de contribuer d'une façon particulière à l'étude et à la solution des problèmes relatifs à la protection des droits de la jeunesse.

[1995, c. 27, a. 3; 2002, c. 34, a. 2].

58.2. (*Abrogé*).

[2002, c. 34, a. 3].

58.3. La durée du mandat des membres de la Commission est d'au plus dix ans. Cette durée, une fois fixée, ne peut être réduite.

[1995, c. 27, a. 3].

59. Le gouvernement fixe le traitement et les conditions de travail ou, s'il y a lieu, le traitement additionnel, les honoraires ou les allocations de chacun des membres de la Commission.

Le traitement, le traitement additionnel, les honoraires et les allocations, une fois fixés, ne peuvent être réduits.

[1975, c. 6, a. 59; 1989, c. 51, a. 4].

60. Les membres de la Commission restent en fonction jusqu'à leur remplacement, sauf en cas de démission.

[1975, c. 6, a. 60; 1989, c. 51, a. 5].

61. La Commission peut constituer un comité des plaintes formé de 3 de ses membres qu'elle désigne par écrit, et lui déléguer, par règlement, des responsabilités.

[1975, c. 6, a. 61; 1989, c. 51, a. 5].

The members of the commission shall be appointed by the National Assembly upon the motion of the Prime Minister. Such appointments must be approved by two-thirds of the Members of the National Assembly.

[1975, c. 6, s. 58; 1989, c. 51, s. 3; 1995, c. 27, s. 3; 2002, c. 34, s. 1].

58.1. Five members of the Commission shall be chosen from among persons capable of making a notable contribution to the examination and resolution of problems relating to human rights and freedoms, and five other members from among persons capable of making a notable contribution to the examination and resolution of problems relating to the protection of the rights of young persons.

[1995, c. 27, s. 3; 2002, c. 34, s. 2].

58.2. (*Repealed*).

[2002, c. 34, s. 3].

58.3. The term of office of the members of the commission may not exceed ten years. Once determined, it shall not be reduced.

[1995, c. 27, s. 3].

59. The Government shall fix the salary and the conditions of employment or, as the case may be, the additional salary, fees or allowances of each member of the commission.

Their salary, additional salary, fees and allowances, once determined, shall not be reduced.

[1975, c. 6, s. 59; 1989, c. 51, s. 4].

60. The members of the commission shall remain in office until they are replaced, except in the case of resignation.

[1975, c. 6, s. 60; 1989, c. 51, s. 5].

61. The commission may establish a complaints committee composed of three of its members designated in writing by the commission and delegate certain responsibilities to it by regulation.

[1975, c. 6, s. 61; 1989, c. 51, s. 5].

62. La Commission nomme les membres du personnel requis pour s'acquitter de ses fonctions; ils peuvent être destitués par décret du gouvernement, mais uniquement sur recommandation de la Commission.

La Commission peut, par écrit, confier à une personne qui n'est pas membre de son personnel soit le mandat de faire une enquête, soit celui de rechercher un règlement entre les parties, dans les termes des paragraphes 1 et 2 du deuxième alinéa de l'article 71, avec l'obligation de lui faire rapport dans un délai qu'elle fixe.

Pour un cas d'arbitrage, la Commission désigne un seul arbitre parmi les personnes qui ont une expérience, une expertise, une sensibilisation et un intérêt marqués en matière des droits et libertés de la personne et qui sont inscrites sur la liste dressée périodiquement par le gouvernement suivant la procédure de recrutement et de sélection qu'il prend par règlement. L'arbitre agit suivant les règles prévues au Livre VII du *Code de procédure civile* (chapitre C-25), à l'exclusion du chapitre II du Titre I, compte tenu des adaptations nécessaires.

Une personne qui a participé à l'enquête ne peut se voir confier le mandat de rechercher un règlement ni agir comme arbitre, sauf du consentement des parties.

[1975, c. 6, a. 62; 1989, c. 51, a. 5; 2000, c. 8, a. 108].

63. Le gouvernement établit les normes et barèmes de la rémunération ou des allocations ainsi que les autres conditions de travail qu'assume la Commission à l'égard des membres de son personnel, de ses mandataires et des arbitres.

[1975, c. 6, a. 63; 1989, c. 51, a. 5].

64. Avant d'entrer en fonction, les membres et mandataires de la Commission, les membres de son personnel et les arbitres prêtent les serments prévus à l'annexe I; les membres de la Commission, devant le Président de l'Assemblée natio-

62. The commission shall appoint the personnel it requires for the performance of its functions; they may be dismissed by order of the Government but only on the recommendation of the commission.

The commission may, in writing, give to a person other than a member of its personnel the mandate to either make an investigation or endeavour to effect a settlement between the parties under the terms of subparagraph 1 or 2 of the second paragraph of section 71, with the obligation to report to the commission within a specified time.

For the arbitration of a matter, the commission shall designate an arbitrator to act alone from among persons having notable experience and expertise in, sensitivity to and interest for matters of human rights and freedoms and included in the panel of arbitrators established periodically by the Government according to the recruitment and selection procedure prescribed by Government regulation. The arbitrator shall act in accordance with the rules set out in Book VII, except Chapter II of Title I, of the *Code of Civil Procedure* (chapter C-25), adapted as required.

No person having taken part in the investigation may be given the mandate to endeavour to effect a settlement or act as an arbitrator except with the consent of the parties.

[1975, c. 6, s. 62; 1989, c. 51, s. 5; 2000, c. 8, s. 108].

63. The Government shall establish standards and scales applicable to the remuneration or allowances and other conditions of employment to be borne by the commission in respect of its personnel, its mandataries and the arbitrators it designates.

[1975, c. 6, s. 63; 1989, c. 51, s. 5].

64. Before entering office, the members and mandataries of the commission, the members of its personnel and the arbitrators designated by it shall make the oaths provided in Schedule I before the President of the National Assembly in the case

nale et les autres, devant le président de la Commission.

[1975, c. 6, a. 64; 1989, c. 51, a. 5; 1999, c. 40, a. 46].

of the members of the commission and before the president of the commission in all other cases.

[1975, c. 6, s. 64; 1989, c. 51, s. 5; 1999, c. 40, s. 46].

65. Le président et les vice-présidents doivent s'occuper exclusivement des devoirs de leurs fonctions.

Ils doivent tout particulièrement veiller au respect de l'intégralité des mandats qui sont confiés à la Commission tant par la présente Charte que par la *Loi sur la protection de la jeunesse* (chapitre P-34.1).

Le président désigne un vice-président qui est plus particulièrement responsable du mandat confié à la Commission par la présente Charte, et un autre qui est plus particulièrement responsable du mandat confié par la *Loi sur la protection de la jeunesse*. Il en avise le Président de l'Assemblée nationale qui en informe l'Assemblée.

[1975, c. 6, a. 65; 1989, c. 51, a. 5; 1995, c. 27, a. 4; 2002, c. 34, a. 4].

65. The president and the vice-presidents shall devote their time exclusively to the duties of their office.

In particular, they shall see to it that the mandates conferred on the commission by this Charter or by the *Youth Protection Act* (chapter P-34.1) are fully carried out.

The president shall designate a vice-president who shall be responsible more particularly for the mandate entrusted to the Commission by this Charter, and another vice-president who shall be responsible more particularly for the mandate entrusted by the Youth Protection Act. The president shall inform the President of the National Assembly thereof, who shall inform the Assembly.

[1975, c. 6, s. 65; 1989, c. 51, s. 5; 1995, c. 27, s. 4; 2002, c. 34, s. 4].

66. Le président est chargé de la direction et de l'administration des affaires de la Commission, dans le cadre des règlements pris pour l'application de la présente Charte. Il peut, par délégation, exercer les pouvoirs de la Commission prévus à l'article 61, aux deuxième et troisième alinéas de l'article 62 et au premier alinéa de l'article 77.

Il préside les séances de la Commission.

[1975, c. 6, a. 66; 1989, c. 51, a. 5].

66. The president is responsible for the administration and management of the affairs of the commission within the scope of the regulations governing the administration of this Charter. He may, by delegation, exercise the powers of the commission under section 61, the second and third paragraphs of section 62 and the first paragraph of section 77.

The president shall preside the sittings of the commission.

[1975, c. 6, s. 66; 1989, c. 51, s. 5].

67. D'office, le vice-président désigné par le gouvernement remplace temporairement le président en cas d'absence ou d'empêchement de celui-ci ou de vacance de sa fonction. Si ce vice-président est lui-même absent ou empêché ou que sa fonction est vacante, l'autre vice-président le remplace. À défaut, le gouvernement désigne un autre membre de la Commission dont il fixe, s'il y a lieu, le traitement additionnel, les honoraires ou les allocations.

67. The vice-president designated by the Government shall *ex officio*, and temporarily, replace the president if he is absent or unable to act or if the office of president is vacant. If the vice-president called upon to replace the president is himself absent or unable to act, or if that office is vacant, the other vice-president shall replace the president. Otherwise, the Government shall designate another member of the commission and, if need be, shall fix the addi-

tional salary, fees or allowances of that
other member.

[1975, c. 6, a. 67; 1982, c. 61, a. 17; 1989, c. 51, a. 5; 1995, c. 27, a. 5].

[1975, c. 6, s. 67; 1977, c. 5, s. 14; 1982, c. 61, s. 17; 1989, c. 51, s. 5; 1995, c. 27, s. 5].

68. La Commission, ses membres, les membres de son personnel et ses mandataires ne peuvent être poursuivis en justice pour une omission ou un acte accompli de bonne foi dans l'exercice de leurs fonctions.

Ils ont de plus, aux fins d'une enquête, les pouvoirs et l'immunité des commissaires nommés en vertu de la *Loi sur les commissions d'enquête* (chapitre C-37), sauf le pouvoir d'ordonner l'emprisonnement.

[1975, c. 6, a. 68; 1989, c. 51, a. 5; 1995, c. 27, a. 6].

68. In no case may the commission, any member or mandatary of the commission or any member of its personnel be prosecuted for any omission or any act done in good faith in the performance of his or its duties.

Moreover, they are, for the purposes of an investigation, vested with the powers and immunity of commissioners appointed under the *Act respecting public inquiry commissions* (chapter C-37), except the power to order imprisonment.

[1975, c. 6, s. 68; 1989, c. 51, s. 5; 1995, c. 27, s. 6].

69. La Commission a son siège à Québec ou à Montréal selon ce que décide le gouvernement par décret entrant en vigueur sur publication à la *Gazette officielle du Québec*; elle a aussi un bureau sur le territoire de l'autre ville.

Elle peut établir des bureaux à tout endroit au Québec.

La Commission peut tenir ses séances n'importe où au Québec.

[1975, c. 6, a. 69; 1989, c. 51, a. 5; 1996, c. 2, a. 117].

69. The commission shall have its seat in the city of Québec or Montréal as the Government may decide by an order which shall come into force upon publication in the *Gazette officielle du Québec*; it shall also have an office in the territory of the other city.

The commission may establish offices anywhere in Québec.

It may hold its sittings anywhere in Québec.

[1975, c. 6, s. 69; 1989, c. 51, s. 5; 1996, c. 2, s. 117].

70. La Commission peut faire des règlements pour sa régie interne.

[1975, c. 6, a. 70; 1989, c. 51, a. 5].

70. The commission may make by-laws for its internal management.

[1975, c. 6, s. 70; 1989, c. 51, s. 5].

70.1. (*Remplacé*).

[1989, c. 51, a. 5].

70.1. (*Replaced*).

[1989, c. 51, s. 5].

Chapitre II ━━ Fonctions

Chapter II ━━ Functions

71. La Commission assure, par toutes mesures appropriées, la promotion et le respect des principes contenus dans la présente Charte.

Elle assume notamment les responsabilités suivantes:

71. The commission shall promote and uphold, by every appropriate measure, the principles enunciated in this Charter.

The responsibilities of the commission include, without being limited to, the following :

1° faire enquête selon un mode non contradictoire, de sa propre initiative ou lorsqu'une plainte lui est adressée, sur toute situation, à l'exception de celles prévues à l'article 49.1, qui lui paraît constituer soit un cas de discrimination au sens des articles 10 à 19, y compris un cas visé à l'article 86, soit un cas de violation du droit à la protection contre l'exploitation des personnes âgées ou handicapées énoncé au premier alinéa de l'article 48;

2° favoriser un règlement entre la personne dont les droits auraient été violés ou celui qui la représente, et la personne à qui cette violation est imputée;

3° signaler au curateur public tout besoin de protection qu'elle estime être de la compétence de celui-ci, dès qu'elle en a connaissance dans l'exercice de ses fonctions;

4° élaborer et appliquer un programme d'information et d'éducation, destiné à faire comprendre et accepter l'objet et les dispositions de la présente Charte;

5° diriger et encourager les recherches et publications sur les libertés et droits fondamentaux;

6° relever les dispositions des lois du Québec qui seraient contraires à la Charte et faire au gouvernement les recommandations appropriées;

7° recevoir les suggestions, recommandations et demandes qui lui sont faites touchant les droits et libertés de la personne, les étudier, éventuellement en invitant toute personne ou groupement intéressé à lui présenter publiquement ses observations lorsqu'elle estime que l'intérêt public ou celui d'un groupement le requiert, pour faire au gouvernement les recommandations appropriées;

8° coopérer avec toute organisation vouée à la promotion des droits et libertés de la personne, au Québec ou à l'extérieur;

9° faire enquête sur une tentative ou un acte de représailles ainsi que sur tout autre fait ou omission qu'elle estime constituer une infraction à la présente Charte, et en

1) to make a non-adversary investigation, on its own initiative or following receipt of a complaint, into any situation, except those referred to in section 49.1, which appears to the commission to be either a case of discrimination within the meaning of sections 10 to 19, including a case contemplated by section 86, or a violation of the right of aged or handicapped persons against exploitation enunciated in the first paragraph of section 48;

2) to foster a settlement between a person whose rights allegedly have been violated, or the person or organization representing him, and the person to whom the violation is attributed;

3) to report to the Public Curator any case it becomes aware of in the exercise of its functions where, in its opinion, protective supervision within the jurisdiction of the Public Curator is required;

4) to develop and conduct a program of public information and education designed to promote an understanding and acceptance of the object and provisions of this Charter;

5) to direct and encourage research and publications relating to fundamental rights and freedoms;

6) to point out any provision in the laws of Québec that may be contrary to this Charter and make the appropriate recommendations to the Government;

7) to receive and examine suggestions, recommendations and requests made to it concerning human rights and freedoms, possibly by inviting any interested person or body of persons to present his or its views before the commission where it believes that the interest of the public or of a body of persons so requires, with a view to making the appropriate recommendations to the Government;

8) to cooperate with any organization dedicated to the promotion of human rights and freedoms in or outside Québec;

9) to make an investigation into any act of reprisal or attempted reprisals and into any other act or omission which, in the opinion of the commission, constitutes an offence

faire rapport au procureur général et au directeur des poursuites criminelles et pénales.

[1975, c. 6, a. 71; 1989, c. 51, a. 5; 1996, c. 43, a. 127; 2005, c. 34, a. 42].

72. La Commission, ses membres, les membres de son personnel, ses mandataires et un comité des plaintes doivent prêter leur assistance aux personnes, groupes ou organismes qui en font la demande, pour la réalisation d'objets qui relèvent de la compétence de la Commission suivant le chapitre III de la présente partie, les parties III et IV et les règlements pris en vertu de la présente Charte.

Ils doivent, en outre, prêter leur concours dans la rédaction d'une plainte, d'un règlement intervenu entre les parties ou d'une demande qui doit être adressée par écrit à la Commission.

[1975, c. 6, a. 72; 1989, c. 51, a. 5].

73. La Commission remet au Président de l'Assemblée nationale, au plus tard le 30 juin, un rapport portant, pour l'année financière précédente, sur ses activités et ses recommandations tant en matière de promotion et de respect des droits de la personne qu'en matière de protection de l'intérêt de l'enfant ainsi que de promotion et de respect des droits de celui-ci.

Ce rapport est déposé devant l'Assemblée nationale si elle est en session ou, si elle ne l'est pas, dans les 30 jours de l'ouverture de la session suivante. Il est publié et distribué par l'Éditeur officiel du Québec, dans les conditions et de la manière que la Commission juge appropriées.

[1975, c. 6, a. 73; 1989, c. 51, a. 5; 1995, c. 27, a. 7; 2002, c. 34, a. 5].

Chapitre III —— Plaintes

74. Peut porter plainte à la Commission toute personne qui se croit victime d'une violation des droits relevant de la compétence d'enquête de la Commission. Peuvent se regrouper pour porter plainte, plusieurs personnes qui se croient victimes d'une telle violation dans des circonstances analogues.

under this Charter, and report its findings to the Attorney General and to the Director of Criminal and Penal Prosecutions.

[1975, c. 6, s. 71; 1989, c. 51, s. 5; 1996, c. 43, s. 127; 2005, c. 34, s. 42].

72. The commission, its members, personnel and mandataries and any complaints committee established by the commission shall lend their assistance to any person, group or organization requesting it for the carrying out of the objects within the jurisdiction of the commission under Chapter III of this Part, Parts III and IV and the regulations hereunder.

They shall, in addition, lend their assistance for the drafting of any complaint, any settlement reached between parties or any application that must be made in writing to the commission.

[1975, c. 6, s. 72; 1989, c. 51, s. 5].

73. Not later than 30 June each year, the commission shall submit to the president of the National Assembly a report on its activities for the preceding fiscal year together with its recommendations regarding the promotion and protection of human rights, the promotion and protection of children's rights and the protection of the interests of children.

The report shall be tabled in the National Assembly if it is in session or, if it is not, within 30 days after the opening of the next session. The report shall be published and distributed by the Québec Official Publisher on the terms and in the manner deemed appropriate by the Commission.

[1975, c. 6, s. 73; 1989, c. 51, s. 5; 1995, c. 27, s. 7; 2002, c. 34, s. 5].

Chapter III —— Complaints

74. Any person who believes he has been the victim of a violation of rights that is within the sphere of investigation of the commission may file a complaint with the commission. If several persons believe they have suffered a violation of their rights in similar circumstances, they may form a group to file a complaint.

La plainte doit être faite par écrit.

La plainte peut être portée, pour le compte de la victime ou d'un groupe de victimes, par un organisme voué à la défense des droits et libertés de la personne ou au bien-être d'un groupement. Le consentement écrit de la victime ou des victimes est nécessaire, sauf s'il s'agit d'un cas d'exploitation de personnes âgées ou handicapées prévu au premier alinéa de l'article 48.

[1975, c. 6, a. 74; 1989, c. 51, a. 5].

75. Toute plainte reçue par le Protecteur du citoyen et relevant de la compétence d'enquête de la Commission lui est transmise à moins que le plaignant ne s'y oppose.

La plainte transmise à la Commission est réputée reçue par celle-ci à la date de son dépôt auprès du Protecteur du citoyen.

[1975, c. 6, a. 75; 1989, c. 51, a. 5].

76. La prescription de tout recours civil, portant sur les faits rapportés dans une plainte ou dévoilés par une enquête, est suspendue de la date du dépôt de la plainte auprès de la Commission ou de celle du début de l'enquête qu'elle tient de sa propre initiative, jusqu'à la première des éventualités suivantes:

1° La date d'un règlement entre les parties;

2° la date à laquelle la victime et le plaignant ont reçu notification que la Commission soumet le litige à un tribunal;

3° la date à laquelle la victime ou le plaignant a personnellement introduit l'un des recours prévus aux articles 49 et 80;

4° la date à laquelle la victime et le plaignant ont reçu notification que la Commission refuse ou cesse d'agir.

[1975, c. 6, a. 76; 1989, c. 51, a. 5].

77. La Commission refuse ou cesse d'agir en faveur de la victime, lorsque:

1° la victime ou le plaignant en fait la de-

Every complaint must be made in writing.

A complaint may be filed on behalf of a victim or group of victims by any organization dedicated to the defence of human rights and freedoms or to the welfare of a group of persons. The written consent of the victim or victims is required except in the case of exploitation of aged persons or handicapped persons contemplated by the first paragraph of section 48.

[1975, c. 6, s. 74; 1989, c. 51, s. 5].

75. The Public Protector shall transmit to the commission every complaint he receives that is within the sphere of investigation of the commission, unless the complainant objects thereto.

Any complaint transmitted to the commission is deemed to be received by the commission on the day it is filed with the Public Protector.

[1975, c. 6, s. 75; 1989, c. 51, s. 5].

76. Prescription of any civil action respecting the facts alleged in a complaint or revealed by means of an investigation is suspended from the day the complaint is filed with the commission or the day an investigation is commenced by the commission on its own initiative until the earliest of

1) the day on which a settlement is reached between the parties;

2) the day on which the victim and the complainant are notified that the commission is referring the matter to a tribunal;

3) the day on which the victim or the complainant personally institutes proceedings in regard to one of the remedies provided for in sections 49 and 80; and

4) the day on which the victim and the complainant are notified that the commission refuses or is ceasing to act.

[1975, c. 6, s. 76; 1989, c. 51, s. 5].

77. The commission shall refuse or cease to act in favour of the victim where

1) the victim or the complainant so re-

mande, sous réserve d'une vérification par la Commission du caractère libre et volontaire de cette demande;

2° la victime ou le plaignant a exercé personnellement, pour les mêmes faits, l'un des recours prévus aux articles 49 et 80.

Elle peut refuser ou cesser d'agir en faveur de la victime, lorsque:

1° la plainte a été déposée plus de deux ans après le dernier fait pertinent qui y est rapporté;

2° la victime ou le plaignant n'a pas un intérêt suffisant;

3° la plainte est frivole, vexatoire ou faite de mauvaise foi;

4° la victime ou le plaignant a exercé personnellement, pour les mêmes faits, un autre recours que ceux prévus aux articles 49 et 80.

La décision est motivée par écrit et elle indique, s'il en est, tout recours que la Commission estime opportun; elle est notifiée à la victime et au plaignant.

[1975, c. 6, a. 77; 1989, c. 51, a. 5].

78. La Commission recherche, pour toutes situations dénoncées dans la plainte ou dévoilées en cours d'enquête, tout élément de preuve qui lui permettrait de déterminer s'il y a lieu de favoriser la négociation d'un règlement entre les parties, de proposer l'arbitrage du différend ou de soumettre à un tribunal le litige qui subsiste.

Elle peut cesser d'agir lorsqu'elle estime qu'il est inutile de poursuivre la recherche d'éléments de preuve ou lorsque la preuve recueillie est insuffisante. Sa décision doit être motivée par écrit et elle indique, s'il en est, tout recours que la Commission estime opportun; elle est notifiée à la victime et au plaignant. Avis de sa décision de cesser d'agir doit être donné, par la Commis-

quests, subject to the commission's ascertaining that such request is made freely and voluntarily;

2) the victim or the complainant has, on the basis of the same facts, personally pursued one of the remedies provided for in sections 49 and 80.

The commission may refuse or cease to act in favour of the victim where

1) the complaint is based on acts or omissions the last of which occurred more than two years before the filing of the complaint;

2) the victim or the complainant does not have a sufficient interest;

3) the complaint is frivolous, vexatious or made in bad faith;

4) the victim or the complainant has, on the basis of the same facts, personally pursued a remedy other than those provided for in sections 49 and 80.

The decision of the commission shall state in writing the reasons on which it is based and indicate any remedy which the commission may consider appropriate; it shall be notified to the victim and the complainant.

[1975, c. 6, s. 77; 1989, c. 51, s. 5].

78. The commission shall seek, in respect of every situation reported in the complaint or revealed in the course of the investigation, any evidence allowing it to decide whether it is expedient to foster the negotiation of a settlement between the parties, to propose the submission of the dispute to arbitration or to refer any unsettled issue to a tribunal.

The commission may cease to act where it believes it would be futile to seek further evidence or where the evidence collected is insufficient. Its decision shall state in writing the reasons on which it is based and indicate any remedy which the commission may consider appropriate; it shall be notified to the victim and the complainant. Where the commission decides to

sion, à toute personne à qui une violation de droits était imputée dans la plainte.

[1975, c. 6, a. 78; 1989, c. 51, a. 5].

79. Si un règlement intervient entre les parties, il doit être constaté par écrit.

S'il se révèle impossible, la Commission leur propose de nouveau l'arbitrage; elle peut aussi leur proposer, en tenant compte de l'intérêt public et de celui de la victime, toute mesure de redressement, notamment l'admission de la violation d'un droit, la cessation de l'acte reproché, l'accomplissement d'un acte, le paiement d'une indemnité ou de dommages-intérêts punitifs, dans un délai qu'elle fixe.

[1975, c. 6, a. 79; 1989, c. 51, a. 5; 1999, c. 40, a. 46].

80. Lorsque les parties refusent la négociation d'un règlement ou l'arbitrage du différend, ou lorsque la proposition de la Commission n'a pas été, à sa satisfaction, mise en oeuvre dans le délai imparti, la Commission peut s'adresser à un tribunal en vue d'obtenir, compte tenu de l'intérêt public, toute mesure appropriée contre la personne en défaut ou pour réclamer, en faveur de la victime, toute mesure de redressement qu'elle juge alors adéquate.

[1975, c. 6, a. 80; 1989, c. 51, a. 5].

81. Lorsqu'elle a des raisons de croire que la vie, la santé ou la sécurité d'une personne visée par un cas de discrimination ou d'exploitation est menacée, ou qu'il y a risque de perte d'un élément de preuve ou de solution d'un tel cas, la Commission peut s'adresser à un tribunal en vue d'obtenir d'urgence une mesure propre à faire cesser cette menace ou ce risque.

[1975, c. 6, a. 81; 1989, c. 51, a. 5].

82. La Commission peut aussi s'adresser à un tribunal pour qu'une mesure soit prise contre quiconque exerce ou tente d'exercer des représailles contre une personne, un groupe ou un organisme intéressé par le traitement d'un cas de discrimination ou d'exploitation ou qui y a participé, que ce soit à titre de victime, de plaignant, de témoin ou autrement.

cease to act, it shall give notice thereof to any person to whom a violation of rights is attributed in the complaint.

[1975, c. 6, s. 78; 1989, c. 51, s. 5].

79. Where a settlement is reached between the parties, it shall be evidenced in writing.

If no settlement is possible, the commission shall again propose arbitration to the parties; it may also propose to the parties, taking into account the public interest and the interest of the victim, any measure of redress, such as the admission of the violation of a right, the cessation of the act complained of, the performance of any act or the payment of compensation or punitive damages, within such time as it fixes.

[1975, c. 6, s. 79; 1989, c. 51, s. 5; 1999, c. 40, s. 46].

80. Where the parties will not agree to negotiation of a settlement or to arbitration of the dispute or where the proposal of the commission has not been implemented to its satisfaction within the allotted time, the commission may apply to a tribunal to obtain, where consistent with the public interest, any appropriate measure against the person at fault or to demand, in favour of the victim, any measure of redress it considers appropriate at that time.

[1975, c. 6, s. 80; 1989, c. 51, s. 5].

81. Where the commission has reason to believe that the life, health or safety of a person involved in a case of discrimination or exploitation is threatened or that any evidence or clue pertaining to such a case could be lost, it may apply to a tribunal for any emergency measure capable of putting an end to the threat or risk of loss.

[1975, c. 6, s. 81; 1989, c. 51, s. 5].

82. The commission may also apply to a tribunal for any appropriate measure against any person who attempts to take or takes reprisals against a person, group or organization having an interest in the handling of a case of discrimination or exploitation or having participated therein either as the victim, the complainant, a witness or otherwise.

Elle peut notamment demander au tribunal d'ordonner la réintégration, à la date qu'il estime équitable et opportune dans les circonstances, de la personne lésée, dans le poste ou le logement qu'elle aurait occupé s'il n'y avait pas eu contravention.

[1975, c. 6, a. 82; 1989, c. 51, a. 5].

The commission may, in particular, request the tribunal to order that, on such date as it deems fair and expedient under the circumstances, the injured person be instated in the position or dwelling he would have occupied had it not been for the contravention.

[1975, c. 6, s. 82; 1989, c. 51, s. 5].

83. Lorsqu'elle demande au tribunal de prendre des mesures au bénéfice d'une personne en application des articles 80 à 82, la Commission doit avoir obtenu son consentement écrit, sauf dans le cas d'une personne visée par le premier alinéa de l'article 48.

[1975, c. 6, a. 83; 1989, c. 51, a. 5].

83. Where the commission applies to a tribunal, pursuant to sections 80 to 82, for measures for a person's benefit, it must obtain the person's written consent, except in the case of a person contemplated by the first paragraph of section 48.

[1975, c. 6, s. 83; 1989, c. 51, s. 5].

83.1.- 83.2. (*Remplacés*).

[1989, c. 51, a. 5].

83.1.- 83.2. (*Replaced*).

[1989, c. 51, s. 5].

84. Lorsque, à la suite du dépôt d'une plainte, la Commission exerce sa discrétion de ne pas saisir un tribunal, au bénéfice d'une personne, de l'un des recours prévus aux articles 80 à 82, elle le notifie au plaignant en lui en donnant les motifs.

Dans un délai de 90 jours de la réception de cette notification, le plaignant peut, à ses frais, saisir le Tribunal des droits de la personne de ce recours, pour l'exercice duquel il est substitué de plein droit à la Commission avec les mêmes effets que si celle-ci l'avait exercé.

[1975, c. 6, a. 84; 1982, c. 61, a. 20; 1989, c. 51, a. 5].

84. Where, following the filing of a complaint, the commission exercises its discretionary power not to submit an application to a tribunal to pursue, for a person's benefit, a remedy provided for in sections 80 to 82, it shall notify the complainant of its decision, stating the reasons on which it is based.

Within 90 days after he receives such notification, the complainant may, at his own expense, submit an application to the Human Rights Tribunal to pursue such remedy and, in that case, he is, for the pursuit of the remedy, substituted by operation of law for the commission with the same effects as if the remedy had been pursued by the commission.

[1975, c. 6, s. 84; 1982, c. 61, s. 20; 1989, c. 51, s. 5].

85. La victime peut, dans la mesure de son intérêt et en tout état de cause, intervenir dans l'instance à laquelle la Commission est partie en application des articles 80 à 82. Dans ce cas, la Commission ne peut se pourvoir seule en appel sans son consentement.

La victime peut, sous réserve du deuxième alinéa de l'article 111, exercer personnellement les recours des articles 80 à 82 ou se pourvoir en appel, même si elle n'était pas partie en première instance.

85. The victim may intervene at any stage of proceedings to which the commission is party pursuant to sections 80 to 82 and in which he has an interest. If the victim does intervene, the commission cannot bring an appeal without his consent.

Subject to the second paragraph of section 111, the victim may personally pursue the remedies provided for in sections 80 to 82 or bring an appeal, even though he was not party to the proceedings in first instance.

Dans tous ces cas, la Commission doit lui donner accès à son dossier.

[1975, c. 6, a. 85; 1989, c. 51, a. 5].

In all such cases, the commission shall give the victim access to the record which concerns him.

[1975, c. 6, s. 85; 1989, c. 51, s. 5].

PARTIE III ⸺ LES PROGRAMMES D'ACCÈS À L'ÉGALITÉ

PART III ⸺ AFFIRMATIVE ACTION PROGRAM

86. Un programme d'accès à l'égalité a pour objet de corriger la situation de personnes faisant partie de groupes victimes de discrimination dans l'emploi, ainsi que dans les secteurs de l'éducation ou de la santé et dans tout autre service ordinairement offert au public.

86. The object of an affirmative action program is to remedy the situation of persons belonging to groups discriminated against in employment, or in the sector of education or of health services and other services generally available to the public.

Un tel programme est réputé non discriminatoire s'il est établi conformément à la Charte.

An affirmative action program is deemed non-discriminatory if it is established in conformity with the Charter.

Un programme d'accès à l'égalité en emploi est, eu égard à la discrimination fondée sur la race, la couleur, le sexe ou l'origine ethnique, réputé non discriminatoire s'il est établi conformément à la *Loi sur l'accès à l'égalité en emploi dans des organismes publics* (chapitre A-2.01).

An equal access employment program is deemed not to discriminate on the basis of race, colour, gender or ethnic origin if it is established in accordance with the *Act respecting equal access to employment in public bodies* (chapter A-2.01).

Un programme d'accès à l'égalité en emploi établi pour une personne handicapée au sens de la *Loi assurant l'exercice des droits des personnes handicapées en vue de leur intégration scolaire, professionnelle et sociale* (chapitre E-20.1) est réputé non discriminatoire s'il est établi conformément à la *Loi sur l'accès à l'égalité en emploi dans des organismes publics* (chapitre A-2.01).

An equal access to employment program established for a handicapped person within the meaning of the *Act to secure handicapped persons in the exercise of their rights with a view to achieving social, school and workplace integration* (chapter E-20.1) is deemed to be non-discriminatory if it is established in conformity with the *Act respecting equal access to employment in public bodies* (chapter A-2.01).

[1982, c. 61, a. 21; 1989, c. 51, a. 11; 2000, c. 45, a. 28; 2004, c. 31, a. 61].

[1982, c. 61, s. 21; 1989, c. 51, s. 11; 2000, c. 45, s. 28; 2004, c. 31, s. 61].

87. Tout programme d'accès à l'égalité doit être approuvé par la Commission à moins qu'il ne soit imposé par un tribunal.

87. Every affirmative action program must be approved by the Commission, unless it is imposed by order of a tribunal.

La Commission, sur demande, prête son assistance à l'élaboration d'un tel programme.

The Commission shall, on request, lend assistance for the devising of an affirmative action program.

[1982, c. 61, a. 21; 1989, c. 51, a. 6, 11].

[1982, c. 61, s. 21; 1989, c. 51, s. 6, 11].

88. La Commission peut, après enquête, si elle constate une situation de discrimina-

88. If, after investigation, the Commission confirms the existence of a situation in-

tion prévue par l'article 86, proposer l'implantation, dans un délai qu'elle fixe, d'un programme d'accès à l'égalité.

La Commission peut, lorsque sa proposition n'a pas été suivie, s'adresser à un tribunal et, sur preuve d'une situation visée dans l'article 86, obtenir dans le délai fixé par ce tribunal l'élaboration et l'implantation d'un programme. Le programme ainsi élaboré est déposé devant ce tribunal qui peut, en conformité avec la Charte, y apporter les modifications qu'il juge adéquates.

[1982, c. 61, a. 21; 1989, c. 51, a. 7, 11].

89. La Commission surveille l'application des programmes d'accès à l'égalité. Elle peut effectuer des enquêtes et exiger des rapports.

[1982, c. 61, a. 21; 1989, c. 51, a. 11].

90. Lorsque la Commission constate qu'un programme d'accès à l'égalité n'est pas implanté dans le délai imparti ou n'est pas observé, elle peut, s'il s'agit d'un programme qu'elle a approuvé, retirer son approbation ou, s'il s'agit d'un programme dont elle a proposé l'implantation, s'adresser à un tribunal conformément au deuxième alinéa de l'article 88.

[1982, c. 61, a. 21; 1989, c. 51, a. 8, 11].

91. Un programme visé dans l'article 88 peut être modifié, reporté ou annulé si des faits nouveaux le justifient.

Lorsque la Commission et la personne requise ou qui a convenu d'implanter le programme s'entendent, l'accord modifiant, reportant ou annulant le programme d'accès à l'égalité est constaté par écrit.

En cas de désaccord, l'une ou l'autre peut s'adresser au tribunal auquel la Commission s'est adressée en vertu du deuxième alinéa de l'article 88, afin qu'il décide si les faits nouveaux justifient la modification, le report ou l'annulation du programme.

Toute modification doit être établie en conformité avec la Charte.

[1982, c. 61, a. 21; 1989, c. 51, a. 9, 11].

volving discrimination referred to in section 86, it may propose the implementation of an affirmative action program within such time as it may fix.

Where its proposal has not been followed, the Commission may apply to a tribunal and, on proof of the existence of a situation contemplated in section 86, obtain, within the time fixed by the tribunal, an order to devise and implement a program. The program thus devised is filed with the tribunal which may, in accordance with the Charter, make the modifications it considers appropriate.

[1982, c. 61, s. 21; 1989, c. 51, s. 7, 11].

89. The Commission shall supervise the administration of the affirmative action programs. It may make investigations and require reports.

[1982, c. 61, s. 21; 1989, c. 51, s. 11].

90. Where the Commission becomes aware that an affirmative action program has not been implemented within the allotted time or is not being complied with, it may, in the case of a program it has approved, withdraw its approval or, if it proposed implementation of the program, it may apply to a tribunal in accordance with the second paragraph of section 88.

[1982, c. 61, s. 21; 1989, c. 51, s. 8, 11].

91. A program contemplated in section 88 may be modified, postponed or cancelled if new facts warrant it.

If the Commission and the person required or having consented to implement the affirmative action program agree on its modification, postponement or cancellation, the agreement shall be evidenced in writing.

Failing agreement, either party may request the tribunal to which the commission has applied pursuant to the second paragraph of section 88 to decide whether the new facts warrant the modification, postponement or cancellation of the program.

All modifications must conform to the Charter.

[1982, c. 61, s. 21; 1989, c. 51, s. 9, 11].

92. Le gouvernement doit exiger de ses ministères et organismes dont le personnel est nommé suivant la *Loi sur la fonction publique* (chapitre F-3.1.1) l'implantation de programmes d'accès à l'égalité dans le délai qu'il fixe.

Les articles 87 à 91 ne s'appliquent pas aux programmes visés dans le présent article. Ceux-ci doivent toutefois faire l'objet d'une consultation auprès de la Commission avant d'être implantés.

[1982, c. 61, a. 21; 1989, c. 51, a. 10, 11; 2000, c. 45, a. 29].

92. The Government must require its departments and agencies whose personnel is appointed in accordance with the *Public Service Act* (chapter F-3.1.1) to implement affirmative action programs within such time as it may fix.

Sections 87 to 91 do not apply to the programs contemplated in this section. The programs must, however, be the object of a consultation with the Commission before being implemented.

[1982, c. 61, s. 21; 1989, c. 51, s. 10, 11; 2000, c. 45, s. 29].

PARTIE IV — CONFIDENTIALITÉ

PART IV — CONFIDENTIALITY

93. Malgré les articles 9 et 83 de la *Loi sur l'accès aux documents des organismes publics et sur la protection des renseignements personnels* (chapitre A-2.1), un renseignement ou un document fourni de plein gré à la Commission et détenu par celle-ci aux fins de l'élaboration, l'implantation ou l'observation d'un programme d'accès à l'égalité visé par la présente Charte ou par la *Loi sur l'accès à l'égalité en emploi dans des organismes publics* (chapitre A-2.01) est confidentiel et réservé exclusivement aux fins pour lesquelles il a été transmis; il ne peut être divulgué ni utilisé autrement, sauf du consentement de celui qui l'a fourni.

Un tel renseignement ou document ne peut être révélé par ou pour la Commission devant un tribunal, ni rapporté au procureur général malgré le paragraphe 9° de l'article 71, sauf du consentement de la personne ou de l'organisme de qui la Commission tient ce renseignement ou ce document et de celui des parties au litige.

Le présent article n'a pas pour effet de restreindre le pouvoir de contraindre par assignation, mandat ou ordonnance, la communication par cette personne ou cet organisme d'un renseignement ou d'un document relatif à un programme d'accès à l'égalité.

En outre, un tel renseignement ou la teneur d'un tel document doit, sur demande, être communiqué par la Commission au minis-

93. Notwithstanding sections 9 and 83 of the *Act respecting Access to documents held by public bodies and the Protection of personal information* (chapter A-2.1), any information or document furnished voluntarily to the commission and held by it for the purpose of the devising or implementation of or compliance with an affirmative action program established under this Charter or an equal access employment program established under the *Act respecting equal access to employment in public bodies* (chapter A-2.01) is confidential and may be used only for the purposes for which it was furnished; it shall not be disclosed or used otherwise, except with the consent of the person or organization having furnished it.

No such information or document may be revealed before a tribunal by or on behalf of the commission or, despite paragraph 9 of section 71, reported to the Attorney General, except with the consent of the person or organization having furnished the information or document to the commission and the consent of the parties to the dispute.

This section shall not be construed as limiting the power to compel the person or organization, by way of a summons, warrant or order, to communicate any information or document relating to an affirmative action program.

Moreover, such information or the contents of such document must, on request, be communicated by the Commission to

tre responsable de la partie III de la présente Charte et de la *Loi sur l'accès à l'égalité en emploi dans des organismes publics* afin de lui permettre d'évaluer l'application de cette partie et de cette loi.

[1989, c. 51, a. 12; 2000, c. 45, a. 30].

94. Rien de ce qui est dit ou écrit à l'occasion de la négociation d'un règlement prévue à l'article 78 ne peut être révélé, même en justice, sauf du consentement des parties à cette négociation et au litige.

[1989, c. 51, a. 12].

95. Sous réserve de l'article 61 du *Code de procédure pénale* (chapitre C-25.1), un membre ou un mandataire de la Commission ou un membre de son personnel ne peut être contraint devant un tribunal de faire une déposition portant sur un renseignement qu'il a obtenu dans l'exercice de ses fonctions ni de produire un document contenant un tel renseignement, si ce n'est aux fins du contrôle de sa confidentialité.

[1989, c. 51, a. 12; 1990, c. 4, a. 134].

96. Aucune action civile ne peut être intentée en raison ou en conséquence de la publication d'un rapport émanant de la Commission ou de la publication, faite de bonne foi, d'un extrait ou d'un résumé d'un tel rapport.

[1989, c. 51, a. 12].

PARTIE V —— RÉGLEMENTATION

97. Le gouvernement, par règlement:

1° (*paragraphe abrogé*);

2° peut fixer les critères, normes, barèmes, conditions ou modalités concernant l'élaboration, l'implantation ou l'application de programmes d'accès à l'égalité, en établir les limites et déterminer toute mesure nécessaire ou utile à ces fins;

3° édicte la procédure de recrutement et de sélection des personnes aptes à être désignées à la fonction d'arbitre ou nommées à

the minister responsible for the administration of Part III of this Charter and the *Act respecting equal access to employment in public bodies and amending the Charter of human rights and freedoms* in order to allow the minister to assess the carrying out of that Part and that Act.

[1989, c. 51, s. 12; 2000, c. 45, s. 30].

94. Nothing said or written in the course of the negotiation of a settlement pursuant to section 78 may be revealed, even in judicial proceedings, except with the consent of the parties to the negotiation and the parties to the dispute.

[1989, c. 51, s. 12].

95. Subject to article 61 of the *Code of Penal Procedure* (chapter C-25.1), no member or mandatary of the commission or member of its personnel may be compelled to give testimony before a tribunal as to information obtained in the performance of his duties or to produce a document containing any such information, except for the purpose of ascertaining whether it is confidential.

[1989, c. 51, s. 12; 1990, c. 4, s. 134].

96. No civil action may be taken by reason or in consequence of the publication of a report emanating from the commission or of the publication, in good faith, of an abstract from or summary of such a report.

[1989, c. 51, s. 12].

PART V —— REGULATIONS

97. The Government, by regulation,

1) (*subparagraph repealed*);

2) may fix the criteria, norms, scales, conditions or modalities applicable for the devising, implementation or carrying out of affirmative action programs, define their limits and determine anything necessary or useful for those purposes;

3) shall prescribe the procedure for the recruitment and selection of persons apt for designation to the function of arbitrator or

celle d'assesseur au Tribunal des droits de la personne.

Le règlement prévu au paragraphe 3°, notamment:

1° détermine la proportionnalité minimale d'avocats que doit respecter la liste prévue au troisième alinéa de l'article 62;

2° détermine la publicité qui doit être faite afin de dresser cette liste;

3° détermine la manière dont une personne peut se porter candidate;

4° autorise le ministre de la Justice à former un comité de sélection pour évaluer l'aptitude des candidats et lui fournir un avis sur eux ainsi qu'à en fixer la composition et le mode de nomination des membres;

5° détermine les critères de sélection dont le comité tient compte, les renseignements qu'il peut requérir d'un candidat ainsi que les consultations qu'il peut faire;

6° prévoit que la liste des personnes aptes à être désignées à la fonction d'arbitre ou nommées à celle d'assesseur au Tribunal des droits de la personne, est consignée dans un registre établi à cette fin au ministère de la Justice.

Les membres d'un comité de sélection ne sont pas rémunérés, sauf dans le cas, aux conditions et dans la mesure que peut déterminer le gouvernement. Ils ont cependant droit au remboursement des dépenses faites dans l'exercice de leurs fonctions, aux conditions et dans la mesure que détermine le gouvernement.

[1982, c. 61, a. 21; 1989, c. 51, a. 14; 1996, c. 10, a. 3].

98. Le gouvernement, après consultation de la Commission, publie son projet de règlement à la *Gazette officielle du Québec* avec un avis indiquant le délai après lequel ce projet sera déposé devant la Commission des institutions et indiquant qu'il pourra être pris après l'expiration des

appointment to the function of assessor with the Human Rights Tribunal.

The regulation made under subparagraph 3 of the first paragraph shall, among other things,

1) determine the minimum proportion of advocates that must be maintained on the panel provided for in the third paragraph of section 62;

2) determine the forms of publicity that must be used for the purpose of establishing such panel;

3) determine the manner in which a person may apply;

4) authorize the Minister of Justice to form a selection committee charged with evaluating the aptitude of applicants and advising him as to applicants and to fix the composition and mode of appointment of the members of the committee;

5) determine the criteria of selection on which the committee is to base its decisions, the information it may require of applicants and the consultations it may make;

6) prescribe that the panel of persons apt for designation to the function of arbitrator or appointment to the function of assessor with the Human Rights Tribunal be recorded in a register established for that purpose at the Ministère de la Justice.

The members of a selection committee receive no remuneration except in such cases, on such conditions and to such extent as may be determined by the Government. They are, however, entitled to reimbursement for expenses incurred in the performance of their duties, on the conditions and to the extent determined by the Government.

[1982, c. 61, s. 21; 1989, c. 51, s. 14; 1996, c. 10, s. 3].

98. The Government, after consultation with the commission, shall publish the draft regulation in the *Gazette officielle du Québec* with a notice stating the time after which the draft will be tabled before the Standing Committee on Institutions and stating that it may be adopted on the ex-

45 jours suivant le dépôt du rapport de cette Commission devant l'Assemblée nationale.

Le gouvernement peut, par la suite, modifier le projet de règlement. Il doit, dans ce cas, publier le projet modifié à la *Gazette officielle du Québec* avec un avis indiquant qu'il sera pris sans modification à l'expiration des 45 jours suivant cette publication.

[1982, c. 61, a. 21; 1982, c. 62, a. 143; 1989, c. 51, a. 15].

99. La Commission, par règlement:

1° peut déléguer à un comité des plaintes constitué conformément à l'article 61, les responsabilités qu'elle indique;

2° prescrit les autres règles, conditions et modalités d'exercice ou termes applicables aux mécanismes prévus aux chapitres II et III de la partie II et aux parties III et IV, y compris la forme et les éléments des rapports pertinents.

Un tel règlement est soumis à l'approbation du gouvernement qui peut, en l'approuvant, le modifier.

[1982, c. 61, a. 21; 1989, c. 51, a. 15].

PARTIE VI ━━ LE TRIBUNAL DES DROITS DE LA PERSONNE

Chapitre I ━━ Constitution et organisation

100. Est institué le Tribunal des droits de la personne, appelé le « Tribunal » dans la présente partie.

[1989, c. 51, a. 16].

101. Le Tribunal est composé d'au moins 7 membres, dont le président et les assesseurs, nommés par le gouvernement. Le président est choisi, après consultation du juge en chef de la Cour du Québec, parmi les juges de cette cour qui ont une expérience, une expertise, une sensibilisation et un intérêt marqués en matière des droits et libertés de la personne; les assesseurs le sont parmi les personnes inscrites sur la

piry of 45 days after the Committee reports to the National Assembly.

The Government may subsequently amend the draft regulation. It must, in that case, publish the amended draft regulation in the *Gazette officielle du Québec* with a notice stating that it will be adopted without amendment on the expiry of 45 days after the publication.

[1982, c. 61, s. 21; 1982, c. 62, s. 143; 1989, c. 51, s. 15].

99. The commission, by regulation,

1) may delegate to a complaints committee established under section 61 such responsibilities as it indicates;

2) shall prescribe the other rules, procedures, terms or conditions applicable with respect to the mechanisms provided for in Chapters II and III of Part II and in Parts III and IV, including the form and content of the related reports.

Every regulation hereunder is subject to the approval of the Government; the Government may, when granting its approval, amend the regulation.

[1982, c. 61, s. 21; 1989, c. 51, s. 15].

PART VI ━━ HUMAN RIGHTS TRIBUNAL

Chapter I ━━ Establishment and organization

100. The Human Rights Tribunal, referred to in this Part as the "Tribunal", is hereby established.

[1989, c. 51, s. 16].

101. The Tribunal is composed of not fewer than 7 members, including a president and assessors, appointed by the Government. The president shall be chosen, after consultation with the chief judge of the Court of Québec, from among the judges of that court having notable experience and expertise in, sensitivity to and interest for matters of human rights and freedoms; the assessors shall be chosen from among

liste prévue au troisième alinéa de l'article 62.

Leur mandat est de 5 ans, renouvelable. Il peut être prolongé pour une durée moindre et déterminée.

Le gouvernement établit les normes et barèmes régissant la rémunération, les conditions de travail ou, s'il y a lieu, les allocations des assesseurs.

[1989, c. 51, a. 16].

102. Avant d'entrer en fonction, les membres doivent prêter les serments prévus à l'annexe II; le président, devant le juge en chef de la Cour du Québec et tout autre membre, devant le président.

[1989, c. 51, a. 16; 1999, c. 40, a. 46].

103. Le gouvernement peut, à la demande du président et après consultation du juge en chef de la Cour du Québec, désigner comme membre du Tribunal, pour entendre et décider d'une demande ou pour une période déterminée, un autre juge de cette cour qui a une expérience, une expertise, une sensibilisation et un intérêt marqués en matière des droits et libertés de la personne.

[1989, c. 51, a. 16].

104. Le Tribunal siège, pour l'audition d'une demande, par divisions constituées chacune de 3 membres, soit le juge qui la préside et les 2 assesseurs qui l'assistent, désignés par le président. Celui qui préside la division décide seul de la demande.

Toutefois, une demande préliminaire ou incidente ou une demande présentée en vertu de l'article 81 ou 82 est entendue et décidée par le président ou par le juge du Tribunal auquel il réfère la demande; cette demande est cependant déférée à une division du Tribunal dans les cas déterminés par les règles de procédure et de pratique ou si le président en décide ainsi.

[1989, c. 51, a. 16].

105. Le greffier et le personnel de la Cour du Québec du district dans lequel une demande est produite ou dans lequel siège le

the persons included in the panel provided for in the third paragraph of section 62.

The term of office of the members of the Tribunal is 5 years. It may be renewed for a shorter determined time.

The Government shall establish the standards and scales governing the remuneration and conditions of employment or, where applicable, the allowances of the assessors.

[1989, c. 51, s. 16].

102. Before entering office, the members shall make the oaths provided in Schedule II; the president shall do so before the chief judge of the Court of Québec and the other members, before the president.

[1989, c. 51, s. 16; 1999, c. 40, s. 46].

103. The Government may, on the request of the president and after consultation with the chief judge of the Court of Québec, designate another judge of that court having notable experience and expertise in, sensitivity to and interest for matters of human rights and freedoms to sit as a member of the Tribunal either to hear and decide an application or for a determined period.

[1989, c. 51, s. 16].

104. To hear an application, the Tribunal shall sit in a division composed of 3 members, that is, the judge presiding the division and 2 assessors assisting him, designated by the president. The member presiding the division shall decide the application alone.

However, a preliminary or incidental application or an application under section 81 or 82 shall be heard and decided by the president or by the judge to whom he refers the application; such an application shall be referred to a division of the Tribunal in the cases determined by the rules of procedure and practice or where the president so decides.

[1989, c. 51, s. 16].

105. The clerk and staff of the Court of Québec of the district in which an application is filed or in which the Tribunal or a

Tribunal, l'une de ses divisions ou l'un de ses membres, sont tenus de lui fournir les services qu'ils fournissent habituellement à la Cour du Québec elle-même.

Les huissiers sont d'office huissiers du Tribunal et peuvent lui faire rapport, sous leur serment d'office, des significations faites par eux.

[1989, c. 51, a. 16].

106. Le président s'occupe exclusivement des devoirs de ses fonctions.

Il doit notamment:

1° favoriser la concertation des membres sur les orientations générales du Tribunal;

2° coordonner et répartir le travail entre les membres qui, à cet égard, doivent se soumettre à ses ordres et directives, et veiller à leur bonne exécution;

3° édicter un code de déontologie, et veiller à son respect. Ce code entre en vigueur le quinzième jour qui suit la date de sa publication à la *Gazette officielle du Québec* ou à une date ultérieure qui y est indiquée.

[1989, c. 51, a. 16].

107. Un juge désigné en vertu de l'article 103 remplace le président en cas d'absence, d'empêchement ou de vacance de sa fonction.

[1989, c. 51, a. 16].

108. Malgré l'expiration de son mandat, un juge décide d'une demande dont il a terminé l'audition. Si la demande n'a pu faire l'objet d'une décision dans un délai de 90 jours, elle est déférée par le président, du consentement des parties, à un autre juge du Tribunal ou instruite de nouveau.

[1989, c. 51, a. 16].

109. Sauf sur une question de compétence, aucun des recours prévus aux articles 33 et 834 à 850 du *Code de procédure civile* (chapitre C-25) ne peut être exercé ni au-

division or member of the Tribunal sits shall provide it or him with the services they usually provide to the Court of Québec itself.

The bailiffs are *ex officio* bailiffs of the Tribunal and may make a return to the Tribunal, under their oath of office, of any service made by them.

[1989, c. 51, s. 16].

106. The president of the Tribunal shall devote his time exclusively to the duties of his office.

His duties include

1) fostering a consensus among the members concerning the general orientation of the Tribunal;

2) coordinating the work of the Tribunal and distributing it among the members; the members shall, in that regard, comply with his orders and directives and see to their proper implementation;

3) prescribing a code of ethics and ensuring that it is observed. The code of ethics shall come into force 15 days after its publication in the *Gazette officielle du Québec* or at any later date indicated therein.

[1989, c. 51, s. 16].

107. A judge designated under section 103 shall replace the president if he is absent or unable to act or if the office of president is vacant.

[1989, c. 51, s. 16].

108. A judge of the Tribunal, even if no longer in office, shall render a decision on every application heard by him. If no decision is rendered within 90 days, the application shall be referred by the president to another judge of the Tribunal with the consent of the parties or heard anew.

[1989, c. 51, s. 16].

109. Except on a question of jurisdiction, no recourse provided for in articles 33 and 834 to 850 of the *Code of Civil Procedure* (chapter C-25) may be exercised nor any

cune injonction accordée contre le Tribunal, le président ou un autre membre agissant en sa qualité officielle.

Un juge de la Cour d'appel peut, sur requête, annuler sommairement toute décision, ordonnance ou injonction délivrée ou accordée à l'encontre du premier alinéa.

[1989, c. 51, a. 16].

110. Le président, avec le concours de la majorité des autres membres du Tribunal, peut adopter des règles de procédure et de pratique jugées nécessaires à l'exercice des fonctions du Tribunal.

[1989, c. 51, a. 16].

Chapitre II —— Compétence et pouvoirs

111. Le Tribunal a compétence pour entendre et disposer de toute demande portée en vertu de l'un des articles 80, 81 et 82 et ayant trait, notamment, à l'emploi, au logement, aux biens et services ordinairement offerts au public, ou en vertu de l'un des articles 88, 90 et 91 relativement à un programme d'accès à l'égalité.

Seule la Commission peut initialement saisir le Tribunal de l'un ou l'autre des recours prévus à ces articles, sous réserve de la substitution prévue à l'article 84 en faveur d'un plaignant et de l'exercice du recours prévu à l'article 91 par la personne à qui le Tribunal a déjà imposé un programme d'accès à l'égalité.

[1989, c. 51, a. 16].

111.1. Le Tribunal a aussi compétence pour entendre et disposer de toute demande portée en vertu de l'un des articles 6, 18 ou 19 de la *Loi sur l'accès à l'égalité en emploi dans des organismes publics* (chapitre A-2.01) relativement à un programme d'accès à l'égalité en emploi.

Seule la Commission, ou l'un de ses membres, peut initialement saisir le Tribunal des recours prévus à ces articles, sous réserve de l'exercice du recours prévu à

injunction granted against the Tribunal, its president or any other member acting in its or his official capacity.

A judge of the Court of Appeal may, upon a motion, annul summarily any decision, order or injunction issued or granted contrary to the first paragraph.

[1989, c. 51, s. 16].

110. The president of the Tribunal may, with the assistance of the majority of the other members, adopt such rules of procedure and practice as are considered necessary for the performance of the functions of the Tribunal.

[1989, c. 51, s. 16].

Chapter II —— Jurisdiction and powers

111. The Tribunal is competent to hear and dispose of any application submitted under section 80, 81 or 82, in particular in matters of employment or housing or in connection with goods and services generally available to the public, and any application submitted under section 88, 90 or 91 in respect of an affirmative action program.

Only the commission may initially submit an application to the Tribunal to pursue any of the remedies provided for in any of the said sections, subject to the substitution provided for in section 84 in favour of a complainant and to the pursuit of the remedy provided for in section 91 by a person on whom the Tribunal has previously imposed an affirmative action program.

[1989, c. 51, s. 16].

111.1. The Tribunal is also competent to hear and dispose of any application submitted under section 6, 18 or 19 of the *Act respecting equal access to employment in public bodies* (chapter A-2.01) regarding an equal access employment program.

Only the Commission or one of its members may initially submit an application to the Tribunal to pursue any of the remedies provided for in those sections, except the

l'article 19 de cette loi en cas de désaccord sur des faits nouveaux pouvant justifier la modification, le report ou l'annulation d'un programme d'accès à l'égalité en emploi.

[2000, c. 45, a. 31].

remedy provided for in section 19 of that Act in the event of a disagreement relating to new facts that may warrant the modification, postponement or cancellation of an equal access employment program.

[2000, c. 45, s. 31].

112. Le Tribunal, l'une de ses divisions et chacun de ses juges ont, dans l'exercice de leurs fonctions, les pouvoirs et l'immunité des commissaires nommés en vertu de la *Loi sur les commissions d'enquête* (chapitre C-37), sauf le pouvoir d'ordonner l'emprisonnement.

[1989, c. 51, a. 16].

112. The Tribunal and its divisions and judges are, in the performance of their functions, vested with the powers and immunity of commissioners appointed under the *Act respecting public inquiry commissions* (chapter C-37), except the power to impose imprisonment.

[1989, c. 51, s. 16].

113. Le Tribunal peut, en s'inspirant du *Code de procédure civile* (chapitre C-25), rendre les décisions et ordonnances de procédure et de pratique nécessaires à l'exercice de ses fonctions, à défaut d'une règle de procédure ou de pratique applicable.

Le Tribunal peut aussi, en l'absence d'une disposition applicable à un cas particulier et sur une demande qui lui est adressée, prescrire avec le même effet tout acte ou toute formalité qu'auraient pu prévoir les règles de procédure et de pratique.

[1989, c. 51, a. 16].

113. In the absence of an applicable rule of procedure and practice, the Tribunal may, on the basis of the *Code of Civil Procedure* (chapter C-25), adapted as required, render such rulings and orders of procedure and practice as the performance of its functions may require.

Moreover, in the absence of a provision applicable to a particular case, the Tribunal may, in a matter submitted to it, prescribe with the same effect any act or formality which could have been prescribed in the rules of procedure and practice.

[1989, c. 51, s. 16].

Chapitre III ── Procédure et preuve

Chapter III ── Proof and procedure

114. Toute demande doit être adressée par écrit au Tribunal et signifiée conformément aux règles du *Code de procédure civile* (chapitre C-25), à moins qu'elle ne soit présentée en cours d'audition. Lorsque ce Code prévoit qu'un mode de signification requiert une autorisation, celle-ci peut être obtenue du Tribunal.

La demande est produite au greffe de la Cour du Québec du district judiciaire où se trouve le domicile ou, à défaut, la résidence ou le principal établissement d'entreprise de la personne à qui les conclusions de la demande pourraient être imposées ou, dans le cas d'un programme d'accès à l'égalité, de la personne à qui il est ou pourrait être imposé.

[1989, c. 51, a. 16; 1999, c. 40, a. 46].

114. Every application shall be submitted to the Tribunal in writing and served in accordance with the rules provided in the *Code of Civil Procedure* (chapter C-25), unless it is made in the course of a hearing. Where the said Code provides that a mode of service requires authorization, it may be obtained from the Tribunal.

The application shall be filed at the office of the Court of Québec in the judicial district where the person on whom the conclusions of the application may be imposed or, in the case of the implementation of an affirmative action program, the person on whom the program has been or may be imposed has his domicile or, failing that, his residence or principal business establishment.

[1989, c. 51, s. 16; 1999, c. 40, s. 46].

115. Dans les 15 jours de la production d'une demande qui n'est pas visée au deuxième alinéa de l'article 104, le demandeur doit produire un mémoire exposant ses prétentions, que le Tribunal signifie aux intéressés. Chacun de ceux-ci peut, dans les 30 jours de cette signification, produire son propre mémoire que le Tribunal signifie au demandeur.

Le défaut du demandeur peut entraîner le rejet de la demande.

[1989, c. 51, a. 16].

116. La Commission, la victime, le groupe de victimes, le plaignant devant la Commission, tout intéressé à qui la demande est signifiée et la personne à qui un programme d'accès à l'égalité a été imposé ou pourrait l'être, sont de plein droit des parties à la demande et peuvent intervenir en tout temps avant l'exécution de la décision.

Une personne, un groupe ou un organisme autre peut, en tout temps avant l'exécution de la décision, devenir partie à la demande si le Tribunal lui reconnaît un intérêt suffisant pour intervenir; cependant, pour présenter, interroger ou contre-interroger des témoins, prendre connaissance de la preuve au dossier, la commenter ou la contredire, une autorisation du Tribunal lui est chaque fois nécessaire.

[1989, c. 51, a. 16].

117. Une demande peut être modifiée en tout temps avant la décision, aux conditions que le Tribunal estime nécessaires pour la sauvegarde des droits de toutes les parties. Toutefois, sauf de leur consentement, aucune modification d'où résulterait une demande entièrement nouvelle, n'ayant aucun rapport avec la demande originale, ne peut être admise.

[1989, c. 51, a. 16].

118. Toute partie peut, avant l'audition, ou en tout temps avant décision si elle justifie de sa diligence, demander la récusation d'un membre. Cette demande est adressée au président du Tribunal qui en décide ou

115. Within 15 days of the filing of an application other than an application referred to in the second paragraph of section 104, the plaintiff shall file a factum setting out his pretensions, which the Tribunal shall serve on every interested person or organization. Within 30 days of the service, every interested person or organization wishing to do so may file a factum of his or its own, which the Tribunal shall serve on the plaintiff.

Failure to comply with this section on the part of the plaintiff may entail the dismissal of the application.

[1989, c. 51, s. 16].

116. The commission, the victim, the group of victims, the complainant before the commission, any person or organization on whom or which an application is served and the person on whom an affirmative action program has been or may be imposed are parties to the application by operation of law and may intervene at any time before the execution of the decision.

Any other person, group or organization may, at any time before the execution of the decision, become a party to the application if the Tribunal is satisfied that he or it has a sufficient interest to intervene; however, the person, group or organization must obtain leave from the Tribunal each time he or it wishes to produce, examine or cross-examine witnesses, or examine any evidence in the record and comment or refute it.

[1989, c. 51, s. 16].

117. An application may be amended at any time before the decision on the conditions the Tribunal deems necessary to safeguard the rights of all parties. However, except with the consent of the parties, no amendment which would result in an entirely new application unrelated to the original shall be allowed.

[1989, c. 51, s. 16].

118. Any party may, before the hearing or at any time before the decision provided he shows that he has been diligent, request the recusation of any member of the Tribunal. The request shall be addressed to the

la réfère à un juge du Tribunal, notamment lorsque la demande le vise personnellement.

Un membre qui connaît en sa personne une cause valable de récusation, est tenu de la déclarer par un écrit versé au dossier.

[1989, c. 51, a. 16].

president of the Tribunal who shall rule upon the request or refer it to a judge of the Tribunal, in particular where the request concerns him personally.

Any member of the Tribunal who is aware of a valid ground of recusation to which he is liable is bound to make and file in the record a written declaration thereof.

[1989, c. 51, s. 16].

119. Le Tribunal siège dans le district judiciaire au greffe duquel a été produite la demande.

Toutefois, le président du Tribunal et celui qui préside la division qui en est saisie peuvent décider, d'office ou à la demande d'une partie, que l'audition aura lieu dans un autre district judiciaire, lorsque l'intérêt public et celui des parties le commandent.

[1989, c. 51, a. 16].

119. The Tribunal shall sit in the judicial district at the office of which the application was filed.

However, the president of the Tribunal and the member presiding the division to which the application is referred or on the request of a party, that the hearing shall be held in another judicial district if the public interest and the interest of the parties so require.

[1989, c. 51, s. 16].

120. D'office ou sur demande, le président ou celui qu'il désigne pour présider l'audition en fixe la date.

Le Tribunal doit transmettre, par écrit, à toute partie et à son procureur, à moins qu'elle n'y ait renoncé, un avis d'audition d'un jour franc s'il s'agit d'une demande visée au deuxième alinéa de l'article 104 et de 10 jours francs dans les autres cas. Cet avis précise:

1° l'objet de l'audition;

2° le jour, l'heure et le lieu de l'audition;

3° le droit d'y être assisté ou représenté par avocat;

4° le droit de renoncer à une audition orale et de présenter ses observations par écrit;

5° le droit de demander le huis clos ou une ordonnance interdisant ou restreignant la divulgation, la publication ou la diffusion d'un renseignement ou d'un document;

120. On his own initiative or on request, the president of the Tribunal or the member designated by him to preside the hearing shall fix the date of the hearing.

The Tribunal shall give written notice of the hearing to every party and to his attorney, unless the party has waived his right thereto, not less than one clear day before the hearing in the case of an application under the second paragraph of section 104 and not less than 10 clear days before the hearing in all other cases. The notice shall set out

1) the purpose of the hearing;

2) the date, time and place of the hearing;

3) the right of every party to be assisted or represented by an advocate;

4) the right of every party to waive a *viva voce* hearing and present his views in writing;

5) the right of every party to request that the hearing be held in camera or that an order be issued banning or restricting the disclosure, publication or release of any information or document;

6° le pouvoir du Tribunal d'instruire la demande et de rendre toute décision ou ordonnance, sans autre délai ni avis, malgré le défaut ou l'absence d'une partie ou de son procureur.

[1989, c. 51, a. 16].

6) the power of the Tribunal to hear the application and to render any decision or issue any order without further time or notice, despite the default or absence of any party or of his attorney.

[1989, c. 51, s. 16].

121. Le Tribunal peut, d'office ou sur demande et dans l'intérêt général ou pour un motif d'ordre public, interdire ou restreindre la divulgation, la publication ou la diffusion d'un renseignement ou d'un document qu'il indique, pour protéger la source de tel renseignement ou document ou pour respecter les droits et libertés d'une personne.

[1989, c. 51, a. 16].

121. The Tribunal may, on its own initiative or on request and in the general interest or in the interest of public order, ban or restrict the disclosure, publication or release of any information or document it indicates, to preserve the confidentiality of the source of the information or document or to protect a person's rights and freedoms.

[1989, c. 51, s. 16].

122. Le Tribunal peut instruire la demande et rendre toute décision ou ordonnance, même en l'absence d'une partie ou de son procureur qui, ayant été dûment avisé de l'audition, fait défaut de se présenter le jour de l'audition, à l'heure et au lieu de celle-ci, refuse de se faire entendre ou ne soumet pas les observations écrites requises.

Il est néanmoins tenu de reporter l'audition si l'absent lui a fait connaître un motif valable pour excuser l'absence.

[1989, c. 51, a. 16].

122. The Tribunal may hear the application and render a decision or issue an order despite the absence of a party or his attorney who, although duly notified of the hearing, fails to present himself on the day of the hearing at the appointed time and place, refuses to be heard or fails to present his views in writing as required.

The Tribunal is required to postpone the hearing, however, if the absent party or attorney has given the Tribunal a valid excuse for his absence.

[1989, c. 51, s. 16].

123. Tout en étant tenu de respecter les principes généraux de justice, le Tribunal reçoit toute preuve utile et pertinente à une demande dont il est saisi et il peut accepter tout moyen de preuve.

Il n'est pas tenu de respecter les règles particulières de la preuve en matière civile, sauf dans la mesure indiquée par la présente partie.

[1989, c. 51, a. 16].

123. The Tribunal, though bound by the general principles of justice, may admit any evidence useful and relevant to the application submitted to it and allow any means of proof.

The Tribunal is not bound by the special rules of evidence applicable in civil matters, except to the extent determined in this Part.

[1989, c. 51, s. 16].

124. Les dépositions sont enregistrées, à moins que les parties n'y renoncent expressément.

[1989, c. 51, a. 16].

124. Depositions shall be recorded unless the parties agree expressly to dispense with recording.

[1989, c. 51, s. 16].

Chapter IV —— Decision and execution

125. Une décision du Tribunal doit être rendue par écrit et déposée au greffe de la Cour du Québec où la demande a été produite. Elle doit contenir, outre le dispositif, toute interdiction ou restriction de divulguer, publier ou diffuser un renseignement ou un document qu'elle indique et les motifs à l'appui.

Toute personne peut, à ses frais mais sous réserve de l'interdiction ou de la restriction, obtenir copie ou extrait de cette décision.

[1989, c. 51, a. 16].

125. Every decision of the Tribunal must be rendered in writing and filed at the office of the Court of Québec where the application was filed. It shall contain, in addition to the purview, a statement of any ban or restriction on the disclosure, publication or release of any information or document it indicates and the reasons therefor.

Subject to any such ban or restriction, any person may, at his expense, obtain a copy of or extract from the decision.

[1989, c. 51, s. 16].

126. Le Tribunal peut, dans une décision finale, condamner l'une ou l'autre des parties qui ont comparu à l'instance, aux frais et déboursés ou les répartir entre elles dans la proportion qu'il détermine.

[1989, c. 51, a. 16].

126. The Tribunal may, in a final decision, condemn one of the parties who appeared in the proceedings to the payment of the costs and disbursements or apportion them among them as it determines.

[1989, c. 51, s. 16].

127. Le Tribunal peut, sans formalité, rectifier sa décision qui est entachée d'une erreur d'écriture, de calcul ou de quelque autre erreur matérielle, tant qu'elle n'a pas été exécutée ni portée en appel.

[1989, c. 51, a. 16].

127. The Tribunal may, without any formality, correct a decision it has rendered which contains an error in writing or in calculation or any other clerical error provided that the decision has not been executed or appealed from.

[1989, c. 51, s. 16].

128. Le Tribunal peut, d'office ou sur demande d'un intéressé, réviser ou rétracter toute décision qu'il a rendue tant qu'elle n'a pas été exécutée ni portée en appel:

1° lorsqu'est découvert un fait nouveau qui, s'il avait été connu en temps utile, aurait pu justifier une décision différente;

2° lorsqu'un intéressé n'a pu, pour des raisons jugées suffisantes, se faire entendre;

3° lorsqu'un vice de fond ou de procédure est de nature à invalider la décision.

Toutefois, dans le cas du paragraphe 3°, un juge du Tribunal ne peut réviser ni rétrac-

128. The Tribunal may, on its own initiative or on the request of an interested person or organization, revise or revoke any decision it has rendered provided that it has not been executed or appealed from,

1) where a new fact is discovered which, if it had been known in due time, might have justified a different decision;

2) where an interested person or organization was unable, for reasons deemed sufficient, to be heard;

3) where a substantive or procedural defect is likely to invalidate the decision.

However, in the case described in subparagraph 3 of the first paragraph, a judge of

ter une décision rendue sur une demande qu'il a entendue.

[1989, c. 51, a. 16].

129. Le greffier de la Cour du Québec du district où la demande a été produite fait signifier toute décision finale aux parties qui ont comparu à l'instance et à celles que vise le premier alinéa de l'article 116, dès son dépôt au greffe.

Une décision rendue en présence d'une partie, ou de son procureur, est réputée leur avoir été signifiée dès ce moment.

[1989, c. 51, a. 16].

130. Une décision du Tribunal condamnant au paiement d'une somme d'argent devient exécutoire comme un jugement de la Cour du Québec ou de la Cour supérieure, selon la compétence respective de l'une et l'autre cour, et en a tous les effets à la date de son dépôt au greffe de la Cour du Québec ou de celle de son homologation en Cour supérieure.

L'homologation résulte du dépôt, par le greffier de la Cour du Québec du district où la décision du Tribunal a été déposée, d'une copie conforme de cette décision au bureau du greffier de la Cour supérieure du district où se trouve le domicile ou, à défaut, la résidence ou le principal établissement d'entreprise de la personne condamnée.

Une décision finale qui n'est pas visée au premier alinéa est exécutoire à l'expiration des délais d'appel, suivant les conditions et modalités qui y sont indiquées, à moins que le Tribunal n'en ordonne l'exécution provisoire dès sa signification ou à une autre époque postérieure qu'il fixe.

Toute autre décision du Tribunal est exécutoire dès sa signification et nonobstant appel, à moins que le tribunal d'appel n'en ordonne autrement.

[1989, c. 51, a. 16; 1999, c. 40, a. 46].

131. Quiconque contrevient à une décision du Tribunal qui lui a été dûment signifiée,

the Tribunal cannot revise or revoke a decision rendered on an application heard by him.

[1989, c. 51, s. 16].

129. The clerk of the Court of Québec of the district where the application was filed shall cause every final decision to be served on all parties who appeared in the proceedings and on all parties contemplated by the first paragraph of section 116, as soon as it is filed at the office of the Court.

However, where a decision is rendered in the presence of a party or his attorney, it is deemed to be served on them on being so rendered.

[1989, c. 51, s. 16].

130. A decision of the Tribunal condemning a person to pay a sum of money becomes executory as a judgment of the Court of Québec or the Superior Court, according to their respective jurisdictions, and has all the effects thereof from the date of its filing at the office of the Court of Québec or of its homologation in Superior Court.

Homologation of the decision is obtained by the filing by the clerk of the Court of Québec of the district where the decision of the Tribunal was filed of a certified copy of the decision at the office of the clerk of the Superior Court of the district where the condemned person has his domicile or, failing that, his residence or principal business establishment.

A final decision of the Tribunal other than a decision described in the first paragraph is executory upon the expiry of the time for appeal, in accordance with the terms and conditions set out in the decision, unless the Tribunal orders provisional execution of the decision upon its service or at any specified later date.

Any other decision of the Tribunal is executory upon its service and notwithstanding appeal, unless the appeal tribunal orders otherwise.

[1989, c. 51, s. 16; 1999, c. 40, s. 46].

131. Every person who fails to comply with a decision of the Tribunal which has

et qui n'a pas à être homologuée en Cour supérieure, se rend coupable d'outrage au Tribunal et peut être condamné, avec ou sans emprisonnement pour une durée d'au plus un an, et sans préjudice de tous recours en dommages-intérêts, à une amende n'excédant pas 50 000 $.

Quiconque contrevient à une interdiction ou à une restriction de divulgation, de publication ou de diffusion imposée par une décision du Tribunal rendue en vertu de l'article 121, est passible de la même sanction sauf quant au montant de l'amende qui ne peut excéder 5 000 $.

[1989, c. 51, a. 16].

Chapitre V —— Appel

132. Il y a appel à la Cour d'appel, sur permission de l'un de ses juges, d'une décision finale du Tribunal.

[1989, c. 51, a. 16].

133. Sous réserve de l'article 85, les règles du *Code de procédure civile* (chapitre C-25) relatives à l'appel s'appliquent, compte tenu des adaptations nécessaires, à un appel prévu par le présent chapitre.

[1989, c. 51, a. 16].

PARTIE VII —— LES DISPOSITIONS FINALES

134. Commet une infraction:

1° quiconque contrevient à l'un des articles 10 à 19 ou au premier alinéa de l'article 48;

2° un membre ou un mandataire de la Commission ou un membre de son personnel qui révèle, sans y être dûment autorisé, toute matière dont il a eu connaissance dans l'exercice de ses fonctions;

3° quiconque tente d'entraver ou entrave la Commission, un comité des plaintes, un membre ou un mandataire de la Commission ou un membre de son personnel, dans l'exercice de ses fonctions;

been duly served on him and which does not require to be homologated in Superior Court is guilty of contempt of court and may be condemned, with or without imprisonment for not over one year, and without prejudice to any suit for damages, to a fine not exceeding $ 50 000.

Every person who contravenes a ban or restriction on disclosure, publication or release imposed by a decision of the Tribunal rendered under section 121 is liable to the same sanction, except that the amount of the fine shall not exceed $ 5 000.

[1989, c. 51, s. 16].

Chapter V —— Appeal

132. Any final decision of the Tribunal may be appealed from to the Court of Appeal with leave from one of the judges thereof.

[1989, c. 51, s. 16].

133. Subject to section 85, the rules relating to appeals set out in the *Code of Civil Procedure* (chapter C-25), with the necessary modifications, apply to any appeal under this Chapter.

[1989, c. 51, s. 16].

PART VII —— FINAL PROVISIONS

134. Every person is guilty of an offence

1) who contravenes any of sections 10 to 19 or the first paragraph of section 48;

2) who, being a member or mandatary of the commission or a member of its personnel, reveals, without being duly authorized to do so, anything of which he has gained knowledge in the performance of his duties;

3) who attempts to obstruct or obstructs the commission, a complaints committee, a member or mandatary of the commission or a member of its personnel in the performance of its or his duties;

4° quiconque enfreint une interdiction ou une restriction de divulgation, de publication ou de diffusion d'un renseignement ou d'un document visé à la partie IV ou à un règlement pris en vertu de l'article 99;

5° quiconque tente d'exercer ou exerce des représailles visées à l'article 82.

[1975, c. 6, a. 87; 1982, c. 61, a. 23; 1989, c. 51, a. 18].

135. Si une personne morale commet une infraction prévue par l'article 134, tout dirigeant, administrateur, employé ou agent de cette personne morale qui a prescrit ou autorisé l'accomplissement de l'infraction ou qui y a consenti, acquiescé ou participé, est réputé être partie à l'infraction, que la personne morale ait ou non été poursuivie ou déclarée coupable.

[1975, c. 6, a. 88; 1989, c. 51, a. 19, 21; 1999, c. 40, a. 46].

136. Une poursuite pénale pour une infraction à une disposition de la présente loi peut être intentée par la Commission.

Les frais qui sont transmis à la Commission par le défendeur avec le plaidoyer appartiennent à cette dernière, lorsqu'elle intente la poursuite pénale.

[1975, c. 6, a. 89; 1982, c. 61, a. 24; 1989, c. 51, a. 20, 21; 1992, c. 61, a. 101].

137. (*Abrogé*).

[1996, c. 10, a. 4].

138. Le ministre de la Justice est chargé de l'application de la présente Charte.

[1975, c. 6, a. 99; 1989, c. 51, a. 21; 1996, c. 21, a. 34; 2005, c. 24, a. 24].

139. (*Cet article a cessé d'avoir effet le 17 avril 1987*).

[1982, c. 21, a. 1; R.-U., 1982, c. 11, ann. B, ptie I, a. 33].

4) who contravenes a ban or restriction on the disclosure, publication or release of any information or document contemplated by Part IV or by any regulation under section 99;

5) who attempts to take or takes reprisals as described in section 82.

[1975, c. 6, s. 87; 1982, c. 61, s. 23; 1989, c. 51, s. 18].

135. If a legal person commits an offence referred to in section 134, any officer, director, employee or representative of such legal person who prescribed or authorized the committing of the offence, or who consented thereto or acquiesced or participated therein, is deemed to be a party to the offence whether or not the legal person has been prosecuted or found guilty.

[1975, c. 6, s. 88; 1989, c. 51, s. 19, 21; 1999, c. 40, s. 46].

136. Penal proceedings for an offence under a provision of this Act may be instituted by the Commission.

The costs transmitted to the Commission by the defendant with the plea belong to the Commission, where the proceedings are instituted by the Commission.

[1975, c. 6, s. 89; 1982, c. 61, s. 24; 1989, c. 51, s. 20, 21; 1992, c. 61, s. 101].

137. (*Repealed*).

[1996, c. 10, s. 4].

138. The Minister of Justice has charge of the application of this Charter.

[1975, c. 6, s. 99; 1989, c. 51, s. 21; 1996, c. 21, s. 34; 2005, c. 24, s. 24].

139. (*This section ceased to have effect on 17 April 1987*).

[1982, c. 21, s. 1; R.-U., 1982, c. 11, ann. B, ptie I, s. 33].

Les dispositions indiquées comme non en vigueur (trame grise) entreront en vigueur à la date fixée par le gouvernement (1982, c. 61, a. 35).

The provisions that are not in force (grey screen) will come into force on the date fixed by the Government (1982, c. 61, s. 35).

ANNEXE I ── SERMENTS D'OFFICE ET DE DISCRÉTION
(*article 64*)

« Je, (*désignation de la personne*), déclare sous serment que je remplirai mes fonctions avec honnêteté, impartialité et justice et que je n'accepterai aucune autre somme d'argent ou considération quelconque, pour ce que j'aurai accompli ou accomplirai dans l'exercice de mes fonctions, que ce qui me sera alloué conformément à la loi.

De plus, je déclare sous serment que je ne révélerai et ne laisserai connaître, sans y être dûment autorisé, aucun renseignement ni document dont j'aurai eu connaissance, dans l'exercice de mes fonctions. »

[1975, c. 6, ann. A; 1989, c. 51, a. 22; 1999, c. 40, a. 46].

SCHEDULE I ── OATHS OF OFFICE AND SECRECY
(*Section 64*)

"I, (*name of person*), declare under oath that I will fulfil the duties of my office honestly, impartially and justly and that I will accept no sum of money or other consideration for what I may have done or will do in the performance of my duties, other than what may be allowed me according to law. Furthermore, I declare under oath that I will neither reveal nor disclose, without being duly authorized to do so, any information or document I may gain knowledge of in the performance of my duties."

[1975, c. 6, sch. A; 1977, c. 5, s. 14; 1989, c. 51, s. 22; 1999, c. 40, s. 46].

ANNEXE II ── SERMENTS D'OFFICE ET DE DISCRÉTION
(*article 102*)

« Je, (*désignation de la personne*), déclare sous serment de remplir fidèlement, impartialement, honnêtement et en toute indépendance, au meilleur de ma capacité et de mes connaissances, tous les devoirs de ma fonction, d'en exercer de même tous les pouvoirs.

De plus, je déclare sous serment que je ne révélerai et ne laisserai connaître, sans y être dûment autorisé, aucun renseignement ni document dont j'aurai eu connaissance, dans l'exercice de ma fonction. »

[1975, c. 6, ann. B; 1989, c. 51, a. 22; 1999, c. 40, a. 46].

SCHEDULE II ── OATHS OF OFFICE AND SECRECY
(*Section 102*)

"I, (*name of person*), declare under oath that I will fulfil the duties of my office faithfully, impartially, honestly, free from any influence and to the best of my knowledge and abilities, and exercise all the powers thereof. Futhermore, I declare under oath that I will neither reveal nor disclose, without being duly authorized to do so, any information or document I may gain knowledge of in the performance of my duties."

[1975, c. 6, sch. B; 1989, c. 51, s. 22; 1999, c. 40, s. 46].

LOI SUR LES ACCIDENTS DU TRAVAIL ET LES MALADIES PROFESSIONNELLES (1-48, 430-453),

RLRQ, c. A-3.001

AN ACT RESPECTING INDUSTRIAL ACCIDENTS AND OCCUPATIONAL DISEASES (1-48, 430-453),

CQLR, c. A-3.001

Chapitre I — Objet, interprétation et application

SECTION I — OBJET

1. La présente loi a pour objet la réparation des lésions professionnelles et des conséquences qu'elles entraînent pour les bénéficiaires.

Le processus de réparation des lésions professionnelles comprend la fourniture des soins nécessaires à la consolidation d'une lésion, la réadaptation physique, sociale et professionnelle du travailleur victime d'une lésion, le paiement d'indemnités de remplacement du revenu, d'indemnités pour préjudice corporel et, le cas échéant, d'indemnités de décès.

La présente loi confère en outre, dans les limites prévues au chapitre VII, le droit au retour au travail du travailleur victime d'une lésion professionnelle.

[1985, c. 6, a. 1; 1999, c. 40, a. 4].

Chapter I — Object, Interpretation and Application

SECTION I — OBJECT

1. The object of this Act is to provide compensation for employment injuries and the consequences they entail for beneficiaries.

The process of compensation for employment injuries includes provision of the necessary care for the consolidation of an injury, the physical, social and vocational rehabilitation of a worker who has suffered an injury, the payment of income replacement indemnities, compensation for bodily injury and, as the case may be, death benefits.

This Act, within the limits laid down in Chapter VII, also entitles a worker who has suffered an employment injury to return to work.

[1985, c. 6, s. 1].

SECTION II — INTERPRÉTATION

2. Dans la présente loi, à moins que le contexte n'indique un sens différent, on entend par:

« *accident du travail* »: un événement imprévu et soudain attribuable à toute cause, survenant à une personne par le fait ou à l'occasion de son travail et qui entraîne pour elle une lésion professionnelle;

« *bénéficiaire* »: une personne qui a droit à une prestation en vertu de la présente loi;

« *camelot* »: une personne physique qui, moyennant rémunération, effectue la livraison à domicile d'un quotidien ou d'un hebdomadaire;

« *chantier de construction* »: un chantier de construction au sens de la *Loi sur la santé et la sécurité du travail* (chapitre S-2.1);

« *Commission* »: la Commission de la santé et de la sécurité du travail instituée par la *Loi sur la santé et la sécurité du travail*;

« *conjoint* »: la personne qui, à la date du décès du travailleur:

1° est liée par un mariage ou une union civile au travailleur et cohabite avec lui; ou

2° vit maritalement avec le travailleur, qu'elle soit de sexe différent ou de même sexe, et:

    a) réside avec lui depuis au moins trois ans ou depuis un an si un enfant est né ou à naître de leur union; et

    b) est publiquement représentée comme son conjoint;

« *consolidation* »: la guérison ou la stabilisation d'une lésion professionnelle à la suite de laquelle aucune amélioration de l'état de santé du travailleur victime de cette lésion n'est prévisible;

SECTION II — INTERPRETATION

2. In this Act, unless the context requires otherwise,

« *beneficiary* » means a person entitled to a benefit under this Act;

« *benefit* » means compensation or an indemnity paid in money, financial assistance or services furnished under this Act;

« *Commission* » means the Commission de la santé et de la sécurité du travail established by the *Act respecting occupational health and safety* (chapter S-2.1);

« *consolidation* » means the healing or stabilization of an employment injury following which no improvement of the state of health of the injured worker is foreseeable;

« *construction site* » means a construction site within the meaning of the *Act respecting occupational health and safety*;

« *dependent* » means a person entitled to an indemnity under Subdivision 2 of Division III of Chapter III;

« *domestic* » means a natural person engaged by an individual for remuneration, whose main duty is, in the dwelling of the individual,

(1) to do housework, or

(2) to care for a child or a sick, handicapped or aged person and who lives in the dwelling;

« *employer* » means a person who, under a contract of employment or of apprenticeship, uses the services of a worker for the purposes of his establishment;

« *employment injury* » means an injury or a disease arising out of or in the course of an industrial accident, or an occupational disease, including a recurrence, relapse or aggravation;

« *equivalent employment* » means employment of a similar nature to the em-

« *dirigeant* »: un membre du conseil d'administration d'une personne morale qui exerce également les fonctions de président, de vice-président, de secrétaire ou de trésorier de cette personne morale;

« *domestique* »: une personne physique, engagée par un particulier moyennant rémunération, qui a pour fonction principale, dans le logement de ce particulier:

1° d'effectuer des travaux ménagers; ou

2° alors qu'elle réside dans ce logement, de garder un enfant, un malade, une personne handicapée ou une personne âgée;

« *emploi convenable* »: un emploi approprié qui permet au travailleur victime d'une lésion professionnelle d'utiliser sa capacité résiduelle et ses qualifications professionnelles, qui présente une possibilité raisonnable d'embauche et dont les conditions d'exercice ne comportent pas de danger pour la santé, la sécurité ou l'intégrité physique du travailleur compte tenu de sa lésion;

« *emploi équivalent* »: un emploi qui possède des caractéristiques semblables à celles de l'emploi qu'occupait le travailleur au moment de sa lésion professionnelle relativement aux qualifications professionnelles requises, au salaire, aux avantages sociaux, à la durée et aux conditions d'exercice;

« *employeur* »: une personne qui, en vertu d'un contrat de travail ou d'un contrat d'apprentissage, utilise les services d'un travailleur aux fins de son établissement;

« *établissement* »: un établissement au sens de la *Loi sur la santé et la sécurité du travail*;

« *Fonds* »: le Fonds de la santé et de la sécurité du travail constitué à l'article 136.1 de la *Loi sur la santé et la sécurité du travail*;

« *lésion professionnelle* »: une blessure ou une maladie qui survient par le fait ou à l'occasion d'un accident du travail, ou une maladie professionnelle, y compris la récidive, la rechute ou l'aggravation;

ployment held by the worker when he suffered the employment injury, from the standpoint of vocational qualifications required, wages, social benefits, duration and working conditions;

« *establishment* » means an establishment within the meaning of the *Act respecting occupational health and safety*;

« *executive officer* » means a member of the board of directors of a legal person who also exercises the functions of president, vice-president, secretary or treasurer of the legal person;

« *family-type resource* » means a family-type resource to whom the *Act respecting the representation of family-type resources and certain intermediate resources and the negotiation process for their group agreements* (chapter R-24.0.2) applies;

« *fund* » means the Fonds de la santé et de la sécurité du travail established under section 136.1 of the *Act respecting occupational health and safety*;

« *health professional* » means a professional in the field of health within the meaning of the *Health Insurance Act* (chapter A-29);

« *independent operator* » means a natural person who carries on work for his own account, alone or in partnership, and does not employ any worker;

« *industrial accident* » means a sudden and unforeseen event, attributable to any cause, which happens to a person, arising out of or in the course of his work and resulting in an employment injury to him;

« *intermediate resource* » means an intermediate resource to whom the *Act respecting the representation of family-type resources and certain intermediate resources and the negotiation process for their group agreements* applies;

« *occupational disease* » means a disease contracted out of or in the course of work and characteristic of that work or directly related to the risks peculiar to that work;

« *paper carrier* » means a natural person

« *maladie professionnelle* »: une maladie contractée par le fait ou à l'occasion du travail et qui est caractéristique de ce travail ou reliée directement aux risques particuliers de ce travail;

« *personne à charge* »: une personne qui a droit à une indemnité en vertu de la sous-section 2 de la section III du chapitre III;

« *prestation* »: une indemnité versée en argent, une assistance financière ou un service fourni en vertu de la présente loi;

« *professionnel de la santé* »: un professionnel de la santé au sens de la *Loi sur l'assurance maladie* (chapitre A-29);

« *ressource de type familial* »: une ressource de type familial à laquelle s'applique la *Loi sur la représentation des ressources de type familial et de certaines ressources intermédiaires et sur le régime de négociation d'une entente collective les concernant* (chapitre R-24.0.2);

« *ressource intermédiaire* »: une ressource intermédiaire à laquelle s'applique la *Loi sur la représentation des ressources de type familial et de certaines ressources intermédiaires et sur le régime de négociation d'une entente collective les concernant*;

« *travailleur* »: une personne physique qui exécute un travail pour un employeur, moyennant rémunération, en vertu d'un contrat de travail ou d'apprentissage, à l'exclusion:

1° du domestique;

2° de la personne physique engagée par un particulier pour garder un enfant, un malade, une personne handicapée ou une personne âgée, et qui ne réside pas dans le logement de ce particulier;

3° de la personne qui pratique le sport qui constitue sa principale source de revenus;

4° du dirigeant d'une personne morale quel que soit le travail qu'il exécute pour cette personne morale;

who carries out home delivery of a daily or weekly newspaper for a remuneration;

« *spouse* » means the person who, at the date of death of a worker,

(1) is married to, or in a civil union with, and cohabits with the worker, or

(2) lives with the worker in a de facto union, whether the person is of the opposite or the same sex, and

(a) has been living with the worker for not less than three years, or one year if a child has been born or is to be born of their union, and

(b) is publicly represented as the worker's spouse;

« *suitable employment* » means appropriate employment that allows a worker who has suffered an employment injury to use his remaining ability to work and his vocational qualifications, that he has a reasonable chance of obtaining and the working conditions of which do not endanger the health, safety or physical well-being of the worker, considering his injury;

« *worker* » means a natural person who does work for an employer for remuneration under a contract of employment or of apprenticeship, except

(1) a domestic;

(2) a natural person engaged by an individual to care for a child or a sick, handicapped or aged person and who does not live in the dwelling of the individual;

(3) a person who plays sports as his main source of income;

(4) an executive officer of a legal person regardless of the work the executive officer does for the legal person;

5° de la personne physique lorsqu'elle agit à titre de ressource de type familial ou de ressource intermédiaire.

« *travailleur autonome* »: une personne physique qui fait affaires pour son propre compte, seule ou en société, et qui n'a pas de travailleur à son emploi.

[1985, c. 6, a. 2; 1997, c. 27, a. 1; 1999, c. 14, a. 2; 1999, c. 89, a. 53; 1999, c. 40, a. 4; 2002, c. 6, a. 76; 2002, c. 76, a. 27; 2006, c. 53, a. 1; 2009, c. 24, a. 72].

(5) a natural person if that person acts as a family-type resource or an intermediate resource.

[1985, c. 6, s. 2; 1997, c. 27, s. 1; 1999, c. 14, s. 2; 1999, c. 40, s. 4; 2002, c. 6, s. 76; 2002, c. 76, s. 27; 2006, c. 53, s. 1; 2009, c. 24, s. 72].

3. La présente loi lie le gouvernement, ses ministères et les organismes mandataires de l'État.

[1985, c. 6, a. 3; 1999, c. 40, a. 4].

3. This Act binds the Government and its departments and agencies that are mandataries of the State.

[1985, c. 6, s. 3; 1999, c. 40, s. 4].

4. La présente loi est d'ordre public.

Cependant, une convention ou une entente ou un décret qui y donne effet peut prévoir pour un travailleur des dispositions plus avantageuses que celles que prévoit la présente loi.

[1985, c. 6, a. 4].

4. This Act is a public Act.

Notwithstanding the first paragraph, any covenant or any agreement or order giving effect thereto may provide more favourably for a worker than does this Act.

[1985, c. 6, s. 4].

5. L'employeur qui loue ou prête les services d'un travailleur à son emploi demeure l'employeur de ce travailleur aux fins de la présente loi.

La personne qui, aux fins de son établissement, utilise un travailleur dont les services lui sont loués ou prêtés est réputée être un employeur, pour l'application de l'article 316, même si elle n'a pas de travailleurs à son emploi.

[1985, c. 6, a. 5; 2006, c. 53, a. 2].

5. An employer who lends or hires out the services of a worker in his employ continues to be the worker's employer for the purposes of this Act.

A person who, for the purposes of his establishment, uses a worker whose services are lent or hired out is deemed to be an employer for the purposes of section 316, even if the person has no workers in his employ.

[1985, c. 6, s. 5; 2006, c. 53, s. 2].

6. Aux fins de la présente loi, la Commission détermine le salaire minimum d'un travailleur d'après celui auquel il peut avoir droit pour une semaine normale de travail en vertu de la *Loi sur les normes du travail* (chapitre N-1.1) et ses règlements.

Lorsqu'il s'agit d'un travailleur qui n'occupe aucun emploi rémunéré ou pour lequel aucun salaire minimum n'est fixé par règlement, la Commission applique le salaire minimum prévu par l'article 3 du *Règlement sur les normes du travail* (chapitre N-1.1, r. 3) et la semaine normale de

6. For the purposes of this Act, the Commission shall determine the minimum wage of a worker according to the minimum wage for a normal workweek to which he may be entitled under the *Act respecting labour standards* (chapter N-1.1) and the regulations thereunder.

In the case of a worker having no remunerated employment, or for whose employment no minimum wage is fixed by regulation, the Commission shall apply the minimum wage prescribed in section 3 of the *Regulation respecting labour standards* (chapter N-1.1, r. 3) and the normal

travail mentionnée à l'article 52 de la *Loi sur les normes du travail*, tels qu'ils se lisent au jour où ils doivent être appliqués.

[1985, c. 6, a. 6].

workweek described in section 52 of the *Act respecting labour standards*, taking account of modifications and amendments thereto as they read on the day they are to be applied.

[1985, c. 6, s. 6].

6.1. Le deuxième alinéa de l'article 40 de la *Loi sur la publicité légale des entreprises* (chapitre P-44.1) ne s'applique pas aux fins de déterminer si une personne est un dirigeant à une date donnée.

[2006, c. 53, a. 3; 2010, c. 7, a. 175].

6.1. The second paragraph of section 40 of the *Act respecting the legal publicity of enterprises* (chapter P-44.1) does not apply for the purpose of determining whether a person is an executive officer on a given date.

[2006, c. 53, s. 3; 2010, c. 7, s. 175

SECTION III — APPLICATION

§1. — Application générale

SECTION III — SCOPE

§1. — General Scope

7. La présente loi s'applique au travailleur victime d'un accident du travail survenu au Québec ou d'une maladie professionnelle contractée au Québec et dont l'employeur a un établissement au Québec lorsque l'accident survient ou la maladie est contractée.

[1985, c. 6, a. 7; 1996, c. 70, a. 1].

7. This Act applies to every worker to whom an industrial accident happens in Québec or who contracts an occupational disease in Québec and whose employer, when the accident happens or the disease is contracted, has an establishment in Québec.

[1985, c. 6, s. 7; 1996, c. 70, s. 1].

8. La présente loi s'applique au travailleur victime d'un accident du travail survenu hors du Québec ou d'une maladie professionnelle contractée hors du Québec si, lorsque l'accident survient ou la maladie est contractée, il est domicilié au Québec et son employeur a un établissement au Québec.

Cependant, si le travailleur n'est pas domicilié au Québec, la présente loi s'applique si ce travailleur était domicilié au Québec au moment de son affectation hors du Québec, la durée du travail hors du Québec n'excède pas cinq ans au moment où l'accident est survenu ou la maladie a été contractée et son employeur a alors un établissement au Québec.

[1985, c. 6, a. 8; 1996, c. 70, a. 2].

8. This Act applies to a worker who is the victim of an industrial accident outside Québec or who suffers from an occupational disease contracted outside Québec if, when the accident occurs or the disease is contracted, the worker has his domicile in Québec and his employer has an establishment in Québec.

However, where the worker's domicile is not in Québec, this Act applies where the worker had his domicile in Québec at the time of his assignment outside Québec, the work outside Québec is for a duration of not over five years when the accident occurs or the disease is contracted, and his employer has an establishment in Québec.

[1985, c. 6, s. 8; 1996, c. 70, s. 2].

8.1. Une entente conclue en vertu du premier alinéa de l'article 170 de la *Loi sur la santé et la sécurité du travail* (chapitre S-2.1) peut prévoir des exceptions aux ar-

8.1. An agreement made under the first paragraph of section 170 of the *Act respecting occupational health and safety* (chapter S-2.1) may provide for exceptions

ticles 7 et 8, aux conditions et dans la mesure qu'elle détermine.

[1996, c. 70, a. 3].

to sections 7 and 8, on such conditions and
to such extent as it determines.

[1996, c. 70, s. 3].

§2. —— Personnes considérées
travailleurs

§2. —— Persons deemed workers

Travailleur autonome

Independent Operators

9. Le travailleur autonome qui, dans le
cours de ses affaires, exerce pour une personne des activités similaires ou connexes
à celles qui sont exercées dans l'établissement de cette personne est considéré un
travailleur à l'emploi de celle-ci, sauf:

1° s'il exerce ces activités:

a) simultanément pour plusieurs
personnes;

b) dans le cadre d'un échange de
services, rémunérés ou non, avec un
autre travailleur autonome exerçant
des activités semblables;

c) pour plusieurs personnes à tour de
rôle, qu'il fournit l'équipement requis et que les travaux pour chaque
personne sont de courte durée; ou

2° s'il s'agit d'activités qui ne sont que
sporadiquement requises par la personne
qui retient ses services.

[1985, c. 6, a. 9].

9. An independent operator who in the
course of his business carries on activities
for a person similar to or connected with
those carried on in the establishment of
that person is considered to be a worker in
the employ of that person, unless

(1) he carries on the activities

(a) simultaneously for several
persons;

(b) under a remunerated or unremunerated service exchange
agreement with another independent
operator carrying on similar
activities;

(c) for several persons in turn, supplies the required equipment and the
work done for each person is of
short duration; or

(2) in the case of activities that are only
intermittently required by the person who
retains his services.

[1985, c. 6, s. 9; 1999, c. 40, s. 4].

Étudiant

Student

10. Sous réserve du paragraphe 4° de l'article 11, est considéré un travailleur à
l'emploi de l'établissement d'enseignement dans lequel il poursuit ses études ou,
si cet établissement relève d'une commission scolaire, de cette dernière, l'étudiant
qui, sous la responsabilité de cet établissement, effectue un stage non rémunéré dans

10. Subject to paragraph 4 of section 11, a
student is considered to be a worker employed by the educational institution in
which he is pursuing his studies, or by the
school board, where the institution comes
under such a board if, under the responsibility of the institution, he is undergoing a
training period at an establishment, with-

un établissement ou un autre étudiant, dans les cas déterminés par règlement.

[1985, c. 6, a. 10; 1992, c. 68, a. 157; 2001, c. 44, a. 24].

out remuneration, or if his case is one of the cases determined by regulation.

[1985, c. 6, s. 10; 1999, c. 40, s. 4; 2001, c. 44, s. 24].

Camelot

Paper Carrier

10.1. Un camelot est considéré un travailleur à l'emploi de la personne qui retient ses services.

[2006, c. 53, a. 4].

10.1. A paper carrier is considered a worker in the employ of the person who hires him.

[2006, c. 53, s. 4].

Personnes considérées à l'emploi du gouvernement ou qui participent à des activités de sécutiré civile

Persons Deemed Employed by the Government or Participating in Civil Protection Activities

11. Est considéré un travailleur à l'emploi du gouvernement:

1° la personne, autre qu'un enfant visé dans le paragraphe 3°, qui exécute des travaux compensatoires en vertu du *Code de procédure pénale* (chapitre C-25.1);

2° la personne qui exécute des heures de service communautaire dans le cadre d'une ordonnance de probation ou d'une ordonnance de sursis;

3° l'enfant qui exécute un travail, rend service à la collectivité ou agit comme apprenti, qu'il soit rémunéré ou non, dans le cadre de mesures volontaires prises en vertu de la *Loi sur la protection de la jeunesse* (chapitre P-34.1) ou de mesures de rechange prises en vertu de la *Loi sur les jeunes contrevenants* (Lois révisées du Canada (1985), chapitre Y-1) ou en exécution d'une décision rendue par la Cour du Québec en vertu de l'une de ces lois ou du *Code de procédure pénale*;

4° une personne qui exécute un travail dans le cadre d'une mesure ou d'un programme établi en application du titre I de la *Loi sur l'aide aux personnes et aux familles* (chapitre A-13.1.1) ou dans le cadre du Programme alternative jeunesse ou d'un programme spécifique établis en application des chapitres III et IV du titre II de cette loi, sauf si ce travail est exécuté dans le cadre d'une mesure ou d'un programme de subvention salariale sous la

11. The following are considered to be workers employed by the Government :

(1) a person other than a child contemplated in subsection 3, carrying on compensatory work under the *Code of Penal Procedure* (chapter C-25.1);

(2) a person who performs hours of community service under a probation order or a suspension order;

(3) a child who executes tasks, renders a service to the community or acts as a trainee, with or without remuneration, under voluntary measures taken pursuant to the *Youth Protection Act* (chapter P-34.1) or alternative measures taken under the *Young Offenders Act* (Revised Statutes of Canada, 1985, chapter Y-1), or in execution of a decision rendered by the Court of Québec under one of such Acts or the *Code of Penal Procedure*;

(4) a person performing work as part of a measure or program established under Title I of the *Individual and Family Assistance Act* (chapter A-13.1.1) or as part of the Youth Alternative Program or a specific program established under Chapter III or Chapter IV of Title II of that Act, unless the work is performed within the scope of a measure or wage subsidy program under the responsibility of the Minister of Employment and Social Solidarity.

responsabilité du ministre de l'Emploi et de la Solidarité sociale.

[1985, c. 6, a. 11; 1987, c. 19, a. 13; 1988, c. 21, a. 66; 1988, c. 51, a. 93; 1990, c. 4, a. 34; 1998, c. 28, a. 12; 1998, c. 36, a. 162; 2001, c. 44, a. 25; 2005, c. 15, a. 137].

12. Toute personne qui, lors d'un événement visé à la *Loi sur la sécurité civile* (chapitre S-2.3), assiste bénévolement les effectifs déployés en application de mesures d'intervention ou de rétablissement alors que son aide a été acceptée expressément par l'autorité responsable de ces mesures est considérée un travailleur à l'emploi de cette autorité sous réserve du deuxième alinéa.

Toute personne qui, lors d'un état d'urgence local ou national, assiste les effectifs déployés alors que son aide a été acceptée expressément ou requise en vertu de l'article 47 ou 93 de la *Loi sur la sécurité civile*, est considérée un travailleur à l'emploi de l'autorité locale ou du gouvernement qui a déclaré ou pour lequel a été déclaré un état d'urgence.

Toute personne qui participe à une activité de formation, organisée en vertu du paragraphe 7° de l'article 67 de la même loi, est considérée un travailleur à l'emploi du gouvernement.

Le droit au retour au travail ne s'applique toutefois pas à une personne visée au présent article.

[1985, c. 6, a. 12; 1988, c. 46, a. 26; 2001, c. 76, a. 136].

Personne qui assiste les membres d'un service municipal de sécurité incendie

12.0.1. Toute personne qui, lors d'un événement visé à l'article 40 de la *Loi sur la sécurité incendie* (chapitre S-3.4), assiste les pompiers d'un service municipal de sécurité incendie, alors que son aide a été acceptée expressément ou requise en vertu du paragraphe 7° du deuxième alinéa de cet article, est considérée un travailleur à l'emploi de l'autorité responsable du service.

[1985, c. 6, s. 11; 1987, c. 19, s. 13; 1988, c. 21, s. 66; 1988, c. 51, s. 93; 1990, c. 4, s. 34; 1991, c. 43, s. 22; 1998, c. 28, s. 12; 1998, c. 36, s. 162; 1999, c. 40, s. 4; 2001, c. 44, s. 25; 2005, c. 15, s. 137].

12. A person who, as a volunteer, assists the personnel deployed to carry out emergency response or recovery operations during an event that is within the purview of the *Civil Protection Act* (chapter S-2.3) after the person's assistance has been expressly accepted by the authority responsible for such measures is considered to be a worker employed by that authority, subject to the second paragraph.

Where a local or national state of emergency has been declared, a person who assists the personnel deployed after the person's assistance has been expressly accepted or required under section 47 or 93 of the *Civil Protection Act* is considered to be a worker employed by the local authority or government having declared the state of emergency or for which the state of emergency was declared.

A person who participates in a training activity organized pursuant to paragraph 7 of section 67 of the said Act is considered to be a worker employed by the Government.

However, the right to return to work does not apply to a person referred to in this section.

[1985, c. 6, s. 12; 1988, c. 46, s. 26; 1999, c. 40, s. 4; 2001, c. 76, s. 136].

Persons Assisting Members of a Municipal Fire Safety Service

12.0.1. Every person who, during an event referred to in section 40 of the *Fire Safety Act* (chapter S-3.4), assists the firefighters of a municipal fire safety service after the person's assistance has been expressly accepted or required pursuant to subparagraph 7 of the second paragraph of that section, is considered to be a worker employed by the authority responsible for the service.

Le droit au retour au travail ne s'applique toutefois pas à une personne visée au premier alinéa.

[2000, c. 20, a. 159; 2001, c. 76, a. 137].

The right to return to work does not, however, apply to a person referred to in the first paragraph.

[2000, c. 20, s. 159; 2001, c. 76, s. 137].

Personne incarcérée qui exécute un travail rémunéré dans le cadre d'un programme d'activités

Confined Persons who Carry out Remunerated Work under a Program of Activities

12.1. Est considérée un travailleur à l'emploi d'un Fonds de soutien à la réinsertion sociale constitué dans un établissement de détention en vertu de l'article 74 de la *Loi sur le système correctionnel du Québec* (chapitre S-40.1), la personne incarcérée qui exécute un travail rémunéré dans le cadre d'un programme d'activités.

12.1. A confined person is considered to be a worker employed by the reintegration support fund established in a correctional facility under section 74 of the *Act respecting the Québec correctional system* (chapter S-40.1) if the person carries out remunerated work under a program of activities.

Les articles 91 à 93 de cette loi s'appliquent aux indemnités dues à une personne incarcérée.

[1987, c. 19, a. 14; 1991, c. 43, a. 22; 2002, c. 24, a. 205].

Sections 91 to 93 of the said Act apply to the indemnities owing to a confined person.

[1987, c. 19, s. 14; 1991, c. 43, s. 22; 1999, c. 40, s. 4; 2002, c. 24, s. 205].

Travailleur bénévole

Voluntary Worker

13. Est considérée un travailleur, la personne qui effectue bénévolement un travail aux fins d'un établissement si son travail est fait avec l'accord de la personne qui utilise ses services et si cette dernière transmet à la Commission une déclaration sur:

13. A person is considered to be a worker if he does volunteer work for the purposes of an establishment, provided that his work is done with the agreement of the person who uses his services and that the latter person sends a statement to the Commission setting out

1° la nature des activités exercées dans l'établissement;

(1) the nature of the activities carried on in the establishment;

2° la nature du travail effectué bénévolement;

(2) the nature of the volunteer work;

3° le nombre de personnes qui effectuent bénévolement un travail aux fins de l'établissement ou qui sont susceptibles de le faire dans l'année civile en cours;

(3) the number of persons doing voluntary work for the purposes of the establishment or who are likely to do it within the current calendar year;

4° la durée moyenne du travail effectué bénévolement; et

(4) the average duration of the volunteer work; and

5° la période, pendant l'année civile en cours, pour laquelle la protection accordée par la présente loi est demandée.

(5) the period during the current calendar year for which protection is requested under this Act.

La présente loi, à l'exception du droit au retour au travail, s'applique aux personnes qui effectuent bénévolement un travail aux

This Act, except in respect of the right to return to work, applies to persons who do volunteer work for the purposes of the es-

fins de cet établissement pour la période indiquée dans cette déclaration.

[1985, c. 6, a. 13].

tablishment for the period indicated in the statement.

[1985, c. 6, s. 13; 1999, c. 40, s. 4].

14. La personne qui transmet à la Commission la déclaration prévue par l'article 13 doit, sur demande de la Commission, tenir à jour une liste des travailleurs bénévoles visés par cette déclaration et les informer, au moyen d'un avis affiché dans un endroit facilement accessible de son établissement, qu'ils bénéficient, pour la période qu'elle indique, de la protection accordée par la présente loi, à l'exception du droit au retour au travail.

[1985, c. 6, a. 14].

14. A person who sends the statement prescribed in section 13 to the Commission shall, at the request of the Commission, keep an up-to-date list of the volunteer workers contemplated in the statement and inform them by a notice posted up in a conspicuous place in his establishment that for the period he indicates they have protection under this Act, except in respect of the right to return to work.

[1985, c. 6, s. 14].

Personnes visées dans une entente

Persons contemplated by an agreement

15. Un usager au sens de la *Loi sur les services de santé et les services sociaux* (chapitre S-4.2) qui effectue un travail en vue de sa rééducation physique, mentale ou sociale sous la responsabilité d'un établissement visé dans cette loi peut être considéré un travailleur à l'emploi de cet établissement, aux conditions et dans la mesure prévues par une entente conclue entre la Commission et le ministre de la Santé et des Services sociaux à cette fin.

Il en est de même à l'égard d'un bénéficiaire au sens de la *Loi sur les services de santé et les services sociaux pour les autochtones cris* (chapitre S-5).

[1985, c. 6, a. 15; 1985, c. 23, a. 24; 1992, c. 21, a. 77; 1994, c. 23, a. 23].

15. A user within the meaning of the *Act respecting health services and social services* (chapter S-4.2) who does work in view of his physical, mental or social reeducation under the responsibility of an institution contemplated in that Act may be considered a worker employed by that institution on the conditions and to the extent provided by an agreement to that effect between the Commission and the Minister of Health and Social Services.

The same applies in respect of a beneficiary within the meaning of the *Act respecting health services and social services for Cree Native persons* (chapter S-5).

[1985, c. 6, s. 15; 1985, c. 23, s. 24; 1992, c. 21, s. 77, 375; 1994, c. 23, s. 23; 1999, c. 40, s. 4].

16. Une personne qui accomplit un travail dans le cadre d'un projet d'un gouvernement, qu'elle soit ou non un travailleur au sens de la présente loi, peut être considérée un travailleur à l'emploi de ce gouvernement, d'un organisme ou d'une personne morale, aux conditions et dans la mesure prévues par une entente conclue entre la Commission et le gouvernement, l'organisme ou la personne morale concerné.

Les deuxième et troisième alinéas de l'article 170 de la *Loi sur la santé et la sécurité du travail* (chapitre S-2.1) s'appliquent à cette entente.

[1985, c. 6, a. 16].

16. A person doing work under a project of any government, whether or not the person is a worker within the meaning of this Act, may be considered to be a worker employed by that government, by an agency or by a legal person, on the conditions and to the extent provided by an agreement between the Commission and the government, agency or legal person concerned.

The second and third paragraphs of section 170 of the *Act respecting occupational health and safety* (chapter S-2.1) apply to the agreement.

[1985, c. 6, s. 16; 1999, c. 40, s. 4].

17. Les employés du gouvernement du Canada visés dans la *Loi sur l'indemnisation des agents de l'État* (Lois révisées du Canada (1985), chapitre G-5) sont soumis à la présente loi dans la mesure où une entente conclue en vertu de l'article 170 de la *Loi sur la santé et la sécurité du travail* (chapitre S-2.1) prévoit les modalités d'application de cette loi fédérale.

[1985, c. 6, a. 17].

17. Employees of the Government of Canada contemplated in the *Government Employees Compensation Act* (Revised Statutes of Canada, 1985, chapter G-5) are subject to this Act to the extent that an agreement entered into under section 170 of the *Act respecting occupational health and safety* (chapter S-2.1) sets out the modalities of application of that federal Act.

[1985, c. 6, s. 17].

§3. — Personnes inscrites à la Commission

§3. — Persons registered with the Commission

18. Le travailleur autonome, le domestique, la ressource de type familial, la ressource intermédiaire, l'employeur, le dirigeant ou le membre du conseil d'administration d'une personne morale peut s'inscrire à la Commission pour bénéficier de la protection accordée par la présente loi.

Toutefois, un travailleur qui siège comme membre du conseil d'administration de la personne morale qui l'emploie n'a pas à s'inscrire à la Commission pour bénéficier de la protection de la présente loi lorsqu'il remplit ses fonctions au sein de ce conseil d'administration.

[1985, c. 6, a. 18; 1999, c. 40, a. 4; 2006, c. 53, a. 5; 2009, c. 24, a. 73].

18. Independent operators, domestics, family-type resources, intermediate resources, employers, executive officers and members of the boards of directors of legal persons may register with the Commission to have protection under this Act.

However, a worker who sits on the board of directors of the legal person that employs him need not register with the Commission to have protection under this Act when the worker exercises his functions as a member of that board of directors.

[1985, c. 6, s. 18; 1999, c. 40, s. 4; 2006, c. 53, s. 5; 2009, c. 24, s. 73].

19. Une association de travailleurs autonomes ou de domestiques peut inscrire ses membres à la Commission et elle est alors considérée leur employeur aux seules fins du chapitre IX.

Le particulier qui engage un travailleur autonome peut aussi l'inscrire à la Commission et il est alors considéré son employeur aux seules fins des chapitres IX et XIII; dans ce cas, le particulier doit informer le travailleur autonome du fait qu'il bénéficie de la protection accordée par la présente loi et du montant de cette protection.

[1985, c. 6, a. 19].

19. An association of independent operators or of domestics may register its members with the Commission and if it does so is considered to be their employer, but only for the purposes of Chapter IX.

An individual who engages an independent operator also may register him with the Commission and if he does so is considered to be his employer, but only for the purposes of Chapters IX and XIII; in this case, the individual shall inform the independent operator of the fact that he benefits by the protection afforded by this Act, and of the amount of the protection.

[1985, c. 6, s. 19; 1999, c. 40, s. 4].

20. Une lésion professionnelle subie par une personne inscrite à la Commission donne droit aux prestations prévues par la présente loi comme si cette personne était un travailleur.

[1985, c. 6, a. 20].

20. If a person registered with the Commission suffers an employment injury, he is entitled thereby to the benefits provided for by this Act as if he were a worker.

[1985, c. 6, s. 20].

21. L'inscription à la Commission est faite au moyen d'un avis écrit indiquant le nom et l'adresse de la personne à inscrire, le lieu, la nature et la durée prévue des travaux et le montant pour lequel la protection est demandée.

Ce montant ne peut être inférieur au revenu brut annuel déterminé sur la base du salaire minimum en vigueur lors de l'inscription et ne peut excéder le maximum annuel assurable établi en vertu de l'article 66.

[1985, c. 6, a. 21].

21. Registration with the Commission is made by way of a notice in writing indicating the name and address of the person to be registered, the place, nature and expected duration of the work and the amount of protection applied for.

In no case may the amount be less than the gross annual income determined on the basis of the minimum wage for a regular workweek in force at the time of registration, or exceed the Maximum Yearly Insurable Earnings established under section 66.

[1985, c. 6, s. 21].

22. L'association de travailleurs autonomes ou de domestiques qui inscrit ses membres à la Commission tient à jour une liste de ceux-ci et du montant de la protection qu'elle a demandée pour chacun d'eux.

Elle informe en outre ses membres qu'ils bénéficient de la protection accordée par la présente loi, au moyen d'un avis publié dans les 30 jours de l'inscription dans un journal circulant dans chacune des régions où ils sont domiciliés.

[1985, c. 6, a. 22].

22. An association of independent operators or of domestics that registers its members with the Commission shall keep an up-to-date list of them and of the amount of protection it has applied for each of them.

The association shall also inform its members that they benefit by the protection afforded by this Act by means of a notice published within thirty days of the registration in a newspaper circulated in each area where they are domiciled.

[1985, c. 6, s. 22].

23. La protection accordée à une personne inscrite à la Commission cesse le jour où la Commission reçoit un avis écrit à cet effet de la personne ou de l'association qui a fait l'inscription.

Le défaut d'acquitter une cotisation échue met aussi fin à cette protection.

Cependant, dans le cas du défaut d'une association qui a inscrit ses membres, la protection accordée à ceux-ci cesse le dixième jour qui suit celui où la Commission fait publier un avis à cet effet, dans un journal circulant dans chacune des régions où ils sont domiciliés; cet avis doit être publié dans les 30 jours du défaut.

[1985, c. 6, a. 23].

23. Protection afforded a person registered with the Commission ceases on the day the Commission receives notice in writing to that effect from the person or association having made the registration.

Protection ceases also by failure to pay an assessment when due.

In the case of failure to pay by an association having registered its members, the protection afforded them ceases ten days after the day the Commission causes notice to that effect to be published in a newspaper circulated in each area where they are domiciled; the notice shall be published within thirty days of the failure to pay.

[1985, c. 6, s. 23].

24. L'association de travailleurs autonomes ou de domestiques qui désire retirer l'inscription d'un de ses membres doit l'en informer par écrit au moins 30 jours à l'avance.

24. An association of independent operators or of domestics that wishes to deregister one of its members shall so inform that member in writing at least thirty days in advance.

Si elle désire retirer l'inscription de plusieurs ou de tous ses membres, elle doit les en informer, dans le même délai, au moyen d'un avis publié dans un journal circulant dans chacune des régions où ils sont domiciliés.

[1985, c. 6, a. 24].

If the association wishes to deregister several or all of its members, it shall so inform them, within the same time limit, by means of a notice published in a newspaper circulated in each area where they are domiciled.

[1985, c. 6, s. 24].

§4. — Régime particulier

§4. — Special plan

24.1. La présente sous-section a pour objet la mise en oeuvre de toute entente conclue en matière de lésions professionnelles et de santé et de sécurité du travail entre le gouvernement et les Mohawks de Kahnawake représentés par le Conseil Mohawk de Kahnawake.

[2011, c. 12, a. 1].

24.1. The purpose of this subdivision is the implementation of any agreement on employment injuries and occupational health and safety between the Government and the Mohawks of Kahnawake represented by the Mohawk Council of Kahnawake.

[2011, c. 12, s. 1].

24.2. Un régime particulier établi par les Mohawks de Kahnawake, qui a pour objet la réparation des lésions professionnelles et des conséquences que celles-ci entraînent pour les bénéficiaires, se substitue au régime général établi par la présente loi à compter de la date que fixe le gouvernement après avoir estimé que ce régime particulier est semblable au régime général. Les dispositions du régime particulier prévalent ainsi sur celles de la présente loi et de ses règlements, exception faite des dispositions de la présente sous-section ainsi que, avec les adaptations nécessaires, des articles 2 à 4 et 438 à 442 et des autres dispositions que le gouvernement peut déterminer par règlement.

Toute modification au régime particulier est aussi mise en vigueur à la date que fixe le gouvernement après avoir estimé que le régime ainsi modifié reste semblable au régime général.

[2011, c. 12, a. 1].

24.2. A special plan established by the Mohawks of Kahnawake to provide compensation for employment injuries and the consequences they entail for beneficiaries is substituted for the general plan established under this Act as of the date set by the Government after it has deemed that the special plan is similar to the general plan. Thus, the provisions of the special plan take precedence over those of this Act and the regulations, except the provisions of this subdivision and, with the necessary modifications, sections 2 to 4 and 438 to 442 and any other provision the Government may determine by regulation.

Any amendment to the special plan comes into force on the date set by the Government after it has deemed that the plan so amended remains similar to the general plan.

[2011, c. 12, s. 1].

24.3. Le régime particulier s'applique au travailleur victime d'un accident du travail survenu sur les lieux suivants ou d'une maladie professionnelle contractée sur ces lieux:

1° les terres incluses dans le périmètre de ce qui est connu sous le nom de réserve indienne de Kahnawake n° 14;

24.3. The special plan applies to workers who suffer an industrial accident or contract an occupational disease on any of the following lands or sites:

(1) all lands contained within the area commonly known as Kahnawake Indian Reserve N°. 14;

2° les chantiers de construction du pont Honoré-Mercier qui relie les rives du fleuve Saint-Laurent;

3° le cas échéant:

a) les terres ajoutées aux terres mentionnées au paragraphe 1°;

b) les terres mises de côté à l'usage et au profit des Mohawks de Kahnawake visées par l'article 36 de la *Loi sur les Indiens* (L.R.C. (1985), c. I-5);

c) les terres du domaine de l'État dont la gestion ou l'administration est confiée aux Mohawks de Kahnawake;

d) après entente avec les communautés concernées, les terres incluses dans le périmètre de ce qui est connu sous le nom de réserve indienne de Doncaster n° 17 et les terres qui y sont ajoutées.

Dans les cas mentionnés au paragraphe 3° du premier alinéa, le gouvernement publie, à la *Gazette officielle du Québec*, un avis indiquant la date à laquelle l'éventualité s'est présentée.

[2011, c. 12, a. 1].

24.4. Un travailleur affecté à un travail hors de son lieu habituel de travail, dans le cadre d'un projet qui n'excède pas cinq jours ouvrables consécutifs, ne cesse pas d'être régi par le régime qui lui est applicable à son lieu habituel de travail.

[2011, c. 12, a. 1].

24.5. Malgré l'article 24.3, le travailleur qui n'est pas domicilié sur une terre visée par le régime particulier et qui est victime d'un accident du travail survenu sur un lieu visé par ce régime ou d'une maladie professionnelle contractée sur un tel lieu peut choisir de se prévaloir des dispositions du régime général en transmettant sa réclamation à la Commission.

Par ailleurs, le travailleur qui est domicilié sur une telle terre et qui est victime d'un accident du travail survenu hors des lieux visés par le régime particulier ou d'une maladie professionnelle contractée hors de ces lieux peut choisir de se prévaloir des

(2) the construction sites on the Honoré-Mercier Bridge linking the shores of the St. Lawrence River; and

(3) should the case arise,

(a) any lands added to the lands identified in subparagraph 1;

(b) any lands set apart for the use and benefit of the Mohawks of Kahnawake in accordance with section 36 of the *Indian Act* (R.S.C. (1985), ch. I-5);

(c) any public lands placed under the management or administration of the Mohawks of Kahnawake ; and

(d) following an agreement with the communities concerned, all lands contained within the area commonly known as Doncaster Indian Reserve No. 17 and any lands added to those lands.

In the cases mentioned in subparagraph 3 of the first paragraph, the Government shall publish, in the *Gazette officielle du Québec*, a notice of the date on which the contingency arose.

[2011, c. 12, s. 1].

24.4. A worker assigned to work outside his or her usual place of work, on a project whose duration does not exceed five consecutive working days, does not cease to be covered by the plan applicable at his or her usual place of work.

[2011, c. 12, s. 1].

24.5. Despite section 24.3, workers not domiciled on lands covered by the special plan who suffer an industrial accident or contract an occupational disease on a land or site covered by the special plan may opt to benefit from the provisions of the general plan by filing a claim with the Commission.

Workers domiciled on such lands who suffer an industrial accident or contract an occupational disease outside the lands or sites covered by the special plan may opt to benefit from the provisions of the special plan by filing a claim with the entity

dispositions du régime particulier en transmettant sa réclamation à l'organe chargé d'administrer ce régime.

Le choix fait par le travailleur lors de sa réclamation est irrévocable et continue de valoir en cas de récidive, de rechute ou d'aggravation.

Le cas échéant, l'organe responsable du régime choisi par le travailleur est remboursé, par l'organe responsable du régime qui aurait été autrement applicable, des sommes déboursées pour défrayer les coûts qui découlent de la réclamation.

[2011, c. 12, a. 1].

24.6. Les articles 24.3 à 24.5 ne s'appliquent pas:

1° à une personne visée par une entente interprovinciale ou internationale conclue par la Commission ou par le gouvernement;

2° à une personne visée par une entente conclue en vertu de l'une des dispositions des articles 15 à 17, à moins qu'une entente semblable ne soit conclue par l'organe chargé d'administrer le régime particulier;

3° à toute autre personne que le gouvernement peut déterminer par règlement.

[2011, c. 12, a. 1].

24.7. La Commission et l'organe chargé d'administrer le régime particulier prennent toute entente utile pour l'application de la présente sous-section. Une telle entente doit notamment déterminer les garanties nécessaires et les modalités applicables au remboursement prévu à l'article 24.5.

[2011, c. 12, a. 1].

24.8. Dans toute autre loi et tout autre texte d'application, tout renvoi à la présente loi ou à ses règlements est également un renvoi, avec les adaptations nécessaires, aux dispositions du régime particulier, à moins que le contexte ne s'y oppose ou qu'un règlement du gouvernement n'en dispose autrement. Entre autres adaptations, l'organe chargé d'administrer le ré-

entrusted with the administration of the special plan.

The option exercised by the worker upon filing the claim is irrevocable and continues to apply in the case of a recurrence, relapse or aggravation.

The entity responsible for the plan for which a worker has opted shall be reimbursed for its costs relating to the claim by the entity responsible for the plan that would have otherwise applied.

[2011, c. 12, s. 1].

24.6. Sections 24.3 to 24.5 do not apply to

(1) persons covered by an interprovincial or international agreement entered into by the Commission or the Government;

(2) persons covered by an agreement under any of sections 15 to 17, unless a similar agreement is entered into by the entity entrusted with the administration of the special plan; or

(3) any other person the Government may determine by regulation.

[2011, c. 12, s. 1].

24.7. The Commission and the entity entrusted with the administration of the special plan shall enter into any agreement to facilitate the carrying out of this subdivision. Such an agreement must, among other things, determine the guarantees required for and the terms and conditions applicable to the reimbursement provided for in section 24.5.

[2011, c. 12, s. 1].

24.8. In any other Act or statutory instrument, unless otherwise indicated by the context or otherwise provided by government regulation, a reference to this Act or the regulations is also a reference, with the necessary modifications, to the provisions of the special plan. Among other modifications, the entity entrusted with the administration of the special plan replaces the

gime particulier remplace la Commission, sauf dans les dispositions relatives à la révision ou à la contestation des décisions de celle-ci et dans les dispositions portant recours devant la Commission, lesquelles ne s'appliquent pas.

Le gouvernement peut, par règlement, prendre toute autre mesure nécessaire à l'application de la présente sous-section, notamment prévoir les adaptations qu'il convient d'apporter aux dispositions d'une loi ou d'un texte d'application.

[2011, c. 12, a. 1].

24.9. Un règlement pris en vertu de l'article 24.2, 24.6 ou 24.8 requiert l'assentiment préalable des Mohawks de Kahnawake représentés par le Conseil Mohawk de Kahnawake.

[2011, c. 12, a. 1].

24.10. Le ministre publie l'entente et le régime particulier sur le site Internet de son ministère au plus tard à la date de mise en vigueur du régime et jusqu'au cinquième anniversaire de la cessation d'effet de celui-ci, le cas échéant.

[2011, c. 12, a. 1].

24.11. Le régime particulier initial et tout premier règlement du gouvernement pris en vertu de l'article 24.2, 24.6 ou 24.8 sont déposés à l'Assemblée nationale dans les 15 jours qui suivent leur publication ou, si celle-ci ne siège pas, dans les 15 jours de la reprise de ses travaux.

Dans les six mois qui suivent un dépôt, la commission compétente de l'Assemblée nationale examine les documents déposés.

[2011, c. 12, a. 1].

24.12. En cas de résiliation de l'entente initiale et de ses modifications, les articles 24.1 à 24.9 et 24.11 cessent d'avoir effet à la date de la résiliation. Le cas échéant, le gouvernement peut, par règlement, prendre toutes les mesures transitoires nécessaires.

[2011, c. 12, a. 1].

Commission, except in provisions concerning the review or contestation of a decision taken by the Commission and in provisions providing a remedy before the Commission, which are not applicable.

The Government may, by regulation, take any other necessary measures to carry out this subdivision, such as providing for any modifications to be applied to an existing Act or statutory instrument.

[2011, c. 12, s. 1].

24.9. Any regulation made under section 24.2, 24.6 or 24.8 requires the prior concurrence of the Mohawks of Kahnawake represented by the Mohawk Council of Kahnawake.

[2011, c. 12, s. 1].

24.10. The Minister shall post the agreement and the special plan on the department's website not later than the date of coming into force of the special plan and, should the special plan cease to have effect, leave them posted for five years after the date of cessation of effect.

[2011, c. 12, s. 1].

24.11. The initial special plan and any first regulation under any of sections 24.2, 24.6 or 24.8 are tabled before the National Assembly within 15 days following their publication or, if the National Assembly is not sitting, within 15 days of resumption.

The documents tabled are examined by the competent committee of the National Assembly within six months following their tabling.

[2011, c. 12, s. 1].

24.12. Should the initial agreement and any amendments be terminated, sections 24.1 to 24.9 and section 24.11 cease to have effect as of the date of termination. In that case, the Government may, by regulation, take any necessary transitional measures.

[2011, c. 12, s. 1].

24.13. Le premier règlement pris en vertu de chacune des dispositions des articles 24.2, 24.6, 24.8 et 24.12 n'est pas soumis à l'obligation de publication prévue à l'article 8 de la *Loi sur les règlements* (chapitre R-18.1). Malgré l'article 17 de cette loi, tout règlement pris en vertu de la présente sous-section entre en vigueur à la date de sa publication à la *Gazette officielle du Québec* ou à toute date ultérieure qui y est fixé et peut toutefois, une fois publié et s'il en dispose ainsi, s'appliquer à compter de toute date non antérieure à la date de mise en vigueur du régime particulier ou, s'il s'agit d'un règlement pris en vertu de l'article 24.12, non antérieure à la date de cessation d'effet du régime.

[2011, c. 12, a. 1].

24.13. The first regulation under each of sections 24.2, 24.6, 24.8 and 24.12 is not subject to the publication requirement set out in section 8 of the *Regulations Act* (chapter R-18.1). Despite section 17 of that Act, any regulation under this subdivision comes into force on the date of its publication in the *Gazette officielle du Québec* or any later date set in the regulation and may apply, after publication and if the regulation so provides, from a date not prior to the date of coming into force of the special plan or, in the case of a regulation under section 24.12, not prior to the date on which the special plan ceases to have effect.

[2011, c. 12, s. 1].

Chapitre II —— Dispositions générales

Chapter II —— General Provisions

25. Les droits conférés par la présente loi le sont sans égard à la responsabilité de quiconque.

[1985, c. 6, a. 25].

25. Rights vested under this Act are conferred without regard to any personal liability.

[1985, c. 6, s. 25].

26. Un travailleur peut exercer les droits que la présente loi lui confère malgré le défaut de son employeur de se conformer aux obligations que celle-ci lui impose.

[1985, c. 6, a. 26].

26. Every worker may exercise his rights under this Act even if his employer fails to fulfil his obligations under it.

[1985, c. 6, s. 26].

27. Une blessure ou une maladie qui survient uniquement à cause de la négligence grossière et volontaire du travailleur qui en est victime n'est pas une lésion professionnelle, à moins qu'elle entraîne le décès du travailleur ou qu'elle lui cause une atteinte permanente grave à son intégrité physique ou psychique.

[1985, c. 6, a. 27].

27. An injury or a disease arising solely as a result of the gross and wilful negligence of the worker who is the victim thereof is not an employment injury unless it ends in his death or causes him severe permanent physical or mental impairment.

[1985, c. 6, s. 27].

28. Une blessure qui arrive sur les lieux du travail alors que le travailleur est à son travail est présumée une lésion professionnelle.

[1985, c. 6, a. 28].

28. An injury that happens at the workplace while the worker is at work is presumed to be an employment injury.

[1985, c. 6, s. 28].

29. Les maladies énumérées dans l'annexe I sont caractéristiques du travail correspondant à chacune de ces maladies d'après

29. The diseases listed in Schedule I are characteristic of the work appearing opposite each of such diseases on the schedule

cette annexe et sont reliées directement aux risques particuliers de ce travail.

Le travailleur atteint d'une maladie visée dans cette annexe est présumé atteint d'une maladie professionnelle s'il a exercé un travail correspondant à cette maladie d'après l'annexe.

[1985, c. 6, a. 29].

30. Le travailleur atteint d'une maladie non prévue par l'annexe I, contractée par le fait ou à l'occasion du travail et qui ne résulte pas d'un accident du travail ni d'une blessure ou d'une maladie causée par un tel accident est considéré atteint d'une maladie professionnelle s'il démontre à la Commission que sa maladie est caractéristique d'un travail qu'il a exercé ou qu'elle est reliée directement aux risques particuliers de ce travail.

[1985, c. 6, a. 30].

31. Est considérée une lésion professionnelle, une blessure ou une maladie qui survient par le fait ou à l'occasion

1° des soins qu'un travailleur reçoit pour une lésion professionnelle ou de l'omission de tels soins;

2° d'une activité prescrite au travailleur dans le cadre des traitements médicaux qu'il reçoit pour une lésion professionnelle ou dans le cadre de son plan individualisé de réadaptation.

Cependant, le premier alinéa ne s'applique pas si la blessure ou la maladie donne lieu à une indemnisation en vertu de la Loi sur l'assurance automobile (chapitre A-25), de la *Loi visant à favoriser le civisme* (chapitre C-20) ou de la *Loi sur l'indemnisation des victimes d'actes criminels* (chapitre I-6).

[1985, c. 6, a. 31].

32. L'employeur ne peut congédier, suspendre ou déplacer un travailleur, exercer à son endroit des mesures discriminatoires ou de représailles ou lui imposer toute autre sanction parce qu'il a été victime d'une lésion professionnelle ou à cause de l'exercice d'un droit que lui confère la présente loi.

and are directly related to the risks peculiar to that work.

A worker having contracted a disease contemplated in Schedule I is presumed to have contracted an occupational disease if he has done work corresponding to that disease according to the Schedule.

[1985, c. 6, s. 29].

30. A worker having contracted a disease not listed in Schedule I out of or in the course of employment and not as a result of an industrial accident or of an injury or disease caused by such an accident is considered to have contracted an occupational disease if he satisfies the Commission that his disease is characteristic of work he has done or is directly related to the risks peculiar to that work.

[1985, c. 6, s. 30; 1999, c. 40, s. 45].

31. An injury or a disease is considered to be an employment injury if it arises out of or in the course of

(1) the care received by a worker for an employment injury or the lack of such care;

(2) an activity prescribed to the worker as part of the medical treatment he receives for an employment injury or as part of his personal rehabilitation program.

The first paragraph does not apply if the injury or disease gives rise to compensation under the *Automobile Insurance Act* (chapter A-25), the Act to promote good citizenship (chapter C-20) or the *Crime Victims Compensation Act* (chapter I-6).

[1985, c. 6, s. 31; 1999, c. 40, s. 4].

32. No employer may dismiss, suspend or transfer a worker or practice discrimination or take reprisals against him, or impose any other sanction upon him because he has suffered an employment injury or exercised his rights under this Act.

Le travailleur qui croit avoir été l'objet d'une sanction ou d'une mesure visée dans le premier alinéa peut, à son choix, recourir à la procédure de griefs prévue par la convention collective qui lui est applicable ou soumettre une plainte à la Commission conformément à l'article 253.

[1985, c. 6, a. 32].

A worker who believes that he has been the victim of a sanction or action described in the first paragraph may, as he elects, resort to the grievance procedure set down in the collective agreement applicable to him or submit a complaint to the Commission in accordance with section 253.

[1985, c. 6, s. 32].

33. Un employeur ne peut exiger ni recevoir une contribution d'un travailleur pour une obligation que la présente loi lui impose.

La Commission peut ordonner à l'employeur de rembourser au travailleur cette contribution; sur dépôt au greffe du tribunal compétent par la Commission ou le travailleur concerné, cette ordonnance devient exécutoire comme s'il s'agissait d'un jugement final et sans appel de ce tribunal et en a tous les effets.

L'association de travailleurs autonomes ou de domestiques qui inscrit ses membres à la Commission peut, à cette fin, exiger et recevoir de ceux-ci une contribution.

[1985, c. 6, a. 33].

33. No employer may demand or receive any contribution from a worker for performing his obligations under this Act.

The Commission may order the employer to repay the contribution to the worker. The order becomes executory upon being filed in the office of the court of competent jurisdiction by the Commission or the worker concerned, as in the case of a final judgment of the court that is not subject to appeal, and has all the same effects.

An association of independent operators or of domestics that registers its members with the Commission may, for that purpose, demand and receive a contribution from them.

[1985, c. 6, s. 33].

34. Lorsqu'un établissement est aliéné ou concédé, en tout ou en partie, autrement que par vente en justice, le nouvel employeur assume les obligations qu'avait l'ancien employeur, en vertu de la présente loi, à l'égard du travailleur et, en ce qui concerne le paiement de la cotisation due au moment de l'aliénation ou de la concession, à l'égard de la Commission.

Aux fins du premier alinéa, la cotisation due par l'ancien employeur à la date de l'aliénation ou de la concession comprend la cotisation qui peut être calculée à partir des salaires versés par l'ancien employeur jusqu'à cette date et du taux qui lui est alors applicable en vertu de l'article 305 même si elle n'a pas fait l'objet d'un avis de cotisation.

Cependant lorsqu'un établissement est vendu en justice, le nouvel employeur assume les obligations qu'avait l'ancien employeur à l'égard du travailleur en vertu de la présente loi, si ce nouvel employeur

34. Where an establishment or part thereof is alienated or transferred otherwise than by judicial sale, the new employer assumes the obligations of the former employer under this Act toward the worker and, in respect of payment of the assessment due at the time of the alienation or transfer, toward the Commission.

For the purposes of the first paragraph, the assessment due by the former employer on the date of the alienation or transfer includes the assessment that can be computed on the basis of wages paid by the former employer until that date and the rate applicable on that date under section 305 even if a notice of assessment has not been issued.

Where an establishment is sold by judicial sale, the new employer assumes the obligations of the former employer under this Act toward the worker if the new employer carries on the same activities in the

exerce dans cet établissement les mêmes activités que celles qui y étaient exercées avant la vente.

[1985, c. 6, a. 34; 2006, c. 53, a. 6].

establishment as were carried on there before the sale.

[1985, c. 6, s. 34; 2006, c. 53, s. 6].

35. Le défaut d'un travailleur de se conformer à la présente loi n'exonère pas l'employeur d'une obligation que lui impose la présente loi.

Le défaut d'un employeur de se conformer à la présente loi n'exonère pas le travailleur d'une obligation que lui impose la présente loi.

[1985, c. 6, a. 35].

35. The failure of a worker to comply with this Act does not exempt his employer from his own obligations thereunder.

The failure of an employer to comply with this Act does not exempt the worker from his own obligations thereunder.

[1985, c. 6, s. 35].

36. Un bénéficiaire a droit d'accès, sans frais, au dossier intégral que la Commission possède à son sujet ou au sujet du travailleur décédé, selon le cas, de même qu'une personne qu'il autorise expressément à cette fin.

[1985, c. 6, a. 36].

36. A beneficiary has a right of access free of charge to the full record kept on him or on the deceased worker, as the case may be, by the Commission, and any person he expressly authorizes to that effect has the same right.

[1985, c. 6, s. 36].

37. Un employeur a droit d'accès, sans frais, au dossier que la Commission possède relativement à sa classification, sa cotisation et l'imputation des coûts qui lui est faite, de même qu'une personne qu'il autorise expressément à cette fin.

[1985, c. 6, a. 37].

37. An employer, as well as any person expressly authorized by him for that purpose, has a right of access free of charge to the record kept by the Commission on his classification and assessment and the costs charged to him.

[1985, c. 6, s. 37].

38. L'employeur a droit d'accès, sans frais, au dossier que la Commission possède au sujet de la lésion professionnelle dont a été victime le travailleur alors qu'il était à son emploi.

Un employeur à qui est imputé, en vertu du premier alinéa de l'article 326 ou du premier ou du deuxième alinéa de l'article 328, tout ou partie du coût des prestations dues en raison d'une lésion professionnelle, de même qu'un employeur tenu personnellement au paiement de tout ou partie des prestations dues en raison d'une lésion professionnelle ont également droit d'accès, sans frais, au dossier que la Commission possède au sujet de cette lésion.

Lorsqu'une opération visée à l'article 314.3 est intervenue, un employeur impliqué dans cette opération a également droit d'accès, sans frais, au dossier que la Commission possède au sujet d'une lésion

38. An employer has a right of access free of charge to the record in the possession of the Commission in respect of an employment injury suffered by a worker while he was employed by him.

An employer to whom all or part of the cost of the benefits payable by reason of an employment injury is imputed pursuant to the first paragraph of section 326 or the first or second paragraph of section 328 as well as an employer personally liable for the payment of all or part of the benefits payable by reason of an employment injury also have a right of access free of charge to the record in the possession of the Commission in respect of the injury.

Where a transaction referred to in section 314.3 has occurred, the employer involved in the transaction shall also have access free of charge to the record kept by the Commission in respect of an employment

professionnelle dont le coût sert à déterminer sa cotisation à la suite de cette opération.

L'employeur peut autoriser expressément une personne à exercer son droit d'accès.

Cependant, seul le professionnel de la santé désigné par cet employeur a droit d'accès, sans frais, au dossier médical et au dossier de réadaptation physique que la Commission possède au sujet de la lésion professionnelle dont a été victime ce travailleur.

La Commission avise le travailleur du fait que le droit visé au présent article a été exercé.

[1985, c. 6, a. 38; 1992, c. 11, a. 1; 1996, c. 70, a. 4].

38.1. L'employeur ou la personne qu'il autorise ne doit pas utiliser ou communiquer les informations reçues en vertu de l'article 38 à d'autres fins que l'exercice des droits que la présente loi confère à cet employeur.

[1992, c. 11, a. 1].

39. Le professionnel de la santé fait rapport à l'employeur qui l'a désigné au sujet du dossier médical et de réadaptation physique d'un travailleur auquel la Commission lui donne accès; il peut, à cette occasion, faire à cet employeur un résumé du dossier et lui donner un avis pour lui permettre d'exercer les droits que lui confère la présente loi.

La personne à qui le professionnel de la santé fait rapport ne doit pas utiliser ou communiquer les informations et l'avis qu'elle reçoit à cette occasion à d'autres fins que l'exercice des droits que la présente loi confère à l'employeur.

[1985, c. 6, a. 39].

40. Lorsque, en vertu de la présente loi, une personne a droit d'accès à un dossier de la Commission qui contient des documents informatisés, la Commission lui en fournit une transcription écrite et intelligible.

[1985, c. 6, a. 40].

injury the cost of which is used to determine the employer's assessment following the transaction.

The employer may expressly authorize a person to exercise his right of access.

However, only the health professional designated by the employer has a right of access free of charge to the medical record and the physical rehabilitation record in the possession of the Commission in respect of the employment injury suffered by the worker.

The Commission shall notify the worker that the right provided by this section has been exercised.

[1985, c. 6, s. 38; 1992, c. 11, s. 1; 1996, c. 70, s. 4].

38.1. In no case may the employer or the person authorized by him use or communicate information obtained under section 38 for any other purpose than the exercise of the rights of the employer under this Act.

[1992, c. 11, s. 1].

39. A health professional shall report to the employer who designated him in respect of the medical and physical rehabilitation record of a worker to which the Commission gives him access; he may on that occasion give the employer a summary of the record and an opinion to enable him to exercise his rights under this Act.

No person to whom the health professional reports may use or communicate the information or opinion received by him on that occasion for any other purpose than the exercise of the rights of the employer under this Act.

[1985, c. 6, s. 39].

40. Where, under this Act, a person has a right of access to a record held by the Commission containing computerized documents, the Commission shall furnish a written and intelligible transcript of them to the person.

[1985, c. 6, s. 40].

41. Les renseignements demandés en vertu des articles 36, 37, 38, 39 et 40 doivent être fournis dans un délai raisonnable.

[1985, c. 6, a. 41].

42. La Commission peut, aux fins de l'administration de la présente loi, obtenir de la Régie de l'assurance maladie du Québec, qui doit le lui fournir, tout renseignement que celle-ci possède au sujet:

1° de l'identification d'un travailleur victime d'une lésion professionnelle;

2° des coûts et des frais d'administration que la Régie récupère de la Commission.

[1985, c. 6, a. 42; 1990, c. 57, a. 41; 1999, c. 89, a. 53].

42.1. La Commission et la Régie des rentes du Québec prennent entente pour la communication des renseignements et documents nécessaires à l'application des lois et règlements qu'administre la Commission ainsi que de la *Loi sur le régime de rentes du Québec* (chapitre R-9) et de ses règlements.

Cette entente doit notamment permettre:

a) la fixation, en application du troisième alinéa de l'article 139.2 de la *Loi sur le régime de rentes du Québec*, de la date à laquelle une demande de rente d'invalidité est présumée faite;

b) l'identification, pour l'application des articles 95.4, 96.1 à 96.3, 101, 105.2, 106.3, 116.3, 139, 148 et 166 de cette loi, des cotisants qui sont bénéficiaires d'une indemnité de remplacement du revenu et des mois ou parties de mois pour lesquels cette indemnité leur est payable;

b.1) l'identification, pour l'application de l'article 105.3 de cette loi, des cotisants dont l'indemnité de remplacement du revenu a été réduite ou annulée et des mois ou parties de mois pour lesquels cette indemnité leur a été payable si, par l'effet de l'article 363, les prestations qui leur ont déjà été fournies au titre de cette indemnité ne peuvent être recouvrées;

41. The information requested pursuant to sections 36, 37, 38, 39 and 40 shall be furnished within a reasonable time.

[1985, c. 6, s. 41].

42. The Commission may, for the purposes of the administration of this Act, obtain from the Régie de l'assurance maladie du Québec, and the latter shall furnish to the Commission, any information held by the Régie on

(1) the identification of a worker who has suffered an employment injury;

(2) administration costs and expenses the Régie recovers from the Commission.

[1985, c. 6, s. 42; 1990, c. 57, s. 41; 1999, c. 89, s. 53].

42.1. The Commission and the Régie des rentes du Québec shall enter into an agreement for the communication of the information and documents required for the purposes of the Acts and regulations administered by the Commission and for the purposes of the *Act respecting the Québec Pension Plan* (chapter R-9) and the regulations thereunder.

In particular, such an agreement shall permit

(a) the fixing of the date on which, pursuant to the third paragraph of section 139.2 of the *Act respecting the Québec Pension Plan*, an application for a disability pension is presumed to be made;

(b) the identification, for the purposes of sections 95.4, 96.1 to 96.3, 101, 105.2, 106.3, 116.3, 139, 148 and 166 of that Act, of contributors who are beneficiaries of an income replacement indemnity and the months or parts of months for which that indemnity is payable to them;

(b.1) the identification, for the purposes of section 105.3 of that Act, of the contributors whose income replacement indemnity was reduced or cancelled and the months or parts of a month for which that indemnity was payable if, under section 363, the benefits already paid to the contributors as an income replacement indemnity are not recoverable;

c) la détermination des montants de rente d'invalidité ou de rente de retraite qui sont recouvrables par la Régie pour le motif qu'une indemnité de remplacement du revenu était payable au bénéficiaire et, pour les fins de la compensation prévue au troisième alinéa de l'article 144 de la présente loi, la détermination des modalités de demande et de remise de ces montants;

d) l'identification des cotisants qui sont bénéficiaires d'une rente d'invalidité, des mois pour lesquels cette rente leur est payable et du montant de cette rente.

[1993, c. 15, a. 87; 1997, c. 73, a. 87; 2005, c. 13, a. 76; 2008, c. 21, a. 60].

42.2. La Commission et le ministre de l'Emploi et de la Solidarité sociale prennent entente pour la communication des renseignements nécessaires à l'application de la *Loi sur l'assurance parentale* (chapitre A-29.011).

[2005, c. 13, a. 77].

43. Les articles 38, 208, 215, 219, 229 et 231, le troisième alinéa de l'article 280, le quatrième alinéa de l'article 296 et les articles 429.25, 429.26 et 429.32 s'appliquent malgré la *Loi sur l'accès aux documents des organismes publics et sur la protection des renseignements personnels* (chapitre A-2.1).

[1985, c. 6, a. 43; 1992, c. 11, a. 2; 1997, c. 27, a. 2].

Chapitre III ―― Indemnités

SECTION I ―― INDEMNITÉ DE REMPLACEMENT DU REVENU

§1. ―― Droit à l'indemnité de remplacement du revenu

44. Le travailleur victime d'une lésion professionnelle a droit à une indemnité de remplacement du revenu s'il devient incapable d'exercer son emploi en raison de cette lésion.

Le travailleur qui n'a plus d'emploi lorsque se manifeste sa lésion professionnelle a droit à cette indemnité s'il devient inca-

(c) the determination of the amounts of disability pension or retirement pension which may be recovered by the Board on the ground that an income replacement indemnity was payable to the beneficiary and, for the purposes of the deductions provided for in the third paragraph of section 144 of this Act, the determination of the terms and conditions of application for and payment of such amounts;

(d) the identification of contributors who are beneficiaries of a disability pension, the months for which that pension is payable to them and the amount of that pension.

[1993, c. 15, s. 87; 1997, c. 73, s. 87; 2005, c. 13, s. 76; 2008, c. 21, s. 60].

42.2. The Commission and the Minister of Employment and Social Solidarity shall enter into an agreement for the communication of the information required for the purposes of the *Act respecting parental insurance* (chapter A-29.011).

[2005, c. 13, s. 77].

43. Sections 38, 208, 215, 219, 229 and 231, the third paragraph of section 280, the fourth paragraph of section 296 and sections 429.25, 429.26 and 429.32 apply notwithstanding the Act respecting Access to documents held by public bodies and the *Protection of personal information* (chapter A-2.1).

[1985, c. 6, s. 43; 1992, c. 11, s. 2; 1997, c. 27, s. 2].

Chapter III ―― Indemnities

SECTION I ―― INCOME REPLACEMENT INDEMNITY

§1. ―― Right to the income replacement indemnity

44. A worker who suffers an employment injury is entitled to an income replacement indemnity if he becomes unable to carry on his employment by reason of the injury.

A worker who is no longer employed when his employment injury appears is entitled to the income replacement indemnity

pable d'exercer l'emploi qu'il occupait habituellement.

[1985, c. 6, a. 44].

45. L'indemnité de remplacement du revenu est égale à 90 % du revenu net retenu que le travailleur tire annuellement de son emploi.

[1985, c. 6, a. 45].

46. Le travailleur est présumé incapable d'exercer son emploi tant que la lésion professionnelle dont il a été victime n'est pas consolidée.

[1985, c. 6, a. 46].

47. Le travailleur dont la lésion professionnelle est consolidée a droit à l'indemnité de remplacement du revenu prévue par l'article 45 tant qu'il a besoin de réadaptation pour redevenir capable d'exercer son emploi ou, si cet objectif ne peut être atteint, pour devenir capable d'exercer à plein temps un emploi convenable.

[1985, c. 6, a. 47].

48. Lorsqu'un travailleur victime d'une lésion professionnelle redevient capable d'exercer son emploi après l'expiration du délai pour l'exercice de son droit au retour au travail, il a droit à l'indemnité de remplacement du revenu prévue par l'article 45 jusqu'à ce qu'il réintègre son emploi ou un emploi équivalent ou jusqu'à ce qu'il refuse, sans raison valable, de le faire, mais pendant au plus un an à compter de la date où il redevient capable d'exercer son emploi.

Cependant, cette indemnité est réduite de tout montant versé au travailleur, en raison de sa cessation d'emploi, en vertu d'une loi du Québec ou d'ailleurs, autre que la présente loi.

[1985, c. 6, a. 48].

[...]

if he becomes unable to carry on the employment he usually held.

[1985, c. 6, s. 44].

45. The income replacement indemnity is equal to 90 % of the weighted net income that the worker derives annually from his employment.

[1985, c. 6, s. 45].

46. A worker is presumed to be unable to carry on his employment until the employment injury he has suffered has consolidated.

[1985, c. 6, s. 46].

47. A worker whose employment injury has consolidated is entitled to the income replacement indemnity provided for in section 45 for as long as he requires rehabilitation to become able to carry on his employment again or, if that is not possible, to be able to carry on a suitable full time employment.

[1985, c. 6, s. 47].

48. Where a worker who has suffered an employment injury is again able to carry on his employment after the time prescribed to exercise his right to return to work, he is entitled to the income replacement indemnity provided for in section 45 until he returns to his employment or an equivalent employment or until he refuses, without valid reason, to do so, but not for more than one year from the date on which he is again able to carry on his employment.

Notwithstanding the foregoing, the indemnity shall be reduced by any amount paid to the worker by reason of the cessation of his employment under an Act of Québec other than this Act, or of any other.

[1985, c. 6, s. 48].

[...]

Chapitre XIII —— Recours

SECTION I —— RECOUVREMENT DES PRESTATIONS

Chapter XIII —— Redress

SECTION I —— RECOVERY OF BENEFITS

430. Sous réserve des articles 129 et 363, une personne qui a reçu une prestation à laquelle elle n'a pas droit ou dont le montant excède celui auquel elle a droit doit rembourser le trop-perçu à la Commission.

[1985, c. 6, a. 430].

431. La Commission peut recouvrer le montant de cette dette dans les trois ans du paiement de l'indu ou, s'il y a eu mauvaise foi, dans l'année suivant la date où elle en a eu connaissance.

[1985, c. 6, a. 431].

432. La Commission met en demeure le débiteur par un avis qui énonce le montant et les motifs d'exigibilité de la dette et le droit du débiteur de demander la révision de cette décision.

Cette mise en demeure interrompt la prescription prévue par l'article 431.

[1985, c. 6, a. 432].

433. La dette est exigible à l'expiration du délai pour demander la révision prévue à l'article 358 ou pour former le recours prévu à l'article 359 ou, si cette demande est faite ou ce recours formé, le jour de la décision finale confirmant la décision de la Commission.

[1985, c. 6, a. 433; 1997, c. 27, a. 25].

434. Si le débiteur est aussi créancier d'une indemnité de remplacement du revenu et que sa dette est exigible, la Commission peut opérer compensation jusqu'à concurrence de 25 % du montant de cette indemnité si le débiteur n'a aucune personne à charge, de 20 % s'il a une personne à charge et de 15 % s'il a plus d'une personne à charge, à moins que le débiteur ne consente à ce qu'elle opère compensation pour plus.

[1985, c. 6, a. 434].

430. Subject to sections 129 and 363, a person who has received a benefit to which he is not entitled or the amount of which exceeds that to which he is entitled shall reimburse the amount received in excess to the Commission.

[1985, c. 6, s. 430].

431. The Commission may recover the amount of the debt within 3 years of payment of the debt not owed or in the case of bad faith, within one year following the date on which the Commission became aware of the bad faith.

[1985, c. 6, s. 431].

432. The Commission shall give a formal notice to the debtor stating the amount and reasons for the due date of the debt and the right of the debtor to apply for a review of the decision.

The formal notice interrupts the prescription provided for in section 431.

[1985, c. 6, s. 432].

433. The amount due is payable upon the expiry of the time for filing an application for review under section 358 or the time for bringing a proceeding under section 359 or, if the application has been filed or the proceeding brought, on the day of the final decision confirming the decision of the Commission.

[1985, c. 6, s. 433; 1997, c. 27, s. 25].

434. If the debtor is also the creditor of an income replacement indemnity and his debt is exigible, the Commission may deduct up to 25 % from the amount of the indemnity if the debtor has no dependants, up to 20 % if he has one dependant and up to 15 % if he has more than one dependant unless the debtor consents to the Commission deducting more.

[1985, c. 6, s. 434].

435. À défaut du remboursement de la dette par le débiteur, la Commission peut, 30 jours après la date d'exigibilité de la dette ou dès cette date si elle est d'avis que le débiteur tente d'éluder le paiement, délivrer un certificat qui atteste:

1° les nom et adresse du débiteur;

2° le montant de la dette; et

3° la date de la décision finale qui établit l'exigibilité de la dette.

[1985, c. 6, a. 435].

435. If the debtor fails to reimburse the debt, the Commission may, 30 days after the due date of the debt or from that date if it is of the opinion that the debtor is attempting to evade payment, issue a certificate attesting

(1) the surname and address of the debtor,

(2) the amount of the debt, and

(3) the date of the final decision fixing the due date of the debt.

[1985, c. 6, s. 435].

436. Sur dépôt de ce certificat au greffe du tribunal compétent, la décision de la Commission ou de la Commission des lésions professionnelles devient exécutoire comme s'il s'agissait d'un jugement final et sans appel de ce tribunal et en a tous les effets.

[1985, c. 6, a. 436; 1997, c. 27, a. 26].

436. Upon filing of the certificate in the office of the court of competent jurisdiction, the decision of the Commission or the board becomes executory as if it were a final decision without appeal of such court and has all the effects of such a decision.

[1985, c. 6, s. 436; 1997, c. 27, s. 26].

437. La Commission peut, même après le dépôt du certificat, faire remise de la dette si elle le juge équitable en raison notamment de la bonne foi du débiteur ou de sa situation financière.

Cependant, la Commission ne peut faire remise d'une dette qu'elle est tenue de recouvrer en vertu du quatrième alinéa de l'article 60 ou de l'article 133.

[1985, c. 6, a. 437].

437. The Commission may, even after filing the certificate, remit the debt if it considers it fair to do so, in particular by reason of the debtor's good faith or his financial position.

However, the Commission shall not remit a debt it is required to recover under the fourth paragraph of section 60 or under section 133.

[1985, c. 6, s. 437].

SECTION II — RESPONSABILITÉ CIVILE

SECTION II — CIVIL LIABILITY

438. Le travailleur victime d'une lésion professionnelle ne peut intenter une action en responsabilité civile contre son employeur en raison de sa lésion.

[1985, c. 6, a. 438].

438. No worker who has suffered an employment injury may institute a civil liability action against his employer by reason of his employment injury.

[1985, c. 6, s. 438].

439. Lorsqu'un travailleur décède en raison d'une lésion professionnelle, le bénéficiaire ne peut intenter une action en responsabilité civile contre l'employeur de ce travailleur en raison de ce décès.

[1985, c. 6, a. 439].

439. In no case may the beneficiary of a worker who dies by reason of an employment injury, may institute a civil liability action against the employer of the worker by reason of the death.

[1985, c. 6, s. 439].

440. La personne chez qui un étudiant effectue un stage non rémunéré et celle chez qui une personne visée dans l'article 11, 12, 12.0.1 ou 12.1 exécute un travail, participe à une activité de sécurité civile, rend un service à la collectivité ou agit comme apprenti bénéficient de l'immunité accordée par les articles 438 et 439.

[1985, c. 6, a. 440; 1987, c. 19, a. 20; 2000, c. 20, a. 166; 2001, c. 76, a. 143].

441. Un bénéficiaire ne peut intenter une action en responsabilité civile, en raison d'une lésion professionnelle, contre un employeur assujetti à la présente loi, autre que celui du travailleur lésé, que:

1° si cet employeur a commis une faute qui constitue une infraction au sens du *Code criminel* (Lois révisées du Canada (1985), chapitre C-46) ou un acte criminel au sens de ce code;

2° pour recouvrer l'excédent de la perte subie sur la prestation;

3° si cet employeur est une personne responsable d'une lésion professionnelle visée dans l'article 31; ou

4° si cet employeur est tenu personnellement au paiement des prestations.

Malgré les règles relatives à la prescription édictées au Code civil, une action en responsabilité civile pour une faute visée dans le paragraphe 1° du premier alinéa ne peut être intentée que dans les six mois de l'aveu ou du jugement final de déclaration de culpabilité.

[1985, c. 6, a. 441; 1999, c. 40, a. 4].

442. Un bénéficiaire ne peut intenter une action en responsabilité civile, en raison de sa lésion professionnelle, contre un travailleur ou un mandataire d'un employeur assujetti à la présente loi pour une faute commise dans l'exercice de ses fonctions, sauf s'il s'agit d'un professionnel de la santé responsable d'une lésion professionnelle visée dans l'article 31.

Dans le cas où l'employeur est une personne morale, l'administrateur de la per-

440. A person with whom a student is undergoing an unremunerated training period and a person for whom a person described in section 11, 12, 12.0.1 or 12.1 who executes tasks, participates in a civil protection activity, renders a service to the community or acts as a trainee, benefits from the immunity granted by sections 438 and 439.

[1985, c. 6, s. 440; 1987, c. 19, s. 20; 2000, c. 20, s. 166; 2001, c. 76, s. 143].

441. No beneficiary may bring a civil liability action, by reason of an employment injury, against an employer governed by this Act other than the employer of the injured worker, except

(1) if the employer has committed a fault that constitutes an offence or indictable offence within the meaning of the *Criminal Code* (Revised Statutes of Canada, 1985, chapter C-46);

(2) to recover the amount by which the loss sustained exceeds the benefit;

(3) if the employer is a person responsible for an employment injury contemplated in section 31; or

(4) if the employer is personally liable for the payment of benefits.

Notwithstanding the rules relating to prescription enacted by the Civil Code, a civil liability action for a fault contemplated in subparagraph 1 of the first paragraph may be instituted only within six months of the admission of guilt or the final conviction.

[1985, c. 6, s. 441; 1999, c. 40, s. 4].

442. No beneficiary may bring a civil liability action, by reason of an employment injury, against a worker or a mandatary of an employer governed by this Act for a fault committed in the performance of his duties, except in the case of a health professional responsible for an employment injury contemplated in section 31.

Where the employer is a legal person, the administrator of the legal person is

sonne morale est réputé être un mandataire de cet employeur.

[1985, c. 6, a. 442; 1999, c. 40, a. 4].

deemed to be a mandatary of the employer.

[1985, c. 6, s. 442; 1999, c. 40, s. 4].

443. Un bénéficiaire qui peut intenter une action en responsabilité civile doit faire option et en aviser la Commission dans les six mois de l'accident du travail, de la date où il est médicalement établi et porté à la connaissance du travailleur qu'il est atteint d'une maladie professionnelle ou, le cas échéant, du décès qui résulte de la lésion professionnelle.

Cependant, le bénéficiaire qui peut intenter une action en responsabilité civile pour une faute visée dans le paragraphe 1° du premier alinéa de l'article 441 doit faire option et en aviser la Commission au plus tard six mois après la date de l'aveu ou du jugement final de déclaration de culpabilité.

À défaut de faire l'option prévue par le premier ou le deuxième alinéa, le bénéficiaire est réputé renoncer aux prestations prévues par la présente loi.

[1985, c. 6, a. 443; 1999, c. 40, a. 4].

443. A beneficiary who may bring a civil liability action must elect to do so and notify the Commission thereof within six months of the industrial accident of the date on which it was medically established and brought to the knowledge of the worker that he was suffering from an occupational disease or, as the case may be, of the death resulting from an employment injury.

Notwithstanding the first paragraph, a beneficiary who may bring a civil liability action for a fault contemplated in subparagraph 1 of the first paragraph of section 441 must elect to do so and notify the Commission thereof not later than six months after the date of the admission of guilt or the final conviction.

If the beneficiary fails to make the election provided for in the first or second paragraph, he is deemed to have renounced the benefits provided in this Act.

[1985, c. 6, s. 443; 1999, c. 40, s. 4].

444. Si le bénéficiaire visé dans l'article 443 choisit d'intenter une action en responsabilité civile et perçoit une somme inférieure au montant de la prestation prévue par la présente loi, il a droit à une prestation pour la différence.

Ce bénéficiaire doit réclamer cette prestation à la Commission dans les six mois du jugement final rendu sur l'action en responsabilité civile.

[1985, c. 6, a. 444].

444. If the beneficiary contemplated in section 443 elects to bring a civil liability action and collects a sum less than the amount provided for in this Act, he is entitled to a benefit for the difference.

The beneficiary shall claim the benefit from the Commission within six months of the final judgment rendered on the civil liability action.

[1985, c. 6, s. 444].

445. Si le bénéficiaire visé dans l'article 443 choisit de réclamer une prestation en vertu de la présente loi, il a droit de recouvrer de la personne responsable l'excédent de la perte subie sur la prestation.

[1985, c. 6, a. 445].

445. If the beneficiary contemplated in section 443 elects to claim a benefit under this Act, he is entitled to recover from the person liable for it the amount by which the loss sustained exceeds the benefit.

[1985, c. 6, s. 445].

446. La réclamation d'un bénéficiaire à la Commission subroge celle-ci de plein droit dans les droits de ce bénéficiaire contre le responsable de la lésion professionnelle jusqu'à concurrence du montant des pres-

446. A claim made by a beneficiary from the Commission subrogates it of right to the rights of the beneficiary against the person responsible for the employment injury up to the amount of benefits it has

tations qu'elle a payées et du capital représentatif des prestations à échoir.

Une entente ayant pour effet de priver la Commission de tout ou partie de son recours subrogatoire lui est inopposable, à moins qu'elle ne la ratifie.

[1985, c. 6, a. 446].

447. L'action intentée par le bénéficiaire contre le responsable d'une lésion professionnelle interrompt, en faveur de la Commission, la prescription édictée au Code civil.

[1985, c. 6, a. 447; 1999, c. 40, a. 4].

SECTION III —— RECOURS EN VERTU
D'UN AUTRE RÉGIME

448. La personne à qui la Commission verse une indemnité de remplacement du revenu ou une rente pour incapacité totale en vertu d'une loi qu'elle administre et qui réclame, en raison d'un nouvel événement, une telle indemnité ou une telle rente en vertu de la *Loi sur l'assurance automobile* (chapitre A-25) ou d'une loi que la Commission administre, autre que celle en vertu de laquelle elle reçoit déjà cette indemnité ou cette rente, n'a pas le droit de cumuler ces deux indemnités pendant une même période.

La Commission continue de verser à cette personne l'indemnité de remplacement du revenu ou la rente pour incapacité totale qu'elle reçoit déjà, s'il y a lieu, en attendant que soient déterminés le droit et le montant des prestations payables en vertu de chacune des lois applicables.

[1985, c. 6, a. 448].

449. La Commission et la Société de l'assurance automobile du Québec prennent entente pour établir un mode de traitement des réclamations faites en vertu de la *Loi sur l'assurance automobile* (chapitre A-25) par les personnes visées dans l'article 448.

Cette entente doit permettre de:

1° distinguer le préjudice qui découle du nouvel événement et celui qui est attribuable à la lésion professionnelle, au préjudice subi par le sauveteur au sens de la *Loi*

paid and the capital sum representing the benefits to become due.

No agreement having the effect of depriving the Commission of all or part of its recourse in subrogation may be set up against it unless it ratifies the agreement.

[1985, c. 6, s. 446].

447. The action brought by the beneficiary against the person responsible for an employment injury interrupts, in favour of the Commission, the prescription enacted by the Civil Code.

[1985, c. 6, s. 447; 1999, c. 40, s. 4].

SECTION III —— REDRESS UNDER
OTHER PLANS

448. A person to whom the Commission pays an income replacement indemnity or a total disability benefit under an Act administered by it and who, by reason of a new event, claims such indemnity or benefit under the *Automobile Insurance Act* (chapter A-25) or an Act administered by the Commission other than that under which he is already receiving the indemnity or benefit, is not entitled to both one and the other indemnity for the same period.

The Commission shall continue to pay to the person the income replacement indemnity or the total disability benefit that he is already receiving, where required, while awaiting the determination of the entitlement to and the amount of benefits payable under each of the applicable Acts.

[1985, c. 6, s. 448].

449. The Commission shall reach an agreement with the Société de l'assurance automobile du Québec to settle a mode of processing claims made under the *Automobile Insurance Act* (chapter A-25) by the persons contemplated in section 448.

The agreement must make possible to

(1) distinguish between the damage resulting from the new event and that attributable to the employment injury, to the injury sustained by the rescuer within the mean-

visant à favoriser le civisme (chapitre C-20) ou à l'acte criminel subi par une victime au sens de la *Loi sur l'indemnisation des victimes d'actes criminels* (chapitre I-6), selon le cas;

2° déterminer en conséquence le droit et le montant des prestations payables en vertu de chacune des lois applicables;

3° déterminer les prestations que doit verser chaque organisme et de préciser les cas, les montants et les modalités de remboursement entre eux.

[1985, c. 6, a. 449; 1990, c. 19, a. 11; 1999, c. 40, a. 4].

450. Lorsqu'une personne visée dans l'article 448 réclame une indemnité de remplacement du revenu en vertu de la *Loi sur l'assurance automobile* (chapitre A-25), la Commission et la Société de l'assurance automobile du Québec doivent, dans l'application de l'entente visée à l'article 449, rendre conjointement une décision qui distingue le préjudice attribuable à chaque événement et qui détermine en conséquence le droit aux prestations payables en vertu de chacune des lois applicables.

La personne qui se croit lésée par cette décision peut, à son choix, la contester suivant la présente loi, la *Loi visant à favoriser le civisme* (chapitre C-20) ou la *Loi sur l'indemnisation des victimes d'actes criminels* (chapitre I-6), selon le cas, ou suivant la *Loi sur l'assurance automobile*.

Le recours formé en vertu de l'une de ces lois empêche le recours en vertu de l'autre et la décision alors rendue lie les deux organismes.

[1985, c. 6, a. 450; 1990, c. 19, a. 11; 1997, c. 27, a. 27; 1999, c. 40, a. 4].

451. Lorsqu'une personne à qui la Commission verse une indemnité de remplacement du revenu ou une rente pour incapacité totale en vertu d'une loi qu'elle administre réclame, en raison d'un nouvel événement, une indemnité de remplacement du revenu ou une rente pour incapacité totale en vertu d'une autre loi que la Commission administre, la Commission distingue le préjudice attribuable à chaque événement et détermine en conséquence le droit et le montant des prestations paya-

ing of the *Act to promote good citizenship* (chapter C-20) or to the indictable offence sustained by the victim within the meaning of the *Crime Victims Compensation Act* (chapter I-6), as the case may be;

(2) determine accordingly the entitlement to and the amount of the benefits payable under each of the applicable Acts;

(3) determine the benefits each agency is required to pay and specify the cases, amounts and modalities of reimbursement among them.

[1985, c. 6, s. 449; 1990, c. 19, s. 11; 1999, c. 40, s. 4].

450. Where a person contemplated in section 448 claims an income replacement indemnity under the *Automobile Insurance Act* (chapter A-25), the Commission and the Société de l'assurance automobile du Québec shall, in carrying out the agreement contemplated in section 449, jointly render a decision which distinguishes between the damage attributable to each event and determine the corresponding entitlement to and amount of the benefits payable under each of the applicable Acts.

A person who believes he has been wronged by the decision may elect to contest the decision under this Act, the *Act to promote good citizenship* (chapter C-20) or the *Crime Victims Compensation Act* (chapter I-6), as the case may be, or under the *Automobile Insurance Act*.

A proceeding brought under any of the said Acts precludes any proceeding under any other of them and the decision made binds both agencies.

[1985, c. 6, s. 450; 1990, c. 19, s. 11; 1997, c. 27, s. 27; 1999, c. 40, s. 4].

451. Where a person to whom the Commission pays an income replacement indemnity or a total disability benefit under an Act administered by it claims, by reason of a new event, an income replacement indemnity or a total disability benefit under another Act administered by the Commission, the Commission shall distinguish between the damage attributable to each event and determine the corresponding entitlement to and amount of benefits payable under each of the applicable Acts.

bles en vertu de chacune des lois applicables.

La personne qui se croit lésée par cette décision peut, à son choix, la contester suivant la présente loi ou suivant la *Loi visant à favoriser le civisme* (chapitre C-20) ou la *Loi sur l'indemnisation des victimes d'actes criminels* (chapitre I-6), selon le cas.

Le recours formé en vertu de l'une de ces lois empêche le recours en vertu de l'autre et la décision alors rendue lie la Commission pour l'application de chacune de ces lois.

[1985, c. 6, a. 451; 1997, c. 27, a. 28; 1999, c. 40, a. 4].

452. Si une personne a droit, en raison d'une même lésion professionnelle, à une prestation en vertu de la présente loi et en vertu d'une loi autre qu'une loi du Parlement du Québec, elle doit faire option et en aviser la Commission dans les six mois de l'accident du travail ou de la date où il est médicalement établi et porté à la connaissance du travailleur qu'il est atteint d'une maladie professionnelle ou, le cas échéant, du décès qui résulte de la lésion professionnelle.

À défaut, elle est présumée renoncer aux prestations prévues par la présente loi.

[1985, c. 6, a. 452].

453. Une demande de prestations à la Commission conserve au bénéficiaire son droit de réclamer les bénéfices de la *Loi sur le régime de rentes du Québec* (chapitre R-9) ou de tout autre régime public ou privé d'assurance, malgré l'expiration du délai de réclamation prévu par ce régime.

A person who believes he has been wronged by the decision may elect to contest the decision under this Act, the *Act to promote good citizenship* (chapter C-20) or the *Crime Victims Compensation Act* (chapter I-6), as the case may be.

A proceeding brought under any of the said Acts precludes any proceeding under any other of them and the decision made binds the Commission for the purposes of each of the said Acts.

[1985, c. 6, s. 451; 1997, c. 27, s. 28; 1999, c. 40, s. 4].

452. Where, by reason of one and the same employment injury, a person is entitled to both a benefit under this Act and a benefit under an Act other than an Act of the Parliament of Québec, he shall elect one of them and notify the Commission of his election within six months of the industrial accident or of the date when it is medically established and brought to the attention of the worker that he has contracted an occupational disease or, where such is the case, of the death as a result of the employment injury.

If the person fails to make the election, he is presumed to waive any benefit under this Act.

[1985, c. 6, s. 452].

453. An application to the Commission for benefits preserves the beneficiary's right to claim benefits under the *Act respecting the Québec Pension Plan* (chapter R-9) or under any other public or private insurance plan, notwithstanding the expiry of the time limit for claims under the plan.

Ce délai recommence à courir à compter du jour de la décision finale rendue sur la demande de prestation.

[1985, c. 6, a. 453].

[...]

The time limit begins to run anew from the date of the final decision on the application for benefits.

[1985, c. 6, s. 453].

[...]

Les articles 31, 448, 449 et 450 seront modifiés lors de l'entrée en vigueur des articles 180, 184, 185 et 186 du chapitre 54 des lois de 1993 à la date fixée par le gouvernement.

L'article 451 sera abrogé lors de l'entrée en vigueur de l'article 187 du chapitre 54 des lois de 1993 à la date fixée par le gouvernement.

Sections 31, 448, 449 and 450 will be amended upon the coming into force of sections 180, 184, 185 and 186 of chapter 54 of the statutes of 1993 on the date fixed by the Government.

Section 451 will be repealed upon the coming into force of section 187 of chapter 54 of the statutes of 1993 on the date fixed by the Government.

Section I — Maladies causées par des produits ou substances toxiques

MALADIES	GENRES DE TRAVAIL
1. Intoxication par les *métaux* et leurs composés toxiques organiques ou inorganiques :	un travail impliquant l'utilisation, la manipulation ou une autre forme d'exposition à ces métaux;
2. Intoxication par les *halogènes* et leurs composés toxiques organiques ou inorganiques :	un travail impliquant l'utilisation, la manipulation ou une autre forme d'exposition à ces halogènes;
3. Intoxication par les composés toxiques organiques ou inorganiques du *bore* :	un travail impliquant l'utilisation, la manipulation ou une autre forme d'exposition à ces composés du bore;
4. Intoxication par le *silicium* et ses composés toxiques organiques ou inorganiques :	un travail impliquant l'utilisation, la manipulation ou une autre forme d'exposition au silicium et à ces composés du silicium;
5. Intoxication par le *phosphore* et ses composés toxiques organiques ou inorganiques :	un travail impliquant l'utilisation, la manipulation ou une autre forme d'exposition au phosphore ou à ces composés du phosphore;
6. Intoxication par l'*arsenic* et ses composés toxiques organiques ou inorganiques :	un travail impliquant l'utilisation, la manipulation ou une autre forme d'exposition à l'arsenic ou à ces composés de l'arsenic;
7. Intoxication par les composés toxiques organiques ou inorganiques du *soufre* :	un travail impliquant l'utilisation, la manipulation ou une autre forme d'exposition à ces composés du soufre;
8. Intoxication par le *sélénium* et ses composés toxiques organiques ou inorganiques :	un travail impliquant l'utilisation, la manipulation ou une autre forme d'exposition au sélénium ou à ces composés du sélénium;
9. Intoxication par le *tellure* et ses composés toxiques organiques ou inorganiques :	un travail impliquant l'utilisation, la manipulation ou une autre forme d'exposition au tellure ou à ces composés du tellure;
10. Intoxication par les composés toxiques organiques ou inorganiques de l'*azote* :	un travail impliquant l'utilisation, la manipulation ou une autre forme d'exposition à ces composés de l'azote;
11. Intoxication par les composés toxiques organiques ou inorganiques de l'*oxygène* :	un travail impliquant l'utilisation, la manipulation ou une autre forme d'exposition à ces composés de l'oxygène;
12. Intoxication par les hydrocarbures aliphatiques, alicycliques et aromatiques :	un travail impliquant l'utilisation, la manipulation ou une autre forme d'exposition à ces substances.

Section II — Maladies causées par des agents infectieux

MALADIES	GENRES DE TRAVAIL
1. Infection cutanée bactérienne ou à champignon (pyodermite, folliculite bactérienne, panaris, dermatomycose, infection cutanée à candida) :	un travail impliquant le contact avec des tissus ou du matériel contaminé par des bactéries ou des champignons;
2. Parasitose :	un travail impliquant des contacts avec des humains, des animaux ou du matériel contaminé par des parasites, tels sarcoptes, scabiei, pediculus humanis;
3. Anthrax :	un travail impliquant l'utilisation, la manipulation ou une autre forme d'exposition à la laine, au crin, au poil, au cuir ou à des peaux contaminés;
4. Brucellose :	un travail relié aux soins, à l'abattage, au dépeçage ou au transport d'animaux ou un travail de laboratoire impliquant des contacts avec une brucella;
5. Hépatite virale :	un travail impliquant des contacts avec des humains, des produits humains ou des substances contaminés;
6. Tuberculose :	un travail impliquant des contacts avec des humains, des animaux, des produits humains ou animaux ou d'autres substances contaminés;
7. Verrue aux mains :	un travail exécuté dans un abattoir ou impliquant la manipulation d'animaux ou produits d'animaux en milieu humide (macération).

Section III — Maladies de la peau causées par des agents autres qu'infectieux

MALADIES	GENRES DE TRAVAIL
1. Dermite de contact irritative :	un travail impliquant un contact avec des substances telles que solvants, détergents, savons, acides, alcalis, ciments, lubrifiants et autres agents irritants;
2. Dermite de contact allergique :	un travail impliquant un contact avec des substances telles que nickel, chrome, époxy, mercure, antibiotique et autres allergènes;
3. Dermatose causée par les végétaux (photodermatose) :	un travail impliquant un contact avec des végétaux;
4. Dermatose causée par action mécanique (callosités et kératodermies localisées) :	un travail impliquant des frictions, des pressions;

MALADIES	GENRES DE TRAVAIL
5. Dermatose causée par le goudron, le brai, le bitume, les huiles minérales, l'anthracène et les composés, produits et résidus de ces substances (photodermatite, folliculite, dyschromie, épithélioma ou lésions paranéoplasiques) :	un travail impliquant l'utilisation ou la manipulation de goudron, de brai, de bitume, d'huiles minérales, d'anthracène ou de leurs composés, produits et résidus;
6. Dermatose causée par les radiations ionisantes (radiodermites) :	un travail impliquant une exposition à des radiations ionisantes
7. Télangiectasie cutanée :	un travail exécuté dans une aluminerie impliquant des expositions répétées à l'atmosphère des salles de cuves;
8. Dermatose causée par les huiles et les graisses (folliculite chimique) :	un travail impliquant l'utilisation ou la manipulation d'huile et de graisse.

Section IV — Maladies causées par des agents physiques

MALADIES	GENRES DE TRAVAIL
1. Atteinte auditive causée par le bruit :	un travail impliquant une exposition à un bruit excessif;
2. Lésion musculo-squelettique se manifestant par des signes objectifs (bursite, tendinite, ténosynovite) :	un travail impliquant des répétitions de mouvements ou de pressions sur des périodes de temps prolongées;
3. Maladie causée par le travail dans l'air comprimé :	un travail exécuté dans l'air comprimé;
4. Maladie causée par contrainte thermique :	un travail exécuté dans une ambiance thermique excessive;
5. Maladie causée par les radiations ionisantes :	un travail exposant à des radiations ionisantes;
6. Maladie causée par les vibrations :	un travail impliquant des vibrations;
7. Rétinite :	un travail impliquant l'utilisation de la soudure à l'arc électrique ou à l'acétylène;
8. Cataracte causée par les radiations non ionisantes :	un travail impliquant une exposition aux radiations infrarouges, aux micro-ondes ou aux rayons laser.

Section V — Maladies pulmonaires causées par des poussières organiques et inorganiques

MALADIES	GENRES DE TRAVAIL
1. Amiantose, cancer pulmonaire ou mésothéliome causé par l'amiante :	un travail impliquant une exposition à la fibre d'amiante;
2. Bronchopneumapathie causée par la poussière de métaux durs :	un travail impliquant une exposition à la poussière de métaux durs;
3. Sidérose :	un travail impliquant une exposition aux poussières et fumées ferreuses;
4. Silicose :	un travail impliquant une exposition à la poussière de silice;
5. Talcose :	un travail impliquant une exposition à la poussière de talc;

MALADIES	GENRES DE TRAVAIL
6. Byssinose :	un travail impliquant une exposition à la poussière de coton, de lin, de chanvre ou de sisal;
7. Alvéolite allergique extrinsèque :	un travail impliquant une exposition à un agent reconnu comme pouvant causer une alvéolite allergique extrinsèque;
8. Asthme bronchique :	un travail impliquant une exposition à un agent spécifique sensibilisant.
[...]	

[1985, c. 6, annexe 1].

SCHEDULE I ━━ OCCUPATIONAL DISEASES
(Section 29)

Section I — Diseases Caused by Toxic Products or Substances

DISEASE	TYPE OF WORK
(1) Poisoning by *metals* and their organic or inorganic toxic compounds :	any work involving the utilization, handling or other form of exposure to those metals;
(2) Poisoning by *halogens* and their organic or inorganic toxic compounds :	any work involving the utilization, handling or other form of exposure to those halogens;
(3) Poisoning by the organic and inorganic toxic compounds of *boron* :	any work involving the utilization, handling or other form of exposure to the compounds of boron;
(4) Poisoning by *silicium* and its organic or inorganic toxic compounds :	any work involving the utilization, handling or other form of exposure to silicium and those compounds of silicium;
(5) Poisoning by *phosphorous* and its organic and inorganic toxic compounds :	any work involving the utilization, handling or other form of exposure to phosphorous or those compounds of phosphorous;
(6) Poisoning by *arsenic* and its organic or inorganic toxic compounds :	any work involving the utilization, handling or other form of exposure to arsenic or those compounds or arsenic;
(7) Poisoning by the organic or inorganic toxic compounds of *sulfur* :	any work involving the utilization, handling or other form of exposure to those compounds of sulfur;
(8) Poisoning by *selenium* and its organic or inorganic toxic compounds :	any work involving the utilization, handling or other form of exposure to selenium or those compounds of selenium;
(9) Poisoning by *tellurium* and its organic or inorganic toxic compounds :	any work involving the utilization, handling or other form of exposure to tellurium or those compounds of tellurium;
(10) Poisoning by the organic or inorganic toxic compounds of *nitrogen* :	any work involving the utilization, handling or other form of exposure to those compounds of nitrogen;

DISEASE	TYPE OF WORK
(11) Poisoning by the organic or inorganic toxic compounds of *oxygen* :	any work involving the utilization, handling or other form of exposure to those compounds of oxygen; oxygen :
(12) Poisoning by aliphatic, alicyclic and aromatic *hydrocarbons* :	any work involving the utilization, handling or other form of exposure to those substances.

Section II — Diseases Caused by Infectious Agents

DISEASE	TYPE OF WORK
(1) Bacterial cutaneous or fungus infections (pyodermatosis, bacterial folliculitis, panaris, dermatomycosis, candida cutaneous infection) :	any work involving contact with tissues or material contaminated by bacteria or fungi;
(2) Parasitosis :	any work involving contact with humans, animals or material contaminated by parasites such as sarcoptes scabiei, pediculus humanus;
(3) Anthrax :	any work involving the utilization, handling or other form of exposure to wool, hair, bristles, hides and contaminated skins;
(4) Brucellosis :	any work related to the care, slaughtering, cutting, transport of slaughterhouse animals or any work involving contact with brucella;
(5) Viral hepatitis :	any work involving contact with contaminated humans or animals, human or animal products or other contaminated substances;
(6) Tuberculosis :	any work involving contact with humans or animals, human or animal products or other contaminated substances;
(7) Multiple warts on the hands :	any work carried on in a slaughterhouse or involving the handling of animals or animal products under humid conditions (maceration).

Section III — Skin Diseases Caused by Agents other than Infectious Agents

DISEASE	TYPE OF WORK
(1) Irritative contact dermatitis :	any work involving contact with substances such as a solvent, detergent, soap, acid, alkali, cement, lubricant or other irritating agent;
(2) Allergic contact dermatitis :	any work involving contact with substances such as nickel, chrome, epoxy, mercury or antibiotic and other allergens;

DISEASE	TYPE OF WORK
(3) Dermatoses caused by plants (phytodermatosis) :	any work involving contact with plants;
(4) Dermatoses caused by mechanical action (localized callosities and keratodermia) :	any work involving friction or pressure;
(5) Dermatoses caused by tar, pitch, asphalt, mineral oils, anthracene and its compounds, products and residues of those substances (photodermatitis, folliculitis, dyaschromia, epithelioma or paraneoplastic lesions) :	any work involving the utilization or the handling of tar, pitch, asphalt, mineral oils, anthracene or their compounds, products and residues;
(6) Dermatosis caused by ionizing radiations (radiodermatitis) :	any work involving exposure ionizing radiations;
(7) Cutaneous telangiectasia :	any work performed in aluminium plants, involving repeated exposure to ambient air in potrooms;
(8) Dermatoses caused by oil or grease (chemical folliculitis) :	any work involving the utilization or handling of oil or grease.

Section IV — Diseases Caused by Physical Agents

DISEASE	TYPE OF WORK
(1) Hearing impairment caused by noise :	any work involving exposure to excessive noise;
(2) Muscular-skeletal lesions manifested by objective signs (bursitis, tendinitis tenosynovitis) :	any work involving repeated movements or pressures over an extended period of time;
(3) Illnesses caused by working in compressed air :	any work carried on in compressed air;
(4) Disease caused by exposure to high or low temperatures :	any work carried on under conditions of high or low temperatures;
(5) Disease caused by ionizing radiations :	any work involving exposure to ionizing radiations;
(6) Disease caused by vibrations :	any work involving vibrations;
(7) Retinitis :	any work involving electro-welding or acetylene welding;
(8) Cataract caused by non-ionizing radiation :	any work involving exposure to infrared radiation, microwaves or laser beams.

Section V — Lung Diseases Caused by Organic and Inorganic Dust

DISEASE	TYPE OF WORK
(1) Asbestosis, lung cancer or mesthelioma caused by asbestos :	any work involving exposure to asbestos fibre;
(2) Bronchopneumopathy caused by dust from hard metals :	any work involving exposure to the dust of hard metals;
(3) Siderosis :	any work involving exposure to iron oxide and iron dust;

DISEASE		TYPE OF WORK
(4)	Silicosis :	any work involving exposure to silica dust;
(5)	Talcosis :	any work involving exposure to talc dust;
(6)	Byssinosis :	any work involving exposure to cotton, flax, hemp or sisal dust;
(7)	Extrinsic allergic alveolitis :	any work involving exposure to an agent recognized as causing extrinsic allergic alveolitis;
(8)	Bronchial asthma :	any work involving exposure to a specific sensitizing agent.
[...]		

[1985, c. 6, schedule 1].

LOI SUR L'APPLICATION DE LA RÉFORME DU CODE CIVIL,[*]

L.Q. 1992, c. 57 (Extraits)

AN ACT RESPECTING THE IMPLEMENTATION OF THE REFORM OF THE CIVIL CODE,[*]

S.Q. 1992, c. 57 (Extracts)

[...]

[...]

TITRE III — DISPOSITIONS RELATIVES AUX AUTRES LOIS

Chapitre PREMIER — Dispositions interprétatives

423. Dans les lois et leurs textes d'application, les notions du nouveau Code civil remplacent les notions correspondantes de l'ancien code. Certaines de ces notions correspondantes sont identifiées ci-après:

EN MATIÈRE DE DROIT DES PERSONNES:

1° « acte de sépulture » correspond à « acte de décès »;

TITLE III — PROVISIONS RELATING TO OTHER ACTS

Chapter I — Interpretative Provisions

423. In the statutes and statutory instruments, the concepts introduced by the new Code replace the corresponding concepts of the former Code. Some of these corresponding concepts are identified hereinafter :

IN RESPECT OF THE LAW OF PERSONS :

(1) "act of burial" corresponds to "act of death";

---

[*] Le texte des dispositions transitoires (art. 1 à 170) se trouve aux pages 841 et suivantes.

[*] The provisions (s. 1 to 170) of this Act are at pages 841 and next.

2° « corporation au sens du *Code civil du Bas-Canada* » correspond à « personne morale au sens du *Code civil du Québec* »;

(2) "corporation within the meaning of the Civil Code of Lower Canada" corresponds to "legal person within the meaning of the Civil Code of Québec";

3° « corporation municipale » correspond à « municipalité » et « corporation scolaire », à « commission scolaire »;

(3) "municipal corporation" corresponds to "municipality" and "school corporation" corresponds to "school board";

4° « corporation privée ou publique » correspond à « personne morale de droit privé ou de droit public »;

(4) "private or public corporation" corresponds to "legal person established for a private interest or in the public interest";

5° « curatelle à l'absent » correspond à « tutelle à l'absent »;

(5) "curatorship to the absentee" corresponds to "tutorship to the absentee";

6° « cure fermée » correspond à « garde d'une personne atteinte de maladie mentale »;

(6) "close treatment" corresponds to "confinement of a mentally ill person";

7° « incapacité physique ou mentale » correspond à « inaptitude de fait », « incapacité juridique », à « privation totale ou partielle du droit d'exercer pleinement ses droits civils », et « incapacité d'agir », que l'incapacité soit temporaire ou non, à « empêchement d'agir »;

(7) "physical or mental disability" corresponds to "*de facto* incapacity", "juridical incapacity" corresponds to "total or partial deprivation of the right to the full exercise of one's civil rights" and "incapacity to act", whether temporary or not, corresponds to "inability to act";

8° « officier d'une corporation » ou « officier d'un organisme possédant les droits et pouvoirs généraux d'une corporation » correspond à « dirigeant d'une personne morale »;

(8) "officer of a corporation" or "officer of a body having the rights and general powers of a corporation" corresponds to "senior officer of a legal person";

9° « droits et pouvoirs généraux d'une corporation » correspond à « capacité d'une personne morale »;

(9) "rights and general powers of a corporation" corresponds to "capacity of legal persons";

10° « personnalité civile » correspond à « personnalité juridique ».

(10) "civil personality" corresponds to "juridical personality".

EN MATIÈRE DE DROIT DES SUCCESSIONS:

IN RESPECT OF THE LAW OF SUCCESSIONS :

1° « exécuteur testamentaire » correspond à « liquidateur de succession »;

(1) "testamentary executor" corresponds to "liquidator of the succession";

2° « légataire », dans l'expression « héritiers et légataires » correspond à « légataire particulier ».

(2) "legatee" in the expression "heirs and legatees" corresponds to "legatee by particular title".

EN MATIÈRE DE DROIT DES BIENS:

IN RESPECT OF THE LAW OF PROPERTY :

1° « bail emphytéotique » correspond à « emphytéose »;

(1) "emphyteutic lease" corresponds to "emphyteusis";

2° « compte en fiducie » correspond à « compte en fidéicommis » et « acte de fidéicommis » lorsque l'objet de l'acte comporte un transfert de propriété, correspond à « acte de fiducie ».

EN MATIÈRE DE DROIT DES OBLIGATIONS:

1° « cas fortuit » correspond à « cas de force majeure »;

2° « délits et quasi-délits » correspond à « la faute au sens de la responsabilité civile extracontractuelle »;

3° « dommages exemplaires » correspond à « dommages-intérêts punitifs »;

4° « droit de réméré » correspond à « faculté de rachat » et « vente à réméré », à « vente avec faculté de rachat »;

5° « louage de service personnel » correspond à « contrat de travail »;

6° « société civile » ou « société commerciale » correspond à « société contractuelle au sens du *Code civil du Québec* », que la société soit en nom collectif, en commandite ou en participation;

7° « vente en bloc » correspond à « vente d'entreprise ».

EN MATIÈRE DE DROIT DES PRIORITÉS ET DES HYPOTHÈQUES:

« cautionnement par nantissement » correspond à « cautionnement par gage »; « cautionnement par police de garantie », à « cautionnement par police d'assurance »; « cautionnement hypothécaire », à « cautionnement par hypothèque ».

EN MATIÈRE DE DROIT DE LA PREUVE:

présomption *juris* et *de jure* ou irréfragable correspond à « présomption absolue », alors que « présomption *juris tantum* ou réfragable » correspond à « présomption simple ».

(2) "trust account" corresponds to "account held in trust" and "trust deed [acte de fidéicommis]", where the object of the deed entails a transfer of ownership, corresponds to "trust deed [acte de fiducie]".

IN RESPECT OF THE LAW OF OBLIGATIONS :

(1) "fortuitous event" corresponds to "superior force";

(2) "offences and quasi-offences" corresponds to "fault in the context of extracontractual civil liability";

(3) "exemplary damages"; corresponds to "punitive damages";

(4) in French texts, "droit de réméré [right of redemption]" corresponds to "faculté de rachat [right of redemption]" and "vente à réméré [sale with a right of redemption]" corresponds to "vente avec faculté de rachat [sale with a right of redemption]";

(5) "lease and hire of personal services" corresponds to "contract of employment";

(6) "civil partnership" or "commercial partnership" corresponds to "contractual partnership within the meaning of the *Civil Code of Québec*", whether the partnership is a general, limited or undeclared partnership;

(7) "bulk sale" corresponds to "sale of an enterprise".

IN RESPECT OF THE LAW OF PRIOR CLAIMS AND HYPOTHECS :

"security by pledge" corresponds to "suretyship by pledge"; "suretyship by guarantee policy" or "security by guarantee policy" corresponds to "suretyship by insurance policy"; "hypothecary security" corresponds to "hypothecary suretyship".

IN RESPECT OF THE LAW OF EVIDENCE :

"presumption *juris et de jure*" or "irrebuttable presumption" corresponds to "absolute presumption" whereas "presumption *juris tantum*" or "rebuttable presumption" corresponds to "simple presumption".

EN MATIÈRE DE PUBLICITÉ DES DROITS:

1° « bureau d'enregistrement » correspond à « bureau de la publicité des droits »;

2° « division d'enregistrement » correspond à « circonscription foncière »;

3° « enregistrement » correspond à « inscription » ou « publicité »;

4° « index des immeubles » ou « index aux immeubles » correspond à « registre foncier »;

5° « registrateur » correspond à « officier de la publicité des droits »;

6° « registre des nantissements agricoles et forestiers » correspond à « registre des droits personnels et réels mobiliers ».

EN MATIÈRE DE PROCÉDURE CIVILE ET D'EXERCICE DES RECOURS:

1° « protonotaire » correspond à « greffier »;

2° « certificat du registrateur » correspond à « état certifié de l'officier de la publicité des droits ».

424. Dans les lois et leurs textes d'application, tout renvoi à une disposition de l'ancien code est un renvoi à la disposition correspondante du nouveau code.

En particulier:

1° tout renvoi à l'article 981*o* du *Code civil du Bas-Canada* est un renvoi à la disposition équivalente concernant les placements présumés sûrs du *Code civil du Québec;*

2° tout renvoi aux articles 1203 à 1245 du *Code civil du Bas-Canada* est un renvoi à la disposition correspondante du livre De la preuve du *Code civil du Québec;*

IN RESPECT OF PUBLICATION OF RIGHTS :

(1) in French texts, "bureau d'enregistrement [registry office]" corresponds to "bureau de la publicité des droits [registry office]";

(2) in French texts, "division d'enregistrement [registration division]" corresponds to "circonscription foncière [registration division]";

(3) "registration" corresponds to "registration" or "publication";

(4) "index of immovables" or "index to immovables" corresponds to "land register";

(5) in French texts, "régistrateur [registrar]" corresponds to "officier de la publicité des droits [registrar]";

(6) "register of farm and forest pledges" corresponds to "register of personal and movable real rights".

IN RESPECT OF CIVIL PROCEDURE AND REMEDIES :

(1) "prothonotary" corresponds to "clerk";

(2) "certificate of the registrar" corresponds to "certified statement of the registrar".

424. In the statutes and statutory instruments, any reference to a provision of the former Code is a reference to the corresponding provision of the new Code.

In particular,

(1) any reference to article 981*o* of the *Civil Code of Lower Canada* is a reference to the equivalent provision concerning presumed sound investments in the *Civil Code of Québec;*

(2) any reference to articles 1203 to 1245 of the *Civil Code of Lower Canada* is a reference to the corresponding provision of the Book on Evidence of the *Civil Code of Québec;*

3° tout renvoi aux articles 1650 à 1665.6 du *Code civil du Bas-Canada* est un renvoi à la disposition correspondante des règles particulières au bail d'un logement du livre Des obligations du *Code civil du Québec*.

[...]

(3) any reference to articles 1650 to 1665.6 of the *Civil Code of Lower Canada* is a reference to the corresponding provision of the rules governing the lease of a dwelling in the Book on Obligations of the *Civil Code of Québec*.

[...]

LOI SUR LES ASPECTS CIVILS DE L'ENLÈVEMENT INTERNATIONAL ET INTERPROVINCIAL D'ENFANTS,

RLRQ, c. A-23.01

AN ACT RESPECTING THE CIVIL ASPECTS OF INTERNATIONAL AND INTERPROVINCIAL CHILD ABDUCTION,

CQLR, c. A-23.01

ATTENDU que la Convention de La Haye du 25 octobre 1980 sur les aspects civils de l'enlèvement international d'enfants vise, au niveau international, à protéger l'enfant contre les effets nuisibles d'un déplacement ou d'un non-retour illicites;

WHEREAS the Convention on the Civil Aspects of International Child Abduction signed at The Hague on 25 October 1980 aims to protect children internationally from the harmful effects of their wrongful removal or retention;

Attendu que cette Convention établit, dans l'intérêt de l'enfant, des mécanismes en vue de garantir le retour immédiat de ce dernier dans l'État de sa résidence habituelle et d'assurer la protection du droit de visite;

Whereas the Convention establishes procedures to ensure the prompt return of children to the State of their habitual residence and to secure protection for rights of access;

Attendu que le Québec souscrit aux principes et aux règles établis par cette Convention et qu'il y a lieu de les appliquer au plus grand nombre de cas possible;

Whereas Québec subscribes to the principles and rules set forth in the Convention and it is expedient to apply them to the largest possible number of cases;

LE PARLEMENT DU QUÉBEC DÉCRÈTE CE QUI SUIT:

THE PARLIAMENT OF QUÉBEC ENACTS AS FOLLOWS :

Chapitre I —— Interprétation et application

Chapter I —— Interpretation and Application

1. La présente loi a pour objet d'assurer le retour immédiat au lieu de leur résidence habituelle des enfants déplacés ou retenus

1. The object of this Act is to secure the prompt return to the place of their habitual residence of children removed to or re-

au Québec ou dans un État désigné, selon le cas, en violation d'un droit de garde.

Elle a aussi pour objet de faire respecter effectivement, au Québec, les droits de garde et de visite existant dans un État désigné et, dans tout État désigné, les droits de garde et de visite existant au Québec.

[1984, c. 12, a. 1].

2. Au sens de la présente loi:

1° le **« droit de garde »** comprend le droit portant sur les soins de la personne de l'enfant et en particulier celui de décider de son lieu de résidence;

2° le **« droit de visite »** comprend le droit d'emmener l'enfant pour une période limitée dans un lieu autre que celui de sa résidence habituelle;

3° l'**« État désigné »** signifie un État, une province ou un territoire, désignés suivant l'article 41.

[1984, c. 12, a. 2].

3. Le déplacement ou le non-retour d'un enfant est considéré comme illicite au sens de la présente loi, lorsqu'il a lieu en violation d'un droit de garde, attribué à un ou plusieurs titulaires par le droit du Québec ou de l'État désigné dans lequel l'enfant avait sa résidence habituelle immédiatement avant son déplacement ou son non-retour, alors que ce droit était exercé de façon effective par un ou plusieurs titulaires, au moment du déplacement ou du non-retour, ou l'eût été si de tels événements n'étaient survenus.

Ce droit de garde peut notamment résulter d'une attribution de plein droit, d'une décision judiciaire ou administrative ou d'un accord en vigueur selon le droit du Québec ou de l'État désigné.

[1984, c. 12, a. 3].

4. Outre les cas prévus à l'article 3, le déplacement ou le non-retour d'un enfant est considéré comme illicite s'il se produit alors qu'une instance visant à déterminer

tained in Québec or a designated State, as the case may be, in breach of custody rights.

A further object of this Act is to ensure that the rights of custody and access under the law of a designated State are effectively respected in Québec and the rights of custody and access under the law of Québec are effectively respected in a designated State.

[1984, c. 12, s. 1].

2. For the purposes of this Act,

1) **« rights of custody »** shall include rights relating to the care of the person of the child and, in particular, the right to determine the child's place of residence;

2) **« rights of access »** shall include the right to take a child for a limited period of time to a place other than the child's habitual residence;

3) **« designated State »** means a State, a province or a territory designated under section 41.

[1984, c. 12, s. 2].

3. The removal or the retention of a child is to be considered wrongful, within the meaning of this Act, where it is in breach of rights of custody attributed to one or several persons or bodies under the law of Québec or of the designated State in which the child was habitually resident immediately before the removal or retention and where, at the time of removal or retention, those rights were actually exercised by one or several persons or bodies or would have been so exercised but for the removal or retention.

The rights of custody mentioned in the first paragraph may arise in particular by operation of law, or by reason of a judicial or administrative decision, or by reason of an agreement having legal effect under the law of Québec or of the designated State.

[1984, c. 12, s. 3].

4. In addition to the cases contemplated in section 3, the removal or the retention of a child is considered wrongful if it occurs when proceedings for determining or mod-

ou à modifier le droit de garde a été introduite au Québec ou dans l'État désigné où l'enfant avait sa résidence habituelle et que ce déplacement ou ce non-retour risque d'empêcher l'exécution de la décision qui doit être rendue.

[1984, c. 12, a. 4].

ifying the rights of custody have been introduced in Québec or in the designated State where the child was habitually resident and the removal or retention might prevent the execution of the decision to be rendered.

[1984, c. 12, s. 4].

5. La présente loi s'applique à tout enfant de moins de 16 ans qui avait sa résidence habituelle au Québec ou dans un État désigné immédiatement avant l'atteinte aux droits de garde ou de visite. Dans tous les cas, elle cesse de s'appliquer lorsque l'enfant atteint l'âge de 16 ans.

[1984, c. 12, a. 5].

5. This Act shall apply to any child under sixteen years of age who was habitually resident in Québec or in a designated State immediately before any breach of custody or access rights. In all cases it shall cease to apply when the child attains sixteen years of age.

[1984, c. 12, s. 5].

6. Aux fins de la présente loi, le ministre de la Justice est l'Autorité centrale du Québec et, dans un État désigné, l'Autorité centrale est celle que cet État indique. De plus, la Cour supérieure est, pour le Québec, l'autorité judiciaire compétente.

[1984, c. 12, a. 6].

6. For the purposes of this Act, the Minister of Justice is the Central Authority for Québec, and in a designated State the Central Authority is the authority appointed by that designated State. Furthermore, the Superior Court is the competent judicial authority for Québec.

[1984, c. 12, s. 6].

Chapitre II —— Autorités centrales

Chapter II —— Central Authorities

7. Le ministre de la Justice doit coopérer avec les Autorités centrales des États désignés et promouvoir une collaboration entre les autorités compétentes au Québec, pour réaliser les objets de la présente loi.

[1984, c. 12, a. 7].

7. The Minister of Justice shall co-operate with the Central Authorities of the designated States and promote cooperation amongst the competent authorities in Québec to achieve the objects of this Act.

[1984, c. 12, s. 7].

8. Le ministre de la Justice doit prendre ou s'assurer que soient prises toutes les mesures appropriées pour:

1° localiser un enfant déplacé ou retenu illicitement;

2° prévenir de nouveaux dangers pour l'enfant ou des préjudices pour les parties concernées, en prenant ou en faisant prendre des mesures provisoires;

3° assurer la remise volontaire de l'enfant ou faciliter une solution à l'amiable;

8. The Minister of Justice, either directly or through any intermediary, shall take all appropriate measures

1) to discover the whereabouts of a child who has been wrongfully removed or retained;

2) to prevent further harm to the child or prejudice to interested parties by taking or causing to be taken provisional measures;

3) to secure the voluntary return of the child or to bring about an amicable resolution of the issues;

4° échanger, si cela s'avère utile, des informations relatives à la situation sociale de l'enfant;

5° fournir des informations générales sur le droit québécois concernant l'application de la présente loi;

6° introduire ou favoriser l'introduction d'une procédure judiciaire aux fins de l'application de la présente loi;

7° accorder ou faciliter, le cas échéant, l'obtention de l'aide juridique;

8° assurer sur le plan administratif, si nécessaire et opportun, le retour sans danger de l'enfant;

9° informer les Autorités centrales des États désignés sur le fonctionnement de la présente loi et, autant que possible, lever les obstacles éventuellement rencontrés lors de son application.

Le ministre de la Justice et les autorités compétentes chargées de l'application de la présente loi doivent appliquer d'urgence les mesures prévues au présent article.

[1984, c. 12, a. 8].

9. Le procureur général ou une personne qu'il désigne peut présenter une requête à un juge de la Cour supérieure ou, en l'absence d'un juge chargé de rendre justice, à un greffier, afin qu'il ordonne à une personne de fournir au requérant les informations dont elle dispose, et permette qu'au besoin elle soit interrogée devant le greffier, sur l'endroit où se trouve un enfant ou la personne avec qui il se trouverait.

Le présent article s'applique malgré toute disposition incompatible d'une loi générale ou spéciale prévoyant la confidentialité ou la non-divulgation de certains renseignements ou documents. Toutefois, il ne s'applique pas à une personne qui a reçu ces informations dans l'exercice de sa profession et qui est liée par le secret professionnel envers l'enfant ou la personne avec qui il se trouverait.

[1984, c. 12, a. 9].

10. Sur requête du procureur général ou d'une personne qu'il désigne, un juge de la

4) to exchange, where desirable, information relating to the social background of the child;

5) to provide information of a general character as to the law of Québec in connection with the application of this Act;

6) to initiate or facilitate the institution of judicial proceedings for the purposes of the application of this Act;

7) to provide, or in certain cases, facilitate the provision of legal aid;

8) to provide such administrative arrangements as may be necessary and appropriate to secure the safe return of the child;

9) to keep the Central Authorities of the designated States informed with respect to the operation of this Act and, as far as possible, to eliminate any obstacles to its application.

The Minister of Justice and the competent authorities responsible for the application of this Act shall act expeditiously in taking the measures provided for in this section.

[1984, c. 12, s. 8].

9. The Attorney General or a person designated by him may address a motion to a judge of the Superior Court or, in the absence of a judge responsible for rendering justice, to a clerk, for the purpose of ordering a person to furnish to the applicant the information in his possession and permitting, if need be, that that person be interrogated before the clerk as to the whereabouts of the child or the person with whom the child might be.

This section applies notwithstanding any inconsistent provision of any general law or special Act providing for the confidentiality or non-disclosure of certain information or documents. However, it does not apply to a person who has received the information in the exercise of his profession and who is bound by professional secrecy towards the child or the person with whom the child might be.

[1984, c. 12, s. 9].

10. On a motion by the Attorney General or a person designated by him, a judge of

Cour supérieure peut décerner un mandat ordonnant à tout agent de la paix qu'il fasse les recherches nécessaires en vue de localiser un enfant et l'amène immédiatement devant le directeur de la protection de la jeunesse ayant compétence dans le district où l'enfant est localisé, afin que ce directeur exerce les responsabilités prévues au premier alinéa de l'article 11.

[1984, c. 12, a. 10].

11. Un directeur de la protection de la jeunesse peut être saisi du cas d'un enfant visé dans une demande afin qu'il prenne, à l'égard de cet enfant, les mesures d'urgence qui s'imposent, veille le cas échéant à l'application des mesures volontaires qu'il a recommandées et entreprenne des négociations en vue de la remise volontaire de l'enfant.

Le directeur ne peut appliquer ces mesures d'urgence pendant plus de 48 heures, à moins d'y être autorisé par un juge de la Cour supérieure aux conditions qu'il indique.

[1984, c. 12, a. 11].

12. Le présent chapitre s'applique également pour assurer l'exercice paisible du droit de visite et l'accomplissement de toute condition à laquelle l'exercice de ce droit serait soumis, et pour que soient levés, dans toute la mesure du possible, les obstacles de nature à s'y opposer.

[1984, c. 12, a. 12].

Chapitre III —— Retour de l'enfant

SECTION I —— DEMANDE À L'AUTORITÉ CENTRALE

13. Celui qui prétend qu'un enfant a été déplacé ou retenu en violation d'un droit de garde peut saisir soit le ministre de la Justice, soit l'Autorité centrale d'un État désigné, pour qu'ils prêtent leur assistance en vue d'assurer le retour de l'enfant.

[1984, c. 12, a. 13].

14. La demande doit contenir:

the Superior Court may issue a warrant ordering a peace officer to make the necessary inquiries in view of discovering the whereabouts of a child and take him without delay before the director of youth protection having jurisdiction in the district where the child is in order that the director exercise his responsibilities under the first paragraph of section 11.

[1984, c. 12, s. 10].

11. The case of a child contemplated in an application may be referred to a director of youth protection to allow him to take, in respect of that child, the required urgent measures, to see, as the case may be, to the application of voluntary measures he recommends and to undertake negotiations in view of the voluntary return of the child.

In no case may the director apply the urgent measures for longer that forty-eight hours unless authorized to do so by a judge of the Superior Court on the conditions he indicates.

[1984, c. 12, s. 11].

12. This chapter also applies to secure the peaceful enjoyment of access rights and the fulfilment of any conditions to which those rights may be subject and to remove, as far as possible, all obstacles to the exercise of such rights.

[1984, c. 12, s. 12].

Chapter III —— Return of the Child

SECTION I —— APPLICATION TO THE CENTRAL AUTHORITY

13. Any person claiming that a child has been removed or retained in breach of custody rights may apply either to the Minister of Justice or to the Central Authority of a designated State for assistance in securing the return of the child.

[1984, c. 12, s. 13].

14. The application shall contain

1° des informations portant sur l'identité du demandeur, de l'enfant et de la personne dont il est allégué qu'elle a emmené ou retenu l'enfant;

2° la date de naissance de l'enfant, s'il est possible de se la procurer;

3° les motifs sur lesquels se base le demandeur pour réclamer le retour de l'enfant;

4° une autorisation écrite donnant à l'Autorité centrale le pouvoir d'agir pour le compte du demandeur ou de désigner un représentant habilité à agir en son nom;

5° toute information disponible concernant la localisation de l'enfant et l'identité de la personne avec laquelle l'enfant est présumé se trouver.

[1984, c. 12, a. 14].

15. La demande peut être accompagnée ou complétée par:

1° une copie authentifiée de toute décision ou de tout accord utiles;

2° une attestation ou une déclaration sous serment, émanant de l'Autorité centrale ou d'une autre autorité compétente du Québec ou de l'État désigné où l'enfant a sa résidence habituelle, ou d'une personne qualifiée, concernant le droit applicable en la matière;

3° tout autre document utile.

[1984, c. 12, a. 15; 1999, c. 40, a. 24].

16. Lorsqu'il est manifeste que les conditions requises par la présente loi ne sont pas remplies ou que la demande n'est pas fondée, une Autorité centrale n'est pas tenue d'accepter la demande. En ce cas, elle informe immédiatement de ses motifs le demandeur ou, le cas échéant, l'Autorité centrale qui lui a transmis la demande.

[1984, c. 12, a. 16].

17. Lorsque le ministre de la Justice, après avoir été saisi d'une demande, a des raisons de penser que l'enfant se trouve dans un État désigné, il transmet cette demande

1) information concerning the identity of the applicant, of the child and of any person alleged to have removed or retained the child;

2) where available, the date of birth of the child;

3) the grounds on which the applicant's claim for return of the child are based;

4) a written authorization giving the Central Authority the power to act on behalf of the applicant or to designate a representative to act in his name;

5) all available information relating to the whereabouts of the child and the identity of the person with whom the child is presumed to be.

[1984, c. 12, s. 14].

15. The application may be accompanied or supplemented by

1) an authenticated copy of any relevant decision or agreement;

2) a certificate or an affidavit emanating from the Central Authority or another competent authority of Québec or of the designated State of the child's habitual residence, or from a qualified person, concerning the relevant law in the matter;

3) any other relevant document.

[1984, c. 12, s. 15].

16. When it is manifest that the requirements of this Act are not fulfilled or that the application is otherwise not well founded, a Central Authority is not bound to accept the application. In that case, the Central Authority shall forthwith inform the applicant or the Central Authority through which the application was submitted, as the case may be, of its reasons.

[1984, c. 12, s. 16].

17. If the Minister of Justice, after an application has been referred to him, has reason to believe that the child is in a designated State, he shall directly and without

directement et sans délai à l'Autorité centrale de cet État et en informe l'Autorité centrale requérante ou, le cas échéant, le demandeur.

[1984, c. 12, a. 17].

delay transmit the application to the Central Authority of that State and inform the requesting Central Authority, or the applicant, as the case may be.

[1984, c. 12, s. 17].

SECTION II — DEMANDE JUDICIAIRE

SECTION II — JUDICIAL PROCEEDINGS

18. Pour obtenir le retour forcé d'un enfant, le ministre de la Justice ou celui qui prétend qu'il y a eu une violation du droit de garde doit s'adresser par requête à la Cour supérieure du lieu où se trouve l'enfant ou de tout autre lieu approprié dans les circonstances.

Cette demande obéit aux règles prévues au *Code de procédure civile* (chapitre C-25) comme s'il s'agissait d'une demande fondée sur le Livre deuxième du *Code civil du Québec* (L.Q. 1991, c. 64), dans la mesure où ces règles ne sont pas incompatibles avec la présente loi.

[1984, c. 12, a. 18].

18. In order to obtain the forced return of a child, the Minister of Justice or the person claiming that there has been a breach of custody rights shall make an application by way of a motion to the Superior Court of the place where the child is or of another appropriate place according to the circumstances.

The application is subject to the rules set forth in the *Code of Civil Procedure* (chapter C-25) in respect of motions based on Book II of the *Civil Code of Québec* (L.Q. 1991, c. 64), to the extent that those rules are consistent with this Act.

[1984, c. 12, s. 18].

19. Toute demande judiciaire relative au retour d'un enfant bénéficie de la préséance prévue à l'article 861 du *Code de procédure civile* (chapitre C-25) pour les demandes d'*habeas corpus*.

[1984, c. 12, a. 19].

19. Any judicial proceedings for the return of a child have precedence over all other matters as provided in article 861 of the *Code of Civil Procedure* (chapter C-25) for *habeas corpus* proceedings.

[1984, c. 12, s. 19].

20. Lorsqu'un enfant qui se trouve au Québec a été déplacé ou retenu illicitement et qu'une période de moins d'un an s'est écoulée à partir du déplacement ou du non-retour au moment de l'introduction de la demande devant la Cour supérieure, celle-ci ordonne son retour immédiat.

Même si la demande est introduite après l'expiration de cette période, la Cour supérieure ordonne également le retour de l'enfant, à moins qu'il ne soit établi que ce dernier s'est intégré dans son nouveau milieu.

[1984, c. 12, a. 20].

20. Where a child who is in Québec has been wrongfully removed or retained and where, at the time of commencement of the proceedings before the Superior Court, a period of less than one year has elapsed from the date of the removal or retention, the Superior Court shall order the return of the child forthwith.

The Superior Court, even where the proceedings have been commenced after the expiration of the period of one year, shall also order the return of the child, unless it is demonstrated that the child is now settled in his or her new environment.

[1984, c. 12, s. 20].

21. La Cour supérieure peut refuser d'ordonner le retour de l'enfant, lorsque celui qui s'oppose à son retour établit:

21. The Superior Court may refuse to order the return of the child if the person who opposes his or her return establishes that

1° que celui qui avait le soin de la personne de l'enfant n'exerçait pas effectivement le droit de garde à l'époque du déplacement ou du non-retour ou avait consenti ou a acquiescé postérieurement à ce déplacement ou à ce non-retour; ou

2° qu'il existe un risque grave que le retour de l'enfant ne l'expose à un danger physique ou psychique ou, de toute autre manière, ne le place dans une situation intolérable.

[1984, c. 12, a. 21].

22. La Cour supérieure peut aussi refuser d'ordonner le retour de l'enfant:

1° si elle constate que celui-ci s'oppose à son retour et qu'il a atteint un âge et une maturité où il se révèle approprié de tenir compte de cette opinion;

2° si ce retour est contraire aux droits et libertés de la personne reconnus au Québec.

[1984, c. 12, a. 22].

23. Dans l'appréciation des circonstances visées aux articles 21 et 22, la Cour supérieure doit notamment tenir compte des informations, fournies par l'Autorité centrale ou toute autre autorité compétente de l'État désigné où l'enfant a sa résidence habituelle, concernant la situation sociale de cet enfant.

[1984, c. 12, a. 23].

24. Lorsque la Cour supérieure a des raisons de croire que l'enfant a été emmené à l'extérieur du Québec, elle peut suspendre la procédure ou rejeter la demande de retour de l'enfant.

[1984, c. 12, a. 24].

25. Après avoir été informée qu'un enfant a été déplacé ou est retenu illicitement au Québec, la Cour supérieure ne peut décider de la garde de cet enfant si les conditions prévues par la présente loi pour le retour de l'enfant peuvent être satisfaites ou si une demande de retour peut être présentée dans un délai raisonnable.

[1984, c. 12, a. 25].

1) the person having the care of the person of the child was not actually exercising the custody rights at the time of removal or retention, or had consented to or subsequently acquiesced in the removal or retention; or

2) there is a grave risk that his or her return would expose the child to physical or psychological harm or otherwise place the child in an intolerable situation.

[1984, c. 12, s. 21].

22. The Superior Court may also refuse to order the return of the child if

1) it finds that the child objects to being returned and has attained an age and degree of maturity at which it is appropriate to take account of his or her views;

2) the return is contrary to the human rights and freedoms recognized in Québec.

[1984, c. 12, s. 22].

23. In considering the circumstances referred to in sections 21 and 22, the Superior Court shall take into account, in particular, the information relating to the social background of the child provided by the Central Authority or other competent authority of the designated State in which the child is habitually resident.

[1984, c. 12, s. 23].

24. Where the Superior Court has reason to believe that the child has been taken from Québec, it may stay the proceedings or dismiss the application for the return of the child.

[1984, c. 12, s. 24].

25. The Superior Court, after having been notified that a child has been wrongfully removed or retained in Québec, shall not decide on the custody of the child if the conditions set out in this Act for the return of the child may be fulfilled or if an application for his or her return may be made within a reasonable time.

[1984, c. 12, s. 25].

26. Le seul fait qu'une décision relative à la garde ait été rendue ou soit susceptible d'être reconnue au Québec ne peut justifier le refus d'ordonner le retour de l'enfant, mais la Cour supérieure peut prendre en considération les motifs de cette décision qui sont pertinents à l'application de la présente loi.

[1984, c. 12, a. 26].

26. The sole fact that a decision relating to custody has been given in or is entitled to recognition in Québec shall not be a ground for refusing to order the return of a child, but the Superior Court may take account of the reasons for that decision which are relevant to the application of this Act.

[1984, c. 12, s. 26].

27. Lorsque la Cour supérieure n'a pas statué dans un délai de six semaines à compter de l'introduction d'une demande judiciaire, le ministre de la Justice indique, s'il en est requis par le demandeur ou l'Autorité centrale requérante, les raisons justifiant ce retard.

[1984, c. 12, a. 27].

27. If the Superior Court has not reached a decision within six weeks from the date of commencement of the judicial proceedings, the Minister of Justice shall indicate, if he is so required by the applicant or the requesting Central Authority, the reasons for the delay.

[1984, c. 12, s. 27].

28. Pour déterminer l'existence d'un déplacement ou d'un non-retour illicite, la Cour supérieure peut tenir compte directement du droit et des décisions judiciaires ou administratives reconnues formellement ou non dans l'État désigné où l'enfant a sa résidence habituelle, sans avoir recours aux procédures spécifiques sur la preuve de ce droit ou pour la reconnaissance des décisions étrangères qui seraient autrement applicables.

[1984, c. 12, a. 28].

28. In ascertaining whether there has been a wrongful removal or retention, the Superior Court may take notice directly of the law of, and of judicial or administrative decisions, formally recognized or not in the designated State in which the child is habitually resident, without recourse to the specific procedures for the proof of that law or for the recognition of foreign decisions which would otherwise be applicable.

[1984, c. 12, s. 28].

29. La Cour supérieure peut, avant d'ordonner le retour d'un enfant, demander la production par le demandeur d'une décision ou d'une attestation émanant des autorités de l'État désigné où l'enfant a sa résidence habituelle constatant que le déplacement ou le non-retour était illicite, dans la mesure où cette décision ou cette attestation peut être obtenue dans cet État.

La Cour supérieure peut, sur requête d'un demandeur désirant obtenir le retour d'un enfant au Québec, délivrer une attestation constatant que le déplacement ou le non-retour était illicite. Le ministre de la Justice assiste dans la mesure du possible le demandeur pour obtenir une telle attestation.

[1984, c. 12, a. 29].

29. The Superior Court, before ordering the return of a child, may request that the applicant produce a decision or attestation from the authorities of the designated State in which the child is habitually resident that the removal or retention was wrongful, where such a decision or attestation may be obtained in that State.

The Superior Court may, upon the motion of an applicant wishing to obtain the return of a child to Québec, issue an attestation stating that the removal or retention was wrongful. The Minister of Justice shall so far as practicable assist applicants to obtain such an attestation.

[1984, c. 12, s. 29].

30. Une décision sur le retour de l'enfant rendue dans le cadre de la présente loi n'affecte pas le fond du droit de garde.

[1984, c. 12, a. 30].

30. A decision under this Act concerning the return of a child shall not be taken to be a determination on the merits of any custody issue.

[1984, c. 12, s. 30].

Chapitre IV —— Droit de visite

Chapter IV —— Rights of access

31. Une demande visant l'organisation ou la protection de l'exercice effectif d'un droit de visite peut être adressée au ministre de la Justice ou à l'Autorité centrale d'un État désigné, selon les mêmes modalités qu'une demande visant au retour de l'enfant.

[1984, c. 12, a. 31].

31. An application to make arrangements for organizing or securing the effective exercise of rights of access may be presented to the Minister of Justice or to the Central Authority of a designated State in the same way as an application for the return of a child.

[1984, c. 12, s. 31].

32. Le ministre de la Justice peut introduire ou favoriser l'introduction de toute procédure en vue d'organiser ou de protéger le droit de visite et les conditions auxquelles l'exercice de ce droit pourrait être soumis.

L'article 18 s'applique si cette procédure consiste en une demande adressée à la Cour supérieure.

[1984, c. 12, a. 32].

32. The Minister of Justice may initiate or assist in the institution of proceedings with a view to organizing or protecting access rights and securing respect for the conditions to which the exercise of these rights may be subject.

Section 18 applies if the proceedings consist of an application addressed to the Superior Court.

[1984, c. 12, s. 32].

Chapitre V —— Dispositions diverses

Chapter V —— Miscellaneous provisions

33. La présente loi n'empêche pas celui qui prétend qu'il y a eu une violation du droit de garde ou de visite de s'adresser directement à la Cour supérieure ou à l'autorité judiciaire ou administrative de tout État désigné, en application ou non de la présente loi, à l'exception de l'article 10.

[1984, c. 12, a. 33].

33. This Act shall not preclude any person who claims that there has been a breach of custody or access rights from applying directly to the Superior Court or to the judicial or administrative authorities of any designated State, whether or not under the provisions of this Act, except section 10.

[1984, c. 12, s. 33].

34. Toute demande soumise au ministre de la Justice ou à l'Autorité centrale d'un État désigné ou présentée directement à la Cour supérieure ou à l'autorité judiciaire ou administrative d'un État désigné, en application de la présente loi, ainsi que tout document ou information qui y est annexé ou

34. Any application submitted to the Minister of Justice or to the Central Authority of a designated State or directly to the Superior Court or the judicial or administrative authorities of a designated State in accordance with the terms of this Act, together with documents and any other in-

qui est fourni par une Autorité centrale, sont recevables devant la Cour supérieure.

[1984, c. 12, a. 34].

35. Aucune caution ne peut être imposée pour garantir le paiement des frais et dépens à l'occasion des procédures judiciaires visées dans la présente loi.

[1984, c. 12, a. 35].

36. Aucune légalisation ni formalité similaire n'est requise pour l'application de la présente loi.

[1984, c. 12, a. 36].

37. Les ressortissants d'un État désigné et les personnes qui y résident habituellement ont droit, pour l'application de la présente loi, à l'aide juridique au Québec, selon ce que prévoit la *Loi sur l'aide juridique et sur la prestation de certains autres services juridiques* (chapitre A-14).

[1984, c. 12, a. 37; 2010, c. 12, a. 34].

38. Aucune somme n'est requise du demandeur en relation avec les demandes introduites en application de la présente loi.

Cependant, le ministre de la Justice peut lui réclamer le paiement des dépenses causées ou qui seraient causées par les opérations liées au retour de l'enfant. De plus, le demandeur est tenu de payer, sous réserve de l'article 37, les frais de justice ainsi que les frais liés à l'assistance ou à la représentation juridique.

[1984, c. 12, a. 38].

39. En ordonnant le retour de l'enfant ou en statuant sur le droit de visite dans le cadre de la présente loi, la Cour supérieure peut, le cas échéant, condamner la personne qui a déplacé ou retenu l'enfant, ou qui a empêché l'exercice du droit de visite, au paiement de tous les frais nécessaires engagés par le demandeur ou en son nom, notamment des frais de voyage, des frais de représentation judiciaire du demandeur et de retour de l'enfant, ainsi que de tous les coûts et dépenses faits pour localiser l'enfant.

[1984, c. 12, a. 39].

formation appended thereto or provided by a Central Authority, shall be admissible in the Superior Court.

[1984, c. 12, s. 34].

35. No security shall be required to guarantee the payment of costs and expenses in the judicial proceedings falling within the scope of this Act.

[1984, c. 12, s. 35].

36. No legalization or similar formality may be required for the application of this Act.

[1984, c. 12, s. 36].

37. Nationals of a designated State and persons who are habitually resident in that State shall be entitled, in matters concerned with the application of this Act, to legal aid in Québec as provided in the *Legal Aid Act and the provision of certain other legal services* (chapter A-14).

[1984, c. 12, s. 37; 2010, c. 12, s. 34].

38. No charge shall be required from the applicant in relation to proceedings instituted under this Act.

Notwithstanding the foregoing, the Minister of Justice may require the applicant to pay the expenses incurred or to be incurred in implementing the return of the child. The applicant is also required to pay, subject to section 37, court costs as well as costs arising from legal aid or legal representation.

[1984, c. 12, s. 38].

39. Upon ordering the return of a child or issuing an order concerning rights of access under this Act, the Superior Court may, where appropriate, direct the person who removed or retained the child, or who prevented the exercise of rights of access, to pay necessary expenses incurred by or on behalf of the applicant, including travel expenses, the costs of legal representation of the applicant, and those of returning the child, and any costs incurred or payments made for locating the child.

[1984, c. 12, s. 39].

40. La présente loi n'empêche pas l'application d'accords ou d'ententes entre un État désigné et le Québec ou d'autres dispositions du droit québécois notamment pour obtenir le retour d'un enfant déplacé ou retenu illicitement, pour organiser le droit de visite ou pour étendre le domaine d'application de la présente loi à tout enfant de moins de 18 ans.

Ces accords, ententes ou autres dispositions peuvent prévoir des conditions plus favorables au retour de l'enfant que celles que prévoit la présente loi.

[1984, c. 12, a. 40].

40. This Act does not preclude the implementation of conventions or agreements between a designated State and Québec or of other provisions of Québec law, particularly to obtain the return of a child wrongfully removed or retained, to organize rights of access or to extend the scope of this Act to include any child under 18 years of age.

The conventions, agreements or other provisions referred to in the first paragraph may provide for more favorable conditions for the return of a child than are provided in this Act.

[1984, c. 12, s. 40].

Chapitre VI —— Dispositions finales

Chapter VI —— Final provisions

41. Le gouvernement, sur recommandation du ministre de la Justice et, selon le cas, du ministre délégué aux Affaires intergouvernementales canadiennes ou du ministre des Relations internationales, désigne par décret tout État, province ou territoire dans lequel il estime que les résidents québécois peuvent bénéficier de mesures analogues à celles que prévoit la présente loi.

Le décret indique notamment la date de prise d'effet de la présente loi pour chaque État, province ou territoire qu'il désigne et il est publié à la *Gazette officielle du Québec*.

[1984, c. 12, a. 41; 1988, c. 41, a. 87; 1994, c. 15, a. 33; 1996, c. 21, a. 70].

41. The Government, upon the recommendation of the Minister of Justice and, as the case may be, of the Minister responsible for Canadian Intergovernmental Affairs or the Minister of International Relations, shall designate by order any State, province or territory in which he considers that Québec residents may benefit from measures similar to those set out in this Act.

The order shall indicate, in particular, the date of the taking of effect of this Act for each State, province or territory designated in it and shall be published in the *Gazette officielle du Québec*.

[1984, c. 12, s. 41; 1988, c. 41, s. 87; 1994, c. 15, s. 33; 1996, c. 21, s. 70].

42. Le gouvernement peut faire tout règlement utile à l'application de la présente loi.

Un tel règlement entre en vigueur le dixième jour après sa publication à la *Gazette officielle du Québec* ou à toute date ultérieure qui y est prévue.

[1984, c. 12, a. 42].

42. The Government may make any expedient regulation for the administration of this Act.

Such a regulation shall come into force ten days after its publication in the *Gazette officielle du Québec* or on any later date indicated therein.

[1984, c. 12, s. 42].

43. La présente loi ne s'applique qu'aux déplacements et aux non-retours illicites qui se sont produits après sa prise d'effet à l'égard de l'État désigné concerné.

[1984, c. 12, a. 43].

43. This Act applies only to wrongful removals or retentions which occurred after its taking of effect in respect of the designated State concerned.

[1984, c. 12, s. 43].

44. Les sommes requises pour la mise en application de la présente loi sont prises sur les crédits accordés annuellement à cette fin par le Parlement.

[1984, c. 12, a. 44].

44. The sums required for the implementation of this Act are taken from the appropriations granted annually for such purpose by Parliament.

[1984, c. 12, s. 44].

45. Le ministre de la Justice est responsable de l'application de la présente loi.

[1984, c. 12, a. 45].

45. The Minister of Justice is responsible for the administration of this Act.

[1984, c. 12, s. 45].

46. (*Cet article a cessé d'avoir effet le 12 décembre 1989*).

[1984, c. 12, a. 46; R.-U., 1982, c. 11, ann. B, ptie I, a. 33].

46. (*This section ceased to have effect on 12 December 1989*).

[1984, c. 12, s. 46; R.-U., 1982, c. 11, ann. B, ptie I, s. 33].

47. (*Omis*).

[1984, c. 12, a. 47].

47. (*Omitted*).

[1984, c. 12, s. 47].

LOI SUR L'ASSURANCE AUTOMOBILE,

RLRQ, c. A-25

AUTOMOBILE INSURANCE ACT,

CQLR, c. A-25

TITRE I — DÉFINITIONS	TITLE I — DEFINITIONS

1. Dans la présente loi, à moins que le contexte n'indique un sens différent, on entend par:

« **accident** » tout événement au cours duquel un préjudice est causé par une automobile;

« **automobile** » tout véhicule mû par un autre pouvoir que la force musculaire et adapté au transport sur les chemins publics mais non sur les rails;

« **chargement** » tout bien qui se trouve dans une automobile ou sur celle-ci ou est transporté par une automobile;

« **chemin public** » la partie d'un terrain ou d'un ouvrage d'art destiné à la circulation publique des automobiles, à l'exception de la partie d'un terrain ou d'un ouvrage d'art utilisé principalement pour la circulation des véhicules suivants, tels que définis par règlement:

1° un tracteur de ferme, une remorque de ferme, un véhicule d'équipement ou une remorque d'équipement;

2° une motoneige;

1. In this Act, unless otherwise indicated by the context,

"accident" means any event in which damage is caused by an automobile;

"automobile" means any vehicle propelled by any power other than muscular force and adapted for transportation on public highways but not on rails;

"damage caused by an automobile" means any damage caused by an automobile, by the use thereof or by the load carried in or on an automobile, including damage caused by a trailer used with an automobile, but excluding damage caused by the autonomous act of an animal that is part of the load and injury or damage caused to a person or property by reason of an action performed by that person in connection with the maintenance, repair, alteration or improvement of an automobile;

"load" means any property in, on, or transported by an automobile;

"owner" means a person who acquires or possesses an automobile under a title of

1449

3° un véhicule destiné à être utilisé en dehors d'un chemin public;

« préjudice causé par une automobile » tout préjudice causé par une automobile, par son usage ou par son chargement, y compris le préjudice causé par une remorque utilisée avec une automobile, mais à l'exception du préjudice causé par l'acte autonome d'un animal faisant partie du chargement et du préjudice causé à une personne ou à un bien en raison d'une action de cette personne reliée à l'entretien, la réparation, la modification ou l'amélioration d'une automobile;

« propriétaire » la personne qui acquiert une automobile ou la possède en vertu d'un titre de propriété ou en vertu d'un titre assorti d'une condition ou d'un terme qui lui donne le droit d'en devenir propriétaire ou en vertu d'un titre qui lui donne le droit d'en jouir comme propriétaire à charge de rendre ainsi que la personne qui prend en location une automobile pour une période d'au moins un an;

« vol » l'infraction prévue à l'article 322 du *Code criminel* (Lois révisées du Canada (1985), chapitre C-46).

[1977, c. 68, a. 1; 1980, c. 38, a. 1, 24; 1981, c. 7, a. 540; 1982, c. 59, a. 1, 68; 1982, c. 52, a. 50, 51; 1986, c. 91, a. 661; 1989, c. 15, a. 1; 1991, c. 58, a. 1; 1999, c. 40, a. 26].

1.1. (*Remplacé*).

[1989, c. 15, a. 1].

TITRE II —— INDEMNISATION DU PRÉJUDICE CORPOREL

Chapitre I —— Dispositions générales

SECTION I —— DÉFINITIONS ET INTERPRÉTATION

2. Dans le présent titre, à moins que le contexte n'indique un sens différent, on entend par:

« conjoint » la personne qui est liée par un

---

ownership, under a title involving a condition or a term giving him the right to become the owner thereof, or under a title giving him the right to use it as the owner thereof charged to deliver over, and a person who leases an automobile for a period of not less than one year;

"public highway" means that part of any land or structure which is intended for public automobile traffic, except any part of any land or structure which is mainly used by the following vehicles, as defined by regulation :

1) farm tractors, farm trailers, specialized equipment or drawn machinery;

2) snowmobiles;

3) vehicles intended for use off a public highway;

"theft" refers to the offence described in section 322 of the *Criminal Code* (Revised Statutes of Canada, (1985), chapter C-46).

[1977, c. 68, s. 1; 1980, c. 38, s. 1, 24; 1981, c. 7, s. 540; 1982, c. 52, s. 50, 51; 1982, c. 59, s. 1, 68; 1986, c. 91, s. 661; 1989, c. 15, s. 1; 1991, c. 58, s. 1].

1.1. (*Replaced*).

[1989, c. 15, s. 1].

TITLE II —— COMPENSATION FOR BODILY INJURY

Chapter I —— General provisions

SECTION I —— DEFINITIONS AND INTERPRETATION

2. In this title, unless otherwise indicated by the context,

"bodily injury" means any physical or mental injury, including death, suffered by

mariage ou une union civile à la victime et cohabite avec elle ou qui vit maritalement avec la victime, qu'elle soit de sexe différent ou de même sexe et qui est publiquement représentée comme son conjoint depuis au moins trois ans, ou, dans les cas suivants, depuis au moins un an :

– un enfant est né ou à naître de leur union,

– elles ont conjointement adopté un enfant,

– l'une d'elles a adopté un enfant de l'autre ;

« emploi » toute occupation génératrice de revenus ;

« personne à charge »

1° le conjoint ;

2° la personne qui est séparée de fait ou légalement de la victime ou dont le mariage ou l'union civile avec celle-ci est dissous ou déclaré nul par un jugement définitif ou, encore, dont l'union civile est dissoute par une déclaration commune notariée de dissolution et qui a droit de recevoir de la victime une pension alimentaire en vertu d'un jugement ou d'une convention ;

3° l'enfant mineur de la victime et la personne mineure à qui la victime tient lieu de mère ou de père ;

4° l'enfant majeur de la victime et la personne majeure à qui la victime tient lieu de mère ou de père, à la condition que la victime subvienne à plus de 50 % de leurs besoins vitaux et frais d'entretien ;

5° toute autre personne liée à la victime par le sang ou l'adoption et toute autre personne lui tenant lieu de mère ou de père, à la condition que la victime subvienne à plus de 50 % de leurs besoins vitaux et frais d'entretien.

a victim in an accident, and any damage to the clothing worn by a victim;

"dependant" means

1) the spouse;

2) the person who is separated from the victim de facto or legally, whose marriage to or civil union with the victim has been dissolved or declared null by a final judgment, or whose civil union has been dissolved by a notarized joint declaration of dissolution and who is entitled to receive support from the victim by virtue of a judgment or agreement;

3) a minor child of the victim and a minor person to whom the victim stands in *loco parentis*;

4) a child of full age of the victim and a person of full age to whom the victim stands in *loco parentis*, provided that their basic needs and maintenance costs are borne by the victim to the extent of over 50 %;

5) any other person related to the victim by blood or adoption and any other person who stands in *loco parentis* to the victim, provided that their basic needs and maintenance costs are borne by the victim to the extent of over 50 %.

"employment" means any remunerative occupation;

"spouse" means the person who is married to or in a civil union with and living with the victim or who has been living in a *de facto* union with the victim, whether the person is of the opposite or the same sex, and has been publicly represented as the victim's spouse for at least three years or, in the following cases, for at least one year :

– a child has been born or is to be born of their union;

– they have adopted a child together; or

-- one of them has adopted a child of the other.

« **préjudice corporel** » tout préjudice corporel d'ordre physique ou psychique d'une victime y compris le décès, qui lui est causé dans un accident, ainsi que les dommages aux vêtements que porte la victime;
[1977, c. 68, a. 2; 1989, c. 15, a. 1; 1993, c. 56, a. 1; 1999, c. 14, a. 6; 1999, c. 40, a. 26; 2002, c. 6, a. 85].

[1977, c. 68, s. 2; 1989, c. 15, s. 1; 1993, c. 56, s. 1; 1999, c. 14, s. 6; 2002, c. 6, s. 85].

3. (*Abrogé*).
[1992, c. 57, a. 433].

3. (*Repealed*).
[1992, c. 57, s. 433].

4. Pour l'application du présent titre, une indemnité comprend le remboursement des frais visés au chapitre V.
[1977, c. 68, a. 4; 1985, c. 6, a. 485; 1989, c. 15, a. 1].

4. For the purposes of this title, compensation includes the reimbursement of the expenses referred to in Chapter V.
[1977, c. 68, s. 4; 1985, c. 6, s. 485; 1989, c. 15, s. 1].

SECTION I — RÈGLES D'APPLICATION GÉNÉRALE

SECTION I — GENERAL RULES

5. Les indemnités accordées par la Société de l'assurance automobile du Québec en vertu du présent titre le sont sans égard à la responsabilité de quiconque.
[1977, c. 68, a. 5; 1989, c. 15, a. 1; 1990, c. 19, a. 11].

5. Compensation under this title is granted by the Société de l'assurance automobile du Québec regardless of who is at fault.
[1977, c. 68, s. 5; 1989, c. 15, s. 1; 1990, c. 19, s. 11].

6. Est une victime, la personne qui subit un préjudice corporel dans un accident.
[1977, c. 68, a. 6; 1989, c. 15, a. 1; 1999, c. 40, a. 26; 2010, c. 34, a. 96].

6. Every person who suffers bodily injury in an accident is a victim.
[1977, c. 68, s. 6; 1989, c. 15, s. 1; 1999, c. 40, s. 26; 2010, c. 34, s. 96].

7. La victime qui réside au Québec et les personnes à sa charge ont droit d'être indemnisées en vertu du présent titre, que l'accident ait lieu au Québec ou hors du Québec.

Sous réserve du paragraphe 1° de l'article 195, est une personne qui réside au Québec, celle qui demeure au Québec, qui y est ordinairement présente et qui a le statut de citoyen canadien, de résident permanent ou de personne qui séjourne légalement au Québec.
[1977, c. 68, a. 7; 1989, c. 15, a. 1].

7. Every victim resident in Québec and his dependants are entitled to compensation under this title, whether the accident occurs in Québec or outside Québec.

Subject to paragraph 1 of section 195, a person resident in Québec is a person who lives in Québec and is ordinarily in Québec, and has the status of Canadian citizen, permanent resident or person having lawful permission to come into Québec as a visitor.
[1977, c. 68, s. 7; 1989, c. 15, s. 1].

8. Lorsque l'accident a lieu au Québec, est réputé résider au Québec le propriétaire, le conducteur ou le passager d'une automobile pour laquelle un certificat d'immatriculation a été délivré au Québec.

[1977, c. 68, a. 8; 1989, c. 15, a. 1; 1999, c. 40, a. 26; 2000, c. 64, a. 30].

8. Where an automobile for which a registration certificate has been issued in Québec is involved in an accident in Québec, the owner, the driver and the passengers are deemed to be resident in Québec.

[1977, c. 68, s. 8; 1989, c. 15, s. 1; 2000, c. 64, s. 30].

9. Lorsque l'accident a lieu au Québec, la victime qui ne réside pas au Québec a droit d'être indemnisée en vertu du présent titre mais seulement dans la proportion où elle n'est pas responsable de l'accident, à moins d'une entente différente entre la Société et la juridiction du lieu de résidence de cette victime.

Sous réserve des articles 108 à 114, la responsabilité est déterminée suivant les règles du droit commun.

Malgré les articles 83.45, 83.49 et 83.57, en cas de désaccord entre la Société et la victime sur la responsabilité de cette dernière, le recours de la victime contre la Société à ce sujet est soumis au tribunal compétent. Ce recours doit être intenté dans les 180 jours de la décision sur la responsabilité rendue par la Société.

[1977, c. 68, a. 9; 1989, c. 15, a. 1; 1990, c. 19, a. 11].

9. Where the victim of an accident that occurs in Québec is not resident in Québec, he is entitled to compensation under this title but only to the extent that he is not responsible for the accident, unless otherwise agreed between the Société and the competent authorities of the place of residence of the victim.

Subject to sections 108 to 114, responsibility is determined according to the ordinary rules of law.

Notwithstanding sections 83.45, 83.49 and 83.57, in case of disagreement between the Société and the victim with regard to his responsibility, the remedy of the victim against the Société in that respect is submitted to the competent court. The remedy must be exercised within 180 days of the decision as to responsibility rendered by the Société.

[1977, c. 68, s. 9; 1989, c. 15, s. 1; 1990, c. 19, s. 11].

10. Nul n'a droit d'être indemnisé en vertu du présent titre dans les cas suivants:

1° si le préjudice est causé, lorsque l'automobile n'est pas en mouvement dans un chemin public, soit par un appareil susceptible de fonctionnement indépendant, tel que défini par règlement, qui est incorporé à l'automobile, soit par l'usage de cet appareil;

2° si l'accident au cours duquel un préjudice est causé par un tracteur de ferme, une remorque de ferme, un véhicule d'équipement ou une remorque d'équipement, tels que définis par règlement, survient en dehors d'un chemin public;

3° si le préjudice est causé par une motoneige ou un véhicule destiné à être utilisé en dehors d'un chemin public, tels que définis par règlement;

10. No person is entitled to compensation under this title in the following cases :

1) if the injury is caused, while the automobile is not in motion on a public highway, by, or by the use of, a device that can be operated independently, as defined by regulation, and that is incorporated with the automobile;

2) if the accident in which an injury is caused by a farm tractor, a farm trailer, a specialized vehicle or drawn machinery, as defined by regulation, occurs off a public highway;

3) if the injury is caused by a snowmobile or a vehicle intended for use off a public highway, as defined by regulation;

4° si l'accident survient en raison d'une compétition, d'un spectacle ou d'une course d'automobiles sur un parcours ou un terrain fermé, de façon temporaire ou permanente, à toute autre circulation automobile, que l'automobile qui a causé le préjudice participe ou non à la course, à la compétition ou au spectacle.

Dans chaque cas, sous réserve des articles 108 à 114, la responsabilité est déterminée suivant les règles du droit commun.

Toutefois, dans les cas prévus aux paragraphes 2° et 3° du premier alinéa, une victime a droit à une indemnité si une automobile en mouvement autre que les véhicules mentionnés dans ces paragraphes est impliquée dans l'accident.

[1977, c. 68, a. 10; 1978, c. 57, a. 92; 1979, c. 63, a. 329; 1985, c. 6, a. 486; 1988, c. 51, a. 100; 1989, c. 15, a. 1; 1999, c. 40, a. 26].

4) if the accident occurs as a result of an automobile contest, show or race on a track or other location temporarily or permanently closed to all other automobile traffic, whether or not the automobile that causes the injury is participating in the race, the contest or the show.

In each case, subject to sections 108 to 114, responsibility is determined according to the ordinary rules of law.

However, in the cases described in subparagraphs 2 and 3 of the first paragraph, a victim is entitled to compensation if an automobile in motion, other than a vehicle mentioned in those subparagraphs, is involved in the accident.

[1977, c. 68, s. 10; 1978, c. 57, s. 92; 1979, c. 63, s. 329; 1985, c. 6, s. 486; 1988, c. 51, s. 100; 1989, c. 15, s. 1].

11. Le droit à une indemnité visée au présent titre se prescrit par trois ans à compter de l'accident ou de la manifestation du préjudice et, dans le cas d'une indemnité de décès, à compter du décès.

La Société peut permettre à la personne qui fait la demande d'indemnité d'agir après l'expiration de ce délai si celle-ci n'a pu, pour des motifs sérieux et légitimes, agir plus tôt.

Une demande d'indemnité produite conformément au présent titre interrompt la prescription prévue au *Code civil du Québec* jusqu'à ce qu'une décision définitive soit rendue.

[1977, c. 68, a. 11; 1989, c. 15, a. 1; 1990, c. 19, a. 11; 1999, c. 22, a. 1; 1999, c. 40, a. 26].

11. Entitlement to compensation under this title is prescribed by three years from the accident or the time the injury appears and, with regard to a death benefit, from the time of death.

The Société may allow an applicant to apply for compensation after the prescribed time if the applicant was unable, for serious and valid reasons, to act sooner.

An application for compensation filed in accordance with this title interrupts the prescription that applies pursuant to the *Civil Code of Québec* until a final decision is rendered.

[1977, c. 68, s. 11; 1989, c. 15, s. 1; 1990, c. 19, s. 11; 1999, c. 22, s. 1].

11.1. (*Remplacé*).

[1989, c. 15, a. 1].

11.1. (*Replaced*).

[1989, c. 15, s. 1].

12. Toute cession du droit à une indemnité visée au présent titre est nulle de nullité absolue.

La personne qui transfère une partie de son indemnité en vertu d'une telle cession a droit de répétition contre celui qui la reçoit.

[1977, c. 68, a. 12; 1989, c. 15, a. 1; 1992, c. 57, a. 434; 1999, c. 40, a. 26].

12. Any transfer of the right to an indemnity contemplated in this title is absolutely null.

Any person who transfers part of his indemnity pursuant to such an assignment has a right of recovery against the person receiving it.

[1977, c. 68, s. 12; 1989, c. 15, s. 1; 1992, c. 57, s. 434; 1999, c. 40, s. 26].

12.1. La Société doit être mise en cause dans toute action où il y a lieu de déterminer si le préjudice corporel a été causé par une automobile.

[1993, c. 56, a. 2; 1999, c. 40, a. 26].

12.1. The Société must be impleaded in any action where a determination is to be made as to whether the bodily injuries were caused by an automobile.

[1993, c. 56, s. 2].

Chapitre II —— Indemnités de remplacement du revenu et autres indemnités particulières

SECTION I —— DROIT À UNE INDEMNITÉ

§1. —— Victime exerçant un emploi à temps plein

Chapter II —— Income replacement Indemnity and Other Indemnities

SECTION I —— ENTITLEMENT TO AN INDEMNITY

§1. —— Victim Holding Full-time Employment

13. La présente sous-section ne s'applique pas à une victime âgée de moins de 16 ans, ni à celle âgée de 16 ans et plus qui fréquente à temps plein un établissement d'enseignement de niveau secondaire ou post-secondaire.

[1977, c. 68, a. 13; 1989, c. 15, a. 1, 24; 1992, c. 68, a. 157].

13. This subdivision does not apply to a victim under 16 years of age or to a victim 16 years of age or over attending a secondary or post-secondary educational institution on a full-time basis.

[1977, c. 68, s. 13; 1989, c. 15, s. 1, 24].

13.1. (*Abrogé*).

[1989, c. 15, a. 24].

13.1. (*Repealed*).

[1989, c. 15, s. 24].

14. La victime qui, lors de l'accident, exerce habituellement un emploi à temps plein a droit à une indemnité de remplacement du revenu si, en raison de cet accident, elle est incapable d'exercer son emploi.

[1977, c. 68, a. 14; 1989, c. 15, a. 1].

14. A victim who, at the time of the accident, holds a regular employment on a full-time basis is entitled to an income replacement indemnity if, by reason of the accident, he is unable to hold his employment.

[1977, c. 68, s. 14; 1989, c. 15, s. 1].

15. Cette indemnité de remplacement du revenu est calculée de la façon suivante:

1° si la victime exerce son emploi comme travailleur salarié, l'indemnité est calculée à partir du revenu brut qu'elle tire de son emploi;

2° si elle exerce son emploi comme travailleur autonome, l'indemnité est calculée à partir du revenu brut que la Société fixe par règlement pour un emploi de même catégorie, ou à partir de celui qu'elle tire de son emploi, s'il est plus élevé.

15. The income replacement indemnity is computed in the following manner :

1) if the victim holds an employment as a salaried worker, the indemnity is computed on the basis of the gross income he derives from his employment;

2) if the victim is self-employed, the indemnity is computed on the basis of the gross income determined by regulation of the Société for an employment of the same class, or on the basis of the gross income he derives from his employment, if that is higher.

Si en raison de cet accident, la victime est également privée de prestations régulières ou de prestations d'emploi ayant pour objet d'aider à acquérir par un programme de formation des compétences liées à l'emploi, prévues à la *Loi concernant l'assurance-emploi au Canada* (Lois du Canada, 1996, chapitre 23) auxquelles elle avait droit au moment de l'accident, elle a droit de recevoir une indemnité additionnelle calculée à partir des prestations qui lui auraient été versées. Ces prestations sont réputées faire partie de son revenu brut.

[1977, c. 68, a. 15; 1989, c. 15, a. 1; 1990, c. 19, a. 11; 1991, c. 58, a. 2; 1999, c. 22, a. 39; 1999, c. 40, a. 26].

A victim who, by reason of the accident, is deprived of regular benefits or employment benefits established to assist in obtaining skills for employment through a training program under the *Act respecting employment insurance in Canada* (Statutes of Canada, 1996, chapter 23) to which he was entitled at the time of the accident is entitled to receive an additional indemnity computed on the basis of the benefits that would have been paid to him. These benefits are deemed to form part of his gross income.

[1977, c. 68, s. 15; 1989, c. 15, s. 1; 1990, c. 19, s. 11; 1991, c. 58, s. 2; 1999, c. 22, s. 39].

16. La victime qui, lors de l'accident, exerce habituellement plus d'un emploi, dont au moins un à temps plein, a droit à une indemnité de remplacement du revenu si, en raison de cet accident, elle est incapable d'exercer l'un de ses emplois.

Cette indemnité est calculée selon les règles prévues à l'article 15 à partir du revenu brut que tire la victime de cet emploi, s'il s'agit d'un seul emploi, ou s'il s'agit de plus d'un emploi, à partir de l'ensemble des revenus bruts que tire la victime des emplois qu'elle devient incapable d'exercer.

[1977, c. 68, a. 16; 1982, c. 59, a. 4; 1989, c. 15, a. 1].

16. A victim who, at the time of the accident, holds more than one regular employment including at least one full-time employment is entitled to an income replacement indemnity if, by reason of the accident, he is unable to hold one of these employments.

The indemnity is computed, in accordance with the rules set out in section 15, on the basis of the gross income the victim derives from the employment he is unable to hold, or on the basis of the aggregate of the gross incomes he derives from the several employments he becomes unable to hold, where that is the case.

[1977, c. 68, s. 16; 1982, c. 59, s. 4; 1989, c. 15, s. 1].

17. Toutefois, si la victime fait la preuve qu'elle aurait exercé un emploi plus rémunérateur lors de l'accident, n'eût été de circonstances particulières, elle a droit de recevoir une indemnité de remplacement du revenu calculée à partir du revenu brut qu'elle aurait tiré de cet emploi, à la condition qu'elle soit incapable de l'exercer en raison de cet accident.

Il doit s'agir d'un emploi que la victime aurait pu exercer habituellement à temps plein, compte tenu de sa formation, de son

17. A victim who proves that he would have held a more remunerative employment at the time of the accident but for special circumstances is entitled to receive an income replacement indemnity computed on the basis of the gross income he would have derived from that employment, provided he is unable to hold it by reason of the accident.

The employment must be a regular full-time employment that would have been compatible with the training, experience

expérience et de ses capacités physiques et intellectuelles à la date de l'accident.

[1977, c. 68, a. 17; 1982, c. 59, a. 5; 1989, c. 15, a. 1].

§2. — Victime exerçant un emploi temporaire ou un emploi à temps partiel

18. La présente sous-section ne s'applique pas à une victime de moins de 16 ans, ni à celle âgée de 16 ans et plus qui fréquente à temps plein un établissement d'enseignement de niveau secondaire ou post-secondaire.

[1977, c. 68, a. 18; 1982, c. 59, a. 6; 1985, c. 6, a. 487; 1989, c. 15, a. 1; 1992, c. 68, a. 157].

18.1.-18.4. (*Remplacés*).

[1989, c. 15, a. 1].

19. La victime qui, lors de l'accident, exerce habituellement un emploi temporaire ou un emploi à temps partiel a droit à une indemnité de remplacement du revenu durant les premiers 180 jours qui suivent l'accident si, en raison de cet accident, elle est incapable d'exercer son emploi.

Elle a droit à cette indemnité, durant cette période, tant qu'elle demeure incapable d'exercer cet emploi en raison de cet accident.

[1977, c. 68, a. 19; 1989, c. 15, a. 1].

20. Cette indemnité de remplacement du revenu est calculée de la façon suivante:

1° si la victime exerce son emploi comme travailleur salarié, l'indemnité est calculée à partir du revenu brut qu'elle tire de son emploi;

2° si la victime exerce son emploi comme travailleur autonome, l'indemnité est calculée à partir du revenu brut que la Société fixe par règlement pour un emploi de même catégorie, ou à partir de celui qu'elle tire de son emploi s'il est plus élevé;

3° si la victime exerce plus d'un emploi, l'indemnité est calculée à partir du revenu brut qu'elle tire de l'emploi qu'elle de-

and physical and intellectual abilities of the victim on the date of the accident.

[1977, c. 68, s. 17; 1982, c. 59, s. 5; 1989, c. 15, s. 1].

§2. — Victim holding temporary or part-time Employment

18. This subdivision does not apply to a victim under 16 years of age or to a victim 16 years of age or over attending a secondary or post-secondary educational institution on a full-time basis.

[1977, c. 68, s. 18; 1982, c. 59, s. 6; 1985, c. 6, s. 487; 1989, c. 15, s. 1].

18.1.-18.4. (*Replaced*).

[1989, c. 15, s. 1].

19. A victim who, at the time of the accident, holds a regular employment on a temporary or part-time basis is entitled to an income replacement indemnity for the first 180 days following the accident if, by reason of the accident, he is unable to hold his employment.

During that period, the victim is entitled to the indemnity for such time as he remains unable, by reason of the accident, to hold that employment.

[1977, c. 68, s. 19; 1989, c. 15, s. 1].

20. The income replacement indemnity is computed in the following manner :

1) if the victim holds an employment as a salaried worker, the indemnity is computed on the basis of the gross income he derives from his employment;

2) if the victim is self-employed, the indemnity is computed on the basis of the gross income determined by regulation of the Société for an employment of the same class, or on the basis of the gross income he derives from his employment, if that is higher;

3) if the victim holds more than one employment, the indemnity is computed on the basis of the gross income he derives

vient incapable d'exercer ou s'il y a lieu, des emplois qu'elle devient incapable d'exercer.

Si en raison de cet accident, la victime est également privée de prestations régulières ou de prestations d'emploi ayant pour objet d'aider à acquérir par un programme de formation des compétences liées à l'emploi, prévues à la *Loi concernant l'assurance-emploi au Canada* (Lois du Canada, 1996, chapitre 23) auxquelles elle avait droit au moment de l'accident, elle a droit de recevoir une indemnité additionnelle calculée à partir des prestations qui lui auraient été versées. Ces prestations sont réputées faire partie de son revenu brut.

[1977, c. 68, a. 20; 1982, c. 59, a. 7; 1989, c. 15, a. 1; 1990, c. 19, a. 11; 1991, c. 58, a. 3; 1999, c. 22, a. 39; 1999, c. 40, a. 26].

from the employment or, where such is the case, the employments he becomes unable to hold.

A victim who, by reason of the accident, is deprived of regular benefits or employment benefits established to assist in obtaining skills for employment through a training program under the *Act respecting employment insurance in Canada* (Statutes of Canada, 1996, chapter 23) to which he was entitled at the time of the accident is entitled to receive an additional indemnity computed on the basis of the benefits that would have been paid to him. These benefits are deemed to form part of his gross income.

[1977, c. 68, s. 20; 1982, c. 59, s. 7; 1989, c. 15, s. 1; 1990, c. 19, s. 11; 1991, c. 58, s. 3; 1999, c. 22, s. 39].

21. À compter du cent quatre-vingt-unième jour qui suit l'accident, la Société détermine à la victime un emploi conformément à l'article 45.

La victime a droit à une indemnité de remplacement du revenu si, en raison de cet accident, elle est incapable d'exercer l'emploi que la Société lui détermine.

Cette indemnité est calculée à partir du revenu brut que la victime aurait pu tirer de l'emploi que la Société lui a déterminé. Cette dernière fixe ce revenu brut de la manière prévue par règlement en tenant compte:

1° du fait que la victime aurait pu exercer cet emploi à temps plein ou à temps partiel;

2° de l'expérience de travail de la victime durant les cinq années qui ont précédé la date de l'accident et, notamment, des périodes pendant lesquelles elle était apte à exercer un emploi ou a été sans emploi ou n'a exercé qu'un emploi temporaire ou un emploi à temps partiel;

3° du revenu brut que la victime a tiré d'un emploi qu'elle a exercé avant l'accident.

Si, lors de l'accident, la victime exerçait plus d'un emploi temporaire ou à temps

21. From the one hundred and eighty-first day after the accident, the Société shall determine an employment for the victim in accordance with section 45.

The victim is entitled to an income replacement indemnity if, by reason of the accident, he is unable to hold the employment determined by the Société.

The indemnity is computed on the basis of the gross income that the victim could have derived from the employment determined for him by the Société. The Société shall establish the gross income of the victim in the manner prescribed by regulation, taking into account

1) the fact that the victim could have held the employment on a full-time or part-time basis;

2) the work experience of the victim in the five years preceding the accident and, in particular, the periods during which he was fit to hold employment or was unemployed or held only temporary or part-time employment;

3) the gross income the victim derived from an employment held before the accident.

If the victim held more than one temporary or part-time employment at the time of the

partiel, la Société lui détermine un seul emploi conformément à l'article 45.

Le premier alinéa ne s'applique pas à la victime qui a droit à une indemnité pour frais de garde conformément à l'article 80.

[1977, c. 68, a. 21; 1982, c. 59, a. 8; 1989, c. 15, a. 1; 1990, c. 19, a. 11].

21.1.-21.3. *(Remplacés)*.

[1989, c. 15, a. 1].

22. *(Abrogé)*.

[1999, c. 22, a. 2].

§3. —— Victime sans emploi capable de travailler

23. La présente sous-section ne s'applique pas à une victime âgée de moins de 16 ans, ni à celle âgée de 16 ans et plus qui fréquente à temps plein un établissement d'enseignement de niveau secondaire ou post-secondaire.

[1977, c. 68, a. 23; 1989, c. 15, a. 1; 1992, c. 68, a. 157].

24. La victime qui, lors de l'accident, n'exerce aucun emploi tout en étant capable de travailler a droit à une indemnité de remplacement du revenu durant les premiers 180 jours qui suivent l'accident dans les cas suivants:

1° en raison de cet accident, elle est incapable d'exercer un emploi qu'elle aurait exercé durant cette période si l'accident n'avait pas eu lieu;

2° en raison de cet accident, elle est privée de prestations régulières ou de prestations d'emploi ayant pour objet d'aider à acquérir par un programme de formation des compétences liées à l'emploi, prévues à la *Loi concernant l'assurance-emploi au Canada* (Lois du Canada, 1996, chapitre 23) auxquelles elle avait droit au moment de l'accident.

La victime a droit, durant cette période, à cette indemnité, dans le cas prévu au paragraphe 1° du premier alinéa, tant que l'emploi aurait été disponible et qu'elle est incapable de l'exercer en raison de l'acci-

accident, the Société shall determine only one employment for him in accordance with section 45.

The first paragraph does not apply to a victim entitled to an indemnity for care expenses under section 80.

[1977, c. 68, s. 21; 1982, c. 59, s. 8; 1989, c. 15, s. 1; 1990, c. 19, s. 11].

21.1.-21.3. *(Replaced)*.

[1989, c. 15, s. 1].

22. *(Repealed)*.

[1999, c. 22, s. 2].

§3. —— Victim unemployed but able to work

23. This subdivision does not apply to a victim under 16 years of age or to a victim 16 years of age or over attending a secondary or post-secondary educational institution on a full-time basis.

[1977, c. 68, s. 23; 1989, c. 15, s. 1].

24. A victim who, at the time of the accident, is unemployed but able to work is entitled to an income replacement indemnity for the first 180 days following the accident if,

1) by reason of the accident, he is unable to hold an employment that he would have held during that period had the accident not occurred;

2) by reason of the accident, he is deprived of regular benefits or employment benefits established to assist in obtaining skills for employment through a training program under the *Act respecting employment insurance in Canada* (Statutes of Canada, 1996, chapter 23) to which he was entitled at the time of the accident.

The victim is entitled, during that period, to the indemnity, in the case described in subparagraph 1 of the first paragraph, for such time as the employment would have been available and for such time as he is

dent et, dans le cas prévu au paragraphe 2° du premier alinéa, tant qu'elle en est privée pour ce motif.

Toutefois, si la victime est à la fois visée aux paragraphes 1° et 2° du premier alinéa, elle ne peut cumuler les indemnités et, tant que cette situation demeure, elle reçoit la plus élevée.

[1977, c. 68, a. 24; 1989, c. 15, a. 1; 1991, c. 58, a. 4; 1999, c. 22, a. 39].

25. L'indemnité à laquelle a droit la victime visée au paragraphe 1° du premier alinéa de l'article 24 est calculée à partir du revenu brut tiré de l'emploi qu'elle aurait exercé si l'accident n'avait pas eu lieu.

L'indemnité à laquelle a droit la victime visée au paragraphe 2° du premier alinéa de l'article 24 est calculée à partir des prestations qui lui auraient été versées si l'accident n'avait pas eu lieu.

Pour l'application du présent article, les prestations auxquelles la victime aurait eu droit sont réputées être son revenu brut.

[1977, c. 68, a. 25; 1989, c. 15, a. 1; 1991, c. 58, a. 5; 1999, c. 22, a. 39; 1999, c. 40, a. 26].

26. À compter du cent quatre-vingt-unième jour qui suit l'accident, la Société détermine à la victime un emploi conformément à l'article 45.

La victime a droit à une indemnité de remplacement du revenu si, en raison de cet accident, elle est incapable d'exercer l'emploi que la Société lui détermine.

Cette indemnité est calculée conformément au troisième alinéa de l'article 21.

Le premier alinéa ne s'applique pas à la victime qui a droit à une indemnité pour frais de garde conformément à l'article 80.

[1977, c. 68, a. 26; 1982, c. 59, a. 10; 1989, c. 15, a. 1; 1990, c. 19, a. 11; 1999, c. 22, a. 3].

26.1. (*Remplacé*).

[1989, c. 15, a. 1].

unable to hold it by reason of the accident or, in the case described in subparagraph 2 of the first paragraph, for such time as he is deprived of benefits by reason of the accident.

However, where both subparagraphs 1 and 2 of the first paragraph apply, the victim cannot receive both indemnities, but shall, for such time as both of the said subparagraphs continue to apply, receive the greater of the indemnities.

[1977, c. 68, s. 24; 1989, c. 15, s. 1; 1991, c. 58, s. 4; 1999, c. 22, s. 39].

25. The indemnity to which the victim described in subparagraph 1 of the first paragraph of section 24 is entitled is computed on the basis of the gross income he would have derived from the employment he would have held had the accident not occurred.

The indemnity to which the victim described in subparagraph 2 of the first paragraph of section 24 is entitled is computed on the basis of the benefits that would have been paid to him had the accident not occurred.

For the purposes of this section, the benefits to which the victim would have been entitled are deemed to be his gross income.

[1977, c. 68, s. 25; 1989, c. 15, s. 1; 1991, c. 58, s. 5; 1999, c. 22, s. 39; 1999, c. 40, s. 26].

26. From the one hundred and eighty-first day after the accident, the Société shall determine an employment for the victim in accordance with section 45.

The victim is entitled to an income replacement indemnity if, by reason of the accident, he is unable to hold the employment determined by the Société.

The indemnity is computed in accordance with the third paragraph of section 21.

The first paragraph does not apply to a victim entitled to an indemnity for care expenses under section 80.

[1977, c. 68, s. 26; 1982, c. 59, s. 10; 1989, c. 15, s. 1; 1990, c. 19, s. 11; 1999, c. 22, s. 3].

26.1. (*Replaced*).

[1989, c. 15, s. 1].

§4. —— Victime âgée de 16 ans et plus qui fréquente à temps plein un établissement d'enseignement

§4. —— Victim 16 years of age or over in full-time attendance at an educational institution

27. Pour l'application de la présente sous-section :

1° les études en cours sont celles comprises dans un programme de niveau secondaire ou post-secondaire que la victime, à la date de l'accident, est admise à entreprendre ou à poursuivre dans un établissement d'enseignement;

2° une victime est réputée fréquenter à temps plein un établissement dispensant des cours d'un niveau secondaire ou post-secondaire, à partir du moment où elle est admise par l'établissement à fréquenter à temps plein un programme de ce niveau, jusqu'au moment où elle complète la session terminale, abandonne ses études, ou ne satisfait plus aux exigences de l'établissement fréquenté relativement à la poursuite de ses études, selon la première éventualité.

[1977, c. 68, a. 27 (partie); 1982, c. 59, a. 12; 1989, c. 15, a. 1; 1992, c. 68, a. 157; 1999, c. 40, a. 26]

27. For the purposes of this subdivision,

1) current studies are studies forming part of a program of studies at the secondary or post-secondary level which, on the day of the accident, the victim has admission to begin or to continue at an educational institution;

2) a victim is deemed to be attending, on a full-time basis, an institution offering courses at the secondary or post-secondary level from such time as he is admitted by the institution as a full-time student in a program of that level, until such time as he completes the last term, abandons his studies, or no longer meets the requirements set by the institution he is attending for continuing his studies, whichever occurs first.

[1977, c. 68, s. 27 (part); 1982, c. 59, s. 12; 1989, c. 15, s. 1; 1999, c. 40, s. 26].

28. La victime qui, à la date de l'accident, est âgée de 16 ans et plus et qui fréquente à temps plein un établissement d'enseignement de niveau secondaire ou post-secondaire a droit à une indemnité tant que, en raison de cet accident, elle est incapable d'entreprendre ou de poursuivre ses études en cours et si elle subit un retard dans celles-ci. Le droit à cette indemnité cesse à la date prévue, au moment de l'accident, pour la fin des études en cours.

[1977, c. 68, a. 28; 1989, c. 15, a. 1; 1992, c. 68, a. 157].

28. A victim who on the day of the accident is 16 years of age or over and attending a secondary or post-secondary educational institution on a full-time basis is entitled to an indemnity for such time as, by reason of the accident, he is unable to begin or to continue his current studies, if they are delayed. The right to the indemnity ceases on the date scheduled, at the time of the accident, for the completion of his current studies.

[1977, c. 68, s. 28; 1989, c. 15, s. 1; 1992, c. 68, s. 157].

29. Cette indemnité s'élève à :

1° 5 500 $ par année scolaire ratée au niveau secondaire;

2° 5 500 $ par session d'études ratée au niveau post-secondaire, jusqu'à concurrence de 11 000 $ par année.

[1977, c. 68, a. 29; 1982, c. 59, a. 13; 1989, c. 15, a. 1].

29. The indemnity shall be in the amount of

1) $ 5 500 for every school year missed at the secondary level;

2) $ 5 500 for every term missed at the post-secondary level, up to $ 11 000 a year.

[1977, c. 68, s. 29; 1982, c. 59, s. 13; 1989, c. 15, s. 1].

29.1. La victime qui, en raison de l'accident, est privée de prestations régulières ou de prestations d'emploi ayant pour objet d'aider à acquérir par un programme de formation des compétences liées à l'emploi, prévues à la *Loi concernant l'assurance-emploi au Canada* (Lois du Canada, 1996, chapitre 23) auxquelles elle avait droit au moment de l'accident, a droit à une indemnité de remplacement du revenu tant qu'elle en est privée pour ce motif, sans toutefois excéder la date prévue au moment de l'accident pour la fin des études en cours.

L'indemnité à laquelle a droit la victime est calculée à partir des prestations qui lui auraient été versées si l'accident n'avait pas eu lieu.

Pour l'application du présent article, les prestations auxquelles la victime aurait eu droit sont réputées être son revenu brut.

[1991, c. 58, a. 6; 1999, c. 22, a. 4, 39; 1999, c. 40, a. 26].

30. La victime qui, lors de l'accident, exerce également un emploi ou qui, si l'accident n'avait pas eu lieu, aurait exercé un emploi, a droit, en outre, à une indemnité de remplacement du revenu si, en raison de cet accident, elle est incapable d'exercer cet emploi.

La victime a droit à l'indemnité tant que l'emploi aurait été disponible et qu'elle est incapable de l'exercer en raison de l'accident, sans toutefois excéder la date prévue au moment de l'accident pour la fin des études en cours.

[1977, c. 68, a. 30; 1989, c. 15, a. 1; 1999, c. 22, a. 5].

31. Cette indemnité de remplacement du revenu est calculée de la façon suivante:

1° si la victime exerce ou avait pu exercer un emploi comme travailleur salarié, l'indemnité est calculée à partir du revenu brut qu'elle tire ou aurait tiré de son emploi;

2° si la victime exerce ou avait pu exercer un emploi comme travailleur autonome, l'indemnité est calculée à partir du revenu

29.1. A victim who, by reason of the accident, is deprived of regular benefits or employment benefits established to assist in obtaining skills for employment through a training program under the *Act respecting employment insurance in Canada* (Statutes of Canada, 1996, chapter 23) to which he was entitled at the time of the accident is entitled to an income replacement indemnity for such time as he is deprived of benefits by reason of the accident but not beyond the date scheduled, at the time of the accident, for the completion of current studies.

The indemnity to which the victim is entitled is computed on the basis of the benefits that would have been paid to him had the accident not occurred.

For the purposes of this section, the benefits to which the victim would have been entitled are deemed to be his gross income.

[1991, c. 58, s. 6; 1999, c. 22, s. 4, 39].

30. A victim who, at the time of the accident, also holds an employment or, had the accident not occurred, would have held an employment is entitled, in addition, to an income replacement indemnity if, by reason of the accident, he is unable to hold that employment.

The victim is entitled to the indemnity for such time as the employment would have been available and for such time as he is unable to hold it by reason of the accident but not beyond the date scheduled, at the time of the accident, for the completion of current studies.

[1977, c. 68, s. 30; 1989, c. 15, s. 1; 1999, c. 22, s. 5].

31. The income replacement indemnity is computed in the following manner :

1) if the victim holds or could have held an employment as a salaried worker, the indemnity is computed on the basis of the gross income he derives or would have derived from his employment;

2) if the victim is or could have been self-employed, the indemnity is computed on the basis of the gross income determined

brut que la Société fixe par règlement pour un emploi de même catégorie ou, s'il est plus élevé, à partir de celui qu'elle tire ou aurait tiré de son emploi;

3° si la victime exerce ou avait pu exercer plus d'un emploi, l'indemnité est calculée à partir du revenu brut qu'elle tire ou aurait tiré de l'emploi qu'elle devient incapable d'exercer ou s'il y a lieu, des emplois qu'elle devient incapable d'exercer.

[1977, c. 68, a. 31; 1982, c. 59, a. 14; 1989, c. 15, a. 1; 1990, c. 19, a. 11].

32. La victime qui, après la date prévue au moment de l'accident pour la fin de ses études en cours, est incapable, en raison de l'accident, d'entreprendre ou de poursuivre celles-ci et d'exercer tout emploi a droit, tant que durent ces incapacités, à une indemnité de remplacement du revenu.

Cette indemnité est calculée à partir d'un revenu brut égal à une moyenne annuelle établie à partir de la rémunération hebdomadaire moyenne des travailleurs de l'ensemble des activités économiques du Québec fixée par Statistique Canada pour chacun des 12 mois précédant le 1er juillet de l'année qui précède la date prévue pour la fin de ses études.

[1977, c. 68, a. 32; 1982, c. 59, a. 15; 1989, c. 15, a. 1].

33. La victime qui reprend ses études mais qui est incapable, en raison de l'accident, d'exercer tout emploi après avoir terminé ses études en cours ou y avoir mis fin a droit, à compter de la fin de ses études et tant que dure cette incapacité, à une indemnité.

Si ses études prennent fin avant la date qui était prévue au moment de l'accident, la victime a droit:

1° jusqu'à la date qui était prévue pour la fin de ses études, à une indemnité de:

    a) 5 500 $ par année scolaire non complétée au niveau secondaire;

by regulation of the Société for an employment of the same class, or on the basis of the gross income he derives or would have derived from his employment, if that is higher;

3) if the victim holds or could have held more than one employment, the indemnity is computed on the basis of the gross income he derives or would have derived from the employment or employments he becomes unable to hold.

[1977, c. 68, s. 31; 1982, c. 59, s. 14; 1989, c. 15, s. 1; 1990, c. 19, s. 11].

32. A victim who, after the scheduled date at the time of the accident for completion of his current studies, is unable, by reason of the accident, to begin or to continue the studies and unable to hold any employment is entitled to an income replacement indemnity for as long as he remains incapacitated for that reason.

The indemnity is computed on the basis of a gross income equal to a yearly average computed on the basis of the average weekly earnings of the Industrial Composite in Québec as established by Statistics Canada for each of the 12 months preceding 1 July of the year which precedes the scheduled date of completion of his studies.

[1977, c. 68, s. 32; 1982, c. 59, s. 15; 1989, c. 15, s. 1].

33. A victim who resumes his studies but who, by reason of the accident, is unable to hold any employment after completing or ending his current studies is entitled to an indemnity from the date of the end of his studies and for such time as he remains incapacitated for that reason.

If his studies end before the scheduled date therefor at the time of the accident, the victim is entitled

1) until the date scheduled, at the time of the accident, as the date of the end of his studies, to an indemnity of

    (a) $ 5 500 for every school year not completed at the secondary level;

b) 5 500 $ par session d'études non complétée au niveau post-secondaire, jusqu'à concurrence de 11 000 $ par année;

(b) $ 5 500 for every term of studies not completed at the post-secondary level, up to $ 11 000 per year;

2° à compter de la date qui était prévue pour la fin de ses études, à l'indemnité de remplacement du revenu visée au troisième alinéa.

2) from the date scheduled as the date of the end of his studies, to the income replacement indemnity provided for in the third paragraph.

Si elles prennent fin après cette date, elle a droit à une indemnité de remplacement du revenu calculée à partir d'un revenu brut égal à une moyenne annuelle établie à partir de la rémunération hebdomadaire moyenne des travailleurs de l'ensemble des activités économiques du Québec fixée par Statistique Canada pour chacun des 12 mois précédant le 1er juillet de l'année qui précède la date où elles prennent fin.

If his studies end after such date, the victim is entitled to an income replacement indemnity computed on the basis of a gross income equal to an annual average established on the basis of the average weekly earnings of the Industrial Composite in Québec as established by Statistics Canada for each of the 12 months preceding 1 July of the year which precedes the date on which his studies end.

[1977, c. 68, a. 33; 1982, c. 59, a. 16; 1989, c. 15, a. 1; 1991, c. 58, a. 7].

[1977, c. 68, s. 33; 1982, c. 59, s. 16; 1989, c. 15, s. 1; 1991, c. 58, s. 7].

§5. — Victime âgée de moins de 16 ans

§5. — Victim under 16 years of age

34. Pour l'application de la présente sous-section:

34. For the purposes of this subdivision,

1° une année scolaire débute le 1er juillet d'une année et se termine le 30 juin de l'année suivante;

1) a school year begins on 1 July in one year and ends on 30 June in the following year;

2° le niveau primaire s'étend de la maternelle à la sixième année.

2) the elementary level extends from kindergarten to the sixth grade.

[1977, c. 68, a. 34; 1982, c. 59, a. 17; 1989, c. 15, a. 1].

[1977, c. 68, s. 34; 1982, c. 59, s. 17; 1989, c. 15, s. 1].

35. La victime qui, à la date de l'accident, est âgée de moins de 16 ans a droit à une indemnité tant que, en raison de cet accident, elle est incapable d'entreprendre ou de poursuivre ses études et si elle subit un retard dans celles-ci.

35. A victim who, at the time of the accident, is under 16 years of age is entitled to an indemnity for such time as, by reason of the accident, he is unable to begin or to continue his studies, if they are delayed.

Le droit à cette indemnité cesse à la fin de l'année scolaire au cours de laquelle elle atteint l'âge de 16 ans.

The right to the indemnity ceases at the end of the school year in which he reaches 16 years of age.

[1977, c. 68, a. 35; 1989, c. 15, a. 1].

[1977, c. 68, s. 35; 1989, c. 15, s. 1].

36. Cette indemnité s'élève à:

36. The indemnity shall be in the amount of

1° 3 000 $ par année scolaire ratée au niveau primaire;

1) $ 3 000 for every school year missed at the elementary level;

2° 5 500 $ par année scolaire ratée au niveau secondaire.

[1977, c. 68, a. 36; 1989, c. 15, a. 1].

36.1. La victime qui, en raison de l'accident, est privée de prestations régulières ou de prestations d'emploi ayant pour objet d'aider à acquérir par un programme de formation des compétences liées à l'emploi, prévues à la *Loi concernant l'assurance-emploi au Canada* (Lois du Canada, 1996, chapitre 23) auxquelles elle avait droit au moment de l'accident, a droit à une indemnité de remplacement du revenu tant qu'elle en est privée pour ce motif, sans toutefois excéder la fin de l'année scolaire au cours de laquelle elle atteint l'âge de 16 ans.

L'indemnité à laquelle a droit la victime est calculée à partir des prestations qui lui auraient été versées si l'accident n'avait pas eu lieu.

Pour l'application du présent article, les prestations auxquelles la victime aurait eu droit sont réputées être son revenu brut.

[1991, c. 58, a. 8; 1999, c. 22, a. 6, 39; 1999, c. 40, a. 26].

37. La victime qui, lors de l'accident, exerce également un emploi ou qui, si l'accident n'avait pas eu lieu, aurait exercé un emploi, a droit, en outre, à une indemnité de remplacement du revenu si, en raison de cet accident, elle est incapable d'exercer cet emploi.

La victime a droit à cette indemnité tant que l'emploi aurait été disponible et qu'elle est incapable de l'exercer en raison de cet accident, sans toutefois excéder la fin de l'année scolaire au cours de laquelle elle atteint l'âge de 16 ans.

Le calcul de cette indemnité se fait de la façon prévue à l'article 31.

Si la victime a droit à la fois à cette indemnité et à une indemnité de remplacement du revenu visée à l'article 39, elle ne peut les cumuler.

Elle reçoit, toutefois, la plus élevée des indemnités auxquelles elle a droit.

[1977, c. 68, a. 37; 1982, c. 59, a. 18; 1989, c. 15, a. 1; 1999, c. 22, a. 7].

2) $ 5 500 for every school year missed at the secondary level.

[1977, c. 68, s. 36; 1989, c. 15, s. 1].

36.1. A victim who, by reason of the accident, is deprived of regular benefits or employment benefits established to assist in obtaining skills for employment through a training program under the Act respecting employment insurance in Canada (Statutes of Canada, 1996, chapter 23) to which he was entitled at the time of the accident is entitled to an income replacement indemnity for such time as he is deprived of benefits by reason of the accident but not beyond the end of the school year in which he reaches 16 years of age.

The indemnity to which the victim is entitled is computed on the basis of the benefits that would have been paid to him had the accident not occurred. Presumption.

For the purposes of this section, the benefits to which the victim would have been entitled are deemed to be his gross income.

[1991, c. 58, s. 8; 1999, c. 22, s. 6, 39; 1999, c. 40, s. 26].

37. A victim who, at the time of the accident, also holds an employment or, had the accident not occurred, would have held an employment is, in addition, entitled to an income replacement indemnity if, by reason of the accident, he is unable to hold that employment.

The victim is entitled to the indemnity for such time as the employment would have been available and for such time as he is unable to hold it by reason of the accident but not beyond the end of the school year in which he reaches 16 years of age.

The indemnity is computed in the manner set out in section 31.

If the victim is entitled to both the income replacement indemnity contemplated in this section and that contemplated in section 39, he cannot receive both indemnities.

He shall receive, however, the greater of the indemnities to which he is entitled.

[1977, c. 68, s. 37; 1982, c. 59, s. 18; 1989, c. 15, s. 1; 1999, c. 22, s. 7].

38. La victime qui, à compter de la fin de l'année scolaire au cours de laquelle elle atteint l'âge de 16 ans, est incapable d'entreprendre ou de poursuivre ses études et d'exercer tout emploi, en raison de l'accident, a droit, tant que dure cette incapacité, à une indemnité de remplacement du revenu.

Cette indemnité est calculée à partir d'un revenu brut égal à une moyenne annuelle établie à partir de la rémunération hebdomadaire moyenne des travailleurs de l'ensemble des activités économiques du Québec fixée par Statistique Canada pour chacun des 12 mois précédant le 1er juillet de l'année qui précède la fin de l'année scolaire au cours de laquelle elle atteint l'âge de 16 ans.

[1977, c. 68, a. 38; 1982, c. 59, a. 19; 1989, c. 15, a. 1].

39. La victime qui reprend ses études mais qui est incapable, en raison de l'accident, d'exercer tout emploi après avoir terminé ses études ou y avoir mis fin a droit, à compter de la fin de ses études, et tant que dure cette incapacité, à une indemnité.

Si ses études prennent fin avant la date qui était prévue au moment de l'accident, la victime a droit:

1º jusqu'à la date qui était prévue pour la fin de ses études, à une indemnité de:

   a) 3 000 $ par année scolaire non complétée au niveau primaire;

   b) 5 500 $ par année scolaire non complétée au niveau secondaire;

2º à compter de la date qui était prévue pour la fin de ses études, à l'indemnité de remplacement du revenu visée au troisième alinéa.

Si elles prennent fin après cette date, elle a droit à une indemnité de remplacement du revenu calculée à partir d'un revenu brut égal à une moyenne annuelle établie à partir de la rémunération hebdomadaire moyenne des travailleurs de l'ensemble des activités économiques du Québec fixée par Statistique Canada pour chacun des 12

38. A victim who, from the end of the school year in which he reaches 16 years of age, is unable to begin or to continue his studies and to hold any employment, by reason of the accident, is entitled to an income replacement indemnity for such time as he remains incapacitated for that reason.

The indemnity is computed on the basis of a gross income equal to a yearly average established on the basis of the average weekly earnings of the Industrial Composite in Québec as established by Statistics Canada for each of the 12 months preceding 1 July of the year which precedes the end of the school year during which the victim reaches 16 years of age.

[1977, c. 68, s. 38; 1982, c. 59, s. 19; 1989, c. 15, s. 1].

39. A victim who resumes his studies but who, by reason of the accident, is unable to hold any employment after finishing or ending his studies is entitled to an indemnity from the end of his studies and for such time as he remains incapacitated for that reason.

If his studies end before the scheduled date therefor at the time of the accident, the victim is entitled

1) until the date scheduled as the date of the end of his studies, to an indemnity of

   (a) 3 000 for every school year not completed at the elementary level;

   (b) 5 500 for every school year not completed at the secondary level;

2) from the date scheduled as the date of the end of his studies, to the income replacement indemnity provided for in the third paragraph.

If his studies end after the scheduled date, the victim is entitled to an income replacement indemnity computed on the basis of a gross income equal to a yearly average established on the basis of the average weekly earnings of the Industrial Composite in Québec as established by Statistics Canada for each of the 12 months preced-

mois précédant le 1ᵉʳ juillet de l'année qui précède la date où elles prennent fin.

[1977, c. 68, a. 39; 1982, c. 59, a. 20; 1984, c. 27, a. 39; 1989, c. 15, a. 1; 1991, c. 58, a. 9].

§6. —— Victime âgée de 64 ans et plus

40. Lorsqu'une victime, à la date de l'accident, est âgée de 64 ans et plus, l'indemnité de remplacement du revenu à laquelle elle a droit est réduite de 25 % à compter de la deuxième année qui suit la date de l'accident, de 50 % à compter de la troisième année et de 75 % à compter de la quatrième année.

La victime cesse d'avoir droit à cette indemnité quatre ans après la date de l'accident.

[1977, c. 68, a. 40; 1989, c. 15, a. 1].

41. La victime qui, à la date de l'accident, est âgée de 65 ans et plus et n'exerce aucun emploi ne peut recevoir une indemnité de remplacement du revenu.

[1977, c. 68, a. 41; 1982, c. 59, a. 21; 1989, c. 15, a. 1].

42. Malgré l'article 41, une victime âgée de 65 ans et plus a droit à une indemnité de remplacement du revenu durant les premiers 180 jours qui suivent l'accident dans les cas suivants:

1° en raison de cet accident, elle est incapable d'exercer un emploi qu'elle aurait exercé durant cette période si l'accident n'avait pas eu lieu;

2° en raison de cet accident, elle est privée de prestations régulières ou de prestations d'emploi ayant pour objet d'aider à acquérir par un programme de formation des compétences liées à l'emploi, prévues à la *Loi concernant l'assurance-emploi au Canada* (Lois du Canada, 1996, chapitre 23) auxquelles elle avait droit au moment de l'accident.

La victime a droit, durant cette période, à cette indemnité, dans le cas prévu au paragraphe 1° du premier alinéa, tant que l'emploi aurait été disponible et qu'elle est incapable de l'exercer en raison de l'accident et, dans le cas prévu au paragraphe 2°

ing 1 July of the year which precedes the date on which the studies are interrupted.

[1977, c. 68, s. 39; 1982, c. 59, s. 20; 1984, c. 27, s. 39; 1989, c. 15, s. 1; 1991, c. 58, s. 9].

§6. —— Victim 64 years of age or over

40. Where a victim is 64 years of age or over on the date of the accident, the income replacement indemnity to which he is entitled is reduced by 25 % from the second year following the date of the accident, by 50 % from the third year and by 75 % from the fourth year.

The victim ceases to be entitled to the indemnity four years after the date of the accident.

[1977, c. 68, s. 40; 1989, c. 15, s. 1].

41. A victim who, on the date of the accident, is 65 years of age or over and does not hold any employment is not entitled to an income replacement indemnity.

[1977, c. 68, s. 41; 1982, c. 59, s. 21; 1989, c. 15, s. 1].

42. Notwithstanding section 41, a victim 65 years of age or over is entitled to an income replacement indemnity during the first 180 days following the accident if

1) by reason of the accident, he is unable to hold an employment that he would have held during that period had the accident not occurred;

2) by reason of the accident, he is deprived of regular benefits or employment benefits established to assist in obtaining skills for employment through a training program under the *Act respecting employment insurance in Canada* (Statutes of Canada, 1996, chapter 23) to which he was entitled at the time of the accident.

During that period, the victim is entitled to the indemnity, in the case described in subparagraph 1 of the first paragraph, for such time as the employment would have been available and for such time as he is unable to hold it by reason of the accident

du premier alinéa, tant qu'elle en est privée pour ce motif.

and, in the case described in subparagraph 2 of the first paragraph, for such time as he is deprived of the benefits or allowances by reason of the accident.

Toutefois, si la victime est à la fois visée aux paragraphes 1° et 2° du premier alinéa, elle ne peut cumuler les indemnités et, tant que cette situation demeure, reçoit la plus élevée.

However, if both subparagraphs 1 and 2 of the first paragraph apply, the victim cannot receive both indemnities but shall receive the greater indemnity for as long as the situation prevails.

À compter du cent-quatre-vingt-unième jour qui suit l'accident, la victime a droit, sous réserve de l'article 40, à une indemnité de remplacement du revenu calculée conformément à l'article 21.

From the one hundred and eighty-first day following the accident, the victim is entitled to an income replacement indemnity computed in accordance with section 21, subject to section 40.

[1977, c. 68, a. 42; 1989, c. 15, a. 1; 1991, c. 58, a. 10; 1999, c. 22, a. 8, 39].

[1977, c. 68, s. 42; 1989, c. 15, s. 1; 1991, c. 58, s. 10; 1999, c. 22, s. 8, 39].

42.1. L'indemnité à laquelle a droit la victime visée au paragraphe 1° du premier alinéa de l'article 42 est calculée à partir du revenu brut tiré de l'emploi qu'elle aurait exercé si l'accident n'avait pas eu lieu.

42.1. The indemnity to which the victim described in subparagraph 1 of the first paragraph of section 42 is entitled is computed on the basis of the gross income derived from the employment he would have held had the accident not occurred.

L'indemnité à laquelle a droit la victime visée au paragraphe 2° du premier alinéa de l'article 42 est calculée à partir des prestations qui lui auraient été versées si l'accident n'avait pas eu lieu.

The indemnity to which the victim described in subparagraph 2 of the first paragraph of section 42 is entitled is computed on the basis of the benefits that would have been paid to him had the accident not occurred.

Pour l'application du présent article, les prestations auxquelles la victime aurait eu droit sont réputées être son revenu brut.

For the purposes of this section, the benefits to which the victim would have been entitled are deemed to be his gross income.

[1991, c. 58, a. 10; 1999, c. 22, a. 39; 1999, c. 40, a. 26].

[1991, c. 58, s. 10; 1999, c. 22, s. 39].

43. Lorsqu'une victime reçoit déjà une indemnité de remplacement du revenu en vertu du présent chapitre et qu'elle atteint son soixante-cinquième anniversaire de naissance, l'indemnité à laquelle elle a droit est réduite de 25 % à compter de cette date, de 50 % à compter de la date de son soixante-sixième anniversaire de naissance et de 75 % à compter de la date de son soixante-septième anniversaire.

43. When a victim receiving an income replacement indemnity under this chapter reaches his sixty-fifth birthday, the indemnity to which he is entitled is reduced by 25 % from that date; it is reduced by 50 % from the date of his sixty-sixth birthday and by 75 % from the date of his sixty-seventh birthday.

La victime cesse d'avoir droit à cette indemnité à compter de la date de son soixante-huitième anniversaire de naissance.

The victim ceases to be entitled to the indemnity from the date of his sixty-eighth birthday.

[1977, c. 68, a. 43; 1989, c. 15, a. 1].

[1977, c. 68, s. 43; 1989, c. 15, s. 1].

§7. — Victime régulièrement incapable d'exercer tout emploi

44. La victime qui, lors de l'accident, est régulièrement incapable d'exercer tout emploi pour quelque cause que ce soit, excepté l'âge, ne peut recevoir une indemnité de remplacement du revenu.

[1977, c. 68, a. 44; 1989, c. 15, a. 1].

SECTION II — DÉTERMINATION D'UN EMPLOI À UNE VICTIME

45. Lorsque la Société est tenue de déterminer un emploi à une victime à compter du cent quatre-vingt-unième jour qui suit l'accident, elle doit tenir compte, outre les normes et modalités prévues par règlement, de la formation, de l'expérience de travail et des capacités physiques et intellectuelles de la victime à la date de l'accident.

Il doit s'agir d'un emploi que la victime aurait pu exercer habituellement, à temps plein ou, à défaut, à temps partiel, lors de l'accident.

[1977, c. 68, a. 45; 1982, c. 59, a. 23; 1989, c. 15, a. 1; 1990, c. 19, a. 11].

46. À compter de la troisième année de la date de l'accident, la Société peut déterminer un emploi à une victime capable de travailler mais qui, en raison de l'accident, est devenue incapable d'exercer l'un des emplois suivants:

1° celui qu'elle exerçait lors de l'accident, visé à l'un des articles 14 et 16;

2° celui visé à l'article 17;

3° celui que la Société lui a déterminé à compter du cent quatre-vingt-unième jour qui suit l'accident conformément à l'article 45.

[1977, c. 68, a. 46; 1989, c. 15, a. 1; 1990, c. 19, a. 11].

47. En tout temps à compter de la date prévue pour la fin des études en cours d'une

§7. — Victim regularly unable to hold any employment

44. A victim who, at the time of the accident, is regularly unable to hold any employment for any reason whatever except age is not entitled to an income replacement indemnity.

[1977, c. 68, s. 44; 1989, c. 15, s. 1].

SECTION II — DETERMINATION OF AN EMPLOYMENT FOR A VICTIM

45. Where the Société is required, from the one hundred and eighty-first day after an accident, to determine an employment for a victim, it must take into account, in addition to the standards and terms and conditions prescribed by regulation, the training, work experience and physical and intellectual abilities of the victim on the date of the accident.

The employment must be an employment which the victim could have held at the time of the accident on a regular and full-time or, failing that, part-time basis.

[1977, c. 68, s. 45; 1982, c. 59, s. 23; 1989, c. 15, s. 1; 1990, c. 19, s. 11].

46. From the third year after the date of an accident, the Société may determine an employment that could be held by a victim able to work but who, by reason of the accident, has become unable to hold

1) the employment he held at the time of the accident and which is contemplated in either section 14 or section 16;

2) an employment referred to in section 17; or

3) the employment determined for him by the Société pursuant to section 45 from the one hundred and eighty-first day after the accident.

[1977, c. 68, s. 46; 1989, c. 15, s. 1; 1990, c. 19, s. 11].

47. The Société may determine an employment for a victim contemplated in subdivi-

victime visée aux sous-sections 4 et 5 de la section I, la Société peut lui déterminer un emploi si cette victime est capable de travailler mais incapable, en raison de l'accident, d'exercer un emploi dont le revenu brut est égal ou supérieur à celui qui lui aurait été applicable en vertu de l'un des articles 32, 33, 38 ou 39 selon le cas, si elle avait été incapable d'exercer tout emploi en raison de l'accident.

[1977, c. 68, a. 47; 1982, c. 59, a. 24; 1989, c. 15, a. 1; 1990, c. 19, a. 11].

48. Lorsque la Société détermine un emploi dans l'un des cas visés aux articles 46 et 47, elle doit tenir compte, outre les normes et modalités prévues par règlement, des facteurs suivants:

1° la formation, l'expérience de travail et les capacités physiques et intellectuelles de la victime au moment où la Société décide de lui déterminer un emploi en vertu de cet article;

2° s'il y a lieu, les connaissances et habiletés acquises par la victime dans le cadre d'un programme de réadaptation approuvé par la Société.

Il doit s'agir d'un emploi normalement disponible dans la région où réside la victime et que celle-ci peut exercer habituellement, à temps plein ou, à défaut, à temps partiel.

[1977, c. 68, a. 48; 1989, c. 15, a. 1; 1990, c. 19, a. 11].

SECTION III — CESSATION DU DROIT À UNE INDEMNITÉ DE REMPLACEMENT DU REVENU

49. Une victime cesse d'avoir droit à l'indemnité de remplacement du revenu:

1° lorsqu'elle devient capable d'exercer l'emploi qu'elle exerçait lors de l'accident;

2° lorsqu'elle devient capable d'exercer l'emploi qu'elle aurait exercé lors de l'accident, n'eût été de circonstances particulières;

sions 4 and 5 of Division 1 at any time from the scheduled date of the end of his current studies if the victim is able to work but unable, by reason of the accident, to hold an employment from which the gross income is equal to or greater than the gross income that would have applied to him under section 32, 33, 38 or 39, as the case may be, if he had been unable to hold any employment by reason of the accident.

[1977, c. 68, s. 47; 1982, c. 59, s. 24; 1989, c. 15, s. 1; 1990, c. 19, s. 11].

48. In determining an employment in any case described in section 46 or 47, the Société shall take the following factors into account, in addition to the standards and terms and conditions prescribed by regulation :

1) the training, work experience and physical and intellectual abilities of the victim at the time it decides to determine an employment for him pursuant to that section;

2) where applicable, the knowledge and skills acquired by the victim through a rehabilitation program approved by the Société.

The employment must be an employment which is normally available in the region where the victim resides and which he is able to hold on a regular and full-time or, failing that, part-time basis.

[1977, c. 68, s. 48; 1989, c. 15, s. 1; 1990, c. 19, s. 11].

SECTION III — CESSATION OF ENTITLEMENT TO INCOME REPLACEMENT INDEMNITY

49. A victim ceases to be entitled to an income replacement indemnity

1) when he becomes able to hold the employment he held at the time of the accident;

2) when he becomes able to hold the employment he would have held at the time of the accident but for particular circumstances;

3° lorsqu'elle devient capable d'exercer l'emploi que la Société lui a déterminé conformément à l'article 45;

4° un an après être devenue capable d'exercer un emploi que la Société lui a déterminé conformément à l'article 46 ou à l'article 47;

4.1° lorsqu'elle exerce un emploi lui procurant un revenu brut égal ou supérieur à celui à partir duquel la Société a calculé l'indemnité de remplacement du revenu;

5° au moment fixé par une disposition de la section I du présent chapitre qui diffère de ceux prévus aux paragraphes 1° à 4°;

6° à son décès.

[1977, c. 68, a. 49; 1982, c. 59, a. 25; 1989, c. 15, a. 1; 1990, c. 19, a. 11; 1991, c. 58, a. 11].

49.1. Lorsqu'à la suite d'un examen que la Société a requis en vertu de l'article 83.12, la victime n'a plus droit à l'indemnité de remplacement du revenu qu'elle recevait à la date de cet examen en vertu des articles 14, 16, 17, 19, 21, 24, 26, 30, 32, 33, 37, 38, 39, 42 ou 57, cette indemnité continue de lui être versée jusqu'à la date de la décision de la Société.

Toutefois, le premier alinéa ne s'applique pas lorsque la victime a droit, à la date de l'examen, à une indemnité de remplacement du revenu en vertu du paragraphe 4° de l'article 49 ou de l'article 50.

[1993, c. 56, a. 3].

50. Malgré les paragraphes 1° à 3° de l'article 49, la victime qui, lors de l'accident, exerce habituellement un emploi à temps plein ou un emploi à temps partiel, continue d'avoir droit à l'indemnité de remplacement du revenu, même lorsqu'elle redevient capable d'exercer son emploi, si elle a perdu celui-ci en raison de l'accident.

Cette indemnité continue de lui être versée après qu'elle soit redevenue capable d'exercer son emploi pendant l'une des périodes suivantes:

3) when he becomes able to hold an employment determined for him by the Société pursuant to section 45;

4) one year after becoming able to hold an employment determined for him by the Société pursuant to section 46 or 47;

4.1) when he holds an employment from which he derives a gross income equal to or greater than the gross income on the basis of which the Société has computed the income replacement indemnity;

5) at any time fixed pursuant to a provision of Division I of this chapter different from the times provided for in paragraphs 1 to 4; or,

6) at his death.

[1977, c. 68, s. 49; 1982, c. 59, s. 25; 1989, c. 15, s. 1; 1990, c. 19, s. 11; 1991, c. 58, s. 11].

49.1. Where, following an examination required by the Société under section 83.12, the victim is no longer entitled to the income replacement indemnity he was receiving on the date of the examination under section 14, 16, 17, 19, 21, 24, 26, 30, 32, 33, 37, 38, 39, 42 or 57, he shall continue to receive the indemnity until the date of the decision of the Société.

However, the first paragraph does not apply where, on the date of the examination, the victim is entitled to an income replacement indemnity under paragraph 4 of section 49 or section 50.

[1993, c. 56, s. 3].

50. Notwithstanding paragraphs 1 to 3 of section 49, a victim who, at the time of the accident, held a regular full-time or part-time employment continues to be entitled to the income replacement indemnity even when he regains the ability to hold his employment, if he lost such employment by reason of the accident.

The Société shall continue to pay the indemnity to the victim after he regains the ability to hold his employment for a period of

1° 30 jours, si l'incapacité de la victime a duré au moins 90 jours mais au plus 180 jours;

2° 90 jours, si elle a duré plus de 180 jours mais au plus un an;

3° 180 jours, si elle a duré plus d'un an mais au plus deux ans;

4° un an, si elle a duré plus de deux ans.

Lorsque, à la suite d'un examen requis en vertu de l'article 83.12, la victime est avisée par la Société qu'elle n'a plus droit à l'indemnité de remplacement du revenu, la période prévue au deuxième alinéa ne débute qu'à compter de la date de la décision de la Société.

[1977, c. 68, a. 50; 1982, c. 59, a. 26; 1989, c. 15, a. 1; 1991, c. 58, a. 12; 1999, c. 22, a. 9].

SECTION IV — CALCUL DE L'INDEMNITÉ

51. L'indemnité de remplacement du revenu d'une victime visée au présent chapitre est égale à 90 % de son revenu net calculé sur une base annuelle.

Toutefois, sous réserve des articles 40, 43, 55 et 56, l'indemnité de remplacement du revenu d'une victime qui lors de l'accident, exerçait habituellement un emploi à temps plein ou d'une victime à qui la Société détermine un emploi à compter du cent quatre-vingt-unième jour qui suit l'accident conformément à l'article 45, ne peut être inférieure à l'indemnité qui serait calculée à partir d'un revenu brut annuel déterminé sur la base du salaire minimum prévu à l'article 3 du *Règlement sur les normes du travail* (chapitre N-1.1, r. 3) et sauf lorsqu'il s'agit d'un emploi à temps partiel, de la semaine normale de travail visée à l'article 52 de la *Loi sur les normes du travail* (chapitre N-1.1), tels qu'ils se lisent au jour où ils doivent être appliqués.

[1977, c. 68, a. 51; 1989, c. 15, a. 1; 1990, c. 19, a. 11; 1991, c. 58, a. 13].

52. Le revenu net de la victime est égal à son revenu brut annuel d'emploi, jusqu'à

1) 30 days if the victim's disability lasted for not less than 90 days but not more than 180 days;

2) 90 days if the disability lasted for more than 180 days but not more than one year;

3) 180 days if the disability lasted for more than one year but not more than two years;

4) one year if the disability lasted for more than two years.

Where, following an examination required under section 83.12, the victim is informed by the Société that he is no longer entitled to an income replacement indemnity, the period determined under the second paragraph only begins on the date of the Société's decision.

[1977, c. 68, s. 50; 1982, c. 59, s. 26; 1989, c. 15, s. 1; 1990, c. 19, s. 11; 1991, c. 58, s. 12; 1999, c. 22, s. 9].

SECTION IV — COMPUTATION OF INDEMNITY

51. The income replacement indemnity of a victim contemplated by this chapter is equal to 90 % of his net income computed on a yearly basis.

Subject to sections 40, 43, 55 and 56, the income replacement indemnity of a victim who, at the time of the accident, held a regular full-time employment, or of a victim for whom the Société determines an employment from the one hundred and eighty-first day following the accident, in accordance with section 45, shall not be less, however, than the indemnity that would be computed on the basis of a gross annual income determined on the basis of the minimum wage as defined in section 3 of the *Regulation respecting labour standards* (chapter N-1.1, r. 3) and, except in the case of a part-time employment, of the regular workweek as defined in section 52 of the *Act respecting labour standards* (chapter N-1.1), as they read on the day on which they are applied.

[1977, c. 68, s. 51; 1989, c. 15, s. 1; 1990, c. 19, s. 11; 1991, c. 58, s. 13].

52. The net income of the victim is equal to his gross yearly employment income up

concurrence du montant maximum annuel assurable, moins un montant équivalent à l'impôt sur le revenu établi en vertu de la *Loi sur les impôts* (chapitre I-3) et de la *Loi concernant les impôts sur le revenu* (Statuts du Canada, 1970-71-72, chapitre 63), à la cotisation ouvrière établie en vertu de la *Loi concernant l'assurance-emploi au Canada* (Lois du Canada, 1996, chapitre 23), à la cotisation du travailleur établie en vertu de la *Loi sur l'assurance parentale* (chapitre A-29.011) et à la cotisation établie en vertu de la *Loi sur le régime de rentes du Québec* (chapitre R-9), le tout calculé de la manière prévue par règlement.

Les lois énumérées au premier alinéa s'appliquent telles qu'elles se lisent au 1er janvier de l'année pour laquelle la Société procède au calcul d'un revenu net.

[1977, c. 68, a. 52; 1989, c. 15, a. 1; 1990, c. 19, a. 11; 1993, c. 15, a. 91; 1999, c. 22, a. 39; 2005, c. 1, a. 1; 2001, c. 9, a. 126].

53. Pour l'application des déductions visées à l'article 52, la Société tient compte du nombre de personnes à charge à la date de l'accident.

[1977, c. 68, a. 53; 1989, c. 15, a. 1; 1990, c. 19, a. 11].

54. Pour l'année 1989, le maximum annuel assurable est de 38 000 $.

Pour l'année 1990 et chaque année subséquente, le maximum annuel assurable est obtenu en multipliant le maximum fixé pour l'année 1989 par le rapport entre la somme des rémunérations hebdomadaires moyennes des travailleurs de l'ensemble des activités économiques du Québec fixées par Statistique Canada pour chacun des 12 mois précédant le 1er juillet de l'année qui précède celle pour laquelle le maximum annuel assurable est calculé et cette même somme pour chacun des 12 mois précédant le 1er juillet 1988.

Le maximum annuel assurable est établi au plus haut 500 $ et est applicable pour une année à compter du 1er janvier de chaque année.

Pour l'application du présent article, la Société utilise les données fournies par Sta-

to the amount of the Maximum Yearly Insurable Earnings less an amount equivalent to the income tax determined under the *Taxation Act* (chapter I-3) and the *Income Tax Act* (Statutes of Canada, 1970-71-72, chapter 63), the employee's premium determined under the *Act respecting employment insurance in Canada* (Statutes of Canada, 1996, chapter 23), the worker's premium determined under the *Act respecting parental insurance* (chapter A-29.011) and the contribution determined under the *Act respecting the Québec Pension Plan* (chapter R-9), all of which are computed in the manner prescribed by regulation.

The Acts mentioned in the first paragraph apply as they read on 1 January of the year for which the Société makes the computation of net income.

[1977, c. 68, s. 52; 1989, c. 15, s. 1; 1990, c. 19, s. 11; 1999, c. 22, s. 39; 2005, c. 1, s. 1; 2001, c. 9, s. 126].

53. For the purposes of the deductions under section 52, the Société shall take into account the number of dependants of the victim on the date of the accident.

[1977, c. 68, s. 53; 1989, c. 15, s. 1; 1990, c. 19, s. 11].

54. For the year 1989, the amount of the Maximum Yearly Insurable Earnings is $ 38 000.

For the year 1990 and each subsequent year, the amount of the Maximum Yearly Insurable Earnings is obtained by multiplying the Maximum for the year 1989 by the ratio between the sum of the average of weekly salaries and wages of the Industrial Composite in Québec as established by Statistics Canada for each of the 12 months preceding 1 July of the year preceding the year for which the amount of the Maximum Yearly Insurable Earnings is computed and the same sum for each of the 12 months preceding 1 July 1988.

The amount of the Maximum Yearly Insurable Earnings shall be rounded off to the next highest $ 500 and is applicable for one year from 1 January of each year.

For the purposes of this section, the Société shall use the data furnished by Statis-

tistique Canada au 1er octobre de l'année qui précède celle pour laquelle le maximum annuel assurable est calculé.

Si les données fournies par Statistique Canada ne sont pas complètes le 1er octobre d'une année, la Société peut utiliser celles qui sont alors disponibles pour établir le maximum annuel assurable.

Si Statistique Canada applique une nouvelle méthode pour déterminer la rémunération hebdomadaire moyenne, la Société ajuste le calcul du montant maximum annuel assurable en fonction de l'évolution des rémunérations hebdomadaires moyennes à compter du 1er janvier de l'année qui suit ce changement de méthode.

[1977, c. 68, a. 54; 1989, c. 15, a. 1; 1990, c. 19, a. 11].

55. Si la victime est devenue capable d'exercer un emploi que la Société lui a déterminé conformément à l'article 46 ou à l'article 47 et qu'en raison de son préjudice corporel, elle ne peut tirer de cet emploi qu'un revenu brut inférieur à celui à partir duquel la Société a calculé l'indemnité de remplacement du revenu qu'elle recevait avant la détermination de cet emploi, la victime a alors droit, à l'expiration de l'année visée au paragraphe 4° de l'article 49, à une indemnité de remplacement du revenu égale à la différence entre l'indemnité qu'elle recevait au moment où la Société lui a déterminé cet emploi et le revenu net qu'elle tire ou pourrait tirer de l'emploi déterminé par la Société.

[1977, c. 68, a. 55; 1989, c. 15, a. 1; 1990, c. 19, a. 11; 1993, c. 56, a. 4; 1999, c. 40, a. 26].

56. Lorsqu'une victime qui a droit à une indemnité de remplacement du revenu exerce un emploi lui procurant un revenu brut inférieur à celui à partir duquel la Société a calculé l'indemnité de remplacement du revenu, cette dernière est réduite de 75 % du revenu net tiré de l'emploi.

Le présent article ne s'applique pas dans le cas d'une indemnité réduite conformément à l'article 55.

[1977, c. 68, a. 56; 1989, c. 15, a. 1; 1990, c. 19, a. 11].

tics Canada on 1 October of the year preceding the year for which the amount of the Maximum Yearly Insurable Earnings is computed.

If, on 1 October in any year, the data furnished by Statistics Canada are incomplete, the Société may use the data available at that time to establish the Maximum Yearly Insurable Earnings.

If Statistics Canada uses a new method to determine the average of weekly salaries and wages, the Société shall adjust the computation of the amount of the Maximum Yearly Insurable Earnings in relation to the evolution of the average of weekly salaries and wages from 1 January of the year following the change of method.

[1977, c. 68, s. 54; 1989, c. 15, s. 1; 1990, c. 19, s. 11].

55. If the victim becomes able to hold an employment determined for him by the Société pursuant to section 46 or 47 and if, by reason of his bodily injury, he can derive from his employment only a gross income that is less than the income used by the Société as the basis for computing the income replacement indemnity he was receiving before the determination of that employment, the victim is entitled, at the expiry of the year referred to in paragraph 4 of section 49, to an income replacement indemnity equal to the difference between the indemnity he was receiving at the time the Société determined the employment for him and the net income he derives or could derive from the employment determined by the Société.

[1977, c. 68, s. 55; 1989, c. 15, s. 1; 1990, c. 19, s. 11; 1993, c. 56, s. 4].

56. Where a victim who is entitled to an income replacement indemnity holds an employment providing him with a gross income less than the income used by the Société as the basis for computing his income replacement indemnity, such indemnity shall be reduced by 75 % of the net income he derives from the employment.

This section does not apply in the case of an indemnity reduced pursuant to section 55.

[1977, c. 68, s. 56; 1989, c. 15, s. 1; 1990, c. 19, s. 11].

57. Si la victime subit une rechute de son préjudice corporel dans les deux ans qui suivent la fin de la dernière période d'incapacité pour laquelle elle a eu droit à une indemnité de remplacement du revenu ou, si elle n'a pas eu droit à une telle indemnité, dans les deux ans de l'accident, elle est indemnisée, à compter de la date de la rechute, comme si son incapacité lui résultant de l'accident n'avait pas été interrompue.

Toutefois, si l'indemnité calculée à partir du revenu brut gagné effectivement par la victime au moment de la rechute est supérieure à l'indemnité à laquelle la victime aurait droit en vertu du premier alinéa, la victime reçoit la plus élevée.

Si la victime subit une rechute plus de deux ans après le moment indiqué au premier alinéa, elle est indemnisée comme si cette rechute était un nouvel accident.

[1977, c. 68, a. 57; 1989, c. 15, a. 1; 1999, c. 40, a. 26].

58. L'indemnité de remplacement du revenu mentionnée au premier alinéa de l'article 57 ne comprend pas l'indemnité visée à l'un des articles 55 et 56.

[1977, c. 68, a. 58; 1982, c. 59, a. 27; 1989, c. 15, a. 1].

59. La victime qui reçoit une indemnité de remplacement du revenu, autre que celles visées aux articles 50, 55 et 56, et qui réclame une telle indemnité après un nouvel accident ou une rechute, ne peut les cumuler.

Elle reçoit, toutefois, la plus élevée des indemnités auxquelles elle a droit.

[1977, c. 68, a. 59; 1989, c. 15, a. 1].

Chapitre III —— Indemnité de décès

SECTION I —— INTERPRÉTATION ET APPLICATION

60. Pour l'application du présent chapitre:

1° (*abrogé*);

57. If a victim suffers a relapse of his bodily injury within two years from the end of his last period of disability in respect of which he was entitled to an income replacement indemnity or, if he was not entitled to such an indemnity, within two years of the accident, he shall receive compensation from the date of the relapse as though his disability resulting from the accident had not been interrupted.

However, if the indemnity computed on the basis of the gross income actually earned by the victim at the time of the relapse is greater than the indemnity to which the victim would be entitled under the first paragraph, the victim shall receive the greater indemnity.

If the victim suffers a relapse more than two years after the time referred to in the first paragraph, he shall receive compensation as if the relapse were a second accident.

[1977, c. 68, s. 57; 1989, c. 15, s. 1].

58. The income replacement indemnity referred to in the first paragraph of section 57 does not include the indemnity contemplated in either section 55 or section 56.

[1977, c. 68, s. 58; 1982, c. 59, s. 27; 1989, c. 15, s. 1].

59. A victim receiving an income replacement indemnity, other than those under sections 50, 55 and 56, who claims such an indemnity following a second accident or a relapse cannot receive both indemnities.

He shall receive, however, the greater of the indemnities to which he is entitled.

[1977, c. 68, s. 59; 1989, c. 15, s. 1].

Chapter III —— Death benefit

SECTION I —— INTERPRETATION AND APPLICATION

60. For the purposes of this chapter,

1) (*repealed*);

2° la mère ou le père de la victime comprend la personne qui tient lieu de mère ou de père à la victime lors de son décès;

3° une personne est invalide lorsqu'elle est atteinte d'une invalidité physique ou mentale grave et prolongée.

Pour l'application du paragraphe 3° du premier alinéa, une invalidité est grave si elle rend la personne régulièrement incapable d'exercer une occupation véritablement rémunératrice. Elle est prolongée si elle doit vraisemblablement entraîner la mort ou durer indéfiniment.

[1977, c. 68, a. 60; 1989, c. 15, a. 1; 1993, c. 56, a. 5].

61. Pour l'application du présent chapitre, est réputée à charge de la victime qui n'avait pas d'emploi au moment de l'accident, la personne qui aurait été à la charge de la victime si cette dernière avait eu un emploi.

[1977, c. 68, a. 61; 1989, c. 15, a. 1; 1999, c. 40, a. 26].

62. Le décès d'une victime en raison d'un accident donne droit aux indemnités de décès suivantes:

1° l'indemnité forfaitaire prévue à la section II;

2° le remboursement, à la personne qui a droit à l'indemnité forfaitaire prévue au paragraphe 1°, des frais qu'elle a engagés pour suivre un traitement de psychologie, jusqu'à concurrence de 15 heures de traitement et aux conditions et selon les montants maximums prévus par le règlement pris en vertu du paragraphe 15° de l'article 195 pour un tel traitement.

Cet article s'applique dans la mesure où la victime respecte les règles prévues aux articles 7 à 11.

[1977, c. 68, a. 62; 1989, c. 15, a. 1; 2010, c. 34, a. 97].

2) mother or father of a victim includes the person who stands *in loco parentis* to the victim at the time of his death;

3) a person suffering from severe and prolonged physical or mental disability is considered to be disabled.

For the purposes of subparagraph 3 of the first paragraph, a disability is severe if the person is incapable regularly of pursuing any substantially gainful occupation; a disability is prolonged if it is likely to result in death or to be of indefinite duration.

[1977, c. 68, s. 60; 1989, c. 15, s. 1; 1993, c. 56, s. 5].

61. For the application of this chapter, a person who would have been a dependant of the victim if the victim had had an employment at the time of the accident is deemed to be a dependant of the victim although the victim had no employment at that time.

[1977, c. 68, s. 61; 1989, c. 15, s. 1; 1999, c. 40, s. 26].

62. The death of a victim by reason of an accident gives entitlement to the following compensation:

1) the lump sum death benefit provided for in Division II ; and

2) the reimbursement, to the person who is entitled to the death benefit provided for in subparagraph 1, of the expenses incurred by the person to receive up to 15 hours of psychological treatment, on the conditions and up to the maximum amounts set out for such treatment in the regulation under paragraph 15 of section 195.

This section applies to the extent that the victim complies with the rules set out in sections 7 to 11.

[1977, c. 68, s. 62; 1989, c. 15, s. 1; 2010, c. 34, s. 97].

SECTION II —— INDEMNITÉ AUX
PERSONNES À CHARGE

SECTION II —— INDEMNITIES TO
DEPENDANTS

63. Le conjoint d'une victime à la date du décès de celle-ci a droit à la plus élevée des indemnités forfaitaires suivantes:

1° une indemnité dont le montant est égal au produit obtenu en multipliant, par le facteur prévu à l'annexe I en fonction de l'âge de la victime à la date de son décès, le revenu brut servant au calcul de l'indemnité de remplacement du revenu à laquelle la victime avait droit le 181e jour qui suit la date de l'accident ou aurait eu droit à cette date si elle avait survécu et avait été incapable d'exercer tout emploi en raison de l'accident;

2° une indemnité de 49 121 $.

Si, à la date du décès de la victime, le conjoint était invalide, l'indemnité prévue au paragraphe 1° du premier alinéa est alors calculée en fonction des facteurs prévus à l'annexe II.

[1977, c. 68, a. 63; 1989, c. 15, a. 1; 1993, c. 56, a. 6; 1999, c. 22, a. 10].

63. The spouse of a victim on the date of the victim's death is entitled to a lump sum indemnity equal to the greater of

1) the amount obtained by multiplying the gross income used in computing the income replacement indemnity to which the victim was entitled on the one hundred and eighty-first day after the accident, or would have been entitled to on that date if he had survived but had been unable to hold any employment by reason of the accident, by the factor appearing in Schedule I opposite the age of the victim on the date of his death; and

2) $ 49 121.

If the spouse was disabled on the date of the victim's death, the indemnity amount referred to in subparagraph 1 of the first paragraph is determined on the basis of the factors appearing in Schedule II.

[1977, c. 68, s. 63; 1989, c. 15, s. 1; 1993, c. 56, s. 6; 1999, c. 22, s. 10].

64.-65. (*Abrogés*).

[1999, c. 22, a. 11].

64.-65. (*Repealed*).

[1999, c. 22, s. 11].

66. La personne à charge d'une victime à la date de son décès, autre que le conjoint, a droit à l'indemnité forfaitaire dont le montant est prévu à l'annexe III en fonction de son âge à cette date.

Pour l'application du présent article, l'enfant de la victime né après le décès de celle-ci est également réputé une personne à charge âgée de moins d'un an.

[1977, c. 68, a. 66; 1989, c. 15, a. 1; 1993, c. 56, a. 8; 1999, c. 40, a. 26].

66. The dependant of a victim on the date of the victim's death, other than his spouse, is entitled to a lump sum indemnity in the amount listed in Schedule III opposite the age of the dependant on that date.

For the purposes of this section, the posthumous child of the victim is deemed a dependant under one year of age.

[1977, c. 68, s. 66; 1989, c. 15, s. 1; 1993, c. 56, s. 8; 1999, c. 40, s. 26].

67. Si la personne à charge visée à l'article 66 est invalide à la date du décès de la victime, elle a droit à une indemnité forfaitaire additionnelle de 16 500 $.

[1977, c. 68, a. 67; 1989, c. 15, a. 1].

67. If the dependant referred to in section 66 is disabled on the date of death of the victim, he is entitled to an additional lump sum indemnity of $ 16 500.

[1977, c. 68, s. 67; 1989, c. 15, s. 1].

68. Lorsque la victime n'a pas de conjoint à la date de son décès mais a une personne à charge visée au paragraphe 3° ou 4° du quatrième sous-alinéa de l'article 2, celle-ci a droit, en plus de l'indemnité visée à l'article 66 et, s'il y a lieu, de celle visée à l'article 67, à une indemnité forfaitaire dont le montant est égal à l'indemnité prévue à l'article 63. S'il y a plus d'une personne à charge, l'indemnité est divisée à parts égales entre elles.

[1977, c. 68, a. 68; 1989, c. 15, a. 1; 1993, c. 56, a. 9; 1999, c. 22, a. 12].

68. If the victim has no spouse on the date of his death but has a dependant as defined in paragraph 3 or 4 of the definition of the word 'dependant' in section 2, the dependant is entitled, in addition to an indemnity under section 66 and, as the case may be, in addition to an indemnity under section 67, to a lump sum indemnity in an amount equal to the indemnity provided for by section 63. If there is more than one dependant, the indemnity shall be divided equally among them.

[1977, c. 68, s. 68; 1989, c. 15, s. 1; 1993, c. 56, s. 9; 1999, c. 22, s. 12].

68.1. (*Remplacé*).

[1989, c. 15, a. 1].

68.1. (*Replaced*).

[1989, c. 15, s. 1].

69. Si, à la date de son décès, la victime est mineure et n'a pas de personne à charge, son père et sa mère ont droit, à parts égales, à une indemnité forfaitaire de 40 000 $. Si l'un des deux est décédé, a été déchu de son autorité parentale ou a abandonné la victime, sa part accroît à l'autre. Si les deux sont décédés, l'indemnité est versée à sa succession sauf si c'est l'État qui en recueille les biens.

Si, à la date de son décès, la victime est majeure et n'a pas de personne à charge, l'indemnité est versée à sa succession sauf si c'est l'État qui en recueille les biens.

[1977, c. 68, a. 69; 1989, c. 15, a. 1; 1993, c. 56, a. 10; 1999, c. 22, a. 13].

69. If the victim is a minor and has no dependants on the date of his death, his mother and father are entitled to equal shares of a lump sum indemnity of $ 40 000. If one of the parents is deceased, has been deprived of parental authority or has abandoned the victim, the share of that parent accrues to the other parent. If both parents are deceased, the indemnity shall be paid to the victim's succession except where the property of the succession is to be taken by the State.

If the victim is of full age and has no dependants on the date of his death, the indemnity shall be paid to his succession except where the property of the succession is to be taken by the State.

[1977, c. 68, s. 69; 1989, c. 15, s. 1; 1993, c. 56, s. 10; 1999, c. 22, s. 13].

70. La succession d'une victime a droit à une indemnité forfaitaire de 3 000 $ pour les frais funéraires.

[1977, c. 68, a. 70; 1981, c. 25, a. 12; 1982, c. 53, a. 57; 1986, c. 95, a. 16; 1987, c. 68, a. 17; 1989, c. 15, a. 1].

70. The succession of a victim is entitled to a lump sum indemnity of $ 3 000 for funeral expenses.

[1977, c. 68, s. 70; 1981, c. 25, s. 12; 1982, c. 53, s. 57; 1986, c. 95, s. 16; 1987, c. 68, s. 17; 1989, c. 15, s. 1].

71. La Société peut, à la demande d'une personne à charge qui a droit à une indemnité en vertu de la présente section, verser celle-ci, sur une période de temps qui ne

71. The Société, on the application of a dependant entitled to an indemnity under this division, may pay the indemnity over a period not exceeding 20 years, in periodic in-

peut excéder 20 ans, sous forme de versements périodiques représentatifs de la valeur de l'indemnité forfaitaire.

[1977, c. 68, a. 71; 1986, c. 95, a. 17; 1989, c. 15, a. 1; 1990, c. 19, a. 11].

SECTION III —— (ABROGÉE)

72. (*Abrogé*).

[1999, c. 22, a. 14].

Chapitre IV —— Indemnité pour préjudice non pécuniaire

73. Pour la perte de jouissance de la vie, les douleurs, les souffrances psychiques et les autres inconvénients subis en raison de blessures ou de séquelles d'ordre fonctionnel ou esthétique pouvant l'affecter temporairement ou en permanence à la suite d'un accident, une victime a droit, dans la mesure prévue par règlement, à une indemnité forfaitaire pour préjudice non pécuniaire, dont le montant ne peut excéder $ 175 000 $.

[1977, c. 68, a. 73; 1987, c. 68, a. 19; 1989, c. 15, a. 1; 1999, c. 40, a. 26; 1999, c. 22, a. 15].

74. Aucune indemnité n'est payable lorsque la victime décède dans les 24 heures suivant l'accident.

[1977, c. 68, a. 74; 1981, c. 12, a. 44; 1982, c. 53, a. 57; 1988, c. 51, a. 101; 1989, c. 15, a. 1; 1999, c. 22, a. 15].

75. Si la victime décède plus de 24 heures après l'accident mais dans les 12 mois suivant ce dernier, l'indemnité qui peut être payée est celle qui est fixée par règlement pour l'indemnisation du préjudice subi en raison de blessures.

[1977, c. 68, a. 75; 1982, c. 59, a. 29; 1989, c. 15, a. 1; 1990, c. 19, a. 11; 1999, c. 40, a. 26; 1999, c. 22, a. 15].

76. Les montants que doit utiliser la Société pour l'établissement de l'indemnité sont ceux en vigueur à la date de la décision.

[1977, c. 68, a. 76; 1982, c. 59, a. 29; 1989, c. 15, a. 1; 1990, c. 19, a. 11; 1999, c. 22, a. 15].

stalments corresponding to a proportion of the value of the lump sum indemnity.

[1977, c. 68, s. 71; 1986, c. 95, s. 17; 1989, c. 15, s. 1; 1990, c. 19, s. 11].

SECTION III —— (REPEALED)

72. (*Repealed*).

[1999, c. 22, s. 14].

Chapter IV —— Non-pecuniary damage indemnity

73. For loss of enjoyment of life, pain, mental suffering and other consequences of the temporary or permanent injuries or functional or cosmetic sequelae that a victim may suffer following an accident, a victim is entitled, to the extent determined by regulation, to a lump sum indemnity not exceeding $ 175 000 for non-pecuniary damage.

[1977, c. 68, s. 73; 1987, c. 68, s. 19; 1989, c. 15, s. 1; 1999, c. 22, s. 15].

74. No indemnity is payable if the victim dies within 24 hours after the accident.

[1977, c. 68, s. 74; 1981, c. 12, s. 44; 1982, c. 53, s. 57; 1988, c. 51, s. 101; 1989, c. 15, s. 1; 1999, c. 22, s. 15].

75. If the victim dies more than 24 hours but within 12 months after the accident, the indemnity that may be paid is the indemnity fixed by regulation for the compensation of bodily injury.

[1977, c. 68, s. 75; 1982, c. 59, s. 29; 1989, c. 15, s. 1; 1990, c. 19, s. 11; 1999, c. 22, s. 15].

76. The indemnity shall be determined by the Société on the basis of the amounts in force on the date of the decision.

[1977, c. 68, s. 76; 1982, c. 59, s. 29; 1989, c. 15, s. 1; 1990, c. 19, s. 11; 1999, c. 22, s. 15].

77.-78. (*Remplacés*).

[1999, c. 22, a. 15].

77.-78. (*Replaced*).

[1999, c. 22, s. 15].

Chapitre V —— Remboursement de certains frais et réadaptation

SECTION I —— REMBOURSEMENT DE CERTAINS FRAIS

§1. —— Aide personnelle et frais de garde

Chapter V —— Reimbursement of certain expenses and rehabilitation

SECTION I —— REIMBURSEMENT OF CERTAIN EXPENSES

§1. —— Personal assistance and care expenses

79. A droit à un remboursement des frais qu'elle engage pour une aide personnelle à domicile, la victime qui, en raison de l'accident, est dans un état physique ou psychique qui nécessite la présence continuelle d'une personne auprès d'elle ou qui la rend incapable de prendre soin d'elle-même ou d'effectuer sans aide les activités essentielles de la vie quotidienne.

La Société détermine, aux conditions et selon les modalités de calcul prescrites par règlement, les besoins en aide personnelle de la victime ainsi que le montant du remboursement. Ce remboursement est effectué sur présentation de pièces justificatives, mais ne peut toutefois excéder 614 $ par semaine.

La Société peut, dans les cas et aux conditions prescrits par règlement, remplacer le remboursement de frais par une allocation hebdomadaire équivalente.

[1977, c. 68, a. 79; 1982, c. 59, a. 29; 1989, c. 15, a. 1; 1991, c. 58, a. 14; 1999, c. 22, a. 16].

79. Where, by reason of the accident, a victim's physical or mental condition warrants the continual attendance of another person or renders him unable to care for himself or perform, without assistance, the essential activities of everyday life, he is entitled to the reimbursement of expenses incurred for personal home assistance.

The Société shall determine, subject to the conditions and in accordance with the computation method prescribed by regulation, the personal home assistance needs of the victim and the amount of the reimbursement. Expenses are reimbursed on presentation of vouchers, but no reimbursement may exceed $ 614 per week.

In the cases and subject to the conditions prescribed by regulation, the Société may replace the reimbursement of expenses by an equivalent weekly allowance.

[1977, c. 68, s. 79; 1982, c. 59, s. 29; 1989, c. 15, s. 1; 1991, c. 58, s. 14; 1999, c. 22, s. 16].

80. Sous réserve de l'article 80.1, la victime exerçant un emploi à temps partiel ou la victime sans emploi capable de travailler qui, à la date de l'accident, a comme occupation principale de prendre soin sans rémunération d'un enfant de moins de 16 ans ou d'une personne régulièrement incapable d'exercer tout emploi pour quelque cause que ce soit, a droit à une indemnité pour frais de garde.

Cette indemnité est hebdomadaire et s'élève à:

1° 250 $ lorsque la victime prend soin d'une personne visée au premier alinéa;

80. Subject to section 80.1, a victim holding a part-time employment or an unemployed victim able to work whose main occupation consists, on the date of the accident and for no remuneration, in taking care of a child under 16 years of age or of a person who, for any reason whatever, is ordinarily unable to hold any employment is entitled to an indemnity for care expenses.

The indemnity shall be a weekly payment in the amount of

1) $ 250 where the victim has the care of a person contemplated in the first paragraph;

2° 280 $ lorsque la victime prend soin de deux personnes visées au premier alinéa;

3° 310 $ lorsque la victime prend soin de trois personnes visées au premier alinéa;

4° 340 $ lorsque la victime prend soin de quatre personnes et plus visées au premier alinéa.

Cette indemnité est versée tant que dure l'incapacité de la victime de prendre soin d'une personne visée au premier alinéa.

Pendant l'incapacité de la victime, l'indemnité est réajustée dans les cas et aux conditions prescrits par règlement, en fonction de la variation du nombre de personnes visées au premier alinéa.

Le réajustement de l'indemnité ou la cessation du versement de celle-ci s'opère à la fin de la semaine pendant laquelle survient la variation du nombre de personnes ou la cessation de l'incapacité de la victime, selon le cas.

[1977, c. 68, a. 80; 1982, c. 59, a. 30; 1989, c. 15, a. 1; 1991, c. 58, a. 15].

80.1. Si, en raison d'un emploi à temps plein ou temporaire qu'elle aurait exercé, une victime visée à l'article 80 est également visée au paragraphe 1° de l'article 24, elle ne peut cumuler les indemnités et, tant que cette situation demeure, elle reçoit l'indemnité de remplacement du revenu.

Toutefois, durant cette même période, l'article 83 lui est applicable aux conditions qui y sont énoncés.

[1991, c. 58, a. 16].

81. (*Abrogé*).

[1991, c. 58, a. 17].

82. À compter du cent quatre-vingt-unième jour qui suit l'accident d'une victime visée à l'article 80, celle-ci peut, au moment qu'elle jugera opportun, choisir entre l'une ou l'autre des indemnités suivantes:

1° le maintien de l'indemnité qu'elle reçoit en vertu de l'article 80;

2) $ 280 where the victim has the care of two persons contemplated in the first paragraph;

3) $ 310 where the victim has the care of three persons contemplated in the first paragraph;

4) $ 340 where the victim has the care of four or more persons contemplated in the first paragraph.

The victim shall receive the indemnity for as long as he is unable to care for the person contemplated in the first paragraph.

During such time as the victim is so unable, the indemnity shall be adjusted, in the cases and on the conditions prescribed by regulation, according to any variation in the number of persons contemplated in the first paragraph.

The adjustment or cessation of payment of the indemnity shall take effect at the end of the week during which the number of persons varied or the victim ceased to be so unable, as the case may be.

[1977, c. 68, s. 80; 1982, c. 59, s. 30; 1989, c. 15, s. 1; 1991, c. 58, s. 15].

80.1. If, by reason of full-time or temporary employment the victim would have held, section 80 and subparagraph 1 of section 24 apply, the victim cannot receive both indemnities but shall receive the income replacement indemnity for as long as the situation prevails.

However, during that period, section 83 applies to the victim on the conditions set forth therein.

[1991, c. 58, s. 16].

81. (*Repealed*).

[1991, c. 58, s. 17].

82. From the one hundred and eighty-first day following his accident, the victim contemplated in section 80 may, at any time he considers appropriate, elect one of the following indemnities :

1) the same indemnity as he is already receiving under section 80;

2° une indemnité de remplacement du revenu accordée en vertu de l'article 26 à une victime sans emploi capable de travailler.

La Société doit, avant le cent quatre-vingt-unième jour qui suit l'accident, fournir à la victime l'assistance et l'information nécessaires pour lui permettre de faire un choix éclairé.

[1977, c. 68, a. 82; 1982, c. 59, a. 30; 1989, c. 15, a. 1; 1990, c. 19, a. 11].

83. La victime qui, en raison de l'accident, devient incapable de prendre soin d'un enfant de moins de 16 ans ou d'une personne qui est régulièrement incapable d'exercer tout emploi pour quelque cause que ce soit a droit, si elle ne reçoit pas déjà l'indemnité prévue à l'article 80, au remboursement des frais engagés pour prendre soin de ces personnes.

Le droit à ce remboursement est maintenu lorsqu'elle est redevenue capable d'en prendre soin si elle ne peut momentanément le faire en raison du fait qu'elle doit:

1° recevoir des soins médicaux ou paramédicaux;

2° se soumettre à l'examen d'un professionnel de la santé exigé par la Société.

Ces frais sont remboursés sur une base hebdomadaire et sur présentation de pièces justificatives jusqu'à concurrence de:

1° 75 $ lorsque la victime prend soin d'une personne visée au premier alinéa;

2° 100 $ lorsque la victime prend soin de deux personnes visées au premier alinéa;

3° 125 $ lorsque la victime prend soin de trois personnes visées au premier alinéa;

4° 150 $ lorsque la victime prend soin de quatre personnes et plus visées au premier alinéa.

Ces frais sont remboursés tant que dure l'incapacité de la victime de prendre soin d'une personne visée au premier alinéa.

2) an income replacement indemnity granted under section 26 to an unemployed victim who is able to work.

The Société shall, before the one hundred and eighty-first day following the accident, provide the victim with the assistance and information necessary to make an enlightened choice.

[1977, c. 68, s. 82; 1982, c. 59, s. 30; 1989, c. 15, s. 1; 1990, c. 19, s. 11].

83. A victim who, by reason of the accident, has become unable to care for a child under 16 years of age or for a person ordinarily unable, for any reason whatever, to hold any employment is entitled, if the victim is not already receiving an indemnity under section 80, to the reimbursement of expenses incurred for the care of that child or person.

Entitlement to the reimbursement is maintained when the victim regains the ability to care for the child or person but cannot do so for a time because the victim must

1) receive medical or paramedical care; or

2) undergo an examination by a health professional, as required by the Société.

The expenses shall be reimbursed on a weekly basis on presentation of vouchers, up to the amount of

1) $ 75 where the victim has the care of one person contemplated in the first paragraph;

2) $ 100 where the victim has the care of two persons contemplated in the first paragraph;

3) $ 125 where the victim has the care of three persons contemplated in the first paragraph;

4) $ 150 where the victim has the care of four or more persons contemplated in the first paragraph.

The expenses shall be reimbursed for such time as the victim remains unable to care for the person contemplated in the first paragraph.

Pendant l'incapacité de la victime, le remboursement de frais est réajusté dans les cas et aux conditions prescrits par règlement, en fonction de la variation du nombre de personnes visées au premier alinéa.

Toutefois, lorsque la victime a un conjoint, elle peut recevoir le remboursement de ces frais uniquement dans les cas où son conjoint, en raison d'une maladie, d'une infirmité ou d'une absence pour les fins de son travail ou de ses études, ne peut non plus prendre soin d'une personne visée au premier alinéa.

[1977, c. 68, a. 83; 1982, c. 59, a. 30; 1989, c. 15, a. 1; 1991, c. 58, a. 18; 1999, c. 22, a. 17].

83.1. La victime qui, lors de l'accident, travaille sans rémunération dans une entreprise familiale et qui en raison de cet accident, est incapable d'exercer ses fonctions habituelles, a droit au remboursement des frais qu'elle engage, durant les 180 premiers jours qui suivent l'accident, pour couvrir le coût de la main-d'oeuvre requise pour exercer ces fonctions à sa place.

Ces frais sont remboursés, sur présentation de pièces justificatives, jusqu'à concurrence de 500 $ par semaine.

[1989, c. 15, a. 1].

§2. — Frais généraux

83.2. Une victime a droit, dans les cas et aux conditions prescrits par règlement et dans la mesure où ils ne sont pas déjà couverts par un régime de sécurité sociale, au remboursement des frais qu'elle engage en raison de l'accident:

1° pour recevoir des soins médicaux ou paramédicaux;

2° pour le déplacement ou le séjour en vue de recevoir ces soins;

3° pour l'achat de prothèses ou d'orthèses;

4° pour le nettoyage, la réparation ou le remplacement d'un vêtement qu'elle portait et qui a été endommagé.

For such time as the victim is so unable, the reimbursement of expenses shall be adjusted, in the cases and on the conditions prescribed by regulation, according to any variation in the number of persons contemplated in the first paragraph.

However, where the victim has a spouse, the victim cannot receive the reimbursement of his expenses unless his spouse, by reason of illness, disability or absence for the purposes of work or studies is also unable to care for the person contemplated in the first paragraph.

[1977, c. 68, s. 83; 1982, c. 59, s. 30; 1989, c. 15, s. 1; 1991, c. 58, s. 18; 1999, c. 22, s. 17].

83.1. A victim working at the time of the accident without pay in a family enterprise who is unable to perform his regular duties by reason of the accident is entitled to the reimbursement of his expenses during the 180 days after the accident to cover the cost of workforce required to perform those duties in his place.

Such expenses of up to $ 500 weekly shall be reimbursed on the presentation of vouchers.

[1989, c. 15, s. 1; 2007, c. 3, s. 72].

§2. — General expenses

83.2. A victim is entitled, in the cases and on the conditions prescribed by regulation, to the extent that they are not already covered by a social security scheme, to the reimbursement of his expenses incurred by reason of the accident

1) for medical and paramedical care;

2) for transportation and lodging for the purpose of receiving such care;

3) for the purchase of prostheses or orthopedic devices;

4) for the cleaning, repair or replacement of clothing he was wearing and which was damaged.

La victime a également droit, dans les cas et aux conditions prescrits par règlement, au remboursement de tous les autres frais que la Société détermine par règlement.

[1989, c. 15, a. 1; 1990, c. 19, a. 11].

The victim is also entitled, in the cases and on the conditions prescribed by regulation, to the reimbursement of any other expenses determined by regulation of the Société.

[1989, c. 15, s. 1; 1990, c. 19, s. 11].

83.3. Une personne qui acquitte, pour une victime, des frais visés à l'article 83.2 a droit d'en être remboursée de la façon prévue à cet article.

[1989, c. 15, a. 1].

83.3. A person who pays any of the expenses referred to in section 83.2 on behalf of a victim is entitled to the reimbursement of the expenses as provided in that section.

[1989, c. 15, s. 1].

83.4. Un régime de sécurité sociale ne peut exclure des frais qu'il couvre ceux qui sont engagés par une victime ou pour elle.

[1989, c. 15, a. 1].

83.4. No social security scheme may exclude expenses incurred by or on behalf of a victim from its coverage.

[1989, c. 15, s. 1].

83.5. Une victime qui se soumet à un examen exigé par la Société a droit au remboursement des frais de séjour et de déplacement engagés pour ce motif.

En outre, une victime qui doit momentanément s'absenter de son travail pour recevoir, en raison de son accident, des soins médicaux ou paramédicaux ou pour se soumettre à un examen exigé par la Société, a droit à une indemnité si elle a perdu un salaire en raison de cette absence.

La personne qui accompagne une victime dont l'état physique ou psychique ou l'âge le requiert, lorsque celle-ci doit recevoir des soins médicaux ou paramédicaux ou se soumettre à un examen exigé par la Société, a droit à une allocation de disponibilité. Elle a également droit au remboursement des frais de séjour et de déplacement engagés pour ces motifs.

Le versement de l'allocation et de l'indemnité ainsi que le remboursement des frais de séjour et de déplacement s'effectuent dans les cas et selon les conditions prescrits par règlement.

[1989, c. 15, a. 1; 1999, c. 22, a. 18].

83.5. A victim who undergoes an examination as required by the Société is entitled to the reimbursement of lodging and transportation expenses.

As well, a victim who must be absent from work for a time to receive medical or paramedical care by reason of the accident or to undergo an examination as required by the Société is entitled to an indemnity for any resulting loss of salary.

A person who accompanies a victim whose physical or mental condition or age so requires when the victim must receive medical or paramedical care or undergo an examination as required by the Société is entitled to an availability allowance. The person is also entitled to the reimbursement of lodging and transportation expenses.

The payment of the allowance and of the indemnity and the reimbursement of lodging and transportation expenses shall be made in the cases and subject to the conditions prescribed by regulation.

[1989, c. 15, s. 1; 1999, c. 22, s. 18].

83.6. Les frais visés à la présente sous-section sont remboursables sur présentation de pièces justificatives.

[1989, c. 15, a. 1].

83.6. The expenses contemplated in this subdivision shall be reimbursed on the presentation of vouchers.

[1989, c. 15, s. 1].

SECTION II — RÉADAPTATION

83.7. La Société peut prendre les mesures nécessaires pour contribuer à la réadaptation d'une victime, pour atténuer ou faire disparaître toute incapacité résultant d'un préjudice corporel et pour faciliter son retour à la vie normale ou sa réinsertion dans la société ou sur le marché du travail.

[1989, c. 15, a. 1; 1990, c. 19, a. 11; 1999, c. 40, a. 26].

SECTION II — REHABILITATION

83.7. The Société may take any necessary measures to contribute to the rehabilitation of a victim, to lessen or cure any disability resulting from bodily injury and to facilitate his return to a normal life or his reintegration into society or the labour market.

[1989, c. 15, s. 1; 1990, c. 19, s. 11].

Chapitre VI — Procédure de réclamation

83.8. Pour l'application du présent chapitre, est un professionnel de la santé toute personne membre d'un ordre professionnel déterminé par un règlement de la Société.

[1989, c. 15, a. 1; 1999, c. 22, a. 19].

Chapter VI — Claims procedure

83.8. For the purposes of this chapter, a member of a professional order designated by a regulation of the Société is a health professional.

[1989, c. 15, s. 1; 1999, c. 22, s. 19].

83.9. Une personne qui demande une indemnité à la Société doit le faire sur la formule que celle-ci lui fournit et selon les règles qu'elle détermine par règlement.

[1989, c. 15, a. 1; 1990, c. 19, a. 11].

83.9. A person applying to the Société for compensation must do so on a form provided by the Société and in accordance with the rules it determines by regulation.

[1989, c. 15, s. 1; 1990, c. 19, s. 11].

83.10. Tout employeur doit, à la demande de la Société, lui fournir dans les six jours qui suivent, une attestation du revenu d'un de ses employés qui fait une demande d'indemnité à la Société.

[1989, c. 15, a. 1; 1990, c. 19, a. 11].

83.10. Every employer shall, at the request of the Société, furnish to it within the following six days an attestation of the salary of any of his employees who applies to the Société for compensation.

[1989, c. 15, s. 1; 1990, c. 19, s. 11].

83.11. Une personne doit, à la demande de la Société et aux frais de celle-ci, se soumettre à l'examen d'un professionnel de la santé choisi par cette personne.

[1989, c. 15, a. 1; 1990, c. 19, a. 11].

83.11. A person who applies for compensation shall, at the request of the Société and at its expense, undergo an examination to be administered by the health professional of his choice.

[1989, c. 15, s. 1; 1990, c. 19, s. 11].

83.12. Lorsqu'elle l'estime nécessaire, la Société peut, à ses frais, exiger d'une personne qu'elle se soumette à l'examen d'un professionnel de la santé choisi par la Société à partir d'une liste de professionnels dressée par celle-ci après consultation des ordres professionnels concernés.

[1989, c. 15, a. 1; 1990, c. 19, a. 11; 1999, c. 22, a. 20].

83.12. The Société, where it considers it necessary, may, at its own expense, require a person to be examined by a health professional chosen by the Société from a list of professionals drawn up after consultation with the professional orders concerned.

[1989, c. 15, s. 1; 1990, c. 19, s. 11; 1999, c. 22, s. 20].

83.13. (*Abrogé*).

[1999, c. 22, a. 21].

83.13. (*Repealed*).

[1999, c. 22, s. 21].

83.14. Le professionnel de la santé qui examine une personne à la demande de la Société doit faire rapport à celle-ci sur l'état de santé de cette personne et sur toute autre question pour laquelle l'examen a été requis.

Sur réception de ce rapport, la Société doit en transmettre une copie à tout professionnel de la santé désigné par la personne qui a subi l'examen visé au premier alinéa.

[1989, c. 15, a. 1; 1990, c. 19, a. 11].

83.14. The health professional who examines a victim at the request of the Société shall make a report to the Société on the condition of the victim and on any other matter for which the examination was required.

The Société shall, on receiving the report, transmit a copy to any health professional designated by the person who underwent the examination referred to in the first paragraph.

[1989, c. 15, s. 1; 1990, c. 19, s. 11].

83.15. Tout établissement au sens de la *Loi sur les services de santé et les services sociaux* (chapitre S-4.2) ou au sens de la *Loi sur les services de santé et les services sociaux pour les autochtones cris* (chapitre S-5), tout professionnel de la santé qui a traité une personne à la suite d'un accident ou qui a été consulté par une personne à la suite d'un accident doit, à la demande de la Société, lui faire rapport de ses constatations, traitements ou recommandations.

Ce rapport doit être transmis dans les six jours qui suivent la demande de la Société.

Il doit également fournir à la Société, dans le même délai, tout autre rapport qu'elle lui demande relativement à cette personne.

Le présent article s'applique malgré l'article 19 de la *Loi sur les services de santé et les services sociaux* (chapitre S-4.2).

[1989, c. 15, a. 1; 1990, c. 19, a. 11; 1992, c. 21, a. 88; 1994, c. 23, a. 23; 2005, c. 32, a. 235].

83.15. Every institution within the meaning of the *Act respecting health services and social services* (chapter S-4.2) or within the meaning of the *Act respecting health services and social services for Cree Native persons* (chapter S-5) and every health professional having treated a person or having been consulted by a person following an accident shall, at the request of the Société, make a report of its or his findings, treatment and recommendations to the Société.

The report must be transmitted within six days following the request of the Société.

Any other report required by the Société in respect of that person must be transmitted within the same time limit.

This section applies notwithstanding section 19 of the *Act respecting health services and social services* (chapter S-4.2).

[1989, c. 15, s. 1; 1990, c. 19, s. 11; 1992, c. 21, s. 88, 375; 1994, c. 23, s. 23; 2005, c. 32, s. 235].

83.16. Une personne qui a fait une demande d'indemnité doit, sans délai, aviser la Société de tout changement de situation qui affecte son droit à une indemnité ou qui peut influer sur le montant de celle-ci.

[1989, c. 15, a. 1; 1990, c. 19, a. 11].

83.16. Every person who applies for compensation must notify the Société without delay of any change in his situation affecting his right to an indemnity or which may affect the amount of such indemnity.

[1989, c. 15, s. 1; 1990, c. 19, s. 11].

83.17. Une personne doit fournir à la Société tous les renseignements pertinents requis pour l'application de la présente loi ou donner les autorisations nécessaires pour leur obtention.

83.17. A person must furnish to the Société any relevant information required for the purposes of this Act or give the authorizations that are necessary to obtain it.

Une personne doit fournir à la Société la preuve de tout fait établissant son droit à une indemnité.

[1989, c. 15, a. 1; 1990, c. 19, a. 11].

83.18. La Société peut, aux conditions qu'elle détermine par règlement, autoriser une personne qui doit lui transmettre un avis, un rapport, une déclaration ou quelque autre document à le lui communiquer au moyen d'un support magnétique ou d'une liaison électronique.

Une transcription écrite des données visées au premier alinéa doit reproduire fidèlement celles-ci. Cette transcription fait preuve de son contenu lorsqu'elle est certifiée conforme par un fonctionnaire autorisé conformément à l'article 15 de la *Loi sur la Société de l'assurance automobile du Québec* (chapitre S-11.011).

[1989, c. 15, a. 1; 1990, c. 19, a. 11].

83.19. Une transcription écrite et intelligible des données que la Société a emmagasinées par ordinateur ou sur tout autre support magnétique constitue un document de la Société et fait preuve de son contenu lorsqu'elle est certifiée conforme par un fonctionnaire autorisé conformément à l'article 15 de la *Loi sur la Société de l'assurance automobile du Québec* (chapitre S-11.011).

[1989, c. 15, a. 1; 1990, c. 19, a. 11].

Chapitre VII ▬▬ Paiement des indemnités

83.20. L'indemnité de remplacement du revenu est versée sous forme de rente à tous les 14 jours.

Elle n'est pas due avant le septième jour qui suit celui de l'accident, sauf dans le cas prévu au troisième alinéa de l'article 57.

L'indemnité accordée à une personne visée à l'article 80 est versée à tous les 14 jours.

L'indemnité accordée à une personne visée à l'article 28 ou à l'article 35 est versée à la fin de la session ou de l'année scolaire que l'étudiant rate en raison de l'accident.

A person must furnish to the Société the proof of any fact establishing his entitlement to compensation.

[1989, c. 15, s. 1; 1990, c. 19, s. 11].

83.18. The Société may, on the conditions it determines by regulation, authorize a person required to transmit a notice, report, statement or other document to send it by means of a magnetic medium or electronic system.

A written transcription of the data contemplated in the first paragraph must reproduce such data faithfully. The transcription, where certified by an officer authorized in accordance with section 15 of the *Act respecting the Société de l'assurance automobile du Québec* (chapter S-11.011), is proof of its contents.

[1989, c. 15, s. 1; 1990, c. 19, s. 11].

83.19. An intelligible transcription in writing of the data stored by the Société in a computer or on any other magnetic medium is a document of the Société and is proof of its contents where such transcription is certified by an authorized officer in accordance with section 15 of the *Act respecting the Société de l'assurance automobile du Québec* (chapter S-11.011).

[1989, c. 15, s. 1; 1990, c. 19, s. 11].

Chapter VII ▬▬ Payment of indemnities

83.20. An income replacement indemnity shall be paid in the form of a pension once every 14 days.

The indemnity is not due until the seventh day following the date of the accident, except in the case provided for in the third paragraph of section 57.

The indemnity granted to a person contemplated in section 80 shall be paid once every 14 days.

The indemnity granted under section 28 or 35 shall be paid at the end of the term or school year that the student misses by reason of the accident.

L'indemnité, autre que l'indemnité de remplacement du revenu, accordée à une personne visée à l'article 33 ou à l'article 39 est versée à la fin de la session ou de l'année scolaire non complétée.

[1989, c. 15, a. 1].

Except for the income replacement indemnity, the indemnity granted to a person contemplated in section 33 or 39 shall be paid at the end of the uncompleted term or school year.

[1989, c. 15, s. 1].

83.21. Sur réception d'une demande d'indemnité, la Société peut verser l'indemnité avant même de rendre sa décision sur le droit à cette indemnité si elle est d'avis que la demande apparaît fondée à sa face même.

Malgré l'article 83.50, si par la suite, la Société rejette la demande ou l'accepte en partie seulement, la somme déjà versée n'est pas recouvrable à moins qu'elle n'ait été obtenue par suite d'une fraude.

[1989, c. 15, a. 1; 1990, c. 19, a. 11].

83.21. On receiving an application for compensation, the Société may pay an indemnity even before rendering its decision on entitlement to the indemnity if it is of the opinion that the application appears *prima facie* to be well founded.

Notwithstanding section 83.50, if the Société subsequently dismisses the application or grants it only in part, the amount already paid shall not be recoverable unless it was obtained through fraud.

[1989, c. 15, s. 1; 1990, c. 19, s. 11].

83.22. La Société peut payer une indemnité de remplacement du revenu en un versement unique, dont le montant est calculé selon les règles, les conditions et les modalités prescrites par règlement, dans les cas suivants:

1° lorsque le montant à être versé à tous les 14 jours est inférieur à 100 $;

2° lorsque la personne qui a droit à cette indemnité ne résidait pas au Québec à la date de l'accident et n'y a pas résidé depuis;

3° lorsque la personne qui a droit à cette indemnité résidait au Québec à la date de l'accident ou y a résidé depuis cette date mais n'y réside plus depuis au moins trois ans au moment de la demande de capitalisation.

Une indemnité de remplacement du revenu ne peut être payée en un versement unique si la personne qui y a droit est visée par l'article 105.1 de la *Loi sur le régime de rentes du Québec* (chapitre R-9).

[1989, c. 15, a. 1; 1990, c. 19, a. 11; 1993, c. 56, a. 12; 1995, c. 55, a. 4; 1999, c. 22, a. 22].

83.22. The Société may pay an income replacement indemnity in a single payment, the amount of which shall be computed in accordance with the rules, conditions and method prescribed by regulation, where

1) the amount to be paid once every 14 days is less than $ 100;

2) the person entitled to the indemnity was not resident in Québec on the date of the accident and has not been resident therein since that date;

3) the person entitled to the indemnity was resident in Québec on the date of the accident or has been resident therein since that date but, at the time of the application for capitalization, has not been resident in Québec for at least three years.

An income replacement indemnity may not be paid in a single payment if the person who is entitled to it is a person to whom section 105.1 of the *Act respecting the Québec Pension Plan* (chapter R-9) applies.

[1989, c. 15, s. 1; 1990, c. 19, s. 11; 1993, c. 56, s. 12; 1995, c. 55, s. 4; 1999, c. 22, s. 22].

83.23. (*Abrogé*).

[1993, c. 56, a. 13].

83.23. (*Repealed*).

[1993, c. 56, s. 13].

83.24. Les frais visés aux articles 79, 83, 83.1, 83.2, 83.7 ainsi que le coût de l'expertise visée à l'article 83.31 peuvent être payés, à la demande de la victime, directement au fournisseur.

La Société peut désigner tout membre de son personnel pour agir à titre d'inspecteur chargé de contrôler, auprès des fournisseurs, l'exactitude des coûts et de la fourniture des biens livrés ou des services rendus à la victime en raison de l'accident.

Un inspecteur peut exiger du fournisseur la communication des renseignements ou documents pertinents à l'accomplissement de son mandat, notamment les livres, comptes, registres ou dossiers et en tirer copie.

Toute personne qui a la garde, la possession ou le contrôle de ces livres, registres, comptes, dossiers et autres documents doit, sur demande, en donner communication à l'inspecteur et lui en faciliter l'examen.

Il est interdit d'entraver l'action d'un inspecteur, de le tromper par des réticences ou par des déclarations fausses ou mensongères, de refuser de lui fournir un renseignement ou un document qu'il a le droit d'exiger ou d'examiner.

[1989, c. 15, a. 1; 1993, c. 56, a. 14].

83.25. Une indemnité impayée à la date du décès de la personne qui y a droit est versée à sa succession.

[1989, c. 15, a. 1].

83.26. Une demande de révision ou un recours formé devant le Tribunal administratif du Québec ne suspend pas le paiement d'une indemnité.

[1989, c. 15, a. 1; 1997, c. 43, a. 39].

83.27. Lorsqu'une personne ayant droit à une indemnité est incapable, la Société doit verser cette indemnité à son tuteur ou à son curateur, selon le cas, ou, à défaut, à une personne que la Société désigne; celle-ci a les pouvoirs et les devoirs d'un tuteur ou d'un curateur, selon le cas.

83.24. The expenses referred to in sections 79, 83, 83.1, 83.2 and 83.7 and the cost of the medical report referred to in section 83.31 may, at the request of the victim, be paid directly to the suppliers.

The Société may appoint any member of its staff to act as an inspector responsible for verifying, with suppliers, the accuracy of the costs and supply of goods delivered or services rendered to the victim by reason of the accident.

An inspector may require the supplier to communicate any information or documents relevant to the carrying out of his assignment including books, accounts, registers or files, and make copies thereof.

Every person who has the custody, possession or charge of such books, registers, accounts, files or other documents must, on request, furnish them to the inspector and facilitate his examination of them.

No person shall hinder the work of an inspector, mislead him by concealment or false information or refuse to supply information or a document he is entitled to require or to examine.

[1989, c. 15, s. 1; 1993, c. 56, s. 14].

83.25. Any unpaid indemnity on the date of death of the person entitled thereto shall be paid to his succession.

[1989, c. 15, s. 1].

83.26. An application for review or a proceeding brought before the Administrative Tribunal of Québec does not suspend the payment of an indemnity.

[1989, c. 15, s. 1; 1997, c. 43, s. 39].

83.27. Where a person entitled to compensation is under legal incapacity, the Société shall pay the indemnity to his tutor or curator, as the case may be, or, if none, to the person it designates; the designated person has the powers and duties of a tutor or of a curator, as the case may be.

La Société donne avis au curateur public de tout versement qu'elle fait conformément au premier alinéa.

[1989, c. 15, a. 1; 1990, c. 19, a. 11].

83.28. Les indemnités de remplacement du revenu sont réputées être le salaire du bénéficiaire et sont saisissables à titre de dette alimentaire conformément au deuxième alinéa de l'article 553 du *Code de procédure civile* (chapitre C-25), compte tenu des adaptations nécessaires. À l'égard de toute autre dette, ces indemnités sont insaisissables.

Toute autre indemnité versée en vertu du présent titre est insaisissable.

La Société doit, sur demande du ministre de l'Emploi et de la Solidarité sociale, déduire des indemnités payables à une personne en vertu de la présente loi le montant remboursable en vertu de l'article 90 de la *Loi sur l'aide aux personnes et aux familles* (chapitre A-13.1.1).

La Société remet le montant ainsi déduit au ministre de l'Emploi et de la Solidarité sociale.

La Société doit également, sur demande de la Régie des rentes du Québec, déduire de l'indemnité de remplacement du revenu payable à une personne en vertu de la présente loi le montant de la rente d'invalidité ou de la rente de retraite qui a été versée à cette personne en vertu de la *Loi sur le régime de rentes du Québec* (chapitre R-9) mais qui n'aurait pas dû l'être en raison de l'article 105.1 ou 106.3 de cette loi. Elle remet le montant ainsi déduit à la Régie.

[1989, c. 15, a. 1; 1990, c. 19, a. 11; 1992, c. 44, a. 81; 1994, c. 12, a. 67; 1995, c. 55, a. 5; 1997, c. 63, a. 128; 1997, c. 73, a. 89; 1998, c. 36, a. 166; 2001, c. 44, a. 30; 2005, c. 15, a. 141].

83.29. La Société peut refuser une indemnité, en réduire le montant, en suspendre ou en cesser le paiement dans les cas suivants:

1° si la personne qui réclame une indemnité:

   a) fournit volontairement un renseignement faux ou inexact;

The Société shall notify the Public Curator of any payment it makes pursuant to the first paragraph.

[1989, c. 15, s. 1; 1990, c. 19, s. 11].

83.28. Income replacement indemnities are deemed to be the salary of the person receiving them and are seizable as a debt for support in accordance with the last paragraph of article 553 of the *Code of Civil Procedure* (chapter C-25), adapted as required. Such indemnities are unseizable in respect of any other debt.

Every other indemnity paid under this title is unseizable.

The Société shall, at the request of the Minister of Employment and Social Solidarity deduct from the indemnities payable to a person under this Act the amount repayable under section 90 of the *Individual and Family Assistance Act* (chapter A-13.1.1).

The Société shall remit the deducted amount to the Minister of Employment and Social Solidarity.

The Société shall also, at the request of the Régie des rentes du Québec, deduct from the income replacement indemnity payable to a person under this Act the amount of disability pension or retirement pension which was paid to such person under the *Act respecting the Québec Pension Plan* (chapter R-9) but which should not have been paid by reason of section 105.1 or 106.3 of the said Act. The Société shall remit the deducted amount to the Régie des rentes du Québec.

[1989, c. 15, s. 1; 1990, c. 19, s. 11; 1992, c. 44, s. 81; 1994, c. 12, s. 67; 1995, c. 55, s. 5; 1997, c. 63, s. 128; 1997, c. 73, s. 89; 1998, c. 36, s. 166; 2001, c. 44, s. 30; 2005, c. 15, s. 141].

83.29. The Société may refuse to pay compensation, reduce the amount of an indemnity or interrupt or terminate its payment

1) where the claimant

   (a) deliberately produces false or inaccurate information;

b) refuse ou néglige de fournir tout renseignement que la Société requiert ou de donner l'autorisation nécessaire pour l'obtenir;

2° si la personne, sans raison valable:

a) refuse un nouvel emploi, refuse de reprendre son ancien emploi ou abandonne un emploi qu'elle pourrait continuer à exercer;

b) entrave un examen exigé par la Société ou omet ou refuse de se soumettre à cet examen;

c) entrave les soins médicaux ou paramédicaux recommandés ou omet ou refuse de s'y soumettre;

d) pose un acte ou s'adonne à une pratique qui empêche ou retarde sa guérison;

e) entrave les mesures de réadaptation mises à sa disposition par la Société en vertu de l'article 83.7 ou omet ou refuse de s'en prévaloir.

[1989, c. 15, a. 1; 1990, c. 19, a. 11].

83.30. Lorsqu'une victime est incarcérée dans un pénitencier, emprisonnée dans un établissement de détention ou en détention dans une installation maintenue par un établissement qui exploite un centre de réadaptation visé par la *Loi sur les services de santé et les services sociaux* (chapitre S-4.2) ou dans un centre d'accueil visé par la *Loi sur les services de santé et les services sociaux pour les autochtones cris* (chapitre S-5), en raison d'une infraction prévue au sous-paragraphe a) du paragraphe (1) ou aux paragraphes (3) ou (4) de l'article 249, au paragraphe (1) de l'article 252, à l'article 253, au paragraphe (5) de l'article 254, aux paragraphes (2) ou (3) de l'article 255 du *Code criminel* (Lois révisées du Canada (1985), chapitre C-46) ou, si l'infraction est commise avec une automobile, à l'un des articles 220, 221 et 236 de ce Code, la Société doit réduire l'indemnité de remplacement du revenu à laquelle elle a droit en raison de l'accident, d'un montant équivalant annuellement au pourcentage suivant:

(b) refuses or neglects to produce any information required by the Société or to give the authorization necessary for obtaining it;

2) where the person, without valid reason:

(a) refuses a new employment, refuses to return to his former employment or leaves an employment that he could continue to hold;

(b) interferes with an examination required by the Société or neglects or refuses to undergo such an examination;

(c) does not follow the recommended medical or paramedical treatment or is not available for or refuses such treatment;

(d) prevents or delays his recovery by his action or activities;

(e) does not follow the rehabilitation program put at his disposal by the Société under section 83.7 or is not available for or refuses such program.

[1989, c. 15, s. 1; 1990, c. 19, s. 11].

83.30. Where a victim is committed to penitentiary, imprisoned in a correctional facility or detained in a facility maintained by an institution operating a rehabilitation centre governed by the *Act respecting health services and social services* (chapter S-4.2) or in a reception centre governed by the *Act respecting health services and social services for Cree Native persons* (chapter S-5) by reason of an offence described in paragraph a of subsection 1 or in subsection 3 or 4 of section 249, subsection 1 of section 252, section 253, subsection 5 of section 254 or subsection 2 or 3 of section 255 of the *Criminal Code* (Revised Statutes of Canada, 1985, chapter C-46) or, if the offence is committed with an automobile, in section 220, 221 or 236 of that Code, the Société shall reduce the income replacement indemnity to which the victim is entitled by reason of the accident, by an amount equivalent on a yearly basis to the following percentage thereof:

1° 75 % dans le cas d'une victime sans personne à charge;

2° 45 % dans le cas d'une victime avec une personne à charge;

3° 35 % dans le cas d'une victime avec deux personnes à charge;

4° 25 % dans le cas d'une victime avec trois personnes à charge;

5° 10 % dans le cas d'une victime avec quatre personnes à charge ou plus.

Cette réduction demeure en vigueur jusqu'à la fin de la période d'incarcération, d'emprisonnement ou de détention de la victime ou, le cas échéant, jusqu'à la date du jugement déclarant celle-ci non coupable de l'infraction visée au premier alinéa.

Elle est réajustée pendant l'incarcération, l'emprisonnement ou la détention de la victime, dans les cas et aux conditions prescrits par règlement, en fonction de la variation du nombre de personnes à charge.

Pour l'application du présent article, l'indemnité de remplacement du revenu à laquelle a droit une victime ayant une ou plusieurs personnes à charge à la date de l'accident est versée à celles-ci selon les conditions et les modalités établies par règlement. Déclaration de non culpabilité.

Si la victime est déclarée non coupable de l'infraction visée au premier alinéa, la Société doit lui remettre le montant qui a été soustrait de l'indemnité de remplacement du revenu avec intérêts fixés conformément à l'article 83.32 et calculés à compter du début de la réduction.

[1989, c. 15, a. 1; 1990, c. 19, a. 11; 1992, c. 21, a. 89; 1993, c. 56, a. 15; 1994, c. 23, a. 23].

83.31. Une personne dont la demande de révision ou le recours formé devant le Tribunal administratif du Québec est accueilli et qui a soumis une expertise médicale écrite à l'appui de sa demande a droit au remboursement du coût de cette expertise, jusqu'à concurrence des sommes fixées par règlement.

[1989, c. 15, a. 1; 1997, c. 43, a. 40].

1) 75 % in the case of a victim with no dependants;

2) 45 % in the case of a victim with one dependant;

3) 35 % in the case of a victim with two dependants;

4) 25 % in the case of a victim with three dependants;

5) 10 % in the case of a victim with four or more dependants.

This reduction remains in force until the end of the period of committal, imprisonment or detention of the victim or, as the case may be, until the date of the judgment finding the victim not guilty of the offence contemplated in the first paragraph.

The reduction shall be adjusted during the committal, imprisonment or detention of the victim, in the cases and on the conditions prescribed by regulation, according to variations in the number of dependants.

For the purposes of this section, the income replacement indemnity to which a victim with one or several dependants on the date of the accident is entitled shall be paid to the dependants in accordance with the terms and conditions prescribed by regulation.

If the victim is found not guilty of the offence contemplated in the first paragraph, the Société shall remit to the victim the amount that had been subtracted from the income replacement indemnity, with interest computed in accordance with section 83.32 from the start of the reduction.

[1989, c. 15, s. 1; 1990, c. 19, s. 11; 1992, c. 21, s. 89; 1993, c. 56, s. 15; 1994, c. 23, s. 23].

83.31. A person whose application for review or proceeding before the Administrative Tribunal of Québec is allowed and who has filed a medical expert's written report in support of his petition is entitled to reimbursement of the cost of that report, up to the amount established by regulation.

[1989, c. 15, s. 1; 1997, c. 43, s. 40].

83.32. Lorsque, à la suite d'une demande de révision ou d'un recours formé devant le Tribunal administratif du Québec, la Société ou ce tribunal reconnaît à une personne le droit à une indemnité qui lui avait d'abord été refusée ou augmente le montant d'une indemnité, la Société ou ce tribunal ordonne, dans tous les cas, que des intérêts soient payés à cette personne. Ils sont calculés à compter de la date de la décision refusant de reconnaître le droit à une indemnité ou d'augmenter le montant d'une indemnité, selon le cas.

Un règlement peut prévoir d'autres cas donnant lieu au paiement d'intérêts par la Société.

Le taux d'intérêt applicable est celui fixé en vertu du deuxième alinéa de l'article 28 de la *Loi sur l'administration fiscale* (chapitre A-6.002).

[1989, c. 15, a. 1; 1990, c. 19, a. 11; 1993, c. 56, a. 16; 1997, c. 43, a. 41; 1999, c. 22, a. 23; 2010, c. 31, a. 175].

83.32. Where, following an application for review or a proceeding brought before the Administrative Tribunal of Québec, the Société or the Tribunal recognizes a person's entitlement to an indemnity that was formerly denied or increases the amount of an indemnity, the Société shall order, in every case, that the person be paid interest computed from the date of the decision refusing to recognize entitlement to an indemnity or refusing to increase the amount of an indemnity, as the case may be.

Other cases requiring the payment of interest by the Société may be prescribed by regulation.

The applicable interest rate is the rate fixed under the second paragraph of section 28 of the *Tax Administration Act* (chapter A-6.002).

[1989, c. 15, s. 1; 1990, c. 19, s. 11; 1993, c. 56, s. 16; 1997, c. 43, s. 41; 1999, c. 22, s. 23; 2010, c. 31, s. 175].

Chapitre VIII —— Revalorisation

Chapter VIII —— Revalorization

83.33. Le montant du revenu brut annuel qui sert de base au calcul de l'indemnité de remplacement du revenu est revalorisé chaque année à la date anniversaire de l'accident.

Le montant du revenu brut annuel que la Société fixe pour l'emploi déterminé conformément à l'article 45, 46 ou 47 est revalorisé chaque année à cette date.

[1989, c. 15, a. 1; 1990, c. 19, a. 11; 1993, c. 56, a. 17].

83.33. The amount of the gross annual income used as the basis for computing the income replacement indemnity shall be revalorized each year, on the anniversary of the accident.

The amount of the gross annual income fixed by the Société for the employment determined pursuant to section 45, 46 or 47 shall be revalorized each year on that date.

[1989, c. 15, s. 1; 1990, c. 19, s. 11; 1993, c. 56, s. 17].

83.34. Sont revalorisées le 1er janvier de chaque année, toutes les sommes d'argent fixées dans l'annexe III et dans les dispositions du présent titre.

Sont également revalorisés le 1er janvier de chaque année, en outre du montant prévu à l'article 73, les montants d'indemnité fixés dans un règlement pris pour l'application de cet article.

[1989, c. 15, a. 1; 1999, c. 22, a. 24].

83.34. All amounts of money listed in Schedule III or referred to in this title shall be revalorized on 1 January each year.

The amount provided for in section 73 as well as the indemnity amounts prescribed by a regulation under that section shall also be revalorized on 1 January each year.

[1989, c. 15, s. 1; 1999, c. 22, s. 24].

83.35. La revalorisation est faite en multipliant le montant à revaloriser par le rap-

83.35. The revalorization is made by multiplying the amount to be revalorized by

port ente l'indice des prix à la consommation de l'année courante et celui de l'année précédente.

[1989, c. 15, a. 1].

83.36. L'indice des prix à la consommation pour une année est la moyenne annuelle calculée à partir des indices mensuels des prix à la consommation au Canada établis par Statistique Canada pour les 12 mois précédant le 1er novembre de l'année qui précède celle pour laquelle cet indice est calculé.

Si les données fournies par Statistique Canada ne sont pas complètes le 1er décembre d'une année, la Société peut utiliser celles qui sont alors disponibles pour établir l'indice des prix à la consommation.

Si Statistique Canada applique une nouvelle méthode pour calculer l'indice mensuel des prix à la consommation, la Société ajuste le calcul de la revalorisation en fonction de l'évolution de l'indice mensuel des prix à la consommation à compter du 1er janvier de l'année qui suit ce changement.

[1989, c. 15, a. 1; 1990, c. 19, a. 11].

83.37. Si la moyenne annuelle calculée à partir des indices mensuels des prix à la consommation a plus d'une décimale, seule la première est retenue et elle est augmentée d'une unité si la deuxième est supérieure au chiffre 4.

[1989, c. 15, a. 1].

83.38. Si le rapport entre l'indice des prix à la consommation de l'année courante et celui de l'année précédente a plus de trois décimales, seules les trois premières sont retenues et la troisième est augmentée d'une unité si la quatrième est supérieure au chiffre 4.

[1989, c. 15, a. 1].

83.39. Le montant obtenu par la revalorisation est arrondi au dollar le plus près.

[1989, c. 15, a. 1].

83.40. Le montant d'une rente versée en vertu d'un régime privé d'assurance ne

the ratio between the Consumer Price Index for the current year and that for the preceding year.

[1989, c. 15, s. 1].

83.36. The Consumer Price Index for a year is the yearly average computed on the basis of the monthly Consumer Price Index in Canada established by Statistics Canada for the 12 months preceding 1 November of the year preceding the year for which the Index is computed.

If, on 1 December of a year, the data furnished by Statistics Canada are incomplete, the Société may use the data available at that time to establish the Consumer Price Index.

If Statistics Canada uses a new method to compute the monthly Consumer Price Index, the Société shall modify the computation of the revalorization according to the change in the monthly Consumer Price Index from 1 January of the year following the change of method.

[1989, c. 15, s. 1; 1990, c. 19, s. 11].

83.37. If the yearly average computed on the basis of the monthly Consumer Price Index includes more than one decimal, only the first digit is retained and it is increased by one unit if the second digit is greater than 4.

[1989, c. 15, s. 1].

83.38. If the ratio between the Consumer Price Index for the current year and that for the preceding year includes more than three decimals, only the first three digits are retained and the third digit is increased by one unit if the fourth digit is greater than 4.

[1989, c. 15, s. 1].

83.39. The amount obtained through revalorization is rounded off to the nearest dollar.

[1989, c. 15, s. 1].

83.40. The amount of a pension paid under a private insurance scheme shall in no way

peut être aucunement diminué en raison d'une revalorisation d'un revenu brut annuel qui sert de base au calcul de l'indemnité de remplacement du revenu.

[1989, c. 15, a. 1].

be diminished by reason of the revalorization of the gross annual income used as the basis for computing an income replacement indemnity.

[1989, c. 15, s. 1].

Chapitre IX —— Compétence de la société, révision et recours devant le Tribunal administratif du Québec

SECTION I —— COMPÉTENCE DE LA SOCIÉTÉ

Chapter IX —— Jurisdiction of the Société, review and proceeding before the administrative tribunal of Québec

SECTION I —— JURISDICTION OF THE SOCIÉTÉ

83.41. Sous réserve des articles 83.49 et 83.67, la Société a compétence exclusive pour examiner et décider toute question relative à l'indemnisation en vertu du présent titre.

À cette fin, elle peut déléguer ses pouvoirs à un ou plusieurs de ses fonctionnaires qu'elle désigne.

Les membres de la Société et les fonctionnaires ainsi désignés sont investis des pouvoirs et de l'immunité des commissaires nommés en vertu de la *Loi sur les commissions d'enquête* (chapitre C-37), sauf de celui d'ordonner l'emprisonnement.

[1989, c. 15, a. 1; 1990, c. 19, a. 11; 1997, c. 43, a. 43].

83.41. Subject to sections 83.49 and 83.67, the Société has exclusive jurisdiction to examine and decide any matter related to compensation under this title.

For that purpose, the Société may delegate its powers to one or several of its officers whom it designates.

The members of the Société and the officers so designated are vested with the powers and immunity of commissioners appointed under the *Act respecting public inquiry commissions* (chapter C-37), except the power to order imprisonment.

[1989, c. 15, s. 1; 1990, c. 19, s. 11; 1997, c. 43, s. 43].

83.42. La Société peut établir par règlement les règles de procédure applicables à l'examen des questions sur lesquelles elle a compétence.

[1989, c. 15, a. 1; 1990, c. 19, a. 11; 1997, c. 43, a. 44].

83.42. The Société may by regulation establish the rules of procedure applicable to the examination of matters over which it has jurisdiction.

[1989, c. 15, s. 1; 1990, c. 19, s. 11; 1997, c. 43, s. 44].

83.43. Une décision doit être motivée et communiquée par écrit à la personne intéressée.

Si la décision est rendue par un fonctionnaire, celui-ci doit, en communiquant sa décision, aviser la personne intéressée qu'elle peut en demander la révision, sauf s'il s'agit d'une décision qui accorde une indemnité maximum ou le remboursement complet des frais auxquels elle a droit. Il doit aussi l'aviser qu'elle peut, dans les conditions prévues au deuxième alinéa de

83.43. A decision must give reasons and be transmitted in writing to the interested person.

If the decision is rendered by an officer, he shall, when transmitting his decision, inform the interested person that he may apply for a review, except in the case of a decision granting a maximum indemnity or the full reimbursement of expenses to which such person is entitled. The officer shall also inform the person that he may contest the decision before the Administra-

l'article 83.49, contester la décision devant le Tribunal administratif du Québec.

Si la décision est rendue par la Société, celle-ci doit, en communiquant sa décision, aviser la personne intéressée qu'elle peut la contester devant le Tribunal administratif du Québec, sauf s'il s'agit d'une décision qui accorde une indemnité maximum ou le remboursement complet des frais auxquels elle a droit.

[1989, c. 15, a. 1; 1990, c. 19, a. 11; 1997, c. 43, a. 45; 2005, c. 17, a. 33].

83.44. En tout temps, la Société peut rendre une nouvelle décision s'il se produit un changement de situation qui affecte le droit de la personne intéressée à une indemnité ou qui peut influer sur le montant de celle-ci.

[1989, c. 15, a. 1; 1990, c. 19, a. 11; 1991, c. 58, a. 19].

83.44.1. Tant qu'une demande de révision n'a pas été présentée ou un recours formé devant le Tribunal administratif du Québec à l'égard d'une décision, la Société peut, de sa propre initiative ou à la demande d'une personne intéressée, reconsidérer cette décision:

1° si celle-ci a été rendue avant que soit connu un fait essentiel ou a été fondée sur une erreur relative à un tel fait;

2° si celle-ci est entachée d'un vice de fond ou de procédure de nature à l'invalider;

3° si celle-ci est entachée d'une erreur d'écriture, de calcul ou de toute autre erreur de forme.

Cette nouvelle décision remplace la décision initiale qui cesse d'avoir effet et les dispositions de la section II s'appliquent selon le cas.

[1991, c. 58, a. 19; 1997, c. 43, a. 46].

83.44.2. Une décision concernant le remboursement de frais prévus à la section I du chapitre V n'a d'effet qu'à l'égard de ce qui en a fait l'objet et ne peut être inter-

tive Tribunal of Québec, subject to the conditions set out in the second paragraph of section 83.49.

If the decision is rendered by the Société, it shall, when transmitting its decision, inform the interested person that he may contest the decision before the Administrative Tribunal of Québec, except in the case of a decision granting a maximum indemnity or the full reimbursement of expenses to which such person is entitled.

[1989, c. 15, s. 1; 1990, c. 19, s. 11; 1997, c. 43, s. 45; 2005, c. 17, s. 33].

83.44. The Société may, at any time, render a new decision if a change affecting the right of the person concerned to an indemnity or likely to have repercussions on the amount of an indemnity occurs.

[1989, c. 15, s. 1; 1990, c. 19, s. 11; 1991, c. 58, s. 19].

83.44.1. So long as no application for review has been presented and no proceeding brought before the Administrative Tribunal of Québec in respect of a decision, the Société may, on its own motion or at the request of an interested person, reconsider the decision

1) if the decision was rendered before an essential fact became known, or was based on an error pertaining to an essential fact;

2) where a substantive or procedural defect is likely to invalidate the decision;

3) if the decision contains an error in writing, mistakes in calculation or any other clerical error.

The new decision replaces the initial decision which ceases to beeffective and the provisions of Division II apply where expedient.

[1991, c. 58, s. 19; 1997, c. 43, s. 46].

83.44.2. A decision concerning the reimbursement of expenses under Division I of Chapter V has effect only in respect of the subject-matter of the decision and shall not

prétée comme constituant une reconnaissance du droit à quelque autre indemnité.

[1999, c. 22, a. 25].

be construed as a recognition of entitlement to any other indemnity.

[1999, c. 22, s. 25].

SECTION II —— RÉVISION ET
RECOURS DEVANT LE TRIBUNAL
ADMINISTRATIF DU QUÉBEC

SECTION II —— REVIEW AND
PROCEEDING BEFORE THE
ADMINISTRATIVE TRIBUNAL OF QUÉBEC

83.45. Sauf dans les cas où une décision accorde une indemnité maximum ou lorsque les frais auxquels elle a droit ont été remboursés en totalité, une personne qui se croit lésée par une décision rendue par un fonctionnaire peut, dans les 60 jours de la notification de la décision, demander par écrit à la Société la révision de cette décision.

Cette demande doit mentionner les principaux motifs sur lesquels elle s'appuie.

[1989, c. 15, a. 1; 1990, c. 19, a. 11; 1997, c. 43, a. 48].

83.45. Except in the case of a decision granting a maximum indemnity or the full reimbursement of expenses to which he is entitled, a person who believes he has been wronged by a decision rendered by an officer may, within 60 days of notification of the decision, apply in writing to the Société for a review of the decision.

The application must mention the main grounds on which it is based.

[1989, c. 15, s. 1; 1990, c. 19, s. 11; 1997, c. 43, s. 48].

83.46. La Société peut permettre à une personne d'agir après l'expiration du délai fixé par l'article 83.45 si celle-ci n'a pu, pour des motifs sérieux et légitimes, agir plus tôt.

[1989, c. 15, a. 1; 1990, c. 19, a. 11; 1999, c. 22, a. 26].

83.46. The Société may allow a person to act after the expiry of the time prescribed in section 83.45 if the person was unable, for serious and valid reasons, to act sooner.

[1989, c. 15, s. 1; 1990, c. 19, s. 11; 1999, c. 22, s. 26].

83.47. La Société, lorsqu'elle est saisie d'une demande de révision, peut confirmer, infirmer ou modifier la décision rendue.

Elle peut également accorder une indemnité, en déterminer le montant ou décider qu'aucune indemnité n'est payable en vertu du présent titre.

[1989, c. 15, a. 1; 1990, c. 19, a. 11; 1997, c. 43, a. 49].

83.47. The Société may, where an application for review is submitted to it, confirm, quash or amend the decision.

The Société may also grant an indemnity and determine the amount thereof or decide that no indemnity is payable under this title.

[1989, c. 15, s. 1; 1990, c. 19, s. 11; 1997, c. 43, s. 49].

83.48. Une décision rendue en révision par un fonctionnaire doit être motivée et communiquée par écrit à la personne intéressée.

En communiquant sa décision, le fonctionnaire doit aviser la personne qu'elle peut la contester devant le Tribunal administratif du Québec, sauf s'il s'agit d'une décision qui accorde une indemnité maximum ou le

83.48. A decision rendered in review by an officer must give reasons and be transmitted in writing to the interested person.

The officer, when transmitting his decision, shall inform the person that he may contest the decision before the Administrative Tribunal of Québec, except in the case of a decision granting a maximum indem-

remboursement complet des frais auxquels cette personne a droit.

[1989, c. 15, a. 1; 1997, c. 43, a. 50].

nity or the full reimbursement of expenses to which such person is entitled.

[1989, c. 15, s. 1; 1997, c. 43, s. 50].

83.49. Une personne qui se croit lésée par une décision rendue par la Société ou par une décision rendue en révision peut, dans les 60 jours de sa notification, la contester devant le Tribunal administratif du Québec, sauf s'il s'agit d'une décision qui accorde une indemnité maximum ou le remboursement complet des frais auxquels elle a droit.

En outre, une personne peut contester devant le Tribunal la décision dont elle a demandé la révision si la Société n'a pas disposé de la demande dans les 90 jours suivant sa réception, sous réserve de ce qui suit:

1° lorsque la personne qui a demandé la révision a requis un délai pour présenter ses observations ou produire des documents, le délai de 90 jours court à partir de cette présentation ou de cette production;

2° lorsque la Société estime qu'un examen par un professionnel de la santé ou la transmission de documents est nécessaire à la prise de la décision, le délai est prolongé de 90 jours; la personne qui a demandé la révision doit en être avisée.

[1989, c. 15, a. 1; 1990, c. 19, a. 11; 1997, c. 43, a. 51; 2005, c. 17, a. 34].

83.49. A person who believes he has been wronged by a decision rendered by the Société or by a decision rendered after a review may, within 60 days of notification of the decision, contest the decision before the Administrative Tribunal of Québec, except in the case of a decision granting a maximum indemnity or the full reimbursement of expenses to which such person is entitled.

Moreover, a person may contest before the Tribunal the decision whose review the person applied for if the Société does not make a decision within 90 days after the receipt of the application, subject to the following:

1) if the person who applied for the review requested more time to present observations or produce documents, the 90-day time limit runs from the time observations are presented or documents are produced; and

2) if the Société considers it necessary, to allow it to make a decision, that an examination be conducted by a health professional or that documents be produced, the time limit is extended for 90 days; the person who applied for the review must be notified of the extension.

[1989, c. 15, s. 1; 1990, c. 19, s. 11; 1997, c. 43, s. 51; 2005, c. 17, s. 34].

Chapitre X — Recours

SECTION I — RECOUVREMENT DES INDEMNITÉS

Chapter X — Remedies

SECTION I — RECOVERY OF INDEMNITIES

83.50. Une personne qui a reçu une indemnité à laquelle elle n'a pas droit ou dont le montant excède celui auquel elle a droit, doit rembourser le trop-perçu à la Société.

La Société peut recouvrer cette dette dans les trois ans du paiement de l'indemnité.

Elle peut aussi remettre cette dette si elle juge que le montant ne peut être recouvré

83.50. A person who has received an indemnity to which he is not entitled or the amount of which exceeds that to which he is entitled shall reimburse the amount received in excess to the Société.

The Société may recover the amount of the debt within three years of payment of the indemnity.

The Société may also cancel the debt if it considers that the amount is unrecoverable

compte tenu des circonstances ou, de la manière déterminée par règlement, déduire le montant de cette dette de toute somme due au débiteur par la Société.

La Société peut effectuer une déduction en vertu du troisième alinéa malgré la demande de révision ou le recours du débiteur devant le Tribunal administratif du Québec.

[1989, c. 15, a. 1; 1990, c. 19, a. 11; 1997, c. 43, a. 52].

83.51. Malgré l'article 83.50, si, à la suite d'une demande de révision ou d'un recours formé devant le Tribunal administratif du Québec, la Société ou ce tribunal rend une décision qui a pour effet d'annuler ou de réduire le montant d'une indemnité, les sommes déjà versées ne peuvent être recouvrées, à moins qu'elles n'aient été obtenues par suite d'une fraude ou que la demande de révision ou le recours formé devant ce tribunal ne porte sur une décision rendue en vertu de l'article 83.50.

[1989, c. 15, a. 1; 1990, c. 19, a. 11; 1997, c. 43, a. 53].

83.52. Malgré l'article 83.50, lorsque la Société reconsidère sa décision parce que celle-ci a été rendue avant que soit connu un fait essentiel ou a été fondée sur une erreur relative à un tel fait ou parce que celle-ci est entachée d'un vice de fond ou de procédure de nature à l'invalider, la somme déjà versée n'est pas recouvrable à moins qu'elle n'ait été obtenue par suite d'une fraude.

[1989, c. 15, a. 1; 1990, c. 19, a. 11; 1991, c. 58, a. 20].

83.53. La personne qui prive volontairement la Société de son recours subrogatoire contrairement au deuxième alinéa de l'article 83.59 doit rembourser l'indemnité reçue de la Société.

La Société peut recouvrer cette dette dans les trois ans de l'acte qui prive la Société de son recours subrogatoire.

Elle peut aussi remettre cette dette si elle juge que le montant ne peut être recouvré compte tenu des circonstances.

[1989, c. 15, a. 1; 1990, c. 19, a. 11].

under the circumstances or deduct, in the manner determined by regulation, the amount of the debt from any sum due to the debtor by the Société.

The Société may make a deduction pursuant to the third paragraph notwithstanding an application for review or proceeding brought before the Administrative Tribunal of Québec by a debtor.

[1989, c. 15, s. 1; 1990, c. 19, s. 11; 1997, c. 43, s. 52].

83.51. Notwithstanding section 83.50, if, following an application for review or a proceeding brought before the Administrative Tribunal of Québec, the Société or the Tribunal renders a decision which cancels an indemnity or reduces its amount, the sums already paid are not recoverable unless they were obtained through fraud or unless the application for review or the proceeding brought before the Tribunal pertains to a decision rendered pursuant to section 83.50.

[1989, c. 15, s. 1; 1990, c. 19, s. 11; 1997, c. 43, s. 53].

83.52. Notwithstanding section 83.50, where a decision is reconsidered by the Société because it was rendered before an essential fact became known or was based on an error pertaining to an essential fact, or because it contains a substantive or procedural defect which is likely to invalidate it, the sum already paid shall not be recoverable unless it was obtained through fraud.

[1989, c. 15, s. 1; 1990, c. 19, s. 11; 1991, c. 58, s. 20].

83.53. A person who, contrary to the second paragraph of section 83.59, prevents the Société from exercising its recourse as subrogee is required to reimburse the indemnity received from the Société.

The Société may recover the amount of the debt within three years of the action preventing the Société from acting as subrogee.

The Société may also cancel the debt if it considers that the amount is unrecoverable under the circumstances.

[1989, c. 15, s. 1; 1990, c. 19, s. 11].

83.54. La Société met en demeure le débiteur par une décision qui énonce le montant et les motifs d'exigibilité de la dette.

Cette décision interrompt la prescription prévue à l'un des articles 83.50, 83.53 ou 83.61, selon le cas.

[1989, c. 15, a. 1; 1990, c. 19, a. 11].

83.55. Lorsqu'une dette visée à la présente section n'a pas été recouvrée ni remise, la Société peut délivrer un certificat:

1° qui atteste le défaut du débiteur de se pourvoir à l'encontre de la décision rendue en vertu de l'article 83.54 ou, selon le cas, qui allègue la décision définitive qui maintient cette décision;

2° qui atteste l'exigibilité de la dette et le montant dû.

Ce certificat est une preuve de l'exigibilité de la dette. Il peut être délivré par la Société en tout temps après l'expiration du délai pour demander la révision ou pour contester la décision ou après la décision du Tribunal administratif du Québec.

[1989, c. 15, a. 1; 1990, c. 19, a. 11; 1997, c. 43, a. 54].

83.56. Sur dépôt de ce certificat au greffe du tribunal compétent, la décision de la Société ou du Tribunal administratif du Québec devient exécutoire comme s'il s'agissait d'un jugement final et sans appel de ce tribunal et en a tous les effets.

[1989, c. 15, a. 1; 1990, c. 19, a. 11; 1997, c. 43, a. 55].

SECTION II — RESPONSABILITÉ CIVILE

83.57. Les indemnités prévues au présent titre tiennent lieu de tous les droits et recours en raison d'un préjudice corporel et nulle action à ce sujet n'est reçue devant un tribunal.

Sous réserve des articles 83.63 et 83.64, lorsqu'un préjudice corporel a été causé par une automobile, les prestations ou avantages prévus pour l'indemnisation de ce préjudice par la *Loi sur les accidents du*

83.54. The Société shall put the debtor in default by a decision stating the amount and reasons for the exigibility of the debt.

The decision interrupts prescription as provided in section 83.50, 83.53 or 83.61, as the case may be.

[1989, c. 15, s. 1; 1990, c. 19, s. 11].

83.55. Where a debt referred to in this division is not recovered or cancelled, the Société may issue a certificate

1) attesting the failure of the debtor to appeal from the decision rendered under section 83.54 or confirming the decision of the Commission des affaires sociales maintaining the decision, as the case may be;

2) attesting the exigibility of the debt and the amount due.

The certificate is proof of the exigibility of the debt. It may be issued by the Société at any time after the end of the time allotted to apply for a review of the decision or to contest the decision or after the decision of the Administrative Tribunal of Québec.

[1989, c. 15, s. 1; 1990, c. 19, s. 11; 1997, c. 43, s. 54].

83.56. From the filing of the certificate in the office of the court of competent jurisdiction, the decision of the Société or of the Administrative Tribunal of Québec becomes executory as if it were a final decision without appeal of such court and has all the effects of such a decision.

[1989, c. 15, s. 1; 1990, c. 19, s. 11; 1997, c. 43, s. 55].

SECTION II — CIVIL LIABILITY

83.57. Compensation under this title stands in lieu of all rights and remedies by reason of bodily injury and no action in that respect shall be admitted before any court of justice.

Subject to sections 83.63 and 83.64, where bodily injury was caused by an automobile, the benefits or pecuniary benefits provided for the compensation of such injury by the *Act respecting industrial accidents*

travail et les maladies professionnelles (chapitre A-3.001), la *Loi visant à favoriser le civisme* (chapitre C-20) ou la *Loi sur l'indemnisation des victimes d'actes criminels* (chapitre I-6) tiennent lieu de tous les droits et recours en raison de ce préjudice et nulle action à ce sujet n'est reçue devant un tribunal.

[1989, c. 15, a. 1; 1999, c. 40, a. 26].

83.58. Rien dans la présente section ne limite le droit d'une personne de réclamer une indemnité en vertu d'un régime privé d'assurance, sans égard à la responsabilité de quiconque.

[1989, c. 15, a. 1].

83.59. La personne qui a droit à une indemnité prévue au présent titre à la suite d'un accident survenu hors du Québec peut bénéficier de celle-ci tout en conservant son recours pour l'excédent en vertu de la loi du lieu de l'accident.

La personne qui exerce un tel recours ne doit pas, sans l'autorisation de la Société, priver volontairement celle-ci du recours subrogatoire qu'elle possède en vertu de l'article 83.60. La Société est libérée de son obligation envers cette personne si celle-ci la prive ainsi de son recours.

[1989, c. 15, a. 1; 1990, c. 19, a. 11].

83.60. Malgré l'article 83.57, lorsque la Société indemnise une personne à la suite d'un accident survenu hors du Québec, elle est subrogée dans les droits de cette personne et peut recouvrer les indemnités ainsi que le capital représentatif des rentes qu'elle est appelée à verser, de toute personne qui ne réside pas au Québec et qui, en vertu de la loi du lieu de l'accident, est responsable de cet accident et de toute personne qui est tenue d'indemniser le préjudice corporel causé dans cet accident par celle-ci.

La subrogation s'opère de plein droit par la décision de la Société d'indemniser la personne.

[1989, c. 15, a. 1; 1990, c. 19, a. 11; 1999, c. 40, a. 26].

and occupational diseases (chapter A-3.001), the *Act to promote good citizenship* (chapter C-20) or the *Crime Victims Compensation Act* (chapter I-6) stand in lieu of all rights and remedies by reason of such bodily injury and no action in that respect shall be admitted before any court of justice.

[1989, c. 15, s. 1].

83.58. Nothing in this division limits the right of a person to claim an indemnity under a private insurance scheme, regardless of who is at fault.

[1989, c. 15, s. 1].

83.59. A person entitled to compensation under this title by reason of an accident that occurred outside Québec may benefit by the compensation while retaining his remedy with regard to any compensation in excess thereof under the law of the place where the accident occurred.

No person who exercises such remedy may, unless authorized by the Société, prevent the Société from exercising its remedy as subrogee pursuant to section 83.60. The Société is released from its obligation toward a person who prevents it from exercising that remedy.

[1989, c. 15, s. 1; 1990, c. 19, s. 11].

83.60. Notwithstanding section 83.57, where the Société compensates a person by reason of an accident that occurred outside Québec, it is subrogated to the person's rights and is entitled to recover the indemnities and the capital representing the pensions that the Société is required to pay from any person not resident in Québec who, under the law of the place where the accident occurred, is responsible for the accident and from any person liable for compensation for bodily injury caused in the accident by such non-resident.

The subrogation is effected of right by the decision of the Société to compensate the victim.

[1989, c. 15, s. 1; 1990, c. 19, s. 11].

83.61. Malgré l'article 83.57, lorsque la Société indemnise une personne en raison d'un accident survenu au Québec, elle est subrogée dans les droits de cette personne et peut recouvrer les indemnités ainsi que le capital représentatif des rentes qu'elle est appelée à verser, de toute personne qui ne réside pas au Québec et qui est responsable de l'accident, dans la proportion où elle en est responsable, et de toute personne qui est tenue d'indemniser le préjudice corporel causé dans cet accident par celle-ci.

La subrogation s'opère de plein droit par la décision de la Société d'indemniser la personne.

Le recours subrogatoire de la Société est soumis au tribunal et se prescrit par trois ans à compter de cette décision.

La responsabilité est déterminée suivant les règles du droit commun dans la mesure où les articles 108 à 114 n'y dérogent pas.

[1989, c. 15, a. 1; 1990, c. 19, a. 11; 1999, c. 40, a. 26].

83.62. Malgré l'article 83.57, lorsque, à la suite d'un accident, les organismes suivants sont subrogés dans les droits d'une personne en vertu des lois suivantes, ils possèdent le même recours que la Société pour recouvrer leur créance de la personne qui ne réside pas au Québec et qui est responsable de l'accident ou de la personne tenue d'indemniser le préjudice corporel causé dans cet accident par celle-ci :

1° la Commission de la santé et de la sécurité du travail et, le cas échéant, l'employeur en vertu de la *Loi sur les accidents du travail et les maladies professionnelles* (chapitre A-3.001);

2° la Commission de la santé et de la sécurité du travail en vertu de la *Loi visant à favoriser le civisme* (chapitre C-20) et de la *Loi sur l'indemnisation des victimes d'actes criminels* (chapitre I-6);

3° la Régie de l'assurance maladie du Québec en vertu de la *Loi sur l'assurance maladie* (chapitre A-29);

83.61. Notwithstanding section 83.57, where the Société compensates a person by reason of an accident that occurred in Québec, it is subrogated to the person's rights and is entitled to recover the indemnities and the capital value of the pensions that the Société is required to pay from any person not resident in Québec who is responsible for the accident to the extent that he is responsible therefor and from any person liable for compensation for bodily injury caused in the accident by such non-resident.

The subrogation is effected of right by the decision of the Société to compensate the victim.

The remedy of the Société as subrogee is subject to decision of the court and is prescribed by three years from the date of the decision.

Responsibility is determined according to the ordinary rules of law to the extent that sections 108 to 114 do not derogate therefrom.

[1989, c. 15, s. 1; 1990, c. 19, s. 11].

83.62. Notwithstanding section 83.57, where, following an accident, the following bodies are subrogated to the rights of a person under the Acts hereinafter mentioned, they shall have the same remedies as the Société to recover their claim from the person not resident in Québec who is responsible for the accident or from the person liable for compensation for bodily injury caused in the accident by that person :

1) the Commission de la santé et de la sécurité du travail and, as the case may be, the employer by virtue of the *Act respecting industrial accidents and occupational diseases* (chapter A-3.001);

2) the Commission de la santé et de la sécurité du travail by virtue of the *Act to promote good citizenship* (chapter C-20) and the *Crime Victims Compensation Act* (chapter I-6);

3) the Régie de l'assurance maladie du Québec by virtue of the *Health Insurance Act* (chapter A-29);

4° le gouvernement en vertu de la *Loi sur l'assurance-hospitalisation* (chapitre A-28) et de la *Loi sur l'aide aux personnes et aux familles* (chapitre A-13.1.1).

[1989, c. 15, a. 1; 1990, c. 19, a. 11; 1998, c. 36, a. 167; 1999, c. 40, a. 26; 1999, c. 89, a. 53; 2005, c. 15, a. 142].

4) the Government by virtue of the *Hospital Insurance Act* (chapter A-28) and the *Individual and Family Assistance Act* (chapter A-13.1.1).

[1989, c. 15, s. 1; 1990, c. 19, s. 11; 1998, c. 36, s. 167; 1999, c. 89, s. 53; 2005, c. 15, s. 142].

SECTION III — RECOURS EN VERTU D'UN AUTRE RÉGIME

SECTION III — REMEDIES UNDER OTHER PLANS

83.63. Lorsqu'en raison d'un accident, une personne a droit à la fois à une indemnité en vertu du présent titre et à une prestation ou à un avantage pécuniaire en vertu de la *Loi sur les accidents du travail et les maladies professionnelles* (chapitre A-3.001) ou d'une autre loi relative à l'indemnisation de personnes victimes d'un accident du travail, en vigueur au Québec ou hors du Québec, cette personne doit réclamer la prestation ou l'avantage pécuniaire prévu par ces dernières lois.

[1989, c. 15, a. 1].

83.63. Where, by reason of an accident, a person is entitled to both an indemnity under this title and an indemnity or pecuniary benefit under the *Act respecting industrial accidents and occupational diseases* (chapter A-3.001) or another Act relating to the compensation of persons who are victims of an industrial accident, in force in or outside Québec, that person shall claim the indemnity or pecuniary benefit provided for by that Act.

[1989, c. 15, s. 1].

83.64. Lorsqu'en raison d'un accident, une personne a droit à la fois à une indemnité en vertu du présent titre et à une prestation ou à un avantage en vertu de la *Loi visant à favoriser le civisme* (chapitre C-20) ou de la *Loi sur l'indemnisation des victimes d'actes criminels* (chapitre I-6), cette personne peut, à son option, se prévaloir de l'indemnité prévue au présent titre ou réclamer cette prestation ou cet avantage.

L'indemnisation en vertu de la *Loi visant à favoriser le civisme* ou de la *Loi sur l'indemnisation des victimes d'actes criminels* fait perdre tout droit à l'indemnisation en vertu du présent titre.

[1989, c. 15, a. 1].

83.64. Where, by reason of an accident, a person is entitled to both an indemnity under this title and an indemnity or pecuniary benefit under the *Act to promote good citizenship* (chapter C-20) or the *Crime Victims Compensation Act* (chapter I-6), that person may elect to avail himself of the compensation provided for by this title or claim the indemnity or benefit.

Compensation under the *Act to promote good citizenship* or the *Crime Victims Compensation Act* sets aside any right to compensation under this title.

[1989, c. 15, s. 1].

83.65. Une personne qui reçoit une indemnité de remplacement du revenu en vertu du présent titre et qui réclame, en raison d'un nouvel événement, une indemnité de remplacement du revenu en vertu de la *Loi sur les accidents du travail et les maladies professionnelles* (chapitre A-3.001) ou une rente pour incapacité totale en vertu de la *Loi visant à favoriser le civisme* (chapitre C-20) ou de la *Loi sur l'indemnisation des victimes d'actes criminels* (chapitre I-6), ne peut les cumuler.

83.65. A person who receives an income replacement indemnity under this title and who, by reason of a new event, claims an income replacement indemnity under the *Act respecting industrial accidents and occupational diseases* (chapter A-3.001) or total disability benefits under the *Act to promote good citizenship* (chapter C-20) or the *Crime Victims Compensation Act* (chapter I-6), is not entitled to receive both indemnities at the same time.

La Société continue de verser l'indemnité de remplacement du revenu, s'il y a lieu, en attendant que soient déterminés le droit et le montant de l'indemnité et de la rente payable en vertu de chacune des lois applicables.

[1989, c. 15, a. 1; 1990, c. 19, a. 11].

The Société shall continue to pay the income replacement indemnity, where that is the case, until the entitlement to and the amount of the indemnity and the pension payable under each of the Acts applicable are determined.

[1989, c. 15, s. 1; 1990, c. 19, s. 11].

83.66. La Société et la Commission de la santé et de la sécurité du travail prennent entente pour établir un mode de traitement des réclamations faites en vertu de la *Loi sur les accidents du travail et les maladies professionnelles* (chapitre A-3.001), de la *Loi visant à favoriser le civisme* (chapitre C-20) ou de la *Loi sur l'indemnisation des victimes d'actes criminels* (chapitre I-6) par une personne visée à l'article 83.65.

Cette entente doit permettre de:

1° distinguer le préjudice qui découle du nouvel événement et celui qui est attribuable à l'accident;

2° déterminer en conséquence le droit et le montant des prestations, avantages ou indemnités payables en vertu de chacune des lois applicables;

3° déterminer les prestations, avantages ou indemnités que doit verser chaque organisme et de préciser les cas, les montants et les modalités de remboursement entre eux.

[1989, c. 15, a. 1; 1990, c. 19, a. 11; 1999, c. 40, a. 26].

83.66. The Société shall reach an agreement with the Commission de la santé et de la sécurité du travail to establish a procedure for the processing of claims filed under the *Act respecting industrial accidents and occupational diseases* (chapter A-3.001), the *Act to promote good citizenship* (chapter C-20) or the *Crime Victims Compensation Act* (chapter I-6) by any person contemplated in section 83.65.

The agreement must make it possible to

1) distinguish between the damage resulting from the new event and the damage attributable to the accident;

2) determine the entitlement to and the amount of the benefits, compensation or indemnities payable under each of the applicable Acts;

3) determine the benefits, compensation or indemnities each body is required to pay and specify the cases, amounts and conditions of reimbursement among them.

[1989, c. 15, s. 1; 1990, c. 19, s. 11].

83.67. Lorsqu'une personne visée à l'article 83.65 réclame une indemnité de remplacement du revenu en vertu de la *Loi sur les accidents du travail et les maladies professionnelles* (chapitre A-3.001) ou une rente pour incapacité totale en vertu de la *Loi visant à favoriser le civisme* (chapitre C-20) ou de la *Loi sur l'indemnisation des victimes d'actes criminels* (chapitre I-6), la Société et la Commission de la santé et de la sécurité du travail doivent, dans l'application de l'entente visée à l'article 83.66, rendre conjointement une décision qui distingue le préjudice attribuable à chaque événement et qui détermine en conséquence le droit aux prestations, avantages ou indemnités payables en vertu de chacune des lois applicables.

83.67. Where a person referred to in section 83.65 claims an income replacement indemnity under the *Act respecting industrial accidents and occupational diseases* (chapter A-3.001) or total disability benefits under the *Act to promote good citizenship* (chapter C-20) or the *Crime Victims Compensation Act* (chapter I-6), the Société and the Commission de la santé et de la sécurité du travail shall, in carrying out the agreement described in section 83.66, render a joint decision which distinguishes between the damage attributable to each event and determines the corresponding entitlement to and amount of the benefits, compensation or indemnities payable under each of the applicable Acts.

La personne qui se croit lésée par cette décision peut, à son choix, la contester devant le Tribunal administratif du Québec suivant la présente loi ou suivant la *Loi sur les accidents du travail et les maladies professionnelles*, la *Loi visant à favoriser le civisme* ou la *Loi sur l'indemnisation des victimes d'actes criminels*, selon le cas.

Le recours formé devant ce tribunal en vertu de l'une de ces lois empêche la formation d'un recours devant ce tribunal en vertu des autres et la décision rendue par ce tribunal lie les deux organismes.

[1989, c. 15, a. 1; 1990, c. 19, a. 11; 1997, c. 43, a. 56; 1999, c. 40, a. 26].

83.68. Lorsqu'en raison d'un accident, une victime a droit à la fois à une indemnité de remplacement du revenu payable en vertu de la présente loi et à une prestation d'invalidité payable en vertu d'un programme de sécurité du revenu d'une autre juridiction équivalant à celui établi par la *Loi sur le régime de rentes du Québec* (chapitre R-9), l'indemnité de remplacement du revenu est réduite du montant de la prestation d'invalidité payable à cette victime en vertu d'un tel programme.

[1989, c. 15, a. 1; 1995, c. 55, a. 6].

TITRE III —— L'INDEMNISATION DU PRÉJUDICE MATÉRIEL — RESPONSABILITÉ CIVILE ET RÉGIME D'ASSURANCE

Chapitre I —— Régime d'assurance

SECTION I —— ASSURANCE OBLIGATOIRE

84. Le propriétaire de toute automobile circulant au Québec doit détenir, suivant la section II du présent chapitre, un contrat d'assurance de responsabilité garantissant l'indemnisation du préjudice matériel causé par cette automobile.

[1977, c. 68, a. 84; 1999, c. 40, a. 26].

84.1. Est un préjudice matériel, pour l'application du présent titre, tout dommage

A person who believes he has been wronged by the decision may elect to contest the decision before the Administrative Tribunal of Québec under this Act, the *Act respecting industrial accidents and occupational diseases*, the *Act to promote good citizenship* or the *Crime Victims Compensation Act*, as the case may be.

A proceeding brought before the Tribunal under any of the said Acts precludes any proceeding before the Tribunal under any other of them and the decision made by the Tribunal is binding on both bodies.

[1989, c. 15, s. 1; 1990, c. 19, s. 11; 1997, c. 43, s. 56].

83.68. Where, by reason of an accident, a victim is entitled to both an income replacement indemnity payable under this Act and a disability benefit payable under an income security program of another jurisdiction equivalent to the program established by the *Act respecting the Québec Pension Plan* (chapter R-9), the income replacement indemnity is reduced by the amount of disability benefit payable to the victim under such a program.

[1989, c. 15, s. 1; 1995, c. 55, s. 6].

TITLE III —— COMPENSATION FOR PROPERTY DAMAGE – CIVIL LIABILITY AND INSURANCE SCHEME

Chapter I —— Insurance scheme

SECTION I —— COMPULSORY INSURANCE

84. The owner of any automobile operating in Québec must have, in accordance with Division II of this chapter, a liability insurance contract guaranteeing compensation for property damage caused by such automobile.

[1977, c. 68, s. 84].

84.1. For the purposes of this title, any damage caused in an accident to an auto-

causé dans un accident à une automobile ou à un autre bien.

Est une victime pour l'application du présent titre, toute personne qui subit un préjudice matériel dans un accident.

[1989, c. 15, a. 2; 1999, c. 40, a. 26].

mobile or to other property is deemed to be property damage.

For the purposes of this title, every person who sustains property damage in an accident is deemed to be a victim.

[1989, c. 15, s. 2].

SECTION II — LE CONTRAT D'ASSURANCE DE RESPONSABILITÉ

SECTION II — LIABILITY INSURANCE CONTRACT

85. Le contrat d'assurance de responsabilité doit garantir le propriétaire de l'automobile et toute personne qui conduit l'automobile, à l'exception de celui qui l'a obtenue par vol, contre les conséquences pécuniaires de la responsabilité civile pouvant leur incomber en raison du préjudice matériel causé lors d'un accident au Canada et aux États-Unis.

Le contrat d'assurance de responsabilité doit garantir aussi le propriétaire assuré contre les conséquences pécuniaires de sa responsabilité lorsqu'il conduit l'automobile d'un tiers.

Le contrat d'assurance de responsabilité doit garantir également les personnes visées dans le présent article contre les conséquences pécuniaires de leur responsabilité pour un préjudice corporel visé au deuxième sous-alinéa de l'article 2 et qui a été causé par l'automobile hors du Québec, ailleurs au Canada et aux États-Unis.

[1977, c. 68, a. 85; 1989, c. 15, a. 3; 1999, c. 40, a. 26].

85. The liability insurance contract must protect the owner of an automobile and any person driving it, except a person having obtained it by theft, against the pecuniary consequences of any civil liability they may incur by reason of property damage caused in an accident in Canada or the United States.

The liability insurance contract must also protect the insured owner against the pecuniary consequences of any liability he may incur while driving the automobile of a third person.

The liability insurance contract must also protect the persons contemplated in this section against the pecuniary consequences of any liability they may incur for 'bodily injuries' referred to in the definition of bodily injury in section 2 and that have been caused by the automobile outside Québec, elsewhere in Canada and in the United States.

[1977, c. 68, s. 85; 1989, c. 15, s. 3].

86. Nonobstant toute stipulation à l'effet contraire qui y serait contenue, le contrat d'assurance est réputé comporter des garanties au moins égales à celles requises par la présente loi et ses règlements.

[1977, c. 68, a. 86].

86. Notwithstanding any provision to the contrary that it may contain, an insurance contract is deemed to provide protection at least equal to that required by this Act and the regulations hereunder.

[1977, c. 68, s. 86].

87. Le montant obligatoire minimum de l'assurance de responsabilité est de 50 000 $.

[1977, c. 68, a. 87].

87. The minimum compulsory amount of liability insurance is $ 50 000.

[1977, c. 68, s. 87].

87.1. Le montant obligatoire minimum de l'assurance de responsabilité pour le propriétaire ou l'exploitant visé au titre VIII.1

87.1. The minimum compulsory amount of liability insurance for an owner or operator subject to Title VIII.1 of the *Highway*

du *Code de la sécurité routière* (chapitre C-24.2) est de 1 000 000 $.

Toutefois, ce montant est de 2 000 000 $ lorsque la personne visée au premier alinéa transporte l'une des matières dangereuses énumérées à l'annexe 1 du *Règlement sur le transport des marchandises dangereuses* pris par le décret C.P. 2001-1366 (*Gazette du Canada*, Partie II, supplément du 15 août 2001, 1) dans une quantité supérieure à celle indiquée à la colonne 7 de cette annexe.

[1987, c. 94, a. 104; 1998, c. 40, a. 52; 2008, c. 14, a. 102].

88. Il doit être stipulé au contrat que le montant d'assurance de responsabilité est égal au montant minimum d'assurance de responsabilité prescrit par une législation relative à l'assurance automobile en vigueur dans l'État, province ou territoire du Canada ou des États-Unis où survient l'accident lorsque ce montant est supérieur au montant d'assurance de responsabilité souscrit par l'assuré.

Il doit également être stipulé au contrat que l'assureur n'aura recours à aucun moyen de défense interdit aux assureurs de l'endroit du sinistre si ce dernier est survenu au Canada ou aux États-Unis.

[1977, c. 68, a. 88; 1989, c. 47, a. 1].

88.1. Un contrat additionnel pour un montant immédiatement consécutif à celui visé par un premier contrat peut être conclu pour un montant autre que les montants minimums obligatoires et ne pas comporter les stipulations prévues à l'article 88. Toutefois, il est réputé couvrir de tels montants et comporter de telles stipulations lorsque le premier contrat cesse d'être en vigueur.

[1989, c. 47, a. 2].

89. Il peut être stipulé au contrat d'assurance que l'assuré conservera à sa charge une partie de l'indemnité due à la victime par franchise ou autrement; en ce cas, l'assureur est quand même responsable envers la victime du paiement de l'indemnité entière, y compris la partie qui, en vertu du contrat, reste à la charge de l'assuré.

Safety Code (chapter C-24.2) is $ 1 000 000.

However, the amount is $ 2 000 000 if the person referred to in the first paragraph transports a dangerous substance listed in Schedule 1 to the *Transportation of Dangerous Good Regulations* made by Privy Council Order 2001-1366 (*Canada Gazette*, Part II, Supplement of 15 August 2001, 1) in a quantity exceeding that indicated in column 7 of that schedule.

[1987, c. 94, s. 104; 1998, c. 40, s. 52; 2008, c. 14, s. 102].

88. The contract must stipulate that the amount of liability insurance is equal to the minimum amount of liability insurance prescribed by the legislation respecting automobile insurance in force in the state, province or territory of Canada or the United States where the accident occurs, when that amount is greater than the amount of liability insurance subscribed by the insured.

The contract shall also stipulate that the insurer shall not set up any ground of defence prohibited to insurers of the place of the accident if it occurred in Canada or the United States.

[1977, c. 68, s. 88; 1989, c. 47, s. 1].

88.1. A supplementary contract for an amount immediately above the amount of the first contract may be entered into for an amount other than any minimum compulsory amount and not include the stipulations provided for in section 88. However, the contract is deemed to cover such minimum amount and include such stipulations when the first contract ceases to be in force.

[1989, c. 47, s. 2].

89. An insurance contract may stipulate that the insured shall remain liable for a portion of the indemnity owed to the victim under a deductible coverage clause or otherwise; in such case, the insurer remains liable to the victim for the payment of the full indemnity, including the portion for which the insured remains liable under the contract.

L'assureur est alors subrogé aux droits de la victime contre l'assuré pour la part qu'il a dû payer à la victime mais que l'assuré a conservé à sa charge en vertu du contrat.

[1977, c. 68, a. 89].

The insurer is then subrogated in the rights of the victim against the insured for the portion the insurer has had to pay to the victim for which the insured remains liable under the contract.

[1977, c. 68, s. 89].

90. Le contrat d'assurance est renouvelé de plein droit, pour une prime identique et pour la même période, à chaque échéance du contrat, à moins d'un avis contraire émanant de l'assureur ou de l'assuré; lorsqu'il émane de l'assureur, l'avis de non-renouvellement ou de modification de la prime doit être adressé à l'assuré, à sa dernière adresse connue, au plus tard le trentième jour précédant et incluant le jour de l'échéance.

Lorsque l'assuré fait affaires par l'entremise d'un courtier, l'avis prévu dans le premier alinéa est transmis par l'assureur au courtier, à charge par ce dernier de le remettre à l'assuré.

[1977, c. 68, a. 90].

90. The insurance contract is renewed of right, for the same premium and for the same period, at each maturity of the contract, unless notice to the contrary is given by the insurer or the insured; if given by the insurer, the notice of non-renewal or of a change in the premium must be sent to the insured, at his last known address, not later than the thirtieth day preceding the date of maturity, counting that date.

Where the insured deals through a broker, the notice provided for in the first paragraph is sent by the insurer to the broker, the latter being entrusted to remit it to the insured.

[1977, c. 68, s. 90].

91. L'assureur peut résilier le contrat dans les 60 jours de sa date d'entrée en vigueur sur simple avis à l'assuré; en ce cas, le contrat se termine 15 jours après la réception de cet avis.

À l'expiration de cette période de 60 jours, le contrat d'assurance ne peut être résilié par l'assureur qu'en cas d'aggravation du risque de nature à influencer sensiblement un assureur raisonnable dans la décision de continuer à assurer, ou lorsque la prime n'a pas été payée.

L'assureur qui veut ainsi résilier le contrat doit en donner avis écrit à l'assuré; la résiliation prend effet trente jours après réception de cet avis ou, si l'automobile mentionnée au contrat, à l'exception d'un autobus scolaire, en est une visée au titre VIII.1 du *Code de la sécurité routière* (chapitre C-24.2), 15 jours après la réception de l'avis.

[1977, c. 68, a. 91; 1989, c. 47, a. 3].

91. The insurer may cancel a contract within 60 days after its coming into force by a mere notice to the insured; in that case, the contract is terminated 15 days after such notice is received.

At the expiry of such period of 60 days, an insurance contract shall not be cancelled by the insurer except in the case of an aggravation of risk which is likely to materially influence a reasonable insurer in the decision to continue to insure, or when the premium has not been paid.

The insurer so wishing to cancel the contract must notify the insured of it in writing; the cancellation has effect thirty days after such notice is received or, if the automobile mentioned in the contract, with the exception of a school bus, is an automobile contemplated in Title VIII.1 of the *Highway Safety Code* (chapter C-24.2), 15 days after receipt of the notice.

[1977, c. 68, s. 91; 1989, c. 47, s. 3].

92. L'assureur ne peut demander l'annulation du contrat que si l'assuré a fait de fausses déclarations ou réticences sur les circonstances connues de lui qui sont de

92. The insurer shall not demand that the contract be void *ab initio* unless the insured has misrepresented or deceitfully concealed any fact known to him likely to

nature à influencer sensiblement un assureur raisonnable dans la décision d'accepter le risque.

[1977, c. 68, a. 92].

93. L'assureur doit, sur tout document faisant état du montant de la prime exigée pour le contrat d'assurance, indiquer clairement le montant et le pourcentage de la commission qui sont versés à un cabinet, à une société ou un représentant autonome au sens de la *Loi sur la distribution de produits et services financiers* (chapitre D-9.2); cette mention doit aussi apparaître sur tout tel document émanant d'un cabinet, d'une société autonome ou d'un représentant autonome.

L'assureur qui ne fait pas affaires par l'entremise de courtiers doit, sur tout document faisant état du montant de la prime exigée pour le contrat d'assurance, indiquer clairement le montant et le pourcentage de ses frais de mise en marché, tels que déterminés par règlement du gouvernement sur recommandation de l'Autorité des marchés financiers.

[1977, c. 68, a. 93; 1982, c. 52, a. 51; 1989, c. 48, a. 222; 1998, c. 37, a. 495; 2002, c. 45, a. 165; 2004, c. 37, a. 90].

94. L'assurance contractée par une personne autre que le propriétaire ne dégage ce dernier de son obligation en vertu de l'article 84 que si l'identité de ce propriétaire a été déclarée à l'assureur et que mention en est faite au contrat d'assurance.

[1977, c. 68, a. 94].

95. Nulle opposition, contestation ou intervention n'est recevable à l'encontre de la saisie d'une automobile qui a causé un accident donnant ouverture au paiement d'une indemnité, à moins que le propriétaire ne prouve qu'il a contracté l'assurance de responsabilité.

[1977, c. 68, a. 95].

materially influence a reasonable insurer in the decision to cover the risk.

[1977, c. 68, s. 92].

93. The insurer must, on every document stating the amount of the premium required for the insurance contract, clearly indicate the amount and the percentage of the commission paid to a firm, to an independent partnership or to an independent representative within the meaning of the *Act respecting the distribution of financial products and services* (1998, chapter 37); this information must also appear on any such document issued by a firm, an independent partnership or independent representative.

The insurer who is not doing business through brokers must, on every document stating the amount of the premium required for the insurance contract, clearly indicate the amount and the percentage of his marketing expenses, as determined by regulation of the Government, upon the recommendation of the Autorité des marchés financiers.

[1977, c. 68, s. 93; 1977, c. 5, s. 51; 1982, c. 52, s. 14; 1989, c. 48, s. 222; 1998, c. 37, s. 495; 2002, c. 45, s. 165; 2004, c. 37, s. 90].

94. Insurance taken out by a person other than the owner does not discharge the latter from his obligation under section 84 unless the identity of such owner has been declared to the insurer and mention of it is made in the insurance contract.

[1977, c. 68, s. 94].

95. No opposition, contestation or intervention lies against the seizure of an automobile having caused an accident giving rise to the payment of an indemnity, unless the owner proves he has contracted liability insurance.

[1977, c. 68, s. 95].

96. La Société peut exiger en tout temps du propriétaire d'une automobile qu'il fournisse une déclaration attestant qu'il satisfait aux obligations imposées par la présente loi concernant l'assurance de responsabilité de même qu'une attestation d'assurance.

La déclaration doit énoncer le nom de l'assureur et, sauf dans le cas d'une personne qui détient une attestation provisoire visée dans l'article 98, le numéro de la police et sa date d'expiration.

[1977, c. 68, a. 96; 1980, c. 38, a. 18; 1982, c. 59, a. 69; 1990, c. 19, a. 11; 1990, c. 83, a. 244; 2008, c. 14, a. 104].

96. The Société may, at any time, require the owner of an automobile to furnish a statement attesting that he meets the requirements imposed under this Act with respect to liability insurance as well as a certificate of insurance.

Such a declaration must state the name of the insurer and, except in the case of a person holding a temporary certificate referred to in section 98, the policy number and its date of expiry.

[1977, c. 68, s. 96; 1980, c. 38, s. 18; 1982, c. 59, s. 69; 1990, c. 19, s. 11; 1990, c. 83, s. 244; 2008, c. 14, s. 104].

97. L'assureur doit, sans frais, délivrer une attestation d'assurance pour chacune des automobiles assurées par la police, indiquant:

1. le nom et l'adresse de l'assureur;

2. le nom et l'adresse du propriétaire de l'automobile et, le cas échéant, de la personne assurée;

3. le numéro de la police et la période de validité de cette dernière;

4. s'il s'agit d'un garagiste, la mention de ce fait;

5. sauf s'il s'agit d'un garagiste, les caractéristiques de l'automobile, notamment le numéro du châssis;

6. toute autre mention déterminée par règlement du gouvernement.

Pour l'application du présent titre, un garagiste est la personne qui exploite un établissement où les automobiles sont, moyennant rémunération, entretenues ou réparées.

[1977, c. 68, a. 97; 1989, c. 15, a. 4].

97. An insurer must, without cost, issue a certificate of insurance for each of the automobile insured by the policy, setting forth :

1. the name and address of the insurer;

2. the name and address of the owner of the automobile and, if such is the case, of the person insured;

3. the number and date of expiry of the policy;

4. the fact that the certificate is issued to a garagist, if such is the case;

5. except in the case of a garagist, the specifications of the automobile, in particular the serial number;

6. any other information determined by regulation of the Government.

For the purposes of this title, a garagist or garage operator is a person who operates an establishment where automobiles are maintained or repaired, and receives payment therefor.

[1977, c. 68, s. 97; 1977, c. 5, s. 14; 1989, c. 15, s. 4].

97.1. L'assureur agréé peut également délivrer une attestation d'assurance à une personne qui ne réside pas au Québec, à

97.1. An authorized insurer may also issue a certificate of insurance to a person who is not resident in Québec provided that the

condition que sa police émise en dehors du Québec réponde aux exigences de la section II.

L'assureur qui n'est pas un assureur agréé peut être autorisé par l'Autorité des marchés financiers à délivrer une telle attestation à cette personne s'il permet à l'Autorité des marchés financiers de recevoir signification de toute poursuite intentée contre lui en raison d'un accident survenu au Québec.

Dans l'un et l'autre cas, l'assureur doit de plus s'engager, par un écrit remis à l'Autorité des marchés financiers, à satisfaire à toute condamnation comme si la police d'assurance et l'attestation avaient été émises au Québec.

L'Autorité des marchés financiers révoque l'autorisation de tout assureur qui n'exécute pas ses engagements; ses attestations sont dès lors invalides.

[1981, c. 7, a. 542; 1989, c. 15, a. 5; 2002, c. 45, a. 166; 2004, c. 37, a. 90].

98. L'assureur émet l'attestation d'assurance au plus tard dans les vingt et un jours de la demande d'assurance.

Si l'attestation d'assurance n'est pas émise dès le moment de l'acceptation, l'assureur doit délivrer, sans frais, au moment de l'acceptation, une attestation provisoire pour une durée de vingt et un jours; cette attestation doit indiquer les mentions prévues aux paragraphes 1, 2 et 4 à 6 de l'article 97 ainsi que la période de validité de l'attestation.

[1977, c. 68, a. 98].

99. (*Abrogé*).

[1991, c. 58, a. 21].

100. La Société peut en tout temps exiger de tout assureur les renseignements qui lui sont nécessaires à l'exercice de ses pouvoirs et qui concernent l'obligation visée dans l'article 84.

[1977, c. 68, a. 100; 1980, c. 38, a. 18; 1990, c. 19, a. 11].

101. Le gouvernement, ses agents et les mandataires de l'État sont dispensés de

policy issued by him outside Québec meets the requirements of Division II.

An unauthorized insurer may be authorized by the Autorité des marchés financiers to issue such a certificate to such a person if he authorizes the Autorité des marchés financiers to receive service of any proceeding instituted against him by reason of an accident that occurred in Québec.

In both cases, the insurer must, furthermore, undertake, in a written document remitted to the Autorité des marchés financiers, to satisfy any judgment as if the insurance policy and the certificate had been issued in Québec.

The Autorité des marchés financiers shall revoke the authorization of every insurer who fails to carry out his undertakings; from then on, the certificates issued by that insurer are void.

[1981, c. 7, s. 542; 1989, c. 15, s. 5; 2002, c. 45, s. 166; 2004, c. 37, s. 90].

98. The insurer shall issue the certificate of insurance not over twenty-one days after the application for insurance.

If the certificate of insurance is not issued upon acceptance, the insurer must deliver, without cost, at the time of acceptance, a temporary certificate for a period of twenty-one days; such certificate must set forth the particulars provided for in paragraphs 1, 2 and 4 to 6 of section 97 and the date of expiry of the certificate.

[1977, c. 68, s. 98].

99. (*Repealed*).

[1991, c. 58, s. 21].

100. The Société may at all times require from any insurer the information necessary for it to exercise its powers and respecting the obligation contemplated in section 84.

[1977, c. 68, s. 100; 1980, c. 38, s. 18; 1990, c. 19, s. 11].

101. The Government, its agents and mandataries of the State are exempt from

l'obligation de contracter l'assurance prévue par l'article 84.

[1977, c. 68, a. 101; 1999, c. 40, a. 26].

the obligation of contracting the insurance provided for in section 84.

[1977, c. 68, s. 101; 1977, c. 5, s. 14; 1999, c. 40, s. 26].

102. (*Abrogé*).

[2008, c. 14, a. 105].

102. (*Repealed*).

[2008, c. 14, s. 105]

103. À l'égard de toute automobile dont il est propriétaire, le gouvernement, ses agents et les mandataires de l'État ont les droits et les obligations d'un assureur en vertu de la présente loi.

Si une personne s'est emparée par vol d'une automobile leur appartenant, le gouvernement, ses agents et les mandataires de l'État sont tenues, à l'égard de la victime, des obligations mises à la charge de la Société.

[1977, c. 68, a. 103; 1982, c. 59, a. 69; 1990, c. 19, a. 11; 1999, c. 40, a. 26; 2008, c. 14, a. 106].

103. With respect to any automobile owned by it or him, the Government, its agents and mandataries of the State have the rights and obligations of an insurer under this Act.

If a person has, by theft, obtained possession of an automobile owned by the Government, its agents and mandataries of the State, they are liable towards the victim for the obligations imposed upon the Société.

[1977, c. 68, s. 103; 1977, c. 5, s. 14; 1982, c. 59, s. 69; 1990, c. 19, s. 11; 1999, c. 40, s. 26; 2008, c. 14, s. 106].

104.-105. (*Abrogés*).

[2008, c. 14, a. 107].

104.-105. (*Repealed*).

[2008, c. 14, s. 107]

106. Les garagistes doivent détenir un contrat d'assurance de responsabilité, tant pour eux-mêmes que pour les personnes qui sont sous leur autorité; ce contrat doit les garantir contre les conséquences pécuniaires de la responsabilité pouvant leur incomber suite à un préjudice matériel causé par les automobiles qui leur sont confiées en raison de leurs fonctions ou de leur activité habituelle.

[1977, c. 68, a. 106; 1999, c. 40, a. 26].

106. Garagists must have a liability insurance contract, for themselves and the persons under their authority; such contract must protect them against the pecuniary consequences of any liability they may incur by reason of property damage caused by the automobiles entrusted to them by reason of their duties and ordinary activities.

[1977, c. 68, s. 106].

107. En cas de perte ou de vol des documents prévus par le présent titre, l'assureur ou l'autorité compétente en délivre un duplicata sur demande de la personne au profit de laquelle le document original avait été établi.

Le duplicata indique, outre les mentions du document original, la date à laquelle il est établi et le mot « duplicata »; le duplicata a valeur de document original.

[1977, c. 68, a. 107].

107. In the case of loss or theft of the documents provided for in this title, the insurer or competent authority shall deliver a duplicate of them upon application of the person for whose benefit the original document had been established.

The duplicate contains, in addition to the particulars of the original document, the date on which it is established and the word 'duplicate'; the duplicate has the value of an original document.

[1977, c. 68, s. 107].

Chapitre II —— Responsabilité civile	Chapter II —— Civil liability

108. Le propriétaire de l'automobile est responsable du préjudice matériel causé par cette automobile.

Il ne peut repousser ou atténuer cette responsabilité qu'en faisant la preuve:

1. que le préjudice a été causé par la faute de la victime, d'un tiers, ou par cas de force majeure autre que celui résultant de l'état ou du fonctionnement de l'automobile, du fait ou de l'état de santé du conducteur ou d'un passager;

2. que, lors de l'accident, il avait été dépossédé de son automobile par vol et qu'il n'avait pu encore la recouvrer, sauf toutefois les cas visés dans l'article 103;

3. que, lors de l'accident survenu en dehors d'un chemin public, l'automobile était en la possession d'un garagiste ou d'un tiers pour remisage, réparation ou transport.

La personne en possession de l'automobile est responsable comme si elle en était le propriétaire dans les cas visés dans les paragraphes 2 et 3 du deuxième alinéa.

La responsabilité du propriétaire s'applique même au delà du montant d'assurance obligatoire minimum; l'assureur est directement responsable envers la victime du paiement de l'indemnité qui pourrait lui être due, jusqu'à concurrence du montant de l'assurance souscrite.

[1977, c. 68, a. 108; 1999, c. 40, a. 26].

108. The owner of an automobile is liable for the property damage caused by such automobile.

He cannot rebut or reduce such liability unless he proves :

1. that the damage has been caused by the fault of the victim or of a third person, or by superior force other than that resulting from the condition or the running order of the automobile, or from the fault or the state of health of the driver or a passenger;

2. that, at the time of the accident, he had lost possession of his automobile by theft and that he had not yet been able to recover it, except, however, in the cases contemplated in section 103;

3. that at the time of an accident that occurred elsewhere than on a public highway, the automobile was in the possession of a garagist or a third person for storage, repair or transportation.

In the cases contemplated in subparagraphs 2 and 3 of the second paragraph, the person in possession of the automobile is liable as if he were the owner.

The liability of the owner extends even beyond the minimum compulsory amount of insurance; the insurer is directly liable towards the victim for the payment of any indemnity that may be payable to him, up to the amount of the insurance subscribed.

[1977, c. 68, s. 108].

109. Le conducteur d'une automobile est solidairement responsable avec le propriétaire, à moins qu'il ne prouve que l'accident a été causé par la faute de la victime, d'un tiers ou par cas de force majeure autre que celui résultant de son état de santé ou du fait d'un passager.

[1977, c. 68, a. 109].

109. The driver of an automobile is solidarily liable in like manner with the owner, unless he proves that the accident has been caused by the fault of the victim or of a third person, or by a superior force other than that resulting from his state of health or the fault of a passenger.

[1977, c. 68, s. 109].

110. Lorsqu'une automobile est immatriculée au nom d'une personne autre que le propriétaire, cette personne est solidairement responsable avec le propriétaire, à

110. When an automobile is registered in the name of a person other than the owner, such person is jointly and severally liable with the owner, unless he proves that the

moins qu'elle ne prouve que l'immatriculation a été faite par fraude et qu'elle en ignorait l'existence.

[1977, c. 68, a. 110].

111. L'assureur du conducteur d'une automobile n'est tenu de contribuer au paiement en réparation d'un préjudice que subit une victime et dont le propriétaire est responsable que dans la mesure où le montant de cette réparation excède l'obligation de l'assureur du propriétaire de cette automobile envers ce dernier.

[1977, c. 68, a. 111; 1999, c. 40, a. 26].

112. Tout contrat d'assurance ne désignant pas expressément les automobiles assurées et garantissant contre les conséquences pécuniaires de la responsabilité civile des garagistes, doit couvrir en priorité sur tout autre contrat d'assurance, le préjudice matériel causé par les automobiles n'appartenant pas au garagiste mais qui font au moment de l'accident l'objet d'une activité professionnelle de garagiste; la garantie des autres contrats d'assurance ne s'applique qu'en cas d'insuffisance de la garantie du contrat d'assurance du garagiste.

[1977, c. 68, a. 112; 1999, c. 40, a. 26].

113. La responsabilité établie par les articles 108 à 112 s'applique même si l'accident implique plusieurs automobiles.

Entre les propriétaires qui ne peuvent s'exonérer, la responsabilité est solidaire et, en l'absence de preuve de fautes inégales, cette responsabilité est présumée égale entre chaque propriétaire.

[1977, c. 68, a. 113].

114. Nonobstant les dispositions du présent chapitre, lorsqu'un accident implique une automobile effectuant un transport public ou un transport à titre onéreux dans le cours normal des affaires, son propriétaire ou son assureur répond seul du préjudice matériel subi par les passagers; il conserve son droit d'être subrogé contre l'auteur de l'accident.

registration was effected by fraud and without his knowledge.

[1977, c. 68, s. 110].

111. The insurer of the driver of an automobile is not obliged to contribute towards payment for any loss to a victim for which the owner is liable except to the extent that such loss exceeds the obligation of the insurer of such automobile towards the owner.

[1977, c. 68, s. 111].

112. Every insurance contract in which the automobiles insured are not designated expressly, affording protection against the pecuniary consequences of the civil liability of garagists, must cover by priority over any other insurance contract, any property damage caused by automobiles not belonging to the garagist which are at the time of the accident the object of a garagist's professional activity; the protection of the other insurance contracts applies only in the case of insufficiency of the protection of the garagist's insurance contract.

[1977, c. 68, s. 112].

113. Liability as established in sections 108 to 112 applies even if an accident involves several automobiles.

Between owners who cannot exonerate themselves, the liability is joint and several and, failing evidence of unequal faults, such liability is presumed to be equally shared by each owner.

[1977, c. 68, s. 113].

114. Notwithstanding this chapter, when an accident involves an automobile effecting public transportation or transportation for a consideration in the normal course of business, its owner or its insurer alone is liable for the property damage sustained by the passengers, without prejudice to his right to be subrogated against the author of the accident.

La contribution à tout autre préjudice s'établit selon les dispositions du présent titre.

[1977, c. 68, a. 114; 1999, c. 40, a. 26].

Liability for other damage is established in accordance with this title.

[1977, c. 68, s. 114].

Chapitre III — L'indemnisation du préjudice matériel

Chapter III — Compensation for property damage

115. La victime d'un préjudice matériel causé par une automobile est indemnisée suivant les règles du droit commun dans la mesure où les articles 108 à 114 n'y dérogent pas.

[1977, c. 68, a. 115; 1999, c. 40, a. 26].

115. The victim of property damage caused by an automobile is compensated in accordance with the ordinary rules of law to the extent that sections 108 to 114 do not derogate therefrom.

[1977, c. 68, s. 115].

116. Le recours du propriétaire d'une automobile en raison du préjudice matériel subi lors d'un accident d'automobiles ne peut, dans la mesure où la convention d'indemnisation directe visée dans l'article 173 s'applique, être exercé qu'à l'encontre de l'assureur avec lequel il a contracté une assurance de responsabilité automobile.

Toutefois, le propriétaire peut, s'il n'est pas satisfait du règlement effectué suivant la convention, exercer ce recours contre l'assureur suivant les règles du droit commun dans la mesure où les articles 108 à 114 n'y dérogent pas.

[1977, c. 68, a. 116; 1989, c. 47, a. 4; 1999, c. 40, a. 26].

116. The recourse of the owner of an automobile by reason of property damage sustained in an automobile accident shall not be exercised except against the insurer with whom he subscribed his automobile liability insurance, to the extent that the direct compensation agreement contemplated in section 173 applies.

However, the owner may, if he is not satisfied with the settlement made in accordance with the agreement, exercise such recourse against the insurer in accordance with the ordinary rules of law to the extent that sections 108 to 114 do not derogate therefrom.

[1977, c. 68, s. 116; 1989, c. 47, s. 4].

117. La renonciation, par une victime ou par un assuré, à un droit découlant des dispositions du présent titre ne lui est opposable que si elle est faite par écrit et porte sa signature.

[1977, c. 68, a. 117].

117. The waiver, by a victim or an insured, of a right arising under this title, cannot be set up against him unless it is in writing and bears his signature.

[1977, c. 68, s. 117].

118. Si le montant d'assurance est insuffisant pour acquitter toutes les indemnités payables à la suite d'un même accident, l'assureur paie ces indemnités au marc le dollar.

[1977, c. 68, a. 118].

118. If the amount of insurance is insufficient to pay all the indemnities payable following the same accident, the insurer pays such indemnities *pro rata*.

[1977, c. 68, s. 118].

119. L'assureur d'une personne soumise à l'obligation de l'article 84 ne peut, jusqu'à concurrence du montant obligatoire d'assurance de responsabilité, opposer au

119. The insurer of a person subject to the obligation imposed in section 84 shall not, up to the compulsory amount of liability insurance, set up against a third person any

tiers aucune nullité, déchéance ou exception susceptibles d'être invoquées contre l'assuré; jusqu'à concurrence de ce montant, l'assureur reste tenu de payer les indemnités et, dans la mesure permise par l'article 120, est subrogé aux droits du tiers contre l'assuré.

[1977, c. 68, a. 119].

nullity, lapse or exception susceptible of being invoked against the insured; up to such amount, the insurer remains bound to pay the indemnities and, to the extent permitted by section 120, is subrogated in the third person's rights against the insured.

[1977, c. 68, s. 119].

120. L'assureur n'a pas droit de subrogation contre l'assuré ou contre une personne dont la responsabilité est garantie par le contrat d'assurance, sauf lorsque l'assureur paie une indemnité à laquelle il n'est pas obligé en vertu du contrat d'assurance.

[1977, c. 68, a. 120].

120. The insurer has no right of subrogation against the insured or against a person whose liability is covered by the insurance contract, except when the insurer pays an indemnity to which he was not bound under the insurance contract.

[1977, c. 68, s. 120].

121. Lorsqu'une automobile est impliquée dans un accident alors qu'elle est conduite par une personne qui s'en est emparée par vol ou qui savait qu'elle avait été volée, l'assureur est dégagé de toute obligation à l'égard de cette personne et de tout receleur.

L'assureur du propriétaire de l'automobile peut également leur réclamer solidairement le montant des indemnités payées en conséquence de l'accident.

[1977, c. 68, a. 121].

121. When an automobile is involved in an accident while being driven by a person who obtained it by theft or who knew it to have been obtained by theft, the insurer is discharged from any obligation towards such person and any receiver.

The insurer of the owner of the automobile may also claim from them jointly and severally the amount of indemnities paid as a consequence of the accident.

[1977, c. 68, s. 121].

TITRE IV —— INDEMNISATION PAR LA SOCIÉTÉ

TITLE IV —— INDEMNISATION BY THE SOCIÉTÉ

Chapitre I —— (Abrogé).

122.-141. (Abrogés).

[1982, c. 59, a. 33].

Chapter I —— (Repealed)

122.-141. (Repealed).

[1982, c. 59, s. 33].

Chapitre II —— Opération de la Société

141.1. Est une victime, pour l'application du présent titre, toute personne qui subit un préjudice matériel dans un accident.

[1989, c. 15, a. 6; 1999, c. 40, a. 26].

Chapter II —— Operation of the Société

141.1. For the purposes of this title, every person who sustains property damage in an accident is deemed to be a victim.

[1989, c. 15, s. 6].

142. La victime d'un préjudice matériel visé à l'article 84.1, ainsi que la victime d'un préjudice corporel visée dans les pa-

142. The victim of property damage described in section 84.1 and the victim of bodily injury contemplated in subpara-

ragraphes 2° et 3° de l'article 10 qui ont obtenu au Québec un jugement définitif en leur faveur suite à un accident d'automobile survenu au Québec, peuvent, dans un délai d'un an, demander à la Société de satisfaire à ce jugement selon les règles et conditions contenues au présent chapitre.

[1977, c. 68, a. 142; 1982, c. 59, a. 69; 1989, c. 15, a. 7; 1990, c. 19, a. 11; 1999, c. 40, a. 26].

143. Les montants maximums que peut payer la Société par accident, outre les intérêts et les frais judiciaires, sont de 50 000 $ pour le préjudice corporel et de 10 000 $ pour le préjudice matériel.

[1977, c. 68, a. 143; 1982, c. 59, a. 69; 1989, c. 15, a. 8; 1990, c. 19, a. 11; 1999, c. 22, a. 27].

144. Les victimes visées dans l'article 142 font leur demande à la Société par une déclaration sous serment:

a) attestant qu'il n'a été aucunement satisfait au jugement, ou indiquant, le cas échéant, la somme payée, la valeur de la dation en paiement effectuée ou des services rendus en compensation partielle;

b) démontrant qu'aucun assureur ne bénéficiera du montant réclamé; et

c) révélant toute autre réclamation possible du même accident.

[1977, c. 68, a. 144; 1982, c. 59, a. 69; 1990, c. 19, a. 11].

145. Dans les sept jours de la réception de la demande accompagnée d'une copie authentique du jugement, la Société doit y satisfaire, jusqu'à concurrence du montant indiqué dans l'article 143, déduction faite de ce montant de toute somme ou valeur reçue par le réclamant et déduction faite de tout montant dû pour dommages à des biens de la franchise fixée par règlement de la Société.

Si, toutefois, il y a possibilité de réclamations dépassant le montant visé dans le premier alinéa, la Société peut surseoir au

graphs 2 and 3 of the first paragraph of section 10 who have obtained in Québec a final judgment in their favour by reason of an automobile accident that occurred in Québec may, within a delay of one year, apply to the Société to have such judgment satisfied in accordance with the rules and conditions contained in this chapter.

[1977, c. 68, s. 142; 1982, c. 59, s. 69; 1989, c. 15, s. 7; 1990, c. 19, s. 11].

143. The maximum amounts that may be paid by the Société, exclusive of interest and judicial costs, are $ 50 000 per accident for bodily injury and $ 10 000 per accident for property damage.

[1977, c. 68, s. 143; 1982, c. 59, s. 69; 1989, c. 15, s. 8; 1990, c. 19, s. 11; 1999, c. 22, s. 27].

144. The victims contemplated in section 142 apply to the Société by a sworn declaration,

(a) establishing that the judgment has in no way been satisfied, or indicating, if such is the case, the amount paid, the value of the thing given in payment or of the services rendered in partial compensation;

(b) establishing that no insurer will benefit by the amount claimed; and

(c) disclosing any other possible claim arising out of the same accident.

[1977, c. 68, s. 144; 1982, c. 59, s. 69; 1990, c. 19, s. 11].

145. Within seven days of receipt of the application accompanied by an authentic copy of the judgment, the Société must satisfy this judgment, up to the amount indicated in section 143, but deducting from such amount any sum or value received by the claimant and deducting from any amount due for property damage the deductible fixed by a regulation of the Société.

If, however, there is a possibility of claims exceeding the amount contemplated in the first paragraph, the Société may defer pay-

paiement dans la mesure jugée nécessaire jusqu'à la liquidation des autres réclamations.

[1977, c. 68, a. 145; 1982, c. 59, a. 69; 1990, c. 19, a. 11; 1999, c. 22, a. 28].

ment to the extent deemed necessary until the other claims are liquidated.

[1977, c. 68, s. 145; 1982, c. 59, s. 69; 1990, c. 19, s. 11; 1999, c. 22, s. 28].

146. Le paiement par la Société lui cède tous les droits du réclamant sans restriction.

Cette cession est dénoncée au greffier de la cour qui a rendu le jugement par la production d'un certificat de la Société attestant qu'elle est subrogée aux droits du réclamant et la Société a dès lors droit à l'exécution en son nom.

[1977, c. 68, a. 146; 1982, c. 59, a. 69; 1990, c. 19, a. 11; 1999, c. 40, a. 26].

146. Payment by the Société transfers to it all the claimant's rights, without restriction.

Such conveyance shall be notified to the clerk of the court which rendered the judgment by the filing of a certificate from the Société establishing that it is subrogated in the rights of the creditor and the Société shall then be entitled to execute in its own name.

[1977, c. 68, s. 146; 1982, c. 59, s. 69; 1990, c. 19, s. 11].

147. Un jugement rendu par défaut, *ex parte*, sur acquiescement à la demande, sur consentement, ou en l'absence du défendeur ou de son procureur, ne peut faire l'objet d'une demande à la Société à moins qu'un avis de trente jours de l'intention du demandeur de procéder ainsi n'ait été donné à la Société. Celle-ci peut alors intervenir dans l'instance et invoquer tout moyen de défense que le défendeur aurait pu faire valoir sans égard à tout consentement ou acquiescement à la demande.

[1977, c. 68, a. 147; 1982, c. 17, a. 37; 1982, c. 59, a. 69; 1990, c. 19, a. 11].

147. No application can be made to the Société in respect of a judgment rendered by default, *ex parte*, on acquiescence in the demand, by consent, or in the absence of the defendant or his attorney, unless thirty days' notice of the plaintiff's intention so to proceed has been given to the Société. The Société may then intervene in the case and set up any ground of defence that the defendant might have set up without regard to any consent or acquiescence in the demand.

[1977, c. 68, s. 147; 1982, c. 17, s. 37; 1982, c. 59, s. 69; 1990, c. 19, s. 11].

148. Les victimes ayant une réclamation susceptible de faire l'objet d'une demande à la Société et qui ne peuvent découvrir l'identité du conducteur ou du propriétaire de l'automobile cause de l'accident doivent en donner à la Société un avis circonstancié dans les 60 jours de l'accident; le défaut de donner cet avis ne prive pas ces victimes de leur droit d'action, si elles prouvent qu'elles furent empêchées de donner cet avis pour des raisons jugées suffisantes. Aucune réclamation n'est recevable:

1° lorsque les réparations ont été effectuées avant que l'expert désigné par la Société n'ait procédé à l'évaluation du préjudice;

148. The victim having a claim that could be the basis of an application to the Société who cannot ascertain the identity of the driver or owner of the automobile that caused the accident may give the Société a detailed notice thereof within 60 days of the accident; failure to give such notice does not deprive such victim of his right of action, if he proves that he was prevented from giving it for reasons deemed sufficient. No claim is admissible if

1) the repairs were made before the damage was appraised by the expert designated by the Société; or

2° lorsque l'accident n'a pas été rapporté à un service de police dans les 48 heures de sa survenance, à moins que la personne qui fait la réclamation n'ait pu, pour des motifs sérieux et légitimes, agir plus tôt.

Dans les 60 jours qui suivent la réception de l'avis prévu au premier alinéa, la Société doit satisfaire à la réclamation couvrant la partie des dommages dont la victime n'est pas responsable jusqu'à concurrence des montants indiqués dans l'article 143, déduction faite de tout montant dû pour dommages à des biens, de la franchise fixée par règlement de la Société.

Si la Société ne satisfait pas à la réclamation dans le délai prévu au deuxième alinéa, ces victimes peuvent intenter contre elle une poursuite et la Société est tenue de satisfaire au jugement jusqu'à concurrence des montants indiqués dans l'article 143, déduction faite de tout montant dû pour dommages à des biens de la franchise fixée par règlement de la Société.

[1977, c. 68, a. 148; 1982, c. 59, a. 69; 1989, c. 15, a. 9; 1990, c. 19, a. 11; 1999, c. 22, a. 29].

149. Les personnes suivantes ne peuvent faire une demande à la Société:

1° l'assureur, le gouvernement, ses agents et les mandataires de l'État, une personne morale ou une société;

2° la personne qui subit un préjudice dans un accident qui survient en raison d'une compétition, d'un spectacle ou d'une course d'automobiles sur un parcours ou un terrain fermé, de façon temporaire ou permanente, à toute autre circulation automobile, à l'égard du préjudice causé par une automobile qui participe à la course, à la compétition ou au spectacle;

3° pour les objets qui, lors de l'accident, étaient transportés dans l'automobile du débiteur, le propriétaire de ceux-ci;

4° les personnes domiciliées dans un état, province ou territoire où les personnes résidant au Québec ne bénéficient pas de droits équivalents à ceux accordés par le présent titre;

5° la personne qui est assurée pour le préjudice subi;

2) the accident was not reported to a police department within 48 hours, unless the claimant was unable, for serious and valid reasons, to act sooner.

Within 60 days of receiving the notice referred to in the first paragraph, the Société must satisfy the claim covering the part of the damage for which the victim is not responsible up to the amounts indicated in section 143, deducting from any amount due for damage to property the deductible fixed by a regulation of the Société.

If the Société fails to satisfy the claim within the time prescribed in the second paragraph, the victims may take action against the Société and the Société must satisfy the judgment up to the amounts indicated in section 143, deducting from any amount due for damage to property the deductible fixed by a regulation of the Société.

[1977, c. 68, s. 148; 1982, c. 59, s. 69; 1989, c. 15, s. 9; 1990, c. 19, s. 11; 1999, c. 22, s. 29].

149. The following persons shall not make a claim to the Société :

1) the insurer, the Government, its agents and mandataries of the State, legal persons or partnerships;

2) the person who sustains damage in an accident occurring by reason of an automobile contest, show or race on a track or land that is permanently or temporarily closed to all other automobile traffic, with regard to damage caused by an automobile participating in the race, contest or show;

3) for the objects which, at the time of the accident, were transported in the automobile of the debtor, the owner of them;

4) persons domiciled in a state, province or territory where persons residing in Québec do not enjoy rights equivalent to those granted by this title;

5) a person who is insured against the damage sustained;

6° le propriétaire pour les dommages causés à son automobile et, le cas échéant, à ses autres biens si, au moment de l'accident, il était dans l'une ou l'autre des situations suivantes:

– il conduisait son automobile alors qu'il était sous le coup d'une sanction au sens de l'article 106.1 du *Code de la sécurité routière* (chapitre C-24.2) ou n'était pas titulaire du permis prévu à l'article 65 de ce Code;

– il ne détenait pas, en contravention aux dispositions de l'article 84, un contrat d'assurance de responsabilité garantissant l'indemnisation du préjudice matériel causé par une automobile;

– son automobile n'était pas immatriculée ou les droits prévus à l'article 31.1 du *Code de la sécurité routière* n'étaient pas payés.

[1977, c. 68, a. 149; 1982, c. 59, a. 69; 1989, c. 15, a. 10; 1990, c. 19, a. 11; 1999, c. 40, a. 26; 1999, c. 22, a. 30; 2008, c. 14, a. 108].

6) the owner of an automobile for damage to the automobile or, where applicable, to other property if, at the time of the accident,

– the owner was driving the automobile while under a sanction within the meaning of section 106.1 of the *Highway Safety Code* (chapter C-24.2) or without the licence required by section 65 of that Code;

– the owner, in contravention of section 84, did not have a liability insurance contract guaranteeing compensation for property damage caused by an automobile;

– the automobile was not registered or the duties provided for in section 31.1 of the *Highway Safety Code* were unpaid.

[1977, c. 68, s. 149; 1977, c. 5, s. 14; 1982, c. 59, s. 69; 1989, c. 15, s. 10; 1990, c. 19, s. 11; 1999, c. 40, s. 26; 1999, c. 22, s. 30; 2008, c. 14, s. 108].

Chapitre III —— Accidents survenus avant le 1ᵉʳ mars 1978

Chapter III —— Accidents having occurred before 1 march 1978

149.1. La Société est tenue de satisfaire les réclamations non satisfaites des victimes d'accidents survenus entre le 30 septembre 1961 et le 1ᵉʳ mars 1978 de la manière et dans la mesure prévues au présent chapitre.

[1981, c. 7, a. 543; 1982, c. 59, a. 69; 1990, c. 19, a. 11].

149.1. The Société is bound to satisfy the unsatisfied claims of victims of accidents having occurred between 30 September 1961 and 1 March 1978 in the manner and to the extent provided under this chapter.

[1981, c. 7, s. 543; 1982, c. 59, s. 69; 1990, c. 19, s. 11].

149.2. Le propriétaire d'une automobile est responsable de tout préjudice causé par cette automobile ou par son usage, à moins qu'il ne prouve

1° que le préjudice n'est imputable à aucune faute de sa part ou de la part d'une personne dans l'automobile ou du conducteur de celle-ci,

2° que, lors de l'accident, l'automobile était conduite par un tiers en ayant obtenu la possession par vol, ou

149.2. The owner of an automobile is responsible for all damage caused by such automobile or by the use thereof, unless he proves

1) that the damage is not imputable to any fault on his part or on the part of a person in the automobile or of the driver thereof, or

2) that at the time of the accident the automobile was being driven by a third person who obtained possession thereof by theft, or

3° que, lors d'un accident survenu en dehors d'un chemin public, l'automobile était en la possession d'un tiers pour remisage, réparation ou transport.

Le conducteur d'une automobile est pareillement responsable à moins qu'il ne prouve que le préjudice n'est imputable à aucune faute de sa part.

Le préjudice causé lorsque l'automobile n'est pas en mouvement dans un chemin public, par un appareil susceptible de fonctionnement indépendant qui y est incorporé ou par l'usage d'un tel appareil, n'est pas visé dans le présent article.

[1981, c. 7, a. 543; 1999, c. 40, a. 26].

149.3. Tout créancier en vertu d'un jugement définitif prononcé au Québec pour dommages-intérêts d'au moins 100 $ en réparation du préjudice résultant de blessures ou d'un décès et découlant d'un accident survenu au Québec après le 30 septembre 1961 ou pour dommages aux biens d'autrui en excédent de 200 $ et découlant d'un tel accident, peut, dans un délai d'un an, demander à la Société de satisfaire à ce jugement.

[1981, c. 7, a. 543; 1982, c. 59, a. 69; 1990, c. 19, a. 11; 1999, c. 40, a. 26].

149.4. Le créancier fait sa demande à la Société par une déclaration sous serment:

1° attestant qu'il n'a été aucunement satisfait au jugement, ou indiquant, le cas échéant, la somme payée ou la valeur de la dation en paiement effectuée ou des services rendus en compensation partielle;

2° démontrant qu'aucun assureur ne bénéficiera du montant réclamé; et

3° révélant toute autre réclamation possible découlant du même accident.

[1981, c. 7, a. 543; 1982, c. 59, a. 69; 1990, c. 19, a. 11].

149.5. Dans les sept jours de la réception de la demande accompagnée d'une copie authentique du jugement, la Société doit y satisfaire jusqu'à concurrence de 35 000 $, en outre des intérêts et des frais, déduction faite, de ce montant, de toute somme ou valeur reçue par le créancier, et déduction

3) that at the time of an accident that occurred elsewhere than on a public highway the automobile was in possession of a third party for storage, repair or transportation.

The driver of an automobile is responsible in like manner unless he proves that the damage is not imputable to any fault on his part.

Damage caused, when the automobile is not in motion on a public highway, by apparatus incorporated therein that can be operated independently or by the use of such apparatus is not contemplated by this section.

[1981, c. 7, s. 543].

149.3. Any creditor under a final judgment rendered in Québec awarding damages of $ 100 or more resulting from bodily injuries or death and arising out of an automobile accident that occurred in Québec after 30 September 1961, or for damage to the property of another in excess of $ 200 and arising out of such an accident, may apply to the Société within a delay of one year to satisfy such judgment.

[1981, c. 7, s. 543; 1982, c. 59, s. 69; 1990, c. 19, s. 11].

149.4. The creditor shall apply to the Société by a sworn declaration

1) establishing that the judgment has in no way been satisfied or indicating, if need be, the amount paid, the value of the thing given in payment or of the services rendered in partial indemnification;

2) destablishing that no insurer will benefit by the amount claimed; and

3) disclosing any other possible claim arising out of the same accident.

[1981, c. 7, s. 543; 1982, c. 59, s. 69; 1990, c. 19, s. 11].

149.5. Within seven days of receipt of the application accompanied with an authentic copy of the judgment, the Société shall satisfy the judgment, up to $ 35 000 in addition to interest and costs, but deducting from such amount any sum or value received by the creditor and deducting from

également faite, de tout montant dû pour dommages à des biens, de la somme de 200 $.

Si, toutefois, il y a possibilité de réclamations dépassant le montant total prescrit, la Société peut surseoir au paiement dans la mesure jugée nécessaire jusqu'à la liquidation des autres réclamations.

[1981, c. 7, a. 543; 1982, c. 59, a. 69; 1990, c. 19, a. 11].

149.6. La demande à la Société lui cède tous les droits du créancier sans restriction.

Cette cession est dénoncée au greffier de la cour qui a rendu le jugement par la production d'un certificat de la Société attestant qu'elle est subrogée aux droits du créancier; la Société a dès lors droit à l'exécution en son nom.

[1981, c. 7, a. 543; 1982, c. 59, a. 69; 1990, c. 19, a. 11; 1999, c. 40, a. 26].

149.7. Les personnes suivantes ne peuvent faire une demande à la Société:

1° un assureur cessionnaire d'un recours visé dans les articles 149.2, 149.3 ou à l'article 200 du *Code de la sécurité routière* (chapitre C-24.2), ou subrogé à tel recours;

2° une personne ayant droit aux prestations prévues par la *Loi sur les accidents du travail et les maladies professionnelles* (chapitre A-3.001);

3° l'enfant du débiteur ou le conjoint de ce dernier, tel que défini au premier sous-alinéa de l'article 2;

4° pour les objets qui, lors de l'accident, étaient transportés dans l'automobile du débiteur, le propriétaire de ceux-ci;

5° quiconque, y compris l'État, est subrogé aux droits des personnes ci-dessus mentionnées ou en est cessionnaire;

6° toute personne domiciliée dans un état, province ou territoire où ceux qui résident

any amount due for damage to property the sum of $ 200.

If, however, there is a possibility of claims exceeding the whole of the prescribed amount, the Société may defer payment to the extent deemed necessary until the other claims are liquidated.

[1981, c. 7, s. 543; 1982, c. 59, s. 69; 1990, c. 19, s. 11].

149.6. The application to the Société transfers to it all the creditor's rights without restriction.

Such conveyance shall be notified to the clerk of the court which rendered the judgment by the filing of a certificate from the Société establishing that it is subrogated in the rights of the creditor and the Société shall then be entitled to execute in its own name.

[1981, c. 7, s. 543; 1982, c. 59, s. 69; 1990, c. 19, s. 11].

149.7. The following persons cannot make an application to the Société :

1) an insurer to whom a recourse contemplated by section 149.2, 149.3 or by section 200 of the *Highway Safety Code* (chapter C-24.2) has been assigned or who is subrogated in such a recourse;

2) a person entitled to compensation under the *Act respecting industrial accidents and occupational diseases* (chapter A-3.001);

3) the child or the spouse of the debtor, as defined under the definition of the word spouse in section 2;

4) for articles which were being transported in the debtor's automobile at the time of the accident, the owner of such articles;

5) any person, including the State, subrogated in the rights of the persons mentioned above or to whom the same have been assigned;

6) any person domiciled in a State, province or territory where residents of Québec

au Québec ne bénéficient pas de droits équivalents à ceux qui sont accordés par le présent chapitre.

[1981, c. 7, a. 543; 1982, c. 59, a. 69; 1985, c. 6, a. 477; 1986, c. 91, a. 655; 1989, c. 15, a. 11; 1990, c. 19, a. 11; 1999, c. 40, a. 26].

do not enjoy rights equivalent to those granted by this chapter.

[1981, c. 7, s. 543; 1982, c. 59, s. 69; 1985, c. 6, s. 477; 1986, c. 91, s. 655; 1989, c. 15, s. 11; 1990, c. 19, s. 11; 1999, c. 40, s. 26].

149.8. Un jugement rendu par défaut, *ex parte*, sur confession de jugement, sur consentement, ou en l'absence du défendeur ou de son procureur, ne peut faire l'objet d'une demande à la Société, à moins qu'un avis de trente jours de l'intention du demandeur de procéder ainsi n'ait été donné à la Société. Celle-ci peut alors intervenir dans l'instance et invoquer tout moyen de défense que le défendeur aurait pu faire valoir sans égard à tout consentement ou confession de jugement.

[1981, c. 7, a. 543; 1982, c. 59, a. 69; 1990, c. 19, a. 11].

149.8. No application can be made to the Société in respect of a judgment rendered by default to appear or to plead, on confession of judgment, by consent, or in the absence of the defendant or his attorney, unless thirty days' notice of the plaintiff's intention so to proceed has been given to the Société. The Société may then intervene in the case and set up any ground of defence that the defendant might have set up without regard to any consent or confession of judgment.

[1981, c. 7, s. 543; 1982, c. 59, s. 69; 1990, c. 19, s. 11].

149.9. Toute personne ayant une réclamation susceptible de faire l'objet d'une demande à la Société et qui ne peut découvrir l'identité du conducteur ou du propriétaire de l'automobile cause de l'accident peut en donner à la Société un avis circonstancié.

À défaut de règlement dans les 60 jours, cette personne peut intenter une poursuite contre la Société, et la Société est tenue de satisfaire au jugement dans la même mesure que si un jugement avait été rendu contre l'auteur de l'accident.

[1981, c. 7, a. 543; 1982, c. 59, a. 69; 1990, c. 19, a. 11].

149.9. Any person having a claim that could be the basis of an application to the Société who cannot ascertain the identity of the driver or owner of the automobile that caused the accident may give the Société a detailed notice thereof.

Failing settlement within 60 days, such person may take action against the Société and the Société must satisfy the judgment to the same extent as if it had been rendered against the author of the accident.

[1981, c. 7, s. 543; 1982, c. 59, s. 69; 1990, c. 19, s. 11].

149.10. Aux fins du présent chapitre, la Société a les pouvoirs:

1° d'acquitter, dans la mesure prévue, les condamnations pour dommages-intérêts en réparation d'un préjudice découlant d'accidents auxquelles il n'a pas été satisfait ou les réclamations susceptibles de donner lieu à ces condamnations;

2° d'obtenir subrogation dans les droits d'une personne indemnisée;

3° d'intervenir dans toute action résultant d'un accident;

149.10. For the purposes of this chapter, the Société has the following powers :

1) to pay, to the extent prescribed, the unsatisfied judgments awarding damages arising out of accidents or the claims susceptible of giving rise to such judgments;

2) to obtain subrogation in the rights of any person indemnified;

3) to intervene in any action resulting from an accident;

4° d'indemniser les victimes d'accident lorsque l'auteur de cet accident est inconnu;

5° de transiger ou faire des compromis avec les réclamants.

Les deniers nécessaires à l'indemnisation des victimes visées dans le présent chapitre sont pris à même ceux de la Société.

[1981, c. 7, a. 543; 1982, c. 59, a. 69; 1990, c. 19, a. 11; 1999, c. 40, a. 26].

4) to indemnify the victims of accidents when the author thereof is unknown;

5) to transact or compromise with claimants.

The moneys necessary to indemnify the victims contemplated in this chapter are taken out of the moneys of the Société.

[1981, c. 7, s. 543; 1982, c. 59, s. 69; 1990, c. 19, s. 11].

TITRE V —— DISPOSITIONS FINANCIÈRES

TITLE V —— FINANCIAL PROVISIONS

Chapitre I —— Contributions d'assurance et droits

Chapter I —— Insurance contributions and duties

150. (*Abrogé*).

[2004, c. 34, a. 16].

150. (*Repealed*).

[2004, c. 34, s. 16].

151. La Société peut fixer, par règlement, après expertise actuarielle, la contribution d'assurance exigible lors de l'obtention d'un permis d'apprenti-conducteur, d'un permis probatoire, d'un permis restreint ou d'un permis de conduire et celle exigible en vertu de l'article 93.1 du *Code de la sécurité routière* (chapitre C-24.2), en fonction de l'un ou de plusieurs des facteurs suivants:

1° selon la nature du permis demandé;

2° selon sa classe;

3° selon sa catégorie;

4° selon le nombre de points d'inaptitude inscrits au dossier du demandeur tenu conformément à l'article 113 du *Code de la sécurité routière*;

5° selon les révocations de permis du demandeur ou les suspensions du droit d'en obtenir un imposées en vertu de l'un des articles 180, 185 ou 191.2 du *Code de la sécurité routière*.

[1977, c. 68, a. 151; 1984, c. 47, a. 12; 1986, c. 91, a. 662; 1990, c. 19, a. 11; 1990, c. 83, a. 246; 1996, c. 56, a. 145; 2007, c. 40, a. 84].

151. The Société may fix, by regulation, after actuarial valuation, the insurance contribution exigible on obtaining a learner's licence, probationary licence, restricted licence or driver's licence and the contribution exigible pursuant to section 93.1 of the *Highway Safety Code* (chapter C-24.2), on the basis of one or more of the following factors :

1) the nature of the licence applied for;

2) its class;

3) its category;

4) the number of demerit points entered in the applicant's record kept in accordance with section 113 of the *Highway Safety Code*;

5) the cancellations of the applicant's licence or suspensions of his right to obtain such licence imposed under any of sections 180, 185 and 191.2 of the *Highway Safety Code*.

[1977, c. 68, s. 151; 1977, c. 5, s. 14; 1984, c. 47, s. 12; 1986, c. 91, s. 662; 1990, c. 19, s. 11; 1990, c. 83, s. 246; 1996, c. 56, s. 145; 2007, c. 40, s. 84].

151.1. La Société peut fixer, par règlement, après expertise actuarielle, la contribution d'assurance exigible lors de l'obtention de l'immatriculation d'un véhicule routier et celle exigible en vertu de l'article 31.1 du *Code de la sécurité routière* (chapitre C-24.2), selon le risque d'accident rattaché au type de véhicule routier auquel appartient le véhicule. Le risque d'accident peut être mesuré en fonction, notamment, de l'un ou de plusieurs des facteurs suivants:

1° selon la catégorie ou la sous-catégorie de véhicules routiers à laquelle appartient le véhicule;

2° selon sa masse nette;

3° selon son nombre d'essieux;

4° selon sa marque, son modèle ou sa cylindrée;

5° selon son usage;

6° selon l'activité professionnelle, la personnalité juridique ou l'identité de son propriétaire;

7° selon le territoire où il est utilisé.

La liste des marques et des modèles ou des cylindrées des véhicules routiers mentionnés dans un règlement pris en application du premier alinéa n'est pas soumise à l'obligation de publication et au délai d'entrée en vigueur prévus aux articles 8 et 17 de la *Loi sur les règlements* (chapitre R-18.1). Ce règlement entre en vigueur à la date de sa publication à la *Gazette officielle du Québec* ou à toute date ultérieure qu'il indique.

[1990, c. 83, a. 246; 1999, c. 22, a. 31; 2002, c. 29, a. 77].

151.2. La Société peut prescrire, par règlement, les règles de calcul des contributions d'assurance suivantes:

1° celle exigible lors de l'obtention d'un permis d'apprenti-conducteur, d'un permis probatoire, d'un permis restreint ou d'un permis de conduire en fonction de l'un ou de plusieurs des facteurs suivants:

    a) selon le temps à écouler entre la date de délivrance du permis et la

151.1. The Société may fix, by regulation, after actuarial valuation, the insurance contribution exigible on obtaining the registration of a road vehicle and the contribution exigible pursuant to section 31.1 of the *Highway Safety Code* (chapter C-24.2) according to the accident risk attached to that type of road vehicle. Accident risk may be measured on the basis of such factors as:

1) the class or sub-class of road vehicles to which the vehicle belongs;

2) its net mass;

3) its number of axles;

4) its make, model or piston displacement;

5) its use;

6) the professional activity, the legal personality or the identity of its owner;

7) the territory where it is used.

The list of the makes and models or piston displacements of the road vehicles contained in a regulation under the first paragraph is not subject to the publication requirement and date of coming into force set out in sections 8 and 17 of the *Regulations Act* (chapter R-18.1). The regulation comes into force on the date of its publication in the *Gazette officielle du Québec* or on any later date fixed in the regulation.

[1990, c. 83, s. 246; 1999, c. 22, s. 31; 2002, c. 29, s. 77].

151.2. The Société may prescribe, by regulation, calculation methods for the following insurance contributions:

1) the contribution exigible upon the issue of a learner's licence, probationary licence, restricted licence or driver's licence on the basis of one or more of the following factors:

    (a) the time remaining between the date of issue of the licence and the

date du jour prescrit à l'intérieur de la période prescrite en vertu du paragraphe 4.2° de l'article 619 du *Code de la sécurité routière* (chapitre C-24.2) pour le paiement de la contribution d'assurance exigible en vertu de l'article 93.1 de ce code;

b) selon le temps écoulé entre la date de délivrance du permis et la date d'expiration du permis précédent;

c) selon la révocation du permis précédent;

d) selon l'annulation sur demande de son titulaire du permis précédent;

e) selon le droit du demandeur au remboursement d'une partie de sa contribution d'assurance pour son permis précédent;

2° celle exigible lors de l'obtention de l'immatriculation d'un véhicule routier en fonction de l'un ou de plusieurs des facteurs suivants:

a) selon le temps à écouler entre la date de l'immatriculation et la date du jour prescrit à l'intérieur de la période prescrite en vertu du paragraphe 8.8° de l'article 618 du *Code de la sécurité routière* pour le paiement de la contribution d'assurance exigible en vertu de l'article 31.1 de ce code;

b) selon le droit du demandeur au remboursement d'une partie de la contribution d'assurance pour un autre véhicule routier;

c) selon un pourcentage de la contribution d'assurance fixée en vertu de l'article 151.1 qui serait exigible en vertu de l'article 31.1 du *Code de la sécurité routière* sur le véhicule routier.

Les règles de calcul prescrites en fonction des facteurs prévus au paragraphe 1° du premier alinéa doivent être basées sur l'une des contributions d'assurance suivantes:

1° la contribution d'assurance sur le permis fixée en vertu de l'article 151 qui serait exigible en vertu de l'article 93.1 du *Code de la sécurité routière*;

date of the prescribed day within the prescribed period under paragraph 4.2 of section 619 of the *Highway Safety Code* (chapter C-24.2) for the payment of the insurance contribution exigible under section 93.1 of the said Code;

(b) the time expired between the date of issue of the licence and the expiration date of a previous licence;

(c) the cancellation of a previous licence;

(d) the cancellation of a previous licence at the holder's request;

(e) the applicant's entitlement to a reimbursement of part of the insurance contribution for his previous licence;

2) the insurance contribution exigible upon the registration of a road vehicle on the basis of one or more of the following factors :

(a) the time remaining between the date of registration and the date of the prescribed day within the prescribed period under paragraph 8.8 of section 618 of the *Highway Safety Code* for the payment of the insurance contribution exigible under section 31.1 of the said Code;

(b) the entitlement of the applicant to a reimbursement of part of the insurance contribution for another road vehicle;

(c) a percentage of the insurance contribution fixed pursuant to section 151.1 which would be exigible under section 31.1 of the *Highway Safety Code* for the road vehicle.

The calculation methods prescribed on the basis of the factors referred to in subparagraph 1 of the first paragraph must be based on one of the following insurance contributions :

1) the insurance contribution on the licence fixed under section 151 which would be exigible under section 93.1 of the *Highway Safety Code*;

2° la contribution mensuelle d'assurance que fixe la Société, par règlement, en fonction de l'un ou de plusieurs des facteurs prévus à l'article 151.

Les règles de calcul prescrites en fonction des facteurs prévus aux sous-paragraphes *a* et *b* du premier alinéa doivent être basées sur l'une des contributions d'assurances suivantes:

1° la contribution d'assurance fixée en vertu de l'article 151.1 qui serait exigible en vertu de l'article 31.1 du *Code de la sécurité routière* sur le véhicule;

2° la contribution mensuelle d'assurance que fixe la Société, par règlement, sur le véhicule en fonction de l'un ou de plusieurs des facteurs prévus à l'article 151.1.

[1990, c. 83, a. 246; 1996, c. 56, a. 146; 2007, c. 40, a. 85].

151.3. La Société peut, par règlement:

1° prévoir les cas et les conditions donnant droit à des exemptions ou à des réductions de la contribution d'assurance sur un permis d'apprenti-conducteur, un permis probatoire, un permis restreint ou un permis de conduire exigible en vertu de l'article 93.1 du *Code de la sécurité routière* (chapitre C-24.2) ou de la contribution d'assurance sur un véhicule routier exigible en vertu de l'article 31.1 de ce code et établir les règles de calcul ou fixer le montant exact de la contribution d'assurance à soustraire;

2° prévoir à l'égard du propriétaire d'un véhicule routier les exemptions de contribution d'assurance sur le véhicule exigible en vertu de l'article 31.1 du *Code de la sécurité routière* selon la catégorie ou la sous-catégorie de véhicules routiers à laquelle appartient le véhicule.

[1990, c. 83, a. 246; 1996, c. 56, a. 147; 1999, c. 22, a. 32; 2007, c. 40, a. 86].

151.4. Pour l'année 1996 et pour chaque année subséquente, le gouvernement peut revaloriser les droits fixés en vertu du paragraphe 8.4° de l'article 618 et des articles 619.1 à 619.3 du *Code de la sécurité routière*. La revalorisation est faite confor-

2) the monthly insurance contribution fixed, by regulation, by the Société, on the basis of one or more of the factors referred to in section 151.

The calculation methods prescribed on the basis of the factors referred to in paragraphs *a* and *b* of subparagraph 2 of the first paragraph must be based on one of the following insurance contributions :

1) the insurance contribution fixed under section 151.1 which would be exigible in respect of the vehicle under section 31.1 of the *Highway Safety Code*;

2) the monthly insurance contribution fixed, by regulation, by the Société in respect of the vehicle on the basis of one or more of the factors referred to in section 151.1.

[1990, c. 83, s. 246; 1996, c. 56, s. 146; 2007, c. 40, s. 85].

151.3. The Société may, by regulation,

1) prescribe the cases and conditions giving entitlement to an exemption or a reduction of the insurance contribution on a learner's licence, a probationary licence, restricted licence or a driver's licence exigible under section 93.1 of the *Highway Safety Code* (chapter C-24.2) or to a reduction of the insurance contribution exigible with respect to a road vehicle under section 31.1 of the said Code and establish the calculation method or fix the exact amount of the insurance contribution to be deducted;

2) prescribe, with regard to the owner of a road vehicle any exemptions from the insurance contribution exigible in respect of that vehicle under section 31.1 of the *Highway Safety Code* according to the class or sub-class of road vehicles to which it belongs.

[1990, c. 83, s. 246; 1996, c. 56, s. 147; 1999, c. 22, s. 32; 2007, c. 40, s. 86].

151.4. For the year 1996 and for each subsequent year, the Government may revalorize the duties fixed pursuant to paragraph 8.4 of section 618 and sections 619.1 to 619.3 of the *Highway Safety Code* (chapter C-24.2). Revalorization shall be

mément à la méthode de calcul prévue aux articles 83.35 à 83.39.

Le gouvernement fixe, après consultation de la Société, la date à compter de laquelle la revalorisation prend effet.

La décision du gouvernement de revaloriser ou de ne pas revaloriser les droits, pour une année donnée, est publiée à la *Gazette officielle du Québec*.

[1993, c. 57, a. 1; 2004, c. 34, a. 17].

carried out in accordance with the calculation method provided in sections 83.35 to 83.39.

After consulting the Société, the Government shall fix the date on which the revalorization takes effect.

The decision of the Government to revalorize or not the duties, in respect of a given year, shall be published in the *Gazette officielle du Québec*.

[1993, c. 57, s. 1; 2004, c. 34, s. 17].

152.-155. (*Abrogés*).

[2004, c. 34, a. 18].

152.-155. (*Repealed*).

[2004, c. 34, s. 18].

Chapitre II ━━ Services de santé

Chapter II ━━ Health services

155.1. Pour l'exercice financier 1998, la Société verse au fonds consolidé du revenu une somme de 88 654 360 $ représentant le coût annuel des services de santé occasionnés par les accidents d'automobile.

[1986, c. 28, a. 3; 1990, c. 19, a. 11; 1999, c. 22, a. 35].

155.1. For the fiscal year 1998, the Société shall pay into the Consolidated Revenue Fund the sum of $ 88 654,360, which represents the annual cost of health services required as a result of automobile accidents.

[1986, c. 28, s. 3; 1990, c. 19, s. 11; 1999, c. 22, s. 35].

155.2. Pour l'exercice financier 1999 et les exercices financiers subséquents de la Société, la somme représentant le coût annuel des services de santé occasionnés par les accidents d'automobile et assumés par la Régie de l'assurance maladie du Québec est déterminée par entente entre cet organisme, le ministre des Finances et la Société.

Pour ces mêmes exercices financiers, la somme représentant le coût annuel des services de santé occasionnés par les accidents d'automobile et assumés par le ministère de la Santé et des Services sociaux est déterminée par entente entre le ministre de la Santé et des Services sociaux, le ministre des Finances et la Société.

Si, pour un exercice financier donné, les ententes prévues au présent article ne sont pas conclues, la Société verse alors, pour cet exercice, la somme indiquée à l'article 155.1.

La Société verse annuellement au fonds consolidé du revenu, en deux montants

155.2. For the fiscal year 1999 and subsequent fiscal years of the Société, the sum representing the annual cost of health services required as a result of automobile accidents and defrayed by the Régie de l'assurance maladie du Québec shall be determined by agreement between that body, the Minister of Finance and the Société.

For those same fiscal years, the sum representing the annual cost of health services required as a result of automobile accidents and defrayed by the Ministère de la Santé et des Services Sociaux shall be determined by agreement between the Minister of Health and Social Services, the Minister of Finance and the Société.

If an agreement under this section is not made for a given fiscal year, the Société shall pay, for that fiscal year, the sum indicated in section 155.1.

The Société shall pay the sum representing the cost of health services annually into

égaux, le 31 mars et le 30 septembre, la somme représentant le coût des services de santé.

[1986, c. 28, a. 3; 1999, c. 22, a. 35; 1999, c. 89, a. 53].

155.3. Si le ministre de la Santé et des Services sociaux et la Société en conviennent, le coût des services de santé visés au deuxième alinéa de l'article 155.2 peut, en tout ou en partie, être remboursé sur facturation des services.

[1986, c. 28, a. 3; 1999, c. 22, a. 35].

155.3.1. (*Remplacé*).

[1999, c. 22, a. 35].

155.4. Les parties visées au présent chapitre peuvent échanger les renseignements personnels nécessaires à son application.

Elles concluent alors une entente précisant notamment les renseignements transmis, les moyens mis en œuvre pour en assurer la confidentialité ainsi que les mesures de sécurité. Cette entente est soumise pour avis à la Commission d'accès à l'information.

En cas d'avis défavorable, l'entente peut être soumise au gouvernement pour approbation; elle entre alors en vigueur le jour de son approbation.

L'entente conclue, accompagnée de l'avis de la Commission d'accès à l'information et, le cas échéant, de l'approbation du gouvernement, est déposée à l'Assemblée nationale dans les 30 jours de cet avis ou de cette approbation, selon le cas, ou, si elle ne siège pas, dans les 30 jours de la reprise de ses travaux.

[1987, c. 88, a. 1; 1999, c. 22, a. 35; 2006, c. 22, a. 177].

the Consolidated Revenue Fund in two equal instalments, on 31 March and 30 September.

[1986, c. 28, s. 3; 1999, c. 22, s. 35; 1999, c. 89, s. 53].

155.3. If agreed between the Minister of Health and Social Services and the Société, the cost of health services paid under the second paragraph of section 155.2 may be reimbursed, in whole or in part, upon billing of the services.

[1986, c. 28, s. 3; 1999, c. 22, s. 35].

155.3.1. (*Replaced*).

[1999, c. 22, s. 35].

155.4. The parties referred to in this chapter may exchange such personal information as is necessary for the purposes of this chapter.

In that case, they shall make an agreement specifying the information to be transmitted, the means to be used to ensure confidentiality and the security measures to be applied. The agreement shall be submitted to the Commission d'accès à l'information for an opinion.

Should the Commission give an unfavourable opinion, the agreement may be submitted to the Government for approval; it comes into force on the date of its approval.

The agreement, together with the opinion of the Commission d'accès à l'information and, where applicable, the approval of the Government, shall be tabled in the National Assembly within 30 days of the issue of such opinion or approval or, if the Assembly is not sitting, within 30 days of resumption.

[1987, c. 88, s. 1; 1999, c. 22, s. 35; 2006, c. 22, s. 177].

Chapitre III ▬▬ (*Abrogé*).

155.5.-155.6. (*Abrogés*).

[2004, c. 34, a. 19].

Chapter III ▬▬ (*Repealed*).

155.5.-155.6. (*Repealed*).

[2004, c. 34, s. 19].

Chapitre IV —— (*Abrogé*).

Chapter IV —— (*Repealed*).

155.7.-155.14. (*Abrogés*).

[1999, c. 22, a. 36].

155.7.-155.14. (*Repealed*).

[1999, c. 22, s. 36].

TITRE VI —— GROUPEMENT DES ASSUREURS AUTOMOBILES

TITLE VI —— THE GROUPEMENT DES ASSUREURS AUTOMOBILES

156. Un Groupement des assureurs automobiles, ci-après appelé le « Groupement », est constitué par la présente loi.

Un assureur agréé est un assureur qui est autorisé à pratiquer l'assurance automobile en vertu de la *Loi sur les assurances* (chapitre A-32) et qui est titulaire d'un permis délivré par l'Autorité des marchés financiers, à l'exclusion d'une personne qui ne pratique que la réassurance.

[1977, c. 68, a. 156; 1989, c. 15, a. 12; 1989, c. 47, a. 5; 1997, c. 43, a. 875; 2002, c. 45, a. 167; 2004, c. 37, a. 90].

156. A Groupement des assureurs automobiles, hereinafter called the "Groupement", is established by this Act.

An authorized insurer is an insurer authorized to transact automobile insurance under the *Act respecting insurance* (chapter A-32), holding a permit issued by the Autorité des marchés financiers, except a person who transacts exclusively in reinsurance.

[1977, c. 68, s. 156; 1989, c. 15, s. 12; 1989, c. 47, s. 5; 2002, c. 45, s. 167; 2004, c. 37, s. 90].

157. Le Groupement est une personne morale.

[1977, c. 68, a. 157; 1989, c. 47, a. 5; 1999, c. 40, a. 26].

157. The Groupement is a legal person.

[1977, c. 68, s. 157; 1989, c. 47, s. 5; 1999, c. 40, s. 26].

158. Le Groupement a son siège au Québec, à l'endroit qu'il choisit avec l'approbation du ministre. Un avis de la situation ou de tout changement du siège est publié à la *Gazette officielle du Québec*.

Le Groupement peut tenir ses séances à tout endroit au Québec.

[1977, c. 68, a. 158; 1989, c. 47, a. 5].

158. The head office of the Groupement is in Québec, at the place chosen by it with the approval of the Minister. Notice of the location of the head office or of any change in its location shall be published in the *Gazette officielle du Québec*.

The Groupement may hold its sittings anywhere in Québec.

[1977, c. 68, s. 158; 1989, c. 47, s. 5].

159. Le Groupement est administré par un conseil d'administration formé d'au moins neuf membres et d'au plus quinze membres.

Nul ne peut être membre du conseil d'administration à moins de résider au Québec et de représenter un assureur agréé.

[1977, c. 68, a. 159; 1989, c. 47, a. 5; 2011, c. 26, a. 1].

159. The Groupement is administered by a board of directors consisting of not under nine nor over fifteen members.

No person may be a director unless the person is a resident of Québec and represents an authorized insurer.

[1977, c. 68, s. 159; 1989, c. 47, s. 5; 2011, c. 26, s. 1].

160. (*Abrogé*).

[2011, c. 26, a. 2].

160. (*Repealed*).

[2011, c. 26, s. 2].

161. L'Autorité des marchés financiers ainsi qu'une autre personne nommée par le ministre ont le droit d'assister aux séances du conseil d'administration du Groupement qui doit les convoquer comme s'ils étaient membres du conseil d'administration.

[1977, c. 68, a. 161; 1982, c. 52, a. 51; 1999, c. 40, a. 26; 2002, c. 45, a. 168; 2004, c. 37, a. 90].

161. The Autorité des marchés financiers and one other person appointed by the Minister are entitled to attend the sittings of the board of directors of the Groupement, which must convene them as if they were members of the board.

[1977, c. 68, s. 161; 1982, c. 52, s. 51; 1999, c. 40, s. 26; 2002, c. 45, s. 168; 2004, c. 37, s. 90].

162. Les administrateurs sont élus au scrutin des assureurs agréés, qui tiennent leur assemblée générale au plus tard le 31 mars de chaque année.

Le Groupement peut, par règlement, prévoir la pondération des votes en tenant compte de la proportion des primes brutes directes perçues pour l'assurance automobile au Québec au cours de l'année précédente par chacun des assureurs agréés, tout assureur agréé ayant droit à au moins un vote.

À l'expiration de leur mandat, les administrateurs demeurent en fonction jusqu'à ce qu'ils aient été réélus ou remplacés.

[1977, c. 68, a. 162; 1989, c. 47, a. 5].

162. The directors are elected, by ballot, by the authorized insurers, who shall hold their general meeting on or before 31 March each year.

The Groupement by by-law, may provide for weighted votes, taking into account the proportion of the direct gross premiums collected for automobile insurance in Québec in the preceding year by each authorized insurer, who in every case has at least one vote.

On the expiry of their term, the directors remain in office until they are re-elected or replaced.

[1977, c. 68, s. 162; 1989, c. 47, s. 5].

163. Les administrateurs élisent parmi eux un président et nomment un directeur général chargé de l'administration des affaires courantes.

[1977, c. 68, a. 163].

163. The directors elect one of their number chairman and appoint a general manager to manage day-to-day business.

[1977, c. 68, s. 163].

164. Le quorum du conseil d'administration du Groupement est fixé à cinq membres.

En cas d'égalité des voix, le président a un vote prépondérant.

[1977, c. 68, a. 164; 1989, c. 47, a. 5].

164. Five directors form a quorum of the board of the Groupement.

In the case of a tie-vote, the chairman has a casting vote.

[1977, c. 68, s. 164; 1989, c. 47, s. 5].

165. Les administrateurs ne reçoivent aucun traitement à ce titre; leurs frais engagés pour assister aux assemblées leur sont remboursés par le Groupement.

[1977, c. 68, a. 165; 1989, c. 47, a. 5].

165. The directors, as such, receive no remuneration; their expenses incurred in attending meetings are reimbursed to them by the Groupement.

[1977, c. 68, s. 165; 1989, c. 47, s. 5].

166. Le Groupement peut faire des règlements pour sa régie interne.

[1977, c. 68, a. 166; 1989, c. 47, a. 5].

166. The Groupement may pass by-laws for its internal management.

[1977, c. 68, s. 166; 1989, c. 47, s. 5].

167. Un fonds de développement du Groupement est créé auquel chaque assureur agréé doit verser une contribution dont le montant est fixé par le Groupement; ce montant ne doit cependant pas être inférieur à 10 000 $.

Le Groupement peut payer annuellement à même ses surplus d'opération un intérêt sur ces contributions aux assureurs agréés.

Le Groupement détermine, par règlement, les modalités et les conditions de remboursement des contributions au fonds de développement des assureurs qui cessent d'être autorisés à pratiquer l'assurance automobile au Québec.

[1977, c. 68, a. 167; 1989, c. 47, a. 5].

167. A development fund is created at the Groupement. Each authorized insurer must contribute an amount fixed by the Groupement; however, such amount shall not be less than $ 10 000.

The Groupement may annually pay interest to the authorized insurers on these contributions, out of its operating surplus.

The Groupement, by by-law, shall determine the terms and conditions of reimbursement, to insurers ceasing to be authorized to transact automobile insurance in Québec, of their contributions to the development fund.

[1977, c. 68, s. 167; 1989, c. 47, s. 5].

168. Au début de chaque exercice, le Groupement fait un budget de ses revenus et de ses dépenses pour l'exercice et il impose une cotisation provisoire aux assureurs agréés sur la base de ce budget; il peut également imposer une cotisation supplémentaire en cours d'exercice; à la fin de l'exercice, il impose une cotisation définitive ou, le cas échéant, une remise sur la base de ses revenus et dépenses réelles.

Les cotisations et remises sont calculées pour chaque assureur en proportion du montant des primes brutes directes perçues pour l'assurance automobile au Québec au cours de l'année précédente.

[1977, c. 68, a. 168; 1989, c. 47, a. 5].

168. At the commencement of each financial year, the Groupement shall prepare a budget of its revenues and expenditures for that year, and levy a provisional assessment from the authorized insurers on the basis of this budget; it may also levy a supplementary assessment during the year; at the end of the year, it shall levy a final assessment or, as the case may be, refund the over-assessment, as indicated by the balance-sheet of its actual revenues and expenditures.

Assessments and refunds are computed for each insurer proportionally to the amount of direct gross premiums collected for automobile insurance in Québec in the preceding year.

[1977, c. 68, s. 168; 1989, c. 47, s. 5].

169. L'exercice financier du Groupement se termine le 31 décembre de chaque année.

[1977, c. 68, a. 169; 1989, c. 47, a. 5].

169. The financial year of the Groupement ends 31 December each year.

[1977, c. 68, s. 169; 1989, c. 47, s. 5].

170. Le Groupement doit établir un mécanisme propre à permettre à tout propriétaire d'une automobile de trouver un assureur agréé auprès de qui il peut contracter l'assurance de responsabilité prévue à l'article 84.

[1977, c. 68, a. 170; 1989, c. 47, a. 5].

170. The Groupement must establish a mechanism designed to enable every automobile owner to find an authorized insurer with whom he may take out liability insurance provided for in section 84.

[1977, c. 68, s. 170; 1989, c. 47, s. 5].

171. Le Groupement doit établir ou agréer des centres d'estimation chargés de faire l'évaluation du dommage subi par une automobile.

Le Groupement détermine les normes d'établissement et d'opération des centres qu'il agrée, ainsi que les conditions de retrait de son agrément.

Les centres d'estimation établis ou agréés en vertu du présent article doivent offrir leurs services à tout assureur agréé et chacun des assureurs agréés doit recourir aux services de ces centres à toutes les fois que la chose est possible.

Le Groupement est en outre responsable de la qualification des personnes qui désirent agir à titre d'estimateurs. À cette fin, il établit et administre des programmes de formation et détermine les exigences minimales que requiert l'exercice de l'activité d'estimateur.

[1977, c. 68, a. 171; 1989, c. 47, a. 5, 6; 1989, c. 48, a. 223].

171. The Groupement must establish or certify appraisal centres for the appraisal of damage sustained to automobiles.

The Groupement determines the standards on which centres certified by it may be established and operated, and the conditions on which it may withdraw certification.

Appraisal centres established or certified under this section must offer their services to every authorized insurer, and each authorized insurer must engage their services whenever possible.

The Groupement is, in addition, responsible for ensuring that the persons acting as appraisers are qualified. For that purpose, it shall establish and administer training programs and determine the minimum requirements applicable to the activity of appraiser.

[1977, c. 68, s. 171; 1989, c. 47, s. 5; 1989, c. 48, s. 223].

172. Les centres d'estimation peuvent être chargés de faire la vérification des réparations effectuées à la suite d'un dommage évalué par eux.

[1977, c. 68, a. 172; 1989, c. 47, a. 6].

172. The appraisal centres may be entrusted with verifying repairs effected following their appraisal of damage.

[1977, c. 68, s. 172].

173. Le Groupement doit établir une convention d'indemnisation directe relative:

1. à l'indemnisation directe du préjudice matériel subi par un assuré en raison d'un accident d'automobiles;

2. à l'évaluation des dommages subis par des automobiles et à l'expertise nécessaire;

3. à l'établissement d'un barème de circonstances d'accident pour le partage de la responsabilité du propriétaire de chaque automobile impliquée;

4. à la constitution d'un conseil d'arbitrage pour décider des différends entre assureurs agréés et naissant de l'application de la convention;

5. à l'exercice du droit de subrogation entre assureurs.

[1977, c. 68, a. 173; 1989, c. 47, a. 5, 7; 1999, c. 40, a. 26].

173. The Groupement must establish a direct compensation agreement regarding :

1. the direct compensation for property damage sustained by an insured person by reason of an automobile accident;

2. the appraisal of damage sustained to automobiles, and the necessary adjustments;

3. the tabulation of accident circumstances to apportion the liability of the owner of each automobile involved;

4. the establishment of an arbitration board to decide disagreements between authorized insurers arising from the application of the agreement;

5. the exercise of the right of subrogation between insurers.

[1977, c. 68, s. 173; 1989, c. 47, s. 5, 7].

174. Si une convention d'indemnisation directe reçoit l'assentiment des assureurs agréés qui perçoivent au moins 50% des primes brutes directes perçues pour l'assurance automobile au Québec, tout assureur agréé doit lui donner application, à compter de son entrée en vigueur.

Cette convention d'indemnisation ne peut entrer en vigueur que moyennant préavis de 30 jours publié à la *Gazette officielle du Québec* et en reproduisant le texte.

[1977, c. 68, a. 174].

175. Le gouvernement, ses agents ou les mandataires de l'État et toute personne visée dans l'article 102 sont liés, comme tout assureur agréé, par la convention visée dans l'article 174.

Dans l'exercice de ses pouvoirs, la Société n'est pas liée par la convention d'indemnisation directe visée dans l'article 174.

[1977, c. 68, a. 175; 1982, c. 59, a. 69; 1990, c. 19, a. 11; 1999, c. 40, a. 26].

176. En plus des pouvoirs qui lui sont conférés par la présente loi, le Groupement peut:

1. établir un centre ayant pour fonctions de procéder à des études et à des recherches en matière d'évaluation et de réparation d'automobiles accidentées;

2. établir des formules de constat d'accident et de règlement de sinistres à l'usage de tous les assureurs agréés;

3. établir ou agréer des centres de règlements des sinistres;

4. informer le public notamment quant à la convention d'indemnisation directe et à son application, quant à l'établissement ou à l'agrément de centres d'estimation et de leur fonctionnement et quant au mécanisme établi pour permettre à tout propriétaire d'une automobile tenu de contracter l'assurance de responsabilité prévue à l'article 84, de trouver un assureur agréé auprès de qui il peut contracter cette assurance;

174. If a direct compensation agreement obtains the consent of the authorized insurers who collect at least fifty per cent of the direct gross premiums collected for automobile insurance in Québec, every authorized insurer must comply with the agreement, from its coming into force.

Such compensation agreement shall not come into force except on thirty days' notice published in the *Gazette officielle du Québec*, setting out its text.

[1977, c. 68, s. 174].

175. The Government, its agents and mandataries of the State and every person contemplated in section 102 are bound in the same manner as an authorized insurer, by the agreement contemplated in section 174.

In exercising its powers, the Société is not bound by the direct compensation agreement contemplated in section 174.

[1977, c. 68, s. 175; 1977, c. 5, s. 14; 1982, c. 59, s. 69; 1990, c. 19, s. 11; 1999, c. 40, s. 26].

176. In addition to its powers under this Act, the Groupement may

1. establish a centre to examine and perfect techniques of appraisal and repair of damage to automobiles;

2. standardize the forms to be used by all authorized insurers for reporting accidents and adjusting losses;

3. establish or certify loss adjustment centres;

4. provide information to the public, particularly on the direct compensation agreement and its application, on the establishment or certification of appraisal centres and their operation, and on the mechanism established to enable any automobile owner required to take out liability insurance provided for in section 84 to find an authorized insurer with whom he may take out such insurance;

5. agir comme agence autorisée en vertu de l'article 178.

[1977, c. 68, a. 176; 1989, c. 47, a. 5, 6].

5. act as an authorized agency under section 178.

[1977, c. 68, s. 176; 1989, c. 47, s. 5].

TITRE VII —— POUVOIRS DE L'AUTORITÉ DES MARCHÉS FINANCIERS EN MATIÈRE DE DONNÉES STATISTIQUES ET DE TARIFICATION

TITLE VII —— POWERS OF THE AUTORITÉ DES MARCHÉS FINANCIERS AS REGARDS STATISTICS AND RATES

177. L'Autorité des marchés financiers peut requérir de chaque assureur qu'il dépose, en la forme qu'elle prescrit, les données statistiques et les renseignements qu'elle détermine concernant l'expérience en assurance automobile au Québec de cet assureur ainsi que l'expérience en conduite automobile des personnes que ce dernier assure.

177. The Autorité des marchés financiers may require that every insurer file, in the form prescribed by it, the statistical data and information which it determines concerning the insurer's automobile insurance experience in Québec and the automobile driving experience of the persons insured.

Les renseignements concernant l'expérience en conduite automobile des personnes que les assureurs assurent ne peuvent couvrir que les 10 dernières années.

The information concerning the automobile driving experience of persons insured by the insurers shall cover only the past 10 years.

Si l'Autorité des marchés financiers requiert des assureurs qu'ils lui transmettent des renseignements concernant l'expérience en conduite automobile des personnes qu'ils assurent, chaque assureur doit aviser par écrit ses assurés que certaines informations à cet égard peuvent être transmises à l'Autorité des marchés financiers et, éventuellement, à d'autres assureurs et qu'ils ont, à leur sujet, les droits d'accès et de rectification prévus par la *Loi sur l'accès aux documents des organismes publics et sur la protection des renseignements personnels* (chapitre A-2.1).

[1977, c. 68, a. 177; 1982, c. 52, a. 51; 1989, c. 47, a. 8; 2002, c. 45, a. 170; 2004, c. 37, a. 90].

If the Autorité des marchés financiers requires that insurers transmit information concerning the automobile driving experience of the persons they insure, each insurer shall notify in writing the persons insured by him that certain information in that respect may be transmitted to the Autorité des marchés financiers and, possibly to other insurers, and that they have, in respect of such information, the rights of access and correction provided for by the *Act respecting Access to documents held by public bodies and the Protection of personal information* (chapter A-2.1).

[1977, c. 68, s. 177; 1982, c. 52, s. 51; 1989, c. 47, s. 8; 2002, c. 45, s. 170; 2004, c. 37, s. 90].

178. L'Autorité des marchés financiers peut autoriser une agence à recueillir pour elle les données et les renseignements visés dans l'article 177 et tout assureur agréé doit les fournir à cette agence sur demande et en la forme indiquée.

178. The Autorité des marchés financiers may authorize an agency to collect the data and information contemplated in section 177 for it, and every insurer must furnish them to that agency on demand, in the indicated form.

Cette autorisation ne peut cependant être accordée que si l'agence a son établissement principal au Québec et si elle tient ses dossiers et registres au Québec.

This authorization shall not be granted, however, unless the agency has its main establishment in Québec and keeps, its records and books in Québec.

L'agence ainsi autorisée est assujettie aux pouvoirs d'enquête et d'inspection de l'Autorité des marchés financiers en vertu

The agency so authorized is subject to the powers of investigation and inspection vested in the Autorité des marchés finan-

de la *Loi sur les assurances* (chapitre A-32).

L'Autorité des marchés financiers peut désigner le Groupement comme agence autorisée en vertu du présent article.

[1977, c. 68, a. 178; 1982, c. 52, a. 51; 1989, c. 47, a. 5, a. 9; 2002, c. 45, a. 171; 2004, c. 37, a. 90].

179. L'Autorité des marchés financiers peut requérir l'agence autorisée en vertu de l'article 178 de traiter les données et renseignements reçus, en la manière que l'Autorité juge appropriée; tout assureur agréé doit payer sa quote-part des coûts d'opération de l'agence, en proportion du montant des primes brutes directes perçues pour l'assurance automobile au Québec.

[1977, c. 68, a. 179; 1982, c. 52, a. 51; 1989, c. 47, a. 10; 2002, c. 45, a. 172; 2004, c. 37, a. 90].

179.1. L'Autorité des marchés financiers peut, à des fins de classification et de tarification, communiquer, à tout assureur agréé qui en fait la demande, en vue de l'émission ou du renouvellement d'une police d'assurance automobile, les renseignements suivants:

1. le numéro du permis de conduire de la personne qui soumet une demande d'assurance et des conducteurs réguliers de son automobile;

2. la date de tout accident dans lequel ces personnes ont été impliquées comme propriétaires ou conducteurs d'une automobile;

3. la description de l'accident et la garantie affectée;

4. la classe d'utilisation du véhicule dont elles avaient la garde au moment d'un accident;

5. la description du véhicule dont elles avaient la garde au moment d'un accident;

6. le montant des indemnités payées en vertu d'un contrat d'assurance automobile conclu par ces personnes;

7. les réclamations en cours;

ciers under the *Act respecting insurance* (chapter A-32).

The Autorité des marchés financiers may designate the Groupement as an authorized agency under this section.

[1977, c. 68, s. 178; 1982, c. 52, s. 51; 1989, c. 47, s. 5, 9; 2002, c. 45, s. 171; 2004, c. 37, s. 90].

179. The Autorité des marchés financiers may require the authorized agency under section 178 to process the data and information it receives, in the manner the Authority considers appropriate; every authorized insurer must pay his share of the agency's operating costs, proportionally to the amount of the direct gross premiums collected for automobile insurance in Québec.

[1977, c. 68, s. 179; 1982, c. 52, s. 51; 1989, c. 47, s. 10; 2002, c. 45, s. 172; 2004, c. 37, s. 90].

179.1. The Autorité des marchés financiers may, for purposes of classification and rate application, communicate to any authorized insurer who so requests, in view of the issue or renewal of an automobile insurance policy, the following information :

1. the driver's licence number of the person submitting an application for insurance and of the regular drivers of his automobile;

2. the date of any accident in which those persons have been involved as the driver or owner of an automobile;

3. the description of the accident and the coverage affected;

4. the class of use of the vehicle of which the person concerned had custody at the time of an accident;

5. the description of the vehicle of which the person concerned had custody at the time of an accident;

6. the amount of the indemnities paid under an automobile insurance contract entered into by every person concerned;

7. the outstanding claims;

8. le pourcentage de responsabilité supportée par ces personnes.

L'Autorité des marchés financiers peut, à la demande de la Société, lui communiquer ces renseignements, si cette communication est nécessaire à l'application de l'article 22 de la *Loi concernant les propriétaires, les exploitants et les conducteurs de véhicules lourds* (chapitre P-30.3).

L'Autorité peut également, aux conditions qu'elle détermine, autoriser l'agence désignée à l'article 178 à faire pour elle de telles communications.

[1989, c. 47, a. 11; 1999, c. 22, a. 37; 2002, c. 45, a. 173; 2004, c. 37, a. 90].

179.2. Tout assureur doit, lors de l'émission ou du renouvellement d'une police d'assurance automobile, informer par écrit l'assuré, le cas échéant, qu'il a demandé et obtenu, pour déterminer la tarification qu'il lui a appliquée, des renseignements de l'Autorité des marchés financiers en vertu de l'article 179.1.

[1989, c. 47, a. 11; 2002, c. 45, a. 174; 2004, c. 37, a. 90].

179.3. Lors du paiement d'une indemnité faisant suite à une réclamation, l'assureur doit aviser par écrit l'assuré du pourcentage de responsabilité qui lui est attribué en vertu de la convention d'indemnisation directe visée dans l'article 173 et des montants qui lui sont versés en vertu de la partie de la police se rapportant respectivement à l'assurance de responsabilité et à l'assurance des dommages éprouvés par le véhicule assuré.

Cet avis doit également indiquer à l'assuré qu'il n'est pas tenu d'accepter cette indemnité et qu'il peut s'adresser au tribunal pour contester, suivant les règles du droit commun, le pourcentage de responsabilité qui lui est imputé [de même que le montant de son indemnité]*.

[1989, c. 47, a. 11 *(cette partie n'est pas en vigueur)].

180. Chaque assureur agréé doit déposer auprès de l'Autorité des marchés financiers un exemplaire de son manuel de tarifs, aussitôt après sa confection, et, par la suite, dans les dix jours de toute modification.

8. the percentage of liability assumed by the persons.

The Autorité des marchés financiers may, at the request of the Société, communicate to the Société the same information if it is necessary for the purposes of section 22 of the *Act respecting owners, operators and drivers of heavy vehicles* (chapter P-30.3).

The Authority may also, on the conditions it determines, authorize the agency designated in section 178 to make such communications on its behalf.

[1989, c. 47, s. 11; 1999, c. 22, s. 37; 2002, c. 45, s. 173; 2004, c. 37, s. 90; 2005, c. 39, s. 52].

179.2. Every insurer must, on issuing or renewing an automobile insurance policy, inform the insured in writing that he has requested and obtained information from the Autorité des marchés financiers under section 179.1, where such is the case, in order to determine the rates applied to him.

[1989, c. 47, s. 11; 2002, c. 45, s. 174; 2004, c. 37, s. 90].

179.3. On payment of an indemnity subsequent to a claim, the insurer must notify the insured in writing of the percentage of liability attributed to him pursuant to the direct compensation agreement contemplated in section 173 and specify the amounts paid to him under that part of the policy pertaining to liability insurance and under that part of the policy pertaining to insurance of the damage caused to the insured vehicle.

The notice must also indicate to the insured that he is not bound to accept the indemnity and that he may apply to the court, in accordance with the ordinary rules of law, to contest the percentage of liabllity attributed to him. [and the amount of his indemnity]*

[1989, c. 47, s. 11 *(this part is not in force)].

180. Every authorized insurer must file one copy of his rate manual with the Autorité des marchés financiers immediately upon its being compiled and, thereafter, within 10 days of any amendment.

Le manuel de tarifs est composé des documents d'un assureur agréé où sont identifiées et définies ses règles de classification des risques ainsi que les primes applicables à chacun de ces risques.

[1977, c. 68, a. 180; 1982, c. 52, a. 51; 1989, c. 15, a. 13; 2002, c. 45, a. 175; 2004, c. 37, a. 90; 2008, c. 7, a. 12].

The rate manual is a manual that is made up of the documents of an authorized insurer in which his rules of classification of risks and the premiums applicable to each are identified and defined.

[1977, c. 68, s. 180; 1982, c. 52, s. 51; 1989, c. 15, s. 13; 2002, c. 45, s. 175; 2004, c. 37, s. 90; 2008, c. 7, s. 12].

181. Tout assureur agréé doit fournir à l'Autorité des marchés financiers toute justification que celle-ci exige sur un ou plusieurs éléments de son manuel de tarifs.

[1977, c. 68, a. 181; 1982, c. 52, a. 51; 2002, c. 45, a. 176; 2004, c. 37, a. 90].

181. Every authorized insurer must furnish such proof to the Autorité des marchés financiers as it may demand regarding any matter or matters in his rate manual.

[1977, c. 68, s. 181; 1982, c. 52, s. 51; 2002, c. 45, s. 176; 2004, c. 37, s. 90].

182. Sur réception des données et renseignements concernant l'expérience des assureurs ainsi que des manuels de tarifs visés dans le présent titre, l'Autorité des marchés financiers doit en faire une analyse.

Au plus tard le 30 juin de chaque année, l'Autorité des marchés financiers fait rapport au ministre sur le résultat de son analyse des données et manuels qui lui ont été fournis durant l'année précédente.

Le ministre dépose le rapport prévu au deuxième alinéa devant l'Assemblée nationale dans les 15 jours de sa réception si elle est en session ou sinon, dans les 15 jours de la reprise des travaux.

[1977, c. 68, a. 182; 1982, c. 52, a. 51; 1989, c. 47, a. 12; 2002, c. 45, a. 177; 2004, c. 37, a. 90; 2008, c. 7, a. 13].

182. On receiving the data and information concerning the experience of insurers and the rate manuals contemplated in this title, the Autorité des marchés financiers must analyze them.

Not later than 30 June each year, the Autorité des marchés financiers shall report to the Minister the results of its analysis of the data and manuals furnished to it in the preceding year.

The Minister shall table the report contemplated in the second paragraph before the National Assembly within 15 days of its receipt if the National Assembly is in session or if it is not in session within 15 days of resumption.

[1977, c. 68, s. 182; 1982, c. 52, s. 51; 1989, c. 47, s. 12; 2002, c. 45, s. 177; 2004, c. 37, s. 90; 2008, c. 7, s. 13].

183. L'Autorité des marchés financiers doit permettre la consultation, par toute personne qui en fait la demande, des manuels de tarifs déposés auprès d'elle.

[1977, c. 68, a. 183; 1982, c. 52, a. 51; 2002, c. 45, a. 178; 2004, c. 37, a. 90].

183. The Autorité des marchés financiers must allow every person requesting it to examine the rate manuals filed with it.

[1977, c. 68, s. 183; 1982, c. 52, s. 51; 2002, c. 45, s. 178; 2004, c. 37, s. 90].

183.1. L'article 178 s'applique malgré l'article 65 de la *Loi sur l'accès aux documents des organismes publics et sur la protection des renseignements personnels* (chapitre A-2.1).

[1989, c. 47, a. 13].

183.1. Section 178 applies notwithstanding section 65 of the *Act respecting Access to documents held by public bodies and the Protection of personal information* (chapter A-2.1).

[1989, c. 47, s. 13].

TITRE VIII —— DISPOSITIONS
PÉNALES ET SUSPENSIONS

TITLE VIII —— PENAL PROVISIONS
AND SUSPENSIONS

184. Personne ne doit sciemment obtenir ou recevoir, directement ou indirectement, le paiement d'indemnités ou le remboursement de frais qu'il n'a pas droit d'obtenir ou de recevoir en vertu de la présente loi ou des règlements.

Quiconque enfreint le présent article est passible d'une amende d'au moins 325 $ et d'au plus 2 800 $.

[1977, c. 68, a. 184; 1986, c. 58, a. 6; 1991, c. 33, a. 6; 1992, c. 61, a. 60].

184. No person shall knowingly obtain or receive, directly or indirectly, the payment of indemnities or the reimbursement of expenses that he is not entitled to obtain or receive under this Act or the regulations.

Every person who contravenes this section is liable to a fine of not less than $ 325 nor more than $ 2 800.

[1977, c. 68, s. 184; 1986, c. 58, s. 6; 1991, c. 33, s. 6; 1992, c. 61, s. 60].

185. Personne ne doit sciemment aider ou encourager une autre personne à commettre une infraction visée dans l'article 184.

Quiconque enfreint le présent article est passible d'une amende d'au moins 325 $ et d'au plus 2 800 $.

[1977, c. 68, a. 185; 1986, c. 58, a. 7; 1991, c. 33, a. 7; 1992, c. 61, a. 60].

185. No person shall knowingly aid or abet another person in committing an offence contemplated in section 184.

Every person who contravenes this section is liable to a fine of not less than $ 325 nor more than $ 2 800.

[1977, c. 68, s. 185; 1986, c. 58, s. 7; 1991, c. 33, s. 7; 1992, c. 61, s. 60].

186. Sauf dans le cas prévu à l'article 94, le propriétaire d'une automobile ou le propriétaire ou l'exploitant visé au titre VIII.1 du *Code de la sécurité routière* (chapitre C-24.2) qui n'a pas contracté l'assurance obligatoire de responsabilité commet une infraction et est passible d'une amende:

1° d'au moins 325 $ et d'au plus 2 800 $, s'il est un propriétaire qui utilise ou qui laisse une autre personne utiliser son automobile;

2° d'au moins 750 $ et d'au plus 7 300 $, s'il est un propriétaire ou un exploitant visé au titre VIII.1 du *Code de la sécurité routière* qui utilise ou qui laisse une autre personne utiliser son véhicule automobile.

L'agent de la paix qui constate l'infraction visée dans le présent article doit, sans délai, en faire rapport à la Société.

Dans toute poursuite intentée en vertu du présent article, il incombe au défendeur ou prévenu de faire la preuve qu'il avait contracté l'assurance obligatoire de responsabilité.

[1977, c. 68, a. 186; 1980, c. 38, a. 18; 1982, c. 59, a. 34; 1986, c. 58, a. 8; 1987, c. 94, a. 105; 1990,

186. Except in the case provided for in section 94, the owner of an automobile or an owner or operator subject to Title VIII.1 of the *Highway Safety Code* (chapter C-24.2) who has not contracted the compulsory liability insurance is guilty of an offence and is liable to a fine

1) of not less than $ 325 nor more than $ 2 800 if he is an owner who uses or allows another person to use his automobile;

2) of not less than $ 750 nor more than $ 7 300 if he is an owner or operator to which Title VIII.1 of the *Highway Safety Code* applies who uses or allows another person to use his motor vehicle.

The peace officer who evidences an offence contemplated in this section must report it to the Société without delay.

In any proceedings instituted under this section, the burden is on the defendant or accused to prove that he has contracted the compulsory liability insurance.

[1977, c. 68, s. 186; 1980, c. 38, s. 18; 1982, c. 59, s. 34; 1986, c. 58, s. 8; 1987, c. 94, s. 105; 1990,

c. 19, a. 11; 1990, c. 4, a. 68; 1991, c. 33, a. 8; 1998, c. 40, a. 53; 2002, c. 29, a. 78].

c. 19, s. 11; 1990, c. 4, s. 68; 1991, c. 33, s. 8; 1998, c. 40, s. 53; 2002, c. 29, s. 78].

187. Sauf s'il est de bonne foi et qu'on lui a donné des raisons de croire que l'assurance de responsabilité avait été contractée, le conducteur d'une automobile dont le propriétaire ou une autre personne pour lui n'avait pas contracté cette assurance est passible d'une amende d'au moins 325 $ et d'au plus 2 800 $.

Dans toute poursuite intentée en vertu du présent article, il incombe au défendeur ou prévenu de faire la preuve que l'assurance de responsabilité avait été contractée à l'égard de l'automobile qu'il a conduite.

[1977, c. 68, a. 187; 1982, c. 59, a. 35; 1986, c. 58, a. 9; 1991, c. 33, a. 9; 1992, c. 61, a. 60].

187. Where the owner of an automobile or another person on his behalf has not taken out liability insurance, the driver of that automobile is liable to a fine of not less than $ 325 nor more than $ 2 800, unless he is in good faith and had been given reason to believe that such insurance has been taken out.

In any proceedings instituted under this section, the burden is on the defendant or accused to prove that liability insurance had been contracted for the automobile he was driving.

[1977, c. 68, s. 187; 1982, c. 59, s. 35; 1986, c. 58, s. 9; 1991, c. 33, s. 9; 1992, c. 61, s. 60].

188. Dans les cas prévus aux articles 186 et 187, le juge saisi de la poursuite peut, en outre, prononcer la suspension, pour une période n'excédant pas un an, du permis de conduire de la personne condamnée.

Un préavis de la demande de suspension doit être donné à cette personne par le poursuivant, sauf si ces parties sont en présence du juge.

Lorsque la preuve est faite à la satisfaction du juge que la personne condamnée doit conduire une automobile déterminée ou un type déterminé d'automobile dans l'exécution du principal travail dont elle tire sa subsistance, le jugement peut permettre à cette personne de conduire une automobile ou ce type d'automobile uniquement dans l'exécution du travail principal dont elle tire sa subsistance. Dans ce cas, le juge doit immédiatement transmettre le permis suspendu à la Société et lui donner avis qu'elle peut délivrer un permis spécial conformément au jugement en autant que les conditions ordinaires d'obtention d'un permis de conduire sont remplies.

[1977, c. 68, a. 188; 1980, c. 38, a. 18; 1981, c. 7, a. 546; 1990, c. 19, a. 11; 1992, c. 61, a. 61; 1997, c. 43, a. 875].

188. In the cases provided for in sections 186 and 187, the judge seized of the suit may, in addition, declare the suspension, for a period not exceeding one year, of the driver's permit of the person convicted.

Prior notice of the application for suspension shall be given to the person by the prosecutor, except where the parties are in the presence of the judge.

Where proof is made to the satisfaction of the judge that the person convicted must drive a specific automobile or a specific type of automobile in carrying on his principal means of livelihood, the judgment may allow such person to drive an automobile or such type of automobile solely in carrying on his principal means of livelihood. In such cases, the judge must immediately send the suspended permit to the Société and notify it that it may issue a special permit in accordance with the judgment so long as the ordinary conditions for obtaining a permit are met.

[1977, c. 68, s. 188; 1980, c. 38, s. 18; 1981, c. 7, s. 546; 1990, c. 19, s. 11; 1992, c. 61, s. 61].

189. (*Abrogé*).

[1992, c. 61, a. 62].

189. (*Repealed*).

[1992, c. 61, s. 62].

189.1. L'assureur qui utilise ou tolère que soit utilisé autrement qu'à des fins de classification ou de tarification un renseignement qui lui a été transmis en vertu de l'article 179.1 est passible d'une amende de 575 $ à 5 750 $.

[1989, c. 47, a. 14].

189.1. Any insurer who uses or tolerates the use of any information transmitted to him under section 179.1 otherwise than for purposes of classification or rate application is liable to a fine of not less than $ 575 nor more than $ 5 750.

[1989, c. 47, s. 14].

189.2. Quiconque, sciemment, donne accès à un renseignement transmis en vertu de l'article 179.1, communique un tel renseignement ou en permet la communication sans avoir obtenu de la personne concernée l'autorisation de le divulguer à une personne déterminée ou sans en avoir reçu l'ordre d'une personne ou d'un organisme ayant le pouvoir de contraindre à leur communication est passible d'une amende de 200 $ à 1 000 $.

[1989, c. 47, a. 14].

189.2. Any person who, knowingly, gives access to any information transmitted under section 179.1, communicates such information or permits the communication thereof without having obtained the authorization of the person concerned to disclose such information to a person determined or without having received the order of a person or body having the power to compel its communication is liable to a fine of not less than $ 200 nor more than $ 1 000.

[1989, c. 47, s. 14].

190. La personne qui contrevient aux dispositions des articles 83.10, 83.15, 97, 174, 177 à 179 et 179.2 à 181 est passible d'une amende d'au moins 700 $ et d'au plus 7 000 $.

[1977, c. 68, a. 190; 1986, c. 58, a. 10; 1989, c. 15, a. 14; 1989, c. 47, a. 15; 1991, c. 33, a. 10; 1992, c. 61, a. 60].

190. The person who contravenes sections 83.10, 83.15, 97, 174, 177 to 179, and 179.2 to 181 is liable to a fine of not less than $ 700 nor more than $ 7 000.

[1977, c. 68, s. 190; 1986, c. 58, s. 10; 1989, c. 15, s. 14; 1989, c. 47, s. 15; 1991, c. 33, s. 10; 1992, c. 61, s. 60].

190.1. La personne qui contrevient aux dispositions du cinquième alinéa de l'article 83.24 est passible d'une amende de 300 $ à 600 $.

[1993, c. 56, a. 18].

190.1. Any person who contravenes the provisions of the fifth paragraph of section 83.24 is liable to a fine of not less than $ 300 nor more than $ 600.

[1993, c. 56, s. 18].

191. La personne qui omet, lorsqu'elle y est tenue, de remettre une attestation ou un duplicata émis en vertu de la présente loi est passible d'une amende d'au moins 325 $ et d'au plus 2 800 $.

[1977, c. 68, a. 191; 1986, c. 58, a. 11; 1991, c. 33, a. 11; 1992, c. 61, a. 60].

191. Any person who fails to surrender, when so required, a certificate or a duplicate issued under this Act is liable to a fine of not less than $ 325 nor more than $ 2 800.

[1977, c. 68, s. 191; 1986, c. 58, s. 11; 1991, c. 33, s. 11; 1992, c. 61, s. 60].

192. La personne qui, sans excuse raisonnable dont la preuve lui incombe, utilise une attestation d'assurance après l'annulation, la résiliation ou l'expiration de l'assurance ou de la garantie y mention-

192. Any person who, without reasonable excuse, the proof of which devolves upon him, uses a certificate of insurance after the annulment, cancellation or expiry of the insurance or of the coverage men-

née, est passible d'une amende d'au moins 325 $ et d'au plus 2 800 $.

[1977, c. 68, a. 192; 1986, c. 58, a. 12; 1991, c. 33, a. 12; 1992, c. 61, a. 63; 2008, c. 14, a. 109].

193. Quiconque enfreint une disposition de la présente loi ou des règlements pour la violation de laquelle aucune peine n'est spécialement prévue, est passible d'une amende ne dépassant pas 1 400 $.

[1977, c. 68, a. 193; 1986, c. 58, a. 13; 1990, c. 4, a. 69; 1991, c. 33, a. 13; 1992, c. 61, a. 60].

193.1. Une poursuite pénale pour une infraction à une disposition du titre VII peut être intentée par l'Autorité des marchés financiers.

[2008, c. 7, a. 14].

193.2. L'amende imposée par le tribunal est remise à l'Autorité des marchés financiers lorsqu'elle a assumé la conduite de la poursuite.

[2008, c. 7, a. 14].

193.3. Une poursuite pénale pour une infraction visée aux articles 177 à 181 du titre VII se prescrit par trois ans à compter de la date de l'ouverture du dossier d'enquête relatif à cette infraction. Toutefois, aucune poursuite ne peut être intentée s'il s'est écoulé plus de cinq ans depuis la date de l'infraction.

Le certificat du secrétaire de l'Autorité des marchés financiers indiquant la date d'ouverture du dossier d'enquête constitue, en l'absence de toute preuve contraire, une preuve concluante de ce fait.

[2008, c. 7, a. 14].

194. (*Abrogé*).

[1992, c. 61, a. 64].

195. La Société peut adopter des règlements, pour l'application des titres I et II, pour:

---

tioned therein, is liable to a fine of not less than $ 325 nor more than $ 2 800.

[1977, c. 68, s. 192; 1986, c. 58, s. 12; 1991, c. 33, s. 12; 1992, c. 61, s. 63; 2008, c. 14, s. 109].

193. Any person who infringes a provision of this Act or the regulations for the violation of which no penalty is specially provided, is liable to a fine not exceeding $ 1 400.

[1977, c. 68, s. 193; 1986, c. 58, s. 13; 1990, c. 4, s. 69; 1991, c. 33, s. 13; 1992, c. 61, s. 60].

193.1. Penal proceedings for an offence under Title VII may be instituted by the Autorité des marchés financiers.

[2008, c. 7, s. 14].

193.2. The fine imposed by the court is remitted to the Autorité des marchés financiers if it has taken charge of the prosecution.

[2008, c. 7, s. 14].

193.3. Penal proceedings for an offence under any of sections 177 to 181 of Title VII are prescribed three years from the date the investigation record relating to the offence was opened. However, no proceedings may be instituted if more than five years have elapsed since the date of the offence.

The certificate of the secretary of the Autorité des marchés financiers indicating the date on which the investigation record was opened constitutes conclusive proof of the date, in the absence of any evidence to the contrary.

[2008, c. 7, s. 14].

194. (*Repealed*).

[1992, c. 61, s. 64].

195. The Société may make regulations for the purposes of Titles I and II

1° préciser ou restreindre le sens de la définition de l'expression « personne qui réside au Québec »;

2° définir, pour l'application du paragraphe 1° du premier alinéa de l'article 10, l'expression « appareil susceptible de fonctionnement indépendant »;

3° définir, pour l'application du quatrième sous-alinéa de l'article 1 et du paragraphe 2° du premier alinéa de l'article 10, les mots « tracteur de ferme », « remorque de ferme », « véhicule d'équipement » et « remorque d'équipement »;

4° définir, pour l'application du quatrième sous-alinéa de l'article 1 et du paragraphe 3° du premier alinéa de l'article 10, les mots « motoneige » et « véhicule destiné à être utilisé en dehors d'un chemin public »;

5° préciser les cas et les conditions où un emploi est réputé à temps plein, à temps partiel ou temporaire;

6° établir la manière de déterminer le revenu brut qu'un travailleur salarié ou un travailleur autonome tire de son emploi;

7° établir la manière de déterminer le revenu brut pour l'application de l'article 17;

8° établir la manière de déterminer le revenu brut pour l'application de l'article 21;

9° identifier les catégories d'emplois, fixer les revenus bruts, sur une base hebdomadaire ou annuelle, qui correspondent à chaque catégorie selon l'expérience de travail et établir la manière de réduire ces revenus pour tenir compte du fait qu'une victime exerce son emploi à temps partiel pour l'application des articles 15, 20 et 31;

10° établir les normes et les modalités pour déterminer un emploi à une victime pour l'application des articles 45 et 48, identifier les catégories d'emplois, fixer les revenus bruts, sur une base hebdomadaire ou annuelle, qui correspondent à chaque catégorie selon l'expérience de travail et établir la manière de réduire ces revenus pour

1) to specify or to restrict the meaning of the definition of the expression "person resident in Québec";

2) to define, for the purposes of subparagraph 1 of the first paragraph of section 10, the expression "a device that can be operated independently";

3) to define, for the purposes of the definition of "public highway" in section 1 and of subparagraph 2 of the first paragraph of section 10, the words "farm tractor", "farm trailer", "specialized vehicle" and "drawn machinery";

4) to define, for the purposes of the definition of "public highway" in section 1 and of subparagraph 3 of the first paragraph of section 10, the words "snowmobile" and "vehicle intended for use off a public highway";

5) to specify the cases where and the conditions on which an employment is deemed to be full-time, part-time or temporary;

6) to establish the manner of determining the gross income thata salaried worker or self-employed worker derives from his employment;

7) to establish the manner of determining the gross income for the purposes of section 17;

8) to establish the manner of determining the gross income for the purposes of section 21;

9) to identify classes of employments, determine gross incomes on a weekly or yearly basis corresponding to each class according to work experience and establish the manner of reducing such incomes to take into account the fact that the victim holds a part-time employment, for the purposes of sections 15, 20 and 31;

10) to establish the standards and procedures for determining an employment for a victim for the purposes of sections 45 and 48, identifying classes of employments, determining gross incomes on a yearly or weekly basis corresponding to each class according to work experience, and to establish the manner of reducing such in-

tenir compte du fait qu'une victime exerce son emploi à temps partiel;

11° prévoir la méthode de calculer le revenu net d'une victime et le montant équivalant à l'impôt sur le revenu, à la cotisation et à la contribution visé à l'article 52;

12° déterminer les blessures, les séquelles d'ordre fonctionnel ou esthétique et les conditions minimales d'admissibilité qui sont applicables à l'indemnisation du préjudice non pécuniaire prévue à l'article 73, prescrire les règles relatives à l'évaluation du préjudice non pécuniaire et celles relatives à la fixation des montants d'indemnité;

13° (remplacé);

14° (remplacé);

15° prévoir les cas et les conditions qui donnent droit au remboursement des frais visés à l'article 83.2 et le montant maximum accordé pour chacun de ces frais;

16° déterminer les frais dont la victime peut obtenir le remboursement en vertu du deuxième alinéa de l'article 83.2;

17° fixer les sommes payées en remboursement du coût de l'expertise médicale à une personne dont la demande de révision ou le recours formé devant le Tribunal administratif du Québec est accueilli;

18° prescrire les conditions et les modalités de calcul permettant de déterminer les besoins en aide personnelle ainsi que le montant du remboursement des frais et prescrire les cas et les conditions permettant à la Société de remplacer le remboursement par une allocation hebdomadaire équivalente;

19° prescrire les cas et les conditions donnant droit au remboursement des frais ou à l'allocation de disponibilité et déterminer le montant maximum accordé pour ces frais ou cette allocation;

20° déterminer les règles que doit suivre la personne qui demande une indemnité;

comes to take into account the fact that a victim holds a part-time employment;

11) to establish the method for computing the net income of a victim and the amount equivalent to the income tax, the premium and the contribution referred to in section 52;

12) to determine the injuries, the functional or cosmetic sequelae and the minimum eligibility requirements applicable to the compensation of non-pecuniary damage under section 73 and to prescribe rules for evaluating non-pecuniary damage and rules for fixing indemnity amounts;

13) (paragraph replaced);

14) (paragraph replaced);

15) to determine the cases and conditions entitling a person to the reimbursement of the expenses referred to in section 83.2 and to fix the maximum amount thereof;

16) to determine what expenses may be reimbursed to a victim under the second paragraph of section 83.2;

17) to fix the amounts paid to reimburse the cost of a medical expert's report to a person whose application for review or proceeding before the Administrative Tribunal of Québec is allowed;

18) to prescribe conditions and a computation method for the determination of personal home assistance needs and the amount to be reimbursed and to prescribe the cases in which and the conditions subject to which the Société may replace the reimbursement of expenses by an equivalent weekly allowance;

19) to prescribe the cases and conditions which give entitlement to the reimbursement of expenses or an availability allowance and to determine the maximum amount of such reimbursement and allowance;

20) to determine the rules that a person applying for compensation must observe;

21° déterminer les règles qu'un professionnel de la santé doit respecter lorsqu'il examine une personne à la demande de la Société;

22° (*supprimé*);

23° déterminer les conditions auxquelles la Société peut autoriser une personne à lui transmettre un document au moyen d'un support magnétique ou d'une liaison électronique;

24° déterminer les règles de procédure applicables à l'examen des questions sur lesquelles la Société a compétence;

25° déterminer la manière dont le montant d'une dette due par une personne peut être déduit de toute somme due à cette personne par la Société;

26° (*supprimé*);

27° prescrire dans quels cas et à quelles conditions l'indemnité visée à l'article 80 et le remboursement de frais visé à l'article 83 peuvent être réajustés en fonction de la variation du nombre des personnes qui y sont visées;

28° définir, pour l'application du deuxième alinéa de l'article 48, les expressions « emploi normalement disponible » et « région où réside la victime »;

29° prescrire dans quels cas et à quelles conditions l'indemnité de remplacement du revenu visée à l'article 83.30 peut être réajustée en fonction de la variation du nombre des personnes à charge;

30° établir les conditions et les modalités du versement aux personnes à charge de l'indemnité visée à l'article 83.30;

31° déterminer les normes et les modalités permettant de calculer le nombre d'infractions ou le nombre de points d'inaptitude à retenir et de circonscrire la période à prendre en considération pour fixer ou calculer les contributions d'assurance en vertu des articles 151, 151.2 et 151.3;

32° déterminer les normes et les modalités permettant de circonscrire la période à prendre en considération pour fixer ou cal-

21) to determine the rules that a health professional must observe when examining a person at the request of the Société;

22) (*paragraph repealed*);

23) to determine the conditions on which the Société may authorize the transmission of a document by means of a magnetic medium or an electronic system;

24) to determine the rules of procedure applicable to the examination of matters under the jurisdiction of the Société;

25) to determine the manner in which a person's debt may be deducted from any sum due to that person by the Société;

26) (*paragraph repealed*);

27) to prescribe in what cases and on what conditions the indemnity described in section 80 and the reimbursement of expenses described in section 83 may be adjusted according to the variation in the number of persons contemplated therein;

28) to define, for the purposes of the second paragraph of section 48, the expressions 'employment normally available' and region where the victim resides;

29) to prescribe the cases and conditions in which and on which the income replacement indemnity contemplated in section 83.30 may be adjusted according to variations in the number of dependants;

30) to prescribe the terms and conditions of payment to dependants of the indemnity contemplated in section 83.30;

31) to determine the standards and methods allowing the computation of the number of offences or the number of demerit points to be taken into account and limiting the period to be taken into consideration in fixing or computing insurance contributions under sections 151, 151.2 and 151.3;

32) to determine the standards and methods permitting to limit the period to be taken into consideration in fixing or com-

culer les contributions d'assurance en vertu des articles 151, 151.2 et 151.3;

33° déterminer les ordres professionnels dont les membres sont des professionnels de la santé pour l'application du chapitre VI du titre II;

34° prescrire les règles, les conditions et les modalités applicables au calcul du montant payé en un versement unique prévu à l'article 83.22;

35° prévoir les cas donnant lieu au paiement d'intérêts par la Société;

36° fixer les modalités d'application du chapitre II du titre IV de même que les règles relatives à la fixation des franchises prévues aux articles 145 et 148 et prévoir les autres frais dont une victime peut obtenir le remboursement, le montant maximum accordé pour ces frais ainsi que les conditions de ce remboursement.

[1977, c. 68, a. 195; 1982, c. 59, a. 36; 1986, c. 91, a. 663; 1989, c. 15, a. 15; 1990, c. 19, a. 11; 1990, c. 83, a. 249; 1991, c. 58, a. 22; 1997, c. 43, a. 57; 1999, c. 40, a. 26; 1999, c. 22, a. 38].

195.1. La Société peut, par règlement:

1° définir, relativement à la fixation et au calcul de la contribution d'assurance exigible lors de l'obtention de l'immatriculation d'un véhicule routier et relativement à la fixation et au calcul de la contribution d'assurance exigible en vertu de l'article 31.1 du *Code de la sécurité routière* (chapitre C-24.2), les termes « essieu » et « masse nette » et établir la manière de calculer le nombre d'essieux d'un véhicule routier ainsi que les modalités d'augmentation du nombre d'essieux ou de la variation de la masse nette durant l'immatriculation du véhicule;

2° prévoir les cas et les conditions donnant droit au remboursement d'une partie de la contribution d'assurance fixée ou calculée en vertu de l'un des articles 151 à 151.3 et établir les règles de calcul ou fixer le montant exact de la contribution d'assurance remboursable.

[1989, c. 15, a. 15; 1990, c. 19, a. 9, 11; 1990, c. 83, a. 250].

puting insurance contributions under sections 151, 151.2 and 151.3;

33) to determine the professional orders whose members are health professionals for the purposes of Chapter VI of Title II;

34) to prescribe rules, conditions and a method applicable to the computation of a single-payment indemnity paid under section 83.22;

35) to prescribe cases requiring the payment of interest by the Société;

36) to determine rules governing the application of Chapter II of Title IV as well as rules for the determination of the deductibles provided for in sections 145 and 148 and to prescribe the reimbursement of other expenses to victims, the maximum amount that may be so reimbursed and the conditions for reimbursement.

[1977, c. 68, s. 195; 1982, c. 59, s. 36; 1986, c. 91, s. 663; 1989, c. 15, s. 15; 1990, c. 19, s. 11; 1990, c. 83, s. 249; 1991, c. 58, s. 22; 1997, c. 43, s. 57; 1999, c. 40, s. 26; 1999, c. 22, s. 38].

195.1. The Société may, by regulation,

1) define, in relation to the fixing and computing of the insurance contribution exigible for obtaining the registration of a road vehicle and in relation to the fixing and computing of the insurance contribution exigible under section 31.1 of the *Highway Safety Code* (chapter C-24.2), the terms "axles" and "net mass" and establish a method for calculating the number of axles of a road vehicle as well as rules governing any increase in the number of axles or any change in the net mass during the period of registration of the vehicle;

2) prescribe the cases and conditions giving entitlement to the reimbursement of part of the insurance contribution fixed or calculated under any of sections 151 to 151.3 and establish the calculation method or fix the exact amount of the insurance contribution to be reimbursed.

[1989, c. 15, s. 15; 1990, c. 19, s. 9, 11; 1990, c. 83, s. 250].

196. Le gouvernement peut, par règlement:

a) déterminer ce qui doit être déterminé par règlement du gouvernement en vertu de la présente loi;

b) préciser ou restreindre la définition du mot « automobile » aux fins de la présente loi à l'exception du titre II;

c) exempter les propriétaires des catégories d'automobile qu'il indique, de l'obligation de l'article 84, en totalité ou en partie et aux conditions qu'il détermine;

d) préciser ou restreindre la définition du mot « résident » aux fins de la présente loi à l'exception du titre II;

e)-f) (*supprimés*).

[1977, c. 68, a. 196; 2008, c. 14, a. 110].

197. Un règlement de la Société doit être approuvé par le gouvernement, sauf ceux adoptés en vertu des articles 151 à 151.3 et 195.1

[1977, c. 68, a. 197; 1986, c. 91, a. 664; 1990, c. 19, a. 11; 2004, c. 34, a. 20].

198. Le propriétaire d'une automobile est réputé avoir contracté l'assurance requise par la présente loi s'il justifie d'un contrat d'assurance de responsabilité conclu avec un assureur avant le 1er mars 1978 et ce, tant et aussi longtemps que le contrat est en vigueur.

[1977, c. 68, a. 198; 1999, c. 40, a. 26].

199. La présente loi entraîne modification de plein droit, dans les limites de ses dispositions, des obligations de l'assureur en vertu d'un contrat d'assurance en cours.

Cette modification ne peut justifier aucune majoration du montant de la prime fixée par le contrat, ni la résiliation de celui-ci.

Si les obligations de l'assureur en vertu d'un contrat en cours sont réduites, la

196. The Government may, by regulation,

(a) determine what must be determined by regulation of the Government under this Act;

(b) specify or restrict the definition of the word "automobile" for the purposes of this Act, except Title II;

(c) exempt owners of the categories of automobiles it indicates from the obligation of section 84, in whole or in part and on the conditions it determines;

(d) specify or restrict the definition of the word "resident" for the purposes of this Act, except Title II;

(e)-(f) (*repealed*).

[1977, c. 68, s. 196; 1977, c. 5, s. 14; 2008, c. 14, s. 110].

197. Regulations of the Société must be approved by the Government, except those made under sections 151 to 151.3 and 195.1.

[1977, c. 68, s. 197; 1977, c. 5, s. 14; 1986, c. 91, s. 664; 1990, c. 19, s. 11; 2004, c. 34, s. 20].

198. The owner of an automobile is deemed to have contracted the insurance required by this act if he shows proof of a contract of liability insurance taken out with an insurer before 1 March 1978, and this presumption holds for as long as the contract is in force.

[1977, c. 68, s. 198; 1999, c. 40, s. 26].

199. This act entails a change *pleno jure*, within the limits of its provisions, in the obligations of an insurer under a contract of insurance in force.

Such change shall not justify any increase of the amount of the premium fixed by the contract, nor its cancellation.

If the obligations of an insurer under a contract in force are reduced, the premium

prime prévue à l'égard de ce contrat doit être ajustée en conséquence.

Si la prime a été payée à l'avance, le montant de l'ajustement doit être remis dans les trois mois à moins que l'assuré n'accepte au cours de cette période qu'il soit porté à son crédit.

[1977, c. 68, a. 199].

provided for with regard to such contract must be adjusted accordingly.

If the premium has been paid in advance, the amount of adjustment must be remitted within three months unless the insured accepts during that period to be credited with the amount.

[1977, c. 68, s. 199].

200. Toute suspension imposée avant le 1er mars 1978 selon l'article 22 de la *Loi sur l'indemnisation des victimes d'accidents d'automobile* est révoquée à cette date et la preuve de solvabilité exigée en vertu de cet article n'est plus requise.

[1977, c. 68, a. 201].

200. Every suspension imposed before 1 March 1978 in accordance with section 22 of the Highway Victims Indemnity Act is cancelled on such date and the proof of financial responsibility required under such section shall no longer be required.

[1977, c. 68, s. 201].

201. (*Abrogé*).

[1982, c. 59, a. 33].

201. (*Repealed*).

[1982, c. 59, s. 33].

202. Le conseil d'administration initial du Groupement constitué par le titre VI de la présente loi est composé de 13 membres nommés par le gouvernement pour une période d'un an.

Avant l'expiration de leur mandat, les administrateurs doivent convoquer une assemblée générale des assureurs agréés aux fins d'élire les membres du conseil d'administration prévu à l'article 159.

[1977, c. 68, a. 215; 1999, c. 40, a. 26].

202. The original board of directors of the Groupement established by Title VI of this Act is composed of 13 members appointed by the Government for a period of one year.

Before the expiry of their term, the directors must call a general meeting of authorized insurers for the purpose of electing the members of the board of directors provided for in section 159.

[1977, c. 68, s. 215; 1977, c. 5, s. 14; 1999, c. 40, s. 26].

202.1. Malgré l'article 151, la Société peut, sans expertise actuarielle mais avec l'approbation du gouvernement, modifier les sommes exigibles fixées en vertu de cet article et qui sont en vigueur le 23 avril 1985.

Cette modification a effet depuis le 24 avril 1985 mais ne s'applique pas à la personne qui, avant cette date, a reçu un avis de renouvellement d'immatriculation ou de permis de conduire et a acquitté les sommes exigibles avant le 16 juin 1985.

[1986, c. 15, a. 1; 1990, c. 19, a. 11].

202.1. Notwithstanding section 151, the Société, without actuarial valuation but with the approval of the Government, may alter the exigible sums fixed under that section which are in force on 23 April 1985.

The alteration has effect from 24 April 1985 but does not apply to a person who before that date received a renewal notice respecting a registration or a driver's licence and who paid the exigible amounts before 16 June 1985.

[1986, c. 15, s. 1; 1990, c. 19, s. 11].

202.2. Le premier règlement adopté après le 26 mai 1986 en vertu du paragraphe *n* de l'article 195, n'est pas soumis au pre-

202.2. The first regulation made after 26 May 1986 under paragraph *n* of section 195 is not subject to the first paragraph of

mier alinéa de l'article 197 et a effet depuis le 24 avril 1985.

[1986, c. 15, a. 1].

section 197 and has effect from 24 April 1985.

[1986, c. 15, s. 1].

203. La présente loi s'applique au gouvernement.

[1977, c. 68, a. 243].

203. This Act applies to the Government.

[1977, c. 68, s. 243; 1977, c. 5, s. 14].

204. Le ministre des Transports est chargé de l'application de la présente loi, à l'exception des dispositions des titres VI et VII et des articles 193.1 à 193.3, dont l'application relève du ministre des Finances.

[1977, c. 68, a. 244; 1993, c. 56, a. 19; 2008, c. 7, a. 15].

204. The Minister of Transport is responsible for the administration of this Act, except for the provisions of Titles VI and VII and sections 193.1 to 193.3, the administration of which falls under the authority of the Minister of Finance.

[1977, c. 68, s. 244; 1993, c. 56, s. 19; 2008, c. 7, s. 15].

205. (*Cet article a cessé d'avoir effet le 17 avril 1987*).

[1982, c. 21, a. 1].

205. (*This section ceased to have effect on 17 April 1987*).

[1982, c. 21, s. 1].

Les modifications apportées aux articles 22, 26, 29.1, 30, 36, 36.1, 37, 42, 50, 63, 64, 65, 68, 69, 73, 74, 75, 76, 77, 78, 79, 83, 83.34, 143, 145, 148, 149 et 195 de la présente loi sont applicables aux accidents ou aux décès, selon le cas, qui surviennent à compter du 1er janvier 2000; les accidents et les décès survenus avant cette date demeurent régis par les dipositions qui leur étaient alors applicables (L.Q. 1999, c. 22, a. 44).

Les articles 83.62, 83.64, 83.65, 83.66 et 83.67 seront modifiés lors de l'entrée en vigueur des articles 192 à 196 du chapitre 54 des lois de 1993 à la date fixée par le gouvernement.

Les dispositions indiquées comme non en vigueur (trame grise) entreront en vigueur à la date fixée par le gouvernement (1977, c. 68, a. 245; 1989, c. 47, a. 16).

Note: The amendments made to sections 22, 26, 29.1, 30, 36, 36.1, 37, 42, 50, 63, 64, 65, 68, 69, 73, 74, 75, 76, 77, 78, 79, 83, 83.34, 143, 145, 148, 149 and 195 of the present law shall apply to accidents and deaths that occur on or after 1 January 2000; accidents and deaths having occurred before that date shall continue to be governed by the provisions applicable at that time.

Sections 83.62, 83.64, 83.65, 83.66 and 83.67 will be amended upon the coming into force of sections 192 to 196 of chapter 54 of the statutes of 1993 on the date fixed by the Government.

The provisions that are not in force (grey screen) will come in force on the date fixed by the Government (1977, c. 68, s. 245; 1989, c. 47, s. 16).

(Article 63, 1ᵉʳ alinéa)

Âge de la victime (ans)	Facteur
25 ou moins	1,0
26	1,2
27	1,4
28	1,6
29	1,8
30	2,0
31	2,2
32	2,4
33	2,6
34	2,8
35	3,0
36	3,2
37	3,4
38	3,6
39	3,8
40	4,0
41	4,2
42	4,4
43	4,6
44	4,8
45	5,0
46	4,8
47	4,6
48	4,4
49	4,2
50	4,0
51	3,8
52	3,6
53	3,4
54	3,2
55	3,0
56	2,8
57	2,6
58	2,4
59	2,2
60	2,0
61	1,8
62	1,6
63	1,4
64	1,2
65 et plus	1,0

[1989, c. 15, Annexe I]

SCHEDULE I —— LUMP SUM INDEMNITY TO SPOUSE OF DECEASED VICTIM
(*Section 63, first paragraph*)

Age of victim (years)	Factor
25 or less	1,0
26	1,2
27	1,4
28	1,6
29	1,8
30	2,0
31	2,2
32	2,4
33	2,6
34	2,8
35	3,0
36	3,2
37	3,4
38	3,6
39	3,8
40	4,0
41	4,2
42	4,4
43	4,6
44	4,8
45	5,0
46	4,8
47	4,6
48	4,4
49	4,2
50	4,0
51	3,8
52	3,6
53	3,4
54	3,2
55	3,0
56	2,8
57	2,6
58	2,4
59	2,2
60	2,0
61	1,8
62	1,6
63	1,4
64	1,2
65 or over	1,0

[1989, c. 15, Schedule I]

ANNEXE II ——— INDEMNITÉ FORFAITAIRE AU CONJOINT INVALIDE D'UNE VICTIME DÉCÉDÉE
(Article 63, 2ᵉ alinéa)

Âge de la victime (ans)	Facteur
45 ou moins	5,0
46	4,8
47	4,6
48	4,4
49	4,2
50	4,0
51	3,8
52	3,6
53	3,4
54	3,2
55	3,0
56	2,8
57	2,6
58	2,4
59	2,2
60	2,0
61	1,8
62	1,6
63	1,4
64	1,2
65 et plus	1,0

[1989, c. 15, Annexe II].

SCHEDULE II ——— LUMP SUM INDEMNITY TO DISABLED SPOUSE OF DECEASED VICTIM
(Section 63, second paragraph)

Age of victim (years)	Factor
45 or less	5,0
46	4,8
47	4,6
48	4,4
49	4,2
50	4,0
51	3,8
52	3,6
53	3,4
54	3,2
55	3,0
56	2,8
57	2,6
58	2,4

Age of victim (years)	Factor
59	2,2
60	2,0
61	1,8
62	1,6
63	1,4
64	1,2
65 or over	1,0

[1989, c. 15, Schedule II].

ANNEXE III — INDEMNITÉ FORFAITAIRE À LA PERSONNE À CHARGE D'UNE VICTIME DÉCÉDÉE

(Article 66)

Âge de la personne à charge (ans)	Montant de l'indemnité ($)
Moins de 1	35 000 $
1	34 000 $
2	33 000 $
3	32 000 $
4	31 000 $
5	30 000 $
6	29 000 $
7	28 000 $
8	27 000 $
9	26 000 $
10	25 000 $
11	24 000 $
12	23 000 $
13	22 000 $
14	21 000 $
15	20 000 $
16 et plus	19 000 $

[1989, c. 15, Annexe III].

SCHEDULE III — LUMP SUM INDEMNITY TO DEPENDANT OF DECEASED VICTIM

(Section 66)

Age of dependant (years)	Amount of indemnity ($)
Less than 1	35 000 $
1	34 000 $
2	33 000 $
3	32 000 $

Age of dependant (years)	Amount of indemnity ($)
4	31 000 $
5	30 000 $
6	29 000 $
7	28 000 $
8	27 000 $
9	26 000 $
10	25 000 $
11	24 000 $
12	23 000 $
13	22 000 $
14	21 000 $
15	20 000 $
16 or over	19 000 $

[1989, c. 15, Schedule III].

LOI SUR LES BANQUES ET LES OPÉRATIONS BANCAIRES,

L.C. 1991, c. 46 (Extraits)

[...]

AN ACT RESPECTING BANKS AND BANKING,

R.C. 1991, c. 46 (Extracts)

[...]

PARTIE VIII —— ACTIVITÉS ET POU-
VOIRS
Activités générales

PART VIII —— BUSINESS AND POW-
ERS
General Business

409.-424. (*Omis*)

[1991, c. 46, a. 409-424].

409.-424. (*Omitted*)

[1991, c. 46, s. 409-424].

Sûreté particulière

Special Security

425. (1) Les définitions qui suivent s'appliquent aux articles 426 à 436.

425. (1) For the purposes of sections 426 to 436,

« **agriculteur** » Est assimilé à l'agriculteur le propriétaire, l'occupant, le bailleur ou le locataire d'une ferme.

« **aquiculture** » Élevage ou culture d'organismes animaux et végétaux aquatiques.

« **aquiculteur** » Est assimilé à l'aquiculteur le propriétaire, l'occupant, le bailleur ou le locataire d'une exploitation aquicole.

« **bateau de pêche** » Navire ou vaisseau ou tout autre genre de bateau destiné à la

"**agricultural equipment**" means implements, apparatus, appliances and machinery of any kind usually affixed to real property, for use on a farm, but does not include a farm electric system;

"**agricultural implements**" means tools, implements, apparatus, appliances and machines of any kind not usually affixed to real property, for use on or in connection with a farm, and vehicles for use in the business of farming and, without restricting the generality of the foregoing, in-

pêche, ainsi que les engins, appareils et dispositifs destinés à l'armement du bateau et en faisant partie, ou toute part ou tout droit partiel dans celui-ci.

« **bétail** » Sont compris parmi le bétail les:

> *a)* chevaux et autres animaux de la race chevaline;
>
> *b)* bovins, ovins, chèvres et autres ruminants;
>
> *c)* porcs, volaille, abeilles et animaux à fourrure.

« **connaissement** » Sont assimilés aux connaissements les reçus d'effets, denrées ou marchandises accompagnés d'un engagement:

> *a)* soit de les déplacer, par un moyen quelconque, du lieu de leur réception à un autre;
>
> *b)* soit de les livrer à un lieu autre que celui de leur réception en quantité équivalente de la même qualité ou du même type.

« **effets, denrées ou marchandises** » Tout objet de commerce, et plus particulièrement les produits agricoles et aquicoles, les produits de la forêt, des carrières et des mines et les produits aquatiques.

« **engins et fournitures de pêche** » Engins, appareils, dispositifs et fournitures destinés à l'armement d'un bateau de pêche mais n'en faisant pas partie, ou destinés à la pêche, et, notamment, moteurs et machines amovibles, lignes, hameçons, chaluts, filets, ancres, nasses, casiers et parcs, appâts, sel, combustible et provisions.

« **exploitation aquicole** » Endroit où l'aquiculture est pratiquée.

« **fabricant** » Personne qui fabrique ou produit à la main, ou par quelque procédé, art ou moyen mécanique, des effets, denrées ou marchandises et, notamment, toute entreprise de production de bois en grume, de fabrication de bois d'œuvre ou de bois de service, de maltage, de distillation, de

cludes plows, harrows, drills, seeders, cultivators, mowing machines, reapers, binders, threshing machines, combines, leaf tobacco tying machines, tractors, movable granaries, trucks for carrying products of agriculture, equipment for beekeeping, cream separators, churns, washing machines, spraying apparatus, portable irrigation apparatus, incubators, milking machines, refrigerators and heating and cooking appliances for farming operations or use in the farm home of a kind not usually affixed to real property;

"**aquacultural electric system**" means all machinery, apparatus and appliances for the generation or distribution of electricity in an aquaculture operation, whether or not affixed to real property;

"**aquacultural equipment**" means implements, apparatus, appliances and machinery of any kind usually affixed to real property for use in an aquaculture operation, but does not include an aquacultural electric system;

"**aquacultural implements**" means tools, implements, apparatus, appliances and machines of any kind not usually affixed to real property, for use in an aquaculture operation, and includes net pen systems, vehicles and boats for use in aquaculture;

"**aquacultural stock growing or produced in the aquaculture operation**" means all products of the aquaculture operation;

"**aquaculture**" means the cultivation of aquatic plants and animals;

"**aquaculture operation**" means any premises or site where aquaculture is carried out;

"**aquaculturist**" includes the owner, occupier, landlord and tenant of an aquaculture operation;

"**aquatic broodstock**" means any aquatic plants and animals used to produce aquatic seedstock;

"**aquatic plants and animals**" means plants and animals that, at most stages of

brassage, de raffinage et de production de pétrole, de tannage, de salaison, de conserves ou d'embouteillage ou de conditionnement, congélation ou déshydratation d'effets, de denrées ou de marchandises.

« ferme » Terre située au Canada utilisée pour l'exercice d'une des activités de l'agriculture, et notamment pour l'élevage du bétail, l'industrie laitière, l'apiculture, la production fruitière, l'arboriculture et toute culture du sol.

« forêt » Terrain, situé au Canada, qui est peuplé d'arbres ou qui, bien qu'ayant été déboisé, reste propre à la sylviculture. S'entend également d'une érablière.

« grain » Toute semence, y compris le blé, l'avoine, l'orge, le seigle, le maïs, le sarrasin, le lin et les haricots.

« hydrocarbures » Les hydrocarbures solides, liquides et gazeux, et tout gaz naturel constitué d'un seul élément ou de deux ou plusieurs éléments chimiquement combinés ou non, et, notamment, le schiste pétrolifère, le sable bitumineux, l'huile brute, le pétrole, l'hélium et l'hydrogène sulfuré.

« installation électrique aquicole » Machines, appareils et dispositifs, fixés ou non à des biens immeubles, utilisés pour produire ou distribuer de l'électricité dans une exploitation aquicole.

« installation électrique de ferme » Machines, appareils et dispositifs, fixés ou non à des biens immeubles, utilisés pour produire ou distribuer de l'électricité dans une ferme.

« installations agricoles » ou « matériel agricole immobilier » Instruments, appareils, dispositifs et machines de tout genre destinés à être utilisés à la ferme et habituellement fixés à des biens immeubles, à l'exception des installations électriques.

« installations aquicoles » ou « matériel aquicole immobilier » Instruments, appareils, dispositifs et machines de tout genre destinés à être utilisés dans une exploitation aquicole et habituellement fixés à des biens immeubles, à l'exception des installations électriques.

their development or life cycles, live in an aquatic environment;

"aquatic seedstock" means aquatic plants and animals that at any stage of their development are purchased or collected by an aquaculturist for cultivation;

"bill of lading" includes all receipts for goods, wares and merchandise accompanied by an undertaking

a) to move the goods, wares and merchandise from the place where they were received to some other place, by any means whatever, or

b) to deliver to a place other than the place where the goods, wares and merchandise were received a like quantity of goods, wares and merchandise of the same or a similar grade or kind;

"crops growing or produced on the farm" means all products of the farm;

"farm" means land in Canada used for the purpose of farming, which term includes livestock raising, dairying, bee-keeping, fruit growing, the growing of trees and all tillage of the soil;

"farm electric system" means all machinery, apparatus and appliances for the generation or distribution of electricity on a farm whether or not affixed to real property;

"farmer" includes the owner, occupier, landlord and tenant of a farm;

"fish" includes shellfish, crustaceans and marine animals;

"fisherman" means a person whose business consists in whole or in part of fishing;

"fishing" means fishing for or catching fish by any method;

"fishing equipment and supplies" means equipment, apparatus, appliances and supplies for use in the operation of a fishing vessel and not forming part thereof, or for use in fishing, and, without restricting the

« **instruments agricoles** » ou « **matériel agricole mobilier** » Outils, instruments, appareils, dispositifs et machines de tout genre non habituellement fixés à des biens immeubles, destinés à être utilisés à la ferme ou en rapport avec une ferme, véhicules utilisés dans l'exploitation d'une ferme, et notamment, charrues, herses, semoirs, cultivateurs, faucheuses, moissonneuses, moissonneuses-lieuses, batteuses, moissonneuses-batteuses, lieuses de feuilles de tabac, tracteurs, greniers mobiles, camions pour le transport des produits agricoles, matériel d'apiculture, écrémeuses, barattes, laveuses mécaniques, pulvérisateurs, irrigateurs mobiles, incubateurs, trayeuses mécaniques, machines frigorifiques et appareils de chauffage et de cuisine propres aux opérations agricoles ou devant servir dans la maison d'habitation de la ferme, d'un genre non habituellement fixés à des biens immeubles.

« **instruments aquicoles** » ou « **matériel aquicole mobilier** » Outils, instruments, appareils, dispositifs et machines de tout genre non habituellement fixés à des biens immeubles, destinés à être utilisés dans une exploitation aquicole. Sont visés par la présente définition les parcs en filet, les véhicules et les bateaux utilisés dans une telle exploitation.

« **matériel sylvicole immobilier** » Instruments, appareils, dispositifs et machines de tout genre habituellement fixés à des biens immeubles et utilisés en sylviculture.

« **matériel sylvicole mobilier** » Outils, instruments, appareils, dispositifs et machines de tout genre non habituellement fixés à des biens immeubles et utilisés en sylviculture. Sont visés par la présente définition les véhicules utilisés en forêt.

« **non parfaite** » Se dit d'une sûreté qui n'a pas été enregistrée dans un registre public tenu en conformité avec la législation en vertu de laquelle la sûreté a été créée ou qui n'a pas été parfaite ou publiée d'une autre façon reconnue par cette législation de manière à la rendre opposable aux tiers ou à déterminer les droits de préférence dans le bien visé par la sûreté.

generality of the foregoing, includes detachable engines and machinery, lines, hooks, trawls, nets, anchors, traps, bait, salt, fuel and stores;

"**fishing vessel**" means any ship or boat or any other description of vessel for use in fishing and equipment, apparatus and appliances for use in the operation thereof and forming part thereof, or any share or part interest therein;

"**forest**" means land in Canada covered with timber stands or that, formerly so covered, is not put to any use inconsistent with forestry, and includes a sugar bush;

"**forestry**" means the conservation, cultivation, improvement, harvesting and rational utilization of timber stands and the resources contained therein and obtainable therefrom, and includes the operation of a sugar bush;

"**forestry equipment**" means implements, apparatus, appliances and machinery of any kind usually affixed to real property, for use in a forest;

"**forestry implements**" means tools, implements, apparatus, appliances and machines of any kind not usually affixed to real property, for use in forestry, and includes vehicles for use in forestry;

"**forestry producer**" means a person whose business consists in whole or in part of forestry and includes a producer of maple products;

"**goods, wares and merchandise**" includes products of agriculture, products of aquaculture, products of the forest, products of the quarry and mine, products of the sea, lakes and rivers, and all other articles of commerce;

"**grain**" includes wheat, oats, barley, rye, corn, buckwheat, flax, beans and all kinds of seeds;

"**hydrocarbons**" means solid, liquid and gaseous hydrocarbons and any natural gas whether consisting of a single element or of two or more elements in chemical combination or uncombined and, without re-

« **organismes animaux et végétaux aquatiques** » Plantes ou animaux qui, à la plupart des étapes de leur développement, ont comme habitat naturel l'eau.

« **pêche** » L'action de prendre ou de chercher à prendre du poisson, quels que soient les moyens employés.

« **pêcheur** » Personne dont l'activité professionnelle est, uniquement ou partiellement, la pêche.

« **poisson** » Sont assimilés à des poissons les crustacés et coquillages ainsi que les animaux aquatiques.

« **produits agricoles** » Sont compris parmi les produits agricoles:

a) grains, foin, racines, légumes, fruits, autres récoltes et tout autre produit direct du sol;

b) miel, animaux de ferme — sur pied ou abattus — , produits laitiers, œufs et tout autre produit indirect du sol.

« **produits aquatiques** » Poisson de toute espèce, êtres organiques et inorganiques vivant dans la mer et les eaux douces, et toute substance extraite ou tirée des eaux, à l'exception des produits aquicoles.

« **produits aquicoles** » Tout organisme animal ou végétal aquatique, élevé ou cultivé.

« **produits de la forêt** » Sont compris parmi les produits de la forêt:

a) bois en grume, bois à pulpe, pilotis, espars, traverses de chemins de fer, poteaux, étais de mine et tout autre bois d'œuvre;

b) planches, lattes, bardeaux, madriers, douves et tous les autres bois de service, écorces, copeaux, sciures de bois et arbres de Noël;

c) peaux et fourrures d'animaux sauvages;

d) produits de l'érable.

stricting the generality of the foregoing, includes oil-bearing shale, tar sands, crude oil, petroleum, helium and hydrogen sulphide;

"**livestock**" includes

(a) horses and other equines,

(b) cattle, sheep, goats and other ruminants, and

(c) swine, poultry, bees and fur-bearing animals;

"**manufacturer**" means any person who manufactures or produces by hand, art, process or mechanical means any goods, wares and merchandise and, without restricting the generality of the foregoing, includes a manufacturer of logs, timber or lumber, maltster, distiller, brewer, refiner and producer of petroleum, tanner, curer, packer, canner, bottler and a person who packs, freezes or dehydrates any goods, wares and merchandise;

"**minerals**" includes base and precious metals, coal, salt and every other substance that is an article of commerce obtained from the earth by any method of extraction, but does not include hydrocarbons or any animal or vegetable substance other than coal;

"**products of agriculture**" includes

(a) grain, hay, roots, vegetables, fruits, other crops and all other direct products of the soil, and

(b) honey, livestock (whether alive or dead), dairy products, eggs and all other indirect products of the soil;

"**products of aquaculture**" includes all cultivated aquatic plants and animals;

"**products of the forest**" includes

(a) logs, pulpwood, piling, spars, railway ties, poles, pit props and all other timber,

(b) boards, laths, shingles, deals, staves and all other lumber,bark,

« **produits des carrières et des mines** » Tout produit tiré des mines ou carrières, y compris la pierre, l'argile, le sable, le gravier, les métaux, les minerais, le charbon, le sel, les pierres précieuses, les minéraux métallifères et non métalliques et les hydrocarbures obtenus par excavation, forage ou autrement.

« **récépissé d'entrepôt** » Sont compris parmi les récépissés d'entrepôt:

a) les récépissés ou reçus donnés par toute personne pour des effets, denrées ou marchandises en sa possession réelle, publique et continue, à de dépositaire de bonne foi de ces effets et non comme propriétaire;

b) les récépissés ou reçus donnés par toute personne qui est propriétaire ou gardien de quelque port, anse, bassin, quai, cour, entrepôt, hangar, magasin ou autre lieu destiné à l'emmagasinage d'effets, denrées ou marchandises, pour des effets, denrées ou marchandises qui lui ont été livrés à de dépositaire et qui se trouvent réellement dans le lieu, ou dans l'un ou plusieurs des lieux dont elle est propriétaire ou gardien, que cette personne exerce ou non une autre activité professionnelle;

c) les récépissés ou reçus donnés par toute personne qui a la garde de bois en grume ou de bois d'œuvre transitant des concessions forestières ou autres terrains au lieu de leur destination;

d) les récépissés, reçus et warrants de transit de la Lake Shippers' Clearance Association, ceux de la British Columbia Grain Shippers' Clearance Association et tous les documents reconnus par la *Loi sur les grains du Canada* comme étant des récépissés;

e) les récépissés ou reçus donnés par toute personne pour tous hydrocarbures qu'elle a reçus en qualité de dépositaire que son engagement l'oblige à restituer les mêmes hydro-

wood chips and sawdust and Christmas trees,

(c) skins and furs of wild animals, and

(d) maple products;

"**products of the quarry and mine**" includes stone, clay, sand, gravel, metals, ores, coal, salt, precious stones, metalliferous and non-metallic minerals and hydrocarbons, whether obtained by excavation, drilling or otherwise;

"**products of the sea, lakes and rivers**" includes fish of all kinds, marine and freshwater organic and inorganic life and any substances extracted or derived from any water, but does not include products of aquaculture;

"**unperfected**" in relation to a security interest, means that the security interest has not been registered in a public register maintained under the law under which the security interest is created, or has not been perfected or published by any other means recognized by that law, where the registration or other means of perfection or publication would have made the security interest effective against third parties or would have determined priorities in rank in respect of rights in, on or in respect of the property that is subject to the security interest;

"**warehouse receipt**" includes

(a) any receipt given by any person for goods, wares and merchandise in the person's actual, visible and continued possession as bailee thereof in good faith and not as the owner thereof,

(b) receipts given by any person who is the owner or keeper of a harbour, cove, pond, wharf, yard, warehouse, shed, storehouse or other place for the storage of goods, wares and merchandise, for goods, wares and merchandise delivered to the person as bailee, and actually in the place or in one or more of the places owned or kept by the person,

carbures ou lui permette de livrer une même quantité d'hydrocarbures de la même catégorie ou variété ou d'une catégorie ou variété similaire.

« **récoltes sur pied ou produites à la ferme** » Tous les produits de la ferme.

« **stock aquicole de départ** » Organismes animaux et végétaux obtenus par l'aquiculteur en vue de l'élevage ou de la culture indépendamment de leur stade de développement.

« **stock en croissance ou produits de l'exploitation aquicole** » Tous les produits de l'exploitation aquicole.

« **stock géniteur aquicole** » Espèces aquatiques servant à la production des organismes animaux et végétaux constituant le stock de départ.

« **substances minérales** » S'entend notamment de toute matière, à l'exclusion des hydrocarbures et des matières animales ou végétales autres que le charbon, extraite du sol par quelque méthode que ce soit à des fins commerciales. Sont inclus dans la présente définition tous les métaux, le charbon et le sel.

« **sylviculteur** » Personne dont l'activité professionnelle est, uniquement ou partiellement, la sylviculture. S'entend également de l'acériculteur.

« **sylviculture** » L'exploitation rationnelle des arbres forestiers, et notamment leur conservation, leur entretien, leur régénération, leur coupe et l'obtention de sous-produits et dérivés de ceux-ci. S'entend également de l'acériculture.

(2) Pour l'application des articles 426 à 436, tout élément compris dans les définitions suivantes, prévues au paragraphe (1), s'entend également de cet élément ou de ses parties, quel qu'en soit la forme ou l'état, ainsi que des produits, sous-produits et dérivés qui en sont tirés:

    a) « stock en croissance ou produits de l'exploitation aquicole »;

    b) « récoltes sur pied ou produites à la ferme »;

whether or not that person is engaged in other business,

(c) receipts given by any person in charge of logs or timber in transit from timber limits or other lands to the place of destination of the logs or timber,

(d) Lake Shippers' Clearance Association receipts and transfer certificates, British Columbia Grain Shippers' Clearance Association receipts and transfer certificates, and all documents recognized by the *Canada Grain Act* as elevator receipts, and

(e) receipts given by any person for any hydrocarbons received by the person as bailee, whether the person's obligation to restore requires delivery of the same hydrocarbons or may be satisfied by delivery of a like quantity of hydrocarbons of the same or a similar grade or kind.

(2) For the purposes of sections 426 to 436, each thing included in the following terms as defined in subsection (1), namely,

    (a) "aquacultural stock growing or produced in the aquaculture operation",

    (b) "crops growing or produced on the farm",

c) « bétail »;

d) « produits agricoles »;

e) « produits aquicoles »;

f) « produits de la forêt »;

g) « produits des carrières et des mines »;

h) « produits aquatiques ».

[1991, c. 46, a. 425; 2012, c. 5, a. 36].

(c) "livestock",

(d) "products of agriculture",

(e) "products of aquaculture",

(f) "products of the forest",

(g) "products of the quarry and mine", and

(h) "products of the sea, lakes and rivers",

comprises that thing in any form or state and any part thereof and any product or by-product thereof or derived therefrom.

[1991, c. 46, s. 425; 2012, c. 5, s. 36].

426. (1) La banque peut consentir des prêts ou des avances garantis soit par un ou plusieurs des biens suivants, soit par des droits relatifs à l'un de ces biens, que la garantie ait été fournie par l'emprunteur, une caution ou une tierce personne:

a) des hydrocarbures ou des substances minérales se trouvant soit dans le sol ou le sous-sol, soit en dépôt;

b) les droits, licences ou permis de toute personne d'obtenir et d'enlever des hydrocarbures ou des substances minérales, de pénétrer sur les terrains où ils sont produits, extraits ou susceptibles de l'être, et d'occuper et utiliser ces terrains;

c) le droit de propriété ou de jouissance de toute personne, afférent à ces hydrocarbures, substances minérales, droits, licences, permis et terrains, qu'il s'agisse d'un droit total ou partiel;

d) l'outillage et le coffrage employés ou destinés à extraire, produire ou chercher à extraire ou produire des hydrocarbures ou des substances minérales et à les emmagasiner.

426. (1) A bank may lend money and make advances on the security of any or all of the following, namely,

(a) hydrocarbons or minerals in, under or on the ground, in place or in storage,

(b) the rights, licences or permits of any person to obtain and remove any such hydrocarbons or minerals and to enter on, occupy and use lands from or on which any of such hydrocarbons or minerals are or may be extracted, mined or produced,

(c) the estate or interest of any person in or to any such hydrocarbons or minerals, rights, licences, permits and lands whether the estate or interest is entire or partial, and

(d) the equipment and casing used or to be used in extracting, mining or producing or seeking to extract, mine or produce, and storing any such, hydrocarbons or minerals,

or of any rights or interests in or to any of the foregoing whether the security be taken from the borrower or from a guarantor of the liability of the borrower or from any other person,

(2) La garantie visée au présent article peut être accordée par le donneur de garantie ou pour son compte, au moyen d'un

(2) Security under this section may be given by signature and delivery to the bank, by or on behalf of the person giving

acte signé, remis à la banque et établi en la forme réglementaire ou en une forme équivalente, et doit, selon le cas, viser les biens décrits dans l'acte de garantie:

a) dont la personne qui donne la garantie est propriétaire au moment de la remise de l'acte;

b) dont cette personne devient propriétaire avant l'abandon de la garantie par la banque, que ces biens existent ou non au moment de cette remise.

Pour l'application de la présente loi, tous ces biens sont affectés à la garantie.

(3) Lorsqu'elle bénéficie d'une garantie accordée conformément au présent article, la banque, agissant par l'intermédiaire de ses dirigeants, employés ou mandataires, a, en cas:

a) de non-paiement d'un prêt ou d'une avance dont le remboursement est ainsi garanti,

b) de défaut de prise en charge, d'entretien, de protection ou de conservation des biens affectés à la garantie,

tous les pouvoirs — en sus et sans préjudice des autres pouvoirs qui lui sont dévolus — pour prendre, à sa convenance, toutes les mesures suivantes ou certaines d'entre elles, savoir: prendre possession de la totalité ou d'une partie des biens affectés à la garantie ou les saisir, les prendre en charge, en assurer l'entretien, les utiliser, les exploiter et, sous réserve de toute autre loi qui en régit la propriété et l'aliénation et de ses règlements d'application, les vendre selon qu'elle le juge à propos.

(4) En cas d'exercice par la banque de l'un des droits que le paragraphe (3) lui confère sur les biens qui lui ont été donnés en garantie, elle doit remettre à la personne qui y a droit l'excédent du produit qui en provient, après remboursement des prêts et avances avec les intérêts et frais.

the security, of an instrument in the prescribed form or in a form to the like effect, and shall affect the property described in the instrument giving the security

(a) of which the person giving the security is the owner at the time of the delivery of the instrument, or

(b) of which that person becomes the owner at any time thereafter before the release of the security by the bank, whether or not the property is in existence at the time of the delivery,

all of which property is for the purposes of this Act property covered by the security.

(3) Any security given under this section vests in the bank, in addition to and without limitation of any other rights or powers vested in or conferred on it, full power, right and authority, through its officers, employees or agents, in the event of

(a) non-payment of any loan or advance as security for the payment of which the bank has taken the security, or

(b) failure to care for, maintain, protect or preserve the property covered by the security,

to do all or any of the following, namely, take possession of, seize, care for, maintain, use, operate and, subject to the provisions of any other Act and any regulations made under any other Act governing the ownership and disposition of the property that is the subject of the security, sell the property covered by the security or part thereof as it sees fit.

(4) Where a bank exercises any right conferred on it by subsection (3) in relation to property given to it as security, the bank shall provide to the person entitled thereto any surplus proceeds resulting from the exercise of the right that remain after payment of all loans and advances, together with interest and expenses, in relation to which the property was given as security.

(5) La vente, effectuée en vertu du paragraphe (3), des biens donnés en garantie à la banque confère à l'acheteur tous les droits et titres s'y rapportant que le donneur de garantie avait à la date de la garantie et qu'il a acquis postérieurement.

(6) Sauf accord du donneur de garantie, la vente, effectuée en vertu du paragraphe (3), doit se faire aux enchères publiques et après l'accomplissement des formalités suivantes:

> a) l'envoi par courrier recommandé au donneur de garantie, à sa dernière adresse connue, d'un avis indiquant les date, heure et lieu de la vente et expédié dix jours au moins avant celle-ci;

> b) l'insertion d'un avis annonçant la vente, au moins deux jours avant celle-ci, dans au moins deux journaux publiés au lieu fixé pour la vente ou au lieu le plus proche.

(7) Sous réserve des paragraphes (8), (9) et (10), les droits et pouvoirs de la banque concernant les biens visés par la garantie donnée conformément au présent article priment les droits subséquemment acquis sur ces biens, ainsi que ceux de tout détenteur d'un privilège de constructeur ou de vendeur impayé d'outillage ou de coffrage ou d'une personne ayant une sûreté non parfaite sur les biens à la date où la banque a obtenu sa garantie sur les biens.

(7.1) Le droit de préférence visé au paragraphe (7) ne s'applique pas à la créance du vendeur impayé qui avait un privilège sur l'outillage ou le coffrage ou d'une personne qui avait une sûreté non parfaite sur les biens à la date où la banque a obtenu sa garantie, si elle connaissait alors l'existence du privilège ou de la sûreté.

(8) Les droits et pouvoirs de la banque concernant les biens visés par une garantie donnée conformément au présent article ne priment pas les droits acquis sur ces biens, sauf si:

(5) A sale pursuant to subsection (3) of any property given to a bank as security vests in the purchaser all the right and title in and to such property that the person giving the security had when the security was given and that that person thereafter acquired.

(6) Unless a person by whom property was given to a bank as security has agreed otherwise, a sale pursuant to subsection (3) shall be made by public auction after

> (a) notice of the time and place of the sale has been sent by registered mail to the recorded address of the person by whom the property was given as security at least ten days prior to the sale; and

> (b) publication of an advertisement of the sale, at least two days prior to the sale, in at least two newspapers published in or nearest to the place where the sale is to be made.

(7) Subject to subsections (8), (9) and (10), all the rights and powers of a bank in respect of the property covered by security given under this section have priority over all rights subsequently acquired in, on or in respect of the property and also over the claim of any mechanics' lien holder, of any unpaid vendor of equipment or casing or of any person who had a security interest in that property that was unperfected at the time the bank acquired its security in the property.

(7.1) The priority referred to in subsection (7) does not extend over the claim of any unpaid vendor who had a lien on the equipment or casing, or of any person who has a security interest in the property that was unperfected at the time the bank acquired its security in the property, if the bank acquired its security with knowledge of that unpaid vendor's lien or that other person's security interest.

(8) The rights and powers of a bank in respect of the property covered by security given under this section do not have priority over an interest or a right acquired in, on or in respect of the property unless, prior to

a) avant l'enregistrement de ces droits,

b) avant l'enregistrement ou le dépôt de l'acte ou autre instrument constatant ces droits, ou l'enregistrement ou le dépôt d'une mise en garde, d'un avertissement ou d'un bordereau concernant un tel intérêt ou droit,

il a été procédé à l'enregistrement ou au dépôt au bureau d'enregistrement ou du bureau des titres fonciers compétent, ou au bureau compétent où sont enregistrés les droits, licences ou permis mentionnés au présent article:

c) soit d'un original de l'acte de garantie;

d) soit d'une copie de l'acte de garantie, certifiée conforme par un dirigeant ou un employé de la banque;

e) soit d'une mise en garde, d'un avertissement ou d'un bordereau concernant les droits de la banque.

(9) Le registraire ou préposé responsable du bureau d'enregistrement ou du bureau des titres fonciers compétent ou d'un autre bureau compétent auquel est présenté un document mentionné aux alinéas (8)c), d) ou e) doit l'enregistrer ou le déposer conformément à la procédure ordinaire d'enregistrement ou de dépôt de tels documents, sous réserve du paiement des droits applicables.

(10) Les paragraphes (8) et (9) ne sont pas applicables si la loi provinciale en cause ne permet pas l'enregistrement ou le dépôt du document présenté ou si les lois fédérales régissant la propriété et l'aliénation du bien qui fait l'objet d'une garantie donnée en vertu du présent article ne prévoient pas, par un renvoi exprès au présent article, l'enregistrement ou le dépôt du document présenté.

(11) Lorsqu'elle fait un prêt ou une avance garantis conformément au présent article, la banque peut prendre, sur tout bien visé par cette garantie, toute autre garantie qu'elle juge utile.

(a) the registration of such interest or right, or

(b) the registration or filing of the deed or other instrument evidencing such interest or right, or of a caution, caveat or memorial in respect thereof,

there has been registered or filed in the proper land registry or land titles office or office in which are recorded the rights, licences or permits referred to in this section,

(c) an original of the instrument giving the security,

(d) a copy of the instrument giving the security, certified by an officer or employee of the bank to be a true copy, or

(e) a caution, caveat or memorial in respect of the rights of the bank.

(9) Every registrar or officer in charge of the proper land registry or land titles or other office to whom a document mentioned in paragraph (8)(c), (d) or (e) is tendered shall register or file the document according to the ordinary procedure for registering or filing within that office documents that evidence liens or charges against, or cautions, caveats or memorials in respect of claims to, interests in or rights in respect of any such property and subject to payment of the like fees.

(10) Subsections (8) and (9) do not apply if the law of the appropriate province does not permit the registration or filing of the tendered document or if any law enacted by or under the authority of Parliament, governing the ownership and disposal of the property that is the subject of security given under this section, does not provide by specific reference to this section for the registration or filing of the tendered document.

(11) When making a loan or an advance on the security provided for by this section, a bank may take, on any property covered by the security, any further security it sees fit.

(12) Par dérogation aux autres dispositions de la présente loi, la banque qui détient une garantie sur des hydrocarbures ou des substances minérales peut prendre, en remplacement de celle-ci, une garantie portant sur la livraison d'une quantité équivalente des mêmes hydrocarbures ou substances minérales ou d'hydrocarbures ou de substances minérales de même qualité ou du même type ou lui donnant droit à une telle livraison.

[1991, c. 46, a. 426; 2012, c. 5, a. 37].

(12) Notwithstanding anything in this Act, where the bank holds any security covering hydrocarbons or minerals, it may take in lieu of that security, to the extent of the quantity covered by the security taken, any security covering or entitling it to the delivery of the same hydrocarbons or minerals or hydrocarbons or minerals of the same or a similar grade or kind.

[1991, c. 46, s. 426; 2012, c. 5, s. 37].

427. **(1)** La banque peut consentir des prêts ou avances de fonds :

a) à tout acheteur, expéditeur ou marchand en gros ou au détail de produits agricoles, aquicoles, forestiers, des carrières, des mines ou aquatiques ou d'effets, denrées ou marchandises fabriqués ou autrement obtenus, moyennant garantie portant sur ces produits ou sur ces effets, denrées ou marchandises ainsi que sur les effets, denrées ou marchandises servant à leur emballage;

b) à toute personne faisant des affaires en qualité de fabricant, moyennant garantie portant sur les effets, denrées ou marchandises qu'elle fabrique ou produit, ou qui sont acquis à cette fin, ainsi que sur les effets, denrées ou marchandises servant à leur emballage;

c) à tout aquiculteur moyennant garantie portant sur son stock en croissance ou les produits de son exploitation aquicole ou sur son matériel aquicole immobilier ou mobilier;

d) à tout agriculteur, moyennant garantie portant sur ses récoltes ou sur son matériel agricole immobilier ou mobilier;

e) à tout aquiculteur :

427. **(1)** A bank may lend money and make advances

(a) to any wholesale or retail purchaser or shipper of, or dealer in, products of agriculture, products of aquaculture, products of the forest, products of the quarry and mine, products of the sea, and rivers or goods, wares and merchandise, manufactured or otherwise, on the security of such products or goods, wares and merchandise and of goods, wares and merchandise used in or procured for the packing of such products or goods, wares and merchandise,

(b) to any person engaged in business as a manufacturer, on the security of goods, wares and merchandise manufactured or produced by that person or procured for such manufacture or production and of goods, wares and merchandise used in or procured for the packing of goods, wares and merchandise so manufactured or produced,

(c) to any aquaculturist, on the security of aquacultural stock growing or produced in the aquaculture operation or on the security of aquacultural equipment or aquacultural implements,

(d) to any farmer, on the security of crops growing or produced on the farm or on the security of agricultural equipment or agricultural implements,

(e) to any aquaculturist

(i) pour l'achat de stock géniteur aquicole ou de stock aquicole de départ, moyennant garantie portant sur ceux-ci et sur tout produit qui en proviendra,

(ii) pour l'achat d'insecticides, moyennant garantie portant sur ces insecticides et sur tout produit de l'exploitation aquicole sur lequel ils doivent être utilisés,

(iii) pour l'achat de nourriture, médicaments vétérinaires, produits biologiques ou vaccins, moyennant garantie portant sur ceux-ci et sur tout produit de l'exploitation aquicole sur lequel ils doivent être utilisés;

f) à tout agriculteur:

(i) pour l'achat de semences, notamment de pommes de terre, moyennant garantie portant sur ces semences et sur toute récolte qui en proviendra,

(ii) pour l'achat d'engrais et d'insecticides, moyennant garantie portant sur ces engrais et insecticides et sur toute récolte que produira la terre sur laquelle, dans la même saison, ils doivent être utilisés;

g) à tout aquiculteur moyennant garantie portant sur les organismes animaux et végétaux aquatiques, étant entendu que la garantie prise en vertu du présent alinéa n'est pas valable à l'égard des organismes qui sont, au moment où la garantie est prise et en vertu d'une loi en vigueur à ce moment, insaisissables par voie de bref d'exécution et exclus des biens qui peuvent être donnés en garantie d'un emprunt par cet aquiculteur;

h) à tout agriculteur ou à toute personne se livrant à l'élevage du bétail, moyennant garantie portant sur des grains de provende ou du bétail, étant entendu que la garantie prise

(i) for the purchase of aquatic broodstock or aquatic seedstock, on the security of the aquatic broodstock or aquatic seedstock and any aquatic stock to be grown therefrom,

(ii) for the purchase of pesticide, on the security of the pesticide and any aquatic stock to be grown from the site on which the pesticide is to be used, and

(iii) for the purchase of feed, veterinary drugs, biologicals or vaccines, on the security of the feed, veterinary drugs, biologicals or vaccines and any aquatic stock to be grown in the aquaculture operation on which the feed, veterinary drugs, biologicals or vaccines are to be used,

(f) to any farmer

(i) for the purchase of seed grain or seed potatoes, on the security of the seed grain or seed potatoes and any crop to be grown therefrom, and

(ii) for the purchase of fertilizer or pesticide, on the security of the fertilizer or pesticide and any crop to be grown from land on which, in the same season, the fertilizer or pesticide is to be used,

(g) to any aquaculturist on the security of aquatic plants and animals, but security taken under this paragraph is not effective in respect of any aquatic plants and animals that, at the time the security is taken, by any statutory law that is then in force, are exempt from seizure under writs of execution and the aquaculturist is prevented from giving as security for money lent to the aquaculturist,

(h) to any farmer or to any person engaged in livestock raising, on the security of feed or livestock, but security taken under this paragraph is not effective in respect of any live-

en vertu du présent alinéa n'est pas valable à l'égard du bétail qui est, au moment où la garantie est prise et en vertu d'une loi en vigueur à ce moment, insaisissable par voie de bref d'exécution et exclu des biens qui peuvent être donnés en garantie d'un emprunt par cet agriculteur ou cette personne se livrant à l'élevage du bétail;

i) à tout aquiculteur pour l'achat d'instruments aquicoles, moyennant garantie portant sur ces instruments;

j) à tout agriculteur pour l'achat d'instruments agricoles, moyennant garantie portant sur ces instruments;

k) à tout aquiculteur pour l'achat ou l'installation de matériel aquicole immobilier ou d'installations électriques aquicoles, moyennant garantie portant sur ce matériel ou ces installations électriques;

l) à tout agriculteur pour l'achat ou l'installation de matériel agricole immobilier ou d'installations électriques de ferme, moyennant garantie portant sur ce matériel ou ces installations électriques;

m) à tout aquiculteur pour:

    (i) la réparation ou la révision de matériel aquicole mobilier ou immobilier ou d'installations électriques aquicoles,

    (ii) la modification ou l'amélioration d'installations électriques aquicoles,

    (iii) l'érection ou la construction de clôtures ou d'ouvrages de drainage sur l'exploitation aquicole pour la conservation, l'élevage, la culture ou la protection d'organismes animaux et végétaux aquatiques ou pour leur alimentation en eau et l'évacuation des eaux,

    (iv) la construction, la réparation, la modification ou l'agrandissement de tout édifice ou bâtiment de l'exploitation aquicole,

stock that, at the time the security is taken, by any statutory law that is then in force, is exempt from seizure under writs of execution and the farmer or other person engaged in livestock raising is prevented from giving as security for money lent to the farmer or other person,

(i) to any aquaculturist for the purchase of aquacultural implements, on the security of those aquacultural implements,

(j) to any farmer for the purchase of agricultural implements, on the security of those agricultural implements,

(k) to any aquaculturist for the purchase or installation of aquacultural equipment or an aquacultural electric system, on the security of that aquacultural equipment or aquacultural electric system,

(l) to any farmer for the purchase or installation of agricultural equipment or a farm electric system, on the security of that agricultural equipment or farm electric system,

(m) to any aquaculturist for

    (i) the repair or overhaul of an aquacultural implement, aquacultural equipment or an aquaculture electric system,

    (ii) the alteration or improvement of an aquacultural electric system,

    (iii) the erection or construction of fencing or works for drainage in an aquaculture operation for the holding, rearing or protection of aquatic plants and animals or for the supply of water to such plants and animals or the disposal of effluent from them,

    (iv) the construction, repair or alteration of or making of additions to any building or structure in an aquaculture operation, and

(v) toute entreprise en vue de l'amélioration ou de la mise en valeur d'une exploitation aquicole pouvant faire l'objet d'un prêt au sens de la *Loi sur le financement des petites entreprises du Canada* (L.C. 1998, c. 36) ou de la *Loi sur les prêts aux petites entreprises* (L.R.C. (1985), c. F-22),

moyennant garantie portant sur le matériel aquicole mobilier ou immobilier, étant entendu que la garantie prise en vertu du présent alinéa n'est pas valable en ce qui concerne le matériel qui est, au moment où la garantie est prise et en vertu d'une loi en vigueur à ce moment, insaisissable par voie de bref d'exécution et exclu des biens qui peuvent être donnés en garantie d'un emprunt par cet aquiculteur;

n) à tout agriculteur pour:

(i) la réparation ou la révision de matériel agricole mobilier ou immobilier ou d'installation électrique de ferme,

(ii) la modification ou l'amélioration d'installations électriques de ferme,

(iii) l'érection ou la construction de clôtures ou d'ouvrages de drainage de la ferme,

(iv) la construction, la réparation, la modification ou l'agrandissement de tout édifice ou bâtiment de la ferme,

(v) (*remplacé*),

(vi) toute fin pouvant faire l'objet d'un prêt au sens de la *Loi canadienne sur les prêts agricoles* (L.R.C. (1985), c. 25 (3e Suppl.)),

moyennant garantie portant sur le matériel agricole mobilier ou immobilier, étant entendu que la garantie prise en vertu du présent alinéa n'est pas valable en ce qui concerne le matériel qui est, au moment où la garantie est prise et en vertu d'une loi en vigueur à ce moment, insaisis-

(v) any works for the improvement or development of an aquaculture operation for which a loan, as defined in the *Canada Small Business Financing Act* (S.C. 1998, c. 36), or a business improvement loan, as defined in the *Small Business Loans Act* (R.S.C. (1985), c. F-22), may be made,

on the security of aquacultural equipment or aquacultural implements, but security taken under this paragraph is not effective in respect of aquacultural equipment or aquacultural implements that, at the time the security is taken, by any statutory law that is then in force, are exempt from seizure under writs of execution and the aquaculturist is prevented from giving as security for money lent to the aquaculturist,

(n) to any farmer for

(i) the repair or overhaul of an agricultural implement, agricultural equipment or a farm electric system,

(ii) the alteration or improvement of a farm electric system,

(iii) the erection or construction of fencing or works for drainage on a farm,

(iv) the construction, repair or alteration of or making of additions to any building or structure on a farm,

(v) (*replaced*)

(vi) any purpose for which a loan as defined in the *Canadian Agricultural Loans Act* (R.S.C. (1985), c. 25 (3rd Supp.)) may be made,

on the security of agricultural equipment or agricultural implements, but security taken under this paragraph is not effective in respect of agricultural equipment or agricultural implements that, at the time the security is taken, by any statutory law that is then in force, are exempt

sable par voie de bref d'exécution et exclu des biens qui peuvent être donnés en garantie d'un emprunt par cet agriculteur;

o) à tout pêcheur, moyennant garantie portant sur des bateaux ou engins de pêche ou des produits aquatiques, étant entendu que la garantie prise en vertu du présent alinéa n'est pas valable en ce qui concerne les biens qui sont, au moment où la garantie est prise et en vertu d'une loi en vigueur à ce moment, insaisissables par voie de bref d'exécution et exclus des biens qui peuvent être donnés en garantie d'un emprunt par ce pêcheur;

p) à tout sylviculteur, moyennant garantie portant sur des engrais, insecticides, matériel sylvicole mobilier ou immobilier ou des produits forestiers, étant entendu que la garantie prise en vertu du présent alinéa n'est pas valable en ce qui concerne les biens de ce genre qui sont, au moment où la garantie est prise et en vertu d'une loi en vigueur à ce moment, insaisissables par voie de bref d'exécution et exclus des biens qui peuvent être donnés en garantie d'un emprunt par ce sylviculteur;

La garantie peut être accordée par le donneur de garantie ou pour son compte, au moyen d'un document signé, remis à la banque et établi en la forme réglementaire ou en une forme équivalente.

(2) La remise à la banque d'un document lui accordant, en vertu du présent article, une garantie sur des biens dont le donneur de garantie:

a) soit est propriétaire au moment de la remise du document,

b) soit devient propriétaire avant l'abandon de la garantie par la banque, que ces biens existent ou non au moment de cette remise,

confère à la banque, en ce qui concerne les biens visés, les droits et pouvoirs suivants:

c) s'il s'agit d'une garantie donnée soit en vertu des alinéas (1)a), b), g),

from seizure under writs of execution and the farmer is prevented from giving as security for money lent to the farmer,

(o) to any fisherman, on the security of fishing vessels, fishing equipment and supplies or products of the sea, lakes and rivers, but security taken under this paragraph is not effective in respect of any such property that, at the time the security is taken, by any statutory law that is then in force, is exempt from seizure under writs of execution and the fisherman is prevented from giving as security for money lent to the fisherman, and

(p) to any forestry producer, on the security of fertilizer, pesticide, forestry equipment, forestry implements or products of the forest, but security taken under this paragraph is not effective in respect of any such property that, at the time the security is taken, by any statutory law that is then in force, is exempt from seizure under writs of execution and the forestry producer is prevented from giving as security for money lent to the forestry producer,

and the security may be given by signature and delivery to the bank, by or on behalf of the person giving the security, of a document in the prescribed form or in a form to the like effect.

(2) Delivery of a document giving security on property to a bank under the authority of this section vests in the bank in respect of the property therein described

(a) of which the person giving security is the owner at the time of the delivery of the document, or

(b) of which that person becomes the owner at any time thereafter before the release of the security by the bank, whether or not the property is in existence at the time of the delivery,

the following rights and powers, namely,

(c) if the property is property on which security is given under para-

h), *i*), *j*) ou *o*), soit en vertu des ali-néas (1)*c*) ou *m*) et portant sur du matériel aquicole mobilier, soit en vertu des alinéas (1)*d*) ou *n*) et por-tant sur du matériel agricole mobi-lier, soit en vertu de l'alinéa (1)*p*) et portant sur du matériel sylvicole mobilier, les mêmes droits que si la banque avait acquis un récépissé d'entrepôt ou un connaissement vi-sant ces biens;

d) s'il s'agit d'une garantie donnée:

    (i) soit en vertu de l'alinéa (1)*c*) et portant sur du stock en croissance ou produits de l'exploitation aquicole ou du matériel aquicole immobilier,

    (ii) soit en vertu de l'alinéa (1)*d*) et portant sur des ré-coltes ou du matériel agricole immobilier,

    (iii) soit en vertu des alinéas (1)*e*), *f*), *k*) et *l*),

    (iv) soit en vertu de l'alinéa (1)*m*) et portant sur du maté-riel aquicole immobilier,

    (v) soit en vertu de l'alinéa (1)*n*) et portant sur du maté-riel agricole immobilier,

    (vi) soit en vertu de l'alinéa (1)*p*) et portant sur du maté-riel sylvicole immobilier,

d'une part, un gage ou privilège de pre-mier rang sur ces biens pour la somme garantie avec les intérêts y afférents et, le cas échéant, sur les récoltes avant comme après leur enlèvement du sol, la moisson ou le battage dont elles font l'objet et, d'autre part, les mêmes droits sur ces biens que si elle avait acquis un récépissé d'en-trepôt ou un connaissement décrivant ces biens, étant entendu que tous les droits de la banque subsistent même si ces biens sont fixés à des biens immeubles ou si le

graph (1)(*a*), (*b*), (*g*), (*h*), (*I*), (*j*) or (*o*), under paragraph (1)(*c*) or (*m*) consisting of aquacultural imple-ments, under paragraph (1)(*d*) or (*n*) consisting of agricultural imple-ments or under paragraph (1)(*p*) consisting of forestry implements, the same rights and powers as if the bank had acquired a warehouse re-ceipt or bill of lading in which that property was described, or

(d) if the property

    (i) is property on which secur-ity is given under paragraph (1)(*c*) consisting of aquacul-tural stock growing or pro-duced in the aquaculture oper-ation or aquacultural equipment,

    (ii) is property on which se-curity is given under para-graph (1)(*d*) consisting of crops or agricultural equipment,

    (iii) is property on which se-curity is given under any of paragraphs (1)(*e*), (*f*), (*k*) and (*l*),

    (iv) is property on which se-curity is given under para-graph (1)(*m*) consisting of aquacultural equipment,

    (v) is property on which se-curity is given under para-graph (1)(*n*) consisting of ag-ricultural equipment, or

    (vi) is property on which se-curity is given under para-graph (1)(*p*) consisting of for-estry equip-ment,

a first and preferential lien and claim thereon for the sum secured and interest thereon, and as regards a crop as well before as after the severance from the soil, harvesting or threshing thereof, and, in ad-dition thereto, the same rights and powers in respect of the property as if the bank had acquired a warehouse receipt or bill of lading in which the property was de-scribed, and all rights and powers of the bank subsist notwithstanding that the pro-perty is affixed to real property and not-

donneur de garantie n'en est pas propriétaire.

Tous les biens, à l'égard desquels les droits sont dévolus à la banque sous le régime du présent article, sont, pour l'application de la présente loi, des biens affectés à la garantie.

(3) Lorsqu'une garantie sur des biens est donnée à la banque en vertu des alinéas (1)*c* à *p*), celle-ci, agissant par l'intermédiaire de ses dirigeants, employés ou mandataires, a, dans l'une des éventualités suivantes:

a) non-paiement d'un prêt ou d'une avance dont le remboursement est garanti;

b) défaut de prendre en charge les récoltes ou d'en faire la moisson ou de prendre soin du bétail, affectés à la garantie,

c) défaut de prendre en charge le stock en croissance ou les produits de l'exploitation aquicole ou de prendre soin des organismes animaux et végétaux aquatiques, affectés à la garantie,

d) défaut de prendre en charge les biens affectés à la garantie donnée en vertu des alinéas (1)*i*) à *p*),

e) tentative, sans le consentement de la banque, d'aliénation de biens affectés à la garantie,

f) saisie de biens affectés à la garantie,

tous les pouvoirs — en sus et sans préjudice des autres pouvoirs qui lui sont dévolus — pour prendre possession des biens affectés à la garantie ou les saisir et, en ce qui a trait au stock en croissance ou produits de l'exploitation aquicole ou aux récoltes sur pied ou produites à la ferme, les prendre en charge et, s'il y a lieu, en faire la moisson ou en battre le grain et, en ce qui a trait au bétail ou aux organismes animaux et végétaux aquatiques, en prendre soin; et à ces fins, elle a le droit de pénétrer sur le terrain ou dans les locaux et de détacher et d'enlever ces biens de tous biens immeubles auxquels ils sont fixés

withstanding that the person giving the security is not the owner of that real property,

and all such property in respect of which such rights and powers are vested in the bank under this section is for the purposes of this Act property covered by the security.

(3) Where security on any property is given to a bank under any of paragraphs (1)(*c*) to (*p*), the bank, in addition to and without limitation of any other rights or powers vested in or conferred on it, has full power, right and authority, through its officers, employees or agents, in the case of

(a) non-payment of any of the loans or advances for which the security was given,

(b) failure to care for or harvest any crop or to care for any livestock covered by the security,

(c) failure to care for or harvest any aquatic stock growing or produced in the aquaculture operation or to care for any aquatic plants and animals covered by the security,

(d) failure to care for any property on which security is given under any of paragraphs (1)(*i*) to (*p*),

(e) any attempt, without the consent of the bank, to dispose of any property covered by the security, or

(f) seizure of any property covered by the security,

to take possession of or seize the property covered by the security, and in the case of aquacultural stock growing or produced in the aquaculture operation or a crop growing or produced on the farm to care for it and, where applicable, harvest it or thresh the grain therefrom, and in the case of livestock or aquatic plants and animals to care for them, and has the right and authority to enter on any land, premises or site whenever necessary for any such purpose and to detach and remove such property, exclusive of wiring, conduits or piping incorporated in a building, from any real property to which it is affixed.

sauf les fils, conduits ou tuyaux incorporés à un bâtiment.

(4) Les dispositions suivantes s'appliquent lorsqu'une garantie sur des biens est donnée à la banque conformément au présent article:

a) les droits et pouvoirs de la banque sur les biens affectés à la garantie sont inopposables aux créanciers du donneur de garantie et à ceux qui de bonne foi, par la suite, prennent une hypothèque sur les biens affectés à la garantie ou les achètent, à moins qu'un préavis signé par le donneur de garantie ou pour son compte n'ait été enregistré à l'agence appropriée dans les trois années qui précèdent la date de la garantie;

b) l'enregistrement d'un préavis peut être annulé par l'enregistrement, à l'agence où le préavis a été enregistré, d'un certificat de dégagement signé au nom de la banque visée dans le préavis et précisant que toute garantie à laquelle se rapporte le préavis a été dégagée ou que nulle garantie n'a été donnée à la banque;

c) toute personne peut, en s'adressant à l'agent et sur paiement du droit fixée en application du paragraphe (6), recevoir communication de ses archives et notamment des préavis et certificats de dégagement;

d) toute personne peut s'enquérir, auprès d'une agence, de la validité d'un préavis par l'envoi franco à l'agent d'une demande écrite ou d'un télégramme; l'agent est tenu, dans le cas d'une demande écrite accompagnée de la somme fixée en application du paragraphe (6), de consulter les archives et les pièces pertinentes de l'agence et de communiquer à l'auteur de la demande le nom de la banque mentionnée dans le préavis; cette réponse est envoyée par lettre à moins qu'une réponse par télégramme n'ait été exigée, auquel cas il est envoyé aux frais du demandeur;

(4) The following provisions apply where security on property is given to a bank under this section:

(a) the rights and powers of the bank in respect of property covered by the security are void as against creditors of the person giving the security and as against subsequent purchasers or mortgagees in good faith of the property covered by the security unless a notice of intention signed by or on behalf of the person giving the security was registered in the appropriate agency not more than three years immediately before the security was given;

(b) registration of a notice of intention may be cancelled by registration in the appropriate agency in which the notice of intention was registered of a certificate of release signed on behalf of the bank named in the notice of intention stating that every security to which the notice of intention relates has been released or that no security was given to the bank, as the case may be;

(c) every person, on payment of the fee prescribed pursuant to subsection (6), is entitled to have access through the agent to any system of registration, notice of intention or certificate of release kept by or in the custody of the agent;

(d) any person desiring to ascertain whether a notice of intention given by a person is registered in an agency may inquire by sending a prepaid telegram or written communication addressed to the agent, and it is the duty of the agent, in the case of a written inquiry, only if it is accompanied by the payment of the fee prescribed pursuant to subsection (6), to make the necessary examination of the information contained in the system of registration and of the relevant documents, if any, and to reply to the inquirer stating the name of the bank mentioned in any such notice of intention,

e) la preuve de l'enregistrement à une agence du préavis ou du certificat de dégagement, ainsi que des lieu, date, heure et numéro de l'enregistrement, peut se faire en produisant une copie certifiée par l'agent, sans qu'il soit nécessaire de prouver la signature ou la qualité de celui-ci.

(5) Les définitions qui suivent s'appliquent aux paragraphes (4) et (6).

« agence » Dans une province, le bureau de la Banque du Canada ou de son représentant autorisé, à l'exception de son bureau d'Ottawa; au Yukon, dans les Territoires du Nord-Ouest et au Nunavut, le bureau du greffier du tribunal de chacun de ces territoires respectivement.

« agence appropriée » Agence de la province où est situé l'établissement de la personne par ou pour qui est signé le préavis ou, si cette personne a plusieurs établissements au Canada qui se trouvent dans plusieurs provinces, l'agence de la province où elle a son principal établissement ou, à défaut d'établissement, l'agence de la province où elle réside; en ce qui concerne un préavis enregistré avant la date d'entrée en vigueur de la présente partie, « agence appropriée » désigne le bureau où l'enregistrement devait être effectué d'après la loi en vigueur à l'époque.

« agent » Préposé qui a la charge d'une agence ainsi que toute personne agissant pour ce préposé.

« archives » Registres et autres dossiers dont la tenue est exigée en vertu du paragraphe (4), étant entendu qu'ils peuvent être tenus au moyen de feuillets reliés ou non, sur pellicule photographique ou en utilisant un système mécanique ou électronique de traitement de l'information ou tout autre procédé de stockage de données permettant d'obtenir les renseignements

which reply shall be sent by mail unless a telegraphic reply is requested, in which case it shall be sent at the expense of the inquirer; and

(e) evidence of registration in an agency of a notice of intention or a certificate of release and of the place, date, time and serial number, if any, of its registration may be given by the production of a copy of the notice of intention or certificate of release duly certified by the agent to be a true copy thereof without proof of the signature or of the official character of the agent.

(5) In subsections (4) and (6),

"agency" means, in a province, the office of the Bank of Canada or its authorized representative but does not include its Ottawa office, and in Yukon, the Northwest Territories and Nunavut means the office of the clerk of the court of each of those territories respectively;

"agent" means the officer in charge of an agency, and includes any person acting for that officer;

"appropriate agency" means (a) the agency for the province in which is located the place of business of the person by whom or on whose behalf a notice of intention is signed, (b) if that person has more than one place of business in Canada and the places of business are not in the same province, the agency for the province in which is located the principal place of business of that person, or (c) if that person has no place of business, the agency for the province in which the person resides, and in respect of any notice of intention registered before the day this Part comes into force, means the office in which registration was required to be made by the law in force at the time of such registration;

"notice of intention" means a notice of intention in the prescribed form or in a form to the like effect, and includes a notice of intention registered before the day this Part comes into force, in the form and registered in the manner required by the

nécessaires en clair et après un délai d'attente satisfaisant.

« préavis » Préavis en forme réglementaire ou en forme comparable et, en outre, le préavis dont l'enregistrement, effectué avant la date d'entrée en vigueur de la présente partie, et la forme répondent aux modalités fixées par la loi en vigueur à l'époque.

« principal établissement » a) Dans le cas d'une personne morale constituée sous le régime d'une loi fédérale ou provinciale, le lieu au Canada où, d'après la charte, l'acte constitutif ou les règlements administratifs de la personne morale, est situé son siège; b) dans le cas de toute autre personne morale, le lieu où les actes de procédure en matière civile peuvent lui être signifiés dans la province où des prêts ou avances ont été consentis.

(6) Le gouverneur en conseil peut, pour l'application du présent article, prendre des règlements:

    a) relatifs aux règles et à la procédure à suivre pour la tenue des archives, notamment l'enregistrement et l'annulation de préavis et l'accès aux archives;

    b) exigeant le paiement de droits relatifs aux archives et en fixant le montant;

    c) relatifs à toute autre question concernant la tenue des archives.

(7) Par dérogation au paragraphe (2), et même si le donneur de garantie portant sur des biens conformément au présent article a fait enregistrer le préavis s'y rapportant comme prévu au présent article, au cas où, en vertu de la *Loi sur la faillite et l'insolvabilité* (L.R.C. (1985), c. B-3), une ordonnance de faillite est rendue contre le donneur de garantie ou il effectue une cession:

law in force at the time of the registration of the notice of intention;

"principal place of business" means (a) in the case of a body corporate incorporated by or under an Act of Parliament or the legislature of a province, the place where, according to the body corporate's charter, memorandum of association or by-laws, the head office of the body corporate in Canada is situated, and (b) in the case of any other body corporate, the place at which a civil process in the province in which the loans or advances will be made can be served on the body corporate;

"system of registration" system of registration means all registers and other records required by subsection (4) to be prepared and maintained and any such system may be in a bound or loose-leaf form or in a photographic film form, or may be entered or recorded by any system of mechanical or electronic data processing or any other information storage device that is capable of reproducing any required information in intelligible written form within a reasonable time.

(6) The Governor in Council may, for the purposes of this section, make regulations

    (a) respecting the practice and procedure for the operation of a system of registration, including registration of notices of intention, the cancellation of such registrations and access to the system of registration;

    (b) requiring the payment of fees relating to the system of registration and prescribing the amounts thereof; and

    (c) respecting any other matter necessary for the maintenance and operation of a system of registration.

(7) Despite subsection (2) and despite the fact that a notice of intention by a person giving security on property under this section has been registered under this section, if, under the *Bankruptcy and Insolvency Act* (R.S. 1985, c. B-3), a bankruptcy order is made against, or an assignment is made by, that person,

a) les créances des employés de l'entreprise ou de la ferme pour laquelle le donneur de garantie a acquis ou détient les biens affectés à la garantie et portant sur leurs salaires, traitements ou autres rémunérations des trois mois précédant la date de l'ordonnance ou de la cession,

b) les créances d'un agriculteur ou d'un producteur de produits agricoles, pour le montant des produits agricoles, qu'il a cultivés et obtenus sur une terre dont il est propriétaire ou locataire et qu'il a livrés au fabricant au cours des six mois précédant l'ordonnance ou la cession, jusqu'à concurrence du moins élevé des montants suivants:

(i) le montant total des créances de l'agriculteur ou du producteur,

(ii) le montant prévu par règlement,

priment les droits de la banque découlant d'une garantie reçue aux termes du présent article, selon l'ordre dans lequel elles sont mentionnées au présent paragraphe; la banque, qui prend possession ou réalise les biens affectés à la garantie, est responsable des créances jusqu'à concurrence du produit net de la réalisation, déduction faite des frais de réalisation, et est subrogée dans tous les droits des titulaires de ces créances jusqu'à concurrence des sommes qu'elle leur a payées.

(8) (*abrogé*).

(9) Le gouverneur en conseil peut prendre des règlements:

a) établissant des archives pour l'application du présent article;

b) concernant les règles et la procédure à suivre pour la tenue des archives, notamment l'enregistre-

(a) claims for wages, salaries or other remuneration owing in respect of the period of three months immediately preceding the making of the order or assignment, to employees of the person employed in connection with the business or farm in respect of which the property covered by the security was held or acquired by the person, and

(b) claims of a grower or producer of products of agriculture for money owing by a manufacturer to the grower or producer for such products that were grown or produced by the grower or producer on land owned or leased by the grower or producer and that were delivered to the manufacturer during the period of six months immediately preceding the making of the order or assignment to the extent of the lesser of

(i) the total amount of the claims of the grower or producer therefor, and

(ii) the prescribed amount

have priority over the rights of the bank in a security given to the bank under this section, in the order in which they are mentioned in this subsection, and if the bank takes possession or in any way disposes of the property covered by the security, the bank is liable for those claims to the extent of the net amount realized on the disposition of the property, after deducting the cost of realization, and the bank is subrogated in and to all the rights of the claimants to the extent of the amounts paid to them by the bank.

(8) (*repealed*).

(9) The Governor in Council may make regulations

(a) establishing a system of registration for the purpose of this section;

(b) respecting the practice and procedure for the operation of the

ment des préavis et des certificats de dégagement et l'obtention de renseignements contenus dans les archives;

c) concernant la forme et le contenu des préavis et des certificats de dégagement;

d) exigeant le paiement de droits relatifs aux archives, notamment à l'obtention de renseignements qu'elles contiennent, et fixant le montant de ces droits ou déterminant leur mode de calcul;

e) concernant toute autre question relative à la tenue des archives.

(10) Les préavis et certificats de dégagement enregistrés dans les archives telles qu'elles existaient avant l'établissement d'archives en application des règlements pris en vertu de l'alinéa (9)*a*) sont réputés être enregistrés dans ces dernières.

[1991, c. 46, a. 427; 1992, c. 27, a. 90; 1993, c. 6, a. 6; 1998, c. 36, a. 21; 1993, c. 28, a. 78 (Ann. III, a. 5); 2004, c. 25, a. 185; 2007, c. 6, a. 28; 1997, c. 15, a. 47; 2009, c. 15, a. 13].

428. (1) Tous les droits de la banque sur les biens mentionnés ou visés dans un récépissé d'entrepôt ou un connaissement qu'elle a acquis ou détient, ainsi que ses droits sur les biens affectés à une garantie reçue en vertu de l'article 427, et qui équivalent aux droits découlant d'un récépissé d'entrepôt ou un connaissement visant ces biens priment, sous réserve du paragraphe 427(4) et des paragraphes (3) à (6) du présent article, tous les droits subséquemment acquis sur ces biens, ainsi que la créance de tout vendeur impayé ou d'une personne ayant une sûreté non parfaite sur les biens à la date où la banque a obtenu sa garantie.

system of registration, including the registration of notices of intention and certificates of release and the obtaining of information from the system of registration;

(c) respecting the form and content of notices of intention and certificates of release;

(d) requiring the payment of fees relating to the system of registration, including fees to obtain information from the system of registration, and prescribing the amounts of those fees or the manner of calculating them; and

(e) respecting any other matter necessary for the operation of the system of registration.

(10) Notices of intention and certificates of release registered in the system of registration as it existed immediately before the establishment of a system of registration under regulations made under paragraph (9)(*a*) are deemed to be registered in that system.

[1991, c. 46, s. 427; 1992, c. 27, s. 90; 1993, c. 6, s. 6; 1993, c. 28, s. 78 (Sch. III, s. 5); 1998, c. 36, s. 21; 2002, c. 7, s. 82; 2004, c. 25, s. 185; 2007, c. 6, s. 28; 1997, c. 15, s. 47; 2009, c. 15, s. 13].

428. (1) All the rights and powers of a bank in respect of the property mentioned in or covered by a warehouse receipt or bill of lading acquired and held by the bank, and the rights and powers of the bank in respect of the property covered by security given to the bank under section 427 that are the same as if the bank had acquired a warehouse receipt or bill of lading in which that property was described, have, subject to subsection 427(4) and subsection (3) to (6) of this section, priority over all rights subsequently acquired in, on or in respect of that property, and also over the claim of any unpaid vendor or of any person who has a security interest in that property that was unperfected at the time the bank acquired its security in the property.

(1.1) Lorsque la garantie porte sur du matériel aquicole immobilier en vertu des alinéas 427(1) c) ou m), du matériel agricole immobilier en vertu des alinéas 427(1) d) ou n), du matériel aquicole immobilier ou une installation électrique aquicole en vertu de l'alinéa 427(1) k), du matériel agricole immobilier ou une installation électrique de ferme en vertu de l'alinéa 427(1)l) ou du matériel sylvicole immobilier en vertu de l'alinéa 427(1) p), le droit de préférence existe malgré le fait que ces biens sont fixés à des biens immeubles ou le deviennent par la suite.

(2) Le droit de préférence visé au paragraphe (1) n'est pas accordé sur la créance du vendeur impayé qui avait un privilège sur les biens — ou d'une personne qui avait une sûreté non parfaite sur les biens — à la date où la banque a acquis le récépissé d'entrepôt ou le connaissement ou obtenu la garantie, si elle connaissait alors l'existence du privilège ou de la sûreté non parfaite.

(3) Les droits de la banque qui a reçu une garantie portant soit sur du matériel aquicole immobilier en vertu des alinéas 427(1)c) ou m), soit sur du matériel agricole immobilier en vertu des alinéas 427(1)d) ou n), soit sur du matériel aquicole immobilier ou une installation électrique aquicole en vertu de l'alinéa 427(1)k), soit sur du matériel agricole immobilier ou une installation électrique de ferme en vertu de l'alinéa 427(1)l), soit sur du matériel sylvicole immobilier en vertu de l'alinéa 427(1)p), qui est fixé à des biens immeubles ou qui le devient par la suite ne priment pas les droits acquis sur les biens immeubles après que ce matériel y a été fixé, sauf si, avant:

    a) l'enregistrement de ces droits,

    b) l'enregistrement ou le dépôt de l'acte ou autre instrument constatant ces droits, ou l'enregistrement ou le dépôt d'une mise en garde, d'un avertissement ou d'un bordereau les concernant,

il a été procédé à l'enregistrement ou au dépôt, au bureau d'enregistrement ou au bureau des titres fonciers compétent:

(1.1) If security is given to the bank under paragraph 427(1)(*c*) or (*m*) consisting of aquacultural equipment, under paragraph 427(1)(d) or (n) consisting of agricultural equipment, under paragraph 427(1)(k) consisting of aquacultural equipment or an aquacultural electric system, under paragraph 427(1)(l) consisting of agricultural equipment or a farm electric system or under paragraph 427(1)(p) consisting of forestry equipment, the priority referred to in subsection (1) exists even if the property is or becomes affixed to real property.

(2) The priority referred to in subsection (1) does not extend over the claim of any unpaid vendor who had a lien on the property, or of any person who has a security interest in the property that was unperfected at the time the bank acquired its warehouse receipt, bill of lading or security, if the bank acquired it with knowledge of that unpaid vendor's lien or that other person's security interest.

(3) Where security has been given to a bank under paragraph 427(1)(*c*) or (*m*) consisting of aquacultural equipment, under paragraph 427(1)(*d*) or (*n*) consisting of agricultural equipment, under paragraph 427(1)(*k*) consisting of aquacultural equipment or an aquacultural electric system, under paragraph 427(1)(*l*) consisting of agricultural equipment or a farm electric system or under paragraph 427(1)(*p*) consisting of forestry equipment that is or has become affixed to real property, the rights and powers of the bank do not have priority over any interest or right acquired in, on or in respect of the real property after that property has become affixed thereto unless, prior to

    (a) the registration of the interest or right, or

    (b) the registration or filing of the deed or other instrument evidencing the interest or right, or of a caution, caveat or memorial in respect thereof,

there has been registered or filed in the proper land registry or land titles office,

c) soit d'un original du document donnant la garantie;

d) soit d'une copie du document donnant la garantie, certifiée conforme par un dirigeant ou un employé de la banque;

e) soit d'une mise en garde, d'un avertissement ou d'un bordereau concernant les droits de la banque.

(4) Tout registraire ou préposé d'un bureau d'enregistrement ou d'un bureau des titres fonciers compétent doit, sur présentation du document mentionné aux alinéas (3)c), d) ou e), l'enregistrer ou le déposer d'après la procédure ordinaire pour l'enregistrement ou le dépôt, dans ce bureau, de documents attestant des privilèges ou charges, ou des mises en garde, des avertissements ou des bordereaux concernant des réclamations, intérêts ou droits afférents aux biens immeubles, sous réserve du paiement des droits correspondants; le paragraphe (3) et le présent paragraphe ne sont pas applicables si la loi provinciale ne permet pas l'enregistrement ou le dépôt du document présenté.

(5) Les droits de la banque qui a, sous le régime de l'alinéa 427(1)o), reçu une garantie portant sur un bateau de pêche inscrit, enregistré ou immatriculé conformément à la *Loi de 2001 sur la marine marchande du Canada* (L.C. 2001, c. 26) ne priment pas les droits subséquemment acquis sur le bateau, inscrits et enregistrés sous le régime de cette loi, à moins qu'une copie de l'acte de garantie, certifiée conforme par un dirigeant de la banque, n'ait été préalablement inscrite ou enregistrée selon cette loi.

(6) Une copie de l'acte de garantie, certifiée par un dirigeant de la banque, peut être inscrite ou enregistrée aux termes de la *Loi de 2001 sur la marine marchande du Canada* comme s'il s'agissait d'une hypothèque consentie sous le régime de cette loi; et dès l'inscription ou l'enregistrement de cette copie, la banque, en plus des autres droits qui lui sont conférés et sans qu'il y soit porté atteinte, possède sur le bateau tous les droits qu'elle aurait eus s'il s'était agi d'une hypothèque inscrite ou enregistrée sous le régime de cette loi.

(c) an original of the document giving the security,

(d) a copy of the document giving the security, certified by an officer or employee of the bank to be a true copy, or

(e) a caution, caveat or memorial in respect of the rights of the bank.

(4) Every registrar or officer in charge of the proper land registry or land titles office to whom a document mentioned in paragraph (3)(c), (d) or (e) is tendered shall register or file the document according to the ordinary procedure for registering or filing within that office documents that evidence liens or charges against, or cautions, caveats or memorials in respect of claims to, or interests or rights in respect of, real property and subject to payment of the like fees, but subsection (3) and this subsection do not apply if the provincial law does not permit such registration or filing of the tendered document.

(5) If security has been given to a bank under paragraph 427(1)(o) on a fishing vessel that is recorded or registered under the *Canada Shipping Act, 2001* (S.C. 2001, c. 26), the rights and powers of the bank do not have priority over any rights that are subsequently acquired in the vessel and are recorded or registered under that Act unless a copy of the document giving the security, certified by an officer of the bank to be a true copy, has been recorded or registered under that Act in respect of the vessel before the recording or registration under that Act of those rights.

(6) A copy of the document giving the security described in subsection (5), certified by an officer of the bank, may be recorded or registered under the *Canada Shipping Act, 2001* as if it were a mortgage given under that Act and, on the recording or registration of the document, the bank, in addition to and without limitation of any other rights or powers vested in or conferred on it, has all the rights and powers in respect of the vessel that it would have if the security were a mortgage recorded or registered under that Act.

(7) En cas de non-paiement d'une dette, d'un engagement, d'un prêt ou d'une avance, pour lesquels la banque a acquis et détient un récépissé d'entrepôt ou un connaissement ou une garantie prévue à l'article 427, la banque peut vendre la totalité ou une partie des biens en question pour se rembourser en principal, intérêts et frais, en remettant tout surplus au donneur de la garantie.

(8) Sauf accord du donneur de garantie et sauf si les biens sont périssables et que leur vente en conformité avec ces modalités suivantes pourrait causer une diminution importante de leur valeur, la vente visée au paragraphe (7) doit se faire aux enchères publiques après l'accomplissement des formalités suivantes:

a) pour les biens autres que le bétail:

(i) l'envoi, sous plis recommandé, au donneur de garantie, à sa dernière adresse connue, d'un avis indiquant les date, heure et lieu de la vente et expédié dix jours au moins avant la date fixée ou trente jours au moins avant celle-ci s'il s'agit de produits forestiers,

(ii) l'insertion d'un avis annonçant la vente avec indication des date, heure et lieu, au moins deux jours avant la date fixée, dans au moins deux journaux paraissant au lieu de vente ou au lieu le plus proche;

b) pour le bétail:

(i) l'insertion d'un avis indiquant les date, heure et lieu de la vente, au moins cinq jours

(7) In the event of non-payment of any debt, liability, loan or advance, as security for the payment of which a bank has acquired and holds a warehouse receipt or bill of lading or has taken any security under section 427, the bank may sell all or any part of the property mentioned therein or covered thereby and apply the proceeds against that debt, liability, loan or advance, with interest and expenses, returning the surplus, if any, to the person by whom the security was given.

(8) The power of sale referred to in subsection (7) shall, unless the person by whom the security mentioned in that subsection was given has agreed to the sale of the property otherwise than as herein provided or unless the property is perishable and to comply with the following provisions might result in a substantial reduction in the value of the property, be exercised subject to the following provisions, namely,

(a) every sale of such property other than livestock shall be by public auction after

(i) notice of the time and place of the sale has been sent by registered mail to the recorded address of the person by whom the security was given, at least ten days prior to the sale in the case of any such property other than products of the forest, and at least thirty days prior to the sale in the case of any such property consisting of products of the forest, and

(ii) publication of an advertisement of the sale, at least two days prior to the sale, in at least two newspapers published in or nearest to the place where the sale is to be made stating the time and place thereof; and

(b) every sale of livestock shall be made by public auction not less than five days after

(i) publication of an advertisement of the time and place of the sale in a newspaper, pub-

avant celle-ci, dans un journal paraissant au lieu fixé pour la vente ou au lieu le plus proche,

(ii) l'affichage au bureau de poste le plus rapproché du lieu fixé pour la vente, au moins cinq jours avant celle-ci, d'un avis écrit, énonçant les date, heure et lieu de la vente.

Le produit d'une vente de bétail, déduction faite des frais engagés par la banque et des frais de saisie et de vente, devient affecté en premier lieu à l'acquittement des privilèges, des nantissements ou gages primant la garantie accordée à la banque et pour lesquels des réclamations ont été présentées à la personne faisant la vente, et en second lieu au remboursement de la créance, en principal et intérêts, de la banque, le surplus étant remis au donneur de garantie.

(9) Toute vente de biens par la banque aux termes des paragraphes (7) et (8) attribue à l'acquéreur l'ensemble des droits et titres afférents aux biens, que la personne qui a donné la garantie en vertu de l'article 435 possédait lorsque la garantie a été donnée, ou que la personne qui a donné la garantie en vertu de l'article 427 possédait lorsque la garantie a été donnée et qu'elle a acquis par la suite.

(10) La banque qui vend des biens aux termes des paragraphes (7) et (8) ou en vertu d'un accord conclu avec le donneur de garantie doit agir honnêtement et effectuer la vente en temps opportun et de façon indiquée, compte tenu de la nature des biens et des intérêts du donneur de garantie; dans le cas d'une vente en vertu d'un accord, la banque doit donner au donneur de garantie un avis raisonnable, sauf si les biens sont périssables et qu'une telle formalité pourrait entraîner une diminution importante de leur valeur.

(11) Sous réserve de l'article 427 et du présent article ainsi que de tout accord entre la banque et le donneur de garantie,

lished in or nearest to the place where the sale is to be made, and

(ii) posting of a notice in writing of the time and place of the sale, in or at the post office nearest to the place where the sale is to be made,

and the proceeds of such a sale of livestock, after deducting all expenses incurred by the bank and all expenses of seizure and sale, shall first be applied to satisfy privileges, liens or pledges having priority over the security given to the bank and for which claims have been filed with the person making the sale, and the balance shall be applied in payment of the debt, liability, loan or advance, with interest and the surplus, if any, returned to the person by whom the security was given.

(9) Any sale of property by a bank under subsections (7) and (8) vests in the purchaser all the right and title in and to the property that the person from whom security was taken under section 435 had when the security was given or that the person from whom security was taken under section 427 had when the security was given and that the person acquired thereafter.

(10) In connection with any sale of property by a bank pursuant to subsections (7) and (8) or pursuant to any agreement between the bank and the person by whom the security was given, the bank shall act honestly and in good faith and shall deal with the property in a timely and appropriate manner having regard to the nature of the property and the interests of the person by whom the security was given and, in the case of a sale pursuant to an agreement, shall give the person by whom the security was given reasonable notice of the sale except where the property is perishable and to do so might result in a substantial reduction in the value of the property.

(11) Subject to section 427 and this section and any agreement between the bank and the person by whom the property was

lorsque, en vertu du paragraphe 427(3), la banque prend possession de biens qui lui ont été donnés en garantie ou les saisit, elle doit, dans les meilleurs délais compte tenu de la nature des biens, les vendre en totalité ou en partie, de manière à pouvoir payer, avec intérêts et frais, la créance, l'engagement, le prêt ou l'avance, pour lesquels les biens ont été donnés en garantie.

(12) En cas de transformation des effets, denrées ou marchandises visés dans un récépissé d'entrepôt ou un connaissement acquis et détenu par la banque ou affectés à une garantie donnée à celle-ci en vertu de l'article 427, la banque possède sur les effets, denrées ou marchandises transformés ou en cours de transformation les mêmes droits qu'elle avait sur eux dans leur état initial, aux mêmes fins et conditions.

(13) Lorsque le paiement ou l'acquittement d'une dette, d'une obligation, d'un prêt ou d'une avance assorti d'une garantie au profit de la banque sous le régime des articles 426, 427 ou 435 est garanti par une tierce personne, et que la dette, l'obligation, l'avance ou le prêt est remboursé ou acquitté par le garant, ce dernier est subrogé dans tous les droits de la banque en vertu de la garantie que la banque détenait à leur égard sous le régime de ces articles et du présent article.

(14) La banque peut céder tout ou partie de ses droits sur les biens affectés à une garantie qui lui a été donnée aux termes des alinéas 427(1)*i*), *j*), *k*), *l*), *m*), *n*), *o*) ou *p*); le cessionnaire possède les droits que la garantie conférait à la banque.

[1991, c. 46, a. 428; 2001, c. 26, a. 275; 2012, c. 5, a. 38].

429. (1) La banque ne peut acquérir ni détenir aucun récépissé d'entrepôt ou connaissement, ni aucune garantie prévue à l'article 427, pour garantir le paiement

given as security, where, pursuant to subsection 427(3), a bank takes possession of or seizes property given as security to the bank, the bank shall, as soon as is reasonably practical having regard to the nature of the property, sell the property or so much thereof as will enable it to satisfy the debt, liability, loan or advance, with interest and expenses, in relation to which the property was given as security.

(12) Where goods, wares and merchandise are manufactured or produced from goods, wares and merchandise, or any of them, mentioned in or covered by any warehouse receipt or bill of lading acquired and held by a bank or any security given to a bank under section 427, the bank has the same rights and powers in respect of the goods, wares and merchandise so manufactured or produced, as well during the process of manufacture or production as after the completion thereof, and for the same purposes and on the same conditions as it had with respect to the original goods, wares and merchandise.

(13) Where payment or satisfaction of any debt, liability, loan or advance in respect of which a bank has taken security under section 426, 427 or 435 is guaranteed by a third person and the debt, liability, loan or advance is paid or satisfied by the guarantor, the guarantor is subrogated in and to all of the powers, rights and authority of the bank under the security that the bank holds in respect thereof under sections 426, 427 and 435 and this section.

(14) A bank may assign to any person all or any of its rights and powers in respect of any property on which security has been given to it under paragraph 427(1)(*i*), (*j*), (*k*), (*l*), (*m*), (*n*), (*o*) or (*p*), whereupon that person has all or any of the assigned rights and powers of the bank under that security.

[1991, c. 46, s. 428; 2001, c. 26, s. 275; 2012, c. 5, s. 38].

429. (1) A bank shall not acquire or hold any warehouse receipt or bill of lading, or any security under section 427, to secure the payment of any debt, liability, loan or

d'une dette, d'une obligation, d'une avance ou d'un prêt que si ceux-ci sont intervenus:

a) soit au moment de cette acquisition par la banque;

b) soit sur un engagement écrit ou une convention prévoyant que le récépissé d'entrepôt ou le connaissement ou la garantie prévue à l'article 427 serait donné à la banque, auquel cas la dette ou l'obligation peut être contractée, ou l'avance ou le prêt consenti, avant, pendant ou après cette acquisition.

La dette, l'obligation, l'avance ou le prêt peuvent faire l'objet d'un renouvellement ou d'une prorogation d'échéance, sans qu'il soit porté atteinte à la garantie.

(2) La banque peut:

a) lors de l'expédition de biens pour lesquels elle détient un récépissé d'entrepôt, ou une garantie visée à l'article 427, remettre le récépissé ou la garantie et recevoir en échange un connaissement;

b) lors de la réception de biens pour lesquels elle détient un connaissement ou une garantie visée à l'article 427, soit remettre le connaissement ou la garantie, entreposer les biens et obtenir en conséquence un récépissé d'entrepôt, soit expédier les biens, en totalité ou en partie, et obtenir ainsi un autre connaissement;

c) remettre tout connaissement ou récépissé d'entrepôt qu'elle détient et recevoir en échange une garantie visée par la présente loi;

d) lorsque, sous le régime de l'article 427, elle détient une garantie sur du grain entreposé dans un silo, obtenir, en échange de la garantie, un connaissement portant sur ce grain ou du grain de la même qualité ou du même type, expédié à partir du silo, jusqu'à concurrence de la quantité expédiée;

e) lorsqu'elle détient une garantie quelconque portant sur du grain, obtenir, en échange de cette garantie et

advance unless the debt, liability, loan or advance is contracted or made

(a) at the time of the acquisition thereof by the bank, or

(b) on the written promise or agreement that a warehouse receipt or bill of lading or security under section 427 would be given to the bank, in which case the debt, liability, loan or advance may be contracted or made before or at the time of or after that acquisition,

and such debt, liability, loan or advance may be renewed, or the time for the payment thereof extended, without affecting any security so acquired or held.

(2) A bank may

(a) on the shipment of any property for which it holds a warehouse receipt or any security under section 427, surrender the receipt or security and receive a bill of lading in exchange therefor;

(b) on the receipt of any property for which it holds a bill of lading, or any security under section 427, surrender the bill of lading or security, store the property and take a warehouse receipt therefor, or ship the property, or part of it, and take another bill of lading therefor;

(c) surrender any bill of lading or warehouse receipt held by it and receive in exchange therefor any security that may be taken under this Act;

(d) when it holds any security under section 427 on grain in any elevator, take a bill of lading covering the same grain or grain of the same grade or kind shipped from that elevator, in lieu of that security, to the extent of the quantity shipped; and

(e) when it holds any security whatever covering grain, take in lieu of that security, to the extent of the

jusqu'à concurrence de la quantité couverte par celle-ci, un connaissement ou un récépissé d'entrepôt portant sur ce grain ou du grain de la même qualité ou du même type, ou tout document qui lui donne droit, en vertu de la *Loi sur les grains du Canada*, à la livraison du grain ou du grain de la même qualité ou du même type.

[1991, c. 46, a. 429].

430. La banque peut consentir des prêts ou des avances de fonds à un séquestre, à un séquestre-gérant, à un liquidateur nommé en vertu de toute loi sur les liquidations, ou à un gardien, à un séquestre intérimaire ou à un syndic nommé en vertu de la *Loi sur la faillite et l'insolvabilité*, lorsque ceux-ci sont dûment autorisés à emprunter; la banque peut, en consentant le prêt ou l'avance, et postérieurement, obtenir de ces personnes, avec ou sans leur caution personnelle, des garanties dont le montant et les biens qui y sont affectés sont déterminés ou autorisés par tout tribunal compétent.

[1991, c. 46, a. 430; 1992, c. 27, a. 90].

431. En cas de non-remboursement de prêt, d'avance ou de dette ou de non-exécution des obligations, la banque peut disposer des valeurs mobilières acquises et détenues en garantie, notamment en les vendant et en les transférant comme pourrait le faire un particulier dans les mêmes circonstances et sous réserve des restrictions applicables; le droit, prévu au présent article, de disposer des valeurs mobilières et de les aliéner peut, par accord entre la banque et le donneur de garantie, faire l'objet d'une renonciation ou d'une modification.

[1991, c. 46, a. 431].

432. La banque a, pour tout bien meuble sur lequel elle a obtenu une garantie, les droits que la présente loi lui reconnaît à l'égard des biens immeubles sur lesquels elle a obtenu une garantie.

quantity covered by the security taken, a bill of lading or warehouse receipt for, or any document entitling it under the *Canada Grain Act* to the delivery of, the same grain or grain of the same grade or kind.

[1991, c. 46, s. 429].

430. A bank may lend money and make advances to a receiver, to a receiver and manager, to a liquidator appointed under any winding-up Act, or to a custodian, an interim receiver or a trustee under the *Bankruptcy and Insolvency Act*, if the receiver, receiver and manager, liquidator, custodian, interim receiver or trustee has been duly authorized or empowered to borrow, and, in making the loan or advance, and thereafter, the bank may take security, with or without personal liability, from the receiver, receiver and manager, liquidator, custodian, interim receiver or trustee to such an amount and on such property as may be directed or authorized by any court of competent jurisdiction.

[1991, c. 46, s. 430; 1992, c. 27, s. 90].

431. Securities acquired and held by a bank as security may, in case of default in the payment of the loan, advance or debt or in the discharge of the liability for the securing of which they were so acquired and held, be dealt with, sold and conveyed, in like manner as and subject to the restrictions under which a private individual might in like circumstances deal with, sell and convey the same, and the right to deal with and dispose of securities as provided in this section may be waived or varied by any agreement between the bank and the person by whom the security was given.

[1991, c. 46, s. 431].

432. The rights, powers and privileges that a bank is by this Act declared to have, or to have had, in respect of real property on which it has taken security, shall be held and possessed by it in respect of any per-

[1991, c. 46, a. 432].

sonal property on which it has taken security.

[1991, c. 46, s. 432].

433. La banque peut acheter des biens immeubles mis en vente:

a) sur exécution, par suite d'insolvabilité, ou en vertu d'une ordonnance ou décision d'un tribunal, ou pour recouvrement d'impôts, comme s'ils appartenaient à l'un de ses débiteurs;

b) par un créancier détenteur d'une hypothèque ou d'une charge d'un rang supérieur à celui de l'hypothèque ou de la charge détenue par la banque;

c) par la banque en vertu d'un pouvoir qui lui a été accordé à cette fin, lorsqu'un avis de cette vente, effectuée aux enchères au dernier enchérisseur a été préalablement donné par annonce insérée pendant quatre semaines dans un journal publié dans le comté ou la circonscription électorale où sont situés les biens,

lorsque, dans des circonstances analogues, un particulier pourrait également les acheter, sans aucune restriction quant à la valeur des biens; elle peut acquérir le de propriété de ces biens comme pourrait le faire dans les circonstances identiques le particulier qui achète à une vente effectuée soit par le shérif, soit pour recouvrement d'impôts, soit en vertu d'un pouvoir de vendre; la banque peut prendre, garder, détenir et aliéner les biens ainsi achetés.

[1991, c. 46, a. 433].

433. A bank may purchase any real property offered for sale

(a) under execution, or in insolvency, or under the order or decree of a court, or at a sale for taxes, as belonging to any debtor to the bank,

(b) by a mortgagee or other encumbrancer, having priority over a mortgage or other encumbrance held by the bank, or

(c) by the bank under a power of sale given to it for that purpose, notice of the sale by auction to the highest bidder having been first given by advertisement for four weeks in a newspaper published in the county or electoral district in which the property is situated,

in cases in which, under similar circumstances, an individual could so purchase, without any restriction as to the value of the property that it may so purchase, and may acquire title thereto as any individual, purchasing at a sheriff's sale or sale for taxes or under a power of sale, in like circumstances could do, and may take, have, hold and dispose of the property so purchased.

[1991, c. 46, s. 433].

434. (1) La banque peut acquérir et détenir le absolu de propriété des biens immeubles grevés d'une hypothèque garantissant un prêt ou une avance faite par elle ou une dette ou obligation contractée envers elle, soit en obtenant l'abandon du droit de réméré sur le bien grevé d'une hypothèque, soit en obtenant une forclusion, ou par d'autres moyens permettant à des particuliers de faire obstacle à l'exercice du droit de réméré ou d'obtenir le transfert de ce biens immeubles; elle peut acheter et acquérir toute hypothèque ou autre charge antérieure sur ces biens.

434. (1) La banque peut acquérir et détenir le absolu de propriété des biens immeubles grevés d'une hypothèque garantA bank may acquire and hold an absolute title in or to real property affected by a mortgage or hypothec securing a loan or an advance made by the bank or a debt or liability to the bank, either by the obtaining of a release of the equity of redemption in the mortgaged property, or by procuring a foreclosure, or by other means whereby, as between individuals, an equity of redemption can, by law, be barred, or a transfer of title to real property can, by law, be ef-

(2) Aucune charte, loi ou règle de droit ne doit s'interpréter comme ayant été destinée à interdire ou comme interdisant à la banque d'acquérir et de détenir le absolu de propriété des biens immeubles grevés d'une hypothèque, quelle qu'en soit la valeur, ou d'exercer le droit découlant d'une hypothèque consentie en sa faveur ou détenue par elle, lui conférant l'autorisation ou lui permettant de vendre ou de transférer les biens grevés.

[1991, c. 46, a. 434].

435. (1) La banque peut acquérir et détenir tout récépissé d'entrepôt ou connaissement à de garantie soit du paiement de toute dette contractée envers elle, soit de toute obligation contractée par elle pour le compte d'une personne, dans le cadre de ses opérations bancaires.

(2) Tout récépissé d'entrepôt ou connaissement confère à la banque qui l'a acquis, en vertu du paragraphe (1), à compter de la date de l'acquisition:

    a) les droits et de propriété que le précédent détenteur ou propriétaire avait sur le récépissé d'entrepôt ou le connaissement et sur les effets, denrées ou marchandises qu'il vise;

    b) les droit et qu'avait la personne, qui les a cédés à la banque, sur les effets, denrées ou marchandises qui y sont mentionnés, si le récépissé d'entrepôt ou le connaissement est fait directement en faveur de la banque, au lieu de l'être en faveur de leur précédent détenteur ou propriétaire.

[1991, c. 46, a. 435].

436. (1) Si le précédent détenteur d'un récépissé d'entrepôt ou d'un connaissement visé à l'article 435 a, selon le cas:

    a) reçu de leur propriétaire ou d'une personne autorisée par celui-ci la

fected, and may purchase and acquire any prior mortgage or charge on such property.

(2) Aucune charte, loi ou règle de droit ne doit s'interpréter comme ayant été destinée à interdire ou comme interdisNothing in any charter, Act or law shall be construed as ever having been intended to prevent or as preventing a bank from acquiring and holding an absolute title to and in any mortgaged or hypothecated real property, whatever the value thereof, or from exercising or acting on any power of sale contained in any mortgage given to or held by the bank, authorizing or enabling it to sell or convey any property so mortgaged.

[1991, c. 46, s. 434].

435. (1) A bank may acquire and hold any warehouse receipt or bill of lading as security for the payment of any debt incurred in its favour, or as security for any liability incurred by it for any person, in the course of its banking business.

(2) Any warehouse receipt or bill of lading acquired by a bank under subsection (1) vests in the bank, from the date of the acquisition thereof,

    (a) all the right and title to the warehouse receipt or bill of lading and to the goods, wares and merchandise covered thereby of the previous holder or owner thereof; and

    (b) all the right and title to the goods, wares and merchandise mentioned therein of the person from whom the goods, wares and merchandise were received or acquired by the bank, if the warehouse receipt or bill of lading is made directly in favour of the bank, instead of to the previous holder or owner of the goods, wares and merchandise.

[1991, c. 46, s. 435].

436. (1) Where the previous holder of a warehouse receipt or bill of lading referred to in section 435 is a person

    (a) entrusted with the possession of the goods, wares and merchandise

possession des effets, denrées ou marchandises qui y sont mentionnées;

b) reçu en consignation de leur propriétaire ou d'une personne autorisée par celui-ci, les effets, denrées ou marchandises;

c) obtenu du propriétaire des effets, denrées ou marchandises ou d'une personne autorisée par celui-ci la possession d'un document les représentant — tel qu'un connaissement, un reçu ou un ordre — et utilisé en matière commerciale pour établir la possession et la garde d'effets, denrées ou marchandises ou pour autoriser le détenteur d'un tel document à les transférer ou à les obtenir, par voie d'endossement ou de tradition,

la banque est, dès l'acquisition du récépissé d'entrepôt ou du connaissement, investie du droit et du du propriétaire des effets, denrées ou marchandises, sous réserve du droit du propriétaire de se les faire rétrocéder en honorant la dette ou l'obligation en garantie de laquelle la banque détient le récépissé d'entrepôt ou le connaissement.

(2) Pour l'application du présent article, est réputée possesseur des effets, denrées ou marchandises ou d'un connaissement, reçu, ordre ou autre document toute personne:

a) qui en a la possession réelle;

b) pour le compte de qui une tierce personne détient les effets, denrées ou marchandises ou le connaissement, reçu, arrêté ou autre document.

[1991, c. 46, a. 436].

436.1 (1) Le gouverneur en conseil peut, par règlement, régir l'application des articles 426 à 436 aux biens aéronautiques, et notamment :

a) soustraire toute catégorie de biens aéronautiques à l'application de ces articles ou rétablir leur application à son égard;

mentioned therein, by or by the authority of the owner thereof,

(b) to whom the goods, wares and merchandise are, by or by the authority of the owner thereof, consigned, or

(c) who, by or by the authority of the owner of the goods, wares and merchandise, is possessed of any bill of lading, receipt, order or other document covering the same, such as is used in the course of business as proof of the possession or control of goods, wares and merchandise, or as authorizing or purporting to authorize, either by endorsement or by delivery, the possessor of such a document to transfer or receive the goods, wares and merchandise thereby represented,

a bank is, on the acquisition of that warehouse receipt or bill of lading, vested with all the right and title of the owner of the goods, wares and merchandise, subject to the right of the owner to have the same retransferred to the owner if the debt or liability, as security for which the warehouse receipt or bill of lading is held by the bank, is paid.

(2) For the purposes of this section, a person shall be deemed to be the possessor of goods, wares and merchandise, or a bill of lading, receipt, order or other document,

(a) who is in actual possession thereof; or

(b) for whom, or subject to whose control the goods, wares and merchandise are, or bill of lading, receipt, order or other document is, held by any other person.

[1991, c. 46, s. 436].

436.1 (1) The Governor in Council may make regulations respecting the application of sections 426 to 436 to aircraft objects, including regulations

a) removing classes of aircraft objects from the application of those sections or reinstating their application to those classes of aircraft objects; and

b) supprimer les droits et pouvoirs acquis sous le régime de ces articles relativement aux biens aéronautiques.

(2) Au paragraphe (1), « biens aéronautiques » s'entend au sens du paragraphe 2(1) de la *Loi sur les garanties internationales portant sur des matériels d'équipement mobiles (matériels d'équipement aéronautiques)*.

[2005, c. 3, a. 10].

b) eliminating rights and powers acquired under those sections in relation to aircraft objects.

(2) In subsection (1), "aircraft objects" has the same meaning as in subsection 2(1) of the *International Interests in Mobile Equipment (aircraft equipment) Act*.

[2005, c. 3, s. 10].

Dépôt

Deposit Acceptance

437. (1) La banque peut, sans aucune intervention extérieure, accepter un dépôt d'une personne ayant ou non la capacité juridique de contracter de même que payer, en tout ou en partie, le principal et les intérêts correspondants à cette personne ou à son ordre.

437. (1) A bank may, without the intervention of any other person,

(a) accept a deposit from any person whether or not the person is qualified by law to enter into contracts; and

(b) pay all or part of the principal of the deposit and all or part of the interest thereon to or to the order of that person.

(2) Le paragraphe (1) ne s'applique pas en ce qui concerne le paiement qui y est prévu si, avant le paiement, les fonds déposés auprès de la banque conformément à ce paragraphe sont réclamés par une autre personne:

a) soit dans le cadre d'une action ou autre procédure à laquelle la banque est partie et à l'égard de laquelle un bref ou autre acte introductif d'instance lui a été signifié;

b) soit dans le cadre de toute autre action ou procédure en vertu de laquelle une injonction ou ordonnance du tribunal enjoignant à la banque de ne pas verser ces fonds ou de les verser à une autre personne que le déposant a été signifié à la banque.

Dans le cas d'une telle réclamation, les fonds ainsi déposés peuvent être versés soit au déposant avec le consentement du réclamant, soit au réclamant avec le consentement du déposant.

(2) Paragraph (1)(b) does not apply if, before payment, the money deposited in the bank pursuant to paragraph (1)(a) is claimed by some other person

(a) in any action or proceeding to which the bank is a party and in respect of which service of a writ or other process originating that action or proceeding has been made on the bank, or

(b) in any other action or proceeding pursuant to which an injunction or order made by the court requiring the bank not to make payment of that money or make payment thereof to some person other than the depositor has been served on the bank,

and, in the case of any such claim so made, the money so deposited may be paid to the depositor with the consent of the claimant or to the claimant with the consent of the depositor.

(3) La banque n'est pas tenue de veiller à l'exécution d'une fiducie explicite ou

(3) A bank is not bound to see to the execution of any trust to which any deposit

d'origine juridique, à laquelle est assujetti un dépôt effectué sous le régime de la présente loi.

(4) Le paragraphe (3) s'applique que la fiducie soit explicite ou d'origine juridique et s'applique même si la banque en a été avisée si elle agit sur l'ordre ou sous l'autorité du ou des titulaires du compte dans lequel le dépôt est effectué.

[1991, c. 46, a. 437; 2001, c. 9, a. 111].

made under the authority of this Act is subject.

(4) Subsection (3) applies regardless of whether the trust is express or arises by the operation of law, and it applies even when the bank has notice of the trust if it acts on the order of or under the authority of the holder or holders of the account into which the deposit is made.

[1991, c. 46, s. 437; 2001, c. 9, s. 111].

Les paragraphes 427(4) à (6) seront remplacés lors de l'entrée en vigueur de l'article 28 du chapitre 6 des lois de 2007 à la date fixée par le gouvernement.

Les dispositions indiquées comme non en vigueur (trame grise) entreront en vigueur à la date fixée par le gouvernement (2007, c. 6, a. 452).

The paragraphs 427(4) to (6) will be replaced upon the coming into force of the section 28 of chapter 6 of the statutes of 2007 on the date fixed by the Government.

The provisions that are not in force (grey screen) will come in force on the date fixed by the Government (2007, c. 6, s. 452).

LOI SUR LES BUREAUX DE LA PUBLICITÉ DES DROITS
RLRQ, c. B-9

AN ACT RESPECTING REGISTRY OFFICES
CQLR, c. B-9

1. Le ministre des Ressources naturelles, de la Faune et des Parcs est chargé de la direction de l'organisation et de l'inspection du Bureau de la publicité foncière et des bureaux de la publicité des droits établis pour les circonscriptions foncières du Québec, de même que de la surveillance des officiers affectés à ces bureaux.

Le ministre de la Justice est chargé de la direction de l'organisation et de l'inspection du Bureau de la publicité des droits personnels et réels mobiliers, de même que de la surveillance de l'officier affecté à ce bureau.

Sauf indication contraire, les dispositions de la présente loi s'appliquent en tenant compte de ces responsabilités respectives du ministre des Ressources naturelles, de la Faune et des Parcs et du ministre de la Justice

[S.R. 1964, c. 319, a. 1; 1992, c. 57, a. 447; 2000, c. 42, a. 108; 2003, c. 8, a. 6].

1.1. Le ministre des Ressources naturelles, de la Faune et des Parcs et le ministre de la Justice nomment, de concert, un Officier de la publicité foncière chargé de la garde du Bureau de la publicité foncière et des bureaux de la publicité des droits établis pour les circonscriptions foncières du Québec.

1. The Minister of Natural Resources, Wildlife and Parks is in charge of the organization and inspection of the Land Registry Office and the registry offices established for the registration divisions in Québec and has superintendence over the registrars assigned to those registry offices.

The Minister of Justice is in charge of the organization and inspection of the Personal and Movable Real Rights Registry Office and has superintendence of the registrar assigned to that registry office.

Unless otherwise specified, the provisions of this Act apply having regard to the respective responsibilities of the Minister of Natural Resources, Wildlife and Parks and the Minister of Justice.

[R.S. 1964, c. 319, s. 1; 1992, c. 57, s. 447; 2000, c. 42, s. 108; 2003, c. 8, s. 6].

1.1. The Minister of Natural Resources, Wildlife and Parks and the Minister of Justice jointly shall appoint a Land Registrar in charge of keeping the Land Registry Office and the registry offices established for the registration divisions in Québec.

Le ministre de la Justice nomme un Officier de la publicité des droits personnels et réels mobiliers, chargé de la garde du Bureau de la publicité des droits personnels et réels mobiliers.

Les officiers nommés en application du présent article doivent être des avocats ou des notaires.

[2000, c. 42, a. 108; 2003, c. 8, a. 6].

The Minister of Justice shall appoint a Personal and Movable Real Rights Registrar in charge of keeping the Personal and Movable Real Rights Registry Office.

Registrars appointed under this section must be advocates or notaries.

[2000, c. 42, s. 108; 2003, c. 8, s. 6].

1.2. L'Officier de la publicité foncière exerce ses fonctions d'administrateur sous l'autorité du ministre des Ressources naturelles, de la Faune et des Parcs et ses fonctions d'officier public sous l'autorité du ministre de la Justice. L'Officier de la publicité des droits personnels et réels mobiliers exerce ses fonctions sous la seule autorité du ministre de la Justice.

L'Officier de la publicité foncière est, dans l'exercice de ses fonctions d'officier public, assisté d'un comité chargé de le conseiller sur toute question liée à l'interprétation ou à l'application juridique des lois relatives à la publicité foncière. Ce comité est formé de deux représentants du ministère des Ressources naturelles, de la Faune et des Parcs et de deux représentants du ministère de la Justice, et les instructions qu'il donne lient l'Officier de la publicité foncière. En cas d'empêchement du comité ou de divergence entre ses membres, les instructions sont données par le ministre de la Justice.

Un comité consultatif est constitué; il est formé d'un représentant du ministère des Ressources naturelles, de la Faune et des Parcs, du ministère de la Justice, du Barreau du Québec, de la Chambre des notaires du Québec et de l'Ordre des arpenteurs-géomètres du Québec. Ce comité a pour mandat de donner son avis sur toute question relative à la publicité foncière qui lui est soumise par l'Officier, par le ministre des Ressources naturelles, de la Faune et des Parcs ou par le ministre de la Justice.

[2000, c. 42, a. 108; 2003, c. 8, a. 6].

1.2. The Land Registrar shall exercise his or her functions, when acting as an administrator, under the authority of the Minister of Natural Resources, Wildlife and Parks and, when acting as a public officer, under the authority of the Minister of Justice. The Personal and Movable Real Rights Registrar shall exercise his or her functions under the sole authority of the Minister of Justice.

In the exercise of his or her functions as a public officer, the Land Registrar shall be assisted by a committee responsible for advising the Land Registrar regarding the legal interpretation or application of legislation respecting land registration. The committee shall comprise two representatives of the Ministère des Ressources naturelles, de la Faune et des Parcs and two representatives of the Ministère de la Justice, and its directions are binding on the Land Registrar. If the committee is unable to act or cannot agree, the directions shall be given by the Minister of Justice.

An advisory committee shall be established, composed of a representative of the Ministère des Ressources naturelles, de la Faune et des Parcs, the Ministère de la Justice, the Barreau du Québec, the Chambre des notaires du Québec and the Ordre des arpenteurs-géomètres du Québec. The mandate of the committee is to give its views on any matter concerning land registration submitted by the Land Registrar, the Minister of Natural Resources, Wildlife and Parks or the Minister of Justice.

[2000, c. 42, s. 108; 2003, c. 8, s. 6].

2. Le ministre nomme, pour le Bureau de la publicité foncière et pour le Bureau de la publicité des droits personnels et réels mobiliers, un ou plusieurs officiers ad-

2. The Minister shall appoint one or more deputy registrars for the Land Registry Office and the Personal and Movable Real Rights Registry Office. The Minister shall

joints. Il nomme également d'autres officiers adjoints pour l'ensemble des bureaux établis dans les circonscriptions foncières.

Sous réserve des restrictions prévues dans l'acte pourvoyant à leur nomination, les officiers adjoints ont, à tous égards, les mêmes pouvoirs, devoirs et obligations que l'officier en titre et ils agissent sous l'autorité de ce dernier.

Le ministre peut déléguer à tout fonctionnaire de son ministère qu'il désigne par écrit le pouvoir de nommer des officiers adjoints à pouvoirs restreints, ou à pleins pouvoirs mais pour une durée limitée.

[S.R. 1964, c. 319, a. 3; 1992, c. 57, a. 447; 1998, c. 5, a. 20; 2000, c. 42, a. 109].

3. Le ministre peut ordonner à un officier de la publicité des droits de remplacer ou de reconstituer en totalité ou en partie tout document conservé par ce dernier afin d'assurer la conservation des droits publiés et d'en favoriser la consultation.

Le remplacement ou la reconstitution peut être fait par transcription, photocopie, microfilm ou tout autre moyen de nature à assurer la conservation de l'information inscrite dans le document et à en favoriser la consultation.

[S.R. 1964, c. 319, a. 4; 1992, c. 57, a. 447; 2000, c. 42, a. 110].

4. Le ministre détermine le moyen à utiliser pour le remplacement ou la reconstitution du document et la manière de procéder à ce remplacement ou à cette reconstitution afin d'en assurer l'authenticité.

Lorsque le document est remplacé, l'officier de la publicité des droits collationne la reproduction avec l'original et certifie par écrit et sous son serment d'office que la reproduction est conforme à l'original.

Lorsque le document est reconstitué, l'officier de la publicité des droits certifie par écrit et sous son serment d'office que la reproduction a été faite conformément à l'ordre du ministre.

Toute reproduction ainsi certifiée a la même authenticité, la même validité et le même effet que le document qu'elle remplace ou dont elle est la reconstitution et

also appoint other deputy registrars for the registry offices established in land registration divisions.

Subject to the restrictions contained in their acts of appointment, deputy registrars have, in all respects, the same powers, duties and obligations as the Registrar and act under the authority of the Registrar.

The Minister may delegate to any public servant with the Minister's department designated in writing the power to appoint deputy registrars with limited powers, or to appoint deputy registrars with full powers for a limited time.

[R.S. 1964, c. 319, s. 3; 1992, c. 57, s. 447; 1998, c. 5, s. 20; 2000, c. 42, s. 109].

3. The Minister may order a registrar to replace or reconstitute the whole or part of any document kept by the registrar so as to ensure the conservation of the rights published and to facilitate the consultation of the document.

The replacement or reconstitution may be effected by transcription, photocopy, microfilm or any other means that will ensure the conservation of the information recorded in the document and facilitate the consultation of the document.

[R.S. 1964, c. 319, s. 4; 1992, c. 57, s. 447; 2000, c. 42, s. 110].

4. The Minister determines the means to be used to replace or reconstitute the document and the manner of proceeding with such replacement or reconstitution so as to ensure its authenticity.

Where a document is replaced, the registrar collates the reproduction with the original and certifies in writing and under his oath of office that it is a true reproduction of the original.

Where a document is reconstituted, the registrar certifies in writing and under his oath of office that the reproduction has been carried out in accordance with the order of the Minister.

Any reproduction so certified has the same authenticity, validity and effect as the document it replaces or of which it is a reconstitution and the provisions of the Civil

les dispositions du Code civil relatives à l'organisation des bureaux de la publicité des droits s'y appliquent.

[S.R. 1964, c. 319, a. 5; 1965 (1ᵉ sess.), c. 14, a. 81; 1978, c. 15, a. 140; 1983, c. 55, a. 161; 1992, c. 57, a. 447].

Code (1991, c. 64) relating to the organization of registry offices apply.

[R.S. 1964, c. 319, s. 5; 1965 (1st sess.), c. 14, s. 81; 1978, c. 15, s. 140; 1983, c. 55, s. 161; 1992, c. 57, s. 447].

4.1. Le ministre peut, lorsqu'il se trouve des irrégularités dans l'authentification des registres ou dans la manière de les tenir, préciser, par arrêté, dans chaque cas particulier, à l'officier de la publicité des droits la manière d'y remédier. De même, il peut, si les circonstances l'exigent, autoriser l'officier à se départir temporairement des livres, registres ou autres documents dont il est le dépositaire afin d'en faciliter le remplacement ou la reconstitution; l'arrêté identifie les documents visés et fixe la période maximale de dépossession.

[2000, c. 42, a. 111].

4.1. The Minister may, upon noting an irregularity in the authentication of or manner of keeping the registers, issue an order in each case specifying how the registrar is to remedy the situation. Similarly, the Minister may, where required by circumstances, authorize the registrar to temporarily surrender the books, registers or other documents in his custody to facilitate their replacement or reconstitution; the order shall list the documents concerned and fix the maximum period during which they may be surrendered.

[2000, c. 42, s. 111].

5. Le gouvernement peut, par règlement, déterminer la qualité et le format du papier utilisé pour les documents sujets à la publicité, la disposition du texte de ces documents, la facture des copies présentées pour inscription et la manière de conserver les pièces faisant partie des archives du bureau de la publicité des droits.

[S.R. 1964, c. 319, a. 6; 1965 (1ᵉ sess.), c. 14, a. 81; 1978, c. 15, a. 140; 1983, c. 55, a. 161; 1992, c. 57, a. 447].

5. The Government may determine, by regulation, for documents requiring publication, the quality and dimensions of the paper used, the lay-out of the text, the types of copies that may be presented for registration and the manner of keeping the documents forming part of the records of the registry office.

[R.S. 1964, c. 319, s. 6; 1965 (1st sess.), c. 14, s. 81; 1978, c. 15, s. 140; 1983, c. 55, s. 161; 1992, c. 57, s. 447].

5.1. Pour l'application des lois relatives à la publicité des droits, les secrétaires de l'Ordre des notaires du Québec et de l'Ordre des arpenteurs-géomètres du Québec attribuent respectivement à tout notaire ou arpenteur-géomètre qui en fait la demande un code lui permettant de transmettre, sur un support informatique, les réquisitions d'inscription et les autres documents qu'il présente sous sa signature à l'Officier de la publicité foncière.

[1987, c. 98, a. 6; 1992, c. 57, a. 447; 2000, c. 42, a. 112].

5.1. For the purposes of the laws respecting the publication of rights, the secretaries of the Ordre des notaires du Québec and the Ordre des arpenteurs-géomètres du Québec shall assign to all notaries and land surveyors who apply therefor a personal code allowing them to transmit, in an electronic medium, applications for registration and other documents bearing their signature for presentation to the Land Registrar.

[1987, c. 98, s. 6; 1992, c. 57, s. 447; 2000, c. 42, s. 112].

6. Lorsqu'un document est remplacé ou reconstitué par un microfilm, le ministre détermine le moyen et la manière d'inscrire

6. Where a document is replaced or reconstituted by microfilm, the Minister determines the means and manner of recording

toute mention relative à une inscription apparaissant sur le microfilm.

[S.R. 1964, c. 319, a. 7; 1965 (1ᵉ sess.), c. 14, a. 81; 1965 (1ᵉ sess.), c. 16, a. 3; 1974, c. 11, a. 46; 1978, c. 15, a. 140; 1981, c. 14, a. 21; 1983, c. 55, a. 161; 1987, c. 98, a. 7; 1992, c. 57, a. 447; 2000, c. 42, a. 113].

7. Lors de sa nomination, chaque officier de la publicité des droits doit prêter, devant un juge de la Cour supérieure ou de la Cour du Québec, un greffier de l'une ou l'autre de ces cours ou un fonctionnaire désigné par écrit par le ministre, le serment suivant :

« Je, (*nom*), déclare sous serment que je remplirai fidèlement, impartialement et honnêtement, au meilleur de ma capacité et de mes connaissances, tous les devoirs d'(*officier ou officier adjoint de la publicité des droits*) et que j'en exercerai de même tous les pouvoirs. »

Ce serment est déposé au bureau de la direction chargée, sous l'autorité du ministre, des bureaux de la publicité des droits dans son ministère. Un fonctionnaire désigné par écrit par le ministre délivre, sur demande, une copie certifiée de ce serment.

[S.R. 1964, c. 319, a. 8; 1991, c. 26, a. 3; 1992, c. 57, a. 447; 1999, c. 40, a. 41; 2000, c. 42, a. 114].

7.1. Le ministre peut, par arrêté, permettre, dans les conditions qu'il fixe, que la signature d'un officier soit apposée au moyen d'un appareil automatique ou d'un procédé électronique.

Il peut également, par arrêté, permettre, dans les conditions qu'il fixe, qu'un facsimilé de cette signature soit gravé, lithographié ou imprimé.

[2000, c. 42, a. 115].

7.2. Les droits exigibles en application de la présente loi sont, sauf disposition contraire, prévus à l'annexe I pour les droits relatifs à la publicité foncière et prévus à l'annexe II pour les droits relatifs au registre des droits personnels et réels mobiliers.

[2011, c. 18, a. 60].

7. Upon their appointment, registrars shall take the following oath before a judge of the Superior Court or the Court of Québec, a clerk of either of those courts or a public servant designated in writing by the Minister :

"I, (*name*), declare under oath that I will faithfully, impartially and honestly perform, to the best of my ability and knowledge, all the duties of the office of (*registrar or deputy registrar*) and that I will so exercise all the powers thereof."

The oath is filed at the directorate within the department which, under the Minister's authority, is in charge of registry offices. The public servant designated in writing by the Minister shall issue, upon request, a certified copy of the oath.

[R.S. 1964, c. 319, s. 8; 1991, c. 26, s. 3; 1992, c. 57, s. 447; 1999, c. 40, s. 41; 2000, c. 42, s. 114].

7.1. The Minister may, by order and subject to the conditions fixed by the Minister, allow the signature of a registrar to be affixed by means of an automatic device or electronic process.

The Minister may also, by order and on the conditions fixed by the Minister, allow a facsimile of such a signature to be engraved, lithographed or printed.

[2000, c. 42, s. 115].

7.2. The fees payable under this Act are, unless otherwise provided, set out in Schedule I for the fees for land registration and in Schedule II for the fees for the register of personal and movable real rights.

[2011, c. 18, s. 60].

8. Le gouvernement peut établir un tarif des droits que doivent percevoir les officiers de la publicité des droits pour les divers services rendus par eux, lorsque ces droits ne sont pas prévus à l'annexe I ou II.

Il peut également, relativement aux droits prévus aux annexes I et II ou à ceux fixés dans un tarif qu'il établit :

1° déterminer les personnes, ministères ou organismes qui sont exonérés du paiement des droits ou les documents ou les services faisant l'objet d'une exonération de paiement;

2° prescrire, pour les services qu'il désigne, les modalités de paiement de ces droits ainsi que les personnes, ministères et organismes qui peuvent en bénéficier.

Tout tel décret peut être modifié, abrogé ou remplacé et peut s'appliquer à une ou à plusieurs ou à toutes les circonscriptions foncières du Québec.

[S.R. 1964, c. 319, a. 9; 1965 (1ʳᵉ sess.), c. 16, a. 3; 1974, c. 11, a. 50; 1979, c. 43, a. 10; 1992, c. 57, a. 447; 2000, c. 42, a. 116; 2011, c. 18, a. 61].

9. Lorsque l'annexe I, l'annexe II ou un tarif établi conformément à l'article 8 prescrit que des droits doivent être versés pour l'inscription d'un document ou la prestation d'un service dans un bureau de la publicité des droits, ce document ne peut être présenté à l'officier de la publicité des droits et, sous réserve des modalités de paiement prescrites conformément au paragraphe 2° du deuxième alinéa de l'article 8, ce service ne peut être fourni par celui-ci, à moins que ces droits ne soient versés.

[S.R. 1964, c. 319, a. 10; 1965 (1ʳᵉ sess.), c. 14, a. 81; 1978, c. 15, a. 140; 1983, c. 55, a. 161; 1992, c. 57, a. 447; 2011, c. 18, a. 62].

10. Aucun droit n'est exigible :

1° pour l'inscription d'une hypothèque consentie en vertu de la *Loi sur La Financière agricole du Québec* (chapitre L-0.1), de la *Loi sur la Société de financement agricole* (chapitre S-11.0101) ou de la *Loi sur Financement agricole Canada* (L.C. 1993, c. 14). Toutefois, la réquisition d'inscription doit indiquer que le consti-

8. The Government may establish a tariff of fees to be collected by registrars for the various services performed by them if those fees are not set out in Schedule I or II.

In relation to the fees set out in Schedules I and II or those fixed in a tariff it established, the Government may also

(1) determine the persons, departments or bodies that are exempt from the payment of fees or the documents or services for which an exemption applies;

(2) prescribe, for the services it determines, the terms and conditions of payment of the fees, and determine the persons, departments or bodies that may benefit therefrom.

Every such order may be amended, repealed or replaced and apply to one or more or to all the registration divisions of Québec.

[R.S. 1964, c. 319, s. 9; 1965 (1st sess.), c. 16, s. 3; 1979, c. 43, s. 10; 1992, c. 57, s. 447; 2000, c. 42, s. 116; 2011, c. 18, s. 61].

9. Where Schedule I, Schedule II or a tariff established in accordance with section 8 prescribes that fees must be paid for the registration of a document or the performance of a service in a registry office, no such document may be presented to the registrar, and, subject to the terms and conditions of payment prescribed under subparagraph 2 of the second paragraph of section 8, no such service may be performed by the registrar, unless the prescribed fees have been paid.

[R.S. 1964, c. 319, s. 10; 1965 (1st sess.), c. 14, s. 81; 1978, c. 15, s. 140; 1983, c. 55, s. 161; 1992, c. 57, s. 447; 2011, c. 18, s. 62].

10. No fee is exigible :

(1) for the registration of a hypothec granted under the *Act respecting La Financière agricole du Québec* (chapter L-0.1), the *Act respecting the Société de financement agricole*, (chapter S-11.0101) or the *Farm Credit Canada Act* (S.C. 1993, c. 14). However, the application for registration must indicate that the grantor

tuant exploite une entreprise agricole et faire référence à la loi sous l'empire de laquelle l'hypothèque a été constituée;

2° pour les recherches faites sur place, relativement à ces hypothèques, soit dans les bureaux établis pour les circonscriptions foncières lorsque ces recherches portent sur des hypothèques immobilières, soit dans le Bureau de la publicité des droits personnels et réels mobiliers lorsqu'elles portent sur des hypothèques mobilières;

3° pour la délivrance, de la main à la main, par la poste ou par courrier électronique, que fait l'officier d'états certifiés, d'extraits ou de copies des réquisitions d'inscription relatifs à ces hypothèques.

[S.R. 1964, c. 319, a. 11; 1979, c. 38, a. 39; 1991, c. 26, a. 3; 1992, c. 57, a. 447; 1995, c. 33, a. 18; 2000, c. 42, a. 117; 2000, c. 53, a. 63].

11. Le territoire des circonscriptions foncières dans lesquelles sont établis les bureaux de la publicité est décrit par règlement du gouvernement.

[S.R. 1964, c. 319, a. 13; 1991, c. 26, a. 3; 1992, c. 57, a. 447; 1993, c. 78, a. 15; 2000, c. 42, a. 118].

12. Afin de maintenir à jour les rôles d'évaluation municipaux, l'officier de la publicité des droits transmet à tout organisme municipal responsable de l'évaluation, dans les 15 jours qui suivent l'inscription, copie de toutes les réquisitions, de même que des documents qui les accompagnent lorsqu'elles prennent la forme d'un sommaire, visant l'inscription d'actes de la nature de ceux énumérés ci-après qui ont fait l'objet, relativement à un immeuble situé sur le territoire ressortissant à la compétence de l'organisme en matière d'évaluation, d'une inscription sur le registre foncier :

— les actes d'abandon du droit de propriété,

— les avis de changement de nom,

— les actes de partage successoral,

operates a farming business and must make reference to the Act under which the hypothec was granted;

(2) for searches in connection with such hypothecs, made in person either at a registry office established for a registration division in the case of an immovable hypothec, or at the Personal and Movable Real Rights Registry Office in the case of a movable hypothec;

(3) for the issue by the registrar, either hand to hand, by regular mail or by electronic mail, of certified statements, extracts or copies of applications for registration that relate to such hypothecs.

[R.S. 1964, c. 319, s. 11; 1979, c. 38, s. 39; 1991, c. 26, s. 3; 1992, c. 57, s. 447; 1995, c. 33, s. 18; 2000, c. 53, s. 63; 2000, c. 42, s. 117].

11. The territory of the registration divisions in which registry offices are established is described by government regulation.

[R.S. 1964, c. 319, s. 13; 1991, c. 26, s. 3; 1992, c. 57, s. 447; 1993, c. 78, s. 15; 2000, c. 42, s. 118].

12. To ensure the updating of municipal assessment rolls, copies of all applications, together with copies of the accompanying documents where the application is in the form of a summary, for the registration of any act listed below which has been registered in the land register concerning an immovable situated in the area of jurisdiction of a municipal body responsible for assessment shall be forwarded by the registrar to the municipal body within 15 days following the registration :

— an act of abandonment of ownership;

— a notice of change of name;

— an act of partition of a succession;

— a notice of the Minister of Revenue by which the State is declared

— les avis du ministre du Revenu par lesquels l'État se déclare propriétaire d'immeubles sans maître,

— les procès-verbaux de bornage,

— les actes constitutifs d'usufruits ou d'emphytéoses,

— les déclarations de copropriété divise d'un immeuble, les modifications à ces déclarations et les décisions par lesquelles il est mis fin à ce type de copropriété, de même que les déclarations de coemphytéose,

— les actes d'adjudication pour défaut de paiement de l'impôt foncier,

— les jugements ordonnant la révocation d'une donation ou prononçant l'extinction d'un droit réel,

— les baux et les avis d'inscription des droits en résultant,

— les avis cadastraux,

— les avis de classement et de déclassement prévus par la *Loi sur le patrimoine culturel* (chapitre P-9.002),

— les ententes pourvoyant à l'établissement d'une zone d'exploitation contrôlée, d'une réserve faunique ou d'un refuge faunique visées par la *Loi sur la conservation et la mise en valeur de la faune* (chapitre C-61.1),

— les avis de la qualité d'administrateur du curateur public prévus par la *Loi sur le curateur public* (chapitre C-81),

— les avis de la qualité d'administrateur du ministre du Revenu prévus par la *Loi sur les biens non réclamés* (chapitre B-5.1),

— les descriptions de terrains de golf visées par la *Loi sur la fiscalité municipale* (chapitre F-2.1),

the owner of an immovable without an owner;

— minutes of boundary determination;

— an act creating usufruct or emphyteusis;

— a declaration of divided co-ownership of an immovable, an amendment to such a declaration or a decision terminating divided co-ownership, or a declaration of co-emphyteusis;

— an act of sale following a failure to pay property taxes;

— a judgment ordering the revocation of a gift or pronouncing the extinction of a real right;

— a lease, or a notice of registration of rights under a lease;

— a cadastral notice;

— a notice of classification or declassification under the *Cultural Heritage Act* (chapter P-9.002);

— an agreement providing for the establishment of a controlled zone, wildlife preserve or wildlife sanctuary under the *Act respecting the conservation and development of wildlife* (chapter C-61.1);

— a notice of the capacity of the *Public Curator as administrator under the Public Curator Act* (chapter C-81);

— a notice of the capacity of the Minister of Revenue as administrator under the *Unclaimed Property Act* (chapter B-5.1);

— a description of a golf course under the *Act respecting municipal taxation* (chapter F-2.1);

— an act to cancel, rectify or amend letters patent, or the letters patent themselves if preceded by a

— les actes d'annulation, de rectification ou de modification de lettres patentes, ainsi que les lettres patentes mêmes lorsqu'elles ont été précédées d'un billet de location, visés notamment par la *Loi sur les mines* (chapitre M-13.1), la *Loi sur les terres agricoles du domaine public* (chapitre T-7.1) et la *Loi sur les terres du domaine public* (chapitre T-8.1),

— les déclarations concernant les transferts de propriété prévus par la *Loi sur les infrastructures publiques* (chapitre I-8.3),

— les avis de faillite, de même que les avis de renonciation ou de désistement du syndic, visés par la *Loi sur la faillite et l'insolvabilité* (Lois révisées du Canada (1985), chapitre B-3).

Les avis donnés avant le 1er avril 2006 par le curateur public dans l'exercice de ses fonctions d'administrateur provisoire de biens confiées au ministre du Revenu en application de la *Loi sur le curateur public* sont réputés avoir été donnés par le ministre du Revenu.

[S.R. 1964, c. 319, a. 13; 1991, c. 26, a. 3; 1992, c. 57, a. 447; 1993, c. 78, a. 15; 1995, c. 33, a. 19; 2000, c. 42, a. 119; 2005, c. 44, a. 48; 2011, c. 10, a. 66; 2011, c. 21, a. 212; 2013, c. 23, a. 101].

12.1. Les dispositions de l'article 12 ne sont pas applicables aux réquisitions et documents visant l'inscription d'actes de transfert soumis aux dispositions de l'article 10 de la *Loi concernant les droits sur les mutations immobilières* (chapitre D-15.1).

[2002, c. 42, a. 119].

12.2. Il appartient à chaque organisme municipal ayant compétence en matière d'évaluation de fournir à l'officier de la publicité des droits une liste à jour des immeubles immatriculés situés sur le territoire ressortissant à sa compétence et de le tenir informé de toute modification apportée à cette liste, autre qu'une modification résultant d'un changement dans la dénomi-

location ticket, in particular under the *Mining Act* (chapter M-13.1), the *Act respecting agricultural lands in the public domain of the State* (chapter T-7.1) or the *Act respecting the lands in the public domain of the State* (chapter T-8.1);

— a declaration concerning a transfer of ownership under the *Public infrastructure Act* (chapter I-8.3);

— a notice of bankruptcy, or a notice of quit claim or disclaimer by the trustee, under the *Bankruptcy and Insolvency Act* (Revised Statutes of Canada, 1985, chapter B-3).

Notices given before 1 April 2006 by the Public Curator in the exercise of the functions of provisional administrator of property entrusted to the Minister of Revenue under the *Public Curator Act* (chapter C-81) are deemed to have been given by the Minister of Revenue.

[R.S. 1964, c. 319, s. 13; 1991, c. 26, s. 3; 1992, c. 57, s. 447; 1993, c. 78, s. 15; 1995, c. 33, s. 19; 2000, c. 42, s. 119; 2005, c. 44, s. 48; 2011, c. 10, s. 66; 2011, c. 21, s. 212; 2013, c. 23, s. 101].

12.1. The provisions of section 12 are not applicable to applications or documents relating to the registration of deeds of transfer that are subject to the provisions of section 10 of the *Act respecting duties on transfers of immovables* (chapter D-15.1).

[2002, c. 42, s. 119].

12.2. It is incumbent upon each municipal body responsible for assessment to provide the registrar with an up-to-date list of the immatriculated immovables situated in its area of jurisdiction, and to inform the registrar of any modification to the list, other than a change to the cadastral designation of an immovable, which includes the number assigned to it on the cadastral plan.

nation cadastrale, y compris la numérotation inscrite au plan, d'un immeuble.

Cette liste doit être accompagnée, le cas échéant, de la liste des municipalités locales à l'égard desquelles l'organisme a compétence en matière d'évaluation, de même que d'un classement des immeubles par municipalité locale visée.

[2000, c. 42, a. 119].

If the body is responsible for assessment in two or more local municipalities, the list shall be provided together with a list of those municipalities and with a classification of immovables by local municipality.

[2000, c. 42, s. 119].

13. La réquisition d'inscription ou le document qui l'accompagne lorsque celle-ci prend la forme d'un sommaire doit, lorsqu'il vise l'inscription d'actes de la nature de ceux qui sont énumérés à l'article 12 et que l'immeuble qui y est visé n'est pas immatriculé, indiquer le nom de la municipalité locale sur le territoire de laquelle cet immeuble est situé. L'indication doit figurer soit dans la désignation de l'immeuble, soit sous une rubrique distincte à la fin de la réquisition ou du document.

À défaut de l'accomplissement de ces formalités, la réquisition doit être refusée par l'officier de la publicité des droits, à moins que le requérant ne produise, avec cette réquisition, la déclaration d'une des parties à l'acte portant l'indication requise.

[S.R. 1964, c. 319, a. 14; 1992, c. 57, a. 447; 1995, c. 33, a. 19; 2000, c. 42, a. 120].

13. An application for registration, or the accompanying document where the application is in the form of a summary, must, if either document relates to the registration of an act listed in section 12 and if the immovable concerned is not immatriculated, indicate the name of the local municipality in which the immovable is situated. The information must appear either in the description of the immovable, or under a separate heading at the end of the application or accompanying document.

If these formalities are not complied with, the application must be refused by the registrar unless the applicant produces with the application a statement of one of the parties to the act that contains the required information.

[R.S. 1964, c. 319, s. 14; 1992, c. 57, s. 447; 1995, c. 33, s. 19; 2000, c. 42, s. 120].

14.-19. (*Remplacés*).

[1992, c. 57, a. 447].

14.-19. (*Replaced*).

[1992, c. 57, s. 447].

20. (*Abrogé*).

[1986, c. 62, a. 2].

20. (*Repealed*).

[1986, c. 62, s. 2].

21.-30. (*Remplacés*).

[1992, c. 57, a. 447].

21.-30. (*Replaced*).

[1992, c. 57, s. 447].

31. (*Abrogé*).

[1979, c. 43, a. 12].

31. (*Repealed*).

[1979, c. 43, s. 12].

32. (*Remplacé*).

[1992, c. 57, a. 447].

32. (*Replaced*).

[1992, c. 57, s. 447].

33. (*Abrogé*).

[1982, c. 58, a. 17].

33. (*Replaced*).

[1982, c. 58, s. 17].

34.-46. (*Remplacés*).

[1992, c. 57, a. 447].

34.-46. (*Replaced*).

[1992, c. 57, s. 447].

47.-49. (*Abrogés*).

[1991, c. 26, a. 5].

47.-49. (*Replaced*).

[1991, c. 26, s. 5].

50.-51. (*Remplacés*).

[1992, c. 57, a. 447].

50.-51. (*Replaced*).

[1992, c. 57, s. 447].

FORMULES 1 ET 2

(abrogées)

[1987, c. 98, a. 9].
FORM 1

(repealed)

[1987, c. 98, s. 9].

FORMULE 3

(remplacée)

[1992, c. 57, a. 447].

FORM 2

(repealed)

[1987, c. 98, s. 9].

FORM 3

(replaced)

[1992, c. 57, s. 447].   **ANNEXE I —— TARIF DES DROITS RELATIFS À LA PUBLICITÉ FONCIÈRE**

1. Les droits pour l'inscription d'une réquisition d'inscription de droits sont de 74 $ lorsque la réquisition est présentée sur support papier dans un bureau de la publicité des droits établi pour une circonscription foncière. Ces droits sont diminués de 10 $ lorsque la réquisition est présentée par voie électronique au Bureau de la publicité foncière.

2. Malgré l'article 1, les droits pour l'inscription d'une réquisition d'inscription de droits présentée sous la forme d'un sommaire sont de 74 $ par document résumé par le sommaire lorsque la réquisition est présentée sur support papier dans un bureau de la publicité des droits établi pour une circonscription foncière. Ces droits sont diminués de 10 $ par document résumé lorsque la réquisition est présentée par voie électronique au Bureau de la publicité foncière.

3. Les droits pour l'inscription d'une réquisition de radiation ou de réduction d'inscription sont de 89 $, incluant la radiation ou la réduction des droits prévus dans une première réquisition d'inscription visée par la réquisition de radiation ou de réduction, plus 58 $ pour chaque réquisition additionnelle, lorsque la réquisition de radiation ou de réduction est présentée sur support papier dans un bureau de la publicité des droits établi pour une circonscription foncière. Ces droits sont diminués, respectivement, d'un montant de 10 $ lorsque la réquisition de radiation ou de réduction est présentée par voie électronique au Bureau de la publicité foncière.

4. Les droits pour l'inscription d'un préavis de vente pour défaut de paiement de l'impôt foncier sont de 74 $ plus 9 $ par lot ou partie de lot lorsque la réquisition est présentée sur support papier dans un bureau de la publicité des droits établi pour une circons-

cription foncière. Ces droits sont de 64 $ plus 9 $ par lot ou partie de lot lorsque la réquisition est présentée par voie électronique au Bureau de la publicité foncière.

5. Les droits pour l'inscription d'une réquisition d'inscription d'une adresse, par avis ou par référence à un avis déjà publié, du renouvellement de l'inscription d'une adresse ou de la référence omise à un avis d'adresse sont de 44 $.

Toutefois, ces droits ne sont pas exigibles pour l'inscription de la modification d'une référence à un avis d'adresse.

6. Malgré les articles 1 à 5, aucuns droits ne sont exigibles pour l'inscription :

1° d'une modification dans l'adresse ou dans le nom des personnes visées à l'article 3022 du *Code civil du Québec* (L.Q. 1991, c. 64) ou d'une radiation ou d'une réduction de l'inscription d'un avis d'adresse;

2° d'une liste des immeubles non vendus lors d'une vente pour défaut de paiement de l'impôt foncier;

3° d'un document constatant le retrait de lots adjugés lors d'une vente pour défaut de paiement de l'impôt foncier;

4° d'un avis signifié en vertu de l'article 813.4 du *Code de procédure civile* (chapitre C-25);

5° d'une action contre le propriétaire de l'immeuble à la suite d'une hypothèque légale en faveur des personnes qui ont participé à la construction ou à la rénovation d'un immeuble, ou à la suite d'une hypothèque légale du syndicat des copropriétaires sur la fraction d'un copropriétaire;

6° de la liste des immeubles adjugés lors de la vente pour défaut de paiement de l'impôt foncier;

7° d'un avis de vente par le shérif;

8° de la mainlevée de saisie du shérif;

9° du certificat du greffier attestant qu'une action est discontinuée;

10° du certificat du Procureur général énonçant qu'une hypothèque en faveur de l'État est éteinte ou réduite;

11° de l'abandon ou de la révocation d'un droit réel d'exploitation de ressources de l'État qui n'est pas exempté de l'inscription.

7. Les droits pour les états certifiés par l'officier de la publicité des droits prévus au premier alinéa de l'article 3019 du *Code civil du Québec* et à l'article 704 du *Code de procédure civile* sont de 13 $ pour l'état certifié et de 13 $ pour chaque copie de réquisition d'inscription, incluant le document qui l'accompagne lorsqu'elle prend la forme d'un sommaire, composant l'état.

8. Les droits pour tout autre certificat sont de 13 $, sauf le cas où la loi prévoit expressément qu'aucun droit n'est perçu ou que des droits déterminés sont fixés.

9. Les droits pour chaque copie ou pour chaque extrait d'un registre tenu au Bureau de la publicité foncière sont de 19 $ par fiche immobilière ou par fiche ouverte à l'index des noms, au répertoire des adresses, au répertoire des titulaires de droits réels ou par date et circonscription foncière dans le cas du livre de présentation. Ces droits sont de 19 $ par fiche dans le cas du registre complémentaire de l'index des noms microfilmé ou microfiché tenu pour les circonscriptions foncières de Montréal et de Laval.

Les droits pour chaque copie ou pour chaque extrait de registre conservé, en vertu de l'article 245 de la *Loi modifiant le Code civil et d'autres dispositions législatives relativement à la publicité foncière* (L.Q. 2000, c. 42), dans un bureau de la publicité des droits établi pour une circonscription foncière sont de 19 $ par page de registre.

Les droits pour chaque copie de plan d'un lot sont de 6 $. Ces droits sont de 19 $ pour chaque copie ou pour chaque extrait d'une réquisition d'inscription, incluant le document qui l'accompagne lorsqu'elle prend la forme d'un sommaire ou de tout autre document.

10. Les droits pour les copies de réquisitions, incluant les documents qui les accompagnent lorsqu'elles prennent la forme de sommaire, transmises aux fins des mutations immobilières ou de la tenue à jour des rôles d'évaluation municipaux, sont de 4 $ par copie, quel que soit le moyen utilisé pour délivrer ces copies.

11. Des droits de 19 $ s'ajoutent aux droits exigibles lorsqu'une copie, un extrait ou un état est transmis par télécopieur.

12. Les organismes municipaux sont facturés mensuellement pour les droits exigibles en raison des copies de réquisitions et de documents qui leur sont acheminées aux fins des mutations immobilières et de la mise à jour des rôles d'évaluation municipaux.

13. Les droits pour remplir la formule du ministère du Revenu, relative à une personne qui apparaît inscrite comme propriétaire d'un lot, d'une partie de lot ou d'un immeuble identifié par un numéro d'ordre aux registres, sont de 6 $ pour chaque formule remplie.

14. Les droits pour consulter, dans les bureaux de la publicité des droits établis pour les circonscriptions foncières, les registres, plans et autres documents conservés sur support papier ou sur microfilms ou microfiches sont de 6 $ par personne par jour ou par fraction de jour. Ces droits de consultation comprennent les copies de registres et autres documents microfilmés ou microphotographiés faites à partir des imprimantes mises à la disposition du public.

Aucun droit n'est exigible lorsque la consultation est effectuée aux fins de la confection des cadastres faits suivant la *Loi favorisant la réforme du cadastre québécois* (chapitre R-3.1) ou la *Loi sur les titres de propriété dans certains districts électoraux* (chapitre T-11).

15. Les droits pour consulter les registres, plans et autres documents conservés sur support informatique sont de 4 $ par lot, document, nom, circonscription foncière ou autres caractères de recherche, selon le document ou le registre consulté. Ces droits sont de 1 $ par lot, document, nom, circonscription foncière ou autres caractères de recherche lorsque la consultation n'est pas réalisée à l'aide des écrans de visualisation disponibles dans les bureaux de la publicité des droits établis pour les circonscriptions foncières. Les droits de consultation comprennent les copies de registres, plans ou autres documents conservés sur support informatique faites par le public à partir des imprimantes mises à sa disposition.

Aucun droit n'est exigible lorsque la consultation est effectuée, à l'aide des écrans de visualisation disponibles dans les bureaux de la publicité des droits établis pour les circonscriptions foncières, aux fins de la confection des cadastres faits suivant la *Loi sur le cadastre* (chapitre C-1), la *Loi favorisant la réforme du cadastre québécois* ou la *Loi sur les titres de propriété dans certains districts électoraux*.

16. Les droits pour un état certifié d'inscription sur support papier sont de 13 $. Toutefois, ces droits ne sont pas exigibles pour un premier état certifié d'inscription émis à l'égard d'une réquisition d'inscription présentée sur support papier dans un bureau de la publicité des droits établi pour une circonscription foncière.

17. Les droits prévus au présent tarif sont indexés de plein droit, au 1er avril de chaque année, selon le taux prévu à l'article 83.3 de la *Loi sur l'administration financière* (chapitre A-6.001). Toutefois, les droits ne sont pas indexés lorsque, dans l'année précédente, ils ont été fixés ou ils ont été augmentés autrement qu'en vertu de cet article.

Le résultat de l'indexation est diminué au dollar le plus près s'il comprend une fraction de dollar inférieure à 0,50 $; il est augmenté au dollar le plus près s'il comprend une fraction de dollar égale ou supérieure à 0,50 $. L'application de cette règle d'arrondissement ne peut avoir pour effet de diminuer les droits à un montant inférieur à celui qui était prévu avant leur indexation.

Lorsque le résultat de l'indexation ne peut être arrondi au dollar supérieur le plus près, les montants des indexations annuelles sont reportés et cumulés jusqu'à ce que les droits exigibles comportent une décimale de 0,50 $ ou plus.

Le ministre publie à la Gazette officielle du Québec le résultat de cette indexation.

[2011, c. 18, a. 63, 317; Avis, (2012) 144 *G.O.* I, 359; Avis, (2013) 145 *G.O.* I, 304; 2013, c. 16, a. 44-49; Avis, (2014) 146 *G.O.* I, 369].

SCHEDULE I —— TARIFF OF FEES — LAND REGISTRATION

1. The fee for the filing of an application for the registration of rights, in paper form, at the registry office for a registration division is $74. The fee is reduced by $10 if the application is filed electronically with the Land Registry Office.

2. Despite section 1, the fee for the filing of an application for the registration of rights that is in the form of a summary, in paper form, at the registry office for a registration division is $74 per summarized document. The fee is reduced by $10 per summarized document if the application is filed electronically with the Land Registry Office.

3. The fee for the filing of an application for the cancellation or reduction of a registration-including the cancellation or reduction of the rights set out in the corresponding initial application for registration-in paper form, at the registry office for a registration division is $89, plus $58 for every additional application. Both of these amounts are reduced by $10 if the application is filed electronically with the Land Registry Office.

4. The fee for the filing of a prior notice of sale for non-payment of immovable taxes, in paper form, at the registry office for a registration division is $74 plus $9 per lot or part of a lot. The fee is $64 plus $9 per lot or part of a lot if the application is filed electronically with the Land Registry Office.

5. The fee for the filing of an application for the registration of an address, by notice or by reference to a previously published notice, for the renewal of the registration of an address or for the registration of an omitted reference to a notice of address is $44.

However, no fee is payable for the registration of a change in a reference to a notice of address.

6. Despite sections 1 to 5, no fee is payable for the registration of

1) a change in the address or in the name of a person referred to in article 3022 of the *Civil Code of Québec* (S.Q. 1991, c. 64) or the cancellation or reduction of the registration of a notice of address;

2) a list of immovables unsold at a sale for non-payment of immovable taxes;

3) a document evidencing the redemption of lots adjudicated at a sale for non-payment of immovable taxes;

4) a notice served under article 813.4 of the *Code of Civil Procedure* (chapter C-25);

5) an action against the owner of an immovable involving a legal hypothec in favour of the participants in the construction or renovation of the immovable or involving a legal hypothec held by a syndicate of co-owners on a co-owner's fraction;

6) a list of immovables adjudicated at a sale for non-payment of immovable taxes;

7) a notice of a sheriff's sale;

8) a release from a sheriff's seizure;

9) a clerk's certificate attesting that an action has been discontinued;

10) a certificate of the Attorney General stating that a hypothec in favour of the State is extinguished or reduced; and

11) the abandonment or revocation of a real right of State resource development that is not exempt from registration.

7. The fee for statements certified by the registrar as provided for in the first paragraph of article 3019 of the *Civil Code of Québec* and article 704 of the *Code of Civil Procedure* is $13 for the certified statement and $13 for each copy of an application for registration that forms part of the statement, including the accompanying document if the application is in the form of a summary.

8. The fee for any other certificate is $13, unless the law expressly provides that no fee or a different set fee is payable.

9. The fee for each copy or extract from a register kept at the Land Registry Office is $19 per land file or per file opened in the index of names, directory of addresses or directory of real right holders or, in the case of the book of presentation, per date and registration division. The fee is $19 per file for each copy or extract from the register complementary to the index of names preserved on microfilm or microfiche for the registration divisions of Montréal and Laval.

The fee for each copy or extract from a register preserved at the registry office for a registration division, under section 245 of the *Act to amend the Civil Code of Québec and other legislative provisions relating to land registration* (S.Q. 2000, c. 42), is $19 per page of the register.

The fee for each copy of the plan of a lot is $6. The fee for each copy or extract from an application for registration, including the accompanying document if the application is in the form of a summary, or for each copy or extract from any other document is $19.

10. The fee for copies of applications, including the accompanying documents if the applications are in the form of a summary, forwarded for the purposes of transfers of immovables or the updating of the municipal assessment rolls, is $4 per copy, regardless of the means used to issue such copies.

11. A fee of $19 is added to the fee payable when the copy, extract or statement is sent by fax.

12. The municipal bodies are billed monthly for the fees payable for the copies of applications and documents that are forwarded to them for the purposes of transfers of immovables and the updating of the municipal assessment rolls.

13. The fee for completing the Ministère du Revenu form concerning a person who appears to be the registered owner of a lot, of part of a lot or of an immovable identified by a serial number in the registers is $6 for each form completed.

14. The fee for on-site consultation, at the registry office for a registration division, of the registers, plans and other documents preserved in paper form or on microfilm or microfiche is $6 per person per day or fraction of a day. The consultation fee includes the cost of copies from the registers and other microfilmed or microphotographed documents produced by the printers made available to the public.

No fee is payable to consult the registers, plans and documents for the purpose of preparing cadastres under the *Act to promote the reform of the cadastre in Québec* (chapter R-3.1) or the *Act respecting land titles in certain electoral districts* (chapter T-11).

15. The fee for the consultation of electronic registers, plans and other documents is $4 per lot, document, name, registration division or keyword search, according to the document or register consulted. The fee is $1 per lot, document, name, registration division or keyword search if the registers, plans and documents are consulted otherwise than by means of the screens available at the registry offices for the registration divisions. The consultation fee includes the cost of copies from the electronic registers, plans and other documents produced by the printers made available to the public.

No fee is payable to consult the registers, plans and documents by means of the screens available at the registry offices for the registration divisions, for the purpose of preparing

cadastres under the *Cadastre Act* (chapter C-1), the *Act to promote the reform of the cadastre in Québec* or the *Act respecting land titles in certain electoral districts*.

16. The fee for a certified statement of registration in paper form is $13. However, no fee is payable for the first certified statement of registration issued in respect of an application for registration filed in paper form at the registry office for a registration division.

17. The fees payable under this Tariff are adjusted by operation of law on 1 April of each year by the rate prescribed in section 83.3 of the *Financial Administration Act* (chapter A-6.001). However, a fee is not adjusted if it was set in the preceding year or was increased in the preceding year otherwise than under that section.

Adjusted amounts are rounded down to the nearest dollar if they include a dollar fraction that is less than $0.50, or up to the nearest dollar if they include a dollar fraction that is equal to or greater than $0.50. The application of this rounding rule may not operate to decrease a fee below its pre-adjustment level.

If an adjusted amount cannot be rounded up to the nearest dollar, the annual adjustments are deferred and accumulated until the fee payable includes a dollar fraction that is equal to or greater than $0.50.

The Minister publishes the results of the adjustment in the *Gazette officielle du Québec*.
[2011, c. 18, s. 63, 317; Notice, (2012) 144 *G.O.* I, 359; Notice, (2013) 145 *G.O.* I, 304; 2013, c. 16, s. 44-49; Notice, (2014) 146 *G.O.* I, 369].

ANNEXE II —— TARIF DES DROITS RELATIFS AU REGISTRE DES DROITS PERSONNELS ET RÉELS MOBILIERS

1. Les droits pour l'inscription d'un droit mentionné dans une réquisition qui, selon la loi, doit fixer la date extrême d'effet de l'inscription sont de :

1° 32 $ pour une durée de publicité d'un an ou moins;

2° 35 $ pour une durée de publicité de plus d'un an, jusqu'à deux ans;

3° 38 $ pour une durée de publicité de plus de deux ans, jusqu'à trois ans;

4° 41 $ pour une durée de publicité de plus de trois ans, jusqu'à quatre ans;

5° 44 $ pour une durée de publicité de plus de quatre ans.

Les droits pour l'inscription du renouvellement de la publicité d'un droit sont les mêmes que ci-dessus. Cependant, lorsque la réquisition vise le renouvellement de la publicité de plus d'un droit, ce montant est augmenté de 3 $ par année ou fraction d'année jusqu'à un maximum de cinq années de publicité, multiplié par le nombre d'inscriptions supplémentaires dont les numéros sont indiqués à la rubrique « Référence à l'inscription visée au registre des droits personnels et réels mobiliers » du formulaire.

2. Les droits pour l'inscription d'un droit mentionné dans une réquisition qui n'a pas à préciser la date extrême d'effet de l'inscription ou d'une rectification d'une inscription sont de 45 $ par réquisition.

3. Les droits pour l'inscription d'une adresse, d'un changement ou d'une modification de l'adresse, du numéro de télécopieur ou du nom du bénéficiaire sont de 45 $ par réquisition.

4. Les droits exigibles en vertu des articles 1 à 3 sont diminués de 8 $ par réquisition lorsque la réquisition est présentée sur support électronique.

5. Malgré les articles 1 et 2, aucun droit n'est exigible pour l'inscription :

1° d'un jugement notifié par le greffier en vertu de l'article 817.2 du *Code de procédure civile* (chapitre C-25);

2° d'un contrat de mariage visé à l'article 442 du *Code civil du Québec* (L.Q. 1991, c. 64);

3° d'une rectification qui concerne les droits visés aux paragraphes 1 et 2;

4° d'une radiation ou d'une réduction d'inscription.

6. Les droits pour un état, certifié par l'officier de la publicité des droits, d'une inscription particulière délivré conformément à l'article 3019 du *Code civil du Québec* sont de 5,05 $.

7. Les droits pour un état ou un relevé, certifié par l'officier, des droits inscrits sur le registre sont :

1° si l'état ou le relevé est établi sous le nom d'une personne physique, de 13 $ par nom pour une date de naissance donnée;

2° si l'état ou le relevé est établi sous un nom autre que celui d'une personne physique, 13 $ par nom;

3° si l'état ou le relevé est établi sous le numéro d'identification d'un véhicule routier, de 13 $ par numéro d'identification.

8. Les droits pour chaque copie ou chaque extrait délivré par l'officier d'une réquisition d'inscription ou d'un bordereau de présentation sont de 5,05 $ par copie ou par extrait.

Ces droits sont portés au double lorsque la copie ou l'extrait est certifié par l'officier.

9. Malgré les articles 6 et 8, aucun droit n'est exigible pour la délivrance d'un état ou d'une copie certifiés par l'officier relativement à une liste contenue dans le registre ou dans une réquisition, lorsqu'un règlement pris en vertu de l'article 3024 du *Code civil du Québec* prévoit que cette liste peut ne pas être accessible par les modes de consultation qui y sont prévus.

10. Les droits pour tout autre certificat sont de 5,05 $, sauf le cas où la loi prévoit expressément qu'aucun droit n'est perçu ou que des droits déterminés sont fixés.

11. Des droits de 5,05 $ par document s'ajoutent à ceux prévus à l'un des articles 6, 7 ou 8, lorsqu'un état, un relevé, une copie ou un extrait est transmis par télécopieur.

12. Les droits pour la délivrance de rapports statistiques sont de 2 $ la seconde pour le temps d'utilisation de l'ordinateur, mais ne peuvent être inférieurs à 108 $.

13. Les droits exigibles pour la consultation du registre à partir d'un nom sont de 9 $ par nom qui fait l'objet de la recherche ou, s'il s'agit d'une personne physique, de 9 $ par nom couplé à une date de naissance donnée.

14. Les droits exigibles pour la consultation du registre à partir du numéro d'identification d'un véhicule routier sont de 3 $ par numéro.

15. Les droits exigibles pour la consultation d'une inscription particulière contenue dans le registre à partir de son numéro ou du numéro de formulaire de la réquisition sur le fondement de laquelle cette inscription a été effectuée sont de 3 $ par numéro.

16. Les droits exigibles pour la consultation du fichier des adresses à partir d'un nom sont de 3 $ par nom qui fait l'objet de la recherche ou, s'il s'agit d'une personne physique, de 3 $ par nom couplé à une date de naissance donnée.

Les droits exigibles pour la consultation de ce fichier à partir d'un numéro d'avis d'adresse sont de 3 $ par numéro.

17. Les droits exigibles en vertu des articles 13 à 16 sont augmentés de 3 $ par nom qui fait l'objet de la recherche ou par numéro, lorsque la consultation du registre ou du fichier des adresses s'effectue par téléphone.

18. Les droits prévus au présent tarif sont indexés conformément à l'article 83.3 de la *Loi sur l'administration financière* (chapitre A-6.001). Toutefois, les droits ne sont pas in-

dexés lorsque, dans l'année précédente, ils ont été fixés ou ils ont été augmentés autrement qu'en vertu de cet article.

Le résultat de l'indexation est diminué au dollar le plus près s'il comprend une fraction de dollar inférieure à 0,50 $; il est augmenté au dollar le plus près s'il comprend une fraction de dollar égale ou supérieure à 0,50 $. L'application de cette règle d'arrondissement ne peut avoir pour effet de diminuer les droits à un montant inférieur à celui qui était prévu avant leur indexation.

Lorsque le résultat de l'indexation ne peut être arrondi au dollar supérieur le plus près, les montants des indexations annuelles sont reportés et cumulés jusqu'à ce que les droits exigibles comportent une décimale de 0,50 $ ou plus.

Le ministre publie à la *Gazette officielle du Québec* le résultat de cette indexation.

[2011, c. 18, a. 63, 317; Avis, (2012) 144 *G.O.* I, 238; Avis, (2013) 145 *G.O.* I, 13; Avis, (2014) 146 *G.O.* I, 200].

SCHEDULE II —— TARIFF OF FEES - REGISTER OF PERSONAL AND MOVABLE REAL RIGHTS

1. The fee for the registration of a right whose ultimate effective date of registration is required, by law, to be specified in the application is

1) $32 for one year or less of registration;

2) $35 for more than one year and up to two years of registration;

3) $38 for more than two years and up to three years of registration;

4) $41 for more than three years and up to four years of registration; and

5) $44 for more than four years of registration.

The fees for the renewal of the registration of a right are the same as above. However, if the application is for the renewal of the registration of two or more rights, the applicable fee is increased by $3 per year or fraction of a year, up to a maximum of five years of registration, multiplied by the number of additional registrations listed by number under the heading "Reference to registration in the register of personal and movable real rights" on the form.

2. The fee for the registration of a right whose ultimate effective date of registration is not required by law to be specified in the application, or for the registration of a correction in an entry, is $45 per application.

3. The fee for the registration of an address or of a change in the beneficiary's name, address or fax number is $45 per application.

4. The fees payable under sections 1 to 3 are reduced by $8 per application if filed electronically.

5. Despite sections 1 and 2, no fee is payable to register

1) a judgment notified by the court clerk under article 817.2 of the *Code of Civil Procedure* (chapter C-25)

2) a marriage contract under article 442 of the *Civil Code of Québec* (S.Q. 1991, c. 64);

3) a correction with regard to the rights referred to in paragraphs 1 and 2; or

4) a cancellation or reduction of a registration.

6. The fee for a statement of a particular entry, certified by the registrar and issued in accordance with article 3019 of the *Civil Code of Québec*, is $5.05.

7. The fee for a statement of rights entered in the register, certified by the registrar, is

1) $13 per name for a given date of birth if the statement is made under the name of a natural person;

2) $13 per name if the statement is made under a name other than that of a natural person; and

3) $13 per identification number if the statement is made under the identification number of a road vehicle.

8. The fee for the issue by the registrar of a copy or extract from an application for registration or a memorial of presentation is $5.05 per copy or extract.

This fee is doubled for a copy or extract certified by the registrar.

9. Despite sections 6 and 8, no fee is payable for the issue of a statement or copy certified by the registrar in respect of a list contained in the register or in an application, if a regulation under article 3024 of the *Civil Code of Québec* provides that the list can not be accessed for examination by the means provided for in the regulation.

10. The fee for any other certificate is $5.05, unless the law expressly provides that no fee or a different set fee is payable.

11. A fee of $5.05 per document is added to the fees set in sections 6, 7 and 8 when a statement, copy or extract is sent by fax.

12. The fee for the issue of statistical reports is $2 per second of computer time, but may not be less than $108.

13. The fee for searching by name in the register is $9 per name or, in the case of a natural person's name, $9 per name coupled with a given date of birth.

14. The fee for searching by road vehicle identification number in the register is $3 per number.

15. The fee for consulting a specific entry in the register using the number of the entry or the form number of the related application is $3 per number.

16. The fee for searching by name in the list of addresses is $3 per name or, in the case of a natural person's name, $3 per name coupled with a given date of birth.

The fee for searching by notice of address number in the list of addresses is $3 per number.

17. The fees payable under sections 13 to 16 are increased by $3 per name or per number when the register or the list of addresses is consulted by telephone.

18. The fees payable under this Tariff are adjusted in accordance with section 83.3 of the *Financial Administration Act* (chapter A.6.001). However, a fee is not adjusted if it was set in the preceding year or was increased in the preceding year otherwise than under that section.

Adjusted amounts are rounded down to the nearest dollar if they include a dollar fraction that is less than $0.50, or up to the nearest dollar if they include a dollar fraction that is equal to or greater than $0.50. The application of this rounding rule may not operate to decrease a fee to below its pre-adjustment level.

If an adjusted amount cannot be rounded up to the nearest dollar, the annual adjustments are deferred and accumulated until the fee payable includes a dollar fraction that is equal to or greater than $0.50.

The Minister publishes the results of the adjustment in the *Gazette officielle du Québec*.
[2011, c. 18, s. 63, 317; Notice, (2012) 144 *G.O.* I, 238; Notice, (2013) 145 *G.O.* I, 13; Notice, (2014) 146 *G.O.* I, 200].

Loi concernant le cadre juridique des technologies de l'information,

RLRQ, c. C-1.1

An Act to establish a legal framework for information technology,

CQLR, c. C-1.1

Chapitre I — Dispositions générales

1. La présente loi a pour objet d'assurer :

1° la sécurité juridique des communications effectuées par les personnes, les associations, les sociétés ou l'État au moyen de documents quels qu'en soient les supports;

2° la cohérence des règles de droit et leur application aux communications effectuées au moyen de documents qui sont sur des supports faisant appel aux technologies de l'information, qu'elles soient électronique, magnétique, optique, sans fil ou autres ou faisant appel à une combinaison de technologies;

3° l'équivalence fonctionnelle des documents et leur valeur juridique, quels que soient les supports des documents, ainsi que l'interchangeabilité des supports et des technologies qui les portent;

4° le lien entre une personne, une association, une société ou l'État et un document technologique, par tout moyen qui permet de les relier, dont la signature, ou qui per-

Chapter I — General Provisions

1. The object of this Act is to ensure

1) the legal security of documentary communications between persons, associations, partnerships and the State, regardless of the medium used;

2) the coherence of legal rules and their application to documentary communications using media based on information technology, whether electronic, magnetic, optical, wireless or other, or based on a combination of technologies;

3) the functional equivalence and legal value of documents, regardless of the medium used, and the interchangeability of media and technologies;

4) the linking of a person, an association, a partnership or the State with a technology-based document, by any means allowing them to be linked, such as a signature, or

met de les identifier et, au besoin, de les localiser, dont la certification;

5° la concertation en vue de l'harmonisation des systèmes, des normes et des standards techniques permettant la communication au moyen de documents technologiques et l'interopérabilité des supports et des technologies de l'information.

[2001, c. 32, a. 1].

2. À moins que la loi n'exige l'emploi exclusif d'un support ou d'une technologie spécifique, chacun peut utiliser le support ou la technologie de son choix, dans la mesure où ce choix respecte les règles de droit, notamment celles prévues au Code civil.

Ainsi, les supports qui portent l'information du document sont interchangeables et, l'exigence d'un écrit n'emporte pas l'obligation d'utiliser un support ou une technologie spécifique.

[2001, c. 32, a. 2].

Chapitre II — Documents

SECTION I — NOTION DE DOCUMENT

3. Un document est constitué d'information portée par un support. L'information y est délimitée et structurée, de façon tangible ou logique selon le support qui la porte, et elle est intelligible sous forme de mots, de sons ou d'images. L'information peut être rendue au moyen de tout mode d'écriture, y compris d'un système de symboles transcriptibles sous l'une de ces formes ou en un autre système de symboles.

Pour l'application de la présente loi, est assimilée au document toute banque de données dont les éléments structurants permettent la création de documents par la délimitation et la structuration de l'information qui y est inscrite.

Un dossier peut être composé d'un ou de plusieurs documents.

Les documents sur des supports faisant appel aux technologies de l'information vi-

any means allowing them to be identified and, if need be, located, such as certification; and

5) concerted action for the harmonization of the technical systems, norms and standards involved in communications by means of technology-based documents and interoperability between different media and information technologies.

[2001, c. 32, s. 1].

2. Except where a document is required by law to be in a specific medium or technology, any medium or technology may be used, provided the medium or technology chosen is in compliance with legal rules, in particular those contained in the Civil Code.

Hence, media used to inscribe documentary information are interchangeable and a requirement that a document be in writing does not entail the use of a specific medium or technology.

[2001, c. 32, s. 2].

Chapter II — Documents

SECTION I — CONCEPT OF DOCUMENT

3. Information inscribed on a medium constitutes a document. The information is delimited and structured, according to the medium used, by tangible or logical features and is intelligible in the form of words, sounds or images. The information may be rendered using any type of writing, including a system of symbols that may be transcribed into words, sounds or images or another system of symbols.

For the purposes of this Act, a database whose structuring elements allow the creation of documents by delimiting and structuring the information contained in the database is considered to be a document.

A record may comprise one or more documents.

In this Act, a technology-based document is a document in any medium based on

sées au paragraphe 2° de l'article 1 sont qualifiés dans la présente loi de documents technologiques.

[2001, c. 32, a. 3].

4. Un document technologique, dont l'information est fragmentée et répartie sur un ou plusieurs supports situés en un ou plusieurs emplacements, doit être considéré comme formant un tout, lorsque des éléments logiques structurants permettent d'en relier les fragments, directement ou par référence, et que ces éléments assurent à la fois l'intégrité de chacun des fragments d'information et l'intégrité de la reconstitution du document antérieur à la fragmentation et à la répartition.

Inversement, plusieurs documents technologiques, même réunis en un seul à des fins de transmission ou de conservation, ne perdent pas leur caractère distinct, lorsque des éléments logiques structurants permettent d'assurer à la fois l'intégrité du document qui les réunit et celle de la reconstitution de chacun des documents qui ont été ainsi réunis.

[2001, c. 32, a. 4].

SECTION II — VALEUR JURIDIQUE ET INTÉGRITÉ DES DOCUMENTS

5. La valeur juridique d'un document, notamment le fait qu'il puisse produire des effets juridiques et être admis en preuve, n'est ni augmentée ni diminuée pour la seule raison qu'un support ou une technologie spécifique a été choisi.

Le document dont l'intégrité est assurée a la même valeur juridique, qu'il soit sur support papier ou sur un autre support, dans la mesure où, s'il s'agit d'un document technologique, il respecte par ailleurs les mêmes règles de droit.

Le document dont le support ou la technologie ne permettent ni d'affirmer, ni de dénier que l'intégrité en est assurée peut, selon les circonstances, être admis à titre de témoignage ou d'élément matériel de preuve et servir de commencement de preuve, comme prévu à l'article 2865 du Code civil.

any information technology referred to in paragraph 2 of section 1.

[2001, c. 32, s. 3].

4. A technology-based document, even when the information it contains is fragmented and dispersed in one or more media at one or more locations, is considered to form a whole if its logical structuring elements allow the fragments to be connected, directly or by reference, and if such elements ensure both the integrity of each fragment and the integrity of the document reconstituted as it existed prior to its fragmentation and dispersal.

Conversely, separate technology-based documents, even when combined into a single document for transmission or retention purposes, do not lose their distinct nature, if logical structuring elements ensure both the integrity of the combined document and the integrity of each separate reconstituted document.

[2001, c. 32, s. 4].

SECTION II — LEGAL VALUE AND INTEGRITY OF DOCUMENTS

5. The legal value of a document, particularly its capacity to produce legal effects and its admissibility as evidence, is neither increased nor diminished solely because of the medium or technology chosen.

A document whose integrity is ensured has the same legal value whether it is a paper document or a document in any other medium, insofar as, in the case of a technology-based document, it otherwise complies with the legal rules applicable to paper documents.

A document in a medium or based on technology that does not allow its integrity to be confirmed or denied may, depending on the circumstances, be admissible as testimonial evidence or real evidence and serve as commencement of proof, as provided for in article 2865 of the Civil Code.

Lorsque la loi exige l'emploi d'un document, cette exigence peut être satisfaite par un document technologique dont l'intégrité est assurée.

[2001, c. 32, a. 5].

Where the law requires the use of a document, the requirement may be met by a technology-based document whose integrity is ensured.

[2001, c. 32, s. 5].

6. L'intégrité du document est assurée, lorsqu'il est possible de vérifier que l'information n'en est pas altérée et qu'elle est maintenue dans son intégralité, et que le support qui porte cette information lui procure la stabilité et la pérennité voulue.

L'intégrité du document doit être maintenue au cours de son cycle de vie, soit depuis sa création, en passant par son transfert, sa consultation et sa transmission, jusqu'à sa conservation, y compris son archivage ou sa destruction.

Dans l'appréciation de l'intégrité, il est tenu compte, notamment des mesures de sécurité prises pour protéger le document au cours de son cycle de vie.

[2001, c. 32, a. 6].

6. The integrity of a document is ensured if it is possible to verify that the information it contains has not been altered and has been maintained in its entirety, and that the medium used provides stability and the required perennity to the information.

The integrity of a document must be maintained throughout its life cycle, from creation, in the course of transfer, consultation and transmission, during retention and until archiving or destruction.

To assess the integrity of a document, particular account must be taken of the security measures applied to protect the document throughout its life cycle.

[2001, c. 32, s. 6].

7. Il n'y a pas lieu de prouver que le support du document ou que les procédés, systèmes ou technologies utilisés pour communiquer au moyen d'un document permettent d'assurer son intégrité, à moins que celui qui conteste l'admission du document n'établisse, par prépondérance de preuve, qu'il y a eu atteinte à l'intégrité du document.

[2001, c. 32, a. 7].

7. It is not necessary to prove that the medium of a document or that the processes, systems or technology used to communicate by means of a document ensure its integrity, unless the person contesting the admission of the document establishes, upon a preponderance of evidence, that the integrity of the document has been affected.

[2001, c. 32, s. 7].

8. Le gouvernement peut, en se fondant sur des normes ou standards techniques approuvés par un organisme reconnu visé à l'article 68, décréter qu'un dispositif est apte à remplir une fonction déterminée.

Lorsque le décret indique le dispositif visé, la fonction qu'il doit remplir ainsi que la norme ou le standard retenu, il n'y a pas lieu de faire la preuve du fait qu'il est apte à remplir cette fonction.

[2001, c. 32, a. 8].

8. The Government may, on the basis of technical norms or standards approved by a recognized body referred to in section 68, make an order prescribing that a device is capable of fulfilling a determined function.

Where a device, its function and the norm or standard used are specified in such an order, it is not necessary to prove that the device is capable of fulfilling the function.

[2001, c. 32, s. 8].

SECTION III — ÉQUIVALENCE DE DOCUMENTS SERVANT AUX MÊMES FONCTIONS

SECTION III — EQUIVALENCE OF DOCUMENTS USED FOR THE SAME FUNCTIONS

9. Des documents sur des supports différents ont la même valeur juridique s'ils comportent la même information, si l'intégrité de chacun d'eux est assurée et s'ils respectent tous deux les règles de droit qui les régissent. L'un peut remplacer l'autre et ils peuvent être utilisés simultanément ou en alternance. De plus, ces documents peuvent être utilisés aux mêmes fins.

En cas de perte, un document peut servir à reconstituer l'autre.

[2001, c. 32, a. 9].

9. Two or more documents in different media have the same legal value if they contain the same information, if the integrity of each document is ensured and if each document complies with the applicable legal rules. One document may be substituted for another and the documents may be used simultaneously or in alternation. In addition, all such documents may be used for the same purposes.

If a document is lost, another document may serve to reconstitute it.

[2001, c. 32, s. 9].

10. Le seul fait que des documents porteurs de la même information, mais sur des supports différents, présentent des différences en ce qui a trait à l'emmagasinage ou à la présentation de l'information ou le seul fait de comporter de façon apparente ou sous-jacente de l'information différente relativement au support ou à la sécurité de chacun des documents n'est pas considéré comme portant atteinte à l'intégrité du document.

De même, ne sont pas considérées comme des atteintes à l'intégrité du document, les différences quant à la pagination du document, au caractère tangible ou intangible des pages, à leur format, à leur présentation recto ou verso, à leur accessibilité en tout ou en partie ou aux possibilités de repérage séquentiel ou thématique de l'information.

[2001, c. 32, a. 10].

10. The sole fact that documents containing the same information but in different media show differences in the way in which the information is stored or presented, or contain different information, whether visible or hidden, relating to the medium used or to security, shall not be considered as affecting the integrity of the documents.

Similarly, differences relating to page numbering, the tangible or intangible nature of pages, format, recto or verso presentation, total or partial accessibility, and sequential or thematic information retrieval possibilities shall not be considered as affecting the integrity of the documents.

[2001, c. 32, s. 10].

11. En cas de divergence entre l'information de documents qui sont sur des supports différents ou faisant appel à des technologies différentes et qui sont censés porter la même information, le document qui prévaut est, à moins d'une preuve contraire, celui dont il est possible de vérifier que l'information n'a pas été altérée et qu'elle a été maintenue dans son intégralité.

[2001, c. 32, a. 11].

11. In the event of a divergence between documents in different media or based on different technologies that purport to contain the same information, the document containing information that can be verified as being unaltered and maintained in its entirety shall prevail unless evidence to the contrary is adduced.

[2001, c. 32, s. 11].

12. Un document technologique peut remplir les fonctions d'un original. À cette fin, son intégrité doit être assurée et, lorsque l'une de ces fonctions est d'établir que le document :

1° est la source première d'une reproduction, les composantes du document source doivent être conservées de sorte qu'elles puissent servir de référence ultérieurement;

2° présente un caractère unique, les composantes du document ou de son support sont structurées au moyen d'un procédé de traitement qui permet d'affirmer le caractère unique du document, notamment par l'inclusion d'une composante exclusive ou distinctive ou par l'exclusion de toute forme de reproduction du document;

3° est la forme première d'un document relié à une personne, les composantes du document ou de son support sont structurées au moyen d'un procédé de traitement qui permet à la fois d'affirmer le caractère unique du document, d'identifier la personne auquel le document est relié et de maintenir ce lien au cours de tout le cycle de vie du document.

Pour l'application des paragraphes 2° et 3° du premier alinéa, les procédés de traitement doivent s'appuyer sur des normes ou standards techniques approuvés par un organisme reconnu visé à l'article 68.

[2001, c. 32, a. 12].

13. Lorsque l'apposition d'un sceau, d'un cachet, d'un tampon, d'un timbre ou d'un autre instrument a pour fonction :

1° de protéger l'intégrité d'un document ou d'en manifester la fonction d'original, celle-ci peut être remplie à l'égard d'un document technologique, au moyen d'un procédé approprié au support du document;

2° d'identifier une personne, une association, une société ou l'État, cette fonction peut être remplie à l'égard d'un document technologique, selon les règles prévues à la sous-section 1 de la section II du chapitre III;

12. A technology-based document may fulfil the functions of an original. To that end, the integrity of the document must be ensured and, where the desired function is to establish

1) that the document is the source document from which copies are made, the components of the source document must be retained so that they may subsequently be used as a reference;

2) that the document is unique, its components or its medium must be structured by a process that makes it possible to verify that the document is unique, in particular through the inclusion of an exclusive or distinctive component or the exclusion of any form of reproduction;

3) that the document is the first form of a document linked to a person, its components or its medium must be structured by a process that makes it possible to verify that the document is unique, to identify the person with whom the document is linked and to maintain the link throughout the life cycle of the document.

For the purposes of subparagraphs 2 and 3 of the first paragraph, the processes must be based on technical norms and standards approved by a recognized body referred to in section 68.

[2001, c. 32, s. 12].

13. Where the function of affixing a seal, signet, press, stamp or other instrument is

1) to preserve the integrity of a document or authenticate the document as an original, the purpose may be achieved, in the case of a technology-based document, by means of any process appropriate to the medium used;

2) to identify a person, an association, a partnership or the State, the purpose may be achieved, in the case of a technology-based document, according to the rules provided in subdivision 1 of Division II of Chapter III;

3° d'assurer la confidentialité du document, cette fonction peut être remplie à l'égard d'un document technologique, selon les règles prévues à l'article 34.

[2001, c. 32, a. 13].

14. Au plan de la forme, un ou plusieurs procédés peuvent être utilisés pour remplir les fonctions prévues aux articles 12 et 13 et ils doivent faire appel aux caractéristiques du support qui porte l'information.

[2001, c. 32, a. 14].

15. Pour assurer l'intégrité de la copie d'un document technologique, le procédé employé doit présenter des garanties suffisamment sérieuses pour établir le fait qu'elle comporte la même information que le document source.

Il est tenu compte dans l'appréciation de l'intégrité de la copie des circonstances dans lesquelles elle a été faite ainsi que du fait qu'elle a été effectuée de façon systématique et sans lacunes ou conformément à un procédé qui s'appuie sur des normes ou standards techniques approuvés par un organisme reconnu visé à l'article 68.

Cependant, lorsqu'il y a lieu d'établir que le document constitue une copie, celle-ci doit, au plan de la forme, présenter les caractéristiques qui permettent de reconnaître qu'il s'agit d'une copie, soit par l'indication du lieu et de la date où elle a été effectuée ou du fait qu'il s'agit d'une copie, soit par tout autre moyen.

La copie effectuée par une entreprise au sens du Code civil ou par l'État bénéficie d'une présomption d'intégrité en faveur des tiers.

[2001, c. 32, a. 15].

16. Lorsque la copie d'un document doit être certifiée, cette exigence peut être satisfaite à l'égard d'un document technologique au moyen d'un procédé de comparaison permettant de reconnaître que l'information de la copie est identique à celle du document source.

[2001, c. 32, a. 16].

3) to protect the confidentiality of a document, the purpose may be achieved in the case of a technology-based document, according to the rules provided in section 34.

[2001, c. 32, s. 13].

14. As regards the form of a document, one or more processes may be used to fulfil the functions or achieve the purposes provided for in sections 12 and 13, making use of the characteristic features of the medium used.

[2001, c. 32, s. 14].

15. To ensure the integrity of a copy of a technology-based document, the copying process must offer a sufficient guarantee that it contains the same information as the source document.

To assess the integrity of a copy, account must be taken of the circumstances in which the copy was made and of whether it was made systematically and without interruption or by means of a process meeting the technical norms or standards approved by a recognized body referred to in section 68.

However, where it is necessary to establish that a document is a copy, it must include characteristics as to form allowing it to be recognized as a copy, such as an indication of the place and date on which the copy was generated, a statement that it is a copy, or any other characteristic.

The integrity of a copy generated by an enterprise within the meaning of the Civil Code or by the State shall be presumed in favour of third persons.

[2001, c. 32, s. 15].

16. Where a copy of a technology-based document must be certified, the requirement may be met by means of a comparison process that verifies that the information in the copy is identical to the information in the source document.

[2001, c. 32, s. 16].

SECTION IV — MAINTIEN DE L'INTÉGRITÉ DU DOCUMENT AU COURS DE SON CYCLE DE VIE

§1. — Transfert de l'information

SECTION IV — MAINTENANCE OF INTEGRITY OF DOCUMENTS THROUGHOUT LIFE CYCLE

§1. — Transfer of information

17. L'information d'un document qui doit être conservé pour constituer une preuve, qu'il s'agisse d'un original ou d'une copie, peut faire l'objet d'un transfert vers un support faisant appel à une technologie différente.

Toutefois, sous réserve de l'article 20, pour que le document source puisse être détruit et remplacé par le document qui résulte du transfert tout en conservant sa valeur juridique, le transfert doit être documenté de sorte qu'il puisse être démontré, au besoin, que le document résultant du transfert comporte la même information que le document source et que son intégrité est assurée.

La documentation comporte au moins la mention du format d'origine du document dont l'information fait l'objet du transfert, du procédé de transfert utilisé ainsi que des garanties qu'il est censé offrir, selon les indications fournies avec le produit, quant à la préservation de l'intégrité, tant du document devant être transféré, s'il n'est pas détruit, que du document résultant du transfert.

La documentation, y compris celle relative à tout transfert antérieur, est conservée durant tout le cycle de vie du document résultant du transfert. La documentation peut être jointe, directement ou par référence, soit au document résultant du transfert, soit à ses éléments structurants ou à son support.

[2001, c. 32, a. 17].

17. The information contained in an original document or a copy that must be retained for evidential purposes may be transferred to another medium based on a different technology.

However, subject to section 20, in order for the source document to be destroyed and replaced by the document resulting from the transfer without compromising legal value, the transfer must be documented so that it may be shown, if need be, that the resulting document contains the same information as the source document and that its integrity is ensured.

Transfer documentation must include a reference to the original format of the source document, the transfer process used and the guarantees it purports to offer, according to the specifications provided with the product, as regards the integrity of the source document, if it is not destroyed, and the integrity of the resulting document.

The documentation, including that pertaining to any previous transfer, must be retained throughout the life cycle of the resulting document. The documentation may be attached, directly or by reference, to the resulting document, to its structuring elements or to the medium.

[2001, c. 32, s. 17].

18. Lorsque le document source est détruit, aucune règle de preuve ne peut être invoquée contre l'admissibilité d'un document résultant d'un transfert effectué et documenté conformément à l'article 17 et auquel est jointe la documentation qui y est prévue, pour le seul motif que le document n'est pas dans sa forme originale.

[2001, c. 32, a. 18].

18. If the source document is destroyed, no rules of evidence may be invoked against the admissibility of a document resulting from a transfer effected and documented in conformity with section 17 to which the documentation referred to in that section is attached, on the sole ground that the document is not in its original form.

[2001, c. 32, s. 18].

19. Toute personne doit, pendant la période où elle est tenue de conserver un document, assurer le maintien de son intégrité et voir à la disponibilité du matériel qui permet de le rendre accessible et intelligible et de l'utiliser aux fins auxquelles il est destiné.

[2001, c. 32, a. 19].

19. Every person must, during the period a document is required to be retained, ensure that its integrity is maintained and see to it that equipment is available to make the document accessible and intelligible and usable for the purposes for which it is intended.

[2001, c. 32, s. 19].

20. Les documents dont la loi exige la conservation et qui ont fait l'objet d'un transfert peuvent être détruits et remplacés par les documents résultant du transfert. Toutefois, avant de procéder à la destruction, la personne qui en est chargée :

1° prépare et tient à jour des règles préalables à la destruction des documents ayant fait l'objet d'un transfert, sauf dans le cas d'un particulier;

2° s'assure de la protection des renseignements confidentiels et personnels que peuvent comporter les documents devant être détruits;

3° s'assure, dans le cas des documents en la possession de l'État ou d'une personne morale de droit public, que la destruction est faite selon le calendrier de conservation établi conformément à la *Loi sur les archives* (chapitre A-21.1).

Toutefois, doit être conservé sur son support d'origine le document qui, sur celui-ci, présente une valeur archivistique, historique ou patrimoniale eu égard aux critères élaborés en vertu du paragraphe 1° de l'article 69, même s'il a fait l'objet d'un transfert.

[2001, c. 32, a. 20].

20. Documents that are required by law to be retained and that have been transferred may be destroyed and replaced by the documents resulting from the transfer. However, before such documents may be destroyed, the person responsible must

1) unless the person is an individual, establish and update rules to be applied prior to the destruction for transferred documents;

2) make sure that any confidential personal information contained in the documents to be destroyed is protected; and

3) make sure that the documents, if in the possession of the State or of a legal person established in the public interest, are destroyed in accordance with the retention schedule established under the *Archives Act* (chapter A-21.1).

However, a document which, in its original medium, has archival, historical or heritage value according to the criteria established under paragraph 1 of section 69 must be preserved in its original medium even if it has been transferred.

[2001, c. 32, s. 20].

21. Lorsqu'une modification est apportée à un document technologique durant la période où il doit être conservé, la personne qui a l'autorité pour faire la modification doit, pour en préserver l'intégrité, noter les renseignements qui permettent de déterminer quand, par qui et pourquoi la modification a été faite. Celle-ci fait partie intégrante du

21. If a technology-based document is modified during its retention period, the person having the authority to make the modification must, in order to preserve the integrity of the document, record the name of the person having requested the modification, the time and reason for the modification and the name of the person having made the modification. The modification

document, même si elle se trouve sur un document distinct.

[2001, c. 32, a. 21].

forms an integral part of the document even if it is recorded in a separate document.

[2001, c. 32, s. 21].

22. Le prestataire de services qui agit à titre d'intermédiaire pour offrir des services de conservation de documents technologiques sur un réseau de communication n'est pas responsable des activités accomplies par l'utilisateur du service au moyen des documents remisés par ce dernier ou à la demande de celui-ci.

Cependant, il peut engager sa responsabilité, notamment s'il a de fait connaissance que les documents conservés servent à la réalisation d'une activité à caractère illicite ou s'il a connaissance de circonstances qui la rendent apparente et qu'il n'agit pas promptement pour rendre l'accès aux documents impossible ou pour autrement empêcher la poursuite de cette activité.

De même, le prestataire qui agit à titre d'intermédiaire pour offrir des services de référence à des documents technologiques, dont un index, des hyperliens, des répertoires ou des outils de recherche, n'est pas responsable des activités accomplies au moyen de ces services. Toutefois, il peut engager sa responsabilité, notamment s'il a de fait connaissance que les services qu'il fournit servent à la réalisation d'une activité à caractère illicite et s'il ne cesse promptement de fournir ses services aux personnes qu'il sait être engagées dans cette activité.

[2001, c. 32, a. 22].

22. A service provider, acting as an intermediary, that provides document storage services on a communication network is not responsible for the activities engaged in by a service user with the use of documents stored by the service user or at the service user's request.

However, the service provider may incur responsibility, particularly if, upon becoming aware that the documents are being used for an illicit activity, or of circumstances that make such a use apparent, the service provider does not act promptly to block access to the documents or otherwise prevent the pursuit of the activity.

Similarly, an intermediary that provides technology-based documentary referral services, such as an index, hyperlinks, directories or search tools, is not responsible for activities engaged in by a user of such services. However, the service provider may incur responsibility, particularly if, upon becoming aware that the services are being used for an illicit activity, the service provider does not act promptly to cease providing services to the persons known by the service provider to be engaging in such an activity.

[2001, c. 32, s. 22].

§3. — Consultation du document

§3. — Consultation of documents

23. Tout document auquel une personne a droit d'accès doit être intelligible, soit directement, soit en faisant appel aux technologies de l'information.

Ce droit peut être satisfait par l'accès à une copie du document ou à un document résultant d'un transfert ou à une copie de ce dernier.

Le choix d'un support ou d'une technologie tient compte de la demande de la personne qui a droit d'accès au document, sauf si ce choix soulève des difficultés pra-

23. Every document to which a person has a right of access must be intelligible, either directly or through the use of information technology.

A right of access may be satisfied by access to a copy of the document or to a document resulting from a transfer or a copy thereof.

The wishes of the person having the right of access as to the medium or technology to be used must be taken into account, unless substantial practical difficulties would

tiques sérieuses, notamment en raison des coûts ou de la nécessité d'effectuer un transfert.

[2001, c. 32, a. 23].

24. L'utilisation de fonctions de recherche extensive dans un document technologique qui contient des renseignements personnels et qui, pour une finalité particulière, est rendu public doit être restreinte à cette finalité. Pour ce faire, la personne responsable de l'accès à ce document doit voir à ce que soient mis en place les moyens technologiques appropriés. Elle peut en outre, eu égard aux critères élaborés en vertu du paragraphe 2° de l'article 69, fixer des conditions pour l'utilisation de ces fonctions de recherche.

[2001, c. 32, a. 24].

25. La personne responsable de l'accès à un document technologique qui porte un renseignement confidentiel doit prendre les mesures de sécurité propres à en assurer la confidentialité, notamment par un contrôle d'accès effectué au moyen d'un procédé de visibilité réduite ou d'un procédé qui empêche une personne non autorisée de prendre connaissance du renseignement ou, selon le cas, d'avoir accès autrement au document ou aux composantes qui permettent d'y accéder.

[2001, c. 32, a. 25].

26. Quiconque confie un document technologique à un prestataire de services pour qu'il en assure la garde est, au préalable, tenu d'informer le prestataire quant à la protection que requiert le document en ce qui a trait à la confidentialité de l'information et quant aux personnes qui sont habilitées à en prendre connaissance.

Le prestataire de services est tenu, durant la période où il a la garde du document, de voir à ce que les moyens technologiques convenus soient mis en place pour en assurer la sécurité, en préserver l'intégrité et, le cas échéant, en protéger la confidentialité et en interdire l'accès à toute personne qui n'est pas habilitée à en prendre connaissance. Il doit de même assurer le respect

be involved, owing in particular to high cost or the information transfer required.

[2001, c. 32, s. 23].

24. The use of extensive search functions in a technology-based document containing personal information which is made public for a specific purpose must be restricted to that purpose. The person responsible for access to the document must see to it that appropriate technological means are in place to achieve that end. The person may also set conditions for the use of such search functions, in accordance with the criteria determined under paragraph 2 of section 69.

[2001, c. 32, s. 24].

25. The person responsible for access to a technology-based document containing confidential information must take appropriate security measures to protect its confidentiality, such as controlling access to the document by means of a restricted view technique, or any technique that prevents unauthorized persons from accessing such information or from otherwise accessing the document or the components providing access to the document.

[2001, c. 32, s. 25].

26. Anyone who places a technology-based document in the custody of a service provider is required to inform the service provider beforehand as to the privacy protection required by the document according to the confidentiality of the information it contains, and as to the persons who are authorized to access the document.

During the period the document is in the custody of the service provider, the service provider is required to see to it that the agreed technological means are in place to ensure its security and maintain its integrity and, if applicable, protect its confidentiality and prevent accessing by unauthorized persons. Similarly, the service provider must ensure compliance with any

de toute autre obligation prévue par la loi relativement à la conservation du document.

[2001, c. 32, a. 26].

27. Le prestataire de services qui agit à titre d'intermédiaire pour fournir des services sur un réseau de communication ou qui y conserve ou y transporte des documents technologiques n'est pas tenu d'en surveiller l'information, ni de rechercher des circonstances indiquant que les documents permettent la réalisation d'activités à caractère illicite.

Toutefois, il ne doit prendre aucun moyen pour empêcher la personne responsable de l'accès aux documents d'exercer ses fonctions, notamment en ce qui a trait à la confidentialité, ou pour empêcher les autorités responsables d'exercer leurs fonctions, conformément à la loi, relativement à la sécurité publique ou à la prévention, à la détection, à la preuve ou à la poursuite d'infractions.

[2001, c. 32, a. 27].

§4. — Transmission du document

28. Un document peut être transmis, envoyé ou expédié par tout mode de transmission approprié à son support, à moins que la loi n'exige l'emploi exclusif d'un mode spécifique de transmission.

Lorsque la loi prévoit l'utilisation des services de la poste ou du courrier, cette exigence peut être satisfaite en faisant appel à la technologie appropriée au support du document devant être transmis. De même, lorsque la loi prévoit l'utilisation de la poste certifiée ou recommandée, cette exigence peut être satisfaite, dans le cas d'un document technologique, au moyen d'un accusé de réception sur le support approprié signé par le destinataire ou par un autre moyen convenu.

Lorsque la loi prévoit l'envoi ou la réception d'un document à une adresse spécifique, celle-ci se compose, dans le cas d'un document technologique, d'un identifiant propre à l'emplacement où le destinataire peut recevoir communication d'un tel document.

[2001, c. 32, a. 28].

other obligation provided for by law as regards the retention of the document.

[2001, c. 32, s. 26].

27. A service provider, acting as an intermediary, that provides communication network services or who stores or transmits technology-based documents on a communication network is not required to monitor the information communicated on the network or contained in the documents or to identify circumstances indicating that the documents are used for illicit activities.

However, the service provider may not take measures to prevent the person responsible for access to documents from exercising his or her functions, in particular as regards confidentiality, or to prevent the competent authorities from exercising their functions, in accordance with the applicable legislative provisions, as regards public security or the prevention, detection, proof and prosecution of offences.

[2001, c. 32, s. 27].

§4. — Transmission of documents

28. A document may be transmitted, sent or forwarded by any means appropriate to the medium, unless the exclusive use of a specific means of transmission is required by law.

Where the law requires the use of mail, the requirement may be met by means of the technology appropriate to the medium of the document. Similarly, where the law requires the use of certified or registered mail, the requirement may be met, in the case of a technology-based document, by means of an acknowledgement of receipt in the appropriate medium signed by the recipient, or by any other agreed method.

Where the law requires the transmission or reception of a document at a specific address, the address shall comprise, in the case of a technology-based document, an identifier specific to the location where the recipient may receive communication of such document.

[2001, c. 32, s. 28].

29. Nul ne peut exiger de quelqu'un qu'il se procure un support ou une technologie spécifique pour transmettre ou recevoir un document, à moins que cela ne soit expressément prévu par la loi ou par une convention.

De même, nul n'est tenu d'accepter de recevoir un document sur un autre support que le papier ou au moyen d'une technologie dont il ne dispose pas.

Lorsque quelqu'un demande d'obtenir un produit, un service ou de l'information au sujet de l'un d'eux et que celui-ci est disponible sur plusieurs supports, le choix du support lui appartient.

[2001, c. 32, a. 29].

29. A person may not be required to acquire a specific medium or technology to transmit or receive a document, unless such requirement is expressly provided by law or by an agreement.

Similarly, no person may be required to receive a document in a medium other than paper, or by means of technology that is not at the person's disposal.

A product or service, or information on a product or service, that is available in more than one medium, may be obtained in any such medium, at the option of the recipient of the product or service.

[2001, c. 32, s. 29].

30. Pour que le document technologique reçu ait la même valeur que le document transmis, le mode de transmission choisi doit permettre de préserver l'intégrité des deux documents. La documentation établissant la capacité d'un mode de transmission d'en préserver l'intégrité doit être disponible pour production en preuve, le cas échéant.

Le seul fait que le document ait été fragmenté, compressé ou remisé en cours de transmission pour un temps limité afin de la rendre plus efficace n'emporte pas la conclusion qu'il y a atteinte à l'intégrité du document.

[2001, c. 32, a. 30].

30. For the technology-based document received to have the same value as the document transmitted, the means of transmission must allow the integrity of both documents to be preserved. Documentation establishing the ability of a means of transmission to preserve the integrity of both documents must be available for production as evidence.

The sole fact that a document is fragmented, compressed or stored during its transmission for a limited time to improve the efficiency of the transmission does not entail the conclusion that the its integrity has been affected.

[2001, c. 32, s. 30].

31. Un document technologique est présumé transmis, envoyé ou expédié lorsque le geste qui marque le début de son parcours vers l'adresse active du destinataire est accompli par l'expéditeur ou sur son ordre et que ce parcours ne peut être contremandé ou, s'il peut l'être, n'a pas été contremandé par lui ou sur son ordre.

Le document technologique est présumé reçu ou remis lorsqu'il devient accessible à l'adresse que le destinataire indique à quelqu'un être l'emplacement où il accepte de recevoir de lui un document ou celle qu'il représente publiquement être un emplacement où il accepte de recevoir les documents qui lui sont destinés, dans la mesure où cette adresse est active au moment de l'envoi. Le document reçu est pré-

31. A technology-based document is presumed transmitted, sent or forwarded where the action required to send it to the active address of the recipient has been accomplished by or on the instructions of the sender, and the transmission cannot be stopped or, although it can be stopped, is not stopped by or on the instructions of the sender.

A technology-based document is presumed received or delivered where it becomes accessible at the address indicated by the recipient as the address where the recipient accepts the receipt of documents from the sender, or at the address that the recipient publicly represents as the address where the recipient accepts the receipt of documents, provided the address is active at the time of sending. The document re-

sumé intelligible, à moins d'un avis contraire envoyé à l'expéditeur dès l'ouverture du document.

Lorsque le moment de l'envoi ou de la réception du document doit être établi, il peut l'être par un bordereau d'envoi ou un accusé de réception ou par la production des renseignements conservés avec le document lorsqu'ils garantissent les date, heure, minute, seconde de l'envoi ou de la réception et l'indication de sa provenance et sa destination ou par un autre moyen convenu qui présente de telles garanties.

[2001, c. 32, a. 31].

32. Lorsque la loi prévoit l'obligation de transmettre, d'envoyer, d'expédier ou de remettre à un même destinataire plusieurs exemplaires ou copies d'un document, cette obligation peut être satisfaite, lorsqu'il s'agit d'un document technologique transmissible sur un réseau de communication, au moyen d'un seul exemplaire ou copie.

[2001, c. 32, a. 32].

33. Une présomption d'intégrité d'un document d'une entreprise au sens du Code civil ou en possession de l'État existe en faveur d'un tiers qui en génère un exemplaire ou une copie à partir d'un système ou d'un document, y compris un logiciel, mis à sa disposition par l'un d'eux.

[2001, c. 32, a. 33].

34. Lorsque la loi déclare confidentiels des renseignements que comporte un document, leur confidentialité doit être protégée par un moyen approprié au mode de transmission, y compris sur des réseaux de communication.

La documentation expliquant le mode de transmission convenu, incluant les moyens pris pour assurer la confidentialité du document transmis, doit être disponible pour production en preuve, le cas échéant.

[2001, c. 32, a. 34].

35. La partie qui offre un produit ou un service au moyen d'un document préprogrammé doit, sous peine d'inopposabilité

ceived is presumed intelligible, unless notice to the contrary is sent to the sender as soon as the document is accessed.

The time of sending or of receipt of a document may be established by producing a transmission slip or an acknowledgement of receipt or the information kept with the document providing it guarantees the date, hour, minute and second of sending or receipt and indicates the source and destination of the document, or by any other agreed method that provides the same guarantees.

[2001, c. 32, s. 31].

32. Where the law requires that two or more copies of a document be transmitted, sent, forwarded, remitted or delivered to one and the same recipient, the requirement may be met, in respect of a technology-based document transmittable on a communication network, by the transmission of a single copy.

[2001, c. 32, s. 32].

33. A presumption of document integrity exists in favour of a third person who generates a copy of a document of an enterprise, within the meaning of the Civil Code, or a document in the State's possession by means of a system or from a document, including a program, placed at the person's disposal by the enterprise or the State.

[2001, c. 32, s. 33].

34. Where the information contained in a document is declared by law to be confidential, confidentiality must be protected by means appropriate to the mode of transmission, including on a communication network.

Documentation explaining the agreed mode of transmission, including the means used to protect the confidentiality of the transmitted document, must be available for production as evidence.

[2001, c. 32, s. 34].

35. A party that offers a product or service by means of a pre-programmed document must, on pain of non-enforceability of the

de la communication ou d'annulation de la transaction, faire en sorte que le document fournisse les instructions nécessaires pour que la partie qui utilise un tel document puisse dans les meilleurs délais l'aviser d'une erreur commise ou disposer des moyens pour prévenir ou corriger une erreur. De même, des instructions ou des moyens doivent lui être fournis pour qu'elle soit en mesure d'éviter l'obtention d'un produit ou d'un service dont elle ne veut pas ou qu'elle n'obtiendrait pas sans l'erreur commise ou pour qu'elle soit en mesure de le rendre ou, le cas échéant, de le détruire.

[2001, c. 32, a. 35].

communication or cancellation of the transaction, see to it that the document provides instructions that allow users to promptly advise the party of any errors or contains means that allow users to avoid or correct errors. Similarly, users must be provided instructions or means to avoid receiving unwanted products or services because of an ordering error, or instructions for the return or destruction of unwanted products.

[2001, c. 32, s. 35].

36. Le prestataire de services qui agit à titre d'intermédiaire pour fournir les services d'un réseau de communication exclusivement pour la transmission de documents technologiques sur ce réseau n'est pas responsable des actions accomplies par autrui au moyen des documents qu'il transmet ou qu'il conserve durant le cours normal de la transmission et pendant le temps nécessaire pour en assurer l'efficacité.

Il peut engager sa responsabilité, notamment s'il participe autrement à l'action d'autrui :

1° en étant à l'origine de la transmission du document;

2° en sélectionnant ou en modifiant l'information du document;

3° en sélectionnant la personne qui transmet le document, qui le reçoit ou qui y a accès;

4° en conservant le document plus longtemps que nécessaire pour sa transmission

[2001, c. 32, a. 36].

36. A service provider, acting as an intermediary, that provides communication network services exclusively for the transmission of technology-based documents is not responsible for acts of service users performed with the use of the documents transmitted or stored during the normal course of the transmission for the time required for the efficiency of the transmission.

However, the service provider may incur responsibility, particularly if the service provider otherwise participates in acts performed by service users

1) by being the sender of a document;

2) by selecting or altering the information in a document;

3) by determining who transmits, receives or has access to a document; or

4) by storing a document longer than is necessary for its transmission.

[2001, c. 32, s. 36].

37. Le prestataire de services qui agit à titre d'intermédiaire pour conserver sur un réseau de communication les documents technologiques que lui fournit son client et qui ne les conserve qu'à la seule fin d'assurer l'efficacité de leur transmission ultérieure aux personnes qui ont droit d'accès

37. A service provider, acting as an intermediary, which, as part of transmission services provided via a communication network, maintains technology-based documents furnished by clients on that network for the sole purpose of ensuring the efficiency of their subsequent transmission

à l'information n'est pas responsable des actions accomplies par autrui par le biais de ces documents.

Il peut engager sa responsabilité, notamment s'il participe autrement à l'action d'autrui :

1° dans les cas visés au deuxième alinéa de l'article 36;

2° en ne respectant pas les conditions d'accès au document;

3° en prenant des mesures pour empêcher la vérification de qui a eu accès au document;

4° en ne retirant pas promptement du réseau ou en ne rendant pas l'accès au document impossible alors qu'il a de fait connaissance qu'un tel document a été retiré de là où il se trouvait initialement sur le réseau, du fait qu'il n'est pas possible aux personnes qui y ont droit d'y avoir accès ou du fait qu'une autorité compétente en a ordonné le retrait du réseau ou en a interdit l'accès.

[2001, c. 32, a. 37].

to persons having a right to access the information, is not responsible for acts of service users performed with the use of those documents.

However, the service provider may incur responsibility, particularly if the service provider otherwise participates in acts performed by service users

1) as specified in the second paragraph of section 36;

2) by not complying with the conditions for access to a document;

3) by preventing the verification of who has accessed a document;

4) by failing to withdraw a document from the network or to block access to the document after becoming aware that the document has been withdrawn from its initial position on the network, that persons having the right to access the document are unable to do so or that a competent authority has ordered that the document be withdrawn from the network or that access to the document be blocked.

[2001, c. 32, s. 37].

Chapitre III —— Établissement d'un lien avec un document technologique

SECTION I —— CHOIX DES MOYENS POUR ÉTABLIR LE LIEN

Chapter III —— Establishment of Link with Technology-Based Documents

SECTION I —— CHOOSING A LINKING PROCESS

38. Le lien entre une personne et un document technologique, ou le lien entre un tel document et une association, une société ou l'État, peut être établi par tout procédé ou par une combinaison de moyens dans la mesure où ceux-ci permettent :

1° de confirmer l'identité de la personne qui effectue la communication ou l'identification de l'association, de la société ou de l'État et, le cas échéant, de sa localisation, ainsi que la confirmation de leur lien avec le document;

38. The link between a person and a technology-based document, or the link between such a document and an association, a partnership or the State, may be established by any process or combination of processes, to the extent that it allows

1) the identity of the person or the identification of the association, partnership or the State and, where applicable, their location, to be confirmed, and allows their link with the document to be confirmed; and

2° d'identifier le document et, au besoin, sa provenance et sa destination à un moment déterminé.

[2001, c. 32, a. 38].

39. Quel que soit le support du document, la signature d'une personne peut servir à l'établissement d'un lien entre elle et un document. La signature peut être apposée au document au moyen de tout procédé qui permet de satisfaire aux exigences de l'article 2827 du Code civil.

La signature d'une personne apposée à un document technologique lui est opposable lorsqu'il s'agit d'un document dont l'intégrité est assurée et qu'au moment de la signature et depuis, le lien entre la signature et le document est maintenu.

[2001, c. 32, a. 39].

§1. —— Personnes, associations, sociétés ou l'État

40. La personne qui, après vérification, est en mesure de confirmer l'identité d'une personne ou l'identification d'une association, d'une société ou de l'État peut le faire au moyen d'un document, entre autres un certificat, dont l'intégrité est assurée. Ce document peut être transmis sur tout support, mais les renseignements confidentiels qu'il est susceptible de comporter doivent être protégés.

La vérification de l'identité ou de l'identification doit se faire dans le respect de la loi. Elle peut être faite en se référant aux registres prévus au Code civil ou à la *Loi sur la publicité légale des entreprises* (chapitre P-44.1) et ce, quel que soit le support au moyen duquel elle communique. La vérification de l'identité d'une personne peut aussi être effectuée à partir de caractéristiques, connaissances ou objets qu'elle présente ou possède.

Cette vérification, faite par une personne ou pour elle, peut être effectuée, sur place ou à distance, par constatation directe ou au moyen de documents dont l'intégrité est assurée et qui peuvent être disponibles

2) the document to be identified and, if need be, allows its origin and destination at any given time to be determined.

[2001, c. 32, s. 38].

39. The link between a person and a document, whatever the medium used, may be established by means of the person's signature. A person's signature may be affixed to the document by means of any process that meets the requirements of article 2827 of the Civil Code.

A person's signature affixed to a technology-based document may be set up against that person if the integrity of the document is ensured and the link between the signature and the document was established at the time of signing and has since been maintained.

[2001, c. 32, s. 39].

§1. —— Persons, associations, partnerships or the State

40. A person who, following verification, is able to confirm the identity of a person or the identification of an association, a partnership or the State may do so by means of any document, such as a certificate, whose integrity is ensured. The document may be transmitted in any medium provided confidential information is protected.

A person's identity or an entity's identification must be verified in compliance with the law. It may be verified by reference to the registers kept pursuant to the Civil Code or the *Act respecting the legal publicity of enterprises* (chapter P-44.1), regardless of the medium used to communicate. A person's identity may also be verified on the basis of the person's characteristics or knowledge of certain facts or of the objects in the person's possession.

The verification may be carried out by or for a person on the premises or by remote access, by direct observation or by means of such documents whose integrity is ensured as may be available in different me-

sur différents supports pour consultation sur place ou à distance.

[2001, c. 32, a. 40; 2010, c. 7, a. 282].

41. Quiconque fait valoir, pour preuve de son identité ou de celle d'une autre personne, un document technologique qui présente une caractéristique personnelle, une connaissance particulière ou qui indique que la personne devant être identifiée possède un objet qui lui est propre, est tenu de préserver l'intégrité du document qu'il présente.

Un tel document doit en outre être protégé contre l'interception lorsque sa conservation ou sa transmission sur un réseau de communication rend possible l'usurpation de l'identité de la personne visée par ce document. Sa confidentialité doit être protégée, le cas échéant, et sa consultation doit être journalisée.

[2001, c. 32, a. 41].

42. Lorsque la loi exige de fournir une attestation, une carte, un certificat, une pièce ou une preuve d'identité ou un autre document servant à établir l'identité d'une personne, cette exigence peut être satisfaite au moyen d'un document faisant appel à la technologie appropriée à son support.

[2001, c. 32, a. 42].

43. Nul ne peut exiger que l'identité d'une personne soit établie au moyen d'un procédé ou d'un dispositif qui porte atteinte à son intégrité physique.

À moins que la loi le prévoie expressément en vue de protéger la santé des personnes ou la sécurité publique, nul ne peut exiger qu'une personne soit liée à un dispositif qui permet de savoir où elle se trouve.

[2001, c. 32, a. 43].

44. Nul ne peut exiger, sans le consentement exprès de la personne, que la vérification ou la confirmation de son identité soit faite au moyen d'un procédé permettant de saisir des caractéristiques ou des mesures biométriques. L'identité de la personne ne peut alors être établie qu'en faisant appel au minimum de caractéristiques ou de mesures permettant de la relier à

dia for consultation on the premises or by remote access.

[2001, c. 32, s. 40; 2010, c. 7, s. 282].

41. The use, as proof of one's identity or the identity of another person, of a technology-based document specifying a personal characteristic or a particular fact or indicating that the person to be identified possesses a particular object requires that the integrity of the document be preserved.

Such a document must, in addition, be protected from interception if its storage or transmission on a communication network makes it possible to usurp the identity of the person referred to in the document. Its confidentiality must be protected, where applicable, and its consultation must be logged.

[2001, c. 32, s. 41].

42. Where an attestation, card, certificate, identity document or other document is required by law to identify a person, the requirement may be met by means of a technology-based document in a medium appropriate to the medium of the document.

[2001, c. 32, s. 42].

43. A person may not be required to submit, for identification purposes, to a process or device that affects the person's physical integrity.

Unless otherwise expressly provided by law for health protection or public security reasons, a person may not be required to be connected to a device that allows the person's whereabouts to be known.

[2001, c. 32, s. 43].

44. A person's identity may not be verified or confirmed by means of a process that allows biometric characteristics or measurements to be recorded, except with the express consent of the person concerned. Where consent is obtained, only the minimum number of characteristics or measurements needed to link the person to an act and only such characteristics or mea-

l'action qu'elle pose et que parmi celles qui ne peuvent être saisies sans qu'elle en ait connaissance.

Tout autre renseignement concernant cette personne et qui pourrait être découvert à partir des caractéristiques ou mesures saisies ne peut servir à fonder une décision à son égard ni être utilisé à quelque autre fin que ce soit. Un tel renseignement ne peut être communiqué qu'à la personne concernée et seulement à sa demande.

Ces caractéristiques ou mesures ainsi que toute note les concernant doivent être détruites lorsque l'objet qui fonde la vérification ou la confirmation d'identité est accompli ou lorsque le motif qui la justifie n'existe plus.

[2001, c. 32, a. 44].

45. La création d'une banque de caractéristiques ou de mesures biométriques doit être préalablement divulguée à la Commission d'accès à l'information. De même, doit être divulguée l'existence d'une telle banque qu'elle soit ou ne soit pas en service.

La Commission peut rendre toute ordonnance concernant de telles banques afin d'en déterminer la confection, l'utilisation, la consultation, la communication et la conservation y compris l'archivage ou la destruction des mesures ou caractéristiques prises pour établir l'identité d'une personne.

La Commission peut aussi suspendre ou interdire la mise en service d'une telle banque ou en ordonner la destruction, si celle-ci ne respecte pas ses ordonnances ou si elle porte autrement atteinte au respect de la vie privée.

[2001, c. 32, a. 45].

46. Lorsqu'un document utilisé pour effectuer une communication en réseau doit être conservé pour constituer une preuve, son identifiant doit être conservé avec lui pendant tout le cycle de vie du document par la personne qui est responsable du document.

surements as may not be recorded without the person's knowledge may be recorded for identification purposes.

No other information revealed by the characteristics or measurements recorded may be used as a basis for a decision concerning the person or for any other purpose whatsoever. Such information may only be disclosed to the person concerned, at the person's request.

The record of the characteristics or measurements and any notation relating thereto must be destroyed as soon as the purpose of verification or confirmation of identity has been met or the reason for the verification or confirmation no longer exists.

[2001, c. 32, s. 44].

45. The creation of a database of biometric characteristics and measurements must be disclosed beforehand to the Commission d'accès à l'information. As well, the existence of such a database, whether or not it is in service, must be disclosed to the Commission.

The Commission may make orders determining how such databases are to be set up, used, consulted, released and retained, and how measurements or characteristics recorded for personal identification purposes are to be archived or destroyed.

The Commission may also suspend or prohibit the bringing into service or order the destruction of such a database, if the database is not in compliance with the orders of the Commission or otherwise constitutes an invasion of privacy.

[2001, c. 32, s. 45].

46. Where a document used for a network communication must be retained for evidential purposes, the person responsible for the document must store the identifier of the document with the document throughout its life cycle.

L'identifiant du document doit être accessible au moyen d'un service de répertoire, dont une des fonctions est de relier un identifiant à sa localisation. Le lien entre un identifiant et un objet peut être garanti par un certificat lequel est lui-même accessible au moyen d'un service de répertoire qui peut être consulté par le public.

L'identifiant se compose d'un nom de référence distinct et non ambigu dans l'ensemble des dénominations locales où il est inscrit, ainsi que des extensions nécessaires pour joindre ce nom à des ensembles de dénominations universels.

Pour permettre d'établir la provenance ou la destination du document à un moment déterminé, les autres objets qui ont servi à effectuer la communication, comme les certificats, les algorithmes et les serveurs d'envoi ou de réception, doivent pouvoir être identifiés et localisés, au moyen des identifiants alors attribués à chacun de ces objets.

[2001, c. 32, a. 46].

The identifier of the document must be accessible through a directory service, capable of linking an identifier with its location. The link between an identifier and an object may be guaranteed by a certificate which is itself accessible through a directory service that may be consulted by the public.

The identifier shall comprise a reference name that is unique and unambiguous within the set of local names where it is registered, along with the necessary extensions to link the name to sets of universal names.

To allow the origin or destination of a document at any given time to be established, the other objects used to transmit the document, such as certificates, algorithms and originating and receiving servers, must be identifiable and locatable by means of the identifiers assigned to each.

[2001, c. 32, s. 46].

SECTION III — CERTIFICATION

§1. — Certificats et répertoires

SECTION III — CERTIFICATION

§1. — Certificates and directories

47. Un certificat peut servir à établir un ou plusieurs faits dont la confirmation de l'identité d'une personne, l'identification d'une société, d'une association ou de l'État, de l'exactitude d'un identifiant d'un document ou d'un autre objet, de l'existence de certains attributs d'une personne, d'un document ou d'un autre objet ou encore du lien entre eux et un dispositif d'identification ou de localisation tangible ou logique.

Un certificat d'attribut peut, à l'égard d'une personne, servir à établir notamment sa fonction, sa qualité, ses droits, pouvoirs ou privilèges au sein d'une personne morale, d'une association, d'une société, de l'État ou dans le cadre d'un emploi. Il peut, à l'égard d'une association, d'une société ou d'un emplacement où l'État effectue ou reçoit une communication, établir leur localisation. À l'égard d'un document ou d'un autre objet, il peut servir à confirmer l'information permettant de l'identifier ou de le localiser ou de déterminer son

47. A certificate may be used to establish one or more facts including the confirmation of a person's identity, the identification of a partnership, an association or the State, the correctness of the identifier of a document or other object, the attributes of a person, document or other object or the link between a document or other object and a tangible or logical identification or location device.

An attribute certificate may be used to certify a person's function, capacity, rights, and powers or privileges within a legal person, association, partnership or the State or within a position of employment. An attribute certificate may be used to certify the location of an association, or partnership or of a location where the State sends or receives documents. An attribute certificate may also be used to confirm the information used to identify or locate a document or object or determine the use of or the right of access to a document or ob-

usage ou le droit d'y avoir accès ou tout autre droit ou privilège afférent.

L'accès au certificat d'attribut relatif à une personne doit être autorisé par celle-ci ou par une personne en autorité par rapport à elle.

[2001, c. 32, a. 47].

48. Un certificat peut être joint directement à un autre document utilisé pour effectuer une communication ou être accessible au moyen d'un répertoire lui-même accessible au public.

Le certificat doit au moins comprendre les renseignements suivants :

1° le nom distinctif du prestataire de services qui délivre le certificat ainsi que sa signature;

2° la référence à l'énoncé de politique du prestataire de services de certification, y compris ses pratiques, sur lequel s'appuient les garanties qu'offre le certificat qu'il délivre;

3° la version de certificat et le numéro de série du certificat;

4° le début et la fin de sa période de validité;

5° s'il s'agit d'un certificat confirmant l'identité d'une personne, l'identification d'une association, d'une société ou de l'État, leur nom distinctif ou, selon le cas, s'il s'agit d'un certificat confirmant l'exactitude de l'identifiant d'un objet, cet identifiant;

6° s'il s'agit d'un certificat d'attribut, la désignation de l'attribut dont le certificat confirme l'existence et, au besoin, l'identification de la personne, de l'association, de la société, de l'État ou de l'objet auquel il est lié.

Le nom distinctif d'une personne physique peut être un pseudonyme, mais le certificat doit alors indiquer qu'il s'agit d'un pseudonyme. Les services de certification sont tenus de communiquer le nom de la personne à qui correspond le pseudonyme à toute personne légalement autorisée à obtenir ce renseignement.

[2001, c. 32, a. 48].

ject or any other right or privilege relating to a document or object.

Access to a personal attribute certificate must be authorized by the person concerned or by a person having authority over the person concerned.

[2001, c. 32, s. 47].

48. A certificate may be attached directly to another document used in a communication or be made accessible through a directory that is itself accessible to the public.

A certificate must contain, at least, the following information :

1) the distinctive name and the signature of the issuing certification service provider;

2) a reference to the policy statement of the certification service provider, including its practices, on which the guarantees offered by the certificate are based;

3) the certificate version and the serial number of the certificate;

4) the dates of the beginning and end of the valid period of the certificate;

5) in the case of a certificate confirming the identity of a person or the identification of an association, a partnership or the State, the distinctive name of the person or entity or, in the case of a certificate confirming the identifier of an object, that identifier; and

6) in the case of an attribute certificate, the designation of the attribute confirmed by the certificate and, if need be, the identification of the person, association, partnership, State or object to which it is linked.

The distinctive name of a natural person may be a pseudonym, but the certificate must indicate if that is the case. Certification service providers are required to communicate the name of the person using the pseudonym to any person legally authorized to obtain that information.

[2001, c. 32, s. 48].

49. Le certificat confirmant l'identification d'une personne morale, d'une association, d'une société ou de l'État, lorsque l'un d'eux doit agir par l'intermédiaire d'une personne autorisée, doit indiquer qui agit ou, à défaut, la personne physique qui agit doit joindre un ou des certificats qui confirment ce fait.

[2001, c. 32, a. 49].

49. Where a legal person, an association, a partnership or the State acts through an authorized natural person, the certificate confirming its identification must indicate who is acting. Failing such indication, the natural person must attach one or more certificates confirming such fact.

[2001, c. 32, s. 49].

50. Le répertoire qui a pour fonction d'identifier ou de localiser une personne ou un objet, de confirmer l'identification d'une association ou d'une société ou de localiser l'une d'elles, de confirmer l'identification de l'État ou de localiser un emplacement où celui-ci effectue ou reçoit communication, ou encore d'établir un lien entre l'un d'eux et un objet doit être constitué conformément aux normes ou standards techniques approuvés par un organisme reconnu visé à l'article 68.

Le répertoire doit être accessible au public, soit directement ou au moyen d'un dispositif de consultation ou sur place ou à distance, soit à l'aide d'une procédure d'accès, y compris par l'intermédiaire d'une personne, aux différents domaines d'un réseau susceptibles de confirmer la validité d'un identifiant, d'un certificat ou d'un autre renseignement qu'il comporte.

Toutefois, le motif pour lequel un certificat a pu être suspendu ou annulé n'est accessible que sur autorisation de la personne qui l'a suspendu ou annulé.

[2001, c. 32, a. 50].

50. A directory whose function is to identify or locate a person or object, to confirm the identification of or locate an association, a partnership or the State, to locate a place where the State sends or receives documents, or to establish a link between any such entity and an object, must be constituted in accordance with the technical norms or standards approved by a recognized body referred to in section 68.

The directory must be accessible to the public, either directly or by means of a device for consultation on the premises or by remote access, or by means of a procedure or through an intermediary, that can access various domains of a network where confirmation of the validity of an identifier, a certificate or any other information included in the directory may be obtained.

However, the reason for the suspension or cancellation of a certificate is accessible only on the authorization of the person having suspended or cancelled it.

[2001, c. 32, s. 50].

§2. — Services de certification et de répertoire

§2. — Certification and directory services

51. Les services de certification et de répertoire peuvent être offerts par une personne ou par l'État.

Les services de certification comprennent la vérification de l'identité de personnes et la délivrance de certificats confirmant leur identité, l'identification d'une association, d'une société ou de l'État ou l'exactitude de l'identifiant d'un objet. Les services de répertoire comprennent l'inscription des certificats et des identifiants dans un répertoire accessible au public et la confirma-

51. Certification and directory services may be provided by a person or by the State.

Certification services involve verifying the identity of persons and issuing certificates confirming personal identity, the identification of an association, a partnership or the State or the correctness of an object identifier. Directory services involve entering certificates and identifiers in a directory that is accessible to the public and confirming the validity of the certificates

tion de la validité des certificats répertoriés ainsi que leur lien avec ce qu'ils confirment.

Un prestataire de services peut offrir ces services en tout ou en partie.

[2001, c. 32, a. 51].

52. L'énoncé de politique d'un prestataire de services de certification ou de répertoire indique au moins :

1° ce qui peut être inscrit dans un certificat ou un répertoire et, dans ce qui y est inscrit, l'information dont l'exactitude est confirmée ainsi que les garanties offertes à cet égard par le prestataire;

2° la périodicité de la révision de l'information ainsi que la procédure de mise à jour;

3° qui peut obtenir la délivrance d'un certificat ou faire inscrire de l'information au certificat ou au répertoire;

4° les limites à l'utilisation d'un certificat et d'une inscription contenue au répertoire, dont celle relative à la valeur d'une transaction dans le cadre de laquelle ils peuvent être utilisés;

5° l'information permettant de déterminer, au moment d'une communication, si un certificat ou un renseignement inscrit au certificat ou au répertoire par un prestataire est valide, suspendu, annulé ou archivé;

6° la façon d'obtenir de l'information additionnelle, lorsqu'elle est disponible mais non encore inscrite au certificat ou au répertoire, particulièrement en ce qui a trait à la mise à jour des limites d'utilisation d'un certificat;

7° la politique relative à la confidentialité de l'information reçue ou communiquée par le prestataire;

8° le traitement des plaintes;

9° la manière dont le prestataire dispose des certificats en cas de cessation de ses activités ou de faillite.

contained in the directory and their link with the information they confirm.

A service provider may offer all or some of these services.

[2001, c. 32, s. 51].

52. The policy statement of a certification or directory service provider must specify, at least,

1) what information may be entered in a certificate or a directory and what information is confirmed as accurate by a certificate, as well as the guarantees of accuracy offered by the service provider;

2) the information review intervals and the updating procedure;

3) who may be issued a certificate and who may cause information to be entered in a certificate or a directory;

4) any restrictions on the use of certificates and directory entries, including a limit on the value of the transactions for which they may be used;

5) how it can be determined, upon making a communication, whether a certificate or information entered in a certificate or in a directory is valid, suspended, cancelled or stored;

6) how additional available information not yet entered in the certificate or the directory, especially as regards updated use restrictions applicable to certificates, may be obtained;

7) the confidentiality policy applicable to information received or communicated by the service provider;

8) the complaints procedure; and

9) how certificates will be disposed of by the service provider upon ceasing to operate or becoming bankrupt.

L'énoncé de politique du prestataire de services de certification ou de répertoire doit être accessible au public.

[2001, c. 32, a. 52].

53. Le prestataire de services de certification peut adhérer à un régime d'accréditation volontaire. L'accréditation est accordée, eu égard aux exigences à satisfaire en vertu du paragraphe 3° de l'article 69, par une personne ou un organisme désigné par le gouvernement.

Les mêmes critères sont appliqués quelle que soit l'origine territoriale du prestataire. L'accréditation fait présumer que les certificats délivrés par le prestataire répondent aux exigences de la présente loi.

[2001, c. 32, a. 53].

54. Les certificats délivrés par un prestataire de services de certification en fonction d'autres normes que celles applicables au Québec peuvent être considérés équivalents aux certificats délivrés par un prestataire de services de certification accrédité. L'équivalence doit être constatée par la personne ou l'organisme désigné par le gouvernement pour conclure des ententes de reconnaissance mutuelle de tels certificats avec l'autorité désignée qui a établi ces normes. Il en est de même pour les services de répertoire.

Les prestataires accrédités ou dont les services sont reconnus équivalents à ceux d'un prestataire accrédité doivent être inscrits dans un registre accessible au public tenu par la personne ou l'organisme qui accrédite ou qui constate l'équivalence.

[2001, c. 32, a. 54].

55. Pour la délivrance ou le renouvellement d'une accréditation, il est tenu compte, outre l'information contenue dans l'énoncé de politique proposé, au moins :

1° du fait que l'identité de la personne qui fait la demande est établie;

2° de l'étendue de l'expertise, de l'infrastructure mise en place, des services offerts ainsi que de la régularité et l'étendue des audits effectués;

The policy statement of a certification or directory service provider must be accessible to the public.

[2001, c. 32, s. 52].

53. A certification service provider may join a voluntary accreditation scheme. Accreditation shall be granted, subject to satisfaction of the requirements of paragraph 3 of section 69, by a person or body designated by the Government.

The same criteria are applicable regardless of the territory of origin of the service provider. Certificates issued by an accredited service provider are presumed to meet the requirements of this Act.

[2001, c. 32, s. 53].

54. Certificates issued by a certification service provider on the basis of standards other than those applicable in Québec may be considered to be equivalent to certificates issued by an accredited certification service provider. Their equivalency must be recognized by the person or body designated by the Government for the purpose of concluding mutual recognition agreements with the designated authority having established the standards. The same applies to directory services.

A public register of all accredited service providers, or service providers whose services are recognized as equivalent to those provided by an accredited service provider, shall be kept by the accrediting person or body or by the person or body that recognizes equivalency.

[2001, c. 32, s. 54].

55. To decide whether an accreditation may be granted or renewed, account must be taken of the information contained in the proposed policy statement and at least of

1) whether the applicant's identity has been established;

2) the extent of the applicant's expertise, the existing infrastructure, the services offered and the regularity and extent of audits;

3° de la disponibilité de garanties financières pour exercer l'activité

4° des garanties offertes quant à l'indépendance et à la probité du prestataire de services de certification ainsi que de la politique qu'il a établie pour garantir l'expertise et la probité des personnes qui les dispensent;

5° des garanties d'intégrité, d'accessibilité et de sécurité des répertoires ou des certificats fournis;

6° de l'applicabilité des politiques énoncées et, en cas de renouvellement, de leur application ainsi que du respect des autres obligations qui incombent à un prestataire de services.

[2001, c. 32, a. 55].

56. Le prestataire de services de certification doit présenter des garanties d'impartialité par rapport à la personne ou l'objet visé par la certification, même s'il n'est pas un tiers à leur égard.

Il doit assurer l'intégrité du certificat qu'il délivre au cours de tout son cycle de vie, y compris en cas de modification, de suspension, d'annulation ou d'archivage, ou en cas de mise à jour d'un renseignement qu'il contient.

En outre, il doit être en mesure de confirmer le lien entre le dispositif d'identification ou de localisation, tangible ou logique, et la personne, l'association, la société, l'État ou l'objet identifié ou localisé au moyen du dispositif.

Constitue une fausse représentation le fait de délivrer un document présenté comme étant un certificat confirmant l'identité d'une personne, l'identification d'une association, d'une société ou de l'État ou l'exactitude d'un identifiant d'un objet, alors qu'aucune vérification n'est faite par le prestataire de services ou pour lui ou que l'insuffisance de la vérification effectuée équivaut à une absence de vérification.

[2001, c. 32, a. 56].

57. Lorsque la certification vise le titulaire d'un dispositif, tangible ou logique, per-

3) the availability of financial guarantees for the proposed activity;

4) the guarantees offered as to the independence and probity of the applicant and the policy established by the applicant to guarantee the expertise and probity of the persons dispensing the services;

5) the guarantees offered as to directory or certificate integrity, accessibility and security; and

6) the applicability of the stated policies and, in the case of a renewal, the implementation of the policies, and the fulfilment of the other obligations of a service provider.

[2001, c. 32, s. 55].

56. A certification service provider must offer guarantees of impartiality towards any person or object that is the subject of a certification, even if the service provider is not a third person in relation to the person or object.

The service provider must ensure the integrity of certificates throughout their life cycle, including when they are modified, suspended, cancelled or archived and when the information they contain is updated.

In addition, the service provider must be able to confirm the link between the tangible or logical identification or location device and the person, association, partnership, State or object identified or located by means of the device.

The issue of a document represented to be a certificate confirming the identity of a person, the identification of an association, a partnership or the State or the correctness of an object identifier, where no verification has been carried out by or for the service provider or where the verification was so insufficient as to constitute an absence of verification, is false representation.

[2001, c. 32, s. 56].

57. Where the certification applies to the holder of a tangible or logical device that

mettant de l'identifier, de le localiser ou d'indiquer un de ses attributs et que ce dispositif comporte un élément secret, le titulaire est tenu d'en assurer la confidentialité. Lorsque cet élément doit lui être transmis, la transmission doit être faite de manière que seul le titulaire en soit informé.

Le titulaire doit voir à ce que le dispositif ne soit pas utilisé sans autorisation. Toute utilisation est présumée faite par lui.

[2001, c. 32, a. 57].

58. Le titulaire qui a des motifs raisonnables de croire que le dispositif a été volé ou perdu ou que sa confidentialité est compromise doit aviser, dans les meilleurs délais :

1° la personne qu'il a autorisée à utiliser le dispositif;

2° le tiers dont il peut raisonnablement croire qu'il agit en se fondant sur le fait que le dispositif a été utilisé par la personne qui en a le droit;

3° le prestataire de services de certification pour que celui-ci puisse suspendre ou annuler le certificat lié au dispositif.

Il en est de même pour la personne autorisée qui doit aviser le titulaire et les personnes visées aux paragraphes 2° et 3°.

Il est interdit d'utiliser un dispositif, tangible ou logique, pour signer un document sachant que le certificat auquel le dispositif est lié est suspendu ou annulé.

[2001, c. 32, a. 58].

59. Celui qui fournit des renseignements afin d'obtenir pour lui-même la délivrance d'un certificat est tenu d'informer le prestataire de services de certification, dans les meilleurs délais, de toute modification de ces renseignements.

Lorsque les renseignements sont fournis dans le cadre d'un mandat ou d'un contrat de service ou d'entreprise, celui pour qui le certificat a été délivré est tenu, subsé-

allows the holder to be identified or located or one of the holder's attributes to be specified and where the device contains a secret element, the holder must protect its confidentiality. Where the secret element must be transmitted to the holder of the device, the transmission must be done in such a manner that only the holder of the device is informed thereof.

The holder of the device must see to it that the device is not used without authorization. Every use of the device is presumed to be made by the holder of the device.

[2001, c. 32, s. 57].

58. The holder of a device who has reasonable grounds to believe that the device has been stolen or lost or that its confidentiality is at risk must, as soon as practicable, advise

1) any person the holder has authorized to use the device;

2) any third person who may reasonably be expected to act on the basis of the fact that the device was used by a person authorized to use it; and

3) the certification service provider so that the certificate linked to the device may be suspended or cancelled.

An authorized person is bound by the same obligation to advise the holder of the device and the persons referred to in subparagraphs 2 and 3.

No person may use a tangible or logical device to sign a document after learning that the certificate issued for the device has been suspended or cancelled.

[2001, c. 32, s. 58].

59. A person who provides information in order to be issued a certificate is bound to inform the certification service provider, as soon as practicable, of any change affecting the information.

Where the information for the issue of a certificate was provided under a mandate, a service contract or a contract of enterprise, the certificate holder is bound by the

quemment, de la même obligation d'information envers le prestataire de services de certification.

[2001, c. 32, a. 59].

same obligation to provide information to the certification service provider.

[2001, c. 32, s. 59].

60. Dans le cadre d'une communication au moyen d'un document technologique, la validité et la portée du certificat doivent préalablement être vérifiées, par la personne qui veut agir en se fondant sur le certificat, afin d'obtenir confirmation de l'identité ou de l'identification de toute partie à la communication ou de l'exactitude d'un identifiant d'un objet.

De même, avant de se fonder sur un renseignement inscrit au certificat, il lui faut vérifier si le prestataire de services de certification confirme l'exactitude du renseignement.

La vérification peut être faite au répertoire ou à l'emplacement qui y est indiqué ou auprès du prestataire, au moyen d'un dispositif de consultation sur place ou à distance.

[2001, c. 32, a. 60].

60. When a technology-based document is to be used in a communication, the validity and scope of the certificate must be verified before the certificate may be relied upon, in order to obtain confirmation of the identity or identification of any party to the communication or of the correctness of an object identifier.

Similarly, before the information contained in the certificate is relied upon, it is necessary to verify whether the accuracy of the information is confirmed by the certification service provider.

The verification may be made in the directory or at the place indicated in the directory or with the service provider by means of a device for consultation on the premises or by remote access.

[2001, c. 32, s. 60].

61. Le prestataire de services de certification et de répertoire, le titulaire visé par le certificat et la personne qui agit en se fondant sur le certificat sont, à l'égard des obligations qui leur incombent en vertu de la présente loi, tenus à une obligation de moyens.

[2001, c. 32, a. 61].

61. The certification and directory service providers, the holder of a certificate and any person who relies on a certificate to act are, in respect of their obligations under this Act, bound by an obligation of diligence.

[2001, c. 32, s. 61].

62. Dans le cadre d'une transaction effectuée au moyen d'un document technologique appuyé d'un certificat approprié à la transaction, conformément aux paragraphes 4° et 6° du premier alinéa de l'article 52, chacune des personnes visées à l'article 61 est responsable de réparer le préjudice résultant de l'inexactitude ou de l'invalidité du certificat ou d'un renseignement contenu au répertoire, à moins de démontrer qu'elle n'a pas commis de faute dans l'exécution de ses obligations. Lorsque plus d'une d'entre elles sont responsables, l'obligation de réparer est conjointe; si leur part de responsabilité ne peut être établie, elle est répartie à parts égales. De plus, en l'absence de faute de la part de toutes ces personnes, elles assument la ré-

62. Where a transaction is carried out by means of a technology-based document supported by a certificate appropriate to the transaction, in accordance with subparagraphs 4 and 6 of the first paragraph of section 52, each of the persons referred to in section 61 is liable for any damage resulting from the inaccuracy or invalidity of the certificate or of any information contained in the directory, unless the person shows that he or she has committed no fault in the performance of his or her obligations. Where two or more of them are liable, the obligation to provide reparation for the damage is a joint obligation; if liability cannot be apportioned, it is apportioned equally among them. In addition, if there is no fault on the part of any of those

paration du préjudice conjointement et à parts égales.

Aucune de ces personnes ne peut exclure la responsabilité qui lui incombe en vertu du présent article.

[2001, c. 32, a. 62].

persons, reparation for the damage shall be provided by them jointly and equally.

None of those persons may refuse to assume liability under this section.

[2001, c. 32, s. 62].

Chapitre IV ⎯⎯ Mise en œuvre des infrastructures technologiques et juridiques

SECTION I ⎯⎯ HARMONISATION DES SYSTÈMES, DES NORMES ET DES STANDARDS TECHNIQUES

Chapter IV ⎯⎯ Establishment of Technological and Legal Infrastructures

SECTION I ⎯⎯ HARMONIZATION OF TECHNICAL SYSTEMS, NORMS AND STANDARDS

63. Pour favoriser l'harmonisation, tant au plan national qu'international, des procédés, des systèmes, des normes et des standards techniques mis en place pour la réalisation des objets de la présente loi, un comité multidisciplinaire est constitué. À cette fin, le gouvernement, après consultation du Bureau de normalisation du Québec, fait appel à des personnes provenant du milieu des affaires, de l'industrie des technologies de l'information et de la recherche scientifique et technique, à des personnes provenant des secteurs public, parapublic et municipal ainsi qu'à des personnes provenant des ordres professionnels, toutes ces personnes devant posséder une expertise relative au domaine des technologies de l'information.

Le comité est présidé par un représentant du Bureau de normalisation du Québec. Le comité peut faire appel à d'autres personnes possédant une expertise relative au domaine des technologies de l'information. Le secrétariat du comité est assumé par le Bureau.

Les personnes faisant partie du comité ne sont pas rémunérées, sauf dans les cas, aux conditions et dans la mesure que peut déterminer le gouvernement. Elles ont cependant droit au remboursement des dépenses faites dans l'exercice de leurs fonctions, aux conditions et dans la mesure que le gouvernement détermine.

[2001, c. 32, a. 63].

63. A multidisciplinary committee shall be formed to promote the harmonization, both at the national and international levels, of the technical processes, systems, norms and standards established for the purposes of this Act. To that end, the Government shall, after consultation with the Bureau de normalisation du Québec, call upon persons from the business community, the information technology industry and the scientific and technical community, persons from the public, parapublic and municipal sectors and persons belonging to the professional orders, all of whom must have expertise in the field of information technology.

The committee shall be chaired by a representative of the Bureau de normalisation du Québec. The committee may call upon other persons having expertise in the field of information technology. The secretariat of the committee is the responsibility of the Bureau.

The members of the committee shall receive no remuneration, except in such cases, on such conditions and to such extent as may be determined by the Government. They are, however, entitled to the reimbursement of expenses incurred in the exercise of their functions, on the conditions and to the extent determined by the Government.

[2001, c. 32, s. 63].

64. Le comité pour l'harmonisation des systèmes et des normes a pour mission d'examiner les moyens susceptibles :

1° d'assurer la compatibilité ou l'interopérabilité des supports et des technologies ainsi que des normes et standards techniques permettant de réaliser un document technologique, de le signer ou de l'utiliser pour effectuer une communication;

2° d'éviter la multiplication des procédures, particulièrement en ce qui a trait à la vérification de l'identité des personnes;

3° de favoriser la standardisation des certificats et des répertoires ainsi que la reconnaissance mutuelle des certificats;

4° de garantir l'intégrité d'un document technologique par des mesures de sécurité physiques, logiques ou opérationnelles ainsi que par des mesures de gestion documentaire adéquates pour en assurer l'intégrité au cours de tout son cycle de vie;

5° d'uniformiser les pratiques d'audit, lequel comporte l'examen et l'évaluation des méthodes d'accès, d'entretien ou de sauvegarde du support, des mesures de sécurité physiques, logiques ou opérationnelles, des registres de sécurité et des correctifs apportés en cas de défaillance d'un élément pouvant affecter l'intégrité d'un document;

6° de formuler des recommandations quant à l'application de la loi.

[2001, c. 32, a. 64].

64. The mission of the harmonization committee is to examine ways to

1) ensure the compatibility of or interoperability between different media and technologies, and the harmonization of technical norms and standards for the production and signature of technology-based documents and their use in communications;

2) avert the multiplication of processes, in particular as regards the verification of personal identity;

3) promote the standardization of certificates and directories and the mutual recognition of certificates;

4) guarantee the integrity of technology-based documents through physical, logical or operational security measures and document management measures capable of ensuring the integrity of documents throughout their life cycle;

5) standardize auditing practices, including the examination and evaluation of accessing, maintenance and backup methods, physical, logical and operational security measures, security registers and correctives in the event of a deficiency that may affect the integrity of documents; and

6) facilitate the application of this Act, making appropriate recommendations.

[2001, c. 32, s. 64].

65. Le comité élabore des guides de pratiques colligeant les consensus atteints sur les sujets prévus à l'article 64.

Ces guides font état du choix de standards techniques communs, à savoir des formats et des langages de balisage de données, des codes de représentation de caractères, des algorithmes de signature, de chiffrement, de compression de données ou d'amélioration de l'image ou du son, des longueurs de clés, des protocoles ou des liens de communication. Le choix est fait pour une période déterminée et il peut être reconduit ou un nouveau choix peut être effectué avant ou à l'expiration de la pé-

65. The committee shall develop practical guidelines reflecting the consensus reached on the subjects referred to in section 64.

The guidelines shall determine the common technical standards selected, such as formats and mark-up language, character representation codes, signature algorithms, encryption methods, data compression, image and audio enhancement, key length, and communications protocols or links. The selection must be made for a specific period; it may be extended, or a new selection may be made before or upon the expiry of the determined period. However, the guidelines must specify that any new

riode déterminée. Cependant, les guides doivent prévoir que tout nouveau choix doit tenir compte de la période de conservation des documents réalisés en fonction de choix antérieurs et de la nécessité de pouvoir continuer d'y avoir accès pendant leur période de conservation.

selection must provide for the retention period of documents based on the previous selections and the need for continued access to those documents throughout their retention period.

Ces guides sont publiés et mis à jour par le Bureau de normalisation du Québec.

[2001, c. 32, a. 65].

The guidelines shall be published and updated by the Bureau de normalisation du Québec.

[2001, c. 32, s. 65].

66. Le Bureau doit faire rapport annuellement des travaux du comité et de l'application volontaire des guides au ministre.

Dans les 30 jours de la réception du rapport, le ministre en transmet copie au gouvernement et il le dépose à l'Assemblée nationale dans les 30 jours qui suivent ou, si celle-ci ne siège pas, dans les 30 jours de la reprise de ses travaux.

[2001, c. 32, a. 66].

66. The Bureau shall report annually to the Minister on the proceedings of the harmonization committee and on the voluntary implementation of the guidelines.

Within 30 days after receiving the report, the Minister shall forward a copy to the Government and shall lay the report before the National Assembly within the next 30 days or, if the Assembly is not in session, within 30 days of resumption.

[2001, c. 32, s. 66].

67. Si tout ou partie des guides n'est pas appliqué volontairement, le gouvernement peut, après consultation du comité, y substituer des dispositions réglementaires.

[2001, c. 32, a. 67].

67. If the guidelines are not implemented voluntarily in whole or in part, the Government may, after consultation with the committee, substitute regulatory provisions for the guidelines.

[2001, c. 32, s. 67].

68. Lorsque la présente loi exige qu'un procédé, une norme ou un standard techniques soit approuvé par un organisme reconnu, pour établir qu'il est susceptible de remplir une fonction spécifique, la reconnaissance peut en être faite par :

1° la Commission électrotechnique internationale (CEI), l'Organisation internationale de normalisation (ISO) ou l'Union internationale des télécommunications (UIT);

2° le Conseil canadien des normes et ses organismes accrédités;

3° le Bureau de normalisation du Québec.

La reconnaissance peut également inclure la référence à un procédé établi ou à la documentation élaborée par un groupement

68. Where this Act requires that a technical process, norm or standard be approved by a recognized body to establish that it is capable of fulfilling a specific function, the recognition may be given by

1) the International Electrotechnical Commission (IEC), the International Organization for Standardization (ISO) or the International Telecommunication Union (ITU);

2) the Standards Council of Canada or a body accredited by that Council; or

3) the Bureau de normalisation du Québec.

The recognition may include a reference to a process or documentation developed by an experts group, such as the Internet En-

d'experts, dont l'Internet Engineering Task Force ou le World Wide Web Consortium.

[2001, c. 32, a. 68].

gineering Task Force or the World Wide Web Consortium.

[2001, c. 32, s. 68].

SECTION II — POUVOIRS RÉGLEMENTAIRES DU GOUVERNEMENT

SECTION II — REGULATORY POWERS OF THE GOVERNMENT

69. En outre des normes de substitution qu'il peut édicter en vertu de l'article 67, le gouvernement peut déterminer par règlement :

1° des critères qui permettent de reconnaître qu'un document présente, sur son support d'origine, une valeur archivistique, historique ou patrimoniale;

2° des critères d'utilisation de fonctions de recherche extensive de renseignements personnels dans les documents technologiques qui sont rendus publics pour une fin déterminée;

3° à l'égard des prestataires de services de certification, la procédure d'accréditation, les conditions d'octroi et les délais d'obtention de l'accréditation ou d'une modification des conditions d'accréditation, les conditions relatives au renouvellement, à la suspension ou à l'annulation de l'accréditation ainsi que les frais afférents;

4° aux fins d'assurer la sécurité des communications effectuées au moyen de documents et lorsqu'il est d'avis que l'intérêt public l'exige, les cas et les conditions d'utilisation d'un support ou d'une technologie.

[2001, c. 32, a. 69].

69. In addition to such substitute standards as may be prescribed under section 67, the Government may make regulations determining

1) criteria for the recognition of the archival, historical or heritage value of a document in its original medium;

2) criteria for the use of extensive search functions in respect of personal information contained in technology-based documents that are made public for a specific purpose;

3) the accreditation procedure applicable to certification service providers, the requirements and waiting period for accreditation and for a modification of accreditation conditions, the requirements for accreditation renewal and the conditions that can lead to the suspension or cancellation of accreditation, and the related fees; and

4) so as to ensure the security of documentary communications and if the Government is of the opinion that it is required in the public interest, the cases warranting and the conditions applicable to the use of a specific medium or technology.

[2001, c. 32, s. 69].

Chapitre V — Dispositions interprétatives, modificatives et finales

Chapter V — Interpretation and Amending and Final Provisions

70. Une disposition de la présente loi doit s'interpréter de manière à ne pas restreindre des droits existants le 1er novembre 2001.

De même, une disposition de la présente loi ne doit pas être interprétée comme mo-

70. No provision of this Act shall be construed as limiting rights existing on 1 November 2001.

Similarly, no provision of this Act shall be construed as affecting the legal value of

difiant la valeur juridique des communications effectuées au moyen de documents antérieurement au 1ᵉʳ novembre 2001.

[2001, c. 32, a. 70].

documentary communications effected before 1 November 2001.

[2001, c. 32, s. 70].

71. La notion de document prévue par la présente loi s'applique à l'ensemble des documents visés dans les textes législatifs, que ceux-ci y réfèrent par l'emploi du terme document ou d'autres termes, notamment acte, annales, annexe, annuaire, arrêté en conseil, billet, bottin, brevet, bulletin, cahier, carte, catalogue, certificat, charte, chèque, constat d'infraction, décret, dépliant, dessin, diagramme, écrit, électrocardiogramme, enregistrement sonore, magnétoscopique ou informatisé, facture, fiche, film, formulaire, graphique, guide, illustration, imprimé, journal, livre, livret, logiciel, manuscrit, maquette, microfiche, microfilm, note, notice, pamphlet, parchemin, pièce, photographie, procès-verbal, programme, prospectus, rapport, rapport d'infraction, recueil et titre d'emprunt.

Dans la présente loi, les règles relatives au document peuvent, selon le contexte, s'appliquer à l'extrait d'un document ou à un ensemble de documents.

[2001, c. 32, a. 71].

71. The concept of document, as used in this Act, is applicable to all documents referred to in legislative texts whether by the term "document" or by terms such as act, deed, record, annals, schedule, directory, order, order in council, ticket, directory, licence, bulletin, notebook, map, catalogue, certificate, charter, cheque, statement of offence, decree, leaflet, drawing, diagram, writing, electrocardiogram, audio, video or electronic recording, bill, sheet, film, form, graph, guide, illustration, printed matter, newspaper, book, booklet, computer program, manuscript, model, microfiche, microfilm, note, notice, pamphlet, parchment, papers, photograph, minute, program, prospectus, report, offence report, manual and debt security or title of indebtedness.

In this Act, the rules relating to documents may, depending on context, apply to an excerpt from a document or to a set of documents.

[2001, c. 32, s. 71].

72. Le paragraphe 1° du premier alinéa de l'article 12 s'applique lorsque sont employés, dans les textes législatifs, les termes « double », « duplicata », « exemplaire original » et « triplicata » et que le contexte indique que le document auquel ils réfèrent doit remplir la fonction d'original en tant que source première d'une reproduction.

[2001, c. 32, a. 72].

72. Subparagraph 1 of the first paragraph of section 12 applies where the terms "duplicate", "copy", "original copy" and "triplicate" are used in a legislative text in a context that indicates that the document to which they refer must fulfil the function of an original as the source document from which copies are made.

[2001, c. 32, s. 72].

73. L'article 16 s'applique aux documents technologiques, lorsque sont employées, dans les textes législatifs, les expressions « copie certifiée », « copie certifiée conforme » ou « copie vidimée » et lorsque les termes « collation », « collationner », « double », « duplicata » et « triplicata » ainsi que « vidimé » sont employés dans un contexte où l'obtention d'une copie est visée.

[2001, c. 32, a. 73].

73. Section 16 applies to technology-based documents where the term "certified copy", "certified true copy" or "authentic copy" is used in a legislative text, and where the term "collate", "copy", "duplicate", "triplicate" or "authenticated" is used in connection with the issue of a copy.

[2001, c. 32, s. 73].

74. L'indication dans la loi de la possibilité d'utiliser un ou des modes de transmission comme l'envoi ou l'expédition d'un document par lettre, par messager, par câblogramme, par télégramme, par télécopieur, par voie télématique, informatique ou électronique, par voie de télécommunication, de télétransmission ou au moyen de la fibre optique ou d'une autre technologie de l'information n'empêche pas de recourir à un autre mode de transmission approprié au support du document, dans la mesure où la disposition législative n'impose pas un mode exclusif de transmission.

[2001, c. 32, a. 74].

74. A reference in the law to the possibility of using one or more specific means of transmission such as sending by mail, by messenger, by cablegram or telegram, by fax, by telematic, computerized or electronic means, by way of telecommunication, teletransmission, fibre optics or any other information technology, does not preclude the use of another means of transmission appropriate to the medium of the document to be sent, provided the legislative provision does not require the exclusive use of a specific means of transmission.

[2001, c. 32, s. 74].

75. Lorsque la loi prévoit qu'une signature peut être gravée ou imprimée ou apposée au moyen d'un fac-similé gravé, imprimé ou lithographié ou qu'une marque peut l'être au moyen d'une griffe, d'un appareil ou d'un procédé mécanique ou automatique, elle doit être interprétée comme permettant, sur support papier, d'apposer la signature autrement que de façon manuscrite ou de faire apposer la marque personnelle par quelqu'un d'autre. Une telle disposition n'empêche pas de recourir à un autre mode de signature approprié à un document, lorsque ce dernier n'est pas sur support papier.

[2001, c. 32, a. 75].

75. Where it is provided by law that a signature may be engraved or printed or affixed by means of an engraved, printed or lithographed facsimile, or that a mark may be made by means of a signature stamp, device or mechanical or automatic process, it shall be construed as allowing a signature to be affixed on a paper document otherwise than by hand, or as allowing a personal mark to be affixed on a paper document by someone else. Such a provision does not preclude the use of another mode of signature appropriate to the document in a medium other than paper.

[2001, c. 32, s. 75].

76. Une disposition créatrice d'infraction qui prévoit que celle-ci peut être commise au moyen d'un document doit être interprétée comme indiquant que l'infraction peut être commise, que ce document soit, à quelque moment de son cycle de vie, sur support papier ou sur un autre support.

[2001, c. 32, a. 76].

76. A provision creating an offence that specifies that the offence may be committed with the use of a document shall be construed as meaning that an offence may be committed whatever the medium of the document may have been, whether paper or any other, at any point in its life cycle.

[2001, c. 32, s. 76].

77.-103. (*Omis*).

[2001, c. 32, a. 77-103].

77.-103. (*Omitted*).

[2001, c. 32, s. 77-103].

104. Le gouvernement désigne le ministre responsable de l'application de la présente loi.

[2001, c. 32, a. 104].

104. The minister responsible for the administration of this Act shall be designated by the Government.

[1997, c. 80, s. 104].

105. (*Omis*).

[2001, c. 32, a. 105].

105. (*Omitted*).

[2001, c. 32, s. 105].

LOI SUR LE CURATEUR PUBLIC,
RLRQ, c. C-81

PUBLIC CURATOR ACT,
CQLR, c. C-81

<table>
<tr><td>

Chapitre I — L'organisation administrative

1. Le gouvernement nomme une personne pour agir comme curateur public.

[1989, c. 54, a. 1].

2. La durée du mandat du curateur public est de cinq ans; il demeure en fonction à l'expiration de son mandat, jusqu'à ce qu'il soit nommé de nouveau ou remplacé.

[1989, c. 54, a. 2].

3. Le curateur public peut en tout temps renoncer à ses fonctions, en donnant un avis écrit au ministre responsable de l'application de la présente loi.

Il ne peut être destitué que pour cause.

[1989, c. 54, a. 3; 1996, c. 21, a. 45; 2005, c. 24, a. 33].

4. Le gouvernement fixe la rémunération, les avantages sociaux et les autres conditions de travail du curateur public.

[1989, c. 54, a. 4].

5. Le curateur public doit s'occuper exclusivement des devoirs de ses fonctions et ne

</td><td>

Chapter I — Administrative Organization

1. The Government shall appoint a person to act as Public Curator.

[1989, c. 54, s. 1].

2. The term of office of the Public Curator is five years; he remains in office at the expiry of his term until he is reappointed or replaced.

[1989, c. 54, s. 2].

3. The Public Curator may resign at any time by giving written notice to the minister responsible for the administration of this Act.

The Public Curator cannot be dismissed except for cause.

[1989, c. 54, s. 3; 1996, c. 21, s. 45; 2005, c. 24, s. 33].

4. The Government shall fix the remuneration, social benefits and the other conditions of employment of the Public Curator.

[1989, c. 54, s. 4].

5. The Public Curator shall attend exclusively to his duties of office and shall hold

</td></tr>
</table>

peut occuper aucune autre fonction, charge ou emploi, à moins d'y être autorisé par le gouvernement.

[1989, c. 54, a. 5].

no other office, responsibilities or employment without the authorization of the Government.

[1989, c. 54, s. 5].

6. Le curateur public doit, avant de commencer à exercer ses fonctions, prêter le serment qui suit:

> « Je (...) déclare sous serment que je remplirai fidèlement et honnêtement au meilleur de ma capacité et de mes connaissances, tous les devoirs de curateur public et que j'en exercerai de même tous les pouvoirs. Je déclare sous serment de plus que je ne révélerai et ne ferai connaître, sans y être dûment autorisé, quoi que ce soit dont j'aurai eu connaissance dans l'exercice de ma charge ».

Le curateur public exécute cette obligation devant le juge en chef de la Cour du Québec et l'écrit constatant le serment est transmis au ministre de la Justice.

[1989, c. 54, a. 6; 1999, c. 40, a. 99].

6. The Public Curator shall, before taking office, make an oath as follows :

> "I, (...) declare under oath that I will faithfully and honestly perform every duty and exercise every power assigned to or conferred upon the Public Curator, to the best of my capacity and knowledge. I also declare under oath that I will not reveal or disclose, unless expressly authorized, anything that may come to my knowledge by reason of my office."

The Public Curator shall carry out this requirement before the chief judge of the Court of Québec, and the writing verifying the oath or solemn affirmation shall be transmitted to the Minister of Justice.

[1989, c. 54, s. 6; 1999, c. 40, s. 99].

7. Le curateur public désigne, par écrit, une ou des personnes, membres de son personnel, pour le remplacer en cas d'absence. Cette désignation est publiée à la *Gazette officielle du Québec*, mais elle prend effet dès la signature par le curateur public de l'acte qui la constate.

Le curateur public peut aussi, par écrit et dans la mesure qu'il indique, déléguer à ses fonctionnaires ou employés l'exercice de ses fonctions. Il peut, dans l'acte de délégation, autoriser la subdélégation des fonctions qu'il indique; le cas échéant, il identifie les fonctionnaires ou employés à qui cette subdélégation peut être faite.

[1989, c. 54, a. 7; 1999, c. 30, a. 1].

7. The Public Curator shall designate in writing one or more persons from his personnel to replace him if he is absent. The designation shall be published in the *Gazette officielle du Québec* but shall take effect upon the signing by the Public Curator of the instrument evidencing it.

The Public Curator may also, in writing and to the extent he indicates, delegate the exercise of his functions to his public servants or employees. The Public Curator may, in the instrument of delegation, authorize the subdelegation of such functions as he indicates; in that case, the Public Curator shall identify the public servants or employees to whom the functions may be subdelegated.

[1989, c. 54, s. 7; 1999, c. 30, s. 1].

7.1. Aucun acte, document ou écrit n'engage le curateur public ni ne peut lui être attribué s'il n'est signé par lui ou, dans la mesure prévue par l'acte de délégation de signature, par un de ses fonctionnaires ou employés. Cette délégation est publiée à la *Gazette officielle du Québec*, mais elle prend effet dès la signature par le curateur public de l'acte qui la constate.

7.1. An act, document or writing is binding on or may be attributed to the Public Curator only if it is signed by the Public Curator or, to the extent provided in the instrument of delegation of signature, by a public servant or an employee designated by the Public Curator. The delegation shall be published in the *Gazette officielle du Québec* but shall take effect upon the sign-

ing by the Public Curator of the instrument evidencing it.

[1999, c. 30, s. 2].

[1999, c. 30, a. 2].

8. En cas de vacance de la charge ou d'empêchement du curateur public, le gouvernement désigne une personne pour exercer temporairement la fonction de curateur public.

Le gouvernement fixe, s'il y a lieu, le traitement, le traitement additionnel, les honoraires et les allocations de cette personne.

[1989, c. 54, a. 8; 1997, c. 80, a. 1].

8. Where the office of Public Curator is vacant or the Public Curator is unable to act, the Government shall designate a person to carry on the duties of Public Curator for the time being.

The Government shall, where required, fix the salary, additional salary, fees and allowances of the person designated.

[1989, c. 54, s. 8].

9. Le personnel du curateur public est nommé suivant la *Loi sur la fonction publique* (chapitre F-3.1.1).

Le curateur public exerce, à l'égard de son personnel, les pouvoirs que cette loi confère à un dirigeant d'organisme.

[1989, c. 54, a. 9; 2000, c. 8, a. 242].

9. The members of the personnel of the Public Curator are appointed in accordance with the *Public Service Act* (chapter F-3.1.1).

The Public Curator has in respect of his personnel the powers of chief executive officer of an agency within the meaning of the *Public Service Act*.

[1989, c. 54, s. 9; 2000, c. 8, s. 242].

10. Les membres du personnel du curateur public sont assujettis aux restrictions légales applicables à ce dernier quant aux biens dont il a la gestion.

[1989, c. 54, a. 10].

10. The members of the personnel of the Public Curator are subject to the same legal restrictions as apply to the Public Curator regarding property subject to his administration.

[1989, c. 54, s. 10].

11. Le curateur public peut, par écrit et dans la mesure qu'il indique, autoriser une personne physique ou morale, autre qu'un membre de son personnel, à exécuter les tâches nécessaires ou utiles à l'application de la présente loi.

L'autorisation doit être signée par le curateur public ou, en son nom, par une personne qu'il autorise à cette fin; elle peut, de même, être révoquée en tout temps.

[1989, c. 54, a. 11].

11. The Public Curator may, in writing and to the extent he indicates, authorize a natural or legal person, other than a member of his personnel, to carry out any duties necessary or useful for the administration of this Act.

The authorization must be signed by the Public Curator or, on his behalf, by a person authorized by him therefor; the authorization may be revoked in the same manner at any time.

[1989, c. 54, s. 11].

Chapitre II —— Les attributions

SECTION I —— DISPOSITIONS GÉNÉRALES

12. Le curateur public exerce les attributions que lui confèrent le *Code civil du Québec*, la présente loi ou toute autre loi.

Il est notamment chargé:

1° de la surveillance de l'administration des tutelles et curatelles aux majeurs, de certaines tutelles aux mineurs et des tutelles aux absents;

2° des tutelles, curatelles ou autres charges d'administrateur du bien d'autrui, lorsque ces charges lui sont confiées par un tribunal;

3° de la tutelle aux biens des mineurs, ainsi que de la tutelle ou de la curatelle aux majeurs sous un régime de protection qui ne sont pas pourvus d'un tuteur ou curateur.

[1989, c. 54, a. 12; 1997, c. 80, a. 2; 2005, c. 44, a. 36; 2011, c. 10, a. 71].

SECTION II —— LES INTERVENTIONS RELATIVES AUX RÉGIMES DE PROTECTION

13. Le curateur public peut intervenir dans toute instance relative:

1° à l'ouverture d'un régime de protection d'un majeur;

2° à l'homologation ou à la révocation d'un mandat donné par une personne en prévision de son inaptitude;

3° à l'intégrité d'un majeur inapte à consentir qui n'est pas pourvu d'un tuteur, curateur ou mandataire;

4° au remplacement du tuteur ou curateur d'un mineur ou d'un majeur protégé ou du tuteur à l'absent.

[1989, c. 54, a. 13; 1992, c. 57, a. 552; 1997, c. 80, a. 3].

Chapter II —— Powers

SECTION I —— GENERAL PROVISIONS

12. The Public Curator has the powers conferred on him by the Civil Code, this Act or any other Act.

The Public Curator is responsible, in particular, for

1) supervision of the administration of tutorships and curatorships to persons of full age, of certain tutorships to minors and of tutorships to absentees;

2) tutorships, curatorships or other duties related to the administration of the property of others, where such duties are assigned to him by a court;

3) tutorship to property of minors and tutorship or curatorship to persons of full age under protective supervision who are not already provided with a tutor or a curator.

[1989, c. 54, s. 12; 1997, c. 80, s. 2; 2005, c. 44, s. 36; 2011, c. 10, s. 71].

SECTION II —— INTERVENTIONS PERTAINING TO PROTECTIVE SUPERVISION

13. The Public Curator may intervene in any proceedings pertaining

(1) to the institution of protective supervision of a person of full age,

(2) to the homologation or revocation of a mandate given by any person in anticipation of his incapacity,

(3) to the physical integrity of a person of full age unable to give consent who is not already provided with a tutor, curator or mandatary,

(4) to the replacement of the tutor or curator of a minor or of a person of full age who is under protection or of the tutor to an absentee.

[1989, c. 54, s. 13; 1992, c. 57, s. 552; 1997, c. 80, s. 3].

14. Le curateur public peut, sur réception d'un rapport transmis par le directeur général d'un établissement visé par la *Loi sur les services de santé et les services sociaux* (chapitre S-4.2) ou par la *Loi sur les services de santé et les services sociaux pour les autochtones cris* (chapitre S-5), constatant l'inaptitude d'un majeur à prendre soin de lui-même ou à administrer ses biens, prendre, dans un délai raisonnable, toute mesure appropriée, y compris la convocation d'une assemblée des parents, alliés ou amis du majeur, afin d'établir la condition du majeur, la nature et l'étendue de ses besoins et facultés et les autres circonstances dans lesquelles il se trouve. Il peut, s'il lui paraît opportun de demander l'ouverture d'un régime de protection, transmettre au greffier de la Cour supérieure, avec un exposé de ses démarches, sa recommandation et proposer une personne qui soit apte à assister ou à représenter le majeur et qui y consente. Il dépose alors le rapport d'inaptitude au greffe du tribunal et avise de ce dépôt les personnes habilitées à demander l'ouverture d'un régime de protection.

[1989, c. 54, a. 14; 1992, c. 21, a. 143; 1994, c. 23, a. 23; ; 1997, c. 75, a. 44; 1997, c. 80, a. 4].

14. The Public Curator, upon receiving a report from the executive director of an institution governed by the *Act respecting health services and social services* (chapter S-4.2) or by the *Act respecting health services and social services for Cree Native persons* (chapter S-5) setting forth the inability of a person of full age to care for himself or to administer his property, may take, within a reasonable time, any appropriate measure including the calling of a meeting of relatives, persons connected by marriage or a civil union and friends of the person of full age, in order to establish his condition, the nature and extent of his needs and faculties and his other circumstances. The Public Curator, where he believes it expedient to apply for the institution of protective supervision, may transmit his recommendation to the clerk of the Superior Court with a statement of the measures he has taken, and propose a person able to assist or represent the person of full age and who consents to do so. He shall then file the report of disability in the office of the court and notify the persons qualified to apply for the institution of protective supervision that the report has been filed.

[1989, c. 54, s. 14; 1992, c. 21, s. 143, 375; 1994, c. 23, s. 23; ; 1997, c. 75, s. 44; 1997, c. 80, s. 4; 2002, c. 6, s. 235].

SECTION III — LA REPRÉSENTATION ET LA DÉLÉGATION

SECTION III — REPRESENTATION AND DELEGATION

15. Le curateur public doit, lorsqu'il exerce une tutelle ou une curatelle, rechercher un tuteur ou curateur pour le remplacer et, le cas échéant, il peut assister cette personne dans sa démarche pour être nommée à ce titre.

Il peut, dans sa recherche d'un tuteur ou curateur, prendre toute mesure nécessaire ou utile à cette fin, notamment convoquer une assemblée des parents, alliés ou amis de la personne inapte.

[1989, c. 54, a. 15].

15. In exercising a tutorship or curatorship, the Public Curator shall seek a tutor or a curator to replace him and, where applicable, may assist a person in obtaining appointment as such.

The Public Curator may take any necessary or useful measure in seeking a tutor or curator and, in particular, call a meeting of relatives, persons connected by marriage or a civil union and friends of the disabled person.

[1989, c. 54, s. 15].

16. (*Abrogé*).

[1992, c. 57, a. 553].

16. (*Repealed*).

[1992, c. 57, s. 553].

17. La personne à qui est délégué l'exercice de certaines fonctions de la tutelle ou de la curatelle d'un majeur doit, dans la mesure du possible, maintenir une relation personnelle avec le majeur, obtenir son avis, le cas échéant, et le tenir informé des décisions prises à son sujet.

[1989, c. 54, a. 17; 1992, c. 57, a. 554].

17. The person to whom the performance of certain duties of tutorship or curatorship to a person of full age is delegated must, so far as possible, maintain a personal relationship with the person of full age, obtain his opinion, where applicable, and keep him informed of the decisions taken in his regard.

[1989, c. 54, s. 17; 1992, c. 57, s. 554].

17.1. Le ministre responsable de l'application de la présente loi constitue un comité chargé de conseiller le curateur public en matière de protection et de représentation des personnes inaptes ou protégées.

[1999, c. 30, a. 3; 2005, c. 24, a. 33].

17.1. The minister responsible for the administration of this Act shall appoint a committee to advise the Public Curator on the protection and representation of incapable or protected persons.

[1999, c. 30, s. 3; 2005, c. 24, s. 33].

17.2. Le comité de protection et de représentation des personnes inaptes ou protégées est formé de six personnes qui ne font pas partie du personnel du curateur public.

Les membres du comité sont nommés pour un mandat d'au plus trois ans. Ils demeurent en fonction à l'expiration de leur mandat, jusqu'à ce qu'ils soient nommés de nouveau ou remplacés.

Le comité se réunit au moins deux fois l'an. Le quorum est de quatre membres.

[1999, c. 30, a. 3].

17.2. The committee on protection and representation of incapable or protected persons shall be composed of six persons who are not members of the personnel of the Public Curator.

The members of the committee shall be appointed for a term of not over three years. At the end of their term, the members of the committee shall remain in office until they are reappointed or replaced.

The committee shall meet at least twice each year. The quorum of the committee shall be four members.

[1999, c. 30, s. 3].

17.3. Les membres du comité ne sont pas rémunérés, sauf dans les cas, aux conditions et dans la mesure que peut déterminer le gouvernement. Ils ont cependant droit au remboursement des dépenses faites dans l'exercice de leurs fonctions, aux conditions et dans la mesure que détermine le gouvernement.

[1999, c. 30, a. 3].

17.3. The members of the committee shall receive no remuneration except in such cases, on such conditions and to such extent as the Government may determine. They are, however, entitled to the reimbursement of expenses incurred in the exercise of their functions, on the conditions and to the extent determined by the Government.

[1999, c. 30, s. 3].

17.4. Le curateur public fournit aux membres du comité tout document utile à l'accomplissement de leur mandat.

[1999, c. 30, a. 3].

17.4. The Public Curator shall make available to the members of the committee all documents relevant to the carrying out of their mandate.

[1999, c. 30, s. 3].

18. Dans la mesure où l'article 258 du *Code civil du Québec* ne peut s'appliquer à une personne qui, sans y être domiciliée,

18. To the extent that article 258 of the Civil Code is not applicable to a person who is in Québec without being domiciled

se trouve au Québec, le tribunal peut désigner le curateur public pour agir provisoirement comme curateur, tuteur ou conseiller jusqu'à ce qu'elle soit prise en charge conformément aux lois de son domicile.

[1989, c. 54, a. 18; 1992, c. 57, a. 555; 1997, c. 80, a. 5].

19. Lorsqu'une personne qui est représentée par le curateur public ou dont celui-ci administre les biens ne réside plus habituellement au Québec, le curateur public peut s'adresser au tribunal afin d'être relevé de sa charge de tuteur ou de curateur.

Le tribunal ne peut faire droit à la demande que si le curateur public démontre que la personne concernée est légalement représentée suivant les lois du lieu de sa résidence habituelle.

[1989, c. 54, a. 19].

SECTION IV — LA SURVEILLANCE

20. Le curateur public, dans l'exécution de sa charge de surveillance de l'administration des tutelles et curatelles, informe les tuteurs et curateurs qui le requièrent de la façon de remplir leurs obligations.

Les tuteurs et curateurs doivent transmettre au curateur public, dans les deux mois de l'ouverture de la tutelle ou de la curatelle, une copie de l'inventaire des biens confiés à leur gestion, fait conformément au Titre septième du Livre quatrième du *Code civil du Québec* relatif à l'administration du bien d'autrui; ils doivent également transmettre un rapport annuel de leur administration, une copie du rapport périodique d'évaluation de l'inaptitude du majeur à la fin de chaque année où celle-ci doit être effectuée, ainsi qu'une copie de leur reddition de compte.

[1989, c. 54, a. 20; 1997, c. 80, a. 6].

21. Le curateur public peut exiger que les livres et comptes relatifs aux biens administrés par un tuteur ou un curateur soient vérifiés par un comptable, si la valeur des biens administrés excède 100 000 $ ou s'il a un motif sérieux de craindre que la personne représentée ne subisse un préjudice

there, the court may designate the Public Curator to act temporarily as curator, tutor or adviser until the person is taken in charge in accordance with the laws of his domicile.

[1989, c. 54, s. 18; 1992, c. 57, s. 555].

19. Where a person who is represented by the Public Curator or whose property is administered by the Public Curator no longer ordinarily resides in Québec, the Public Curator may apply to the court to be relieved of the office of tutor or curator.

The court shall grant the application only where the Public Curator proves that the person concerned is legally represented in accordance with the laws of his usual place of residence.

[1989, c. 54, s. 19].

SECTION IV — SUPERVISION

20. The Public Curator, in exercising his powers of supervision over the administration of tutorships and curatorships, shall inform any tutor or curator who so requires of the manner of fulfilling his obligations.

Tutors and curators shall transmit to the Public Curator, within two months of the institution of tutorship or curatorship, a copy of the inventory of the property entrusted to their administration, made in accordance with Title VII of Book IV of the Civil Code respecting the administration of the property of others; they shall also transmit an annual report of their administration, a copy of the periodic report on the assessment of disability of the person of full age at the end of each year in which it must be made, and a copy of their rendering of accounts.

[1989, c. 54, s. 20; 1997, c. 80, s. 6].

21. The Public Curator may require that the books and accounts relating to property administered by a tutor or curator be examined by an accountant if the value of the administered property exceeds $ 100 000, or if there is a serious ground to believe that the person represented may

en raison de la gestion du tuteur ou du curateur.

[1989, c. 54, a. 21].

22. Le curateur public peut demander le remplacement d'un tuteur ou d'un curateur pour les motifs reconnus au *Code civil du Québec* ou lorsque le compte annuel du tuteur ou curateur, ou une enquête faite par le curateur public, donne sérieusement lieu de craindre que la personne représentée ne subisse un préjudice en raison de l'inexécution ou de la mauvaise exécution des fonctions de tuteur ou de curateur. Il peut aussi demander la révocation de tout mandat donné en prévision d'une inaptitude si le mandat n'est pas fidèlement exécuté ou pour un autre motif sérieux.

Si le tribunal l'ordonne, le curateur public, pendant l'instance, exerce la tutelle ou la curatelle ou, lors d'une demande de révocation de mandat, assume la protection de la personne inapte ou l'administration de ses biens.

[1989, c. 54, a. 22].

23. Plutôt que de demander le remplacement d'un tuteur ou d'un curateur ou la révocation d'un mandat, le curateur public peut, suivant les modalités qu'il indique, accepter du représentant ou du mandataire un engagement volontaire à l'effet de remédier à son défaut s'il y a lieu et de respecter dorénavant les obligations de sa charge qu'il a fait défaut d'exécuter ou qu'il a mal exécutées.

[1989, c. 54, a. 23].

SECTION V — L'ADMINISTRATION PROVISOIRE DE BIENS (ABROGÉE)

24.-26.9. (*Abrogés*).

[2011, c. 10, a. 72].

SECTION VI — L'ENQUÊTE ET L'INSPECTION

27. Le curateur public peut, de sa propre initiative ou sur demande, faire enquête relativement aux personnes qu'il représente, aux biens qu'il administre ou qui devraient être confiés à son administration et, géné-

suffer damage by reason of the administration of the tutor or curator.

[1989, c. 54, s. 21].

22. The Public Curator may apply for the replacement of a tutor or curator on the grounds set out in the Civil Code or where the annual account of the tutor or curator or an inquiry held by the Public Curator gives serious reason to believe that the person represented may suffer damage by reason of the failure of the tutor or curator to perform his duties, or of his performing them improperly. He may also apply for the revocation of any mandate for the eventuality of the inability of the mandator if the mandate is not faithfully carried out, or for any other serious cause.

Where the court so orders, the Public Curator shall, during proceedings, exercise tutorship or curatorship or, where revocation of the mandate is applied for, ensure the protection of the disabled person or the administration of his property.

[1989, c. 54, s. 22].

23. The Public Curator, instead of applying for the replacement of a tutor or curator or the revocation of a mandate, may accept, according to the terms and conditions he indicates, any voluntary undertaking by the representative or mandatary to remedy his default, if any, and, to fulfil thenceforth, the obligations inherent in his office which he has failed to perform or has performed improperly.

[1989, c. 54, s. 23].

SECTION V — PROVISIONAL ADMINISTRATION OF PROPERTY (REPEALED)

24.-26.9 (*Repealed*).

[2011, c. 10, s. 72].

SECTION VI — INQUIRY AND INSPECTION

27. The Public Curator may, of his own initiative or on request, hold an inquiry relating to the persons he represents, the property he administers or that should be entrusted to his administration and, gener-

ralement, à tout mineur ou à toute personne sous régime de protection; il peut, de même, faire enquête relativement à toute personne inapte dont un mandataire prend soin ou administre les biens.

Le curateur public et toute personne qu'il autorise spécialement à enquêter sont, pour les fins de l'enquête, investis des pouvoirs et de l'immunité des commissaires nommés en vertu de la *Loi sur les commissions d'enquête* (chapitre C-37), sauf du pouvoir d'ordonner l'emprisonnement.

[1989, c. 54, a. 27; 1997, c. 80, a. 13].

27.1. (*Abrogé*).

[2011, c. 10, a. 73].

28. Malgré l'article 19 de la *Loi sur les services de santé et les services sociaux* (chapitre S-4.2) ou malgré l'article 7 de la *Loi sur les services de santé et les services sociaux pour les autochtones cris* (chapitre S-5), le curateur public ou une personne qu'il autorise peut pénétrer à toute heure raisonnable, ou en tout temps dans les cas d'urgence, dans une installation maintenue par un établissement visé, selon le cas, par l'une ou l'autre de ces lois afin de consulter sur place le dossier pertinent d'une personne inapte ou protégée et en tirer des copies.

Sur demande, l'établissement doit transmettre au curateur public une copie de ce dossier.

[1989, c. 54, a. 28; 1992, c. 21, a. 145; 1994, c. 23, a. 23; 1997, c. 80, a. 15].

28.1. Les personnes autorisées à agir en vertu de l'article 28 doivent, sur demande, s'identifier et exhiber un certificat attestant leur autorisation.

Elles ne peuvent être poursuivies en justice en raison d'un acte accompli de bonne foi dans l'exercice de leurs fonctions.

[1997, c. 80, a. 16; 2005, c. 44, a. 38; 2011, c. 10, a. 74].

ally, to any minor or to any person under protective supervision; he may, in the same manner, hold an inquiry relating to any person who is unable whose care or the administration of whose property have been entrusted to a mandatary.

The Public Curator and any person specially authorized by the Public Curator to hold an inquiry have, for the purposes of the inquiry, the powers and immunity conferred on commissioners appointed under the *Act respecting public inquiry commissions* (chapter C-37), except the power to order imprisonment.

[1989, c. 54, s. 27; 1997, c. 80, s. 13].

27.1. (*Repealed*).

[2011, c. 10, s. 73].

28. Notwithstanding section 19 of the *Act respecting health services and social services* (chapter S-4.2) and section 7 of the *Act respecting health services and social services for Cree Native persons* (chapter S-5), the Public Curator or any person authorized by him may, at any reasonable time or at any time in case of urgency, enter a facility maintained by an institution governed, as the case may be, by either of those Acts to consult, on the premises, the record of the case of a person who is unable or a protected person and make copies of the record.

The institution shall send a copy of the record to the Public Curator on request.

[1989, c. 54, s. 28; 1992, c. 21, s. 145, 375; 1994, c. 23, s. 23; 1997, c. 80, s. 15].

28.1. The persons authorized to act under section 28 must, on request, identify themselves and produce a certificate of their authorization.

The persons authorized may not be prosecuted for anything done in good faith in the exercise of their functions.

[1997, c. 80, s. 16; 2005, c. 44, s. 38; 2011, c. 10, s. 74].

Chapitre III —— L'administration

SECTION 0.I —— DISPOSITION GÉNÉRALE

28.2. Les règles du présent chapitre s'appliquent sous réserve des dispositions de toute autre loi assujettissant le curateur public à un régime différent d'administration des biens qui lui sont confiés.

[1997, c. 80, a. 17].

SECTION I —— LES RÈGLES GÉNÉRALES DE L'ADMINISTRATION

29. Dès que des biens sont confiés à son administration, le curateur public doit, comme administrateur du bien d'autrui, procéder à la confection d'un inventaire conformément au Titre septième du Livre quatrième du *Code civil du Québec* relatif à l'administration du bien d'autrui.

L'inventaire est fait sous seing privé; l'un des témoins doit, si possible, faire partie de la famille, de la parenté ou de l'entourage du propriétaire des biens.

[1989, c. 54, a. 29; 1992, c. 57, a. 557; 1997, c. 80, a. 18; 2005, c. 44, a. 37; 2011, c. 10, a. 75].

30. Le curateur public a la simple administration des biens qui lui sont confiés, à moins que la loi ne prévoie autrement.

[1989, c. 54, a. 30; 1997, c. 80, a. 19; 2011, c. 10, a. 76].

31. Le curateur public doit, à l'égard de tout immeuble confié à son administration, publier sa qualité d'administrateur au registre foncier. À compter de cette publication, l'officier de la publicité des droits est tenu de lui dénoncer, au moyen d'un avis écrit, toute inscription subséquente relativement à l'immeuble.

L'inscription de la qualité d'administrateur du curateur public s'obtient par la présentation d'un avis désignant l'immeuble visé. La radiation de cette inscription s'obtient par la présentation d'un certificat du

Chapter III —— Administration

SECTION 0.I —— GENERAL PROVISION

28.2. The rules of this chapter apply subject to the provisions of any other Act requiring the Public Curator to apply other rules for the administration of property entrusted to the Public Curator.

[1997, c. 80, s. 17].

SECTION I —— GENERAL RULES GOVERNING ADMINISTRATION

29. Upon being entrusted with the administration of property, the Public Curator, as the administrator of the property of others, shall make an inventory in accordance with Title VII of Book IV of the *Civil Code of Québec* respecting the administration of the property of others.

The inventory shall be made in a private writing; one of the witnesses shall, where possible, be a member of the family, a relative or a person connected with the owner of the property.

[1989, c. 54, s. 29; 1992, c. 57, s. 557; 1997, c. 80, s. 18; 2005, c. 44, s. 37; 2011, c. 10, s. 75].

30. The Public Curator has the simple administration of the property entrusted to him unless the law provides otherwise.

[1989, c. 54, s. 30; 1997, c. 80, s. 19; 2011, c. 10, s. 76].

31. The Public Curator must, with regard to every immovable entrusted to his administration, publish his capacity as administrator in the land register. From the time of publication, the registrar is bound to inform the Public Curator by way of a written notice of any subsequent registration made in respect of any such immovable.

The registration of the Public Curator's capacity as administrator is obtained upon presentation of a notice describing the immovable concerned. The cancellation of such registration is obtained upon presen-

curateur public attestant la fin de son administration.

[1989, c. 54, a. 31; 1997, c. 80, a. 20; 2000, c. 42, a. 154].

32. (*Abrogé*).

[2011, c. 10, a. 77].

33. Les biens dont l'administration est confiée au curateur public ne doivent pas être confondus avec les biens de l'État.

[1989, c. 54, a. 33].

SECTION II — LES RÈGLES
PARTICULIÈRES DE L'ADMINISTRATION

34. Lorsque les règles de l'administration du bien d'autrui prévoient que la personne représentée doit ou peut consentir à un acte, recevoir un avis ou être consultée, c'est le titulaire de l'autorité parentale ou le conjoint qui agit ou, à défaut ou en cas d'empêchement de celui-ci, un proche parent ou une personne qui démontre pour la personne représentée un intérêt particulier. Autrement, l'autorisation du tribunal est requise.

Le curateur public peut demander au tribunal la révision de la décision prise par la personne autorisée à décider pour le mineur ou le majeur en tutelle ou en curatelle dans un délai de 10 jours à compter du jour où le curateur public est avisé de cette décision.

[1989, c. 54, a. 34; 1992, c. 57, a. 558].

35. Le curateur public peut, sans l'autorisation du tribunal, emprunter sur la garantie des biens compris dans un patrimoine qu'il administre, les sommes nécessaires pour maintenir un immeuble en bon état d'entretien et de réparation ou pour acquitter les charges qui le grèvent.

[1989, c. 54, a. 35].

36. Le curateur public peut, sans l'autorisation du tribunal, provoquer un partage, y participer ou transiger si la valeur des concessions qu'il fait, s'il en est, n'excède pas 5 000 $.

[1989, c. 54, a. 36].

tation of a certificate of the Public Curator attesting that he has terminated his administration.

[1989, c. 54, s. 31; 1997, c. 80, s. 20; 2000, c. 42, s. 154].

32. (*Repealed*).

[2011, c. 10, s. 77].

33. The property of which the administration is entrusted to the Public Curator must not be commingled with that of the State.

[1989, c. 54, s. 33].

SECTION II — SPECIAL RULES
GOVERNING ADMINISTRATION

34. Where the rules of administration of the property of others provide that the person represented shall or may give his consent to an act, obtain advice or be consulted, the person having parental authority or the spouse or, where both persons fail or are unable to act, a close relative or any person showing a special interest in the person represented shall act on his behalf. In any other case, the authorization of the court shall be required.

The Public Curator may apply to the court for a review of the decision made by the person authorized to decide on behalf of the minor or the person of full age under tutorship or curatorship within 10 days from the day on which the Public Curator is notified of the decision.

[1989, c. 54, s. 34; 1992, c. 57, s. 558].

35. The Public Curator may borrow, without authorization of the court, on the security of the property included in the patrimony he administers, the sums necessary to maintain an immovable in good repair and to discharge the encumbrances affecting it.

[1989, c. 54, s. 35].

36. The Public Curator may, without authorization of the court, demand partition, take part therein or transact if the value of the concessions made by him, if any, does not exceed $ 5 000.

[1989, c. 54, s. 36].

37. (*Abrogé*).

[2011, c. 10, a. 78].

37. (*Repealed*).

[2011, c. 10, s. 78].

38. Le curateur public n'est pas tenu, pour faire les actes visés par les articles 35 à 37 de la présente loi, de suivre les formalités prévues aux articles 1303 et 1305 du *Code civil du Québec*, de même que celles prévues à l'article 34 de la présente loi.

Les autorisations du tribunal, prévues dans la présente section, s'obtiennent conformément aux règles établies au *Code de procédure civile* (chapitre C-25) pour les matières non contentieuses.

[1989, c. 54, a. 38; 1992, c. 57, a. 559].

38. For the performance of the acts described in sections 35 to 37 of this Act, the Public Curator is not required to comply with the formalities prescribed in articles 1303 and 1305 of the *Civil Code of Québec* or in section 34 of this Act.

Authorizations of the court provided for in this division shall be obtained in accordance with the rules prescribed in the *Code of Civil Procedure* (chapter C-25) in respect of non-contentious matters.

[1989, c. 54, s. 38; 1992, c. 57, s. 559].

39. Dans le cours de son administration, le curateur public est tenu, une fois l'an, à la demande d'un mineur ou d'un majeur représenté, d'un proche parent ou d'une personne qui démontre un intérêt particulier pour le mineur ou le majeur, de rendre un compte sommaire de sa gestion.

En aucun cas, il n'est tenu de fournir une sûreté.

[1989, c. 54, a. 39; 1992, c. 57, a. 560].

39. During his administration, the Public Curator must, once each year, at the request of a minor or a person of full age who is represented, a close relative or a person showing a special interest in the minor or person of full age, render a summary account of his administration.

In no case shall the Public Curator be required to provide security.

[1989, c. 54, s. 39; 1992, c. 57, s. 560].

SECTION III —— LA FIN DE
L'ADMINISTRATION

SECTION III —— END OF
ADMINISTRATION

40. L'administration du curateur public se termine de plein droit:

1° lorsque la tutelle ou la curatelle prend fin ou qu'un jugement nomme un autre tuteur ou curateur;

2° lorsque l'absent revient, que l'administrateur qu'il a désigné se présente, qu'un tuteur est nommé à ses biens ou qu'un jugement le déclare décédé;

3° lorsque les héritiers ou un tiers, désigné conformément aux dispositions testamentaires du défunt ou par le tribunal, sont en mesure d'exercer la charge de liquidateur de la succession;

4° dans tous les autres cas où un ayant droit se présente pour réclamer les biens soumis à son administration, de même que

40. The administration of the Public Curator ceases by operation of law

(1) when the tutorship or curatorship ends, or when a judgment orders the appointment of another tutor or curator;

(2) when the absentee returns, the administrator designated by the absentee appears, a tutor is appointed to the property of the absentee or a judgment declares the absentee dead;

(3) when the heirs, or a third person designated in accordance with the testamentary dispositions of the deceased or by the court, become able to hold the office of liquidator of the succession;

(4) in all other cases in which an interested party comes forward to claim the property under the administration of the Public Cu-

dans tous ceux où un autre administrateur est nommé à l'égard des biens administrés.

[1989, c. 54, a. 40; 1992, c. 57, a. 561; 1994, c. 29, a. 2; 1997, c. 80, a. 23; 2005, c. 44, a. 39; 2011, c. 10, a. 79].

41. Le curateur public doit, à la fin de son administration, rendre compte de celle-ci et remettre les biens à ceux qui y ont droit.

[1989, c. 54, a. 41; 1997, c. 80, a. 24; 2005, c. 44, a. 37; 2011, c. 10, a. 80].

41.1. (*Abrogé*).

[2011, c. 10, a. 81].

42. Après le décès d'une personne qu'il représente ou dont il administre les biens, le curateur public continue son administration jusqu'à la notification, par courrier recommandé ou certifié, de l'acceptation de sa charge par le liquidateur de succession ou, à défaut de liquidateur de succession, de l'acceptation de la succession par les héritiers. Si cette dernière acceptation n'est pas faite dans les six mois de l'ouverture de la succession, celle-ci est recueillie par l'État.

Il prend, au besoin, les mesures nécessaires pour procéder à l'inhumation ou à l'incinération du cadavre de la personne décédée, aux frais de la succession et suivant les principes religieux propres à la personne décédée.

[1989, c. 54, a. 42; 1997, c. 80, a. 26].

42.1. Il appartient à celui qui se présente pour réclamer des biens ou récupérer des sommes auprès du curateur public d'établir sa qualité.

[1997, c. 80, a. 27].

SECTION IV — LES PATRIMOINES ADMINISTRÉS

43. Le curateur public doit maintenir une administration et une comptabilité distinctes à l'égard de chacun des patrimoines dont il est chargé de l'administration. Il n'est responsable des dettes relatives à un

---

rator, or in which another administrator is appointed with respect to the property administered.

[1989, c. 54, s. 40; 1992, c. 57, s. 561; 1994, c. 29, s. 2; 1997, c. 80, s. 23; 2005, c. 44, s. 39; 2011, c. 10, s. 79].

41. The Public Curator shall, on the termination of the Public Curator's administration, render an account of it and transfer the property to the persons entitled thereto.

[1989, c. 54, s. 41; 1997, c. 80, s. 24; 2005, c. 44, s. 37; 2011, c. 10, s. 80].

41.1. (*Repealed*).

[2011, c. 10, s. 81].

42. The Public Curator shall continue his administration after the death of the person he represents or whose property he administers until he is notified, by registered or certified mail, that the liquidator of the succession accepts his duties or, failing a liquidator of the succession, the heirs accept the succession. Failing notification of such acceptance within six months from the opening of the succession, the succession devolves on the State.

The Public Curator shall, where required, take any measures necessary for the interment or cremation of the body of the deceased person, at the expense of the succession and with respect for the religious principles of the deceased person.

[1989, c. 54, s. 42; 1997, c. 80, s. 26].

42.1. It is incumbent upon persons who come forward to claim property or recover a sum of money from the Public Curator to establish their quality.

[1997, c. 80, s. 27].

SECTION IV — ADMINISTERED PATRIMONY

43. The Public Curator shall maintain a separate administration and accounting in respect of each patrimony of which he has the administration. He shall be liable for the debts relating to any patrimony he ad-

patrimoine qu'il administre que jusqu'à concurrence de la valeur des biens de ce patrimoine.

[1989, c. 54, a. 43].

ministers only to the extent of the value of the property of the patrimony.

[1989, c. 54, s. 43].

44. Le curateur public peut, dans les conditions prévues par une politique de placement établie après consultation du comité de placement visé à l'article 46, constituer des portefeuilles collectifs avec les sommes disponibles provenant des biens qu'il administre.

Le curateur public assume la gestion des portefeuilles ainsi constitués, conformément aux règles du Code civil relatives aux placements présumés sûrs. Il peut néanmoins effectuer des placements au porteur, pourvu qu'il s'agisse de placements présumés sûrs visés à l'article 1339 du Code civil.

[1989, c. 54, a. 44; 1992, c. 57, a. 562; 1994, c. 29, a. 3; 1999, c. 30, a. 4].

44. The Public Curator may, under conditions set out in an investment policy established after consultation with the investment committee referred to in section 46, constitute joint portfolios with the available moneys that derive from the property administered by the Public Curator.

The Public Curator shall manage the portfolios so constituted in accordance with the rules of the Civil Code relating to investments presumed sound. The Public Curator may, nevertheless, make investments to bearer, provided they are investments presumed sound within the meaning of article 1339 of the Civil Code.

[1989, c. 54, s. 44; 1992, c. 57, s. 562; 1994, c. 29, s. 3; 1999, c. 30, s. 4].

44.1. Malgré l'article 44, le curateur public peut confier la gestion des portefeuilles collectifs à la Caisse de dépôt et placement du Québec ou à l'une de ses filiales dont elle détient la totalité des actions comportant le droit de vote.

En ce cas, la gestion des portefeuilles est entièrement régie par la politique de placement établie par le curateur public, laquelle peut déroger aux règles du Code civil relatives aux placements présumés sûrs.

[1999, c. 30, a. 4].

44.1. Notwithstanding section 44, the Public Curator may entrust the management of the joint portfolios to the Caisse de dépôt et placement du Québec or to a subsidiary all the voting shares of which are held by the Caisse de dépôt et placement du Québec.

In that case, the management of the portfolios shall be governed solely by the investment policy established by the Public Curator, which may depart from the rules of the Civil Code relating to investments presumed sound.

[1999, c. 30, s. 4].

45. Le curateur public doit, au moins deux fois par année, créditer le compte de chacune des personnes dont il administre les biens, des revenus des portefeuilles collectifs selon la valeur de leur participation à chacun de ces portefeuilles.

[1989, c. 54, a. 45; 1994, c. 29, a. 4; 1999, c. 30, a. 5].

45. At least twice a year, the Public Curator shall credit the account of each person whose property he administers with the revenues of the joint portfolios according to the value of the person's interest in each portfolio.

[1989, c. 54, s. 45; 1994, c. 29, s. 4; 1999, c. 30, s. 5].

46. Le ministre responsable de l'application de la présente loi constitue un comité chargé de conseiller le curateur public en

46. The minister responsible for the administration of this Act shall appoint a committee to advise the Public Curator on

matière de placement des biens dont il assume l'administration collective.

[1989, c. 54, a. 46; 1997, c. 80, a. 28; 2005, c. 24, a. 33].

investment of the property under his joint administration.

[1989, c. 54, s. 46; 1997, c. 80, s. 28; 2005, c. 24, s. 33].

47. Les membres du comité sont nommés pour un mandat d'au plus trois ans. Ils demeurent en fonction à l'expiration de leur mandat, jusqu'à ce qu'ils soient nommés de nouveau ou remplacés.

[1989, c. 54, a. 47].

47. The members of the committee are appointed for a term of not over three years. At the expiry of their term, they remain in office until they are reappointed or replaced.

[1989, c. 54, s. 47].

48. Les membres du comité ne sont pas rémunérés, sauf dans les cas, aux conditions et dans la mesure que peut déterminer le gouvernement. Ils ont cependant droit au remboursement des dépenses faites dans l'exercice de leurs fonctions, aux conditions et dans la mesure que détermine le gouvernement.

[1989, c. 54, a. 48].

48. The members of the committee receive no remuneration except in the cases, on the conditions and to the extent determined by the Government. However, they are entitled to reimbursement of expenses incurred in the discharge of their duties, on the conditions and to the extent determined by the Government.

[1989, c. 54, s. 48].

49. Le curateur public est tenu de faire rapport au comité, au moins quatre fois l'an, de l'état de ses placements.

[1989, c. 54, a. 49].

49. The Public Curator must make a report of his investment portfolio to the committee at least four times a year.

[1989, c. 54, s. 49].

Chapitre IV —— Les dossiers et les registres

Chapter IV —— Records and Registers

50. Le curateur public doit maintenir un dossier sur chacune des personnes qu'il représente ou dont il administre les biens.

[1989, c. 54, a. 50].

50. The Public Curator shall keep a record in respect of each person he represents or whose property he administers.

[1989, c. 54, s. 50].

51. Le dossier d'une personne que le curateur public représente ou dont il administre les biens est confidentiel.

[1989, c. 54, a. 51].

51. The record of a person represented by the Public Curator or whose property is administered by him shall be confidential.

[1989, c. 54, s. 51].

52. Nul ne peut prendre connaissance d'un dossier maintenu par le curateur public sur une personne qu'il représente ou dont il administre les biens, en recevoir communication écrite ou verbale ou autrement y avoir accès si ce n'est:

1° le personnel du curateur public dans l'exercice de leurs fonctions;

52. No person may acquaint himself with any record kept by the Public Curator in respect of a person represented by him or whose property he administers, or receive written or oral communication thereof or otherwise have access thereto except

(1) the personnel of the Public Curator in the performance of their duties;

2° la personne que le curateur public représente ou a représenté et celle dont il administre les biens ou leurs ayants cause ou héritiers;

3° le titulaire de l'autorité parentale de la personne que le curateur public représente, avec l'autorisation de ce dernier;

4° le conjoint, un proche parent, un allié, toute autre personne ayant démontré un intérêt particulier pour le majeur ou la personne qui a reçu une délégation du curateur public, avec l'autorisation de ce dernier;

5° le Protecteur du citoyen.

Néanmoins, le curateur public peut attester qu'une personne est mineure ou sous un régime de protection et indiquer le nom du tuteur ou curateur, à la demande d'une personne intéressée.

[1989, c. 54, a. 52].

(2) the person the Public Curator represents or has represented and the person whose property he administers or their successors or heirs;

(3) the person having parental authority in respect of the person represented by the Public Curator, with the authorization of the Public Curator;

(4) the spouse, close relative, relative by marriage or a civil union, any other person who has shown special interest in the person of full age or the person delegated by the Public Curator, with the authorization of the Public Curator;

(5) the Public Protector.

Notwithstanding the foregoing, at the request of any interested person, the Public Curator may certify that a person is a minor or under protected supervision, and indicate the name of the tutor or curator.

[1989, c. 54, s. 52; 1999, c. 40, s. 99; 2002, c. 6, s. 235].

53. Le curateur public peut refuser momentanément de donner communication à une personne qu'il représente d'un renseignement personnel de nature médicale ou sociale la concernant et contenu dans son dossier lorsque, de l'avis du médecin traitant, il en résulterait vraisemblablement un préjudice grave pour sa santé. Le curateur public, sur recommandation du médecin traitant, détermine le moment où ce renseignement pourra être communiqué et en avise la personne qui en a fait la demande.

[1989, c. 54, a. 53; 2006, c. 22, s. 177].

53. The Public Curator may refuse, for the moment, to release to a person he represents personal information of a medical or social nature concerning him or contained in his file where, in the opinion of the attending physician, serious damage to his health would likely result therefrom. The Public Curator, on the recommendation of the attending physician, shall determine when it will be possible to release the information and notify the person who applied therefor.

[1989, c. 54, s. 53; 2006, c. 22, s. 177].

54. Le curateur public doit maintenir un registre des tutelles au mineur, un registre des tutelles et curatelles au majeur et un registre des mandats homologués donnés par une personne en prévision de son inaptitude.

Les registres ne contiennent que les renseignements prévus par règlement. Ces renseignements ont un caractère public; ils sont conservés sur les registres jusqu'à la fin de l'administration du curateur public.

[1989, c. 54, a. 54; 1992, c. 57, a. 563; 1997, c. 80, a. 29; 2011, c. 10, a. 82].

54. The Public Curator shall keep a register of tutorships to minors, a register of tutorships and curatorships to persons of full age and a register of homologated mandates in anticipation of the inability of the mandator.

The registers shall contain only the information prescribed by regulation. Such information is public; it shall be kept in the register until the administration of the Public Curator ceases.

[1989, c. 54, s. 54; 1992, c. 57, s. 563; 1997, c. 80, s. 29; 2011, c. 10, s. 82].

Chapitre V —— Le financement

Chapter V —— Le financement

55. Le curateur public peut exiger, outre le remboursement de ses dépenses, des honoraires pour la représentation des personnes, l'administration des biens qui lui sont confiés, la surveillance des tutelles ou curatelles et les autres attributions qui lui sont conférées par la loi. Ces honoraires sont établis par règlement.

[1989, c. 54, a. 55; 1992, c. 57, a. 564; 1997, c. 80, a. 30; 2005, c. 24, a. 33; 2005, c. 44, a. 40; 2011, c. 10, a. 83].

55. In addition to the reimbursement of expenses incurred, the Public Curator may require fees for representing persons, for administering property entrusted to the Public Curator, for supervising tutorships or curatorships and for performing other duties assigned by law to the Public Curator. The fees are established by regulation.

[1989, c. 54, s. 55; 1992, c. 57, s. 564; 1997, c. 80, s. 30; 2005, c. 24, s. 33; 2005, c. 44, s. 40; 2011, c. 10, s. 83].

56. (*Abrogé*).

[1999, c. 30, a. 6].

56. (*Repealed*).

[1999, c. 30, s. 6].

57. Le curateur public peut exiger un intérêt au taux déterminé par règlement sur toute avance de fonds consentis au compte d'un patrimoine qu'il administre.

[1989, c. 54, a. 57; 1999, c. 30, a. 7].

57. The Public Curator may charge interest at the rate determined by regulation on any amount advanced to the account of a patrimony he administers.

[1989, c. 54, s. 57; 1999, c. 30, s. 7].

58. Les dépenses faites par le curateur public pour l'application de la présente loi sont imputées sur les crédits accordés annuellement à cette fin par le Parlement.

Les honoraires, intérêts et autres sommes perçus par le curateur public en vertu des articles 55 et 57 sont versés au fonds consolidé du revenu; ils constituent, à toutes fins, un crédit pour l'année financière au cours de laquelle ils sont ainsi versés, aux conditions et dans la mesure déterminées par le gouvernement.

[1989, c. 54, a. 58; 1997, c. 80, a. 31; 1999, c. 30, a. 8].

58. Expenditures made by the Public Curator for the purposes of this Act shall be charged to the appropriations voted each year for such purposes by Parliament.

The fees, interest and other sums collected by the Public Curator under sections 55 and 57 shall be paid into the Consolidated Revenue Fund and shall, for all purposes, constitute appropriations for the fiscal year in which they are so paid, on the conditions and to the extent determined by the Government.

[1989, c. 54, s. 58; 1997, c. 80, s. 31; 1999, c. 30, s. 8].

58.1.-59.1. (*Abrogés*).

[1999, c. 30, a. 9-11].

58.1.-59.1. (*Repealed*).

[1999, c. 30, s. 9-11].

60. (*Abrogé*).

[1997, c. 80, a. 33].

60. (*Repealed*).

[1997, c. 80, s. 33].

61. (*Abrogé*).

[1999, c. 30, a. 12].

61. (*Repealed*).

[1999, c. 30, s. 12].

62. (*Abrogé*).

[1997, c. 80, a. 35].

62. (*Repealed*).

[1997, c. 80, s. 35].

63.-65. (*Abrogés*).

[1999, c. 30, a. 13-15].

63.-65. (*Repealed*).

[1999, c. 30, s. 13-15].

Chapitre VI ━━ Les livres, comptes et rapports

Chapter VI ━━ Books, Accounts and Reports

66. Les livres et comptes relatifs aux biens administrés par le curateur public sont vérifiés par le vérificateur général chaque année et chaque fois que le décrète le gouvernement.

Le rapport du vérificateur général doit accompagner le rapport d'activités et les états financiers du curateur public.

[1989, c. 54, a. 66; 1999, c. 30, a. 16].

66. The books and accounts relating to the property administered by the Public Curator shall be audited each year by the Auditor General and whenever so ordered by the Government.

The report of the Auditor General must accompany the report of activities and the financial statements of the Public Curator.

[1989, c. 54, s. 66; 1999, c. 30, s. 16].

67. Le curateur public doit, au plus tard le 30 juin de chaque année, produire au ministre responsable de l'application de la présente loi ses états financiers ainsi qu'un rapport de ses activités pour l'exercice financier précédent.

Les états financiers et le rapport d'activités doivent contenir tous les renseignements exigés par le ministre.

[1989, c. 54, a. 67; 1997, c. 80, a. 37; 1999, c. 30, a. 17; 2005, c. 24, a. 33].

67. The Public Curator must, not later than 30 June each year, file with the minister responsible for the administration of this Act his financial statements and a report of activities for the preceding fiscal year.

The financial statements and report of activities must contain all the information required by the Minister.

[1989, c. 54, s. 67; 1997, c. 80, s. 37; 1999, c. 30, s. 17; 2005, c. 24, s. 33].

67.0.1. Le ministre responsable de l'application de la présente loi dépose le rapport d'activités et les états financiers du curateur public devant l'Assemblée nationale dans les 30 jours suivant leur réception ou, si elle ne siège pas, dans les 30 jours de la reprise de ses travaux.

[1999, c. 30, a. 17; 2005, c. 24, a. 33].

67.0.1. The minister responsible for the administration of this Act shall table the report of activities and the financial statements of the Public Curator in the National Assembly within 30 days of receiving them or, if the Assembly is not in session, within 30 days of resumption.

[1999, c. 30, s. 17; 2005, c. 24, s. 33].

67.1.-67.4. (*Abrogés*).

[1999, c. 30, a. 18].

67.1.-67.4. (*Repealed*).

[1999, c. 30, s. 18].

Chapitre VII ━━ Réglementation

Chapter VII ━━ Regulations

68. Outre les pouvoirs de réglementation qui lui sont par ailleurs conférés par la présente loi, le gouvernement peut par règlement:

1° (*supprimé*);

68. In addition to the regulatory powers otherwise conferred on it by this Act, the Government may, by regulation,

(1) (*repealed*);

2° déterminer les renseignements que le directeur général ou le directeur des services professionnels d'un établissement visé dans l'article 14 doit fournir au curateur public en vertu de cet article;

3° établir la forme et le contenu des rapports transmis par les tuteurs et curateurs;

4°-4.1° (*supprimés*);

5° déterminer la forme et le contenu de la reddition de compte que doit faire le curateur public en vertu de l'article 41;

6° déterminer les renseignements qui doivent être inscrits aux registres;

7° établir le tarif des honoraires que le curateur public peut exiger pour la représentation des personnes, l'administration des biens qui lui sont confiés et pour la surveillance des tutelles, curatelles et pour l'exercice des autres fonctions qui lui sont confiées par la loi;

8° (*supprimé*);

9° déterminer les taux d'intérêts exigibles pour les avances de fonds imputés par le curateur public;

10°-11° (*supprimés*);

12° déterminer le lieu où le curateur public exerce principalement ses attributions.

[1989, c. 54, a. 68; 1991, c. 72, a. 7; 1992, c. 21, a. 146; 1992, c. 57, a. 566; 1994, c. 18, a. 35; 1994, c. 29, a. 9; 1997, c. 80, a. 39; 1999, c. 30, a. 19; 2005, c. 44, a. 37; 2011, c. 10, a. 84].

Chapitre VIII —— Dispositions pénales

69. (*Abrogé*).

[2011, c. 10, a. 85].

69.1. Toute personne qui entrave l'action du curateur public ou d'une personne qu'il autorise dans l'exercice d'un pouvoir visé à l'article 28 commet une infraction et est passible d'une amende de 1 000 $ à 2 000 $ pour la première infraction et

(2) determine the information to be provided to the Public Curator, pursuant to section 14, by the executive director or the director of professional services of an institution contemplated in that section;

(3) determine the form and content of the reports transmitted by tutors and curators;

(4)-(4.1) (*repealed*);

(5) determine the form and content of the account that must be rendered by the Public Curator pursuant to section 41;

(6) determine the information to be entered in the registers;

(7) fix the tariff of fees which the Public Curator may charge for the representation of persons, for the administration of the property entrusted to him or for his supervision of tutorships, curatorships or for the performance of the other functions assigned to him by law;

(8) (*repealed*);

9) determine the rates of interest to be charged for amounts of money advanced by the Public Curator;

(10)-(11) (*repealed*);

(12) determine the main place where the Public Curator shall perform his duties.

[1989, c. 54, s. 68; 1991, c. 72, s. 7; 1992, c. 21, s. 146; 1992, c. 57, s. 566; 1994, c. 18, s. 35; 1994, c. 29, s. 9; 1997, c. 80, s. 39; 1999, c. 30, s. 19; 2005, c. 44, s. 37; 2011, c. 10, s. 84].

Chapter VIII —— Penal Provisions

69. (*Repealed*).

[1989, c. 54, s. 69; 1997, c. 80, s. 40; 2011, c. 10, s. 85].

69.1. Any person who hinders the actions of the Public Curator or of a person authorized by the Public Curator in the exercise of a power conferred by section 28 is guilty of an offence and is liable to a fine of $ 1 000 to $ 2 000 for a first offence

d'une amende de 2 000 $ à 5 000 $ pour toute récidive.

[1997, c. 80, a. 41; 2005, c. 44, a. 41; 2011, c. 10, a. 86].

and of $ 2 000 to $ 5 000 for any subsequent offence.

[1997, c. 80, s. 41; 2005, c. 44, s. 41; 2011, c. 10, s. 86].

70. Le tuteur ou curateur qui contrevient au deuxième alinéa de l'article 20 ou qui néglige ou refuse de faire vérifier ses livres et comptes lorsque requis conformément à l'article 21 commet une infraction et est passible d'une amende maximale de 1 000 $ et, en cas de récidive, d'une amende maximale de 2 500 $.

[1989, c. 54, a. 70].

70. Any tutor or curator who contravenes the second paragraph of section 20 or who neglects or refuses to have his books and accounts audited where required in accordance with section 21 is guilty of an offence and liable to a fine of not over $ 1 000 and, for a second or subsequent conviction, to a fine of not over $ 2 500.

[1989, c. 54, s. 70].

71. (*Abrogé*).

[1992, c. 61, a. 252].

71. (*Repealed*).

[1992, c. 61, s. 252].

Chapitre IX ── Dispositions diverses

Chapter IX ── Miscellaneous Provisions

72. Le curateur public peut ester en justice.

Il peut, pour les fins du Livre VIII du *Code de procédure civile* (chapitre C-25) et de la *Loi sur la Régie du logement* (chapitre R-8.1), tant en demande qu'en défense, se présenter lui-même devant le tribunal ou s'y faire représenter par un membre de son personnel ou par toute autre personne qu'il autorise par écrit. Il ne peut cependant, s'il s'agit du recouvrement de petites créances, se faire représenter par un avocat ou un agent de recouvrement, sauf dans les cas où le *Code de procédure civile* le permet.

[1989, c. 54, a. 72].

72. The Public Curator may appear before the courts.

He may, for the purposes of Book VIII of the *Code of Civil Procedure* (chapter C-25) and of the *Act respecting the Régie du logement* (chapter R-8.1), whether as plaintiff or defendant, appear before the court himself or be represented before it by a member of his staff or by any other person he authorizes in writing. In the case of the recovery of small claims, he shall not be represented by a lawyer or a claims agent, except where permitted by the *Code of Civil Procedure*.

[1989, c. 54, s. 72].

73. Toute signification de procédure judiciaire au curateur public doit se faire au lieu où il exerce principalement ses attributions.

Le greffier du tribunal transmet, sans délai et sans frais, une copie au curateur public de tout jugement relatif aux intérêts patrimoniaux d'un mineur ou majeur en tutelle ou en curatelle, ainsi que de toute transaction effectuée dans le cadre d'une action à laquelle le tuteur ou le curateur est partie en cette qualité.

[1989, c. 54, a. 73].

73. Every service of court proceedings on the Public Curator shall be made at the main place in which he performs his duties.

The clerk of the court shall transmit to the Public Curator, without delay and free of charge, a copy of any judgment relating to the patrimonial interests of a minor or person of full age under tutorship or curatorship, and of any transaction made within the scope of proceedings to which the tutor or curator is a party in such quality.

[1989, c. 54, s. 73].

74. Le juge suspend, à la demande du curateur public, pour une durée n'excédant pas 30 jours, toute procédure judiciaire dirigée contre lui ou contre une personne qu'il représente ou dont il administre les biens, afin de lui permettre de recueillir les éléments utiles à sa défense.

[1989, c. 54, a. 74; 2005, c. 44, a. 42; 2011, c. 10, a. 87].

74. On an application by the Public Curator, a judge suspends for a period not exceeding 30 days any judicial proceeding brought against the Public Curator or any person represented by or whose property is administered by the Public Curator, to allow the Public Curator to prepare the defence.

[1989, c. 54, s. 74; 2005, c. 44, s. 42; 2011, c. 10, s. 87].

75. Tout document signé par le curateur public fait preuve de son contenu, sans qu'il soit nécessaire de prouver sa signature et son autorité.

Lorsque des déclarations écrites doivent être attestées sous serment par le curateur public, elles peuvent l'être sous son serment d'office.

[1989, c. 54, a. 75].

75. Every document signed by the Public Curator shall be *prima facie* evidence of its contents, without it being necessary to prove his signature and authority.

When written declarations are to be sworn to by the Public Curator, they may be sworn to under his oath of office.

[1989, c. 54, s. 75].

75.1. Le curateur public peut conclure avec toute personne, société ou association ainsi qu'avec le gouvernement, ses ministères ou organismes toute entente en vue de l'application de la présente loi.

[1994, c. 29, a. 10; 1997, c. 80, a. 42; 2011, c. 10, a. 88].

75.1. The Public Curator may enter into an agreement for the administration of this Act with any person, partnership or association or with the Government, a government department or a government body.

[1994, c. 29, s. 10; 1997, c. 80, s. 42; 2011, c. 10, s. 88].

76. Le curateur public peut, conformément à la loi, conclure des ententes avec un gouvernement autre que celui du Québec, ou avec un ministère ou un organisme de ce gouvernement, en vue de l'application de la présente loi ou d'une loi similaire dont l'application relève de ce gouvernement, ministère ou organisme.

[1989, c. 54, a. 76; 1997, c. 80, a. 43; 2005, c. 44, a. 43; 2011, c. 10, a. 89].

76. The Public Curator may, according to law, enter into an agreement with a government other than the Gouvernement du Québec or with a department or body of that government, for the administration of this Act or a similar Act under the administration of that government, department or body.

[1989, c. 54, s. 76; 1997, c. 80, s. 43; 2005, c. 44, s. 43; 2011, c. 10, s. 89].

76.1.-76.4. (*Abrogés*).

[2011, c. 10, a. 90].

76.1.-76.4. (*Repealed*).

[2011, c. 10, s. 90].

77. Le ministre de la Famille est chargé de l'application de la présente loi.

[1989, c. 54, a. 77; 1996, c. 21, a. 45; 2005, c. 24, a. 34; 2005, c. 44, a. 45; 2011, c. 10, a. 91].

77. The Minister of Families is responsible for the administration of this Act.

[1989, c. 54, s. 77; 1996, c. 21, s. 45; 2005, c. 24, s. 34; 2005, c. 44, s. 45; 2011, c. 10, s. 91].

78.-129. (*Omis*).

[1989, c. 54, a. 78-129].

78.-129. (*Omitted*).

[1989, c. 54, s. 78-129].

—— MODIFICATIONS AU CODE DE
PROCÉDURE CIVILE

130.-147. (*Omis*).

[1989, c. 54, a. 130-147].

—— MODIFICATIONS DE CONCORDANCE

148.-197. (*Omis*).

[1989, c. 54, a. 148-197].

—— DISPOSITIONS DIVERSES ET
TRANSITOIRES

198. (*Omis*).

[1989, c. 54, a. 198].

199. Dans une autre loi, un règlement, arrêté, décret, contrat, entente ou autre document, tout renvoi à la *Loi sur la curatelle publique* (chapitre C-80) ou à l'une de ses dispositions est censé être un renvoi à la *Loi sur le curateur public* ou à la disposition équivalente de cette loi.

[1989, c. 54, a. 199].

200. Jusqu'au 1er janvier 1994, les articles 1338 à 1411 du *Code civil du Québec* (1987, chapitre 18) relatifs à l'administration du bien d'autrui, sont réputés en vigueur pour l'application de la *Loi sur le curateur public* et des dispositions relatives aux régimes de protection des majeurs introduits au *Code civil du Bas Canada* par la présente loi.

[1989, c. 54, a. 200; 1992, c. 57, a. 567].

201. Les personnes majeures interdites le 15 avril 1990 sont, à compter de cette date, sous le régime de protection applicable au majeur en tutelle. Cette tutelle s'exerce sur la personne et les biens si elles ont été interdites pour imbécillité, démence ou fureur; elle ne s'exerce que sur les biens dans les autres cas.

Les personnes qui, le 15 avril 1990, sont pourvues d'un conseil judiciaire, sont, à compter de cette date, sous le régime de

—— AMENDMENTS TO THE CODE OF
CIVIL PROCEDURE

130.-147. (*Omitted*).

[1989, c. 54, s. 130-147].

—— CONCORDANCE AMENDMENTS

148.-197. (*Omitted*).

[1989, c. 54, s. 148-197].

—— MISCELLANEOUS AND
TRANSITIONAL PROVISIONS

198. (*Omitted*).

[1989, c. 54, s. 198].

199. In any Act, regulation, by-law, order, contract, agreement or other document, any reference to the *Public Curatorship Act* (chapter C-80) or to any provision thereof is considered to be a reference to the *Public Curator Act* (chapter C-81) or the equivalent provision of that Act.

[1989, c. 54, s. 199].

200. Until 1 January 1994, articles 1338 to 1411 of the *Civil Code of Québec* (1987, chapter 18), which deal with the administration of the property of others, are deemed in force for the application of the *Public Curator Act* (chapter C-81) and of the provisions relating to protective supervision of persons of full age introduced into the *Civil Code of Lower Canada* by this Act.

[1989, c. 54, s. 200; 1992, c. 57, s. 567].

201. Persons of full age interdicted on 15 April 1990 shall be, from that date, under protective supervision, as it applies to persons of full age under tutorship. Such tutorship extends to the person and his property where the person has been interdicted for imbecility, insanity or madness; in other cases, the tutorship extends only to the person's property.

Persons who, on 15 April 1990, are provided with a judicial adviser shall be, from that date, subject to protective supervision

protection du majeur pourvu d'un conseiller.

[1989, c. 54, a. 201].

of persons of full age provided with an adviser.

[1989, c. 54, s. 201].

202. Les personnes visées par un certificat d'incapacité émis en vertu de l'article 10 de la *Loi sur la protection du malade mental* (chapitre P-41) ou en vertu de l'article 6 de la *Loi sur la curatelle publique* (chapitre C-80) et qui, le 15 avril 1990, ne sont pas autrement sous un régime de protection sont, à compter de cette date, sous le régime de protection applicable au majeur en tutelle à la personne et aux biens.

[1989, c. 54, a. 202].

202. Persons contemplated by a certificate of incapacity issued under section 10 of the *Mental Patients Protection Act* (chapter P-41) or section 6 of the *Public Curatorship Act* (chapter C-80) and who, on 15 April 1990, are not otherwise under protective supervision shall be, from that date, under protective supervision, as it applies to persons of full age under tutorship to the person and to property.

[1989, c. 54, s. 202].

203. Les régimes de protection établis en vertu des articles 201 et 202 peuvent être révisés conformément aux articles 332.10 et 332.11 du *Code civil du Bas Canada*.

Le délai prévu pour l'examen périodique est de trois ans pour le premier examen, et ce délai court à compter du 15 avril 1990.

[1989, c. 54, a. 203].

203. Protective supervision established under sections 201 and 202 may be reviewed in accordance with articles 332.10 and 332.11 of the *Civil Code of Lower Canada*.

The term prescribed for the periodic examination is three years for the first examination, and starts running from 15 April 1990.

[1989, c. 54, s. 203].

204. Les sommes provenant de la liquidation de biens qui avaient été confiés à l'administration provisoire du curateur public avant le 18 décembre 1997 sont, lorsque leur liquidation est terminée à cette date, remises au ministre des Finances à la date ou aux dates déterminées par le gouvernement.

Les sommes provenant d'une liquidation postérieure de ces biens sont remises au ministre des Finances au fur et à mesure de leur liquidation.

[1989, c. 54, a. 204; 1997, c. 80, a. 44].

204. The sums of money deriving from the liquidation of property entrusted to the Public Curator for provisional administration before 18 December 1997 shall, if the liquidation of the property is terminated as of that date, be transferred to the Minister of Finance on the date or dates determined by the Government.

The sums of money deriving from any later liquidation of such property shall be transferred to the Minister of Finance upon its liquidation.

[1989, c. 54, s. 204; 1997, c. 80, s. 44].

205.-206. (*Abrogés*).

[1997, c. 80, a. 45].

205.-206. (*Repealed*).

[1997, c. 80, s. 45].

207. (*Omis*).

[1989, c. 54, a. 207].

207. (*Omitted*).

[1989, c. 54, s. 207].

LOI CONCERNANT LE DIVORCE ET LES MESURES ACCESSOIRES,

L.R.C. (1985), c. 3 (2ᵉ suppl.) [L.R.C. (1985), c. D-3.4]

AN ACT RESPECTING DIVORCE AND COROLLARY RELIEF,

R.S.C. (1985), c. 3 (2nd suppl.) [R.S.C. (1985), c. D-3.4]

TITRE ABRÉGÉ

1. *Loi sur le divorce.*

[L.R.C. (1985), c. 3 (2ᵉ suppl.), a. 1].

DÉFINITIONS

2. (1) Les définitions qui suivent s'appliquent à la présente loi.

« accès » Comporte le droit de visite.

« action en divorce » Action exercée devant un tribunal par l'un des époux ou conjointement par eux en vue d'obtenir un divorce assorti ou non d'une ordonnance alimentaire au profit d'un enfant, d'une ordonnance alimentaire au profit d'un époux ou d'une ordonnance de garde.

« action en mesures accessoires » Action exercée devant un tribunal par l'un des ex-époux ou conjointement par eux en vue d'obtenir une ordonnance alimentaire au profit d'un enfant, une ordonnance alimentaire au profit d'un époux ou une ordonnance de garde.

« action en modification » Action exercée devant un tribunal par l'un des ex-

SHORT TITLE

1. This Act may be cited as the *Divorce Act.*

[R.S.C. (1985), c. 3 (2nd suppl.), s. 1].

INTERPRETATION

2. (1) In this Act,

"age of majority", in respect of a child, means the age of majority as determined by the laws of the province where the child ordinarily resides, or, if the child ordinarily resides outside of Canada, eighteen years of age;

"appellate court", in respect of an appeal from a court, means the court exercising appellate jurisdiction with respect to that appeal;

"applicable guidelines" means

(a) where both spouses or former spouses are ordinarily resident in the same province at the time an application for a child support order or a variation order in respect of a child support order is made, or the amount of a child support order is to be re-

1669

époux ou conjointement par eux en vue d'obtenir une ordonnance modificative.

« **cour d'appel** » Tribunal compétent pour connaître des appels formés contre les décisions d'un autre tribunal.

« **enfant à charge** » Enfant des deux époux ou ex-époux qui, à l'époque considérée, se trouve dans une des situations suivantes:

> a) il n'est pas majeur et est à leur charge;

> b) il est majeur et est à leur charge, sans pouvoir, pour cause notamment de maladie ou d'invalidité, cesser d'être à leur charge ou subvenir à ses propres besoins.

« **époux** » L'une des deux personnes unies par les liens du mariage.

« **garde** » Sont assimilés à la garde le soin, l'éducation et tout autre élément qui s'y rattache.

« **lignes directrices applicables** » S'entend:

> a) dans le cas où les époux ou les ex-époux résident habituellement, à la date à laquelle la demande d'ordonnance alimentaire au profit d'un enfant ou la demande modificative de celle-ci est présentée ou à la date à laquelle le nouveau montant de l'ordonnance alimentaire au profit d'un enfant doit être fixée sous le régime de l'article 25.1, dans la même province — qui est désignée par un décret pris en vertu du paragraphe (5) —, des textes législatifs de celle-ci précisés dans le décret;[*]

> b) dans les autres cas, des lignes directrices fédérales sur les pensions alimentaires pour enfants.

« **lignes directrices fédérales sur les pen-**

calculated pursuant to section 25.1, and that province has been designated by an order made under subsection (5), the laws of the province specified in the order, and[*]

(b) in any other case, the Federal Child Support Guidelines;

"**child of the marriage**" means a child of two spouses or former spouses who, at the material time,

> (a) is under the age of majority and who has not withdrawn from their charge, or

> (b) is the age of majority or over and under their charge but unable, by reason of illness, disability or other cause, to withdraw from their charge or to obtain the necessaries of life;

"**child support order**" means an order made under subsection 15.1(1);

"**corollary relief proceeding**" means a proceeding in a court in which either or both former spouses seek a child support order, a spousal support order or a custody order;

"**court**", in respect of a province, means

> (a) for the Province of Ontario, the Superior Court of Justice,

> (a.1) for the Province of Prince Edward Island or Newfoundland, the trial division of the Supreme Court of the Province,

> (b) for the Province of Québec, the Superior Court,

> (c) for the Provinces of Nova Scotia and British Columbia, the Supreme Court of the Province,

> (d) for the Province of New Brunswick, Manitoba, Saskatchewan or

---

[*]Pour le Québec, voir DORS/97-237.

[*]For Québec, see DORS/97-237.

sions alimentaires pour enfants » Les lignes directrices établies en vertu de l'article 26.1.

« **majeur** » Est majeur l'enfant qui a atteint l'âge de la majorité selon le droit de la province où il réside habituellement ou, s'il réside habituellement à l'étranger, dix-huit ans.

« **ordonnance alimentaire** » Ordonnance alimentaire au profit d'un enfant ou ordonnance alimentaire au profit d'un époux.

« **ordonnance alimentaire au profit d'un enfant** » Ordonnance rendue en vertu du paragraphe 15.1(1).

« **ordonnance alimentaire au profit d'un époux** » Ordonnance rendue en vertu du paragraphe 15.2(1).

« **ordonnance de garde** » Ordonnance rendue en vertu du paragraphe 16(1).

« **ordonnance modificative** » Ordonnance rendue en vertu du paragraphe 17(1).

« **service provincial des aliments pour enfants** » Administration, organisme ou service désignés dans un accord conclu avec une province en vertu de l'article 25.1.

« **tribunal** » Dans le cas d'une province, l'un des tribunaux suivants:

a) la Cour supérieure de justice de l'Ontario;

a.1) la section de première instance de la Cour suprême de l'Île-du-Prince-Édouard ou de Terre-Neuve;

b) la Cour supérieure du Québec;

c) la Cour suprême de la Nouvelle-Écosse et de la Colombie-Britannique;

d) la Cour du Banc de la Reine du Nouveau-Brunswick, du Manitoba, de la Saskatchewan ou de l'Alberta;

e) la Cour suprême du Yukon, la Cour suprême des Territoires du

Alberta, the Court of Queen's Bench for the Province, and

(e) for Yukon or the Northwest Territories, the Supreme Court, and in Nunavut, the Nunavut Court of Justice,

and includes such other court in the province the judges of which are appointed by the Governor General as is designated by the Lieutenant Governor in Council of the province as a court for the purposes of this Act;

"custody" includes care, upbringing and any other incident of custody;

"custody order" means an order made under subsection 16(1);

"divorce proceeding" means a proceeding in a court in which either or both spouses seek a divorce alone or together with a child support order, a spousal support order or a custody order;

"Federal Child Support Guidelines" means the guidelines made under section 26.1;

"provincial child support service" means any service, agency or body designated in an agreement with a province under subsection 25.1(1);

"spousal support order" means an order made under subsection 15.2(1);

"spouse" means either of two persons who are married to each other;

"support order" means a child support order or a spousal support order;

"variation order" means an order made under subsection 17(1);

"variation proceeding" means a proceeding in a court in which either or both former spouses seek a variation order.

Nord-Ouest ou la Cour de justice du Nunavut.

Est compris dans cette définition tout autre tribunal d'une province dont les juges sont nommés par le gouverneur général et qui est désigné par le lieutenant-gouverneur en conseil de cette province comme tribunal pour l'application de la présente loi.

(2) Est considéré comme enfant à charge au sens du paragraphe (1) l'enfant des deux époux ou ex-époux:

a) pour lequel ils tiennent lieu de parents;

b) dont l'un est le père ou la mère et pour lequel l'autre en tient lieu.

(3) L'emploi de « demande » pour désigner une action engagée devant un tribunal n'a pas pour effet de limiter l'action à cette désignation, ni à la forme et aux modalités que celle-ci implique, l'action pouvant recevoir la désignation, la forme et les modalités prévues par les règles de pratique et de procédure applicables à ce tribunal.

(4) L'emploi de « acte de procédure » et « affidavit », à l'article 21.1, n'a pas pour effet de limiter la désignation ni la forme de ces documents lorsqu'ils sont déposés auprès du tribunal, ceux-ci pouvant recevoir la désignation et la forme prévues par les règles de pratique et de procédure applicables à ce tribunal.

(5) Le gouverneur en conseil peut, par décret, désigner une province pour l'application de la définition de « lignes directrices applicables » au paragraphe (1) si la province a établi, relativement aux aliments pour enfants, des lignes directrices complètes qui traitent des questions visées à l'article 26.1. Le décret mentionne les textes législatifs qui constituent les lignes directrices de la province.*

(2) For the purposes of the definition "child of the marriage" in subsection (1), a child of two spouses or former spouses includes

(a) any child for whom they both stand in the place of parents; and

(b) any child of whom one is the parent and for whom the other stands in the place of a parent.

(3) The use of the term "application" to describe a proceeding under this Act in a court shall not be construed as limiting the name under which and the form and manner in which that proceeding may be taken in that court, and the name, manner and form of the proceeding in that court shall be such as is provided for by the rules regulating the practice and procedure in that court.

(4) The use in section 21.1 of the terms "affidavit" and "pleadings" to describe documents shall not be construed as limiting the name that may be used to refer to those documents in a court and the form of those documents, and the name and form of the documents shall be such as is provided for by the rules regulating the practice and procedure in that court.

(5) The Governor in Council may, by order, designate a province for the purposes of the definition "applicable guidelines" in subsection (1) if the laws of the province establish comprehensive guidelines for the determination of child support that deal with the matters referred to in section 26.1. The order shall specify the laws of the province that constitute the guidelines of the province.*

---

*Pour le Québec, voir DORS/97-237.

*For Québec, see DORS/97-237.

(6) Les lignes directrices de la province comprennent leurs modifications éventuelles.

[L.R.C. (1985), c. 3 (2ᵉ suppl.), a. 2; L.R.C. (1985), c. 27 (2ᵉ suppl.), a. 10; 1990, c. 18, a. 1; 1992, c. 51, a. 46; 1997, c. 1, a. 1; 1998, c. 30, a. 13; 1999, c. 3, a. 61; 2005, c. 33, a. 8].

COMPÉTENCE

3. (1) Dans le cas d'une action en divorce, a compétence pour instruire l'affaire et en décider le tribunal de la province où l'un des époux a résidé habituellement pendant au moins l'année précédant l'introduction de l'instance.

(2) Lorsque des actions en divorce entre les mêmes époux sont en cours devant deux tribunaux qui auraient par ailleurs compétence en vertu du paragraphe (1), que les instances ont été introduites à des dates différentes et que l'action engagée la première n'est pas abandonnée dans les trente jours suivant la date d'introduction de l'instance, le tribunal saisi en premier a compétence exclusive pour instruire l'affaire et en décider, la seconde action étant considérée comme abandonnée.

(3) Lorsque des actions en divorce entre les mêmes époux sont en cours devant deux tribunaux qui auraient par ailleurs compétence en vertu du paragraphe (1), que les instances ont été introduites à la même date et qu'aucune des actions n'est abandonnée dans les trente jours suivant la date d'introduction de l'instance, la Cour fédérale a compétence exclusive pour instruire ces affaires et en décider, les actions étant renvoyées à cette section sur son ordre.

[L.R.C. (1985), c. 3 (2ᵉ suppl.), a. 3; 2002, c. 8, a. 183].

4. (1) Dans le cas d'une action en mesures accessoires, a compétence pour instruire l'affaire et en décider:

(6) The guidelines of a province referred to in subsection (5) include any amendments made to them from time to time.

[R.S.C. (1985), c. 3 (2nd suppl.), s. 2; R.S.C. (1985), c. 27 (2nd suppl.), s. 10; 1990, c. 18, s. 1; 1992, c. 51, s. 46; 1997, c. 1, s. 1; 1998, c. 30, s. 15; 1999, c. 3, s. 61; 2002, c. 7, s. 158; 2005, c. 33, s. 8].

JURISDICTION

3. (1) A court in a province has jurisdiction to hear and determine a divorce proceeding if either spouse has been ordinarily resident in the province for at least one year immediately preceding the commencement of the proceeding.

(2) Where divorce proceedings between the same spouses are pending in two courts that would otherwise have jurisdiction under subsection (1) and were commenced on different days and the proceeding that was commenced first is not discontinued within thirty days after it was commenced, the court in which a divorce proceeding was commenced first has exclusive jurisdiction to hear and determine any divorce proceeding then pending between the spouses and the second divorce proceeding shall be deemed to be discontinued.

(3) Where divorce proceedings between the same spouses are pending in two courts that would otherwise have jurisdiction under subsection (1) and were commenced on the same day and neither proceeding is discontinued within thirty days after it was commenced, the Federal Court has exclusive jurisdiction to hear and determine any divorce proceeding then pending between the spouses and the divorce proceedings in those courts shall be transferred to the Federal Court — Trial Division on the direction of that Court.

[R.S.C. (1985), c. 3 (2nd suppl.), s. 3; 2002, c. 8, s. 183].

4. (1) A court in a province has jurisdiction to hear and determine a corollary relief proceeding if

a) soit le tribunal de la province où l'un des ex-époux réside habituellement à la date de l'introduction de l'instance;

b) soit celui dont la compétence est reconnue par les deux ex-époux.

(2) Lorsque des actions en mesures accessoires entre les mêmes ex-époux concernant le même point sont en cours devant deux tribunaux qui auraient par ailleurs compétence en vertu du paragraphe (1), que les instances ont été introduites à des dates différentes et que l'action engagée la première n'est pas abandonnée dans les trente jours suivant la date d'introduction de l'instance, le tribunal saisi en premier a compétence exclusive pour instruire l'affaire et en décider, la seconde action étant considérée comme abandonnée.

(3) Lorsque des actions en mesures accessoires entre les mêmes ex-époux concernant le même point sont en cours devant deux tribunaux qui auraient par ailleurs compétence en vertu du paragraphe (1), que les instances ont été introduites à la même date et qu'aucune des actions n'est abandonnée dans les trente jours suivant la date d'introduction de l'instance, la Cour fédérale a compétence exclusive pour instruire ces affaires et en décider, les actions étant renvoyées à cette section sur son ordre.

[L.R.C. (1985), c. 3 (2ᵉ suppl.), a. 4; 1993, c. 8, a. 1; 2002, c. 8, a. 183].

5. (1) Dans le cas d'une action en modification, a compétence pour instruire l'affaire et en décider:

a) soit le tribunal de la province où l'un des ex-époux réside habituellement à la date d'introduction de l'instance;

b) soit celui dont la compétence est reconnue par les deux ex-époux.

(2) Lorsque des actions en modification entre les mêmes ex-époux concernant le même point sont en cours devant deux tri-

(a) either former spouse is ordinarily resident in the province at the commencement of the proceeding; or

(b) both former spouses accept the jurisdiction of the court.

(2) Where corollary relief proceedings between the same former spouses and in respect of the same matter are pending in two courts that would otherwise have jurisdiction under subsection (1) and were commenced on different days and the proceeding that was commenced first is not discontinued within thirty days after it was commenced, the court in which a corollary relief proceeding was commenced first has exclusive jurisdiction to hear and determine any corollary relief proceeding then pending between the former spouses in respect of that matter and the second corollary relief proceeding shall be deemed to be discontinued.

(3) Where proceedings between the same former spouses and in respect of the same matter are pending in two courts that would otherwise have jurisdiction under subsection (1) and were commenced on the same day and neither proceeding is discontinued within thirty days after it was commenced, the Federal Court has exclusive jurisdiction to hear and determine any corollary relief proceeding then pending between the former spouses in respect of that matter and the corollary relief proceedings in those courts shall be transferred to the Federal Court on the direction of that Court.

[R.S.C. (1985), c. 3 (2nd suppl.), s. 4; 1993, c. 8, s. 1; 2002, c. 8, s. 183].

5. (1) A court in a province has jurisdiction to hear and determine a variation proceeding if

(a) either former spouse is ordinarily resident in the province at the commencement of the proceeding; or

(b) both former spouses accept the jurisdiction of the court.

(2) Where variation proceedings between the same former spouses and in respect of the same matter are pending in two courts

bunaux qui auraient par ailleurs compétence en vertu du paragraphe (1), que les instances ont été introduites à des dates différentes et que l'action engagée la première n'est pas abandonnée dans les trente jours suivant la date d'introduction de l'instance, le tribunal saisi en premier a compétence exclusive pour instruire l'affaire et en décider, la seconde action étant considérée comme abandonnée.

(3) Lorsque des actions en modification entre les mêmes ex-époux concernant le même point sont en cours devant deux tribunaux qui auraient par ailleurs compétence en vertu du paragraphe (1), que les instances ont été introduites à la même date et qu'aucune des actions n'est abandonnée dans les trente jours suivant la date d'introduction de l'instance, la Cour fédérale a compétence exclusive pour instruire ces affaires et en décider, les actions étant renvoyées à cette section sur son ordre.

[L.R.C. (1985), c. 3 (2ᵉ suppl.), a. 5; 2002, c. 8, a. 183].

6. (1) Le tribunal d'une province saisi de la demande d'ordonnance visée à l'article 16 dans le cadre d'une action en divorce peut, sur demande d'un époux ou d'office, renvoyer l'affaire au tribunal d'une autre province dans le cas où la demande est contestée et où l'enfant à charge concerné par l'ordonnance a ses principales attaches dans cette province.

(2) Le tribunal d'une province saisi de la demande d'ordonnance visée à l'article 16 dans le cadre d'une action en mesures accessoires peut, sur demande d'un ex-époux ou d'office, renvoyer l'affaire au tribunal d'une autre province dans le cas où la demande est contestée et où l'enfant à charge concerné par l'ordonnance a ses principales attaches dans cette province.

(3) Le tribunal d'une province saisi d'une demande d'ordonnance modificative concernant une ordonnance de garde peut, sur

that would otherwise have jurisdiction under subsection (1) and were commenced on different days and the proceeding that was commenced first is not discontinued within thirty days after it was commenced, the court in which a variation proceeding was commenced first has exclusive jurisdiction to hear and determine any variation proceeding then pending between the former spouses in respect of that matter and the second variation proceeding shall be deemed to be discontinued.

(3) Where variation proceedings between the same former spouses and in respect of the same matter are pending in two courts that would otherwise have jurisdiction under subsection (1) and were commenced on the same day and neither proceeding is discontinued within thirty days after it was commenced, the Federal Court has exclusive jurisdiction to hear and determine any variation proceeding then pending between the former spouses in respect of that matter and the variation proceedings in those courts shall be transferred to the Federal Court on the direction of that Court.

[R.S.C. (1985), c. 3 (2nd suppl.), s. 5; 2002, c. 8, s. 183].

6. (1) Where an application for an order under section 16 is made in a divorce proceeding to a court in a province and is opposed and the child of the marriage in respect of whom the order is sought is most substantially connected with another province, the court may, on application by a spouse or on its own motion, transfer the divorce proceeding to a court in that other province.

(2) Where an application for an order under section 16 is made in a corollary relief proceeding to a court in a province and is opposed and the child of the marriage in respect of whom the order is sought is most substantially connected with another province, the court may, on application by a former spouse or on its own motion, transfer the corollary relief proceeding to a court in that other province.

(3) Where an application for a variation order in respect of a custody order is made in a variation proceeding to a court in a

demande d'un ex-époux ou d'office, renvoyer l'affaire au tribunal d'une autre province dans le cas où la demande est contestée et où l'enfant à charge concerné par l'ordonnance modificative a ses principales attaches dans cette province.

province and is opposed and the child of the marriage in respect of whom the variation order is sought is most substantially connected with another province, the court may, on application by a former spouse or on its own motion, transfer the variation proceeding to a court in that other province.

(4) Par dérogation aux articles 3 à 5, le tribunal à qui une action est renvoyée en application du présent article a compétence exclusive pour instruire l'affaire et en décider.

[L.R.C. (1985), c. 3 (2ᵉ suppl.), a. 6].

(4) Notwithstanding sections 3 to 5, a court in a province to which a proceeding is transferred under this section has exclusive jurisdiction to hear and determine the proceeding.

[R.S.C. (1985), c. 3 (2nd suppl.), s. 6].

7. La compétence attribuée à un tribunal par la présente loi pour accorder un divorce n'est exercée que par un juge de ce tribunal, sans jury.

[L.R.C. (1985), c. 3 (2ᵉ suppl.), a. 7].

7. The jurisdiction conferred on a court by this Act to grant a divorce shall be exercised only by a judge of the court without a jury.

[R.S.C. (1985), c. 3 (2nd suppl.), s. 7].

DIVORCE

DIVORCE

8. (1) Le tribunal compétent peut, sur demande de l'un des époux ou des deux, lui ou leur accorder le divorce pour cause d'échec du mariage.

8. (1) A court of competent jurisdiction may, on application by either or both spouses, grant a divorce to the spouse or spouses on the ground that there has been a breakdown of their marriage.

(2) L'échec du mariage n'est établi que dans les cas suivants:

a) les époux ont vécu séparément pendant au moins un an avant le prononcé de la décision sur l'action en divorce et vivaient séparément à la date d'introduction de l'instance;

b) depuis la célébration du mariage, l'époux contre qui le divorce est demandé a:

(i) soit commis l'adultère,

(ii) soit traité l'autre époux avec une cruauté physique ou mentale qui rend intolérable le maintien de la cohabitation.

(2) Breakdown of a marriage is established only if

(a) the spouses have lived separate and apart for at least one year immediately preceding the determination of the divorce proceeding and were living separate and apart at the commencement of the proceeding; or

(b) the spouse against whom the divorce proceeding is brought has, since celebration of the marriage,

(i) committed adultery, or

(ii) treated the other spouse with physical or mental cruelty of such a kind as to render intolerable the continued cohabitation of the spouses.

(3) Pour l'application de l'alinéa (2)*a*):

a) les époux sont réputés avoir vécu séparément pendant toute période de

(3) For the purposes of paragraph (2)(*a*),

(a) spouses shall be deemed to have lived separate and apart for any pe-

vie séparée au cours de laquelle l'un d'eux avait effectivement l'intention de vivre ainsi;

b) il n'y a pas interruption ni cessation d'une période de vie séparée dans les cas suivants:

(i) du seul fait que l'un des époux est devenu incapable soit d'avoir ou de concevoir l'intention de prolonger la séparation, soit de la prolonger de son plein gré, si le tribunal estime qu'il y aurait eu probablement prolongation sans cette incapacité,

(ii) du seul fait qu'il y a eu reprise de la cohabitation par les époux principalement dans un but de réconciliation pendant une ou plusieurs périodes totalisant au plus quatre-vingt-dix jours.

[L.R.C. (1985), c. 3 (2ᵉ suppl.), a. 8].

riod during which they lived apart and either of them had the intention to live separate and apart from the other; and

(b) a period during which spouses have lived separate and apart shall not be considered to have been interrupted or terminated

(i) by reason only that either spouse has become incapable of forming or having an intention to continue to live separate and apart or of continuing to live separate and apart of the spouse's own volition, if it appears to the court that the separation would probably have continued if the spouse had not become so incapable, or

(ii) by reason only that the spouses have resumed cohabitation during a period of, or periods totalling, not more than ninety days with reconciliation as its primary purpose.

[R.S.C. (1985), c. 3 (2nd suppl.), s. 8].

9. (1) Il incombe à l'avocat qui accepte de représenter un époux dans une action en divorce, sauf contre-indication manifeste due aux circonstances de l'espèce:

a) d'attirer l'attention de son client sur les dispositions de la présente loi qui ont pour objet la réalisation de la réconciliation des époux;

b) de discuter avec son client des possibilités de réconciliation et de le renseigner sur les services de consultation ou d'orientation matrimoniales qu'il connaît et qui sont susceptibles d'aider les époux à se réconcilier.

9. (1) It is the duty of every barrister, solicitor, lawyer or advocate who undertakes to act on behalf of a spouse in a divorce proceeding

(a) to draw to the attention of the spouse the provisions of this Act that have as their object the reconciliation of spouses, and

(b) to discuss with the spouse the possibility of the reconciliation of the spouses and to inform the spouse of the marriage counselling or guidance facilities known to him or her that might be able to assist the spouses to achieve a reconciliation,

unless the circumstances of the case are of such a nature that it would clearly not be appropriate to do so.

(2) Il incombe également à l'avocat de discuter avec son client de l'opportunité de négocier les points qui peuvent faire l'objet d'une ordonnance alimentaire ou d'une ordonnance de garde et de le renseigner

(2) It is the duty of every barrister, solicitor, lawyer or advocate who undertakes to act on behalf of a spouse in a divorce proceeding to discuss with the spouse the advisability of negotiating the matters that

sur les services de médiation qu'il connaît et qui sont susceptibles d'aider les époux dans cette négociation.

may be the subject of a support order or a custody order and to inform the spouse of the mediation facilities known to him or her that might be able to assist the spouses in negotiating those matters.

(3) Tout acte introductif d'instance, dans une action en divorce, présenté par un avocat à un tribunal doit comporter une déclaration de celui-ci attestant qu'il s'est conformé au présent article.

[L.R.C. (1985), c. 3 (2ᵉ suppl.), a. 9].

(3) Every document presented to a court by a barrister, solicitor, lawyer or advocate that formally commences a divorce proceeding shall contain a statement by him or her certifying that he or she has complied with this section.

[R.S.C. (1985), c. 3 (2ᵉ suppl.), s. 9].

10. (1) Sauf contre-indication manifeste due aux circonstances de l'espèce, il incombe au tribunal saisi d'une action en divorce, avant de procéder aux débats sur la cause, de s'assurer qu'il n'y a pas de possibilités de réconciliation.

10. (1) In a divorce proceeding, it is the duty of the court, before considering the evidence, to satisfy itself that there is no possibility of the reconciliation of the spouses, unless the circumstances of the case are of such a nature that it would clearly not be appropriate to do so.

(2) Le tribunal, dans le cas où à une étape quelconque de l'instance, les circonstances de l'espèce, les éléments de preuve de l'affaire ou l'attitude des époux ou de l'un d'eux lui permettent de percevoir des possibilités de réconciliation, est tenu:

(2) Where at any stage in a divorce proceeding it appears to the court from the nature of the case, the evidence or the attitude of either or both spouses that there is a possibility of the reconciliation of the spouses, the court shall

    a) d'une part, de suspendre l'instance pour donner aux époux l'occasion de se réconcilier;

    b) d'autre part, de désigner, soit d'office, soit avec le consentement des époux, pour les aider à se réconcilier:

        (i) un spécialiste en consultation ou orientation matrimoniales,

        (ii) toute autre personne qualifiée en l'occurrence.

    (a) adjourn the proceeding to afford the spouses an opportunity to achieve a reconciliation; and

    (b) with the consent of the spouses or in the discretion of the court, nominate

        (i) a person with experience or training in marriage counselling or guidance, or

        (ii) in special circumstances, some other suitable person,

to assist the spouses to achieve a reconciliation.

(3) À l'expiration d'un délai de quatorze jours suivant la date de suspension de l'instance, le tribunal procède à la reprise de celle-ci sur demande des époux ou de l'un d'eux.

(3) Where fourteen days have elapsed from the date of any adjournment under subsection (2), the court shall resume the proceeding on the application of either or both spouses.

(4) Les personnes désignées par le tribunal, conformément au présent article, pour aider les époux à se réconcilier ne sont pas aptes ni contraignables à déposer en justice sur les faits reconnus devant elles ou

(4) No person nominated by a court under this section to assist spouses to achieve a reconciliation is competent or compellable in any legal proceedings to disclose any admission or communication made to that

les communications qui leur ont été faites à ce titre.

(5) Rien de ce qui a été dit, reconnu ou communiqué au cours d'une tentative de réconciliation des époux n'est admissible en preuve dans aucune action en justice.

[L.R.C. (1985), c. 3 (2ᵉ suppl.), a. 10].

11. (1) Dans une action en divorce, il incombe au tribunal:

    a) de s'assurer qu'il n'y a pas eu de collusion relativement à la demande et de rejeter celle-ci dans le cas où il constate qu'il y a eu collusion lors de sa présentation;

    b) de s'assurer de la conclusion d'arrangements raisonnables pour les aliments des enfants à charge eu égard aux lignes directrices applicables et, en l'absence de tels arrangements, de surseoir au prononcé du divorce jusqu'à leur conclusion;

    c) de s'assurer, dans le cas où la demande est fondée sur l'alinéa 8(2)*b*), qu'il n'y a pas eu de pardon ou de connivence de la part de l'époux demandeur et de rejeter la demande en cas de pardon ou de connivence de sa part à l'égard de l'acte ou du comportement reprochés, sauf s'il estime que prononcer le divorce servirait mieux l'intérêt public.

(2) L'acte ou le comportement qui ont fait l'objet d'un pardon ne peuvent être invoqués à nouveau comme éléments constitutifs d'un cas visé à l'alinéa 8(2)*b*).

(3) Pour l'application du présent article, le maintien ou la reprise de la cohabitation, principalement dans un but de réconciliation, pendant une ou plusieurs périodes totalisant au plus quatre-vingt-dix jours, ne sont pas considérés comme impliquant un pardon.

(4) Au présent article, « collusion » s'entend d'une entente ou d'un complot auxquels le demandeur est partie, directement

person in his or her capacity as a nominee of the court for that purpose.

(5) Evidence of anything said or of any admission or communication made in the course of assisting spouses to achieve a reconciliation is not admissible in any legal proceedings.

[R.S.C. (1985), c. 3 (2nd suppl.), s. 10].

11. (1) In a divorce proceeding, it is the duty of the court

    (a) to satisfy itself that there has been no collusion in relation to the application for a divorce and to dismiss the application if it finds that there was collusion in presenting it;

    (b) to satisfy itself that reasonable arrangements have been made for the support of any children of the marriage, having regard to the applicable guidelines, and, if such arrangements have not been made, to stay the granting of the divorce until such arrangements are made; and

    (c) where a divorce is sought in circumstances described in paragraph 8(2)(*b*), to satisfy itself that there has been no condonation or connivance on the part of the spouse bringing the proceeding, and to dismiss the application for a divorce if that spouse has condoned or connived at the act or conduct complained of unless, in the opinion of the court, the public interest would be better served by granting the divorce.

(2) Any act or conduct that has been condoned is not capable of being revived so as to constitute a circumstance described in paragraph 8(2)(*b*).

(3) For the purposes of this section, a continuation or resumption of cohabitation during a period of, or periods totalling, not more than ninety days with reconciliation as its primary purpose shall not be considered to constitute condonation.

(4) In this section, "collusion" means an agreement or conspiracy to which an applicant for a divorce is either directly or

ou indirectement, en vue de déjouer l'administration de la justice, ainsi que de tout accord, entente ou autre arrangement visant à fabriquer ou à supprimer des éléments de preuve ou à tromper le tribunal, à l'exclusion de toute entente prévoyant la séparation de fait des parties, l'aide financière, le partage des biens ou la garde des enfants à charge.

[L.R.C. (1985), c. 3 (2ᵉ suppl.), a. 11; 1997, c. 1, a. 1.1].

12. (1) Sous réserve des autres dispositions du présent article, le divorce prend effet le trente et unième jour suivant la date où le jugement qui l'accorde est prononcé.

(2) Le tribunal peut, lors du prononcé du jugement de divorce ou ultérieurement, ordonner que le divorce prenne effet dans le délai inférieur qu'il estime indiqué, si les conditions suivantes sont réunies:

    a) à son avis, le délai devrait être réduit en raison de circonstances particulières;

    b) les époux conviennent de ne pas interjeter appel du jugement ou il y a eu abandon d'appel.

(3) Un divorce en instance d'appel à la fin du délai mentionné au paragraphe (1), sauf s'il est annulé en appel, prend effet à l'expiration du délai fixé par la loi pour interjeter appel de l'arrêt rendu sur l'appel ou tout appel ultérieur, s'il n'y a pas eu appel dans ce délai.

(4) Pour l'application du paragraphe (3), le délai d'appel de l'arrêt rendu sur un appel comprend toute prolongation fixée en conformité avec la loi soit dans ce délai soit, après son expiration, sur demande présentée avant celle-ci.

indirectly a party for the purpose of subverting the administration of justice, and includes any agreement, understanding or arrangement to fabricate or suppress evidence or to deceive the court, but does not include an agreement to the extent that it provides for separation between the parties, financial support, division of property or the custody of any child of the marriage.

[R.S.C. (1985), c. 3 (2nd suppl.), s. 11; 1997, c. 1, s. 1.1].

12. (1) Subject to this section, a divorce takes effect on the thirty-first day after the day on which the judgment granting the divorce is rendered.

(2) Where, on or after rendering a judgment granting a divorce,

    (a) the court is of the opinion that by reason of special circumstances the divorce should take effect earlier than the thirty-first day after the day on which the judgment is rendered, and

    (b) the spouses agree and undertake that no appeal from the judgment will be taken, or any appeal from the judgment that was taken has been abandoned,

the court may order that the divorce takes effect at such earlier time as it considers appropriate.

(3) A divorce in respect of which an appeal is pending at the end of the period referred to in subsection (1), unless voided on appeal, takes effect on the expiration of the time fixed by law for instituting an appeal from the decision on that appeal or any subsequent appeal, if no appeal has been instituted within that time.

(4) For the purposes of subsection (3), the time fixed by law for instituting an appeal from a decision on an appeal includes any extension thereof fixed pursuant to law before the expiration of that time or fixed thereafter on an application instituted before the expiration of that time.

(5) Par dérogation à toute autre loi, le délai d'appel fixé par la loi de l'arrêt visé au paragraphe (3) ne peut être prolongé après son expiration, sauf sur demande présentée avant celle-ci.

(5) Notwithstanding any other law, the time fixed by law for instituting an appeal from a decision referred to in subsection (3) may not be extended after the expiration of that time, except on an application instituted before the expiration of that time.

(6) Le divorce qui a fait l'objet d'un appel devant la Cour suprême du Canada prend effet, sauf s'il est annulé en appel, à la date où l'arrêt de ce tribunal est prononcé.

(6) A divorce in respect of which an appeal has been taken to the Supreme Court of Canada, unless voided on the appeal, takes effect on the day on which the judgment on the appeal is rendered.

(7) Après la prise d'effet du divorce, en conformité avec le présent article, le juge ou le fonctionnaire du tribunal qui a prononcé le jugement de divorce ou la cour d'appel qui a rendu l'arrêt définitif à cet égard doit, sur demande, délivrer à quiconque un certificat attestant que le divorce prononcé en application de la présente loi a dissous le mariage des personnes visées à la date indiquée.

(7) Where a divorce takes effect in accordance with this section, a judge or officer of the court that rendered the judgment granting the divorce or, where that judgment has been appealed, of the appellate court that rendered the judgment on the final appeal, shall, on request, issue to any person a certificate that a divorce granted under this Act dissolved the marriage of the specified persons effective as of a specified date.

(8) Le certificat visé au paragraphe (7) ou une copie certifiée conforme fait foi de son contenu sans qu'il soit nécessaire de prouver l'authenticité de la signature qui y est apposée ou la qualité officielle du signataire.

[L.R.C. (1985), c. 3 (2ᵉ suppl.), a. 12]

(8) A certificate referred to in subsection (7), or a certified copy thereof, is conclusive proof of the facts so certified without proof of the signature or authority of the person appearing to have signed the certificate.

[R.S.C. (1985), c. 3 (2nd suppl.), s. 12]

13. À sa prise d'effet, le divorce accordé en application de la présente loi est valide dans tout le Canada.

[L.R.C. (1985), c. 3 (2ᵉ suppl.), a. 13].

13. On taking effect, a divorce granted under this Act has legal effect throughout Canada.

[R.S.C. (1985), c. 3 (2nd suppl.), s. 13].

14. À sa prise d'effet, le divorce accordé en application de la présente loi dissout le mariage des époux.

[L.R.C. (1985), c. 3 (2ᵉ suppl.), a. 14].

14. On taking effect, a divorce granted under this Act dissolves the marriage of the spouses.

[R.S.C. (1985), c. 3 (2nd suppl.), s. 14].

MESURES ACCESSOIRES

COROLLARY RELIEF

Définition

Interpretation

15. Aux articles 15.1 à 16, « époux » s'entend au sens du paragraphe 2(1) et, en outre, d'un ex-époux.

[L.R.C. (1985), c. 3 (2ᵉ suppl.), a. 15; 1997, c. 1, a. 2].

15. In sections 15.1 to 16, "spouse" has the meaning assigned by subsection 2(1), and includes a former spouse.

[R.S.C. (1985), c. 3 (2nd suppl.), s. 15; 1997, c. 1, s. 2].

| Ordonnances alimentaires au profit d'un enfant | Child Support Orders |

15.1. (1) Sur demande des époux ou de l'un d'eux, le tribunal compétent peut rendre une ordonnance enjoignant à un époux de verser une prestation pour les aliments des enfants à charge ou de l'un d'eux.

(2) Sur demande des époux ou de l'un d'eux, le tribunal peut rendre une ordonnance provisoire enjoignant à un époux de verser, dans l'attente d'une décision sur la demande visée au paragraphe (1), une prestation pour les aliments des enfants à charge ou de l'un d'eux.

(3) Le tribunal qui rend une ordonnance ou une ordonnance provisoire la rend conformément aux lignes directrices applicables.

(4) La durée de validité de l'ordonnance ou de l'ordonnance provisoire rendue par le tribunal au titre du présent article peut être déterminée ou indéterminée ou dépendre d'un événement précis; elle peut être assujettie aux modalités ou aux restrictions que le tribunal estime justes et appropriées.

(5) Par dérogation au paragraphe (3), le tribunal peut fixer un montant différent de celui qui serait déterminé conformément aux lignes directrices applicables s'il est convaincu, à la fois:

> a) que des dispositions spéciales d'un jugement, d'une ordonnance ou d'une entente écrite relatif aux obligations financières des époux ou au partage ou au transfert de leurs biens accordent directement ou indirectement un avantage à un enfant pour qui les aliments sont demandés, ou que des dispositions spéciales ont été prises pour lui accorder autrement un avantage;

> b) que le montant déterminé conformément aux lignes directrices applicables serait inéquitable eu égard à ces dispositions.

(6) S'il fixe, au titre du paragraphe (5), un montant qui est différent de celui qui serait déterminé conformément aux lignes direc-

15.1. (1) A court of competent jurisdiction may, on application by either or both spouses, make an order requiring a spouse to pay for the support of any or all children of the marriage.

(2) Where an application is made under subsection (1), the court may, on application by either or both spouses, make an interim order requiring a spouse to pay for the support of any or all children of the marriage, pending the determination of the application under subsection (1).

(3) A court making an order under subsection (1) or an interim order under subsection (2) shall do so in accordance with the applicable guidelines.

(4) The court may make an order under subsection (1) or an interim order under subsection (2) for a definite or indefinite period or until a specified event occurs, and may impose terms, conditions or restrictions in connection with the order or interim order as it thinks fit and just.

(5) Notwithstanding subsection (3), a court may award an amount that is different from the amount that would be determined in accordance with the applicable guidelines if the court is satisfied

> (a) that special provisions in an order, a judgment or a written agreement respecting the financial obligations of the spouses, or the division or transfer of their property, directly or indirectly benefit a child, or that special provisions have otherwise been made for the benefit of a child; and

> (b) that the application of the applicable guidelines would result in an amount of child support that is inequitable given those special provisions.

(6) Where the court awards, pursuant to subsection (5), an amount that is different from the amount that would be determined

trices applicables, le tribunal enregistre les motifs de sa décision.

(7) Par dérogation au paragraphe (3), le tribunal peut, avec le consentement des époux, fixer un montant qui est différent de celui qui serait déterminé conformément aux lignes directrices applicables s'il est convaincu que des arrangements raisonnables ont été conclus pour les aliments de l'enfant visé par l'ordonnance.

(8) Pour l'application du paragraphe (7), le tribunal tient compte des lignes directrices applicables pour déterminer si les arrangements sont raisonnables. Toutefois, les arrangements ne sont pas déraisonnables du seul fait que le montant sur lequel les conjoints s'entendent est différent de celui qui serait déterminé conformément aux lignes directrices applicables.

[1997, c. 1, a. 2].

in accordance with the applicable guidelines, the court shall record its reasons for having done so.

(7) Notwithstanding subsection (3), a court may award an amount that is different from the amount that would be determined in accordance with the applicable guidelines on the consent of both spouses if it is satisfied that reasonable arrangements have been made for the support of the child to whom the order relates.

(8) For the purposes of subsection (7), in determining whether reasonable arrangements have been made for the support of a child, the court shall have regard to the applicable guidelines. However, the court shall not consider the arrangements to be unreasonable solely because the amount of support agreed to is not the same as the amount that would otherwise have been determined in accordance with the applicable guidelines.

[1997, c. 1, s. 2].

Ordonnances alimentaires au profit d'un époux

Spousal Support Orders

15.2. (1) Sur demande des époux ou de l'un d'eux, le tribunal compétent peut rendre une ordonnance enjoignant à un époux de garantir ou de verser, ou de garantir et de verser, la prestation, sous forme de capital, de pension ou des deux, qu'il estime raisonnable pour les aliments de l'autre époux.

(2) Sur demande des époux ou de l'un d'eux, le tribunal peut rendre une ordonnance provisoire enjoignant à un époux de garantir ou de verser, ou de garantir et de verser, dans l'attente d'une décision sur la demande visée au paragraphe (1), la prestation, sous forme de capital, de pension ou des deux, qu'il estime raisonnable pour les aliments de l'autre époux.

(3) La durée de validité de l'ordonnance ou de l'ordonnance provisoire rendue par le tribunal au titre du présent article peut être déterminée ou indéterminée ou dépendre d'un événement précis; elle peut être

15.2. (1) A court of competent jurisdiction may, on application by either or both spouses, make an order requiring a spouse to secure or pay, or to secure and pay, such lump sum or periodic sums, or such lump sum and periodic sums, as the court thinks reasonable for the support of the other spouse.

(2) Where an application is made under subsection (1), the court may, on application by either or both spouses, make an interim order requiring a spouse to secure or pay, or to secure and pay, such lump sum or periodic sums, or such lump sum and periodic sums, as the court thinks reasonable for the support of the other spouse, pending the determination of the application under subsection (1).

(3) The court may make an order under subsection (1) or an interim order under subsection (2) for a definite or indefinite period or until a specified event occurs, and may impose terms, conditions or re-

assujettie aux modalités ou aux restrictions que le tribunal estime justes et appropriées.

(4) En rendant une ordonnance ou une ordonnance provisoire au titre du présent article, le tribunal tient compte des ressources, des besoins et, d'une façon générale, de la situation de chaque époux, y compris:

a) la durée de la cohabitation des époux;

b) les fonctions qu'ils ont remplies au cours de celle-ci;

c) toute ordonnance, toute entente ou tout arrangement alimentaire au profit de l'un ou l'autre des époux.

(5) En rendant une ordonnance ou une ordonnance provisoire au titre du présent article, le tribunal ne tient pas compte des fautes commises par l'un ou l'autre des époux relativement au mariage.

(6) L'ordonnance ou l'ordonnance provisoire rendue pour les aliments d'un époux au titre du présent article vise:

a) à prendre en compte les avantages ou les inconvénients économiques qui découlent, pour les époux, du mariage ou de son échec;

b) à répartir entre eux les conséquences économiques qui découlent du soin de tout enfant à charge, en sus de toute obligation alimentaire relative à tout enfant à charge;

c) à remédier à toute difficulté économique que l'échec du mariage leur cause;

d) à favoriser, dans la mesure du possible, l'indépendance économique de chacun d'eux dans un délai raisonnable.

[1997, c. 1, a. 2].

strictions in connection with the order as it thinks fit and just.

(4) In making an order under subsection (1) or an interim order under subsection (2), the court shall take into consideration the condition, means, needs and other circumstances of each spouse, including

(a) the length of time the spouses cohabited;

(b) the functions performed by each spouse during cohabitation; and

(c) any order, agreement or arrangement relating to support of either spouse.

(5) In making an order under subsection (1) or an interim order under subsection (2), the court shall not take into consideration any misconduct of a spouse in relation to the marriage.

(6) An order made under subsection (1) or an interim order under subsection (2) that provides for the support of a spouse should

(a) recognize any economic advantages or disadvantages to the spouses arising from the marriage or its breakdown;

(b) apportion between the spouses any financial consequences arising from the care of any child of the marriage over and above any obligation for the support of any child of the marriage;

(c) relieve any economic hardship of the spouses arising from the breakdown of the marriage; and

(d) in so far as practicable, promote the economic self-sufficiency of each spouse within a reasonable period of time.

[1997, c. 1, s. 2].

Priorité

15.3. (1) Dans le cas où une demande d'ordonnance alimentaire au profit d'un enfant et une demande d'ordonnance ali-

Priority

15.3. (1) Where a court is considering an application for a child support order and an application for a spousal support order,

mentaire au profit d'un époux lui sont présentées, le tribunal donne la priorité aux aliments de l'enfant.

the court shall give priority to child support in determining the applications.

(2) Si, en raison du fait qu'il a donné la priorité aux aliments de l'enfant, il ne peut rendre une ordonnance alimentaire au profit d'un époux ou fixe un montant moindre pour les aliments de celui-ci, le tribunal enregistre les motifs de sa décision.

(2) Where, as a result of giving priority to child support, the court is unable to make a spousal support order or the court makes a spousal support order in an amount that is less than it otherwise would have been, the court shall record its reasons for having done so.

(3) Dans le cadre d'une demande d'ordonnance alimentaire au profit d'un époux ou d'une ordonnance modificative de celle-ci, la réduction ou la suppression des aliments d'un enfant constitue un changement dans la situation des ex-époux si, en raison du fait qu'il a donné la priorité aux aliments de l'enfant, le tribunal n'a pu rendre une ordonnance alimentaire au profit de l'époux ou a fixé un montant moindre pour les aliments de celui-ci.

[1997, c. 1, a. 2].

(3) Where, as a result of giving priority to child support, a spousal support order was not made, or the amount of a spousal support order is less than it otherwise would have been, any subsequent reduction or termination of that child support constitutes a change of circumstances for the purposes of applying for a spousal support order, or a variation order in respect of the spousal support order, as the case may be.

[1997, c. 1, s. 2].

Ordonnances relatives à la garde des enfants

Custody Orders

16. (1) Le tribunal compétent peut, sur demande des époux ou de l'un d'eux ou de toute autre personne, rendre une ordonnance relative soit à la garde des enfants à charge de l'un d'eux, soit à l'accès auprès de ces enfants, soit aux deux.

16. (1) A court of competent jurisdiction may, on application by either or both spouses or by any other person, make an order respecting the custody of or the access to, or the custody of and access to, any or all children of the marriage.

(2) Le tribunal peut, sur demande des époux ou de l'un d'eux ou de toute autre personne, rendre une ordonnance provisoire relative soit à la garde des enfants à charge ou de l'un d'eux, soit à l'accès auprès de ces enfants, soit aux deux, dans l'attente d'une décision sur la demande visée au paragraphe (1).

(2) Where an application is made under subsection (1), the court may, on application by either or both spouses or by any other person, make an interim order respecting the custody of or the access to, or the custody of and access to, any or all children of the marriage pending determination of the application under subsection (1).

(3) Pour présenter une demande au titre des paragraphes (1) et (2), une personne autre qu'un époux doit obtenir l'autorisation du tribunal.

(3) A person, other than a spouse, may not make an application under subsection (1) or (2) without leave of the court.

(4) L'ordonnance rendue par le tribunal conformément au présent article peut prévoir la garde par une ou plusieurs personnes des enfants à charge ou de l'un d'eux ou l'accès auprès de ces enfants.

(4) The court may make an order under this section granting custody of, or access to, any or all children of the marriage to any one or more persons.

(5) Sauf ordonnance contraire du tribunal, l'époux qui obtient un droit d'accès peut demander et se faire donner des renseignements relatifs à la santé, à l'éducation et au bien-être de l'enfant.

(6) La durée de validité de l'ordonnance rendue par le tribunal conformément au présent article peut être déterminée ou indéterminée ou dépendre d'un événement précis; l'ordonnance peut être assujettie aux modalités ou restrictions que le tribunal estime justes et appropriées.

(7) Sans préjudice de la portée générale du paragraphe (6), le tribunal peut inclure dans l'ordonnance qu'il rend au titre du présent article une disposition obligeant la personne qui a la garde d'un enfant à charge et qui a l'intention de changer le lieu de résidence de celui-ci d'informer au moins trente jours à l'avance, ou dans le délai antérieur au changement que lui impartit le tribunal, toute personne qui a un droit d'accès à cet enfant du moment et du lieu du changement.

(8) En rendant une ordonnance conformément au présent article, le tribunal ne tient compte que de l'intérêt de l'enfant à charge, défini en fonction de ses ressources, de ses besoins et, d'une façon générale, de sa situation.

(9) En rendant une ordonnance conformément au présent article, le tribunal ne tient pas compte de la conduite antérieure d'une personne, sauf si cette conduite est liée à l'aptitude de la personne à agir à titre de père ou de mère.

(10) En rendant une ordonnance conformément au présent article, le tribunal applique le principe selon lequel l'enfant à charge doit avoir avec chaque époux le plus de contact compatible avec son propre intérêt et, à cette fin, tient compte du fait que la personne pour qui la garde est demandée est disposée ou non à faciliter ce contact.

[L.R.C. (1985), c. 3 (2ᵉ suppl.), a. 16].

(5) Unless the court orders otherwise, a spouse who is granted access to a child of the marriage has the right to make inquiries, and to be given information, as to the health, education and welfare of the child.

(6) The court may make an order under this section for a definite or indefinite period or until the happening of a specified event and may impose such other terms, conditions or restrictions in connection therewith as it thinks fit and just.

(7) Without limiting the generality of subsection (6), the court may include in an order under this section a term requiring any person who has custody of a child of the marriage and who intends to change the place of residence of that child to notify, at least thirty days before the change or within such other period before the change as the court may specify, any person who is granted access to that child of the change, the time at which the change will be made and the new place of residence of the child.

(8) In making an order under this section, the court shall take into consideration only the best interests of the child of the marriage as determined by reference to the condition, means, needs and other circumstances of the child.

(9) In making an order under this section, the court shall not take into consideration the past conduct of any person unless the conduct is relevant to the ability of that person to act as a parent of a child.

(10) In making an order under this section, the court shall give effect to the principle that a child of the marriage should have as much contact with each spouse as is consistent with the best interests of the child and, for that purpose, shall take into consideration the willingness of the person for whom custody is sought to facilitate such contact.

[R.S.C. (1985), c. 3 (2nd suppl.), s. 16].

DIVORCE ACT

Modification, annulation ou suspension des ordonnances

Variation, Rescission or Suspension of Orders

17. (1) Le tribunal compétent peut rendre une ordonnance qui modifie, suspend ou annule, rétroactivement ou pour l'avenir:

a) une ordonnance alimentaire ou telle de ses dispositions, sur demande des ex-époux ou de l'un d'eux;

b) une ordonnance de garde ou telle de ses dispositions, sur demande des ex-époux ou de l'un d'eux ou de toute autre personne.

(2) Pour présenter une demande au titre de l'alinéa (1)*b*), une personne autre qu'un ex-époux doit obtenir l'autorisation du tribunal.

(3) Le tribunal peut assortir une ordonnance modificative des mesures qu'aurait pu comporter, sous le régime de la présente loi, l'ordonnance dont la modification a été demandée.

(4) Avant de rendre une ordonnance modificative de l'ordonnance alimentaire au profit d'un enfant, le tribunal s'assure qu'il est survenu un changement de situation, selon les lignes directrices applicables, depuis que cette ordonnance ou la dernière ordonnance modificative de celle-ci a été rendue.

(4.1) Avant de rendre une ordonnance modificative de l'ordonnance alimentaire au profit d'un époux, le tribunal s'assure qu'il est survenu un changement dans les ressources, les besoins ou, d'une façon générale, la situation de l'un ou l'autre des ex-époux depuis que cette ordonnance ou la dernière ordonnance modificative de celle-ci a été rendue et tient compte du changement en rendant l'ordonnance modificative.

(5) Avant de rendre une ordonnance modificative de l'ordonnance de garde, le tribunal doit s'assurer qu'il est survenu un changement dans les ressources, les besoins ou, d'une façon générale, dans la situation de l'enfant à charge depuis le prononcé de l'ordonnance de garde ou de la dernière ordonnance modificative de celle-ci et, le cas échéant, ne tient compte que

17. (1) A court of competent jurisdiction may make an order varying, rescinding or suspending, prospectively or retroactively,

(a) a support order or any provision thereof on application by either or both former spouses; or

(b) a custody order or any provision thereof on application by either or both former spouses or by any other person.

(2) A person, other than a former spouse, may not make an application under paragraph (1)(*b*) without leave of the court.

(3) The court may include in a variation order any provision that under this Act could have been included in the order in respect of which the variation order is sought.

(4) Before the court makes a variation order in respect of a child support order, the court shall satisfy itself that a change of circumstances as provided for in the applicable guidelines has occurred since the making of the child support order or the last variation order made in respect of that order.

(4.1) Before the court makes a variation order in respect of a spousal support order, the court shall satisfy itself that a change in the condition, means, needs or other circumstances of either former spouse has occurred since the making of the spousal support order or the last variation order made in respect of that order, and, in making the variation order, the court shall take that change into consideration.

(5) Before the court makes a variation order in respect of a custody order, the court shall satisfy itself that there has been a change in the condition, means, needs or other circumstances of the child of the marriage occurring since the making of the custody order or the last variation order made in respect of that order, as the case may be, and, in making the variation or-

1687

de l'intérêt de l'enfant, défini en fonction de ce changement, en rendant l'ordonnance modificative.

(5.1) Pour les besoins du paragraphe (5), la maladie en phase terminale ou l'état critique d'un ex-époux constitue un changement dans la situation de l'enfant à charge; le tribunal rend alors une ordonnance modificative relative à l'accès auprès de l'enfant qui est dans l'intérêt de celui-ci.

(6) En rendant une ordonnance modificative, le tribunal ne tient pas compte d'une conduite qui n'aurait pu être prise en considération lors du prononcé de l'ordonnance dont la modification a été demandée.

(6.1) Le tribunal qui rend une ordonnance modificative d'une ordonnance alimentaire au profit d'un enfant la rend conformément aux lignes directrices applicables.

(6.2) En rendant une ordonnance modificative d'une ordonnance alimentaire au profit d'un enfant, le tribunal peut, par dérogation au paragraphe (6.1), fixer un montant différent de celui qui serait déterminé conformément aux lignes directrices applicables s'il est convaincu, à la fois:

a) que des dispositions spéciales d'un jugement, d'une ordonnance ou d'une entente écrite relatifs aux obligations financières des époux ou au partage ou au transfert de leurs biens accordent directement ou indirectement un avantage à un enfant pour qui les aliments sont demandés, ou que des dispositions spéciales ont été prises pour lui accorder autrement un avantage;

b) que le montant déterminé conformément aux lignes directrices applicables serait inéquitable eu égard à ces dispositions.

(6.3) S'il fixe, au titre du paragraphe (6.2), un montant qui est différent de celui qui serait déterminé conformément aux lignes directrices applicables, le tribunal enregistre les motifs de sa décision.

(6.4) Par dérogation au paragraphe (6.1), le tribunal peut, avec le consentement des

der, the court shall take into consideration only the best interests of the child as determined by reference to that change.

(5.1) For the purposes of subsection (5), a former spouse's terminal illness or critical condition shall be considered a change of circumstances of the child of the marriage, and the court shall make a variation order in respect of access that is in the best interests of the child.

(6) In making a variation order, the court shall not take into consideration any conduct that under this Act could not have been considered in making the order in respect of which the variation order is sought.

(6.1) A court making a variation order in respect of a child support order shall do so in accordance with the applicable guidelines.

(6.2) Notwithstanding subsection (6.1), in making a variation order in respect of a child support order, a court may award an amount that is different from the amount that would be determined in accordance with the applicable guidelines if the court is satisfied

(a) that special provisions in an order, a judgment or a written agreement respecting the financial obligations of the spouses, or the division or transfer of their property, directly or indirectly benefit a child, or that special provisions have otherwise been made for the benefit of a child; and

(b) that the application of the applicable guidelines would result in an amount of child support that is inequitable given those special provisions.

(6.3) Where the court awards, pursuant to subsection (6.2), an amount that is different from the amount that would be determined in accordance with the applicable guidelines, the court shall record its reasons for having done so.

(6.4) Notwithstanding subsection (6.1), a court may award an amount that is differ-

époux, fixer un montant qui est différent de celui qui serait déterminé conformément aux lignes directrices applicables s'il est convaincu que des arrangements raisonnables ont été conclus pour les aliments de l'enfant visé par l'ordonnance.

(6.5) Pour l'application du paragraphe (6.4), le tribunal tient compte des lignes directrices applicables pour déterminer si les arrangements sont raisonnables. Toutefois, les arrangements ne sont pas déraisonnables du seul fait que le montant sur lequel les conjoints s'entendent est différent de celui qui serait déterminé conformément aux lignes directrices applicables.

(7) L'ordonnance modificative de l'ordonnance alimentaire au profit d'un époux vise:

a) à prendre en compte les avantages ou inconvénients économiques qui découlent pour les ex-époux du mariage ou de son échec;

b) à répartir entre eux les conséquences économiques qui découlent du soin de tout enfant à charge, en sus de toute obligation alimentaire relative à tout enfant à charge;

c) à remédier à toute difficulté économique que l'échec du mariage leur cause;

d) à favoriser, dans la mesure du possible, l'indépendance économique de chacun d'eux dans un délai raisonnable.

(8) (*Paragraphe abrogé*).

(9) En rendant une ordonnance modificative d'une ordonnance de garde, le tribunal applique le principe selon lequel l'enfant à charge doit avoir avec chaque ex-époux le plus de contact compatible avec son propre intérêt et, si l'ordonnance modificative doit accorder la garde à une personne qui ne l'a pas actuellement, le tribunal tient compte du fait que cette personne est disposée ou non à faciliter ce contact.

ent from the amount that would be determined in accordance with the applicable guidelines on the consent of both spouses if it is satisfied that reasonable arrangements have been made for the support of the child to whom the order relates.

(6.5) For the purposes of subsection (6.4), in determining whether reasonable arrangements have been made for the support of a child, the court shall have regard to the applicable guidelines. However, the court shall not consider the arrangements to be unreasonable solely because the amount of support agreed to is not the same as the amount that would otherwise have been determined in accordance with the applicable guidelines.

(7) A variation order varying a spousal support order should

(a) recognize any economic advantages or disadvantages to the former spouses arising from the marriage or its breakdown;

(b) apportion between the former spouses any financial consequences arising from the care of any child of the marriage over and above any obligation for the support of any child of the marriage;

(c) relieve any economic hardship of the former spouses arising from the breakdown of the marriage; and

(d) in so far as practicable, promote the economic self-sufficiency of each former spouse within a reasonable period of time.

(8) (*Paragraph repealed*).

(9) In making a variation order varying a custody order, the court shall give effect to the principle that a child of the marriage should have as much contact with each former spouse as is consistent with the best interests of the child and, for that purpose, where the variation order would grant custody of the child to a person who does not currently have custody, the court shall take into consideration the willingness of that person to facilitate such contact.

(10) Par dérogation au paragraphe (1), le tribunal ne peut modifier l'ordonnance alimentaire au profit d'un époux dont la durée de validité est déterminée ou dépend d'un événement précis, sur demande présentée après l'échéance de son terme ou après la survenance de cet événement, en vue de la reprise de la fourniture des aliments, que s'il est convaincu des faits suivants:

    a) l'ordonnance modificative s'impose pour remédier à une difficulté économique causée par un changement visé au paragraphe (4.1) et lié au mariage;

    b) la nouvelle situation, si elle avait existé à l'époque où l'ordonnance alimentaire au profit d'un époux ou la dernière ordonnance modificative de celle-ci a été rendue, aurait vraisemblablement donné lieu à une ordonnance différente.

(11) Le tribunal qui rend une ordonnance modificative d'une ordonnance alimentaire ou de garde rendue par un autre tribunal envoie à celui-ci une copie, certifiée conforme par un de ses juges ou fonctionnaires, de l'ordonnance modificative.

[L.R.C. (1985), c. 3 (2ᵉ suppl.), a. 17; 1997, c. 1, a. 5; 2007, c. 14, a. 1].

17.1. Si les ex-époux résident habituellement dans des provinces différentes, le tribunal compétent peut, conformément à celles de ses règles de pratique et de procédure qui sont applicables en l'occurrence, rendre, en vertu du paragraphe 17(1), une ordonnance fondée sur les prétentions de chacun des ex-époux exposées soit devant le tribunal, soit par affidavit, soit par tout moyen de télécommunication, lorsqu'ils s'entendent pour procéder ainsi.

[1993, c. 8, a. 2].

(10) Notwithstanding subsection (1), where a spousal support order provides for support for a definite period or until a specified event occurs, a court may not, on an application instituted after the expiration of that period or the occurrence of the event, make a variation order for the purpose of resuming that support unless the court is satisfied that

    (a) a variation order is necessary to relieve economic hardship arising from a change described in subsection (4.1) that is related to the marriage; and

    (b) the changed circumstances, had they existed at the time of the making of the spousal support order or the last variation order made in respect of that order, as the case may be, would likely have resulted in a different order.

(11) Where a court makes a variation order in respect of a support order or a custody order made by another court, it shall send a copy of the variation order, certified by a judge or officer of the court, to that other court.

[R.S.C. (1985), c. 3 (2nd suppl.), s. 17; 1997, c. 1, s. 5; 2007, c. 14, s. 1].

17.1. Where both former spouses are ordinarily resident in different provinces, a court of competent jurisdiction may, in accordance with any applicable rules of the court, make a variation order pursuant to subsection 17(1) on the basis of the submissions of the former spouses, whether presented orally before the court or by means of affidavits or any means of telecommunication, if both former spouses consent thereto.

[1993, c. 8, s. 2].

Ordonnances conditionnelles

Provisional Orders

18. (1) Les définitions qui suivent s'appliquent au présent article ainsi qu'à l'article 19.

« **procureur général** » Selon la province, l'une des personnes suivantes:

a) le membre du Conseil exécutif du Yukon désigné par le commissaire du Yukon;

b) le membre du Conseil exécutif des Territoires du Nord-Ouest désigné par le commissaire de ces territoires;

b.1) le membre du Conseil exécutif du Nunavut désigné par le commissaire du territoire;

c) le procureur général de toute autre province.

La présente définition s'applique également à toute personne que le membre du conseil ou le procureur général autorise par écrit à le représenter dans l'exercice des fonctions prévues par le présent article ou l'article 19.

« **ordonnance conditionnelle** » Ordonnance rendue en vertu du paragraphe (2).

(2) Par dérogation à l'alinéa 5(1)a) ou au paragraphe 17(1), lorsqu'une demande est présentée devant le tribunal d'une province en vue d'une ordonnance modificative d'une ordonnance alimentaire, le tribunal rend par défaut, avec ou sans préavis au défendeur, une ordonnance modificative conditionnelle, qui n'est exécutoire que sur confirmation dans le cadre de la procédure prévue à l'article 19 et que selon les modalités de l'ordonnance de confirmation. Cette ordonnance conditionnelle est rendue dans les cas suivants:

a) le défendeur réside habituellement dans une autre province et ne reconnaît pas la compétence du tribunal, ou encore les parties ne s'entendent pas pour procéder selon l'article 17.1;

18. (1) In this section and section 19,

"**Attorney General**", in respect of a province, means

(a) for Yukon, the member of the Executive Council of Yukon designated by the Commissioner of Yukon,

(b) for the Northwest Territories, the member of the Executive Council of the Northwest Territories designated by the Commissioner of the Northwest Territories,

(b.1) for Nunavut, the member of the Executive Council of Nunavut designated by the Commissioner of Nunavut, and

(c) for the other provinces, the Attorney General of the province,

and includes any person authorized in writing by the member or Attorney General to act for the member or Attorney General in the performance of a function under this section or section 19;

"**provisional order**" means an order made pursuant to subsection (2).

(2) Notwithstanding paragraph 5(1)(a) and subsection 17(1), where an application is made to a court in a province for a variation order in respect of a support order and

(a) the respondent in the application is ordinarily resident in another province and has not accepted the jurisdiction of the court, or both former spouses have not consented to the application of section 17.1 in respect of the matter, and

b) dans les circonstances de l'espèce, le tribunal estime que les questions en cause peuvent être convenablement réglées en procédant conformément au présent article et à l'article 19.

(b) in the circumstances of the case, the court is satisfied that the issues can be adequately determined by proceeding under this section and section 19,

the court shall make a variation order with or without notice to and in the absence of the respondent, but such order is provisional only and has no legal effect until it is confirmed in a proceeding under section 19 and, where so confirmed, it has legal effect in accordance with the terms of the order confirming it.

(3) Le tribunal d'une province qui rend une ordonnance conditionnelle envoie les documents suivants au procureur général de la province:

(3) Where a court in a province makes a provisional order, it shall send to the Attorney General for the province

a) trois copies de l'ordonnance, certifiées conformes par un juge ou un fonctionnaire du tribunal;

(a) three copies of the provisional order certified by a judge or officer of the court;

b) un document certifié conforme ou attesté sous serment qui comporte l'énoncé ou un résumé des éléments de preuve soumis au tribunal;

(b) a certified or sworn document setting out or summarizing the evidence given to the court; and

c) une déclaration qui donne tout renseignement dont il dispose au sujet de l'identité du défendeur, de ses revenus, de ses biens ainsi que du lieu où il se trouve.

(c) a statement giving any available information respecting the identification, location, income and assets of the respondent.

(4) Sur réception de ces documents, le procureur général les transmet au procureur général de la province où le défendeur réside habituellement.

(4) On receipt of the documents referred to in subsection (3), the Attorney General shall send the documents to the Attorney General for the province in which the respondent is ordinarily resident.

(5) Le tribunal qui a rendu l'ordonnance conditionnelle est tenu, après notification au demandeur, de recueillir des éléments de preuve supplémentaires lorsque le tribunal saisi de la procédure prévue à l'article 19 lui renvoie l'affaire à cette fin.

(5) Where, during a proceeding under section 19, a court in a province remits the matter back for further evidence to the court that made the provisional order, the court that made the order shall, after giving notice to the applicant, receive further evidence.

(6) Après avoir recueilli ces éléments de preuve, le tribunal transmet au tribunal qui lui a renvoyé l'affaire un document certifié conforme ou attesté sous serment qui comporte l'énoncé ou un résumé de ces élé-

(6) Where evidence is received under subsection (5), the court that received the evidence shall forward to the court that remitted the matter back a certified or sworn document setting out or summarizing the

ments assorti des recommandations qu'il juge indiquées.

[L.R.C. (1985), c. 3 (2ᵉ suppl.), a. 18; 1993, c. 8, a. 3; 1993, c. 28, a. 78 (Ann. III, a. 43); 2002, c. 7, a. 159; 2014, c. 2, a. 33].

19. (1) Sur réception des documents transmis conformément au paragraphe 18(4), le procureur général de la province où le défendeur réside habituellement les transmet à un tribunal de cette province.

(2) Sous réserve du paragraphe (3), sur réception des documents visés au paragraphe (1), le tribunal en signifie au défendeur une copie et un avis l'informant qu'il va être procédé à l'instruction de l'affaire concernant la confirmation de l'ordonnance conditionnelle et procède à l'instruction, en l'absence du demandeur, en tenant compte du document certifié conforme ou attesté sous serment où sont énoncés ou résumés les éléments de preuve présentés devant le tribunal qui a rendu l'ordonnance conditionnelle.

(3) Lorsque le défendeur, selon toute apparence, est à l'extérieur de la province et qu'il est peu probable qu'il y revienne, le tribunal qui reçoit les documents visés au paragraphe (1) les renvoie au procureur général de cette province en y joignant les renseignements dont il dispose au sujet du lieu et des circonstances où le défendeur se trouve.

(4) Sur réception de ces documents ou renseignements, le procureur général les transmet au procureur général de la province du tribunal qui a rendu l'ordonnance conditionnelle.

(5) Dans le cadre de la procédure prévue au présent article, le défendeur peut soulever tout point qui aurait pu l'être devant le tribunal qui a rendu l'ordonnance conditionnelle.

(6) Lorsque le défendeur démontre au tribunal que le renvoi de l'affaire au tribunal qui a rendu l'ordonnance conditionnelle s'impose pour faire recueillir tout élément supplémentaire de preuve ou à toute autre fin, le tribunal peut renvoyer l'affaire en

evidence, together with such recommendations as the court that received the evidence considers appropriate.

[R.S.C. (1985), c. 3 (2nd suppl.), s. 18; 1993, c. 8, s. 3; 1993, c. 28, s. 78 (Sch. III, s. 43); 2002, c. 7, s. 159; 2014, c. 2, s. 33].

19. (1) On receipt of any documents sent pursuant to subsection 18(4), the Attorney General for the province in which the respondent is ordinarily resident shall send the documents to a court in the province.

(2) Subject to subsection (3), where documents have been sent to a court pursuant to subsection (1), the court shall serve on the respondent a copy of the documents and a notice of a hearing respecting confirmation of the provisional order and shall proceed with the hearing, in the absence of the applicant, taking into consideration the certified or sworn document setting out or summarizing the evidence given to the court that made the provisional order.

(3) Where documents have been sent to a court pursuant to subsection (1) and the respondent apparently is outside the province and is not likely to return, the court shall send the documents to the Attorney General for that province, together with any available information respecting the location and circumstances of the respondent.

(4) On receipt of any documents and information sent pursuant to subsection (3), the Attorney General shall send the documents and information to the Attorney General for the province of the court that made the provisional order.

(5) In a proceeding under this section, the respondent may raise any matter that might have been raised before the court that made the provisional order.

(6) Where, in a proceeding under this section, the respondent satisfies the court that for the purpose of taking further evidence or for any other purpose it is necessary to remit the matter back to the court that made the provisional order, the court may

conséquence et suspendre la procédure à cette fin.

(7) À l'issue de la pocédure prévue au présent article, le tribunal rend, sous réserve du paragraphe (7.1), une ordonnance:

    a) soit pour confirmer l'ordonnance conditionnelle sans la modifier;

    b) soit pour la confirmer en la modifiant;

    c) soit pour refuser de la confirmer.

(7.1) Le tribunal qui rend, au titre du paragraphe (7), une ordonnance relative à une ordonnance alimentaire au profit d'un enfant la rend conformément aux lignes directrices applicables.

(8) Avant de rendre une ordonnance qui confirme l'ordonnance conditionnelle en la modifiant ou qui refuse de la confirmer, le tribunal décide s'il renvoie l'affaire devant le tribunal qui a rendu l'ordonnance conditionnelle pour qu'il recueille des éléments de preuve supplémentaires.

(9) Le tribunal qui renvoie une affaire relative à une ordonnance alimentaire au profit d'un enfant peut, avant de rendre l'ordonnance prévue au paragraphe (7), rendre, conformément aux lignes directrices applicables, une ordonnance provisoire enjoignant à un époux de verser une prestation pour les aliments des enfants à charge ou de l'un d'eux.

(9.1) Le tribunal qui renvoie une affaire relative à une ordonnance alimentaire au profit d'un époux peut, avant de rendre l'ordonnance prévue au paragraphe (7), rendre une ordonnance provisoire enjoignant à un époux de garantir ou de verser, ou de garantir et de verser, la prestation, sous forme de capital, de pension ou des deux, qu'il estime raisonnable pour les aliments de l'autre époux.

(10) La durée de validité de l'ordonnance rendue par le tribunal au titre des paragraphes (9) ou (9.1) peut être déterminée ou indéterminée ou dépendre d'un événement précis; l'ordonnance peut être assujettie aux modalités ou aux restrictions que le tribunal estime justes et appropriées.

so remit the matter and adjourn the proceeding for that purpose.

(7) Subject to subsection (7.1), at the conclusion of a proceeding under this section, the court shall make an order

    (a) confirming the provisional order without variation;

    (b) confirming the provisional order with variation; or

    (c) refusing confirmation of the provisional order.

(7.1) A court making an order under subsection (7) in respect of a child support order shall do so in accordance with the applicable guidelines.

(8) The court, before making an order confirming the provisional order with variation or an order refusing confirmation of the provisional order, shall decide whether to remit the matter back for further evidence to the court that made the provisional order.

(9) Where a court remits a matter pursuant to this section in relation to a child support order, the court may, pending the making of an order under subsection (7), make an interim order in accordance with the applicable guidelines requiring a spouse to pay for the support of any or all children of the marriage.

(9.1) Where a court remits a matter pursuant to this section in relation to a spousal support order, the court may make an interim order requiring a spouse to secure or pay, or to secure and pay, such lump sum or periodic sums, or such lump sum and periodic sums, as the court thinks reasonable for the support of the other spouse, pending the making of an order under subsection (7).

(10) The court may make an order under subsection (9) or (9.1) for a definite or indefinite period or until a specified event occurs, and may impose terms, conditions or restrictions in connection with the order as it thinks fit and just.

(11) Les paragraphes 17(4), (4.1) et (6) à (7) s'appliquent, avec les adaptations nécessaires, à une ordonnance rendue au titre des paragraphes (9) ou (9.1) comme s'il s'agissait d'une ordonnance modificative prévue à ces paragraphes.

(12) En rendant l'ordonnance visée au paragraphe (7), le tribunal d'une province:

a) transmet au procureur général de cette province, au tribunal qui a rendu l'ordonnance conditionnelle ainsi qu'au tribunal qui a rendu l'ordonnance alimentaire, dans le cas où ce dernier n'est pas le même que celui qui a rendu l'ordonnance conditionnelle qui s'y rattache, une copie certifiée conforme de l'ordonnance par un juge ou un fonctionnaire du tribunal;

b) ouvre un dossier sur l'ordonnance dans le cas où celle-ci confirme l'ordonnance conditionnelle avec ou sans modification;

c) fait parvenir ses motifs par écrit au tribunal qui a rendu l'ordonnance conditionnelle ainsi qu'au procureur général de cette province, dans le cas où il rend une ordonnance qui confirme l'ordonnance conditionnelle avec modification ou qui refuse de la confirmer.

[L.R.C. (1985), c. 3 (2ᵉ suppl.), a. 19; 1993, c. 8, a. 4; 1997, c. 1, a. 7].

20. (1) Au présent article, « tribunal », dans le cas d'une province, s'entend au sens du paragraphe 2(1). Est compris dans cette définition tout autre tribunal qui a compétence dans la province sur désignation du lieutenant-gouverneur en conseil pour l'application du présent article.

(2) Sous réserve du paragraphe 18(2), une ordonnance rendue au titre des articles 15.1 à 17 ou des paragraphes 19(7), (9) ou (9.1) est valide dans tout le Canada.

(3) Cette ordonnance peut être:

a) soit enregistrée auprès de tout tribunal d'une province et exécutée comme toute autre ordonnance de ce tribunal;

(11) Subsections 17(4), (4.1) and (6) to (7) apply, with such modifications as the circumstances require, in respect of an order made under subsection (9) or (9.1) as if it were a variation order referred to in those subsections.

(12) On making an order under subsection (7), the court in a province shall

(a) send a copy of the order, certified by a judge or officer of the court, to the Attorney General for that province, to the court that made the provisional order and, where that court is not the court that made the support order in respect of which the provisional order was made, to the court that made the support order;

(b) where an order is made confirming the provisional order with or without variation, file the order in the court; and

(c) where an order is made confirming the provisional order with variation or refusing confirmation of the provisional order, give written reasons to the Attorney General for that province and to the court that made the provisional order.

[R.S.C. (1985), c. 3 (2nd suppl.), s. 19; 1993, c. 8, s. 4; 1997, c. 1, s. 7].

20. (1) In this section, "court", in respect of a province, has the meaning assigned by subsection 2(1) and includes such other court having jurisdiction in the province as is designated by the Lieutenant Governor in Council of the province as a court for the purposes of this section.

(2) Subject to subsection 18(2), an order made under any of sections 15.1 to 17 or subsection 19(7), (9) or (9.1) has legal effect throughout Canada.

(3) An order that has legal effect throughout Canada pursuant to subsection (2) may be

(a) registered in any court in a province and enforced in like manner as an order of that court; or

b) soit exécutée dans une province de toute autre façon prévue par ses lois, notamment les lois en matière d'exécution réciproque entre celle-ci et une autorité étrangère.

(4) Par dérogation au paragraphe (3), le tribunal ne peut modifier l'ordonnance visée au paragraphe (2) que conformément à la présente loi.

[L.R.C. (1985), c. 3 (2ᵉ suppl.), a. 20; 1997, c. 1, a. 8].

20.1. (1) La créance alimentaire octroyée par une ordonnance peut être cédée:

a) à un ministre fédéral désigné par le gouverneur en conseil;

b) à un ministre d'une province ou à une administration qui est située dans celle-ci, désigné par le lieutenant-gouverneur en conseil de la province;

c) à un député de l'Assemblée législative du Yukon ou à une administration située dans ce territoire, désigné par le commissaire du Yukon;

d) à un député de l'Assemblée législative des Territoires du Nord-Ouest ou à une administration qui est située dans ces territoires, désigné par le commissaire de ces territoires;

e) à un membre de l'Assemblée législative du Nunavut ou à une administration qui est située dans ce territoire, désigné par le commissaire de ce territoire.

(2) Le ministre, le membre ou l'administration à qui la créance alimentaire octroyée par une ordonnance a été cédée a droit aux montants dus au titre de l'ordonnance et a le droit, dans le cadre des procédures relatives à la modification, l'annulation, la suspension ou l'exécution de l'ordonnance, d'en être avisé ou d'y participer au même titre que la personne qui aurait autrement eu droit à ces montants.

[1997, c. 1, a. 9; 1993, c. 28, a. 78 (ann. III, a. 43.1); 1998, c. 15, a. 23; 2002, c. 7, a. 160; 2014, c. 2, a. 34].

(b) enforced in a province in any other manner provided for by the laws of that province, including its laws respecting reciprocal enforcement between the province and a jurisdiction outside Canada.

(4) Notwithstanding subsection (3), a court may only vary an order that has legal effect throughout Canada pursuant to subsection (2) in accordance with this Act.

[R.S.C. (1985), c. 3 (2nd suppl.), s. 20; 1997, c. 1, s. 8].

20.1. (1) A support order may be assigned to

(a) any minister of the Crown for Canada designated by the Governor in Council;

(b) any minister of the Crown for a province, or any agency in a province, designated by the Lieutenant Governor in Council of the province;

(c) any member of the Legislative Assembly of Yukon, or any agency in Yukon, designated by the Commissioner of Yukon;

(d) any member of the Legislative Assembly of the Northwest Territories, or any agency in the Northwest Territories, designated by the Commissioner of the Northwest Territories; or

(e) any member of the Legislative Assembly of Nunavut, or any agency in Nunavut, designated by the Commissioner of Nunavut.

(2) A minister, member or agency referred to in subsection (1) to whom an order is assigned is entitled to the payments due under the order, and has the same right to be notified of, and to participate in, proceedings under this Act to vary, rescind, suspend or enforce the order as the person who would otherwise be entitled to the payments.

[1993, c. 28, s. 78 (Sch. III, s. 43.1); 1997, c. 1, s. 9; 1998, c. 15, s. 23; 2002, c. 7, s. 160; 2014, c. 2, s. 34].

APPEALS

APPELS

21. (1) Sous réserve des paragraphes (2) et (3), les jugements ou ordonnances rendus par un tribunal en application de la présente loi, qu'ils soient définitifs ou provisoires, sont susceptibles d'appel devant une cour d'appel.

21. (1) Subject to subsections (2) and (3), an appeal lies to the appellate court from any judgment or order, whether final or interim, rendered or made by a court under this Act.

(2) Il ne peut être fait appel d'un jugement qui accorde le divorce à compter du jour où celui-ci prend effet.

(2) No appeal lies from a judgment granting a divorce on or after the day on which the divorce takes effect.

(3) Il ne peut être fait appel d'une ordonnance rendue en vertu de la présente loi plus de trente jours après le jour où elle a été rendue.

(3) No appeal lies from an order made under this Act more than thirty days after the day on which the order was made.

(4) Une cour d'appel ou un de ses juges peuvent, pour des motifs particuliers, et même après son expiration, proroger par ordonnance le délai fixé par le paragraphe (3).

(4) An appellate court or a judge thereof may, on special grounds, either before or after the expiration of the time fixed by subsection (3) for instituting an appeal, by order extend that time.

(5) La cour d'appel saisie peut:

   a) rejeter l'appel;

   b) en faisant droit à l'appel:

      (i) soit rendre le jugement ou l'ordonnance qui auraient dû être rendus, y compris toute ordonnance, différente ou nouvelle, qu'elle estime juste,

      (ii) soit ordonner la tenue d'un nouveau procès lorsqu'elle l'estime nécessaire pour réparer un dommage important ou remédier à une erreur judiciaire.

(5) The appellate court may

   (a) dismiss the appeal; or

   (b) allow the appeal and

      (i) render the judgment or make the order that ought to have been rendered or made, including such order or such further or other order as it deems just, or

      (ii) order a new hearing where it deems it necessary to do so to correct a substantial wrong or miscarriage of justice.

(6) Sauf disposition contraire de la présente loi ou de ses règles ou règlements, l'appel prévu au présent article est formé et instruit, et il en est décidé, selon la procédure habituelle applicable aux appels interjetés devant la cour d'appel contre les décisions du tribunal qui a rendu l'ordonnance ou le jugement frappés d'appel.

[L.R.C. (1985), c. 3 (2ᵉ suppl.), a. 21].

(6) Except as otherwise provided by this Act or the rules or regulations, an appeal under this section shall be asserted, heard and decided according to the ordinary procedure governing appeals to the appellate court from the court rendering the judgment or making the order being appealed.

[R.S.C. (1985), c. 3 (2nd suppl.), s. 21].

21.1. (1) Au présent article, « **époux** » s'entend au sens du paragraphe 2(1) et, en outre, d'un ex-époux.

21.1. (1) In this section, "spouse" has the meaning assigned by subsection 2(1) and includes a former spouse.

(2) Dans le cas d'une action engagée sous le régime de la présente loi, un époux (appelé « signataire » au présent article) peut signifier à l'autre époux et déposer auprès du tribunal un affidavit donnant les renseignements suivants:

a) l'indication du fait que l'autre époux est l'époux du signataire;

b) la date et le lieu de la célébration du mariage, ainsi que la qualité officielle du célébrant;

c) la nature de tout obstacle, dont la suppression dépend de l'autre époux, au remariage du signataire au sein de sa religion;

d) l'indication du fait que le signataire a supprimé, ou a signifié son intention de supprimer, tout obstacle, dont la suppression dépend de lui, au remariage de l'autre époux au sein de sa religion, ainsi que la date et les circonstances de la suppression ou de la signification;

e) l'indication du fait que le signataire a demandé, par écrit, à l'autre époux de supprimer tout obstacle à son remariage au sein de sa religion lorsque cette suppression dépend de ce dernier;

f) la date de la demande visée à l'alinéa e);

g) l'indication du fait que, malgré la demande visée à l'alinéa e), l'autre époux n'a pas supprimé l'obstacle.

(3) Le tribunal peut, aux conditions qu'il estime indiquées, rejeter tout affidavit, demande ou autre acte de procédure déposé par un époux dans le cas suivant:

a) cet époux a eu signification de l'affidavit visé au paragraphe (2) mais n'a pas signifié à son tour au

(2) In any proceedings under this Act, a spouse (in this section referred to as the "deponent") may serve on the other spouse and file with the court an affidavit indicating

(a) that the other spouse is the spouse of the deponent;

(b) the date and place of the marriage, and the official character of the person who solemnized the marriage;

(c) the nature of any barriers to the remarriage of the deponent within the deponent's religion the removal of which is within the other spouse's control;

(d) where there are any barriers to the remarriage of the other spouse within the other spouse's religion the removal of which is within the deponent's control, that the deponent

(i) has removed those barriers, and the date and circumstances of that removal, or

(ii) has signified a willingness to remove those barriers, and the date and circumstances of that signification;

(e) that the deponent has, in writing, requested the other spouse to remove all of the barriers to the remarriage of the deponent within the deponent's religion the removal of which is within the other spouse's control;

(f) the date of the request described in paragraph (e); and

(g) that the other spouse, despite the request described in paragraph (e), has failed to remove all of the barriers referred to in that paragraph.

(3) Where a spouse who has been served with an affidavit under subsection (2) does not

(a) within fifteen days after that affidavit is filed with the court or within such longer period as the court al-

signataire, ni n'a déposé auprès du tribunal, dans les quinze jours suivant le dépôt de cet affidavit ou dans le délai supérieur accordé par le tribunal, un affidavit indiquant que tout obstacle visé à l'alinéa (2)e) a été supprimé;

b) il n'a pas réussi à convaincre le tribunal, selon les modalités complémentaires éventuellement fixées par celui-ci, que tout obstacle a effectivement été supprimé.

lows, serve on the deponent and file with the court an affidavit indicating that all of the barriers referred to in paragraph (2)(e) have been removed, and

(b) satisfy the court, in any additional manner that the court may require, that all of the barriers referred to in paragraph (2)(e) have been removed,

the court may, subject to any terms that the court considers appropriate,

(c) dismiss any application filed by that spouse under this Act, and

(d) strike out any other pleadings and affidavits filed by that spouse under this Act.

(4) Sans préjudice de la portée générale de la faculté d'appréciation que lui confère le paragraphe (3), le tribunal peut refuser d'exercer les pouvoirs octroyés par ce paragraphe dans le cas suivant:

a) l'époux qui a eu signification de l'affidavit visé au paragraphe (2) a signifié à son tour au signataire et déposé auprès du tribunal, dans les quinze jours suivant le dépôt de cet affidavit ou dans le délai supérieur accordé par le tribunal, un affidavit faisant état de motifs sérieux, fondés sur la religion ou la conscience, pour refuser de supprimer tout obstacle visé à l'alinéa (2)e);

b) il a convaincu le tribunal, selon les modalités complémentaires éventuellement fixées par celui-ci, du fait que ces motifs sont valables.

(4) Without limiting the generality of the court's discretion under subsection (3), the court may refuse to exercise its powers under paragraphs (3)(c) and (d) where a spouse who has been served with an affidavit under subsection (2)

(a) within fifteen days after that affidavit is filed with the court or within such longer period as the court allows, serves on the deponent and files with the court an affidavit indicating genuine grounds of a religious or conscientious nature for refusing to remove the barriers referred to in paragraph (2)(e); and

(b) satisfies the court, in any additional manner that the court may require, that the spouse has genuine grounds of a religious or conscientious nature for refusing to remove the barriers referred to in paragraph (2)(e).

(5) Pour être valide, un affidavit déposé par un époux auprès du tribunal doit porter la date de sa signification à l'autre époux.

(5) For the purposes of this section, an affidavit filed with the court by a spouse must, in order to be valid, indicate the date on which it was served on the other spouse.

(6) Le présent article ne s'applique pas aux cas où la suppression des obstacles au re-

(6) This section does not apply where the power to remove the barrier to religious

mariage religieux relève d'une autorité religieuse.

[1990, c. 18, a. 2].

remarriage lies with a religious body or official.

[1990, c. 18, s. 2].

DISPOSITIONS GÉNÉRALES

GENERAL

22. (1) Un divorce prononcé à compter de l'entrée en vigueur de la présente loi, conformément à la loi d'un pays étranger ou d'une de ses subdivisions, par un tribunal ou une autre autorité compétente est reconnu aux fins de déterminer l'état matrimonial au Canada d'une personne donnée, à condition que l'un des ex-époux ait résidé habituellement dans ce pays ou cette subdivision pendant au moins l'année précédant l'introduction de l'instance.

22. (1) A divorce granted, on or after the coming into force of this Act, pursuant to a law of a country or subdivision of a country other than Canada by a tribunal or other authority having jurisdiction to do so shall be recognized for all purposes of determining the marital status in Canada of any person, if either former spouse was ordinarily resident in that country or subdivision for at least one year immediately preceding the commencement of proceedings for the divorce.

(2) Un divorce prononcé après le 1ᵉʳ juillet 1968, conformément à la loi d'un pays étranger ou d'une de ses subdivisions, par un tribunal ou une autre autorité compétente et dont la compétence se rattache au domicile de l'épouse, en ce pays ou cette subdivision, déterminé comme si elle était célibataire, et, si elle est mineure, comme si elle avait atteint l'âge de la majorité, est reconnu aux fins de déterminer l'état matrimonial au Canada d'une personne donnée.

(2) A divorce granted, after July 1, 1968, pursuant to a law of a country or subdivision of a country other than Canada by a tribunal or other authority having jurisdiction to do so, on the basis of the domicile of the wife in that country or subdivision determined as if she were unmarried and, if she was a minor, as if she had attained the age of majority, shall be recognized for all purposes of determining the marital status in Canada of any person.

(3) Le présent article n'a pas pour effet de porter atteinte aux autres règles de droit relatives à la reconnaissance des divorces dont le prononcé ne découle pas de l'application de la présente loi.

[L.R.C. (1985), c. 3 (2ᵉ suppl.), a. 22].

(3) Nothing in this section abrogates or derogates from any other rule of law respecting the recognition of divorces granted otherwise than under this Act.

[R.S.C. (1985), c. 3 (2nd suppl.), s. 22].

23. (1) Sous réserve des autres dispositions de la présente loi ou de toute autre loi fédérale, le droit de la preuve de la province où est exercée une action sous le régime de la présente loi s'applique à cette action, y compris en matière de signification.

23. (1) Subject to this or any other Act of Parliament, the laws of evidence of the province in which any proceedings under this Act are taken, including the laws of proof of service of any document, apply to such proceedings.

(2) Pour l'application du présent article, dans l'éventualité visée au paragraphe 3(3) ou 5(3), l'action renvoyée à la Cour fédérale est réputée introduite dans la province où les époux ou ex-époux ont ou ont eu leurs principales attaches, selon l'avis de la Cour fédérale mentionné dans l'ordre.

(2) For the purposes of this section, where any proceedings are transferred to the Federal Court under subsection 3(3) or 5(3), the proceedings shall be deemed to have been taken in the province specified in the direction of the Court to be the province with which both spouses or former

[L.R.C. (1985), c. 3 (2ᵉ suppl.), a. 23; 2002, c. 8, a. 183].

24. Un document présenté dans le cadre d'une action prévue par la présente loi et censé certifié conforme ou attesté sous serment par un juge ou un fonctionnaire du tribunal fait foi, sauf preuve contraire, de la nomination, de la signature ou de la compétence de ce juge ou fonctionnaire, ou de la personne qui a reçu le serment dans le cas d'un document censé attesté sous serment.

[L.R.C. (1985), c. 3 (2ᵉ suppl.), a. 24].

25. (1) Au présent article, **« autorité compétente »** s'entend, dans le cas du tribunal ou de la cour d'appel d'une province, des organismes, personnes ou groupes de personnes habituellement compétents, sous le régime juridique de la province, pour établir les règles de pratique et de procédure de ce tribunal.

(2) Sous réserve du paragraphe (3), l'autorité compétente peut établir les règles applicables aux actions ou procédures engagées aux termes de la présente loi devant le tribunal ou la cour d'appel d'une province, notamment en ce qui concerne:

    a) la pratique et la procédure devant ce tribunal, y compris la mise en cause de tiers;

    b) l'instruction et le règlement des actions visées par la présente loi sans qu'il soit nécessaire aux parties de présenter leurs éléments de preuve et leur argumentation verbalement;

    b.1) la possibilité de procéder selon l'article 17.1;

    c) les séances du tribunal;

    d) la taxation des frais et l'octroi des dépens;

    e) les attributions des fonctionnaires du tribunal;

spouses, as the case may be, are or have been most substantially connected.

[R.S.C. (1985), c. 3 (2nd suppl.), s. 23; 2002, c. 8, s. 183].

24. A document offered in a proceeding under this Act that purports to be certified or sworn by a judge or an officer of a court shall, unless the contrary is proved, be proof of the appointment, signature or authority of the judge or officer and, in the case of a document purporting to be sworn, of the appointment, signature or authority of the person before whom the document purports to be sworn.

[R.S.C. (1985), c. 3 (2nd suppl.), s. 24].

25. (1) In this section, "competent authority", in respect of a court, or appellate court, in a province means the body, person or group of persons ordinarily competent under the laws of that province to make rules regulating the practice and procedure in that court.

(2) Subject to subsection (3), the competent authority may make rules applicable to any proceedings under this Act in a court, or appellate court, in a province, including, without limiting the generality of the foregoing, rules

    (a) regulating the practice and procedure in the court, including the addition of persons as parties to the proceedings;

    (b) respecting the conduct and disposition of any proceedings under this Act without an oral hearing;

    (b.1) respecting the application of section 17.1 in respect of proceedings for a variation order;

    (c) regulating the sittings of the court;

    (d) respecting the fixing and awarding of costs;

    (e) prescribing and regulating the duties of officers of the court;

f) le renvoi d'actions prévu dans la présente loi entre ce tribunal et un autre;

g) toute autre mesure jugée opportune aux fins de la justice et pour l'application de la présente loi.

(3) Le pouvoir d'établir des règles pour un tribunal ou une cour d'appel conféré par le paragraphe (2) à une autorité compétente s'exerce selon les mêmes modalités et conditions que le pouvoir conféré à cet égard par les lois provinciales.

(4) Les règles établies en vertu du présent article par une autorité compétente qui n'est ni un organisme judiciaire ni un organisme quasi judiciaire sont réputées ne pas être des textes réglementaires au sens et pour l'application de la *Loi sur les textes réglementaires* (L.R.C. (1985), c. S-22).

[L.R.C. (1985), c. 3 (2ᵉ suppl.), a. 25; 1993, c. 8, a. 5].

25.1. (1) Le ministre de la Justice peut, avec l'approbation du gouverneur en conseil, conclure au nom du gouvernement fédéral un accord avec une province autorisant le service provincial des aliments pour enfants désigné dans celui-ci:

a) à aider le tribunal à fixer le montant des aliments pour un enfant;

b) à fixer, à intervalles réguliers, un nouveau montant pour les ordonnances alimentaires au profit d'un enfant en conformité avec les lignes directrices applicables et à la lumière des renseignements à jour sur le revenu.

(2) Sous réserve du paragraphe (5), le nouveau montant de l'ordonnance alimentaire au profit d'un enfant fixé sous le régime du présent article est réputé, à toutes fins utiles, être le montant payable au titre de l'ordonnance.

(3) Le nouveau montant fixé sous le régime du présent article est payable par

(f) respecting the transfer of proceedings under this Act to or from the court; and

(g) prescribing and regulating any other matter considered expedient to attain the ends of justice and carry into effect the purposes and provisions of this Act.

(3) The power to make rules for a court or appellate court conferred by subsection (2) on a competent authority shall be exercised in the like manner and subject to the like terms and conditions, if any, as the power to make rules for that court conferred on that authority by the laws of the province.

(4) Rules made pursuant to this section by a competent authority that is not a judicial or quasi-judicial body shall be deemed not to be statutory instruments within the meaning and for the purposes of the *Statutory Instruments Act*.

[R.S.C. (1985), c. 3 (2nd suppl.), s. 25; 1993, c. 8, s. 5].

25.1. (1) With the approval of the Governor in Council, the Minister of Justice may, on behalf of the Government of Canada, enter into an agreement with a province authorizing a provincial child support service designated in the agreement to

(a) assist courts in the province in the determination of the amount of child support; and

(b) recalculate, at regular intervals, in accordance with the applicable guidelines, the amount of child support orders on the basis of updated income information.

(2) Subject to subsection (5), the amount of a child support order as recalculated pursuant to this section shall for all purposes be deemed to be the amount payable under the child support order.

(3) The former spouse against whom a child support order was made becomes lia-

l'ex-époux visé par l'ordonnance alimentaire au profit d'un enfant trente et un jours après celui où les ex-époux en ont été avisés selon les modalités prévues dans l'accord autorisant la fixation du nouveau montant.

(4) Dans les trente jours suivant celui où ils ont été avisés du nouveau montant, selon les modalités prévues dans l'accord en autorisant la fixation, les ex-époux, ou l'un deux, peuvent demander au tribunal compétent de rendre une ordonnance au titre du paragraphe 17(1).

(5) Dans le cas où une demande est présentée au titre du paragraphe (4), l'application du paragraphe (3) est suspendue dans l'attente d'une décision du tribunal compétent sur la demande, et l'ordonnance alimentaire au profit d'un enfant continue d'avoir effet.

(6) Dans le cas où la demande présentée au titre du paragraphe (4) est retirée avant qu'une décision soit rendue à son égard, le montant payable par l'ex-époux visé par l'ordonnance alimentaire au profit d'un enfant est le nouveau montant fixé sous le régime du présent article et ce à compter du jour où ce montant aurait été payable si la demande n'avait pas été présentée.

[1997, c. 1, a. 10; 1999, c. 31, a. 74].

26. **(1)** Le gouverneur en conseil peut, par règlement, prendre les mesures nécessaires à l'application de la présente loi, notamment:

a) en ce qui concerne la création et la mise en œuvre d'un bureau d'enregistrement des actions en divorce au Canada;

b) en vue d'assurer l'uniformité des règles établies en vertu de l'article 25.

(2) Les règlements pris en vertu du paragraphe (1) en vue d'assurer l'uniformité des règles l'emportent sur celles-ci.

[L.R.C. (1985), c. 3 (2ᵉ suppl.), a. 26].

ble to pay the amount as recalculated pursuant to this section thirty-one days after both former spouses to whom the order relates are notified of the recalculation in the manner provided for in the agreement authorizing the recalculation.

(4) Where either or both former spouses to whom a child support order relates do not agree with the amount of the order as recalculated pursuant to this section, either former spouse may, within thirty days after both former spouses are notified of the recalculation in the manner provided for in the agreement authorizing the recalculation, apply to a court of competent jurisdiction for an order under subsection 17(1).

(5) Where an application is made under subsection (4), the operation of subsection (3) is suspended pending the determination of the application, and the child support order continues in effect.

(6) Where an application made under subsection (4) is withdrawn before the determination of the application, the former spouse against whom the order was made becomes liable to pay the amount as recalculated pursuant to this section on the day on which the former spouse would have become liable had the application not been made.

[1997, c. 1, s. 10].

26. **(1)** The Governor in Council may make regulations for carrying the purposes and provisions of this Act into effect and, without limiting the generality of the foregoing, may make regulations

(a) respecting the establishment and operation of a central registry of divorce proceedings in Canada; and

(b) providing for uniformity in the rules made pursuant to section 25.

(2) Any regulations made pursuant to subsection (1) to provide for uniformity in the rules prevail over those rules.

[R.S.C. (1985), c. 3 (2nd suppl.), s. 26].

26.1. (1) Le gouverneur en conseil peut établir des lignes directrices à l'égard des ordonnances pour les aliments des enfants, notamment pour:

a) régir le mode de détermination du montant des ordonnances pour les aliments des enfants;

b) régir les cas où le tribunal peut exercer son pouvoir discrétionnaire lorsqu'il rend des ordonnances pour les aliments des enfants;

c) autoriser le tribunal à exiger que le montant de l'ordonnance pour les aliments d'un enfant soit payable sous forme de capital ou de pension, ou des deux;

d) autoriser le tribunal à exiger que le montant de l'ordonnance pour les aliments d'un enfant soit versé ou garanti, ou versé et garanti, selon les modalités prévues par l'ordonnance;

e) régir les changements de situation au titre desquels les ordonnances modificatives des ordonnances alimentaires au profit d'un enfant peuvent être rendues;

f) régir la détermination du revenu pour l'application des lignes directrices;

g) autoriser le tribunal à attribuer un revenu pour l'application des lignes directrices;

h) régir la communication de renseignements sur le revenu et prévoir les sanctions afférentes à la non-communication de tels renseignements.

(2) Les lignes directrices doivent être fondées sur le principe que l'obligation financière de subvenir aux besoins des enfants à charge est commune aux époux et qu'elle est répartie entre eux selon leurs ressources respectives permettant de remplir cette obligation.

(3) Pour l'application du paragraphe (1), ordonnance pour les aliments d'un enfant s'entend:

a) de l'ordonnance ou de l'ordonnance provisoire rendue au titre de l'article 15.1;

26.1. (1) The Governor in Council may establish guidelines respecting the making of orders for child support, including, but without limiting the generality of the foregoing, guidelines

(a) respecting the way in which the amount of an order for child support is to be determined;

(b) respecting the circumstances in which discretion may be exercised in the making of an order for child support;

(c) authorizing a court to require that the amount payable under an order for child support be paid in periodic payments, in a lump sum or in a lump sum and periodic payments;

(d) authorizing a court to require that the amount payable under an order for child support be paid or secured, or paid and secured, in the manner specified in the order;

(e) respecting the circumstances that give rise to the making of a variation order in respect of a child support order;

(f) respecting the determination of income for the purposes of the application of the guidelines;

(g) authorizing a court to impute income for the purposes of the application of the guidelines; and

(h) respecting the production of income information and providing for sanctions when that information is not provided.

(2) The guidelines shall be based on the principle that spouses have a joint financial obligation to maintain the children of the marriage in accordance with their relative abilities to contribute to the performance of that obligation.

(3) In subsection (1), "order for child support" means

(a) an order or interim order made under section 15.1;

b) de l'ordonnance modificative de l'ordonnance alimentaire au profit d'un enfant;

c) de l'ordonnance ou de l'ordonnance provisoire rendue au titre de l'article 19.

[1997, c. 1, a. 11].

(b) a variation order in respect of a child support order; or

(c) an order or an interim order made under section 19.

[1997, c. 1, s. 11].

27. (1) Le gouverneur en conseil peut, par décret, autoriser le ministre de la Justice à établir les droits à payer par le bénéficiaire d'un service fourni en vertu de la présente loi ou de ses règlements.

(2) Le ministre de la Justice peut, avec l'approbation du gouverneur en conseil, conclure un accord avec le gouvernement d'une province concernant la perception et le paiement des droits visés au paragraphe (1).

[L.R.C. (1985), c. 3 (2ᵉ suppl.), a. 27].

27. (1) The Governor in Council may, by order, authorize the Minister of Justice to prescribe a fee to be paid by any person to whom a service is provided under this Act or the regulations.

(2) The Minister of Justice may, with the approval of the Governor in Council, enter into an agreement with the government of any province respecting the collection and remittance of any fees prescribed pursuant to subsection (1).

[R.S.C. (1985), c. 3 (2nd suppl.), s. 27].

28. Le ministre de la Justice procède à l'examen détaillé, d'une part, de l'application des lignes directrices fédérales sur les pensions alimentaires pour enfants et, d'autre part, de la détermination des aliments pour enfants. Il dépose son rapport devant chaque chambre du Parlement dans les cinq ans suivant l'entrée en vigueur du présent article.

[L.R.C. (1985), c. 3 (2ᵉ suppl.), a. 228; 1997, c. 1, a. 12].

28. The Minister of Justice shall undertake a comprehensive review of the provisions and operation of the Federal Child Support Guidelines and the determination of child support under this Act and shall cause a report on the review to be laid before each House of Parliament within five years after the coming into force of this section.

[R.S.C. (1985), c. 3 (2nd suppl.), s. 228; 1997, c. 1, s. 12].

29.-31. (*Remplacés*).

[L.R.C. (1985), c. 3 (2ᵉ suppl.), a. 29-31; 1997, c. 1, a. 12].

29.-31. (*Repealed*).

[R.S.C. (1985), c. 3 (2nd suppl.), s. 29-31; 1997, c. 1, s. 12].

DISPOSITIONS TRANSITOIRES

TRANSITIONAL PROVISIONS

32. Toute action peut être engagée sous le régime de la présente loi, même si les faits ou les circonstances qui lui ont donné lieu ou qui déterminent la compétence en l'espèce sont en tout ou partie antérieurs à la date d'entrée en vigueur de cette loi.

[L.R.C. (1985), c. 3 (2ᵉ suppl.), a. 32].

32. Proceedings may be commenced under this Act notwithstanding that the material facts or circumstances giving rise to the proceedings or to jurisdiction over the proceedings occurred wholly or partly before the day on which this Act comes into force.

[R.S.C. (1985), c. 3 (2nd suppl.), s. 32].

33. Les actions engagées sous le régime de la *Loi sur le divorce*, chapitre D-8 des Statuts revisés du Canada de 1970, avant la date d'entrée en vigueur de la présente loi et sur lesquelles il n'a pas été définitivement statué avant cette date sont instruites, et il en est décidé, conformément à la loi précitée, en son état avant la même date, comme si elle n'avait pas été abrogée.

[L.R.C. (1985), c. 3 (2ᵉ suppl.), a. 33].

34. (1) Sous réserve du paragraphe (1.1), toute ordonnance rendue en vertu du paragraphe 11(1) de la *Loi sur le divorce*, chapitre D-8 des Statuts revisés du Canada de 1970, y compris une ordonnance rendue en vertu de l'article 33 de la présente loi, ainsi que toute ordonnance de même effet rendue accessoirement à un jugement de divorce prononcé au Canada avant le 2 juillet 1968 ou prononcé le 2 juillet 1968 ou après cette date conformément au paragraphe 22(2) de la loi précitée, peut être modifiée, suspendue, annulée ou exécutée conformément aux articles 17 à 20, à l'exclusion du paragraphe 17(10), de la présente loi comme:

> a) s'il s'agissait d'une ordonnance alimentaire ou de garde, selon le cas;
>
> b) si, aux paragraphes 17(4), (4.1) et (5), les mots « ou de la dernière ordonnance rendue en vertu du paragraphe 11(2) de la *Loi sur le divorce*, chapitre D-8 des Statuts revisés du Canada de 1970, aux fins de modifier cette ordonnance » étaient insérés avant les mots « ou de la dernière ordonnance modificative de celle-ci ».

(1.1) Dans le cas où une demande est présentée au titre du paragraphe 17(1), en vue de modifier l'ordonnance visée au paragraphe (1) qui prévoit un seul montant pour les aliments d'un ou de plusieurs enfants et d'un ex-époux, le tribunal annule l'ordonnance et applique les règles applicables à la demande relative à l'ordonnance alimentaire au profit d'un enfant et à

33. Proceedings commenced under the *Divorce Act*, chapter D-8 of the Revised Statutes of Canada, 1970, before the day on which this Act comes into force and not finally disposed of before that day shall be dealt with and disposed of in accordance with that Act as it read immediately before that day, as though it had not been repealed.

[R.S.C. (1985), c. 3 (2nd suppl.), s. 33].

34. (1) Subject to subsection (1.1), any order made under subsection 11(1) of the *Divorce Act*, chapter D-8 of the Revised Statutes of Canada, 1970, including any order made pursuant to section 33 of this Act, and any order to the like effect made corollary to a decree of divorce granted in Canada before July 2, 1968 or granted on or after that day pursuant to subsection 22(2) of that Act may be varied, rescinded, suspended or enforced in accordance with sections 17 to 20, other than subsection 17(10), of this Act as if

> (a) the order were a support order or custody order, as the case may be; and
>
> (b) in subsections 17(4), (4.1) and (5), the words "or the last order made under subsection 11(2) of the *Divorce Act*, chapter D-8 of the Revised Statutes of Canada, 1970, varying that order" were added immediately before the words "or the last variation order made in respect of that order".

(1.1) Where an application is made under subsection 17(1) to vary an order referred to in subsection (1) that provides a single amount of money for the combined support of one or more children and a former spouse, the court shall rescind the order and treat the application as an application for a child support order and an application for a spousal support order.

la demande relative à l'ordonnance alimentaire au profit d'un époux.

(2) Toute ordonnance rendue en vertu de l'article 10 de la *Loi sur le divorce*, chapitre D-8 des Statuts revisés du Canada de 1970, y compris une ordonnance rendue en vertu de l'article 33 de la présente loi, peut être exécutée en conformité avec l'article 20 de la présente loi comme s'il s'agissait d'une ordonnance rendue en vertu des paragraphes 15.1(1) ou 15.2(1) ou de l'article 16, selon le cas.

(3) Les créances octroyées par toute ordonnance rendue conformément aux articles 10 ou 11 de la *Loi sur le divorce*, chapitre D-8 des Statuts revisés du Canada de 1970, pour l'entretien d'un époux ou d'un enfant du mariage, y compris une ordonnance rendue en vertu de l'article 33 de la présente loi, ainsi que toute ordonnance de même effet rendue accessoirement à un jugement de divorce prononcé au Canada avant le 2 juillet 1968 ou prononcé le 2 juillet 1968 ou après cette date conformément au paragraphe 22(2) de la loi précitée, peuvent être cédées à un ministre, un membre ou une administration désigné suivant les termes de l'article 20.1.

[L.R.C. (1985), c. 3 (2ᵉ suppl.), a. 34; 1997, c. 1, a. 14].

35. Les règles et règlements d'application de la *Loi sur le divorce*, chapitre D-8 des Statuts revisés du Canada de 1970, ainsi que les autres lois ou leurs règles, leurs règlements ou tout autre texte d'application, portant sur l'une ou l'autre des questions visées au paragraphe 25(2) et en application au Canada ou dans une province avant la date d'entrée en vigueur de la présente loi, demeurent, dans la mesure de leur compatibilité avec la présente loi, en vigueur comme s'ils avaient été édictés aux termes de celle-ci jusqu'à ce qu'ils soient modifiés ou abrogés dans le cadre de la présente loi ou qu'ils deviennent inapplicables du fait de leur incompatibilité avec de nouvelles dispositions.

[L.R.C. (1985), c. 3 (2ᵉ suppl.), a. 35].

(2) Any order made under section 10 of the *Divorce Act*, chapter D-8 of the Revised Statutes of Canada, 1970, including any order made pursuant to section 33 of this Act, may be enforced in accordance with section 20 of this Act as if it were an order made under subsection 15.1(1) or 15.2(1) or section 16 of this Act, as the case may be.

(3) Any order for the maintenance of a spouse or child of the marriage made under section 10 or 11 of the *Divorce Act*, chapter D-8 of the Revised Statutes of Canada, 1970, including any order made pursuant to section 33 of this Act, and any order to the like effect made corollary to a decree of divorce granted in Canada before July 2, 1968 or granted on or after that day pursuant to subsection 22(2) of that Act may be assigned to any minister, member or agency designated pursuant to section 20.1.

[R.S.C. (1985), c. 3 (2nd suppl.), s. 34; 1997, c. 1, s. 14].

35. The rules and regulations made under the *Divorce Act*, chapter D-8 of the Revised Statutes of Canada, 1970, and the provisions of any other law or of any rule, regulation or other instrument made thereunder respecting any matter in relation to which rules may be made under subsection 25(2) that were in force in Canada or any province immediately before the day on which this Act comes into force and that are not inconsistent with this Act continue in force as though made or enacted by or under this Act until they are repealed or altered by rules or regulations made under this Act or are, by virtue of the making of rules or regulations under this Act, rendered inconsistent with those rules or regulations.

[R.S.C. (1985), c. 3 (2nd suppl.), s. 35].

Loi sur le divorce, L.R. c. 3 (2ᵉ suppl.)

Divorce Act, R.S. 1985, c. 3 (2nd Supp.)

35.1. (1) Sous réserve du paragraphe (2), l'ordonnance alimentaire rendue au titre de la présente loi avant l'entrée en vigueur du présent article peut être modifiée, suspendue, annulée ou exécutée conformément aux articles 17 à 20 comme s'il s'agissait d'une ordonnance alimentaire au profit d'un enfant ou d'une ordonnance alimentaire au profit d'un époux, selon le cas.

(2) Dans le cas où une demande est présentée au titre du paragraphe 17(1), en vue de modifier une ordonnance alimentaire rendue au titre de la présente loi avant l'entrée en vigueur du présent article qui prévoit un seul montant pour les aliments d'un ou de plusieurs enfants et d'un ex-époux, le tribunal annule l'ordonnance et applique les règles applicables à la demande relative à l'ordonnance alimentaire au profit d'un enfant et à la demande relative à l'ordonnance alimentaire au profit d'un époux.

(3) Les créances octroyées par toute ordonnance alimentaire rendue au titre de la présente loi avant l'entrée en vigueur du présent article peuvent être cédées à un ministre, un membre ou une administration désigné suivant les termes de l'article 20.1.

[1997, c. 1, a. 15].

35.1. (1) Subject to subsection (2), any support order made under this Act before the coming into force of this section may be varied, rescinded, suspended or enforced in accordance with sections 17 to 20 as if the support order were a child support order or a spousal support order, as the case may be.

(2) Where an application is made under subsection 17(1) to vary a support order made under this Act before the coming into force of this section that provides for the combined support of one or more children and a former spouse, the court shall rescind the order and treat the application as an application for a child support order and an application for a spousal support order.

(3) Any support order made under this Act before the coming into force of this section may be assigned to any minister, member or agency designated pursuant to section 20.1.

[1997, c. 1, s. 15].

ENTRÉE EN VIGUEUR

COMMENCEMENT

36. (*Omis*).

[L.R.C. (1985), c. 3 (2ᵉ suppl.), a. 36].

36. (*Omitted*).

[R.S.C. (1985), c. 3 (2nd suppl.), s. 36].

LOI Nº 1 VISANT À HARMONISER LE DROIT FÉDÉRAL AVEC LE DROIT CIVIL DE LA PROVINCE DE QUÉBEC ET MODIFIANT CERTAINES LOIS POUR QUE CHAQUE VERSION LINGUISTIQUE TIENNE COMPTE DU DROIT CIVIL ET DE LA COMMON LAW,

L.C. 2001, c. C-4 (Extraits)

A FIRST ACT TO HARMONIZE FEDERAL LAW WITH THE CIVIL LAW OF THE PROVINCE OF QUEBEC AND TO AMEND CERTAIN ACTS IN ORDER TO ENSURE THAT EACH LANGUAGE VERSION TAKES INTO ACCOUNT THE COMMON LAW AND THE CIVIL LAW,

R.C. 2001, c. C-4 (Extracts)

Préambule

Attendu :

que tous les Canadiens doivent avoir accès à une législation fédérale conforme aux traditions de droit civil et de common law;

que la tradition de droit civil de la province de Québec, qui trouve sa principale expression dans le *Code civil du Québec*, témoigne du caractère unique de la société québécoise;

qu'une interaction harmonieuse de la législation fédérale et de la législation provinciale s'impose et passe par une interprétation de la législation fédérale qui soit compatible avec la tradition de droit civil ou de common law, selon le cas;

que le plein épanouissement de nos deux

Preamble

Whereas all Canadians are entitled to access to federal legislation in keeping with the common law and civil law traditions;

Whereas the civil law tradition of the Province of Quebec, which finds its principal expression in the *Civil Code of Québec*, reflects the unique character of Quebec society;

Whereas the harmonious interaction of federal legislation and provincial legislation is essential and lies in an interpretation of federal legislation that is compatible with the common law or civil law traditions, as the case may be;

Whereas the full development of our two major legal traditions gives Canadians enhanced opportunities worldwide and facili-

grandes traditions juridiques offre aux Canadiens des possibilités accrues de par le monde et facilite les échanges avec la grande majorité des autres pays;

que, sauf règle de droit s'y opposant, le droit provincial en matière de propriété et de droits civils est le droit supplétif pour ce qui est de l'application de la législation fédérale dans les provinces;

que le gouvernement du Canada a pour objectif de faciliter l'accès à une législation fédérale qui tienne compte, dans ses versions française et anglaise, des traditions de droit civil et de common law;

qu'en conséquence, le gouvernement du Canada a institué un programme d'harmonisation de la législation fédérale avec le droit civil de la province de Québec pour que chaque version linguistique tienne compte des traditions de droit civil et de common law,

Sa Majesté, sur l'avis et avec le consentement du Sénat et de la Chambre des communes du Canada, édicte :

tates exchanges with the vast majority of other countries;

Whereas the provincial law, in relation property and civil rights, is the law that completes federal legislation when applied in province, unless otherwise provided by law;

Whereas the objective of the Government of Canada is to facilitate access to federal legislation that takes into account the common law and civil law traditions, in its English and French versions;

And whereas the Government of Canada has established a harmonization program federal legislation with the civil law of the Province of Quebec to ensure that each language version takes into account the common law and civil law traditions;

Now, therefore, Her Majesty, by and with the advice and consent of the Senate and House of Commons of Canada, enacts as follows :

TITRE ABRÉGÉ

1. *Loi d'harmonisation nº 1 du droit fédéral avec le droit civil.*

SHORT TITLE

1. This Act may be cited as the *Federal Law-Civil Law Harmonization Act, No. 1.*

PARTIE I ——
DROIT FÉDÉRAL ET DROIT CIVIL DE LA PROVINCE DE QUÉBEC

PART I ——
FEDERAL LAW AND CIVIL LAW OF THE PROVINCE OF QUEBEC

Titre

2. Titre de la présente partie : *Loi sur le droit fédéral et le droit civil de la province de Québec.*

Title

2. This Part may be cited as the *Federal Law and Civil Law of the Province of Quebec Act.*

Code civil du Bas Canada

3. (1) Sont abrogées les dispositions du *Code civil du Bas Canada*, adopté par le chapitre 41 des Lois de 1865 de la législature de la province du Canada intitulé *Acte*

Civil Code of Lower Canada

3. (1) The provisions of the *Civil Code of Lower Canada*, adopted by chapter 41 of the Acts of 1865 of the legislature of the Province of Canada, entitled *An Act re-*

concernant le *Code civil du Bas Canada*, qui portent sur une matière relevant de la compétence du Parlement et qui n'ont pas fait l'objet d'une abrogation expresse.

(2) La *Loi d'interprétation* s'applique à l'abrogation prévue au paragraphe (1).

specting the *Civil Code of Lower Canada*, are repealed in so far as they relate to subjects that fall within the legislative competence of Parliament and have not been expressly repealed.

(2) The *Interpretation Act* applies to the repeal referred to in subsection (1).

Mariage

Marriage

4. Les articles 5 à 7, qui s'appliquent uniquement dans la province de Québec, s'interprètent comme s'ils faisaient partie intégrante du *Code civil du Québec*.

4. Sections 5 to 7, which apply solely in the Province of Quebec, are to be interpreted as though they formed part of the *Civil Code of Québec*.

5. Le mariage requiert le consentement libre et éclairé de deux personnes à se prendre mutuellement pour époux.

[2005, c. 33, a. 9].

5. Marriage requires the free and enlightened consent of two persons to be the spouse of each other.

[2005, c. 33, s. 9].

6. Nul ne peut contracter mariage avant d'avoir atteint l'âge de seize ans.

6. No person who is under the age of sixteen years may contract marriage.

7. Nul ne peut contracter un nouveau mariage avant que tout mariage antérieur ait été dissous par le décès ou le divorce ou frappé de nullité.

7. No person may contract a new marriage until every previous marriage has been dissolved by death or by divorce or declared null.

PARTIE II —— MODIFICATION DE LA LOI D'INTERPRÉTATION

PART II —— AMENDMENTS TO THE INTERPRETATION ACT

8. La *Loi d'interprétation* est modifiée par adjonction, après l'intertitre « RÈGLES D'INTERPRÉTATION », avant l'article 9, de ce qui suit :

8. The *Interpretation Act* is amended by adding the following after the heading "RULES OF CONSTRUCTION" before section 9 :

Propriété et droits civils

Property and Civil Rights

8.1. Le droit civil et la common law font pareillement autorité et sont tous deux sources de droit en matière de propriété et de droits civils au Canada et, s'il est nécessaire de recourir à des règles, principes ou notions appartenant au domaine de la propriété et des droits civils en vue d'assurer l'application d'un texte dans une province, il faut, sauf règle de droit s'y opposant, avoir recours aux règles, principes et no-

8.1 Both the common law and the civil law are equally authoritative and recognized sources of the law of property and civil rights in Canada and, unless otherwise provided by law, if in interpreting an enactment it is necessary to refer to a province's rules, principles or concepts forming part of the law of property and civil rights, reference must be made to the rules, principles and concepts in force in

tions en vigueur dans cette province au moment de l'application du texte.

8.2. Sauf règle de droit s'y opposant, est entendu dans un sens compatible avec le système juridique de la province d'application le texte qui emploie à la fois des termes propres au droit civil de la province de Québec et des termes propres à la common law des autres provinces, ou qui emploie des termes qui ont un sens différent dans l'un et l'autre de ces systèmes.

the province at the time the enactment is being applied.

8.2 Unless otherwise provided by law, when an enactment contains both civil law and common law terminology, or terminology that has a different meaning in the civil law and the common law, the civil law terminology or meaning is to be adopted in the Province of Quebec and the common law terminology or meaning is to be adopted in the other provinces.

PARTIE III

[...]

PART III

[...]

LOI CONCERNANT LES DROITS SUR LES MUTATIONS IMMOBILIÈRES,

RLRQ, c. D-15.1

AN ACT RESPECTING DUTIES ON TRANSFERS OF IMMOVABLES,

CQLR, c. D-15.1

Chapitre I — Interprétation	Chapitre I — Interpretation

1. Dans la présente loi et dans les règlements, à moins que le contexte n'indique un sens différent, on entend par:

« **contrepartie** » notamment,

a) la valeur de tout bien fourni par le cessionnaire à l'occasion d'un transfert;

b) le numéraire;

c) les priorités, de même que les hypothèques et autres charges grevant un bien au moment du transfert;

d) le montant de la partie de la dette, en capital, intérêts et frais, qui est éteinte lorsqu'un créancier acquiert le droit de propriété d'un bien en conséquence d'une sûreté réelle gre-

1. In this Act and in the regulations, unless the context indicates a different meaning,

"**consideration**" includes:

(a) the value of any property furnished by the transferee at the time of a transfer;

(b) money payment;

(c) the prior claims, hypothecs and other charges encumbering a property at the time of the transfer;

(d) the amount, in capital, interest and outlays, of that portion of the debt which is extinguished when a creditor acquires the right of ownership on a property as the consequence of a real security encumber-

vant le bien en sa faveur, sauf quant aux taxes municipales et scolaires;

e) (*abrogé*);

f) (*abrogé*);

« **droit de mutation** » le droit prévu à l'article 2;

« **municipalité** » une municipalité locale;

« **organisme public** »:

a) un gouvernement;

b) une municipalité locale ou une municipalité régionale de comté;

c) une personne morale de droit public dont le conseil, quant à la majorité de ses membres, est formé d'un collège d'élus municipaux, ou dont le budget, selon la loi, est soumis à un tel collège;

d) une personne morale de droit public de l'un des organismes mentionnés aux paragraphes *a*, *b* et *c*, et qui est désignée par règlement;

e) une commission scolaire;

« **personne** » une personne ainsi qu'une fiducie, une société, une association, un syndicat et tout autre groupement de quelque nature que ce soit;

« **règlement** » un règlement adopté par le gouvernement en vertu de la présente loi;

« **transfert** » le transfert du droit de propriété d'un bien, l'établissement d'une emphytéose et la cession des droits de l'emphytéote, ainsi que le contrat de louage d'un bien, pourvu que la période qui court à compter de la date du transfert jusqu'à celle de l'arrivée du terme du contrat de louage, y compris toute prolongation ou tout renouvellement y mentionné, excède 40 ans; le mot transfert ne comprend pas le transfert fait dans le seul but de garantir le

ing the property in his favour, except with regard to municipal and school taxes;

(e) (*repealed*);

(f) (*repealed*);

"**transfer duties**" means the duties provided for in section 2;

"**municipality**" means a local municipality;

"**public body**" means

(a) a government;

(b) a local municipality or a regional county municipality;

(c) a legal person established in the public interest whose council is composed, as to the majority of its members, of a body of elected municipal representatives, or whose budget is submitted to such a body in accordance with the law;

(d) a legal person established in the public interest of one of the bodies mentioned in paragraphs *a*, *b* and *c*, designated by regulation;

(e) a school board;

"**person**" means a person and a trust, partnership, association, syndicate and any other group of any kind whatever;

"**regulation**" means a regulation made by the Government under this Act;

"**transfer**" means the transfer of the right of ownership on a property, the establishment of emphyteusis and the transfer of the rights of the emphyteutic lessee as well as a contract of lease of a property, provided the period running from the date of transfer to the expiry of the term of the contract of lease, including any extension or renewal mentioned therein, exceeds 40

paiement d'une dette ni la rétrocession faite par le créancier.

[1976, c. 30, a. 1; 1988, c. 19, a. 257; 1991, c. 32, a. 232; 1992, c. 57, a. 624; 1993, c. 78, a. 19; 1999, c. 40, a. 112; 2000, c. 54, a. 33].

1.0.1. Lorsqu'il y a transfert à la fois, d'une part, d'un immeuble corporel et, d'autre part, de meubles qui sont, à demeure, matériellement attachés ou réunis à l'immeuble, sans perdre leur individualité et sans y être incorporés, et qui, dans l'immeuble, servent à l'exploitation d'une entreprise ou à la poursuite d'activités, le mot « immeuble » vise, dans toute disposition de la présente loi autre que le paragraphe *a* de l'article 5 et l'article 9 et dans tout texte d'application d'une telle disposition, l'ensemble formé par l'immeuble et les meubles.

[1993, c. 78, a. 20].

1.1. Pour l'application de la présente loi, lorsqu'un immeuble constitue, au moment de son transfert, une unité d'évaluation inscrite au rôle d'évaluation foncière de la municipalité ou une partie d'une telle unité dont la valeur est distinctement inscrite au rôle, sa valeur marchande est le produit que l'on obtient en multipliant la valeur inscrite au rôle de l'unité ou de sa partie correspondant à l'immeuble cédé, selon le cas, par le facteur du rôle établi conformément à l'article 264 de la *Loi sur la fiscalité municipale* (chapitre F-2.1).

[1991, c. 32, a. 233].

Chapitre II ——
Assujettissement au droit de mutation et procédure

2. Toute municipalité doit percevoir un droit sur le transfert de tout immeuble situé sur son territoire, calculé en fonction de la base d'imposition établie conformément au deuxième alinéa, selon les taux suivants:

1° sur la tranche de la base d'imposition qui n'excède pas 50 000 $: 0,5 %;

years; the word "transfer" does not include transfer for the purpose only of securing a debt, nor reconveyance by the creditor.

[1976, c. 30, s. 1; 1988, c. 19, s. 257; 1991, c. 32, s. 232; 1992, c. 57, s. 624; 1993, c. 78, s. 19; 1999, c. 40, s. 112; 2000, c. 54, s. 33].

1.0.1. In the case of a transfer of both corporeal property and movables which are permanently physically attached or joined to an immovable without losing their individuality and without being incorporated with the immovable and which, in the immovable, are used for the operation of an enterprise or for the carrying on of activities, the word "immovable" refers, in all provisions of this Act except paragraph a of section 5 and section 9, and in all statutory instruments thereunder, to the aggregate of the immovable and movables.

[1993, c. 78, s. 20].

1.1. For the purposes of this Act, where an immovable constitutes, at the time of its transfer, a unit of assessment entered on the property assessment roll of a municipality or part of such a unit the value of which is separately entered on the roll, its market value shall be the product obtained by multiplying the value entered on the roll for the unit or part corresponding to the transferred immovable, as the case may be, by the factor of the roll established in accordance with section 264 of the *Act respecting municipal taxation* (chapter F-2.1).

[1991, c. 32, s. 233; 1999, c. 40, s. 112].

Chapitre II ——
Liability for transfer duties and procedure

2. Every municipality must collect duties on the transfer of any immovable situated within its territory, computed in relation to the basis of imposition established in accordance with the second paragraph, according to the following rates:

(1) on that part of the basis of imposition which does not exceed $50,000: 0.5%;

2° sur la tranche de la base d'imposition qui excède 50 000 $ sans excéder 250 000 $: 1 %;

3° sur la tranche de la base d'imposition qui excède 250 000 $: 1,5 %.

La base d'imposition du droit de mutation est le plus élevé parmi les montants suivants:

1° le montant de la contrepartie fournie pour le transfert de l'immeuble;

2° le montant de la contrepartie stipulée pour le transfert de l'immeuble;

3° le montant de la valeur marchande de l'immeuble au moment de son transfert.

Toutefois, pour calculer le droit sur le transfert d'un immeuble situé entièrement sur son territoire, la Ville de Montréal peut, par règlement, fixer un taux supérieur à celui prévu au paragraphe 3° du premier alinéa pour toute tranche de la base d'imposition qui excède 500 000 $.

[1976, c. 30, a. 2; 1991, c. 32, a. 234; 1993, c. 78, a. 21; 2008, c. 19, a. 15].

3. Le greffier ou secrétaire-trésorier de la municipalité doit transmettre, à l'Officier de la publicité foncière, un avis indiquant la personne ou le service désigné par la municipalité pour l'application de l'article 10.

[1976, c. 30, a. 3; 1991, c. 32, a. 234; 1993, c. 78, a. 22; 2000, c. 42, a. 157].

4. Le cessionnaire de l'immeuble dont il y a transfert est tenu au paiement du droit de mutation à la municipalité.

Si le transfert est fait à plusieurs cessionnaires, ceux-ci sont solidairement tenus au paiement du droit de mutation.

Si le transfert est fait pour partie à un cessionnaire qui est exonéré du droit de mutation et pour partie à un autre cessionnaire qui ne l'est pas, ce dernier n'est tenu au paiement du droit de mutation que sur la portion de la base d'imposition qui correspond à la partie du transfert qui lui est faite.

[1976, c. 30, a. 4; 1993, c. 78, a. 23].

(2) on that part of the basis of imposition which is in excess of $50,000 but does not exceed $250,000: 1%;

(3) on that part of the basis of imposition which exceeds $250,000: 1.5%.

The basis of imposition for transfer duties shall be the greatest of the following amounts:

(1) the amount of the consideration furnished for the transfer of the immovable;

(2) the amount of the consideration stipulated for the transfer of the immovable;

(3) the amount of the market value of the immovable at the time of its transfer.

However, to calculate the duties on the transfer of an immovable situated entirely within its territory, Ville de Montréal may, by by-law, set a rate higher than that provided for in subparagraph 3 of the first paragraph for any part of the basis of imposition which exceeds $500,000.

[1976, c. 30, s. 2; 1991, c. 32, s. 234; 1993, c. 78, s. 21; 2008, c. 19, s. 15].

3. The clerk or the secretary-treasurer of the municipality must send a notice to the Land Registrar indicating the name of the person or service designated by the municipality for the purposes of section 10.

[1976, c. 30, s. 3; 1991, c. 32, s. 234; 2000, c. 42, s. 157].

4. The transferee of the immovable transferred shall be liable for payment of the transfer duties to the municipality.

Where the transfer is made to several transferees, they shall be jointly and severally liable for the payment of the transfer duties.

Where the transfer is made in part to a transferee exempt from the payment of duties and in part to another transferee who is not exempt, the latter is required to pay the duties on that portion only of the basis of imposition which corresponds to the part of the transfer made to him.

[1976, c. 30, s. 4; 1993, c. 78, s. 23].

5. Le cédant est solidairement tenu au paiement du droit de mutation avec le cessionnaire dans les cas suivants:

a) si le montant de la contrepartie fournie par le cessionnaire pour le transfert de l'immeuble excède celui qui est mentionné dans la réquisition d'inscription conformément au paragraphe *e* du premier alinéa de l'article 9;

a.1) si le montant de la contrepartie fournie par le cessionnaire pour le transfert de meubles visés à l'article 1.0.1 excède celui qui est mentionné dans la déclaration prévue au deuxième alinéa de l'article 9;

b) si le cédant commet une infraction visée à l'article 23.

[1976, c. 30, a. 5; 1993, c. 78, a. 24].

6. Le droit de mutation est dû à compter de l'inscription du transfert.

[1976, c. 30, a. 6; 1993, c. 78, a. 25].

7. Lorsqu'un immeuble dont il y a transfert est situé sur le territoire de plus d'une municipalité, un seul droit de mutation est dû pour l'ensemble des municipalités intéressées, qui se le partagent en fonction de la base d'imposition attribuable au territoire de chaque municipalité visée. Le parfait paiement du droit à l'une quelconque de ces municipalités libère le débiteur à l'égard de toutes ces municipalités. Ces dernières peuvent exercer solidairement le recours prévu à l'article 16.

[1976, c. 30, a. 7; 1991, c. 32, a. 235; 1996, c. 2, a. 655; 1999, c. 90, a. 21].

8. 1. La valeur de la contrepartie fournie par le cessionnaire lors d'un transfert d'immeuble acquis en remplacement d'un droit immobilier qu'il a cédé lors d'une expropriation ou qu'il a cédé à une personne à la suite d'un avis d'expropriation donné par cette dernière, doit être diminuée, aux fins du calcul du droit de mutation, d'un montant égal au produit de

5. The transferor shall be jointly and severally liable for payment of the transfer duties with the transferee in the following cases:

(a) if the amount of the consideration furnished by the transferee for the transfer of the immovable exceeds the amount mentioned in the application for registration in accordance with subparagraph *e* of the first paragraph of section 9;

(a.1) if the amount of the consideration furnished by the transferee for the transfer of movables referred to in section 1.0.1 exceeds the amount mentioned in the declaration provided for in the second paragraph of section 9;

(b) if the transferor is guilty of an offence under section 23.

[1976, c. 30, s. 5; 1993, c. 78, s. 24].

6. Transfer duties are payable from the registration of the transfer.

[1976, c. 30, s. 6; 1993, c. 78, s. 25].

7. Where an immovable being transferred is situated in the territory of two or more municipalities, transfer duties shall be payable only once and shall be shared by all the interested municipalities according to the basis of imposition attributable to the territory of each municipality concerned. Payment in full of the duties to any of such municipalities discharges the debtor in respect of all such municipalities. The municipalities may exercise jointly and severally the recourse provided for in section 16.

[1976, c. 30, s. 7; 1991, c. 32, s. 235; 1996, c. 2, s. 655; 1999, c. 90, s. 21].

8. 1° The value of the consideration furnished by the transferee for the transfer of an immovable acquired in replacement of an immovable right conveyed by him at the time of an expropriation or which he conveyed to a person pursuant to a notice of expropriation from such person, must be reduced, for the purposes of computing the transfer duties, by an amount equal to

l'aliénation qui peut raisonnablement être attribué à ce droit immobilier.

2. La diminution visée au paragraphe 1 n'a lieu que si:

a) l'immeuble acquis en remplacement est affecté à des fins similaires à celles du droit immobilier remplacé; et

b) l'immeuble acquis en remplacement est acquis avant la fin de la deuxième année suivant:

(i) le jour du transfert du droit immobilier remplacé, ou

(ii) si le droit immobilier a été exproprié, le premier en date des jours suivants:

A) le jour où le cessionnaire a convenu d'une indemnité finale pour le droit immobilier;

B) lorsqu'une réclamation ou autre procédure a été produite devant un tribunal compétent, le jour où l'indemnité est définitivement établie par ce tribunal;

C) lorsqu'une réclamation ou autre procédure mentionnée au sous-paragraphe *B* n'a pas été produite dans les deux ans de l'événement donnant lieu à l'indemnité, le jour du deuxième anniversaire de cet événement.

3. La diminution visée au paragraphe 1 ne s'applique pas si le droit immobilier remplacé était destiné à des fins spéculatives.

[1976, c. 30, a. 8].

8.1. Malgré toute disposition au contraire, la base d'imposition du droit de mutation, dans le cas d'un transfert effectué dans l'exercice du droit de retrait d'un immeuble vendu pour taxes, est le montant qui a été payé pour exercer ce droit.

[1978, c. 61, a. 1; 1994, c. 30, a. 98].

the proceeds of disposition which may reasonably be attributed to such immovable right.

2° The reduction contemplated in subsection 1 shall not be made unless:

(a) the immovable acquired as a replacement is used for purposes similar to those of the replaced immovable right; and

(b) the immovable acquired as a replacement is acquired before the end of the second year following

(i) the day of the transfer of the replaced immovable right, or

(ii) if the immovable right was expropriated, the first of the following days:

(A) the day the transferee has agreed to an amount as full compensation for that immovable right;

(B) where a claim or other proceeding has been taken before a tribunal of competent jurisdiction, the day on which the amount of the compensation is finally determined by that tribunal;

(C) where a claim or other proceeding referred to in subparagraph *B* has not been taken within two years after the event giving rise to compensation, the day that is two years following the day of that event.

3° The reduction contemplated in subsection 1 does not apply if the replaced immovable right was intended for purposes of speculation.

[1976, c. 30, s. 8].

8.1. Notwithstanding any contrary provision, the basis of imposition for transfer duties in the case of a transfer made in the exercise of the right of redemption of an immovable sold for taxes is the amount which has been paid for the exercise of such right.

[1978, c. 61, s. 1; 1994, c. 30, s. 98].

9. La réquisition d'inscription d'un transfert doit contenir les mentions suivantes:

a) le nom du cédant et du cessionnaire;

b) l'adresse de la résidence principale du cédant;

c) l'adresse de la résidence principale du cessionnaire;

d) le nom de la municipalité sur le territoire de laquelle est situé l'immeuble, lorsque celui-ci n'est pas immatriculé;

e) le montant de la contrepartie pour le transfert de l'immeuble, selon le cédant et le cessionnaire;

e.1) le montant constituant la base d'imposition du droit de mutation, selon le cédant et le cessionnaire, et, le cas échéant, la portion de cette base qui est visée au troisième alinéa de l'article 4;

f) le montant du droit de mutation;

g) le cas échéant, la disposition de l'un ou l'autre des articles 17 à 20 en vertu de laquelle, selon le cessionnaire, celui-ci est exonéré du paiement du droit de mutation;

h) toute autre mention prescrite par règlement.

La réquisition doit, en outre, indiquer s'il y a ou non transfert à la fois d'un immeuble corporel et de meubles visés à l'article 1.0.1. Le cas échéant, elle contient également les mentions prévues aux paragraphes *e*) à *h*) du premier alinéa à l'égard de l'ensemble des meubles visés à l'article 1.0.1 qui sont transférés avec l'immeuble.

[1976, c. 30, a. 9; 1991, c. 32, a. 236; 1993, c. 78, a. 26; 2000, c. 42, a. 158].

9.1. (*Abrogé*).

[2000, c. 42, a. 159].

9.2. L'officier de la publicité des droits doit refuser d'inscrire un transfert s'il constate que la réquisition d'inscription ne

9. The application for registration of a transfer must contain the following particulars:

(a) the names of the transferor and of the transferee;

(b) the address of the principal residence of the transferor;

(c) the address of the principal residence of the tranferee;

(d) the name of the municipality in the territory of which the immovable is situated, if the immovable is not immaticulated;

(e) the amount of the consideration for the transfer of the immovable, according to the transferor and the transferee;

(e.1) the amount constituting the basis of imposition of the transfer duties, according to the transferor and the transferee, and, where applicable, the portion thereof that is subject to the third paragraph of section 4;

(f) the amount of the transfer duties;

(g) where applicable, the provision of any of sections 17 to 20 under which, according to the transferee, the transferee is exempted from the payment of transfer duties;

(h) any other particular prescribed by regulation.

The application must, in addition, indicate whether or not the transfer is of both a corporeal immovable and movables referred to in section 1.0.1. If so, the application shall include the particulars required under subparagraphs *e* to *h* of the first paragraph in respect of all movables referred to in section 1.0.1 which are transferred with the immovable.

[1976, c. 30, s. 9; 1991, c. 32, s. 236; 1993, c. 78, s. 26; 2000, c. 42, s. 158].

9.1. (*Repealed*).

[2000, c. 42, s. 159].

9.2. The registrar must refuse to register a transfer where he finds that the application for registration does not contain the infor-

contient pas les renseignements requis en vertu du premier alinéa de l'article 9.

Il ne le peut, cependant, lorsque la mention omise est celle que prévoit le paragraphe *d* du premier alinéa de l'article 9 et que le requérant produit avec sa réquisition une déclaration, faite par une des parties à l'acte, y pourvoyant.

[1993, c. 78, a. 27; 2000, c. 42, a. 160].

10. Dans les 15 jours qui suivent leur inscription, l'officier de la publicité des droits avise des mutations immobilières la personne ou le service que désigne, par résolution, la municipalité sur le territoire de laquelle sont situés les immeubles en lui transmettant une copie de toutes les réquisitions, de même que des documents qui les accompagnent lorsqu'elles prennent la forme d'un sommaire, visant le transfert d'immeubles situés sur le territoire de la municipalité.

Dans le cas où la municipalité n'a pas de compétence en matière d'évaluation, la personne ou le service transmet une copie de tout document qui lui a été transmis en vertu du premier alinéa, le plus tôt possible après sa réception, à l'organisme municipal responsable de l'évaluation qui a compétence à l'égard de la municipalité en vertu de la *Loi sur la fiscalité municipale* (chapitre F-2.1).

Dans tous les cas, il appartient à chaque municipalité de fournir à l'officier une liste à jour des immeubles immatriculés situés sur son territoire et de le tenir informé de toute modification apportée à cette liste, autre qu'une modification résultant d'un changement dans la dénomination cadastrale, y compris la numérotation inscrite au plan, d'un immeuble.

[1976, c. 30, a. 10; 1991, c. 32, a. 237; 1993, c. 78, a. 28; 2000, c. 42, a. 161].

11. Le droit de mutation est exigible à compter du trente et unième jour suivant l'envoi d'un compte à cet effet par le fonctionnaire chargé de la perception des taxes de la municipalité. Il porte intérêt à compter de ce jour au taux alors en vigueur pour les intérêts sur les arriérés de ces taxes.

mation required under the first paragraph of section 9.

However, the registrar cannot refuse to register the transfer because the information required under subparagraph *d* of the first paragraph of section 9 is missing, if the applicant produces, with the application, a statement of one of the parties to the act that contains that information.

[1993, c. 78, s. 27; 2000, c. 42, s. 160].

10. Within 15 days of the registration of the transfer of an immovable, the registrar shall give notice of the transfer to the person or service designated by a resolution of the municipality in whose territory the immovable is situated, by transmitting a copy of the application, together with a copy of the accompanying document where the application is in the form of a summary.

If the municipality does not have jurisdiction in matters of assessment, the person or service shall send a copy of every document transmitted under the first paragraph, as soon as possible after receiving it, to the municipal body responsible for assessment having jurisdiction in respect of the municipality under the *Act respecting municipal taxation* (chapter F-2.1).

In all cases, it is incumbent upon the municipality to provide the registrar with an up-to-date list of the immatriculated immovables situated in its territory, and to inform the registrar of any modification to the list, other than a change to the cadastral designation of an immovable, which includes the number assigned to it on the cadastral plan.

[1976, c. 30, s. 10; 1991, c. 32, s. 237; 1993, c. 78, s. 28; 2000, c. 42, s. 161].

11. Transfer duties are exigible from the thirty-first day following the day an account therefor is sent by the officer in charge of tax collection for the municipality. Interest thereon accrues from such day at the rate then in force in respect of interest on arrears of such taxes.

Le compte doit informer le débiteur des règles prévues au premier alinéa.

[1976, c. 30, a. 11; 1991, c. 32, a. 238; 1996, c. 2, a. 656].

12. Le droit de mutation constitue une créance prioritaire sur les meubles du débiteur et sur l'immeuble faisant l'objet d'un transfert autre qu'un contrat de louage, au même titre et selon le même rang que les créances visées au paragraphe 5° de l'article 2651 du Code civil; le droit de mutation est garanti par une hypothèque légale sur ces meubles et, le cas échéant, sur cet immeuble.

[1976, c. 30, a. 12; 1992, c. 57, a. 625; 1994, c. 30, a. 99].

12.1. Le droit de mutation dû en raison d'un transfert peut être exigé de toute personne qui devient cessionnaire de l'immeuble après celui qui a été partie à ce transfert.

[1994, c. 30, a. 99].

12.2. Outre le mode de recouvrement prévu à l'article 16, le droit de mutation est, pour l'application des dispositions législatives relatives à la vente sous l'autorité d'une municipalité d'un immeuble pour défaut de paiement des taxes, assimilé à une taxe municipale imposée sur l'immeuble faisant l'objet du transfert.

[1994, c. 30, a. 99].

13. La créance résultant du droit de mutation se prescrit par trois ans à compter de l'inscription du transfert, sauf tout montant impayé de cette créance par suite de quelque déclaration frauduleuse ou équivalente à fraude.

[1976, c. 30, a. 13; 1993, c. 78, a. 29].

14. Lorsque le fonctionnaire chargé de la perception des taxes de la municipalité est d'avis que le montant de la base d'imposition du droit de mutation ou le montant de ce droit est différent de celui qui est mentionné dans la réquisition d'inscription et dans la déclaration prévue au deuxième alinéa de l'article 9, ou que le transfert a été faussement interprété comme étant l'un de ceux que vise le chapitre III, il doit

The account must inform the debtor of the rules prescribed in the first paragraph.

[1976, c. 30, s. 11; 1991, c. 32, s. 238; 1996, c. 2, s. 656].

12. The transfer duties constitute a prior claim on the movable property of the debtor and on the immovable that is the subject of a transfer other than a contract of lease, of the same nature and with the same rank as the claims described in paragraph 5 of article 2651 of the Civil Code; the transfer duties are secured by a legal hypothec on the movable property and, where required, on the immovable.

[1976, c. 30, s. 12; 1992, c. 57, s. 625; 1994, c. 30, s. 99].

12.1. The transfer duties payable by reason of a transfer are exigible from any person who becomes an assignee of the immovable after the person who was a party to the transfer.

[1994, c. 30, s. 99].

12.2. In addition to the mode of recovery provided in section 16, for the purposes of the legislative provisions respecting the sale of an immovable under the authority of a municipality for failure to pay taxes, the transfer duties shall be regarded as a municipal tax imposed on the immovable that is the subject of the transfer.

[1994, c. 30, s. 99].

13. Any claim resulting from transfer duties is prescribed by three years from the registration of the transfer, except any amount unpaid on such claim as the result of fraudulent representation or of declarations equivalent to fraud.

[1976, c. 30, s. 13; 1993, c. 78, s. 29].

14. Where the officer in charge of tax collection in the municipality is of the opinion that the amount of the basis of imposition of the transfer duties or the amount of such duties differs from the amount mentioned in the application for registration and in the declaration provided for in the second paragraph of section 9, or that the transfer has been falsely interpreted as being a transfer subject to Chapter III, he

faire mention au compte de tout changement qu'il juge devoir apporter aux mentions contenues dans la réquisition et dans la déclaration.

Le droit de mutation est payable en fonction des mentions modifiées contenues dans le compte, sous réserve de tout jugement passé en force de chose jugée résultant d'une poursuite intentée en vertu de l'article 16.

[1976, c. 30, a. 14; 1993, c. 78, a. 30].

must mention in the account any change that he considers should be made to the information contained in the application and the declaration.

The transfer duties are payable on the basis of the amended information contained in the account, subject to any judgment without appeal resulting from an action instituted by virtue of section 16.

[1976, c. 30, s. 14; 1993, c. 78, s. 30].

15. (*Abrogé*).

[1991, c. 29, a. 28].

15. (*Repealed*).

[1991, c. 29, s. 28].

16. À compter du jour où le droit de mutation est exigible, son recouvrement se fait en la manière prévue pour les poursuites en recouvrement de taxes suivant, selon le cas, les articles 1019 et 1020 du *Code municipal* (chapitre C-27.1) ou 509 et 510 de la *Loi sur les cités et villes* (chapitre C-19), compte tenu des adaptations nécessaires. Le tribunal peut alors adjuger sur quelque litige résultant de l'application de l'article 14.

Lorsque la différence entre le montant du droit de mutation mentionné dans la réquisition d'inscription et dans la déclaration prévue au deuxième alinéa de l'article 9 et celui indiqué au compte tel qu'établi en vertu de l'article 14 n'excède pas le montant maximum d'une créance pouvant être recouvrée en justice conformément au livre VIII du *Code de procédure civile* (chapitre C-25), le cessionnaire qui a payé intégralement le compte dans le délai prescrit par l'article 11 peut se pourvoir conformément à ce livre pour recouvrer tout montant payé en surplus du montant auquel il peut être légalement tenu. Le cessionnaire doit exercer ce recours dans les 90 jours de l'expiration du délai prévu à l'article 11 et il incombe alors à la municipalité de justifier le compte tel qu'établi en vertu de l'article 14.

[1976, c. 30, a. 16; 1991, c. 32, a. 239; 1993, c. 78, a. 31; 2000, c. 56, a. 138].

16. From the day they are exigible, transfer duties are recoverable in the manner provided for actions in recovery of taxes in accordance with, as the case may be, articles 1019 and 1020 of the *Municipal Code* (chapter C-27.1) or sections 509 and 510 of the *Cities and Towns Act* (chapter C-19), with the necessary modifications. The court may then adjudicate on any litigation resulting from the application of section 14.

Where the difference between the amount of the transfer duties mentioned in the application for registration and in the declaration provided for in the second paragraph of section 9 and the amount indicated in the account as established under section 14 is not over the maximum amount of a claim which may be recovered before the courts in accordance with Book VIII of the *Code of Civil Procedure* (chapter C-25), the transferee having paid the account in full within the time prescribed in section 11 may bring an action in accordance with the said Book to recover any overpayment of the amount he may be lawfully bound to pay. The transferee must exercise such recourse within 90 days from the expiry of the time provided in section 11, and thereupon it is incumbent on the municipality to justify the account as established under section 14.

[1976, c. 30, s. 16; 1991, c. 32, s. 239; 1993, c. 78, s. 31; 1999, c. 40, s. 112; 2000, c. 56, s. 138].

Chapitre III ——
Exonérations

Chapitre III ——
Exemptions

17. Il y a exonération du paiement du droit de mutation dans les cas suivants:

17. There shall be an exemption from the payment of transfer duties in the following cases:

    a) lorsque le cessionnaire est un organisme public;

    (a) where the transferee is a public body;

    a.1) lorsque le cédant et le cessionnaire sont des organismes de bienfaisance enregistrés pour l'application de la *Loi sur les impôts* (chapitre I-3);

    (a.1) where the transferor and the transferee are registered charities for the purposes of the *Taxation Act* (chapter I-3);

    b) lorsqu'un immeuble acquis par une municipalité en vertu de la *Loi sur les immeubles industriels municipaux* (chapitre I-0.1) est cédé par cette municipalité en vertu des articles 6, 11 ou 12 de cette loi ou d'une disposition législative visant les mêmes fins;

    (b) where an immovable acquired by a municipality by virtue of the *Act respecting municipal industrial immovables* (chapter I-0.1) is transferred by such municipality by virtue of sections 6, 11 or 12 of that Act or any legislative provision to the same effect;

    c) lorsqu'un immeuble est cédé à des fins industrielles, ou à des fins industrielles et commerciales, par un cédant qui est une personne morale de droit public créée par une loi du Parlement et à qui cette loi impose l'obligation de faire rapport annuellement soit au ministre du Développement économique, de l'Innovation et de l'Exportation, soit au ministre des Affaires municipales, des Régions et de l'Occupation du territoire;

    (c) where an immovable is transferred for industrial purposes or for industrial and commercial purposes, by a transferor that is a legal person established in the public interest created by an Act of Québec, which is under the obligation to make an annual report either to the Minister of Economic Development, Innovation and Export Trade or to the Minister of Municipal Affairs, Regions and Land Occupancy;

    d) (*abrogé*);

    (d) (*repealed*);

    e) lorsque l'immeuble transféré en est un visé à l'article 8 de la *Loi sur les mines* (chapitre M-13.1); ou

    (e) where the immovable transferred is one of those referred to in section 8 of the *Mining Act* (chapter M-13.1); or

    f) lorsque l'immeuble est transféré par une municipalité, une municipalité régionale de comté, une commission scolaire ou une fabrique à un cessionnaire qui l'avait antérieurement cédé à titre gratuit à cette municipalité, municipalité régionale de comté, commission scolaire ou fabrique;

    (f) where the immovable is transferred by a municipality, regional county municipality, school board or fabrique to a transferee who had formerly transferred it gratuitously to that municipality, regional county municipality, school board or fabrique;

    g) lorsque, en vertu de l'un des articles 66, 67 et 68 de la *Loi sur la fiscalité municipale* (chapitre F-2.1), l'immeuble n'est pas porté au rôle

    (g) where, pursuant to any of sections 66, 67 and 68 of the *Act respecting municipal taxation* (chapter F-2.1), the immovable is not entered

ou qu'il est exempt de toute taxe foncière, municipale ou scolaire en vertu du paragraphe 7° de l'article 204 de cette loi.

[1976, c. 30, a. 17; 1978, c. 61, a. 2; 1979, c. 77, a. 27; 1984, c. 36, a. 44; 1987, c. 2, a. 2; 1987, c. 64, a. 337; 1988, c. 41, a. 89; 1990, c. 85, a. 122; 1991, c. 29, a. 29; 1993, c. 78, a. 32; 1994, c. 16, a. 51; 1994, c. 30, a. 100; 1996, c. 2, a. 657; 1999, c. 8, a. 20; 1999, c. 40, a. 112; 1999, c. 43, a. 13; 1999, c. 83, a. 19; 2000, c. 56, a. 139; 2002, c. 37, a. 146; 2003, c. 19, a. 250; 2003, c. 29, a. 135; 2005, c. 28, a. 196; 2006, c. 8, a. 31; 2009, c. 26, a. 109].

on the roll or is exempt from all municipal or school property taxes pursuant to paragraph 7 of section 204 of that Act.

[1976, c. 30, s. 17; 1978, c. 61, s. 2; 1979, c. 77, s. 27; 1984, c. 36, s. 44; 1987, c. 2, s. 2; 1987, c. 64, s. 337; 1988, c. 41, s. 89; 1990, c. 85, s. 122; 1991, c. 29, s. 29; 1993, c. 78, s. 32; 1994, c. 16, s. 51; 1994, c. 30, s. 100; 1996, c. 2, s. 657; 1999, c. 8, s. 20; 1999, c. 40, s. 112; 1999, c. 43, s. 13; 1999, c. 83, s. 19; 2000, c. 56, s. 139; 2002, c. 37, s. 146; 2003, c. 19, s. 250; 2003, c. 29, s. 135; 2005, c. 28, s. 196; 2006, c. 8, s. 31; 2009, c. 26, s. 109].

17.1. Il y a exonération du paiement du droit de mutation lorsque le cessionnaire déclare que l'immeuble fera partie, dans l'année qui suit l'inscription du transfert, d'une exploitation agricole enregistrée à son nom conformément à un règlement pris en vertu de l'article 36.15 de la *Loi sur le ministère de l'Agriculture, des Pêcheries et de l'Alimentation* (chapitre M-14).

Si, à l'expiration du délai, la municipalité n'a pas reçu la preuve que l'immeuble est devenu partie d'une exploitation visée au premier alinéa ou si l'immeuble fait l'objet d'un autre transfert avant que la municipalité ne reçoive cette preuve, le cessionnaire qui a invoqué l'exonération devient tenu au paiement du droit de mutation, dont le montant est accru de celui des intérêts calculés au taux visé à l'article 11 depuis la date de l'inscription du transfert jusqu'au paiement du capital. Le compte visé à cet article qui est alors transmis au débiteur doit informer celui-ci du montant des intérêts courus à la date de l'établissement du compte et de la façon de calculer le montant à ajouter pour chaque jour complet postérieur à cette date et antérieur au paiement du capital.

[1994, c. 30, a. 101].

17.1. There shall be an exemption from the payment of transfer duties if the transferee declares that in the year that follows the registration of the transfer, the immovable will form part of an agricultural operation registered in his name in accordance with a regulation made under section 36.15 of the *Act respecting the Ministère de l'Agriculture, des Pêcheries et de l'Alimentation* (chapter M-14).

If the municipality has not received proof, on the expiry of the time limit, that the immovable has become part of an operation referred to in the first paragraph, or the immovable is the subject of another transfer before the municipality receives such proof, the transferee having invoked the exemption becomes bound to pay the transfer duties, the amount of which shall be increased by the amount of interest calculated at the rate referred to in section 11 that accrues from the date of registration of the transfer to the time of payment of the principal. The account contemplated in that section that is then sent to the debtor must inform the debtor of the amount of interest having accrued to the date of the drawing up of the account and of the method of calculation of the amount to be added for each full day after that date but before the payment of the principal.

[1994, c. 30, s. 101].

18. Il y a exonération du paiement du droit de mutation lorsque l'entreprise du cessionnaire consiste dans le prêt d'argent assorti de sûretés réelles et que les conditions suivantes ont été remplies:

18. There shall be an exemption from the payment of transfer duties where the business of the transferee consists in the lending of money on the security of real property and the following conditions have been fulfilled:

a) le transfert d'un immeuble au cessionnaire doit résulter de l'exercice d'une prise en paiement ou avoir été fait de toute autre manière dans le but soit d'éteindre une dette assortie de la sûreté réelle, soit d'assurer la protection d'une telle sûreté ou d'une créance;

b) le cessionnaire ne doit pas être une personne liée au cédant au sens de l'article 19 de la *Loi sur les impôts* (chapitre I-3); et

c) le cessionnaire ne doit pas avoir acquis l'immeuble à la suite d'une ou de plusieurs opérations faites principalement dans le but d'éviter ou d'éluder le paiement du droit de mutation.

[1976, c. 30, a. 18; 1992, c. 57, a. 626; 1993, c. 78, a. 33].

19. Il y a exonération du paiement du droit de mutation dans les cas suivants:

a) le transfert est fait par un cédant, qui est une personne physique, à un cessionnaire qui est une personne morale dont au moins 90 % des actions de son capital-actions, émises et ayant plein droit de vote, sont la propriété de ce cédant immédiatement après le transfert;

b) le transfert est fait par un cédant qui est une personne morale, en faveur d'une personne physique, si cette dernière est propriétaire, immédiatement avant le transfert, d'au moins 90 % des actions émises, ayant plein droit de vote, du capital-actions du cédant;

c) le cessionnaire est une nouvelle personne morale suite à la fusion de plusieurs personnes morales;

d) le transfert est effectué entre deux personnes morales étroitement liées;

e) (*abrogé*);

f) (*abrogé*);

g) le transfert est fait par un cédant qui est une personne morale à but non lucratif à un cessionnaire qui est une personne morale à but non lucratif lorsque 90 % des membres de

(a) the transfer of an immovable to the transferee must result from the exercise of a right to take in payment or must have been effected in any other manner for the purpose of extinguishing a debt secured by real property or ensuring the protection of such security or of any claim;

(b) the transferee must not be a person related to the transferor within the meaning of section 19 of the *Taxation Act* (chapter I-3); and

(c) the transferee must not have acquired the land pursuant to one or more transactions made mainly for the purpose of avoiding or evading the payment of transfer duties.

[1976, c. 30, s. 18; 1992, c. 57, s. 626; 1993, c. 78, s. 33].

19. There shall be an exemption from the payment of transfer duties in the following cases:

(a) the transfer is made by a transferor who is a natural person to a transferee who is a legal person of which at least 90 per cent of the issued shares of the capital stock to which are attached full voting rights are owned by such transferor immediately after the transfer;

(b) the transfer is made by a transferor that is a legal person to a natural person, if such person is, immediately before the transfer, the owner of at least 90 per cent of the issued full voting shares of the capital stock of the transferor;

(c) the transferee is a new legal person resulting from the amalgamation of several legal persons;

(d) the transfer is between two closely related legal persons;

(e) (*repealed*);

(f) (*repealed*);

(g) the transfer is made by a transferor that is a non-profit legal person to a transferee that is a non-profit legal person, where 90 per cent of the members of one of these legal per-

l'une de ces personnes morales sont, au moment du transfert, membres de l'autre.

Pour l'application du paragraphe *d* du premier alinéa, une personne morale est étroitement liée à une personne morale donnée si, au moment du transfert, l'une des situations suivantes s'applique:

a) au moins 90 % des actions émises, ayant plein droit de vote, du capital-actions de la personne morale sont la propriété de la personne morale donnée, d'une filiale déterminée de la personne morale donnée, d'une personne morale dont la personne morale donnée est une filiale déterminée, d'une filiale déterminée d'une personne morale dont la personne morale est une filiale déterminée ou d'une pluralité de telles personnes morales ou filiales;

b) au moins 90 % de la juste valeur marchande de toutes les actions émises et en circulation du capital-actions de la personne morale sont la propriété de la personne morale donnée;

c) au moins 90 % de la juste valeur marchande de toutes les actions émises et en circulation du capital-actions de la personne morale et de la personne morale donnée sont la propriété soit d'une même personne morale, soit d'un même groupe de personnes morales.

Pour l'application du paragraphe *a* du deuxième alinéa, est une filiale déterminée d'une personne morale au moment du transfert une autre personne morale dont au moins 90 % des actions émises ayant plein droit de vote sont la propriété, à ce moment, de la personne morale.

Pour l'application des paragraphes *b* et *c* du deuxième alinéa, les actions du capital-actions d'une personne morale dont une autre personne morale est, au moment du transfert, propriétaire ou réputée propriétaire en vertu du présent alinéa, sont réputées la propriété, à ce moment, de chaque actionnaire de cette autre personne morale dans une proportion égale au produit de la multiplication de toutes ces actions par le rapport entre, d'une part, la juste valeur

sons are, at the time of the transfer, members of the other legal person.

For the purposes of subparagraph *d* of the first paragraph, a legal person is closely related to a particular legal person if, at the time of the transfer,

(a) at least 90% of the issued shares having full voting rights of the capital stock of the legal person are owned by the particular legal person, a qualifying subsidiary of the particular legal person, a legal person of which the particular legal person is a qualifying subsidiary, a qualifying subsidiary of a legal person of which the legal person is a qualifying subsidiary or any combination of such legal persons or subsidiaries;

(b) at least 90% of the fair market value of all the issued and outstanding shares of the capital stock of the legal person are owned by the particular legal person; or

(c) at least 90% of the fair market value of all the issued and outstanding shares of the capital stock of the legal person and of the particular legal person are owned by one and the same legal person or group of legal persons.

For the purposes of subparagraph *a* of the second paragraph, a legal person at least 90% of whose issued shares having full voting rights are owned, at the time of the transfer, by another legal person is a qualifying subsidiary of that other legal person at that time.

For the purposes of subparagraphs *b* and *c* of the second paragraph, the shares of the capital stock of a legal person that are owned or deemed under this paragraph to be owned at the time of the transfer by another legal person are deemed to be owned at that time by each shareholder of that other legal person in a proportion equal to the product obtained by multiplying all such shares by the proportion that the fair market value of the shares of the capital

marchande des actions du capital-actions de l'autre personne morale dont l'actionnaire est propriétaire à ce moment et, d'autre part, la juste valeur marchande de toutes les actions émises et en circulation du capital-actions de l'autre personne morale à ce moment.

[1976, c. 30, a. 19; 1978, c. 61, a. 3; 1993, c. 78, a. 34; 1995, c. 7, a. 9; 1999, c. 40, a. 112; 1999, c. 83, a. 20; 2004, c. 21, a. 32].

stock of the other legal person owned at that time by the shareholder is of the fair market value of all the issued and outstanding shares of the capital stock of the other legal person at that time.

[1976, c. 30, s. 19; 1978, c. 61, s. 3; 1993, c. 78, s. 34; 1995, c. 7, s. 9; 1999, c. 40, s. 112; 1999, c. 83, s. 20; 2004, c. 21, s. 32].

19.1. Un droit supplétif au droit de mutation peut être imposé à une personne morale qui est un cessionnaire visé à l'article 19, dans les circonstances prévues à l'article 1129.29 de la *Loi sur les impôts* (chapitre I-3).

Toutefois, le droit supplétif ne peut être imposé lorsque, volontairement, le cessionnaire visé au premier alinéa paie à la municipalité, avant que le droit supplétif ne devienne exigible, le droit de mutation qui aurait été payable si l'article 19 n'avait pas été applicable. Dans ce cas, les intérêts prévus au premier alinéa de l'article 11 s'ajoutent au montant du droit de mutation, le cas échéant, comme si un compte avait été expédié le trentième jour suivant la réception des documents visés au premier alinéa de l'article 10.

[1993, c. 64, a. 1; 1999, c. 40, a. 112; 2001, c. 68, a. 47].

19.1. Special duties may be imposed in lieu of transfer duties on a legal person that is a transferee contemplated in section 19, in the circumstances set out in section 1129.29 of the *Taxation Act* (chapter I-3).

However, special duties may not be imposed where, voluntarily, the transferee referred to in the first paragraph pays to the municipality, before the special duties become payable, the transfer duties that would have been payable if section 19 had not been applicable. In such a case, the interest provided for in the first paragraph of section 11 is added to the amount of the transfer duties, where applicable, as if an account had been sent on the thirtieth day following receipt of the documents transmitted pursuant to the first paragraph of section 10.

[1993, c. 64, s. 1; 1999, c. 40, s. 112; 2001, c. 68, s. 47].

20. Il y a exonération du paiement du droit de mutation dans les cas suivants:

a) le montant de la base d'imposition est inférieur à 5 000 $;

b) l'acte est relatif au transfert d'un immeuble à une personne morale alors que le cédant est une fiducie qui a été constituée dans le seul but d'acquérir et de détenir temporairement l'immeuble jusqu'à ce que cette personne morale soit constituée;

c) l'acte est relatif au transfert d'un immeuble par un cédant, qui est une personne physique ou une fiducie, à un cessionnaire qui est une fiducie, lorsque celle-ci est établie au bénéfice exclusif du cédant;

20. There shall be an exemption from the payment of transfer duties in the following cases:

(a) the amount of the basis of imposition is less than $5,000;

(b) the deed relates to the transfer of an immovable to a legal person and the transferor is a trust which was created for the sole purpose of acquiring and holding the immovable temporarily until the legal person is constituted;

(c) the deed relates to the transfer of an immovable by a transferor who is a natural person or a trust to a transferee that is a trust where the latter trust has been established for the exclusive benefit of the transferor;

d) l'acte est relatif au transfert d'un immeuble en ligne directe, ascendante ou descendante, entre conjoints ou à un cessionnaire qui est le conjoint du fils, de la fille, du père ou de la mère du cédant ou qui est le fils, la fille, le père ou la mère du conjoint du cédant;

e) l'acte est relatif au transfert d'un immeuble par une personne physique à un cessionnaire qui est une fiducie, alors que le cédant et la personne au bénéfice de laquelle la fiducie est établie sont la même personne ou des personnes liées entre elles au sens du paragraphe *d*;

e.1) l'acte est relatif au transfert d'un immeuble par une fiducie à la personne physique au bénéfice de laquelle la fiducie est établie, lorsque cette personne et celle qui a cédé l'immeuble à la fiducie sont la même personne ou des personnes liées entre elles au sens du paragraphe *d*;

f) l'acte est relatif au transfert d'un immeuble à un cessionnaire qui a assuré un prêt hypothécaire, lorsque ce transfert est effectué du créancier hypothécaire à l'assureur en vertu d'une clause de la police d'assurance stipulant que le paiement de l'indemnité, advenant la défaillance du débiteur, est conditionnel à ce transfert;

g) l'acte est relatif au transfert d'un immeuble à un cessionnaire qui reprend le droit de propriété de son immeuble en conséquence d'une réserve de propriété en sa faveur;

h) l'acte est relatif au transfert d'un immeuble à une coopérative d'habitation, alors que le cédant est une fédération de coopératives d'habitation ou un organisme sans but lucratif qui a acquis l'immeuble dans le seul but de le transférer à la coopérative d'habitation.

Pour l'application du paragraphe *d* du premier alinéa, on entend par « conjoints », outre les époux et conjoints unis civilement, deux personnes de sexe différent ou

(d) the deed relates to the transfer of an immovable to an ascendant or descendant in the direct line, or between spouses, or to a transferee who is the consort of the son, daughter, father or mother of the transferor or is the son, daughter, father or mother of the consort of the transferor;

(e) the deed relates to the transfer of an immovable by a natural person to a transferee that is a trust, and the transferor and the person in favour of whom the trust was established are the same person or, in relation to one another, related persons within the meaning of paragraph *d*;

(e.1) the deed relates to the transfer of an immovable by a trust to the natural person for whose benefit the trust is established, if that person and the person who transferred the immovable to the trust are the same person or, in relation to one another, related persons within the meaning of paragraph *d*;

(f) the deed relates to the transfer of an immovable to a transferee that has insured a hypothecary loan, where that transfer is made from the hypothecary creditor to the insurer under a clause of the insurance policy stipulating that the payment of the indemnity, in the event of the default of the debtor, depends on that transfer;

(g) the deed relates to the transfer of an immovable to a transferee who recovers the ownership of the immovable as a consequence of a reservation of ownership in his or her favour;

(h) the deed relates to the transfer of an immovable to a housing cooperative and the transferor is a federation of housing cooperatives or a nonprofit organization which has acquired the immovable for the sole purpose of transferring it to the housing cooperative.

For the purposes of subparagraph *d* of the first paragraph, the word "spouses", in addition to married or civil union spouses, means two persons of opposite or of the

de même sexe qui, à la date du transfert, vivent maritalement l'une avec l'autre et qui ont vécu maritalement l'une avec l'autre tout au long d'une période de 12 mois se terminant avant la date du transfert ou sont les père et mère d'un même enfant. Deux personnes de sexe différent ou de même sexe qui vivaient maritalement l'une avec l'autre à un moment quelconque avant la date du transfert sont réputées vivre maritalement l'une avec l'autre à cette date, sauf si elles vivent séparées à cette date en raison de l'échec de leur union et si cette séparation s'est poursuivie durant une période d'au moins 90 jours qui comprend cette date.

L'exonération prévue au paragraphe *d* du premier alinéa ne s'applique pas à un transfert fait à un descendant lorsque le cédant a acquis l'immeuble, soit d'un descendant en ligne directe, soit d'une fiducie qui a acquis l'immeuble d'un tel descendant, et que le cédant n'a pas conservé la propriété de l'immeuble pendant au moins deux ans après cette acquisition, sauf si le transfert résulte du décès du cédant ou si l'immeuble est cédé à la personne ou à la fiducie de qui il a été acquis.

[1976, c. 30, a. 20; 1978, c. 61, a. 4; 1982, c. 63, a. 227; 1992, c. 57, a. 627; 1993, c. 78, a. 35; 1995, c. 7, a. 10; 1997, c. 93, a. 112; 1999, c. 14, a. 12; 1999, c. 40, a. 112; 2002, c. 6, a. 135; 2002, c. 37, a. 147].

same sex who, on the date of the transfer, are living in a de facto union and have lived in a de facto union for a period of 12 months ending before the date of the transfer or are the father and mother of a child. Two persons of opposite or of the same sex who were living in a de facto union at any time before the date of the transfer are deemed to be living in a de facto union on that date, unless they are living apart on that date by reason of the breakdown of their union and the period during which they have lived apart has lasted at least 90 days and includes the date of the transfer.

The exemption provided in subparagraph *d* of the first paragraph does not apply to a transfer made to a descendant if the transferor acquired the immovable either from a descendant in the direct line or from a trust that acquired the immovable from such a descendant and the transferor has not retained the ownership of the immovable during a period of at least two years after the acquisition, except if the transfer results from the death of the transferor or the immovable is transferred to the person from whom, or trust from which, the immovable had been acquired.

[1976, c. 30, s. 20; 1978, c. 61, s. 4; 1982, c. 63, s. 227; 1992, c. 57, s. 627; 1993, c. 78, s. 35; 1995, c. 7, s. 10; 1997, c. 93, s. 112; 1999, c. 14, s. 12; 1999, c. 40, s. 112; 2002, c. 37, s. 147; 2002, c. 6, s. 135].

Chapitre III.1 ——
Droit supplétif

Chapitre III.1 ——
Special Duties

20.1. Toute municipalité peut prévoir qu'un droit supplétif au droit de mutation doit lui être payé dans tous les cas où survient le transfert d'un immeuble situé sur son territoire et où une exonération la prive du paiement du droit de mutation à l'égard de ce transfert.

Toutefois, le droit supplétif n'a pas à être payé lorsque l'exonération est prévue au paragraphe *a* du premier alinéa de l'article 20.

De plus, la municipalité peut prévoir que le droit supplétif n'a pas à être payé dans tout cas qu'elle précise parmi les suivants:

20.1. Every municipality may provide that special duties shall be paid to it in lieu of transfer duties in all cases where an immovable situated within its territory is transferred and an exemption deprives the municipality of the payment of transfer duties with respect to the transfer.

However, special duties are not required to be paid where the exemption is provided for in subparagraph *a* of the first paragraph of section 20.

In addition, the municipality may provide that special duties need not be paid in any or all of the following cases:

1° l'exonération est prévue au paragraphe *d* du premier alinéa de l'article 20 et le transfert résulte du décès du cédant;

2° l'exonération est prévue au paragraphe *e* du premier alinéa de l'article 20 et le transfert résulte du décès du cédant;

3° l'exonération est prévue au paragraphe *e*.1 du premier alinéa de l'article 20 et le transfert résulte du décès de la personne qui a cédé l'immeuble à la fiducie visée à ce paragraphe.

[2000, c. 54, a. 34; 2004, c. 20, a. 134; 2006, c. 60, a. 66].

20.2. Le droit supplétif n'a pas à être payé en sus de celui que prévoit l'article 19.1.

Si le débiteur paie le premier avant de recevoir l'avis de cotisation relatif au second, la municipalité rembourse le premier dans les 30 jours qui suivent celui où elle reçoit la remise prévue à l'article 1129.30 de la *Loi sur les impôts* (chapitre I-3).

[2000, c. 54, a. 34].

20.3. Dans le cas visé au deuxième alinéa de l'article 17.1, le montant du droit supplétif, payé en raison du transfert qui cesse de donner lieu à l'exonération, est appliqué en compensation du montant du droit de mutation qui devient payable.

Le compte transmis en vertu de cet alinéa mentionne ce crédit.

[2000, c. 54, a. 34].

20.4. Le montant du droit supplétif est de 200 $.

Toutefois, lorsque la base d'imposition du droit de mutation qui aurait autrement été payable est inférieure à 40 000 $, le montant du droit supplétif est égal à celui du droit de mutation.

[2000, c. 54, a. 34].

20.5. Lorsque le transfert est fait pour partie à un cessionnaire qui est exonéré du

(1) the exemption is provided for in subparagraph *d* of the first paragraph of section 20 and the transfer results from the death of the transferor;

(2) the exemption is provided for in subparagraph *e* of the first paragraph of section 20 and the transfer results from the death of the transferor; or

(3) the exemption is provided for in subparagraph *e*.1 of the first paragraph of section 20 and the transfer results from the death of the person who transferred the immovable to the trust referred to in that subparagraph.

[2000, c. 54, s. 34; 2004, c. 20, s. 134; 2006, c. 60, s. 66].

20.2. The special duties are not required to be paid in addition to the special duties provided for in section 19.1.

If the debtor pays the former duties before receiving the notice of assessment relating to the latter duties, the municipality shall reimburse the former duties within 30 days after the day on which the amount provided for in section 1129.30 of the *Taxation Act* (chapter I-3) is forwarded to it.

[2000, c. 54, s. 34].

20.3. In the case referred to in the second paragraph of section 17.1, the amount of the special duties, paid by reason of a transfer that causes the exemption to lapse, shall be applied to offset the amount of the transfer duties that become payable.

The account sent under that paragraph shall mention that credit.

[2000, c. 54, s. 34].

20.4. The amount of the special duties is $200.

However, where the basis of imposition of the transfer duties that would otherwise have been payable is less than $40,000, the amount of the special duties is equal to the amount of the transfer duties.

[2000, c. 54, s. 34].

20.5. Where the transfer is made in part to a transferee exempt from the payment of

paiement du droit de mutation et pour partie à un autre qui ne l'est pas, seul le premier doit payer le droit supplétif et le montant de celui-ci est établi en fonction de la portion de la base d'imposition qui correspond à la partie du transfert qui lui est faite.

[2000, c. 54, a. 34].

transfer duties and in part to another transferee who is not exempt, only the former must pay the special duties, and the amount of the special duties is established according to the portion of the basis of imposition that corresponds to the part of the transfer made to that transferee.

[2000, c. 54, s. 34].

20.6. Les dispositions de la présente loi, hormis celles du chapitre III, qui sont relatives au droit de mutation et ne sont pas inconciliables avec les articles 20.1 à 20.5 s'appliquent, compte tenu des adaptations nécessaires et notamment de celles que prévoient les articles 20.7 à 20.10, à l'égard du droit supplétif.

[2000, c. 54, a. 34].

20.6. The provisions of this Act, except those of Chapter III, that relate to transfer duties and are not inconsistent with sections 20.1 to 20.5 apply, with the necessary modifications and in particular with those in sections 20.7 to 20.10, with respect to special duties.

[2000, c. 54, s. 34].

20.7. L'article 7 s'applique lorsque, au moment de l'inscription du transfert, est en vigueur une résolution adoptée en vertu de l'article 20.1 par une, quelques-unes ou l'ensemble des municipalités sur le territoire desquelles est situé l'immeuble. Est réputée intéressée toute telle municipalité dont une telle résolution est alors en vigueur.

S'il n'y a qu'une municipalité intéressée, elle est le créancier unique du droit supplétif.

S'il y en a plusieurs, le partage du droit supplétif est effectué de façon que les quotes-parts correspondent à la proportion que représente, par rapport à la base d'imposition attribuable à l'ensemble des territoires des municipalités intéressées, celle qui est attribuable au territoire de chacune d'elles.

[2000, c. 54, a. 34].

20.7. Section 7 applies where, at the time of registration of the transfer, a resolution passed under section 20.1 by one, some or all of the municipalities in whose territory the immovable is situated is in force. Every such municipality having such a resolution in force is deemed to be an interested municipality.

If there is only one interested municipality, it is the sole creditor of the special duties.

If there is more than one interested municipality, the special duties shall be shared in such manner that the aliquot shares correspond to the proportion that the basis of imposition attributable to the territory of each of the interested municipalities is of the basis of imposition attributable to the aggregate of the territories of all the interested municipalities.

[2000, c. 54, s. 34].

20.8. Les documents visés à l'article 9 n'ont pas à contenir la mention du montant du droit supplétif.

[2000, c. 54, a. 34].

20.8. The documents referred to in section 9 need not mention the amount of the special duties.

[2000, c. 54, s. 34].

20.9. Les articles 12 et 12. 2 n'ont pas d'effet à l'égard des biens que, suivant l'article 916 du Code civil, nul ne peut s'approprier.

[2000, c. 54, a. 34].

20.9. Sections 12 and 12.2 have no effect in respect of property that may not be appropriated pursuant to article 916 of the Civil Code.

[2000, c. 54, s. 34].

20.10. Le règlement pris en vertu du paragraphe *a* de l'article 24 ne s'applique pas à l'égard du compte par lequel est exigé le paiement du droit supplétif.

[2000, c. 54, a. 34].

20.10. A regulation made under paragraph *a* of section 24 does not apply to accounts requiring the payment of special duties.

[2000, c. 54, s. 34].

21. (*Abrogé*)

[1991, c. 29, a. 30].

21. (*Repealed*).

1991, c. 29, s. 30].

Chapitre IV ——
Dispositions finales

Chapitre IV ——
Final Provisions

22. Sauf ceux dont la loi prévoit déjà le caractère public, sont confidentiels tous renseignements obtenus dans l'application de la présente loi. Il est interdit à toute personne de communiquer ou de permettre que soit communiqué à une personne qui n'y a pas légalement droit un tel renseignement ou de permettre à une telle personne de prendre connaissance d'un document contenant un tel renseignement ou d'y avoir accès.

Toutefois un tel renseignement peut, à la demande écrite de l'intéressé ou de son représentant autorisé, être communiqué à une personne désignée dans la demande.

Le présent article s'applique malgré l'article 9 de la *Loi sur l'accès aux documents des organismes publics et sur la protection des renseignements personnels* (chapitre A-2.1).

Quiconque contrevient au présent article commet une infraction et est passible d'une amende n'excédant pas 1 000 $.

[1976, c. 30, a. 22; 1987, c. 68, a. 93; 1990, c. 4, a. 608].

22. All information obtained in the application of this Act is confidential, except information which is already public according to law. No one may communicate or allow the communication of any such information to a person not legally entitled thereto, or allow any such person to examine or to have access to a document containing such information.

However, any such information may, on the written request of the interested person or his authorized representative, be communicated to a person designated in the request.

This section applies notwithstanding section 9 of the *Act respecting Access to documents held by public bodies and the Protection of personal information* (chapter A-2.1).

Whoever contravenes this section is guilty of an offence and is liable to a fine not exceeding $1,000.

[1976, c. 30, s. 22; 1987, c. 68, s. 93; 1990, c. 4, s. 608].

23. Toute personne qui:

a) fait des déclarations fausses ou trompeuses, ou participe, consent ou acquiesce à leur énonciation dans un document présenté à l'officier de la publicité des droits en vertu de l'article 9.1, ou

b) volontairement et de quelque manière, élude ou tente d'éluder l'observation de la présente loi ou le paiement du droit de mutation,

23. Whoever:

(a) makes or participates in, assents to or acquiesces in the making of false or deceptive statements in a document presented to the registrar under section 9.1, or

(b) wilfully, in any manner, evades or attempts to evade compliance with this Act or the payment of transfer duties,

commet une infraction et est passible d'une amende n'excédant pas 2 000 $ en plus d'une pénalité de 25 % du montant du droit qu'il a éludé ou tenté d'éluder ou a permis d'être éludé.

[1976, c. 30, a. 23; 1993, c. 78, a. 36].

is guilty of an offence and is liable to a fine not exceeding $2,000 in addition to a penalty of 25% of the amount of the duties which he evaded, attempted to evade or allowed to be evaded.

[1976, c. 30, s. 23; 1993, c. 78, s. 36].

24. Le gouvernement peut faire des règlements pour:

a) imposer l'inclusion de certaines mentions dans les actes, déclarations, avis, comptes ou autres documents visés à la présente loi;

b) déterminer la manière dont doivent être faites les mentions requises en vertu de la présente loi et des règlements;

c) désigner les personnes morales de droit public visées par le paragraphe *d* de la définition de l'expression « organisme public » à l'article 1;

d) établir les règles concernant la déclaration de la contrepartie fournie dans un transfert et de la valeur marchande d'un bien.

[1976, c. 30, a. 24; 1999, c. 40, a. 112].

24. The Government may make regulations to:

(a) require the inclusion of certain particulars in the deeds, statements, notices, accounts or other documents contemplated by this Act;

(b) determine the manner in which the particulars required under this Act and the regulations must be mentioned;

(c) designate the legal persons established in the public interest contemplated in paragraph *d* of the definition of "public body" in section 1;

(d) establish the rules for the disclosure of the consideration furnished for a transfer and of the market value of any property.

[1976, c. 30, s. 24; 1999, c. 40, s. 112].

25. Un règlement adopté en vertu de la présente loi entre en vigueur à la date de sa publication à la *Gazette officielle du Québec* ou à toute date ultérieure qui y est fixée.

[1976, c. 30, a. 25].

25. A regulation made under this Act shall come into force on the date of its publication in the *Gazette officielle du Québec* or on any later date fixed therein.

[1976, c. 30, s. 25].

26. (*Abrogé*).

[1991, c. 32, a. 240].

26. (*Repealed*).

1991, c. 32, s. 240].

27. Pour l'application des articles 678.0.1 du *Code municipal du Québec* (chapitre C-27.1) et 196 et 250.1 de la *Loi sur la fiscalité municipale* (chapitre F-2.1), le droit de mutation est assimilé à une taxe municipale.

[1976, c. 30, a. 27; 1979, c. 36, a. 105; 1991, c. 32, a. 241; 1996, c. 67, a. 67].

27. For the purposes of article 678.0.1 of the *Municipal Code of Québec* (chapter C-27.1) and sections 196 and 250.1 of the *Act respecting municipal taxation* (chapter F-2.1), the transfer duties shall be regarded as a municipal tax.

[1976, c. 30, s. 27; 1979, c. 36, s. 105; 1991, c. 32, s. 241; 1996, c. 67, s. 67].

28. Le ministre des Affaires municipales, des Régions et de l'Occupation du territoire est chargé de l'application de la présente loi.

[1976, c. 30, a. 28; 1999, c. 43, a. 13; 2003, c. 19, a. 250; 2005, c. 28, a. 196; 2009, c. 26, a. 109].

28. The Minister of Municipal Affairs, Regions and Land Occupancy shall have charge of the application of this Act.

[1976, c. 30, s. 28; 1999, c. 43, s. 13; 2003, c. 19, s. 250; 2005, c. 28, s. 196; 2009, c. 26, s. 109].

29. (*Cet article a cessé d'avoir effet le 17 avril 1987*).

[1982, c. 21, a. 1; R.-U., 1982, c. 11, ann. B, ptie I, a. 33].

29. (*This section ceased to have effect on 17 April 1987*).

[1982, c. 21, s. 1; U.K., 1982, c. 11, Sch. B, Part I, s. 33].

LOI CONCERNANT L'INTÉRÊT,

L.R.C. (1985), c. I-15

INTEREST ACT,

R.S.C. (1985), c. I-15

1. *Loi sur l'intérêt.*

[S.R., c. I-18, a. 1].

1. This Act may be cited as the *Interest Act.*

[R.S., c. I-18, s. 1].

TAUX D'INTÉRÊT

RATE OF INTEREST

2. Sauf disposition contraire de la présente loi ou de toute autre loi fédérale, une personne peut stipuler, allouer et exiger, dans tout contrat ou convention quelconque, le taux d'intérêt ou d'escompte qui est convenu.

[S.R., c. I-18, a. 2].

2. Except as otherwise provided by this Act or any other Act of Parliament, any person may stipulate for, allow and exact, on any contract or agreement whatever, any rate of interest or discount that is agreed on.

[R.S., c. I-18, s. 2].

3. Chaque fois que de l'intérêt est exigible par convention entre les parties ou en vertu de la loi, et qu'il n'est pas fixé de taux en vertu de cette convention ou par la loi, le taux de l'intérêt est de cinq pour cent par an.

[S.R., c. I-18, a. 3].

3. Whenever any interest is payable by the agreement of parties or by law, and no rate is fixed by the agreement or by law, the rate of interest shall be five per cent per annum.

[R.S., c. I-18, s. 3].

4. Sauf à l'égard des hypothèques sur immeubles ou biens réels, lorsque, aux termes d'un contrat écrit ou imprimé, scellé ou non, quelque intérêt est payable à un taux ou pourcentage par jour, semaine ou mois, ou à un taux ou pourcentage pour

4. Except as to mortgages on real property or hypothecs on immovables, whenever any interest is, by the terms of any written or printed contract, whether under seal or not, made payable at a rate or percentage per day, week, month, or at any rate or

une période de moins d'un an, aucun intérêt supérieur au taux ou pourcentage de cinq pour cent par an n'est exigible, payable ou recouvrable sur une partie quelconque du principal, à moins que le contrat n'énonce expressément le taux d'intérêt ou pourcentage par an auquel équivaut cet autre taux ou pourcentage.

[S.R., c. I-18, a. 4; 2001, c. 4, a. 91].

5. En cas de paiement d'une somme à compte d'un intérêt non exigible, payable ou recouvrable en vertu de l'article 4, cette somme peut être recouvrée ou déduite de tout principal ou de tout intérêt à payer en vertu du contrat.

[S.R., c. I-18, a. 5].

INTÉRÊT SUR DENIERS GARANTIS PAR HYPOTHÈQUE SUR IMMEUBLES OU BIENS RÉELS

6. Lorsqu'un principal ou un intérêt garanti par hypothèque sur immeubles ou biens réels est stipulé, par l'acte d'hypothèque, payable d'après le système du fonds d'amortissement, d'après tout système en vertu duquel les versements du principal et de l'intérêt sont confondus ou d'après tout plan ou système qui comprend une allocation d'intérêt sur des remboursements stipulés, aucun intérêt n'est exigible, payable ou recouvrable sur une partie quelconque du principal prêté, à moins que l'acte d'hypothèque ne fasse mention du principal et du taux de l'intérêt exigible à son égard, calculé annuellement ou semestriellement, mais non d'avance.

[S.R., c. I-18, a. 6; 1976–77, c. 28, a. 49; 2001, c. 4, a. 92].

7. Lorsque le taux d'intérêt mentionné en vertu de l'article 6 est moindre que celui qui serait exigible en vertu de quelque autre disposition, calcul ou stipulation de l'acte d'hypothèque, il n'est exigible, payable ou recouvrable sur le principal avancé aucun intérêt plus élevé que le taux ainsi mentionné.

percentage for any period less than a year, no interest exceeding the rate or percentage of five per cent per annum shall be chargeable, payable or recoverable on any part of the principal money unless the contract contains an express statement of the yearly rate or percentage of interest to which the other rate or percentage is equivalent.

[R.S., c. I-18, s. 4; 2001, c. 4, s. 91].

5. If any sum is paid on account of any interest not chargeable, payable or recoverable under section 4, the sum may be recovered back or deducted from any principal or interest payable under the contract.

[R.S., c. I-18, s. 5].

INTEREST ON MONEYS SECURED BY MORTGAGE ON REAL PROPERTY OR HYPOTHEC ON IMMOVABLES

6. Whenever any principal money or interest secured by mortgage on real property or hypothec on immovables is, by the mortgage or hypothec, made payable on a sinking fund plan, on any plan under which the payments of principal money and interest are blended or on any plan that involves an allowance of interest on stipulated repayments, no interest whatever shall be chargeable, payable or recoverable on any part of the principal money advanced, unless the mortgage or hypothec contains a statement showing the amount of the principal money and the rate of interest chargeable on that money, calculated yearly or half-yearly, not in advance.

[R.S., c. I-18, s. 6; 2001, c. 4, s. 92].

7. Whenever the rate of interest shown in the statement mentioned in section 6 is less than the rate of interest that would be chargeable by virtue of any other provision, calculation or stipulation in the mortgage or hypothec, no greater rate of interest shall be chargeable, payable or recoverable, on the principal money ad-

vanced, than the rate shown in the statement.

[R.S., c. I-18, s. 7; 2001, c. 4, s. 93].

[S.R., c. I-18, a. 7; 1976–77, c. 28, a. 49; 1980–81–82–83, c. 47, a. 53; 2001, c. 4, a. 93].

8. (1) Il ne peut être stipulé, retenu, réservé ou exigé, sur des arrérages de principal ou d'intérêt garantis par hypothèque sur immeubles ou biens réels, aucune amende, pénalité ou taux d'intérêt ayant pour effet d'élever les charges sur ces arrérages au-dessus du taux d'intérêt payable sur le principal non arriéré.

(2) Le présent article n'a pas pour effet de prohiber un contrat pour le paiement d'intérêt, sur des arrérages d'intérêt ou de principal, à un taux ne dépassant pas celui payable sur le principal non arriéré.

[S.R., c. I-18, a. 8; 2001, c. 4, a. 94].

9. En cas de paiement d'une somme à compte d'un intérêt, d'une amende ou pénalité qui ne sont pas exigibles, payables ou recouvrables en vertu des articles 6, 7 ou 8, cette somme peut être recouvrée ou déduite de tout autre intérêt, amende ou pénalité exigibles, payables ou recouvrables sur le principal.

[S.R., c. I-18, a. 9].

10. (1) Lorsqu'un principal ou un intérêt garanti par hypothèque sur immeubles ou biens réels n'est pas payable, d'après les modalités de l'acte d'hypothèque, avant qu'il se soit écoulé plus de cinq ans à compter de la date de l'hypothèque, alors, si, à quelque époque après l'expiration de ces cinq ans, la personne tenue de payer ou ayant le droit de payer en vue d'éteindre ou de racheter l'hypothèque offre ou paie à la personne qui a droit de recevoir l'argent la somme due à titre de principal et l'intérêt jusqu'à la date du paiement calculé conformément aux articles 6 à 9, en y ajoutant trois mois d'intérêt pour tenir lieu d'avis, nul autre intérêt n'est exigible, payable ou recouvrable à une époque ultérieure sur le principal ni sur l'intérêt dû en vertu de l'acte d'hypothèque.

(2) Le paragraphe (1) ne s'applique pas:

8. (1) No fine, penalty or rate of interest shall be stipulated for, taken, reserved or exacted on any arrears of principal or interest secured by mortgage on real property or hypothec on immovables that has the effect of increasing the charge on the arrears beyond the rate of interest payable on principal money not in arrears.

(2) Nothing in this section has the effect of prohibiting a contract for the payment of interest on arrears of interest or principal at any rate not greater than the rate payable on principal money not in arrears.

[R.S., c. I-18, s. 8; 2001, c. 4, s. 94].

9. If any sum is paid on account of any interest, fine or penalty not chargeable, payable or recoverable under section 6, 7 or 8, the sum may be recovered back or deducted from any other interest, fine or penalty chargeable, payable or recoverable on the principal.

[R.S., c. I-18, s. 9].

10. (1) Whenever any principal money or interest secured by mortgage on real property or hypothec on immovables is not, under the terms of the mortgage or hypothec, payable until a time more than five years after the date of the mortgage or hypothec, then, if at any time after the expiration of the five years, any person liable to pay, or entitled to pay in order to redeem the mortgage, or to extinguish the hypothec, tenders or pays, to the person entitled to receive the money, the amount due for principal money and interest to the time of payment, as calculated under sections 6 to 9, together with three months further interest in lieu of notice, no further interest shall be chargeable, payable or recoverable at any time after the payment on the principal money or interest due under the mortgage or hypothec.

(2) Subsection (1) does not apply

a) à l'hypothèque sur immeubles ou biens réels consentie par une compagnie par actions ou une personne morale, non plus qu'aux débentures émises par elles, dont le remboursement a été garanti au moyen d'une telle hypothèque;

b) à l'hypothèque sur immeubles ou biens réels visée par règlement qui est consentie par une entité prévue par règlement, non plus qu'aux débentures visées par règlement qui sont émises par elle, dont le remboursement a été garanti au moyen d'une telle hypothèque.

(3) Pour l'application de l'alinéa (2)*b)*, le gouverneur en conseil peut, par règlement:

a) prévoir des entités;

b) prévoir des catégories d'hypothèques consenties par ces entités et des catégories de débentures émises par elles.

[S.R., c. I-18, a. 10; 2001, c. 4, a. 95; 2008, c. 28, a. 155].

(a) to any mortgage on real property or hypothec on immovables given by a joint stock company or any other corporation, nor to any debenture issued by them, for the payment of which security has been given by way of mortgage on real property or hypothec on immovables; or

(b) to any prescribed mortgage on real property or prescribed hypothec on immovables given by a prescribed entity, nor to any prescribed debenture issued by it, for the payment of which security has been given by way of mortgage on real property or hypothec on immovables.

(3) For the purposes of paragraph (2)(*b*), the Governor in Council may, by regulation:

(a) prescribe entities; and

(b) prescribe classes of mortgages and hypothecs given by those entities and classes of debentures issued by them.

[R.S., c. I-18, s. 10; 2001, c. 4, s. 95; 2008, c. 28, s. 155].

COLOMBIE-BRITANNIQUE, MANITOBA, SASKATCHEWAN, ALBERTA ET LES TERRITOIRES

BRITISH COLUMBIA, MANITOBA, SASKATCHEWAN, ALBERTA AND THE TERRITORIES

11.-14. (*Abrogés*)

[L.C. 1992, c. 1, a. 146, Ann. IX, n° 26].

11.-14. (*Repealed*)

[S.C. 1992, c. 1, s. 146, Sch. IX, no. 26].

Les articles 4 et 6 seront remplacés lors de l'entrée en vigueur des articles 17 et 18 du chapitre 17 des lois de 1996 à la date fixée par le gouvernement.

Les articles 4 et 6 seront modifiés lors de l'entrée en vigueur des articles 175 et 176 du chapitre 4 des lois de 2001 à la date d'entrée en vigueur des articles 17 et 18 du chapitre 17 des lois de 1996.

Sections 4 and 6 will be replaced upon the coming into force of sections 17 and 18 of chapter 17 of the statutes of 1996 on the date fixed by the Government.

Sections 4 and 6 will be modified upon the coming into force of sections 175 and 176 of chapter 4 of the statutes of 2001 on the date fixed by the Government.

LOI D'INTERPRÉTATION,

RLRQ, c. I-16

INTERPRETATION ACT,

CQLR, c. I-16

1. Cette loi s'applique à toute loi du Parlement du Québec, à moins que l'objet, le contexte ou quelque disposition de cette loi ne s'y oppose.

[S.R. 1964, c. 1, a. 1; 1982, c. 62, a. 148].

1. This Act shall apply to every statute of the Parliament of Québec, unless and in so far as such application be inconsistent with the object, the context, or any of the provisions of such statute.

[R.S. 1964, c. 1, s. 1; 1982, c. 62, s. 148].

SECTION I

SECTION I

2.–3. (*Abrogés*).

[1982, c. 62, a. 149].

2.–3. (*Repealed*).

[1982, c. 62, s. 149].

SECTION II — ENTRÉE EN VIGUEUR D'UNE LOI

SECTION II — COMING INTO FORCE OF AN ACT

4. (*Abrogé*).

[1982, c. 62, a. 151].

4. (*Repealed*).

[1982, c. 62, s. 151].

5. Une loi entre en vigueur le trentième jour qui suit celui de sa sanction, à moins que la loi n'y pourvoie autrement.

[S.R. 1964, c. 1, a. 5; 1968, c. 23, a. 8; 1982, c. 62, a. 152].

5. Unless otherwise provided by law, an Act comes into force on the thirtieth day after its sanction.

[R.S. 1964, c. 1, s. 5; 1982, c. 62, s. 152].

SECTION III — DU DÉSAVEU

SECTION III — DISALLOWANCE

6. Une loi cesse d'être exécutoire à compter du jour où il est annoncé, soit par proclamation, soit par discours ou message adressé à l'Assemblée nationale, que cette loi a été désavouée, dans l'année qui a

6. Every statute shall cease to have force and effect from the day on which it is announced, either by proclamation or by speech or by message to the National Assembly, that such statute has been disal-

suivi la réception, par le gouverneur général, de la copie authentique qui lui en avait été transmise.

[S.R. 1964, c. 1, a. 6; 1968, c. 9, a. 58].

lowed within the year following the receipt by the Governor-General of the authentic copy which has been sent to him.

[R.S. 1964, c. 1, s. 6; 1968, c. 9, s. 58].

SECTION IV — DES MODIFICATIONS ET ABROGATIONS

SECTION IV — AMENDMENT OR REPEAL

7. Une loi peut être modifiée ou abrogée par une autre loi passée dans la même session.

[S.R. 1964, c. 1, a. 7].

7. Any statute may be amended, altered or repealed by any other statute passed in the same session.

[R.S. 1964, c. 1, s. 7].

8. Lorsque quelques-unes des dispositions d'une loi sont abrogées et que d'autres leur sont substituées, les dispositions abrogées demeurent en vigueur jusqu'à ce que les dispositions substituées viennent en vigueur, suivant la loi d'abrogation.

[S.R. 1964, c. 1, a. 8].

8. When any provisions of a statute are repealed and others substituted therefor, the provisions repealed remain in force until the provisions substituted become executory under the repealing statute.

[R.S. 1964, c. 1, s. 8].

9. Quand une disposition législative qui en abroge une autre est elle-même abrogée, la première disposition abrogée ne reprend vigueur que si le Parlement en a exprimé l'intention.

[S.R. 1964, c. 1, a. 9; 1982, c. 62, a. 153].

9. When a legislative enactment which repeals another is itself repealed, the legislative enactment first repealed does not come again into force, unless Parliament expresses such intention.

[R.S. 1964, c. 1, s. 9; 1982, c. 62, s. 153].

10. L'abrogation, le remplacement ou la modification d'une disposition législative contenue dans une loi du Recueil des lois et des règlements du Québec comporte et a toujours comporté l'abrogation, le remplacement ou la modification de la disposition législative qu'elle reproduit.

[S.R. 1964, c. 1, a. 10].

10. The repeal, replacement or amendment of a legislative enactment contained in a statute in the Compilation of Québec Laws and Regulations implies and has always implied the repeal, replacement or amendment of the legislative enactment which it reproduces.

[R.S. 1964, c. 1, s. 10].

11. Une loi est réputée réserver au Parlement, lorsque le bien public l'exige, le pouvoir de l'abroger, et également de révoquer, restreindre ou modifier tout pouvoir, privilège ou avantage que cette loi confère à une personne.

[S.R. 1964, c. 1, a. 11; 1982, c. 62, a. 154; 1999, c. 40, a. 161].

11. Every statute is deemed to reserve to Parliament, whenever required by public interest, the power of repealing it, and also of revoking, restricting or modifying any power, privilege or advantage thereby vested in any person.

[R.S. 1964, c. 1, s. 11; 1982, c. 62, s. 154; 1999, c. 40, s. 161].

12. L'abrogation d'une loi ou de règlements faits sous son autorité n'affecte pas les droits acquis, les infractions commises, les peines encourues et les procédures intentées; les droits acquis peuvent être exercés, les infractions poursuivies, les

12. The repeal of an Act or of regulations made under its authority shall not affect rights acquired, infringements committed, penalties incurred or proceedings instituted; and the acquired rights may be exercised, the infringements prosecuted, the

peines imposées et les procédures continuées, nonobstant l'abrogation.

[S.R. 1964, c. 1, a. 12].

penalties imposed and the proceedings continued, notwithstanding such repeal.

[R.S. 1964, c. 1, s. 12].

13. Quand une disposition législative est remplacée ou refondue, les titulaires d'offices continuent d'agir comme s'ils avaient été nommés sous les dispositions nouvelles; les personnes morales constituées conservent leur existence et sont régies par les dispositions nouvelles; les procédures intentées sont continuées, les infractions commises sont poursuivies et les prescriptions commencées sont achevées sous ces mêmes dispositions en tant qu'elles sont applicables.

Les règlements ou autres textes édictés en application de la disposition remplacée ou refondue demeurent en vigueur dans la mesure où ils sont compatibles avec les dispositions nouvelles; les textes ainsi maintenus en vigueur sont réputés avoir été édictés en vertu de ces dernières.

[S.R. 1964, c. 1, a. 13; 1986, c. 22, a. 30; 1999, c. 40, a. 161].

13. When any legislative provision is replaced or consolidated, office-holders shall continue to act as if they had been appointed under the new provisions; legal persons constituted shall continue in existence and shall be governed by the new provisions; proceedings instituted shall be continued, infringements committed shall be prosecuted and prescriptions begun shall be completed under such provisions in so far as they are applicable.

Regulations or other instruments made under the replaced or consolidated provision remain in force to the extent that they are consistent with the new provisions; the instruments remaining in force are deemed to have been made under the new provisions.

[R.S. 1964, c. 1, s. 13; 1986, c. 22, s. 30; 1999, c. 40, s. 161].

SECTION V — DE L'IMPRESSION ET DE LA DISTRIBUTION DES LOIS

SECTION V — PRINTING AND DISTRIBUTION OF THE STATUTES

14.–16. (*Abrogés*).

[1982, c. 62, a. 155].

14.–16. (*Repealed*).

[1982, c. 62, s. 155].

17. Les notes marginales doivent indiquer l'année et le chapitre des dispositions législatives que le texte modifie ou abroge ou auxquelles il se réfère.

[S.R. 1964, c. 1, a. 17].

17. The marginal notes shall give the year and chapter of the legislative enactment which the text amends or repeals or to which it refers.

[R.S. 1964, c. 1, s. 17].

18. Les lois réservées et ensuite sanctionnées par le gouverneur général en conseil, sont publiées à la *Gazette officielle du Québec*, et sont imprimées plus tard dans le premier recueil annuel des lois qui est imprimé après la signification de la sanction.

[S.R. 1964, c. 1, a. 18; 1968, c. 8, a. 3; 1968, c. 23, a. 8].

18. Statutes reserved and afterwards assented to by the Governor-General in Council shall be published in the *Gazette officielle du Québec*, and afterwards printed in the first annual compilation of the statutes which is printed after the signification of such assent.

[R.S. 1964, c. 1, s. 18; 1968, c. 8, s. 3].

19. Après le 31 décembre 1952, nonobstant toute autre disposition législative inconciliable avec la présente, l'obligation imposée par une loi de publier dans les

19. After 31 December 1952, notwithstanding any other legislative provision inconsistent herewith, the obligation imposed by an Act to publish in the statutes a

lois un document, de quelque nature qu'il soit, s'exécutera exclusivement par sa publication dans la *Gazette officielle du Québec*.

[S.R. 1964, c. 1, a. 19; 1968, c. 23, a. 8].

20.–21. (*Abrogés*).

[1982, c. 62, a. 155].

22. Le greffier du Conseil exécutif est tenu de fournir à l'Éditeur officiel du Québec, selon que les circonstances l'exigent, copie de tous les décrets adoptés en vertu des dispositions de la présente loi.

[S.R. 1964, c. 1, a. 22; 1968, c. 23, a. 8; 1969, c. 26, a. 2].

23.–27. (*Abrogés*).

[1982, c. 62, a. 155].

SECTION VI — (ABROGÉE)

28.–36. (*Abrogés*).

[1982, c. 62, a. 155].

SECTION VII — (ABROGÉE)

37. (*Abrogé*).

[1982, c. 62, a. 155].

SECTION VIII — DISPOSITIONS DÉCLARATOIRES ET INTERPRÉTATIVES

38. Une loi n'est pas soustraite à l'application d'une règle d'interprétation qui lui est applicable, et qui, d'ailleurs, n'est pas incompatible avec la présente loi, parce que celle-ci ne la contient pas.

[S.R. 1964, c. 1, a. 38].

39. Une loi est publique, à moins qu'elle n'ait été déclarée privée.

Toute personne est tenue de prendre connaissance des lois publiques, mais les lois privées doivent être plaidées.

[S.R. 1964, c. 1, a. 39].

document of any kind whatsoever, shall be carried out exclusively by its publication in the *Gazette officielle du Québec*.

[R.S. 1964, c. 1, s. 19].

20.–21. (*Repealed*).

[1982, c. 62, s. 155].

22. The clerk of the Conseil exécutif shall supply the Québec Official Publisher, as occasion requires, with copies of all orders in council made under the provisions of this Act.

[R.S. 1964, c. 1, s. 22; 1968, c. 23, s. 8; 1969, c. 26, s. 2; 1977, c. 5, s. 14].

23.–27. (*Repealed*).

[1982, c. 62, s. 155].

SECTION VI — (REPEALED)

28.–36. (*Repealed*).

[1982, c. 62, s. 155].

SECTION VII — (REPEALED)

37. (*Repealed*).

[1982, c. 62, s. 155].

SECTION VIII — DECLARATORY AND INTERPRETATIVE PROVISIONS

38. No statute shall be taken out of any rule of construction applicable thereto, and which is otherwise not inconsistent with this Act, because this Act does not reproduce such rule.

[R.S. 1964, c. 1, s. 38].

39. Every statute shall be public unless declared to be private.

Everyone is bound to take cognizance of public statutes, but private statutes must be pleaded.

[R.S. 1964, c. 1, s. 39].

40. Le préambule d'une loi en fait partie et sert à en expliquer l'objet et la portée.

Les lois doivent s'interpréter, en cas de doute, de manière à ne pas restreindre le statut du français.

[S.R. 1964, c. 1, a. 40; 1977, c. 5, a. 213].

40. The preamble of every statute shall form part thereof, and assist in explaining its purport and object.

In case of doubt, the construction placed on any Act shall be such as not to impinge on the status of the French language.

[R.S. 1964, c. 1, s. 40; 1977, c. 5, s. 213].

40.1. (*Abrogé*).

[1993, c. 40, a. 64].

40.1. (*Repealed*).

[1993, c. 40, s. 64].

41. Toute disposition d'une loi est réputée avoir pour objet de reconnaître des droits, d'imposer des obligations ou de favoriser l'exercice des droits, ou encore de remédier à quelque abus ou de procurer quelque avantage.

Une telle loi reçoit une interprétation large, libérale, qui assure l'accomplissement de son objet et l'exécution de ses prescriptions suivant leurs véritables sens, esprit et fin.

[S.R. 1964, c. 1, a. 41; 1992, c. 57, a. 602].

41. Every provision of an Act is deemed to be enacted for the recognition of rights, the imposition of obligations or the furtherance of the exercise of rights, or for the remedying of some injustice or the securing of some benefit.

Such statute shall receive such fair, large and liberal construction as will ensure the attainment of its object and the carrying out of its provisions, according to their true intent, meaning and spirit.

[R.S. 1964, c. 1, s. 41; 1992, c. 57, s. 602].

41.1. Les dispositions d'une loi s'interprètent les unes par les autres en donnant à chacune le sens qui résulte de l'ensemble et qui lui donne effet.

[1992, c. 57, a. 603].

41.1. The provisions of an Act are construed by one another, ascribing to each provision the meaning which results from the whole Act and which gives effect to the provision.

[1992, c. 57, s. 603].

41.2. Le juge ne peut refuser de juger sous prétexte du silence, de l'obscurité ou de l'insuffisance de la loi.

[1992, c. 57, a. 603].

41.2. A judge cannot refuse to adjudicate under pretext of the silence, obscurity or insufficiency of the law.

[1992, c. 57, s. 603].

41.3. Les lois prohibitives emportent nullité quoiqu'elle n'y soit pas prononcée.

[1992, c. 57, a. 603].

41.3. Prohibitive laws entail nullity, even if nullity is not pronounced therein.

[1992, c. 57, s. 603].

41.4. On ne peut déroger par des conventions particulières aux lois qui intéressent l'ordre public.

[1992, c. 57, a. 603].

41.4. No one may by private agreement validly contravene the laws of public order.

[1992, c. 57, s. 603].

42. Nulle loi n'a d'effet sur les droits de l'État, à moins qu'ils n'y soient expressément compris.

42. No statute shall affect the rights of the State, unless they are specially included.

De même, nulle loi d'une nature locale et privée n'a d'effet sur les droits des tiers, à moins qu'ils n'y soient spécialement mentionnés.

[S.R. 1964, c. 1, a. 42; 1999, c. 40, a. 161].

Similarly, no statute of a local and private nature shall affect the rights of third parties, unless specially mentioned therein.

[R.S. 1964, c. 1, s. 42; 1999, c. 40, s. 161].

43. Tout renvoi, dans une loi du Recueil des lois et des règlements du Québec, à un article, sans mention du chapitre dont cet article fait partie, est un renvoi à un article de ladite loi.

[S.R. 1964, c. 1, a. 43].

43. Any reference, in any Act in the Compilation of Québec Laws and Regulations, to a section, without mentioning the chapter of which such section forms part, shall be a reference to a section of the said act.

[R.S. 1964, c. 1, s. 43].

44. Toute série d'articles de loi à laquelle une disposition législative se réfère comprend les articles dont les numéros servent à déterminer le commencement et la fin de cette série.

[S.R. 1964, c. 1, a. 44].

44. Every series of sections of an Act to which any legislative enactment refers, shall include the sections the numbers of which serve to indicate the beginning and the end of such series.

[R.S. 1964, c. 1, s. 44].

45. Nulle disposition d'une loi du Québec n'infirme les lois passées à l'effet de confirmer, valider, légaliser ou interpréter des statuts ou lois, actes ou documents quelconques.

[S.R. 1964, c. 1, a. 45].

45. No provision in any Act of Québec shall nullify any Act passed for the purpose of confirming and making valid, legalizing or interpreting any Act, statute or law, deed or instrument whatever.

[R.S. 1964, c. 1, s. 45].

46. Toute formule abrégée de renvoi à une loi est suffisante si elle est intelligible; et nulle formule particulière n'est de rigueur.

[S.R. 1964, c. 1, a. 46].

46. Any abbreviated form of reference to a statute shall be sufficient if intelligible; and no particular form of words shall be required.

[R.S. 1964, c. 1, s. 46].

47. Toute formule désignée dans une loi par un chiffre s'entend de la formule correspondante des annexes de cette loi.

[S.R. 1964, c. 1, a. 47].

47. Any form designated in any Act by a figure shall mean the corresponding form in any annex to such Act.

[R.S. 1964, c. 1, s. 47].

48. L'emploi rigoureux des formules édictées par une loi pour assurer l'exécution de ses dispositions, n'est pas prescrit, à peine de nullité, si les variantes n'en affectent pas le sens.

[S.R. 1964, c. 1, a. 48].

48. The strict use of the forms enacted by statutes to ensure the execution of their provisions shall not be required on pain of nullity, if the deviations therefrom do not affect the meaning.

[R.S. 1964, c. 1, s. 48].

49. La loi parle toujours; et, quel que soit le temps du verbe employé dans une disposition, cette disposition est tenue pour être en vigueur à toutes les époques et

49. The law is ever commanding; and whatever be the tense of the verb or verbs contained in a provision, such provision shall be held to be in force at all times and

dans toutes les circonstances où elle peut s'appliquer.

[S.R. 1964, c. 1, a. 49].

50. Nulle disposition légale n'est déclaratoire ou n'a d'effet rétroactif pour la raison seule qu'elle est énoncée au présent du verbe.

[S.R. 1964, c. 1, a. 50].

51. Chaque fois qu'il est prescrit qu'une chose sera faite ou doit être faite, l'obligation de l'accomplir est absolue; mais s'il est dit qu'une chose « pourra » ou « peut » être faite, il est facultatif de l'accomplir ou non.

[S.R. 1964, c. 1, a. 51].

52. Si le délai fixé pour une procédure ou pour l'accomplissement d'une chose expire un jour férié, ce délai est prolongé jusqu'au jour non férié suivant.

Si le délai fixé pour l'inscription d'un droit au bureau de la publicité des droits expire un samedi, ce délai est prolongé jusqu'au jour non férié suivant.

[S.R. 1964, c. 1, a. 52; 1970, c. 4, a. 1; 1999, c. 40, a. 161].

53. Le genre masculin comprend les deux sexes, à moins que le contexte n'indique le contraire.

[S.R. 1964, c. 1, a. 53].

54. Le nombre singulier s'étend à plusieurs personnes ou à plusieurs choses de même espèce, chaque fois que le contexte se prête à cette extension. Le nombre pluriel peut ne s'appliquer qu'à une seule personne ou qu'à un seul objet si le contexte s'y prête.

[S.R. 1964, c. 1, a. 54; 1992, c. 57, a. 604].

55. Le droit de nomination à un emploi ou fonction comporte celui de destitution.

Lorsqu'une loi ou quelque disposition d'une loi entre en vigueur à une date postérieure à sa sanction, les nominations à un emploi ou à une fonction qui en découle peuvent valablement être faites dans les 30

under all circumstances to which it may apply.

[R.S. 1964, c. 1, s. 49; 1999, c. 40, s. 161].

50. No provision of law shall be declaratory or have a retroactive effect, by reason alone of its being enacted in the present tense.

[R.S. 1964, c. 1, s. 50].

51. Whenever it is provided that a thing "shall" be done or "must" be done, the obligation is imperative; but if it is provided that a thing "may" be done, its accomplishment is permissive.

[R.S. 1964, c. 1, s. 51].

52. If the time fixed for any proceeding or for the doing of anything expire on a nonjuridical day, such time shall be extended until the next following juridical day.

If the time fixed for the registration of a right at the registry office expire on a Saturday, such time shall be extended until the next following juridical day.

[R.S. 1964, c. 1, s. 52; 1970, c. 4, s. 1; 1999, c. 40, s. 161].

53. The masculine gender shall include both sexes, unless the contrary intention is evident by the context.

[R.S. 1964, c. 1, s. 53].

54. The singular number shall extend to more than one person or more than one thing of the same sort, whenever the context admits of such extension. The plural number can apply to one person only or to one thing only if the context so permits.

[R.S. 1964, c. 1, s. 54; 1992, c. 57, s. 604].

55. The right of appointment to an employment or office shall involve that of removal therefrom.

Whenever an Act or any provision of an Act comes into force at a date subsequent to its sanction, appointments to an employment or to an office thereunder may validly be made within the 30 days preceding

jours qui précèdent la date de cette entrée en vigueur, pour prendre effet à cette date, et les règlements qui y sont prévus peuvent valablement être faits et publiés avant cette date.

Toutefois, s'il s'agit d'une loi ou de quelque disposition d'une loi entrant en vigueur par suite d'une proclamation ou d'un décret, ces nominations ne peuvent se faire qu'à compter de la date de cette proclamation ou de ce décret.

La démission de tout fonctionnaire ou employé peut valablement être acceptée par le ministre qui préside le ministère dont relève ce fonctionnaire ou employé.

[S.R. 1964, c. 1, a. 55; 1968, c. 8, a. 13; 1999, c. 40, a. 161].

55.1. Le fait qu'une personne exerçant des fonctions juridictionnelles soit nommée dans un tribunal ou dans un organisme dans lequel elle est tenue à l'exercice exclusif de ses fonctions n'a pas pour effet de lui faire perdre, de ce seul fait, compétence sur les affaires dont elle était saisie au moment de cette nomination. Elle peut dès lors terminer ces affaires, sans rémunération à ce titre et sans qu'il soit nécessaire d'obtenir une autorisation.

[2002, c. 32, a. 3].

56. 1. Lorsqu'il est ordonné qu'une chose doit être faite par ou devant un juge, magistrat, fonctionnaire ou officier public, on doit entendre celui dont les pouvoirs ou la compétence s'étendent au lieu où cette chose doit être faite.

2. Les devoirs imposés et les pouvoirs conférés à un officier ou fonctionnaire public, sous son nom officiel, passent à son successeur et s'étendent à son adjoint, en tant qu'ils sont compatibles avec la charge de ce dernier.

[S.R. 1964, c. 1, a. 56; 1974, c. 11, a. 49; 1999, c. 40, a. 161].

57. L'autorisation de faire une chose comporte tous les pouvoirs nécessaires à cette fin.

[S.R. 1964, c. 1, a. 57].

the date of such coming into force, to take effect on such date, and the regulations contemplated therein may validly be made and published before such date.

However as to an Act or any provision of an Act coming into force by proclamation or order, such appointments may be made only as from the date of such proclamation or order.

The resignation of any civil servant or employee may be validly accepted by the Minister who presides over the Department to which the said civil servant or employee belongs.

[R.S. 1964, c. 1, s. 55; 1968, c. 8, s. 13; 1999, c. 40, s. 161].

55.1. The fact that a person exercising adjudicative functions is appointed to a court or body in which no concurrent functions may be exercised shall not operate to cause that person, by that sole fact, to lose jurisdiction over the cases of which the person was seized at the time of the appointment. The person may then conclude those cases without remuneration therefor and without it being necessary to obtain authorization.

[2002, c. 32, s. 3].

56. (1) When anything is ordered to be done by or before a judge, magistrate, functionary or public officer, one is understood whose powers or jurisdiction extend to the place where such thing is to be done.

(2) The duties imposed, and the powers conferred, upon an officer or public functionary in his official capacity, shall pass to his successor and belong to his deputy, in so far as they are compatible with the office of the latter.

[R.S. 1964, c. 1, s. 56].

57. The authority given to do a thing shall carry with it all the powers necessary for that purpose.

[R.S. 1964, c. 1, s. 57].

58. L'expression du serment peut se faire au moyen de toute affirmation solennelle; toute formule de prestation de serment prévue par une loi ou un règlement est adaptée pour en permettre l'expression.

À moins de dispositions spéciales, lorsqu'il est prescrit de prêter ou de recevoir un serment, ce serment est reçu, et le certificat de sa prestation est donné par tout juge, tout magistrat, ou tout commissaire autorisé à cet effet, ayant compétence dans le lieu où le serment est prêté, ou par un notaire.

[S.R. 1964, c. 1, a. 58; 1986, c. 95, a. 172; 1999, c. 40, a. 161].

58. That which is expressed by an oath may be expressed by way of a solemn affirmation; any form of oath prescribed by an Act or a regulation shall be adapted accordingly.

Unless otherwise specially provided, whenever an oath is ordered to be taken or administered, such oath shall be administered and the certificate of its having been taken shall be given by any judge, magistrate or commissioner authorized for that purpose, having jurisdiction in the place where the oath is taken, or by any notary.

[R.S. 1964, c. 1, s. 58; 1986, c. 95, s. 172].

59. Lorsqu'un acte doit être accompli par plus de deux personnes, il peut l'être valablement par la majorité de ces personnes, sauf les cas particuliers d'exception.

[S.R. 1964, c. 1, a. 59].

59. When an act is to be performed by more than two persons, it may be validly done by the majority of them, unless otherwise specially provided.

[R.S. 1964, c. 1, s. 59].

60. Un organisme constitué en vertu d'une loi du Parlement, avec ou sans le statut d'une personne morale, et composé d'un nombre déterminé de membres, n'est pas dissout par suite d'une ou de plusieurs vacances survenues parmi ses membres par décès, démission ou autrement.

[S.R. 1964, c. 1, a. 60; 1982, c. 62, a. 156; 1999, c. 40, a. 161].

60. A body constituted under an Act of Parliament, whether constituted as a legal person or not, and consisting of a determined number of members, shall not be dissolved on account of one or more vacancies occurring among its members through death, resignation or otherwise.

[R.S. 1964, c. 1, s. 60; 1982, c. 62, s. 156; 1999, c. 40, s. 161].

61. Dans toute loi, à moins qu'il n'existe des dispositions particulières à ce contraire :

1° les mots « Sa Majesté », « roi », « souverain », « reine », « couronne », signifient le souverain du Royaume-Uni, du Canada et de ses autres royaumes et territoires, et chef du Commonwealth;

2° les mots « gouverneur général » signifient le gouverneur général du Canada, ou la personne administrant le gouvernement du Canada; et les mots « lieutenant-gouverneur », le lieutenant-gouverneur du Québec, ou la personne administrant le gouvernement du Québec;

3° les mots « gouverneur général en conseil » signifient le gouverneur général ou la personne administrant le gouvernement,

61. In any statute, unless otherwise specially provided,

(1) the words "His Majesty", "Her Majesty", "the King", "the Sovereign", "the Queen", "the Crown", mean the Sovereign of the United Kingdom, Canada and His or Her other Realms and Territories, and Head of the Commonwealth;

(2) the words "Governor-General" mean the Governor-General of Canada, or the person administering the Government of Canada; and the words "Lieutenant-Governor", the Lieutenant-Governor of Québec, or the person administering the Gouvernement du Québec;

(3) the words "Governor-General in Council" mean the Governor-General or person administering the Government, acting with

agissant de l'avis du Conseil privé de la reine pour le Canada; et les mots « lieutenant-gouverneur en conseil », le lieutenant-gouverneur ou la personne administrant le gouvernement, agissant de l'avis du Conseil exécutif du Québec;

4° les mots « Royaume-Uni » signifient le Royaume-Uni de la Grande-Bretagne et d'Irlande; les mots « États-Unis », les États-Unis d'Amérique; les mots « la Puissance » et « Canada », signifient la Puissance du Canada;

5° les mots « l'Union » signifient l'union des provinces effectuée en vertu de l'Acte de l'Amérique Britannique du Nord, 1867, et des lois subséquentes;

6° les mots « Bas-Canada » signifient cette partie du Canada qui formait ci-devant la province du Bas-Canada, et signifient maintenant le Québec;

7° le mot « province », employé seul, signifie la province de Québec; et le qualificatif « provincial » ajouté aux mots « acte », « statut » ou « loi », signifie un acte, un statut ou une loi du Québec;

8° les mots « Parlement fédéral » signifient le Parlement du Canada; les mots « Législature » ou « Parlement » signifient le Parlement du Québec;

9° le mot « session » signifie une session du Parlement et comprend le jour de son ouverture et celui de sa prorogation;

10° les mots « actes fédéraux » ou « statuts fédéraux » signifient les lois passées par le Parlement du Canada; les mots « acte », « statut » ou « loi », partout où ils sont employés sans qualificatif, s'entendent des actes, statuts et lois du Parlement;

11° (abrogé);

12° les mots « gouvernement » ou « gouvernement exécutif » signifient le lieutenant-gouverneur et le Conseil exécutif du Québec;

13° les mots « officier en loi » ou « officier en loi de la couronne » signifient le ministre de la Justice du Québec;

the advice of the Queen's Privy Council for Canada; and the words "Lieutenant-Governor in Council", the Lieutenant-Governor or person administering the Government, acting with the advice of the Conseil exécutif du Québec;

(4) the words "United Kingdom" mean the United Kingdom of Great Britain and Ireland; the words "United States", the United States of America; the words "Dominion" and "Canada", the Dominion of Canada;

(5) the words "the Union" mean the union of the Provinces effected under the British North America Act, 1867, and subsequent Acts;

(6) the words "Lower Canada" mean that part of Canada which heretofore constituted the Province of Lower Canada, and mean now the Province of Québec;

(7) the word "Province", when used alone, means the Province of Québec; and the qualification "provincial", added to the word "Act", "statute" or "law" means an Act, statute or law of Québec;

(8) the words "Federal Parliament" mean the Parliament of Canada; the word "Legislature" or "Parliament" means the Parliament of Québec;

(9) the word "session" means a session of the Parliament, and includes both the day of its opening and the day of its prorogation;

(10) the words "Federal Acts" or "Federal statutes" mean the laws passed by the Parliament of Canada; the words "Act", "statute" and "law", whenever used without qualification, mean the Acts, statutes or laws of Parliament;

(11) (repealed);

(12) the words "Government" or "Executive Government" mean the Lieutenant-Governor and the Conseil exécutif du Québec;

(13) the words "the law officer" or "the law officer of the Crown" mean the Minister of Justice of Québec;

14° les mots désignant un ministère ou un officier public se rapportent au ministère ou à l'officier de la même dénomination pour le Québec;

15° (*supprimé*);

16° le mot « personne » comprend les personnes physiques ou morales, leurs héritiers ou représentants légaux, à moins que la loi ou les circonstances particulières du cas ne s'y opposent;

17° le nom communément donné à un pays, un lieu, un organisme, une personne morale, une société, un officier, un fonctionnaire, une personne, une partie ou une chose, désigne et signifie le pays, le lieu, l'organisme, la personne morale, la société, l'officier, le fonctionnaire, la personne, la partie ou la chose même, ainsi dénommé, sans qu'il soit besoin de plus ample description;

18° les mots « grand sceau » signifient le grand sceau du Québec;

19° le mot « commission », chaque fois qu'il se rapporte à une commission émise par le lieutenant-gouverneur en vertu d'une loi ou d'un décret, signifie une commission sous le grand sceau, formulée au nom de la reine;

20° le mot « proclamation » signifie proclamation sous le grand sceau;

21° (*abrogé*);

22° (*abrogé*);

23° les mots « jour de fête » et « jour férié » désignent:

    a) les dimanches;

    b) le 1er janvier;

    c) le Vendredi saint;

    d) le lundi de Pâques;

    e) le 24 juin, jour de la fête nationale;

    f) le 1er juillet, anniversaire de la Confédération, ou le 2 juillet si le 1er tombe un dimanche;

(14) words designating a department or public officer refer to the department or officer of like name for Québec;

(15) (*striked out*);

(16) the word "person" includes natural or legal persons, their heirs or legal representatives, unless inconsistent with the statute or with special circumstances of the case;

(17) the name commonly given to a country, place, body, legal person, partnership, officer, functionary, person, party or thing designates and means the country, place, body, legal person, partnership, officer, functionary, person, party or thing thus named, without further description being necessary;

(18) the words "Great Seal" mean the Great Seal of Québec;

(19) the word "commission", whenever it refers to a commission issued by the Lieutenant-Governor under any statute or order in council, means a commission under the Great Seal, running in the Queen's name;

(20) the word "proclamation" means a proclamation under the Great Seal;

(21) (*repealed*);

(22) (*repealed*);

(23) by holidays are understood the following days :

    (a) Sundays;

    (b) 1 January;

    (c) Good Friday;

    (d) Easter Monday;

    (e) 24 June, the National Holiday;

    (f) 1 July, the anniversary of Confederation, or 2 July when 1 July is a Sunday;

g) le premier lundi de septembre, fête du Travail;

g.1) le deuxième lundi d'octobre;

h) le 25 décembre;

i) le jour fixé par proclamation du gouverneur général pour marquer l'anniversaire du Souverain;

j) tout autre jour fixé par proclamation ou décret du gouvernement comme jour de fête publique ou d'action de grâces;

24° le mot « mois » signifie un mois de calendrier;

25° les mots « maintenant » et « prochain » se rapportent au temps de la mise en vigueur de la loi;

26° (abrogé).

27° la « faillite » est l'état d'un commerçant qui a cessé ses paiements;

28° le mot « centin » employé dans la version française des lois du Québec signifie la pièce de monnaie appelée « cent » dans les lois du Canada et dans la version anglaise des lois du Québec;

29° (abrogé).

[S.R. 1964, c. 1, a. 61 (partie); 1965 (1ᵉʳ sess.), c. 16, a. 21; 1966-67, c. 14, a. 1; 1968, c. 9, a. 90; 1978, c. 5, a. 12; 1980, c. 39, a. 62; 1981, c. 23, a. 19; 1982, c. 62, a. 157; 1984, c. 46, a. 20; 1986, c. 95, a. 173; 1990, c. 4, a. 527; 1992, c. 57, a. 605; 2001, c. 32, a. 100; 2004, c. 12, a. 24].

(g) the first Monday of September, Labour Day;

(g.1) the second Monday of October;

(h) 25 December;

(i) the day fixed by proclamation of the Governor-General for the celebration of the birthday of the Sovereign;

(j) any other day fixed by proclamation or order of the Government as a public holiday or as a day of thanksgiving;

(24) the word "month" means a calendar month;

(25) the words "now" and "next" apply to the time when the Act becomes executory;

(26) (repealed);

(27) "bankruptcy" means the condition of a trader who has discontinued his payments;

(28) the word "centin", used in the French version of the laws of Québec, means the coin called "cent" in the laws of Canada and in the English version of the laws of Québec;

(29) (repealed).

[R.S. 1964, c. 1, s. 61 (part); 1965 (1st sess.), c. 16, s. 21; 1966-67, c. 14, s. 1; 1977, c. 5, s. 14; 1978, c. 5, s. 12; 1980, c. 39, s. 62; 1981, c. 14, s. 33; 1981, c. 23, s. 19; 1982, c. 62, s. 157; 1984, c. 46, s. 20; 1986, c. 95, s. 173; 1990, c. 4, s. 527; 1992, c. 57, s. 605; 2001, c. 32, s. 100; 2004, c. 12, s. 24].

61.1 Sont des conjoints les personnes liées par un mariage ou une union civile.

Sont assimilés à des conjoints, à moins que le contexte ne s'y oppose, les conjoints de fait. Sont des conjoints de fait deux personnes, de sexe différent ou de même sexe, qui font vie commune et se présentent publiquement comme un couple, sans égard, sauf disposition contraire, à la durée de leur vie commune. Si, en l'absence de critère légal de reconnaissance de l'union de fait, une controverse survient relativement à l'existence de la

61.1 The word "spouse" means a married or civil union spouse.

The word "spouse" includes a *de facto* spouse unless the context indicates otherwise. Two persons of opposite sex or the same sex who live together and represent themselves publicly as a couple are *de facto* spouses regardless, except where otherwise provided, of how long they have been living together. If, in the absence of a legal criterion for the recognition of a *de facto* union, a controversy arises as to whether persons are living together, that

communauté de vie, celle-ci est présumée dès lors que les personnes cohabitent depuis au moins un an ou dès le moment où elles deviennent parents d'un même enfant.

[2002, c. 6, a. 143].

62. Un renvoi à une loi du Parlement sanctionnée à compter du 1er janvier 1969 est suffisant s'il indique l'année civile au cours de laquelle la loi est sanctionnée ainsi que le numéro du projet de loi qui l'a introduite ou le numéro du chapitre qui lui est attribué dans le recueil annuel des lois.

Un renvoi à une loi du Parlement sanctionnée avant le 1er janvier 1969 est suffisant s'il indique, outre le numéro de chapitre qui lui est attribué dans le volume des lois qui a été publié pour chaque session par l'Éditeur officiel du Québec, l'année ou les années civiles au cours desquelles s'est tenue la session du Parlement durant laquelle la loi a été sanctionnée, et si plusieurs sessions ont été tenues au cours d'une année civile, en ajoutant la désignation ordinale de la session dont il s'agit pour cette année civile, conformément à la dernière colonne du tableau reproduit à l'annexe A.

[1968, c. 8, a. 14; 1968, c. 23, a. 8; 1982, c. 62, a. 158].

63. *(Cet article a cessé d'avoir effet le 17 avril 1987).*

[1982, c. 21, a. 1].

Annexe A. *(Omise).*

fact is presumed when they have been co-habiting for at least one year or from the time they together become the parents of a child.

[2002, c. 6, s. 143].

62. Any reference to an Act of Parliament assented to from and after 1 January 1969 shall be sufficient if it indicates the calendar year during which such Act was assented to and the number of the bill which introduced it or the chapter number assigned to it in the annual compilation of the statutes.

Any reference to an Act of Parliament assented to before 1 January 1969 shall be sufficient if it indicates, in addition to the chapter number assigned to it in the volume of statutes published for each session by the Québec Official Publisher, the calendar year or years during which the session of the Parliament during which the Act was assented to was held, and if several sessions were held during one calendar year, by adding the ordinal designation of the session concerned for such calendar year, in accordance with the last column of the table reproduced as Schedule A.

[1968, c. 8, s. 14; 1968, c. 23, s. 8; 1982, c. 62, s. 158].

63. *(This section ceased to have effect on 17 April 1987).*

[1982, c. 21, s. 1].

Schedule A. *(Omitted).*

Loi concernant le droit interdisant le mariage entre personnes apparentées,

L.C. 1990, c. 46 [L.R.C., c. M-2.1]

Sa Majesté, sur l'avis et avec le consentement du Sénat et de la Chambre des communes du Canada, édicte:

An Act respecting the Laws Prohibiting Marriage between Related Persons,

R.C. 1990, c. 46 [S.R.C., c. M-2.1]

Her Majesty, by and with the advice and consent of the Senate and House of Commons of Canada, enacts as follows :

1. Titre abrégé: *Loi sur le mariage (degrés prohibés).*

[1990, c. 46, a. 1].

1. This Act may be cited as the *Marriage (Prohibited Degrees) Act.*

[1990, c. 46, s. 1].

2. (1) Sous réserve du paragraphe (2), les liens de parenté par consanguinité, alliance ou adoption ne constituent pas en eux-mêmes des empêchements au mariage.

(2) Est prohibé le mariage entre personnes ayant des liens de parenté, notamment par adoption, en ligne directe ou en ligne collatérale s'il s'agit du frère et de la soeur ou du demi-frère et de la demi-soeur.

[1990, c. 46, a. 2; 2005, c. 33, a. 13].

2. (1) Subject to subsection (2), persons related by consanguinity, affinity or adoption are not prohibited from marrying each other by reason only of their relationship.

(2) No person shall marry another person if they are related lineally, or as brother or sister or half-brother or half-sister, including by adoption.

[1990, c. 46, s. 2; 2005, c. 33, s. 13].

3. (1) Sous réserve du paragraphe (2), un mariage entre personnes apparentées par consanguinité, alliance ou adoption n'est pas invalide du seul fait du lien de parenté.

3. (1) Subject to subsection (2), a marriage between persons related by consanguinity, affinity or adoption is not invalid by reason only of their relationship.

(2) Le mariage entre personnes apparentées prohibé par le paragraphe 2(2) est nul.

[1990, c. 46, a. 3; 2005, c. 33, a. 14].

(2) A marriage between persons who are related in the manner described in subsection 2(2) is void.

[1990, c. 46, s. 3; 2005, c. 33, s. 14].

4. La présente loi comporte la totalité des règles de droit applicables au Canada en matière d'empêchements au mariage fondés sur des liens de parenté.

[1990, c. 46, a. 4].

4. This Act contains all of the prohibitions in law in Canada against marriage by reason of the parties being related.

[1990, c. 46, s. 4].

5. (*Omis*).

[1990, c. 46, a. 5].

5. (*Omitted*).

[1990, c. 46, s. 5].

6. La présente loi entre en vigueur un an après sa sanction ou, dans une province, à la date antérieure fixée par décret du gouverneur en conseil à la demande de cette province.

[1990, c. 46, a. 6].

6. This Act shall come into force on the day that is one year after the day it is assented to, or on such earlier day in any province as may be fixed by order of the Governor in Council at the request of that province.

[1990, c. 46, s. 6].

LOI CONCERNANT CERTAINES CONDITIONS DE FOND DU MARIAGE CIVIL,

L.C. 2005, c. 33

AN ACT RESPECTING CERTAIN ASPECTS OF LEGAL CAPACITY FOR MARRIAGE FOR CIVIL PURPOSES,

S.C. 2005, c. 33

Attendu:

que le Parlement du Canada s'est engagé à faire respecter la Constitution du Canada et que, selon l'article 15 de la *Charte canadienne des droits et libertés*, la loi ne fait acception de personne et s'applique également à tous, et tous ont droit à la même protection et au même bénéfice de la loi, indépendamment de toute discrimination;

que les tribunaux de la majorité des provinces et d'un territoire ont jugé que l'égalité d'accès au mariage civil pour les couples de même sexe et les couples de sexe opposé était comprise dans le droit à l'égalité sans discrimination;

que la Cour suprême du Canada a reconnu le fait que, sur la base de ces décisions judiciaires, de nombreux couples de même sexe canadiens se sont mariés;

que seule l'égalité d'accès au mariage civil respecterait le droit des couples de même sexe à l'égalité sans discrimination, et que l'union civile, à titre de solution de rechange à l'institution du mariage, serait inadéquate à cet égard et porterait atteinte

WHEREAS the Parliament of Canada is committed to upholding the Constitution of Canada, and section 15 of the *Canadian Charter of Rights and Freedoms* guarantees that every individual is equal before and under the law and has the right to equal protection and equal benefit of the law without discrimination;

WHEREAS the courts in a majority of the provinces and in one territory have recognized that the right to equality without discrimination requires that couples of the same sex and couples of the opposite sex have equal access to marriage for civil purposes;

WHEREAS the Supreme Court of Canada has recognized that many Canadian couples of the same sex have married in reliance on those court decisions;

WHEREAS only equal access to marriage for civil purposes would respect the right of couples of the same sex to equality without discrimination, and civil union, as an institution other than marriage, would not offer them that equal access and would

à leur dignité, en violation de la *Charte canadienne des droits et libertés*;

que la Cour suprême du Canada a déclaré que la compétence du Parlement du Canada se limitait au mariage et que ce dernier n'avait pas, par conséquent, la compétence nécessaire à l'établissement d'une institution autre que le mariage pour les couples de même sexe;

que chacun jouit de la liberté de conscience et de religion au titre de l'article 2 de la *Charte canadienne des droits et libertés*;

que la présente loi n'a pas pour effet de porter atteinte à la garantie dont fait l'objet cette liberté, en particulier celle qui permet aux membres des groupes religieux d'avoir et d'exprimer les convictions religieuses de leur choix, et aux autorités religieuses de refuser de procéder à des mariages non conformes à leurs convictions religieuses;

qu'il n'est pas contraire à l'intérêt public d'avoir des opinions variées sur le mariage et de les exprimer publiquement;

que, à la lumière de ce qui précède, l'engagement du Parlement du Canada à protéger le droit à l'égalité sans discrimination l'empêche de recourir à l'article 33 de la *Charte canadienne des droits et libertés* pour priver les couples de même sexe du droit à l'égalité d'accès au mariage civil;

que le mariage est une institution fondamentale au sein de la société canadienne et qu'il incombe au Parlement du Canada de la soutenir parce qu'elle renforce le lien conjugal et constitue, pour nombre de Canadiens, le fondement de la famille;

que, dans l'esprit de la *Charte canadienne des droits et libertés* et des valeurs de tolérance, de respect et d'égalité, la législation devrait reconnaître aux couples de même sexe la possibilité de se marier civilement,

Sa Majesté, sur l'avis et avec le consentement du Sénat et de la Chambre des communes du Canada, édicte:

violate their human dignity, in breach of the *Canadian Charter of Rights and Freedoms*;

WHEREAS the Supreme Court of Canada has determined that the Parliament of Canada has legislative jurisdiction over marriage but does not have the jurisdiction to establish an institution other than marriage for couples of the same sex;

WHEREAS everyone has the freedom of conscience and religion under section 2 of the *Canadian Charter of Rights and Freedoms*;

WHEREAS nothing in this Act affects the guarantee of freedom of conscience and religion and, in particular, the freedom of members of religious groups to hold and declare their religious beliefs and the freedom of officials of religious groups to refuse to perform marriages that are not in accordance with their religious beliefs;

WHEREAS it is not against the public interest to hold and publicly express diverse views on marriage;

WHEREAS, in light of those considerations, the Parliament of Canada's commitment to uphold the right to equality without discrimination precludes the use of section 33 of the *Canadian Charter of Rights and Freedoms* to deny the right of couples of the same sex to equal access to marriage for civil purposes;

WHEREAS marriage is a fundamental institution in Canadian society and the Parliament of Canada has a responsibility to support that institution because it strengthens commitment in relationships and represents the foundation of family life for many Canadians;

AND WHEREAS, in order to reflect values of tolerance, respect and equality consistent with the *Canadian Charter of Rights and Freedoms*, access to marriage for civil purposes should be extended by legislation to couples of the same sex;

NOW, THEREFORE, Her Majesty, by and with the advice and consent of the Senate and House of Commons of Canada, enacts as follows:

1. Titre abrégé: *Loi sur le mariage civil.*

[2005, c. 33, a. 1].

1. Short title: This Act may be cited as the *Civil Marriage Act.*

[2005, c. 33, s. 1].

PARTIE 1 — MARIAGE

PART 1 — MARRIAGE

2. Le mariage est, sur le plan civil, l'union légitime de deux personnes, à l'exclusion de toute autre personne.

[2005, c. 33, a. 2].

2. Marriage, for civil purposes, is the lawful union of two persons to the exclusion of all others.

[2005, c. 33, s. 2].

3. Il est entendu que les autorités religieuses sont libres de refuser de procéder à des mariages non conformes à leurs convictions religieuses.

[2005, c. 33, a. 3].

3. It is recognized that officials of religious groups are free to refuse to perform marriages that are not in accordance with their religious beliefs.

[2005, c. 33, s. 3].

3.1 Il est entendu que nul ne peut être privé des avantages qu'offrent les lois fédérales ni se voir imposer des obligations ou des sanctions au titre de ces lois pour la seule raison qu'il exerce, à l'égard du mariage entre personnes de même sexe, la liberté de conscience et de religion garantie par la *Charte canadienne des droits et libertés*, ou qu'il exprime, sur la base de cette liberté, ses convictions à l'égard du mariage comme étant l'union entre un homme et une femme à l'exclusion de toute autre personne.

[2005, c. 33, a. 3.1].

3.1 For greater certainty, no person or organization shall be deprived of any benefit, or be subject to any obligation or sanction, under any law of the Parliament of Canada solely by reason of their exercise, in respect of marriage between persons of the same sex, of the freedom of conscience and religion guaranteed under the *Canadian Charter of Rights and Freedoms* or the expression of their beliefs in respect of marriage as the union of a man and woman to the exclusion of all others based on that guaranteed freedom.

[2005, c. 33, s. 3.1].

4. Il est entendu que le mariage n'est pas nul ou annulable du seul fait que les époux sont du même sexe.

[2005, c. 33, a. 4].

4. For greater certainty, a marriage is not void or voidable by reason only that the spouses are of the same sex.

[2005, c. 33, s. 4].

5. (1) Le mariage célébré au Canada qui serait valide au Canada si les époux y avaient leur domicile est valide pour l'application du droit canadien même si les époux ou l'un d'eux n'ont pas, au moment du mariage, la capacité de le contracter en vertu du droit de l'État de leur domicile respectif.

(2) Le paragraphe (1) s'applique rétroactivement à tout mariage qui aurait été valide en vertu du droit applicable dans la province où il a été célébré n'eût été l'absence de capacité des époux ou de l'un d'eux de

5. (1) A marriage that is performed in Canada and that would be valid in Canada if the spouses were domiciled in Canada is valid for the purposes of Canadian law even though either or both of the spouses do not, at the time of the marriage, have the capacity to enter into it under the law of their respective state of domicile.

(2) Subsection (1) applies retroactively to a marriage that would have been valid under the law that was applicable in the province where the marriage was performed but for the lack of capacity of ei-

le contracter en vertu du droit de l'État de leur domicile respectif.

(3) Toute ordonnance d'un tribunal rendue au Canada ou à l'étranger avant l'entrée en vigueur du présent paragraphe et annulant le mariage ou accordant le divorce aux époux dissout le mariage, pour l'application du droit canadien, à compter de la date de sa prise d'effet.

[2005, c. 33, a. 5; 2013, c. 30, a. 3].

ther or both of the spouses to enter into it under the law of their respective state of domicile.

(3) Any court order, made in Canada or elsewhere before the coming into force of this subsection, that declares the marriage to be null and void or that grants a divorce to the spouses dissolves the marriage, for the purposes of Canadian law, as of the day on which the order takes effect.

[2005, c. 33, s. 5; 2013, c. 30, s. 3].

PARTIE 2 — DISSOLUTION DU MARIAGE DES ÉPOUX NON-RÉSIDENTS

6. Dans la présente partie, « tribunal » s'entend, dans le cas d'une province, de l'un des tribunaux suivants :

a) la Cour supérieure de justice de l'Ontario;

b) la Cour supérieure du Québec;

c) la Cour suprême de la Nouvelle-Écosse ou de la Colombie-Britannique;

d) la Cour du Banc de la Reine du Nouveau-Brunswick, du Manitoba, de la Saskatchewan ou de l'Alberta;

e) la Section de première instance de la Cour suprême de l'Île-du-Prince-Édouard ou de Terre-Neuve-et-Labrador;

f) la Cour suprême du Yukon ou des Territoires du Nord-Ouest ou la Cour de justice du Nunavut.

Est visé par la présente définition tout autre tribunal d'une province qui est composé de juges nommés par le gouverneur général et qui est désigné par le lieutenant-gouverneur en conseil de cette province comme tribunal pour l'application de la présente partie.

[2005, c. 33, a. 6; 2013, c. 30, a. 4].

PART 2 — DISSOLUTION OF MARRIAGE FOR NON-RESIDENT SPOUSES

6. In this Part, "court" , in respect of a province, means

(a) for Ontario, the Superior Court of Justice;

(b) for Quebec, the Superior Court;

(c) for Nova Scotia and British Columbia, the Supreme Court of the province;

(d) for New Brunswick, Manitoba, Saskatchewan and Alberta, the Court of Queen's Bench for the province;

(e) for Prince Edward Island and Newfoundland and Labrador, the trial division of the Supreme Court of the province; and

(f) for Yukon and the Northwest Territories, the Supreme Court, and in Nunavut, the Nunavut Court of Justice.

It also means any other court in the province whose judges are appointed by the Governor General and that is designated by the Lieutenant Governor in Council of the province as a court for the purposes of this Part.

[2005, c. 33, s. 6; 2013, c. 30, s. 4].

7. (1) Le tribunal de la province où les époux se sont mariés peut, sur demande, leur accorder le divorce si les conditions suivantes sont réunies :

7. (1) The court of the province where the marriage was performed may, on application, grant the spouses a divorce if

a) il y a échec du mariage comme l'établit le fait que les époux ont vécu séparément pendant au moins un an avant la présentation de la demande;

b) au moment de la demande, aucun des époux ne réside au Canada;

c) chacun des époux réside — et, pendant au moins un an avant la présentation de la demande, a résidé — dans un État où le divorce ne peut être accordé parce que la validité du mariage n'y est pas reconnue.

(2) La demande peut être présentée par les deux époux conjointement ou par l'un d'eux avec le consentement de l'autre ou, à défaut de consentement, sur présentation d'une ordonnance du tribunal ou d'un tribunal de l'État où l'un d'eux réside qui déclare que l'autre époux :

a) soit est incapable de prendre des décisions concernant son état civil en raison d'une incapacité mentale;

b) soit refuse son consentement sans motif valable;

c) soit est introuvable.

(3) Malgré l'alinéa (2)c), le consentement de l'autre époux est requis si ce dernier a été trouvé dans le cadre de la signification de la demande.

[2005, c. 33, a. 7; 2013, c. 30, a. 4].

8. Il est entendu que la *Loi sur le divorce* ne s'applique pas au divorce accordé en application de la présente loi.

[2005, c. 33, a. 8; 2013, c. 30, a. 4].

9. (1) Le divorce prend effet à la date où le jugement qui l'accorde est prononcé.

(2) Après la prise d'effet du divorce, le tribunal doit, sur demande, délivrer à quiconque un certificat attestant que le divorce prononcé en application de la présente loi a dissous le mariage des personnes visées à la date indiquée.

(a) there has been a breakdown of the marriage as established by the spouses having lived separate and apart for at least one year before the making of the application;

(b) neither spouse resides in Canada at the time the application is made; and

(c) each of the spouses is residing — and for at least one year immediately before the application is made, has resided — in a state where a divorce cannot be granted because that state does not recognize the validity of the marriage.

(2) The application may be made by both spouses jointly or by one of the spouses with the other spouse's consent or, in the absence of that consent, on presentation of an order from the court or a court located in the state where one of the spouses resides that declares that the other spouse

(a) is incapable of making decisions about his or her civil status because of a mental disability;

(b) is unreasonably withholding consent; or

(c) cannot be found.

(3) Despite paragraph (2)(*c*), the other spouse's consent is required if that spouse is found in connection with the service of the application.

[2005, c. 33, s. 7; 2013, c. 30, s. 4].

8. For greater certainty, the *Divorce Act* does not apply to a divorce granted under this Act.

[2005, c. 33, s. 8; 2013, c. 30, s. 4].

9. (1) A divorce takes effect on the day on which the judgment granting the divorce is rendered.

(2) After a divorce takes effect, the court must, on request, issue to any person a certificate that a divorce granted under this Act dissolved the marriage of the specified persons effective as of a specified date.

(3) Le certificat ou une copie certifiée conforme fait foi de son contenu sans qu'il soit nécessaire de prouver l'authenticité de la signature qui y est apposée ou la qualité officielle du signataire.

[2005, c. 33, a. 9; 2013, c. 30, a. 4].

(3) The certificate, or a certified copy of it, is conclusive proof of the facts so certified without proof of the signature or authority of the person appearing to have signed the certificate.

[2005, c. 33, s. 9; 2013, c. 30, s. 4].

10. À sa prise d'effet, le divorce accordé en application de la présente loi est valide dans tout le Canada.

[2005, c. 33, a. 10; 2013, c. 30, a. 4].

10. On taking effect, a divorce granted under this Act has legal effect throughout Canada.

[2005, c. 33, s. 10; 2013, c. 30, s. 4].

11. À sa prise d'effet, le divorce accordé en application de la présente loi dissout le mariage des époux.

[2005, c. 33, a. 11; 2013, c. 30, a. 4].

11. On taking effect, a divorce granted under this Act dissolves the marriage of the spouses.

[2005, c. 33, s. 11; 2013, c. 30, s. 4].

11.1. (*Remplacé*).

[2013, c. 30, a. 4].

11.1. (*Replaced*).

[2013, c. 30, s. 4].

12. (1) Au présent article, « autorité compétente » s'entend, dans le cas du tribunal d'une province, des organismes, personnes ou groupes de personnes habituellement compétents, en vertu des lois de la province, pour établir les règles de pratique et de procédure de ce tribunal.

12. (1) In this section, "competent authority", in respect of a court in a province, means the body, person or group of persons ordinarily competent under the laws of that province to make rules regulating the practice and procedure in that court.

(2) Sous réserve du paragraphe (3), l'autorité compétente peut établir les règles applicables aux demandes présentées au titre de la présente partie devant le tribunal, notamment en ce qui concerne :

(2) Subject to subsection (3), the competent authority may make rules applicable to any applications made under this Part in a court in a province, including rules

a) la pratique et la procédure devant ce tribunal;

(a) regulating the practice and procedure in the court;

b) l'instruction et le règlement des demandes visées par la présente partie sans qu'il soit nécessaire aux parties de présenter leurs éléments de preuve et leur argumentation verbalement;

(b) respecting the conduct and disposition of any applications that are made under this Part without an oral hearing;

c) les attributions des fonctionnaires du tribunal;

(c) prescribing and regulating the duties of the officers of the court; and

d) toute autre mesure jugée opportune aux fins de la justice et pour l'application de la présente partie.

(d) prescribing and regulating any other matter considered expedient to attain the ends of justice and carry into effect the purposes and provisions of this Part.

(3) Le pouvoir d'une autorité compétente d'établir des règles pour un tribunal

(3) The power of a competent authority to make rules for a court must be exercised in

s'exerce selon les mêmes modalités et conditions que le pouvoir conféré à cet égard par les lois provinciales.

the like manner and subject to the like terms and conditions, if any, as the power to make rules for that court that are conferred on that authority by the laws of the province.

(4) Les règles établies en vertu du présent article par une autorité compétente qui n'est ni un organisme judiciaire ni un organisme quasi judiciaire sont réputées ne pas être des textes réglementaires au sens et pour l'application de la *Loi sur les textes réglementaires*.

[2005, c. 33, a. 12; 2013, c. 30, a. 4].

(4) Rules that are made under this section by a competent authority that is not a judicial or quasi-judicial body are deemed not to be statutory instruments within the meaning and for the purposes of *the Statutory Instruments Act*.

[2005, c. 33, s. 12; 2013, c. 30, s. 4].

13. (1) Le gouverneur en conseil peut, par règlement, prendre les mesures nécessaires à l'application de la présente partie, notamment en vue d'assurer l'uniformité des règles établies en vertu de l'article 12.

13. (1) The Governor in Council may make regulations for carrying out the purposes and provisions of this Part, including regulations providing for uniformity in the rules made under section 12.

(2) Les règlements visant l'uniformité des règles l'emportent sur celles-ci.

[2005, c. 33, a. 13; 2013, c. 30, a. 4].

(2) Any regulations that are made to provide for uniformity in the rules prevail over those rules.

[2005, c. 33, s. 13; 2013, c. 30, s. 4].

14.-15. (*Remplacés*).

[2013, c. 30, a. 4].

14.-15. (*Replaced*).

[2013, c. 30, a. 4].

LOI SUR LA PROTECTION DU CONSOMMATEUR,

RLRQ, c. P-40.1

CONSUMER PROTECTION ACT,

CQLR, c. P-40.1

1. Dans la présente loi, à moins que le contexte n'indique un sens différent, on entend par:

a) « adresse »:

i. du commerçant: le lieu de son établissement ou bureau indiqué dans le contrat ou celui d'un nouvel établissement ou bureau dont il a avisé postérieurement le consommateur, sauf une case postale;

ii. du fabricant: le lieu d'un de ses établissements au Canada, sauf une case postale;

iii. du consommateur: le lieu de sa résidence habituelle indiqué dans le contrat ou celui d'une nouvelle résidence dont il a avisé postérieurement le commerçant;

b) « automobile »: un véhicule mû par un pouvoir autre que la force musculaire et adapté au transport sur les chemins publics, à l'exception d'un cyclomoteur, d'un vélomoteur et d'une motocyclette.

1. In this Act, unless the context indicates otherwise,

(a) "address":

(i) of the merchant means the place of his establishment or office indicated in the contract, or of a new establishment or office of which he subsequently notifies the consumer, except a post office box;

(ii) of the manufacturer means the place of one of his establishments in Canada, except a post office box;

(iii) of the consumer means the place of his usual residence indicated in the contract, or of a new residence of which he subsequently notifies the merchant;

(b) "automobile" means a vehicle propelled by any power other than muscular force and adapted for transportation on the public highways, except a moped or a motorcycle;

c) « automobile d'occasion » ou « motocyclette d'occasion »: une automobile ou une motocyclette qui a été utilisée à une fin autre que pour sa livraison ou sa mise au point par le commerçant, le fabricant ou leur représentant;

d) « bien »: un bien meuble et, dans la mesure requise pour l'application de l'article 6.1, un bien immeuble;

e) « consommateur »: une personne physique, sauf un commerçant qui se procure un bien ou un service pour les fins de son commerce;

e.1) « contrat de garantie supplémentaire »: un contrat en vertu duquel un commerçant s'engage envers un consommateur à assumer directement ou indirectement, en tout ou en partie, le coût de la réparation ou du remplacement d'un bien ou d'une partie d'un bien advenant leur défectuosité ou leur mauvais fonctionnement, et ce autrement que par l'effet d'une garantie conventionnelle de base accordée gratuitement à tout consommateur qui achète ou qui fait réparer ce bien;

f) « crédit »: le droit consenti par un commerçant à un consommateur d'exécuter à terme une obligation, moyennant des frais;

g) « fabricant »: une personne qui fait le commerce d'assembler, de produire ou de transformer des biens, notamment:

　　i. une personne qui se présente au public comme le fabricant d'un bien;

　　ii. lorsque le fabricant n'a pas d'établissement au Canada, une personne qui importe ou distribue des biens fabriqués à l'extérieur du Canada ou une personne qui permet l'emploi de sa marque de commerce sur un bien;

h) « message publicitaire »: un message destiné à promouvoir un bien, un service ou un organisme au Québec;

(c) "used automobile" or "used motorcycle" means an automobile or a motorcycle which has been used for any purpose other than its delivery or preparation for delivery by the merchant, the manufacturer or their representative;

(d) "goods" means any movable property and, to the extent required for the application of section 6.1, any immovable property;

(e) "consumer" means a natural person, except a merchant who obtains goods or services for the purposes of his business;

(e.1) "contract of additional warranty" means a contract under which a merchant binds himself toward a consumer to assume directly or indirectly all or part of the costs of repairing or replacing goods or a part thereof in the event that they are defective or malfunction, otherwise than under a basic conventional warranty given gratuitously to every consumer who purchases the goods or has them repaired;

(f) "credit" means the right granted by a merchant to a consumer to perform an obligation within a term in consideration of certain charges;

(g) "manufacturer" means a person in the business of assembling, producing or processing goods, and, in particular,

　　(i) a person who represents himself to the public as the manufacturer of goods;

　　(ii) where the manufacturer has no establishment in Canada, a person who imports or distributes goods manufactured outside Canada or a person who allows his trademark to be used on goods;

(h) "advertisement" means a message designed to promote goods, services or an organization in Québec;

i) « ministre »: le ministre de la Justice;

j) « Office »: l'Office de la protection du consommateur constitué en vertu de l'article 291;

k) « permis »: un permis exigé par la présente loi;

l) « président »: le président de l'Office;

m) « publicitaire »: une personne qui fait ou fait faire la préparation, la publication ou la diffusion d'un message publicitaire;

n) « règlement »: un règlement adopté par le gouvernement en vertu de la présente loi;

o) « représentant »: une personne qui agit pour un commerçant ou un fabricant ou au sujet de laquelle un commerçant ou un fabricant a donné des motifs raisonnables de croire qu'elle agit en son nom;

p) (*paragraphe abrogé*).

[1978, c. 9, a. 1; 1981, c. 10, a. 19; 1985, c. 34, a. 269; 1988, c. 45, a. 1; 1994, c. 12, a. 69; 1996, c. 21, a. 64; 1999, c. 40, a. 234; 2005, c. 24, a. 48; 2009, c. 51, a. 1].

(i) "Minister" means the Minister of Justice;

(j) "Office" means the Office de la protection du consommateur established under section 291;

(k) "permit" means a permit required by this Act;

(l) "president" means the president of the Office;

(m) "advertiser" means a person who prepares, publishes or broadcasts an advertisement or who causes an advertisement to be prepared, published or broadcast;

(n) "regulation" means a regulation made by the Government under this Act;

(o) "representative" means a person acting for a merchant or a manufacturer or regarding whom a merchant or a manufacturer has given reasonable cause to believe that such person is acting for him;

(p) (*subparagraph repealed*).

In this Act, the word 'merchant" includes any person doing business or extending credit in the course of his business.

[1978, c. 9, s. 1; 1981, c. 10, s. 19; 1985, c. 34, s. 269; 1988, c. 45, s. 1; 1994, c. 12, s. 69; 1996, c. 21, s. 64; 2005, c. 24, s. 48; 2009, c. 51, s. 1].

2. La présente loi s'applique à tout contrat conclu entre un consommateur et un commerçant dans le cours des activités de son commerce et ayant pour objet un bien ou un service.

[1978, c. 9, a. 2; 1999, c. 40, a. 234].

2. This Act applies to every contract for goods or services entered into between a consumer and a merchant in the course of his business.

[1978, c. 9, s. 2].

3. Malgré l'article 128 de la *Loi sur les coopératives* (chapitre C-67.2) et l'article 64 de la *Loi sur les coopératives de services financiers* (chapitre C-67.3), une coopérative et une coopérative de services financiers sont soumises à l'application de la présente loi.

Une personne morale qui ne poursuit pas des fins lucratives ne peut invoquer ce fait pour se soustraire à l'application de la présente loi.

[1978, c. 9, a. 3; 1982, c. 26, a. 313; 1988, c. 64, a. 560, 587; 1999, c. 40, a. 234; 2000, c. 29, a. 663].

3. Notwithstanding section 128 of the *Co-operatives Act* (chapter C-67.2) or section 64 of the *Act respecting financial services cooperatives* (chapter C-67.3), cooperatives and financial services cooperatives are subject to the application of this Act.

Non-profit legal persons cannot invoke their non-profit status to avoid the application of this Act.

[1978, c. 9, s. 3; 1982, c. 26, s. 313; 1988, c. 64, s. 560, 587; 1999, c. 40, s. 234; 2000, c. 29, s. 663].

4. Le gouvernement, ses ministères et organismes sont soumis à l'application de la présente loi.

[1978, c. 9, a. 4].

4. The Government and the Government departments and agencies are subject to the application of this Act.

[1978, c. 9, s. 4].

5. Sont exclus de l'application du titre sur les contrats relatifs aux biens et aux services et du titre sur les sommes transférées en fiducie:

a) un contrat d'assurance ou de rente, à l'exception d'un contrat de crédit conclu pour le paiement d'une prime d'assurance;

b) un contrat de vente d'électricité ou de gaz par un distributeur au sens où l'entend la *Loi sur la Régie de l'énergie* (chapitre R-6.01), par Hydro-Québec créée par la *Loi sur Hydro-Québec* (chapitre H-5), par une municipalité ou une coopérative constituée en vertu de la *Loi de l'électrification rurale* (1945, chapitre 48);

c) (*paragraphe supprimé*).

[1978, c. 9, a. 5; 1983, c. 15, a. 1; 1986, c. 21, a. 17;
1988, c. 23, a. 98; 1988, c. 8, a. 92; 1996, c. 2, a. 791;
1996, c. 61, a. 128; 1997, c. 83, a. 44; 1999, c. 40,
a. 234; 2006, c. 56, a. 1].

5. The following are exempt from the application of the title on contracts regarding goods and services and the title on sums transferred in trust:

(a) insurance and annuity contracts, except credit contracts entered into for the payment of insurance premiums;

(b) contracts of sale of electricity or gas by a distributor within the meaning of the *Act respecting the Régie de l'énergie* (chapter R-6.01) by Hydro-Québec established by the *Hydro-Québec Act* (chapter H-5), by a municipality or by a cooperative established under the *Rural Electrification Act* (1945, chapter 48);

(c) (*striked out*).

[1978, c. 9, s. 5; 1986, c. 21, s. 17; 1988, c. 23, s. 98;
1988, c. 8, s. 92; 1996, c. 2, s. 791; 1996, c. 61,
s. 128; 1997, c. 83, s. 44; 1999, c. 40, s. 234; 2006,
c. 56, s. 1].

5.1. Sont exclus de l'application de la section sur les contrats conclus par un commerçant itinérant, de l'article 86 et du titre sur les sommes transférées en fiducie, les contrats régis par la *Loi sur les arrangements préalables de services funéraires et de sépulture* (chapitre A-23.001).

[1987, c. 65, a. 88; 1999, c. 40, a. 234].

5.1. Contracts governed by the *Act respecting prearranged funeral services and sepultures* (chapter A-23.001) are exempt from the application of the division on contracts entered into by itinerant merchants, of section 86 and of the title on sums transferred in trust.

[1987, c. 65, s. 88; 1999, c. 40, s. 234].

6. Sont exclus de l'application de la présente loi, les pratiques de commerce et les contrats concernant:

a) une opération régie par la *Loi sur les instruments dérivés* (chapitre I-14.01) ou par la *Loi sur les valeurs mobilières* (chapitre V-1.1);

b) la vente, la location ou la construction d'un immeuble, sous réserve de l'article 6.1;

6. Business practices and contracts regarding

(a) transactions governed by the *Derivatives Act* (chapter c. I-14.01) or the *Securities Act* (chapter V-1.1);

(b) the sale, lease or construction of an immovable, subject to section 6.1;

c) le crédit garanti par hypothèque; et

(c) credit secured by hypothec; and

d) la prestation d'un service pour la réparation, l'entretien ou l'amélioration d'un immeuble, ou à la fois la prestation d'un tel service et la vente d'un bien s'incorporant à l'immeuble, sauf en ce qui concerne le crédit lorsque la prestation du service ou à la fois la prestation du service et la vente du bien sont assorties d'un crédit non garanti par hypothèque.

(d) the furnishing of services for the repair, maintenance or improvement of an immovable, or both the furnishing of such services and the sale of goods incorporated into the immovable, except respecting credit when the furnishing of services or both the furnishing of services and the sale of goods involve credit not secured by hypothec,

are exempt from the application of this Act.

[1978, c. 9, a. 6; 1985, c. 34, a. 270; 2008, c. 24, a. 195].

[1978, c. 9, s. 6; 1985, c. 34, s. 270; 2008, c. 24, s. 195].

6.1. Le présent titre, le titre II relatif aux pratiques de commerce, les articles 264 à 267 et 277 à 290 du titre IV, le chapitre I du titre V et les paragraphes *c*, *k* et *r* de l'article 350 s'appliquent également à la vente, à la location ou à la construction d'un immeuble, mais non aux actes d'un courtier ou de son agent régis par la *Loi sur le courtage immobilier* (chapitre C-73.1) ou à la location d'un immeuble régie par les articles 1892 à 2000 du Code civil.

[1985, c. 34, a. 271; 1999, c. 40, a. 234].

6.1. This title, title II respecting business practices, sections 264 to 267 and 277 to 290 of title IV, chapter I of title V and paragraphs *c*, *k* and *r* of section 350 also apply to the sale, lease or construction of an immovable, but not to the acts of a broker or his agent governed by the *Real Estate Brokerage Act* (chapter C-73.1) or to the leasing of an immovable governed by articles 1892 to 2000 of the Civil Code.

[1985, c. 34, s. 271; 1999, c. 40, s. 234].

7. La caution du consommateur bénéficie, au même titre que ce dernier, des articles 32, 33, 103, 105 à 110, 116, de l'article 150.12 quant à l'application de l'article 103, et des articles 150.21 et 276, à la condition qu'elle soit elle-même un consommateur.

[1978, c. 9, a. 7; 1991, c. 24, a. 1].

7. The surety of a consumer benefits to the same extent as the consumer by the provisions of sections 32, 33, 103, 105 to 110, 116, section 150.12 regarding the application of section 103, sections 150.21 and 276, provided he is a consumer himself.

[1978, c. 9, s. 7; 1991, c. 24, s. 1].

TITRE I —— CONTRATS RELATIFS AUX BIENS ET AUX SERVICES

TITLE I —— CONTRACTS REGARDING GOODS AND SERVICES

Chapitre I —— Dispositions générales	Chapter I —— General Provisions

8. Le consommateur peut demander la nullité du contrat ou la réduction des obligations qui en découlent lorsque la disproportion entre les prestations respectives des parties est tellement considérable qu'elle équivaut à de l'exploitation du consommateur, ou que l'obligation du consommateur est excessive, abusive ou exorbitante.

[1978, c. 9, a. 8].

8. The consumer may demand the nullity of a contract or a reduction in his obligations thereunder where the disproportion between the respective obligations of the parties is so great as to amount to exploitation of the consumer or where the obligation of the consumer is excessive, harsh or unconscionable.

[1978, c. 9, s. 8].

9. Lorsqu'un tribunal doit apprécier le consentement donné par un consommateur à un contrat, il tient compte de la condition des parties, des circonstances dans lesquelles le contrat a été conclu et des avantages qui résultent du contrat pour le consommateur.

[1978, c. 9, a. 9].

9. Where the court must determine whether a consumer consented to a contract, it shall consider the condition of the parties, the circumstances in which the contract was entered into and the benefits arising from the contract for the consumer.

[1978, c. 9, s. 9].

10. Est interdite la stipulation par laquelle un commerçant se dégage des conséquences de son fait personnel ou de celui de son représentant.

[1978, c. 9, a. 10].

10. Any stipulation whereby a merchant is liberated from the consequences of his own act or the act of his representative is prohibited

[1978, c. 9, s. 10].

11. Est interdite la stipulation qui réserve à un commerçant le droit de décider unilatéralement:

a) que le consommateur a manqué à l'une ou l'autre de ses obligations;

b) que s'est produit un fait ou une situation.

[1978, c. 9, a. 11].

11. Any stipulation whereby a merchant reserves the right to decide unilaterally

(a) that the consumer has failed to satisfy one or another of his obligations, or

(b) that a fact or circumstance has occurred,

is prohibited.

[1978, c. 9, s. 11].

11.1. Est interdite la stipulation ayant pour effet soit d'imposer au consommateur l'obligation de soumettre un litige éventuel à l'arbitrage, soit de restreindre son droit d'ester en justice, notamment en lui interdisant d'exercer un recours collectif, soit de le priver du droit d'être membre d'un groupe visé par un tel recours.

11.1. Any stipulation that obliges the consumer to refer a dispute to arbitration, that restricts the consumer's right to go before a court, in particular by prohibiting the consumer from bringing a class action, or that deprives the consumer of the right to be a member of a group bringing a class action is prohibited.

Le consommateur peut, s'il survient un litige après la conclusion du contrat, convenir alors de soumettre ce litige à l'arbitrage.

[2006, c. 56, a. 2].

11.2. Est interdite la stipulation prévoyant que le commerçant peut unilatéralement modifier le contrat à moins que cette stipulation ne prévoie également:

a) les éléments du contrat pouvant faire l'objet d'une modification unilatérale;

b) que le commerçant doit, au moins 30 jours avant l'entrée en vigueur de la modification, transmettre au consommateur un avis écrit, rédigé clairement et lisiblement, contenant exclusivement la nouvelle clause ou la clause modifiée ainsi que la version antérieure, la date d'entrée en vigueur de la modification et les droits du consommateur énoncés au paragraphe *c*;

c) que le consommateur pourra refuser cette modification et résoudre ou, s'il s'agit d'un contrat à exécution successive, résilier le contrat sans frais, pénalité ou indemnité de résiliation, en transmettant un avis à cet effet au commerçant au plus tard 30 jours suivant l'entrée en vigueur de la modification, si la modification entraîne l'augmentation de son obligation ou la réduction de l'obligation du commerçant.

Toutefois, à moins qu'il ne s'agisse d'un contrat de service à durée indéterminée, une telle stipulation est interdite à l'égard d'un élément essentiel du contrat, notamment la nature du bien ou du service faisant l'objet du contrat, le prix de ce bien ou de ce service et, le cas échéant, la durée du contrat.

La modification d'un contrat faite en contravention des dispositions du présent article est inopposable au consommateur.

Le présent article ne s'applique pas à une modification d'un contrat de crédit variable visée à l'article 129.

[2009, c. 51, a. 2].

If a dispute arises after a contract has been entered into, the consumer may then agree to refer the dispute to arbitration.

[2006, c. 56, s. 2].

11.2. Any stipulation under which a merchant may amend a contract unilaterally is prohibited unless the stipulation also

(a) specifies the elements of the contract that may be amended unilaterally;

(b) provides that the merchant must send to the consumer, at least 30 days before the amendment comes into force, a written notice drawn up clearly and legibly, setting out the new clause only, or the amended clause and the clause as it read formerly, the date of the coming into force of the amendment and the rights of the consumer set forth in subparagraph *c*; and

(c) provides that the consumer may refuse the amendment and rescind or, in the case of a contract involving sequential performance, cancel the contract without cost, penalty or cancellation indemnity by sending the merchant a notice to that effect no later than 30 days after the amendment comes into force, if the amendment entails an increase in the consumer's obligations or a reduction in the merchant's obligations.

However, except in the case of an indeterminate-term service contract, such a stipulation is prohibited if it applies to an essential element of the contract, particularly the nature of the goods or services that are the object of the contract, the price of the goods or services or, if applicable, the term of the contract.

Any amendment of a contract in contravention of this section cannot be invoked against the consumer.

This section does not apply to the amendment of a contract extending variable credit as provided for in section 129.

[2009, c. 51, s. 2].

11.3. Est interdite la stipulation qui réserve à un commerçant le droit de résilier unilatéralement un contrat de service à exécution successive à durée déterminée, sauf en application des articles 1604 et 2126 du Code civil et, dans ce dernier cas, que conformément à l'article 2129 de ce code.

Un commerçant qui prévoit résilier un contrat de service à exécution successive à durée indéterminée doit, si le consommateur n'est pas en défaut d'exécuter son obligation, lui transmettre un avis écrit, au moins 60 jours avant la date de la résiliation.

[2009, c. 51, a. 2].

11.3. Any stipulation under which the merchant may unilaterally cancel a fixed-term service contract involving sequential performance is prohibited, except under articles 1604 and 2126 of the Civil Code and, in the latter case, only in accordance with article 2129 of the Code.

A merchant who intends to cancel an indeterminate-term service contract involving sequential performance must notify the consumer in writing at least 60 days before the date of cancellation if the consumer has not defaulted on his obligation.

[2009, c. 51, s. 2].

11.4. Est interdite la stipulation qui exclut en tout ou en partie l'application des articles 2125 et 2129 du Code civil relatifs à la résiliation des contrats d'entreprise ou de services.

[2009, c. 51, a. 2].

11.4. Any stipulation which excludes the application of all or part of articles 2125 and 2129 of the Civil Code regarding the resiliation of contracts of enterprise and for services is prohibited.

[2009, c. 51, s. 2].

12. Aucuns frais ne peuvent être réclamés d'un consommateur, à moins que le contrat n'en mentionne de façon précise le montant.

[1978, c. 9, a. 12].

12. No costs may be claimed from a consumer unless the amount thereof is precisely indicated in the contract.

[1978, c. 9, s. 12].

13. Est interdite la stipulation qui impose au consommateur, dans le cas de l'inexécution de son obligation, le paiement de frais, de pénalités ou de dommages, dont le montant ou le pourcentage est fixé à l'avance dans le contrat, autres que l'intérêt couru.

L'interdiction prévue au premier alinéa ne s'applique pas, sauf à l'égard des frais et sous réserve des conditions prévues au règlement, au contrat de vente ou de louage à long terme d'une automobile.

Le présent article ne s'applique pas à un contrat de crédit.

[1978, c. 9, a. 13; 1980, c. 11, a. 105; 2009, c. 51, a. 3].

13. Any stipulation requiring the consumer, upon the non-performance of his obligation, to pay a stipulated fixed amount or percentage of charges, penalties or damages, other than the interest accrued, is prohibited.

The prohibition under the first paragraph does not apply to contracts of sale or long-term contracts of lease of automobiles, except with respect to charges and subject to the conditions set out in the regulation.

This section does not apply to a contract of credit.

[1978, c. 9, s. 13; 1980, c. 11, s. 105; 2009, c. 51, s. 3].

14. Les articles 105 à 110 s'appliquent, compte tenu des adaptations nécessaires, à une clause résolutoire ou à une autre convention de même effet en faveur du commerçant de même qu'à un contrat qui com-

14. Sections 105 to 110 apply, with the necessary modifications, to resolutory clauses or to agreements to the same effect in favour of the merchant, and to contracts containing a clause of forfeiture of benefit

porte une clause de déchéance du bénéfice du terme, qu'il s'agisse ou non d'un contrat de crédit.

[1978, c. 9, a. 14].

15. Les articles 133 à 149 s'appliquent, compte tenu des adaptations nécessaires, à un contrat, qu'il s'agisse ou non d'un contrat de crédit, par lequel le transfert de la propriété d'un bien vendu par un commerçant à un consommateur est différé jusqu'à l'exécution, par ce dernier, de son obligation, en tout ou en partie.

[1978, c. 9, a. 15].

16. L'obligation principale du commerçant consiste dans la livraison du bien ou la prestation du service prévus dans le contrat.

Dans un contrat à exécution successive, le commerçant est présumé exécuter son obligation principale lorsqu'il commence à accomplir cette obligation conformément au contrat.

[1978, c. 9, a. 16; 1999, c. 40, a. 234].

17. En cas de doute ou d'ambiguïté, le contrat doit être interprété en faveur du consommateur.

[1978, c. 9, a. 17; 1999, c. 40, a. 234].

18. Lorsqu'un commerçant insère dans un contrat ou un document une mention dont la présente loi ou un règlement exige la présence dans un autre contrat ou un autre document, il est lié par cette mention et le consommateur peut s'en prévaloir.

[1978, c. 9, a. 18].

19. Une clause d'un contrat assujettissant celui-ci, en tout ou en partie, à une loi autre qu'une loi du Parlement du Québec ou du Canada est interdite.

[1978, c. 9, a. 19].

19.1. Une stipulation qui est inapplicable au Québec en vertu d'une disposition de la présente loi ou d'un règlement qui l'interdit doit être immédiatement précédée, de

of the term, whether or not such contracts are contracts of credit.

[1978, c. 9, s. 14].

15. Sections 133 to 149 apply, with the necessary modifications, to a contract, whether a contract of credit or not, whereby the transfer of ownership of goods sold by a merchant to a consumer is deferred until the performance by the consumer of the whole or a part of his obligation.

[1978, c. 9, s. 15].

16. The principal obligation of the merchant is to deliver the goods or to perform the service stipulated in the contract.

In a contract involving sequential fulfilment, the merchant is presumed to be performing his principal obligation when he begins to perform it in accordance with the contract.

[1978, c. 9, s. 16; 1999, c. 40, s. 234].

17. In case of doubt or ambiguity, the contract must be interpreted in favour of the consumer.

[1978, c. 9, s. 17; 1999, c. 40, s. 234].

18. Where a merchant inserts in a contract or document a clause that this Act or a regulation requires to be included in another contract or document, this clause is binding on the merchant and it may be invoked by the consumer.

[1978, c. 9, s. 18].

19. Any stipulation in a contract that such contract is wholly or partly governed by a law other than an Act of the Parliament of Canada or of the Parliament of Québec is prohibited.

[1978, c. 9, s. 19].

19.1. A stipulation that is inapplicable in Québec under a provision of this Act or of a regulation that prohibits the stipulation must be immediately preceded by an ex-

manière évidente et explicite, d'une mention à ce sujet.

[2009, c. 51, a. 4].

plicit and prominently presented statement to that effect.

[2009, c. 51, s. 4].

20.-22. (*Abrogés*).

[2006, c. 56, a. 3].

20.-22. (*Repealed*).

[2006, c. 56, s. 3].

22.1. Une élection de domicile en vue de l'exécution d'un acte juridique ou de l'exercice des droits qui en découlent est inopposable au consommateur, sauf si elle est faite dans un acte notarié.

[1992, c. 57, a. 671].

22.1. An election of domicile with a view to the execution of a juridical act or the exercise of the rights arising therefrom may not be set up against the consumer, except if it is made by notarial act.

[1992, c. 57, s. 671].

Chapitre II —— Règles de formation de certains contrats pour lesquels le titre I exige un écrit

Chapter II —— Rules Governing the Making of Certain Contracts in respect of which Title I Requires a Writing

23. Le présent chapitre s'applique au contrat qui, en vertu de l'article 58, 80, du premier alinéa de l'article 150.4, de l'article 158, 190, 199, 208 ou 214.2 doit être constaté par écrit.

Le présent chapitre ne s'applique pas à un acte notarié.

[1978, c. 9, a. 23; 1991, c. 24, a. 2; 2009, c. 51, a. 5].

23. This chapter applies to contracts which, under section 58, 80, the first paragraph of section 150.4, section 158, 190, 199, 208 or 214.2, must be evidenced in writing.

This chapter does not apply to notarial instruments.

[1978, c. 9, s. 23; 1991, c. 24, s. 2; 2009, c. 51, s. 5].

24. Une offre, promesse ou entente préalable à un contrat qui doit être constaté par écrit n'engage pas le consommateur tant qu'elle n'est pas consignée dans un contrat formé conformément au présent titre.

[1978, c. 9, a. 24].

24. The offers, promises or agreements prior to a contract that must be evidenced in writing are not binding on the consumer unless they are confirmed in a contract entered into in accordance with this title.

[1978, c. 9, s. 24].

25. Le contrat doit être clairement et lisiblement rédigé au moins en double et, sauf s'il est conclu à distance, sur support papier.

[1978, c. 9, a. 25; 2001, c. 32, a. 101; 2009, c. 51, a. 6].

25. The contract must be drawn up clearly and legibly, at least in duplicate and, except in the case of a distance contract, in paper form.

[1978, c. 9, s. 25; 2001, c. 32, s. 101; 2009, c. 51, s. 6].

26. Le contrat et les documents qui s'y rattachent doivent être rédigés en français. Ils peuvent être rédigés dans une autre langue si telle est la volonté expresse des parties. S'ils sont rédigés en français et dans une autre langue, au cas de divergence entre

26. The contract and the documents attached thereto must be drawn up in French. They may be drawn up in another language if the parties expressly agree thereto. Where they are drawn up in French and in another language, in the

les deux textes, l'interprétation la plus favorable au consommateur prévaut.

[1978, c. 9, a. 26].

case of a divergence between the texts, the interpretation more favourable to the consumer prevails.

[1978, c. 9, s. 26].

27. Sous réserve de l'article 29, le commerçant doit signer et remettre au consommateur le contrat écrit dûment rempli et lui permettre de prendre connaissance de ses termes et de sa portée avant d'y apposer sa signature.

[1978, c. 9, a. 27].

27. Subject to section 29, the merchant must sign the written contract duly filled out, give it to the consumer and grant him a sufficient time to become aware of its terms and scope before signing it.

[1978, c. 9, s. 27; 1999, c. 40, s. 234].

28. Sous réserve de l'article 29, la signature des parties doit être apposée sur la dernière page de chacun des doubles du contrat, à la suite de toutes les stipulations.

[1978, c. 9, a. 28].

28. Subject to section 29, the signature of the parties must appear on the page of each copy of the contract, at the end of all the conditions.

[1978, c. 9, s. 28].

29. Les articles 27 et 28 ne s'appliquent pas à un contrat de crédit variable conclu pour l'utilisation de ce qui est communément appelé carte de crédit. Dans le cas d'un tel contrat, l'émission de la carte tient lieu de signature du commerçant et l'utilisation de la carte par le consommateur tient lieu de signature du consommateur.

[1978, c. 9, a. 29].

29. Sections 27 and 28 do not apply to a contract extending variable credit made for the use of what are commonly called credit cards. In the case of such a contract, the issue of the card is in lieu of the merchant's signature and the use of the card by the consumer is in lieu of the consumer's signature.

[1978, c. 9, s. 29].

30. Le contrat est formé lorsque les parties l'ont signé.

[1978, c. 9, a. 30].

30. The contract is concluded when the parties have signed it.

[1978, c. 9, s. 30].

31. La signature apposée au contrat par le représentant du commerçant lie ce dernier.

[1978, c. 9, a. 31].

31. The signature of the representative of a merchant on a contract is binding on such merchant.

[1978, c. 9, s. 31].

32. Le commerçant doit remettre un double du contrat au consommateur après la signature.

[1978, c. 9, a. 32].

32. After the contract is signed, the merchant must give a duplicate of it to the consumer.

[1978, c. 9, s. 32].

33. Le consommateur n'est tenu à l'exécution de ses obligations qu'à compter du moment où il est en possession d'un double du contrat.

[1978, c. 9, a. 33].

33. The consumer is bound to fulfil his obligations only from the moment he possesses a duplicate of the contract.

[1978, c. 9, s. 33].

Chapitre III —— Dispositions relatives à certains contrats	Chapter III —— Provisions Relating to Certain Contracts
Section I —— Garanties	Section I —— Warranties

34. La présente section s'applique au contrat de vente ou de louage de biens et au contrat de service.

[1978, c. 9, a. 34; 1999, c. 40, a. 234].

34. This division applies to contracts of sale or lease of goods and to contracts of service.

[1978, c. 9, s. 34; 1999, c. 40, s. 234].

35. Une garantie prévue par la présente loi n'a pas pour effet d'empêcher le commerçant ou le fabricant d'offrir une garantie plus avantageuse pour le consommateur.

[1978, c. 9, a. 35; 1999, c. 40, a. 234].

35. A warranty provided in this Act does not prevent the merchant or the manufacturer from offering a more advantageous warranty to the consumer.

[1978, c. 9, s. 35].

36. Dans le cas d'un bien qui fait l'objet d'un contrat, le commerçant qui transfère la propriété du bien à un consommateur doit libérer ce bien de tout droit appartenant à un tiers, ou déclarer ce droit lors de la vente. Il est tenu de purger le bien de toute sûreté, même déclarée, à moins que le consommateur n'ait assumé la dette ainsi garantie.

[1978, c. 9, a. 36].

36. A merchant transferring the ownership of goods to a consumer by way of a contract must free such goods from every charge or encumbrance in favour of a third person, or declare the existence of such charge or encumbrance at the time of the sale. He is bound to discharge the goods of every surety-bond, even declared, unless the consumer has assumed the debt so secured.

[1978, c. 9, s. 36].

37. Un bien qui fait l'objet d'un contrat doit être tel qu'il puisse servir à l'usage auquel il est normalement destiné.

[1978, c. 9, a. 37].

37. Goods forming the object of a contract must be fit for the purposes for which goods of that kind are ordinarily used.

[1978, c. 9, s. 37].

38. Un bien qui fait l'objet d'un contrat doit être tel qu'il puisse servir à un usage normal pendant une durée raisonnable, eu égard à son prix, aux dispositions du contrat et aux conditions d'utilisation du bien.

[1978, c. 9, a. 38].

38. Goods forming the object of a contract must be durable in normal use for a reasonable length of time, having regard to their price, the terms of the contract and the conditions of their use.

[1978, c. 9, s. 38].

39. Si un bien qui fait l'objet d'un contrat est de nature à nécessiter un travail d'entretien, les pièces de rechange et les services de réparation doivent être disponibles pendant une durée raisonnable après la formation du contrat.

Le commerçant ou le fabricant peut se dégager de cette obligation en avertissant le consommateur par écrit, avant la formation du contrat, qu'il ne fournit pas de

39. Where goods being the object of a contract are of a nature that requires maintenance, replacement parts and repair service must be available for a reasonable time after the making of the contract.

The merchant or the manufacturer may release himself from this obligation by warning the consumer in writing, before the contract is entered into, that he does

pièce de rechange ou de service de réparation.

[1978, c. 9, a. 39; 1999, c. 40, a. 234].

40. Un bien ou un service fourni doit être conforme à la description qui en est faite dans le contrat.

[1978, c. 9, a. 40].

41. Un bien ou un service fourni doit être conforme à une déclaration ou à un message publicitaire faits à son sujet par le commerçant ou le fabricant. Une déclaration ou un message publicitaire lie ce commerçant ou ce fabricant.

[1978, c. 9, a. 41; 1999, c. 40, a. 234].

42. Une déclaration écrite ou verbale faite par le représentant d'un commerçant ou d'un fabricant à propos d'un bien ou d'un service lie ce commerçant ou ce fabricant.

[1978, c. 9, a. 42; 1999, c. 40, a. 234].

43. Une garantie relative à un bien ou à un service, mentionnée dans une déclaration ou un message publicitaire d'un commerçant ou d'un fabricant, lie ce commerçant ou ce fabricant. Il en est de même d'une garantie écrite du commerçant ou du fabricant non reproduite dans le contrat.

[1978, c. 9, a. 43; 1999, c. 40, a. 234].

44. Dans une garantie conventionnelle, il est interdit de faire une exclusion si les matières exclues ne sont pas clairement indiquées dans des clauses distinctes et successives.

[1978, c. 9, a. 44].

45. Un écrit qui constate une garantie doit être rédigé clairement et indiquer:

a) le nom et l'adresse de la personne qui accorde la garantie;

b) la description du bien ou du service qui fait l'objet de la garantie;

c) le fait que la garantie puisse ou non être cédée;

d) les obligations de la personne qui accorde la garantie en cas de défec-

not supply replacement parts or repair service.

[1978, c. 9, s. 39].

40. The goods or services provided must conform to the description made of them in the contract.

[1978, c. 9, s. 40].

41. The goods or services provided must conform to the statements or advertisements regarding them made by the merchant or the manufacturer. The statements or advertisements are binding on that merchant or that manufacturer.

[1978, c. 9, s. 41].

42. A written or verbal statement by the representative of a merchant or of a manufacturer respecting goods or services is binding on that merchant or manufacturer.

[1978, c. 9, s. 42].

43. A warranty respecting goods or services that is mentioned in a statement or advertisement of the merchant or the manufacturer is binding on that merchant or that manufacturer. This rule applies to the written warranties of the merchant or the manufacturer not written in the contract.

[1978, c. 9, s. 43].

44. In a conventional warranty, exclusions are prohibited unless they are clearly indicated in separate and successive clauses.

[1978, c. 9, s. 44].

45. Every writing evidencing a warranty must be clearly drawn up and state

(a) the name and address of the person offering the warranty;

(b) the description of the goods or services that are the object of the warranty;

(c) the fact that the warranty may or may not be transferred;

(d) the obligations of the person granting the warranty in the case of

tuosité du bien ou de mauvaise exécution du service sur lequel porte la garantie;

e) la façon de procéder que doit suivre le consommateur pour obtenir l'exécution de la garantie, en plus d'indiquer qui est autorisé à l'exécuter; et

f) la durée de validité de la garantie.
[1978, c. 9, a. 45].

a defect in the goods or of the improper carrying out of the services covered by the warranty;

(e) the manner in which the consumer is to proceed to obtain execution of the warranty, and the persons authorized to execute it; and

(f) the duration of the warranty.
[1978, c. 9, s. 45].

46. La durée de validité d'une garantie mentionnée dans un contrat, un écrit ou un message publicitaire d'un commerçant ou d'un fabricant doit être déterminée de façon précise.
[1978, c. 9, a. 46; 1999, c. 40, a. 234].

46. The duration of a warranty mentioned in a contract, a writing or in an advertisement of a merchant or a manufacturer must be determined precisely.
[1978, c. 9, s. 46].

47. Lorsque la garantie conventionnelle du fabricant n'est valide que si le bien ou le service est fourni par un commerçant agréé par le fabricant, un autre commerçant qui fournit un tel bien ou un tel service sans être agréé par le fabricant doit, avant de fournir le bien ou le service au consommateur, avertir par écrit ce dernier que la garantie du fabricant n'est pas valide. À défaut d'un tel avis, le commerçant est tenu d'assumer cette garantie à ses frais.
[1978, c. 9, a. 47; 1999, c. 40, a. 234].

47. Where the manufacturer's conventional warranty is valid only if the goods or services are supplied by a merchant certified by the manufacturer, another merchant supplying such goods or such services without being certified by the manufacturer must, before supplying the goods or services to the consumer, notify the consumer in writing that the manufacturer's warranty is not valid. Failing that notification, the merchant is bound to assume that warranty at his expense.
[1978, c. 9, s. 47].

48. Aucuns frais ne peuvent être exigés par le commerçant ou le fabricant à l'occasion de l'exécution d'une garantie conventionnelle à moins que l'écrit qui constate la garantie ne le stipule et n'en détermine le montant de façon précise.
[1978, c. 9, a. 48; 1999, c. 40, a. 234].

48. No charge may be exacted by the merchant or the manufacturer for the performance of a conventional warranty unless the writing evidencing the warranty stipulates it and precisely determines the amount.
[1978, c. 9, s. 48].

49. Le commerçant ou le fabricant assume les frais réels de transport ou d'expédition engagés à l'occasion de l'exécution d'une garantie conventionnelle, à moins qu'il n'en soit autrement stipulé dans l'écrit qui constate la garantie.
[1978, c. 9, a. 49; 1999, c. 40, a. 234].

49. The merchant or the manufacturer shall assume the real cost of transportation or shipping incurred in respect of the performance of a conventional warranty, unless otherwise stipulated in the writing evidencing the warranty.
[1978, c. 9, s. 49].

50. La durée de validité d'une garantie prévue par la présente loi ou d'une garantie conventionnelle est prolongée d'un délai égal au temps pendant lequel le com-

50. The duration of a warranty provided by this Act or of a conventional warranty shall be extended for a period equal to the time during which the merchant or the

merçant ou le fabricant a eu le bien ou une partie du bien en sa possession aux fins d'exécution de la garantie ou à la suite d'un rappel du bien ou d'une partie du bien par le fabricant.

[1978, c. 9, a. 50; 1999, c. 40, a. 234].

manufacturer has had the goods or a part of the goods in his possession for the performance of the warranty or pursuant to the recall of the goods or part of the goods by the manufacturer.

[1978, c. 9, s. 50].

51. Le fait, pour le commerçant ou le fabricant, de nommer un tiers pour l'exécution d'une garantie prévue par la présente loi ou d'une garantie conventionnelle ne les libère pas de leur obligation de garantie envers le consommateur.

[1978, c. 9, a. 51; 1999, c. 40, a. 234].

51. The designation by the merchant or the manufacturer of a third person to perform the warranty provided for by this Act or a conventional warranty does not free them of their obligation of warranty to the consumer.

[1978, c. 9, s. 51].

52. Le commerçant ou le fabricant ne peut faire dépendre la validité d'une garantie conventionnelle de l'usage, par le consommateur, d'un produit d'une marque de commerce déterminée que si au moins une des trois conditions suivantes est remplie:

a) le produit lui est fourni gratuitement;

b) le bien garanti ne peut fonctionner normalement sans l'usage de ce produit;

c) la garantie conventionnelle fait l'objet d'un contrat distinct à titre onéreux.

[1978, c. 9, a. 52; 1999, c. 40, a. 234].

52. The merchant or the manufacturer shall not make the validity of a conventional warranty conditional upon the consumer using a product which is identified by brand name, unless at least one of the three following conditions is fulfilled:

(a) the product is supplied to him free of charge;

(b) the warranted goods will not function properly unless that product is used;

(c) the conventional warranty forms the object of a separate contract entered into for valuable consideration.

[1978, c. 9, s. 52].

52.1. Le commerçant ou le fabricant ne peut exiger du consommateur qu'il fasse la preuve que les précédents propriétaires ou locataires du bien ont respecté les conditions de la garantie.

[2009, c. 51, a. 7].

52.1. The merchant or manufacturer may not require that the consumer prove that the previous owners or lessees of the goods complied with the conditions of the warranty.

[2009, c. 51, s. 7].

53. Le consommateur qui a contracté avec un commerçant a le droit d'exercer directement contre le commerçant ou contre le fabricant un recours fondé sur un vice caché du bien qui a fait l'objet du contrat, sauf si le consommateur pouvait déceler ce vice par un examen ordinaire.

Il en est ainsi pour le défaut d'indications nécessaires à la protection de l'utilisateur contre un risque ou un danger dont il ne pouvait lui-même se rendre compte.

53. A consumer who has entered into a contract with a merchant is entitled to exercise directly against the merchant or the manufacturer a recourse based on a latent defect in the goods forming the object of the contract, unless the consumer could have discovered the defect by an ordinary examination.

The same rule applies where there is a lack of instructions necessary for the protection of the user against a risk or danger of which he would otherwise be unaware.

Ni le commerçant, ni le fabricant ne peuvent alléguer le fait qu'ils ignoraient ce vice ou ce défaut.

Le recours contre le fabricant peut être exercé par un consommateur acquéreur subséquent du bien.

[1978, c. 9, a. 53; 1999, c. 40, a. 234].

The merchant or the manufacturer shall not plead that he was unaware of the defect or lack of instructions.

The rights of action against the manufacturer may be exercised by any consumer who is a subsequent purchaser of the goods.

[1978, c. 9, s. 53].

54. Le consommateur qui a contracté avec un commerçant a le droit d'exercer directement contre le commerçant ou contre le fabricant un recours fondé sur une obligation résultant de l'article 37, 38 ou 39.

Un recours contre le fabricant fondé sur une obligation résultant de l'article 37 ou 38 peut être exercé par un consommateur acquéreur subséquent du bien.

[1978, c. 9, a. 54; 1999, c. 40, a. 234].

54. A consumer having entered into a contract with a merchant may take action directly against the merchant or the manufacturer to assert a claim based on an obligation resulting from section 37, 38 or 39.

Rights of action against the manufacturer based on an obligation resulting from section 37 or 38 may be exercised by any consumer who is a subsequent purchaser of the goods.

[1978, c. 9, s. 54].

SECTION I.1 — CONTRAT CONCLU À DISTANCE

SECTION I.1 — DISTANCE CONTRACTS

54.1. Un contrat conclu à distance est un contrat conclu alors que le commerçant et le consommateur ne sont pas en présence l'un de l'autre et qui est précédé d'une offre du commerçant de conclure un tel contrat.

Le commerçant est réputé faire une offre de conclure le contrat dès lors que sa proposition comporte tous les éléments essentiels du contrat envisagé, qu'il y ait ou non indication de sa volonté d'être lié en cas d'acceptation et même en présence d'une indication contraire.

[2006, c. 56, a. 5; 2009, c. 51, a. 8].

54.1. A distance contract is a contract entered into without the merchant and the consumer being in one another's presence and preceded by an offer by the merchant to enter into such a contract.

A merchant is deemed to have made an offer to enter into a distance contract if the merchant's proposal comprises all the essential elements of the intended contract, regardless of whether there is an indication of the merchant's willingness to be bound in the event the proposal is accepted and even if there is an indication to the contrary.

[2006, c. 56, s. 5].

54.2. Le contrat conclu à distance est réputé conclu à l'adresse du consommateur.

[2006, c. 56, a. 5; 2009, c. 51, a. 8].

54.2. A distance contract is deemed to be entered into at the address of the consumer.

[2006, c. 56, s. 5].

54.3. Le commerçant qui offre de conclure un contrat à distance ou qui conclut un tel contrat ne peut percevoir un paiement partiel ou total du consommateur ou lui offrir de percevoir un tel paiement avant d'exé-

54.3. No merchant who makes an offer to enter into or enters into a distance contract may collect or offer to collect a partial or full payment from the consumer before performing the merchant's principal obli-

cuter son obligation principale, à moins qu'il ne s'agisse d'un paiement dont le consommateur peut demander la rétrofacturation en vertu de la présente loi ou d'un règlement.

[2006, c. 56, a. 5].

gation, unless the consumer may request a chargeback of the payment under this Act or a regulation.

[2006, c. 56, s. 5].

54.4. Avant la conclusion du contrat à distance, le commerçant doit divulguer au consommateur les renseignements suivants:

a) son nom et tout autre nom qu'il utilise dans l'exploitation de son entreprise;

b) son adresse;

c) son numéro de téléphone ainsi que, le cas échéant, son numéro de télécopieur et son adresse technologique;

d) une description détaillée de chaque bien ou service faisant l'objet du contrat, y compris ses caractéristiques et ses spécifications techniques;

e) un état détaillé du prix de chaque bien ou service faisant l'objet du contrat, des frais connexes qu'il exige, de même que du coût de tout droit exigible en vertu d'une loi;

f) une description de tous les frais supplémentaires qui pourraient être exigibles par un tiers et dont le montant ne peut être raisonnablement calculé, notamment les droits de douane et les frais de courtage;

g) le total des sommes que le consommateur doit débourser en vertu du contrat et, le cas échéant, le montant des versements périodiques, le tarif applicable pour l'utilisation d'un bien ou d'un service accessoire de même que les modalités de paiement;

h) la devise dans laquelle les montants exigibles sont payables, lorsque cette devise est autre que canadienne;

i) la date ou les délais d'exécution de son obligation principale;

54.4. Before a distance contract is entered into, the merchant must disclose the following information to the consumer:

(a) the merchant's name and any other name under which the merchant carries on business;

(b) the merchant's address;

(c) the merchant's telephone number and, if available, the merchant's fax number and technological address;

(d) a detailed description of goods or services that are to be the object of the contract, including characteristics and technical specifications;

(e) an itemized list of the prices of the goods or services that are to be the object of the contract, including associated costs charged to the consumer and any additional charges payable under an Act;

(f) a description of any possible additional charges payable to a third party, such as customs duties and brokerage fees, whose amounts cannot reasonably be determined;

(g) the total amount to be paid by the consumer under the contract and, if applicable, the amount of instalments, the rate applicable to the use of an incidental good or service and the terms of payment;

(h) the currency in which amounts owing under the contract are payable if not Canadian dollars;

(i) the date on which, or the time within which, the merchant's principal obligation must be performed;

j) le cas échéant, le mode de livraison, le nom du transporteur et le lieu de livraison;

(j) if applicable, the mode of delivery, the name of the carrier and the place of delivery;

k) le cas échéant, les conditions d'annulation, de résiliation, de retour, d'échange ou de remboursement;

(k) the applicable cancellation, rescission, return, exchange and refund conditions, if any; and

l) toutes les autres restrictions ou conditions applicables au contrat.

(l) any other applicable restrictions or conditions.

Le commerçant doit présenter ces renseignements de manière évidente et intelligible et les porter expressément à la connaissance du consommateur; lorsqu'il s'agit d'une offre écrite, il doit présenter ces renseignements de façon à ce que le consommateur puisse aisément les conserver et les imprimer sur support papier.

[2006, c. 56, a. 5].

The merchant must present the information prominently and in a comprehensible manner and bring it expressly to the consumer's attention; in the case of a written offer, the merchant must present the information in a manner that ensures that the consumer is able to easily retain it and print it.

[2006, c. 56, s. 5].

54.5. Avant la conclusion du contrat, le commerçant doit donner expressément au consommateur la possibilité d'accepter ou de refuser la proposition et d'en corriger les erreurs.

[2006, c. 56, a. 5].

54.5. Before a distance contract is entered into, the merchant must provide the consumer with an express opportunity to accept or decline the proposal and to correct any errors.

[2006, c. 56, s. 5].

54.6. Le contrat doit être constaté par écrit et indiquer:

54.6. A distance contract must be evidenced in writing and indicate:

a) le nom et l'adresse du consommateur;

(a) the consumer's name and address;

b) la date du contrat;

(b) the date the contract is entered into; and

c) les renseignements énumérés à l'article 54.4, tels qu'ils ont été divulgués avant la conclusion du contrat.

[2006, c. 56, a. 5].

(c) the information described in section 54.4, as disclosed before the contract was entered into.

[2006, c. 56, s. 5].

54.7. Le commerçant doit transmettre au consommateur un exemplaire du contrat dans les 15 jours suivant sa conclusion de façon à garantir que le consommateur puisse aisément le conserver et l'imprimer sur support papier.

[2006, c. 56, a. 5].

54.7. The merchant must send a copy of the contract to the consumer within 15 days after the contract is entered into, in a manner that ensures that the consumer may easily retain it and print it.

[2006, c. 56, s. 5].

54.8. Le consommateur peut résoudre le contrat dans les sept jours suivant la réception de l'exemplaire du contrat dans l'un ou l'autre des cas suivants:

54.8. The consumer may cancel the contract within seven days after receiving a copy if

a) le commerçant n'a pas, avant la conclusion du contrat, divulgué au consommateur tous les renseignements énumérés à l'article 54.4 ou ne les a pas divulgués conformément à cet article;

b) le commerçant n'a pas, avant la conclusion du contrat, expressément donné au consommateur la possibilité d'accepter ou de refuser la proposition ou d'en corriger les erreurs;

c) le contrat n'est pas conforme aux exigences de l'article 54.6;

d) le commerçant n'a pas transmis un exemplaire du contrat de façon à garantir que le consommateur puisse aisément le conserver et l'imprimer sur support papier.

Ce délai de résolution court toutefois à compter de l'exécution de l'obligation principale du commerçant lorsque le consommateur constate, à ce moment, que le commerçant n'a pas divulgué tous les renseignements énumérés à l'article 54.4.

Si le commerçant n'a pas transmis au consommateur un exemplaire du contrat dans le délai prévu à l'article 54.7, le délai de résolution est porté à 30 jours et il court à compter de la conclusion du contrat.

[2006, c. 56, a. 5].

54.9. Outre les cas prévus à l'article 54.8, le contrat conclu à distance peut être résolu par le consommateur en tout temps avant l'exécution, par le commerçant, de son obligation principale dans l'un ou l'autre des cas suivants:

a) le commerçant n'exécute pas son obligation principale dans les 30 jours suivant la date indiquée au contrat ou la date ultérieure convenue par écrit avec le consommateur pour l'exécution de cette obligation, ou dans les 30 jours suivant la conclusion du contrat si celui-ci ne prévoit pas de date ou de délai pour l'exécution de l'obligation principale du commerçant;

b) le commerçant, s'il s'agit d'un contrat relatif à des services de transport, d'hébergement ou de restauration ou à des billets d'entrée

(a) the merchant did not disclose to the consumer the information described in section 54.4 before the contract was entered into, or did not disclose it in accordance with that section;

(b) the merchant did not provide the consumer with an express opportunity, before the contract was entered into, to accept or decline the proposal or to correct any errors;

(c) the contract does not meet the requirements of section 54.6; or

(d) the merchant did not send a copy of the contract in a manner that ensures that the consumer may easily retain it and print it.

However, the cancellation period begins as of the merchant's performance of the principal obligation if the consumer, at that time, observes that the merchant has not disclosed all the information described in section 54.4.

If the merchant does not send a copy of the contract to the consumer within the time provided for in section 54.7, the consumer has 30 days, as of the date the contract is entered into, in which to cancel the contract.

[2006, c. 56, s. 5].

54.9. In addition to the cases provided for in section 54.8, a distance contract may be cancelled by the consumer at any time before performance of the merchant's principal obligation if

(a) the merchant's principal obligation is not performed within 30 days after the date specified in the contract or the later date agreed on in writing by the consumer and the merchant, or within 30 days after the contract is entered into in the case of a contract that does not specify a date or time limit for the merchant's principal obligation to be performed; or

(b) the contract is for transportation, lodging or restaurant services, or for tickets to an event, and the merchant does not provide the consumer, by

pour assister à un événement, ne fournit pas, à la date indiquée au contrat ou, encore, à une date ultérieure convenue par écrit avec le consommateur, les documents nécessaires pour que ce dernier puisse recevoir les services ou assister à l'événement prévus au contrat.

[2006, c. 56, a. 5; 2009, c. 51, a. 8].

the date specified in the contract or the later date agreed on in writing by the consumer and the merchant, with documents enabling the consumer to receive the services or attend the event.

[2006, c. 56, s. 5].

54.10. Un commerçant est présumé avoir exécuté son obligation principale lorsqu'il a tenté de l'exécuter à la date indiquée au contrat, à la date ultérieure convenue par écrit avec le consommateur ou, encore, à la date figurant dans un avis transmis au consommateur dans un délai raisonnable et qu'il a été empêché de le faire en raison des agissements ou de la négligence du consommateur.

[2006, c. 56, a. 5].

54.10. The merchant's principal obligation is presumed to have been performed if the merchant attempted to perform it on the date specified in the contract, on a later date agreed on in writing by the consumer and the merchant, or on the date specified in a notice sent to the consumer within a reasonable time, but was prevented from doing so by the actions or negligence of the consumer.

[2006, c. 56, s. 5].

54.11. Le consommateur se prévaut de la faculté de résolution en transmettant un avis à cet effet au commerçant.

[2006, c. 56, a. 5].

54.11. The consumer's right to cancel the contract is exercised by sending a notice to that effect to the merchant.

[2006, c. 56, s. 5].

54.12. Le contrat est résolu de plein droit à compter de la transmission de l'avis de résolution.

La résolution du contrat emporte la résolution de tout contrat accessoire et de toute garantie ou cautionnement consentis en considération du montant exigible en vertu du contrat.

Un contrat de crédit conclu par le consommateur avec un tiers commerçant, à l'occasion ou en considération d'un contrat conclu à distance, forme un tout avec ce contrat et est, de même, résolu de plein droit dès lors que le contrat de crédit résulte d'une offre, d'une représentation ou d'une autre forme d'intervention du commerçant partie au contrat conclu à distance.

[2006, c. 56, a. 5; 2009, c. 51, a. 8].

54.12. The contract is cancelled by operation of law as of the sending of the cancellation notice.

The cancellation of the contract entails the cancellation of any accessory contract and of any warranty or security given to guarantee the amount payable under the contract.

A contract of credit entered into between the consumer and another merchant under or in relation to a distance contract forms a whole with that contract and, as such, is also cancelled by operation of law if it results from an offer, representation or other action by the merchant who is party to the distance contract.

[2006, c. 56, s. 5].

54.13. Le commerçant doit, dans les 15 jours suivant la résolution du contrat, rembourser le consommateur de toutes les sommes payées par ce dernier en vertu de ce contrat et de tout contrat accessoire, y compris les sommes payées à un tiers.

54.13. Within 15 days following the cancellation of the contract, the merchant must refund all sums paid by the consumer under the contract and any accessory contract, including sums paid to a third person.

Le consommateur doit, dans les 15 jours suivant la résolution du contrat, ou la livraison si celle-ci est postérieure à la résolution, restituer au commerçant, dans l'état où il les a reçus, les biens faisant l'objet du contrat.

Le commerçant assume les frais raisonnables de restitution.

[2006, c. 56, a. 5].

54.14. Lorsque le commerçant est en défaut de rembourser le consommateur conformément à l'article 54.13, le consommateur qui a effectué le paiement au moyen d'une carte de crédit peut, dans les 60 jours suivant le défaut, demander à l'émetteur de cette carte la rétrofacturation de toutes les sommes payées en vertu du contrat et de tout contrat accessoire, de même que l'annulation de tous les frais portés à son compte en relation avec ces contrats.

[2006, c. 56, a. 5].

54.15. La demande de rétrofacturation doit être faite par écrit et contenir les renseignements suivants:

a) le nom du titulaire de la carte de crédit;

b) le numéro de la carte de crédit ainsi que sa date d'expiration;

c) le nom du commerçant;

d) la date de la conclusion du contrat;

e) le montant débité au compte de la carte de crédit ainsi que les sommes que le commerçant est tenu de rembourser;

f) la description des biens ou services faisant l'objet du contrat et pour lesquels la rétrofacturation est demandée;

g) le motif de la résolution du contrat;

h) la date de la résolution du contrat et le mode de transmission de l'avis de résolution.

[2006, c. 56, a. 5].

Within 15 days following the cancellation of the contract or following delivery if it postdates cancellation, the consumer must restore the goods that were the object of the contract to the merchant in the same state in which they were received.

The merchant shall assume the reasonable costs of restitution.

[2006, c. 56, s. 5].

54.14. If the merchant defaults on the obligation to make a refund under section 54.13 and the consumer has paid by credit card, the consumer may, within 60 days following the default, request the card issuer to chargeback all amounts paid under the contract and any accessory contract, and to cancel all charges made to the consumer's account in relation to those contracts.

[2006, c. 56, s. 5].

54.15. A chargeback request must be in writing and contain the following information:

(a) the credit cardholder's name;

(b) the credit card number and expiry date;

(c) the merchant's name;

(d) the date the contract was entered into;

(e) the amount charged to the credit card account and the sums to be refunded by the merchant;

(f) a description of the goods or services that are the object of the contract and for which chargeback is requested;

(g) the reason for cancelling the contract; and

(h) the date of cancellation and the means used to send the cancellation notice.

[2006, c. 56, s. 5].

54.16. L'émetteur d'une carte de crédit qui reçoit une demande de rétrofacturation doit:

a) en accuser réception dans les 30 jours;

b) effectuer la rétrofacturation du montant débité au compte de la carte de crédit et procéder à l'annulation de tous les frais portés au compte de cette carte en relation avec le contrat conclu à distance et tout contrat accessoire à ce contrat soit dans les 90 jours suivant la réception de la demande, soit dans un délai représentant au plus deux périodes complètes visées à l'article 67, selon l'échéance du plus court terme.

[2006, c. 56, a. 5; 2009, c. 51, a. 8].

54.16. A credit card issuer that receives a chargeback request must

(a) acknowledge receipt within 30 days;

(b) make the chargeback and cancel all credit card charges in connection with the distance contract and any accessory contract within 90 days or two complete periods, as defined in section 67, following receipt of the request, whichever comes first.

[2006, c. 56, s. 5].

SECTION II — CONTRATS CONCLUS PAR UN COMMERÇANT ITINÉRANT

SECTION II — CONTRACTS ENTERED INTO BY ITINERANT MERCHANTS

55. Un commerçant itinérant est un commerçant qui, en personne ou par représentant, ailleurs qu'à son adresse:

a) sollicite un consommateur déterminé en vue de conclure un contrat; ou

b) conclut un contrat avec un consommateur.

[1978, c. 9, a. 55].

55. An itinerant merchant is a merchant who, personally or through a representative, elsewhere than at his address,

(a) solicits a particular consumer for the purpose of making a contract; or

(b) makes a contract with a consumer.

[1978, c. 9, s. 55].

56. Les articles 58 à 65 s'appliquent au contrat de vente ou de louage de biens et au contrat de service conclu par un commerçant itinérant, à l'exception, toutefois, des contrats prévus par règlement.

[1978, c. 9, a. 56; 1998, c. 6, a. 1; 1999, c. 40, a. 234].

56. Sections 58 to 65 apply to contracts of sale or lease of goods and to contracts of service entered into by an itinerant merchant, except contracts excluded by regulation.

[1978, c. 9, s. 56; 1998, c. 6, s. 1; 1999, c. 40, s. 234].

57. Sous réserve de ce qui est prévu par règlement, ne constitue pas un contrat conclu par un commerçant itinérant, le contrat conclu à l'adresse du consommateur à la demande expresse de ce dernier, à la condition que ce contrat n'ait pas été sollicité ailleurs qu'à l'adresse du commerçant.

[1978, c. 9, a. 57].

57. Subject to the regulations, a contract entered into at the address of the consumer upon his express demand does not constitute a contract entered into by an itinerant merchant, provided such contract was not solicited elsewhere than at the merchant's address.

[1978, c. 9, s. 57].

58. Le contrat doit être constaté par écrit et indiquer:

58. The contract must be evidenced in writing and indicate:

a) le numéro de permis du commerçant itinérant;

b) le nom, l'adresse, le numéro de téléphone ainsi que, le cas échéant, l'adresse électronique et le numéro de télécopieur de chaque établissement du commerçant itinérant au Québec et de chaque représentant du commerçant itinérant qui a signé le contrat;

b.1) le nom, l'adresse et le numéro de téléphone du consommateur ainsi que, le cas échéant, son adresse électronique et son numéro de télécopieur;

c) la date de la formation du contrat et l'adresse où il est signé;

d) la description de chaque bien faisant l'objet du contrat, y compris, le cas échéant, sa quantité et l'année du modèle ou une autre marque distinctive, de même que la durée de chaque service prévu par le contrat;

e) le prix comptant de chaque bien ou service;

f) le montant de chacun des droits exigibles en vertu d'une loi fédérale ou provinciale;

g) le total des sommes que le consommateur doit débourser en vertu du contrat;

g.1) le cas échéant, les modalités de paiement; dans le cas d'un contrat de crédit, ces modalités sont indiquées de la façon prévue à l'annexe 3, 5 ou 7;

g.2) la fréquence et la date de chaque livraison et de chaque prestation d'un service, de même que la date prévue pour la dernière livraison ou prestation;

g.3) le cas échéant, la description de chaque bien reçu en échange ou en acompte et de sa quantité ainsi que le prix convenu pour chaque bien;

h) la faculté accordée au consommateur de résoudre le contrat à sa seule discrétion dans les dix jours qui suivent celui où chacune des parties est

(a) the itinerant merchant's permit number;

(b) the name, address and telephone number and, where applicable, the electronic address and fax number of each establishment of the itinerant merchant in Québec and each representative of the itinerant merchant who signed the contract;

(b.1) the name, address and telephone number and, where applicable, the electronic address and fax number of the consumer;

(c) the date on which the contract is made and the address where it is signed;

(d) the description and quantity of the goods that are the object of the contract, the year of the model or any other distinguishing mark, and the duration of each service provided for by the contract;

(e) the cash price of each item of goods or services;

(f) the amounts of all duties chargeable under any federal or provincial Act;

(g) the total amount the consumer must pay under the contract;

(g.1) where applicable, the terms and conditions of payment; in the case of a contract of credit, the terms and conditions of payment are set out as provided in Schedule 3, 5 or 7;

(g.2) the frequency and dates of all deliveries of goods and the frequency and dates of all performances of services, as well as the date by which delivery or performance must be completed;

(g.3) where applicable, a description of all goods received as a trade-in or on account, their quantity, and the price agreed for each item;

(h) the right granted to the consumer to cancel the contract at his sole discretion within ten days after that on which each of the parties is in pos-

en possession d'un double du contrat;

i) toute autre mention prescrite par règlement.

Le commerçant doit annexer au double du contrat qu'il remet au consommateur un Énoncé des droits de résolution du consommateur et un formulaire de résolution conformes au modèle de l'annexe 1.

[1978, c. 9, a. 58; 1998, c. 6, a. 2].

session of a duplicate of the contract;

(i) any other information prescribed by regulation.

The merchant must attach a Statement of consumer cancellation rights and cancellation form in conformity with the model in Schedule 1 to the duplicate of the contract which he remits to the consumer.

[1978, c. 9, s. 58; 1998, c. 6, s. 2].

59. Le contrat conclu entre un commerçant itinérant et un consommateur peut être résolu à la discrétion de ce dernier dans les dix jours qui suivent celui où chacune des parties est en possession d'un double du contrat.

Ce délai est toutefois porté à un an à compter de la date de la formation du contrat dans l'un ou l'autre des cas suivants:

a) le commerçant n'est pas titulaire du permis exigé par la présente loi lors de la formation du contrat;

b) le cautionnement fourni par le commerçant n'est pas valide ou conforme à celui qui est exigé par la présente loi lors de la formation du contrat;

c) le contrat ne respecte pas l'une des règles de formation prévues par les articles 25 à 28 ou ne comporte pas l'une des indications prévues par l'article 58;

d) un Énoncé des droits de résolution du consommateur et un formulaire de résolution conformes au modèle de l'annexe 1 ne sont pas annexés au contrat lors de sa formation;

e) le commerçant ne livre pas le bien ou ne fournit pas le service dans les 30 jours qui suivent la date indiquée au contrat ou la date ultérieure convenue avec le consommateur pour la livraison du bien ou la prestation du service, sauf lorsque le consommateur accepte hors délai cette livraison ou cette prestation.

[1978, c. 9, a. 59; 1998, c. 6, a. 3].

59. The contract made between an itinerant merchant and a consumer may be cancelled at the discretion of the consumer within ten days following that on which each of the parties is in possession of a duplicate of the contract.

The time limit is, however, extended to one year from the date on which the contract is made in any of the following cases:

(a) the merchant does not hold the permit required by this Act at the time the contract is made;

(b) the security furnished by the itinerant merchant is invalid or is not in conformity with the security required under this Act at the time the contract is made;

(c) the contract is inconsistent with any of the rules set out in sections 25 to 28 for the making of contracts, or one of the particulars required under section 58 does not appear in the contract;

(d) a Statement of consumer cancellation rights and a cancellation form in conformity with the model in Schedule 1 have not been attached to the contract at the time the contract was made;

(e) the merchant fails to deliver the goods or perform the service within 30 days from the delivery or performance date specified in the contract or a later date agreed to by the consumer, unless the consumer accepts delivery or performance after that time has expired.

[1978, c. 9, s. 59; 1998, c. 6, s. 3].

60. Le commerçant itinérant ne peut percevoir de paiement partiel ou total du consommateur avant l'expiration du délai de résolution prévu à l'article 59 tant que le consommateur n'a pas reçu le bien qui fait l'objet du contrat.

[1978, c. 9, a. 60].

60. The itinerant merchant cannot receive a partial payment or payment in full from the consumer before the expiry of the time for cancellation provided for in section 59 for as long as the consumer has not received the goods forming the object of the contract.

[1978, c. 9, s. 60; 1999, c. 40, s. 234].

61. Le consommateur se prévaut de la faculté de résolution:

a) par la remise du bien au commerçant itinérant ou à son représentant;

b) en retournant au commerçant itinérant ou à son représentant le formulaire prévu à l'article 58; ou

c) par un autre avis écrit à cet effet au commerçant itinérant ou à son représentant.

[1978, c. 9, a. 61; 1998, c. 6, a. 4].

61. The consumer avails himself of his right of cancellation

(a) by returning the goods to the itinerant merchant or his representative;

(b) by returning the form referred to in section 58 to the itinerant merchant or his representative; or

(c) by a notice in writing for that purpose to the itinerant merchant or his representative.

[1978, c. 9, s. 61].

62. Le contrat est résolu de plein droit à compter de la remise du bien ou de l'envoi du formulaire ou de l'avis.

Un contrat de crédit conclu par le consommateur, même avec un tiers commerçant, à l'occasion ou en considération d'un contrat conclu avec un commerçant itinérant, forme un tout avec ce contrat et est, de même, résolu de plein droit dès lors qu'il résulte d'une offre, d'une représentation ou d'une autre forme d'intervention du commerçant itinérant.

[1978, c. 9, a. 62; 1998, c. 6, a. 5].

62. The contract is cancelled of right from the return of the goods or the sending of the form or the notice.

A contract of credit made by the consumer, even with another merchant, under or in relation to a contract made with an itinerant merchant, forms part of the whole contract and is also cancelled of right if it was made as a result of an offer or representation made by, or any other action of, the itinerant merchant.

[1978, c. 9, s. 62; 1998, c. 6, s. 5].

63. Dans les 15 jours qui suivent la résolution, les parties doivent se restituer ce qu'elles ont reçu l'une de l'autre.

Si le commerçant itinérant ne peut restituer au consommateur le bien reçu en paiement, en échange ou en acompte, il doit lui remettre le plus élevé de la valeur du bien ou de son prix indiqué au contrat.

Le commerçant itinérant assume les frais de restitution.

[1978, c. 9, a. 63; 1998, c. 6, a. 6].

63. Within 15 days following the cancellation, the parties must restore what they have received from one another.

If the itinerant merchant is unable to restitute to the consumer the goods received in payment, as a trade-in or on account, the merchant must remit to the consumer the value of the goods or the price of the goods as indicated in the contract, whichever is greater.

The itinerant merchant shall assume the costs of restitution.

[1978, c. 9, s. 63; 1998, c. 6, s. 6].

64. Le commerçant itinérant assume les risques de perte ou de détérioration, même par cas de force majeure:

   a) du bien qui fait l'objet du contrat jusqu'à l'expiration du délai prévu à l'article 63;

   b) du bien reçu en paiement, en échange ou en acompte, jusqu'à sa restitution.

[1978, c. 9, a. 64; 1998, c. 6, a. 7].

65. Le consommateur ne peut résoudre le contrat si, par suite d'un fait ou d'une faute dont il est responsable, il ne peut restituer au commerçant itinérant le bien dans l'état où il l'a reçu.

[1978, c. 9, a. 65].

SECTION III — CONTRATS DE CRÉDIT

66. La présente section vise tous les contrats de crédit, notamment:

   a) le contrat de prêt d'argent;

   b) le contrat de crédit variable;

   c) le contrat assorti d'un crédit.

[1978, c. 9, a. 66].

§1. — Dispositions générales

67. Aux fins de la présente section, on entend par:

   a) « obligation totale »: la somme du capital net et des frais de crédit;

   b) « période »: un espace de temps d'au plus trente-cinq jours;

   c) « versement comptant »: une somme d'argent, la valeur d'un effet de commerce payable à demande, ou la valeur convenue d'un bien, donnés en acompte lors du contrat.

[1978, c. 9, a. 67].

68. Le capital net est:

   a) dans le cas d'un contrat de prêt d'argent, la somme effectivement reçue par le consommateur ou ver-

---

64. The itinerant merchant shall assume the risk of loss or deterioration, even by superior force,

   (a) of the goods forming the object of the contract, until the expiry of the time provided for in section 63;

   (b) of the goods received in payment, as a trade-in or on account, until their restitution.

[1978, c. 9, s. 64; 1998, c. 6, s. 7; 1999, c. 40, s. 234].

65. The consumer shall not cancel the contract if, as a result of an act or a fault for which he is liable, he is unable to restore the goods to the itinerant merchant in the condition in which he received them.

[1978, c. 9, s. 65].

SECTION III — CONTRACTS OF CREDIT

66. This division contemplates all contracts of credit, particularly

   (a) contracts for the loan of money;

   (b) contracts extending variable credit;

   (c) contracts involving credit.

[1978, c. 9, s. 66].

§1. — General provisions

67. For the purposes of this division,

   (a) "total obligation" means the aggregate of the net capital and the credit charges;

   (b) "period" means a space of time of not over thirty-five days;

   (c) "down payment" means a sum of money, the value of a negotiable instrument payable on demand, or the agreed value of goods, given on account at the time of the contract

[1978, c. 9, s. 67].

68. The net capital is

   (a) in the case of a contract for the loan of money, the amount actually received by the consumer or paid

sée ou créditée pour son compte par le commerçant;

b) dans le cas d'un contrat assorti d'un crédit ou d'un contrat de crédit variable, la somme pour laquelle le crédit est effectivement consenti.

Toute composante des frais de crédit est exclue de ces sommes.

[1978, c. 9, a. 68].

69. On entend par « frais de crédit » la somme que le consommateur doit payer en vertu du contrat, en plus:

a) du capital net, dans le cas d'un contrat de prêt d'argent ou d'un contrat de crédit variable;

b) du capital net et du versement comptant dans le cas d'un contrat assorti d'un crédit.

[1978, c. 9, a. 69].

70. Les frais de crédit doivent être déterminés en incluant leurs composantes dont, notamment:

a) la somme réclamée à titre d'intérêt;

b) la prime d'une assurance souscrite, à l'exception de la prime d'assurance-automobile;

c) la ristourne;

d) les frais d'administration, de courtage, d'expertise, d'acte ainsi que les frais engagés pour l'obtention d'un rapport de solvabilité;

e) les frais d'adhésion ou de renouvellement;

f) la commission;

g) la valeur du rabais ou de l'escompte auquel le consommateur a droit s'il paye comptant;

h) les droits exigibles en vertu d'une loi fédérale ou provinciale, imposés en raison du crédit.

[1978, c. 9, a. 70].

71. Le commerçant doit mentionner les frais de crédit en termes de dollars et de cents et indiquer qu'ils se rapportent:

into or credited to his account by the merchant;

(b) in the case of a contract involving credit or a contract extending variable credit, the sum for which credit is actually extended.

Every component of the credit charges is excluded from this sum.

[1978, c. 9, s. 68].

69. "Credit charges" means the amount the consumer must pay under the contract in addition to

(a) the net capital in the case of a contract for the loan of money or a contract extending variable credit;

(b) the net capital and the down payment in the case of a contract involving credit.

[1978, c. 9, s. 69].

70. The credit charges shall be determined as the sum of their components, particularly the following:

(a) the amount claimed as interest;

(b) the premium for insurance subscribed for, except any automobile insurance premium;

(c) the rebate;

(d) administration charges, brokerage fees, appraiser's fees, contract fees and the cost incurred for obtaining a credit report;

(e) membership or renewal fees;

(f) the commission;

(g) the value of the rebate or of the discount to which the consumer is entitled if he pays cash;

(h) the duties chargeable, under a federal or provincial Act, on the credit.

[1978, c. 9, s. 70].

71. The merchant must state the credit charges in terms of dollars and cents, and indicate that they apply

a) à toute la durée du contrat dans le cas d'un contrat de prêt d'argent ou d'un contrat assorti d'un crédit; ou

b) à la période faisant l'objet de l'état de compte dans le cas d'un contrat de crédit variable.

[1978, c. 9, a. 71].

(a) to the entire term of the contract in the case of a contract for the loan of money or a contract involving credit, or

(b) to the period covered by the statement of account in the case of a contract extending variable credit.

[1978, c. 9, s. 71].

72. Le taux de crédit est l'expression des frais de crédit sous la forme d'un pourcentage annuel. Il doit être calculé et divulgué de la manière prescrite par règlement.

Pour le calcul du taux de crédit dans le cas d'un contrat de crédit variable, on ne tient pas compte des composantes suivantes des frais de crédit:

a) les frais d'adhésion ou de renouvellement; et

b) la valeur du rabais ou de l'escompte auquel le consommateur a droit s'il paye comptant.

[1978, c. 9, a. 72].

72. The credit rate is the amount of the credit charges expressed as an annual percentage. It must be computed and disclosed in the manner prescribed by regulation.

In computing the credit rate in the case of a contract extending variable credit, the following components of the credit charges are not considered:

(a) membership or renewal fees; and

(b) the value of the rebate or of the discount to which the consumer is entitled if he pays cash.

[1978, c. 9, s. 72].

73. Un contrat de prêt d'argent et un contrat assorti d'un crédit peuvent être résolus sans frais ni pénalité, à la discrétion du consommateur, dans les deux jours qui suivent celui où chacune des parties est en possession d'un double du contrat.

[1978, c. 9, a. 73].

73. Contracts for the loan of money and contracts involving credit may be cancelled without cost or penalty, at the discretion of the consumer, within two days following that on which each of the parties is in possession of a duplicate of the contract.

[1978, c. 9, s. 73].

74. Dans le cas d'un contrat de prêt d'argent, le consommateur se prévaut de la faculté de résolution:

a) par la remise du capital net au commerçant ou à son représentant, s'il l'a reçu au moment où chacune des parties est entrée en possession d'un double du contrat;

b) dans les autres cas, soit par la remise du capital net, soit par l'envoi d'un avis écrit à cet effet au commerçant ou à son représentant.

[1978, c. 9, a. 74].

74. In the case of a contract for the loan of money, the consumer avails himself of the right of cancellation

(a) by returning the net capital to the merchant or his representative, if he received it at the time at which each of the parties came into possession of a duplicate of the contract;

(b) by either returning the net capital or sending notice in writing for that purpose to the merchant or his representative, in all other cases.

[1978, c. 9, s. 74].

75. Dans le cas d'un contrat assorti d'un crédit, le consommateur se prévaut de la faculté de résolution:

75. In the case of a contract involving credit, the consumer avails himself of the right of cancellation

a) par la remise du bien au commerçant ou à son représentant, s'il a reçu livraison du bien au moment où chacune des parties est entrée en possession d'un double du contrat;

b) dans les autres cas, soit par la remise du bien, soit par l'envoi d'un avis écrit à cet effet au commerçant ou à son représentant.

[1978, c. 9, a. 75].

(a) by returning the goods to the merchant or his representative, if he received delivery of the goods at the time at which each of the parties came into possession of a duplicate of the contract;

(b) by either returning the goods or sending notice in writing for that purpose to the merchant or his representative, in all other cases.

[1978, c. 9, s. 75].

76. Le contrat est résolu de plein droit à compter de la remise du bien ou du capital net ou à compter de l'envoi de l'avis au commerçant ou à son représentant.

[1978, c. 9, a. 76].

76. The contract is dissolved *pleno jure* from the return of the goods or of the net capital or from the sending of the notice to the merchant or his representative.

[1978, c. 9, s. 76].

77. Lorsqu'un contrat est résolu en vertu de l'article 73, les parties doivent, dans les plus brefs délais, se remettre ce qu'elles ont reçu l'une de l'autre. Le commerçant assume les frais de restitution.

[1978, c. 9, a. 77].

77. Where a contract is cancelled by virtue of section 73, the parties must as soon as possible return to each other what they have received from one another. The merchant shall assume the costs of restitution.

[1978, c. 9, s. 77].

78. Le commerçant assume les risques de perte ou de détérioration, même par cas de force majeure, du bien qui fait l'objet du contrat jusqu'à l'expiration du délai prévu à l'article 73.

[1978, c. 9, a. 78].

78. The merchant shall assume the risk of loss or deterioration, even by superior force, of the goods forming the object of the contract, until the expiry of the time provided for in section 73.

[1978, c. 9, s. 78; 1999, c. 40, s. 234].

79. Le consommateur ne peut résoudre le contrat si, par suite d'un fait ou d'une faute dont il est responsable, il ne peut restituer au commerçant le bien dans l'état où il l'a reçu.

[1978, c. 9, a. 79].

79. The consumer shall not cancel the contract if, as a result of an act or a fault for which he is liable, he is unable to restore the goods to the merchant in the condition in which he received them.

[1978, c. 9, s. 79].

80. Un contrat de crédit, à l'exception d'un contrat de prêt d'argent payable à demande, doit être constaté par écrit.

[1978, c. 9, a. 80].

80. Contracts of credit, except contracts for the loan of money payable on demand, must be evidenced in writing.

[1978, c. 9, s. 80].

81. Un contrat de crédit, à l'exception d'un contrat de crédit variable, ne doit indiquer qu'un seul taux de crédit.

[1978, c. 9, a. 81].

81. Contracts of credit, except contracts extending variable credit, must stipulate only one credit rate.

[1978, c. 9, s. 81].

82. (*Abrogé*).

[1987, c. 90, a. 2].

82. (*Repealed*).

[1987, c. 90, s. 2].

83. Le commerçant ne peut exiger sur une somme due par le consommateur des frais de crédit calculés suivant un taux de crédit plus élevé que le moindre des deux taux suivants: celui calculé conformément à la présente loi ou celui qui est mentionné au contrat.

[1978, c. 9, a. 83].

83. The merchant shall not exact, on a sum owing by the consumer, credit charges computed at a higher credit rate than the lesser of the two following rates: that computed in accordance with this Act and that stated in the contract.

[1978, c. 9, s. 83].

84. Le contrat doit prévoir un seul paiement différé par période.

[1978, c. 9, a. 84].

84. The contract must provide for only one deferred payment during each period.

[1978, c. 9, s. 84].

85. Malgré les dispositions de l'article 84, la date du premier paiement que doit faire le consommateur peut être fixée à volonté mais, si elle est fixée à plus de trente-cinq jours après celle de la formation du contrat, les frais de crédit ne courent pas entre la date du contrat et le début de la période pour laquelle ce paiement est prévu.

[1978, c. 9, a. 85].

85. Notwithstanding section 84, the date on which the consumer must make his first payment may be fixed at will, but if it is fixed at over thirty-five days after that of the making of the contract, the credit charges do not accrue between the date of the contract and the commencement of the period for which that payment is stipulated.

[1978, c. 9, s. 85].

86. Si l'obligation principale du commerçant est exécutée plus de sept jours après la formation du contrat, les frais de crédit ne peuvent courir, et le commerçant ne peut exiger du consommateur aucun paiement, avant la date de cette exécution.

[1978, c. 9, a. 86].

86. If the merchant's principal obligation is performed more than seven days after the contract is entered into, the credit charges cannot accrue, and the merchant shall not demand any payment from the consumer, before the date of such performance.

[1978, c. 9, s. 86].

87. Sauf pour le contrat de crédit variable, les paiements différés doivent être égaux, à l'exception du dernier qui peut être moindre.

[1978, c. 9, a. 87].

87. Except for a contract extending variable credit, deferred payments must be equal, except the final payment, which may be less.

[1978, c. 9, s. 87].

88. Est exempté de l'application des articles 84, 85 et 87, le contrat auquel est partie un consommateur qui tire son revenu principal d'une activité qu'il exerce pendant au plus huit mois par année, à la condition que le contrat contienne la mention suivante, conforme aux exigences de la présente loi et signée à part par le consommateur:

88. A contract to which a consumer who earns his principal income from an occupation that he carries on for not more than eight months per year is a party is exempt from the application of sections 84, 85 and 87, provided that the contract contains the following clause, drawn up in accordance with the requirements of this Act and specially signed by the consumer:

« (*inscrire ici le nom du consommateur et l'activité qui constitue sa principale source de revenu*) déclare que son revenu principal est saisonnier. »

Il en est de même pour le contrat passé entre un commerçant et un consommateur, portant sur un bien nécessaire à l'exercice du métier, de l'art ou de la profession du consommateur, à la condition que le contrat contienne la mention suivante, conforme aux exigences de la présente loi et signé à part par le consommateur:

« (*inscrire ici le nom et l'activité principale du consommateur*) déclare que le bien faisant l'objet du contrat est nécessaire à l'exercice de son métier, de son art ou de sa profession. »

Le commerçant a le droit d'agir sur la foi d'une déclaration ainsi remplie, sauf s'il sait qu'elle est fausse.

[1978, c. 9, a. 88].

"(*Insert here the name of the consumer and the occupation which is his principal source of income*) declares that his or her principal income is seasonal."

The same rule applies to a contract between a merchant and a consumer for goods necessary for the carrying on of the trade, art or profession of the consumer, provided that the contract contains the following clause, drawn up in accordance with the requirements of this act and specially signed by the consumer:

"(*Insert here the name and the main occupation of the consumer*) declares that the goods forming the object of the contract are necessary for the carrying on of his or her trade, art or profession."

The merchant is entitled to act on the strength of a declaration so drawn up, unless he knows it to be false.

[1978, c. 9, s. 88].

89. Aux conditions prescrites par règlement, est exempté de l'application des articles 84, 85 et 87, le contrat de prêt d'argent:

a) en vertu duquel l'obligation totale du consommateur est remboursable en totalité à une seule date déterminée;

b) payable à demande;

c) dont la date d'échéance est indéterminée; ou

d) dont le montant des paiements est indéterminé.

[1978, c. 9, a. 89].

89. A contract for the loan of money is exempt from the application of sections 84, 85 and 87, subject to the conditions prescribed by regulation, whereunder

(a) the consumer's total obligation is repayable in full on a fixed date,

(b) the loan is payable on demand,

(c) the date of maturity is not fixed, or

(d) the amount of the payments is not fixed.

[1978, c. 9, s. 89].

90. Malgré le deuxième alinéa de l'article 16, dans le cas d'un contrat de prêt d'argent, les frais de crédit ne peuvent être exigés du consommateur que sur la partie du capital net qu'il a reçue du commerçant et sur celle qui a été versée ou créditée pour son compte par le commerçant.

[1978, c. 9, a. 90].

90. In the case of a contract for the loan of money, and notwithstanding the second paragraph of section 16, no credit charge may be exacted from the consumer except on such part of the net capital as he has received from the merchant and on such part as has been paid into or credited to his account by the merchant.

[1978, c. 9, s. 90].

91. Les frais de crédit doivent être calculés selon la méthode de type actuariel prescrite par règlement.

[1978, c. 9, a. 91].

91. The credit charges must be computed according to the actuarial method prescribed by regulation.

[1978, c. 9, s. 91].

92. Les frais de crédit, qu'ils soient imposés à titre de pénalité, de frais de retard, de frais d'atermoiement, ou à un autre titre doivent être calculés de la manière prévue à l'article 91, à l'exception des composantes mentionnées aux paragraphes *a* et *b* du deuxième alinéa de l'article 72 dans le cas d'un contrat de crédit variable.

[1978, c. 9, a. 92].

92. Credit charges, whether imposed as a penalty, arrears charge, extension charge or otherwise must be computed in the manner provided in section 91, except the components mentioned in subparagraphs *a* and *b* of the second paragraph of section 72 in the case of a contract extending variable credit.

[1978, c. 9, s. 92].

93. Le consommateur peut payer en tout ou en partie son obligation avant échéance.

Le solde dû est égal en tout temps à la somme du solde du capital net et des frais de crédit calculés conformément à l'article 91.

[1978, c. 9, a. 93].

93. The consumer may make full payment or partial payment of his obligation before maturity.

The balance owing is equal at all times to the aggregate of the net capital balance and the credit charges computed in accordance with section 91.

[1978, c. 9, s. 93].

94. Le commerçant doit, selon les modalités de temps et de forme prescrites par règlement, faire parvenir au consommateur un état de compte indiquant les renseignements prescrits par règlement.

[1978, c. 9, a. 94].

94. The merchant must, on such terms and conditions in respect of time and form as are prescribed by regulation, send to the consumer a statement of account setting out the information prescribed by regulation.

[1978, c. 9, s. 94].

95. Le consommateur qui constate une erreur de facturation dans l'état de compte que lui fournit un commerçant avec qui il a conclu un contrat de crédit, peut adresser à ce dernier un écrit dans lequel il l'informe:

a) de son identité;

b) de l'erreur constatée et de la somme en question, s'il y a lieu; et

c) des motifs qu'il a de croire qu'il y a erreur.

[1978, c. 9, a. 95].

95. A consumer discovering a billing error in the statement of account provided to him by a merchant with whom he has entered into a contract of credit may address a writing to the merchant, informing him of

(a) his identity,

(b) the error discovered and the sum involved, where that is the case, and

(c) his grounds for believing the error exists.

[1978, c. 9, s. 95].

96. Le commerçant qui reçoit d'un consommateur l'écrit prévu à l'article 95, doit, dans les soixante jours qui suivent la date d'envoi de cet écrit, informer le consommateur, par écrit:

a) de la correction de l'erreur de facturation, y compris la correction des frais de crédit erronément facturés; ou

b) de son refus de corriger l'état de compte en expliquant au consomma-

96. The merchant receiving the writing provided for in section 95 from a consumer shall, within sixty days from the date of mailing of that writing, advise the consumer, in writing,

(a) that the billing error has been corrected, together with any credit charges erroneously billed; or

(b) that he refuses to correct the statement of account, explaining to

teur les motifs pour lesquels il n'a pas donné suite à sa demande de correction; dans ce cas, le commerçant doit, sans frais, fournir au consommateur qui en fait la demande, copie de la preuve documentaire à l'appui de son refus.

[1978, c. 9, a. 96].

the consumer his grounds for not acceding to his request to make the correction; in this case, the merchant must, without charge, provide the consumer, on demand, with documentary proof of his grounds for refusal.

[1978, c. 9, s. 96].

97. Le commerçant qui contrevient à l'article 96 perd le droit de réclamer du consommateur la somme mentionnée par ce dernier aux termes du paragraphe *b* de l'article 95 ainsi que les frais de crédit qui s'y appliquent.

[1978, c. 9, a. 97].

97. A merchant who contravenes section 96 loses his right to claim from the consumer the sum mentioned by the latter under the terms of paragraph *b* of section 95 and the corresponding credit charges.

[1978, c. 9, s. 97].

98. Si les parties à un contrat de crédit désirent modifier certaines dispositions du contrat et si le taux ou les frais de crédit s'en trouvent augmentés, elles doivent conclure un nouveau contrat contenant:

a) l'identification du contrat original;

b) la somme exigée du consommateur pour acquitter avant échéance son obligation en vertu du contrat original;

c) le capital net ainsi que les frais et le taux de crédit; et

d) le montant de l'obligation totale du consommateur et les modalités de paiement.

[1978, c. 9, a. 98].

98. If the parties to a contract of credit wish to amend certain provisions of the contract and if the credit rate or the credit charges are thereby increased, they must execute a new contract containing

(a) the identification of the original contract;

(b) the amount exacted from the consumer to discharge, before maturity, his obligation under the original contract;

(c) the net capital, the credit charges and the credit rate; and

(d) the amount of the consumer's total obligation and the terms and conditions of payment.

[1978, c. 9, s. 98].

99. Dans le cas d'un contrat de crédit résultant de la consolidation de dettes dues au même commerçant, les mentions requises aux paragraphes *a* et *b* de l'article 98 doivent être faites séparément pour chacun des contrats originaux.

[1978, c. 9, a. 99].

99. In the case of a contract of credit resulting from the consolidation of debts owing to the same merchant, the particulars required under paragraphs *a* and *b* of section 98 must be set out separately for each of the original contracts.

[1978, c. 9, s. 99].

100. Sont exemptés de l'application de l'article 98:

a) aux conditions prescrites par règlement, le contrat de prêt d'argent dont la date d'échéance est indéterminée, ou dont le montant des paiements est indéterminé; et

100. The following are exempt from the application of section 98:

(a) subject to the conditions prescribed by regulation, a contract for the loan of money providing no fixed date of maturity or providing no fixed amounts of payments; and

b) la correction d'une erreur de transcription apportée d'un commun accord au contrat par les parties.

[1978, c. 9, a. 100].

(b) the correction of a clerical error in the contract with the agreement of both parties.

[1978, c. 9, s. 100].

100.1. Aux conditions prescrites par règlement, sont exemptés de l'application des articles 71, 81, 83, 87 et 98 et, selon la nature du contrat, de l'application de l'article 115, 134 ou 150, le contrat de prêt d'argent et le contrat assorti d'un crédit qui prévoient que le taux de crédit est susceptible de varier.

[1984, c. 27, a. 84].

100.1. Contracts for the loan of money and contracts involving credit which provide that the credit rate is subject to variation are, on the conditions prescribed by regulation, exempt from the application of sections 71, 81, 83, 87 and 98 and, according to the nature of the contract, from that of section 115, 134 or 150.

[1984, c. 27, s. 84].

101. Le commerçant doit, lorsque le consommateur acquitte la totalité de son obligation, lui remettre une quittance et lui rendre tout objet ou document reçu en reconnaissance ou en garantie de cette obligation.

[1978, c. 9, a. 101].

101. When the consumer discharges his obligation in full, the merchant shall give him a discharge and return to him every object or document received as an acknowledgement of or security for that obligation.

[1978, c. 9, s. 101].

102. Un effet de commerce, souscrit en reconnaissance de paiements différés à l'occasion d'un contrat, forme un tout avec ce contrat et ne peut être cédé séparément, pas plus que le contrat, par le commerçant ou un cessionnaire subséquent.

[1978, c. 9, a. 102].

102. A negotiable instrument signed at the time of a contract to acknowledge deferred payments forms part of the whole contract and neither such instrument nor the contract may be assigned separately by the merchant or any subsequent assignee.

[1978, c. 9, s. 102].

103. Le cessionnaire d'une créance d'un commerçant qui est partie à un contrat ne peut avoir plus de droits que ce commerçant et il est solidairement responsable avec le commerçant de l'exécution des obligations de ce dernier jusqu'à concurrence du montant de la créance au moment où elle lui est cédée ou, s'il la cède à son tour, jusqu'à concurrence du paiement qu'il a reçu.

[1978, c. 9, a. 103].

103. The assignee of a debt owed to a merchant under a contract to which the latter is a party cannot have more rights than the merchant and is solidarily responsible with the merchant for the performance of the merchant's obligations up to the amount of such debt at the time it is assigned to him or, if he assigns it in turn, up to the amount of the payment he has received.

[1978, c. 9, s. 103].

1 — **Déchéance du bénéfice du terme**

1 — **Forfeiture of Benefit of the Term**

104. Dans un contrat, une stipulation ayant pour effet d'obliger le consommateur en défaut à payer en tout ou en partie le solde de son obligation avant échéance, constitue une clause de déchéance du bénéfice du terme.

[1978, c. 9, a. 104].

104. Every provision in a contract which has the effect of requiring the consumer in default to pay all or part of the balance of his debt before maturity is a clause of forfeiture of benefit of the term.

[1978, c. 9, s. 104].

105. Le commerçant qui se prévaut d'une telle clause doit en informer le consommateur au moyen d'un avis écrit rédigé selon la formule prévue à l'annexe 2. Le commerçant doit joindre à cet avis un état de compte indiquant les renseignements prescrits par règlement.

[1978, c. 9, a. 105].

105. The merchant who avails himself of such a clause must advise the consumer thereof by means of a notice in writing drawn up in accordance with the form appearing in Schedule 2. The merchant must attach to that notice a statement of account containing the information prescribed by regulation.

[1978, c. 9, s. 105].

106. La déchéance du bénéfice du terme ne prend effet qu'à l'expiration d'un délai de 30 jours après réception de l'avis et de l'état de compte prévus à l'article 105.

[1978, c. 9, a. 106].

106. The forfeiture of benefit of the term takes effect only after the expiry of 30 days following the receipt of the notice and statement of account provided for in section 105.

[1978, c. 9, s. 106; 1999, c. 40, s. 234].

107. Si le consommateur ne remédie pas au fait qu'il est en défaut dans le délai prévu à l'article 106, le solde de son obligation devient exigible à moins que, sur requête du consommateur, le tribunal ne modifie les modalités de paiement selon les conditions qu'il juge raisonnables ou n'autorise le consommateur à remettre le bien au commerçant.

[1978, c. 9, a. 107].

107. If the consumer does not remedy his default within the time provided for in section 106, the balance of his obligation becomes payable unless, upon a motion by the consumer, the court changes the terms and conditions of payment according to such conditions as it considers reasonable or authorizes the consumer to return the goods to the merchant.

[1978, c. 9, s. 107; 1999, c. 40, s. 234].

108. La requête doit être signifiée avant l'expiration du délai prévu à l'article 106.

[1978, c. 9, a. 108].

108. The motion must be served before the expiry of the time, provided for in section 106.

[1978, c. 9, s. 108; 1999, c. 40, s. 234].

109. La requête doit être instruite et jugée d'urgence en tenant compte notamment des éléments suivants:

a) le total des sommes que le consommateur doit débourser en vertu du contrat;

b) les sommes déjà payées;

c) la valeur du bien au moment où le consommateur est devenu en défaut;

d) le solde dû au commerçant;

e) la capacité de payer du consommateur; et

f) la raison pour laquelle le consommateur est en défaut.

[1978, c. 9, a. 109].

109. The motion must be heard and decided by preference, considering, in particular, the following facts:

(a) the total of amounts that the consumer must disburse under the contract;

(b) the sums already paid;

(c) the value of the goods at the time of the consumer's default;

(d) the balance due to the merchant;

(e) the consumer's ability to pay; and

(f) the reason for which the consumer is in default

[1978, c. 9, s. 109].

110. La remise du bien au commerçant autorisée en vertu de l'article 107 éteint l'obligation contractuelle du consommateur et le commerçant n'est pas tenu de remettre le montant des paiements qu'il a reçus.

[1978, c. 9, a. 110].

110. The return of the goods to the merchant authorized by virtue of section 107 extinguishes the consumer's contractual obligation and the merchant is not bound to return the amount of the payments he has received.

[1978, c. 9, s. 110].

2 — Assurances

111. Un commerçant ne peut refuser de conclure un contrat de crédit avec un consommateur pour le motif que ce dernier ne souscrit pas, par son entremise, une police d'assurance individuelle ou n'adhère pas, par son entremise, à une police d'assurance collective.

[1978, c. 9, a. 111].

2 — Insurance

111. No merchant may refuse to enter into a contract of credit with a consumer on the pretext that the latter does not subscribe, through him, to an individual insurance policy or does not participate, through him, in a group insurance policy.

[1978, c. 9, s. 111].

112. Si la souscription d'une assurance est une condition à la formation d'un contrat de crédit, le consommateur peut remplir cette condition au moyen d'une assurance qu'il détient déjà.

Le commerçant doit informer le consommateur de ce droit de la manière prescrite par règlement.

[1978, c. 9, a. 112].

112. If subscription to an insurance policy is a condition of the making of a contract of credit, the consumer may fulfil this condition by means of an insurance policy he already holds.

The merchant must inform the consumer of such right in the manner prescribed by regulation.

[1978, c. 9, s. 112].

113. Le commerçant qui souscrit un contrat d'assurance collective sur la vie ou la santé d'un consommateur à l'occasion d'un contrat de crédit doit, conformément aux dispositions de la *Loi sur les assurances* (chapitre A-32) et aux règlements adoptés en application de cette loi, remettre au consommateur un formulaire d'adhésion ou une attestation d'assurance.

[1978, c. 9, a. 113].

113. A merchant subscribing to a group life or health insurance contract covering the consumer on his entering into a contract of credit must, in accordance with the *Act respecting insurance* (chapter A-32) and the regulations thereunder, provide the consumer with a membership form and a certificate of insurance.

[1978, c. 9, s. 113].

114. Pour une autre assurance souscrite à l'occasion d'un contrat de crédit, le commerçant doit fournir au consommateur, dans un délai de trente jours, une attestation d'assurance ainsi qu'une copie de la proposition d'assurance.

[1978, c. 9, a. 114].

114. For other insurance subscribed in respect of the making of a contract of credit, the merchant must, within thirty days, provide the consumer with a certificate of insurance and a copy of the application for insurance.

[1978, c. 9, s. 114].

§2. — Contrats de prêt d'argent

§2. — Contracts for the loan of money

115. Le contrat de prêt d'argent doit reproduire, en plus des mentions prescrites par règlement, les mentions prévues à l'annexe 3.

[1978, c. 9, a. 115].

116. Le consommateur qui a utilisé le capital net d'un contrat de prêt d'argent pour payer en totalité ou en partie l'achat ou le louage d'un bien ou la prestation d'un service, peut, si le prêteur d'argent et le commerçant vendeur, locateur, entrepreneur ou prestataire de service collaborent régulièrement en vue de l'octroi de prêts d'argent à des consommateurs, opposer au prêteur d'argent les moyens de défense qu'il peut faire valoir à l'encontre du commerçant vendeur, locateur, entrepreneur ou prestataire de service

[1978, c. 9, a. 116; 1999, c. 40, a. 234].

117. Lorsqu'il y a contestation judiciaire entre le consommateur et le commerçant vendeur, locateur, entrepreneur ou prestataire de service, le tribunal peut, sur requête du consommateur, ordonner la suspension du remboursement du prêt jusqu'au jugement final.

Lors du jugement final, le tribunal indique quelle est la partie qui doit payer les frais de crédit courus pendant la suspension du remboursement du prêt.

[1978, c. 9, a. 117; 1999, c. 40, a. 234].

§3. — Contrats de crédit variable

118. Le contrat de crédit variable est le contrat par lequel un crédit est consenti d'avance par un commerçant à un consommateur qui peut s'en prévaloir de temps à autre, en tout ou en partie, selon les modalités du contrat.

Le contrat de crédit variable comprend notamment le contrat conclu pour l'utilisation de ce qui est communément appelé carte de crédit, compte de crédit, compte budgétaire, crédit rotatif, marge de crédit, ouverture de crédit et tout autre contrat de même nature.

[1978, c. 9, a. 118].

115. A contract for the loan of money must reproduce the particulars provided for in Schedule 3, in addition to those prescribed by regulation.

[1978, c. 9, s. 115].

116. The consumer who has used the net capital of a contract for the loan of money to make full or partial payment for the purchase or the lease of goods or the provision of services may, if the money lender and the merchant who is the vendor, lessor, contractor or service provider regularly work together with a view to the granting of loans of money to consumers, plead against the money lender any ground of defence that he may urge against the merchant who is the vendor, lessor, contractor or service provider.

[1978, c. 9, s 116; 1999, c. 40, s. 234].

117. Where legal proceedings intervene between the consumer and the merchant who is the vendor, lessor, contractor or service provider, the court may, on a motion of the consumer, order the suspension of the repayment of the loan until final judgment is rendered.

At the time of the final judgment, the court shall indicate which party must pay the credit charges accrued during the suspension of repayment of the loan.

[1978, c. 9, s. 117; 1999, c. 40, s. 234].

§3. — Contracts extending variable credit

118. A contract extending variable credit is a contract by which credit is extended in advance by a merchant to a consumer who may avail himself of it, in whole or in part, from time to time, in accordance with the terms and conditions of the contract.

Contracts extending variable credit include, in particular, contracts made for the use of what are commonly called credit cards, credit accounts, budget accounts, revolving credit accounts, marginal credit and credit openings and any other contract of similar nature.

[1978, c. 9, s. 118].

119. Aux fins de l'article 118, constituent des frais de crédit les pénalités imposées en cas de non-paiement à l'échéance.

[1978, c. 9, a. 119; 1999, c. 40, a. 234].

119. For the purposes of section 118, penalties imposed for non-payment at the expiry of the term constitute credit charges.

[1978, c. 9, s. 119; 1999, c. 40, s. 234].

120. Nul ne peut émettre une carte de crédit pour un consommateur ni lui en faire parvenir une si le consommateur ne l'a pas sollicitée par écrit.

[1978, c. 9, a. 120].

120. No person may issue or send a credit card to a consumer unless the consumer has applied for it in writing.

[1978, c. 9, s. 120].

121. L'article 120 ne s'applique pas au renouvellement ou au remplacement, aux mêmes conditions, d'une carte de crédit que le consommateur a sollicitée ou utilisée.

Nul ne peut, cependant, renouveler ou remplacer une carte de crédit lorsque le consommateur a avisé par écrit l'émetteur de la carte de son intention d'annuler cette carte.

[1978, c. 9, a. 121].

121. Section 120 does not apply to the renewal or replacement, on the same conditions, of a credit card which the consumer has applied for or used.

No person may, however, renew or replace a credit card if the consumer has notified in writing the issuer of the card of his intention to cancel such card.

[1978, c. 9, s. 121].

122. Nul ne peut émettre plus d'une carte de crédit portant le même numéro, sauf à la demande écrite du consommateur partie au contrat de crédit variable.

[1978, c. 9, a. 122].

122. No person may issue more than one credit card bearing the same number except on the written request of the consumer who is a party to the contract extending variable credit.

[1978, c. 9, s. 122].

123. En cas de perte ou de vol d'une carte de crédit, le consommateur ne peut être tenu responsable d'une dette découlant de l'usage de cette carte par un tiers après que l'émetteur a été avisé de la perte ou du vol par téléphone, télégraphe, avis écrit ou tout autre moyen.

[1978, c. 9, a. 123].

123. In case of loss or theft of a credit card, the consumer incurs no liability for a debt resulting from the use of such card by a third person after the issuer is notified of the loss or theft by telephone, telegraph, written notice or any other means.

[1978, c. 9, s. 123].

124. Même en l'absence d'un tel avis, la responsabilité du consommateur dont la carte de crédit a été perdue ou volée est limitée à la somme de 50 $.

[1978, c. 9, a. 124].

124. Even where such notice is not given, the liability of the consumer whose credit card is lost or stolen is limited to the sum of $ 50.

[1978, c. 9, s. 124].

125. Le contrat de crédit variable doit reproduire, en plus des mentions prescrites par règlement, les mentions prévues à l'annexe 4.

[1978, c. 9, a. 125].

125. Contracts extending variable credit must reproduce the particulars prescribed in Schedule 4, in addition to those prescribed by regulation.

[1978, c. 9, s. 125].

126. À la fin de chaque période, le commerçant, s'il a une créance à l'égard d'un consommateur, doit lui fournir un état de compte, posté au moins vingt et un jours avant la date à laquelle le créancier peut exiger des frais de crédit si le consommateur n'acquitte pas la totalité de son obligation; dans le cas d'une avance en argent, ces frais peuvent courir à compter de la date de cette avance jusqu'à la date du paiement.

L'état de compte doit mentionner:

a) la date de la fin de la période;

b) le solde du compte à la fin de la période précédente en spécifiant la partie de ce solde que représentent les avances en argent consenties;

c) la date, la description et la valeur de chaque transaction portée au débit du compte au cours de la période, sauf si le commerçant annexe à l'état de compte une copie des pièces justificatives;

d) la date et le montant de chaque paiement effectué ou de chaque somme créditée au cours de la période;

e) les frais de crédit exigés pendant la période;

f) le solde du compte à la fin de la période;

g) le paiement minimum requis pour cette période; et

h) le délai pendant lequel le consommateur peut acquitter son obligation sans être tenu de payer des frais de crédit sauf sur les avances en argent.

Le consommateur peut exiger du commerçant qu'il lui fasse parvenir sans frais une copie des pièces justificatives de chacune des transactions portées au débit de son compte au cours de la période.

[1978, c. 9, a. 126].

126. At the end of each period, the merchant must furnish the consumer who owes him a debt with a statement of account, mailed not less than 21 days before the date on which the creditor may impose credit charges, if the consumer does not discharge his obligation in full; in the case of an advance of money, these charges may accrue from the date of that advance until the date of payment.

The statement of account must indicate:

(a) the date of the end of the period;

(b) the balance of the account at the end of the preceding period, specifying the portion of the balance which is represented by moneys advanced;

(c) the date, description and value of each transaction debited to the consumer's account during the period unless the merchant appends a copy of the vouchers to the statement of account;

(d) the date and amount of each payment made or sum credited during the period;

(e) the credit charges required during the period;

(f) the balance of the account at the end of the period;

(g) the minimum payment required for such period; and

(h) the time during which the consumer may discharge his obligation without being required to pay credit charges except on advances of money.

The consumer may require the merchant to send to him without charge a copy of the vouchers for each of the transactions debited to the consumer's account during the period.

[1978, c. 9, s. 126; 1999, c. 40, s. 234].

127. Tant que le consommateur n'a pas reçu à son adresse un état de compte, le commerçant ne peut exiger de frais de crédit sur le solde impayé, sauf sur les avances en argent.

127. Until the consumer receives a statement of account at his address, the merchant shall not exact credit charges on the unpaid balance except on advances of money.

Pourvu que le consommateur en ait expressément fait la demande par écrit, son adresse comprend, aux fins du premier alinéa, celle où il accepte de recevoir des documents technologiques au sens de l'article 3 de la *Loi concernant le cadre juridique des technologies de l'information* (chapitre C-1.1).

[1978, c. 9, a. 127; 2001, c. 32, a. 102].

Provided that the consumer has so requested expressly in writing, the address of the consumer includes, for the purposes of the first paragraph, the address where the consumer accepts the receipt of technology-based documents within the meaning of section 3 of the *Act to establish a legal framework for information technology* (chapter C-1.1).

[1978, c. 9, s. 127; 2001, c. 32, s. 102].

128. Lorsque le commerçant a indiqué au consommateur la somme jusqu'à concurrence de laquelle un crédit variable lui est consenti, il ne peut augmenter cette somme sauf à la demande expresse du consommateur.

[1978, c. 9, a. 128].

128. Where the merchant has indicated to the consumer the amount up to which variable credit is extended to him, the merchant shall not increase such amount unless the consumer expressly applies therefor.

[1978, c. 9, s. 128].

129. Malgré l'article 98, le commerçant peut modifier le contrat de crédit variable pour augmenter la somme exigible à titre de frais d'adhésion ou de renouvellement ou le taux de crédit.

Le commerçant doit, selon les modalités de temps prescrites par règlement, expédier au consommateur un avis contenant exclusivement les clauses modifiées, anciennes et nouvelles, et la date de l'entrée en vigueur de l'augmentation.

La modification unilatérale d'un contrat de crédit variable non conforme au présent article est inopposable au consommateur.

[1978, c. 9, a. 129].

129. Notwithstanding section 98, the merchant may amend the contract extending variable credit to increase the amount chargeable as membership or renewal fees or the credit rate.

The merchant must send to the consumer, according to the time limits prescribed by regulation, a notice setting out exclusively the amended clauses, as they formerly read and as they read now, and the date of the coming into force of the increase.

The unilateral amendment not conformable to this section of a contract extending variable credit cannot be invoked against the consumer.

[1978, c. 9, s. 129; 1984, c. 27, s. 85].

130. Le contrat de crédit variable ne peut comporter de clause par laquelle le transfert de propriété du bien vendu par un commerçant à un consommateur est différé jusqu'à l'exécution, par ce dernier, de son obligation, en tout ou en partie.

[1978, c. 9, a. 130].

130. No contract extending variable credit may include a clause whereby the transfer of the ownership of the goods sold by a merchant to a consumer is deferred until the consumer's performance of all or part of his obligation.

[1978, c. 9, s. 130].

§4. — Contrats assortis d'un crédit

§4. — Contracts involving credit

131. La présente sous-section s'applique à la vente à tempérament et aux autres contrats assortis d'un crédit.

[1978, c. 9, a. 131].

131. This subdivision applies to instalment sales and to all other contracts involving credit.

[1978, c. 9, s. 131].

1 — **Vente à tempérament**

132. La vente à tempérament est un contrat assorti d'un crédit par lequel un commerçant, lorsqu'il vend un bien à un consommateur, se réserve la propriété du bien jusqu'à l'exécution, par ce dernier, de son obligation, en tout ou en partie.

[1978, c. 9, a. 132; 1998, c. 5, a. 22].

133. Le commerçant assume les risques de perte ou de détérioration par cas de force majeure tant que la propriété du bien n'a pas été transférée au consommateur.

[1978, c. 9, a. 133].

134. Le contrat doit reproduire, en plus des mentions prescrites par règlement, les mentions prévues à l'annexe 5.

[1978, c. 9, a. 134].

135. La vente à tempérament qui ne respecte pas les exigences prescrites dans la section III du présent chapitre est une vente à terme et transfère au consommateur la propriété du bien vendu.

[1978, c. 9, a. 135].

136. Est interdite une stipulation qui:

a) vise à empêcher le consommateur de déplacer le bien à l'intérieur du Québec sans la permission du commerçant; ou

b) permet au commerçant de reprendre possession du bien sans le consentement exprès du consommateur ou du tribunal.

[1978, c. 9, a. 136].

137. Le solde dû par le consommateur devient exigible lorsque le bien est vendu par autorité de justice ou que le consommateur, sans le consentement du commerçant, le cède à un tiers.

[1978, c. 9, a. 137].

1 — **Instalment Sales**

132. An instalment sale is a contract involving credit whereby a merchant selling goods to a consumer reserves ownership of the goods until the consumer's performance of all or part of his obligation.

[1978, c. 9, s. 132; 1998, c. 5, s. 22].

133. The merchant shall assume the risk of loss or deterioration by superior force until the ownership of the goods is transferred to the consumer.

[1978, c. 9, s. 133].

134. The contract must reproduce the particulars provided for in Schedule 5, in addition to those prescribed by regulation.

[1978, c. 9, s. 134].

135. Every instalment sale not conformable to the requirements of Division III of this chapter is a sale with a term which transfers to the consumer the ownership of the goods sold.

[1978, c. 9, s. 135].

136. Every provision

(a) intended to prevent the consumer from moving the goods within Québec without the permission of the merchant, or

(b) enabling the merchant to retake possession of the goods without the express consent of the consumer or the court,

is prohibited.

[1978, c. 9, s. 136].

137. The balance owing by the consumer becomes exigible when the goods are sold by judicial authority or when the consumer conveys them to a third person without the merchant's consent.

[1978, c. 9, s. 137].

138. À défaut par le consommateur d'exécuter son obligation suivant les modalités du contrat, le commerçant peut:

a) soit exiger le paiement immédiat des versements échus;

b) soit exiger, de la manière prévue aux articles 105 et suivants, le paiement immédiat du solde de la dette si le contrat contient une clause de déchéance du bénéfice du terme;

c) soit reprendre possession du bien vendu de la manière prévue aux articles 139 et suivants.

[1978, c. 9, a. 138].

138. If the consumer is in default to perform his obligation in accordance with the terms and conditions of the contract, the merchant may

(a) exact immediate payment of the instalments due;

(b) exact, in the manner provided for in sections 105 and following, immediate payment of the balance of the debt if the contract contains a clause of forfeiture of benefit of the term; or

(c) retake possession of the goods sold in the manner contemplated in sections 139 and following.

[1978, c. 9, s. 138].

139. Avant d'exercer le droit qui lui est conféré par le paragraphe *c* de l'article 138, le commerçant doit expédier au consommateur un avis écrit rédigé selon la formule prévue à l'annexe 6.

[1978, c. 9, a. 139].

139. Before exercising the right conferred on him by paragraph *c* of section 138, the merchant must send to the consumer a written notice drawn up in accordance with the form appearing in Schedule 6.

[1978, c. 9, s. 139].

140. Le consommateur peut remédier au fait qu'il est en défaut ou remettre le bien au commerçant dans les trente jours qui suivent la réception de l'avis prévu à l'article 139.

Le droit de reprise ne peut être exercé qu'à l'expiration d'un délai de trente jours après réception de cet avis par le consommateur.

[1978, c. 9, a. 140].

140. The consumer may remedy the fact that he is in default or return the goods to the merchant within 30 days following receipt of the notice provided for in section 139.

The right of repossession cannot be exercised until the expiry of 30 days after receipt of the notice by the consumer.

[1978, c. 9, s. 140; 1999, c. 40, s. 234].

141. Si, à la suite de cet avis, il y a remise volontaire ou reprise forcée du bien, l'obligation contractuelle du consommateur est éteinte et le commerçant n'est pas tenu de remettre le montant des paiements qu'il a déjà reçus.

[1978, c. 9, a. 141].

141. If, following such notice, the voluntary return or forced repossession of the goods is effected, the contractual obligation of the consumer is extinguished and the merchant is not bound to return the amount of the payments he has already received.

[1978, c. 9, s. 141].

142. Si, au moment où le consommateur devient en défaut, celui-ci a acquitté au moins la moitié de la somme de l'obligation totale et du versement comptant, le commerçant ne peut exercer le droit de reprise à moins d'obtenir la permission du tribunal.

[1978, c. 9, a. 142].

142. If, upon his default, the consumer has already paid at least one-half of the amount of the total obligation and of the down payment, the merchant cannot exercise his right of repossession unless he obtains the permission of the court.

[1978, c. 9, s. 142].

143. Cette permission est demandée par une requête signifiée au consommateur, laquelle doit être instruite et jugée d'urgence.

Le tribunal dispose de cette requête en tenant compte des éléments mentionnés à l'article 109.

[1978, c. 9, a. 143].

144. S'il rejette la requête, le tribunal permet au consommateur de conserver le bien et il peut modifier les modalités de paiement du solde selon les conditions qu'il juge raisonnables.

[1978, c. 9, a. 144].

145. Le consommateur qui conserve le bien conformément à l'article 144 assume, à compter du jugement, les risques de perte ou de détérioration, même par cas de force majeure.

[1978, c. 9, a. 145].

146. Le commerçant qui a opté pour le recours prévu au paragraphe *b* de l'article 138 peut, après l'expiration du délai de trente jours, se prévaloir du recours prévu au paragraphe *c* du même article.

Le commerçant qui a opté pour le recours prévu au paragraphe *c* de l'article 138 peut, après l'expiration du délai de trente jours, se prévaloir du recours prévu au paragraphe *b* du même article.

Le consommateur peut alors, à son choix, avant l'expiration d'un délai de trente jours après réception d'un nouvel avis, soit remédier au défaut, soit remettre le bien.

Si, à la suite du nouvel avis, il y a remise volontaire ou reprise forcée du bien, l'obligation contractuelle du consommateur est éteinte et le commerçant n'est pas tenu de remettre le montant des paiements qu'il a déjà reçus.

[1978, c. 9, a. 146].

147. La vente à tempérament ne peut être assortie d'un crédit variable.

[1978, c. 9, a. 147].

143. Such permission is applied for by a motion served on the consumer which must be heard and decided by preference.

The court shall dispose of such motion after taking into account the facts mentioned in section 109.

[1978, c. 9, s. 143].

144. If the court dismisses the motion, it shall allow the consumer to retain the goods and it may change the terms and conditions of payment of the balance according to such conditions as it deems reasonable.

[1978, c. 9, s. 144].

145. A consumer who retains the goods in accordance with section 144 assumes, from the judgment, the risk of loss or deterioration, even by superior force.

[1978, c. 9, s. 145].

146. The merchant who has opted for the recourse provided for in paragraph *b* of section 138 may, after the expiry of 30 days, avail himself of the recourse provided for in paragraph *c* of the same section.

The merchant who has opted for the recourse provided for in paragraph *c* of section 138 may, after the expiry of 30 days, avail himself of the recourse provided for in paragraph *b* of the same section.

The consumer may then, at his option, before the expiry of 30 days after receipt of a second notice, either remedy the default or return the goods.

If, following such second notice, the voluntary return or forced repossession of the goods is effected, the contractual obligation of the consumer is extinguished and the merchant is not bound to return the amount of the payments already received.

[1978, c. 9, s. 146; 1999, c. 40, s. 234].

147. Instalment sales shall not involve variable credit.

[1978, c. 9, s. 147].

148. Le contrat de vente à tempérament ne doit se rapporter qu'à des biens vendus le même jour.

[1978, c. 9, a. 148].

149. L'application de l'article 98 ou de l'article 99 à un contrat de vente à tempérament n'a pas pour effet de priver le consommateur d'un droit qui lui est accordé par les articles 132 à 148.

[1978, c. 9, a. 149].

2 — Autres contrats assortis d'un crédit

150. Le contrat assorti d'un crédit, autre que le contrat de vente à tempérament, doit reproduire, en plus des mentions prescrites par règlement, les mentions prévues à l'annexe 7.

[1978, c. 9, a. 150].

SECTION III.1 — LOUAGE À LONG TERME DE BIENS

150.1. La présente section s'applique au contrat de louage à long terme de biens.

[1991, c. 24, a. 3].

150.2. Pour l'application de la présente loi, est à long terme le contrat de louage de biens qui prévoit une période de location de quatre mois ou plus.

Le contrat qui prévoit une période de location de moins de quatre mois est réputé à long terme lorsque, par l'effet d'une clause de renouvellement, de reconduction ou d'une autre convention de même effet, cette période peut être portée à quatre mois ou plus.

[1991, c. 24, a. 3].

150.3. La période de location commence au moment où le bien est mis à la disposition du consommateur.

[1991, c. 24, a. 3].

§1. — Dispositions générales

150.4. Le contrat qui comporte une option conventionnelle d'achat du bien loué et le contrat de louage à valeur résiduelle ga-

148. The contract of instalment sale must relate only to goods sold on the same day.

[1978, c. 9, s. 148].

149. The application of section 98 or 99 to an instalment sale contract does not deprive the consumer of a right granted to him by sections 132 to 148.

[1978, c. 9, s. 149].

2 — Other Contracts Involving Credit

150. A contract involving credit, other than a contract of sale by instalment, must reproduce the particulars provided for in Schedule 7, in addition to those prescribed by regulation.

[1978, c. 9, s. 150].

SECTION III.1 — LONG-TERM LEASE OF GOODS

150.1. This division applies to long-term contracts of lease of goods.

[1991, c. 24, s. 3].

150.2. For the purposes of this Act, a contract of lease of goods which provides for a leasing period of four months or more is a long-term contract.

A contract which provides for a leasing period of less than four months is deemed to be a long-term contract where the period may be extended to a period of four months or more by way of a clause of renewal or continuation or another agreement to the same effect.

[1991, c. 24, s. 3].

150.3. The leasing period begins at the time the goods are put at the disposal of the consumer.

[1991, c. 24, s. 3].

§1. — General provisions

150.4. Contracts which include a conventional option to purchase the goods leased and contracts of lease with guaranteed

rantie visé à la sous-section 2 doivent être constatés par écrit.

Tout autre contrat de louage à long terme, s'il est constaté par écrit, doit respecter les règles de formation prescrites au chapitre II du présent titre tout comme s'il s'agissait d'un contrat qui doit être constaté par écrit.

[1991, c. 24, a. 3].

150.5. Le contrat qui comporte une option conventionnelle d'achat doit indiquer le montant que le consommateur doit payer pour acquérir le bien ou la manière de le calculer, ainsi que les autres conditions d'exercice de cette option s'il en est.

[1991, c. 24, a. 3].

150.6. Le loyer doit être payable avant l'expiration de la période de location, à l'exception d'une somme due en vertu de l'obligation de garantie que prévoit un contrat de louage à valeur résiduelle garantie et des frais relatifs au degré d'utilisation du bien, s'il en est d'exigibles.

Des frais relatifs au degré d'utilisation du bien ne peuvent être exigés que si le bien est muni d'un dispositif permettant de mesurer en heures ou en kilomètres son degré d'utilisation et que si le taux à l'heure ou au kilomètre est précisé au contrat.

[1991, c. 24, a. 3].

150.7. Le loyer payable pendant la période de location doit être réparti en versements périodiques. Tous les versements doivent être égaux, sauf le dernier qui peut être moindre. Les dates d'échéance des versements doivent être fixées de telle sorte qu'elles se situent au début de parties sensiblement égales, d'au plus trente-cinq jours, de la période de location.

Le commerçant ne peut exiger du consommateur qu'il paie par anticipation plus de deux versements périodiques et il ne peut les percevoir qu'avant le début de la période de location.

[1991, c. 24, a. 3].

150.8. Est exempté de l'application de l'article 150.7, le contrat conclu avec un consommateur visé à l'article 88 ou por-

residual value referred to in subdivision 2 must be evidenced in writing.

Every other long-term contract of lease, if evidenced in writing, must comply with the rules governing the making of a contract prescribed in Chapter II of this Title in the same manner as if it were a contract which must be evidenced in writing.

[1991, c. 24, s. 3].

150.5. Contracts which include a conventional option to purchase must indicate the amount the consumer must pay to acquire the goods or the manner of calculating that amount, and any other conditions of exercising the option.

[1991, c. 24, s. 3].

150.6. The rent must be payable before the expiration of the leasing period, except any amount due under the obligation of guarantee provided by a contract of lease with guaranteed residual value and charges relating to the degree of use of the goods, where they are exigible.

No charge relating to the degree of use of the goods may be required unless the goods are equipped with a device enabling their degree of use to be measured in hours or in kilometres and the rate per hour or per kilometre is specified in the contract.

[1991, c. 24, s. 3].

150.7. The rent payable during the leasing period must be divided into instalments. All instalments must be equal, except the last, which may be less. The dates the instalments are payable must be fixed in such a manner as to be situated at the beginning of approximately equal divisions of the leasing period, not exceeding thirty-five days.

The merchant cannot require the consumer to pay more than two instalments in advance, and may only collect such instalments before the beginning of the leasing period.

[1991, c. 24, s. 3].

150.8. Contracts entered into with a consumer contemplated in section 88, or with regard to goods contemplated in section 88

tant sur un bien visé à l'article 88, aux conditions prévues à cet article.

[1991, c. 24, a. 3].

150.9. Est interdite, dans un contrat de louage à long terme, une convention:

a) qui oblige le consommateur à rendre le bien dans un état meilleur que celui qui résulte d'une usure normale;

b) qui vise à préciser ce qu'est l'usure normale;

c) visée aux paragraphes *a* ou *b* de l'article 136.

[1991, c. 24, a. 3].

150.10. Le commerçant assume les risques de perte ou de détérioration du bien par cas de force majeure; toutefois, le commerçant n'est pas tenu d'assumer ces risques pendant que le consommateur détient le bien sans droit ou, le cas échéant, après qu'il a transféré la propriété du bien au consommateur.

[1991, c. 24, a. 3].

150.11. Toute garantie conventionnelle accordée au consommateur propriétaire d'un bien bénéficie au consommateur partie à un contrat de louage à long terme d'un tel bien tout comme s'il en était propriétaire.

De même, toute garantie conventionnelle disponible à l'option d'un consommateur propriétaire d'un bien doit être disponible, aux mêmes conditions, à l'option du consommateur partie à un contrat de louage à long terme d'un tel bien et, si ce consommateur acquiert telle garantie, il en bénéficie tout comme s'il était propriétaire du bien.

[1991, c. 24, a. 3].

150.12. L'article 101 relatif à la quittance et à la remise d'objets ou de documents, les articles 102 et 103 relatifs aux droits et obligations d'un cessionnaire et les articles 111 à 114 relatifs aux assurances s'appliquent, compte tenu des adaptations nécessaires, au contrat de louage à long terme.

[1991, c. 24, a. 3].

are exempt from the application of section 150.7, on the conditions provided in that section.

[1991, c. 24, s. 3].

150.9. No long-term contract of lease may contain an agreement

(a) obliging the consumer to return the goods in better condition than that resulting from normal wear;

(b) which aims to specify normal wear;

(c) contemplated in paragraph *a* or *b* of section 136.

[1991, c. 24, s. 3].

150.10. The merchant assumes the risk of loss or deterioration of the goods by superior force; however, the merchant is not required to assume those risks while the consumer withholds the goods without right or after the merchant has transferred ownership of the goods to the consumer, where such is the case.

[1991, c. 24, s. 3].

150.11. Any conventional warranty granted to a consumer and owner of goods benefits a consumer who is party to a long-term contract of lease as if he were the owner of the goods.

In the same manner, any conventional warranty available to a consumer and owner of goods must be available, on the same conditions and at the option of the consumer, to a consumer who is party to a long-term contract of lease of goods of the same kind and, if the consumer acquires that warranty, he benefits from it as if he were the owner of the goods.

[1991, c. 24, s. 3].

150.12. Section 101 relating to discharge and the return of objects or documents, sections 102 and 103 relating to the rights and obligations of an assignee and sections 111 to 114 relating to insurance apply, adapted as required, to long-term contracts of lease.

[1991, c. 24, s. 3].

150.13. Si le consommateur n'exécute pas son obligation suivant les modalités du contrat, le commerçant peut:

a) soit exiger le paiement immédiat de ce qui est échu;

b) soit exiger, de la manière prévue aux articles 105 et suivants, le paiement immédiat de ce qui est échu et des versements périodiques non échus si le contrat contient une clause de déchéance du bénéfice du terme ou une autre convention de même effet. Toutefois, l'avis que le commerçant doit expédier en vertu de l'article 105 doit être rédigé selon la formule prévue à l'annexe 7.1;

c) soit reprendre possession du bien loué de la manière prévue aux articles 150.14, 150.15 et, le cas échéant, 150.32.

[1991, c. 24, a. 3].

150.14. Avant d'exercer le droit de reprise du bien loué, le commerçant doit expédier au consommateur un avis écrit rédigé selon la formule prévue à l'annexe 7.2.

Le consommateur peut remédier au fait qu'il est en défaut ou remettre le bien au commerçant dans les trente jours qui suivent la réception de l'avis prévu au premier alinéa, et le droit de reprise ne peut être exercé qu'à l'expiration de ce délai.

[1991, c. 24, a. 3].

150.15. Si, à la suite de l'avis de reprise de possession, il y a remise volontaire ou reprise forcée du bien, le contrat est résilié de plein droit à compter de cette remise ou de cette reprise.

Le commerçant n'est alors pas tenu de remettre le montant des paiements échus déjà perçus, et il ne peut réclamer que les seuls dommages-intérêts réels qui soient une suite directe et immédiate de la résiliation du contrat.

Le commerçant a l'obligation de minimiser ses dommages.

[1991, c. 24, a. 3].

150.13. Where a consumer is in default to perform his obligation in accordance with the terms and conditions of the contract, the merchant may either

(a) exact immediate payment of that which is due;

(b) exact, in the manner provided for in sections 105 and following, immediate payment of that which is due and all future instalments if the contract includes a clause of forfeiture of benefit of the term or another agreement to the same effect. However, the notice which must be sent by the merchant under section 105 must be drawn up in accordance with the form appearing in Schedule 7.1; or

(c) retake possession of the goods leased in the manner contemplated in sections 150.14, 150.15 and, where applicable, 150.32.

[1991, c. 24, s. 3].

150.14. Before exercising his right of repossession of the goods leased, the merchant must send to the consumer a notice in writing drawn up in accordance with the form appearing in Schedule 7.2.

The consumer may remedy his default or return the goods to the merchant within thirty days following receipt of the notice referred to in the first paragraph, and the right of repossession cannot be exercised until the expiry of those thirty days.

[1991, c. 24, s. 3].

150.15. If, following a notice of repossession, the voluntary return or forced repossession of the goods is effected, the contract is rescinded of right from the date of such return.

The merchant is not, in such a case, bound to return the amount of the payments due he has already received, and he cannot claim any damages other than those actually resulting, directly and immediately, from the rescission of the contract.

The merchant is bound to minimize his damages.

[1991, c. 24, s. 3].

150.16. Le commerçant qui a opté pour le recours prévu au paragraphe *b* de l'article 150.13 peut, après l'expiration du délai de trente jours, se prévaloir du recours prévu au paragraphe *c* du même article.

Le commerçant qui a opté pour le recours prévu au paragraphe *c* de l'article 150.13 peut, après l'expiration du délai de trente jours, se prévaloir du recours prévu au paragraphe *b* du même article.

[1991, c. 24, a. 3].

150.16. The merchant who has opted for the recourse provided for in paragraph *b* of section 150.13 may, after the expiry of 30 days, avail himself of the recourse provided for in paragraph *c* of the same section.

The merchant who has opted for the recourse provided for in paragraph *c* of section 150.13 may, after the expiry of 30 days, avail himself of the recourse provided for in paragraph *b* of the same section.

[1991, c. 24, s. 3; 1999, c. 40, s. 234].

150.17. Le consommateur peut, pendant la période de location et à sa discrétion, remettre le bien au commerçant. Le contrat est résilié de plein droit à compter de la remise du bien, avec les mêmes conséquences qu'entraîne la résiliation visée à l'article 150.15.

[1991, c. 24, a. 3].

150.17. The consumer may, during the leasing period and at his discretion, return the goods to the merchant. The contract is rescinded of right from the date of return of the goods, with the same consequences as a rescission under section 150.15.

[1991, c. 24, s. 3].

§2. —— Contrats de louage à valeur résiduelle garantie

§2. —— Contracts of lease with guaranteed residual value

150.18. Le contrat de louage à valeur résiduelle garantie est un contrat de louage à long terme d'un bien en vertu duquel le consommateur garantit au commerçant que, une fois expirée la période de location, ce dernier obtiendra au moins une certaine valeur de l'aliénation du bien.

Pour l'application de la présente section, on appelle « valeur résiduelle » la valeur que le consommateur partie à un tel contrat garantit.

[1991, c. 24, a. 3].

150.18. A contract of lease with guaranteed residual value is a long-term contract of lease of goods by which the consumer guarantees that the merchant, once the leasing period is expired, will obtain a certain minimum value from the alienation of the goods.

For the purposes of this division, "residual value" means the value guaranteed by the consumer who is a party to such a contract.

[1991, c. 24, s. 3].

150.19. La valeur résiduelle doit être établie par une estimation raisonnable de la part du commerçant de la valeur au gros qu'aura le bien à la fin de la période de location.

[1991, c. 24, a. 3].

150.19. The residual value must be established by a reasonable estimate by the merchant of the wholesale value which the goods will have at the end of the leasing period.

[1991, c. 24, s. 3].

150.20. La valeur résiduelle doit être indiquée au contrat et y être exprimée en termes de dollars et de cents.

[1991, c. 24, a. 3].

150.20. The residual value must be indicated in the contract and be expressed in terms of dollars and cents.

[1991, c. 24, s. 3].

150.21. L'obligation de garantie du consommateur quant à la valeur résiduelle se limite au moindre des montants suivants:

    a) l'excédent de la valeur résiduelle sur la valeur obtenue de l'aliénation du bien par le commerçant;

    b) 20 pour cent de la valeur résiduelle.

[1991, c. 24, a. 3].

150.22. Le contrat doit reproduire, en plus des mentions prescrites par règlement, les mentions prévues à l'annexe 7.3.

[1991, c. 24, a. 3].

150.23. Le contrat peut être résolu sans frais ni pénalité, à la discrétion du consommateur, de la manière prévue aux articles 75 à 77 et à la condition prévue à l'article 79, dans les deux jours qui suivent celui où chacune des parties est en possession d'un double du contrat.

[1991, c. 24, a. 3].

150.24. L'obligation nette s'entend de la valeur totale du bien, soit la somme de la valeur au détail du bien et des frais de préparation, de livraison, d'installation et autres, moins l'acompte.

L'acompte comprend la valeur convenue d'un bien cédé au commerçant en contrepartie de la location, le premier versement périodique et toute somme reçue par le commerçant avant le début de la période de location, y compris la valeur d'un effet de commerce payable à demande et tout versement périodique payé par anticipation, s'il en est.

L'obligation à tempérament s'entend de la somme de la valeur résiduelle et des versements périodiques autres que ceux compris dans l'acompte.

[1991, c. 24, a. 3].

150.25. L'excédent de l'obligation à tempérament sur l'obligation nette constitue les frais de crédit implicites. Le commerçant doit mentionner ces derniers en

150.21. The consumer's obligation of guarantee as to the residual value is limited to the lesser of the following amounts:

    (a) the amount by which the residual value exceeds the value the merchant obtains from the alienation of the goods;

    (b) 20 percent of the residual value.

[1991, c. 24, s. 3].

150.22. The contract must reproduce the particulars provided for in Schedule 7.3, in addition to those prescribed by regulation.

[1991, c. 24, s. 3].

150.23. The contract may be cancelled without cost or penalty, at the discretion of the consumer, in the manner provided in sections 75 to 77 and on the condition provided in section 79, within two days following that on which each of the parties is in possession of a duplicate of the contract.

[1991, c. 24, s. 3].

150.24. The net obligation refers to the total value of the goods, namely the aggregate of the retail value of the goods and the preparation, delivery, installation and other charges, minus the payment on account.

The payment on account includes the agreed value of goods given to the merchant as a trade-in, the first instalment and any sum received by the merchant before the beginning of the leasing period, including the value of a negotiable instrument payable on demand and the instalments paid in advance, if any.

The instalment obligation refers to the aggregate of the residual value and the periodic instalments other than those included in the payment on account.

[1991, c. 24, s. 3].

150.25. The amount by which the instalment obligation exceeds the net obligation constitutes the implied credit charges. The merchant must mention those charges in

termes de dollars et de cents et indiquer qu'ils se rapportent à toute la période de location.

[1991, c. 24, a. 3].

terms of dollars and cents and indicate that they apply to the entire leasing period.

[1991, c. 24, s. 3].

150.26. Le taux de crédit implicite est l'expression des frais de crédit implicites sous la forme d'un pourcentage annuel. Il doit être calculé et divulgué de la manière prescrite par règlement.

Le contrat ne doit divulguer qu'un seul taux de crédit implicite.

[1991, c. 24, a. 3].

150.26. The implied credit rate is the expression of the implied credit charges expressed as an annual percentage. It must be computed and disclosed in the manner prescribed by regulation.

The contract must stipulate only one implied credit rate.

[1991, c. 24, s. 3].

150.27. Les articles 83 et 91 s'appliquent au calcul des frais de crédit implicites en remplaçant lorsqu'elles s'y trouvent, les expressions « frais de crédit » et « taux de crédit » respectivement par celles de « frais de crédit implicites » et « taux de crédit implicite ».

[1991, c. 24, a. 3].

150.27. Sections 83 and 91 apply to the computing of implied credit charges, replacing the expressions "credit charges" and "credit rate", wherever they appear, by the expressions "implied credit charges" and "implied credit rate", respectively.

[1991, c. 24, s. 3].

150.28. Les articles 94 à 97 relatifs aux états de compte s'appliquent au contrat de louage à valeur résiduelle garantie en remplaçant, lorsqu'elle s'y trouve, l'expression « frais de crédit » par celle de « frais de crédit implicites ».

[1991, c. 24, a. 3].

150.28. Sections 94 to 97 relating to statements of account apply to contracts of lease with guaranteed residual value, replacing the expression "credit charges", wherever it appears, by the expression "implied credit charges".

[1991, c. 24, s. 3].

150.29. Le consommateur partie à un contrat de louage à valeur résiduelle garantie peut, en tout temps pendant la période de location, acquérir le bien qui en fait l'objet sur paiement du solde de son obligation à tempérament moins les frais de crédit implicites non gagnés au moment de l'acquisition.

[1991, c. 24, a. 3].

150.29. A consumer who is a party to a contract of lease with guaranteed residual value may, at any time during the leasing period, acquire the goods which are the object of the contract on paying the balance of his instalment obligation minus the implied credit charges not yet earned at the time of the acquisition.

[1991, c. 24, s. 3].

150.30. Sauf dans les cas et aux conditions prévus par règlement, le commerçant ne peut, tant que la valeur résiduelle du bien est garantie par le consommateur, aliéner le bien à un acquéreur potentiel qui en offre un prix inférieur à cette valeur résiduelle sans d'abord offrir le bien au consommateur en lui expédiant un avis écrit rédigé selon la formule prévue à l'annexe 7.4.

150.30. Except in the cases and on the conditions prescribed by regulation, the merchant cannot, while the residual value of the goods is guaranteed by the consumer, alienate the goods to a prospective acquirer who offers a price for them lower than such residual value without first offering the goods to the consumer by sending him a notice in writing drawn up in accordance with the form appearing in Schedule 7.4.

Le consommateur peut, dans les cinq jours de la réception de l'avis, acquérir le bien en payant comptant un prix égal à celui offert par l'acquéreur potentiel.

Plutôt que d'acquérir le bien, le consommateur peut, dans le même délai, présenter un tiers qui convient de payer comptant pour ce bien un prix au moins égal à celui offert par l'acquéreur potentiel.

[1991, c. 24, a. 3].

150.31. Le consommateur est libéré de son obligation de garantie dans l'un ou l'autre des cas suivants:

a) lorsque la valeur résiduelle du bien n'est pas précisée au contrat conformément à l'article 150.20;

b) lorsque le commerçant aliène le bien en violation de l'article 150.30 ou qu'il refuse de vendre le bien au tiers présenté conformément au troisième alinéa de cet article;

c) lorsque l'aliénation du bien n'est pas faite à titre onéreux;

d) lorsque l'aliénation du bien n'a pas lieu dans un délai raisonnable de la remise du bien au commerçant à la fin de la période de location;

e) lorsque le commerçant, après remise du bien à la fin de la période de location, l'utilise ou en permet l'utilisation par un tiers autrement que pour les fins de son aliénation à titre onéreux.

[1991, c. 24, a. 3].

150.32. Le commerçant ne peut exercer le droit de reprise prévu aux articles 150.13 à 150.16 à moins d'obtenir la permission du tribunal si, au moment où le consommateur devient en défaut, celui-ci a acquitté au moins la moitié de la somme de son obligation à tempérament et de l'acompte.

Lorsque le commerçant s'adresse au tribunal à cette fin, les articles 143 à 145 s'appliquent.

[1991, c. 24, a. 3].

The consumer, within five days following receipt of the notice, may acquire the goods by paying in cash a price equal to that offered by the prospective acquirer.

The consumer may, instead of acquiring the goods, within the same time, present a third person who agrees to pay in cash for the goods a price equal to that offered by the prospective acquirer.

[1991, c. 24, s. 3; 1999, c. 40, s. 234].

150.31. The consumer is released from his obligation of guarantee in one or other of the following cases:

(a) where the residual value of the goods is not specified in the contract in accordance with section 150.20;

(b) where the merchant alienates the goods in contravention of section 150.30 or where he refuses to sell the goods to the third person presented in accordance with the third paragraph of that section;

(c) where the alienation of the goods is not effected by onerous title;

(d) where the alienation of the goods is not effected within a reasonable time after return of the goods to the merchant at the end of the leasing period;

(e) where the merchant, after return of the goods at the end of the leasing period, uses those goods or allows them to be used by a third person otherwise than with a view to their alienation by onerous title.

[1991, c. 24, s. 3].

150.32. The merchant cannot exercise a right of repossession under sections 150.13 to 150.16 unless he obtains the permission of the court if the consumer, at the time he defaults, has already paid at least one-half of the aggregate of his instalment obligation and his payment on account.

When the merchant applies to the court for this purpose, sections 143 to 145 apply.

[1991, c. 24, s. 3].

SECTION IV — CONTRACTS
RELATING TO AUTOMOBILES AND
MOTORCYCLES

§1. — General provisions

SECTION IV — CONTRATS RELATIFS
AUX AUTOMOBILES ET AUX
MOTOCYCLETTES

§1. — Dispositions générales

151. Dans le cas d'une réparation qui relève d'une garantie prévue par la présente section ou d'une garantie conventionnelle:

a) le commerçant ou le fabricant assume les frais raisonnables de remorquage ou de dépannage de l'automobile, que le remorquage ou le dépannage soit effectué par le commerçant, le fabricant ou un tiers;

b) le commerçant ou le fabricant effectue la réparation de l'automobile et en assume les frais ou permet au consommateur de faire effectuer la réparation par un tiers et en assume les frais.

[1978, c. 9, a. 151; 1999, c. 40, a. 234].

151. In the case of repairs under a warranty provided for by this division or under a conventional warranty:

(a) the merchant or the manufacturer shall assume the reasonable costs of towing or breakdown service for the automobile, whether the towing or breakdown service is carried out by the merchant, the manufacturer or a third person;

(b) the merchant or the manufacturer shall carry out the repairs to the automobile and assume their cost or shall permit the consumer to have the repairs carried out by a third person and shall assume their cost.

[1978, c. 9, s. 151].

152. Un commerçant ou un fabricant répond de l'exécution d'une garantie prévue par la présente section ou d'une garantie conventionnelle à l'égard d'un consommateur acquéreur subséquent de l'automobile.

[1978, c. 9, a. 152; 1999, c. 40, a. 234].

152. The merchant or the manufacturer is liable for the performance of a warranty provided for by this division or of a conventional warranty, to a consumer who is the subsequent purchaser of the automobile.

[1978, c. 9, s. 152].

153. La garantie prévue par la présente section comprend les pièces et la main-d'œuvre.

[1978, c. 9, a. 153].

153. The warranty provided for by this division includes parts and labour.

[1978, c. 9, s. 153].

154. Le paragraphe *b* de l'article 151 et les articles 152 et 153 s'appliquent, compte tenu des adaptations nécessaires, à une motocyclette adaptée au transport sur les chemins publics.

[1978, c. 9, a. 154].

154. Paragraph *b* of section 151 and sections 152 and 153 apply, with the necessary modifications, to motorcycles adapted for transportation on public highways.

[1978, c. 9, s. 154].

§2. — Contrats de vente ou de louage à long terme d'automobiles d'occasion et de motocyclettes d'occasion

§2. — Contracts of sale and long-term contracts of lease of used automobiles and used motorcycles

155. Le commerçant doit apposer une étiquette sur chaque automobile d'occasion qu'il offre en vente ou en location à long terme.

L'étiquette doit être placée de façon qu'elle puisse être lue en entier de l'extérieur de l'automobile.

[1978, c. 9, a. 155; 1991, c. 24, a. 5].

155. The merchant must affix a label on every used automobile that he offers for sale or for long-term lease.

The label must be so affixed that it may be read entirely from outside the automobile.

[1978, c. 9, s. 155; 1991, c. 24, s. 5].

156. L'étiquette doit divulguer:

a) si l'automobile d'occasion est offerte en vente, son prix de vente, et, si elle est offerte en location à long terme, sa valeur au détail;

b) le nombre de milles ou de kilomètres indiqué à l'odomètre et le nombre de milles ou de kilomètres effectivement parcourus par l'automobile s'il est différent de celui indiqué à l'odomètre;

c) l'année de fabrication attribuée au modèle par le fabricant, le numéro de série, la marque, le modèle ainsi que la cylindrée du moteur;

d) le cas échéant, le fait que l'automobile a été utilisée comme taxi, automobile d'école de conduite, automobile de police, ambulance, automobile de location, automobile pour la clientèle ou démonstrateur, ainsi que l'identité de tout commerce ou de tout organisme public qui a été propriétaire ou qui a loué à long terme l'automobile;

e) le cas échéant, toute réparation effectuée sur l'automobile d'occasion depuis que le commerçant est en possession de l'automobile;

f) la catégorie prévue à l'article 160;

g) les caractéristiques de la garantie offerte par le commerçant;

h) le fait qu'un certificat de vérification mécanique délivré en vertu du *Code de la sécurité routière* (chapi-

156. The label must disclose:

(a) if the used automobile is offered for sale, its price, and, if it is offered for long-term lease, its retail value;

(b) the number of miles or kilometres registered on the odometer, and the number of miles or kilometres actually travelled by the automobile, if different from that indicated on the odometer;

(c) the model year ascribed by the manufacturer, the serial number, the make, the model and the cubic capacity of the engine;

(d) if such is the case, the fact that the automobile has been used as a taxi-cab, a drivers' school automobile, a police car, an ambulance, a leased automobile, an automobile for customers or as a demonstrator and the identity of every business or of every public agency that owned the automobile or rented it on a long term basis;

(e) if such is the case, every repair done on the used automobile since it has been in the possession of the merchant;

(f) the class provided for in section 160;

(g) the characteristics of the warranty offered by the merchant;

(h) that a certificate of mechanical inspection issued under the *Highway Safety Code* (chapter C-24.2) will be

tre C-24.2) sera remis au consommateur lors de la signature du contrat;

i) le fait que le commerçant doit, à la demande du consommateur, lui fournir le nom et le numéro de téléphone du dernier propriétaire autre que le commerçant.

Pour l'application des paragraphes *b* et *d* du présent article, le commerçant peut s'appuyer sur une déclaration écrite du dernier propriétaire sauf s'il a des motifs raisonnables de croire qu'elle est fausse.

[1978, c. 9, a. 156; 1986, c. 91, a. 665; 1987, c. 90, a. 3; 1991, c. 24, a. 6; 1999, c. 40, a. 234].

157. L'étiquette doit être annexée au contrat ou, s'il s'agit d'un contrat de louage à long terme qui n'est pas constaté par écrit, être remise au consommateur lors de la conclusion du contrat.

Tout ce qui est divulgué sur l'étiquette fait partie intégrante du contrat, à l'exception du prix auquel l'automobile est offerte et des caractéristiques de la garantie, qui peuvent être modifiés.

[1978, c. 9, a. 157; 1991, c. 24, a. 7].

158. Le contrat de vente doit être constaté par écrit et indiquer:

a) le numéro de la licence délivrée au commerçant en vertu du *Code de la sécurité routière* (chapitre C-24.2);

b) le lieu et la date du contrat;

c) le nom et l'adresse du consommateur et ceux du commerçant;

d) le prix de l'automobile;

e) les droits exigibles en vertu d'une loi fédérale ou provinciale;

f) le total des sommes que le consommateur doit débourser en vertu du contrat; et

g) les caractéristiques de la garantie.

[1978, c. 9, a. 158; 1980, c. 11, a. 106; 1986, c. 91, a. 666; 1991, c. 24, a. 8].

given to the consumer upon the signing of the contract;

(i) that the merchant must, at the request of the consumer, provide him with the name and telephone number of the last owner other than the merchant.

For the application of paragraphs *b* and *d* of this section, the merchant may base himself on a written declaration of the last owner unless he has reasonable grounds to believe that it is false.

[1978, c. 9, s. 156; 1986, c. 91, s. 665; 1991, c. 24, s. 6].

157. The label must be appended to the contract or, in the case of a long-term contract of lease which is not evidenced in writing, given to the consumer at the making of the contract.

All that is disclosed on the label forms an integral part of the contract, except the price at which the automobile is offered and the specifications of the warranty, which may be changed.

[1978, c. 9, s. 157; 1991, c. 24, s. 7].

158. The contract of sale must be evidenced in writing and indicate:

(a) the number of the licence issued to the merchant under the *Highway Safety Code* (chapter C-24.2);

(b) the place and date of the contract;

(c) the name and address of the consumer and of the merchant;

(d) the price of the automobile;

(e) the duties chargeable, under a federal or provincial Act;

(f) the total amount the consumer must pay under the contract; and

(g) the specifications of the warranty.

[1978, c. 9, s. 158; 1980, c. 11, s. 106; 1986, c. 91, s. 666; 1991, c. 24, s. 8].

159. La vente ou la location à long terme d'une automobile d'occasion comporte une garantie de bon fonctionnement de l'automobile:

> a) durant six mois ou 10 000 kilomètres, selon le premier terme atteint, si l'automobile est de la catégorie A;
>
> b) durant trois mois ou 5 000 kilomètres, selon le premier terme atteint, si l'automobile est de la catégorie B;
>
> c) durant un mois ou 1 700 kilomètres, selon le premier terme atteint, si l'automobile est de la catégorie C.

[1978, c. 9, a. 159; 1991, c. 24, a. 9].

160. Pour l'application de l'article 159, les automobiles d'occasion sont réparties selon les catégories suivantes:

> a) une automobile est de la catégorie A lorsqu'au plus deux ans se sont écoulés depuis la date de la mise sur le marché, par le fabricant, de ses automobiles du même modèle et de la même année de fabrication jusqu'à la date de la vente ou de la location à long terme visée audit article, pourvu que l'automobile n'ait pas parcouru plus de 40 000 kilomètres;
>
> b) une automobile est de la catégorie B lorsqu'elle n'est pas visée dans le paragraphe a et qu'au plus trois ans se sont écoulés depuis la date de la mise sur le marché, par le fabricant, de ses automobiles du même modèle et de la même année de fabrication jusqu'à la date de la vente ou de la location à long terme visée audit article, pourvu que l'automobile n'ait pas parcouru plus de 60 000 kilomètres;
>
> c) une automobile est de la catégorie C lorsqu'elle n'est pas visée dans les paragraphes a ou b et qu'au plus cinq ans se sont écoulés depuis la date de la mise sur le marché, par le fabricant, de ses automobiles du même modèle et de la même année de fabrication jusqu'à la date de la vente ou de la location à long terme

159. The sale or long-term lease of a used automobile carries with it a warranty that the automobile will remain in good working order

> (a) for a period of six months or 10 000 kilometres, whichever occurs first, in the case of a class A automobile;
>
> (b) for a period of three months or 5 000 kilometres, whichever occurs first, in the case of a class B automobile;
>
> (c) for a period of one month or 1 700 kilometres, whichever occurs first, in the case of a class C automobile.

[1978, c. 9, s. 159; 1991, c. 24, s. 9].

160. For the application of section 159, used automobiles are divided into the following classes:

> (a) class A automobiles, namely, where not more than two years have elapsed between the date the manufacturer put his automobiles of the same model and of the same model year on the market and the date of the sale or long-term lease contemplated in the said section, provided that the automobile has not covered more than 40 000 kilometres;
>
> (b) class B automobiles, namely, where they are not contemplated in paragraph a and not more than three years have elapsed between the date the manufacturer put his automobiles of the same model and of the same model year on the market and the date of the sale or long-term lease contemplated in the said section, provided that the automobile has not covered more than 60 000 kilometres;
>
> (c) class C automobiles, namely, where they are not contemplated in paragraph a or b and not more than five years have elapsed between the date the manufacturer put his automobiles of the same model and of the same model year on the market and the date of the sale or long-term lease contemplated in the said sec-

visée audit article, pourvu que l'automobile n'ait pas parcouru plus de 80 000 kilomètres;

d) une automobile est de la catégorie D lorsqu'elle n'est visée dans aucun des paragraphes *a*, *b* ou *c*.

[1978, c. 9, a. 160; 1991, c. 24, a. 10; 1999, c. 40, a. 234].

tion, provided that the automobile has not covered more than 80 000 kilometres;

(d) class D automobiles, namely, automobiles not contemplated in any of paragraphs *a*, *b* and *c*.

[1978, c. 9, s. 160; 1991, c. 24, s. 10].

161. La garantie prévue par l'article 159 ne comprend pas:

a) le service normal d'entretien et le remplacement de pièces en résultant;

b) un article de garniture intérieure ou de décoration extérieure;

c) un dommage qui résulte d'un usage abusif par le consommateur après la livraison de l'automobile; et

d) tout accessoire prévu par règlement.

[1978, c. 9, a. 161].

161. The warranty provided for by section 159 does not cover:

(a) normal maintenance service and the replacement of parts resulting from it;

(b) interior upholstery or exterior decorative items;

(c) damage resulting from abuse by the consumer after delivery of the automobile; and

(d) any accessory provided for by regulation.

[1978, c. 9, s. 161].

162. Lorsque le commerçant offre en vente ou en location à long terme une automobile de la catégorie A, B ou C, il peut indiquer sur l'étiquette les défectuosités de l'automobile avec une évaluation du coût de leur réparation. Le commerçant est lié par l'évaluation et garantit que la réparation peut être effectuée pour le prix mentionné dans l'évaluation.

Dans ce cas, le commerçant n'est pas assujetti à l'obligation de garantie pour les défectuosités mentionnées sur l'étiquette.

[1978, c. 9, a. 162; 1991, c. 24, a. 11].

162. Where the merchant offers a class A, B or C automobile for sale or for long-term lease, he may indicate on the label all the defects which exist in the automobile, with an estimate of the cost of repair thereof. The merchant is bound by the estimate and he guarantees that the repair may be carried out for the price mentioned in the estimate.

In that case, the merchant is not subject to the obligation of warranty for the defects mentioned on the label.

[1978, c. 9, s. 162; 1991, c. 24, s. 11].

163. La garantie prend effet au moment de la livraison de l'automobile d'occasion.

[1978, c. 9, a. 163].

163. The warranty takes effect upon the delivery of the used automobile.

[1978, c. 9, s. 163].

164. Les articles 155 à 158 et 161 à 163 s'appliquent, compte tenu des adaptations nécessaires, à la vente ou à la location à long terme d'une motocyclette d'occasion adaptée au transport sur les chemins publics.

La vente ou la location à long terme d'une motocyclette d'occasion adaptée au transport sur les chemins publics comporte une

164. Sections 155 to 158 and 161 to 163 apply, with the necessary modifications, to the sale or long-term lease of a used motorcycle adapted for transportation on public highways.

The sale or long-term lease of a used motorcycle adapted for transportation on public highways carries with it a warranty that

garantie de bon fonctionnement de la motocyclette et de ses accessoires;

a) durant deux mois, si la motocyclette est de la catégorie A;

b) durant un mois, si la motocyclette
est de la catégorie B.

Les motocyclettes d'occasion adaptées au
transport sur les chemins publics sont réparties selon les catégories suivantes:

a) une motocyclette est de la catégorie A lorsqu'au plus deux ans se sont
écoulés depuis la date de la mise sur
le marché par le fabricant de ses motocyclettes du même modèle et de la
même année de fabrication jusqu'à
la date de la vente ou de la location
à long terme visée au présent article;

b) une motocyclette est de la catégorie B lorsque plus de deux ans, mais
au plus trois ans, se sont écoulés depuis la date de la mise sur le marché,
par le fabricant, de ses motocyclettes du même modèle et de la
même année de fabrication jusqu'à
la date de la vente ou de la location
à long terme visée au présent article;

c) une motocyclette est de la catégorie C lorsqu'elle n'est visée ni dans
le paragraphe *a* ni dans le paragraphe *b*.

[1978, c. 9, a. 164; 1991, c. 24, a. 12; 1999, c. 40,
a. 234].

the motorcycle and its accessories will remain in good working order

(a) for a period of two months, in
the case of a class A motorcycle;

(b) for a period of one month, in the
case of a class B motorcycle.

Used motorcycles adapted for transportation on public highways are divided into
the following classes:

(a) class A motorcycles, namely,
where not more than two years have
elapsed between the date the manufacturer put his motorcycles of the
same model and of the same model
year on the market and the date of
the sale or the long-term lease contemplated in this section;

(b) class B motorcycles, namely,
where more than two years but not
more than three years have elapsed
between the date the manufacturer
put his motorcycles of the same
model and of the same model year
on the market and the date of the
sale or the long-term lease contemplated in this section;

(c) class C motorcycles, namely,
motorcycles not contemplated in either of paragraphs *a* and *b*.

[1978, c. 9, s. 164; 1991, c. 24, s. 12].

165. Une personne qui, à titre onéreux,
agit comme intermédiaire entre consommateurs dans la vente d'automobile d'occasion ou de motocyclettes d'occasion
adaptées au transport sur les chemins publics est assujettie aux obligations qui incombent au commerçant en vertu de la
présente section.

[1978, c. 9, a. 165].

165. A person who, for valuable consideration, acts as an intermediary between
consumers in the sale of used automobiles
or used motorcycles adapted for transportation on public highways is subject to the
obligations imposed on the merchant
under this division.

[1978, c. 9, s. 165].

166. Les articles 155 à 165 ne s'appliquent
pas à une automobile neuve qui a fait l'objet d'un contrat de location comportant
une clause d'option d'achat dont le locataire décide de se prévaloir, ou comportant

166. Sections 155 to 165 do not apply to a
new automobile which has been the object
of a contract of lease comprising an option
to purchase of which the lessee decides to
avail himself or comprising a right of ac-

le droit d'acquisition prévu à l'article 150.29 ou 150.30 que le consommateur décide d'exercer.

[1978, c. 9, a. 166; 1991, c. 24, a. 13].

§3. — Réparation d'automobile et de motocyclette

167. Aux fins de la présente sous-section, on entend par:

a) « commerçant »: une personne qui effectue une réparation moyennant rémunération;

b) « réparation »: un travail effectué sur une automobile, à l'exception d'un travail prévu par règlement.

[1978, c. 9, a. 167].

168. Avant d'effectuer une réparation, le commerçant doit fournir une évaluation écrite au consommateur. Le commerçant ne peut se libérer de cette obligation sans une renonciation écrite en entier par le consommateur et signée par ce dernier.

L'évaluation n'est pas requise lorsque la réparation doit être effectuée sans frais pour le consommateur.

Un commerçant ne peut exiger de frais pour faire une évaluation à moins d'en avoir fait connaître le montant au consommateur avant de faire l'évaluation.

[1978, c. 9, a. 168].

169. S'il faut, pour fournir une évaluation, démonter en tout ou en partie une automobile ou une partie d'une automobile, la somme mentionnée en vertu de l'article 168 doit comprendre le coût de remontage au cas où le consommateur décide de ne pas faire effectuer la réparation et ceux de la main-d'œuvre et d'un élément requis pour remplacer un objet non récupérable ou non réutilisable détruit lors du démontage.

[1978, c. 9, a. 169].

170. L'évaluation doit indiquer:

a) le nom et l'adresse du consommateur et ceux du commerçant;

b) la marque, le modèle et le numéro d'immatriculation de l'automobile;

quisition in section 150.29 or 150.30 which the consumer decides to exercise.

[1978, c. 9, s. 166; 1991, c. 24, s. 13].

§3. — Automobile and Motorcycle Repairs

167. For the purposes of this subdivision,

(a) "merchant" means a person who carries out repairs for remuneration;

(b) "repair" means work carried out on an automobile, except work determined by regulation.

[1978, c. 9, s. 167].

168. Before carrying out any repairs, the merchant must give the consumer a written estimate. The merchant cannot be released from this obligation without a waiver written in its entirety by and signed by the consumer.

No estimate is required where the repairs are to be made free of charge to the consumer.

A merchant cannot charge a price for making an estimate unless he advises the consumer of the price before undertaking to make the estimate.

[1978, c. 9, s. 168].

169. If, to make an estimate, it is necessary to disassemble an automobile or part of an automobile in whole or in part, the amount mentioned under section 168 must include the cost of reassembly should the consumer decide not to have the repairs carried out and the costs of labour and of any component required to replace a part that is not recoverable or re-usable that was destroyed during the disassembling.

[1978, c. 9, s. 169].

170. The estimate must indicate:

(a) lthe name and address of the consumer and of the merchant;

(b) the make, the model and the registration number of the automobile;

c) la nature et le prix total de la réparation à effectuer;

d) la pièce à poser, en précisant s'il s'agit d'une pièce neuve, usagée, réusinée ou remise à neuf; et

e) la date et la durée de validité de cette évaluation.

[1978, c. 9, a. 170].

171. L'évaluation acceptée par le consommateur lie également le commerçant. Aucuns frais supplémentaires ne peuvent être exigés du consommateur pour la réparation prévue dans l'évaluation.

[1978, c. 9, a. 171].

172. Le commerçant ne peut effectuer une réparation non prévue dans l'évaluation acceptée avant d'avoir obtenu l'autorisation expresse du consommateur.

Dans le cas où le commerçant obtient une autorisation orale, il doit la consigner dans l'évaluation en indiquant la date, l'heure, le nom de la personne qui l'a donnée et, le cas échéant, le numéro de téléphone composé.

[1978, c. 9, a. 172].

173. Lorsqu'il a effectué une réparation, le commerçant doit remettre au consommateur une facture indiquant:

a) le nom et l'adresse du consommateur et ceux du commerçant;

b) la marque, le modèle et le numéro d'immatriculation de l'automobile;

c) la date de la livraison de l'automobile au consommateur et le nombre de milles ou de kilomètres indiqués à l'odomètre de l'automobile à cette date;

d) la réparation effectuée;

e) la pièce posée en précisant s'il s'agit d'une pièce neuve, usagée, réusinée ou remise à neuf et son prix;

f) le nombre d'heures de main-d'œuvre facturé, le tarif horaire et le coût total de la main-d'œuvre;

g) les droits exigibles en vertu d'une loi fédérale ou provinciale;

(c) the nature and total price of the repairs to be made;

(d) the part to be installed, specifying whether it is a new, used, retooled or reconditioned part; and

(e) the date and duration of that estimate.

[1978, c. 9, s. 170].

171. Once accepted by the consumer, the estimate is binding on the merchant. No additional costs may be charged to the consumer for the repairs provided for in the estimate.

[1978, c. 9, s. 171].

172. The merchant shall not carry out any repairs not provided for in the accepted estimate before obtaining the express authorization of the consumer.

In the case where the merchant obtains a verbal authorization, he must record in the estimate, indicating the date, the time, the name of the person who gave it and, where such is the case, the telephone number dialed.

[1978, c. 9, s. 172].

173. When the merchant has carried out repairs, he must give the consumer a bill indicating:

(a) the name and address of the consumer and of the merchant;

(b) the make, the model and the registration number of the automobile;

(c) the date of delivery of the automobile to the consumer and the number of miles or kilometres registered on the odometer of the automobile on that date;

(d) the repairs carried out;

(e) the part installed, specifying whether it is a new, used, retooled or reconditioned part and its price;

(f) the number of hours of labour billed, the hourly rate and the total cost of labour;

(g) the duties chargeable under a federal or provincial Act;

h) le total des sommes que le consommateur doit débourser pour cette réparation; et

i) les caractéristiques de la garantie.

[1978, c. 9, a. 173; 1980, c. 11, a. 107; 1987, c. 90, a. 4].

174. Lorsqu'une réparation est faite par un sous-traitant, le commerçant a les mêmes obligations que s'il l'avait lui-même effectuée.

[1978, c. 9, a. 174].

175. Le commerçant doit, si le consommateur l'exige au moment où il demande de faire la réparation, remettre à ce dernier la pièce qui a été remplacée et ce, au moment où le consommateur prend livraison de son automobile sauf:

a) si la réparation est faite sans frais pour le consommateur;

b) si la pièce est échangée contre une pièce réusinée ou remise à neuf; ou

c) si la pièce remplacée fait l'objet d'un contrat de garantie en vertu duquel le commerçant doit remettre cette pièce au fabricant ou au distributeur.

[1978, c. 9, a. 175; 1999, c. 40, a. 234].

176. Une réparation est garantie pour trois mois ou 5 000 kilomètres, selon le premier terme atteint. La garantie prend effet au moment de la livraison de l'automobile.

[1978, c. 9, a. 176].

177. La garantie prévue à l'article 176 ne couvre pas un dommage qui résulte d'un usage abusif par le consommateur après la réparation.

[1978, c. 9, a. 177].

178. L'acceptation de l'évaluation ou le paiement du consommateur n'est pas préjudiciable à son recours contre le commerçant en raison d'une absence d'autorisation préalable de la réparation, d'une malfaçon ou d'un prix qui excède, selon le cas, le prix indiqué dans l'évaluation ou la

(h) the total amount the consumer must pay for that repair; and

(i) the characteristics of the warranty.

[1978, c. 9, s. 173; 1980, c. 11, s. 107; 1987, c. 90, s. 4].

174. Where repairs are carried out by a subcontractor, the merchant has the same obligation as if he had carried them out himself.

[1978, c. 9, s. 174].

175. The merchant must, if the consumer so requires when requesting the repairs to be made, hand over to the consumer, at the same time as the latter takes delivery of his automobile, the parts that have been replaced, except:

(a) where the repairs are carried out without charge to the consumer;

(b) where the part is exchanged for a re-tooled or reconditioned part; or

(c) where the replaced part is subject to a warranty contract under which the merchant must return that part to the manufacturer or to the distributor.

[1978, c. 9, s. 175].

176. Repairs are guaranteed for three months or 5 000 kilometres, whichever occurs first. The guarantee takes effect upon the delivery of the automobile.

[1978, c. 9, s. 176].

177. The guarantee provided for in section 176 does not cover damage resulting from abuse by the consumer after the repairs.

[1978, c. 9, s. 177].

178. Acceptance of the estimate or payment by the consumer does not prejudice his recourse against the merchant based upon the absence of prior authorization for the repairs, bad workmanship or the price exceeding, as the case may be, the price indicated in the estimate or the total of the

somme du prix indiqué dans l'évaluation et du prix convenu lors de la modification autorisée.

[1978, c. 9, a. 178].

179. Malgré les articles 974 et 1592 du Code civil, le commerçant ne peut retenir l'automobile du consommateur:

> a) si le commerçant a omis de fournir une évaluation au consommateur avant d'effectuer la réparation; ou
>
> b) si le prix total de la réparation est supérieur au prix indiqué dans l'évaluation, à la condition que le consommateur paie le prix indiqué dans l'évaluation; ou
>
> c) si le prix total de la réparation est supérieur à la somme du prix indiqué dans l'évaluation et du prix convenu lors de la modification autorisée à la condition que le consommateur paie un prix égal à cette somme.

[1978, c. 9, a. 179; 1999, c. 40, a. 234].

180. Un commerçant qui effectue la réparation d'automobiles doit, conformément aux exigences prescrites par règlement, afficher dans un endroit bien en vue de son établissement une pancarte informant les consommateurs des principales dispositions prévues dans la présente sous-section.

[1978, c. 9, a. 180].

181. Les articles 167 à 175 et 177 à 180 s'appliquent, compte tenu des adaptations nécessaires, à la réparation d'une motocyclette adaptée au transport sur les chemins publics.

Une réparation d'une motocyclette adaptée au transport sur les chemins publics est garantie pour un mois. La garantie prend effet au moment de la livraison de la motocyclette.

[1978, c. 9, a. 181].

price indicated in the estimate and the price agreed upon when the change was authorized.

[1978, c. 9, s. 178].

179. Notwithstanding articles 974 and 1592 of the Civil Code, the merchant shall not retain possession of the consumer's automobile

> (a) if the merchant has failed to give an estimate to the consumer before carrying out the repairs; or
>
> (b) if the total price of the repairs exceeds the price indicated in the estimate, provided that the consumer pays the price indicated in the estimate; or
>
> (c) if the total price of the repairs exceeds the aggregate amount of the price indicated in the estimate and the price agreed to when the modification was authorized, provided that the consumer pays a price equal to that amount.

[1978, c. 9, s. 179; 1999, c. 40, s. 234].

180. A merchant who carries out automobile repairs shall, in accordance with the requirements prescribed by regulation, post in a conspicuous place in his establishment a sign informing consumers of the principal provisions of this subdivision.

[1978, c. 9, s. 180].

181. Sections 167 to 175 and 177 to 180 apply, with the necessary modifications, to the repair of a motorcycle adapted for transportation on public highways.

Repairs to a motorcycle adapted for transportation on public highways are guaranteed for one month. The guarantee takes effect upon the delivery of the motorcycle.

[1978, c. 9, s. 181].

| SECTION V — RÉPARATION D'APPAREIL DOMESTIQUE | SECTION V — REPAIR OF HOUSEHOLD APPLIANCES |

182. Aux fins de la présente section, on entend par:

a) « appareil domestique »: une cuisinière, un réfrigérateur, un congélateur, un lave-vaisselle, un four à micro-ondes, une laveuse, une sécheuse, un appareil audio, un appareil audio vidéo, un ordinateur et ses périphériques, un appareil de climatisation, un déshumidificateur, une thermopompe ou tout autre bien déterminé par règlement;

b) « commerçant »: une personne qui effectue une réparation moyennant rémunération;

c) « réparation »: un travail effectué sur un appareil domestique, à l'exception d'un travail prévu par règlement.

[1978, c. 9, a. 182; 2006, c. 56, a. 6].

182. For the purposes of this division,

(a) "household appliance" means a kitchen range, a refrigerator, a freezer, a dishwasher, a microwave oven, a clothes washer, a clothes dryer, an audio device, an audio-video device, a computer and its peripheral equipment, an air conditioner, a dehumidifier, a heat pump or any other appliance determined by regulation;

(b) "merchant": means a person who carries out repairs for remuneration;

(c) "repair": means work carried out on a household appliance except work determined by regulation

[1978, c. 9, s. 182; 2006, c. 56, s. 6].

183. Avant d'effectuer une réparation, le commerçant doit fournir une évaluation écrite au consommateur. Le commerçant ne peut se libérer de cette obligation sans une renonciation écrite en entier par le consommateur et signée par ce dernier.

L'évaluation n'est pas requise lorsque la réparation doit être effectuée sans frais pour le consommateur.

Un commerçant ne peut exiger de frais pour faire une évaluation à moins d'en avoir fait connaître le montant au consommateur avant de faire l'évaluation.

[1978, c. 9, a. 183].

183. Before carrying out any repairs, the merchant must give the consumer a written estimate. The merchant cannot be released from this obligation without a waiver written in its entirety by and signed by the consumer.

No estimate is required where the repairs are to be made free of charge to the consumer.

A merchant cannot charge a price for making an estimate unless he advises the consumer of the price before undertaking to make the estimate.

[1978, c. 9, s. 183].

184. L'évaluation doit indiquer:

a) le nom et l'adresse du consommateur et ceux du commerçant;

b) la description de l'appareil domestique;

c) la nature et le prix total de la réparation à effectuer;

d) la date et la durée de validité de l'évaluation.

[1978, c. 9, a. 184].

184. The estimate must indicate:

(a) the name and address of the consumer and of the merchant;

(b) the description of the household appliance;

(c) the nature and the total price of the repairs to be carried out;

(d) the date and duration of the estimate.

[1978, c. 9, s. 184].

185. Lorsqu'il a effectué la réparation, le commerçant doit remettre au consommateur une facture indiquant:

a) le nom et l'adresse du consommateur et ceux du commerçant;

b) la description de l'appareil domestique;

c) la réparation effectuée;

d) la pièce posée en précisant s'il s'agit d'une pièce neuve, usagée, réusinée ou remise à neuf et son prix;

e) le nombre d'heures de main-d'œuvre facturé, le tarif horaire et le coût total de la main-d'œuvre;

f) les droits exigibles en vertu d'une loi fédérale ou provinciale;

g) le total des sommes que le consommateur doit débourser pour cette réparation; et

h) les caractéristiques de la garantie.

[1978, c. 9, a. 185; 1980, c. 11, a. 108; 1987, c. 90, a. 5].

186. Une réparation est garantie pour trois mois. La garantie comprend les pièces et la main-d'œuvre et prend effet au moment de la livraison de l'appareil domestique.

[1978, c. 9, a. 186].

187. Les articles 171, 172, 174, 175, 177, 178 et 179 s'appliquent, compte tenu des adaptations nécessaires, à la réparation d'appareil domestique.

[1978, c. 9, a. 187].

SECTION V.1 — CONTRAT DE VENTE D'UNE CARTE PRÉPAYÉE

187.1. Pour l'application de la présente section, un certificat, une carte ou tout instrument d'échange permettant au consommateur de se procurer un bien ou un service disponible chez un ou plusieurs commerçants moyennant un paiement effectué à l'avance constitue une carte prépayée.

[2009, c. 51, a. 9].

185. When the repair has been carried out, the merchant must remit to the consumer a bill indicating:

(a) the name and address of the consumer and of the merchant;

(b) the description of the household appliance;

(c) the repair carried out;

(d) the part installed, specifying whether it is a new, used, retooled or reconditioned part and its price;

(e) the number of hours of labour billed, the hourly rate and the total cost of labour;

(f) the duties chargeable under a federal or provincial Act;

(g) the total amount the consumer must pay for the repair; and

(h) the characteristics of the warranty.

[1978, c. 9, s. 185; 1980, c. 11, s. 108; 1987, c. 90, s. 5].

186. Every repair is guaranteed for three months. The guarantee includes parts and labour and takes effect upon the delivery of the household appliance.

[1978, c. 9, s. 186].

187. Sections 171, 172, 174, 175, 177, 178 and 179 apply, with the necessary modifications, to the repair of household appliances.

[1978, c. 9, s. 187].

SECTION V.1 — CONTRACTS FOR THE SALE OF PREPAID CARDS

187.1. For the purposes of this division, "prepaid card" means a certificate, card or other medium of exchange that is paid in advance and allows the consumer to acquire goods or services from one or more merchants.

[2009, c. 51, s. 9].

187.2. Avant de conclure un contrat de vente de carte prépayée, le commerçant doit informer le consommateur des conditions d'utilisation de la carte de même que de la manière dont le solde pourra en être vérifié.

Lorsque l'information exigée au premier alinéa n'apparaît pas sur la carte, le commerçant doit la fournir par écrit au consommateur.

[2009, c. 51, a. 9].

187.2. Before entering into a contract for the sale of a prepaid card, the merchant must inform the consumer of the conditions applicable to the use of the card and explain how to check the balance on the card.

If the information required under the first paragraph does not appear on the card, the merchant must provide it to the consumer in writing.

[2009, c. 51, s. 9].

187.3. Sous réserve de ce qui peut être prévu par règlement, est interdite la stipulation prévoyant une date de péremption de la carte prépayée sauf si le contrat prévoit une utilisation illimitée d'un service.

[2009, c. 51, a. 9].

187.3. Subject to any applicable regulations, any stipulation providing for an expiry date on a prepaid card is prohibited unless the contract provides for unlimited use of a service.

[2009, c. 51, s. 9].

187.4. Sous réserve de ce qui peut être prévu par règlement, aucuns frais ne peuvent être réclamés du consommateur pour la délivrance ou l'utilisation de la carte prépayée.

[2009, c. 51, a. 9].

187.4. Subject to any applicable regulations, no charge may be made to the consumer for the issue or use of a prepaid card.

[2009, c. 51, s. 9].

187.5. Le commerçant partie à un contrat de vente de carte prépayée doit, lorsque le consommateur en fait la demande, rembourser celui-ci du montant équivalant au solde de la carte lorsque ce solde est inférieur au montant ou au pourcentage déterminé par règlement.

[2009, c. 51, a. 9].

187.5. The merchant who is party to a contract for the sale of a prepaid card must, when the consumer so requests, refund to the consumer an amount equal to the balance on the card when the balance is lower than the amount or percentage prescribed by regulation.

[2009, c. 51, s. 9].

SECTION VI — CONTRAT DE SERVICE À EXÉCUTION SUCCESSIVE RELATIF À UN ENSEIGNEMENT, UN ENTRAÎNEMENT OU UNE ASSISTANCE

§1. — Disposition générale

SECTION VI — SERVICE CONTRACTS INVOLVING SEQUENTIAL PERFORMANCE FOR INSTRUCTION, TRAINING OR ASSISTANCE

§1. — General provisions

188. Pour les fins de la présente section, est considérée comme commerçant une personne qui offre ou fournit un service prévu à l'article 189 à l'exception:

a) d'une commission scolaire et d'un établissement d'enseignement qui est sous son autorité;

b) d'un collège d'enseignement général et professionnel;

c) d'une université;

188. For the purpose of this division, every person offering or providing any of the services referred to in section 189 is considered to be a merchant, except:

(a) school boards and the educational institutions under their authority;

(b) general and vocational colleges;

(c) universities;

d) d'une faculté, école ou institut d'une université qui est géré par une personne morale distincte de celle qui administre cette université;

e) d'un établissement d'enseignement régi par la *Loi sur l'enseignement privé* (chapitre E-9), pour les contrats de services éducatifs qui y sont assujettis;

f) (*paragraphe abrogé*);

f.1) d'une institution dont le régime d'enseignement est l'objet d'une entente internationale au sens de la *Loi sur le ministère des Relations internationales* (chapitre M-25.1.1), pour l'enseignement subventionné qu'elle dispense;

g) d'un ministère du gouvernement et d'une école administrée par le gouvernement ou un de ses ministères;

g.1) du Conservatoire de musique et d'art dramatique du Québec institué en vertu de la *Loi sur le Conservatoire de musique et d'art dramatique du Québec* (chapitre C-62.1);

h) d'une municipalité;

i) d'une personne membre d'un ordre professionnel régi par le *Code des professions* (chapitre C-26);

j) d'une personne et d'une catégorie de personnes qui exercent une activité prévue à l'article 189 sans exiger ou recevoir de rémunération, directement ou indirectement; et

k) d'une personne et d'une catégorie de personnes prévues par règlement.

[1978, c. 9, a. 188; 1988, c. 84, a. 700; 1989, c. 17, a. 12; 1992, c. 68, a. 151; 1994, c. 2, a. 78; 1994, c. 15, a. 33; 1994, c. 40, a. 457; 1996, c. 2, a. 791; 1996, c. 21, a. 70; 1997, c. 96, a. 193; 1999, c. 40, a. 234].

(d) faculties, schools or institutes of a university that are administered by a legal person distinct from that which administers the university;

(e) educational institutions governed by the *Act respecting private education* (chapter E-9.1), for educational service contracts subject thereto;

(f) (*paragraph repealed*);

(f.1) institutions whose instructional program is the subject of an international agreement within the meaning of the *Act respecting the Ministère des Relations internationales* (chapter M-25.1.1), for the subsidized teaching they provide;

(g) Government departments and schools administered by the Government or by one of the Government departments;

(g.1) the Conservatoire de musique et d'art dramatique du Québec established under the *Act respecting the Conservatoire de musique et d'art dramatique du Québec* (chapter C-62.1);

(h) municipalities;

(i) persons who are members of a professional order governed by the *Professional Code* (chapter C-26);

(j) persons and classes of persons who carry on an activity referred to in section 189 without demanding or receiving any remuneration, directly or indirectly; and

(k) persons and classes of persons specified by regulation.

[1978, c. 9, s. 188; 1988, c. 84, s. 700; 1989, c. 17, s. 12; 1992, c. 68, s. 151; 1994, c. 2, s. 78; 1994, c. 15, s. 33; 1994, c. 40, s. 457; 1996, c. 2, s. 791; 1996, c. 21, s. 70; 1997, c. 96, s. 193; 1999, c. 40, s. 234].

§2. — Contrats principaux

§2. — Principal contracts

189. À l'exception du contrat conclu par un commerçant qui opère un studio de santé, la présente sous-section s'applique au contrat de service à exécution successive ayant pour objet:

189. This subdivision applies to contracts of service involving sequential performance, except contracts made by a merchant operating a physical fitness studio, the object of which is

a) de procurer un enseignement, un entraînement ou une assistance aux fins de développer, de maintenir ou d'améliorer la santé, l'apparence, l'habileté, les qualités, les connaissances ou les facultés intellectuelles, physiques ou morales d'une personne;

b) d'aider une personne à établir, maintenir ou développer des relations personnelles ou sociales; ou

c) d'accorder à une personne le droit d'utiliser un bien pour atteindre l'une des fins prévues aux paragraphes *a* ou *b*.

[1978, c. 9, a. 189; 1999, c. 40, a. 234].

190. Le contrat doit être constaté par écrit et indiquer:

a) le nom et l'adresse du consommateur et ceux du commerçant;

b) le lieu et la date du contrat;

c) la description de l'objet du contrat et la date à laquelle le commerçant doit commencer à exécuter son obligation;

d) la durée du contrat et l'adresse où il doit être exécuté;

e) le nombre d'heures, de jours ou de semaines sur lesquels sont répartis les services ainsi que le taux horaire, le taux à la journée ou le taux à la semaine, selon le cas;

f) le total des sommes que le consommateur doit débourser en vertu du contrat;

g) les modalités de paiement; et

h) toute autre mention prescrite par règlement.

Le commerçant doit annexer au double du contrat qu'il remet au consommateur une formule conforme à l'annexe 8.

[1978, c. 9, a. 190; ; 1992, c. 68, a. 152].

(a) to obtain instruction, training or assistance for the purpose of developing, maintaining or improving the health, appearance, skills, qualities, knowledge or the intellectual, physical or moral faculties of a person,

(b) to assist a person in establishing, maintaining or developing personal or social relations, or

(c) to grant a person the right to use goods to attain any of the purposes provided for in paragraph *a* or *b*.

[1978, c. 9, s. 189; 1999, c. 40, s. 234].

190. The contract must be evidenced in writing and indicate:

(a) the name and address of the consumer and of the merchant;

(b) the place and date of the contract;

(c) the description of the object of the contract and the date on which the merchant is to begin the performance of his obligation;

(d) the duration of the contract and the address where it is to be performed;

(e) the number of hours, days or weeks over which the services are distributed and the hourly rate, daily rate or weekly rate, as the case may be;

(f) the total amount the consumer must pay under the contract;

(g) the terms and conditions of payment; and

(h) any other information prescribed by regulation.

The merchant must attach a form in conformity with Schedule 8 to the duplicate of the contract which he remits to the consumer.

[1978, c. 9, s. 190 ; 1992, c. 68, s. 152].

191. Le taux horaire, le taux à la journée ou le taux à la semaine doit être le même pour toute la durée du contrat.

[1978, c. 9, a. 191].

191. The hourly rate, the daily rate or the weekly rate must be the same for the whole duration of the contract.

[1978, c. 9, s. 191].

192. Le commerçant ne peut percevoir de paiement du consommateur avant de commencer à exécuter son obligation.

Le commerçant ne peut percevoir le paiement de l'obligation du consommateur en moins de deux versements sensiblement égaux. Les dates d'échéance des versements doivent être fixées de telle sorte qu'elles se situent approximativement au début de parties sensiblement égales de la durée du contrat.

[1978, c. 9, a. 192].

192. The merchant shall not collect any payment from the consumer before beginning to perform his obligation.

The merchant shall not collect payment of the consumer's obligation in less than two approximately equal instalments. The dates of payment of the instalments must be fixed in such a way as to be situated approximately at the beginning of approximately equal periods of the term of the contract.

[1978, c. 9, s. 192].

193. Le consommateur peut, à tout moment et à sa discrétion, résilier le contrat au moyen de la formule prévue à l'article 190 ou d'un autre avis écrit à cet effet au commerçant. Le contrat est résilié de plein droit à compter de l'envoi de la formule ou de l'avis.

[1978, c. 9, a. 193].

193. The consumer may, at any time and at his discretion, cancel the contract by sending the form provided for in section 190 or another written notice to that effect to the merchant. The contract is cancelled of right from the sending of the form or notice.

[1978, c. 9, s. 193].

194. Si le consommateur résilie le contrat avant que le commerçant n'ait commencé à exécuter son obligation principale, la résiliation s'effectue sans frais ni pénalité pour le consommateur.

[1978, c. 9, a. 194].

194. If the consumer cancels the contract before the merchant has begun the performance of his principal obligation, the cancellation is effected without cost or penalty to the consumer.

[1978, c. 9, s. 194].

195. Si le consommateur résilie le contrat après que le commerçant ait commencé à exécuter son obligation principale, les seules sommes que le commerçant peut exiger de lui sont:

a) le prix des services qui lui ont été fournis, calculé au taux horaire, au taux à la journée ou au taux à la semaine stipulé dans le contrat, et

b) à titre de pénalité, la moins élevée des sommes suivantes: 50 $ ou une somme représentant au plus 10 pour cent du prix des services qui ne lui ont pas été fournis.

[1978, c. 9, a. 195].

195. If the consumer cancels the contract after the merchant has begun the performance of his principal obligation, the only sums that the merchant may exact from him are:

(a) the price of the services rendered, computed on the basis of the hourly, daily or weekly rates stipulated in the contract, and

(b) as a penalty, the lesser of the following sums: $ 50 and a sum representing not more than 10 % of the price of the services that were not rendered.

[1978, c. 9, s. 195].

196. Dans les dix jours qui suivent la résiliation du contrat, le commerçant doit restituer au consommateur la somme d'argent qu'il doit à ce dernier.

[1978, c. 9, a. 196].

196. Within ten days following the cancellation of the contract, the merchant must return to the consumer the sum of money he owes him.

[1978, c. 9, s. 196].

§3. — Studios de santé

§3. — Physical fitness studios

197. La présente sous-section s'applique aux contrats de service à exécution successive conclus entre un consommateur et un commerçant qui opère un studio de santé.

[1978, c. 9, a. 197; 1999, c. 40, a. 234].

197. This subdivision applies to contracts of service involving sequential performance made between a consumer and a merchant who operates a physical fitness studio.

[1978, c. 9, s. 197; 1999, c. 40, s. 234].

198. Aux fins de la présente sous-section, on entend par « studio de santé » un établissement qui fournit des biens ou des services destinés à aider une personne à améliorer sa condition physique par un changement dans son poids, le contrôle de son poids, un traitement, une diète ou de l'exercice.

[1978, c. 9, a. 198].

198. For the purposes of this subdivision, 'physical fitness studio' means an establishment providing goods or services designed to help improve a person's physical fitness through a change of weight, weight control, treatment, diet or exercise.

[1978, c. 9, s. 198].

199. Le contrat doit être constaté par écrit et indiquer:

    a) le numéro de permis du commerçant;

    b) le nom et l'adresse du consommateur et ceux du commerçant;

    c) le lieu et la date du contrat;

    d) la description de l'objet du contrat et la date à laquelle le commerçant doit commencer à exécuter son obligation;

    e) la durée du contrat et l'adresse où il doit être exécuté;

    f) le total des sommes que le consommateur doit débourser en vertu du contrat;

    g) les modalités de paiement; et

    h) toute autre mention prescrite par règlement.

199. The contract must be evidenced in writing and indicate:

    (a) the licence number of the merchant;

    (b) the name and address of the consumer and of the merchant;

    (c) the place and date of the contract;

    (d) the description of the object of the contract and the date on which the merchant must begin to perform his obligation;

    (e) the duration of the contract and the address where it is to be executed;

    (f) the total amount the consumer must pay under the contract;

    (g) the terms and conditions of payment; and

    (h) any other information prescribed by regulation.

Le commerçant doit annexer au double du contrat qu'il remet au consommateur une formule conforme à l'annexe 9.

[1978, c. 9, a. 199].

200. La durée du contrat ne peut excéder un an.

[1978, c. 9, a. 200].

201. Le commerçant ne peut percevoir aucun paiement du consommateur avant de commencer à exécuter son obligation.

Le commerçant ne peut percevoir le paiement de l'obligation du consommateur en moins de deux versements sensiblement égaux. Les dates d'échéance des versements doivent être fixées de telle sorte qu'elles se situent approximativement au début de parties sensiblement égales de la durée du contrat.

[1978, c. 9, a. 201].

202. Le consommateur peut, à sa discrétion, résilier le contrat sans frais ni pénalité avant que le commerçant ne commence à exécuter son obligation principale.

[1978, c. 9, a. 202].

203. Le consommateur peut également, à sa discrétion, résilier le contrat dans un délai égal à un dixième de la durée prévue du contrat, à compter du moment où le commerçant commence à exécuter son obligation principale. Dans ce cas, le commerçant ne peut exiger du consommateur le paiement d'une somme supérieure à un dixième du prix total prévu au contrat.

[1978, c. 9, a. 203].

204. Le consommateur peut résilier le contrat au moyen de la formule prévue à l'article 199 ou d'un autre avis écrit à cet effet au commerçant. Le contrat est résilié de plein droit à compter de l'envoi de la formule ou de l'avis.

[1978, c. 9, a. 204].

The merchant must attach a form in conformity with Schedule 9 to the duplicate of the contract which he remits to the consumer.

[1978, c. 9, s. 199].

200. The duration of the contract shall not exceed one year.

[1978, c. 9, s. 200].

201. No payment may be collected from the consumer by the merchant before the merchant has begun the performance of his obligation.

The merchant shall not collect payment of the consumer's obligation in fewer than two approximately equal instalments. The dates the instalments are payable must be fixed in such a manner as to be situated approximately at the beginning of approximately equal divisions of the duration of the contract.

[1978, c. 9, s. 201].

202. The consumer may, at his discretion, cancel the contract without charge or penalty before the merchant has begun the performance of his principal obligation.

[1978, c. 9, s. 202].

203. The consumer may also, at his discretion, cancel the contract within a period equal to one-tenth of the intended duration of the contract, from the time the merchant begins to perform his principal obligation. In such a case, the merchant shall not exact from the consumer payment of any sum greater than one-tenth of the total price provided in the contract.

[1978, c. 9, s. 203].

204. The consumer may cancel the contract by means of the form provided for in section 199 or of another written notice to that effect to the merchant. The contract is cancelled of right from the sending of the form or notice.

[1978, c. 9, s. 204].

205. Dans les dix jours qui suivent la résiliation du contrat, le commerçant doit restituer au consommateur la somme d'argent qu'il doit à ce dernier.

[1978, c. 9, a. 205].

205. Within ten days following the cancellation of the contract, the merchant must return to the consumer the sum of money he owes him.

[1978, c. 9, s. 205].

§4. — Contrats accessoires

§4. — Accessory contracts

206. Le commerçant ne peut soumettre la conclusion ou l'exécution du contrat principal à la conclusion d'un autre contrat entre lui et le consommateur.

[1978, c. 9, a. 206].

206. No merchant may make the entering into or the performance of the principal contract dependent upon the making of another contract between him and the consumer.

[1978, c. 9, s. 206].

207. Lorsque, à l'occasion de la conclusion ou de l'exécution du contrat principal, le consommateur conclut avec le commerçant un contrat de service ou de louage d'un bien qui ne serait pas autrement visé par la présente section, ce contrat est soumis, compte tenu des adaptations nécessaires, aux articles 190 à 196 ou 197 à 205, selon le cas.

[1978, c. 9, a. 207; 1999, c. 40, a. 234].

207. Where at the time of the entering into or performance of a principal contract, the consumer enters into a contract of service or for the lease of goods with the merchant that would not otherwise be contemplated in this division, such contract is governed by sections 190 to 196 or 197 to 205, as the case may be, with the necessary modifications.

[1978, c. 9, s. 207; 1999, c. 40, s. 234].

208. Lorsque, à l'occasion de la conclusion ou de l'exécution du contrat principal, le commerçant vend un bien au consommateur, il doit lui remettre un contrat écrit indiquant:

a) le nom et l'adresse du consommateur et ceux du commerçant;

b) le lieu et la date du contrat;

c) la description de l'objet du contrat, y compris, le cas échéant, l'année du modèle ou autre marque distinctive;

d) le prix comptant de chaque bien;

e) les droits exigibles en vertu d'une loi fédérale ou provinciale;

f) le total des sommes que le consommateur doit débourser en vertu du contrat; et

g) toute autre mention prescrite par règlement.

208. Where, upon the making or the performance of a principal contract, the merchant sells goods to the consumer, he must remit to him a written contract indicating:

(a) the name and address of the consumer and of the merchant;

(b) the place and date of the contract;

(c) the description of the object of the contract, including, where such is the case, the year of the model or any other distinguishing mark;

(d) the cash price of each item of goods;

(e) the duties chargeable under a federal or provincial Act;

(f) the total amount the consumer must pay under the contract; and

(g) any other information prescribed by regulation.

Le commerçant doit annexer au double du contrat qu'il remet au consommateur une formule conforme à l'annexe 10.

[1978, c. 9, a. 208; 1980, c. 11, a. 109].

The merchant must attach a form in conformity with Schedule 10 to the duplicate of the contract which he remits to the consumer.

[1978, c. 9, s. 208; 1980, c. 11, s. 109].

209. Le consommateur peut, à sa discrétion, résoudre le contrat visé à l'article 208 dans les dix jours qui suivent soit celui de la livraison du bien, soit celui où le commerçant commence à exécuter son obligation en vertu du contrat principal, selon l'échéance du plus long terme.

[1978, c. 9, a. 209].

209. The consumer may, at his discretion, cancel the contract contemplated in section 208 within ten days following the day the goods are delivered or the day the merchant begins the performance of his obligation under the principal contract, whichever occurs last.

[1978, c. 9, s. 209].

210. Le consommateur se prévaut de la faculté de résolution:

a) par la remise du bien au commerçant;

b) en retournant au commerçant la formule prévue à l'article 208, ou

c) au moyen d'un autre avis écrit à cet effet au commerçant.

Le contrat est résolu de plein droit à compter de la remise du bien ou de l'envoi de la formule ou de l'avis.

[1978, c. 9, a. 210].

210. The consumer avails himself of his right of cancellation

(a) by returning the goods to the merchant;

(b) by returning to the merchant the form provided for in section 208; or

(c) by another written notice to that effect to the merchant.

The contract is cancelled of right from the return of the goods or the sending of the form or notice.

[1978, c. 9, s. 210].

211. Dans les 10 jours qui suivent la résolution, les parties doivent se restituer ce qu'elles ont reçu l'une de l'autre.

Le commerçant assume les frais de restitution.

Le commerçant assume les risques de perte ou de détérioration, même par cas de force majeure, du bien qui fait l'objet du contrat jusqu'à l'échéance du plus long terme prévu à l'article 209.

[1978, c. 9, a. 211].

211. Within 10 days following the cancellation, the parties must restore to each other what they have received from one another.

The merchant shall assume the costs of restitution.

The merchant shall assume the risk of loss or deterioration, even by superior force, of the goods being the object of the contract until the longer of the two terms contemplated in section 209 has expired.

[1978, c. 9, s. 211].

212. Lorsque le consommateur résilie un contrat principal, il peut également, même après l'expiration du délai prévu à l'article 209, résoudre un contrat visé à l'article 208 en remettant le bien au commerçant dans les dix jours qui suivent la résiliation du premier contrat.

Le consommateur ne peut cependant résoudre le contrat visé à l'article 208 s'il a

212. Where a consumer cancels a principal contract, he may also, even after the time provided for in section 209 has expired, cancel a contract contemplated in section 208 by returning the goods to the merchant within 10 days following the cancellation of the first contract.

However, the consumer shall not cancel a contract contemplated in section 208 if he

été en possession du bien pendant une période de deux mois, ou une période équivalente à un tiers de la durée prévue du contrat principal, selon la plus courte des deux périodes.

[1978, c. 9, a. 212].

has been in possession of the goods for a period of two months or a period equivalent to one-third of the term stipulated in the principal contract, whichever is shorter.

[1978, c. 9, s. 212; 1999, c. 40, s. 234].

213. Malgré les articles 209 et 212, le consommateur ne peut résoudre le contrat visé à l'article 208 si, par suite d'un fait ou d'une faute dont il est responsable, il ne peut remettre le bien au commerçant dans l'état où il l'a reçu.

[1978, c. 9, a. 213].

213. Notwithstanding sections 209 and 212, the consumer shall not cancel a contract contemplated in section 208 if, as a result of any act or fault for which he is liable, he is unable to return the goods to the merchant in the condition in which he received them.

[1978, c. 9, s. 213].

214. Les articles 208 à 213 ne s'appliquent pas au contrat dans lequel le montant total de l'obligation du consommateur n'excède pas 100 $.

[1978, c. 9, a. 214].

214. Sections 208 to 213 do not apply to a contract under which the total amount of the consumer's obligation does not exceed $ 100.

[1978, c. 9, s. 214].

SECTION VII —— CONTRAT À EXÉCUTION SUCCESSIVE DE SERVICE FOURNI À DISTANCE

SECTION VII —— CONTRACTS INVOLVING SEQUENTIAL PERFORMANCE FOR A SERVICE PROVIDED AT A DISTANCE

214.1. La présente section s'applique au contrat à exécution successive de service fourni à distance. Toutefois, elle ne s'applique pas au contrat de service à exécution successive visé à la section VI du présent chapitre, même lorsque ce dernier est conclu par une des personnes énumérées à l'article 188.

[2009, c. 51, a. 11].

214.1. This division applies to contracts involving sequential performance for a service provided at a distance. However, it does not apply to contracts governed by Division VI, even if entered into by a person listed in section 188.

[2009, c. 51, s. 11].

214.2. Le contrat doit être constaté par écrit et indiquer:

a) le nom et l'adresse du consommateur et ceux du commerçant;

b) le numéro de téléphone ainsi que, le cas échéant, l'adresse technologique du commerçant;

c) le lieu et la date du contrat;

d) la description détaillée de chacun des services faisant l'objet du contrat;

e) le tarif mensuel de chacun des services faisant l'objet du contrat, y

214.2. The contract must be evidenced in writing and include

(a) the name and address of the consumer and the merchant;

(b) the merchant's telephone number and, if available, the merchant's technological address;

(c) the place and date of the contract;

(d) a detailed description of the service or of each of the services to be provided under the contract;

(e) the monthly rate for each of the services to be provided under the

compris le tarif mensuel des services optionnels, ou son coût mensuel si le tarif est calculé sur une base autre que mensuelle;

f) le tarif mensuel de chacun des frais connexes ou son coût mensuel si le tarif est calculé sur une base autre que mensuelle;

g) le total des sommes que le consommateur doit débourser mensuellement en vertu du contrat;

h) le cas échéant, les restrictions d'utilisation de chacun des services faisant l'objet du contrat ainsi que les limites géographiques à l'intérieur desquelles ces services peuvent être utilisés;

i) le cas échéant, la description et le prix courant du bien vendu ou offert en prime à l'achat du service; la description du bien doit préciser s'il s'agit d'un bien remis à neuf;

j) le cas échéant, la description du service offert en prime;

k) le cas échéant, la nature des bénéfices économiques consentis par le commerçant en considération du contrat, notamment la prime, dont la remise partielle sur le prix de vente ou de location d'un bien ou d'un service acheté ou loué à l'occasion de la conclusion du contrat;

l) le cas échéant, le montant total des bénéfices économiques déterminés au règlement devant servir au calcul de l'indemnité de résiliation qui pourra être exigée du consommateur en vertu de l'article 214.7;

m) la mention que seuls les bénéfices économiques prévus au paragraphe *l* serviront au calcul de l'indemnité de résiliation qui pourra être exigée du consommateur;

n) la manière d'obtenir aisément les renseignements relatifs au tarif d'utilisation des services qui ne font pas l'objet du contrat et des services qui sont utilisés au-delà des restrictions et des limites prévues au paragraphe *h*;

contract, including the monthly rate for any optional services, or the monthly cost if the rate is calculated on a basis other than a monthly basis;

(f) the monthly rate for each of the associated costs or the monthly cost if the rate is calculated on a basis other than a monthly basis;

(g) the total amount the consumer must pay each month under the contract;

(h) any restrictions on the use of the service or services as well as the geographical limits within which they may be used;

(i) the description of any goods sold or offered as a premium on the purchase of the service or services, specifying whether they are reconditioned, and their regular price;

(j) the description of any service offered as a premium;

(k) if applicable, the nature of the economic inducements given by the merchant in consideration of the contract, including such premiums as a rebate on the price charged for goods or services purchased or leased on the making of the contract;

(l) the total value of any economic inducements prescribed by regulation to be used to calculate the cancellation indemnity that may be charged to the consumer under section 214.7;

(m) a statement that only the value of the economic inducements referred to in subparagraph *l* will be used to calculate the cancellation indemnity charged to the consumer;

(n) the manner of easily obtaining information on the rate for services that are not provided under the contract, and the rate for services that are subject to restrictions or geographical limits as mentioned in subparagraph *h*;

o) la durée et la date d'expiration du contrat;

p) sans restreindre la portée de l'article 214.6, les circonstances permettant au consommateur de résoudre, de résilier ou de modifier le contrat ainsi que, le cas échéant, les conditions et les frais ou l'indemnité de résolution, de résiliation ou de modification;

q) les conditions que le consommateur doit respecter pour mettre fin au contrat à son échéance.

Ces renseignements doivent être présentés de la manière prévue au règlement.

[2009, c. 51, a. 11].

214.3. Est interdite, dans un contrat d'une durée supérieure à 60 jours, la stipulation prévoyant la reconduction du contrat à son échéance sauf pour une durée indéterminée.

[2009, c. 51, a. 11].

214.4. Le commerçant doit, entre le 90ᵉ et le 60ᵉ jour précédant la date d'expiration du contrat, transmettre au consommateur un avis écrit l'informant de cette date.

Le premier alinéa ne s'applique pas au contrat d'une durée de 60 jours ou moins.

[2009, c. 51, a. 11].

214.5. Le commerçant ne peut exiger le prix des services dont le consommateur a été privé pendant la période de réparation du bien qu'il lui a fourni gratuitement ou vendu lors de la conclusion ou pendant la durée du contrat, dans les circonstances suivantes:

1° ce bien lui a été confié pour être réparé pendant la période de garantie et il n'a pas fourni gratuitement de bien de remplacement;

2° ce bien est nécessaire à l'utilisation des services achetés.

De même, le commerçant ne peut exiger du consommateur le prix des services dont il a été privé pendant la période de répara-

(o) the term and expiry date of the contract;

(p) without limiting the scope of section 214.6, the circumstances allowing the consumer to rescind, cancel or amend the contract and the related terms and costs or indemnity, if any; and

(q) the formalities that must be fulfilled by the consumer to terminate the contract upon its expiry.

This information must be presented in the manner prescribed by regulation.

[2009, c. 51, s. 11].

214.3. Any stipulation under which a contract whose term exceeds 60 days is renewed upon its expiry is prohibited, unless the renewal is for an indeterminate term.

[2009, c. 51, s. 11].

214.4. The merchant must inform the consumer of the expiry date of the contract by means of a written notice sent between the 90th and 60th day before that date.

The first paragraph does not apply to contracts whose term is 60 days or less.

[2009, c. 51, s. 11].

214.5. The merchant may not demand payment for services of which the consumer was deprived during the repair of goods supplied free of charge or sold to the consumer on the making of the contract or during the term of the contract, if

(1) the goods were given to the merchant for repair while they were still under warranty and the merchant did not provide a replacement free of charge;

(2) the goods are necessary for the use of the services purchased.

Likewise, the merchant may not demand payment for services of which the consumer was deprived during the repair of

tion du bien qu'il a loué du commerçant pour l'utilisation des services achetés.

[2009, c. 51, a. 11].

214.6. Le consommateur peut, à tout moment et à sa discrétion, résilier le contrat en transmettant un avis au commerçant. Cette résiliation de plein droit prend effet à compter de la transmission de cet avis ou à la date indiquée à cet avis par le consommateur.

Toutes les sommes que le commerçant peut alors réclamer du consommateur, autres que le prix des services qui lui ont été fournis, calculé au tarif prévu au contrat, constituent l'indemnité de résiliation. À cette fin, le contrat de service ou de location d'un bien conclu à l'occasion ou en considération du contrat de service forme un tout avec ce dernier.

[2009, c. 51, a. 11].

214.7. En cas de résiliation unilatérale par le consommateur d'un contrat à durée déterminée en considération duquel un bénéfice économique lui a été consenti par le commerçant, l'indemnité de résiliation qui peut être exigée du consommateur ne peut excéder le montant des bénéfices économiques déterminés par règlement qui lui ont été consentis en considération de ce contrat. Le montant de cette indemnité décroît selon les modalités prévues au règlement.

Lorsqu'aucun bénéfice économique déterminé par règlement n'a été consenti au consommateur, l'indemnité maximale que peut exiger le commerçant correspond à la moindre des sommes suivantes: 50 $ ou une somme représentant au plus 10 % du prix des services prévus au contrat qui n'ont pas été fournis.

[2009, c. 51, a. 11].

214.8. En cas de résiliation unilatérale par le consommateur d'un contrat à durée indéterminée, aucune indemnité de résiliation ne peut lui être réclamée, à moins que le commerçant ne lui ait consenti une remise partielle ou totale du prix de vente d'un bien acheté en considération du contrat de service et que le bénéfice de cette

goods leased from the merchant for the use of the services purchased.

[2009, c. 51, s. 11].

214.6. The consumer may, at any time and at the consumer's discretion, cancel the contract by sending a notice to the merchant. The cancellation takes effect by operation of law on the sending of the notice or the date specified in the notice.

The total of the charges the merchant may then claim from the consumer, other than the price of the services provided to the consumer calculated at the rate provided in the contract, constitutes the contract cancellation indemnity. For the purposes of this paragraph, a service contract or a contract for the lease of goods concluded on the making of or in consideration of the service contract forms a whole with that contract.

[2009, c. 51, s. 11].

214.7. If the consumer unilaterally cancels a fixed-term contract in consideration of which one or more economic inducements were given to him by the merchant, the cancellation indemnity may not exceed the value of the economic inducements determined by regulation that were given to him. The indemnity decreases as prescribed by regulation.

When no economic inducement determined by regulation was given to the consumer, the maximum indemnity the merchant may charge is the lesser of $50 and an amount representing not more than 10% of the price of the services provided for in the contract that were not supplied.

[2009, c. 51, s. 11].

214.8. If the consumer unilaterally cancels an indeterminate-term contract, no cancellation indemnity may be claimed from the consumer unless the merchant gave the consumer a rebate on all or part of the sales price of the goods purchased in consideration of the service contract and entitlement to the rebate is acquired progres-

remise s'acquiert progressivement en fonction du coût des services utilisés ou en fonction du temps écoulé. L'indemnité ne peut alors excéder le montant du solde du prix de vente du bien au moment de la conclusion du contrat. Le montant de cette indemnité décroît selon les modalités prévues au règlement.

[2009, c. 51, a. 11].

sively according to the cost of the services used or the time elapsed. In such a case, the cancellation indemnity may not exceed the amount of the unpaid balance of the sales price of the goods at the time the contract was made. The indemnity decreases as prescribed by regulation.

[2009, c. 51, s. 11].

214.9. Lorsque le consommateur a fourni un dépôt de garantie, le commerçant ne peut résilier le contrat pour défaut de paiement à échéance des sommes dues aux termes du contrat tant que ces sommes n'excèdent pas le montant du dépôt.

[2009, c. 51, a. 11].

214.9. If the consumer has paid a security deposit, the merchant may not cancel the contract for failure to pay outstanding amounts under the contract when they become due for as long as the amounts due do not exceed the amount of the deposit.

[2009, c. 51, s. 11].

214.10. Le commerçant doit aviser le consommateur par écrit lorsqu'il utilise, en tout ou en partie, le dépôt de garantie pour se rembourser des sommes non payées à échéance.

[2009, c. 51, a. 11].

214.10. The merchant must notify the consumer in writing on using all or part of the security deposit to collect amounts not paid when they become due.

[2009, c. 51, s. 11].

214.11. Le commerçant doit restituer au consommateur, avec intérêts au taux déterminé par règlement, toute somme fournie à titre de dépôt de garantie, déduction faite, le cas échéant, des sommes dues aux termes du contrat, dans un délai de 30 jours suivant la date d'expiration du contrat non renouvelé ou suivant la date de sa résiliation.

[2009, c. 51, a. 11].

214.11 The merchant must return the security deposit to the consumer, with interest at the rate determined by regulation, minus any amounts due under the contract, within 30 days after the date on which the contract expires if it is not renewed or the date on which the contract is cancelled.

[2009, c. 51, s. 11].

TITRE II —— PRATIQUES DE COMMERCE

TITLE II —— BUSINESS PRACTICES

215. Constitue une pratique interdite aux fins du présent titre une pratique visée par les articles 219 à 251 ou, lorsqu'il s'agit de la vente, de la location ou de la construction d'un immeuble, une pratique visée aux articles 219 à 222, 224 à 230, 232, 235, 236 et 238 à 243.

[1978, c. 9, a. 215; 1985, c. 34, a. 272].

215. Any practice contemplated in sections 219 to 251 or, in case of the sale, lease or construction of an immovable, in sections 219 to 222, 224 to 230, 232, 235, 236 and 238 to 243 constitutes a prohibited practice for the purposes of this title.

[1978, c. 9, s. 215; 1985, c. 34, s. 272].

216. Aux fins du présent titre, une représentation comprend une affirmation, un comportement ou une omission.

[1978, c. 9, a. 216].

216. For the purposes of this title, representation includes an affirmation, a behaviour or an omission.

[1978, c. 9, s. 216].

217. La commission d'une pratique interdite n'est pas subordonnée à la conclusion d'un contrat.

[1978, c. 9, a. 217].

217. The fact that a prohibited practice has been used is not subordinate to whether or not a contract has been made.

[1978, c. 9, s. 217].

218. Pour déterminer si une représentation constitue une pratique interdite, il faut tenir compte de l'impression générale qu'elle donne et, s'il y a lieu, du sens littéral des termes qui y sont employés.

[1978, c. 9, a. 218].

218. To determine whether or not a representation constitutes a prohibited practice, the general impression it gives, and, as the case may be, the literal meaning of the terms used therein must be taken into account.

[1978, c. 9, s. 218].

219. Aucun commerçant, fabricant ou publicitaire ne peut, par quelque moyen que ce soit, faire une représentation fausse ou trompeuse à un consommateur.

[1978, c. 9, a. 219; 1999, c. 40, a. 234].

219. No merchant, manufacturer or advertiser may, by any means whatever, make false or misleading representations to a consumer.

[1978, c. 9, s. 219].

220. Aucun commerçant, fabricant ou publicitaire ne peut faussement, par quelque moyen que ce soit:

a) attribuer à un bien ou à un service un avantage particulier;

b) prétendre qu'un avantage pécuniaire résultera de l'acquisition ou de l'utilisation d'un bien ou d'un service;

c) prétendre que l'acquisition ou l'utilisation d'un bien ou d'un service confère ou assure un droit, un recours ou une obligation.

[1978, c. 9, a. 220; 1999, c. 40, a. 234].

220. No merchant, manufacturer or advertiser may, falsely, by any means whatever,

(a) ascribe certain special advantages to goods or services;

(b) hold out that the acquisition or use of goods or services will result in pecuniary benefit;

(c) hold out that the acquisition or use of goods or services confers or insures rights, recourses or obligations.

[1978, c. 9, s. 220].

221. Aucun commerçant, fabricant ou publicitaire ne peut faussement, par quelque moyen que ce soit:

a) prétendre qu'un bien ou un service comporte une pièce, une composante ou un ingrédient particulier;

b) attribuer à un bien une dimension, un poids, une mesure ou un volume;

c) prétendre qu'un bien ou un service répond à une norme déterminée;

d) indiquer la catégorie, le type, le modèle ou l'année de fabrication d'un bien;

221. No merchant, manufacturer or advertiser may, falsely, by any means whatever,

(a) hold out that goods or services include certain parts, components or ingredients;

(b) hold out that goods have a particular dimension, weight, size or volume;

(c) hold out that goods are of a specified standard;

(d) represent that goods are of a particular category, type, model or year of manufacture;

e) prétendre qu'un bien est neuf, remis à neuf ou utilisé à un degré déterminé;

f) prétendre qu'un bien ou un service a des antécédents particuliers ou a eu une utilisation particulière;

g) attribuer à un bien ou à un service une certaine caractéristique de rendement.

[1978, c. 9, a. 221; 1999, c. 40, a. 234].

(e) hold out that goods are new, reconditioned or used to a specified degree;

(f) hold out that goods have particular antecedents or have been used for a particular purpose;

(g) ascribe certain characteristics of performance to goods or services.

[1978, c. 9, s. 221].

222. Aucun commerçant, fabricant ou publicitaire ne peut faussement, par quelque moyen que ce soit:

a) invoquer une circonstance déterminée pour offrir un bien ou un service;

b) déprécier un bien ou un service offert par un autre;

c) prétendre qu'un bien ou un service a été fourni;

d) prétendre qu'un bien a un mode de fabrication déterminé;

e) prétendre qu'un bien ou un service est nécessaire pour changer une pièce ou effectuer une réparation;

f) prétendre qu'un bien ou un service est d'une origine géographique déterminée;

g) indiquer la quantité d'un bien ou d'un service dont il dispose.

[1978, c. 9, a. 222; 1999, c. 40, a. 234].

222. No merchant, manufacturer or advertiser may, falsely, by any means whatever,

(a) invoke specific circumstances to offer goods or services;

(b) discredit goods or services offered by others;

(c) hold out that goods or services have been furnished;

(d) hold out that goods are made according to a specified method of manufacture;

(e) hold out that goods or services are necessary in order to replace a part or make a repair;

(f) hold out that goods or services have a specified geographic origin;

(g) indicate the quantity of goods or services at his disposal.

[1978, c. 9, s. 222].

223. Un commerçant doit indiquer clairement et lisiblement sur chaque bien offert en vente dans son établissement ou, dans le cas d'un bien emballé, sur son emballage, le prix de vente de ce bien, sous réserve de ce qui est prévu par règlement.

[1978, c. 9, a. 223].

223. A merchant must indicate the sale price clearly and legibly on all the goods or, if the goods are wrapped, on the wrapping of all the goods offered for sale in his establishment, subject to the regulations.

[1978, c. 9, s. 223].

224. Aucun commerçant, fabricant ou publicitaire ne peut, par quelque moyen que ce soit:

a) accorder, dans un message publicitaire, moins d'importance au prix d'un ensemble de biens ou de ser-

224. No merchant, manufacturer or advertiser may, by any means whatever,

(a) lay lesser stress, in an advertisement, on the price of a set of goods or services than on the price of any

vices, qu'au prix de l'un des biens ou des services composant cet ensemble;

b) sous réserve des articles 244 à 247, divulguer, dans un message publicitaire, le montant des paiements périodiques à faire pour l'acquisition d'un bien ou l'obtention d'un service sans divulguer également le prix total du bien ou du service ni le faire ressortir d'une façon plus évidente;

c) exiger pour un bien ou un service un prix supérieur à celui qui est annoncé.

Aux fins du paragraphe *c* du premier alinéa, le prix annoncé doit comprendre le total des sommes que le consommateur devra débourser pour l'obtention du bien ou du service. Toutefois, ce prix peut ne pas comprendre la taxe de vente du Québec, ni la taxe sur les produits et services du Canada. Le prix annoncé doit ressortir de façon plus évidente que les sommes dont il est composé.

[1978, c. 9, a. 224; 1999, c. 40, a. 234; 2009, c. 51, a. 12].

goods or services forming part of the set;

(b) subject to sections 244 to 247, disclose, in an advertisement, the amount of the instalments to be paid to acquire goods or to obtain a service without also disclosing the total price of the goods or services and laying the greater stress on such total price;

(c) charge, for goods or services, a higher price than that advertised.

For the purposes of subparagraph *c* of the first paragraph, the price advertised must include the total amount the consumer must pay for the goods or services. However, the price advertised need not include the Québec sales tax or the Goods and Services Tax. More emphasis must be put on the price advertised than on the amounts of which the price is made up.

[1978, c. 9, s. 224; 2009, c. 51, s. 12].

225. Aucun commerçant, fabricant ou publicitaire ne peut faussement, par quelque moyen que ce soit:

a) invoquer une réduction de prix;

b) indiquer le prix courant ou un autre prix de référence pour un bien ou un service;

c) laisser croire que le prix d'un bien ou d'un service est avantageux.

[1978, c. 9, a. 225; 1999, c. 40, a. 234].

225. No merchant, manufacturer or advertiser may, falsely, by any means whatever,

(a) invoke a price reduction;

(b) indicate a regular price or another reference price for goods or services;

(c) let it be believed that the price of certain goods or services is advantageous.

[1978, c. 9, s. 225].

226. Aucun commerçant ou fabricant ne peut refuser d'exécuter la garantie qu'il accorde sous prétexte que le document qui la constate ne lui est pas parvenu ou n'a pas été validé.

[1978, c. 9, a. 226; 1999, c. 40, a. 234].

226. No merchant or manufacturer may refuse to perform the warranty granted by him on the pretext that the document evidencing it has not reached him or was not validated.

[1978, c. 9, s. 226].

227. Aucun commerçant, fabricant ou publicitaire ne peut, par quelque moyen que ce soit, faire une fausse représentation

227. No merchant, manufacturer or advertiser may, by any means whatever, make false representations concerning the exis-

concernant l'existence, la portée ou la durée d'une garantie.

[1978, c. 9, a. 227; 1999, c. 40, a. 234].

tence, the scope or the duration of a warranty.

[1978, c. 9, s. 227].

227.1. Nul ne peut, par quelque moyen que ce soit, faire une représentation fausse ou trompeuse concernant l'existence, l'imputation, le montant ou le taux des droits exigibles en vertu d'une loi fédérale ou provinciale.

[1997, c. 85, a. 369].

227.1. No person may, by any means whatever, make false or misleading representations concerning the existence, charge, amount or rate of duties payable under a federal or provincial statute.

[1997, c. 85, s. 369].

228. Aucun commerçant, fabricant ou publicitaire ne peut, dans une représentation qu'il fait à un consommateur, passer sous silence un fait important.

[1978, c. 9, a. 228; 1999, c. 40, a. 234].

228. No merchant, manufacturer or advertiser may fail to mention an important fact in any representation made to a consumer.

[1978, c. 9, s. 228].

228.1. Le commerçant doit, avant de proposer au consommateur de conclure, à titre onéreux, un contrat comprenant une garantie supplémentaire relative à un bien, l'informer verbalement et par écrit, de la manière prescrite par règlement, de l'existence et du contenu de la garantie prévue aux articles 37 et 38.

Dans un tel cas, il doit également, le cas échéant, l'informer verbalement de l'existence et de la durée de la garantie du fabricant offerte gratuitement à l'égard de ce bien. À la demande du consommateur, il doit aussi l'informer verbalement de la façon pour lui de prendre connaissance de l'ensemble des autres éléments de cette garantie.

Le commerçant qui propose à un consommateur de conclure un contrat comprenant une garantie supplémentaire relative à un bien sans lui transmettre préalablement les informations prévues au présent article est réputé passer sous silence un fait important et, par voie de conséquence, se livrer à une pratique interdite visée à l'article 228.

[2009, c. 51, a. 13].

228.1. Before proposing to a consumer to purchase a contract that includes an additional warranty on goods, the merchant must inform the consumer orally and in writing, in the manner prescribed by regulation, of the existence and nature of the warranty provided for in sections 37 and 38.

In such a case, the merchant must also inform the consumer orally of the existence and duration of any manufacturer's warranty that comes with the goods. At the request of the consumer, the merchant must also explain to the consumer orally how to examine all of the other elements of the warranty.

Any merchant who proposes to a consumer to purchase a contract that includes an additional warranty on goods without first providing the information mentioned in this section is deemed to have failed to mention an important fact, and therefore to have used a practice prohibited under section 228.

[2009, c. 51, s. 13].

229. Aucun commerçant, fabricant ou publicitaire ne peut, par quelque moyen que ce soit, à l'occasion de la sollicitation ou de la conclusion d'un contrat, faire une fausse représentation concernant la rentabilité ou un autre aspect d'une occasion d'affaires offerte à un consommateur.

[1978, c. 9, a. 229; 1999, c. 40, a. 234].

229. No merchant, manufacturer or advertiser may, by any means whatever, when soliciting or making a contract, make false representations concerning the profitability or any other aspect of a business opportunity offered to a consumer.

[1978, c. 9, s. 229].

230. Aucun commerçant, fabricant ou publicitaire ne peut, par quelque moyen que ce soit:

a) exiger quelque somme que ce soit pour un bien ou un service qu'il a fait parvenir ou rendu à un consommateur sans que ce dernier ne l'ait demandé;

b) prétexter un motif pour la sollicitation portant sur la vente d'un bien ou la prestation d'un service;

c) exiger du consommateur à qui il a fourni, gratuitement ou à un prix réduit, un service ou un bien pendant une période déterminée, un avis au terme de cette période indiquant qu'il ne souhaite pas obtenir ce service ou ce bien au prix courant.

[1978, c. 9, a. 230; 1991, c. 24, a. 14; 1999, c. 40, a. 234; 2009, c. 51, a. 14].

231. Aucun commerçant, fabricant ou publicitaire ne peut, par quelque moyen que ce soit, faire de la publicité concernant un bien ou un service qu'il possède en quantité insuffisante pour répondre à la demande du public, à moins de mentionner dans son message publicitaire qu'il ne dispose que d'une quantité limitée du bien ou du service et d'indiquer cette quantité.

Ne commet pas d'infraction au présent article le commerçant, le fabricant ou le publicitaire qui établit à la satisfaction du tribunal qu'il avait des motifs raisonnables de croire être en mesure de répondre à la demande du public, ou qui a offert au consommateur, au même prix, un autre bien de même nature et d'un prix coûtant égal ou supérieur.

[1978, c. 9, a. 231; 1999, c. 40, a. 234].

232. Aucun commerçant, fabricant ou publicitaire ne peut, par quelque moyen que ce soit, accorder dans un message publicitaire, plus d'importance à la prime qu'au bien ou au service offert.

On entend par « prime » un bien, un service, un rabais ou un autre avantage offert ou remis à l'occasion de la vente d'un bien ou de la prestation d'un service et qui peut être attribué ou est susceptible d'être obtenu, immédiatement ou d'une manière

230. No merchant, manufacturer or advertiser may, by any means whatever,

(a) charge any sum whatever for any goods or services that he has sent or rendered to a consumer without the consumer having ordered them;

(b) give any reason as a pretext for soliciting the sale of goods or the provision of services;

(c) require that a consumer to whom he has provided services or goods free of charge or at a reduced price for a fixed period send a notice at the end of that period indicating that the consumer does not wish to obtain the services or goods at the regular price.

[1978, c. 9, s. 230; 1991, c. 24, s. 14; 1999, c. 40, s. 234; 2009, c. 51, s. 14].

231. No merchant, manufacturer or advertiser may, by any means whatever, advertise goods or services of which he has an insufficient quantity to meet public demand unless mention is made in his advertisement that only a limited quantity of the goods or services is available and such quantity is indicated.

The merchant, manufacturer or advertiser who establishes to the satisfaction of the court that he had reasonable cause to believe that he could meet public demand or who offered the consumer, for the same price, other goods of the same nature and of an equal or greater cost price is not guilty of any infraction of this section.

[1978, c. 9, s. 231].

232. No merchant, manufacturer or advertiser may, by any means whatever, put greater emphasis, in an advertisement, on a premium than on the goods or services offered.

"Premium" means any goods, services, rebate or other benefit offered or given at the time of the sale of goods or the performance of a service, which may be granted or obtained immediately or in a deferred manner, from the merchant, manufacturer

différée, chez le commerçant, le fabricant ou le publicitaire, soit à titre gratuit soit à des conditions présentées explicitement ou implicitement comme avantageuses.

[1978, c. 9, a. 232; 1999, c. 40, a. 234].

or advertiser, either gratuitously or on conditions explicitly or implicitly presented as advantageous.

[1978, c. 9, s. 232; 1999, c. 40, s. 234].

233. Aucun commerçant, fabricant ou publicitaire ne peut, à l'occasion d'un concours ou d'un tirage, offrir soit un cadeau ou un prix, soit un article à rabais, sans en divulguer clairement toutes les conditions et modalités d'obtention.

[1978, c. 9, a. 233; 1999, c. 40, a. 234].

233. No merchant, manufacturer or advertiser may offer a gift, a prize or a rebate on any goods in connection with a contest or a drawing without clearly disclosing all the terms and conditions for obtaining it.

[1978, c. 9, s. 233].

234. Nul ne peut refuser de conclure une entente avec un commerçant ou mettre fin à une entente qui le lie à un commerçant en raison du fait que ce commerçant accorde un rabais à un consommateur qui le paie en argent comptant ou par effet de commerce.

[1978, c. 9, a. 234].

234. No person may refuse to enter into an agreement with a merchant, or terminate an agreement binding between him and a merchant, by reason of the fact that such merchant grants a rebate to the consumer who pays him cash or by negotiable instrument.

[1978, c. 9, s. 234].

235. Aucune personne ne peut, directement ou indirectement, dans un contrat passé avec un consommateur, subordonner l'octroi d'un rabais, d'un paiement ou d'un autre avantage, à la conclusion d'un contrat de même nature entre, d'une part, cette personne ou ce consommateur et, d'autre part, une autre personne.

[1978, c. 9, a. 235].

235. No person may, directly or indirectly, in a contract made with a consumer, make the grant of a rebate, payment or other benefit dependent upon the making of a contract of the same nature between that person or consumer and another person.

[1978, c. 9, s. 235].

236. Est visé notamment à l'article 235, le contrat communément appelé vente par référence, à paliers multiples, à système pyramidal, par réactions en chaîne ou autre mode similaire de vente.

[1978, c. 9, a. 236].

236. The contract commonly called a sale by reference, a multiple level sale, a pyramid sale, or a chain sale and any other similar mode of sale is in particular contemplated in section 235.

[1978, c. 9, s. 236].

236.1. Aucun commerçant ne peut exiger d'un consommateur, pour la vente d'un billet de spectacle, un prix supérieur à celui annoncé par le vendeur autorisé par le producteur du spectacle.

L'interdiction prévue au premier alinéa ne s'applique pas à un commerçant qui satisfait aux conditions suivantes:

    a) il a obtenu, au préalable, le consentement du producteur du spectacle pour revendre le billet de spectacle à un prix supérieur;

236.1. No merchant may sell a ticket to a consumer at a price above that announced by the vendor authorized to sell the tickets by the producer of the event.

The prohibition set out in the first paragraph does not apply to a merchant who :

    (a) has the prior authorization of the producer of the event to resell a ticket at a higher price;

b) il effectue la revente dans le respect de l'entente qu'il a conclue avec le producteur du spectacle;

c) il informe clairement le consommateur avant la revente:

   (i) de l'identité du vendeur autorisé visé au premier alinéa, du fait que des billets pourraient être disponibles auprès de ce dernier et du prix annoncé pour ces billets;

   (ii) du fait que le billet fait l'objet d'une revente et, le cas échéant, du prix de revente maximal auquel a consenti le producteur du spectacle.

Pour l'application du présent article, on entend par « billet de spectacle » tout document ou instrument dont la présentation donne le droit à son détenteur d'être admis à un spectacle, à un événement sportif, à un événement culturel, à une exposition ou à tout autre divertissement de quelque nature que ce soit.

[2011, c. 22, a. 1].

(b) resells the ticket in a manner that is compliant with the agreement the merchant entered into with the producer of the event;

(c) clearly informs the consumer before reselling the ticket

   (i) of the identity of the authorized vendor referred to in the first paragraph, of the fact that tickets may be available from the latter and of the advertised price of the tickets;

   (ii) that the ticket is being resold and, where applicable, of the maximum resale price agreed to by the producer of the event.

For the purposes of this section, « ticket » means any document or instrument that upon presentation gives the ticket holder a right of entry to a show, sporting event, cultural event, exhibition or any other kind of entertainment.

[2011, c. 22, s. 1].

237. Nul ne peut:

a) altérer l'odomètre d'une automobile de façon à lui faire indiquer incorrectement la distance parcourue par celle-ci;

b) réparer l'odomètre d'une automobile sans le régler de façon à ce qu'il affiche la même distance que celle qui apparaissait avant que ne soient effectués les travaux;

c) remplacer l'odomètre d'une automobile sans régler le nouvel odomètre de façon à ce qu'il affiche la même distance que celle qui apparaissait sur l'odomètre remplacé.

[1978, c. 9, a. 237; 1987, c. 90, a. 6].

237. No person may

(a) alter the odometer of an automobile so as to cause it to give an inaccurate reading of the distance travelled by the automobile;

(b) repair the odometer of an automobile except if he sets it so that it indicates the same distance as that it indicated before the repair;

(c) replace the odometer of an automobile except if he sets the new odometer so that it indicates the same distance as that shown on the replaced odometer.

[1978, c. 9, s. 237; 1987, c. 90, s. 6].

238. Aucun commerçant, fabricant ou publicitaire ne peut faussement, par quelque moyen que ce soit:

a) prétendre qu'il est agréé, recommandé, parrainé, approuvé par un tiers, ou affilié ou associé à ce dernier;

238. No merchant, manufacturer or advertiser may, falsely, by any means whatever,

(a) hold out that he is certified, recommended, sponsored or approved by a third person, or that he is affiliated or associated with the latter;

b) prétendre qu'un tiers recommande, approuve, agrée ou parraine un bien ou un service;

c) déclarer comme sien un statut ou une identité.

[1978, c. 9, a. 238; 1999, c. 40, a. 234].

(b) hold out that a third person recommends, approves, certifies or sponsors certain goods or services;

(c) state that he has a particular status or identity.

[1978, c. 9, s. 238].

239. Aucun commerçant, fabricant ou publicitaire ne peut, par quelque moyen que ce soit:

a) déformer le sens d'une information, d'une opinion ou d'un témoignage;

b) s'appuyer sur une donnée ou une analyse présentée faussement comme scientifique.

[1978, c. 9, a. 239; 1999, c. 40, a. 234].

239. No merchant, manufacturer or advertiser may, by any means whatever:

(a) distort the meaning of any information, opinion or testimony;

(b) rely upon data or analyses falsely presented as scientific.

[1978, c. 9, s. 239].

240. À moins d'une disposition contraire prévue par la présente loi ou un règlement, nul ne peut invoquer le fait qu'il est titulaire d'un permis ou qu'il a fourni un cautionnement exigé par la présente loi ou un règlement, ou qu'il est le représentant d'une personne qui est titulaire d'un permis ou qui a fourni un cautionnement exigé par la présente loi ou un règlement pour prétendre que sa compétence, sa solvabilité, sa conduite ou ses opérations sont reconnues ou approuvées.

[1978, c. 9, a. 240; 1980, c. 11, a. 110].

240. Subject to any contrary provision contained in this Act or a regulation, no person may invoke the fact that he holds a permit or has furnished security required by this Act or a regulation, or is the representative of a person holding a permit or having furnished security required by this act or a regulation, to hold out that his competence, solvency, conduct or operations are recognized or approved.

[1978, c. 9, s. 240; 1980, c. 11, s. 110].

241. À moins d'une disposition contraire prévue par la présente loi ou un règlement, nul ne peut alléguer dans un message publicitaire le fait qu'il est titulaire d'un permis ou qu'il a fourni un cautionnement exigé par la présente loi ou un règlement, ou qu'il est le représentant d'une personne qui est titulaire d'un permis ou qui a fourni un cautionnement exigé par la présente loi ou un règlement.

[1978, c. 9, a. 241; 1980, c. 11, a. 111].

241. Subject to any contrary provision of this Act or a regulation, no person may invoke in any advertisement the fact that he holds a permit or has furnished security required by this Act or a regulation, or that he is the representative of a person who holds a permit or has furnished security required by this Act or a regulation.

[1978, c. 9, s. 241; 1980, c. 11, s. 111].

242. Aucun commerçant ne peut, dans un message publicitaire, omettre son identité et sa qualité de commerçant.

[1978, c. 9, a. 242].

242. No merchant may fail to mention his identity, and the fact that he is a merchant, in any advertisement.

[1978, c. 9, s. 242].

243. Aucun commerçant ou fabricant ne peut, dans un message publicitaire concer-

243. No merchant or manufacturer may, in any advertisement of goods or services of-

nant un bien ou un service offert aux consommateurs, indiquer comme adresse une case postale sans mentionner au moins son adresse.

[1978, c. 9, a. 243; 1999, c. 40, a. 234].

fered to the consumer, give a post office box as his address without mentioning at least his address.

[1978, c. 9, s. 243].

244. Nul ne peut, dans un message publicitaire concernant un bien ou un service, informer le consommateur sur le crédit qu'on lui offre, sauf pour mentionner la disponibilité du crédit de la manière prescrite par règlement.

[1978, c. 9, a. 244].

244. No person may in any advertisement of goods or services, advise consumers of the credit offered to them except to mention the availability of credit in the manner prescribed by regulation.

[1978, c. 9, s. 244].

245. Nul ne peut, à l'occasion d'un message publicitaire concernant le crédit, inciter le consommateur à se procurer un bien ou un service au moyen du crédit ou illustrer un bien ou un service.

[1978, c. 9, a. 245].

245. No person may, in any advertisement concerning credit, urge consumers to obtain goods or services on credit or illustrate goods or services.

[1978, c. 9, s. 245].

245.1. Nul ne peut faire parvenir à un consommateur qui n'en a pas fait la demande par écrit une offre de crédit, un certificat de prêt ou un autre écrit qui, par la signature du consommateur, devient un contrat de crédit.

[1987, c. 90, a. 7].

245.1. No person may send a credit offer, a loan certificate or any writing which, if it bears the consumer's signature, becomes a contract of credit to a consumer who has not applied therefor in writing.

[1987, c. 90, s. 7].

246. Nul ne peut, à l'occasion d'un message publicitaire concernant le crédit, divulguer un taux relatif au crédit, à moins de divulguer également le taux de crédit calculé conformément à la présente loi et de faire ressortir ce dernier d'une façon aussi évidente.

[1978, c. 9, a. 246; 1991, c. 24, a. 15].

246. No person may, in any advertisement concerning credit, disclose a rate regarding credit unless he also discloses, with equal emphasis, the credit rate computed in accordance with this Act.

[1978, c. 9, s. 246; 1991, c. 24, s. 15].

247. Nul ne peut faire de la publicité concernant les modalités du crédit, à l'exception du taux de crédit, à moins que le message publicitaire ne contienne les mentions prescrites par règlement.

[1978, c. 9, a. 247].

247. No person may make use of advertising regarding the terms and conditions of credit, except the credit rate, unless such advertising includes the particulars prescribed by regulation.

[1978, c. 9, s. 247].

247.1. Nul ne peut faire de la publicité concernant les modalités du louage à long terme de biens, à moins que le message publicitaire n'indique de façon expresse qu'il s'agit d'une offre de location à long

247.1. No person may make use of advertising regarding the terms and conditions of long-term lease of goods, unless such advertising states expressly that the offer concerns long-term lease and includes the

terme et ne contienne les mentions prescrites par règlement, présentées de la manière qui y est prévue.

[1991, c. 24, a. 16].

248. Sous réserve de ce qui est prévu par
règlement, nul ne peut faire de la publicité
à but commercial destinée à des personnes
de moins de treize ans.

[1978, c. 9, a. 248].

249. Pour déterminer si un message publicitaire est ou non destiné à des personnes
de moins de treize ans, on doit tenir
compte du contexte de sa présentation et
notamment:

a) de la nature et de la destination du
bien annoncé;

b) de la manière de présenter ce
message publicitaire;

c) du moment ou de l'endroit où il
apparaît.

Le fait qu'un tel message publicitaire soit
contenu dans un imprimé destiné à des
personnes de treize ans et plus ou destiné à
la fois à des personnes de moins de treize
ans et à des personnes de treize ans et plus
ou qu'il soit diffusé lors d'une période
d'écoute destinée à des personnes de treize
ans et plus ou destinée à la fois à des personnes de moins de treize ans et à des personnes de treize ans et plus ne fait pas présumer qu'il n'est pas destiné à des
personnes de moins de treize ans.

[1978, c. 9, a. 249].

250. Nul ne peut faire de la publicité indiquant qu'un commerçant échange ou accepte en paiement un chèque ou un autre
ordre de paiement émis par le gouvernement du Québec, par celui du Canada ou
par une municipalité.

[1978, c. 9, a. 250; 1996, c. 2, a. 791].

251. Nul ne peut exiger de frais d'un consommateur pour l'échange ou l'encaisse-
ment d'un chèque ou d'un autre ordre de
paiement émis par le gouvernement du
Québec, par celui du Canada ou par une
municipalité.

[1978, c. 9, a. 251; 1996, c. 2, a. 791].

particulars prescribed by regulation in the
manner therein provided.

[1991, c. 24, s. 16].

248. Subject to what is provided in the
regulations, no person may make use of
commercial advertising directed at persons
under thirteen years of age.

[1978, c. 9, s. 248].

249. To determine whether or not an advertisement is directed at persons under
thirteen years of age, account must be
taken of the context of its presentation,
and in particular of

(a) the nature and intended purpose
of the goods advertised;

(b) the manner of presenting such
advertisement;

(c) the time and place it is shown.

The fact that such advertisement may be
contained in printed matter intended for
persons thirteen years of age and over or
intended both for persons under thirteen
years of age and for persons thirteen years
of age and over, or that it may be broadcast during air time intended for persons
thirteen years of age and over or intended
both for persons under thirteen years of
age and for persons thirteen years of age
and over does not create a presumption
that it is not directed at persons under thirteen years of age.

[1978, c. 9, s. 249].

250. No person shall advertise that a
merchant exchanges or accepts as payment
cheques or other orders to pay issued by
the government of Québec or of Canada or
by a municipality.

[1978, c. 9, s. 250; 1996, c. 2, s. 791].

251. No person may charge a consumer
for exchanging or cashing a cheque or
other order to pay issued by the government of Québec or of Canada or by a
municipality.

[1978, c. 9, s. 251; 1996, c. 2, s. 791].

252. Aux fins des articles 231, 246, 247, 247.1, 248 et 250, on entend par « faire de la publicité » le fait de préparer, d'utiliser, de distribuer, de faire distribuer, de publier ou de faire publier, de diffuser ou de faire diffuser un message publicitaire.

[1978, c. 9, a. 252; 1991, c. 24, a. 17].

253. Lorsqu'un commerçant, un fabricant ou un publicitaire se livre en cas de vente, de location ou de construction d'un immeuble à une pratique interdite ou, dans les autres cas, à une pratique interdite visée aux paragraphes *a* et *b* de l'article 220, *a*, *b*, *c*, *d*, *e* et *g* de l'article 221, *d*, *e* et *f* de l'article 222, *c* de l'article 224, *a* et *b* de l'article 225 et aux articles 227, 228, 229, 237 et 239, il y a présomption que, si le consommateur avait eu connaissance de cette pratique, il n'aurait pas contracté ou n'aurait pas donné un prix si élevé.

[1978, c. 9, a. 253; 1985, c. 34, a. 273; 1999, c. 40, a. 234].

TITRE III —— SOMMES TRANSFÉRÉES EN FIDUCIE

254. Une somme d'argent reçue par un commerçant d'un consommateur avant la conclusion d'un contrat est transférée en fiducie. Le commerçant est alors fiduciaire de cette somme et doit la déposer dans un compte en fidéicommis jusqu'à ce qu'il la rembourse au consommateur sur réclamation de ce dernier, ou jusqu'à la conclusion du contrat.

[1978, c. 9, a. 254; 1999, c. 40, a. 234].

255. Une somme d'argent reçue par un commerçant d'un consommateur, en vertu d'un contrat visé par l'article 56, est transférée en fiducie. Le commerçant est alors fiduciaire de cette somme et doit la déposer dans un compte en fidéicommis jusqu'à l'expiration du délai prévu par l'article 59 ou jusqu'à la résolution du contrat en vertu de cet article 59.

[1978, c. 9, a. 255; 1999, c. 40, a. 234].

256. Une somme d'argent reçue par un commerçant d'un consommateur, par suite d'un contrat en vertu duquel l'obligation principale du commerçant doit être exécu-

252. For the purposes of sections 231, 246, 247, 247.1, 248 and 250, "to advertise" or "to make use of advertising" means to prepare, utilize, distribute, publish or broadcast an advertisement, or to cause it to be distributed, published or broadcast.

[1978, c. 9, s. 252; 1991, c. 24, s. 17].

253. Where a merchant, manufacturer or advertiser makes use of a prohibited practice in case of the sale, lease or construction of an immovable or, in any other case, of a prohibited practice referred to in paragraph *a* or *b* of section 220, *a*, *b*, *c*, *d*, *e* or *g* of section 221, *d*, *e* or *f* of section 222, *c* of section 224 or *a* or *b* of section 225, or in section 227, 228, 229, 237 or 239, it is presumed that had the consumer been aware of such practice, he would not have agreed to the contract or would not have paid such a high price.

[1978, c. 9, s. 253; 1985, c. 34, s. 273].

TITLE III —— SUMS TRANSFERRED IN TRUST

254. Any sum of money received by a merchant from a consumer before the making of a contract shall be transferred in trust. The merchant is the trustee of the sum, and must deposit it in a trust account until the sum is repaid to the consumer on demand or until the contract is made.

[1978, c. 9, s. 254; 1999, c. 40, s. 234].

255. Any sum of money collected from a consumer by a merchant under a contract contemplated in section 56 shall be transferred in trust. The merchant is the trustee of the sum and must deposit it in a trust account until the time provided in section 59 has expired or until the contract is cancelled by virtue of section 59.

[1978, c. 9, s. 255; 1999, c. 40, s. 234].

256. Any sum of money collected from a consumer by a merchant under a contract that stipulates that the principal obligation of the merchant is to be performed more

tée plus de deux mois après la conclusion de ce contrat, est transférée en fiducie. Le commerçant est alors fiduciaire de cette somme et doit la déposer dans un compte en fidéicommis jusqu'à l'exécution de son obligation principale.

[1978, c. 9, a. 256; 1999, c. 40, a. 234].

than two months after the contract is made shall be transferred in trust. The merchant is the trustee of the sum and must deposit it in a trust account until the principal obligation has been performed.

[1978, c. 9, s. 256; 1999, c. 40, s. 234].

257. Le commerçant doit, à tout moment, n'avoir qu'un seul compte en fidéicommis dans une banque à charte, une coopérative de services financiers, une société de fiducie ou une autre institution autorisée par la *Loi sur l'assurance-dépôts* (chapitre A-26) à recevoir des dépôts, pour y garder les sommes d'argent visées aux articles 254 à 256.

Dès l'ouverture du compte, il doit informer le président de l'endroit où ce compte en fidéicommis est tenu ainsi que du numéro de ce compte.

[1978, c. 9, a. 257; 1987, c. 95, a. 402; 1999, c. 40, a. 234; 2000, c. 29, a. 664].

257. The merchant shall, at all times, have only one trust account in a chartered bank, financial services cooperative, trust company or other institution authorized by the *Deposit Insurance Act* (chapter A-26) to receive deposits, to keep the sums of money contemplated in sections 254 to 256.

From the time the account is opened, he must inform the president of the place where such account is kept and the number of such account.

[1978, c. 9, s. 257; 2000, c. 29, s. 664].

258. Le commerçant doit effectuer dans ses livres ou registres les inscriptions comptables appropriées au sujet des sommes qu'il reçoit d'un consommateur et qui sont transférées en fiducie en vertu des articles 254 à 256.

Le commerçant doit, sur demande du consommateur, lui rendre compte d'une somme qu'il en a reçue.

[1978, c. 9, a. 258; 1999, c. 40, a. 234].

258. Every merchant must enter in his books or registers the appropriate accounting items in regard to the amounts he receives from a consumer and that must be transferred in trust under sections 254 to 256.

The merchant must, on demand of the consumer, render account of every sum he has received from him.

[1978, c. 9, s. 258; 1999, c. 40, s. 234].

259. L'intérêt sur les sommes versées dans un compte en fidéicommis tenu en vertu du présent titre appartient au commerçant.

[1978, c. 9, a. 259; 1999, c. 40, a. 234].

259. Interest on sums deposited in a trust account pursuant to this title belongs to the merchant.

[1978, c. 9, s. 259].

260. Lorsque le commerçant est une personne morale, un administrateur est solidairement responsable avec la personne morale des sommes qui doivent être transférées en fiducie conformément aux articles 254 à 256, à moins qu'il ne fasse la preuve de sa bonne foi.

[1978, c. 9, a. 260; 1999, c. 40, a. 234].

260. Where the merchant is a legal person, each director is solidarily liable with the legal person for the sums which are transferred in trust in accordance with sections 254 to 256, unless the director proves that he acted in good faith.

[1978, c. 9, s. 260; 1999, c. 40, s. 234].

TITRE III.1 —— AGENTS D'INFORMATION

TITLE III.1 —— INFORMATION AGENTS

260.1.-260.4. (*Abrogés*).

[1993, c. 17, a. 112].

260.1.-260.4. (*Repealed*).

[1993, c. 17, s. 112].

TITRE III.2 ⎯ ADMINISTRATION DES
SOMMES PERÇUES EN MATIÈRE DE
GARANTIE SUPPLÉMENTAIRE

TITLE III.2 ⎯ ADMINISTRATION OF
SUMS COLLECTED IN RESPECT OF
ADDITIONAL WARRANTIES

260.5. Le présent titre s'applique au commerçant obligé d'être titulaire d'un permis en vertu du paragraphe *d* de l'article 321.

[1988, c. 45, a. 2; 1997, c. 43, a. 875].

260.5. This title applies to every merchant required to hold a permit under paragraph *d* of section 321.

[1988, c. 45, s. 2].

260.6. (*Abrogé*).

[2009, c. 51, a. 15].

260.6. (*Repealed*).

[2009, c. 51, s. 15].

260.7. Le commerçant doit maintenir en tout temps des réserves suffisantes destinées à garantir les obligations découlant des contrats de garantie supplémentaire qu'il conclut.

[1988, c. 45, a. 2; 1999, c. 40, a. 234].

260.7. The merchant must at all times maintain sufficient reserves to guarantee the obligations arising from any contract of additional warranty he may make.

[1988, c. 45, s. 2; 1999, c. 40, s. 234].

260.8. Dans l'exécution de son obligation de maintenir les réserves visées à l'article 260.7, le commerçant doit sans délai déposer dans un compte en fidéicommis distinct, désigné « compte de réserve », une portion au moins égale à 50% de toute somme qu'il reçoit en contrepartie d'un contrat de garantie supplémentaire.

Toute somme reçue par le commerçant en contrepartie d'un contrat de garantie supplémentaire est, à concurrence de la portion qu'il doit déposer dans le compte de réserve, transférée en fiducie et le commerçant en est le fiduciaire.

[1988, c. 45, a. 2; 1999, c. 40, a. 234].

260.8. For the purpose of maintaining sufficient reserves as required by section 260.7, the merchant must deposit forthwith in a separate trust account identified as a "reserve account", a portion equal to not less than 50 % of any sum he receives as consideration for a contract of additional warranty.

Any sum received by the merchant as consideration for a contract of additional warranty is, to the extent of the portion that he must deposit in the reserve account, transferred in trust and the merchant is the trustee thereof.

[1988, c. 45, s. 2; 1999, c. 40, s. 234].

260.9. Le compte de réserves doit en tout temps demeurer ouvert au Québec auprès d'une société de fiducie qui a souscrit un engagement à assumer, quant aux sommes qui lui sont confiées par le commerçant, les devoirs, les obligations et les responsabilités que la présente loi lui impose.

Dès l'ouverture du compte, le commerçant doit informer le président du numéro du compte ainsi que de l'endroit où il est tenu et lui transmettre l'engagement souscrit par la société de fiducie.

260.9. The reserve account must remain open at all times in Québec with a trust company which has made a written undertaking that it will assume the duties, obligations and responsibilities imposed on it by this Act with respect to the sums entrusted to it by the merchant.

Upon opening the account, the merchant must inform the president of the number of the account and of the place where it is held and transmit to him the undertaking of the trust company.

L'engagement doit être conforme au modèle prévu à l'Annexe 11.

[1988, c. 45, a. 2].

The undertaking must be consistent with the model provided in Schedule 11.

[1988, c. 45, s. 2].

260.10. Le commerçant doit fournir au président un état de ses opérations aux moments et de la façon prescrits par règlement.

[1988, c. 45, a. 2].

260.10. The merchant must provide a statement of his operations to the president at such intervals and in the manner prescribed by regulation.

[1988, c. 45, s. 2].

260.11. Le compte de réserves ne peut être utilisé que pour l'une des fins suivantes:

a) acquitter une réclamation née d'un contrat de garantie supplémentaire pour lequel une somme a été déposée dans ce compte conformément à l'article 260.8;

b) rembourser les sommes dues à un consommateur par suite de la résolution ou de l'annulation d'un contrat de garantie supplémentaire pour lequel une somme a été déposée dans ce compte conformément à l'article 260.8.

Le commerçant peut se réserver le choix des placements à effectuer avec les sommes contenues dans le compte de réserves. Dans ce cas, ces sommes ne peuvent faire l'objet de placements que par la société de fiducie et que dans des catégories de placements déterminées par règlement.

[1988, c. 45, a. 2].

260.11. The reserve account funds may be applied to the following purposes only:

(a) paying a claim arising from a contract of additional warranty in respect of which a sum was deposited in the account pursuant to section 260.8;

(b) refunding the sums due to a consumer following the dissolution or cancellation of a contract of additional warranty in respect of which a sum was deposited in the account pursuant to section 260.8.

The merchant may reserve the right to choose how the reserve account funds are to be invested. The only investments permitted in that case are investments of a class prescribed by regulation, made by the trust company.

[1988, c. 45, s. 2].

260.12. La société de fiducie auprès de qui un compte de réserves a été ouvert ne doit permettre l'utilisation dudit compte que pour l'une des fins énumérées à l'article 260.11 et sur présentation de pièces justificatives.

[1988, c. 45, a. 2].

260.12. No trust company with which a reserve account has been opened may permit that the reserve account funds be applied otherwise than to one of the purposes set out in section 260.11 and on presentation of the proper supporting documents.

[1988, c. 45, s. 2].

260.13. Le commerçant doit maintenir une comptabilité distincte de toutes les opérations affectant le compte de réserves dans laquelle doit apparaître de façon détaillée l'utilisation des fonds.

Il doit en outre tenir à jour un registre des consommateurs ayant conclu avec lui un contrat de garantie supplémentaire, avec indication de la date de conclusion du contrat et de sa date d'échéance, du prix du

260.13. The merchant must keep separate accounting records of all operations affecting the reserve account, in which the application of funds must appear in detail.

In addition, the merchant must keep and update a register of all consumers having entered into a contract of additional warranty with him, stating in respect of each contract the date of signing, the date of ex-

contrat, du montant déposé en fidéicommis ainsi que du montant utilisé ou retiré.

[1988, c. 45, a. 2].

260.14. Les sommes qui sont perçues par un commerçant et qui doivent être déposées en fidéicommis dans le compte de réserves en vertu de l'article 260.8 sont, tant qu'elles n'ont pas été utilisées pour acquitter une réclamation née d'un contrat de garantie supplémentaire ou pour rembourser les sommes dues à un consommateur par suite de la résolution ou de l'annulation d'un contrat de garantie supplémentaire ou tant que la valeur résiduelle des contrats n'a pas été remboursée aux consommateurs, réputées détenues en fiducie pour les consommateurs par le commerçant et un montant égal au total des sommes ainsi réputées détenues en fiducie doit être considéré comme formant un fonds séparé ne faisant pas partie des biens du commerçant, que ce montant ait été ou non conservé distinct et séparé des propres fonds du commerçant ou de la masse de ses biens.

La valeur résiduelle des contrats doit être calculée à la date d'une ordonnance de mise en liquidation du commerçant ou à la date de la cession ou d'une prise de possession de ses biens ou à la date d'une ordonnance de séquestre rendue contre lui, ou à la date que fixera un administrateur provisoire nommé en vertu de l'article 260.16, suivant les normes et méthodes actuarielles reconnues.

[1988, c. 45, a. 2].

260.15. Le compte de réserves est incessible et insaisissable.

[1988, c. 45, a. 2].

260.16. Le président peut nommer un administrateur provisoire pour administrer temporairement, continuer ou terminer les affaires en cours d'un commerçant dans l'un ou l'autre des cas suivants:

a) lorsque le commerçant exerce ses activités sans permis;

b) lorsque le commerçant ne remplit plus l'une des conditions prescrites par la présente loi ou par règlement pour l'obtention d'un permis;

piry and the price, the sum deposited in trust, and any amount used or withdrawn.

[1988, c. 45, s. 2].

260.14. The sums collected by a merchant to be deposited in trust in his reserve account pursuant to section 260.8 are deemed to be held in trust for the consumers by the merchant so long as they have not been applied to the discharge of a claim arising from a contract of additional warranty or to the refund of sums due to a consumer following the dissolution or cancellation of a contract of additional warranty or so long as the residual value of the contracts has not been refunded to the consumers, and an amount equal to the aggregate of the sums deemed to be held in trust shall be regarded as a separate fund not forming part of the merchant's property, whether or not the amount has been kept separate and apart from the merchant's own funds or the mass of his property.

The residual value of the contracts must be calculated according to recognized actuarial hypotheses and methods as it stands on the date of a winding-up order in respect of the merchant, on the date of an assignment, seizure or taking of possession of his property, on the date of a receiving order against him or on the date fixed by a provisional administrator appointed under section 260.16.

[1988, c. 45, s. 2].

260.15. The reserve account funds are unassignable and unseizable.

[1988, c. 45, s. 2].

260.16. The president may appoint a provisional administrator to manage temporarily, continue or terminate the current business of a merchant in any of the following cases:

(a) where the merchant operates without a permit;

(b) where the merchant no longer meets one of the requirements prescribed by this Act or the regulations for obtaining a permit;

c) lorsque le permis du commerçant est annulé ou suspendu par le président ou que ce dernier en refuse le renouvellement;

d) lorsque le président a des motifs raisonnables de croire que, durant le cours d'un permis, le commerçant ne s'est pas conformé à une obligation prescrite par les articles 260.7 à 260.13;

e) lorsque le président estime que les droits des consommateurs pourraient être en péril sans cette mesure.

[1988, c. 45, a. 2].

260.17. Le président doit donner au commerçant l'occasion de présenter ses observations avant de nommer un administrateur provisoire.

Toutefois, lorsque l'urgence de la situation l'exige, le président peut d'abord nommer l'administrateur provisoire, à la condition de donner au commerçant l'occasion de présenter ses observations dans un délai d'au moins 10 jours.

[1988, c. 45, a. 2; 1997, c. 43, a. 461].

260.18. (*Abrogé*).

[1997, c. 43, a. 462].

260.19. La décision de nommer un administrateur provisoire doit être motivée et le président doit la notifier par écrit au commerçant.

[1988, c. 45, a. 2].

260.20. L'administrateur provisoire possède les pouvoirs nécessaires à l'exécution du mandat que lui confie le président.

Il peut notamment, d'office, sous réserve des restrictions contenues dans le mandat:

a) prendre possession de tous les fonds détenus en fidéicommis ou autrement par le commerçant ou pour lui;

b) engager ces fonds pour la réalisation du mandat confié par le prési-

(c) where the merchant's permit is cancelled or suspended by the president or where the latter refuses to renew the permit;

(d) where the president has reasonable grounds to believe that, during the term of his permit, the merchant did not comply with every obligation under sections 260.7 to 260.13;

(e) where the president is of the opinion that the rights of consumers may be jeopardized if such action is not taken.

[1988, c. 45, s. 2].

260.17. Before appointing a provisional administrator, the president must give the merchant an opportunity to present observations.

However, in an urgent situation, the president may first appoint the provisional administrator, provided that he allows the merchant at least 10 days to present observations.

[1988, c. 45, s. 2; 1997, c. 43, s. 461].

260.18. (*Repealed*).

[1997, c. 43, s. 462].

260.19. The decision to appoint a provisional administrator must state the reasons therefor and the president shall notify the merchant of the decision in writing.

[1988, c. 45, s. 2].

260.20. The provisional administrator shall have the necessary powers to carry out the mandate entrusted to him by the president.

Subject to the restrictions included in his mandate, he may, of his own initiative, in particular,

(a) take possession of the funds held in trust or otherwise by or for the merchant;

(b) commit the said funds to carry out the mandate entrusted to him by

dent et conclure les contrats nécessaires à cette fin;

c) déterminer le nombre et l'identité des détenteurs de contrats de garantie supplémentaire;

d) transporter ou céder des contrats de garantie supplémentaire ou en disposer autrement;

e) fixer la valeur résiduelle des contrats de garantie supplémentaire à la date qu'il détermine et déterminer une méthode de distribution des fonds, le cas échéant;

f) transiger sur toute réclamation faite par un consommateur contre le commerçant en exécution d'un contrat de garantie supplémentaire;

g) ester en justice pour les fins de l'exécution de son mandat.

L'administrateur provisoire ne peut être poursuivi en justice en raison d'actes accomplis de bonne foi dans l'exercice de ses fonctions.

[1988, c. 45, a. 2].

260.21. Lorsqu'un administrateur provisoire est nommé, toute personne en possession de documents, dossiers, livres, données informatisées, programmes d'ordinateurs ou autres effets relatifs aux affaires du commerçant doit, sur demande, les remettre à l'administrateur provisoire et lui donner accès à tous lieux, appareils ou ordinateurs qu'il peut requérir.

[1988, c. 45, a. 2].

260.22. Après avoir reçu un avis à cet effet de l'administrateur provisoire nommé pour un commerçant, aucun dépositaire de fonds pour ce commerçant ne peut effectuer de retrait ou de paiement à même ces fonds, sauf avec l'autorisation écrite de l'administrateur provisoire. Ces fonds doivent, sur demande, être mis en possession de l'administrateur provisoire suivant ses directives.

[1988, c. 45, a. 2].

260.23. Les frais d'administration et les honoraires de l'administrateur provisoire incombent au commerçant et deviennent

the president and enter into such contracts as are necessary for that purpose;

(c) establish the number and identity of the holders of contracts of additional warranty;

(d) assign, transfer or otherwise dispose of the contracts of additional warranty;

(e) fix the residual value of the contracts of additional warranty as it stands on the date he determines and, where applicable, establish a method of distribution of the funds;

(f) transact upon any claim by a consumer against the merchant for the performance of a contract of additional warranty;

(g) sue for the purposes of the carrying out of his mandate.

In no case may the provisional administrator be sued by reason of acts performed in good faith in the performance of his duties.

[1988, c. 45, s. 2].

260.21. Where a provisional administrator is appointed, every person in possession of documents, records, books, computer data, computer programs or other effects relating to the merchant's business must hand them over on request to the provisional administrator and give him access to such premises, equipment or computers as he may require.

[1988, c. 45, s. 2].

260.22. After receiving a notice to that effect from the provisional administrator appointed for a merchant, no depositary of funds for the merchant may make any withdrawal or payment from the funds, except with the written authorization of the provisional administrator. The funds must, on request, be put in the possession of the provisional administrator according to his directives.

[1988, c. 45, s. 2].

260.23. The costs of the provisional administration and the fees of the provisional administrator shall be charged to the

payables dès leur approbation par le président. À défaut par le commerçant d'en acquitter le compte dans les 30 jours de sa présentation, ils sont payables, par préséance sur toute créance, à même le cautionnement exigé du commerçant s'il en est et, en cas d'absence ou d'insuffisance, ils sont payables à même le compte de réserves et les sommes ainsi prélevées affectent alors au prorata la créance de chaque consommateur. En tel cas, chacun des consommateurs est subrogé dans les droits de l'administrateur provisoire contre le commerçant pour un montant égal à l'affectation de sa créance.

[1988, c. 45, a. 2].

260.24. Les frais engagés pour l'application des dispositions du présent titre sont à la charge des commerçants titulaires d'un permis.

Le gouvernement détermine chaque année le quantum de ces frais, lesquels sont réclamés et perçus des commerçants suivant les critères de répartition et selon les modalités prévus par règlement.

[1988, c. 45, a. 2].

TITRE IV —— PREUVE, PROCÉDURE ET SANCTIONS

Chapitre I —— Preuve et procédure

261. On ne peut déroger à la présente loi par une convention particulière.

[1978, c. 9, a. 261].

262. À moins qu'il n'en soit prévu autrement dans la présente loi, le consommateur ne peut renoncer à un droit que lui confère la présente loi.

[1978, c. 9, a. 262].

263. Malgré l'article 2863 du Code civil, le consommateur peut, s'il exerce un droit prévu par la présente loi ou s'il veut prouver que la présente loi n'a pas été respec-

merchant and become payable upon being approved by the president. If the merchant fails to pay the account within 30 days of its presentation, the costs and fees shall be payable by preference to any other debt, out of the security required of the merchant where such is the case, and in case of a lack or insufficiency of funds, they shall be payable out of the reserve account funds and the sums so applied shall affect proportionally the claim of each consumer. In such a case, each consumer is subrogated to the rights of the provisional administrator against the merchant for an amount equal to the amount of his claim applied to the payment.

[1988, c. 45, s. 2].

260.24. The costs incurred for the administration of the provisions of this title shall be charged to the merchants holding a permit.

The Government shall determine, each year, the quantum of the costs, which shall be claimed and collected from the merchants, in accordance with the criteria of apportionment and the terms and conditions prescribed by regulation.

[1988, c. 45, s. 2].

TITLE IV —— PROOF, PROCEDURE AND PENALTIES

Chapter I —— Proof and Procedure

261. No person may derogate from this Act by private agreement.

[1978, c. 9, s. 261].

262. No consumer may waive the rights granted to him by this Act unless otherwise provided herein.

[1978, c. 9, s. 262].

263. Notwithstanding article 2863 of the Civil Code, a consumer, when exercising a right provided by this Act, may make proof by testimony, even to contradict or

tée, administrer une preuve testimoniale, même pour contredire ou changer les termes d'un écrit.

[1978, c. 9, a. 263; 1999, c. 40, a. 234].

264. Un document, certifié conforme à l'original par le président ou une personne habilitée en vertu de la présente loi à faire enquête, est admissible en preuve et a la même force probante que l'original.

[1978, c. 9, a. 264; 1995, c. 38, a. 1].

265. Est authentique le procès-verbal d'une séance de l'Office certifié conforme par le président. Il en est de même d'un document ou d'une copie qui émane de l'Office ou fait partie de ses archives, lorsqu'il est signé par le président.

[1978, c. 9, a. 265; 1995, c. 38, a. 2].

266. Le procureur général, le président ou l'organisme visé à l'article 316 est dispensé de l'obligation de fournir caution pour obtenir une injonction en vertu de la présente loi.

[1978, c. 9, a. 266; 2009, c. 51, a. 16].

267. Lorsqu'une injonction émise en vertu de la présente loi n'est pas respectée, une requête pour outrage au tribunal peut être présentée devant le tribunal du lieu où l'outrage a été commis.

[1978, c. 9, a. 267].

268. Un avis donné par un commerçant en vertu de la présente loi doit être rédigé dans la langue du contrat à l'occasion duquel il est donné.

[1978, c. 9, a. 268].

269. Dans la computation d'un délai prévu par une loi ou un règlement dont l'Office doit surveiller l'application:

a) le jour qui marque le point de départ n'est pas compté, mais celui de l'échéance l'est;

b) les jours fériés sont comptés mais, lorsque le dernier jour est férié, le délai est prorogé au premier jour non férié suivant;

vary the terms of a writing, to establish that this Act has not been complied with.

[1978, c. 9, s. 263; 1999, c. 40, s. 234].

264. Every document certified true to the original by the president or any person empowered under this Act to conduct an investigation is receivable as proof and has the same value as the original.

[1978, c. 9, s. 264; 1995, c. 38, s. 1].

265. The minutes of the sittings of the Office certified true by the president are authentic. The same rule applies to documents or copies emanating from the Office or forming part of its records when they are signed by the president of the Office.

[1978, c. 9, s. 265; 1995, c. 38, s. 2].

266. The Attorney General, the president and a body referred to in section 316 are exempt from the obligation to give security in order to obtain an injunction under this Act.

[1978, c. 9, s. 266; 2009, c. 51, s. 16].

267. Where an injunction granted under this Act is not complied with, a motion for contempt of court may be presented before the court of the place where the contempt was committed.

[1978, c. 9, s. 267].

268. Every notice given by a merchant under this Act must be drawn up in the language of the contract to which it refers.

[1978, c. 9, s. 268].

269. In computing any time provided for by any Act or regulation the application of which is under the supervision of the Office,

(a) the day which marks the start of the time is not counted, but the terminal day is counted;

(b) non-juridical days are counted; but when the last day is a non-juridical day, the time is extended to the next following juridical day;

c) le samedi est assimilé à un jour férié de même que le 2 janvier et le 26 décembre.

[1978, c. 9, a. 269].

(c) Saturday is considered a non-juridical day, as are 2 January and 26 December.

[1978, c. 9, s. 269; 1999, c. 40, s. 234].

270. Les dispositions de la présente loi s'ajoutent à toute disposition d'une autre loi qui accorde un droit ou un recours au consommateur.

[1978, c. 9, a. 270].

270. The provisions of this Act are in addition to any provision of another Act granting a right or a recourse to a consumer.

[1978, c. 9, s. 270].

Chapitre II —— Recours civils

Chapter II —— Civil Recourses

271. Si l'une des règles de formation prévues par les articles 25 à 28 n'a pas été respectée, ou si un contrat ne respecte pas une exigence de forme prescrite par la présente loi ou un règlement, le consommateur peut demander la nullité du contrat.

Dans le cas d'un contrat de crédit, lorsqu'une modalité de paiement ou encore le calcul ou une indication des frais de crédit ou du taux de crédit n'est pas conforme à la présente loi ou à un règlement, le consommateur peut demander, à son choix, soit la nullité du contrat, soit la suppression des frais de crédit et la restitution de la partie des frais de crédit déjà payée.

Le tribunal accueille la demande du consommateur sauf si le commerçant démontre que le consommateur n'a subi aucun préjudice du fait qu'une des règles ou des exigences susmentionnées n'a pas été respectée.

[1978, c. 9, a. 271].

271. If any rule provided in sections 25 to 28 governing the making of contracts is not observed or if a contract does not conform to the requirements of this Act or the regulations, the consumer may demand the nullity of the contract.

In the case of a contract of credit, if any of the terms and conditions of payment, or the computation or any indication of the credit charges or the credit rate does not conform to this Act or the regulations, the consumer may at his option demand the nullity of the contract or demand that the credit charges be cancelled and that any part of them already paid be restored.

The court shall grant the demand of the consumer unless the merchant shows that the consumer suffered no prejudice from the fact that one of the above mentioned rules or requirements was not respected.

[1978, c. 9, s. 271].

272. Si le commerçant ou le fabricant manque à une obligation que lui impose la présente loi, un règlement ou un engagement volontaire souscrit en vertu de l'article 314 ou dont l'application a été étendue par un décret pris en vertu de l'article 315.1, le consommateur, sous réserve des autres recours prévus par la présente loi, peut demander, selon le cas:

a) l'exécution de l'obligation;

b) l'autorisation de la faire exécuter aux frais du commerçant ou du fabricant;

272. If the merchant or the manufacturer fails to fulfil an obligation imposed on him by this Act, by the regulations or by a voluntary undertaking made under section 314 or whose application has been extended by an order under section 315.1, the consumer may demand, as the case may be, subject to the other recourses provided by this Act,

(a) the specific performance of the obligation;

(b) the authorization to execute it at the merchant's or manufacturer's expense;

c) la réduction de son obligation;

d) la résiliation du contrat;

e) la résolution du contrat; ou

f) la nullité du contrat,

sans préjudice de sa demande en dommages-intérêts dans tous les cas. Il peut également demander des dommages-intérêts punitifs.

[1978, c. 9, a. 272; 1992, c. 58, a. 1; 1999, c. 40, a. 234].

273.-275. (*Abrogés*).

[2006, c. 56, a. 7].

276. Le consommateur peut invoquer en défense ou dans une demande reconventionnelle un moyen prévu par la présente loi qui tend à repousser une action ou à faire valoir un droit contre le commerçant même si le délai pour s'en prévaloir par action directe est expiré.

[1978, c. 9, a. 276].

Chapitre III —— Dispositions pénales

277. Est coupable d'une infraction la personne qui:

a) contrevient à la présente loi ou à un règlement;

b) donne une fausse information au ministre, au président ou à toute personne habilitée à faire enquête en vertu de la présente loi;

c) entrave l'application de la présente loi ou d'un règlement;

d) ne se conforme pas à un engagement volontaire souscrit en vertu de l'article 314 ou dont l'application a été étendue par un décret pris en vertu de l'article 315.1;

e) n'obtempère pas à une décision du président;

f) soumise à une ordonnance du tribunal en vertu de l'article 288, omet ou refuse de se conformer à cette ordonnance.

(c) that his obligations be reduced;

(d) that the contract be rescinded;

(e) that the contract be set aside; or

(f) that the contract be annulled,

without prejudice to his claim in damages, in all cases. He may also claim punitive damages.

[1978, c. 9, s. 272; 1992, c. 58, s. 1; 1999, c. 40, s. 234].

273.-275. (*Repealed*).

[2006, c. 56, s. 7].

276. The consumer may set up in defence or by cross-demand an exception provided by this Act which tends to rebut an action or to justify a right against the merchant even if the time to avail himself thereof by a direct action has expired.

[1978, c. 9, s. 276; 1999, c. 40, s. 234].

Chapter III —— Penal Provisions

277. Every person who

(a) contravenes this Act or any regulation;

(b) gives false information to the Minister, the president or any person empowered to make an investigation under this Act;

(c) hinders the application of this Act or of any regulation;

(d) does not comply with a voluntary undertaking made under section 314 or whose application has been extended by an order under section 315.1;

(e) disobeys a decision of the president;

(f) being subject to an order of the court under section 288, omits or refuses to comply with such order,

is guilty of an offence.

[1978, c. 9, a. 277; 1992, c. 58, a. 2].   [1978, c. 9, s. 277; 1992, c. 58, s. 2].

278. Une personne déclarée coupable d'une infraction constituant une pratique interdite ou d'une infraction prévue à l'un des paragraphes *b*, *c*, *d*, *e* ou *f* de l'article 277 est passible:

a) dans le cas d'une personne physique, d'une amende de 600 $ à 15 000 $;

b) dans le cas d'une personne morale, d'une amende de 2 000 $ à 100 000 $.

En cas de récidive, le contrevenant est passible d'une amende dont le minimum et le maximum sont deux fois plus élevés que ceux prévus à l'un des paragraphes *a* ou *b*, selon le cas.

[1978, c. 9, a. 278; 1990, c. 4, a. 703; 1992, c. 58, a. 3; 1999, c. 40, a. 234].

278. A person convicted of an offence constituting a prohibited practice or an offence under paragraph *b*, *c*, *d*, *e* or *f* of section 277 is liable

(a) in the case of a natural person, to a fine of $ 600 to $ 15 000;

(b) in the case of a legal person, to a fine of $ 2 000 to $ 100 000.

For a second or subsequent conviction, the offender is liable to a fine with minimum and maximum limits twice as high as those prescribed in subparagraph *a* or *b*, as the case may be.

[1978, c. 9, s. 278; 1990, c. 4, s. 703; 1992, c. 58, s. 3; 1999, c. 40, s. 234].

279. Une personne déclarée coupable d'une infraction autre qu'une infraction visée à l'article 278 est passible:

a) dans le cas d'une personne physique, d'une amende de 300 $ à 6 000 $;

b) dans le cas d'une personne morale, d'une amende de 1 000 $ à 40 000 $.

En cas de récidive, le contrevenant est passible d'une amende dont le minimum et le maximum sont deux fois plus élevés que ceux prévus à l'un des paragraphes *a* ou *b*, selon le cas.

[1978, c. 9, a. 279; 1990, c. 4, a. 704; 1992, c. 58, a. 4; 1999, c. 40, a. 234].

279. A person convicted of an offence other than an offence under section 278 is liable

(a) in the case of a natural person, to a fine of $ 300 to $ 6 000;

(b) in the case of a legal person, to a fine of $ 1 000 to $ 40 000.

For a second or subsequent conviction, the offender is liable to a fine with minimum and maximum limits twice as high as those prescribed in subparagraph *a* or *b*, as the case may be.

[1978, c. 9, s. 279; 1990, c. 4, s. 704; 1992, c. 58, s. 4; 1999, c. 40, s. 234].

280. Dans la détermination du montant de l'amende, le tribunal tient compte notamment:

a) d'abord du préjudice économique causé par l'infraction à un consommateur ou à plusieurs consommateurs;

b) puis, des avantages et des revenus que la personne qui a commis l'infraction a retirés de la commission de l'infraction.

[1978, c. 9, a. 280].

280. In determining the amount of the fine, the court shall take into account, in particular,

(a) first, the economic loss caused by the offence to a consumer or to several consumers;

(b) secondly, the benefits and the income that the person who committed the offence derived from committing it.

[1978, c. 9, s. 280].

281. (*Abrogé*).

[1990, c. 4, a. 705].

282. Lorsqu'une personne morale commet une infraction à la présente loi ou à un règlement, un administrateur ou un représentant de cette personne morale qui avait connaissance de l'infraction est réputé être partie à l'infraction et est passible de la peine prévue aux articles 278 ou 279 pour une personne physique, à moins qu'il n'établisse à la satisfaction du tribunal qu'il n'a pas acquiescé à la commission de cette infraction.

[1978, c. 9, a. 282; 1999, c. 40, a. 234].

283. Une personne qui accomplit ou omet d'accomplir quelque chose en vue d'aider une personne à commettre une infraction à la présente loi ou à un règlement, ou qui conseille, encourage ou incite une personne à commettre une infraction, commet elle-même l'infraction et est passible de la même peine.

[1978, c. 9, a. 283].

284. (*Abrogé*).

[1992, c. 61, a. 476].

285. (*Abrogé*).

[1992, c. 61, a. 477].

286. (*Abrogé*).

[1990, c. 4, a. 708].

287. Une poursuite pénale ne peut être maintenue si le prévenu démontre qu'il a fait preuve de diligence raisonnable en prenant toutes les précautions nécessaires pour s'assurer du respect de la présente loi ou d'un règlement.

Une poursuite pénale intentée contre un commerçant ou un publicitaire en vertu du titre II ne peut être maintenue s'il est établi que l'infraction alléguée n'a été commise que parce que le prévenu avait des motifs raisonnables de se fier à une information provenant, selon le cas, du fabricant ou du commerçant.

[1978, c. 9, a. 287; 1999, c. 40, a. 234].

281. (*Repealed*).

[1990, c. 4, s. 705].

282. Where a legal person is guilty of an offence against this Act or any regulation, every director or representative of such legal person who had knowledge of the said offence is deemed to be a party to the offence and is liable to the penalty provided for in section 278 or 279 for a natural person, unless he establishes to the satisfaction of the court that he did not acquiesce in the commission of such offence.

[1978, c. 9, s. 282; 1999, c. 40, s. 234].

283. Every person who performs or omits to perform an act in view of aiding a person to commit an offence against this Act or a regulation or who advises, encourages or incites a person to commit an offence is himself guilty of the offence and is liable to the same penalty.

[1978, c. 9, s. 283].

284. (*Repealed*).

[1992, c. 61, s. 476].

285. (*Repealed*).

[1992, c. 61, s. 477].

286. (*Repealed*).

[1990, c. 4, s. 708].

287. No penal proceedings may be sustained if the accused establishes that he employed reasonable diligence by taking all the necessary precautions to ensure that this Act or the regulations were complied with.

Penal proceedings instituted against a merchant or an advertiser under Title II shall not be maintained if it is established that the offence alleged was committed only because the accused had reasonable grounds to rely on information given by the merchant or, as the case may be, the manufacturer.

[1978, c. 9, s. 287].

288. Un juge peut, sur demande du poursuivant, ordonner qu'une personne déclarée coupable d'une infraction prévue à l'article 278 diffuse, selon les modalités que le tribunal juge propres à en assurer la communication rapide et adéquate aux consommateurs, les conclusions du jugement rendu contre lui ainsi que les corrections, les explications, les avertissements et les autres renseignements que le tribunal juge nécessaires pour rétablir les faits concernant un bien ou un service ou une publicité faite à propos d'un bien ou d'un service et ayant pu induire les consommateurs en erreur.

Un préavis de la demande d'ordonnance doit être donné par le poursuivant à la personne que l'ordonnance pourrait obliger à diffuser certains faits, sauf s'ils sont en présence du juge.

[1978, c. 9, a. 288; 1992, c. 61, a. 478].

288. A judge may, on the application of the prosecutor, order that a person convicted of an offence under a provision of section 278 distribute, in accordance with the terms and conditions which the court considers appropriate to ensure a prompt and adequate communication to consumers, the conclusions of the judgment rendered against him, and the corrections, explanations, warnings and other information which the court considers necessary to reestablish the facts concerning any goods or services or any advertisement made in relation to any goods or services which have or could have misled consumers.

Prior notice of the application for an order shall be given by the prosecutor to the person who could be compelled, under such an order, to distribute certain information, except where they are in the presence of the judge.

[1978, c. 9, s. 288; 1992, c. 61, s. 478].

289. Lorsqu'une personne est déclarée coupable d'une infraction prévue à l'article 278, le tribunal peut demander à l'Office un rapport écrit sur les activités économiques et commerciales du contrevenant, afin de lui permettre de prononcer la sentence.

[1978, c. 9, a. 289; 1990, c. 4, a. 709].

289. Where a person convicted of an offence provided for in section 278, the court may request from the Office a written report on the economic and commercial activities of the offender, in order to enable it to pronounce the sentence.

[1978, c. 9, s. 289; 1990, c. 4, s. 709].

290. Si une personne commet des infractions répétées à la présente loi ou aux règlements, le procureur général, après que le directeur des poursuites criminelles et pénales ait intenté des poursuites pénales, peut requérir de la Cour supérieure un bref d'injonction interlocutoire enjoignant à cette personne, à ses administrateurs, représentants ou employés de cesser la commission des infractions reprochées jusqu'au prononcé du jugement final à être rendu au pénal.

Après prononcé de ce jugement, la Cour supérieure rend elle-même son jugement final sur la demande d'injonction.

[1978, c. 9, a. 290; 2005, c. 34, a. 65].

290. If a person commits repeated offences against this Act or the regulations, the Attorney General, after the Director of Criminal and Penal Prosecutions has instituted penal proceedings against him, may apply to the Superior Court for a writ of interlocutory injunction enjoining such person, his directors, agents or employees to cease committing the offences complained of until a final judgment has been rendered in the penal proceedings.

After such judgment has been rendered, the Superior Court shall itself render a final judgment on the application for an injunction.

[1978, c. 9, s. 290; 2005, c. 34, s. 65].

290.1. Une poursuite pénale pour une infraction à une disposition de la présente loi

290.1. Penal proceedings for an offence under a provision of this Act shall be pre-

se prescrit par deux ans à compter de la date de la perpétration de l'infraction.

[1992, c. 61, a. 479].

TITRE V ⸺ ADMINISTRATION

Chapitre I ⸺ Office de la protection du consommateur

SECTION I ⸺ CONSTITUTION ET ADMINISTRATION DE L'OFFICE

291. Un organisme est constitué sous le nom de « Office de la protection du consommateur ».

[1978, c. 9, a. 291].

292. L'Office est chargé de protéger le consommateur et à cette fin:

a) de surveiller l'application de la présente loi et de toute autre loi en vertu de laquelle une telle surveillance lui incombe;

b) de recevoir les plaintes des consommateurs;

c) d'éduquer et de renseigner la population sur ce qui a trait à la protection du consommateur;

d) de faire des études concernant la protection du consommateur et, s'il y a lieu, de transmettre ses recommandations au ministre;

e) de promouvoir et de subventionner la création et le développement de services ou d'organismes destinés à protéger le consommateur, et de coopérer avec ces services ou organismes;

f) de sensibiliser les commerçants, les fabricants et les publicitaires aux besoins et aux demandes des consommateurs;

g) de promouvoir les intérêts des consommateurs devant un organisme gouvernemental dont les activités affectent le consommateur;

h) (*supprimé*);

i) de coopérer avec les divers ministères et organismes gouvernemen-

scribed by two years from the date of the commission of the offence.

[1992, c. 61, s. 479].

TITLE V ⸺ ADMINISTRATION

Chapter I ⸺ Office de la Protection du Consommateur

SECTION I ⸺ ESTABLISHMENT AND ADMINISTRATION OF THE OFFICE

291. A body is established under the name of "Office de la protection du consommateur".

[1978, c. 9, s. 291].

292. It is the duty of the Office to protect consumers and, to that end,

(a) to supervise the application of this Act and of any other Act under which it is charged with such supervision;

(b) to receive complaints from consumers;

(c) to educate and inform the population on matters of consumer protection;

(d) to carry out studies respecting consumer protection and where required, make recommendations to the Minister;

(e) to promote and subsidize the establishment and development of consumer protection services or bodies and to cooperate with such services and bodies;

(f) to make merchants, manufacturers and advertisers aware of consumer needs and demands;

(g) to promote the interests of consumers before those governmental bodies whose activities affect consumers;

(h) (*striked out*);

(i) to cooperate with the various governmental departments and bod-

taux du Québec en matière de protection du consommateur et de coordonner le travail accompli dans ce but par ces ministères et organismes;

j) *(supprimé)*.

[1978, c. 9, a. 292; 1999, c. 40, a. 234; 2006, c. 56, a. 8].

ies of Québec in matters of consumer protection and to coordinate the work done by such departments and bodies for such purpose;

(j) *(striked out)*.

[1978, c. 9, s. 292; 2006, c. 56, s. 8].

293. L'Office a son siège à l'endroit déterminé par le gouvernement; un avis de la situation ou d'un changement du siège est publié à la *Gazette officielle du Québec*.

L'Office peut tenir ses séances à tout endroit au Québec.

[1978, c. 9, a. 293].

293. The Office has its head office at the place determined by the Government; notice of the place or, of a change of place of the head office is published in the *Gazette officielle du Québec*.

The Office may hold its sittings at any place in Québec.

[1978, c. 9, s. 293].

294. L'Office est composé d'au plus dix membres, dont un président et un vice-président, nommés par le gouvernement.

Les membres de l'Office doivent être des personnes qui, en raison de leurs activités, sont susceptibles de contribuer d'une façon particulière à la solution des problèmes des consommateurs.

[1978, c. 9, a. 294; 1988, c. 45, a. 3; 1995, c. 38, a. 3; 2002, c. 55, a. 31].

294. The Office is composed of not more than ten members, including a president and a vice-president, appointed by the Government.

The members of the Office shall be persons who, by reason of their activities, are likely to contribute in a particular manner to the solution of consumer problems.

[1978, c. 9, s. 294; 1988, c. 45, s. 3; 1995, c. 38, s. 3; 2002, c. 55, s. 31].

295. Le président et le vice-président sont nommés pour un mandat d'au plus cinq ans. Les autres personnes choisies comme membres de l'Office sont nommées pour un mandat d'au plus trois ans.

[1978, c. 9, a. 295; 1988, c. 45, a. 4; 1995, c. 38, a. 4; 2002, c. 55, a. 32].

295. The president and the vice-president are appointed for not more than five years. The other persons chosen as members of the Office are appointed for a term of not more than three years.

[1978, c. 9, s. 295; 1988, c. 45, s. 4; 1995, c. 38, s. 4; 2002, c. 55, s. 32].

296. Chacun des membres de l'Office demeure en fonction à l'expiration de son mandat jusqu'à ce qu'il ait été remplacé ou nommé de nouveau.

[1978, c. 9, a. 296; 1988, c. 45, a. 4; 1995, c. 38, a. 5; 2002, c. 55, a. 33].

296. Each of the members of the Office shall remain in office at the expiry of his term, until he is replaced or reappointed.

[1978, c. 9, s. 296; 1988, c. 45, s. 4; 1995, c. 38, s. 5; 2002, c. 55, s. 33].

297. Si un membre de l'Office autre que le président ou le vice-président ne termine

297. If a member of the Office other than the president or the vice-president does not

pas son mandat, le gouvernement nomme un remplaçant pour le reste du mandat.

[1978, c. 9, a. 297; 1988, c. 45, a. 4; 1995, c. 38, a. 6; 2002, c. 55, a. 34].

complete his term of office, the Government shall appoint a person to replace him for the remainder of the term.

[1978, c. 9, s. 297; 1988, c. 45, s. 4; 1995, c. 38, s. 6; 2002, c. 55, s. 34].

298. Le gouvernement fixe les honoraires, les allocations ou le traitement des membres de l'Office. Le président et le vice-président sont assujettis à la *Loi sur le régime de retraite des employés du gouvernement et des organismes publics* (chapitre R-10).

[1978, c. 9, a. 298; 1988, c. 45, a. 4; 1995, c. 38, a. 7; 2002, c. 55, a. 35].

298. The Government shall fix the fees, allowances or salaries of the members of the Office. The president and the vice-president are subject to the *Act respecting the Government and Public Employees Retirement Plan* (chapter R-10).

[1978, c. 9, s. 298; 1988, c. 45, s. 4; 1995, c. 38, s. 7; 2002, c. 55, s. 35].

299. Les autres fonctionnaires et employés de l'Office sont nommés suivant la *Loi sur la fonction publique* (chapitre F-3.1.1).

Le président exerce à cet égard les pouvoirs que ladite loi attribue à un dirigeant d'organisme.

[1978, c. 9, a. 299; 1978, c. 15, a. 133, 140; 1983, c. 5, a. 161; 2000, c. 8, a. 242].

299. The other officers and employees of the Office are appointed in accordance with the *Public Service Act* (chapter F-3.1.1).

The president shall exercise in that regard the powers vested by the said Act in the chief executive officer of an agency.

[1978, c. 9, s. 299; 1978, c. 15, s. 133, 140; 1983, c. 5, s. 161; 2000, c. 8, s. 242].

300. Le président et le vice-président exercent leurs fonctions à temps complet.

[1978, c. 9, a. 300; 1988, c. 45, a. 4; 1995, c. 38, a. 8; 2002, c. 55, a. 36].

300. The president and the vice-president shall exercise their functions on a full-time basis.

[1978, c. 9, s. 300; 1988, c. 45, s. 4; 1995, c. 38, s. 8; 2002, c. 55, s. 36].

301. Le président préside les réunions de l'Office. Il assume l'administration de l'Office.

[1978, c. 9, a. 301].

301. The president presides at meetings of the Office. He is responsible for the administration of the Office.

[1978, c. 9, s. 301].

302. Le vice-président remplace le président en cas d'absence ou d'empêchement de celui-ci.

[1978, c. 9, a. 302; 1988, c. 45, a. 5; 1995, c. 38, a. 9; 1999, c. 40, a. 234; 2002, c. 55, a. 37].

302. The vice-president shall replace the president when the president is absent or unable to act.

[1978, c. 9, s. 302; 1988, c. 45, s. 5; 1995, c. 38, s. 9; 2002, c. 55, s. 37].

303. L'Office doit chaque année, remettre au ministre un rapport de ses activités de l'année financière précédente. Le ministre dépose ce rapport devant l'Assemblée nationale. Si elle n'est pas en session, le dépôt se fait dans les trente jours qui suivent

303. The Office shall each year submit to the Minister a report of its activities for the preceding fiscal year. The Minister shall table such report before the National Assembly. If it is not in session, the report shall be table within thirty days after the

l'ouverture de la session suivante ou de la reprise des travaux.

[1978, c. 9, a. 303].

304. L'Office peut faire des règlements pour sa régie interne.

Ces règlements et ceux adoptés en vertu du paragraphe *j* de l'article 292 entrent en vigueur après leur approbation par le gouvernement lors de leur publication à la *Gazette officielle du Québec* ou à toute autre date qui y est indiquée.

[1978, c. 9, a. 304].

SECTION II — POUVOIRS DU
PRÉSIDENT

305. Le président peut enquêter sur toute question relative à une loi ou à un règlement dont l'Office doit surveiller l'application. Il est investi à cette fin des pouvoirs et immunités accordés aux commissaires nommés en vertu de la *Loi sur les commissions d'enquête* (chapitre C-37), sauf du pouvoir d'imposer une peine d'emprisonnement.

Le président peut autoriser généralement ou spécialement une personne à enquêter sur une question relative à une loi ou à un règlement dont l'Office doit surveiller l'application. Une personne ainsi autorisée est investie des immunités accordées aux commissaires nommés en vertu de la *Loi sur les commissions d'enquête* (chapitre C-37). Cette personne doit, sur demande, produire un certificat signé par le président, attestant sa qualité.

[1978, c. 9, a. 305; 1992, c. 61, a. 480].

306. Le président peut, dans l'exercice de ses fonctions, pénétrer, à toute heure raisonnable, dans l'établissement d'un commerçant, d'un fabricant ou d'un publicitaire et en faire l'inspection, notamment faire l'examen des registres, livres, comptes, pièces justificatives et autres documents et celui des biens mis en vente ou vendus et le prélèvement d'échantillons aux fins d'expertise.

opening of the next session or after resumption.

[1978, c. 9, s. 303].

304. The Office may pass by-laws for its internal management.

These by-laws and the regulations made pursuant to paragraph *j* of section 292 come into force, after being approved by the Government, on their publication in the *Gazette officielle du Québec* or on any other date indicated therein.

[1978, c. 9, s. 304].

SECTION II — POWERS OF THE
PRESIDENT

305. The president may investigate any matter respecting any Act or regulation the application of which is under the supervision of the Office. For such purpose, he has the powers and immunity granted to commissioners appointed under the *Act respecting public inquiry commissions* (chapter C-37), except the power to order imprisonment.

The president may authorize a person generally or specially to investigate any matter relating to any law or regulation the application of which is under the supervision of the Office. Every person so authorized is vested with the immunity granted to commissioners appointed under the *Act respecting public inquiry commissions* (chapter C-37). Such person must, on demand, produce a certificate signed by the president, attesting his authority.

[1978, c. 9, s. 305; 1992, c. 61, s. 480].

306. The president may, in the performance of his duties, enter at any reasonable time the establishment of a merchant, a manufacturer or an advertiser and inspect it and, in particular, examine the registers, books, accounts, vouchers and other documents and the goods offered for sale or sold by the merchant and take specimens for the purposes of expert appraisal.

Sur demande, le président doit s'identifier et exhiber un certificat attestant sa qualité.

[1978, c. 9, a. 306; 1986, c. 95, a. 261; 1999, c. 40, a. 234].

The president shall, on request, identify himself and produce a certificate of his capacity.

[1978, c. 9, s. 306; 1986, c. 95, s. 261].

306.1. Le président peut, à l'occasion d'une enquête ou d'une inspection, exiger toute information relative à l'application d'une loi ou d'un règlement dont l'Office doit surveiller l'application.

Tout livre, registre ou autre document qui a fait l'objet d'un examen par le président ou qui a été produit devant lui peut être copié ou photographié et toute copie ou photocopie de ce livre, registre ou document certifié par le président comme étant une copie ou une photographie de l'original, est admissible en preuve et a la même force probante que l'original.

[1986, c. 95, a. 261].

306.1. The president may require, for the purposes of an investigation or inspection, any information relevant to the administration of an Act or regulation the administration of which is under the supervision of the Office.

Every book, register or other document having been examined by the president or produced to him may be copied or photocopied and every copy or photocopy of such book, register or document certified by the president to be a copy or photocopy of the original is receivable as evidence and has the same probative value as the original.

[1986, c. 95, s. 261].

306.2. Le président peut exiger d'un commerçant un rapport sur ses activités et sur tout ce qui a trait à son compte de réserves et à tous comptes en fidéicommis aux époques et en la manière que le président détermine.

[1988, c. 45, a. 6; 1999, c. 40, a. 234].

306.2. The president may at any time require that a merchant submit a report on his activities or on any matter relating to his reserve account or trust accounts, at such intervals and in the manner determined by the president.

[1988, c. 45, s. 6].

307. Il est interdit d'entraver, de quelque façon que ce soit, l'action du président ou d'une personne autorisée par lui, dans l'exercice de ses fonctions, de le tromper par réticence ou fausse déclaration, de refuser de lui fournir un renseignement ou un document qu'il a le droit d'obtenir en vertu d'une loi ou d'un règlement dont l'Office doit surveiller l'application.

[1978, c. 9, a. 307].

307. It is prohibited to hinder the action of the president in any way or any person authorized by him in the performance of his duties, to mislead him by concealment or misrepresentation, to refuse to give him any information or document which he is entitled to obtain under any Act or regulation the application of which is under the supervision of the Office.

[1978, c. 9, s. 307].

308. Le président peut exempter de l'application des articles 254 à 257 un commerçant qui lui transmet un cautionnement dont la forme, les modalités et le montant sont prescrits par règlement.

Le président peut refuser l'exemption pour un motif prévu à l'article 325, 326 ou 327, compte tenu des adaptations nécessaires.

[1978, c. 9, a. 308; 1980, c. 11, a. 113].

308. The president may exempt from the application of sections 254 to 257 every merchant who delivers to him security the form, terms, conditions and amount of which are prescribed by regulation.

The president may refuse the exemption on grounds provided for in section 325, 326 or 327, with the necessary modifications.

[1978, c. 9, s. 308; 1980, c. 11, s. 113].

309. (*Abrogé*).

[2006, c. 56, a. 9].

309. (*Repealed*).

[2006, c. 56, s. 9].

310. Lorsque le président a une raison de croire que des sommes qui doivent être gardées en fiducie conformément aux articles 254, 255 et 256 peuvent être dilapidées, il peut demander une injonction ordonnant à la personne qui a le dépôt, le contrôle ou la garde de ces sommes au Québec de les garder en fiducie pour la période et aux conditions déterminées par le tribunal.

[1978, c. 9, a. 310].

310. Where the president has reason to believe that the funds that must be kept in trust in accordance with sections 254, 255 and 256 may be misappropriated, he may apply for an injunction ordering any person in Québec having the deposit, control or custody of such funds to keep them in trust for the period and on the conditions determined by the court.

[1978, c. 9, s. 310].

311. Le président peut exiger qu'un commerçant, un fabricant ou un publicitaire lui communique le contenu de la publicité qu'il utilise.

[1978, c. 9, a. 311; 1999, c. 40, a. 234].

311. The president may require that a merchant, a manufacturer or an advertiser communicate to him the content of the advertising that he uses.

[1978, c. 9, s. 311].

312. Le président peut exiger d'un commerçant, un fabricant ou un publicitaire qu'il démontre la véracité d'un message publicitaire.

[1978, c. 9, a. 312; 1999, c. 40, a. 234].

312. The president may require that a merchant, a manufacturer or an advertiser show the truthfulness of an advertisement.

[1978, c. 9, s. 312].

313. Le président peut exiger qu'un commerçant qui conclut des contrats de crédit visés par la présente loi lui communique les renseignements relatifs aux taux de crédit que le commerçant exige des consommateurs et aux critères qui servent à l'établissement de ces taux.

Le président peut rendre publics ces renseignements.

[1978, c. 9, a. 313].

313. The president may require that a merchant who makes contracts of credit contemplated by this Act communicate to him any information regarding the credit rates he charges consumers and the criteria used to establish such rates.

The president may make public any such information.

[1978, c. 9, s . 313].

314. Le président peut accepter d'une personne un engagement volontaire ayant pour objet de régir les relations entre un commerçant ou un groupe de commerçants et les consommateurs, notamment pour déterminer l'information qui sera donnée aux consommateurs, la qualité des biens et des services qui leur seront fournis, des modèles de contrats, des modes de règlement des litiges ou des règles de conduite.

Le président peut aussi, lorsqu'il croit qu'une personne a enfreint ou enfreint une loi ou un règlement dont l'Office doit surveiller l'application, accepter de cette per-

314. The president may accept a voluntary undertaking from a person with the object of governing the relations between a merchant, or group of merchants, and consumers, in particular in order to determine the information to be given to consumers, the quality of the goods or services with which they are to be provided, standard contracts, methods of settling disputes or rules of conduct.

Where he believes that a person has contravened or is contravening any Act or regulation the application of which is supervised by the Office, the president may also

sonne un engagement volontaire de respecter cette loi ou ce règlement.

[1978, c. 9, a. 314; 1992, c. 58, a. 5].

315. Le président détermine les modalités de l'engagement volontaire, lesquelles peuvent notamment prévoir:

a) la publication ou la diffusion du contenu de l'engagement volontaire;

b) l'indemnisation des consommateurs;

c) le remboursement des frais d'enquête et des autres frais;

d) l'obligation de fournir un cautionnement ou une autre forme de garantie en vue de l'indemnisation des consommateurs.

[1978, c. 9, a. 315].

315.1. Le gouvernement peut par décret étendre, avec ou sans modification, l'application d'un engagement volontaire souscrit en vertu de l'article 314 à tous les commerçants d'un même secteur d'activités, pour une partie ou pour l'ensemble du territoire du Québec.

[1992, c. 58, a. 6].

316. Lorsqu'une personne s'est livrée ou se livre à une pratique interdite visée par le titre II ou qu'un commerçant a inséré ou insère, dans un contrat, une stipulation interdite en vertu de la présente loi ou d'un règlement ou a inséré ou insère une stipulation inapplicable au Québec visée à l'article 19.1 sans respecter les exigences qui sont prévues à cet article, le président peut demander au tribunal une injonction ordonnant à cette personne de ne plus se livrer à cette pratique ou à ce commerçant de cesser d'insérer une telle stipulation dans un contrat ou, le cas échéant, de se conformer à l'article 19.1.

Un organisme destiné à protéger le consommateur et constitué en personne morale depuis au moins un an peut demander une injonction en vertu du présent article et, à cette fin, est réputé avoir l'intérêt re-

accept a voluntary undertaking from that person to comply with the Act or regulation in question.

[1978, c. 9, s. 314; 1992, c. 58, s. 5].

315. The president shall determine the terms and conditions of the voluntary undertaking, which may provide in particular for

(a) the publication or distribution of the content of the voluntary undertaking;

(b) the compensation of consumers;

(c) the reimbursement of the costs of investigation and any other expenses;

(d) the obligation to give security or another form of guarantee to indemnify consumers.

[1978, c. 9, s. 315].

315.1. The Government may, by order and with or without modification, extend the application of a voluntary undertaking made under section 314 to all merchants in the same sector of activity, for all or part of the territory of Québec.

[1992, c. 58, s. 6].

316. If a person has engaged or engages in a practice prohibited under Title II or a merchant has included or includes in a contract a stipulation prohibited by this Act or a regulation, or has included or includes a stipulation inapplicable in Québec that is referred to in section 19.1 without complying with that section, the president may apply to the court for an injunction ordering the person to cease engaging in the practice or ordering the merchant to cease including such a stipulation in a contract, or to comply with section 19.1.

A consumer advocacy body that has been constituted as a legal person for at least one year may apply for an injunction under this section and is deemed to have the interest required for that purpose. The

quis. Le tribunal ne peut statuer sur la demande en injonction présentée par un tel organisme à moins qu'un avis, joint à la requête introductive d'instance ou, le cas échéant, à la requête en injonction interlocutoire, n'ait été notifié au président.

Lorsqu'une injonction prononcée en vertu du présent article n'est pas respectée, une requête pour outrage au tribunal peut être présentée par le président ou par l'organisme visé au deuxième alinéa.

[1978, c. 9, a. 316; 2009, c. 51, a. 17].

court may not decide on the application for injunction filed by such a body unless a notice, attached to the motion to institute proceedings or the application for an interlocutory injunction, as the case may be, is notified to the president.

If an injunction granted under this section is not complied with, a motion for contempt of court may be brought by the president or the body referred to in the second paragraph.

[1978, c. 9, s. 316; 2009, c. 51, s. 17].

317. Le tribunal peut, de plus, ordonner à la personne qui fait l'objet d'une injonction permanente:

   a) de rembourser les frais d'enquête engagés par le requérant;

   b) de publier et de diffuser, de la manière et aux conditions que le tribunal juge propres à en assurer une communication rapide et adéquate aux consommateurs, les conclusions du jugement rendu contre elle ainsi que les corrections, les explications, les avertissements et les autres renseignements que le tribunal juge nécessaires pour rétablir la vérité concernant un bien ou un service ou une publicité faite à leur propos et ayant induit ou ayant pu induire les consommateurs en erreur.

[1978, c. 9, a. 317].

317. The court may, in addition, order the person in respect of whom a permanent injunction is granted

   (a) to reimburse the costs of investigation incurred by the applicant;

   (b) to publish and distribute, in the manner and on the conditions which the court considers appropriate to insure a prompt and adequate communication to consumers, the conclusions of the judgment rendered against him, and the corrections, explanations, warnings and other information which the court considers necessary to re-establish the facts concerning any goods or services or any advertising made in relation to any goods or services which have or could have misled consumers.

[1978, c. 9, s. 317].

318. Le président peut, de plein droit, intervenir à tout moment dans une instance relative à une loi ou à un règlement dont l'Office doit surveiller l'application.

[1978, c. 9, a. 318].

318. In any action relating to any Act or regulation the application of which is under the supervision of the Office, the president may intervene, of right, at any time before the judgment.

[1978, c. 9, s. 318].

319. Le président peut autoriser généralement ou spécialement une personne à exercer les pouvoirs qui lui sont conférés par les articles 306, 306.1, 314 et 315.

[1978, c. 9, a. 319; 1986, c. 95, a. 262].

319. The president may authorize a person generally or specially to exercise the powers that are conferred upon him by sections 306, 306.1, 314 and 315.

[1978, c. 9, s. 319; 1986, c. 95, s. 262].

320. Le président peut autoriser le vice-président ou un membre du personnel de l'Office à exercer tous les pouvoirs qu'une

320. The president may authorize the vice-president or a member of the personnel of the Office to exercise all the powers

loi ou un règlement dont l'Office doit surveiller l'application accorde au président.

[1978, c. 9, a. 320; 1988, c. 45, a. 7; 1995, c. 38, a. 10; 2002, c. 55, a. 38].

granted to the president under an Act or regulation the application of which is under the supervision of the Office.

[1978, c. 9, s. 320; 1988, c. 45, s. 7; 1995, c. 38, s. 10; 2002, c. 55, s. 38].

Chapitre II —— Permis

321. Sous réserve des exceptions prévues par règlement, doit être titulaire d'un permis:

a) le commerçant itinérant, à l'exception de celui qui conclut un contrat visé à l'article 57;

b) le commerçant qui conclut des contrats de prêt d'argent régis par la présente loi;

c) le commerçant qui opère un studio de santé;

d) le commerçant qui offre ou qui conclut un contrat de garantie supplémentaire relatif à une automobile ou à une motocyclette adaptée au transport sur les chemins publics ou relatif à un autre bien ou à une autre catégorie de biens déterminés par règlement, à l'exception d'une personne morale autorisée à agir au Québec à titre d'assureur et titulaire d'un permis délivré par l'Autorité des marchés financiers.

[1978, c. 9, a. 321; 1984, c. 47, a. 128; 1988, c. 45, a. 8; 1999, c. 40, a. 234; 2002, c. 45, a. 550; 2004, c. 37, a. 90].

Chapter II —— Permits

321. Subject to the exceptions prescribed by regulation, the following persons must hold a permit:

(a) every itinerant merchant, except the itinerant merchant who makes a contract contemplated in section 57;

(b) every merchant who makes contracts of loan of money governed by this Act;

(c) every merchant who operates a physical fitness studio;

(d) every merchant who offers or makes a contract of additional warranty relating to an automobile or a motorcycle adapted for transportation on public roads or relating to other property or another class of property defined by regulation, except a legal person authorized to act in Québec as an insurer and holding a permit issued by the Autorité des marchés financiers.

[1978, c. 9, s. 321; 1984, c. 47, s. 128; 1988, c. 45, s. 8; 1999, c. 40, s. 234; 2002, c. 45, s. 550; 2004, c. 37, s. 90].

322. Lorsqu'un commerçant n'est pas titulaire du permis exigé par la présente loi ou, le cas échéant, de la licence exigée par le *Code de la sécurité routière* (chapitre C-24.2), le consommateur peut demander la nullité du contrat.

S'il s'agit d'un contrat de prêt d'argent, le consommateur peut demander plutôt, à son choix, la suppression des frais de crédit et la restitution de la partie des frais de crédit déjà payée.

[1978, c. 9, a. 322; 1986, c. 91, a. 667].

322. Where the merchant does not hold the permit required by this Act or, as the case may be, the licence required under the *Highway Safety Code* (chapter C-24.2), a consumer may apply to have the contract annulled.

In the case of a contract for the loan of money, the consumer may apply instead, at his option, for the suppression of the credit charges and the return of any part of the credit charges already paid.

[1978, c. 9, s. 322; 1986, c. 91, s. 667].

323. Une personne qui désire un permis doit transmettre sa demande au président dans la forme prescrite par règlement, ac-

323. Every person wishing to obtain a permit must send his application to the president in the form prescribed by regulation,

compagnée des documents prévus par règlement.

Cette demande doit, dans les cas prévus par règlement, être accompagnée d'un cautionnement, au montant et selon la forme qui y sont prescrits.

[1978, c. 9, a. 323].

together with the documents prescribed by regulation.

Such application must, in the cases provided for by regulation, be accompanied by security in the amount and form prescribed therein.

[1978, c. 9, s. 323].

323.1. (*Abrogé*).

[1988, c. 45, a. 8].

323.1. (*Repealed*).

[1988, c. 45, s. 8].

324. Lorsque plusieurs commerçants itinérants font commerce de biens ou de services d'un même commerçant ou d'un même fabricant, celui-ci peut demander en leurs lieu et place un permis de commerçant itinérant.

En pareil cas, les commerçants itinérants qui font commerce des biens ou des services du demandeur sont, pour les fins de la présente loi, réputés être ses représentants dans le cours des activités de ce commerce.

[1978, c. 9, a. 324; 1999, c. 40, a. 234].

324. Where several itinerant merchants deal in the goods or services of the same merchant or the same manufacturer, the latter may apply in their place and stead for an itinerant merchant's permit.

In such a case, the itinerant merchants carrying on business in the goods and services of the applicant are, for the purposes of this Act, deemed to be his representatives in the course of that business.

[1978, c. 9, s. 324; 1999, c. 40, s. 234].

325. Le président peut refuser de délivrer un permis si:

a) le demandeur n'est pas en mesure, en raison de sa situation financière, d'assumer les obligations qui découlent des activités de son commerce;

b) à son avis, il existe des motifs raisonnables de croire que ce refus est nécessaire pour assurer, dans l'intérêt public, l'exercice honnête et compétent des activités commerciales visées par le présent chapitre;

c) le nom de la société ou personne morale qui demande le permis est identique à celui d'une autre société ou personne morale qui est titulaire d'un permis, ou lui ressemble tellement qu'il puisse être confondu avec cette dernière;

d) le demandeur ne satisfait pas à une exigence prescrite par la présente loi ou par règlement; ou

e) le demandeur ne s'est pas conformé à un engagement volontaire

325. The president may refuse to issue a permit, if

(a) the applicant, by reason of his financial condition, is not in a position to assume the obligations arising from his business;

(b) in his opinion, there are reasonable grounds to believe that the permit must be refused to ensure, in the public interest, that the business activities contemplated in this chapter will be performed with honesty and competence;

(c) the name of the partnership or legal person applying for the permit is identical to that of another partnership or legal person holding a permit, or so resembles it that it may be mistaken for it;

(d) the applicant does not meet a requirement prescribed by this Act or by regulation; or

(e) the applicant has not complied with a voluntary undertaking made

souscrit en vertu de l'article 314 ou dont l'application a été étendue par un décret pris en vertu de l'article 315.1.

[1978, c. 9, a. 325; 1986, c. 95, a. 263; 1997, c. 43, a. 875; 1999, c. 40, a. 234; 2009, c. 51, a. 18].

under section 314 or whose application has been extended by an order under section 315.1.

[1978, c. 9, s. 325; 1986, c. 95, s. 263; 1999, c. 40, s. 234; 2009, c. 51, s. 18].

326. Si le demandeur est une personne morale ou une société, le président peut exiger de chacun des administrateurs ou associés qu'il satisfasse aux exigences que la présente loi ou un règlement impose à une personne qui demande un permis.

[1978, c. 9, a. 326; 1999, c. 40, a. 234].

326. If the applicant is a legal person or a partnership, the president may require every director or partner thereof to comply with the same requirements as those prescribed by this Act in respect of any person applying for a permit.

[1978, c. 9, s. 326; 1999, c. 40, s. 234].

327. Le président peut refuser de délivrer un permis à un demandeur qui, au cours des trois années antérieures à sa demande, a été déclaré coupable:

a) soit d'une infraction à une loi ou à un règlement dont l'Office doit surveiller l'application et pour laquelle il n'a pas obtenu le pardon;

b) soit d'un acte criminel punissable par voie de mise en accusation seulement, ayant un lien avec l'emploi de commerçant et pour lequel il n'a pas obtenu le pardon.

[1978, c. 9, a. 327; 1986, c. 95, a. 264].

327. The president may refuse to issue a permit to any applicant who, during the three years preceding his application, was found guilty of

(a) an offence against any Act or regulation the administration of which is under the supervision of the Office and for which he has not obtained a pardon;

(b) an indictable offence in connection with the occupation of merchant and for which he has not obtained a pardon.

[1978, c. 9, s. 327; 1986, c. 95, s. 264].

328. Le président peut suspendre ou annuler le permis d'un titulaire qui, au cours de la durée du permis, est déclaré coupable:

a) soit d'une infraction à une loi ou à un règlement dont l'Office doit surveiller l'application,

b) soit d'un acte criminel punissable par voie de mise en accusation seulement et ayant un lien avec l'emploi de commerçant.

[1978, c. 9, a. 328; 1986, c. 95, a. 265].

328. The president may suspend or cancel the permit of any holder who, during the term of the permit, has been found guilty of

(a) an offence against any Act or regulation the application of which is under the supervision of the Office, or

(b) an indictable offence in connection with the occupation of merchant.

[1978, c. 9, s. 328; 1986, c. 95, s. 265].

329. Le président peut suspendre ou annuler le permis d'un titulaire qui, au cours de la durée du permis:

329. The president may suspend or cancel the permit of any holder who, during the term of his permit

a) cesse de satisfaire aux exigences que la présente loi ou les règlements prescrivent pour la délivrance d'un permis;

b) n'est pas en mesure, en raison de sa situation financière, d'assumer les obligations qui découlent des activités de son commerce;

c) ne peut assurer, dans l'intérêt public, l'exercice honnête et compétent de ses activités commerciales;

d) ne se conforme pas à une obligation prescrite par les articles 260.7 à 260.13;

e) ne se conforme pas à un engagement volontaire souscrit en vertu de l'article 314 ou dont l'application a été étendue par un décret pris en vertu de l'article 315.1.

[1978, c. 9, a. 329; 1984, c. 47, a. 130; 1986, c. 95, a. 266; 1988, c. 45, a. 9; 1999, c. 40, a. 234; 2009, c. 51, a. 19].

(a) no longer meets the requirements prescribed by this Act or the regulations for the issuance of a permit;

(b) is unable, owing to his financial position, to assume the obligations arising from his business;

(c) is unable to ensure, in the interest of the public, that his business activities will be performed with honesty and competence;

(d) does not comply with an obligation prescribed in sections 260.7 to 260.13;

(e) does not comply with a voluntary undertaking made under section 314 or whose application has been extended by an order under section 315.1.

[1978, c. 9, s. 329; 1984, c. 47, s. 130; 1986, c. 95, s. 266; 1988, c. 45, s. 9; 2009, c. 51, s. 19].

330. Un titulaire de permis doit posséder un établissement au Québec.

Cet établissement doit être situé dans un immeuble ou une partie d'immeuble dans lequel le titulaire fait des affaires.

[1978, c. 9, a. 330].

330. Every holder of a permit must have an establishment in Québec.

Such establishment must be situated in an immovable or part of an immovable in which the holder carries on business.

[1978, c. 9, s. 330].

331. Un titulaire de permis doit aviser le président, dans un délai de 15 jours, dans le cas de changement:

a) d'adresse;

b) de nom;

c) d'administrateur, dans le cas d'une personne morale; ou

d) d'associé, dans le cas d'une société.

[1978, c. 9, a. 331; 1999, c. 40, a. 234].

331. Every holder of a permit must notify the president within 15 days of any change

(a) of address;

(b) of name;

(c) of directors, in the case of a legal person; or

(d) of partners, in the case of a partnership.

[1978, c. 9, s. 331; 1999, c. 40, s. 234].

332. Le président peut refuser de délivrer et peut suspendre ou annuler un permis en raison du fait qu'un demandeur ou un titulaire a fait une fausse déclaration ou a dénaturé un fait important lors de la demande de permis.

[1978, c. 9, a. 332].

332. The president may refuse to issue and may suspend or cancel a permit by reason of the fact that an applicant or holder made misrepresentations or distorted an important fact when he applied for a permit.

[1978, c. 9, s. 332].

333. Le président doit, avant de refuser de délivrer un permis à une personne ou avant de suspendre ou d'annuler le permis qu'il lui a délivré, notifier par écrit à cette personne le préavis prescrit par l'article 5 de la *Loi sur la justice administrative* (chapitre J-3) et lui accorder un délai d'au moins 10 jours pour présenter ses observations.

[1978, c. 9, a. 333; 1997, c. 43, a. 463].

333. The president, before refusing to issue a permit to a person or before suspending or cancelling the permit he has issued to him, must notify the person in writing as prescribed by section 5 of the *Act respecting administrative justice* (chapter J-3) and allow the person at least 10 days to present observations.

[1978, c. 9, s. 333; 1997, c. 43, s. 463].

334. La décision de refuser de délivrer un permis comme celle de le suspendre ou de l'annuler doit être motivée. Le président doit notifier par écrit sa décision à la personne concernée.

[1978, c. 9, a. 334].

334. Any decision refusing to issue, suspending or cancelling a permit must give the reason therefor. The president must give written notice of his decision to the person concerned.

[1978, c. 9, s. 334].

335. Un permis est valide pour deux ans. Il est renouvelé aux conditions prescrites par la présente loi et par règlement.

Le président peut toutefois délivrer un permis pour une période moindre s'il juge que l'intérêt du public est en jeu ou pour une raison d'ordre administratif.

[1978, c. 9, a. 335].

335. A permit is valid for two years. It is renewed on the conditions prescribed by this act and the regulations.

The president may, however, issue a permit for a shorter period if he deems that the public interest is at stake or for administrative reasons.

[1978, c. 9, s. 335].

336. Si le titulaire d'un permis fait faillite, le syndic de faillite qui continue le commerce du titulaire le fait en vertu des mêmes permis et cautionnement. En pareil cas, il est soumis à toutes les obligations imposées à ce titulaire par la présente loi et par règlement.

[1978, c. 9, a. 336].

336. If a permit holder becomes bankrupt, the trustee in bankruptcy who continues the business of the holder does so under the same permit and security. In such case, he is subject to all the obligations imposed on such holder by this Act and by regulation.

[1978, c. 9, s. 336].

337. Un droit que confère un permis ne peut être transféré, sauf en cas de décès du titulaire du permis. Dans ce cas, le président peut autoriser le transfert sur paiement des droits exigibles et aux conditions prescrites par la présente loi et par règlement.

[1978, c. 9, a. 337].

337. The rights conferred by a permit cannot be transferred except in the case of the death of the holder of such permit. In such case, the president may authorize the transfer upon payment of the duties exigible and on the conditions prescribed by this Act and by regulation.

[1978, c. 9, s. 337].

338. Selon les modalités prescrites par règlement, le cautionnement sert d'abord à l'indemnisation du consommateur qui possède une créance contre celui qui a fourni le cautionnement, ou son représentant, et

338. In accordance with the terms and conditions prescribed by regulation, the security shall be used, first, to compensate any consumer who has a claim against the person who gave the security or his repre-

ensuite au paiement de l'amende qui leur est imposée.

[1978, c. 9, a. 338].

338.1.-338.9. (*Abrogés*).

[1988, c. 45, a. 8].

Chapitre III —— Recours devant le Tribunal administratif du Québec

339. Une personne dont le président a rejeté la demande de permis ou dont le président a suspendu ou annulé le permis, ainsi qu'un commerçant pour lequel un administrateur provisoire a été nommé, peuvent contester la décision du président devant le Tribunal administratif du Québec dans les 30 jours de sa notification.

[1978, c. 9, a. 339; 1984, c. 47, a. 132; 1988, c. 21, a. 66; 1997, c. 43, a. 465

340. Dans l'exercice de son pouvoir de suspendre l'exécution de la décision contestée, le Tribunal doit tenir compte principalement de l'intérêt des consommateurs.

[1978, c. 9, a. 340; 1988, c. 21, a. 66; 1997, c. 43, a. 466].

341. Le Tribunal ne peut, lorsqu'il apprécie les faits ou le droit, substituer son appréciation de l'intérêt public ou de l'intérêt du public à celle que le président en avait faite, en vertu des articles 325, 329 ou 335, pour prendre sa décision.

[1978, c. 9, a. 341; 1988, c. 21, a. 66; 1997, c. 43, a. 466].

342.-349. (*Remplacés*).

[1997, c. 43, a. 466].

Chapitre IV —— Règlements

350. Le gouvernement peut faire des règlements pour:

　　a) déterminer le contenu et la présentation matérielle ainsi que les

sentative, then, to pay the fine imposed on him.

[1978, c. 9, s. 338].

338.1.-338.9. (*Repealed*).

[1988, c. 45, s. 8].

Chapter III —— Proceeding before the Administrative Tribunal of Québec

339. Every person whose application for a permit has been dismissed by the president or whose permit has been suspended or cancelled by the president and a merchant for whom a provisional administrator has been appointed may contest the decision of the president before the Administrative Tribunal of Québec within 30 days of notification of the decision.

[1978, c. 9, s. 339; 1984, c. 47, s. 132; 1988, c. 21, s. 66; 1997, c. 43, s. 465].

340. The Tribunal shall, in exercising its power to suspend the execution of the contested decision, give particular consideration to the interests of consumers.

[1978, c. 9, s. 340; 1988, c. 21, s. 66; 1997, c. 43, s. 466].

341. When assessing the facts or the law, the Tribunal shall not substitute its assessment of the public interest or of the interest of the public for the assessment made by the president, pursuant to section 325, 329 or 335, before he made his decision.

[1978, c. 9, s. 341; 1988, c. 21, s. 66; 1997, c. 43, s. 466].

342.-349. (*Replaced*).

[1997, c. 43, s. 466].

Chapter IV —— Regulations

350. The Government may make regulations

　　(a) determining the content and physical presentation and the terms

modalités de distribution ou de remise d'un contrat, état de compte ou autre document visé par une loi ou un règlement dont l'Office doit surveiller l'application;

b) établir un modèle pour un contrat ou un autre document visé par une loi ou un règlement dont l'Office doit surveiller l'application;

c) établir des normes concernant les instructions relatives à l'entretien ou à l'utilisation d'un bien, l'emballage, l'étiquetage ou la présentation d'un bien ainsi que la divulgation du prix d'un bien ou d'un service;

d) établir des normes de qualité, de sécurité et de garantie pour un bien ou un service;

e) déterminer les règles concernant les modalités de calcul et de divulgation des conditions de paiement, du taux de crédit et des frais de crédit ou du taux de crédit implicite et des frais de crédit implicites dans un contrat, un tableau d'exemples ou un autre document ou dans un message publicitaire;

f) identifier les contrats qui, malgré l'article 57, constituent des contrats conclus par un vendeur itinérant;

g) déterminer les conditions du renouvellement ou de l'extension de crédit ou celles du crédit résultant de la consolidation de dettes;

h) déterminer le contenu, la présentation matérielle et la position d'une pancarte requise par la présente loi;

i) identifier les accessoires d'une automobile d'occasion ou d'une motocyclette d'occasion qui ne sont pas couverts par la garantie établie dans la présente loi;

j) déterminer les travaux qui ne constituent pas des réparations au sens de la présente loi;

k) établir des normes relatives au contenu et à la présentation matérielle d'un message publicitaire;

and conditions of distribution or remittance of all contracts, statements of account or other documents contemplated by the laws and regulations the application of which is under the supervision of the Office;

(b) establishing models for contracts or other documents contemplated by the laws and regulations the application of which is under the supervision of the Office;

(c) determining standards for instructions respecting the maintenance or use of goods, packing, labelling or presentation of goods and the disclosure of the price of goods or services;

(d) determining standards of quality, safety and warranty for goods or services;

(e) determining the rules respecting the terms and conditions of calculation and disclosure of the conditions of payment, the credit rate and credit charges or implied credit rate and implied credit charges in a contract, an example chart or another document or in advertising;

(f) identifying the contracts that, notwithstanding section 57, constitute contracts made by an itinerant merchant;

(g) determining the conditions of renewal or extension of credit, or those of credit resulting from a consolidation of debts;

(h) determining the content, the physical presentation and the position of signs required by this Act;

(i) identifying the accessories of a used automobile or a used motorcycle that are not covered by the warranty established by this Act;

(j) determining the work that does not constitute repairs within the meaning of this Act;

(k) establishing standards regarding the content and physical presentation of an advertisement;

l) déterminer les cas où un cautionnement peut être exigé, la forme, les modalités et le montant d'un cautionnement ainsi que la façon dont on doit disposer d'un cautionnement soit en cas d'annulation ou de confiscation soit en vue de l'indemnisation d'un consommateur ou de l'exécution d'un jugement en matière pénale;

m) (*paragraphe abrogé*);

n) déterminer les qualités requises d'une personne qui demande un permis, un renouvellement de permis ou, dans le cas prévu par l'article 337, un transfert de permis, les exigences qu'elle doit remplir, les renseignements et les documents qu'elle doit fournir et les droits qu'elle doit verser;

o) établir les normes, conditions et modalités de la réception et de la conservation des sommes transférées en fiducie;

p) établir des règles relatives à la tenue des registres, comptes, livres et dossiers des commerçants dans la mesure où la protection du consommateur est en question;

q) exempter, aux conditions qu'il détermine, un message publicitaire de l'application de l'article 248;

r) exempter, en totalité ou en partie, de l'application de la présente loi, une catégorie de personnes, de biens, de services ou de contrats qu'il détermine et fixer des conditions à cette exemption;

s) déterminer les droits exigibles de celui qui demande à un agent d'information copie de son dossier de crédit;

t) déterminer, pour les fins du paragraphe d de l'article 321, les autres biens ou les autres catégories de biens pour lesquels un commerçant ne peut offrir ou conclure un contrat de garantie supplémentaire sans être titulaire d'un permis;

u) établir, pour les commerçants obligés d'être titulaires d'un permis en vertu du paragraphe d de l'article 321, des normes relatives à la cons-

(l) determining the cases where security may be required, the form, terms and conditions and amount of the security and the manner of disposing of the security in case of cancellation or confiscation or for the indemnification of a consumer or the execution of a judgment in a penal matter;

(m) (*paragraph repealed*);

(n) determining the qualifications required of any person applying for a permit or the renewal of a permit, or in the case provided for in section 337, the transfer of a permit, the conditions he must fulfil, the information and documents he must furnish and the duties he must pay;

(o) determining standards, conditions and modes and procedures for the receipt and keeping of sums transferred in trust;

(p) establishing rules for the keeping of merchants' registers, accounts books and records to the extent that consumer protection is involved;

(q) exempting, on such conditions as it may determine, an advertisement from the application of section 248;

(r) exempting, in whole or in part, from the application of this Act, any class of persons, goods, services or contracts that it determines and fixing conditions for that exemption;

(s) determining the duties chargeable to a person who requests a copy of his credit record from an information agent;

(t) determining, for the purposes of paragraph d of section 321, the other property or classes of property for which no merchant may offer or make a contract of additional warranty unless he holds a permit;

(u) establishing, for merchants required to hold a permit under paragraph d of section 321, norms relating to the establishment,

titution, à la conservation et à l'utilisation des réserves qu'ils doivent maintenir ainsi que des réserves additionnelles qu'il jugera bon de prescrire et déterminer les moments où ces commerçants doivent fournir au président un état de leurs opérations ainsi que la forme et la teneur de cet état;

v) déterminer les critères de répartition suivant lesquels les frais visés par l'article 260.24 doivent être assumés par les commerçants auxquels ils sont chargés en vertu de cet article et établir les modalités de réclamation, de paiement et de perception de ces frais;

w) déterminer les catégories de placements que peut choisir un commerçant en vertu de l'article 260.11;

x) déterminer les droits que doit verser une personne qui demande une exemption en vertu de l'article 308;

y) déterminer les cas où un contrat conclu à distance ne peut être résolu par le consommateur en vertu des articles 54.8 et 54.9;

z) déterminer les cas, autres que celui prévu à l'article 54.14, où le consommateur peut demander la rétrofacturation de sommes portées au débit de son compte à la suite de la résolution d'un contrat conclu à distance, les renseignements devant accompagner cette demande et les modalités de la rétrofacturation;

z.1) déterminer les biens, autres que ceux mentionnés à l'article 182, qui constituent des appareils domestiques;

z.2) instituer tout fonds à des fins d'indemnisation des clients d'un secteur d'activités commerciales régi par une loi dont l'Office doit surveiller l'application, prescrire le montant et la forme des contributions requises et déterminer les cas, conditions ou modalités de perception, de versement, d'administration et d'utilisation du fonds, notamment fixer un montant maximum, par client ou par événement, qui peut être imputé au fonds;

conservation and application of the reserves they are required to maintain and of any additional reserves it may see fit to require, and determining the dates when the merchants must provide a statement of their operations to the president and the form and content of the statement;

(v) determining the criteria of apportionment according to which the costs contemplated in section 260.24 must be assumed by the merchants to whom the costs are charged under that section, and establishing the modalities for claiming, paying and collecting the costs;

(w) prescribe the classes of investment that may be chosen by a merchant under section 260.11;

(x) determining the duties to be paid by a person requesting an exemption under section 308;

(y) determining cases where a distance contract may not be cancelled by the consumer under sections 54.8 and 54.9;

(z) determining cases, other than that described in section 54.14, where the consumer may request a credit card chargeback following cancellation of a distance contract, and specifying the information to be included with the request and the chargeback terms;

(z.1) determining appliances, other than those mentioned in section 182, that constitute household appliances;

(z.2) establishing any fund for the purpose of indemnifying customers in business sectors governed by an Act the administration of which is under the supervision of the Office, prescribing the amount and the form of the contributions required and determining the circumstances for and the terms and the conditions of collection, payment, administration and use of the fund, in particular, fixing a maximum amount, per customer or event, that may be paid out of a fund;

z.3) prévoir, à l'égard de tout fonds d'indemnisation institué en vertu du paragraphe *z.*2, que les revenus de placement des sommes accumulées dans le fonds puissent, aux conditions et selon les modalités qu'il détermine, être utilisés par l'Office pour informer et éduquer les consommateurs à l'égard de leurs droits et obligations en vertu de la présente loi ou d'une loi régissant le secteur d'activités commerciales visé par le fonds;

z.4) déterminer une stipulation interdite dans un contrat, en outre de celles prévues par la présente loi;

z.5) déterminer les règles concernant les modalités de calcul de l'indemnité de résiliation prévue à l'article 214.7 et de celle prévue à l'article 214.8, les modalités de la décroissance de ces indemnités ainsi que les éléments du bénéfice économique devant servir au calcul de celle prévue à l'article 214.7.

[1978, c. 9, a. 350; 1980, c. 11, a. 114; 1984, c. 47, a. 133; 1987, c. 90, a. 8; 1988, c. 45, a. 10, 11, 12; 1990, c. 4, a. 710; 1991, c. 24, a. 18; 1997, c. 43, a. 875; 1999, c. 40, a. 234; 2006, c. 56, a. 10; 2009, c. 51, a. 20].

(z.3) prescribing, with respect to any indemnity fund established under paragraph *z.*2, that the investment income on the sums accrued in the fund may be used by the Office, on the terms and conditions the Government determines, to inform and educate consumers with regard to their rights and obligations under this Act or an Act governing the business sector covered by the fund;

(z.4) identifying prohibited contract stipulations, in addition to those provided for in this Act;

(z.5) prescribing the rules respecting the method of calculating the cancellation indemnity provided for in section 214.7 and the cancellation indemnity provided for in section 214.8, the mechanics of the decrease in those indemnities, as well as the elements of the economic inducement to be used in calculating the cancellation indemnity provided for in section 214.7.

[1978, c. 9, s. 350; 1980, c. 11, s. 114; 1984, c. 47, s. 133; 1987, c. 90, s. 8; 1988, c. 45, s. 10, 11, 12; 1990, c. 4, s. 710; 1991, c. 24, s. 18; 1999, c. 40, s. 234; 2006, c. 56, s. 10; 2009, c. 51, s. 20].

351. Un projet de règlement ne peut être adopté que moyennant un préavis de 30 jours publié à la *Gazette officielle du Québec*. Ce préavis doit en reproduire le texte.

Un règlement entre en vigueur le jour de la publication à la *Gazette officielle du Québec* d'un avis indiquant qu'il a été adopté par le gouvernement ou, en cas de modification par ce dernier, de la publication de son texte définitif ou à une date ultérieure fixée dans l'avis ou dans le texte définitif.

[1978, c. 9, a. 351; 1980, c. 11, a. 115].

351. No draft regulation may be adopted unless it is preceded by a notice of thirty days published in the *Gazette officielle du Québec*. Such prior notice must reproduce the text of the draft.

A regulation comes into force on the day of the publication in the *Gazette officielle du Québec* of a notice indicating that it has been adopted by the Government or, if amended by the latter, on the day of the publication of its final text or on any later date fixed in the notice or final text.

[1978, c. 9, s. 351; 1980, c. 11, s. 115].

TITRE VI —— DISPOSITIONS TRANSITOIRES ET DIVERSES

TITLE VI —— TRANSITIONAL AND MISCELLANEOUS PROVISIONS

352. Le ministre est chargé de l'application de la présente loi.

[1978, c. 9, a. 352].

352. The Minister has charge of the carrying out of this Act.

[1978, c. 9, s. 352].

353. (*Omis*).

[1978, c. 9, a. 353].

354. Dans une loi ou une proclamation ainsi que dans un arrêté en conseil, un contrat ou tout autre document, un renvoi à la *Loi sur la protection du consommateur* (chapitre P-40) remplacée par la présente loi est censé être un renvoi à la présente loi ou à la disposition équivalente de la présente loi.

[1978, c. 9, a. 354].

355. (*Omis*).

[1978, c. 9, a. 355].

356. Un permis délivré en vertu de la *Loi sur la protection du consommateur* remplacée par la présente loi demeure en vigueur jusqu'à la date où il expirerait en vertu de la loi ainsi remplacée; il est alors renouvelé conformément à la présente loi.

[1978, c. 9, a. 356; 1997, c. 43, a. 875].

357. Un règlement adopté par le gouvernement en vertu de la *Loi sur la protection du consommateur* demeure en vigueur, dans la mesure où il est conforme aux dispositions de la présente loi, jusqu'à ce qu'il ait été abrogé ou qu'il ait été modifié ou remplacé par un règlement adopté en vertu de la présente loi.

[1978, c. 9, a. 357].

358. Les poursuites intentées en vertu de la *Loi sur la protection du consommateur* suivent leurs cours; il en est de même des infractions commises et des prescriptions commencées lesquelles sont respectivement poursuivies et achevées sous les dispositions de ladite loi.

[1978, c. 9, a. 358].

359.-361. (*Omis*).

[1978, c. 9, a. 359-361].

362. Les crédits affectés à l'application de la *Loi sur la protection du consommateur* sont transférés pour permettre l'application de la présente loi.

353. (*Omitted*).

[1978, c. 9, s. 353].

354. In any Act, proclamation, order in council, contract or document, a reference to the *Consumer Protection Act* (chapter P-40) replaced by this Act, is a reference to this Act or to the equivalent provision of this Act.

[1978, c. 9, s. 354; 1999, c. 40, s. 234].

355. (*Omitted*).

[1978, c. 9, s. 355].

356. Permits issued under the *Consumer Protection Act* replaced by this Act remain in force until their date of expiry pursuant to the Act so replaced, whereupon they are renewed in accordance with this Act.

[1978, c. 9, s. 356].

357. The regulations made by the Government by virtue of the *Consumer Protection Act* remain in force, to such extent as they are consistent with this Act, until they are repealed, or until they are amended or replaced by regulations made by virtue of this Act.

[1978, c. 9, s. 357].

358. Proceedings instituted under the *Consumer Protection Act* are continued, as are contraventions to and prescriptions begun under the said Act, and these, respectively, shall be prosecuted or are completed under the said Act.

[1978, c. 9, s. 358].

359.-361. (*Omitted*).

[1978, c. 9, s. 359-361].

362. Appropriations for the carrying out of the *Consumer Protection Act* shall be transferred to enable the carrying out of this Act.

Les crédits supplémentaires affectés à l'application de la présente loi pour l'exercice financier 1978/1979 ainsi que les crédits pour l'exercice financier 1979/1980 sont puisés à même le fonds consolidé du revenu.

Pour les exercices financiers suivants, les crédits sont puisés à même les deniers accordés annuellement par le Parlement.

[1978, c. 9, a. 362].

Supplementary appropriations for the carrying out of this Act for the fiscal year 1978/1979 and the appropriations for the fiscal year 1979/1980 shall be taken out of the Consolidated Revenue Fund.

For subsequent fiscal years, the appropriations shall be taken out of the moneys granted each year by the Parliament.

[1978, c. 9, s. 362].

363. La présente loi entre en vigueur à la date fixée par proclamation du gouvernement, à l'exception des dispositions exclues par cette proclamation, lesquelles entreront en vigueur à une date ultérieure qui sera fixée par proclamation du gouvernement.

[1978, c. 9, a. 363].

363. This Act will come into force on the date to be fixed by proclamation of the Government, except any provisions excluded by that proclamation, which will come into force on any later date that may be fixed by proclamation of the Government.

[1978, c. 9, s. 363].

364. (*Cet article a cessé d'avoir effet le 17 avril 1987*).

[1982, c. 21, a. 1].

364. (*This section ceased to have effect on 17 April 1987*).

[1982, c. 21, s. 1].

Les dispositions indiquées comme non en vigueur (trame grise) entreront en vigueur à la date fixée par le gouvernement (1978, c. 9, a. 363).

Les dispositions édictées par la présente loi (2009, c. 51) et relatives aux stipulations interdites ne s'appliquent pas aux contrats en cours au moment de leur entrée en vigueur. Toutefois, sont privées d'effet pour l'avenir les stipulations dans les contrats en cours qui sont contraires aux articles 13 et 187.3 de la *Loi sur la protection du consommateur* (RLRQ, c. P-40.1) telle que la modifient les articles 3 et 9 de la présente loi (L.Q. 2009, c. 51, a. 34).

The provisions that are not in force (grey screen) will come in force on the date fixed by the Government (1978, c. 9, s. 363).

The provisions enacted by this Act (2009, c. 51) that relate to prohibited stipulations do not apply to contracts in force when those provisions come into force. However, stipulations of such a contract that are contrary to section 13 or 187.3 of the *Consumer Protection Act* (CQLR, c. P-40.1), as amended by sections 3 and 9, are without effect for the future (2009, c. 51, s. 34).

(Loi sur la protection du consommateur, article 58)

Vous pouvez résoudre ce contrat, pour n'importe quelle raison, pendant une période de 10 jours après la réception du double du contrat et des documents qui doivent y être annexés.

Si vous ne recevez pas le bien ou le service au cours des 30 jours qui suivent une date indiquée dans le contrat, vous avez 1 an pour résoudre le contrat. Toutefois, vous perdez ce droit de résolution si vous acceptez la livraison après cette période de 30 jours. Le délai d'exercice du droit de résolution peut aussi être porté à 1 an pour d'autres raisons, notamment pour absence de permis, pour absence ou pour déficience de cautionnement, pour absence de livraison ou pour non-conformité du contrat. Pour de plus amples renseignements, communiquez avec un conseiller juridique ou l'Office de la protection du consommateur.

Lorsque le contrat est résolu, le commerçant itinérant doit vous rembourser toutes les sommes que vous lui avez versées et vous restituer tout bien qu'il a reçu en paiement, en échange ou en acompte; s'il ne peut restituer ce bien, le commerçant itinérant doit remettre une somme correspondant au prix de ce bien indiqué au contrat ou, à défaut, la valeur de ce bien dans les 15 jours de la résolution. Dans le même délai, vous devez remettre au commerçant itinérant le bien que vous avez reçu du commerçant.

Pour résoudre le contrat, il suffit soit de remettre au commerçant itinérant ou à son représentant le bien que vous avez reçu, soit de lui retourner le formulaire proposé ci-dessous ou de lui envoyer un autre avis écrit à cet effet. Le formulaire ou l'avis doit être adressé au commerçant itinérant ou à son représentant, à l'adresse ci-dessous indiquée sur le formulaire ou à une autre adresse du commerçant itinérant ou du représentant indiquée dans le contrat. L'avis doit être remis en personne ou être donné par tout autre moyen permettant au consommateur de prouver son envoi par courrier recommandé, par courrier électronique, par télécopieur ou par un service de messagerie.

FORMULAIRE DE RÉSOLUTION (partie détachable de l'annexe)

À compléter par le commerçant

À : .... (nom du commerçant itinérant ou du représentant)

....

.... (adresse du commerçant itinérant ou de son représentant)

Numéro de téléphone du commerçant itinérant ou du représentant : (..........)..........

Numéro de télécopieur du commerçant itinérant ou du représentant : (..........)..........

Adresse électronique du commerçant itinérant ou du représentant : ....

À compléter par le consommateur

DATE : .... (date d'envoi du formulaire)

En vertu de l'article 59 de la *Loi sur la protection du consommateur*, j'annule le contrat n° .... (numéro du contrat, s'il est indiqué)

conclu le .... (date de la formation du contrat)

à : .... (adresse où le consommateur a signé le contrat)

.... (nom du consommateur)

Numéro de téléphone du consommateur : (..........) ....

Numéro de télécopieur du consommateur : (..........)..........

Adresse électronique du consommateur :....................................

.... (adresse du consommateur)

.... (signature du consommateur)

[1978, c. 9, Annexe 1; 1998, c. 6, art. 8].

SCHEDULE 1 — STATEMENT OF CONSUMER CANCELLATION RIGHTS
(*Consumer Protection Act*, section 58)

You may cancel this contract for any reason within 10 days after you receive a copy of the contract along with the other required documents.

If you do not receive the goods or services within 30 days of the date stated in the contract, you may cancel the contract within one year. You lose that right if you accept delivery after the 30 days. There are other grounds for an extension of the cancellation period to one year, for example if the itinerant merchant does not hold a permit or has not provided the required security at the time the contract is made, if the goods are never delivered or the services never performed, or if the contract is incorrectly made or worded. For more information, you may seek legal advice or contact the Office de la protection du consommateur.

If you cancel the contract, the itinerant merchant must refund all amounts you have paid, and return to you the goods received in payment, as a trade-in or on account; if the merchant is unable to return the goods, you are entitled to receive an amount of money corresponding to the value indicated in the contract or the cash value of the goods, within 15 days of cancellation. You also have 15 days to return to the merchant any goods you received from the merchant.

To cancel, you must return the items received from the merchant to the merchant or the merchant's representative, send the merchant the cancellation form printed below, or send the merchant written notice of cancellation. The form or written notice must be sent to the merchant or the merchant's representative at the address indicated on the form, or at any other address indicated in the contract. You must give notice of cancellation by personal delivery or by any other method that will allow you to prove that you gave notice, including registered mail, E-mail, fax and courier.

Cancellation Form (detachable from schedule)

To be completed by the merchant

To :.................................. (*name of itinerant merchant or representative*)

....

.... (*address of itinerant merchant or representative*)

Telephone number of itinerant merchant or representative : (..........)..........

Fax number of itinerant merchant or representative : (..........)..........

Electronic address of itinerant merchant or representative :..........

To be completed by the consumer

DATE :................................. (*date on which form is sent*)

By virtue of section 59 of the *Consumer Protection Act*,I hereby cancel the contract No................................. (*contract number, if any*)

made on................................. (*date of contract*)

at :................................. (*address where contract was signed by consumer*)

.... (*name of consumer*)

Telephone number of consumer (..........)..........

Fax number of consumer : (..........)..........

Electronic address of consumer :.................................

.... (*address of consumer*)

.... (*signature of consumer*)

[1978, c. 9, Schedule 1; 1998, c. 6, s. 8].

ANNEXE 2 ── AVIS DE DÉCHÉANCE DU BÉNÉFICE DU TERME
(*Loi sur la protection du consommateur*, art. 105)

Date : .... (*date de l'envoi ou de la remise de l'avis*)

.... (*nom du commerçant*)

(*numéro de téléphone du commerçant*)

.... (*adresse du commerçant*)

ci-après appelé le commerçant donne avis à :

.... (*nom du consommateur*)

.... (*adresse du consommateur*)

ci-après appelé le consommateur

qu'il est en défaut d'exécuter son obligation suivant le contrat (N°) (*numéro du contrat s'il est indiqué*)) intervenu entre eux à (*lieu de la formation du contrat*) le (*date de la formation du contrat*)

et que le(s) paiement(s) suivant(s) est (sont) échu(s) :

$ .... (*montant du paiement*), le .... (*date d'échéance du paiement*)

$ .... (*montant du paiement*), le .... (*date d'échéance du paiement*)

pour un total de $ (*somme due*) à date.

En conséquence, si le consommateur ne remédie pas à son défaut en payant la somme due dans les trente jours qui suivent la réception du présent avis, le solde de son obligation, au montant de $ ...., deviendra exigible à ce moment.

Le consommateur peut cependant, par requête, s'adresser au tribunal pour faire modifier les modalités de paiement ou, s'il s'agit d'un contrat de vente assorti d'un crédit, pour être autorisé à remettre au commerçant le(s) bien(s) vendu(s).

Cette requête doit être signifiée et produite au greffe dans un délai de trente jours après réception du présent avis par le consommateur.

Le consommateur aura avantage à consulter son contrat et, au besoin, à communiquer avec l'Office de la protection du consommateur.

.... *(nom du commerçant)*

.... *(signature du commerçant)*

[1978, c. 9, Annexe 2].

SCHEDULE 2 —— NOTICE OF FORFEITURE OF BENEFIT OF THE TERM
(Consumer Protection Act, s. 105)

Date :................................... *(date on which notice sent or remitted)*

.... *(name of merchant)*

(telephone number of merchant)

.... *(address of merchant)*

hereinafter called the merchant notifies :

.... *(name of consumer)*

.... *(address of consumer)*

hereinafter called the consumer

that he is in default to perform his obligation in accordance with the contract (No............) *(number of the contract if indicated)* made between them at.............. *(place where the contract was made)* on.............. *(date on which the contract was made)*

and that the following payment(s) is(are) due :

$ .... *(amount of payment)* on.......... *(date due)*

$ .... *(amount of payment)* on.......... *(date due)*

for a total amount of $ .... *(amount due)* at this date.

Consequently, if the consumer does not remedy his default by paying the amount due within thirty days of receiving this notice, the balance of the total obligation, in the amount of $ ...., shall become payable at that time.

The consumer may, however, by motion, petition the court to change the terms and conditions of payment or, in the case of a contract involving credit, to be authorized to return the goods sold to the merchant.

Such motion must be served and filed in the office of the court within thirty days after the consumer receives this notice.

The consumer is advised to examine his contract and, if further information is necessary, to contact the Office de la protection du consommateur.

.... *(name of merchant)*

.... *(signature of merchant)*

[1978, c. 9, Schedule 2].

ANNEXE 3 —— CONTRAT DE PRÊT D'ARGENT

(*Loi sur la protection du consommateur*, art. 115)

Date : .... (*date de la formation du contrat*)

Lieu : .... (*lieu de la formation du contrat, s'il est formé en présence du commerçant et du consommateur*)

.... (*nom du commerçant*)

.... (*adresse du commerçant*)

.... (*numéro de permis du commerçant*)

.... (*nom du consommateur*)

.... (*adresse du consommateur*)

1.	Capital net	$ ....
2.	Intérêt	$ ....
3.	Prime de l'assurance souscrite — *décrire*	$ ....
4.	Autres composantes	$ ....
5.	Total des frais de crédit pour toute la durée du prêt	$ ....
6.	Obligation totale du consommateur	$ ....
7.	Taux de crédit	.... %

L'obligation totale du consommateur est payable à (*adresse*) en (*nombre*) paiements différés de $ .... le .... jour de chaque mois consécutif à compter du (*date d'échéance du premier paiement*) et un dernier paiement de $ .... le ....

Le consommateur donne au commerçant, en reconnaissance ou en garantie de son obligation, l'objet ou le document suivant :

.... (*description*)

Le commerçant exécute son obligation principale lors de la formation du présent contrat ☐ (*oui*) ou, le (*date de l'exécution de l'obligation principale du commerçant*)

.... (*signature du commerçant*)

.... (*signature du consommateur*)

[1978, c. 9, Annexe 3].

SCHEDULE 3 —— CONTRACT FOR THE LOAN OF MONEY

(*Consumer Protection Act*, s. 115)

Date : .... (*date on which the contract is made*)

Place : .... (*place where the contract is made if made in the presence of the merchant and the consumer*)

.... (*name of merchant*)

.... (*address of merchant*)

.... (*number of permit of the merchant*)

.... (*name of consumer*)

.... (*address of consumer*)

1.	Net capital	$ ....
2.	Interest	$ ....
3.	Insurance premiums — *describe*	$ ....
4.	Other components	$ ....
5.	Credit charges for the whole term of the loan	$ ....
6.	Total obligation of the consumer	$ ....
7.	Credit rate	.... %

The total obligation of the consumer is payable at (*address*) in (*number*) equal deferred payments of $ .... on the.......... day of each consecutive month from (*date on which the first payment is due*) and a final payment of $ .... on..........

The consumer gives to the merchant as acknowledgment of or security for his obligation the following object or document :

.... (*description*)

The merchant performs his principal obligation upon the making of this contract ❏ (*yes*) or on (*date of performance of the merchant's principal obligation*)

.... (*signature of the merchant*)

.... (*signature of the consumer*)

[1978, c. 9, Schedule 3].

ANNEXE 4 ━━ CONTRAT DE CRÉDIT VARIABLE
(Loi sur la protection du consommateur, art. 125)

Date : .... *(date de la formation du contrat)*

Lieu : .... *(lieu de la formation du contrat, s'il est formé en présence du commerçant et du consommateur)*

.... *(nom du commerçant)*

.... *(adresse du commerçant)*

.... *(nom du consommateur)*

.... *(adresse du consommateur)*

1.	Montant jusqu'à concurrence duquel le crédit est consenti *(si ce montant est limité)*	$ ....
2.	Frais d'adhésion ou de renouvellement	$ ....
3.	Durée de chaque période pour laquelle un état de compte est fourni	....
4.	Paiement minimum requis pour chaque période	$ ....
5.	Délai pendant lequel le consommateur peut acquitter son obligation sans être obligé de payer des frais de crédit	....
6.	Taux de crédit annuel	.... %

Tableau d'exemples des frais de crédit

[1978, c. 9, Annexe 4].

SCHEDULE 4 ━━ CONTRACT EXTENDING VARIABLE CREDIT
(Consumer Protection Act, s. 125)

Date :.................................. *(date on which the contract is made)*

Place :.................................. *(place where the contract is made if made in the presence of the merchant or the consumer)*

.... *(name of merchant)*

.... *(address of merchant)*

.... *(name of consumer)*

.... *(address of consumer)*

1.	The amount up to which credit is extended *(if such amount is limited)*	$ ....
2.	Membership or renewal fees	$ ....
3.	The term of each period for which a statement of account is furnished	....
4.	The minimum payment required for each period	$ ....

5.   The time during which the consumer   ....
          may discharge his obligation without
          being compelled to pay credit charges

6.   The annual credit rate   .... %

A table of examples of the credit charges

[1978, c. 9, Schedule 4; 1999, c. 40, s. 234].

(*Loi sur la protection du consommateur*, art. 134)

Date : .... *(date de la formation du contrat)*
Lieu : .... *(lieu de la formation du contrat, s'il est formé en présence du commerçant et du consommateur)*
.... *(nom du commerçant)*
....
.... *(adresse du commerçant)*
.... *(nom du consommateur)*
....
.... *(adresse du consommateur)*
Description de l'objet du contrat : ....

1.	a)	Prix comptant	$	
	b)	Frais d'installation, de livraison et autres	$	
2.	a)	Prix comptant total		$ ....
	b)	Versement comptant		$ ....
3.	a)	Solde — Capital net		$ ....
	b)	Intérêt	$	
	c)	Prime de l'assurance souscrite — *décrire*	$	
	d)	Autres composantes	$	
4.		Total des frais de crédit pour toute la durée du contrat		$ ....
5.		Obligation totale du consommateur		$ ....
		Taux de crédit	.... %	

L'obligation totale du consommateur est payable à *(adresse)* en *(nombre)* paiements différés de $ .... le .... jour de chaque mois consécutif à compter du *(date d'échéance du premier paiement)* et un dernier paiement de $ .... le ....

Le consommateur donne au commerçant, en reconnaissance ou en garantie de son obligation, l'objet ou le document suivant :
.... *(description)*

Le commerçant livre le(s) bien(s) faisant l'objet du présent contrat lors de la formation du contrat ❑ *(oui)* ou, le *(date de livraison du bien)*

Le commerçant demeure propriétaire du(des) bien(s) vendu(s) et le transfert du droit de propriété n'a pas lieu lors de la formation du contrat mais aura lieu seulement *(époque et modalités du transfert)*

.... *(signature du commerçant)*
.... *(signature du consommateur)*

[1978, c. 9, Annexe 5].

SCHEDULE 5 — CONTRACT OF SALE BY INSTALMENT

(*Consumer Protection Act*, s. 134)

Date :.................................. (*date on which the contract is made*)

Place :.................................. (*place where the contract is made if made in the presence of the merchant and of the consumer*)

.... (*name of merchant*)

....

.... (*address of merchant*)

.... (*name of consumer*)

....

.... (*address of consumer*)

Description of the object of the contract :

....

1.	(*a*)	Cash price	$	
	(*b*)	Installation, delivery and other costs	$	
2.	(*a*)	Total cash price		$ ....
	(*b*)	Down-payment		$ ....
3.	(*a*)	Balance — Net capital		$ ....
	(*b*)	Interest	$	
	(*c*)	Insurance premiums — *describe*	$	
	(*d*)	Other components	$	
4.		Total credit charges for the whole term of the contract		$ ....
5.		Total obligation of the consumer		$ ....
		Credit rate		.... %

The total obligation of the consumer is payable at................ (*address*) in...............(*number*) deferred payments of $ .... on the.......... day of each consecutive month from...................(*date on which the first payment is due*) and a final payment of $ .... on...........

The consumer shall give to the merchant as acknowledgment of or security for his obligation the following object or document :

.... (*description*)

The merchant shall deliver the goods being the subject of this contract on the making of the contract ❑ (*yes*) or on (*date of delivery of the goods*)

The merchant remains the owner of the goods sold and the transfer of the right of ownership does not take place when the contract is made but shall take place only (*time and terms and conditions of such transfer*)

.... (*signature of the merchant*)

.... (*signature of the consumer*)

[1978, c. 9, Schedule 5].

(*Loi sur la protection du consommateur*, art. 139)

Date : .... (*date de l'envoi ou de la remise de l'avis*)

.... (*nom du commerçant*)

.... (*numéro de téléphone du commerçant*)

.... (*adresse du commerçant*)

ci-après appelé le commerçant, donne avis à :

.... (*nom du consommateur*)

....

.... (*adresse du consommateur*)

ci-après appelé le consommateur,

qu'il est en défaut d'exécuter son obligation suivant le contrat (N° (*numéro du contrat s'il est indiqué*)) intervenu entre eux à (*lieu de la formation du contrat*) le (*date de la formation du contrat*) et que le(s) paiement(s) suivant(s) est(sont) échu(s) :

$..................................... (*montant du paiement*), le .... (*date d'échéance du paiement*)

$ .... (*montant du paiement*), le .... (*date d'échéance du paiement*)

pour un total de $ (somme due) à date.

Le consommateur peut, dans les 30 jours suivant la réception du présent avis :

a) soit remédier au défaut en payant la somme due à date;

b) soit remettre le bien au commerçant.

Si le consommateur n'a pas remédié au défaut ou n'a pas remis le bien au commerçant à (*adresse*) dans les 30 jours qui suivent la réception du présent avis, le commerçant exercera son droit de reprise en faisant saisir le(s) bien(s) aux frais du consommateur.

Si le consommateur a déjà payé au moins la moitié de la somme de l'obligation totale et du versement comptant, le commerçant ne pourra cependant exercer son droit de reprise qu'après avoir obtenu l'autorisation du tribunal.

Au cas de remise volontaire ou de paiement forcé du bien à la suite du présent avis, l'obligation contractuelle du consommateur est éteinte, et le commerçant n'est pas tenu de remettre le montant des paiements qu'il a déjà reçus.

Le consommateur aura avantage à consulter son contrat, et, au besoin, à communiquer avec l'Office de la protection du consommateur.

.... (*nom du commerçant*)

.... (*signature du commerçant*)

[1978, c. 9, Annexe 6].

(*Consumer Protection Act*, s. 139)

Date :.................................. (*date on which notice is sent or remitted*)

.... (*name of merchant*)

.... (*telephone number of merchant*)

.... (*address of merchant*)

hereinafter called the merchant notifies :

.... (*name of consumer*)

....

.... (*address of consumer*)

hereinafter called the consumer,

that he is in default to perform his obligation in accordance with the contract (No............) (*number of the contract if indicated*) made between them at................. (*place where the contract was made*) on.............. (*date when the contract was made*) and that following payment(s) is(are) due :

 $ .... (*amount of payment*) on.................................. (*date on which the payment is due*)

 $ .... (*amount of payment*) on..................... (*date on which the payment is due*)

for a total amount of $ .... (*amount due*) at this date.

The consumer may, within thirty days after receipt of this notice,

    (*a*) remedy the default by paying the amount due at this date, or

    (*b*)return the goods to the merchant

If the consumer has not remedied the default or has not returned the goods to the merchant at (*address*) within thirty days after the receipt of this notice, the merchant will exercise his right of repossession by having the goods seized, at the consumer's expense.

If the consumer has already paid one-half of the amount of the total obligation and of the down-payment, the merchant will not be entitled to exercise his right of repossession unless he obtains the permission of the court.

In the case of voluntary return of forced repossession following this notice, the contractual obligation of the consumer is extinguished and the merchant is not bound to return the amount of the payments already received.

The consumer is advised to examine his contract and, if further information is necessary, to contact the Office de la protection du consommateur.

.... (*name of the merchant*)

.... (*signature of the merchant*)

[1978, c. 9, Schedule 6].

ANNEXE 7 —— CONTRAT ASSORTI D'UN CRÉDIT

(*Loi sur la protection du consommateur*, art. 150)

Date : .... (*date de la formation du contrat*)

Lieu : .... (*lieu de la formation du contrat, s'il est formé en présence du commerçant et du consommateur*)

.... (*nom du commerçant*)

.... (*adresse du commerçant*)

.... (*nom du consommateur*)

(*adresse du consommateur*)

Description de l'objet du contrat :

1.	*a*)	Prix comptant	$	
	b)	Frais d'installation, de livraison et autres	$	
2.	*a*)	Prix comptant total		$ ....
	b)	Versement comptant		$ ....
3.	*a*)	Solde — Capital net		$ ....
	b)	Intérêt	$	
	c)	Prime de l'assurance souscrite — décrire	$	
	d)	Autres composantes	$	
4.		Total des frais de crédit pour toute la durée du contrat		$ ....
5.		Obligation totale du consommateur		$ ....
		Taux de crédit	.... %	

L'obligation totale du consommateur est payable à (*adresse*) en (*nombre*) paiements différés de $ .... le .... jour de chaque mois consécutif à compter du (*date d'échéance du premier paiement*) et un dernier paiement de $ .... le ....

Le consommateur donne au commerçant, en reconnaissance ou en garantie de son obligation l'objet ou le document suivant :

.... (*description*)

Le commerçant livre le(s) bien(s) faisant l'objet du présent contrat lors de la formation du contrat ❑ (*oui*) ou, le (*date de livraison du bien*)

.... (*signature du commerçant*)

.... (*signature du consommateur*)

[1978, c. 9, Annexe 7].

SCHEDULE 7 —— CONTRACT INVOLVING CREDIT

(*Consumer Protection Act*, s. 150)

Date :................................... (*date on which the contract is made*)

Place :.................................... *(place where the contract is made if made in the presence of the merchant and of the consumer)*

.... *(name of merchant)*

....

.... *(address of merchant)*

....

.... *(name of consumer)*

....

....................................*(address of consumer)*

Description of the object of the contract :

1.	(a)	Cash price	$..........	
	(b)	Installation, delivery and other costs	$..........	
2.	(a)	Total cash price		$..........
	(b)	Down-payment		$..........
3.	(a)	Balance — Net capital		$..........
	(b)	Interest	$..........	
	(c)	Insurance premiums — describe	$..........	
	(d)	Other components	$..........	
4.		Total credit charges for the whole term of the contract		$..........
5.		Total obligation of the consumer		$..........
		Credit rate	.... %	

The total obligation of the consumer is payable at...................... *(address)* in............. *(number)* deferred payments of $.......... on the.......... day of each consecutive month from.................... *(date when the first payment is due)* and a final payment of $.......... on...........

The consumer shall give to the merchant as acknowledgment of or security for his obligation the following object or document :

.... *(description)*

The merchant delivers the goods being the subject of this contract on the making of this contract ❏ *(yes)* or on *(date of delivery of the goods)*

.... *(signature of the merchant)*

.... *(signature of the consumer)*

[1978, c. 9, Schedule 7].

(*Loi sur la protection du consommateur*, art. 150.13)

Date : .... (*date de l'envoi ou de la remise de l'avis*)

.... (*nom du commerçant*)

.... (*numéro de téléphone du commerçant*)

.... (*adresse du commerçant*)

ci-après appelé le commerçant, donne avis à

.... (*nom du consommateur*)

....

.... (*adresse du consommateur*)

ci-après appelé le consommateur,

qu'il est en défaut d'exécuter son obligation suivant le contrat (N° (*numéro du contrat s'il est indiqué*)) intervenu entre eux à (*lieu de la conclusion du contrat*) le (*date de la conclusion du contrat*) et que le(s) paiement(s) suivant(s) est(sont) échu(s) :

$................................... (*montant du paiement*), le .... (*date d'échéance du paiement*)

$ .... (*montant du paiement*), le .... (*date d'échéance du paiement*)

pour un total de $ (somme due) à date.

En conséquence, si le consommateur ne remédie pas à son défaut en payant la somme due dans les trente jours qui suivent la réception du présent avis, le montant total des paiements échus et des paiements périodiques non encore échus, soit la somme de $.........., deviendra exigible à ce moment.

Le consommateur peut cependant, par requête, s'adresser au tribunal pour faire modifier les modalités de paiement ou pour être autorisé à remettre au commerçant le bien loué. Dans ce dernier cas, la remise du bien autorisée par le tribunal entraîne l'extinction de l'obligation et le commerçant n'est pas tenu de remettre le montant des paiements qu'il a reçus.

Cette requête doit être signifiée et produite au greffe dans un délai de trente jours après réception du présent avis par le consommateur.

Par ailleurs, le consommateur peut aussi, sans l'autorisation du tribunal, remettre le bien au commerçant et ainsi résilier son contrat. Dans un tel cas, le commerçant n'est pas tenu de remettre le montant des paiements échus qu'il a déjà perçus et il ne peut réclamer que les seuls dommages-intérêts réels qui soient une suite directe et immédiate de cette résiliation.

Le consommateur aura avantage à consulter son contrat et, au besoin, à communiquer avec l'Office de la protection du consommateur.

.... (*nom du commerçant*)

.... (*signature du commerçant*)

[1991, c. 24, art. 9].

SCHEDULE 7.1 —— NOTICE OF FORFEITURE OF BENEFIT OF THE TERM CONCERNING LONG-TERM LEASE

(*Consumer Protection Act*, s. 150.13)

Date :.................................. (*date on which notice is sent or remitted*)

.... (*name of merchant*)

.... (*telephone number of merchant*)

.... (*address of merchant*)

hereinafter called the merchant, notifies

.... (*name of consumer*)

....

.... (*address of consumer*)

hereinafter called the consumer,

that he is in default to perform his obligation in accordance with the contract (No............................) (*number of the contract if indicated*) made between them at................. (*place where the contract was made*) on......................... (*date when the contract was made*) and that the following payment(s) is(are) due :

$ .... (*amount of payment*), on.................................. (*date on which the payment is due*)

$ .... (*amount of payment*), on.................................. (*date on which the payment is due*)

for a total amount of $ .... (*amount due*) at this date.

Consequently, if the consumer does not remedy his default by paying the amount due within thirty days of receiving this notice, the total amount of payments due and future instalments, in the amount of $ ...., shall become payable at that time.

The consumer may, however, by motion, petition the court to change the terms and conditions of payment or to be authorized to return the goods leased to the merchant. In that case, return of the goods authorized by the court entails the extinguishment of the obligation and the merchant is not required to return the amount of instalments he has received.

Such motion must be served and filed in the office of the court within thirty days after the consumer receives this notice.

Furthermore, the consumer may also, without the authorization of the court, return the goods to the merchant and thus rescind his contract. In such case, the merchant is not bound to return the amount of the payments due he has already received, and he cannot claim any damages other than those actually resulting, directly and immediately, from the rescission of the contract.

The consumer is advised to examine his contract and, if further information is necessary, to contact the Office de la protection du consommateur.

.... (*name of the merchant*)

.... (*signature of the merchant*)

[1991, c. 24, s. 19].

ANNEXE 7.2 ━━ AVIS DE REPRISE DE POSSESSION EN MATIÈRE DE LOCATION À LONG TERME

(*Loi sur la protection du consommateur*, art. 150.14)

Date : .... (*date de l'envoi ou de la remise de l'avis*)

.... (*nom du commerçant*)

.... (*numéro de téléphone du commerçant*)

.... (*adresse du commerçant*)

ci-après appelé le commerçant, donne avis à

.... (*nom du consommateur*)

....

.... (*adresse du consommateur*)

ci-après appelé le consommateur,

qu'il est en défaut d'exécuter son obligation suivant le contrat (N° (*numéro du contrat s'il est indiqué*)) intervenu entre eux à (*lieu de la conclusion du contrat*) le (*date de la conclusion du contrat*) et que le(s) paiement(s) suivant(s) est(sont) échu(s) :

    $ .... (*montant du paiement*), le .... (*date d'échéance du paiement*)

    $ .... (*montant du paiement*), le .... (*date d'échéance du paiement*)

    pour un total de $ (somme due) à date.

Le consommateur peut, dans les 30 jours suivant la réception du présent avis :

    a) soit remédier au défaut en payant la somme due à date;

    b) soit remettre le bien au commerçant.

Si le consommateur n'a pas remédié au défaut ou n'a pas remis le bien au commerçant à (*adresse*) dans les 30 jours qui suivent la réception du présent avis, le commerçant exercera son droit de reprise en faisant saisir le(s) bien(s) aux frais du consommateur.

Toutefois, si le consommateur partie à un contrat de louage à valeur résiduelle garantie a déjà payé au moins la moitié de son obligation maximale, le commerçant ne pourra exercer son droit de reprise qu'après avoir obtenu la permission du tribunal (article 150.32).

Au cas de remise volontaire ou de reprise forcée du bien à la suite du présent avis, le contrat est résilié. Le commerçant n'est alors pas tenu de remettre le montant des paiements échus qu'il a déjà perçus et il ne peut réclamer que les seuls dommages-intérêts réels qui soient une suite directe et immédiate de cette résiliation (article 150.15).

Le consommateur aura avantage à consulter son contrat, et, au besoin, à communiquer avec l'Office de la protection du consommateur.

.... (*nom du commerçant*)

.... (*signature du commerçant*)

[1991, c. 24, art. 19].

SCHEDULE 7.2 ━━ NOTICE OF REPOSSESSION CONCERNING LONG-TERM LEASE

(*Consumer Protection Act*, s. 150.14)

Date :.................................. (*date on which notice is sent or remitted*)

.... (*name of merchant*)

.... (*telephone number of merchant*)

.... (*address of merchant*)

hereinafter called the merchant, notifies

.... (*name of consumer*)

....

.... (*address of consumer*)

hereinafter called the consumer,

that he is in default to perform his obligation in accordance with the contract (No..............) (*number of the contract if indicated*) made between them at.................... (*place where the contract was made*) on.......................... (*date when the contract was made*) and that the following payment(s) is(are) due :

$ .... (*amount of payment*), on.................................. (*date on which the payment is due*)

$ .... (*amount of payment*), on.................................. (*date on which the payment is due*)

for a total amount of............... $ (*amount due*) at this date.

The consumer may, within 30 days after receipt of this notice, either :

(*a*) remedy the default by paying the amount due at this date; or

(*b*) return the goods to the merchant.

If the consumer has not remedied the default or returned the goods to the merchant at......................... (*address*) within 30 days after receipt of this notice, the merchant will exercise his right of repossession by having the goods seized, at the consumer's expense.

However, if the consumer who is a party to a contract of lease with guaranteed residual value has already paid at least one-half of his maximum obligation, the merchant will not be entitled to exercise his right of repossession unless he obtains the authorization of the court (section 150.32).

In the case of voluntary return or forced repossession of the goods following this notice, the contract is rescinded and the merchant is not bound to return the amount of the payments already received, and he cannot claim any damages other than those actually resulting, directly and immediately, from the rescission of the contract (section 150.15).

The consumer is advised to examine his contract and, if further information is necessary, to contact the Office de la protection du consommateur.

.... (*name of the merchant*)

.... (*signature of the merchant*)

[1991, c. 24, s. 19].

ANNEXE 7.3 —— CONTRAT DE LOUAGE À VALEUR RÉSIDUELLE GARANTIE PAR LE CONSOMMATEUR

(*Loi sur la protection du consommateur*, art. 150.22)

Date : .... (*date de la formation du contrat*)

Lieu : .... (*lieu de la formation du contrat, s'il est formé en présence du commerçant et du consommateur*)

.... (*nom du commerçant*)

....

.... (*adresse du commerçant*)

.... (*nom du consommateur*)

....

.... (*adresse du consommateur*)

Description de l'objet du contrat : .... (*marque, modèle, numéro de série, année e*)

1.		Valeur totale du bien	
	a)	Prix de détail	.... $
	b)	Frais de préparation, de livraison et d'installation	.... $
	c)	Autres (*préciser*)	.... $
		Total	.... $
2.		Acompte (autre que les taxes applicables)	
	a)	Montant alloué pour le bien cédé en contrepartie de la location	.... $
	b)	Premier versement périodique	.... $
	c)	Versement(s) périodique(s) payé(s) par anticipation, autre(s) que *b)* (*préciser le(s)quel(s)*)	.... $
	d)	Autre somme reçue avant le début de la période de location, y compris la valeur d'un effet de commerce payable à demande	.... $
		Total	.... $
3.		Montant de l'obligation nette (1 - 2)	.... $
4.		Paiements périodiques	
	a)	(i) (*versement périodique*) \ (*nombre*) =	.... $
		(ii) Dernier versement périodique (*s'il est moindre de i*)	.... $
		(iii) Total des versements périodiques (i + ii)	.... $
	b)	(i) (*versement périodique*) + (*taxes*) = (*paiement périodique*)	
		(ii) (*paiement périodique*) \ (*nombre*) =	.... $

      (iii)   *(dernier versement périodique)* + ... $
              (taxes) =

      (iv)   Total des paiements périodiques   .... $
              (ii + iii)

5.   Montant de l'obligation à tempérament

    a)   Total des versements périodiques moins   .... $
         ceux compris dans l'acompte (4 *a*) iii - 2
         b et 2 *c*)

    b)   Valeur résiduelle du bien *(valeur au gros*
         à la fin de la période de location)
                       Total   .... $

6.   Frais et taux de crédit implicites

    a)   Frais de crédit implicites (5 - 3)   .... $

    b)   Période de location   .... mois

    c)   Taux de crédit implicite annuel   .... %

7.   OBLIGATION MAXIMALE DU CONSOMMA- .... $
     TEUR *(ne comprend pas les taxes applicables et*
     les frais relatifs au degré d'utilisation du bien) (2
     + 5)

L'obligation du consommateur est payable à *(adresse)*.

Les sommes à acquitter pendant la période de location sont payables en *(nombre)* paiements périodiques de *(montant)* à effectuer le .... de chaque *(période)* consécutif à compter du *(date de la livraison du bien)* et un dernier paiement de *(montant)* $ le *(date)*

Quant à la valeur résiduelle, le consommateur devra l'acquitter s'il se porte acquéreur du bien pendant la période de location. Si le consommateur n'exerce pas ce choix, il garantit au commerçant qu'il obtiendra de l'aliénation à titre onéreux du bien dans un délai raisonnable de sa remise une valeur au moins égale à la valeur résiduelle et, qu'à défaut par le commerçant d'obtenir au moins telle valeur le consommateur assumera la différence jusqu'à concurrence de 20 % de la valeur résiduelle.

Le consommateur donne au commerçant en reconnaissance ou en garantie de son obligation l'objet ou le document suivant :

     ....*(description)*

Le commerçant livre le(s) bien(s) faisant l'objet du présent contrat lors de la formation du contrat ❑ *(oui)* ou, le *(date de la livraison du bien)*

.... *(signature du commerçant)*

.... *(signature du consommateur)*

[1991, c. 24, art. 19].

SCHEDULE 7.3 ⎯ CONTRACT OF LEASE WITH RESIDUAL VALUE GUARANTEED BY THE CONSUMER

(Consumer Protection Act, s. 150.22)

Date :.................................. *(date on which the contract is made)*

Place :.................................. *(place where the contract is made if made in the presence of the merchant and of the consumer)*

.... *(name of merchant)*

....

.... (*address of merchant*)

.... (*name of consumer*)

....

.... (*address of consumer*)

Description of the object of the contract :

.... (*make, model, serial number, model year*)

1.   Total value of goods
   - (*a*)   Retail price $ ....
   - (*b*)   Preparation, delivery and installation charges $ ....
   - (*c*)   Other (*specify*) $ ....

              Total $ ....

2.   Payment on account (except applicable taxes)
   - (*a*)   Trade-in $ ....
   - (*b*)   First instalment $ ....
   - (*c*)   Instalment(s) paid in advance, other than (*b*) (*specify which*) $ ....
   - (*d*)   Any other amount paid before the start of the leasing period, including the value of a negotiable instrument payable on demand $ ....

              Total $ ....

3.   Amount of net obligation (1 - 2) $ ....

4.   Instalments
   - (*a*)   (i)   (*instalment*) x (*number*) = $ ....
   -      (ii)   last instalment $ ....
     (*if less than i*)
   -      (iii)   total instalments (i + ii) $ ....
   - (*b*)   (i)   (*instalment*) + (*taxes*) = (*periodic payment*)
   -      (ii)   (*periodic payment*) x (*number*) = $ ....
   -      (iii)   (*last instalment*) + (*taxes*) = $ ....
   -      (iv)   total payments (ii + iii) $ ....

5.   Amount of the instalment obligation
   - (*a*)   Total of instalments minus those included in the payment on account (4 (*a*) iii - 2 (*b*) and 2 (*c*)) $ ....
   - (*b*)   Residual value of goods (*wholesale value at the end of the leasing period*) $ ....

              Total $ ....

6.   Implied credit charges and rate
   - (*a*)   Implied credit charges (5 - 3) $ ....
   - (*b*)   Leasing period   .... months
   - (*c*)   Implied annual credit rate   .... %

7.   MAXIMUM OBLIGATION OF THE CONSUMER (*not including applicable taxes and charges relating to the degree of use of the goods*) (2 + 5) $ ....

The obligation of the consumer is payable at.................... (*address*).

The amounts to be paid during the leasing period are payable in................ (*number*) instalments of.................. (*amount*) on the......... day of each consecutive...........(*period*) from.................. (*date of delivery of the goods*) and a final instalment of $ .... (*amount*) on.................. (*date*)

The consumer shall defray the residual value if he acquires the goods during the leasing period. If the consumer elects not to exercise this option, he guarantees that the merchant will obtain from alienation of the goods by onerous title within a reasonable time of their return a value equal to or greater than the residual value and that, if the merchant fails to obtain at least that value the consumer will assume the difference up to 20 % of the residual value.

The consumer shall give to the merchant as acknowledgement of or security for his obligation the following object or document :

....(*description*)

The merchant shall deliver the goods being the subject of this contract on the making of the contract ❑ (*yes*) or on............(*date of delivery of the goods*)

.... (*signature of the merchant*)

.... (*signature of the consumer*)

[1991, c. 24, s. 19].

(*Loi sur la protection du consommateur*, art. 150.30)

Date :

.... (*date de l'envoi ou de la remise de l'avis*)

.... (*nom du commerçant*)

....

.... (*numéro de téléphone du commerçant*)

.... (*adresse du commerçant*)

ci-après appelé le commerçant, donne avis à

.... (*nom du consommateur*)

....

.... (*adresse du consommateur*)

ci-après appelé le consommateur,

1- que le commerçant a reçu de *(nom et adresse)* (ci-après appelé l'acquéreur potentiel) une offre d'acquisition du bien faisant l'objet du contrat de louage à valeur résiduelle garantie (N° *(numéro du contrat s'il est indiqué)*) intervenu entre le commerçant et le consommateur à *(lieu de la formation du contrat)* le *(date de la formation du contrat)* et que cette offre d'acquisition est pour un montant de *(montant)* $, ce montant étant inférieur à la valeur résiduelle indiquée au contrat, soit *(montant)* $;

2- que le consommateur peut, dans les 5 jours qui suivent la réception du présent avis :

a) soit acquérir le bien en payant comptant un prix égal à celui offert par l'acquéreur potentiel;

b) soit présenter un tiers qui convient de payer comptant pour ce bien un prix au moins égal à celui offert par l'acquéreur potentiel.

Dans ce dernier cas, si le commerçant n'accepte pas de vendre le bien au tiers présenté par le consommateur, ce dernier est libéré de son obligation de garantie de la valeur résiduelle.

À défaut par le consommateur d'acquérir le bien ou de présenter un tiers dans les 5 jours qui suivent la réception du présent avis, le commerçant vendra le bien à l'acquéreur potentiel au prix proposé par celui-ci et indiqué au paragraphe 1.

Le consommateur aura avantage à consulter son contrat, et, au besoin, à communiquer avec l'Office de la protection du consommateur.

.... (*nom du commerçant*)

.... (*signature du commerçant*)

[1991, c. 24, art. 19].

(*Consumer Protection Act*, s. 150.30)

Date :

.... (*date on which notice is sent or remitted*)

.... (*name of merchant*)

....

.... (*telephone number of merchant*)

.... (*address of merchant*)

hereinafter called the merchant, notifies

.... (*name of consumer*)

....

.... (*address of consumer*)

hereinafter called the consumer,

    1- that the merchant has received from.................(*name and address*) (hereinafter called the prospective acquirer) an offer to purchase the goods which are the object of the contract of lease with guaranteed residual value (No....................) (*the number of the contract, if indicated*) made between the consumer and the merchant at........................... (*place where the contract was made*) on........................... (*date when the contract was made*) and that this offer to acquire is in the amount of $ ...., (*amount*) and that this amount is less than the residual value indicated in the contract, namely $ .... (*amount*);

    2- that the consumer may, within 5 days after receipt of this notice,

        (*a*) acquire the goods by paying in cash a price equal to that offered by the prospective acquirer; or

        (*b*) present a third person who agrees to pay in cash for the goods a price equal to or greater than that offered by the prospective acquirer.

In the latter case, if the merchant does not agree to sell the goods to the third person presented by the consumer, the consumer is released from his obligation to guarantee the residual value.

If the consumer fails to acquire the goods or to present a third person within 5 days after receipt of this notice, the merchant will sell the goods to the prospective acquirer at the price offered by him and indicated in paragraph 1.

The consumer is advised to examine his contract and, if further information is necessary, to contact the Office de la protection du consommateur.

.... (*name of the merchant*)

.... (*signature of the merchant*)

[1991, c. 24, s. 19].

ANNEXE 8 ━━ FORMULE DE RÉSILIATION

(*Loi sur la protection du consommateur*, art. 190)

À : .... (*nom du commerçant*)

....

.... (*adresse du commerçant*)

Date : .... (*date d'envoi de la formule*)

En vertu de l'article 193 de la *Loi sur la protection du consommateur*, je résilie le contrat (N° (*numéro du contrat s'il est indiqué*)) conclu le (*date de la conclusion du contrat*) à (*lieu de la conclusion du contrat*)

.... (*nom du consommateur*)

.... (*signature du consommateur*)

.... (*adresse du consommateur*)

[1978, c. 9, Annexe 8].

SCHEDULE 8 ━━ CANCELLATION FORM

(*Consumer Protection Act*, s. 190)

To : .... (*name of merchant*)

....

.... (*address of merchant*)

Date : .... (*date of sending of this form*)

By virtue of section 193 of the *Consumer Protection Act*, I cancel the contract (No...................) (*number of the contract if indicated*) made........................ (*date when the contract was made*) at........................ (*place where the contract was made*)

.... (*name of consumer*)

.... (*signature of consumer*)

....

.... (*address of consumer*)

[1978, c. 9, Schedule 8].

ANNEXE 9 —— FORMULE DE RÉSILIATION

(*Loi sur la protection du consommateur*, art. 199)

À : .... *(nom du commerçant)*

....

.... *(adresse du commerçant)*

Date : .... *(date d'envoi de la formule)*

En vertu de l'article 204 de la *Loi sur la protection du consommateur*, je résilie le contrat (Nº *(numéro du contrat s'il est indiqué)*) conclu le *(date de la conclusion du contrat)* à *(lieu de la conclusion du contrat)*

.... *(nom du consommateur)*

.... *(signature du consommateur)*

.... *(adresse du consommateur)*

[1978, c. 9, Annexe 9].

SCHEDULE 9 —— CANCELLATION FORM

(*Consumer Protection Act*, s. 199)

To :.................................... *(name of merchant)*

....

.... *(address of merchant)*

Date :.................................... *(date of sending of this form)*

By virtue of section 204 of the *Consumer Protection Act*, I cancel the contract (No....................) *(number of the contract if indicated)* made.......................... *(date when the contract was made)* at.......................... *(place where the contract was made)*

.... *(name of consumer)*

.... *(signature of consumer)*

.... *(address of consumer)*

[1978, c. 9, Schedule 9].

ANNEXE 10 — FORMULE DE RÉSOLUTION

(*Loi sur la protection du consommateur*, art. 208)

À : .... (*nom du commerçant*)

....

.... (*adresse du commerçant*)

Date : .... (*date d'envoi de la formule*)

En vertu de l'article 209 de la *Loi sur la protection du consommateur*, je résilie le contrat (N° (*numéro du contrat s'il est indiqué*)) conclu le (*date de la conclusion du contrat*) à (*lieu de la conclusion du contrat*)

.... (*nom du consommateur*)

.... (*signature du consommateur*)

.... (*adresse du consommateur*)

[1978, c. 9, Annexe 10].

SCHEDULE 10 — CANCELLATION FORM

(*Consumer Protection Act*, s. 208)

To : .... (*name of merchant*)

....

.... (*address of merchant*)

Date : .... (*date of sending of this form*)

By virtue of section 209 of the *Consumer Protection Act*, I cancel the contract (No. ....) (*number of the contract if indicated*) made.......................... (*date when the contract was made*) at.......................... (*place where the contract was made*)

.... (*name of consumer*)

.... (*signature of consumer*)

.... (*address of consumer*)

[1978, c. 9, Schedule 10].

ANNEXE 11 —— ENGAGEMENT DE LA SOCIÉTÉ DE FIDUCIE

(*Loi sur la protection du consommateur*, art. 260.9)

NOUS SOUSSIGNÉS, ... nous engageons à assumer les devoirs, les obligations et les responsabilités que la *Loi sur la protection du consommateur* impose à une société de fiducie quant aux sommes déposées dans un compte de réserves en vertu de cette loi par, ... commerçant.

Engagement signé à .... le .... par .... (*personne dûment autorisée*)

[1988, c. 45, art. 13].

SCHEDULE 11 —— UNDERTAKING BY THE TRUST COMPANY

(*Consumer Protection Act*, s. 260.9)

WE, THE UNDERSIGNED,.................................... undertake to assume the duties, obligations and responsibilities imposed on a trust company by the *Consumer Protection Act* with respect to the sums deposited in a reserve account pursuant to the said Act by.................................. (*name of the merchant*).

Undertaking signed at.................................. on.................................. by.................................. (*duly authorized person*)

[1988, c. 45, s. 13].

LOI SUR LA PROTECTION DES RENSEIGNEMENTS PERSONNELS DANS LE SECTEUR PRIVÉ,

RLRQ, c. P-39.1

AN ACT RESPECTING THE PROTECTION OF PERSONAL INFORMATION IN THE PRIVATE SECTOR,

CQLR, c. P-39.1

SECTION I — APPLICATION ET INTERPRÉTATION

1. La présente loi a pour objet d'établir, pour l'exercice des droits conférés par les articles 35 à 40 du *Code civil du Québec* en matière de protection des renseignements personnels, des règles particulières à l'égard des renseignements personnels sur autrui qu'une personne recueille, détient, utilise ou communique à des tiers à l'occasion de l'exploitation d'une entreprise au sens de l'article 1525 du *Code civil du Québec*.

Elle s'applique à ces renseignements quelle que soit la nature de leur support et quelle que soit la forme sous laquelle ils sont accessibles: écrite, graphique, sonore, visuelle, informatisée ou autre.

Elle s'applique aussi aux renseignements personnels détenus par un ordre professionnel dans la mesure prévue par le *Code des professions* (chapitre C-26).

La présente loi ne s'applique pas à la collecte, la détention, l'utilisation ou la com-

SECTION I — APPLICATION AND INTERPRETATION

1. The object of this Act is to establish, for the exercise of the rights conferred by articles 35 to 40 of the *Civil Code of Québec* concerning the protection of personal information, particular rules with respect to personal information relating to other persons which a person collects, holds, uses or communicates to third persons in the course of carrying on an enterprise within the meaning of article 1525 of the *Civil Code of Québec*.

The Act applies to such information whatever the nature of its medium and whatever the form in which it is accessible, whether written, graphic, taped, filmed, computerized, or other.

This Act also applies to personal information held by a professional order to the extent provided for by the *Professional Code* (chapter C-26).

This Act does not apply to journalistic, historical or genealogical material col-

munication de matériel journalistique, historique ou généalogique à une fin d'information légitime du public.

Les sections II et III de la présente loi ne s'appliquent pas à un renseignement personnel qui a un caractère public en vertu de la Loi.

[1993, c. 17, a. 1; 2002, c. 19, a. 19; 2006, c. 22, a. 111].

2. Est un renseignement personnel, tout renseignement qui concerne une personne physique et permet de l'identifier.

[1993, c. 17, a. 2].

3. La présente loi ne s'applique pas:

1° à un organisme public au sens de la *Loi sur l'accès aux documents des organismes publics et sur la protection des renseignements personnels* (chapitre A-2.1);

2° aux renseignements qu'une personne autre qu'un organisme public détient, pour le compte de ce dernier.

[1993, c. 17, a. 3; 2006, c. 22, a. 112].

SECTION II — COLLECTE DE RENSEIGNEMENTS PERSONNELS

4. Toute personne qui exploite une entreprise et qui, en raison d'un intérêt sérieux et légitime, peut constituer un dossier sur autrui doit, lorsqu'elle constitue le dossier, inscrire son objet.

Cette inscription fait partie du dossier.

[1993, c. 17, a. 4; 1999, c. 40, a. 233].

5. La personne qui recueille des renseignements personnels afin de constituer un dossier sur autrui ou d'y consigner de tels renseignements ne doit recueillir que les renseignements nécessaires à l'objet du dossier.

Ces renseignements doivent être recueillis par des moyens licites.

[1993, c. 17, a. 5].

---

lected, held, used or communicated for the legitimate information of the public.

Divisions II and III of this Act do not apply to personal information which by law is public.

[1993, c. 17, s. 1; 2002, c. 19, s. 19; 2006, c. 22, s. 111].

2. Personal information is any information which relates to a natural person and allows that person to be identified.

[1993, c. 17, s. 2].

3. This Act does not apply

(1) to a public body within the meaning of the *Act respecting Access to documents held by public bodies and the Protection of personal information* (chapter A-2.1);

(2) to information held on behalf of a public body by a person other than a public body.

[1993, c. 17, s. 3; 2006, c. 22, s. 112].

SECTION II — COLLECTION OF PERSONAL INFORMATION

4. Any person carrying on an enterprise who may, for a serious and legitimate reason, establish a file on another person must, when establishing the file, enter its object.

The entry is part of the file.

[1993, c. 17, s. 4; 1999, c. 40, s. 233].

5. Any person collecting personal information to establish a file on another person or to record personal information in such a file may collect only the information necessary for the object of the file.

Such information must be collected by lawful means.

[1993, c. 17, s. 5].

6. La personne qui recueille des renseignements personnels sur autrui doit les recueillir auprès de la personne concernée, à moins que celle-ci ne consente à la cueillette auprès de tiers.

Toutefois, elle peut, sans le consentement de la personne concernée, recueillir ces renseignements auprès d'un tiers si la loi l'autorise.

Elle peut faire de même si elle a un intérêt sérieux et légitime et si l'une ou l'autre des conditions suivantes se réalise :

1° les renseignements sont recueillis dans l'intérêt de la personne concernée et ils ne peuvent être recueillis auprès de celle-ci en temps opportun;

2° la cueillette auprès d'un tiers est nécessaire pour s'assurer de l'exactitude des renseignements.

[1993, c. 17, a. 6].

7. La personne qui constitue un dossier sur autrui ou y consigne des renseignements personnels doit, lorsqu'elle recueille de tels renseignements auprès d'un tiers et que ce tiers est une personne qui exploite une entreprise, inscrire la source de ces renseignements.

Cette inscription fait partie du dossier de la personne concernée.

Le présent article ne s'applique pas à un dossier d'enquête constitué en vue de prévenir, détecter ou réprimer un crime ou une infraction à la loi.

[1993, c. 17, a. 7; 1999, c. 40, a. 233].

8. La personne qui recueille des renseignements personnels auprès de la personne concernée doit, lorsqu'elle constitue un dossier sur cette dernière, l'informer:

1° de l'objet du dossier;

2° de l'utilisation qui sera faite des renseignements ainsi que des catégories de personnes qui y auront accès au sein de l'entreprise;

3° de l'endroit où sera détenu son dossier ainsi que des droits d'accès ou de rectification.

[1993, c. 17, a. 8].

6. Any person collecting personal information relating to another person may collect such information only from the person concerned, unless the latter consents to collection from third persons.

However, he may, without the consent of the person concerned, collect such information from a third person if the law so authorizes.

He may also do so if he has a serious and legitimate reason and either of the following conditions is fulfilled :

(1) the information is collected in the interest of the person concerned and cannot be collected from him in due time;

(2) collection from a third person is necessary to ensure the accuracy of the information.

[1993, c. 17, s. 6].

7. Any person establishing a file on another person or recording personal information in such a file must make an entry indicating the source of any personal information collected from a third person when the third person is a person carrying on an enterprise.

The entry is part of the file of the person concerned.

This section does not apply to a file established for the purposes of an inquiry to prevent, detect or repress a crime or statutory offence.

[1993, c. 17, s. 7; 1999, c. 40, s. 233].

8. A person who collects personal information from the person concerned must, when establishing a file on that person, inform him

(1) of the object of the file;

(2) of the use which will be made of the information and the categories of persons who will have access to it within the enterprise;

(3) of the place where the file will be kept and of the rights of access and rectification.

[1993, c. 17, s. 8].

9. Nul ne peut refuser d'acquiescer à une demande de bien ou de service ni à une demande relative à un emploi à cause du refus de la personne qui formule la demande de lui fournir un renseignement personnel sauf dans l'une ou l'autre des circonstances suivantes:

1° la collecte est nécessaire à la conclusion ou à l'exécution du contrat;

2° la collecte est autorisée par la loi;

3° il y a des motifs raisonnables de croire qu'une telle demande n'est pas licite.

En cas de doute, un renseignement personnel est réputé non nécessaire.

[1993, c. 17, a. 9; 1999, c. 40, a. 233].

9. No person may refuse to respond to a request for goods or services or to a request relating to employment by reason of the applicant's refusal to disclose personal information except where

(1) collection of that information is necessary for the conclusion or performance of a contract;

(2) collection of that information is authorized by law; or

(3) there are reasonable grounds to believe that the request is not lawful.

In case of doubt, personal information is deemed to be non-necessary.

[1993, c. 17, s. 9; 1999, c. 40, s. 233].

SECTION III — CARACTÈRE CONFIDENTIEL DES RENSEIGNEMENTS PERSONNELS

§1. — Détention, utilisation et non communication des renseignements

SECTION III — CONFIDENTIALITY OF PERSONAL INFORMATION

§1. — Retention, use and non-communication of information

10. Toute personne qui exploite une entreprise doit prendre les mesures de sécurité propres à assurer la protection des renseignements personnels collectés, utilisés, communiqués, conservés ou détruits et qui sont raisonnables compte tenu, notamment, de leur sensibilité, de la finalité de leur utilisation, de leur quantité, de leur répartition et de leur support.

[1993, c. 17, a. 10; 2006, c. 22, a. 113].

10. A person carrying on an enterprise must take the security measures necessary to ensure the protection of the personal information collected, used, communicated, kept or destroyed and that are reasonable given the sensitivity of the information, the purposes for which it is to be used, the quantity and distribution of the information and the medium on which it is stored.

[1993, c. 17, s. 10; 2006, c. 22, s. 113].

11. Toute personne qui exploite une entreprise doit veiller à ce que les dossiers qu'elle détient sur autrui soient à jour et exacts au moment où elle les utilise pour prendre une décision relative à la personne concernée.

[1993, c. 17, a. 11].

11. Every person carrying on an enterprise must ensure that any file held on another person is up to date and accurate when used to make a decision in relation to the person concerned.

[1993, c. 17, s. 11].

12. L'utilisation des renseignements contenus dans un dossier n'est permise, une fois l'objet du dossier accompli, qu'avec le consentement de la personne concernée,

12. Once the object of a file has been achieved, no information contained in it may be used otherwise than with the consent of the person concerned, subject to

sous réserve du délai prévu par la loi ou par un calendrier de conservation établi par règlement du gouvernement.

[1993, c. 17, a. 12].

the time limit prescribed by law or by a retention schedule established by government regulation.

[1993, c. 17, s. 12].

13. Nul ne peut communiquer à un tiers les renseignements personnels contenus dans un dossier qu'il détient sur autrui ni les utiliser à des fins non pertinentes à l'objet du dossier, à moins que la personne concernée n'y consente ou que la présente loi ne le prévoie.

[1993, c. 17, a. 13; 2006, c. 22, a. 114].

13. No person may communicate to a third person the personal information contained in a file he holds on another person, or use it for purposes not relevant to the object of the file, unless the person concerned consents thereto or such communication or use is provided for by this Act.

[1993, c. 17, s. 13].

14. Le consentement à la collecte, à la communication ou à l'utilisation d'un renseignement personnel doit être manifeste, libre, éclairé et être donné à des fins spécifiques. Ce consentement ne vaut que pour la durée nécessaire à la réalisation des fins pour lesquelles il a été demandé.

Un consentement qui n'est pas donné conformément au premier alinéa est sans effet.

[1993, c. 17, a. 14; 2006, c. 22, a. 115].

14. Consent to the collection, communication or use of personal information must be manifest, free, and enlightened, and must be given for specific purposes. Such consent is valid only for the length of time needed to achieve the purposes for which it was requested.

Consent given otherwise than in accordance with the first paragraph is without effect.

[1993, c. 17, s. 14; 2006, c. 22, s. 115].

15. Le consentement à la communication par un tiers de renseignements personnels peut être donné par la personne concernée à la personne qui les recueille auprès de ce tiers.

[1993, c. 17, a. 15].

15. Consent to the communication of personal information by a third person may be given by the person concerned to the person who collects the information from the third person.

[1993, c. 17, s. 15].

16. Une personne qui détient des renseignements personnels pour le compte d'une personne qui exploite une entreprise peut, lorsqu'elle est saisie d'une demande d'accès ou de rectification par une personne concernée, référer la demande à la personne pour le compte de qui elle agit.

Le présent article n'a pas pour objet de limiter le droit d'accès ou de rectification d'une personne concernée auprès d'un agent de renseignements personnels.

[1993, c. 17, a. 16].

16. Any person holding personal information on behalf of a person carrying on an enterprise may refer to the latter every request for access or rectification received from a person to whom such information relates.

Nothing in this section limits a person's right to obtain, from a personal information agent, access to, or rectification of, personal information concerning him held by that agent.

[1993, c. 17, s. 16].

17. La personne qui exploite une entreprise au Québec et qui communique à l'extérieur du Québec des renseignements personnels ou qui confie à une personne à l'extérieur du Québec la tâche de détenir,

17. Every person carrying on an enterprise in Québec who communicates personal information outside Québec or entrusts a person outside Québec with the task of holding, using or communicating such in-

d'utiliser ou de communiquer pour son compte de tels renseignements doit au préalable prendre tous les moyens raisonnables pour s'assurer:

1° que les renseignements ne seront pas utilisés à des fins non pertinentes à l'objet du dossier ni communiqués à des tiers sans le consentement des personnes concernées sauf dans des cas similaires à ceux prévus par les articles 18 et 23;

2° dans le cas de listes nominatives, que les personnes concernées aient une occasion valable de refuser l'utilisation des renseignements personnels les concernant à des fins de prospection commerciale ou philanthropique et de faire retrancher, le cas échéant, ces renseignements de la liste.

Si la personne qui exploite une entreprise estime que les renseignements visés au premier alinéa ne bénéficieront pas des conditions prévues aux paragraphes 1° et 2°, elle doit refuser de communiquer ces renseignements ou refuser de confier à une personne ou à un organisme à l'extérieur du Québec la tâche de les détenir, de les utiliser ou de les communiquer pour son compte.

[1993, c. 17, a. 17; 2006, c. 22, a. 116].

§2. —— Communication à des tiers

18. Une personne qui exploite une entreprise peut, sans le consentement de la personne concernée, communiquer un renseignement personnel contenu dans un dossier qu'elle détient sur autrui:

1° à son procureur;

2° au directeur des poursuites criminelles et pénales si le renseignement est requis aux fins d'une poursuite pour infraction à une loi applicable au Québec;

3° à un organisme chargé en vertu de la loi de prévenir, détecter ou réprimer le crime ou les infractions aux lois, qui le requiert dans l'exercice de ses fonctions, si le renseignement est nécessaire pour la poursuite d'une infraction à une loi applicable au Québec;

formation on his behalf must first take all reasonable steps to ensure

(1) that the information will not be used for purposes not relevant to the object of the file or communicated to third persons without the consent of the persons concerned, except in cases similar to those described in sections 18 and 23;

(2) in the case of nominative lists, that the persons concerned have a valid opportunity to refuse that personal information concerning them be used for purposes of commercial or philanthropic prospection and, if need be, to have such information deleted from the list.

If the person carrying on an enterprise considers that the information referred to in the first paragraph will not receive the protection afforded under subparagraphs 1 and 2, the person must refuse to communicate the information or refuse to entrust a person or a body outside Québec with the task of holding, using or communicating it on behalf of the person carrying on the enterprise.

[1993, c. 17, s. 17; 2006, c. 22, s. 116].

§2. —— Communication to third persons

18. A person carrying on an enterprise may, without the consent of the person concerned, communicate personal information contained in a file he holds on that person

(1) to his attorney;

(2) to the Director of Criminal and Penal Prosecutions if the information is required for the purposes of the prosecution of an offence under an Act applicable in Québec;

(3) to a body responsible, by law, for the prevention, detection or repression of crime or statutory offences who requires it in the performance of his duties, if the information is needed for the prosecution of an offence under an Act applicable in Québec;

4° à une personne à qui il est nécessaire de communiquer le renseignement dans le cadre d'une loi applicable au Québec ou pour l'application d'une convention collective;

5° à un organisme public au sens de la *Loi sur l'accès aux documents des organismes publics et sur la protection des renseignements personnels* (chapitre A-2.1) qui, par l'entremise d'un représentant, le recueille dans l'exercice de ses attributions ou la mise en œuvre d'un programme dont il a la gestion;

6° à une personne ou à un organisme ayant pouvoir de contraindre à leur communication et qui les requiert dans l'exercice de ses fonctions;

7° à une personne à qui cette communication doit être faite en raison d'une situation d'urgence mettant en danger la vie, la santé ou la sécurité de la personne concernée;

8° à une personne qui est autorisée à utiliser ce renseignement à des fins d'étude, de recherche ou de statistique conformément à l'article 21 ou à une personne qui est autorisée conformément à l'article 21.1;

9° à une personne qui, en vertu de la loi, peut recouvrer des créances pour autrui et qui le requiert à cette fin dans l'exercice de ses fonctions;

9.1° à une personne si le renseignement est nécessaire aux fins de recouvrer une créance de l'entreprise;

10° à une personne conformément à l'article 22 s'il s'agit d'une liste nominative.

La personne qui exploite une entreprise doit inscrire toute communication faite en vertu des paragraphes 6° à 10° du premier alinéa. Cette inscription fait partie du dossier.

Les personnes visées aux paragraphes 1°, 9° et 9.1° du premier alinéa qui reçoivent communication de renseignements peuvent communiquer ces renseignements dans la mesure où cette communication est nécessaire, dans l'exercice de leurs fonctions, à la réalisation des fins pour lesquelles elles en ont reçu communication.

(4) to a person to whom it is necessary to communicate the information under an Act applicable in Québec or under a collective agreement;

(5) to a public body within the meaning of the *Act respecting Access to documents held by public bodies and the Protection of personal information* (chapter A-2.1) which, through a representative, collects such information in the exercise of its functions or the implementation of a program under its management;

(6) to a person or body having the power to compel communication of the information if he or it requires it in the exercise of his or its duties or functions;

(7) to a person to whom the information must be communicated by reason of the urgency of a situation that threatens the life, health or safety of the person concerned;

(8) to a person who is authorized to use the information for study, research or statistical purposes in accordance with section 21 or a person authorized pursuant to section 21.1;

(9) to a person who is authorized by law to recover debts on behalf of others and who requires it for that purpose in the performance of his duties;

(9.1) to a person if the information is needed for the recovery of a claim of the enterprise;

(10) to a person in accordance with section 22, in the case of a nominative list.

A person carrying on an enterprise must make an entry of every communication made under subparagraphs 6 to 10 of the first paragraph. The entry is part of the file.

The persons referred to in subparagraphs 1, 9 and 9.1 of the first paragraph who receive communication of information may communicate the information to the extent that such communication is necessary, in the performance of their duties, to achieve the purposes for which they received communication of the information.

Un titulaire de permis d'agence de gardiennage ou d'agence d'investigation délivré conformément à la *Loi sur la sécurité privée* (chapitre S-3.5) ou un organisme ayant pour objet de prévenir, détecter ou réprimer le crime ou les infractions à la loi et une personne qui exploite une entreprise peuvent, sans le consentement de la personne concernée, se communiquer les renseignements nécessaires à la conduite d'une enquête visant à prévenir, détecter ou réprimer un crime ou une infraction à une loi. Il en est de même, entre personnes qui exploitent une entreprise, si la personne qui communique ou recueille de tels renseignements a des motifs raisonnables de croire que la personne concernée a commis ou est sur le point de commettre, à l'égard de l'une ou l'autre des personnes qui exploitent une entreprise, un crime ou une infraction à une loi.

[1993, c. 17, a. 18; 1999, c. 40, a. 233; 2001, c. 73, a. 1; 2005, c. 34, a. 85; 2006, c. 22, a. 117; 2006, c. 23, a. 128].

The holder of a security guard agency licence or investigation agency licence issued under the *Private Security Act* (chapter S-3.5) or a body having as its object the prevention, detection or repression of crime or statutory offences and a person carrying on an enterprise may, without the consent of the person concerned, communicate among themselves the information needed for conducting an inquiry for the purpose of preventing, detecting or repressing a crime or a statutory offence. The same applies in respect of information communicated among persons carrying on an enterprise, if the person who communicates or collects such information has reasonable grounds to believe that the person concerned has committed, or is about to commit, a crime or statutory offence against one or other of the persons carrying on an enterprise.

[1993, c. 17, s. 18; 1999, c. 40, s. 233; 2001, c. 73, s. 1; 2005, c. 34, s. 85; 2006, c. 22, s. 117; 2006, c. 23, s. 128].

18.1. Outre les cas prévus à l'article 18, une personne qui exploite une entreprise peut également communiquer un renseignement personnel contenu dans un dossier qu'elle détient sur autrui, sans le consentement des personnes concernées, en vue de prévenir un acte de violence, dont un suicide, lorsqu'il existe un motif raisonnable de croire qu'un danger imminent de mort ou de blessures graves menace une personne ou un groupe de personnes identifiable.

18.1. In addition to the cases referred to in section 18, a person who carries on an enterprise may also communicate personal information included in a file the person holds on another person, without the consent of the persons concerned, in order to prevent an act of violence, including a suicide, where there is reasonable cause to believe that there is an imminent danger of death or serious bodily injury to a person or an identifiable group of persons.

Les renseignements peuvent alors être communiqués à la ou aux personnes exposées à ce danger, à leur représentant ou à toute personne susceptible de leur porter secours.

The information may in such case be communicated to any person exposed to the danger or that person's representative, and to any person who can come to that person's aid.

La personne qui exploite une entreprise et qui communique un renseignement en application du présent article ne peut communiquer que les renseignements nécessaires aux fins poursuivies par la communication.

A person carrying on an enterprise who communicates information pursuant to this section may only communicate such information as is necessary to achieve the purposes for which the information is communicated.

Lorsqu'un renseignement est ainsi communiqué par la personne qui exploite une entreprise, celle-ci doit inscrire la communication. Cette inscription fait partie du dossier.

Where information is so communicated by a person carrying on an enterprise, the person must make an entry of the communication. That entry is part of the file.

[2001, c. 78, a. 13].

[2001, c. 78, s. 13].

18.2. Une personne qui exploite une entreprise peut, sans le consentement de la personne concernée, communiquer un renseignement personnel contenu dans un dossier qu'elle détient sur autrui à un service d'archives, si ce service d'archives est une personne qui exploite une entreprise qui a pour objet d'acquérir, de conserver et de diffuser des documents pour leur valeur d'information générale et si ce renseignement est communiqué dans le cadre d'une cession ou d'un dépôt des archives de l'entreprise.

Elle peut aussi communiquer ce renseignement à toute personne, sans le consentement de la personne concernée, si ce renseignement est dans un document qui date de plus de 100 ans ou si plus de 30 ans se sont écoulés depuis le décès de la personne concernée. Sauf si la personne concernée y consent, aucun renseignement relatif à la santé d'une personne ne peut cependant être communiqué avant l'expiration d'un délai de 100 ans de la date du document.

Malgré les premier et deuxième alinéas, les renseignements qui y sont visés peuvent être communiqués, sans le consentement de la personne concernée, à une personne à des fins de recherche avant l'expiration des délais prévus, si les documents ne sont pas structurés de façon à être retrouvés par référence au nom d'une personne ou à un signe ou symbole propre à celle-ci et s'il n'y a pas de moyen pour repérer ces renseignements à partir d'une telle référence. Cette personne doit respecter le caractère confidentiel des renseignements personnels pendant le délai où ils ne peuvent être communiqués sans le consentement de la personne concernée.

[2002, c. 19, a. 20].

19. Toute personne qui exploite une entreprise ayant pour objet le prêt d'argent et qui prend connaissance de rapports de crédit ou de recommandations concernant la solvabilité de personnes physiques, préparés par un agent de renseignements personnels, doit informer ces personnes de leur droit d'accès et de rectification relativement au dossier détenu par l'agent et leur indiquer comment et à quel endroit

18.2. A person carrying on an enterprise may, without the consent of the person concerned, communicate personal information contained in a file concerning another person to an archival agency if the archival agency is a person carrying on an enterprise whose object is the acquisition, preservation and distribution of documents for their general informational value and if the information is communicated as part of the transfer or deposit of the archives of the enterprise.

A person carrying on an enterprise may also communicate personal information to any person without the consent of the person concerned if the document containing the information is more than 100 years old or if more than 30 years have elapsed since the death of the person concerned. However, no information relating to a person's health may be communicated without the consent of the person concerned unless 100 years have elapsed since the date of the document.

Notwithstanding the first and second paragraphs, the information may be communicated for research purposes, without the consent of the person concerned, before the time specified has elapsed if the documents containing the information are not structured so as to allow retrieval by reference to a person's name or identifying code or symbol and the information cannot be retrieved by means of such a reference. The person to whom the information is communicated must preserve the confidentiality of the personal information throughout the period during which it may not be communicated without the consent of the person concerned.

[2002, c. 19, s. 20].

19. Every person carrying on an enterprise having as its object the lending of money, who consults credit reports or recommendations as to the solvency of natural persons prepared by a personal information agent, must inform such persons of their right of access and rectification in relation to the file held by the agent and indicate to them the manner in which and the place where they may have access to the reports

elles peuvent avoir accès à ces rapports ou recommandations et les faire rectifier, le cas échéant.

La personne qui exploite une telle entreprise doit communiquer à la personne physique qui lui en fait la demande la teneur de tout rapport de crédit ou de toute recommandation dont elle a pris connaissance en vue de prendre une décision la concernant.

[1993, c. 17, a. 19].

or recommendations and cause them to be rectified, where necessary.

The person carrying on such an enterprise must communicate to a natural person, on request, the content of any credit report or recommendation he has consulted for the purpose of making a decision concerning the person.

[1993, c. 17, s. 19].

20. Dans l'exploitation d'une entreprise, un renseignement personnel n'est accessible, sans le consentement de la personne concernée, à tout préposé, mandataire ou agent de l'exploitant ou à toute partie à un contrat de service ou d'entreprise qui a qualité pour le connaître qu'à la condition que ce renseignement soit nécessaire à l'exercice de ses fonctions ou à l'exécution de son mandat ou de son contrat.

[1993, c. 17, a. 20; 2006, c. 22, a. 118].

20. In the carrying on of an enterprise, authorized employees, mandataries or agents or any party to a contract for work or services may have access to personal information without the consent of the person concerned only if the information is needed for the performance of their duties or the carrying out of their mandates or contracts.

[1993, c. 17, s. 20; 2006, c. 22, s. 118].

21. La Commission d'accès à l'information instituée par l'article 103 de la *Loi sur l'accès aux documents des organismes publics et sur la protection des renseignements personnels* (chapitre A-2.1) peut, sur demande écrite, accorder à une personne l'autorisation de recevoir à des fins d'étude, de recherche ou de statistique, communication de renseignements personnels, sans le consentement des personnes concernées, si elle est d'avis que:

1° l'usage projeté n'est pas frivole et que les fins recherchées ne peuvent être atteintes que si les renseignements sont communiqués sous une forme permettant d'identifier les personnes;

2° les renseignements seront utilisés d'une manière qui en assure le caractère confidentiel.

Cette autorisation est accordée pour la période et aux conditions que fixe la Commission. Elle peut être révoquée avant l'expiration de la période pour laquelle elle a été accordée, si la Commission a des raisons de croire que la personne autorisée ne respecte pas le caractère confidentiel

21. The Commission d'accès à l'information, established by section 103 of the *Act respecting Access to documents held by public bodies and the Protection of personal information* (chapter A-2.1) may, on written request, grant a person authorization to receive communication of personal information for study, research or statistical purposes, without the consent of the persons concerned, if it is of the opinion that

(1) the intended use is not frivolous and the ends contemplated cannot be achieved unless the information is communicated in a form allowing the persons to be identified;

(2) the information will be used in a manner that will ensure its confidentiality.

Such authorization is granted for the period and on the conditions fixed by the Commission. It may be revoked before the expiry of the period for which it is granted if the Commission has reasons to believe that the person authorized does not respect the confidentiality of the information com-

des renseignements qui lui ont été communiqués, ou ne respecte pas les autres conditions.

[1993, c. 17, a. 21].

municated to him or does not respect the other conditions.

[1993, c. 17, s. 21].

21.1. La Commission d'accès à l'information peut, sur demande écrite et après consultation des ordres professionnels concernés, accorder à une personne l'autorisation de recevoir communication de renseignements personnels sur des professionnels se rapportant à leurs activités professionnelles, sans le consentement des professionnels concernés, si elle a des motifs raisonnables de croire que:

1° la communication préserve le secret professionnel, notamment en ne permettant pas d'identifier la personne à qui le service professionnel est rendu, et ne porte pas autrement atteinte à la vie privée des professionnels concernés;

2° les professionnels concernés seront avisés périodiquement des usages projetés et des fins recherchées et auront une occasion valable de refuser que ces renseignements soient conservés ou qu'ils soient utilisés pour les usages projetés ou aux fins recherchées;

3° des mesures de sécurité assurent le caractère confidentiel des renseignements personnels.

Cette autorisation est accordée par écrit. Elle peut être révoquée ou suspendue si la Commission a des motifs raisonnables de croire que la personne autorisée ne respecte pas les prescriptions du présent article, les usages projetés ou les fins recherchées.

La personne autorisée peut communiquer ces renseignements personnels si les conditions suivantes sont remplies:

1° ils sont communiqués par regroupement qui ne permet pas d'identifier un acte professionnel spécifique d'un professionnel;

2° les professionnels concernés ont périodiquement une occasion valable de refuser d'être visés par cette communication;

3° la personne qui reçoit communication de ces renseignements s'engage à ne les

21.1. The Commission d'accès à l'information may, on written request and after consulting the professional orders concerned, grant a person authorization to receive communication of personal information on professionals regarding their professional activities, without the consent of the professionals concerned, if it has reasonable cause to believe

(1) that the communication protects professional secrecy, especially in that it does not allow the identification of the person to whom the professional service is rendered, and does not otherwise invade the privacy of the professionals concerned;

(2) that the professionals concerned will be notified periodically of the intended uses and the ends contemplated and will be given a valid opportunity to refuse to allow such information to be preserved or to allow such information to be used for the intended uses or the ends contemplated; and

(3) that security measures have been put into place to ensure the confidentiality of personal information.

Such authorization shall be granted in writing. It may be revoked or suspended if the Commission has reasonable cause to believe that the authorized person is not complying with the prescriptions of this section, the intended uses or the ends contemplated.

The authorized person may communicate such personal information if

(1) the information is communicated in a combined form that does not allow the identification of a specific professional act performed by a professional;

(2) the professionals concerned are periodically given a valid opportunity to refuse to be the subject of such a communication of information; and

(3) the person receiving communication of

utiliser que pour les usages projetés et les fins recherchées.

La personne autorisée fait annuellement rapport à la Commission sur la mise en application d'une autorisation. La Commission publie dans son rapport annuel d'activités la liste des personnes autorisées en vertu du présent article.

Une personne intéressée peut interjeter appel de la délivrance, du refus, de la suspension ou de la révocation d'une autorisation devant un juge de la Cour du Québec sur toute question de droit ou de compétence conformément à la section II du chapitre V de la *Loi sur l'accès aux documents des organismes publics et sur la protection des renseignements personnels* (chapitre A-2.1).

[2001, c. 73, a. 2].

such information undertakes to use the information only for the intended uses and the ends contemplated.

The authorized person shall report annually to the Commission on the implementation of the authorization. The Commission shall publish a list of the persons authorized under this section in its annual report of activities.

Any interested person may, on any question of law or jurisdiction, appeal to a judge of the Court of Québec from the granting, refusal, suspension or revocation of an authorization in accordance with Division II of Chapter V of the *Act respecting Access to documents held by public bodies and the Protection of personal information* (chapter A-2.1).

[2001, c. 73, s. 2].

22. La personne qui exploite une entreprise peut, sans le consentement des personnes concernées, communiquer à un tiers une liste nominative ou un renseignement servant à la constitution d'une telle liste si les conditions suivantes sont réunies:

1° cette communication est prévue dans un contrat comportant une stipulation qui oblige le tiers à n'utiliser ou ne communiquer la liste ou le renseignement qu'à des fins de prospection commerciale ou philanthropique;

2° avant cette communication, lorsqu'il s'agit d'une liste nominative de ses clients, de ses membres ou de ses employés, elle a accordé aux personnes concernées l'occasion valable de refuser que ces renseignements soient utilisés par un tiers à des fins de prospection commerciale ou philanthropique;

3° cette communication ne porte pas atteinte à la vie privée des personnes concernées.

Une liste nominative est une liste de noms, de numéros de téléphone, d'adresses géographiques de personnes physiques ou d'adresses technologiques où une per-

22. A person carrying on an enterprise may, without the consent of the persons concerned, communicate a nominative list or any information used to establish such a list to a third person, if

(1) the communication is made pursuant to a contract that includes a stipulation prohibiting the third person from using or communicating the list or the information for purposes other than commercial or philanthropic prospection;

(2) prior to the communication, in cases where the list is a nominative list of the person's clients, members or employees, the persons concerned are given a valid opportunity to refuse that the information be used by a third person for purposes of commercial or philanthropic prospection; and

(3) the communication does not infringe upon the privacy of the persons concerned.

A nominative list is a list of names, telephone numbers, geographical addresses of natural persons or technological addresses where a natural person may receive com-

sonne physique peut recevoir communication d'un document ou d'un renseignement technologique.

[1993, c. 17, a. 22; 2006, c. 22, a. 119].

munication of technological documents or information.

[1993, c. 17, s. 22; 2006, c. 22, s. 119].

23. Une personne qui exploite une entreprise peut, sans le consentement des personnes concernées, utiliser, à des fins de prospection commerciale ou philanthropique, une liste nominative de ses clients, de ses membres ou de ses employés.

La personne qui utilise à ces fins une telle liste nominative doit accorder aux personnes concernées une occasion valable de refuser que des renseignements personnels les concernant soient utilisés à de telles fins.

[1993, c. 17, a. 23].

23. A person carrying on an enterprise may, without the consent of the persons concerned, use, for purposes of commercial or philanthropic prospection, a nominative list of his clients, members or employees.

Every person using such a list for such purposes must grant the persons concerned a valid opportunity to refuse that the information concerning them be used for such purposes.

[1993, c. 17, s. 23].

24. Toute personne qui, à partir d'une liste nominative, fait de la prospection commerciale ou philanthropique doit s'identifier et informer la personne à qui elle s'adresse de son droit de faire retrancher de la liste qu'elle détient les renseignements personnels la concernant. Elle doit, à cette fin, lui fournir une adresse géographique ou une adresse technologique, selon le moyen de communication utilisé, où elle peut recevoir une demande de retranchement à la liste nominative.

[1993, c. 17, a. 24; 2006, c. 22, a. 120].

24. Every person who, on the basis of a nominative list, engages in commercial or philanthropic prospection must identify himself and inform the person to whom he is addressing himself of the latter's right to have the personal information concerning him deleted from the list that he holds. For that purpose, the person engaging in commercial or philanthropic prospection must provide the person addressed with a geographical or technological address, depending on the means of communication used, where a request to have personal information deleted from the nominative list may be sent.

[1993, c. 17, s. 24; 2006, c. 22, s. 120].

25. Une personne qui désire faire retrancher d'une liste nominative des renseignements personnels la concernant peut le faire, en tout temps, au moyen d'une demande verbale ou écrite, auprès de toute personne qui détient ou utilise cette liste.

[1993, c. 17, a. 25].

25. Any person wishing to have personal information concerning him deleted from a nominative list may, at any time, by means of a request made orally or in writing to any person holding or using the list, obtain that the information be deleted.

[1993, c. 17, s. 25].

26. Sur réception d'une demande faite conformément à l'article 25, la personne qui détient et, le cas échéant, celle qui utilise la liste nominative doivent, avec diligence, retrancher de cette liste tout renseignement relatif à la personne concernée.

[1993, c. 17, a. 26].

26. On receiving a request under section 25, the person who holds or, as the case may be, uses the nominative list must, with diligence, delete from the list any information relating to the person concerned.

[1993, c. 17, s. 26].

SECTION IV — ACCÈS DES PERSONNES CONCERNÉES

SECTION IV — ACCESS BY PERSONS CONCERNED

§1. — Dispositions générales

§1. — General provisions

27. Toute personne qui exploite une entreprise et détient un dossier sur autrui doit, à la demande de la personne concernée, lui en confirmer l'existence et lui donner communication des renseignements personnels la concernant.

Lorsque le requérant est une personne handicapée, des mesures d'accommodement raisonnables doivent être prises, sur demande, pour lui permettre d'exercer le droit d'accès prévu par la présente section.

[1993, c. 17, a. 27; 2006, c. 22, a. 121].

27. Every person carrying on an enterprise who holds a file on another person must, at the request of the person concerned, confirm the existence of the file and communicate to the person any personal information concerning him.

If the person concerned is handicapped, reasonable accommodation must be provided on request to enable the person to exercise the right of access provided for in this division.

[1993, c. 17, s. 27; 2006, c. 22, s. 121].

28. Outre les droits prévus au premier alinéa de l'article 40 du *Code civil du Québec*, la personne concernée peut faire supprimer un renseignement personnel la concernant si sa collecte n'est pas autorisée par la loi.

[1993, c. 17, a. 28].

28. In addition to the rights provided under the first paragraph of article 40 of the *Civil Code of Québec*, the person concerned is entitled to obtain that any personal information collected otherwise than according to law be deleted.

[1993, c. 17, s. 28].

29. Toute personne qui exploite une entreprise et détient des dossiers sur autrui doit prendre les mesures nécessaires pour assurer l'exercice par une personne concernée des droits prévus aux articles 37 à 40 du *Code civil du Québec* ainsi que des droits conférés par la présente loi. Elle doit notamment porter à la connaissance du public l'endroit où ces dossiers sont accessibles et les moyens d'y accéder.

[1993, c. 17, a. 29].

29. Every person carrying on an enterprise who holds files on other persons must take the necessary steps to ensure the exercise by a person concerned of the rights provided under articles 37 to 40 of the *Civil Code of Québec* and the rights conferred by this Act. In particular, he must inform the public of the place where, and manner in which, access to the files may be granted.

[1993, c. 17, s. 29].

30. Une demande d'accès ou de rectification ne peut être considérée que si elle est faite par écrit par une personne justifiant de son identité à titre de personne concernée, à titre de représentant, d'héritier, de successible de cette dernière, à titre de liquidateur de la succession, à titre de bénéficiaire d'assurance-vie ou d'indemnité de décès ou à titre de titulaire de l'autorité parentale même si l'enfant mineur est décédé.

Le présent article ne restreint pas la communication à une personne d'un renseignement personnel la concernant ou sa correc-

30. No request for access or rectification may be considered unless it is made in writing by a person who proves that he is the person concerned or the representative, heir or successor of that person, the liquidator of the succession, a beneficiary of life insurance or of a death benefit or the person having parental authority even if the minor child is dead.

This section does not limit the communication of personal information to the person concerned or the rectification of that

tion résultant de la prestation d'un service à lui rendre.

[1993, c. 17, a. 30; 2006, c. 22, a. 122].

31. Le conjoint, les ascendants ou les descendants directs d'une personne décédée ont le droit de recevoir communication, selon les modalités prévues à l'article 30, des renseignements relatifs à la cause de son décès et contenus dans son dossier de santé, à moins que la personne décédée n'ait consigné par écrit à son dossier son refus d'accorder ce droit d'accès.

Malgré le premier alinéa, les personnes liées par le sang à une personne décédée ont le droit de recevoir communication de renseignements contenus dans son dossier de santé dans la mesure où cette communication est nécessaire pour vérifier l'existence d'une maladie génétique ou d'une maladie à caractère familial.

[1993, c. 17, a. 31].

32. La personne détenant le dossier qui fait l'objet d'une demande d'accès ou de rectification par la personne concernée doit donner suite à cette demande avec diligence et au plus tard dans les 30 jours de la date de réception de la demande.

À défaut de répondre dans les 30 jours de la réception de la demande, la personne est réputée avoir refusé d'y acquiescer.

[1993, c. 17, a. 32; 2006, c. 22, a. 123].

33. L'accès aux renseignements personnels contenus dans un dossier est gratuit.

Toutefois, des frais raisonnables peuvent être exigés du requérant pour la transcription, la reproduction ou la transmission de ces renseignements.

La personne qui exploite une entreprise et qui entend exiger des frais en vertu du présent article doit informer le requérant du montant approximatif exigible, avant de procéder à la transcription, la reproduction ou la transmission de ces renseignements.

[1993, c. 17, a. 33].

34. La personne qui refuse d'acquiescer à la demande d'accès ou de rectification d'une personne concernée doit lui notifier

information as a result of a service to be provided to the person.

[1993, c. 17, s. 30; 2006, c. 22, s. 122].

31. The spouse and the direct ascendants or descendants of a deceased person are entitled to receive, in accordance with the procedure provided for in section 30, communication of information relating to the cause of death contained in the person's medical file, unless the deceased person recorded in writing, in his file, his refusal to grant such right of access.

Notwithstanding the first paragraph, the blood relatives of a deceased person are entitled to receive communication of the information contained in that person's medical file to the extent that such communication is necessary to ascertain the existence of a genetic or family disease.

[1993, c. 17, s. 31].

32. The person holding a file that is the subject of a request for access or rectification by the person concerned must respond to that request with diligence and not later than 30 days after the date of receipt of the request.

Failure to respond within 30 days of the receipt of a request is deemed to be a refusal to grant the request.

[1993, c. 17, s. 32; 2006, c. 22, s. 123].

33. Access to the personal information contained in a file shall be free of charge.

However, a reasonable charge may be required from a person requesting the transcription, reproduction or transmission of such information.

Any person carrying on an enterprise who intends to require a charge under this section must inform the applicant, in advance, of the approximate amount that will be charged for the transcription, reproduction or transmission of information.

[1993, c. 17, s. 33].

34. A person who refuses to grant a request for access or rectification from a person concerned must inform the latter of his

par écrit son refus en le motivant et l'informer de ses recours.

[1993, c. 17, a. 34].

refusal in writing, giving reasons, and inform the person concerned of the recourses open to him.

[1993, c. 17, s. 34].

35. Lorsque la personne qui détient le dossier acquiesce à une demande de rectification, elle doit, outre les obligations prévues au deuxième alinéa de l'article 40 du *Code civil du Québec*, délivrer sans frais à la personne qui l'a faite une copie de tout renseignement personnel modifié ou ajouté ou, selon le cas, une attestation du retrait d'un renseignement personnel.

[1993, c. 17, a. 35].

35. Where the person holding a file grants a request for rectification, he must, in addition to the obligations prescribed in the second paragraph of article 40 of the *Civil Code of Québec*, issue free of charge to the person who made the request a copy of any personal information modified or added or, as the case may be, an attestation that personal information has been deleted.

[1993, c. 17, s. 35].

36. Celui qui détient un renseignement faisant l'objet d'une demande d'accès ou de rectification doit, s'il n'acquiesce pas à cette demande, le conserver le temps requis pour permettre à la personne concernée d'épuiser les recours prévus par la loi.

[1993, c. 17, a. 36].

36. The person holding information that is the subject of a request for access or rectification must, if he does not grant the request, retain the information for such time as is necessary to allow the person concerned to exhaust the recourses provided by law.

[1993, c. 17, s. 36].

§2. — Restrictions à l'accès

§2. — Restrictions on access

37. Une personne qui exploite une entreprise de services professionnels dans le domaine de la santé peut refuser momentanément à une personne concernée la consultation du dossier qu'elle a constitué sur elle dans le seul cas où, de l'avis d'un professionnel de la santé, il en résulterait un préjudice grave pour sa santé.

La personne qui exploite un autre type d'entreprise et détient de tels renseignements peut en refuser la consultation à une personne concernée dans le seul cas où il en résulterait un préjudice grave pour sa santé et à la condition d'offrir à celle-ci de désigner un professionnel du domaine de la santé de son choix pour recevoir communication de tels renseignements et de les communiquer à ce dernier.

Le professionnel du domaine de la santé détermine le moment où la consultation pourra être faite et en avise la personne concernée.

[1993, c. 17, a. 37; 2006, c. 22, a. 124].

37. A person carrying on a professional health care enterprise may temporarily refuse to the person concerned access to the file established on him only if, in the opinion of a health care professional, consultation would result in serious harm to the person's health.

A person carrying on another type of enterprise and holding such information may refuse to the person concerned access to the information relating to him only if consultation would result in serious harm to the person's health, provided that he offers the person the possibility of designating a health care professional of his choice to receive communication of the information and communicates the information to such physician.

The health care professional shall determine the time at which consultation may take place and inform the person concerned thereof.

[1993, c. 17, s. 37; 2006, c. 22, s. 124].

38. Une personne âgée de moins de 14 ans ne peut exiger d'être informée de l'existence ni de recevoir communication d'un renseignement de nature médicale ou sociale la concernant qui est contenu dans un dossier constitué sur elle sauf par l'intermédiaire de son procureur dans le cadre d'une procédure judiciaire.

Le premier alinéa n'a pas pour objet de restreindre les communications normales entre un professionnel de la santé et des services sociaux et son patient, ni le droit d'accès du titulaire de l'autorité parentale.

[1993, c. 17, a. 38].

38. No person of less than 14 years of age may demand to be informed of the existence of information of a medical or social nature concerning him and contained in a file established on him, or receive communication of such information, except through his attorney in the context of judicial proceedings.

Nothing in the first paragraph is intended to restrict normal communication between a health care or social services professional and his patient, or the right of access of the holder of parental authority.

[1993, c. 17, s. 38].

39. Une personne qui exploite une entreprise peut refuser de communiquer à une personne un renseignement personnel la concernant lorsque la divulgation du renseignement risquerait vraisemblablement:

1° de nuire à une enquête menée par son service de sécurité interne ayant pour objet de prévenir, détecter ou réprimer le crime ou les infractions à la loi ou, pour son compte, par un service externe ayant le même objet ou un titulaire de permis d'agence de gardiennage ou d'agence d'investigation délivré conformément à la *Loi sur la sécurité privée* (chapitre S-3.5);

2° d'avoir un effet sur une procédure judiciaire dans laquelle l'une ou l'autre de ces personnes a un intérêt.

[1993, c. 17, a. 39; 2006, c. 23, a. 129].

39. A person carrying on an enterprise may refuse to communicate personal information to the person it concerns where disclosure of the information would be likely to

(1) hinder an inquiry the purpose of which is the prevention, detection or repression of crime or statutory offences conducted by his internal security service or conducted on his behalf for the same purpose by an external service or the holder of a security guard agency licence or investigation agency licence issued under the *Private Security Act* (chapter S-3.5);

(2) affect judicial proceedings in which either person has an interest.

[1993, c. 17, s. 39; 2006, c. 23, s. 129].

40. Toute personne qui exploite une entreprise et détient un dossier sur autrui doit refuser de donner communication à une personne d'un renseignement personnel la concernant lorsque sa divulgation révélerait vraisemblablement un renseignement personnel sur un tiers ou l'existence d'un tel renseignement et que cette divulgation serait susceptible de nuire sérieusement à ce tiers, à moins que ce dernier ne consente à sa communication ou qu'il ne s'agisse d'un cas d'urgence mettant en danger la vie, la santé ou la sécurité de la personne concernée.

[1993, c. 17, a. 40].

40. Any person carrying on an enterprise who holds a file on another person must refuse to give communication of personal information to a person to whom it relates where disclosure would be likely to reveal personal information about a third person or the existence of such information and the disclosure may seriously harm that third person, unless the latter consents to the communication of the information or in the case of an emergency that threatens the life, health or safety of the person concerned.

[1993, c. 17, s. 40].

41. Toute personne qui exploite une entreprise et détient un dossier sur autrui doit refuser de donner communication d'un renseignement personnel au liquidateur de la succession, au bénéficiaire d'une assurance-vie ou d'une indemnité de décès, à l'héritier ou au successible de la personne concernée par ce renseignement, à moins que cette communication ne mette en cause les intérêts et les droits de la personne qui le demande à titre de liquidateur, de bénéficiaire, d'héritier ou de successible.

[1993, c. 17, a. 41; 2006, c. 22, a. 125].

41. A person carrying on an enterprise who holds a file on another person must refuse to communicate personal information to the liquidator of the succession, to a beneficiary of life insurance or of a death benefit, or to the heir or successor of the person to whom the information relates, unless the information affects their interests or rights as liquidator, beneficiary, heir or successor.

[1993, c. 17, s. 41; 2006, c. 22, s. 125].

SECTION V — RECOURS

§1. — **Examen des mésententes**

SECTION V — RECOURSE

§1. — **Examination of disagreements**

41.1. Les fonctions et pouvoirs de la Commission prévus à la présente section sont exercés par le président et les membres affectés à la section juridictionnelle.

[2006, c. 22, a. 126].

41.1. The functions and powers of the Commission that are provided for in this division are exercised by the chair and the members assigned to the adjudicative division.

[2006, c. 22, s. 126].

42. Toute personne intéressée peut soumettre à la Commission d'accès à l'information une demande d'examen de mésentente relative à l'application d'une disposition législative portant sur l'accès ou la rectification d'un renseignement personnel ou sur l'application de l'article 25.

[1993, c. 17, a. 42].

42. Any interested person may submit an application to the Commission d'accès à l'information for the examination of a disagreement relating to the application of a legislative provision concerning access to or the rectification of personal information, or concerning the application of section 25.

[1993, c. 17, s. 42].

43. Lorsque la mésentente résulte du refus d'acquiescer à une demande ou d'une absence de réponse dans le délai accordé par la loi pour répondre, la personne concernée doit la soumettre à la Commission dans les 30 jours du refus de la demande ou de l'expiration du délai pour y répondre à moins que la Commission, pour un motif raisonnable, ne la relève du défaut de respecter ce délai.

[1993, c. 17, a. 43].

43. Where the disagreement results from a refusal to grant a request or from a failure to respond within the time limit prescribed by law, the person concerned disposes of a period of 30 days from the refusal or the expiry of the time limit to submit the disagreement to the Commission unless the Commission, for reasonable cause, releases the person concerned from failure to submit the disagreement within that time.

[1993, c. 17, s. 43].

44. La partie qui désire soumettre une mésentente à la Commission pour examen

44. Any party who wishes to submit a disagreement to the Commission for exami-

doit formuler sa demande par écrit et payer les frais exigibles prévus par règlement.

La demande expose brièvement les raisons justifiant l'examen de la mésentente par la Commission.

Avis de la demande faite par une partie est donné par la Commission à l'autre partie.

[1993, c. 17, a. 44].

45. Un groupe de personnes intéressées au même sujet de mésentente peut soumettre une demande à la Commission par l'intermédiaire d'un représentant.

[1993, c. 17, a. 45].

46. Une personne qui exploite une entreprise et détient des renseignements personnels sur autrui peut demander à la Commission de l'autoriser à ne pas tenir compte de demandes manifestement abusives par leur nombre, leur caractère répétitif ou systématique ou de demandes qui, de l'avis de la Commission, ne sont pas conformes à l'objet de la présente loi.

[1993, c. 17, a. 46].

47. Les membres du personnel de la Commission doivent prêter assistance, pour la rédaction d'une demande d'examen de mésentente, à toute personne intéressée qui le requiert.

[1993, c. 17, a. 47].

48. Lorsqu'elle est saisie d'une demande d'examen d'une mésentente, la Commission peut charger une personne qu'elle désigne de tenter d'amener les parties à s'entendre.

[1993, c. 17, a. 48; 2006, c. 22, a. 127].

49. Si la Commission est d'avis qu'aucune entente n'est possible entre les parties, elle examine le sujet de la mésentente selon les modalités qu'elle détermine.

Elle doit donner aux parties l'occasion de présenter leurs observations.

[1993, c. 17, a. 49].

nation must apply therefor in writing and pay the fees prescribed by regulation.

The application shall state briefly the reasons which justify examination of the disagreement by the Commission.

Notice of an application made by one party shall be given by the Commission to the other party.

[1993, c. 17, s. 44].

45. A group of persons having an interest in the same subject of disagreement may submit an application to the Commission through a representative.

[1993, c. 17, s. 45].

46. A person carrying on an enterprise who holds personal information on others may request authorization from the Commission to disregard applications that are obviously improper by reason of their number or their repetitious or systematic nature or applications that, in the opinion of the Commission, are not consistent with the object of this Act.

[1993, c. 17, s. 46].

47. The members of the personnel of the Commission must lend their assistance to any interested person requiring it in the drawing up of an application for the examination of a disagreement.

[1993, c. 17, s. 47].

48. Where an application for the examination of a disagreement has been brought before it, the Commission may entrust a person it designates to attempt to bring the parties to an agreement.

[1993, c. 17, s. 48; 2006, c. 22, s. 127].

49. If the Commission is of the opinion that no agreement is possible between the parties, it shall examine the subject of the disagreement according to the procedure it determines.

It must give the parties an opportunity to present their observations.

[1993, c. 17, s. 49].

50. Un membre de la Commission peut, au nom de celle-ci, examiner seul une mésentente et rendre une décision. Un membre de la Commission peut aussi, au nom de celle-ci, exercer seul les pouvoirs prévus aux articles 46, 52, 57.1 et 60.

[1993, c. 17, a. 50; 2006, c. 22, a. 128].

50.1. La Commission doit, par règlement, édicter des règles de preuve et de procédure pour l'examen des demandes dont elle peut être saisie. Ce règlement doit comporter des dispositions pour assurer l'accessibilité à la Commission ainsi que la qualité et la célérité de son processus décisionnel. À cette fin, il doit encadrer le temps consacré aux instances à partir du dépôt de la demande d'examen jusqu'à la tenue de l'audience, le cas échéant. Ce règlement est soumis à l'approbation du gouvernement.

[2006, c. 22, a. 129].

51. Toute personne doit fournir à la Commission les renseignements qu'elle requiert pour l'examen d'une mésentente.

[1993, c. 17, a. 51].

52. La Commission peut refuser ou cesser d'examiner une affaire si elle a des motifs raisonnables de croire que la demande est frivole ou faite de mauvaise foi ou que son intervention n'est manifestement pas utile.

[1993, c. 17, a. 52].

53. En cas de mésentente relative à une demande de rectification, la personne qui détient le dossier doit prouver qu'il n'a pas à être rectifié, à moins que le renseignement en cause ne lui ait été communiqué par la personne concernée ou avec l'accord de celle-ci.

[1993, c. 17, a. 53].

§2. —— Décision de la Commission

54. La Commission rend sur toute mésentente qui lui est soumise une décision motivée par écrit.

50. A member of the Commission may, on behalf of the Commission, examine a disagreement alone and render a decision. A member of the Commission may also act alone on behalf of the Commission to exercise the powers provided for in sections 46, 52, 57.1 and 60.

[1993, c. 17, s. 50; 2006, c. 22, s. 128].

50.1. The Commission must, by regulation, prescribe rules of evidence and procedure for the examination of applications which may be brought before it. The regulation must include provisions to ensure the accessibility of the Commission and the quality and promptness of its decision-making process. To that end, the regulation must specify the time allotted to proceedings, from the time the application for examination is filed until the hearing, if applicable. The regulation shall be submitted to the Government for approval.

[2006, c. 22, s. 129].

51. Every person must furnish to the Commission any information it requires for the examination of a disagreement.

[1993, c. 17, s. 51].

52. The Commission may refuse or cease to examine a matter if it has reasonable grounds to believe that the application is frivolous or made in bad faith or that its intervention would clearly serve no purpose.

[1993, c. 17, s. 52].

53. In the case of a disagreement relating to a request for rectification, the person holding the file must prove that the file need not be rectified, unless the information in question was communicated to him by the person concerned or with the latter's consent.

[1993, c. 17, s. 53].

§2. —— Decision by the Commission

54. The Commission shall render, in respect of every disagreement submitted to it, a decision in writing giving the reasons on which it is based.

La Commission en transmet une copie aux parties par tout moyen permettant la preuve de la date de sa réception.

[1993, c. 17, a. 54; 2006, c. 22, a. 130].

The Commission shall send a copy of the decision to the parties by any means providing proof of the date of receipt.

[1993, c. 17, s. 54; 2006, c. 22, s. 130].

55. La Commission a tous les pouvoirs nécessaires à l'exercice de sa compétence; elle peut rendre toute ordonnance qu'elle estime propre à sauvegarder les droits des parties et décider de toute question de fait ou de droit.

Elle peut notamment ordonner à une personne exploitant une entreprise de donner communication ou de rectifier un renseignement personnel ou de s'abstenir de le faire.

[1993, c. 17, a. 55].

55. The Commission has all the powers necessary for the exercise of its jurisdiction; it may make any order it considers appropriate to protect the rights of the parties and rule on any issue of fact or law.

The Commission may, in particular, order a person carrying on an enterprise to communicate or rectify personal information or refrain from doing so.

[1993, c. 17, s. 55].

55.1. La Commission doit exercer ses fonctions et pouvoirs en matière d'examen de mésentente de façon diligente et efficace.

La Commission doit rendre sa décision dans les trois mois de sa prise en délibéré, à moins que le président, pour des motifs sérieux, n'ait prolongé ce délai.

Lorsqu'un membre de la Commission saisi d'une affaire ne rend pas sa décision dans le délai requis, le président peut, d'office ou sur demande d'une des parties, dessaisir ce membre de cette affaire.

Avant de prolonger le délai ou de dessaisir le membre qui n'a pas rendu sa décision dans les délais requis, le président doit tenir compte des circonstances et de l'intérêt des parties.

[2006, c. 22, a. 131].

55.1. The Commission must exercise its functions and powers in the matter of the examination of a disagreement diligently and efficiently.

The Commission must make its decision within three months after the matter is taken under advisement, unless the chair extends that time limit for valid reasons.

If a member of the Commission to whom a case is referred does not make a decision within the specified time limit, the chair may, by virtue of office or at the request of a party, remove the member from the case.

Before extending the time limit or removing from a case a member who has not made a decision within the applicable time limit, the chair must take the circumstances and the interest of the parties into account.

[2006, c. 22, s. 131].

56. Une décision de la Commission ayant pour effet d'ordonner à une partie d'accomplir un acte est exécutoire à l'expiration des 30 jours qui suivent la date de sa réception par la partie en cause.

Une décision ordonnant à une partie de cesser ou de s'abstenir d'accomplir un acte est exécutoire dès qu'elle est transmise à la partie en cause.

[1993, c. 17, a. 56].

56. A decision by the Commission ordering a party to carry out a certain act is executory on the expiry of 30 days after the date on which the decision is received by the party concerned.

A decision ordering a party to cease, or refrain from, doing a certain act is executory upon being transmitted to the party concerned.

[1993, c. 17, s. 56].

57. Lors de la décision, la Commission peut statuer sur les frais prévus par règlement.

[1993, c. 17, a. 57].

57. In rendering a decision, the Commission may rule as to payment of the fees prescribed by regulation.

[1993, c. 17, s. 57].

57.1. La décision entachée d'erreur d'écriture ou de calcul ou de quelque autre erreur matérielle peut être rectifiée par la Commission ou le membre qui l'a rendue; il en est de même de celle qui, par suite d'une inadvertance manifeste, accorde plus qu'il n'est demandé, ou omet de prononcer sur une partie de la demande.

La rectification peut être faite d'office tant que l'exécution n'est pas commencée; elle peut l'être sur requête d'une partie en tout temps, sauf si la décision est interjetée en appel.

La requête est adressée à la Commission et soumise au membre qui a rendu la décision. Si ce dernier n'est plus en fonction, est absent ou est empêché d'agir, la requête est soumise à la Commission.

Le délai d'appel ou d'exécution de la décision rectifié ne court que depuis la date de la rectification lorsque celle-ci porte sur le dispositif.

[2006, c. 22, a. 132].

57.1. A decision containing an error in writing or in calculation or any other clerical error may be corrected by the Commission or the member who made the decision; the same applies to a decision which, through obvious inadvertence, grants more than was requested or fails to rule on part of the application.

A correction may be made on the Commission's or the concerned member's own initiative as long as execution of the decision has not commenced. A correction may be effected at any time on the motion of one of the parties, unless an appeal has been lodged.

The motion is addressed to the Commission and submitted to the member who made the decision. If the latter is no longer in office, is absent or is unable to act, the motion is submitted to the Commission.

If the correction affects the conclusions, the time limit for appealing or executing the decision runs from the date of the correction.

[2006, c. 22, s. 132].

58. Une décision de la Commission devient exécutoire comme un jugement de la Cour supérieure, et en a tous les effets à la date de son homologation en Cour supérieure.

L'homologation résulte du dépôt, par la Commission ou une partie, d'une copie conforme de cette décision au bureau du greffier de la Cour supérieure du district où se trouve le domicile ou, à défaut, la résidence ou l'établissement d'entreprise de la personne visée par la décision.

[1993, c. 17, a. 58; 1999, c. 40, a. 233].

58. A decision by the Commission becomes executory as a judgment of the Superior Court and has all the effects of such a judgment from the date of its homologation by the Superior Court.

Homologation of the decision is obtained by the filing, by the Commission or one of the parties, of a true copy of the decision at the office of the clerk of the Superior Court of the district in which the domicile or the residence or business establishment of the person affected by the decision is situated.

[1993, c. 17, s. 58; 1999, c. 40, s. 233].

59. Une décision de la Commission sur une question de fait de sa compétence est finale et sans appel.

[1993, c. 17, a. 59].

59. A decision of the Commission on a question of fact coming under its jurisdiction is final and no appeal lies therefrom.

[1993, c. 17, s. 59].

60. La Commission peut déclarer périmée une demande d'examen de mésentente s'il s'est écoulé une année depuis la production du dernier acte de procédure utile.

[1993, c. 17, a. 60; 2002, c. 7, a. 171].

60. The Commission may declare an application for examination of a disagreement perempted if one year has elapsed since the last useful proceeding was filed.

[1993, c. 17, s. 60; 2002, c. 7, s. 171].

§3. — Appel

§3. — Appeal

61. Une personne directement intéressée peut interjeter appel d'une décision finale de la Commission devant un juge de la Cour du Québec, sur toute question de droit ou de compétence ou, sur permission d'un juge de cette Cour, d'une décision interlocutoire à laquelle la décision finale ne pourra remédier.

[1993, c. 17, a. 61; 2006, c. 22, a. 133].

61. A person directly interested may bring an appeal from a final decision of the Commission before a judge of the Court of Québec on a question of law or jurisdiction or, with leave of a judge of that Court, from an interlocutory decision which cannot be remedied by the final decision.

[1993, c. 17, s. 61; 2006, c. 22, s. 133].

61.1. La requête pour permission d'appeler d'une décision interlocutoire doit préciser les questions de droit ou de compétence qui devraient être examinées en appel et pourquoi la décision finale ne pourra y remédier et, après avis aux parties et à la Commission, être déposée au greffe de la Cour du Québec dans les 10 jours qui suivent la date de la réception de la décision de la Commission par les parties.

Si la requête est accordée, le jugement qui autorise l'appel tient lieu d'avis d'appel.

[2006, c. 22, a. 133].

61.1. The motion for leave to appeal from an interlocutory decision must specify the questions of law or jurisdiction that ought to be examined in appeal and the reason it cannot be remedied by the final decision and, after notice to the parties and to the Commission, be filed in the office of the Court of Québec within 10 days after the date on which the parties receive the decision of the Commission.

If the motion is granted, the judgment authorizing the appeal serves as a notice of appeal.

[2006, c. 22, s. 133].

62. La compétence que confère la présente section à un juge de la Cour du Québec est exercée par les seuls juges de cette cour que désigne le juge en chef.

[1993, c. 17, a. 62].

62. The jurisdiction conferred by this division on a judge of the Court of Québec is exercised by only the judges of that Court that are appointed by the chief judge.

[1993, c. 17, s. 62].

63. L'appel est formé par le dépôt auprès de la Cour du Québec d'un avis à cet effet précisant les questions de droit ou de compétence qui devraient être examinées en appel.

L'avis d'appel doit être déposé au greffe de la Cour du Québec dans les 30 jours qui suivent la date de la réception de la décision finale par les parties.

[1993, c. 17, a. 63; 2006, c. 22, a. 134].

63. The appeal is brought by filing with the Court of Québec a notice to that effect specifying the questions of law or jurisdiction which ought to be examined in appeal.

The notice of appeal is filed at the office of the Court of Québec within 30 days after the date the parties receive the final decision.

[1993, c. 17, s. 63; 2006, c. 22, s. 134].

64. Le dépôt de l'avis d'appel ou de la requête pour permission d'en appeler d'une

64. The filing of the notice of appeal or of the motion for leave to appeal from an in-

décision interlocutoire suspend l'exécution de la décision de la Commission jusqu'à ce que la décision de la Cour du Québec soit rendue. S'il s'agit d'un appel d'une décision ordonnant à une personne de cesser ou de s'abstenir de faire quelque chose, le dépôt de l'avis ou de la requête ne suspend pas l'exécution de la décision.

[1993, c. 17, a. 64; 2006, c. 22, a. 134].

terlocutory decision suspends the execution of the decision of the Commission until the decision of the Court of Québec is rendered. If it is an appeal from a decision ordering a person to cease or refrain from doing something, the filing of the notice or of the motion does not suspend execution of the decision.

[1993, c. 17, s. 64; 2006, c. 22, s. 134].

65. L'avis d'appel doit être signifié aux parties et à la Commission dans les 10 jours de son dépôt au greffe de la Cour du Québec.

Le secrétaire de la Commission transmet au greffe, pour tenir lieu de dossier conjoint, un exemplaire de la décision contestée et les pièces de la contestation.

[1993, c. 17, a. 65; 2006, c. 22, a. 134].

65. The notice of appeal must be served on the parties and the Commission within 10 days after its filing at the office of the Court of Québec.

The secretary of the Commission shall send a copy of the contested decision and the documents related to the contestation to the office of the Court to serve as a joint record.

[1993, c. 17, s. 65; 2006, c. 22, s. 134].

66. (*Remplacé*).

[2006, c. 22, a. 134].

66. (*Replaced*).

[2006, c. 22, s. 134].

67. L'appel est régi par les articles 491 à 524 du *Code de procédure civile* (chapitre C-25), compte tenu des adaptations nécessaires. Toutefois, les parties ne sont pas tenues de déposer de mémoire de leurs prétentions.

[1993, c. 17, a. 67].

67. The appeal is governed by articles 491 to 524 of the *Code of Civil Procedure* (chapter C-25), adapted as required. The parties are not required, however, to file a statement of their claims.

[1993, c. 17, s. 67].

68. La Cour du Québec peut, en la manière prévue par la *Loi sur les tribunaux judiciaires* (chapitre T-16), adopter les règles de pratique jugées nécessaires à l'application de la présente section.

[1993, c. 17, a. 68].

68. The Court of Québec may, in the manner prescribed under the *Courts of Justice Act* (chapter T-16), make the rules of practice judged necessary for the carrying out of this division.

[1993, c. 17, s. 68].

69. La décision du juge de la Cour du Québec est sans appel.

[1993, c. 17, a. 69].

69. The decision of the judge of the Court of Québec is without appeal.

[1993, c. 17, s. 69].

SECTION VI — AGENTS DE RENSEIGNEMENTS PERSONNELS

SECTION VI — PERSONAL INFORMATION AGENTS

70. Tout agent de renseignements personnels qui exploite une entreprise au Québec doit s'inscrire auprès de la Commission.

70. Every personal information agent carrying on an enterprise in Québec must be registered with the Commission.

Est un agent de renseignements personnels toute personne qui, elle-même ou par l'intermédiaire d'un représentant, fait le commerce de constituer des dossiers sur autrui, de préparer et de communiquer à des tiers des rapports de crédit au sujet du caractère, de la réputation ou de la solvabilité des personnes concernées par ces dossiers.

[1993, c. 17, a. 70].

Any person who, on a commercial basis, personally or through a representative, establishes files on other persons and prepares and communicates to third parties credit reports bearing on the character, reputation or solvency of the persons to whom the information contained in such files relates is a personal information agent.

[1993, c. 17, s. 70].

70.1. Aucun agent de renseignements personnels ne peut invoquer le fait qu'il est inscrit à la Commission pour prétendre que sa compétence, sa solvabilité, sa conduite ou ses opérations sont reconnues ou approuvées.

[2006, c. 22, a. 135].

70.1. A personal information agent may not invoke registration with the Commission to claim that the agent's competence, solvency, conduct or operations are recognized or approved.

[2006, c. 22, s. 135].

71. L'agent de renseignements personnels doit établir et appliquer des modalités d'opérations propres à garantir que les renseignements qu'il communique sont à jour et exacts.

[1993, c. 17, a. 71].

71. Every personal information agent must establish and apply a method of operation that ensures that the information communicated by him is up to date and accurate.

[1993, c. 17, s. 71].

72. La demande d'inscription est faite selon les modalités que la Commission détermine et sur paiement des frais exigibles prévus par règlement. Elle contient notamment l'information suivante:

1° les nom et adresse de l'agent et, s'il s'agit d'une personne morale, l'adresse de son siège et les noms et adresses de ses administrateurs;

2° l'adresse et le numéro de téléphone de tout établissement de l'agent au Québec;

3° l'adresse et le numéro de téléphone de tout bureau où les personnes concernées peuvent s'adresser pour consulter les renseignements les concernant ou en obtenir copie.

L'agent de renseignements personnels doit informer la Commission avec diligence de toute modification à l'information visée par le premier alinéa.

[1993, c. 17, a. 72].

72. Applications for registration shall be filed according to the procedure determined by the Commission, accompanied with the fees prescribed by regulation. An application shall contain, in particular, the following information :

(1) the name and address of the agent and, in the case of a legal person, the address of its head office and the names and addresses of its directors;

(2) the address and telephone number of each establishment of the agent in Québec;

(3) the address and telephone number of every office where persons concerned may apply to consult or obtain copies of information relating to them.

Every personal information agent must inform the Commission with diligence of any change in the information referred to in the first paragraph.

[1993, c. 17, s. 72].

73. La Commission inscrit l'agent qui lui soumet une demande conforme aux dispositions de l'article 72.

[1993, c. 17, a. 73].

74. La Commission tient à jour un registre des agents de renseignements personnels contenant les renseignements produits en vertu de l'article 72 de même que les décisions pertinentes de la Commission à l'égard des agents inscrits.

[1993, c. 17, a. 74].

75. Le registre est ouvert à la consultation du public durant les heures habituelles d'admission dans les bureaux de la Commission.

La Commission fournit gratuitement à toute personne qui le demande tout extrait du registre concernant un agent de renseignements personnels.

[1993, c. 17, a. 75].

76. La Commission publie, une fois l'an, dans un journal de circulation générale, une liste des agents de renseignements personnels.

[1993, c. 17, a. 76].

77. (*Abrogé*).

[2006, c. 22, a. 136].

78. Un agent de renseignements personnels doit établir, appliquer au sein de son entreprise et diffuser des règles de conduite ayant pour objet de permettre à toute personne concernée par un dossier qu'il détient d'y avoir accès selon des modalités propres à assurer la protection des renseignements qui y sont contenus, soit en lui permettant d'en prendre connaissance gratuitement à un endroit de la région où elle est domiciliée pendant les heures habituelles d'admission de l'établissement de son entreprise ou par consultation téléphonique, soit en le reproduisant, en le transcrivant ou en lui transmettant copie du dossier par la poste ou messagerie moyennant des frais raisonnables.

[1993, c. 17, a. 78; 1999, c. 40, a. 233].

73. The Commission shall register an agent who files an application in conformity with the provisions of section 72.

[1993, c. 17, s. 73].

74. The Commission shall keep a current register of personal information agents containing the information filed under section 72 and any relevant decisions rendered by the Commission in respect of registered agents.

[1993, c. 17, s. 74].

75. The register shall be available for public consultation during the regular business hours of the Commission.

The Commission shall furnish, free of charge, to any person who so requests any extract from the register concerning a personal information agent.

[1993, c. 17, s. 75].

76. The Commission shall publish annually, in a newspaper having general circulation, a list of the personal information agents.

[1993, c. 17, s. 76].

77. (*Repealed*).

[2006, c. 22, s. 136].

78. Every personal information agent must establish, apply within his enterprise and circulate rules of conduct that will allow any person concerned by a file held by him to have access to that file according to a procedure that ensures the protection of the information contained in the file, either by allowing the person concerned to have access thereto, free of charge, by telephone consultation or at a place in the region of the domicile of the person concerned during the regular business hours of the personal information agent's business establishment, or by transmitting a reproduction, transcription or copy of the file to him by mail or courier on payment of a reasonable charge.

[1993, c. 17, s. 78; 1999, c. 40, s. 233].

79. Un agent de renseignements personnels doit, au plus tard dans un délai de 60 jours à compter du 1ᵉʳ janvier 1994 et par la suite à tous les deux ans, au moyen d'un avis publié dans un journal de circulation générale dans chaque région du Québec où il fait affaires, informer le public:

1° du fait qu'il détient des dossiers sur autrui, qu'il communique à ses cocontractants des rapports de crédit au sujet du caractère, de la réputation et de la solvabilité des personnes concernées par ces dossiers et qu'il reçoit communication de ses cocontractants de renseignements personnels sur autrui;

2° des droits de consultation et de rectification que les personnes concernées peuvent exercer en vertu de la loi à l'égard des dossiers qu'il détient;

3° du nom, de l'adresse et du numéro de téléphone de la personne, dans la région, à qui les personnes concernées peuvent s'adresser pour consulter leur dossier ainsi que des modalités de cette consultation.

[1993, c. 17, a. 79].

79. Every personal information agent must, not later than 60 days after 1 January 1994 and every two years thereafter, inform the public, by means of a notice published in a newspaper having general circulation in each region of Québec in which he does business, of

(1) the fact that he holds files on other persons, that he gives communication of credit reports bearing on the character, reputation or solvency of the persons to whom the information in the files relates to persons with whom he is bound by contract, and that he receives from the latter personal information relating to other persons;

(2) the rights of consultation and rectification that may be exercised according to law, by persons to whom the information relates, in respect of the files he holds;

(3) the name, address and telephone number of the person, in each region, to whom the persons to whom the information relates may apply to consult their file, and the procedure for consultation

[1993, c. 17, s. 79].

SECTION VII — APPLICATION DE LA LOI

§1. — Dispositions générales

SECTION VII — APPLICATION OF THIS ACT

§1. — General provisions

80. Les fonctions et pouvoirs prévus aux articles 21, 21.1, à la section VI et à la présente section sont exercés par le président et les membres affectés à la section de surveillance.

[1993, c. 17, a. 80; 2006, c. 22, a. 137].

80. The functions and powers provided for in sections 21 and 21.1, Division VI and this division are exercised by the chair and the members assigned to the oversight division.

[1993, c. 17, s. 80; 2006, c. 22, s. 137].

80.1. Un membre de la Commission peut, au nom de celle-ci, exercer seul les pouvoirs que les articles 21, 21.1, 72, 81, 83, 84 et 95 confèrent à la Commission.

Le président de la Commission peut déléguer, en tout ou en partie, à un membre de son personnel les fonctions et pouvoirs qui sont dévolus à la Commission par les articles 21, 21.1 et 95.

[2006, c. 22, a. 137].

80.1. A member of the Commission may act alone on behalf of the Commission to exercise the powers conferred on it by sections 21, 21.1, 72, 81, 83, 84 and 95.

The chair of the Commission may delegate to a member of the personnel of the Commission all or part of the functions and powers conferred on the Commission by sections 21, 21.1 and 95.

[2006, c. 22, s. 137].

§1.1. —— Inspection

80.2. Dans l'exercice de ses fonctions de surveillance, la Commission peut autoriser un membre de son personnel ou toute autre personne à agir comme inspecteur.

[2006, c. 22, a. 138].

80.3. La personne qui agit comme inspecteur peut:

1° pénétrer, à toute heure raisonnable, dans l'établissement d'un organisme ou d'une personne assujetti à la surveillance de la Commission;

2° exiger d'une personne présente tout renseignement ou tout document requis pour l'exercice de la fonction de surveillance de la Commission;

3° examiner et tirer copie de ces documents.

[2006, c. 22, a. 138].

80.4. Une personne qui agit comme inspecteur doit, sur demande, se nommer et exhiber un certificat attestant son autorisation.

Elle ne peut être poursuivie en justice en raison d'un acte accompli de bonne foi dans l'exercice de sa fonction.

[2006, c. 22, a. 138].

§2. —— Enquête

81. La Commission peut, de sa propre initiative ou sur la plainte d'une personne intéressée, faire enquête ou charger une personne de faire enquête sur toute matière relative à la protection des renseignements personnels ainsi que sur les pratiques d'une personne qui exploite une entreprise et recueille, détient, utilise ou communique à des tiers de tels renseignements.

[1993, c. 17, a. 81; 2006, c. 22, a. 139].

82. (*Abrogé*).

[2006, c. 22, a. 140].

§1.1. —— Inspection

80.2. In the exercise of its oversight functions, the Commission may authorize members of its personnel or any other persons to act as inspectors.

[2006, c. 22, s. 138].

80.3. Persons acting as inspectors may

(1) enter the establishment of a body or person subject to the oversight of the Commission at any reasonable time;

(2) request a person on the site to present any information or document required to exercise the Commission's oversight function; and

(3) examine and make copies of such documents.

[2006, c. 22, s. 138].

80.4. Persons acting as inspectors must, on request, identify themselves and produce a certificate of authority.

Persons acting as inspectors may not be prosecuted for an act performed in good faith in the exercise of their duties.

[2006, c. 22, s. 138].

§2. —— Inquiry

81. The Commission may, on its own initiative or following a complaint by an interested person, inquire into or entrust a person with inquiring into any matter relating to the protection of personal information as well as into the practices of a person who carries on an enterprise and who collects, holds, uses or communicates such information to third persons.

[1993, c. 17, s. 81; 2006, c. 22, s. 139].

82. (*Repealed*).

[2006, c. 22, s. 140].

83. Au terme d'une enquête relative à la collecte, à la détention, à la communication ou à l'utilisation de renseignements personnels par une personne qui exploite une entreprise, la Commission peut, après lui avoir fourni l'occasion de présenter ses observations, lui recommander ou lui ordonner l'application de toute mesure corrective propre à assurer la protection des renseignements personnels.

Elle peut fixer des délais pour l'exécution des mesures qu'elle ordonne.

[1993, c. 17, a. 83].

84. Si, dans un délai raisonnable après avoir pris une ordonnance à l'égard d'une personne qui exploite une entreprise, la Commission juge que les mesures appropriées n'ont pas été prises pour y donner suite, elle peut publier selon les modalités qu'elle détermine un avis pour en informer le public.

[1993, c. 17, a. 84].

85. La Commission, ses membres et toute personne qu'elle charge de faire enquête pour l'application de la présente loi sont investis pour l'enquête des pouvoirs et de l'immunité prévus par la *Loi sur les commissions d'enquête* (chapitre C-37) sauf le pouvoir d'ordonner l'emprisonnement.

[1993, c. 17, a. 85; 2006, c. 22, a. 141].

86. Une ordonnance de la Commission prise au terme d'une enquête devient exécutoire de la même manière qu'une décision visée par les articles 56 et 58.

[1993, c. 17, a. 86].

87. Une personne directement intéressée peut interjeter appel d'une ordonnance rendue au terme d'une enquête.

L'appel est assujetti aux règles prévues aux articles 61 à 69.

[1993, c. 17, a. 87].

§3. —— Rapports

88. La Commission doit, au plus tard le 14 juin 2011, et par la suite tous les cinq ans, faire au gouvernement un rapport sur l'ap-

83. Following an inquiry relating to the collection, retention or communication of personal information by a person carrying on an enterprise, the Commission may, after giving the person an opportunity to present his observations, recommend or order the application of such remedial measures as are appropriate to ensure the protection of the personal information.

It may fix time limits for the implementation of the measures it orders.

[1993, c. 17, s. 83].

84. If, within a reasonable time after issuing an order in respect of a person who carries on an enterprise, the Commission considers that appropriate measures have not been taken in response, it may publish, in the manner it determines, a notice to inform the public thereof.

[1993, c. 17, s. 84].

85. The Commission, its members and any person entrusted by it with making an inquiry for the purposes of this Act, are vested for the inquiry with the powers and immunity provided for in the *Act respecting public inquiry commissions* (chapter C-37) except the power to order imprisonment.

[1993, c. 17, s. 85; 2006, c. 22, s. 141].

86. Any order issued by the Commission following an inquiry becomes executory in the same manner as a decision under sections 56 and 58.

[1993, c. 17, s. 86].

87. Any person having a direct interest may appeal from an order issued following an inquiry.

The appeal is subject to the rules set out in sections 61 to 69.

[1993, c. 17, s. 87].

§3. —— Reports

88. Not later than 14 June 2011, and, subsequently, every five years, the Commission must report to the Government on the

plication de la présente loi et de la section V.1 du chapitre IV du *Code des professions* (chapitre C-26) ainsi que sur les sujets que le ministre peut lui soumettre.

Ce rapport comprend également, le cas échéant, les constatations de vérification et les recommandations que le vérificateur général juge approprié de transmettre à la Commission en application de la *Loi sur le vérificateur général* (chapitre V-5.01) et qu'il indique comme devant être reproduites dans ce rapport.

Le ministre dépose ce rapport à l'Assemblée nationale dans les 15 jours de sa réception ou, si elle ne siège pas, dans les 15 jours de la reprise de ses travaux.

[1993, c. 17, a. 88; 2006, c. 22, a. 142].

89. La Commission de l'Assemblée nationale désigne, dans les meilleurs délais, la commission qui fera l'étude du rapport sur la mise en œuvre de la loi.

Dans l'année qui suit le dépôt du rapport à l'Assemblée nationale, la commission désignée doit étudier l'opportunité de modifier la présente loi et entendre à ce sujet les représentations des personnes et organismes intéressés.

[1993, c. 17, a. 89; 2006, c. 22, a. 143].

§4. — Réglementation

90. Le gouvernement, après avoir pris avis de la Commission, peut, par règlement:

1° fixer des frais exigibles pour tout acte accompli par la Commission;

2° déterminer les cas d'exemption totale ou partielle du paiement des frais exigibles en vertu de la présente loi;

3° établir des calendriers de conservation;

4° fixer des frais d'inscription exigibles des agents de renseignements personnels.

Dans l'exercice de son pouvoir de réglementation, le gouvernement peut distinguer des secteurs d'activités ainsi que des catégories de renseignements personnels et de dossiers.

[1993, c. 17, a. 90].

application of this Act and of Division V.1 of Chapter IV of the *Professional Code* (chapter C-26), as well as on any other subject the Minister may submit to it.

The report must also include any audit findings and recommendations that the Auditor General considers it appropriate to forward to the Commission under the *Auditor General Act* (chapter V-5.01) and that the Auditor General states are to be reproduced in the report.

TheMinister shall table the report in the National Assembly within 15 days of receiving it or, if the Assembly is not sitting, within 15 days of resumption.

[1993, c. 17, s. 88; 2006, c. 22, s. 142].

89. The Committee on the National Assembly shall designate, as soon as possible, the committee which will study the report concerning the carrying out of this Act.

Within the year following the tabling of the report before the National Assembly, the designated committee must examine the advisability of amending this Act, and shall hear the representations of interested persons and bodies on such matters.

[1993, c. 17, s. 89; 2006, c. 22, s. 143].

§4. — Regulation

90. The Government, after obtaining the advice of the Commission, may make regulations to

(1) fix the fees payable for any act performed by the Commission;

(2) determine cases of total or partial exemption from payment of the fees payable under this Act;

(3) establish retention schedules;

(4) fix the registration fees payable by personal information agents.

In exercising its regulatory power, the Government may define sectors of activity and categories of personal information and files.

[1993, c. 17, s. 90].

§5. — Dispositions pénales

91. Quiconque recueille, détient, communique à un tiers ou utilise un renseignement personnel sur autrui sans se conformer à une disposition des sections II, III ou IV de la présente loi est passible d'une amende de 1 000 $ à 10 000 $ et, en cas de récidive, d'une amende de 10 000 $ à 20 000 $.

Toutefois, dans le cas d'une contravention à l'article 17, l'amende est de 5 000 $ à 50 000 $ et, en cas de récidive, de 10 000 $ à 100 000 $.

[1993, c. 17, a. 91; 2006, c. 22, a. 144].

92. Un agent de renseignements personnels qui contrevient à une disposition des articles 70, 70.1, 72, 78 et 79 de la présente loi est passible d'une amende de 6 000 $ à 12 000 $ et, en cas de récidive, d'une amende de 10 000 $ à 20 000 $.

[1993, c. 17, a. 92; 2006, c. 22, a. 145].

92.1. Quiconque entrave le déroulement d'une enquête ou d'une inspection en communiquant des renseignements faux ou inexacts ou autrement, commet une infraction et est passible d'une amende de 1 000 $ à 10 000 $ et, en cas de récidive, de 2 000 $ à 20 000 $.

[2006, c. 22, a. 146].

93. Si une personne morale commet une infraction prévue par la présente loi, l'administrateur, le dirigeant ou le représentant de cette personne morale qui a prescrit ou autorisé l'accomplissement de l'acte ou de l'omission qui constitue l'infraction ou qui y a consenti est partie à l'infraction et passible de la peine qui y est prévue.

[1993, c. 17, a. 93].

SECTION VIII — DISPOSITIONS DIVERSES

94. Les dispositions de la présente loi prévalent sur celles d'une loi générale ou spéciale postérieure qui leur seraient con-

§5. — Penal provisions

91. Every person who collects, holds, communicates to third persons or uses personal information on other persons otherwise than in accordance with the provisions of Divisions II, III and IV of this Act is liable to a fine of $ 1 000 to $ 10 000 and, for a subsequent offence, to a fine of $ 10 000 to $ 20 000.

However, for a contravention of section 17, the fine is $ 5,000 to 50,000 and, for a subsequent offence, $ 10,000 to $ 100,000.

[1993, c. 17, s. 91; 2006, c. 22, s. 144].

92. Any personal information agent who contravenes any provision of section 70, 70.1, 72, 78 or 79 of this Act is liable to a fine of $ 6 000 to $ 12 000 and, for a subsequent offence, to a fine of $ 10 000 to $ 20 000.

[1993, c. 17, s. 92; 2006, c. 22, s. 145].

92.1. Any person who hampers an inquiry or inspection by communicating false or inaccurate information or otherwise is guilty of an offence and is liable to a fine of $ 1,000 to $ 10,000 and, for a subsequent offence, to a fine of $ 2,000 to $ 20,000.

[2006, c. 22, s. 146].

93. Where an offence under this Act is committed by a legal person, the administrator, director or representative of the legal person who ordered or authorized the act or omission constituting the offence, or who consented thereto, is a party to the offence and is liable to the prescribed penalty.

[1993, c. 17, s. 93].

SECTION VIII — MISCELLANEOUS PROVISIONS

94. The provisions of this Act have precedence over those of any subsequent general or special Act which would be con-

traires, à moins que cette dernière loi n'énonce expressément s'appliquer malgré la présente loi.

Toutefois elles n'ont pas pour effet de restreindre la protection des renseignements personnels ou l'accès d'une personne concernée à ces renseignements, résultant de l'application d'une autre loi, d'un règlement, d'un décret, d'une convention collective, d'un arrêté ou d'une pratique établie avant le 1er janvier 1994.

[1993, c. 17, a. 94].

95. Lorsqu'un ministère, un organisme ou une personne est habilité en vertu d'une loi à mener des enquêtes en matière de protection des renseignements personnels, la Commission peut conclure une entente avec ce ministère, cet organisme ou cette personne afin de coordonner leurs actions respectives.

[1993, c. 17, a. 95].

96. Une association ou une société qui exploite une entreprise et détient des renseignements personnels sur ses membres ou sur des tiers a les mêmes droits et les mêmes obligations à l'égard de ses membres et des tiers que la personne qui exploite une entreprise.

[1993, c. 17, a. 96].

97. Pour la communication entre elles et l'utilisation de renseignements personnels pertinents à la fourniture d'un bien ou la prestation d'un service en vertu de la *Loi sur les coopératives de services financiers* (chapitre C-67.3), les caisses et la fédération dont celles-ci sont membres et, selon le cas, la personne morale ou la société contrôlée par la fédération ne sont pas considérées comme des tiers les unes à l'égard des autres.

Pour la communication entre elles et l'utilisation de renseignements personnels pertinents à la gestion des risques, les caisses, la fédération dont celles-ci sont membres et les autres personnes morales du groupe ne sont pas considérées comme des tiers les unes à l'égard des autres.

Pour l'application du premier et du deuxième alinéa, La Caisse centrale Desjardins du Québec constituée par l'article

trary thereto, unless the latter Act expressly provides that it applies despite this Act.

However, they do not have the effect of limiting the protection of personal information or access to that information by a person concerned pursuant to another Act, a regulation, an order in council, a collective agreement, an order or a practice established before 1 January 1994.

[1993, c. 17, s. 94].

95. The Commission may make agreements with any department, body or person authorized by law to make inquiries in the matter of protection of personal information, in order to coordinate its actions with those of the department, body or person.

[1993, c. 17, s. 95].

96. Any association or partnership that carries on an enterprise and holds personal information on its members or on third persons has, in respect of its members and such third persons, the same rights and the same obligations as a person carrying on an enterprise.

[1993, c. 17, s. 96].

97. Credit unions and the federation of which they are members and, if applicable, a legal person or partnership controlled by the federation are not considered to be third persons in relation to each other for the purposes of the communication among themselves and the use of personal information relevant to the supply of property or the provision of a service under the *Act respecting financial services cooperatives* (chapter C-67.3).

Credit unions, the federation of which they are members and the other members of the group are not considered to be third persons in relation to each other for the purposes of the communication among themselves and the use of personal information relevant to financial risk management.

For the purposes of the first and second paragraphs, the Caisse centrale Desjardins du Québec, instituted by section 20 of the

20 de la *Loi concernant le Mouvement des caisses Desjardins* (L.Q. 1989, c. 113) est réputée être une caisse membre de la fédération du même groupe.

[1993, c. 17, a. 97; 2000, c. 29, a. 662; 2006, c. 22, a. 147; 2010, c. 40, a. 13].

98. Le ministre désigné par le gouvernement est responsable de l'application de la présente loi.

[1993, c. 17, a. 98; 1994, c. 14, a. 32; 1996, c. 21, a. 63; 2005, c. 24, a. 47].

Act respecting the Mouvement des caisses Desjardins (S.Q. 1989, c. 113), is deemed to be a credit union that is a member of the federation belonging to the same group.

[1993, c. 17, s. 97; 1999, c. 40, s. 233; 2000, c. 29, s. 662; 2006, c. 22, s. 147; 2010, c. 40, s. 13].

98. The minister designated by the Government is responsible for the administration of this Act.

[1993, c. 17, s. 98; 1994, c. 14, s. 32; 1996, c. 21, s. 63; 2005, c. 24, s. 47].

SECTION IX — DISPOSITIONS MODIFICATIVES

99. (*Modification intégrée au c. A-2.1, a. 88.1*)

[1993, c. 17, a. 99].

100. (*Modification intégrée au c. A-2.1, a. 89.1*)

[1993, c. 17, a. 100].

101. (*Modification intégrée au c. A-2.1, a. 94*)

[1993, c. 177, a. 101].

102. (*Modification intégrée au c. A-2.1, a. 104*)

[1993, c. 17, a. 102].

103. (*Modification intégrée au c. A-2.1, a. 118*)

[1993, c. 17, a. 103].

104. (*Modification intégrée au c. A-2.1, a. 122*)

[1993, c. 17, a. 104].

105. (*Modification intégrée au c. A-2.1, a. 130.1*)

[1993, c. 17, a. 105].

106. (*Modification intégrée au c. A-2.1, a. 146.1*)

[1993, c. 17, a. 106].

SECTION IX — AMENDING PROVISIONS

99. (*Amendment integrated into c. A-2.1, s. 88.1*)

[1993, c. 17, s. 99].

100. (*Amendment integrated into c. A-2.1, s. 89.1*)

[1993, c. 17, s. 100].

101. (*Amendment integrated into c. A-2.1, s. 94*)

[1993, c. 177, s. 101].

102. (*Amendment integrated into c. A-2.1, s. 104*)

[1993, c. 17, s. 102].

103. (*Amendment integrated into c. A-2.1, s. 118*)

[1993, c. 17, s. 103].

104. (*Amendment integrated into c. A-2.1, s. 122*)

[1993, c. 17, s. 104].

105. (*Amendment integrated into c. A-2.1, s. 130.1*)

[1993, c. 17, s. 105].

106. (*Amendment integrated into c. A-2.1, s. 146.1*)

[1993, c. 17, s. 106].

107. (*Modification intégrée au c. A-2.1, a. 148*)

[1993, c. 17, a. 107].

108. (*Modification intégrée au c. A-2.1, 151*)

[1993, c. 17, a. 108].

109. (*Modification intégrée au c. A-2.1, 174*)

[1993, c. 17, a. 109].

110. (*Modification intégrée au c. C-4.1, a. 196*)

[1993, c. 17, a. 110].

111. (*Modification intégrée au c. I-15.1, a. 25*)

[1993, c. 17, a. 111].

112. (*Modifications intégrées au c. P-40.1, a. 260.1 à 260.4*)

[1993, c. 17, a. 112].

113. (*Modification intégrée 1991, c. 37, a. 21*)

[1993, c. 17, a. 113].

SECTION X — DISPOSITIONS FINALES

114. Toute personne qui exploite une entreprise doit inscrire l'énoncé de l'objet des dossiers qu'elle détient sur autrui le 1er janvier 1994 avant le 1er janvier 1995.

[1993, c. 17, a. 114].

115. Les dispositions de la présente loi entreront en vigueur à la date d'entrée en vigueur des articles 35 à 41 et 1525 du *Code civil du Québec*, à l'exception des articles 5 à 9, du paragraphe 2° de l'article 22, du deuxième alinéa de l'article 23 et des articles 24 à 26 qui entreront en vigueur six mois après cette date.

[1993, c. 17, a. 115].

107. (*Amendment integrated into c. A-2.1, s. 148*)

[1993, c. 17, s. 107].

108. (*Amendment integrated into c. A-2.1, s. 151*)

[1993, c. 17, s. 108].

109. (*Amendment integrated into c. A-2.1, s. 174*)

[1993, c. 17, s. 109].

110. (*Amendment integrated into c. C-4.1, s. 196*)

[1993, c. 17, s. 110].

111. (*Amendment integrated into c. I-15.1, s. 25*)

[1993, c. 17, s. 111].

112. (*Amendment integrated into c. P-40.1, s. 260.1 to 260.4*)

[1993, c. 17, s. 112].

113. (*Amendment integrated into 1991, c. 37, s. 21*)

[1993, c. 17, s. 113].

SECTION X — FINAL PROVISIONS

114. The statement indicating the object of a file on another person held by a person carrying on an enterprise on 1 January 1994 must be entered before 1 January 1995.

[1993, c. 17, s. 114].

115. The provisions of this Act will come into force on the date of coming into force of articles 35 to 41 and 1525 of the *Civil Code of Québec*, expect sections 5 to 9 and subparagraph 2 of the first paragraph of section 22, the second paragraph of section 23 and sections 24 to 26, which will come into force six months after that date.

[1993, c. 17, s. 115].

LOI SUR LA PUBLICITÉ LÉGALE DES ENTREPRISES,
RLRQ, c. P-44.1

AN ACT RESPECTING THE LEGAL PUBLICITY OF ENTERPRISES,
CQLR., c. P-44.1

Chapitre I ——— Registraire des entreprises

1. Le ministre du Revenu désigne le registraire des entreprises, qui est un employé de l'Agence du revenu du Québec. Ce dernier est un officier public.

[2010, c. 7, a. 1; 2010, c. 31, a. 167].

2. Le registraire exerce les fonctions prévues par la présente loi et assume les responsabilités qui lui sont confiées par d'autres lois.

Il s'occupe exclusivement du travail et des devoirs relatifs à l'exercice de ces fonctions et de ces responsabilités.

[2010, c. 7, a. 2].

3. Le registraire est notamment chargé:

1° de tenir le registre visé au chapitre II, de le garder, de recevoir les documents destinés à y être déposés et d'en assurer la publicité;

2° d'immatriculer les personnes physiques et les fiducies qui exploitent une entreprise, les sociétés de personnes, les per-

Chapter I ——— Enterprise registrar

1. The Minister of Revenue appoints the enterprise registrar, who is an employee of the Agence du revenu du Québec. The registrar is a public officer.

[2010, c. 7, s. 1; 2010, c. 31, s. 167].

2. The registrar exercises the functions provided for in this Act and assumes the responsibilities conferred on the enterprise registrar by other Acts.

The registrar must engage exclusively in the work and duties relating to those functions and responsibilities.

[2010, c. 7, s. 2].

3. The registrar is responsible, among other things, for

(1) keeping and preserving the register described in Chapter II, receiving documents to be deposited in the register and making the register accessible to the public;

(2) registering natural persons and trusts who operate an enterprise, partnerships, legal persons and groups of persons; and

sonnes morales ainsi que les groupements de personnes;

3° de conférer, dans les cas prévus par la loi, l'existence légale aux personnes morales, de la constater et de dresser les certificats appropriés pour reconnaître les modifications à leur acte constitutif.

[2010, c. 7, a. 3; 2010, c. 40, a. 25].

(3) conferring legal existence on legal persons and recording their legal existence in the cases provided for by law, and drawing up certificates recognizing amendments to their constituting instrument.

[2010, c. 7, s. 3; 2010, c. 40, s. 25].

4. Le ministre désigne les employés de l'Agence du revenu du Québec qui assistent le registraire dans ses fonctions. Ceux-ci s'occupent exclusivement du travail et des devoirs relatifs à l'exercice des fonctions du registraire.

[2010, c. 7, a. 4; 2010, c. 31, a. 168].

4. Employees of the Agence du revenu du Québec are designated by the Minister to assist the registrar in the functions of office. Those employees must engage exclusively in the work and duties relating to the functions of the registrar.

[2010, c. 7, s. 4; 2010, c. 31, s. 168].

5. En cas d'absence ou d'empêchement du registraire, le ministre peut désigner parmi les employés visés à l'article 4 une personne pour agir en ses lieu et place.

[2010, c. 7, a. 5; 2010, c. 31, a. 173].

5. If the registrar is absent or unable to act, the Minister may designate a person from among the employees designated under section 4 to act in the registrar's place.

[2010, c. 7, s. 5; 2010, c. 31, s. 173].

6. Le registraire peut, par arrêté et avec l'accord du ministre, déléguer certains de ses pouvoirs aux employés visés à l'article 4. L'arrêté est publié à la *Gazette officielle du Québec*.

[2010, c. 7, a. 6; 2010, c. 31, a. 173].

6. The registrar may, by order and with the concurrence of the Minister, delegate powers to employees designated under section 4. The order is published in the *Gazette officielle du Québec*.

[2010, c. 7, s. 6; 2010, c. 31, s. 173].

7. Le registraire peut, par arrêté et avec l'accord du ministre, déléguer à d'autres personnes que les employés visés à l'article 4, dans les limites et aux conditions qu'il détermine, le pouvoir d'immatriculer, de procéder aux corrections prévues aux articles 93 à 95 ainsi que le pouvoir de délivrer des copies, des extraits ou des attestations ou de certifier conformes les copies ou extraits, tel que prévu à l'un des articles 105 à 108. L'arrêté est publié à la *Gazette officielle du Québec*.

La délégation doit, lorsqu'elle implique des personnes autres que les employés sous la responsabilité de l'Agence du revenu du Québec, faire l'objet d'une entente conclue par le ministre.

[2010, c. 7, a. 7; 2010, c. 31, a. 169].

7. The registrar may, by order and with the concurrence of the Minister, delegate to persons other than the employees designated under section 4, subject to the restrictions and conditions determined by the registrar, the power to register, to make corrections under sections 93 to 95 and to issue copies, extracts or attestations or certify copies or extracts under sections 105 to 108. The order is published in the *Gazette officielle du Québec*.

A delegation to persons other than employees under the responsibility of the Agence du revenu du Québec must be the subject of an agreement entered into by the Minister.

[2010, c. 7, s. 7; 2010, c. 31, s. 169].

8. Nul acte, document ou écrit n'engage le registraire ni ne peut lui être attribué s'il

8. No deed, document or writing is binding on or attributable to the registrar unless it

n'est signé par lui ou par un employé visé à l'article 4 et autorisé par le registraire.

Une reproduction de la signature d'une personne visée au premier alinéa, effectuée au moyen d'un fac-similé, d'un appareil automatique ou d'un procédé électronique a la même valeur que la signature elle-même.

[2010, c. 77, a. 8; 2010, c. 31, a. 173].

9. Un document provenant du registraire ou d'un employé visé à l'article 4, de même que toute copie de ce document, est authentique si le document est signé ou la copie est certifiée conforme par une personne visée au premier alinéa de l'article 8.

[2010, c. 7, a. 9; 2010, c. 31, a. 173].

10. Sauf sur une question de compétence, aucun des recours en vertu de l'article 33 du *Code de procédure civile* (chapitre C-25) ou recours extraordinaires au sens de ce code ne peut être exercé, ni aucune injonction accordée contre le registraire ou les personnes qu'il a autorisées à enquêter ou à agir comme inspecteur.

Tout juge de la Cour d'appel peut, sur requête, annuler sommairement toute décision rendue, ordonnance ou injonction prononcée à l'encontre du premier alinéa.

[2010, c. 7, a. 10].

11. Le registraire ou une personne visée à l'un des articles 4 ou 7 ne peut être poursuivi en justice en raison d'actes officiels accomplis de bonne foi dans l'exercice de ses fonctions.

[2010, c. 7, a. 11].

Chapitre II ━━ Registre des entreprises

12. Le registraire tient le registre des entreprises.

[2010, c. 7, a. 12; 2010, c. 40, a. 27].

13. Le registre est composé de l'ensemble des informations qui y sont inscrites ainsi que des documents qui y sont déposés et,

is signed by the registrar or by an employee designated under section 4 and authorized by the registrar.

A reproduction of the signature of a person referred to in the first paragraph affixed by means of a facsimile, automatic device or electronic process has the same force as the person's signature.

[2010, c. 77, s. 8; 2010, c. 31, s. 173].

9. A document issued by the registrar or an employee designated under section 4, or a copy of such a document, is authentic if the document is signed or the copy certified by a person referred to in the first paragraph of section 8.

[2010, c. 7, s. 9; 2010, c. 31, s. 173].

10. Except on a question of jurisdiction, no recourse under article 33 of the *Code of Civil Procedure* (chapter C-25) or extraordinary recourse within the meaning of that Code may be exercised nor any injunction granted against the registrar or a person authorized by the registrar to investigate or act as inspector.

A judge of the Court of Appeal may, on a motion, summarily annul any decision rendered or any order or injunction issued or granted contrary to the first paragraph.

[2010, c. 7, s. 10].

11. The registrar or a person referred to in section 4 or 7 may not be prosecuted for official acts performed in good faith in the exercise of the functions of office.

[2010, c. 7, s. 11].

Chapter II ━━ Enterprise register

12. The registrar keeps the enterprise register.

[2010, c. 7, s. 12; 2010, c. 40, s. 27].

13. The register comprises all the information recorded and documents deposited in it, and includes, for each registrant and

relativement à chaque personne, fiducie, société de personnes ou groupement de personnes immatriculé ou qui l'a déjà été, d'un index des documents, d'un état des informations et d'un index des noms.

[2010, c. 7, a. 13; 2010, c. 40, a. 28].

former registrant, an index of documents, a statement of information and an index of names.

[2010, c. 7, s. 13].

14. L'index des documents, l'état des informations et l'index des noms sont dressés par le registraire. Ils doivent être régulièrement mis à jour à partir des documents déposés et indiquer la date de leur dernière mise à jour.

L'index des documents regroupe les documents par catégories, permet de reconstituer l'ordre chronologique de leur dépôt et contient une mention permettant de les retrouver.

L'état des informations contient les éléments déterminés par règlement du ministre.

L'index des noms contient tout nom qu'un assujetti a déjà déclaré et celui qui permet de l'identifier.

[2010, c. 7, a. 14].

14. Indexes of documents, statements of information and indexes of names are drawn up by the registrar. They must be updated regularly on the basis of the documents deposited and bear the date on which they were last updated.

Every index of documents must group documents by category, make it possible to reconstitute the chronological order in which documents were deposited and contain a reference allowing each document to be retrieved.

Every statement of information must contain the elements prescribed by regulation of the Minister.

Every index of names must contain any name the registrar has previously declared and the name that identifies the registrant.

[2010, c. 7, s. 14].

15. Le registraire peut reproduire tout ou partie du registre aux fins de sa conservation ou de sa consultation.

[2010, c. 7, a. 15].

15. The registrar may reproduce all or part of the register for preservation or consultation purposes.

[2010, c. 7, s. 15].

16. Le ministre détermine le support ainsi que la technologie utilisée pour la tenue du registre.

[2010, c. 7, a. 16].

16. The Minister determines the medium and technology used to keep the register.

[2010, c. 7, s. 16].

Chapitre III —— Nom

Chapter III —— Name

17. L'assujetti ne peut déclarer ni utiliser au Québec un nom:

1° qui n'est pas conforme aux dispositions de la *Charte de la langue française* (chapitre C-11);

2° qui comprend une expression que la loi réserve à autrui ou dont elle lui interdit l'usage;

17. A registrant may not declare or use in Québec a name

(1) that is not in conformity with the *Charter of the French language* (chapter C-11);

(2) that includes an expression which the law reserves for another person or prohibits the registrant from using;

3° qui comprend une expression qui évoque une idée immorale, obscène ou scandaleuse;

4° qui indique incorrectement sa forme juridique ou omet de l'indiquer lorsque la loi le requiert, en tenant compte des normes relatives à la composition des noms déterminées par règlement du gouvernement;

5° qui laisse faussement croire qu'il est un groupement sans but lucratif;

6° qui laisse faussement croire qu'il est une autorité publique visée au règlement du gouvernement ou qu'il est lié à celle-ci;

7° qui laisse faussement croire qu'il est lié à une autre personne, à une autre fiducie, à une autre société de personnes ou à un autre groupement de personnes, dans les cas et en tenant compte des critères déterminés par règlement du gouvernement;

8° qui prête à confusion avec un nom utilisé par une autre personne, une autre fiducie, une autre société de personnes ou un autre groupement de personnes au Québec, en tenant compte des critères déterminés par règlement du gouvernement;

9° qui est de toute autre manière de nature à induire les tiers en erreur.

L'assujetti dont le nom est dans une langue autre que le français doit déclarer la version française de ce nom qu'il utilise au Québec dans l'exercice de son activité, incluant l'exploitation de son entreprise, ou aux fins de la possession d'un droit réel immobilier autre qu'une priorité ou une hypothèque.

Le deuxième alinéa ne s'applique pas à la personne physique qui est immatriculée sous un nom comprenant uniquement son nom de famille et son prénom , ni à une fiducie immatriculée sous le nom du constituant, du fiduciaire ou du bénéficiaire.

[2010, c. 7, a. 17; 2010, c. 40, a. 29].

18. Pour l'application de la présente loi, l'expression « assujetti » signifie la personne ou le groupement de personnes qui

(3) that includes an expression that evokes an immoral, obscene or scandalous notion;

(4) that incorrectly states the registrant's juridical form or fails to state its juridical form when required by law, in view of the standards for the composition of names determined by regulation of the Government;

(5) that falsely suggests that the registrant is a non-profit group;

(6) that falsely suggests that the registrant is, or is related to, a public authority mentioned in the regulation of the Government;

(7) that falsely suggests that the registrant is related to another person, trust, partnership or group of persons, in the cases and in view of the criteria determined by regulation of the Government;

(8) that is confusingly similar to a name used in Québec by another person, trust, partnership or group of persons, in view of the criteria determined by regulation of the Government; or

(9) that is misleading in any other manner.

A registrant whose name is in a language other than French must declare the French version of that name used by the registrant in Québec in carrying on an activity, which includes the operation of an enterprise, or for the purpose of the possession of an immovable real right, other than a prior claim or hypothec.

The second paragraph does not apply to a natural person registered under a name comprising only his or her surname and given name or to a trust registered under the name of the settlor, trustee or beneficiary.

[2010, c. 7, s. 17; 2010, c. 40, s. 29].

18. For the purposes of this Act, "registrant" means any person or group of persons registered voluntarily or any person,

est immatriculé volontairement ou toute personne, fiducie ou société de personnes qui est tenue de l'être.

[2010, c. 7, a. 18; 2010, c. 40, a. 30].

trust or partnership required to be registered.

[2010, c. 7, s. 18; 2010, c. 40, s. 30].

19. Le seul fait de l'inscription d'un nom au registre ou du dépôt qui y est fait d'un document qui le contient ne confère pas à l'assujetti un droit sur ce nom.

[2010, c. 7, a. 19].

19. No right to a name is conferred on a registrant solely by the recording of the name in the register or the deposit of a document containing the name in the register.

[2010, c. 7, s. 19].

20. Le registraire peut demander à un assujetti de remplacer ou de modifier un nom qu'il déclare s'il n'est pas conforme aux dispositions de l'un des paragraphes 1° à 6° du premier alinéa ou du deuxième alinéa de l'article 17.

À défaut par l'assujetti de se conformer à la demande dans les 60 jours de celle-ci, le registraire peut, selon le cas:

1° radier son immatriculation lorsqu'il s'agit du nom de l'assujetti;

2° annuler le nom lorsqu'il s'agit d'un autre nom que l'assujetti déclare en vertu du paragraphe 2° du premier alinéa de l'article 33.

Le registraire porte une mention au registre que le nom est refusé et en informe l'assujetti.

L'information relative à ce nom figurant dans une déclaration est réputée non écrite.

[2010, c. 7, a. 20].

20. The registrar may request that a registrant replace or change a name declared by the registrant if it is contrary to any of subparagraphs 1 to 6 of the first paragraph of section 17 or the second paragraph of that section.

If the registrant fails to comply with the request within 60 days, the registrar may, as applicable,

(1) cancel the registrant's registration, if the name concerned is the registrant's name; or

(2) delete the name from the register, if the name concerned is another name declared by the registrant under subparagraph 2 of the first paragraph of section 33.

The registrar records in the register that the name has been refused and informs the registrant.

All information relating to a refused name appearing in a declaration is deemed unwritten.

[2010, c. 7, s. 20].

Chapitre IV ━━ Immatriculation, mise à jour et radiation

Chapter IV ━━ Registration, updating of information and cancellation of registration

SECTION I ━━ IMMATRICULATION

SECTION I ━━ REGISTRATION

21. Est soumise à l'obligation d'immatriculation:

1° la personne physique qui exploite une entreprise individuelle au Québec, qu'elle soit ou non à caractère commercial, sous un nom ne comprenant pas son nom de famille et son prénom;

21. The following are required to be registered:

(1) natural persons who operate a sole proprietorship, whether or not a commercial enterprise, in Québec under a name that does not include their surname and given name;

2° la société en nom collectif ou la société en commandite, qui est constituée au Québec;

3° la société de personnes qui n'est pas constituée au Québec, si elle y exerce une activité, incluant l'exploitation d'une entreprise, ou y possède un droit réel immobilier autre qu'une priorité ou une hypothèque;

4° la personne morale de droit privé qui est constituée au Québec;

5° la personne morale de droit privé qui n'est pas constituée au Québec, ou celle constituée au Québec qui a continué son existence sous le régime d'une autre autorité législative que le Québec, si elle y a son domicile, y exerce une activité, incluant l'exploitation d'une entreprise, ou y possède un droit réel immobilier autre qu'une priorité ou une hypothèque;

6° la personne morale de droit privé visée au paragraphe 4° ou 5° qui est issue d'une fusion, autre qu'une fusion simplifiée au sens de la *Loi sur les sociétés par actions* (chapitre S-31.1);

7° la société d'économie mixte constituée en vertu de la *Loi sur les sociétés d'économie mixte dans le secteur municipal* (chapitre S-25.01);

8° la fiducie qui exploite une entreprise à caractère commercial au Québec, autre que celle administrée par un assujetti immatriculé.

Malgré le paragraphe 1° du premier alinéa, est également soumise à l'obligation d'immatriculation, une personne physique qui exploite, sous un nom comprenant son nom de famille et son prénom:

1° un point de vente de tabac au sens de la *Loi sur le tabac* (chapitre T-0.01);

2° un salon de bronzage au sens de la *Loi visant à prévenir les cancers de la peau causés par le bronzage artificiel* (chapitre C-5.2).

[2010, c. 7, a. 21; 2010, c. 40, a. 31; 2012, c. 16, a. 19].

(2) general or limited partnerships constituted in Québec;

(3) partnerships not constituted in Québec if they carry on an activity in Québec, which includes the operation of an enterprise, or possess an immovable real right, other than a prior claim or hypothec, in Québec;

(4) legal persons established for a private interest and constituted in Québec;

(5) legal persons established for a private interest not constituted in Québec, or legal persons constituted in Québec and continued under the laws of a jurisdiction other than Québec, if they are domiciled in Québec, carry on an activity in Québec, which includes the operation of an enterprise, or possess an immovable real right, other than a prior claim or hypothec, in Québec;

(6) legal persons established for a private interest described in subparagraph 4 or 5 and resulting from an amalgamation other than a short-form amalgamation within the meaning of the *Business Corporations Act* (chapter S-31.1); and

(7) mixed enterprise companies established under the *Act respecting mixed enterprise companies in the municipal sector* (chapter S-25.01);

(8) trusts operating a commercial enterprise in Québec, other than a trust administered by a registered registrant.

Despite subparagraph 1 of the first paragraph, natural persons who operate either of the following under a name that includes their surname and given name are also required to be registered:

(1) a tobacco retail outlet within the meaning of the *Tobacco Act* (chapter T-0.01); or

(2) a tanning salon within the meaning of the *Act to prevent skin cancer caused by artificial tanning* (chapter C-5.2).

[2010, c. 7, s. 21; 2010, c. 40, s. 31; 2012, c. 16, s. 19].

22. Toute personne ou groupement de personnes qui n'est pas soumis à l'obligation d'immatriculation peut demander d'être immatriculé. Il est alors un assujetti jusqu'à la radiation de son immatriculation.

[2010, c. 7, a. 22; 2011, c. 34, a.125].

22. A person or a group of persons not required to be registered may request registration. They are registrants from the time they are registered until their registration is cancelled.

[2010, c. 7, s. 22; 2011, c. 34, s. 125].

23. Malgré le paragraphe 1° du premier alinéa de l'article 21, une personne physique n'est pas soumise à l'obligation d'immatriculation du seul fait qu'elle utilise un pseudonyme pour l'exercice d'une activité culturelle à caractère artistique, littéraire ou autre.

[2010, c. 7, a. 23].

23. Despite subparagraph 1 of the first paragraph of section 21, natural persons are not required to be registered solely because they use a pseudonym in the pursuit of an artistic, literary or other cultural activity.

[2010, c. 7, s. 23].

24. Lorsqu'une demande est présentée par un assujetti non immatriculé devant un tribunal ou un organisme exerçant une fonction juridictionnelle, un intéressé peut, avant l'audition, requérir la suspension de l'instruction jusqu'à ce que l'assujetti obtienne son immatriculation.

Toutefois, cette suspension ne peut être accordée si la demande présentée par une personne physique ne concerne pas l'activité en raison de laquelle elle est soumise à l'obligation d'immatriculation.

[2010, c. 7, a. 24].

24. If an application is presented before a court or a body exercising an adjudicative function by an unregistered person or partnership who is required to be registered, an interested person may, before the hearing, demand that the examination of the application be suspended until the person or partnership is registered.

However, in the case of an unregistered natural person, no such suspension may be granted if the application presented does not concern the activity requiring registration.

[2010, c. 7, s. 24].

25. Pour l'application de l'article 21, la personne, la fiducie ou la société de personnes qui possède une adresse au Québec ou qui, par elle-même ou par l'entremise de son représentant agissant en vertu d'un mandat général, possède un établissement ou une case postale au Québec, y dispose d'une ligne téléphonique ou y accomplit un acte dans le but d'en tirer un profit, est présumée exercer une activité ou exploiter une entreprise au Québec.

[2010, c. 7, a. 25; 2010, c. 40, a. 32].

25. For the purposes of section 21, a person, trust or partnership who has an address in Québec or, either directly or through a representative acting under a general mandate, has an establishment, a post office box or the use of a telephone line in Québec or performs any act for profit in Québec is presumed to be carrying on an activity or operating an enterprise in Québec.

[2010, c. 7, s. 25; 2010, c. 40, s. 32].

26. L'assujetti qui n'a ni domicile ni établissement au Québec doit désigner un fondé de pouvoir qui y réside, à moins qu'il n'en soit dispensé par règlement du ministre.

[2010, c. 7, a. 26].

26. A registrant who is neither domiciled nor has an establishment in Québec must designate an attorney residing in Québec, unless exempted from that requirement by regulation of the Minister.

[2010, c. 7, s. 26].

27. L'assujetti doit également désigner un fondé de pouvoir lorsqu'il se prévaut d'une dispense, établie par règlement du ministre, de déclarer les informations visées au paragraphe 4° du premier alinéa de l'article 33 et aux paragraphes 1° et 8° du deuxième alinéa de cet article.

[2010, c. 7, a. 27].

27. A registrant who invokes an exemption, established by regulation of the Minister, from declaring the information required under subparagraph 4 of the first paragraph of section 33 and subparagraphs 1 and 8 of the second paragraph of that section must designate an attorney residing in Québec.

[2010, c. 7, s. 27].

28. Le fondé de pouvoir représente l'assujetti aux fins de l'application de la présente loi.

Toute procédure exercée contre l'assujetti en vertu d'une loi peut, même après la radiation de son immatriculation, être signifiée au fondé de pouvoir.

[2010, c. 7, a. 28].

28. The attorney of a registrant represents the registrant for the purposes of this Act.

Any legal proceeding against the registrant may be served on the attorney, even after the registrant's registration has been cancelled.

[2010, c. 7, s. 28].

29. La personne qui, à titre d'administrateur du bien d'autrui, est chargée d'administrer l'ensemble des biens d'un assujetti, a les droits et obligations que la présente loi confère à l'assujetti.

[2010, c. 7, a. 29].

29. A person who, as administrator of the property of others, is entrusted with the administration of all of a registrant's property has the rights and obligations conferred by this Act on registrants.

[2010, c. 7, s. 29].

30. Le registraire procède à l'immatriculation de l'assujetti sur production de sa déclaration d'immatriculation ou, dans le cas d'une personne morale constituée au Québec, sur dépôt de son acte constitutif au registre conformément à la loi applicable à son espèce.

Si l'original de l'acte constitutif n'est pas disponible, le registraire dépose au registre une copie certifiée conforme de celui-ci.

[2010, c. 7, a. 30].

30. The registrar registers a registrant on the filing of a registration declaration or, in the case of a legal person constituted in Québec, on the deposit in the register of its constituting instrument in accordance with the law applicable to legal persons of its kind.

If the original of the constituting instrument is unavailable, the registrar deposits a certified copy of the instrument in the register.

[2010, c. 7, s. 30].

31. Pour l'application de la présente loi, l'expression « personne morale constituée au Québec » désigne une personne morale constituée en vertu d'une loi du Québec et, sauf pour l'application du deuxième alinéa de l'article 36, une personne morale constituée sous le régime d'une autre autorité législative que le Québec qui a continué son existence sous le régime d'une loi du Québec.

[2010, c. 7, a. 31].

31. For the purposes of this Act, "legal person constituted in Québec" means a legal person constituted under the laws of Québec and includes, except for the purposes of the second paragraph of section 36, a legal person constituted under the laws of a jurisdiction other than Québec that is continued under the laws of Québec.

[2010, c. 7, s. 31].

32. La déclaration d'immatriculation doit être produite au registraire au plus tard 60 jours après la date à laquelle l'obligation d'immatriculation s'impose et être accompagnée des droits prévus par la présente loi.

[2010, c. 7, a. 32].

32. The registration declaration, along with the fee set out in this Act, must be filed with the registrar not later than 60 days after the date on which registration becomes compulsory.

[2010, c. 7, s. 32].

33. À moins d'une dispense établie par règlement du ministre, la déclaration d'immatriculation de l'assujetti contient:

1° son nom et, s'il a déjà été immatriculé, son numéro d'entreprise du Québec;

2° tout autre nom qu'il utilise au Québec et sous lequel il s'identifie dans l'exercice de son activité, incluant l'exploitation de son entreprise, ou aux fins de la possession d'un droit réel immobilier autre qu'une priorité ou une hypothèque, s'il y a lieu;

3° une mention indiquant la forme juridique qu'il emprunte;

4° son domicile.

Elle contient en outre, le cas échéant:

1° le domicile que l'assujetti élit avec mention du nom de la personne qu'il mandate pour recevoir les documents, aux fins de l'application de la présente loi;

1.1° la loi, avec référence exacte, en vertu de laquelle il a été constitué;

1.2° le nom de l'État, de la province ou du territoire où il a été constitué;

1.3° la date de sa constitution;

2° les nom et domicile de chaque administrateur avec mention de la fonction qu'il occupe ou, si tous les pouvoirs ont été retirés au conseil d'administration par une convention unanime des actionnaires conclue en vertu d'une loi du Québec ou d'une autre autorité législative du Canada, les nom et domicile des actionnaires ou des tiers qui assument ces pouvoirs;

33. Unless an exemption established by regulation of the Minister applies, the registration declaration must state

(1) the registrant's name and, if the registrant was previously registered, the registrant's Québec business number;

(2) any other name used by the registrant in Québec and by which the registrant is identified, either in carrying on an activity, which includes the operation of an enterprise, or for the purpose of the possession of an immovable real right, other than a prior claim or hypothec, if applicable;

(3) the registrant's juridical form; and

(4) the registrant's domicile.

The declaration must also state, if applicable,

(1) the domicile elected by the registrant and the name of the person mandated by the registrant to receive documents for the purposes of this Act;

(1.1) the title of and reference to the statute under which the registrant was constituted;

(1.2) the name of the State, province or territory in which the registrant was constituted;

(1.3) the registrant's date of constitution;

(2) the names and domiciles of the directors, and the positions they hold or, if all powers have been withdrawn from the board of directors by a unanimous shareholder agreement entered into in accordance with the laws of Québec or a Canadian jurisdiction other than Québec, the names and domiciles of the shareholders or third persons having assumed those powers;

3° la date de l'entrée en fonction des personnes visées aux paragraphes 2° et 6° et celle de la fin de leur charge;

4° les nom et domicile du président, du secrétaire et du principal dirigeant, lorsqu'ils ne sont pas membres du conseil d'administration, avec mention des fonctions qu'ils occupent;

5° les nom et adresse du fondé de pouvoir de l'assujetti;

6° les nom, adresse et qualité de la personne qui agit à titre d'administrateur du bien d'autrui de l'assujetti;

7° par ordre d'importance, les deux principales activités de l'assujetti ainsi que le code correspondant à chacune d'elles selon le système de classification établi par règlement du ministre;

8° l'adresse des établissements au Québec de l'assujetti en précisant celle du principal, le nom qui les désigne, les deux principales activités qui y sont exercées ainsi que le code correspondant à chacune d'elles selon le système de classification établi par règlement du ministre;

9° l'activité qui doit être déclarée en vertu d'une loi et le code correspondant selon le système de classification établi par règlement du ministre ainsi que l'adresse de l'établissement dans lequel l'assujetti exerce cette activité;

10° le nombre de salariés de l'assujetti dont le lieu de travail est situé au Québec, selon la tranche correspondante déterminée par le ministre;

11° la date à laquelle l'assujetti prévoit cesser d'exister;

12° toute autre information déterminée par règlement du ministre.

Pour l'application du paragraphe 4° du premier alinéa, le domicile d'une fiducie est, à défaut de désignation expresse dans la loi ou dans l'acte qui la constitue, l'endroit où est situé son principal établissement au Québec.

Pour l'application du paragraphe 1.3° du deuxième alinéa, la date de la constitution

(3) the date of entry into office and the date of cessation of office of the persons referred to in subparagraphs 2 and 6;

(4) the names and domiciles of the president, the secretary and the chief executive officer, if they are not members of the board of directors, and the positions they hold;

(5) the name and address of the registrant's attorney;

(6) the name, address and capacity of the person acting for the registrant as administrator of the property of others;

(7) in order of importance, the registrant's two main activities and the code corresponding to each of them according to the classification system determined by regulation of the Minister;

(8) the addresses of the registrant's establishments in Québec, specifying which is the principal establishment, the name designating them and the two main activities carried on in the establishments and the code corresponding to each of them according to the classification system determined by regulation of the Minister;

(9) any activity required by law to be declared and the corresponding code according to the classification system determined by regulation of the Minister and the address of the establishment in which the registrant carries on that activity;

(10) the number of employees of the registrant whose workplace is in Québec, based on the brackets determined by the Minister;

(11) the date on which the registrant expects to cease to exist; and

(12) any other information determined by regulation of the Minister.

For the purposes of subparagraph 4 of the first paragraph, if not expressly designated in the statute or act by which it was constituted, the domicile of the trust is the location of its principal establishment in Québec.

For the purposes of subparagraph 1.3 of the second paragraph, the date of constitu-

d'une fiducie est celle à laquelle le fiduciaire, ou le premier d'entre eux s'ils sont plusieurs, accepte la charge de fiduciaire.

[2010, c. 7, a. 33; 2010, c. 40, a. 33].

tion of a trust is the date on which the trustee, or the first trustee in the case of two or more trustees, accepts the office of trustee.

[2010, c. 7, s. 33; 2010, c. 40, s. 33].

34. La déclaration d'immatriculation d'une société de personnes contient de plus, le cas échéant:

1° les nom et domicile de chaque associé avec mention qu'aucune autre personne ne fait partie de la société de personnes ou, s'il s'agit d'une société en commandite, les nom et domicile de chaque commandité ainsi que ceux des trois commanditaires ayant fourni le plus grand apport;

2° l'objet poursuivi par la société;

3° une mention indiquant que la responsabilité de certains ou de l'ensemble de ses associés est limitée lorsque la société en nom collectif est à responsabilité limitée ou lorsque la société n'est pas constituée au Québec;

4° la date à laquelle une société en nom collectif devient ou cesse d'être à responsabilité limitée.

[2010, c. 7, a. 34].

34. The registration declaration of a partnership must also contain, if applicable,

(1) the name and domicile of each partner, a statement that no other person is a member of the partnership and, in the case of a limited partnership, the name and domicile of each general partner and the names and domiciles of the three greatest contributors to the partnership among the special partners;

(2) the object pursued by the partnership;

(3) if the partnership is a limited liability partnership or is not constituted in Québec, a statement that the liability of some or all of the partners is limited; and

(4) in the case of a general partnership, the date on which it becomes or ceases to be a limited liability partnership.

[2010, c. 7, s. 34].

35. La déclaration d'immatriculation d'une personne morale contient de plus, le cas échéant:

1° (supprimé);

2° le nom de l'État, de la province ou du territoire où la fusion ou la scission dont elle est issue s'est réalisée, la date de cette fusion ou scission ainsi que le nom, le domicile et le numéro d'entreprise du Québec de toute personne morale partie à cette fusion ou scission;

3° la date de sa continuation ou autre transformation;

4° la loi, avec référence exacte, en vertu de laquelle la fusion, la scission, la continuation ou autre transformation s'est réalisée;

35. The registration declaration of a legal person must also contain, if applicable,

(1) (striked out);

(2) the name of the State, province or territory in which the amalgamation or division that resulted in the formation of the legal person took place, the date of amalgamation or division and the name, domicile and Québec business number of every legal person involved in the amalgamation or division;

(3) the date of the continuance or other transformation of the legal person;

(4) the title of and reference to the statute under which the amalgamation, division, continuation or other transformation took place;

5° les nom et domicile des trois actionnaires qui détiennent le plus de voix, par ordre d'importance, avecmention de celui qui en détient la majorité absolue;

6° une mention indiquant l'existence ou non d'une convention unanime des actionnaires conclue en vertu d'une loi du Québec ou d'une autre autorité législative du Canada, et ayant pour effet de restreindre ou de retirer les pouvoirs des administrateurs.

[2010, c. 7, a. 35; 2010, c. 40, a. 34].

35.1. La déclaration d'immatriculation d'une fiducie contient de plus, le cas échéant :

1° la loi désignée dans l'acte constitutif en vertu de laquelle elle est régie;

2° l'objet poursuivi par la fiducie.

[2010, c. 40, a. 35].

36. Le registraire doit refuser d'immatriculer l'assujetti:

1° lorsque son nom n'est pas conforme aux dispositions de l'un des paragraphes 1° à 6° du premier alinéa ou du deuxième alinéa de l'article 17;

2° lorsque sa déclaration d'immatriculation est incomplète, inexacte ou ne respecte pas les dispositions de l'article 68 ou les exigences déterminées par le ministre en vertu de l'un des articles 109, 112 ou 114.

Le registraire doit également refuser d'immatriculer l'assujetti qui est déjà immatriculé ou dont l'immatriculation est radiée lorsque la radiation peut être révoquée en vertu de la sous-section 3 de la section III.

Il informe l'assujetti des motifs de son refus.

[2010, c. 7, a. 36; 2010, c. 40, a. 36].

37. Le registraire immatricule l'assujetti en lui attribuant un numéro d'entreprise du Québec et en inscrivant au registre la date de l'immatriculation ainsi que les informations le concernant.

(5) the names and domiciles of the three shareholders controlling the greatest number of votes, in order of importance, and identify the shareholder holding an absolute majority; and

(6) a statement as to the existence or not of a unanimous shareholder agreement, entered into in accordance with the laws of Québec or a Canadian jurisdiction other than Québec, that restricts the powers of the directors or withdraws all powers from the directors.

[2010, c. 7, s. 35; 2010, c. 40, s. 34].

35.1. The registration declaration of a trust must also contain, if applicable,

(1) the statute, designated in the constituting act, under which it is governed; and

(2) the object pursued by the trust.

[2010, c. 40, s. 35].

36. The registrar must refuse to register a registrant

(1) if the registrant's name is contrary to any of subparagraphs 1 to 6 of the first paragraph of section 17 or the second paragraph of that section;

(2) if the registrant's registration declaration is incomplete or inaccurate, or is contrary to section 68 or the requirements determined by the Minister under any of sections 109, 112 or 114.

The registrar must also refuse to register a registrant who is already registered or whose registration is cancelled if the cancellation may be revoked under subdivision 3 of Division III.

The registrar informs the registrant of the reasons for the refusal.

[2010, c. 7, s. 36; 2010, c. 40, s. 36].

37. The registrar registers a registrant by assigning a Québec business number to the registrant and recording in the register the date of registration and the information concerning the registrant.

Il appose le numéro d'entreprise du Québec et la date de l'immatriculation à la déclaration d'immatriculation ou, le cas échéant, à l'acte constitutif.

Le registraire dépose la déclaration au registre et informe l'assujetti de son immatriculation.

[2010, c. 7, a. 37].

The registrar records the Québec business number and the date of registration on the registration declaration or, as applicable, on the constituting instrument.

The registrar deposits the declaration in the register and informs the registrant that the registration is complete.

[2010, c. 7, s. 37].

38. Lorsque l'immatriculation s'effectue sur dépôt au registre de son acte constitutif, la personne morale doit produire au registraire, dans les 60 jours de la date de l'immatriculation, une déclaration initiale suivant la forme et la teneur prévues pour la déclaration d'immatriculation.

De plus, lorsque cette déclaration est produite après ce délai, elle doit être accompagnée du paiement de la pénalité prévue à l'article 86.

[2010, c. 7, a. 38].

38. If a legal person is registered on the deposit of its constituting instrument in the register, the legal person must file with the registrar, within 60 days after the date of registration, an initial declaration in compliance with the form and content prescribed for a registration declaration.

If the initial declaration is filed after that period, the penalty prescribed in section 86 must be paid at the time of the filing.

[2010, c. 7, s. 38].

SECTION II — **MISE À JOUR DES INFORMATIONS**

SECTION II — **UPDATING INFORMATION**

39. Il incombe à l'assujetti de vérifier la légalité et l'exactitude du contenu des déclarations produites au registraire et des documents qui lui sont transférés en application d'une entente conclue conformément à l'un des articles 117 ou 118.

[2010, c. 7, a. 39].

39. Registrants are responsible for verifying the legality and accuracy of the declarations filed with the registrar and the documents transferred to the registrar under an agreement entered into under section 117 or 118.

[2010, c. 7, s. 39].

40. L'assujetti qui constate ou est informé qu'une déclaration produite ou qu'un document transféré en application d'une entente conclue conformément à l'un des articles 117 ou 118 est incomplet ou contient une information inexacte doit y apporter la correction appropriée en produisant sans délai une déclaration de mise à jour.

La correction est réputée avoir pris effet à la date du dépôt de la déclaration ou du document que l'on corrige.

[2010, c. 7, a. 40].

40. If a registrant discovers or is informed that a declaration filed, or a document transferred under an agreement entered into under section 117 or 118, is incomplete or contains inaccurate information, the registrant must make the appropriate correction by filing an updating declaration without delay.

The correction is deemed to have taken effect on the date the declaration or document that is being corrected was deposited in the register.

[2010, c. 7, s. 40].

41. L'assujetti doit mettre à jour les informations visées aux articles 33 à 35.1 le concernant, contenues au registre, en produisant une déclaration de mise à jour dans les 30 jours de la date où survient un

41. The registrant must update the information required by sections 33 to 35.1 to be contained in the register concerning the registrant by filing an updating declaration within 30 days after the date on which any

changement, à moins que la loi ne prévoie un délai plus court.

Il en est de même de la personne morale issue d'une fusion simplifiée au sens de la *Loi sur les sociétés par actions* (chapitre S-31.1) quant aux informations concernant l'assujetti dont elle conserve le numéro d'entreprise du Québec.

[2010, c. 7, a. 41; 2010, c. 40, a. 37].

42. La personne morale immatriculée qui a décidé de procéder à sa liquidation ou à sa dissolution ou de la demander doit produire sans délai une déclaration qui fait mention de ce fait.

La personne morale est exemptée de produire une telle déclaration lorsque, en application d'une autre loi, un avis à cet effet a été transmis au registraire.

[2010, c. 7, a. 42].

43. L'assujetti qui devient un failli au sens de la *Loi sur la faillite et l'insolvabilité* (L.R.C. (1985), c. B-3) doit produire sans délai une déclaration qui fait mention de ce fait.

[2010, c. 7, a. 43].

44. La personne morale immatriculée sur dépôt de son acte constitutif au registre est exemptée de l'obligation prévue à l'article 41 lorsque le changement doit être effectué, en vertu de la loi particulière applicable à son espèce, par un document modifiant son acte constitutif.

Il en est de même lorsque le changement est effectué par l'assujetti dans un document déposé au registre à la suite de son transfert en application d'une entente conclue conformément à l'un des articles 117 ou 118.

[2010, c. 7, a. 44].

45. L'assujetti doit, une fois par année, durant la période déterminée par règlement du ministre, produire une déclaration de mise à jour dans laquelle il indique que les informations visées aux articles 33 à 35.1 le concernant, contenues au registre, sont exactes ou, le cas échéant, les changements qui devraient y être apportés.

change occurs, unless a shorter period is prescribed by law.

The same applies to a legal person resulting from a short-form amalgamation within the meaning of the *Business Corporations Act* (chapter S-31.1) with respect to the information concerning the registrant whose Québec business number the legal person retains.

[2010, c. 7, s. 41; 2010, c. 40, s. 37].

42. A registered legal person who has decided to liquidate or apply for liquidation, or to dissolve or apply for dissolution, must file a declaration to that effect without delay.

It is exempted from filing such a declaration if notice to that effect has been filed with the registrar for the purposes of another Act.

[2010, c. 7, s. 42; 2011, c. 34, s. 126].

43. A registrant who becomes a bankrupt within the meaning of the *Bankruptcy and Insolvency Act* (R.S.C (1985), c. B-3) must file a declaration to that effect without delay.

[2010, c. 7, s. 43].

44. A legal person registered on the deposit of its constituting instrument in the register is exempted from the requirement of section 41 if the specific Act applicable to legal persons of its kind requires the change to be made by means of a document amending its constituting instrument.

The same applies if the change is made by the registrant in a document deposited in the register following its transfer under an agreement entered into under section 117 or 118.

[2010, c. 7, s. 44].

45. Once a year, during the period determined by regulation of the Minister, a registrant must file an updating declaration stating that the information required by sections 33 to 35.1 to be contained in the register concerning the registrant is accurate or, as applicable, stating what changes should be made.

Cette obligation naît à compter de l'année suivant celle au cours de laquelle l'assujetti a été immatriculé.

De plus, la déclaration de l'assujetti, autre que celui visé à l'article 46, doit être accompagnée des droits annuels d'immatriculation prévus par la présente loi.

[2010, c. 7, a. 45; 2010, c. 40, a. 37].

46. L'assujetti qui est tenu de produire au ministre une déclaration de revenus en vertu de l'article 1000 de la *Loi sur les impôts* (chapitre I-3) ou, s'il est une personne physique qui exploite une entreprise individuelle ou une fiducie, serait tenu de la produire s'il avait un impôt à payer en vertu de la partie I de cette loi, peut, pendant la période déterminée par règlement, déclarer dans sa déclaration de revenus que les informations visées aux articles 33 à 35.1 le concernant, contenues au registre, sont ou non à jour.

Lorsque l'assujetti déclare que ces informations sont à jour, le registraire inscrit à l'état des informations qu'il a satisfait à son obligation de mise à jour annuelle pour l'année en cours.

Lorsqu'il déclare que ces informations ne sont pas à jour, l'assujetti doit produire une déclaration de mise à jour conformément à l'article 45.

[2010, c. 7, a. 46; 2010, c. 40, a. 38].

47. Lorsque l'application de la *Loi sur les impôts* (chapitre I-3) a pour effet de modifier la période déterminée par règlement d'un assujetti visé à l'article 46 qui est une personne morale ou une fiducie, celui-ci n'est tenu de satisfaire à l'obligation de mise à jour annuelle qu'une seule fois au cours d'une même année civile.

[2010, c. 7, a. 47; 2010, c. 40, a. 39].

48. Une personne morale ou une fiducie dont la période déterminée par règlement chevauche deux années civiles et qui, conformément à l'un des articles 45 ou 46, met à jour les informations la concernant pendant la partie de la période comprise dans la deuxième année civile, sans qu'une telle mise à jour n'ait été effectuée pendant l'année civile précédente, est réputée avoir

This obligation begins the year following the year in which the registrant is first registered.

The declaration of a registrant, other than a registrant described in section 46, must be filed with the annual registration fee set out in this Act.

[2010, c. 7, s. 45; 2010, c. 40, s. 37].

46. A registrant who is required to file a fiscal return with the Minister under section 1000 of the *Taxation Act* (chapter I-3) or, in the case of a natural person operating a sole proprietorship or a trust, would be required to file such a return if tax were payable by the person under Part I of that Act may, during the period determined by regulation, declare in the registrant's fiscal return whether the information required by sections 33 to 35.1 to be contained in the register concerning the registrant is up to date.

If the registrant declares that the information is up to date, the registrar records in the statement of information that the registrant has met the annual updating obligation for the current year.

If the registrant declares that the information is not up to date, the registrant must file an updating declaration in accordance with section 45.

[2010, c. 7, s. 46; 2010, c. 40, s. 38].

47. If, by operation of the *Taxation Act* (chapter I-3), the period determined by regulation of a registrant referred to in section 46 who is a legal person or a trust is modified, the registrant is required to meet the annual updating obligation only once during a calendar year.

[2010, c. 7, s. 47; 2010, c. 40, s. 39].

48. A legal person or a trust whose period determined by regulation begins in one calendar year and ends in the next and who updates the information concerning the legal person or a trust in accordance with section 45 or 46 during the part of that period that is in the second calendar year without having done so during the preceding one is deemed to have met the

satisfait à son obligation de mise à jour annuelle pour l'année civile précédente.

[2010, c. 7, a. 48; 2010, c. 40, a. 39].

49. L'assujetti qui a produit, durant la période déterminée par règlement, un document contenant les mêmes informations que celles visées aux articles 33 à 35.1 qui est déposé au registre à la suite de son transfert en application d'une entente conclue conformément à l'un des articles 117 ou 118, est exempté de l'obligation de produire une déclaration de mise à jour pour l'année visée.

[2010, c. 7, a. 49; 2010, c. 40, a. 40].

50. L'assujetti qui est une personne morale constituée au Québec, à l'égard duquel une déclaration a été produite conformément à l'article 43, est exempté de l'obligation de produire une déclaration de mise à jour pour toute année qui suit celle de la production de la déclaration visée à l'article 43 au cours de laquelle il ne fait que des activités propres à sa liquidation.

[2010, c. 7, a. 50].

51. L'assujetti qui a produit une déclaration de mise à jour en application de l'article 41, durant la période déterminée par règlement et qui, dans le cas d'un assujetti visé à l'article 46, a payé les droits annuels d'immatriculation prévus par la présente loi pour l'année, est réputé avoir satisfait à son obligation de mise à jour annuelle conformément à l'article 45 pour l'année visée.

[2010, c. 7, a. 51].

52. L'assujetti qui a omis de produire une déclaration en application de l'un des articles 45 ou 46 est réputé avoir satisfait à son obligation de mise à jour annuelle pour l'année à l'égard de laquelle il est en défaut s'il produit, avant le début de la période déterminée par règlement qui suit celle à l'égard de laquelle il est en défaut, une déclaration en application de l'article 41 et paie la pénalité prévue à l'article 87 ainsi que, le cas échéant, les droits annuels d'immatriculation prévus par la présente loi et la pénalité prévue à l'article 88 qui sont exigibles pour cette année.

[2010, c. 7, a. 52].

annual updating obligation for the preceding calendar year.

[2010, c. 7, s. 48; 2010, c. 40, s. 39].

49. A registrant who, during the period determined by regulation, filed a document containing the same information as required under sections 33 to 35.1 which was deposited in the register following its transfer under an agreement entered into under section 117 or 118 is exempted from the updating obligation for the year concerned.

[2010, c. 7, s. 49; 2010, c. 40, s. 40].

50. A registrant who is a legal person constituted in Québec in respect of whom a declaration was filed under section 43 is exempted from the updating obligation for any year subsequent to the year in which the declaration required under section 43 was filed and during which the registrant acted only for the purposes of its liquidation.

[2010, c. 7, s. 50].

51. A registrant who files an updating declaration for the purposes of section 41 during the period determined by regulation and who, in the case of a registrant described in section 46, has paid the annual registration fee set out in this Act for the year, is deemed to have met the annual updating obligation in accordance with section 45 for the year concerned.

[2010, c. 7, s. 51; 2011, c. 34, s. 127].

52. A registrant who fails to file a declaration for the purposes of section 45 or 46 is deemed to have met the annual updating obligation for the year concerned if, before the beginning of the period determined by regulation following the period concerned, the registrant files a declaration for the purposes of section 41 and pays the penalty prescribed in section 87 and, if applicable, the annual registration fee set out in this Act and the penalty prescribed in section 88 for the year.

[2010, c. 7, s. 52].

53. Pour l'application des articles 48, 51 et 52, le registraire inscrit à l'état des informations que l'assujetti a satisfait à son obligation de mise à jour annuelle pour l'année visée.

[2010, c. 7, a. 53].

53. For the purposes of sections 48, 51 and 52, the registrar records in the statement of information that the registrant has met the annual updating obligation for the year concerned.

[2010, c. 7, s. 53].

SECTION III — RADIATION DE L'IMMATRICULATION

§ 1. — Radiation sur production d'une déclaration

SECTION III — CANCELLATION OF REGISTRATION

§ 1. — Cancellation on filing of declaration

54. L'immatriculation d'un assujetti est radiée sur production d'une déclaration de radiation dans les cas prévus par la présente sous-section.

De plus, la déclaration de radiation d'un assujetti doit être accompagnée de tout montant exigible dont il est redevable en vertu de la présente loi à l'exception des montants auxquels s'applique l'article 85.

Le registraire informe l'assujetti de la radiation de son immatriculation.

[2010, c. 7, a. 54].

54. The registration of a registrant is cancelled on the filing of a cancellation declaration in the cases provided for in this subdivision.

The cancellation declaration must be filed with any amount owed by the registrant under this Act, except any amount to which section 85 applies.

The registrar informs the registrant that the registration has been cancelled.

[2010, c. 7, s. 54].

55. Lorsque l'obligation d'immatriculation ne s'impose plus, l'assujetti doit produire sans délai une déclaration de radiation.

La déclaration est produite par les derniers administrateurs, les associés, le fondé de pouvoir ou l'administrateur du bien d'autrui, lorsque l'assujetti a cessé d'exister.

[2010, c. 7, a. 55].

55. A registrant for whom registration is no longer compulsory must file a cancellation declaration without delay.

If the registrant has ceased to exist, the cancellation declaration is filed by the last directors, the partners, the attorney or the administrator of the property of others.

[2010, c. 7, s. 55].

56. Le liquidateur de la succession d'une personne décédée doit produire, au plus tard six mois après le décès de l'assujetti, une déclaration de radiation, à moins que l'activité ayant donné lieu à l'immatriculation ne soit continuée au bénéfice de la succession.

[2010, c. 7, a. 56].

56. Not later than six months after the death of the registrant, the liquidator of the succession must file a cancellation declaration, unless the activity requiring registration is continued for the benefit of the succession.

[2010, c. 7, s. 56].

57. Lorsqu'une personne morale constituée au Québec est un failli au sens de la *Loi sur la faillite et l'insolvabilité* (L.R.C. (1985), c. B-3), le syndic de faillite doit produire une déclaration de radiation après avoir obtenu, au terme de l'administration

57. If a legal person constituted in Québec is a bankrupt within the meaning of the *Bankruptcy and Insolvency Act* (R.S.C (1985), c. B-3), the trustee in bankruptcy must file a cancellation declaration after being discharged by the court on comple-

de l'actif de cette personne, la libération de ses obligations par le tribunal.

[2010, c. 7, a. 57].

tion of the administration of the legal person's estate.

[2010, c. 7, s. 57].

58. La personne ou le groupement de personnes qui est immatriculé sans y être tenu, peut, en tout temps, produire une déclaration de radiation.

[2010, c. 7, a. 58].

58. A person or group of persons who is registered without being required to be registered may file a cancellation declaration at any time.

[2010, c. 7, s. 58].

§ 2. —— Radiation d'office

§ 2. —— *Ex officio* cancellation

59. Le registraire peut, après avoir avisé l'assujetti conformément à l'article 73, radier d'office son immatriculation si celui-ci est en défaut de produire, à l'égard de deux années consécutives, ses déclarations de mise à jour conformément à l'un des articles 45 ou 46.

Il peut également radier l'immatriculation de l'assujetti qui ne se conforme pas à toute autre demande qui lui a été faite en vertu de l'article 73.

Le registraire dépose un arrêté à cet effet au registre et en informe l'assujetti.

La radiation de l'immatriculation d'une personne morale constituée au Québec emporte sa dissolution.

Cette personne morale est toutefois réputée conserver son existence afin de terminer toute procédure judiciaire ou administrative.

[2010, c. 7, a. 59].

59. The registrar may, after notifying the registrant in accordance with section 73, cancel ex officio the registration of a registrant who has failed to file updating declarations for two consecutive years in accordance with section 45 or 46.

The registrar may also cancel the registration of a registrant who has failed to comply with any other request under section 73.

The registrar deposits an order to that effect in the register and informs the registrant.

The cancellation of the registration of a legal person constituted in Québec entails the dissolution of the legal person.

However, the legal person is deemed to continue to exist in order to complete any judicial or administrative proceeding.

[2010, c. 7, s. 59].

60. Le registraire radie d'office l'immatriculation de toute personne morale fusionnée qui est visée dans la déclaration produite par la personne morale issue de la fusion. Il inscrit une mention à cet effet au registre.

[2010, c. 7, a. 60].

60. The registrar cancels ex officio the registration of any legal person having been amalgamated that is named in the declaration filed by the legal person resulting from the amalgamation. The registrar makes an entry to that effect in the register.

[2010, c. 7, s. 60].

61. Le registraire radie d'office l'immatriculation d'une fiducie, d'une société de personnes ou d'une personne morale lorsque la date à laquelle elle doit cesser d'exister est atteinte. Il inscrit une mention à cet effet au registre.

[2010, c. 7, a. 61; 2010, c. 40, a. 41].

61. The registrar cancels ex officio the registration of a trust, partnership or legal person when the date on which it is to cease to exist has been reached. The registrar makes an entry to that effect in the register.

[2010, c. 7, s. 61; 2010, c. 40, s. 41].

62. Le registraire radie d'office l'immatriculation de la personne morale dissoute sur dépôt de l'acte de dissolution ou d'un avis à cet effet au registre. Il radie également l'immatriculation de la société de personnes ou de la personne morale qui a fait l'objet d'une liquidation en déposant, selon le cas, l'avis de clôture ou l'avis de liquidation au registre.

Lorsque la dissolution de la personne morale s'effectue en vertu de la *Loi sur les sociétés par actions* (chapitre S-31.1), le registraire radie d'office son immatriculation sur dépôt du certificat de dissolution ou du jugement prononçant la dissolution. Toutefois, lorsque ce jugement prononce également la liquidation, il radie l'immatriculation sur dépôt du certificat de dissolution.

Il radie également l'immatriculation d'une personne morale constituée au Québec lorsqu'en vertu de la loi particulière applicable à son espèce, elle a autrement cessé d'exister.

Le registraire inscrit une mention à cet effet au registre.

[2010, c. 7, a. 62].

62. The registrar cancels ex officio the registration of a dissolved legal person on the deposit in the register of the certificate of dissolution or of a notice to that effect. The registrar also cancels the registration of a liquidated or wound-up partnership or legal person by depositing the notice of closure or the notice of liquidation, as applicable, in the register.

If the legal person was dissolved under the *Business Corporations Act* (chapter S-31.1), the registrar cancels ex officio the legal person's registration on the deposit of the certificate of dissolution or of the judgment ordering the dissolution. However, if the judgment also orders the liquidation of the legal person, the registrar cancels the registration on the deposit of the certificate of dissolution.

The registrar also cancels the registration of a legal person constituted in Québec if, under the specific Act applicable to legal persons of its kind, it has otherwise ceased to exist.

The registrar makes an entry to that effect in the register.

[2010, c. 7, s. 62].

§ 3. — Révocation de la radiation

§ 3. — Revocation of cancellation of registration

63. Le registraire peut, à la demande de l'assujetti, révoquer la radiation qu'il a effectuée en vertu de l'article 59.

L'assujetti doit accompagner sa demande de la déclaration initiale et de toute déclaration de mise à jour annuelle qu'il était en défaut de produire avant sa radiation ainsi que des mises à jour annuelles visant les années écoulées depuis sa radiation.

De plus, il doit accompagner sa demande de révocation du paiement:

1° des droits prévus par la présente loi pour cette demande;

2° des droits annuels d'immatriculation prévus par la présente loi pour toute année précédant la radiation où il était en défaut, pour l'année en cours et pour les années écoulées depuis la radiation, à l'exception des droits auxquels s'applique l'article 85;

63. The registrar may revoke a cancellation of registration under section 59 on an application by the registrant.

The registrant must file with the application the initial declaration and any annual updating declaration the registrant failed to file before the cancellation of registration and the annual updates for the years since the cancellation of registration.

The registrant must also file with the application

(1) the fee set out in this Act with respect to such an application;

(2) the annual registration fee set out in this Act, for every year prior to the cancellation of registration during which the registrant was in default, for the current year and for the years since the cancellation of registration, except any fee to which section 85 applies; and

3° de la pénalité prévue aux articles 87 et 88 pour chacune des années visées au paragraphe 2°.

[2010, c. 7, a. 63].

64. Le registraire peut, à la demande d'une personne intéressée autre que l'assujetti et aux conditions qu'il détermine, révoquer la radiation qu'il a effectuée en vertu de l'article 59.

La demande doit être accompagnée des droits prévus par la présente loi pour cette demande.

[2010, c. 7, a. 64].

65. Le registraire révoque la radiation de l'immatriculation de la personne morale constituée au Québec qui a repris son existence en vertu de la loi particulière applicable à son espèce.

[2010, c. 7, a. 65].

66. Le registraire révoque la radiation de l'immatriculation d'un assujetti en déposant un arrêté à cet effet au registre.

Il en informe l'assujetti.

La révocation de la radiation de l'immatriculation d'une personne morale constituée au Québec, dont la radiation a été effectuée en vertu de l'article 59, a pour effet de lui faire reprendre son existence à la date du dépôt de l'arrêté.

[2010, c. 7, a. 66].

67. Sous réserve des droits acquis par un tiers, l'immatriculation d'un assujetti est réputée n'avoir jamais été radiée et la personne morale constituée au Québec visée à l'article 59 est réputée n'avoir jamais été dissoute.

[2010, c. 7, a. 67].

SECTION IV — DISPOSITIONS RELATIVES AUX DÉCLARATIONS

68. Une déclaration doit être signée par l'assujetti ou son représentant.

---

(3) the penalty prescribed in sections 87 and 88, for each of the years referred to in subparagraph 2.

[2010, c. 7, s. 63].

64. The registrar may, on an application by any interested person other than the registrant and subject to the conditions determined by the registrar, revoke a cancellation of registration under section 59.

The application must be filed with the fee set out in this Act for such an application.

[2010, c. 7, s. 64].

65. The registrar revokes the cancellation of the registration of a legal person constituted in Québec who has resumed existence in accordance with the specific Act applicable to legal persons of its kind.

[2010, c. 7, s. 65].

66. The registrar revokes the cancellation of the registration of a registrant by depositing an order to that effect in the register.

The registrar informs the registrant that the cancellation has been revoked.

In the case of a legal person constituted in Québec whose registration was cancelled under section 59, the revocation of the cancellation results in the legal person resuming existence on the date of deposit of the order.

[2010, c. 7, s. 66].

67. Subject to the rights acquired by third persons, the registration of a registrant is deemed never to have been cancelled and a legal person constituted in Québec whose registration was cancelled under section 59 is deemed never to have been dissolved.

[2010, c. 7, s. 67].

SECTION IV — PROVISIONS RELATING TO DECLARATIONS

68. A declaration must be signed by the registrant or the registrant's representative.

Elle n'est recevable qu'après le paiement des droits, des frais et des pénalités, lorsque la présente loi le requiert.

[2010, c. 7, a. 68].

It is admissible once all fees, charges and penalties required under this Act have been paid.

[2010, c. 7, s. 68].

69. Le registraire dépose au registre la déclaration ou le document transféré en application d'une entente conclue conformément à l'un des articles 117 ou 118.

[2010, c. 7, a. 69].

69. The registrar deposits declarations, and documents transferred under an agreement entered into under section 117 or 118, in the register.

[2010, c. 7, s. 69].

70. Le registraire peut refuser de déposer au registre une déclaration ou un document qui lui est transféré en application d'une entente conclue conformément à l'un des articles 117 ou 118 lorsque celui-ci est incomplet, inexact ou ne respecte pas les dispositions de l'article 68 ou les exigences déterminées par le ministre en vertu de l'un des articles 109, 112 ou 114.

Le registraire informe l'assujetti des motifs de son refus.

[2010, c. 7, a. 70].

70. The registrar may refuse to deposit a declaration, or a document transferred under an agreement entered into under section 117 or 118, in the register if the declaration or document is incomplete or inaccurate or is contrary to section 68 or the requirements determined by the Minister under section 109, 112 or 114.

The registrar informs the registrant of the reasons for the refusal.

[2010, c. 7, s. 70].

71. Le registraire doit refuser de déposer au registre une déclaration ou un document qui lui est transféré en application d'une entente conclue conformément à l'un des articles 117 ou 118 lorsque le nom de l'assujetti n'est pas conforme aux dispositions de l'un des paragraphes 1° à 6° du premier alinéa ou du deuxième alinéa de l'article 17.

Le registraire informe l'assujetti des motifs de son refus.

[2010, c. 7, a. 71].

71. The registrar must refuse to deposit a declaration, or a document transferred under an agreement entered into under section 117 or 118, in the register if the registrant's name is contrary to any of subparagraphs 1 to 6 of the first paragraph of section 17 or the second paragraph of that section.

The registrar informs the registrant of the reasons for the refusal.

[2010, c. 7, s. 71].

72. Le registraire doit refuser d'inscrire au registre tout autre nom que l'assujetti déclare en vertu du paragraphe 2° du premier alinéa de l'article 33 lorsqu'un tel nom n'est pas conforme aux dispositions de l'un des paragraphes 1° à 6° du premier alinéa ou du deuxième alinéa de l'article 17.

Il porte une mention au registre que le nom est refusé et en informe l'assujetti.

L'information relative à ce nom figurant dans la déclaration est réputée non écrite.

[2010, c. 7, a. 72].

72. The registrar must refuse to record in the register any other name declared by the registrant under subparagraph 2 of the first paragraph of section 33 if that name is contrary to any of subparagraphs 1 to 6 of the first paragraph of section 17 or the second paragraph of that section.

The registrar records the refusal in the register and informs the registrant.

All information relating to that name in the declaration is deemed unwritten.

[2010, c. 7, s. 72].

73. L'assujetti qui ne se conforme pas à toute obligation prévue par la présente loi, notamment celle de produire une déclaration ou un avis, est tenu de remédier à son défaut dans les 60 jours de la demande faite par le registraire.

La demande indique, le cas échéant, que l'immatriculation de l'assujetti pourra être radiée s'il ne s'y conforme pas.

Une copie de cette demande est déposée au registre.

[2010, c. 7, a. 73].

74. Le registraire peut, aux conditions qu'il détermine, renoncer à la communication d'une information ou à la production d'un document exigées en vertu du présent chapitre.

Une mention de cette renonciation est portée au registre.

Toutefois, le registraire conserve le droit de révoquer sa renonciation et peut exiger d'une personne la communication d'une telle information ou la production d'un tel document dans le délai qu'il fixe.

[2010, c. 7, a. 74].

Chapitre V — Droits, frais et pénalités administratives

Section I — DISPOSITIONS GÉNÉRALES

75. Les droits exigibles en application de la présente loi pour un objet donné sont, sauf disposition contraire, ceux prévus à l'annexe I pour cet objet.

De même, les droits prévus par renvoi à la présente loi pour un objet donné sont ceux mentionnés à l'annexe II pour cet objet.

Peuvent s'ajouter à ces droits les frais prescrits par règlement du gouvernement.

[2010, c. 7, a. 75].

76. Sauf si la loi prévoit déjà un droit payable au registraire, la production d'un document à déposer au registre en vertu d'une loi, autre qu'un acte constitutif, une déclaration initiale, une déclaration de

73. A registrant who fails to comply with any obligation imposed by this Act, including the obligation to file a declaration or a notice, must remedy the failure within 60 days after being requested to do so by the registrar.

The request must state, if applicable, that the registrant's registration may be cancelled unless the registrant complies with the request.

A copy of the request is deposited in the register.

[2010, c. 7, s. 73].

74. The registrar may, subject to the conditions determined by the registrar, waive the communication of information or the filing of a document required under this chapter.

The waiver is recorded in the register.

However, the registrar retains the right to revoke the waiver and require the communication of the information or the filing of the document within the time determined by the registrar.

[2010, c. 7, s. 74].

Chapter V — Fees, charges and administrative penalties

Section I — GENERAL PROVISIONS

75. Unless otherwise provided, any fees payable under this Act are set out in Schedule I.

Similarly, any fees payable by reference to this Act are set out in Schedule II.

Charges prescribed by regulation of the Government may be payable in addition to those fees.

[2010, c. 7, s. 75].

76. Unless the law already prescribes a fee payable to the registrar, any document required by law to be deposited in the register, other than a constituting instrument, initial declaration, updating declaration or

mise à jour ou une déclaration de radiation, doit être accompagnée des droits prévus à l'annexe I pour le dépôt de tout autre document.

[2010, c. 7, a. 76].

cancellation declaration, must be filed with the fee prescribed in Schedule I for the deposit of any other document.

[2010, c. 7, s. 76].

77. Les droits ainsi que les frais prescrits par règlement du gouvernement sont majorés de 50 % lorsque, sur demande, un traitement prioritaire est accordé.

Lorsque, sur demande, un traitement prioritaire est accordé à l'égard d'un document pouvant être déposé sans frais au registre, les droits correspondent à 50 % des droits annuels d'immatriculation prévus par la présente loi.

[2010, c. 7, a. 77].

77. Fees and charges prescribed by government regulation are increased by 50 % if priority processing is provided on request.

The additional fee for the priority processing of a document that can be deposited in the register free of charge is equal to 50 % of the annual registration fee set out in this Act.

[2010, c. 7, s. 77].

78. Les droits, les frais et les pénalités administratives sont exigibles au moment de la production des documents qui s'y rapportent et sont, sauf si la loi y pourvoit autrement, payables au registraire.

Sauf à l'égard des situations visées aux articles 83 et 84 pour lesquelles l'article 27.3 de la *Loi sur l'administration fiscale* (chapitre A-6.002) s'applique, le recouvrement des droits, des frais et des pénalités dus au registraire en vertu de la loi se prescrit par 10 ans à compter de leur exigibilité.

[2010, c. 7, a. 78; 2010, c. 31, a. 175].

78. Fees, charges and administrative penalties are payable on the filing of the documents concerned and, unless otherwise provided by law, to the registrar.

Except with respect to situations described in sections 83 and 84 to which section 27.3 of the *Tax Administration Act* (chapter A-6.002) applies, the recovery of fees, charges and penalties owing by law to the registrar is prescribed 10 years after they become due.

[2010, c. 7, s. 78; 2010, c. 31, s. 175].

79. Les montants des droits prévus aux annexes I et II et des frais prescrits par règlement du gouvernement sont indexés, le 1er janvier de chaque année, de façon qu'un montant applicable pour une année soit égal au total du montant applicable pour l'année précédente et de celui obtenu en multipliant ce dernier montant par le facteur déterminé selon la formule suivante:

(A/B) - 1.

Dans la formule prévue au premier alinéa:

1° la lettre A représente l'indice moyen d'ensemble, pour le Québec, des prix à la consommation sans les boissons alcoolisées et les produits du tabac pour la période de 12 mois qui se termine le 30 septembre de l'année qui précède celle pour laquelle un montant doit être indexé;

79. The fees set out in Schedules I and II and the charges prescribed by government regulation are indexed on 1 January of each year in such a way that the amount applicable for the year is equal to the total of the amount applicable for the preceding year and the amount obtained by multiplying that amount by the factor determined by the formula

(A / B) - 1.

In the formula in the first paragraph,

(1) A is the overall average Québec consumer price index without alcoholic beverages and tobacco products for the 12-month period that ended on 30 September of the year preceding that for which an amount is to be indexed; and

2° la lettre B représente l'indice moyen d'ensemble, pour le Québec, des prix à la consommation sans les boissons alcoolisées et les produits du tabac pour la période de 12 mois qui se termine le 30 septembre de l'année antérieure à l'année qui précède celle pour laquelle le montant doit être indexé.

Lorsque le facteur déterminé selon la formule prévue au premier alinéa est un nombre inférieur à zéro, il est réputé égal à zéro.

Le montant qui résulte de l'indexation prévue au premier alinéa est diminué au dollar le plus près s'il comprend une fraction de dollar inférieure à 0,50 $, ou il est augmenté au dollar le plus près s'il comprend une fraction de dollar égale ou supérieure à 0,50 $.

Le ministre rend accessible au public, par tout moyen qu'il juge approprié, les montants ainsi indexés avant le 1er janvier de l'année de leur application.

[2010, c. 7, a. 79].

(2) B is the overall average Québec consumer price index without alcoholic beverages and tobacco products for the 12-month period that ended on 30 September of the year immediately before the year preceding that for which the amount is to be indexed.

If the factor determined under the first paragraph is less than zero, it is deemed to be equal to zero.

The amounts resulting from the indexation provided for in the first paragraph are rounded down to the nearest dollar if they include a fraction of a dollar that is less than $0.50, or up to the nearest dollar if they include a fraction of a dollar that is equal to or greater than $0.50.

The Minister informs the public of the indexed amounts, by whatever means the Minister considers appropriate, before 1 January of the year to which they apply.

[2010, c. 7, s. 79].

SECTION II — DROITS ANNUELS D'IMMATRICULATION

SECTION II — ANNUAL REGISTRATION FEE

80. L'assujetti qui est immatriculé le 1er janvier de l'année doit payer les droits annuels d'immatriculation prévus par la présente loi qui sont applicables à sa forme juridique à cette date.

Cette obligation naît à compter de la deuxième année suivant celle au cours de laquelle l'assujetti a été immatriculé pour la première fois.

[2010, c. 7, a. 80].

80. A registrant registered on 1 January of a year must pay the annual registration fee set out in this Act that is applicable to the registrant's juridical form on that date.

This obligation begins the second year following the year in which the registrant is first registered.

[2010, c. 7, s. 80].

81. L'assujetti qui est une personne morale constituée au Québec et à l'égard duquel une déclaration a été produite conformément à l'article 43 est exempté de l'obligation de payer les droits annuels d'immatriculation pour toute année qui suit celle de la production de cette déclaration au cours de laquelle il ne fait que des activités propres à sa liquidation.

[2010, c. 7, a. 81].

81. A registrant who is a legal person constituted in Québec in respect of whom a declaration has been filed in accordance with section 43 is exempted from the annual registration fee for any year following the year of filing of the declaration during which the registrant acts only for the purposes of its liquidation.

[2010, c. 7, s. 81].

82. L'assujetti paie les droits annuels d'immatriculation au plus tard à la première des dates suivantes:

82. A registrant must pay the annual registration fee on or before the first of the following dates:

1° celle à laquelle se termine la période déterminée par règlement pour satisfaire à son obligation de mise à jour annuelle en vertu de la section II du chapitre IV;

2° celle à laquelle il produit un document entraînant la radiation de son immatriculation.

[2010, c. 7, a. 82].

(1) the date on which the period determined by regulation for meeting the annual updating obligation under Division II of Chapter IV expires; and

(2) the date on which the registrant files a document resulting in the cancellation of the registrant's registration.

[2010, c. 7, s. 82].

83. Malgré l'article 82, l'assujetti visé à l'article 46 qui est une personne physique paie au ministre les droits annuels d'immatriculation au plus tard à la date d'échéance du solde déterminée à son égard aux fins de la partie I de la *Loi sur les impôts* (chapitre I-3) relativement à l'année d'imposition précédente.

[2010, c. 7, a. 83].

83. Despite section 82, a registrant who is a natural person to whom section 46 applies must pay the annual registration fee to the Minister on or before the balance-due day determined in respect of the registrant for the purposes of Part I of the *Taxation Act* (chapter I-3) for the preceding taxation year.

[2010, c. 7, s. 83].

84. Malgré l'article 82, l'assujetti visé à l'article 46, qui est une personne morale ou une fiducie, paie au ministre les droits annuels d'immatriculation au plus tard à la date d'échéance du solde déterminée à son égard aux fins de la partie I de la *Loi sur les impôts* (chapitre I-3) relativement à l'année d'imposition qui comprend le 1er janvier de cette année.

[2010, c. 7, a. 84; 2010, c. 40, a. 42].

84. Despite section 82, a registrant who is a legal person or trust to whom section 46 applies must pay the annual registration fee to the Minister on or before the balance-due day determined in respect of registrant for the purposes of Part I of the *Taxation Act* (chapter I-3) for the taxation year that includes 1 January of that year.

[2010, c. 7, s. 84; 2010, c. 40, s. 42].

85. L'article 80, relativement à un assujetti visé à l'article 46 ainsi que les articles 83 et 84 constituent une loi fiscale au sens de la *Loi sur l'administration fiscale* (chapitre A-6.002).

Les articles 1000 à 1010, 1037, 1045 et 1052 de la *Loi sur les impôts* (chapitre I-3) s'appliquent aux articles 83 et 84 compte tenu des adaptations nécessaires.

[2010, c. 7, a. 85; 2010, c. 31, a. 175].

85. Section 80, in relation to a registrant described in section 46, and sections 83 and 84 constitute a fiscal law within the meaning of the *Tax Administration Act* (chapter A-6.002).

Sections 1000 to 1010, 1037, 1045 and 1052 of the *Taxation Act* (chapter I-3) apply, with the necessary modifications, to sections 83 and 84.

[2010, c. 7, s. 85; 2010, c. 31, s. 175].

SECTION III — PÉNALITÉS ADMINISTRATIVES

SECTION III — ADMINISTRATIVE PENALTIES

86. L'assujetti qui omet de produire sa déclaration initiale dans le délai prévu à l'article 38 doit payer une pénalité égale aux droits annuels d'immatriculation prévus par la présente loi applicables à sa forme juridique le jour suivant l'expiration de ce délai.

[2010, c. 7, a. 86].

86. A registrant who fails to file an initial declaration within the time prescribed in section 38 must pay a penalty equal to the annual registration fee set out in this Act that is applicable to the registrant's juridical form on the day after the day on which that time expires.

[2010, c. 7, s. 86].

87. L'assujetti qui omet de satisfaire à son obligation de mise à jour annuelle dans la période déterminée par règlement doit payer une pénalité égale à 50 % des droits annuels d'immatriculation prévus par la présente loi applicables à sa forme juridique le jour suivant l'expiration de cette période.

Le premier alinéa ne s'applique pas à un assujetti visé à l'article 46 qui a déclaré dans sa déclaration de revenus que les informations le concernant sont à jour.

[2010, c. 7, a. 87].

88. L'assujetti qui omet de payer les droits annuels d'immatriculation dans le délai prévu à l'article 82 doit payer une pénalité égale à 5 % des droits impayés et une pénalité additionnelle de 1 % de ces droits pour chaque mois entier de retard, jusqu'à concurrence de 12 mois.

Le premier alinéa ne s'applique pas à un assujetti visé à l'un des articles 83 ou 84.

[2010, c. 7, a. 88].

89. Le ministre peut renoncer en tout ou en partie à une pénalité exigible en vertu de la présente loi, sauf celle imposée en application de l'article 85, lorsque l'assujetti démontre qu'il a été dans l'impossibilité de se conformer à ses obligations dans le délai en raison de situations exceptionnelles hors de son contrôle.

Il peut également, pour les mêmes motifs, annuler en tout ou en partie une pénalité exigée en application de la présente loi, sauf si celle-ci a été imposée en application de l'article 85.

La décision du ministre est sans appel.

Le ministre fait état des renonciations ou annulations dans le sommaire statistique qu'il doit déposer à l'Assemblée nationale en vertu de l'article 94.1 de la *Loi sur l'administration fiscale* (chapitre A-6.002).

[2010, c. 7, a. 89; 2010, c. 31, a. 175].

87. A registrant who fails to meet the annual updating obligation within the period prescribed by regulation must pay a penalty equal to 50 % of the annual registration fee set out in this Act that is applicable to the registrant's juridical form on the day after the day on which that period expires.

The first paragraph does not apply to a registrant referred to in section 46 who has declared in a fiscal return that the information concerning the registrant is up to date.

[2010, c. 7, s. 87].

88. A registrant who fails to pay the annual registration fee within the time prescribed by section 82 must pay a penalty equal to 5 % of the unpaid amount and an additional penalty of 1 % of that fee for each complete month for which payment is overdue, up to a maximum of 12 months.

The first paragraph does not apply to a registrant referred to in section 83 or 84.

[2010, c. 7, s. 88].

89. The Minister may waive, in whole or in part, any penalty payable under this Act, except a penalty imposed under section 85, if the registrant shows that it was impossible to fulfill the obligations within the prescribed time due to exceptional circumstances beyond the registrant's control.

The Minister may also, on the same grounds, cancel, in whole or in part, a penalty payable under this Act, except if it was imposed under section 85.

The decision of the Minister cannot be appealed.

The Minister must include the waivers and cancellations in the statistical summary tabled by the Minister in the National Assembly under section 94.1 of the *Tax Administration Act* (chapter A-6.002).

[2010, c. 7, s. 89; 2010, c. 31, s. 175].

90. Le registraire doit, lorsqu'il dépose un document au registre, enregistrer la date du dépôt, l'inscrire à l'index des documents et ajouter son contenu à l'état des informations ou, le cas échéant, y inscrire la mention appropriée.

Ce dépôt opère mise à jour des informations contenues au registre.

[2010, c. 7, a. 90].

91. Le registraire doit, s'il n'a pu intégrer les informations d'un document dès son dépôt au registre, inscrire une mention à l'état des informations et, le cas échéant, à l'index des noms, que le document a été déposé mais que son contenu n'y a pas encore été ajouté.

[2010, c. 7, a. 91].

92. Le registraire inscrit, à l'état des informations de l'assujetti, la date à laquelle se termine la période déterminée par règlement du ministre pour satisfaire à son obligation de mise à jour annuelle.

[2010, c. 7, a. 92].

93. Le registraire peut, d'office ou sur demande, corriger un index des documents, un état des informations ou un index des noms qui n'est pas conforme aux informations déclarées par l'assujetti ou l'administrateur du bien d'autrui.

Il peut, de plus, rectifier à l'état des informations une adresse qui s'avère incomplète ou inexacte.

Lorsque la correction est substantielle, il l'effectue en déposant au registre un avis à cet effet. Il en informe l'assujetti.

[2010, c. 7, a. 93].

94. Sauf si la loi y pourvoit autrement, le registraire peut, d'office ou sur demande, corriger un document qu'il a dressé s'il est incomplet ou s'il comporte une erreur d'écriture. Il en est de même à l'égard d'un document dressé par une autre autorité, sur demande de cette dernière.

90. When depositing a document in the register, the registrar must record the date of deposit, record the document in the index of documents and add its content to or, as applicable, make an appropriate entry in the statement of information.

The deposit updates the information contained in the register.

[2010, c. 7, s. 90].

91. If unable to integrate the information contained in a document on depositing the document in the register, the registrar must record in the statement of information and, if applicable, in the index of names that the document has been deposited but that its content has yet to be added.

[2010, c. 7, s. 91].

92. The registrar records in the registrant's statement of information the date on which the period determined by regulation of the Minister for meeting the annual updating obligation expires.

[2010, c. 7, s. 92].

93. The registrar may, ex officio or on request, correct an index of documents, a statement of information or an index of names that is inconsistent with the information declared by the registrant or the administrator of the property of others.

The registrar may also correct an incomplete or inaccurate address in a statement of information.

If the correction is substantial, the registrar makes the correction by depositing a notice to that effect in the register, and informs the registrant.

[2010, c. 7, s. 93].

94. Unless otherwise provided by law, the registrar may, on request or ex officio, correct a document drawn up by the registrar if it is incomplete or contains a clerical error. The same applies to a document drawn up by another authority, if that authority requests the correction.

Lorsque la correction est substantielle, il l'effectue en déposant au registre un avis à cet effet. Il en informe l'assujetti.

La correction rétroagit à la date du dépôt du document qui en fait l'objet.

[2010, c. 7, a. 94].

95. Le registraire peut, avec l'autorisation de l'assujetti, corriger un document que celui-ci a produit s'il est incomplet ou s'il comporte une erreur d'écriture.

Il peut également y supprimer une information, lorsqu'en vertu de la loi, il doit refuser de l'inscrire au registre.

En ces cas, il appose au document une mention de l'information corrigée ou supprimée et en informe l'assujetti.

[2010, c. 7, a. 95].

96. Le registraire peut d'office annuler une inscription ou le dépôt au registre d'une déclaration ou d'un document transféré en application d'une entente conclue conformément à l'un des articles 117 ou 118 lorsque la production de la déclaration ou du document qui y a donné lieu a été faite sans droit.

Il en est de même à l'égard de l'inscription ou du dépôt d'un avis de clôture ou de liquidation visé au premier alinéa de l'article 62, d'un avis visé à l'un des articles 306, 358 ou 359 du *Code civil du Québec* (L.Q. 1991, c. 64) ou d'un avis de liquidation produit en vertu de la *Loi sur les sociétés par actions* (chapitre S-31.1).

Le registraire en informe l'assujetti.

[2010, c. 7, a. 96].

97. Le registraire peut annuler d'office le dépôt d'une déclaration lorsque les informations qu'elle contient n'ont pas été déclarées conformément à la loi.

Il porte une mention au registre que le dépôt de la déclaration est annulé et en informe l'assujetti.

La déclaration est réputée n'avoir jamais été produite par l'assujetti.

[2010, c. 7, a. 97; 2010, c. 40, a. 43].

If the correction is substantial, the registrar makes the correction by depositing a notice to that effect in the register, and informs the registrant.

The correction is retroactive to the date of deposit of the document concerned.

[2010, c. 7, s. 94].

95. If a document filed by a registrant is incomplete or contains a clerical error, the registrar may correct the document with the authorization of the registrant.

The registrar may also delete information that the registrar is required by law to refuse to record in the register.

In such cases, the registrar records the corrected or deleted information on the document and informs the registrant.

[2010, c. 7, s. 95].

96. The registrar may cancel ex officio an entry or the deposit in the register of a declaration or of a document transferred under an agreement entered into under section 117 or 118 if the declaration or document that was the basis for the entry or was deposited was filed without right.

The same applies to the recording or deposit of a notice of closure or a notice of liquidation described in the first paragraph of section 62, a notice required under article 306, 358 or 359 of the *Civil Code of Québec* (S.Q. 1991, c. 64) or a notice of liquidation filed under the *Business Corporations Act* (chapter S-31.1).

The registrar informs the registrant of the cancellation.

[2010, c. 7, s. 96].

97. The registrar may cancel ex officio the deposit of a declaration if the information it contains was not declared in accordance with the law.

The registrar records the cancellation in the register and informs the registrant.

The declaration is deemed never to have been filed by the registrant.

[2010, c. 7, s. 97; 2010, c. 40, s. 43].

98. Sont opposables aux tiers à compter de la date où elles sont inscrites à l'état des informations et font preuve de leur contenu en faveur des tiers de bonne foi les informations suivantes relatives à l'assujetti:

1° le nom de l'assujetti et, s'il a déjà été immatriculé, son numéro d'entreprise du Québec;

2° tout autre nom qu'il utilise au Québec et sous lequel il s'identifie;

3° la forme juridique qu'il emprunte en précisant la loi en vertu de laquelle il est constitué;

4° son domicile;

5° le domicile qu'il élit avec mention du nom de la personne qu'il mandate pour recevoir les documents, aux fins de l'application de la présente loi;

6° les nom et domicile de chaque administrateur en mentionnant la fonction qu'il occupe ou, si tous les pouvoirs ont été retirés au conseil d'administration par une convention unanime des actionnaires conclue en vertu d'une loi du Québec ou d'une autre autorité législative du Canada, les nom et domicile des actionnaires ou des tiers qui assument ces pouvoirs;

7° la date de l'entrée en fonction des personnes visées aux paragraphes 6° et 10° et, s'il y a lieu, la date de la fin de leur charge;

8° les nom et domicile du président, du secrétaire et du principal dirigeant, lorsqu'ils ne sont pas membres du conseil d'administration, avec mention des fonctions qu'ils occupent;

9° les nom et adresse de son fondé de pouvoir;

10° les nom, adresse et qualité de la personne qui agit à titre d'administrateur du bien d'autrui;

11° l'adresse des établissements qu'il possède au Québec;

98. The following information relating to a registrant may be set up against third persons from the time it is recorded in the statement of information and is proof of its content for the benefit of third persons in good faith:

(1) the registrant's entered and, if the registrant was previously registered, the registrant's Québec business number;

(2) any other name used by the registrant for identification in Québec;

(3) the registrant's juridical form and the statute under which the registrant was constituted;

(4) the registrant's domicile;

(5) the domicile elected by the registrant and the name of the person mandated by the registrant to receive documents for the purposes of this Act;

(6) the names and domiciles of the directors and the positions they hold or, if all powers have been withdrawn from the board of directors by a unanimous shareholder agreement entered into in accordance with the laws of Québec or a Canadian jurisdiction other than Québec, the names and domiciles of the shareholders or third persons having assumed those powers;

(7) the date of entry into office and, if applicable, the date of cessation of office of the persons referred to in subparagraphs 6 and 10;

(8) the names and domiciles of the president, the secretary and the chief executive officer, if they are not members of the board of directors, and the positions they hold;

(9) the name and address of the registrant's attorney;

(10) the name, address and capacity of the person acting for the registrant as administrator of the property of others;

(11) the address of the registrant's establishments in Québec;

12° les nom et domicile de chaque associé avec mention qu'aucune autre personne ne fait partie de la société de personnes ou, s'il s'agit d'une société en commandite, les nom et domicile de chaque commandité ainsi que ceux des trois commanditaires ayant fourni le plus grand apport;

13° l'objet poursuivi par la fiducie et la société de personnes;

14° le nom de l'État, de la province ou du territoire où il a été constitué et la date de sa constitution;

15° le nom de l'État, de la province ou du territoire où la fusion ou la scission dont la personne morale est issue s'est réalisée, la date de cette fusion ou scission ainsi que les nom, domicile et numéro d'entreprise du Québec de toute personne morale partie à cette fusion ou scission;

16° la date de sa continuation ou de toute autre transformation;

17° la loi désignée dans l'acte de fiducie en vertu de laquelle la fiducie est régie.

Les tiers peuvent, par tout moyen, contredire les informations contenues dans un document qui est produit au registraire ou lui est transféré en application d'une entente conclue conformément à l'un des articles 117 ou 118.

Toutefois, l'assujetti dont l'immatriculation a été radiée d'office ne peut mettre en question les informations qu'il a déclarées et qui sont contenues à l'état des informations.

[2010, c. 7, a. 98; 2010, c. 40, a. 44].

99. Toute personne peut consulter le registre.

La consultation se fait aux endroits et heures désignés par le registraire. Elle peut aussi se faire à distance, au moyen des technologies qu'il détermine.

La consultation est gratuite. Toutefois, elle est sujette aux frais prescrits par règlement

(12) the name and domicile of each partner, the fact that no other person is a member of the partnership and, in the case of a limited partnership, the name and domicile of each general partner and the names and domiciles of the three greatest contributors to the partnership among the special partners;

(13) the object pursued by the trust or partnership;

(14) the name of the State, province or territory in which the registrant was constituted and the date of constitution;

(15) the name of the State, province or territory in which the amalgamation or division that resulted in the formation of the registrant took place, the date of the amalgamation or division and the name, domicile and Québec business number of every legal person involved in the amalgamation or division; and

(16) the date of the continuance or other transformation of the registrant;

(17) the statute, designated in the trust deed, under which the trust is governed.

Third persons may submit any proof to refute information contained in a document filed with the registrar or transferred under an agreement entered into under section 117 or 118.

However, a registrant whose registration has been cancelled ex officio by the registrar may not dispute information declared by the registrant and contained in the statement of information.

[2010, c. 7, s. 98; 2010, c. 40, s. 44].

99. Any person may consult the register.

The register may be consulted in the locations and during the hours designated by the registrar. It may also be consulted from a distance by means of technologies determined by the registrar.

Consultation of the register is free of charge. However, charges prescribed by

du gouvernement dans les cas qui y sont déterminés.

[2010, c. 7, a. 99; 2010, c. 31, a. 170].

100. Le registraire peut, pour la période qu'il détermine, empêcher la consultation d'une information personnelle concernant un assujetti, inscrite au registre, s'il a des motifs raisonnables de croire que la diffusion de cette information représente une menace sérieuse à la sécurité de cet assujetti.

Il en est de même d'une information personnelle inscrite au registre qu'un assujetti a déclarée à l'égard d'une autre personne.

[2010, c. 7, a. 100].

101. Le registraire peut fournir à toute personne qui en fait la demande, sur paiement des droits prévus par la présente loi, un regroupement d'informations contenues aux états des informations.

Les nom et adresse d'une personne physique ne peuvent toutefois faire partie d'un regroupement ni lui servir de base, sauf lorsque le regroupement est demandé par une personne ou un organisme visé à l'un des paragraphes 1° à 3° ou 5° du deuxième alinéa de l'article 59 de la *Loi sur l'accès aux documents des organismes publics et sur la protection des renseignements personnels* (chapitre A-2.1) ou à l'un des articles 67 ou 68 de cette loi, pour les fins qui y sont prévues.

[2010, c. 7, a. 101; 2010, c. 40, a. 45].

102. Pour l'application de la présente loi, un organisme du gouvernement comprend tout organisme visé au premier alinéa de l'article 2 de la *Loi sur l'administration financière* (chapitre A-6.001) et une entreprise du gouvernement comprend toute entreprise du gouvernement visée au troisième alinéa de cet article.

Sont assimilées à un organisme du gouvernement les personnes désignées par l'Assemblée nationale pour exercer une fonction en relevant.

[2010, c. 7, a. 102].

regulation of the Government may apply in cases determined in the regulation of the Government.

[2010, c. 7, s. 99; 2010, c. 31, s. 170].

100. The registrar may, for the period determined by the registrar, prevent access to personal information in the register concerning a registrant if the registrar has reasonable grounds to believe that making that information accessible represents a serious threat to the registrant's safety.

The same applies to personal information recorded in the register which a registrant declared about another person.

[2010, c. 7, s. 100].

101. On payment of the fee set out in this Act, the registrar may provide to any person who so requests a compilation of the information contained in statements of information.

The name and address of a natural person may not, however, be part of or the basis for such a compilation unless the compilation is requested by a person or a body referred to in any of subparagraphs 1 to 3 and 5 of the second paragraph of section 59 of the *Act respecting Access to documents held by public bodies and the Protection of personal information* (chapter A-2.1) or section 67 or 68 of that Act, for the purposes set out in those provisions.

[2010, c. 7, s. 101; 2010, c. 40, s. 45].

102. For the purposes of this Act, a government body includes any body referred to in the first paragraph of section 2 of the *Financial Administration Act* (chapter A-6.001), and a government enterprise includes any government enterprise referred to in the third paragraph of that section.

In addition, a person designated by the National Assembly to exercise a function under its authority is considered a government body.

[2010, c. 7, s. 102].

103. Malgré le premier alinéa de l'article 101, le registraire peut fournir gratuitement un regroupement d'informations lorsque celui-ci est demandé par un ministère ou un organisme du gouvernement ou par un établissement d'enseignement aux fins de ses recherches.

On entend par « établissement d'enseignement » un établissement d'enseignement situé au Québec qui est désigné par le ministre de l'Éducation, du Loisir et du Sport ou par le ministre de l'Enseignement supérieur, de la Recherche, de la Science et de la Technologie pour l'application du Programme de prêts et bourses institué en vertu de la *Loi sur l'aide financière aux études* (chapitre A-13.3)

[2010, c. 7, a. 103; 2013, c. 28, a. 203].

104. Malgré le deuxième alinéa de l'article 101, le ministre peut effectuer un regroupement d'informations à partir des informations provenant du registre pour l'exercice des responsabilités qui lui sont confiées par la loi.

[2010, c. 7, a. 104].

105. Le registraire doit délivrer gratuitement à toute personne qui lui en fait la demande une copie ou un extrait d'un index des documents, d'un état des informations ou d'un index des noms.

[2010, c. 7, a. 105].

106. Sur paiement des frais prescrits par règlement du gouvernement, le registraire doit délivrer à toute personne qui lui en fait la demande une copie ou un extrait d'un document déposé au registre.

Lorsqu'il s'agit d'une copie ou d'un extrait d'un document déposé au registre relativement à un assujetti qui s'est prévalu d'une dispense établie par règlement du ministre en vertu du paragraphe 2° de l'article 149, le registraire supprime de l'extrait ou de la copie qu'il délivre les informations en faisant l'objet.

Il en est de même de toute information personnelle dont le registraire empêche la consultation en application de l'article 100 durant la période qui y est visée.

[2010, c. 7, a. 106].

103. Despite the first paragraph of section 101, the registrar may provide a compilation of information free of charge if it is requested by a government department or body or by an educational institution for research purposes.

"Educational institution" means an educational institution situated in Québec that is designated by the Minister of Education, Recreation and Sports or the Minister of Higher Education, Research, Science and Technology for the purposes of the loans and bursaries program established under the *Act respecting financial assistance for education expenses* (chapter A-13.3).

[2010, c. 7, s. 103; 2013, c. 28, s. 203].

104. Despite the second paragraph of section 101, the Minister may compile information from the register in carrying out the Minister's responsibilities under the law.

[2010, c. 7, s. 104].

105. The registrar must issue, free of charge, to any person who so requests a copy or extract of an index of documents, a statement of information or an index of names.

[2010, c. 7, s. 105].

106. On payment of the charges prescribed by regulation of the Government, the registrar must issue to any person who so requests a copy or extract of a document deposited in the register.

In the case of a copy or extract of a document relating to a registrant who has invoked an exemption established by regulation of the Minister under paragraph 2 of section 149, the registrar deletes the information to which the exemption applies from the extract or copy.

The same applies to any personal information access to which is prevented under section 100 for a period determined under that section.

[2010, c. 7, s. 106].

107. Le registraire doit également, sur demande et sur paiement des droits prévus par la présente loi, certifier conforme la copie ou l'extrait qu'il délivre.

[2010, c. 7, a. 107; 2010, c. 40, a. 46].

107. On payment of the fee set out in this Act, the registrar must, on request, issue a certified copy or extract.

[2010, c. 7, s. 107; 2010, c. 40, s. 46].

108. Le registraire doit, sur demande et sur paiement des droits prévus par la présente loi, délivrer une attestation selon laquelle une personne, une fiducie, une société de personnes ou un groupement de personnes est ou n'est pas:

1° immatriculé;

2° en défaut de se conformer à son obligation de mise à jour annuelle;

3° en défaut de se conformer à une demande qui lui a été faite en vertu de l'article 73;

4° radié.

De plus, il doit, aux mêmes conditions, attester qu'un assujetti est en voie de liquidation ou de dissolution lorsqu'une déclaration, un avis ou un jugement à cet effet lui a été transmis.

Pour l'application du paragraphe 2° du premier alinéa, l'attestation à l'égard d'une personne morale ou d'une fiducie visée à l'article 46 est délivrée en considérant que la période déterminée par règlement pour sa mise à jour annuelle applicable pour l'année en cours demeure inchangée, sauf si la personne morale ou la fiducie confirme par écrit au registraire une nouvelle période applicable pour cette année.

[2010, c. 7, a. 108; 2010, c. 40, a. 47].

108. On payment of the fee set out in this Act, the registrar must, on request, issue an attestation as to whether or not a person, trust, partnership or group of persons

(1) is registered;

(2) has failed to meet the annual updating obligation;

(3) has failed to comply with a request under section 73; or

(4) has had their registration cancelled.

Subject to the same conditions, the registrar must also attest that a registrant is being liquidated or wound up or dissolved, provided a declaration, notice or judgment to that effect has been sent to the registrar.

For the purposes of subparagraph 2 of the first paragraph or trust, an attestation in respect of a legal person or trust described in section 46 is issued on the assumption that the annual updating period determined by regulation for the current year remains unchanged, unless the legal person or trust gives the registrar written confirmation of a new period for the current year.

[2010, c. 7, s. 108; 2010, c. 40, s. 47].

Chapitre VII —— Pouvoirs du ministre et administration

Section I ——
GESTION DES DOCUMENTS

§ 1. —— **Dispositions générales**

109. Malgré toute disposition législative inconciliable, la forme et les modalités de transmission des documents qui doivent être produits au registraire ou lui être transférés sont déterminées par le ministre

Chapter VII —— Powers of minister and administration

Section I —— DOCUMENT
MANAGEMENT

§ 1. —— **General provisions**

109. Despite any legislative provision to the contrary, the form of the documents required to be filed with or transferred to the registrar and the manner in which they are to be sent are determined by the Minister,

en fonction du support ou de la technologie utilisé.

[2010, c. 7, a. 109].

110. Lorsqu'ils sont transmis séparément, un document annexé à un autre ou un document dont la loi exige qu'il soit joint à un autre, sont réputés avoir été reçus par le registraire au moment où il reçoit le dernier d'entre eux.

[2010, c. 7, a. 110].

111. La forme et les modalités de transmission des documents dressés par le registraire en vertu de la loi sont déterminées par le ministre.

[2010, c. 7, a. 111].

§ 2. ── Transmission de documents technologiques

112. Les modalités de signature des documents technologiques au sens de la *Loi concernant le cadre juridique des technologies de l'information* (chapitre C-1.1) produits au registraire, y compris ce qui peut en tenir lieu, sont déterminées par le ministre.

[2010, c. 7, a. 112].

113. Est présumé autorisé à dresser, à signer et à transmettre un document au nom d'une personne tenue de le produire et de le signer en vertu de la loi, celui qui transmet au registraire ce document sur un support faisant appel à la technologie et qui s'est assuré, préalablement à la transmission, de l'identité et du consentement de la personne pour qui il agit.

Lorsqu'un représentant de la personne tenue de produire et de signer un document confie à un tiers la transmission du document dans les circonstances décrites au premier alinéa, il appartient à ce représentant de procéder à la vérification d'identité et de s'assurer du consentement de la personne conformément à cet alinéa.

[2010, c. 7, a. 113].

114. Le ministre peut exiger d'un intermédiaire qui transmet régulièrement des documents au registraire qu'un document à

according to the medium or technology used.

[2010, c. 7, s. 109].

110. If a document is attached to or required by law to be filed with another, and they are sent separately, the registrar is deemed to have received the documents when the last is received.

[2010, c. 7, s. 110].

111. The form of the documents required by law to be drawn up by the registrar and the manner in which they are to be sent are determined by the Minister.

[2010, c. 7, s. 111].

§ 2. ── Filing of technology-based documents

112. Signature requirements for technology-based documents, within the meaning of the *Act to establish a legal framework for information technology* (chapter C-1.1), filed with the registrar, including what may stand in lieu of a signature, are determined by the Minister.

[2010, c. 7, s. 112].

113. A person who sends to the registrar, by means of a technology-based medium, a document on behalf of a person required by law to sign and file the document, and who verifies the identity and consent of that person before sending the document, is presumed to be authorized to draw up, sign and send that document in that person's name.

If a representative of the person required to sign and file a document entrusts the sending of the document to a third person in the circumstances described in the first paragraph, it is the responsibility of the representative to verify the person's identity and consent in accordance with that paragraph.

[2010, c. 7, s. 113].

114. The Minister may require that an intermediary who regularly sends documents to the registrar send a document required

produire en vertu de la loi soit transmis sur un support ou par un mode de transmission spécifique, selon les modalités et conditions qu'il détermine.

On entend par « intermédiaire » une personne ou un groupement de personnes qui, dans le cadre de ses activités, agit pour le compte d'autrui pour dresser ou transmettre des documents relatifs aux personnes morales ou destinés à être déposés au registre.

[2010, c. 7, a. 114].

by law to be filed using a specific medium or a specific method of transmission, according to the terms determined by the Minister.

"Intermediary" means a person or group of persons engaged in the business of acting on behalf of others to draw up or send documents relating to legal persons or documents to be deposited in the register.

[2010, c. 7, s. 114].

115. Le ministre établit, en fonction du support et du mode de transmission utilisés, le moment à compter duquel un document technologique est considéré reçu par le registraire.

[2010, c. 7, a. 115].

115. The time as of which a technology-based document is considered received by the registrar is determined by the Minister, according to the medium and the method of transmission used.

[2010, c. 7, s. 115].

SECTION II — CONCLUSION D'ENTENTES

SECTION II — AGREEMENTS

116. Le ministre peut conclure une entente avec un ministère ou un organisme du gouvernement en vue de favoriser l'exécution des fonctions du registraire.

Le ministre peut, conformément à la loi, conclure une telle entente avec un gouvernement autre que celui du Québec, l'un de ses ministères, une organisation internationale ou un organisme de ce gouvernement ou de cette organisation.

[2010, c. 7, a. 116].

116. The Minister may enter into an agreement with a government department or body in order to facilitate the performance of the registrar's functions.

The Minister may, in accordance with the applicable legislative provisions, enter into an agreement with a government other than that of Québec, with a department of such a government, with an international organization or with a body of such a government or organization.

[2010, c. 7, s. 116].

117. Le ministre peut, aux fins de l'immatriculation d'un assujetti, conclure une entente avec un ministère ou un organisme du gouvernement pour permettre la communication d'une information ou le transfert d'un document qu'une personne, une fiducie, une société de personnes ou un groupement de personnes a déclarée ou produit en vertu d'une autre loi.

Il peut également conclure une telle entente pour la mise à jour d'une information que l'assujetti doit déclarer en vertu de la présente loi.

Le ministère ou l'organisme ne communique au registraire que les informations exigées par la présente loi.

117. For the purpose of registering a registrant, the Minister may enter into an agreement with a government department or body to allow the communication of information declared under another Act or the transfer of a document filed under another Act by a person, trust, partnership or group of persons.

The Minister may also enter into such an agreement for the purpose of updating the information a registrant must declare under this Act.

Only the information required under this Act may be communicated to the registrar by the department or body.

Le ministère ou l'organisme doit informer la personne, la fiducie, la société de personnes ou le groupement de personnes que l'information sera communiquée au registraire ou que le document lui sera transféré, le cas échéant.

[2010, c. 7, a. 117; 2010, c. 40, a. 48].

The department or body must inform the person, trust, partnership or group of persons concerned before the information is communicated or the document is transferred to the registrar.

[2010, c. 7, s. 117; 2010, c. 40, s. 48].

118. Le ministre peut, conformément à la loi, conclure une entente ayant le même objet que celle visée à l'article 117, avec un gouvernement autre que celui du Québec, l'un de ses ministères, une organisation internationale ou un organisme de ce gouvernement ou de cette organisation.

[2010, c. 7, a. 118].

118. The Minister may, in accordance with the applicable legislative provisions, enter into an agreement for the purposes set out in section 117 with a government other than that of Québec, with a department of such a government, with an international organization or with a body of such a government or organization.

[2010, c. 7, s. 118].

119. Le ministre peut, sur recommandation du registraire, conclure une entente avec un ministère ou un organisme du gouvernement pour lui permettre d'immatriculer une personne physique, une fiducie, une société de personnes, une personne morale ou un groupement de personnes. Cette entente peut également porter sur l'exercice des attributions visées aux articles 105 à 107.

Le ministère ou l'organisme exerce, aux conditions et selon les limites convenues dans l'entente, tout ou partie des pouvoirs du registraire.

[2010, c. 7, a. 119; 2010, c. 40, a. 49].

119. On the recommendation of the registrar, the Minister may enter into an agreement with a government department or body to allow it to register a natural person, trust, partnership, legal person or group of persons. Such an agreement may also concern the exercise of the powers and duties conferred by sections 105 to 107.

A government department or body exercises all or some of the powers of the registrar subject to the conditions and within the limits stipulated in the agreement.

[2010, c. 7, s. 119; 2010, c. 40, s. 49].

120. Le ministre peut conclure une entente avec un ministère, un organisme ou une entreprise du gouvernement pour permettre au registraire de communiquer une information déclarée par un assujetti en vertu de la présente loi lorsqu'une telle information doit également être déclarée à ce ministère, cet organisme ou cette entreprise en vertu d'une autre loi.

Le ministre peut, conformément à la loi, conclure une entente ayant le même objet avec un gouvernement autre que celui du Québec, l'un de ses ministères, une organisation internationale ou un organisme de ce gouvernement ou de cette organisation.

Le registraire informe l'assujetti que l'information sera communiquée au ministère,

120. The Minister may enter into an agreement with a government department, body or enterprise to allow the registrar to communicate to the department, body or enterprise information declared by a registrant under this Act if it must also be declared to that department, body or enterprise under another Act.

The Minister may, in accordance with the applicable legislative provisions, enter into an agreement for the same purpose with a government other than that of Québec, with a department of such a government, with an international organization or with a body of such a government or organization.

The registrar informs the registrant concerned before the information concerning

à l'organisme ou à l'entreprise du gouvernement.

[2010, c. 7, a. 120].

121. Le ministre peut conclure une entente avec un ministère, un organisme ou une entreprise du gouvernement pour que le registraire lui communique tout ou partie des informations contenues au registre et les mises à jour qui y sont apportées.

Une telle entente ne peut être conclue que si cette communication est nécessaire aux attributions du ministère, de l'organisme ou de l'entreprise du gouvernement.

Le ministère, l'organisme ou l'entreprise du gouvernement qui reçoit les informations contenues au registre ne peut les utiliser:

1° pour effectuer un regroupement d'informations pour un tiers;

2° pour effectuer pour ses propres fins un regroupement d'informations contenant les nom et adresse d'une personne physique ou un regroupement d'informations basé sur les nom et adresse d'une telle personne, sauf si le regroupement est effectué aux fins prévues à l'un des paragraphes 1° à 3° ou 5° du deuxième alinéa de l'article 59 de la *Loi sur l'accès aux documents des organismes publics et sur la protection des renseignements personnels* (chapitre A-2.1) ou à l'un des articles 67 ou 68 de cette loi.

[2010, c. 7, a. 121; 2010, c. 40, a. 50].

122. Le ministre peut, conformément à la loi, conclure une entente ayant le même objet que celle visée au premier alinéa de l'article 121 avec un gouvernement autre que celui du Québec, l'un de ses ministères, une organisation internationale ou un organisme de ce gouvernement ou de cette organisation.

Une telle entente doit prévoir les restrictions mentionnées aux paragraphes 1° et 2° du troisième alinéa de cet article.

[2010, c. 7, a. 122].

the registrant is communicated to the government department, body or enterprise.

[2010, c. 7, s. 120].

121. The Minister may enter into an agreement with a government department, body or enterprise to allow the registrar to communicate to the department, body or enterprise all or part of the information contained in the register and any subsequent updates.

Such an agreement may be entered into only if communication of the information is necessary for the exercise of the powers and duties of the department, body or enterprise.

A government department, body or enterprise to which information contained in the register is communicated may not use it to

(1) make a compilation of information for a third person; or

(2) make for its own purposes a compilation of information containing or based on the name and address of a natural person, unless the compilation is made for the purposes set out in any of subparagraphs 1 to 3 or 5 of the second paragraph of section 59 of the *Act respecting Access to documents held by public bodies and the Protection of personal information* (chapter A-2.1) or section 67 or 68 of that Act.

[2010, c. 7, s. 121; 2010, c. 40, s. 50].

122. The Minister may, in accordance with the applicable legislative provisions, enter into an agreement for the purpose set out in the first paragraph of section 121 with a government other than that of Québec, with a department of such a government, with an international organization or with a body of such a government or organization.

Such an agreement must include the restrictions mentioned in subparagraphs 1 and 2 of the third paragraph of that section.

[2010, c. 7, s. 122].

123. Pour l'application de la présente section, tout ministère, tout organisme ou toute entreprise du gouvernement est habilité à conclure avec le ministre les ententes qui y sont visées et à communiquer les informations ou à transmettre les documents au registraire.

[2010, c. 7, a. 123].

123. For the purposes of this division, any government department, body or enterprise is competent to enter into agreements with the Minister under this division and to communicate information and send documents to the registrar.

[2010, c. 7, s. 123].

Chapitre VIII ── Inspection et enquête

Chapter VIII ── Inspection and investigation

124. Le registraire ou tout employé visé à l'article 4 qu'il autorise à cette fin peut faire toute inspection pour vérifier l'application de la présente loi ou d'une disposition d'une loi mentionnée à l'annexe III à l'égard de laquelle des responsabilités sont confiées au registraire.

Lors d'une inspection, le registraire ou l'inspecteur s'identifie et, sur demande, exhibe un certificat attestant sa qualité.

[2010, c. 7, a. 124; 2010, c. 31, a. 173].

124. The registrar or an employee referred to in section 4 authorized for that purpose by the registrar may conduct an inspection to verify compliance with this Act or with a provision of an Act listed in Schedule III that confers responsibilities on the registrar.

At the time of the inspection, the registrar or the inspector must show identification and, on request, a certificate of capacity.

[2010, c. 7, s. 124; 2010, c. 31, s. 173].

125. Le registraire ou l'inspecteur autorisé peut, pour l'application de la présente loi ou d'une disposition d'une loi mentionnée à l'annexe III à l'égard de laquelle des responsabilités sont confiées au registraire:

1° pénétrer, à toute heure raisonnable, dans un lieu où s'exercent des activités régies par une telle loi et en faire l'inspection;

2° exiger tout renseignement relatif à l'application d'une telle loi ou d'une telle disposition;

3° demander d'avoir accès, à des heures raisonnables, aux objets qui portent des documents qu'il doit inspecter, de manière à pouvoir consulter ces documents et à en obtenir copie, s'il a des motifs raisonnables de croire qu'ils contiennent des renseignements relatifs à l'application d'une telle loi ou d'une telle disposition.

[2010, c. 7, a. 125].

125. For the purpose of verifying compliance with this Act or a provision of an Act listed in Schedule III that confers responsibilities on the registrar, the registrar or an authorized inspector may

(1) at any reasonable hour, enter and inspect premises where activities governed by this Act are carried on;

(2) require any information relating to the carrying out of this Act or any such provision; and

(3) at any reasonable hour, demand access to anything that contains documents so that they may be inspected and copied, if there are reasonable grounds to believe that the documents contain information relating to the administration of this Act or any such provision.

[2010, c. 7, s. 125].

126. Il est interdit de nuire au registraire ou à l'inspecteur dans l'exercice de ses fonctions, de l'induire en erreur ou de tenter de le faire, de négliger ou de refuser de

126. No person may hinder the registrar or an inspector in the performance of inspection duties, deceive, attempt to deceive or fail or refuse to obey the registrar or the

lui obéir, de cacher ou de détruire un document utile à une inspection.

Toute personne faisant l'objet d'une inspection est tenue de prêter assistance au registraire ou à l'inspecteur. De même, toute personne qui a la garde, la possession ou le contrôle d'un document visé au paragraphe 3° de l'article 125 doit, sur demande, lui en donner communication et lui en faciliter l'examen.

[2010, c. 7, a. 126].

127. Le registraire ou l'inspecteur ne peut être poursuivi en justice pour les actes officiels accomplis de bonne foi dans l'exercice de ses fonctions.

[2010, c. 7, a. 127].

128. Le registraire ou toute personne que le ministre autorise à cette fin peut faire toute enquête en vue de réprimer une infraction à la présente loi ou à une disposition d'une loi mentionnée à l'annexe III à l'égard de laquelle des responsabilités sont confiées au registraire.

Lors d'une enquête, le registraire ou l'enquêteur s'identifie et, sur demande, exhibe un certificat attestant sa qualité.

[2010, c. 7, a. 128].

129. Pour la conduite d'une enquête, le registraire ou l'enquêteur est investi des pouvoirs et de l'immunité d'un commissaire nommé en vertu de la *Loi sur les commissions d'enquête* (chapitre C-37), sauf du pouvoir d'imposer l'emprisonnement.

[2010, c. 7, a. 129].

130. Le registraire doit permettre l'examen de tout document, registre, livre, papier ou autres choses saisis dans le cadre d'une inspection ou d'une enquête, sur demande de leur propriétaire ou de la personne qui les détenait lors de la saisie.

[2010, c. 7, a. 130].

131. Le registraire et toute personne autorisée à faire une inspection ou une enquête ne doivent communiquer ni permettre que soit communiqué à nul autre qu'à une personne,

inspector, or conceal or destroy a document relevant to an inspection.

Any person being inspected must lend assistance to the registrar or the inspector. Similarly, any person who has custody, possession or control of a document referred to in paragraph 3 of section 125 must, on request, make it available to the registrar or inspector and facilitate its examination.

[2010, c. 7, s. 126].

127. The registrar or an inspector may not be prosecuted for official acts performed in good faith in the exercise of inspection functions.

[2010, c. 7, s. 127].

128. The registrar or any person authorized for that purpose by the Minister may conduct an investigation to repress an offence against this Act or a provision of an Act listed in Schedule III that confers responsibilities on the registrar.

At the time of the investigation, the registrar or the investigator must show identification and, on request, a certificate of capacity.

[2010, c. 7, s. 128].

129. To conduct an investigation, the registrar or an investigator is vested with the powers and immunity of a commissioner appointed under the *Act respecting public inquiry commissions* (chapter C-37), except the power to impose imprisonment.

[2010, c. 7, s. 129].

130. The registrar must, on request, allow the owner of any document, record, book, paper or other thing seized during an inspection or investigation, or the person having possession of it at the time of seizure, to examine it.

[2010, c. 7, s. 130].

131. The registrar and any person authorized to conduct an inspection or an investigation may not communicate or allow anyone to communicate to another person,

sonne autorisée, généralement ou spécifiquement, par le ministre lui-même, une information obtenue dans le cadre d'une inspection ou d'une enquête, ni permettre l'examen d'un rapport qui en résulte.

Le premier alinéa s'applique malgré les articles 9 et 59 de la *Loi sur l'accès aux documents des organismes publics et sur la protection des renseignements personnels* (chapitre A-2.1).

[2010, c. 7, a. 131; 2013, c. 18, a. 98].

other than a person generally or specially authorized by the Minister personnally, any information obtained during an inspection or an investigation, or allow an inspection or investigation report to be examined.

The first paragraph applies despite sections 9 and 59 of the *Act respecting Access to documents held by public bodies and the Protection of personal information* (chapter A-2.1).

[2010, c. 7, s. 131; 2013, c. 18, s. 98].

Chapitre IX —— Recours

SECTION I —— RECOURS ADMINISTRATIFS

Chapter IX —— Remedies

SECTION I —— ADMINISTRATIVE REMEDIES

132. Un intéressé peut, sur paiement des droits prévus par la présente loi, demander au registraire d'annuler une inscription ou le dépôt au registre d'une déclaration ou d'un document transféré en application d'une entente conclue conformément à l'un des articles 117 ou 118 lorsque la production de la déclaration ou du document qui a donné lieu à l'inscription ou au dépôt a été faite sans droit.

Il en est de même à l'égard de l'inscription ou du dépôt d'un avis de clôture ou de liquidation visé au premier alinéa de l'article 62, d'un avis visé à l'un des articles 306, 358 ou 359 du *Code civil du Québec* (L.Q. 1991, c. 64) ou d'un avis de liquidation produit en vertu de la *Loi sur les sociétés par actions* (chapitre S-31.1).

[2010, c. 7, a. 132].

132. On payment of the fee set out in this Act, an interested person may request that the registrar cancel an entry or the deposit in the register of a declaration, or a document transferred under an agreement entered into under section 117 or 118, if the declaration or document that was the basis for the entry or was deposited was filed without right.

The same applies to the recording or deposit of a notice of closure or a notice of liquidation described in the first paragraph of section 62, a notice required under article 306, 358 or 359 of the *Civil Code of Québec* (S.Q. 1991, c. 64) or a notice of liquidation filed under the *Business Corporations Act* (chapter S-31.1).

[2010, c. 7, s. 132].

133. Un intéressé autre que l'assujetti peut, sur paiement des droits prévus par la présente loi, demander au registraire de rectifier ou de supprimer une information inexacte qui figure au registre.

[2010, c. 7, a. 133].

133. On payment of the fee set out in this Act, an interested person other than a registrant may request that the registrar correct or delete inaccurate information from the register.

[2010, c. 7, s. 133].

134. Un intéressé peut, sur paiement des droits prévus par la présente loi, demander au registraire d'imposer à un assujetti qu'il remplace ou modifie le nom qu'il utilise aux fins de l'exercice de son activité, autre que celui sous lequel il a été constitué, ou qu'il cesse d'utiliser tout nom, s'il n'est pas conforme à la présente loi.

134. On payment of the fee set out in this Act, an interested person may request that the registrar order a registrant to replace or change the name the registrant uses in carrying on an activity, provided it is not the name under which the registrant was constituted, or to cease using a name, if it is contrary to this Act.

Le premier alinéa ne s'applique pas à la personne physique qui est immatriculée volontairement sous son nom.

[2010, c. 7, a. 134].

The first paragraph does not apply to a natural person who is registered voluntarily under his or her name.

[2010, c. 7, s. 134].

135. Le registraire porte une mention au registre qu'une demande visée à l'un des articles 132 à 134 lui a été soumise.

[2010, c. 7, a. 135].

135. The registrar records in the register that a request under any of sections 132 to 134 has been submitted to the registrar.

[2010, c. 7, s. 135].

136. Avant de rendre sa décision, le registraire doit, conformément à l'article 5 de la *Loi sur la justice administrative* (chapitre J-3), aviser les personnes intéressées et leur donner l'occasion de présenter leurs observations.

[2010, c. 7, a. 136].

136. Before making a decision, the registrar must, in accordance with section 5 of the *Act respecting administrative justice* (chapter J-3), notify the persons concerned and allow them to submit observations.

[2010, c. 7, s. 136].

137. La décision du registraire doit être motivée. Elle est déposée au registre et une copie de celle-ci est transmise sans délai aux personnes intéressées.

La décision est exécutoire à l'expiration d'un délai de 30 jours à compter de sa notification, à moins qu'elle ne fasse l'objet d'un recours devant le Tribunal administratif du Québec.

[2010, c. 7, a. 137].

137. A decision of the registrar must give reasons. It must be deposited in the register and a copy must be sent without delay to the persons concerned.

The decision is effective on the expiry of a period of 30 days after its notification, unless it is contested before the Administrative Tribunal of Québec.

[2010, c. 7, s. 137].

138. À l'expiration du délai pour former le recours, le registraire dépose la décision rendue en vertu de l'article 137 au greffe de la Cour supérieure du district du domicile de l'assujetti, de celui de l'adresse de son principal établissement au Québec ou de celle de son fondé de pouvoir.

Le dépôt de la décision lui confère alors la même force et le même effet que s'il s'agissait d'un jugement de la Cour supérieure.

[2010, c. 7, a. 138].

138. At the expiry of the time for contesting a decision made under section 137, the registrar files the decision at the office of the Superior Court in the judicial district of the registrant's domicile or principal establishment in Québec, or the judicial district of the address of the registrant's attorney.

The filing confers on the decision the same force and effect as a judgment of the Superior Court.

[2010, c. 7, s. 138].

SECTION II — RECOURS DEVANT LE TRIBUNAL ADMINISTRATIF DU QUÉBEC

SECTION II — PROCEEDINGS BEFORE THE ADMINISTRATIVE TRIBUNAL OF QUÉBEC

139. Toute personne intéressée peut contester devant le Tribunal administratif du Québec:

139. Any interested person may contest before the Administrative Tribunal of Québec

1° une décision du registraire rendue en vertu de la section I ou de l'un des articles 96 ou 97;

2° un refus du registraire d'immatriculer un assujetti ou de déposer au registre une déclaration ou un document, au motif que le nom qu'il déclare n'est pas conforme aux dispositions de l'un des paragraphes 1° à 6° du premier alinéa ou du deuxième alinéa de l'article 17.

De plus, l'assujetti peut contester devant ce tribunal une décision du registraire rendue en vertu de l'un des articles 20, 36, 63, 64, 70, 72 ou 86 à 88.

[2010, c. 7, a. 139].

140. Le registraire dépose un avis de la contestation au registre.

[2010, c. 7, a. 140].

141. Malgré le deuxième alinéa de l'article 15 de la *Loi sur la justice administrative* (chapitre J-3), le Tribunal ne peut que confirmer ou infirmer la décision contestée.

Une copie de la décision du Tribunal doit être transmise à chacune des parties ainsi qu'au registraire.

Le registraire inscrit une mention que la décision du Tribunal a été rendue et apporte, s'il y a lieu, les modifications nécessaires au registre.

[2010, c. 7, a. 141].

SECTION III — PROCÉDURE ET PREUVE APPLICABLES À UN RECOURS ADMINISTRATIF, CIVIL OU PÉNAL

142. Les poursuites et les demandes en justice, pénales ou civiles, intentées relativement à l'application ou à l'exécution des dispositions d'une loi à l'égard de laquelle des responsabilités sont confiées au registraire, le sont, malgré toute disposition inconciliable, par le registraire sous la désignation de « le Registraire des entreprises » lorsque leurs objets sont relatifs à l'exercice de ses fonctions ou de ses responsabilités.

Toutefois, ceux exercés relativement à l'application ou à l'exécution de l'article

(1) a decision made by the registrar under Division I or section 96 or 97; or

(2) a refusal by the registrar to register a registrant or to deposit a declaration or a document in the register, on the ground that the name declared is contrary to any of subparagraphs 1 to 6 of the first paragraph of section 17 or the second paragraph of that section.

In addition, a registrant may contest a decision made by the registrar under any of sections 20, 36, 63, 64, 70, 72 and 86 to 88 before that Tribunal.

[2010, c. 7, s. 139].

140. The registrar deposits a notice of the contestation in the register.

[2010, c. 7, s. 140].

141. Despite the second paragraph of section 15 of the *Act respecting administrative justice* (chapter J-3), the Tribunal may only confirm or quash the contested decision.

A copy of the decision of the Tribunal must be sent to each party and to the registrar.

The registrar records in the register that a decision has been rendered by the Tribunal, and makes any necessary changes in the register.

[2010, c. 7, s. 141].

SECTION III — PROCEDURE AND EVIDENCE APPLICABLE TO ADMINISTRATIVE, CIVIL AND PENAL PROCEEDINGS

142. Despite any provision to the contrary, any penal proceeding or civil action in relation to the application or enforcement of an Act that confers responsibilities on the registrar is instituted by the registrar, under the designation "the enterprise registrar", if the subject matter of the proceeding or action concerns the exercise of the functions or responsibilities of the registrar.

However, despite any provision to the contrary, any proceeding or action relating to

85 le sont, malgré toute disposition inconciliable, par l'Agence du revenu du Québec sous la désignation de « l'Agence du
revenu du Québec »

[2010, c. 7, a. 142; 2010, c. 31, a. 171].

the application or enforcement of section
85 is instituted by the Agence du revenu
du Québec, under the designation "Agence
du revenu du Québec".

[2010, c. 7, s. 142; 2010, c. 31, s. 171].

143. Lorsqu'une poursuite pénale visée à
l'article 142 est intentée, il n'est pas
nécessaire pour le registraire de signer ou
d'attester le constat d'infraction ni de faire
la preuve de sa désignation ou de son
maintien en fonction.

Le constat d'infraction est signé et délivré
par une personne autorisée par le registraire et il n'est pas nécessaire de faire la
preuve de la qualité, de la signature ou de
l'autorisation, sauf si le défendeur le conteste et si le juge estime alors qu'il est
nécessaire d'en faire la preuve.

[2010, c. 7, a. 143].

143. In the case of a penal proceeding described in section 142, the registrar is not
required to sign or attest the statement of
offence or to prove appointment or continuance in office as registrar.

The statement of offence is signed and issued by a person authorized by the registrar, and proof of the person's capacity,
signature or authorization is not required
unless the defendant contests it and the
judge considers it necessary to provide
such proof.

[2010, c. 7, s. 143

144. Pour l'application du *Code de procédure pénale* (chapitre C-25.1), une personne visée à l'un des articles 124, 128 ou
143 est une personne chargée de l'application d'une loi mentionnée à l'annexe III.

[2010, c. 7, a. 144].

144. For the purposes of the *Code of Penal
Procedure* (chapter C-25.1), a person referred to in section 124, 128 or 143 is a
person responsible for the enforcement of
an Act listed in Schedule III.

[2010, c. 7, s. 144].

145. Le registraire est suffisamment désigné par son titre d'office sans mention de
son nom et une procédure où il est désigné
par son nom peut être continuée par son
successeur sans reprise d'instance ni modification de sa désignation.

Le registraire est à toutes fins représenté
par l'avocat qui comparaît en son nom
sans besoin pour ce dernier de faire la
preuve de sa qualité à agir au nom du
registraire.

[2010, c. 7, a. 145].

145. The registrar is sufficiently designated by the title "enterprise registrar",
without mention of a name, and any proceeding in which the registrar is designated by name may be continued by the
registrar's successor without continuance
of suit or a change in designation.

The registrar is represented for all purposes by the advocate appearing in the
registrar's name, and the advocate is not
required to prove capacity to act in the
registrar's name.

[2010, c. 7, s. 145].

146. Toute personne ayant un recours à
exercer contre le ministre, l'Agence du revenu du Québec ou l'État relativement à
l'application ou à l'exécution d'une disposition d'une loi à l'égard de laquelle des
responsabilités sont confiées au registraire,
ou par suite de l'application ou de l'exécution d'une telle disposition, doit le diriger,
malgré toute disposition inconciliable,
contre le registraire sous la désignation de
« le Registraire des entreprises » lorsque

146. Despite any provision to the contrary,
any remedy against the Minister, the
Agence du revenu du Québec or the State
in relation to or as a result of the application or enforcement of a provision of an
Act that confers responsibilities on the
registrar, under the designation "the enterprise registrar", if the subject matter of the
remedy concerns the exercise of the functions or responsibilities of the registrar.

ses objets sont relatifs à l'exercice de ses fonctions ou de ses responsabilités.

Toutefois, ceux exercés relativement à l'application ou à l'exécution de l'article 85, ou par suite de l'application ou de l'exécution de cet article, doivent l'être, malgré toute disposition inconciliable, contre l'Agence du revenu du Québec sous la désignation de « l'Agence du revenu du Québec ».

[2010, c. 7, a. 146; 2010, c. 31, a. 172].

However, despite any provision to the contrary, a remedy exercised in relation to or as a result of the application or enforcement of section 85 must be exercised against the Agence du revenu du Québec, under the designation "Agence du revenu du Québec".

[2010, c. 7, s. 146; 2010, c. 31, s. 172].

147. Toute procédure à laquelle est partie le registraire doit lui être signifiée ou transmise, selon le cas, au bureau de la direction du contentieux de l'Agence du revenu du Québec à Montréal ou à Québec, en s'adressant à une personne ayant la garde de ce bureau.

Le procès-verbal de signification doit notamment mentionner le nom de la personne à laquelle la copie de l'acte a été laissée.

[2010, c. 7, a. 147; 2010, c. 31, a. 175].

147. Any proceeding to which the registrar is a party must be served on or delivered to the registrar at the Montréal or Québec office of the legal department of the Agence du revenu du Québec by leaving a copy of the proceeding with a person in charge of the office.

The return of service must mention the name of the person with whom the copy of the proceeding was left.

[2010, c. 7, s. 147; 2010, c. 31, s. 175].

Chapitre X — Dispositions réglementaires

Chapter X — Regulatory provisions

148. Le ministre peut, par règlement, déterminer:

1° les éléments que doit contenir l'état des informations;

2° les systèmes de classification pour permettre de déclarer le code d'activité en application de l'un des paragraphes 7°, 8° ou 9° du deuxième alinéa de l'article 33;

3° toute autre information demandée en application du paragraphe 12° du deuxième alinéa de l'article 33;

4° la période de production de la déclaration de mise à jour de l'assujetti en application de l'article 45;

5° toute autre mesure nécessaire pour l'application de la présente loi.

[2010, c. 7, a. 148].

148. The Minister may make regulations determining

(1) the elements that the statement of information must contain;

(2) classification systems for the activity code to be declared under any of subparagraphs 7, 8 and 9 of the second paragraph of section 33;

(3) any other information required under subparagraph 12 of the second paragraph of section 33;

(4) the period for filing the registrant's annual updating declaration under section 45; and

(5) any other measure necessary for the administration of this Act.

[2010, c. 7, s. 148].

149. Le ministre peut également, par règlement et dans des circonstances particulières:

1° dispenser, à l'égard d'une province du Canada et à condition qu'il y ait réciprocité avec celle-ci, certains assujettis de l'obligation de désigner un fondé de pouvoir conformément à l'article 26;

2° dispenser une catégorie d'assujettis de l'obligation de déclarer certaines informations visées aux articles 33 à 35.1.

[2010, c. 7, a. 149; 2010, c. 40, a. 51].

150. Le gouvernement peut, par règlement, déterminer:

1° les normes relatives à la composition des noms pour l'application du paragraphe 4° du premier alinéa de l'article 17;

2° les autorités publiques visées au paragraphe 6° du premier alinéa de l'article 17;

3° les cas où un nom d'un assujetti laisse faussement croire qu'il est lié à une autre personne, à une autre fiducie, à une autre société de personnes ou à un autre groupement de personnes pour l'application du paragraphe 7° du premier alinéa de l'article 17;

4° les critères devant être pris en compte pour l'application des paragraphes 7° et 8° du premier alinéa de l'article 17.

[2010, c. 7, a. 150; 2010, c. 40, a. 52].

151. Le gouvernement peut, par règlement, prescrire les frais relatifs:

1° à la consultation du registre dans les cas qui y sont déterminés;

2° à la transmission de documents qui y sont déposés par un moyen de télécommunication;

3° à la manutention et à la transmission des documents déposés au registre selon le support requis par le demandeur;

4° à la délivrance de copies ou d'extraits d'un document déposé au registre;

149. The Minister may, in special circumstances,

(1) in respect of a province of Canada and provided there is reciprocity with that province, make a regulation exempting certain registrants from designating an attorney in accordance with section 26;

(2) make a regulation exempting a category of registrants from declaring certain information required under sections 33 to 35.1.

[2010, c. 7, s. 149; 2010, c. 40, s. 51].

150. The Government may make regulations determining

(1) standards for the composition of names for the purposes of subparagraph 4 of the first paragraph of section 17;

(2) the public authorities referred to in subparagraph 6 of the first paragraph of section 17;

(3) cases in which a name of a registrant falsely suggests that the registrant is related to another person, trust, partnership or group of persons for the purposes of subparagraph 7 of the first paragraph of section 17; and

(4) criteria for the purposes of subparagraphs 7 and 8 of the first paragraph of section 17.

[2010, c. 7, s. 150; 2010, c. 40, s. 52].

151. The Government may make regulations prescribing the charges for

(1) consulting the register, in the cases determined in those regulations;

(2) using telecommunications to file documents to be deposited in the register;

(3) shipping and handling documents deposited in the register, depending on the medium requested by the applicant;

(4) issuing copies or extracts of a document deposited in the register; and

5° à un service que le registraire fournit à la demande d'un assujetti ou de toute autre personne.

[2010, c. 7, a. 151; 2010, c. 40, a. 53].

(5) any other service provided by the registrar at the request of a registrant or any other person.

[2010, c. 7, s. 151; 2010, c. 40, s. 53].

Chapitre XI ━━ Dispositions pénales

Chapter XI ━━ Penal provisions

152. Commet une infraction l'assujetti ou l'administrateur du bien d'autrui qui fait défaut de produire dans le délai applicable les déclarations suivantes dûment complétées:

1° la déclaration d'immatriculation visée à l'article 32;

2° la déclaration initiale visée à l'article 38;

3° la déclaration de mise à jour visée à l'article 40;

4° la déclaration de mise à jour visée à l'article 41, à moins qu'il n'en soit exempté en vertu de l'article 44;

5° la déclaration de mise à jour visée au premier alinéa de l'article 42, à moins qu'il n'en soit exempté en vertu du deuxième alinéa de cet article;

6° la déclaration de mise à jour visée à l'article 43;

7° la déclaration de mise à jour visée à l'article 45, à moins qu'il ne soit réputé avoir satisfait à son obligation conformément à l'un des articles 48, 51 ou 52 ou qu'il n'en soit exempté en vertu de l'un des articles 49 ou 50.

[2010, c. 7, a. 152].

152. A registrant or a person acting for a registrant as administrator of the property of others is guilty of an offence on failing to file, within the applicable time, any of the following duly completed declarations:

(1) a registration declaration in accordance with section 32;

(2) an initial declaration in accordance with section 38;

(3) an updating declaration in accordance with section 40;

(4) an updating declaration in accordance with section 41, unless exempted under section 44;

(5) an updating declaration in accordance with the first paragraph of section 42, unless exempted under the second paragraph of that section;

(6) an updating declaration in accordance with section 43; and

(7) an updating declaration in accordance with section 45, unless the registrant or administrator is deemed to have met that obligation under section 48, 51 or 52 or is exempted under section 49 or 50.

[2010, c. 7, s. 152].

153. Commet une infraction l'assujetti ou l'administrateur du bien d'autrui qui omet de se conformer dans le délai applicable à une demande faite par le registraire en vertu de l'article 73.

[2010, c. 7, a. 153].

153. A registrant or a person acting for a registrant as administrator of the property of others who fails to comply within the applicable time with a request of the registrar under section 73 is guilty of an offence.

[2010, c. 7, s. 153].

154. Commet une infraction l'assujetti ou l'administrateur du bien d'autrui qui produit une déclaration visée à l'un des ar-

154. A registrant or a person acting for a registrant as administrator of the property of others who knowingly files a false, in-

ticles 32, 38, 40 ou 41, au premier alinéa de l'article 42, à l'un des articles 43, 45 ou 46 qu'il sait fausse, incomplète ou trompeuse.

[2010, c. 7, a. 154].

155. Commet une infraction une personne visée à l'article 55:

1° qui fait défaut de produire, dûment complétée, la déclaration de radiation prévue à cet article;

2° qui produit, en vertu de cet article, une déclaration de radiation qu'elle sait fausse, incomplète ou trompeuse.

[2010, c. 7, a. 155].

156. Commet une infraction le liquidateur de la succession de l'assujetti:

1° qui fait défaut de produire, dûment complétée et dans le délai applicable, la déclaration de radiation visée à l'article 56, à moins qu'il n'en soit exempté en vertu de cette disposition;

2° qui produit, en vertu de cet article, une déclaration de radiation qu'il sait fausse, incomplète ou trompeuse.

[2010, c. 7, a. 156].

157. Commet une infraction le syndic de faillite:

1° qui fait défaut de produire, dûment complétée, la déclaration de radiation visée à l'article 57;

2° qui produit, en vertu de cet article, une déclaration de radiation qu'il sait fausse, incomplète ou trompeuse.

[2010, c. 7, a. 157].

158. Commet une infraction l'assujetti ou l'administrateur du bien d'autrui qui déclare ou utilise un nom interdit en vertu des paragraphes 1° à 6° du premier alinéa ou du deuxième alinéa de l'article 17.

complete or misleading declaration under section 32, 38, 40 or 41, the first paragraph of section 42 or section 43, 45 or 46 is guilty of an offence.

[2010, c. 7, s. 154].

155. A person referred to in section 55 who

(1) fails to present a duly completed cancellation declaration in accordance with that section, or

(2) knowingly files a false, incomplete or misleading cancellation declaration under that section,

is guilty of an offence.

[2010, c. 7, s. 155].

156. A liquidator of the succession of a registrant who

(1) fails to file, within the applicable time, a duly completed cancellation declaration in accordance with section 56, unless the liquidator is exempted under that section, or

(2) knowingly files a false, incomplete or misleading cancellation declaration under that section,

is guilty of an offence.

[2010, c. 7, s. 156].

157. A trustee in bankruptcy who

(1) fails to file a duly completed cancellation declaration in accordance with section 57, or

(2) knowingly files a false, incomplete or misleading cancellation declaration under that section,

is guilty of an offence.

[2010, c. 7, s. 157].

158. A registrant or a person acting for a registrant as administrator of the property of others who declares or uses a name prohibited under any of subparagraphs 1 to 6 of the first paragraph of section 17 or

[2010, c. 7, a. 158].

under the second paragraph of that section is guilty of an offence.

[2010, c. 7, s. 158].

159. Quiconque commet une infraction visée à l'un des articles 152 à 158 est passible d'une amende d'au moins 400 $ et d'au plus 4 000 $ s'il s'agit d'une personne physique, et d'une amende d'au moins 600 $ et d'au plus 6 000 $ dans les autres cas.

En cas de récidive, les amendes sont portées au double.

[2010, c. 7, a. 159; 2010, c. 40, a. 54].

159. An offender under any of sections 152 to 158 is liable to a fine of not less than $400 and not more than $4,000 in the case of a natural person, and not less than $600 and not more than $6,000 in other cases.

For a second or subsequent offence, the fines are doubled.

[2010, c. 7, s. 159; 2010, c. 40, s. 54].

160. Le tribunal qui déclare une personne coupable d'une infraction visée à l'un des articles 152 à 157 peut rendre toute ordonnance propre à remédier au défaut visé par l'infraction.

[2010, c. 7, a. 160].

160. On convicting a person of an offence under any of sections 152 to 157, the court may make any appropriate order to remedy the failure constituting the offence.

[2010, c. 7, s. 160].

161. Tout administrateur, administrateur du bien d'autrui, dirigeant ou fondé de pouvoir d'un assujetti qui a ordonné, autorisé ou conseillé la perpétration d'une infraction visée à l'un des articles 152, 153, 154 ou 158, ou qui y a consenti ou autrement participé, commet une infraction et est passible d'une amende d'au moins 400 $ et d'au plus 4 000 $.

En cas de récidive, les amendes sont portées au double.

[2010, c. 7, a. 161; 2010, c. 40, a. 55].

161. Any director, administrator of the property of others, officer or attorney of a registrant who ordered, authorized or advised the commission of an offence under section 152, 153, 154 or 158, or consented to or otherwise took part in the offence, is guilty of an offence and liable to a fine of not less than $400 and not more than $4,000.

For a second or subsequent offence, the fines are doubled.

[2010, c. 7, s. 161; 2010, c. 40, s. 55].

162. Toute personne qui contrevient à l'un des articles 126 ou 131 commet une infraction et est passible d'une amende d'au moins 2 000 $ et d'au plus 20 000 $.

[2010, c. 7, a. 162].

162. A person who contravenes section 126 or 131 is guilty of an offence and liable to a fine of not less than $2,000 and not more than $20,000.

[2010, c. 7, s. 162].

163. Aux fins des poursuites intentées en vertu du *Code de procédure pénale* (chapitre C-25.1) pour sanctionner les infractions prévues par le présent chapitre, tout renseignement concernant une personne morale assujettie que le registraire certifie lui provenir de l'autorité qui a constitué cette personne morale est présumé exact en l'absence de toute preuve contraire.

[2010, c. 7, a. 163].

163. For the purposes of proceedings instituted under the *Code of Penal Procedure* (chapter C-25.1) to sanction an offence under this chapter, any information concerning a legal person required to be registered that is certified by the registrar as originating from the authority that constituted the legal person is presumed to be accurate, in the absence of any evidence to the contrary.

[2010, c. 7, s. 163].

Chapitre XII —— Dispositions modificatives

164.-280. (*Omis*).

[2010, c. 7, a. 164-280].

Chapitre XIII —— Dispositions diverses, transitoires et finales

281. La présente loi remplace la *Loi sur la publicité légale des entreprises individuelles, des sociétés et des personnes morales* (chapitre P-45) et la *Loi sur le registraire des entreprises* (chapitre R-17.1).

[2010, c. 7, a. 281].

282. Dans toute autre loi, y compris dans toute loi modifiée par la présente loi, dans tout règlement, ainsi que dans tout document, à moins que le contexte ne s'y oppose et compte tenu des adaptations nécessaires:

1° un renvoi à une disposition de la *Loi sur la publicité légale des entreprises individuelles, des sociétés et des personnes morales* (chapitre P-45) ou de la *Loi sur le registraire des entreprises* (chapitre R-17.1) est un renvoi à la disposition correspondante de la présente loi;

2° un renvoi général à la *Loi sur la publicité légale des entreprises individuelles, des sociétés et des personnes morales* ou à la *Loi sur le registraire des entreprises* est un renvoi à la présente loi;

3° un renvoi au registre constitué en vertu de la *Loi sur la publicité légale des entreprises individuelles, des sociétés et des personnes morales* est un renvoi au registre visé au chapitre II de la présente loi;

4° l'expression « registre des entreprises individuelles, des sociétés et des personnes morales » est remplacée par l'expression « registre des entreprises individuelles, des sociétés de personnes et des personnes morales ».

[2010, c. 7, a. 282].

283. Toute entente conclue en vertu de la *Loi sur la publicité légale des entreprises*

Chapter XII —— Amending provisions

164.-280. (*Omitted*).

[2010, c. 7, s. 164-280].

Chapter XIII —— Miscellaneous, transitional and final provisions

281. This Act replaces the *Act respecting the legal publicity of sole proprietorships, partnerships and legal persons* (chapter P-45) and the *Act respecting the enterprise registrar* (chapter R-17.1).

[2010, c. 7, s. 281].

282. In any Act, including any Act amended by this Act, and in any regulation, by-law or other document, unless the context indicates otherwise and with the necessary modifications,

(1) a reference to a provision of the *Act respecting the legal publicity of sole proprietorships, partnerships and legal persons* (chapter P-45) or the *Act respecting the enterprise registrar* (chapter R-17.1) is a reference to the corresponding provision of this Act;

(2) a general reference to the *Act respecting the legal publicity of sole proprietorships, partnerships and legal persons* or the *Act respecting the enterprise registrar* is a reference to this Act;

(3) a reference to the register established under the *Act respecting the legal publicity of sole proprietorships, partnerships and legal persons* is a reference to the register referred to in Chapter II of this Act; and

(4) "registre des entreprises individuelles, des sociétés et des personnes morales" in the French text is replaced by "registre des entreprises individuelles, des sociétés de personnes et des personnes morales".

[2010, c. 7, s. 282].

283. An agreement entered into under the *Act respecting the legal publicity of sole*

individuelles, des sociétés et des personnes morales (chapitre P-45) ou de la *Loi sur le registraire des entreprises* (chapitre R-17.1) avant le 14 février 2011 est réputée une entente conclue en vertu de la présente loi.

[2010, c. 7, a. 283].

284. Les droits payables au registraire des entreprises du 1ᵉʳ janvier 2006 au 15 mars 2010 sont prévus à l'annexe IV.

Les sommes payées au registraire durant cette période à titre de droits, tarifs, honoraires ou frais pour un objet mentionné à l'annexe IV sont réputées des droits validement perçus en vertu du premier alinéa. Ces sommes appartiennent au gouvernement.

Les droits exigibles qui n'ont pas été payés le 15 mars 2010 sont recouvrables, sans autre formalité, en vertu de la présente loi.

[2010, c. 7, a. 284].

285. Toute déclaration, avis ou autre document devant être présenté, produit ou déposé en vertu de la *Loi sur la publicité légale des entreprises individuelles, des sociétés et des personnes morales* (chapitre P-45) avant le 14 février 2011 et qui ne l'a pas été à cette date demeure exigible.

Les droits qui leur sont applicables sont ceux prévus à l'un des paragraphes 1° et 3° à 6° de la rubrique « Publicité légale des entreprises individuelles, des sociétés de personnes et des personnes morales » de l'annexe IV, selon la forme juridique de l'assujetti au moment où ces droits sont devenus exigibles. Ils sont payables au moment de la production du document.

[2010, c. 7, a. 285].

286. Un groupement de biens immatriculé avant le 14 février 2011 continue d'être un assujetti au sens de la présente loi jusqu'à la radiation de son immatriculation.

[2010, c. 7, a. 286].

287. Malgré l'article 41, l'assujetti n'est pas tenu de déclarer avant la production de sa première mise à jour annuelle suivant

proprietorships, partnerships and legal persons (chapter P-45) or the *Act respecting the enterprise registrar* (chapter R-17.1) before 14 February 2011 is deemed to be an agreement entered into under this Act.

[2010, c. 7, s. 283].

284. The fees or duties payable to the enterprise registrar from 1 January 2006 to 15 March 2010 are set out in Schedule IV.

The sums paid to the registrar during that period as fees, tariffs, duties or charges for any purpose listed in Schedule IV are deemed to be fees validly collected under the first paragraph. All such sums belong to the Government.

However, any amounts due that have not been paid as of 15 March 2010 are recoverable, without further formality, under this Act.

[2010, c. 7, s. 284].

285. Any declaration, notice or other document required to be filed or deposited under the *Act respecting the legal publicity of sole proprietorships, partnerships and legal persons* (chapter P-45) before 14 February 2011 that has yet to be filed or deposited on that date remains due.

The fees applicable to them are those set out in any of paragraphs 1 and 3 to 6 under the heading "Legal publicity of sole proprietorships, partnerships and legal persons" in Schedule IV, depending on the registrant's juridical form at the time the fees became due. They are payable at the time the document is filed.

[2010, c. 7, s. 285].

286. A group of assets registered before 14 February 2011 continues to be a registrant within the meaning of this Act until its registration is cancelled.

[2010, c. 7, s. 286].

287. Despite section 41, a registrant is not required to declare the following information before filing a first annual update after

l'entrée en vigueur des dispositions qui les exigent:

1° les informations visées au paragraphe 2° du deuxième alinéa de l'article 33 quant au nom et domicile des actionnaires ou des tiers qui assument les pouvoirs du conseil d'administration;

2° (*supprimé*);

3° les informations visées aux paragraphes 7° à 9° du deuxième alinéa de l'article 33 relatives au code d'activité;

4° les informations visées au paragraphe 1° de l'article 34 quant aux nom et domicile des trois commanditaires ayant fourni le plus grand apport à la société en commandite;

4.1° les informations visées au paragraphe 6° de l'article 35;

5° les informations visées à l'article 43.

Malgré toute autre disposition de la présente loi, l'assujetti n'est tenu de déclarer les informations visées au paragraphe 3° du deuxième alinéa de l'article 33 que si la date de l'entrée en fonction ou celle de la fin de la charge survient après le 13 février 2011.

[2010, c. 7, a. 287; 2010, c. 40, a. 56].

288. Le registraire peut, à la demande d'un assujetti ou d'une personne intéressée, révoquer la radiation d'office qu'il a effectuée en vertu de l'article 50 de la *Loi sur la publicité légale des entreprises individuelles, des sociétés et des personnes morales* (chapitre P-45), aux conditions prévues, selon le cas, à l'un des articles 63 ou 64 de la présente loi.

Les dispositions des articles 66 et 67 de la présente loi s'appliquent à une telle révocation, compte tenu des adaptations nécessaires.

[2010, c. 7, a. 288].

289. Le registraire peut dissoudre une personne morale de droit privé constituée au Québec avant le 1er juillet 1994 qui a omis

the coming into force of the provisions under which that information is required:

(1) the information required under subparagraph 2 of the second paragraph of section 33 with respect to the names and domiciles of the shareholders or third persons having assumed the powers of the board of directors;

(2) (*striked out*);

(3) the information required under subparagraphs 7 to 9 of the second paragraph of section 33 with respect to the activity code;

(4) the information required under paragraph 1 of section 34 with respect to the names and domiciles of the three greatest contributors to the partnership among the special partners;

(4.1) the information required under paragraph 6 of section 35; and

(5) the information required under section 43.

Despite any other provision of this Act, a registrant is required to declare the information required under subparagraph 3 of the second paragraph of section 33 only if the date of entry into office or the date of cessation of office occurs after 13 February 2011.

[2010, c. 7, s. 287; 2010, c. 40, s. 56].

288. The registrar may, on an application by a registrant or an interested person, revoke a cancellation of registration made ex officio under section 50 of the *Act respecting the legal publicity of sole proprietorships, partnerships and legal persons* (chapter P-45), subject to the conditions set out in section 63 or 64 of this Act, as applicable.

Sections 66 and 67 apply to such a revocation, with the necessary modifications.

[2010, c. 7, s. 288].

289. The registrar may dissolve a legal person established for a private interest constituted in Québec before 1 July 1994

de produire une déclaration d'immatriculation en publiant un avis à cet effet à la *Gazette officielle du Québec*. À compter de la publication de cet avis, la personne morale qui n'a pas remédié à son défaut est dissoute.

La publication de cet avis doit être précédée de la publication à la *Gazette officielle du Québec*, au moins 60 jours auparavant, d'un préavis de dissolution.

[2010, c. 7, a. 289].

290. Une personne morale dissoute dans les cas visés à l'article 289 de la présente loi ou à l'un des articles 50, 527 ou 528 de la *Loi sur la publicité légale des entreprises individuelles, des sociétés et des personnes morales* (chapitre P-45) est réputée conserver son existence afin de terminer toute procédure judiciaire ou administrative.

[2010, c. 7, a. 290].

291. Sous réserve des dispositions de la loi relatives à la reconstitution d'une compagnie dissoute, le registraire peut, sur demande, aux conditions qu'il détermine et sur paiement des droits prévus par la présente loi, faire reprendre l'existence d'une compagnie dissoute avant le 1ᵉʳ janvier 1994 en vertu de la *Loi concernant les renseignements sur les compagnies* (chapitre R-22). Le registraire dépose au registre un arrêté à cet effet.

Il en est de même d'une personne morale dissoute dans les cas visés à l'article 289 de la présente loi ou à l'un des articles 527 ou 528 de la *Loi sur la publicité légale des entreprises individuelles, des sociétés et des personnes morales* (chapitre P-45).

Le dépôt de l'arrêté opère immatriculation de la personne morale. Celle-ci reprend son existence à compter de la date de ce dépôt.

Sous réserve des droits acquis par toute personne, la personne morale est réputée n'avoir jamais été dissoute.

[2010, c. 7, a. 291].

292. Un recours introduit devant la Cour du Québec en vertu de l'article 90 de la *Loi sur la publicité légale des entreprises individuelles, des sociétés et des personnes*

that has failed to file a registration declaration, by publishing a notice to that effect in the *Gazette officielle du Québec*. From the publication of the notice, the legal person is dissolved unless it has remedied the failure.

The publication of the notice must be preceded by the publication of prior notice of dissolution in the *Gazette officielle du Québec* at least 60 days beforehand.

[2010, c. 7, s. 289].

290. A legal person dissolved in a situation described in section 289 or in section 50, 527 or 528 of the *Act respecting the legal publicity of sole proprietorships, partnerships and legal persons* (chapter P-45) is deemed to continue in existence in order to terminate any judicial or administrative proceeding.

[2010, c. 7, s. 290].

291. Despite any legal provisions relating to the revival of a dissolved company, the registrar may, on request, subject to the conditions determined by the registrar and on payment of the fee set out in this Act, cause a legal person dissolved before 1 January 1994 under the *Companies Information Act* (chapter R-22) to resume existence, by depositing an order to that effect in the register.

The same applies to legal persons dissolved in a situation described in section 289 or in section 527 or 528 of the *Act respecting the legal publicity of sole proprietorships, partnerships and legal persons* (chapter P-45).

The deposit of the order in the register effects the registration of the legal person, who resumes existence as of the date of the deposit.

Subject to the rights acquired by any person, the legal person is deemed never to have been dissolved.

[2010, c. 7, s. 291].

292. A proceeding brought before the Court of Québec under section 90 of the *Act respecting the legal publicity of sole proprietorships, partnerships and legal*

morales (chapitre P-45) avant le 14 février 2011, dont l'audition n'a pas été entreprise, est continué, sans autre formalité, devant la section des affaires économiques du Tribunal administratif du Québec.

Si l'audition d'un tel recours a déjà été entreprise, le recours est continué devant la Cour du Québec, à moins que les parties ne consentent à une nouvelle audition devant le Tribunal administratif du Québec ou encore n'acceptent de poursuivre l'audition devant ce tribunal et de s'en tenir alors, quant à la preuve testimoniale déjà introduite, aux notes et au procès-verbal d'audience ou, le cas échéant, aux notes sténographiques ou à l'enregistrement des débats.

Le greffier de la Cour du Québec est tenu de transmettre le dossier relatif aux recours visés au premier alinéa au secrétaire du Tribunal, au plus tard le 15 avril 2011. De même, il doit transférer sans délai un dossier relatif à un recours visé au deuxième alinéa qui est continué devant le Tribunal administratif du Québec.

[2010, c. 7, a. 292].

293. Le paragraphe 4° du premier alinéa de l'article 17 ne s'applique pas au nom utilisé au Québec par une personne physique visée au paragraphe 1° de l'article 21 qui exploitait une entreprise le 31 décembre 1993, ou par une société de personnes visée au paragraphe 2° du même article et existant le 31 décembre 1993, si ce nom comprenait à cette date, conformément à l'article 1834*b* du *Code civil du Bas Canada* ou à l'article 10 de la *Loi sur les déclarations des compagnies et sociétés* (chapitre D-1), l'expression « enregistré », « et compagnie », une abréviation de l'une ou l'autre de ces expressions ou tout autre mot ou phrase indiquant une pluralité de membres ou qu'une ou plusieurs personnes se servent du nom d'une autre personne.

[2010, c. 7, a. 293].

294. Le registraire conserve et tient ouverts à l'examen du public les registres et les archives à caractère public tenus par lui, avant le 1ᵉʳ janvier 1994, en vertu

persons (chapter P-45) before 14 February 2011 the hearing of which has not commenced is continued, without further formality, before the economic affairs division of the Administrative Tribunal of Québec.

If the hearing has already commenced, the remedy is continued before the Court of Québec, unless the parties consent to a new hearing before the Administrative Tribunal of Québec or agree to the hearing being continued before the Tribunal, relying, in the case of oral evidence already produced, on the notes and minutes of the hearing or, as applicable, on the stenographer's notes or the recording of the hearing.

The clerk of the Court of Québec must send the records relating to proceedings described in the first paragraph to the secretary of the Tribunal not later than 15 April 2011. Similarly, the clerk must, without delay, transfer the record relating to proceeding referred to in the second paragraph that is to be continued before the Tribunal.

[2010, c. 7, s. 292].

293. Subparagraph 4 of the first paragraph of section 17 does not apply to the name used in Québec by a natural person described in paragraph 1 of section 21 who was operating an enterprise on 31 December 1993, or by a partnership described in paragraph 2 of that section that existed on 31 December 1993, if on that date, in accordance with article 1834b of the *Civil Code of Lower Canada* or section 10 of the *Companies and Partnerships Declaration Act* (chapter D-1), the name included the term "enregistré" or "et compagnie", an abbreviation of either of those expressions or any other word or phrase indicating a plurality of members or that one or more persons were using the name of another person.

[2010, c. 7, s. 293].

294. The registrar preserves and keeps available for public consultation the public registers and archives kept by the registrar before 1 January 1994 under any of the

d'une loi visée à l'annexe V ou d'une loi d'intérêt privé.

Sur paiement des droits prévus par la présente loi, il peut délivrer à toute personne qui en fait la demande des copies ou extraits des documents conservés et des attestations relatives à ces objets.

Lorsqu'il s'agit de l'accès à un dossier, ou de la délivrance d'une copie ou d'un extrait d'un document, relatifs à un assujetti qui s'est prévalu d'une dispense établie par règlement en vertu du troisième alinéa de l'article 97 de la *Loi sur la publicité légale des entreprises individuelles, des sociétés et des personnes morales* (chapitre P-45) ou en vertu du paragraphe 2° de l'article 149 de la présente loi, le registraire supprime du dossier, de l'extrait ou de la copie qu'il délivre les informations faisant l'objet de la dispense.

Il en est de même de toute information personnelle pour laquelle le registraire empêche la consultation en application de l'article 100 de la présente loi.

Une copie ou un extrait certifié conforme d'un document conservé est authentique et fait preuve de son enregistrement, le cas échéant.

Les tiers de bonne foi ne sont pas présumés avoir connaissance du contenu d'un document enregistré en vertu de la partie IA de la *Loi sur les compagnies* (chapitre C-38) du seul fait de son enregistrement. Ils peuvent présumer que les documents contiennent des renseignements véridiques.

[2010, c. 7, a. 294].

295. Les dispositions du Règlement d'application de la Loi sur la publicité légale des entreprises individuelles, des sociétés et des personnes morales, approuvé par le décret no 1856-93 (1993, G.O. 2, 9039) telles qu'elles se lisaient le 14 février 2011 demeurent en vigueur jusqu'à ce qu'elles soient abrogées ou remplacées par un règlement pris par le ministre conformément à la présente loi, à l'exception des sections II et VI, qui sont abrogées, et de la section III, qui est remplacée par la suivante :

« FRAIS À PAYER

Acts listed in Schedule V or any private Act.

On payment of the fee set out in this Act, the registrar may issue copies or extracts of the preserved documents and certificates and the related attestations to any person who applies for them.

If access to a file or the issue of a copy or extract of a document is requested in respect of a registrant who has invoked an exemption established by regulation under the third paragraph of section 97 of the *Act respecting the legal publicity of sole proprietorships, partnerships and legal persons* (chapter P-45) or under paragraph 2 of section 149 of this Act, the enterprise registrar deletes from the file, extract or copy the information to which the exemption applies.

The same applies to any personal information to which the registrar prevents access in accordance with section 100.

A certified copy or extract of a preserved document is authentic and constitutes proof of its registration, if applicable.

Third parties in good faith are not presumed to have knowledge of the content of a document solely because the document is registered under Part 1A of the *Companies Act* (chapter C-38). They may presume that such documents contain accurate information.

[2010, c. 7, s. 294].

295. The provisions of the Regulation respecting the application of the Act respecting the legal publicity of sole proprietorships, partnerships and legal persons, approved by Order in Council 1856-93 (1993, G.O. 2, 7022), as they read on 14 february 2011, remain in force until repealed or replaced by a regulation made by the Minister under this Act, except Divisions II and VI, which are repealed, and Division III, which is replaced by the following division:

"CHARGES

« 9. Les frais exigibles en vertu du présent règlement sont ceux prévus dans le tableau suivant :

Consultation d'un document déposé au registre	5 $
Consultation du registre au moyen de la téléphonie	6 $ par dossier
Copie ou extrait d'un document déposé au registre	5 $
Envoi d'un document par un moyen de télécommunication	5 $
Manutention	5 $ ».

[2010, c. 7, a. 295].

"9. The charges payable under this regulation are set out in the following table:

Consultation of a document deposited in the register	$5
Consultation of the register by telephone	$6/record
Copy or extract of a document deposited in the register	$5/document
Using telecommunications to file a document	$5
Handling	$5".

[2010, c. 7, s. 295].

296. Dans la mesure où ils entrent en vigueur avant le 14 février 2011, le paragraphe 2° du deuxième alinéa de l'article 33 et le paragraphe 6° du premier alinéa de l'article 98 doivent, jusqu'à cette date, se lire sans les mots « ou, si tous les pouvoirs ont été retirés au conseil d'administration par une convention unanime des actionnaires conclue en vertu d'une loi du Québec ou d'une autre autorité législative du Canada, les nom et domicile des actionnaires ou des tiers qui assument ces pouvoirs ».

De même, dans la mesure où ils entrent en vigueur avant le 14 février 2011, le deuxième alinéa de l'article 96 et le deuxième alinéa de l'article 132 doivent, jusqu'à cette date, se lire sans les mots « ou d'un avis de liquidation produit en vertu de la *Loi sur les sociétés par actions* (chapitre S-31.1) ».

[2010, c. 7, a. 296].

296. Subparagraph 2 of the second paragraph of section 33 and subparagraph 6 of the first paragraph of section 98, to the extent that they come into force before 14 February 2011, are to be read until that date without the words "or, if all powers have been withdrawn from the board of directors by a unanimous shareholder agreement entered into in accordance with the laws of Québec or a Canadian jurisdiction other than Québec, the names and domiciles of the shareholders or third persons having assumed those powers".

Likewise, the second paragraph of section 96 and the second paragraph of section 132, to the extent that they come into force before 14 February 2011, are to be read until that date without the words "or a notice of liquidation filed under the *Business Corporations Act* (chapter S-31.1)".

[2010, c. 7, s. 296].

297. Un renvoi à la *Loi sur les sociétés par actions* (chapitre S-31.1) dans le paragraphe 6° du premier alinéa de l'article 21 et dans le deuxième alinéa de l'article 41 doit, dans la mesure où ces dispositions entrent en vigueur avant le 14 février 2011, se lire, jusqu'à cette date, comme un renvoi à la *Loi sur les compagnies* (chapitre C-38).

[2010, c. 7, a. 297].

297. The reference to the *Business Corporations Act* (chapter S-31.1) in subparagraph 6 of the first paragraph of section 21 and the second paragraph of section 41, to the extent that those provisions come into force before 14 February 2011, is to be read until that date as a reference to the *Companies Act* (chapter C-38).

[2010, c. 7, s. 297].

298. Le sous-paragraphe v du paragraphe b du premier alinéa de l'article 69.0.0.7 de

298. For the period between 19 May 2010 and 14 February 2011, subparagraph v of

la *Loi sur le ministère du Revenu* (chapitre M-31) doit se lire, pour la période comprise entre le 19 mai 2010 et le 14 février 2011, comme suit:

« v. de la *Loi sur la publicité légale des entreprises individuelles, des sociétés et des personnes morales* (chapitre P-45), de la *Loi sur le registraire des entreprises* (chapitre R-17.1) ainsi que des articles mentionnés à l'article 301 de la *Loi sur la publicité légale des entreprises* (chapitre P-44.1), mais uniquement dans la mesure où ce renseignement est nécessaire à l'application ou à l'exécution de ces lois ou de ces dispositions législatives; ».

[2010, c. 7, a. 298].

subparagraph b of the first paragraph of section 69.0.0.7 of the *Act respecting the Ministère du Revenu* (chapter M-31) is to be read as follows:

"v. the Act respecting the legal publicity of sole proprietorships, partnerships and legal persons (chapter P-45), the *Act respecting the enterprise registrar* (chapter R-17.1) and the sections listed in section 301 of the *Act respecting the legal publicity of enterprises* (chapter P-44.1), but only to the extent that the information is necessary for the carrying out or enforcement of those Acts or sections;".

[2010, c. 7, s. 298].

299. Le gouvernement peut, par règlement pris dans un délai d'un an suivant le 14 février 2011, édicter toute autre mesure transitoire nécessaire à l'application de la présente loi.

Un tel règlement n'est pas soumis à l'obligation de publication prévue à l'article 8 de la *Loi sur les règlements* (chapitre R-18.1).

[2010, c. 7, a. 299; 2010, c. 40, a. 57].

299. The Government may, by a regulation made within one year after 14 February 2011, enact any other transitional measure required for the carrying out of this Act.

Such a regulation is not subject to the publication requirement set out in section 8 of the *Regulations Act* (chapter R-18.1).

[2010, c. 7, s. 299; 2010, c. 40, s. 57].

300. Le ministre du Revenu est chargé de l'application de la présente loi.

[2010, c. 7, a. 300].

300. The Minister of Revenue is responsible for the administration of this Act.

[2010, c. 7, s. 300].

301. Les dispositions des articles 75 à 78, 176 à 178, 180 à 183, 186 à 190, du paragraphe 1° de l'article 191, des articles 193, 196 à 198, 200 à 210, 221, 223 à 225, 228 à 231, 235 à 240, 255, 258, 260, 263, 276 à 279, 284 et 295, lorsqu'il remplace la section III du règlement, ainsi que les annexes I, II et IV, ont effet depuis le 16 mars 2010.

Toutefois, pour la période comprise entre le 16 mars 2010 et le 13 février 2011, un renvoi à l'annexe I ou à l'annexe II dans l'un de ces articles est un renvoi à l'annexe IV.

[2010, c. 7, a. 301].

301. Sections 75 to 78, 176 to 178, 180 to 183, 186 to 190, paragraph 1 of section 191, sections 193, 196 to 198, 200 to 210, 221, 223 to 225, 228 to 231, 235 to 240, 255, 258, 260, 263, 276 to 279 and 284, section 295, where it replaces Division III of the regulation, and Schedules I, II and IV have effect from 16 March 2010.

However, for the period between 16 March 2010 and 13 February 2011, a reference to Schedule I or Schedule II in any of those sections is a reference to Schedule IV.

[2010, c. 7, s. 301].

302. (*Omis*).

302. (*Omitted*)

ANNEXE I

(art. 75 et 76)

Droits relatifs au régime de publicité

Déclaration d'immatriculation

•	personne morale à but lucratif et fiducie	300 $
•	société de personnes	48 $
•	personne morale sans but lucratif, personne physique et toute autre personne ou groupement de personnes	32 $

Droits annuels d'immatriculation

•	personne morale à but lucratif, fiducie et société mutuelle d'assurance	79 $
•	société de personnes	48 $
•	coopératives	38 $
•	personne morale sans but lucratif, personne physique, société de secours mutuels et toute autre personne ou groupement de personnes	32 $

Révocation de radiation	100 $
Reprise d'existence	100 $
Dépôt de tout autre document	40 $
Recours pour changement de nom	500 $
Annulation d'une inscription ou du dépôt d'une déclaration ou d'un avis	100 $
Rectification ou suppression d'une information inexacte au registre	100 $
Certification d'un document	30 $
Attestation	20 $
Regroupement d'informations contenues aux états des informations	100 $
• Si la demande excède 500 dossiers	0.20/ $ par dossier supplémentaire
• Si le résultat du regroupement d'informations est produit ou communiqué autrement qu'en mode technologique	25 $

[2010, c. 7, Annexe I; 2010, c. 40, a. 58].

SCHEDULE I

(Sections 75 and 76)

Fees relating to publicity regime

Registration declaration

•	legal person operating for profit, trust	$300

•	partnership	$48
•	non-profit legal person, natural person or other person or group of persons	$32
Annual registration fee		
•	legal person operating for profit, trust mutual insurance association	$79
•	partnership	$48
•	cooperative	$38
•	non-profit legal person, natural person, mutual benefit association or other person or group of persons	$32
Revocation of cancellation of registration		$100
Resumption of existence		$100
Deposit of any other document		$40
Proceeding for name change		$500
Cancellation of entry or of deposit of declaration or notice		$100
Correction or cancellation of inaccurate information in register		$100
Certification of document		$30
Attestation		$20
Compilation of information contained in statements of information		$100
•	for each in excess of 500	$0.20/file
•	for compilation prepared or communicated otherwise than by technological means	$25

[2010, c. 7, Schedule I; 2010, c. 40, s. 58].

ANNEXE II

(art. 75)

Droits exigibles par renvoi à la présente loi

Établissement d'un rapport de recherche en regard d'un nom ou d'une version, incluant la réservation d'un nom

•	personne morale avec ou sans capital-actions	20 $
Réservation d'un nom		20 $
Certificat de constitution ou de reconstitution		
•	compagnie d'assurance	500 $
•	autres	300 $
Certificat de fusion ou conversion		
•	compagnie d'assurance	500 $
•	autres	300 $
Certificat de continuation		
•	compagnie d'assurance	500 $

• autres		200 $
Certificat de modification, de correction de statuts, de refonte, d'arrangement ou d'annulation de statuts		155 $
Demande d'autorisation de continuation sous le régime d'une autre autorité législative que le Québec		200 $
Demande de correction de statuts		155 $
Lettres patentes		
• personne morale sans capital-actions		150 $
• personne morale régie par la partie II de la *Loi sur les compagnies* (chapitre C-38)		500 $
• personne morale avec capital-actions		500 $
Lettres patentes confirmant un acte d'accord ayant trait à la fusion		
• personne morale sans capital-actions		200 $
• personne morale avec capital-actions		500 $
Lettres patentes supplémentaires		
• personne morale sans capital-actions		50 $
• compagnie d'assurance		500 $
• personne morale avec capital-actions		150 $
Constitution d'un club de chasse et de pêche par ordonnance		150 $
Recours pour changement de nom		500 $
Approbation d'un règlement de changement de nom ou d'ajout, d'abandon ou de modification de la version ou de transfert de siège		
• personne morale avec capital-actions		150 $
• personne morale sans capital-actions		50 $
Confirmation d'un règlement modifiant le capital-actions		150 $
Approbation d'un règlement concernant la valeur des immeubles		
• personne morale avec capital-actions		150 $
• personne morale sans capital-actions		100 $
Certification d'un document		30 $
Attestation		20 $

[2010, c. 7, Annexe II].

Schedule II

(Section 75, second paragraph)

Fees payable by reference to this Act

Preparation of research report with regard to name or version, including reservation of name	
• legal person with or without share capital	$20
Reservation of name	$20
Certificate of constitution or revival	

•	insurance company	$500
•	other	$300
Certificate of amalgamation or conversion		
•	insurance company	$500
•	other	$300
Certificate of continuance		
•	insurance company	$500
•	other	$200
Certificate of amendment, correction, consolidation, arrangement or cancellation of articles		$155
Request for authorization to be continued under a jurisdiction other than Québec		$200
Application to correct articles		$155
Letters patent		
•	legal person without share capital	$150
•	legal person governed by Part II of *Companies Act* (chapter C-38)	$500
•	legal person with share capital	$500
Letters patent confirming memorandum of agreement concerning amalgamation		
•	legal person without share capital	$200
•	legal person with share capital	$500
Supplementary letters patent		
•	legal person without share capital	$50
•	insurance company	$500
•	legal person with share capital	$150
Constitution of a fish and game club by order		$150
Proceeding for name change		$500
Approval of by-law to change name, to add, relinquish or amend version of name or to transfer head office		
•	legal person with share capital	$150
•	legal person without share capital	$50
Confirmation of by-law increasing or reducing share capital		$150
Approval of by-law concerning maximum value of immovable property		
•	legal person with share capital	$150
•	legal person without share capital	$100
Certification of document		$30
Attestation		$20

[2010, c. 7, Schedule II].

ANNEXE III

(*art. 124, 125, 128 et 144*)

Loi sur les clubs de chasse et de pêche (chapitre C-22)

Loi sur les clubs de récréation (chapitre C-23)

Loi sur les compagnies (chapitre C-38)

Loi sur les compagnies de cimetière (chapitre C-40)

Loi sur les compagnies de cimetières catholiques romains (chapitre C-40.1)

Loi sur les compagnies de gaz, d'eau et d'électricité (chapitre C-44)

Loi sur les compagnies de télégraphe et de téléphone (chapitre C-45)

Loi sur les compagnies minières (chapitre C-47)

Loi sur la constitution de certaines Églises (chapitre C-63)

Loi sur les corporations religieuses (chapitre C-71)

Loi sur les évêques catholiques romains (chapitre E-17)

Loi sur les fabriques (chapitre F-1)

Loi sur la liquidation des compagnies (chapitre L-4)

Loi sur les pouvoirs spéciaux des personnes morales (chapitre P-16)

Loi sur la publicité légale des entreprises individuelles, des sociétés et des personnes morales (chapitre P-45)

Loi sur le registraire des entreprises (chapitre R-17.1)

Loi sur les sociétés nationales de bienfaisance (chapitre S-31)

Loi sur les sociétés par actions (chapitre S-31.1)

Loi sur les sociétés préventives de cruauté envers les animaux (chapitre S-32)

Loi sur les syndicats professionnels (chapitre S-40)

[2010, c. 7, Annexe III].

SCHEDULE III

(*Sections 124, 125, 128 and 144*)

Fish and Game Clubs Act (chapter C-22)

Amusement Clubs Act (chapter C-23)

Companies Act (chapter C-38)

Cemetery Companies Act (chapter C-40)

Act respecting Roman Catholic cemetery companies (chapter C-40.1)

Gas, Water and Electricity Companies Act (chapter C-44)

Telegraph and Telephone Companies Act (chapter C-45)

Mining Companies Act (chapter C-47)

Act respecting the constitution of certain Churches (chapter C-63)

Religious Corporations Act (chapter C-71)

Roman Catholic Bishops Act (chapter E-17)

Act respecting fabriques (chapter F-1)

Winding-up Act (chapter L-4)

Act respecting the special powers of legal persons (chapter P-16)

Act respecting the legal publicity of sole proprietorships, partnerships and legal persons (chapter P-45)

Act respecting the enterprise registrar (chapter R-17.1)

National Benefit Societies Act (chapter S-31)

Business Corporations Act (chapter S-31.1)

Act respecting societies for the prevention of cruelty to animals (chapter S-32)

Professional Syndicates Act (chapter S-40)

[2010, c. 7, Schedule III].

ANNEXE IV

(art. 285)

PERSONNES MORALES RÉGIES PAR LA PARTIE IA DE LA *LOI SUR LES COMPAGNIES* (CHAPITRE C-38)

1° Pour la délivrance:

    (a) d'un certificat de constitution en personne morale, 300 $;

    (b) d'un certificat de fusion, 482 $;

    (c) d'un certificat de continuation, 197 $;

    (d) d'un certificat de modification, 140 $.

2° Pour une demande de réservation d'un nom ou d'une version, pour la recherche effectuée et l'établissement d'un rapport de recherche, 37 $.

3° Lorsque le nom ou la version demandée n'a pas fait l'objet d'une réservation, pour la recherche effectuée et l'établissement d'un rapport de recherche à l'égard de chacun des noms ou versions proposés, 37 $.

4° Pour la certification d'une copie conforme d'un document, 28,69 $.

5° Pour une attestation qu'une compagnie est ou n'est pas dissoute, 19,56 $.

6° Pour la manutention d'un document, 5 $.

7° Pour une demande en vertu de l'article 123.27.1 de la *Loi sur les compagnies, 212 $.*

Les droits prévus sont majorés de 50 % lorsque, sur demande, un traitement prioritaire est accordé.

PERSONNES MORALES RÉGIES PAR LES PARTIES I, II ET III DE LA *LOI SUR LES COMPAGNIES*

SECTION I

PERSONNES MORALES AVEC CAPITAL-ACTIONS

1° Pour une demande de lettres patentes:

(a) 351 $ lorsque le capital proposé est de 40 000 $ ou moins;

(b) 351 $ et de 1,45 $ pour chaque 1 000 $ ou fraction de 1 000 $ en excédent de 40 000 $, lorsque le capital proposé excède 40 000 $, mais ne dépasse pas 100 000 $;

(c) 438 $ et de 0,76 $ pour chaque 1 000 $ ou fraction de 1 000 $ en excédent de 100 000 $, lorsque le capital proposé excède 100 000 $, mais ne dépasse pas 500 000 $;

(d) 742 $ et de 0,37 $ pour chaque 1 000 $ ou fraction de 1 000 $ en excédent de 500 000 $, lorsque le capital proposé excède 500 000 $, mais ne dépasse pas 2 000 000 $;

(e) 1 297 $ et de 0,29 $ pour chaque 1 000 $ ou fraction de 1 000 $ en excédent de 2 000 000 $ lorsque le capital proposé excède 2 000 000 $.

Les actions d'une valeur nominale inférieure à 1 $ sont évaluées à 1 $ et les actions sans valeur nominale sont évaluées selon la considération totale pour laquelle elles peuvent être émises; si cette considération n'est pas mentionnée dans la demande ou le règlement à l'appui, elles sont évaluées à 100 $ chacune.

2° Pour une demande de lettres patentes confirmant un acte d'accord ayant trait à la fusion de compagnies, droits calculés de la même façon qu'une demande de lettres patentes.

3° Pour une demande de lettres patentes supplémentaires, 351 $, sauf:

(a) dans le cas de changement de nom ou d'ajout, d'abandon ou de modification de la version, 176 $;

(b) dans le cas d'augmentation du capital autorisé ou de la considération totale pour laquelle des actions sans valeur nominale peuvent être émises, droits calculés en considérant le montant de l'augmentation comme le capital proposé lors d'une demande de lettres patentes;

(c) dans le cas de demande de subdivision d'actions sans valeur nominale, droits calculés comme lors d'une demande de lettres patentes, en tenant compte de la considération totale pour laquelle les nouvelles actions non émises peuvent être émises; si cette considération n'est pas mentionnée dans la demande ou le règlement à l'appui, elles sont évaluées à 100 $ chacune.

Lorsque les lettres patentes supplémentaires ont pour but d'effectuer plus d'un changement, seul le plus élevé des droits prévus est payable.

4° Pour la production aux fins d'approbation d'un règlement de changement de nom ou d'ajout, d'abandon ou de modification de la version en vertu de l'article 21 de la *Loi sur les compagnies, 176 $.*

SECTION II

PERSONNES MORALES SANS CAPITAL-ACTIONS

1° Pour une demande de lettres patentes constituant une personne morale sans capital-actions, 145 $.

2° Pour une demande de lettres patentes confirmant un acte d'accord ayant trait à la fusion de personnes morales sans but lucratif, 174 $.

3° Pour une demande de lettres patentes supplémentaires d'une personne morale sans capital-actions, 65 $.

4° Pour la production aux fins d'approbation d'un règlement de changement de nom ou d'ajout, d'abandon ou de modification de la version en vertu des articles 21 et 224 de la *Loi sur les compagnies, 65 $.*.

SECTION III

DIVERS

1° Lorsque le nom ou la version demandée n'a pas fait l'objet d'une réservation à l'occasion d'une demande de lettres patentes, de lettres patentes supplémentaires ou du dépôt d'un règlement, pour la recherche effectuée et l'établissement d'un rapport de recherche en regard d'un nom ou d'une version:

    (a) pour une personne morale sans capital-actions, 21 $;

    (b) pour une personne morale avec capital-actions, 37 $.

Ces droits sont exigibles pour la recherche effectuée et l'établissement d'un rapport de recherche à l'égard de chacun des noms ou versions proposés.

2° Pour une demande de réservation d'un nom ou d'une version et l'établissement d'un rapport de recherche, 37 $.

3° Pour la certification d'une copie conforme d'un document, 28,69 $.

4° Pour une attestation qu'une personne morale est ou n'est pas dissoute, 19,56 $.

5° Pour une demande en vertu des articles 18.1 et 221.1 de la *Loi sur les compagnies,* 212 $.

6° Pour la manutention d'un document, 5 $.

Des lettres patentes en vertu de la partie II de la *Loi sont considérées comme des lettres patentes supplémentaires émises à une compagnie avec capital-actions.*

Les droits sont majorés de 50 % lorsque, sur demande, un traitement prioritaire est accordé.

COMPAGNIES DE CIMETIÈRE

Pour une demande de lettres patentes, 145 $.

CLUBS DE CHASSE ET DE PÊCHE

Pour une demande de constitution d'un club de chasse et de pêche faite:

    (a) par cinq requérants domiciliés au Québec, 25 $;

    (b) par plus de cinq requérants domiciliés au Québec, 50 $;

    (c) par cinq requérants dont un au moins n'est pas domicilié au Québec, 100 $;

    (d) par plus de cinq requérants dont aucun d'entre eux n'est domicilié au Québec, 200 $.

PUBLICITÉ LÉGALE DES ENTREPRISES INDIVIDUELLES, DES SOCIÉTÉS ET DES PERSONNES MORALES

1° Pour le dépôt d'une déclaration d'immatriculation:

    (a) pour une personne morale à but lucratif, 212 $;

    (b) pour une société de personnes, 43 $;

    (c) pour une personne morale sans but lucratif et pour une personne physique, 32 $;

    (d) pour toute autre personne ou regroupement, 32 $.

2° Les droits annuels d'immatriculation pour tout assujetti qui est immatriculé le 1er janvier:

    (a) pour une personne morale à but lucratif et pour une société mutuelle d'assurance, 79 $;

    (b) pour une société de personnes, 48 $;

    (c) pour une coopérative, 38 $;

(d) pour une personne morale sans but lucratif, une personne physique et une société de secours mutuels, 32 $;

(e) pour toute autre personne ou groupement, 32 $.

3° Pour la production de la déclaration initiale après le délai applicable:

(a) pour une personne morale à but lucratif et pour une société mutuelle d'assurance, 73 $;

(b) pour une coopérative, 38 $;

(c) pour une personne morale sans but lucratif et pour une société de secours mutuels, 32 $;

(d) pour toute autre personne ou groupement, 32 $.

4° Pour la production de la déclaration annuelle après la période applicable:

(a) pour une personne morale à but lucratif et pour une société mutuelle d'assurance, 39,50 $;

(b) pour une société de personnes, 24 $;

(c) pour une coopérative, 19 $;

(d) pour une personne morale sans but lucratif, une personne physique et une société de secours mutuels, 16 $;

(e) pour toute autre personne ou groupement, 16 $.

5° Pour une demande de révocation de radiation:

(a) pour une personne morale à but lucratif et pour une société mutuelle d'assurance, 159 $;

(b) pour une société de personnes, 120 $;

(c) pour une coopérative, une personne morale sans but lucratif, une personne physique et pour une société de secours mutuels, 80 $;

(d) pour toute autre personne ou groupement, 80 $.

6° Pour le dépôt de tout autre document, 20 $.

7° Pour la consultation d'un document déposé au registre, 6 $.

8° Pour la manutention, 5 $.

9° Pour la délivrance d'une copie ou d'un extrait d'un document déposé au registre, 1,52 $ par page.

10° Pour la consultation du registre au moyen de la téléphonie, 4 $ par dossier.

11° Pour l'envoi d'un document par un moyen de télécommunication, 5 $.

12° Pour la certification d'un document, 28,69 $.

13° Pour la délivrance d'une attestation donnée en vertu de l'un des articles 81 ou 517 de la *Loi sur la publicité légale des entreprises individuelles, des sociétés et des personnes morales* (chapitre P-45), 19,56 $.

14° Pour la location d'un casier dans les bureaux du registraire des entreprises, 102 $ par année.

15° Pour une demande présentée en vertu de l'article 83 de la *Loi sur la publicité légale des entreprises individuelles, des sociétés et des personnes morales*, 212 $.

16° Pour une demande présentée en vertu de l'article 84 ou 85 de la *Loi sur la publicité légale des entreprises individuelles, des sociétés et des personnes morales*, 80 $.

17° Pour une demande d'un regroupement d'informations contenues aux états des informations, 100 $.

Par contre, lorsque cette demande nécessite le traitement d'un nombre de dossiers d'assujettis immatriculés figurant à l'état des informations qui, calculé à 0,20 $ par dossier, excède 100 $, les droits sont ceux résultant de ce calcul.

18° En sus, pour toute demande d'un regroupement d'informations:

(a) si le résultat du regroupement d'informations est produit sur un support informatique, 10 $;

(b) si le résultat du regroupement d'informations est communiqué autrement qu'en mode télématique, 10 $;

(c) si le regroupement d'informations est produit sur papier, 0,05 $ par feuille imprimée.

19° Pour la production d'un rapport annuel visé à l'article 532 de la *Loi sur la publicité légale des entreprises individuelles, des sociétés et des personnes morales:*

(a) pour une personne morale à but lucratif, 84 $;

(b) pour une personne morale sans but lucratif, 40 $.

20° Pour la reprise d'existence visée à l'article 534 de la *Loi sur la publicité légale des entreprises individuelles, des sociétés et des personnes morales:*

(a) pour une personne morale à but lucratif, 308 $;

(b) pour une personne morale sans but lucratif, 132 $.

Les droits sont majorés de 50 % lorsque, sur demande, un traitement prioritaire est accordé.

Lorsque, sur demande, un traitement prioritaire est accordé pour le traitement d'un document pouvant être déposé sans frais au registre:

1° pour une personne morale à but lucratif et pour une société mutuelle d'assurance, 39,50 $;

2° pour une société de personnes, 24 $;

3° pour une coopérative, 19 $;

4° pour une personne morale sans but lucratif, une personne physique et une société de secours mutuels, 16 $;

5° pour toute autre personne ou groupement, 16 $.

COMPAGNIE D'ASSURANCES DEPUIS LE 10 SEPTEMBRE 2009

1° Pour le dépôt de statuts et la délivrance d'un certificat de constitution d'une compagnie d'assurance, 500 $..

2° Pour la délivrance de lettres patentes supplémentaires à une compagnie d'assurance, 500 $.

3° Pour le dépôt de statuts de modification d'une compagnie d'assurance et la délivrance d'un certificat de modification, 500 $.

4° Pour le dépôt de statuts de fusion ou de conversion d'une compagnie d'assurance et la délivrance d'un certificat de fusion ou de conversion, 500 $.

5° Pour le dépôt de statuts de continuation d'une compagnie d'assurance et la délivrance d'un certificat de continuation conformément aux articles 200.0.15, 200.0.16 ou 200.6 de la *Loi sur les assurances* (chapitre A-32), 500 $.

(Section 285)

LEGAL PERSONS GOVERNED BY PART IA OF *COMPANIES ACT* (CHAPTER C-38)

(1) The fee for the issue of

    (a) a certificate of constitution as a legal person is $300;

    (b) a certificate of amalgamation is $482;

    (c) a certificate of continuance is $197; and

    (d) a certificate of amendment is $140.

(2) The fee for applying to reserve a name or a version of a name, and for the research involved and the preparation of a research report, is $37.

(3) If the requested name or version of a name was not reserved, the fee for the research involved and the preparation of a research report for each proposed name or version is $37.

(4) The fee for certification of a copy of a document is $28.69.

(5) The fee for an attestation that a company has or has not been dissolved is $19.56.

(6) The handling fee for a document is $5.

(7) The fee for filing an application under section 123.27.1 of the *Companies Act* is $212.

Fees are increased by 50 % if priority processing is provided on request.

LEGAL PERSONS GOVERNED BY PARTS I, II AND III OF *COMPANIES ACT*

DIVISION I

LEGAL PERSONS WITH SHARE CAPITAL

(1) The fee for applying for letters patent is

    (a) $351 if the proposed capital is $40,000 or less;

    (b) $351 plus $1.45 for each $1,000 or fraction of $1,000 in excess of $40,000 if the proposed capital exceeds $40,000 but not $100,000;

    (c) $438 plus $0.76 for each $1,000 or fraction of $1,000 in excess of $100,000 if the proposed capital exceeds $100,000 but not $500,000;

    (d) $742 plus $0.37 for each $1,000 or fraction of $1,000 in excess of $500,000 if the proposed capital exceeds $500,000 but not $2 million; and

    (e) $1,297 plus $0.29 for each $1,000 or fraction of $1,000 in excess of $2 million if the proposed capital exceeds $2 million.

Shares having a par value of less than $1 are valued at $1, and shares without par value are valued according to the aggregate consideration for which they may be issued; if that consideration is not mentioned in the application or in the supporting by-law, they are valued at $100 each.

(2) For an application for letters patent ratifying a memorandum of agreement concerning the amalgamation of companies, the fee is calculated in the same manner as for an application for letters patent.

(3) The fee for an application for supplementary letters patent is $351, except in the following cases:

    (a) for a change of name or to add, relinquish or amend a version of a name, the fee is $176;

(b) for an increase in the authorized capital or in the aggregate consideration for which shares without par value may be issued, the fee is calculated by considering the increase as the proposed capital in an application for letters patent; and

(c) for an application to split shares without par value, the fee is calculated in the same manner as for an application for letters patent, taking account of the aggregate consideration for which new unissued shares may be issued; if that consideration is not mentioned in the application or the supporting by-law, the shares are valued at $100 each.

If the purpose of the supplementary letters patent is to make more than one change, only the highest of the prescribed fees is payable.

(4) The fee for filing for approval of a by-law to change a name, or to add, relinquish or amend a version of the name, under section 21 of the *Companies Act*, is $176.

DIVISION II

LEGAL PERSONS WITHOUT SHARE CAPITAL

(1) The fee for applying for letters patent constituting a legal person without share capital is $145.

(2) The fee for applying for letters patent to confirm a memorandum of agreement to amalgamate non-profit legal persons is $174.

(3) The fee for applying for supplementary letters patent for a legal person without share capital is $65.

(4) The fee for filing for approval a by-law to change a name, or to add, relinquish or amend a version of the name, under sections 21 and 224 of the *Companies Act* is $65.

DIVISION III

MISCELLANEOUS

(1) If the requested name or version was not reserved at the time of the application for letters patent or supplementary letters patent or the filing of a by-law, the fee for the research involved and the preparation of a research report with respect to a name or version of a name is

(a) $21 for a legal person without share capital; and

(b) $37 for a legal person with share capital.

The fee is payable for the research involved and the preparation of a research report for each proposed name or version of a name.

(2) The fee for the reservation of a name or version of a name and the preparation of a research report is $37.

(3) The fee for the certification of a copy of a document is $28.69.

(4) The fee for an attestation that a legal person has or has not been dissolved is $19.56.

(5) The fee for filing an application under section 18.1 or 221.1 of the *Companies Act* is $212.

(6) The handling fee for a document is $5.

Letters patent issued under Part II of the *Companies Act* are considered as supplementary letters patent issued to a company with share capital.

Fees are increased by 50 % if priority processing is provided on request.

CEMENTERY COMPANIES

The fee for applying for letters patent is $145.

FISH AND GAME CLUBS

The fee for applying for incorporation of a fish and game club filed by

    (a) five applicants domiciled in Québec is $25;

    (b) more than five applicants domiciled in Québec is $50;

    (c) five applicants at least one of whom is not domiciled in Québec is $100; or

    (d) more than five applicants none of whom are domiciled in Québec is $200.

LEGAL PUBLICITY OF SOLE PROPRIETORSHIPS, PARTNERSHIPS AND LEGAL PERSONS

(1) The fee for the deposit of a registration declaration is

    (a) $212 for a legal person operating for profit;

    (b) $43 for a partnership;

    (c) $32 for a non-profit legal person or a natural person; and

    (d) $32 for any other person or group.

(2) The annual registration fee for a registrant registered on 1 January is

    (a) $79 for a legal person operating for profit or a mutual insurance association;

    (b) $48 for a partnership;

    (c) $38 for a cooperative;

    (d) $32 for a non-profit legal person, a natural person or a mutual benefit association; and

    (e) $32 for any other person or group.

(3) The fee for filing an initial declaration after the applicable time limit is

    (a) $73 for a legal person operating for profit or a mutual insurance association;

    (b) $38 for a cooperative;

    (c) $32 for a non-profit legal person or a mutual benefit association; and

    (d) $32 for any other person or group.

(4) The fee for filing the annual declaration after the applicable period is

    (a) $39.50 for a legal person operating for profit or a mutual insurance association;

    (b) $24 for a partnership;

    (c) $19 for a cooperative;

    (d) $16 for a non-profit legal person, a natural person or a mutual benefit association; and

    (e) $16 for any other person or group.

(5) The fee for applying for the revocation of a cancellation of registration is

    (a) $159 for a legal person operating for profit or a mutual insurance association;

    (b) $120 for a partnership;

    (c) $80 for a cooperative, a non-profit legal person, a natural person or a mutual benefit association; and

    (d) $80 for any other person or group.

(6) The fee for the deposit of any other document is $20.

(7) The fee for consulting a document deposited in the register is $6.

(8) The handling fee for a document is $5.

(9) The fee for a copy or an extract of a document deposited in the register is $1.52 per page.

(10) The fee for consulting the register by telephone is $4 per file.

(11) The fee for the sending of a document by a means of telecommunication is $5.

(12) The fee for the certification of a document is $28.69.

(13) The fee for an attestation issued under section 81 or 517 of the *Act respecting the legal publicity of sole proprietorships, partnerships and legal persons* (chapter P-45) is $19.56.

(14) The fee for renting a box in the offices of the enterprise registrar is $102 a year.

(15) The fee for filing an application under section 83 of the *Act respecting the legal publicity of sole proprietorships, partnerships and legal persons* is $212.

(16) The fee for filing an application under section 84 or 85 of the *Act respecting the legal publicity of sole proprietorships, partnerships and legal persons* is $80.

(17) The fee for a compilation of the information contained in statements of information is $100.

However, if a request requires the processing of more than 500 registrant files, the fee is $0.20 per file.

(18) In addition, the following fee is payable for a compilation of information:

     (a) $10 if the compilation is provided in a computer medium;

     (b) $10 if the compilation is provided otherwise than by telematic means;

     (c) $0.05 for each printed sheet if the compilation is produced on paper.

(19) The fee for filing an annual report under section 532 of the *Act respecting the legal publicity of sole proprietorships, partnerships and legal persons* is:

     (a) $84 for a legal person operating for profit; and

     (b) $40 for a non-profit legal person.

(20) The fee for resumption of existence under section 534 of the *Act respecting the legal publicity of sole proprietorships, partnerships and legal persons* is:

     (a) $308 for a legal person operating for profit; and

     (b) $132 for a non-profit legal person.

Fees are increased by 50 % if priority processing is provided on request.

For priority processing, on request, of a document that may be deposited in the register free of charge, the fee is

     (1) $39.50 for a legal person operating for profit or a mutual insurance association;

     (2) $24 for a partnership;

     (3) $19 for a cooperative;

     (4) $16 for a non-profit legal person, a natural person or a mutual benefit association; and

     (5) $16 for any other person or group.

INSURANCE COMPANIES SINCE 10 SEPTEMBER 2009

(1) The fee for the deposit of articles and the issue of a certificate of constitution is $500.

(2) The fee for the issue of supplementary letters patent is $500.

(3) The fee for the deposit of amending articles and the issue of a certificate of amendment is $500.

(4) The fee for the deposit of articles of amalgamation or conversion and the issue of a certificate of amalgamation or conversion is $500.

(5) The fee for the deposit of articles of continuance and the issue of a certificate of continuance in accordance with section 200.0.15, 200.0.16 or 200.6 of the *Act respecting insurance* (chapter A-32) is $500.

[2010, c. 7, Annexe IV].

ANNEXE V
(*art. 294*)

Loi sur les assurances (chapitre A-32)

Loi sur les caisses d'entraide économique (chapitre C-3)

Loi sur les caisses d'épargne et de crédit (chapitre C-4)

Loi sur les caisses d'épargne et de crédit (chapitre C-4.1)

Loi sur les cercles agricoles (chapitre C-9)

Loi sur les cités et villes (chapitre C-19)

Loi sur les clubs de chasse et de pêche (chapitre C-22)

Loi sur les clubs de récréation (chapitre C-23)

Code municipal du Québec (chapitre C-27.1)

Loi sur les compagnies (chapitre C-38)

Loi sur les compagnies de cimetière (chapitre C-40)

Loi sur les compagnies de cimetières catholiques romains (chapitre C-40.1)

Loi sur les compagnies de fidéicommis (chapitre C-41)

Loi sur les compagnies de flottage (chapitre C-42)

Loi sur les compagnies de gaz, d'eau et d'électricité (chapitre C-44)

Loi sur les compagnies de télégraphe et de téléphone (chapitre C-45)

Loi sur les compagnies étrangères (chapitre C-46)

Loi sur les compagnies minières (chapitre C-47)

Loi sur la constitution de certaines Églises (chapitre C-63)

Loi sur les coopératives (chapitre C-67.2)

Loi sur les coopératives de services financiers (chapitre C-67.3)

Loi sur les corporations religieuses (chapitre C-71)

Loi sur les déclarations des compagnies et sociétés (chapitre D-1)

Loi sur les évêques catholiques romains (chapitre E-17)

Loi sur les fabriques (chapitre F-1)

Loi sur les fonds de sécurité (chapitre F-3.2.0.4)

Loi sur la liquidation des compagnies (chapitre L-4)

Loi sur la mainmorte (chapitre M-1)

Loi sur les pouvoirs spéciaux des personnes morales (chapitre P-16)
Loi sur le registraire des entreprises (chapitre R-17.1)
Loi concernant les renseignements sur les compagnies (chapitre R-22)
Loi sur les sociétés agricoles et laitières (chapitre S-23)
Loi sur les sociétés d'agriculture (chapitre S-25)
Loi sur les sociétés d'horticulture (chapitre S-27)
Loi sur les sociétés de fabrication de beurre et de fromage (chapitre S-29)
Loi sur les sociétés de fiducie et les sociétés d'épargne (chapitre S-29.01)
Loi sur les sociétés de prêts et de placements (chapitre S-30)
Loi sur les sociétés nationales de bienfaisance (chapitre S-31)
Loi sur les sociétés préventives de cruauté envers les animaux (chapitre S-32)
Loi sur les syndicats coopératifs (chapitre S-38)
Loi sur les syndicats d'élevage (chapitre S-39)
Loi sur les syndicats professionnels (chapitre S-40)

[2010, c. 7, Annexe V].

SCHEDULE V

(Section 294)

Act respecting insurance (chapter A-32)
Act respecting the caisses d'entraide économique (chapter C-3)
Savings and Credit Unions Act (chapter C-4)
Savings and Credit Unions Act (chapter C-4.1)
Farmer's Clubs Act (chapter C-9)
Cities and Towns Act (chapter C-19)
Fish and Game Clubs Act (chapter C-22)
Amusement Clubs Act (chapter C-23)
Municipal Code of Québec (chapter C-27.1)
Companies Act (chapter C-38)
Cemetery Companies Act (chapter C-40)
Act respecting Roman Catholic cemetery companies (chapter C-40.1)
Trust Companies Act (chapter C-41)
Timber-Driving Companies Act (chapter C-42)
Gas, Water and Electricity Companies Act (chapter C-44)
Telegraph and Telephone Companies Act (chapter C-45)
Extra-Provincial Companies Act (chapter C-46)
Mining Companies Act (chapter C-47)
Act respecting the constitution of certain Churches (chapter C-63)
Cooperatives Act (chapter C-67.2)

Act respecting financial services cooperatives (chapter C-67.3)
Religious Corporations Act (chapter C-71)
Companies and Partnerships Declaration Act (chapter D-1)
Roman Catholic Bishops Act (chapter E-17)
Act respecting fabriques (chapter F-1)
Act respecting security funds (chapter F-3.2.0.4)
Winding-up Act (chapter L-4)
Mortmain Act (chapter M-1)
Act respecting the special powers of legal persons (chapter P-16)
Act respecting the enterprise registrar (chapter R-17.1)
Companies Information Act (chapter R-22)
LAct respecting farmers' and dairymen's associations (chapter S-23)
Agricultural Societies Act (chapter S-25)
Horticultural Societies Act (chapter S-27)
Butter and Cheese Societies Act (chapter S-29)
Act respecting trust companies and savings companies (chapter S-29.01)
Loan and Investment Societies Act (chapter S-30)
National Benefit Societies Act (chapter S-31)
Act respecting societies for the prevention of cruelty to animals (chapter S-32)
Cooperative Syndicates Act (chapter S-38)
Stock-breeding Syndicates Act (chapter S-39)
Professional Syndicates Act (chapter S-40)

[2010, c. 7, Schedule V].

LOI SUR LA RÉGIE DU LOGEMENT,

RLRQ, c. R-8.1

ACT RESPECTING THE RÉGIE DU LOGEMENT,

CQLR, c. R-8.1

TITRE I —— LA RÉGIE DU LOGEMENT

Chapitre I —— Application

1. Le présent titre s'applique à un logement loué, offert en location ou devenu vacant après une location, ainsi qu'aux lieux assimilés à un tel logement au sens de l'article 1892 du Code civil.

[1979, c. 48, a. 1; 1999, c. 40, a. 247].

2. (*Supprimé*).

[1999, c. 40, a. 247].

3. La présente loi lie le gouvernement, ses ministères, ses organismes et les mandataires de l'État.

[1979, c. 48, a. 3; 1999, c. 40, a. 247].

Chapitre II —— Constitution et fonctions de la Régie

4. Un organisme, ci-après appelé « la Régie », est institué sous le nom de « Régie du logement ».

[1979, c. 48, a. 4].

TITLE I —— THE RÉGIE DU LOGEMENT

Chapter I —— Application

1. This Title applies to a dwelling leased or offered for lease, a dwelling that has become vacant after being leased or premises considered as a dwelling in article 1892 of the Civil Code.

[1979, c. 48, s. 1; 1999, c. 40, s. 247].

2. (*Repealed*).

[1999, c. 40, s. 247].

3. This act is binding on the Government, Government departments and agencies, and mandataries of the State.

[1979, c. 48, s. 3; 1999, c. 40, s. 247].

Chapter II —— Establishment and Functions of the Régie

4. A body, hereinafter called "the board", is established under the name of "Régie du logement".

[1979, c. 48, s. 4].

5. La Régie exerce la compétence qui lui est conférée par la présente loi et décide des demandes qui lui sont soumises.

Elle est en outre chargée:

1° de renseigner les locateurs et les locataires sur leurs droits et obligations résultant du bail d'un logement et sur toute matière visée dans la présente loi;

2° de favoriser la conciliation entre locateurs et locataires;

3° de faire des études et d'établir des statistiques sur la situation du logement;

4° de publier périodiquement un recueil de décisions rendues par les régisseurs.

[1979, c. 48, a. 5; 1999, c. 40, a. 247].

5. The board shall exercise the jurisdiction conferred on it by this Act and decide the applications that are submitted to it.

The board is also responsible for

(1) informing lessors and lessees on their rights and obligations resulting from the lease of a dwelling and on any matter contemplated in this Act;

(2) promoting conciliation between lessors and lessees;

(3) conducting studies and compiling statistics on the housing situation;

(4) publishing, from time to time, a compendium of the decisions rendered by the commissioners.

[1979, c. 48, s. 5].

SECTION I — NOMINATION DES RÉGISSEURS

SECTION I — APPOINTMENT OF COMMISSIONERS

6. La Régie est composée de régisseurs nommés par le gouvernement qui en détermine le nombre.

Aux endroits où il l'estime nécessaire en raison de l'éloignement et où le nombre de demandes ne lui paraît pas justifier la nomination d'un régisseur à temps plein, le gouvernement peut nommer un régisseur à temps partiel.

[1979, c. 48, a. 6; 1981, c. 32, a. 1; 1997, c. 43, a. 602].

6. The board is composed of commissioners appointed by the Government in the number determined by the Government.

In places where the Government considers it necessary because of the distance and where the number of applications does not appear to justify the appointment of a full-time commissioner, the Government may appoint a part-time commissioner.

[1979, c. 48, s. 6; 1981, c. 32, s. 1; 1997, c. 43, s. 602].

SECTION II — RECRUTEMENT ET SÉLECTION DES RÉGISSEURS

SECTION II — RECRUITING AND SELECTION OF COMMISSIONERS

7. Seule peut être nommée régisseur de la Régie, la personne qui possède une expérience pertinente de 10 ans à l'exercice des fonctions de la Régie.

[1979, c. 48, a. 7; 1997, c. 43, a. 603].

7. Only a person who has at least 10 years' experience pertinent to the exercise of the functions of the board may be appointed to the board as a commissioner.

[1979, c. 48, s. 7; 1997, c. 43, s. 603].

7.1. Les régisseurs sont choisis parmi les personnes déclarées aptes suivant la procédure de recrutement et de sélection établie par règlement du gouvernement. Un tel règlement peut, notamment:

1° déterminer la publicité qui doit être faite pour procéder au recrutement, ainsi que les éléments qu'elle doit contenir;

7.1. Commissioners shall be selected among persons declared apt according to the recruiting and selection procedure established by government regulation. The regulation may, in particular,

(1) determine the publicity that must be given to the recruiting procedure and the content of such publicity;

2° déterminer la procédure à suivre pour se porter candidat;

3° autoriser la formation de comités de sélection chargés d'évaluer l'aptitude des candidats et de fournir un avis sur eux;

4° fixer la composition des comités et le mode de nomination de leurs membres en assurant la représentation du public et du milieu juridique ou encore de l'un d'entre eux;

5° déterminer les critères de sélection dont le comité tient compte;

6° déterminer les renseignements que le comité peut requérir d'un candidat et les consultations qu'il peut effectuer.

[1997, c. 43, a. 603].

7.2. Le nom des personnes déclarées aptes est consigné dans un registre au ministère du Conseil exécutif.

La déclaration d'aptitude est valide pour une période de 18 mois ou pour toute autre période fixée par règlement du gouvernement.

[1997, c. 43, a. 603].

7.3. Les membres d'un comité de sélection ne sont pas rémunérés, sauf dans les cas, aux conditions et dans la mesure que peut déterminer le gouvernement.

Ils ont cependant droit au remboursement des dépenses faites dans l'exercice de leurs fonctions, aux conditions et dans la mesure que détermine le gouvernement.

[1997, c. 43, a. 603].

SECTION III — DURÉE ET RENOUVELLEMENT D'UN MANDAT

7.4. La durée du mandat d'un régisseur est de cinq ans, sous réserve des exceptions qui suivent.

[1997, c. 43, a. 603].

7.5. Le gouvernement peut prévoir un mandat d'une durée fixe moindre, indi-

(2) determine the procedure by which a person may become a candidate;

(3) authorize the establishment of selection committees to assess the aptitude of candidates and formulate an opinion concerning them;

(4) fix the composition of the committees and mode of appointment of committee members, ensuring adequate representation of the population and the legal community or either of them;

(5) determine the selection criteria to be taken into account by the committees;

(6) determine the information a committee may require from a candidate and the consultations it may hold.

[1997, c. 43, s. 603].

7.2. The names of the persons declared apt shall be recorded in a register kept at the Ministère du Conseil exécutif.

A declaration of aptitude shall be valid for a period of 18 months or for such period as is determined by government regulation.

[1997, c. 43, s. 603].

7.3. Members of a selection committee shall receive no remuneration except in such cases, subject to such conditions and to such extent as may be determined by the Government.

They are, however, entitled to the reimbursement of expenses incurred in the performance of their duties, subject to the conditions and to the extent determined by the Government.

[1997, c. 43, s. 603].

SECTION III — TERM OF OFFICE AND RENEWAL

7.4. The term of office of a commissioner is five years, subject to the exceptions that follow.

[1997, c. 43, s. 603].

7.5. The Government may determine a shorter term of office of a fixed duration in

quée dans l'acte de nomination, lorsque le candidat en fait la demande pour des motifs sérieux ou lorsque des circonstances particulières indiquées dans l'acte de nomination l'exigent.

[1997, c. 43, a. 603].

7.6. Le mandat d'un régisseur est, selon la procédure établie en vertu de l'article 7.7, renouvelé pour cinq ans:

1° à moins qu'un avis contraire ne soit notifié au régisseur au moins trois mois avant l'expiration de son mandat par l'agent habilité à cette fin par le gouvernement;

2° à moins que le régisseur ne demande qu'il en soit autrement et notifie sa décision au ministre au plus tard trois mois avant l'expiration de son mandat.

Une dérogation à la durée du mandat ne peut valoir que pour une durée fixe de moins de cinq ans déterminée par l'acte de renouvellement et, hormis le cas où le régisseur en fait la demande pour des motifs sérieux, que lorsque des circonstances particulières indiquées dans l'acte de renouvellement l'exigent.

[1997, c. 43, a. 603; 2002, c. 22, a. 36].

7.7. Le renouvellement d'un mandat est examiné suivant la procédure établie par règlement du gouvernement. Un tel règlement peut, notamment:

1° autoriser la formation de comités;

2° fixer la composition des comités et le mode de nomination de leurs membres, lesquels ne doivent pas faire partie de l'Administration gouvernementale au sens de la *Loi sur l'administration publique* (chapitre A-6.01), ni la représenter;

3° déterminer les critères dont le comité tient compte;

4° déterminer les renseignements que le comité peut requérir du régisseur et les consultations qu'il peut effectuer.

Un comité d'examen ne peut faire une recommandation défavorable au renouvellement du mandat d'un régisseur sans, au

the instrument of appointment where the candidate so requests for a valid reason or where required by special circumstances stated in the instrument of appointment.

[1997, c. 43, s. 603].

7.6. The term of office of a commissioner shall be renewed for five years, according to the procedure established under section 7.7,

(1) unless the commissioner is notified otherwise at least three months before the expiry of the term by the agent authorized therefor by the Government; or

(2) unless the commissioner requests otherwise and so notifies the Minister at least three months before the expiry of the term.

A variation of the term of office is valid only for a fixed period of less than five years determined in the instrument of renewal and, except where requested by the commissioner for a valid reason, only where required by special circumstances stated in the instrument of renewal.

[1997, c. 43, s. 603; 2002, c. 22, s. 36].

7.7. The renewal of a term of office shall be examined according to the procedure established by government regulation. The regulation may, in particular,

(1) authorize the establishment of committees;

(2) fix the composition of the committees and the mode of appointment of committee members, who shall neither belong to nor represent the Administration within the meaning of the *Public Administration Act* (chapter A-6.01);

(3) determine the criteria to be taken into account by the committees;

(4) determine the information a committee may require from the commissioner and the consultations it may hold.

An examination committee may not make a recommendation against the renewal of a commissioner's term of office without first

préalable, informer ce dernier de son intention de faire une telle recommandation et des motifs sur lesquels celle-ci est fondée et sans lui avoir donné l'occasion de présenter ses observations.

Les membres d'un comité d'examen ne peuvent être poursuivis en justice en raison d'actes accomplis de bonne foi dans l'exercice de leurs fonctions.

[1997, c. 43, a. 603; 2002, c. 22, a. 36]

7.8. Les membres d'un comité d'examen ne sont pas rémunérés, sauf dans les cas, aux conditions et dans la mesure que peut déterminer le gouvernement.

Ils ont cependant droit au remboursement des dépenses faites dans l'exercice de leurs fonctions, aux conditions et dans la mesure que détermine le gouvernement.

[1997, c. 43, a. 603].

SECTION IV — FIN PRÉMATURÉE DE MANDAT ET SUSPENSION

7.9. Le mandat d'un régisseur ne peut prendre fin avant terme que par son admission à la retraite ou sa démission, ou s'il est destitué ou autrement démis de ses fonctions dans les conditions visées à la présente section.

[1997, c. 43, a. 603].

7.10. Pour démissionner, le régisseur doit donner au ministre un préavis écrit dans un délai raisonnable et en transmettre copie au président de la Régie.

[1997, c. 43, a. 603].

7.11. Le gouvernement peut destituer un régisseur lorsque le Conseil de la justice administrative, institué par la *Loi sur la justice administrative* (chapitre J-3), le recommande, après enquête tenue à la suite d'une plainte portée en application de l'article 8.2 de la présente loi.

having informed the commissioner of its intention to make such a recommendation and of the reasons therefor and without having given the commissioner the opportunity to present observations.

No judicial proceedings may be brought against members of an examination committee for any act done in good faith in the performance of their duties.

[1997, c. 43, s. 603; 2002, c. 22, s. 36].

7.8. Members of an examination committee shall receive no remuneration, except in such cases, on such conditions and to such extent as may be determined by the Government.

They are, however, entitled to the reimbursement of expenses incurred in the performance of their duties, on the conditions and to the extent determined by the Government.

[1997, c. 43, s. 603].

SECTION IV — PREMATURE TERMINATION OF TERM OF OFFICE AND SUSPENSION

7.9. The term of office of a commissioner may terminate prematurely only on his retirement or resignation, or on his being dismissed or otherwise removed from office in the circumstances referred to in this division.

[1997, c. 43, s. 603].

7.10. To resign, a commissioner must give the Minister reasonable notice in writing, sending a copy to the chairman of the board.

[1997, c. 43, s. 603].

7.11. The Government may dismiss a commissioner if the Conseil de la justice administrative, instituted by the *Act respecting administrative justice* (chapter J-3), so recommends, after an inquiry conducted following the lodging of a complaint pursuant to section 8.2 of this Act.

Il peut pareillement suspendre le régisseur avec ou sans rémunération pour la période que le Conseil recommande.

[1997, c. 43, a. 603].

The Government may also suspend the commissioner with or without remuneration for the period recommended by the Conseil.

[1997, c. 43, s. 603].

7.12. En outre, le gouvernement peut démettre un régisseur pour une incapacité permanente qui, de l'avis du gouvernement, l'empêche de remplir de manière satisfaisante les devoirs de sa charge; l'incapacité permanente est établie par le Conseil de la justice administrative, après enquête faite sur demande du ministre ou du président de la Régie.

Le Conseil agit conformément aux dispositions des articles 193 à 197 de la *Loi sur la justice administrative* (chapitre J-3), compte tenu des adaptations nécessaires; toutefois, la formation du comité d'enquête obéit aux règles prévues par l'article 8.4.

[1997, c. 43, a. 603].

7.12. The Government may also remove a commissioner from office because of permanent disability which, in the opinion of the Government, prevents the commissioner from performing the duties of his office satisfactorily; permanent disability is ascertained by the Conseil de la justice administrative, after an inquiry conducted at the request of the Minister or of the chairman of the board.

The Conseil shall act in accordance with the provisions of sections 193 to 197 of the *Act respecting administrative justice* (chapter J-3), adapted as required; however, the formation of an inquiry committee is subject to the rules set out in section 8.4.

[1997, c. 43, s. 603].

SECTION V — AUTRE DISPOSITION RELATIVE À LA CESSATION DE FONCTIONS

SECTION V — OTHER PROVISIONS REGARDING TERMINATION OF DUTIES

7.13. Tout régisseur peut, à la fin de son mandat, avec l'autorisation du président de la Régie et pour la période que celui-ci détermine, continuer à exercer ses fonctions pour terminer les affaires qu'il a déjà commencé à entendre et sur lesquelles il n'a pas encore statué; il est alors, pendant la période nécessaire, un régisseur en surnombre.

Le premier alinéa ne s'applique pas au régisseur destitué ou autrement démis de ses fonctions.

[1997, c. 43, a. 603].

7.13. Any commissioner may, with the authorization of and for the time determined by the chairman of the board, continue to perform his duties after the expiry of his term of office in order to conclude the cases he has begun to hear but has yet to determine; he shall be a supernumerary commissioner for the time required.

The first paragraph does not apply to a commissioner who has been dismissed or otherwise removed from office.

[1997, c. 43, s. 603].

SECTION VI — RÉMUNÉRATION ET AUTRES CONDITIONS DE TRAVAIL

SECTION VI — REMUNERATION AND OTHER CONDITIONS OF OFFICE

7.14. Le gouvernement détermine par règlement:

1° le mode, les normes et barèmes de la rémunération des régisseurs ainsi que la façon d'établir le pourcentage annuel de la progression du traitement des régisseurs jusqu'au maximum de l'échelle salariale et

7.14. The Government shall make regulations determining

(1) the mode of remuneration of the commissioners and the applicable standards and scales, and the method for determining the annual percentage of salary advancement up to the maximum salary rate and of

de l'ajustement de la rémunération des régisseurs dont le traitement est égal à ce maximum;

2° les conditions et la mesure dans lesquelles les dépenses faites par un régisseur dans l'exercice de ses fonctions lui sont remboursées.

Il peut pareillement déterminer d'autres conditions de travail pour tous les régisseurs ou pour certains d'entre eux, y compris leurs avantages sociaux autres que le régime de retraite.

Les dispositions réglementaires peuvent varier selon qu'il s'agit d'un régisseur à temps plein ou à temps partiel ou selon que le régisseur occupe une charge administrative au sein de la Régie.

Les règlements entrent en vigueur le quinzième jour qui suit la date de leur publication à la *Gazette officielle du Québec* ou à une date ultérieure qui y est indiquée.

[1997, c. 43, a. 603; 2002, c. 22, a. 37].

7.15. Le gouvernement fixe, conformément au règlement, la rémunération, les avantages sociaux et les autres conditions de travail des régisseurs.

[1997, c. 43, a. 603].

7.16. La rémunération d'un régisseur ne peut être réduite une fois fixée.

Néanmoins, la cessation d'exercice d'une charge administrative au sein de la Régie entraîne la suppression de la rémunération additionnelle afférente à cette charge.

[1997, c. 43, a. 603].

7.17. Le régime de retraite des régisseurs à temps plein est déterminé en application de la *Loi sur le régime de retraite du personnel d'encadrement* (chapitre R-12.1).

[1997, c. 43, a. 603; 2002, c. 30, a. 161].

7.18. Le fonctionnaire nommé régisseur de la Régie cesse d'être assujetti à la *Loi sur la fonction publique* (chapitre F-3.1.1) pour tout ce qui concerne sa fonction de régisseur; il est, pour la durée de son mandat et dans le but d'accomplir les devoirs de sa fonction, en congé sans solde total.

[1997, c. 43, a. 603].

the adjustment of the remuneration of commissioners whose salary has reached the maximum rate;

(2) the conditions subject to which and the extent to which a commissioner may be reimbursed the expenses incurred in the performance of his duties.

The Government may make regulations determining other conditions of office applicable to all or certain commissioners, including social benefits other than the pension plan.

The regulatory provisions may vary according to whether they apply to full-time or part-time commissioners or to a commissioner charged with an administrative office within the board.

The regulations come into force on the fifteenth day following the date of their publication in the *Gazette officielle du Québec* or on any later date indicated therein.

[1997, c. 43, s. 603; 2002, c. 22, s. 37].

7.15. The Government shall fix, in accordance with the regulations, the remuneration, social benefits and other conditions of office of the commissioners.

[1997, c. 43, s. 603].

7.16. Once fixed, a commissioner's remuneration may not be reduced.

However, additional remuneration attaching to an administrative office within the board shall cease upon termination of such office.

[1997, c. 43, s. 603].

7.17. The pension plan of full-time commissioners shall be determined pursuant to the *Act respecting the Pension Plan of Management Personnel* (chapter R-12.1).

[1997, c. 43, s. 603; 2002, c. 30, s. 161].

7.18. A public servant appointed as a commissioner of the board ceases to be subject to the *Public Service Act* (chapter F-3.1.1) for all matters concerning such office; for the duration of his term of office, he is on full leave without pay for the purpose of performing his duties of office.

[1997, c. 43, s. 603].

8. Le gouvernement peut déterminer, par règlement, un code de déontologie applicable aux régisseurs.

[1979, c. 48, a. 8].

8.1. Le *Code de déontologie* énonce les règles de conduite et les devoirs des régisseurs envers le public, les parties, leurs témoins et les personnes qui les représentent; il indique, notamment, les comportements dérogatoires à l'honneur, à la dignité ou à l'intégrité des régisseurs. Il peut en outre déterminer les activités ou situations incompatibles avec la charge qu'ils occupent, leurs obligations concernant la révélation de leurs intérêts ainsi que les fonctions qu'ils peuvent exercer à titre gratuit.

Ce *Code de déontologie* peut prévoir des règles particulières pour les régisseurs à temps partiel.

[1997, c. 43, a. 605].

8.2. Toute personne peut porter plainte au Conseil de la justice administrative contre un régisseur de la Régie, pour un manquement au *Code de déontologie*, à un devoir imposé par la présente loi ou aux prescriptions relatives aux conflits d'intérêts ou aux fonctions incompatibles.

[1997, c. 43, a. 605].

8.3. La plainte doit être écrite et exposer sommairement les motifs sur lesquels elle s'appuie.

Elle est transmise au siège du Conseil.

[1997, c. 43, a. 605].

8.4. Le Conseil, lorsqu'il procède à l'examen d'une plainte formulée contre un régisseur, agit conformément aux dispositions des articles 184 à 192 de la *Loi sur la justice administrative* (chapitre J-3), compte tenu des adaptations nécessaires.

Toutefois, lorsque, en application de l'article 186 de cette loi, le Conseil constitue un comité d'enquête, deux des membres qui

8. The Government may determine, by regulation, a code of ethics applicable to commissioners.

[1979, c. 48, s. 8].

8.1. The *code of ethics* shall set out the rules of conduct and the duties of the commissioners towards the public, the parties, their witnesses and the persons who represent them. It shall indicate, in particular, conduct that is derogatory to the honour, dignity or integrity of the commissioners. In addition, the *code of ethics* may determine activities or situations that are incompatible with their office, their obligations concerning disclosure of interest, and the duties they may perform gratuitously.

The *code of ethics* may provide special rules applicable to part-time commissioners.

[1997, c. 43, s. 605].

8.2. Any person may lodge a complaint with the Conseil de la justice administrative against a commissioner of the board for breach of the *code of ethics*, of a duty under this Act or of the prescriptions governing conflicts of interest and incompatible functions.

[1997, c. 43, s. 605].

8.3. A complaint must be in writing and must briefly state the reasons on which it is based.

It shall be transmitted to the seat of the Conseil.

[1997, c. 43, s. 605].

8.4. The Conseil, when examining a complaint against a commissioner, shall act in accordance with sections 184 to 192 of the *Act respecting administrative justice* (chapter J-3), adapted as required.

However, where the Conseil, for the purposes of section 186 of the said Act, forms an inquiry committee, two members of the

le composent sont choisis parmi les membres du Conseil visés aux paragraphes 1° à 6° et 9° de l'article 167 de cette loi, dont l'un au moins n'exerce pas une profession juridique et n'est pas membre de l'un des organismes de l'Administration dont le président est membre du Conseil. Le troisième est le membre du Conseil visé au paragraphe 8° ou choisi à partir d'une liste établie par le président de la Régie après consultation de l'ensemble de ses régisseurs. En ce dernier cas, si le comité juge la plainte fondée, ce membre participe également aux délibérations du Conseil pour déterminer la sanction.

[1997, c. 43, a. 605; 2002, c. 22, a. 38].

committee shall be chosen from among the members of the Conseil referred to in paragraphs 1 to 6 and 9 of section 167 of that Act, at least one of whom shall neither practise a legal profession nor be a member of a body of the Administration whose president or chairman is a member of the Conseil. The third member of the inquiry committee shall be the member of the Conseil referred to in paragraph 8 of that section or shall be chosen from a list drawn up by the chairman of the board, after consulting all the commissioners of the board. In the latter case if the inquiry committee finds the complaint to be justified, the third member shall take part in the deliberations of the Conseil for the purpose of determining a penalty.

[1997, c. 43, s. 605; 2002, c. 22, s. 38].

SECTION VIII — MANDAT ADMINISTRATIF

SECTION VIII — ADMINISTRATIVE OFFICE

9. (*Remplacé*).

[1997, c. 43, a. 606].

9. (*Replaced*).

[1997, c. 43, s. 606].

9.1. Le gouvernement désigne, parmi les régisseurs de la Régie, un président et deux vice-présidents.

[1997, c. 43, a. 606].

9.1. The Government shall designate, among the commissioners of the board, a chairman and two vice-chairmen.

[1997, c. 43, s. 606].

9.2. Le président et les vice-présidents doivent exercer leurs fonctions à temps plein.

[1997, c. 43, a. 606].

9.2. The chairman and vice-chairmen shall exercise their duties on a full-time basis.

[1997, c. 43, s. 606].

9.3. Le mandat administratif du président ou d'un vice-président est d'une durée fixe déterminée par l'acte de désignation ou de renouvellement.

[1997, c. 43, a. 606].

9.3. The administrative office of the chairman or a vice-chairman is of a fixed duration determined in the instrument of appointment or renewal.

[1997, c. 43, s. 606].

9.4. Le mandat administratif du président ou d'un vice-président ne peut prendre fin avant terme que si le régisseur renonce à cette charge administrative, si son mandat de régisseur prend fin prématurément ou n'est pas renouvelé, ou s'il est révoqué ou autrement démis de sa charge administrative dans les conditions visées à la présente section.

[1997, c. 43, a. 606].

9.4. The administrative office of the chairman or a vice-chairman may terminate prematurely only on the commissioner's relinquishing such office, on the premature termination or non-renewal of his term of office as a commissioner, or on his removal or dismissal from his administrative office in the circumstances referred to in this division.

[1997, c. 43, s. 606].

9.5. Le gouvernement peut révoquer le président ou un vice-président de sa charge administrative lorsque le Conseil de la justice administrative le recommande, après enquête faite sur demande du ministre pour un manquement ne concernant que l'exercice de ses attributions administratives.

Le Conseil agit conformément aux dispositions des articles 193 à 197 de la *Loi sur la justice administrative* (chapitre J-3), compte tenu des adaptations nécessaires; toutefois, la formation du comité d'enquête obéit aux règles prévues par l'article 8.4.

[1997, c. 43, a. 606].

9.5. The Government may remove the chairman or a vice-chairman from his administrative office if the Conseil de la justice administrative so recommends, after an inquiry conducted at the Minister's request concerning a lapse pertaining only to his administrative duties.

The Conseil shall act in accordance with the provisions of sections 193 to 197 of the *Act respecting administrative justice* (chapter J-3), adapted as required; however, the formation of an inquiry committee is subject to the rules set out in section 8.4.

[1997, c. 43, s. 606].

SECTION IX — DEVOIRS ET POUVOIRS DES RÉGISSEURS

SECTION IX — DUTIES AND POWERS OF COMMISSIONERS

9.6. Avant d'entrer en fonction, le régisseur prête serment en affirmant solennellement ce qui suit: « Je (...) jure que j'exercerai et accomplirai impartialement et honnêtement, au meilleur de ma capacité et de mes connaissances, les pouvoirs et les devoirs de ma charge. ».

Cette obligation est exécutée devant le président de la Régie. Ce dernier doit prêter serment devant un juge de la Cour du Québec.

L'écrit constatant le serment est transmis au ministre de la Justice.

[1997, c. 43, a. 606].

9.6. Before taking office, every commissioner shall take an oath, solemnly affirming the following : "I (...) swear that I will exercise the powers and fulfill the duties of my office impartially and honestly and to the best of my knowledge and abilities.".

The oath shall be taken before the chairman of the board. The chairman of the board shall take the oath before a judge of the Court of Québec.

The writing evidencing the oath shall be sent to the Minister of Justice.

[1997, c. 43, s. 606].

9.7. Un régisseur ne peut, sous peine de déchéance de sa charge, avoir un intérêt direct ou indirect dans une entreprise susceptible de mettre en conflit son intérêt personnel et les devoirs de sa fonction, sauf si un tel intérêt lui échoit par succession ou donation, pourvu qu'il y renonce ou en dispose avec toute la diligence possible.

Outre le respect des prescriptions relatives aux conflits d'intérêts ainsi que des règles de conduite et des devoirs imposés par le *Code de déontologie* pris en application de la présente loi, un régisseur ne peut poursuivre une activité ou se placer dans une situation incompatibles, au sens de ce code, avec l'exercice de ses fonctions.

[1997, c. 43, a. 606].

9.7. A commissioner may not, on pain of forfeiture of office, have a direct or indirect interest in any enterprise that could cause a conflict between his personal interest and his duties of office, unless the interest devolves to him by succession or gift and he renounces it or disposes of it with dispatch.

In addition to observing conflict of interest requirements and the rules of conduct and duties imposed by the code of ethics adopted under this Act, a commissioner may not pursue an activity or place himself in a situation incompatible, within the meaning of the code of ethics, with the exercise of his office.

[1997, c. 43, s. 606].

9.8. La Régie et ses régisseurs sont investis des pouvoirs et immunités d'un commissaire nommé en vertu de la *Loi sur les commissions d'enquête* (chapitre C-37), sauf du pouvoir d'imposer une peine d'emprisonnement.

Ils ont en outre tous les pouvoirs nécessaires à l'exercice de leurs fonctions; ils peuvent notamment rendre toutes les ordonnances qu'ils estiment propres à sauvegarder les droits des parties.

Ils ne peuvent être poursuivis en justice en raison d'un acte accompli de bonne foi dans l'exercice de leurs fonctions.

[1997, c. 43, a. 606; 2010, c. 42, a. 26].

9.8. The commissioners are vested with the powers and immunity of commissioners appointed under the *Act respecting public inquiry commissions* (chapter C-37), except the power to order imprisonment.

They are also vested with all the powers necessary for the performance of their duties; they may, in particular, make any order they consider appropriate to safeguard the rights of the parties.

No judicial proceedings may be brought against them by reason of an act done in good faith in the performance of their duties.

[1997, c. 43, s. 606; 2010, c. 42, s. 26].

SECTION X — FONCTIONNEMENT, DIRECTION ET ADMINISTRATION DE LA RÉGIE

SECTION X — OPERATION, MANAGEMENT AND ADMINISTRATION OF THE BOARD

10. Outre les attributions qui peuvent lui être dévolues par ailleurs, le président est chargé de l'administration et de la direction générale de la Régie.

Il a notamment pour fonctions:

1° de favoriser la participation des régisseurs à l'élaboration d'orientations générales de la Régie en vue de maintenir un niveau élevé de qualité et de cohérence des décisions;

2° de coordonner et de répartir le travail des régisseurs qui, à cet égard, doivent se soumettre à ses ordres et directives;

3° de veiller au respect de la déontologie;

4° de promouvoir le perfectionnement des régisseurs quant à l'exercice de leurs fonctions;

5° de donner au ministre désigné son avis sur toute question que celui-ci soumet, d'analyser les effets de l'application de la présente loi et de faire au ministre les recommandations qu'il juge utiles.

Le vice-président désigné à cette fin par le président peut exercer les fonctions visées au paragraphe 2°.

[1979, c. 48, a. 10; 1997, c. 43, a. 607].

10. In addition to the powers and duties that may otherwise be assigned to him, the chairman is charged with the administration and general management of the board.

The duties of the chairman include

(1) fostering the participation of commissioners in the formulation of guiding principles for the board so as to maintain a high level of quality and coherence of decisions;

(2) coordinating the activities of and assigning work to the commissioners who shall comply with his orders and directives in that regard;

(3) seeing to the observance of standards of ethical conduct; and

(4) promoting professional development of the commissioners as regards the exercise of their functions;

(5) giving his opinion to the designated minister on any matter submitted by him, analysing the effects of the carrying out of this Act and submitting to the Minister any recommendation he considers expedient.

The vice-chairman designated for such purpose by the chairman may exercise the functions set out in subparagraph 2 of the second paragraph.

[1979, c. 48, s. 10; 1997, c. 43, s. 607].

10.1. Le président doit édicter un code de déontologie applicable aux conciliateurs et veiller à son application.

Ce code entre en vigueur le quinzième jour qui suit la date de sa publication à la *Gazette officielle du Québec* ou à une date ultérieure qui y est indiquée.

[1997, c. 43, a. 607].

10.1. The chairman shall establish a code of ethics applicable to conciliators and shall see that it is observed.

The code of ethics comes into force on the fifteenth day following the date of its publication in the *Gazette officielle du Québec* or on any later date indicated therein.

[1997, c. 43, s. 607].

10.2. Le président ou le vice-président qu'il désigne détermine quels régisseurs sont appelés à siéger à l'une ou l'autre des séances.

[1997, c. 43, a. 607].

10.2. The chairman or the vice-chairman designated by the chairman shall determine which commissioners are to take part in the various sittings of the board.

[1997, c. 43, s. 607].

11. Le président ou le vice-président qu'il désigne à cette fin surveille et dirige le personnel de la Régie.

[1979, c. 48, a. 11].

11. The chairman, or the vice-chairman designated by him for that purpose, shall direct and supervise the personnel of the board.

[1979, c. 48, s. 11].

12. En cas d'absence ou d'empêchement du président, il est remplacé par le vice-président désigné à cette fin par le gouvernement aux conditions fixées par ce dernier et, en cas d'absence ou d'empêchement du vice-président désigné, par l'autre vice-président.

[1979, c. 48, a. 12; 1999, c. 40, a. 247].

12. If the chairman is absent or unable to act, he shall be replaced by the vice-chairman designated for that purpose by the Government, on such conditions as it may fix and, if the vice-chairman designated is absent or unable to act, by the other vice-chairman.

[1979, c. 48, s. 12].

13. Les régisseurs à temps plein doivent s'occuper exclusivement du travail de la Régie et des devoirs de leurs fonctions.

[1979, c. 48, a. 13; 1997, c. 43, a. 608].

13. Full-time commissioners shall devote their time exclusively to the work of the board and to the duties of their office.

[1979, c. 48, s. 13; 1997, c. 43, s. 608].

14.-17. (*Abrogés*).

[1997, c. 43, a. 609].

14.-17. (*Repealed*).

[1997, c. 43, s. 609].

18. Aucun recours extraordinaire prévu par les articles 834 à 850 du *Code de procédure civile* ne peut être exercé ni aucune injonction accordée contre la Régie ou les régisseurs agissant en leur qualité officielle.

Un juge de la Cour d'appel peut, sur requête, annuler sommairement un bref, une ordonnance ou une injonction délivrés ou accordés à l'encontre du présent article.

[1979, c. 48, a. 18].

18. No extraordinary recourse provided by articles 834 to 850 of the *Code of Civil Procedure* may be exercised nor any injunction granted against the board or the commissioners acting in their official capacity.

A judge of the Court of Appeal may, on a motion, summarily annul any writ, order or injunction issued or granted contrary to this section.

[1979, c. 48, s. 18].

19. Les greffiers, les inspecteurs, les conciliateurs et les autres membres du personnel de la Régie sont nommés suivant la *Loi sur la fonction publique* (chapitre F-3.1.1).

[1979, c. 48, a. 19; 1983, c. 55, a. 161; 2000, c. 8, a. 242].

20. Les membres du personnel de la Régie ne peuvent être poursuivis en justice en raison d'un acte officiel accompli de bonne foi dans l'exercice de leurs fonctions.

[1979, c. 48, a. 20; 1997, c. 43, a. 610].

21. Le personnel de la Régie doit prêter son assistance pour la rédaction d'une demande à une personne qui la requiert.

[1979, c. 48, a. 21].

22. La Régie a son siège à l'endroit déterminé par le gouvernement; un avis de la situation ou de tout changement du siège est publié à la *Gazette officielle du Québec*.

La Régie a des bureaux et des greffes aux endroits qu'elle détermine.

[1979, c. 48, a. 22].

23. La Régie peut tenir ses séances à tout endroit, même un jour férié aux heures déterminées par le président.

[1979, c. 48, a. 23].

24. L'exercice financier de la Régie se termine le 31 mars de chaque année.

[1979, c. 48, a. 24].

25. La Régie transmet au ministre désigné, au plus tard le 30 juin de chaque année, un rapport de ses activités pour l'exercice financier précédent.

Ce rapport est, dans les trente jours de sa réception, déposé devant l'Assemblée nationale si elle est en session; si elle n'est pas en session, il est déposé dans les trente jours de l'ouverture de la session suivante ou de la reprise des travaux, selon le cas.

[1979, c. 48, a. 25].

19. The clerks, inspectors, conciliators and the other members of the personnel of the board are appointed in accordance with the *Public Service Act* (chapter F-3.1.1).

[1979, c. 48, s. 19; 1983, c. 55, s. 161; 2000, c. 8, s. 242].

20. No member of the personnel of the board may be prosecuted by reason of an official act done in good faith in the exercise of his functions.

[1979, c. 48, s. 20; 1997, c. 43, s. 610].

21. The personnel of the board must provide assistance for the drafting of an application to every person who requests it.

[1979, c. 48, s. 21].

22. The head office of the board is at the place determined by the Government; a notice of the location or of any change of the head office shall be published in the *Gazette officielle du Québec*.

The board has offices and record offices at any place it determines.

[1979, c. 48, s. 22].

23. The board may hold its sittings anywhere, even on a holiday, between the hours determined by the chairman.

[1979, c. 48, s. 23].

24. The fiscal period of the board ends on 31 March each year.

[1979, c. 48, s. 24].

25. Not later than 30 June each year, the board shall transmit to the designated minister a report of its activities for the preceding fiscal period.

That report shall be tabled before the National Assembly within thirty days of its receipt, if it is in session; if it is not in session, it shall be tabled within thirty days after the opening of the next session or, as the case may be, after resumption.

[1979, c. 48, s. 25].

26. La Régie fournit au ministre désigné tout renseignement et tout rapport que celui-ci requiert sur ses activités.

[1979, c. 48, a. 26].

26. The board shall furnish to the designated minister any information or report he may require on its activities.

[1979, c. 48, s. 26].

27. Les livres et comptes de la Régie sont vérifiés par le vérificateur général.

[1979, c. 48, a. 27; 2008, c. 23, a. 18].

27. The books and accounts of the board are audited by the Auditor General.

[1979, c. 48, s. 27; 2008, c. 23, s. 18].

Chapitre III —— Compétence de la Régie

SECTION I —— DISPOSITIONS GÉNÉRALES

Chapter III —— Jurisdiction of the Board

SECTION I —— GENERAL PROVISIONS

28. La Régie connaît en première instance, à l'exclusion de tout tribunal, de toute demande:

1° relative au bail d'un logement lorsque la somme demandée ou la valeur de la chose réclamée ou de l'intérêt du demandeur dans l'objet de la demande ne dépasse pas le montant de la compétence de la Cour du Québec;

2° relative à une matière visée dans les articles 1941 à 1964, 1966, 1967, 1969, 1970, 1977, 1984 à 1990 et 1992 à 1994 du Code civil;

3° relative à une matière visée à la section II, sauf aux articles 54.5, 54.6, 54.7 et 54.11 à 54.14.

Toutefois, la Régie n'est pas compétente pour entendre une demande visée aux articles 645 et 656 du *Code de procédure civile* (chapitre C-25).

[1979, c. 48, a. 28; 1987, c. 63, a. 11; 1987, c. 77, a. 1; 1988, c. 21, a. 66; 1999, c. 40, a. 247].

28. The board hears in first instance, to the exclusion of any tribunal, any application

(1) respecting the lease of a dwelling where the sum claimed or the value of the thing claimed or of the interest of the applicant in the object of the application does not exceed the amount of the jurisdiction of the Court of Québec;

(2) pertaining to any of the matters contemplated in articles 1941 to 1964, 1966, 1967, 1969, 1970, 1977, 1984 to 1990 and 1992 to 1994 of the Civil Code;

(3) pertaining to any of the matters contemplated in Division II, except in sections 54.5, 54.6, 54.7 and 54.11 to 54.14.

The board is not competent, however, to hear applications contemplated in articles 645 and 656 of the *Code of Civil Procedure* (chapter C-25).

[1979, c. 48, s. 28; 1987, c. 63, s. 11; 1987, c. 77, s. 1; 1988, c. 21, s. 66; 1999, c. 40, s. 247].

29. Un régisseur entend et décide seul des demandes qui relèvent de la compétence de la Régie.

Toutefois, le président ou le vice-président qu'il désigne à cette fin peut porter le nombre de régisseurs jusqu'à cinq; il désigne alors, parmi les juges, les avocats ou les notaires, le régisseur qui préside l'audition.

[1979, c. 48, a. 29; 1999, c. 40, a. 247; 2000, c. 19, a. 33].

29. A commissioner hears and decides, alone, applications that are within the jurisdiction of the board.

However, the chairman, or the vice-chairman designated by him for that purpose, may increase the number of commissioners for a hearing to five; he shall in that case designate one of them, from among the judges, advocates or notaries, to preside.

[1979, c. 48, s. 29; 2000, c. 19, s. 33].

30. Lorsqu'un régisseur entend et décide seul d'une demande, il doit être choisi parmi les juges, les avocats ou les notaires.

[1979, c. 48, a. 30; 2000, c. 19, a. 34].

30. If an application is heard and decided by a commissioner, alone, he must be chosen from among the judges, advocates or notaries.

[1979, c. 48, s. 30; 2000, c. 19, s. 34].

30.1. Un membre du personnel de la Régie peut être nommé greffier spécial par le ministre désigné, avec l'assentiment du président de la Régie et pour un terme précisé à l'acte de nomination.

[1981, c. 32, a. 2; 1982, c. 58, a. 68; 1986, c. 95, a. 293].

30.1. A member of the personnel of the board may be appointed as special clerk by the designated Minister, with the approval of the chairman of the board, and for a term specified in the instrument of appointment.

[1981, c. 32, s. 2; 1982, c. 58, s. 68; 1986, c. 95, s. 293].

30.2. Le greffier spécial peut décider de:

1° toute demande ayant pour seul objet le recouvrement du loyer ou la résiliation du bail pour le motif que le locataire est en retard de plus de trois semaines dans le paiement du loyer, ou à la fois le recouvrement du loyer et la résiliation du bail pour ce motif, si au temps fixé pour l'audition, il y a absence de l'une des parties bien qu'elle ait été dûment avisée;

2° l'autorisation de déposer le loyer en vertu de l'article 1907 du Code civil;

3° toute demande ayant pour objet la fixation du loyer ou la modification de la durée ou d'une condition du bail en vertu de l'article 1947 du Code civil.

À cette fin, le greffier spécial est réputé régisseur et a tous les pouvoirs, devoirs et immunités de ce dernier, sauf le pouvoir d'imposer l'emprisonnement.

[1981, c. 32, a. 2; 1982, c. 58, a. 69; 1999, c. 40, a. 247].

30.2. The special clerk may decide

(1) every application the sole object of which is the recovery of the rent or the resiliation of the lease on the ground that the lessee has delayed payment of the rent for more than three weeks, or both the recovery of the rent and the resiliation of the lease on such ground if, at the time fixed for the hearing, one of the parties is absent even though he has been duly notified;

(2) the authorization to deposit the rent under article 1907 of the Civil Code;

(3) every application the object of which is the fixing of the rent or the changing of the term or of a condition of the lease pursuant to article 1947 of the Civil Code.

For that purpose, the special clerk is deemed to be a commissioner and has all the powers, duties and immunities of the latter, except the power to impose imprisonment.

[1981, c. 32, s. 2; 1982, c. 58, s. 69; 1999, c. 40, s. 247].

30.3. Dans les cas prévus par le paragraphe 2° de l'article 30.2, la décision du greffier spécial peut être révisée par un régisseur à la demande du locataire.

La demande doit être produite à la Régie dans les dix jours de la date de la décision du greffier spécial.

[1981, c. 32, a. 2].

30.3. In the cases provided in paragraph 2 of section 30.2, the decision of the special clerk may be reviewed by a commissioner on the application of the lessee.

The application must be filed with the board within ten days of the date of the decision of the special clerk.

[1981, c. 32, s. 2].

30.4. Le greffier spécial peut déférer au régisseur toute affaire qui lui est soumise s'il

30.4. The special clerk may refer to the commissioner any matter submitted to him

estime que l'intérêt de la justice le requiert.

[1981, c. 32, a. 2].

31. Si les parties y consentent, la Régie peut charger un conciliateur de les rencontrer et de tenter d'effectuer une entente.

[1979, c. 48, a. 31].

—

31.1. Lorsque la Régie accueille une demande en recouvrement du loyer et que le locataire en défaut reçoit une prestation en vertu d'un programme d'aide financière de dernier recours prévu à la *Loi sur l'aide aux personnes et aux familles* (chapitre A-13.1.1), elle peut ordonner au ministre de l'Emploi et de la Solidarité sociale de verser au locateur concerné la partie de la prestation reliée au logement, selon le montant et les conditions prévus par règlement adopté en application de cette loi, pour tout loyer à échoir pendant le mois pour lequel une telle prestation est accordée. Cette ordonnance est conditionnelle à la renonciation par le locateur à demander la résiliation du bail pour les loyers échus.

La Régie fixe la durée d'application de l'ordonnance, laquelle ne peut toutefois excéder deux ans. Elle est exécutoire pendant toute période où le locataire habite un logement de ce locateur et tant que ce dernier a le droit de percevoir le loyer.

La Régie peut également, lorsque le locataire a déjà été soumis à une telle ordonnance dans les deux années qui précèdent le prononcé d'une nouvelle ordonnance, prévoir que celle-ci puisse, aux mêmes conditions, s'appliquer au locateur concerné et à tout locateur futur.

[1998, c. 36, a. 187; 2001, c. 44, a. 30; 2005, c. 15, a. 198].

if he considers that the interests of justice require it.

[1981, c. 32, s. 2].

31. With the consent of the parties, the board may entrust a conciliator with meeting the parties and attempting to reach an agreement.

[1979, c. 48, s. 31].

—

31.1. Where the board grants an application for the recovery of rent and the defaulting lessee receives a benefit under a last resort financial assistance program provided for in the *Individual and Family Assistance Act* (chapter A-13.1.1), the board may order the Minister of Employment and Social Solidarity to pay to the lessor concerned the part of the benefit relating to lodging, in the amount and subject to the conditions prescribed by regulation under that Act, for any rent falling due during the month for which such benefit is granted. The order is contingent on a renunciation by the lessor of his right to apply for the resiliation of the lease.

The board shall fix the period during which the order is applicable, which shall not exceed two years. The order is exectuory for any period during which the lessee lives in a dwelling belonging to the lessor and so long as the lessor is entitled to collect the rent.

The board may also, where the lessee has been subject to such an order in the two years preceding the issue of the new order, provide that the new order is applicable, on the same conditions, to the lessor concerned and to any future lessor.

[1998, c. 36, s. 187; 2001, c. 44, s. 30; 2005, c. 15, s. 198].

31.2. Pour l'application de l'article 31.1, la Régie peut ordonner au ministre de l'Emploi et de la Solidarité sociale de l'informer du fait qu'un locataire est prestataire d'un programme d'aide financière de dernier recours et du montant de la prestation accordée pour le mois au cours duquel l'ordonnance est rendue. La Régie doit garder confidentielle jusqu'à l'audience l'information obtenue du ministre.

[1998, c. 36, a. 187; 2001, c. 44, a. 30].

SECTION II —— DISPOSITIONS
PARTICULIÈRES À LA CONSERVATION
DES LOGEMENTS

§1. —— Démolition d'un
logement

32. La présente sous-section s'applique à l'égard de tout logement situé ailleurs que sur un territoire municipal local où est en vigueur un règlement adopté en vertu de l'article 148.0.2 de la *Loi sur l'aménagement et l'urbanisme* (chapitre A-19.1).

[1979, c. 48, a. 32; 1996, c. 2, a. 852; 2006, c. 31, a. 105].

33. Le locateur peut évincer le locataire pour démolir un logement.

Il doit lui donner un avis d'éviction:

1° de six mois avant l'expiration du bail s'il est à durée fixe de plus de six mois;

2° de six mois avant la date à laquelle il entend évincer le locataire si le bail est à durée indéterminée; et

3° d'un mois avant l'expiration du bail s'il est à durée fixe de six mois ou moins.

L'avis doit indiquer le motif et la date de l'éviction.

[1979, c. 48, a. 33].

34. Le locataire peut, dans le mois de la réception de l'avis, demander à la Régie de se prononcer sur l'opportunité de démolir, à défaut de quoi il est réputé avoir

31.2. For the purposes of section 31.1, the board may order the Minister of Employment and Social Solidarity to inform the board of the fact that a lessee is a recipient under a last resort financial assistance program and of the amount of the benefit granted for the month during which the order is issued. The board must keep the information received from the Minister confidential until the hearing.

[1998, c. 36, s. 187; 2001, c. 44, s. 30].

SECTION II —— SPECIAL PROVISIONS
FOR THE PRESERVATION OF DWELLINGS

§1. —— Demolition of dwellings

32. This subdivision is applicable in respect of any dwelling situated outside a local municipal territory where a by-law made under section 148.0.2 of the *Act respecting land use planning and development* (chapter A-19.1) is in force.

[1979, c. 48, s. 32; 1996, c. 2, s. 852; 2006, c. 31, s. 105].

33. A lessor may evict a lessee in order to demolish a dwelling.

He must give an eviction notice to him

(1) of six months before the expiry of the lease if it is for a fixed term of more than six months;

(2) of six months before the date on which he intends to evict the lessee if the lease is for an indeterminate term; and

(3) of one month before the expiry of the lease if it is for a fixed term of six months or less.

The notice must indicate the reason for and the date of the eviction.

[1979, c. 48, s. 33].

34. The lessee may, within one month of receiving the notice, apply to the board for a declaration on the advisability of the demolition; if he fails to apply, he is

consenti à quitter les lieux à la date indiquée.

La demande d'un locataire bénéficie à tous les locataires qui ont reçu un avis d'éviction.

[1979, c. 48, a. 34].

deemed to have consented to vacate the premises on the date indicated.

The application of one lessee benefits all the lessees who have received an eviction notice.

[1979, c. 48, s. 34].

35. La Régie autorise le locateur à évincer le locataire et à démolir le logement si elle est convaincue de l'opportunité de la démolition compte tenu de l'intérêt public et de l'intérêt des parties.

Avant de se prononcer sur la demande, la Régie considère l'état du logement, le préjudice causé aux locataires, les besoins de logements dans les environs, la possibilité de relogement des locataires, les conséquences sur la qualité de vie, la trame urbaine et l'unité architecturale du voisinage, le coût de la restauration, l'utilisation projetée du terrain et tout autre critère pertinent.

[1979, c. 48, a. 35; 2005, c. 6, a. 227; 2011, c. 21, a. 240].

35. The board shall authorize a lessor to evict a lessee and demolish a dwelling if it is convinced of the advisability of the demolition, taking into account the public interest and the interest of the parties.

Before deciding an application, the board shall consider the condition of the dwelling, the prejudice caused to the lessees, housing needs in the area, the possibilities of relocating the lessees, the consequences on the quality of life, the urban fabric and the architectural unity of the neighbourhood, the cost of restoration and any other pertinent criterion.

[1979, c. 48, s. 35; 2005, c. 6, s. 227; 2011, c. 21, s. 240].

36. Une personne qui désire conserver à un logement son caractère locatif peut, lors de l'audition d'une demande, intervenir pour demander un délai afin d'entreprendre ou poursuivre des démarches en vue d'acquérir l'immeuble dans lequel est situé le logement.

[1979, c. 48, a. 36].

36. A person who wishes to preserve a dwelling as rental housing may, at the hearing of an application, intervene to ask for time to undertake or pursue negotiations to acquire the immoveable in which the dwelling is situated.

[1979, c. 48, s. 36; 1999, c. 40, s. 247].

37. Si la Régie estime que les circonstances le justifient, elle reporte le prononcé de sa décision et accorde à l'intervenant un délai d'au plus deux mois à compter de la fin de l'audition pour permettre aux négociations d'aboutir. La Régie ne peut reporter le prononcé de sa décision pour ce motif qu'une fois.

[1979, c. 48, a. 37].

37. The board shall postpone its decision if it believes that the circumstances justify it, and grant the intervener a period of not over two months from the end of the hearing to allow the negotiations to reach a conclusion. The board shall not postpone its decision for such purpose more than once.

[1979, c. 48, s. 37; 1999, c. 40, s. 247].

38. Lorsque la Régie autorise la démolition d'un logement, elle peut imposer les conditions qu'elle estime justes et raisonnables, pourvu que ces conditions ne soient pas incompatibles avec les règlements municipaux. Elle peut notamment déterminer les conditions de relogement d'un locataire.

[1979, c. 48, a. 38].

38. Where the board grants the authorization to demolish a dwelling, it may impose such conditions as it thinks fair and reasonable, provided that the conditions are not inconsistent with the municipal by-laws. It may, in particular, determine the conditions of the relocation of a lessee.

[1979, c. 48, s. 38].

39. Le locateur doit payer au locataire évincé une indemnité de trois mois de loyer et ses frais de déménagement. Si les dommages-intérêts résultant du préjudice que le locataire subit s'élèvent à une somme supérieure, il peut s'adresser à la Régie pour en faire fixer le montant.

L'indemnité est payable à l'expiration du bail et les frais de déménagement, sur présentation des pièces justificatives.

[1979, c. 48, a. 39; 1999, c. 40, a. 247].

40. La démolition doit être entreprise et terminée dans le délai fixé par la décision de la Régie.

[1979, c. 48, a. 40].

41. La Régie peut, pour un motif raisonnable, modifier le délai fixé pour entreprendre ou terminer les travaux, pourvu que la demande soit faite avant l'expiration de ce délai.

[1979, c. 48, a. 41].

42. Si les travaux de démolition ne sont pas entrepris dans le délai fixé par la Régie pour les terminer, l'autorisation de démolir est sans effet. Si, à cette date, le locataire continue d'occuper le logement, le bail est reconduit de plein droit et le locateur peut, dans le mois, s'adresser à la Régie pour faire fixer le loyer.

[1979, c. 48, a. 42; 1999, c. 40, a. 247].

43. Si les travaux ne sont pas terminés dans le délai fixé, toute personne intéressée peut s'adresser à la Régie pour obtenir une ordonnance enjoignant le contrevenant de les terminer dans le délai que fixe la Régie.

[1979, c. 48, a. 43].

44. Si la Régie autorise la démolition, un locataire ne peut être forcé de quitter son logement ni avant l'expiration du bail ni avant l'expiration d'un délai de trois mois à compter de l'autorisation.

[1979, c. 48, a. 44].

39. The lessor must pay to the evicted lessee an indemnity equal to three months' rent and his moving expenses. If the amount of the damage sustained by the lessee is greater, he may apply to the board to fix the amount.

The indemnity is payable at the expiry of the lease, and the moving expenses, on presentation of the vouchers.

[1979, c. 48, s. 39].

40. The demolition must be undertaken and completed within the time fixed by the decision of the board.

[1979, c. 48, s. 40].

41. The board may, for reasonable cause, change the time fixed to undertake or complete the work, provided that the application is made before that time has expired.

[1979, c. 48, s. 41].

42. If the demolition work has not been undertaken within the time fixed by the board to complete it, the authorization to demolish is without effect. If, on that date, the lessee continues to occupy the dwelling, the lease is renewed of right and the lessor may, within one month, apply to the board to fix the rent.

[1979, c. 48, s. 42; 1999, c. 40, s. 247].

43. If the work is not completed within the time fixed, any interested person may apply to the board to obtain an order enjoining the offender to complete it within such time as the board may fix.

[1979, c. 48, s. 43].

44. If the board grants the authorization to demolish, no lessee may be compelled to vacate his dwelling before the term of his lease nor before the expiry of three months from the authorization.

[1979, c. 48, s. 44].

§2. — L'aliénation d'un immeuble situé dans un ensemble immobilier

§2. — The alienation of an immoveable situated in a housing complex

45. Dans la présente sous-section, on entend par « ensemble immobilier » plusieurs immeubles situés à proximité les uns des autres et comprenant ensemble plus de douze logements, si ces immeubles sont administrés de façon commune par une même personne ou des personnes liées au sens de la *Loi sur les impôts* (chapitre I-3) et si certains d'entre eux ont en commun un accessoire, une dépendance ou, à l'exclusion d'un mur mitoyen, une partie de la charpente.

[1979, c. 48, a. 45].

45. In this subdivision, "housing complex" means several immovables situated near one another and comprising together more than twelve dwellings, if such immovables are administered jointly by the same person or by related persons within the meaning of the *Taxation Act* (chapter I-3), and if some of them have an accessory, a dependency or part of the structure, except a common wall, in common.

[1979, c. 48, s. 45].

46. Nul ne peut, sans l'autorisation de la Régie, ni aliéner un immeuble situé dans un ensemble immobilier ni conférer sur cet immeuble un droit d'occupation, d'usage ou autre droit semblable, à moins qu'il ne s'agisse d'un contrat de louage.

Ne constitue pas une aliénation, la vente forcée, l'expropriation, la prise en paiement ou la reprise de possession de l'immeuble à la suite d'une convention exécutée de bonne foi.

Tout intéressé, dont la Régie, peut s'adresser à la Cour supérieure pour faire constater la nullité d'une convention faite à l'encontre du présent article.

[1979, c. 48, a. 46; 1992, c. 57, a. 684].

46. No person may, unless authorized by the board, alienate an immovable situated in a housing complex, or confer a right of occupancy or use or any similar right in respect of that immovable except by a contract of lease.

The forced sale, expropriation, taking in payment or retaking of possession of the immovable following an agreement made in good faith does not result in an alienation.

Any interested person, including the board, may apply to the Superior Court for a declaration of the nullity of an agreement that has been made in contravention of this section.

[1979, c. 48, s. 46; 1992, c. 57, s. 684].

47. Aucune autorisation n'est requise s'il s'agit:

1° d'aliéner l'ensemble immobilier par un seul contrat en faveur d'une seule personne;

2° d'aliéner un terrain vacant lorsque celui-ci n'a aucun accessoire ou dépendance en commun avec les autres immeubles de l'ensemble immobilier;

3° d'aliéner une fraction située dans un immeuble sur lequel est inscrite une déclaration de copropriété.

[1979, c. 48, a. 47; 1999, c. 40, a. 247].

47. No authorization is required for

(1) the alienation of a housing complex by a single contract to one and the same person;

(2) the alienation of vacant land where that land has no accessory or dependency in common with the other immoveables in the housing complex;

(3) the alienation of a fraction situated in an immovable on which a declaration of co-ownership is registered.

[1979, c. 48, s. 47; 1999, c. 40, s. 247].

48. L'autorisation de la Régie peut être demandée par le propriétaire ou par la personne qui, sous condition d'obtenir l'autorisation d'aliéner l'ensemble immobilier par parties, consent une promesse d'achat de tout ou partie de l'ensemble.

L'autorisation de la Régie peut également être demandée par la personne qui, sous condition d'obtenir cette autorisation, consent une promesse d'achat d'une partie d'un ensemble immobilier.

[1979, c. 48, a. 48].

48. The authorization of the board may be applied for by the owner or by a person who promises to purchase the whole or a part of a housing complex provided that he obtains authorization to alienate the complex piece by piece.

The authorization of the board may also be applied for by a person who promises to purchase a part of a housing complex provided that he obtains that authorization.

[1979, c. 48, s. 48].

49. Avant d'accorder son autorisation, la Régie doit considérer l'effet qu'aurait l'aliénation sur les locataires, le nombre de locataires qui pourraient être évincés à la suite de cette aliénation, l'individualisation des services, accessoires et dépendances du logement ou de l'immeuble, l'état du logement, les conditions de financement, le fait que cet immeuble a été construit ou restauré dans le cadre d'un programme gouvernemental et tout autre critère prescrit par règlement.

[1979, c. 48, a. 49].

49. Before granting its authorization, the board shall consider the consequences the alienation of the immovable would have on the lessees, the number of lessees who could be evicted following this alienation, the individualization of the services, accessories and dependencies of the dwelling or immovable, the condition of the dwelling, the financing conditions, the fact that the immovable was erected or restored within the framework of a government program and any other criterion prescribed by regulation.

[1979, c. 48, s. 49].

50. Lorsque la Régie accorde l'autorisation d'aliéner, elle peut imposer les conditions qu'elle estime justes et raisonnables. Elle peut notamment déterminer des conditions pour la protection du locataire ou de l'acquéreur de l'immeuble.

[1979, c. 48, a. 50].

50. Where the board grants the authorization to alienate, it may impose such conditions as it deems fair and reasonable. It may, in particular, fix conditions for the protection of the lessee or of the acquirer of the immovable.

[1979, c. 48, s. 50].

§3. —— Conversion d'un immeuble locatif en copropriété divise

§3. —— Conversion of a rental residential immovable to divided co-ownership

51. Ne peut être converti en copropriété divise sans l'autorisation de la Régie un immeuble comportant, ou ayant comporté au cours des 10 années précédant la demande d'autorisation, au moins un logement.

La conversion est interdite si l'immeuble est la propriété d'une coopérative d'habitation, d'un organisme sans but lucratif ou d'une société municipale d'habitation et s'il a été construit, acquis, restauré ou rénové dans le cadre d'un programme gouvernemental d'aide à l'habitation.

51. Without the authorization of the Régie, no immovable comprising or having comprised, in the 10 years preceding the application for authorization, at least one dwelling may be converted to divided co-ownership.

Conversion is prohibited if the immovable is owned by a housing cooperative, a non-profit organization or a municipal housing corporation and was built, acquired, restored or renovated within the scope of a government housing-assistance program.

Elle est interdite dans l'agglomération de Montréal prévue à l'article 4 de la *Loi sur l'exercice de certaines compétences municipales dans certaines agglomérations* (chapitre E-20.001), sauf dérogation accordée en application de l'article 54.12 par résolution du conseil de la municipalité sur le territoire de laquelle est situé l'immeuble. À l'extérieur de cette agglomération, elle peut être restreinte ou soumise à certaines conditions, par règlement adopté en application de l'article 54.13. Le présent alinéa ne s'applique pas à l'immeuble dont tous les logements sont occupés par des propriétaires indivis.

[1979, c. 48, a. 51; 1987, c. 77, a. 2; 1996, c. 2, a. 853; 2000, c. 56, a. 195; 2001, c. 25, a. 220; 2006, c. 31, a. 106].

Conversion is prohibited in the urban agglomeration of Montréal provided for in section 4 of the *Act respecting the exercise of certain municipal powers in certain urban agglomerations* (chapter E-20.001), unless an exception is granted under section 54.12 by a resolution of the council of the municipality in whose territory the immovable is situated. Outside the urban agglomeration, it may be restricted or made subject to certain conditions, by a by-law adopted under section 54.13. This paragraph does not apply to an immovable in which all the dwellings are occupied by undivided co-owners.

[1979, c. 48, s. 51; 1987, c. 77, s. 2; 1996, c. 2, s. 853; 2000, c. 56, s. 195; 2006, c. 31, s. 106].

52. Le propriétaire d'un immeuble qui projette de le convertir en copropriété divise doit, avant d'entreprendre des démarches en ce sens auprès de la municipalité ou de la Régie et avant de faire visiter le logement à un acquéreur éventuel ou d'y faire effectuer des relevés, expertises ou autres activités préparatoires à la conversion, donner à chacun de ses locataires un avis de cette intention conforme au modèle de l'annexe I et en transmettre copie à la Régie.

Un préavis de 24 heures doit être donné au locataire avant ces visites ou activités.

[1979, c. 48, a. 52; 1987, c. 77, a. 2].

52. Where the owner of an immovable intends to convert it to divided co-ownership, he must send each of his lessees a notice of intent conformable to the model provided in Schedule I and transmit a copy thereof to the Régie, before he approaches the municipality or the Régie regarding the conversion and before he has any prospective purchaser visit the dwelling or directs the carrying out of any reading, appraisal or other activity preparatory to the conversion.

The lessee must be given twenty-four hour's notice of any such visit or activity.

[1979, c. 48, s. 52; 1987, c. 77, s. 2].

53. À compter de l'avis d'intention et jusqu'à ce que l'assemblée des copropriétaires soit majoritairement formée de propriétaires occupants, les seuls travaux qui peuvent être effectués sans l'autorisation de la Régie sont les travaux d'entretien et les réparations urgentes et nécessaires à la conservation de l'immeuble, ainsi que les travaux effectués dans un logement occupé par un copropriétaire.

La Régie, lorsqu'elle est appelée à donner son autorisation, considère l'utilité immédiate des travaux pour le locataire. Si elle les autorise, elle peut imposer les conditions qu'elle estime justes et raisonnables et, si l'évacuation temporaire du locataire est nécessaire, elle fixe une indemnité

53. From the date of the notice of intent until such time as a majority of voting rights in the general meeting of co-owners are held by occupant co-owners, no work may be performed without the authorization of the Régie except maintenance work, urgent and necessary repairs for the preservation of the immovable and work performed in the dwelling occupied by a co-owner.

Where the Régie is called upon to authorize work, it must consider the immediate usefulness of the work for the lessee. If the Régie authorizes the work, it may impose such conditions as it deems just and reasonable and, if temporary vacation of the premises by the lessee is necessary, it shall

payable par le locateur à la date d'évacuation.

[1979, c. 48, a. 53; 1987, c. 77, a. 2].

fix an indemnity payable by the lessor on the date he vacates the premises.

[1979, c. 48, s. 53; 1987, c. 77, s. 2].

54. À compter de l'avis d'intention, le droit à la reprise de possession d'un logement ne peut plus être exercé à l'encontre du locataire, sauf si ce dernier est cessionnaire du bail et que la cession a eu lieu après l'envoi de l'avis, ou s'il est devenu locataire après que l'autorisation de convertir ait été accordée par la Régie.

[1979, c. 48, a. 54; 1987, c. 77, a. 2].

54. From the date of the notice of intent, the right to retake possession of the dwelling cannot be exercised against the lessee unless the lease was transferred to him after the sending of the notice of intent or unless he became a lessee after the authorization to convert was granted by the Régie.

[1979, c. 48, s. 54; 1987, c. 77, s. 2].

54.1. La demande d'autorisation de convertir un immeuble en copropriété divise doit être produite à la Régie par le propriétaire dans les six mois de l'avis d'intention ou, le cas échéant, de la résolution du conseil de la municipalité accordant une dérogation ou une autorisation ou du certificat de la municipalité attestant que le projet de conversion est conforme au règlement municipal, selon la plus tardive de ces dates. Elle doit être accompagnée de la résolution ou du certificat, s'il y a lieu.

[1987, c. 77, a. 2].

54.1. An application for authorization to convert an immovable to divided co-ownership must be produced to the Régie by the owner within six months after the date of the notice of intent or, where such is the case, after the date of the resolution of the council of the municipality granting an exception or an authorization or the date of the certificate of the municipality attesting that the conversion project is consistent with the municipal by-law, whichever occurs last. The application must be accompanied with the resolution or the certificate, where applicable.

[1987, c. 77, s. 2].

54.2. La Régie doit refuser l'autorisation de convertir:

1° lorsque l'immeuble a déjà fait l'objet de travaux en vue de le préparer à la conversion et d'évincer un locataire;

2° lorsqu'un logement a déjà fait l'objet d'une reprise de possession illégale ou faite en vue de convertir l'immeuble en copropriété divise;

3° lorsque, dans les cinq années précédant sa demande, le propriétaire a été déclaré coupable d'une infraction à l'article 112.1 envers un locataire d'un des logements de l'immeuble et pour laquelle il n'a pas obtenu le pardon.

Dans ces cas, une nouvelle demande ne peut être produite qu'après un délai de trois ans du refus.

La Régie ne peut refuser l'autorisation pour le motif que l'avis d'intention comporte un vice de forme ou n'a pas été

54.2. The Régie shall refuse to authorize the conversion where

(1) the immovable has already undergone work with a view to preparing it for conversion and evicting a lessee;

(2) possession of a dwelling has already been retaken illegally or with a view to converting the immovable to divided co-ownership;

(3) in the five years preceding his application, the owner has been found guilty of an offence under section 112.1 against a lessee of one of the dwellings of the immovable for which he has not been pardoned.

In any such case, no new application may be produced until three years have elapsed from the date of refusal.

The Régie shall not refuse to grant authorization on the ground that the notice of intent has a formal defect or was not sent to

2043

donné au locataire, si le propriétaire démontre que le locataire n'en a subi aucun préjudice.

[1987, c. 77, a. 2].

the lessee if the owner proves that the lessee was in no way adversely affected thereby.

[1987, c. 77, s. 2].

54.3. La décision de la Régie autorisant la conversion de l'immeuble doit identifier les locataires à l'encontre desquels la reprise de possession ne peut être exercée.

[1987, c. 77, a. 2].

54.3. The decision of the Régie authorizing the conversion of the immovable must identify the lessees against whom the right to retake possession cannot be exercised.

[1987, c. 77, s. 2].

54.4. La déclaration de copropriété ne peut être inscrite que si l'autorisation de la Régie y est annexée.

Si la déclaration de copropriété n'est pas inscrite dans l'année de l'autorisation, cette dernière est sans effet. La Régie peut, pour un motif raisonnable, prolonger ce délai pourvu que la demande lui soit adressée avant l'expiration de ce délai.

[1987, c. 77, a. 2; 1999, c. 40, a. 247].

54.4. No declaration of co-ownership may be registered unless the authorization of the Régie is appended thereto.

If the declaration of co-ownership is not registered within one year of the authorization, the authorization is of no effect. The Régie may, for reasonable cause, extend the time for registration so long as the application for an extension is submitted before the expiry of that time.

[1987, c. 77, s. 2].

54.5. L'interdiction de reprendre possession d'un logement, de même que celle de faire des travaux cessent si le propriétaire avise par écrit le locataire qu'il n'a plus l'intention de convertir l'immeuble, si aucune demande n'est produite à la Régie dans le délai requis ou si la déclaration de copropriété n'est pas inscrite dans le délai prévu à la loi ou fixé par la Régie.

[1987, c. 77, a. 2; 1999, c. 40, a. 247].

54.5. Any prohibition from retaking possession of a dwelling and from performing any work shall cease if the owner informs the lessee, in writing, that he no longer intends to convert the immovable, if no application is produced to the Régie within the prescribed time or if the declaration of co-ownership is not registered within the time prescribed by law or fixed by the Régie.

[1987, c. 77, s. 2].

54.6. Le propriétaire doit, avant la première vente de chaque logement de l'immeuble, remettre à l'acquéreur éventuel un rapport d'expert ainsi qu'une circulaire d'information.

Le rapport d'expert contient:

1° l'état d'usure des composantes communes de l'immeuble et leur conformité aux normes de solidité, de salubrité ou de sécurité;

2° l'indication des réparations majeures susceptibles d'être nécessaires dans un délai de cinq ans et l'estimation du coût de ces réparations;

54.6. The owner must, before the first sale of each dwelling in the immovable, provide the prospective purchaser with an expert's report and an information circular.

The expert's report must contain

(1) an appraisal of the wear of the common parts of the immovable and of their conformity with structural solidity, sanitation and safety standards;

(2) an indication of major repairs likely to be needed within five years and an estimate of the cost thereof;

3° l'identification des systèmes mécaniques communs à plus d'un logement;

4° l'indication, si elle est connue, du degré d'insonorisation et d'isolation du logement ainsi que de l'immeuble;

5° l'évaluation générale de la conformité de l'immeuble aux normes de sécurité et de protection contre l'incendie.

La circulaire d'information contient:

1° le nom du propriétaire et de toute personne qui a préparé les principaux documents relatifs à l'implantation et à l'administration du projet de conversion;

2° un plan d'ensemble du projet;

3° s'il y a lieu, les droits d'emphytéose et les droits de propriété superficiaire;

4° les informations relatives à la gérance de l'immeuble, notamment un budget prévisionnel et un état des baux consentis par le propriétaire sur les parties exclusives ou communes de l'immeuble.

Le budget prévisionnel doit être établi par une personne qualifiée sur la base d'une année complète d'occupation de l'immeuble. Il indique, pour chaque fraction, les charges annuelles à payer y compris, le cas échéant, la contribution au fonds de prévoyance. Il doit être accompagné du bilan et de l'état des revenus et dépenses les plus récents et d'un document fournissant les derniers renseignements pertinents aux dettes et créances.

Doivent être annexés à la circulaire d'information une copie de l'autorisation de la Régie et un résumé de la déclaration de copropriété ou, à défaut, du projet de déclaration.

[1987, c. 77, a. 2].

(3) the identification of mechanical systems shared by two or more dwellings;

(4) an indication of the soundproofing and insulation levels of the dwelling and of the immovable, if known;

(5) a general appraisal of the compliance of the building with safety and fire prevention standards.

The information circular must contain

(1) the name of the owner and of any person who prepared the principal documents pertaining to the carrying out and administration of the conversion project;

(2) a plan of the overall project;

(3) a statement of any existing rights of emphyteusis or superficies;

(4) information as to the management of the immovable, including a budget forecast and a statement of any leases granted by the owner on the exclusive or common parts.

The budget forecast must be prepared by a qualified person on the basis of a whole year of occupancy of the immovable. It must indicate, for each fraction, the annual expenses to be paid including, where such is the case, the contribution to the contingency fund. The budget forecast must be accompanied with the most recent balance sheet and statement of revenues and expenditures as well as a document containing the latest available information as to debts and claims.

A copy of the authorization of the Régie and a summary of the declaration of co-ownership or, if it is unavailable, a summary of the draft declaration, must be appended to the information circular.

[1987, c. 77, s. 2].

54.7. La première vente du logement ne peut être conclue avec une personne autre que le locataire avant qu'il n'ait été offert au locataire aux mêmes prix et conditions que ceux convenus avec cette autre personne. L'offre de vente doit être conforme au modèle de l'annexe II et être accompagnée du rapport d'expert ainsi que de la circulaire d'information.

54.7. The first sale of a dwelling cannot be made to any person other than the lessee unless it was first proposed to the lessee at the same price and on the same terms and conditions as those agreed with the other person. The offer to sell must conform to the model described in Schedule II and be accompanied with the expert's report and the information circular.

Le locataire doit, dans le mois de la réception de l'offre de vente, faire savoir par écrit au propriétaire s'il accepte ou non l'offre; sinon il est réputé l'avoir refusée.

Si l'acte de vente n'est pas passé dans les deux mois de l'acceptation de l'offre ou d'un délai plus long convenu par les parties, le propriétaire peut vendre le logement sans avoir à l'offrir de nouveau au locataire, sauf si le défaut de passer l'acte résulte d'un motif hors du contrôle du locataire.

[1987, c. 77, a. 2].

54.8. Le locataire peut, si la vente est conclue en violation de son droit de préemption, s'adresser à la Cour supérieure dans l'année de la connaissance de celle-ci pour en demander l'annulation.

[1987, c. 77, a. 2].

54.9. Tout intéressé, y compris la Régie, peut s'adresser à la Cour supérieure pour faire radier l'inscription de la déclaration de copropriété fait sans que la Régie n'ait autorisé la conversion et faire annuler toute convention subséquente à cette inscription.

[1987, c. 77, a. 2; 1999, c. 40, a. 247].

54.10. Le locataire peut recouvrer les dommages-intérêts résultant de son départ définitif du logement par suite d'une reprise de possession illégale ou faite en vue de convertir l'immeuble en copropriété divise ou par suite de travaux effectués en vue de préparer l'immeuble à la conversion et d'évincer le locataire, que ce dernier ait consenti ou non à quitter le logement.

Le locataire peut également demander des dommages-intérêts punitifs.

[1987, c. 77, a. 2; 1999, c. 40, a. 247].

54.11. L'acheteur d'une fraction dans un immeuble locatif converti en copropriété divise peut, dans les trois ans de la signature du contrat de vente, réclamer du vendeur la réduction de ses obligations si le rapport d'expert, la circulaire d'information ou le contrat de vente contiennent des informations fausses, trompeuses ou in-

The lessee must, within one month after receiving the offer to sell, inform the owner in writing of his decision to accept or refuse the offer; otherwise, the lessee is deemed to have refused the offer.

If the deed of sale is not signed within two months after the acceptance of the offer or within any longer period agreed by the parties, the owner may sell the dwelling without being required to offer it anew to the lessee, unless the deed of sale was not signed for a reason beyond the lessee's control.

[1987, c. 77, s. 2].

54.8. If the sale is made in violation of the lessee's right of preemption, the lessee may, within one year from the time he is aware of the sale, apply to the Superior Court for its annulment.

[1987, c. 77, s. 2].

54.9. Any interested party, including the Régie, may apply to the Superior Court for the cancellation of the registration of a declaration of co-ownership if it was effected without the authorization of the Régie and for the annulment of any agreement subsequent to the registration.

[1987, c. 77, s. 2].

54.10. The lessee may recover damages for his final departure from the dwelling as a result of the retaking of possession illegally or with a view to converting the immovable to divided co-ownership or because of work effected with a view to preparing the immovable for conversion and evicting the lessee, whether or not he had agreed to leave the dwelling.

The lessee may also demand punitive damages.

[1987, c. 77, s. 2].

54.11. The purchaser of a fraction in a rental residential immovable converted to divided co-ownership may, within three years after the signing of the deed of sale, claim a reduction of his obligations from the seller, if the expert's report, the information circular or the deed of sale contains false, misleading or incomplete informa-

complètes sur un élément substantiel, ou si le vendeur n'a pas remis à l'acheteur le rapport d'expert ou la circulaire d'information. Le tribunal rejette la demande si le vendeur démontre que l'acheteur n'en a subi aucun préjudice.

[1987, c. 77, a. 2].

tion on a substantial element, or if the seller failed to provide him with the expert's report or the information circular. The court shall dismiss the application if the seller proves that the purchaser was in no way adversely affected thereby.

[1987, c. 77, s. 2].

54.12. Le conseil d'un arrondissement de la Ville de Montréal qui a un comité consultatif d'urbanisme constitué en vertu de la *Loi sur l'aménagement et l'urbanisme* (chapitre A-19.1) peut, par règlement, déterminer:

1° des secteurs ou des catégories d'immeubles, ou une combinaison des deux, pour lesquels une dérogation à l'interdiction de convertir un immeuble en copropriété divise peut être accordée;

2° la procédure de demande de dérogation et les frais exigibles pour l'étude de la demande.

Le conseil d'une municipalité autre que la Ville de Montréal dont le territoire est compris dans l'agglomération de Montréal et qui a un comité consultatif d'urbanisme constitué en vertu de la *Loi sur l'aménagement et l'urbanisme* peut exercer le pouvoir prévu au premier alinéa.

[1987, c. 77, a. 2; 1996, c. 2, a. 854; 2000, c. 56, a. 196; 2006, c. 31, a. 107].

54.12. The council of a borough of Ville de Montréal which has a planning advisory committee established under the *Act respecting land use planning and development* (chapter A-19.1) may, by by-law,

(1) designate sectors or classes of immovables, or any combination of the two, in respect of which an exception to the prohibition for converting an immovable to divided co-ownership may be granted;

(2) prescribe the procedure for applying for an exception and the fee exigible for the consideration of such an application.

The council of a municipality other than Ville de Montréal whose territory is included in the urban agglomeration of Montréal and that has an advisory planning committee established under the *Act respecting land use planning and development* may exercise the power granted under the first paragraph.

[1987, c. 77, s. 2; 1996, c. 2, s. 854; 2000, c. 56, s. 196; 2006, c. 31, s. 107].

54.13. Afin de satisfaire aux besoins de logements locatifs de la population, le conseil d'une municipalité locale, à l'exception de celui d'une municipalité dont le territoire est compris dans l'agglomération de Montréal, peut, par règlement:

1° déterminer des secteurs ou des catégories d'immeubles, ou une combinaison des deux, où la conversion en copropriété divise est interdite;

2° soumettre la conversion à des conditions qui peuvent varier selon les secteurs, les catégories d'immeubles ou la combinaison des deux. Dans le cas de la Ville de Québec, de même que dans celui d'une municipalité qui a un comité consultatif d'urbanisme constitué en vertu de la *Loi sur l'aménagement et l'urbanisme* (chapi-

54.13. To meet rental housing needs, the council of a local municipality, except the council of a municipality whose territory is included in the urban agglomeration of Montréal, may, by by-law,

(1) designate sectors or classes of immovables, or any combination of the two, where conversion to divided co-ownership is prohibited;

(2) make such conversion subject to conditions which may vary according to the sector, the class of immovable, or any combination of the two. In the case of Ville de Québec and of a municipality which has a planning advisory committee established under the *Act respecting land use planning and development* (chapter A-19.1), the by-

tre A-19.1), le règlement peut prévoir que la conversion est soumise à l'autorisation du conseil;

3° déterminer la procédure de demande et de délivrance d'un certificat attestant que le projet de conversion est conforme au règlement et la procédure de demande d'autorisation du conseil, ainsi que les frais exigibles pour la délivrance du certificat et pour l'étude de la demande.

Le certificat est délivré, sur paiement des frais, par le fonctionnaire responsable de la délivrance des permis et certificats en matière d'urbanisme.

[1987, c. 77, a. 2; 1996, c. 2, a. 855; 2000, c. 56, a. 197; 2006, c. 31, a. 108].

54.14. Le conseil d'une municipalité sur le territoire de laquelle est en vigueur soit un règlement sur les dérogations à l'interdiction de convertir un immeuble en copropriété divise, soit un règlement prévoyant que la conversion est soumise à l'autorisation du conseil, accorde la dérogation ou l'autorisation, selon le cas, s'il est convaincu de son opportunité, compte tenu notamment:

1° du taux d'inoccupation des logements locatifs;

2° de la disponibilité de logements comparables;

3° des besoins en logement de certaines catégories de personnes;

4° des caractéristiques physiques de l'immeuble;

5° du fait que l'immeuble a été construit, acquis, restauré ou rénové dans le cadre d'un programme municipal d'aide à l'habitation.

Le conseil de la Ville de Montréal peut, par règlement, déléguer à un comité, formé à cette fin d'au moins cinq membres du conseil qu'il désigne, le pouvoir d'accorder des dérogations à l'interdiction de convertir un immeuble en copropriété divise.

Le greffier ou le secrétaire-trésorier de la municipalité doit, au moins un mois avant

law may provide that the conversion shall be subject to authorization by the council;

(3) establish the procedure of application for and issue of a certificate attesting that the conversion project complies with the by-law and the procedure of application for authorization by the council, and the fee exigible for the issue of the certificate and for the consideration of such an application.

The certificate shall be issued, upon payment of the fee, by the officer in charge of the issue of permits and certificates in respect of planning.

[1987, c. 77, s. 2; 1996, c. 2, s. 855; 2000, c. 56, s. 197; 2006, c. 31, s. 108].

54.14. The council of a municipality in whose territory a by-law respecting exceptions to the prohibition from converting immovables to divided co-ownership or a by-law providing that such a conversion shall be subject to authorization by the council is in force shall grant the exception or authorization, as the case may be, if it is satisfied of the advisability thereof, taking account in particular of

(1) the vacancy rate in rental dwellings;

(2) the availability of comparable dwellings;

(3) the housing needs of certain categories of persons;

(4) the physical characteristics of the immovable;

(5) the fact that the immovable was built, purchased, restored or renovated within the scope of a municipal housing-assistance program, where such is the case.

The council of Ville de Montréal may, by by-law, delegate to a committee composed, for that purpose, of at least five councillors appointed by the council, the power to grant exceptions to the prohibition from converting immovables to divided co-ownership.

Not less than one month before the sitting at which the council or committee is to

la tenue de la séance où le conseil ou le comité doit statuer sur la demande de dérogation ou d'autorisation, faire publier, aux frais du demandeur, un avis conformément à la loi qui régit la municipalité. L'avis indique la date, l'heure et le lieu de la séance du conseil ou du comité et la nature de la demande; il désigne l'immeuble par la voie de circulation et le numéro d'immeuble ou, à défaut, par le numéro cadastral et mentionne que tout intéressé peut se faire entendre par le conseil ou le comité relativement à cette demande.

Dans le cas des municipalités autres que les villes de Montréal et Québec, le conseil rend sa décision après avoir reçu l'avis du comité consultatif d'urbanisme.

Une copie de la résolution par laquelle le conseil rend sa décision doit être transmise au demandeur.

Pour l'application de la présente sous-section, la décision du comité tient lieu de résolution du conseil.

[1987, c. 77, a. 2; 1996, c. 2, a. 856].

§4. —— Intervention de la Régie

55. Si une personne contrevient ou est sur le point de contrevenir à la présente section, ou agit ou est sur le point d'agir à l'encontre d'une décision rendue en vertu de la présente section, la Régie peut, d'office ou à la demande d'un intéressé, émettre une ordonnance enjoignant à cette personne de se conformer à la décision ou de cesser ou de ne pas entreprendre ses opérations et, le cas échéant, de remettre les lieux en état.

[1979, c. 48, a. 55].

Chapitre IV —— Procédure devant la Régie

SECTION I —— PREUVE ET PROCÉDURE

56. Une partie qui produit une demande doit en signifier une copie à l'autre partie

rule on the application for the exception or authorization, the clerk or the secretary-treasurer of the municipality shall, at the applicant's expense, publish a notice in accordance with the Act governing the municipality. The notice must indicate the date, time and place of the sitting of the council or committee and the nature of the application; it must designate the immovable by means of the name of the thoroughfare and the number of the immovable or, failing that, the cadastral number; it must indicate that any interested party may be heard by the council or the committee with respect to the application.

In the case of municipalities other than Ville de Montréal or Ville de Québec, the council shall render its decision after receiving the opinion of the planning advisory committee, where such is the case.

A copy of the resolution whereby the council renders its decision must be sent to the applicant.

For the purposes of this subdivision, the decision of the committee is in lieu of the resolution of the council.

[1987, c. 77, s. 2; 1996, c. 2, s. 856].

§4. —— Intervention of the board

55. Where a person contravenes or is about to contravene this division, or acts or is about to act against a decision rendered under this division, the board may, *ex officio* or at the request of an interested person, issue an order enjoining that person to comply with the decision or to cease or not to undertake his operations and, where necessary, to restore the premises to a state of good repair.

[1979, c. 48, s. 55].

Chapter IV —— Procedure before the Board

SECTION I —— PROOF AND PROCEDURE

56. A party who files an application must serve a copy thereof on the other party

dans le délai et en la manière prévue par les règlements de procédure.

[1979, c. 48, a. 56].

57. Plusieurs demandes entre les mêmes parties, dans lesquelles les questions en litige sont en substance les mêmes, ou dont les matières pourraient être convenablement réunies en une seule, peuvent être jointes par ordre de la Régie, aux conditions qu'elle fixe.

La Régie peut en outre ordonner que plusieurs demandes portées devant elle, qu'elles soient mues ou non entre les mêmes parties, soient instruites en même temps et jugées sur la même preuve, ou que la preuve faite dans l'une serve dans l'autre, ou que l'une soit instruite et jugée la première, les autres étant suspendues jusque-là.

[1979, c. 48, a. 57].

58. Lorsque la Cour supérieure et la Régie sont saisies d'actions et de demandes ayant le même fondement juridique ou soulevant les mêmes points de droit et de faits, la Régie doit suspendre l'instruction de la demande portée devant elle jusqu'au jugement de la Cour supérieure passé en force de chose jugée si une partie de la demande et qu'aucun préjudice sérieux ne puisse en résulter pour la partie adverse.

[1979, c. 48, a. 58].

59. La Régie peut, pour un motif raisonnable et aux conditions appropriées, prolonger un délai ou relever une partie des conséquences de son défaut de le respecter, si l'autre partie n'en subit aucun préjudice grave.

[1979, c. 48, a. 59].

60. Avant de rendre une décision, la Régie permet aux parties intéressées de se faire entendre et doit, à cette fin, leur donner un avis d'enquête et d'audition en la manière prévue par les règlements de procédure.

[1979, c. 48, a. 60].

61. La Régie, si possible, fixe l'audition à une heure et à une date où les parties et

within the time and in the manner provided in the rules of procedure.

[1979, c. 48, s. 56].

57. Several applications between the same parties, in which the questions at issue are substantially the same, or for matters which might properly be combined in one application, may be joined by order of the board on such conditions as it may fix.

The board may also order that several applications made before it, whether or not between the same parties, be heard at the same time and decided on the same evidence, or that the evidence in one be used in another, or that one application be heard and decided first, and the others meanwhile stayed.

[1979, c. 48, s. 57].

58. Where the Superior Court and the board are seized of actions and applications having the same juridical basis or raising the same questions of law and fact, the board must, if one of the parties so requests and no serious prejudice can result to the adverse party, suspend the hearing of the application before it until the judgment in the case before the Superior Court has become definitive.

[1979, c. 48, s. 58].

59. The board may, for reasonable cause and on appropriate conditions, extend a time limit or release a party from the consequences of his failure to comply with it, provided that no serious prejudice can result thereby to the other party.

[1979, c. 48, s. 59; 1999, c. 40, s. 247].

60. Before rendering a decision, the board shall allow the interested parties to be heard, and must, for that purpose, serve on them a notice of proof and hearing in the manner provided by the rules of procedure.

[1979, c. 48, s. 60].

61. The board shall, if possible, fix the hearing at such a time and date as to allow

leurs témoins peuvent être présents sans trop d'inconvénients pour leurs occupations ordinaires.

[1979, c. 48, a. 61].

the parties and their witnesses to be present without too much inconvenience to their ordinary occupations.

[1979, c. 48, s. 61].

62. La partie qui désire produire un témoin peut l'assigner au moyen d'un bref de subpoena émis par la Régie et signifié dans le délai et en la manière prévue par les règlements de procédure.

[1979, c. 48, a. 62; 1981, c. 32, a. 3].

62. A party wishing to produce a witness may summon such witness by way of a writ of *subpoena* issued by the board and served within the time and in the manner provided in the rules of procedure.

[1979, c. 48, s. 62; 1981, c. 32, s. 3].

63. Au temps fixé pour l'enquête et l'audition, le régisseur appelle la cause, constate la présence ou l'absence des parties et procède à l'enquête et à l'audition.

Le régisseur instruit sommairement les parties des règles de preuve et chaque partie expose ses prétentions et présente ses témoins.

Le régisseur apporte à chacun un secours équitable et impartial de façon à faire apparaître le droit et à en assurer la sanction.

[1979, c. 48, a. 63].

63. At the time fixed for the proof and hearing, the commissioner shall call the case, acknowledge the presence or absence of the parties and proceed with the proof and hearing.

The commissioner shall summarily instruct the parties on the rules of evidence and each party shall state his pretensions and introduce his witnesses.

The commissioner shall give equitable and impartial assistance to each party so as to render effective the substantive law and to ensure that it is carried out.

[1979, c. 48, s. 63].

63.1. Les parties doivent s'assurer que toutes demandes ou requêtes choisies sont, eu égard aux coûts et au temps exigés, proportionnées à la nature et à la finalité de la demande et à la complexité du litige; le régisseur doit faire de même à l'égard d'une demande qu'il autorise ou de toute ordonnance qu'il rend.

[2010, c. 42, a. 27].

63.1. The parties must ensure that all the applications or motions they present are, in terms of the costs and time required, proportionate to the nature and ultimate purpose of the application or to the complexity of the dispute; the same applies to the commissioner when authorizing an application or issuing an order.

[2010, c. 42, s. 27].

63.2. La Régie peut, sur requête ou d'office après avoir permis aux parties intéressées de se faire entendre, rejeter un recours qu'elle juge abusif ou dilatoire ou l'assujettir à certaines conditions.

Lorsque la Régie constate qu'une partie utilise de façon abusive un recours dans le but d'empêcher l'exécution d'une de ses décisions, elle peut en outre interdire à cette partie d'introduire une demande devant elle à moins d'obtenir l'autorisation du président ou de toute autre personne qu'il désigne et de respecter les conditions

63.2. The board may, on a motion or ex officio after allowing the interested parties to be heard, dismiss a proceeding it considers improper or dilatory or make it subject to certain conditions.

If the board finds that a party is making improper use of a proceeding to prevent the execution of a board decision, it may also prohibit that party from presenting an application before the board except with the authorization of and subject to the conditions determined by the chairman or any other person designated by the chairman.

que celui-ci ou toute autre personne qu'il désigne détermine.

[2010, c. 42, a. 27].

[2010, c. 42, s. 27].

64. Un régisseur peut être récusé:

1° s'il est conjoint ou parent ou allié jusqu'au degré de cousin germain inclusivement de l'une des parties;

2° s'il est lui-même partie à une demande portant sur une question pareille à celle dont il s'agit dans la cause;

3° s'il a donné conseil sur le différend, ou s'il en a précédemment connu comme arbitre ou comme conciliateur;

4° s'il a agi comme mandataire pour l'une des parties, ou s'il a exprimé son avis extrajudiciairement;

5° s'il a déjà fourni des services professionnels à l'une des parties;

6° s'il est directement intéressé dans un litige mû devant un tribunal où l'une des parties sera appelée à siéger comme juge;

7° s'il y a inimitié capitale entre lui et l'une des parties ou s'il a formulé des menaces à l'égard d'une partie depuis l'instance ou dans les six mois précédant la récusation proposée;

8° s'il est tuteur, curateur ou conseiller, successible ou donataire de l'une des parties;

9° s'il est membre d'un groupement ou personne morale, ou s'il est syndic ou protecteur d'un ordre ou communauté, partie au litige;

10° s'il a un intérêt à favoriser l'une des parties;

11° s'il est parent ou allié de l'avocat, du représentant ou de l'avocat-conseil ou de l'associé de l'un ou de l'autre soit en ligne

64. A commissioner may be recused

(1) if the commissioner is the spouse of or related or allied within the degree of cousin-german inclusively to one of the parties;

(2) if the commissioner is himself or herself a party to an application involving a question similar to the one in dispute;

(3) if the commissioner has given advice upon the matter in dispute, or has previously taken cognizance of it as an arbitrator or as a conciliator;

(4) if the commissioner has acted as a mandatary for one of the parties, or the commissioner has made known his or her opinion extra-judicially;

(5) if the commissioner has provided professional services to one of the parties;

(6) if the commissioner is directly interested in an action pending before a court in which any of the parties will be called to sit as judge;

(7) if there is mortal enmity between him or her and any of the parties, or if the commissioner has made threats against any of the parties, since the institution of the action or within six months previous to the proposed recusation;

(8) if the commissioner is the tutor, curator or adviser, successor or donee of any of the parties;

(9) if the commissioner is a member of a group or legal person, or is manager or patron of some order or community which is a party to the dispute;

(10) if the commissioner has any interest in favouring any of the parties;

(11) if the commissioner is the spouse of or is related or allied to the advocate, representative or counsel or to the partner of

directe, soit en ligne collatérale jusqu'au deuxième degré ou conjoint de l'un d'eux.

[1979, c. 48, a. 64; 1992, c. 57, a. 685; 1999, c. 40, a. 247; 2002, c. 6, a. 154].

any of them, either in the direct line, or in the collateral line in the second degree.

[1979, c. 48, s. 64; 1992, c. 57, s. 685; 1999, c. 40, s. 247; 2002, c. 6, s. 154].

65. Le régisseur est inhabile si lui ou son conjoint sont intéressés dans la demande.

[1979, c. 48, a. 65].

65. A commissioner is disqualified if he or his spouse is interested in the application.

[1979, c. 48, s. 65].

66. S'il existe un motif pour lequel un régisseur peut être récusé, il est tenu de le déclarer par écrit sans délai.

Il en est de même pour une partie qui connaît un motif de récusation d'un régisseur.

[1979, c. 48, a. 66].

66. If there is a ground for which a commissioner may be recused, he must immediately declare it in writing.

The same applies to a party who is aware of a ground of recusation of a commissioner.

[1979, c. 48, s. 66].

67. Si une partie dûment avisée ne se présente pas ou refuse de se faire entendre, le régisseur peut néanmoins procéder à l'instruction de l'affaire et rendre une décision.

[1979, c. 48, a. 67].

67. Where a party duly notified does not appear or refuses to be heard, the commissioner may, nevertheless, proceed with the hearing of the matter and render a decision.

[1979, c. 48, s. 67].

68. Le régisseur peut visiter les lieux ou ordonner une expertise ou une inspection, par une personne qualifiée qu'il désigne, pour l'examen et l'appréciation des faits relatifs au litige. Sauf si le régisseur intervient en vertu de l'article 55, une visite du logement ne peut alors avoir lieu avant neuf heures et après vingt et une heures.

Un inspecteur doit s'identifier avant de procéder à une inspection.

La procédure applicable à une expertise est celle que détermine le régisseur.

[1979, c. 48, a. 68].

68. The commissioner may visit the premises or require an expert opinion or an inspection by such qualified person as he may designate, for the examination and appraisal of the facts relating to the dispute. Unless the commissioner intervenes under section 55, the visit of a dwelling cannot then take place before nine hours nor after twenty-one hours.

An inspector must identify himself before making an inspection.

The procedure applicable to the obtention of an expert opinion is that determined by the commissioner.

[1979, c. 48, s. 68].

69. Le locataire ou le locateur est tenu de donner accès au logement ou à l'immeuble à un régisseur, à un expert ou à un inspecteur de la Régie qui agit en vertu de l'article 68.

[1979, c. 48, a. 69].

69. The lessee or the lessor must give access to the dwelling or immovable to a commissioner, an expert or an inspector of the board acting under section 68.

[1979, c. 48, s. 69].

70. Dès que la Régie est saisie d'une demande visée dans la section II du chapitre III, elle doit faire afficher, sur l'immeuble

70. On being seized of an application contemplated in Division II of Chapter III, the board must cause a notice of the applica-

visé dans la demande, un avis facilement visible pour les passants. De plus, elle peut faire publier un avis public de la demande, en la manière prévue par les règlements de procédure.

Tout avis visé dans le premier alinéa doit indiquer que toute personne peut faire des représentations écrites sur la demande dans les dix jours de la publication de l'avis public ou, à défaut, dans les dix jours qui suivent l'affichage de l'avis sur l'immeuble concerné.

La Régie peut, si elle l'estime opportun, tenir une audition publique où elle peut entendre toute personne qui a fait des représentations.

Lors d'une telle audition, le régisseur peut limiter la durée d'une intervention ou, s'il est d'avis qu'elle n'est pas pertinente, la refuser.

[1979, c. 48, a. 70].

71. Le régisseur ou la personne désignée à cette fin par le président doit dresser un procès-verbal de l'audition.

Ce procès-verbal, signé par son auteur, est réputé faire preuve de son contenu.

[1979, c. 48, a. 71].

72. Une personne physique peut être représentée par son conjoint ou par un avocat.

Si une telle personne ne peut se présenter elle-même pour cause de maladie, d'éloignement ou toute autre cause jugée suffisante par un régisseur, elle peut aussi être représentée par un parent ou un allié ou, à défaut de parent ou d'allié sur le territoire de la municipalité locale, par un ami.

Une personne morale peut être représentée par un administrateur, un dirigeant, un employé à son seul service, ou par un avocat.

[1979, c. 48, a. 72; 1996, c. 2, a. 857; 1999, c. 40, a. 247].

73. Malgré la *Charte des droits et libertés de la personne* (chapitre C-12), un avocat ne peut agir si la demande a pour seul objet le recouvrement d'une créance qui n'excède pas la compétence de la Cour du

tion, easily visible to passers-by, to be posted on the immovable contemplated in the application. Furthermore, the board may cause a public notice of the application to be published, in the manner provided in the rules of procedure.

Every notice contemplated in the first paragraph must indicate that any person may make written representations on the application within ten days of the publication of the public notice or, if there is no public notice, within ten days following the posting up of the notice on the immovable concerned.

The board may, if it considers it expedient, hold a public hearing at which it may hear any person who has made representations.

At such a hearing, a commissioner may limit the duration of the intervention or refuse it if he considers it not pertinent.

[1979, c. 48, s. 70].

71. The commissioner or the person designated for that purpose must draw up the minutes of the hearing.

These minutes, signed by their author, are proof of their content.

[1979, c. 48, s. 71].

72. A natural person may be represented by his or her spouse, or by an advocate.

If a natural person cannot appear personally by reason of illness, distance or any other cause considered sufficient by a commissioner, he or she may also be represented by a person related to him or her by blood or by marriage or a civil union or, if there is no such person in the territory of the local municipality, by a friend.

A legal person may be represented by a director, an officer, an employee exclusively employed by it, or by an advocate.

[1979, c. 48, s. 72; 1996, c. 2, s. 857; 1999, c. 40, s. 247].

73. Notwithstanding the *Charter of human rights and freedoms* (chapter C-12), no advocate may act if the sole object of the application is the recovery of a debt not exceeding the jurisdiction of the Court of

Québec en matière de recouvrement des petites créances, exigible d'un débiteur résidant au Québec par une personne en son nom et pour son compte personnel ou par un tuteur ou un curateur en sa qualité officielle.

[1979, c. 48, a. 73; 1981, c. 32, a. 4; 1988, c. 21, a. 66].

74. Si une partie est représentée par un mandataire autre que son conjoint ou un avocat, ce mandataire doit fournir à la Régie un mandat écrit, signé par la personne qu'il représente et indiquant, dans le cas d'une personne physique, les causes qui empêchent la partie d'agir elle-même. Ce mandat doit être gratuit.

[1979, c. 48, a. 74; 1981, c. 32, a. 5].

75. Sous réserve des articles 76 et 77, le Livre septième du Code civil s'applique à la preuve faite devant la Régie.

[1979, c. 48, a. 75; 1999, c. 40, a. 247].

76. Peut se prouver par la production d'une copie qui en tient lieu si le régisseur est satisfait de sa véracité:

1° un acte juridique constaté dans un écrit; ou

2° le contenu d'un écrit autre qu'authentique.

Toutefois, la preuve peut être faite par tout moyen lorsqu'une partie établit que, de bonne foi, elle ne peut produire l'original de l'écrit, non plus que toute copie qui en tient lieu.

[1979, c. 48, a. 76].

77. Une partie peut administrer une preuve testimoniale:

1° même pour contredire ou changer les termes d'un écrit, lorsqu'elle veut prouver que la présente loi n'a pas été respectée;

2° si elle veut prouver que le loyer effectivement payé n'est pas celui qui apparaît au bail;

Québec in matters of recovery of small claims, exigible from a debtor resident in Québec by a person in his own name and account or by a tutor or curator in his official capacity.

[1979, c. 48, s. 73; 1981, c. 32, s. 4; 1988, c. 21, s. 66].

74. Where a party is represented by a mandatary other than his spouse or an advocate, the mandatary must furnish to the board a written mandate, signed by the person he represents, indicating, in the case of a natural person, the causes preventing the party from acting himself. Such a mandate must be gratuitous.

[1979, c. 48, s. 74; 1981, c. 32, s. 5].

75. Subject to sections 76 and 77, Book Seven of the Civil Code applies to the proof made before the board.

[1979, c. 48, s. 75; 1999, c. 40, s. 247].

76. The following may be proved by producing a copy in lieu thereof if the commissioner is satisfied with the veracity of the copy :

(1) a juridical act evidenced in a writing; or

(2) the content of a writing other than an authentic writing.

However, proof may be made by any means where a party establishes that, in good faith, he can neither produce the original of the writing nor any copy in lieu thereof.

[1979, c. 48, s. 76].

77. A party may administer proof by testimony,

(1) even to contradict or vary the terms of a writing, where he wishes to prove that this Act has not been complied with;

(2) where he wishes to prove that the rent actually paid is not that appearing in the lease;

3° si elle veut interpréter ou compléter un écrit.

[1979, c. 48, a. 77].

78. Un régisseur peut décider qu'un rapport d'inspection fait sous la signature d'un inspecteur de la Régie, d'un inspecteur municipal ou d'un inspecteur nommé en vertu de la *Loi sur la santé et la sécurité du travail* (chapitre S-2.1), de la *Loi sur la qualité de l'environnement* (chapitre Q-2), de la *Loi sur la Société d'habitation du Québec* (chapitre S-8), de la *Loi sur les installations de tuyauterie* (chapitre I-12.1), ou de la *Loi sur les installations électriques* (chapitre I-13.01) tient lieu du témoignage de cet inspecteur.

Toutefois, une partie peut requérir la présence de l'inspecteur à l'audition, mais si la Régie estime que la production du rapport eût été suffisante, elle peut condamner cette partie au paiement des frais dont elle fixe le montant.

[1979, c. 48, a. 78; 1975, c. 53, a. 132; 1979, c. 63, a. 333].

79. Toute décision de la Régie doit être motivée et transmise aux parties en cause, en la manière prévue par les règlements de procédure.

La copie d'une décision, certifiée conforme par le régisseur qui a entendu l'affaire ou par la personne autorisée à cette fin par le président, a la même valeur que l'original.

[1979, c. 48, a. 79].

79.1. Lors de la décision, le régisseur peut adjuger sur les frais prévus par règlement.

[1981, c. 32, a. 6; 1982, c. 58, a. 70].

80. Lorsque plus d'un régisseur a entendu une affaire, la décision est prise à la majorité des régisseurs ayant entendu cette affaire; lorsque les opinions se partagent également sur une question, celle-ci est tranchée par le régisseur qui a présidé l'audition.

[1979, c. 48, a. 80].

(3) where he wishes to interpret or complete a writing.

[1979, c. 48, s. 77].

78. A commissioner may decide that a report of inspection signed by an inspector of the board, a municipal inspector or an inspector appointed under the *Act respecting occupational health and safety* (chapter S-2.1), the *Environment Quality Act* (chapter Q-2), the *Act respecting the Société d'habitation du Québec* (chapter S-8), the *Act respecting piping installations* (chapter I-12.1) or the *Act respecting electrical installations* (chapter I-13.01), is accepted in lieu of the testimony of such inspector.

However, one of the parties may require the presence of the inspector at the hearing, but if the board considers that the filing of the report would have sufficed, it may condemn that party to pay costs in such amount as it may fix.

[1979, c. 48, s. 78; 1975, c. 53, s. 132; 1979, c. 63, s. 333].

79. Every decision of the board must be substantiated and transmitted to the parties concerned, in the manner provided in the rules of procedure.

A copy of a decision, certified true by the commissioner having heard the case or by the person authorized for that purpose by the chairman, has the same value as the original.

[1979, c. 48, s. 79].

79.1. At the time of the decision, the commissioner may adjudge the costs prescribed by regulation.

[1981, c. 32, s. 6; 1982, c. 58, s. 70].

80. Where a case is heard by more than one commissioner, the decision is made by a majority of the commissioners having heard the case; where opinions are equally divided on a question, it is decided by the commissioner who has presided at the hearing.

[1979, c. 48, s. 80].

81. En cas de cessation de fonction, de retraite, de décès ou d'empêchement d'un régisseur, le président ou le vice-président désigné en vertu de l'article 10 peut ordonner qu'une demande dont ce régisseur est saisi soit continuée et terminée par un autre régisseur ou remise au rôle pour être entendue de nouveau.

Si la cause avait été prise en délibéré, elle est confiée à un autre régisseur ou remise au rôle conformément au premier alinéa, à moins que le président ou le vice-président désigné, en cas de retraite ou de cessation des fonctions du régisseur saisi, ne demande à ce dernier de rendre une décision dans les quatre-vingt-dix jours. À l'expiration de ce délai, le président ou le vice-président désigné procède conformément au premier alinéa.

[1979, c. 48, a. 81; 1999, c. 40, a. 247].

82. Sauf si l'exécution provisoire est ordonnée, une décision est exécutoire à l'expiration du délai pour permission d'appeler, ou, selon le cas, du délai de révision. Une décision visée dans la section II du chapitre III est exécutoire dès qu'elle est rendue.

Dans le cas d'une décision relative à une demande ayant pour seul objet le recouvrement d'une créance visée dans l'article 73, la décision est exécutoire à l'expiration d'un délai de 20 jours de sa date, sauf si le régisseur en a ordonné autrement.

[1979, c. 48, a. 82; 1981, c. 32, a. 7; 1995, c. 39, a. 20; 1996, c. 5, a. 63].

82.1. Le régisseur peut, s'il le juge à propos, ordonner l'exécution provisoire, nonobstant la révision ou l'appel, de la totalité ou d'une partie de la décision, s'il s'agit:

1° de réparations majeures;

2° d'expulsion des lieux, lorsque le bail est expiré, résilié ou annulé;

3° d'un cas d'urgence exceptionnelle.
[1981, c. 32, a. 7].

83. Une décision de la Régie peut être exécutée comme s'il s'agissait d'un jugement

81. When a commissioner ceases to hold office, retires, dies or is unable to act, the chairman, or the vice-chairman designated under section 10, may order that an application of which that commissioner was seized be continued and terminated by another commissioner or replaced on the roll to be heard again.

If the case was taken under advisement, it is entrusted to another commissioner or replaced on the roll in accordance with the first paragraph, unless, where the commissioner seized of the case has retired or ceased to hold office, the chairman or the designated vice-chairman requests the commissioner seized of the case to render a decision within ninety days. Upon the expiry of that time, the chairman or designated vice-chairman proceeds in accordance with the first paragraph.

[1979, c. 48, s. 81; 1999, c. 40, s. 247].

82. Except where provisional execution is ordered, a decision is executory on the expiry of the time allowed to apply for leave to appeal or, as the case may be, of the time allowed for review. A decision contemplated in Division II of chapter III is executory on being rendered.

In the case of a decision relating to an application concerning only the recovery of a debt contemplated in section 73, the decision is executory on the expiry of 20 days from the date thereof, except where the commissioner has ordered otherwise.

[1979, c. 48, s. 82; 1981, c. 32, s. 7; 1995, c. 39, s. 20; 1996, c. 5, s. 63].

82.1. The commissioner may, if he deems it expedient, order the provisional execution of the decision in whole or in part notwithstanding review or appeal, in the case of

(1) major repairs;

(2) eviction from premises where the lease is expired, resiliated or cancelled;

(3) exceptional urgency.
[1981, c. 32, s. 7].

83. A decision of the board may be executed as if it were a judgment of the Court

de la Cour du Québec si elle est enregistrée au greffe de la Cour du lieu où est situé le logement.

[1979, c. 48, a. 83; 1982, c. 32, a. 121; 1988, c. 21, a. 66].

84. L'exécution forcée d'une décision relative à une demande ayant pour seul objet une créance visée dans l'article 73 se fait suivant les articles 991 à 994 du *Code de procédure civile* (chapitre C-25).

[1979, c. 48, a. 84; 2002, c. 7, a. 172].

85. À une assemblée convoquée par le président, les régisseurs peuvent, à la majorité, adopter les règlements de procédure jugés nécessaires.

Sous réserve du paragraphe 5° de l'article 108, les régisseurs peuvent aussi, par règlement, déterminer la forme ou la teneur des avis autres que celui prévu par les articles 1942 et 1943 du Code civil, des demandes ou des formules nécessaires à l'application de la présente loi et des articles 1892 à 2000 du Code civil et en rendre l'utilisation obligatoire. Un tel règlement doit être approuvé par le ministre désigné avant sa publication.

Ces règlements entrent en vigueur à compter de leur publication à la *Gazette officielle du Québec* ou à une date ultérieure qui y est fixée.

[1979, c. 48, a. 85; 1999, c. 40, a. 247].

86. En l'absence de dispositions applicables à un cas particulier, un régisseur peut y suppléer par toute procédure non incompatible avec la présente loi ou les règlements de procédure.

[1979, c. 48, a. 86].

87. Dans la computation d'un délai prévu par la présente loi ou par les articles 1892 à 2000 du Code civil:

1° le jour qui marque le point de départ n'est pas compté mais celui de l'échéance l'est;

2° les jours fériés sont comptés mais, lorsque le dernier jour est férié, le délai est prorogé au premier jour non férié suivant;

of Québec, if it is registered in the office of the Court of the place where the dwelling is situated.

[1979, c. 48, s. 83; 1982, c. 32, s. 121; 1988, c. 21, s. 66].

84. Compulsory execution of a decision on an application concerning only a debt contemplated in section 73 is effected in accordance with articles 991 to 994 of the *Code of Civil Procedure* (chapter C-25).

[1979, c. 48, s. 84; 2002, c. 7, s. 172].

85. At a meeting called by the chairman, the commissioners may adopt, by a majority, the rules of procedure considered necessary.

Subject to paragraph 5 of section 108, the commissioners may also, by by-law, determine the form or tenor of notices other than that provided for in articles 1942 and 1943 of the Civil Code, and of applications or forms necessary for the application of this Act and articles 1892 to 2000 of the Civil Code, and make their use obligatory. Such a by-law must be approved by the designated minister before its publication.

Such rules and by-laws come into force from their publication in the *Gazette officielle du Québec* or on a later date fixed therein.

[1979, c. 48, s. 85; 1999, c. 40, s. 247].

86. In the absence of provisions applicable to a particular case, a commissioner may compensate for them by any procedure not inconsistent with this Act or the rules of procedure.

[1979, c. 48, s. 86].

87. In computing a time limit provided by this Act or by articles 1892 to 2000 of the Civil Code,

(1) the day which marks the start of the time limit is not counted, but the terminal day is counted;

(2) holidays are counted but when the last day is a holiday, the time limit is extended to the next following day that is not a holiday;

3° le samedi est assimilé à un jour férié de même que le 2 janvier et le 26 décembre.

[1979, c. 48, a. 87; 1999, c. 40, a. 247].

(3) Saturday is considered a holiday, as are 2 January and 26 December.

[1979, c. 48, s. 87; 1999, c. 40, s. 247].

SECTION II — PROCÉDURES PARTICULIÈRES

SECTION II — SPECIAL PROCEDURES

88. Le régisseur qui l'a rendue peut rectifier une décision entachée d'erreur d'écriture ou de calcul, ou de quelque autre erreur matérielle ou qui, par suite d'une inadvertance manifeste, accorde plus qu'il n'était demandé ou omet de prononcer sur une partie de la demande.

Il peut le faire, d'office ou à la demande d'une partie, tant que la décision n'a pas été inscrite en appel ou en révision ou tant que l'exécution n'a pas été commencée.

La demande de rectification suspend l'exécution de la décision et interrompt le délai d'appel ou de révision jusqu'à ce que les parties aient été avisées de la décision.

[1979, c. 48, a. 88; 1984, c. 47, a. 138].

88. The commissioner who rendered a decision may correct it if it contains an error in writing or in calculation, or any other clerical error or, by obvious inadvertence, it grants more than was demanded or omits to adjudicate upon part of the demand.

He may make the correction, *ex officio* or on the motion of one of the parties, so long as the decision has not been appealed or reviewed or before the decision becomes executory.

The motion for correction suspends the execution of the decision and interrupts the time allowed for appeal or review until the parties are notified of the decision.

[1979, c. 48, s. 88; 1984, c. 47, s. 138].

89. Si une décision a été rendue contre une partie qui a été empêchée de se présenter ou de fournir une preuve, par surprise, fraude ou autre cause jugée suffisante, cette partie peut en demander la rétractation.

Une partie peut également demander la rétractation d'une décision lorsque la Régie a omis de statuer sur une partie de la demande ou s'est prononcée au-delà de la demande.

La demande de rétractation doit être faite par écrit dans les dix jours de la connaissance de la décision ou, selon le cas, du moment où cesse l'empêchement.

La demande de rétractation suspend l'exécution de la décision et interrompt le délai d'appel ou de révision jusqu'à ce que les parties aient été avisées de la décision.

[1979, c. 48, a. 89; 1984, c. 47, a. 139].

89. Where a decision has been rendered against a party who was prevented from producing or supplying evidence by surprise, by fraud or by any other reason considered sufficient, that party may apply for the revocation of the decision.

A party may also apply for the revocation of the decision where the board has omitted to adjudicate upon part of the demand or has decided beyond the application.

The application for revocation must be made in writing within ten days after the decision is known or from the time the cause of prevention ceases, as the case may be.

The application for revocation suspends the execution of the decision and interrupts the time allowed for appeal or review until the parties are notified of the decision.

[1979, c. 48, s. 89; 1984, c. 47, s. 139].

90. La Régie peut réviser une décision lorsque la demande de révision a pour objet la fixation de loyer, la modification d'une autre condition du bail ou la révision

90. The board may review a decision when the object of the application for a review is the fixing of the rent, the changing of another condition of the lease or the revision

de loyer, si la demande lui en est faite par une partie dans le mois de la date de cette décision.

La révision a lieu suivant la procédure prévue par la section I. Le président de la Régie ou le vice-président qu'il désigne à cette fin détermine le nombre de régisseurs qui entendent la demande; ce nombre doit être supérieur au nombre de régisseurs ou de greffiers spéciaux ayant entendu la demande de fixation de loyer, de modification d'une autre condition du bail ou de révision de loyer.

Sauf si l'exécution provisoire est ordonnée, la demande de révision suspend l'exécution de la décision. Toutefois, la Régie peut, sur requête, soit ordonner l'exécution provisoire lorsqu'elle ne l'a pas été, soit la défendre ou la suspendre lorsqu'elle a été ordonnée.

[1979, c. 48, a. 90; 1981, c. 32, a. 8; 1982, c. 58, a. 71; 2010, c. 42, a. 28].

90.1. La décision sur la demande de révision est exécutoire à l'expiration d'un délai de dix jours de sa date à moins que l'exécution immédiate n'en soit ordonnée.

[1981, c. 32, a. 9].

Chapitre V —— Appel

91. Les décisions de la Régie du logement peuvent faire l'objet d'un appel sur permission d'un juge de la Cour du Québec, lorsque la question en jeu en est une qui devrait être soumise à la Cour du Québec.

Toutefois, il n'y a pas d'appel des décisions de la Régie portant sur une demande:

1° dont l'objet est la fixation de loyer, la modification d'une autre condition du bail ou la révision de loyer;

2° dont le seul objet est le recouvrement d'une créance visée dans l'article 73;

3° visée dans la section II du chapitre III, sauf celles visées dans les articles 39 et 54.10;

of the rent, if the application is made by a party within one month from the date of the decision.

The review is effected in accordance with the procedure provided in Division I. The chairman of the board or the vice-chairman designated by him for that purpose shall determine the number of commissioners who are to hear the application; that number must be greater than the number of commissioners or special clerks who heard the application for the fixing of the rent, the changing of another condition of the lease or the revision of the rent.

Except where provisional execution is ordered, the application for review suspends the execution of the decision. However, the board may, on a motion, either order provisional execution when it has not been ordered, or bar or suspend it when it has been ordered.

[1979, c. 48, s. 90; 1981, c. 32, s. 8; 1982, c. 58, s. 71; 2010, c. 42, s. 28].

90.1. The decision on the application for review is executory on the expiry of ten days from the date thereof unless immediate execution is ordered.

[1981, c. 32, s. 9].

Chapter V —— Appeal

91. An appeal lies, on leave of a judge of the Court of Québec, from decisions of the Régie du logement when the matter at issue is one which ought to be submitted to the Court of Québec.

However, no appeal lies from decisions of the board concerning an application

(1) the object of which is the fixing of the rent, the changing of another condition of the lease or the revision of the rent;

(2) the sole object of which is the recovery of a debt contemplated in section 73;

(3) contemplated in Division II of Chapter III, except an application contemplated in section 39 or 54.10;

4° d'autorisation de déposer le loyer faite par requête en vertu des articles 1907 et 1908 du *Code civil du Québec*.

[1979, c. 48, a. 91; 1981, c. 32, a. 10; 1987, c. 77, a. 3; 1988, c. 21, a. 66; 1996, c. 5, a. 64; 2010, c. 42, a. 29].

92. La demande pour permission d'appeler doit être faite au greffe de la Cour du Québec du lieu où est situé le logement et elle est présentée par requête accompagnée d'une copie de la décision et des pièces de la contestation, si elles ne sont pas reproduites dans la décision.

La requête accompagnée d'un avis de présentation doit être signifiée à la partie adverse et produite au greffe de la Cour dans les 30 jours de la date de la décision. Elle doit préciser les conclusions recherchées et le requérant doit y énoncer sommairement les moyens qu'il prévoit utiliser.

Si la demande est accordée, le jugement qui autorise l'appel tient lieu de l'inscription en appel. Le greffier de la Cour du Québec transmet sans délai copie de ce jugement à la Régie ainsi qu'aux parties et à leur procureur.

De la même manière et dans les mêmes délais, l'intimé peut former un appel ou un appel incident.

[1979, c. 48, a. 92; 1985, c. 30, a. 83; 1988, c. 21, a. 66; 1996, c. 5, a. 65].

93. Ce délai est de rigueur et emporte déchéance.

Toutefois, si une partie décède avant l'expiration de ce temps et sans avoir appelé, le délai pour permission d'appeler ne court contre ses représentants légaux que du jour où la décision leur est signifiée, ce qui peut être fait conformément à la disposition de l'article 133 du *Code de procédure civile* (chapitre C-25).

Le délai pour permission d'appeler ne court contre la partie condamnée par défaut que de l'expiration du temps pendant lequel elle pouvait demander la rétractation de la décision.

[1979, c. 48, a. 93; 1981, c. 32, a. 11; 1996, c. 5, a. 66].

(4) for authorization to deposit the rent by a motion under articles 1907 and 1908 of the *Civil Code of Québec* (1991, chapter 64).

[1979, c. 48, s. 91; 1981, c. 32, s. 10; 1987, c. 77, s. 3; 1988, c. 21, s. 66; 1996, c. 5, s. 64; 2010, c. 42, s. 29].

92. The application for leave to appeal must be made at the office of the Court of Québec of the place where the dwelling is situated, and is presented by motion accompanied with a copy of the decision and of the documents of the contestation, if they are not reproduced in the decision.

The motion together with a notice of presentation must be served on the adverse party and filed in the office of the court within 30 days after the date of the decision. The motion must state the conclusions sought, and contain a brief statement by the applicant of the grounds he intends to rely on.

If the application is granted, the judgment authorizing the appeal shall serve as an inscription in appeal. The clerk of the Court of Québec shall transmit a copy of this judgment without delay to the board and to the parties and their attorneys.

The respondent may bring an appeal or an incidental appeal in the same manner and within the same time limit.

[1979, c. 48, s. 92; 1985, c. 30, s. 83; 1988, c. 21, s. 66; 1996, c. 5, s. 65].

93. Such time limit is imperative and its expiry entails forfeiture of the right of appeal.

However, if a party dies before the expiry of the time limit and without having brought an appeal, the time allowed to apply for leave to appeal does not run against the party's legal representatives until the date on which the decision is served on them in accordance with article 133 of the *Code of Civil Procedure* (chapter C-25).

The time allowed to apply for leave to appeal begins to run against a party condemned in default only once the time for applying for revocation of the decision has expired.

[1979, c. 48, s. 93; 1981, c. 32, s. 11; 1996, c. 5, s. 66].

94. Sauf si l'exécution provisoire est ordonnée, l'appel suspend l'exécution de la décision.

La demande pour permission d'appeler ne suspend pas l'exécution. Toutefois, lorsque la décision de la Régie entraîne l'expulsion du locataire ou des occupants, par requête, il peut être demandé à un juge de la Cour du Québec de suspendre cette exécution si le requérant démontre qu'il lui en résulterait un préjudice grave et qu'il a produit une demande pour permission d'appeler.

L'exécution provisoire de la totalité ou d'une partie de la décision peut, sur requête, être ordonnée par un juge de la Cour du Québec lorsqu'elle ne l'a pas été par la décision frappée d'appel. Elle peut, de la même manière, être défendue ou suspendue lorsqu'elle a été ordonnée.

[1979, c. 48, a. 94; 1981, c. 32, a. 12; 1988, c. 21, a. 66; 1996, c. 5, a. 67].

94. Except where provisional execution is ordered, an appeal suspends the execution of the decision.

An application for leave to appeal does not suspend execution of the decision. However, where the decision of the board entails the eviction of the lessee or of the occupants, a motion may be filed with a judge of the Court of Québec for the suspension of execution of the decision if the applicant shows that execution would cause him serious prejudice and that he has filed an application for leave to appeal.

The provisional execution of the whole or part of the decision may, on a motion, be ordered by a judge of the Court of Québec when such execution has not been ordered by the decision appealed from. It may, in the same manner, be barred or suspended when it has been ordered.

[1979, c. 48, s. 94; 1981, c. 32, s. 12; 1988, c. 21, s. 66; 1996, c. 5, s. 67].

95. (*Abrogé*).

[1996, c. 5, a. 68].

95. (*Repealed*).

[1996, c. 5, s. 68].

96. Lorsque plus d'une partie interjette appel d'une même décision, tous les appels sont réunis.

[1979, c. 48, a. 96].

96. Where more than one party has appealed from the same decision, all appeals are joined.

[1979, c. 48, s. 96].

97. Le tribunal peut, d'office ou sur demande, réunir plusieurs appels si les questions en litige sont en substance les mêmes.

[1979, c. 48, a. 97].

97. The Court may, *ex officio* or on a motion, join several appeals if the matters at issue are substantially the same.

[1979, c. 48, s. 97].

98. Le tribunal n'entend que la preuve et les représentations relatives aux questions qui ont été autorisées par la permission d'appeler et les articles 60 à 69, 75 à 78, 86, 88 et 89 s'appliquent, compte tenu des adaptations nécessaires, à un appel entendu suivant le présent chapitre.

[1979, c. 48, a. 98; 1996, c. 5, a. 69].

98. The Court hears evidence and representations only in relation to matters authorized by the leave to appeal and sections 60 to 69, 75 to 78, 86, 88 and 89 apply, with the necessary modifications, to an appeal heard pursuant to this chapter.

[1979, c. 48, s. 98; 1996, c. 5, s. 69].

99. Le tribunal peut tenir ses séances même un jour férié, aux heures déterminées par le juge en chef.

[1979, c. 48, a. 99].

99. The Court may hold its sittings even on a holiday, between the hours determined by the chief judge.

[1979, c. 48, s. 99].

100. Le tribunal, à la demande d'une partie, ou le greffier, du consentement des parties, peuvent reporter l'audition à une date ultérieure.

[1979, c. 48, a. 100].

100. The Court, at the request of one of the parties, or the clerk, with the consent of the parties, may postpone the hearing to a later date.

[1979, c. 48, s. 100].

101. Le tribunal peut confirmer, modifier ou infirmer la décision qui fait l'objet de l'appel et rendre le jugement qui aurait dû être rendu.

[1979, c. 48, a. 101].

101. The Court may confirm, amend or quash the decision contemplated by the appeal and render the judgment that should have been rendered.

[1979, c. 48, s. 101].

102. Le jugement est sans appel; il doit être écrit, motivé, signé par le juge qui l'a rendu et signifié aux parties en la manière prévue par les règles de pratique.

[1979, c. 48, a. 102].

102. The judgment is without appeal; it must be written, substantiated and signed by the judge who rendered it and served on the parties in the manner provided in the rules of practice.

[1979, c. 48, s. 102].

103. Le jugement est exécutoire à l'expiration des dix jours qui suivent la date de signification, sauf si le tribunal en ordonne autrement.

[1979, c. 48, a. 103].

103. The judgment is executory at the expiry of ten days from the date of service, unless otherwise ordered by the Court.

[1979, c. 48, s. 103].

104. Lorsque la Cour supérieure et la Cour du Québec sont saisies d'action et d'appel ayant le même fondement juridique ou soulevant les mêmes points de droit et de fait, la Cour du Québec doit suspendre l'instruction de l'appel porté devant elle jusqu'au jugement de la Cour supérieure, passé en force de chose jugée, si une partie le demande et qu'aucun préjudice sérieux ne puisse en résulter pour la partie adverse.

[1979, c. 48, a. 104; 1988, c. 21, a. 66].

104. When the Superior Court and the Court of Québec are seized of an action and an appeal having the same juridical basis or raising the same questions of law and fact, the Court of Québec must, if one of the parties so requests and no serious prejudice can result to the adverse party, suspend the hearing of the appeal before it until the judgment in the case before the Superior Court has become definitive.

[1979, c. 48, s. 104; 1988, c. 21, s. 66].

105. Le livre IV du *Code de procédure civile* s'applique, compte tenu des adaptations nécessaires, au présent chapitre.

[1979, c. 48, a. 105].

105. Book IV of the *Code of Civil Procedure* applies to this chapter, with the necessary modifications.

[1979, c. 48, s. 105].

106. En rejetant un appel qu'il juge dilatoire ou abusif, le tribunal peut, d'office ou à la demande d'une partie, condamner l'appelant à des dommages-intérêts.

[1979, c. 48, a. 106].

106. In dismissing an appeal that it considers dilatory or immoderate, the Court may, *ex officio* or at the request of a party, condemn the appellant to damages.

[1979, c. 48, s. 106].

107. La Cour du Québec peut, en la manière prévue par la *Loi sur les tribunaux*

107. The Court of Québec may, in the manner prescribed under the *Courts of*

judiciaires (chapitre T-16), adopter les règles de pratique jugées nécessaires à la bonne exécution du présent chapitre et notamment permettre l'application d'une procédure incidente prévue par le titre IV du livre II de ce code.

[1979, c. 48, a. 107; 1988, c. 21, a. 66, 131].

Justice Act (chapter T-16), make the rules of practice necessary for the proper carrying out of this chapter and, in particular, permit the application of an incidental procedure provided by Title IV of Book II of that Code.

[1979, c. 48, s. 107; 1988, c. 21, s. 66, 131].

Chapitre VI ▬ Réglementation

Chapter VI ▬ Regulations

108. Le gouvernement peut, par règlement:

108. The Government may make regulations

1° établir, pour les catégories de logements ou d'immeubles qu'il indique, des exigences minimales concernant l'entretien, la sécurité, la salubrité ou l'habitabilité d'un logement ou d'un immeuble comportant un logement;

(1) establishing, for such categories of dwellings or immovables as it may indicate, minimum requirements concerning the maintenance, safety, sanitation or habitability of a dwelling or an immovable comprising a dwelling;

2° préciser, pour l'application de l'article 1913 du *Code civil du Québec*, certains cas où un logement est impropre à l'habitation;

(2) determining, for the application of article 1913 of the *Civil Code of Québec* (1991, chapter 64), certain cases where a dwelling is unfit for habitation;

3° pour l'application des articles 1952 et 1953 du *Code civil du Québec*, établir pour les catégories de personnes, de baux, de logements ou de terrains destinés à l'installation d'une maison mobile qu'il détermine, les critères de fixation ou de révision du loyer et leurs règles de mise en application;

(3) for the application of articles 1952 and 1953 of the *Civil Code of Québec*, establishing, for such categories of persons, of leases, of dwellings or of land intended for the installation of a mobile home as it may determine, the criteria for the fixing of rent or for the revision of rent and the rules of implementation of these criteria;

4° prescrire, le cas échéant, les droits ou frais exigibles pour tout acte posé par la Régie ou par une partie à l'occasion d'une demande ou d'une procédure, ainsi que les droits ou frais afférents à l'administration de la loi, établir les normes, les conditions et les modalités applicables à la réception, à la conservation et au remboursement de ces droits ou frais, exempter certaines catégories de personnes du paiement de ces droits ou frais et déterminer, s'il y a lieu, le montant maximum qu'une partie peut être tenue de payer en vertu de l'article 79.1 pour la totalité ou pour l'un ou l'autre de ces actes;

(4) prescribing, where such is the case, the duties or costs exigible for any act performed by the board or by a party in the case of an application or a proceeding, and the duties or costs relating to the administration of the Act, establishing the standards, conditions and modalities applicable to the receipt, keeping and reimbursement of such duties or costs, exempting certain categories of persons from the payment of such duties or costs, and determining, where necessary, the maximum amount that a party may be bound to pay under section 79.1 for the whole or one or other of such acts;

5° imposer l'inclusion de mentions obligatoires dans le bail, l'écrit ou l'avis visé dans les articles 1895 et 1896 du *Code civil du Québec* et, dans le cas du bail ou de l'écrit visé au premier alinéa de l'article 1895 du *Code civil du Québec*, prescrire

(5) making the inclusion of certain particulars mandatory in a lease, writing or notice referred to in articles 1895 and 1896 of the *Civil Code of Québec*, and in the case of the lease or writing referred to in the first paragraph of article 1895 of the *Civil Code*

l'utilisation obligatoire du formulaire de bail de la Régie du logement ou de l'écrit produit par la Régie et en fixer le prix de vente;

6° sous réserve de l'article 85, prescrire ce qui doit être prescrit par règlement en vertu de la présente loi et des articles 1892 à 2000 du *Code civil du Québec*.

Ces règlements entrent en vigueur à compter de leur publication à la *Gazette officielle du Québec* ou à une date ultérieure qui y est fixée.

[1979, c. 48, a. 108; 1981, c. 32, a. 13; 1995, c. 61, a. 1].

of Québec, prescribing the mandatory use of the lease form from the Régie du logement or of the writing produced by the board, and fixing the sales price thereof;

(6) prescribing, subject to section 85, what must be prescribed by regulation under this Act and articles 1892 to 2000 of the *Civil Code of Québec*.

These regulations come into force from their publication in the *Gazette officielle du Québec* or on a later date fixed therein.

[1979, c. 48, s. 108; 1981, c. 32, s. 13; 1995, c. 61, s. 1].

TITRE II — DISPOSITIONS MODIFIANT LE CODE CIVIL DU BAS CANADA

TITLE II — PROVISIONS AMENDING THE CIVIL CODE OF LOWER CANADA

109.-111. (*Omis*).

109.-111. (*Omitted*).

TITRE III — DISPOSITIONS PÉNALES

TITLE III — PENAL PROVISIONS

112. Quiconque refuse de se conformer à une ordonnance de la Régie autre que celle prévue par l'article 1973 du Code civil commet un outrage au tribunal.

Toutefois, si le contrevenant refuse de se conformer à une ordonnance prévue par l'article 55 ou par l'article 1918 du Code civil, l'amende est d'au moins 5 000 $ et d'au plus 25 000 $.

[1979, c. 48, a. 112; 1992, c. 61, a. 514; 1999, c. 40, a. 247].

112. Every person who refuses to comply with an order of the board other than the order provided for in article 1973 of the Civil Code is guilty of contempt of court.

However, where the offender refuses to comply with an order provided for in section 55 or article 1918 of the Civil Code, the fine is not less than $ 5 000 nor more than $ 25 000.

[1979, c. 48, s. 112; 1992, c. 61, s. 514; 1999, c. 40, s. 247].

112.1. Quiconque, en vue de convertir un immeuble locatif en copropriété divise ou d'évincer un locataire de son logement, use de harcèlement envers celui-ci de manière à restreindre son droit à la jouissance paisible du logement commet une infraction et est passible d'une amende d'au moins 5 800 $ et d'au plus 28 975 $.

[1987, c. 77, a. 4; 1991, c. 33, a. 116; 1992, c. 61, a. 515].

112.1. Every person who, with a view to converting a rental residential immovable to divided co-ownership or evicting a lessee from his dwelling, harasses a lessee in such a manner as to limit his right to peaceful enjoyment of his dwelling is guilty of an offence and is liable to a fine of not less than $ 5 800 nor more than $ 28 975.

[1987, c. 77, s. 4; 1991, c. 33, s. 116; 1992, c. 61, s. 515].

113. Quiconque contrevient à l'article 69 et aux articles 1899, 1904, 1913, 1919,

113. Every person who contravenes section 69 or any of articles 1899, 1904,

1921, 1930, 1931, 1935 et 1970 du Code civil commet une infraction et est passible d'une amende d'au moins 125 $ et d'au plus 1 225 $ s'il s'agit d'une personne autre qu'une personne morale et d'au moins 250 $ et d'au plus 2 450 $ s'il s'agit d'une personne morale.

[1979, c. 48, a. 113; 1990, c. 4, a. 761; 1991, c. 33, a. 117; 1999, c. 40, a. 247].

114. Quiconque fait une déclaration qu'il sait être fausse dans une formule ou un écrit dont l'usage est obligatoire en vertu de la présente loi ou des articles 1892 à 2000 du Code civil commet une infraction et est passible d'une amende d'au moins 250 $ et d'au plus 2 450 $.

[1979, c. 48, a. 114; 1990, c. 4, a. 761; 1991, c. 33, a. 118; 1999, c. 40, a. 247].

115. Si une personne morale commet une infraction visée dans les articles 113 ou 114, un dirigeant, un administrateur, un employé ou un agent de cette personne morale qui a prescrit ou autorisé l'accomplissement de l'infraction ou qui y a consenti ou acquiescé est réputé être partie à l'infraction et est passible d'une amende n'excédant pas l'amende prévue par ces articles.

[1979, c. 48, a. 115; 1999, c. 40, a. 247].

116. (*Abrogé*).

[1992, c. 61, a. 516].

117. (*Abrogé*).

[1990, c. 4, a. 762].

TITRE IV —— DISPOSITIONS DIVERSES, TRANSITOIRES ET FINALES

118.-131. (*Omis*).

132. La cessation de l'effet des articles 16 à 16*k* de la *Loi prolongeant et modifiant la Loi pour favoriser la conciliation entre locataires et propriétaires* (1975, c. 84) n'a pas pour conséquence de faire disparaître les droits acquis en vertu de ces articles ni de valider rétroactivement les actes déclarés nuls ou illégaux par ces articles.

1913, 1919, 1921, 1930, 1931, 1935 and 1970 of the Civil Code, is guilty of an offence and is liable to a fine of not less than $ 125 nor more than $ 1 225 in the case of a person other than a legal person and of not less than $ 250 nor more than $ 2 450 in the case of a legal person.

[1979, c. 48, s. 113; 1990, c. 4, s. 761; 1991, c. 33, s. 117; 1999, c. 40, s. 247].

114. Every person who makes a declaration that he knows to be false in a form or writing the use of which is compulsory under this Act or articles 1892 to 2000 of the Civil Code is guilty of an offence and is liable to a fine of not less than $ 250 nor more than $ 2 450.

[1979, c. 48, s. 114; 1990, c. 4, s. 761; 1991, c. 33, s. 118; 1999, c. 40, s. 247].

115. Where a legal person is guilty of an offence contemplated in section 113 or 114, any officer, director, employee or agent of that legal person who ordered, authorized, assented to or acquiesced in the commission of the offence is deemed to be a party to the offence and is liable to a fine not exceeding the fine provided for in these sections.

[1979, c. 48, s. 115; 1999, c. 40, s. 247].

116. (*Repealed*).

[1992, c. 61, s. 516].

117. (*Repealed*).

[1990, c. 4, s. 762].

TITLE IV —— MISCELLANEOUS, TRANSITIONAL AND FINAL PROVISIONS

118.-131. (*Omitted*).

132. The cessation of the effect of sections 16 to 16*k* of the *Act to prolong and amend the Act to promote conciliation between lessees and property-owners* (1975, c. 84) does not entail the loss of the rights acquired under those sections, nor legalize retroactively acts declared null or illegal by those sections.

Les recours et les poursuites pénales relatifs à l'application de ces articles qui ont été exercés ou qui sont en délibéré devant un tribunal, un administrateur ou la Commission des loyers sont continués, instruits et jugés suivant ces articles, lorsque le recours ou la poursuite pénale est basé sur un de ces articles ou qu'il concerne l'application de la *Loi pour favoriser la conciliation entre locataires et propriétaires* (chapitre C-50) à un local visé dans ces articles.

La prescription d'un tel recours ou d'une telle poursuite pénale qui n'a pas été exercé le 31 décembre 1979 continue de courir après cette date. Tant que cette prescription n'est pas acquise, ce recours ou cette poursuite pénale peuvent être exercés, instruits et jugés suivant les articles mentionnés au premier alinéa.

[1979, c. 48, a. 132].

Recourses and penal proceedings respecting the applicability of those sections that have been exercised or that are under advisement before a court, an administrator or the Commission des loyers are continued, heard and decided in accordance with those sections where the recourse or the penal proceeding is based on one of those sections or where it regards the applicability of the *Act to promote conciliation between lessees and property-owners* (chapter C-50) to a dwelling contemplated in those sections.

The prescription of such a recourse or penal proceeding not exercised by 31 December 1979 continues to run after that date. Until that prescription is acquired, that recourse or penal proceeding may be exercised, heard and decided according to the sections mentioned in the first paragraph.

[1979, c. 48, s. 132].

133. Dans le cas d'un bail se terminant après le 30 juin 1980, le loyer fixé par un administrateur ou par la Commission des loyers en vertu des articles 53 ou 54 de la *Loi pour favoriser la conciliation entre locataires et propriétaires* est maintenu jusqu'à la fin de ce bail, à moins que l'une des parties ne s'adresse à la Régie pour obtenir une nouvelle fixation de loyer.

La demande doit être faite au moins trois mois avant l'expiration de chaque période de douze mois depuis la date où la dernière fixation a pris effet.

[1979, c. 48, a. 133].

133. In the case of a lease ending after 30 June 1980, the rent fixed by an administrator or by the Commission des loyers pursuant to section 53 or 54 of the *Act to promote conciliation between lessees and property-owners* shall be maintained until the lease expires unless one of the parties applies to the board to obtain the fixing of a new rent.

The application for the fixing of rent must be made not less than three months before the expiry of every twelve month period from the date the last fixing of rent took effect.

[1979, c. 48, s. 133].

134. Les demandes pendantes devant des commissaires ou un administrateur des loyers, le 1er octobre 1980, sont continuées et décidées selon la *Loi pour favoriser la conciliation entre locataires et propriétaires*.

[1979, c. 48, a. 134].

134. Applications pending before commissioners or before a rental administrator on 1 October 1980 are continued and decided in accordance with the *Act to promote conciliation between lessees and property-owners*.

[1979, c. 48, s. 134].

135. Les causes pendantes devant la Cour provinciale le 1er octobre 1980, sont continuées devant cette cour.

[1979, c. 48, a. 135].

135. Cases pending before the Provincial Court on 1 October 1980 are continued before that Court.

[1979, c. 48, s. 135].

136. Un avis d'augmentation de loyer, de modification d'une condition du bail, de non-renouvellement du bail ou de reprise de possession donné avant le 1ᵉʳ octobre 1980 est valable malgré la présente loi.

Si les délais accordés au locataire par la *Loi pour favoriser la conciliation entre locataires et propriétaires* pour répondre à un avis visé dans le premier alinéa ne sont pas expirés et si le locataire n'a pas déjà répondu à cet avis, les dispositions de la présente loi s'appliquent.

Dans le cas d'un bail à durée fixe de plus de six mois se terminant le ou avant le 30 septembre 1980, l'avis prévu par l'article 33 ou les articles 1659.1 ou 1660.1 du *Code civil du Bas Canada* est valable s'il est donné trois mois avant la fin du bail.

[1979, c. 48, a. 136].

136. A notice of increase of rent, of change of a condition of the lease, of non-renewal of a lease or of retaking of possession given before 1 October 1980 is valid notwithstanding this Act.

If the time granted to the lessee under the *Act to promote conciliation between lessees and property-owners* to reply to a notice contemplated in the first paragraph has not expired and if he has not replied to such a notice, the provisions of this Act apply.

In the case of a lease for a fixed term of over six months ending on or before 30 September 1980, the notice provided for by section 33 or by article 1659.1 or 1660.1 of the *Civil Code of Lower Canada* is valid if it is given three months before the end of the lease.

[1979, c. 48, s. 136; 1999, c. 40, s. 247].

136.1.-136.2. (*Abrogés*).

[1987, c. 77, a. 6].

136.1.-136.2. (*Repealed*).

[1987, c. 77, s. 6].

137. (*Omis*).

[1979, c. 48, a. 137].

137. (*Omitted*).

[1979, c. 48, s. 137].

138. La Régie du logement succède à la Commission des loyers et, à cette fin, elle assume ses pouvoirs et ses devoirs.

Dans une loi, une proclamation, un arrêté en conseil ou un autre document, l'expression « Commission des loyers » désigne la Régie.

[1979, c. 48, a. 138].

138. The Régie du logement succeeds to the Commission des loyers and, for such purposes, it assumes its powers and duties.

In any Act, proclamation, order in council or other document, the expression 'Commission des loyers' designates the board.

[1979, c. 48, s. 138].

139. Les règles de pratique de la Commission des loyers sont, jusqu'à ce qu'elles soient remplacées, les règlements de procédure de la Régie dans la mesure où elles sont compatibles avec la présente loi.

[1979, c. 48, a. 139].

139. The rules of practice of the Commission des loyers are, until replaced, the rules of procedure of the board, so far as they are consistent with this Act.

[1979, c. 48, s. 139].

140. Les commissaires à temps complet et rémunérés sur une base annuelle deviennent, sans autre formalité et dès le 1ᵉʳ juillet 1980, régisseurs pour une période d'un an.

[1979, c. 48, a. 140].

140. The full-time commissioners who are remunerated on an annual basis, become, without other formality and from 1 July 1980, commissioners for a term of one year.

[1979, c. 48, s. 140].

141. Le personnel de la Commission des loyers devient, sans autre formalité, le personnel de la Régie.

[1979, c. 48, a. 141].

141. The staff of the Commission des loyers becomes, without other formality, the staff of the board.

[1979, c. 48, s. 141].

142. Les sommes requises pour l'application de la présente loi sont prises, pour les exercices financiers 1979-1980 et 1980-1981, à même le fonds consolidé du revenu et, pour les années subséquentes, à même les sommes accordées annuellement à cette fin par la Législature.

[1979, c. 48, a. 142].

142. The sums required for the application of this Act shall be taken out of the Consolidated Revenue Fund for the fiscal periods 1979-1980 and 1980-1981 and, for the subsequent periods, out of the moneys granted each year for that purpose by Parliament.

[1979, c. 48, s. 142].

143. Les commissaires et les administrateurs nommés en vertu de la *Loi pour favoriser la conciliation entre locataires et propriétaires* peuvent entendre et décider des demandes pendantes devant la Commission des loyers et demeurent en fonction jusqu'à ce qu'elles soient entendues et décidées.

[1979, c. 48, a. 143].

143. The commissioners and administrators appointed under the *Act to promote conciliation between lessees and property-owners* may hear and decide the applications pending before the Commission des loyers, and they remain in office until they are heard and decided.

[1979, c. 48, s. 143].

144. Le gouvernement désigne un ministre qui est chargé de l'application du titre I et de l'article 136.2.

[1979, c. 48, a. 144; 1981, c. 32, a. 15].

144. The Government shall designate a minister responsible for the carrying out of Title I and section 136.2.

[1979, c. 48, s. 144; 1981, c. 32, s. 15].

145. (*Omis*).

[1979, c. 48, a. 145].

145. (*Omitted*).

[1979, c. 48, s. 145].

146. (*Omis*).

[1979, c. 48, a. 146].

146. (*Omitted*).

[1979, c. 48, s. 146].

147. (*Cet article a cessé d'avoir effet le 17 avril 1987*).

[1982, c. 21, a. 1].

147. (*This section ceased to have effect on 17 April 1987*).

L'article 78 sera modifié lors de l'entrée en vigeur de l'article 279 du chapitre 34 des lois de 1985, à la date fixée par le gouvernement

L'article 78 sera modifié lors de l'entrée en vigeur de l'article 188 du chapitre 36 des lois de 1998 à la date fixée par le gouvernement.

L'article 18 sera modifié lors de l'entrée en vigueur de l'article 781 du chapitre 1 des lois de 2014 à la date fixée par le gouvernement.

[1982, c. 21, s. 1].

Les dispositions mentionnées comme non en vigueur (trame grise) entreront en vigueur à la date fixée par le gouvernement (1998, c. 36, a. 230).

Section 78 will be amended upon the coming into force of section 279 of chapter 34 of the statutes of 1985 on the date fixed by the Government.

Section 78 will be amended upon the coming into force of section 188 of chapter 36 of the statutes of 1998 on the date fixed by the Government.

Section 18 will be amended upon the coming into force of section 781 of chapter 1 of the statutes of 2014 on the date fixed by the Government.

The provisions that are not in force (grey screen) will come in force on the date fixed by the Government (1998, c. 36, s. 230).

ANNEXE I —— **AVIS D'INTENTION DE CONVERTIR UN IMMEUBLE LOCATIF EN COPROPRIÉTÉ DIVISE**

(Loi sur la régie du logement, article 52)

.... *(date)*

.... *(nom du locataire)*

.... *(adresse du locataire)*

À titre de propriétaire de l'immeuble situé au ....
(adresse de l'immeuble)

et dans lequel vous êtes locataire d'un logement, je vous avise de mon intention de convertir cet immeuble en copropriété divise et de demander à la Régie du logement l'autorisation requise pour procéder à sa conversion.

.... *(signature du propriétaire)*

.... *(nom du locateur, s'il est différent)*

.... *(adresse du locateur)*

Mentions obligatoires

À compter du moment où l'avis d'intention est donné :

- le locataire a droit au maintien dans les lieux et ne peut être évincé de son logement par voie de reprise de possession, sauf s'il est cessionnaire du bail et que la cession a eu lieu après l'envoi de l'avis ou s'il devient locataire après que la Régie du logement ait autorisé le propriétaire de l'immeuble à procéder à la conversion;

- le locateur doit obtenir l'autorisation de la Régie pour effectuer des travaux autres que des travaux d'entretien ou des réparations urgentes et nécessaires à la conservation de l'immeuble. Si la Régie autorise l'exécution de travaux nécessitant l'évacuation temporaire du locataire, elle fixe le montant de l'indemnité que le propriétaire devra payer au locataire pour le dédommager des dépenses raisonnables que le locataire devra assumer en raison de cette évacuation;

- l'interdiction de reprendre possession d'un logement, de même que celle de faire des travaux, cessent si le propriétaire avise par écrit le locataire qu'il n'a plus l'intention de convertir l'immeuble, si aucune demande n'est produite à la Régie dans le délai requis ou si la déclaration de copropriété n'est pas enregistrée dans le délai prévu à la loi ou fixé par la Régie;

- un avis de 24 heures doit être donné au locataire s'il est nécessaire de faire effectuer dans le logement des relevés, expertises ou d'autres types d'activités préparatoires à la conversion ou de le faire visiter à un acquéreur éventuel.

Une déclaration de copropriété divise ne peut être enregistrée sur un immeuble locatif sans que la Régie du logement n'ait préalablement autorisé le propriétaire à procéder à la conversion. L'autorisation de la Régie contiendra le nom des locataires à l'encontre desquels la reprise de possession ne peut plus être exercée ni par le locateur, ni par le nouvel acquéreur du logement.

Avant de vendre un logement pour la première fois à une personne autre que le locataire, le propriétaire devra l'offrir au locataire aux mêmes prix et conditions que ceux convenus avec cette autre personne. La formule que doit utiliser le propriétaire pour faire son offre est prévue par la loi.

Le locataire qui désire plus d'informations pourra, au besoin, communiquer avec la Régie du logement.

[1987, c. 77, art. 7].

SCHEDULE I —— NOTICE OF INTENT TO CONVERT A RENTAL RESIDENTIAL IMMOVABLE TO DIVIDED CO-OWNERSHIP

(Act respecting the Régie du logement, Section 52)

.... *(Date)*

.... *(Name of lessee)*

.... *(Address of lessee)*

As the owner of the immovable situated at

.... *(Address of immovable)*

and in which you are the lessee of a dwelling, I hereby notify you of my intent to convert the immovable to divided co-ownership and to apply to the Régie du logement for the authorization required for the conversion.

.... *(Signature of owner)*

.... *(Name of lessor, if different)*

.... *(Address of lessor)*

Mandatory Particulars

From the moment the notice of intent is given,

- the lessee is entitled to remain on the premises and shall not be evicted from his dwelling by way of retaking of possession unless the lease was transferred to him after the sending of the notice or unless he became a lessee after the Régie du logement authorized the owner of the immovable to proceed to the conversion;

- the lessor shall obtain the authorization of the Régie to carry out any work other than maintenance work or urgent repairs necessary for the preservation of the immovable. If the Régie authorizes the carrying out of work requiring temporary vacation by the lessee, it shall fix the amount of the indemnity that the owner will be required to pay to the lessee to compensate him for reasonable expenses incurred by him by reason of the vacation;

- the prohibition against the lessor's retaking possession of a dwelling and carrying out work shall cease if the owner notifies the lessee in writing that he no longer intends to convert the immovable, if no application is filed with the Régie within the prescribed time or if the declaration of co-ownership is not registered within the time prescribed by law or by the Régie;

- twenty-four hour's notice must be given to the lessee where the lessor intends to make or carry out readings, appraisals or other activities prior to the conversion or to have the dwelling visited by a prospective purchaser.

No declaration of divided co-ownership may be registered in respect of a rental residential immovable unless the Régie du logement has given its prior authorization to the owner to proceed with the conversion. The authorization must contain the names of the lessees against whom the right to retake possession can no longer be exercised by the lessor or any subsequent purchaser of the dwelling.

Before selling a dwelling for the first time to any person other than the lessee, the owner is required to offer it to the lessee at the same price and on the same conditions as those

agreed with the other person. The form to be used by the owner for the offer is that prescribed by law.

If necessary, the lessee may obtain further information from the Régie du logement.

[1987, c. 77, s. 7].

ANNEXE II —— OFFRE DE VENTE

(Loi sur la régie du logement, article 54.7)

.... *(nom du locataire)*

.... *(adresse du locataire)*

À titre de locataire bénéficiant d'un droit de priorité d'achat à l'égard du logement suivant .... je vous offre d'acheter ce logement aux mêmes prix et conditions que ceux convenus avec .... *(nom du tiers promettant-acquéreur)*

.... *(adresse)*

que je me propose d'accepter en cas de refus de votre part.

Le prix est de .... et les conditions sont

....

....

Vous disposez d'un délai d'un mois, à compter de la réception de la présente offre, pour me faire connaître par écrit votre décision d'acheter ou non le logement. L'absence de réponse de votre part sera considérée comme un refus d'acheter.

En conformité avec la *Loi sur la Régie du logement* (L.R.Q., chapitre R-8.1) et le *Code civil du Québec*, vous trouverez ci-joint :

❏ un rapport d'expert

❏ une circulaire d'information

Si vous acceptez l'offre qui vous est faite, vous aurez deux mois à compter de cette acceptation pour passer l'acte de vente, à moins que vous ne conveniez avec moi d'un délai plus long.

.... *(signature du propriétaire)*

.... *(date)*

.... *(adresse du propriétaire)*

Mentions obligatoires

- Ni le propriétaire actuel, ni le nouvel acquéreur ne peuvent reprendre possession d'un logement dont le locataire est identifié dans l'autorisation de la Régie du logement comme étant l'un de ceux à l'encontre desquels une reprise de possession ne peut être exercée.

- Le locataire qui désire plus d'informations pourra, au besoin, communiquer avec la Régie du logement.

[1987, c. 77, art. 7; 1992, c. 57, art. 686].

SCHEDULE II — OFFER TO SELL

(Act respecting the Régie du logement, Section 54.7)

.... *(Name of lessee)*

.... *(Address of lessee)*

As a lessee having a right of first refusal in respect of the following dwelling .... you are hereby offered to purchase the said dwelling at the same price and on the same conditions as agreed with................................. *(Name of third party having promised to purchase the immovable)*

.... *(Address)*

and which I intend to accept should you refuse the offer.

The price is .... and the conditions are the following :

....

....

You have one month, after receiving this offer, to inform me in writing of your decision to purchase or not to purchase the dwelling. No answer on your part shall be considered as a refusal to purchase.

In conformity with the *Act respecting the Régie du logement* (chapter R-8.1) and the *Civil Code of Québec*, you will find enclosed

❏ an expert's report;

❏ an information circular

If you accept the offer made to you, you will have two months from the acceptance to sign the deed of sale, unless we agree on a longer period of time.

.... *(Signature of owner)*

.... *(Date)*

.... *(Address of owner)*

Mandatory Particulars

- Neither the current owner nor any subsequent purchaser may retake possession of a dwelling in respect of which the lessee is identified in the authorization of the Régie du logement as one of the persons against whom the right to retake possession cannot be exercised.

- If necessary, a lessee may obtain further information from the Régie du logement.

[1987, c. 77, s. 7; 1992, c. 57, s. 686].

LOI RELATIVE À LA RESPONSABILITÉ CIVILE DE L'ÉTAT ET AUX PROCÉDURES APPLICABLES EN MATIÈRE DE CONTENTIEUX ADMINISTRATIF,

L.R.C. (1985), c. C-50

AN ACT RESPECTING THE LIABILITY OF THE CROWN AND PROCEEDINGS BY OR AGAINST THE CROWN,

R.S.C. (1985), c. C-50

TITRE ABRÉGÉ

1. *Loi sur la responsabilité civile de l'État et le contentieux administratif.*
[1990, c. 8, a. 21].

DÉFINITIONS

2. Les définitions qui suivent s'appliquent à la présente loi.

« **État** » Sa Majesté du chef du Canada.

« **navire de l'État** » Navire au sens de l'article 673 de la *Loi sur la marine marchande du Canada* (L.R.C. (1985), c. S-9) et dont l'État a la propriété ou la possession exclusive.

« **préposés** » Sont assimilés aux préposés les mandataires. La présente définition exclut les personnes nommées ou engagées sous le régime d'une loi de la Législature du Yukon, de la Législature des Territoires

SHORT TITLE

1. This Act may be cited as the *Crown Liability and Proceedings Act.*
[1990, c. 8, s. 21].

INTERPRETATION

2. In this Act,

"**Crown**" means Her Majesty in right of Canada;

"**Crown ship**" means a ship, as defined in section 673 of the *Canada Shipping Act* (R.S.C. (1985), c. S-9), that is owned by or is in the exclusive possession of the Crown;

"**liability**" for the purposes of Part 1, means

(a) in the Province of Quebec, extracontractual civil liability, and

du Nord-Ouest ou de la Législature du Nunavut.

« **responsabilité** » Pour l'application de la partie 1 :

    a) dans la province de Québec, la responsabilité civile extracontractuelle;

    b) dans les autres provinces, la responsabilité délictuelle.

[1990, c. 8, a. 22; 1993, c. 28, a. 78; 1998, c. 15, a. 21; 2001, c. 4, a. 34; 2002, c. 7, a. 151; 2014, c. 2, a. 7].

2.1. Pour l'application des articles 3 à 5, « **personne** » s'entend d'une personne physique majeure et capable autre que Sa Majesté du chef du Canada ou d'une province.

[2001, c. 4, a. 35].

    (b) in any other province, liability in tort;

"servant" includes agent, but does not include any person appointed or employed by or under the authority of a law of the Legislature of Yukon, of the Northwest Territories or for Nunavut.

[1990, c. 8, s. 22; 1993, c. 28, s. 78; 1998, c. 15, s. 21; 2001, c. 4, s. 34; 2002, c. 7, s. 151; 2014, c. 2, s. 7].

2.1. For the purposes of sections 3 to 5, **"person"** means a natural person of full age and capacity other than Her Majesty in right of Canada or a province.

[2001, c. 4, s. 35].

PARTIE I —— RESPONSABILITÉ CIVILE

PART I —— LIABILITY

Responsabilité et sauvetages civils

Liability and Civil Salvage

3. En matière de responsabilité, l'État est assimilé à une personne pour :

    a) dans la province de Québec :

        (i) le dommage causé par la faute de ses préposés,

        (ii) le dommage causé par le fait des biens qu'il a sous sa garde ou dont il est propriétaire ou par sa faute à l'un ou l'autre de ces titres;

    b) dans les autres provinces :

        (i) les délits civils commis par ses préposés,

        (ii) les manquements aux obligations liées à la propriété, à

3. The Crown is liable for the damages for which, if it were a person, it would be liable

    (a) in the Province of Quebec, in respect of

        (i) the damage caused by the fault of a servant of the Crown, or

        (ii) the damage resulting from the act of a thing in the custody of or owned by the Crown or by the fault of the Crown as custodian or owner; and

    (b) in any other province, in respect of

        (i) a tort committed by a servant of the Crown, or

        (ii) a breach of duty attaching to the ownership, occupation,

l'occupation, à la possession ou à la garde de biens.

[2001, c. 4, a. 36].

possession or control of property.

[2001, c. 4, s. 36].

4. L'État est également assimilé à une personne pour ce qui est de sa responsabilité à l'égard du dommage que cause à autrui, sur une voie publique, un véhicule automobile lui appartenant.

[2001, c. 4, a. 37].

4. The Crown is liable for the damage sustained by anyone by reason of a motor vehicle, owned by the Crown, on a highway, for which the Crown would be liable if it were a person.

[2001, c. 4, s. 37].

5. (1) Sous réserve du paragraphe (2), le droit régissant le sauvetage civil de vies ou de biens s'applique, à l'exception des articles 453 à 456, 459 à 463 et 465 de la *Loi sur la marine marchande du Canada* (L.R.C. (1985), c. S-9), aux services de sauvetage effectués pour prêter assistance à des navires ou aéronefs de l'État, pour sauver les vies se trouvant à leur bord, ou pour sauver les cargaisons ou les accessoires de ces navires ou aéronefs, l'État étant assimilé à une personne.

5. (1) Subject to subsection (2), the law relating to civil salvage, whether of life or property (except sections 453 to 456, 459 to 463 and 465 of the *Canada Shipping Act* (R.S.C. (1985), c. S-9)), applies in relation to salvage services rendered in assisting any Crown ship or aircraft, or in saving life from the ship or aircraft, or in saving any cargo or apparel belonging to the Crown, in the same manner as if the ship, aircraft, cargo or apparel belonged to a person.

(2) Les réclamations exercées contre l'État au titre du paragraphe (1) sont présentées à un juge de la Cour fédérale pour instruction et décision.

[2001, c. 4, a. 38].

(2) All claims against the Crown under subsection (1) shall be heard and determined by a judge of the Federal Court.

[2001, c. 4, s. 38].

6. *(Abrogé)*.

[2001, c. 6, a. 113].

6. *(Repealed)*.

[2001, c. 6, s. 113].

7. (1) L'article 471 de la *Loi sur la marine marchande du Canada* (L.R.C. (1985), c. S-9) s'applique à tous les services de sauvetage, qu'ils aient été rendus aux navires ou aéronefs de l'État ou à d'autres.

7. (1) Section 471 of the *Canada Shipping Act* (R.S.C. (1985), c. S-9) applies in respect of salvage services rendered to Crown ships or aircraft as it applies in respect of salvage services rendered to other ships or aircraft.

(2) *(Abrogé)*.

[2001, c. 6, a. 114].

(2) *(Repealed)*.

[2001, c. 6, s. 114].

8. Les articles 3 à 7 n'ont pas pour effet d'engager la responsabilité de l'État pour tout fait — acte ou omission — commis dans l'exercice d'un pouvoir qui, sans ces articles, s'exercerait au titre de la prérogative royale ou d'une disposition législative, et notamment pour les faits commis dans l'exercice d'un pouvoir dévolu à l'État, en temps de paix ou de guerre, pour la défense du Canada, l'instruction des

8. Nothing in sections 3 to 7 makes the Crown liable in respect of anything done or omitted in the exercise of any power or authority that, if those sections had not been passed, would have been exercisable by virtue of the prerogative of the Crown, or any power or authority conferred on the Crown by any statute, and, in particular, but without restricting the generality of the foregoing, nothing in those sections makes

Forces canadiennes ou le maintien de leur efficacité.

the Crown liable in respect of anything done or omitted in the exercise of any power or authority exercisable by the Crown, whether in time of peace or of war, for the purpose of the defence of Canada or of training, or maintaining the efficiency of, the Canadian Forces.

Dispositions spéciales concernant la responsabilité

Special Provisions respecting Liability

9. Ni l'État ni ses préposés ne sont susceptibles de poursuites pour toute perte — notamment décès, blessure ou dommage — ouvrant droit au paiement d'une pension ou indemnité sur le Trésor ou sur des fonds gérés par un organisme mandataire de l'État.

9. No proceedings lie against the Crown or a servant of the Crown in respect of a claim if a pension or compensation has been paid or is payable out of the Consolidated Revenue Fund or out of any funds administered by an agency of the Crown in respect of the death, injury, damage or loss in respect of which the claim is made.

[2001, c. 4, a. 39].

10. L'État ne peut être poursuivi, sur le fondement des sous-alinéas 3a)(i) ou b)(i), pour les actes ou omissions de ses préposés que lorsqu'il y a lieu à l'occurrence, compte non tenu de la présente loi, à une action en responsabilité contre leur auteur, ses représentants personnels ou sa succession.

[2001, c. 4, a. 40].

10. No proceedings lie against the Crown by virtue of subparagraph 3(a)(i) or (b)(i) in respect of any act or omission of a servant of the Crown unless the act or omission would, apart from the provisions of this Act, have given rise to a cause of action for liability against that servant or the servant's personal representative or succession.

[2001, c. 4, s. 40].

11. L'article 4 ne permet aucun recours contre l'État à l'égard du dommage causé par un véhicule automobile sur une voie publique sauf si le conducteur, l'un de ses représentants personnels ou sa succession en est responsable.

[2001, c. 4, a. 40].

11. No proceedings lie against the Crown by virtue of section 4 in respect of damage sustained by any person by reason of a motor vehicle on a highway unless the driver of the motor vehicle or the driver's personal representative or succession is liable for the damage so sustained.

[2001, c. 4, s. 40].

12. (*Abrogé*).

[1999, c. 31, a. 70].

12. (*Repealed*).

[1999, c. 31, s. 70].

Biens

Property

13. (1) Les sous-alinéas 3a)(ii) et b)(ii) ne s'appliquent aux biens appartenant à l'État que si lui-même ou une personne agissant en son nom :

13. (1) Subparagraphs 3(a)(ii) and (b)(ii) are not applicable in respect of any property owned by the Crown unless the Crown or a person acting for the Crown has, in fact,

a) dans le cas de meubles et de biens personnels, en a assumé la garde matérielle;

b) dans le cas d'immeubles et de biens réels, en a eu l'occupation.

(2) Les sous-alinéas 3a)(ii) et b)(ii) ne s'appliquent pas aux biens respectivement visés par les alinéas (1)a) et b), et ce à compter de la date de publication, dans la *Gazette du Canada*, du décret mettant fin, avant ou après le 15 novembre 1954, à la garde ou à l'occupation, selon le cas, de l'État jusqu'à celle de sa révocation.

[2001, c. 4, a. 41].

Actions réelles

14. La présente loi n'a pas pour effet :

a) d'autoriser les actions réelles visant des demandes contre l'État;

b) d'autoriser la saisie, détention ou vente d'un navire, d'un aéronef, d'une cargaison ou d'autres biens appartenant à l'État;

c) de conférer à quiconque un privilège sur un navire, un aéronef, une cargaison ou un autre bien appartenant à l'État, ou une cause de préférence sur ceux-ci ou à leur égard.

[2001, c. 4, a. 42].

15. (*Abrogé*).

[1990, c. 8, a. 24].

Atteintes à la vie privée

16. Les définitions qui suivent s'appliquent au présent article ainsi qu'aux articles 17 et 18.

« **communication privée** » Communication orale ou télécommunication dont l'auteur ou son destinataire se trouve au Canada et qui est faite dans des circonstances telles que son auteur peut raisonnablement

(a) in the case of personal property and movables, taken physical control of it; and

(b) in the case of real property or immovables, entered into occupation of it.

(2) Where the Governor in Council has, by order published in the *Canada Gazette*, declared that the Crown has, before, on or after November 15, 1954, ceased to be in control or in occupation of any property specified in paragraphs 1(a) and (b), subparagraphs 3(a)(ii) and (b)(ii) are not applicable in respect of the specified property from the day of publication of the order until the day the order is revoked.

[2001, c. 4, s. 41].

Proceedings in rem

14. Nothing in this Act

(a) authorizes proceedings *in rem* in respect of any claim against the Crown;

(b) authorizes the arrest, detention or sale of any Crown ship or aircraft, or of any cargo or other property belonging to the Crown; or

(c) gives to any person any lien on, or cause of preference on or in respect of, any ship, aircraft, cargo or other property belonging to the Crown.

[2001, c. 4, s. 42].

15. (*Repealed*).

[1990, c. 8, s. 24].

Invasion of Privacy

16. In this section and sections 17 and 18,

"**electro-magnetic, acoustic, mechanical or other device**" means any device or apparatus that is used or is capable of being used to intercept a private communication, but does not include a hearing aid used to correct subnormal hearing of the user to not better than normal hearing;

s'attendre à ce qu'elle ne soit pas interceptée par un tiers. La présente définition vise également les communications radiotéléphoniques traitées électroniquement ou d'une autre façon en vue d'empêcher la réception en clair de la communication par toute personne autre que son destinataire.

« **communication radiotéléphonique** » S'entend de la radiocommunication, au sens de la *Loi sur la radiocommunication* (L.R.C. (1985), c. R-2), faite au moyen d'un appareil servant principalement à brancher la communication à un réseau téléphonique public commuté.

« **dispositif d'interception** » Dispositif ou appareil — notamment électromagnétique, accoustique ou mécanique — servant à intercepter une communication privée. La présente définition exclut les prothèses destinées à améliorer, sans toutefois dépasser la normale, l'acuité auditive de l'usager.

« **interception** » S'entend notamment du fait d'écouter, d'enregistrer ou de prendre connaissance d'une communication ou de son sens, sa substance ou son objet.

« **réseau téléphonique public commuté** » Installation de télécommunication qui vise principalement à fournir au public un service téléphonique par lignes terrestres moyennant contrepartie.

[1990, c. 8, a. 26; 1993, c. 40, a. 19].

17. (1) Sous réserve du paragraphe (2), l'État est d'une part responsable de tout dommage ou de toute perte occasionnés à autrui, directement ou indirectement, du fait de l'interception intentionnelle d'une communication privée effectuée — au moyen d'un dispositif d'interception — par l'un de ses préposés dans l'exercice de ses fonctions, et d'autre part astreint à des dommages-intérêts punitifs n'excédant pas cinq mille dollars pour chacune des victimes.

(2) Le paragraphe (1) ne s'applique pas lorsque l'interception a été effectuée, selon le cas :

"**intercept**" includes listen to, record or acquire a communication or acquire the substance, meaning or purport thereof;

"**private communication**" means any oral communication or any telecommunication that is made by an originator who is in Canada or is intended by the originator to be received by a person who is in Canada and that is made under circumstances in which it is reasonable for the originator to expect that it will not be intercepted by any person other than the person intended by the originator to receive it, and includes any radio-based telephone communication that is treated electronically or otherwise for the purpose of preventing intelligible reception by any person other than the person intended by the originator to receive it;

"**public switched telephone network**" means a telecommunication facility the primary purpose of which is to provide a land line-based telephone service to the public for compensation;

"**radio-based telephone communication**" means any radiocommunication within the meaning of the *Radiocommunication Act* (R.S.C. 1985, c. R-2) that is made over apparatus that is used primarily for connection to a public switched telephone network.

[1990, c. 8, s. 26; 1993, c. 40, s. 19].

17. (1) Subject to subsection (2), where a servant of the Crown, by means of an electro-magnetic, acoustic, mechanical or other device, intentionally intercepts a private communication, in the course of that servant's employment, the Crown is liable for all loss or damage caused by or attributable to that interception, and for punitive damages in an amount not exceeding five thousand dollars, to each person who incurred that loss or damage.

(2) The Crown is not liable under subsection (1) for loss or damage or punitive damages referred to therein where the interception complained of

a) légalement;

b) avec le consentement, exprès ou tacite, de l'auteur ou du destinataire de la communication privée;

c) par un fonctionnaire ou un préposé de l'État chargé de la régulation du spectre des fréquences de radiocommunication, en vue d'identifier, d'isoler ou d'empêcher l'utilisation non autorisée ou importune d'une fréquence ou d'une transmission.

(3) (*Abrogé*).

[1993, c. 40, a. 20; 2001, c. 4, a. 43].

18. **(1)** Sous réserve du paragraphe (2), l'État est responsable, en sus de dommages-intérêts punitifs d'un montant maximal de cinq mille dollars, de tout dommage ou de toute perte causés à autrui du fait de l'obtention de renseignements relatifs à une communication privée ou une communication radiotéléphonique interceptée, au moyen d'un dispositif d'interception, par l'un de ses préposés dans l'exercice de ses fonctions mais sans le consentement exprès ou tacite de l'auteur ou du destinataire, lorsque le préposé délibérément :

a) soit utilise ou révèle cette communication, en tout ou en partie, directement ou indirectement;

b) soit en révèle l'existence.

(2) Le paragraphe (1) ne s'applique pas lorsque le préposé procède aux révélations :

(a) was lawfully made;

(b) was made with the consent, express or implied, of the originator of the private communication or of the person intended by the originator thereof to receive it; or

(c) was made by an officer or servant of the Crown who engages in radio frequency spectrum management, for the purpose of identifying, isolating or preventing an unauthorized or interfering use of a frequency or of a transmission.

(3) (*Repealed*).

[1993, c. 40, s. 20].

18. **(1)** Subject to subsection (2), where a servant of the Crown who has obtained, in the course of that servant's employment, any information respecting a private communication or a radio-based telephone communication that has been intercepted by means of an electro-magnetic, acoustic, mechanical or other device without the consent, express or implied, of the originator thereof or of the person intended by the originator thereof to receive it, intentionally

(a) uses or discloses that private communication or radio-based telephone communication or any part thereof or the substance, meaning or purport thereof or of any part thereof, or

(b) discloses the existence thereof,

the Crown is liable for all loss or damage caused thereby, and for punitive damages in an amount not exceeding five thousand dollars, to each person who incurred that loss or damage.

(2) The Crown is not liable for loss or damage or punitive damages referred to in subsection (1) where a servant of the Crown discloses a private communication or a radio-based telephone communication or any part thereof or the substance, meaning or purport thereof or of any part thereof or the existence of a private com-

munication or of a radio-based telephone communication

a) avec le consentement de l'auteur ou du destinataire de la communication;

(a) with the consent of the originator of the communication or of the person intended by the originator to receive it;

b) à l'occasion d'une déposition faite dans le cadre de poursuites civiles ou pénales ou de toute autre instance dans laquelle il peut être tenu de témoigner sous serment;

(b) in the course of or for the purpose of giving evidence in any civil or criminal proceedings or in any other proceedings in which the servant of the Crown may be required to give evidence on oath;

c) à l'occasion d'une enquête en matière pénale, si la communication n'a pas été interceptée illégalement;

(c) in the course of or for the purpose of any criminal investigation if the private communication or radio-based telephone communication was not unlawfully intercepted;

d) en donnant le préavis prévu à l'article 189 du *Code criminel* (L.R.C. (1985), c. C-86) ou en fournissant des détails complémentaires en application d'une ordonnance rendue sous le régime de l'article 190 du code;

(d) in giving notice under section 189 of the *Criminal Code* (R.S.C. (1985), c. C-86) or furnishing further particulars pursuant to an order under section 190 of that Act;

e) en vue d'identifier, d'isoler ou d'empêcher l'utilisation non autorisée ou importune d'une fréquence ou d'une transmission, s'il est chargé notamment de la régulation du spectre des fréquences de radiocommunication;

(e) for the purpose of identifying, isolating or preventing an unauthorized or interfering use of a frequency or of a transmission, where the duties of the servant of the Crown include engaging in radio frequency spectrum management; or

f) à un agent de la paix ou à un poursuivant au Canada ou à une personne ou un organisme étranger chargé de la recherche ou de la poursuite des infractions dans le but de servir l'administration de la justice au Canada ou ailleurs.

(f) where disclosure is made to a peace officer or prosecutor in Canada or to a person or authority with responsibility in a foreign state for the investigation or prosecution of offences and is intended to be in the interests of the administration of justice in Canada or elsewhere.

[L.R.C. (1985), c. 30 (4ᵉ suppl.), a. 46; 1993, c. 40, a. 21; 2001, c. 4, a. 44].

[R.S.C. 1985, c. 30 (4th Supp.), s. 46; 1993, c. 40, s. 21].

18.1. Dans le cas d'une communication privée ou d'une communication radiotéléphonique ayant plusieurs auteurs ou plusieurs destinataires, il suffit, pour l'application de l'alinéa 17(2)b) et du paragraphe 18(2), que l'un d'eux consente à son interception.

[1993, c. 40, a. 22].

18.1. Where a private communication or a radio-based telephone communication is originated by more than one person or is intended by the originator to be received by more than one person, a consent to the interception thereof by any one of those persons is sufficient for the purposes of paragraph 17(2)(b) and subsection 18(2).

[1993, c. 40, s. 22].

19. Des dommages-intérêts punitifs ne peuvent être attribués sous le régime des articles 17 ou 18 lorsqu'ils l'ont déjà été en application du paragraphe 194(1) du *Code criminel* (L.R.C. (1985), c. C-86).

19. No award for punitive damages shall be made under section 17 or 18 where punitive damages have been ordered to be paid to the person claiming those damages pursuant to subsection 194(1) of the *Criminal Code* (R.S.C. (1985), c. C-86).

20. En cas de jugement rendu contre l'État au titre de la responsabilité prévue aux articles 17 et 18, le préposé ayant entraîné la condamnation de l'État est comptable envers celui-ci du montant du jugement et peut être contraint de le lui verser.

[1990, c. 8, a. 27].

20. Where a judgment has been given against the Crown by reason of its liability under section 17 or 18, the servant in respect of whose conduct the Crown has been found liable is accountable to the Crown for the amount of the judgment and the Crown may recover that amount from that servant.

[1990, c. 8, s. 27].

Traités sur l'environnement et le travail

Environmental and Labor Cooperation Treaties

20.1. Les définitions qui suivent s'appliquent au présent article et aux articles 20.2 à 20.4.

20.1. In this section and sections 20.2 to 20.4,

« **décision d'un groupe spécial** » Décision d'un groupe spécial au sens d'un traité sur l'environnement ou d'un traité sur le travail ou, à défaut de définition, décision rendue par un groupe en vertu d'un de ces traités quant à la détermination du montant de la compensation monétaire que le Canada est tenu de payer;

« **groupe spécial** » Groupe spécial arbitral ou groupe spécial d'examen réuni aux termes d'un traité sur l'environnement ou d'un traité sur le travail;

« **partie compétente** » S'agissant d'une décision d'un groupe spécial :

a) la Commission de coopération environnementale constituée aux termes de l'article 8 de l'Accord nord-américain de coopération dans le domaine de l'environnement conclu entre le gouvernement du Canada, le gouvernement des États-Unis d'Amérique et le gouvernement des États-Unis du Mexique et signé le 14 septembre 1993, avec ses modifications éventuelles apportées en conformité avec son article 48;

"**appropriate party**", in respect of a panel determination, means

(a) the Commission for Environmental Cooperation established under Article 8 of the North American Agreement on Environmental Cooperation entered into between the Government of Canada, the Government of the United Mexican States and the Government of the United States of America and signed on September 14, 1993, as amended from time to time in accordance with Article 48 of that Agreement,

(b) the Canada-Chile Commission for Environmental Cooperation established under Article 8 of the Agreement on Environmental Cooperation entered into between the Government of Canada and the Government of the Republic of Chile and signed on February 6, 1997, as amended from time to time in accordance with Article 47 of that Agreement,

(c) the Commission for Labor Cooperation established under Article 8

b) la Commission canado-chilienne de coopération environnementale constituée aux termes de l'article 8 de l'Accord de coopération dans le domaine de l'environnement conclu entre le gouvernement du Canada et le gouvernement de la République du Chili et signé le 6 février 1997, avec ses modifications éventuelles apportées en conformité avec son article 47;

c) la Commission de coopération dans le domaine du travail constituée aux termes de l'article 8 de l'Accord nord-américain de coopération dans le domaine du travail conclu entre le gouvernement du Canada, le gouvernement des États-Unis d'Amérique et le gouvernement des États-Unis du Mexique et signé le 14 septembre 1993, avec ses modifications éventuelles apportées en conformité avec son article 52;

d) la Commission canado-chilienne de coopération dans le domaine du travail constituée aux termes de l'article 8 de l'Accord de coopération dans le domaine du travail conclu entre le gouvernement du Canada et le gouvernement de la République du Chili et signé le 6 février 1997, avec ses modifications éventuelles apportées en conformité avec son article 47;

e) toute autre partie à qui le Canada est tenu de payer une compensation monétaire en raison de la décision d'un groupe spécial;

« **traité sur l'environnement** » Traité sur l'environnement visé à la partie 1 de l'annexe;

« **traité sur le travail** » Traité sur le travail visé à la partie 2 de l'annexe.

[1994, c. 11, a. 1; 1997, c. 14, a. 33; 2009, c. 16, a. 25; 2012, c. 18, a. 22; 2012, c. 26, a. 28].

20.2. (1) La décision d'un groupe spécial qui vise l'État peut, uniquement en vue de son exécution, être assimilée à une ordonnance de la Cour fédérale.

of the North American Agreement on Labor Cooperation entered into between the Government of Canada, the Government of the United Mexican States and the Government of the United States of America and signed on September 14, 1993, as amended from time to time in accordance with Article 52 of that Agreement,

(d) the Canada-Chile Commission for Labour Cooperation established under Article 8 of the Agreement on Labour Cooperation entered into between the Government of Canada and the Government of the Republic of Chile and signed on February 6, 1997, as amended from time to time in accordance with Article 47 of that Agreement, or

(e) any other party to whom Canada is required to pay a monetary assessment as a result of a panel determination;

"**Environmental cooperation treaty**" means any treaty respecting environmental cooperation referred to in Part 1 of the schedule;

"**Labour cooperation treaty**" means any treaty respecting labour cooperation referred to in Part 2 of the schedule;

"**panel**" means an arbitral panel or a review panel convened under an environmental cooperation treaty or a labour cooperation treaty;

"**panel determination**" means a panel determination as defined in an environmental cooperation treaty or a labour cooperation treaty or, if that expression is not defined, a determination made by a panel under one of those treaties regarding the amount of a monetary assessment that Canada is required to pay.

[1994, c. 11, s. 1; 1997, c. 14, s. 33; 2009, c. 16, s. 25; 2012, c. 18, s. 22; 2012, c. 26, s. 28].

20.2. (1) A panel determination that is addressed to the Crown may, for the purpose of its enforcement only, be made an order of the Federal Court.

(2) L'assimilation se fait par dépôt au greffe de la Cour fédérale, par la partie compétente, d'une copie certifiée conforme de la décision. Elle s'effectue au moment du dépôt.

[1994, c. 11, a. 1; 2009, c. 16, a. 26].

20.3. (1) La décision d'un groupe spécial assimilée à une ordonnance de la Cour fédérale est, sous réserve des paragraphes (2) à (5), exécutable comme les autres ordonnances de ce tribunal.

(2) Les procédures relatives à l'exécution de la décision d'un groupe spécial assimilée à une ordonnance de la Cour fédérale peuvent être engagées contre l'État mais seulement devant ce tribunal et seulement par la partie compétente.

(3) La Cour fédérale statue sur les procédures d'exécution visées au paragraphe (2) selon une procédure sommaire.

(4) La Cour fédérale défère au groupe spécial qui a rendu la décision toute question de fait ou d'interprétation qui se soulève au cours des procédures d'exécution. La décision du groupe spécial sur la question lie le tribunal.

(5) Aucune intervention n'est permise dans les procédures prévues au paragraphe (2).

[1994, c. 11, a. 1; 2009, c. 16, a. 27].

20.4. (1) Les décisions d'un groupe spécial, y compris celles qui sont assimilées à une ordonnance de la Cour fédérale, et les ordonnances ou décisions de la Cour fédérale rendues au cours des procédures prévues au paragraphe 20.3(2) sont obligatoires et définitives et ne sont pas susceptibles d'appel.

(2) Sous réserve de l'article 20.3, l'action — décision, y compris celle qui a été assimilée à une ordonnance de la Cour fédérale, ou procédure — du groupe spécial, dans la mesure où elle s'exerce ou est censée s'exercer dans le cadre d'un traité sur l'environnement ou d'un traité sur le travail, et l'action — décision, ordonnance ou procédure — de la Cour fédérale, dans

(2) To make a panel determination an order of the Federal Court, the appropriate party shall file a certified copy of the determination in the Registry of that Court and, on filing, the determination becomes an order of that Court.

[1994, c. 11, s. 1; 2009, c. 16, s. 26].

20.3. (1) Subject to subsections (2) to (5), a panel determination that is made an order of the Federal Court is enforceable in the same manner as any other order of that Court.

(2) Proceedings for enforcement of a panel determination that is made an order of the Federal Court may be taken against the Crown only in that Court and only by the appropriate party.

(3) Any proceedings referred to in subsection (2) shall be heard and determined in a summary way.

(4) If any question of fact or interpretation of a panel determination arises in any proceedings referred to in subsection (2), the Federal Court shall refer the question to the panel that made the determination, and the decision of the panel on the question is binding on that Court.

(5) No person or body may intervene in any proceedings referred to in subsection (2).

[1994, c. 11, s. 1; 2009, c. 16, s. 27].

20.4. (1) Panel determinations, including panel determinations that are made orders of the Federal Court, and orders and decisions made by the Federal Court in any proceedings referred to in subsection 20.3(2) are final and binding and are not subject to appeal to any court.

(2) Subject to section 20.3, no panel determination, including a panel determination that is made an order of the Federal Court, no determination or proceedings of a panel made or carried on or purporting to be made or carried on under any environmental cooperation treaty or labour cooperation treaty, no order or decision made by the Federal Court in any proceedings re-

la mesure où elle s'exerce ou est censée s'exercer dans le cadre du paragraphe 20.3(2), ne peuvent, pour quelque motif que ce soit, y compris l'excès de pouvoir ou l'incompétence à une étape quelconque de la procédure :

a) être contestées, révisées, annulées, empêchées ou limitées;

b) faire l'objet d'un recours judiciaire, notamment par voie d'injonction, de *certiorari*, de prohibition, de *quo warranto* ou de jugement déclaratoire.

[1994, c. 11, a. 1; 1997, c. 14, a. 34; 2009, c. 16, a. 28].

ferred to in subsection 20.3(2) and no proceedings of that Court made or carried on or purporting to be made or carried on under that subsection shall be

(a) questioned, reviewed, set aside, removed, prohibited or restrained, or

(b) made the subject of any proceedings in, or any process or order of, any court, whether by way of or in nature of injunction, *certiorari*, prohibition, *quo warranto*, declaration or otherwise,

on any ground, including the ground that the determination, proceedings, order or decision is beyond the jurisdiction of the panel or the Federal Court, as the case may be, or that, in the course of any proceedings, the panel or the Federal Court for any reason exceeded or lost its jurisdiction.

[1994, c. 11, s. 1; 1997, c. 14, s. 34; 2009, c. 16, s. 28].

PARTIE II —— CONTENTIEUX ADMINISTRATIF

PART II —— PROCEEDINGS

Compétence

Jurisdiction

21. (1) Dans les cas de réclamation visant l'État pour lesquels la Cour fédérale n'a pas compétence exclusive, a compétence concurrente en la matière la cour supérieure de la province où survient la cause d'action.

21. (1) In all cases where a claim is made against the Crown, except where the Federal Court has exclusive jurisdiction with respect to it, the superior court of the province in which the claim arises has concurrent jurisdiction with respect to the subject-matter of the claim.

(2) Aucun tribunal provincial n'est compétent pour connaître d'une poursuite si une autre, intentée pour le même fait générateur par la même personne — que ce soit avant ou après le début de la première — , est pendante devant la Cour fédérale.

(2) No court in a province has jurisdiction to entertain any proceedings taken by a person if proceedings taken by that person in the Federal Court in respect of the same cause of action, whether taken before or after the proceedings are taken in the court, are pending.

[L.R.C. (1985), c. 40 (4ᵉ suppl.), a. 2; 1990, c. 8, a. 28; 2001, c. 4, a. 45].

[R.S.C. 1985, c. 40 (4th Supp.), s. 2; 1990, c. 8, s. 28; 2001, c. 4, s. 45].

22. (1) Le tribunal ne peut, lorsqu'il connaît d'une demande visant l'État, assujettir celui-ci à une injonction ou à une ordonnance d'exécution en nature mais, dans les cas où ces recours pourraient être exercés

22. (1) Where in proceedings against the Crown any relief is sought that might, in proceedings between persons, be granted by way of injunction or specific performance, a court shall not, as against the

entre personnes, il peut, pour en tenir lieu, déclarer les droits des parties.

Crown, grant an injunction or make an order for specific performance, but in lieu thereof may make an order declaratory of the rights of the parties.

(2) Le tribunal ne peut, dans aucune poursuite, rendre contre un préposé de l'État de décision qu'il n'a pas compétence pour rendre contre l'État.

[1990, c. 8, a. 28; 2001, c. 4, a. 46].

(2) A court shall not in any proceedings grant relief or make an order against a servant of the Crown that it is not competent to grant or make against the Crown.

[1990, c. 8, s. 28].

Procédure

Procedure

23. (1) Les poursuites visant l'État peuvent être exercées contre le procureur général du Canada ou, lorsqu'elles visent un organisme mandataire de l'État, contre cet organisme si la législation fédérale le permet.

23. (1) Proceedings against the Crown may be taken in the name of the Attorney General of Canada or, in the case of an agency of the Crown against which proceedings are by an Act of Parliament authorized to be taken in the name of the agency, in the name of that agency.

(2) Dans les cas visés au paragraphe (1), la signification à l'État de l'acte introductif d'instance est faite au sous-procureur général du Canada ou au premier dirigeant de l'organisme concerné, selon le cas.

[1990, c. 8, a. 29; 2001, c. 4, a. 47].

(2) Where proceedings are taken against the Crown, the document originating the proceedings shall be served on the Crown by serving it on the Deputy Attorney General of Canada or the chief executive officer of the agency in whose name the proceedings are taken, as the case may be.

[1990, c. 8, s. 29].

24. Dans des poursuites exercées contre lui, l'État peut faire valoir tout moyen de défense qui pourrait être invoqué :

a) devant un tribunal compétent dans une instance entre personnes;

b) devant la Cour fédérale dans le cadre d'une demande introductive.

[1990, c. 8, a. 30; 2001, c. 4, a. 48].

24. In any proceedings against the Crown, the Crown may raise

(a) any defence that would be available if the proceedings were a suit or an action between persons in a competent court; and

(b) any defence that would be available if the proceedings were by way of statement of claim in the Federal Court.

[1990, c. 8, s. 30; 2001, c. 4, s. 48].

25. Dans les poursuites exercées contre lui, l'État ne peut faire l'objet d'un jugement par défaut de comparaître ou de plaider qu'avec l'autorisation du tribunal obtenue sur demande, un préavis d'au moins quatorze jours francs devant être donné de celle-ci au sous-procureur général du Canada.

[1990, c. 8, a. 31].

25. In any proceedings against the Crown, judgment shall not be entered against the Crown in default of appearance or pleading without leave of the court obtained on an application at least fourteen clear days notice of which has been given to the Deputy Attorney General of Canada.

[1990, c. 8, s. 31].

26. Les procès instruits contre l'État ont lieu sans jury.

[1990, c. 8, a. 31].

26. In any proceedings against the Crown, trial shall be without a jury.

[1990, c. 8, s. 31].

27. Sauf disposition contraire de la présente loi ou de ses règlements, les instances suivent les règles de pratique et de procédure du tribunal saisi.

[1990, c. 8, a. 31].

27. Except as otherwise provided by this Act or the regulations, the rules of practice and procedure of the court in which proceedings are taken apply in those proceedings.

[1990, c. 8, s. 31].

Dépens

Costs

28. (1) Dans toute poursuite à laquelle l'État est partie, les dépens peuvent aussi bien lui être adjugés que mis à sa charge.

28. (1) In any proceedings to which the Crown is a party, costs may be awarded to or against the Crown.

(2) Les dépens adjugés à l'État ne peuvent être refusés ni réduits lors de la taxation au seul motif que l'avocat pour les services duquel ils sont justifiés ou réclamés était un fonctionnaire salarié de l'État, et à ce titre rémunéré pour les services qu'il fournissait dans le cadre de ses fonctions, ou bien n'était pas, de par son statut ou pour toute autre raison, admis à prélever les dépens sur l'État pour les services ainsi rendus.

(2) Costs awarded to the Crown shall not be disallowed or reduced on taxation by reason only that the solicitor or counsel who earned the costs, or in respect of whose services the costs are charged, was a salaried officer of the Crown performing those services in the discharge of the officer's duty and was remunerated therefor by a salary, or for that or any other reason was not entitled to recover any costs from the Crown in respect of the services so rendered.

(3) (*Abrogé*).

[1990, c. 8, a. 31; 1996, c. 17, a. 15; 2012, c. 31, a. 305].

(3) (*Repealed*).

[1990, c. 8, s. 31; 1996, c. 17, s. 15; 2012, c. 31, s. 305].

Exécution des jugements

Execution of Judgment

29. Les jugements rendus contre l'État ne sont pas susceptibles d'exécution forcée.

[1990, c. 8, a. 31; 2001, c. 4, a. 49].

29. No execution shall issue on a judgment against the Crown.

[1990, c. 8, s. 31].

30. (1) Sur réception d'un certificat de jugement rendu contre l'État et délivré en vertu des règlements ou des Règles des Cours fédérales, le ministre des Finances autorise le paiement, sur le Trésor, de toute somme d'argent accordée à une personne, par jugement contre l'État.

30. (1) On receipt of a certificate of judgment against the Crown issued under the regulations or the Federal Courts Rules, the Minister of Finance shall authorize the payment out of the Consolidated Revenue Fund of any money awarded by the judgment to any person against the Crown.

(2) Les sommes d'argent ou les dépens adjugés à l'État dans toutes procédures sont versés au receveur général.

[1990, c. 8, a. 31; 2001, c. 4, a. 50; 2009, c. 16, a. 30].

(2) Any money or costs awarded to the Crown in any proceedings shall be paid to the Receiver General.

[1990, c. 8, s. 31; 2009, c. 16, s. 29].

Intérêt

Interest

31. (1) Sauf disposition contraire de toute autre loi fédérale, et sous réserve du paragraphe (2), les règles de droit en matière d'intérêt avant jugement qui, dans une province, régissent les rapports entre particuliers s'appliquent à toute instance visant l'État devant le tribunal et dont le fait générateur est survenu dans cette province.

(2) Dans une instance visant l'État devant le tribunal et dont le fait générateur n'est pas survenu dans une province ou dont les faits générateurs sont survenus dans plusieurs provinces, les intérêts avant jugement sont calculés au taux que le tribunal estime raisonnable dans les circonstances et :

a) s'il s'agit d'une créance liquide, depuis la ou les dates du ou des faits générateurs jusqu'à la date de l'ordonnance de paiement;

b) si la créance n'est pas liquide, depuis la date à laquelle le créancier a avisé par écrit l'État de sa demande jusqu'à la date de l'ordonnance de paiement.

(3) Si l'ordonnance de paiement accorde une somme, dans la province de Québec, à titre de perte pécuniaire antérieure au procès ou, dans les autres provinces, à titre de dommages-intérêts spéciaux, les intérêts prévus au paragraphe (2) sont calculés sur le solde du montant de la perte pécuniaire antérieure au procès ou des dommages-intérêts spéciaux accumulés à la fin de chaque période de six mois postérieure à l'avis écrit mentionné à l'alinéa (1)b) ainsi qu'à la date de cette ordonnance.

(4) Il n'est pas accordé d'intérêts aux termes du paragraphe (2) :

a) sur les dommages-intérêts exemplaires ou punitifs;

31. (1) Except as otherwise provided in any other Act of Parliament and subject to subsection (2), the laws relating to prejudgment interest in proceedings between subject and subject that are in force in a province apply to any proceedings against the Crown in any court in respect of any cause of action arising in that province.

(2) A person who is entitled to an order for the payment of money in respect of a cause of action against the Crown arising outside any province or in respect of causes of action against the Crown arising in more than one province is entitled to claim and have included in the order an award of interest thereon at such rate as the court considers reasonable in the circumstances, calculated

(a) where the order is made on a liquidated claim, from the date or dates the cause of action or causes of action arose to the date of the order; or

(b) where the order is made on an unliquidated claim, from the date the person entitled gave notice in writing of the claim to the Crown to the date of the order.

(3) When an order referred to in subsection (2) includes an amount for, in the Province of Quebec, pre-trial pecuniary loss or, in any other province, special damages, the interest shall be calculated under that subsection on the balance of the amount as totalled at the end of each six month period following the notice in writing referred to in paragraph (2)(b) and at the date of the order.

(4) Interest shall not be awarded under subsection (2)

(a) on exemplary or punitive damages;

b) sur les intérêts accumulés aux termes du présent article;

c) sur les dépens de l'instance;

d) sur la partie du montant de l'ordonnance de paiement que le tribunal précise comme représentant une perte pécuniaire postérieure à la date de cette ordonnance;

e) si l'ordonnance de paiement est rendue de consentement, sauf si l'État accepte de les payer;

f) si le droit aux intérêts a sa source ailleurs que dans le présent article.

(5) Le tribunal peut, s'il l'estime juste, compte tenu de la fluctuation des taux d'intérêt commerciaux, du déroulement des procédures et de tout autre motif valable, refuser l'intérêt ou l'accorder pour une période autre que celle prévue à l'égard du montant total ou partiel sur lequel l'intérêt est calculé en vertu du présent article.

(6) Le présent article s'applique aux sommes accordées par jugement rendu à compter de la date de son entrée en vigueur. Aucun intérêt ne peut être accordé à l'égard d'une période antérieure à cette date.

(7) Le présent article ne s'applique pas aux procédures en matière de droit maritime canadien, au sens de la *Loi sur les Cours fédérales* (L.R.C. (1985), c. F-7).

[1990, c. 8, a. 31; 2001, c. 4, a. 51; 2002, c. 8, a. 182(1)k)].

31.1. (1) Sauf disposition contraire de toute autre loi fédérale et sous réserve du paragraphe (2), les règles de droit en matière d'intérêt pour les jugements qui, dans une province, régissent les rapports entre particuliers s'appliquent aux jugements rendus contre l'État dans les cas où un fait générateur est survenu dans cette province.

(2) Un jugement rendu contre l'État, dans le cas où le fait générateur n'est pas survenu dans une province ou dans celui où les faits générateurs sont survenus dans plusieurs provinces, porte intérêt, à comp-

(b) on interest accruing under this section;

(c) on an award of costs in the proceeding;

(d) on that part of the order that represents pecuniary loss arising after the date of the order and that is identified by a finding of the court;

(e) where the order is made on consent, except by consent of the Crown; or

(f) where interest is payable by a right other than under this section.

(5) A court may, where it considers it just to do so, having regard to changes in market interest rates, the conduct of the proceedings or any other relevant consideration, disallow interest or allow interest for a period other than that provided for in subsection (2) in respect of the whole or any part of the amount on which interest is payable under this section.

(6) This section applies in respect of the payment of money under judgment delivered on or after the day on which this section comes into force, but no interest shall be awarded for a period before that day.

(7) This section does not apply in respect of any case in which a claim for relief is made or a remedy is sought under or by virtue of Canadian maritime law within the meaning of the *Federal Courts Act* (R.S.C. (1985), c. F-7).

[1990, c. 8, s. 31; 2001, c. 4, s. 51(2); 2002, c. 8, s. 182(1)(k)].

31.1. (1) Except as otherwise provided in any other Act of Parliament and subject to subsection (2), the laws relating to interest on judgments in causes of action between subject and subject that are in force in a province apply to judgments against the Crown in respect of any cause of action arising in that province.

(2) A judgment against the Crown in respect of a cause of action outside any province or in respect of causes of action arising in more than one province shall bear interest at such rate as the Court con-

ter de son prononcé, au taux que la Cour estime raisonnable dans les circonstances.

[1990, c. 8, a. 31].

siders reasonable in the circumstances, calculated from the time of the giving of the judgment.

[1990, c. 8, s. 31; 2001, c. 4, s. 52].

Offre de paiement

31.2. (1) L'État peut, dans toute instance, faire une offre de paiement sans consigner au tribunal la somme d'argent ainsi offerte.

(2) Toute offre d'une somme d'argent faite au nom de l'État est censée constituer une offre légale si elle est signée par un ministre ou son délégué à cet effet et notifiée au créancier.

[1990, c. 8, a. 31].

Tenders

31.2. (1) The Crown may, in any proceeding, plead a tender without paying the money tendered into court.

(2) Every tender of a sum of money on behalf of the Crown shall be deemed to be legally made if made by a written offer to pay the sum, given under the hand of a minister of the Crown, or a person acting for that minister in that behalf, and notified to the person having the claim to that sum.

[1990, c. 8, s. 31].

Prescription

32. Sauf disposition contraire de la présente loi ou de toute autre loi fédérale, les règles de droit en matière de prescription qui, dans une province, régissent les rapports entre particuliers s'appliquent lors des poursuites auxquelles l'État est partie pour tout fait générateur survenu dans la province. Lorsque ce dernier survient ailleurs que dans une province, la procédure se prescrit par six ans.

[1990, c. 8, a. 31].

Prescription and Limitation

32. Except as otherwise provided in this Act or in any other Act of Parliament, the laws relating to prescription and the limitation of actions in force in a province between subject and subject apply to any proceedings by or against the Crown in respect of any cause of action arising in that province, and proceedings by or against the Crown in respect of a cause of action arising otherwise than in a province shall be taken within six years after the cause of action arose.

[1990, c. 8, s. 31].

Application des lois à l'État

33. Sauf disposition expresse contraire, la présente loi n'a pas pour effet de modifier les règles de preuve ou présomptions établissant le degré d'obligation imposé à l'État par les lois fédérales.

Application of Statutes to the Crown

33. Except as otherwise expressly provided in this Act, nothing in this Act affects any rule of evidence or any presumption relating to the extent to which the Crown is bound by an Act of Parliament.

Règlements	***Regulations***

34. Le gouverneur en conseil peut, par règlement :

 a) prescrire des règles de pratique et de procédure applicables lors des poursuites auxquelles l'État est partie, ainsi que fixer les tarifs d'honoraires et les dépens;

 b) établir des modèles ou formulaires relatifs à ces poursuites;

 c) régir la délivrance des certificats de jugements rendus contre l'État;

 d) appliquer aux poursuites visant l'État toute règle de preuve applicable entre particuliers;

 e) d'une façon générale, prendre toute mesure nécessaire relativement aux poursuites auxquelles l'État est partie.

[1990, c. 8, a. 32].

34. The Governor in Council may make regulations

 (a) prescribing rules of practice and procedure in respect of proceedings by or against the Crown, including tariffs of fees and costs;

 (b) prescribing forms for the purposes of proceedings referred to in paragraph (a);

 (c) respecting the issue of certificates of judgments against the Crown;

 (d) making applicable to any proceedings against the Crown all or any of the rules of evidence applicable in similar proceedings between subject and subject; and

 (e) generally respecting proceedings by or against the Crown.

[1990, c. 8, s. 32].

Mandataires et préposés de l'État	***Agencies and Servants of the Crown***

35. (1) La présente loi, à l'exception de l'article 22, s'applique aux poursuites intentées aux termes d'une loi fédérale contre un organisme mandataire de l'État.

(2) Les sommes d'argent adjugées et l'intérêt afférent accordé conformément à la présente loi peuvent être payés sur les fonds administrés par l'organisme en cause.

[1990, c. 8, a. 32].

35. (1) This Act, except section 22, applies in respect of any proceedings against an agency of the Crown taken in accordance with any Act of Parliament that authorizes the proceedings to be taken.

(2) Any money awarded to any person by a judgment in any proceedings referred to in subsection (1), or the interest thereon, may be paid out of any funds administered by the agency of the Crown.

[1990, c. 8, s. 32].

36. Pour la détermination des questions de responsabilité dans toute action ou autre procédure engagée par ou contre l'État, quiconque était lors des faits en cause membre des Forces canadiennes ou de la Gendarmerie royale du Canada est assimilé à un préposé de l'État.

[1990, c. 8, a. 32].

36. For the purposes of determining liability in any proceedings by or against the Crown, a person who was at any time a member of the Canadian Forces or of the Royal Canadian Mounted Police shall be deemed to have been at that time a servant of the Crown.

[1990, c. 8, s. 32].

Partie 1 —— Traités sur l'environnement

L'Accord de coopération dans le domaine de l'environnement conclu entre le gouvernement du Canada et le gouvernement de la République du Chili et signé le 6 février 1997, avec ses modifications éventuelles apportées en conformité avec son article 47.

L'Accord nord-américain de coopération dans le domaine de l'environnement conclu entre le gouvernement du Canada, le gouvernement des États-Unis d'Amérique et le gouvernement des États-Unis du Mexique et signé le 14 septembre 1993, avec ses modifications éventuelles apportées en conformité avec son article 48.

Partie 2 —— Traités sur le travail

L'Accord de coopération dans le domaine du travail conclu entre le gouvernement du Canada et le gouvernement de la République du Chili et signé le 6 février 1997, avec ses modifications éventuelles apportées en conformité avec son article 47.

L'Accord de coopération dans le domaine du travail entre le Canada et la République de Colombie, signé le 21 novembre 2008, avec ses modifications éventuelles apportées en conformité avec son article 30.

L'Accord de coopération dans le domaine du travail entre le Canada et la République du Panama, fait à Ottawa le 13 mai 2010, avec ses modifications éventuelles apportées en conformité avec son article 22.

L'Accord de coopération dans le domaine du travail entre le Canada et la République du Pérou, signé le 29 mai 2008, avec ses modifications éventuelles apportées en conformité avec son article 30.

L'Accord nord-américain de coopération dans le domaine du travail conclu entre le gouvernement du Canada, le gouvernement des États-Unis d'Amérique et le gouvernement des États-Unis du Mexique et signé le 14 septembre 1993, avec ses modifications éventuelles apportées en conformité avec son article 52.

[2009, c. 16, a. 30; 2010, c. 4, a. 24; 2012, c. 18, a. 23; 2012, c. 26, a. 29].

Part 1 ━━ Environmental Cooperation Treaties

The Agreement on Environmental Cooperation entered into between the Government of Canada and the Government of the Republic of Chile and signed on February 6, 1997, as amended from time to time in accordance with Article 47 of that Agreement.

The North American Agreement on Environmental Cooperation entered into between the Government of Canada, the Government of the United Mexican States and the Government of the United States of America and signed on September 14, 1993, as amended from time to time in accordance with Article 48 of that Agreement.

Part 2 ━━ Labour Cooperation Treaties

The Agreement on Labour Cooperation between Canada and the Republic of Colombia, signed on November 21, 2008, as amended from time to time in accordance with Article 30 of that Agreement.

The Agreement on Labour Cooperation between Canada and the Republic of Panama, done at Ottawa on May 13, 2010, as amended from time to time in accordance with Article 22 of that Agreement.

The Agreement on Labour Cooperation between Canada and the Republic of Peru, signed on May 29, 2008, as amended from time to time in accordance with Article 30 of that Agreement.

The Agreement on Labour Cooperation entered into between the Government of Canada and the Government of the Republic of Chile and signed on February 6, 1997, as amended from time to time in accordance with Article 47 of that Agreement.

The North American Agreement on Labor Cooperation entered into between the Government of Canada, the Government of the United Mexican States and the Government of the United States of America and signed on September 14, 1993, as amended from time to time in accordance with Article 52 of that Agreement.

[2009, c. 16, s. 30; 2010, c. 4, s. 24; 2012, c. 18, s. 23; 2012, c. 26, s. 29].